NICHOLAS BOYLE

GOETHE
DER DICHTER IN SEINER ZEIT
BAND II

NICHOLAS BOYLE

GOETHE
DER DICHTER IN SEINER ZEIT

BAND II
1791–1803

Aus dem Englischen übersetzt
von Holger Fliessbach

VERLAG C.H. BECK

© Nicholas Boyle 1999
This translation of: Goethe: The Poet and the Age:
Volume Two originally published in English in 1999 by arrangement with
Oxford University Press

Die Übersetzung von Goethe, Der Dichter in seiner Zeit;
Band II beruht auf der englischen Originalausgabe, erstmals 1999
erschienen bei Oxford University Press

Mit 55 Abbildungen im Text

Für
Mary Rose, Michael Hugh, Elisabeth Doran
und Angela Margaret

Die Deutsche Bibliothek – CIP-Einheitsaufnahme
Boyle, Nicholas:
Goethe : der Dichter in seiner Zeit / Nicholas Boyle.
Aus dem Engl. übers. von Holger Fliessbach.
– München : Beck
Einheitssacht.: Goethe ⟨dt.⟩
ISBN 3 406 39800 6
Bd. 2 1791–1803. – 1999
ISBN 3 406 39802 2

ISBN 3 406 39800 6 für beide Bände
ISBN 3 406 39802 2 für diesen Band
Für die deutsche Ausgabe
© C. H. Beck'sche Verlagsbuchhandlung (Oscar Beck), München 1999
Satz: Fotosatz Janß, Pfungstadt
Druck- und Bindung: Parzeller, Fulda
Gedruckt auf säurefreiem, alterungsbeständigem Papier
(hergestellt aus chlorfrei gebleichtem Zellstoff)
Printed in Germany

Inhalt

Vorwort 7

Neuntes Kapitel
Das Zeitalter der Revolution

Frankreich zwischen Monarchie und Nation: 1790–1793 .. 13
Deutsche Revolutionen 38
Das Kantische System 53
«Der Zeitgeist»: das nachkantische Deutschland bis 1793 .. 72

Zehntes Kapitel
«Auch für mich eine Revolution» (1790–1793)

In der Flaute: 1790–1792 101
«Quorum pars minima fui»: August bis Dezember 1792 ... 151
Die Belagerung von Mainz: Dezember 1792–August 1793 .. 188
Werke, 1790–1793 218

Elftes Kapitel
Eine Begegnung der Geister (1793–1794)

Terroristen und Migranten: Frankreich und Deutschland,
1793–1795 231
In Erwartung der Sonne: August 1793–Mai 1794 246
Ästhetische Erziehung: Juni–Dezember 1794 268
«Mein alter Roman» 292

Zwölftes Kapitel
Fiktionen und Rätsel (1795)

Gute Musen in Jena: Januar–Juni 1795 316
«In einigen wenigen auserlesenen Zirkeln»:
das erste Jahr der *Horen* 337

Geheimnisse des Selbst: Juni–Dezember 1795 350
«Ein sonderbarer Instinkt»: Werke, 1795 390

Dreizehntes Kapitel
Der große Moment (1796)

General Bonaparte greift ein: Januar–Juli 1796 428
Wilhelm Meister beendet 452
Eine sonderbare Revolution: Sommer 1796 483
Zwischen Realismus und Idealismus: Werke, 1796 506

Vierzehntes Kapitel
Dem Paradies entsagend (1796 – 1797)

Gezeitenwechsel: September 1796–März 1797 535
Faust oder Italien? April–Juli 1797 598
Der letzte Homeride: Werke, 1796–1797 636
Eine Reise und eine Nicht-Reise: August–November 1797 .. 660

Fünfzehntes Kapitel
Das neue Jahrhundert (1798–1800)

Alarm außen; das Universum im Innern 703
Neubestimmung des Publikums: Dezember 1797–August 1799 733
Alte und neue Zeit: September 1799–Dezember 1800 790
Der Geist der Schönheit und sein Schicksal: Werke, 1798–1800 824

Sechzehntes Kapitel
«Was du warst ist hin» (1801–1803)

Keine Griechen mehr: Januar 1801–August 1802 850
Alles zerfällt: August 1802–August 1803 895
Revolution und Entsagung: Werke, 1801–1803 928

Anhang

Literaturnachweise 973
Anmerkungen 983
Personen- und Ortsregister 1081
Werkregister 1111
Abbildungsnachweis 1115

Vorwort

Ursprünglich hatte ich die Absicht, die Geschichte von Goethes Leben in zwei Bänden zu erzählen, deren Mitte der Ausbruch der Französischen Revolution sein sollte. Zu den unzähligen Konsequenzen dieses einschneidenden Ereignisses gehörte auch die ganz und gar unerwartete Wende, die es in der zweiten Hälfte von Goethes Weg als Dichter gab. Doch mit dem, was er schrieb, reagierte Goethe – wie immer – nicht auf ein einzelnes, abstrakt wahrgenommenes politisches oder militärisches Ereignis, sondern auf dessen Rückwirkungen auf das gesamte persönliche, gesellschaftliche und geistige Umfeld, in dem er lebte. Deutschland veränderte sich in den Jahren nach 1789 gewaltig, wenngleich ganz anders als Frankreich, und das Zeitalter der Revolution war auch die Zeit, in der Philosophie und Literatur sich wandelten und in ganz Europa die Romantik begann. Die großen Werke, in denen Goethe um ein Begreifen dieser Entwicklungen rang – *Wilhelm Meisters Lehrjahre*, der erste Teil des *Faust*, *Die Natürliche Tochter* sowie einige seiner schönsten Gedichte –, sind an sich selbst gehaltvoll genug, doch wurde mir bald klar, daß es eines eigenen Bandes bedürfen würde, um zu erläutern, in welchem Verhältnis sie zu ihrem Kontext stehen und welches veränderte Verständnis Goethes von seinem Leben und seinen Zielen sie festhalten. Die mittleren zwei Jahrzehnte in Goethes Leben, von 1786 bis 1806, waren in der deutschen Literatur und Philosophie eine Periode von unvergleichlichem Reichtum, die zumindest aus diesem Grunde das Etikett «klassisch» verdient, mit dem die offizielle Literaturgeschichte sie bald versah. Die ganze Leistung Goethes, so andersartig sie ihrem Charakter nach war, ist nur zu verstehen, wenn man sie an dem Besten mißt, was die überaus begabten Zeitgenossen erstrebten, mit denen er oft in direktem geistigen oder persönlichen Austausch stand. Sonst aber habe ich den Ausdruck «klassisch» zur Bezeichnung dessen, was Goethe in diesen Jahren schrieb, nicht nützlich gefunden – nicht zuletzt darum, weil Goethe selbst ihn nicht wahrhaben wollte: Das wiederholte Bedürfnis Goethes, sich angesichts der Herausforderungen durch immer jüngere Generationen und durch eine ungemein kräftezehrende historische Konjunktur immer neu zu definieren, ist das Thema des vorliegenden Bandes, und die Illusion, im ungestörten Besitz einer zeitlosen Vollkommenheit zu sein (wozu die Vorstellung vom «Klassischen» leicht entarten kann), war eine der ersten, die Goethe lernen mußte zu verwerfen. Die Prüfungen der Lebensmitte – weder die stürmische, selbstgewisse Rastlosigkeit des Jünglings noch die einsamen, aber subversiven Meditationen des älteren Mannes – haben ihr eigenes Gepräge. Das ist die eigentliche Rechtfertigung für die Entscheidung, diese Biographie in drei Teilen erscheinen zu lassen.

Ohne die hochherzige Unterstützung durch drei große Institutionen hätte dieses Buch nicht rechtzeitig zu der Periode der Besinnung und Neubewertung erscheinen können, die der 250. Jahrestag von Goethes Geburtstag bringen wird. Die erste Hälfte entstand 1991 und 1992, als ich eine Research Readership in the Humanities innehatte, dir mir der Präsident und die Fellows der British Academy verliehen hatten. Etwa die Hälfte des Restes entstand dann 1994/95, als ich den Vorzug einer Fellowship des Wissenschaftskollegs in Berlin genoß. Die großzügigen Beurlaubungsregelungen der Universität Cambridge gestatteten mir schließlich, 1998 den Haupttext fertigzustellen. Ich bin insbesondere den Kollegen dankbar, die während meiner Abwesenheit meine Verpflichtungen in Lehre und Verwaltung übernahmen: Barry Nisbet, Roger Paulin, Cameron Wilson und vor allem Peter Hutchinson, ohne dessen spontane und rückhaltlose Unterstützung in einem entscheidenden Moment die letzte Phase der Niederschrift nicht hätte stattfinden können. In dieser letzten Phase konnte ich mich dank eines großzügigen und rechtzeitigen Stipendiums der C. H. Beck'schen Verlagsbuchhandlung der Mithilfe Stephen Fennells versichern, dessen Gelehrsamkeit und wissenschaftliche Penibilität meine eigene bei weitem übertreffen. Er hat das gesamte Manuskript gegengelesen, es für die Übersetzung ins Deutsche vorbereitet, zum größten Teil die Anmerkungen konzipiert und mich, vor allem dank seiner gründlichen altphilologischen Bildung, vor vielen Irrtümern bewahrt. Dankbar bin ich auch der Oxford University Press für die Hilfe beim Abschreiben dieser letzten Kapitel: Virginia Pearce war eine bewundernswert tüchtige und sorgfältige Sekretärin (die in einer Krisensituation nicht zögerte, auch ihre Mutter einzuspannen), und sie war unverdrossen bereit, ihre Abende Goethe zu widmen, nachdem sie sich tagsüber nicht nur um den Alltag eines Germanistik-Departments, sondern auch um die Cambridger Jubiläumsfeiern gekümmert hatte. Mir ist sehr wohl bewußt, daß ich ohne ihre Betreuung des Departments nicht die Gelegenheit gehabt hätte, so manche der folgenden Seiten zu schreiben. Ich möchte auch gerne Frau Christina von Klitzing und dem Sekretariat des Wissenschaftskollegs zu Berlin meine Dankbarkeit bekunden: In Gemeinschaftsarbeit brachten sie gut die Hälfte meines Manuskripts aus dem Zustand, in dem mein Füllfederhalter es zurückgelassen hatte, in eine moderne, elektroniktauglichere Form.

Ein Unternehmen wie dieses ist ganz und gar auf die Vorarbeit zahlreicher Editoren und Kommentatoren angewiesen, denen ich meine Dankbarkeit in den Anmerkungen ausgedrückt zu haben hoffe. Von denen, die mir persönlich mit Rat, Kritik, Zuspruch, mit Antworten auf Fragen – oder auch mit Fragen – geholfen haben, möchte ich namentlich erwähnen: Martin Andre, Edward Craig, Hans-Dietrich Dahnke, Hueston Finlay, Peter Hutchinson, Beat Kümin, Reinhart Meyer-Kalkus, Michael Minden, John Mollon, Professor M. J. Petry, Professor W. Schmidt-Biggemann, Roger Paulin, meinen lieben Lehrer J. P. Stern (†), Nicholas Walker und endlich jenen gutgelaunten amerikanischen Journalisten, dessen Namen ich nicht verstanden habe und der mir auf der Treppe zum Speisesaal des Wissenschaftskollegs nachrief: «Make it three volumes! Goethe deserves it» (Machen Sie drei Bände draus! Goethe verdient es), womit er als erster meine Gedanken in die Richtung lenkte, die zu diesem Buch geführt hat. Aus den Briefen von Lesern des ersten Bandes habe ich ebenfalls viel gelernt und viel Ermutigung erfahren. Ich bitte um Entschuldigung dafür, daß ich nicht jeden einzelnen beantworten konnte, ergreife aber diese Gelegenheit, meinen Dank auszudrücken; denn es war ausnahmslos eine Freude, sie zu lesen: Diverse einzelne Punkte werden in Zukunft berücksichtigt werden, und einige Briefschreiber ebenso wie manche Rezensenten des ersten Bandes, denen ich ebenfalls dankbar bin, werden feststellen, daß ich versucht habe, ihre Ratschläge im vorliegenden Band zu berücksichtigen. Wahrscheinlich bringt niemand meinem Text ein so differenziertes und einfühlsames Verständnis entgegen wie mein deutscher Übersetzer Holger Fliessbach. Seine Arbeit glich einem stillschweigenden Kommentar, der mir mehr als einmal dienlich war, den englischen Originaltext zu verdeutlichen.

Auch den Kollegen vom Magdalene College gilt meine Bitte um Entschuldigung und mein Dank für ihre Toleranz gegen jemanden, der immer mehr durch Abwesenheit glänzte. Eamon Duffy hat ständig für moralischen Auftrieb gesorgt und war ein echter Freund. Meine Frau Rosemary war eine genaue und gewissenhafte Leserin und meine treueste Stütze, die um einen nicht geringen Preis die Bürde meiner langen Abwesenheiten von ihr und der Familie – sei's in Berlin, sei's am Schreibtisch – schulterte und immer neue Wege ersann, um mir zu mehr Zeit zu verhelfen und mir meine Aufgabe zu erleichtern. Was diese Unterstützung mir bedeutet hat, ist nicht Gegenstand eines Vorworts, doch ohne sie hätte es dieses Buch nicht gegeben. Meine Schwiegereltern haben in ihrer selbstverständlichen und unermüdlichen Hilfsbereitschaft nicht nachgelassen, was meiner Frau ihren Einsatz und mir meine Ausdauer ermöglicht hat. Joseph, unser Kater, war an manchem frühen Morgen ein wohltuend unbeteiligter Gefährte. Unsere Kinder, denen das Buch gewidmet ist, bewiesen eine erstaunliche Nachsicht gegen diesen «Scooter» (wie Angela ihn nennt), der in ihrem ganzen Leben ein so anspruchsvoller Extragast in unserem Haus gewesen ist. Michael und Mary jeden Abend vorzulesen – notfalls per Kassette aus Deutschland – war auch für mich eine Freude und Entspannung und führte zu vielen interessierten und interessanten Fragen und Überlegungen. Danke, Doran, für deine Karte mit den Buchstaben «I H Y F I» («I hope you finish it» [Hoffentlich bist du fertig]): Ja, bin ich, wie Du siehst!

N. B. *Am Neujahrstag 1999*

REVOLUTION UND ENTSAGUNG

Neuntes Kapitel
Das Zeitalter der Revolution

Frankreich zwischen Monarchie und Nation: 1790–1793

1789 veränderte sich die Welt. Der Lauf aller Dinge, offensichtlich für mehrere hundert Jahre auf die Verbesserung und Aufklärung der etablierten Ordnung ausgerichtet, wurde durch diesen Ausbruch irritiert, aufgebrochen, ja auf den Kopf gestellt. Die Französische Revolution veränderte das Leben in Europa, auch das Goethes. Zwar war er kein französischer Bürger und nur für kurze Zeit unmittelbar in die Ereignisse verwickelt, aus denen der neue Staat hervorging, bekam den Schock nicht sofort und unvermittelt zu spüren, sondern bereits gedämpft und gewandelt durch die deutschen Reaktionen auf das Geschehen. Als Intellektueller und Literat aber war er sensibel für geistige wie für politische Wirkungen. Zwei bedeutende Zufälle prägten überdies seine Erfahrung bei diesen Ereignissen. Der eine war vielleicht nicht einmal Zufall; es war der Umstand, daß der Vormarsch der französischen Ideen und der französischen Heere in Europa begleitet war vom Siegeszug der Kant'schen Philosophie bis in den letzten Winkel des akademischen und literarischen Deutschland. Der andere bestand darin, daß die politische, gesellschaftliche und ideologische Umwälzung für Goethe mit einer persönlichen Krisenzeit zusammenfiel. Sagt uns auch nur unsere Rückschau, daß er 1790 die Mitte seines Lebens erreicht hatte, so war doch schon damals offensichtlich, daß nun eine neue Generation herangewachsen war: Er hatte dem insoweit Rechnung getragen, als er eine autorisierte Ausgabe seiner *Werke* erscheinen ließ und faktisch in den Ehestand getreten war. Er konnte sich die neue Welt um ihn herum nicht mehr mit der (berechtigten) Zuversicht der Jugend aneignen, daß sie für ihn bestimmt sein müsse, bloß weil er ihr Zeitgenosse war. Wie viele große Künstler mußte Goethe in mittlerem Alter noch einmal von vorn beginnen. Es beweist Größe, daß er es tat. So ergibt sich auch für uns die Notwendigkeit, von vorn zu beginnen, und so begleiten wir ihn auf seinem Weg zu den rätselhaften, einsamen Gipfelpunkten seines Spätwerks erst nach einem Umweg über die Vorgebirge: die Geschehnisse in Frankreich und ihre Resonanzen und Parallelen in Deutschland; der Wandel der philosophischen Landschaft; und die Hoffnungen und Schwärmereien einer neuen Generation von Schriftstellern und Denkern.

Am 19. Juni 1790, einen Tag nach Rückkehr des Herrn von Goethe aus Italien, das er nicht mehr wiedersehen sollte, schaffte die französische Verfassunggebende Versammlung den erblichen Adel sowie seine Titel und Wappen ab. Am Tag empfing die Versammlung – für diesen einen Vorgang feierlich «der Ökumenische Rat der Vernunft» tituliert – den Phantasten Anacharsis Cloots (1755–1794) und seinen «Ausschuß der Ausländer in Paris» – der sich als Repräsentanten aller vier Weltgegenden ausgab und in Volkstrachten auftrat –, von denen man einige schon auf der Bühne der Pariser Opéra gesehen haben wollte. (Das «türkische» Mitglied der Delegation war wahrscheinlich echt, beim «arabischen» und beim «chaldäischen» bestehen Zweifel.) Johann Baptiste du Wal-de-Grâce, Baron von Cloots («Baron in Preußen, Bürger in Frankreich»), der fortan als «Sprecher des Menschengeschlechts» auftrat, war ein wohlhabender, religionsfeindlicher Fanatiker, ein extremer Vertreter jener Richtungen der Aufklärung, die, vom Absolutismus befördert, dennoch – und nicht unvernünftigerweise – die Revolution als die Erfüllung ihrer Hoffnungen ansah. Cloots war als das Äußerste, was Deutschland als Beteiligung an der Französischen Revolution, zu bieten hatte, ein Mann, der dem Idealtypus des echten deutschen Jakobiners noch am nächsten kam. Nach einer Erziehung am Hofe Friedrichs des Großen hatte er einige Jahre in Paris gelebt und – nach dem Helden eines immens populären Bildungsromans von J. J. Barthélemy (1716–1795) über ein idealisiertes vorchristliches Griechenland – den Namen Anacharsis angenommen, um sich, wie er sagte, zu «entbaptisieren». In der Erstürmung der Bastille sah er den Beginn der universalen Herrschaft von Vernunft und Freiheit – «Die heute noch die Ketten der Fürsten schleppen», verkündete er, «und die Schuhe der Priester küssen, sie werden freie Weltbürger sein» –, und der Zweck seiner Rede vor der Verfassunggebenden Nationalversammlung (sie wurde in einer halben Million Exemplaren gedruckt) war es, für sein internationales Komitee die Erlaubnis zur Mitwirkung an der Feier des ersten Jahrestages des glorreichen Ereignisses zu erwirken. «Das Fest der Föderation», sagte er, «wird das Fest des Menschengeschlechts sein», und wirklich kann der 14. Juli 1790 als Höhepunkt der ursprünglichen, ungetrübten revolutionären Gesinnung innerhalb wie außerhalb Frankreichs betrachtet werden.

Auf dem Marsfeld, einem Militärgelände im Westen von Paris, erlebten 35 000 Menschen als Zuschauer oder Beteiligte die feierliche erneute Vereidigung der jüngst ‹föderierten› Nationalen Garden unter Führung des Königs höchstpersönlich; die Messe zelebrierte Talleyrand (1754–1838), Bischof von Autun und Präsident der Versammlung. Es war vielleicht der Höhepunkt in der Karriere des Kommandanten der Nationalgarde, Marquis de Lafayette (1757–1834), des Helden der amerikanischen Revolution und Erfinders der dreifarbigen Kokarde. Zu derselben Zeit finanzierte im republikanischen Hamburg der Kaufmannsfürst und frühere Illuminat G. H. Sieveking (1751–1799) eine bescheidenere Feier, die jedoch ebenfalls die Runde durch die deutsche und französische Presse machte: Siebzig bis achtzig Gäste mit Schärpen in der Farbe der Trikolore waren zusammengekommen, um Toasts auf die Nationalversammlung, Ludwig XVI., den Sturz der Tyrannei und die deutsche Revolution auszubringen, wobei jeder Trinkspruch

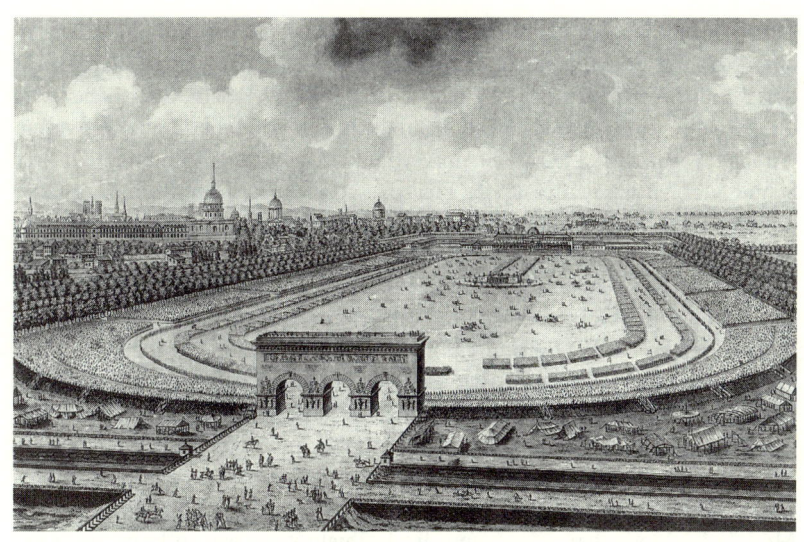

1. Berthaux: «Vue du Champ de Mars, le 14 Juillet 1790».
La Fête de la Fédération (1790)

2. Goethe:
Der Freiheits-
baum (1792)

mit einem Böllerschuß begrüßt wurde; Klopstock las, mit Freudentränen in den Augen, zwei seiner neuesten Oden; und die ganze Gesellschaft fiel in den Refrain von Sievekings eigenem «Lied der Freiheit» ein. Ob Erwachsene oder Jünglinge, die deutsche Intelligenz war sich noch nie so einig gewesen. An jenem Abend hielten in einem verdunkelten Zimmer von Schillers alter Schule, der Militärakademie des Herzogs von Württemberg, die Mitglieder des studentischen Debattierclubs insgeheim, vor Brutus- und Demosthenes-Büsten und einer tönernen Statue der Freiheit, flammende Reden über die Bedeutung dieses Jahrestages, und einer der Studiosi, Georg Kerner (1770–1812), nahm die Gelegenheit zum Anlaß, sein Adelspatent zu verbrennen. An demselben 14. Juli wirkte eines der Idole der Jungschwaben, der jetzt von seiner Franzosenfeindschaft geheilte Publizist Schubart, in Straßburg am örtlichen Aufmarsch der Nationalgarde mit. Später im selben Sommer wanderte Kerner selbst nach Straßburg hinüber, um sich mit seiner Trikolore auf der Straße zu zeigen, wo er die Arbeit der Versammlung vor jenen rühmte, die das Glück hatten, von ihr vertreten zu werden. Revolution war in Mode, und Mode war ansteckend: Im Frühjahr 1790 war in Frankreich der – eher politisch demonstrative als rechtlich wirksame – Brauch aufgekommen, «Freiheitsbäume» zu pflanzen, von denen es hieß, wenn sie ein Jahr und einen Tag unbehelligt wachsen durften, würden sie das Land von allen auf ihm lastenden feudalen Verpflichtungen befreien. Bald hörte man von solchen Pflanzungen auch auf nichtfranzösischem Territorium und im Herbst konnte es geschehen, daß auf der Messe zu Frankfurt Taschentücher mit dem aufgedruckten Text der Erklärung der Menschenrechte feilgeboten wurden.

Aber schon zum Zeitpunkt des Föderationsfestes zogen dunkle Wolken am Horizont auf, die nichts Gutes für die Zukunft verhießen. Nur wenige dürften die finsteren Folgen der Konvention von Reichenbach (27. Juli) erkannt haben, die zur Annäherung Friedrich Wilhelms II. von Preußen (geboren 1744, König 1786–1797) und Leopolds II. von Österreich (geboren 1747, Kaiser 1790–1792) führte und die Kriegsgefahr bannte, die in der ersten Jahreshälfte die mitteleuropäische Politik beherrscht hatte. Mit der Vereinbarung verpflichtete sich Österreich, Frieden mit der Türkei zu schließen und keine weiteren territorialen Ansprüche zu Lasten des Osmanenreiches vorzubringen; Preußen seinerseits verzichtete auf die heimliche Unterstützung des österreichfeindlichen ungarischen Adels und der Erhebungen, die im Bistum Lüttich und in den österreichischen Niederlanden ausgebrochen waren, wo man im Januar nach französischem und amerikanischem Muster das vereinigte Belgien ausgerufen hatte. So machte die Konvention den Weg frei für eine beispiellose österreichisch-preußische Hegemonie in der deutschsprachigen Welt, die für die kleineren Mächte und möglicherweise sogar für Frankreich Unheil erwarten ließ. Erste Früchte zeitigte sie im Herbst und Winter mit der Niederschlagung der Revolten in Lüttich und Belgien durch österreichische Truppen.

Reichenbach war ein Zeichen dafür, daß der aufgeklärte Kaiser, fast wie sein unglücklicher älterer Bruder Joseph II., die Veränderungen in Frankreich, die er anfangs begrüßt hatte, mit anderen Augen zu sehen begann. Die Ereignisse entwickelten eine zunehmend zerrüttende Eigendynamik. Die Rationalisierungswut, die Cloots so begeisterte, hatte mit einem Schlag die lokalen Verwaltungen Frankreichs durch Schaffung der modernen *départements* erneuert, die zahllosen Steuern der vorrevolutionären Zeit durch drei ersetzt – auf Grundbesitz, bewegliches Vermögen und Gewinne –, die komplette Neufassung des bürgerlichen Gesetzbuches in Angriff genommen und mit der Reform der Maßeinheiten begonnen, die zur Einführung des metrischen Systems führen sollte. Es stand nicht zu erwarten, daß sie es nach der kategorischen Abschaffung des Zweiten Standes dabei bewenden lassen würde, die Aktivposten des Ersten Standes zu nationalisieren. Zwei Tage vor dem Föderationsfest billigte die Versammlung den Plan einer radikalen Nationalisierung der französischen Kirche, die sogenannte Zivilkonstitution des Klerus, der es beschieden war, mehr als alle anderen Maßnahmen den in der Föderationsfeier konstituierten Konsens aufzubrechen und durch die innere Spaltung der Nation zum Krieg zu führen.

Nicht die Entscheidungen, die Klöster aufzulösen, die Grenzen der Bistümer mit denen der neugeschaffenen *départements* zu verschmelzen, den Besitz mehrerer Pfründen und das Recht, außerhalb des Amtsbezirks zu wohnen, ebenso abzuschaffen, wie die Entlohnung des Pfarrklerus durch den Staat, machte die Zivilverfassung zum politischen Sprengstoff –, denn das waren Reformen, die sich nur graduell von denen unterschieden, die andere aufgeklärte Herrscher wie Joseph II. in Angriff genommen hatten –, und gewiß war es auch nicht die Ausgliederung von grenznahen Diözesen wie Straßburg aus der Zuständigkeit deutscher Erzbischöfe und Kurfürsten im Rheinland: Dies alles gehörte zu der im Oktober beschlossenen Annexion der restlichen deutschen Fürsten-Enklaven im Elsaß und war machtpolitisch auf dem Wege zur Errichtung eines integralen Nationalstaates ein natürlicher Schritt, für den die Revolution nur ein Vorwand war. Aber mit den beispiellosen Bestimmungen über die Wahl des Klerus und sogar der Bischöfe durch die Bürgerschaft – die nicht auf Gemeindeglieder, ja nicht einmal auf Christen beschränkt war – und die völlige Ausschaltung des Papstes aus diesem Prozeß, zerriß die Versammlung Frankreichs Konkordat mit Rom von 1516 und ließ sich auf einen neuen Investiturstreit gleich jenem ein, der im mittelalterlichen Deutschland Kaiser und Päpste gegeneinander aufgebracht hatte. Sollte Pius VI. die neuen Vorkehrungen für schismatisch erklären und diejenigen, die sie befolgten, aus der Gemeinschaft der Gläubigen ausschließen, dann erwartete nicht nur die Kirchenhierarchie, sondern jede einzelne Gemeinde des katholischen Frankreich eine bittere Spaltung – entweder in sich selbst oder von der Verfassunggebenden Versammlung. Der Papst zögerte lange mit einer solchen Erklärung, doch der französische Klerus, auf sein christliches Gewissen verwiesen, zeigte eine so erbitterte Gegnerschaft gegen die Zivilkonstitution, daß die Versammlung im Dezember beschloß, die Sache zu forcieren und von allen Priestern und Bischöfen, die ihre Funktion beizubehalten wünschten, einen öffentlichen Treueid auf die Zivilverfassung zu verlangen. Sämtliche Bischöfe bis auf sieben verweigerten den Eid (Talleyrand legte ihn ab), und vom Klerus fügte sich nur etwa die Hälfte, wobei die meisten Pfarrer die Auffassung ihrer Gemeinde vertraten. Als im April 1791 der Papst die Zivilkonstitution für ungültig erklärte, hatte die Versammlung durch ihre Ungeschicklichkeit endgültig ihren Status als Vertretung der gesamten Nation verspielt und sich binnen weniger Wochen eine öffentlich erkennbare Opposition geschaffen, die fast eine Mehrheit stellte. Fortan war Revolution nicht der Wille Frankreichs, sondern der Regierung.

Mit zunehmender Zersplitterung der öffentlichen Meinung artikulierten sich die Extreme schließlich außerhalb der zentralen Volksvertretung. Die «Gesellschaft der Verfassungsfreunde», der Jakobiner-Club, gegründet im Januar 1790 vom Reformflügel der früheren Generalstände – Cloots war zeitweilig ihr Vorsitzender –, hatte Ende des Sommers über 1200 Mitglieder sowie Verbindungen zu über 150 «korrespondierenden» Clubs im ganzen Lande und bot mit seinen öffentlichen Debatten eine Parallele zu den Diskussionen in der Nationalversammlung, aber ohne die Zwänge der praktischen Politik. Georges Danton (1759–1794) gründete die radikalere «Gesellschaft der Freunde der Menschenrechte» oder Cordeliers-Club; der Name verwies auf seine Entschlossenheit, den Eckstein der von der Versammlung erarbeiteten Verfassung, die Beibehaltung einer eingeschränkten Monarchie, aus ideologischen Gründen zu verwerfen. In einer natürlichen Reaktion wurde Ende 1790 aus Sorge, die Revolution könne bereits zu weit gegangen sein, ein königstreuer Club gegründet, der jedoch kurzlebig war. Die *Betrachtungen über die französische Revolution* von Edmund Burke (1729–1797), die im November erschienen und vor den Gefahren einer plötzlichen und willkürlichen Veränderung nach Maßgabe vorgefaßter Ideen warnten, während sie zugleich die verborgene Weisheit einer scheinbar irrationalen Tradition verteidigten, waren ein ungeheurer Erfolg und wurden in Frankreich in vier Monaten öfter verkauft als in England in einem ganzen Jahr. (Noch erfolgreicher war die deutsche Ausgabe in der Übersetzung von Friedrich Gentz; hingegen fand *The Rights of Man*, der Gegenschlag gegen Burke von Tom Paine (1737–1809), auf dem Kontinent wenig Verbreitung, während sich die Schrift in England weit besser verkaufte als Burke.) Das deutlichste Signal der Unzufriedenheit mit der neuen Ordnung kam jedoch weder aus dem Treibhaus der Pariser Debatten noch von sporadischen Krawallen und Meutereien überall in der Provinz, sondern von jenen, die aus Angst oder Abscheu Frankreich verließen, den *émigrés*, deren offizielle Gesamtzahl schließlich rund 100 000 betrug. Zwar waren es zunächst vornehmlich Angehörige des Adels und Fürsten von Geblüt, die auswanderten, namentlich deren selbsternannte Führer, die jüngeren Brüder des Königs: der

Graf der Provence (der spätere Ludwig XVIII., 1755–1824) und der Graf von Artois (der spätere Karl X., 1757–1836); aber ein Drittel von ihnen waren Arbeiter und Bauern. Die aristokratischen *émigrés* fanden zunächst Zuflucht in den deutschen Territorien der Erzdiözese Straßburg, bis Kardinal de Rohan (1734–1803), Cagliostros Opfer in der Halsbandaffäre, der 1786 auf diese abgelegene Seelsorge verbannt worden war, durch die Zivilkonstitution des Klerus seinen Bischofssitz einbüßte. Der Graf von Artois – in Stuttgart mit einem Schaugepränge begrüßt, an dem auch Georg Kerner mitwirkte und bei dem zwei Männer in Trikolore-Tracht einen dritten in mittelalterlicher Rüstung verprügelten – begab sich nach Turin, wo er eine Exilhofhaltung errichtete und ständig intrigierte – teils mit der Unterstützung Ludwigs XVI., teils ohne sie –, um durch eine bewaffnete Intervention der europäischen Königshäuser die Autorität seines unentschlossenen Bruders wieder herzustellen. Von einem nervösen König von Savoyen zur Weiterreise gedrängt, wurden der Graf von Artois und der Prinz von Condé Anfang 1791 von den eitlen und undiplomatischen Kirchenfürsten des Rheinlandes, den Fürst-Erzbischöfen von Mainz, Trier und Köln, mit offenen Armen aufgenommen. Hier, an der Grenze zu Frankreich, nur 300 Kilometer von Paris entfernt, rekrutierten, bewaffneten und leiteten die adligen *émigrés* (vornehmlich als Offiziere) Truppenverbände zu Manöverübungen. Zweifellos ließen sie gutes Geld in den Fürstentümern – und offerierten minder gute Kredite –, und ohne Frage waren ihre Manöver eher lächerlich als gefährlich; aber es war unklug, die Gefahr zu übersehen, in die sie zumindest ihre Gastgeber, wenn schon niemand anderen brachten.

War die Vielzahl von Machtzentren in Deutschland ein Hauptgrund dafür, daß es milder verwaltet und wirksamer kontrolliert wurde als Frankreich, so sollte das Jahr 1791 zeigen, daß es vor allem für das eine, wodurch die Revolution in Frankreich sich grundsätzlich von allem unterschied, was deutsche Intellektuelle sich vorstellen oder unterstützen mochten, keine Parallele gab: es war die Hauptstadt Paris – seit Oktober 1789 eindeutig das Zentrum der Nation, mehr noch als irgendeine der Institutionen oder Persönlichkeiten, die vorübergehend dort residierten. Die Abgeordneten der Generalstände traten engagiert für Dezentralisierung ein – das war eine der klarsten Forderungen auf der Liste der Mißstände, die vor ihrem Zusammentritt aufgestellt worden war –, doch der Umzug des Königs und der Versammlung von Versailles nach Paris führte zu einem verhängnisvollen Schritt in die entgegengesetzte Richtung: Das Zentrum der französischen Verwaltung und des eben erst aufkeimenden politischen Lebens verschmolz mit Frankreichs wirtschaftlichem und geistigem Mittelpunkt. Ludwig XIV. hatte genial die Faktionen in seinem Reich – Adel und Bürgertum, Paris und die Provinz, Regierung und Hof – gegeneinander ausgespielt; was sie allein einte, war das Buhlen um seine Gunst in jener künstlichen Welt von Versailles, die ganz und gar die Schöpfung des Monarchen war. Nach einem Jahrhundert der erfolgreichen Trennung verschmolzen «der Hof und die

Stadt» nun zu einem gesellschaftlichen Gesamtgebilde von einer Größenordnung und Kompliziertheit, die kein Mensch verstehen und beherrschen konnte, zu einem Mikrokosmos machtvoller nationaler Interessen von einer Vielfalt, die noch kein Parlament und keine Regierung repräsentieren konnten. Dadurch, daß die Revolution nach Paris gekommen war, hatte sie sich der modernen Massengesellschaft und ihrem Vollstrecker, dem Volk, ausgeliefert – oder angedient. Weil die Hauptstadt die Persönlichkeiten und Akteure der nationalen Legislative physisch kontrollierte und über sie die Macht des absoluten Monarchen über Leben und Tod besaß, war Paris bis zu seiner Unterwerfung durch Bonaparte die eigentliche Autorität, die den Gang der Revolution bestimmte – nicht zwangsläufig irrational, aber nach Maßgabe von Bedürfnissen und Kalkulationen, die dem Blickfeld der Verfassungsväter entzogen waren. Keine Bildungs- und keine Eigentumsvoraussetzungen behinderten den Zugang zur Wählerschaft der Straße. «Öffentliche Meinung» war in Paris kein Euphemismus für die Ansichten einer Clique von Großen und Guten oder von ein paar Zeitungsschreibern: In den Volksgesellschaften, die parallel zu den lokalen Regierungsversammlungen entstanden – analog den großen Clubs, die ihre Schatten auf die Nationalversammlung warfen –, wurde die Tagesdiskussion in Kreise getragen, die der vorrevolutionären Aufklärung unerreichbar gewesen waren. In dem Maße, wie mit dem Zusammenbruch der Dienstleistungsgewerbe des Ancien Régime und mit der Flucht oder dem Ruin adliger und kirchlicher Arbeitgeber die Arbeitslosigkeit zunahm, wuchs auch die Anzahl jener, die für spontane Diskussionen und Aktionen zu haben waren. Und in dem Maße, wie die Wirtschaftskrise um sich griff, bekamen auch die gewichtigsten politischen Fragen für zahllose Menschen eine persönliche Dringlichkeit, die erst durch die Emotionen der Kriegszeit übertäubt werden sollten. In manchen Gegenden kam die Steuererhebung praktisch zum Erliegen; in der ersten Hälfte des Jahres 1790 verdreifachten sich die kurzfristigen Schulden der Regierung auf zwei Milliarden *livres* (etwa 500 Millionen Reichstaler), und die Kosten des Schuldendienstes verschlangen 50 Prozent der jährlichen Einnahmen; die Assignaten, die Ende 1790 in dreimal größerer Menge ausgegeben wurden als ursprünglich vorgesehen, verloren bis Ende 1791 20 Prozent, bis Anfang 1792 fast 40 Prozent ihres Nennwertes; und mittlerweile war es zu ernsten Lieferschwierigkeiten und Lebensmittelknappheiten gekommen.

1791 waren es jedoch nur der König und die königliche Familie, die lernen mußten, daß sie einen Herrn hatten und daß ihr Körper nicht ihnen gehörte – die Stunde der gewählten Deputierten kam später. Die Tanten des Königs erhielten im Februar die Erlaubnis, nach Rom auszureisen, aber sie waren die letzten, die entkamen. Der König war nicht nur das Rückgrat der gegenwärtigen Regierung, für den kein Ersatz bei der Hand war, und Herzstück der künftigen Verfassung; er war auch, solange er fortfuhr, sie öffentlich zu unterstützen, Garant der Legitimität der Revolution und ein moralischer Schutz vor einer von den *émigrés* angezettelten Invasion. Im April, in einer Atmosphäre großer politischer Unsicherheit nach dem Tode Mirabeaus, der standhaft den König verteidigt hatte, und der Verurteilung der Zivilkonstitution durch den Papst, hinderten auf den Straßen zusammenströmende Menschenmassen, die Ludwig im Verdacht hatten, außer Landes fliehen zu wollen, die königliche Familie gewaltsam an ihrer traditionellen Osterfahrt nach Saint-Cloud. Der König, was immer seine Pläne im April gewesen sein mögen, trat in der Nacht des 20. Juni eine sorgfältig geplante, heimliche Blitzreise zur französischen Nordostgrenze an, in der Hoffnung, von dort zu den *émigrés* in Luxemburg zu stoßen. Er und sein Haushalt wurden jedoch vom Postmeister von Sainte-Menehould erkannt, an der nächsten Poststation, Varennes-en-Argonne, von einer Menschenmenge eingekesselt und dort vom neu gewählten Bürgermeister verhaftet. Das Gottesgnadentum, das einen König umgibt, verdampfte vor der Souveränität des Volkes, und die französische Provinz bewies ihre Loyalität gegenüber dem Zentrum dadurch, daß sie die nationale Exekutivgewalt, die ihr so unerwartet in den Schoß gefallen war, postwendend an Paris zurückgab.

Für die öffentliche Meinung Europas und namentlich Deutschlands war der Vorfall ein Wendepunkt: Der König, so hieß es jetzt, befinde sich in Gefangenschaft. Richtiger hätte man gesagt, daß Frankreich einen neuen König habe: Eine neuartige Staatsmacht hatte sich gezeigt, die mit ihrem persönlichen Repräsentanten nach Belieben verfahren konnte. Die neue Verfassung, die kurz vor dem Inkrafttreten stand, war eine gutgemeinte und zweifellos unbeabsichtigte Farce. Die gesetzgebende und die vollziehende Gewalt, die sie nach amerikanischem Vorbild strikt voneinander trennte, indem sie die eine einer Versammlung von Begüterten und die andere einem erblichen König übertrug, waren nicht letztgültig, und die wahre Autorität im Reich hatte noch immer keine anerkannte Stimme. So war es kein Wunder, daß die Nationalversammlung einen Monat lang in Bestürzung und Unschlüssigkeit verharrte; sie war unfähig, eine Reaktion auf die Krise zu formulieren, und flüchtete schließlich in die Fiktion, Ludwig sei das schuldlose Opfer einer Verschwörung, um die Verfassung, für die er unabdingbar war, wie geplant einführen zu können. Unterdessen spalteten sich die Jakobiner: Die gemäßigte Mehrheit unter Lafayette sagte sich los und bildete einen neuen Club, die Feuillants, die weiter der Monarchie die Treue hielten, während man Maximilien Robespierre (1758–1794) die einsame Dominanz über den jakobinischen Rumpf überließ. Unmittelbarer Anlaß der Sezession war die Reaktion der Volksgesellschaften auf die erfolglose Flucht des Königs, im Endeffekt eine Petition auf Errichtung der Republik, die der Cordeliers-Club aufgriff und für die er bei einer Massendemonstration auf dem Marsfeld am 17. Juli Unterschriften sammelte. Da Gesetzlosigkeit drohte, gab Lafayette seiner Nationalgarde Order, das Feuer auf die Menge zu eröffnen. Das anschließende Gemetzel brachte zwar das Gerede von einer Republik eine Zeitlang zum Schweigen, signalisierte aber den Beginn des unaufhaltsamen Niedergangs von Lafayettes Reputation – ausgerechnet am Schauplatz seines Triumphes ein Jahr zuvor.

Die Flucht des Königs, mochte sie auch mißglückt sein, hatte ein warnendes Beispiel gegeben. Nach Varennes schwoll der Strom der Emigranten, namentlich aus den Reihen der höheren Offiziere, mächtig an. Jeder dieser *émigrés* ließ die unausgesprochene Drohung zurück, eines Tages wiederzukommen und Vergeltung zu üben, und die Sorge vor einer Intervention von außen wuchs, als Leopold II. den Eindruck gewann, etwas für seinen Schwager tun zu müssen. Der Eindruck war nicht stark und rührte ohnedies wahrscheinlich von Friedrich Wilhelm II. her. Der König von Preußen war, nach einer kurzen Periode der Beeinflussung durch Carl August von Weimar, in den Bannkreis von zwei Ministern geraten, die im Rosenkreuzer-Orden seine Oberen waren: J. C. Wöllner (1732–1800) und besonders R. von Bischoffswerder (1741–1803), groß, gutaussehend und mit einer tiefen, aber rätselhaft undeutlichen Stimme, «als ob er die Zunge im Bauch» habe. Der Haß der Rosenkreuzer auf die rationalistische Aufklärung und insbesondere auf alles, was nach ihren alten Rivalen im Freimaurerwesen, den Illuminaten, roch, führte in der preußischen Innenpolitik zu einer Verschärfung der Zensur und zu dem – erstmals mit Wöllners Religionsedikt von 1788 unternommenen – Versuch, den Klerus von Freidenkern zu säubern. In außenpolitischer Hinsicht faßten die Rosenkreuzer sogleich einen tiefen Argwohn gegen die französische Revolution und speziell gegen die Rolle des Jakobiner-Clubs. (Mitglieder von Geheimgesellschaften scheinen schon früh geneigt gewesen zu sein, im «Jakobinertum» ein Spiegelbild ihrer eigenen Wühltätigkeit zu sehen, ihm aber diabolische Erfolge dort zuzuschreiben, wo sie selbst, wie sie wußten, nichts bewirkten.) Nach der Konvention von Reichenbach blieb der diplomatische Kontakt zwischen Preußen und Österreich eng: Bischoffswerder reiste im Februar 1791 in geheimer Mission nach Wien, und Ende Juli einigten sich die beiden Monarchen auf eine gemeinsame Politik gegen Frankreich, aber auch gegen Polen, wo im Mai eine erklärtermaßen jakobinische Bewegung für die erste geschriebene Verfassung in Europa gesorgt hatte und an dessen Territorium beide Mächte ein starkes, raubgieriges Interesse hatten. Vielleicht um Friedrich Wilhelm seinen Willen zu lassen, war Leopold bereit, am 27. August gemeinsam mit ihm eine in Pillnitz, der Sommerresidenz des Kurfürsten von Sachsen, gegebene Deklaration zu unterzeichnen, derzufolge beide willens waren, «die geeignetsten Mittel» zur Unterstützung des Königs von Frankreich zu ergreifen, vorausgesetzt, alle anderen europäischen Mächte stimmten zu. Durch diese Klausel blieb die Erklärung natürlich toter Buchstabe, und als Ludwig XVI. am 14. September die neue französische Verfassung annahm, gab Leopold bekannt, daß die Angelegenheit für ihn erledigt sei. Der Vorfall zeigte indes, daß die alten Herrscher Europas außerstande waren, den neuen Tatbestand wahrzunehmen, den die Revolution in die politische Gleichung eingeführt hatte: die Meinung der Massen, die sie bisher lediglich unter Kontrolle zu halten hatten. Für Leopold mag die Pillnitzer Deklaration nicht mehr gewesen sein als ein geschickter und kurzfristiger diplomatischer Trick, bestimmt für die anderen Monarchen und ihre Höflinge: Auf den Straßen und in den Clubs von Paris hallte ihr Echo für den Rest des Jahres unheildrohend nach.

Am 30. September 1791 hatte es zeitweilig den Anschein, als sei die Zeit der Revolution vorüber. Die Verfassunggebende Nationalversammlung löste sich auf, nachdem sie Frankreich seine Verfassung gegeben hatte, und am folgenden Tag trat die neue Gesetzgebende Versammlung zum erstenmal zusammen. Die größte Gruppe unter den 745 Deputierten (etwa 345) bildeten die gemäßigten Feuillants, doch gab es auch rund 135 Jakobiner (in der Folge «Girondisten» genannt, weil ihre prominentesten Mitglieder aus dem westfranzösischen Département Gironde kamen), die mißtrauisch die Absichten des Königs und vor allem den Briefwechsel der Königin mit ihren gekrönten und adligen Verwandten beäugten. Binnen drei Wochen hatte der Führer der Girondistenfraktion in der Versammlung, der Journalist J. P. Brissot (1754–1793), um dessentwillen die Gruppe damals auch als «Brissotins» bekannt war, zu einem Krieg gegen alle europäischen Mächte aufgerufen, die *émigrés* beherbergten, sofern es nicht gelänge, sie mit anderen Mitteln zu vertreiben. Da diese Mächte die wichtigsten Kirchenfürsten des Reiches waren, ist es nicht verwunderlich, daß Anacharsis Cloots im Herbst und Winter 1791/92 zu den eifrigsten Kriegstrommlern Brissots gehörte. Das Verhältnis zwischen dem konstitutionalisierten König und seiner Legislative wurde gespannt, als Ludwig seine neuen Rechte nutzte und sein Veto (mit aufschiebender Wirkung bis zu vier Jahre) gegen ein Dekret zur Konfiskation von *émigré*-Eigentum und kurz darauf ein weiteres Veto gegen eine Verordnung einlegte, die neue Strafen für Kleriker vorsah, die den Eid auf die Zivilkonstitution verweigerten. Damit gab er einem weiteren Argument für den Krieg Nahrung: Er würde gezwungen sein, sich für oder gegen die neue Ordnung zu erklären, die Nation würde in einer gemeinsamen Sache zusammenstehen, und zugleich würden Abweichler ein für allemal hinweggefegt. Vielleicht teilte er auch Robespierres Analyse der Lage, aus der er freilich einen anderen Schluß zog. Robespierre – nicht mehr Deputierter –, war im Jakobiner-Club isoliert, weil er für den Frieden eintrat, mit der Begründung, eine Niederlage werde das alte Régime zurückbringen, während ein Sieg lediglich dem siegreichen General (vermutlich Lafayette) die Macht bescheren werde. Ludwig konnte einen mächtigen Rückgewinn an persönlicher Popularität verbuchen, als er den rheinischen Kurfürsten ein Ultimatum stellte und mit Krieg drohte, falls sie nicht aufhörten, *émigrés* bei sich aufzunehmen; aber ganz Paris war vorübergehend sprachlos, als die Prälaten unverzüglich taten, wie ihnen geheißen, und den Prinzen von Condé (1736–1818) aus Mainz, den Grafen von Artois aus Koblenz auswiesen. Unterdessen hatte jedoch der Kaiser eine neue taktlose Drohung ausgestoßen: ein Angriff auf die Kirchenterritorien werde als Angriff auf Österreich behandelt werden, und der Volkszorn kehrte sich nun gegen Marie Antoinettes Bruder. Die Lebensmittelpreise stiegen – insbesondere für Zucker, nachdem die dominikanischen Sklaven dreist genug gewesen waren, zu glauben, die Grundsätze von 1789 gälten auch für sie, und eine gewaltsame Rebellion angezettelt hatten –, und in der Provinz gärte es. «Die ganze Nation scheint Krieg für den einzigen Ausweg aus ihren Schwierigkeiten zu halten», schrieb der deutsche Publizist Johann Wilhelm von Archenholtz (1743–1812) im Februar in Paris, und es spielte keine besondere Rolle, gegen wen. Am 7. Februar 1792 gipfelte der Flirt, der in Reichenbach begonnen hatte, in der Unterzeichnung eines gegenseitigen Beistandspakts zwischen Preußen und Österreich. Das französisch-österreichische Bündnis, das seit 1756 bestanden hatte, endete mit einem Knalleffekt, und trotz des unerwarteten Todes des Kaisers im März und der Thronbesteigung des jungen Franz II. (1768–1835), dessen opulente Krönung in Frankfurt am dritten Jahrestag des Sturms auf die Bastille begangen wurde, mußte Ludwig der allgemeinen Empörung nachgeben, alle seine Minister entlassen und die Kandidaten der jakobinischen Kriegspartei ernennen, unter ihnen General C. F. Dumouriez (1739–1824) zum Außenminister. Am 20. April wurde Österreich der Krieg erklärt, einen Monat später schloß sich Preußen dem Konflikt an. Gut sechs Monate nach dem Inkrafttreten der neuen Verfassung war ein Schritt getan worden, der, mochte er auch die Reformbemühungen der Nationalversammlung nicht gänzlich blockieren, doch ihre Resultate um gut vierzig Jahre hinauszögerte und in der Zwischenzeit unermeßliches Elend über alle Völker Europas brachte. Konkrete Schuld trifft vielleicht keinen einzelnen speziell – in der Stunde der Not lag das Schicksal Frankreichs in den Händen von Mediokritäten –, aber wenn überhaupt irgendwo Schuld liegt, dann bei den Ausflüchten und Winkelzügen des Königs, des Mannes, der nach jeder Interpretation seines Amtes eindeutig die Aufgabe hatte, die Interessen der Nation vor seinen eigenen zu bedenken, und dem die Herzens- und die Geistesgröße fehlte, seine Pflicht zu erkennen und sie zu tun.

Die demoralisierte französische Armee (unzulänglich unterstützt, wie wir sicher sein dürfen, von der «Deutschen Legion» von Expatriierten, die Cloots ausgehoben hatte) erlitt bald eine Reihe kleinerer Rückschläge, und in der Atmosphäre gegenseitiger Schuldzuweisungen wußte Ludwig sich seiner ungeliebten jakobinischen Minister zu entledigen. Es war ein unkluger Schritt, der die Unzufriedenheit des Volks bündelte und den Verdacht nährte, daß Lafayette, der, wie man glaubte, bei den neuen Ernennungen die Hand im Spiel gehabt hatte, einen Coup des Militärs zugunsten des Königs plane. Der König genoß – wahrscheinlich zu Recht – kein Vertrauen mehr, und hierin sowie in den Notwendigkeiten eines Staates im Kriegszustand muß der Anlaß für die nun folgenden Ereignisse gesehen werden. Am 20. Juni organisierte der Cordeliers-Club eine Demonstration von mehreren tausend «passiven» Bürgern der unteren Schichten, die sich «sans culottes» nannten – das heißt, einfache Hosen trugen anstatt der Kniehosen, die für jene begüterten, freiberuflichen und höheren Schichten kennzeichnend waren, denen es als «aktiven» Bürgern allein erlaubt war, zu wählen und die Nationalgarde zu stellen. Die Tuilerien wurden erstürmt, und der König mußte sich zwei Stunden lang Lobreden auf die abgesetzten Minister anhören. Die Demonstration erreichte nichts, aber sie war eine Warnung und eine Generalprobe für das, was in den hektischen Sommertagen kommen sollte, als die preußischen Truppen sich im Rheinland zu massieren begannen und neuerlich Petitionen zirkulierten, in denen die Abschaffung der Monarchie und die Errichtung einer Republik gefordert wurden. Paris füllte sich mit engagierten Nationalgardisten aus ganz Frankreich, und das Kontingent aus Marseille marschierte zu den Klängen jenes Kriegsliedes ein, das Rouget de Lisle in Straßburg für die Rheinarmee komponiert hatte. Die *Marseillaise* war eines von drei machtvollen Symbolen einer neuen Phase in der Revolution, die 1792 in Erscheinung traten: die zwei anderen waren die Guillotine, eingesetzt erstmals im April als ein Werkzeug – im Sinne humaner Aufgeklärtheit – für eine vermeintlich schmerzlose Art der Hinrichtung, wie sie einer rationalen Gesellschaft anstand; und die rote Jakobinermütze (phrygische Mütze), eine Nachahmung der Kopfbedeckung freigelassener Sklaven in der Antike, die von den entlassenen Jakobinern getragen wurde. Wie die emphatische patriotische Sprache der *Marseillaise* mit ihrem römischen Vorbild, hatte auch die klassische Anspielung, durch die phrygische Mütze, eine verborgene Implikation; denn Freiheit genossen in der Welt der Antike nicht die Untertanen von Königen, sondern die Bürger von Republiken. Die Geschäftigkeit der Volksgesellschaften, die Ausrufung des Staatsnotstandes in passenden römischen Begriffen und damit einhergehend die daraus folgende Zulassung von «passiven» Bürgern zur Nationalgarde und die den Lokalversammlungen erteilte Genehmigung permanent zu tagen, die Nachricht, daß die Preußen von Koblenz her anrückten, und das fatale Manifest, das ihr Befehlshaber, der Herzog von Braunschweig, erließ (allerdings verfaßt von dem *émigré* Marquis de Limon), ein würdiges Nachfolgedokument der Pillnitzer Deklaration, das mit der Schleifung der Stadt Paris drohte, sollte dem König ein Haar gekrümmt werden: all dies trug zur erhitzten politischen Fieberatmosphäre von Ende Juli bei. Eine erdrückende Mehrheit der Pariser Lokalversammlungen forderte die Absetzung des Königs, Rufe nach einer Volkserhebung wurden immer lauter, und am 10. August proklamierten die Politiker von Paris, unter höhnischer Mißachtung der nationalen Gesetzgebenden Versammlung, den Aufstand, und eine Streitmacht von 20000 Mann, mit den jüngst radikalisierten Nationalgardisten als hartem Kern, stürmte die Tuilerien und metzelte die Schweizergarde nieder, während sich die königliche Familie in den Schutz der nahegelegenen Nationalversammlung retten konnte. Die von Paris terrorisierte Versammlung erklärte die Monarchie für suspendiert, und Ludwig wurde im Temple gefangen gesetzt, einer mittelalterlichen Festung und offiziellen Residenz des Großpriors der Malteserritter (des Ordens Cagliostros, wie man sich erinnern wird).

Anstelle des Königs ernannte die Versammlung als ihre oberste Exekutive einen Rat von sechs Ministern; der prominenteste war Danton, der bisher nur in Pariser Angelegenheiten hervorgetreten war. Es wurden Wahlen zu einem Nationalkonvent für die Erarbeitung einer neuen Verfassung ausgeschrieben; die erste Runde sollte am 27. August abgehalten werden. Aber für die Diskussionen war die Zeit knapp. Zwar war Lafayette nicht mehr zu fürchten: Nach einem kurzen Versuch, seine Truppen auf Paris marschieren zu lassen, war er geflohen und zum Feind übergelaufen (der ihn prompt inhaftierte). Aber die wirkliche Bedrohung ging von den Verbündeten selbst aus, sie wurde täglich größer, und existierte nicht bereits eine Fünfte Kolonne im Rücken der französischen Linien? Die Gefängnisse füllten sich jetzt mit eidverweigernden Geistlichen, den Überresten der Schweizergarde und anderen bekannten Unterstützern des Königs; endlich konnte Paris nach Gutdünken mit Andersdenkenden verfahren, die es schon seit langem nicht hatte tolerieren wollen. Die Kriegsnachrichten waren schlecht, und Verrat lag in der Luft, auch wenn der größte Verräter jetzt im Temple hinter Schloß und Riegel saß: Die Preußen eroberten am 22. August Longwy, fast ohne daß ein Schuß gefallen wäre, und am 2. September nahmen sie Verdun. Freiwillige waren gefragt, um das Vaterland zu verteidigen; aber was sollte mit den konterrevolutionären Massen in den Gefängnissen geschehen, die die Freiwilligen hinter sich zurückließen? Eine Art von Justiz war in Gang gekommen, und die Guillotine wurde ab Ende August tätig; die Fortschritte aber waren langsam. Aus Angst vor einem Massenausbruch während ihrer Abwesenheit an der Front und aufgehetzt von dem radikalen Journalisten, früheren Arzt und Naturwissenschaftler Jean Paul Marat (1743–1793), stürmten die Bürger von Paris zwischen dem 2. und dem 7. September die Gefängnisse und nahmen die Justiz in die eigene Hand: Rund 1200 Menschen wurden in Paris bei diesen «Septembermorden» niedergemetzelt, deutlich mehr, als bei den Gewalttätigkeiten des 10. August ums Leben gekommen waren; und durch diesen Aderlaß beruhigt, zogen die Massen in ihren Krieg.

Ihre Begeisterung tat not, aber sonst hatten sie wenig zu bieten. Die Maasarmee, stationiert in Sedan im Nordwesten der Invasoren, hatte gerade ihren Befehlshaber Lafayette verloren, der durch Dumouriez ersetzt worden war; und die südliche, in Metz stationierte Moselarmee stand unter dem Kommando des betagten und unfähigen deutschen Söldners Marschall N. Luckner (1722–1794), der soeben durch die Österreicher eine schmähliche Niederlage in Belgien bezogen hatte und bald dem aus Straßburg gebürtigen F. C. Kellermann (1735–1820) weichen mußte. Als die zwei Säulen der regulären Truppen erwiesen sich ihre trefflich ausgebildeten Kanoniere aus vorrevolutionären Tagen und das strategische Flair von Dumouriez. Die Invasionsstreitmacht aus Preußen (Hauptcorps), Österreichern (beide Flanken), Hessen und 4500 *émigrés* zählte insgesamt 80 000 Mann, und nach dem 2. September lag die Straße nach Paris offen vor dem Herzog von Braunschweig und dem König von Preußen da, der für diesen vermeintlichen militärischen Spaziergang («promenade militaire») als Oberbefehlshaber der Verbündeten zu seinen Soldaten gestoßen war. Sie rückten jedoch vorsichtig vor, hauptsächlich darauf bedacht, in der Armeetradition des 18. Jahrhunderts ihre Nachschublinien zu sichern, und Dumouriez suchte sie auszumanövrieren und am Ausbruch in das bequemere Gelände der Champagne zu hindern: In einem Gewaltmarsch von Norden her verlegte er den Verbündeten den Weg nach Sainte-Menehould und hielt sie so in der zerklüfteten und unwegsamen Argonne fest. Als der Feind schließlich nördlich der Hauptstraße, im Bergland von Grandpré, auftauchte, rüstete sich Dumouriez, jetzt verstärkt durch Kellermann, zur Schlacht bei Valmy. Im preußischen Kommando herrschte jedoch Verwirrung, Friedrich Wilhelm wollte angreifen, der Herzog von Braunschweig wollte manövrieren, und die beabsichtigte Entscheidungsschlacht erschöpfte sich in einem ergebnislosen vierstündigen Artillerieduell, dem 184 von 34 000 Preußen und 300 von 59 000 Franzosen zum Opfer fielen und das mit einem Patt endete. Dumouriez bot Verhandlungen an in der Absicht, einen Keil in das österreichisch-preußische Bündnis zu treiben, aber die Nachricht, daß am Tag nach der «Kanonade von Valmy» der neue Nationalkonvent zusammengetreten war und unverzüglich den König abgesetzt und die Republik ausgerufen hatte, bewog den preußischen Unterhändler, Marchese Lucchesini, die Unterredung abzubrechen, und der Rückzug setzte ein. Das Wetter war und blieb abscheulich, der Nachschub brach zusammen, unter den Invasoren breitete sich die Ruhr aus und verursachte hohe Verluste, doch gelang es ihnen – da die Franzosen gezwungen waren, über den Abzug aus den besetzten Festungen zu verhandeln –, einen ziemlich erfolgreichen Rückzug der verbliebenen Streitkräfte zu erwirken.

Es war eine für das *ancien régime* typische Kampagne gewesen, entschieden durch Logistik und die Kunst des Stellungskrieges, bei minimalen Verlusten auf dem Schlachtfeld. Sogar die Absetzbewegung war von der Machtpolitik der Ära der Kabinettskriege bestimmt; denn Dumouriez sah die Chance, territoriale Gewinne in Belgien durch einen raschen Schlag nordwärts, gegen die Österreicher, zu sichern, denen er bei Jemappes (6. November) mit dreifacher Übermacht entgegentrat, während Friedrich Wilhelm seine Leute im Osten, in Polen brauchte, wo die Russen, von adligen Gegnern der «jakobinischen» Verfassung von 1791 um Intervention gebeten, im Herbst die uneingeschränkte Kontrolle übernommen hatten. Friedrich Wilhelm kam gerade noch rechtzeitig, um von der Zweiten Polnischen Teilung im Januar 1793 zu profitieren. Österreich kam nicht rechtzeitig und wurde übergangen, aber Preußen konsolidierte die Landbrücke zwischen Brandenburg und Ostpreußen, die es bei der Ersten Polnischen Teilung 1772 erworben hatte, und gewann vor allem den lange begehrten Hafen Danzig

(Gdansk). (Eine örtliche Kaufmannsfamilie, die Schopenhauers, war vom Verlust der alten Freiheit Danzigs dermaßen angewidert, daß sie unverzüglich nach Hamburg zog.) Frankreich stand noch immer nicht im Mittelpunkt der Aufmerksamkeit der europäischen Staatsmänner, das innere Chaos im Lande verdoppelte sich, es gab keinerlei Anzeichen einer militärischen Erholung, und die «Kanonade von Valmy» sah nicht wie ein Wendepunkt der Weltgeschichte aus. Vielleicht war sie dennoch einer: Unbestreitbar war die Kampagne, deren ruhmloses Ende sie war, der Anlaß zur Absetzung des französischen Königs, und die zeitweilige Niederlage der Verbündeten gab nicht nur der Republik die Gelegenheit, sich zu etablieren, sondern besiegelte auch das Schicksal Ludwigs. Am 11. Dezember machte man ihm vor dem Nationalkonvent als dem einzig zuständigen Gerichtshof den Prozeß; am 15. Januar 1793 wurde er einstimmig für schuldig befunden und von einer Mehrheit zum Tode verurteilt; und nachdem Gnadengesuche gescheitert waren, wurde das Urteil am 21. Januar vollstreckt.

Unterdessen gaben die republikanischen Armeen ihren Nachbarn einen Vorgeschmack dessen, was kommen sollte: Sobald es zur Offensive überging, gehörte das neue Frankreich unzweifelhaft einer neuen Ära an. General A. P. Custine nutzte seinen Vorteil im Osten, marschierte im Rheinland ein und nahm am 21. Oktober 1792 Mainz, am folgenden Tag Frankfurt. Ende November waren auch Belgien, Savoyen und Nizza in französischer Hand. Am 31. Januar 1793 bekräftigte Danton offiziell die im Konvent verbreitete Auffassung, daß die natürlichen Grenzen Frankreichs der Atlantik, der Rhein, die Alpen und die Pyrenäen seien, und zwischen November und März fanden sich in allen jüngst eroberten Territorien Kollaborateure, die um Eingliederung in die Französische Republik ersuchten. An sich war ein solcher Expansionismus nichts Neues: Nicht nur, daß er die Ambitionen Ludwigs XIV. aufgriff und realisierte; er unterschied sich auch in keiner Weise, weder politisch noch moralisch, von der genau zu derselben Zeit von Preußen betriebenen Arrondierung seines Territoriums im Osten, auf Kosten Polens. Das Verhalten Custines im ersten Monat seiner Besetzung des Rheinlands war ganz im Geist der Kriegsführungs- und Eroberungsregeln des *ancien régime*: Er sorgte für strenge Disziplin, ließ eigene Leute wegen Plünderung in Speyer füsilieren und versicherte den Bürgern Frankfurts, es sei nicht beabsichtigt, ihre Verfassung zu ändern, falls sie das nicht wünschten – aber wie Friedrich der Große in Sachsen erlegte er der Stadt eine Abgabe von zwei Millionen *livres* (rund eine Million Gulden) auf und nahm Geiseln, um die Zahlung sicherzustellen. Doch binnen einen Monats machten sich zwei Faktoren bemerkbar, die aus dieser opportunistischen Konsolidierung der französischen Ostgrenze etwas ganz anderes machten als den Geländegewinn der Dynasten des 18. Jahrhunderts – etwas, das schon die moderne Welt erkennen ließ.

Zum einen übernahm in den nun beginnenden Religionskriegen das ideologische Moment eine ganz neue, ja beispiellose Rolle – in der Beschreibung zwischenstaatlicher Beziehungen nicht in Begriffen materieller Macht oder persönlicher oder ererbter Rechte, sondern nach Maßgabe theoretischer Prinzipien von angeblich universaler Gültigkeit. Am 19. November 1792 erließ der Konvent ein Dekret, wonach die französische Nation ihren brüderlichen Beistand allen Völkern gewährte, die ihre ursprüngliche und rechtmäßige Freiheit zurückzuerlangen suchten. Erbaulich, aber vage formuliert, war das Dekret gleichwohl die Proklamation, daß der gegenwärtige Krieg kein Krieg wie jeder andere bisher bekannte sein werde. Die Bedeutung dieser unerbeten offerierten Brüderlichkeit wurde in einem weiteren Dekret vom 15. Dezember klargemacht, das Custine zu sofortigem Handeln veranlaßte: Es wies die Generale der Republik an, in den besetzten Gebieten den Adel sowie alle feudalen Abgaben und Privilegien abzuschaffen und Wahlen auf der Basis des allgemeinen Männerwahlrechts abzuhalten, das heißt die existierende Form ihres Staates durch die derzeit in Frankreich anerkannte zu ersetzen. Was dies wiederum bedeutete, machte P. J. Cambon (1756–1820), der Berichterstatter der einschlägigen Ausschüsse, dem Konvent klar: Nur diejenigen, die einen Eid «auf Freiheit und Gleichheit» ablegten, würden zu den Wahlen zugelassen werden, sagte er in seiner Rede, und die Aufgabe der Gewählten werde es sein, die französischen Heere zu beliefern «und die Auslagen zu decken, die diese während ihres Aufenthalts in dem Gebiet gehabt haben oder haben werden»; denn diese Heere brächten das unschätzbare Geschenk der Revolution und der (zwangsweise einzuführende) revolutionären Währung, die Assignaten. Ferner «sollten wir ein Volk nicht ganz und gar seinen eigenen Vorstellungen überlassen, das die Freiheit kaum gewöhnt ist»; die Franzosen hätten immerhin volle drei Jahre Erfahrung mit ihr, und so «sollten wir ihnen mit unserem Rat zur Seite stehen und uns mit ihnen verbrüdern ... Der Konvent sollte einige seiner Mitglieder als Kommissare zu ihnen entsenden, um brüderliche Beziehungen herzustellen.» Sollte diese Generosität nicht honoriert werden, «müssen wir den Völkern, die ihre privilegierte Ordnung behalten wollen, sagen: Ihr seid unsere Feinde, und ihr werdet als solche behandelt werden, weil ihr Freiheit und Gleichheit nicht wollt.» Die besetzten Gebiete wurden also vor die Wahl gestellt, entweder freiwillig für die militärische Ausplünderung und die wirtschaftliche und administrative Annexion zu stimmen, oder aber sie sich gewaltsam aufzwingen zu lassen – in jedem Fall im Namen von Freiheit und Gleichheit. Was diesen Heucheleien ihre besonders moderne Färbung verleiht, ist nicht so sehr der Zynismus Cambons als seine Scheinheiligkeit: das Verpacken brutaler, altbekannter Wahrheiten – *vae victis* – in ein System von hochtönenden säkularen Abstraktionen – das Reden mit zwei Zungen: «Brüderlichkeit» bedeutet (wie der Redner und sein Publikum genau wissen) Unterjochung und «freie Wahl» Manipulation. Der Säkularismus ist dem immanent; denn es handelt sich um die Selbstrechtfertigungen einer Republik, die ihre Existenz der Loslösung von ihrer historischen und religiösen Legitimität verdankt, da ihre Autorität sich weder von einem König noch (wie vordem in der amerikanischen Unabhängigkeitserklärung) von einem Schöpfer herleitet. Infolgedessen konnten die Zeitgenossen, die den Versuch unternahmen, die Revolution zu interpretieren, sämtliche Ressourcen der Moralphilosophie der Aufklärung, des geistigen Vehikels des Säkularisierungsprozesses, mobilisieren, und besonders in Deutschland war man versucht zu glauben, daß das genüge, um die Revolution zu erklären – man nahm die Ideologie so wie die Assignaten für bare Münze.

Ein weiterer neuer Faktor in den Kriegen, von denen die Intellektuellen oft – freilich nicht immer – isoliert waren, war die Intensivierung des Konflikts durch die totale Mobilmachung, die *levée en masse*. Zwar wurde diese allgemeine Dienstpflicht erst im Sommer 1793 offiziell dekretiert, doch hatte Frankreich schon 1792 bereits 180 000 Freiwillige aufgeboten, und seine zahlenmäßige Überlegenheit war der Schlüssel zu den Siegen in Belgien und im Rheinland. Das explosive Größenwachstum der französischen Armeen ließ es sogleich offenkundig unmöglich erscheinen, sie so sorgfältig mit Proviant zu versehen, wie das in der Kriegsführung des 18. Jahrhunderts Tradition gewesen war. Sie mußten sich vom Land, bei den Bauern ernähren, und wenn im Januar 1793 in jedem Haus in Oppenheim acht bis zehn Soldaten einquartiert waren, dann war das nur ein allermildester Vorschein der Schrecken kommender Jahre, die manche Gegenden des westlichen Deutschlands in die Verwüstung des Dreißigjährigen Krieges zurückstoßen sollten. Bereits in jenem Winter äußerte Cambon privat zu Dumouriez, man müsse Belgien «bis aufs Hemd ausziehen, um es für den Krieg bezahlen zu lassen». Aber die totale Mobilmachung ihrerseits war nur ein Ausdruck der revolutionären Konzeption des Krieges und des ihn führenden Staates, einer Konzeption, die schon in der Ausrufung des Notstands im Juli 1792, wonach «das Vaterland (*la patrie*) in Gefahr» war, ja bereits in der 1789 eingeführten Ersetzung aller gesellschaftlichen Ränge durch den «Bürger» angelegt war. Die öffentliche Sache des Staates war die private Sache eines jeden Bürgers. Jeder Bürger hatte teil an der großen kollektiven Anstrengung – «Jeder Franzose ist Soldat», sagte ein General im August 1792, als er die vorrückenden Preußen nur für Frauen und Kinder um Gnade bat –, und jeder Bürger, und besonders jeder Soldat, war ein Repräsentant des Staates und seiner leitenden Idee: «Bei uns ist der Bürger unruhig, wenn er den Hals nicht beugen kann», schrieb Caroline Böhmer (1763–1809) aus Mainz, fünf Tage nach der Besetzung der Stadt: «Wie weit hat er noch bis zu dem Grad von Kenntnis und Selbstgefühl des geringsten sansculotte draußen im Lager.» Daraus folgte, daß Krieg jetzt nichts war, was einfach von Soldaten gegen Soldaten, und erst recht nicht von den Dienern – ob Söldnern oder Wehrpflichtigen – verschiedener Herren auszufechten war. Von nun an stand Volk gegen Volk, Idee gegen Idee. Es verschlug wenig, daß die revolutionäre Idee ursprünglich «Freiheit, Gleichheit, Brüderlichkeit» geheißen hatte und später zu «Frankreich» verkürzt wurde – der Krieg in ihrem Namen war total, und alle Mittel waren gerecht.

Militärische Rückschläge der Franzosen – schon am 2. Dezember 1792 wurde Frankfurt von den Preußen zurückerobert – bedeuteten, daß die Härte der neuen politischen und militärischen Strategien in Deutschland fast ein Jahr noch nicht zu spüren war. In der Zwischenzeit bot das kurze Intermezzo der «Mainzer Republik» ein schönes und, im Hinblick auf wenigstens einen ihrer Protagonisten, auch tragisches Beispiel für die Empfänglichkeit der deutschen Intellektuellen für die revolutionäre Ideologie. Es war ein Muster für alle künftige Verwicklung der Revolution in das kaiserliche Deutschland, und Goethe war mit den Ereignissen und ihren hauptsächlichen Akteuren aufs engste befaßt.

Mainz, Sitz des Kur-Erzbischofs, der der Erzkanzler und höchstrangige Fürst des Reiches war und dem es zukam, die Kaiser zu salben, war auch eine strategisch wichtige Festung am linken Ufer des Rheins, an dessen Zusammenfluß mit dem Main rund dreißig Kilometer westlich von Frankfurt. In den letzten friedlichen Jahrzehnten des 18. Jahrhunderts jedoch war die militärische Bedeutung von Mainz aus dem Blick geraten – als es schließlich notwendig wurde, die Stadt zu verteidigen, mußte der Schlüssel zu den Festungsanlagen, die begrünt worden waren, beim Obergärtner des Kurfürsten abgeholt werden –, und es war das recht typische Beispiel eines mittelgroßen Fürstentums des alten Reichs: Die Bevölkerung, zumal die städtische Bevölkerung, erfreute sich ruhigen Wohlstands und geringer Besteuerung und war mit der Belieferung des Hofs ziemlich beschäftigt, gleichwohl hatte sie ihren Anteil am allgemeinen rheinischen Handel. Natürlich war sie ganz überwiegend katholisch und hatte entschieden wenig Sympathien für die zunehmend aufgeklärten Einstellungen der Mainzer Herrscher in der zweiten Hälfte des Jahrhunderts, als das Beispiel Österreichs und besonders Josephs II. so manchen katholischen Kirchenmann in Deutschland dazu verleitete, sich auf das gefährliche Spiel von Säkularisierung, Rationalisierung und Unabhängigkeit von Rom einzulassen. Einer Revolte am nächsten kam in Mainz Ende des 18. Jahrhunderts der Protest gegen die vom Kur-Erzbischof angeordnete Einführung eines muttersprachlich-deutschen (anstelle des lateinischen) Gesangbuches, zu dessen besonders verhaßten Aspekten es gehörte, daß die Lieder, wie in den lutherischen Gesangbüchern, einzeln numeriert waren. Kaum populärer war die reformierte Universität, die, obgleich dreihundert Jahre alt, 1784 praktisch neu gegründet worden war – finanziert mit Mitteln, die aus der Auflösung von drei der wohlhabendsten Ordenshäuser der Stadt stammten, und teilweise aus diesem Grund als Hort der Ungläubigen und Fremden beargwöhnt. Protestanten wie Juden waren als Studenten zugelassen, und bewußt wurde die Politik verfolgt, angesehene protestantische Gelehrte von anderswo nach Mainz zu ziehen. Johannes von Müller, der Schweizer Historiker, wurde Universitätsbibliothekar (Heinse, auch homosexuell, wurde Privatbibliothekar des Kurfürsten), und aus Kassel holte man sich Sömmerring. Der Professor der Philosophie A. J. Dorsch (1758–1819) war zwar katholischer Priester, aber auch ein einstiger Illuminat und Verfasser einer Reihe von

Büchern über die neue Philosophie Kants. Die vielleicht berühmteste Neuerwerbung der Universität war Georg Forster (1754–1794), der, nachdem Müller in die Mainzer Bürokratie übergewechselt war, ihm als Bibliothekar nachfolgte: Teilweise schottischer Abstammung, hatte er mit seinem Vater, einem Maler, 1772 Cook auf seiner Reise um die Welt als Botaniker der Expedition begleitet und hatte danach mit Büchern über naturwissenschaftliche und literarische Themen Zugang zur deutschen Intelligenz gefunden. Im Grunde seines Herzens Kosmopolit, empfand er sich als eine Art Ehren-Engländer, begriff aber dennoch nie die politische Tragweite des Unterschiedes zwischen den gesellschaftlichen Zuständen in England und in Deutschland. Durch seine Frau Therese (1764–1829), eine Tochter des Professors Heyne, hatte er viele Kontakte zum anglophilen, skeptischen Göttingen, und obgleich er ein guter Freund Jacobis war, hatte es ihn bei seinem Besuch in Weimar 1785 mit Befriedigung erfüllt, daß der Kreis um Goethe, Herder und Wieland seine Verachtung für die etablierte religiöse Ordnung teilte.

Die ungeliebte Universität war Zielscheibe ernster Unruhen von Mainzer Lehrlingen im September 1790: Zwar scheint ein Zusammenhang mit Ereignissen in Frankreich nicht bestanden zu haben, aber die Verbindung des Krawalls mit Forderungen der Bürger nach Änderung der Zunft- und Marktordnungen reichte, im Verein mit dem Gespenst der Revolution, das an den Höfen Europas umging, aus, um den Kurfürsten von seinen avanciertesten Aufklärungspositionen abrücken zu lassen. Öffentliche Versammlungen sowie das Diskutieren gefährlicher Themen wurden verboten; die Zensur der Post wurde, wie überall im fürstlichen Deutschland, verschärft; und Professor Dorsch fühlte sich dermaßen unter Druck gesetzt, daß er nach Straßburg entwich, wo er dem Priesteramt entsagte, eine Frau nahm und dem Jakobiner-Club beitrat – ein Kompliment an den Scharfblick der Mainzer Behörden. Forster hatte Anfang 1790 Belgien, England und Frankreich bereist und kehrte mit der Überzeugung nach Mainz zurück, daß keine Möglichkeit einer erfolgreichen französischen Gegenrevolution bestehe, und führte ein zurückgezogenes, gelehrtes Privatleben – er übersetzte (nach einer englischen Fassung) die *Sakontala* des Sanskrit-Dramatikers Kalidasa und schrieb Berichte über seine Reisen –, im Kreise einer Familie, die der revolutionären Sache wohlwollend gegenüberstand, aber auch zunehmend unglücklich war. Sein Freund, der radikal gesinnte Ludwig Ferdinand Huber, Schillers Wohltäter, ging aus Leipzig fort, ohne Dorothea Stock zu heiraten, und kam als Sekretär der sächsischen Gesandtschaft nach Mainz, wo er eine Affäre mit Therese Forster anfing und ihr zwei Kinder machte. 1792 kam Caroline Böhmer, die Tochter des Göttinger Orientalisten Michaelis und mit 25 Jahren unerwartet verwitwet, mit ihrer siebenjährigen Tochter Auguste, um bei ihrer Jugendfreundin Therese zu leben. Sie entwickelte ein ausgleichendes Interesse an Forster, als sich die Beziehungen zwischen den Ehegatten verschlechterten. Im Unterschied zu der kühlen, ja strengen Therese war Caroline eine Frau von starker, aber recht ichbezogener Tatkraft – ihre Schilderung des Todes ihrer zweiten Tochter im Jahre 1789 ist ergreifend, aber auch beunruhigend in ihrer quälend scharfen Beobachtung –, und ihre Briefe vermitteln einen lebhaften Eindruck von der Erregung, die in ihrem Kreise herrschte, als sie in den Strudel einer politischen Schwärmerei, die zumindest für sie neuartig war, und in die Ereignisse von 1792/93 gerissen wurden.

Nicht, daß es jemals eine Revolution in Mainz gegeben hätte – das ist eine Fiktion linker Geschichtsschreibung, zumal damals in der DDR. Aber es gab eine französische Besetzung, und die gebildeten Fortschrittlichen – und ihre Kinder – hatten das eine mit dem anderen verwechselt. Beim Herannahen der französischen Truppen flüchtete der Mainzer Adel, «und der Alte [der Kurfürst] auch in einem Wagen, wo er das Wappen auskratzen ließ», schreibt Caroline: «Wir haben über 10000 Mann in der Stadt, und es herrscht Stille und Ordnung ... strenge Disziplin ... Aber nur eine Stimme ist über den Priester – er sieht gewiß sein schönes Mainz nicht wieder ... Kaum 4 Monat sinds, wie sich das concert des puissances versammelte um Frankreichs Untergang zu beschließen hier – wo nun auf dem Komödienzettel steht: mit Erlaubnis des Bürgers Custine ... Auguste, die leichtsinnige, ... schreit vive la nation.»

Um die öffentliche Meinung für die französische Sache zu gewinnen, gründete Custine einen Club, die «Gesellschaft der Freunde von Freiheit und Gleichheit», und legte ihn in die Hände Anton Dorschs, den er zum Verwaltungspräsidenten von Mainz gemacht hatte, und G. W. Böhmers (1761– 1839), Carolines Schwager. Böhmer, auch er der Sohn eines Göttinger Professors, war Schuldirektor in Worms gewesen, bevor Custine ihn zu seinem deutschen Sekretär ernannte («Die sich bei solchen Gelegenheiten vordrängen, sind nie die besten», bemerkte Caroline dazu). 200 Menschen waren bei den ersten Sitzungen des Clubs zugegen, um Treuebekenntnisse zum revolutionären Kosmopolitentum des Anacharsis Cloots zu hören. Nach einigen Tagen des Überlegens entschied sich Forster, den Schritt von der Theorie zur Praxis zu tun (daß es eines Schrittes bedurfte, hätte ihm die Künstlichkeit seiner Entscheidung offenbaren müssen), und verband sein Schicksal mit dem Club und der Administration Dorsch; er habe sich, schrieb er Sömmerring, «für eine Sache entschieden, der ich meine Privatruhe, meine Studien, mein häusliches Glück, vielleicht meine Gesundheit, mein ganzes Vermögen, vielleicht mein Leben aufopfern muß.» Er verhehlte einen Teil der Wahrheit, sogar vor sich selbst – wieviel von seinem häuslichen Glück war noch zu retten? –, aber es war dennoch eine mutige Tat. «Endlich 4. daß der glückliche, erwünschte Zeitpunkt wirklich ist, wo wir alle Kräfte anspannen müssen, um die Freiheit und Gleichheit, die unsere fränkischen Brüder uns darbieten, mit Eifer und warmen Dankgefühlen anzunehmen und mit Muth bis in den Tod für ihre Beibehaltung zu streiten», sagte er in seiner Jungfernrede vor der Gesellschaft, und er meinte, was er sagte.

Aber die Gesellschaft, in der Forster bald eine beherrschende Stellung einnehmen sollte, war kein gutes Vehikel für seinen Altruismus. Die Anzahl der Mitglieder überstieg zu keinem Zeitpunkt fünfhundert und war nach vier Monaten auf 36 gesunken; bald spaltete sich, ohne Zweifel nach dem Vorbild des Pariser Originals, ein radikaler Flügel ab, der überwiegend aus Studenten bestand und Dorsch als Bedrücker und Schürzenjäger verunglimpfte. Das Urteil der französischen Kommissare, die gekommen waren, um «brüderliche Beziehungen» zu dem befreiten Gemeinwesen zu stiften, war eindeutig: «Der Club hier ist nichts wert ... wenn wir die öffentliche Meinung beeinflussen wollen, dürfen wir uns nicht mit dem Club einlassen»; und als im Dezember wieder die Preußen in Frankfurt waren und Therese bekanntgab, daß sie mit Huber nach Straßburg gehen werde, tat sie ihrem Gatten den schreiend ungerechten Vorwurf kund, in Wirklichkeit traue er den republikanischen Streitkräften gar nicht zu, Mainz verteidigen zu können, und suche bloß einen sicheren Hafen für seine Frau und die Kinder. «Als die französische Revolution die üblichen bürgerlichen Vorbehalte gegen uns exaltées aufgab», schrieb Therese später, «schloß ich mich der Moral der Mehrheit auf Kosten der Minderheit an und beendete ein entehrendes Verhältnis.» Caroline, die mit einem 19-jährigen französischen Leutnant, dem Neffen des Mainzer Kommandanten, etwas zu eifrig die Carmagnole getanzt hatte und der Zweifel über ihren Zustand kamen, blieb noch eine Weile, um Forster den Haushalt zu führen. Forster indessen, unbeeindruckt von der Hinrichtung des Königs, die er glühend verteidigte, hatte bald alle Hände voll mit der Organisation der von Paris am 15. Dezember dekretierten Wahlen zu neuen lokalen Versammlungen und auch zu einem rheinisch-deutschen Nationalkonvent zu tun, der über die Zukunft der besetzten Gebiete befinden sollte. Es wurde sofort deutlich, daß die Wahlen von der ländlichen Bevölkerung boykottiert werden würden, die unter den Abgabenlasten für das Militär ächzte und über die Gottlosigkeit der Besatzer und ihrer Marionetten, zumal Dorschs, empört war. Die Alternative zum Boykott war, daß die neuen Wahlberechtigten ihre Stimme einfach den Erzfeinden der Eindringlinge, nämlich den örtlichen Gemeindepfarrern geben würden. Darüber, was zu tun sei, waren die französischen Kommissare ebensowenig im Zweifel wie Cambon. Nach Paris berichteten sie:

> Wir gestehen, daß wir bei unserer Ankunft die öffentliche Meinung gegenüber der französischen Nation nicht bloß sehr kühl, sondern ausgesprochen feindselig vorfanden ... Nach den Informationen, die wir von allen Seiten bekommen hatten, schien es uns sehr riskant, sogleich zu Wahlen zu schreiten; die Mehrheit unserer erklärten Anhänger mobilisierend, wären wir Gefahr gelaufen, in jedem Wahlkreis die Minderheit zu bilden; doch dank der von uns ergriffenen Vorsichtsmaßregeln werden die Rädelsführer der Adelspartei vor den Wahlen aus dem Wege geräumt sein. Böswillige werden eingeschüchtert sein, und überall wird es zumindest eine gewisse Anzahl von Menschen geben, die zur Wahl gehen.

Schließlich fanden Wahlen nur in 100 der 900 besetzten Wahlkreise statt, aber das reichte aus, damit am 17. März 1793 ein Konvent in Mainz zusammentreten konnte, um das Wenige zu leisten, was seine französischen Herren von ihm verlangten. Forster, von grandioser Gleichgültigkeit gegen den manifesten Willen des Volkes wie gegen den Zynismus seiner Befreier, ergriff die Initiative mit dem Vorschlag, der freie und souveräne Staat Rheinland solle zu seinem eigenen Schutz um Aufnahme in die Französische Republik ersuchen. Der Vorschlag wurde einstimmig angenommen, und Forster fuhr mit dem jungen Schwärmer Adam Lux (1756–1793) und einem weiteren Deputierten nach Paris, um dem Nationalkonvent die Petition zu überreichen.

Doch die Mainzer Republik war bereits dabei, so zu enden, wie sie begonnen hatte: mit militärischer *force majeure*. Am 14. April 1793 schlossen Österreicher und Preußen den Ring um die Stadt, und eine Belagerung begann, gegen die eine 20 000 Mann starke französische Garnison sich heftig zur Wehr setzte. Etwa die Hälfte der Zivilbevölkerung war bereits vertrieben worden oder hatte die Stadt freiwillig verlassen, doch die Zerstörungen, die die Belagerung verursachte, waren sehr groß, und als die Franzosen am 23. Juli kapitulierten, waren 6000 Menschenleben zu beklagen. Caroline hatte Mainz am 30. März verlassen, um sich zu ihren alten Freunden, den Gotters in Gotha, durchzuschlagen, doch schon auf dem Weg nach Frankfurt erregte sie mit ihrem Namen Verdacht, und da man sie irrtümlicherweise für die Frau G. W. Böhmers hielt, wurde sie zusammen mit Auguste als mögliche Geisel in Königstein, der kalten, überfüllten und verwahrlosten Festung des Kurfürsten gefangengesetzt. In zunehmender Verzweiflung, daß ihre Schwangerschaft entdeckt würde (in diesem Fall hätte sie ihre Witwenpension und die Obhut über ihre geliebte Tochter verloren), wurde sie im Juni freigelassen, aber erst nachdem ihr Bruder alle Hebel in Bewegung gesetzt und der preußische König persönlich interveniert hatte. Schwager Böhmer selbst wurde verhaftet, als Mainz fiel, aber ein Austausch von Geiseln führte ihn 1795 nach Paris, wo Dorsch bereits zwei Jahre früher eingetroffen war, nachdem er klüglich (wie sein Vorgänger, der Kurfürst) Mainz vor der Einkesselung verlassen hatte. Nach den Erfolgen der Verbündeten war Forsters Pariser Mission gegenstandslos geworden, doch da auf seinen Kopf ein Preis ausgesetzt war, konnte er nicht mehr nach Deutschland zurückkehren. Er blieb in Paris, über Wasser gehalten durch «Diätengelder» des Konvents, aber er wurde um so melancholischer, je mehr er die Sache, der er alles aufgeopfert hatte, aus der Nähe sah:

«Ich hange noch fest an meinen Grundsätzen, allein ich finde die wenigsten Menschen ihnen getreu». «O, seit ich weiß, daß keine Tugend in der Revolution ist, ekelt es mich an. Ich konnte, fern von allen idealischen Träumereien, mit unvollkommnen Menschen zum Ziel gehen, unterwegs fallen und wieder aufstehen, und weiter gehen, aber mit Teufeln und herzlosen Teufeln, wie sie hier sind, ist es mir eine Sünde an der Menschheit, an der heiligen Mutter Erde und an dem Licht der Sonne.... Immer nur Eigennutz und Leidenschaft zu finden, wo man Größe erwartet und verlangt, ... wer kann das aushalten?» «Hätte ich vor zehn Monaten, vor acht Monaten gewußt, was ich jetzt weiß, ich wäre ohne allen Zweifel nach Hamburg oder Altona gegangen, und nicht in den Klub.»

Doch für die politischen Wirren von 1793 waren auch militärische Zwänge und das Ringen um das definitive Machtzentrum der Republik verantwortlich, nicht allein prinzipienlose Bosheit. Nach der Absetzung des Königs war die politische Herrschaft in Frankreich bis zur Herausbildung einer neuen Struktur in der Schwebe – und sie ergab sich nicht aus den verfassungsmäßigen Erwägungen des Konvents, sondern aus dessen instinktiven Reaktionen auf eine Reihe von Krisen. Zu den 749 Mitgliedern des Konvents zählten nicht nur 200 Deputierte aus der früheren Gesetzgebenden Versammlung, sondern auch fast 100 Deputierte aus der ursprünglichen Verfassunggebenden Versammlung (denen die Gesetzgebende Versammlung verwehrt gewesen war) sowie einige kosmopolitische Solitäre wie Cloots oder Tom Paine. Die größte Einzelgruppierung – vielleicht 160 Deputierte aus der Provinz, die aber keine disziplinierte Partei bildeten – war die, welche der «Faktion der Gironde» nahestand, deren Mitglieder jetzt aus dem Jakobiner-Club auszogen oder ausgestoßen wurden und die, getreu den Grundsätzen von 1789, generell entschlossen waren, jene Zentralisierung zu beseitigen, die einer ihrer gewichtigsten Klagegründe gegen das *ancien régime* gewesen war. Ihr gesellschaftlicher Treffpunkt war der Salon der Madame Roland (1754–1793), der Frau des Innenministers, und im Konvent saßen sie rechts vom Präsidenten. Links von ihm (und von dieser Unterscheidung, die auf die Praxis in der Verfassunggebenden Versammlung zurückging, rührt die moderne politische Bedeutung von «links» und «rechts» her) saßen ihre erbitterten Gegner, etwa 140 an der Zahl: die Pariser Deputierten und Parteigänger der Zentralmacht, die nach der Höhe ihrer Ränge im Konvent als «der Berg» bezeichnet wurden, unter ihnen Danton, Robespierre und Marat, die alle drei zum erstenmal gleichzeitig in einer Versammlung Mitglieder waren, und der junge Heißsporn Antoine de Saint-Just (1767–1794). Zwischen beiden befand sich die «Ebene», deren wechselnde Loyalitäten über das Schicksal der prominenteren Gestalten bestimmten, freilich nur insoweit, wie diese Loyalitäten nicht selbst von den Drohungen der Pariser Volksmasse beeinflußt wurden. Die fundamentale Frage, die sich der Republik im Verlauf des Jahres 1793 stellte, betraf das Verhältnis zwischen der Hauptstadt und der Nation, und es sollte sich zeigen, daß bei aller Unberechenbarkeit des Prozesses, durch den Paris zu seinen Entscheidungen gelangte, diese noch immer im ganzen Land mit ebensoviel Gehorsam rechnen konnten wie die Entscheidungen früherer Monarchen.

Die Hinrichtung des Königs bestürzte naturgemäß das ganze legitimistische Europa, aber erst die Besetzung der Niederlande durch die Franzosen sowie ihre drohende Kontrolle der Rheinmündungen bewog Großbritannien, seine bisherige neutrale Haltung aufzugeben. Frankreich erklärte Großbritannien und Holland am 1. Februar, Spanien am 7. März den Krieg und löste damit die erste große Konfrontation zwischen Paris und der Provinz aus. Um den Krieg gegen vielfache Feinde über sehr ausgedehnte Territorien führen zu können, wurde die Rekrutierung von 300 000 Mann dekretiert. An dieser Aushebung entzündete sich eine wütende und hartnäckige Revolte in der westfranzösischen Vendée. Zu der Dienstunwilligkeit kam die alte Erbitterung über die Religionspolitik der Revolution, und die Aushebung brachte natürlich auch zunächst noch keinen militärischen Vorteil. Am 18. März wurde Dumouriez, der eine Invasion Hollands begonnen hatte, von einer zahlenmäßig leicht unterlegenen österreichischen Streitmacht bei Neerwinden entscheidend geschlagen. Dumouriez hatte sich in die Rolle hineingeträumt, in der Lafayette gescheitert war, und versuchte, seine verbliebenen Truppen zum Marsch auf Paris zu bewegen. Doch hätte es eines größeren Generals mit stärkerer Bindung an seine Leute bedurft, um Cäsar zu spielen, und als Dumouriez sich eine Abfuhr holte, blieb ihm nichts anderes übrig, als dem Beispiel Lafayettes zu folgen und zu den Verbündeten überzulaufen. Sein zweideutiges Manövrieren freilich sowie die Probleme in der Vendée und eine ähnliche Revolte in der Bretagne bewogen den alarmierten Konvent zu einer Reihe von Notstandsmaßnahmen. Diese summierten sich zu einer echten, ungemein autoritären Verfassung, die weit entfernt war von dem theoretischen Modell, mit dessen Ausarbeitung der Konvent zu derselben Zeit befaßt war. Es wurden zwei neue zentrale Körperschaften eingerichtet: das Revolutionstribunal zur Ausmerzung von Hochverrat und der allgemeine Sicherheitsausschuß, ein neunköpfiges Kabinett zur Koordination der Arbeit der Ministerien. Gleichzeitig verstärkte man die Kontrolle über die Départements durch den Ausbau eines Systems, bei dem Deputierte als «Volksvertreter in Mission» ins Land hinaus geschickt wurden; im Laufe der Zeit entwickelten sich daraus faktisch bevollmächtigte Kommissare. Auf Druck der Bevölkerung weitete man die zentrale Kontrolle auf den bisher sakrosankten Bereich der Wirtschaft aus, und im Mai wurden Höchstpreise für Brot und Getreide dekretiert. In dem Maße, wie Paris den Zugriff verstärkte, begannen seine Rivalen aufzuschreien, und im Protest gegen die «Volksvertreter in Mission» und ihre lokalen Kader, die Jakobiner-Clubs, erhoben sich zuerst Marseille und sodann Lyon.

Auf den Widerstand der Provinz reagierte die Hauptstadt mit einem Schlag gegen deren nationale Repräsentanten. Jegliche Legitimität, die die Republik besitzen mochte, leitete sich von einem ursprünglichen Gewaltakt des Volkes ab: der Erstürmung der Tuilerien. Der Entwurf der neuen Verfassung sah – konsequent genug – das Recht der Auflehnung gegen eine tyrannische Regierung vor, und der Glaube an dieses Recht gab den Radikalen eine neue Waffe in die Hand. Am 26. Mai erklärte Robespierre, er befinde sich im Aufstand gegen den Konvent, solange dieser nicht von seinen korrupten Mitgliedern gesäubert werde. Am 2. Juni umringte eine fast 100000-köpfige bewaffnete Volksmenge den Konvent und forderte die Verhaftung von 29 führenden Girondisten und bestimmten Ministern, darunter Roland und seine Frau. Schweren Herzens votierte die Bergpartei für ihre eigene Omnipotenz und verabschiedete die notwendigen Dekrete gegen ihre Deputierten-Kollegen. Aber die Säuberung unter den Girondisten verstärkte nur die parisfeindliche, «föderalistische» Stimmung in anderen Städten. Bordeaux, natürlich die Heimat der Gironde, wurde ein Zentrum der bewaffneten Revolte; Toulon ging Ende August so weit, sich freiwillig den Briten auszuliefern. Am 13. Juli, nach genau vier Jahren Revolution, erstach Charlotte Corday aus Caen den verhaßten Publizisten der Bergpartei, Marat; Adam Lux, der Wegbegleiter Forsters, verfaßte eine Flugschrift zum Ruhme ihrer Tat, die ihm Ausdruck des reinen Glaubens an die Ideale von 1789 zu sein schien, Ideale, die von ängstlichen und korrupten Männern verraten worden seien; und bereitwillig, ja begeistert folgte er ihr noch in demselben Jahr auf die Guillotine. Der Krieg nahm weiter einen schlimmen Verlauf: Die Spanier waren in Roussillon einmarschiert, die Briten belagerten Dünkirchen, und die Österreicher betraten, von Belgien kommend, französisches Territorium. Am 23. Juli fiel endlich Mainz. Es war der Tiefpunkt im Geschick dieser Republik. Aber an diesem Tiefpunkt, dem 27. Juli, wurde Robespierre in den Wohlfahrtsausschuß gewählt – gut vierzehn Tage, nachdem Danton wegen des Verdachts der Zaghaftigkeit daraus abgewählt worden war.

Deutsche Revolutionen

Die Französische Revolution war eine ungemein verwickelte und ungemein überraschungsreiche Folge von Konvulsionen in der volkreichsten Nation Europas, die zum mächtigsten Staat und ersten Einheitsstaat Europas werden sollte, und sie vollendete ihren Lauf erst 1830. Gleichwohl ist es möglich, bereits im Sommer 1793, ja sogar vor den großen militärischen Einfällen in Deutschland, einige Aspekte der Revolution auszumachen, welche die deutschen Reaktionen auf sie besonders stark beeinflußten.

Auf der einen Seite gab es Dinge an der Revolution, die kein Deutscher des 18. Jahrhunderts wirklich verstehen oder mit Sympathie verfolgen konnte, weil sie durch Umstände ermöglicht wurden, die im damaligen Deutschland nicht anzutreffen waren. (Und das Fehlen dieser Umstände machte es zudem unrealistisch, eine Wiederholung des französischen Beispiels in Deutschland zu erhoffen oder zu befürchten.)

Erstens war die Gesellschaftsschicht, in deren Interesse die Revolution von 1789 und ihre Kodifizierung in der Verfassung von 1791 am deutlichsten lagen, ein Bürgertum der Händler, Freiberufler /Ärzte, Advokaten, Journalisten, /Grundbesitzer und zum Teil auch Fabrikanten, das in dieser Form in Deutschland praktisch nicht existierte. In Frankreich zählte dieses Bürgertum an die 3 Millionen Menschen, ihm gehörte ein Viertel des Bodens und ein Fünftel des privaten Vermögens der Nation. Der Dritte Stand profitierte nicht nur von der Nationalisierung kirchlichen Grundbesitzes; er erreichte auch praktisch die Ausschaltung des Klerus und des Adels aus dem politischen Leben. Die wohlhabenden Männer der Mittelschicht, die es zu Amt und Würden in den lokalen Jakobiner-Clubs, revolutionären Verwaltungen und Nationalgarden gebracht hatten und die große Mehrheit der Gesetzgebenden Versammlung sowie (in kaum geringerem Maße) des Nationalkonvents stellten, trafen nur auf wenige Abweichler von einer «physiokratischen» oder Laissez-faire-Wirtschaftspolitik, die einem deutschen Kameralisten katastrophal verwegen erschienen wäre. Der Konvent hatte denn auch zunächst, im Februar 1793, Preiskontrollen einmütig verworfen, bevor die Bergpartei dem Druck der Pariser Sansculotten nachgab, und im folgenden Monat wurde die Todesstrafe für jeden dekretiert, der eine *lex agraria* vorschlug, eine allgemeine Umverteilung und Vereinheitlichung des Eigentums, von der Art, wie sie angeblich von den Gracchen im alten Rom favorisiert worden war. Schließlich war Eigentum eines der Menschenrechte, das gegen die willkürlichen Übergriffe der Regierung verteidigt werden mußte, und Brissot bewies nur seine Treue zu den Grundsätzen von 1789, wenn er im Oktober 1792 gegen jene «Disorganisatoren» zu Felde zog, «die alles gleichmachen wollen: das Eigentum, die Mußestunden, den Preis der Lebensmittel, die Dienstleistungen für die Gesellschaft.» Die Weigerung der Verfassunggebenden Versammlung im März 1790, das Eigentum von Sklavenbesitzern an ihrer Habe anzutasten, wurde erst 1794 rückgängig gemacht, und das Verbot von Gewerkschaften und Streiks durch das Gesetz Le Chapelier vom Juni 1791 blieb für den größeren Teil eines Jahrhunderts in Kraft. Sogar die vielberufene Befreiung des Bauern von den Feudalabgaben im Jahre 1789 wurde erst im Juli 1793 in Frankreich wirklich in die Tat umgesetzt, als gleichzeitig alle Entschädigungsleistungen abgeschafft wurden, und in den besetzten Gebieten mußte General Custine im Herbst 1792 einer enttäuschten deutschen Bauernschaft eröffnen, daß alle diese Abgaben, einschließlich des Kirchenzehnten, weiterhin erhoben würden, allerdings von den Franzosen. Die Revolutionäre zwischen 1789 und 1793 machten Gesetze im Interesse der Besitzenden. Diese Interessen, besonders wo sie die Manufakturen betrafen, lagen in Deutschland eher in den Händen des Adels oder sogar der Staatsmacht, oder aber sie existierten überhaupt nicht: Es gab kein Bürgertum, das dem französischen vergleichbar war, weil es keine vergleichbaren Städte gab, deren Bürger sie hätten sein können. Abgesehen von den großen Kapitalen Berlin und Wien mit ihren 220000 beziehungsweise 140000 Einwohnern war Hamburg (150000) die einzige Stadt im deutschsprachigen Reich, die nach Bevölkerung und Wirtschaftsstruktur mit mittleren französischen Städten wie Lyon (146000), Marseille (120000), Bordeaux (110000) oder Nantes (90000) vergleichbar war, und wenngleich nicht alle Einwohner so enthusiastisch waren wie Sieveking, so war Hamburg doch lange Zeit ein Sammelbecken für Sympathisanten der revolutionären Sache. Obgleich Mainz zu den größeren Städten im Reich gehörte, war die Vorstellung absurd, es könne mit seinen 30000 Einwohnern ein kleines Paris werden.

So konnte – zweitens – die ausschlaggebende Rolle, die Paris mit seinen 650000 Einwohnern bei der Revolution spielte, zwangsläufig kein denkbares Pendant in Deutschland haben. Nur in Berlin, Hamburg oder Wien wäre eine Volksmenge von der Größe, wie sie die Girondisten aus dem Konvent fegte, eine zahlenmäßige Möglichkeit gewesen. Und anders als Berlin oder Wien war Paris bis zum Oktober 1789 keine Residenzstadt – das war Versailles, dessen 50 000 Einwohner ohnehin schon gereicht hätten, es zu einer der größten Städte Deutschlands zu machen. Paris war ein Handels- und Industriezentrum, dessen unmittelbares wirtschaftliches Hinterland, das Pariser Becken, an Größe nur hinter den allergrößten deutschen Territorien zurückblieb, und es besaß eine reich gegliederte Struktur, mit sehr vielen Verarmten und Arbeitslosen (darunter nicht weniger als 25 000 Prostituierte), die deutsche Stadtväter nicht geduldet hätten. Schon um 1780 warf in Paris jenes städtische Leben seinen Schatten voraus, das Deutschland erst mit der Industrialisierung um 1850 kennenlernen sollte, und es waren diese städtischen und proletarischen Massen – die in Deutschland ebenso unbekannt waren wie das reiche Bürgertum, das am besten die Girondisten repräsentierten –, welche die Verfassungsordnung von 1791 über den Haufen warfen. Nur in zwei Gegenden Deutschlands gab es in der Zeit, ehe die französischen Heere jede Sympathie mit der Revolution tilgten, ernsthafte Unruhen in Verbindung mit einer ausdrücklichen Berufung auf das französische Beispiel, und in beiden, in Aachen und in Schlesien, hing das Aufbegehren mit dem Verfall der Preise in der Textilindustrie zusammen, die unter der Konkurrenz der mechanisierten Fabriken in England litt. Hier lag eine echte Koinzidenz der Interessen mit dem Sansculottismus vor – was sich in derselben Forderung nach staatlicher Beschränkung des Freihandels äußerte –, aber es bestand niemals die Chance, daß derartige lokale Irritationen die dezentralisierte politische Struktur Deutschlands erfaßten oder auch nur überregional bekannt wurden. Die allergrößte derartige Erhebung in jenen Jahren, die von 10 000 Bauern in Kursachsen im August 1790, war eine altmodische *jacquerie*, die hauptsächlich gegen das Jagdprivileg des Adels gerichtet war und keinerlei städtisches Element und nur einen oberflächlichen Zusammenhang mit Ereignissen in Frankreich hatte: Die Behörden reagierten gleichwohl nervös und zensierten die Nachrichten über den Vorfall so gründlich, daß seine Spur sich hundert Jahre lang verlieren konnte.

Es gab jedoch einen Aspekt im Verlauf der Revolution, den deutsche Zeitgenossen sehr gut verstanden – besser vielleicht als spätere Historiker, die sie für Dummköpfe hielten. Frankreich mag in den 1780er Jahren eine Despotie gewesen sein, aber es war keine aufgeklärte Despotie in dem Sinne, wie man Aufklärung östlich des Rheins verstand, und eines der Ziele der Revolution war es, diesem Manko abzuhelfen. Die Männer von 1789 mögen den Wunsch gehabt haben, Frankreich England ähnlicher zu machen, aber sie machten es auch – und in mancher Hinsicht wollten sie das – Preußen ähnlicher. Die Tendenz des französischen Staates zu einem monarchischen Zentralismus wurde durch die Revolution nicht unterbrochen, ja nicht einmal durch die Abschaffung der persönlichen Monarchie: Die Unruhen von 1793 entsprangen dem Verlangen des Volkes nach mehr, nicht nach weniger wirtschaftlichem Dirigismus. In den 1790er Jahren nahm die Bedeutung des Militärs sowie der einschlägigen Industrien enorm zu, während die Prosperität der großen Städte und die Bedeutung des Überseehandels entsprechend zurückgingen. Die Anzahl der staatlichen Beamten ging steil in die Höhe – in der zentralen Verwaltung von 700 in den 1780er Jahren auf 6000 im Jahre 1794, im ganzen Land von 50 000 auf eine viertel Million –, und die Organisation der freien Berufe wurde staatlicher Kontrolle unterstellt. Die Rationalisierung der Lokalverwaltung, die Kodifizierung des Rechts, die Abschaffung von Zünften und inneren Handelsbarrieren, sogar die Einführung eines neuen Maßsystems und vor allem die Säkularisation des Kirchenbesitzes, das Brechen der weltlichen Gewalt der Kirche und die Überführung der Klerikerberufung in staatliche Kontrolle – alles Maßnahmen, welche die Verfassunggebende Versammlung dekretiert hatte – waren Schritte auf einem Weg, den die absolutistischen Herrscher Deutschlands und Österreichs längst getan hatten. Am Ende des Jahrzehnts gab sich Frankreich mit Napoleon Bonaparte einen Monarchen, der nicht weniger aufgeklärt und gewiß nicht weniger despotisch war als Friedrich der Große.

Was Deutschland betraf, so hatte das «josephinische» Kurfürstentum Trier in den 1790er Jahren eine elementare Alphabetisierungsrate, die dreimal höher war als in Frankreich 1815; das Kurfürstentum Mainz – dessen «staatliche» Verschuldung etwa einem Zwanzigstel des Königreichs Frankreich entsprach – übertraf alles, was der Nationalkonvent billigen sollte, indem es die Getreidepreise nach dem Krisenjahr 1789, wo sie um 30 Prozent stiegen, auf einen Stand unter dem von 1788 senkte; und die umfassendste Rationalisierung eines Rechtssystems sah das 18. Jahrhundert nicht in Frankreich, sondern in Deutschland: 1791 beendete ein Sonderausschuß, den Friedrich 1780 eingesetzt hatte, seine «Sisyphusarbeit» – wie Georg Schlosser es genannt hatte, der eine Mitwirkung ablehnte – und legte das *Allgemeine Gesetzbuch* vor. In 19 000 Paragraphen, bestehend aus einem einzigen Satz, wurden zahllose Gewohnheitsrechte, Präzedenzfälle, Privilegien, königliche Dekrete sowie die Grundsätze des römischen und des germanischen Rechts in eine systematische Ordnung gebracht, und es gab sogar eine Präambel, die festhielt, der Zweck aller Gesetzgebung sei das allgemeine Wohl, und die das Recht des Königs auf willkürlichen Gebrauch seiner Macht und – speziell – auf Entlassung von Beamten einschränkte. Es ist nicht verwunderlich, daß ein junger Theoretiker der Reform wie Wilhelm von Humboldt, der im August 1789 wahrscheinlich der einzige kühle Kopf in Paris gewesen war, 1792 das neue preußische Gesetzbuch als «in jeder Rüksicht vortrefflich» rühmen konnte. Es war praktisch die einhellige Meinung der deutschsprachigen Welt – Leopold II. persönlich teilte sie –, daß Frankreich mit seiner Revolution einfach zu seinen aufgeklärten, protestantischen, josephinischen Nachbarn aufschloß. Für Graf Hertzberg (1725–

1795), den Ministerpräsidenten Friedrichs des Großen, teilten der liberale Verfassungsstaat und die aufgeklärte Monarchie dasselbe Ideal einer auf Vernunft anstatt auf Laune gründenden politischen Herrschaft, und C. G. Suarez (1746–1827), der dem *Allgemeinen Gesetzbuch* zum Abschluß verhalf, hielt 1791/92 vor dem preußischen Kronprinzen, dem späteren Friedrich Wilhelm III. (1770–1840), eine Reihe von Vorlesungen in demselben Geist. E. F. Klein (1774–1810), ebenfalls Kompilator des *Allgemeinen Gesetzbuches*, und C. W. von Dohm (1751–1820), Parteigänger der Physiokraten und Adam Smiths, betonten mit anderen Beamtenkollegen und vielen kleineren Publizisten schon 1789 die Parallelen zwischen dem Werk Friedrichs des Großen und dem der Nationalversammlung. Für sie wie für diejenigen – nicht nur in Preußen –, die ihre Ansichten teilten, war der Krieg von 1792 ein unnötiger Streit unter Gleichgesinnten. Aus dieser supponierten Identität der Ziele folgte jedoch – und die Schlußfolgerung war vernünftig, kein bloßes defensives Wunschdenken –, daß Deutschland des französischen Tumults nicht bedurfte, um die Resultate zu erreichen, welche die Franzosen selbst anstrebten. Die Substanz von 1789 war Aufklärung: Die Revolution war Akzidens. Mit den Worten Humboldts, zu dessen Privatlehrern in der Kindheit Klein und Dohm gehört hatten:

> Wenn es nun schon ein schöner, seelenerhebender Anblick ist, ein Volk zu sehen, das im vollen Gefühl seiner Menschen- und Bürgerrechte, seine Fesseln zerbricht; so muss – weil, was Neigung oder Achtung für das Gesetz wirkt, schöner und erhebender ist, als was Noth und Bedürfniss erpresst – der Anblick eines Fürsten ungleich schöner und erhebender sein, welcher selbst die Fesseln löst und Freiheit gewährt, und dies Geschäft nicht als Frucht seiner wohlthätigen Güte, sondern als Erfüllung seiner ersten, unerlässlichen Pflicht betrachtet.

Mochte nun die Meinung, ein Pariser Sansculotte oder jedenfalls ein girondistischer Kaufmann fordere nicht mehr, als ein aufgeklärter Fürst mit Freuden zu geben bereit sei, auch die Vernunft und sogar gewisse empirische Daten für sich haben, so war sie natürlich trotzdem – wie wir heute, möglicherweise allzu unschwer, erkennen können – durch und durch fehlerhaft. 1791 wurde Hertzberg entlassen, weil er sich gegen die Annäherung an Österreich gewendet hatte, und Anfang des folgenden Jahres, kurz vor Ausbruch des Krieges mit Frankreich, fügte sich Friedrich Wilhelm II. einer Adelskabale, die dem Mißtrauen gegen die Nivellierungstendenzen der Reformer entsprang, und suspendierte die Anwendung des *Allgemeinen Gesetzbuches* auf unbestimmte Zeit. Ein Fürst, der seine vernunftgemäße Pflicht erfüllt, ist ein schöner aber auch rarer Anblick, und den meisten Herrschern bestätigte sich der Besitz der Macht, wie den meisten Untertanen der Besitz der Freiheit, durch ihren Mißbrauch. Im Sommer 1793 entstand jedoch das dringende administrative Bedürfnis nach einem verbindlichen Korpus des preußischen Rechts für die nach der Zweiten polnischen Teilung neu erworbenen Territorien, was den König seine Entscheidung überdenken ließ; die Vernunft sprach nicht zum erstenmal mit der Stimme der Staatsräson; und so wurde das Werk von Suarez und Klein, verkürzt um die jakobinischen Absätze in der Präambel und um einige Bestimmungen, die den Junkern beim Prügeln ihrer Leibeigenen im Wege waren, schließlich 1794 in ganz Preußen unter dem neuen, weniger rationalistischen Titel *Allgemeines Landrecht* verkündet.

Die Überzeugung, daß das Zeitalter einer ganz anderen, gewaltlosen Revolution bedürfe – so wünschenswert auch vieles von dem sein mochte, was die französischen Versammlungen versprachen, und so sehr es mit dem übereinstimmte, was deutsche Administrationen leisteten – wurde am ausführlichsten dargelegt in Wilhelm von Humboldts *Ideen zu einem Versuch, die Gränzen der Wirksamkeit des Staats zu bestimmen*. Trotz Schwierigkeiten mit der Berliner Zensur, die die Veröffentlichung des vollständigen Textes bis 1851 verzögerte, erschienen bestimmte wichtige Abschnitte in Schillers Zeitschrift *Neue Thalia* sowie in einem der Organe der Berliner Aufklärung, der *Berlinischen Monatsschrift*. Die Abhandlung kann als eines der Gründungsdokumente jener stillen Transformation Deutschlands angesehen werden, die sich gleichzeitig mit der Umwälzung in Frankreich vollzog und bei der Humboldt selbst schließlich eine bedeutende Rolle spielen sollte. Da es in gewisser Weise das Manifest jener neuen Klasse von intellektuellen Beamten war, die in diesen Jahren erfolgreich ihren Anspruch anmeldeten, die Richtung des politischen Lebens in Deutschland zu bestimmen, verdient es genaue Beachtung.

Die Humboldts waren eine Familie von preußischen Beamten, die zwar erst 1738 geadelt worden war, deren Güter aber am Ende des Jahrhunderts groß genug waren, um sie finanziell unabhängig zu machen. Nach dem Studium in Göttingen (wo er die Bekanntschaft Therese Forsters machte) unternahm Wilhelm 1789 seine Reise nach Paris, begleitet von Johann Heinrich Campe (1746–1818), dem mit Basedow befreundeten Pädagogen und Verfasser erbaulicher Kinderbücher, der bei aller Bewunderung für die Revolution aus Paris die Meinung äußerte, «daß man in einem wohleingerichteten monarchischen Staate und unter einem gerechten und weisen Regenten, der nicht willkürlich, sondern gesetzmäßig herrscht, viel ruhiger und glücklicher als in einem stürmischen Freistaat leben könne». Campe dankte dem Allmächtigen, daß er in Braunschweig das Glück hatte, «in einem solchen Staate und unter einem solchen Regenten zu leben». Nach der Rückkehr von dieser Reise und dem kurzen Besuch in Weimar Ende 1789, wo er Goethe «in einer sehr unglücklichen Stimmung» antraf, trat Humboldt wie seine Väter in den Dienst seines gerechten und weisen Regenten in der Berliner Justiz. Schon nach gut einem Jahr schied er jedoch wieder aus, um sich die nächsten zehn Jahre privaten Studien und seiner Vervollkommnung zu widmen. Am 29. Juni 1791 wurden er und Caroline von Dacheröden in Erfurt getraut; die Nachricht von der Flucht nach Varennes erreichte sie, als sie zum Sternenhimmel aufblickten: «Was sind die armen Erdendinge gegen die Weite des Himmels?» rief ihr Gastgeber, Statthalter Dalberg, aus, der für diesmal wieder in die Rolle des Klerikers schlüpfte. Humboldt hatte von früh an die besten Verbindungen: Durch die berühmte Berliner Gesellschaftsdame Henriette Herz (1764–1847), die Frau des Arztes Marcus Herz (1747–1803), hatte er zum Beispiel Karl Philipp Moritz (1756–1793), Dorothea Veit (1763–1839), die Tochter Moses Mendelssohns, und Carl von La Roche kennengelernt, einen der Söhne Sophie von La Roches, durch den er seiner späteren Frau begegnete. Zu deren Bekanntenkreis wiederum gehörten Caroline von Beulwitz, die Schwägerin Schillers, und vor allem Dalberg, da die kleine und vermögende Familie Dacheröden (Caroline war ein Einzelkind) den Sommer auf ihren Gütern in Burgörner und den Winter in Erfurt zu verbringen pflegte. Dalberg war von einem kleinen Aufsatz Humboldts über die neue französische Verfassung beeindruckt gewesen, und als Koadjutor-Bischof von Mainz, der beste Aussichten hatte, Nachfolger des betagten Kurfürsten zu werden, hatte er großes Interesse an der Theorie und Praxis politischer Herrschaft. Er ermutigte Humboldt, seine Ideen auszuarbeiten, und diskutierte mit ihm Absatz für Absatz die Abhandlung, in welcher Humboldt versuchte, seine Gedanken über die Französische Revolution, der er sich verbunden erklärte, den preußischen Staatsapparat, den er nun aus eigener Erfahrung kannte, und seinen Entschluß zum Rückzug ins Privatleben miteinander in Einklang zu bringen.

Die These, die den Titel für den Essay über die Grenzen der Wirksamkeit des Staates liefert, könnte auf den ersten Blick als extreme Formulierung des Geistes von 1789, und ihr Urheber als einer der Girondisten erscheinen, zu denen die meisten deutschen Freunde der Revolution sich hingezogen fühlten. Humboldt hegte große Bewunderung für Mirabeau – den erklärten Feind der «Herrschwut» des 18. Jahrhunderts – und zitiert ihn, direkt oder indirekt, verschiedentlich in seinem Essay. Die einzige und eigentliche Funktion des Staates ist es hiernach, die Sicherheit der Bürger vor inneren und äußeren Angriffen auf ihre Freiheit zu gewährleisten. Schon in seinem Artikel über die französische Verfassung hatte Humboldt «als ärgste(n) und drückendste(n) Despotismus» den Ehrgeiz angeprangert, daß der Staat auch für das physische und moralische Wohl seiner Bürger zu sorgen habe – ein Ehrgeiz, von welchem aufgeklärte Fürsten ebenso besessen waren wie jene radikalen Demokraten, die sich bald darauf in der Bergpartei zusammenfinden sollten. Jetzt wird Humboldt konkreter und entzieht den eigentlichen Aufgaben des Staates zum Beispiel ausdrücklich die Vorsorge für Erziehung und Ausbildung, die vielmehr den Eltern oder Gruppen von Eltern zu überlassen sei (und sogar bei diesem Maß an kollektivem Handeln ist ihm nicht ganz wohl). Sogar die Eltern dürfen die Berufs- und Partnerwahl ihrer Kinder nicht beeinflussen und haben sich in der Zeit von deren Minderjährigkeit aller Handlungen zu enthalten, «welche über diese Zeit hinaus, und vielleichts aufs ganze Leben hin ihre unmittelbaren Folgen erstrecken.» Auch kommt es dem Staat nicht zu, Vorschriften über religiöse Anschauungen oder das sexuelle Verhalten zu machen (Ausnahmen sind Vergewaltigung und Mißbrauch Minderjähriger). Im Namen der Freiheit des Einzelnen sollte nach Humboldt der Selbstmord ebenso legalisiert werden wie (möglicherweise) die freiwillige Euthanasie, und die Gegenwart sollte von der Vergangenheit dergestalt befreit werden, daß sämtliche Stiftungen sowie alle testamentarischen Bestimmungen verboten sind, die mehr enthalten als die Namen der Erben; letztere sollten unbeschränkte Vollmacht haben, über ererbtes Eigentum wie über eigenes zu verfügen (das ist Humboldts Rezept für die allmähliche weitgehende Beseitigung der alten Feudalordnung). An die Stelle stehender Heere sollte im Idealfall eine Bürgermiliz treten. Um Waisenkinder und geistig Kranke sollten sich ihre Verwandten oder von der örtlichen Gemeinde eingesetzte Vormünder kümmern. Die öffentliche Linderung von Bedürftigkeit ist überflüssig und nicht wünschenswert (ein Argument, das schon lange gegen die karitative Tätigkeit der Klöster vorgebracht wurde): Not stählt den Charakter; für den Spender wie für den Empfänger karitativer Leistungen ist es besser, wenn ihre Beziehung eine persönliche und nicht eine institutionalisierte ist; und überhaupt lehrt die Erfahrung, daß die Gesellschaft allenthalben gedeihen wird, wenn sie nur frei ist.

An diesem Programm eines sozialen Liberalismus ist nichts Ungewöhnliches oder für moderne Ohren Befremdendes; John Stuart Mill wählte denn auch eine Stelle aus diesem Essay als Motto für *On Liberty*. Ungewöhnlich, ja prophetisch ist hingegen, daß es ein deutscher Intellektueller des 18. Jahrhunderts war, der diese Töne anschlug. Wir scheinen zum erstenmal die Stimme eines Bürgertums zu hören, das das uneingeschränkte Recht auf individuellen Unternehmungsgeist und die Umformung der Gesellschaft nach dem Bild bürgerlicher Wirtschaftstätigkeit fordert. Gewiß nicht zufällig war Humboldt ein Mann von finanzieller Unabhängigkeit, der weder die Loyalität zur Adelsklasse ererbt hatte, der er nominell angehörte, noch sein wirtschaftliches Interesse mit dem Staat identifizierte, dem seine Väter gedient hatten. Doch das machte ihn nicht zu einem Mirabeau, geschweige denn zu einem Brissot oder einem Händler aus der Gironde. Die spezifischen Reformvorschläge Humboldts zeichnen sich dadurch aus, daß sie sich über den wirtschaftlichen Bereich im engeren Sinne praktisch ausschweigen (er zögert, Unternehmen als juristische Personen anzuerkennen) und daß sie sich weithin auf den rechtlichen Bereich beschränken, der ihm am vertrautesten war. Sie sind auch Inseln des Konkreten in einem Meer nicht immer eleganter Abstraktionen. Und wenn wir einen genaueren Blick auf die Einstellungen werfen, deren angenehm greifbare Symbole sie sind, werden wir feststellen, daß dieser Essay zwar unmißverständlich die Heraufkunft einer neuen Zeit für die deutschen Mittelschichten ankündigt, daß es aber eine Zeit ist, die nahtlos an die vorangegangene anschließt.

Auf jeder Seite dieses *Versuchs, die Gränzen der Wirksamkeit des Staats zu bestimmen,* wird die Freiheit beschworen. Aber diese Freiheit ist kein Selbstzweck, kein fundamentales Recht wie Leben oder der Verfolg des

Glücks. Freiheit wird von Humboldt als Vorbedingung für etwas anderes geschätzt:

> Der wahre Zweck des Menschen ... ist die höchste und proportionirlichste Bildung seiner Kräfte zu einem Ganzen. Zu dieser Bildung ist die Freiheit die erste, und unerlässliche Bedingung.

Der Begriff «Bildung» kann zweierlei bedeuten: im moralischen Sinn die «Kultivierung» und deren Ergebnis, die geistige «Kultur»; in einem physischen Sinne die Gestaltung eines Werkstoffes durch den Künstler oder eines Minerals, einer Pflanze oder eines Tieres durch Naturkräfte. In diesem letzteren Sinne hatte der Göttinger Anatom und Anthropologe Johann Friedrich Blumenbach (1752–1840) dem Wort in seiner Monographie *Über den Bildungstrieb* wissenschaftliche Aktualität verliehen. Wenn organische Materie die Fähigkeit besaß, sich selbst zu «bilden» (im Sinne von «formen»), bestand die Möglichkeit, jene unbefriedigende, als «Präformationismus» oder «Evolutionismus» bekannte Theorie der Fortpflanzung aufzugeben, die der Genfer Biologe Bonnet vertrat – die Theorie, daß die Embryonen sämtlicher neuer Individuen seit Beginn der Schöpfung gegenwärtig sind und nur auf den geeigneten Augenblick warten, um an Größe zu wachsen –, und sowohl die Fortpflanzung als auch das Wachstum von Individuen als Entwicklung und Realisierung von etwas bisher nur potentiell Vorhandenem zu interpretieren (Theorie der «Epigenesis»). Im folgenden Jahr spielten das Wort «Bildung» und seine Ableitungen eine bedeutende Rolle in Goethes *Metamorphose der Pflanzen*, und Humboldt beruft sich zu Beginn seines Essays auf Goethes Beschreibung dieser Metamorphose, um auf der niedrigeren Ebene des pflanzlichen Lebens jenen Vorgang zu veranschaulichen, der für ihn Wesen und einziger Zweck der menschlichen Existenz ist; denn «alles Geistige», sagt Humboldt weiter, sei «nur eine feinere Blüthe des Körperlichen». Doch unter dem Firnis zeitgenössischer Naturwissenschaft verbirgt sich das Muster einer älteren Metaphysik, die sowohl Humboldts Konzeption von der Entfaltung einzelner Kraftzentren zu einem «Ganzen» als auch seine Vorstellung von Freiheit bestimmt, die für ihn die politische Vorbedingung dieser Entfaltung ist. Der monadische Individualismus von Leibniz mit seiner Definition der Seele als einer sich selbst antreibenden, körperlich-geistigen Kraft, die sich gemäß ihrem eigenen inneren Gesetz und isoliert von allen anderen Seelen entwickelt, hat nichts von seiner Macht verloren. Ein Dreivierteljahrhundert lang diente der Leibnizianismus dem Selbstverständnis einer Mittelschicht, die von einer ungünstigen politischen Ordnung eingezwängt war, und verlor auch im Zeitalter der Revolution nichts von seiner Anziehungskraft. Diese «innere Kraft» ist für Humboldt «die erste und einzige Tugend des Menschen»; sie ist es allein, «um die es sich zu leben verlohnt»; ihre «Entwickelung» «in ihrer Individualität» zu einheitlicher Vollkommenheit ist das Ziel des Bürgers wie des Staates. Diese Entwicklung ist selbstverständlich kein Gemeinschaftswerk;

denn «alle Bildung hat ihren Ursprung allein in dem Innern der Seele, und kann durch äussere Veranstaltungen nur veranlasst, nie hervorgebracht werden»; und «der wahren Moral erstes Gesetz ist, bilde dich selbst, und nur zweites: wirke auf andere durch das, was du bist.» Der eigentümliche Kompromiß, die arglistige Doppelbödigkeit in Schnabels *Insel Felsenburg* – weder wahre Weltabgeschiedenheit noch wahre Weltverbundenheit – lebt wieder auf in Humboldts Vision von parallelen Lebenslinien, die einander niemals schneiden: «Das höchste Ideal des Zusammenexistirens menschlicher Wesen wäre mir dasjenige, in dem jedes nur aus sich selbst, und um seiner selbst willen sich entwickelte.» Die Freiheit und die in ihrem Namen durchgeführte Revolution spielte für Humboldt nur eine untergeordnete Rolle als Instrument, dieses Ziel zu erreichen, und unbewußt gab er dies zu, als er am 1. November 1792, bei Beginn des Mainzer Experiments, an Forster schrieb:

Die Sache der Freiheit *oder vielmehr der eignen Energie* [Hervorhebung von mir] muß die Sache jedes kultivierten Menschen sein, und ich fühle mich aus diesen Gründen für jeden Fortschritt der kaum erschaffenen Republik aufs wärmste interessiert.

Die Freiheit, um die es Humboldt geht, ist die Freiheit, ein Privatleben zu haben. Freiheit ist für ihn nicht eine Sache öffentlicher Institutionen wie der Presse, freier Wahlen oder der Versammlungsfreiheit. Die Bildung des Menschen, die Humboldts höchstes Ziel ist, sollte ihm zufolge nicht durch Versuche befleckt werden, die Abhängigkeit von bestimmten Formen der öffentlichen Existenz zu erzwingen: Es ist der Fehler antiker wie moderner Republiken, Individuen dadurch zu verbiegen, daß sie ihnen lokale Loyalitäten und einen lokalen Gemeinsinn abverlangen: «Allein in unsren monarchischen Verfassungen existirt – und gewiss zum nicht geringen Glük für die Bildung des Menschen – eine solche bestimmte Form ganz und gar nicht.» Bei aller Verbundenheit mit den gesellschaftlichen und wirtschaftlichen Grundsätzen der Girondisten ist das politische Denken Humboldts von demselben radikalen Manko gekennzeichnet wie das der Apologeten der aufgeklärten Monarchie. Trotz eines demonstrativen Zurückdrängens der Grenzen des Staates (und die von staatlichem Wirken befreiten Bereiche sind oft genug diejenigen, in denen der Staat ohnehin ziemlich einflußlos ist oder an denen er kein Interesse hat) herrscht bei Humboldt einzigartige Gleichgültigkeit, was den Ursprung, die Autorität oder die Kontrolle der staatlichen Macht selbst betrifft. Um der Sicherheit aller willen muß es in der Gesellschaft eine absolute Macht geben, die keinen Widerspruch duldet, sagt Humboldt – aber selbst angenommen, daß er recht hat, wer soll diese Macht ausüben und unter welchen Umständen? Der schieren Existenz dieser Fragen, die den einander fast im Jahresabstand folgenden Erhebungen in Frankreich seit 1789 zugrunde lagen, waren sich nur wenige deutsche Schriftsteller bewußt. Die wirkliche Freiheit ist nicht die Freiheit, die schließlich übrigbleibt, wenn der Staat sich in die ihm von der Vernunft zugewiesenen Grenzen zurückgezogen hat, sondern die Freiheit, zunächst einmal die Grenzen der Wirksamkeit des Staates zu bestimmen und seine Ausübung von allen Verantwortlichkeiten zu überprüfen, die ihm zugewiesen werden. Ohne diese Freiheit ist alles, was ihren Namen trägt, klug verbrämte Bevormundung. Humboldts *Versuch* ist eines der frühesten Beispiele für ein Denken, das reformwillige deutsche Bürokraten Anfang des 19. Jahrhunderts befähigte, sich in die Teilung der Macht mit ihren Monarchen einzufädeln und den Adel zu verdrängen oder zu absorbieren, ohne dabei die Absolutheit und Unverantwortlichkeit der Staatsmacht selbst in Frage zu stellen oder die Autonomie einer mittleren Schicht im öffentlichen Leben der Nation zur Geltung zu bringen. Denn die spontanen staatsbürgerlichen Initiativen, die nach Humboldts Vorstellung dort auftreten – sofern es überhaupt wünschenswert ist, daß gemeinschaftliche Unternehmungen auftreten –, wo der Staat sich zurückzieht, werden nur flüchtig skizziert, und die Abhandlung hinterläßt den starken Eindruck, daß, sofern ohne politische und administrative Veränderung ein Mittel gefunden werden könnte, um die ungehinderte «Bildung» der Energien des Individuums zu garantieren, die Frage nach der Wirksamkeit des Staates vollends gegenstandslos werden würde. Anstatt das Ziel der Freiheit zu sein, würde Bildung ein Ersatz für sie.

Ein Aspekt der Französischen Revolution war den deutschen Zeitgenossen offenbar am schwersten begreiflich: Es war der tiefere Sinn des Prinzips der Volkssouveränität. Es ging bei Verfassungsdiskussionen und Verfassungskrisen nicht um die Frage, wie das Volk zu regieren war, sondern darum, wie das Volk sich selbst regieren solle. Humboldts *Versuch* verrät nicht die Einsicht, daß die Macht des Staates von denselben Bürgern herrühren und ausgeübt werden könnte, die er von ihr zu befreien trachtet; daß das Problem, das er anspricht, das der Selbstbefreiung und Selbstorganisation der Gesellschaft ist; oder daß daher seine Opposition gegen die Wirksamkeit des Staates im Privatleben geeignet ist, den Despotismus der alten Monarchien zu erhalten und nicht einfach zu begrenzen. Seine Behandlung der Religion verweist auf Wurzeln dieser Denkweise. Die Religion, sagt Humboldt, ist eines der Mittel des Staates, um das Verhalten seiner Bevölkerung zu kontrollieren und seine erwachsenen Bürger zu «bilden». Leugnet er selbst das innere Band zwischen Moral und Religiosität, so gipfelt das in der eloquenten Apologie eines heroischen Atheismus und damit in der Weigerung, etwas mit dieser staatlich geförderten «Bildung» zu tun zu haben. Diese Erklärung der Unabhängigkeit einer individuellen moralischen Kultur vom Staat und von jeder übernatürlichen Autorität krönt Humboldt mit einem Zitat aus Goethes Ode *Prometheus*, das jeder kannte, der die Berichte Jacobis über seine letzten Gespräche mit Lessing kannte:

> «Hast du's nicht alles selbst vollendet,
> Heilig glühend Herz?»

Aber die Kultur der Empfindsamkeit, auf welche diese Zeilen sich berufen, entstammte einer doppelten Tradition, dem Pietismus und (durch den Geniekult) dem Leibnizianismus, worin die mittleren Schichten des protestantischen Deutschlands sich mit einer untergeordneten Rolle in der absolutistischen Ordnung abfanden, die nicht ihr Werk war. Goethe war sich, wie seine behutsame Dramatisierung des Prometheus-Stoffes zeigt, bewußt, daß ein so gewichtiges Erbe nicht leicht abzuschütteln ist. Ob Humboldt dieses Bewußtsein teilte, ist zweifelhafter.

Humboldts katholischer Gesprächsparter, Koadjutor Dalberg, bewies größere Einsicht in die Veränderungen in Frankreich, auch wenn er – oder gerade weil er – das *ancien régime* verteidigte, das Humboldt attackierte. Goethe mag viele von Humboldts Idealen geteilt haben (zu denen er selbst schließlich nicht wenig beigetragen hatte), aber nach seinem praktisch-politischen Verstand und seinen angeborenen Loyalitäten stand er Dalberg näher, welcher – eindeutiger als sein protestantischer Nachbar Carl August, mit dem er ansonsten viel Ähnlichkeit hatte – einem kaiserlichen Deutschland angehörte, das älter war als der Aufstieg des Absolutismus. 1793 veröffentlichte Dalberg eine kleine Broschüre mit dem Titel *Von den wahren Grenzen der Wirksamkeit des Staats in Beziehung auf seine Mitglieder*, worin er wohlwollend und höflich auf alle Punkte Humboldts der Reihe nach eingeht, ohne ein Geheimnis daraus zu machen, daß er sowohl seine Schlußfolgerungen als auch seine fundamentalsten Voraussetzungen ablehnt. Menschen, behauptet Dalberg, sind keine Kraftzentren, sondern zeichnen sich durch ihre [körperliche und geistige] Trägheit aus. Wenn sie jedoch zu gemeinsamer Arbeit angereizt werden, können sie produktiv werden, und die Staaten, zu denen sie sich freiwillig zusammenschließen, sind kein notwendiges Übel, sondern Mittel zur Verwirklichung des gesamten menschlichen Potentials. Die Grenzen der Wirksamkeit des Staates sind daher für Dalberg identisch mit den Grenzen der moralischen und physischen Fähigkeiten seiner Mitglieder. Dies ist jedoch keineswegs die Apologie eines auf allen Gebieten kompetenten Absolutismus, sondern vielmehr die simple Feststellung, daß der Mensch ein zoon politikon, nicht aber für die unpolitische Erfüllung geschaffen ist. Es gibt keinen fundamentalen Interessenkonflikt zwischen Individuen und dem Staat, so wie es auch keinen Konflikt hinsichtlich der Religion gibt, die zeigt, daß es im Leben des Menschen um mehr geht als die Befriedigung von Interessen, und damit den Staat zusammenhält und zugleich seine wahren Grenzen aufzeigt. Diese beruhen nicht in der Pflicht, irgendeinen vermeintlich unpolitischen Aspekt im Leben seiner Bürger zu respektieren, sondern in Pflichten gegen jene, die überhaupt nicht seine Mitglieder sind: Der Staat darf seinen Bürgern keine Handlung befehlen oder erlauben, die ihren Verpflichtungen als Weltbürger widerspricht – das heißt, es gibt Rechte, die alle Menschen dank ihres Menschentums genießen, und nach Dalbergs Überzeugung zeichnet es christliche Staaten aus, diese Rechte anerkannt zu haben. In ähnlichem Sinne darf der

Staat auch nicht befehlen oder dulden, daß die nichtmenschliche Schöpfung – Tiere, Pflanzen, Mineralien – sinnlos gequält oder unnütz zerstört wird. Scheint Dalberg hier die Sorgen eines späteren Zeitalters vorwegzunehmen, so zeigt er sich in der Darstellung des Staates selbst, die in Humboldts *Versuch* keine Parallele hat, aufmerksam für die Nöte der eigenen Zeit. Er spricht wiederholt von den «Mitgliedern» des Staates, womit er unausgesprochen Humboldts im Grunde monarchistische Präsentation der absoluten Macht zurückweist, und betont, daß für die Ausübung dieser Macht allein «das Gesetz» maßgebend ist. Über das Gesetz wiederum bestimmt «die Staatsverfassung»; sie «besteht in dem ausdrücklichen Willen der grössern Zahl der Staatsmitglieder», und zu den Weisen, diesen Willen auszudrücken, gehört der Grad an Gehorsam gegen die Herrschenden. Dalberg versteht also nicht nur, daß Staaten durch den Willen des Volkes existieren, aus dem sie bestehen, und daß Verfassungen und Wahlen eine akzeptable Methode sind, diesen Willen zu artikulieren – immerhin ist er Inhaber eines Wahlamtes in einer Kirche, die älter ist als jede Monarchie Europas –; er weiß auch, daß die eigentliche Autorität die *vox populi* ist und daß der definitive Legitimitätstest das Vermeiden von Revolution ist. Doch war es dem alten Reich und seiner pragmatischen Weisheit nicht vergönnt, sich im Deutschland des 19. Jahrhunderts zu behaupten, das vielmehr zunehmend von Preußen und einer Bürokratie beherrscht wurde, in der Humboldt seine hervorragende Karriere machte.

Der Grund für die fortdauernde Modernität der Französischen Revolution liegt ohne Zweifel in ihrer einzigartigen Kombination der bisher erörterten Elemente. Im Schmelztiegel von Paris wurde eine moderne großstädtische Massengesellschaft geschaffen, in der frühe Formen des Bürgertums des 19. Jahrhunderts und der Arbeiterklasse des 19. Jahrhunderts miteinander um die Errichtung eines zentralisierten, rational durchgeplanten, bürokratischen, das heißt aufgeklärten modernen Staates rangen, und zwar mithilfe der modernen Instrumente repräsentativer Politik, deren erste Prämisse lautet, daß der Staat diejenige Form haben soll, für die seine Mitglieder sich entschieden haben. Das damalige Großbritannien, Deutschland und Amerika wiesen einige der Faktoren in dieser Gleichung auf und konnten sogar partielle Lösungsmodelle anbieten; aber einzig in Frankreich wurden alle Schritte, die zum Bau der – wie sich zeigen sollte – modernen Form des Staates notwendig waren, in der Zeitspanne eines Lebensalters getan. Das hätte nicht in dieser katastrophalen Weise geschehen müssen, und die Welt wäre anders wohl glücklicher gewesen. In Deutschland benötigte der von der Generation Wilhelm von Humboldts in Gang gesetzte Prozeß bis zu seiner Vollendung weitere anderthalb Jahrhunderte; in Großbritannien ist er noch nicht vorbei. Aber ein bestimmtes Element gewaltsamer Veränderung war wahrscheinlich unausweichlich, und damals schienen die Veränderungen untrennbar mit Gewalt verbunden zu sein. Die Deputierten der Nationalversammlung offerierten Europa Freiheit und Brüderlichkeit, aber sie of-

3. J. L. David:
Emmanuel-Joseph Sieyès

4. G. Doebler:
Immanuel Kant (1791)

ferierten ihm auch die Revolution. Und zumindest in Deutschland waren Stimmen zu hören, die nicht nur behaupteten, Deutschland habe schon die Freiheit und es habe schon die Aufklärung, sondern auch, es habe schon die Revolution. In einem besonderen Sinne, den erst Hegel ganz erhellen sollte, verstand das Deutschland des 18. Jahrhunderts sehr wohl die politische Veränderung, die über Frankreich kam. Für die Bedeutsamkeit des politischen Mechanismus, wie etwa Wahlen zur Legislative oder geschriebene Verfassungen, war es ebenso blind wie für die gesellschaftlichen und ökonomischen Kräfte, die am Werk waren. Aber in dem fast unverzüglichen Triumph des Prinzips der Selbstbestimmung, das indirekt anerkannt wurde, als Sieyès die Generalstände überredete, sich in «Nationalversammlung» umzubenennen, konnten deutsche Intellektuelle ein Moment der historischen Entscheidung erkennen, zu dem es in ihren Augen ein zeitgenössisches Pendant im moralischen und kulturellen Leben ihrer eigenen Nation gab. Auch für sie war ein neues, modernes Zeitalter angebrochen, und durch sie für die ganze Welt. Wie der junge Joseph Görres (1776–1848) 1797 sagte: «Im vorigen Jahrzehnt fiel in Deutschland bekanntlich jene Revolution vor, wodurch sich dies Land theoretisch um die Kultur der Menschheit beinahe ebenso verdient gemacht hat, als Frankreich praktisch. Ich meine die Reformation der Philosophie durch den unsterblichen Kant.» Weniger prosaisch äußerte sich J. B. Geich (1767–nach 1800), der einer Gruppe ausgestoßener katholischer Priester von den Universitäten des Rheinlands angehörte, die sich die Philosophie Kants, die Politik Frankreichs und die Sitten der Bohème zu eigen gemacht hatten:

So hat sie [die Nation, d. i. Deutschland] denn in ihrem Innern eine Revolution bewirkt, die nicht minder glänzend und von weit aussehenden Folgen ist, als die, welche Republiken schuf. Sie ging im Gebiete des Wissens vor [...] Das Geschäft, in dem sich Frankreich der Gefahr wegen, die es so lange bedrohte, bisher herumtrieb, ließ es nicht nur an dem neuen Werke keinen Anteil nehmen, sondern es ließ die Nation die Sonne nicht einmal bemerken, die ihr von ihrem neuen Orient glänzte; aber sie wird sich in ihren Strahlen wärmen [...] Die französische Revolution gibt uns die Hoffnung, glückliche Bürger zu werden, und die Geisterrevolution der Deutschen gewährt uns die Aussicht, vollendete Menschen zu werden.

Schon im Winter 1790 hatte Fichte seine ersten Kantstudien als «eine Revolution in meinem Geiste» bezeichnet, und als er 1793 endlich über die Ereignisse in Frankreich schrieb, zu deren leidenschaftlichsten Verteidigern in Deutschland er gehörte und denen er den wesentlichen Anstoß zur Ausarbeitung seines eigenen philosophischen Systems zuschrieb, nannte er die kantische Revolution gleichwohl «eine andere ungleich wichtigere».

Sie war auch die ältere. Kant selbst war der erste, der 1787 seine neue Philosophie eine Revolution nannte. Nachdem er im Vorwort zur zweiten Auflage der *Kritik der reinen Vernunft* die Erfindung der deduktiven Geometrie und der experimentellen Methode als «Revolution der Denkart» in der Geschichte der Mathematik beziehungsweise der Physik bezeichnet hatte, erhob er den Anspruch, in ähnlicher Weise «eine gänzliche Revolution» in der Metaphysik unternehmen zu wollen. Als Kopernikus gefunden habe, daß die Bahn der Himmelskörper nicht ohne weiteres zu erklären war, wenn man von der Voraussetzung ausging, daß sie um einen unbewegten Beobachter kreisten, habe er sich überlegt, ob die Sache leichter ginge, wenn man voraussetzte, daß der Beobachter sich bewege und die Sterne stillstünden. In ähnlicher Umkehrung überkommener Weisheit ist Kant überzeugt, der Philosophie einen völlig neuen Anstoß durch den Vorschlag gegeben zu haben, wir sollten, anstatt vorauszusetzen, daß die Beschaffenheit unserer Erkenntnis von der Beschaffenheit der uns bekannten Dinge bestimmt wird, voraussetzen, daß die Beschaffenheit der uns bekannten Dinge von der Beschaffenheit unserer Erkenntnis bestimmt wird. Fichte überhöhte nur, wie es seine Art war, eine Kantische Metapher, wenn er behauptete, in seiner eigenen Philosophie von dieser kopernikanischen Revolution zu einer französischen fortgeschritten zu sein:

Mein System ist das erste System der Freiheit; wie jene Nation von den äussern Ketten den Menschen losreisst, reisst mein System ihn von den Fesseln der Dinge an sich, des äusseren Einflusses los, und stellt ihn in seinem ersten Grundsatz als selbständiges Wesen hin.

Das Kantische System

«Doch steht», schrieb Goethe 1804, «indem uns die Ereignisse der neuern Zeit vorschweben, eine Bemerkung hier wohl am rechten Platze, ... daß kein Gelehrter ungestraft jene große philosophische Bewegung, die durch Kant begonnen, von sich abgewiesen, sich ihr widersetzt, sie verachtet habe.» Der Ursprung der Revolution hätte bescheidener kaum sein können. Kant wurde 1724 als Sohn eines Riemermeisters in Königsberg (dem heutigen Kaliningrad) geboren und verbrachte sein ganzes Leben in dieser Stadt oder ihrer engeren Umgebung: Seine Reisen unternahm er allein «im Gebiete des Wissens». Nicht daß Königsberg Provinz gewesen wäre: Mit seinen 60 000 Einwohnern war es die zweitgrößte Stadt des Königreichs Preußen und die größte in den Territorien außerhalb des Reichs. Gegründet im 13. Jahrhundert unter dem Schutz des Deutschen Ordens, war es die Hauptstadt des alten Herzogtums Preußen und ein Handelszentrum für die Ost- wie für die Nordsee. Die Universität war 1544 gegründet worden, und im 18. Jahrhundert verfügte die Stadt über öffentliche Lesesäle und endlich sogar ein eigenes Theater. Die Familie Kants war streng gläubig, aber warmherzig (doch verlor er seine Mutter, als er erst dreizehn war), und er besuchte zuerst das pietistische Friedrichskollegium. Das dort gepflegte Reglement häufigen öffentlichen Betens war nicht nach seinem Geschmack. Ab 1740 besuchte er die Universität; die geringen Mittel, die sein Vater ihm zuwenden konnte, besserte er durch Nachhilfeunterricht für wohlhabendere, aber minder begabte Studenten sowie durch Gewinne im Billard auf, ein Newtonsches Spiel, in dem er zeitlebens brillierte. Sein Vater starb, als Kant zweiundzwanzig war. Das nötigte ihn, sich, wie damals viele andere deutsche Studenten, als Hauslehrer über Wasser zu halten, doch wurde er 1755 Privatdozent (*magister legens*) und begann, ohne Gehalt Vorlesungen an der Universität zu halten. In 18 000 Vorlesungstagen (bis zu 28 Wochenstunden) hat er niemals auch nur eine Viertelstunde ausfallen lassen. Sein Leben war pedantisch geregelt; obgleich unverheiratet, war er aber keineswegs ein vertrockneter Sonderling, und seine täglichen Mittagsgesellschaften waren berühmt. 1770 wurde er zum Professor für Logik und Metaphysik ernannt, lernte aber etwa gleichzeitig, zum Teil durch Vermittlung seines Freundes Johann Georg Hamann, die empirische und skeptische Philosophie David Humes (1711–1776) kennen, und was wichtiger war: er erkannte ihre Sprengkraft. Er hatte das Leibniz-Wolffsche System gelernt und – auf sehr hohem Kompetenz- und Abstraktionsniveau – gelehrt und sah nun, gerade als er dabei war, seine materielle Sicherheit zu erlangen, die Fundamente seines geistigen Lebens bedroht. Daran schloß sich an, was man seine Form der Sturm-und-Drang-Periode nennen könnte die durch das fast völlige Versiegen seiner Publikationstätigkeit für gut zehn Jahre gekennzeichnet war und aus der er erst wieder 1781, mit 57 Jahren, mit der ersten Auflage der *Kritik der reinen Vernunft* auftauchte. In den folgenden zwölf Jahren, bis zum Nachlassen seiner geistigen Kräfte, verfaßte er eine Reihe weiterer Hauptwerke, die einem von dem Umfang und der Schwierigkeit der ersten *Kritik* zunächst konsternierten Publikum bestätigten, daß die lange Herrschaft Wolffs beendet war und Deutschland eine neue Philosophie besaß. Bis Ende des Jahrhunderts hatten die Kantianer die Wolffianer praktisch an allen deutschen Universitäten von den philosophischen Lehrstühlen verdrängt. Doch ganz abgesehen von der philosophischen Bedeutung des Kantianismus, ist ohne Berücksichtigung von Kants Revolution ein profundes Verständnis der Veränderungen, die sich zwischen 1790 und (mindestens) 1815 in den theologischen, naturwissenschaftlichen, literarischen und sogar politischen Einstellungen Deutschlands vollzogen, nicht möglich.

Kants Philosophie nach 1781 wird zutreffend eine kritische – und sogar, schon zu ihrer Zeit, «die» kritische – Philosophie genannt. Sie ist weder «dogmatisch» in dem Sinne, wie für Kant die Werke Leibniz', Wolffs und anderer seiner Vorgänger in der platonischen und spekulativen metaphysischen Richtung dogmatisch sind, die so tun, als hätten sie zuverlässige Erkenntnis von Dingen jenseits des Zeugnisses der Sinne; noch ist sie einfach skeptisch wie das Werk David Humes. Vielmehr sucht sie einen Mittelweg zwischen beiden Möglichkeiten, und zwar dadurch, daß sie tiefer geht als beide. Es geht Kant nicht darum, die spekulative Debatte mit eigenen Schlußfolgerungen über das «Sein» fortzusetzen und zum Beispiel zu behaupten: «Grundsätzlich *gibt es* Materie» oder «Grundsätzlich *gibt es* Denken» oder «*Es gibt* Individuen» oder «*Es gibt* nur ein Ding». Er will aber alle diese eigenartigen Allgemeinaussagen auch nicht samt und sonders dem Orkus überantworten, obgleich sie offenbar weder mit einfachen, entscheidbaren Tatsachenfeststellungen noch mit der reinen Vernunftarbeit der Logik und Mathematik zu tun haben. Vielmehr geht es ihm darum, die Denkvorgänge zu analysieren, die sich im Menschen abspielen, wenn er diese sehr allgemeinen metaphysischen Urteile fällt. (Kant spricht lieber von «Urteilen» – also Denkakten – als von deren sprachlicher Verkörperung in «Aussagen» oder «Sätzen» und bezeichnet als «Sophisterei» eine Art des Philosophierens, welche die Aufmerksamkeit von den Problemen selbst auf die Bedeutung der Wörter ablenkt, mit denen die Probleme diskutiert werden.) Um dies tun zu können, muß er auch die Denkvorgänge analysieren, die sich bei jeglichem Urteilen abspielen, nicht nur bei Urteilen dieser metaphysischen Art. Besonders interessieren ihn die Denkvorgänge bei Urteilen über das, was in der natürlichen Welt der Fall ist (zum Beispiel daß der Hund ein Tier mit vier Beinen ist, oder daß die Anziehungskraft zwischen zwei Körpern umgekehrt proportional dem Quadrat ihrer Entfernung ist), und bei Urteilen über das, was in der moralischen Welt der Fall sein sollte (zum Beispiel daß der Kaufmann keine ungenauen Waagen verwenden oder daß man ein gegebenes Versprechen halten soll). Insofern Kants Gegenstand die Frage ist, was Urteile möglich macht – was hinter ihnen liegt oder ihnen vorausgeht –, heißt er «transzendental», aber nur in diesem streng definierten Sinn. Kant hegt jedoch auch die Hoffnung, durch die Bestimmung der Bedingungen, die uns berechtigen, relativ gewöhnliche Urteile zu fällen, die relativ naheliegend zu begründen sind, herausfinden zu können, ob es Bedingungen gibt, die uns gegebenenfalls berechtigen würden, Urteile zu fällen wie «Es gibt einen Gott» oder «Der Mensch hat eine unsterbliche Seele» oder «Unser Wille ist frei», die für Hume relativ ungewöhnlich und relativ unbegründet waren. Kants Philosophie heißt «kritisch» und nicht einfach «analytisch», weil er nicht nur die Natur des Apparats bestimmen will, der es uns erlaubt, Urteile zu fällen, sondern weil er auch die Grenzen bestimmen will, innerhalb derer dieser Apparat funktionieren kann (und außerhalb derer er sich lediglich im Zustand der Untätigkeit befindet, ohne wirklich zu arbeiten). Kant ist überzeugt, daß bestimmte Aussagen, die ein Metaphysiker wie Leibniz aufstellen mag und die ein Skeptiker wie Hume zurückweisen würde, ein wichtiges Wahrheitselement enthalten, selbst wenn sich bei näherer Untersuchung herausstellt, daß sie nicht der Struktur der meisten anderen unserer Urteile entsprechen. Er ist aber auch der Überzeugung, daß es die spezielle Aufgabe des kritischen Philosophen ist, Wesen und Grenzen des Wahrheitselements in diesen Aussagen zu bestimmen, um zu verhindern, daß es mißverstanden oder mißbraucht wird.

Zunächst einmal muß Kant jedoch die Struktur unserer anderen, relativ gewöhnlichen Urteile bestimmen. Diese scheinen bereits gewissen Einschränkungen insofern unterworfen zu sein, als bei ihnen gewisse Dinge notwendig zu sein scheinen. Einige dieser Notwendigkeiten sind solche der

Definition – so scheint uns das Urteil «Gold ist ein gelbes Metall» notwendig wahr zu sein, aber es ist eine Notwendigkeit, die sich lediglich aus unserer Definition von «Gold» ergibt. Wie steht es dagegen mit dem Urteil «Jedes Ereignis hat eine Ursache»? Es würde schwerfallen, den Begriff «Ereignis» so zu definieren, daß die Eigenschaft des «Verursacht-Seins» innerer Bestandteil seiner Definition wäre; und doch hat die Aussage «Jedes Ereignis hat eine Ursache» etwas so Zwingendes, daß wir uns ihre Unwahrheit nicht vorstellen können. Wir haben es hier mit einer Notwendigkeit zu tun, die keine Notwendigkeit qua Definition ist, sondern eine Notwendigkeit unserer Art zu denken.

Diese Notwendigkeiten des Denkens sind die hauptsächlichen Untersuchungsgegenstände der kritischen Philosophie in allen ihren Bereichen. Sie haben zwei Aspekte, die Kant als Leitfaden bei der Untersuchung dienen. Wenn das Verhältnis dieser beiden Aspekte zueinander etwas paradox zu sein scheint, so ist es eine Paradoxie, die für die ganze kantische Philosophie grundlegend ist und den merkwürdig disparaten Einfluß erklärt, den diese Philosophie gehabt hat. Kant läßt sich einerseits von der Tatsache leiten, daß er es mit *Notwendigkeiten* zu tun hat, andererseits von der Tatsache, daß diese Notwendigkeiten solche des *Denkens* sind.

Zunächst einmal könnte man fragen: Wieso haben wir es mit Notwendigkeiten zu tun? Wofür sind sie notwendig? Kants Antwort lautet, daß die Notwendigkeiten, die wir in unserem Denken finden, die notwendigen Bedingungen objektiver Erfahrung sind, die notwendigen Bedingungen dafür, daß unsere Urteile objektive – das heißt: allgemeine – Gültigkeit haben. Wir *müssen* auf diese oder jene Weise denken, weil andernfalls unsere Urteile nicht auf, wie Kant sich ausdrückt, «Gegenstände möglicher Erfahrung» zuträfen – das heißt, sie würden nicht implizieren, daß sie sich auf Dinge beziehen, die alle Menschen auf dieselbe Weise erfahren können, Dinge, die sich auf geordnete Weise nach einem Gesetz verhalten, das alle kennen können. Es wäre nicht sehr aufschlußreich, wenn ich sage «Ich habe die zusammentreffenden Empfindungen von Licht, Härte und Wärme»; wenn ich statt dessen aber sage: «Das Sonnenlicht ist die Ursache dafür, daß der Stein sich erwärmt», wissen alle, was ich meine, auch wenn sie mir vielleicht nicht zustimmen. Unseren Urteilen haftet sozusagen das unauslöschliche Mal ihres Strebens nach Objektivität an – nicht nur für uns, sondern allgemeingültig zu sein.

Zweitens aber sind die Notwendigkeiten solche des Denkens. Es sind keine Notwendigkeiten der Natur. Kants Antwort auf die Frage «Warum müssen wir auf diese oder jene Weise denken?» lautet nicht: «Weil die Dinge eben so sind», sondern: «Weil dies eine der Bedingungen ist, deren Erfüllung notwendig ist, wenn unser Denken seiner selbst auferlegten Pflicht genügen soll, objektiv zu sein.» Ja, wir können laut Kant manche Dinge über die Welt entdecken, die notwendig wahr sind, indem wir einfach unseren Denkapparat untersuchen; aber diese Wahrheiten über die Welt sind notwendig eben darum, weil sie auch Wahrheiten über – oder abgeleitet aus Wahrheiten über – unseren Denkapparat sind – der natürlich ein Apparat des *objektiven* Denkens ist. In der Tat glaubt Kant, daß jede Notwendigkeit in einem Urteil, die nicht eine Notwendigkeit der Definition ist, darauf hinweist, daß das Urteil eine Bedingung des Denkens, nicht ein Naturgesetz ausdrückt. Wenn ich sage: «Die Dinge müssen so sein», meine ich damit laut Kant: «Die Dinge sind so, weil ich denken *muß*, daß sie so sind, wenn ich den Ausgangsbedingungen objektiven Denkens genügen will.» Es ist zwar richtig (in der naturwissenschaftlichen Sichtweise des späten 18. Jahrhunderts), daß jedes Ereignis eine Ursache hat und sogar haben muß; aber – so die Kantische Argumentation – dem ist nicht so, weil es sich so trifft, daß die Ereignisse auf diese besondere kausale Weise geordnet sind (zum Beispiel von Gott), sondern weil wir uns angesichts der Natur unseres Denkapparats nichts vorstellen können, was anders geordnet wäre und dennoch auf reguläre Weise von allen Wesen, die unseren Denkapparat teilen, erkannt werden könnte. Das Paradoxe an Kants Denken liegt daher darin, daß er, um die objektive Natur der Erfahrung geltend zu machen, die subjektive Natur ihrer notwendigen Bedingungen geltend macht. Er begründet die Aussage «Die Erfahrung kündet von einer geordneten Welt», nicht mit dem Argument «weil die Welt geordnet ist», sondern mit dem Argument «weil die Erfahrung Ordnung verlangt».

Wir können das Gebiet, auf das Kant diese Grundprinzipien der kritischen Philosophie anwendet, in drei Bereiche einteilen: die Philosophie des Geistes, also das, was Kant den «theoretischen» Gebrauch der Vernunft nennt; die Philosophie des Willens und der Ethik – nach Kants Terminologie die «praktische Vernunft»; und die Philosophie des Fühlens oder der Natur als eines Gegenstandes unserer Seelentätigkeit – was Kant den Bereich des «Urteils» nennt.

Die Werke, die besonders dem ersten dieser Bereiche gelten, sind die *Kritik der reinen Vernunft* selbst und die *Prolegomena zu einer jeden künftigen Metaphysik, die als Wissenschaft wird auftreten können* (1783). In ihnen benennt Kant drei verschiedene Arten von subjektiver Notwendigkeit in unserem Denken. Es war seit geraumer Zeit von den Philosophen erkannt worden, daß gewisse Eigenschaften der Dinge – zum Beispiel ihre Farbe – nicht eigentlich diesen Dingen selbst zugeschrieben werden konnten, sondern nur eine Interaktion zwischen dem Ding selbst und dem menschlichen Sinnesapparat sind. Kants Denknotwendigkeiten können vielleicht in Analogie zu dieser Interaktion verstanden werden, doch wäre es falsch, zu vermuten, daß es ihm primär um die Trennung von Objektivem und Subjektivem in unseren konkreten Sinneswahrnehmungen zu tun ist: Ihn interessieren viel allgemeinere und abstraktere Merkmale der Erfahrung als Farbe, Gewicht, Temperatur und so fort. Kant befaßt sich zunächst mit unserer Erfahrung unter ihrem rein sinnlichen Aspekt und stellt an ihr zwei subjektive Notwendigkeiten fest: Sie muß räumlich sein, und sie muß zeitlich sein.

Demgemäß heißen Raum und Zeit «reine Formen der Anschauung» oder «Formen reiner Anschauung»; der Abschnitt des Systems, in dem die notwendigen Bedingungen reiner Anschauung erörtert werden, heißt «transzendentale Ästhetik» (wobei der Ausdruck «Ästhetik» hier nicht die Kunst meint, sondern die Wissenschaft der Sinneswahrnehmung).

Der nächste Abschnitt heißt «Transzendentale Analytik»; er befaßt sich mit jenem geistigen Vermögen, das Kant «Verstand» nennt, so wie die transzendentale Ästhetik sich mit der sinnlichen Anschauung befaßt hatte, und er liefert uns die zweite Art von notwendigen Bedingungen der Erfahrung. Es sind zwölf an der Zahl, und sie werden abwechselnd «Kategorien» oder «reine Verstandesbegriffe» genannt (Beispiele solcher Kategorien wären «Vielheit», «Negation», «Kausalität» oder «Dasein»). Die Kategorien befähigen uns, Urteile über das in der sinnlichen Anschauung gegebene Material zu fällen: zum Beispiel zu urteilen, daß zwei voneinander unterschiedene, meßbare Phänomene so miteinander verknüpft sind, daß das Dasein des einen das Nicht-Dasein des anderen verursacht (wie es der Fall sein könnte, wenn ein Gegenstand, der bis zu einer bestimmten Temperatur erwärmt wird, seine elektrische Leitfähigkeit verliert). Alle Begriffe in diesem Urteil – Distinktion, Meßbarkeit, Relation, Dasein, Ursache, Negation – sind Begriffe, die nicht eigentlich den Dingen selbst zugeschrieben werden können; doch ohne diese und einige andere, ähnliche Begriffe ist objektive Erfahrung – das heißt eine in allgemein zugänglicher Form ausgedrückte Erfahrung – nicht möglich. Vereinfacht ausgedrückt und mit dem Vorbehalt, daß auch die Anschauung ihre subjektiven Notwendigkeiten von Raum und Zeit hat, könnten wir sagen, daß die Anschauung den Inhalt der Erfahrung gibt, während der Verstand durch die Kategorien ihre Form gibt: «Ohne Sinnlichkeit würde uns kein Gegenstand gegeben, und ohne Verstand keiner gedacht werden. Gedanken ohne Inhalt sind leer, Anschauungen ohne Begriffe sind blind.»

Mit den Formen der sinnlichen Anschauung und den Kategorien des Verstandes hat Kant die subjektiven Voraussetzungen des gewöhnlichen empirischen Denkens erschöpft. Es gilt aber noch ein drittes geistiges Vermögen zu erörtern: die Vernunft. Tatsächlich hat die Vernunft uns bei allen unseren Untersuchungen begleitet, denn sie ist letzten Endes die Quelle aller Denknotwendigkeit. Notwendigkeit ist es, was uns von der Prämisse zur Schlußfolgerung einer logischen Argumentation führt, und die Vernunft spielt eine normale und nicht außergewöhnliche Rolle als das Vermögen, das unserer Erkenntnis dadurch eine logische Struktur gibt, daß es die Verstandesurteile zu Syllogismen oder Argumentationsketten verknüpft. Vernunft ist also «das Vermögen der Einheit der Verstandesregeln unter Prinzipien»: sie ist die oberste organisierende geistige Fähigkeit. Kann aber *reine* Vernunft, das heißt eine vom Verstand und den Sinnen getrennte Vernunft, uns eine eigene, selbständige Art der Erkenntnis vermitteln? Manche Metaphysiker waren der Ansicht, sie könne es. Wenn es statthaft wäre, den logischen Vorgang der Urteilsverknüpfung sozusagen ins Unendliche fortzusetzen, könnten wir uns vorstellen, daß alle unsere Gedanken sich zu einem einzigen System fügen. Diese systematische Einheit würde nach Kant drei Erscheinungsweisen annehmen, die er «Vernunftideen» nennt: die Idee des Ich als Substanz oder die Seele; die Idee der Natur (uns eingeschlossen) als einer Einheit; und die Idee Gottes als der Summe alles Seins. Sind nun aber diese Vernunftideen Gegenstände möglicher Erkenntnis? Sind sie auch nur Denknotwendigkeiten in demselben Sinne wie die Formen reiner Anschauung oder die Kategorien des Verstandes? Können wir also *Erkenntnis* von der systematischen Einheit aller Dinge haben?

Nach Kant geht es der kritischen Philosophie vor allem im Falle der Vernunftideen nicht nur um eine Analyse der Erkenntnis, sondern um die Bestimmung ihrer Grenzen. Infolge der unvermeidlich polemischen Natur des Gegenstandes ist daher dieser Teil der Philosophie als transzendentale Dialektik bekannt (wobei «Dialektik» hier die alte Bedeutung einer «Kunst des Argumentierens» hat). Die Hauptquelle des früheren metaphysischen Irrtums ist nach Kants Meinung die Verwechslung der Zuständigkeitsbereiche des Verstandes und der Vernunft gewesen. Kant glaubt, daß die Vernunft uns nur in einem sehr speziellen und begrenzten Sinn Erkenntnis unabhängig vom Verstand liefern kann. Er beweist auf eine ihn überzeugende Weise, daß es keine direkte Erkenntnis – im Sinne der kategorialen, sinnlichen Erfahrung – von Gegenständen geben kann, die den Vernunftideen Gott, Seele oder Natur (uns eingeschlossen) als Einheit entsprechen würden; ebensowenig kann es einen indirekten oder transzendentalen Nachweis geben, daß es in einer Welt jenseits unserer Erfahrung derartige Gegenstände gibt. Insoweit hat Hume recht, und die Götzenbilder früherer Philosophen müssen zerschlagen und beseitigt werden. Genauso aber, folgert Kant weiter, kann es keine Erfahrung und keinen Beweis der Nichtexistenz von Gegenständen geben, die den Vernunftideen entsprechen. Denn unsere Erfahrung entsteht, wie erinnerlich, aus der Interaktion zwischen unseren subjektiven Denknotwendigkeiten (das heißt den Kategorien) und den Dingen an sich, von denen wir per definitionem keine unmittelbare Erkenntnis haben können: Direkte Erkenntnis haben wir nicht von Dingen an sich («Noumena»), sondern von der Art und Weise, wie sie uns erscheinen («Phänomena»). Die Vernunft in ihrem Streben nach systematisch vereinheitlichter Erkenntnis alles Seienden überspringt in «übereilter Weise» die Distinktionen und Limitationen, die unser Denkapparat uns aufzwingt, und stellt sich eine Welt vor, in der wir unmittelbare Erkenntnis aller Dinge an sich und ihres Verhältnisses zu den Erscheinungen hätten: Wir könnten uns selbst als die monadische Substanz sehen, die alle unsere kontingenten Erfahrungen begründet und vereinheitlicht; wir könnten die Welt als ganz und gar harmonisches, organisches Ganzes sehen, in dem wir gleichwohl frei als selbständige Akteure handelten; wir könnten eine klare Schau des Höchsten Wesens und Seiner Vollkommenheiten haben, aus denen alles weniger vollkommene Seiende sich ableitet. Doch die Wahrheit ist: daß die einzige uns zugängliche Erfahrung jene kategoriale, sinnliche Erfahrung ist, bei der wir Erkenntnis nur von Wahrnehmungen haben, in die wir eingebunden sind, nicht aber von uns selbst als dem dauerhaften Subjekt dieser Wahrnehmungen; daß wir weder die Totalität der kausalen Interaktion in der Welt erfassen noch uns selbst als freie Akteure handelnd wahrnehmen können; daß wir nur unvollständige Dinge erkennen können, und zwar nur undeutlich (das heißt, nicht so, wie sie an sich sind). Jeder Versuch, die eigentliche Realität der Dinge innerhalb der Begrenztheit unseres Denkapparats (Begrenzungen, von denen diese eigentliche Realität per definitionem frei ist) darzustellen, wird notwendig zu Fehlschlüssen, Widersprüchen und Chimären führen. Aber dieser Einwand gilt auch für den Versuch, die Existenz dieser eigentlichen Realität zu leugnen: Wir können die Existenz oder das Wesen von Dingen an sich nicht erkennen, aber wir können auch ihre Nichtexistenz nicht erkennen; denn auch das wäre kategoriales Wissen. Wir können die Substanzlosigkeit der Seele oder die Unbegreiflichkeit des Universums und die Unmöglichkeit menschlicher Freiheit oder die Nichtexistenz Gottes nicht beweisen.

Ist Kant also der Meinung: «Wovon man nicht sprechen kann, darüber muß man schweigen»? Nicht ganz. Das Leben ist keine Sache statischer Einsicht in die Beschaffenheit der Dinge, sondern eine Sache der Bewegung und der Tätigkeit, und so haben die Vernunftideen einige sehr wichtige Funktionen in unserem Leben. Im Leben des Geistes legt unsere Vernunft vermittels der Ideen Regeln zur Leitung des Verstandes beim Vorgang der Erkenntnisgewinnung und des Nachdenkens über die Welt fest. Diese Regeln gelten natürlich nicht für die Gegenstände der Erfahrung, sondern für die Art und Weise, wie wir unsere Gedanken ordnen, und sie sind nicht zwingende Notwendigkeit, sondern lediglich Leitlinie. Wenn wir versuchen, die Welt zu verstehen, versuchen wir, die uns vom Verstand gegebene Erkenntnis so weit wie nur möglich der Erkenntnis der Vernunftideen anzunähern, auch wenn eine solche Erkenntnis naturgemäß unerreichbar ist. Wir streben nach systematischer Einheit, auch wenn es unmöglich ist, sie zu erreichen. Wir streben nach Kohärenz in unserer persönlichen Erfahrung, *als ob* (Kant betont diese Worte des öfteren) wir Erkenntnis einer kohärenten Persönlichkeit in ihrer Mitte haben könnten. Wir streben nach systematischem Verständnis der Natur, *als ob* wir den gesamten vereinheitlichten Mechanismus vor uns sehen könnten. So ist zum Beispiel die Leibnizsche Vorstellung einer kontinuierlichen Kette des Seins, von der niedrigsten zur höchsten Monade, offenkundig unvereinbar mit unserer tatsächlichen Erfahrung, in der die Lücken zwischen Seinsarten zahlreich, unregelmäßig und häufig sehr groß sind. Aber diese Vorstellung ist ein bewundernswertes Modell für unsere wissenschaftlichen Untersuchungen, bei denen wir ja immer versuchen sollen, die Regellosigkeit und Irrationalität der Erscheinungen zu reduzieren und in unserem Verständnis der Dinge jene vollkommene Ordnung herzustellen, die sie, wie Leibniz uns zu glauben ermutigt, an sich selbst haben. Oder aber wir streben danach, unsere willkürlichen Handlungen so zu verstehen, *als ob* sie nicht Bestandteil des Ganges der Natur wären, sondern außerhalb ihrer im Handeln eines rein vernünftigen Wesens (das heißt: in unserem «noumenalen» Ich) ihren Ursprung hätten. Schließlich streben wir danach, die gesamte Ordnung aller Dinge zu verstehen, *als ob* diese in ihrer Totalität aus dem zweckvollen begründenden Akt einer höchsten Intelligenz hervorgegangen seien, und infolgedessen wischen wir niemals etwas als zufällig, zwecklos oder unerklärlich vom Tisch, auch wenn wir im Augenblick oder in absehbarer Zukunft nicht imstande sein mögen, uns eine Erklärung vorzustellen. Die Vernunftideen, sagt Kant, wirken wie der Fluchtpunkt in gewissen perspektivischen Zeichnungen darauf hin, «den Verstand zu einem gewissen Ziele zu richten, in Aussicht auf welches die Richtungslinien aller seiner Regeln in einen Punkt zusammenlaufen», ein «focus imaginarius» außerhalb des Bildes selbst, der ihm aber Einheit gibt und dafür sorgt, daß der Bildausschnitt so breitgefaßt wie möglich ist. In diesem etwas speziellen Sinn von «Idee» kann man Kant einen Idealisten nennen.

Die der kritischen Philosophie eigentümliche Kombination aus Empirismus und Idealismus prägt auch Kants Behandlung der zwei anderen Zweige seines Systems: der Ethik und der Philosophie des Urteils. Im Bereich der Ethik waren drei seiner Werke von besonderem Einfluß auf die Zeitgenossen: *Grundlegung zur Metaphysik der Sitten* (1785), *Kritik der praktischen Vernunft* (1788) und *Die Religion innerhalb der Grenzen der bloßen Vernunft* (1792/93). Diese Bücher enthalten eine vollkommen neue Moralpsychologie, die eine ganze Generation inspirierte, und auch ihre Argumentationsweise war eine Inspiration, wenn auch eine weniger glückliche. Die Vernunft, jenes Vermögen, Gesetze in absolut allgemeinen Begriffen zu formulieren, und in der ersten *Kritik* mit einigem Argwohn behandelt, erscheint jetzt in einem günstigeren Licht. Es scheint nämlich für Kant so zu sein, daß sittliches Verhalten sich ausrichtet an der Vorstellung von einem absolut allgemeinen Gesetz, das nicht durch Bezugnahme auf konkrete Personen oder Umstände aufgeweicht wird, oder auf die Zwecke, denen ein solches Verhalten dienen mag. Moralische Imperative sind kategorisch. «Lüge nicht», sagt das Vernunftgesetz (und nicht «X und Y sollen nicht lügen, aber Z darf lügen», und auch nicht «Lüge nicht, wenn du nicht wegen Meineids bestraft werden willst»), und die moralische Person macht zum Grundsatz ihres Handelns – in Kants Terminologie zu ihrer «Maxime» – «Ich lüge nicht». Vernunft mag «praktisch» heißen, wenn sie auf diese Weise, ohne vermittelnde Instanz, den Willen zu bestimmen vermag: das heißt, wenn es möglich ist, daß ich etwas aus keinem anderem Grunde will als darum, weil ich es als eine Forderung der Vernunft ansehe. Allein diese Willenshandlung nach ausschließlicher Maßgabe des allgemeinen Gesetzes ist für Kant Moralität, und nichts anderes. Aus dieser Definition folgt vieles. Zunächst einmal wird uns auffallen, daß sie Moralität ganz und gar zu einer

Sache des Willens macht: Wir können durch Prüfung, zumindest in vielen Fällen, sagen, ob die Handlungen eines Menschen gerecht und in Übereinstimmung mit seinen Pflichten stehen, aber wir können Kant zufolge nicht sagen, ob dieser Mensch bei seinen Handlungen ein guter Mensch ist – das heißt, ob diese Handlungen einfach dem Wunsch entspringen, dem Vernunftgesetz zur Geltung zu verhelfen. Die Handlungsmotive können auch ganz materiell sein: Der Krämer mißt mir vielleicht nur darum nach Billigkeit zu, weil er der Bestrafung entgehen will, und Nächstenliebe aus Ruhmsucht ist so alt wie das Pharisäertum. Und natürlich kann es Umstände geben – zum Beispiel gravierende physische Zwänge oder die schicksalhafte Vereitelung unserer größten Anstrengungen –, bei denen der Wille gut, die Wirkung aber minimal oder nicht wahrnehmbar ist. Das einzig wirklich und eindeutig Gute, das wir uns vorstellen können, ist laut Kant der gute Wille. Aber gibt es so etwas wie den guten Willen – ist die Vernunft wirklich praktisch? Diese Frage ist gleichbedeutend mit der Frage: Gibt es so etwas wie Moralität? – und auf sie gibt es keine einfache Antwort. Wir können eben nicht auf Beispiele moralischen Verhaltens in unserer Erfahrung verweisen, weil es zu den Prinzipien der Organisation unserer Erfahrung nach Verstandeskategorien gehört, daß jedes Ereignis eine Ursache hat und wir daher stets imstande sein werden, für das Verhalten eines Menschen eine materielle, nicht-moralische Erklärung zu finden. Wird jedoch diese Erklärung immer die einzig mögliche sein? Und falls eine andere, moralische Erklärung möglich ist: welcher von beiden sollen wir den Vorzug geben? Das liegt laut Kant in einem gewissen Sinne bei uns. Wenn wir uns aber dazu entschließen, moralische Erklärungen für unser eigenes und das Verhalten anderer zu akzeptieren – wenn wir also zu dem Schluß kommen, daß die Vernunft in der Tat praktisch ist –, dann können wir dies nur unter gewissen Bedingungen tun. Gewisse Postulate sind notwendig, wenn die Wahrnehmung des allgemeinen Gesetzes fähig sein soll, unseren Willen direkt zu bestimmen, und das bei weitem wichtigste von ihnen ist das Postulat der Freiheit.

Der Weg zur Behauptung der Freiheit ist schon in der *Kritik der reinen Vernunft* durch den Nachweis freigemacht worden, daß Freiheit – das heißt die Fähigkeit vernünftiger Wesen, Ereignisse zu bewirken und in ihren Handlungen nicht von äußeren Ursachen bestimmt zu werden – nicht als nichtexistent bewiesen werden kann. Das Argument lautete, daß Kausalität ein Aspekt unserer kategorialen Erfahrung, das heißt der Welt der Erscheinungen ist, während Freiheit, wenn sie denn existiert, Unabhängigkeit von Kausalität und damit ein Aspekt nicht der Erscheinungen, sondern der Dinge an sich (einschließlich der Menschen) ist. Kant scheint sagen zu wollen – der Punkt ist notorisch unklar –, daß wir unsere Handlungen auf zweierlei Art betrachten können: als verursachte materielle Ereignisse oder als Handlungen, die freien Akteuren angehören. Wenn wir frei sind, sind wir als Noumena frei, während wir als Phänomena durch die Kette von Ursache und Wirkung gebunden bleiben, und nur darum, weil wir unsere Freiheit in der noumenalen Welt bewahren können, ist sie mit den Bedingungen objektiver Erfahrung nicht unvereinbar. Die Freiheit, deren Möglichkeit in der *Kritik der reinen Vernunft* auf diese Weise bewiesen wird, ist jedoch rein negativ. Die Freiheit, die wir der *Kritik der praktischen Vernunft* zufolge postulieren müssen, wenn es so etwas wie Moralität geben soll, hat darüber hinaus einen stark positiven Aspekt. Freiheit ist nicht die bloße Abwesenheit von Bestimmung (was Kant für eine unmögliche Vorstellung hält): Es ist unsere Freiheit, uns selbst zu bestimmen, uns selbst Verhaltensgesetze zu geben und uns nicht die Gesetze, nach denen wir uns verhalten, von anderswoher vorschreiben zu lassen, sei es von der Natur oder einer fremden, vermeintlich moralischen Autorität wie dem König, der Kirche oder jenem Gott, der von Abraham die flagrant unmoralische Ermordung seines Sohnes verlangte. Das Postulat der Freiheit ist, daß wir selbst unser Gesetzgeber sind, daß wir im etymologischen Sinn des Wortes autonom sind. Ein moralisches Wesen gehorcht allgemeinen Gesetzen, die seine eigene Vernunft erläßt (etwas anderes erläßt weder die theoretische noch die praktische Vernunft), und sein einziges Motiv, diesen Gesetzen zu gehorchen, ist seine Achtung vor der eigenen Fähigkeit, sich solche Gesetze zu geben, auch wenn sie zeitweilig zu seinem Nachteil ausschlagen mögen – seine Selbstachtung also.

Wie die reine theoretische Vernunft hat auch die reine praktische Vernunft ihre Ideen, und das letzte Ziel, das die praktische Vernunft sich setzt (und das natürlich in diesem, dem phänomenalen Leben unerreichbar ist), ist das höchste Gut. Und dieses höchste Gut ist nach Kant die Verbindung von Tugend und Glück. Jeder Versuch unsererseits jedoch, beides in unserem phänomenalen Leben zu verbinden, ist nicht nur wahrscheinlich zum Scheitern verurteilt, da wir die Bedingungen des Glücks nur unvollständig kontrollieren können; er wird auch sehr wahrscheinlich zu einer Korruption unserer Maxime dergestalt führen, daß wir die Tugend als Mittel zum Glück erstreben, oder nur insoweit erstreben, als sie nicht mit dem Glück in Konflikt steht. Daher muß die praktische Vernunft das Erlangen des höchsten Gutes dem noumenalen Bereich überlassen, so wie die theoretische Vernunft ihre Ideen demselben Bereich zuschreiben mußte, und kann es nicht in der Welt der gewöhnlichen Erfahrung auffinden. Die Schlußfolgerung, daß das Erreichen des höchsten Gutes nur ein Idealziel sein – und nur in der Welt der Dinge an sich, nicht in der Welt der Erscheinungen stattfinden kann –, ist nun, wie Kant beweist, gleichbedeutend mit zwei weiteren Postulaten der praktischen Vernunft, das heißt zwei weiteren Bedingungen der Möglichkeit von Sittlichkeit. Die eine ist die Lehre von der Unsterblichkeit der Seele – der Glaube, daß ein unbegrenztes Leben jenseits des gegenwärtigen, begrenzten, phänomenalen notwendig ist, wenn wir zu jenem Zustand der Heiligkeit fortschreiten sollen, in welchem unser Wille in vollkommener Harmonie mit dem Sittengesetz ist (die erste Bedingung für das Erreichen des höchsten Gutes). Das zweite Postulat ist das der Existenz Gottes als unabhängiger Ursache der Natur und damit Baumeister einer (in der idealen Welt) vollkommenen Harmonie zwischen unserer Tugend und unserem Glück (die zweite Bedingung für das Erreichen des höchsten Gutes). Diese Harmonie könnten wir selbst niemals bewirken: nicht nur, weil es unsere begrenzten Fähigkeiten übersteigen würde, dafür zu sorgen, daß die Ordnung der Natur stets pünktlich unsere moralisch guten Taten mit genau gleichwertigem physischen Glück belohnte, sondern auch, weil schon der Versuch dazu unsere Maxime korrumpieren würde. Somit zeigt Kant, daß die Unsterblichkeit der Seele und die Existenz der Freiheit und Gottes, welche die theoretische Vernunft weder beweisen noch widerlegen konnte, notwendige Voraussetzungen sind, wenn die Vernunft praktisch sein, das heißt wenn moralisches Verhalten möglich sein soll. (Kant sagt damit nicht, daß es notwendig ist, diese Lehren zu glauben, um moralisch handeln zu können; wer keinen Sinn für Philosophie hat, mag die theoretischen Implikationen seines Verhaltens nicht überschauen, ohne damit dessen moralische Qualität zu kompromittieren, die allein darin besteht, in Übereinstimmung mit einem selbstgegebenen allgemeinen Gesetz zu handeln.) Was in der Welt der Erscheinungen nicht an sich erfahren werden kann, herrscht in der noumenalen Welt als Idee, auf die alle unsere begrenzten und unvollkommenen Anstrengungen sich richten.

Kants Buch über die Religion ist als eingehende Darstellung des sittlichen Lebens im Lichte dieser Prinzipien von großem Interesse, zeigt aber zugleich in krasser Form, wie schwierig es ist, die empirische und die idealistische Perspektive in ein Joch zu spannen. Man hält Kant in ethischen Dingen oft für einen Rigoristen, und es trifft zu, daß er glaubte, die Reinheit unseres Motivs – die allein die sittliche Qualität unseres Handelns bestimmt – trete klarer hervor, wenn wir unsere Pflicht im Widerspruch zu unserer Neigung tun, als wenn unsere Pflicht sich mit dem deckt, was wir ohnedies wollen. Gleichwohl hat *Die Religion innerhalb der Grenzen der bloßen Vernunft* nichts Unpraktisches oder Unrealistisches an sich. Zwar ist das im Titel angekündigte Grundprinzip des Buches kompromißlos den Werten der Aufklärung verbunden:

alles, was, außer dem guten Lebenswandel, der Mensch noch tun zu können vermeint, um Gott wohlgefällig zu werden, ist bloßer Religionswahn und Afterdienst Gottes.

Aber der erste Abschnitt des Buches, 1792 separat in der *Berlinischen Monatsschrift* erschienen, rief Empörung hervor, weil er eine scheinbar obskurantistische Auffassung verteidigte und vom «radikalen Bösen» in der menschlichen Natur sprach. Kants Argumentation war hier jedoch sowohl drastisch als auch ganz im Einklang mit seiner Moralphilosophie. Für Kant (wie für Tolstoi am Anfang von *Anna Karenina*) gibt es viele Weisen, böse zu sein, aber nur eine Weise, gut zu sein. Die Quelle des Bösen ist nach seiner Überzeugung jede Art von Kompromiß mit den allgemeinen Forderungen des Vernunftgesetzes, und dies ist für ihn gleichbedeutend damit, daß dem Grundsatz der Autonomie Abbruch getan wird – jedes Ausweichen in das, was er Heteronomie nennt, wodurch wir uns von etwas bestimmen lassen, was außerhalb unseres vernünftigen Ich liegt: seien es die Kräfte der Natur, die sich in unseren Neigungen und Ängsten bekunden, sei es die Stimme einer äußeren Autorität. Böse sein bedeutet, nicht den Satz «Ich tue das Gute» zur Maxime zu haben, sondern den Satz «Ich tue das Gute, insoweit die Umstände es gestatten». Angesichts des Grundsatzes, daß wir die Freiheit haben, uns selbst unsere Maxime zu wählen, und ferner angesichts der unbezweifelbaren Tatsache, daß das Böse in der Welt ist, müssen wir laut Kant zu dem Schluß kommen, daß die Menschen es gewählt haben, böse zu sein. Wir können die Schuld an dieser Wahl nicht den Umständen, zum Beispiel einer schlechten Erziehung, geben; denn das hieße zu leugnen, daß wir die Freiheit haben, uns über die Umstände zu erheben. Da es keine vernünftige Erklärung für die Entscheidung geben kann, unvernünftig zu sein (sei es auch nur gelegentlich), was zugleich die Entscheidung bedeutet, unsere Entscheidungsfreiheit aufzugeben, müssen wir sagen, daß das Böse radikal ist, das heißt an die Wurzel unseres Menschseins geht.

Wie ist diese radikale Verderbtheit der menschlichen Natur zu beheben? Wie sollen wir uns auf den Weg zum höchsten Gut machen, wenn die geringste Abweichung vom wahren Grundsatz bedeutet, daß wir keine Hoffnung haben, die erste Bedingung zum Erlangen dieses Gutes zu erfüllen, und wenn wir uns bereits in die falsche Richtung gewandt haben? Kants Antwort lautet, daß wir umkehren müssen. Was nottut, ist eine «Revolution» unseres sittlichen Denkens: Mit einer einzigen, endgültigen Entscheidung müssen wir unsere Maxime zu vollständigem Einklang mit dem selbst auferlegten moralischen Gesetz läutern, ja wir müssen dieses Gesetz selbst zu unserer Maxime machen. Diese Revolution des inneren Menschen jedoch, diese Rückkehr von der Heteronomie zu reiner Selbstbestimmung – die sehr verschieden ist von politischen Revolutionen, deren Verlauf, «stürmisch und gewaltsam», so sehr vom Zufall abhängt –, hat man sich als einen Vorgang im noumenalen Bereich zu denken: Wir können nicht einmal sicher sein, ihn wirklich vollzogen zu haben. In unserem sichtbaren, phänomenalen Leben wird stattdessen eine allmähliche Veränderung vor sich gehen, bei der wir die vernünftige Zuversicht haben können, Beweise dafür zu sehen, daß wir auf dem Wege zum Ziel allen sittlichen Verhaltens, dem höchsten Gut, sind.

Man wird bemerken, daß Kant hiermit Paraphrasen – «innerhalb der Grenzen der bloßen Vernunft» – einiger der zentralen Dogmen des lutherischen Christentums gibt – Erbsünde, Umkehr, eine vernünftige Heilszuversicht –, und er macht aus dieser Absicht auch kein Hehl. Die Abhandlung entwickelt sich zu einer *tour de force*. Noch die unwahrscheinlichsten Dogmen bewahren einen vernünftigen Kern. So besteht zum Beispiel das Böse darin, daß wir uns, anstatt uns mit der Vernunft zu identifizieren, der Natur unterordnen, daß wir uns unfrei machen, und je länger wir daher unsere Umkehr hinausschieben, desto schwerer wird es uns werden, uns von der Kausalkette loszureißen, die uns an die Heteronomie bindet, desto schmerzhafter wird die Befreiung sein, wenn sie kommt, und desto länger werden wir die natürlichen Folgen unserer früheren Sklaverei zu erdulden haben. Die Leiden, die dem alten Adam als Strafe für seine Missetaten erscheinen mochten, erscheinen dem neuen Menschen als Gelegenheiten, seine Entschlossenheit zum Festhalten am Guten zu bekräftigen, und als Beweis, daß er dabei ist, ein «Sohn Gottes», ein sittlich vollkommener Mensch zu werden – was bedeutet, daß er im Reich des Idealen mit ihm schon identisch ist –. Und so kann man laut Kant in diesem Sinne sagen, daß im Augenblick der Umkehr der Sohn Gottes stellvertretend die Strafe erleidet, die dem Sünder gebührt. Ähnlich geistvolle Umdeutungen werden zum Beispiel im Hinblick auf die Institutionen der sichtbaren Kirche und sogar auf eine für die Aufklärung so schwer verdauliche Vorstellung wie jene geboten, daß das Gebet im Glauben Wunder wirken kann. Die Kirche, sagt Kant, ist nur ein schwacher Abglanz in der Erfahrung des «Reichs Gottes», jenes unsichtbaren, noumenalen, «ethischen Gemeinwesens» aller wahren Gläubigen der «Religion der Vernunft», welches als Idee am Ende des unendlichen Prozesses öffentlicher und letztlich politischer Veränderung liegt, ausgelöst durch ihre individuellen, frommen, moralischen Revolutionen. Und was das «wundertätige» Gebet betrifft, so heißt es bei Kant:

Ein solcher Glaube ist also, wenn er überall etwas bedeuten soll, eine bloße Idee von der überwiegenden Wichtigkeit der moralischen Beschaffenheit des Menschen, wenn er sie in ihrer ganzen Gott gefälligen Vollkommenheit (die er doch nie erreicht) besäße, über alle andre Bewegursachen, die Gott in seiner höchsten Weisheit haben mag, mithin ein Grund, vertrauen zu können, daß, wenn wir das ganz wären, oder einmal würden, was wir sein sollen und (in der beständigen Annäherung) sein könnten, die Natur unseren Wünschen, die aber selbst alsdenn nie unweise sein würden, gehorchen müßte.

Man wird jedoch auch bemerken, daß Kants Trennung des Phänomenalen vom Noumenalen um so zweifelhafter wird, je ausgefeilter und praktischer seine Darstellung der sittlichen Realitäten wird. Wenn Kant sich mit der Welt der Erscheinungen befaßt, waltet fortgesetzt ein resoluter gesunder Menschenverstand, gnadenlos unbeeindruckt vom Supernaturalismus wie von menschlicher Selbstschmeichelei; aber die Welt an sich, einst jenes kaum vorstellbare, paradoxe Reich jenseits der Grenzen der Einbildungskraft, dem man mit Mühe die schattenhaften, nicht widerlegbaren Ideen der reinen Vernunft zuschreiben konnte, ist, wie die abgewandte Seite des Mondes in einem Science-Fiction-Roman, auf einmal vertraut und dicht bevölkert. Insbesondere ist sie zum Ort des gesamten sittlichen Lebens aller Individuen geworden, wo alle freien Entscheidungen stattfinden und damit ihren, wie Kant sagt, «intelligiblen Charakter» ausbilden, während ihr «empirischer Charakter» das sichtbare Produkt ihrer kausalen Verknüpfung mit der phänomenalen Welt ist. Da die Noumena natürlich jenseits von Raum und von Zeit sind, ist besonders schwer zu verstehen, wie sie eine Umkehr oder Revolution umfassen können, die doch sicherlich eine absolute Unterscheidung zwischen dem sittlichen Charakter vor dieser Revolution und dem sittlichen Charakter nach ihr bewirken muß: Falls die einzig wahre Umkehr noumenal ist, bedeutet das, daß wir scheinbaren Wendepunkten (oder ihrem Fehlen) in der empirischen Lebensgeschichte eines Menschen keinerlei Bedeutung beizumessen haben? Ja, sind wir anhand empirischer Zeugnisse imstande, überhaupt ein Urteil über das sittliche Leben anderer zu fällen (oder auch über unser eigenes sittliches Leben, da es keinen Grund zu der Annahme gibt, wir hätten privilegierte Kenntnis unseres eigenen sittlichen Zustandes)? So radikal sind ideale Tugend und empirisches Glück getrennt worden – wobei ihr Zusammenhang einem göttlichen Postulat überlassen worden ist –, daß die Tugend in Gefahr ist, unerfahrbar zu werden, und das Glück, sei es unser eigenes, sei es das anderer, in Gefahr ist, jede sittliche Wichtigkeit zu verlieren.

«Daß Gott, oder was es ist, durch das Vergnügen im Beischlaf den Menschen zur Fortpflanzung gezogen hat, ist doch bei Kants höchstem Prinzip der Moral auch zu bedenken», schrieb Lichtenberg, der, anders als Kant, fünf Kinder hatte, mochte er sich auch vor ihrer Geburt gewünscht haben, daß es weniger wären. So können unsere ethischen Prinzipien doch nicht so losgelöst von unserer physischen Natur sein, wie Kant es zu verlangen scheint? Dem Philosophen war jedoch «die große Kluft, welche das Übersinnliche von den Erscheinungen trennt», durchaus bewußt, und er publizierte 1790 die *Kritik der Urteilskraft* in der ausdrücklichen Absicht, diese Kluft zwischen seiner Philosophie der Erkenntnis und seiner Philosophie des Willens mit einer Philosophie zu überbrücken, deren Gegenstand «das Gefühl der Lust und Unlust» war. Bei der Behandlung unseres Erkenntnisvermögens stellte Kant fest, daß der Verstand der Ursprung der notwendigen Gesetzmäßigkeit unserer Erfahrung der Natur war; bei der Behandlung unseres Willens stellte er fest, daß die Vernunft notwendig ihre Ideen als Ziel oder leitendes Prinzip unseres freien Handelns setzte; nun stellt er bei der Behandlung unserer Empfänglichkeit für Lust oder ihr Gegenteil fest, daß dies die Domäne der Urteilsfähigkeit ist, die als notwendige Bedingung ihres Wirkenkönnens unsere Einsicht in die Fähigkeit unserer Erfahrung zur Zweckmäßigkeit hat. Zweckmäßigkeit ist etwas Mittleres zwischen der Gesetzmäßigkeit, die der Verstand der Natur verleiht, und dem bestimmten Ziel, das die Vernunft unserer Freiheit setzt. Das mittlere Reich zwischen Natur und Freiheit, in welchem die Möglichkeit offenbar wird, daß ein natürliches, phänomenales Wesen auch noumenal frei ist, ist das Reich jenes zweckmäßigen Handelns, das, im allgemeinsten Sinne dieses Wortes im 18. Jahrhundert, «Kunst» heißt. Wird somit der Gegenstand der *Kritik der Urteilskraft* als «Kunst» bezeichnet, so wäre es doch verzeihlich, wenn man meinte, er sei eigentlich die Natur; denn die schönen Künste erfahren nur eine kurze und untergeordnete Behandlung. Doch da Kant durchgehend die Natur im Lichte des Begriffs der Zweckmäßigkeit behandelt, geht es ihm um die Frage, in welchem Umfang die Natur sich dem Zustand der Kunst annähert: «Natur als Kunst» sei sein Thema, sagt er.

Die beiden Teile, in welche die *Kritik der Urteilskraft* zerfällt, sind daher nicht so heterogen, wie es den Anschein hat: Der erste befaßt sich mit den Prinzipien der Ästhetik (im üblichen Sinne des Wortes), der zweite mit den Prinzipien der teleologischen Naturwissenschaft. Schönheit, sei es die von Gegenständen der Natur oder von Kunstwerken, ist eine besonders autonome Zweckmäßigkeit: Schöne Dinge dienen keinem Zweck, sie vermitteln keine Begriffe und befriedigen kein Verlangen (ob sinnlicher oder sittlicher Art) – und doch sind sie zweckmäßig organisiert, und dem Vergnügen, das ich bei der Beobachtung dieser Organisation empfinde, eignet eine Art von Objektivität: Wenn ich urteile, daß eine Struktur schön ist – und nach Kant können nur Strukturen, nicht aber Materialien schön sein –, meine ich damit, daß sie nicht nur für mich, sondern für jeden Menschen von (gutem) Geschmack schön ist. (Es ist unklar, ob Kant irgend etwas aus den ästhetischen Schriften von Karl Philipp Moritz gelernt hat oder ob, was wahrscheinlicher ist, Moritz zuerst durch Mitschriften von Kants Vorlesungen, die unter seinen Berliner Freunden zirkulierten, zum Nachdenken über die «Nutzlosigkeit» des Schönen angeregt wurde.) Dieses Element des Allgemeinen in ästhetischen Urteilen ist für Kant von besonderem Interesse, weil es das Vorhandensein einer letzten Denknotwendigkeit nahelegt. Er kommt zu dem Schluß, daß unser Vergnügen an schönen Gegenständen in erster Linie nicht aus den Gegenständen selbst herrührt, sondern aus dem harmonischen «freien Spiele» unserer geistigen Fähigkeiten, das sie veranlassen: Was uns erfreut, ist weder das Erlangen einer besonderen begrifflichen Erkenntnis noch eine besondere Sinnesreizung, sondern das Bewußtsein unserer Fähigkeit zu beidem, unser Potential zu organisierter Erfahrung.

Ein ähnliches Bedeutungspotential – nicht Bedeutung selbst – enthüllt uns die Natur, wenn wir sie teleologisch betrachten, das heißt im Sinne der Zwecke, denen Naturgegenstände dienen. Zwar lebt die Teleologie unter der Bezeichnung «anthropisches Prinzip» bis heute fort, aber als Zweig der Naturwissenschaft ist sie heutzutage weniger *en vogue* als im Zeitalter eines leibnizianischen Naturpoeten wie Brockes oder der Theologen vom Schlage eines Bischof Paley, die Beweise für die Göttlichkeit der Schöpfung in der weisen Ordnung der tierischen, pflanzlichen und mineralischen Dinge dieser Welt zum Nutzen der Menschheit erblickten. Gleichwohl spricht noch etwas für Kants Behauptung, daß die biologischen Wissenschaften nicht ohne den Begriff dessen auskommen können, was er «innere» Zweckmäßigkeit oder «Organisation» nennt (zu seiner Zeit ein neuartiger Sprachgebrauch, dessen politische Anwendung auf das Werk der Verfassunggebenden Versammlung er ausdrücklich billigt): Lebewesen muß man sich vorstellen als aus Teilen zusammengesetzt, welche eine eigene Identität als «Organe» haben, die jedoch einem bestimmten Zweck für die Erhaltung des Gesamtorganismus dienen. Lebewesen sind nicht einfach Maschinen, sondern besitzen «bildende Kraft», das heißt sie machen anorganische Materie ihren Zwecken dienstbar, sie «organisieren» sie (Kant erklärt sich nachdrücklich für Blumenbachs Theorie der Epigenesis). Kant ist überzeugt – und diese Überzeugung hat in der neuesten Zeit an Aktualität eher gewonnen als verloren –, daß das Ganze der Natur als ein Organismus angesehen werden kann, von dem einzelne Arten die Organe sind, die durch ihre «äußere Zweckmäßigkeit» zur wechselseitigen Unterstützung beitragen – wobei eine solche Anschauung die Frage aufwerfen, aber nicht beantworten würde: Welchen Zweck hat das System der Natur selbst?

Nach Kants Auffassung ist es jedoch wesentlich, den Status solcher Zweckbegriffe durch kritische Philosophie genau zu bestimmen. Sie gehören weder in den Bereich des Verstandes noch in den der Vernunft, sondern in den des Urteils, der zwischen jenen beiden liegt. Gewiß sind es keine Naturgesetze, die der Verstand festlegt: Die wissenschaftliche Erklärung ruht nicht eher, als bis sie Gesetze gefunden hat, die durch vorgängige Ursachen wirken – einen Mechanismus, nicht eine Teleologie. Für wissenschaftliche Zwecke haben teleologische Prinzipien daher nur eine regulative, keine konstitutive Funktion: Sie ermutigen uns, die richtigen Fragen über die Erscheinungen zu stellen und ein möglichst umfassendes Kausalverständnis von ihnen anzustreben, aber sie liefern uns keine Antworten. Selbst wenn wir die vorgängigen Ereignisse bestimmen könnten, die die Ursache dafür sind, daß das Auge die Gestalt hat, die es hat, wäre unsere anatomische Wissenschaft mangelhaft, wenn wir nicht in Betracht zögen, daß der Zweck dieser Struktur darin besteht, dem Lebewesen, zu dem sie gehört, das Sehen zu ermöglichen – aber umgekehrt bedeutet die Beschreibung der Funktion des Auges nicht, seine Bildung zu erklären. Auf der anderen Seite leistet die Teleologie für unsere Vernunft, die der Gottesidee einen Inhalt zu geben sucht, nicht die Aufgabe, die ihr von den Theologen zugedacht ist. Was die Teleologie allenfalls leisten kann, ist die Vorstellung, daß eine bestimmte Tierart – zum Beispiel der Mensch – der Zweck sein könnte, um dessentwillen alle anderen Arten existieren, doch kann sie keinen Grund dafür angeben, warum diese Art dergestalt bevorzugt sein sollte. Und selbst wenn gezeigt werden könnte, daß die Geordnetheit der Welt – wie die Geordnetheit eines Kunstwerks – auf ihre Schöpfung durch ein weises und mächtiges Wesen deutet, könnte man durch nichts zeigen, daß dieses Wesen Gott sein muß. Ein solches Argument, sagt Kant, könnte die Grundlage nicht für eine Theologie, sondern nur für eine Dämonologie abgeben (wobei «Dämon» ein mächtiger, aber begrenzter Geist ist). Die Teleologie kann keinen Übergang unseres Denkens von Tatsachen über die empirische Welt zu Schlußfolgerungen darüber begründen, was jenseits unserer Sinne liegt.

Wohl aber mag die Teleologie eine Rolle spielen, wenn es gilt, auf die empirische Welt Schlußfolgerungen über den noumenalen Bereich zu übertragen, zu denen wir bereits mit anderen – das heißt vernunftgemäßen – Gründen gelangt sind. Sobald wir einmal – erklärt uns Kant gegen Ende der *Kritik der Urteilskraft*, in dem Abschnitt über «Ethikotheologie» – erkannt haben, daß Menschen nicht einfach eine natürliche Art, sondern auch vernünftig und frei sind, können wir sie als das Ziel der Schöpfung ansehen, weil sie dann nicht deren natürlicher Zweck sind (eine Vorstellung, für die es keine Begründung gibt und geben kann), sondern deren sittlicher Zweck. Und sobald wir einmal die Schöpfung als um dieses sittlichen Zweckes willen existierend ansehen, können wir ihrem Schöpfer jene sittlichen Attribute zusprechen (daß er zum Beispiel allwissend, allgütig, allgerecht, allmächtig ist), die dieser Zweck verlangt, die aber aus den natürlichen Eigenschaften eines begrenzten Universums unmöglich herausgelesen werden könnten. In der Tat gibt es für die Urteilskraft bei ihrer Betrachtung der Weltordnung so etwas wie einen sittlichen Beweis für die Existenz Gottes (im lockeren Sinn eines zwingenden Grundes, an sie zu glauben). Ahnungen davon haben wir in mancherlei Erfahrungen, etwa «in einem ruhigen heitern Genusse seines Daseins», in dem Entschluß, uns für unsere Pflicht aufzuopfern, in dem Bewußtsein, Unrecht getan und in den Augen einer Autorität, die höher ist als die Menschen, Schuld auf uns geladen zu haben: Dann sehen wir uns gleichsam nach jemandem um, dem wir danken, dem wir Gehorsam bekunden, dessen Urteil wir uns beugen können. Konfrontiert mit solchen Ur-Realitäten, wenden wir uns natürlich einer überlegenen Intelligenz als ihrem Ursprung zu. Worum es bei solchen Erfahrungen geht, ist unser Gefühl eines letzten Zwecks unseres sittlichen Lebens: eine Andeutung des höchsten Gutes, der Kombination von Tugend und Glück auf der ganzen Welt, nach deren Erreichung zu streben das Sittengesetz uns verpflichtet. Aber da es unmöglich ist, in der Natur allein eine Tendenz zur Erreichung dieses Zwecks zu finden, sind wir im Augenblick unserer Unterwerfung unter das Sittengesetz gezwungen anzunehmen, daß die Möglichkeit, diesen Zweck zu erreichen, von einem Urheber der natürlichen Welt garantiert wird, der selbst sittlich ist, das heißt von Gott.

Schließen können wir vielleicht mit einem Fall, den Kant als Gegenbeispiel erörtert: dem Fall eines aufrechten Mannes – in der zweiten und dritten Auflage der *Kritik der Urteilskraft* wird er als Spinoza konkretisiert –, der intellektuell von der Nichtexistenz Gottes überzeugt ist. Er wird das Sittengesetz ehren und aus dessen Befolgung für sich selbst keinen Lohn in diesem oder einem künftigen Leben erwarten, sondern nur bestrebt sein, das Gute zu wirken, das es gebietet: Auf sich selbst gestellt, wird er jedoch nicht die Kraft haben, den Erfolg sicherzustellen, und aus der natürlichen Ordnung wird er nur gelegentliche und zufällige Hilfestellung bei der Aufgabe erwarten können, zu der er sich verpflichtet fühlt:

> Betrug, Gewalttätigkeit und Neid werden immer um ihn im Schwange gehn, ob er gleich selbst redlich, friedfertig und wohlwollend ist; und die Rechtschaffenen, die er außer sich noch antrifft, werden, unangesehen aller ihrer Würdigkeit glücklich zu

5. G. M. Klauer: *Wilhelm von Humboldt (1796)*

sein, dennoch durch die Natur, die darauf nicht achtet, allen Übeln des Mangels, der Krankheiten und des unzeitigen Todes, gleich den übrigen Tieren der Erde, unterworfen sein und es auch immer bleiben, bis ein weites Grab sie insgesamt (redlich oder unredlich, das gilt hier gleichviel) verschlingt, und sie, die da glauben konnten, Endzweck der Schöpfung zu sein, in den Schlund des zwecklosen Chaos der Materie zurück wirft, aus dem sie gezogen waren.

Die theoretische Philosophie kann gegen eine solche Vision nichts vorbringen, und eine Moralphilosophie kann nur auf die erhabene Pflicht hinweisen, das Rechte ohne Rücksicht auf die Umstände zu tun; aber wenn ein Mensch sich eine sittliche Aufgabe stellt, zu der sein Leben als ein Beitrag zu verstehen ist – mag er auch durch Zeit und Natur und seine Verflochtenheit mit dem Leben anderer Menschen begrenzt sein –, hat er nur zwei Möglichkeiten, wenn er sich diesen Tatsachen in aller Ehrlichkeit stellen soll: entweder sein sittliches Ziel als unerreichbar aufzugeben oder aber die Existenz eines Gottes anzunehmen, der den Willen für die Tat nehmen wird und der zuletzt – sei es auch am Ende eines unendlichen Prozesses – durch das Wirken der Natur das wettmachen wird, was der sittlichen Anstrengung des Menschen fehlt, um in dieser Welt unser vernunftgemäßes Ideal eines höchsten Gutes zu verwirklichen. Kants Gefühl von der Großartigkeit des Sittengesetzes ist so erhebend, und die systematische Struktur, in die er es bringt, so beeindruckend, daß man gut tut, sich daran zu erinnern, daß er sich sehr wohl der Leere bewußt war, über der er baute. Wenn er auf dem Gipfel seiner Philosophie unseren Blick auf die Sterne lenkt, dann darum, weil er als einer, der jeden Zoll des Aufstiegs selbst zurückgelegt hat, weiß, daß es auf einer solchen Höhe nicht immer klug ist, nach unten zu schauen.

«Der Zeitgeist»: das nachkantische Deutschland bis 1793

Der Gesamteindruck, den die Kantsche Philosophie hinterläßt, liegt nicht so sehr in ihrer Reichweite begründet, so bedeutend sie auch sein mochte, noch in dem Scharfsinn und der Plausibilität ihrer praktischen Weisheit, sondern in ihrer einzigartigen Verbindung einer außerordentlich nachhaltigen intellektuellen Kraft mit dem prägnantesten aller Ausgangspunkte: dem Bedürfnis nach Einheit in unserer Erfahrung (und den Grenzen, die der Befriedigung dieses Bedürfnisses gezogen sind). Kant ist offenkundig ein Philosoph, wo nicht für alle Zeit, so doch zumindest für jede Zeit, die bereit ist, philosophisches Interesse für Wesen und Kohärenz der individuellen Erfahrung aufzubringen. Es wird immer möglich sein, die kritische Philosophie in einzelnen Bereichen zum Steinbruch einzelner Einsichten und Argumente zu machen; die Achse aber, um die das ganze System sich dreht, ist die Unterscheidung zwischen Erscheinung und Ding an sich sowie die damit zusammenhängende Lehre von der moralischen Freiheit des Menschen. Die Zeitgenossen Kants hatten zwar für vieles an seinem Denken kein

Sensorium, doch wenigstens der Zentralität dieses Themas waren sie sich durchaus bewußt. «Die erste Folge dieses herrlichen Unternehmens», schrieb ein anonymer Schwärmer 1792, «ist die erwiesne Freiheit des Menschen, dies edelste Kleinod seiner Vernunft.» Fichtes Revolution der Denkart bestand vor allem darin, daß Kant ihn von dem niederziehenden philosophischen Determinismus seiner frühesten Spekulationen befreite. So sehen wir vielleicht hier, in welcher Hinsicht dieser großartige und unendlich suggestive Bau in seiner Zeit und für seine Zeit konzipiert worden ist. Wenn es einige frappierende Parallelen zu dem (natürlich viel engeren und unvergleichlich viel konfuseren) Denken des jungen Wilhelm von Humboldt gibt, so sollten wir uns daran erinnern, daß beide Männer Preußen waren, die kein persönliches Interesse am alten Reich hatten – Kant setzte ja niemals einen Fuß auf kaiserlichen Boden. Beide gehörten daher zu einem politischen Gebilde, das sich auf seine Vergleichbarkeit mit Frankreich besann und für ähnliche Probleme die Lösung suchte, wenn auch auf anderen Wegen, die ihm die eigenen Traditionen des Luthertums anstelle des Katholizismus und einer aufgeklärten anstelle einer Willkürherrschaft vorgaben. Auch wurde die Karriere beider Männer entscheidend, wenngleich auf unterschiedliche Weise, von dem Kontrast zwischen ihrem Leben als besoldeter Diener des preußischen Staates und ihrem Leben als privater Bürger geprägt – für Humboldt ein gut erträglicher Kontrast, für Kant bis zu seiner Ernennung zum Professor nicht. Beide stehen am Beginn des entscheidendsten Beitrags, den Preußen zur deutschen Kultur im weiteren und durch sie zum europäischen Geistesleben des 19. Jahrhunderts geleistet hat (wenn wir einmal absehen von Winckelmanns schöpferischer Negation all dessen, wofür Preußen stand). Beide vermitteln der deutschen Zukunft den Schock der großen Revolution ihrer Zeit, die unter anderem die Folge hatte, daß Preußen nicht länger mit einem einzelnen Staat des Reichs verbunden war, sondern eine unabhängige, eigenständige europäische Nation wurde.

Reform-Preußen hatte mit dem revolutionären und napoleonischen Frankreich ersichtlich nicht alle Aspekte gemeinsam – nicht die preußische, sondern die französische Transformation ist für die moderne Welt archetypisch geworden, und ganz besonders fehlten in Preußen jene Frühformen der Massengesellschaft, die in Paris anzutreffen waren, sowie ihre neuen politisch repräsentativen Organe, die sich auf eine Massenpresse und eine vereinfachte politische Sprache stützten. Wohl aber war beiden neuen Nationen der Ehrgeiz gemeinsam, einen aufgeklärten Staat zu errichten, und so war ihnen auch die Tendenz zu einer zentralistischen politischen Struktur gemeinsam, in der einer Vielzahl von traditionellen und intermediären («feudalen») Körperschaften die Macht genommen und dem Monarchen (in Frankreich der Legislative beziehungsweise dem Kaiser, in Preußen dem König) und damit dem staatlichen Beamtentum und dem Militär in die Hände gelegt wurde. In Preußen bestand die Revolution nicht in der Unterordnung der politischen Zentralmacht unter eine für den Willen der Regierten oder doch für das Bürgertum als ganzes repräsentative Versammlung, sondern in einer Veränderung innerhalb der Zentralmacht selbst. Die Bürokratie löste sich schließlich von den in freien Berufen und im Handel aktiven Mittelschichten, mit denen sie im ganzen 18. Jahrhundert koexistiert hatte, und übertrug zugleich einen großen Teil der monarchischen Autorität auf sich selbst. Die daraus resultierende politische Unverantwortlichkeit der Zentralmacht führte zu dem eigenartigen Dualismus, der für die preußische Gesellschaft des 19. Jahrhunderts kennzeichnend war: Einer Mittelschicht von wachsender wirtschaftlicher Bedeutung, aber politischer Untätigkeit stand eine Monarchie gegenüber, die für die wirtschaftlichen Realitäten zunehmend bedeutungslos war, theoretisch aber alle politischen Funktionen eines frühneuzeitlichen Absolutismus behielt. Den Beamten oblag die Aufgabe, das Gleichgewicht dieser Widersprüche (das heißt die Quelle ihrer Macht) zu erhalten. Sowohl die Aufklärung, die Preußen mit Frankreich gemeinsam hatte, als auch dieser für Preußen eigentümliche Dualismus haben im Denken Humboldts und Kants ebenso ihre Spuren hinterlassen wie die politische Unverantwortlichkeit der letzten Autorität im Staat.

Die aufgeklärten Einstellungen sind offensichtlich genug; denn sie beherrschen den Vordergrund. Humboldts Girondismus wollte alle ererbten Privilegien des Adels, des Klerus und anderer Kollektivinstitutionen hinwegfegen; er verkündete laut die Meriten des Laissez-faire und nur wenig diskreter die des Materialismus und Atheismus. Im Reich der Erscheinungen scheint das Gewicht, das Kant auf Verursachung, Mechanismus und die ausschließlichen Forderungen des sinnlich Gegebenen legt, zuzeiten mehr an Hobbes als an Hume zu erinnern, obwohl er mit Hume am Widerstand gegen jeglichen Kompromiß mit dem Irrationalen in Form von Wundern, Offenbarungen, äußerlichen Autoritäten oder auch Bonnets Präformationismus festhält. Dennoch zeichnet sich eine eigentümlich preußische Dualstruktur ab, wenn wir etwas tiefer blicken. Bei allem Anschein von Empirismus und Liberalismus will keiner der beiden Denker sein Leibniz'sches Erbe verleugnen. Humboldt findet Wert und Zweck nicht in der Gesellschaftsordnung, die er behauptet reformieren zu wollen, sondern in der Vervollkommnung, der vollen Entfaltung des Potentials des isolierten Individuums. Kant erbaut eine noumenale Welt neben oder jenseits der Welt der Erscheinungen, bevölkert von Wesen mit Leibniz'schen Funktionen und oft genug auch Leibniz'schen Namen: monadischen Seelen, einer natürlichen Stufenleiter des Seins, einem Gott, der abwechselnd Baumeister der Natur und Herrscher in einem rein rationalen Königreich ist. Die zwei Welten werden durch einen Schlüsselbegriff miteinander verbunden – im Falle Humboldts schwach verbunden durch das Konzept der «Bildung» des Individuums durch mehr oder wenige wohltätige Umstände; im Falle Kants sehr stark verbunden durch das Konzept der Freiheit, welches sowohl die Brücke ist, auf der die Menschen aus der empirischen in die rationale Welt treten, als auch der Abgrund, der die zwei Welten voneinander getrennt hält und die Vereinnahmung der einen durch die andere verhindert. «Freiheit» ist seinem Ursprung nach ein politischer Begriff, der auf den ethischen und metaphysischen Bereich, in dem Kant ihn vorzugsweise gebraucht, nur metaphorisch anwendbar ist. Das Verfahren kann auch umgekehrt und das ethische und metaphysische System verstanden werden als Metapher der politischen Wirklichkeit, an die es sich intellektuell anpaßt. In dieser Metapher erscheint der Monarch als Gott, das wirtschaftlich aktive Bürgertum als Verstand und der königliche Beamte als die Vernunft, aufgeklärt durch die kritische Philosophie, welche begreift, wie in ihren eigenen Operationen göttliche und materielle Welt miteinander verflochten sind. Der Dualismus, den wir bei Kant und Humboldt finden, ist eine erweiterte und radikalisierte Form von Leibniz' ursprünglicher Unterscheidung zwischen den Monaden und den «wohlgegründeten Phänomenen», die sie aus sich entlassen, so wie die preußische Reform eine Erweiterung und Radikalisierung der barocken Ordnung war, von der Leibniz' System ein Abbild gab: Die Beamten vollenden ihre Trennung vom Bürgertum dadurch, daß sie die Macht an sich nehmen, der sie ein Jahrhundert lang pflichtschuldigst gehorcht hatten, und zugleich den Schein (und für sich selbst die Privilegien) der Monarchie wahren. Unter dem neuen Regime erhält der Materialismus der Mittelschicht breiteren Raum als unter dem alten: Kausalität ist nicht mehr eine Illusion, sondern auf einer bestimmten Ebene der wissenschaftlichen, gesellschaftlichen und sogar ökonomischen Analyse – auf der Ebene der Erscheinungen – ist Interaktion zugelassen, ja gefordert. Durch eine kopernikanische Wende ist die Rolle des Leibniz'schen «als ob» bei der Stabilisierung der Harmonie zwischen Wesen und Erscheinungen umgekehrt. Nicht mehr die phänomenale Welt ist es, die so funktioniert, «als ob» ihr Kausalität eignete, sondern die monadische Welt hinter ihr. Aber der Zusammenhang bleibt unklar zwischen dem sichtbaren, materialen Leben und dem noumenalen Reich, auf das die höhere Kausalität politisch selbständiger Wesen beschränkt ist, welche ihr Schicksal selbst bestimmen und sich ihre Gesetze selbst geben. Für Humboldt sind Individuen vor allem sie selber nicht dann, wenn sie am politischen Prozeß teilnehmen, sondern wenn sie ganz von ihm abgeschnitten sind und ihr Privatleben führen. Kant vergleicht in der *Kritik der Urteilskraft* die moralische Autorität der individuellen Vernunft mit der zivilen Gesetzgebung des Bürgertums im zeitgenössischen Frankreich, macht aber den Zusatz, daß im empirischen Bereich des Verstandes der Gesetzgeber die Ausübung der rein «vollziehenden Gewalt» (im Frankreich des Jahres 1790 meinte das natürlich den König) nicht kontrollieren könne. So wie Humboldt keinen Versuch unternimmt, die Staatsmacht aus dem Willen der Bürger abzuleiten, deren nicht-politische Existenz vor ihr geschützt werden muß, so behält Kant die vollziehende Gewalt in der moralischen Erfahrung Gott vor, der allein die Aufgabe hat, die Natur zur Konformität mit unseren tugendhaften Zwecken zu führen, deren Reinheit durch jeden Versuch unsererseits, Gottes Funktion zu usurpieren, kontaminiert würde. Die reale Trennung des Bürgertums, dem ein materielles und persönliches, aber nicht ein politisches Leben zugestanden wird, von einer unerforschlichen und unverantwortlichen Monarchie verläuft parallel zu der theoretischen Trennung der Tugend (über welche die Individuen vollständige Macht haben) vom Glück (über das sie keine Macht haben). In der rationalen Idee des Individuums von Gott, der sowohl oberster Moralrichter als auch oberster Träger der Glückseligkeit ist, sind die zwei Prinzipien vollkommen harmonisiert, so wie in der preußischen Gesellschaft die private Vollkommenheit des Bürgers und der absolute Wille des Monarchen in der Person des Staatsbeamten – natürlich idealiter – harmonisiert sind.

Kant wie Humboldt mußten in ihrem Leben und ihrem Denken einen Kompromiß finden zwischen dem heimischen monarchischen System, welchem Leibniz bleibenden ideologischen Ausdruck gegeben hatte, und einer Inspiration, die ihnen aus Ländern außerhalb der deutschsprachigen Welt zukam, in denen die Machtverteilung eine andere war als in Preußen, von denen sie als Männer der mittleren Gesellschaftsschicht mit Ambitionen zur Unabhängigkeit sich aber angesprochen fühlten. Beide nützten in ihren Rollen als Staatsbeamte die Gelegenheit, tiefgreifenden und lang anhaltenden Einfluß nicht nur auf Deutschland, sondern auf die gesamte europäische Kultur auszuüben. Vierzig Jahre vor Humboldts Reform des preußischen Bildungssystems nahm Kant nach seiner Ernennung zum Professor den langen, einsamen Kampf mit dem Skeptizismus Humes auf, eines vermögenden Mannes, der die Hochschule verschmähte, nachdem sie ihn verschmäht hatte, und der in einem Lande lebte, in dem privates Mäzenatentum ebenso leicht zu finden war wie staatliches. In jenen zehn Jahren, in denen junge Literaten auch darum rangen, die Kultur der englischsprachigen Welt den deutschen Gegebenheiten anzupassen, und dafür oft genug mit ihrer geistigen Gesundheit und ihrer Karriere zahlten, konstruierte Kant eine Philosophie, die er als Nachfolgerin des etablierten Wolffianismus guten Gewissens lehren konnte und die als solche oder in ihren späteren Metamorphosen durch die nach Humboldts Modell umgestalteten Universitäten verbreitet werden sollte.

Das tragende Hauptmotiv von Kants systematischer Struktur in seinem gesellschaftlichen und historischen Kontext zu lokalisieren und seine Anziehungskraft für die Zeitgenossen zu bestimmen, bedeutet natürlich nicht, dasselbe für das analytische Genie zu leisten, das sich in den konstituierenden Teilen des Systems bekundet, oder gar dem zentralen Begriff der Freiheit gerecht zu werden. Es war kein reiner Zufall, daß zu der Zeit, als die kopernikanische Wende in Königsberg begann und das Ding an sich lernte, die Herrschaft des menschlichen Geistes zu akzeptieren, Goethes Werther «die heilige belebende Kraft, mit der ich Welten um mich schuf», auf ihre Unverwüstlichkeit prüfte, und wenn die ethisch autarke Iphigenie eine Zeitgenossin der *Grundlegung zur Metaphysik der Sitten* war, so war sie auch eine Nachfolgerin Werthers. Aber die Subjektivität, die Kant im Zentrum seines Systems inthronisierte, damit sie der Welt wie sich selbst Gesetze gebe, war mehr als nur lokale deutsche Innerlichkeit, und ihre Freiheit mehr als bloß Flucht vor politischem Zwang, so wie die Empfindsamkeit, an der Werther scheiterte, eine Gefahr für ganz Europa und nicht bloß für Deutschland war. Das 18. Jahrhundert war in ganz Europa das große Zeitalter der Reflexion – schließlich war es die Zeit einer enormen Ausweitung der Produktion und Distribution von Spiegeln, besonders im Bürgertum –, und das reflexive Selbstbewußtsein, das Kant zur Bedingung von Identität machte (im Gegensatz zu Leibniz, der allen Wesen – ob selbstbewußt oder nicht, und an ihrem je eigenen Platz – erlaubte, «ich» zu sagen), barg das Potential zur Revolution, nicht bloß zum Eskapismus. Das «Selbstgefühl» war es, was Caroline Böhmer am französischen Militär in Mainz imponierte. Kant gebrauchte politische Metaphern, wenn er alle moralischen Akteure zu ihren eigenen Gesetzgebern machte, die keine Autorität außerhalb ihrer selbst anerkannten, aber die Terminologie war nicht der Buchgelehrsamkeit, sondern der politischen Wirklichkeit entnommen, in der sie bereits 1776 von den Gründern der neuen amerikanischen Republik gebraucht worden war. Historiker mögen darüber streiten, ob es eine «atlantische Revolution» gegeben hat, die Ende des 18. Jahrhunderts Politik und Gesellschaft Amerikas und Europas ergriff – eine Revolution im politischen und moralischen Denken amerikanischer und europäischer Intellektueller hat es Ende des 18. Jahrhunderts ohne Zweifel gegeben. Die ideologischen Komponenten der Unabhängigkeitserklärung und der Erklärung der Menschenrechte sowie der auf sie folgenden Verfassungen wären ohne den Begriff der Selbstbestimmung ebenso inkohärent, wie es die *Kritik der praktischen Vernunft* wäre.

Wenn aber die zweite Hälfte des 18. Jahrhunderts in der westlichen Welt – im einstigen Territorium der Christenheit – ein neues Gefühl des autonomen Individuums aufkommen sieht, so wird es doch von Kant nicht einfach nur systematisch artikuliert oder einfach nur in für Deutschland passende Begriffe gebracht. Vielmehr «kritisiert» er es auch: bestimmt die Grenzen des «theoretischen» Gebrauchs der Vernunft, deren «praktische» Anwendung zur Geltung zu bringen ihm so wichtig ist. Der Reichtum seines Denkens beruht nicht nur im Zusammenspiel zwischen dem Selbstgefühl, das wir beim moralischen Handeln haben, und dem Selbstgefühl, das wir bei unserer empirischen Erfahrung und in unserem Weltverständnis haben – er beruht auch, innerhalb der «theoretischen» Sphäre der Erkenntnis, in der Spannung zwischen einer von den Vernunftideen motivierten Tendenz zur Einheit und einer Welt der Erfahrung, die wohl strukturiert ist, in der aber diese Einheit niemals verwirklicht und weder Dinge noch Gott noch auch das Selbst jemals direkt erkannt werden können. Nur die wenigsten von Kants zeitgenössischen Lesern wußten die Fruchtbarkeit dieses «kritischen» Elements in seiner Philosophie zu würdigen. Einer von ihnen war gewiß

Goethe; doch können wir die Ausnahme erst schätzen, wenn wir zuvor die Regel kennen.

Die akademischen Reaktionen auf Kant folgten einem Muster, das durch das Schicksal vieler späterer Systeme vertraut geworden ist. Es gab eine Welle, seit etwa 1790 eine Flut von Erläuterungen, Begründungen, Einführungen und Leitfäden – nicht alle zuverlässig oder von bleibendem Wert – aus der Feder einer wachsenden Zahl von Professoren, deren etliche so produktiv waren, daß sie für ihre Schriften ein Ventil schaffen mußten und neue Zeitschriften gründeten. Der mystische Flügel äußerte peinlich ahnungslose Begeisterung, die etablierte Mittelmäßigkeit platte Polemik (entsprechend breitgetreten in zahlreichen Publikationen), die alte Garde der Kirche gedankenlose Ablehnung und die intellektuelle Lieblingskrähe des Publikums die herablassende Versicherung, das habe man alles schon einmal gesehen. Fortschrittliche Kleriker erklärten die völlige Konformität der Lehre Christi mit der neuen Moralität und die Redundanz aller Tradition. Wo sich der Einfluß der josephinischen Aufklärung bemerkbar gemacht hatte, gab es katholische Theologen, deren sakramentale Religion – materialistisch, supernaturalistisch und der alten Ordnung des Reiches zutiefst verhaftet – ihnen hätte Halt geben sollen, die der neuen preußischen Gnosis verfielen, wobei freilich ihr eigener geistiger Beitrag bescheiden blieb. Modewörter wie «das Ideal», «praktische Vernunft», «Harmonie von Moralität und Glück», oder «kritisch» und «Postulate» wurden allenthalben nachgebetet, nicht zuletzt, so hören wir, in den Mönchsklöstern Süddeutschlands. In dem allgemeinen Radau war es schwer, diejenigen Stimmen auszumachen, welche, ob fortschrittlich oder abweichend, etwas Eigenes zu sagen hatten. Reinhold in Jena, seinerseits ein lutherischer Konvertit und früherer Barnabitenmönch, war in diesem Stadium der kraftvollste und selbständigste Erklärer des Kantschen Denkens, obgleich er dessen kritischen Gehalt weitgehend dadurch verfälschte, daß er es als ein deduktives System darstellte, das auf rationalistische Manier von einer ersten Prämisse ausging, welche er «Satz vom Bewußtseyn» nannte:

Im Bewußtseyn wird die Vorstellung durch das Subjekt vom Subjekt und Objekt unterschieden und auf beyde bezogen.

Was immer das bedeuten mag: es war Reinhold zu danken, daß sich die Annahme verbreitete, die Begriffe «Subjekt» und «Objekt» spielten eine zentrale Rolle in den Schriften Kants, in denen sie in Wirklichkeit ziemlich selten vorkommen. Reinhold war auch der erste, der die Tendenz Kants weiterentwickelte, Irrtümer nicht bloß zu widerlegen, sondern auch zu erklären, wie sie entstanden, um die neue «Elementarphilosophie», wie er es nannte, zu einer einheitlichen, alles umfassenden Wissenschaft zu machen, zu der frühere Philosophien kein Widerspruch, sondern von der sie nur partielle Verwirklichungen waren.

Einige der frühesten und scharfsinnigsten Kritiken des neuen Systems kamen – was nicht erstaunt – von außerhalb der sie tragenden institutionellen Struktur. 1786 griff der junge Pietist T. Wizenmann (1759-1787) in die von Jacobi entfachte Spinoza-Kontroverse ein, um den Standpunkt Jacobis mit dem ultra-kantianischen Argument zu stützen, daß überhaupt kein Gottesbeweis, nicht einmal ein moralischer, möglich sei, und um die Bedeutung der eigenständigen und nicht-rationalen Autorität historischer Tatsachen, zum Beispiel in der biblischen Offenbarung, zu betonen. Im folgenden Jahr veröffentlichte Jacobi, der die zutiefst subversive Wirkung erkannte, die das Denken Humes auf die offizielle deutsche Ordnung haben mußte, der aber außerstande war – und zeitlebens außerstande blieb –, das Einverständnis dieser Ordnung mit dem kritischen Deismus zu begreifen, eine unplausible Apologie Humes als eines Fideisten, der die Vernunft im Interesse des Glaubens, wie Jacobi ihn verstand, unterminiert habe. In einem Anhang brachte er dann gegen Kant und für Hume das Argument vor, daß Kant, falls Dinge an sich irgendwie zur Ursache von Erscheinungen erklärt würden, seinerseits unzulässigerweise die Kategorie der Kausalität jenseits des Reichs der Erfahrung gebrauche. Ähnliche Zweifel an Kants Behandlung der Unterscheidung zwischen Erscheinung und Ding an sich, jedoch prinzipiell wohlwollender gegenüber dieser Unterscheidung selbst, äußerte sich damals und in den folgenden zehn Jahren A. Weishaupt (1748-1830), der Begründer der Illuminaten, der jetzt mit einer herzoglichen Pension im Ruhestand in Gotha lebte. Wie Weishaupt erklärte sich auch C. E. Schulze (1761-1833), Professor an der winzigen Braunschweiger Universität Helmstedt, dem englischen Empirismus und Locke verpflichtet; unter dem Pseudonym des antiken Skeptikers «Aenesidemus» vereinheitlichte er diese Einwände zu einer Attacke ebensosehr gegen Reinhold wie gegen Kant, die er beide in viel größerer Nähe zu Leibniz sah, als ihre Reputation erlaubte. Kants Glaube an Denknotwendigkeiten wurde als eine Sophisterei zurückgewiesen, die nicht besser sei als die von Kant selbst demolierten Argumente für die Notwendigkeit Gottes, und als zeitgebunden eingeschätzt – was wir heute für notwendig halten, mag es in einer anderen Zeit und unter anderen Umständen nicht sein. Und Jacobis Argument wurde aufgegriffen und erweitert: Von Noumena kann nicht gesagt werden, daß sie Erscheinungen verursachen, aber ebenso ist es eine falsche Anwendung der Kategorie der Kausalität außerhalb des Reichs der Erfahrung, wenn wir unserem unerkennbaren Selbst eine verursachende Rolle bei der Konstruktion der Erscheinungen zuschreiben. Salomon Maimon (1753-1800), ein jüdischer Autodidakt, Freund und Mitarbeiter von Moritz in Berlin, unternahm es, Kants Position im Lichte dieser Einwände zu interpretieren und zurechtzurücken, ging dabei aber mit einer derartigen Schärfe vor, daß er zuzeiten selbst einer der Kritiker zu sein schien – er fand, daß Kant seinen Casus gegen Hume nicht bewiesen habe und daß Kausalität eine Sache der wahrscheinlichen, nicht der notwendigen Abfolge von Ereignissen sei.

Von keinem der Kritiker hätte man jedoch 1793 sagen können, er habe den Suprematie Kants auf neuartige, systematische Weise in Frage gestellt.

Fichte war bereits 31, machte aber noch seine philosophischen Lehrjahre durch. Der Sohn eines armen Leinenwebers aus der Lausitz hatte dank der Großzügigkeit eines örtlichen Adligen in Jena und Leipzig Theologie studieren können und die Jahre zwischen zwanzig und dreißig verarmt in der bitteren Fron von Hauslehrerstellen verbracht, zusätzlich beschwert durch seine begreiflicherweise deterministischen Überzeugungen. Nach der Befreiung durch die Revolution seiner Denkart ging er nach Königsberg, um Kant zu begegnen, der seinen eigenen Verleger veranlaßte, 1792 Fichtes *Versuch einer Kritik aller Offenbarung* zu veröffentlichen. Das anonyme Werk stand dem Meister stilistisch und thematisch so nahe, daß es zunächst, wie vielleicht beabsichtigt, als ein Werk von Kant galt, eine vierte *Kritik*, die endlich das Thema Religion aufgriff, und ein entsprechend großer Erfolg wurde. 1793 veröffentlichte Fichte zwei ausführliche Abhandlungen über die – aus Kantischen Prinzipien begründete – Legitimität der politischen Veränderungen in Frankreich, aus denen man jedoch nur nachträglich den Ausgangspunkt eines philosophischen Systems herauslesen kann. Doch ganz abgesehen von der Frage ihrer inneren Kohärenz wies die kritische Philosophie offensichtliche Mängel auf, die danach riefen, behoben zu werden. Sie rührten von dem sehr langen Zeitraum der Ausarbeitung dieser Philosophie her: Die Themen, auf die sie sich konzentrierte, waren jene, die in den 1760er Jahren im Schwange gewesen waren, nicht jene, die im deutschen Geistesleben nach jenem Moment um 1770 drängend wurden, als Kant begann, seine Aufgabe zu konzipieren. Vor allem war Kants System nicht dazu angetan, dem kontinuierlich wachsenden historischen und anthropologischen Wissen oder dem von Herder als Reaktion hierauf praktisch neu geschaffenen Begriff der «Kultur» Rechnung zu tragen – dem Verschmelzen von materiellen, moralischen, geistigen und künstlerischen Faktoren in geschichtlich einzigartigen Augenblicken menschlicher Selbstartikulation. Die Untersuchung des «kulturellen» Kontextes der alttestamentlichen Bücher war 1793 soweit gediehen, daß der vermeintlich zeitlose Moralismus der *Religion innerhalb der Grenzen der bloßen Vernunft* bereits altmodisch war. Ebenso schwerwiegend ist, daß in der kritischen Philosophie nichts auf die Anfang der 1770er Jahre entdeckte Wichtigkeit der Sprache und aller daraus hervorgehenden Fragen deutet. Auch würde der Leser der *Kritik der Urteilskraft* kaum vermuten, wie bedeutsam für manche deutschen Intellektuellen seit 1770 das Kunstschöne gegenüber dem Naturschönen geworden war – wie auch der Leser der Kantischen Moralphilosophie kaum jenes geschärften Verständnisses für das affektive Element in dem Verhalten und der Motivation des Menschen gewahr wurde, das die Selbsterforschung der Empfindsamkeit herbeigeführt hatte. Aber es brauchte seine Zeit, bis die neue Generation ihre Kräfte gesammelt hatte und reagieren konnte. Bis 1793 war es nur Schiller, der öffentlich signalisierte, den Kantianismus auf einem Feld weiterführen zu wollen, das er vernachlässigt hatte. Die Reichweite und

Neuartigkeit seines Versuchs einer neuen Ästhetik verdient breitere Anerkennung.

Nach seiner Eheschließung mit Charlotte von Lengefeld im Februar 1790 widmete Schiller sich vierzehn Stunden täglich den Plackereien, durch die er seinen Hausstand zu erhalten hatte: den Vorlesungen sowie einem neuen Projekt, das Göschen herausbringen wollte, einer *Geschichte des Dreißigjährigen Krieges*, von der die ersten zwei Bücher im September fertig waren. Seine Gesundheit, schon seit Jahren schwach, war der Belastung nicht gewachsen, und im Januar 1791 brach er, während er mit seiner Frau bei den Dalbergs in Erfurt zu Gast war, mit Lungen- und Brustfellentzündung zusammen. Während der Rekonvaleszenz las er zum erstenmal ein Hauptwerk Kants, eines Denkers, den er bis dahin nur von den kurzen Abhandlungen, die er für seine Antrittsvorlesung herangezogen hatte, und von den begeisterten Schilderungen Körners kannte. Die *Kritik der Urteilskraft* riß ihn durch «ihren lichtvollen geistreichen Inhalt» hin. Aber die Infektion hatte das Zwerchfell durchbrochen, und er erlitt einen Rückschlag, der ihn – auch durch Verschulden seiner Ärzte – fast zu Tode gebracht hätte. Seine chronische Bauchfellentzündung war die Folge. Im Sommer konnte er, mit knapper Not, nur ein halbes Buch der *Geschichte* fertigstellen, und seine finanzielle Lage war verzweifelt. Dann erschien, wie der Retter aus dem Märchen, der durchreisende dänische Dichter J. J. Baggesen (1764–1826). Baggesen, bereits ein glühender Bewunderer Schillers, hatte ihn schon 1790 besucht, und als er 1791 von den Umständen seines Idols erfuhr, bewog er ohne Mühe seine engsten Freunde in Dänemark, den Finanzminister und den Kronprinzen, dem Invaliden eine Pension von 1000 Talern jährlich auf drei Jahre anzubieten. «Der Anblick unserer Titel bewege Sie nicht, es [dieses Anerbieten] abzulehnen», schrieben ihm seine Wohltäter im Jahr der neuen französischen Verfassung, und Schiller richtete in kantischer Reinheit seinen Dank «nicht an Sie», sondern an die Menschheit und «die moralische Absicht», die sie leitete. Er war nicht nur von seinen häuslichen Sorgen befreit, er hatte auch die Freiheit wie nie zuvor in seinen Jahren als Historiker und Auftrags-Redakteur, seinen Geist nach Gutdünken weiterzubilden und sich auf seine erhoffte Rückkehr zur Dichtkunst vorzubereiten. Er zögerte nicht mit dem Entschluß, diese unerwartete Freiheit auf das Studium Kants zu verwenden. Sogleich stürzte er sich in die erste *Kritik*, aber ein neuer Rückfall und die Fertigstellung der letzten zweieinhalb Bücher des *Dreißigjährigen Krieges* für Göschen schoben seine uneingeschränkte Beschäftigung mit der kritischen Philosophie bis zum Herbst 1792 hinaus. Während er noch die letzten Zeilen seiner *Geschichte* schrieb, eine Huldigung an «diesen unter dem Namen des Westfälischen berühmten, unverletzlichen und heiligen Frieden», begannen die Verbündeten ihre Expedition gegen Frankreich, deren Scheitern das Ende alles dessen bedeutete, was jener Friede gestiftet hatte. Eine der ersten Amtshandlungen des Nationalkonvents war die Verleihung der Ehrenbürgerwürde der neuen Republik an Wieland, Klopstock und auch an Schiller, dessen *Räuber* in einer jakobinischen Bearbeitung die Pariser Theater im Sturm eroberten. Aber Schiller war jetzt ein entschieden deutscher Revolutionär, und im Wintersemester wählte er zum Gegenstand seiner letzten Vorlesungsreihe an der Universität Jena kein historisches Thema aus alter oder neuer Zeit, sondern die Ästhetik Kants. Zu seiner ungeheuren Erregung wurde jedoch gleichzeitig in Jena die *Religion innerhalb der Grenzen der bloßen Vernunft* gedruckt, und er las die Bogenabzüge, sobald sie aus der Druckerei kamen:

Übrigens hat die Schrift mich hingerissen ... Der *Logos*, die Erlösung (als philosophische Mythe) [einer der frühesten Belege für diesen Neologismus, der zum Beispiel in England noch 1844 unbekannt war], die Vorstellung des Himmels und der Hölle, das Reich Gottes ... sind aufs glücklichste erklärt. Ich weiß nicht, ob ich Dir davon geschrieben habe, daß ich damit umgehe eine *Theodicee* zu machen ... die neue Philosophie ist gegen die *Leibnitzische* viel *poetischer* ...

Letzten Endes war es dann diese poetische Brauchbarkeit, die Schiller für die neue Philosophie einnahm, und sie fand er vorzugsweise in deren moralischem und religiösem Zweig und nicht in der *Kritik der Urteilskraft*, mit der er begonnen hatte. Die Originalität von Schillers hektisch vorwärtsdrängendem Denken im Winter 1792 und im Frühjahr 1793 lag nicht allein darin, daß er, in Übereinstimmung mit herrschenden Strömungen, der Schönheit von Kunstwerken mehr Bedeutung beimaß, als Kant es tat; sie beruhte vielmehr in seinem Versuch, Kants Moralphilosophie dadurch zu modifizieren, daß er sie der Ästhetik und überhaupt allgemeinen affektiven Betrachtungen öffnete, und darüber hinaus in der Rolle, die diesem modifizierten Kantianismus in den Dramen zugedacht war, die er in späteren Jahren schreiben sollte.

Über die Entwicklung, die Schillers Denken in diesen erregenden Monaten nahm, unterrichten uns die Aufzeichnungen von Studenten, die seinen Vorlesungen beiwohnten (vielleicht ihrer zwanzig wurden Zeuge eines Ereignisses, das für die Geschichte Deutschlands folgenreicher war als der genau gleichzeitige Aufstieg und Fall der «Republik Mainz»), sowie die langen Briefe, die er alle paar Tage an Körner schrieb und die er ursprünglich unter dem Titel *Kallias, oder über die Schönheit* sammeln und herausgeben wollte. Ausgangspunkt war sein Ungenügen an Kants – in seinen Augen – zu subjektiver Darstellung der Gründe für unser Vergnügen an schönen Gegenständen: daß wir nämlich in unserer Erfahrung von ihnen jenes harmonische, freie Spiel unserer geistigen Fähigkeiten genießen, dessen Anlaß diese Gegenstände sind, wenn wir sie als schön betrachten. Für Schiller sollte die Schönheit nicht im Auge des Betrachters liegen, sondern eine Eigenschaft von Gegenständen sein: Als ausübender Künstler wollte er an die soliden Qualitäten und den inneren Wert der Produkte seines Könnens glauben. Nicht nur war es unter der Würde des «Künstlers» in dem Sinne, wie Weimar diese Spezies schließlich verstand, ein Illusionist zu sein, dessen Produkte Talmi sein konnten, solange sie nur die richtige Wirkung zeitigten; die

«Kunst» mußte auch, wenn sie jene religiöse oder postreligiöse Rolle spielen sollte, die Moritz und Schiller selbst – in seinem Gedicht *Die Künstler* – ihr zugeschrieben hatten, eine Rettung bieten, die mindestens ebenso fest in der wirklichen Welt gründete wie Kants moralisch bewiesener Gott. In seinen Vorlesungen betonte Schiller:

> Die Kantische Kritik leugnet die Objectivität des Schönen aus keinem genügenden Grunde, weil sich nämlich das Schönheitsgefühl auf ein *Gefühl der Lust* gründe. Die objective Beschaffenheit der für schön gehaltenen Gegenstände muß untersucht und verglichen werden.

Hier waltet ein tiefgreifendes Mißverständnis des «kritischen» Elements in der Kantischen Philosophie. Kant leugnet in der *Kritik der Urteilskraft* in der Tat, daß Schönheit eine Eigenschaft schöner Gegenstände ist, deren Beispiele ebenso untersucht und verglichen werden könnten wie etwa Festigkeit oder Kugelgestalt. Aber sein Grund hierfür ist nicht einfach der, daß Schönheit mit einem Gefühl der Lust verbunden ist (was in der Tat zu dem Schluß führen würde, daß Urteile über Schönheit einfach Aussagen über Gefallen oder Mißfallen sind und daß es zwischen dem Schönen und dem Nichtschönen keinen größeren Unterschied gibt als den zwischen indischem und chinesischem Tee: der eine mag diesen, der andere mag jenen). Kants Grund ist vielmehr der, daß das Urteil, ein Gegenstand sei schön, den Anspruch einer gewissen Universalität und Notwendigkeit erhebt. Wenn man sagt «dies ist schön», impliziert man «und jeder soll zustimmen, daß es schön ist»; sagt man hingegen «dies gefällt mir», so impliziert man nicht, daß es jedem oder auch nur einem einzigen gefallen soll. Das Vorhandensein von Notwendigkeit in einem Urteil offenbart aber für Kant, daß wir es mit Bedingungen unseres Denkens zu tun haben, nicht mit Aspekten der Beschaffenheit von Gegenständen. Das Trachten nach einer Erkenntnis, die nicht diesen Bedingungen unterworfen wäre, ist ein Haschen nach Schatten, und es ist denn auch einer der Hauptzwecke des «Kritizismus», die Bedingungen oder die Form der Erkenntnis von dem möglichen Inhalt der Erkenntnis zu unterscheiden. Was Kant zu beweisen glaubt, ist nicht, daß es einen objektiven Grund der Schönheit nicht *gibt*, sondern daß es einen solchen objektiven Grund nicht *geben kann*. Schiller jedoch mißverstand die Grenzen, die Kant der Erkenntnis zog, als bloße Grenzen von Kants bisherigen Untersuchungen, und so konnte er am 21. Dezember 1792 an Körner schreiben:

> Den objectiven Begriff des Schönen, an welchem Kant verzweifelt, glaube ich gefunden zu haben.

In seiner letzten Vorlesung weihte er die Zuhörer in das Geheimnis ein: «Regelmäßigkeit kann nicht als allgemeiner Grundbegriff der Schönheit gelten, wohl aber Freiheit.» «Schönheit also», schrieb er Körner, «ist nichts anders, als Freiheit in der Erscheinung.» Die Erscheinung der Freiheit ist also diejenige Eigenschaft, welche alle schönen Gegenstände gemeinsam haben.

Die Behauptung ist atemberaubend kühn. Schiller nimmt den zentralen Begriff des Kantischen Systems und will ihm eine neue Funktion geben: Anstatt die Welt der Vernunft und die Welt des Verstandes auseinanderzuhalten und als Brücke zu dienen, über welche der Mensch die phaenomenale Existenz verlassen und Zugang zur noumenalen Existenz gewinnen kann, soll Freiheit die Brücke für einen Verkehr in entgegengesetzter Richtung sein. Durch die Ausübung von Freiheit soll die Welt der Vernunft sich in der Welt der Erscheinungen als Schönheit manifestieren: Die Ethik wird nicht mehr allein die Bühne beherrschen, sondern die Ästhetik wird sich zu ihr gesellen – aber die Ästhetik wird dem Rampenlicht näher sein. Schiller ist sich bewußt, wie zentral das Territorium ist, das er für die Schönheit (und damit für die Kunst) reklamiert:

Es ist gewiß von *keinem* Sterblichen Menschen kein größeres Wort noch gesprochen worden als dieses Kantische, was zugleich der Innhalt seiner ganzen Philosophie ist: Bestimme Dich aus Dir selbst: So wie das in der theoretischen Philosophie: Die Natur steht unter dem Verstandes-Gesetze. Diese große *Idee* der *Selbst*bestimmung strahlt uns aus gewissen Erscheinungen der Natur zurück, und diese *nennen* wir Schönheit.

Aber diese Behauptung kann nur aufgestellt werden, wenn der kritische Aspekt von Kants Philosophie vernachlässigt wird. Schillers Definition von Freiheit ist plausibler, wenn man sie auf den positiven Sinn von Freiheit in der *Kritik der praktischen Vernunft* – Selbstbestimmung – bezieht, als auf ihren negativen Sinn in der *Kritik der reinen Vernunft* – Unabhängigkeit von der Welt der Erscheinungen. Eine Erscheinung der Selbstbestimmung kann man sich vielleicht vorstellen, aber wie sollte eine «Erscheinung» der «Unabhängigkeit der Erscheinungen» aussehen? Doch kann man hieran sehen, wie der Kantischen Philosophie selber die Nemesis auf den Fersen folgt. Kants kritischer Standpunkt, orientiert an den Ideen als Leitsternen, wirklich, aber unendlich fern, war die Balance dieses einen Menschen zwischen Leibniz und Hume, Transzendentem und Empirischem, Monarchismus und bürgerlichem Republikanismus: Es war eine unermeßlich subtile Anpassung an Realitäten, aber ihre innere Ambivalenz konnte ihre Verpflanzung in einen anderen Kopf nur ausnahmsweise überstehen. Sogar Kant scheint zuzeiten der Versuchung nachzugeben, Unwissenheit für eine Art von Wissen auszugeben: Wir wissen nicht, was Dinge und Menschen an sich sind, und so scheinen wir zumindest zu wissen, daß es ein Reich der Noumena gibt; wir wissen nicht, wie Wirklichkeit und Erscheinung oder Tugend und Glück zusammenhängen, und so scheinen wir zu wissen, daß es so etwas wie Freiheit gibt oder einen unerkennbaren Gott. Besonders in der Abhandlung über die Religion beginnt sich die ganze übersinnliche Welt zu einer Parallelexistenz zu verfestigen, über die bei aller Unerkennbarkeit eine ganze Menge gesagt wird. *Die Religion innerhalb der Grenzen der bloßen Vernunft* ist Kants nachhaltigster Versuch, das Verhältnis von noumenaler Freiheit zur praktischen Konkretheit des sichtbaren moralischen Lebens zu erklären. Es ist nicht zu verwundern, daß Schiller sich nach der ersten, gebannten Lektüre dieser Schrift dazu angeregt fühlte, eine Theorie zu skizzieren, in welcher Freiheit selbst ein Teil der sichtbaren Welt wurde. Er war lediglich der erste, freilich auch der umsichtigste in einer Reihe von Denkern, die die Möglichkeit sahen, die transzendentalen Elemente des Kantianismus in das Empirische hereinzunehmen und so die Unterscheidung zwischen dem Erkennbaren und dem Unerkennbaren, mit ihr aber auch den Begriff von Bedingungen der Erkenntnis selbst zu beseitigen, auf welchem der kritische Standpunkt ruhte. Ob eine derartige Weiterentwicklung des Kantianismus aus ihm ein subtileres und erweitertes System der für deutsche Geister jener Zeit faßbaren Wahrheit machen oder aber zu einem phantastisch-spekulativen Utopismus führen würde, der jene konkreten deutschen Gegebenheiten mißachtete, an deren Einbeziehung Kant so viel geistige Mühe verwendet hatte – die Welt, wie die Intellektuellen sie gern hätte, nicht wie sie ist –, das würde von der geistigen Substanz abhängen, die der einzelne Nachkantianer einbrachte.

Schillers anfängliche Adaption Kants ist sorgfältig begrenzt: Er legt lediglich nahe, daß die Erfüllung der Humanität in den Händen nicht eines monarchischen Gottes, sondern nur jener säkularen Klerikalbeamten liegt, die Moritz «Künstler» genannt hatte, und er ist ängstlich darauf bedacht, die Kohärenz des Kantischen Systems nicht zu stören. Er war sich bewußt, daß sein Vorschlag, Freiheit in schönen Erscheinungen zu suchen, als Kompromittierung des vernunftgemäßen und transzendentalen Status der Freiheit und der Autonomie des freien Handelns erscheinen konnte. Die Freiheit selbst, schrieb er im Entwurf zu *Kallias*, könne als solche niemals dem Blick der Sinne begegnen, «da es hier bloß darauf ankommt, daß ein Gegenstand frei *erscheine*, nicht wirklich ist» (was der Aussage gefährlich nahe kommt, sie solle eigentlich nicht unsichtbar *sein*, sondern lediglich unsichtbar *scheinen*). Aber die Schwierigkeiten einer streng theoretisch-systematischen Ausarbeitung dieser Unterscheidung sowie ein neuer Krankheitsanfall bewogen ihn, *Kallias* aufzugeben, und im Frühjahr 1793 vollendete er statt dessen die Abhandlung *Über Anmut und Würde*, die das Problem indirekt, aber auf eine höchst originelle Weise löste; Kant selbst nannte die Arbeit «meisterlich». Eine zweite Auflage des Essays in demselben Jahr enthielt eine Widmung an Dalberg und als Motto eine Zeile aus Milton: «*What [here] thou seest, fair creature, is thyself* [was du hier siehst, schönes Geschöpf, das bist du selbst]», wobei, wie man vermuten darf, Schiller seine Leser nicht daran erinnern wollte, daß es Gott ist, der diese Worte zu Eva spricht, um ihren Sinn von der Schönheit und einer reflexiven Versunkenheit in sich selbst ab- und auf «*wisdom which alone is truly fair* [Weisheit, die allein wahrhaft schön ist]» hinzulenken.

Das Neuartige an der Abhandlung *Über Anmut und Würde* ist die Einführung des Konzepts der Bewegung in die Kantische Ästhetik und die Kantische Ethik. Schönheit ist eine Eigenschaft von Gegenständen, lehrt

Schiller, aber nicht nur von statischen Gegenständen, denen Kants größte Aufmerksamkeit gegolten hatte. Auch Bewegungen können, unter dem Namen «Anmut», diese Eigenschaft besitzen, allerdings unter gewissen Bedingungen. Eine Bewegung kann schön genannt werden nur, wenn sie sinnlich anziehend ist, und nur, wenn sie frei zu sein scheint: Die Bewegungen einer Marionette können nicht schön sein, ebensowenig die unwillkürlichen Bewegungen von Menschen, wie etwa das Gähnen oder das Zwinkern mit den Augen. Die leibliche Erscheinung eines Menschen ist das Ergebnis einer lebenslangen «Bildung» der unwillkürlichen wie der willkürlichen Elemente, und nur die letzteren sind moralisch bedeutsam und daher der (beweglichen) Schönheit beziehungsweise Anmut fähig. Lichtenberg hatte an der Physiognomik Lavaters bemängelt, daß sie der bleibenden Wirkung von habituellen Bewegungen (nervöse Tics, Stirnrunzeln, Posen usw.) auf das physische Äußere nicht Rechnung trüge, und Schiller entwickelte diese Theorie der «Pathognomik» weiter, ohne allerdings die Bezeichnung Lichtenbergs dafür zu verwenden. In manchen Fällen ist der Geist in einem Menschen so beherrschend, daß er im Laufe des Lebens alle, auch die permanentesten physischen Merkmale mit moralischer Bedeutung oder, wie wir auch sagen könnten, mit Charakter erfüllt. In anderen Fällen dringt der Geist überhaupt nicht bis an die Oberfläche der Materie, und der Mensch ist von einem zufriedenen Tier nicht zu unterscheiden: Solche Menschen, mögen sie in ihrer Jugend auch «statische» oder äußere Schönheit besitzen, werden sie verlieren, wenn sich mit zunehmendem Alter Falten und Fettleibigkeit einstellen. (Schiller macht beiläufig darauf aufmerksam, daß auch ein junges künstlerisches Genie, das nicht beizeiten lernt, sich moralischer Zucht zu unterwerfen, sich schließlich in Polstern von geistigem Fett verliert.) Wo jedoch das Zusammenspiel des Vernünftigen und des Sinnlichen in der menschlichen Natur sichtbar wird, kann der Zusammenhang von dreierlei Art sein.

Entweder regiert Vernunft die Sinne, und das moralische Gesetz wird auf Kosten unserer Neigungen zur Geltung gebracht: Dann sind unsere Bewegungen diszipliniert und regelmäßig, aber nicht anziehend und daher nicht schön. Das ist der Zustand der Würde, und er wird von Schiller mit einer Monarchie verglichen, die jede Handlung ihrer Untertanen völlig kontrolliert. Oder aber die Sinnlichkeit regiert die Vernunft, das moralische Gesetz wird mißachtet, unsere Bewegungen und unser ganzer Körper zeigen Schlaffheit, Unorganisiertheit und den Sieg der Materie über die Form, und ästhetische und ethische Grundsätze werden gleichermaßen verletzt. Dieser Zustand der «Wollust» erinnert nach Schiller an «eine wilde Ochlokratie», in der sich die Bürger nach dem Sturz ihres rechtmäßigen Oberherrn zu Sklaven der niedrigsten Klassen gemacht haben – ein Zustand des Gemeinwesens, für den es im Frühjahr 1793 an einem Beispiel nicht mangelte. Die dritte Möglichkeit ist, daß Vernunft und Sinnlichkeit, Pflicht und Neigung sich harmonisch verbinden, um ein Verhalten hervorzubringen, das sowohl moralisch frei als auch physisch reizend ist – die schöne Bewegung, die Anmut, die äußerliche Manifestation dessen, was Schiller eine «schöne Seele» nennt. Schillers politische Analogie zu diesem Zustand ist etwas, was wir wohl als seine deutsche Alternative zur französischen Revolution ansehen dürfen: «Freiheit» nennt er sie, «liberale Regierung», wobei «ein monarchischer Staat auf eine solche Weise verwaltet wird, daß, obgleich alles nach eines Einzigen Willen geht, der einzelne Bürger sich doch überreden kann, daß er nach seinem eigenen Sinne lebe und bloß seiner Neigung gehorche» – wir könnten mit einer Kantischen Wendung auch sagen: eine Monarchie, die so verwaltet wird, «als ob» sie eine Republik wäre. Schönheit der Seele und des Verhaltens also ist der Gleichgewichtspunkt zwischen Würde und Wollust, wenn das Gesetz der Moralität, das die Bewegungen des Willens regiert, und das Gesetz der Natur, das die Bewegungen des Körpers regiert, nicht im Konflikt miteinander stehen, sondern darin zusammentreffen, daß sie die nämlichen «anmutigen» physischen Gebärden verlangen.

Schiller räumt ein, daß er mit dieser Auskunft keineswegs seinen Standpunkt mit dem Kantischen versöhnt hat; denn wenn Schönheit eine Eigenschaft sinnlicher Gegenstände ist, Freiheit aber notwendig übersinnlich, dann scheint das Konzept der «Anmut» nicht so sehr zwischen den beiden Welten zu vermitteln als vielmehr einen Widerspruch in sich zu enthalten. Woher *wissen* wir, daß Freiheit und nicht natürliche Notwendigkeit diese anmutigen Bewegungen ausgelöst hat? Die Antwort Kants würde lauten, daß wir es nicht wissen, sondern nur postulieren können, und zwar zu dem streng praktischen Zweck (für den Schönheitserwägungen ohne Belang sind), in unserem Leben dem Gefühl der moralischen Verantwortung für unsere Handlungen einen Sinn zu geben: Er würzte sein Lob der Schillerschen Abhandlung mit einer Kritik an dessen Tendenz, das einzig angemessene Motiv für moralisches Verhalten, nämlich den Wunsch, das Gute zu tun, durch ein Ideal der Harmonie zu ersetzen. Schillers Antwort auf diese Frage ist eine geistreiche Weiterentwicklung der Moralpsychologie in Kants Abhandlung über die Religion zu (faktisch) einer Theorie des Dramas, die freilich die gravierende Zweideutigkeit, auf welche Kant hinwies, eher verdeckt als auflöst. Schiller vertritt die These, daß wir die Anwesenheit von Freiheit in einer schönen Bewegung durch eine Betrachtung der Geschichte erkennen können, von der die schöne Bewegung ein Teil ist.

Das Leben einer «schönen Seele» ist ganz und gar tugendhaft, und ihr Beobachter sieht nichts als eine physische Natur, welche die äußerlichen Verpflichtungen des moralischen Gesetzes mit Gefälligkeit erfüllt. Eine solche Harmonie des Physischen und des Moralischen – hat Schiller die Kühnheit zu behaupten – ist nichts weniger als die Manifestation einer Vernunftidee (nämlich der Vermählung von Tugend und Glück) in der Welt der Erscheinungen, und sie erweckt notwendig Liebe. Liebe aber ist ein höchst zweideutiges Gefühl – zugleich ätherisch und tierisch –, und dieselbe Zweideutigkeit haftet auch jener Harmonie an, die uns in der sinnlichen Welt einen kurzen Blick auf die vernunftgemäße Vollkommenheit tun läßt. Äußerliche Beobachtung kann nicht entscheiden, ob die vermeintlich schöne Seele nicht vielleicht nach einer Maxime der (präferierten) Übereinstimmung mit dem Naturgesetz und nicht nach einer Maxime der (reinen) Übereinstimmung mit dem moralischen Gesetz handelt. Es mag einfach nur glücklicher Zufall sein, daß sich die Forderungen des Naturgesetzes und die des moralischen Gesetzes bisher gedeckt haben. Die Handlungen sind gerecht, aber ist der unsichtbare Wille hinter ihnen gut? Im Falle der «würdigen» oder «erhabenen» Persönlichkeit zeugt das noch so unterdrückte Vorhandensein von Anstrengung und Kampf, die unverkennbare Bändigung der Leidenschaften, von der im Hintergrund wirkenden moralischen Gewalt, während es das Wesen anmutiger Bewegungen ist, daß sie gefällig und zwanglos ausgeführt werden. Soll also die schöne Seele auf ihren moralischen Wert geprüft werden, muß man sie vor ein Dilemma stellen: Sie muß gezwungen werden, zwischen Würde und Wollust zu wählen, das heißt aufzuhören, schön zu sein, und entweder rein tugendhaft oder rein sündig zu werden. Der Augenblick, in dem zwischen Leidenschaft und Moralität ein Konflikt entsteht, der nicht harmonisch, sondern nur durch die Entscheidung für die eine oder die andere Seite aufzulösen ist, so Schiller, ist der Prüfstein, durch den eine wahrhaft schöne Seele zu unterscheiden ist von einem bloß guten Herzen, einem von Natur aus tugendhaften Temperament. Wenn die Seele sich in jenem Augenblick für die Leidenschaft entscheidet, verrät sie, daß sie niemals im Besitz der wahren Harmonie von Vernunft und Sinnlichkeit gewesen ist. Nun, da die glückliche Fügung aufgehoben ist, die bisher Pflicht und Neigung zusammengeführt hatte, wird die Seele weiterhin dem Weg folgen, den sie in Wirklichkeit immer gegangen ist, und sich der Kausalität der Natur unterwerfen. War die Seele jedoch wahrhaft schön und hat sich nicht einfach dem Gesetz ihrer Natur unterworfen, sondern ist diesem Gesetz *frei* gefolgt – weil es sich traf, daß dieses in dem Augenblick mit ihrer sittlichen Pflicht zusammenfiel –, dann wird die Seele sich im Augenblick der Prüfung für das entscheiden, was schon immer, wiewohl unsichtbar, ihre höchste Priorität gewesen ist, nämlich das Sittengesetz:

Die Temperamentstugend sinkt also im Affekt zum bloßen Naturprodukt herab; die schöne Seele geht ins Heroische über und erhebt sich zur reinen Intelligenz.

Schillers Konzept der harmonischen Schönheit präsentiert sich als der ästhetische Inbegriff einer deutschen Alternative zum revolutionären Republikanismus Frankreichs. Sein Schema für die Prüfung der Schönheit, für das Messen ihres sittlichen Wertes am Prüfstein eines in einem Augenblick konzentrierten Konflikts, ist ein Grundplan für seine eigenen späteren Dramen, die eine sinnliche, äußerliche Darstellung jener inneren Revolution zu geben suchen, durch die allein, nach Kants Abhandlung über die Religion, das Königreich Gottes auf Erden errichtet werden kann. Auf den letzten Seiten von *Über Anmut und Würde* jedoch analysiert Schiller eine Kunstform, die an sittlichem Interesse sogar das Drama übertrifft. Die klassische griechische Plastik porträtiert, zumal in ihren von Winckelmann am höchsten gelobten Beispielen wie der Niobe oder dem Apoll von Belvedere, laut Schiller ein «Ideal menschlicher Schönheit», weil in ihr Anmut und Würde gemeinsam, als Eigenschaften ein und derselben Gestalt gezeigt werden. Die Menschheit selbst wird hier als vollendet, im Sittlichen wie im Ästhetischen, dargestellt, «gerechtfertigt in der Geisterwelt [nämlich durch die in Kants Abhandlung über die Religion beschriebene Revolution], und freigesprochen in der Erscheinung». Weil Schiller in den Jahren seit 1788 durch Kant die vernunftgemäße Funktion von Idealen kennengelernt und seine eigene Weiterentwicklung des Kantianismus ihm den Schluß erlaubt hatte, daß zumal in den Künsten «Ideale» auch in der Welt der Erscheinungen erblickt werden können, sah er sich 1793, kurz nach Vollendung der Abhandlung *Über Anmut und Würde*, genötigt, sein Gedicht *Die Götter Griechenlands* umzuschreiben. In der neuen, viel kürzeren Fassung, die erst 1800 publiziert wurde, konnte der Haß auf den christlichen Monotheismus besser als in der ursprünglichen Fassung verschleiert werden. Schiller hatte nun eine Antwort auf die verzweifelte Klage um den verlorenen griechischen Götterhimmel: «Schöne Welt, wo bist du?» Die Götter und alle menschliche Schönheit, für die sie standen, waren nicht einfach von den Wellen der Geschichte hinweggespült worden: Sie hatten, sagt Schiller jetzt, Zuflucht zu den Musen genommen, und im Medium der Kunst, in der Plastik und der Dichtung, leben sie als Ideale weiter, deren Wesen – wie wir von Kant wissen – es ist, gerade nicht Teil der wandelbaren Welt von Raum und Zeit zu sein:

> Was unsterblich im Gesang soll leben,
> Muß im Leben untergehen.

Der Generation, die zehn Jahre jünger war als Schiller, erschien die Kantische Philosophie als Hoffnung und Vorrecht des Zeitalters und potentiell als das Gefäß, in welchem der verlorene Geist des Altertums wiedergeboren werden konnte. Wir leiden häufig, erklärte ein Schüler Reinholds 1792 im unruhigen Schlesien im Rahmen «eines kleinen philosophischen Klubbs», unter dem «Gefühl der drückenden Verhältnisse und der kalten leeren Gegenwart» und «klagen das Schicksal an, daß es gerade uns in das eherne Zeitalter setzte»:

Griechenland und vorzüglich das Jahrhundert des Perikles hat für den gebildetern, edlern Theil des Volks das meiste Interesse. Wir bewundern seine Helden, seine Künstler, seine Sitten, die herrlichen Regierungsformen, den freien, heitern griechischen Geist, dessen kleinstes Produkt den Stempel der Grazien und der vollendeten

Schönheit an sich trägt, die schöne jugendliche Religion der Fantasie und sehnen uns innig nach Griechenland.

Die Anziehungskraft Griechenlands, fährt der Redner fort, ist ähnlich dem «romantischen» Reiz des Mittelalters, dem fernen Klang der Klosterglocke oder dem Anblick eines alten Waldschlosses (vielleicht wie des von Berlichingen). Wir dürfen aber nicht das unterscheidende Merkmal der modernen Zeit übersehen, das ihr einen Vorzug vor allen vergangenen Zeiten verleiht: Es ist das Zeitalter, in dem die Bildung des Menschengeschlechts ihrer Vollendung entgegengeht, und wir sollten uns glücklich schätzen, in einer Krisenzeit geboren zu sein, in der wir der Menschheit helfen können, sich auf die – sei es auch noch so ferne – Verwirklichung ihrer Ideale vorzubereiten: auf die Unterwerfung der Natur unter die Vernunft, auf die Errichtung eines Weltstaates und auf die durch die Allgemeinheit der Freiheit bewirkte Wiederkehr eines Goldenen Zeitalters, das alles übertrifft, was frühere Geschlechter gekannt haben. Verkünderin und Werkzeug all dessen ist die kritische Philosophie: Wir Menschen dieser Zeit haben das Vorrecht gehabt, in der Sittenlehre dieser Philosophie die Selbstbefreiung der Vernunft zu erleben, das Ende aller Herrschafts- und Unterordnungsverhältnisse sowie das dem Menschen Offenbarwerden des Göttlichen durch die Würde des Menschen als sein autonomer Gesetzgeber. Ästhetik und Geschichtsphilosophie profitieren bereits, und auch die große Rechtsreform in Preußen trägt den Stempel der kritischen Philosophie. Die alte Theologie und ihre Kirchen, der Barbarei und Tyrannei ergeben, werden beseitigt werden, und an ihre Stelle wird ein schlichterer Kultus treten, der die Menschen in der Liebe zueinander und in der Dankbarkeit gegen den Schöpfer der Natur vereinen wird: Diese neue Religion wird in ihren Äußerlichkeiten viel von den «Träumen und Erdichtungen» der Griechen entlehnen, deren Kunst reine Menschheit in göttlicher Form darstellte und deren einfacherer Gesellschaft die moderne Welt ähneln wird, sobald die Institutionen der älteren überflüssig sein werden. Die einzige Gefahr, welche die Mitglieder des «Klubbs» zu fürchten hätten, hieß es abschließend, sei ihre eigene übertriebene Zuversicht: Sie dürften weder erwarten, von ihren Hoffnungen offen zu allen Zeitgenossen sprechen zu können, deren viele auf ein so blendendes Licht nicht vorbereitet seien, noch auch dürften sie sich erlauben, rein abstrakte Denker zu werden, die sich anmaßend der Vorstellung hingäben, mit ihrem Geist alle Geheimnisse jener Natur ausgelotet zu haben, die alles ist, was da ist, was da war und was da sein wird.

Im revolutionären Klima der 1790er Jahre hatte der *goût grec* neuen Einfluß gewonnen. Lange Zeit hatte er zu dem mehr oder weniger unaufgeregt irreligiösen Ambiente aufgeklärter Höfe gehört, mochten sie Potsdam oder Weimar oder Karlsruhe heißen; jetzt konnte er weiterhin als Europas kulturelle Alternative zur christlichen Inspiration fungieren, als die alte christliche Ordnung politisch wie philosophisch unter Beschuß geriet, was die

Existenz der Höfe selbst bedrohte. Für «Anacharsis» Cloots war Griechenland der Vorläufer des ersten völlig aufgeklärten, vernunftgemäßen Weltbürgerstaates; für Heinse im *Ardinghello* wie für Winckelmann vor ihm war es das Land einer befreiten (Homo-)Sexualität; für die ernsten Schüler der kritischen Philosophie lieferte es – durch seine Ästhetik, Religion und Gesellschaftstheorie – das äußere Gewand für die innere Revolution, welche Dogma und Autorität durch einen häufig pantheistischen Kult der Freiheit ersetzte, wie er zunächst einer halb freimaurerischen Elite offenbart wurde. In Schillers heimatlichem Württemberg, wo es in den 1790er Jahren politisch sogar noch turbulenter zuging als in Schlesien, fand die Konvergenz des Hellenismus mit dem revolutionären Denken Frankreichs und der Kantischen Philosophie in einer einzigen Institution statt, dem Tübinger Stift, dem lutherischen Priesterseminar der Universität. Hier wurden die drei machtvollsten geistigen Strömungen des Jahrzehnts für jene Klasse fruchtbar gemacht, die seit etwa 1740 die zentrale Rolle in der literarischen Erneuerung Deutschlands gespielt hatte, die angehenden Kleriker, deren Glaube zwar schwankend, für ihre Beschäftigungsperspektiven aber vonnöten war. Das Beispiel Schillers und Schubarts inspirierte Mitte der 1780er Jahre einen Kreis von Dichtern unter den Tübinger Studenten, darunter Carl Friedrich Reinhard (1761–1837), Christoph Gottfried Bardili (1761–1808), Christian Friedrich Stäudlin (1761–1826) – später ein prominenter liberaler Theologe – und Carl Philipp Conz (1762–1827), ein leidenschaftlicher Liebhaber der griechischen Literatur. Diese Männer wiederum wurden zum Vorbild für ihre Nachfolger, unter denen sich die berühmtesten Zöglinge des Tübinger Stifts befanden: Hölderlin und Hegel, die dort von 1788 bis 1793 studierten, und der ungemein frühreife Schelling, der fünf Jahre jünger war, aber sein Studium – das von 1790–1795 dauerte – mit einem Vorsprung von drei Jahren begonnen hatte. Jeder einzelne aus diesem Ausnahme-Trio sollte der deutschen Revolution und der philhellenischen Literatur, die aus ihr hervorging, seinen Stempel aufdrücken.

Die Tübinger Seminaristen, dazu bestimmt, gelehrte Verteidiger des protestantischen Glaubens an Württembergs Schulen und Pfarreien zu werden, kamen schon als gute Lateiner und Griechen von der Grammatikschule. Griechisch, und dazu noch Hebräisch, wurde – als wesentliches Instrument der Bibelexegese – in den ersten zwei Jahren des Studiums weiterunterrichtet. Aber auch klassisches Griechisch wurde gelesen, und zwar nicht nur als Sprachübung. Einer der Aufsätze, die Hölderlin 1790 für seinen Magister-Abschluß einreichte, war eine *Geschichte der schönen Künste unter den Griechen*, die eine breite Kenntnis der griechischen Literatur, besonders Homers, Pindars und Sophokles' bewies, mochte auch vieles bereits in der Schule erworben worden sein. Hegel wie Hölderlin besuchten Vorlesungen Bardilis, der, wie viele frischgebackene Absolventen des Stifts, zeitweilig als Repetent wirkte; er las *de usu scriptorum profanorum in Theologia*, «über den Gebrauch profaner Schriftsteller in der Theologie». Von den Alten hatte

Platon christlichen Theologen am meisten zu bieten, aber Hölderlin arbeitete auch über Hesiod, und Conz, der ebenfalls Tutor war, brachte es fertig, einen Kurs über die Dramen des Euripides zu halten. Einer der besten Freunde Hölderlins in den Tübinger Jahren – Christian Ludwig Neuffer – hatte eine griechische Mutter und damit griechische Bekannte. Hölderlin nutzte mindestens in zweierlei Hinsicht eigene Lebenserfahrungen, als er in seinem letzten Semester einen Roman zu schreiben begann, dessen Held ein in Deutschland lebender zeitgenössischer Grieche war. Auf diesen Roman *Hyperion* spielte er wahrscheinlich an, als er im Mai 1793 (an Neuffer) schrieb:

Schlag vier bin ich morgens auf, und koche meinen Koffee selbst u. dann an die Arbeit. Und so bleib ich meist in meiner Klause bis Abends; oft in der Gesellschaft der heiligen Muse, oft bei meinen Griechen; jezt gerade wieder in E. Kants Schule.

Hölderlins Abgangszeugnis rühmt ihn denn auch als «philologiae, imprimis graecae, et philosophiae, imprimis Kantianae ... assiduus cultor» (eifriger Betreiber der Philologie, besonders der griechischen, und der Philosophie, besonders der Kantischen).

Im Tübingen der 1790er Jahre war nichts Ungewöhnliches an der Verbindung von reformatorischer Theologie und antiker Literatur mit moderner Philosophie. Zu Hegels und Hölderlins Zeit veröffentlichte der Repetent G. C. Rapp (1763–1794) Untersuchungen, welche die Moralphilosophie Kants weiterentwickeln sollten, und 1794 brachten Conz einige Abhandlungen und Bardili ein philosophisches Zwiegespräch mit platonisierendem Titel heraus, die beide eine ähnliche Absicht verfolgten. (Bardili erarbeitete schließlich eine eigene systematische Modifizierung des Kantianismus, die sich der einzigartigen Auszeichnung erfreute, Reinhold zu bekehren.) Im Stift von etwa 1785 besaß die kritische Philosophie einen glühenden Verteidiger in C. I. Diez (1766–1796), genannt «kantischer *enragé*», der von 1783 bis 1788 Student und von 1790 bis 1792 Repetent am Stift war. Doch scheint Diez eher ein Anachronismus gewesen zu sein, ein kritischer Deist in der Art eines Collins, Tindal oder Dr. Bahrdt, der Religion für absurd und Jesus Christus für einen «Betrüger» hielt; auch war er nicht allein in Tübingen, sondern überhaupt in Deutschland dadurch ungewöhnlich, daß er sich von dem skeptischen und nicht von dem idealistischen Strang des Kantianismus inspirieren ließ. Die Form, in der der Kantianismus am Stift offiziell geduldet und sogar verkündet wurde, sah ganz anders aus: Der Professor für dogmatische Theologie G. C. Storr (1746–1805) und sein Schüler, der Philosophieprofessor J. F. Flatt (1759–1821), pochten auf die Unerkennbarkeit des Dinges an sich und benutzten sie als Argument für die Notwendigkeit einer autoritativen göttlichen Offenbarung über letzte Dinge und damit für die wörtliche Wahrheit der Heiligen Schrift.

Weder der radikale Skeptizismus eines Diez noch die skrupellose Rekonstruktion einer im eigenen Saft schmorenden lutherischen Orthodoxie durch

6. *F. K. Hiemer: Friedrich Hölderlin (1792)*

die «Ältere Tübinger Schule» Storrs übten besondere Anziehungskraft auf die intelligentesten Studenten und Tutoren des Stifts aus, die vielmehr ihrer eigenen Wege gingen und sich darin durch das Erscheinen der *Religion innerhalb der Grenzen der bloßen Vernunft* bestärkt fühlten. (Es war wohl dieses Werk, das als erstes Hegels Interesse an Kant weckte.) Für sie steckte im Christentum eine Wahrheit – verkörpert vor allem in der Person und den Lehren seines Stifters, wie sie zumal das Johannesevangelium überlieferte –, welcher die Dogmatik jenes trockenen theologischen Kompendiums nicht gerecht wurde, das sie im Laufe ihres Studiums nicht weniger als dreimal durcharbeiten und erläutern mußten. Dieses Wesen des Christentums drückte in neuester Zeit am besten jene rein ethische Religion aus, die von Kant und auch von Fichte in seinem Versuch über die Offenbarung vertreten wurde – eine Auffassung, die in Deutschland bereits weit verbreitet war und einigermaßen subtil von dem jungen Stäudlin, nunmehr Professor in Göttingen, entwickelt wurde. In den Mauern des Stifts herrschte jedoch der Eindruck, daß an Kant zwei Modifikationen vorzunehmen waren. Erstens mußten jene Kniffe beseitigt werden, deren sich Storr und Flatt bedient hatten, um den «alten Sauerteig» der lutherischen Scholastik zu konservieren, namentlich den «moralischen Beweis» der Existenz eines persönlichen und allmächtigen (und damit autoritären) Gottes und die Unterscheidung zwischen Erscheinungen und unerkennbaren Dingen an sich. Das intellektuelle und philologische Wunderkind Schelling hielt sich vorzugsweise an diese negative Linie in der Dogmatik und kam damit in seinem Verständnis des historischen Christentums der Position von Diez am nächsten. Er entwarf zum eigenen Gebrauch Kommentare zum Römer- und zum Galaterbrief, die einen Jesus zeigten, der die Inthronisation der kantischen Ethik durch eine politische Revolution angestrebt hatte, und publizierte 1792, mit 17 Jahren, seine Magisterdissertation, in der er Eichhorns neuen Begriff des «Mythos» auf die biblische Geschichte vom Sündenfall anwendete. (Ein Beitrag von ihm, in dem er das Thema weiterentwickelte, erschien im folgenden Jahr in der Zeitschrift von Eichhorns Nachfolger in Jena, Professor Paulus, der selbst ehemaliger Stiftler war.)

Aber mehrheitlich herrschte in der jüngeren Tübinger Generation die Neigung, eine zweite, positivere Modifikation an der Metaphysik der Kantischen Ethik vorzunehmen, die auch auf längere Sicht eine Diezisch-rationalistische Deutung der christlichen Ursprünge weniger anziehend machte. An das Mißtrauen gegen die Unterscheidung zwischen dem Sinnlichen und dem rein Noumenalen schloß sich der – bald durch Schillers neue Ästhetik machtvoll unterstützte – Versuch, einen mehr als einfach rationalen oder formalen «Beweggrund» für ethisches Verhalten sowie eine direktere Einheit von vernunftgemäßer Tugend und sinnlichem Glück zu finden, als sie das Kantische höchste Gut für eine ferne, ideale Zukunft in Aussicht stellte. Bardili arbeitete bereits an einer Synthese aus Kant, Leibniz und Spinoza, die «Natur» und «Geist», Sinnlichkeit und Vernunft nicht als Gegensätze, sondern als verschiedene Seiten ein und derselben alles erzeugenden Kraft verstand. Conz und Rapp hatten den Eindruck, daß Kant der Liebe als Inhalt des moralischen Gesetzes wie als Anreiz, ihm zu gehorchen, zu wenig Aufmerksamkeit schenke, und sahen einen besonders hervorragenden Vorzug des Christentums in der Bedeutung, die es der Liebe beimißt. Für Hegel und Hölderlin als eifrige Platonforscher war Liebe die vitale Kraft, die uns transformiert, so daß wir nicht länger mehr einfach materiale Modi von Bardilis spinozistischem «Gott oder Natur» sind – der «Eines und Alles», ohne Unterteilung in Phaenomene und Noumena ist –, sondern freie und vernünftige Subjekte selbstgegebener allgemeiner Gesetze in Kants «Königreich Gottes». Liebe also, weit davon entfernt, ausschließlicher Besitz des Christentums zu sein, besaß eine Dimension, in welche die Ethik Kants deutete, welche aber im historischen Christentum einzigartig unterentwickelt war: Sie war das Medium, in dem eine freie Republik gleicher und materiell erfüllter Menschen errichtet werden konnte. Das beste Bild für diese höchste – weil gesellschaftliche und politische – menschliche Vollendung war nicht die christliche Kirche, sondern, wie Schiller in der ersten Fassung der *Götter Griechenlands* ausgerufen hatte, die Welt der Antike, vor allem das perikleische Athen. Die politische Freiheit, schrieb Hölderlin 1790 in einer unvollendet gebliebenen *Hymne an den Genius Griechenlands*, war es, die den Griechen den Sieg über die Perser schenkte und sie befähigte, «auf Liebe [ihr] Reich» zu gründen. Die volksverbundene und vaterländische (mit einem Wort: revolutionäre) Inbrunst eines Freundes, den er im alten Griechenland «anders» hätte umarmen können, wäre in jenen Tagen nicht vergeudet gewesen, wie sie es in der Wüstenei der modernen Welt ist, lesen wir in einem Gedicht aus seinen letzten Monaten in Tübingen im Jahr 1793. Etwa zu derselben Zeit unternahm Hegel in Essayform eine ausführliche Zusammenfassung aller Gedanken, die ihn in letzter Zeit beschäftigt hatten, und nannte darin drei Merkmale wahrer Religion, die genau dem damals im Stift herrschenden, massiven geistigen Synkretismus entsprachen: Übereinstimmung mit den allgemeinen Vernunftprinzipien (das heißt Kant); reizende Wirkung auf Sinne, Gefühle und Phantasie (dies konnte die christliche Liebe bieten, vielleicht aber auch die griechische Kunst); und Verflochtenheit mit allen öffentlichen und politischen Institutionen des Lebens (dies hatte nur das alte Griechenland gekannt). Die Gruppe von Freunden, die diese Gedanken in sich aufgenommen hatten, meinte, daß jene Menschen in der modernen Welt, die sich der Aufgabe geweiht hatten, durch eine ethische Revolution die bisher nur von der Antike bewiesene Vollkommenheit wiederherzustellen – und damit das Beste im Christentum zu verwirklichen –, wie die wahren Gläubigen in Lessings *Nathan* einer «unsichtbaren Kirche» angehörten. Diese Kantische Formulierung, die eine lange Vorgeschichte im säkularisierten religiösen Vokabular der Empfindsamkeit und der Freimaurerei hatte, wurde so schließlich mit der ganzen Kraft der kulturellen Nostalgie des Philhellenentums aufgeladen.

Dieses Ideal, gleichzeitig griechisch, kantianisch und – nach Läuterung und Uminterpretation – christlich, war eine, oder vielleicht *die* charakteristische Antwort Deutschlands auf die große politische Herausforderung der Zeit. Württemberg war nicht nur geographisch der rechte Ort, um die erregende Botschaft von der anderen Seite des Rheins zu empfangen, und das Tübinger Stift war ein geeignetes Instrument zu ihrer Verbreitung. Straßburg war nicht weit und schon früh zu einem Zentrum revolutionärer Propaganda geworden. In Württemberg gab es die französische Exklave Montbéliard (Mömpelgard), deren Theologiestudenten nach Tübingen kamen und die neuen Ideen mitbrachten. Das Herzogtum blickte auf eine lange Geschichte innerer Konflikte zurück, die sich nach 1733 verschärften, als die Herrscherfamilie dieses protestantischen Landes katholisch wurde. Doch anders als Kursachsen, wo es eine ähnliche Anomalie gab, hatte Württemberg seine alte, repräsentative politische Struktur aus der bürgerlichen Zeit des Spätmittelalters und der Frühreformation weitgehend beibehalten; es gab eine echte Gewaltenteilung zwischen dem Herzog und den Ständen, und Fox behauptete einmal, die einzigen zwei konstitutionellen Herrschaftssysteme Europas seien das englische und das württembergische. Gleichwohl war während der gesamten Regierungszeit Carl Eugens, von 1755 bis 1793, der Absolutismus in Württemberg auf dem Vormarsch, und die Zentralisierung und Modernisierung des Staatsapparates schritt voran wie überall sonst im aufgeklärten Deutschland. Die Stände, in einem Nachhutgefecht befangen, waren nicht gesonnen, jene gesellschaftliche und politische Reform in Betracht zu ziehen, die den Anspruch des Herzogs, für eine berechenbare und unparteiische Verwaltung zu sorgen, hätte übertrumpfen können. Württemberg bot daher ausgeprägte Beispiele für beide Extreme jenes Dilemmas, aus dem die deutschen Intellektuellen in der revolutionären Periode einen Ausweg finden mußten: ein Bürgertum, das sich wirtschaftlich, politisch und imaginativ auf dem Rückzug befand – nach den Maßstäben der Revolution vielleicht moralisch im Recht, jedoch schwach und altmodisch war – und ein Absolutismus, der siegreich die Aufklärung förderte – der moralisch verfehlt, aber stark und modern war. Das Dilemma konzentrierte sich deutlich sichtbar im höheren Bildungswesen des Herzogtums; denn das Tübinger Stift war eine Institution der alten Ordnung und der protestantischen Kirche, seine Studenten trugen eine halb klerikale Tracht und waren in alten, verwinkelten Gebäuden mit zugigen Schlafsälen und einem mittelalterlichen Refektorium untergebracht: Ihr Studiengegenstand, ihre familiäre Herkunft und ihre geistigen Traditionen hielten den Herzog auf Distanz, und so sehr sie als moderne junge Männer auch die alte Disziplinierung ablehnten, so war das Letzte, was sie sich wünschten, eine weitere Einmischung des Herzogs oder das neue Statut, das er dem Seminar 1793 gab. Demgegenüber war die Akademie Carl Eugens in Stuttgart, die zu besuchen man Schiller zwang, der Inbegriff der Modernität: weltliche Uniformen, die zum barocken Ambiente des Palastes paßten, genaue persönliche Überwachung durch den Herzog sowie ein Lehrplan, der sich ausschließlich auf nützliche, bürokratische Fächer wie Jura oder Medizin konzentrierte. In Württemberg waren daher revolutionäre Zwecke, die in Frankreich bis zur völligen Konfusion miteinander verflochten waren, aufs strengste geschieden: Klassenloyalität war nur um den Preis der Unterwürfigkeit gegen die protestantische Kirche zu bewahren, die Transformation der Gesellschaft nur um den Preis der politischen Unterwürfigkeit gegen einen absoluten Herrscher zu erreichen. Der Tübinger Revolutionär, von seinen gesellschaftlichen Ursprüngen ebenso abgeschnitten wie von jeder breiteren politischen Unterstützung, mußte nach absolviertem Studium einen eigenen Weg durch die Wildnis finden, in die er nur zu unbekümmert hinausschritt. Falls er je in die Gesellschaft seiner Zeitgenossen zurückkam, hatte er gelernt, daß der Idealismus nicht unrecht hatte, wenn er zwischen materiellen Erscheinungen und spiritueller Wirklichkeit unterscheidet, und daß das Leben eines Staatsbeamten seine Vorteile hatte.

Die Reaktion der Tübinger Stiftler auf die Neuigkeiten aus Frankreich war durchaus vorhersehbar. Hölderlin gründete mit der ersten Gruppe seiner Freunde dort einen Dichterkreis in der Art, wie ihn Klopstocks *Deutsche Gelehrten-Republik* vorschrieb, und schrieb sodann eine Reihe von Hymnen im Stile Schillers auf Menschheit, Freiheit, Schönheit usw., versehen mit Motti aus Heinse und Rousseau und Anrufungen der Menschenrechte, und durchsetzt mit blutrünstigen Tiraden gegen Tyrannen und Despoten. Der Krieg von 1792 brachte einige explizit politische Entscheidungen. Die Studentenschaft zerfiel in Gruppen von «Royalisten» und von «Demokraten», und letztere gründeten einen politischen Club – in dem auch Hölderlin, Hegel (ein «derber Jakobiner») und Schelling aktiv waren –, wo Reden gehalten und die neuesten französischen und deutschen Zeitungen gelesen wurden. Was sie lasen, ist nicht überliefert, doch werden zu ihrer Lektüre gewiß Wielands Essays über die Revolution im *Teutschen Merkur* sowie Schubarts *Deutsche Chronik* gehört haben, die nach Schubarts Tod 1791 deutlich radikaler wurde, als sie Stäudlins älterer Bruder Gotthold Friedrich Stäudlin (1758–1796) übernahm, ein Kanzleiadvokat, der durch seinen Beruf Zeit für literarische und politische Betätigung hatte und als erster Gedichte von Hölderlin publizierte. Der Straßburger *Argus* hatte Verbindungen nach Württemberg, die dem Tübinger Club wohl nicht verborgen blieben. Ein früherer Kaplan des Herzogs Carl Eugen, der Ex-Franziskaner Eulogius Schneider (1756–1794), seines Postens als Professor der Rhetorik in Bonn wegen der Freizügigkeit seiner Verse und des demokratischen Rationalismus seiner Theologie enthoben, war 1791 Mitglied des verfassungstreuen Klerus von Straßburg und Professor für kanonisches Recht an der dortigen Universität geworden. Er hatte sich jedoch der Politik des örtlichen Jakobinerclubs und der Publikation des *Argus* verschrieben, der sich an die benachbarten deutschen Länder richtete und seinen

Hohn über die Verderbtheiten der Christenheit, der katholischen wie der protestantischen, ausgoß, um dafür Jesus als «Sansculotte» zu preisen. Die revolutionäre Luft von Paris selbst aber wehte durch die politische Zeitschrift *Minerva*, die 1792 in Berlin von Archenholtz gegründet worden war; dieser hatte ein Jahr in der französischen Hauptstadt gelebt, bis ihn, den Friedensfreund, Anacharsis Cloots mit seiner Feindseligkeit vertrieb. Von besonderem Interesse in Tübingen waren gewiß die Erörterungen über Pariser Angelegenheiten aus der Feder des früheren Stiftlers Carl Friedrich Reinhard, dessen Beispiel für die ganze Generation inspirierend und beneidenswert gewesen sein muß. Nach der Publikation einiger satirischer und skandalöser Enthüllungen über die Leitung des Stifts im Jahre 1785 kehrte Reinhard Deutschland den Rücken und suchte sein Glück bei der protestantischen Kolonie in Bordeaux. Nach dem Ausbruch der Revolution ging er nach Paris und trat dem Jakobinerclub bei, wo seine Sympathien und politischen Kontakte naturgemäß der girondistischen Faktion galten. Die Freundschaft mit Sieyès, an den er später eine Reihe von Briefen über die Kantische Philosophie richtete, trug ihm Anfang 1792 eine Berufung an die französische Gesandtschaft in London ein – der Beginn einer langen und verdienstvollen Karriere im diplomatischen Dienst Frankreichs. In dieser Eigenschaft war er Gönner seines schwäbischen Landsmannes Georg Kerner, der schließlich 1791 nach Frankreich emigrierte, wo er am 10. August 1792 an der Verteidigung der Tuilerien teilnahm, und der 1795 Reinhards Sekretär wurde.

Mindestens *ein* Mitglied des Tübinger Clubs folgte dem Beispiel Reinhards. A. Wetzel (1772- nach 1827), genau gleich alt wie Schelling, verließ 1792 unerlaubt das Stift, um nach Straßburg zu reisen, wo die Rheinarmee zum erstenmal das lernte, was wenig später als die *Marseillaise* bekannt wurde. Höchstwahrscheinlich war es Wetzel, der den Text des Liedes nach Hause mitbrachte, und Schelling, der ihn für den Club ins Deutsche übersetzte. Im Herbst jenen Jahres war die Stimmung im Stift, nach Valmy und der Ausrufung der Republik und ungeachtet der Septembermorde, stark profranzösisch. Hölderlins Mutter war beunruhigt über die Aussicht einer französischen Invasion, aber ihr Sohn versicherte ihr, die Gewinne würden die Verluste wettmachen, und pries die ruhmreichen «Helden» von Jemappes. Im Sommer des folgenden Jahres jedoch war seine Stimmung umgeschlagen. Wie so viele deutsche Anhänger der Revolution neigte er den Girondisten zu, und nachdem sie weggesäubert worden waren, konnte er nur Verbitterung über ihr Schicksal und Genugtuung darüber äußern, daß Marat zuletzt doch die gerechte Strafe ereilt hatte. Doch Anfang 1793 hatte die Hinrichtung Ludwigs XVI. einer behördlichen Kontrolle der politischen Meinung neue Dringlichkeit verliehen: Der Prinzipal des Tübinger Stifts meldete, die meisten seiner Studenten seien «von dem FreyheitsSchwindel angesteckt» und es schienen Gerüchte zu kursieren, wonach sogar der Königsmord verteidigt werde. Der Herzog sollte eine persönliche Visitation vornehmen, um die neuen Statuten bekanntzugeben, und es wurde befürchtet, daß er die Gelegenheit dazu benutzen würde, die Schuldigen zu relegieren: Am Tag, bevor der Herzog kam, floh Wetzel und blieb für den Rest seines Lebens in Frankreich (wo er einer der Pioniere der elektrischen Beleuchtung wurde); die Bücher des Stifts verzeichnen neben seinem Namen lediglich «democrata ... expulsus in mense Maii, MDCCXCIII». Ludwig Kerner, der jüngere Bruder Georgs, der eben erst sein Studium am Stift aufgenommen hatte, schrieb seinem Vater:

In dem Kerker dieses theologischen Stiftes schmachte ich nicht länger mehr. Die Zeit ist herangekommen, wo ein jeder ein freier Weltbürger ist. Ich habe mir einen Büchsenranzen gekauft, in diesen werde ich Kants Schriften packen und mit ihnen nach Paris wandern. Haben Sie was dagegen, so verstehen Sie den Zeitgeist nicht! Vive la liberté, vive la nation!

Es kann nicht verwundern, daß keiner der drei Genien des deutschen Idealismus, die Anfang der 1790er Jahre vom Tübinger Stift abgingen, die klerikale Karriere einschlagen mochte, für die er ausgebildet worden war. Manche ihrer Altersgenossen hatten bereits ihr Studium abgebrochen und entgingen vielleicht so dem Schicksal Wetzels. Die Abwanderung Diezens zum menschenfreundlichen Studium der Medizin (er starb 1796 an Typhus, womit ein Patient ihn angesteckt hatte) stand von vornherein fest. Nur eine unehrgeizige und im Grunde unphilosophische Gestalt wie der sanftmütige Conz konnte sich mit dem rustikalen Dasein als württembergischer Pastor begnügen, auf das Eduard Mörike (1804–1875), ein späteres Produkt des Stifts und in Tübingen Altersgenosse des berüchtigten David Friedrich Strauss (1808–1874), den unsicheren Glanz einer post-idealistischen Poesie fallen lassen sollte. Sowohl Hegel als auch Hölderlin hatten versucht dem Beispiel des älteren Stäudlin zu folgen und von der Theologie zur Jura zu wechseln, waren aber am Widerstand ihrer Familie gescheitert und zogen statt dessen nach absolviertem Studium in das Schattenreich der Hauslehrer ein, in dem schon die Geister früherer Denker von Kant bis Fichte hausten. In der Tat stattete Fichte dem Stift im Juni 1793 einen Besuch ab, um mit den drei Freunden den Abschied zu feiern; es ist anzunehmen, daß alle drei mit ihm zusammenkamen, doch sind keinerlei Gespräche überliefert. Hegel ging nach Bern, in die Schweiz, das «Land der göttlichen Freiheit», wie es in einem Gedicht von Hölderlin von 1791 heißt, in dem er seine eigene Reise auf den Spuren Klopstocks und Goethes vom Zürichsee über das Gebirge bis zum Vierwaldstätter See nachzeichnet. Hölderlin selbst wurde durch Vermittlung des Juristen Stäudlin, der Schiller für die Unterstützung eines hoffnungsvollen jungen Dichters gewann, Hauslehrer des neunjährigen Sohns von Charlotte von Kalb auf dem Familiengut im fernen Thüringen, südlich von Gotha. Als in jenem Sommer die Freunde voneinander und von Schelling Abschied nahmen, der 1795 ebenfalls eine Stelle als Hauslehrer antreten sollte, bekräftigten sie die Parolen, die ihr Denken in Tübingen beherrscht hatten und an denen sie in der kalten, feindlichen Welt da draußen ihre fortdauernde Treue zu ihren ersten Idealen erkennen wollten: «Reich Gottes» und «unsichtbare Kirche» – die «Losung», wie Hölderlin sagte, der heimlichen deutschen Revolution.

Zehntes Kapitel
«Auch für mich eine Revolution»
(1790–1793)

In der Flaute: 1790–1792

In den Jahren von 1790 bis 1794 stand Goethe dem öffentlichen Geistesleben Deutschlands genauso fern wie in den fünf Jahren, bevor er nach Rom gegangen war. Wahrscheinlich ist es kein reiner Zufall, daß er genauso unproduktiv war. Es war eine Zeit der Anfänge, in der die Hauptbeschäftigungen seiner späteren Jahre – die neue Philosophie, die Farbenlehre, die Entwicklung Weimars zu einem kulturellen Mittelpunkt – sich zaghaft und nicht immer eindrucksvoll abzuzeichnen begannen. Was noch fehlte, war das sichere Verständnis seiner Rolle – nicht als Höfling, nicht als Künstler (nicht einmal in dem ausgezeichneten Moritz'schen Sinne) und erst recht nicht, wie er eine Weile glaubte, als Naturwissenschaftler, sondern einfach als Schriftsteller. Vor allem hatte er noch das große Thema zu entdecken, an dem er den erotischen und emotionalen Antrieb seiner Dichtung neu ausrichten konnte, ratlos und sogar gelähmt wie sie war von den Enttäuschungen erfüllten Verlangens: das Thema der Entsagung. Kulturell und politisch herrschte in Weimar Beschaulichkeit, ja Stagnation; von der Französischen Revolution war man hier gleich weit entfernt wie von der Kantischen. Doch allmählich machten die großen Ereignisse der Zeit sich auch hier bemerkbar, und unter ihrem Druck mußte Goethe sich eingestehen, daß die Welt, in der er zum Manne gereift war und zu leben gedacht hatte, nicht mehr bestand, mußte endlich eine öffentliche Rolle für sich definieren und mußte nach einer neuen Thematik und einer neuen symbolischen Form für seine dichterischen Werke suchen.

Doch zunächst schienen die unruhigen Zeiten ihn nicht verschonen zu wollen. Als Goethe im Juni 1790 nach Weimar zurückkehrte, war Carl August nicht im Herzogtum, sondern wieder in Berlin: Er hoffte, die Preußen bewegen zu können, in eine Friedensregelung mit Österreich, die aus der gegenwärtigen militärischen Konfrontation hervorgehen mochte, auch seinen Anspruch auf die lausitzische Erbfolge einzubeziehen. Der neue, noch nicht gekrönte Kaiser Leopold zeigte sich friedliebender, als Joseph II. es gewesen war, aber um König Friedrich Wilhelm für sich einzunehmen, mußte Carl August bereit sein, eine prominente Rolle in der preußischen Machtdemonstration zu spielen, die den Hintergrund der in Reichenbach geführten Verhandlungen bildete. Im südlichen Schlesien, an der Grenze zu Böhmen, lagerte ein 200000 Mann starkes Heer, und der Herzog hatte das Kommando über ein Kavallerieregiment übernommen, das in der Nähe von

Waldenburg (Walbrzych), rund 60 Kilometer südwestlich von Breslau (Wroclaw) und nicht weit von Reichenbach selbst, untergebracht war. Mit der ihm eigenen Kühnheit unternahm er einen letzten, gewagten Versuch, den Einfluß in Preußen, den er in den ersten Jahren des Königs besessen hatte, zurückzugewinnen; vielleicht sah er auch schon voraus, daß eine Verständigung zwischen den zwei großen Mächten Deutschlands das Ende des Fürstenbundes bedeuten werde, dem er seine politische Karriere gewidmet hatte. Je erlauchter das Gefolge war, mit dem er jetzt auftrat, desto größer war für ihn die Chance, seine Sache beim König zu fördern. Und so ging ein Brief an seinen persönlichen Berater, worin er diesem nahelegte, nun, da er sechs Wochen lang den Kurier der Herzoginmutter gespielt habe, möchte er vielleicht Lust verspüren, mit seinem Herrn das männlich-freie Soldatenleben zu teilen. Die Einladung hatte Goethe in Augsburg erreicht, gleichzeitig mit der Nachricht von Max Knebels Freitod, aber er hatte zu niemandem davon gesprochen – vielleicht hoffte er, sie ignorieren zu können. Denn obgleich er im letzten Jahr verschiedentlich den Wunsch geäußert hatte, die militärische Seite von Carl Augusts Karriere näher kennenzulernen, hatte ihm in Venedig die Trennung von der Familie vor Augen geführt, wo der Magnetstein seines jetzigen Lebens wirklich lag. Doch als er nach Weimar kam, erwartete ihn bereits ein Brief von Christian Gottlob Voigt, der den Herzog nach Berlin begleitet hatte, worin die Aufforderung wiederholt und bekräftigt wurde. «Dem wäre es unstreitig bei seinem Christelchen hier wohler», schrieb Frau von Stein an Knebel, und Goethe versicherte zwar dem Herzog, wie gern er auf der Stelle zu ihm kommen würde, fand in seinem Antwortschreiben aber diverse Gründe, die Abreise aufzuschieben, unter anderem einen schlimmen Fuß, der ihn beim Anziehen der Stiefel behindere. Über einen Monat benötigte er, um Anna Amalia provisorisch im Belvedere-Palast einzuquartieren, wo ein Abglanz Italiens sie auf ihren ersten nördlichen Winter seit drei Jahren vorbereiten mochte, die finanziellen Angelegenheiten ihres Kammerherrn Einsiedel zu regeln und die Fortschritte beim Wiederaufbau der Wilhelmsburg zu überwachen, und so brach er – in derselben «Chaise», die ihn schon nach Verona und zurück getragen hatte, und wieder begleitet von seinem Diener Götze – erst am 26. Juli auf, dem Vorabend der Konvention von Reichenbach.

Und sogar jetzt ließ Goethe sich Zeit – und nicht nur deswegen, weil das Wetter für mittägliches Reisen zu heiß war. Sein Weg führte ihn durch Dresden, das er zuletzt 1768 als unglücklicher, verliebter Student gesehen hatte, und er brachte drei Tage, vom 28. bis zum 30. Juli, damit zu, die Gemälde und Skulpturen der Kunstsammlungen zu zeichnen und unter den gebildeten Beamten der kursächsischen Hauptstadt neue Bekanntschaften zu schließen, darunter mit Christian Gottfried Körner, dem Freund Schillers und Ehemann jener Minna Stock, die er als kleines Mädchen geneckt hatte. Sobald die entmutigenden, steifen Förmlichkeiten überstanden waren, die jetzt jeder bei der Begegnung mit Goethe über sich ergehen lassen mußte, fanden die Körners, die mit ihm einen lauen Abend in den Weinbergen vor der Stadt verbrachten, Goethe «sehr mittheilend», besonders über Fragen der Kunst, und er versprach, auf dem Rückweg länger in Dresden zu bleiben. Er verließ die Stadt spät nachts am 30. Juli, und nun sputete er sich; am nächsten Abend überquerte er die Lausitzer Neiße, und am 2. August morgens um ein Uhr traf er im Feldlager des Herzogs ein, den er seit Januar nicht gesehen hatte.

Goethes Tour durch Schlesien in den folgenden zwei Monaten ist schlecht dokumentiert, die Einträge in sein Notizbuch sind flüchtig, und er verfaßte darüber nie einen offiziellen Bericht. Eine Woche lang schlief er in Zelten; wahrscheinlich verbrachte er seine Tage damit, bis zu den Ausläufern des Riesengebirges zu reiten – beherrscht im Westen vom kahlen Kegel der 1600 m hohen Schneekoppe und im Osten von der Tischplatte des mit recht so genannten Heuscheuers – und sich dann hinunter in die Oderebene zu wenden, wo sich ein bunter Teppich üppiger Felder, gesäumt von Weiden und Erlen, um die freistehende, kegelförmige Erhebung des Zobten legt, das bekannteste Wahrzeichen Schlesiens. Obgleich es bereits einen Kohlebergbau bei Waldenburg gab, war die Gegend noch nicht jenes Schwarze Revier, das sie im nächsten Jahrhundert werden sollte: Die kleinen Badeorte mit ihren Mineralquellen, die Glasbläserdörfer in den tannenbestandenen Bergen oder die langen Reihen spitzgiebliger, hölzerner Weberhäuschen in Schömberg mit ihren vorspringenden Balkonen müssen einfach wie eine größere Ausgabe von Ruhla, Ilmenau und Apolda gewirkt haben, gesegnet mit einem Wohlstand, der für das Weimarer Herzogtum noch immer erreichbar war, wenn nur das Silberbergwerk wieder in Betrieb genommen werden konnte. Wenn Goethe von seinen Erkundungen «in diesem zehnfach interessanten Lande» spricht, dann dürften die Interessen eher praktischer als künstlerischer Art gewesen sein; denn gegenwärtig richtete sich sein Geschmack keineswegs auf die ausdrucksstarken barocken Holzschnitzereien in den überwiegend katholischen Kirchen.

Prächtiger, wiewohl nicht attraktiver waren die Kathedrale und die gotischen Backsteinkirchen Breslaus. Hauptstadt und Handelszentrum Schlesiens, war das Stadtbild hauptsächlich katholisch geprägt, mochten auch zwei Drittel ihrer 56 000 Einwohner Protestanten sein. Nach der Konvention vom 27. Juli räumten die Heere langsam ihre vorgeschobensten Positionen, und am 11. August zogen der Herzog von Weimar und mit ihm Goethe in ein Breslauer Hotel. Der Friede konnte nicht besiegelt werden, solange Rußland und die Türkei den Bedingungen nicht zugestimmt hatten; trotzdem begannen schon die Feierlichkeiten. Am selben Tag kam der König von Preußen persönlich von der Grenze zurück, zusammen mit seinem Heerführer, dem Herzog von Braunschweig, und dem Kronprinzen, und sogleich trat der Hof zu einem großen Empfang zusammen. Die mit Sonntag, dem 15. August, beginnende Woche sollte anderen Festlichkeiten vorbehalten sein; denn Dienstag, der 17., war der vierte Jahrestag von Friedrich

Wilhelms Thronbesteigung. Zwischen den militärischen Instruktionen gab es Gottesdienste, ein großes Bankett und abendliche Festbeleuchtungen. Der preußische Statthalter in Schlesien, Graf Hoym, gab einen Ball, und der Justizminister, Baron Dankelmann, veranstaltete ein Abendessen mit Kartenspiel, wobei der König, der Kronprinz und die Herzöge von Braunschweig und von Weimar mit ihrem Gefolge zugegen waren.

Es war nicht die Art von Kampagne, auf die Goethe gefaßt gewesen war – sogar Carl August beklagte sich über die endlosen Abendessen –, und er war von Anfang an fehl am Platze. Ein Augenzeuge bei Hofe schrieb am 11. August in einem Brief:

Ich sah einen farbigen Rock, – gegen das Costüm [= Protokoll], und aus diesem supplikantenähnlichen gemeinen Rocke ein ungemeines Gesicht hervorblicken. Fragte lange vergebens nach dem Namen des Eigenthümers – und höre endlich *Goethe!* Wir machten Bekanntschaft, aber freilich wie man sie so macht. Ich nahm Deinen Namen zum Empfehler und hoffe ihn wohl noch mehr zu sehen.

Der Beobachter war ein Beamter der schlesischen Bergwerke, Carl Friedrich von Schuckmann (1755–1834), der an den Komponisten Reichardt schrieb, und seine Hoffnung erfüllte sich. Er hatte Goethe am Jubiläumsdienstag privat zu Gast und nahm ihn zu einem öffentlichen Empfang im Zwinger mit, wo sie in einer vierhundertköpfigen Menge jene Ungestörtheit fanden, die sie für ein wirkliches Gespräch benötigten.

Bis er weiß, daß man ihn erräth, fühlt, ihm durch jede Oeffnung, die er gibt, hineinsieht, kann er nicht reden. ... Kalt kann er eigentlich nicht reden, und dazu will er sich mit Fremden zwingen; und das wohl aus guten Gründen. Vertraut folgt er seiner Natur und wirft aus dem reichen Schatze die Ideen in ganzen Massen hervor.

«Ich bin ... unter dem großen Haufen nach meiner Art still, ich sehe und höre viel», schrieb Goethe damals: «Ich habe hier viele interessante Männer kennen lernen, nur ist leider die Zerstreuung so groß daß wenig Folge in den Unterhaltungen sein kann.» Dennoch entwickelte sich in den folgenden zwei Wochen ein herzliches Verhältnis zu Schuckmann, wie viele Jahre früher zu Kestner, der ebenfalls ein Mann der Verwaltung mit literarischer Sinnesart gewesen war. Goethe war so beeindruckt, daß er nach der Rückkehr aus Schlesien Verhandlungen aufnahm, in der Hoffnung, Schuckmann aus dem preußischen Staatsdienst auf seinen eigenen Posten im Weimarer Geheimen Conseil zu holen. Aber die 2000 Taler pro Jahr zuzüglich Umzugskosten, die Carl August bieten konnte, waren nicht genug, obgleich die Lebenshaltungskosten in Weimar annehmbar waren und «weder Hof noch Stadt exigeant [= heikel] sind», und Schuckmann zog die größeren Möglichkeiten im unpersönlichen preußischen Staatsapparat vor, wo er schließlich in den Rang eines Ministers aufstieg. Kürzlich verwitwet, lebte er in Breslau bei seiner Schwiegermutter, die gern von ihrem Enkelkind und der Führung des Hauswesens sprach, und bei ihr taute Goethe auf. Andere hatten weniger Glück. Die gebildeten und literarischen Männer der katholischen Universität und des protestantischen Gymnasiums nahmen Anstoß an der dunklen, prätentiösen, «metaphysischen» Redeweise der durchreisenden Berühmtheit; immerhin war der Philosoph Garve hellsichtig genug, um «nur Zurückhaltung» hinter dem zu erkennen, was die meisten Hochmut nannten. Ein junger Offizier – und künftiger Feldmarschall –, Carl Friedrich von Knesebeck, hatte seine eigenen, wenig schmeichelhaften Erinnerungen, entweder an den Ball bei Hoym oder an die Gesellschaft bei Dankelmann drei Tage später:

> Der Zufall hatte mich mit ihm bei einer großen Abend-Assemblee in einer Fensternische zusammengeführt ... Bei dem stolzen gravitätischen Ernste, mit dem er da stand, war ich lange stumm in meiner Ecke und er in der seinigen geblieben ... Endlich fragte ich ihn: welches jetzt das neueste bemerkenswertheste Buch wäre? – Und er nannte, trocken antwortend, wahrscheinlich, um mich los zu werden: «Kants Kritik der Urtheilskraft». Ich hatte es mir gerade vor 14 Tagen gekauft und antwortete also, daß ich es habe und studiren wolle, da es mir leichter zu verstehen vorkomme, als die Kritik der reinen Vernunft. Er sah mich mit etwas höhnender Miene an, antwortete nicht weiter darauf ...

Goethes Antwort hatte aber vollkommen der Wahrheit entsprochen. «Sein Studium scheint jetzt Kant, und auf seinem Wege in eigener Manier, der *Mensch* zu sein», schrieb Schuckmann an Reichardt. Diese Manier war wahrscheinlich eine spezifisch anatomische; denn «in allem dem Gewühle», wie Goethe an Fritz von Stein schrieb, mit dem nach dem Bruch mit Frau von Stein ein freundlicher, aber etwas gezwungener Briefwechsel weiterging, «hab' ich angefangen, meine Abhandlung über die Bildung der Thiere zu schreiben». Goethe selbst gestand Reichardt im Oktober, daß die *Kritik der Urteilskraft* ihn «sehr gefreut» und zu den «früheren Sachen» Kants gelockt habe (wahrscheinlich zur *Kritik der reinen Vernunft* und zu den *Metaphysischen Anfangsgründen der Naturwissenschaft* [1786]) und daß die Kritik der teleologischen Urteilskraft ihm mehr bedeutet habe als die Kritik der ästhetischen Urteilskraft. Sein erster produktiver Kontakt mit der kritischen Philosophie, von der er später sagen sollte, er sei ihr «eine höchst frohe Lebensepoche» schuldig, war daher ganz anders als das, was seine jüngeren Zeitgenossen inspirierte: weder Kants Philosophie der Sittlichkeit noch ein Interesse an deren Verhältnis zur Schönheit, sondern etwas, das Kants eigenen ursprünglichen Belangen, der Philosophie der Naturwissenschaft, viel näher war; und die erste dokumentierte Spur dieses Kontakts ist der Entwurf einer anatomischen Abhandlung, die Goethe in Schlesien seinem Diener diktierte – als geistige Zuflucht vor der höfischen und militärischen Welt, die ihn umgab.

Den ganzen Sommer hindurch hatte Goethe versucht, jenen Augenblick der Erleuchtung am Lido von Venedig weiterzuentwickeln, wo ein Schafsschädel ihm offenbart hatte, wie das Prinzip der Metamorphose von der Welt der Pflanzen auf die der Tiere übertragen werden konnte: So wie man das Blütenblatt einer Blume als verwandeltes Blatt ansehen konnte, konnte man die Schädelknochen als verwandelte Wirbel ansehen. Der «allgemeine Leitfaden durch das Labyrinth der Gestalten», den er nun in seinem *Versuch über die Gestalt der Tiere* zu geben unternahm, enthielt jedoch noch zwei weitere Stränge. Das Prinzip der unendlichen Variabilität der einzelnen Skeletteile offenbarte zwar «die ganze Gewalt der bildenden Natur», doch mußte es durch ein zweites Prinzip ergänzt werden, auf das Goethes eigene Arbeit über den Zwischenkieferknochen bereits vorausgedeutet hatte. Bestand die Pflanze aus der – theoretisch unbegrenzten – Wiederholung und Verwandlung eines einzigen Organs, nämlich des Blattes (so daß in extremen Fällen Wurzeln aus Blättern und Stengel aus Blumen wachsen konnten), so bestanden Tierskelette aus einer festen Gruppe von Knochenorganen in einem festen regelmäßigen Verhältnis zueinander. So sehr sie zu wachsen, zu schrumpfen, zu verschwinden oder sich zu verdoppeln schienen: wenn der Beobachter seinen Blick von Art zu Art schweifen ließ, zeigten die Knochen zumindest aller Säugetiere eine einzige, unveränderte Anordnung. So verschieden der Oberschenkelknochen des Pferdes von dem des Affen aussehen mag, er wächst niemals aus dem Kopf hervor, und zwischen den Knochen des Oberkiefers wird man stets zumindest Rudimente des *os intermaxillare* entdecken. Die Tiernatur zeigte also nicht nur Vielfalt, sondern auch Einheit. Der dritte Strang in Goethes Abhandlung ist ein Versuch, diese Einheit zu definieren, der den Einfluß Kants verrät. Denn während er in der *Metamorphose der Pflanzen* keinen Gedanken an den begrifflichen Status dessen verschwendet hatte, was er «das Blatt» nannte, widmete er sein schlesisches Fragment zu einem guten Teil der Frage, welche Methode anzuwenden sei, um eine Nomenklatur für Knochen zu entwickeln, in der die grundsätzliche Einheitlichkeit der Skelettstruktur der Säugetiere zum Ausdruck kam. Es wird nicht genügen, sagt Goethe, rein «empirisch» vorzugehen und unsere Bezeichnungen aus dem abzuleiten, was die auffallendsten Merkmale eines rein «zufällig» ausgewählten Tieres sein mögen – zum Beispiel eines Menschen mittleren Alters. Auf diese Weise werden wir uns in Absurditäten verstricken und zum Beispiel den Zwischenkieferknochen übersehen oder Kreuzbein und Steißbein als Teile des Beckens behandeln. Das Anschauungsmaterial der einen Spezies ist ebenso wichtig wie das der anderen, das der Embryologie ebenso wichtig wie das der Anatomie des Erwachsenen. Wir benötigen ein «rationelles» Verfahren, das uns in die Lage versetzt, einen «osteologischen Typus» oder ein «Schema» zu entwerfen, das allgemein, auf alle Säugetierarten anwendbar ist, so daß bei allen Unterschieden der äußeren Erscheinung die entsprechenden Organe bei verschiedenen Tieren in verschiedenen Stadien der Entwicklung immer denselben Namen tragen. Worin dieses «rationelle» Verfahren bestehen soll, verrät Goethe uns nicht; statt dessen geht er zur Beschreibung einiger Merkmale seines universalen «Typus» über. Es ist jedoch offenkundig, daß sein wissenschaftliches Denken in eine neue Phase eingetreten war, worin die Antwort auf die Frage «woher wissen wir, was wir zu wissen behaupten?» als notwendiger Bestandteil von allem angesehen wird, was Erkenntnis heißen soll. Diese kantische Phase sollte nach und nach den Fortgang von Goethes morphologischen Spekulationen lähmen – die in ihrer Abhängigkeit von der Vorstellung einer einheitlichen Stufenfolge des Seins leibnizisch waren –, und auf dem neuen Gebiet der «vergleichenden Anatomie», das er jetzt so hoffnungsvoll betrat, sollte keines seiner gehaltvolleren Projekte über den fragmentarischen Status des *Versuchs über die Gestalt der Tiere* hinauskommen.

Die machtvolle Wirkung der *Kritik der Urteilskraft* sowie die Schwierigkeit, sie mit Goethes früheren wissenschaftlichen Anschauungen zu versöhnen, werden an einem Essay deutlich, der mit dem schlesischen Fragment über Anatomie eng zusammenhängt; vielleicht ist er gleichzeitig entstanden, vielleicht auch erst in einer zweiten Phase von Kantstudien Anfang 1791 diktiert worden. Der *Versuch einer allgemeinen Vergleichungslehre* zeigt den Autor zutiefst beeindruckt von Kants Widerlegung des explanatorischen Werts der «äußeren Zweckmäßigkeit» in der Natur. Der «äußere Zweck», dem Gegenstände in der Natur angeblich dienten, war letzten Endes natürlich immer die Bequemlichkeit des Menschen, und so verträgt sich dieser Teil der Argumentation gut mit Goethes Ablehnung einer anthropozentrischen Perspektive in der vergleichenden Anatomie. Doch tut er dann nicht jenen Schritt, den er, wenngleich zögernd, in seinem anatomischen Essay getan hatte – den Schritt auf rein kantisches Gebiet, wo gefragt wird: Welches wäre die methodologische Grundlage einer rationalen (im Gegensatz zur anthropozentrischen) Naturerklärung? Was Goethe statt dessen skizziert, ist eine bemerkenswerte Vorwegnahme jener materialistischen Biologie des 19. Jahrhunderts, die zwar die kritischen Schlußfolgerungen Kants übernahm, jedoch seine Sorge um deren rationalen Kontext ignorierte. Wie in der *Metamorphose der Pflanzen* schlägt er vor, in einem Lebewesen eine «determinirte Gestalt», einen monadischen «inneren Kern» zu sehen, der sich in Reaktion auf die Einflüsse seiner Umwelt, des «äußeren Elements», entwickelt. Äußere Ursachen, nicht äußere Zwecke erklären die Gestalt der Dinge. Die neue und folgenreiche Vertiefung dieses Gedankens ist jedoch, daß so, wie für «organisirte» Wesen (Goethe bedient sich der von Kant approbierten Terminologie) die unbelebte, «unorganisirte» (das heißt mineralische) Welt dieses äußere, determinierende Element bildet, die Pflanzenwelt vielleicht dieses Element für die Welt der Insekten bildet und so vielleicht auch die ganze tierische Welt die determinierende Umwelt für sich selbst bildet, «ein großes Element, wo ein Geschlecht auf dem andern und durch das andere, wo nicht entsteht, doch sich erhält». Die Einheit der tierischen Welt, könnten wir schließen, würde sich dann aus sich selbst erzeugen. Diesen Schluß zieht Goethe jedoch nicht. Vielleicht hatte er für die natürliche Ordnung eine Erklärung im Auge gehabt, bei der zu wenig Raum für Vernunft, individuelle Identität und den «inneren Kern» blieb – er ließ diesen Versuch einer Vergleichungslehre nicht nur unvollendet, sondern er kam darauf nicht einmal zurück, um die vielen Fehler im diktierten Entwurf zu korrigieren.

Zum Nichtstun verdammt in diesem heißen August in der wimmelnden, schlecht kanalisierten Stadt am Fluß und in nächster Nähe zum Herzog von Braunschweig, der ihm noch niemals wohlgesinnt gewesen war, muß Goethe dieselbe Verstimmung empfunden haben wie im Sommer 1784, den er in den Diensten des Fürstenbundes vergeudet hatte, und wie damals entschloß er sich, als sein Geburtstag nahte, zur Flucht in die Berge. Von Carl August beurlaubt, der ihm 100 Taler zur Deckung seiner bisherigen Ausgaben erstattete, bestieg er am 26. August zusammen mit Götze und einem französischen Emigranten die Kutsche und fuhr in die Grafschaft Glatz (Klodzko), das berggesäumte Becken an der böhmischen Grenze, wo bis vor kurzem die preußische Hauptmacht ihr Feldlager gehabt hatte. Goethe scheint in Eile gewesen zu sein. Daß er den Wallfahrtsort Wartha (Bardo) mit dem wundertätigen Bild der Jungfrau Maria und der Nachbildung der heiligen Stätten von Jerusalem am 27. August nicht aufsuchte, ist verständlich; daß er aber das Heilbad Landeck (Ladek-Zdroj) an seinem Geburtstag um dreiviertel eins in der Frühe verließ, um gegen neun Uhr morgens das knapp 50 Kilometer entfernte Wünschelburg (Radków) zu erreichen, bedarf der Erklärung. Wünschelburg war nämlich der günstigste Ausgangspunkt für eine Ersteigung der Heuscheuer, der markantesten Erhebung des Glatzer Berglandes: Er hatte sie in seiner ersten Woche im Feldlager von ferne gesehen, sie bot einen schönen Rundblick, die preußische Armee baute die eigenartigen Felsformationen auf dem Gipfel zu einer Festung aus, und König Friedrich Wilhelm hatte sie wenige Wochen zuvor erstiegen. Goethe war mit Sicherheit am 28. oder 29. auf der Heuscheuer, und es steht zu vermuten, daß er wieder einmal seinen Geburtstag mit einer Handlung begehen wollte, die ihn buchstäblich wie symbolisch über die Verworrenheit und die Enttäuschungen seiner gewöhnlichen Existenz hinaushob. Bisher war es ihm bemerkenswert gut geglückt, sein Leben dadurch zu strukturieren, daß er seinen Kalender der Möglichkeit eines bedeutsamen Zusammentreffens öffnete. Aber diesmal ließ ihn der leitende Genius im Stich, und kein Gedicht, keine besondere Episode trat hervor, auch wenn die Reise zumindest eine unvergängliche Erinnerung hinterließ: den Blick von der Höhe des Bergweges hinunter nach Glatz, am 28. bei Aufgang der Sonne, deren Licht wohl zuerst in den schattigen Tiefen das silberne Band der Glatzer Neiße erglänzen ließ. Nach einem weiteren Tag in Wünschelburg reiste Goethe weiter nach Böhmen, wo er einige Zeichnungen von den verwitterten Sandsteinsäulen um Adersbach (Adrspach) machte, bevor er am 1. September in rascher Fahrt nach Breslau zurückkehrte.

Hier blieben ihm nur zwei Tage, um sich auf eine weitere, allerdings ganz andere Expedition vorzubereiten. Am 3. September brach Carl August mit Goethe und Graf F. W. von Reden (1752–1815), dem Direktor der schlesischen Bergwerke, den Goethe durch Schuckmann kennengelernt hatte, zu

7. J. E. Nilson: Das Salzbergwerk von Wieliczka (1780)

einer Reise auf, die ihn das Odertal hinauf zu den Industrieanlagen Oberschlesiens und über sie hinaus führen sollte. Nützliche Lehren für Ilmenau waren aus den Blei- und Silberminen von Tarnowitz (Tarnowskie Góry) zu ziehen; die Bergwerksbetreiber mußten dort mehr Wasser pumpen als in Weimar «und hoffen doch»; allerdings bedienten sie sich der Hilfe von «zwey Feuermaschinen», den ersten Dampfmaschinen, die auf dem Kontinent arbeiteten und von deren Funktionsweise Goethe eine schematische Darstellung skizzierte. Hinter Tarnowitz, bereits in Polen, am Oberlauf der Weichsel, lag Krakau, wo die Gesellschaft sich drei Tage in einem Hotel an dem großen historischen Markplatz aufhielt; man beriet sich mit einem Mineralogen in der Universität und unternahm eine Exkursion zu den österreichischen Salzbergwerken im nahen Wieliczka. In den unheimlichen weißen, von Lampen erhellten Höhlen, in die man die Besucher gruppenweise am Ende eines 200 Fuß langen Seils einließ, war Goethe so weit von zu Hause entfernt, wie er es in Venedig gewesen war, und so weit östlich wie später nie mehr. Am 7. September wandte sich die Gesellschaft wieder nach Westen, nach Tschenstochau (Czestochowa), dessen Schwarze Madonna, nebst der ganz aus Salz gehauenenen Kapelle im Bergwerk von Wieliczka, zu dem «vielen Merkwürdigen» gehört haben mag, wovon Goethe nach der Reise Herder erzählte – «wenn es auch nur meist negativ merkwürdig gewesen wäre». Von Tschenstochau führte der Rückweg wahrscheinlich durch das Tal der Malapane, eines Nebenflusses der Oder – Graf Reden wird den Wunsch gehabt haben, die ersten, gerade ein Jahr alten koksgefeuerten Eisenhütten des Kontinents vorzuführen, und Goethes Notizbuch hält sein besonderes Interesse an der Koksgewinnung und -verwendung fest –, und am 10. September waren die Reisenden wieder «in dem lärmenden, schmutzigen, stinkenden Breslau».

Geistig und emotional war für Goethe die schlesische Zeit, fern von Weimar, nur die unwillkommene Fortsetzung der Italienreise vom Sommer jenes Jahres, mit dem Unterschied, daß es anstelle von Gemäldegalerien Bergwerke und Koksöfen zu besichtigen gab. Mit einer vierwöchigen Unterbrechung war er 1790 acht Monate lang unterwegs gewesen, in derselben «Chaise», mit demselben Diener und im großen und ganzen mit denselben Gedanken. Das Warten auf Emissäre aus St. Petersburg und von der Hohen Pforte war nicht weniger langweilig als das Warten auf Anna Amalia, und am 11. September gab es noch immer keinen Hinweis auf eine Reaktion. Ursprünglich hatte Goethe gehofft, er und Carl August würden so rechtzeitig von ihrer Kampagne heimkehren, daß sie, vielleicht mit dem Weimarer Kronprinzen, hinüber nach Frankfurt reisen und für die Dauer der Krönung des neuen Kaisers bei Goethes Mutter wohnen konnten. Aber die auf den 9. Oktober festgesetzte Krönung war zu nahe herangerückt, und Frau Goethe mußte damit vorlieb nehmen, die Prinzessinnen von Mecklenburg-Strelitz bei sich zu beherbergen (deren eine freilich die spätere Königin Luise von Preußen war).

Nicht anders als in Italien reagierte Goethe in einem Brief an Herder auf Enttäuschung und Verzögerung wie ein heimwehkranker, unwirscher Hanswurst:

> Auch bei mir hat sich die vis centripeta mehr als die vis centrifuga vermehrt. Es ist all und überall Lumperei und Lauserei, und ich habe gewiß keine eigentlich vergnügte Stunde, bis ich mit Euch zu Nacht gegessen und bei meinem Mädchen geschlafen habe. Wenn Ihr mich lieb behaltet, wenige Gute mir geneigt bleiben, mein Mädchen treu ist, mein Kind lebt, mein großer Ofen gut heizt, so hab' ich vorerst nichts weiter zu wünschen.

Es war ein womöglich noch weniger geistiges Credo, als er in Venedig ausgesprochen hatte, doch darf die ziemlich funktionale Rolle, die er seinem «Mädchen» zuschreibt, uns ebensowenig täuschen wie seine flüchtige, sentimentale Bindung an eine adlige Dame, die wenig später Schuckmanns zweite Frau wurde. Schuckmann lief nicht wirklich Gefahr, ein zweiter Kestner zu werden, und die Galanterien der Unerfülltheit waren mittlerweile reichlich obsolet. Goethe war einfach ratlos. Er fand keinen Sinn – weder für sich selbst noch für andere – in der absoluten Gewöhnlichkeit der Kräfte, die ihn an sein dralles Kind und seine noch drallere Konkubine banden, der er einmal in der Woche schrieb (die Briefe blieben nicht erhalten), und aus den Anspielungen auf Untreue in seinem Brief an Herder und anderswo spricht ein unruhiges Gewissen. Die verlegene Zuflucht zu einem schamlosen Heidentum hatte nur begrenzten literarischen Wert. Die Handvoll Epigramme im Stile Martials, die er in diesen zwei Monaten zu Papier brachte – auch in dieser Hinsicht war die schlesische Episode eine sporadische Neuauflage Venedigs – bestehen nur aus ein oder zwei Erotica sowie weiteren Folgen seiner Polemik gegen Lavater und das Christentum, von der wir schon Kostproben zitiert haben. Wenn er die Unerfülltheit hinter sich ließ, dann mit ihr auch die Dichtung. Die vorgeschützte Irdischkeit fand schlichteren und sichtbareren Ausdruck. «Göthe isset und trinket stark, bloss seinetwegen steigt die Teurung in hiesiger Gegend», schrieb Carl August, der mit seinen vierzig Pferden, die Heu zum Preis von 3 Talern pro Zentner fraßen, einen Vergleichsmaßstab besaß.

Der Louisd'or fiel dank der enormen Summen, die beide Seiten in der Gegend ausgaben, und so war Breslau voller Militärs, die darauf brannten, den Preisen wie der Untätigkeit zu entfliehen. Um den 15. September herum hat Goethe vielleicht einen neuen, kurzen Fluchtversuch unternommen: einen Ausritt in die Berge und auf die Schneekoppe, wo der Enzian blühte. Falls dem so war, so erfuhr er bei seiner Rückkehr, daß Rettung nahte: Die Türkei hatte zugestimmt, der König gab den Befehl zur Demobilisierung, und während Carl August noch bis zur Abreise des preußischen Hofes dableiben wollte, erhielt Goethe am 18. September die Erlaubnis, Breslau am nächsten Tag endgültig zu verlassen. Die Heimreise mit Götze ließ sich zunächst geruhsam an: erst die Fahrt hinauf nach Waldenburg, und dann durch das Riesengebirge nach Warmbrunn (Cieplice Slaskie Zdroj), wo man drei Tage lang das Heilwasser trank und Goethe im Interesse seines Weimarer Schützlings Facius die einheimische Kunst des Steinschleifens und der Glasgravur studierte. Doch dann folgten zwei Tage strammer Fahrt, und am 25. war Goethe wieder in Dresden, um sein den Körners gegebenes Versprechen zu halten.

Offiziell hatte Goethe in Dresden die Aufgabe, als Vorreiter des herzoglichen Trosses den Weg für Carl August zu bereiten. Der Herzog traf wahrscheinlich am 30. September ein, und Goethe zog mit ihm durch die Kunstsammlungen der Stadt, bevor die beiden gemeinsam die Heimreise fortsetzten, nicht ohne einen Abstecher zur Freiberger Bergakademie am 3. Oktober. Doch ließ die Woche genügend Zeit für die Mineralogie, für das Studieren und Skizzieren in den Kunstsammlungen und für lange Gespräche mit Körner, aus dem bald ein guter Freund wurde. Körner muß umfassende Kenntnis von den Unruhen gehabt haben, die während Goethes schlesischer Zeit in Sachsen ausgebrochen und niedergeschlagen worden waren, doch spielte die Politik in den Diskussionen der beiden keine Rolle. Zu Körners Überraschung hatte sich als das Verbindende zwischen ihnen Kant erwiesen (den er jahrelang vergeblich Schiller ans Herz gelegt hatte), und zwar insbesondere zwei Aspekte der *Kritik der Urteilskraft*: die «Nahrung für seine Philosophie [der] Natur», die Goethe in der Kritik der teleologischen Urteilskraft entdeckte – ohne Zweifel die Ablehnung der äußeren Zweckmäßigkeit – und der «Unterschied des Subjectiven und Objectiven», der sich in der Kunsttheorie als wertvoll erwies. Goethe scheint damals zum ersten Male den Begriff «objektiv» auf seine Konzeption einer auf unmittelbare sinnliche Befriedigung gerichteten, materialistischen Kunst angewendet zu haben, und Körner schrieb dieser Vorstellung von einem objektiven «Stil» – er verwendet die Terminologie aus Goethes Versuch über *Einfache Nachahmung der Natur* – einen wichtigen Einfluß auf die Herausbildung seines eigenen Begriffs von «Classizität» zu. Jedoch beunruhigte Körner dessen scheinbare Unvereinbarkeit mit seiner ebenso starken Überzeugung, daß in Kunst und Literatur «Ideale» wichtig seien. Auf einen ähnlichen Stolperstein stieß man einen Monat später, als Goethe seinen ersten Besuch bei den jungvermählten Schillers in Jena machte und das Gespräch von einer herzlichen Würdigung Körners – von der Schiller seinem Freund in einem Brief erzählte – schnell wieder auf den Kantianismus kam:

Es fehlt ihm ganz an der herzlichen Art, sich zu irgend etwas zu *bekennen*.... Seine Philosophie mag ich auch nicht ganz. Sie hohlt zu viel aus der Sinnenwelt, wo ich aus der Seele hohle. Ueberhaupt ist seine Vorstellungsart zu sinnlich und *betastet* mir zu viel.

Schiller hatte noch nicht mit dem gründlichen Studium Kants begonnen, das seine früheren, explosiven Beschwörungen des sittlichen Willens an die Introversionen der «offiziellen» deutschen Kultur anpassen und damit eine Annäherung an Goethe ermöglichen sollte, der schon lange die Notwendigkeit des Kompromisses erkannt hatte, auch wenn er noch einen Weg finden mußte, den Kompromiß dauerhaft produktiv zu machen. Bis dahin muß Goethe in Schiller eine Persönlichkeit gesehen haben, die zwar von vergleichbarer Unabhängigkeit wie er selbst war – aber noch nicht bereit, die Autorität seines Beispiels anzuerkennen, und noch nicht durch fürstliches Mäzenatentum damit versöhnt, für irgend jemanden anderes als das bücherkaufende Publikum zu schreiben. Doch trotz der Distanz, die Goethe weiterhin wahrte, verstand Schiller schon 1790 besser als Goethe selbst, daß die Objektivität, die Goethe im Kantianismus entdeckte, darin bestand, daß er dessen System «in seine eigne Art und Manier kleidet», und daß eben jene Überzeugung, mit der er an seinen Ideen festhielt, «subjektiv» begründet war. Erst viel später gestand Goethe das Pathologische in seiner damaligen Obsession vom «Objekt» und sprach vom Einfluß einer «schwer zu entziffernde[n] Complication innerer Geistes-Verhältnisse und äusserer zudringenden Umstände».

Auf Kunst und Natur drang ich los als auf Objekte, suchte nach Begriffen von beiden. Zerstörte alle Sentimentalität in mir und litt also Schaden am nahverwandten sittlichen ideellen. Neigte mich in solcher Hinsicht zu einem strengen Realismus.

Während der ganzen Periode von 1788 bis 1793, auf die er später diese «realistische Tendenz» datierte – «real» hat hier stark die etymologische Bedeutung von «Dinge betreffend, nicht Gedanken» –, unterdrückte Goethe sein instinktives Wissen um die Rolle, die seine Seele, seine Gefühle und seine Einbildungskraft bei der Erschaffung seiner Erfahrung wie seiner Dichtung spielten. Als er Körner und seinem Kreis in Dresden die späteren *Römischen Elegien* vorlas, redete er seinen Zuhörern ein, was er vermutlich schon sich selbst eingeredet hatte und was in krassestem Widerspruch zum tatsächlichen Charakter der Sammlung stand: er habe sich

möglichst bemüht, bloß das Objekt mit größter Bestimmtheit und Lebhaftigkeit so darzustellen, daß man über der *Sache* den *Künstler* vergißt.

Bei einem so völligen Versagen des Selbstverständnisses ist es nicht verwunderlich, daß Goethe, wie er schließlich zugab, «nichts Singbares» mehr schreiben konnte – das heißt: nicht mehr jene lyrischen Wunder an Rhythmus und Augenblicksstimmung, die einst der sicherste Beweis seines Genies gewesen waren –: «Es scheint nach und nach diese Ader bei mir ganz aufzutrocknen.»

Nach der Abschrift der *Epigramme* vor der Abreise nach Schlesien, hatte er die Schuld für seine Trockenheit bei der Welt rings umher gesucht. «mich wundert nur daß in dem prosaischen Deutschland noch ein Wölkchen Poesie über meinem Scheitel schweben bleibt.» Wenigstens enthält die Entschuldigung noch das Eingeständnis, daß es zwei braucht, um ein Gedicht zu schreiben, jedenfalls ein Goethisches Gedicht, das Produkt des inneren Zwiegesprächs mit einem realen, wenngleich abwesenden Publikum. Goethe leugnete das auch nicht in jenem Herbst in Dresden, wie wir aus dem Nachhall seiner Gespräche in einem Brief von Körner an Schiller schließen können:

In der [Objektivität] scheint mir [= Körner] das wahrhaft Klassische enthalten zu sein. ... Das, was subjektiv ist, hängt von der besonderen Geistesart oder Stimmung des Künstlers ab, und sein Wert hängt davon ab, ob er ein Publikum findet, dessen Geistesart und Stimmung mit der seinen harmonieren.

Aber wie Körner glaubte auch Goethe offenkundig, nunmehr eine Alternative zu der «manierierten», von der Resonanz des Publikums so abhängigen Kunst seiner ersten Lebenshälfte gefunden zu haben. Er hatte noch nicht durchschaut, daß die klassische Objektivität des «Stils» eine Chimäre war. Er hegte noch immer die Illusion, daß es für ihn den bequemen Ausweg gäbe, eine Schönheit zu kultivieren, die nur vom Priester der Kunst und vielleicht (aber nicht notwendigerweise) auch von seinem Gönner erkannt werden konnte. Nachdem seine erste leidenschaftliche Liebesaffäre mit dem gedruckten Buch im Sturm und Drang kollabiert war und sein höfisches Publikum sich endgültig im Sommer 1789 aufgelöst hatte, als er den Briefwechsel mit jener einsamen Frau abbrach, auf die es zusammengeschrumpft war, mußte Goethe noch immer für die Herausforderung reifen, wieder eine vom Publikum geteilte Dichtung zu schaffen. Mit der Zusammenstellung und Vervollständigung seiner Werke für Göschen hatte er eingestanden, daß es unmöglich war, sein Dichten in der matten Atmosphäre der letzten voritalienischen Jahre in Weimar lebendig zu erhalten, aber er war letztlich doch davor zurückgeschreckt, direkt an seine deutschen Leser eine Prosawidmung zu richten, um seine Absichten sowie seine Vorstellung davon zu artikulieren, wer diese Leser sein könnten (denn gewiß waren es nicht mehr die Mit-Empfänger von Werthers Briefen an seinen «Freund»). Wenn Goethe zögerte, seinem Publikum ins Auge zu sehen, so gab ihm schließlich die «laue Aufnahme» recht, die Göschens Werkausgabe – auch mit dem neuen Material in den letzten Bänden – beim Publikum fand: Sogar alte Freunde wie Fritz Stolberg bewunderten zwar am *Tasso* «sehr feine Stellen», sahen aber «ein absurdes Ganzes»; *Egmont* wurde nur einmal, in Weimar, aufgeführt, und die Mischung der Töne in *Faust. Ein Fragment* irritierte nicht nur relativ unliterarische Figuren wie Wilhelm von Humboldt oder Christian Gottlob Heyne in Göttingen, sondern auch Kritiker mit einem so feinen und scharfsinnigen Urteil wie Ludwig Huber (der *Tasso* vortrefflich als «tragische Satire» charakterisierte). Nur in Berlin, im Kreis um Henriette Herz, wohin Karl Philipp Moritz zurückgekehrt war und das Goethische Evangelium getragen hatte, wuchs eine eigene Gruppe von Bewunderern, die Goethe nicht persönlich kannten. Aber nicht einmal Parteigänger wie Moritz oder Reichardt vermochten diese Begeisterung auf das Berliner Publikum als ganzes zu übertragen: Die Opern im italienischen Stil, mit denen Goethe gehofft hatte das deutsche Theater zu verwandeln, liefen zu sehr der Tendenz zu einem deutschen Singspiel entgegen, die am stärksten von Dittersdorf und Mozart wieder belebt worden war, und zwischen 1789 und 1800 erlebte Reichardts Vertonung von *Claudine von Villa Bella* nur sechs Aufführungen in Berlin (andere gab es außerhalb Weimars nicht), während es von *Erwin und Elmire* nur eine einzige Aufführung – ohne vollständige Inszenierung – gab. Einen Augenblick lang sah es so aus, als könne Berlin gewonnen werden; denn zwei Monate nach seiner Rückkehr aus Schlesien gab König Friedrich Wilhelm II., vielleicht in der Hoffnung, den Wienern die Hegemonie zu entreißen, bei Reichardt eine «grosse deutsche Oper» über ein «brillantes und leidenschaftliches Sujet aus der nordischen Geschichte» in Auftrag (wie sich herausstellte, war damit Ossian gemeint). Goethe erklärte sich bereit, dem königlichen Befehl zu willfahren, fügte aber hinzu, er sei «in einer sehr unpoetischen Lage» und «habe kein Gemüt zu allem diesen Wesen»:

Um so etwas zu machen, muß man alles poetische Gewissen, alle poetische Scham nach dem edlen Beispiel der Italiener ablegen.

Das poetische Gewissen wollte sich offenkundig nicht ignorieren lassen, und der kulturelle Einfluß verlangte einen Preis, den zu zahlen Goethe nicht bereit war. Man hörte nichts mehr von dem Plan, und ohnedies verscherzte sich Reichardt bald darauf durch seine politischen Ansichten die Gunst des Königs. Der relative Fehlschlag der Göschen-Ausgabe, wovon am schlagendsten der Umstand zeugte, daß kein einziger Versuch eines Raubdrucks gemacht wurde, ließ Goethe in einer Isolation zurück, die einen Menschen mit einem weniger hartnäckigen Charakter demoralisiert hätte: «Man kann sich keinen isolierteren Menschen denken, als ich damals war und lange Zeit blieb», schrieb er später. In einem versteckt vorwurfsvollen Brief an Göschen, welcher mit Recht befürchtete, sich durch die Ablehnung des *Versuch die Metamorphose der Pflanzen zu erklären* Goethes guten Willen verscherzt zu haben, skizzierte er seine naturwissenschaftlichen und literarischen Projekte und stellte abschließend fest:

Da, wie Sie selbst sagen, meine Sachen nicht so kurrent sind als andere an denen ein größer Publikum Geschmack findet, so muß ich denn freilich nach den Umständen zu Werke gehen und sehe leider voraus daß sich der Verlag meiner künftigen Schriften gänzlich zerstreuen wird.

Erträglicher, aber auch vollständiger wurde Goethes Isolation durch die Häuslichkeit, zu der er im Oktober 1790 zurückkehrte und in der er bis zum Sommer 1792 verblieb. Fast täglich um die Mittagszeit verließ der Geheimrat zum Dîner bei Hofe sein Büro in der Stadt oder seine elegante Wohnung im ersten Stock des Jägerhauses: Hier empfing er auch Gäste und führte seine wissenschaftlichen Versuche durch. Aber an den Abenden fand man ihn nur noch im Stockwerk darüber, mit dem Kind, um dessentwillen er, wie das Gerücht ging, bald die «kleine, unansehnliche Person», Mlle Vulpius, ehelichen würde – und Schiller dachte bei sich, Goethe werde «eine Torheit begehen und das gewöhnliche Schicksal des alten Hagestolzen haben». Die anderen Vulpius-Mitglieder seines Hauswesens, Ernestine und Tante Juliane, wurden in Weimar überhaupt nicht zur Kenntnis genommen. Und trotzdem: Fast zwei Jahre lang, während es in Frankreich und in Polen gärte, Ludwig nach Varennes entfloh und nach Paris zurückkehrte und Leopold und Friedrich Wilhelm Beistandserklärungen in Pillnitz abgaben, zog Goethe die Gesellschaft dieses kleinen Völkchens jedem Ausflug in die größere Welt vor. Es gab natürlich Besuche in Jena – Loders Anatomiekurse waren noch immer eine Attraktion, und auch ein Höflichkeitsbesuch bei den Schillers war angezeigt –, und Anfang Juni 1791 mußte Goethe zehn Tage in Ilmenau verbringen, um die wichtige Aktionärsversammlung zu leiten, die einstimmig beschloß, mehr Kapital aufzubringen und die von den Fachleuten in Freiberg empfohlenen zwei weiteren Pumpen zu installieren. Er hatte auch beabsichtigt, dieser Versammlung eine zweimonatige Reise nach Sachsen folgen zu lassen – möglicherweise, um die Körners wiederzusehen –, aber sie wurde im letzten Augenblick abgesagt, und statt dessen verbrachte er im Juli zwei Wochen in Gotha, in Gesellschaft des Prinzen August. Der Grund für die plötzliche Änderung seiner Pläne ist unklar. Möglicherweise hatte Christiane kurz zuvor Goethe wissen lassen, daß sie wieder schwanger sei – die Epigramme, die wir mit ihrer ersten Schwangerschaft in Zusammenhang gebracht haben, können auch um diese Zeit entstanden sein –, möglicherweise gab es Anzeichen von Komplikationen; denn am 14. Oktober kam ihr zweites Kind, ein Knabe, tot zur Welt. Danach verließ Goethe Weimar erst wieder im folgenden März. Der düstere Winter wurde ihm durch einen lange erwarteten Neuankömmling leichter gemacht: Gemäß der zwei Jahre zuvor getroffenen Verabredung traf Anfang November Johann Heinrich Meyer, gesundheitlich weitgehend wiederhergestellt, in Weimar ein und bezog ein Zimmer im zweiten Stock des Jägerhauses. Die Akklimatisierung des Rom-Erlebnisses war jetzt perfekt: Goethe bedurfte nicht mehr der kurzen Besuche alter Freunde – wie des Besuchs von Moritz im Frühjahr 1791, über den wenig bekannt ist –, um seine Erinnerungen frisch und produktiv zu erhalten. Er hatte jetzt praktisch einen ständigen Privatsekretär für künstlerische Angelegenheiten. Schon im März hatte er sich darauf gefreut, den Winter mit langen theoretischen Diskussionen zu verbringen; Meyers Gemälde boten Stoff zum Nachdenken; und Meyer selbst war historisch gebildet und konnte Goethe nützliche Lektürevorschläge machen. Daß Meyer sich in Weimar niederließ, war sogar noch wichtiger als im Mai 1791 die Rückkehr Knebels und seiner Schwester Henriette nach Jena; denn Knebel war ein Freund – sogar Goethes «Urfreund» im Herzogtum –, aber Meyer war ein Mitglied von Goethes Familie, beinahe eine Erweiterung seiner Persönlichkeit in ihrem Verhältnis zu den bildenden Künsten. Er war also die stellvertretende Verkörperung von seinem gewissenhaften Eifer auf diesem Gebiet, freilich auch von seiner Fähigkeit zur Pedanterie und zur entschlossenen Unterdrückung der Phantasie. Meyer verdiente seinen Platz in

8. J. H. Meyer: *Christiane Vulpius und der kleine August (1793)*

dem »Familienporträt», wie es ein Tagebuchschreiber nannte («nicht eben eine heilige Familie», sagte Goethe dazu).

Nichts ist einfacher, als seine jetzige Häußlichkeit. Abends sitzt er in einer wohlgeheitzten Stube eine weise Fuhrmannsmütze auf dem Kopf, ein Moltumjäckchen [= Wolljäckchen] und lange Flauschpantalons an, in niedergetretnen Pantoffeln und herabhängenden Strümpfen im Lehnstuhl, während sein kleiner Junge auf seinen Knien schaukelt. In einem Winkel sitzt schweigend und meditirend der Maler Meyer, auf der andern Seite die Dame Volpia mit dem Strickstrumpf.

Der Kontrast zu Goethes höfischem Beamtendasein tagsüber wirkt bewußt provozierend. Er hatte ein Glück gefunden – oder war von ihm gefunden worden –, das Weimar nichts verdankte, und er war nicht bereit, das zu verhehlen. Für höhnische Lästermäuler bewies die Ablehnung des höfischen «amour Platonique» die komische Vulgarität dieses «grand génie» – nicht umsonst ein Günstling Anna Amalias, deren Geschmack schon immer zweifelhaft gewesen war. Herzogin Louise war tiefer gekränkt, wie Caroline von Dacheröden in Erfurt erfuhr:

Die Weimaraner plagen und verschrauben ihn auch. Was für ein Lärm über das Kind ist, ist unglaublich. Die regierende Herzogin ist indelikat genug gewesen, ihm sagen zu lassen, sie fände es sonderbar, daß er ihr sein Kind alle Tage vor der Nase herumtragen ließe. Wie albern!

Wenn Schiller sich in seinem Urteil über Goethes Liaison ebenfalls wie eine schadenfrohe Klatschbase gibt – und das, obgleich Louise seine eigene Mésalliance mit einer adligen Frau mißbilligt hatte –, dann deshalb, weil auch er endlich begonnen hatte, der Herzogin als dem Mittelpunkt höfischer Werte in Weimar näherzukommen. Am 10. Januar 1791 speiste er zum erstenmal bei Hofe in Gesellschaft der Herzogin – freilich auch in Gesellschaft der Schöngeister Goethe und Wieland und seines eigenen, höchst schwärmerischen Jüngers, eines philosophisch gesinnten jungen Edelmannes namens Friedrich von Hardenberg, der nach Jena gekommen war, um zu seinen Füßen zu sitzen. Aber die Kraft, die Schiller an den Hof riß, wie sie viele Jahre zuvor Goethe fortgerissen hatte, war kein geistiger Magnetismus: Es war Frau von Stein. Schillers Frau war praktisch ihre Adoptivtochter, und der 19jährige Fritz von Stein – der schon ein kleines Amt in der Finanzverwaltung des Herzogtums bekleidete – begann Ostern 1791 sein Jura- und Kameralistikstudium in Jena, wo er zwei Jahre lang abwechselnd bei den Schillers oder in ihrer Nähe lebte. Im Winter 1792/93 gehörte er zu dem privilegierten Publikum, das Schillers letzte Vorlesungsreihe – über Ästhetik – hörte. Als 1791 die Krankheit des Dichters ausbrach, war Fritzens Mutter eine beständige Quelle praktischer Hilfe; sie besorgte Arznei und erbot sich, ihren alten Billardtisch aus Großkochberg zur Verfügung zu stellen, damit Schiller etwas körperliche Entspannung fand. Frau von Stein selbst war damals Gegenstand der geradezu leidenschaftlichen Verehrung durch die regierende Herzogin, die sie im September 1790 bat, in ihrem Briefwechsel alle Förmlichkeiten fortzulassen – «niemals habe ich für Jemand soviel Freundschaft gefühlt wie für Sie» –, und sich «meine liebe, meine sehr liebe Stein» als Gefährtin «meiner einsamen Spaziergänge bei Mond- und Sternenschein» wünschte. Für Charlotte von Stein waren es schwierige Jahre: Im November 1790 starb ihr Vater zahlungsunfähig, so daß man seine Gemäldesammlung verkaufen mußte, und ihre Mutter mußte durch Renten des Herzogs und der Herzogin unterstützt werden; ihr Mann hatte Anfang des Jahres seinen zweiten größeren Schlaganfall erlitten, und ein dritter sollte im Februar 1791 folgen; das Kind, das ihr älterer Sohn Carl während seiner Universitätszeit gezeugt hatte, war – nicht ungelegen – gestorben, aber er selbst fühlte sich in seiner Rolle als Höfling des schrulligen Herzogs von Mecklenburg todunglücklich. Aber die besondere Fähigkeit der Frau von Stein, in sich und anderen Gefühle zu unterdrücken, scheint ihr ganzes Leben lang eine mesmerisierende Wirkung gehabt zu haben. Vielleicht bat Herzogin Louise nur darum immer wieder um gegenseitige Zuneigung, weil sie niemals wirklich gewährt wurde. (Eine von Frau von Steins Nichten, Töchtern der nun verwitweten Luise von Imhoff, erinnerte sich, wie ihre Tante ihr ein neues Paar Handschuhe geschenkt hatte und Dankbarkeitsbezeugungen ob dieser scheinbaren Freundlichkeit mit den Worten abwehrte: «Kind, wenn ich sie hätte tragen können, würdest du sie nicht erhalten haben; sie paßten mir nicht.») Frau von Stein war – oder hielt sich für – eine praktische Natur: Ihr unbeschönigter Realitätssinn, der Sentiment und Selbstbetrug verachtete, richtete sich jedoch niemals auf die politischen, sozialen oder wirtschaftlichen Fundamente der Ordnung, der sie ihren Rang und ihre Macht verdankte. Sie hätte Knebel für die revolutionäre Fürstenschmähung nach seiner Rückkehr ins Herzogtum 1791 ohrfeigen können, und sie führte durch ihr geliebtes «Töchterchen» Charlotte einen unentwegten Zermürbungskrieg gegen Schillers Unterstützung der «Räuber», die Frankreich regierten. Was Goethe anging, so konnte man ihm zwar nicht vorwerfen, mit der Revolution zu sympathisieren, aber wie konnte sie jetzt noch an «die zartesten Herzensverhältnisse» glauben? «Schreib ja dem Goethe», ermahnte sie ihren Fritz: «Man hat ja mehr Briefe der Lebendigen an die Toten. Das Mitleid bemächtigt mich manchmal über ihn, daß ich weinen könnte ... Du bist zwar früh von einem Freund hintergangen worden; es ist aber besser früh als spät, wo sich die Wunde nicht wieder auswächst.» «Wenn ich ihn nur aus meinem Gedächtnis wischen könnte», wünschte sie sich, diesen «ausgelöschten Stern», aber immer wurde ihr eine neue Gemeinheit über ihn hinterbracht, und von Zeit zu Zeit erschien er ihr im Traum, wie er «seiner Demoiselle» die Backen streichelte. Just in dem Augenblick, da seine persönliche Loyalität gegenüber dem Herzog ihn zu einer jener militärischen Expeditionen entführt hatte, die er früher verabscheute, und er eine Ästhetik verkündete, die nur am Hofe eines absoluten Herrschers praktiziert werden konnte – und hatte nicht sogar Schiller einen Schritt in diese Richtung getan, als er Anfang 1791 in seiner Rezension über Bürgers Gedichte vom Dichter Hingabe an das Ideal statt familiärer oder persönlicher Wahrheit verlangte? und hatte nicht Goethe – wie Schiller kolportierte – gesagt, er wünschte, er hätte diese Rezension geschrieben? –, justament in diesem Augenblick hatte Goethe sich gleichwohl entschieden, alle Konventionen der höfischen Existenz, in denen Frau von Stein ihn erzogen hatte, und die Bande der Zuneigung, deren Liliputfäden ihn in den Jahren seit 1775 in Weimar gehalten hatten, mit der Barbarei des Jakobiners mit Füßen zu treten. Kein Wunder, daß sie sich Schiller zuwandte.

Caroline von Dacheröden bemerkte, was schon Schuckmann aufgefallen war: daß Goethe zwar im Gespräch unter vier Augen mit Wärme und Offenheit sprechen konnte, jedoch in die flachsten Platitüden verfiel, sobald ein Dritter dazukam. Die soziale Welt, die er bewohnte, hatte ganz und gar aufgehört, das Vehikel der Gefühle zu sein, durch die er lebte. Wenn seine Dichtung sich erneuern sollte, würde sie den Weg zurück in die Gesellschaft finden müssen; bis dahin aber, und um zu überleben, mußte er die äußerste Trennung zwischen dem *dehors* und dem *dedans* durchleiden. «Immer stärkeres Isolement», schrieb er: «Zurückziehen ins Innere.» Der Hof war die notwendige Bedingung seines Lebens geworden, aber er schöpfte nicht entfernt sein Potential oder das der deutschen Zukunft aus – schon allein aus diesem Grunde konnte Goethe sich nicht voll und ganz identifizieren. Das illegale Verhältnis mit Christiane hielt Weimar auf Distanz, und daher mußte es so lange illegal bleiben, bis Goethe sich erfolgreich eine unabhängige Rolle im Geist der deutschen Nation geschaffen hatte. Bereits 1791, als Göschens Ausgabe seiner *Literarischen Werke* mit Schweigen quittiert wurde, begann er, sich nach einem neuen Publikum umzusehen, «nach den Umständen zu Werke zu gehen», und den Punkt zu suchen, wo der Kern seines Wesens sich auf fruchtbare Weise mit einem äußeren, bestimmenden Element verbinden konnte. Wenn er diesen Punkt nicht fand, würde nicht nur Deutschland ärmer sein – er selbst würde ersticken. Plötzlich und ziemlich unerwartet ergriff das äußere Element die Initiative. Giuseppe Bellomo, der seit über fünf Jahren für die Weimarer Unterhaltung gesorgt hatte, hatte zur allgemeinen Erleichterung wissen lassen, daß er aus seinem Vertrag vorzeitig ausscheiden werde, um nach Graz zu gehen, und so hatte sich die Gelegenheit ergeben, eine private Theaterkompanie durch ein direkt von der herzoglichen Verwaltung beschäftigtes Schauspielerensemble zu ersetzen. Verschiedene Versuche in den letzten Wochen des Jahres 1790, für diese Aufgabe einen Schauspieler und Intendanten zu finden, blieben erfolglos, und die Zeit drängte immer mehr, die Bellomo-Nachfolge zu regeln. Am 17. Januar 1791 verkündete Carl August, der von aufdringlichen Angeboten ausgedienter Schauspieler genug hatte, daß Goethe der Generaldirektor des künftigen Weimarer Hoftheaters sein solle und daß alle Anfragen künftig an ihn und seinen Sekretär in Theaterangelegenheiten, Friedrich Kirms (1750–1826), zu richten seien. Goethe hatte seine förmliche, offizielle Einbindung wahrscheinlich vermeiden wollen, aber er war nicht eindeutig abgeneigt.

9. C. Bardua: August Vulpius (1807)

10. Unbekannter Künstler: Brunnen, Kursaal und Allee in Bad Lauchstädt (o. J.)

Auch ein Weimarer Theaterpublikum war eine Art Öffentlichkeit; er versuchte gerade, auf Drängen Herders die Arbeit an *Wilhelm Meister* wieder aufzunehmen, und erhoffte sich vielleicht Material dafür; und gewiß hielt er es für an der Zeit, sich durch einen leichten Druck zur Produktivität zu zwingen:

> Ich gehe sehr piano zu Werke, vielleicht kommt doch fürs Publikum und für mich etwas heraus. Wenigstens wird mirs Pflicht diesen Theil näher zu studiren, alle Jahre ein paar spielbare Stücke zu schreiben. Das übrige mag sich finden.

Goethe, gewohnt, die Dinge, wenn sie einmal im Gang waren, im Griff zu behalten, veranlaßte rasch die erforderlichen Maßnahmen. In Prag entdeckte man den Intendanten Franz Josef Fischer, der den lebhaften und begabten Schauspieler Anton Genast (1765–1831) mitbrachte; die kursächsische Regierung vermochte man zu überreden, das wichtige Theaterprivileg für die Sommersaison in Bad Lauchstädt (bei Halle) von Bellomo auf die neue Kompanie zu übertragen (Kirms erwies sich als zäher Unterhändler, der die Schadensersatzforderungen Bellomos herunterspielte); und zu einem Kernbestand von sieben Schauspielern aus Bellomos Truppe – darunter die zwölfjährige Christiane Neumann (1779–1797), die Tochter von Bellomos männlichem Helden, der vor kurzem gestorben war – kamen neue Berufungen – zum Beispiel Heinrich Becker (1764–1822) –, die die Gesamtzahl auf 25 erhöhten, darunter diverse Ehegattinnen und fünf Kinder:

> Die Errichtung eines Theaters ist wie eine Kupferstich-Sammlung; anfangs ist man genötigt, allerlei Gut und Schlechtes mit aufzunehmen; nach und nach, wie man bessere Akquisitionen macht, schließt man das Schlechtere aus.

August Vulpius, der Bruder Christianes, hatte bei Bellomo Gelegenheitsarbeit als Dramaturg gefunden, und Goethe behielt ihn. Von Friedrich Ludwig Schröder ließ man sich über ein zuverlässiges System des Kartenverkaufs und der Abrechnung beraten. Am 5. April gab Bellomo seine letzte Vorstellung; ihr folgte ein Epilog von Vulpius, aus dem der scheidende Impresario jede Äußerung der Dankbarkeit gegenüber Weimar gestrichen hatte – «wir räumen freimütig ein», schrieben die *Annalen des Theaters*, «daß wir Herrn Bellomo ebenso viel Dank wissen, wie er uns» –, und einen Monat später konnte die neue Kompanie ihre kurze erste Saison beginnen, bevor sie den Sommer über nach Lauchstädt ging. Von Anfang an wurde das vorsichtige «piano»-Vorgehen Goethes erkennbar: Die Eröffnungsproduktion waren *Die Jäger*, eines der beliebtesten Stücke Ifflands, und die vierzehn Werke, die zwischen dem 7. Mai und dem 7. Juni auf die Bühne gebracht wurden, stammten bis auf drei alle aus dem alten Bellomo-Repertoire. Unter diesen Umständen war sogar der Hof bereit, seinen Sarkasmus mit toleranter Neugier zu würzen:

> Il a échoué dans tous les Emplois, peut-etre qu'à la fin il aura rencontré celui qui lui convient [in allen anderen Unternehmungen ist er gescheitert, vielleicht hat er endlich die gefunden, die ihm zusagt].

Lauchstädts Fortune als Badeort war kaum dreißig Jahre alt. Es besaß eine einzige Straße, ein Brunnenhaus, eine Lindenallee, eine Bevölkerung von rund 700 Seelen sowie ein Theater von den Ausmaßen und dem Aussehen einer mittelgroßen Scheune. Das Publikum, die Beamten und Studenten aus Leipzig, Dresden, Halle und Dessau, saß auf 14 Bankreihen in einem fünfzehn Meter langen Raum vor einer Bühne, die sechs Meter breit und siebeneinhalb Meter tief war. Hier absolvierte die neue Truppe, verstärkt durch die örtlichen Musiker – aus Sparsamkeitsgründen hatte man das Hoforchester in Weimar gelassen – zwischen dem 13. Juni und dem 14. August mit 11 (populären) Singspielen und 35 (nicht so populären) Theaterstücken ihre Sommersaison. Fischer, unterstützt von seinen Bearbeitern Vulpius und Einsiedel, gab sich alle Mühe, das Repertoire zu erweitern: Die Darbietungen waren zweifellos schwerfällig und die Musikalität ungleichmäßig, aber in seinen ersten fünf Monaten arbeitete Goethe kostendeckend, und die Vielseitigkeit und die Gedächtnisleistung des Schauspielers im 18. Jahrhundert kann man nur bewundern. Vom 19. August bis zum 25. September war die Kompanie in Erfurt und beendete dort ihre Sommertour mit einer Prosaversion von *Don Carlos* (Blankverse waren noch zu ungewohnt). Schiller hatte diese Fassung auf dem Krankenbett eingerichtet, Fischer hatte sie am 15. September in Händen, und nur zehn Tage später wurde sie aufgeführt – mit Kostümen und Bühnenbildern aus dem Fundus und einer Kostümprobe am Morgen des 25. Daß diese erfolgreiche Zusammenarbeit die beiden Dramatiker einander nicht näherbrachte, lag nicht einfach an Schillers Krankheit, obgleich diese etwas damit zu tun gehabt haben muß. Der untersetzte Goethe, der in Schlesien mit den besten preußischen Offizieren speiste und trank, muß den Vorwurf in den bleichen und vornehmen Zügen des hochgewachsenen Invaliden empfunden haben, die vom Willen zum physischen, wirtschaftlichen und geistigen Überleben gezeichnet waren. Es dürfte nicht nur reine Bosheit gewesen sein, wenn berichtet wird, daß der Anblick dieses lebenden Toten, der «dem Bilde des Gekreuzigten» glich, Goethe in jenen Jahren dermaßen verhaßt war, daß er nicht einmal die Erwähnung seines Namens vertrug: Er wünschte nicht daran erinnert zu werden, daß auch Schiller aus Erfahrung wußte, was es kostete, für Deutschland zu schreiben, und sogar ernsthaft in Versuchung gewesen war, den Kampf aufzugeben.

In der Wintersaison, von Oktober 1791 bis Juni 1792, ließ der Theaterdirektor Goethe – der vorgehabt haben mag, während des geplanten, aber dann aufgegebenen Abstechers nach Sachsen Lauchstädt zu besuchen, aber im übrigen keinen Einfluß auf die Sommerproduktionen nahm – sich ein wenig mehr in die Karten schauen. Finanzielle Rücksichten geboten, in der Hauptsache weiterhin Singspiele zu bringen, namentlich jene von Dittersdorf, die das Haus so zu füllen vermochten, «daß man kaum Athem holen konnte», und außerdem die Ritterdramen und bürgerlichen Trauerspiele von J. M. Babo (1756–1822), Iffland und August Kotzebue. Kotzebue, in Weimar aufgewachsen, hatte in Jena studiert und war nunmehr Beamter in russischen Diensten in Estland. Mit ungeheurem Erfolg verband er in seinen Stücken konventionelle Psychologie, sensationelle Handlung und einen Hauch von der religiösen Skepsis und säkularisierten Moral jener intellektuellen Kreise, die ihn in seiner Jugend umgeben und geprägt hatten. Aber nun begann Goethe, das Repertoire nach seinem Gusto zu erweitern. Ende November führte er persönlich in einer Produktion von Eschenburgs Prosaübersetzung von Shakespeares *König Johann* Regie – bei der Probe stieß er das heiße Eisen mit solch einer Wucht nach Christiane Neumann, die einen unzulänglich entsetzten Arthur gab, daß das Mädchen ohnmächtig wurde –, und der Erfolg war immerhin groß genug, um in derselben Saison noch das Angebot eines *Hamlet* und beider Teile von *Heinrich IV.* zu rechtfertigen (auch hier belebte er die Proben, indem er sich mit einer flammenden Falstaff-Deklamation einschaltete). Daß Schillers *Räuber* hervorgeholt wurden, mochte als Zugeständnis an die Popularität des Stückes erscheinen; was Goethe jedoch wirklich im Sinn hatte, zeigte eine Neuproduktion des *Don Carlos*, und zwar in Versen. Trotz vieler Proben konnten die Schauspieler nicht dazu gebracht werden, den Rhythmus leicht und flüssig zu gestalten, und es würde offenbar eine Weile dauern, bevor sie in der Lage wären, Goethes eigene Versdramen zu deklamieren. Goethes Vorsatz, selbst etwas für das neue Theater zu schreiben, bewog ihn im Frühjahr 1791, seine Pläne für *Die Mystifizierten*, die komische Oper über das Cagliostro-Thema, zu ändern und in das komische Prosadrama *Der Groß-Cophta* umzuarbeiten. Das Manuskript war im September abgeschlossen, aber trotz sorgfältiger Proben wurde das Stück unmutig und lustlos aufgenommen und nur zweimal, am 17. und 26. Dezember, aufgeführt. Im neuen Jahr wandte sich Goethe wieder alten Lieblingen zu: den *Geschwistern* und *Clavigo*. Die Kompanie war im Oktober verstärkt worden: außer dem zuverlässigen Schauspieler und Souffleur K. Willms waren zwei gute Sänger gekommen, ein melodiöser Tenor sowie die Sopranistin Luise Rudorff (1777–1852), die jedoch bald Allüren an den Tag legte, die besondere Protektion durch Anna Amalia forderte und nur tragende Opernpartien singen mochte. Gleichwohl konnte das Repertoire um *Die Entführung aus dem Serail* bereichert werden, und Goethe war sich seines Ensembles sicher genug, um den Geburtstag der regierenden Herzogin am 30. Januar 1792 mit der Weimarer Erstaufführung des *Don Giovanni* zu begehen. Eigenes hatte er nicht zu bieten: 1791, das Jahr, in dem der sterbende Mozart der Nachwelt so viel schenkte, war im Leben des erwachsenen Goethe das unproduktivste – abgesehen von 1792 (dem Jahr, in dem der Vormarsch der französischen Truppen den jungen Beethoven aus Bonn nach Wien vertrieb).

Für Goethe markierte das Jahr 1791 jedoch die Einführung in ein Publikum, das durchaus wichtiger war als die Weimarer Theatergänger. An Knebel, der von allen seinen alten Bekannten jetzt am meisten an den Naturwissenschaften interessiert war, schrieb er regelmäßig über die «Theater-Qual», die ihn von ihren gemeinsamen Interessen ablenke. Als er ihm vor seiner Abreise nach Schlesien schrieb, er fange «eine neue Laufbahn an» und sein Gemüt treibe ihn «mehr als jemals zur Naturwissenschaft», meinte er jedoch nur die Botanik und Anatomie. Noch im folgenden März schrieb er an Jacobi von dem Projekt, das ihn beschäftigte, er «wende alle Kunstgriffe an, die meinem Geiste verliehen sind um die allgemeinen Gesetze wornach die lebendigen Wesen sich organisieren näher zu erforschen». Aber am 17. und 18. Mai 1791 fing in der Tat eine neue Laufbahn an. In einer blitzartigen Eingebung ähnlich jener, die ihm den menschlichen Zwischenkieferknochen mit allen Folgerungen daraus offenbart hatte, fand Goethe, «daß ich ... die Phänomene der Farben wie sie das Prisma, der Regenbogen, die Vergrößerungsgläser pp zeigen auf das einfachste Principium reducirt habe», und machte Carl August in einer aufgeregten Notiz umgehend Mitteilung davon. Er habe «das Gesetz» entdeckt, welches der Faden sei, «sich aus diesem Labyrinthe herauszufinden», und nach ein paar Monaten konnte sogar ein teilnahmsloser Fremder sagen, Goethe habe «Botanik, Anatomie, Kunst studiert, alles wieder liegenlassen und arbeitet nun über die Theorie der Farben.» Er experimentierte daheim im Jägerhaus oder im verdunkelten Saal des Weimarer Theaters, entlieh von Büttner weitere Prismen, fuhr nach Gotha, um die herzogliche Instrumentensammlung zu benutzen, und zog die Gesellschaft eines alten Gartenschlauchs, mit welchem er in der Sommersonne künstliche Regenbögen erzeugen konnte, dem Umgang mit Prinz August vor (der sich mit einem Spottvers rächte, in dem er seinen Gast mit einem an sein Jojo verlorenen Kind verglich), und hatte so, wie er allen regelmäßigen Briefpartnern berichtete, binnen weniger Wochen mit einer Abhandlung über «Eine neue Theorie des Lichts, des Schattens und der Farben» begonnen. In einer Zeit, in der die Revolution ebenso in Mode war wie das Jojo, erwartete er von ihr «mancherlei Revolutionen sowohl in der Naturlehre als in der Kunst», und um sie auch als persönlichen Neuanfang kenntlich zu machen, datierte er die gedruckte Ankündigung der bevorstehenden Publikation auf seinen Geburtstag.

Die Mühen der Produktion dieses Textes waren ebenso groß wie die seiner Abfassung; denn Goethe wünschte der Abhandlung 27 Tafeln – schwarzweiß und farbig – beizugeben, die der Leser durch ein Prisma betrachten sollte. Ein früherer Diener Goethes hatte mittlerweile einen kleinen Betrieb, der Spielkarten herstellte, und gemeinsam machten sie den ganzen Sommer hindurch verschiedene Anläufe, die Tafeln angemessen zu reproduzieren. Um den Kontrast und die Reinheit der Farbe herauszubringen, erwies es sich als zweckmäßig, bis zu neun Papierstücke auf den jeweiligen Karton aufzukleben, anstatt sie zu drucken; aber trotz dieser Schwierigkeiten erschienen die *Beiträge zur Optik. Erstes Stück* wie angekündigt zu Michaeli, verlegt von Bertuch in Weimar und versehen mit den Abbildungen in Form eines kleinen Packens ungewöhnlicher Karten.

Gewiß hatte Goethe Anfang 1790 an der Farbenlehre gearbeitet, obgleich es aus jener Zeit nur Beweise für eine Beschäftigung mit dem Wesen des

Blaus gibt. Ebenso sicher ist, daß er zwischen der Rückkehr aus Italien und dem Frühjahr 1791 das Thema nicht weiter verfolgte. Wenn er sich im späteren Leben jenes Augenblicks im Jägerhaus entsann, als er durch das Prisma sah und wußte, daß Newton im Irrtum war, scheint er die Wintermonate vor der Abreise nach Venedig als die Zeit im Sinn zu haben, da sich ihm «abermals eine Entwickelungskrankheit eingeimpft» habe, und das ist auch die Reihenfolge der Ereignisse, wie sie hier dargestellt wird. Es ist nicht zu beweisen, daß Goethe nicht schon im Februar 1790 durch sein Prisma sah. Aber zumindest wahrscheinlich ist, daß die blitzartige Offenbarung erst über ein Jahr später, im Mai 1791, kam; denn erst jetzt begann das konsequente, ja besessene Studium prismatischer Phänomene. Herausgefordert durch einige Aufsätze in zeitgenössischen Wissenschaftsjournalen, hatte Goethe seine Gedanken «Über das Blau», die er im Jahr zuvor mit dem Jenenser Mathematiker J. H. Voigt diskutiert hatte, zu einer kleinen Abhandlung geordnet; bevor er diese an Voigt sandte, las er sie Herder vor; und es war ein Einwand Herders – unterstützt durch akutes Zahnweh, das ihm einige schlaflose Nächte bereitete –, was Goethe veranlaßte, «den ganzen Kreis der Farbenlehre glücklich [zu] durchlaufen», wie er dann in seiner Mitteilung an Carl August sagte. In dem Essay für Voigt behandelte er das Blau isoliert und kam bei der Reflexion über die Farbe des Himmels und der Schatten im Schnee zu dem Schluß, daß der Ursprung des Blaus «eine reine Beraubung des Lichts» sei und daß Blau eigentlich mehr noch als Schwarz der Gegensatz zu Weiß sei. Er ließ diese Theorie – die an sich schon nicht-newtonisch genug war – jedoch fallen, als er schließlich begann, sich mit der Gesamtheit der prismatischen Farben zu befassen, die an den Rändern von Licht und Dunkelheit nur auftraten, wenn die durch das Prisma gehende Lichtquelle nicht zu einem Punkt reduziert war. [Zu näheren Einzelheiten vgl. Bd. I, S. 745 f.] Unter diesen Umständen wird die Überlagerung von vielen Strahlen die Wirkung haben, daß – newtonisch gesprochen – oft nur das obere oder untere Spektrum sichtbar wird: violett und blau, oder gelb und rot. Goethe maß diesem Phänomen größte Bedeutung bei und widmete ihm den ganzen ersten seiner *Beiträge zur Optik* (später sah er ein, daß der Titel zu allgemein war und falsche Erwartungen weckte und daß *Beiträge zur Chromatik* besser gewesen wäre). Bei deren Darlegung bedachte er, wie er sagt, daß das Fundament der ganzen Naturwissenschaft «reine Erfahrungen» sein sollten;

> daß man eine Reihe derselben aufstellen könne, ohne auf irgend einen weiteren Bezug Rücksicht zu nehmen; daß eine Theorie nur erst alsdann schätzenswert sei, wenn sie alle Erfahrungen unter sich begreift, und der praktischen Anwendung derselben zu Hülfe kommt; daß endlich die Berechnung selbst, wenn sie nicht, wie so oft geschehen ist, vergebene Bemühung sein soll, auf sicheren Datis fortarbeiten müsse.

Wie er später betont, bietet er nicht, wie seiner Meinung nach Newton, eine Theorie, zu deren Bestätigung eine kleine Anzahl von Versuchen herangezogen wird, wonach er erwartet, daß jede Erfahrung sich der Theorie beugt. Vielmehr zeigt er «einfache unerklärte Grundversuche ... an welche sich alle übrigen Erfahrungen leicht anschließen können» und die zu einer künftigen Theorie beitragen werden, sofern eine solche möglich ist. Die «Versuche», die der Leser mit seinem Kartensatz durchführen soll, dienen einfach dazu, an den Rändern zwischen schwarzen Flächen und Weiß das Auftreten von Rot und Gelb auf der einen Seite beziehungsweise Blau und Violett auf der anderen Seite vorzuführen, ferner gelegentlich von Grün zwischen Gelb und Blau (wenn, newtonisch gesprochen, die Mitte des Farbspektrums auftritt) und von «Pfirsichblüth» zwischen Rot und Violett (hervorgerufen durch Überlagerung zweier Spektren aus zwei verschiedenen Quellen). Doch entgegen der Reinheit seiner Absicht läßt Goethe doch zu, daß sich eine Theorie, ein «weiterer Bezug» in seine Darstellung einschleicht: Ohne Erklärung oder Begründung wird uns gesagt, daß Rot/Gelb und Blau/Violett einen «Gegensatz» bilden; und einmal eingeführt, wird dieser Begriff des Gegensatzes im folgenden dazu verwendet, auf etwas so Offensichtliches wie die Farben selbst zu verweisen. In Wirklichkeit jedoch sind die einzigen Gegensätze und Umkehrungen jene, die durch Goethes expositorische Kunstgriffe allererst erzeugt worden sind, das heißt durch die abwechselnde Verwendung von schwarzen Flächen auf Weiß und weißen Flächen auf Schwarz oder durch das Drehen der Karten um 90 Grad. In der abschließenden Rekapitulation der «Versuche» treten theoretische und erklärende Behauptungen ohne systematische Deduktion als Sätze auf, «welche unmittelbar daraus folgen»:

3. Die Ränder zeigen Farben, weil Licht und Schatten an denselben an einander gränzet. ...

15. Die farbigen Ränder zeigen sich im Gegensatz. Es stehen zwei Pole unveränderlich einander gegenüber. ...

Blau und Gelb, so hören wir, sind die einzigen Farben, die völlig rein sein können: sie stehen zueinander im Verhältnis eines primären Gegensatzes. Ihr Gegensatz ist aber nicht gleichbedeutend mit Widerspruch, und wenn man sie aneinanderrücken läßt, werden sie sich mischen und Grün ergeben. Rot ist keine Mischung, aber es ist auch nicht rein – Goethe nennt es an anderer Stelle nicht eine «Farbe», sondern eine «Farbeigenschaft» –; denn es neigt immer zu Blau oder zu Gelb, dessen jeweilige Modifikation es ist. Kurzum:

Es leiten sich alle diese Versuche von einer einzigen Erfahrung ab, nämlich: daß wir nothwendig zwei entgegengesetzte Ränder vor uns stellen müssen, wenn wir sämmtliche prismatische Farben auf einmal sehn wollen, und daß wir diese Ränder verhältnißmäßig an einander rücken müssen, wenn die von einander getrennten einander entgegengesetzten Erscheinungen sich verbinden und eine Farbenfolge durch einen gemischten Übergang darstellen sollen.

Die *Beiträge zur Optik* waren ursprünglich auf vier Stücke angelegt. Die ersten drei würden dem Leser helfen, die «reinen Erfahrungen» des Autors zu teilen, und erst im vierten würde der Gegensatz von Goethes Theorie zur newtonischen Orthodoxie offenbar werden und «der Ballon sich in die Luft heben», wie Goethe an Georg Forster in Mainz schrieb, den er «zur Theilnehmung und Mitarbeit» einlud. Aber die Übernahme einer gegen Newton gerichteten Theorie war natürlich Bestandteil seiner ursprünglichen Einsicht gewesen, und während er noch am ersten Stück der *Beyträge* arbeitete, faßte er, wahrscheinlich an einem Julitag 1791, als er vom Spielen mit dem herzoglichen Gartenschlauch ins Haus kam, wohl für Prinz August summarisch den Kern seiner Uneinigkeit mit Newton zusammen: «Die Kraft Farben hervorzubringen ist von der Refracktion unabhängig.» Farbe, so fuhr er fort, begegnet uns unter vielen Umständen, bei denen von Brechung des Lichts keine Rede sein kann; es gibt Fälle von Lichtbrechung (zum Beispiel die scheinbare Anhebung des Bodens in einem mit Wasser gefüllten Gefäß), bei denen keine besonderen Farberscheinungen auftreten; vor allem aber erscheinen in dem ursprünglichen Experiment mit dem Prisma die Farben nur auf jeweils einer Seite eines weißen Lichtbandes. In den nächsten zwei Jahren war das heimliche Gravamen aller seiner Farbstudien der Nachweis, daß Farben nicht durch die Brechung von weißem Licht in seine Bestandteile hervorgerufen wurden. Er war sich auch schon früh bewußt, daß Newton einen Fehler begangen hatte, der in der Tat eine bestimmte Art der Darstellung seiner Theorie entwertete. Newton hatte geglaubt, daß die Kraft eines Prismas, die Farben aufzufächern, direkt proportional zu seiner Refraktionskraft sei, woraus folgte, daß die Linse in einem Refraktionsteleskop weißes Licht niemals vollkommen bündeln konnte, sondern immer die roten beziehungsweise die blauen Elemente darin bündeln und damit ein getrübtes Bild hervorbringen mußte. John Dollond (1706–1761) hatte jedoch gezeigt, daß in unterschiedlichen Arten von Glas die Dispersionskraft sehr wohl variieren und die Refraktionskraft dennoch dieselbe bleiben konnte: Durch die Kombination von zwei Arten Glas in einer einzigen Linse gelang es ihm, die chromatische Abweichung zu korrigieren und gleichzeitig die Bündelungskraft beizubehalten. Das achromatische Teleskop, das er 1757 baute, erschien Goethe daher als buchstäblich handgreiflicher Beweis für die Irrigkeit des von Newton postulierten Zusammenhangs zwischen Spektralfarbe und Lichtbrechung und damit auch als Beweis für die Reinheit von weißem Licht. (In Wirklichkeit war Dollonds Teleskop bis auf die eine Modifikation, deren Bedeutung Goethe erheblich übertrieb, ganz und gar nach newtonischen Prinzipien erbaut worden, wozu entscheidend auch die Zerlegbarkeit von Weiß gehörte.)

Das zweite Stück der *Beiträge zur Optik*, verfaßt und erschienen Anfang 1792, bot die direkte Fortsetzung des ersten, dem es kaum mehr als den Versuch hinzufügte, die scheinbare Verschiebung von Bildern durch chromatische Verzerrung als optische Täuschung zu entlarven. Das dritte Stück jedoch, im wesentlichen 1792 entstanden, aber erst 1793 beendet und dann unveröffentlicht geblieben, betrat zumindest thematisch Neuland. «Von den farbigen Schatten» ist die einzige gewichtige Abhandlung über Farben aus dieser Zeit, die nicht mit prismatischen Erscheinungen befaßt ist, und ein erstes Indiz für jene Bandbreite von Goethes chromatischen Interessen, die diese vor dem Vorwurf reiner Schrulligkeit bewahrt. Schatten sind für die meisten von uns ein vertrauterer Anblick als Spektralfarben, zumal wenn wir das Auge eines Malers haben, und Goethe wußte sowohl von Bildern als auch aus eigener Beobachtung, daß Schatten nicht immer schwarz oder grau sind. Um seine Beobachtungen zu organisieren, entwarf er wiederum eine sorgfältig fortschreitende Reihe von Versuchen, die demonstrierten, wie man farbige Schatten dadurch erzeugen konnte, daß man mit einer zweiten Lichtquelle einen grauen Schatten beleuchtete, den eine erste Lichtquelle schon warf. Waren die Lichtquellen gleich stark, blieb der Schatten grau; beschien eine schwächere Lichtquelle den Schatten, den eine stärkere warf, wurde er blau; im umgekehrten Fall wurde er gelb. Mit grünem Lichte konnte ein grüner Schatten erzeugt werden, den eine sekundäre Beleuchtung «rosenfarb, pfirsichblüth oder mehr in's Purpur fallend» machte (wobei Goethe unter «Purpur» ein helles Rot verstand), während ein rosa Licht den umgekehrten Effekt hervorbrachte. Hier scheint in Ansätzen eine allgemeine Theorie der Farbe vorzuliegen, die in der Farbe das Produkt einer «Mäßigung des Lichtes» durch das Dunkel erkennt. Goethe geht jedoch vorsichtig zu Werke, und so zieht er erst am Ende seiner Abhandlung die naheliegende Parallele zu seinen Schlüssen aus den Versuchen mit dem Prisma: daß Gelb und Blau in einem gegensätzlichen und doch komplementären Verhältnis zueinander stehen.

Während er noch die Schatten studierte, begann Goethe, sich auch für die chemisch verursachte Veränderung von Farben zu interessieren und über das Wesen seiner experimentellen Methode nachzudenken. Sein Hauptanliegen während des ganzen Jahres 1793 blieb indes das Prisma, und so entwarf er verschiedene Vorstudien zu einem vierten Stück der *Beiträge zur Optik*, den «Versuch, die Elemente der Farbenlehre zu entdecken», der, wie die Titelformulierung verrät, als Kompendium seiner neuen Wissenschaft analog zu der botanischen Abhandlung gedacht war, jedoch Fragment blieb. Die Fülle der neuen Gedanken, die sich in diesem Versuch zusammendrängen, beweist, daß Goethe noch weit von jedem schlüssigen Ergebnis entfernt ist, doch gibt es auch Hinweise darauf, daß schon bald eine Neukonzeption der gesamten Untersuchung notwendig werden könnte. Die Geschichte der Farbenlehre wuchs sich in dem Maße zu einer eigenständigen Betrachtung aus, wie Goethes Lektüre immer umfangreicher wurde und seine Einsicht in die kollektive Natur wissenschaftlicher Betätigung in ausgeklügelten Plänen für die Zusammenarbeit aller Arten von Fachleuten an diesem Projekt ihren Ausdruck fand. Im vierten Stück der *Beiträge* selbst unterschied er streng zwischen Weiß, Schwarz und Grau, die farblos sind, und den eigentlichen Farben, und eröffnete endlich die offene Polemik gegen Newtons Auslöschung dieses Unterschieds. In dem Maße, wie sein Interesse am gesamten Spektrum der Farberscheinungen wuchs, begann er, die einfache «Polarität» von Blau und Gelb – der Begriff wurde in einem Brief von 1792 versuchsweise vorgeschlagen – zu einer kreisförmigen Darstellung von sechs Farben zu erweitern, etwa so:

«Purpur [Rot]

Blauroth [Orange]   Gelbroth [Violett]

Gelb   Blau

Grün»

Der Entwurf eines solchen Schemas bedeutet, eine Beziehung zwischen seinen Teilen zu postulieren, und Goethe suchte bereits nach einem Terminus, um den Übergang zu bezeichnen, durch den zum Beispiel Gelb zu Orange oder Blau zu Violett und beide durch diese Durchgangsstationen zu Rot wurden. So gebrauchte er zum Beispiel das Wort «verstärken» für die Auswirkung eines blauen oder gelben Harzüberzuges auf eine Farbe oder für das Konzentrieren farbiger Flüssigkeiten: Die Farben würden dadurch nicht dunkler, sondern sie würden lebhafter gemacht und nähmen eine rötliche Tönung an. (Andere Bezeichnungen für denselben vermuteten Vorgang waren «Verdichtung», «Erhöhung», «Übergang» und «Umwendung».) Terminologie und Theorie entwickelten sich Hand in Hand: Als Goethe im Laufe des Jahres 1793 davon abging, den die Farbe erzeugenden Rand «Hinderniß» für das Licht zu nennen, und statt dessen von einer «Begränzung des Bildes» sprach, hatte er damit praktisch eine Neuinterpretation aller seiner bisherigen Ergebnisse beschlossen. Am Ende einer langen Reihe von Versuchen zur Lichtbrechung sagte er Ende 1793: «In unserem Auge liegt das Gesetz, ... einen gelben Rand, ... einen blauen Rand zu sehen», und damit begann eine neue Phase in seinem Studium der Chromatik. (Er hatte allerdings noch nicht den Begriff entdeckt, um die von der Lichtbrechung unabhängige Eigenschaft des Glases in einem Prisma zu bezeichnen, überhaupt Farben hervorzubringen.)

Obgleich von Goethe zweifellos in den Gesprächen mit Körner 1790 verwendet, tauchen die von Kantianern bevorzugten Begriffe «subjektiv» und «objektiv» erstmals in seinen Schriften Ende 1791 auf, und zwar im Zusammenhang mit seinem Werk über die Farbe. Im Vorfrühling jenes Jahres hatte er eine ausführliche Inhaltsangabe der *Kritik der reinen Vernunft* (bis zur Transzendentalen Dialektik) angefertigt und dabei Carl August im Scherz die erotische Umsetzung der zwölf Kategorien nahegelegt. Einige Monate später erblickte «Der Kritiker» – zu dem er sich stilisierte – in Kants kopernikanischer Wende ein Vorbild für seine eigene Subversion der Orthodoxie in der Optik, als er für Prinz August die erste Zusammenfassung seiner Versuche festhielt. Sein Sprachgebrauch verrät freilich, daß er sich die Ideen Kants nur unvollkommen angeeignet hatte. Er wandte die Bezeichnungen «subjektiv» und «objektiv» in einer Bedeutung auf Versuche an, die Kant übertrieben eng erschienen wären: «Subjektive» Versuche sind jene, in welchen das Licht direkt durch das Prisma auf die Netzhaut fällt; «objektive» Experimente jene, in denen das Licht vom Prisma zuerst auf eine Wand oder einen Schirm geworfen und somit das Bild mehreren Betrachtern gleichzeitig sichtbar gemacht wird. «Subjektiv» bedeutete also im ersteren Falle nicht spontan im und vom Beobachter hervorgebracht, sondern besonders empfänglich für den ungehörigen Einfluß des persönlichen Vorurteils. Es war Goethe noch nicht klar geworden, wie wesentlich es war, daß den optischen Erscheinungen selbst, mit denen seine Versuche sich beschäftigten, zwangsläufig ein Moment des Subjektiven im weiteren Sinne des Wortes eignete und daß er in der Farbe ein lebendiges und beständiges Beispiel für jenes harmonische Zusammenwirken einer Seele mit ihrer Welt vor Augen hatte, in das er seit der Beendigung seiner *Iphigenie*-Überarbeitung das Vertrauen verloren hatte. Statt dessen scheint sein Hauptanliegen gewesen zu sein, die – in seinem Sinne – «Subjektivität» der newtonischen Methode zu erweisen: ihr Bestreben, eine bloße «Meinung», eine «künstliche Hypothese» als Tatsache auszugeben:

Daß der Stein fällt ist Factum, daß es durch Attraction geschehe ist Theorie, von der man sich innigst überzeugen, die man aber nie erfahren, nie sehen, nie wissen kann.

Es ist anzunehmen, daß Goethe in seiner Feindschaft gegen Newtons Methode damals durch die Lektüre (oder erneute Lektüre) des ersten Teils des *Novum Organum* von Francis Bacon bestärkt wurde, des Erzkritikers der Vor-Urteile oder «Idolae», durch die wir uns den klaren Blick auf die Natur trüben lassen, und einige Jahre lang hinterläßt denn auch ein baconisches Verständnis des naturwissenschaftlichen Versuchs seine Spuren in Goethes Werk. In einem 1792 entstandenen Aufsatz – später ziemlich irreführend *Der Versuch als Vermittler von Object und Subject* betitelt – tadelt Goethe die isolierten und pedantischen Versuche Newtons, die lediglich dazu dienen, dem Glauben des Meisters an die unterschiedliche Brechbarkeit des Lichts zu schmeicheln, und stellt ihnen seine eigenen zahlreichen, aufeinander bezogenen und sich scheinbar wiederholenden Versuchsreihen gegenüber, die jeden Aspekt einer Erscheinung vor Augen führen und uns nur mit ihr vertraut machen wollen, da sie unverfälscht durch jegliche Meinung sind. Mit der Unterstellung, etwas so offenkundig Einfaches und Reines wie weißes Licht könne ein Zusammengesetztes sein, noch dazu aus Farben, zwang Newton der Welt seine Meinung auf, zu Lasten von Goethes Sinnenzeugnis. Eine Hypothese, nicht erfahrbar und nicht wißbar, durfte darüber entscheiden, was wirklich war, und das Konkrete und Sichtbare sollte als bloßer «Schein» behandelt werden: Etwas von dieser Überzeugung muß dem tätigen Interesse zugrunde gelegen haben, das Goethe 1792 der Phosphoreszenz des «Bologneser Steins» entgegenbrachte (erhitzter Schwerspat oder Baryt aus Bologna, dessen Sulfidanteil unter Lichteinwirkung aufleuchtet). Aufgrund einer Anregung seines Schützlings, des Jenenser Chemikers Göttling, entdeckte er, daß seine Proben des Bologneser Steins wohl in violettem prismatischem Licht, nicht aber in rotem leuchtend wurden, woraus er schloß, daß Farbunterschiede keineswegs bloßer «Schein», sondern feste und meßbare Realitäten waren (eine Position, die, wie ihm entgangen zu sein scheint, auch Newton vertrat), daß also

die beiden einander gegenüberstehenden Farbenränder eine ganz verschiedene Wirkung, ja eine entgegengesetzte äußern, und da sie beide nur für Erscheinung gehalten werden, einen solchen reellen und ziemlich lange daurenden Einfluß auf einen Körper zeigen.

Farben waren «wirklich»: Goethe war in dieser Phase zu keinem Kompromiß mit der newtonischen Ansicht des Koadjutors Dalberg bereit – der die Abhandlung Goethes im Manuskript ausgiebig mit Randbemerkungen versah und eine eigene verfaßte –; danach waren Farben die Reaktion des Sehapparats auf farblose Reize in Übereinstimmung mit den allgemeinen Gesetzen der Physik. Er registrierte mit giftigem Sarkasmus das Eingeständnis Newtons, daß man aus der Mischung von Farbpigmenten nicht wieder ein glänzendes Weiß zu gewinnen vermag, sondern nur einen Grauton, der gleichwohl die schmutzige Weiße «der Nägel, der Asche, der Steine» hat, «*weiß* wie *Asche, Mörtel* und *Koth*». Goethe hielt seinen Casus für bewiesen. Aber sein Hohn wich der Empörung, wenn Newton als nächstes seine Probe von wieder hergestelltem Grau ans Sonnenlicht hielt, mit einem weißen Stück Papier im Schatten verglich und zu dem Schluß kam, daß der Unterschied zwischen Grau und Weiß eine Frage der Intensität des Lichts, nicht der Beschaffenheit der Farbe sei und er daher wirklich das Weiß aus seinen Bestandteilen wieder zusammengesetzt habe. Hatte man jemals einen eklatanteren Fall von Manipulation der Versuchsbedingungen gesehen, protestierte Goethe: «Heißt das messen, wenn man die Kriterien des Unterschieds gegen einander aufhebt?» Er wollte gerne zum einen glauben, daß Farben so sind, wie sie aussehen (gemischt sehen die Pigmente grau aus, daher sind sie nicht weiß), und zum andern, daß sie immer sie selbst sind, wie man sie auch aussehen läßt (die weiße Farbe des Papiers ist «wirklich», das Grau, das es im Schatten zeigt, ist nur Schein). Goethes «Realismus» in bezug auf Farben lief auf eine Unklarheit darüber hinaus, was an diesen Erscheinungen dem Beobachter zuzuschreiben war und was dem beobachteten Gegenstand, und nicht zuletzt wegen dieser Unklarheit machten die *Beyträge zur Optik* wenig Fortschritte und endeten mit der zweiten Lieferung. Ohnehin war Bertuch nicht bereit, das Unternehmen fortzuführen.

War dies alles Unsinn? Der Rezensent des ersten Stücks der *Beyträge zur Optik* in der *ALZ* war höflich, sein Kollege, der für die *Gothaischen Gelehrten Zeitungen* schrieb, äußerte sich schärfer, aber beide waren darin einig und wiesen ausführlich nach, daß der Beitrag nichts Neues oder Unerklärliches enthielt; beide erkannten, daß Goethe den Schein einer Polarität durch die von ihm vorgeschriebenen Versuchsbedingungen erzeugt hatte, und der Gothaische Rezensent stellte klipp und klar fest, daß der wenig hilfreiche Aufbau das Werk als Leitfaden für den Neuling auf diesem Gebiet ungeeignet machte. Die Abschnitte der veröffentlichten *Beiträge zur Optik*, die den Versuchen mit dem Prisma gewidmet sind, sind ein einziger ebenso geistreicher wie hartnäckiger Irrtum, und wenn Goethes Farbenlehre auf nicht mehr als dies hinausliefe, müßte man sie als Verschwendung von Zeit und Mühe (seiner wie unserer) abtun. Aber Goethes Farbenlehre sollte mehr werden – und war in ihrer Konzeption bereits mehr – als eine Sache von Prismen. Die ganze Welt, die Goethe bewohnte, war eine farbige Welt, und Farbe zu beobachten und zu verstehen hieß für diesen Mann mit den großen dunklen Augen, die jedermann auffielen, das eigene Leben zu beobachten und zu verstehen. Die einleitenden Absätze des ersten Stücks der *Beiträge zur Optik* enthalten eine verborgene autobiographische Apologie für das, was nur scheinbar ein neuer Weg war. Goethe beginnt mit der Erinnerung an das Thema seiner ersten naturwissenschaftlichen Publikation: Höhepunkt der Metamorphosen einer wachsenden Pflanze ist die «Hochzeitfeier» ihrer «vegetabilische[n] Natur», die rasche Entfaltung ihrer Fortpflanzungsorgane, die einhergeht mit einer Explosion von «entschiedenern Farben», welche sich von den friedlichen Grüntonen des übrigen Jahreskreises abheben. «Die Dauer künftiger Geschlechter wird entschieden und wir sehen in diesem Augenblicke die schönsten und muntersten Blumen und Blüthen.» Farbe ist ein geheimnisvoll geordnetes sinnliches Vergnügen, ihr Geheimnis ist das des Lebens, der Sehnsucht, des Daseins selbst, ihr Studium der natürliche Gipfel der Botanik, ja eines Botanikerlebens:

Eben so wird es uns, wenn wir eine Zeitlang in dem schönen Italien gelebt, ein Mährchen, wenn wir uns erinnern, wie harmonisch dort der Himmel sich mit der Erde verbindet und seinen lebhaften Glanz über sie verbreitet. Er zeigt uns meist ein reines tiefes Blau; die auf- und untergehende Sonne gibt uns einen Begriff vom höchsten Roth bis zum lichtesten Gelb; leichte hin und wieder ziehende Wolken färben sich mannichfaltig, und die Farben des himmlischen Gewölbes theilen sich auf die angenehmste Art dem Boden mit, auf dem wir stehen. Eine blaue Ferne zeigt uns den lieblichsten Übergang des Himmels zur Erde, und durch einen verbreiteten reinen Duft schwebt ein lebhafter Glanz in tausendfachen Spiegelungen über der Gegend. Ein angenehmes Blau färbt selbst die nächsten Schatten; der Abglanz der Sonne entzückt uns von Blättern und Zweigen, indeß der reine Himmel sich im Wasser zu unsern Füßen spiegelt. Alles was unser Auge übersieht, ist so harmonisch gefärbt, so klar, so deutlich, und wir vergessen fast, daß auch Licht und Schatten in diesem Bilde sei. Nur selten werden wir in unsern Gegenden an jene paradiesischen Augenblicke erinnert, und ich lasse einen Vorhang über dieses Gemählde fallen, damit es uns nicht an ruhiger Betrachtung störe, die wir nunmehr anzustellen gedenken.

Farbe ist ein Paradies, erinnert in einer gefallenen Welt: Sie ist die Quintessenz Italiens, herausgefiltert in einem schmerzlichen Abschied, aber jetzt für den, der nach ihr sucht, eingeflößt dem Hier und Heute «unserer Gegenden». Mit der Hinwendung zur Farbe widmet sich der ruhige Betrachter nichts Geringerem als der Wiedergewinnung des «märchenhaften» Goldenen Zeitalters; denn die Vollkommenheit der Erscheinung, die er darzustellen trachtet, ist ein Augenblick harmonischer sinnlicher Erfüllung, wie Goethe ihn in den Zeilen aus *Nausikaa* eingefangen hatte, die er hier anklingen läßt. Das persönlich Drängende der Erinnerung – offenkundig in dem insistierend wiederholten «wir» und «uns» – scheint eher Torquato Tasso anzugehören als einem Naturwissenschaftler; doch ist sie die verborgene Quelle der Besessenheit, mit der Goethe seine Farbstudien trieb. Er spricht den Akt der Verhehlung ebenso befremdend deutlich aus wie damals, als er «Warum gabst du uns die tiefen Blicke» schrieb; doch hielt er Wort und gestand niemals wieder offen ein, daß es das Ziel all seiner Forschungen über die Farbe war, den Weg zurück zu den Gärten des Alkinoos zu finden.

1792 bekannte Goethe in einem Brief, «daß ich alles andre darüber liegen lasse und fast vergesse»: «Das Licht und Farbenwesen verschlingt immer mehr meine Gedankensfähigkeit und ich darf mich wohl von dieser Seite ein Kind des Lichts nennen.» In Italien hatte er am Tisch der Götter gegessen; in der Chromatik lebte er sein Leben wieder als göttlich: Für die dem ersten Stück der *Beiträge zur Optik* beiliegenden Karten entwarf er einen symbolischen Schuber, der sein eigenes rechtes Auge im Himmel zeigte – sozusagen das Auge Gottes –, wie es strahlend gleich der Sonne aufging, die Wolken des Irrtums vertrieb und sich mit der Farberscheinung *par excellence*, dem Regenbogen, umgab, erzeugt zwischen Licht und Finsternis. Darunter liegen die polemisch notwendigen, aber nunmehr entbehrlichen Instrumente dieser Offenbarung, eine Linse und ein Prisma (dessen dreieckiger Querschnitt die Erinnerung an ein Emblem Gottes verstärkt). Das Geheimnis von Licht und Farbe ist für aller Augen sichtbar: Es liegt nicht irgendwo im Unsichtbaren vergraben, der Exhumierung durch Instrumente und Berechnungen bedürftig (welche freilich gegen jene eingesetzt werden mögen, die sie ursprünglich zur Verdunkelung der Wahrheit mißbraucht haben). Es ist etwas ebenso Delikates und zugleich Schamloses wie das Blühen und Fruchttragen von Pflanzen, das es überglänzt. Goethe wird zur Zeit seiner eigenen «Hochzeitfeier» zu ihm hingezogen, und wenn er jetzt in dem Versuch, es zu begreifen, den Begriff der polaren Opposition anführt – der zwar so alt wie die Alchimie und sowohl Herder als auch Kant vertraut war, aber bisher in Goethes wissenschaftlichem Denken keine wichtige Rolle gespielt hatte –, dann muß dies zumindest teilweise daran liegen, daß sein Leben jetzt von der Erfahrung des sexuellen Unterschiedes beherrscht wird. Der Eintritt in das Geheimnis des Unterschiedes zwischen Mann und Frau bezeichnet eine Veränderung in seiner Karriere, die ebenso entscheidend ist wie der Augenblick, da eine Pflanze die Möglichkeiten der vegetativen Reproduktion hinter sich läßt und sich auf die Ausbildung ihrer Geschlechtsorgane konzentriert: Vielleicht ist der Augenblick der Verengung und scheinbaren Sterilität in seinen Schriften seit 1789 zugleich das Vorspiel zu der glänzenden Entfaltung von Farben (und einer Theorie der Farben). Aber

11. Goethe: *Augenvignette (Holzschnitt nach einer Zeichnung von Goethe),
aus:* Beiträge zur Optik *(1791)*

selbst wenn man einräumt, daß Goethes Beschäftigung mit der Farbenlehre die ganze emotionale Aufladung seiner verlorenen und nicht völlig definierbaren Erfüllung in Italien und seiner problematischen sexuellen Erfüllung daheim aufweist, bleibt dennoch die Frage: Ist er zu einer Theorie gelangt, hat er die Worte geschrieben, die eine objektive Entsprechung dieser privaten Bedeutung darstellen würden? Die Überzeugungen, die er in den *Beiträgen zur Optik* vertritt, sind allzu eigensinnig persönlich und zugleich nicht persönlich genug: keine Wissenschaft und – zum Teil eben darum – auch keine Dichtung. Besonders in den zwei veröffentlichten Stücken der *Beiträge* findet Goethes Leidenschaft für jene Einheit der individuellen Erfahrung, die er in dem Augenblick seiner ursprünglichen Einsicht durch die Newtonische Theorie verletzt sah, keinen Ausdruck. Sie sind *zu* objektiv, zu ausschließlich mit der absurden Aufgabe befaßt, die optische Physik neu zu erfinden, und deshalb ist es wichtig, daß sie falsch sind. Goethe sagte denn auch um 1800 über diese Zeit, daß seinem Vorankommen eine «realistisch objektive Erklärungsart ein langes Hinderniß» gewesen sei. In einem Epigramm, das wahrscheinlich im Sommer 1791 als Erwiderung auf kritische Einwände entstand, wie sie Prinz August erhob, trennte er nachdrücklich seine objektiven wissenschaftlichen Interessen von der Dichtung des Gefühls, in der er einst geglänzt hatte, und verband jene statt dessen mit der sinnlichen Befriedigung, die schließlich an die Stelle der Sehnsucht getreten war:

> Mit Botanik gibst du dich ab? mit Optik? Was tust du?
> Ist es nicht schönrer Gewinn, rühren ein zärtliches Herz?»
> Ach die zärtlichen Herzen! Ein Pfuscher vermag sie zu rühren.
> Sei es mein einziges Glück, dich zu berühren, Natur!

«Seine Versuche über Farben und Lichtbrechung ... erregen bei den Kennern ... viel Achselzucken und bei den Spöttern Bonmots,» so Böttiger. Goethes Enttäuschung über die kühle Aufnahme, die seine neuen Ideen fanden, muß um so heftiger gewesen sein, als er gehofft hatte, unter Wissenschaftler-Kollegen jenen Geist der kollektiven Teilnahme an einem großen Vorhaben zu finden, den die Ausgabe seiner *Schriften* nicht zu wecken vermocht hatte. «Eine Wissenschaft kann nie das Besitzthum eines einzigen werden.» Die *Beiträge zur Optik* mit ihren so mühsam angefertigten Tafeln laden den Leser – direkter als irgendein Goethesches Gedicht – dazu ein, seine «Versuche» nachzumachen und seine Gedanken nachzuvollziehen. Als sich herausstellte, daß die für die Versuche erforderlichen Glasprismen im Handel schwer erhältlich waren und nicht zusammen mit den Karten vertrieben werden konnten, nutzte Goethe das zweite Stück der *Beytäge* dazu, dem «Liebhaber» der Optik Winke zu geben, wie er sich ein großes Prisma in Form eines mit Wasser gefüllten Glastrogs selber verfertigen konnte (wobei ihm «ein geschickter Glaser» und «jeder Tischler» helfen würde). Der Buchdruck war hier lediglich das Medium, um ein ausgedehntes Gespräch unter begüterten Männern zu führen, die *Beiträge* eine Art Rundbrief, um den Kontakt unter den «mehreren» – wie Jacobi oder Reichardt, Forster oder Lichtenberg – zu halten, die «zu gleicher Zeit» diese «großen Gegenstände» bearbeiten mußten, «wenn die Wissenschaft fortrücken soll». Doch die *Beiträge* hinterließen sogar einen noch schwächeren Eindruck als *Die Metamorphose der Pflanzen*, die immerhin eine günstige Besprechung durch den Philosophen Salomon Maimon, den Freund Karl Philipp Moritz', gefunden hatte und von einem Jenenser Arzt, der an der Universität Dozent war, zum Gegenstand einer Vorlesungsreihe gemacht worden war. Goethe konnte es vielleicht dem Ansturm der Revolution zuschreiben, daß «die Aufmerksamkeit meiner Zeitgenossen» «anders beschäftigt» war und daß er seine Arbeit «dem folgenden Jahrhundert» empfehlen mußte, um sich in der Einsamkeit mit dem Gedanken zu trösten, «wie wohlthätig … sie das Gemüth von andern zudrängenden Gedanken ableitet». Auf der anderen Seite war seine Optik selbst – in einem nicht nur vordergründigen Sinne – eine revolutionäre Beschäftigung. Er spielte mit der Vorstellung, daß sein Angriff auf Newtons Despotismus die Erstürmung einer alten Bastille sei, doch muß er auch erkannt haben, daß die Revolution selbst zum Teil von den französischen Kollegen jener Männer gemacht worden war, deren Billigung er suchte. Geistig war er dabei, sich von jener höfisch-feudalen Ordnung abzuwenden, der er äußerlich – abgesehen von dem peinlichen Fräulein Vulpius – stärker denn je verbunden schien. Die internationale Welt der Wissenschaft, in die er einzutreten versuchte, war eine Republik, in der die einzige Hierarchie die des Verdienstes war, und es war nicht bloße Ironie, wenn er dem Revolutionsfreund Knebel «in dem Schooße wissenschaftlicher Demokratie» in Jena Glück wünschte. Wenn Goethe den Blick von den Ereignissen in Frankreich abwendete und vorgab, die Farbenlehre sei eine «wohltätige Ableitung» von ihnen, dann nicht nur darum, weil diese Ereignisse die politische Ordnung, von der er jetzt abhängig war, in Frage stellten, sondern auch, weil sie ihn daran gemahnten, wie sehr seine eigenen literarischen und wissenschaftlichen Ambitionen mit dieser Ordnung über Kreuz lagen und immer gelegen hatten.

Im Sommer 1791 machte sich Goethe daran, den demokratischen Geist der neuen Gelehrsamkeit auch am Hof zu Weimar einzuführen. Daß er seiner Wissenschaft damit ein Publikum schuf, wie er es im Buchdruck bisher nicht hatte erreichen können, wird ihm nicht entgangen sein. Anfang Juli erörterte er mit dem Herzog die Möglichkeit, in Weimar «eine gelehrte Gesellschaft» zu gründen, die sich auch auf die Ressourcen in Jena stützen sollte, und binnen Tagen war eine Satzung entworfen und von sieben anderen unterzeichnet, darunter Herder, Wieland, Knebel und Goethes enger Kollege Christian Gottlob Voigt, der nach dem Scheitern der Verhandlungen mit Schuckmann in Kürze in das Geheime Conseil aufgenommen werden sollte. Weimar besaß schon seine Gesellschaften, aber welch eine Langeweile, für eine Dame von Privileg wie Frau von Stein:

Cour Sonntags, Mittwochs bei der Herzogin-Mutter, Tanzklub Freitags alle vierzehn Tage, Montags bei der Herzogin-Mutter die Assemblee der schönen Geister oder so eine Akademie, wo gezeichnet, gelesen und Champagnerwein getrunken wird.

Ferner gab es in Weimar wochentags die verschiedenen Klubs, in denen Männer und Frauen, Adlige und Bürger zu Gespräch und Kartenspiel zusammenkamen. Goethe schwebte jedoch etwas Förmlicheres vor, allerdings mit einer Förmlichkeit, die ganz anders war als die bei Hofe. Die Freitagsgesellschaft, wie sie bald genannt wurde, nachdem man sich darauf geeinigt hatte, sich während der Saison soweit möglich jeden ersten Freitag im Monat zu treffen, kam abends von fünf bis acht Uhr zusammen, für gewöhnlich im Wittumspalais. Die Mitglieder trugen Abhandlungen oder sonstige Mitteilungen vor, deren keine aber, wie ausdrücklich vorgesehen, länger als eine halbe Stunde war:

> Sie [= die Herzogin-Mutter] ist bei diesen Sitzungen selbst, mit ihren zwei Hofdamen, die sie einst auch nach Italien begleiteten, gegenwärtig. Aber auch der regierende Herzog und dessen Gemahlin sind aufmerksame Zuhörer. Dies bringt übrigens bei den Anwesenden nicht den geringsten Zwang hervor. Jeder sitzt, wie er zu sitzen kommt, während das vorlesende Mitglied seinen Platz an einem besondern Tische einnimmt. In der Mitte des Saals steht eine große, runde Tafel, auf welche die mathematischen Instrumente, Zeichnungen, naturhistorischen Merkwürdigkeiten, deren Erwähnung geschehen soll, hingelegt werden. Ist nun eine Vorlesung vorbei, so steht Alles auf und tritt um die Tafel herum. Damit dazu Raum bleibe, wurden nach §.9. der Statuten dem Präsidenten 12 Admissionsbillets zum Vertheilen übergeben.], spricht, macht Einwürfe, hört und beantwortet die Fragen des Herzogs und der Herzoginnen, die nun mitten im Zirkel stehen, und nun gehts zu einer neuen Vorlesung und jeder nimmt wieder seinen Stuhl ein.

Die Eröffnungsrede, die Goethe am 9. September vor der Gesellschaft hielt, erinnerte in Worten, die sein Tasso gesagt haben könnte, an den Wert, den es für den einsam schaffenden Künstler habe, stets «das edelste Publicum» vor Augen zu haben; doch seien «die Freunde der Wissenschaft ... auch oft sehr einzeln und allein» und zögen Gewinn aus

> dem lebendigen Umgang mit unterrichteten Menschen und der Freimüthigkeit dieses Umgangs. Oft ist ein Wink, ein Wort, eine Warnung, ein Beifall, ein Widerspruch zur rechten Zeit fähig, Epoche in uns zu machen ... Man gibt nicht mit Unrecht großen Städten deßhalb den Vorzug ... Aber auch ein kleiner Ort kann in gewissem Sinne dergestalt begünstigt sein, daß er wenig zu wünschen übrig läßt.
> Wo in mehreren Menschen ein natürlicher unüberwindlicher Trieb zu Bearbeitung gewisser Fächer sich regt, ... wo an dem Platze selbst so viel Gelegenheit, Aufmunterung und Unterstützung statt findet, ... wo so manche Schätze der echten Kunst aufbewahrt, so manche Kenntnisse von Reisenden zusammengebracht werden, wo die Nachbarschaft thätige Männer in allen Fächern versammelt, ... an einem solchen Orte scheint es natürlich, sich gemeinschaftlich des Guten zu erfreuen, das man so bequem findet und genießt.

Selbstbeweihräucherung ist bei derartigen Anlässen nur das Gegebene, aber was Goethe sagte, entbehrte nicht der Wahrheit. Natürlich eröffnete er die

Veranstaltung mit einem Vortrag über die Farbenlehre, ein Thema, zu dem er gern zurückkehrte und für das er hier endlich ein aufnahmebereites Publikum fand:

> Göthe ist ebenso groß als scharfsinniger Demonstrator an der Tafel, als ers als Dichter, Schauspiel und Operndirector, Naturforscher und Schriftsteller ist. ... Es ist Wonne, Goethe über solche Gegenstände mit lichtvoller Präcision sprechen zu hören. Wieland spricht viel weitschweifiger ...

Aber seine folgenden Beiträge zur Freitagsgesellschaft – seine Gedanken zu den Pholadenlöchern im Tempel von Pozzuoli oder zur Identität Cagliostros, ein Versuch über Stil von Moritz, Auszüge aus einem botanischen Lehrgedicht in deutschen Hexametern von einem schwedischen Schüler Linnés – waren ebenso vielfältig wie das restliche Jahresprogramm. Manche dieser halben Stunden standen mehr im Zeichen der Erheiterung als der Belehrung: Apotheker Buchholz erzeugte den Geruch fauler Eier und tilgte ihn mittels eines Kohlefilters; der Mineraloge Lenz führte sein Steckenpferd vor, eine Sammlung von Spulwürmern, samt Anekdoten von bedenklichem Geschmack über die Damen, denen er sie abgewonnen hatte. Der Herzog, der das ohne Zweifel zu schätzen wußte, zeigte ebenfalls Interesse an den mehr praktischen Ideen, die vorgetragen wurden – zum Beispiel dem Vorschlag, Kugeln mit einer Schnur zu versehen –, und obgleich er Herders Reflexionen zur Unsterblichkeit Beifall zollte, waren es doch die Empfehlungen zur Verlängerung des gegenwärtigen Lebens – die später so genannte Makrobiotik – des Weimarer Arztes C. W. Hufeland (1762–1836), die Carl August sogleich den Vorsatz fassen ließen, diesem eine Professur in Jena zu verschaffen (ein Vorsatz, den er bemerkenswerterweise auch verwirklichte). Es gab aber auch genügend Beweise dafür, daß Weimar in der Tat zu einem Musenhof wurde, und wie sein Kollege im *Tasso* durfte der Herzog das Gefühl haben, daß alles, was er hörte, «in gewissem Sinne» sein Werk war: Bode las Auszüge aus seiner nie mehr übertroffenen Montaigne-Übersetzung, Meyer zeigte sein Gemälde *Kastor und Pollux entführen die Töchter des Leukippos*, dessen Farbgebung der Goetheschen Theorie entsprach (Wieland war mehr vom Sujet fasziniert, einem Stück von seinem «heidnischen Evangelium», wie er sagte), und der Neuankömmling Carl August Böttiger (1760–1835), Direktor des Weimarer Gymnasiums und klassischer Archäologe, trug eine Arbeit über die Schmuckvasen des Altertums vor, die jüngst von Wedgwood nachgemacht worden waren. Es zeigte sich, daß Goethe recht hatte und Weimar sein Teil an weitgereisten Kunstkennern besaß:

> So ließ die Herzogin Mutter einige dergleichen ächte Antiken aus ihren Zimmern holen, ... Da fast die Hälfte der hier anwesenden Gesellschaft selbst in Italien zu Florenz und Portici die schönste Sammlung dieser Prachtgefäße gesehen hat: so war die durch meine Vorlesung entstandene Unterredung mir sehr belehrend.

Bertuch, der Publizist und Geschäftsmann mit besonderer Verantwortung für den Park an der Ilm, lieferte Beiträge über chinesische Farben und die

Geschichte der Landschaftsgärtnerei, und Voigt schmeichelte auf feine Weise dem Herzog – der gerade die Weimarer Stände zu überreden suchte, einige Bestimmungen des neuen preußischen Gesetzbuches zu übernehmen – mit einem Vergleich zwischen diesem Gesetzbuch und seinen Widersachern in Berlin und den Reformen des Justinian und den sie begleitenden Intrigen. Ein Besucher aus Sachsen, der soeben aus Paris zurückgekehrt war, fühlte sich nach Voigts Vortrag zu der Überlegung bemüßigt, warum wohl «solche literarische Zirkel» in Dresden ein Ding der Unmöglichkeit seien – zu seinen Gründen mochten die Größe und Eleganz des sächsischen Hofes und dessen geographische Entfernung von Leipzig zählen. Goethe hatte die geistig produktiven Elemente seines auserwählten kleinen Herzogtums erkannt und sie endlich zusammengeführt: den Hof, die Universität, die berufsmäßigen und dilettierenden Literaten und Künstler Weimars, die Beamten (Voigt und Böttiger) mit ihren gelehrten Nebenbeschäftigungen und sogar den Vorzeige-Unternehmer Bertuch. Es war nicht wirklich ein Publikum – dafür war es zu klein –, aber es war ein Miniaturabbild dessen, woraus ein deutsches Publikum voraussichtlich bestehen mochte.

Es sei Illusion, ja «Selbstbetrug», erklärte Goethe der Freitagsgesellschaft bei der Eröffnungssitzung, sich vorzustellen, «daß ein bildender Künstler, in seine Werkstatt geschlossen, gleich einem andern Prometheus oder Pygmalion von seiner angebornen Kraft getrieben, unsterbliche Werke hervorbringe und keinen Rathgeber brauche außer seinen Genius.» Selbst wenn er der Freitagsgesellschaft entraten muß, steht ihm die Weisheit aller Zeiten und, dank der immer schnelleren Verbreitung von Druckwerken, zunehmend auch die der Zeitgenossen zu Gebote: «Wir verdanken ... dem Bücherdruck und der Freiheit desselben undenkbares Gutes.» Nie zuvor hatte Goethe eine so günstige Meinung über den Buchdruck geäußert. Trotz der schwachen Reaktion auf sein Unternehmen bei Göschen und obgleich er wenig Neues zu veröffentlichen hatte (denn Herder war der Ansicht, daß die *Elegien* und *Epigramme* im wesentlichen im Privatbereich verbleiben sollten, und «ich habe blindlings gefolgt»), brachte das Jahr 1791 für Goethe die ersten Ansätze zu einer vollkommen neuen Einstellung zum Publizieren. Die Göschen-Ausgabe war ein Denkmal gewesen, das die Leistung eines halben Lebens formalisiert hatte und fast verächtlich am Ende eines zehnjährigen Schweigens errichtet ward, in dessen Verlauf der Autor und seine Leser einander schier vergessen hatten. 1791 aber, als Goethe Zugang zu der modernen wissenschaftlichen Gemeinde zu suchen begann, die durch das gedruckte Wort zusammengehalten wurde, und er vielleicht auch zu erkennen begann, daß der Hof allein ihm nicht das Publikum stellen konnte, das er benötigte, begann sich in ihm wieder etwas von dem Gefühl seiner berauschenden zwanziger Jahre zu regen, daß er im Medium des Buchdrucks mit den Besten seiner Nation konversieren oder zumindest korrespondieren konnte. Das Buch und besonders die periodische oder Gelegenheitspublikation war ein Vehikel nicht nur für Kunstwerke, sondern auch der Kommunikation. Außerdem war es, was einem bürgerlichen Familienvater zu bedenken wohl anstand, ein Mittel, um Geld zu verdienen. Im Sommer und Herbst 1791 verkaufte Goethe zum erstenmal in seinem Erwachsenenleben einige Gedichte – die dreizehnte seiner *Elegien* (die nun in einer Handschrift vereinigt und als Sammlung durchnumeriert waren) sowie einige der annehmbareren *Epigramme*, die in einer von Moritz herausgegebenen Zeitschrift erschienen. Moritz scheint auch als Vermittler zum Berliner Verleger Unger fungiert zu haben, der schon *Das Römische Carneval* gedruckt hatte und der sich – «Er ist reich, hat keine Kinder und arbeitet gern um die Ehre» – nun geschmeichelt fühlte, die Verantwortung für eine noch unbestimmte Reihe mit Goethes *Neuen Schriften* übernehmen zu dürfen. In unregelmäßigen Abständen erscheinend, sollten die numerierten Bände – man ging davon aus, daß es ihrer schließlich acht werden würden – das hauptsächliche, offizielle literarische Unternehmen Goethes in den folgenden zehn Jahren sein. Das Bemerkenswerteste an der Übereinkunft mit Unger – ob es einen regulären Vertrag gab, ist unklar – war die Tatsache, daß Goethe sie überhaupt einging. Er setzte sich nicht dem Druck aus, den einst die Abmachung mit Göschen erzeugt hatte, und mit 500 Talern pro Band bekam er zugegebenermaßen das Doppelte des Honorars, das Göschen gezahlt hatte; aber er verpflichtete sich dazu, alles, was er schrieb, kontinuierlich und ziemlich unverzüglich zu publizieren: Die Tage des Einpersonenpublikums lagen endgültig hinter ihm. Der erste Band sollte aus dem *Groß-Cophta* bestehen (er enthielt dann noch einen Essay über Cagliostro und einen Abdruck des *Römischen Carnevals*), und als Goethe das Buch Körner ankündigte – zusammen mit dem ersten Stück der *Beiträge zur Optik* –, versicherte er ihm: «Seyn Sie überzeugt, daß Sie mit zu dem Publico gehören, das ich vor Augen habe, wenn ich arbeite.» Das Scheitern des *Groß-Cophta* auf der Weimarer Bühne – das Stück anderswo aufzuführen versuchte niemand – war für Goethe so etwas wie ein Augenblick der Wahrheit. Getroffen von diesem Rückschlag und dem Desinteresse an *Erwin und Elmire* und an *Claudine von Villa Bella*, schrieb er Ende Juli an Reichardt, daß es wenig Sinn habe, das Stück in eine Oper zurückzuverwandeln:

> Ich schreibe jetzt wieder ein paar Stücke die sie nicht aufführen werden, es hat aber nichts zu sagen, ich erreiche doch meinen Zweck durch den Druck indem ich gewiß bin mich auf diesem Wege mit dem denkenden Theil meiner Nation zu unterhalten, der doch auch nicht klein ist.

Er hatte endlich doch entdeckt, daß er ein Literat und daß sein Medium die Lettern waren. Wie leicht es ihm fallen würde, ein paar Stücke zu schreiben – spielbar oder nicht –, blieb freilich abzuwarten: Die Tage waren vorüber, da er ein Stück vom Range des *Clavigo* in einer Woche verfassen konnte.

Goethe fühlte, daß er älter wurde. Das war keine reine Hypochondrie: Die Lebenserwartung des Mannes in Nordeuropa betrug damals bei der Geburt rund 38 Jahre. Mit 50 glaubte Voigt, sich «gegen eine so fatale Abnahme», wie

sie seine Zeitgenossen ereilte, «ermannen» zu müssen, und mit erst 48 Jahren
– in einem Alter, da der Theologe Griesbach bereits «der alte Griesbach» war
–, schrieb Frau von Stein, daß der Weg ihres Lebens durch «Blumen... durch
Wiese, Garten und Feld schon vorüber» sei: «Ich sitze nun am Abhang und
sehe in das ruhige dunkle Tal.» Die blasse, geschmeidige Gestalt, die 1786
nach Karlsbad aufgebrochen war, gehörte der Erinnerung an, Goethe nahm
zu, sein gesundes Aussehen bei der Heimkehr war vergessen, und die herrschende
Meinung in Weimar war, «daß er während seinem Aufenthalt in
Italien merklich gealtert habe». Die Vergangenheit – die «Frühlingsstunden
meines Lebens», woran ihn Briefe von Jacobi und eine Neuausgabe von dessen
Roman *Eduard Allwill* gemahnten – begann dahinzuschwinden: Herder
litt zunehmend an Rheumatismus und Beschwerden in der Hüfte, für Jacobi
wiederum glichen die Briefe Goethes «dem Anklopfen, dem Vorrüberrauschen
eines Gespenstes», und im Juli 1791 wurde bekannt, daß im Monat
zuvor Merck von seiner düsteren Krankheit übermannt worden war und sich
das Leben genommen hatte. Ein weiterer Weggefährte, dessen Leben, wie es
nun schien, ganz anders verlaufen war, schied still im Mai 1792 von dannen,
der arme, wahnsinnige Lenz, der auf einer Moskauer Straße zusammengebrochen
und gestorben war. Italien selbst war nach Goethes Rückkehr aus
Venedig der Erinnerung überantwortet worden: Noch immer sprach er «mit
vielem Enthusiasmus» von diesem Land – «Alles scheint zu lieblichem Genusse
einzuladen und Natur und Kunst bieten sich wechselseitig die Hand»
–; aber von einer neuen Reise war nicht die Rede, und in seinen wenigen
Skizzen aus der Erinnerung verbanden sich bereits Elemente aus Deutschland
und Italien zu einer Phantasielandschaft.

Das Italien, das Goethe jetzt interessierte, konnte «in Germanien geschaffen»
werden, wie er in der Widmung einer Auswahl aus den *Epigrammen*
schrieb, die er Anna Amalia zu ihrem Geburtstag am 24. Oktober 1790
schenkte, vier Monate nach der Rückkehr von ihrer großen Reise:

> Sagt, wem geb' ich dies Büchlein? Der Fürstin die mir's gegeben,
> Die uns Italien noch jetzt in Germanien schafft.

Im Jahr darauf wurde derselbe Anlaß mit einer neuen Italienreminiszenz
begangen: der Übersetzung von Cimarosas Oper *L'impresario in angustie*.
Die Bereicherung durch Meyer und Goethes wiederholte Bemühungen, Facius
weitere Belehrung in der Kunst des Gemmenschneidens angedeihen zu
lassen – Körner verschaffte ihm schließlich eine Stelle bei einem Dresdner
Handwerker –, waren die Fortführung eines Programms, das 1788 begonnen
hatte und das jetzt, wie Goethe hoffte, Unterstützung von einer Herzoginmutter
erfahren mochte, die auf Teegesellschaften und bei Exkursionen zum
Belvedere und nach Tiefurt tapfer den Schmerz ihres eigenen Verlustes besiegte
– der vielleicht weniger tief empfunden wurde, als Goethe sich ausmalte.
Der gewichtigste und mühsamste Punkt des Programms – und mit
einem geschätzten Aufwand von 12 000 Talern pro Jahr bei weitem der teu-

erste – war der Wiederaufbau des herzoglichen Schlosses, der jetzt neben dem Theater und dem Bergwerk die hauptsächliche offizielle Obliegenheit Goethes war. Das Richtfest für den Nordflügel des L-förmigen Bauwerks war kurz nach der Rückkehr der herzoglichen Gesellschaft aus Schlesien gefeiert worden, doch würden die Arbeiten noch Jahre dauern. Arens kam im Frühjahr 1791 nach Weimar und vollendete die wichtigsten Elemente seines Entwurfs für den Ostflügel: Die zwei massiven Blöcke oder «Pavillons» des alten Bauwerks sollten durch ein Portal zu einer einheitlichen Fassade verbunden werden; die Hauptsäle dahinter sollten deutlich kleiner, aber großartiger werden als ihre Vorgänger; und durch Beseitigung der herzoglichen Kapelle, die in der modernen Zeit überflüssig war, würde man Raum gewinnen – die sterblichen Überreste von Carl Augusts Ahnen wurden in ein Kellergewölbe, das sogenannte Heilige Grab, geschafft. Auch die Zukunft des Parks an der Ilm wurde ausführlich mit Carl August erörtert. Doch trotz eines großzügigen Gehalts und der Verleihung des Titels «Baurat» war Arens nicht bereit, sich auf regelmäßige Besuche der Baustelle einzulassen, was ihn von seiner lukrativeren Tätigkeit in Hamburg abgehalten hätte. Als im Januar 1792 dringend eine Änderung des Bauplans zu besprechen war, mußte Weimar den Bauherrn persönlich nach Hamburg schicken, um dort Arens zu konsultieren. Es war ein Zeichen zunehmender Unzufriedenheit und vielleicht auch zunehmender Ambitionen, daß Goethe an diesem Punkt Charles-Louis Clérisseau (1721–1820) engagierte, den Mitarbeiter Robert Adams und Jeffersons und einstigen Freund Winckelmanns, um von ihm einen Entwurf für die Innendekoration der Haupttreppe des Ostflügels erarbeiten zu lassen. Zwar wurde Clérisseaus Entwurf dann doch nicht realisiert; aber immerhin führten Arens' Besprechungen mit Carl August zu einem Ergebnis, in dessen Genuß noch heute jeder Besucher Weimars kommen kann. In dem Maße, wie der Park an der Ilm unter Bertuchs Leitung angelegt worden war, hatte das «Luisenkloster» seine Abgeschiedenheit verloren, ein neu angelegter Weg führte jetzt an ihm vorbei, und der Herzog, der das Gelände schon längst öffentlich zugänglich gemacht hatte, empfand das Bedürfnis nach einem verborgeneren Refugium. Arens schlug vor, am südlichsten, noch von dichtem Wald überwucherten Ende des Parks, wo das Gelände steil von dem Weg am Belvedere zum linken Ufer der Ilm abfiel, ein über den Abhang vorspringendes Häuschen nach Art einer einstöckigen neurömischen Villa auf einem antiken Fundament zu errichten. Es gibt keinen direkten Beweis, doch ist schwer zu glauben, daß Goethe keinen Anteil an dieser frappierend ungewöhnlichen Konzeption hatte, die so sehr mit seinen eigenen Hoffnungen im Einklang stand, die antike Welt, mochte sie auch in Trümmern liegen, in die Moderne einzubringen, das Mediterrane nach Norden zu holen. Am 28. März 1792 wurde der Grundstein zum sogenannten «Römischen Haus» gelegt – wie so vieles in dieser Zeit der bescheidene Anfang einer der herausragenden Leistungen in Goethes zweiter Lebenshälfte.

Das Bauen hatte Goethe sowieso Anfang 1792 im Sinn, da Carl August eine allgemeine Umversetzung seiner Weimarer Favoriten zu haben wünschte. Hauptsorge des Herzogs scheint es gewesen zu sein, für Miss Gore und ihre Familie, die sich entschlossen hatten, in Weimar seßhaft zu werden, ein Quartier zu finden, das ihrem anspruchsvollen Geschmack entsprach. (Engländer waren wohlhabend und daher wert, umworben zu werden: Im Sommer 1792 tauchte in Weimar der Oxforder Student Matthew Gregory Lewis [1775–1818] auf, um Deutsch zu lernen und Lesefrüchte aus der deutschen Literatur zu sammeln, die er später in seinem berühmt-berüchtigten Gruselroman *The Monk* verarbeiten sollte. Das Geld des Pflanzers aus Jamaica öffnete ihm alle Türen. Er wohnte bei Böttiger in Pension, konversierte mit Goethe, fand die Herzogin «ungemein leutselig und herablassend ... wir haben lauter Bälle, Soupers und Konzerte», und wurde unter dem Titel «Herr Baron Loewis» eingeladen, bei Hof zu speisen.) Während der Herzog sich nach einem Quartier für die Gores umgesehen hatte, war sein Blick auf das Jägerhaus gefallen, und zumindest in diesen Dingen blieben die Lebensnotwendigkeiten im *ancien régime* von den revolutionären Zeitläuften ganz unberührt: Goethe und sein Anhang würden eben ausziehen müssen. Nicht daß der Herzog ungenerös gewesen wäre – es gab ein anderes großes Haus an der Straße zum Belvedere, aber näher bei der Stadt, und das wollte er für Goethe kaufen, notfalls sogar zu einem überhöhten Preis. Dieses Haus wurde zwar gerade von Wieland und seinen Töchtern bewohnt (die älteste war jetzt mit dem Philosophen Reinhold verheiratet und lebte in Jena), die angeblich überaus verärgert waren und davon sprachen, Weimar zu verlassen; aber Wieland war ein sanfter und zugänglicher Mensch, und gewiß konnte man mit ihm zu einer Einigung kommen. Zum großen Glück – dürfen wir wohl sagen – gab es eine andere Möglichkeit; denn Dr. Helmershausen trug sich mit dem Gedanken, das Haus am Frauenplan zu verkaufen, dessen ersten Stock Goethe von 1782 bis 1789 gemietet hatte. Es war April, Carl August weilte in Aschersleben, um sein Regiment für den Krieg vorzubereiten, und die Verhandlungen sowohl mit Wieland als auch mit Helmershausen lagen in den Händen Voigts, da Goethe erklärt hatte, er wolle mit der Angelegenheit nichts zu tun haben. Als jedoch immer mehr Stimmen vernehmbar wurden, die gegen anachronistische Fürstenwillkür protestierten, als Wieland ihn persönlich aufsuchte und als Helmershausen immer neue Sonderkonditionen forderte, griff Goethe im rechten Augenblick ein. Wie sein eigener Antonio erkannte er eine Gelegenheit, wenn sie sich bot – mochte er auch wenig plausibel behaupten, er fürchte lediglich, im Winter unbehaust zu sein –, und so wies er Voigt aus eigener Machtvollkommenheit an, das Angebot an Helmershausen zu erhöhen und 6000 Taler aus der Schatulle des Herzogs zu zahlen, um den bedingungslosen Kauf eines Hauses abzuschließen, das er kannte und schätzte. Das war natürlich die gegebene Lösung – die Alternative wäre ein für immer zerrüttetes Verhältnis zu Wieland gewesen –, und Carl August scheint im Bilde gewesen zu sein; vielleicht war er sogar erleichtert, den Freund wieder in der Stadt zu haben, und hoffte, der Umzug werde ihn der Weimarer Gesellschaft wieder näherbringen: Er erhob keine Einwände gegen die Usurpation seiner Macht, erlaubte Goethe, das neue Haus mietfrei zu bewohnen, und kam sogar für die umfangreichen Veränderungen auf, die jetzt notwendig wurden. Bald trat Goethe wieder einmal in die Fußstapfen seines Vaters, der ebenfalls mit Mitte vierzig umgebaut hatte, und durchlebte erneut die Erregung von vor 36 Jahren: das frühmorgendliche Ausmessen in vertrauten, aber leeren Räumen, den kalten Dunst des Gipsstaubes in der Luft, die neuen Durchblicke, wenn alte Mauern eingerissen wurden. Hier bot sich endlich bei aller Unbequemlichkeit die Chance zu beweisen, daß Italien physisch in Deutschland nachgeschaffen werden konnte, und wenn er auch davon träumte, die Räume mit Friesen im altpompejanischen Stil zu säumen, war es ihm zunächst darum zu tun, jenes moderne Genie nachzuahmen, das Italien ihm offenbart hatte: Palladio und dessen größtes Bauwerk, die Carità. Vor allem wünschte er sich ein mächtiges Treppenhaus als Eingang: breite, bequeme, gut beleuchtete Stufen, die zu einem ausladenden Treppenabsatz im ersten Stock führten, mit einem verzierten Portal, von einer Büste überragt, das in den Wohnbereich führte und an den Wänden viel Platz für Bilder und Statuen bot. Zugegeben, das Haus war kein Renaissancepalazzo, sondern ein Werk des frühen 18. Jahrhunderts, mit einer sauberen, rationalen Abfolge von Zimmern, die parallel zur Straße lagen und deren anspruchslose Fenster symmetrisch zu beiden Seiten der Haustür gruppiert waren. Auch das neue Treppenhaus mußte daher parallel zur Straße errichtet werden und verschlang den Platz von je zwei Zimmern im Erdgeschoß und im ersten Stock. Es war wirklich keine gute Idee, und Goethe bereute sie sein Leben lang, mochte er das auch erst im Alter zugeben. Einer wirklichen Nachahmung Palladios näher kam er mit der bescheidenen, aber geistreichen Lösung des Problems der Privatgemächer, das er sich durch den gewollten Prunk des öffentlichen Eingangs selbst geschaffen hatte. Die Haupttreppe führte jetzt nicht mehr in den zweiten Stock; es war also notwendig, auf einer Seite des ersten Stocks einen zweiten Dienstbotenaufgang vorzusehen, aber der Raum war begrenzt. Inspiriert von der Carità – und beraten vom Baumeister des Herzogs –, ersann Goethe eine ovale Wendeltreppe auf ungleichseitigem viereckigem Grundriß, deren jede einzelne Stufe individuell behandelt werden mußte. Über diese neue Treppe gelangte man auch zu den hinteren Gebäuden, die parallel zur Hauptfront standen, aber von ganz anderem Charakter waren und auf den eingefriedeten Garten vor der Stadtmauer hinausgingen. Diese kleineren, informellen Räume sollten langfristig den Vulpius-Haushalt und gegenwärtig auch Goethe selbst beherbergen, als sie nun alle Ende Juni aus dem Jägerhaus auszogen, während die Bauarbeiten in vollem Gange waren. Aber kaum einen Monat später war Goethe in weiter Ferne, und für Christiane und Maler Meyer an ihrer Seite wurde der Verdruß über säumige Stukkateure überschattet von der Sorge, daß er möglicherweise nie mehr zurückkäme. Weimar lag vielleicht noch im Windschatten, aber anderswo kam Sturm auf.

Es gab auch lokale Unruhen; aber obgleich die Studenten sich zu Hunderten auf dem Jenenser Marktplatz versammelten und das «Lied an die Freiheit» aus Schillers *Räubern* sangen: ihre Verbundenheit mit den Angelegenheiten Frankreichs war eher Theorie als Wirklichkeit. Goethe trug keine ausdrückliche offizielle Verantwortung für die Universität, doch hatte er zusammen mit Herder ein Jahr lang den Auftrag gehabt, die Mensa im Hinblick auf das zu untersuchen, was man heute ihre Privatisierung nennen würde; Goethes Interesse am Ausbau der Naturwissenschaften war allgemein bekannt; und er hatte sich 1790 anläßlich der Konfrontation zwischen Studenten und Militär Vertrauen erworben. Mit seinem Ruf auch als literarischer Erneuerer war er die gegebene Wahl, als einige von Reinholds Studenten im November 1791 den Herzog baten, Beauftragte zu ernennen, die über ihre Pläne einer Reform der Studentenschaft berichten sollten. Die herkömmlichen Burschenschaften mit ihren institutionalisierten Besäufnissen und Duellen und dem Fenstereinschlagen bei unbeliebten Professoren hatten sich trotz der disziplinarischen Veränderungen von 1786 in Jena zäher als an den meisten anderen Universitäten behauptet. Nun aber, unter dem Einfluß der neuen Philosophie und der französischen Prinzipien einer – wie es schien – revolutionären Aufklärung, kam unter den Studenten selbst der Wunsch nach Abschaffung der Burschenschaften und Einführung studentischer Ehrengerichte anstelle des Duells auf. Es handelte sich um einen der ersten Vorläufer jener selbstverwalteten, aber politisch in sich abgeschlossenen Jugendbewegung von säkularem sittlichem Anspruch, die bis zum Ersten Weltkrieg und darüber hinaus ein typisches Merkmal der neuen deutschen Gesellschaft bilden sollte. Es erging eine Proklamation an andere Universitäten:

Die goldenen Tage brechen für Europa an, seitdem die Menschen, durch das Licht der Philosophie aus dem tierischen Schlummer geweckt, ... anfangen, die Vernunft auf den ihr gebührenden Thron der Gesetzgebung zu erheben ... Überall regt sich der Geist der Nationen ... Wir, deutsche Brüder, sollten nichts zu diesem großen Werke beitragen? ... Die Vernunft duldet keine Vorurteile, die sie höhnen. Der Zweikampf ist ein solches Vorurteil.

Goethe war von den Reformern beeindruckt – die von den Burschenschaften verächtlich «Schokoladisten» genannt wurden, weil sie behaupteten, im Lichte der Vernunft könnten studentische Zwistigkeiten künftig bei einer Tasse Schokolade beigelegt werden –; er sympathisierte mit ihren Zielen; und er erkannte die Übereinstimmung der sie begeisternden Philosophie mit seinen eigenen lebenslangen Zielen. Die alten Burschenschaften erschienen ihm als Geheimgesellschaften, nicht besser als die revolutionären Illuminaten, aber dem entgegengesetzten Extrem des Obskurantismus verpflichtet. Im Entwurf seines Memorandums zu den studentischen Vorschlägen schrieb er:

Sie sprechen das deutlich aus, was von vielen Vernünftigen schon lange gedacht und ausgeübt wird, sie sind auf alle Weise zu begünstigen. Sie hören von den Lehrstühlen der Philosophen, daß in dem Menschen die Selbstbestimmung zum Guten zu suchen sei. Daß kein äußeres noch so weises, selbst kein göttliches Gebot, sondern daß ihm sein eigen Herz das Rechtthun empfehle und befehle. Sie wollen auch diese edelste Herrschaft über sich selbst ausüben, sie wollen das ... von der Klarheit einer gesunden Philosophie in die Nacht verdrängte Vorurtheil völlig abschütteln und dadurch gleichsam dem Gesetze Realität geben. Sie bedingen sich nur hinreichende Gesetze und einen Anteil an der Ausübung aus ... Der Arzt läßt seine geschickten Schüler am Krankenbett unter seinen Augen sich üben, ... Warum sollte es nicht schicklich sein ein Gericht zu bestellen, in welchem sittliche junge Männer über die Puncte der Sittlichkeit und ihrer Verletzung mit urtheilen ... Ich bin überzeugt, daß es der Augenblick ist, den so verdienten Ruhm der Jenaischen Akademie noch mehr zu erheben.

Aber Goethes Kollegen in der Weimarer Verwaltung schreckten vor solchen Neuerungen zurück und bezweifelten, daß die kantianischen ‹Schokoladisten› gegenüber ihren eher stiernackigen und bierseligen Kommilitonen die notwendige Autorität aufbringen würden, und so mußte Goethe namens der gesamten Verantwortungsträger den jungen Idealisten mitteilen, es seien «die Menschen nicht so zu behandeln, wie sie seyn sollten, sondern wie sie wirklich sind». Der Augenblick für liberale Reformen verstrich, und Weimar griff statt dessen zu den bevorzugten Methoden des Absolutismus, wenn es darum ging, die Widerspenstigen der alten feudalen Ordnung zu zähmen: Achtzehn Mitglieder der verbotenen Burschenschaften wurden unvermittelt relegiert. Es kam zur Katastrophe. In den Protesten gegen den Handstreich wurden die Burschenschaften die Helden der Stunde, und nach Krawallen am 10. Juni mußte die Armee gerufen werden – ein Schritt, der Goethes volle Billigung hatte. Da er jedoch ein Verstoß gegen die Vereinbarung war, die 1790 den Frieden besiegelt hatte, vereinigte sich die gesamte Studentenschaft im Widerstand gegen die herzogliche Administration, und als am 19. Juli um drei Uhr früh 450 Studenten ihr letztes Druckmittel einsetzten und unter klingendem Spiel aus Jena hinausmarschierten, mit wehenden Fahnen und der Drohung, nach Erfurt zu wechseln, machten die Bürger von Jena, den wirtschaftlichen Ruin vor Augen, die Sache der Studenten zu der ihren. Das Geheime Conseil trat um sechs Uhr früh zusammen, um die Lage zu erörtern – der Herzog war mit seinen preußischen Truppen im Rheinland, um den Einmarsch der Alliierten in Frankreich mit vorzubereiten –, und man beschloß, keine Zugeständnisse zu machen und einen Marsch durch Weimar zu verbieten. Das Conseil tagte permanent, während die Studenten das Stadtzentrum mieden und in einem Dorf an der Straße nach Erfurt kampierten. Goethe, der bei dieser Gelegenheit wieder aktives Vollmitglied des Conseils wurde, schrieb unverzüglich einen Brief an Dalberg, worin er die Agitatoren als unbedeutende und zugleich nicht wünschenswerte Elemente hinstellte – zumal nicht für einen Kirchenmann aus dem gefährdeten und unruhigen Mainz –, aber der Koadjutor ließ sich nicht täuschen und hieß die «Emigrierten» willkommen – vorausgesetzt, sie schrieben sich unverzüglich an seiner eigenen, dahinsiechenden Universität ein. Unterdessen kündigten die Studenten, die in Jena geblieben waren, an, daß sie zu Beginn des nächsten Semesters Jena verlassen würden, sollte man gegen ihre Freunde vorgehen. Offenkundig waren Verhandlungen geboten – was an sich schon ein Zugeständnis bedeutete –, aber die Strategie des Conseils, vernünftige Bedingungen im voraus anzubieten (Amnestie für alle nach dem 10. Juni begangenen Delikte und Duldung eines geordneten Rückmarschs durch Weimar), erlaubte es ihm, sich auf den Standpunkt zu stellen, daß keine Verhandlung geführt und keiner der studentischen Forderungen nachgegeben worden war. Kirms und Voigt fungierten als Mittelsmänner zu den Demonstranten, aber in der sorgsamen Abwägung von Unnachgiebigkeit und Nachsicht – es war auch wichtig, die Vorliebe des abwesenden Herzogs für energisches Durchgreifen nicht zu verletzen – erkennt man die Hand Goethes. Die «tragi-comische ... Farce», wie der sarkastische Ratsherr Schnauß es nannte, ging am frühen Morgen des 23. Juli zu Ende, als die Studenten mit ihren Fahnen wieder durch Weimar kamen «wie die Aufzüge der Handwercker bei dem FriedensFest» und nach Jena zurückkehrten. Die Soldaten verließen zwar die Universitätsstadt nicht, zogen sich aber in die Außenbezirke zurück und hatten Befehl, sich unauffällig zu verhalten: Die Rädelsführer der ursprünglichen Unruhen vom 10. Juni wurden bestraft, aber weitere juristische Maßnahmen wurden, wie vereinbart, nicht ergriffen. Goethe blieb noch zwei Wochen in Weimar, um darüber zu wachen, daß alle Beteiligten ihr Gesicht wahrten.

Er war – freilich mit Erlaubnis des Herzogs – schon spät daran, einem Ruf zu folgen, den er nicht überhören konnte, mochte er auch ebenso unwillkommen sein wie jener nach Schlesien 1790. Als im Frühjahr der Krieg erklärt worden war, hatte er gehofft, die Gefahr werde vorbeigehen – «Wir haben in diesen calculirenden Zeiten mehr solche Wetter vorübergehn sehn» –, und auch Carl August hielt es für möglich, daß die Mobilmachung «nur ein Schreckschuss gegen die Franzmänner» war: Alles hing nach dem plötzlichen Tod Kaiser Leopolds vom Charakter seines jungen und unerprobten Nachfolgers ab. Aber die «calculirenden Zeiten» der Nicht-Kriege um die bayerische Erbfolge oder des schlesischen Feldlagers waren vorbei. Im Mai war Carl August anläßlich der Taufe seines neugeborenen zweiten Sohnes, Prinz Bernhard, für kurze Zeit wieder in Weimar und gab Goethe zu verstehen, daß er auch auf diesem Feldzug seine Gesellschaft wünsche. Mitte Juni war der Herzog nach Koblenz unterwegs, die preußischen Truppen marschierten durch Thüringen in Richtung Westen, König Friedrich Wilhelm hielt sich im Juli in Erfurt auf – «des Königs von Preußen Majestät [hat sich] in Gnaden entschlossen Frankreich in einen Aschenhaufen zu verwandeln», wie Prinz August von Gotha spottete –, «und ich», schrieb Goethe, «stehe auch auf dem Sprunge». «Goethe bei der Armee!» rief Professor Heyne bei dieser Nachricht aus: «Welche Profanation!» Knebel wurde «fast wehmütig» bei dem Gedanken, glaubte aber: «Es gehört wahrscheinlich in sein Schicksal und in sein besonder System von Nachgiebigkeit.» Für loyale Anhänger der Revolution wie Knebel oder Prinz August war die Teilnahme Goethes an einem von denkenden Menschen fast einhellig verurteilten Feldzug nur als freundschaftliches Zugeständnis an die militärische Eitelkeit des Herzogs zu erklären. Aus Zartgefühl – oder Unkenntnis der Fakten – blieb die moralische Verpflichtung, die Goethe der Kauf des 6000-Taler-Hauses auferlegte, unerwähnt. Vielleicht darf man sie auch nicht erwähnen. Carl August war jetzt drei Jahre lang – seit Juni 1789 – Goethes einziger enger Freund. Alle Freundschaften verblassen etwas im Glanz der Ehe, und wenn die Ehe Goethes in den Augen der Gesellschaft auch nur eine halbe war, machte das die folgerechten Mehrdeutigkeiten um so quälender. Zwar war Kebel aus dem selbstgewählten Exil zurückgekehrt, aber er wahrte von Jena aus sorgsam Distanz. Voigt wuchs zu einem Kollegen heran, dem Goethe tiefes Vertrauen entgegenbrachte – mehr als das wurde es freilich nie –, und er und Goethe teilten viele Sorgen, nicht aber die Erinnerungen an die Jugend. Dasselbe galt für Meyer. Nur Goethes Briefe an seinen Herzog hatten noch die humorige und anekdotenreiche Verve der frühen Jahre, da es möglich erschienen war, in Weimar zu leben, als sei es Frankfurt. Carl August an die Front zu begleiten hieß, noch einmal, den Geist jener tollen Tage in den Wäldern um Ilmenau zu beleben: Auf jeden Fall konnte Goethe erwarten, seine Mutter und seine Heimatstadt wiederzusehen, und die Hoffnung auf ein Zusammensein mit Fritz Jacobi stimmte beide froh: «Ich ... erwarte dich mit offenen Armen! Komm doch bald!» schrieb Jacobi, «Herder kann dir etwas davon geschrieben haben, mit welcher Liebe, mit welchem Vertrauen ich an dir hange.» War Goethe auch mit den mittel- und langfristigen Zielen des Feldzugs einverstanden? Falls ja, wäre das nicht verächtlich gewesen: König Ludwig und seine österreichische Königin zu befreien, war als Motiv edel genug, und immerhin war Frankreich der Kriegstreiber. Aber er ergriff nicht einmal insoweit Partei, sondern hatte den starken Verdacht, daß dieser Krieg wie jene anderen in den kalkulierenden Zeiten ganz und gar unnütz war, «da mir weder am Tode der aristokratischen noch demokratischen Sünder im mindesten etwas gelegen ist.» Für die Franzosen wäre es am besten, wenn man sie sich selbst überließe: eine Ansicht, die im Ancien Régime vernünftig gewesen wäre, die aber jetzt neue politische Faktoren außer Acht ließ wie etwa die Kriegspartei Brissots und die Konvergenz von ideologischem und nationalistischem Expansionismus. (Wäre Leopold am Leben geblieben, hätte er 1792 vielleicht den Krieg vermieden und das Leben Ludwigs XVI. um einige Monate verlängert; aber Frankreich hatte zu viele blutdürstige Volkstribunen und ehrgeizige Generäle, und Europa zu viele potentielle *casus belli*. Diplomatie hätte da kaum mehr als eine Atempause verschaffen können.) Goethe sprach es niemals ausdrücklich aus – zum Teil gewiß aus Snobismus, zum Teil aber auch aus Ratlosigkeit aufgrund seiner wahreren und tieferen Einsicht in das zerstörerische Potential der Ereignisse –, aber seine Einstellung zu den ursprünglichen Zielen der Revolution unterschied sich nicht sehr von der Haltung (*par distance*) der meisten deutschen Anhänger der Gironde. Wie Dalberg und Prinz August war er ein Liberaler, jedoch dem Reich, das ihn als Menschen wie als Schriftsteller geprägt hatte, treu ergeben. Wie jene kein Freund des zentralisierenden preußischen Staates, spürte er besser als jene das preußische Element in den Ambitionen des neuen Frankreich und dessen Unvereinbarkeit mit den Hoffnungen seiner eigenen Jugend auf eine nationale und kulturelle Erneuerung Deutschlands:

> Lange haben die Großen der Franzen Sprache gesprochen,
>   Halb nur geachtet den Mann, dem sie vom Munde nicht floß.
> Nun lallt alles Volk entzückt die Sprache der Franken.
>   Zürnet, Mächtige, nicht! Was ihr verlanget, geschieht.

Ein reiner Reaktionär hätte über die Reformstudenten von Jena nicht so schreiben können, wie Goethe es tat, ebensowenig ein reiner Kameralist oder Bürokrat. Seine energische Reaktion auf die Krawalle dort war vielleicht eine Einübung in die Empfindungen, mit denen er abreiste, um sich den Armeen der Alliierten anzuschließen und den französischen Clubs die Lektion beizubringen, die die Jenenser Burschenschaften gelernt hatten: Die Sache der Reform würde nicht aufgegeben werden, denn sie war die allein vernünftige; aber die Bewahrung der Ordnung mußte immer Vorrang haben. Weimar wie Frankfurt am Main verdankten ihre Existenz und Unabhängigkeit einer förmlichen, legalen Reichsordnung, in der rohe Gewalt nicht das letzte Wort hatte und die aufrechtzuerhalten um so dringender war, als sie jetzt, nach der Konvention von Reichenbach, nicht mehr durch das Gleichgewicht der verfeindeten Mächte Preußen und Österreich garantiert war. Insbesondere durfte nichts gesagt und getan werden, was die Würde und Autorität Carl Augusts kompromittiert hätte, der nicht nur *pater patriae*, sondern in seiner Person auch das Bindeglied zwischen seinen Untertanen und dem Kaiser war. Wenn Carl August mit den Alliierten ritt, standen ihm Bann und Heerbann zu. Nicht daß Goethe es eilig gehabt hätte: Wie bei dem Ruf zum schlesischen Feldlager wartete er auf Bestätigung, und seine geflissentliche Unentschlossenheit endete erst am 6. oder 7. August, als ein Brief seiner Mutter ihm meldete, daß der Herzog ihn täglich in Frankfurt erwarte. Und als er am Morgen des 8. zusammen mit Götze in der vertrauten Chaise davonfuhr, dann gewiß mit dem Trost – wo nicht für ihn selbst, so doch für Christiane –, daß es bei diesem militärischen Spaziergang wohl nicht viel Kriegerisches geben werde.

«Quorum pars minima fui»: August bis Dezember 1792

Nachdem Goethe mutig – wenn auch gereizt – den Kampf gegen die Wanzen in den Gasthäusern in Erfurt und Gotha gewonnen hatte, erreichte er, über Fulda fahrend, am 12. August «Bette, Küche und Keller» im Haus seiner Mutter in Frankfurt. Zehn Jahre waren seit dem Tode seines Vaters vergangen, aber zwölf seit seinem letzten Besuch, so daß ihn in dem wohlgeordneten Hauswesen der Witwe eine neue und befremdende Abwesenheit erwartet haben muß: Vielleicht kam es ihm auch befremdend vor, in der Welt seiner Kindheit Kurzwaren für eine Frau in der Ferne zu kaufen, der er brieflich Gruß und Kuß für sie und seinen Sohn sandte. Auch andere hatten sich verändert: sein Onkel J. J. Textor (1737–1792), der Bruder seiner Mutter, bewohnte Haus und Garten von Großvater Textor, hatte einen Sitz in der ersten Bank der Schöffen und war an Wohlstand gewachsen wie seine Vaterstadt, begann aber mit 55 bereits zu verfallen; Maximiliane Brentano war zwar so schön wie immer, aber ihre Kraft schwand, und ein scharfes Auge konnte erkennen, daß ihr nur mehr Monate bei ihrer Familie mit den zwölf Kindern blieben. Es gab viele Wiedersehensfeiern und reichlich zu essen und zu trinken; aber es gab niemanden, der über die Vergangenheit reden wollte, über Literatur, geschweige denn über die Farbenlehre, ja nicht einmal über die Krönung des neuen Kaisers im Monat zuvor. Frankfurt kannte jetzt nur ein ein einziges Gesprächsthema: «... nur kann es nicht fehlen daß man nicht in allen Gesellschaften lange Weile habe, denn wo zwei oder drei zusammenkommen, hört man gleich das vierjährige Lied pro und contra wieder herab orgeln und nicht einmal mit Variationen sondern das crude Thema. ... man reist doch wahrlich nicht um auf jeder Station einerlei zu sehen und zu hören. ... Leider kommen die Zeitungen überall hin das sind jetzt meine gefährlichsten Feinde.»

Goethe hatte ursprünglich einen Monat bleiben wollen, um sich mit Jacobi und Herder (der sein Rheuma in den Dampfbädern Aachens kurierte) in Frankfurt oder irgendwo am Rhein zu treffen. Aber seit er von Weimar abgereist war, waren die Tuilerien gestürmt worden, der König von Frankreich saß jetzt im Temple gefangen, und Friedrich Wilhelm hatte den Herzog von Braunschweig instruiert, so rasch wie möglich nach Paris zu marschieren. Am 19. August 1792 betrat das Hauptkorps der preußischen Armee französischen Boden, ohne auf nennenswerten Widerstand zu stoßen, und an demselben kalten, grauen und regnerischen Sonntag ergab sich Lafayette den Österreichern. So beeilte sich Goethe, nach nur einer Woche bei seiner Mutter, am 20. den Rhein auf der Pontonbrücke von Castell nach Mainz zu überqueren, wo er zwei Nächte blieb.

Abgesehen von einem Abendessen im Dezember 1779 war Goethe seit seinem Besuch 1774, nach der ersten Begegnung mit Carl August und Prinz Constantin, nicht mehr in Mainz gewesen. Während der langen Regierungszeit Friedrich Carl von Erthals (1718–1802; Erzbischof und Kurfürst seit 1774) hatte diese mittelalterliche Festungsstadt innerhalb und außerhalb ihrer Mauern eine rege Bautätigkeit im modernen Geschmack erlebt: im Norden einen vollständigen Umbau des kurfürstlichen Schlosses, das über den Rhein hinausblickte; im Süden eine Erweiterung des Favorite-Komplexes mit Terrassen, Orangerien, Fontänen und Pavillons, wo Goethe sich jetzt mit dem Gärtner über die jüngste Kaiserkrönung und die verschwenderischen Festbankette in Silber und Damast in den Alleen der Stadt unterhielt. Die anderen kirchlichen Aristokraten, die in Mainz den Ton angaben, hatten ihrem Erzbischof nachgeeifert: Graf von der Leyen, Probst des Domkapitels, hatte erst 1791 eine erlesene Dechanei im klassizistischen Stil vollendet – dreiflügelig, mit Kassettendecken, Gewölben und Säulenvorhalle –, die dem Vorsitzenden der Weimarer Schloßbaukommission ein «kleines architektonisches Paradies» dünkte. Aber das größte Interesse Goethes erregten nicht die Gebäude, auch nicht der erste Anblick einer Gesellschaft adliger französischer Emigrierten anläßlich eines Mittagessens beim preußischen Gesandten, sondern die Universität. Der Anatom Sömmerring schenkte seinen optischen Theorien ernstlich Beachtung, und am 20. und 21. August abends fand sich in Sömmerrings Wohnung eine Gruppe protestantischer Intellektueller ein, um Goethe kennenzulernen. Am Montag, als guter Wein in Strömen floß und das Gespräch sich entzündete, und am Dienstag, als man Bier trank – «wobey denn für die allgemeine Conversation viel verloren gieng» –, genoß eine Gesellschaft, zu der Georg und Therese Forster, Ludwig Huber und Caroline Böhmer gehörten, die letzten Stunden einer alten Welt, von der sie halb wußten und halb sogar hofften, daß sie den Winter nicht überleben werde. Die Revolution hatte Deutschland erreicht, und sogar Goethe war bereit, verklausuliert sein eigenes Interesse an vorsichtigen Reformen anzudeuten; freilich wußten sowohl er als auch diese Freunde des neuen Konvents, die die Macht der preußischen Armee ängstigte, daß ihnen eine Krise bevorstand, die ihnen allen einfachere Alternativen aufzwingen würde. Goethe war geistreich, eindringlich und lebhaft (vielleicht hochherzig im Vorgefühl des Sieges), er sprach von Italien und – humoristisch – von der Naturwissenschaft, und wer Verbindungen nach Frankfurt hatte, fühlte sich stark an seine Mutter erinnert. Caroline Böhmer war enttäuscht und hielt ihn für einen kalten, selbstsüchtigen Höfling. Huber kannte ihn bisher nicht, aber was dieser scharfsinnige, wenngleich unliebenswürdige Richter über die paar Stunden ihrer Bekanntschaft an Körner schrieb, faßte ungemein treffend Goethes *status quo ante bellum* zusammen:

Die ihn früher kannten, finden, daß seine Physiognomie etwas ausgezeichnet sinnliches und erschlaftes bekommen hat. ... Indessen freute mich, nachdem der erste Anfall von zurückstoßender Steifigkeit vorbei war, die milde Leichtigkeit und der Schein von Anspruchslosigkeit in seinem gesellschaftlichen Ton. ... An Begeisterung für ein höheres Ziel glaube ich in Göthe nicht mehr, sondern an das Studium einer gewissen weisen Sinnlichkeit, deren Ideal er vorzüglich in Italien zusammen gebaut

12. F. A. Tischbein: Johann Wolfgang von Goethe (um 1792)

haben mag, und in welche denn mannigfaltige, und, gegen seinen ehemaligen Geist, oberflächliche Beschäftigungen mit wissenschaftlichen und andern *vorhandnen* Gegenständen mit einschlagen.

Am Mittwoch, dem 22. August, reiste Goethe nach Trier weiter; er versprach, sich nach der Rückkehr von dem Feldzug länger in Mainz aufzuhalten. Die Bombardierung Longwys hatte bereits begonnen, und am Abend dieses Tages kapitulierte die Stadt – Frankreichs «Eisernes Tor».

Hinter Bingen führten schlechte Hohlwege vom Rheintal hinauf zu den bewaldeten Höhenzügen des Hunsrück, und sie wurden durch heftige Gewitter noch schlechter. Bei Bernkastel kam Goethe über die gewundene, von Weinbergen flankierte Mosel, und am 23. fand er Trier voller Soldaten; er war froh, in diesem «alten Pfaffennest» – wie er es in einem Brief an Christiane nannte und von dem er keine Ahnung hatte, wo es lag –, im geräumigen Pfarrhaus eines katholischen Kanonikus und Professors der Theologie an der Trierer Universität Zuflucht vor dem Wetter und dem Menschengewimmel zu finden. Leutnant Ludwig Heinrich Gottfried von Fritsch (1772–1808), der jüngere Sohn des Weimarer Ministers, war zu seiner Erbitterung von Carl August mit einem kleinen Kommando in Trier zurückgelassen worden, um auf Nachzügler zu warten und für die Kranken zu sorgen – auf die heftigen Regenfälle folgten schon Fieber und Ruhr. Gerne fungierte er als Goethes Führer zu jenen römischen Altertümern, die damals zu sehen waren, weil es Abwechslung versprach und er Nachrichten von zu Hause erhielt, aber auch, weil er hoffte, der Geheimrat werde den Herzog überreden, ihn an die Front zu holen. Goethe genoß die Gesellschaft mehr als die paar Überreste von römischem Mauerwerk und blieb noch einen Tag, um mit Fritsch durch die Stadt zu reiten; er besichtigte das Lazarett und einen erbeuteten Freiheitsbaum (von dem er Prinz August eine Zeichnung schickte) und machte die Bekanntschaft des jungen Hauslehrers Johann Hugo Wyttenbach (1767–1848), der für die Kantische Philosophie schwärmte und Goethe im Lesesaal der örtlichen Literarischen Gesellschaft einführte (und eines Tages auch Karl Marx unter seine Zöglinge zählen sollte). Als Goethe am Sonntag, dem 26., nach dem Mittagessen Trier verließ, verließ er auch die Welt des Privatiers der Literatur und Philosophie. Er passierte ein improvisiertes Lager von bewaffneten, nach Frankreich zurückkehrenden Emigrierten, die in Kutschen und Reisewagen ihre Familien und Habseligkeiten mit sich führten, und dann die große Festung Luxemburg und erreichte am Nachmittag des 27. das Lager der Alliierten in Praucourt bei Longwy. Am Vorabend seines Geburtstags fand er sich in einer Szenerie, deren literarisches Vorbild nur Dante hätte sein können. Der Regen fiel kalt, dicht und scheinbar unaufhörlich. An die 60 000 Mann kampierten auf einer vom Wasser aufgeweichten Ebene; das Regiment des Herzogs von Weimar lag in der Nähe eines Waldes, von dem es durch einen Abzugsgraben getrennt war, der als Kloake diente und in den die Metzger die Innereien der geschlachteten Tiere warfen. Der Graben war über die Ufer getreten und hatte Exkremente und verfaulende Eingeweide zwischen die Zelte geschwemmt, die nachts unter den Stürmen zusammengebrochen waren. Goethe war im herzoglichen Schlafwagen untergebracht, wo er Carl August in bester Laune antraf; aber so hoch stand das stinkende Wasser, daß man ihn abends hinein- und morgens wieder herausheben mußte. Von hier schrieb er an seinem Geburtstag Briefe nach Hause: an Christiane, um ihr von den hohen Lebensmittelpreisen zu erzählen, nach dem Kind zu fragen und nach den Steckrüben, die sie im Garten gepflanzt hatte; an Meyer, um sich mit Noah in der Arche zu vergleichen und auf den Regenbogen zu freuen, womit der Maler die Decke des neuen Treppenaufgangs schmückte (in den nur drei primären Farben aus Goethes optischem Schema: Blau, Gelb und Rot); und an Voigt, um seine Kommentare zu einigen neu eingetroffenen Beutestücken und zum erzieherischen Wert des ganzen Erlebnisses für Carl August abzugeben.

Am nächsten Tag erfolgte der Abmarsch; Wagen, Pferde und Infanteristen kämpften sich durch den tiefen Morast, der Felder und Straßen bedeckte. Der Herzog von Braunschweig, der neuen Nachschub aus seinen Bäckereien abgewartet hatte, beschloß, die verlorene Zeit durch einen Gewaltmarsch nach Verdun wettzumachen, um die Straße nach Paris zu sichern, während die Österreicher nach Norden in Richtung Sedan abbogen und Thionville im Süden eingeschlossen wurde. Auf kurze Zeit hatte das Wetter umgeschlagen, und es war sengend heiß: Der strapaziöse «Teufelsmarsch», wie die Leute ihn nannten, forderte seinen Tribut, und man sah Männer, die beim Marschieren Blut spuckten. Dank des Flankenschutzes gab es noch immer keinen bewaffneten Widerstand. Ein einzelner Bauer beschoß aus seinem am Wege liegenden Weinberg das Weimarer Regiment, das an der Spitze der Kolonne marschierte, und wäre gehängt worden, wenn sich dafür ein Baum gefunden hätte. Er bekam einige Hiebe und wurde dann laufengelassen (und unterließ es in der Eile sogar, seinen zu Boden gefallenen Hut aufzunehmen, wie Goethe sich später erinnerte). Am 30. hatte der Herzog von Braunschweig sein Ziel erreicht, alle aus Verdun herausführenden Straßen abgeschnitten und Position hinter den Hügeln bezogen, die die im Grunde wehrlose Stadt überblickten; die halb zerfallenen, von Bäumen gekrönten Befestigungsanlagen konnten nur dazu dienen, ein wenig malerische Abwechslung in die fruchtbare Landschaft des Maastals zu bringen. Gleichwohl lehnte der revolutionäre Kommandant de Beaurepaire eine Übergabe ab, und Braunschweig, dem es an schwerer Artillerie fehlte, um die Mauern für einen Infanterieangriff sturmreif zu schießen, brachte am 31., einem schönen, trockenen Tag, seine Batterien in Stellung, um die Bewohner der Stadt durch ein Bombardement zu terrorisieren. Um elf Uhr nachts begannen die Geschütze zu feuern, und Goethe verfolgte durch sein Fernrohr das gelassene Niedergleiten dieser «geschwänzten Feuermeteore», den Schein der Flammen, die folgten, und die geschäftigen Gestalten, die sie bekämpften; «man möchte sich nicht dencken daß man was liebes darin hätte», und sein eigenes Haus und Christiane standen ihm vor Augen. Eine Weile stand er mit Carl August bei einer der Batterien, aber der Lärm und das schlecht gezielte französische Abwehrfeuer vertrieben ihn schließlich. Er verbrachte die Nacht damit, hinter der Mauer eines Weinbergs hin und her gehend dem Fürsten Reuß, österreichischem Gesandten in Berlin, mit Lebhaftigkeit seine neue Farbenlehre zu entwickeln, die ihm am vergangenen Tag wieder frisch in den Sinn gekommen war, als er im klaren Wasser eines Teichs das Irisieren des Sonnenlichts auf Fischschuppen und einer Steingutscherbe beobachtet hatte. Um acht Uhr morgens verstummte die Batterie, und Goethe gesellte sich mit seinem Begleiter zum Frühstück zum Herzog. Ein gelegentliches Feuern dauerte jedoch an, und als die Gruppe der illustren Zuschauer wuchs, schlug unter ihnen eine 24pfündige Kanonenkugel der Franzosen ein: Der König von Preußen entging ihr mit knapper Not, mit noch knapperer Goethe, der auf dem Absatz herumfuhr, als die Kugel an ihm vorbeipfiff, bevor sie harmlos im feuchten Boden steckenblieb.

Der Schaden, den das preußische Bombardement angerichtet hatte, war nicht groß – vier Häuser waren niedergebrannt, und es hatte ein Todesopfer gegeben –, aber die Artillerie der Garnison war in einem ebenso desolaten Zustand wie die Befestigungen und hatte der drohenden langsamen, aber vollständigen Zerstörung der Stadt nichts entgegenzusetzen. Der Herzog von Braunschweig verkündete eine vierundzwanzigstündige Unterbrechung der Feindseligkeiten, um der Obrigkeit von Verdun Gelegenheit zu geben, über die von ihm angebotene ehrenvolle Kapitulation zu beraten. Den ganzen Tag über gab es im Verteidigungsausschuß der Stadt fieberhafte Diskussionen, in denen es einzig Beaurepaire ablehnte, auf die Bedingungen einzugehen, aber es gab in Verdun ohnedies eine starke royalistische Minderheit, und am Abend war der Ausgang unschwer zu erkennen: Am Sonntag, dem 2. September, um drei Uhr morgens schoß sich Beaurepaire, unbeugsam bis zuletzt, mit zwei Pistolen in den Kopf, und um die Mittagszeit hatte sein Nachfolger das Angebot des Herzogs von Braunschweig angenommen. Zwei preußische Kommandos marschierten in der Stadt ein und biwakierten über Nacht in den Straßen. Andere zogen schnurstracks nach Varennes, um den Bürgermeister zu verhaften – jenen Mann, der es gewagt hatte, den König von Frankreich zu verhaften; sie führten ihn in die Gefangenschaft nach Verdun, wo er wenigstens vor dem mörderischen Haß der Emigrierten sicher war. Der Selbstmord Beaurepaires war ebenso eigentümlich vieldeutig wie jener Werthers: Zeugte er von Schwäche und Verzweiflung oder von heldenmütigem Patriotismus und revolutionärer Selbstbestimmung? Der Herzog von Braunschweig ließ sich die Pistolen aushändigen, um ihnen einen Ehrenplatz in seiner eigenen Sammlung zu geben, während manche Offiziere dem Verbrecher am liebsten das christliche Begräbnis verweigert hätten. Welches Omen der Tod Beaurepaires auch sein mochte: die Invasoren waren begreiflicherweise in Hochstimmung. Goethe schrieb Christiane, die Kampagne entwickle sich so rasch, daß er jetzt damit rechne, bald wieder bei ihr zu sein, freilich nicht, ohne ihr vorher noch weiteren Putz aus Paris geschickt zu haben. Inzwischen kaufte er, während er Verdun besichtigte, um sich an dem einheimischen Hammelfleisch und an Wein aus Bar-le-Duc zu laben, ein Dutzend Flaschen Likör und ein Pfund Süßigkeiten, um sie nach Hause zu senden, und ließ die Landkarten mit dem Weg nach Paris, die er in Mainz bekommen hatte, in ein handliches Format zerschneiden und auf Karton aufziehen, um sie bei einem raschen Vormarsch konsultieren und mit Aufzeichnungen versehen zu können. Aber die Träume Friedrich Wilhelms von einem einzigen glorreichen Vorstoß, der den gefangenen Ludwig befreien (und die preußische Armee für Operationen in Polen verfügbar machen) würde, wurden zwar von rachelüsternen Emigrierten unterstützt, aber von seinem General nicht geteilt. Der Herzog von Braunschweig, der sich nicht von der Schnelligkeit täuschen ließ, mit der Longwy und Verdun kapituliert hatten, und der registrierte, daß die von den Emigrierten verheißene breite Unterstützung des Volks für die Sache des Königs auf sich warten ließ, wünschte zunächst einmal alle Festungen im Nordosten lahmzulegen sowie Winterquartiere und eine Nachschublinie zu errichten und erst im folgenden Frühjahr gegen Paris zu marschieren. Anstatt jedoch dem König offen zu widersprechen, zog er es vor, abzuwarten und die weitere Entwicklung zu beobachten, weil er darauf vertraute, daß sie seine vorsichtigere Lagebeurteilung bestätigen würde. Und so blieben die Preußen über eine Woche in Verdun stationiert, während Dumouriez sein verwegenes Manöver einer Blockade aller Argonnenpässe durchführte und die Regenfälle wieder einsetzten.

Die Zelte waren durchgeweicht und begannen zu schimmeln, und für die zwei- bis dreihundert Opfer der Ruhr in jedem Regiment mußten neue Lazarette eingerichtet werden. Goethe war erleichtert, als sich am 6. September für ihn, den Herzog und dessen Kammerdiener J. C. Wagner eine Zuflucht vor dem Wetter fand, Schloß Jardin Fontaine vor den Toren Verduns, wo es große Zimmer, bequeme Betten, einen guten Kamin und einen tüchtigen Koch gab. Da «die Armee nach dem Sprunge von Longwy nach Verdun wieder still steht um sich gleich einer Heuschrecke zu einem neuen Sprunge vorzubereiten», war genügend Zeit, um weitere Briefe zu schreiben, in einem sonnigen Zwischenspiel einen Regenbogen über Verdun zu zeichnen und nachzudenken. Der Krieg klärt häufig den Geist, wie das Reisen; Goethe hatte bei seinem Aufenthalt in Frankfurt, so kurz er gewesen war, etwas Wichtiges gelernt; und hier, in diesem momentanen Schwebezustand zwischen Ungewißheiten, den Elementen entzogen, fand er einen Augenblick, es auszudrücken. Seine Mutter hatte ihn möglicherweise gefragt, ob er nach Frankfurt übersiedeln und eine Stellung im Stadtrat bekleiden würde, sollte sein Onkel Textor sterben (wodurch die Klauseln des Nepotismusverbots gegenstandslos würden). Goethe erkannte jedoch jetzt, daß er einen solchen Schritt nicht in Betracht ziehen konnte. Eine Tür in seinem Leben war zugefallen. Dieser Ausweg, der ihm in den ersten zehn Jahren in Weimar und sogar noch in Italien die innere Unabhängigkeit geschenkt hatte, stand ihm nicht mehr offen; vielmehr

> bin ich jetzt da ich meine Vaterstadt wieder besucht habe aufs lebhafteste überzeugt worden daß dort für mich kein Wohnens und Bleibens ist.

«Je weiter man in der Welt herumkommt desto mehr sieht man daß der Mensch zur Leibeigenschaft geboren ist», schrieb Goethe in demselben Brief an Voigt, und obgleich er seinen Kollegen bat, niemandem zu verraten, daß auch er seine Freiheit verloren hatte, sprach er ihm von der Möglichkeit, etwas von seinem Ererbten in Frankfurt abzuziehen und ein Gut in der Nähe von Jena zu kaufen. Er fühlte sich endlich nach Weimar gehörig und suchte ein Fleckchen Erde, um es zu beweisen. Der Frau, die ihn so gebunden hatte, schrieb er an demselben Tag einen Brief voll leidenschaftlicher Schlichtheit und Hingabe, ohne die erotische Überhitzung und die sentimentale Sehnsüchtelei, die ihn in Venedig und Schlesien abgelenkt hatten:

> Wärst du nur jetzt bei mir! Es sind überall große breite Betten und du solltest dich nicht beklagen wie es manchmal zu Hause geschieht. Ach! mein Liebchen! Es ist nichts besser als beisammen zu sein. Wir wollen es uns immer sagen wenn wir uns wieder haben. ... Sei ja ein guter Hausschatz und bereite mir eine hübsche Wohnung. Sorge für das Bübchen und behalte mich lieb. ... ich bin manchmal in Gedanken eifersüchtig und stelle mir vor: daß dir ein andrer besser gefallen könnte, weil ich viele Männer hübscher und angenehmer finde als mich selbst. Das mußt du aber nicht sehen, sondern du mußt mich für den besten halten weil ich dich ganz entsetzlich lieb habe und mir außer dir nichts gefällt. Ich träume oft von dir, allerlei konfuses Zeug, doch immer daß wir uns lieb haben. ... Solang ich dein Herz nicht hatte was half mir das übrige, jetzt da ichs habe möcht ichs gern behalten. Dafür bin ich auch dein.

Das Eingeständnis, daß er der Leibeigene nicht Frankfurts, sondern Weimars war, und der Entschluß, sich zum grundbesitzenden Adel Weimars zu erheben (aus den Goethes sozusagen eine jüngere Lokalvariante der von Humboldts zu machen), bedeutete für Goethe jedoch keineswegs eine besonders starke Identifikation mit der Sache, die ihn in den Jardin Fontaine geführt hatte. Goethe erörterte jetzt mit Carl August den Vorschlag, nicht nur Preußen und Österreich, sondern auch das Reich selbst solle Frankreich den Krieg erklären, ein Schritt, der das Herzogtum zur Gestellung von Truppen für eine Reichsarmee verpflichten würde, und sie kamen zu dem Schluß, daß den Interessen Weimars am besten gedient war, wenn man die Frage möglichst lange hinauszögerte. Patriotismus zwang nicht zu konterrevolutionärem Eifer – eher zum Gegenteil. Eine Kriegserklärung durch das Reich mochte sogar ganz unnötig sein: Die französische Bevölkerung würde ohne Zweifel die ausländischen Truppen willkommen heißen, die sich erboten, sie von einem Regime zu befreien, das sich nur durch einen so blutigen öffentlichen Wahnsinn wie die Septembermorde halten konnte. Doch während Goethe und der Herzog noch dabei waren, die Befürchtungen des Weimarer Geheimen Conseils zu zerstreuen, traf der Befehl zum Abmarsch ein, und

13. J. S. Rouillard: Charles-François Dumouriez (1823)

am Dienstag, dem 11. September, verließen sie Trockenheit, Wärme und Geborgenheit, und jetzt, unter Regengüssen und Windböen, begann der Feldzug im Ernst.

Sobald König Friedrich Wilhelm und dem Herzog von Braunschweig klar war, daß Dumouriez das sichere Sedan verlassen hatte, um die Straße nach Paris zu sperren, während Kellermann Metz aufgegeben hatte, und diese beiden nicht mehr die alliierten Verbindungswege bedrohten, sondern versuchen würden, in der Champagne zwischen Châlons und den Argonnen ihre Kräfte zu verbinden, konnten sich die zwei preußischen Befehlshaber auf eine Strategie einigen, mit der sie ihre gefährlichsten Gegner allesamt mit einem Schlag zu beseitigen hofften. Im Schutz von Ablenkungsangriffen entlang den gesamten Argonnen würde Braunschweig Dumouriez' Flanke aufrollen, indem er mithilfe des österreichischen Korps den nördlichen Paß La-Croix-aux-Bois einnahm und so den mittleren Paß Grandpré von Westen her bedrohte. Die Hauptarmee sollte zunächst ebenfalls nach Norden marschieren, um auf dem Grandpré die Argonnen zu überqueren, und dann wieder nach Süden schwenken und das Aisnetal hinauf bis zur Hauptstraße marschieren, wo bei günstigem Wetter westlich von Sainte-Menehould die Entscheidungsschlacht ausgetragen werden konnte. Dumouriez, der den Hauptstoß des Gegners entweder weiter südlich, über Bar-le-Duc, oder, sofern in den Argonnen, dann am Grandpré selbst oder auf dem Paß Les Islettes an der Hauptstraße erwartete, wurde durch dieses Manöver völlig in die Irre geführt. Aber seine geniale Ader zeigte sich in der Fähigkeit zum raschen Umdenken und in der Richtigkeit seiner ursprünglichen Einschätzung, daß dem Feind das Terrain zum Verhängnis werden würde, wenn man ihn nur lange genug darin festhielt und von äußeren Ressourcen abschnitt. Es kostete die preußische Armee zwei Tage, um Landres gegenüber dem Grandpré zu erreichen; sie marschierte von Verdun auf dem Höhenzug zwischen Maas und Aire, östlich des Hauptkammes des eigentlichen Argonner Waldes, und fand in den auf Befehl von Dumouriez verlassenen Dörfern weder Stroh noch Heu noch Proviant. Wie ein Bauer später bei seiner Gefangennahme erklärte, hätten sie nur ein Ziel gehabt, nämlich, ihnen das Leben so schwer wie möglich zu machen. Der Regen hörte Tag und Nacht nicht für einen Augenblick auf. Der König ritt ohne Überrock, durchnäßt bis auf die Haut, um seinen Männern und den verwöhnten Emigrierten ein Beispiel zu geben. Am zweiten Tag unterwegs verzichtete ein vielleicht beschämter Goethe auf den geringen Schutz, den seine leichte Chaise bot, und schwang sich ebenfalls aufs Pferd. Als man freilich in jener Nacht Landres erreichte, akzeptierte er gerne den Schutz des herzoglichen Wagens; denn es gab besonders schwere Regenfälle von sieben Uhr bis um Mitternacht, als der Troß eintraf: Der Wind drohte die Zelte fortzureißen, und es gab kein Stroh, um die Männer gegen den saugenden Morast zu schützen. Die vor ihnen marschierenden Österreicher unternahmen an diesem Tag ihren Überraschungsangriff auf den Hohlweg der Croix-aux-Bois, den sie am 14.

schließlich eroberten, unter Kanonendonner und mit nur 32 Toten und Verwundeten. Zu diesen gehörte jedoch der allseits beliebte Sohn von Österreichs literarischem General Prinz Carl Joseph von Ligne (1735–1814); bei der Leiche fanden die Franzosen einen angefangenen Brief, der dem Pariser *Moniteur* willkommenes Propagandamaterial lieferte:

Das Wetter ist ... abscheulich ... die Wege so unpassierbar, daß wir augenblicklich unsere Geschütze nicht herausziehen können. ... wir haben unsere liebe Not, Brot für die Soldaten aufzutreiben, und oft gibt es kein Fleisch. Viele Offiziere haben jetzt fünf oder sechs Tage nichts Warmes gegessen; Stiefel und Röcke faulen, und unsere Männer werden krank. Die Dörfer sind leer und liefern weder Gemüse noch Branntwein noch Mehl. Ich weiß nicht, was wir tun sollen und was aus uns wird.

Trotz solcher böser Vorahnungen der Alliierten stand Dumouriez am 14. am Rande der Katastrophe. Vor Grandpré macht die nordwärts fließende Aire einen scharfen Knick nach Westen, wo sie das Bergland durchquert und in die Aisne mündet: Da er Stellung auf der Landzunge zwischen den beiden Flüssen bezogen hatte, war der französische General jetzt in Gefahr, von den Preußen in Landres im Osten und den Österreichern, die über die Croix-aux-Bois die Aisne heraufgezogen kamen, im Westen in die Zange genommen zu werden. In der Nacht zum 15. trat er jedoch einen heimlichen und bemerkenswert erfolgreichen Rückzug nach Sainte-Menehould an, wo er die Alliierten weiter vom Rücken her bedrohen konnte: Nur die wenigen flüchtigen Verteidiger der Croix-aux-Bois wurden am 15. von den Preußen gestellt und vollständig aufgerieben. Der Herzog von Braunschweig unterließ es, seinen Vorteil auszunützen: Dies war vielleicht der Augenblick, in dem er den Feldzug verlor. Seine Motive waren menschlich – er wartete auf Nachschub aus den Bäckereien in Verdun –, aber noch menschlicher wäre es vielleicht gewesen, seinen Truppen eine Woche der Untätigkeit, vom 12. bis zum 18. September, im dreckigen Lager von Landres zu ersparen. Die halbe Armee hatte sich jetzt mit Ruhr infiziert, zwischen den Zelten lagen die blutigen Exkremente jener, die es nicht zu den Latrinen geschafft hatten, diese selbst starrten übelerregend von Blut und Eiter, und eine Läuseplage brach aus. Offiziere, Emigrierte, kleine Diplomaten wie Goethe selbst, «eigentlich nicht in den innern Rat gezogen», versammelten sich beim Nachmittagskaffee, um über Geschehnisse und Strategien zu spekulieren und sich auszumalen, welcher Luxus sie in Châlons und Reims erwarten mochte: Der Wunsch wurde Vater des Gedankens, und bald galt es als ausgemacht, daß dieser ermattenden, rätselhaften Pause ein Schlag bei Châlons folgen würde, der Dumouriez aus seiner Verschanzung aufstöbern und zur Schlacht zwingen mußte – «man glaubte, sie schon gewonnen zu haben», wie Goethe sich später erinnerte. Er erfreute sich noch immer guter Gesundheit, und bereitwillig übernahm er, was ihm als «des Herzogs FeldPoeten» an Aufgaben zukam: die Mannschaft zu erheitern, zum Nachdenken anzuregen, moralische Betrachtungen anzustellen und Anekdoten und Parallelen aus der Vergangenheit zu erzählen. Freilich hätte er bessere finden können als gerade

König Attila und die Hunnen, die rund 1300 Jahre zuvor auf eben diesem Gelände geschlagen worden waren. Aber auch er mußte sich zeitweilig zurückziehen. Er diktierte dem Sekretär Carl Augusts – und illustrierte später persönlich – den Plan zu einer Reihe von zwanzig Versuchen, durch die er die Beobachtung, die er am 31. August an dem Teich in den Feldern vor Verdun gemacht hatte, zu formalisieren und näher zu erforschen hoffte: den Anblick glänzender, regenbogenartiger Farben unter freiem Himmel, ohne Prisma oder sonstiges Gerät. «Haupt-Subjectiver Versuch» hieß ihm jetzt dieses Vorgehen, so als sei ihm die produktive Unabhängigkeit des Geistes erst auf diesem Feldzug so recht deutlich und greifbar geworden. Endlich, am Dienstag, dem 18. September, kam, nachdem in langen Reihen die Vorhut vorbeimarschiert war, das Hauptkorps an die Reihe, und Goethe ritt – eine Zeitlang in der Entourage des Königs und des Herzogs von Braunschweig und eine kurze Weile mit genügend Sonnenlicht, um anzuhalten und die Landschaft zu zeichnen – durch die grünen Flußauen der Aire, unter dem Schloß Grandpré und den dunkleren Wäldern dahinter vorbei, bis die Armee die Aisne überquert hatte und an deren westlichem Ufer, unter neuen mächtigen Regengüssen, für die Nacht ihr Lager aufschlug.

Bis zum 19. September hatte Braunschweig seine Dispositionen für ein neues, ausgeklügeltes Manöver getroffen, durch das Dumouriez, mittlerweile mit Kellermann vereinigt und 50 000 Mann stark, aus Sainte-Menehould vertrieben und gegen Châlons zurückgedrängt werden sollte – ohne die Risiken und das Blutvergießen einer offenen Feldschlacht. Des Herzogs Vorhut sollte die Aisne wieder überqueren, an ihrem Ostufer die Argonnen gewinnen und durch den Wald brechen, um den Paß Les Islettes vom Rücken des Feindes her zu attackieren. Die Hauptarmee sollte sich so postieren, daß sie die Straße nach Châlons kontrollierte und damit eine Einkreisung der Franzosen drohte. An diesem Mittwochmorgen zog das preußische Hauptkorps, die Bajonette in einem gelegentlichen Sonnenstrahl aufblitzend, zu dem ihm angewiesenen Standort – wie ein Fluß aus blinkendem Stahl, schien es Goethe, der wie ein Wasserfall über Hindernisse stürzt, um danach seinen regulären Weg fortzusetzen. Das Land war bereits von beiden Kriegsparteien verwüstet worden. Die Dörfer lagen stumm und menschenleer, die Fenster waren zerbrochen, die Türen ausgehängt, die Zimmer übersät mit zerschlagenem Geschirr und aufgeschlitztem Bettzeug, das Getreide in den Speichern ungemahlen. Am Straßenrand lagen die Häute und Innereien von requiriertem Vieh: Natürlich gab es nirgends Milch. Gegen Mittag wurde ein Lager aufgeschlagen, die Pferde wurden festgebunden, und man begann, notdürftig zu kochen. Dann kam um drei Uhr nachmittags die bestürzende Nachricht von einer vollständigen Änderung der Pläne. Unverzüglich, mit leerem Magen sollte das Korps zur Straße vorrücken, während Gepäck und Nachschub in eine Wagenburg zurückzubringen waren: Ein Gefecht stand unmittelbar bevor. Um die Mittagszeit hatte der König – auf ein unbestätigtes Gerücht hin (das sich später als falsch erwies), wonach

Dumouriez den Rückzug eingeleitet habe –, aus Angst, die Franzosen ein zweites Mal entkommen zu lassen, und aus Ungeduld über die Vorsicht des Herzogs von Braunschweig die gesamte Strategie über den Haufen geworfen, die Vorhut zurückbeordert und alle alliierten Streitkräfte angewiesen, an der Straße westlich von Saint-Menehould in lose gestaffelter Formation Aufstellung zu nehmen. Der Herzog von Braunschweig, unbefragt, gehorsam und resigniert, erhob keinen Protest.

Goethe hatte keinen Zweifel, wohin er jetzt gehörte. Götze und Wagner fuhren mit der Chaise zu der Wagenburg; er selbst bestieg ein Pferd und ritt mit den Truppen zwölf oder vierzehn Kilometer weit das flache Tal der Tourbe, eines kleinen Seitenarms der Aisne hinauf. Sie stiegen jetzt in die weite, unfruchtbare Kalkebene der Champagne pouilleuse auf: In der leicht gewellten Landschaft gab es weder Baum noch Busch, und am Horizont nur ein paar vereinzelte getünchte Häuser. Die Nacht brach herein, der Wind steigerte sich zu Sturmstärke, die Wolken verhüllten Mond und Sterne, vollständiges Schweigen war strikter Befehl: Etwas Unheimliches, Unnatürliches lag über dem lautlosen Vormarsch so vieler Menschen durch «dieses traurigste Tal von der Welt» und seine Leere. Wenn das Schweigegebot überhaupt einen Zweck gehabt hatte – vermutlich ging es vom König aus –, so wurde er verfehlt, sobald man in dem Dorf Somme-Tourbe das Lager aufschlug. Die Nacht war kalt, und so wurden Pfähle aus den Weinbergen und Möbel aus den geplünderten Häusern zu riesigen Feuern entzündet: Die Offiziere unternahmen kaum einen Versuch, der Zerstörung zu steuern, mochte sie auch verboten sein; denn die Moral der Männer war wichtig, und das Dorf war ohnedies die einzige Quelle von Proviant. Goethe kam spät und fand nichts, bemerkte aber eine Gruppe von Emigrierten, die um ein Feuer saßen und Eier brieten. Da er offenbar nur auf dem Weg des Handelns etwas bekommen würde, vergriff sich Goethe an ein paar Flaschen aus einem abgelegenen Weinkeller und ertauschte sich damit Zutritt zu dem Zirkel. Man kann sich unschwer die Unterhaltung vorstellen, zu der diese willkommene Bereicherung reizte: Erleichterung über die Aussicht auf eine rasche militärische Entscheidung, hochmütiges Fiebern auf den Denkzettel für eine Armee, die angeblich aus schlecht ausgebildeten, feigen Plebejern bestand, Lobeshymnen auf die Könige Frankreichs und Preußens, Klagen über das Wetter, den Nachschub und die Zögerlichkeit Braunschweigs, Empörung über das diabolische Paris und das nationale Netz von revolutionären Clubs, Jammern um die Familien, Besitztümer und Ämter. Im Schein des Feuers entdeckte Goethe zu seiner Überraschung ein Gesicht, das er kannte: Es war der Marquis de Bombelles, den er zuletzt zwei Jahre zuvor als seinen Gastgeber auf einem Ball der französischen Gesandtschaft in Venedig gesehen hatte. Aber dem Marquis war jetzt nicht nach Gesprächen über Gondeln auf dem Canal Grande oder Empfänge für die Herzoginmutter zumute. Er hatte den Gang der Ereignisse kommen sehen, hatte die diplomatische Laufbahn aufgegeben und war jetzt ein unsteter Wanderer. Dachte der Intendant von *Heinrich IV.* und *König Johann* auch an Agincourt und Philippi? In jener ausgelassenen, besorgten, melancholischen Nacht am Lagerfeuer muß Goethe gewußt haben, daß manches für immer vorbei war, noch bevor der Tag der Schlacht kalt heraufdämmerte.

Der 20. September 1792, ein Donnerstag, begann mit Sprühregen und dichtem Nebel. Zwischen sieben und acht Uhr morgens setzte sich das preußische Hauptkorps, wie üblich mit dem Regiment Carl Augusts an der Spitze, wieder in Richtung Hauptstraße in Bewegung, während die Vorhut zur Linken nur zwei bis drei Kilometer voraus war. Kellermann, am Vortag von Süden her eingetroffen und von Dumouriez in eine Stellung nördlich der Straße und östlich des Dorfes Valmy beordert, was er mit Recht als unvorteilhaft ansah, begann, seine Truppen südlich der Straße neu zu formieren. Dabei kam jedoch sein linker Flügel im Nebel mit einem preußischen Voraustrupp in Berührung, der viel näher und stärker war, als er erwartet hatte. In aller Eile mußte er den Tagesbefehl widerrufen und wieder die ursprüngliche Stellung zu beziehen suchen. In diesem überaus gefährlichen Augenblick kam für ihn alles darauf an, den linken Flügel solange wie möglich zu halten, und so errichtete er eine Artilleriebatterie am höchsten Punkt der Straße nach Châlons, der einsamen Straßenkreuzung von La Lune rund zwei Kilometer westlich von Valmy, wo es nichts gab als ein verwaistes Gasthaus. Carl August, schlachtbegierig wie sein König Friedrich Wilhelm, sprengte mit seiner Kavalleriebrigade (zu der auch Goethe gehörte) auf der Suche nach Kellermanns linkem Flügel in so scharfem Trab über das leere Gelände vor, daß sie die eigene Vorhut überholten: Eine doppelte Reihe hoher Pappeln ragte aus dem Nebel auf, plötzlich überquerten sie die Chaussee nach Châlons und Paris, dann tauchten sie wieder in das graue Dunkel jenseits der südlichen Straßenbefestigung. Sie waren offenkundig zu weit geritten und wandten sich zum Rückzug, aber jetzt wurde ihre rechte Flanke von mörderisch schwerem und schnellem Feuern von der erhöhten französischen Stellung bei La Lune eingedeckt, und so flohen sie im Galopp nordwärts über die Straße zurück. Die preußische Vorhut war aufgehalten worden, und nach diesem unrühmlichen Abenteuer hatte das Regiment Carl Augusts keinen weiteren Anteil an den Geschehnissen des Tages.

Um halb neun Uhr vormittags hatte preußisches Feuer aus drei Richtungen die französische Batterie vertrieben, und jetzt begann ein Wettlauf beider Armeen, um die strategischen Höhen von La Lune zu besetzen. Die Preußen gewannen das Rennen knapp, und das langsam folgende Hauptkorps stellte sich in einer von der Straßenkreuzung nordwestwärts verlaufenden Schlachtlinie auf. Gegen Mittag lichtete sich endlich der Nebel und gab einen Blick frei, der dem preußischen König bestürzend unwillkommen war, für den Herzog von Braunschweig aber nicht unerwartet kam. Auf dem Hauptkamm des Höhenrückens von Valmy, der etwa zwei Kilometer entfernt parallel zu den preußischen Linien verlief und das Dorf Valmy selbst vollständig verbarg, lag nicht etwa ein kopfloser Haufen, sondern die zentrale Streitmacht von Kellermanns Armee, rund 16000 Mann und fast ausnahmslos reguläre Truppen – zwar in beengter und schlechter Ordnung, aber mit 36 Feldgeschützen, die rund um eine am höchsten Punkt stehende Windmühle in Stellung gebracht waren. Rund drei Kilometer hinter Kellermann, zu seiner Rechten, besetzte eine weitere Batterie die dritte strategische Höhe in der Gegend, den Mont d'Yrvon, so daß die preußische Linke in Schach gehalten wurde, während zur Linken Kellermanns das Sumpfgelände beiderseits der Straße von Kavallerieverstärkungen gedeckt wurde, die Dumouriez aus Sainte-Menehould herangeführt hatte. Das waren disziplinierte Gegner, fachkundig geführt und in starker Stellung. Die Sonne kam heraus, die Geschütze, die seit neun Uhr zumeist geschwiegen hatten, begannen mit einem wütenden Artillerieduell, und der König von Preußen, der endlich die Schlacht bekommen hatte, die er haben wollte, zögerte, was als nächstes zu tun sei. Um ein Uhr gab er schließlich den einen Befehl, dessen sein Starrsinn fähig war: den Befehl zum Angriff. Zum aufwühlenden Schlag der Trommeln und mit Standarten, die im Sonnenlicht leuchteten und so präzise und reibungslose Bewegungen anzeigten wie bei einem Herbstmanöver, begannen Vorhut und Hauptkorps der Preußen gegen das grüne Amphitheater vorzurücken, das sie von der französischen Mitte trennte. Die französische Artillerie jedoch erwiderte nicht das auf sie gerichtete Feuer, sondern begann sich auf die preußische Infanterie einzuschießen, die Schritt für Schritt besser ins Schußfeld kam. Trotz des Kugelhagels und der plötzlichen schrecklichen Verwundungen, trotz Hunger und Krankheit hielt die preußische Linie, aber als sie zweihundert Schritt vorgerückt war, griff endlich der Herzog von Braunschweig ein. Er hatte eigens einen Umweg von fast achtzig Kilometern durch schwieriges Gelände gemacht, um seiner Armee einen Sturmangriff auf erhöht postierte feindliche Artillerie an den Islettes zu ersparen, und er wollte mit einer solchen Narretei auch in Valmy nichts zu tun haben, wo die Folgen einer Niederlage mit viel größerer Sicherheit katastrophal sein mußten. Er befahl, den Vormarsch zu stoppen. Jetzt war es an den gegnerischen Geschützbatterien, ihren Vorteil auszunützen, und die nächsten drei Stunden dauerte das Feuer an und machte jedermann, exponiert oder nicht, zum reinen Zuschauer.

Das Regiment des Herzogs stand in geschützter Stellung weit hinten in der Hauptkolonne. Goethe aber, ungeduldig ob der Untätigkeit und begierig, das «Kanonenfieber» der unter Feuer Genommenen zu erleben, ritt nach vorn und hinauf zur Hochebene von La Lune. Für einen verheirateten Mann war es ein seltsames Beginnen, und die Offiziere des Generalstabs, die ihn zur Rückkehr zu bewegen suchten, fanden das auch; aber in der Waghalsigkeit lag ein Stück jener Verzweiflung, die ihn 1783 eine gefährliche Klippe im Harz hinaufgetrieben hatte, wo er der scheinbaren Leere der Welt den Ruf entgegengeschleudert hatte, er müsse noch zu großen Ehren kommen, ehe er den Hals breche. Vielleicht forderte er wieder einmal das Fatum heraus, suchte entweder nach einem Zeichen, daß das Schicksal ihm mehr bereitet habe als die Erfüllungen, die in den vergangenen drei Jahren seine Dichtung zum Stillstand gebracht hatten, oder sonst eine bedeutsam zufällige Konklusion für alles. Von dem halbzerstörten Gasthof, wo die Verwundeten sterbend auf verstreuten Getreideballen lagen und Kanonenkugeln noch immer durch die paar Dachziegel heulten und polterten, ritt Goethe weiter dem Hauptkamm entlang, von wo er die französische Stellung überblicken konnte, in den Geschützdonner hinein, der die Erde erbeben und noch im zehn Kilometer entfernten Sainte-Menehould die Fenster klirren ließ. Dreißig Jahre später konnte er sich noch an jede Einzelheit erinnern, die er empfunden hatte:

Der Ton ist wundersam genug, als wär' er zusammengesetzt aus dem Brummen des Kreisels, dem Butteln [= Gurgeln] des Wassers und dem Pfeifen eines Vogels. ... Unter diesen Umständen konnt' ich jedoch bald bemerken, daß etwas Ungewöhnliches in mir vorgehe; ich achtete genau darauf, und doch würde sich die Empfindung nur gleichnisweise mitteilen lassen. Es schien, als wäre man an einem sehr heißen Orte, und zugleich von derselben Hitze völlig durchdrungen, so daß man sich mit demselben Element, in welchem man sich befindet, vollkommen gleich fühlt. Die Augen verlieren nichts an ihrer Stärke, noch Deutlichkeit; aber es ist doch, als wenn die Welt einen gewissen braunrötlichen Ton hätte, der den Zustand sowie die Gegenstände noch apprehensiver [= besorgniserregender] macht. Von Bewegung des Blutes habe ich nichts bemerken können, sondern mir schien vielmehr alles in jener Glut verschlungen zu sein. ... Bemerkenswert bleibt es indessen, daß jenes gräßlich Bängliche nur durch die Ohren zu uns gebracht wird; denn der Kanonendonner, das Heulen, Pfeifen, Schmettern der Kugeln durch die Luft ist doch eigentlich Ursache an diesen Empfindungen.

Goethe kehrte unversehrt zurück – nicht zuletzt darum, weil der weiche Boden alles verschlang und die Kugeln von ihm nicht wieder abprallten –, und noch immer dauerte die Kanonade an. Gegen zwei Uhr erschütterte eine gewaltige Explosion das Schlachtfeld, und Rauchsäulen stiegen hinter den französischen Linien auf, die in Verwirrung gerieten: Eine preußische Granate hatte drei Munitionswagen getroffen, und zehn Minuten lang sah es so aus, als hätten die Preußen den Tag für sich entschieden, und eine Pause im Geschützfeuer trat ein. Aber Kellermanns Truppen hatten sich rasch wieder formiert, verstärkten noch das Artilleriefeuer, und der Herzog von Braunschweig erkannte, daß es noch immer keine Chance für einen Sturmangriff gab. Eine Gruppe von Emigrierten, darunter Bombelles, ritten zur Chaussee hinunter, um mit der französischen Kavallerie zu verhandeln und sie vielleicht zum Überlaufen zu bewegen, aber ohne den geringsten Erfolg. Um vier Uhr ließ Braunschweig ungeachtet des andauernden Bombardements seine Truppen neue Aufstellung quer über die Straße nehmen, mit Blick nach Sainte-Menehould, das auf diese Weise von Châlons und Paris abgeschnitten wurde; er hatte zwar keine Schlacht gewonnen, aber er hatte das Manöver vollendet, zu dem er am Morgen aufgebrochen war, und behauptete den taktischen Druck gegen Dumouriez. Zwischen fünf und sechs Uhr nachmittags ging das erste Artilleriegefecht in Westeuropa seit dem

Siebenjährigen Krieg langsam zu Ende, das mit 20000 Kugeln allein von französischer Seite auch eines der bis dahin schwersten gewesen war. Der verfinsterte Himmel öffnete seine Schleusen, und ein weiterer Regenguß setzte ein.

Valmy war nur ein Patt, aber das preußische Lager war zutiefst demoralisiert. Die Infanterie Friedrichs des Großen war geduckt, das Getöse der Emigrierten als leeres Gerede entlarvt worden, und in diesem ersten ernsthaften Kampf des Feldzugs nahmen viele, unter ihnen auch König Friedrich Wilhelm, zum erstenmal zur Kenntnis, daß die Revolution nicht einem widerstrebenden Pöbel von Schwindlern aufgezwungen worden war, sondern sich auf die entschlossene Loyalität der ganzen Nation, ihrer Truppen und Offiziere, als Ausdruck des allgemeinen Willens stützte. Des Königs überstürzter Griff nach dem Ruhm hatte ihn dazu verleitet, die erprobte Kriegskunst außer acht zu lassen und einen schwachen, unfähigen Gegner vorauszusetzen: Mit der Wirklichkeit eines normalen, zeitgenössischen Heeres konfrontiert, leisteten seine Illusionen noch eine Zeitlang umsonst Gegenwehr und wichen dann der Untätigkeit. Von ihrem Gepäck und Nachschub abgeschnitten, schlugen die Preußen hungrig in Wind und Regen ihr Biwak auf, an Feuern, die sie mit Pappeln von der Chaussee nährten. Die wenigen noch bewohnbaren Zimmer im Gasthaus von La Lune wurden dem König, dem Herzog von Braunschweig und den Verwundeten eingeräumt, während der Herzog von Weimar mit seinem Stab im Freien bleiben mußte. Goethe hatte von der vorigen Nacht noch etwas Wein, kaufte einem Husaren etwas Brot ab und ließ sich für ein paar Münzen eine Decke geben, bevor er sich wie Carl August und die Offiziere in ein flaches Erdloch legte, das man als Schutz vor dem Wind ausgehoben hatte. Diese – wie er selbst es nannte – «voreilige Bestattung» bei einem Wegweiser nach jenem Paris, das er niemals zu Gesicht bekommen sollte, markierte, ihm unbewußt, den letzten Eckpunkt all seiner Reisen. Im Osten die Salzbergwerke von Wieliczka, im Süden die tempelübersäten Hänge von Agrigent, im Norden das Berlin von 1778 und jetzt, im Westen, Valmy: die äußeren Grenzen seines Lebens waren abgesteckt, und in ihnen mußte er künftig auffinden, was dieses Leben an Ewigkeit besitzen mochte. Hat er, wie er später erzählte, an jenem erbärmlichen Abend zu den Offizieren, die ihn umstanden, gedemütigt und enttäuscht nach den fruchtlosen Plagen der letzten zwei Tage, wirklich gesagt «Von hier und heute geht eine neue Epoche der Weltgeschichte aus, und ihr könnt sagen, ihr seid dabei gewesen»? Das erscheint unwahrscheinlich; denn erstens sprach man 1792 nicht so eilfertig von «Epochen der Weltgeschichte» wie dreißig Jahre später, und zweitens war noch keineswegs ausgemacht, daß der Feldzug gegen Dumouriez zu Ende sei: Die Franzosen jedenfalls waren auf eine noch schwerere Schlacht gefaßt und fanden es nicht einmal der Mühe wert, die Kanonade nach Paris zu melden. Vielleicht hat Goethe eher etwas im Sinne jener bescheidenen Abwandlung der Worte des Aeneas geäußert – welchem Vergil einen «großen» Anteil am Untergang Trojas zuschreibt –, die er in einem Brief eine Woche später, als die militärische Lage schon klarer war, in einem Brief an Knebel versucht:

Es ist mir sehr lieb daß ich das alles mit eigenen Augen gesehen habe und daß ich, wenn von dieser wichtigen Epoche die Rede ist sagen kann:

et quorum pars minima fui.
(dessen ich selber ein sehr kleiner Teil gewesen; Aneis II, 6)

Den entscheidenden Schritt tat in jener Nacht Kellermann, der geräuschlos und im Schutz der Dunkelheit die Operation abschloß, die der preußische Vormarsch unterbrochen hatte. Er zog seine Kräfte vom schmalen Bergkamm bei Valmy ab und wechselte mit ihnen auf die Südseite der Straße, um auf den Höhenzügen hinter den Sümpfen eine uneinnahmbare Stellung zu errichten. Der Herzog von Braunschweig, beschwert durch die Verantwortung für die Person des preußischen Königs und im Bewußtsein, daß sich in Châlons 40000 unerschrockene, wenngleich undisziplinierte Freiwillige aus Paris massiert waren, muß am folgenden Morgen ungeachtet seiner drohenden Stellung gewußt haben, daß die Zeit für Verhandlungen gekommen war. Zwei Tage lang gab es noch Pro-forma-Scharmützel, dann schlug er am 23. September sein Hauptquartier in dem Dorf Hans nördlich von Valmy auf, während die Armee auf den von Kellermann geräumten Anhöhen kampierte. Wenn der Herzog von Braunschweig Zeit benötigte, um die Organisation seines Heeres zu stabilisieren und den Rückzug nach Verdun und Longwy vorzubereiten, war es Friedrich Wilhelm darum zu tun, im Austausch gegen einen Rückzug der Alliierten entweder die künftige Stellung Ludwigs verfassungsmäßig garantiert zu sehen oder aber Dumouriez auf seine Seite zu ziehen. Dumouriez hatte jedoch seine eigenen Gründe, Gespräche anzustreben. Als früherer Außenminister sah er die Chance, Preußen von Österreich weg und in ein «natürlicheres» Bündnis mit Frankreich zu locken – gewiß sähe Friedrich Wilhelm doch gern Belgien vom österreichischen Joch «befreit»? –, aber als General erkannte er auch, daß man die noch immer furchteinflößende preußische Armee nur noch eine weitere Woche hinhalten und «im Hornissennest versinken» lassen mußte, um sie auf gleiche Weise zu schwächen wie durch eine blutige Niederlage. Die Fühlungnahme zwischen beiden Seiten begann mit einer Vereinbarung über den Austausch des in Gefangenschaft geratenen Sekretärs des preußischen Königs gegen den inhaftierten Bürgermeister von Varennes; es folgten eine Reihe geziemender Dîners und Gespräche in den verfeindeten Lagern. Marchese Lucchesini jedoch, der ranghöchste Diplomat des Königs, der klüglich Distanz zur Front gewahrt hatte, traf am 24. September in Hans ein und durchschaute sogleich den Plan von Dumouriez. Die Nachricht von der Absetzung Ludwigs XVI. traf am 25. September im preußischen Lager ein, und Lucchesini brachte den Herzog von Braunschweig dazu, am 28. ein zweites Manifest zu erlassen, das ebenso unerbittlich wie das erste war und die Verhandlungen fast zum Scheitern brachte. Am folgenden Abend begann der Rückzug.

Aber Dumouriez' Berechnung erwies sich als richtig. Der preußische Gepäcktroß, der um ein Haar von einem umherstreifenden französischen Kommando aufgerieben worden wäre, stieß am Nachmittag des 21. wieder zu den Truppen, aber erst am 26. stand die Nachschublinie nach Verdun. Zuerst lieferten noch die Dörfer ein wenig Nahrung und Fourage, aber bald darauf verhungerten die ersten Pferde, und am 25. war die gesamte Armee ohne Brot, und dort, wo es irregulär auftauchte, war es grün von Schimmel. Zwar hatte der herzogliche Schlafwagen seinen eigenen bescheidenen Vorratsschrank, aber niemand entging dem Mangel: Goethes Westen und Röcke flatterten, wie er Knebel schrieb. Der König mußte ohne Kaffee auskommen, bis Dumouriez ihm etwas von dem seinen gab, und die Männer, die in ihren durchnäßten Zelten kauerten und nicht einmal Tabak hatten, mußten sich damit begnügen, Stroh und Blätter zu rauchen. Als endlich am 27. etwas Tabak eintraf, war er ungemein teuer (das Viertelpfund ein Taler), und Goethe machte sich dadurch beliebt, daß er Unmengen der ihm verhaßten Droge aufkaufte und gratis unter den Kavalleristen des Herzogs verteilte. Die Armeeführung riet den Soldaten, sich aus den Gerstengarben auf dem Feld einen Brei als Ersatz für das nicht vorhandene Brot zu machen, doch gab es trotz des unaufhörlichen Regens keine brauchbare Wasserquelle auf diesem kalkigen Boden. Paul Götze sammelte das auf dem ledernen Dach des herzoglichen Reisewagens zusammengelaufene Regenwasser, um seinem Herrn heiße Schokolade zu bereiten; andere tranken die milchige Flüssigkeit aus den Fußstapfen der Pferde im weißen Kalk. Die Verwundeten starben qualvoll, vor Durst verschmachtend und größtenteils unversorgt. Die Ruhr griff natürlich wieder um sich, die Luft stank, und Wagner, der Kammerdiener des Herzogs, erblickte Männer, die bluteten, «als mußten sie durch und durch geschossen sein». Als Dumouriez das Gelände wieder in Besitz nahm, entdeckte er die Leichen von Männern, die hilflos in den Latrinen ertrunken waren. Die Moral war miserabel: Die Überlebenden hörten auf, sich zu rasieren, die Uniformen waren gelb von Rauch und starrten vor Schmutz, die zerfetzten Stiefel wurden mit Bindfäden oder Weidenruten zusammengehalten. Mit bitterem Spott quittierten sie die Anweisung aus dem Hauptquartier, sich reichlich mit der einen Ware einzudecken, von der es im Überfluß gab: mit Kreide, um damit ihre Uniformen blankzuputzen. Tote Pferde verstopften die Abzugsgräben, menschliche Arme und Beine ragten aus den hastig und zu flach ausgehobenen Gräbern, und Goethe sah ein verwundetes Pferd, das sich in seinen eigenen Eingeweiden verfangen hatte und ziellos umherhinkte; niemand fand Zeit, es zu töten. Goethe schrieb in seinen Briefen nach Weimar nur knapp und allgemein über «Beschwerlichkeiten» und «entsetzliches Wetter»; in einem langen Brief an Anna Amalie (die allerdings die Schwester des Herzogs von Braunschweig war) schlug er einen durchgängig humorigen Ton an, Knebel berichtete er von weiteren Fortschritten «in Opticis», und Christiane ermutigte er mit der Hoffnung, bald wieder in Weimar zu sein; dann «werde ich mich in deinen Armen bald erholt haben». Die Offiziere waren angeblich bestürzt über die Nachricht vom Rückzug, aber innerlich stimmte Goethe in den Jubelruf der Truppe ein: «Bruder, es geht nach Hause.»

In der Nacht vom 29. auf den 30. September trug die preußische Armee Zelte und Gepäck zusammen und begann am 30. im ersten Morgengrauen, den Weg zurück zu nehmen, den sie gekommen war. Eine französische Kanonenkugel nahm Goethe als Andenken mit. Das Wetter war endlich einmal schön, sogar warm, und wenngleich die 285 Fahrzeuge nur langsam vorankamen, hielt alles gute Ordnung, bis man am 20. Oktober die zwei Pontonbrücken über die Aisne erreichte, über die es zum Grandpré ging. Hier, auf einer von Weiden bestandenen Geröllinsel zwischen den zwei Brücken und knapp unterhalb des Zusammenflusses von Aire und Aisne, bezog das Regiment des Herzogs von Weimar, das bisher dem Hauptkorps vorausgeritten war, Position, um den Übergang über den Fluß zu decken. Den ganzen Tag lang verfolgte Goethe das Vorbeitrotten der Armee, finster, schweigend, mutlos, während die Regimentsküche heiße Bohnen (mit einer Spur Schweinefleisch) an die Kranken und die Hochgeborenen ausschenkte. Endlich, als der Abend hereinbrach, ritten Friedrich Wilhelm selbst, seine Stabsoffiziere und der Herzog von Braunschweig heran, warfen einen kurzen, nachdenklichen Blick zurück und überquerten den Fluß. Am folgenden Tag zog auch das Regiment Carl Augusts weiter, das die Nachhut heranführte. Goethe verlor bei diesem Manöver irgendwie den Kontakt zu Götze und seiner Kutsche, und so suchte er, ohne Bettzeug, Kleidung, Geld oder Papiere, Zuflucht in einem von sechs stämmigen Rössern gezogenen Küchenwagen, in dem er sich von Zeit zu Zeit durch Lektüre eines naturwissenschaftlichen Lehrbuchs von den draußen lauernden Gefahren abzulenken suchte. Das Regiment war jetzt völlig ungeschützt, und trotzdem blieben sie alle unbehelligt, die Gegend war rätselhaft still, und die französische Kavallerie ließ sich kaum sehen. Was Goethe erlebte, war ein Triumph militärischer Diplomatie; denn Lucchesini und Braunschweig setzten auf eine unerhörte Täuschung, die die alliierten Armeen vor Niederlage und Gefangennahme bewahrte. Dumouriez wünschte kein unnötiges Gefecht mit einer Armee, die er noch immer für respekteinflößend hielt, er wollte alle seine Kräfte für einen Schlag gegen das österreichische Belgien bündeln, und ungeachtet des scheinbaren Abbruchs der Verhandlungen träumte er noch immer von einer Allianz mit Preußen gegen Österreich, die seine belgische Expedition gefahrlos und ihn selbst zum Nationalhelden und europäischen Friedensstifter machen würde. Dadurch, daß die preußische Armeeführung nach ihrem Manifest, das angeblich für die österreichische Seite bestimmt war, weiter Kontakt mit den Franzosen hielt und den Vorschlägen Dumouriez' ein geneigtes Ohr lieh, erweckte sie den Eindruck, als ob der preußische König nur auf die Auflösung der militärischen Koalition warte, um sich sowohl von Österreich als auch von den Emigrierten abzuwenden. Es bestand eine von Paris gebilligte mündliche Abmachung, daß Dumouriez die retirierende

Armee unbelästigt lassen sollte, bis sie Verdun erreicht hätte; einige Schüsse pro forma mußten freilich fallen. Goethe verdankte dem Marchese Lucchesini mehr, als ihm jemals bewußt wurde: Wäre das feingesponnene Netz der Intrige gerissen, hätte er sein Leben, das er in Valmy so leichtfertig aufs Spiel gesetzt hatte, wahrscheinlich wirklich verloren.

Die Preußen, unauffällig eskortiert von den Franzosen, die ihnen höflich gestatteten, jedes Dorf zu räumen, bevor sie selbst einzogen, und geflissentlich wegsahen, wenn die Truppen einander zufällig begegneten, marschierten direkt in Richtung Maas. Sie legten eine Ruhepause in Grandpré ein, das alte Lager bei Landres blieb im Süden liegen, und am 4. Oktober zogen sie in Buzancy und dem benachbarten Sivry ein, wo wieder ein Tag der Rast notwendig war; die Nacht vom 6. auf den 7. wurde nahe Dun an der Maas verbracht. Am 7. überquerten sie den Fluß oberhalb der Stadt, und am nächsten Tag schlugen sie ihr Lager einige Kilometer von Verdun entfernt am rechten Maasufer auf. In diesen wenigen Tagen geriet der Rückzug zum Debakel. Am 3. hatten die Regenfälle wieder eingesetzt, diesmal schwer – und sie hörten erst Ende des Monats auf –, und man kam nur langsam voran: kaum acht bis zehn Kilometer pro Tag auf den tief ausgefahrenen Wegen, aufgehalten von verlassenen Geschützen und Wagen und zerschlissenen, weggeworfenen Zelten. Die Schlange, die Grandpré verließ, kam acht Stunden nicht vom Fleck und erreichte Buzancy erst abends um zehn. Jede Anhöhe war ein schlammiger Fluß, man mußte Obstbäume fällen und auf die Chaussee schleppen, um den Fahrzeugen Halt zu geben, die nur vorwärts kamen, wenn sie hinten geschoben und gleichzeitig vorne von Extrapferden, die man von denen, die die Anhöhe bereits überwunden hatten, ausborgen mußte. Goethes Küchenwagen versuchte über die Felder auszuweichen und blieb in einem Morast aus rotem Ton stecken, doch konnte Goethe zum Glück ein Pferd besteigen, das er benutzt hatte, als er mit der Kavallerie geritten war. In Sivry war er, zur Umgebung Carl Augusts gehörend, 36 Stunden lang von Wind und Regen verschont; in einem Bauernhaus saß er mit den anderen rund um ein Feuer, über dem ein Kessel mit Rindfleisch und Gemüsesuppe hing. Aber vom 6. bis zum 9., abgeschnitten von Götze und all seiner Habe, war er ohne jedes Dach über dem Kopf und teilte uneingeschränkt das Los aller; nur durch ein Brett oder ein Stück Zeltbahn geschützt, mußte er auf dem nackten Boden schlafen. Als er am 7. auf einem sumpfigen Stück Wiese darauf wartete, über die Maas setzen zu können, erkannte ihn der Herzog von Braunschweig, der zwar diesen Emporkömmling und Günstling seiner Schwester nicht leiden mochte, der aber die Bedeutung des Pressecorps begriff und ihn versicherte, er freue sich darüber, «daß ich einen einsichtigen, glaubwürdigen Mann mehr weiß, der bezeugen kann, daß wir nicht vom Feinde, sondern von den Elementen überwunden worden». Das stimmte vielleicht; aber die Reputation eines Generals war vollkommen belanglos gegenüber dem, was Goethe auf seinem dahinzokkelnden Pferd zu sehen bekam. Mützen und Uniformen, schlammstarrend, hatten im Regen jede Form verloren; Pulver und Patronen waren zu Paste und Papier aufgeweicht; verrostete Degen und Musketen wurden ebenso abgeworfen wie Mantelsäcke und Beute; es gab nur eine Sorge: weitergehen, weiterhumpeln, notfalls unbeschuht, die Füße nur mit einem Lappen oder mit Heu umwickelt. Wer fiel, stand nicht mehr auf. Noch immer wütete die Ruhr unter den verhungerten, von Ungeziefer befallenen Soldaten: Als die französischen Kräfte fünf Stunden nach dem Abmarsch der Preußen in Grandpré einmarschierten, fanden sie zwanzig Lazarettwagen mit Kranken und Verwundeten vor und meldeten, wenn sie früher gekommen wären, hätten sie hundert solcher Wagen zu versorgen gehabt. Die Pferde scheuten in dem pestilenzialischen Gestank: «Ich trat nicht auf den Boden», schrieb der Kommissar des Konvents, «sondern auf sehr schlecht begrabene Leichen.» Unterwegs ging es weniger zeremoniell zu: Die Kranken wurden «wie Vieh» in Wagen gepfercht und, wenn sie starben, auf die Straße geworfen. Stürzten die Wagen um, ließ man sie mit ihrer sterbenden Fracht im Graben liegen. Mit der Ordnung, die noch bis Grandpré geherrscht hatte, war es vorbei: Beim abendlichen Appell in den Kompanien löste ein unbeantworteter Name bloß noch Achselzucken aus. Tauchten die Vermißten wieder auf, wurden sie mit Groll oder bestenfalls mit stummer Nichtachtung empfangen. Das tödliche Schweigen über dem Marsch unterbrachen weder Gesang noch Gespräch, nur keuchende Verwünschungen, die Flüche der Kutscher, das Strampeln ihrer Pferde im Morast und gelegentlich das rohe Lachen über die aufgedunsenen, zerstochenen Gesichter jener, die sich davongemacht hatten, um Honig aus den Bienenstöcken an der Straße zu stehlen. Ein brutales und völlig sinnloses Plündern und vor allem Brandschatzen griff um sich. «Wir trachteten nur nach unserem eigenen Leben», schrieb ein Offizier, «wir passierten schöne Kutschen, die jetzt verlassen waren, und keiner von uns kam auf den Gedanken, Gegenstände an sich zu nehmen, die hinfort jedem gehörten; aber es hätte auch keiner von uns die Hand nach einem Freunde ausgestreckt, der am Wege strauchelte.»

«Es ... wird ein großer Teil dieser sonderbaren Geschichte ein Geheimnis bleiben», schrieb Goethe am 10. Oktober. «Von den Hindernissen die durch Wittrung und Wege entstanden sind hat niemand einen Begriff als wer mit gelitten hat. Wir haben in diesen 6 Wochen mehr Mühseligkeit, Not, Sorge, Elend, Gefahr ausgestanden und gesehen als in unserm ganzen Leben. ... ich muß gestehen daß in Momenten wo so viel auf dem Spiele steht mancher selbst unter uns in dem Falle war von der Philosophie zum Glauben überzugehen.» Seine Unverzagtheit verließ ihn beim Abzug aus Grandpré, und am 9., fünfzehn Kilometer hinter Verdun und nicht weit von der Stelle, wo einen Monat zuvor der Heckenschütze aus dem Weinberg dem Strick entgangen war, war sein Mut gebrochen. Carl August wollte zwei Ruhrkranke – einen Kammerdiener und einen jungen Offizier, den er aus dem «Lazarett» von Grandpré gerettet hatte – nach Verdun vorausschicken; Wagner sollte sie im herzoglichen Schlafwagen begleiten (was kein geringes Opfer war), und Goethe, der für gewöhnlich jeder Ansteckungsgefahr sorgsam aus dem Wege ging, bat den Herzog um die Erlaubnis, den vierten Platz in der Kutsche einnehmen zu dürfen. Carl August hatte den Eindruck, nach neun Tagen ohne seine Chaise habe Goethe etwas Erleichterung verdient; er stellte ihm einen Husaren zu Pferd als Eskorte zur Verfügung und gab ihm Empfehlungsschreiben an den preußischen Kommandanten von Verdun mit; sie enthielten auch die Bitte, die Gesellschaft unverzüglich nach Longwy weiterzuschicken, sollte die Übergabe der Stadt an die Franzosen beschlossen werden. In der Tat wandte Österreich seine Aufmerksamkeit bereits von der Koalition ab und wieder Belgien zu, und am 8. Oktober hatte der Herzog von Braunschweig, beunruhigt durch Custines Marsch auf Mainz, den Entschluß gefaßt, Verdun gegen den sicheren Abzug für seine Truppen einzutauschen, und war in Verhandlungen mit Kellermann eingetreten: Er wünschte sie jedoch so gut es ging in die Länge zu ziehen, um den Österreichern und den Emigrierten, für die eine derartige Vereinbarung keine Geltung haben würde, Zeit zum Rückzug zu geben. Aber Goethe vermittelte die Fahrt nach Verdun das Gefühl, sich in Sicherheit, Sauberkeit und Behaglichkeit zu retten – ein doppelt erfreuliches Gefühl, als man unterwegs Goethes eigenen Wagen einholte, mit intaktem Koffer samt allem Inhalt. Götze hatte wie jeder andere fouragiert und requiriert und beförderte jetzt zwei Freunde aus Weimar. Der Husar verschaffte ihnen Quartier in der hoffnungslos überfüllten Stadt, und am nächsten Tag saß Goethe bei seinem Gastgeber wider Willen, Baron de Manonelle, am Kamin und schrieb Briefe nach Hause, an Voigt, Meyer und Christiane. «Ich habe viel ausgestanden, aber meine Gesundheit ist ganz fürtrefflich ... an Hypochondrie ist gar nicht zu denken», meldete er Christiane – vielleicht mit derselben Rücksichtnahme, die sie bewiesen hatte, als sie ihm eine Krankheit Augusts bis zu dessen Genesung verschwieg. Er versprach Besserung, nachdem er sich bisher auf Geschenke für sie konzentriert und Spielsachen für August vergessen hatte, aber noch bevor er irgend etwas an sie abschicken oder die Briefe beenden und aufgeben konnte, kam die dringende Nachricht, daß sie früh am nächsten Morgen die Stadt verlassen mußten. Die Preußen räumten die Umgebung, die französischen Truppen rückten heran, und der Kommandant konnte absehen, daß die Kapitulation bevorstand (wenngleich der Herzog von Braunschweig die Sache schließlich noch vier Tage hinauszuzögern wußte).

Das war eine schwere und unerwartete Enttäuschung. Goethe hatte die allgemeine Annahme geteilt, daß die Preußen die Linie an der Maas den Winter über halten würden; jetzt empfand er die besondere Demütigung der Retirierenden, diejenigen nicht vor Vergeltung schützen zu können, die sich ihnen gegenüber entgegenkommend verhalten hatten; und es kam der Schock, wieder hinausgestoßen zu werden in die endlose Kolonne von Fahrzeugen, die sich unerbittlich, aber im Tempo eines Leichenzuges durch den Morast arbeiteten, über die Leiber von gestürzten, aber noch lebenden Pferden, zwischen den tödlichen Fallen der Fahrspuren und Gräben und – noch immer –

in strömendem Regen. Zweifellos war es vergnüglich, daß der findige Husar am Abend des 11., als sie nach Spincourt kamen, einige Emigrierte aus dem besten Quartier der Stadt vertrieb, unter dem Vorwand, daß Goethe, wie sein Transport erkennen lasse, ein preußischer General sei; aber die Flucht aus Verdun war kein launiger Epilog zur Kampagne in Frankreich. Die Wege, auf denen die kleine Karawane weiterreisen mußte, waren so ziemlich der schlimmste Teil des Rückzugs aus Frankreich; in den Hohlwegen von Longuyon, die sie am folgenden Tag passierten, stand der Schlamm hüfthoch; und für den Augenblick hatten Auflösung und Not eines zivilen Exodus den Rückzug des Militärs verdrängt, das zwei bis drei Tage zurücklag. Die Krankenwagen und die Feldbäckerei aus Verdun waren bereits unterwegs, und Emigrierte waren auf diesem Weg gereist, der nach Arlon bei Luxemburg führte, wo sich die Reste ihres Korps sammelten: die Straße übersät «wie ein Schlachtfeld» mit bemalten und vergoldeten Kutschen, aufgebrochen und geplündert, mit den Kadavern abgedeckter und aufgeschnittener Pferde, mit Leichen ausgeraubter und entkleideter Menschen. Die zwei Invaliden in Goethes Obhut waren noch immer ernstlich krank, und zu dem Zeitpunkt, da die Chaise und der herzogliche Wagen am Abend des 12. Longwy erreichten, muß der Verdacht sich verstärkt haben, daß auch Goethe sich angesteckt hatte. Nach einem Umweg über Arlon war es eine Erleichterung, in die relative Sicherheit Luxemburgs mit seinen massiven Befestigungen zu gelangen, wo der Quartiermeister für sie alle Unterkunft fand – für Goethe in der Oberstadt, in einem Zimmer mit hohen, hellen Fenstern, die auf einen schornsteinartig engen Hof hinausgingen – und wo Götze um Arznei geschickt werden konnte. Als Goethe im Laufe der nächsten Woche Gelegenheit hatte, sich auszuruhen, zu säubern, endlich seine langen Haare schneiden zu lassen und den in Wochen gewachsenen Bart zu scheren, begann ihm zu dämmern, «wie ich an Leib und Seele zerschlagen und zerstoßen bin». In den Briefen, die er jetzt vollendete und abschickte, trug er nicht mehr die tapfere Miene zur Schau, die er noch in Verdun ausprobiert hatte; «das Elend, das wir ausgestanden haben läßt sich nicht beschreiben», erzählte er nun Christiane. «Ich für meine Person singe den lustigsten Psalm Davids dem Herrn, daß er mich aus dem Schlamme erlöst hat, der mir bis an die Seele ging.» «Keine Feder und keine Zunge kann das Elend der kombinierten Armee beschreiben.» Er hatte vor, sich eine Weile in Frankfurt zu erholen und Mitte November wieder in Weimar zu sein. «Ich eile nach meinen mütterlichen Fleischtöpfen», erzählte er den Herders und ließ sie einen Blick in die Hölle tun, durch die er gegangen war,

> um dort wie von einem bösen Traum zu erwachen, der mich zwischen Koth und Noth, Mangel und Sorge, Gefahr und Qual, zwischen Trümmern, Leichen, Äsern und Scheishaufen gefangen hielt.

In demselben Brief an Herder zeichnete Goethe die Karikatur eines Freiheitsbaums, dahinter die Sonne der Bourbonen und einen unter schweren

Regenfällen untergehenden preußischen Mond. Er hegte nun keine Zweifel mehr an der Torheit dieses Feldzugs, der «als eine der unglücklichsten Unternehmungen in den Jahrbüchern der Welt eine traurige Gestalt machen» werde. Und er bewies nicht minder echten Geist der Prophetie, als er ihn auf dem Schlachtfeld von Valmy für sich später reklamierte, wenn er die Folgen beklagte, welche die – für ihn und Carl August unerwartet rasch gefällte – Entscheidung, den Krieg gegen Frankreich zum Reichskrieg zu erklären, für Weimar haben mußte:

Wir werden also auch mit der Herde ins Verderben rennen – Europa braucht einen 30jährigen Krieg um einzusehen was 1792 vernünftig gewesen wäre.

Doch blieb nur wenig Zeit zum Nachdenken und Regenerieren in seinem Zimmer oder in den Gärten der Vorstadt, zum friedlichen Zeichnen unter all den malerischen Treppen und Brücken und Gassen, Brüstungen und Bastionen dieser labyrinthischen Festung. Die Ereignisse hatten sich zu überstürzen begonnen: Nachdem die preußische Armee – nach den Worten eines Infanteristen einem «Zigeunerhaufen» gleichend – vier Tage lang unter den Zweigen des Waldes von Mangiennes kampiert hatte, ohne Zelte und ohne Verpflegung, begann sie am 17. Oktober den Treck nach Longuyon und Longwy, auf demselben Weg, den Goethe eine Woche zuvor gereist war. Am 18. wurde die Kapitulation von Longwy vereinbart, zu ähnlichen Bedingungen wie jene Verduns – Friedrich Wilhelm protestierte ohne Erfolg dagegen, daß sein königliches Siegel auf demselben Dokument prangte wie das einer selbsternannten Republik –, und die Truppen mußten sich beeilen, über die Grenze zu kommen. Am 23. Oktober drängten sich 20000 Preußen – alles, was von den 42000 übriggeblieben war, die im August die Grenze zu Frankreich überschritten hatten – in den Stadtmauern Luxemburgs, während an demselben Tag in Longwy ein Kanonensalut das Zeichen gab, daß kein fremder Eindringling mehr auf französischem Boden stand, und dreißig Wagenladungen mit Leichen des Gegners zur Beisetzung aus der Stadt geschafft wurden. Zwei Tage vorher, während die Franzosen in Mainz einzogen, waren Goethe und seine Gesellschaft aus Luxemburg abgefahren, und als er am Morgen des 23. nach Trier kam, öffnete gerade Frankfurt General Custine seine Tore.

Vor Trier, in dem Dörfchen Igel am Zusammenfluß von Saar und Mosel, wurde Goethe von den Zeitläuften mit einem Monument konfrontiert, das eigentlich der Inbegriff der Festigkeit und Dauer hätte sein sollen. Die beiden Kutschen hielten an, um ihm die Besichtigung des 18 Meter hohen gallisch-römischen Grabobelisken der Sekundinier aus dem 3. Jahrhundert zu ermöglichen. Die reichhaltigen und wohlerhaltenen Reliefs schilderten ein längst vergangenes, aber zeitloses häusliches Leben: Eltern und Kinder, Familienfeste, Handel und Verkehr als Quelle kaufmännischen Reichtums. Es war das bei weitem schönste Beispiel antiker Kunst in dieser Gegend, und es führte Goethe in Gedanken zurück in das Jahr 1786 und das Museo

Lapidario in Verona. Aber konnte er jetzt ohne weiteres diese – wie ihm schien – altheidnische Haltung gegenüber den Grenzen des Lebens teilen, die in den Reliefs zum Ausdruck kam, «die Lust und Liebe, seine persönliche Gegenwart mit aller Umgebung und den Zeugnissen von Tätigkeit sinnlich auf die Nachwelt zu bringen»? In Verona hatte er nach einem bürgerlichen Arkadien getrachtet, jetzt war er in die Kriege von Königen verstrickt, und vielleicht war die ganze weise Sinnlichkeit, die er in Italien gelernt hatte, ein einziger Anachronismus. Lange verweilte er bei diesem Monument einer vergangenen Philosophie, und ungern riß er sich davon los, unbehaglich das Mißverhältnis zu seinem eigenen «erbärmlichen Zustande» empfindend. Vielleicht war er sich einer verlorenen Unschuld bewußt geworden: Er durfte jetzt nicht mehr erwarten, jemals wieder zu der schlichten Altertumsfrömmigkeit der letzten fünf Jahre zurückzufinden, die ihn hatte sagen lassen, daß er «an der Lehre des Lucrez mehr oder weniger hänge und alle meine Prätensionen in den Kreis des Lebens einschließe». Die moderne Welt war anders, und sie war dort, wo er war.

Der junge Leutnant von Fritsch war noch in Trier und besorgte in der übervölkerten Stadt Quartiere «für die fürstliche Entourage» (als die sich die Gruppe von Invaliden offiziell noch immer ausgab). Fritsch hatte mehr und echtere Kriegshandlungen erlebt, als es sie an der Front gegeben hätte, und Goethe überbrachte ihm die gute Nachricht, daß er für die tapfere Abwehr einiger französischer Marodeure den preußischen Orden *Pour le mérite* erhalten habe. Goethe führte auch «mit einer gewissen ernsten, wir möchten sagen symbolischen Feierlichkeit» die Kanonenkugel von Valmy vor: Zeuge und Werkzeug der großen Glücksumschwünge, die er seit seinem letzten Besuch in Trier erlebt hatte, und noch größerer Umschwünge, die kommen sollten. Im Laufe der folgenden Woche erneuerte er gerne die Bekanntschaft mit Wyttenbach und entzog sich den ewigen, unerträglichen Grübeleien seiner Kollegen über den Feldzug, den er nur vergessen wollte, indem er mit Wyttenbach «manche angenehme wissenschaftliche und literarische Unterhaltung genoß», mit ihm noch mehr vom alten Trier besichtigte und vielleicht von ihm die Aprilnummer der *Berlinischen Monatsschrift* entlieh, in der der erste Teil von Kants Abhandlung *Die Religion innerhalb der Grenzen der bloßen Vernunft* erschienen war. Goethe war noch immer krank und lebte in «beständiger Unruhe und Zerstreuung»; denn Custines Vormarsch hatte ihm Frankfurt verschlossen, und wäre auch Koblenz genommen worden – was einmal im Bereich des Möglichen schien –, hätten Goethe und die gesamte deutsche Armee nicht mehr über den Rhein zurückgehen können. Ein Besuch in Frankfurt schien um so dringender nötig, als seine Mutter ihm geschrieben hatte, daß sein Onkel, der Schöffe, nunmehr gestorben sei und in der Tat die halb offizielle Anfrage an ihn ergehe, ob er gegebenenfalls die vakante Ratsherrnstelle annehmen würde. Aber solange die Absichten der Franzosen nicht klar waren, konnte er nicht die Heimreise planen, und so mußte er Christiane mitteilen, daß seine Rückkehr sich verzögern werde. Doch ein oder zwei Tage nach Goethe kam Carl August, der nun ebenfalls «an der allgemeinen Krankheit» litt, mit seinem Regiment nach Trier, und bald war die Frage geklärt. Die Kavallerie des Herzogs hatte ihre Pferde für den Transport der Artillerie hergeben müssen, und um seinen Leuten einen weiteren langen Marsch in untauglicher Fußbekleidung zu ersparen, plante Carl August, sie auf einem Schiff moselabwärts nach Koblenz zu transportieren. Da ihm bewußt war, daß er nur schwer Unterkunft finden würde, entschloß sich Goethe, dem Regiment am 1. November auf demselben Wege mit seinem Diener Götze vorauszureisen, auch wenn dies bedeutete, daß seine Chaise in Trier bleiben und ihm später nachexpediert werden mußte (sofern sich jemand darum kümmerte). Das Wetter besserte sich, bis auf einen des Nachts plötzlich aufkommenden Sturm, der vor Trarbach das Schiff fast zum Kentern brachte, und sie fuhren leicht zwischen den Weinbergen den Fluß hinab, wobei sie lange Kolonnen von Infanteristen überholten, die über ihnen auf der Straße dahinzogen, und kamen am nächsten Tag in Koblenz an.

Goethe hatte Geschmack an Flußfahrten gefunden. In dem Gasthaus, das später Carl August beherbergen sollte, war er gut untergebracht, das Wetter war schön und warm, und er war seit 1774 nicht mehr in Koblenz gewesen, entdeckte freilich wenig, was ihn anzog. Seit Goethe die Stadt das letzte Mal gesehen hatte, hatte der Kurfürst und Erzbischof von Trier sich eine bemerkenswerte Sommerresidenz mit Blick auf den Rhein erbaut, aber der Fürstbischof war nach Münster geflohen, und Goethe, der ohne Erlaubnis an der verlassenen Pracht des Schlosses hinschlich, wurde notgedrungen an die veränderten Zeiten gemahnt. Die Ehrenbreitstein lag über dem Fluß, wo er nach der unvergeßlichen Begegnung mit Fritz Jacobi geweilt hatte und wo er zum erstenmal Maximiliane Brentano gesehen hatte, die jetzt schwach und krank im eingenommenen Frankfurt wohnte. Lange schaute er hinüber auf die Gruppen von Häusern am anderen Ufer, am Fuß der Berge, «friedlicher Zeiten mitten im verwirrenden Wechsel irdischer Ereignisse treulich eingedenk», aber er verzichtete auf einen Besuch. Die Armee sammelte sich wieder, der Herzog, der König, die Generäle trafen ein, man machte Pläne für den Rückmarsch nach Preußen und den Widerstand gegen Custine, und plötzlich packte Goethe klaustrophobische Panik bei dem Gedanken, jenes Leben wieder aufnehmen zu sollen, das mit den Schrecknissen des Frankreichfeldzugs einherging, und ihn erfaßte eine mächtige Sehnsucht nach jenen friedlichen Tagen und nach den Freunden, mit denen er sie, rheinabwärts in Düsseldorf, verbracht hatte. Er könne eine Woche bei ihnen bleiben und die Neuigkeiten aus Frankfurt abwarten, teilte er Christiane mit, und wenn die Franzosen, wie er erwarte, abzögen, könne er umkehren, seine Mutter besuchen und bald darauf zu Hause in Weimar sein. Er ließ sich vom Herzog offiziell beurlauben, und nachdem er Freunde gebeten hatte, ihm die Chaise nachzusenden, sobald sie aus Trier eintraf, mietete er einen Schiffer samt seinem alten und lekkenden Ruderkahn und fuhr am 5. November mit Götze rheinabwärts davon – endlich wieder ein Privatmann.

In Pempelfort lag am Abend des 6. Fritz Jacobi ausgestreckt auf dem Sofa, um sein Kopfweh zu vertreiben, und ließ sich von seiner Schwester Lena vorlesen (seine Frau Betty war sechs Jahre zuvor gestorben, und seine Schwestern führten ihm nun den Haushalt). Es läutete an der Tür; ein «fremder Herr» wurde gemeldet. Jacobi dachte an einen unleidlichen Beamten aus seiner Bekanntschaft und schickte Lena hinaus, um auszurichten, er sei unpäßlich. Aber schon hörte er Schritte auf der Treppe, eine bekannte Stimme – ich ... sprang auf – *Göthe*! rief ich aus; gewiß Göthe! – Er war es ... er selbst! er war nur auf acht Tage gekommen, blieb vierzehn Tage, blieb drei Wochen, und wäre wahrscheinlich bis zum Frühjahre ... geblieben, wenn nicht Dumouriez mit Riesenschritten herangerückt wäre.

Im Augenblick der ersten Umarmung bemerkte Jacobi die Spuren der letzten zwei Monate an seinem blassen, ausgemergelten Freund, den noch in der Nacht zuvor das in den Ruderkahn eindringende Wasser durchnäßt hatte und der noch geschwängert war vom Tabakdunst der Schifferkneipe, in der er sich hatte trocknen müssen. Jacobi hatte von Leuten gehört, die im August in Mainz einen dicken, sinnlichen, weltmännisch-glatten Höfling wollten gesehen haben, und sah jetzt nichts davon: Das war Goethe, wie er ihn vor fast zwanzig Jahren gekannt hatte, ja eher noch gesteigert; denn über dem, was einst sensible Feinheit gewesen war, lag jetzt ein Anflug von Verzweiflung.

Die Sauberkeit, die er angenommen da ich ihn 84 zu Weimar wieder sah, war ganz von ihm weg, ich fand ihn jetzt wieder wie 1775, aber in dem, was er Rauhes hat, rauher ich mögte sagen karikaturirter als damals. Eben so fand ich sein Gesicht verändert. Er hatte von seiner Zartheit verloren. So sah ich die ersten Tage, und sagte es Göthe, ... Nachdem er einige Tage hier war, seine Gesichtsfarbe wieder natürlich wurde, und ihm Ruhe und Pflege durch die Glieder gedrungen war, veränderte sich seine Gestalt, seine Bildung, seine ganze Gebärde. Der ganze innerliche wie äußerliche Mensch wurde milder.

Herder, der Goethe in Pempelfort vermutete, schrieb Jacobi: «Füttere den verlornen, wiederkehrenden Sohn, der bei Hans auch Hungersnot gelitten, gut aus und gib ihm von Deinem besten Champagner!» Der Rat ging an die rechte Adresse. Da gab es die Schwestern Lotte und Lena, um den Heimkehrer zu verwöhnen, Jacobis junge Tochter Clara als gestrenge Haushälterin und seinen jüngsten Sohn, den Lockenkopf Max, der mit siebzehn Jahren reif für die Universität und der geeignete Gegenstand von Goethes pädagogischem Interesse war (Sohn Georg war mit Fritz Stolberg auf einer Italienreise, und Jacobis Ältester lebte fern von zu Hause in Aachen). Heinse war aus Mainz geflohen und hatte bei Jacobi Unterschlupf gefunden; er konnte als Führer zu den Gemälden und Zeichnungen der Düsseldorfer Kunstakademie dienen, die bereits eine der großen Galerien Europas und ein Treffpunkt für andere Emigrierte war, zu denen nicht nur Franzosen, sondern nun auch Deutsche zählten wie Baron Grimm persönlich, dessen *Correspondance littéraire* jetzt ein abruptes, aber nicht eben unzeitiges Ende gefunden hatte, oder Sophie von Coudenhoven (1747–1825), die graue Eminenz des Mainzer Hofes. Der preußische Nationalökonom und Diplomat Dohm, der ebenfalls für einige Tage besucht wurde, vergaß die Gespräche mit Goethe nie. «Er ist und bleibt der wahre Zauberer», fanden die Schwestern: «Die Tage mit ihm floßen wie einzelne Stunden.» Er las vor – eigene und fremde Werke –, erläuterte seine neuen optischen Theorien, führte Versuche mit farbigen Schatten vor, improvisierte ein satirisches Gedicht in der alten burschikosen Manier gegen die Kritiker des *Groß-Cophta*. Vor allem aber gab es lange, intime Gespräche mit Jacobi, dem er im Sommer, als zum erstenmal ein Treffen möglich erschienen war, versprochen hatte, «Rechenschaft von [m]einem Haushalte abzulegen» (und also auch von der berühmtberüchtigten Beziehung zu Christiane). «Wie wir ... mit einander gelebt», schwärmte Jacobi, «mannichfaltiger und tiefer erkannt, Herz und Geist mit einander gewechselt ... in welchem Grade wir Freunde sein zu müssen erfahren haben.» Und für Goethe hatte «die Reife unserer Freundschaft ... die höchste Süßigkeit.»

Jacobi meinte, über das, was er und Goethe in dem einen Monat bis zu Goethes Weiterreise getan und gesagt hatten, könne und müsse man ein Buch schreiben, und wir bedauern wohl, daß dieses Buch nicht geschrieben worden ist. Goethes eigene Schilderung, dreißig Jahre später verfaßt, ist bewußter- und erklärtermaßen eine Entstellung; sie trägt den Stempel der entscheidenden Veränderungen in den Beziehungen zu Jacobi, die in der Zwischenzeit eingetreten waren, und sie wurde von den noch lebenden Mitgliedern der Familie Jacobi auch so aufgefaßt. Goethe zergliederte genau, welche Aspekte seiner Entwicklung und geistigen Verfassung ihn im August 1792 der Mainzer Gesellschaft entfremdet hatten, doch übertrug er diese Spannungsmomente auf die Zeit in Pempelfort. Er gab damit eine ungemein offene und eindringliche Darstellung des hauptsächlichen Wendepunkts in seinem ganzen Leben; um so wichtiger ist es, sie im rechten Zusammenhang zu lesen, aber auch im Lichte dessen, was sie ausläßt:

Ich war mit jenen Freunden seit vielen Jahren nicht zusammengekommen, sie hatten sich getreu an ihrem Lebensgange gehalten, dagegen ... ich ... ein ganz anderer Mensch geworden ...
Der sittliche Mensch erregt Neigung und Liebe nur insofern, als man Sehnsucht an ihm gewahr wird; sie drückt Besitz und Wunsch zugleich aus, den Besitz eines zärtlichen Herzens und den Wunsch, ein gleiches in andern zu finden; durch jenes ziehen wir an, durch dieses geben wir uns hin.
Das Sehnsüchtige, das in mir lag, das ich in früheren Jahren vielleicht zu sehr gehegt und bei fortschreitendem Leben kräftig zu bekämpfen trachtete, wollte dem Manne nicht mehr ziemen, ... und er suchte deshalb die volle, endliche Befriedigung. Das Ziel meiner innigsten Sehnsucht, deren Qual mein ganzes Inneres erfüllte, war Italien, dessen Bild und Gleichnis mir viele Jahre vergebens vorschwebte, bis ich endlich durch kühnen Entschluß die wirkliche Gegenwart zu fassen mich erdreistete. ...

In Italien fühlt' ich mich nach und nach ... falschen Wünschen enthoben, und an die Stelle der Sehnsucht nach dem Land der Künste setzte sich die Sehnsucht nach der Kunst selbst ...

Das Studium der Kunst wie das der alten Schriftsteller gibt uns einen gewissen Halt, eine Befriedigung in uns selbst; ... das Bedürfnis der Mitteilung wird immer geringer, ... [der] Liebhaber ... arbeitet einsam, für Genüsse, die er mit andern zu teilen kaum in den Fall kommt.

... [Ich wäre] ganz einzeln geblieben, hätte mich nicht ein glückliches häusliches Verhältnis in dieser wunderlichen Epoche lieblich zu erquicken gewußt. ...

indessen das Unheil der französischen Staatsumwälzung, sich immer weiter verbreitend, jeden Geist, er mochte hin denken und sinnen, wohin er wollte, auf die Oberfläche der europäischen Welt zurückforderte und ihm die grausamsten Wirklichkeiten aufdrang ... so hätte alles, was noch Zartes und Herzliches sich ins Innerste zurückgezogen hatte, auslöschen und verschwinden mögen. ...

Bei meinem Besuch in Mainz, Düsseldorf und Münster konnte ich bemerken daß meine alten Freunde mich nicht recht wiedererkennen wollten.

Aber erstens: Was Jacobi in Wirklichkeit nicht wiedererkennen konnte, war natürlich der Goethe, den Forster und sein Kreis in Mainz gezeichnet hatten, der Goethe, der gelernt hatte, in Italien die volle und endgültige Befriedigung zu suchen: Was Jacobi vor sich zu haben glaubte, war, vielleicht abgehärmt und von der Zeit gezeichnet, der alte Goethe von 1775. Zweitens verhehlte Goethe daher in seinem Rückblick auf diese «wunderliche Epoche» die traumatische Wirkung des entsetzlichen Leidens, dessen Zeuge er gerade geworden war und das er teilweise mitgeduldet hatte und worauf er mit der Regression auf ein früheres Ich und die Gesellschaft älterer Freunde reagierte. Mochte Goethe nach der Kanonade vom 20. September jene prophetischen Worte auch nicht geäußert haben, so war er doch hellsichtig genug, um hinterher die Fehleinschätzung zu erkennen, die überhaupt erst zu dem törichten Feldzug geführt hatte: Die Revolution war kein kümmerliches Pflänzchen mit flachen Wurzeln, keine vorübergehende Mode. Sie hatte das Fundament von allem erschüttert, was er seit seiner Übersiedlung nach Weimar für gewiß und unveränderlich gehalten hatte. Im Oktober und November 1792 brannte er darauf, wieder bei seiner Mutter zu sein und Frankfurt zu sehen – vielleicht mußte er noch einmal überdenken, was er vor dem schlimmsten Fiasko beschlossen hatte, nämlich nicht für immer in seine Heimatstadt zurückzukehren –, und so wartete er das Ende der französischen Besetzung praktisch in derselben Gesellschaft ab, die er 1774 genossen hatte, und unter manchen der früheren Gespräche. Er und Fritz kamen wieder auf die alten Hoffnungen zurück, von denen sie in Köln im Mondschein so glühend gesprochen hatten – und die jetzt, wie Goethe sagte, über seine Erwartung in Erfüllung gegangen seien. In den vier Wochen bis zum 4. Dezember fühlte er sich «wie neu gebohren und fange erst wieder an gewahr zu werden daß ich ein Mensch bin». Fast alle in Pempelfort stimmten zu, daß Goethe dort viel gegeben, aber noch mehr empfangen habe, was einen «tiefen Eindruck auf ihn gemacht» und eine «ganz neue

Existenz des Denkens» in ihm begonnen habe, ja was sogar eine (vermutlich religiöse) «Sinnesänderung» bei ihm bewirken könne. Fritz Jacobi kannte seinen Freund besser und war vorsichtiger, hegte aber keinen Zweifel, daß Goethe sehr affektiert war:

... ich weiß von keiner Verwandlung, außer in Meinungen, welches vielleicht in der Folge doch auf ihn wirken kann. Ohne dieses wird die Stimmung, die er hier empfing, nicht lange halten. Dieses aber war so, daß er bey seinem Charakter, sie nicht hätte annehmen können, wenn nicht zugleich in seiner Denkungsart eine große Veränderung vorgegangen wäre ... Getäuscht hat mich Göthe dießmahl gewiß in nichts.

Angeschlagen, verletzlich und körperlich erschöpft, akzeptierte Goethe dankbar Trost und Gesellschaft eines Kreises liebevoller Bewunderer, wie Weimar ihn nicht geben konnte: Wie in Zürich 1779 und in Konstanz 1788 war er fern vom Hofe und befand sich wieder im Dunstkreis des Propheten, und wieder vernahm er den Anruf jenes Lebens, das er beschlossen hatte nicht zu führen:

das, was Lavater irgendwo sagt: «Es ist in diesem Erdenleben mächtige Erquickung, Menschen zu finden, die an unser Herz glauben u. an welche das Herz glauben darf» – ist ihm hier worden u. hat mächtig sein Innerstes aufgerührt.

In Pempelfort hatte es sogar eine Weile den Anschein, als habe Goethes «Haß ... wider das Christenthum und nahmhafte Christen sich dort schon gemildert», so daß zuletzt wenig fehlte, und er hätte «wie der Kämmerer in der Apostel-Geschichte gesprochen: was hindert, daß ich getauft werde!» Der Mann, der in seinem Verhältnis zum himmlischen Vater keine Brüder, ja nicht einmal Schwäger dulden konnte, wurde von Jacobi einen Tag nach seiner Ankunft mit der Notwendigkeit konfrontiert, sich mit Schlosser zu versöhnen (der durch die Heirat mit «Tante» Fahlmer eine Art Onkel von Jacobi geworden war), und was er da über Schlosser bekannte, mag er in den folgenden Wochen auch über Christus bekannt haben, diesen anderen älteren Bruder, den Lavater ihm hatte aufdrängen wollen: «er ehre und liebe Schlossern, aber Schlosser habe für ihn etwas unverträgliches, weswegen er sich vor ihm scheue». Reuig äußerte Goethe den lebhaften Wunsch, seinen Schwager wiederzusehen (zuletzt waren sie einander 1779 begegnet) und seine Polemiken gegen Preußen zu lesen, aber zu beidem machte er keinerlei Anstalten. Dohm notierte sich nach seinem kurzen Besuch:

Goethe sprach viel, und gut! Tiefe Blicke über christliche Religion; überall tief eindringender Scharfsinn bei sehr viel Witz!

Dies läßt eine ähnliche Erneuerung eines unengagierten Interesses erkennen. Aus Goethes späterer Sicht mögen sich freilich seine inneren Vorbehalte wichtiger ausgenommen haben als die scheinbare Fast-Konversion zu einer Religion, die er sich nie wieder zu eigen machte, und so ließ er als bloße Episode unter den Tisch fallen, was den Jacobis damals als der bedeutsamste Aspekt seines Aufenthalts bei ihnen erschien.

Ebenso hat Goethe – drittens – in jener späteren Darstellung eingestanden und zugleich verschleiert, wie weit er sich von der Literatur entfernt hatte, als er sich als Liebhaber den privaten Erfüllungen der Kunst ergab. In der Zeit der «Sehnsucht» hatte er sich in literarischer Kommunikation anderen «hingegeben»; in der «wunderlichen Epoche», die darauf folgte – dank seines Vorsatzes, sich von der Dichtung ab- und der Naturwissenschaft zuzuwenden – was Wyttenbach in Trier ebenso rätselhaft fand wie die Familie Jacobi –, gab er sich gleichmütig gegenüber seiner fast völligen Isoliertheit von seinem früheren Publikum. Aber dann begann das Eis zu brechen, und Goethe hat wohl verhehlen wollen, daß die ersten Vorboten des Tauwetters in Pempelfort kamen. Hier – und nicht schon in Weimar, wie er später unterstellte – begann er einen satirischen Prosaroman, der, eng an das Vorbild Rabelais' angelehnt, eine durchsichtige Anspielung auf die Revolutionsereignisse geben sollte, *Die Reise der Söhne Megaprazons*. Von so vielen Gespenstern umgeben und zeitweilig die glücklichsten Tage seiner Jugend nacherlebend – sie «rekapitulierend», wie er einst gesagt hätte –, entdeckte er zumindest teilweise jenen unberechenbar-realistischen Humor wieder, der in der Vergangenheit mit seiner Aufgeschlossenheit für eine empfindsame Religiosität einhergegangen war, und diese Kombination, so matt und ausgedünnt ihre einzelnen Elemente auch geworden waren, erwies sich wieder einmal als Beweggrund zum Schreiben. Daneben gab es natürlich die Herausforderung durch das einzig mögliche Thema des Tages, die Revolution selbst – um so unwiderstehlicher geworden durch das Grauen, mit dem sie in Goethes jüngsten Erinnerungen nunmehr verbunden war. Als Fritz Jacobi ziemlich geistlos die modernen Franzosen mit Goten, Vandalen und Hunnen verglich, war Goethe «äußerst davon frappirt», vielleicht, weil ihm klar wurde, wie sehr die Kultur, der er sein literarisches Talent gewidmet hatte, durch dieses neue finstere Mittelalter bedroht war. Wie viele Männer, die im Krieg waren, mußte er vergessen – in Pempelfort angelangt, verbrannte er sein Journal des Feldzugs –, aber mehr noch mußte er schreibend jenes Leben dem Vergessen entreißen, das der Krieg verdorben hatte. Wozu hatte der «FeldPoet» überlebt, mochte er auch bei La Lune den Tod herausgefordert haben, wenn nicht hierzu? Und doch: als öffentliches, das heißt als politisches und journalistisches Ereignis, als Gesprächsthema und Objekt von Standpunkten war die Revolution absolut trivial, verglichen mit dem ungeheuren, alles verschlingenden und unerforschlichen Schicksal, das beim Rückzug aus Hans seinen Schatten auf jeden Einzelnen in der Armee geworfen hatte: Unzählige Male hatte Goethe fast hautnah Menschen passiert, die im Morast versanken – und jetzt erwartete man von ihm die ernsthafte Erörterung von politischen Streitfragen, die als Sache reiner Theorie von jedem billig Denkenden mit einem einzigen Satz geklärt werden konnten? Goethe stieß – wie so oft früher als die meisten Zeitgenossen – in einer Welt der Massenbewegungen auf die Disparität zwischen der Sprache der Massenkommunikation und der Sprache des individuellen Erlebens in bezug auf die nämliche Geschichte, auf die Kluft zwischen dem großen Ereignis und dem Menschen, der dessen kleinster Teil war. Die gegensätzlichen Notwendigkeiten trieben ihn zurück zur Literatur und gleichzeitig zur Zurückhaltung, und er sollte den Rest seines Lebens dazu brauchen, beides in einer Kunst des dichterischen Symbols zu versöhnen und seine eigenen Worte zu finden, um von dem zu sprechen, was seine Zeit die Revolution nannte. Vorderhand reichte es in den wenigen vollendeten Teilen der *Reise der Söhne Megaprazons* nur zu sarkastischem Spott über das «Zeitfieber» oder «Zeitungsfieber» – eine durch die Luft übertragene, ansteckende Krankheit, durch die der Mensch «sogleich seine nächsten Verhältnisse [vergißt]»; «er opfert alles, ja seine Neigungen und Leidenschaften einer Meinung auf, die nun zur größten Leidenschaft wird» –, während Goethes Unernst auf die Jacobis (sicher mit Ausnahme von Fritz) mitunter beunruhigend fehl am Platze wirkte:

Frankfurt war noch von den Franzosen besetzt, die Kriegsbewegungen hatten sich zwischen die Lahn und das Taunusgebirge gezogen; bei täglich abwechselnden, bald sichern, bald unsichern Nachrichten war das Gespräch lebhaft und geistreich, aber wegen streitenden Interesses und Meinungen gewährte es nicht immer eine erfreuliche Unterhaltung. Ich konnte einer so problematischen, durchaus ungewissen, dem Zufall unterworfenen Sache keinen Ernst abgewinnen und war mit meinen paradoxen Späßen mitunter aufheiternd, mitunter lästig.

Goethes Gastgeber wären nicht die ersten gewesen, die dieses widersprüchliche Genie gerne unter ihre schützenden Fittiche genommen hätten, auf daß «er sich selbst wenigstens nicht schade», und er wäre auch gerne geblieben. Als aber die Franzosen Aachen besetzten und die südlichen Wege nach Osten noch immer abgeschnitten schienen, kam Goethe zu dem Schluß, daß er, wollte er überhaupt einmal nach Hause kommen, seine Frankfurter Pläne aufgeben und sich in den Strom von Flüchtlingen einreihen mußte, der sich jetzt nach Westfalen ergoß. Offiziell war er noch immer auf Urlaub von der Armee; da aber keine Nachricht vom Herzog kam und die militärische Lage sich augenscheinlich verschlechterte, konnte eine Rückkehr nach Weimar zumindest als umsichtig hingestellt werden. Goethes Chaise war aus Trier und Koblenz noch nicht eingetroffen, und so bekam er von Jacobi einen alten, sehr schweren Reisewagen geliehen und brach am 4. Dezember morgens nach Münster auf, «selbst mit Flüchtlingsgefühl»: «Der Abschied, man sah es seinem blassen Gesichte an, kostete ihn unendlich.» Er riß sich von einer idyllischen Vergangenheit los und stürzte sich in die wilde, verwüstete Welt der Gegenwart. Das schöne Wetter, das er in Pempelfort genossen hatte, blieb zurück, zusammen mit den hohen, hellen, behaglichen Zimmern und der «häuslichen Glückseligkeit» der Jacobis; Goethe fand die Gasthäuser überfüllt mit anmaßenden französischen Emigrierten, die das deutsche Schwarzbrot verschmähten; und wenn die kurzen Tage endeten, empfingen «Moor, Moos, wilder Wald, Winter-Nacht und Regen» Goethe und Götze. Trotzdem ging das Verhör mit der Vergangenheit weiter: Am 4. Dezember trat Goethe in Duisburg bei Plessing ein, auf den Tag genau fünfzehn Jahre, seit sie in Wernigerode Abschied voneinander genommen hatten; Plessing war mittlerweile ein schrulliger Professor der Philosophie mit besonderem Interesse an der Religion des alten Ägypten. Auch in Münster, wo er am 6. zu ungastlich später Stunde eintraf und den Rest der Nacht auf einem Stuhl in der Wirtsstube des größten Gasthauses verbrachte, «rekapitulierte» Goethe, jedoch nicht Ereignisse, sondern Atmosphärisches.

Fürstin Gallitzin, bei der Goethe am nächsten Morgen vorsprach, war eine relativ neue Bekanntschaft, und seit sie 1785 in Weimar gewesen war, hatte man nur wenige Briefe getauscht; aber das weitläufige Bürgerhaus, in dem sie während der langen Abwesenheiten ihres Gatten, eines russischen Diplomaten, ihre Familie aufzog, war wie ein zweites Pempelfort – nur verstärkt; denn nach einer weltlichen Jugend hatte die katholisch geborene Fürstin 1786 begonnen, ihren Glauben mit Eifer zu praktizieren: «ich wünschte länger bleiben zu können, ob etwa die Auferbauung die in Pempelfort angefangen weiter fortsteigen möchte», schrieb Goethe Jacobi. Drei Tage lang kostete er wieder das Leben eines katholischen Haushalts der oberen Mittelschicht – hatte die Fürstin doch in einer gewissen bewußten Askese alle äußeren Manifestationen ihres Standes abgeschafft –, wie er dergleichen seit den Tagen bei den La Roches und Brentanos in Koblenz und Frankfurt nicht mehr gesehen hatte. Ja, mehr als um alles, was er kannte, lag etwas nahezu Klösterliches um dieses Haus in Münster mit der Privatkapelle und dem eigenen Priester und den vielen Kirchenmännern, die zu Besuch waren: Fürstenberg, Generalvikar der politisch autonomen Diözese und ein großer Bildungsreformer, der Amalie Gallitzins geistlichen Werdegang überwacht hatte, begann 1792 ein umfangreiches Hilfsprogramm für die Emigrierten, und unter seinem Einfluß war der Sohn der Fürstin, Dimitri (1770–1840), ebenfalls 1792 nach Amerika gegangen, wo er sein Leben als katholischer Missionar verbringen sollte und zuletzt Generalvikar von West-Pennsylvanien war. Eine ethisch ernsthafte Rechtgläubigkeit, für die Werke der Nächstenliebe und ein prinzipienfestes Leben ebenso wichtig waren wie Gebet und Selbsterforschung, ging erstaunlich leicht mit Rousseau, Platon und moderner Literatur zusammen; diese *dévots* tolerierten die menschliche Vielfalt, ohne doch jenem apologetisch-säkularen Rationalismus zu huldigen, der an den aufgeklärten katholischen Höfen von Trier, Mainz oder Erfurt im Schwange war. Man sah weder Perücken noch Puder, die Fürstin nahm – für die damalige Zeit ungewöhnlich – regelmäßig ein Bad, und ihre Kinder sowie Georg Jacobi, der mit ihnen zusammen erzogen worden war, hatten schon früh schwimmen und reiten gelernt. Zwar war Hemsterhuis 1790 gestorben, aber seine Philosophie der platonischen Liebe durchdrang das Denken der Fürstin («meine Diotima» hatte er sie genannt), und seine Büste stand, neben denen von Goethe und Herder, Homer und Alexander, in ihrem «Museum» (das heißt «Musenkammer»), dem Zimmer, das sie eigens für erbauliche Gespräche eingerichtet hatte. In einem Winkel ihres Gartens, im Dezember vom Hause aus sichtbar, bezeichnete eine einfache Urne das Grab Hamanns, der hier mit Sondergenehmigung 1788 beigesetzt worden war, und gleich nach seiner Ankunft sprach Goethe mit der Fürstin über diesen sibyllinischen Sturm-und-Drang-Propheten, der sein letztes Lebensjahr als Hausgast bei ihr verbracht hatte.

Jacobi fühlte sich von der unverhohlen katholischen Atmosphäre des Hauses bedrückt und entzog sich ihr mit der Zeit: Er wußte, daß seine eigene, etwas unbestimmte Religion des «Glaubens» hier unter – freilich diskretem – Beschuß lag. Er war zu sehr aufgeklärter Protestant – zu sehr Teil des Systems, das seine Briefe über Spinoza hatten aufbrechen sollen –, um nicht in den Überzeugungen der Fürstin ein unbegreifliches «Vorurteil» zu sehen, erklärlich nur als ungewollte Unaufrichtigkeit: Bei all ihren schönen Eigenschaften erschien sie ihm als selbstsüchtige Pietistin, die an nichts anderes denken konnte als an sich selbst. Goethe jedoch, der manche dieser Eigenschaften – oder Mängel – mit ihr geteilt haben mag, war unbefangen, und nicht nur darum, weil sein Heidentum mittlerweile so hinreichend weit bekannt war, daß er sich vor Proselytenmacherei in ihm ebenso sicher wußte wie Amalia Gallitzin in ihrer Kirche. Er empfand, wie er später bemerkte, Sympathie und Achtung vor «jenen ächt katholischen Naturen, die, befriedigt im festen und treuen Glauben und Hoffen, mit sich und anderen in Frieden leben, und Gutes thun aus keinen anderen Rücksichten, als weil es sich von selbst versteht und Gott es so will.» Diese hohe Achtung habe er erstmals für die Fürstin Gallitzin und ihren Freundeskreis zu empfinden gelernt. Mit der Fürstin – die notabene gesellschaftlich mit der Herzogin Louise auf einer Stufe stand – diskutierte er über «Christus und die Religion» offen, aber behutsam, in gegenseitiger Anerkennung der Differenzen: Und so entdeckte er, daß er sich mit einer Mäßigung und Einsicht artikulierte, die er seit Jahren nicht mehr an sich kannte, vielleicht nicht mehr, seit ihm zuletzt 1779 in Lavaters Gesellschaft wohl und frei gewesen war. Bei Tische unterhielt er die Gäste mit seinen eindringlichen Schilderungen italienischer Prozessionen und Kirchenfeste: Das Fronleichnamsfest in Rom, worüber er seinerzeit verächtlich an Frau von Stein geschrieben hatte, beschrieb er mit so viel Verständnis und ungeheuchelter Ehrerbietung, daß einer der Professoren der von Fürstenberg neu gegründeten Universität Münster der Fürstin die Frage zuflüsterte, «ob dann Göthe katholisch wäre!» Diese vier Tage, die Goethe in einem geistlichen Fürstentum verbrachte, das deutlich weniger weltlich gesinnt war als die rheinischen Kurfürstentümer, bei Menschen, deren sittliche Berufung und Alltagsexistenz von einem gemeinsamen, artikulierten Begriff höherer Dinge bestimmt waren, hinterließen ihre Spur in einem guten Teil seines späteren Denkens: Sie lieferten ihm ein Bild von einer wohlwollend-harmonischen, philosophisch geordneten menschlichen Gesellschaft, das es ihm ermöglichte, zumindest über weite Strecken jene unpolemisch distanzierte Schätzung für die christliche Religion zurückzugewinnen, die Kestner zur Zeit ihrer ersten Begegnung zwanzig Jahre zuvor an ihm bemerkt hatte.

Sich in Münster zu Hause zu fühlen wurde Goethe fraglos um so leichter, als seine Ausführungen über seine neuen Theorien zur Farbenlehre endlich einmal mit Anteilnahme aufgenommen wurden. Hemsterhuis hatte sich sein Leben lang für Optik interessiert, und so erschien Goethe in dieser Hinsicht – wie vielleicht auch in anderer – als sein Erbe, und Fürstenberg bestellte die *Beyträge zur Optik* sofort bei seinem Buchhändler. Überdies besaß die Fürstin einen großen Schatz, der für sie ihre platonische Erklärung für die Affinität zu Goethe bestätigte, nämlich daß er sich mit Leib und Seele der Suche nach der Schönheit verschrieben hatte und daher eines Tages jenen Gott entdecken mußte, den sie als Quelle aller Schönheit kannte. Hemsterhuis hatte ihr eine Kollektion von gut sechzig geschnittenen Steinen aus der Antike und der Renaissance vermacht – in den Augen eines Nordeuropäers aus dem 18. Jahrhundert ein wahres Kompendium klassischer Kunst und ungeheuer wertvoll (Hemsterhuis schätzte die Sammlung auf 15 000 bis 20 000 Taler). Sie sah Goethes Entzücken und bestand bei seiner Abreise am 10. Dezember darauf, daß er die Sammlung ungeachtet des gefährlichen Zustandes der Straßen mit nach Weimar nähme, um sie dort in Ruhe studieren zu können. Vielleicht konnte er dort einen Gönner ausfindig machen, der bereit war, ihr die Steine abzukaufen; denn in Münster warteten viele wohltätige Werke darauf, getan zu werden – die Fürstin wollte unbedingt eine Mädchenschule eröffnen –, und die Sammlung war am besten bei einem Manne aufgehoben, der in ihr das zu sehen wußte, was Hemsterhuis darin gesehen hatte. Der neue Besitzer der Steine, wie überhaupt jeder, dem Goethe sie zugänglich machte, würde so durch ihre Schönheit jenen Gott erkennen, dem sie selbst dadurch diente, daß sie sich von ihnen trennte. Daß ihre Bekanntschaft mit Goethe erst kurz war, zählte nicht: «wenn Ihr mich betrügt, so schadt's auch nichts, so bin ich um eine Erfahrung reicher.»

War Goethe ein Heuchler? Jacobi, alarmiert durch Erzählungen, wie erfolgreich sein Freund sich in Münster eingeschmeichelt hatte, und außerstande, diese Kunde mit seinem in Pempelfort gewonnenen Eindruck von einem hartgesottenen, aber vernünftigen Goethe in Einklang zu bringen, der zu seiner eigenen, konfessionslosen Religion unterwegs war, gebrauchte dieses Wort sowohl gegenüber der Fürstin als auch gegenüber Goethe selbst. In seiner launigen Erwiderung ermahnte Goethe die Pempelforter, sich nicht wie die «losen Weltkinder» zu ereifern, «wenn sich unser einer einmal in puris naturalibus seiner angebohrnen Tugend sehen läßt»; vielmehr sollten sie «künftig ... Gott in seinen Geschöpfen die gebührende Ehre erzeigen». Mit anderen Worten: Seine Frömmigkeit war angeboren und eigentlich religiöser als Jacobis «Glaube», der vom herrschenden Rationalismus befleckt war, und dieses Geschenk – der Natur und damit vermutlich Gottes – befähigte ihn zum Verständnis, ja zur Nachahmung der wirklichen Devotion in jenen Übungen, die für Jacobi bloß Priestertrug und Aberglauben war. Schon der Ton dieser Zeilen – dieses Lachen, das an den *Ewigen Juden* oder «Zwischen Lavater und Basedow» erinnert – verrät eine Veränderung in

Goethes Gestimmtheit: Jene schwarze Epoche, die spätestens 1788 begonnen hatte, als er Caroline Herder bekannte, nicht mehr an Gott zu glauben, näherte sich ihrem Ende. Ein ähnlich boshaft-schelmischer Geist inspirierte das letzte der epigrammatischen *Erotica*, «Der neue Amor», das in Münster entstand und aus der Schwängerung der platonischen mit der geschlechtlichen Liebe die Liebe zur Kunst hervorgehen läßt. Zwei Jahre zuvor wäre die Möglichkeit einer keuschen Liebe pauschal verworfen worden: jetzt soll die himmlische Venus in eine irdische Verbindung gelockt werden, und dieses Paradoxon ist nicht einfach schlüpfrig, sondern hat – in bester Goethe-Manier der siebziger Jahre – Anklänge an die Fleischwerdung. Goethe stand nicht im Begriff, Katholik zu werden, aber er war auch kein *faux dévot*. Der erneuerte Kontakt mit seinem früheren Ich hatte ihm einen religiösen Standpunkt wieder zugänglich gemacht, den er einst vertreten hatte und der schließlich in allen seinen späteren Werken mit Ausnahme der tragischsten erkennbar werden sollte: Die Tage waren vorüber, da er sich in jedem Sinne einen lukrezischen Materialisten nennen mochte, und bald sollte er bereit sein zu reden, als ob er in irgendeinem Sinne an Gott glaube – wobei die Natur dieses Gottes und seines Glaubens an ihn subtiler Definition bedurfte. Was jedoch klar bleiben würde, war, daß Christus, außer wo Goethe sich mit Ihm identifizieren konnte, keinen Anteil an diesem sehr persönlichen Glauben haben sollte – zumal nicht der Christus der Kirchenmänner. Goethe selbst bemerkte, daß für die Fürstin die Komplexität der Einstellung, die sich bei ihm herausbildete, nicht unbedingt offenkundig war:

Ich wünschte ich käme mir selbst so harmonisch vor wie dieser schönen Seele und wäre neugierig zu wissen wie sie von mir dächte wenn wir ein Jahr zusammen gelebt hätten, in den ersten Tagen ist und bleibt immer viel Schein.

Wenn wir als Antwort auf Jacobis Vorwurf zu versuchen hätten, Goethe festzunageln, so müßten wir sagen, daß er in Münster eine sittliche Haltung bewunderte – aber diese Bewunderung barg bereits ein theologisches Potential. Viele Fragen würden gelöst werden müssen, bevor dieses Potential sich aktualisieren konnte; aber es war in Pempelfort, daß Goethe entdeckte, daß seine Vergangenheit nicht verloren und Theologie ihm noch immer wichtig war; und es war die katastrophale Expedition der Alliierten nach Valmy, die seine Reise nach Pempelfort verursacht hatte.

Vier trübe, verregnete Tage lang holperte Jacobis Reisewagen über schlammige, ungeschotterte, zum Teil unmarkierte Wege durch die Heidegegenden und zerklüfteten Wälder Westfalens und Nordhessens – er trug Goethe, Götze und ein Kästchen, dessen Wert das Zehnfache eines geheimrätlichen Jahreseinkommens betrug. Umgestürzte und verlassene Kutschen säumten den Weg, und der nicht endende Strom von Emigrierten ergoß sich in die Gasthäuser vor ihnen; freilich hatte Fürstin Gallitzin zum Glück Sorge getragen, Pferde und Postillone im voraus zu bestellen. Am 13. Dezember spät abends entrannen die Reisenden endlich erleichtert dem finsteren Bergland und der ständigen Gefahr von Überfällen und tauchten in die Lichter Kassels ein. Nachdem sie den Vormittag im Museum und in der Kunstgalerie verbracht hatten, drängten sie weiter und erreichten am Abend des 15. Gotha, wo sie bei Prinz August blieben. Die Herzogin von Gotha war von dem Besucher enttäuscht: «er erzählte nicht das geringste neue, er scheint froh zu sein wieder in den Armen seiner Reitzenden Vulpius zu eilen, die Lust zum Bataillieren ist ihm vergangen.» Das war vollkommen richtig. Der Kriegsberichterstatter hatte die letzten sechs Wochen in kultivierter Abgeschlossenheit gelebt und wußte nicht mehr als jeder andere Zeitungsleser. Was das «Bataillieren» betraf, so hielt Goethe auf dem Weg durch Erfurt am 16. eine improvisierte Sitzung des Geheimen Conseils mit Fritsch ab, so daß sie Carl August in einem Memorandum inständig bitten konnten, sicherzustellen, daß Weimar keine Truppen für den Reichskrieg stellen mußte, sondern mit einem rein finanziellen Beitrag davonkam. Am Abend jenes Tages war er zuguterletzt wieder in Weimar; in dem neuen und noch immer erst teilweise renovierten Haus begrüßten ihn Meyer, Christiane und August. Er war gerade rechtzeitig zum dritten Geburtstag seines Sohnes zurückgekommen.

Die Belagerung von Mainz: Dezember 1792 bis August 1793

Goethes Flucht nach Weimar sollte etwas über vier Monate währen. Obgleich sie eigentlich nur ein Interludium des Feldzugs war, hatte diese Zeit ihren ganz eigentümlichen Charakter. Zum ersten Male seit seinem Aufenthalt in Berlin 1778 kehrte er gerne und erleichtert nach Weimar zurück wie in eine Heimat, und sein Geist begann, als habe er neuen Kurs genommen, aus der Flaute herauszufinden. Gewiß verdächtigte Carl August ihn der Desertion, aber er machte ihm daraus keinen Vorwurf: «es war dir nicht zu verargen, daß du in ein menschlicher Leben zurückeiltest, da du das unmenschliche so treu mit mir ausgehalten hattest.» Die Rückeroberung Frankfurts durch die Hessen am 2. Dezember mag Goethes hastige Abreise aus Pempelfort sehr wohl ebenso beeinflußt haben wie der Einzug der Franzosen in Aachen. Am Tag seiner Abfahrt schrieb ihm seine Mutter, wie er wohl geahnt haben mochte, einen Brief, worin sie den Wunsch des Herzogs übermittelte, Goethe möge in Frankfurt wieder zur Armee stoßen; aber der Brief holte ihn erst ein, als er schon in Weimar war. Während der Pempelforter Tage hatte das Bedürfnis, in der Umgebung seiner Kindheit zu weilen, in dem Maße an Dringlichkeit verloren, wie er auf anderen Wege den Kontakt zu seiner Vergangenheit wieder hergestellt hatte: Wenn er jetzt wußte, daß der alte Hanswurst schließlich genauso gut in Weimar überleben konnte, bot Frankfurt nichts weiter Verlockendes – schon gar nicht als Ort, um die Entbehrungen des Soldatenlebens wieder auf sich zu nehmen. Zu seinen ersten Handlungen nach der Rückkehr gehörte die Abfassung eines Schrei-

14. Aubert nach H. Vernet:
Die Kanonade bei Valmy am 20. September 1792 (um 1810)

15. J. F. Tielker nach J. G. Schütz: Nächtliche Beschießung von Mainz (1793)

bens, das er einem Brief an seine Mutter beilegte und das sie in Frankfurt herumzeigen konnte. Es gab seinen Zukunftsentschlüssen, die ihm erst im August klar geworden waren, offiziellen und endgültigen Ausdruck:

... die Anfrage ... [ist] in dem Augenblicke an mich gelangt da es vor Europa, ja vor der ganzen Welt eine Ehre ist als Frankfurter Bürger geboren zu sein.
Die Freunde meiner Jugend ... konnten mir kein schöneres Zeugnis ihres fortdauernden Andenkens geben als indem sie mich in dieser wichtigen Epoche wert halten an der Verwaltung des gemeinen Wesens teil zu nehmen. ...
Bei der unwiderstehlichen Vorliebe die jeder Wohldenkende für sein Vaterland empfindet, würde es mir eine schmerzliche Verleugnung sein eine Stelle auszuschlagen die jeder Bürger mit Freuden übernimmt und besonders in der jetzigen Zeit übernehmen soll, wenn nicht an der andern Seite meine hiesigen Verhältnisse so glücklich und ich darf wohl sagen über mein Verdienst günstig wären.
Des Herzogs Durchl. haben mich seit so vielen Jahren mit ausgezeichneter Gnade behandelt, ich bin ihnen so viel schuldig geworden, daß es der größte Undank sein würde meinen Posten in einem Augenblicke zu verlassen da der Staat treuer Diener am meisten bedarf.

Goethe trug kein Verlangen danach, für einen jener «Scribenten» gehalten zu werden, deren Illoyalität nach Ansicht Carl Augusts so viel Schaden in Mainz angerichtet hatte und deren Geschreibsel ihn noch jetzt in Frankfurt erzürnte. Und Weimar stand in der Tat vor Schwierigkeiten. Der Vormarsch Custines hatte Druckwellen quer durch Hessen bis ins ferne Eisenach gesandt; dort hatten die Bauern die Abschaffung der Feudallasten gefordert (was vom Conseil abgelehnt wurde), während die Stadtbewohner aus Enttäuschung über den Herzog, der es so lange unterlassen hatte, durch Errichtung einer Residenz in Wilhelmsthal die Wirtschaft anzukurbeln, für die Franzosen demonstriert hatten; die Kriegserklärung durch das Reich konnte möglicherweise Anlaß zu einer ernsten Meinungsverschiedenheit zwischen dem Herzog und dem Conseil geben, bei der es dann Goethe zufallen würde, den Frieden zu wahren; und zuallermindest war eine Periode finanzieller Sparmaßnahmen unvermeidlich, falls das Herzogtum statt des militärischen einen monetären Beitrag zu erbringen hatte. Das Drama um die Gefangennahme und Aburteilung Ludwigs XVI. näherte sich seinem herzzerreißenden Ende. «Dachte ich doch nie», schrieb Schlosser, «daß ich um einen König weinen würde.» Es war eine Zeit der Erprobung für alle Loyalitäten, und wem Goethe mittlerweile stärker und direkter verpflichtet war, konnte kaum zweifelhaft sein. Der Mann, der so lange daran gearbeitet hatte, zu «werden» anstatt zu «sein», bekannte unter dem Druck der Ereignisse, was er jetzt war, infolge seiner eigenen Entscheidungen von vor siebzehn Jahren – über Liebe und Dichtung und die seltsam gespaltene Natur des Vaterlandes. Zwei Jahrzehnte lang schoß die Sehnsucht über die Wirklichkeit hinaus, weder an Lili Schönemann noch an Frau von Stein, weder an den Absolutismus Berlins noch an Frankfurts bürgerliche Republik hatte er sich dauerhaft gebunden, und aus diesen Spannungen erschuf er seine Dichtung. Aber auch das Ausweichen ist eine Form des Engagements, und so war

Goethe zwei Menschen rückwärts in die Arme gelaufen, denen seine Ausflüchte nichts hatten anhaben können: Christiane Vulpius und Carl August von Weimar. Vielleicht gab es sogar eine neue Form der Dichtung, die aus dieser generösen, aber festen Umarmung erblühen mochte. Carl August war ein guter Freund und ein dankbarer Herr: Goethes Antwort an die Frankfurter Stadtväter kreuzte sich mit des Herzogs nachsichtigem Brief, an dessen Schluß ein Zeichen der Wertschätzung für den Weggefährten Goethe stand:

Den Bau des Gartenhauses [= das «Römische Haus»] übergebe ich dir gantz ... daß endlich einmahl der Plan des Dinges zu Stande komme und schnell außgeführt werde ... Bertuch kann nach wie vor das *Detail* dabey besorgen ... thue, als wenn du für dich bauetest; unsere Bedürfnisse waren einander immer ähnlich.

Die Villa war das einzigartig angemessene Symbol für das, was das Zusammenwirken dieser beiden Männer erreichen konnte und was – im Positiven oder Negativen – in Frankfurt nicht möglich gewesen wäre. In der selbstbewußten Verschmelzung aus Antike und Moderne, Bildung und Natur, aus Formstrengem und Malerischem sollte sie auch ein Symbol für die ganze spätere literarische Leistung Goethes werden. Aber wie die Villa brauchte diese Leistung Zeit, um zu wachsen, und erlebte 1793 erst einige tastende Anfänge.

Das «Römische Haus» war ein privilegierter Ausnahmeposten im Weimarer Haushalt. Das neue Schloß sollte langsamer gefördert, andere neue Bauprojekte sollten ganz aufgegeben werden, entschied der Herzog nach einem Gespräch mit Kammerpräsident Schmidt, der eigens zu diesem Zweck nach Frankfurt gereist war. Ferner sollte es in diesem Jahr keine Sondersubventionen für das Theater geben, das dadurch fraglos «ärmer und besser» werden würde. Goethe pflichtete auf seine Weise bei. Er war den Streichungen im Theateretat, die er in seinem Amt auch leicht voraussehen konnte, dadurch zuvorgekommen, daß er an Weihnachten allen Schauspielern die Beendigung ihrer Verträge zu Ostern 1793 angekündigt hatte. Die Zeit war reif für ein Ausjäten seiner «Kupferstich-Sammlung» – wie er sie genannt hatte –, und es war zweckmäßig, den Eindruck zu erwecken, als solle das ganze Projekt aufgegeben werden. Um die Fluktuation im Personal zu verringern und so ein Ensemble mit konsequenter und kontinuierlicher Praxis aufzubauen, wollte er Verträge, die die Schauspieler zum Bleiben bewogen, und Schauspieler, die zu behalten es lohnte. Nach Ostern wurde die halbe Kompanie wieder verpflichtet – allerdings nicht der Regisseur Fischer –, und Goethe ergriff die Gelegenheit, einige neue Kräfte zu engagieren, namentlich den hervorragenden Komiker Johann Beck (1754- nach 1800). Gleichzeitig gaben die verläßlichsten Gestalten, Vohs, der zuerst von Jacobi empfohlen worden war, und Willms, die zum künstlerischen beziehungsweise kaufmännischen Leiter befördert worden waren, der Kompanie eine Verfassung, die «Theatergesetze»; sie verboten unter anderem das Improvisieren und verlangten ordentliches Betragen bei Proben, Gehorsam gegenüber dem Regisseur und nötigenfalls die Übernahme kleiner Rollen – alles bei Strafe festgelegter Geldbußen. Aus seiner einigermaßen rigorosen Umbildung der Kompanie kann man auf die Verhältnisse schließen, die Goethe vorfand. (Nur sechs Monate später saß Vohs selbst mit einem halben Dutzend Weimarer Kollegen in einer Loge der Erfurter Bühne und quittierte jede Äußerung von zwei Neuzugängen mit höhnischem Gelächter, während angeblich bei den Proben so viel gegessen wurde, daß die Zeilen unverständlich waren.)

Was das Repertoire betraf, so änderte es sich in den zwei Spielzeiten von 1792/93 wenig: Während der Abwesenheit Goethes waren keine neuen Produktionen hinzugekommen, und das Singspiel behauptete praktisch unangefochten seine Vorherrschaft. Doch verwirklichte Goethe seinen Vorsatz, alle Jahre wenigstens *ein* spielbares Stück zu schreiben. In einem nach dem Französischen bearbeiteten Lustspiel und einer Fortsetzung dazu feierte Johann Beck Triumphe in der Rolle eines komischen Gauners, des Barbiers Schnaps. In nur drei Tagen, zwischen dem 23. und 26. April 1793, verfaßte Goethe eine zweite Fortsetzung, *Der Bürgergeneral*, einen Einakter und sein erstes vollendetes Werk, das sich direkt mit der Revolution auseinandersetzte; die Uraufführung war am 2. Mai. Das sauber konstruierte Stück zeigt uns in temporeichem Prosadialog und ländlich-deutscher Szenerie den Betrüger Schnaps, der über eine Nationalgardenuniform, eine Freiheitsmütze, eine Trikolorenkokarde, eine wortreiche Freiheits- und Gleichheitsrhetorik, vor allem aber über einen Säbel gebietet; er hat dies alles von einem sterbenden französischen Kriegsgefangenen übernommen. Unter dem Vorwand, Teil einer revolutionären Verschwörung zu sein, unternimmt er den Versuch, den alten Bauern Märten erst durch Anstiftung, dann durch Einschüchterung zu einer «patriotischen Kontribution» in Form eines Frühstücks aus Sauermilch und Brot zu bewegen. Als Märtens frisch vermählter Schwiegersohn Görge mit seiner Frau Röse von den Feldern kommt und mit einem Prügel über den «Bürgergeneral» herfällt, ruft der Aufruhr den Richter auf den Plan, und das ganze Hauswesen gerät in den Verdacht, ein Jakobinernest zu sein. Der örtliche Grundbesitzer und Edelmann aber erkennt sogleich die Wahrheit und stellt Gerechtigkeit und Harmonie wieder her. Es ist ein leichtgewichtiges Stück, aber es kam in Weimar, Lauchstädt und Erfurt gut an und hatte bis 1805 fünfzehn Aufführungen erlebt. Herder und die Jacobis spendeten Beifall – zum Teil vielleicht nur darum, weil sie froh waren, Goethe zur Literatur zurückkehren zu sehen –, und Unger brachte den *Bürgergeneral* mit Freuden heraus, obgleich er wegen seiner politischen Spitze – es klang wie ein Stück über Custine – anonym und außerhalb der Reihe von Goethes *Neuen Schriften* erscheinen mußte. Goethe selbst hoffte, das Stück habe «einigen ästhetischen Werth», und bezeichnete es als «Schiboleth», um «thörige ode tückische Unpatrioten in Deutschland zu entdecken». Seine eigenen Ansichten formulierte explizit – wie er später zugab – der Edelmann, indirekter und ergiebiger aber das Gespräch zwischen Görge und Röse, mit dem das Stück beginnt. Im Gegensatz zum Richter, der den unmittelbar bevorstehenden Ausbruch der allgemeinen Revolution befürchtet, hält es der Edelmann für überflüssig, an Schnaps ein Exempel zu statuieren:

Unzeitige Gebote, unzeitige Strafen bringen erst das Übel hervor. In einem Lande wo der Fürst sich vor niemand verschließt; wo alle Stände billig gegen einander denken; wo niemand gehindert ist in seiner Art thätig zu sein; wo nützliche Einsichten und Kenntnisse allgemein verbreitet sind: da werden keine Parteien entstehen. Was in der Welt geschieht wird Aufmerksamkeit erregen; aber aufrührische Gesinnungen ganzer Nationen werden keinen Einfluß haben.

Wie aber, wenn die Fürsten diesem Idealbild nicht entsprechen? Dalberg wußte, daß die Angehörigen eines Staates eine kurze und wirksame Antwort auf diese Frage parat haben, auch wenn Goethe das noch nicht zugeben mochte. Geschichte wird nicht mit moralischen Ermahnungen gemacht, sondern durch die Göttin Nemesis. Es ist erstaunlich, daß diese wackeren Platitüden einer quietistisch-reichstreuen Aufklärung noch drei Monate nach der Hinrichtung Ludwigs XVI. breiten Anklang finden konnten. Es gibt hier nicht die tiefere Beunruhigung des Gewissens, womit Goethe um 1820, aus der Perspektive einer nachgeborenen Generation, auf denselben Zeitraum zurückblickte:

Diese Gesinnungen [der Revolutionsfreundlichkeit] verbreiteten sich um so eher als man in dem Betragen der nordischen Monarchen eben keine entschiedene Sittlichkeit gewahr werden konnte. Polen ward getheilt und wieder getheilt, bis endlich nichts mehr davon übrig blieb. Hier sah man Monarchen die einen ihres Gleichen in Pension zu setzen gedachten, dort rührte sich ein Volk um ähnlicher Weise mit seinem König zu verfahren.

In der ländlichen Idylle jedoch, mit der das kleine Stück beginnt, findet sich der erste Hinweis auf etwas viel Bedeutsameres, eine neue Thematik für die Dichtung im Zeitalter der Revolution: kein Rat an Fürsten oder ihre Völker, sondern ein Gegenbild des Glücks – noch nicht der Leiden – jener, die der «kleinste Teil» großer Ereignisse sind. Dieses Gegenbild ist die erste ganz und gar ungetrübte, wiewohl humorvolle Schilderung Goethes von den Köstlichkeiten der Ehe. Zum erstenmal in seinem Leben und fast vier Jahre nach Beginn der Beziehung zu Christiane porträtiert Goethe eine Liebe, die weder unbefriedigte Sehnsucht noch vorwiegend physische Erfüllung ist. Görge und Röse sind volle zwölf Wochen verheiratet und können sich noch immer nicht satt sehen aneinander: «Sie sagen: Als Mann und Frau hätte man sich nicht mehr so lieb wie früher. Es ist nicht wahr.» Wenn Märten über der Zeitung brütet und sich den Kopf zerbricht, wie er eine Lösung für die politischen und finanziellen Probleme Frankreichs finden soll, halten Görge und Röse sich bei der Hand und planen die Zukunft ihres kleinen Hausstandes. Und das, so wird dem Zuhörer bedeutet, ist die wahre Lösung, sofern dergleichen überhaupt in der Macht des Einzelnen steht. Die Liebe des bäuerlichen Paares strahlt nach außen und überwindet soziale Trennungen: Görge und Röse ermutigen den Edelmann, gleichfalls zu heiraten, und er verspricht, daß seine Kinder und die ihren einmal zusammen spielen sollen. Die Schuftigkeit von Schnaps zeigt sich daran, daß er Junggeselle bleibt. So unbeachtlich das Stück auf den ersten Blick erscheinen mag, es formuliert erstmals und *piano* jenes Thema, das in den nächsten sechzehn Jahren in Goethes Schriften am beharrlichsten wiederkehren wird: die Ehe und die eheliche Liebe als sittliches und poetisches Zeichen des Einspruchs gegen die Verderbnis der Zeit. Dieses Thema war die Frucht der langen und gefahrvollen Reise, die Goethe nach Valmy und zurück nach Weimar und zu jener Frau führte, die er «ganz entsetzlich lieb» hatte.

Dem Trauma von Goethes Expedition nach Frankreich folgte ein bemerkenswerter Ausbruch literarischer Produktivität, ähnlich jenem nach dem Tod seiner Schwester; es war dies das klarste Zeichen dafür, daß nun eine neue Epoche in seinem Leben begann, aber auch dafür, daß er etwas Wichtiges von seinem früheren Ich gerettet hatte. *Der Bürgergeneral* konnte sich nicht mit *Clavigo* vergleichen, aber vergleichbar waren gewiß die Umstände, unter denen Goethe die beiden Stücke geschrieben hatte. In der ersten Jahreshälfte 1793 war er auch mit dem Entwurf zu *Breme von Bremenfeld (oder:) Die Zeichen der Zeit* beschäftigt (später umbenannt in *Die Aufgeregten*), einem gewichtigeren Prosadrama über zeitgenössische Angelegenheiten; ja er fühlte sich sogar imstande, wieder an den *Wilhelm Meister* zu gehen, das unvollendete Monument seiner vor-italienischen Jahre, das er Unger für die absehbare Zukunft in Aussicht gestellt hatte. Er erkannte die Notwendigkeit, alles bisher Geschriebene vollständig zu überarbeiten, ließ eine neue Abschrift des Manuskripts anfertigen und erfand einen neuen Titel, der allein schon den Roman als die Geschichte einer nunmehr überwundenen Phase kenntlich machte: *Wilhelm Meisters Lehrjahre*. Am erstaunlichsten aber war, daß Goethe in diesen Monaten ein Epos in zwölf Gesängen, den *Reineke Fuchs*, nicht nur begann, sondern auch vollendete. Es war in den dunkelsten Januartagen, unmittelbar nach der Hinrichtung des Königs, für die sich alle an der alliierten Invasion Beteiligten zwangsläufig verantwortlich fühlten:

Herder fragte Goethe: «Weißt du auch, daß wir in deutscher Sprache ein Versgedicht haben, in dem ebenso viel Poesie wie in der *Odyssee*, aber mehr Philosophie ist?» Als Reineke Fuchs genannt wurde, ... bekannte Goethe, ... daß er davon nur in der Bearbeitung durch Gottsched wisse und es bisher nicht gesehen habe. Das Buch wurde herbeigeschafft. Goethe nahm es mit fort und begann fast auf der Stelle mit der Arbeit.

Goethe hatte im März 1791 Gottscheds Übersetzung der niederdeutschen Satire aus der herzoglichen Bibliothek entliehen, aber offenbar wenig damit anfangen können – vielleicht war er hauptsächlich an den Radierungen von Everdingen interessiert, die das Buch schmückten und deren einige, aber nicht alle er bereits besaß. Dem Manne aber, der den Rückzug der Preußen nach Luxemburg miterlebt und «die ganze Welt für nichtswürdig erklärt» hatte, bereitete es ein ingrimmiges Vergnügen, dieses zynische Bild des höfischen und politischen Lebens in Hexameter zu bringen: «denn wenn auch hier das Menschengeschlecht sich in seiner ungeheuchelten Tierheit ganz natürlich vorträgt, so geht doch alles ... heiter zu, und nirgends fühlt sich der gute Humor gestört.» Es war sozusagen ein profaner Klopstock, ein Anti-*Messias*. «Ich unternahm die Arbeit, um mich das vergangne Vierteljahr von der Betrachtung der Welthändel abzuziehen», erfuhr Jacobi im Mai, «und es ist mir gelungen.» Am 1. Februar begann Goethe, aus dem Manuskript vorzulesen, und nur drei Monate später hatte er die Arbeit des Versifizierens beendet – bisher seine bei weitem längste Übung in der Form des Hexameters. 1794 kam *Reineke Fuchs* als Band II der bei Unger erscheinenden Reihe der *Neuen Schriften* heraus, obwohl es kein Originalwerk war. Goethe empfand offenkundig das verzweifelte Bedürfnis zu schreiben, und von einem Aufgeben der Dichtung zugunsten der Naturwissenschaften war jetzt weniger die Rede; aber er konnte noch nicht jenen Verknüpfungspunkt zwischen dem von den Zeitläuften gebotenen Stoff und seinem Ichgefühl finden, der ihn einst zu der zweiten Fassung der *Mitschuldigen* und damit zu einer neuen Art von Originalliteratur inspiriert hatte. Eigentlich blieb weiterhin ziemlich unklar, wer er war: Er hatte den starken Verdacht, daß er ein verheirateter Mann war, aber zu Gott und zu Deutschland blieb sein Verhältnis unbestimmt, mochte es sich auch verändern. Bevor er mit der Arbeit am *Reineke Fuchs* begann, «dieser unheiligen Weltbibel», las er Platon, «gleichsam zum erstenmal», besonders jene Dialoge, die den Jüngern Hemsterhuis' in Münster so viel bedeuteten: das *Gastmahl*, den *Phaidros* und die *Verteidigungsrede des Sokrates*. «Darnach ging mirs aber wie jener Haußfrau, die Katze gewesen war und ihres Mannes Tafel gegen eine Maus vertauschte.» Platons Festmahl wurde gegen niederdeutsches Ungeziefer vertauscht: Die Katze ist ein Einzelgänger, und Goethe, bemerken wir, war noch nicht vollständig domestiziert. Gerade einen Monat, nachdem er die hochgesinnten Kreise Jacobis und der Fürstin Gallitzin verlassen hatte, war er erneut «dieser widerwärtigen Art» verfallen, «alles Sentimentale zu verschmähen, sich an die unvermeidliche Wirklichkeit halb verzweifelnd hinzugeben». Noch gab es keine tragfähige Vermittlung zwischen diesen Gegensätzen. Goethe konnte den religiösen und den realistischen Teil seiner Weltsicht nicht zusammenbringen, nicht in einem einzigen poetischen Brennpunkt sammeln, so wie er einst vermocht hatte, Empfindsamkeit und Sturm und Drang zu einer entschieden nationalen Literatur zu verschmelzen. Herder fand das neue Werk «sehr glücklich versifiziert» und nannte es «die erste und größte Epopöe der deutschen Nation», aber *Reineke Fuchs* war kein zweiter *Götz von Berlichingen*: Goethe selbst räumte ein, daß er seiner Vorlage nur «eine zwischen Übersetzung und Umarbeitung schwebende Behandlung» habe angedeihen lassen.

Ohne den in der Ferne weilenden, mit seinem Conseil hadernden Carl August und vom launischen Knebel, der ihm wohl die Teilnahme am Einmarsch in Frankreich verdachte, bis Februar gemieden, mußte Goethe Anfang 1793 seine engsten Freunde in jenen erblicken, die er schon gekannt hatte, bevor Weimar in sein Leben getreten war: Herder und Jacobi. Der Briefwechsel mit Pempelfort war voller Nachklänge seines Besuches; Jacobi mußte nicht nur über Goethes gegenwärtige Projekte – die Farbenlehre und den *Reineke Fuchs* – unterrichtet werden, sondern auch über die Jahre, in denen sie sich auseinandergelebt hatten – Goethe übersandte ein Exemplar des Tiefurter Journals und eine Kopie des Porträts, das Lips von ihm radiert hatte, bevor er sich in Luxemburg die Haare schneiden ließ. Auf der mehr praktischen Ebene gab es die noch immer offene Frage der Kutschen; Goethe war es darum zu tun, seine noch immer in Koblenz festgehaltene Chaise zurückzubekommen; gleichzeitig behauptete er aber ziemlich undankbar, daß Jacobis schwerer Reisewagen kaum das Retournieren lohne und lieber verkauft werden sollte (viel werde er freilich nicht bringen, setzte er hinzu). Ferner leistete Jacobi einen Beitrag zu dem Unterstützungsprojekt, das Goethe für J. H. Obereit (1725–1798) organisiert hatte, den mystischen Kantianer und Entdecker der Handschrift des Nibelungenliedes, der sich jetzt zu Reinhold bekehrt hatte und in Jena lebte (wo Fritz von Stein ihn mit Brennmaterial versorgte); auch machten sich beide der Emigrantenfamilie Coudenhove aus Mainz nützlich. Die Herzlichkeit in diesen von lohnendem Wirken erfüllten Briefen erinnert an die glücklichen Zeiten der früheren Freundschaft, auch wenn über dem Rheinland die Wolken des Krieges niedrig hingen – «unsere größte Furcht war, von den Oesterreichern in Schutz genommen zu werden», schrieb Jacobi – und jetzt eine neue Generation jung war. Jacobis zweiter Sohn, Georg, war im Begriffe zu heiraten und eine Beamtenstelle anzutreten – «wird also ... ein kleiner Despote werden», lautete Goethes Spott, dessen Ironie sich zu gleichen Teilen dem Sturm und Drang wie der Französischen Revolution verdankt –, und auf Bitten seines Vaters verwendete sich Goethe dafür, ihm den reinen Ehrentitel eines herzoglich weimarischen Regierungsrats zu verschaffen. Max Jacobi sollte im Sommersemester sein Medizinstudium in Weimar aufnehmen, und Goethe ebnete ihm nicht nur mit Ratschlägen zu akademischen und finanziellen Dingen den Weg und besorgte ihm eine Wohnung, sondern kümmerte sich auch nach Max' Ankunft in Weimar Mitte April eine Woche lang um ihn und half ihm so, sich einzuleben. Anfangs war Max still und zurückhaltend (er war ein wenig schwerhörig), und von Jena aus berichtete er Goethe pflichtschuldigst über das Studienprogramm, auf das er sich mit dem neuen Professor Hufeland geeinigt hatte; aber als Christiane ihn Mitte Mai im Weimarer Theater wiedersah, kam er ihr «sehr verändert» und «außerordentlich lustig» vor: «Stille Wasser sind tief.»

Vielleicht hatte Max Jacobi mittlerweile gelernt, sich an dem fröhlich unpolitischen Singen und Gröhlen zu beteiligen, womit die Studenten nach den Unruhen des vergangenen Jahres die Stadt Jena wieder bis Mitternacht wachhielten und worüber sich auch Christiane beklagte. Die ersten Worte, die von ihr erhalten sind, beziehen sich auf ihren Besuch in Jena Anfang Mai, wo sie August gegen Pocken inokulieren ließ (Jenners sicherere Technik der «Vakzination» mit Kuhpocken sollte noch drei Jahre auf sich warten lassen). Für sie waren die ersten Monate des Jahres 1793 eine Zeit, in der nach den Ängsten des vergangenen Jahres die Gegenstände ihrer Liebe in sicherer Nähe um sie waren und bei ihr wuchsen und gediehen. August begann, ihre Handschrift nachzuahmen und Interesse am Lesen zu zeigen, und Goethe speiste jetzt viel weniger häufig als früher bei Hofe. Besonders mied er irgendwelche auf Besuch weilenden Großen, mußte aber freilich eine Ausnahme bei seinen Waffengefährten, den preußischen Generälen, oder bei dem gegenwärtig umherreisenden Kurfürsten von Mainz und bei Dalberg machen, und es konnte durchaus vorkommen, daß er eine Herzogin zum Tee hatte oder mit den Gores und dem jungen Mr. Lewis dinieren mußte. Für gewöhnlich jedoch war er glücklich, wenn er daheim in seinem neuen Haus sein, schreiben und experimentieren konnte: «ich baute inzwischen und möblirte fort, ohne zu denken, was weiter mit mir sich ereignen würde, ob ich es gleich gar wohl voraussehen konnte.» Ende Februar kam der erwartete Ruf des Herzogs, aber es war kein dringender; denn die nächste Phase in der Strategie der Alliierten war eine eher stationäre als mobile Kampagne zur Wiedereroberung von Mainz. In der Zwischenzeit würde es das Ende der Frostperiode erlauben, mit dem Streichen und Tapezieren in den unfertigen und ungeheizten Zimmern fortzufahren. Etwa um dieselbe Zeit, im März, wurde Christiane wieder schwanger, und sie rang Goethe das Versprechen ab, um ihret- und der Kinder willen auf seine Sicherheit zu achten und nicht jenen närrischen Ritt ins Kanonenfeuer zu wiederholen, den er in Valmy gewagt hatte. Im übrigen wünschte sie sich zwar, er würde überhaupt nicht fortgehen, aber er war offensichtlich erfreut über die Aussicht, einige Zeit bei seiner Mutter und alten Freunden verbringen zu können, und diese Freude verdachte sie ihm nicht. Der Frühling bedeutete auch den Beginn der ersten vollen Saison in ihrem neuen Gemüsegarten – Steckrüben, Gurken und Artischocken waren gepflanzt, und Spargelsetzlinge sollten vom herzoglichen Gärtner kommen –, und so konnte sie nicht ganz und gar unglücklich sein. Und dann konnte sie sich sagen, daß dank ihrer Pflege ihr Mann sich von der jüngsten Qual erholt hatte: «ich bin sehr alt und werde es von Stunde zu Stunde», schrieb Herder Jacobi, «Goethe wird dagegen jung, korpulent und rund von Stunde.»

Die Wahrheit war, daß Goethe sich zwar von der Kampagne von 1792 erholte; aber das hatte seinen Tribut gefordert, und er war jetzt ziemlich dick. Als im März zwei jüdische Besucher aus Berlin kamen und eine sehr genaue Beschreibung von ihm gaben, entgingen ihnen die Spuren nicht, die die Zeit hinterlassen hatte. Sie gehörten zu den ersten Besuchern, die das Haus am Frauenplan so sahen, wie Goethe es geplant hatte. Sie wurden die neue Treppe hinaufgeführt, vorbei an den Nischen mit Apollon und Antinous, und von Goethe begrüßt; er schien ihnen, was gewiß übertrieben war, von weit mehr als gewöhnlicher Größe ... dick, breitschultrig ... Die Stirn ist außerordentlich schön ... In seinen Augen ist viel Geist, aber nicht das verzehrende Feuer, wovon man so viel spricht. Unter den Augen hat er schon Falten und ziemlich beträchtliche Säcke; überhaupt sieht man ihm das Alter von vierundvierzig bis fünfundvierzig recht eigentlich an ... Die Nase ist eine recht eigentliche Habichtnase, nur daß die Krümmung in der Mitte sich recht sanft verliert ... Der Mund ist sehr schön, klein, und außerordentlicher Biegungen fähig; nur entstellen ihn, wenn er lächelt, seine gelben, äußerst krummen Zähne. Wenn er schweigt, sieht er recht ernsthaft, aber wahrhaftig nicht mürrisch, und kein Gedanke, keine Spur von Aufgeblasenheit ... Das Gesicht ist voll, mit ziemlich herabhängenden Backen ... Er hat eine männliche, sehr braune Gesichtsfarbe, die Farbe der Haare ist etwas heller. Er trägt das Vorderhaar ratzenkahl abgeschoren, an den Seiten ausgekämmt und völlig anliegend, einen langen Zopf; weiß gepudert ... Die Wäsche fein, mit wenig vorstehendem Jabot. Kleidung: ein blauer Ueberrock mit gesponnenen Knöpfen, doppeltem Kragen (der eine über die Schultern, der stehende nicht recht hoch), eine schmalgestreifte Weste ... und – vermuthlich Beinkleider [also keine Kniebundhosen]; der Ueberrock bedeckte sie; kalblederne ordinäre Stiefel. Alles zusammen genommen kann er ein Minister, ein Kriegsrath, ein Geheimrath, allenfalls ein Amtmann sein, nur kein Gelehrter und gewiß kein Virtuose. In Berlin würde ihn jeder einheimisch glauben. Er hat uns ungemein höflich aufgenommen; als er auf uns zukam, sah er uns recht freundlich an ... wenn er sich nicht an einen wendet, so sieht er gesenkt zur Erde, mit den Händen auf dem Rücken, und spricht so fort ... Er ließ sich ... über die Kriegsoperationen mit uns ein, sprach aber von keiner Partei mit Dezision; jedoch immer überaus natürlich, immer, als ob er nur die Sachen, nicht die Worte suchte. Man hört's ihm noch manchmal an, daß er aus dem Reich ist, wie er uns auch selbst sagte. Das Zimmer, in welchem wir standen (sitzen ließ er uns nicht), war mit grünen Tapeten ganz modern geziert; Gemählde und Köpfe rings umher ... ein völliges Quadrat: zwei Mahagony-Tische, ein Spiegel, sechs Lehnstühle, weiß, mit grün- und weißgestreiften seidenen Polstern. Eine Viertelstunde (eher mehr als weniger) waren wir bei auf; machte dann eine bedeutend lächelnde Miene, und wir waren nicht dumm. ... Ueberhaupt haben wir keinen litterarischen Punkt berührt ... Er begleitete uns aus der Antichambre, und war noch beim Abschiede sehr höflich. Die ganze Aufnahme war sehr höflich, ziemlich kalt und allgemein, aber viel wärmer als ich sie erwartet hatte ... Seine nähere Bekanntschaft erhält man sehr schwer; die Menschen, welche ich gesprochen, wissen alle keinen, mit dem er sehr genau umgehet.

Die Besucher waren der Medizinstudent David Veit aus Jena (1770–1814) und sein Onkel Simon Veit, Gatte von Dorothea Mendelssohn, aus dem Kreis um Marcus und Henriette Herz und damit Jünger von Karl Philipp Moritz – zumindest was den Goethekult betraf. Moritz hatte ihnen ein Empfehlungsschreiben mitgegeben, und sie brachten Neuigkeiten von ihm, allerdings keine guten. Moritz, mittlerweile ein erfolgreicher, wenngleich theatralischer Vortragsredner, hatte 1792 beschlossen zu heiraten und sich ein Mädchen aus der Unterschicht ausgesucht, die fünfzehnjährige Tochter eines Lotterieeinnehmers, die er zu sich emporzubilden hoffte und die leider auf den Namen Christiane Friederike hörte. Nach sechs Monaten hatte sie von seinen Schrulligkeiten genug gehabt und sich heimlich davongemacht. Goethe ging die Geschichte sehr nahe: Sein erster Gedanke war, daß Moritz sich vielleicht gern in Weimar erholen würde. Spürte er in diesem Zerrbild seines eigenen Loses, das Moritz auf sich herabgezogen hatte, auch das Moment des Selbstverschuldeten? Oder gab er – dessen Exempel Moritz allererst gelehrt haben mag, daß unser Leben aus den Geschichten gesponnen wird, die wir darüber erzählen – dem Schicksal die Schuld, jenem Schicksal, das diesen «jüngeren Bruder von mir» zu einem rezeptiven statt zu einem «kreativen» Menschen geschaffen und ihn vernachlässigt hatte, wo Goethe bevorzugt ward? Wie auch immer, er kam rasch zu dem Schluß, daß Moritz in Berlin zu viel zu tun haben würde, und sprach keine Einladung aus.

Am 11. Mai schickte Goethe Götze nach Jena hinüber, um bei Max Jacobi und gewiß auch bei Christiane und August nach dem Rechten zu sehen, und am nächsten Tag verließen Herr und Diener Weimar und zogen wieder in den Krieg – Christiane war froh, nicht Zeuge des Abschieds sein zu müssen. Nachdem der Ring um Mainz Mitte April geschlossen worden war und eine regelmäßige Kommunikation zwischen Frankfurt und dem Hauptquartier der Alliierten in Marienborn südlich von Mainz möglich wurde, hatte der Herzog die militärische Lage für so entspannt gehalten, daß eine kleine Frühlingskampagne Goethe vielleicht angenehm sein mochte. Die Ereignisse im Westen kamen jedoch nur langsam voran, solange Preußen und Österreich sich weiterhin nicht über die Teilung Polens einig werden konnten, und Goethe hatte es auch nicht eilig. In Erfurt handelte er Dalberg die Erlaubnis ab, daß die Weimarer Theatertruppe dort zu jeder passenden Zeit spielen durfte; in Frankfurt war er erst am 17. Hier wohnte er bis zum 27. bei seiner Mutter, untergebracht in den vertrauten Zimmern im Obergeschoß, da es unten so viele Einquartierungen gegeben hatte (zuerst höfliche und wohlversehene Franzosen, die kaum Ansprüche stellten, dann Preußen und Hessen, die ungehobelt, halb verhungert und starke Raucher waren). Er sprach offener als im Jahr zuvor über seine leidenschaftliche Hingabe an Christiane und ihrer beider Sohn, vielleicht weil diese Leidenschaft selbst jetzt ausgeprägter war, und Umstandskleider und Tischwäsche wurden als Geschenke verpackt und nach Weimar gesandt. Die Tage, schrieb Frau Goethe, seien zu kurz für alles, was es mit der Familie und Freunden zu bereden gab; denn die anderen alteingesessenen Familien Frankfurts rissen sich darum, Goethe zu sehen, mochte er auch die ihm von ihnen angebotene Ratsherrnehre abgelehnt haben. Noch jetzt vermochte er die emotionalen Bindungen an die Vergangenheit nicht abzuschütteln: Dem jungen zukünftigen Diplomaten Johann Isaak Gerning (1767–1837) schenkte er besondere Aufmerksamkeit und vielleicht mehr Ermutigung, als seine dilettantischen Verse verdienten; Goethe muß in ihm eine Verkörperung seines eigenen einstigen Ich gesehen haben – Frankfurt, der Erziehung durch Weimar bedürftig, wie er Gerning erklärte. Kein Wunder also, daß Gerning der neuen Farbentheorie ein williges Ohr lieh, und nicht er allein. Sömmerring war der Revolution in Mainz entkommen und ließ sich als Arzt in Frankfurt nieder, und es war ein Vergnügen, endlich mit einem anteilnehmenden Wissenschaftler sprechen zu können, noch dazu bei schönem Wetter: «Es ist für mich immer Sonntag Pfingsten wenn ich mit Ihnen bin», gestand Goethe ihm später im Sommer – es muß ein angeregtes Gespräch gewesen sein an jenem 19. Mai.

In Frankfurt war gelegentliches Geschützfeuer zu hören, doch beschränkte sich der Kampf in dieser Phase zumeist auf kleine, freilich häufige und blutige Gefechte um Dörfer und Rheininseln. Custine war weit weg, er saß in Landau in der Falle, und es bestand keine Aussicht auf eine offene Feldschlacht. Als Goethe am 28. in Marienborn ankam – unterwegs hatte er Leutnant von Fritsch Neuigkeiten und Briefe aus Weimar überbracht –, fand er die Offiziere in einer Laube sitzen, die man zum Schutz vor der Sonne errichtet hatte, und Champagner trinken; dazu spielte eine Blaskapelle des Regiments die populärsten Weisen des Jahres: das *Ça ira* und die Marseillaise. Es gab viele vom letzten Herbst her vertraute Gesichter zu begrüßen, unter Umständen, wie sie verschiedener nicht hätten sein können. Vor allem natürlich Carl August, und auch er hatte sich verändert: Seit sie sich im Oktober in Koblenz getrennt hatten, hatte er eine Entscheidung getroffen, von der Goethe im Vertrauen schon wußte, die aber jetzt näher erläutert werden konnte. Er hatte in Berlin allen Einfluß eingebüßt, und aufgrund einer Meinungsverschiedenheit über Ancienitätsfragen – und fraglos der Erkenntnis, daß die Tages eines preußenfreundlichen Fürstenbundes, in welcher Form auch immer, vorüber waren – wollte er aus den preußischen Diensten ausscheiden, sobald der gegenwärtige Feldzug beendet war. So sollte also auch für Goethe die Belagerung von Mainz eine Ehrenrunde sein – vielleicht ein tröstlicher Gedanke, wenn er sich, von den Wanzen aus seinem an sich bequemeren Quartier in einem Nachbardorf vertrieben, wieder einmal in voller Montur in einem Zelt auf einem Strohlager ausstreckte. Doch blickte das Zelt gegen die Morgensonne – «Ich sehe die Sonne öfter als in meinem ganzen Leben aufgehen» –, und er konnte die einsamen Tagesstunden, wenn die anderen Dienst taten, in der herzoglichen Laube verbringen, nachdenken, schreiben und den *Reineke Fuchs* korrigieren. Die Nächte waren mild, die Tage warm, die Generäle freundschaftlich; hochgeborene, sogar königliche Besucher waren häufig. Aber während dieser *fête champêtre* mußte das Töten weitergehen. «Kein Tag oder Nacht geht ruhig vorüber.» Am 30./31. Mai um Mitternacht weckte ihn eine Explosion in der Nähe, bald gefolgt von Gewehrfeuer, und Goethe sprang aus dem Zelt: Die Artillerie des Herzogs war bereits ausgerückt, der Rest des Lagers packte eilends für den Rückzug. Eine französische Truppe von über 4000 Mann hatte einen nächtlichen Ausfall durch die Felder gegen das preußische Hauptquartier unternommen, mit dem Ziel, soviel Schaden wie möglich anzurichten, das Oberkommando als Geisel zu nehmen und Marienborn einzuäschern. Doch in der Dunkelheit herrschte auf beiden Seiten die gleiche Verwirrung, die Franzosen erreichten keines ihrer Ziele, und zogen sich zurück; sie ließen ungefähr 60 eigene Tote und Verwundete auf dem Platz, die Preußen etwa 90. «Deiner Bitte eingedenk», schrieb Goethe Christiane, bin ich erst da es Tag war und alles vorbei hinunter geritten. Da lagen die armen Verwundeten und Toten und die Sonne ging hinter Mainz sehr prächtig auf. Behalte mich lieb, ich werde mich um deinetwillen schonen denn du bist mein Liebstes auf der Welt. Küsse den Kleinen.

Am 2. Juni gestand ein kranker, verlauster Gerichtsschreiber, der unter verdächtigen Umständen aufgegriffen worden war, nach achtzig Peitschenhieben, die Franzosen zu ihrem Ziel geführt zu haben, und wurde im Lager gehenkt, auf dem Kopf die Freiheitsmütze, das Gesicht nach Mainz gekehrt. An demselben Tag starb einer der verwundeten preußischen Offiziere, kurz nachdem Goethe ihn besucht hatte – «er saß aufrecht im Bette und schien seine Freunde zu kennen, zu sprechen vermocht' er nicht» –, während ein anderer mit allen militärischen Ehren beigesetzt wurde. In der Laube des Herzogs von Weimar gab es dann eine große Tafel, bei welcher der Hauptgast Prinz Louis Ferdinand (1772–1806) war, der 21jährige Neffe Friedrichs des Großen, ein attraktiver, allgemein beliebter Draufgänger. Irgendwann in all dem Trubel schrieb ein müder Goethe an Herder, daß er es noch nicht geschafft habe, seine Bitte zu erfüllen und dem Herzog die erste Lieferung der *Briefe zur Beförderung der Humanität* zu übergeben, eines großen, neuen Projekts, das in Form literarisch-historisch-philosophischer Miszellen an die *Ideen zur Philosophie der Geschichte der Menschheit* anknüpfen sollte.

Dein Packet hab' ich noch nicht übergeben, ich weiß nicht, warum. Ein Dämon [= eine willkürliche, irrationale Kraft] hält mich ab. Die Zerstreuung, Verwirrung, Inhumanität um uns ist zu groß.

Die Widersprüche waren zu kraß und zu bizarr, als daß sie durch Vernunft oder Gefühl, geschweige denn durch einen Begriff wie «Humanität» hätten aufgelöst werden können. In einem Land, das Goethe nur als reiches, friedliches Acker- oder Weinbaugebiet gekannt hatte, gab es jetzt Dörfer, von denen nur noch die Ruinen zu sehen waren, und doch kämpften Soldaten noch immer täglich um ihre Eroberung und Rückeroberung. Es war ein herrlicher Frühling – nach einigen Regen- und Gewittertagen wurde es wieder heiß –, während

wir indeß zwischen zerrissnen Weinstöcken, auf zertretnen, zu früh abgemähten Ähren uns herumtummeln, stündlich den Tod unsrer Freunde und Bekannten erwarten und ohne Aussicht was es werden könne von einem Tag zum andern leben.

«Ein Glück, daß man nicht zu sich selbst kommt», schrieb Goethe an Meyer und kontrastierte «unser Häußchen» daheim und seinen Bau mit der Zerstörung um ihn her. Die einzige kohärente Geschichte, die man erzählen konnte, war praktisch die offizielle Propaganda – «indessen zweckt unser Bestreben ab, die fränkischen Unmenschlichkeiten vom deutschen Boden zu kehren», schrieb Carl August, als er Herder für das Paket dankte, das Goethe ihm endlich übergeben hatte: «Und das ist ja auch wohl ein Beitrag zu Ihrem humanen Vorhaben, lieber Herder?» Der Geschichte des bloßen

Individuums inmitten dieser großen Ereignisse wurde gewiß keine Kohärenz zugestanden:

Ich hatte die ersten Tage meines Hierseins manches aufzuzeichnen angefangen, ich hörte aber bald auf; meine natürliche Faulheit fand gar manche Entschuldigung. Es gehört dazu mehr Commérage [= Klatsch, Geschwätz] und Kannegießerei als ich aufbringen kann und was ists zuletzt? alles was man weiß und grade das worauf alles ankommt darf man nicht sagen und da bleibts immer eine Art Advokaten-Arbeit die sehr gut bezahlt werden müßte wenn man sie mit einigem Humor unternehmen sollte.

Goethe war gegen Ende der ersten Phase der Belagerung gekommen, und nachdem die Preußen am 5. Juni morgens um halb vier Uhr einen letzten Ansturm auf die Rheininseln unternommen hatten, gaben die Franzosen es auf, sie ernsthaft zu verteidigen, und unternahmen keine größeren Ausfälle mehr wie jenen gegen Marienborn. Der nächste Monat verging mit Schanzarbeiten, das heißt die Alliierten trieben im Zickzack Laufgräben gegen die Mainzer Stadtmauer vor und legten zwischen ihnen eine Reihe von parallelen Gräben an, in denen die schwere Artillerie in Stellung gebracht werden konnte. Diese «Sappen», die jeweils nur ein oder zwei Mann graben konnten, rückten nur um zehn bis zwanzig Meter pro Tag vor, während die «Parallelen» (Tranchées) von einem 3000-Mann-Korps binnen weniger Stunden im Schutz der Dunkelheit angelegt werden konnten. Unglücklicherweise wurde es nach dem 12. Juni zwei Wochen lang regnerisch und ungewöhnlich kalt. Es gab Nachtfröste – Christiane in Weimar mußte die Öfen wieder heizen –, und die ausgehobenen Gräben verschlammten. Die französische Guerrillatätigkeit ging weiter – wendiger und effizienter als zuvor: «Wir leben hier wie die Vögel im Walde immer ohne Sorgen und immer in Gefahr. Es fehlt an allen Seiten nicht an Schlingen und auflauernden Jägern.» In der Nacht vom 16. auf den 17. unternahm ein gespensterhaftes, grau gekleidetes Heer mit Hacken und Holzbündeln einen ersten Versuch, in aller Heimlichkeit die erste Parallele zu eröffnen, wurde aber von den Franzosen erfolgreich gestört. Zwei Nächte später wurde im Schein von Laternen und unter mächtigem Feuerschutz ein gut zwei Kilometer langer Graben ausgehoben. Ein zweiter Graben, 800 Meter von der Stadtmauer entfernt, folgte am 24./25. Juni; er war bald tief genug, um einem Berittenen Deckung zu geben, und breit genug für zwei nebeneinanderfahrende Kutschen. In der ganzen Zeit des Schanzenbaus hörte das Gewehrfeuer Tag und Nacht kaum auf: «Wir haben hier ein unruhiges Leben und doch herzlich langweilig mitunter», schrieb ein unwilliger Kämpe an Christiane. Ein angenehmer Ausflug flußabwärts zur Weinprobe nach Rüdesheim und Bingen wurde nicht wiederholt, nachdem wieder schlechtes Wetter eingesetzt hatte. Mitte des Monats kamen aus Weimar Charles Gore und Georg Melchior Kraus, angelockt von der Stabilisierung des Belagerungsringes und der Aussicht, daß es manch nächtliches Feuerwerk zu malen geben würde; doch während der Regenfälle war erst einmal wenig zu sehen.

Goethe beschränkte sich auf die Theorie und verbrachte die Zeit meistens in seinem Zelt, wo er «optische Sätze» schrieb. Ende Juni begannen im belagerten Mainz die Vorräte auszugehen; nur Mehl und das Fleisch toter Pferde gab es noch reichlich. Am 24. verlegten sich die Franzosen auf Erpressung: Entgegen der allgemein anerkannten Gepflogenheit bei Belagerungen suchten sie sich der Verantwortung für die Nonkombattanten in Mainz zu entschlagen und vertrieben 1500 Alte, Frauen und Kinder, denen die Preußen jedoch – «ebenso grausam», wie Goethe vermerkt – nicht gestatteten, ihre Linien zu passieren. Schließlich lenkten die Franzosen ein und erlaubten den hilflosen Zivilisten, in die Stadt zurückzukehren, nachdem sie einen Tag und eine Nacht ohne jede Versorgung zwischen den Fronten verbracht hatten. Der Erzbischof-Kurfürst und auch sein alter Verbündeter im Fürstenbund, der Herzog von Weimar, setzten ihre Hoffnung darauf, Mainz auszuhungern anstatt zu bombardieren und eine Friedensregelung auf dem Verhandlungswege erreichen zu können. Aber weder Preußen noch Österreich waren geneigt, die Gefühle eines kleinen Mitspielers in einem Spiel zu schonen, von dem sie sich so reiche Ausbeute wie nur irgend in Polen versprachen; König Friedrich Wilhelm war auf den Sieg aus; und die Franzosen hatten gewiß kein Interesse daran, die Stadt unversehrt zu erhalten. Am 18. Juni fielen die ersten Granaten auf Mainz, und nachdem die zweite Parallele eröffnet und mit 15 Batterien mit 64 Geschützen bestückt worden war, begann der schwere Artilleriebeschuß. Bereits am 23. lösten die zwölf Belagerungskanonen des Fürstbischofs von Würzburg, die sogenannten Zwölf Apostel, innerhalb von 24 Stunden 800 Vierundzwanzigpfünder aus. Drei Tage später begannen die Kirchen zu brennen. Am 28. wurde in der Stadt Gutenbergs der Dom samt seiner Bibliothek mit Handschriften und Wiegendrucken zerstört; am 29. folgte die Dechanei. An demselben Tag löste sich eine massive schwimmende Batterie, die als Kernstück eines alternativen, weniger zerstörerischen Sturmangriffs gegen die schlecht verteidigte Flußseite der Unterstadt gedacht war, durch Schüsse aus ihrer Verankerung und trieb flußabwärts in die Hände der Franzosen. Dieser spektakuläre Fehlschlag, den Goethe als Augenzeuge im Zelt Carl Augusts dem König von Preußen erzählen mußte, besiegelte das Schicksal von Mainz. Drei Wochen lang hagelten Nacht um Nacht Geschosse, Sprengkörper und Brandbomben auf die Oberstadt: die Kirchen der Franziskaner und der Dominikaner, St. Alban und Liebfrauenkirche, das Theater, das Zollhaus, die Schlösser der Dalbergs und anderer Familien – dank einer Sonderverfügung nicht das kurfürstliche Schloß – wurden in Trümmer gelegt. Am 16. Juli explodierte die französische Munitionsfabrik. Brodelnde Rauchsäulen stiegen ohne Unterlaß über den zerbrochenen Türmen und lückenhaften Dächern auf, wo der Erzkanzler des Alten Reichs seinen Sitz gehabt hatte, während Charles Gore des Nachts eifrig die einzigartigen, blendenden Effekte malte, die das Ende einer Epoche begleiteten. Das Wetter wurde in der letzten Juniwoche trocken und angenehm warm, und Ausflügler kamen aus Frankfurt, um das Schauspiel zu beobachten. Am 30. spielten versammelte Oboisten für eine Offiziersgesellschaft auf, zu der auch Goethe, Carl August und Prinz Constantin gehörten (der sich von seinem Posten als Generalmajor der kursächsischen Armee hatte beurlauben lassen, um echtes Kampfgeschehen mitzuerleben). Leutnant von Fritsch vermerkte den Anlaß in seinem Tagebuch: «die Leute blasen herrlich. Die ganze Gesellschaft auch den Abend da. Mainz brannte von 9 Uhr an wieder fürchterlich.»

In Marienborn konnte man Sodom und Gomorrha vom Rande des Ardenner Waldes beobachten:

Bei uns geht es von der einen Seite lustig von der andern traurig zu, wir stellen eine wahre Haupt- und Staatsaktion vor, worin ich den Jaques (siehe Schäckesp. Wie es euch gefällt oder die Freundinnen) nach meiner Art und Weise repräsentiere. Im Vordergrund hübsche Weiber und Weinkrüge und hinten Flammen, grade wie Lot mit seinen Töchtern vorgestellt wird.

«Kunstlos und fast trostlos», schrieb Goethe an Meyer, «sitze ich in der schönsten Gegend von Deutschland und sehe nichts als Verwüstung und Elend.» Die physische Unbequemlichkeit – freilich nicht die Gefahr – mochte geringer sein als im vergangenen Herbst, und doch hatte der Krieg ihn wieder an ein Äußerstes gebracht:

Mich wandelt in meiner jetzigen Lage eine Art Stupor an und ich finde den trivialen Ausdruck: *der Verstand steht mir still*, trefflich um die Lage meines Geistes auszudrucken.
Die Hälfte der schönen und wohlgelegnen Stadt mag nun wohl schon verbrannt sein der Erfolg muß diesen grimmigen Entschluß rechtfertigen. Die Situation der emigrierten Mainzer ist die traurigste von der Welt.

Konfrontiert mit den schrecklichen «Folgen jenes Schwindelgeistes» für Mainz und die ganze Gegend, reagierte Goethe begreiflicherweise ohne Begeisterung, als Jacobi ihn bat, sich für Caroline Böhmer und die Frau eines Mainzer Revolutionärs zu verwenden, die beide den Preußen in die Hände gefallen waren und jetzt im Gefängnis saßen: Ihr Schicksal, sagte Goethe, sei ganz in die Hände des Kurfürsten gelegt worden, doch deutete er an, daß es für Caroline Hoffnung geben mochte.

Es gab mehr als nur einen Grund für Goethes melancholische Erstarrung in der letzten Phase der Belagerung. Kurz nach deren Beginn hatte er erfahren, daß am 26. Juni Moritz von seiner chronischen Tuberkulose gefällt worden war – fast seine letzte Handlung auf Erden war gewesen, mit Vergnügen das Geschenkexemplar des *Bürgergenerals* zu lesen. Seine so exzentrisch erwählte Ehefrau – ihrerseits schon mit der Krankheit infiziert, an der sie nur zwei Jahre später sterben sollte – kam zu ihm zurück, um ihn auf seinem Sterbelager zu pflegen. Mit ihm verlor Goethe nicht nur einen seiner treuesten, hellsichtigsten und einflußreichsten Jünger – «einen guten *Gesellen*», wie er mit einem freimaurerischen Ausdruck sagte –, sondern auch den Vertrauten der nun so unendlich fernen, glücklichsten Tage seines Lebens in ihrer römischen Hausakademie. Und noch ein anderer Todesfall, aus noch früherer Zeit auftauchend, suchte ihn in diesem grausigen Sommer heim. Als er noch in Frankfurt war, hatte er tiefbewegt die Briefe seiner an einer tödlichen Krankheit leidenden 16jährigen Nichte Julie Schlosser an seine Mutter gelesen. Julies Geburt hatte 1777 Cornelia das Leben gekostet, und jetzt hielt sie ihn davon ab, das Jacobi gegebene Versprechen einzulösen und rheinaufwärts zu fahren, um Schlosser zu besuchen: «es wäre mir entsetzlich meine Schwester zum zweyten mal sterben zu sehen». Um den 9. Juli erfuhr er jedoch aus Frankfurt, daß Julie am 5. gestorben war. Sogleich schrieb er Schlosser und regte an, sich so bald als möglich in Mannheim oder Heidelberg zu treffen; und wie sechzehn Jahre zuvor, bekam sein Verhalten zeitweilig wahnhafte Züge. Uneingedenk des Versprechens, das er Christiane gegeben hatte, und eher wie der Kanonier, den er gleichmütig Blindgänger entschärfen sah, gesellte er sich zu den Offizieren, die unter französischem Feuer in den Parallelgräben auf und ab ritten. Zusammen mit Gore und Kraus besuchte er eines der verwüsteten Dörfer, wo er im Schutz des Beinhauses über den Friedhof hinweg einen Blick auf die französischen Linien werfen und zusehen konnte, wie die Kanonen- und Gewehrkugeln den Staub aufwirbelten, ehe sie die Mauern trafen, oder durch das zersplitternde Dach hereinpfiffen. Am 16. Juli spät nachts beobachtete dieselbe kleine Gruppe aus vorsichtiger Entfernung eine gewagte, blutige und erfolgreiche Kavallerieattacke auf das Vorwerk einer der Schanzen vor der Stadt; den sie umgebenden Wall bildeten die einstigen Gärten des Schlosses Favorite. (Mit dem Ausruf «Ça n'ira pas» überwand Prinz Louis Ferdinand als erster die Brüstung, wurde aber von einer Muskete verwundet und hatte am weiteren Gang des Feldzugs keinen Anteil mehr.) Nachdem das Vorwerk zerstört war, konnte die dritte Parallele vollendet werden, die Schanze selbst wurde in ein oder zwei Tagen genommen, und in ihren Trümmern kauernd, erblickte Goethe auf der nur ein paar hundert Meter entfernten Stadtmauer die Mündungen französischer Geschütze und erlebte wieder das «Kanonenfieber» von Valmy, einen Zustand, «wo man sich, die Angst zu übertäuben, jeder Vernichtung aussetzte».

Goethes andere Waffe gegen den Stupor war, seine Gedanken ganz und gar abzuwenden. Er konnte viel regelmäßiger mit Weimar korrespondieren als 1792 und blieb dadurch mit allen wichtigen Zweigen seiner Existenz, mit seinem Haus und seinen Amtspflichten in Kontakt, doch hatte er auch erzwungene, freilich nicht ungestörte und überhitzte Mußestunden, in denen er über jene nachdenken konnte. Als das persönliche Bindeglied zwischen Carl August und seiner Verwaltung hatte er einige diplomatische Alltagsgeschäfte; so mußte er Weimar der Aufrichtigkeit und der friedlichen Absichten des Herzogs versichern und wilde Gerüchte von einer Niederlage aus der Welt schaffen; aber auch für einige langfristige Angelegenheiten war der Sommer 1793 eine kritische Zeit. Besonders die Ilmenauer Werke standen an einem entscheidenden Punkt. Nachdem genügend Pumpen installiert worden waren, um die Schächte trocken zu halten, auch wenn sie im Winter unter Wasser standen, wurden schöne Fortschritte erzielt: Im September 1792, als Goethe in Verdun war, war man in gut 200 Meter Tiefe auf ein erzhaltiges Flöz gestoßen. Die nächsten Schritte waren die Errichtung eines Hochofens – für den die Steine der Ilmenauer Schloßruine Verwendung fanden – und die Einstellung eines Schmelzermeisters. Knebels Neugier war so groß, daß er nicht abseits stehen konnte, und so lenkte er sich vom sinkenden Glücksstern der Revolution ab, indem er über Tage das Erz zerkleinern und waschen half. Der jüngere Voigt, «ganz toll vor Hoffnungen», nahm eine kleine Probe zu einem sächsischen Hochofen mit und erhielt einige sehr vielversprechende Resultate. In Mainz weilend, konnte Goethe natürlich nur von ferne ermutigen und die Werbemaßnahmen für den Herbst planen; ihm war klar, daß die Hälfte der Anteilseigner über Nacht abspringen würden, wenn der Mineralgehalt sich als zu niedrig erwies. In einer anderen Sache hingegen konnte er schon jetzt mehr tun; denn sie erheischte die schonende Vorbereitung Carl Augusts. Professor Batsch hatte in seinen Botanikvorlesungen mittlerweile sechzig Studenten, aber fast keine Pflanzen, um sie ihnen vorzuführen; Goethes Schützling Dietrich wünschte sich eine wissenschaftlich interessantere Arbeit als das Gärtnern im Park an der Ilm und am Belvedere, und Batsch war darauf aus, ihn zum Assistenten zu gewinnen; mehr denn je zuvor schien es notwendig, konkrete Pläne für ein botanisches Institut in den alten herzoglichen Gärten in Jena zu machen, welche aber unglücklicherweise zu lebenslänglichem Nießbrauch einem pensionierten Obergärtner überlassen worden waren, der nach den Worten Voigts keine Anstalten machte, «ad Orcum abzugehen». Goethe würde also den Herzog zu diesem ungeschickten Zeitpunkt zu einer Geldausgabe überreden müssen: «Ich wollte daß ich dem guten Batsch den Betrag von ein paar Hundert unnütz verschossnen Canonen Ladungen übermachen könnte», seufzte Goethe. Doch Jena verdiente die Beachtung, die er der Stadt damals schenkte. Den Enttäuschungen des vergangenen Jahres mußte die Weimarer Regierung positive Zeichen entgegensetzen, daß sie, wo schon – vorerst – nicht an Verwaltungsreformen, so doch am intellektuellen Fortschritt interessiert war. Batsch war dabei, eine Naturwissenschaftliche Gesellschaft zu gründen, deren Ehrenmitglied Goethe werden sollte. Göttling, dessen Chemie in Goethes Farbenlehre eine Rolle zu spielen begann, tat einen bedeutenden Schritt mit der Gründung eines pharmazeutischen Instituts, das die Ausbildung von Apothekern zu einer Sache der Universität machen würde. Und im Bereich der Philosophie stand eine Entscheidung von größter Tragweite bevor. Reinhold, dessen Ruf nur jenem Kants nachstand und der bis zu 600 Hörer in seine Vorlesungen lockte, stand im Begriffe, das Angebot einer Professur in Kiel anzunehmen; er würde dort eine höhere Besoldung bekommen, als Jena sie bieten konnte, und weniger auf Vorlesungsgebühren und damit auf seine Gesundheit angewiesen sein. Goethe und Voigt war es von Anfang an nicht zweifelhaft, daß sie Reinhold durch einen Mann ersetzen wollten, der «das Kantische Evangelium fortsetzen» konnte, obgleich Goethe mit seiner gewichtigsten Ex-Kammerpräsidenten-Miene hinzufügte, daß hoffnungsvolle junge Männer in neuen Fächern nicht nur die Universität auf der Höhe der Zeit hielten, sondern auch den Vorteil hatten, billig zu kommen: «Mit der Kantischen Lehre wird es gehn wie mit Modefabrickwaaren, die ersten werden am theuersten bezahlt, nachher macht man sie überall nach und sie sind leichter zu kaufen.» Voigt, dessen Haus neu tapeziert wurde, nahm eine Weile Urlaub von seinem überfrachteten Schreibtisch, um den größeren Teil des Julis in Jena zu verbringen, wo er spazierenging, Mineralwasser aus Flaschen trank und die Freuden eines ungezwungenen Forschens und gelehrten Konversierens entdeckte, wobei er die Ohren spitzte, um etwelchen akademischen Klatsch an Goethe weitermelden zu können. Jena hatte viel zu bieten, und Voigt äußerte lebhaft die Absicht, wiederzukommen: Bei einer Gesellschaft bei Reinhold habe er nicht nur Schiller gesprochen, sondern auch Paulus (bereits der Verleger von Schellings erstem Artikel), Batsch, Göttling, den Makrobiotiker Hufeland, diverse Jenenser Kantianer, darunter wahrscheinlich Friedrich Immanuel Niethammer (1766–1848), einen früheren Zögling des Tübinger Stifts, und F. C. Forberg (1770–1848), sowie diverse Emigrierte und Besucher wie zum Beispiel J. I. Baggesen, «Lavaters Freund, der nach Zürich reiset ... ein dänisches Bullenbeißergesicht, worin viele Gutheit eingezeichnet ist». Baggesen wohnte bei Reinhold: An jenem Morgen hatte er Schiller seine Aufwartung gemacht, um ihn seine neue Fassung der «Götter Griechenlands» vorlesen zu hören: «Wir legten einander unser Glaubensbekenntnis ab. Er A[theist], ich th[eistisch] durch Glauben.» (Ein so gefährliches Geständnis durfte man selbst einem privaten Tagebuch nur verschlüsselt anvertrauen.) Sprache und Problematik von Kants *Religion innerhalb der Grenzen der bloßen Vernunft* waren in aller Intellektuellen Munde – Schiller hatte soeben seine Antwort darauf fertiggestellt, die Abhandlung *Über Anmut und Würde* –, und vermutlich im Rahmen solcher Party-Unterhaltungen hörte Voigt davon reden, daß «der Verfasser der Kritik der Offenbarung, (die man anfänglich allgemein Kanten selbst zuschrieb,) der M[agister] Fichte, der itzt nach der Schweiz auf Reisen ist», für Jena «wohl um ein mäßiges Zuschußquantum als Professor extraordinarius zu haben» sei. Ausnahmsweise bewies Goethe bei seinem Mäzenatentum Sinn für wahre Qualität. Er war bereit, auf Reinhold zu verzichten, aber: «Auf Magister Fichte haben Sie ja ein Auge», wie er Voigt zurückschrieb.

Goethe war – was einen guten Teil seiner Einzigartigkeit ausmacht – kein Freund der Tendenz in Kants Abhandlung über die Religion, mochte das Buch bei der jüngeren Generation auch noch so populär sein. Ein nicht umgedeutetes Christentum war eine ehrliche Absurdität, die man ehrlich und ohne öffentliches Gerede ablehnen konnte. Was Goethe verabscheute, war der Geist des Kompromisses mit der eingeführten Unvernunft, der feige Verzicht darauf, seinen eigenen Weg zu gehen, die Existenz jener Krebse mit nacktem Hintern, die sich mit ihrer Verwundbarkeit in den leeren Muscheln einzurichten suchten, die eine frühere Generation hinter sich gelassen hatte – er verabscheute in der Tat den Geist jener alternativen deutschen Revolution, die in dem Maße an Impetus gewann, wie ihr französisches Pendant immer mörderischer wurde. Er und Carl August waren die einzigen prominenten Gestalten im preußischen Lager gewesen, die das Gesicht verzogen, als der König die Stiftung eines neuen Militärordens mit der Inschrift «Verdienst um den Staat» bekannt gab: warum die Sansculotten bekämpfen, wenn man bereit war, in ihre Hosen zu schlüpfen? Vielleicht fiel Goethes Feindschaft gegen den geistigen und religiösen Kompromiß darum so besonders vehement aus, weil er in den vergangenen achtzehn Jahren und besonders seit seiner Rückkehr aus Rom unter Schmerzen gelernt hatte, daß ein freier Geist sich nur selbst zerstörte, wenn er den Kompromiß in seiner sozialen und politischen Form ablehnte. (Das bewies – für den, der vor den Mauern des rauchenden Mainz saß – zur Genüge der traurige Niedergang Georg Forsters, der doch einst ein integrer Mann gewesen war.) Der Kant, der *Die Religion innerhalb der Grenzen der bloßen Vernunft* geschrieben hatte, dünkte Goethe nicht besser als der Lavater, den er jüngst in der Privatheit seiner venezianischen *Epigramme* angeprangert hatte: Ob man von der Vernunft oder vom Unsinn ausging – der Kompromiß zwischen beidem kam auf dasselbe heraus. Lavater, unterwegs nach Dänemark, um Berichten von himmlischen Offenbarungen in Kopenhagen auf den Grund zu gehen, war kürzlich durch Weimar gekommen, wo er mit Reinhold über Philosophie diskutiert und einen Vergleich zwischen Goethe («eins der größten Produkte der Natur») und Schiller («der Erste und Größte in Darstellung der Moralität und Immoralität») angestellt hatte. Goethe dankte seinem «Genius», daß er dem «Propheten» nicht begegnet war:

> Wo sich dieses Gezücht hinwendet, kann man immer voraus wissen. Auf Gewalt, Rang, Geld, Einfluß, Talent pp. ist ihre Nase wie eine Wünschelrute gerichtet. Er hofiert der herrschenden Philosophie schon lange. Dagegen hat aber auch Kant seinen philosophischen Mantel, nachdem er ein langes Menschenleben gebraucht hat, ihn von mancherlei sudelhaften Vorurteilen zu reinigen, freventlich mit dem Schandfleck des radikalen Bösen beschlabbert, damit doch auch Christen herbeigelockt werden, den Saum zu küssen. Denn so ist es beschaffen, so wird es bleiben, und also – [Anspielung auf den Schluß von *Reineke Fuchs*].

Als Goethe dem Superintendenten Herder diese Worte schrieb, mag er von Kants Abhandlung nur den Teil gekannt haben, der in der *Berlinischen Monatsschrift* erschienen war und sich auf das radikal Böse bezog. Es ist verständlich, daß er sich irritiert fühlte; denn zum einen hatte er sich selbst niemals als sündigen Menschen denken können – «Der Theologe befreit dich von der Sünde, die er selbst erfunden hat», schrieb er damals in *Breme von Bremenfeld* –, und zum anderen war das Insistieren auf dem radikal Bösen im Menschen für gewöhnlich der Auftakt zum Angebot des Sühneopfers durch den unerträglich brüderlichen Christus. Goethe witterte Heuchelei in der intellektuellen Atmosphäre, und das, was er von Kants Buch über die Religion kannte oder mutmaßte, ließ ihn ungeachtet seiner Sympathie für die erste und dritte Kritik skeptische Distanz zum Kantischen System wahren.

Goethes Farbenlehre jedoch, auf die er so viel Gedankenarbeit verwendete, während der Granatenhagel weiterging, war bis zu einem Punkt gediehen, wo Hilfestellung durch die neue Philosophie der Subjektivität unabdingbar wurde. Während der frühere praktische Arzt Marat in Paris die bittersüßen Früchte der Macht genoß, die ihm seine neue politische Karriere beschert hatte, studierte Goethe in Mainz aufmerksam das Werk über Optik, das Marat zwischen 1779 und 1784 vorgelegt hatte. (Es mag wie eine Geste bewußter Mißachtung für die Leidenschaften des Augenblicks wirken – Goethe hingegeben an das, was im Werk dieses Revolutionärs wahrhaft universal und bleibend war –, aber vielleicht war es auch eine Andeutung von Solidarität: die Anspielung darauf, daß Goethe mehr mit Marat und Forster gemein hatte, als seine Präsenz in der Armee der Alliierten zu besagen schien.) Zwei Tage nach der Ermordung Marats stellte Goethe einen tabellarischen Vergleich zwischen Marats Auffassungen zur Farbe, der seinen und Newtons an. Die Spalte in dieser Tabelle, die Goethes Theorie zusammenfaßt, ist der programmatische Kulminationspunkt jener «realistisch-objektiven Erklärungsweise», die nicht-newtonisch, aber ebenso mechanisch wie jene Newtons ist und noch in dem etwa zu derselben Zeit vollendeten Versuch «Von den farbigen Schatten» vorherrscht:

> Das Licht ist das einfachste, unzerlegteste, homogenste Wesen, das wir kennen. Es ist nicht zusammengesetzt. ... Inflexion, Refraktion, Reflexion sind drei Bedingungen, unter denen wir oft apparente Farben [= Spektralfarben] erblicken, aber ... alle drei Bedingungen können ohne Farberscheinung existieren. Es gibt noch andere Bedingungen, die sogar bedeutender sind, als zum Beispiel die *Mäßigung des Lichts*, die *Wechselwirkung* des Lichts auf die Schatten ... Die Farben werden *an* dem Lichte erregt, nicht *aus* dem Lichte entwickelt.

Doch als Goethe im Juni und Juli zu eruieren versuchte, wie Farben durch «Mäßigung des Lichts» hervorgerufen werden könnten – um zu beweisen, daß die Lichtbrechung nicht die besondere Bedeutung verdiente, die Newton ihr zuschrieb –, kam er in Schwierigkeiten. Bei der Aufzählung von Faktoren, die die Intensität von rein weißem Licht verringern konnten, berücksichtigte er zum ersten Male – neben Reflexion, Verbrennung, Interferenz einer zweiten Lichtquelle und Einschränkung des beleuchteten Feldes – die Wirkung durch «halbdurchsichtige, durchscheinende Körper» oder «trübe Medien» wie getrübtes Glas, Seifenlösungen, Opale oder die «Hand eines Todten», die Farben hervorrufen konnten, ohne selbst farbig zu sein. Aber während Goethe sich vorstellen konnte, daß Licht beim Durchgang durch ein sich allmählich eintrübendes transparentes Medium wie Glas oder Wasser gelber und endlich rötlich wurde, konnte er sich einen analogen Übergang von reiner Durchsichtigkeit zu Blau nicht vorstellen. An dieser

Stelle macht er in seinem Schema einfach ein Fragezeichen. Eine Lösung des Problems war in einer Anregung zur Hand, die er den Werken des Jesuiten und Universalgelehrten Athanasius Kircher (1601–1680) entnahm und damals unter allerlei Einschränkungen in den Versuch über farbige Schatten einführte: daß so, wie wir einen gelben Schatten «getrübtes Licht» (*lumen opacatum*) nennen können, ein blauer Schatten umgekehrt die Bezeichnung «erhellte Dunkelheit» (*umbra illuminata*) verdient. Aber ihm war unklar, wie man diese Gleichung im Falle farbiger Körper, nicht farbiger Schatten anwenden konnte; denn man konnte wohl von Licht sprechen, das durch ein halbdurchsichiges Medium ging und eine Gelbfärbung erzeugte; aber man konnte kaum, wie die Symmetrie es erfordern würde, von einer durchscheinenden Finsternis sprechen, die eine Blaufärbung erzeugte, auch wenn es Beispiele für eine derartige Erscheinung gab. Die Lösung, die Goethe später einführte, bestand in der These, daß Gelb erschien, wenn Licht durch ein trübes Medium *vom Auge gesehen* wurde, und Blau, wenn Dunkelheit durch ein solches Medium *vom Auge gesehen* wurde. Indem Goethe die Chromatik nicht länger als eine Wissenschaft behandelte, die es in erster Linie mit dem Verhalten hypothetischer «Strahlen» zu tun hatte, ja sogar ganz auf die Verwendung des Newtonschen Begriffs des «Strahls» verzichtete und statt dessen die Chromatik als Wissenschaft vom menschlichen Sehen behandelte, umging er die Absurdität, scheinbar von «Strahlen der Dunkelheit» zu sprechen, und behielt doch den komplementären Gegensatz von Blau und Gelb bei. Diese Lösung zwang Goethe jedoch zu dem Eingeständnis, daß er Farbe nicht einfach unter Bezug auf reines Licht und die «an ihm erregten» physikalischen Zustände erklären konnte, sondern immer auch das die Farbe wahrnehmende menschliche Auge in Betracht ziehen mußte. Vielleicht hat er im April oder Mai 1793 sogar eine handschriftliche Abhandlung von Hemsterhuis über Optik gelesen, die ihm Fürstin Gallitzin geschickt hatte; darin wurde betont, daß die Newtonsche Physik prinzipiell nur die Hälfte von dem erklären könne, was wir den «Gesichtssinn» nennen: unabdingbar war auch die konstruktive Mitwirkung der Seele. Aber in dem folgenden Sommer war Goethe noch immer nicht so weit, diesen Schritt in die Subjektivität zu tun, und seine Theorie der Farbe als eines «gemäßigten Lichts» blieb ein Torso.

Den Anstoß zur Veränderung gab Christiane, Goethes neuer Lebensmittelpunkt. Die beiden schrieben einander mindestens einmal die Woche – ein wahrer Luxus, verglichen mit den langen Pausen während der Kampagne vom vergangenen Herbst –, doch muß Goethe bald den Unterschied zwischen den beiden Hälften ihrer ersten vollständigen Korrespondenz seit drei Jahren gewahr geworden sein. Seine eigenen Briefe waren für gewöhnlich kurz; sie enthielten verständlicherweise wenig militärische Informationen – Christiane wußte weder, wo Mainz lag, noch, weswegen es wichtig sein mochte –, aber auch wenig über seinen Alltag: Der war seinem eigenen Eingeständnis zufolge langweilig, wenn er nicht zu beunruhigend oder zu unerfreulich für eine Beschreibung war. Er sah auch keinen Sinn darin, auf seine naturwissenschaftliche oder literarische Tätigkeit einzugehen, und konzentrierte sich statt dessen auf die wenigen Punkte des seelischen Kontaktes mit dem Weimarer Haushalt: Berichte von Stoffen und Bettzeug, das durch seine Mutter geschickt werde, Versicherungen über seine Ungefährdetheit, Worte der Ermutigung, als das Haus endlich in Ordnung gebracht war, und wiederholte Liebesbekundungen gegen Mutter und Kind. Obwohl es Christiane war, die seine Aufmerksamkeit auf den bevorstehenden Verkauf des kleinen Häuschens neben dem ihren am Frauenplan lenkte, unternahm Goethe den (erfolglosen) Versuch, um das Haus mitzubieten, nicht durch sie, sondern durch Voigt und Seidel, ein schlimmer Fehler, denn der Weber, der es kaufte, stellte dort seine Webstühle auf, deren Lärm ihm sein ganzes Leben lang quälend in Erinnerung bleiben sollte. Christiane ihrerseits schrieb dagegen ausführlich, in unbekümmert-provinzieller phonetischer Rechtschreibung, von allen Aspekten ihrer häuslichen Angelegenheiten: vom Leben, das sich in ihr regte, von ihren geschwollenen Beinen, von der als Besorgtheit getarnten Neugierde ihrer Freundinnen (kleinen Beamtengattinnen), von ihrem sehnlichen Wunsch, daß Goethe rechtzeitig zur Entbindung wieder zurück sein möge, von den Fortschritten der Tapezierer und Möbeltischler, von der Arbeit, seine Schränke aufzuräumen, davon, daß sie für Meyer «fast alle 8 Tage waschen» müsse, weil er soviel Zeit bei der Herzoginmutter in Tiefurt verbringe –»Denn das kann ich nicht leiden, wenn die Wäsche nicht ordentlich ist» –, von den Klängen einer Musikkapelle, die über die Gartenmauer hergeweht kamen. Ein ganzer Sommer verging in ihren Briefen, während Goethe vor Mainz festgebannt blieb: Kurz nachdem er Weimar verlassen hatte, gab es eine Tragödie mit ihren mühsam gezogenen und gegossenen Gurkensamen, die alle den Gärtnern zum Opfer fielen, die zum Spargelsetzen gekommen waren, doch hatte sie neue angesät, die vielleicht doch eine späte Ernte verhießen; bei dem kalten Wetter blieb alles zurück, aber endlich kam doch das Getreide, die Rosen blühten, die Kirschen wurden reif, und zum Abendbrot konnte sie meistens draußen sitzen; dann war das Sommergemüse so weit, die ersten Kirschkuchen wurden gebacken, es wurde Zeit zum Einmachen, und die Weinernte sah trotz allem gut aus: den «Wein, den hoffe [ich], sollst Du selbst noch am Stocke sehen.» Neues kam und ging: Sie beschloß, sich Gänse und Hühner zuzulegen, und hatte «meine Freude so an dem Wesen», und August, der große Freude an Tieren hatte, bekam ein Eichhörnchen an einer Kette geschenkt, aber eines Nachts machte es sich los und war verschwunden, und er weinte den ganzen Morgen. Er veränderte sich auch: «der sieht ganz anders aus, viel hübscher, mir kömmt es vor, er sehe Dir sehr ähnlich»; er hatte angefangen, sich sein «abc buch» vorzunehmen, «daß ich auch was kann, wenn der liebe Vater wiederkömmt.» «Wenn ich mir einen recht vergnügten Augenblick machen will», schrieb Christiane, «denke ich mir Deine Ankunft und erzähle meinem Bübchen, wie mir uns freuen wollen, und das gute

Thierchen freut sich mit» – und hoffte, der Vater werde ihm «einen Säbel und eine Flinte» mitbringen. Aber würde er – wie Christiane hoffte – vor dem Herbst zurückkommen, um mit ihr ein paar letzte Sonnentage auf der Veranda des Gartenhauses an der Ilm zu genießen? Fritz von Stein, im Begriffe stehend, Jena zu verlassen und eine neue Handelsakademie in Hamburg zu besuchen, glaubte daran nicht und verabschiedete sich brieflich. Als der Juli vorbeiging, muß Goethe darüber nachgesonnen haben, daß er und Christiane, seit sie im Winter 1789 ins Jägerhaus gezogen waren, nur ein einziges Mal seinen Geburtstag zusammen verbracht hatten. Manchmal trat in seinen Briefen hervor, daß er sich der Unterschiedlichkeit ihrer Lebenseinstellung bewußt war, verbunden mit einer neuen Festigkeit in seiner Gewißheit, daß sie zusammengehörten. Er beschrieb ihr, wie «die Stadt ... nach und nach vor unsern Augen verbrennt»:

> Die Kirchen, die Thürme, die ganzen Gassen und Quartiere eins nach dem andern im Feuer aufgeht. Wenn ich dir einmal davon erzähle wirst du kaum glauben daß so etwas geschehen könne. Tröste dich ja über deine Gurcken und sorge recht schön für alles, du machst mir recht viel Freude dadurch. Wir wollen ja an einander fest halten, denn wir fänden es doch nicht besser ... Das Gute in der Welt ist viel schmäler gesät als man denckt, was man hat muß man halten.

In der dritten Juliwoche schrieb Goethe ein Gedicht, sein erstes Gedicht über zwischenmenschliche Beziehungen seit den *Römischen Elegien* und in gewisser Weise das erste Gedicht seiner Mannesjahre. Er hatte sich vielleicht gedanklich darauf eingestimmt, als er zu einem Stück Literatur zurückgekehrt war, das ihn seit Jahren begleitete, und um dieselbe Zeit eine Hexameterübersetzung jener Episode aus der *Odyssee* unternahm, in der der Überwinder der Städte durch den gepflegtesten der Gärten geht, um den Vater der Nausikaa um seine Gastfreundschaft zu bitten. In dem fertigen Gedicht, einer Elegie, hat die Frau, die stumme Andere der *Römischen Elegien*, ihre Stimme, wie in der überarbeiteten Fassung von «An den Mond», aber der Kontrapunkt von Mann und Frau ist nicht mehr einfach in den verschiedenen Ebenen des sich entfaltenden Gedichts enthalten. Auch der Mann spricht, aber noch nie seit Götz von Berlichingen oder Fausts Gespräch mit Gretchen über die Religion hatte Goethe einen Dialog zwischen so ebenbürtigen Partnern geschrieben. Kein gespensterhaftes Bewußtsein im Hintergrund billigt den einen vor dem anderen Standpunkt: Weder hören wir, wie in «An den Mond», die Klage einer Frau um ihren Verlust (obgleich Verlust eines der Themen ist), noch erleben wir, wie in den *Elegien*, das selbstbewußte Trachten eines Mannes nach einem unnennbaren Besitz (obgleich die Form die eines humorvollen Erotikons ist). Noch auch verkürzt sich das Gedicht, wie viele *Epigramme*, auf eine müde oder materialistische Meinung zu den Fakten des animalischen Lebens. Die beiden Sprecher teilen weder Körper noch Dinge noch Umstände miteinander, sondern eine Erfahrung – zwangsläufig die des Mannes oder die der Frau, aber für beide die Erfahrung von etwas, das von ihnen unabhängig ist: das Verrinnen der Zeit.

Dieses letztlich objektive Element in aller Erfahrung erscheint hier als das Produkt (vielleicht sogar die Bedingung) des sexuell bestimmten Unterschiedes zwischen Subjektivitäten. Die Trennung, für «ihn» eine kurze Unterbrechung physischer Erfüllungen, ist für «sie» eine ganze Periode von Geburt, Wachstum – und Altern. Das ist eine transzendentale Ästhetik, die vom Unterschied weiß zwischen Mann und Frau:

Das Wiedersehn

Er.

Süße Freundin, noch einen, nur einen Kuß noch gewähre
  Diesen Lippen! Warum bist du mir heute so karg?
Gestern blühte der Baum wie heute; wir wechselten Küsse
  Tausendfältig; dem Schwarm Bienen verglichst du sie ja,
Wie sie den Blüten sich nahn und saugen, schweben und wieder
  Saugen, und lieblicher Ton süßen Genusses erschallt.
Alle noch üben das holde Geschäft. Und wäre der Frühling
  Uns vorübergeflohn, eh' sich die Blüte zerstreut?

Sie.

Träume, lieblicher Freund, nur immer! rede von gestern!
  Gerne hör' ich dich an, drücke dich redlich ans Herz.
Gestern, sagst du? – Es war, ich weiß, ein köstliches Gestern;
  Worte verklangen im Wort, Küsse verdrängten den Kuß.
Schmerzlich war's am Abend zu scheiden, und traurig die lange
  Nacht von gestern auf heut', die den Getrennten gebot.
Doch der Morgen ist wieder erschienen. Ach, daß mir indessen
  Leider zehnmal der Baum Blüten und Früchte gebracht!

Mit seiner Thematik von Zeit und Subjektivität, dem Fehlen einer beherrschenden Zentralperspektive und seiner sexuellen Reife ist dieses Gedicht das erste literarische Werk Goethes, das wir eindeutig seiner späteren Periode zuordnen können; ja, obwohl seine Motive traditionell sein mögen, bezeichnet es eine Rückkehr zur Literatur, die weit entscheidender, weil weit origineller und entwicklungsfähiger ist als *Der Bürgergeneral*, *Breme von Bremenfeld* oder *Reineke Fuchs*. Es ist anzunehmen, daß etwas von diesem Neuanfang in dem Schema einer Überarbeitung des *Wilhelm Meister* sichtbar gewesen wäre, das Goethe wahrscheinlich um diese Zeit entworfen hat, das jedoch nicht erhalten geblieben ist.

Als Goethe sein «räthselhaft Gedicht» am 19. Juli Jacobi schickte, war sein eigenes Wiedersehen mit Christiane näher, als er erwartete. Es hatten bereits vorsichtige Kapitulationsverhandlungen begonnen. Die französische Garnison – von allen Neuigkeiten abgeschnitten, sogar in Unkenntnis darüber, ob die französische Republik noch existierte, und darauf angewiesen, Flaschen aus dem Rhein zu fischen, in der Hoffnung, sie möchten irgendeine

Botschaft enthalten – hatte noch für eine Woche Fourage für die Pferde, ohne die ihre Artillerie unbeweglich war. Die Lage mag nicht verzweifelt gewesen sein, aber es bestand keine Aussicht auf Entsatz, und die Kapitulation versprach, eine ganze Armee vor der Gefangenschaft zu bewahren. Vielleicht noch bedeutsamer war, daß die beiden politischen Kommissare in Mainz darauf brannten, nach Paris zurückzukommen und als prominente Königsmörder darauf aus waren, eine militärische Niederlage zu vermeiden, die sie entweder den Alliierten auslieferte oder dafür sorgte, daß sie das Schicksal Custines teilten, der, bereits unter Verdacht stehend, Ende August wegen unpatriotischer Unfähigkeit geköpft worden war. Die fraternisierenden Gesten zwischen Franzosen und Preußen, die beim Rückzug von Verdun begonnen hatten, hörten während der ganzen Belagerung nicht auf, und Friedrich Wilhelm zeigte sich den französischen Forderungen überraschend zugänglich. Als die Geschütze verstummten und die Nachricht von den Verhandlungen die Runde machte, rollte die Garnison Weinfässer vor die Stadt, um mit dem Feind von gestern zu feiern, bevor noch am Mittag des 23. Juli die Vereinbarung unterzeichnet war. «Die Letzten Tage», schrieb Goethe am 27. «gehören unter die interessantesten meines Lebens.» Während die Verhandlungen noch im Gange waren, ritt er durch die Parallelen und Kavalleriefallen zur Stadtmauer hinauf und unterhielt sich an der Absperrung an den Stadttoren mit den belagerten und ausgebombten Bürgern. Er wurde nicht hineingelassen, aber Sömmerring, unauffällig und zu Fuß und voller Befürchtungen wegen seines Hauses und seiner naturwissenschaftlichen Geräte, wußte unter dem Schlagbaum durchzuschlüpfen und in der Menge zu verschwinden. Am 24. marschierte eine erste Kolonne von Soldaten und Freiwilligen aus der Stadt, bewaffnet, aber ohne ihre Kanonen, mit wehenden Fahnen und zum Klang der Marseillaise; am 25. folgte eine zweite Kolonne. Beide waren, ohne es zu wissen, auf dem Weg zu den viel blutigeren Schlachtfeldern in der Heimat, in der Vendée. Niemals war Goethe den revolutionären Armeen so nahe gewesen, hatte so genau den Unterschied beobachten können zwischen den nüchternen, kampferprobten und eher älteren uniformierten Linientruppen und den kleinen, schwarzen Freiwilligen – Goethe glaubte, sie kämen aus Marseille –, zerlumpt, scherzend, zum Teil betrunken, viele mit der roten Freiheitsmütze an der Waffe.

Was die Mainzer «Klubisten» betraf, so hatten sie bei der Kapitulation geringe Priorität für die Franzosen. Nachdem sie feierlich erklärt hatten, die Ehre verbiete es ihnen, ihre Anhänger im Stich zu lassen, willigten sie ein, sie dem «Schutz» des preußischen Königs zu unterstellen, das heißt, sie so lange festhalten zu lassen, bis die Geiseln, die die Franzosen schon im Elsaß genommen hatten, freigekommen waren. Am 24. sah Goethe einen der Kollaborateure, der mit den Besatzungstruppen besonders eng zusammengearbeitet hatte, in französischer Uniform mit der ersten Kolonne aus der Stadt reiten: Als die zuschauende Menge ihn erkannte, «schrie das Volck sein *kreuzige*», wurde aber durch die gebieterische Art des französischen Kommissars und durch die preußischen Offiziere zurückgehalten. Diejenigen, die am nächsten Tag zu entkommen versuchten, hatten weniger Glück und wurden aus den französischen Reihen herausgeholt, ohne daß ihre revolutionären Genossen dagegen protestiert hätten. Die Alliierten hatten jedoch darauf gewartet, daß die örtliche Bevölkerung diese Verhaftungen forderte, und stellte die Ordnung nur saumselig wieder her, als der Mob zur Selbstjustiz schritt. Viele wurden brutal zusammengeschlagen und ausgeplündert, doch erlitt niemand die Todesstrafe, wie die Franzosen sie in Verdun gegen ihre eigenen Kollaborateure verhängten. Goethe billigte die Verhaftungen, aber auch die Klugheit der Alliierten, jeden Anschein von offizieller Rache oder Repression zu vermeiden. Wichtig war nur, die Torheit und die Unbeliebtheit der Sache der Klubisten bloßzustellen. «Das Unheil das diese Menschen angestiftet haben ist groß. Daß sie nun von den Franzosen verlassen worden, ist recht der Welt Lauf und mag unruhigem Volck zur Lehre dienen.» Es gibt kein anderweitiges zeitgenössisches Zeugnis für die von Goethe in seinem Bericht über die Belagerung von Mainz erzählte Geschichte, daß er einen der revolutionären Intellektuellen vor dem Gelynchtwerden gerettet und seine Tat dem Maler Gore gegenüber mit den Worten verteidigt habe: «ich will lieber eine Ungerechtigkeit begehen, als Unordnung ertragen», aber die heimliche Sympathie mit einem Angehörigen seiner Klasse gegenüber dem Mob – die er am 24. zweifellos empfand – spricht für die Echtheit des Vorfalls.

Doch das Goethe beherrschende Gefühl war Erleichterung. Seine Aufgabe war getan, und seine militärische Laufbahn war so gut wie beendet: «ich habe meine Gedanken schon ganz weg aus dieser Gegend gewendet, mein Körper wird auch bald folgen.» Zunächst jedoch mußte er die zerstörte Stadt inspizieren, zusammen mit Kraus und Gore sowie Conrad Horny (1764–1807), einem Weimarer Maler, der aus Mainz stammte und von Carl August beauftragt worden war, die Belagerung offiziell im Bild festzuhalten. Am 26. und 27. Juli machten sie eine Reihe melancholischer Besuche an den Orten, die Goethe ein Jahr zuvor gesehen und bewundert hatte. Die Zerstörung, die der Sieg in Mainz bewirkt hatte, verband sich künftig in seinem Geist immer mit dem Schmutz und Elend der Niederlage in Valmy, als den Inbegriffen einer aus den Fugen geratenen Zeit, in der alle Pläne und Gewißheiten seines früheren Lebens ebenso plötzlich wie absurd gescheitert waren. Durch Straßen, in denen sich Schutt und Unrat türmten, weil jede normale städtische Ordnung aufgehört hatte, bahnten sie sich ihren Weg, vorbei an Häusern, die von den Granaten verschont geblieben waren und zwischen denen dann wieder hohläugige Ruinen und brandgeschwärzte, vom Einsturz bedrohte Mauern standen. Der unpersönliche Gestank ausgebrannter Wohnungen und verfaulenden Fleisches umgab sie: Viele waren lebendig begraben worden, als die Kirchen einstürzten. Halb verbrannte Bücher ragten aus dem Schutt. Oft gab es Anzeichen von Plünderungen; schludrige hölzerne Anbauten, ineinandergeschobene und stehengelassene

Kanonen, frischer Kalk und eine halbfertige Backsteinmauer kündeten von der militärischen Besetzung und ihrer plötzlichen Unterbrechung. Das kurfürstliche Schloß war äußerlich intakt, jedoch als Baracke und Lazarett benutzt worden: In den Zimmern stapelten sich verschmutzte Lappen und Bettwäsche, in die Marmor- und Stuckwände waren Haken und Nägel geschlagen worden. Von der herrlichen Dechanei stand nur noch die Säulenvorhalle; Goethe kletterte über Schutthaufen, die einst die Deckengewölbe gewesen waren, und verfing sich mit den Füßen in Drahtgittern, die einst die hohen Fenster gesichert hatten. Unten am Fluß war die Lage der Favorite kaum mehr auszumachen: Die Gärten waren aus der Substanz der abgebrochenen Pavillons zu improvisierten Befestigungen aufgeschüttet worden, deren Herkunft nur noch ein gelegentliches Stück Gesims oder Architrav verriet. Die Universitätsgebäude waren im großen und ganzen unbeschädigt, und hier entdeckte Goethe auch Sömmerring in seinen geplünderten und verwüsteten Zimmern, in denen die Wände vom Boden bis zur Decke mit Unrat besudelt worden waren. Im vorigen August, in einer anderen Welt, hatten sie hier zwei angeregte Abende verbracht, bei Wein und Bier und in Gesellschaft von Menschen, die jetzt zerstreut, gefangen und im Exil waren. Und doch war der Anatom glücklich: Im Keller hatte er seine Instrumente und Präparate unbeschädigt vorgefunden. Hoch oben auf den Zinnen der Zitadelle überblickten die Besucher die Auswirkungen des Geschützhagels, den sie Nacht für Nacht beobachtet hatten, und Gore stellte seine tragbare *camera obscura* auf, um das Panorama in einem Aquarell aufzunehmen.

Nach einigen Tagen eines ziemlich erfolglosen Erholungsversuchs auf der anderen Rheinseite in Wiesbaden reiste Goethe am 2. August mit Götze und seiner Maler-Entourage südwärts nach Mannheim. Hier besuchte er den Rekonvaleszenten Prinz Louis Ferdinand und erbat sich zum letztenmal von Carl August als seinem Kommandanten Urlaub. Die kleine Gesellschaft hatte vor, über Frankfurt heimzureisen, doch zunächst mußte Goethe sein Versprechen wahrmachen und seinen trauernden Schwager in Heidelberg besuchen. Die vier Tage mit Schlosser erwiesen sich als unerwartet angenehm und harmonisch, auch wenn Schlosser skeptisch blieb, was die Durchführbarkeit von Goethes Plan eines großen Gemeinschaftsunternehmens zur Erforschung von Farberscheinungen betraf. «Man fühlt bald daß seine Strenge einen sehr zarten Grund bedeckt», vertraute Goethe Jacobi an; es «ist ein großer Gewinnst für mich, daß wir uns einmal wieder einander genähert haben.» Auch in Frankfurt hatte er vom 8. August an zwei glückliche Wochen «bey alten und neuen Freunden», und wie er sagte, wäre er länger geblieben, hätte er Christiane bei sich gehabt. Gefestigt in seiner Liebe zu ihr und die Ängste des Krieges langsam abschüttelnd, vermochte er etwas von dem Glanz zu erhaschen, den vielleicht das Leben 1775 hätte haben können, wenn er es über sich gebracht hätte, unbeirrt in die Frankfurter Gesellschaft einzuheiraten. Er begönnerte weiter den jungen Gerning, sah ihn fast alle Tage, beriet ihn in seiner Dichtung und seiner Liebesaffäre (für die Goethe eine ungewisse Zukunft voraussah) und fuhr mit ihm für ein Wochenende zu dem Vorstadtgarten, den die Familie der jungen Dame besaß und wo sie alle die Nacht im Sommerhaus verbrachten; Goethe schlief unter lauter Regalen mit Eingemachtem. Er sprach mit Gerning über seine eigenen früheren Werke: Über die Abhandlung «Von deutscher Baukunst» fällte er sogar ein Urteil, das noch drei Jahre zuvor (als er Körner so viele Einsichten über die Bedeutung der «Objektivität» vermittelt hatte) undenkbar gewesen wäre: «man empfände da zu lebhaft und der Gegenstand wäre nicht immer so der obgleich richtigen Empfindung werth». Sömmerring kam für ein oder zwei Tage herüber, und man sprach über trübe Medien und farbige Schatten. Goethe hatte gerade letzte Hand an den Essay gelegt und schickte ihn Lichtenberg in Göttingen, der darum gebeten hatte, über die Fortschritte der neuen Theorie auf dem laufenden gehalten zu werden; doch schon drängten neue Gedanken heran: Es ist anzunehmen, daß Goethe jetzt zum erstenmal die Anatomie des Auges als etwas seinen Interessen Verwandtes sowie die mögliche Rolle von «optischen Täuschungen» beim Farbensehen diskutierte. Man besuchte andere Frankfurter Naturwissenschaftler sowie einige der großen privaten Kunstsammlungen der Stadt, namentlich die des Bankiers Johann Friedrich Städel. Am 16. August erlebte er mit, wie sich für ein anderes Genie jener Ehrgeiz erfüllte, der ihn zwanzig Jahre zuvor undeutlich inspiriert hatte, als er zusammen mit André begonnen hatte, deutsche Singspiele zu schreiben: Er wohnte der Frankfurter Erstaufführung der *Zauberflöte* bei. Es war seine erste Begegnung mit dieser Oper, und am nächsten Abend ging er noch einmal hin.

In diesen entspannenden Tagen begann vieles Neue zu wachsen, besonders vielleicht ein Gefühl für die schöpferischen Möglichkeiten, die sein erwähltes Leben in Weimar bot, wohin es ihn jetzt mit zunehmender Ungeduld zurückzog. Er hatte sogar den Eindruck, daß die viele Zeit, die er mit Carl August im Feld gewesen war, ihren Wert gehabt habe: «Doch will ich mich nicht beklagen, denn ich habe manches interessante erfahren, manches Gute und brauchbare gelernt.» Bevor er Frankfurt verließ, besprach er mit seiner Mutter die Möglichkeit des Verkaufes des Familienhauses, das für sie zumal in Kriegs- und Einquartierungszeiten zunehmend zur Last wurde, und wie er das Kapital in den Kauf von Ländereien im Herzogtum stecken könnte. Wie Görge und Röse war er zu dem Schluß gelangt, daß eine Zeit des Aufruhrs vorzüglich eine Zeit des Bauens und Pflanzens sei. Mit seinen Reisegefährten verließ er Frankfurt am 21. August, da sein Geburtstag herannahte; den Spielzeugsäbel, den er für August hatte anfertigen lassen, nahm er mit. Während er für die zweitägige Reise packte, schrieb er Jacobi:

Mein herumschweifendes Leben und die politische Stimmung aller Menschen treibt mich nach Hause, wo ich einen Kreis um mich ziehen kann, in welchem ausser Lieb und Freundschaft, Kunst und Wissenschaft nichts herein kann.

Werke, 1790–1793

In den drei Jahren nach der Rückkehr aus Venedig schrieb Goethe noch weniger literarisch Verdienstvolles als zwischen 1782 und 1786, wo wenigstens die Arbeit am *Wilhelm Meister* eine gewisse Routine in Gang hielt. Weit davon entfernt, durch seine italienischen Erfahrungen zu neuer Kreativität zu gelangen, scheint er nach der außerordentlichen Anstrengung, die der Abschluß der *Literarischen Schriften* bei Göschen bedeutete, wieder in einen Zustand der Latenz ähnlich jenem verfallen zu sein, der seiner Selbstentdeckung als Schriftsteller 1769 voranging. Und doch schrieb er in diesem Zeitraum, als er manchmal glaubte, überhaupt kein Dichter mehr zu sein, den größeren Teil zweier Prosadramen, die mehr als nur jene beiläufige Kenntnisnahme verdienen, womit die Literaturgeschichte sie gewöhnlich bedenkt. Auf jeden Fall sind sie entschiedener sein eigenes Werk als die Versparaphrase des *Reineke Fuchs*.

Der Groß-Cophta – früher *Die Mystifizierten* – hatte Goethe mit Unterbrechungen seit seinem Besuch bei der Familie Balsamo-Cagliostro in Palermo 1787 beschäftigt, möglicherweise schon seit der Halsbandaffäre von 1785, die das Thema lieferte. Das Stück war die Frucht langen, ergebnislosen Nachdenkens, und die Erwartungen waren hochgespannt, als es 1792 als die erste literarische Publikation Goethes seit den *Gesammelten Schriften* erschien. Huber hegte «die Erwartung, daß die Grenzen der *Kunst* damit ... weiter hinausgerückt sind», wie es eben nur Goethe vermöchte, und Georg Forster «tat einen Sprung vom Stuhl auf, als wäre sein Heiland gekommen», als das Paket mit dem Dedikationsexemplar ausgerechnet am 1. April eintraf. Um so größer war Forsters Enttäuschung:

> hier ist leider alles dahin, was uns sonst an seinen Arbeiten freute; kein Funke Geist, Einbildungskraft, ästhetischen Gefühls ... Ist es möglich, auch dieser Mann hat sich so überleben können? ... Bewahre mich Gott, daß es mir auch so gehen sollte! Lieber in Zeiten aufgehört, als aus der Höhe, wo Goethe stand, so unter alle Mittelmäßigkeit zur leersten Schlaffheit herabgesunken! Ist doch in dem ganzen Stück keine Zeile, die man behalten oder wiederholen möchte, ... kein Dialog, kein Interesse irgendeiner Art.

Die Diktion im *Groß-Cophta* ist in der Tat so flach, theatralisch und unpsychologisch wie in Goethes umgeschriebenen Singspielen, denen aber wenigstens die Verse zugute kommen. Forster hatte auch recht, wenn er eine Diskontinuität zu allem wahrnahm, was Goethe bisher geschrieben hatte: Das Stück wirkt ein wenig wie ein Rückfall in die erste Fassung der *Mitschuldigen*. Aber wahrscheinlich spürte und verwarf Forster auch die heimliche antirevolutionäre Bedeutung der Komödie – und ein Werk, das seine ersten Leser so gründlich befremdete, kann nicht ganz uninteressant sein.

1783 und 1784 war dem Kardinal de Rohan, der die Gunst von Königin Marie Antoinette verloren hatte, von seiner Mätresse, einer Comtesse de La Motte, eingeredet worden, er könne sein politisches Glück wiederherstellen, wenn er der Königin einen besonderen Dienst erweise. Die Comtesse arrangierte ein nächtliches Treffen zwischen dem Kardinal und einer Frau, die sich für Marie Antoinette ausgab und ihm von ihrem Wunsch erzählte, ein diamantenes Halsband von unerhörtem Wert (rund 400 000 Taler) zu erwerben. Er werde sie sehr zu Dank verpflichten, sagte sie dem Kardinal, wenn er bei den Juwelieren als ihr Mittelsmann aufträte, den Kaufvertrag unterzeichnete und die erste Rate bezahlte. Vom Ehrgeiz verblendet, tat der Kardinal, wie ihm gesagt worden war, und das Halsband wurde zur Comtesse de La Motte gebracht, die es auseinanderbrach und die Steine einzeln verkaufte. Als die weiteren Zahlungen an die Juweliere ausblieben, wurde der Kardinal zusammen mit der Comtesse und Cagliostro verhaftet, dessen Rolle in der Affäre unklar war. Der Kardinal und Cagliostro wurden jedoch von jedem Vorwurf freigesprochen, und offiziell schob man alle Schuld der Comtesse zu; sie wurde verurteilt, gebrandmarkt und in die Verbannung geschickt. Doch hielt sich noch lange Zeit das Gerücht, daß bei dem Betrug die Königin selbst die Hand mit im Spiel gehabt habe.

Bei der Dramatisierung dieser Geschichte nahm Goethe drei bedeutsame Veränderungen vor. Erstens bereicherte er die Motive des Kardinals – in dem Stück einfach «der Domherr» genannt – um die persönliche Schwärmerei für die Königin. Die Comtesse de La Motte – hier «die Marquise» geheißen – war nicht mehr seine Mätresse, sondern bekam einen Gemahl, den «Marquis», der ein nicht weniger habgieriger und mittelloser Abenteurer war als sie selbst. Zweitens machte Goethe seine Cagliostro-Figur – hier nur als «der Graf» bekannt – zu einem uneingestandenen, aber bewußten Komplicen der Marquise. Gleichsam mit kollegialer Hilfsbereitschaft zwingt der Graf ihre Nichte, ein Waisenkind vom Land, das der Marquis rasch verführt hat und das später die Königin verkörpern muß, zur Vortäuschung medialer Visionen, die den Domherrn in seinen Hoffnungen bestärken. Drittens führte Goethe einen jungen «Ritter» ein, der kurz in die Nichte verliebt ist, durch Zufall von der Verschwörung erfährt und seine Informationen an die Obrigkeit weitergibt. Im letzten der fünf Auftritte werden alle Beteiligten in der Nacht auf frischer Tat ertappt, als der Domherr, der der Marquise das Halsband verschafft hat, durch ein Stelldichein mit der falschen Königin in einem abgelegenen Garten belohnt werden soll.

Die Halsbandaffäre erlaubte Goethe den Blick in einen «unsittlichen Stadt-, Hof- und Staatsabgrund», und sein Stück war zum Teil zweifellos als Miniaturbild der Korruption in der herrschenden Klasse Frankreichs gedacht, die er im wesentlichen für die Revolution verantwortlich machte. Mit Geld glaubt man im *Groß-Cophta* alles kaufen zu können, sogar die Tugend einer Königin. Die Motive des Marquis – «Geburt, Rang, Gestalt, was sind sie alle gegen das Geld!» – unterscheiden sich in nichts von denen seiner Bediensteten, deren Eilfertigkeit bei der Erledigung von Botengängen ganz von der Größe des Trinkgeldes bestimmt wird. Daß Goethe Eigennamen für seine Personen vermeidet, entspricht nicht nur der notwendigen

Diskretion bei der Darstellung eines korrupten Adels für ein Hoftheater, sondern verrät auch, daß er das von ihm Geschilderte für typisch hielt.

Aber was Goethe von Anfang an an dem Skandal interessierte, und zwar so sehr, daß er fünf Jahre lang den Versuch nicht aufgab, aus ihm eine Oper oder ein Theaterstück zu machen, war nicht die Gelegenheit zu sozialer oder politischer Satire, die er bot, sondern die Figur des Cagliostro. (Goethe sorgte dafür, daß die Einnahmen aus der Produktion des Stückes der Familie Balsamo zugute kamen.) Auch im *Groß-Cophta* besteht nur ein loser Zusammenhang zwischen dem Grafen und dem Motiv der Handlung, dem Diebstahl des Halsbandes: Sein Charakter ist der Grund für die Geschichte, nicht umgekehrt. Ein Schwindler von unerschöpflichem Einfallsreichtum und Selbstbewußtsein, der einige Züge Falstaffs aufweist – wie erinnerlich, ging die neue Weimarer Theaterkompanie kurz nach dem *Groß-Cophta* zu *Heinrich IV.* über –, nimmt der Graf für sich alchemistisches und übernatürliches Wissen in Anspruch. Er hat eine Geheimgesellschaft gegründet, zu deren Mitgliedern der Domherr, die Marquise und der Ritter gehören, und diesen hat er einen Anteil an seinen Kräften versprochen, sobald ein größerer Wundermann als er, der Groß-Cophta, eintreffen wird, um sie ihnen zu verleihen. (Den Titel «Groß-Cophta» hatte Cagliostro selbst für sich beansprucht, als er 1785 in Lyon eine «Ägyptische Loge» gründete.) Als seine kleine Herde, der er einigermaßen erfolglos Fasten- und Abstinenzübungen zu ihrer Disziplinierung auferlegt hat, den Grafen bestürmt, ihnen den Groß-Cophta zu zeigen, veranstaltet er ein prächtig inszeniertes Schauspiel, in dessen Verlauf er ihnen enthüllt, daß er selbst der Groß-Cophta sei, der in Verkleidung zu ihnen gekommen wäre, um ihren Glauben zu prüfen. Die Marquise ist von dieser Schamlosigkeit so beeindruckt, daß sie ihr beinahe Glauben schenkt, doch bald erkennt sie im Grafen einen verwandten Geist: Das stillschweigende Einverständnis zwischen dem Grafen und dem ganz und gar weltlichen, nüchternen, kriminellen Betrug der Marquise ist eine bewußte Anprangerung damaliger deutscher Analogien zu der Geheimniskrämerei des Grafen, sei es die offizielle Freimaurerei beispielsweise eines Bode oder deren Rationalisierung zu dem etwa von Herder vertretenen Glauben an eine «unsichtbare Kirche» rechtschaffener Menschen, die auf ein Ende von Vorurteil und Bedrückung hinarbeiten. «Man zerstöre alle geheime Verbindungen, es entstehe daraus was wolle», schrieb Goethe einen Monat nach der Uraufführung des *Groß-Cophta*, als die Studentenunruhen in Jena begannen. Vielleicht hatte er recht, wenn er eine Verbindung zwischen der Freimaurerei und dem sozialen Niedergang sah, der zur Revolution führte: Georg Forster war Rosenkreuzer. Aber Ende des 18. Jahrhunderts konnte in Deutschland ein Prophet mit dieser Botschaft wenig Ehre einlegen und wenig Gelächter erhoffen.

Eigentliches Thema des *Groß-Cophta* ist jedoch weder die Freimaurerei noch die Korruption im vorrevolutionären Frankreich. Sein Thema ist die Illusion – Illusion freilich in einem tieferen Sinne als all die großen und kleinen, freiwilligen und unfreiwilligen Täuschungen, die alle Charaktere begehen. Wenn Goethe das Stück mit einer Szene ausschmückte, die in einem pseudo-maurerischen Ritual und einem betrügerischen Akt von angeblichem Spiritismus gipfelt, so stützte er sich vielleicht auf Schillers überaus erfolgreiches Romanfragment von 1787/89, *Der Geisterseher*, worin die Künste der Geisterbeschwörung in allen mechanischen Einzelheiten erläutert werden. Wenn dem so ist, folgt er Schiller auch insoweit, als er einen Bogen von den Illusionen des Okkultismus zu denen der Religion und Philosophie schlägt. 1791 schrieb Goethe noch an einigen seiner *Epigramme*, den materialistischsten und antichristlichsten Gedichten seines Lebens, und der Graf ist nicht ohne Züge, die ihn als Karikatur Christi im Geiste dieser Gedichtsammlung erscheinen lassen. Von seinen Jüngern gebeten, ihnen den Groß-Cophta zu zeigen, erklärt er ihnen – «O ihr Blinden! Ihr Hartherzigen!» –, daß, wer *ihn*, den Groß-Cophta gesehen hat. Als ihn im letzten Aufzug die Schweizergardisten herausfordern, sich der Verhaftung und Bestrafung zu entziehen, lehnt er es aus «Langmuth» ab, seine Macht zu demonstrieren, droht ihnen aber, sich später zu offenbaren, wenn er im Triumph zurückkehren wird. Als er sich einer besonderen Nähe zu Gott rühmt, stockt ob dieser Blasphemie sogar der Marquise der Atem. Aber im gleichen Augenblick antwortet der Ritter mit dem Ausruf: «Welch ein erhabener Gedanke!» *Der Groß-Cophta* ist nicht nur eine Polemik gegen die Illusion: Er ist eine Studie über Wesen und Status des Glaubens. Der Graf mag wie Christus ein Betrüger sein – der Glaube, den er lehrt oder zu dem er inspiriert, kann ungeachtet seiner Ursprünge erhaben sein.

Der Graf lehrt einen reinen Sittenkodex als die verborgene Weisheit des ersten (des «Schüler»-) Grades: «Das eigene Beste in dem Besten der andern zu suchen ... Was du willst daß die Menschen für dich tun sollen, das thue für sie.» Dieser Kodex hat den Ritter angezogen, der sich danach sehnt, sein feuriges, großmütiges Herz an einen edlen Zweck zu wenden, und der – wie Goethe? – keine Unterstützung in einer kalten Welt erfährt:

Was wir geben können, will niemand nehmen; wo wir zu wirken streben, will niemand helfen; wir suchen und versuchen und finden uns bald in der Einsamkeit.

In der zentralen Szene des dritten Aufzugs und damit des ganzen Stückes wird der Ritter vom Grafen über die Geheimnisse des zweiten, des «Gehülfen»-Grades examiniert. (1791 hatte C. F. A. Grosse [1768–1847], der als Student kurze Zeit mit der Schwester von Caroline Michaelis-Böhmer verlobt gewesen war, den ersten Band seines prototypischen Schauerromans *Der Genius* veröffentlicht, in dem eine ähnliche Persiflage maurerischer Initiationsriten vorkommt, allerdings unter einer maskierten Gesellschaft in einer unterirdischen Höhle in Spanien.) Auch der Domherr, der diesen Grad bereits erreicht hat, ist zugegen und gibt selbstgefällige Kommentare ab. Zu seinem Entsetzen erfährt der Ritter, daß die Weisheit des zweiten Grades just das Gegenteil der Weisheit des ersten Grades ist – weltlicher Vorteil und skrupellose Ausbeutung anderer: «Was du willst daß die Menschen für dich thun sollen, das thue ihnen nicht.» Der Ritter schickt sich an, dem Orden angewidert für immer den Rücken zu kehren, als der Graf den Domherrn hinausschickt und dem jungen Mann unter vier Augen enthüllt, daß der zweite Grad nur eine Prüfung oder Probe ist, die der Domherr durch sein bereitwilliges Festhalten an den Grundsätzen des Egoismus nicht bestanden hat. Der Ritter aber hat durch seine Reaktion, die wahre Sittlichkeit verrät, die Prüfung bestanden und ist damit in den dritten, den «Meister»-Grad aufgestiegen. Aufgabe der «Meister» ist es, behauptet der Graf, die Anwärter für einen höheren Grad zu prüfen und sie sittlich zu heben, wenn sie sich zunächst als unwürdig erweisen. Der Ritter läßt sich durch diesen neuerlichen Umschwung des Scheins beschwichtigen; aber im vierten Aufzug ist seine Loyalität zum «Groß-Cophta» endgültig dahin, als er entdeckt, daß der Graf an dem Komplott zur Entwendung des Halsbandes beteiligt ist. In tiefer moralischer Trostlosigkeit kehrt er freiwillig zur Weisheit des zweiten Grades zurück und verlegt sich auf den Zynismus der Welt rings um ihn. Es steht ihm frei, den Domherrn privat über das Komplott gegen ihn aufzuklären, was sowohl dem Domherrn als auch der Nichte, die im wesentlichen das unschuldige Opfer einer grausamen Erpressung ist, öffentliche Schande ersparen würde. Statt dessen entschließt sich der Ritter, zur Obrigkeit zu gehen, weil er sich von ihr bleibendere Dankbarkeit und greifbarere Belohnungen als vom Domherrn verspricht. In der sonderbar unharmonischen Schlußszene dieses «Lustspiels» – das damit an ein Shakespearesches «Problemstück» erinnert – wird dieser Rückfall in den Egoismus von der Nichte beklagt, bevor sie sich ins Kloster zurückzieht, und die letzte verzweifelte Einsicht des Ritters – «ich habe nicht recht gehandelt» – wird durch nichts gemildert als durch diese Einsicht selbst.

Die sonderbare moralische Karriere des Ritters wird verständlicher, wenn wir sie mit der nicht minder sonderbaren Wende im moralischen Glück des Domherrn in Verbindung bringen. In den ersten vier Aufzügen ein lächerlicher Esel, ist er die einzige Figur, die aus dem Schluß einigermaßen würdevoll hervorgeht. Seine Liebe zur Königin, die ihn das ganze Abenteuer hindurch leitete, war echt, mochte auch ihr Gegenstand ganz und gar illusorisch, eine Erdichtung der Marquise und des Grafen, sein. Der wirklichen Königin, die in der Geschichte keine Rolle gespielt hat, sendet er, bevor er ins Exil geht, die Botschaft: «Sagen Sie es ihr, wie glücklich mich dieses Phantom gemacht hat.» Die Liebe zu ihr war nicht weniger Liebe, weil die Königin nichts davon wußte, alle Ermutigungen, die diese Liebe erfuhr, betrügerisch waren und alle, die an ihr schmarotzten, heimlich über sie lachten. Das ist die Lehre, die der Ritter aus seiner eigenen Enttäuschung zu ziehen versäumte, weswegen er die Katastrophe herbeiführte: die Lehre, daß es manche Bezirke unserer Erfahrung gibt, in denen sogar ein Phantom Wirklichkeit genug sein kann; und wenn *ein* solcher Bezirk die Liebe ist, so ist ein anderer das Gewissen. Der Ritter erkannte nicht, daß der Altruismus, der anscheinend durch den dritten Grad im Orden des Grafen bekräftigt wurde, in Wahrheit keiner Bekräftigung durch diese oder irgendeine andere Quelle bedurft hätte: Seine eigene Suche nach dem höchsten und großmütigsten Verhalten war der einzige Wertekodex, dessen er bedurfte. Wie Kant sagen würde, suchte er die Bekräftigung durch eine äußerliche, «positive» Offenbarung einer Pflicht, die ihm schon – und allein – durch das Sittengesetz auferlegt war; und als sein Vertrauen in die äußerliche Autorität erschüttert wurde, ließ er sich dadurch unberechtigterweise seinen Glauben an die sittliche Ordnung selbst beeinträchtigen. Religion und Philosophie mögen in den Händen von Schurken – Christus, Lavater, der Graf – sein, und alle Menschen um uns mögen moralisch besudelt sein, aber das Gute – so könnte man Goethe verstehen – hört darum nicht auf, ein erhabener Gedanke zu sein, der unser Verhalten leiten soll. Goethe trifft diese Aussage natürlich auf ironische, ja absurde Art: Die scheinbar ethische Diskussion, die in der Mitte des Stückes stattfindet, ist doch eine wirklich ethische Diskussion, obgleich sie Teil eines Betrugsmanövers ist. Der Ritter wird wirklich geprüft und besteht wirklich die Prüfung, wenn ihm die Lehre der irdischen Weisheit von dem Grafen angeboten wird, der, wie das Publikum aus seinen Monologen weiß, niemals ein Wort von dem meint, was er sagt. Die geheimnisvolle Macht Cagliostros hing für Goethe stets mit dem geheimnisvollen Vorgang zusammen – man denke an den Kredit, Gerüchte, Mode, die Presse –, wie aus einem bloßen Glauben eine reale Wirkung hervorgehen, wie ein «Nichts» erfolgreich für ein «Etwas» durchgehen kann. Das revolutionäre Freiheitsgerede war ein Unsinn, in die Welt gesetzt von einem «Schwindelgeist», der gleichwohl Frankreich in Aufruhr gestürzt und den Frieden seiner Nachbarn gefährdet hatte. Der Graf ist eine Nicht-Entität, aber die Reaktion des Ritters auf ihn ist Wirklichkeit. Im *Groß-Cophta*, mitten in Goethes «realistisch-objektiver» Epoche, finden wir seine umfassendste und vieldeutigste Darstellung jenes «Nichts», das die Subjektivität ist: einerseits reine Illusion, andererseits die einzig wahre Heimat jener Gewißheiten, die der Irregeleitete in der Religion sucht; einerseits Torheit, andererseits die mächtigste und gefährlichste Kraft in einem Zeitalter der Revolution.

Im *Groß-Cophta* ist wie in den *Mitschuldigen* niemand unschuldig. «Für mich hat das Stück kein Interesse», erklärte Frau von Stein Charlotte Schiller: «Nicht einmal den Ritter läßt er ganz rein.» Für uns hingegen ist die Ähnlichkeit mit Goethes frühesten Schriften und damit der Unterschied zu praktisch allem sonst in der Göschen-Ausgabe – der Summe seines halben Lebens – von dem größten Interesse. Es ist, als habe er begonnen, das ganze Gebäude von Grund auf neu aufzuführen. Zwischen 1770 und 1790 hatten es Goethes Gedichte, Stücke und Romane konsequent unternommen, die Darstellung von Dingen und die Darstellung von Gefühlen zu Mustern symbolischer Erfahrung zu verschmelzen, die zugleich subjektiv und objektiv, «ich selbst und nicht selbst» – dieser von Fichte geprägte Begriff läßt sich hierauf anwenden –, persönlich und zeittypisch waren. Im *Groß-Cophta* scheint dieses Ineins zusammengebrochen zu sein. Seine Elemente haben sich voneinander gelöst und polarisiert: Die Gesellschaft besteht aus herzlosen, schablonenhaften Marionetten, während Liebe und Sittlichkeit keinen äußerlichen Ausdruck finden und denn auch nur überleben können, wenn sie sich ganz und gar selbst genügen. Bei aller Konzentration auf die subjektive Illusion verdient kein anderes Drama Goethes so sehr wie dieses, objektiv genannt zu werden: nicht nur, weil es sich weigert, die Perspektive der Charaktere zu teilen, sondern auch, weil es alle unparteiisch behandelt. Eines der Hauptinstrumente, die Goethes frühere Werke zusammenhielten, war die Schaffung eines einzelnen, reinen und dominanten Bewußtseins gewesen, das im Zentrum der fiktionalen Welt stand und auf alle ihre Aspekte reagierte. *Der Groß-Cophta* hat keinen zentralen Charakter, nicht einmal ein zentrales Charakterpaar, keinen Egmont, keine Iphigenie, keinen Götz/Weislingen. Der Graf ist für die Hauptintrige nur eine Randfigur, mehr eine Charakterstudie als eine Figur mit einer Bestimmung: Das Stück ist gewiß nicht um ihn herum gebaut wie *Satyros* um den vergötterten Waldteufel, mit dem er im übrigen eine gewisse Ähnlichkeit hat. Der Ritter, der vielleicht als einzige Figur Anspruch auf sittliche Zentralität erheben könnte, büßt sie im vierten Aufzug ein. Seine Unschlüssigkeit erregt unser Interesse nicht mehr und nicht weniger als die Charaktere, Gefühle und Verblüffungen aller anderen Figuren: die komisch-frechen Anmaßungen des Grafen, die Ruchlosigkeit der Marquise und die Qualen, welche ihre in die Rolle der Komplizin gezwungene Nichte leidet, sogar die Illusionen des Domherrn. Das Stück wird zusammengehalten nicht durch die Perspektive und das Dilemma einer einzigen Person, sondern durch die illusionslose Analyse einer korrupten Gesellschaft, und es gibt keine einzige Figur, deren Weltbild durch den Nachweis bekräftigt oder erschüttert wird, daß alle Mitglieder der Gesellschaft das sind, was Nathan der Weise von den Anhängern der positiven Religion sagt: «betrogene Betrüger». Die Einheit von Subjekt und Objekt, die in Goethes früheren Stücken als die Zentralität eines einzelnen Bewußtseins erschien, ist sogar aus der dramatischen Sprache gewichen. Die Charaktere vermelden ihre Gefühle eher, als daß sie sie ausdrückten, so etwa, wenn die gescheiterte Marquise im letzten Auftritt flüstert:

Wuth und Verdruß kochen mir im Herzen; nur die Furcht vor einem größern Übel hält mich ab ihr Luft zu machen.

Der Dialog ist (mit Verlaub, Forster) eher langweilig als inkompetent; was ihm fehlt, ist das poetische Medium, worin die Gefühle eine symbolische Entsprechung bekämen. Seine Qualitäten sind die einer analytischen Prosa. Der Ritter ist unleugbar eloquent, wenn er die Motive erklärt, die ihn der geheimen Bruderschaft des Grafen in die Arme getrieben haben:

Wer beschreibt die Schmerzen eines verkannten, von allen Seiten zurückgestoßenen menschenfreundlichen Herzens? Wer drückt die langen langsamen Qualen eines Gemüths aus, das zu wohlthätiger Theilnehmung geboren, ungern seine Wünsche und Hoffnungen aufgibt, und sich doch zuletzt derselben auf ewig entäußern muß?

Aber diese Klage, ein letzter Widerhall von Tassos Umnachtungsschrei, wird vom Grafen und vom Domherrn, die ihn anhören, ignoriert, bemitleidet oder verhöhnt und erfährt keine äußerliche Unterstützung, wie sie stillschweigend gegeben wäre, wenn sie Bestandteil einer das Stück durchziehenden symbolischen Bildstruktur wäre (so wie die thematische Metaphorik des Goldenen Zeitalters den vereinsamten Tasso auffängt). Der Ritter ist einfach nur ein weiterer jener einsamen Selbstsucher, die über die Wüste der Prosa verstreut sind, und das Innenleben seines Herzens bleibt ebenso unbeschrieben und unartikuliert wie das ihre. Seine Worte entsprechen der Enttäuschung Goethes über die ersten fünfzehn Jahre in Weimar und besonders über seine Aufnahme dort nach der Rückkehr aus Italien ebenso genau wie die überarbeitete Fassung von «An den Mond». Aber die eigentliche Armut des *Groß-Cophta* besteht darin, daß ihm das Substrat jenes Gedichts an sinnlichen, natürlichen, greifbaren, sichtbaren Dingen abgeht – der Mond, der Fluß, die Dunkelheit, die schattenhafte Landschaft, die Menschenbrust, die subtile Musik des Metrums. In «An den Mond» ist jenes Substrat das Mittel, wodurch ein Mann und eine Frau das einzigartig private Innenleben ihrer Gefühle füreinander symbolisieren – und damit als etwas «in wohlthätiger Theilnehmung» Geteiltes ins Dasein heben.

Goethe hatte mit der Arbeit an der endgültigen Fassung des *Groß-Cophta* schon begonnen, als er um den 20. Mai 1791 mit der Post ein Geschenk erhielt, das ihm exakt das vor Augen führte, was er im Augenblick nicht vermochte: Kalidasas Sanskritdrama *Sakontala*, nach der englischen Version von Sir William Jones ins Deutsche übersetzt von Georg Forster. Die sanfte, langsam dahinfließende Liebesgeschichte in sieben Akten verband Komödiantisches und Romantisches mit Höfischem, Religiösem und Philosophischem; die Handlung mäanderte leicht durch arkadische Idylle und städtisch-politischen Realismus in mythologische Transzendenz; Diktion und dramatische Textur waren durchdrungen von einem Sinn für konkrete Örtlichkeit: die Zeit und wechselnde Wärme des Tages, die Bedeutung des Wassers und immer wieder Pflanzen, Früchte und Blumen, die als Symbole oder um ihrer kultischen Bedeutung willen gehegt, verschenkt oder besungen wurden. » ... diese innige Verwebung des historisch und natürlich Wahren mit dem metaphysisch und hyperphysisch Ersonnenen oder Geahndeten ist die wesentliche Bedingnis einer jeden Religion» schrieb Forster in seinem Kommentar. «Sie interessirt das Herz und den Verstand zugleich durch die Einbildungskraft.» Goethe war hingerissen, und binnen zehn Tagen hatte er seinen Dank an Forster zu Papier gebracht: ein generöses Epigramm darüber, wie dieses Stück den Zauber der Jugend mit der Tugend der Reife verbinde – was natürlich genau das war, wonach er selbst suchte. Die Liebe zu *Sakontala* bewahrte er sich ein Leben lang, und das Stück säte – oder bewässerte – den Samen vieler Motive in seinen späteren Werken. Ein Handlungsstrang mag es ihm besonders angetan haben; denn er deckte sich in mancher Hinsicht mit der Legende vom heiligen Alexis, die ihn zu Tränen gerührt hatte, als er sie 1779 mit Carl August in einem abgelegenen Schweizer Dorf vernahm: Sakontala, nur wenige Stunden nach der Hochzeit von ihrem königlichen Gemahl getrennt, wird auf magische Weise für ihn unerkennbar und muß an seinem Hofe nicht in dem ihr gebührenden Rang, sondern als arme Bittstellerin erscheinen. Auch Goethes Genie schien in geheimnisvoller Knechtschaft gefangen, die Erfüllungen, die nur zwei Jahre zuvor sein Leben ausgemacht hatten, schienen abrupt vertrieben worden zu sein, und auch er fühlte sich in der Heimat als Exilierter: halb gemieden, halb verhöhnt und nur halb anerkannt.

Der traumatische Feldzug von 1792 rettete Goethe aus der mißmutigen Stimmung der *Venezianischen Epigramme* und des *Groß-Cophta* und vor der Gefahr des völligen Verstummens, doch brauchte es mehr als die zwanghafte Produktivität von Anfang 1793, um den poetischen Fluß seiner frühen Jahre, geschweige denn jene harmonisch-symbolische Gestimmtheit wiederherzustellen, für die *Sakontala* ein reizendes Vorbild war. Wenn es so war, daß er sich nicht mehr imstande sah, Werke um ein einzelnes zentrales Bewußtsein zu schaffen, das verlangend nach seinen Gegenständen greift, mußte er eine neue Form für jenen erotischen Impuls finden, der in seiner Jugend als Sehnsucht den Kern seines persönlichen Magnetismus und seiner literarischen Anziehungskraft gebildet hatte. Insbesondere mußte er der nun unverkennbar wichtigsten Beziehung in seinem Leben, der zu Christiane, emotionale und poetische Rechenschaft tragen und eine Dichtung der Ehe beginnen. «Das Wiedersehn» war der erste wirkliche Schritt auf dem Weg zu diesem Ziel: Zwar ist sein Thema ein Ungleichgewicht der Wahrnehmung, aber es ist ein Ungleichgewicht zwischen gleichberechtigten Partnern, was ein künftiges tieferes Verständnis des notwendigen Unterschiedes in Aussicht stellt. Aber wenn diese neue Dichtung den Errungenschaften der alten nicht nachstehen sollte, würde sie über Subjektivitäten mit ihren unmittelbaren Gegenständen und Reflexionen hinausblicken müssen auf den anderen Partner in Goethes frühen Schriften: die Öffentlichkeit seiner Zeit. Wie und was man in einem revolutionären Zeitalter schreiben solle, war für Goethe bereits 1793 eine dringende Frage. Es schien unvermeidlich zu sein, daß dazu auch das Schreiben über die Ereignisse in Frankreich gehörte – aber vielleicht trog der Schein. Unausweichlich war sicher eine Form der Annäherung an die machtvollste geistige Bewegung im zeitgenössischen Deutschland, Kants Philosophie der Subjektivität, die ohnehin die Möglichkeit bot, die fortschrittlichsten revolutionären Gesinnungen zum Ausdruck zu bringen. Das wiederum würde eine Neudefinition seines Verhältnisses zur Religion erheischen, die er nicht länger einfach als die Domäne von Betrügern betrachten konnte – und zur Zeit der Rückkehr aus Münster wahrscheinlich auch nicht betrachten wollte –, auch wenn er nicht weiter damit spielte, sich im Bild des Menschensohns oder des Lieblings der «Götter» oder des «Schicksals» zu sehen. Jede Neubesinnung auf das Christentum würde ferner eine offenere historische Auseinandersetzung mit seinem Verhältnis zur heidnischen Welt der Antike erfordern, die ihrerseits in den allmählich sich bildenden Strudel der modernen deutschen Renaissance geriet. Mit der Zusicherung, eine Reihe von *Neuen Schriften* herauszubringen, hatte er den Buchdruck als Medium seines künftigen geistigen Lebens lanciert und ein Publikum gefunden – nicht Weimar, nicht den Hof, nicht das Theater, nicht einmal die Nation, sondern jenes verstreute Publikum, wo immer es sein mochte, das bereit war, ihn zu lesen. Jetzt mußte seine eigene literarische Entwicklung mit den Folgerungen aus diesem Entschluß Schritt halten; es galt, den Inhalt für die neue Form zu finden.

Sollte Goethe sich den alten niederdeutschen Überlieferungen des *Reineke Fuchs* in der Hoffnung zugewendet haben, sie würden seine Inspiration so erneuern, wie es in den siebziger Jahren Hans Sachs getan hatte, so wurde er enttäuscht. Enttäuscht waren auch andere: «... wenn ich die Zeit und Mühe bedenke, die Goethe darauf verwendet haben muß, so dächte ich doch, daß er uns etwas Bedeutenderes hätte geben können. Vieles ist doch trocken und langweilig darin.» Während er sich durch seine fast 4500 Hexameter quälte, konnte fast nichts Goethe bewegen, nennenswert von der Einteilung und Satzstruktur der Gottschedschen Prosafassung, ja öfter als nur gelegentlich von deren Wortschatz abzuweichen. Nur ein Thema verführte ihn dazu, eigene Zeilen einzufügen, die nicht direkt auf seiner Vorlage fußten: die Französische Revolution. Er verfaßte als Einschub in seine Paraphrase eine Klage, daß das Schlimmste an den gegenwärtigen «gefährliche[n] Zeiten» der Glaube sei, daß jeder fähig ist, die Welt in Ordnung zu bringen, während unsere wirklichen Pflichten doch die gegen unsere Familie und unser Haus seien – «Aber wie sollte die Welt sich verbessern? Es läßt sich ein jeder / Alles zu und will mit Gewalt die andern bezwingen». Aber was diese ziemlich blasse Philippika etwa an Wirkung haben mag, wird dadurch verdorben, daß Goethe sie Reineke selbst in den Mund legt, dem Freibeuter, der sich darauf verlegt hat, andere mit Gewalt zu bezwingen. Der Einschub erzeugt keine grinsende Fuchs-Ironie, denn die Verschlagenheit dieses Reineke geht nicht so weit, mit der Welt in seinem Kopf im Medium der Worte zu spielen – Selbsterkenntnis und die bewußte Mißachtung allgemeiner moralischer Grundsätze sind nicht Bestandteil seiner rein instrumentellen Intelligenz. Es gibt im *Reineke Fuchs* keine allgemeinen *moralischen* Grundsätze – das heißt Grundsätze, welche Individuen sich um des Gefühls ihrer Identität willen auferlegen –: Es gibt nur den allgemeinen Grundsatz, daß es in der Welt eben so zugeht: «Denn so ist es beschaffen, so wird es bleiben, und also ...» Und diese wenig tröstliche Wahrheit wird weder als Schlußfolgerung präsentiert, die einer durch sie gekränkten Seele aufgezwungen wird, noch von einer Seele akzeptiert, die über die Kränkung hinaus ist; denn das mittalterliche Gedicht, dessen wörtlichem Detail Goethe normalerweise so eng verhaftet bleibt, ist älter als *Don Quixote* und der Jesuitismus, jene beiden großen Veränderungen in der moralischen Einsicht, die das 16. Jahrhundert herbeiführten. Wenn daher Goethe die spezifischen Anliegen seiner eigenen Zeit einführt, bleiben sie dem Original völlig heterogen: Der alte germanische Stoff und die moderne revolutionäre Zeit bleiben in dem Gedicht unverbunden, weil die Subjektivität, die sie hätte verknüpfen können, unartikuliert bleibt.

Deutschland von der Revolution zu künden ist Ehrgeiz des Charakters, der im ursprünglichen Titel des Stücks *Breme von Bremenfeld (oder:) Die Zeichen der Zeit* genannt wird; Goethe arbeitete daran, während er Gottscheds *Reineke* versifizierte. Breme ist jedoch nicht das zentrale Bewußtsein, wie es die Titelfiguren in Goethes früheren Dramen waren. Die drei Aufzüge – von den beabsichtigten fünf –, die Goethe ausgeführt hat, genügen für den Nachweis, daß Breme, ein Mittelding zwischen dem Unruhestifter Vansen in *Egmont* und dem skrupellosen Grafen im *Groß-Cophta*, ihnen auch darin ähnlich ist, daß er ziemlich neben der Hauptperspektive des Stückes liegt. Diese liefert uns die Gräfin als Regentin, Herrscherin über ein kleines agrarisches Gebiet in Deutschland, das durch seine schrecklichen Wege von der Außenwelt abgeschnitten ist und wo die Handlung sich abspielt. Von der Warte dessen, der jeden Aspekt der sozialen und administrativen Struktur eines Herzogtums von Grund auf kannte, unternimmt Goethe den ernsthaften Versuch, alle Elemente vorzuführen, die eine revolutionäre Episode in Deutschland, wie zum Beispiel die *Jacquerie* in Sachsen 1790, ausmachen mochten. Das Resultat wird der Realität, die es darstellen will, auf ebenso komische Weise gerecht wie zum Beispiel Joseph Conrads *Der Geheimagent*: Wenn es auf einen Sturm im Krähwinkler Wasserglas hinauszulaufen scheint, so war das eben die Realität.

Die Bauern, über die die Gräfin herrscht und die in den von Goethe ausgeführten Aufzügen nicht dargestellt werden, haben, so hören wir, einen gewichtigen und wohlbegründeten Klagegrund. Der autokratische Gemahl der Gräfin hatte, bevor er starb, mit ihnen eine Vereinbarung getroffen, durch die bestimmte Frondienste der Bauern im Tausch gegen etwas Land aufgehoben worden waren: Das Land wurde abgetreten, aber von seiten des Grafen wurde der Handel nicht eingehalten, und seine Beamten bestreiten jetzt die Existenz der Vereinbarung. Breme ist ein örtlicher Barbier und Chirurgus, der einen pseudo-aristokratischen Namen trägt und sich für einen geborenen Politiker hält, weil sein Großvater Bürgermeister war und in einer Komödie von Holberg vorkam und weil er die Welt gesehen hatte, als er unter Friedrich dem Großen diente. Er macht sich daran, eine Rebellion zu organisieren, um die Anerkennung des bäuerlichen Rechtsanspruchs zu erzwingen. Halbgebildet, enorm aufgeblasen und mit einem guten Blick für die materiellen Vorteile, die er bei einem Erfolg zu erwarten hat, ist er um so gefährlicher, als er im Grunde seines Herzens gutmütig ist und unter Schlaflosigkeit leidet. Er schmiedet die ganze Nacht Komplotte, wobei er seinen schläfrigen Kumpanen in Friedrich dem Großen und Joseph II. Männer empfiehlt, «welche alle wahren Demokraten als ihre Heiligen anbeten sollten», und Goethe Gelegenheit gibt, gleichzeitig die verderblichen Folgen des aufgeklärten Despotismus und des Kaffees zu schildern. Breme ist auch schlau: Er nützt die Schwäche in der regierenden Familie aus, einen unmoralischen Baron, der seiner Tochter nachstellt, und ist darauf erpicht, den Hofmeister des Söhnchens der Gräfin, einen einfach als «Magister» bezeichneten Theologen, für seine Sache zu gewinnen. Seine nächsten Obliegenheiten versäumend, bleibt der Hofmeister nächtelang auf, um mit Breme über Journale und Zeitungen zu diskutieren, woraufhin sein schlaftrunkener Zögling stürzt und sich eine böse Blessur zuzieht – sinnbildlicher Auftakt eines Stückes, das wohl mit Sicherheit zu dem Schluß gekommen wäre, daß keine Revolutionen nötig sein werden, wenn Herrscher und Beherrschte bei ihren Leisten bleiben und ihre Pflichten pünktlich und gerecht erfüllen. In den letzten Szenen, die Goethe ausgeführt hat, sehen wir die Gräfin verkünden, daß ihr jüngster Besuch im revolutionären Paris sie zu der Überzeugung gebracht hat, in Zukunft keinerlei Ungerechtigkeit zu dulden, mag sie noch so sehr der Konvenienz oder Konvention entsprechen. Der übereifrige Amtmann, der die Urkunde über die Vereinbarung unterschlagen hat, wird von der amazonenhaften Tochter der Gräfin, deren Gerechtigkeitssinn ihrem Standesgefühl entspricht, in die Enge getrieben und zur Herausgabe des fehlenden Schriftstücks gezwungen.

Die Fragmente von *Breme von Bremenfeld* stellen eine bemerkenswerte Wiederbelebung von Goethes früherer realistischer Manier dar. Strümpfe werden gestrickt, Kaffee wird gekocht, ein Gewehr wird gereinigt, während die Handlung weitergeht; wir hören ausführlich von der Beule des kleinen Grafen und von den Schlaglöchern in den Wegen und warum sie da sind; Uhren schlagen, und die Amazone tritt mit einem Hasen und zwei Feldhühnern in der Hand auf und schüttelt das Regenwasser vom Hut. Die dramatische Sprache ist gepflegt, aber sie differenziert die Charaktere, und wenn die Gräfin bemerkt «Das Wetter ist gar zu übel, sonst ging' ich in den Garten», so könnte die Zeile auch zu einem Stück aus der Zeit der *Geschwister* gehören. Goethe ist einer sozial und politisch akkuraten Schilderung seiner Zeit und seiner Wahlheimat nach 1775 nirgends so nahe gekommen wie hier. In seinem abgestuften Porträt des Adels, der Bürokratie und – soweit vorhanden – des Bürgertums fällt eine bemerkenswerte Rolle dem entfremdeten Hofmeister und Theologen zu; er ist selbstsicherer und weniger passiv als in der zwanzig Jahre älteren Tragikomödie von Lenz, vielleicht weil er weiß, daß trotz seiner Abhängigkeit die Zukunft ihm gehört. Als Goethe dem Stück den Titel *Die Aufgeregten* gab, worunter es heute zitiert wird, geschah es in der Erkenntnis, daß er eine Art soziales Panorama und weniger eine Studie über eine einzelne Figur geschrieben hatte. Hier war Fleisch und Blut der dramatischen Dichtung – realistisch und symbolisch zugleich –: das, was dem *Groß-Cophta* so offenkundig fehlte.

Aber wo blieb der Geist? Als Spiel über die Revolution ist das alles so wie *Hamlet* ohne den Prinzen. Wo bleiben die großen Ereignisse in Paris, die Goethes Zeitgenossen aufwühlten und ihn selbst zweimal quer durch Deutschland zu militärischen Expeditionen entboten, die ihn das Leben hätten kosten können? Wo bleibt die intellektuelle Erregung, die diese Ereignisse auslösten, das neue religiöse und philosophische Selbstverständnis, das für so viele die reinere Revolution Deutschlands verkörperte? Die Antwort lautet:

in den Szenen, die Goethe im Sinn hatte, aber nicht schrieb – und vermutlich nicht schreiben konnte. Aus seinen späteren Angaben sowie aus Anspielungen in anderen Aufzügen können wir entnehmen, daß der ungeschriebene mittlere Aufzug aus einem ungewöhnlichen Spiel im Spiel bestehen sollte, das strukturell der Prüfungs- und der Logenszene im *Groß-Cophta* entsprochen hätte. Um den Teetisch im Schloß der Gräfin versammelt, hätten alle Charaktere des Stücks auf Anregung des Barons eine Rolle übernommen und eine Sitzung der französischen Nationalversammlung nachgespielt, wie die Gräfin sie bei ihrem jüngsten Besuch in Paris hätte miterleben können. Wirkliche Leidenschaften vor Ort hätten sich allmählich unter das Spiel gemischt, und der Aufzug hätte «tumultuarisch» und mit der Entlassung des pflichtvergessenen Hofmeisters geendet. Goethe hätte so in sein Stück sowohl eine Darstellung der französischen Ereignisse selbst als auch der einzigen Art und Weise eingebracht, wie sie 1793 Deutschland schienen tangieren zu können, nämlich durch Nachrichten, Nachdenken und – wie in Mainz – Nachahmung. Eine deutsche Revolution konnte nur aus zweiter Hand sein, eine Künstlichkeit, eine Illusion; aber wie die Künste eines Cagliostro konnten solche Illusionen wirkliche Konsequenzen haben – zu realen Blessuren führen. Man könnte glauben, daß Goethe seinen Plan nicht ausführte, weil er (wie er selbst bekannte) zu große technische Schwierigkeiten aufwarf oder weil er von ihm verlangt hätte, wenigstens aus der Ferne jenen zentralen revolutionären Prozeß in Paris darzustellen, von dem er immer mit geradezu abergläubischem Entsetzen den Blick abwandte. Aber in Wahrheit dürften diese Szenen eher darum schwierig gewesen sein, weil der Plan für eine Darstellung jener öffentlichen Meinung in Deutschland, die von anderer Leute Dramen aufgeregt wurde wie heute das Publikum durch eine Seifenoper, bei aller Brillanz weder die Bedeutung der Revolution für Deutschland noch die Widerspiegelung der Revolution in den Köpfen der deutschen Intellektuellen wahrheitsgemäß erfaßte. Wenn in Valmy wirklich eine neue Epoche der Weltgeschichte begonnen hatte, würde es jedenfalls der Leser von *Breme von Bremenfeld* nicht vermuten. Die Bedeutung der Französischen Revolution für Deutschland lag nicht in ein paar Bauernaufständen unter Führung von Westentaschen-Mirabeaus, die zu viel Zeitung gelesen hatten: Sie beruhte nicht einmal in dem, was gebildete Deutsche über die Ereignisse in Frankreich lasen, sagten oder dachten. Sie beruhte vielmehr in der allmählichen, aber vollständigen Auflösung des internationalen konstitutionellen Rahmens, in dem Reichsdeutsche wie Goethe aufgewachsen waren, durch die Hand des Krieges. Diese fundamentale Veränderung der europäischen Ordnung, die in Frankreich begann, aber dort nicht endete, beantworteten und förderten deutsche Intellektuelle mit neuen, halb religiösen Idealen für eine selbstbewußt gewordene Beamtenschicht; so schufen sie für Goethe die größte Herausforderung seiner zweiten Lebenshälfte. Was immer er sagen mochte, es lag nicht in Goethes Natur, einen magischen Kreis um seine Seele zu ziehen. Und Carl August und sein Geheimes Conseil konnten die Armeen nicht ewig fernhalten.

Elftes Kapitel
Eine Begegnung der Geister (1793–1794)

Terroristen und Migranten:
Frankreich und Deutschland, 1793–1795

Im Herbst 1793 brachte die Not der militärischen Niederlage, die ein Jahr zuvor im Septemberblutbad die französische Republik geboren hatte, aus den Konvulsionen des Terrors den ersten modernen Nationalstaat hervor. Für Zeitgenossen mag es den Anschein gehabt haben, als breche Frankreich auseinander. Das Gegenteil war der Fall: Der entsetzliche Gewaltausbruch war der einer Verschmelzung, nicht einer Spaltung. Die Fragmente der alten Nation wurden zu einer Einheit zusammengezwungen, die kohärenter und machtvoller war als alles, was Europa bis dahin gesehen hatte. Das von Lazare Carnot (1753–1823) entworfene Dekret vom 23. August 1793 inaugurierte nicht nur den totalen Krieg, sondern auch, solange die militärische Notwendigkeit bestand, den totalen Staat: Die *levée en masse* rief alle unverheirateten Männer zwischen 18 und 25 zu den Waffen, verordnete aber auch dem Rest diverse nationale Dienstleistungen; Frauen mußten Uniformen nähen, Kinder Verbände herstellen, die Alten den Patriotismus beschwören. Im Laufe des nächsten Jahres waren dank einer ungeheuren kollektiven Anstrengung dreißig neue Munitionsfabriken gebaut, ein nahezu 1,2 Millionen Mann starkes Heer aufgestellt. Man duzte sich untereinander – auch aus Angst vor einer Anzeige – und redete sich mit «Bürgerin» oder «Bürger» an. Das Heer wurde gründlich reorganisiert; dabei wurden die Fronttruppen, die bei Valmy gesiegt hatten und auch in Mainz noch klar präsent waren, mit Freiwilligen und Wehrpflichtigen «verschmolzen». Ende September 1793 wurde die totale Wirtschaftskontrolle erklärt: ein «allgemeines Maximum» bei Preisen und Löhnen (in der Praxis – und obwohl die Todesstrafe auf das Horten von Waren stand – milderte bald ein Schwarzer Markt die Folgen der Preispolitik; eine Lohnkontrolle stand erst in den Anfängen). Am 10. Oktober wurde die neue, radikal demokratische Verfassung abgeschafft und die ausführende Gewalt ausschließlich in die Hände des Wohlfahrtsausschusses gelegt. Ein wenige Tage zuvor eingeführter revolutionärer Kalender ließ die Weltgeschichte mit der Französischen Republik am 22. September 1792 beginnen, schaffte den Sonntag ab, indem er den Monat in drei Wochen zu je zehn Tagen teilte und erklärte die ideologische Unabhängigkeit vom Christentum. Es folgte ein religionsfeindlicher Ausbruch, der ebenso hemmungslos war wie die Bilderstürme und Klosterauflösungen, die Europa im 16. Jahrhundert erlebt hatte: Die Kirchen Frankreichs wurden entweiht und geplündert und waren binnen sechs Monaten praktisch alle geschlossen; Glocken und Altarsilber wurden eingeschmolzen; liturgische Gewänder, Kirchenmobiliar und Kunstwerke wurden gestohlen oder zerstört. In Massenfertigung entstanden Büsten von Marat, um eine säkulare Ersatzikonographie zu schaffen. Der verfassungstreue Klerus und seine Kirchenhierarchie wurden in die völlige Apostasie gedrängt; Heiligennamen verschwanden von den Straßen; Notre-Dame de Paris wurde in «Tempel der Vernunft» umgetauft. Am 10. November war die frühere Kathedrale Schauplatz eines öffentlichen Spektakels, auf dessen Höhepunkt eine Schauspielerin, im Kostüm der Freiheit und mit der phrygischen Mütze auf dem Kopf, aus einem Tempel der Philosophie trat, den man an der Stelle des Hochaltars errichtet hatte. Es sollte keinen Gott geben als den neuen französischen Staat – durchsichtig verhüllt als Prinzip der Freiheit und Gleichheit. Die Brüderlichkeit war am 15. September abgeschafft worden, als der Nationalkonvent einer Empfehlung des Wohlfahrtsausschusses gefolgt war, wonach besetzte Gebiete keine «philanthropische» Behandlung mehr erfahren, sondern alles an Frankreich abführen sollten, was für seine Feinde von Nutzen sein konnte. Am Rhein bewies der folgende «Plünderwinter», daß «alles» wirklich alles bedeutete – von Schuhen bis zu Betten, von Wein bis zu den Tieren des Bauernhofs. Es war der Zentralverwaltung unmöglich, die angewachsenen Armeen ausreichend zu verproviantieren, und wenn sie auf Kosten der besetzten Gebiete leben sollten, mußte die einheimische Bevölkerung verhungern – und so kam es auch; die Opfer gingen in die Hunderte. Am 19. Dezember wurde ein «Provisorischer Ausschuß für die Künste» gegründet, der die Einziehung von Büchern, wissenschaftlichen Geräten und Kunstwerken in den eroberten Gebieten zu organisieren hatte, und bald gab es in jeder Armee eine Dienststelle dieses Ausschusses. Der Eifer für die Weltrevolution war dahin: Jetzt galt es, die Revolution in einem Lande zu bauen, und was für Frankreich von Nutzen war, bedurfte keiner weiteren Rechtfertigung.

Wenn der Terror spätestens im September 1793 zum «Tagesbefehl» geworden war, so war er kein finstrer Gast aus einer irrationalen Welt, sondern ein bewußt gewähltes Instrument der Politik, so zufällig seine Opfer auch waren. Das Instrument wurde in zwei unterschiedlichen Phasen eingesetzt; denn die Aufgabe, eine geeinte Nation zu schmieden, zerfiel in zwei Phasen. Zunächst war es notwendig, die zentrifugalen Tendenzen der Provinzen zu beseitigen. Im Zuge dieses neuen Programms erlebte Paris einige aufsehenerregende Hinrichtungen – am 16. Oktober die Königin, Marie Antoinette, und am 31. Oktober die infolge einer Säuberungsaktion aus dem Konvent verstoßenen Girondisten, die Parteigänger einer Dezentralisierung, unter ihnen Madame Roland –, aber insgesamt waren sie nicht zahlreich: bis Ende des Jahres nur 177. Das große Töten spielte sich zu dieser Zeit außerhalb der Hauptstadt ab. Die reisenden Konventskommissare, begleitet von Trupps des eigens aufgestellten Revolutionsheeres, trugen Inquisition, Vergeltung und Entchristianisierung in jeden Winkel des früheren Königreichs, besonders aber in die Gegenden des Widerstands gegen die Zentralmacht im Süden und Westen. Marseille wurde im August zurückerobert, Lyon im Oktober, und am 19. Dezember ergaben sich die Briten dem Kanonenhagel des Hauptmanns Buonaparte (1769–1821) und räumten Toulon. In der Vendée gingen die aus Mainz zurückgekehrten Truppen mit exemplarischer Brutalität vor – «Weiber, Pfaffen, Mönche, Kinder, alles wurde zu Tode gebracht. Ich habe niemanden verschont», hieß es in einer Meldung –, und Zehntausende wurden Opfer der Schlachten und ihrer unmittelbaren Nachwirkungen. Dann erschienen die Kommissare, richteten ihre Tribunale ein und stellten ihre Guillotinen auf. In Lyon, der mit Paris rivalisierenden Handelsstadt, wurden etwa 2000 Menschen abgeurteilt, und es wurde angeordnet und damit begonnen, die Stadt zu schleifen. Da das Enthaupten bei derartigen Massen zu langsam ging, setzte man bei den Exekutionen in Lyon Kartätschen ein, das damalige Äquivalent zu Maschinengewehren; in Westfrankreich wurden 1800 Opfer, überwiegend eidverweigernde Priester, gefesselt und auf Kähne verfrachtet, die man in der Loire versenkte. Scheinprozesse forderten binnen eines Jahres an die 30000 Tote, während rund eine halbe Million Menschen die Entbehrungen und Ängstigungen der Haft zu erdulden hatte. Die meisten Geschehnisse dieses anarchischen Terrors in der Provinz ließen sich natürlich nicht mit den *noyades* und *mitraillades* [Massenertränkungen und Massenerschießungen] vergleichen. Eine zentrale Lenkung der Kampagne war weder möglich noch notwendig: Wie bei anderen Kulturrevolutionen gab die Kapitale lediglich den Ton an und sandte ihre Vertreter aus, die dann im Verein mit kleinen Lokaltyrannen den Rest besorgten. Einer von ihnen war der jakobinische Journalist und Expriester Eulogius Schneider in Straßburg, der bereits Intrigen gesponnen hatte, um den Oberbürgermeister der Stadt, einen Illuminaten und verfassungstreuen Royalisten, und dessen gleichgesinnten Nachfolger, den Bankier B. F. von Türckheim (1752–1831), Gemahl der einstigen Lili Schönemann, abzusetzen. Sogar Reichardt, der «impertinente» Komponist, der 1792 von Berlin nach Paris unterwegs war, war von Schneiders «Eitelkeit angewidert» gewesen. Die Bedrängnis der Girondisten, die sich in Straßburg breiter Unterstützung erfreut hatten, gab ihm seine Chance. Er wurde zum Ankläger beim örtlichen Revolutionstribunal ernannt und richtete einen gereimten Willkommensgruß an die Guillotine, als diese am 5. November 1793 ihre Arbeit aufnahm. Am 20. November schwor er vor dem Altar der Vernunft im einstigen Straßburger Münster dem Christentum ab und brach mit dem Revolutionsheer zu einem Marsch durch das Elsaß auf, das seiner Ansicht nach Gefahr lief, zur zweiten Vendée zu werden. Eines seiner ersten Opfer war ein Bauernmädchen, das sich geweigert hatte, bei den Entweihungszeremonien am 20. die Göttin der Vernunft zu spielen (daraufhin mußte Straßburg auf ein Spektakel verzichten und sich mit einer Hymne an die Natur und der Verbrennung von Büchern und Reliquien begnügen). Die 29 Exekutionen, die Schneider veranlaßte, waren eine Lappalie gegen das, was im

Westen geschah, aber wie er später vor dem Jakobinerclub in Frankreich äußerte, war er stolz auf sie.

Am 4. Dezember leitete jedoch ein administrativer Staatsstreich eine zweite Phase in der Einigung des französischen Staates und damit in den Kampagnen des Terrors ein. Die Initiativvollmachten der Kommissare wurden abgeschafft und durch ein neues System ersetzt, wonach die kleinsten und damit fügsamsten Einheiten der lokalen Verwaltung direkt an die zentralen Körperschaften in Paris – gegenwärtig den Wohlfahrtsausschuß – zu berichten hatten. Nachdem der Krieg gegen den «Föderalismus» im wesentlichen gewonnen war, lenkte das Zentrum seine Aufmerksamkeit nun darauf, die Regierungsmaschinerie selbst zu unterjochen. Zuerst erfaßte der Umschwung nur kleine Männer in der Provinz – zum Beispiel Eulogius Schneider, der wegen Übereifers verhaftet, nach Paris geschleppt, von Robespierre als «Heliogabal» beschimpft und Anfang 1794 von seiner geliebten Guillotine verschlungen wurde. Doch allmählich verengte sich der Lichtkegel und wanderte an die Spitze der politischen Struktur. Im Frühjahr ging es unverkennbar um nichts Geringeres als die Kontrolle über die Hauptstadt. Danton und Robespierre hatten bereits in stillschweigender Zusammenarbeit die Schwächung der Sansculotten-Versammlungen dadurch betrieben, daß sie deren Treffen regelten und die Mitglieder für ihre Teilnahme bezahlen ließen. Beide lehnten den terroristischen Extremismus der Faktion um Jacques René Hébert (1757–1794) ab. Preiskontrollen zeigten einen gewissen Erfolg bei der Inflationsbekämpfung, die Assignaten brachten es wieder auf rund die Hälfte ihres Nennwerts, und als endlich Stabilität einzukehren schien, wurde die Hébert-Faktion aufs Schafott geschickt; dieser Justizmord auf der Grundlage von gefälschten Anklagepunkten leitete eine Säuberung der Pariser Administration und die Auflösung des Revolutionsheeres ein. Doch obgleich das Zeitalter der kosmopolitischen Revolution vorüber war – unter den mit Hébert Exekutierten war auch Anacharsis Cloots –, war die «Grande Nation» noch nicht geboren. Das Ringen um die Macht ging weiter – nunmehr offenkundig ein Ringen nur noch zwischen Legislative und Exekutive. Nach der erfolgreichen Ausschaltung der Hébertisten, die eine Volkserhebung gefordert hatten und deren Tod eine solche noch immer hätte provozieren können, war Paris selber in dem Kampf nicht mehr Partei: einerseits verlor es mehr und mehr die Möglichkeit zur Organisation von Massenprotesten, andererseits hatte es seine eigene Schlacht gewonnen; keine der rivalisierenden Kräfte in der Regierung bedrohte die Position der Kapitale einer Nation, die nach ihrem Bild errichtet werden sollte. Zwischen März und August 1794, als in der Provinz eine Art Normalität einzog, trat der Terror in seine spektakulärste und international sichtbarste Phase, als ein hauptstädtischer, von der Regierung gelenkter Blutzirkus: Auf seinem Höhepunkt im Juni und Juli wurden täglich öffentlich durchschnittlich 25 Menschen abgeschlachtet, auf einer windigen Fläche an der Seine im Herzen des neuen Frankreich, der Place de la Révolution –

nicht mehr Place de Louis XV und noch nicht Place de la Concorde. Und alles war vor allem ein Schauspiel. Einem Volk, dem alle überkommenen Gewißheiten zu Willkür und Leere geschrumpft waren und dem die einzige, letzte Gewißheit blieb, daß das Leben nicht der Tod war, gab der Pariser Terror von 1794 zu verstehen, wer die willkürliche Macht über diese letzte Alternative in Händen hielt. Weil Demonstration der Zweck war, waren die Opfer alles in allem höheren Standes – es gab unter ihnen mehr Adlige und mehr Geistliche – als in anderen Phasen der Revolution: Noch in seiner Demütigung übertrug das alte Régime seine Autorität auf das neue. Dadurch, daß der Wohlfahrtsausschuß die Strafprozesse in Paris zusammenzog und die Revolutionstribunale zu Fabriken für Todesurteile, gleichgültig gegen wen, reduzierte, gewann er, wie es nicht ungewöhnlich ist, neue Macht durch den Nachweis, die Macht zu besitzen. In der großen Maschine, die Frankreich nun war, reklamierte die Exekutive den Platz an den Schalthebeln für sich. Nach der verfassungsrechtlichen Theorie hatte noch immer die Legislative, der Konvent, das eigentliche Sagen, aber er stand in der Furcht des Ausschusses, und der Ausschuß stand, nachdem er sich am 5. April seines letzten äußeren Rivalen Danton entledigt hatte, in der Furcht eines einzigen Mannes: Robespierre, dem Zentrum des Zentrums. Robespierre hatte wahrscheinlich keinen privaten Ehrgeiz, doch kristallisierte sich um ihn eine politische Struktur heraus, die einen einzigen leeren Platz aufwies: den an der Spitze. Am 7. Mai demonstrierte er seine Souveränität, als er im Alleingang die Religion einer ganzen Nation umkehrte: Er verwarf sowohl die Entchristianisierung beim ersten Terror in der Provinz als auch den Atheismus der alten Aufklärung, den er zu einer aristokratischen Selbstbespiegelung erklärte, und verkündete die Bekehrung Frankreichs zum Glauben an ein Höchstes Wesen, zu dessen Verehrung er am 8. Juni – passenderweise war es der Pfingstsonntag – das Volk von Paris bei einem großen Umzug anführte.

Im Sommer 1794 war Frankreich so weit geeinigt und zentralisiert, daß es wieder von einem Alleinherrscher regiert werden konnte – vorausgesetzt, es gelang diesem Herrscher, die Rivalität zwischen Konvent und Wohlfahrtsausschuß zu beenden. Robespierre konnte das jedoch nicht leisten, da ihm eine Armee fehlte – wenn er sie denn hätte einsetzen wollen –, die kampferprobt, siegreich und daher ihrem obersten Feldherrn treu ergeben war, falls dieser sich entschließen sollte, der Legislative die Stirn zu bieten. Zwar machte die Armee am Ende ihre Sache gut: Nach dem Fall von Mainz sicherte Frankreich seine Grenzen und errang Ende 1793 einige kleinere, aber dringend benötigte Siege im Norden. In den letzten Dezembertagen wurden die Alliierten von Landau vertrieben, das sie seit Oktober belagert hatten, und Mainz wurde erneut eingekreist. Doch erst im Frühjahrsfeldzug von 1794 zeigten sich die ersten Früchte der von Carnot im Sommer zuvor unternommenen Anstrengungen. Nunmehr über 250 000 Mann für den Angriff auf Belgien gebietend, zwangen die Franzosen am 26. Juni die Österreicher zum Rückzug aus Fleurus und nahmen am 9. Juli Brüssel ein. Die Kriegsmarine erlitt zwar in dem Gefecht vom «Glorreichen 1. Juni» schwere Verluste, doch war dies keineswegs der von den Briten behauptete große Sieg, da der Getreidekonvoi aus Amerika, den die Franzosen gesichert hatten, wohlbehalten ihre Häfen erreichte. Und doch war das Gefühl der Erleichterung, das alle diese Erfolge begleitete, eine Hauptursache für den Sturz Robespierres. Als die militärische Krise, die Frankreich eine neue Identität aufgezwungen hatte, sich entschärfte und in den Straßen von Paris wieder Getreide zu haben war, konnte der Konvent seinen verfassungsmäßigen Supremat gegen die vom Wohlfahrtsausschuß in Anspruch genommene administrative Notwendigkeit wieder geltend machen. Die Furcht, die Robespierre verbreitet hatte, war ebenso groß wie die Souveränität, die er durch sie erlangt hatte, und so mußte das Ende, als es kam, zwangsläufig überstürzt sein: Nachdem er am 27. Juli (im neuen Kalender der Thermidor) die Mehrheit im Konvent verloren hatte, wurde er am 28. gefangengesetzt und am Nachmittag des nächsten Tages zusammen mit rund achtzig seiner Anhänger enthauptet. Das aus den kopflosen Rümpfen schießende Blut ergoß sich hundert Schritt weit in die Menge, und nie mehr floß es so üppig: In den letzten Monaten des Jahres erlebte Paris kaum fünfzig öffentliche Hinrichtungen. Binnen eines Monats wurden das Revolutionstribunal gesäubert und der Wohlfahrtsausschuß der Mehrzahl seiner Zuständigkeiten beraubt.

Man sollte die Bedeutung der «Thermidorreaktion» nicht überschätzen. Das Ende des Terrors war nicht das Ende der Revolution. Gewiß vollzog sich ein dramatischer Wandel in der Atmosphäre des öffentlichen Lebens: Es konnten Meinungen geäußert und gedruckt werden, die noch vor kurzem als Kapitalverbrechen gegolten hatten. Plötzlich trat eine neue Pariser Generation in Erscheinung, die *jeunesse dorée*: Sie genoß die Befreiung von Robespierres republikanischer Tugendhaftigkeit und protzte mit teurer Kleidung, dem Glauben an die freie Marktwirtschaft sowie Stöcken, die nicht nur reine Zierde waren: Jakobiner wurden auf der Straße verprügelt, ihre Zusammenkünfte gesprengt und Maratbüsten zerschlagen, und am 12. November wurde der Jakobinerclub selbst auf Anordnung des Konvents geschlossen. Im Dezember kamen die ersten Dekrete, die die Rückkehr von bürgerlichen Emigrierten nach Frankreich erlaubten, und nach der Proklamation der allgemeinen Religionsfreiheit wurden am 8. März 1795 in ganz Frankreich die Kirchen wieder geöffnet, die die letzten anderthalb Jahre geschlossen waren: Der fünf Jahre währende Versuch einer staatlichen Kirchenverfassung wurde aufgegeben, und der Staat, von dem Ringen schwer angeschlagen, überließ die Religion sich selber. Doch die wirtschaftlichen und politischen Realitäten veränderten sich wenig, die militärischen so gut wie gar nicht. Das bedrohliche Ausmaß der Knappheit an Grundnahrungsmitteln – verursacht durch Mißernten, verschärft durch die Unruhen auf dem Lande und eine britische Blockade – wurde offenbar, als im Dezember 1794, zu Beginn des schlimmsten Winters des Jahrhunderts, die Preiskontrollen abgeschafft wurden: In den folgenden drei Monaten stiegen die Preise auf das Zwei- bis Dreifache. Nach der Deregulierung nahm die Inflation wieder zu, weil deren tiefere Ursache – hohe Militärausgaben bei niedrigen Steuereinnahmen – nicht verschwunden war, und als die Papierwährung der Assignaten an Wert verlor, besserte die Regierung ihre Einkünfte durch das Drucken neuer Assignaten auf – zuletzt im Wert von 2 Milliarden Livres pro Monat. Im Mai 1795 war der Assignat 8 Prozent seines Nennwertes wert, im Dezember 1 Prozent – aber da war der Boden der Druckerei bereits unter der Produktionsbelastung eingebrochen.

Politisch hatten sich die grundsätzlichen Streitfragen seit 1789 nicht verändert: Die Spannung zwischen dem Drang nach einem rational geeinten, zentral verwalteten Staat und dem Wunsch eines mächtigen Bürgertums nach freiem Markt und freiem Handel bestand fort. Als der Konvent die Funktionen der Notorgane von 1793 – des Wohlfahrtsausschusses und des Revolutionstribunals – wieder an die eigenen Ausschüsse überwies, machte er keine Anstalten, die Verfassung wieder in Kraft zu setzen, deren vorübergehende Alternative jene Organe quasi nur theoretisch gewesen waren. Im Gegenteil: Mochten diese einstweiligen Institutionen auch durch den Terror zu nachhaltig kompromittiert sein, als daß man ihr Fortbestehen hätte zulassen können, so war doch der Geist eines zentralisierenden Dirigismus dem wiedererstarkten Konvent keineswegs fremd, und Rufe nach der Verfassung von 1793, wie sie erstmals 1795 von dem Extremisten François Noel Babeuf (1760–1797) kamen, hatten jetzt keine größere Chance, gehört zu werden, als 1793. Außer Betracht stand auf der anderen Seite eine wie immer geartete Wiederherstellung der Monarchie, die nur die Restriktionen der alten Gesellschaftsordnung zurückbringen würde. Als der junge Sohn Ludwigs XVI., der ungekrönte Ludwig XVII., im Juni 1795 in der Haft im Temple verstarb, erklärte sein Onkel, der Graf de Provence, der sich in Verona Ludwig XVIII. nannte, seine Absicht, die drei Stände wiederherzustellen, und ließ die Zukunft der verstaatlichten Ländereien in ominösem Dunkel. Er stellte damit sicher, daß seine Deklaration ignoriert werden würde, und trug dazu bei, seine Einsetzung in eine konstitutionelle Monarchie von der Art, auf die sich alle Parteien 1791 geeinigt hatten, für weitere zwanzig Jahre hinauszuzögern.

Der Thermidorkonvent verfolgte denn auch dieselben innenpolitischen Ziele wie der Terror, wenngleich mit Mitteln, die für gewöhnlich, aber nicht immer weniger blutig waren. General Lazare Hoche (1768–1797) setzte den Krieg gegen die westfranzösische Provinz fort, zumal gegen die Bretagne, wo im Sommer 1795 die Briten den mörderisch konterrevolutionären Bauern (*chouans*) mit einer Truppe von Emigrierten zu Hilfe kamen, die, von Hoche eingekreist, an der Küste gefangengenommen und *en masse* exekutiert wurden, wie die Revolutionsgesetze es befahlen. Anfang 1796 war durch Hoches Brutalität im Verein mit der Wiederherstellung der alten Religion ein gewisser Friede im ländlichen Frankreich eingezogen. Gleichzeitig vollendete der Konvent die vom Wohlfahrtsausschuß in Angriff genommene Zähmung der Hauptstadt. 1795 gab es drei größere Erhebungen in Paris, aber nur die letzte hatte etwas von dem konkreten politischen Zweck der Demonstrationen, die die Monarchie gestürzt oder die Girondisten liquidiert hatten; die anderen beiden waren Brotunruhen und wurden auf die übliche Weise behandelt – mit Gesprächen, Versprechungen und staatlicher Gewalt. Einen ersten Auftritt hatte die Armee während des zweiten Krawalls im Mai; sie entwaffnete auch physisch die Vorstädte, deren politische Organisation bereits durch den Prozeß zerstört worden war, den Danton 1793 eingeleitet hatte. Die Oktoberempörung war eine ernstere Sache, ein Protest gegen die neue Verfassung, die der Konvent im Begriff stand zu verabschieden: Es bedurfte eines mehrstündigen Kartätschenfeuers, bevor es General Buonaparte, der nach seiner früheren Verbindung mit Robespierre tatenlos in der Versenkung verschwunden war, gelang, die Stadt zur Räson zu bringen. Die reguläre Armee hatte seit dem Sturm auf die Bastille nicht mehr auf Pariser gefeuert, und als das geschah, beendete sie [die Armee] ihren [der Pariser] Anspruch, eine eigene Autorität im politischen System der Nation zu sein. Anfang November trat die neue Verfassung in Kraft: Bis auf einige zusätzliche Sicherheitsklauseln war es die formalisierte Version der realen (im Gegensatz zur theoretischen und niemals umgesetzten) Verfassung von 1793. Zwar war die Legislative auf zwei Kammern verteilt, aber es waren in ihr nach wie vor zwei Drittel der Konventsmitglieder vertreten, und die vollziehende Gewalt konzentrierte sich in einem kleinen, außerparlamentarischen Kabinett, einem modifizierten Wohlfahrtsausschuß, dem fünfköpfigen Direktorium.

Nirgends war die Kontinuität in der französischen Politik vor und nach dem 9. Thermidor offensichtlicher als in den auswärtigen Angelegenheiten und der Art der Kriegführung. Wenn es einen Wendepunkt gab, so war es die Schlacht bei Fleurus selbst und nicht der Sturz Robespierres, zu dem sie führte. Der Sieg beendete die Ambitionen der Österreicher auf Behauptung ihrer Herrschaft in Belgien, und fortan waren die Franzosen in der Offensive. Auch das deutsche linke Rheinufer wurde, bis auf das wieder stark befestigte Mainz, erneut besetzt, und als im bitter kalten Winter 1794/95 der Fluß zufror, war der Weg für eine Invasion Hollands einladend frei. Preußen war das ganze Jahr 1794 mit der Niederschlagung von Tadeusz Kosciuszkos (1746–1817) jakobinischer Erhebung in Rest-Polen und von Sympathieaufständen in seinem eigenen, jüngst erworbenen polnischen Territorium beschäftigt und einigte sich Ende des Jahres auf einen Waffenstillstand mit Frankreich zur Vorbereitung umfassender Friedensverhandlungen. In Berlin hatte es immer eine profranzösische Faktion um Prinz Heinrich, den Onkel des Königs, gegeben, der verbreiteten Gerüchten zufolge ein verkappter Demokrat war, und das Argument, daß es zwischen dem aufgeklärten Preußen und dem revolutionären Frankreich eine natürliche Gemeinsamkeit der Interessen gäbe, wurde nach dem Fehlschlag des militärischen Unternehmens durch pragmatische Erwägungen gestärkt. In Fortsetzung jener stillschweigenden Absprache, die die französisch-preußischen Beziehungen seit dem Rückzug von Valmy und noch während der Belagerung von Mainz gekennzeichnet hatte, gewährten die Franzosen Kosciusko nur späte und laue Unterstützung, während die Preußen weder für Belgien noch für das Rheinland etwas taten. Es war auch nicht mehr davon die Rede, die preußische Intervention in Holland von 1787 zu wiederholen, und die niederländischen «Patrioten», die damals geschlagen worden waren, erhoben sich jetzt, um in den Franzosen ihre Befreier willkommen zu heißen. In Wirklichkeit bewillkommneten sie Reineke Fuchs. In einem rachsüchtigen Friedensvertrag mit der neuen Batavischen Republik erzwangen die Franzosen im Mai 1795 von dem nunmehrigen Satellitenstaat riesige Entschädigungszahlungen und Darlehensleistungen sowie einen beträchtlichen Gebietsverlust, während in Übersee die niederländische Kolonie am Kap der Guten Hoffnung, die den Seeweg nach Indien überwachte, den Briten in die Hände fiel. Unterdessen taten sich Preußen, Österreich und Rußland, dessen verabscheungswürdiger General Suworow an einem einzigen Tag 20 000 Warschauer Zivilisten massakrieren ließ, zur letzten Teilung Polens zusammen, durch die das unglückliche Land für über ein Jahrhundert ausgelöscht wurde. Die neue preußische Politik praktischer Neutralität gegenüber dem revolutionären Frankreich wurde im April 1795 im Basler Sonderfrieden offiziell bekräftigt, der die preußische Anerkennung der französischen Hegemonie über das linke Rheinufer gegen die französische Anerkennung der preußischen Hegemonie in Norddeutschland eintauschte – beide Länder mochten die Religion und Politik des anderen ablehnen, aber was verschlug das schon unter absolutistischen Großmächten? Die Koalition, die 1792 in Frankreich einmarschiert war, war zerbrochen – wie Dumouriez es gewollt hatte –, und mit Rücksicht hierauf wurden alle Kriegsgefangenen, auch die Mainzer Klubisten, freigelassen. Der Friedensvertrag erlaubte außerdem die Aufnahme der einzelnen Staaten des Reichs in die neutrale Zone Preußens, ja Frankreich bekundete eigens den Wunsch nach einem Friedensvertrag mit diesen Ländern, um Österreich potentielle Alliierte abspenstig zu machen. Der Kaiser mißbilligte natürlich den preußischen Separatvertrag und forderte das Reich auf, ihn zu ignorieren. Im Sommer 1795 befaßte sich der Reichstag in Regensburg mit der Erörterung des weiteren Vorgehens, während der französische General Jean Baptiste Jourdan (1762–1833) über einen deutschen Korridor südlich der Demarkationslinie einen Schlag gegen Österreich vorbereitete. Eine der letzten Amtshandlungen des Konvents war im Oktober die einseitige Entscheidung, Belgien der Französischen Republik einzuverleiben. Die Annexion machte wenigstens dem einjährigen organisierten Plündern ein Ende: Die Kathedrale zu Antwerpen, ihrer großen Rubensgemälde durch den «Provisorischen Ausschuß für die Künste» beraubt, hatte jetzt die leeren Bilderrahmen «zur ewigen Trauer» schwarz verhängt. Da aber kein Entschädigungsangebot an den Kaiser erfolgte, war es unvermeidlich, daß Österreich den Krieg fortsetzen würde, und natürlich war auch der britische Zorn über die französische Präsenz in den Niederlanden nicht verraucht. Bereits im September war jedoch Jourdan in einer doppelten Zangenbewegung über den Rhein vorgestoßen und hatte Düsseldorf im Norden und Mannheim im Süden genommen, während er in der Mitte das noch immer mit einer preußischen Garnison besetzte Frankfurt bedrohte. Der österreichische Gegenangriff warf dann die südlichen Armeen über den Rhein zurück und erzielte sogar einige linksrheinische Geländegewinne in der Pfalz, und im Dezember beendete das Direktorium die Feldzüge von 1795 mit der Einwilligung in einen fünfmonatigen Waffenstillstand.

Die Jahre des Terrors und der militärischen Expansion Frankreichs beendeten die unreflektierte deutsche Begeisterung für die Revolution. Ein Herder oder ein Kant konnten festbleiben; in seiner Abhandlung *Zum ewigen Frieden* (1795) behauptete Kant sogar, daß Kriege erst dann aufhören könnten, wenn alle Verfassungen republikanisch seien. Aber diese Überzeugungen stützten sich auf Theorien der Weltgeschichte, denen zufolge der Fortschritt nicht unvereinbar mit großen Übeltaten war. Die Streitfragen waren nicht mehr einfach – die geistigen ebensowenig wie die emotionalen. Hamburg und das nahegelegene Altona blieben machtvolle Enklaven girondistischer Gesinnung, und Sieveking sang weiter seine Marseillaise, auch wenn Goethe der Meinung war, daß ein solches Lied, das «blos zum Trost und Aufmunterung der armen Teufel geschrieben und komponirt» worden sei, «in keiner Sprache wohlhabenden Leuten ansteht». Aber die Auffassungen in seinem Kreise, wo man den Mantel Lessings geerbt zu haben meinte, vertrat mehr die Schwiegertochter des Deisten Hermann Samuel Reimarus (1694–1768), der von Lessing gefördert worden war: Hatte sie einst in der Revolution «den Triumph des freien Denkens über den Aberglauben» erblickt, so fragte sie sich in der Epoche des neuen Kalenders und seiner mit Blut geschriebenen Daten: «Ich begreife nicht, wie wir uns selbst so haben betrügen können. Was gäbe ich nicht darum, in uns die Gefühle wieder erwecken zu können, die uns vor drei Jahren begeisterten, wenn wir den 14. Juli feierten! Alles war so unschuldig, alles so möglich!» Auch ein anderer Gast jener Bastillefeier von 1790 hatte seine Ansichten geändert: Klopstocks Oden verurteilten jetzt Frankreich als eine Nation von Henkern, die ihre Freiheitsliebe und den Verzicht auf Angriffskriege verraten habe. Noch radikaler war die Verwandlung des Klopstockschülers Fritz Stolberg, wenngleich der Liberalismus des Grafen vielleicht immer nur oberflächlich gewesen war: Für einen deutschen Intellektuellen ungewöhnlich, erboste ihn besonders die Religionspolitik der Republik, und seine poetischen Brandreden gegen die «Westhunnen», die ganz Europa mit ihrer Gottlosigkeit bedrohten, entfremdeten ihn allmählich seinem alten Freund aus Göttinger Tagen Johann Heinrich Voß, den er als Schuldirektor nach Eutin geholt hatte, der Residenz eines kleinen protestantischen Fürstbischofs, wo Stolberg eine anspruchslose Beamtenstelle versah. Voß bevorzugte noch 1794 die Einschätzung – der Stolberg schließlich, wenngleich aus entgegengesetzten Gründen, beipflichten sollte –, daß die französische Erhebung jene geistige Bewegung vollende, die Martin Luther eingeleitet hatte, und nach ihren Prinzipien, nicht allein nach ihren Exzessen beurteilt werden müsse.

Aber für Voß in seinem holsteinischen – und damals dänischen – Landstädtchen nördlich von Lübeck war die Revolution im wesentlichen noch immer eine Sache, die er aus Büchern und Zeitungen kannte, was sie am anderen Ende der deutschsprachigen Welt, in Bern, zweifellos auch für den jungen Hegel war, den der Horror vor den «Robespierroten» nicht davon abhielt, einen kritischen Blick auf die herrschenden Klassen der angeblich freien Schweiz zu werfen, die ihm ihren Schutz gewährte. Die aufgeklärten Frankophilen in Preußen und den weiter östlichen Ländern, ja sogar hochgestellte Personen wie Prinz Heinrich in Berlin oder Prinz August in Gotha waren nicht weniger Lehnstuhlpolitiker als Wieland, der in seiner Weimarer Abgeschiedenheit mild-ironische Dialoge veröffentlichte, in denen sogar die Hinrichtung Ludwigs XVI. bloß als eine allzu menschliche Schwäche erschien. Die Einsicht in das, was die Revolution für Deutschland wirklich bedeutete, mußte man anderswo erwerben, und Goethe sprach dem Umzug Fritz von Steins nach Hamburg besonderen erzieherischen Wert zu: «Das reelle Verhältniß, das große Kaufleute ... zu den Welthändeln haben», werde ihm «den unmittelbaren Einfluß» zeigen, den «die politischen Begebenheiten ... in die Comptoire und Cassen deiner Freunde und Bekannten» hätten. So kannten zum Beispiel die Rheinländer gewiß genau den Preis, den die Abschaffung der «Philanthropie» durch die Republik sie gekostet hatte: Lebensmittel und Waren im Wert von 257 515 000 *livres* (schätzungsweise 60 Millionen Taler), die zwischen August 1794 und März 1796 beschlagnahmt worden waren, und weitere 54 650 000 *livres*, die nur in Assignaten gezahlt worden waren; allein in Trier durchschnittlich 60 Taler (der Jahreslohn eines Tagelöhners) für jeden Mann, jede Frau und jedes Kind – und diese Zahlen sind schwerlich übertrieben, da sie dem Direktorium vom eisigen Anton Dorsch genannt wurden, der 1794 in Aachen als zentraler Administrator für die okkupierten Gebiete eingesetzt worden war. Andere, die auch «form and pressure» der Zeit zu spüren bekamen, waren die Emigrierten und jene, die sich ihrer annahmen – denn nach ihrer Niederlage 1792 waren sie zunehmend ein Fall für die christliche Nächstenliebe. Jede neue Phase der französischen Krise spülte eine neue Welle von Emigrierten heran: Kaum ein Jahr nach dem Fall von Mainz sah Goethe sich in Erfurt im Gedankenaustausch mit dem Kommandanten der französischen Garnison, der einen so hartnäckigen Widerstand aufgebaut und so oft sein Leben bedroht hatte. Preußen, ängstlich darauf bedacht, neutral und von jeder ideologischen Ansteckung verschont zu bleiben, gewährte nur zwei Emigrierten Einlaß: dem Grafen d'Artois und dem Grafen de Provence. Um so stärker war der Druck auf die Fürstentümer. Weimar war vorsichtig und siedelte die meisten Flüchtlinge an der militärischen Frontlinie in Eisenach an; nur wenige einzelne Privilegierte wurden bei Hofe empfangen oder durften gegen ein minimales Entgelt in Jena Französisch unterrichten. Auf der anderen Seite gewährte Münster weit über 2000 emigrierten Geistlichen Unterschlupf, und die Fürstin Gallitzin drängte Goethe zum raschen Verkauf der Hemsterhuis'schen Steinesammlung, um Fürstenbergs Hilfswerk für sie zu unterstützen. Niemand weiß, was aus dem Marquis mit sechs Kindern, einer Frau im Kindbett und einem Vermögen von ein paar silbernen Löffeln wurde, für den die Fürstin in demselben Brief um Hilfe bat und der auf der Flucht notgedrungen seinen zwölfjährigen Sohn zu Fuß vorausgeschickt hatte, im Vertrauen auf die Barmherzigkeit der Menschen, bei denen er würde betteln müssen. Die Straßen nach Osten müssen viele unbeschriebene Tragödien gesehen haben. Überdies gab es nach 1792 eine weitere Erscheinung, die für die deutsche Gesellschaft neu war: die deutschen Emigrierten – für die Hellsichtigen Vorboten größerer Stürme, die da kommen sollten.

Nicht alle Menschen, die der militärische Vormarsch der Franzosen verjagte, waren so erlaucht wie der Kurfürst von Mainz und sein Hof: Sömmerring zum Beispiel oder die vielen 1795 vertriebenen Einwohner Frankfurts und Mannheims, oder Schlosser, der 1794 mit seiner Familie von Baden nach Ansbach und weiter nach Eutin floh, wo sein Schwiegersohn Georg Heinrich Ludwig Nicolovius (1767-1839) Hauslehrer eines der (zwölf) Kinder Fritz Stolbergs war. Fritz Jacobi, der viele Opfer seiner Zeit bei sich beherbergt hatte, war selbst aus Pempelfort geflohen, bevor die Franzosen Düsseldorf einnahmen, und kam im Dezember 1794 nach Emkendorf bei Kiel, wo er bei dem frommen Grafenehepaar von Reventlow wohnte. Von hier ging auch er nach Eutin, und eine Zeitlang sah es so aus, als werde sich Fürstin Gallitzin zu ihm gesellen. Doch die Gefahr einer Invasion Münsters schwand, und die Fürstin begnügte sich damit, Stolberg einen emigrierten Priester senden zu lassen, der seinen Kindern Französisch beibrachte und ihm seine Fragen über die katholische Kirche beantwortete. Sogar unter den Emigrierten aus Frankreich gab es viele deutscher Abstammung: Besitzer von Gütern im Elsaß, die enteignet worden waren, als die kosmopolitische Ära zu Ende ging und nationale Grenzen eine neue Bedeutung erlangten, oder Familien wie die Türckheims, die ebenso französisch wie deutsch waren. Im Sommer 1793 fanden sie es geraten, Straßburg in den Händen Eulogius Schneiders zu lassen und sich nach Lothringen aufs Land zurückzuziehen; gleichwohl wurde Türckheim während des Terrors in der Provinz als «Aristokrat» inhaftiert. Er wurde zwar wieder freigelassen, aber dann im Juli 1794 aufgefordert, vor dem Revolutionstribunal in Paris zu erscheinen – damals praktisch ein Todesurteil, das mit der Post kam. Als Holzfäller verkleidet, floh er über den Rhein. Zwei Tage später brach Lili, in bäuerlicher Tracht und begleitet von ihren vier Kindern und dem Hauslehrer – Fritz, den Ältesten, hatte Goethe kurz nach seiner Geburt 1779, auf dem Weg in die Schweiz gesehen –, zu einem nächtlichen Fußmarsch nach Saarbrücken auf, das jedoch schon in der Hand der Franzosen war. Während sich die Buben und der Hauslehrer über die Saar außerhalb der Stadt schleichen konnten, ging Lili, ihre Tochter an der Hand und ihr Baby auf dem Rücken, unter den Augen der Revolutionssoldaten über die Brücke nach Deutschland – sie tat so, als trage sie Waren zu Markte. Die wieder vereinigte Familie verbrachte ein Jahr der Armut in Erlangen, wo Lili alle Hausarbeiten selbst erledigte und verschiedene Einladungen ablehnte, sich dem Zirkel um die verwitwete Markgräfin von Bayreuth anzuschließen. Im Herbst 1795 erlaubte ihnen die Lockerung der Gesetze gegen die Emigrierten, nach Straßburg zurückzukehren – über Zürich, wo Lili bei Lavater vorsprach und durch Barbara Schultheß Grüße an Goethe sandte –, in ihr Haus, das bis auf einen Tisch, zwei Stühle, zwei Betten und die Familienporträts vollständig geplündert worden war, und zu einem Bankbetrieb, der wieder bei Null anfangen mußte.

Eine letzte Gruppe von Migranten darf jedoch nicht vergessen werden. Man könnte sie die Gegen-Emigranten nennen: die Freunde der Revolution, die sich mehr exponiert oder weniger Glück gehabt hatten als Voß oder Wieland und von ihrem Landesherrn nach willkürlicher Duldung in einer plötzlichen gereizten Aufwallung ausgewiesen wurden. Gegen den Strom der Emigrierten durch Deutschland ziehend, passierten sie Sammelbecken wie Hamburg und Altona, die Heimstätten des Liberalismus, Dessau und Weimar, deren Fürsten im Ruf der Großmut und des freien Denkens standen, sowie Gotha, wo es nicht nur den Prinzen August, sondern auch den Ur-Illuminaten Adam Weishaupt gab. Endlich zog es sie wie Reinhard, Kerner und Wetzel ebenso selbstverständlich nach Paris wie die Kriegsgefangenen, zum Beispiel Böhmer, der nach dem Frieden von Basel freigelassen worden war. Auch einer der ersten dieser Gegen-Emigranten, Georg Forster, starb hier im Januar 1794 im Elend, nachdem er zuvor noch einmal seine Frau und seine Familie in einem schneebedeckten Bauernhaus im Jura besucht hatte. Ein früher Bruder im Exil war Franz Michael Leuchsenring, Pater Brey persönlich. Nach seiner Zeit in Darmstadt war er Fürstenerzieher in Berlin geworden und hatte dort von der Empfindsamkeit zum Illuminatentum gefunden; denn hinter seiner Tränenseligkeit steckte eine trockene, einfallslose Intelligenz. (Jacobi war verblüfft über die Ähnlichkeit mit Reinhold.) Von 1786 an stürzte er sich in eine vehemente Verteidigung der Geheimgesellschaften gegen die Enthüllungen eines Abtrünnigen, dem er (zufälligerweise zu Recht) Kryptokatholizismus, den Obskurantismus schlechthin, vorwarf. Aber die Untergrundnetze, denen er sein Leben geweiht hatte, wurden vom Bazillus des Jakobinertums befallen; man sprach von einer Verschwörung, in die der Freimaurer und Komponist Carl Friedrich Zelter (1758–1832) und die Gouvernante einer der Prinzessinnen verwickelt sein sollten; Leuchsenring und die Gouvernante wurden vom König verbannt und ließen sich nach einer Zwischenstation in Erfurt in Paris nieder, wo sie heirateten. (Leuchsenring überlebte dort bis 1827, ein ruhmloser Sprachenlehrer mit Erinnerungen an ausländische Fürstenhöfe, der täglich einen Spaziergang zu einem kleinen See im Bois de Boulogne unternahm und den dort spielenden Kindern als «le vieux de la mare» [der alte Mann vom Teich] bekannt war). 1792 argwöhnte Friedrich Wilhelm stärker denn je zuvor einen Zusammenhang zwischen Aufklärung und Revolution, und zwei der ältesten und angesehensten Zeitschriften mußten ihren Erscheinungsort nach Hamburg und Altona verlegen, so daß sie in die zweifelhafte Gesellschaft des *Genius der Zeit* gerieten, einer erfolgreichen, aber entschieden nicht angesehenen Zeitschrift, die der holsteinische Beamte August von Hennings (1746–1826), Bruder der Frau Reimarus, herausgab. In demselben Jahr wurde Kapellmeister Reichardt, der erst 1791 für längere Zeit beurlaubt worden war, um nach Paris gehen zu können, kurzerhand entlassen, doch beschaffte ihm der Prinz von Dessau eine Sinekure in einer Saline bei Halle, wo er offen revolutionsfreundliche Zeitschriften herauszugeben begann. Das Beispiel eines reaktionären Handstreichs kann ansteckend sein. Von der Universität Kiel sagte man 1794, sie habe nur zwei Professoren, die keine «Demokraten» seien (einer von ihnen war der aus Jena gekommene Reinhold), und die Reventlows waren erbost, ein Nest von Sansculotten-Kantianern vor der Haustür zu haben, darunter Carl Friedrich Cramer (1752–1807), den Sohn des Kanzlers der Universität: Einst ein Mitglied des Göttinger Hains und erst jüngst in einer Ode von Klopstock als «Cramer der Franke» besungen, übersetzte er jetzt die Werke des girondistischen Bürgermeisters von Paris, J. Pétion (1756–1794). Die Reventlows intrigierten gegen ihn und erreichten seine Entlassung, und über Leipzig und Jena, wo man ihn im Hause Loders zum Ergötzen einer Gesellschaft, zu der auch Goethe gehörte, «räsonniren und deräsonniren» hören konnte, zog «Citoyen Cramer» weiter nach Paris. Hier knüpfte er Kontakte zu Sieyès, übernahm eine andere, nicht minder undankbare Übersetzungsaufgabe, indem er Klopstock ins Französische übertrug, und erhielt 1796 Verstärkung durch den jungen Journalisten G. Rebmann (1768–1824). Rebmann war ein früherer Jenenser Student, der sich nach verlegerischen Unternehmungen in Dresden und Dessau 1793 in Erfurt niederließ, wo er unter Dalbergs wohlwollendem Blick Robespierre übersetzte. 1795 veranlaßte jedoch der französische Vormarsch den weniger gnädig gestimmten Kurfürsten von Mainz, seine Residenz in dem vernachlässigten Vorposten Erfurt aufzuschlagen. Rebmann floh nach Altona und weiter nach Paris, wo eine erfolgreiche Karriere in der Verwaltung der besetzten Gebiete auf ihn wartete – zuletzt sogar die Aufnahme in die Ehrenlegion durch Napoleon persönlich. Wie später bei der großen kulturellen Abwanderung aus Deutschland nach 1933 endeten jene, die mitten in ihrer Karriere steckten, oft genug enttäuscht und milieugestört, während es für jene, die noch jung waren, Chancen und Vorteile gab, auf der Seite des Siegers zu stehen.

Als der französische Vormarsch Jacobi aus Pempelfort vertrieb, erklärte Goethe, daß auch er dabei sei, die Emigration vorzubereiten. Diese Möglichkeit lag zwar damals in Mitteldeutschland ferner als im Westen, aber dennoch mußte man am Frauenplan Zimmer herrichten, um Goethes Mutter aufnehmen zu können, falls sie zur Flucht in den Osten genötigt sein würde und dazu überredet werden konnte. Sie war jedoch eine resolute Frau, die sich nicht ins Bockshorn jagen ließ und außerdem viel zu tun hatte. Goethes Anregung, das Familienhaus am Hirschgraben aufzugeben und irgendwo etwas Kleineres zu kaufen, war gerade zur rechten Zeit gekommen, und sie verfolgte die Idee weiter, obgleich der Frankfurter Immobilienmarkt infolge der Unsicherheit der militärischen Situation darniederlag. Ein Motiv mag ihr Wunsch gewesen sein, von dem Erlös so gut wie möglich den neuesten und in ihren Augen beunruhigenden Plan ihres Sohnes zu fördern, eine gewaltige Hypothek aufzunehmen, um ein 45 000-Taler-Grundstück zu erwerben. Zum Glück wurde dieses Projekt fallengelassen, aber sie begann das Haus am Hirschgraben auszuräumen, während sie auf eine Möglichkeit zum Verkauf wartete und hoffte; und sie schickte sich an, wo nicht Frankfurt, so doch ihre Vergangenheit hinter sich zu lassen – anscheinend ohne jedes Bedauern. Sie fühle sich 25 Jahre jünger, sagte sie, nachdem sie sich durch anderthalb Zentner Familienpapiere gearbeitet hatte, um dann doch das meiste einstampfen zu lassen. Das wurmstichige Mobiliar aus dem obersten Stockwerk, wo ihr Wolfgang einst den *Götz* und den *Werther* geschrieben hatte, ging im Winter 1793 für nur 250 Gulden weg; die Bilder wurden um eine ähnliche Summe verkauft (nicht mehr als ein Fünftel dessen, was Johann Caspar Goethe für sie bezahlt hatte); der wohlgefüllte Weinkeller – darunter noch zwei oder drei Fässer des Jahrgangs 1706 – wurde im Frühjahr für 8000 Gulden zum Verkauf angeboten; und die Bibliothek wurde katalogisiert und im September verkauft – Goethe behielt, was er haben wollte, und schenkte einige Stücke dem so perfekten Beamten Christian Gottlob Voigt zur Vervollständigung seiner privaten Sammlung von 3 000 juristischen Dissertationen und statistischen Handbüchern. Es muß den Anschein gehabt haben, als treibe «die drohende allgemeine Noth» jedermann im Westen Deutschlands in den Auktionssaal; denn während die Sammlungen seines Vaters aufgelöst wurden, erhielt Goethe einen Brief vom früheren Darmstädter Kanzler Friedrich Carl von Moser, der ihm mitteilte, er befreie «sein Schifgen von entbehrlichem Ballast» und trage für den Witwenstand seiner Frau dadurch Vorsorge, daß er seine eigenen Bilder zum Verkauf biete, an denen, wie er hoffe, Carl August interessiert sein könnte. Catharina Elisabeth Goethe zeigte sich indessen besorgter über die finanziellen Projekte ihres Sohnes als über die Operationen der Franzosen in ihrer Nähe. Als Landau entsetzt worden war und die französischen Armeen in der Absicht, den Verlust von Mainz wettzumachen, im Januar 1794 wieder den Rhein erreichten, wurde sie von einer aufgeregten Nachbarin im Nachthemd aus dem Schlaf geklopft, die ihr berichtete, daß Mannheim «mit glühenden Kugeln» beschossen werde und die Alliierten behaupteten, sich nur noch drei Tage halten zu können. Frau Goethe erwiderte, die feurigen Kugeln würden, nachdem sie vorher den Rhein überquert hätten, beim Eintreffen bereits erloschen sein, und im übrigen sei es höchst unwahrscheinlich, daß der Kommandant von Mannheim seine Kapitulationsabsichten im voraus bekanntgeben würde. Damit ging sie wieder zu Bett, um ihre acht Stunden zu schlafen.

In Erwartung der Sonne: August 1793 – Mai 1794

Auch wenn Goethe nicht um seine Familie besorgt gewesen wäre, hätte er die größere Welt nicht einfach vergessen können, als er im August 1793 nach Weimar und «zu einer stillen Thätigkeit» zurückkehrte. Nur diese und die Neigung zu den «Wissenschaften» konnten ihn «für die vielen traurigen Stunden entschädigen, die ich seit anderthalb Jahren zugebracht habe»: «Denn persönlicher Zeuge höchst bedeutender und die Welt bedrohender Umwendungen gewesen zu sein, das größte Unglück was Bürgern, Bauern und Soldaten begegnen kann mit Augen gesehen, ja solche Zustände getheilt zu haben, gab die traurigste Stimmung.» Trotz einer großen abendlichen Teegesellschaft zur Feier seiner Rückkehr, bei der beide Herzoginnen anwesend waren, und eines Balles im Theater eine Woche später, um den Geburtstag des abwesenden Herzogs zu begehen, vertiefte sich die Melancholie – und nicht nur darum, weil im fernen Frankreich der Terror um sich griff. Am 11. September verfiel das ganz Herzogtum in Trauer durch die unerwartete Nachricht, daß während des Feldzugs in der Pfalz Prinz Constantin am 6. September, zwei Tage vor seinem 35. Geburtstag, in der Dorfmühle, in der er untergebracht war, gestorben war – wahrscheinlich an Typhus und einem Übermaß an Medikamenten. Drei Wochen lang waren öffentliche Musikdarbietungen verboten, die Kirchenglocken schwiegen, die Eröffnung der neuen Theaterspielzeit wurde verschoben, und bis zum 9. Oktober trug man Schwarz. Goethe erhielt von Carl August den Auftrag, der Herzoginmutter die Nachricht zu überbringen (er «wolte ihr nicht mit Briefen beschwerlich fallen») und er blieb den größten Teil des folgenden Monats in ihrer Nähe, zunächst in der ländlichen Stille Tiefurts und danach auf ihren ausdrücklichen Wunsch in Jena, wo das Leben geschäftiger war, Konzerte mit Anstand wiederaufgenommen werden konnten und Knebel, Meyer, Wieland und die Herders herüberkamen, um ihren Beistand anzubieten. Die Herzogin abzulenken war zwar für Goethe selbst Ablenkung, aber es war auch eine leidige Pflicht: Christiane, die ihre Niederkunft erwartete, mußte brieflich anfragen, wie das Kind heißen solle, für den Fall, daß es zu früh kam, und August war enttäuscht, den Vater, der eben erst heimgekehrt war, so schnell wieder zu verlieren. Auch waren die Gedanken an die Sterblichkeit noch nicht wirksam verbannt. Goethe, der schon dabei war, einen Gedenkstein für die zwei Offiziere Carl Augusts zu entwerfen, die in Marienborn gefallen waren, begann jetzt mit Plänen für ein Denkmal in Tiefurt für den Prinzen, der dort manche Jugendjahre ziellos vertan hatte, die nun verloren waren, «im Augenblicke da er sich des Lebens werther gemacht hatte»: Die sterblichen Überreste selbst sollten mit fürstlichen Ehren in der Marktkirche in Eisenach beigesetzt werden.

Der Herbst brach herein, und Fritz von Stein, unzufrieden mit seinem Studium, berichtete in Briefen nach Hause von Schlamm und Nebel und beißendem Torfrauch in Hamburg. Goethes Gedanken wanderten zwölf Monate zurück, als auch er in Norddeutschland gewesen war. «Um die Zeit da es jährig ward daß ich mit euch wohnte», schrieb er Jacobi, «empfand ich eine Art von Heimweh und hätte wohl mögen, wenn es auch nur auf kurze Tage gewesen wäre, mit euch leben und hausen.» «Wir haben deiner treulich gedacht», schrieb Jacobi zurück, «und Tag vor Tag, was jedesmal geschehen war, nach Datum uns erzählt. Du bist nirgendwo so unter Dach und Fach wie hier.» Die Übertreibung war begreiflich: Seit dem Besuch war der Briefwechsel rege und intensiv gewesen. «Es gibt wenige Menschen, mit denen ich mich nicht längst ausgesprochen hätte», fuhr Jacobi fort: «Mit dir werde ich nie ausgesprochen haben.» Zudem hatte Goethe weiterhin mehr als freundschaftliches, geradezu familiäres Interesse am Studium Max Jacobis gezeigt, dessen Pläne zu einer ausgedehnten Ferienreise im September und Oktober den fernen Vater in Aufregung versetzt hatten, und einen klugen, begütigenden Brief nach Pempelfort geschrieben, worin er diskret zur Nachgiebigkeit riet: «Habe also nur noch diesen Winter Geduld, daß man Maxen als ein selbständig Wesen kennen lernt.» Die Verleihung des Titels an Georg wurde schließlich offiziell bestätigt – Goethe sandte ihm das Schriftstück persönlich in einem Umschlag mit Trauerrand zu –, und man kam sogar überein, keine der beiden Kutschen zu verkaufen, sondern sie fürs erste dort stehenzulassen, wo sie waren. Doch nicht bei Freunden war Goethe jetzt «unter Dach und Fach», so alt und vielfältig die Bande auch sein mochten, denn in Weimar gab es die Aussicht auf neues Leben und eine neue Zukunft. Am Donnerstag, dem 21. November, morgens um sechs wurde dem kleinen August ein Schwesterchen Caroline geboren und noch an demselben Abend in Goethes Gegenwart in seinem Hause getauft – «zur Vermeidung des Aufsehens», wie Herder sich ausdrückte. Frau von Stein war jedoch bald im Bilde: «[E]r hat eine entsetzliche Freude darüber; denn er ist freundlich wie ein Ohrwürmchen und macht französische Calembours [= Kalauer].» Dieser Anfall einer über alle Gewohnheit widrigen Hemdsärmeligkeit bei einem einst zartbesaiteten Manne war jedoch schnell vorüber. Am Dienstag, dem 3. Dezember, war Voigt zu einer Sitzung des Geheimen Conseils unterwegs, als ein Bote ihm eine Nachricht überbrachte, die ihn dermaßen bestürzte, daß er einen Umweg über die Baustelle an der Wilhelmsburg machen mußte, um sich zu fassen. Goethe, der ihm gegenüber die Geburt nicht ausdrücklich erwähnt hatte, hatte ihm als seinem nächsten Kollegen mitgeteilt, daß Caroline soeben einer unerwarteten Lungenentzündung zum Opfer gefallen war – heute würde man wahrscheinlich von plötzlichem Kindstod sprechen. Voigt hatte seinen Ältesten im Alter von vier Monaten verloren und kritzelte sofort ein paar Zeilen der Antwort:

Ich ehre und empfinde mit die Gefühle Ihres zarten Herzens. ... Gern wäre ich zu Ihnen geflogen, um das – vielleicht – sagen zu können, was ich hier schreibe. ... Es ist mir überaus empfindlich, *Sie* leidend zu wissen. ... So stehn wir oft am Abgrund, ohne es zu wissen.

Die unbeholfenen Sätze sind ein bewegendes Zeugnis für Goethes ungebrochene Macht, in anderen Zuneigung zu erwecken. Voigt war der Inbegriff der neuen Bürokratie: ein außergewöhnlicher, aber phantasieloser Arbeiter, beflissen, seinen Vorgesetzten zu gefallen, schroff und nicht immer rücksichtsvoll gegen Untergebene, in Ungnade Gefallene oder das Volk überhaupt, bedacht auf Gesundheit und Wohlergehen seiner selbst und seiner Familie und stolz auf das Wissen und die Bildung, die er sich in seinen Studentenjahren angeeignet hatte und die er gelegentlich in den geflissentlich zur Schau getragenen Erholungspausen seines langen Arbeitstages gerne herausstellte. Die Herders hielten ihn für «den niedrigsten Schmeichler». Er war menschlich, besonders dann, wenn es bürokratisch machbar war und in ihm das Gefühl der Wichtigkeit nährte, und er betete Goethe an – freilich nicht ohne den Neid, den er gegenüber jedem empfand, der mehr Mußestunden hatte als er selbst. Beim Briefschreiben lag ihm nur der trockene und vergnügt skrupellose Stil des vielbeschäftigten Verwaltungsbeamten. In diesem Ausnahmemoment jedoch riskierte er die ungewohnte Sprache der Empfindung, um das Zusammengehörigkeitsgefühl zu artikulieren, das sich zwischen ihm und seinem älteren Kollegen herausgebildet hatte. Hinter der stillen, ordentlichen Fassade des Hauses am Frauenplan wand sich unterdessen Goethe weinend am Boden, massig wie er war, mit seinen 44 Jahren und vor den Augen Meyers. Die große Leidenschaft, die Carl August an ihm vermißte, empfand Goethe für seine Kinder. Die Familie war seine wahre Geborgenheit, die Antithese zu jeder Erscheinung seines öffentlichen Lebens, sogar seines Schreibens, und Caroline hatte es vervollständigt, hatte zusammen mit August die Konstellation seiner eigenen Kindheit und das Bild seiner geliebten Schwester erneuert. Erst wenige Monate war es her, seit ihm in der Person Julie Schlossers Cornelia ein zweites Mal genommen worden war, und die Bilder jener kleinen Mädchen, die er einst zum Ostereiersuchen eingeladen hatte, verwirklicht in ihrem jungen Sein, wie Caroline es niemals werden würde, müssen ihn gepeinigt haben. Hier bedarf es keiner Spekulation: Welcher Vater hätte nicht vor Schmerz mit den Fäusten auf den Boden getrommelt? Da sein Kind jedoch offiziell nicht existiert hatte – im Taufregister wurde Goethes Name nicht erwähnt –, fand seine Trauer kein Echo in der Öffentlichkeit. Es war ein hoher Preis, den er für die Freiheit – vom Band der Ehe wie von der Religion – zu zahlen hatte. Knebel kam – vermutlich zufällig – am Vormittag vorbei, erwähnte aber in seinem lakonischen Tagebuch nichts von einem Unglück; ob irgend jemand kam, um

Christiane zu trösten, oder auch Tante Juliane, die einzige Taufpatin Carolines, ist nicht überliefert. Diesmal benutzte Goethe kein Briefpapier mit Trauerrand, als er sich zwei Tage später aufs Briefeschreiben warf, und nur seiner Mutter teilte er den Tod ausdrücklich mit. «Dem kleinen Mädelein seine Rolle war kurtz», erwiderte sie: «Gott! Erhalt dich und was noch übrig ist.» Sogar die Nachricht an Jacobi war knapp und verschleiert (gleichwohl schrieb sein guter alter Freund sofort zurück, um sich besorgt nach Christiane zu erkundigen):

Nach dem neuen Jahre sage ich mehr, denn die trübe Jahrszeit hat mir trübe Schicksale gebracht. Wir wollen die Wiederkehr der Sonne erwarten.

Auch andere Gesichter schwanden in diesen letzten Tagen des Jahres in die Erinnerung hinüber: die großäugige Maximiliane Brentano; der Freimaurer Bode, dessen Montaigne-Übersetzung noch fertig geworden war und dessen Papiere der Herzog von Gotha aufgekauft hatte und verbarg, weil er belastende Enthüllungen über seine Illuminatenvergangenheit fürchtete; endlich am 27. Dezember Frau von Steins hinfälliger Gemahl, der am Weihnachtstag einen letzten Schlaganfall erlitten hatte. Aber Goethe neigte nicht einfach das Haupt und erwartete die Sonne. Es war ein Wesensmerkmal seiner außerordentlich widerstandsfähigen schöpferischen Kraft, daß er sich nicht nur auf ein vorbewußtes Vertrauen, auf den heilenden Rhythmus der Natur stützen, sondern sich auch selbst in eine bewußte, ja harte Zucht nehmen konnte. Am 7. Dezember schrieb er Knebel: «Jetzt bin ich im Sinnen und Entschließen womit ich künftiges Jahr anfangen will, man muß sich mit Gewalt an etwas heften. Ich denke es wird mein alter Roman werden.» Die letzte Phase seiner Arbeit an *Wilhelm Meisters Lehrjahre* begann in stummer Trauer über den Tod seiner natürlichen Tochter.

Knebels Antwort läßt darauf schließen, daß er glaubte, Goethe spiele in seiner Nachricht auf den gefährlichen Zustand Frankreichs und seiner Revolution an. Er schrieb, daß «man sich durch die äußersten Dinge aufgespannt fühlt, ohne daß man ... Wege fände, auch nur die kleinste Wirkung damit hervorzubringen», weshalb er sich jüngst ganz auf seine Lukrez-Übersetzung verlegt habe. Bis zu einem gewissen Grade hatte er recht: Goethes Traurigkeit hatte viele Ursachen, und die Willensanstrengung, mit der er das Jahr 1794 begann, machte viele verschiedene Strömungen produktiv. Daß es die Literatur war, die von dieser Umorientierung den Nutzen hatte, war ganz im Einklang mit dem Entschluß, den er beim Abzug von Mainz gefaßt hatte: einen magischen Kreis um sich zu ziehen. «Meyer ist noch immer bey mir und die ästhetischen Freuden halten uns aufrecht, indem» – schrieb er bedeutsungsvoll an Reichardt – «fast alle Welt dem politischen Leiden unterliegt.» Von seinem jungen Freund, dem Kantianer Wyttenbach, hoffte er, er möchte bald die unruhige Trierer Gegend verlassen und mit Mitteldeutschland vertauschen können; denn: «Wir haben mehr als jemals jene Mäßigung und Ruhe des Geistes nöthig, die wir den Musen allein verdanken können.» Meyer riet er zur Nichtbeachtung jenes «garstigen Gespenstes, das man Genius der Zeit nennt», womit er sowohl auf die Revolution als auch auf die von ihr gezeugten Journale anspielte; er solle den Blick auf Raffael lenken und dankbar sein, daß er es könne. Während er selbst am *Wilhelm Meister* arbeitete, Knebel an seinem Lukrez und Herder an der Übersetzung des deutschen Jesuiten Jakob Baldes, der die Schrecken des Dreißigjährigen Krieges in respektable lateinische Verse zu bringen gewußt hatte, konnten sich die drei beim Mittagsmahl die Stunden im Gespräch vertreiben, «ohngedenck der vielen Hälse und Beine die es jezt an allen Orten und Enden der armen Menschheit kostet». Es war keine «unpolitische» Haltung, weder in einem naheliegenden Sinn, der Gleichgültigkeit implizierte – die Stärke des Gefühls ist offenkundig genug, und bei der Mittagsgesellschaft erwartete Goethe eine ausgiebige Diskussion über Robespierres neuen Kult des Höchsten Wesens –, noch in dem spezifisch deutschen Sinne, der hundert Jahre später gebräuchlich wurde: so als sei «Politik» etwas in Deutschland Unbekanntes, woran nur dekadente fremde Nationen litten. Das politische Leiden, dem Goethe nicht zu erliegen wünschte, war vielmehr das endlose Geschwätz über Ereignisse, die keiner der Sprecher erkennbar beeinflussen konnte, und das, soweit es sich auf Deutschland bezog, auf einer absurden Verkennung der politischen Realitäten beruhte. Einem alten Befürworter von allmählichen Reformen, «[e]inem tätigen produktiven Geiste, einem wahrhaft vaterländisch gesinnten und einheimische Literatur befördernden Manne» mochte man es durchgehen lassen, wenn ihm «der Umsturz alles Vorhandenen» als Verrat vorkam, «ohne daß die mindeste Ahnung zu ihm spräche, was denn Besseres, ja nur anderes daraus erfolgen solle»: So mußte die Boden- und die Steuerreform in Ilmenau, die Goethe und Voigt seit Jahren vorbereitet hatten, jetzt aufgeschoben werden, aus Furcht, sie könnte als Zugeständnis an die revolutionäre Stimmung mißverstanden werden. Als der Terror in Frankreich seinen Höhepunkt erreichte, sah Goethe «einige Freunde [vermutlich Knebel und Herder] sich jetzt auf eine Art betragen die nah an den Wahnsinn grenzt». Entgegen seinem späteren Ruf hatte Goethe beträchtliche Sympathien für jene Menschenschicht, die die Revolution trug: Nur glaubte er, daß die Umstände in Deutschland andere seien als in Frankreich. «So hat der arme Forster denn doch auch seine Irrthümer mit dem Leben büßen müssen!», schrieb er Sömmerring Anfang 1794: » ... Ich habe ihn herzlich bedauert.» Als aber Carl August über einen unparteiischen Nachruf auf Forster in der *ALZ* empört war, der sogar schmeichelhafte Bemerkungen aus dem Pariser *Moniteur* zitierte, bekräftigte Goethe den Tadel, welchen Voigt den Herausgebern erteilte, und entwarf gemeinsam mit diesem eine Richtigstellung, die in einer späteren Nummer abgedruckt wurde. Zwar hatte Goethe den Vorteil, Carl Augusts Ungehaltenheit über die «Scribenten» in Frankfurt und Mainz aus erster Hand zu kennen; aber es zeugte doch von einzigartiger Kurzsichtigkeit, wenn die Beiträger der *ALZ* nicht bedachten, daß sie vielleicht jenen

Mann vor den Kopf stießen, der für die meisten von ihnen Mäzen und Geldgeber war. So charakterisierte Voigt in seinen Briefen den Vorfall denn auch als Taktlosigkeit und nicht als Verrat. Deutsche Professoren, so meinte Voigt, könnten nicht im Ernst des «Sansculottismus» schuldig werden, weil ihre eigenen Posten die ersten wären, die einem Angriff auf die fürstliche Ordnung zum Opfer fielen; aber vielleicht hieß dies ja, die Einsicht der Intelligenz in ihre eigenen Bedingungen überschätzen. Nicht alle sahen so klar wie Goethe. Zweifellos war es eine boshafte Provokation, wenn er Herder erklärte: «Ich nehme jetzt die Grundsätze meines gnädigsten Herrn an, er giebt mir zu essen, es ist daher meine Schuldigkeit, daß ich *seiner Meinung* bin.» Aber er war damit kein größerer Heuchler als jene, die mit ihrem Republikanismus trotzten und dennoch weiter am Tische ihres Herrn aßen.

Nolens volens wurde Goethes politische Position deutlicher, freilich darum keineswegs einfacher. Am 16. Dezember 1793 kehrte Carl August – nach achtzehnmonatiger Abwesenheit im Feldzug und im Begriffe, sein preußisches Kommando zurückzugeben – unter allgemeinem Jubel zurück, um Weimar und Eisenach seine wohltätige Gegenwart und seine fürstliche Ausgabenfreude zu schenken. Er war mit Unterbrechungen über sieben Jahre nicht im Herzogtum gewesen, seit er und Goethe 1786 in Karlsbad voneinander Abschied genommen hatten, und mit seinem Entschluß zur dauerhaften Residenz begann zwangsläufig eine neue Epoche. Frau von Stein bemerkte sogleich die atmosphärische Veränderung; sie gab Fritz nach dem Tod seines Vaters den Rat, nicht zu sehr auf die Protektion Goethes zu zählen:

So sehr ich den Goethe zutraue daß er gerne vor dich etwas beym Herzog thun mögte, so hat er, weil der Herzog eigendlich kein respect mehr vor ihm hat, keinen sonderlichen Einfluß mehr, vor seine eigne Person glaube ich kann er alles erhalten ... aber vor seine [= Goethes] protégés thät er [= der Herzog] nichts.

Neues Wunschdenken gekränkter Sittlichkeit? Die politische Analyse war mit Sicherheit falsch: In den nächsten Monaten bereitete es Goethe keine Schwierigkeiten, seinen Diener Paul Götze in der Wegebaukommission als Condukteur in Jena oder Horny und Meyer an der Zeichenakademie unterzubringen, ja der Herzog war so eifrig mit seinen Unterstützungen für Fritz, dem er Ende Januar ein Gehalt von 300 Talern jährlich aussetzte, daß der junge Volontär, der bereits nach einem größeren Wirkungskreis als dem Weimarer Schatzamt Ausschau hielt und im Begriff war, sich für eine Reise nach England einzuschiffen, für seine Unabhängigkeit zu fürchten begann. Es war auch kaum ein Zeichen schwindender Gunst, daß Carl August am 17. Juni 1794 Goethe das Haus am Frauenplan übereignete, ihm 1500 Taler zu den Einrichtungskosten zuschoß und sich verpflichtete, die fällige Grundsteuer aus der Staatskasse zu zahlen. Aber so großzügig diese Geste auch war als Ausdruck der Dankbarkeit für Goethes treue Teilnahme am kriegerischen Leben seines Freundes in den Jahren 1792 und 1793:

stellte sie zugleich nicht auch den Versuch dar, dem Gefühl einer größer werdenden Distanz zwischen ihnen beiden entgegenzuwirken? Vielleicht hatte es wirklich eine Veränderung gegeben; aber die Verantwortung dafür lag dann weniger beim Herzog – wo Frau von Stein all ihre Vorurteile sie mit Vorliebe suchen ließ – als vielmehr bei Goethe selbst. Seine stämmige Gestalt in blauem Überrock und Dreispitz wirkte auf Besucher Ende 1793 ebenso wie fast zwölf Monate zuvor nach seiner Rückkehr von den Jacobis eher wie die eines Amtmannes als die eines Höflings oder Dichters, und im Winter tat er einen Schritt, der ihn, jedenfalls in seinen eigenen Augen, offen mit seiner bürgerlichen Herkunft verband. Denn wenn er nun die Pflanzen in seinem Garten am Frauenplan nicht nach ihrem dekorativen Effekt, sondern in Anlehnung an das botanische System von B. und A. L. Jussieu anordnen ließ – welches er dem ihres Vorgängers Linné vorzog und in Verse zu bringen begann –, dann zeigte dies nicht nur eine Bevorzugung der Wissenschaften gegenüber dem Gefühl an. Breme von Bremenfelds bewunderungswürdige Nichte bemerkt, daß wohl der Adel ein Recht auf künstliche Wildheit hat, daß aber den Menschen ihrer Klasse nur ein unter dem Nützlichkeitsaspekt angelegter Garten gemäß ist. Diese Menschen – erfahren wir aus einem Gedicht von Ende 1794 – wollen nicht romantische Dumpfheit an ihren Mauern wuchern haben, sondern bevorzugen klare, übersichtliche Küchenbeete, wie sie Mitte des Jahrhunderts zu den reicheren Stadthäusern Frankfurts gehört haben mögen. Im Sommer 1794 wurde der hintere Bereich von Goethes Haus umgestaltet; der niedrigere und bescheidenere Gebäudeteil, der auf den Garten hinausging, beherbergte jetzt ein Arbeitszimmer und eine Bibliothek, beide schmucklos und von asketischer Schlichtheit. Das große Leben eines adligen Beamten konnte in den aufwendig möblierten öffentlichen Räumlichkeiten an der Frontseite fortgeführt werden; dahinter begann sich eine andere Identität auszubilden, zu der nur wenige Zutritt bekamen. Eine neue Zeit – so wollte es, Goethes Ahnung bestätigend, der republikanische Kalender – hatte zwei Tage nach Valmy begonnen. Goethes Anpassung an sie erschöpfte sich nicht darin, daß er sich eine Lorgnette zulegte und für August eine Spielzeugguillotine zu kaufen suchte: Nach bald zwei Jahrzehnten, in denen er den Versuch unternommen hatte, für sich eine Rolle bei Hofe zu finden, begann er, in sich wieder den Bürger zu sehen.

Es wäre Heuchelei von Goethe gewesen, so zu tun, als sei er nicht der privilegierte Diener eines deutschen Reichsfürsten. Er hatte diese Rolle einmal – mehr als einmal – aus freien Stücken gewählt, weil sie ihn mit der Hauptströmung der politischen Entwicklung der Nation so nahe in Berührung brachte, wie er glaubte ihr kommen zu können. Aber die Zukunft der Nation stand jetzt unter anderen Auspizien. Wie immer es mit der französischen Revolution ausgehen mochte, die Rechtsreformen in Preußen wiesen auf ein Deutschland hin, das weniger höfisch, allerdings nicht weniger monarchisch war als früher, und das Ende des Fürstenbundes, Zwistigkeiten um die Beiträge zur Kriegsanstrengung, das sich verändernde Gleichgewicht der Macht sowie die schleichende Auslöschung Polens ließen erwarten, daß das Reich nicht lange unverändert überdauern würde. Der Republikanismus war keine ernsthafte Möglichkeit in Deutschland, es sei denn, er würde dem Land durch eine Invasion aufgezwungen, und anderes zu behaupten hieß, sich einer Illusion hinzugeben; aber genauso war es eine Illusion, sich vorzustellen, daß das, was 1789 zu Ende gegangen war, jemals wiederhergestellt werden würde. Nach der Heimkehr von den Ruinen des kurfürstlichen Mainz hielt Goethe an seiner Loyalität zur autokratischen Verfassung Weimars fest, aber er scheint sich bewußt geworden zu sein, daß diese Loyalität nunmehr eine ganz, persönliche Entscheidung war; ein förmlicher Ernst zog in seine Briefe an den Herzog ein, der sich darüber ärgerte (vielleicht war Carl August im Grunde seines Herzens noch immer Prinz Andrason und spürte aus den ehrerbietigen Formeln den versteckten Anspruch auf Autonomie heraus); seine Interessen nahmen eine neue Richtung, und er scheint seine höfischen Verpflichtungen weniger stark als früher, empfunden zu haben.

Die beschwerlichste dieser Pflichten war diejenige, die dem Theater gebührte. Am 15. Oktober 1793, dem zweiten Abend der neuen Spielzeit, sprach die fünfzehnjährige Christiane Neumann, die noch vor kurzem den Prinzen Arthur gespielt hatte, doch jetzt bereits mit dem Schauspieler Heinrich Becker verheiratet war, einen Prolog Goethes zu Goldonis (von August Vulpius übersetzter) Komödie *Der Krieg*, worin in mitunter ziemlich regelwidrigen Jamben die Hoffnung ausgedrückt wurde, Carl August möge bald zurückkehren – es war der einzige Originalbeitrag Goethes für das Theater in diesem ganzen Jahr. Der Prolog, den er im nächsten Herbst für Christiane Becker (die mittlerweile Mutter war) verfaßte, war der letzte seiner Art. Die Spielzeit 1793/94 hatte freilich ihre Glanzlichter mit zwei wichtigen neuen Mozartproduktionen: am 24. Oktober *Figaros Hochzeit* und am 16. Januar *Die Zauberflöte*, auf die Goethe viel Zeit verwendete, ohne daß die Arbeit seine Aufmerksamkeit gefesselt hätte. Er überwachte die Konstruktion eines Papptempels und zweier großer, beweglicher Vögel, sorgte dafür, daß genug weiße Bärte für die Priester vorhanden waren und deren Schuhe alle dieselbe Farbe hatten, und gab präzise Anweisungen zur Fertigung eines biegsamen Schwanzes für Papageno. Luise Rudorff, die noch bereit war, in Opernpartien aufzutreten, bevor sie sich im März endgültig unter die private Protektion der Herzoginmutter zurückzog, sang die Pamina. (Nach der Vorstellung gab Anna Amalia ein kleines Abendessen zur Feier ihrer Favoritin: Goethe schlug vor, sie solle einen ihrer Triumphe wiederholen, und so nahm sie den errötenden Knebel bei der Hand und sang ein bezauberndes «Ich werde aller Orten an deiner Seite sein». Der eigenbrötlerische Lukrez-Übersetzer soll bewegt gewesen sein – der krönende Erfolg von Mademoiselle Rudorffs Bühnenkarriere: Die Zukunft hatte, wie sie selber, mit ihr

Größeres im Sinn.) Die Produktion wurde bis Ostern zwölfmal vor ausverkauftem Haus gespielt und blieb noch jahrelang eine Stütze des Repertoires. Unter den ersten Zuschauern waren ferner der Herzog von Rudolstadt und seine Gemahlin, die zu Herzogin Louises Geburtstag Weimar einen Besuch abstatteten. Das fürstliche Paar, interessiert am Theater und darauf erpicht, das Unterhaltungsangebot während der jährlichen gesellschaftlichen Hauptattraktion des kleinen Herzogtums, der Vogeljagd im August und September, zu erweitern, handelte im Mai eine Sommerspielzeit der Weimarer Truppe in Rudolstadt aus, wobei *Die Zauberflöte* so oft gespielt werden sollte, wie das Publikum es verlangte. Goethe achtete darauf, daß die Kosten so weit wie möglich von den Gastgebern getragen wurden, und bald ersetzte die Rudolstädter Spielzeit die verlustreichen Gastspiele in Erfurt. Dieser Vertrag war die einzige wesentliche Errungenschaft in einem Jahr, das sich sonst nur durch das lästige Kommen und Gehen von Schauspielern und Schauspielerinnen ausgezeichnet hatte (dazu gehörten der bedauerliche Verlust von Willms und ein kurzer Auftritt der Familie Weber, bei dem aber der achtjährige Carl Maria noch zu klein für einen eigenen Beitrag war). Die Weimarer Spielzeit 1794/95 brachte dafür überhaupt keine bedeutenden neuen Produktionen, sofern man zu diesen nicht Goldonis *Diener zweier Herren* und Otways *Gerettetes Venedig* zählt.

Eine gewisse Entschlußlosigkeit kennzeichnete auch Goethes Tätigkeit als Minister. Im Herbst 1793 beantwortete er sehr gewissenhaft ein Ersuchen des Geheimen Conseils, das Einsickern geringerwertiger preußischer Münzen in die Eisenacher Währung zu untersuchen. Als jedoch offenbar wurde, wie gravierend die Hindernisse waren, die der von ihm vorgeschlagenen Wechselkurskontrolle entgegenstanden, gab er die für ihn recht untypische Empfehlung ab, die Angelegenheit auf sich beruhen zu lassen (freilich wurde das einschlägige Dokument an dem Tag unterzeichnet, an dem die kleine Caroline starb). Sogar Ilmenau hörte auf, seine Phantasie zu beschäftigen. Dafür gab es allerdings eine Vielzahl von Gründen. Der Mineralgehalt des Erzes hatte sich letzten Endes als enttäuschend niedrig erwiesen; nur der Bleigehalt barg gewisse Aussichten. Die Anlagen bedurften der Verbesserung, man würde neue Flöze eröffnen müssen – und so mußten wieder einmal die Anteilseigner befragt werden. Frau von Stein zog es vor, mit Verlust zu verkaufen, als weiteres Geld zuzuschießen: «Ich habe leider an nichts Glauben mehr, wo unser abgeschiedener Freund etwas bei zu tun hat. Er hat seinen Schutzgeist gewiß beleidigt und nun kein Glück mehr.» In der nichtssagenden Rede, mit der er die Vertreter der Anteilseigner bei ihrer Versammlung im Dezember 1793 in Ilmenau begrüßte, stellte Goethe einen lobenden Vergleich an zwischen dem entlegenen Gebirgstal, wo «betriebsames Volk» gesetzestreu «den Gang vernünftiger bürgerlicher Ordnung» begleite, und der Ebene, wo «ein wilder unbändiger Feind» sein Unwesen treibe; aber so leicht war der revolutionäre Geist der Zeit nicht zu verbannen – nicht einmal aus dem Thüringer Wald.

Die Aktionärsvertreter, darunter der prominente Bertuch, forderten Ausschüsse, Mitbestimmung und vor allem häufigere Versammlungen. Voigt unternahm es, Vorschläge auszuarbeiten, um «die vortrefflichen Ideen des Repräsentierens, Organisierens, Konstituierens, etc. etc.» in die Tat umzusetzen, aber es war umsonst: Der Geldhahn wurde bis zu einer weiteren Versammlung im Frühjahr, die dann nach den neuen Bestimmungen abgehalten werden sollte, zugedreht, und in der Zwischenzeit bewiesen die «Republikaner», wie Voigt sie nannte, ihren girondistischen Geist, schlossen das Bergwerk und schickten zwei Wochen vor Weihnachten alle Arbeiter bis auf eine Handvoll nach Hause. Es spricht für Goethe, daß er in Ilmenau schlecht schlief – er ließ die Stadtuhr für die Dauer seines einwöchigen Besuchs kurzerhand anhalten – und den neuen Versammlungsstil nicht goutierte: Als im April die nächste Sitzung anstand, war er wegen des Vorsprechens einer Schauspielerin in Weimar unabkömmlich und überließ es seinem getreuen Knappen, den mit neuen Rechten begabten Kapitalisten zu schmeicheln. Trotz einer schweren Erkältung und der Vorliebe des Beamten für schroffes, autoritatives Abfertigen begleitete Voigt die Anteilseigner gewissenhaft durch die Schächte und Maschinenräume, registrierte respektvoll ihre genialen Verbesserungsvorschläge und fragte erst ganz zuletzt, wie diese finanziert werden sollten: Der nötige Zuschuß wurde pflichtschuldigst, ja mit Begeisterung gewährt. Die Taktik war teilweise gerade darum erfolgreich gewesen, weil Goethe nicht zugegen war: Sie wäre an der eisigen, unbeugsamen Haltung zuschanden geworden, die er gewohnheitsmäßig annahm, wenn er sich gelangweilt oder bedroht fühlte.

Als Weimar wieder um einen residierenden Herzog zu kreisen begann, richtete sich Goethes Aufmerksamkeit auf Jena als Schauplatz einer ihm wesensgemäßen, mehr oder weniger selbständigen Betätigung. Im Winter 1793/94 schenkte er der Errichtung eines botanischen Instituts dort die Tatkraft und Gedanken, die er dem Weimarer Theater großenteils entzogen hatte. Knapp einen Monat nach seiner Rückkehr gab Carl August – im Prinzip schon fünf Jahre zuvor gewonnen – endlich seine Einwilligung zu einer jährlichen Subvention von 200 Talern zum Unterhalt des Instituts, doch überließ er es Goethe, 1000 Taler zur Deckung der Anfangskosten aufzutreiben und Obergärtner Wachtel zum Verzicht auf seinen lebenslangen Nießnutz an Haus und Grundstück zu bewegen. Goethe überredete mit Erfolg den Herzog, seine Subvention um 100 Taler für eine Rente für Wachtel aufzustocken; nach dem Tode des alten Mannes sollten die Mittel zur Tilgung eines Darlehens der Kammer dienen, die das Kapital liefern würde. Eine gewisse Rückzahlung konnte sogleich erfolgen, da man Obst und andere Erzeugnisse verkaufen und die Hälfte des Gartenareals auf drei Jahre verpachten würde. Zwar reduzierte Carl August den Kapitalaufwand und halbierte damit die Größe der vorgesehenen Treibhäuser, aber Goethe packte die Gelegenheit gleichwohl beim Schopfe und machte dem Herzog jeden Rückzieher dadurch unmöglich, daß er der Kammer und der Universität die fürstliche Entscheidung offiziell bekanntgeben und eine amtliche Mitteilung in die *ALZ* einrücken ließ, und begann Anfang März mit den Arbeiten. Man mußte einen neuen Obergärtner bestellen – Carl August wollte nicht auf Dietrich verzichten, und Goethe, mißtrauisch gegen den Alternativkandidaten, legte fest, daß dessen Anstellung nicht, wie bei Staatsbediensteten üblich, auf Lebenszeit erfolgte, sondern nur so lange, wie er seine Pflichten zur Zufriedenheit versah –, neue Wege und Stufen waren anzulegen, eine ständige Wasserzufuhr aus dem städtischen Aquädukt einzurichten, die Treibhäuser zu entwerfen (wobei Goethe behilflich war), und der Einsturz eines Teils der Jenaer Stadtmauer führte in der Öffentlichkeit zu der Forderung, den Stadtgraben zu verfüllen, wodurch das Ambiente des Gartens zweckmäßig verbessert wurde und wozu Goethe ebenfalls seinen Rat geben mußte. Wachtel verließ an Ostern (20. April) das künftige Institut, und nach dem Neutapezieren zog Batsch ein; neue Beete wurden gegraben, gedüngt und nach dem System der Jussieus angelegt, Obstbäume und Ziersträucher wurden eingesetzt, und aus der herzoglichen Sammlung im Belvedere kamen exotische Pflanzen. Carl August, der wie Goethe eine Abneigung dagegen hatte, administrative Angelegenheiten in die Hände eines streitsüchtigen und unbotmäßigen akademischen Ausschusses zu legen, dekretierte, daß das neue Institut überhaupt nicht von der Universität, sondern von einer neuen Kommission geleitet werden sollte, die aus Goethe und Voigt bestand. So gingen für Goethe die Ambitionen, die er bereits mit dem Garten am Frauenplan zum Ausdruck gebracht hatte, im Spätfrühling in großem Stil und mit dem entsprechenden wissenschaftlichen und technischen Stab in Erfüllung. Er besaß jetzt praktisch seinen eigenen, selbständigen universitären Fachbereich; die Aufgabe, ihn in Gang zu halten, verpflichtete ihn zu monatlichen Besuchen in Jena – häufiger als irgendwann seit 1784 –, und die wissenschaftliche Gemeinde dort begrüßte ihn jetzt als Autorität, nicht bloß als geschätzten Gelegenheitsstudenten. Batsch, mit seinen erst 33 Jahren noch beeinflußbar, konnte ermutigt werden, die Metamorphosenlehre zu erörtern und so seine Vorlesungen klarer zu machen – Goethe hielt sie für eine bloße Aufzählung von Pflanzen, langweilig und schwer zu behalten –, und in der Naturforschenden Gesellschaft konnte Goethe seine Optik oder seine vergleichende Anatomie entwickeln, der er sich jetzt wieder zuwandte, und mit anderen professionellen oder dilettierenden Forschern zusammentreffen.

Es waren jedoch nicht allein die Naturwissenschaften, die Jena attraktiver machten. J. L. Gerning befolgte den Rat, den Goethe ihm in Frankfurt gegeben hatte, und kam im Dezember 1793 nach Jena, um ein oder zwei Monate bei Schütz, dem Ästhetiker und Herausgeber der *ALZ*, zu verbringen und zu studieren, bevor er nach Neapel weiterreiste. Ein anderer hoffnungsvoller junger Mann, Karl Ludwig Woltmann (1770–1817), kam im Frühjahr, um Schiller als Professor für Geschichte abzulösen. Er empfahl sich Goethe, der soeben die Geschichte von Wilhelm Meisters Kindheit und Jugend über-

16. F. Bury: Johann Gottlieb Fichte

17. A. Denoyers nach F. Gérard: Alexander von Humboldt (1805)

arbeitete, durch den Eifer, womit er zu diskutieren wünschte, wie der Dichter und der Historiker «das wahrhaftige Leben von Individuen» darzustellen trachten. Schiller war im August 1793, als Goethe noch in Frankfurt war, zu einem langen Besuch seiner schwäbischen Heimat abgereist, aber im Februar 1794 zogen Wilhelm und Caroline von Humboldt vom Lande nach Jena, um zur Stelle zu sein, wenn Schiller wiederkam. Kaum zwei Wochen später besuchte sie Wilhelms Bruder Alexander (1769–1859), den Naturwissenschaften verbunden wie Wilhelm der klassischen Philologie und derzeit fränkischer Oberbergmeister in Bayreuth. In der Zeit seines Aufenthaltes sprach Goethe vor, erneuerte so den Kontakt zu guten Freunden Dalbergs und lernte den außerordentlichen Universalgelehrten kennen, der einmal Deutschlands bekanntester Naturforscher und Weltreisender werden sollte – schweigsam, ja linkisch, aber mit einem Hunger nach Naturerkenntnis um ihrer selbst willen, der den Goetheschen weit übertraf. Nun das Institut etabliert war und der Garten blühte, Schütz und Hufeland, Batsch und Loder durch eine jüngere und womöglich noch aufgeschlossenere Generation ergänzt waren, ist es kein Wunder, daß Goethe im Juni meinte, er werde «vielleicht künftig mehr und länger in Jena seyn, wenn es immer so artig bleibt, wie es itzt ist». Aber er hatte, als er dies sagte, vor allem einen neuen Bekannten im Sinn – Reinholds Nachfolger Fichte, dem er sich, nach des neuen Professors eigenen Worten, als einen «warmen Freund, und ich dürfte sagen, Bewunderer» erzeigte.

Die Reise von Königsberg, die Fichte im Frühsommer 1793 durch Tübingen geführt hatte, endete in Zürich, wo er im Oktober eine Frau heiratete, die er aus seinen Hauslehrerzeiten kannte. Die Ehe bescherte ihm eine gewisse finanzielle Sicherheit, und so konnte er sich zwei Monate lang dem Studium der gegen die Kantische Philosophie gerichteten kritischen Schriften widmen, die Salomon Maimon und G. C. Schulze («Aenesidemus») veröffentlicht hatten. Während dieser Auseinandersetzung mit den Skeptikern vollzog sich in ihm im Grunde eine zweite «Revolution der Sinnesart». Er ging aus ihr mit einem vollständig neuen philosophischen System hervor, über das er bereits im Januar 1794, als er offiziell die ihm angebotene Professur in Jena annahm, im Kreise Lavaters private Vorträge gehalten hatte. Im Mai kam er wie ein plötzlicher Windstoß über Jena, und binnen zwei Monaten war er Gegenstand erbitterter Kontroversen. «Ein wunderlicher Kauz», schrieb Goethe, aber «ein ganz andrer Mensch [als Reinhold] für Gespräch und Mittheilung. Er hat bey einem sehr rigiden Sinne, doch viel Behendigkeit des Geistes und mag sich gern in alles einlassen.» Als er zum erstenmal in dem eleganten Haus am Frauenplan empfangen wurde, wartete Fichte nicht, bis ihm Hut und Stock abgenommen wurden, sondern ließ beides, schon ins Gespräch vertieft, einfach auf dem nächstbesten Tisch fallen. Auch wenn er Vorlesungen hielt – morgens um sechs, in Reitstiefeln und Sporen –, war sein Stil eine permanente, vielleicht nicht immer bewußte Herausforderung der Konvention. Ein Schüler verglich ihn mit seinem Vorgänger, wie man eine Generation zuvor vielleicht Prediger miteinander verglichen hätte:

[Fichte] rührt nicht, wie [Reinhol]d, aber er erhebt die Seele. Jenem sah man es an, daß er gute Menschen machen wollte, dieser will große Menschen machen. [Reinhol]ds Blick war Sanftmuth, und seine Gestalt war Majestät. Fichtens Auge ist strafend, und sein Gang ist trotzig.

Er hätte hinzusetzen können, daß Fichte dogmatisch kurzen Prozeß mit Widersachern machte: «Ich erkläre ... Herrn [Professor] Schmid für nicht existierend», schrieb er über einen Kollegen in Jena, der seine Auffassung vom Wesen der moralischen Freiheit nicht teilte. Ein solches Verhalten war Mißdeutungen ausgesetzt (oder vielleicht auch nicht). Anfang Juni machten Gerüchte die Runde, er habe in seinen Vorlesungen *Über die Bestimmung des Gelehrten* gesagt, daß es in zehn bis zwanzig Jahren weder Könige noch Fürsten mehr geben werde. Carl August, der Anfang des Jahres nichts gegen Professor Paulus unternommen hatte, obwohl dieser bei der Vereidigung den Gebrauch der üblichen Glaubensformel verweigert hatte, nahm zwar den Vorwurf des Jakobinismus ernster, mochte aber über niemanden nach dem Hörensagen urteilen: Er bat Goethe, einen diskreten Blick in die Vorlesungsnotizen zu werfen, befragte Fichte persönlich und war von ihm eher eingenommen. Fichte wehrte sich mit Nachdruck und bekräftigte gegenüber Goethe seine Absicht, nicht nur jedes Wort so zu drucken, wie er es vorgetragen hatte, sondern auch, sofern es ihm erlaubt würde, die Widmung des Buches an den Herzog zu richten, «einen großen Mann ... auch wenn er ein Fürst ist». Er war jedoch bereit, nicht die Wiederveröffentlichung seiner politischen Abhandlungen aus dem Vorjahr zu betreiben, und bei einem Mittagessen mit Goethe und Voigt, das die zwei Geheimräte arrangierten, nachdem sie den Fall mit dem Herzog erörtert hatten, und zu dem auch Knebel eingeladen war, «damit das Gespräch mannichfaltiger werde», konnte Fichte Voigt davon überzeugen, daß er «ein sehr gescheuter Mann» sei, «von dem schwerlich etwas Unbeson[nen]es oder Gesellschaftswidriges kommen kann». Nach Goethes wohlerwogenem Urteil war der Philosoph «eine der tüchtigsten Persönlichkeiten, die man je gesehen», während Fichtes Einschätzung seines Befragers von eigenem Interesse ist: «Man sollte glauben er [= Goethe] sey falsch; aber das ist er gewiß nicht; er ist prädicatlos.»

Für Carl August jedoch war ungeachtet seines guten Verhältnisses zu Fichte die Angelegenheit der Anfang eines jahrelangen Ärgers über «das alberne kritische Wesen» und Goethes «kindische» Vernarrtheit in dessen störende Ideen: Niemand war besser placiert, um in Jena als Auge und Ohr der herzoglichen Administration zu fungieren und mit väterlichen Ermahnungen die Ordnung dort aufrechtzuerhalten, aber Goethe schien sich lieber bei der akademischen Zunft Anerkennung verschaffen zu wollen. Der Herzog erkannte zutreffend, daß Jena spätestens 1794 zu Goethes Steckenpferd geworden war. Er mochte gleichwohl unterschätzen, wie sehr Jena für Goethe nicht einfach eine Ergänzung, sondern eine Alternative zu Weimar war und wie ernsthaft ihn die neue Philosophie interessierte. Fichte war nicht der einzige Kantianer, der damals Goethe und seiner Protektion zu Dank verpflichtet war – eine Stelle in Jena wurde auch für den harmlosen Exzentriker Obereit und für den von Armut geplagten Maimon erwogen, ein Freund von Moritz –, aber er war der unvergleichlich wichtigste. Seine Geistesgaben und sein unbeugsamer Charakter ließen erwarten, daß er sich nicht für einen Kompromiß zwischen Vernunft und Unvernunft hergeben würde, den, nach Goethes Überzeugung, Lavater anstrebte, und noch bevor er nach Jena kam, war klar, daß er dem Kantischen System eine höchst originelle Wendung geben würde. Briefe, die seine neuen Ideen skizzierten, trafen noch vor ihm in Weimar ein, desgleichen die Einladungsschrift zu seinen Vorlesungen, die Abhandlung *Über den Begriff der Wissenschaftslehre*, die Bertuch ebenso herausbringen sollte wie die Vorlesungen selbst – in Teillieferungen, so wie sie gehalten wurden. Goethe unterstützte den Vorschlag lebhaft und kannte sich bis Mai in der Fichteschen Terminologie gut genug aus, um humorvolle Anspielungen auf sie in einem Brief an Jacobi zu machen (der es begrüßte, daß Fichte sich, wie er glaubte, seine – Jacobis – Kantkritik zu eigen gemacht habe). Über den ersten Bogen der Vorlesungsreihe über die *Grundlage der gesammten Wissenschaftslehre* konnte Goethe sagen:

Er enthält nichts das ich nicht verstünde oder wenigstens zu verstehen glaubte, nichts das sich nicht an meine gewohnte Denkart willig anschlösse.

Fichte seinerseits berichtete gegen Ende des Sommers:

Neulich ... hat er [= Goethe] mir mein System so bündig und klar dargelegt, daß ich's selbst nicht hätte klarer darstellen können.

Die Epoche in Goethes wissenschaftlichem Forschen, da er an die Möglichkeit einer von jeder Theorie unverfälschten Wissenschaft der reinen Beobachtung geglaubt hatte, näherte sich ihrem Ende. Er mag sogar an mehr gedacht haben als nur an die Naturwissenschaften, wenn er Fichte schrieb, er werde es ihm Dank wissen, «wenn Sie mich endlich mit den Philosophen versöhnen die ich nie entbehren und mit denen ich mich niemals vereinigen konnte». Die Werke Fichtes, die er im Manuskript oder frisch aus der Druckerpresse im Frühjahr und Sommer 1794 las, brachten ihn an die vorderste Front des zeitgenössischen Denkens – auf ein Gebiet, das er zwanzig Jahre lang nicht betreten hatte.

Die Geistesgewalt Fichtes ist an der entschiedenen Sicherheit zu erkennen, mit der er die zeitgenössische Diskussion um Kant erfaßte und sie sowohl auf die von Leibniz und Spinoza behandelten Kernfragen als auch auf die Quelle der modernen Metaphysik, Descartes' Überzeugung von der Gewißheit des «Ich denke, also bin ich», zurückführte. Die Skeptiker, zum

Beispiel «Aenesidemus»-Schulze, über den Fichte 1794 eine umfangreiche Besprechung schrieb, hatten seiner Ansicht nach bewiesen, daß Kants Erklärung des «Dinges an sich» fehlerhaft war. Anstatt jedoch diese Erklärung zu modifizieren, schlug Fichte eine Radikalkur vor. Der Versuch Kants, unsere Erfahrung als Ergebnis einer Interaktion zwischen uns und der Welt zu erklären, mußte nach Fichtes Überzeugung aufgegeben werden. Aufgabe der Philosophie war es nicht länger, kritisch die subjektiven und objektiven Elemente der Erfahrung zu unterscheiden, sondern offen den fundamentalen Lehrsatz des Idealismus zu verkünden: daß die Welt so ist, wie wir glauben, daß sie ist. Nicht nur im Bereich der Moralität, sondern auch in der theoretischen Philosophie war der Freiheit, dem Prinzip der Selbstbestimmung, absoluter Vorrang einzuräumen. Die Gestalt der Welt, in der wir leben, ist in keiner Weise von Dingen ableitbar, die von uns unabhängig sind: Es liegt alles in unserer Verantwortung. Die einzige untilgbare Gewißheit über die Erfahrung liegt nicht in dem, wovon sie Erfahrung ist, sondern darin, daß sie Erfahrung für den Erfahrenden, für ein «Ich» ist. Ich mag mir die Welt als menschenleer vorstellen, ich mag sie mir mit Spinoza als die eine, alles umfassende Substanz vorstellen, aber ganz gewiß stelle ich sie mir als eine Welt vor, die von einem «Ich» erfahren wird. Diese Gewißheit kann, da sie Gewißheit schlechthin ist, nach Fichte nicht ihrerseits in einer Deduktion oder Argumentation gründen, wie Descartes sie in seinem berühmten Theorem aufstellt: Sie selbst ist Ursprung aller Argumentation, sogar einer so elementaren Aussage wie «A = A» (Satz der Identität). Die Gewißheit der Präsenz eines «Ichs» in jeder Erfahrung leitet sich von keiner Autorität her, sondern von einer «Tathandlung» des sich «selbst setzenden Ichs» – eines absolut freien Ichs; denn alles, was als Bindung oder Bedingung dieses Ichs vorgestellt werden könnte, müßte Teil der Erfahrung eines noch höheren «Ichs» sein. Diese vollkommen freie Tathandlung, die selbst nicht erfahren werden kann, da alle Erfahrung aus ihr entspringt, ist die einzige Bewohnerin der noumenalen Welt: Hinter dem Reich der Erscheinungen gibt es nichts, es gibt nur ein einziges herrisches Gebot. Das Prinzip Descartes' wird praktisch umgekehrt: Ich bin, also denke ich (unter anderem). Wie man sieht, wird das Wort «Ich» in zwei ziemlich verschiedenen Bedeutungen gebraucht, wenn es sowohl als Name der ursprünglichen Bedingung aller Erfahrung als auch als Name eines sterblichen, vielfach begrenzten Denkenden dient. Fichte stellt drei fundamentale Sätze auf, um die Beziehung zwischen dem höheren, «absoluten» Ich und dem «empirischen» Ich zu erklären, das sich in einer bedingten und bedingenden Welt sieht. Die Sätze verhalten sich zueinander wie These, Antithese und Synthese. Der erste Satz lautet: «Das Ich setzt ursprünglich schlechthin sein eigenes Seyn.» In logischer Hinsicht läuft dies auf die Behauptung des Identitätsprinzips hinaus. Zweitens heischt nun der Begriff der Erfahrung, daß es etwas anderes als das Ich gibt, das erfahren werden kann. Dieses «Anderssein» vom Ich ist jedoch eine Form des Verhältnisses zum Ich und ohne es undenkbar.

Die Möglichkeit des «Andersseins» selbst – und damit die Möglichkeit zu Negation, Differenz und Antithese – muß vom Ich in einem Akt der Setzung geschaffen werden, der nicht weniger unbedingt ist als der Akt, durch den es sein Sein setzt. Durch diese Handlung, welche die Welt der Dinge, oder die Natur in ihrer Gänze, als *vom Ich verschieden* setzt, wird, wie Fichtes zweiter Satz lautet, «dem Ich schlechthin entgegengesetzt ein Nicht-Ich». Fichte meint natürlich nicht, daß der Philosoph oder sonst irgendein Mensch die Welt aus seinem Kopf erschafft (obgleich er sich dieser absurden Vorstellung als einer Analogie zu dem von ihm Gemeinten bedienen mag): Es geht ihm um die grundsätzlichen Kategorien, die uns befähigen, eine Erfahrung als die unsere zu erfassen (und wir haben keine Erfahrung, die nicht von dieser Art wäre). So sind nun Ich und Nicht-Ich, Setzung und Negation, These und Antithese bereits identifiziert: Die Synthese, die die produktive Koexistenz dieser Gegensätze erlaubt, wird durch die Begriffe Begrenzung und Teilung geleistet. Fichte kommt nämlich zu dem Schluß, daß das Selbst, dem unsere Erfahrung angehört, als geteilt anzusehen ist. Unsere Erfahrung hängt von einer unsichtbaren Tathandlung durch ein Ich ab, das logisch aller Erfahrung vorangeht und sowohl unser Selbst als auch dessen Differenz von der es begrenzenden Welt gesetzt hat. Aber das Ich erscheint in unserer Erfahrung auch als unser eigenes endliches, «empirisches» Bewußtsein, das begrenzt wird durch die entgegensetzte Welt der endlichen Dinge (zum Beispiel unseren Körper). Unser Bewußtsein ist in seinen innigsten Einzelheiten nicht zu trennen von der Welt, die es kennt, obgleich es seinen Ursprung und seine Bestimmung jenseits dieser Welt hat. Um es mit den möglicherweise verwirrenden Worten von Fichtes drittem Satz zu sagen: «Ich setze im [unendlichen] Ich dem theilbaren [endlichen] Ich ein theilbares [endliches] Nicht-Ich entgegen.» In drei Schritten gelangt so Fichtes «Ich» von einsamer und unendlicher Selbstsetzung zu mannigfaltigem und endlichem Leben, so wie Rousseaus Galatee, von ihrem Sockel herabsteigend, zuerst sich selbst und dann den kalten Stein, der nicht sie ist, berührt, bevor sie in den lebendigen Armen Pygmalions ein zweites Mal sich selbst findet.

Sogar in Fichtes stark versittlichter und vergeistigter Philosophie – oder «Wissenschaftslehre», wie er lieber sagte – ist die Fortdauer des Leibnizischen Musters bemerkenswert. Zwar wird in der *Grundlage der gesammten Wissenschaftslehre* sehr wenig über Gott gesagt, wenn wir auch erfahren, daß die Idee eines Ichs, dem nichts, kein «Nicht-Ich» entgegengesetzt ist, «die undenkbare Idee der Gottheit» sei (und mit der Aussage, Goethe sei wie das absolute Ich «prädikatlos», mag Fichte sich seiner eigenen Terminologie bedient haben, um eine bekannte Übertreibung auszudrücken). Aber das Verhältnis zwischen dem absoluten, zeugenden Ich und dem abgeleiteten empirischen Ich, das sich selbst mit einer vielfältigen Welt wohlbegründeter Erscheinungen umgibt – wenngleich mehr durch Entgegensetzung als durch Wahrnehmung –, erinnert stark an das Verhältnis zwischen der Monade und dem Gott, deren dunkler Reflex sie ist und mit dem sie in gewisser Weise allein ist. Wie in Leibniz' Schema ist die Wirklichkeit schlechthin – das Wesen des «Ichs» – eine sich selbst behauptende Tätigkeit, und wie bei Leibniz wird aus dem ursprünglich hauptsächlich logischen Begriff der Tätigkeit in seinen abgeleiteten Formen etwas mehr Psychologisches und Greifbares. Weil das Ich streng genommen nur sich selbst setzen kann, kann das Setzen des Nicht-Ichs nach Fichtes Überzeugung immer nur unvollkommen, ein zu erreichendes Ziel sein, so daß die Tätigkeit des Selbst in der Welt der Dinge sich als «Streben» manifestiert: «Dieses unendliche Streben ist ... die Bedingung der Möglichkeit alles Objects: kein Streben, kein Object.» Gefühltes und reflektiertes Streben ist «Sehnen», und auf ein spezifisches Objekt gerichtet (das etwas Abstraktes wie Vorstellung oder Realität sein kann), ist es «Trieb». Die geistige, emotionale und physische Welt ist daher in Fichtes Verständnis nur unvollkommen und im Trachten eine Welt der Dinge, nur idealiter ein statisches Nicht-Ich, das dem Ich ganz gleich und von ihm ganz unterschieden ist: In der Realität ist es eine Welt des unaufhörlichen Strebens und Sehnens, durchdrungen von der Tätigkeit des Ichs, sich endlos selbst zu setzen, ganz so wie die Monaden in Leibniz' System damit beschäftigt sind, aus sich selbst immer vollkommenere Spiegelbilder der göttlichen Quelle zu machen, die durch sie alle hindurchscheint.

Leibniz' Monaden sind natürlich auch damit beschäftigt, einander widerzuspiegeln, und auf seiner eigenen empirischen Ebene ist auch Fichtes empirisches Ich nicht allein. In dem Begleitkurs, den er in seinem ersten Semester in Jena anbot, den Vorlesungen *Über die Bestimmung des Gelehrten*, argumentierte Fichte erstens, daß es dank dem, was er den «Trieb nach Identität» nennt, die Bestimmung eines jeden freien, vernünftigen Wesens ist, sich auf den endlosen Prozeß der Selbstvervollkommung einzulassen, und zweitens, daß die Vervollkommnung unserer eigenen Rationalität von uns erheischt, in freie und reziproke – das heißt weder zweckbestimmte noch dominierende – Beziehungen zu anderen vernünftigen Wesen einzutreten. Die Vervollkommnung des materiellen Mediums, in dem diese Beziehungen stattfinden – unsere Körper, Gefühle und die ganze materielle Welt – heißt «Kultur». Das Goldene Zeitalter, das Rousseau in der Vergangenheit angesiedelt hatte, weil er glaubte, die Kultur habe es korrumpiert, gehört in Wirklichkeit in die Zukunft – zwar eine unendlich ferne Zukunft, aber ein Bild des idealen Ziels, dem die Kultur entgegenstrebt, ein Zustand individueller Vollkommenheit, der nur durch gleichzeitige reziproke Vervollkommnung aller erreichbar ist. Wie in der ähnlich leibnizischen Konzeption Wilhelm von Humboldts bleibt Bildung, die Vervollkommnung des einzelnen, Maßstab und Zweck des sozialen Fortschritts. Und wie für Humboldt sind auch für Fichte politische Einrichtungen ein instrumentelles Anhängsel, kein Wesenselement der Gesellschaft: «Das Leben im Staate gehört nicht unter die absoluten Zwecke des Menschen.» Der Staat ist nur dazu da, die

Umstände zu schaffen, unter denen er absterben wird; «es ist der Zweck aller Regierung, die Regierung überflüssig zu machen.» (Zweifellos war es diese Bemerkung, die zu dem Gerücht führte, Fichte habe das bevorstehende Ende aller Könige und Fürsten prophezeit: In Wirklichkeit war sie der unübertroffen reine Ausdruck jener Einstellung, die sie in Deutschland an der Macht hielt – «Um Herrschaftsformen mögen Toren streiten. / Die bestverwaltete, sie ist die beste [Pope, *Essay on Man*].») Die wahre Zukunft des Menschengeschlechts, erklärte Fichte seinem Publikum von künftigen Gelehrten, liege bei ihnen – bei einer Klasse, die, wie Voigt bemerkt hatte, einzigartig abhängig von der Protektion der Fürsten war. Der Gelehrte – der deutsche Professor – hat nicht nur den umfassendsten Begriff von den Möglichkeiten und dem Ziel des Menschen und kann daher der Lehrer und, mehr noch, der *Erzieher* der Menschheit sein (womit Fichte sich selbst und seinen Schülern bewußt die Rolle zuschreibt, die der diskretere Lessing Gott vorbehalten hatte); der Gelehrte soll auch

der *sittlich beste* Mensch seines Zeitalters seyn; er soll die höchste Stufe der bis auf ihn möglichen sittlichen Ausbildung in sich darstellen. Dies ist unsere gemeinschaftliche Bestimmung, meine Herren, dies unser gemeinschaftliches Schicksal.

«Ich bin ein Priester der Wahrheit», schloß Fichte; «ich bin in ihrem Solde.» Deutlicher hätte man den Ehrgeiz dieser neuen Klasse von säkularisierten Theologen, ihre geistlichen Vorgänger abzulösen und sich in den Genuß ihrer Einnahmen zu setzen, nicht formulieren können.

Fichte war die Stimme – die laute und auf seine Weise klare Stimme – jener, die Deutschlands Revolution machten. Er war auch – und teilweise aus diesem Grunde – ein tiefer und fruchtbarer Denker von überaus disparatem Einfluß auf spätere Generationen, bis in unsere Zeit. Abgesehen von seiner offenkundigen unmittelbaren Bedeutung für Schelling und Hegel schuf er die Philosophie des unbewußt strebenden Willens, von der Schopenhauer, Wagner, Nietzsche und Freud ganz unterschiedlichen Gebrauch machten, er ist mit Recht «einer der ersten sozialistischen Schriftsteller Deutschlands» genannt worden, und er vermachte Karl Marx jene Verachtung für Politik und den Staat, die für die Klasse, die er bilden half, so kennzeichnend war. Seine hauptsächliche Leistung aber war es, daß er dem scheinbar unwiderstehlichen Strom des Kantianismus eine neue Richtung gab, die Subjektivität im Herzen der Leibnizischen Monadologie wiederentdeckte und die Philosophie wieder kompromißlos um das menschliche «Recht, Ich zu sagen», zentrierte. Die daraus resultierende Herausforderung, alle Negation und Differenz und damit alle Begriffsbildung und damit letzten Endes alle sozialen und sogar alle natürlichen Beziehungen als Hervorbringungen unsererer eigenen Identitätssetzung zu verstehen – als ergänzende Deutungsakte nach einem primären Akt der Selbstdeutung –, ist noch nicht einmal in der Ära des Poststrukturalismus wirklich angenommen worden. Wenn Affinitäten zwischen der modernen Kritischen Theorie und der deutschen Literatur und Philosophie der Romatik zu bestehen scheinen, dann darum, weil beide Fichte verpflichtet sind, und Kant nur insoweit, wie er in Fichteschem Licht gesehen wird. Mit der Leugnung der Unabhängigkeit von Dingen an sich tat Fichte den entscheidenden Schritt auf dem Weg zu seiner eigenen philosophischen Unabhängigkeit, und 1797 ging er in einer für das Publikum bestimmten Darstellung seiner Ideen sogar so weit, zu behaupten, daß nur ein knechtischer Geist glauben könne, von äußeren Objekten affiziert zu werden, während nur ein freier Geist sich zum idealistischen Glauben an seine Autonomie emporschwingen könne: «Was für eine Philosophie man wähle, hängt ... davon ab, was man für ein Mensch ist.» Soviel von Fichtes System konnte Goethe gewiß begreifen, auch wenn er den Eindruck hatte, «nur mit Mühe und von ferne» dessen begrifflicher Ausarbeitung in den späteren Teilen der *Grundlage der gesammten Wissenschaftslehre* folgen zu können. Es spricht einiges dafür, daß er Ende 1794 einen Versdialog zwischen Mephistopheles und einem Fichteanischen Idealisten entwarf, der schließlich Eingang in *Faust II* fand und worin der nunmehr anachronistische alte Teufel von einem Vertreter der neuen Generation schonungslos heruntergeputzt wird, der jeden Menschen über dreißig für reif zur Liquidierung hält. Fichtes «Produktion» mochte «sonderbar», ja sogar komisch sein, aber seine Formulierung des Subjektivitätsprinzips in der neuen Philosophie war die radikalste und kam in einer Form daher, die frei von jeder offenen Assimilation an die religiöse Orthodoxie war. Sie stellte daher Goethe vor dasselbe Dilemma wie die Entchristianisierungsbewegung im revolutionären Frankreich: War dies der logische Schluß jener für gewöhnlich höflichen Ablehnung des Christentums, über die Goethe in seinem ganzen Erwachsenenalter seine literarische und soziale Persönlichkeit definiert hatte? Es könnte scheinen, als habe der Gang der Ereignisse aus ihm einen Kollaborateur jenes arroganten Aktes philosophischer Negation, mit welchem Fichtes einsames Ich die ganze Welt setzte, oder gar einen Kollaborateur der schrecklicheren politischen Negationen im zeitgenössischen Paris gemacht. Mußte er daher seine früheren Überzeugungen aufgeben und Zuflucht zu einer defensiven Reaktion nehmen? Oder mußte er eine Logik der Moderne akzeptieren, die geradewegs in den Abgrund zu weisen schien? Nun, Goethe gehörte weder nach Paris noch in jenes Berlin, wo die Philosophie der neuen deutschen Beamtenintelligenz zuletzt ihre Heimstatt fand, noch gewährte er jemals dem reaktionären Wien prinzipielle Unterstützung. Er blieb seinen Ursprüngen in Frankfurt und dem alten Reich treu. Das Gleichgewicht, das er als Antwort auf dieses Dilemma fand, erhielt symbolischen und oft humorvollen Ausdruck in seinen späteren literarischen Werken, in denen einige der profundesten Verworrenheiten des gegenwärtigen Zeitalters darauf warten, einen Leser zu verstören, der bereit ist, hinter die scheinbar zeremoniös konservative Fassade zu schauen. Während Fichte Professor in Jena war, konnte Goethe, mochte er auch weiter einen Halt am Weimarer Hof haben, aus nächster Nähe die gefährlichen

Energien der neuen Epoche beobachten und beginnen, sie für seine Dichtung nutzbar zu machen.

Letzten Endes waren es aber die farbigen Schatten, die Goethe die Notwendigkeit einer Theorie der Subjektivität offenbarten. Nach der Rückkehr aus Mainz und in der stillen Zeit der Trauer um Prinz Konstantin setzte er zunächst die Farbstudien fort, die ihn während der Belagerung beschäftigt hatten. Er schrieb an seiner Kritik Newtons, und während er Anna Amalia in Jena zu zerstreuen suchte, verschwand er – zweifellos in Göttlings Laboratorium –, um eine sorgfältige Reihe von Versuchen mit Metallen durchzuführen, die den Nachweis einer chemischen Grundlage für die von ihm gefundene Beziehung des Gegensatzes und der «Erhöhung» zwischen Farben erbringen sollten. Doch traf im Oktober Lichtenbergs Antwort auf die Abhandlung über Schatten ein. Der herzliche, ermutigende und lange Brief hätte nicht liebenswürdiger schmeicheln können: Goethe wurde von dem führenden Experimentalwissenschaftler Deutschlands als Kollege in der Wahrheitssuche behandelt, dessen Beobachtungen und Theorien genaue Beachtung verdienten. Lichtenberg war jedoch ein präziser und noch skrupulöserer Beobachter als Goethe, er hatte sich in vielen Jahren des Studiums ein wohl durchdachtes Verständnis der theoretischen Philosophie Kants angeeignet, und auch er war ein unübertrefflicher Briefeschreiber: In Liebenswürdigkeit verpackt fanden sich Splitter schärfster Kritik. Goethe wurde auf eine französische Untersuchung aus dem Jahre 1782 von Jean Henri Hassenfratz (1755–1827) verwiesen, in der seine wichtigste Schlußfolgerung vorweggenommen wurde, und ohne die Anwendung auf Goethes Werk gerade zu betonen, knüpft Lichtenberg an seinen Verdacht, es könnten die Beobachtungen des Franzosen «durch die Phantasie zu des Verfassers Zweck etwas abgerundet worden» sein, eine Diskussion über den «in diesem Teil der Physik» ausgemachten Unterschied zwischen dem, was wir sehen, und dem, was wir zu sehen glauben. Wir nennen «weiß» nicht, was weiß aussieht, sondern wovon wir glauben, daß es im vollen Sonnenlicht weiß aussehen würde; wir merken dies aber nicht, weil bei Farbempfindungen «Urteil und Empfindung so zusammenwachsen», daß wir beides kaum zu trennen vermögen:

... wir glauben jeden Augenblick etwas zu *empfinden* was wir eigentlich bloß *schließen*.

Möglicherweise stehen die Farben, die man in Schatten sieht, durch irgendeinen Kompensationsmechanismus mit den Farben in ihrer Umgebung in Beziehung (in der Tat ist dies die gängige Erklärung). So werden wir, wenn wir etwas intensiv Rotes ansehen, ein grünes Nachbild vor Augen haben, und vice versa, eine Erscheinung, die mit den von Buffon so genannten «couleurs accidentelles» zusammenhängt, die eindeutig im Auge selbst entspringen, zum Beispiel wenn es gestoßen oder gedrückt wird. Goethe antwortete unverzüglich und ausführlich, um das Positive an der Aufnahme seines Aufsatzes zu nutzen – ungeachtet Lichtenbergs unverkennbarem Newtonismus in der Frage des Weißen –; er bat darum, ihm das Buch von Hassenfratz zu leihen, und setzte ein paar Beobachtungen über Nachbilder hinzu, die er jüngst gemacht hatte. Aber der frühere Schwung war dahin: Plötzlich muß ihm klar geworden sein, daß Farbe mehr war als Physik und Chemie, und in den ersten Monaten des Jahres 1794, als er freilich mit seinen Gedanken viel bei dem botanischen Garten war, machte die Chromatik wenig oder gar keine Fortschritte. Er wiederholte Hassenfratz' Versuche, sah jedoch davon ab, seinen Aufsatz zu drucken, und schickte das Buch erst 1796 nach Göttingen zurück. Lichtenbergs vielsagende Vorbehalte scheinen ihm nur die Gewißheit gelassen zu haben, daß ein völliger Neubeginn notwendig war. An diesem toten Punkt wandte er sich im Juni 1794 an Fichte, mit dem er über «verschiedne Gegenstände»– zu denen gewiß auch die Farbenlehre gehört haben wird – zu sprechen hoffte, «deren Bearbeitung ich aufschiebe bis ich deutlich einsehe wie sich dasjenige was ich zu leisten mir noch zutraue an dasjenige anschließt was wir von Ihnen zu hoffen haben.» Ob dieses Gespräch nun stattfand oder nicht, Goethe war offenkundig zu dem Schluß gelangt, daß er die Hilfe der örtlichen Autorität in Sachen Subjekt und Objekt benötigte, und begann am 5. Juli seine eigenen charakteristisch pragmatischen – und damit in den Augen des Transzendentalphilosophen zweifellos fehlgeleiteten – Untersuchungen. Wenn an der Hervorbringung des Farbeindrucks der menschliche Wahrnehmungsapparat beteiligt war, mußten Versuche möglich sein, die diese Beteiligung demonstrierten. Mit einem Helfer, der eine Taschenuhr in der Hand hielt, stand er in seiner Dunkelkammer vor einer weißen Tafel und maß auf die Sekunde genau die Farbveränderungen in den Nachbildern, die auftraten, wenn er fünf Sekunden lang auf ein hell beleuchtetes Blatt Papier gesehen hatte. Auf den modernen Psychologen wirken seine Beobachtungen noch immer bemerkenswert detailliert und genau. Etwa zu derselben Zeit stellte er ganz neue «einfache unerklärte Grundversuche» mit Linsen und Prismen zusammen, welche die «wenigen Phänomene» demonstrierten, «woraus alle die übrigen sich entwickeln lassen» und die auf dem Prinzip beruhten, daß Farben in «subjektiven» Versuchen durch «eine Beschränkung ... des Bildes» hervorgebracht würden. Wie in den offensichtlicher psychologischen Versuchen wandelte sich die Farbenlehre vom Studium des Lichts zum Studium des Sehens. Das war der Neuanfang, den Goethe brauchte – wie er Sömmerring gestand, hatte er seinen ursprünglichen Ausgangspunkt in der Chromatik praktisch aus dem Auge verloren –, mochte er auch glauben, nun endlich zeigen zu können, daß das Phänomen der Farbe völlig unabhängig von der Lichtbrechung war. Ein neuer Begriff tauchte in seinem optischen Vokabular auf – viel stärker, als die Leute meinten, seien Farberscheinungen «physiologisch» –, aber mit ihm kam auch ein Verständnis der Begriffe «objektiv» und «subjektiv», das dem der zeitgenössischen Philosophie viel näher war als Goethes eigener früherer Sprachgebrauch. Er hatte es sich zur Aufgabe gemacht, beim Farbempfinden «das Objective vom Subjectiven zu unterscheiden», und im folgenden Sommer hatte er «die Farbenerscheinungen, die man blos physiologisch nennen kann», als eigene Gruppe identifiziert und erkannt, daß er den Aufsatz über Schatten, von dem er 1794 geglaubt hatte, er bedürfe lediglich einiger Ergänzungen, vollständig neu würde schreiben müssen. Aber mit diesem Umdenken gewann er auch seine Zuversicht und jene unbefangene Nähe zur Welt der Natur zurück, die er seit Beginn seiner formellen naturwissenschaftlichen Studien 1780 kaum mehr gekannt hatte:

> Es ist ein angenehmes Geschäft die Natur zugleich und sich selbst erforschen, weder ihr noch seinem Geiste Gewalt anzuthun sondern beyde durch gelinden Wechsel Einfluß mit einander ins Gleichgewicht zu setzen.

Dank der neuen Atmosphäre, welche die idealistische Philosophie erzeugt hatte, entdeckte Goethe in seinen Farbstudien ein Gebiet naturwissenschaftlicher Forschung, das sich nicht auf jene reine, leidenschaftslose Objektivität beschränken ließ, die er einst so erholsam gefunden hatte: Der tätige Geist des Menschen war hier ein wesentlicher Bestandteil der zu untersuchenden Phänomene. Jener krude Materialist – Benjamin Graf Rumford (1753–1814) –, der die Färbung von Schatten als optischen Betrug abtat, hatte nicht verstanden, daß das, was er Betrug nannte, genau die Realität war, die des Studiums und der Erklärung bedurfte. Er hatte nicht begriffen, daß auch dieses zarteste Phänomen Teil der geschaffenen Welt ist und uns die wahre Natur und Ausdehnung der Schöpfung offenbart, die wir bestrebt sein müssen zu verstehen; denn es offenbart, daß die Welt ebenso ganz und gar geistig ist, wie sie materiell ist. Als Täuschung zu behandeln, was in Wahrheit Offenbarung ist, heißt, sich gegen den Geist zu versündigen. Goethe kritzelte auf ein Stück Papier:

> Es ist eine Gotteslästerung zu sagen: daß es einen *optischen Betrug* gebe.
> Farbenlehre als Monas

– als Monade zweifellos darum, weil die Farbenlehre eine eigentümliche Perspektive auf die *ganze* Welt (einschließlich ihres göttlichen Ursprungs) ist. Alles Sichtbare hat eine Farbe und ist somit gekennzeichnet durch seine Einbindung in die Sinnlichkeit des Menschen, aber auch durch sein Hervorgehen aus einem Gott des reinen Lichts, den Goethe nun wieder im Ernst anrufen kann.

Ästhetische Erziehung: Juni – Dezember 1794

Im Sommer 1794 erneuerten sich Goethes Energien plötzlich und offenkundig, so als habe ihm auf einer unbewußten Ebene die politische Wende in Paris Erleichterung verschafft. Vielleicht war es auch bloßer Zufall, oder einer jener zum Teil gesteuerten Zufälle, mit denen er sein Leben so bereichert hat. Der Entschluß, sich «mit Gewalt an etwas zu heften», hatte seit Beginn des Jahres eine Veränderung vorbereitet: Seine Annäherung an Jena und seine neue Offenheit für den Glauben des Philosophen an die produktive Autonomie des Menschen waren ebenso eine Folge jenes Entschlusses wie der methodische Fortschritt, den er mit dem *Wilhelm Meister* zu machen begann. Ende Mai hatte er die Überarbeitung des ersten Buches beendet, nachdem er im April einen Vertrag mit Unger abgeschlossen hatte, wonach er als Band III bis VI der *Neuen Schriften* vier Bände mit jeweils zwei Büchern des Romans lieferte und für jeden Band das unerhört hohe Honorar von 600 Talern erhielt. Unger schüttelte den Kopf, wie es Verleger zu tun pflegen, meinte aber: «Das Publikum ist zwar izt ganz für Politik gestimmt, aber nur ein Göthe kann diese Stimmung verändern.» Das Projekt war gewaltig und mußte zwangsläufig Aufmerksamkeit erregen, und Unger entschloß sich schließlich dazu, sie als die wirksamste Möglichkeit zur Einführung einer neuen, von ihm entworfenen Schrifttype zu nutzen. Für Goethe war es die emphatische Bekräftigung jener Verpflichtung gegenüber dem Publikum, die von Anfang an mit der Reihe von *Neuen Schriften* verbunden war – jetzt ein wenig im Geist von Herders *Briefen zur Beförderung der Humanität*. In ihnen erfahren wir, daß die wahre Freimaurerei, die wahre sichtbare und unsichtbare Kirche «aller denkenden Menschen aller Klimastriche» im Medium des Buchdrucks vereinigt wird. Allerdings räumte Herder ein, daß eine solche Gesellschaft aus Lesern und Gelesenen eher eine ideale als eine reale sei, und es entsprach nicht Goethes Natur, nur Umgang mit dem Körperlosen zu pflegen. Er wollte auch für seine Zeit und sein Volk schreiben. Als ein patriotischer junger Edelmann ihm eine Flugschrift übersandte, in der zur Gründung eines gesamtdeutschen Bundes unter Führung eines Senats der Großen, Guten und Gelehrten, darunter Goethe, aufgerufen wurde, antwortete er amüsiert, aber auch mit Sympathie. Ironisch ließ er seinen Briefpartner wissen,

daß es noch eher möglich sein möchte die gebietende Klasse Deutschlands zu einem übereinstimmend wirkenden Verteidigungsplan zu bewegen, als ihnen Zutrauen gegen ihre Schriftsteller einzuflößen. ... Leider muß man nur meistenteils verstummen, um nicht, wie Kassandra, für wahnsinnig gehalten zu werden, wenn man das weissagt, was schon vor der Tür ist.

Und er gab zu verstehen, daß er bereits alles tue, was er tun könne, um «als Privatmann ... den Parteigeist wenigstens in einem kleinen Zirkel zu mindern». Aber dem Vorschlag selbst schrieb er «Ernst und Würde» zu, und er tat ihn nicht ab. Ihm lag, was er sein Leben lang betonte, das Wohl Deutschlands am Herzen, und er war darauf bedacht, mit seinen Zeitgenossen zusammenzuarbeiten. Aber Politik und Literatur gingen nicht zusammen, und als Mann der reinen Politik hatte er sich längst zurückgezogen: Das Wenige, was er als *elder statesman* noch zu sagen hatte, hätte gewiß kein Gehör bei einer Herde von Fürsten gefunden, die es anscheinend darauf anlegten, jeder für sich oder alle zusammen zum Richtblock zu eilen. Als Literat jedoch konnte er um die Aufmerksamkeit des Publikums bitten, und 1794 schien die Möglichkeit des Mittuns größer und er selbst dazu bereiter («auch ich bin ein Vereiner») als irgendwann in den vergangenen zwanzig Jahren.

Anfang Juni wurde die Veränderung augenscheinlich. Johann Heinrich Voß war in Weimar; er wohnte bei Wieland und zögerte, bei Goethe vorzusprechen, der sich in seinen Augen «durch den Adelsbrief ‹unehrlich› gemacht» hatte. Aber Goethe war schon seit langem ein leidenschaftlicher Bewunderer von Voß' ländlicher Hexameter-Idylle *Luise* (erste Teilpublikation 1783); 1793 hatte Voß, zusammen mit einer Überarbeitung seiner *Odyssee* (zuerst 1781 erschienen), eine Übersetzung der *Ilias* in Hexametern herausgebracht; und eine handschriftliche Einladung nötigte Voß, am letzten Tag seines Aufenthalts zum Mittagessen zu Goethe zu kommen. Das Gespräch verlief zunächst zäh, wurde aber lebhafter, als die Sprache auf Italien und Griechenland kam, und beim Kaffee in seinen Privaträumen, mit Blick auf den Garten, umgeben von Bildern des abwesenden Meyer – der in Dresden einen Carracci für das fast vollendete Römische Haus kopierte –, drang Goethe in Voß, noch einen Tag länger zu bleiben, um sich seine Kunstsammlung, besonders die Steine der Fürstin Gallitzin, zu besehen. Voß war visuell nicht begabt – der Anblick einer wertvollen Zeichnung von Hackert entlockte ihm nur den Seufzer, wieviele Bücher er sich wohl dafür kaufen könnte –, aber er wußte jetzt, daß er in Goethe nicht bloß «einen aufgeblasenen Geheimerath» vor sich hatte, und willigte ein. Am Abend war er zum Tee bei den Herders und traf dort wieder Goethe an, neben den Wielands, Knebel und Böttiger – alle auf ihre Art Altphilologen, aber nicht alle gute Griechen. Man bat Voß, Odysseus' Reiseweg zu erläutern; dann wurden Kerzen gebracht, so daß er seine Übersetzung der Nausikaa-Episode vorlesen konnte. Seine Vorliebe für Wörtlichkeit und die pedantische Übertragung der metrischen Regeln des Griechischen in das Deutsche geben seinen Übersetzungen eine gewisse Steifheit, aber sie sind auch beeindruckend. Man applaudierte ihm herzlich, und Goethe schüttelte ihm voller Dankbarkeit die Hand. Auf den Tee folgte das Abendessen, dann Wein und Punsch, und die philologische Diskussion wurde immer ausgelassener. Waren *Odyssee* und *Ilias* vielleicht gar nicht das Werk eines einzelnen Dichters namens Homer, sondern eine Anthologie, wie Friedrich August Wolf (1759–1824) in Halle dem Vernehmen nach unterstellte? Voß verteidigte, wie wir erfahren, die «unité et indivisibilité [Einheit und Unteilbarkeit]» seines Dichters so vehement, wie nur je ein Jakobiner seine Republik gegen die Föderalisten verteidigte, und Politik schlich sich in die Terminologie der späten Runde ein. War nicht Agamemnon das Urbild eines Despoten, Thersites der erste Sansculotte? Hatte nicht Saul ohne Verfassung geherrscht? – denn zuletzt sprang die Diskussion auf Homers Rivalen bei der Darstellung der urtümlichen Welt, das Alte Testament, dessen Patriarchen unter schallendem Gelächter tüchtig gescholten, wiewohl von Herder launig verteidigt wurden. Seit Jahren hatte man Goethe nicht mehr so guter Dinge gesehen, und auf dem Heimweg, weit nach Mitternacht, schloß Wieland Voß in die Arme und erklärte ihm, er sei ein großes Licht und müsse nach Weimar kommen. Alle bis auf Böttiger entsannen sich solcher Zusammenkünfte aus den siebziger Jahren, und irgendwie hatten sie die alte Stimmung wiedergefunden, auch wenn sie jetzt mittleren Alters waren und mehr Kenntnisse besaßen, nicht vom Thema abschweiften und ohne Dummejungenstreiche auskamen. Das muß an Goethe gelegen haben. Irgend etwas hatte in ihm den alten mitreißenden Schwung geweckt. Er mochte Voß und dessen Hingabe an Homer, und wenn er ein Mann war, «dem es strenger Ernst ist um das was er thut deßwegen es auch mit seinen Sachen in Deutschland nicht recht fort will», so war doch Voß sozusagen eine Garantie dafür, daß Goethe nicht allein war. Dieser Abend mit alten und neuen Freunden und ohne einen Repräsentanten des Hofes muß ihn daran erinnert haben, daß es drüben in Jena jetzt viel mehr Menschen gab, die seine Interessen teilten. Deutschland – oder ein Teil davon – erwachte wieder zum Leben und tat sich zusammen. Mochte auch Voß Eutin nicht verlassen wollen, so bot Goethe doch an, den Kontakt zu halten, und überreichte ihm ein Exemplar des *Reineke Fuchs* mit der Bitte, ihm zu sagen, welche Hexameter verbesserungsbedürftig seien. (Freilich kam Voß «nicht recht durch», weil er sie alle mangelhaft fand.) Doch *einen* großen Unterschied zu den berauschten Fragestellungen der siebziger Jahre gab es doch, einen Weg, der keine Erkundung mehr zuließ: Als dieselbe Gesellschaft sich am nächsten Tag zum Mittagessen in seinem Hause einfand, zog Goethe heftig und lange über die Heuchelei Lavaters her, der um seiner Hintergedanken willen jedem alles sein wolle. Wenn Goethe sich jetzt wieder anschickte, seine Brüder in die Arme zu schließen, so war jedenfalls Lavaters übernatürlicher Freund und Bruder nicht darunter.

Einige Tage vor der Begegnung mit Voß war Wilhelm von Humboldt bei Goethe gewesen; es dürfte ziemlich sicher sein, daß er in einer Angelegenheit vorfühlen wollte, die dann in den erfreulichen Gesprächen Goethes mit Fichte zwischen dem 13. und 16. Juni berührt worden sein muß. Über dieses Wochenende gab Carl August in Jena ein festliches Abendessen für alle seine Professoren, zweifellos um sie seiner väterlichen Teilnahme an ihren Angelegenheiten zu versichern, und Goethe begleitete ihn. Fichte, Humboldt und Woltmann wollten sich zusammentun und eine neue Zeitschrift herausgeben, und als Goethe wieder in Weimar war, erwartete ihn die offizielle Einladung zur Mitwirkung an dem Unternehmen, die dessen Gründer und Herausgeber aussprach, «Euer Hochwohlgeboren gehorsamster Diener und aufrichtigster Verehrer F. Schiller». Schiller war knapp vier Wochen zuvor aus Schwaben zurückgekehrt, wo er seine Eltern besucht und ärztliche Hilfe für seine Frau in Anspruch genommen hatte, die ihre erste Niederkunft erwartete. Dort hatte er sich mit dem Tübinger Verleger J. F. Cotta (1764–1832) auf den Plan für die neue Zeitschrift geeinigt – nicht zuletzt deshalb, weil er eine Einnahmequelle benötigte, um die Ende des Jahres auslaufende dänische Rente zu ersetzen. Cottas Credo war hohe Qualität bei guter Bezahlung, und so war das Projekt ungemein ehrgeizig. Schiller zielte auf jene Einheit des Geistigen im (überwiegend protestantischen) Reich deutscher Nation, die dessen fürstlichen Führern im politischen Bereich nicht gelingen wollte: Er wollte alle großen Namen in der deutschen Literatur und Philosophie dafür gewinnen, sich zur Förderung einer einzigen Monatsschrift zu vereinen, welche die vielen existierenden Periodika mit kleiner Auflage – sogar, wie er hoffte, Wielands *Teutschen Merkur* – ersetzen und in der Nation eine literarische Öffentlichkeit hervorbringen sollte. Die Beiträge sollten philosophisch, historisch und poetisch sein, indessen mit zwei wichtigen Einschränkungen: Erstens sollten sie ein mittleres oder literarisches Gepräge haben, das heißt weder einfach zur Unterhaltung noch einfach für ein gelehrtes Publikum geschrieben sein; und zweitens sollte alles unerwähnt bleiben, «was sich auf Staatsreligion und politische Verfassung bezieht», ein Verbot, das später konkret «das Lieblingsthema des Tages», die Ereignisse der Revolution und des Krieges, betraf. Weit davon entfernt, seinen potentiellen Markt wegzudefinieren, war Schiller vielmehr überzeugt, das breitestmögliche Publikum anzusprechen: angetrieben durch «ein höheres Interesse an dem, was *rein menschlich ...* ist», und gewillt, durch Schönheit seine «Bildung» und durch Gedankenfreiheit seine Erkenntnis zu heben. In gesellschaftlicher Hinsicht spekulierte er freilich darauf, daß die eigentümliche Konstellation, die in Weimar und vielleicht ein oder zwei anderen fürstlichen Zentren gelungen war, nicht einfach ein glückliches Nebenprodukt – und momentanes Gleichgewicht – der großen, die deutsche Nation treibenden Kräfte war, sondern im Gegenteil diese zu lenken vermochte und ihnen ihr eigentliches Ziel vorgab. Im Zeitalter eines Robespierre und Carnot an die höfischen Werte zu appellieren, könnte den Anschein einer rein rhetorischen Geste erwecken. Aber der bewußte Verzicht Schillers sowohl auf das Autonome in der bürgerlichen Kultur – eine aus reiner Profitgier produzierte Trivialliteratur – als auch auf die Hauptfrucht der Zusammenarbeit des Bürgertums mit der Staatsmacht – die Gelehrsamkeit der Universitäten – stellte in Wirklichkeit den Versuch dar, zwischen beidem zu vermitteln. Was ihm vorschwebte, war das Abstecken eines gemeinsamen Bodens sowohl für die literarische Sturm-und-Drang-Opposition, in der er groß geworden war, mit ihrer liberalen Politik und nationalen Perspektive als auch für die etablierte und expandierende Kultur des – vor allem universitären – Beamtentums. Es erschien nicht abwegig, diesen gemeinsamen Boden an den Höfen, den sichtbarsten kulturellen Zentren Deutschlands, zu suchen. Es waren ja nicht mehr die barocken Höfe des 17. Jahrhunderts, die Architektur und Oper zum Ruhme des Monarchen gefördert hatten: Großenteils hatten sie ihre politische Funktion an den Herrscher und seine Beamten abgegeben und waren immer mehr geneigt, Dichter und Philosophen von niederer Herkunft als Priester einer neuen Religion zu akzeptieren. Die Mission, welche die neue Zeitschrift in den bürgerlichen Schichten zu erfüllen hatte, erhellte aus dem Ehrgeiz, hohe Verkaufszahlen und eine landesweite Leserschaft zu erreichen; der höfische Standpunkt erhellte aus der Betonung der Autonomie des ästhetischen Bereichs und dem in Aussicht genommenen klassizistischen Titel *Die Horen*, der von der Überzeugung kündete, daß man Kultur nur fördern könne, wenn die politische Ordnung unangezweifelt blieb. Eunomia («wohltätiges Gesetz»), Dike («Gerechtigkeit») und Eirene («Friede») waren die «Zeiten» oder «Jahreszeiten», welche den Jahreskreis der menschlichen Bildung ordneten, und laut Schillers Glosse zu Hesiod waren sie die Töchter der Themis und des Zeus, das heißt des Rechtes und der Macht. Goethe muß es gewesen sein, als habe Schiller sowohl den wahren, patriotischen Sinn seines politischen Standpunkts als auch seine neue Aufgeschlossenheit gegenüber Angeboten zur Mitarbeit erahnt. Außerdem hatte Schiller mittlerweile so gut in der geistigen Gesellschaft Jenas Fuß gefaßt – die Bekanntschaft Fichtes hatte er schon in Württemberg gemacht –, daß er und Goethe einander zwangsläufig würden begegnen müssen, sollte Goethe wirklich mehr Zeit als früher in Jena verbringen. Schiller, Humboldt und Fichte vereinigten jedenfalls ihre Kräfte mit denen Reinholds, Maimons und Schulzes, um ein weiteres neues und akademischer ausgerichtetes Periodikum in Jena zu lancieren, das von Niethammer herausgegebene *Philosophische Journal*. Die Einladung der *Horen* war ein weiteres Zeichen, daß Deutschland aus seinem Schlaf erwachte und daß Goethe nicht allein war. Es war ein Augenblick der Entscheidung, und er wußte es. Nach einigen Tagen des Überlegens und sorgfältigen Konzipierens, im Bewußtsein der Tragweite dessen, was er versprach, schrieb er Schiller einen enthusiastischen Brief, worin er zusagte, sowohl Beiträge zu den *Horen* zu liefern als auch dem Herausgebergremium beizutreten, und der Hoffnung auf eine baldige persönliche Begegnung und eine daran anschließende nähere Verbindung Ausdruck gab: «Ich werde mit Freuden und von ganzem Herzen von der Gesellschaft sein.»

Einige Tage später vertraute Goethe Charlotte von Kalb an, «daß seit der neuen Epoche auch Schiller freundlicher und zutraulicher gegen uns Weimaraner wird». Die «neue Epoche» war wahrscheinlich die vom neuen republikanischen Kalender definierte moderne Zeit, und erst seine veränderte Einstellung zur Revolution machte Schillers Annäherung an Goethe möglich. Seit der Exekution des Königs Anfang 1793 und Schillers Ausarbeitung seines neuen Menschheitsideals in der Abhandlung *Über Anmut und Würde* hatte es kaum die Gelegenheit zu einer Versöhnung gegeben: Goethe war in Mainz, und als er zurückkam, war Schiller in Württemberg. In jenem Herbst, als in Frankreich der Terror zum Herrschaftsprinzip wurde, kam für Schiller eine zusätzliche Bestätigung einer neuen Ära: Im September wurde sein erster Sohn Carl geboren, und einen Monat später starb Herzog Carl Eugen, und sein Bruder Ludwig Eugen trat die Nachfolge des «alten Herodes» an. Eine untypische, tiefe Niedergeschlagenheit überfiel ihn, die vielleicht nicht nur mit politischer Enttäuschung zu tun hatte: Er hatte soeben den Tyrannen verloren, gegen den er zeit seines Erwachsenenalters aufbegehrt hatte, die Vaterpflichten waren ihm in dem Augenblick zugewachsen, als das Ende der dänischen Rente in Sicht war, und er konnte sich nicht verhehlen, daß er seit fünf Jahren keine neuen Gedichte mehr geschrieben hatte und daß die geplanten Dramen über Wallenstein und über die Malteser noch immer nicht mehr als Projekte waren. Ludwig Eugen indessen, obgleich einer Unterstützung des Reichskrieges gegen Frankreich geneigter als sein listenreicher Vorgänger, war Schiller gegenüber weniger feindlich gesinnt, und so machte es die Thronbesteigung des neuen Herzogs dem Dichter leichter, das bäuerliche Ludwigsburg mit der kultivierteren und anregenderen Atmosphäre Stuttgarts zu vertauschen. Hier begegnete er dem jungen Verleger Cotta, dessen Bruder als prominentes Mitglied zum Mainzer Revolutionsclub zählte. Schiller war jedoch mittlerweile «ganz über die französische Revolution bekehrt», wie Frau von Stein mit Genugtuung aus ihrer Korrespondenz mit Schillers Frau erfuhr (er rechnete jetzt mit dem Zusammenbruch der Republik und der Wiederherstellung der Ordnung durch einen starken Mann), und Cotta half ihm, das Vertrauen in seine literarischen Fähigkeiten zurückzugewinnen. Das öffentliche Lob Kants für den Aufsatz *Über Anmut und Würde* in der zweiten Auflage der *Religion innerhalb der Grenzen der bloßen Vernunft* scheint ihn aufgerichtet zu haben, und am Neujahrstag 1794 trat er ebenso aus der Dunkelheit, wie auch Goethe in Jena und Fichte in Zürich sich der neuen Sonne zuwandten, und steckte auf einmal voller Ideen, wie eine unpolitische Veränderung Deutschlands zu bewerkstelligen sei und wie er Geld verdienen könnte. Neben den *Horen* und einer von Cotta geplanten neuen Zeitschrift über aktuelle Ereignisse schwebte ihm die Herausgabe eines Musenalmanachs – für den Verleger von Niethammers *Philosophischem Journal* – vor, in dem er zur Lyrik zurückkehren konnte. Er erkundigte sich in Weimar sogar nach der Stelle eines Hofmeisters beim Erbprinzen, doch ließ ihn seine schlechte Gesundheit als untauglich erscheinen, und außerdem wurde der Posten für Fritz von Stein freigehalten. Schiller – «der, unter uns, weit mehr ein Aristokrat war als ich», wie Goethe im Alter sagte – hatte allen Grund zur Dankbarkeit gegen Fürsten und begann eine Reihe von Briefen an seinen dänischen Gönner – als Dankesgabe und als Gelegenheit zur Erweiterung seiner Ideen über Schönheit in den Bereich des Sozialen und Historischen hinein. Diese Briefe sind ein erstes ausführliches Manifest jenes Denkens, das Schiller bewog, die *Horen* zu gründen und also an Goethe heranzutreten, und sie wurden später in veränderter und erweiterter Form in der neuen Zeitschrift publiziert.

Man habe von ihm vielleicht eine Äußerung erwartet – schrieb Schiller dem königlichen Sympathisanten mit den Menschenrechten –, die näher eingehe auf «das politische Schöpfungswerk was beynahe alle Geister beschäftigt»; doch halte er dem entgegen, «daß eine Philosophie des Schönen von dem Bedürfniß des Zeitalters nicht so entlegen sey, als es scheinen möchte». Die französische Revolution mag den Anschein erwecken, als sei sie der

Höhepunkt eines Aufklärungsprozesses, durch den jüngst auch «der Thron tausendjähriger Vorurteile» ins Wanken geraten ist – mit anderen Worten der von der Kirche gedeckte «Aberglauben» –, sie mag den Anschein erwecken, als sei jeder «Selbstdenker» aufgerufen, ihre Sache zu der seinen zu machen und alle politischen Einrichtungen im Lichte der reinen Vernunft zu betrachten, das jedes individuelle, sich selbst bestimmende Bewußtsein erleuchtet: Aber dieser Schein trügt. Schiller glaubt nicht, daß mit der Revolution eine politische Erneuerung der Menschheit begonnen hat. Im Gegenteil hat sie jede Hoffnung auf eine solche Veränderung für Jahrhunderte zunichte gemacht: «Der Moment war der günstigste, aber er fand eine verderbte Generation.» Die Revolution ist gescheitert, weil der Charakter der Menschen nicht ihren sittlichen Anforderungen entsprach, und so ist jetzt offenkundig, daß jeglicher Reform des Staates eine Reform des menschlichen Charakters vorausgehen muß. Das Mittel zu dieser Reform, das Heilmittel für die Übel der Zeit ist die ästhetische Erziehung, die «Kultur des Geschmacks». Die Abhandlung *Über Anmut und Würde* war zu dem Schluß gelangt, daß Schönheit ein objektiver Schein von Freiheit ist und daher ein Muster jener Harmonie von Sittlichkeit und Natur liefert, die der Idealzustand der Menschen ist. Die Sehnsucht nach Vollkommenheit, womit ein großes Kunstwerk uns erfüllt, hat etwas Sittliches und damit letzten Endes Politisches. So ist es vernünftiger, als es scheinen mag, in der ästhetischen Erziehung eine Alternative zu der gewaltsamen politischen Veränderung zu sehen, durch welche die Franzosen das Programm der Aufklärung zu verwirklichen gesucht hatten. Doch eingedenk der Kritik, die Kant gegen die Unklarheiten seiner veröffentlichen Abhandlung vorgebracht hatte, betont Schiller in den Briefen an den Kronprinzen, daß sein Kantianismus vollkommen orthodox ist und er einfach das Ziel habe, daß die Gesellschaft gut sein sollte, nicht, daß sie sowohl gut als auch natürlich (das heißt schön) sein sollte. Das Werk der Aufklärung muß damit beginnen, den Menschen als Naturwesen, als Tier zu behandeln und zum Beispiel sein Bedürfnis nach Nahrung und Schutz zu befriedigen; ihr Ziel aber ist es, ihn zur Freiheit eines rein vernunftgemäßen und damit vollkommen sittlichen Wesens zu befreien, das tierische Wünsche gleichgültig lassen. Der Weg zu diesem Ziel führt durch das Reich, in dem Freiheit einen sichtbaren Leib erhält: das Reich der Kunst – Schiller gebraucht diesen in Weimar bevorzugten großartig allumfassenden Begriff, fügt aber gelegentlich für den Leser die Erklärung hinzu, daß das Wort sich sowohl auf die Dichtung als auch auf die bildenden Künste bezieht. Kunst kann ein mittlerer Begriff sein, der den Menschen von unreflektierter Wildheit zu vollkommen selbstbewußter Freiheit führt, weil sie – und dieses Argument ist neu und kommt in *Über Anmut und Würde* nicht vor – im wesentlichen kontemplativ ist. Als Tier ist der Mensch einfach ein Glied in der Kette natürlicher Ursachen und Wirkungen, ein Mechanismus zur Befriedigung von Bedürfnissen, der Selbstbestimmung und damit der Persönlichkeit ermangelnd. Aber in den vielen Spielarten der Kunst müssen Menschen ihr Vergnügen nicht an den natürlichen Dingen finden, die ihre Wünsche befriedigen, sondern an der Vorstellung dieser Dinge, an der Betrachtung ihrer Form und ihrer dekorativen Wirkung. Wenn primitive Völker sich bemalen und mit Federn schmücken, dann nicht, um sich zu wärmen, sondern um eines Scheins willen; ganz ähnlich erfreut sich der anspruchsvollste Kunstkenner nicht an dem durch eine Skulptur dargestellten Körper als solchem, sondern an der Form seiner Darstellung. Wie aber jeder Kantianer weiß, sind Form und Schein unsere eigene Zutat zur Erfahrung, und wenn wir an ihnen Vergnügen finden, finden wir Vergnügen an unseren eigenen Geisteskräften – wir entwickeln damit das Gefühl unserer eigenen Identität und rüsten uns dazu, unsere Identität im freien sittlichen Handeln zu bewähren. Unsere tierische Natur kann nicht ganz beseitigt werden, aber die Kunst zeigt uns, wie sie neben unserem sittlichen Ich existieren kann. Kein Kunstwerk erreicht ein vollkommenes Gleichgewicht dieser zwei Faktoren, aber ein Ungleichgewicht nach der einen oder nach der anderen Seite wird es in Wirklichkeit sogar pädagogisch wirksamer machen. Wie in *Über Anmut und Würde* ist Schönheit Teil eines Vorgangs oder einer Geschichte: Bald wird eine ausgeprägt intellektuelle Person oder ein Zeitalter des entspannenden Einflusses eines anmutigen Kunstwerks bedürfen, in dem die Sinnlichkeit überwiegt; bald wird eine Tendenz zur Erschlaffung der Korrektur durch ein ermunterndes Beispiel erhabener Würde bedürfen. Die Kultur des Geschmacks ist also eine permanente Lebensform. Sie ist für die verfeinerten Klassen, was die Religion für die Massen ist: Sie bereitet der Tugend den Weg und stützt sie in Zeiten der Not, indem sie uns ein zusätzliches, materielles Interesse daran verschafft, tugendhaft zu bleiben. Die harmonische Einheit von Vernunft und Sinnlichkeit aber, die die Kunst im einzelnen hervorbringt, wird letzten Endes alle Klassen der Gesellschaft verwandeln, der Appell der Schönheit ist, der (Kantischen) Definition gemäß, allgemein. Frankreich ist jetzt moralisch in ein Chaos gestürzt, weil es gleichzeitig die Religion des Volkes und die Kultur des Hofes vom Sockel gestoßen hat. Der Geist der griechischen Kunst jedoch ist noch lebendig, er «wandelt ... durch die Nacht unsers nordischen Zeitalters», und das wahre Ziel der Revolution – die Errichtung eines freien und vernünftigen und daher sittlichen Staates – wird erreicht werden, sobald sich die allgemeine Bevölkerung jenen *bon ton* angeeignet haben wird, der Kronprinzen schon jetzt allenthalben geläufig ist.

Schillers Plan für die *Horen* sah nicht die Abschaffung des Publikums vor, dessen Urteil allein er ihren Vorgänger, die *Rheinische Thalia*, unterworfen hatte. Er wollte aber jetzt den Geschmack des Publikums durch die Intervention der noch höheren Autorität der Kunst verändern – Instrument der alternativen Revolution Deutschlands und Gegenstand des Mäzenatentums des Staates. Geistig war er daher just zu dem Zeitpunkt näher an Weimar gerückt, als Goethe sich von Weimar entfernte und nach neuen Wegen des Zugangs zu einem breiteren Publikum suchte: Erschienen die *Horen* Schiller als Vehikel höfischer Werte, so lag für Goethe das Verdienst der neuen Zeitschrift gerade darin, daß sie das ganze Spektrum einer Leserschaft anzusprechen suchte, die einst der *Werther* erreicht hatte. Im Ergebnis stand jedoch einer Zusammenarbeit zwischen ihnen kaum etwas anderes im Wege als Goethes Neigung zur Distanz. *Über Anmut und Würde* hatte Goethes Frostigkeit weniger auftauen können, als man hätte erwarten sollen: «Gewisse harte Stellen sogar», bemerkte er später, «konnte ich direkt auf mich deuten.» Goethe, den die Herzogin Luise nun «schrecklich dick» fand und dessen Geist der Gräfin Görtz «enfoncé dans la matière» [ins Materielle herabgesunken] zu sein schien, kann kein Vergnügen an Schillers pointierten Anspielungen auf die «Obesität» gefunden haben, in der das zuchtlose Genie in mittleren Jahren erschlaffen zu sehen man erwarten durfte. Sie waren ein letzter offener Ausbruch jenes Hasses, den Schiller zugegebenermaßen einst gegen die «stolze Prüde» empfunden hatte, die gewiß jetzt gedemütigt, aber noch immer von hochmütiger Unnahbarkeit war. Und selbst wenn sie nicht als persönliche Anzüglichkeiten gedacht waren, deuteten jene Anspielungen für Goethe auf eine undankbare und mißgünstige Einstellung gegen «die große Mutter» Natur, die entweder im Sinne des Kantischen Rigorismus als Feindin der rationalen Tugend oder als Urheberin von Monstren und Grotesken in der Art des Professors Lichtenberg gesehen wurde, der soeben damit begann, seine schonungslos witzigen Kommentare zu den Kupferstichen Hogarths in Buchform herauszugeben. Aber Goethe war größer als sein Groll, und vieles in seinem Leben hatte sich verändert, seit *Über Anmut und Würde* erschienen war, nicht zuletzt durch den Neujahrsentschluß, sich mit Gewalt an etwas zu heften. In seiner Zusage an Schiller schlug er eine Unterhaltung über die Redaktionspolitik der *Horen* vor, und gewissenhafte gemeinsame Freunde versammelten sich, um den Erfolg dieser Sitzung sicherzustellen. Am Sonntag, dem 20. Juli, kam Goethe nach Jena, um mit Schiller, Fichte und Humboldt zu konferieren; seine erste Verpflichtung war jedoch ein Vortrag, den Batsch am Nachmittag vor seiner kürzlich gegründeten Naturforschenden Gesellschaft hielt. Schiller, dessen Interesse für Botanik sich in Grenzen hielt und dessen schwache Gesundheit ihm selten erlaubte, das Haus zu verlassen, ließ es sich angelegen sein, sowohl den Vortrag zu besuchen als auch – da nach dem Vortrag die Stimmen lauter wurden und die Stühle quietschten – zugleich mit Goethe hinauszugehen. Die beiden kannten sich, die Atmosphäre war entspannt, es gab allen Grund, miteinander zu sprechen. Goethe klagte wie üblich darüber, daß Batsch sein Material immer nur zu einer Liste von einzelnen Pflanzenarten organisieren könne und keinen Sinn für deren Zusammenhang durch die Metamorphose habe – eine «Idee», an der Schiller sich sogleich lebhaft interessiert zeigte. Er hatte indessen das falsche Wort gebraucht; denn für Goethe war die Metamorphose nicht eine «Idee», sondern etwas ebenso Sichtbares wie die Einheit des weißen Lichts, und seine Antwort fiel scharf aus. Aber der Gesprächsfaden hielt, Goethe nahm, als sie den Marktplatz überquerten, die Einladung an, es in Schillers Wohnung fortzusetzen, und die höfliche Schmeichelei bildete den erfolgreichen informellen Auftakt zu den langen und vielfältigen Gesprächen der nächsten zwei Tage, die wie vorgesehen den Grundsätzen von Kunst und Kritik gewidmet waren. Ob sie ebenfalls bei den Schillers oder bei den Humboldts oder aber in Goethes Quartier im Alten Schloß stattfanden, ist nicht belegt. In dem Maße, wie zwischen Goethe und Schiller der Gedankenaustausch gedieh, wie sich unerwartete Übereinstimmungen herausstellten – in den Gedanken über griechische Kunst vielleicht, über das deutsche Publikum, das Versdrama oder die politische Schriftstellerei – und sie besondere gemeinsame Einflüsse entdeckten – zum Beispiel Diderot und Karl Philipp Moritz –, wuchs auch die freudige Erregung und mit ihr die beiderseitige Bereitwilligkeit, über die Vergangenheit und die verschiedenen Wege zu reflektieren, auf denen sie zu solch ähnlichen Standpunkten gelangt waren. Für Goethe, der «lange nicht solchen geistigen Genuß gehabt» hatte, bedeutete diese Entdeckung eine größere Überraschung als für Schiller, der seit Jahren auf diesen Augenblick gewartet hatte. Aber in beider Männer Kalender verdiente eine neue «Epoche» markiert zu werden. Die reichsten und tatkräftigsten literarischen Geister Deutschlands, zehn Jahre auseinander, aber beide auf Leistungen und nationalen Beifall zurückblickend und beide jüngst der Erfahrung eines Versiegens ausgesetzt, das sie beide zu überwinden im Begriff zu sein hofften, beide aufmerksam auf die mächtigen geistigen Kräfte, welche in die zeitgenössische Philosophie einströmten, aber beide der Literatur als dem universalen Medium der geistigen Kultur verpflichtet, begegneten einander eben in derselben Woche, als Robespierre durch den Wechsel des Kriegsglücks von seiner Machtstellung hinweggefegt wurde, und schlossen einen Bund, der zwei Jahrhunderte lang ihrer Nation seinen Stempel aufdrücken sollte. Vielleicht war es hilfreich, daß beide – auf ihre unterschiedliche Manier – jüngst ein Familienleben begonnen hatten und daß beide einen kleinen Sohn besaßen. Am Dienstagabend luden die Humboldts, die eine zweijährige Tochter hatten und deren erster Sohn gerade sechs Wochen alt war, zur Feier des neuen Unternehmens Goethe und die Schillers zum Abendessen ein, bevor Goethe am folgenden Tag nach Weimar zurückfuhr.

Ein glorioser Sommer hatte begonnen, in dem Aprikosen, Pfirsiche und Melonen einen Monat früher als üblich reiften, und ein Herbst stand in Aussicht, der den 1794er Jahrgang zu einem der großen des Jahrhunderts zu machen versprach. Aber das schöne Wetter war auch der Kriegführung günstig. Da die Franzosen vorrückten, so daß jedermann in Frankfurt außer Frau Goethe hastig begann, die Koffer zu packen, und die Preußen erstmals Verhandlungsbereitschaft signalisierten, glaubte Carl August die Zeit gekommen für eine diplomatische Mission mit dem Ziel, Sachsen in eine etwaige Friedensregelung einzubeziehen. Am 24. Juli brach er mit dem Herzog von Meiningen auf, um den Fürsten von Dessau zu besuchen, und

Goethe hatte einen Tag Zeit, um Briefe zu schreiben und seine Angelegenheiten zu regeln, bevor er am 25. nachkam und für voraussichtlich einen Monat von zu Hause fort sein würde. Es war natürlich eine Freude, mitten im Hochsommer den Park von Wörlitz wiederzusehen, und eine noch größere Freude – da Goethes erklärter Geschmack an der Gartenkunst sich ziemlich geändert hatte –, nach Dresden zu kommen und eine Woche mit Meyer zu verbringen, um römische Erlebnisse aufzufrischen, die Gemälde der kurfürstlichen Sammlung zu kommentieren und in den warmen Nächten zurückzukehren, um beim Schein der Fackeln die Skulpturen und Gipsabgüsse zu inspizieren. Doch während die Mission schon früh, am 12. August, beendet war, blieb der Kontakt mit Schiller im Ergebnis einen ganzen Monat lang unterbrochen. Sobald aber Schiller erfuhr, daß Goethe zurück sei, nahm er die Jagd wieder auf. Am 23. August schrieb er ihm einen langen, klar und symmetrisch analysierenden Brief, in dem er ihre Begegnung als Koinzidenzpunkt zweier unterschiedlicher Entwicklungen von entgegengesetzten Anfängen aus erklärte. Goethe, als Naturwissenschaftler wie als Dichter ausgehend von besonderen, materiellen Dingen und von dem heldenhaften Wunsch, sie alle zu umfassen, hatte sich, so behauptete Schiller, zur intuitiven Erkenntnis allgemeiner Gesetze erhoben. In derselben Zeit hatte die spekulative (das heißt kantianische) Vernunft, welche Schiller geleitet hatte, diese Gesetze in abstracto und aus ersten Prinzipien abgeleitet und war jetzt bemüht, sie am Einzelnen zu beweisen. Die implizite Folgerung, daß sie beide nun in einer gemeinsamen Sache verbunden, in ihrem früheren Leben aber zu weit voneinander entfernt gewesen seien, um zusammenzuarbeiten, blieb späterer Deutung überlassen. Schiller verwob geschickt Anhaltspunkte aus allen ihren Unterhaltungen seit 1788 und entwarf ein Porträt Goethes, das als Mosaik aus momentanen Selbstdarstellungen schmeichlerisch war und doch glaubhafte Ähnlichkeit besaß. Goethe war ein griechischer oder italienischer Geist, zu unrechter Zeit an unrechtem Ort geboren, dessen Leben ein unnötiges, ja unpassendes Ringen mit seiner deutschen Umgebung um die Wiedergewinnung seines Ursprungs war. Goethe war eine Kraft wie die Natur, er erschuf eine lebendige, greifbare Welt, ohne zu wissen, wie er es tat, ja vielleicht ohne viel auf solches Wissen zu geben. Goethe war ein Genie, ein Geheimnis nicht nur anderen, sondern auch sich selbst. Kurzum alles, was Schiller nach seiner eigenen Einschätzung nicht war. Indessen ist die unterstellte Komplementarität der zwei Dichterporträts ebenso suspekt wie der – im Vokabular einer weniger theistischen Dekade gehaltene – Nachklang des Goethekults der 1770er Jahre. Schiller konnte richtig sehen und subtil formulieren, wie schwierig es für Goethe war, seine jetzt erklärten Präferenzen in der Kunst mit jenen inspirierten Dingen zu versöhnen, die er in einer früheren Periode geschrieben hatte – in dieser Hinsicht lag der Fall bei beiden Dichtern gewiß ähnlich –, und er hatte offenkundig den Eindruck gewonnen, daß Goethe es für möglich hielt, sich durch die neue Philosophie zu der benötigten Synthese verhelfen zu lassen.

Es steckte sogar begründete Wahrheit in der Andeutung, daß sie beide sich aus entgegensetzter Richtung aufeinander zubewegt hatten, wenngleich die konsequente Schlußfolgerung unausgesprochen blieb, daß sie zuletzt sich zwangsläufig wieder würden voneinander entfernen müssen. Aber Goethe zu einem verirrten griechischen Geist zu machen und aus dem Deutschland des 18. Jahrhunderts loszureißen, hieß, sein Genie zu entwurzeln: Sogar zu Italien war sein Verhältnis vielschichtiger (von den rund 370 Bildern, zu denen er soeben in Dresden Bemerkungen notiert hatte, stammte die ganz überwiegende Mehrheit von niederländischen oder deutschen Malern). Er mochte eine Art Materialist gewesen sein, als Schiller sechs Jahre zuvor seine Bekanntschaft gemacht hatte, aber es war nie ein auszeichnendes Merkmal seiner Dichtung gewesen, sich auf das Sichtbare und Greifbare zu beschränken oder das Gefühl und das selbstbewußte Reflektieren auf das Gefühl auszuschließen. Gewiß neigte Goethe nie zu langen Meditationen über die Natur seiner Begabungen, aber ebensowenig war er der überströmende Quell unbewußter Schöpferkraft, als den Schillers Wunschdenken ihn malte: Seit dem Abschluß der Werkausgabe bei Göschen hatte er mit mäßigem Erfolg darum gerungen, seinen wahren literarischen Charakter nicht mit seiner Vergangenheit zu vermengen, sondern überhaupt die poetische Ader offen zu halten. Wenn jetzt eine gewisse Chance bestand, daß sie wieder fließen würde, dann dank seiner sich abzeichnenden Versöhnung mit dem Selbstbewußtsein und der Philosophie der Subjektivität, die Schiller als seine Domäne für sich reklamierte. Schon einmal, in der literarischen Revolution der siebziger Jahre, war Goethe aufgefordert worden, die Rolle des schöpferischen Halbgottes und literarischen Messias zu spielen, und jetzt war es Schiller – ein Anhänger der interpretierenden Theologie, der glaubte, daß seine Klasse anstatt durch Religion durch ästhetische Erziehung zu retten sei –, der von ihm verlangte, eine dichterische Kraft zu verkörpern: heidnisch gesinnt und ihrer selbst nicht bewußt, aber fähig, die natürliche und die reflektierende Seite des Menschen in Harmonie miteinander zu bringen. «Mir fehlte», schrieb Schiller im ersten Absatz seines Briefes, «das Objekt, der Körper, zu mehreren spekulativischen Ideen, und Sie brachten mich auf die Spur davon.»

Nach der Übereinkunft, gemeinsam an den *Horen* mitzuwirken, und nach den Unterhaltungen in Jena begannen mit Schillers Brief vom 23. August ein langer Briefwechsel und eine Freundschaft, wie sie in der Literaturgeschichte einmalig sind. Dennoch ist der Brief von einer peinlichen Ehrerbietung – in Moritz' Art – und zugleich schonungslos systematisch. Der Beziehung zwischen Goethe und Schiller, so vertraulich sie wurde, fehlte nie ganz diese etwas unbehagliche, doppeldeutige Absichtlichkeit, dieses leichte Beschleunigen des Herzschlags, wenn Schiller die Erinnerung an diese «sonderbare Mischung aus Haß und Liebe» herunterschluckte, «die Brutus und Cassius gegen Caesar gehabt haben müssen», und statt dessen eine für ihn unterschwellig vorteilhafte Klärung und Konzeptualisierung betrieb.

Goethe gab in seinem Antwortschreiben dem beharrlichen Werben endlich nach – in dieser Phase hatte er kaum eine andere Wahl –, ließ aber erkennen, welche Mittel er einsetzen würde, um jene Aufmerksamkeiten unter Kontrolle zu halten, die dieser Geist der Zeiten – der Stifter der offiziellen Kultur Deutschlands im 19. Jahrhundert – ihm entgegenbrachte. Schiller, ein Freund der Frau von Stein, mag in gewisser Weise ihr Erbe in Goethes Leben gewesen sein, der vertraute Repräsentant eines Establishments, das ihn beinahe verführte; aber Goethe bedachte ihn von Anfang an mit Proben einer überlegenen Ironie, die man in seinen Briefen kaum mehr gesehen hatte, seit er zwanzig war, es sei denn ein- oder zweimal in seinen jüngsten Briefen an Fritz Jacobi. Schiller mochte ihn seinem ästhetischen Schema angepaßt haben, aber Goethe paßte diese Anpassung seinem persönlichen liturgischen Kalender an, wenn er Schiller unter dem Datum des 27. August für das Geburtstaggeschenk eines Briefes dankte,

> in welchem Sie, mit freundschaftlicher Hand, die Summe meiner Existenz ziehen und mich, durch Ihre Teilnahme, zu einem emsigern und lebhafteren Gebrauch meiner Kräfte aufmuntern.

Die impressionistischen Epitheta Goethes konnten ebenso eindringlich sein wie die eher systematischen Kunstgriffe Schillers, aber er gab nachdrücklich zu verstehen, daß es eine Grenze gab, die die Analyse nicht überschreiten konnte. Er hatte einen Partner gefunden, mit dem er jenes ständige innere Gespräch wieder aufnehmen konnte, das mit Frau von Stein aufgehört hatte, als er 1786 nach Rom kam, und das auch als äußeres Gespräch formell drei Jahre später abgebrochen worden war. Aber zu seiner Seele, die er achtzehn Jahre zuvor mit einer «Stadt mit geringen Mauern ... hinter sich eine Citadelle auf dem Berge» verglichen und schon damals begonnen hatte, «zu befestigen», hatte niemand Zugang, nicht einmal er selbst:

> Reiner Genuß und wahrer Nutzen kann nur wechselseitig sein und ich freue mich Ihnen gelegentlich zu entwickeln: ... wie zufrieden ich bin, ohne sonderliche Aufmunterung, auf meinem Wege fortgegangen zu sein, da es nun scheint als wenn wir, nach einem so unvermuteten Begegnen, miteinander fortwandern müßten. Ich habe den redlichen und so seltenen Ernst der in allem erscheint was Sie geschrieben und getan haben immer zu schätzen gewußt und ich darf nunmehr Anspruch machen durch Sie selbst mit dem Gange Ihres Geistes, besonders in den letzten Jahren, bekannt zu werden. ... Alles was an und in mir ist werde ich mit Freuden mitteilen. ... Wie groß der Vorteil Ihrer Teilnehmung für mich sein wird werden Sie bald selbst sehen, wenn Sie, bei näherer Bekanntschaft, eine Art Dunkelheit und Zaudern bei mir entdecken werden, über die ich nicht Herr werden kann, wenn ich mich ihrer gleich sehr deutlich bewußt bin. Doch dergleichen Phänomene finden sich mehr in unserer Natur, von der wir uns denn doch gerne regieren lassen, wenn sie nur nicht gar zu tyrannisch ist.

Der ein wenig brutale Humor auf Kosten des Kantianismus führt bewußt in die Irre. Goethe mag vielleicht nicht gewußt haben, daß Fichte ihn mit dem göttlich prädikatlosen absoluten Ich verglichen hatte, aber wenn man es ihm gesagt hätte, hätte er verstanden, was Fichte meinte, und gewiß wußte er, daß er mit dem Eingehen auf Schillers Avancen endlich doch in eine Beziehung zu der großen zeitgenössischen Bewegung des philosophischen Idealismus einwilligte. Als er 1798 auf «das günstige Zusammentreffen unserer beiden Naturen» zurücksah, erblickte Goethe genau hierin den Hauptvorteil einer Freundschaft, über die er – wie über sein Verhältnis zu Frau von Stein – eine beunruhigende, wenn auch nicht erschöpfende Klarheit bewies:

> Wenn ich Ihnen zum Repräsentanten mancher Objekte diente, so haben Sie mich von der allzu strengen Beobachtung der äußern Dinge und ihrer Verhältnisse auf mich selbst zurückgeführt, Sie haben mich die Vielseitigkeit des innern Menschen mit mehr Billigkeit anzuschauen gelehrt, Sie haben mir eine zweite Jugend verschafft und mich wieder zum Dichter gemacht, welches zu sein ich so gut als aufgehört hatte.

Es gab in dieser Freundschaft problematische, sogar beutelüsterne Untertöne, deren sich beide bewußt waren; aber beide waren hochherziger als ihre obskuren Emotionen, und sie bewiesen es dadurch, daß sie bereitwillig voneinander lernten und ihre gegenseitige Dankesschuld bekannten. Die Geneigtheit füreinander, zu der ihre Beziehung bald wurde, blieb immer die von Kollegen und Gleichgestellten – sie gebrauchten nie das vertrauliche «Du» –, aber sie war herzlicher und tiefer, als es jede reine Zweckmäßigkeitsverbindung hätte bewirken können. Schiller war der offenkundiger Bedürftige und vielleicht, wie Frau von Stein, der offenkundiger Ausgenutzte; aber er war der Werbende, und im großen und ganzen ist es seine Deutung dieser Freundschaft, die sich behauptet hat. In der Tat waren sie einander gewachsen, Schiller vielleicht mehr durch das, was er darstellte, als durch seine inneren Kräfte, und sobald sie füreinander einen gemeinsamen Zweck definiert hatten, waren sie entschlossen, ihn zu genießen. Von Anfang an war es eine Freundschaft bis zum Tode, da Goethe etwas hoheitsvoll Schillers Einschätzung übernahm, er habe Aufgaben unternommen, die für ein Menschenleben zu mannigfaltig und umfangreich seien, und sich daher darauf freute, seine nicht verwirklichten Absichten bei einem anderen deponieren zu können, während Schiller sich mit einem eher elegisch getönten Realismus damit abfand, daß infolge seiner Krankheit dieses so günstige Zusammentreffen zu sehr vorgerückter Stunde kam:

> Nun kann ich ... hoffen, daß wir, soviel von dem Wege noch übrig sein mag, in Gemeinschaft durchwandeln werden, und mit um so größerm Gewinn, da die letzten Gefährten auf einer langen Reise sich immer am meisten zu sagen haben.

Eine «angenehme Verbindung» stand in Aussicht, wie Goethe an seinem Geburtstag an Fritz von Stein schrieb – der nun auf dem «Meer» («Ozean») des Londoner Lebens segelte –, die ihn für die Zerrissenheit, verursacht durch die «elende Polik» entschädigen könnte. Letztendlich war es Goethe, der die Initiative zu ergreifen begann. Ein Austausch von Manuskripten – er sandte Schiller eine kleine Arbeit über Schönheit und Freiheit in der körperlichen Erscheinung von Tieren und Menschen, Schiller revanchierte sich mit Abschriften einiger *Kallias*-Briefe – überzeugte ihn davon, daß er und Schiller «[ü]ber alle Hauptpunkte ... einig» waren und daß es der Mühe wert war, «nachzuholen», was während ihrer einstigen Entfremdung unbesprochen geblieben war. Der Hof entschwand für zwei Wochen nach Eisenach, so daß Weimar seinen Frieden und Goethe seine Freiheit hatte: Vielleicht hatte Schiller Lust, diese Zeit bei ihm zu verbringen, um zu arbeiten, zu sprechen, seine Sammlungen zu besehen? Zufällig war auch Schiller frei und seine Wohnung leer, da seine Frau den kleinen Carl zu ihrer Mutter nach Rudolstadt mitgenommen hatte, um jede Gefahr der Ansteckung durch den Sohn der Humboldts zu vermeiden, der gerade gegen die Pocken inokuliert wurde. Aber er warnte Goethe, daß er kein bequemer Gast sei: Seine Magenkrämpfe würden ihn die ganze Nacht wachhalten, den ganzen Vormittag würde er schlafen, und zu keiner Tageszeit könne er einen festen Stundenplan einhalten. Aus Furcht vor jeder gesellschaftlichen Verpflichtung hielt es der Kranke für besser, einfach als Pensionsgast, als Fremder im Hause behandelt zu werden. Aber Goethe war nicht der Mann, sich vor Extravaganzen zu scheuen, wenn er andere Prioritäten hatte: Er ignorierte den Wink, daß es freundlicher gewesen wäre, hätte er Schiller besucht; und das Letzte, was Schiller wollte, war, ein neue Begegnung zu verhindern. Eine Suite von drei Zimmern an der Frontseite des Hauses, mit Blick über den Frauenplan, wurde ihm zur Verfügung gestellt, und so kam er am Nachmittag des frühesten Datums, das Goethe genannt hatte – Sonntag, 14. September –, brachte eine neue Abhandlung über nachkantianische Ästhetik von Maimon mit und blieb bis zum Samstag, dem 27., im sonnigen, verschlafenen Weimar. Der hilfsbereite Wilhelm von Humboldt begleitete ihn hin und zurück und blieb selber ein oder zwei Nächte. Zunächst war Schiller zu schwach, um ohne Unterbrechung lange in Gesellschaft seines Gastgebers zu verbringen, aber nach drei bis vier Tagen und einem Spaziergang im Sterngarten war es ihm möglich, vormittags um halb zwölf aufzustehen und sich anzukleiden und die folgenden zwölf Stunden in beständigem Gespräch zu verbringen. Er war mit der Absicht gekommen, «jeden Augenblick» mit Goethe zuzubringen, «die Zeit ... zu Erweiterung meines Wißens zu benutzen» und so seinen «spekulativischen Ideen» «Körper» zu geben, und Goethe tat ihm den Gefallen. Er erzählte Schiller von seiner naturwissenschaftlichen Arbeit, die seinen Geist auf die Frage des Objektiven konzentriert hatte, und erläuterte ihm seine botanischen und anatomischen Forschungen und sein jüngstes Interesse an der Optik. Er zeigte einige schöne Landschaften von Kniep, die kürzlich der aus Neapel zurückgekehrte Gerning überbracht hatte, der in Jena sein Studium wieder aufnahm, und erzählte von der wertvollen Gesellschaft Meyers, der leider noch immer in Dresden weilte. Er las seine *Elegien* vor – «die zwar schlüpfrig und nicht sehr decent sind, aber zu den beßten Sachen gehören, die er gemacht hat» – und versprach sie Schiller für die *Horen*. Seine Begeisterung für das neue Projekt war grenzenlos. Es war bedauerlich, daß der *Wilhelm Meister* bereits an Unger vergeben war und daher nicht in Fortsetzungen in der neuen Zeitschrift abgedruckt werden konnte, wie Schiller gehofft hatte (der dennoch gern bereit war, das Manuskript zu lesen und zu kommentieren), und sehr viel mehr hatte er im Augenblick nicht in der Schublade, was er anbieten konnte. Aber er sprudelte über von Anregungen: eine Reihe von Versepisteln für die ersten Hefte der neuen Zeitschrift, Nacherzählungen von Geschichten aus den französischen Nachahmern Boccaccios, ein Briefwechsel mit Schiller über Ästhetik, der sogleich begonnen und im Laufe seines Wachsens gedruckt werden konnte. Er schlug vor, was er einst Wieland vorgeschlagen hatte, nämlich Aloys Hirt als römischen Korrespondenten für Kunstdinge zu gewinnen, er versprach seine Mitwirkung am neuen *Musen-Almanach*, und er diskutierte mit Schiller dessen eigene Werke und Pläne: *Fiesco* und *Kabale und Liebe* würden nur geringer Änderungen bedürfen, um regelmäßig auf dem Weimarer Spielplan zu erscheinen; vielleicht hätte Schiller auch Lust, den *Egmont* zu überarbeiten, um ihn bühnenwirksamer zu machen; und wenn er sein Stück über die Malteser fertig bekäme – in Goethes Augen ein leichteres Beginnen als *Wallenstein* –, könnte es am 30. Januar zum Geburtstag von Herzogin Louise aufgeführt werden und danach ein Heft der *Horen* füllen. In gesellschaftlicher Hinsicht waren es zwei stille Wochen, ideal geeignet, diese zwei komplexen Persönlichkeiten einander näherzubringen. Goethe erklärte Meyer, warum er zu Hause bleibe: Bei dem einen Freund – Herder – müsse er «auf die Könige schimpfen», bei dem anderen – Knebel – «eine Sängerinn loben» (der Erfolg Luise Rudorffs dauerte an). Die Herders kamen gleichwohl vorbei, aber sonst gab es wenige Besucher. Schiller ging kaum aus und wurde dem offiziell nicht existierenden Haushalt Goethes nicht vorgestellt, aber die Atmosphäre war zu erfüllt mit geistigen Neuanfängen, als daß die verborgenen Schätze von Blaubarts Burg, nur gelegentlich sich kund tuend in schwachen Stimmen und anonymen Bewegungen in den unsichtbaren Räumlichkeiten im hinteren Teil des Hauses, seine Nächte und Vormittage hätten beeinträchtigen können. Für Goethe war dieser hochgewachsene, einsame Gast, zerbrechlich wie ein Vogel, «von sehr guter Unterhaltung»; er brachte «durch seinen Antheil viel Leben in meine oft stockenden Ideen». Daß Schiller seine Theorien zur Metamorphose in kantianischer Manier als erklärende Modelle – Vernunftideen – und nicht als Tatsachen der Sinneserfahrung klassifizierte, mag ihn gekränkt haben, aber er konnte jetzt auch den Adel in jener Distanzierung von allem Sinnlichen, Physischen und Gewöhnlichen schätzen, zu der Schiller sein Leiden zwang sowie sein unbändiger Wille, sich darüber zu erheben. «Wir andern», bemerkte Goethe viele Jahre später, «sind die Sklaven der Gegenstände», der Personen um uns – nicht so Schiller: «der Theelöffel geniert uns, wenn er von Gold ist, da er von Silber sein sollte, und so, durch tausend Rücksichten paralysirt, kommen wir nicht dazu, was etwa Großes in unserer Natur sein möchte, frei auszulassen»; Schiller aber ist so groß am Theetisch, wie er es im Staatsrath gewesen sein würde. Nichts geniert ihn, nichts engt ihn ein, nichts zieht den Flug seiner Gedanken herab; was in ihm von großen Ansichten lebt, geht immer frei heraus ohne Rücksicht und ohne Bedenken.

Wenn es Schillers Größe ausmachte, daß ihn goldene Teelöffel nicht genierten, so macht es Goethes Größe aus, *daß* sie ihn genierten; und weit subtiler als Schiller konnte er so tun, als sei er einer von uns anderen. Vielleicht konnte nur ein bemerkenswertes Gefühl der intellektuellen Einsamkeit zwei so verschiedene Charaktere beieinanderhalten.

Als Schiller wieder in Jena war, begann sein Gedankenflug aufs neue. Er machte sich an die Umarbeitung seiner Korrespondenz mit dem dänischen Kronprinzen, die unter dem Titel *Über die ästhetische Erziehung des Menschen in einer Reihe von Briefen* in Fortsetzungen in den *Horen* erscheinen sollte, und das vierzehntägige Kolloquium in Weimar begann Früchte zu tragen. Das alte Griechenland, von dem er noch im Jahr zuvor abfällig an Wilhelm von Humboldt geschrieben hatte, es sei untauglich, ein politisches Vorbild für die komplexe moderne Existenz abzugeben, diente nun als konkretes historisches Zeugnis dafür, daß es möglich war, die Kräfte der Vernunft und der Triebe, die in der französischen Revolution so verhängnisvoll auseinandergeklafft waren, zur Vollkommenheit eines menschlichen Ganzen zu verbinden: Griechenland wurde zum Sinnbild eines moralischen und politischen Ideals, das der christlichen Ordnung der jüngsten Jahrhunderte ebenso widersprach wie die französische Revolution – das aber, im Medium der Kunst erwachsen und weitergegeben, gegen jeden ernüchternden Rückfall in die Wildheit gefeit war. Nicht daß Schiller – oder jener Goethe, dessen Denken diese Blätter unverkennbar widerspiegeln – eine systematische Hellenisierung der deutschen Kultur propagiert hätte. Griechenland konnte in der modernen Welt immer nur ein Gegenbild sein. Der *Neunte Brief* ist ein Prosahymnus auf die reinigende und verwandelnde Kraft der Kunst in einem verderbten Zeitalter; als der Botin (der «Hore», wie Schiller sie anderswo nennt) jener moralischen Vollkommenheit, die erst noch kommen muß:

Ehe noch die Wahrheit ihr siegendes Licht in die Tiefen der Herzen sendet, fängt die Dichtkunst ihre Strahlen auf, und die Gipfel der Menschheit werden glänzen, wenn noch feuchte Nacht in den Tälern liegt.

Der Künstler – Schiller greift auf sein briefliches Porträt von Goethes Genius zurück – ist ein Fremdling in seiner Zeit. Mag er zunächst auch ihr verwöhnter Liebling sein, so wird er doch bald in die strenge und ferne Schule der Griechen gehen müssen, aus der er zurückkehren wird, um seine reife Aufgabe zu erfüllen: den Zeitgenossen das vernichtende und demütigende Bild des Ideals vorzuhalten, das sie vorgezogen haben zu ignorieren. Das Ideal aber (das uns freilich in dem, was von der antiken Kunst erhalten ist, immer gegenwärtig bleibt) bekundet sich in den Werken des modernen Künstlers nicht so sehr in ihrem Inhalt, der dem modernen Leben entnommen sein wird, als vielmehr in ihrer Form. (Als er diese Zeilen schrieb, mag

Schiller besonders an die *Römischen Elegien* gedacht haben.) Griechische Kunst und Literatur sind daher nicht ein Muster, geeignet zur direkten Nachahmung, sondern ein höchstes Beispiel für die veredelnde Macht ästhetischer Harmonie. Wir können daraus den Schluß ziehen, den in der Tat Schiller zieht, daß wir, um die griechische Kultur wertschätzen und von ihr lernen zu können, besser daran tun, uns nicht der Archäologie, sondern der Kantischen Philosophie zuzuwenden, welche das Verhältnis zwischen Schönheit und Sittlichkeit analysiert hat, auf dem die Wirkung der Kunst beruht.

«Der Dichter», davon hatte die nähere Bekanntschaft mit Goethe Schiller überzeugt, «ist der einzige wahre *Mensch*, und der beste Philosoph ist nur eine Karikatur gegen ihn.» Aber 1794 hatte er auch Fichte kennengelernt, und Fichtes Einfluß auf die endgültige Fassung der *Ästhetischen Briefe* ist ebenso offenkundig wie jener Goethes, obgleich ihrer Luzidität nicht immer förderlich. So brachte Schiller die zwei bedeutendsten Intellektuellen der Achse Weimar-Jena zusammen, und die Abhandlung, in der er das tat, kann ungeachtet aller Verworrenheiten und Lücken füglich als Gründungsdokument eines neuen Zeitalters in der deutschen Kultur angesehen werden: Hölderlin, Hegel, Schelling, Schopenhauer, sogar Karl Marx wurden vom Ganzen oder von Teilen der Argumentation entscheidend affiziert, ganz zu schweigen von den kleineren Geistern, die der deutschen Romantik ans Licht verhalfen. Schiller beginnt den zentralen Abschnitt der Briefe in den Tiefen der Abstraktion, mit einer Fichteschen Unterscheidung zwischen zwei Aspekten des Ichs, die in einem – wie man bald sagen sollte – «dialektischen» Verhältnis zueinander standen (das heißt im Verhältnis zweier einander wechselseitig bestimmender Gegensätze). Auf der einen Seite gibt es unsere «Person», das Prinzip der Einheit, das durch alle Erfahrung hindurch unverändert bleibt; auf der anderen Seite gibt es unseren endlos variierenden, aber eben darum immer nur transitorischen «Zustand». In Gott sind beide Aspekte identisch, aber wir Menschen können nur danach trachten, sie zur Deckung zu bringen – das heißt, wir können nur danach streben, alle Möglichkeiten unserer Person manifest zu machen und in alle Verschiedenheiten unseres Zustandes Einheit zu bringen. Dieses Streben bekundet sich in zwei «Trieben» (Fichtes Terminus, obwohl beide Fichte unbekannt): einem «Stofftrieb» (Schiller gebrauchte ursprünglich den Begriff «Sachtrieb»), der uns an die Welt der Sinne fesselt, so daß wir die Wirklichkeit unseres Daseins in ständiger Veränderung, in neuen Befriedigungen und danach in neuen Zwecken suchen; und einem «Formtrieb», welcher die Grundlage unseres Gefühls von Identität und Freiheit ist, weil er uns Gesetze für unsere – sinnliche oder moralische – Erfahrung hervorbringen läßt, die ebenso notwendig und ewig sind, wie wir es von unserem Ich glauben. Können diese unterschiedlichen Triebe, der zu sinnlichem Reichtum und der zu universeller Ordnung, so miteinander versöhnt werden, daß die Menschheit in uns zu göttlicher Ganzheit gelangen kann? Oder sind wir zu immerwährender

Dualität und Entfremdung verurteilt, zu Hause weder in uns selbst noch in unseren Erfahrungen? Bei aller demonstrierter Treue zu seinem Lehrmeister kann Schiller nicht völlig die Bescheidenheit akzeptieren, mit der Kant in seiner kritischen Philosophie diese Entfremdung akzeptiert und die Erringung des Höchsten Guts sowie jede unmittelbare Erkenntnis der Ideen an das Ende eines unendlichen Prozesses verlegt: Der Mensch, sagt Schiller, kann nicht «dazu bestimmt sein, über irgendeinen Zweck sich selbst zu versäumen», und es muß in irgendeiner Form möglich sein, uns unseren idealen Zustand schon jetzt gegenwärtig zu machen; denn:

Vor einer Vernunft ohne Schranken ist die Richtung zugleich die Vollendung, und der Weg ist zurückgelegt, sobald er eingeschlagen ist.

Schiller findet die Antwort auf sein Bedürfnis, indem er einen dritten Trieb annimmt, den «Spieltrieb», der tendenziell die anderen beiden harmonisiert, die sinnliche Natur mit der moralischen Vernunft und den Wandel mit der Identität versöhnt und somit Erfahrungen in der Zeit aufsucht, durch welche die Zeit überwunden wird. Gegenstand des «Spieltriebs» ist daher ein in der wirklichen Welt gegebenes Symbol für das erreichte Ideal der Humanität, der tugendhafte und zugleich glückliche Mensch, mit anderen Worten – nach Schillers schwieriger transzendentaler Argumentation – der schöne Mensch. Schönheit ist Freiheit – das heißt sittliche Vollkommenheit – in der Erscheinung. Indem die Kunst uns die Schönheit vor Augen führt, zeigt sie uns den Menschen vergöttert – nicht umsonst haben die Griechen das Spiel, die Untätigkeit (*ataraxia*) zum auszeichnenden Merkmal ihrer Götter gemacht. Denn das Kunstwerk, sagt Schiller unter Weiterführung von Einsichten von Moritz und Kant in die wesentliche Interesselosigkeit der Schönheit, entrückt uns zwar sowohl dem Ernst der dem Leben natürlichen Wünsche als auch dem Ernst, von dem moralische Rücksichten als Gegenstand praktischer Pflicht immer erfüllt sind; aber es entrückt uns dadurch nicht dem Leben und der Moralität selbst. Das Leben wie die Moralität werden im Kunstwerk dargestellt, jedoch als Fiktion, als «bloße» Erscheinung, als «schöner Schein», mithin als etwas, womit der Geist des Künstlers wie des Publikums nur spielt. Weil wir mit ihnen nur spielen, empfinden wir nicht den Gegensatz zwischen ihnen und vermögen sie daher in eine Harmonie miteinander zu bringen. Im Leben herrscht immer Konflikt zwischen dem Formtrieb und dem Stofftrieb; nicht so in der Kunst. In der Praxis ist natürlich, wie Schiller dem Kronprinzen von Dänemark erklärt hatte, kein Kunstwerk ganz vollkommen, weshalb das eine oder das andere Prinzip in der Harmonie vorherrschen wird: Schiller beabsichtigte im letzten Teil der *Ästhetischen Briefe* die Behandlung sowohl der «schmelzenden Schönheit» (die zeigt, wie der Zauber der Sinne die Strenge des Gesetzes mildern) als auch der «energischen Schönheit» (die zeigt, wie ein erhabener Wille sich einer natürlichen Unordnung aufzwingt), befaßte sich aber letztlich nur mit der «schmelzenden Schönheit». In diesen letzten Briefen aber führt er seine

Argumentation wieder auf den politischen Ausgangspunkt zurück, und die Geschichte, zu welcher die einzelnen Manifestationen der Schönheit gehören, erweist sich als die Geschichte der Erziehung des Menschengeschlechts zur Vollkommenheit und mit den Mitteln der Kunst. Indem die Menschen in den ästhetischen Zustand der Interesselosigkeit, des «bloßen» Spiels, als einer Analogie zur moralischen Freiheit eintreten, bereiten sie sich auf die moralische Freiheit in der Praxis vor: Der sinnliche – das heißt der tierische – Mensch kann sich zu reiner Vernunft nur dadurch erheben, daß er einen Zustand durchmacht, in dem Sinnlichkeit und Vernunft gleichermaßen mächtig und gleichermaßen folgenlos sind. Indem wir uns über die Ereignisse des Lebens und die Forderungen des Gesetzes Geschichten erzählen und uns Bilder von ihnen machen – indem wir mit ihnen spielen –, lernen wir in den Mußestunden, die wir der Kunst widmen, unseren eigenen schöpferischen Beitrag zu unserer Erfahrung zu schätzen, und nehmen so an Selbsterkenntnis und Selbstvertrauen zu. Die Weiterentwicklung des menschlichen Interesse an dem, was für die reinen Notwendigkeiten des tierischen Lebens überflüssig ist, an Spiel und Ornament, geht Hand in Hand mit der Weiterentwicklung der religiösen Vorstellungen von dem mehr oder weniger primitiven Götterkult zur Entdeckung der sittlichen Autonomie des Menschen. Gleichzeitig entwickelt sich der gesellschaftliche Verkehr durch den Prozeß der Zivilisation bis zu einem Punkt, wo Höflichkeit an die Stelle blanker Leidenschaft tritt und das Natürliche und das Sittliche in Harmonie miteinander treten: Die Lust weicht der Liebe, die Feindseligkeit der Gastfreundschaft (Schiller zitiert als Beispiel den Einfluß Iphigeniens auf die Taurier), und zuletzt wird die Gesellschaft, wie die Kunst und die Harmonie unserer Fähigkeiten, erfreulich um ihrer selbst willen. Der «ästhetische Staat» – das heißt die soziale und politische Ordnung, insofern sie als Gegenstand des Spieltriebs, als gemeinsam errichtetes Kunstwerk genossen wird – wird zum Mittelding zwischen dem, was Schiller den «dynamischen Staat» nennt – eine Hobbes'sche Ordnung, resultierend aus dem geistlosen Gegeneinander natürlicher Kräfte – und dem «ethischen Staat» – einer rein rationalen Ordnung, die die Natur ohne Rücksicht auf Verluste der Tugend unterjocht –. Nur dort, wo inmitten der Wirren der natürlichen politischen Existenz ein solcher «ästhetischer Staat» im Aufbau begriffen ist, besteht Hoffnung, daß die menschliche Gesellschaft sich einmal zum freien Gehorsam gegenüber der Majestät des moralischen Gesetzes erheben wird. Welches ist nun der gegenwärtige Zustand Europas? Vielleicht meint Schiller, daß der «dynamische Staat» derzeit zum Beispiel vom bürgerlich-merkantilen England verkörpert wird und daß der «ethische Staat» das ist, was die Revolutionäre in Frankreich beabsichtigt – wiewohl natürlich nicht erreicht – haben. Aber existiert das ästhetische Gemeinwesen irgend anders denn als sehnendes Bedürfnis «in jeder feingestimmten Seele»? Ja, antwortet Schiller in einer abschließenden Bemerkung, aber «wie die reine Kirche» (das heißt: die unsichtbare Kirche Kants) nur «in einigen wenigen auserlesenen Zirkeln» – wie zweifellos in Weimar, in Kopenhagen, möglicherweise auch in Eutin oder Münster –, in denen wie in einem englischen Figurentanz (Schiller bringt diesen Vergleich in einem Brief an Körner) die Freiheit des Einzelnen durch die allgemeine Ordnung nicht kompromittiert wird und der Mensch nicht nötig hat, «seine Würde wegzuwerfen, um Anmut zu zeigen». Schiller hat an «einigen wenigen» kultivierten deutschen Höfen des *ancien régime* jene Monarchie gefunden, die herrschte, «als ob» sie eine Republik wäre, was ihm in seiner früheren Abhandlung als Metapher der harmonischen Schönheit gedient hatte und was jetzt als politische Folge der Schönheit wie in der Praxis auch als deren Vorbedingung erscheint. Hier und jetzt, so scheint es, in der Tätigkeit von Künstlern «in der Nähe des Thrones» kann das Ideal einer freien und gerechten und erfüllten Humanität Wirklichkeit werden.

Als Goethe – kaum mehr als einen Monat nach Schillers Besuch – Anfang November einige Tage in Jena verbrachte, war er, wie berichtet wird, von den ersten neun Briefen der *Ästhetischen Erziehung* «ergriffen», was kaum verwundern kann. Immerhin ging er – oder jedenfalls die Deutung, die Schiller ihm gab – als Ingredienz in die zeitgenössische philosophische «Gährung» ein. So stark fühlte sich das ganze Zeitalter vom Fortschritt der Spekulation berührt, daß die schwierigen *Ästhetischen Briefe* des mittleren Teils sogar dem «kalten Meyer», dem Kunstgeschichtler, der sonst so sehr «auf sein Fach begrenzt» war, Interesse und Aufmerksamkeit abnötigten, als Schiller sie ihm und Goethe im Januar 1795 vorlas. Das Bedürfnis des modernen Intellektuellen nach säkularer Erlösung, beeindruckend artikuliert durch die neuartigen Techniken der Transzendentalphilosophie, heftete sich mit seiner ganzen Intensität an jene «kleine[n] Weltsysteme», die sich um Fürstenhöfe und besonders herausragende Persönlichkeiten bildeten und aus denen die «aristokratische Anarchie» des kulturellen Lebens in Deutschland bestand; und die instinktive Reaktion, zu welcher Goethe «die leidige Politik und der unselige körperlose Parteigeist» trieben – nämlich «uns zusammen, soviel als möglich, im ästhetischen Leben zu erhalten und alles außer uns zu vergessen» – war dabei, in den Status einer neuen Anthropologie aufzurücken. Sogar als politischer Traktat fingen die *Ästhetischen Briefe* die Stimmung der Zeit ein, und der *Teutsche Merkur* brachte einen versifizierten Lobeshymnus auf den Autor. Hegel, der seine Zukunft noch immer eher in der Politik als in der Philosophie sah, hielt sie für «ein Meisterstück». Der etwas zwielichtige Publizist Friedrich Gentz (1764–1832), für den noch 1790 die Revolution der freudig begrüßte «erste praktische Triumph der Philosophie» gewesen war, der jedoch, nachdem er Burkes *Reflections on the Revolution in France* übersetzt und seine preußische Pension verloren hatte, in den Sold der Briten getreten war und «90%» der Berliner Beamten als Jacobiner, Freimaurer und Illuminaten denunziert hatte, lobte die *Ästhetischen Briefe* für die Darlegung des Grundsatzes, daß die menschliche Gesellschaft nicht in Sprüngen, sondern nur schrittweise ihrer

18. J. H. Meyer: Johann Wolfgang von Goethe (um 1794)

19. L. Simanowiz: Friedrich Schiller (1793)

Reife entgegengehen könne. Indessen herrschte doch eine grundsätzliche Unklarheit in Schillers Argumentation: Behandelte er den ästhetischen Staat als Mittel zur Erlangung des ethischen Staates, oder behandelte er ihn als Selbstzweck? Und wenn letzteres der Fall war: behauptete er dann nicht, daß es zwar gut ist, gut zu sein, daß es aber besser ist, gut und schön zu sein, ohne zu erläutern, was er in diesem Falle wohl unter «besser» verstand? Fichte – Hüter des kategorischen Imperativs und eingestandenermaßen kein Dichter – versuchte, mit einer Abhandlung «Über Geist und Buchstab in der Philosophie» ein wenig Strenge in Schillers Definition der Triebe zu bringen, und reichte sie zur Veröffentlichung in den *Horen* ein, und als Schiller Bedenken erhob, nahm ihre Korrespondenz eine Wendung ins Giftige (daß Schiller Fichte der «Verworrenheit der Begriffe» zieh, dürfte für viele ein starkes Stück sein). Die Beziehungen zwischen den beiden normalisierten sich nicht mehr, und die kollektive Herausgeberschaft der *Horen* entpuppte sich als Fiktion. Doch immerhin hatte Schiller die Ästhetik in den Mittelpunkt der philosophischen Debatte gerückt, er hatte die These vorgebracht, daß die Kunst ein Motiv für ethisches Verhalten und ein Mittel zur Erlösung des Menschen bieten konnte, das gänzlich säkular und zugleich substantieller war als alles, was Kant zu bieten hatte, und jene jungen Denker, die Kant bereits durch Fichte überholt sahen, sollten bald versuchen, die Fichtesche Metaphysik zu einer Schillerschen Kunsttheorie weiterzuentwickeln.

«Mein alter Roman»

Während Goethe Schiller las, las Schiller Goethe, und derselbe Monat, Januar 1795, erlebte die Veröffentlichung sowohl der ersten Lieferung der *Ästhetischen Briefe* im ersten Heft der *Horen* als auch die des ersten Bandes von *Wilhelm Meisters Lehrjahren* (mit dem Ersten und Zweiten Buch). Zwar war Schiller etwas zu spät gekommen, um sich den *Wilhelm Meister* für seine Zeitschrift zu sichern, aber Goethe zeigte ihm die Korrekturbögen zum ersten Buch und das Manuskript fast alles Folgenden und erbat seine Kritik, solange die Form noch in einem «biegsamen» Zustand war. Der zweite Band für Unger (mit dem dritten und vierten Buch) war im Februar fertig. Auch Charlotte Schiller und Wilhelm von Humboldt hatten ihn gelesen. Schillers spontane Reaktion auf das erste Buch war die Bekundung von Freude – einer ganz ehrlichen Freude; denn zu derselben Zeit schrieb er Humboldt, das Buch übertreffe alles, was er erwartet habe:

> Er ist darin ganz er selbst: zwar viel ruhiger und kälter als im «Werther», aber ebenso wahr, so individuell, so lebendig, und von einer ungemeinen Simplizität.

Insbesondere, ließ er Goethe wissen, habe er befürchtet, daß «eine kleine Ungleichheit» den langen Zwischenraum zwischen dem ersten Entwurf und der endgültigen Ausführung verraten könnte. Schillers Befürchtung erwies sich als grundlos, aber sie war nicht fehl am Platze. Wir können die Fassungen vergleichen, was Schiller nicht konnte, und erkennen, wie vollständig die Absicht des Romans sich verändert hatte.

Seit Goethe die theatralische Sendung Wilhelm Meisters auf den Brettern von Serlos Bühne in der Stadt H. zu einem ungewissen Abschluß gebracht hatte, hatte sein eigenes Leben die meisten jener Höhen und Tiefen durchgemacht, die er oder sein Vater sich einst hätten ausmalen können. Er hatte Italien bereist und in Rom das Leben der Götter gelebt; er hatte seine gesammelten Werke veröffentlicht (und die meisten davon vollendet); er hatte ein Haus, eine Frau, einen Sohn. Aber das politische und gesellschaftliche Fundament all dieser Errungenschaften war ebenfalls so schwer erschüttert worden, daß zweifelhaft war, ob es überdauern könne; er war tagelang unter den sich auflösenden Resten einer Armee herumgeirrt, die zu Tausenden in Lachen von Schlamm und Exkrementen starb; er hatte mit angesehen, wie die Kanonen seiner Freunde und Gönner das Gefüge jener Welt zerfetzten, in der sie alle aufgewachsen waren; zwei seiner drei Kinder waren gestorben, und der Tod seiner Schwester verfolgte ihn noch immer. Er hatte dem zwecklosen Chaos der Materie in den Rachen geblickt und gesehen, wie jene, die da glauben konnten, der Zweck der Schöpfung zu sein, in ein Vergessen versanken, das Worte nicht mehr erreichten. Der Glaube, wie er im Haus der Jacobis und der Fürstin Gallitzin gelebt wurde, und sogar der strengere Glaube, der aus Kants Schriften sprach, war ein zweifelhafter Halt. Goethe heftete sich statt dessen mit Gewalt an seinen alten Roman; denn nur in ihm konnte er, als Schriftsteller, an Glauben entdecken, was er noch haben mochte. Welches war das wahre Leben von Individuen, fragte er Woltmann, und wie konnte es in Sprache umgesetzt werden in einer Zeit, da die öffentlichen Mittel des Ausdrucks zu Instrumenten der Täuschung verkommen waren? Er würde den *Wilhelm Meister* gegen den Strich überarbeiten müssen – gegen die Erwartungen des Publikums, an das er sich wandte, und gegen den ursprünglichen Sinn des Romans. Er mußte seine lokale und persönliche Aussagekraft verlieren, um etwas wenigstens ebenso Allgemeines und Verstörendes zu werden wie die Philosophie Kants und Fichtes und wie die große Revolution, deren «minima pars» Goethe gewesen war. Mit dem Erzählen eines individuellen, aber nicht besonders bemerkenswerten Lebens sollte die Frage aufgeworfen und nach Möglichkeit beantwortet werden: Welche Ordnung, welcher Zweck ist in einem Menschenleben überhaupt zu finden?

Die Aufgabe, die Goethe sich stellte, war gewaltig: das größte literarische Projekt, das er je in Angriff genommen hatte, die passende Herausforderung für einen Mann in seiner Blüte. Er erlaubte sich die kleine Prahlerei, es seien «nun schon 50 Handelnde» in einem Buch, das «unter allen meinen Arbeiten, die ich jemals gemacht habe, die obligateste und in mehr als Einem Sinn die schwerste» sei; und mit der sukzessiven Publikation des Manuskripts vor dessen definitiver Vollendung verbaute er sich jeden Rückweg. Spätestens seit Sommer 1794, als er den Vertrag unterzeichnete, wußte er, daß er acht Bücher zu schreiben hatte, und hegte wahrscheinlich schon damals die Absicht, die sechs Bücher der *Theatralischen Sendung* «fast um ein Drittel» zu kürzen, um daraus die erste Hälfte des neuen Romans zu machen. Er brauchte Platz für seine neuen Ideen, aber was die zweite Hälfte enthalten sollte, kann ihm selbst damals nicht vollkommen klar gewesen sein: Letzten Endes erwiesen sich das siebente und das achte Buch als unverhältnismäßig lang und möglicherweise auch als zu dicht, und er erwog, sie zu vier Büchern umzuschreiben, so daß es insgesamt zehn geworden wären. Dennoch bleibt das angestrengte Durchhalten einer konzentrierten Einbildungskraft bemerkenswert. Ohne den Vorteil jeder nachträglichen Revision sind die ersten Bücher subtil und ausgeklügelt mit den folgenden verflochten – besonders das erste Buch, das Goethe als «Prologum» bezeichnete und das ihm in einem gewissen Umfang als Gedächtnisstütze gedient haben muß; sind doch in ihm die sprossenden Samen all dessen ausgelegt, was sich entfalten soll.

Das erste Buch von *Wilhelm Meisters Lehrjahren* ist eine Neufassung des ersten sowie größerer Teile des zweiten Buches der *Theatralischen Sendung* (s. Bd. I, S. 332f., 368–371, 418–420). Wir erfahren nicht nur die Geschichte von Wilhelms kindlichem Interesse an Puppentheater und Schauspiel sowie seiner zum Scheitern verurteilten Liebesaffäre mit der Schauspielerin Mariane, sondern auch die Anfänge von Melinas Karriere, und wir hören wenigstens die Hälfte von Wilhelms Diskussionen mit seinem zukünftigen Schwager Werner über den relativen Wert von Dichtkunst und Handel (die andere Hälfte bleibt dem zweiten Buch vorbehalten). Es gibt jedoch auch ganz neues Material, und das alte ist keineswegs mehr das, was es war. Wilhelm ist noch immer der Sohn eines Kaufmanns, aber sein Vater ist weniger auffällig und in gewisser Weise weniger anziehend als der Benedikt Meister der *Theatralischen Sendung*. Er ist ein nüchterner Mensch, der die künstlerischen Interessen seines eigenen Vaters nicht teilte; als er dessen Erbschaft antrat, verkaufte er seine Sammlung von Gemälden, Skulpturen, Münzen und geschnittenen Steinen – deren wahren Wert er wahrscheinlich nicht erkannte –, um Kapital für sein Geschäft aufzunehmen. Es gibt jedoch keine Spannungen in seiner Ehe (dafür vergnügt uns Goethe auch nicht mit Geschichten von den spätabendlichen Exkursionen des Vaters, während zu Hause die Suppe überkocht). Das Puppentheater erhält Wilhelm jetzt von seiner Mutter zum Geschenk, nicht von der pelzbewehrten Großmutter väterlicherseits, die wie seine Schwester Amelia aus der Erzählung ganz verschwindet. Seine Leidenschaft für die Schauspielerei erscheint daher nicht als Reaktion auf häusliches Ungemach, sondern als Entschädigung für den Verlust der Kunstsammlung, die ihn in seinen frühesten Jahren mit – zugegebenermaßen großenteils unverstandenen – Eindrücken von Schönheit umgeben hatte. Dieses wichtige Thema in der symbolischen Textur des Romans fiel Goethe höchstwahrscheinlich im Herbst 1793 ein, als seine Mutter begann, das Haus der Familie aufzulösen und die ihm seit Kindertagen vertrauten Gegenstände zu verkaufen, die er zuletzt wenige Monate zuvor, auf dem Rückweg von Mainz gesehen hatte – unter ihnen auch die Bilder seines Vaters. Vielleicht bahnte dieses unerwartet bittere Gefühl des Verlusts seiner Einbildungskraft einen neuen Weg zurück zu jenen lebhaften Erinnerungen, von denen die erste Fassung seiner «Pseudo-Konfession» übersät war und die nun, wie er zugab, verblaßten. Manches reizvolle konkrete Detail ist noch da – Goethe bewahrt den Geruch von getrockneten Äpfeln und Pomeranzenschalen, der die Puppen besonders verführerisch macht, nachdem sie in der Speisekammer verstaut worden sind, doch streicht er leider Seife, Kerzen und Zitronen –, aber der tiefere Realismus, der die Eingangsbücher des ersten Entwurfs erfüllt hatte, ist jetzt endgültig aufgegeben worden. Wenn Benedikt Meisters Partner beim Kartenspiel, die Liebschaften seiner Frau und sogar die bescheidene Seife verschwunden sind, ist mit ihnen auch das Ziel dahin, die Entwicklung eines außerordentlichen dichterischen Talents vor dem Hintergrund einer historisch konkreten Schilderung des bürgerlichen Deutschlands vorzuführen. Jetzt gibt es keine Andeutung mehr von Wilhelms ungewöhnlichen literarischen Gaben, und während die *Theatralische Sendung* damit einsetzt, die Überreichung des Puppentheaters auf die 1740er Jahre zu datieren, können die Jahre von Wilhelm Meisters Lehrzeit nur vage irgendwo zwischen den frühen Siebzigern und 1789 angesiedelt werden. Es gehört in dem neuen Buch nicht – wie in der *Theatralischen Sendung* und vor allem im *Werther* – zu Goethes Absicht, den Zustand der Nation zu einer bestimmten Zeit oder das Schicksal eines Individuums im Kampf mit bestimmten, datierbaren sozialen und kulturellen Umständen zu zeigen. Wenn im ersten Buch von Wilhelm gesagt wird, er erblicke in sich «den Schöpfer eines künftigen Nationaltheaters, nach dem er so vielfältig hatte seufzen hören», so ist dies lediglich *ein* Punkt in einer Liste, die seine verblendete Leidenschaft für das Theater dokumentiert, nicht die Benennung einer ernsthaften Thematik, die den Roman selbst beschäftigen würde. Wenn Wilhelm in der *Theatralischen Sendung* seinen Hoffnungen für sich selbst und Mariane Ausdruck gab, vernahmen wir die nachgerade religiöse Sehnsucht des Sturms und Drangs nach einer Nationalkultur. In den *Lehrjahren* werden diese Ambitionen zu einer sublimierten Erotik heruntergestuft, die vielleicht nicht mehr ist als schauspielerische Ruhmbegierde:

Ich will's nicht aussagen, aber hoffen will ich, daß wir einst als ein Paar gute Geister den Menschen erscheinen werden, ihre Herzen aufzuschließen, ihre Gemüter zu berühren und ihnen himmlische Genüsse zu bereiten, so gewiß mir an Deinem Busen Freuden gewährt waren, die immer himmlisch genannt werden müssen ...
(Vgl. die frühere Fassung dieser Stelle: Band I, S. 370).

Der Wunsch wird jedoch in Erfüllung gehen – freilich auf eine ganz andere Weise, als dieser Wilhelm erkennen wird: Wie Tasso werden er und Mariane dadurch verklärt, daß sie Elemente eines Werkes der «Kunst» werden, des Romans *Wilhelm Meister*.

Diese Änderungen an den ersten Kapiteln sind in mancher Hinsicht einfach die unvermeidliche Folge jener Veränderung – oder jenes Verlustes – der Zielsetzung, die in den Jahren 1782 bis 1785 die späteren Bücher der *Theatralischen Sendung* ereilt hatte. Sie sind aber auch Teil der Mittel, durch welche Goethe in den Roman sein neues Thema und seinen neuen Gesamtplan einführte. Die Frage wird explizit in einer neuen Episode erörtert, die einen herausgehobenen Platz auf den letzten Seiten des ersten Buches hat. Wilhelm begegnet in den Straßen seiner Heimatstadt einem Unbekannten, trinkt mit ihm ein Glas Punsch in dem Wirtshaus, wo er abgestiegen ist, und erfährt, daß es sich um den Beauftragten jenes Edelmannes handelt, der zwölf Jahre zuvor die Kunstsammlung des Großvaters gekauft hat. Wilhelm erinnert sich, als Knabe dem Fremden die Schätze vorgeführt zu haben, und dankt dem gütigen Schicksal, das ihn der Gesellschaft jener «leblosen Bilder» beraubte, um sein Talent für die lebendige Kunst der Bühne zu entwickeln. Der Unbekannte verweist Wilhelm diese Berufung auf das «Schicksal» – eben jene Macht, die Goethe über seinem eigenen Leben hatte walten sehen, als er die *Theatralische Sendung* schrieb, in der Periode zwischen der Übersiedlung nach Weimar und dem Verlust seines Gefühls einer «symbolischen» Existenz nach der Rückkehr aus Italien. Der Glaube an das Schicksal, erklärt der Unbekannte, ist eine Verwirrung jener Vernunft, auf die allein das menschliche Leben fest gegründet werden kann. Es gibt kein Schicksal; es gibt nur auf der einen Seite die Notwendigkeit – die Naturgesetze, welche die Vernunft bestimmen kann und in denen nichts Willkürliches oder Persönliches ist, das heißt keine Spur des Wirkens irgendwelcher «Götter». Und auf der anderen Seite gibt es den reinen Zufall – vielleicht Gelegenheiten, die wir uns zunutze machen können, in die wir aber keine verborgene Vernunft hineinträumen dürfen, der wir uns vertrauen könnten, und schon gar nicht im Namen der «Religion». Das wäre nicht Frömmigkeit, sondern ein Sichtreibenlassen in die Katastrophe. Aber, wendet Wilhelm ein:

> Waren Sie niemals in dem Falle, daß ein kleiner Umstand Sie veranlaßte, einen gewissen Weg einzuschlagen, auf welchem bald eine gefällige Gelegenheit Ihnen entgegenkam und eine Reihe von unerwarteten Vorfällen Sie endlich ans Ziel brachte, das Sie selbst noch kaum ins Auge gefaßt hatten?

Das wird in der Tat der Gang von Wilhelms Leben sein; doch wird er das Ziel nur dadurch erreichen, daß er die Vorstellung eines leitenden Schicksals aufgibt, von dem er die Bekräftigung jenes Ganges erwartet hätte. Die vernünftige Klugheit des Unbekannten wird gerechtfertigt, aber sie wird auch transzendiert werden: Es kann sogar in Selbstbetrug und frommem Sichtreibenlassen eine verborgene Vernunft am Werke sein, von der sich die Schulweisheit nichts träumen läßt.

Unverkennbar ironisch leitet diese luzide, wenngleich ergebnislose theoretische Diskussion unmittelbar zu der ersten Katastrophe in Wilhelms Erwachsenenalter über: der Entdeckung von Marianens Untreue, mit der das erste Buch der *Lehrjahre*, wie das der *Theatralischen Sendung*, endet. Doch ist die Struktur des Buches im ganzen komplex und voller dramatischer Ironien; sie scheiden das, was der Leser weiß und denkt, von dem, was Wilhelm weiß und denkt. *Wilhelm Meisters theatralische Sendung* hebt so an, wie sie fortfährt: als eine einfache, gleichsam biographische Chronik, die dem Weg des Helden von der Kindheit bis zur Adoleszenz folgt und so mit der Erzählweise in der dritten Person das unschuldig egozentrische Selbstverständnis des Helden unterstreicht. Das erste Kapitel der *Lehrjahre* stürzt uns *in medias res*: Wir befinden uns in Marianens Ankleidezimmer, wo wir ihre Dienerin und Vertraute, die «alte Barbara», kennenlernen, von Marianens Widerwillen gegen ihre rein kommerzielle Beziehung zu ihrem Gönner Norberg erfahren und den Auftritt ihres wahren Geliebten Wilhelm miterleben, befeuert von einer Leidenschaft, die sie nur allzu bereit ist zu erwidern. Diese Einleitung ist kraftvoll und fesselnd: Es wird sogleich eine dramatische Spannung aufgebaut, die bis zum Ende des Buches nicht nachläßt, während wir darauf warten, daß Wilhelm die Wahrheit über Marianens Verstrickung erfährt. Aber die Spannung schärft in uns auch das Bewußtsein für die Leere von Wilhelms Plänen und für die Hohlheit der Deutung, die er seiner eigenen Vergangenheit zuteil werden läßt, was nun in der doppelten Vernarrtheit in Mariane und in sein Projekt einer Bühnenlaufbahn gipfelt. Denn hier ist es Wilhelm selbst, der die Geschichte seiner frühen Liebe zum Puppentheater und zum Amateurschauspiel in einem langen Rückblick erzählt – einem so langen, daß Mariane und Barbara darüber einschlafen. (Freilich ist es spät, und sie haben Gläser mit Champagner vor sich.) Die Verantwortung, sich von Kindheit an für die Bühne bestimmt zu sehen, wird damit ganz und gar auf Wilhelm übertragen: eine komisch langweilige, geradezu liebenswerte Illusion neben seinem naiven Vertrauen in Mariane. In ähnlichem Sinne erzeugt Goethe, indem er hier die Geschichte Melinas einflicht, des Schauspielers, der mit einer Tochter aus ehrbarem Hause durchgebrannt ist, eine direkte Parallele zu Wilhelms Plänen, vor der nicht einmal Wilhelm selbst die Augen verschließen kann. Es wird die Frage aufgeworfen, ob Wilhelm auf das «Schicksal» hören wird, wenn es ihn zu warnen scheint, anstatt ihm zu schmeicheln – natürlich tut er es nicht. Zuerst beschämt ihn zwar die Erkenntnis, was sein Verschwinden für seine Familie bedeuten würde, aber wie in der ersten Version des Romans reißt ihn dann das schöne Schauspiel fort, welches das Paar bei seinem Verhör vor dem Amtmann bietet. Als er dann die schockierende Entdeckung macht, daß Melina dem Theater entsagen will, um einen – irgendeinen – sicheren Brotberuf zu ergreifen, kommt er zu dem Schluß, daß dieser Unterschied in der Einstellung nichts anderes bedeuten kann, als daß Melina ebenso sicher nicht zum Schauspieler geboren ist, wie er, Wilhelm, es ist. Nachdem wir so die Illusionen, auf denen seine Pläne für ein Leben mit Mariane gründen, vollständig wiederhergestellt sehen, könnten wir argwöhnen, daß sich im Laufe des Romans die Wahrheit in dieser wie in jeder anderen Sache wahrscheinlich immer als das genaue Gegenteil dessen herausstellen werde, was Wilhelm glaubt.

Nicht nur die Struktur, sondern auch die Textur der Erzählung ist im Laufe der Überarbeitung komplexer geworden. Wir mögen uns ihrer nicht sogleich bewußt werden, doch sind in die neue Version des *Wilhelm Meister* einige thematische Motive eingefügt worden, von denen in der *Theatralischen Sendung* kaum oder gar nicht die Rede war. Soweit wir wissen, war es Goethe, der den Begriff «Motiv» in seiner literarischen Bedeutung (im Unterschied zur musikalischen oder künstlerischen) in die deutsche Sprache einführte; er taucht in diesem Sinne in publizierter Form erstmals im fünften Buch von *Wilhelm Meisters Lehrjahren* auf. Goethe hatte in den Dramen, die er für die Göschen-Ausgabe seiner *Literarischen Schriften* verfaßte oder vollendete, zunehmend betonten Gebrauch von Motivwiederholungen gemacht und muß jetzt den bewußten Entschluß gefaßt haben, diesen Kunstgriff zu benutzen, um seinem Roman Einheit zu geben. Einem dieser Motive – und vielleicht dem wichtigsten – begegnen wir in den allerersten Zeilen des ersten Buches. Als Mariane das erste Mal auftritt, trägt sie eine Offiziersuniform – sie hat soeben eine Männerrolle gespielt – und schlägt unter dem Einfluß dieses Kostüms einen künstlich barschen Ton gegen die Alte an, während das Entzücken, womit Wilhelm «die rote Uniform... das weiße Atlaswestchen» an sich drückt, mit starker sexueller Ambiguität aufgeladen ist. Indem Goethe den ersten Gegenstand von Wilhelms Liebe bisexuell anziehend macht, verfolgt er eine Spur, die schon in der *Theatralischen Sendung* gelegt war und in den *Lehrjahren* wiederkehrt: Als Wilhelm in seiner Kindheit die Geschichte von Tankred und Chlorinde in Tassos *Befreitem Jerusalem* liest, fesselt ihn mehr die «Mannweiblichkeit» Chlorindens als der weibliche Reiz der Zauberin Armida. Dabei ließ sich Goethe jedoch nicht allein von seinem Instinkt inspirieren; er berief sich auch auf mehr als eine öffentlich anerkannte geistige Tradition. Der Zwitter, der gänzlich bisexuelle Mensch, war für die Alchimisten ein Symbol der Vollkommenheit; das Ziel ihrer Bemühungen, der Stein der Weisen, hieß manchmal auch einfach «Hermaphroditos». Ohne irgendwelche Anspielungen auf die Alchimie veröffentlichte Wilhelm von Humboldt 1795 in den ersten Heften der *Horen* Aufsätze über den anatomischen Unterschied der Geschlechter und die notwendigerweise hermaphroditische Natur des Menschenideals und seiner Darstellung in der griechischen Kunst: Sollte das Ideal nicht auf nur ein Geschlecht beschränkt sein, dennoch aber, wie Schiller forderte, in der wirklichen Welt erreichbar sein, so mußte es entweder als asexuell oder als bisexuell dargestellt werden. Diese Konsequenz aus den *Ästhetischen Briefen* muß Goethe schon 1794 klar gewesen sein. In der neuen Fassung seines Romans wird der Zwitter zu einem wiederkehrenden Thema in Wilhelms

Lehrjahren: Männliches und Weibliches verschmelzen in der Darstellung des eigentlich wünschenswerten Ziels.

Noch zwei weitere, miteinander verknüpfte Motive, die im ersten Buch der *Lehrjahre* auftreten, haben kein Vorbild in der *Theatralischen Sendung*. Das eine ist die Kunstsammlung von Wilhelms Großvater, die nur als Erinnerung gegenwärtig ist, mögen die Folgen ihres Verkaufs auch fortdauern. Wilhelm ist zwar von der wahren Kunst abgekommen – oder von ihr abgebracht worden –, um der Kunst der Illusion nachzugehen, aber speziell an ein Bild erinnert er sich, das fortan eine eigene thematische Rolle spielen wird. Er nennt es «der kranke Königssohn»: eine Darstellung der Geschichte von Antiochus und Stratonike aus dem Plutarch, wie Goethe sie bei verschiedenen Gelegenheiten in Kassel und in Genf hatte sehen können. In der Gestalt des schmachtenden jungen Prinzen Antiochus, der die Liebe zu der jungen Braut seines verwitweten Vaters gewaltsam unterdrücken muß, sieht Wilhelm eine Parallele zu sich selbst. Auch er ist durch seine achtbaren, bürgerlichen Umstände gezwungen, «das Feuer, das ihn und andere erwärmen und beleben sollte», zu verbergen, das heißt aber jene Energien, die ihn auf eine Theaterlaufbahn bringen könnten. Der Unbekannte, dem Wilhelm Vertrauen entgegenbringt und der, wie erinnerlich, ein Kunstkenner ist, weist darauf hin, daß dem Gemälde wenig Wert zukommt, und warnt Wilhelm davor, «immer nur sich selbst und Ihre Neigung in den Kunstwerken» zu sehen: Diese Warnung wird ihrerseits zu einem Gegenthema, wenn Wilhelm später seine Auffassung des Hamlet entwickelt, eines anderen kranken Königssohnes.

Auch der Unbekannte selbst ist eine Art Motiv. Er ist in der Geschichte die erste aus einer ganzen Reihe von offenkundig künstlich eingeführten Figuren, in denen wir zuletzt Abgesandte einer Geheimgesellschaft zu erkennen haben. Goethe bemüht sich gar nicht, diese Künstlichkeit zu verbergen, ja er unterstreicht sie noch dadurch, daß er uns Namen, Herkunft und Geschäft des Besuchers vorenthält – Informationen, von denen er gleichwohl erklärt, daß sie Wilhelm mitgeteilt werden. Nur für die Leser ist es daher ein «Unbekannter»: Hier weiß einmal Wilhelm mehr als wir. In den trivialen Schauer- und Kriminalromanen, den «gothic novels», die auf Schillers *Geisterseher* und in England auf Ann Radcliffes *Udolphos Geheimnisse* (1794, dt. 1795) folgten – wie zum Beispiel K. F. Kahlerts *Der Geisterbanner* (1791), der unverzüglich als *The Necromancer* eines «Peter Teuthold» ins Englische übersetzt wurde – bilden zufällige Wirtshausbegegnungen mit obskuren Fremden für gewöhnlich den Auftakt zur Verwicklung des Helden in Geheimgesellschaften und unheimliche Begebenheiten. Da sich meist herauszustellen pflegt, daß es für diese ganz natürliche Erklärungen gibt – und sei es nur in der menschlichen Falschheit und Kriminalität –, wird der Eindruck eines irrationalen Rätsels im wesentlichen von der Kunst des Erzählers erzeugt, der sein Material eben mit dieser Absicht vor Augen auswählt und präsentiert. Goethe ist es um die tieferen Geheimnisse zu tun, die sich selbst dann auftun, wenn man alle einschlägigen Tatsachen kennt – das Geheimnis des Lebens, des Zwecks, der Identität –, und er parodiert das Stereotyp, indem er es auf den Kopf stellt: Er stellt vor uns einen rationalistischen «Unbekannten» hin, der dem Helden sehr wohl bekannt ist, und sorgt dafür, daß wir seinen Kunstgriff auch durchschauen.

Kurzum, Goethe hat den Charakter seines Romans vollkommen verändert, und Novalis sprach von ihm mit mehr Recht, als für gewöhnlich zugegeben wird, als einem «Candide». Aus einem Schelmenroman in der Art eines Fielding, Defoe oder Smollett, mit – zunächst wenigstens – einem gewissen soziologischen oder dokumentarischen Ehrgeiz der Schilderung, was die bürgerliche Gesellschaft und «das ganze Theaterwesen» angeht, hat Goethe einen philosophischen *conte* im Stile Voltaires oder von Johnsons *Rasselas* gemacht. Sein Held geht jetzt durch eine Welt mehr der Bedeutungen als der Dinge, nicht, um sie einfach zu genießen, sondern um eine Frage an sie zu richten: Welches sollen Gestalt und Zweck seines Lebens hier auf Erden sein? Wie die Helden jener Fabeln des 18. Jahrhunderts hat er eine Identität, die nicht psychologisch, sondern funktional definiert ist. Symbole, strukturelle Ironie und der Gegensatz zwischen diskursiver und narrativer Prosa sind auszeichnende Merkmale des Romans geworden. Die Veränderung entspringt einer Einschätzung des deutschen Lesepublikums, die jener vergleichbar ist, welche der Gründung der *Horen* durch Schiller zugrunde lag; sie ist aber um einiges skeptischer. Die Skepsis sollte sich als berechtigt erweisen.

Goethe behauptete, beim Erscheinen des *Wilhelm Meister* damit gerechnet zu haben, er «werde keine Sensation machen», da er seiner Zeit um fünfzehn Jahre hinterher und überhaupt «nur hier und da abgeändert» sei, was er kaum ernst gemeint haben kann. Dreitausend Exemplare des ersten Bandes der *Neuen Schriften* kamen gleichzeitig mit dem ersten Heft der *Horen* auf den Markt – Papier und Satz von einer Qualität, die Frau Goethe in Frankfurt Ausrufe der Bewunderung entlockte. Die Bedeutsamkeit des Ereignisses lag auf der Hand. Die Reaktionen jedoch waren gemischt. Nur wenige gebrauchten das Vokabular jener, die Goethes und Schillers idealistischem Zirkel angehörten oder nahestanden und wie Körner der Ansicht waren: «Es gibt wenig Kunstwerke, wo das Objektive so herrschend ist.» Wenn Körner damit die kalte Gleichförmigkeit des narrativen Tons meinte, die Goethe in der neuen Fassung eingeführt und die Schiller so stark frappiert hatte, dann wurde diese Auffasung von vielen geteilt, wenn auch anders ausgedrückt: So lobte David Veit das Fehlen rein typographischer Hervorhebungen (zum Beipiel durch Gesperrt- oder Kursivsatz). Aber im allgemeinen wurde der Roman nicht als ein Werk der «Kunst», sondern als eine Geschichte beurteilt, und die auf sie angewendeten Kriterien waren die einer weltlich-moralisierend-frömmlerischen Aufklärung, die noch immer, wie in den Tagen *Werthers*, maßgeblich den Geschmack bestimmte. Wie damals schon kamen einige der scharfsinnigsten Kommentare von Garve in Breslau;

er sprach für ein kommerziell gesinntes Bürgertum in einer Gegend, die frei von Fürsteneinfluß war und girondistischen Ideen aufgeschlossener gegenüberstand als in Deutschland irgendeine andere Region östlich von Hamburg. Für die meisten Leser der «schönen Welt» war laut Schiller «der allgemeine Stein des Anstoßes» in dem Roman die Vorliebe des Helden für die vulgäre Gesellschaft von Schauspielern. Garve griff diesen Einwand auf, jedoch nicht aus irgendwelchen höfischen Gründen gekränkter Feinheit; für ihn war die Theaterwelt kein Thema für einen Roman von Goethe, weil sie lediglich eine literarische Konvention darstellte – so alt wie Scarron, wenn nicht älter. Bei seiner Kenntnis der weiteren Welt «mit ihren mittlern und obern Ständen» hätte Goethe, so deutete Garve an, ein direkteres Porträt seiner eigenen Gesellschaft unternehmen sollen. Körner, der über die ungebrochene Fülle an Charakteren und Beschreibungen im zweiten Band des Romans entzückt war, hieb in die gleiche Kerbe, wenn er Goethe riet, es mit dem Komödienschreiben zu versuchen. Doch davor schreckte Goethe zurück: er meinte, «daß wir [in Deutschland] kein gesellschaftliches Leben hätten», welches den Stoff für eine Komödie liefern könnte. Garve äußerte den Lieblingsvorwurf jener, die da glaubten – wie es manche gedankenlos noch heute tun –, es könnten die für das bürgerliche England im 18. Jahrhundert charakteristischen Kunstformen unverändert in eine Gesellschaft übernommen werden, in der die wirtschaftliche und politische Macht ganz anders verteilt war. Natürlich konnten die Formen benutzt werden – aber die daraus resultierenden Bücher mußten oberflächlich bleiben: Sie mochten der Illusion der Leser von ihrer moralischen und damit ihrer politischen Autonomie schmeicheln, ohne doch den innersten Nerv der zeitgenössischen Identität zu treffen oder späteren Zeiten von dem Selbstgefühl zu künden, das aus den – und gegen die – Beschränkungen und Enttäuschungen des gebildeten Deutschlands im Zeitalter der Revolution hätte konstruiert werden können. Ein anderer Roman hatte im Frühjahr 1795 in Weimar einen noch größeren Erfolg als der *Wilhelm Meister*, nämlich A. H. J. Lafontaines *Clara du Plessis und Clairant. Eine Familiengeschichte französischer Emigranten*. Wieland las bei den Herders aus *Clara* vor, und Herder begrüßte sie, weil ihr die «Sophisterei» und die «laxe Moral» des Goetheschen Buches fehlten. Er hatte die *Theatralische Sendung* gelesen und schon damals Einwände gegen Wilhelms Liaison mit Mariane erhoben: In der neuen Fassung des ersten Buches fand er die noch hervorgehobene Bedeutung dieser unmoralischen Episode ausgesprochen anstößig und sagte laut Schiller «die kränkendsten Dinge» darüber; er ließ sich auch nicht auf Goethes Einladung ein, die übrigen Bücher vor ihrer Drucklegung zu lesen: «Man mag unter allen diesen Menschen nicht leben», behauptete er, «nichts spricht uns an. Wie ganz anders ist es in Lafontaines Romanen.» Hatte doch Lafontaine zeitgenössische Ereignisse an ihren wirklichen Schauplätzen zu bieten, ganz zu schweigen von wahrer Liebe und wahrer Sittlichkeit, alles ausführlich erzählt in angeblich authentischen Briefen. Sein Buch ist nicht zu verachten, und Herder gab, wenn er es dem *Wilhelm Meister* vorzog, ein ernstzunehmendes Urteil ab, so verfehlt es sein mochte. Dagegen fällt es schwer, Geduld mit einem Mann wie Gleim aufzubringen, der ebenso tugendsam wie geschraubt bemerkte, «daß man nichts von dem, was uns einmal, daß wir's geschrieben haben, gereuen kann, schreiben muß», oder auch mit dem exilierten Jacobi, der Goethe gestand, er müsse seinen «Damen» in Emkendorf zugeben, daß «ein gewisser unsauberer Geist» in dem Roman herrsche. Immerhin mußte Jacobi – dessen Einwände gegen die psychologische Stimmigkeit des neuen Wilhelms übrigens beträchtlich tiefer gingen – die Empfindlichkeiten seiner frommen Gastgeberin schonen, auch wenn diese freilich ihrerseits niemandes Empfindlichkeiten schonte: Goethe, sagte die Gräfin Reventlow, «sei eine Sau, die ihre eigenen Perlen mit Füßen trete».

Die bürgerlichen Elemente in Goethes erstem Entwurf des Romans konnten zwar beibehalten, mußten aber abgeschwächt werden, um sie für die Leser, auf die es ankam, annehmbar zu machen. Wilhelms Anliegen einer deutschen Nationalkultur konnte immer noch dargestellt werden, aber nur in abgemilderter Form, als persönliche Marotte. Was Goethes Publikum – die vom Hof abhängigen, akademisch gebildeten Beamten, Geistlichen und kleinen Adligen – langweilte oder abstieß, waren gerade die wenigen Relikte eines Sturm-und-Drang-Realismus, die Goethe aus der *Theatralischen Sendung* beibehalten hatte: die Geschichte von Wilhelms Puppen und die Szenen aus dem Theaterleben. Für die Bürger von Leipzig oder Breslau wiederum, die Garve vertrat, ging dieser Realismus nicht weit genug, doch besaßen sie nicht das nötige politische Gewicht, um ihre eigenen literarischen Normen durchzusetzen. Als Versuch einer zugleich realistischen und reflexiven Manier war der neue *Wilhelm Meister* wie *Die Horen* der Versuch, für die einzelnen Stränge des geteilten deutschen Mittelstandes eine gemeinsame Sache zu definieren. Indem Goethe die Philosophie und die Theologie thematisierte – sei es auch durch die komischen Mechanismen der philosophischen Erzählung und die Parodie der zeitgenössischen Schauergeschichte –, kommunizierte er wieder mit der Hauptströmung des deutschen Geisteslebens, die jetzt eindeutig über die Universitäten führte. Er bewegte sich näher auf das Zentrum zu, so wie er es einst getan hatte, da er sich den Einflüssen der Empfindsamkeit öffnete. Und obgleich es nicht die explosive Wirkung des *Werthers* hatte, wurde die geheimnisvolle Autorität des Werks, das er geschaffen hatte, mehr als hundert Jahre lang von einer deutschen Literatur empfunden, in der die vorzüglichste Form des Romans der Roman als Abbild des *Wilhelm Meisters* wurde.

Zumindest in einer Hinsicht macht Goethe aber mit Nachdruck deutlich, daß der neue *Wilhelm Meister* nicht wie der *Werther* sein wird. Aufgrund der Neuordnung des Materials im ersten Buch ist uns spätestens am Ende des ersten Kapitels bewußt, daß unser Held sexuelle Erfahrung hat. Welches Abenteuer ihn auch erwarten mag, es wird nicht mit der Krönung der Sehnsucht durch den Besitz oder in einer letzten Enttäuschung enden können, sie sei tragisch oder verklärt. Nicht, daß die Sehnsucht nach einem künftigen, noch nicht erlangten Gegenstand keine Rolle in dem Folgenden spielte. Im Gegenteil, im zweiten Buch der *Lehrjahre* (vgl. zur ursprünglichen Fassung dieses Buches Band I, S. 370f., 418–426) wird die enge Verbindung zwischen Eros und Theater, die wir aus dem ersten Buch kennen, auch nach dem Bruch mit Mariane aufrechterhalten. Wie in der *Theatralischen Sendung* beginnt dieses Buch mit dem Zusammenbruch Wilhelms, nachdem er Marianens vermutete Untreue entdeckt hat. Danach werden drei Jahre fleißiger Pflichterfüllung im Kontor des Vaters als vergangen vorausgesetzt, bevor Wilhelms Geschichte wieder aufgenommen wird und wir ihn «an einem kühlen Abende» am Kamin antreffen, wo er zunächst die teuren Erinnerungsstücke seiner Liebesaffäre verbrennt und sich dann entschließt, das Feuer mit seinen lyrischen und dramatischen Juvenilia in Gang zu halten, die er bei der Vorbereitung seiner Flucht eingepackt hatte. In den *Lehrjahren* wird nichts mehr von dem literarischen Talent zu hören sein, das das Ringen des ersten Wilhelm Meister zu einem zwar peinlichen, aber aufschlußreichen Kommentar zu Goethes eigenem Talent gemacht hatte. Doch bewahrt Goethe aus dem ersten Entwurf die Ausweitung von Wilhelms Trauer um seine gescheiterten literarischen und kulturellen Ambitionen zu einem qualvollen Aufschrei der Selbstanklage und der Sehnsucht nach der verlorenen Mariane. Die erste Krise in Wilhelms Leben wird auf diese Weise mehr der Wertherschen Koinzidenz künstlerischer Ohnmacht und enttäuschter Liebe angeähnelt – der Tragödie der jungen Leute in der Sturm- und-Drang-Zeit, die zu hohe Anforderungen an sich selbst gestellt hatten. In der *Theatralischen Sendung* wurde diese Katastrophe erst bei der *Hamlet*-Diskussion im letzten Buch zum Thema: Nunmehr soll sie anscheinend für ihn (und für uns) von Anfang an abgetan sein; denn Goethe macht aus Wilhelms leidenschaftlichen Tiraden den unmittelbaren Anlaß für die Geschäftsreise, von der seine Angehörigen sich die Wiederherstellung seiner Gesundheit erhoffen. Gleichwohl erweist sich der Prozeß der Genesung als langwierig: Wenn Wilhelm sich jetzt mit dem Theater befaßt, so ist das, wie wiederholt angedeutet wird, Suche oder Ersatz seiner ersten Liebe, und noch am Ende seiner Lehrzeit ist diese Liebe, wiewohl gereinigt, weder verloren noch vergessen.

Im zweiten Buch der *Lehrjahre* ist die Komprimierung des Materials aus der *Theatralischen Sendung* am radikalsten, um nicht zu sagen am brutalsten, und mit seinem Ende erreichen wir einen Punkt, der dem Ende des vierten Buches der früheren Fassung entspricht. Goethe behält zwar Wilhelms Reise bei – wobei er freilich deren geschäftlichen Sinn eher im unklaren läßt und vorderhand das Motiv einer damit verbundenen Veränderung des Lebens zurückstellt –, verzichtet aber auf Wilhelms Annahme eines neuen Namens, behandelt zupackender und weniger pittoresk «die Anfänge des Theaters», denen er unterwegs begegnet, und quartiert ihn bald in einem Wirtshaus ein, das für den Rest des Buches Mittelpunkt und wichtigster

Schauplatz der Handlung bleiben wird. Dadurch, daß er eine gewisse Einheit des Ortes beobachtet, schafft Goethe einen stabilen Hintergrund für die verwirrend rapide Vermehrung und Entwicklung der Romanfiguren. Fast spurlos verschwunden ist jedoch die ganze farbige Episode mit Madame de Rettis Schauspieltruppe, der Kampf um die Aufführung von Wilhelms *Belsazar* und seine Freundschaft mit einem literaturbeflissenen Offizier. In einem benachbarten Wirtshaus wohnen zwei Personen, die behaupten, die letzten Überreste einer Theaterkompanie zu sein, die, von einer furchteinflößenden Prinzipalin geleitet, kürzlich hier gescheitert sei, wobei Kostüme und Habseligkeiten im Leihhaus verblieben. Wilhelm macht die Bekanntschaft dieser Personen, als eine von ihnen, Philine – die ebenso munter, kokett und etwas verlottert ist wie in der *Theatralischen Sendung* –, ihren knabenhaften Bewunderer Friedrich zu Wilhelm schickt, um ihn um eine Blume aus dem Strauß zu bitten, den sie ihn gerade hat kaufen sehen. Der andere frühere Schauspieler, mit dem Wilhelm einige Gänge mit dem Rapier wagt und «den wir einstweilen Laertes nennen wollen», ist eine ältere, erfahrenere und weniger schlaksige Figur, als er früher war, und wird als Frauenfeind gezeichnet. Friedrich, der noch immer kommt und geht, wie es ihm paßt, ist kein Lehrling mehr, aber von ungeklärter Herkunft – der Erzähler hebt hervor, daß sie ungeklärt ist. Alle drei Charaktere werden uns viel früher und sorgfältiger vorgestellt als in der *Theatralischen Sendung*, aber auch mit der Miene bewußter List: Der Autor hat noch manches mit ihnen vor, und nichts ist das, was es scheint. In die Schilderung ihrer gemeinsamen Mahlzeiten und Ausflüge mit Wilhelms Gesellschaft – in den *Lehrjahren* ist das Leben um einiges leichter, der Wolf lauert nicht vor der Tür – verflicht Goethe eine andere Geschichte, in der es um die Seiltänzer und um Mignon geht, die Wilhelms Weg unmittelbar nach dem ersten Erblicken Philinens kreuzt. Ihre fremdartige Zwittererscheinung ist praktisch dieselbe wie in der *Theatralischen Sendung*, doch bleibt ihr wahres Geschlecht nicht im Unbestimmten. Wilhelm – der hier die Stelle Madame de Rettis vertritt – beschützt sie vor den Seiltänzern, zu deren Truppe sie noch immer gehört und die ihr übel mitspielen, und kauft sie ihnen ab, kann allerdings keine befriedigende Erklärung bekommen, wer ihre Eltern sind. Unterdessen strömen weitere stellungslose Schauspieler, die vom Zusammenbruch der Kompanie nichts wissen, auf der Suche nach Arbeit in die Stadt; die ersten sind Madame Melina und ihr Gemahl. Melinas Geschäftstüchtigkeit und Unbeherrschtheit werden stärker als in der *Theatralischen Sendung* hervorgehoben; er schmiedet denn auch sogleich Pläne, wie Wilhelm sein Kapital zur Wiederbelebung der Kompanie und zur Auslösung ihres verpfändeten Fundus einsetzen könnte. Ihnen folgen andere Figuren, die Wilhelm bekannt vorkommen: Sie haben einst zu derselben Truppe wie Mariane gehört, und beklommen erkundigt sich Wilhelm nach ihr. Jetzt erfährt er zum ersten Male, daß sie schwanger war, als er sie verließ – Goethe vermeidet den Anschein von Herzlosigkeit, den die andere Abfolge der Ereignisse in der *Theatralischen*

Sendung erwecken konnte –, und vernimmt, wie sie die Truppe in Unehren verlassen mußte und seither völlig verschwunden ist. Goethe läßt nun Mignon den Eiertanz aufführen, womit sie Wilhelm über den Jammer hinwegtrösten will, in den die Nachricht ihn gestürzt hat (in der *Theatralischen Sendung* ist er lediglich über das sich abzeichnende Scheitern der zweiten *Belsazar*-Aufführung deprimiert), und deutet damit an, daß in den anscheinend väterlichen Gefühlen für dieses sonderbare Geschöpf Wilhelms Liebe zu Mariane neuen Ausdruck findet.

Das Buch scheint nunmehr, strukturell gesehen, in eine Serie von Einzelepisoden zu zerfallen; diese hängen jedoch eng mit dem Gefühl einer ungeordneten Sehnsucht zusammen, das Wilhelms Leben allmählich erfaßt, während er wieder immer mehr in das Theaterwesen hineingezogen wird. Er liest den versammelten Schauspielern natürlich nicht seinen eigenen *Belsazar* vor, aber ein Stück mit deutschen Rittern und verfallenen Burgen nach Art des (aber nicht ganz wie) *Götz von Berlichingen*; denn dergleichen Sachen, so hören wir, «waren damals eben neu». Wie in der *Theatralischen Sendung* endet die Darbietung in einer alkoholisierten Schlägerei, doch wird Wilhelms seelische Leere am Morgen danach durch das Eintreffen des Harfners gelindert, der mit seiner Aura des Geheimnisvollen Wilhelm sehr fasziniert (und dessen Lieder die ersten Vers-Einlagen in den *Lehrjahren* sind). Melinas Betteleien um finanzielle Unterstützung durch Wilhelm begleiten die Beschreibung eines Flirts mit Philine, aus dem bewußte Nachstellung geworden ist: Um den lästigen Melina endlich los zu sein, willigt Wilhelm, im Begriffe, zu Philines Zimmer hinaufzugehen, in seinen Plan ein. Aber er wird wieder einmal durch das plötzliche Erscheinen Friedrichs frustriert, der vor ihm die Treppe hinaufsteigt, und in sein Quartier zurückgekehrt, sinnt er reuig darüber nach, wie er sich durch verschiedene Formen der Liebe hat verlocken lassen, bares Geld gegen das Schwelgen in alten Träumen zu tauschen. Aber wieder ist Trost zur Hand: die Musik des Harfners sowie eine leidenschaftliche Umarmung Mignons, deren pochendes Herz und hysterische Tränen verraten, daß sie alle Opfer eines geistigen Übels sind.

Hat diese Neufassung mehr Verlust als Gewinn gebracht? Gewiß findet man sich nur schwer damit ab, Madame de Retti und ihren tölpelhaften Günstling ebenso zu verlieren wie Werners Pläne für seinen Dachgarten oder die eingehende Schilderung der finanziellen Schwierigkeiten, zunächst der Truppe und dann Wilhelms. Außerdem scheint Goethe die komplexe narrative Struktur des ersten Buches der *Lehrjahre* jetzt fallengelassen zu haben. Der Kunstgriff, die ganze Szene im Wirtshaus spielen zu lassen, ist zwar praktisch, aber langweilig, und sogar der Stil wird bisweilen flach: Zumal in den ersten Kapiteln stoßen wir auf lange Folgen spannungslos gebauter Sätze im Imperfekt. Die ersten vier Absätze des vierten Kapitels bringen jeweils ein neues Ereignis, das durch einen Nebensatz mit «als» eingeführt wird, und es gibt weitere verbale Wiederholungen, die auf Eile schließen lassen. Dennoch ist die Erzählung dichter gewirkt, als es zunächst den Anschein hat: Indem Goethe die einzelnen Episoden nebeneinanderstellt und sie mit der wachsenden Zuneigung Wilhelms zu Mignon und Philine durchflicht, erzeugt er das, was man Motivgebung durch Stimmung und Glückszufall nennen könnte – anstelle einer Motivgebung durch bewußte oder unbewußte psychologische Ursachen. Das Zusammentreffen von Wilhelms Gemütsverfassung mit einer von Melinas aufreizenden Zudringlichkeiten genügt, um – vollständig plausibel – die wichtigste Entscheidung im ganzen Roman herbeizuführen: Wilhelms Auslösung des Theaterfundus. Wilhelms Gespräch mit dem Unbekannten, das im ersten Buch geschildert wurde, scheint in der Praxis bewährt zu werden: Eine Reise, die sich aus dem kleinen Anlaß des Verbrennens alter Papiere ergab, hat eine Gelegenheit eröffnet, die im Lichte einer gewissen Stimmung als angenehm erscheinen kann und die Wilhelm auf seinem Wege offenbar sehr viel weiter voranbringen wird; ob er dabei freilich einem leitenden Schicksal folgt oder vom Zufall in eine kostspielige Katastrophe gelockt wird, ist vorläufig noch unklar. In der Mitte des zweiten Buches taucht ein neuer geheimnisvoller Unbekannter auf, ein nicht genannter Geistlicher, der sich einer der Picknickgesellschaften anschließt und einige Kenntnis von Wilhelms Vergangenheit zu haben scheint; er wirft wieder einmal die Frage seiner Zukunft auf, und zwar in Form einer Warnung: Wenn man bei seiner Entwicklung auf zufällige Umstände vertraut, sagt er, so kann man niemals den Faktoren entrinnen, die einen als erste beeinflußten. Es ist alles gut und schön, wenn man von Geburt an «umgeben von schönen und edlen Gegenständen» aufwächst (hier denken wir vielleicht an die Kunstsammlung von Wilhelms Großvater); aber die Perspektive ist weniger verheißungsvoll, wenn man zum Beispiel (gibt der Fremde zu bedenken) in frühem Alter zufällig auf ein Puppenspiel stößt. Das Hauptthema der *Lehrjahre* wird uns daher als Interpretationsfrage vorgelegt: Müssen wir, oder muß Wilhelm, die Folge von Ereignissen, die wir sein Leben nennen, als Schickung, als Zufall oder als das Werk der Freiheit betrachten? Das Thema ist nicht mehr, wie in der *Theatralischen Sendung*, das Ringen eines literarischen Talents mit den Umständen, unter denen es sich verwirklichen mußte – was seinerseits eine der letzten Umformungen jenes großen Themas war, das Goethe 1771 benannte: der geheime Punkt, «in dem das Eigentümliche unsres Ichs ... mit dem notwendigen Gang des Ganzen zusammenstößt». Mit der Beseitigung seiner Identität und seiner Sendung als Literat hat Wilhelm jedes Eigentümliche seines Ichs eingebüßt – er ist jetzt einfach der Punkt, an dem die Deutung ansetzt –, und daher bedarf es eines neuen Mittels, den Gang der Dinge darzustellen. Das Ziel einer realistisch-dichten Charakter- und Sittenschilderung aus einem Teil seiner zeitgenössischen Welt hat Goethe notgedrungen aufgegeben. Statt dessen hat er eine lockerere, gedämpftere Art gefunden, bei der es scheint, als würden Charaktere und Ereignisse um ihrer selbst willen und doch zugleich zu dem Zweck existieren, die Stimmung des Helden zu beeinflussen oder darzustellen (wie Wilhelm selbst es von dem Zweikampf zwischen Friedrich und seinem Nebenbuhler, dem Pferdeknecht, sagt). So hat Goethe einen neuartigen Realismus geschaffen: Weil die Ereignisse in Wilhelms Leben jetzt immer eine potentielle, aber unbestimmte Bedeutung zu haben scheinen, spiegelt die Geschichte unser eigenes Gefühl wieder, daß wir uns unsere Zwecke selbst geben, daß sie uns aber zugleich durch Natur und Umstände vorgeschrieben werden. Die peinliche Diskrepanz, die in der *Theatralischen Sendung* zwischen der unbefangenen Manier des Gesellschaftsromans *à l'anglaise* und dem sich vordrängenden Ich des ironischen Erzählers und der eingestreuten lyrischen Gedichten bestand, ist durch die Einführung einer Art des Geschichtenerzählens aufgelöst worden, die deutschen Gegebenheiten besonders angemessen war: Goethe hat seine autobiographische Gefühlskunst wiederentdeckt, sie aber von der Notwendigkeit gelöst, einen zentralen Charakter darzustellen. Alles, was geschieht, ist ein Teil von Wilhelms Leben, aber Wilhelm ist niemand besonderer. Bei der Konstruktion einer Geschichte dieser neuen Art spielen die thematischen Motive eine entscheidende Rolle. Die Frage, vor der Wilhelm steht – wer oder was leitet sein Leben, und zu welchem Ziel? –, erhebt sich auch für uns Leser, sobald wir gewahr werden, daß Motive wiederkehren. Was bedeutet das?, fragen wir uns, wenn ein neuer Unbekannter auftaucht, um über Wilhelms Bestimmung zu diskutieren. Was bedeutet es, daß die Hauptcharaktere wiederholt paarweise gruppiert erscheinen – Philine und Laertes, Melina und Madame Melina, Mignon und der Harfner? Mignon ist denn auch durch ihren neuen Status völlig verwandelt. In der *Theatralischen Sendung* schien sie eine Kraft sui generis zu sein; die verkommene Welt der reisenden Artisten tat sich auf, und Wilhelm gewann Zugang zu verborgenen Quellen wahrer Dichtung. In den *Lehrjahren* mag sie noch immer eine dunkle und kapriziöse Muse sein, aber durch die Umstände, unter denen sie Wilhelm das erste Mal begegnet, ist sie nicht mit Melina und dem Theater, sondern mit Philine und der Sinnlichkeit verbunden, und ihre Kraft ist jetzt eine abgeleitete. Sie ist einfach eine weitere Emanation jenes Zwitterprinzips, das wir schon an Mariane gesehen haben, und so fragen wir nicht: wer ist sie?, sondern: welche Bedeutung hat diese Wiederholung in Wilhelms Lebensmuster?

Mignons Lied der Italiensehnsucht – abgewandelt, um die darin ausgedrückte Beziehung zu Wilhelm abhängiger und emotionaler zu machen (Bd. I, S. 407f.) – eröffnet das dritte Buch der *Lehrjahre*, das dem Ende des vierten und zwei Dritteln des fünften Buches der *Theatralischen Sendung* entspricht (Bd. I, S. 423–425, 426–429). Bei aller Komik, die nun folgt – Friedrich Schlegel sah im dritten Buch «eine komische Welt» –, erinnert uns diese erhabene Einleitung daran, daß Wilhelms Bestrebungen nicht einfach lächerlich sind, und weist uns über seine Beschäftigung mit dem Theater, ja über die *Lehrjahre* insgesamt hinaus. Die Geschichte, wie Melinas Kompanie vom Grafen engagiert wird, um vor einem durchreisenden Fürsten zu spielen, ihr demütigender Einzug, mitten in einem Gewitterregen, im alten Flügel des Schlosses, ihre spätere Unbedarftheit, Geldgier und Lust an Streichen, Wilhelms Auftritt als Hausdichter und Mignons Weigerung, zu tanzen, der Hinweis des sarkastischen Jarno auf Shakespeare und seine verächtliche Abfertigung Mignons und des Harfners – das alles wird ziemlich so wie in der ersten Fassung des Romans und über weite Strecken mit ziemlich denselben Worten erzählt. (Wobei Wilhelms Lobeshymne auf Racine und seine mangelnden Shakespearekenntnisse nach seiner schwärmerischen Rezitation eines Pseudo-*Götz* etwas unerklärlich wirken müssen – aber diesen Punkt wird nur ein Thersites bekritteln.) Sämtliche Veränderungen scheinen die Ironie zu verstärken, mit der die Episode behandelt wird: So hat zum Beispiel die chronologische Verschiebung im Roman zur Folge, daß der Krieg, in welchem der Fürst, bei dem Jarno in Diensten steht, General werden soll, nicht der Siebenjährige Krieg von 1756 bis 1763, also ein ernsthafter europäischer Konflikt, sein kann, sondern der viel trivialere Operettenkrieg um die bayerische Erbfolge (1778/79) sein muß. So wird auch die Umgebung des Grafen viel frivoler gezeichnet als in der *Theatralischen Sendung*, und die Baronesse, die Vertraute der Gräfin, hat jetzt ein Verhältnis mit Jarno, während sie gleichzeitig versucht, den braven Laertes zu umgarnen. Aber die Ironie gilt nicht mehr dem Fürstenhof in der deutschen Provinz, der nicht geeignet ist, als Vehikel des edlen Strebens nach einer Nationalliteratur zu fungieren; denn dieses Streben ist nicht länger ein Hauptthema, sondern nurmehr eine private Marotte Wilhelms. Und es ist nicht mehr der Erzähler, der zu Beginn des Buches Loblieder auf die «Großen dieser Erde» singt, in deren Umkreis Wilhelm endlich einrückt: die Worte werden Wilhelm in den Mund gelegt, der die Wende seines Glücks dem Walten des Schicksals zuschreibt. Als der Hof sich als komisch kleingeistiger Platz erweist, werden daher Wilhelms Illusionen und Schicksalsvorstellungen, nicht aber die Strukturen der deutschen Gesellschaft in Frage gestellt. Dieses Buch wirkt denn auch, wenn überhaupt, eher weniger kritisch gegenüber dem Hof und seinem Treiben als das fünfte Buch der *Theatralischen Sendung*, weil der soziale Abstand zwischen Wilhelm und seinem Gastgeber verringert worden ist. Für diese Veränderung ist hauptsächlich der eine neue Erzählstrang verantwortlich, den Goethe eingeführt hat. Aus den wenigen Andeutungen der ersten Fassung entwickelt er eine Artikulation des «Tantalusmotivs», die ebenso explizit ist wie der Schluß des *Tasso*: Vom ersten Augenblick an, da Wilhelm und die Gräfin einander begegnen, erwächst zwischen ihnen gegenseitige Zuneigung, ja eine Romanze «über die ungeheure Kluft der Geburt und des Standes hinüber», und es kommt schließlich zu einem leidenschaftlichen Tausch von Küssen, dem beide in heftiger Verwirrung und Bestürzung entfliehen. Diese neue Nebenhandlung sowie ein groteskes kleines Abenteuer, das sich zum Höhepunkt hinzugesellt, verwandelt das ganze dritte Buch in eine Fortsetzung des bisherigen Hauptthemas des Romans: Wilhelms Theaterbesessenheit, scheinbarer Inhalt und Zweck

20. G. M. Kraus: *Kostümierung zur* Zauberflöte *(1794)*

seines Lebens, wird als Form von fehlgeleitetem Eros präsentiert. Philine hat sich in die Gunst der Gräfin eingeschmeichelt und spielt mithilfe der Baronesse den treibenden Geist der Intrige. Den Auftakt zu Wilhelms letztem Gespräch mit der Gräfin bildet ein Spaß, den die zwei Unruhestifterinnen ausgeheckt haben: Wilhelm willigt ein, die Kleider des Grafen anzulegen und in dessen Abwesenheit in seinem Ankleidezimmer die Gräfin zu erwarten, so daß sie ihn als ihren Gemahl umarmen kann. Der Graf jedoch, der vorzeitig zurückkommt und Wilhelm in dieser Verkleidung erblickt, meint, seinen eigenen Geist zu sehen, und verfällt in religiöse Schwermut, überzeugt, daß sein Ende nahe ist. Die Episode ist grotesk, gefährlich und moralisch verstörend zugleich; in ihrem Lichte nehmen sich das ganze Verhalten Wilhelms an dem kleinen Hof und der Zeitvertreib des Hofes selbst so aus, wie sie in Jarnos Augen erscheinen müssen: als Theaterspiel, eine Kontamination des Lebens mit der Bühne, Illusionen von Wanderern, die in einem verwunschenen Schloß festsitzen, unterwegs zu einem halb vergessenen Ziel. Wenn Wilhelm auf dem Stuhl des Grafen sitzt, kommt darin natürlich eine Hoffnung auf sozialen Aufstieg zum Ausdruck; aber sollte dies wirklich seine Hoffnung sein, so ist es ebenso natürlich der falsche Weg, sie zu verwirklichen. Daß demgegenüber Jarno wichtige praktische Geschäfte zu erledigen hat, wird uns in Erinnerung gerufen, als ein ungenannter Reiter ihn mitten aus einem Gespräch mit Wilhelm abruft. Der Unbekannte behauptet, Wilhelm zu kennen, obgleich Wilhelm ihn nicht wiedererkennt, begrüßt ihn mit einer Umarmung und zeigt sich erfreut, ihn «in einer würdigen Gesellschaft» zu finden. So gehört Jarno als indirekt Beteiligter selbst in die Reihe geheimnisvoller Boten, deren Ratschläge und Warnungen Wilhelm beherzt in den Wind schlägt.

Nach den Intimitäten mit der Gräfin, die das dritte Buch beschlossen, ist es nicht verwunderlich, daß das vierte mit der warmherzigsten Abschiedsbotschaft des Grafen an Wilhelm endet. Die Unterhaltung ist vorüber, der Fürst ist abgereist, und die Schauspieler müssen fortgehen; aber melancholische Reflexionen über die Vergänglichkeit der Dinge werden vom Grafen mit namhaften Geldgeschenken an die Truppe vertrieben. Wilhelm, dessen Gewissen sich bei dem Gedanken beruhigt, die bisherigen Ausgaben mehr als wettgemacht zu haben, hält die Zeit für gekommen, einen – reichlich phantastischen – Brief an die Seinen zu schreiben, um sie von seinem Erfolg im neuen Wirkungskreis zu unterrichten. Der vollständige Triumph der Illusion und hernach ihre brutale Vernichtung ist Gegenstand der ersten Hälfte des Buches, in das Goethe praktisch den ganzen Rest des ersten Romanentwurfs hineinpackte. Wie in der *Theatralischen Sendung* (Bd. I, S. 428–431, 459–464) gibt sich die Truppe die Verfassung einer kleinen Republik und beschließt, die Stadt H. anzusteuern; Wilhelm, der schon begonnen hat, sich im Prinzen Hamlet gespiegelt zu sehen, gegenwärtig aber den Prinzen Harry imitiert, gibt den Schauspielern das Muster, sich als Gestalten aus Shakespeare zu kleiden; angefeuert von Wilhelms Heldenrhetorik, stimmen alle dafür, den gefährlichen Weg durch den Wald zu nehmen; und Phantasie stößt an Wirklichkeit, als die Marodeure aus ihrem Hinterhalt hervorbrechen und alle bis auf Philine ausplündern, wobei sie, wie Goethe erzählt, speziell Wilhelm um das Geldgeschenk des Grafen erleichtern, das der Ausgangspunkt seines neuen Hochgefühls war. Goethe hat jedoch den Anflug des Unrealistischen getilgt, der ursprünglich eine Szene beeinträchtigte, welche offenkundig der Wendepunkt des Romans ist. Der Erzähler behauptet nicht mehr, Wilhelm und die Theaterkompanie hätten mit ihrer Verkleidung als Shakespeare-Vagabunden eine Welle ausgelöst, die dann über ganz Deutschland hinweggeschwappt sei – im Gegenteil. Jetzt verhalten sie sich zum Shakespearisieren wie Werther zur Empfindsamkeit: Sie haben sich von einer Mode hinreißen lassen, die ihnen zum Verderben wurde. Diese folgenreiche Veränderung hat Goethe bereits viel früher vorbereitet, wenn im zweiten Buch die Lektüre eines Ritterstücks an die Stelle der *Belsazar–* Lektüre tritt. Dieser Schritt folgte zwangsläufig aus der Entscheidung, daß Wilhelm nicht als bedeutsames literarisches Talent präsentiert werden sollte, weil das Thema des Romans nicht mehr die Erprobung einer literarischen Ambition vor dem Hintergrund einer Gesellschaft sein sollte, in der sie sich hätte verwirklichen müssen. Es wird jetzt deutlich, daß diese grundsätzliche Entscheidung eine wichtige Konsequenz für das implizierte Verhältnis des Romans zu seinem Publikum hat. Gewiß sind *Wilhelm Meisters Lehrjahre* nicht in erster Linie eine Erkundung der Pathologie der Öffentlichkeit, wie *Werther* es war: Das Herrschen einer bestimmten kulturellen Mode berührt uns nur am Rande, als einer der Gründe für die Illusionen des Helden über das Leben, und gewiß kein so gewichtiger Grund wie sein Schicksalsglaube oder der fortwirkende Einfluß seiner frühesten Kindheitserfahrungen. Die Fiktion in der *Theatralischen Sendung* aber, daß Wilhelm Urheber einer Mode, nicht ihr Opfer war, entzog entschieden die Öffentlichkeit unserer Aufmerksamkeit: Der Erzähler wandte sich nur an ein winziges Publikum um Frau von Stein, das von außen auf dieses ganze Treiben heruntersehen konnte, da es seine eigenen, ganz anderen Maßstäbe und Interessen hatte. Mit der Revision des Romans ist Goethe zum Standpunkt der ersten Fassung des *Werthers* zurückgekehrt: Er hat sich dem Lesepublikum geöffnet und dessen Sorgen und Nöte akzeptiert. Diese mögen zwar oft mit Ironie behandelt werden – nicht so allerdings die zentrale, philosophisch-theologische Sorge –, aber sie werden nicht verbannt. In diesem Sinne kann man sogar sagen, daß Goethe zur Zeit der *Horen* etwas von den Einstellungen der früheren literarischen Revolution in Deutschland wiedergefunden hat, freilich mit einem Anflug von Umsicht und Distanz, was darauf schließen läßt, daß er nicht mehr so populär wie einst sein wird oder sein will.

Es folgt das zentrale Tableau des Romans. Eine vornehme Gesellschaft kommt an den Ort des Überfalls. Unter ihnen ist eine schöne Frau, die auf einem Schimmel reitet und aus diesem Grunde und weil sie einen weißen Überrock trägt, der offenkundig ihrem sie begleitenden Onkel gehört, «die schöne Amazone» genannt wird. Sie breitet den Mantel über Wilhelm, der noch, da er schon das Bewußtsein verliert, als der Chirurgus eine Kugel aus seinem Körper entfernt, die Frau von einem Strahlenkranz umgeben sieht wie eine Heilige. Weder in dieser Episode noch in den Szenen, die in dem Dorfwirtshaus folgen – die Vorwürfe der Schauspieler gegen Wilhelm, die Totgeburt von Melinas Kind, Wilhelms Versprechen, die Truppe nicht eher zu verlassen, als bis jedem das Verlorene zurückerstattet ist –, führt die spätere Romanversion irgendwelche bedeutsamen narrativen Veränderungen gegenüber der *Theatralischen Sendung* ein; lediglich ein oder zwei Retuschen werden vorgenommen, um die Situation nach dem Überfall etwas weniger quälend zu machen. An die Stelle der Spekulationen des genesenden Wilhelms, welche Gestalt seine Geschichte jetzt wohl annehmen wird, treten jedoch in den *Lehrjahren* besorgte Grübeleien darüber, wie er sich seiner Ehrenschuld gegen die Schauspieler entledigen kann: Der Entschluß, sie nach H. zu begleiten und Direktor Serlo ausfindig zu machen, ist schnell gefaßt. Wie zuvor bleibt die geschäftliche und kulturelle Kulisse ungemalt, welche die Stadt H. hätte abgeben können, während Serlos Charakter breiter ausgeführt wird, wenngleich nicht zu seinem Vorteil: Er ist ein gewitzter, mächtiger, bedenkenloser Mensch, der sich wie Goethe auf die Maßnahmen versteht, die nötig sind, wenn Verträge zu lange laufen und das Personal zu anspruchsvoll geworden ist. Sein Plan, die eigene Kompanie vollständig durch Melinas Truppe zu ersetzen, die er zunächst bewußt als minderwertig diffamiert, aber bereits genauestens inspiziert hat, ist völlig überzeugend. Diskussionen über *Hamlet* mit ihm und seiner Schwester Aurelie sowie Aureliens Beschreibung ihrer Kindheit, ihrer Bühnenlaufbahn und ihrer enttäuschenden Affäre mit Lothar bilden den größten Teil des restlichen Buches und sind in ihrer Substanz mehr oder weniger so geblieben wie in der *Theatralischen Sendung*. (Allerdings erfahren wir jetzt, daß der kleine Junge, den Aurelie in ihrer Obhut hat und den Philine für ihren Sohn hält, Felix heißt.) In den letzten zwei Kapiteln des vierten Buches läßt sich jedoch beobachten, wie Goethe etwas von dem Bemühen der früheren Fassung zurücknimmt, über diese Phase in Wilhelms Lebensweg die Aura einer – sei's auch vorläufigen – Schlüssigkeit zu legen. Zwar bietet Serlo ihm einen Vertrag an, aber Wilhelms Einwilligung in das Angebot wird ebenso auf das nächste Buch verschoben wie die Nachricht vom Tode seines Vaters, die ihn in der *Theatralischen Sendung* einer Entscheidung überhob. In den *Lehrjahren* ist Wilhelm sich nicht so gewiß wie einst, «nicht am Scheidewege, sondern am Ziele» zu stehen: Jetzt sieht er sich «abermals am Scheidewege», und in dem inneren Monolog, in dem er die Ansprüche des Theaters gegen die Ansprüche des Handels abwägt, entdeckt er, daß die Wagschalen mehr in der Balance sind, als er einst glaubte. Was noch bedeutsamer ist: Er entdeckt – ohne zu bemerken, daß er es tut –, daß die Leidenschaft für das Theater nichts Absolutes und Höchstes in seinem Leben ist, sondern Ausdruck eines tieferen Imperativs:

So sind es nur äußere Umstände, die dir eine Neigung zu Gewerb, Erwerb und Besitz einflößen, aber dein innerstes Bedürfnis erzeugt und nährt den Wunsch, die Anlagen, die in dir zum Guten und Schönen ruhen mögen, sie seien körperlich oder geistig, immer mehr zu entwickeln und auszubilden.

Diese Analyse von Wilhelms moralischem Zustand – daß es an ihm liegt, sein Leben in die Hand zu nehmen und das innere Bedürfnis mit den äußeren Umständen abzustimmen – unterscheidet sich nicht von der Analyse der zwei Unbekannten im ersten und im zweiten Buch und nichts in dem Roman widerlegt das. Mit dem nächsten Satz aber verfällt er wieder in das, was ihnen als Irrtum erscheinen muß und wovor sie ihn gewarnt haben:

Und muß ich nicht das Schicksal verehren, das mich ohne mein Zutun hierher an das Ziel aller meiner Wünsche führt?

Nach einem Augenblick der Einsicht triumphiert wieder die Illusion, und Wilhelm hält an der Meinung fest, vom Schicksal für das Theater bestimmt zu sein, ohne daran zu denken, daß er es eben noch als sein innerstes Bedürfnis anerkannt hat, seine Anlagen selbst auszubilden. Aber nun ist der Gedanke der Autonomie ausgesprochen worden, und er kann nicht mehr ungedacht gemacht werden: er wird, vergessen oder nicht, weiter in ihm arbeiten. Wir sind an eine Krise gelangt, einen einschneidenden Augenblick, und Goethe schließt das Buch und markiert die Mitte seines Romans mit dem Besuch Wilhelms bei Aurelie, in dessen Verlauf Aurelie ihm mit einem Dolch über den Handballen fährt und seine Lebenslinie teilt. –

Welche Gestalt hat Wilhelms Lebenslinie? Welchen Zweck verfolgt er? Was für eine Geschichte wird uns erzählt? An die Stelle der möglichen Antworten, die in der *Theatralischen Sendung* Wilhelm während seiner Genesung durch den Kopf gingen, treten in den *Lehrjahren* drei neue narrative Elemente. Da ist erstens das Garn, das Wilhelm in seinem Brief nach Hause spinnt, nachdem er das Geldgeschenk des Grafen empfangen hat: eine Geschichte von Abenteuer und Erfolg, sowohl auf künstlerischem wie auch auf weltlichem Gebiet. Der Erzähler nennt sie ein «wunderliches Luftgemälde», wir wissen, daß sie weder als Geschichte dieses noch irgendeines anderen Lebens zureichen wird, und selbst für Wilhelm verblaßt sie nach dem Überfall. Eine mögliche Alternative zur Selbsttäuschung ist jedoch die bewußte Erdichtung. Die Familie beantwortet seinen Brief, und ein ernüchterter Wilhelm sieht sich durch ihre Bitte um solidere Informationen über seine Reisen und Beobachtungen in Verlegenheit gesetzt: Schockartig wird ihm klar, daß er in den letzten Monaten den «äußern Gegenständen» so gut wie keine Beachtung geschenkt und insoweit den Seinen nichts zu erzählen hat. So macht er sich auf Laertes' Vorschlag daran, ein Reisejournal zu erdichten, das er sich aus Nachschlagewerken in der örtlichen Bibliothek zusammenreimt und mit einer kleinen erfundenen Liebesgeschichte würzt. Ist es das – scheint uns der Autor zu fragen –, was wir von den *Lehrjahren* erwarten? Das Bild eines Wilhelm Meister, der im Deutschland des 18. Jahrhunderts

Stadt und Land bereist und unterwegs statistische Fakten und moralische und unmoralische Erfahrungen sammelt? Das wäre ein Leben mit solidem, meßbarem Gewinn und einem Muster, das ein gewisses Publikum (zum Beispiel in Leipzig und Breslau) verstehen könnte, und es wäre ein Leben gemäß einer gewissen literarischen Konvention, die Sterne und Nicolai erfolgreich ausgebeutet hatten – «ein Werk», versichert Laertes dem Freund, «das nicht allein Vater und Mutter mit Entzücken erfüllen wird, sondern das dir auch jeder Buchhändler mit Vergnügen bezahlt.» Aber selbstverständlich wäre dieses Werk auch eine Spottgeburt, die Verhöhnung des Publikums, dem man es andrehte, und – wie zwangsläufig jede Geschichte aus zweiter Hand über «äußere Gegenstände» – Goethes ernsthaftem Zweck völlig unangemessen: die Lebenslinie eines Menschen zu definieren, der erkannt hat, daß ihn ein «inneres Bedürfnis» treibt. Eine dritte Möglichkeit kommt dem, was Goethe bereits im ersten Entwurf unseres Romans versucht hatte, viel näher. Ein gänzlich neues Kapitel, direkt neben Wilhelms eigene Gedanken über die Gestalt seines Lebens gesetzt, schildert uns Serlos Karriere von seiner Kindheit bis zu seiner jetzigen Erfolgs- und Machtposition, wie um zu fragen: Bedeutete es die Vollendung und Erfüllung jenes ersten, fragmentarischen Entwurfs und der Sendung seines Helden, würde aus Wilhelm ein gefragter Impresario wie Serlo oder wie dessen Vorbild Friedrich Ludwig Schröder? Das schien der Schluß zu sein, zu dem Goethe ursprünglich und nicht ohne Ungewißheit gekommen war. Jetzt aber sehen wir, daß dies bloß die Geschichte eines Menschen gewesen wäre, der ein bestimmtes Ziel verfolgt und es schließlich erreicht; vielleicht auch die Geschichte des moralischen und persönlichen Preises, den er für dieses Gelingen zu zahlen hätte. *Wilhelm Serlos Theatralische Sendung* wäre ein denkbarer, sogar ein reifer Roman über die Befriedigung eines inneren Bedürfnisses. Aber würde da nicht etwas fehlen?

Die zweite Hälfte der *Lehrjahre* wird darlegen müssen, was in diesem alternativen Leben fehlt, das unter dem Namen Serlo erzählt wird, und was demgegenüber im Leben Wilhelm Meisters von Anfang an gegenwärtig ist. Bis jetzt noch unerklärlich, bekundet es sich doch strahlend in jenem Tableau, das das vierte Buch beherrscht: dem Bild der schönen, heiligen Amazone, die Wilhelm in dem Augenblick erscheint, da seine eigene Selbstdeutung gewaltsam zunichte gemacht worden ist. Von einer solchen Epiphanie wird Serlos ereignisreicher, aber nicht erbaulicher Weg zu Ruhm und Reichtum nirgends erleuchtet. In der ersten *Theatralischen Sendung* kam die Vision unerwartet und unvorbereitet; in den *Lehrjahren* wird sie dagegen aus vertrauten narrativen Fäden gewoben. Jetzt krönt die Amazone die Reihe geheimnisvoller Unbekannter, die Wilhelms erratischen Pfad gekreuzt haben, und außerdem besitzt Wilhelm einen Schlüssel zu ihrer Identität, der sie vielleicht mit seinem jüngsten Erleben in Zusammenhang bringt: Ihn frappiert die Ähnlichkeit zwischen ihr und der Gräfin, sowohl in der Erscheinung als auch in der Handschrift, von der er Proben besitzt. Er erkennt jedoch auch, daß ihr Bild ihn darum verfolgt, weil es an die tiefsten und ältesten Gefühle rührt, deren er sich erinnern kann:

Alle seine Jugendträume knüpften sich an dieses Bild. Er glaubte nunmehr die edle, heldenmütige Chlorinde mit eignen Augen gesehen zu haben: ihm fiel der kranke Königssohn wieder ein, an dessen Lager die schöne, teilnehmende Prinzessin mit stiller Bescheidenheit herantritt.

«Sollten nicht», sagte er manchmal im stillen zu sich selbst, «uns in der Jugend wie im Schlafe die Bilder zukünftiger Schicksale umschweben und userm unbefangenen Auge ahnungsvoll sichtbar werden? Sollten die Keime dessen, was uns begegnen wird, nicht schon von der Hand des Schicksals ausgestreut, sollte nicht ein Vorgenuß der Früchte, die wir einst zu brechen hoffen, möglich sein?»

Diese wichtigen neuen Zeilen verknüpfen nicht nur die Amazone mit den Leitmotiven der Frau in Männerkleidung und der verlorenen Kunstsammlung; sie lenken auch unsere Aufmerksamkeit auf den Kunstgriff des Leitmotivs selbst, und zwar in dem Augenblick, da Wilhelm beginnt, Antizipationen und Wiederholungen in seinem Leben zu erkennen. Das Wilhelm dämmernde Bewußtsein, sein Leben könnte vielleicht ein «symbolisches Dasein» sein, wird aber offenbar noch von seiner Überzeugung eingeengt, dieses Dasein würde vom Schicksal verhängt sein müssen. Er kann sich noch nicht vorstellen, welche andere Logik hinter dem Gefühl stecken könnte, daß das Leben von potentiellem Sinn erfüllt ist. Wahrscheinlich konnte auch Goethe sich das nicht vorstellen, als er Anfang März sein Manuskript verpackte und nach Berlin schickte. In einem gewissen Sinne kannte er natürlich die Antworten auf die Fragen, die Wilhelm durch den Sinn gingen, und die Lösung der vordergründigen Rätsel, die bereits seine Leser beschäftigten: wo war Mariane? und würde Wilhelm sie wiedersehen? Die Schwierigkeit bestand darin, die Worte und Episoden zu finden, die das bereits Geschriebene verwandelten und sich doch damit zu einem Etwas verbanden, das sein Publikum als eine in sich stimmige und befriedigende Geschichte anerkennen würde. 1795 kamen die Worte langsamer, als er gehofft hatte, aber sie kamen. Ob sie beim Publikum ankommen würden, das jedoch war eine andere Frage.

Zwölftes Kapitel
Fiktionen und Rätsel (1795)

Gute Musen in Jena: Januar – Juni 1795

Während das erste Jahr des Bundes zwischen Deutschlands ersten Dichtern Schillers Arbeit unverkennbar neuen Auftrieb gab, so galt das nicht unbedingt auch für Goethe. Gewiß regte die neue Freundschaft seinen «stupenden Fleiß» an, aber er führte nur ein einziges der neuen Projekte aus, die er für die *Horen* vorgeschlagen hatte, nämlich die Reihe von Kurzgeschichten, und die kam beim Publikum nicht an. Ende 1795 hörte er Wilhelm von Humboldt immer wieder fragen, «warum er [Goethe] soviel teils Schlechtes, teils Unvollendetes ins Publikum gibt». Gerechterweise hätten die Zweifler lieber fragen sollen, warum er *so viel* «ins Publikum» gab. Denn das war die eigentlich bemerkenswerte Veränderung, die 1794 begann. Wenn die Qualität noch nicht der Quantität entsprach, so nicht zuletzt deshalb, weil die schon lange vor der Aussöhnung mit Schiller in Angriff genommene Überarbeitung und Vollendung des *Wilhelm Meister* großer Anstrengung bedurfte; auch darum aber, weil Goethe nach der langen orientierungslosen Periode, die vom Abschluß der Göschen-Ausgabe bis zur Rückkehr zum *Wilhelm Meister* gewährt hatte, immer wieder neu zu schreiben lernen mußte; und endlich auch darum, weil ihn Schiller mit aufdringlichen und irreführenden Charakterisierungen seines Genies eher hemmte als förderte. Goethe, der 1790 mehr über Kant wußte als Schiller und 1790 Fichtes System ebenso klar darzulegen vermochte wie dessen Urheber selbst, war nicht der philosophische Waisenknabe, als der er sich gab, als er im Oktober 1794, nur wenige Wochen nach Schillers Rückkehr nach Jena, seinen zögernden Einstieg in ihren geplanten Briefwechsel über Ästhetik mit den Worten entschuldigte: «Ich komme mir gar wunderlich vor, wenn ich theoretisieren soll.» Es lag jedoch in Schillers Interesse, Goethe zu einem Überbleibsel aus griechischer Zeit zu stilisieren, dessen objektive Geistesart nicht der Unterstützung durch die moderne Philosophie der Selbsterkenntnis bedurfte: Nicht nur erhielt Schiller dadurch seine eigene Rolle in ihrer Partnerschaft; er konnte sich auch, als Fachmann für die Moderne, als der bessere Repräsentant der Zukunft fühlen. Schiller war Goethes Zugangsmedium zum zeitgenössischen deutschen Publikum, aber eben darum mußte er aus Goethe etwas dem Publikum Fremdes machen, um selber nicht unterzugehen. Sei's auch unter ironischen Vorbehalten, war Goethe bereit, sich die Schmeichelei gefallen zu lassen, weil sie die Beziehung möglich machte und weil sie – wie Schiller in gewisser Weise wußte – einem tiefsitzenden eigenen Vorurteil Goethes entsprach, von dem er sich erst jetzt allmählich trennte.

Noch während sein neuer Anlauf in der Farbenlehre ihn aus der «realistisch-objektiven» Phase zu befreien begann, die für sein Schreiben Gift gewesen war, ermutigten ihn Schiller und seine anderen Verbündeten in Jena bei der Rückkehr zu einem früheren Steckenpferd, das scheinbar ohne jedes ästhetische oder «ideale» Interesse war: Goethe stürzte sich wieder einmal in die vergleichende Anatomie. Nachdem er im Sommer 1794 seine alte Arbeit über den Zwischenkieferknochen wieder hervorgeholt hatte, die Loder zur Publikation vorbereitete, begann er einen Gedankengang zu entwickeln, der aus diesem Mittelstück das Zentrum jenes allgemeinen anatomischen Schemas machen sollte, das ihm erstmals während der Manöver in Schlesien vorgeschwebt hatte. Daß er außerstande war, diese im wesentlichen leibnizischen Studien zu einem erfolgreichen Abschluß zu bringen, bewies jedoch, daß er sich bereits als Bewohner einer kantischen Welt verstand.

Der bitterkalte Winter 1794/95, der aus dem Rhein eine gefrorene Einfallstraße für die Armeen des französischen Konvents machte, bescherte Thüringen tiefen Schnee, in den Goethe sich trotz seiner früheren Vorliebe für den warmen Ofen mehrmals am Tage hinauswagte. Aufgemuntert durch die Gesellschaft Meyers, Schillers und Wilhelm von Humboldts, die zusammen mit ihm ein «schönes Quatuor» bildeten, verbrachte er den halben Januar in Jena, wo er Loders Vorlesungen über Ligamente [= Bänder (Bindegewebe)] besuchte (dank der Kälte waren die zu sezierenden Tierkadaver besonders gut konserviert). Schiller mußte natürlich in seiner Wohnung bleiben, und die meisten Medizinstudenten folgten seinem Beispiel; aber Goethe saß jeden Morgen von 8 bis 10 in dem eisigen, fast leeren Hörsaal – einem runden, steinernen Eckturm in der alten Stadtmauer, gekrönt von einer hohen, hölzernen Laterne, die das Licht hereinließ –, begleitet von Meyer, den Brüdern Humboldt und Gerning, aber auch Max Jacobi, der Weihnachten im Haus am Frauenplan verbringen durfte und eine «gewaltige Neigung» zu Goethe «wie einem zweiten Vater» gefaßt hatte. Auch für Goethe – der ebensowenig wie Max «zu schnellen Freundschaften geneigt» war, wie er Fritz Jacobi schrieb – war es jetzt schmerzlich, daß der junge Mann von Ostern an sein Studium in Göttingen fortsetzen sollte. Aber wahrscheinlich war Max nicht der einzige unter dem spärlichen Publikum, der gekommen war, um Goethe zu sehen, weniger um Loder zu hören. Goethes beredte Darlegung seiner neuen Forschungsabsicht, die er nach den Vorlesungen gab, veranlaßte die ganze Gruppe, darauf zu dringen, er möge sie niederschreiben. Und so kam Max an jedem dunklen Morgen um sieben an Goethes Bett im Alten Schloß, und bevor sie fortgingen, um Loder zu hören, diktierte ihm Goethe unter der Bettdecke hervor seine anspruchsvollste anatomische Abhandlung, den *Ersten Entwurf einer allgemeinen Einleitung in die vergleichende Anatomie, ausgehend von der Osteologie.*

Man sollte freilich nicht der Versuchung erliegen, in diesem *Ersten Entwurf* die zoologische Parallele zu Goethes botanischer Abhandlung von 1790 zu sehen. Er war nicht nur unfertig und blieb jahrelang im Manuskript liegen; er war auch nicht mehr als die Einführung in ein Werk, von dem erst die späteren Teile eine wirkliche Parallele zu dem *Versuch, die Metamorphose der Pflanzen zu erklären*, geboten hätten. Aus diesem Grund ist er über weite Strecken auch im Futur geschrieben. Goethe wollte eindeutig eine *Metamorphose der Tiere* schreiben, aber der erste Entwurf war das noch nicht, nicht einmal im ersten Entwurf. Statt dessen arbeitete Goethe den Plan eines «osteologischen Typus» aus, wie er ihn erstmals 1790 in Schlesien vor Augen hatte, das heißt ein Standardskelett für alle Wirbeltiere, das von keiner bestimmten Tierart abgeleitet war und Lage, Form und Funktion jedes Knochens definieren sollte. Der Zweck dieses Standardschemas sollte darin bestehen, dem Forscher zu ermöglichen, das Skelett bestimmter existierender Arten mit ihm zu vergleichen – da der Vergleich jeder einzelnen Tierart mit jeder anderen zu mühsam wäre – und ihre charakteristischen Abweichungen davon zu beschreiben. Natürlich gibt es in diesem Text Goethes Hinweise auf die allgemeinere Vision, deren Propädeutik der *Erste Entwurf* sein sollte. Ihr Umfang wäre gewaltig gewesen. Sie hätte auch die Welt der Wirbellosen, oder doch der «vollendeten Insecten», umfaßt; denn ganz allgemein kann gesagt werden, daß der «Typus» aus Kopf, Brust und Hinterleib besteht, an die jeweils «Hilfsorgane» wie Zangen und Fühler, Beine und Flügel angebracht sind. Bei Wirbeltieren verschmelzen Brust und Bauch (wobei das Zwerchfell noch die Trennung beweist), und die «Hilfsorgane» sind einförmiger: Unterkiefer, Arme und Beine. Den sich unendlich fortsetzenden Schwanz der Wirbeltiere sieht Goethe als «eine Andeutung der Unendlichkeit organischer Existenzen» und damit vielleicht der Verbindung zur Pflanzenwelt, wo die vegetabile Reproduktion sich ins Unendliche erweitern kann. Am anderen Ende der Stufenleiter des Lebens hofft er, es werde «uns unser Faden durch dieses Labyrinth durchbringen» und Aufschluß über die größte vorstellbare Vollkommenheit, die ideale Schönheit des Menschen geben.

Der Ariadnefaden zur Anatomie – schon diese Metapher verrät, daß wir uns noch in der leibnizischen Phase von Goethes Wissenschaftsdenken befinden – ist das Prinzip der Kompensation, eines «Haushalts der Natur». Das allgemeine Gesetz, das Goethe bei jeder tierischen Metamorphose zu finden erwartet, besagt,

> daß keinem Theil etwas zugelegt werden könne, ohne daß einem andern dagegen etwas abgezogen werde, und umgekehrt. ... Der Bildungstrieb ist hier in einem zwar beschränkten, aber doch wohl eingerichteten Reiche zum Beherrscher gesetzt. Die Rubriken seines Etats, in welche sein Aufwand zu vertheilen ist, sind ihm vorgeschrieben, was er auf jedes wenden will, steht ihm, bis auf einen gewissen Grad, frei.

Wenn wir beispielsweise die Giraffe mit dem Standardtypus vergleichen (sobald dieser Typus aufgestellt ist), so werden wir feststellen, daß Hals und Beine auf Kosten des Rumpfes gestreckt sind, während beim Maulwurf das Umgekehrte der Fall ist. Die Schlange hat einen unendlich erweiterbaren

Rumpf (verglichen mit dem Typus), weil er «weder Materie noch Kraft auf Hülfsorgane [wie Arme und Beine] zu verwenden hat». «Sobald» aber zum Beispiel die Eidechse solche hervorbringt, muß sich die Länge des Rumpfes sogleich zusammenziehen. Frösche haben einen im Verhältnis zum Typus kürzeren Rumpf, weil ihre Beine im Verhältnis zu ihm länger sind, und so fort. Jedes Tier ist eine Welt für sich und so, wie es ist, anatomisch vollkommen. Wir dürfen nicht fragen: «wozu» hat es gewisse Merkmale wie etwa Hörner oder Stoßzähne?, sondern: «wie» – das heißt durch welche Anpassung anderer Merkmale (immer verglichen mit dem Typus) – findet es für sie Platz in seinem Haushalt?

Gleichzeitig hat die natürliche Umgebung einen gewissen verursachenden Einfluß auf diese kleinen Welten: Wasser schwellt das Fleisch des Fisches auf, während Luft den Körper des Vogels austrocknet. Aber das haushälterische Prinzip gilt auch hier, und nur weil sein Fleischgewebe so mager ist, verfügt der Vogel über genügend Stoff für seine «bildende Kraft», um die Federn zu erschaffen, die es ihm ermöglichen zu fliegen: «So bildet sich der Adler durch die Luft zur Luft, durch die Berghöhe zur Berghöhe. ... Die Theile des Thieres, ihre Gestalt unter einander ... bestimmen die Lebensbedürfnisse des Geschöpfs.» Die anatomische Monade ist also nicht völlig fensterlos, und ihr wichtigster Berührungspunkt mit der sie umgebenden Welt sind ihre Organe der Nahrungsaufnahme, besonders der Oberkiefer (da der Unterkiefer bloß ein «Hilfsorgan» des Kopfes ist.) Der mittlere Knochen im Oberkiefer – der Zwischenkieferknochen – ist daher der bedeutsamste Knochen des Körpers, jenen Teil, der über die Art der Beziehung zwischen dem ganzen Tier und der es erhaltenden Umwelt bestimmt.

Ungeachtet dieser großartigen nachträglichen Rechtfertigung bereiteten Goethe seine früheren osteologischen Studien in der veränderten geistigen Atmosphäre der neunziger Jahre unverkennbar einiges Kopfzerbrechen. Es gibt im *Ersten Entwurf* deutliche Spuren des Versuchs, auf die Herausforderung des Kantianismus zu reagieren, wie sie in den früheren Aufsätzen über Botanik oder den Zwischenkieferknochen nicht zu finden sind. So wirkt die Idee, daß wir in der Metamorphose des Insekts aus der undifferenzierten Larve zum dreigliedrigen erwachsenen Tier die Entwicklung zu größerer Bewegungs- und Handlungsfreiheit vor uns haben, wie eine Geste gegenüber Schillers Gleichsetzung der Freiheit mit Schönheit in der Bewegung. Es gibt auch, was Goethes zentrale These noch näher betrifft, Zweifel darüber, wie wir zu unserer Beschreibung des Standardtypus kommen; «wir müssen ihn ... construieren da wir ihn nicht erfahren können» (vielleicht ein Nachklang von Schillers Einwand gegen Goethes Darstellung der Pflanzenmetamorphose). Doch wie soll diese Konstruktion vor sich gehen, wenn keine bestimmte Tierart als Muster dienen kann? Um sich zu erklären, greift Goethe zunächst auf Kantische Begriffe zurück: Die «Erfahrung», so hören wir, gibt die Teile vor, während über dem Ganzen eine «Idee» walten und daraus «das allgemeine Bild abziehen» muß. Aber letzten Endes läßt Goethe es unbestimmt – macht mit anderen Worten eine Sache persönlicher Intuition daraus –, wie das Verhältnis zwischen diesem notwendigen Postulat, der Idee, und dem Zeugnis unserer Sinne aussehen soll: Wenn wir uns der schwierigen Frage nähern, welche Abweichungen vom typischen Skelett möglich sind und welche nicht, werden wir ohne weitere Regel darauf verwiesen, dies «theils aus dem Begriff, theils aus der Erfahrung» herzuleiten.

Eine ähnliche Flucht aus der methodologischen Strenge zeigt Goethes Gebrauch des Begriffs «Bildungstrieb» (zu dem Wilhelm von Humboldt ermutigt haben muß) und besonders seiner Wurzel, des Verbums «bilden». Verschiedentlich wird davon gesprochen, daß die Gestalt des Skeletts durch äußere Umstände «gebildet» wird, daß sie das Ergebnis einer Kraft im Tier ist, sich selbst zu bilden, und daß sie – jedenfalls beim Typus – das Ergebnis ihrer Konstruktion durch unseren reflektierenden Geist ist. Goethe scheint den Versuch zu unternehmen, die eher materialistische Theorie seines *Versuchs einer allgemeinen Vergleichungslehre* an eine mehr am Selbstbewußtsein orientierte Erkenntnistheorie anzupassen. Schließlich bekennt er als seine Grundprämisse

unsere Überzeugung ..., in der uns jeder flüchtige Blick auf das Tierreich bestärkt: daß ein gewisses allgemeines Bild allen diesen einzelnen Gestalten zugrunde liege.

Da er dieses Bild nicht, wie es ein späteres Zeitalter getan hat, in der Molekulargenetik verankern kann, gibt Goethe seiner Prämisse einen kantischen Anstrich (wir «denken» jenen Typus als «eine allgemeine Norm» und «setzen ... in der Natur eine gewisse Konsequenz voraus»). Es bleibt aber zweifelhaft, ob das zugrunde liegende Bild eine Zutat des menschlichen Geistes ist oder aber die Schablone, an der sich die autonom schaffende Natur orientiert. Diese Ambiguität sollte sich in dem Maße als fruchtbar erweisen, wie schließlich die Farbenlehre Goethes naturwissenschaftliches Denken beherrschte, legte aber jeder Fortentwicklung seiner Zoologie ein unüberwindliches Hindernis in den Weg.

Wahrscheinlich dank Schiller und seiner kantianisch-kritischen Einwände hat Goethe nie jenen Versuch geschrieben, der die Metamorphose der Tiere «erklärt» hätte. Aber entweder als Reaktion hierauf oder durch Schiller ermutigt, sich als privilegierten, wenngleich unreflektierenden Intimus der Natur zu verstehen, unternahm Goethe in den ersten zwei Jahren ihrer Bekanntschaft auch den ernsthaften Versuch, sich dem Publikum als Naturwissenschaftler zu präsentieren. Loder plagte sich lange aber fruchtlos mit der Publikation des Aufsatzes über den Zwischenkieferknochen, es begannen Verhandlungen mit Unger über eine Großoktavausgabe aller naturwissenschaftlichen Werke Goethes, in Antiquaschrift und mit Abbildungen, und Schiller dachte sogar daran, sie in Fortsetzungen in den *Horen* zu bringen – davon riet Wilhelm von Humboldt jedoch ab. Vielleicht war es schon ein Hinweis darauf, daß Goethe sie für abgetan betrachten wollte, daß neue Interessen auf ästhetischem Gebiet sie in den Hintergrund drängten. Goethes geologische, botanische und anatomische Studien sowie die erste, am wenigsten gelungene Phase seiner Beschäftigung mit Farben gehörten einer Periode an, die, wie er später einsah, einen «Zwiespalt» in ihm erzeugt hatte, da die Forderungen, welche die Kunst und die Naturwissenschaften an ihn stellten, ganz unterschiedlich, aber gleichermaßen umfassend waren. Es war eine Periode gewesen, in welcher er in der natürlichen Welt jenes objektive Gegengewicht zu den Mächten seines Gefühls hatte suchen müssen, das er in der zeitgenössischen deutschen Gesellschaft nicht finden konnte. Doch wurde die Unterscheidung zwischen Kunst und Natur, deren er sich zwar erst in Rom ganz bewußt geworden war, die aber seinem ganzen Leben als Höfling zugrunde gelegen hatte, durch Kant, den Philosophen eines Zeitalters ohne Höfe, in Frage gestellt. Die *Kritik der Urteilskraft* zeigte, daß die Kunst um so vollkommener wurde, je mehr sie sich dem Schein von Natur annäherte, und daß die Natur, um wissenschaftlich verstanden zu werden, gleichsam als zweckvolle Kunst verstanden werden mußte. Vorausgesetzt, Goethe akzeptierte Kants Ausgangspunkt in der Subjektivität, in der Untersuchung der menschlichen Geisteskräfte, und vorausgesetzt, er akzeptierte auch Kants Ausrichtung auf ein klassenloses Publikum, dessen Mitglieder einander durch den Mechanismus der öffentlichen Diskussion erzogen und aufklärten, bot ihm Kant ein Mittel, jenen Bruch in seinem Wesen zu heilen, der zwanzig Jahre zuvor entstanden und der Preis für seine Übersiedlung nach Weimar gewesen war. Was konnte er dabei gewinnen? Dreierlei: erstens eine neue wissenschaftliche Aufgabe – die Entwicklung einer wiederbelebten Farbenlehre, die nicht von der Physik, sondern von der Physiologie ausging; zweitens und wichtiger noch: einen neuen Anstoß für seine eigentliche Kunst, die Dichtung – die Wiederentdeckung einer Rolle für die Subjektivität, die zu begrenzen oder auszugrenzen er sich in den letzten Jahren genötigt gesehen hatte; und drittens ein neues Publikum – die Neudefinition seiner Bindung an die deutsche Nation in dem Sinne, daß sie nicht länger die logische Folge seiner persönlichen Treue zu seinem Feudalherrn war. Und es war – wieder einmal – sein außerordentliches Glück, daß er für all das weder Weimar verlassen noch seine erklärte politische Loyalität verlagern mußte. Gab es doch nur dreißig Kilometer weiter, an der herzoglichen Universität zu Jena, einen namhaften Bruchteil jenes deutschen Publikums, das Kant vorschwebte – und lauter eifrige Kantleser.

Goethes Besuche in Jena wurden nach dem Beginn der Freundschaft mit Schiller deutlich länger und häufiger. Bei seinem ersten Aufenthalt in Jena nach der Redaktionsbesprechung vom September, Anfang November 1794, war aber die Existenz des Dichterbundes noch nicht ins Bewußtsein des Publikums gedrungen. Zusammen mit seinem Zögling, dem jungen Fritz von Kalb, hielt sich der 24jährige Hölderlin zu der Zeit ebenfalls in Jena auf und besuchte Schiller in dessen Wohnung am Markt. (Frau von Kalb erkannte die literarischen Anlagen Hölderlins und schrieb Goethe, der Jüngling werde von guten Bibliotheken und der Gesellschaft reifer Geister mehr profitieren als vom ländlichen Waltershausen: Vielleicht wollte sie ihn auch von einer jungen geschiedenen Frau, Wilhelmine Kirms, trennen, die bei ihr wohnte und sein Kind erwartete.) Hölderlin, der nur für Schiller Augen und Ohren hatte, verstand den Namen des unscheinbaren Fremden mittleren Alters nicht, der sich, bei einem Besuch in Schillers Wohnung, im Hintergrund hielt, und beachtete ihn kaum, errötete freilich, als der Fremde neben ihn an den Tisch trat und schweigend das Heft von Schillers *Thalia* mit Auszügen aus seinem Roman *Hyperion* durchblätterte. Weder freundliche Fragen des Unbekannten nach Frau von Kalb noch sogar das, was er so «gewichtig» über das Weimarer Theater zu sagen hatte, machten Hölderlin aufmerksam, der ganz in seinem Idol aufging und gegen den Rest der Welt einsilbig blieb. Erst abends im Club der Professoren hörte er zu seiner Beschämung, daß sich alle Gespräche um einen Besuch drehten, den an diesem Tage Schiller von dem bis dahin unnahbaren Goethe erhalten hatte. Einen oder zwei Monate später wäre Hölderlins Irrtum unmöglich gewesen. Im April machte im Herzogtum das Gerücht die Runde, daß Goethe einfach umgezogen sei: «u: weil hier [= in Weimar] keine Vereintheit zu stiften, so habe er sich an Schiller geschlossen u: will die Horen bestens fördern.» Goethe kam 1795 fast jeden Monat nach Jena und hielt sich von Ende März bis Anfang Mai ununterbrochen dort auf.

Jena war jedoch mit seinen 4000 Einwohnern sogar noch kleiner als Weimar – die wenigsten der rund 700 Häuser standen außerhalb der breiten Burggräben und verfallenen Steinmauern mit ihren zinnenbewehrten Türmen und Bastionen, so daß die ganze Siedlung nicht einmal 500 Meter im Quadrat maß –, aber es war ein vollendetes Musterbeispiel des neuen Deutschlands. Zwar war der Marktplatz auch hier gesäumt von Fachwerkhäusern – ursprünglich Besitz der heimischen Weinhändler und Tuchmacher – und wie zahllose ähnliche Städte des Reichs überragt von einem Rathaus mit zwei spitzen roten Dächern, einem gotischen Bogengang und einer kunstvollen Uhr sowie von dem Turm einer schönen mittelalterlichen Kirche. Aber zwischen Markt und Stadtmauer standen zwei andere Gebäude, durch die sich Jena grundlegend von jenen im Niedergang begriffenen, von einer zünftischen Oligarchie regierten «Heimatstädten» unterschied, mit denen man es sonst hätte verwechseln können und mit denen es die hohen, malerisch schiefen Häuserfronten in engen Gassen, die Farbtupfer von Sonne und Blumenkästen in den Innenhöfen und das Labyrinth eines jahrhundertalten städtischen Reglements gemein hatte. Auf der einen Seite, südwestlich des Marktes, lag der Komplex des ehemaligen Dominikanerkonvents, der nach seiner Anlage und sogar nach seiner Herkunft aus einer Klosterauflösung des 16. Jahrhunderts Ähnlichkeit mit so manchem College in Oxford oder Cambridge hatte. Hier waren die wichtigsten Einrichtungen der Universität untergebracht – Kirche, Bibliothek, Hörsäle, Speisesaal, Brauerei, Garten, einige Wohnungen und sogar die Sternwarte. Die meisten der

21. L. Heß: Das Haus von J. J. Griesbach in Jena (o. J.)

500 bis 700 Studenten des «Collegium Jenense» wohnten und aßen in der Stadt und sorgten zusammen mit ihren Professoren für den ungewöhnlichen Stellenwert von Schneidern, Buchdruckern und Buchbindern in der heimischen Wirtschaft und für den hohen Tee-, Kaffee-, Bier- und Tabakkonsum. Die Bedeutung der Universität war jedoch nicht auf das Lokale beschränkt: Sie war das Kraftwerk, in dem bereits die deutsche Bürokratenelite für das 19. Jahrhundert erzeugt wurde. Gegenüber, im Nordosten, lag das Alte Schloß, in dem seit einem halben Jahrhundert kein regierender Herzog mehr gewohnt hatte (auf diesem Gelände befindet sich die heutige Universität). Seine abwechselnd schlichten oder unansehnlichen Bauten waren an einen Eckturm der Stadtmauer geklebt und um zwei Höfe gruppiert, die Morast und Feuchtigkeit bis an die Fenster des ersten der drei Stockwerke aussandten. Die Zimmerfluchten beherbergten nur Bücher, wissenschaftliche Sammlungen, vornehme Besucher und ein oder zwei bevorzugte Beamte (zum Beispiel den Stallmeister der Universität, A. G. L. Seidler). Nachdem die eigenständige politische Funktion des Schlosses praktisch in Vergessenheit geraten war, symbolisierte diese permanente Mahnung an einen abwesenden Herrn eine Ambiguität: sowohl die scheinbare Autonomie der intellektuellen Klassen, die in seiner Nähe ausgebildet wurden, als auch deren faktische Unterordnung unter das ferne Zentrum einer Macht, an der sie noch keinen Anteil hatten. Wenn Goethe, wie er es gewöhnlich tat, im Alten Schloß logierte, war er manchmal praktisch der Bevollmächtigte des Herzogs, manchmal – und nach dem Sommer 1794 meistens – ein bürgerlicher Ausreißer aus Weimar. Gesellschaftlich war Jena in der Tat der deutschen Kolonie in Rom nicht ganz unähnlich – fern der Macht, aber dennoch von ihr abhängig –, und der Aufenthalt dort verschaffte Goethe ein Gefühl des Behagens, das ein wenig an das Glück seiner Hausakademie am Corso erinnerte. «Hier», sagte er 1795, seien «auch gute Musen, – nur nicht zu viel Courmachen», und man sagte ihm nach, er sehe darauf, «daß er nicht in Gesellschaft mit irgend einem Vornehmen kömmt ..., daß er jetzt besser gelaunt ist als jemals, wiewohl er steifer aussieht als jemals, und äußerst gerne in völliger und fröhlicher Ungezwungenheit lebt». Sogar physikalisch konnte ihn manches an südliche Gefilde erinnern; denn Jena, im Tal der Saale gelegen, hat ein milderes Klima als Weimar oben auf der winddurchtosten Ebene, und die warmen Kalksteinfelsen in seiner Umgebung tragen eine reichere Flora, sogar Weinstöcke.

Das Alte Schloß war ein guter Platz zum Arbeiten, in den Höfen war es still, nachdem Goethe aus ihnen den kläffenden Hund der Seidlers verbannt hatte – stiller jedenfalls als der Frauenplan mit den unaufhörlich rasselnden Webstühlen –, und im April 1795 zog Schiller ganz in seiner Nähe ein – er übernahm ein Stockwerk im geräumigen Haus von Professor Griesbach. Die Lösung der Verpflegungsfrage hatte etwas erfrischend Urlaubsmäßiges: Das Mittagsmahl nahm Goethe schließlich bei Privatleuten ein – gute Hausmannskost, allerdings durch den Ofen etwas verräuchert –; aber er brauchte

22. H. W. Schmidt: Herzog Carl August und Goethe 1796 im Hof des Jenaer Schlosses, im Hintergrund Wilhelm und Alexander von Humboldt auf der Treppe des Schlosses (1908).
(Goethe wurde um zehn Jahre jünger dargestellt, als er tatsächlich war.)

für das Frühstück Nachschub aus Weimar, und wenn er abends nicht bei den Schillers aß, schickte ihm Christiane Schinken und Sülze, Zervelat- und Leberwurst, Bückling und Trinkschokolade sowie eine Batterie von Bier und Weinflaschen, wobei die leeren Flaschen zum Auffüllen wieder zurückgingen; denn selbst unter diesen eingeschränkten, halb junggesellenmäßigen Umständen lud sich Goethe gern Gäste ein. Als Gegengabe hatte er manche einheimischen Erzeugnisse zu bieten: Kuchen und Brezeln, Pflanzen aus dem botanischen Garten und Seife. Aber leicht war Christiane nicht mit seiner Abwesenheit zu versöhnen, zumal wenn sie sich unerwartet lange hinzog. Verlockende Offerten von Frühlingsgemüse aus dem Garten wechselten mit stillem Vorwurf, wenn sie ihm beschrieb, wie sie in Weimar die ganze Woche lang mit Unmengen von Koch- und Bügelwäsche beschäftigt war. Doch war sie nicht bereit, Trübsal zu blasen: An Ostern 1795 gab es im Haus am Frauenplan Musik und Tanz bis morgens um zwei, obwohl sie schon der Beginn ihrer vierten Schwangerschaft drückte. August vermißte natürlich den Vater, wie Christiane pointiert meldete, und freute sich jedesmal, wenn ein Besuch in Jena bevorstand, wo er und seine Mutter ein Zimmer im «Schwarzen Bären» bekamen; er freundete sich bald mit dem kleinen Carl Schiller an, spielte mit Luise Seidler (1786–1866) unter den Fenstern der Zimmer seines Vaters im Alten Schloß und sprang nach den Plätzchen, die Goethe an einer Schnur herabließ. Trotz der Trennung von seiner Familie jedoch gestand Goethe Schiller, daß er Jena nur «sehr ungern» verlasse.

Der Mittelpunkt Jenas war für Goethe jetzt der Schillersche Haushalt. Wenn er nach getaner Arbeit um vier Uhr nachmittags kam, pflegte er bis nach dem Abendessen zu bleiben – zuerst schweigend ins Lesen oder Zeichnen vertieft, dann zur Tätigkeit aufgemuntert, wenn Carl fröhlich angelaufen kam, um mit ihm zu raufen. Danach oder bei einer Tasse Tee, die er mit einem Glas Arrak und einer Zitronenscheibe zu einem Punsch mischte, pflegte ein Gespräch zu beginnen, das bis in die Nacht dauern konnte. Hier begegnete er Cotta, als dieser, die Geldkatze um den Leib gebunden, im Frühjahr auf der Rundreise war, um seine Mitarbeiter zu entlohnen; und hier begegnete er auch einige Male Hölderlin, der ihn bereits in Weimar aufgesucht hatte, um seinen *faux pas* gutzumachen. Das war nicht schwierig: Hölderlin fand sich zu diesem Mann, der ihm so «sanft und freundlich» begegnete, hingezogen wie zu «einem recht herzguten Vater», der ihm in seiner eigenen Familie fehlte, und er war, wie er Hegel schrieb, beglückt, «so viel Menschlichkeit zu finden bei so viel Größe»; dabei entging ihm nicht, daß Goethe «hie und da mit einem bittern Hiebe auf die Thorheiten um ihn» reagierte. Goethe seinerseits war eben dabei, jenes Mittel zu erlernen, das ihn fast vierzig Jahre lang jung erhalten sollte, nämlich sein Vertrauen in die neue Generation zu setzen; denn, wie er Schiller warnte: «mit der alten werden wir wohl niemals einig werden». Und in Jena begann 1795 die neue Generation sich zu sammeln. Hölderlin hatte nach einer einvernehmlichen Trennung von den von Kalbs beschlossen, im neuen Jahr dorthin zu übersiedeln, um die Vorlesungen Fichtes zu hören und eine literarische oder akademische Karriere zu versuchen. Sein Tübinger Freund Isaac von Sinclair (1775–1815), ein Verfechter radikaler Ansichten mit Verbindungen zu den Mainzer «Klubisten», kam ebenfalls, und die beiden zogen zusammen. Niethammer, zum Professor der Philosophie ernannt, ersuchte Goethe um Beiträge für sein *Philosophisches Journal* und hielt auch nach vielversprechenden jungen Autoren Ausschau. In Niethammers Haus gab es im Mai ein denkwürdiges Konklave, bestehend aus Hölderlin, Fichte und Friedrich von Hardenberg; dieser, mittlerweile Akzessist am sächsischen Salinenamt, der mit 23 Jahren vom leidenschaftlichen Jünger Schillers zum leidenschaftlichen Schüler Fichtes wurde, hatte sich eben erst mit der dreizehnjährigen Sophie von Kühn verlobt und war der Welt noch nicht als «Novalis» bekannt. Eher oberflächliche Unterhaltungen waren im Club der Professoren möglich, wo Goethe und Hölderlin einander wiederum begegneten. Aber um im Jena Goethes, Schillers und Fichtes die neue Generation zu repräsentieren, bedurfte es einer derberen geistigen Konstitution, als Hölderlin sie besaß: Vielleicht von den Anforderungen stark belastet, floh er Ende Mai zurück nach Württemberg, und ein ganzes Jahr verging, ehe Goethe in den Brüdern Schlegel robustere Botschafter der Jugend fand.

Was Goethe so oft nach Jena lockte, war offenkundig die Freundschaft mit Schiller und die Möglichkeit, «in den Uterus der Alma mater» zurückzukehren, wo er in Frieden forschen und schreiben konnte. Und für einen Geheimrat mit einer gewissen Verantwortung für die Hochschule gab es noch eine Fülle weiterer Ausreden. «Beyläufig» unternahm er Versuche im Laboratorium seines Schützlings Professor Göttling, der sich zu einem der prominentesten deutschen Verfechter der neuen Chemie Lavoisiers entwickelte. Regelmäßig stattete er, vielleicht mehr aus Neugierde denn aus Nächstenliebe, dem Krankenhaus einen Besuch ab («Die theoretischen Theile der Medizin hat er vollkommen inne»), und wenn er einem früheren katholischen Priester behilflich war, Medizin zu studieren, so zeigte er auch Interesse an der ersten römisch-katholischen Kapelle im Herzogtum, die man zu Nutz und Frommen der Emigrierten erbaute, und schenkte ihr reichlich Stoff für ein Antependium – bedauerlicherweise in einer nichtliturgischen Farbe. (Für so manchen aufgeklärten Protestanten stand der Katholizismus dem Heidentum näher als dem Christentum; Goethe wie Winckelmann mag das zu Zeiten als Vorzug erschienen sein.) Der botanische Garten erforderte natürlich ständige Aufmerksamkeit: Ein Bewässerungssystem war anzulegen, Frühbeete mit Mist anzureichern, Pflanzen vom Belvedere herbeizuschaffen, was Dietrich zufiel, von dem Goethe hoffte, er werde bald den von Batsch beschäftigten Obergärtner ablösen. So hatte man ein vielleicht übertrieben wachsames Auge auf den Amtsinhaber, den man für den «unleidlichen Schmutz» im Gewächshaus tadelte und zur Kündigung reizte. Er bekam jedoch die Stelle zurück – vermutlich als klar wurde, daß der Herzog

Dietrich noch immer nicht freigeben wollte. Im Sommer 1794 hatte der einfallsreiche Engländer George Batty vorgeschlagen, der Saale bei Jena ein neues Bett zu graben, um ihren windungsreichen Lauf durch Kieselstrände zu begradigen und urbares Land zu gewinnen. Im Herbst des folgenden Jahres war das Projekt vollendet. Goethe, der die Oberaufsicht gehabt hatte, konnte nun mit Fug und Recht darum bitten, seinem Gehilfen Götze die Verantwortung für alle künftigen Wasserbauarbeiten zu übertragen und ein Jahresgehalt von 240 Talern auszusetzen, dazu eine Sonderzulage für die unvermeidlichen Schäden an seiner Kleidung.

Aber Jena war nicht nur ein Ort angenehmer Kontakte, wo eine produktive Tätigkeit möglich war. Goethe machte «gar kein Geheimniß daraus», daß er erleichtert war, hier dem Weimarer Hof entrinnen zu können. In der Gefahr, dem Sansculottismus zu verfallen, war er dennoch nicht. Jena hatte den besonderen Vorzug, nicht Weimar zu sein, aber es war immer noch ein Teil des Herzogtums, und wenn Goethe hier den Vizekönig spielen konnte, so machte auch das Jenas Reiz aus. Jena und Weimar *zusammen* standen für das, was ihn noch immer zu einem treuen Sohn des Reiches machte. «Berlin haßt er ziemlichermaßen» – und das dort herrschende heimliche Einverständnis mit den Nivellierern. Das Reich, meinte Goethe, werde eine bessere Überlebenschance haben, wenn es sich mit Frankreich anstatt mit Preußen verbünde; zumindest würde ihm das Frieden bescheren. Mit Nachdruck verteidigte er «die ‹Von›-schaft und den deutschen Hofboxbeutel» – die «Etikette, Ceremonie Unannehmlichkeit» der kaiserlichen Herrschaftsform –, mochte er auch stärker als die meisten die Unannehmlichkeit zu spüren bekommen. Das war die Spannung, mit der zu leben er sich 1775 entschieden hatte, und Jena war dabei, ihm zu zeigen, wie er sie wieder fruchtbar machen konnte. Bei einem seiner Aufenthalte im Alten Schloß skizzierte Goethe einen Versuch über die revolutionären Grundsätze der Freiheit und der Gleichheit: Die Gleichheit ihrer Mitglieder war in seinen Augen für jede Gesellschaft fundamental – wobei er betonte, ein unentwegter Bürger der Frankfurter Republik zu bleiben, in die er hineingeboren worden war. Die einzige Freiheit aber, die ich habe, ist – so fuhr er fort – die Freiheit, meinen ursprünglichen «Rechten», wie die Revolutionäre das nannten (Goethe zog die Bezeichnung «Privilegien» vor) zu entsagen und meine Gleichheit mit anderen «mit Überzeugung, aus freiem, vernünftigem Willen» anzunehmen. Aufgrund einer solchen freien Entscheidung war Goethe in die Weimarer Gesellschaft eingetreten, und er hatte nicht die Absicht, diese Entscheidung rückgängig zu machen. Carl August mit seiner wachsenden Empfindlichkeit gegen den Geruch der Revolution mochte bei Hofe auf dem Zopf bestehen und sein Mißfallen äußern, wenn Carl von Stein ohne einen solchen erschien. Wenn der Hof sich zum Abendessen versammelte, hatte Goethe mit dem drittklassigen Salon für die bloßen Geheimräte vorlieb nehmen müssen. Aber dieser Landesherr und diese Verfassung machten Jena erst möglich, und mochte Goethe auch aufatmen, so oft er dorthin ging, so lief er doch nicht weg. Er kam zurück, wie er aus Rom zurückgekommen war.

Einiges vom Jenaer Stil konnte man sogar in Weimar kultivieren. Bei einem Empfang, den Herder gab, wunderte sich ein Besucher darüber, wie zwanglos alle miteinander umgingen; man stand oder saß, wo es einem gefiel, und richtete, ohne Rücksicht auf die Konvention, das Wort an wen man wollte. Im Oktober 1794 begann Goethe wieder mit dem Zyklus der abendlichen «Freitagsgesellschaft», eine Zusammenkunft von Freunden der Gelehrsamkeit die aber diesmal ganz etwas anderes war als die Freitagsgesellschaft von 1791/92: Treffpunkt war stets Goethes Haus, niemals eines der Schlösser, ja die Treffen wurden schon bald einfach als «Göthes Gesellschaft» bekannt, und kein Mitglied der fürstlichen Familie scheint sie besucht zu haben. Förmliche Regeln gab es nicht; zunächst war es einfach ein Lesekreis, in dem Goethe einen Gesang aus der *Ilias* in der Übersetzung von Voß rezitierte, während die anderen Teilnehmer, unter ihnen Wieland, Herder und Böttiger, entweder an einem Tisch dem griechischen Originaltext folgten oder aber um Goethe herumsaßen und philologische oder literarische Kommentare einwarfen. Inspiriert wurde das Ganze nicht so sehr vom Geist des Altertums als vielmehr von dem Wunsch, die Anstöße durch Vossens Besuch Anfang des Jahres weiterwirken zu lassen. Unverkennbar war das Feuer in Goethes ausdrucksvoll moduliertem Vortrag eines Textes, der im wesentlichen ein Werk der deutschen Literatur, nicht der Altphilologie war:

Jetzt hat er fast alles von seiner schlanken Apollofigur ... verloren. Er extendirt sich täglich durch Embonpoint, u. seine Augen sitzen im Fett der Backen. Nur wenn er aus Voßens Iliade vorliest, verherrlicht sich seine Gestalt, und da, sagte mir Schütz, der ihn vor 10 Jahren kannte, finde ich den alten Göthe wieder.

Aus dem Gefängnis gesättigten Verlangens konnte noch immer eine ältere, edlere Sehnsucht hervorbrechen. Vielleicht war es Schiller, der mit dem *Horen*-Projekt und seiner planmäßig durchdachten Schmeichelei dazu beigetragen hatte, sie neu zu beleben. Die Lektüre von Vossens Homer führte Goethe zurück nach Italien, zumal nach Sizilien, wo er sich in einem benommenen Augenblick der Erfüllung von Land und Meer der *Odyssee* umgeben gesehen hatte. Er spekulierte darüber, daß Sizilien vielleicht lange vor Athen seine eigene griechische Kunst und Literatur gehabt habe und daß Homer, wenn die moderne Forschung ihn schon nicht als Ionier bestätigen könne, vielleicht Sizilianer gewesen sein mochte. Auch der Zorn blitzte wieder auf, in den ihn die ersten italienischen Enttäuschungen versetzt hatten:

Beym erneuerten Studium Homers empfinde ich erst ganz, welches unnennbares Unheil der Jüdische und Christliche Praß uns zugefügt hat. Hätt[en] wir die Sodom[i]tereien und Aegyptisch-Babylonischen grillen nie kennen lernen, u. wäre Homer unsere Bibel geblieben! Welch ein ganz ander Gestalt würde die Menschheit dadurch gewonnen haben!

Die Lektüre reizte die Lust zur Nachahmung. 1793 hatte Goethes Übersetzung der Nausikaa-Episode den Weg für «Das Wiedersehn» bereitet, und während jetzt seine *Elegien* in den *Horen* erschienen, übersetzte er aus der *Ilias* und der *Odyssee* Stellen von vergleichbarem erotischen Interesse. Im September 1795 brachten die *Horen* seine Version nach homerischem Hymnus *Auf die Geburt des Apollo*, den eine Insel- und Meeresmetaphorik und die Musik antiker Ortsnamen beherrschen. Die italienischen Erinnerungen drängten sich heran.

Indessen hatte das literarische Bürgertum Deutschlands an seinen Hochschulen auch einer prosaischeren Philologie ans Licht verholfen, die ihren eigenen Anspruch auf Homer erhob. Anfang 1795 erschienen Friedrich August Wolfs *Prolegomena ad Homerum*, die mit ihren Argumenten für die späte Datierung und eine Verfasserschaft mehrerer Autoren des homerischen Kanons für eine Sensation sorgten. Böttiger in seiner Bosheit und Tücke, der Wolf über die Weimarer Amateure und ihre lachhaften Kommentare bei den Leseabenden auf dem laufenden gehalten hatte, lud ihn im Mai ein, von Jena, wo er bei Wilhelm von Humboldt zu Besuch weilte, nach Weimar herüberzukommen. Er kam zu einem Freitagstreffen und verbrachte vier Tage in der Gesellschaft Goethes, der über die Bekanntschaft mit ihm und seinen Werken sagte, sie habe bei ihm «Epoke» gemacht. Goethe erkannte an Wolf umfassende Gelehrsamkeit und eine leidenschaftliche Sorge um Klärung im Dienst der These, daß literarische Werke der Antike einer Rekonstruktion ihres Entstehungszusammenhanges bedürfen, um verstanden zu werden. Dieser These sowie ihrem Folgesatz, daß die Berufung auf das individuelle Genie eines Autors keine zureichende Erklärung für die Qualität einer Dichtung ist, konnte Goethe uneingeschränkt zustimmen. Er konnte sogar akzeptieren, daß «Homer» ein Dichter-Kollektiv war – solange nur die literarische Einheit der homerischen Gedichte nicht in Zweifel gezogen wurde. Nach Wolfs Abreise erklärte Goethe trotzdem bei der nächsten Freitagsgesellschaft, daß er als Dichter, dessen Aufgabe die Verknüpfung verschiedenartiger Teile zu einem Ganzen sei, «eine unübersteigliche Scheidewand» zwischen sich und dem das Ganze in seine Einzelteile zergliedernden Kritiker errichtet habe. Wolf behauptete, noch nie in seinem Leben geträumt zu haben. Er war ein aufbrausender Mensch, der die Beziehungen nicht erleichterte, als er mit maßlosen Ausdrücken über einen Aufsatz Herders in den *Horen* zur Homerfrage herfiel, aber Goethe war trotzdem daran gelegen, auf gutem Fuße mit ihm zu bleiben: Er hoffte, wie er zugab, ihn noch gebrauchen zu können.

Die Lesungen aus dem Homer gediehen nur bis zum sechsten Gesang; dann fiel der Freitagskreis wieder in vermischte Vorträge zurück. So gab es zum Beispiel vor der Sommerpause einen Besuch des Wittenberger Professors E. F. F. Chladny (1756–1827); mit seinen Versuchen zur Akustik, bei denen er Pulver auf einer gespannten Membran in Schwingung versetzte und dadurch wechselnde «Klangfiguren» erzeugte, hatte der Gelehrte großes

Aufsehen in der wissenschaftlichen und wissenschaftlich dilettierenden Welt erregt, und in den Augen seines Jenaer Gastgebers Batsch mochten seine Experimente sogar einen Bezug zu Goethes Optik haben. Die Freitagsgesellschaft besaß aber genug Eigenleben, um sich im Herbst wieder zu versammeln, und schon bald stand ein Vortrag Goethes über *Die verschiedenen Zweige der hießigen Thätigkeit* auf dem Programm, der versuchte, das Augenmerk auf sämtliche Bestrebungen des Herzogtums in Kunst, Wissenschaft und Technik zu richten. Der Überblick registriert vieles, auf das man stolz sein durfte, von der Theaterstatistik (410 neue Produktionen seit 1784) über das Römische Haus in Weimar («das erste Gebäude ..., das im Ganzen in dem reinen Sinne der Architectur aufgeführt wird») bis zu Verhüttungsversuchen in Ilmenau und der Notwendigkeit, die verschiedenen Bibliotheken in Jena zusammenzufassen. Doch der entstehende Gesamteindruck einer ganzen Provinz, die ihrer eigenen ästhetischen und allgemeinen Bildung und der Aufklärung und Förderung der Menschheit entgegenstrebt, ist irreführend – nicht weil er der Wirklichkeit nicht entspräche (Goethe betreibt keine Verklärung), sondern weil der Vortrag nichts über die Natur von Goethes eigenem Interesse an den Vorgängen oder über die möglichen Absichten hinter dem Ganzen sagt. Doch nur in der Vorstellung Goethes – und vielleicht Carl Augusts – ergeben diese disparaten und unterschiedlich finanzierten Aktivitäten eine Einheit. Goethes Zwecke waren persönlicher, als er sogar vor sich selber zugab, und konnten leicht falsch beurteilt werden. Als Friedrich August Tischbein (1750–1812), einer der begabtesten aus der weitverzweigten Malerdynastie der Tischbeins und Vetter ersten Grades von Goethes Begleiter in Italien, in jenen Tagen mit der unverkennbaren Absicht nach Weimar kam, sich die Gunst des Hofes zu erringen, war er entrüstet über Goethes Kälte und Distanziertheit. Goethe wollte weder von ihm porträtiert werden noch sein Atelier besuchen, um seine Werke zu besichtigen (er kam dagegen gut mit Tischbeins kleiner Tochter aus und fütterte sie mit Süßigkeiten, als er im Theater neben ihr saß). Tischbein konnte Goethes Mangel an Hilfsbereitschaft nur dem Wunsch zuschreiben, Johann Heinrich Meyer zu protegieren, dessen darstellendes Talent dem seinen bedeutend nachstand. Zweifellos hatte er recht, und doch handelte es sich nicht einfach um ein Beispiel für Goethes rätselhaften Hang zum Mittelmaß. Tischbein war nicht der letzte, der Goethe mit einem Medicifürsten verwechselte, der aus Weimar einen von glänzenden Namen wimmelnden Musenhof machen wollte. Aber es ging Goethe gar nicht darum, zur Verherrlichung Carl Augusts oder auch zum Nutzen Deutschlands Spitzenkräfte zu sammeln. Er versuchte vielmehr, aus Weimar einen Ort zu machen, wo *er* leben konnte, und die Ressourcen Weimars zur Erweiterung der Kräfte seines eigenen Denkens, Fühlens und Handelns zu nutzen. Das war vielleicht Eigennutz, aber von einer höheren Art; denn was für ihn gut war – davon war er nicht ohne Grund überzeugt –, war auch für Deutschland und sogar die Welt gut. Es kam nicht darauf an, daß Meyer kein großer Maler war, solange er als

Kopist und Lehrer so Tüchtiges leistete, daß er eine Stelle an der Zeichenakademie verdiente; worauf es ankam, war, daß er gebildet, gelehrt, ein Kunsthistoriker, ein Gefährte aus Goethes römischen Tagen und von unerschütterlicher Treue war – eigentlich ein kunstbeflissener Privatsekretär. Es gab in Goethes unmittelbarer Umgebung nur begrenzten Raum für Zentren selbständiger Wirksamkeit. Was er wollte, oder zu wollen glaubte, waren Brüder – freilich mußten es jüngere Adoptivbrüder sein, die bereit waren, Belehrung zu empfangen, während Goethe selbst der einziggezeugte Sohn blieb (der bestenfalls eine geisterhafte Schwester liebte). Jena war gerade weit genug und anders genug, um Schauplatz einer alternativen Fiktion zu sein, wenn Goethe Urlaub von einem Hof machte, an dem er sich überhaupt erst das Recht zum Aufenthalt im Fürstentum erwarb. So konnte Jena in den letzten Jahren des 18. Jahrhunderts das Forum für eine ungewöhnliche Wechselwirkung zwischen kraftvollen Persönlichkeiten und revolutionären Ideen bieten, obgleich die Stadt und Sachsen-Weimar selbst einfach zu klein waren, um einen so explosiven Prozeß lange bergen zu können. Weimar hingegen hatte nach 1776 keine permanenten Neuankömmlinge vom Format eines Wieland oder Herder mehr. Um so beachtlicher war die diplomatische Leistung Schillers bei der Abgrenzung der unterschiedlichen, aber benachbarten Gebiete, die er und Goethe zusammen kultivieren konnten. Der Fall F. A. Tischbeins war natürlich vergleichsweise trivial, aber wie viele andere Menschen – und zum Teil sogar Goethe selbst – konnte er nicht einsehen, daß die Bedeutsamkeit von Unternehmungen, die scheinbar gemeinschaftliche waren, auch für die Beteiligten selbst zu einem großen Teil von Goethes eigenem Bewußtsein des gemeinsamen Zweckes abhing. Als Goethe Anfang 1796 mehr Zeit in Jena verbrachte – «wo er nach seiner Versicherung allein noch einige Laune zum Schriftstellern hat» –, versäumte er auch häufiger die Freitagsgesellschaften. Christiane entzündete wie sonst das Feuer im Ofen und die Lampen im Salon, und Voigt vertrat den abwesenden Hausherrn, aber bereits nach *einem* Treffen, bei dem die meisten regelmäßig erscheinenden Mitglieder anwesend waren, ging der Besuch rapide zurück, und als Voigt selbst nicht mehr kommen konnte, tauchten nur mehr sein Sohn und ein oder zwei Freunde auf und saßen den ganzen Abend schwatzend zwischen leeren Stühlen.

Im Sommer davor jedoch, als Wolf zu Besuch kam und Goethe freudig dem ersten Jahrestag der Begegnung mit Schiller entgegensah, schienen die Vorzeichen günstig, vorausgesetzt, das Reich würde mit dem Beitritt zum Basler Sonderfrieden auf Vernunft und gegen den Krieg setzen. Die neue Zeitschrift war auf den Weg gebracht, sie hatte Material von höchster Qualität veröffentlicht, die Namen Goethe und Schiller waren fest miteinander verbunden, und beide Autoren waren in eine neue, produktive Phase eingetreten, in der Schiller sich der Lyrik, Goethe mit neuer Lust dem Publikum zuwandte. An Sizilien und die ereignisreiche Rückfahrt nach Neapel denkend, fing Goethe die Stimmung jenes Augenblicks in einem kleinen

Diptychon aus zwei liedartigen Gebilden ein, wie er sie seit Jahren nicht geschrieben hatte. Sie lesen sich leicht, wie die formalisierte oder die Opernfassung von etwas, das er Mitte der siebziger Jahre aufs Papier geworfen haben mochte. Aber in «Meeresstille», das die frühere bedrückende Stagnation beschwört, gerinnt sogar die Syntax zu schrecklichem Stillstand:

> Keine Luft von keiner Seite!
> Todesstille fürchterlich!

Dann kommt in «Glückliche Fahrt» der Wind auf, das «ängstliche Band» wird gelöst, für die Besatzung wird es Zeit, die Hände zu rühren:

> Schon seh' ich das Land!

Auf dem stattlichsten Kauffahrer, den Goethe je vom Stapel gelassen hatte, erschienen die Segel sicher stolz gebläht. Nachdem zwei der vier Bände von *Wilhelm Meisters Lehrjahre* bereits erschienen waren, hätte ein Leser Mitte 1795 glauben können, daß die glückliche Fahrt so gut wie zu Ende war. Aber Goethe war mit dem ersten und zweiten Buch nur darum so rasch vorangekommen, weil es alles in allem einfach um ein Überarbeiten und Komprimieren der früheren Fassung gegangen war. Als er Schiller im Februar 1795 in einem Gespräch den Plan zum fünften und sechsten Buch skizzierte, sah er nichts vor sich als weißes Papier. Das Material aus der *Theatralischen Sendung* war um die Mitte des fünften Buches erschöpft. Das Projekt kam ins Stocken, eine Flaute drohte. Zum Glück erhob der Wind sich wieder, wenngleich von einer unerwarteten Seite. Es zeigte sich schließlich doch eine potentielle Quelle für das sechste Buch, das nach Goethes schon gefaßtem Entschluß einen völligen Bruch in der Erzählung bringen und «religiösen» Charakter haben sollte. Zwanzig Jahre zuvor hatte Susanna von Klettenberg auf dem Totenbett bekenntnishafte Papiere hinterlassen: vielleicht ein Tagebuch oder Erinnerungen, vielleicht etliche Briefe. Entweder waren sie schon lange in Goethes Besitz, oder sie waren bei der Auflösung des Frankfurter Hausstandes zum Vorschein gekommen. Auch in anderer Hinsicht beschäftigte das Christentum sein Denken. Anfang Februar hatte Fürstin Gallitzin die Korrespondenz mit ihm wieder aufgenommen und ihm einen langen Brief darüber geschrieben, wie sie den Unterschied zwischen den beiderseitigen religiösen Positionen sah. «[V]on einem sonderbaren Instinkte befallen», begann Goethe in der zweiten Märzwoche, Fräulein von Klettenbergs Papiere zu redigieren oder umzuschreiben und daraus das sechste Buch der *Lehrjahre* mit dem Titel «Bekenntnisse einer schönen Seele» zu machen. Diese Arbeit, für die er ursprünglich nur drei Wochen veranschlagt hatte, war Mitte Mai abgeschlossen, doch Goethe gab das Manuskript erst dann an Schiller weiter, als er durch die Fertigstellung der zweiten Hälfte des fünften Buches Ende Juli den Anschluß hergestellt hatte und wieder Land in Sicht war. In seinen Briefen gab sich Schiller keineswegs beunruhigt über die außerordentliche Wende, die Goethe seinem

Roman gegeben hatte; allerdings mochte er, wie er Goethe dezent andeutete, «nicht dafür stehen, daß nicht manchen Lesern vorkommen wird, als wenn die Geschichte stillestünde». Außerstande, religiöse Innenschau in irgendeiner Weise im Einklang mit Goethes Natur zu sehen – ein Maßstab dafür, wie weit er noch davon entfernt war, jenen Proteus zu begreifen, der einst zu den Darmstädter «Heiligen» gehört hatte –, behandelte Schiller diese exzentrisch gewählte Episode einfach als Beweis für die alles umfassende Kraft des objektiven und leidenschaftslosen «Genies» seines Freundes. Doch hatte er *einen* Vorbehalt. Seine eigene Auffassung ging dahin, daß das Christentum, welches die Ablösung des (judaischen oder Kantischen) Gesetzes durch die Liebe predigte, «die einzige *ästhetische* Religion» sei – eine These, die entweder sich als das Eingeständnis deuten ließe, daß seine ästhetische Theorie ein weltliches Derivat des Christentums war, oder als der Anspruch, sie sei die einzige Arche der menschlichen Erlösung. So oder so schienen die einsamen Reflexionen einer pietistischen Dissidentin nicht einer Religion gerecht zu werden, die so eng mit dem Evangelium der Kunst verknüpft war, welches Schiller in den ersten Heften der *Horen* gepredigt hatte. Goethe ging, wie es jetzt seine Art wurde, auf Schillers Interpretationen seiner selbst und dessen, was er geschrieben hatte, ein. Wie er behauptete, teilte er ganz und gar Schillers Einschätzung über den frommen «Kram» des Fräuleins von Klettenberg (deren Anteil an den «Bekenntnissen» er andeutete, aber nicht offenbarte) und über die wahre Natur des Christentums. Doch sollte «die christliche Religion in ihrem reinsten [andere Lesart: weitsten] Sinne» einem späteren Buch vorbehalten bleiben. «Freilich», räumte er ein, «bin ich sehr leise aufgetreten und habe vielleicht dadurch, daß ich ... meine Absichten völlig verbergen wollte, den Effekt aufs große Publikum etwas geschwächt.» Im fünften Buch hatte er absichtlich viele Fäden quälend unverknüpft gelassen – er nannte das «die wunderlichen und spaßhaften Geheimnisse» –, und man fragt sich, ob das sechste Buch nicht das quälendste und geheimnisvollste von allen sein sollte.

Die Veröffentlichung des Romans im November zeitigte die von Schiller prophezeiten Reaktionen. «Jedermann findet das Sechste Buch an sich selbst sehr interessant, wahr und schön, aber man fühlt sich dadurch im Fortschritt aufgehalten», während die Einstellung zu der «schönen Seele» selbst offenkundig mehr von der religiösen Überzeugung des Lesers als von den sorgsam verhohlenen Absichten Goethes bestimmt wurde, wie auch immer diese ausgesehen haben mögen. Goethes Mutter war außer sich vor Freude über dieses «Denckmahl», das ihr Sohn durch «Erhaltung und Verbreitung dieser unverwelcklichen Blätter» dem Fräulein von Klettenberg errichtet habe. Sogar Frau von Stein fand das Buch zunächst «sehr unterhaltend», kam jedoch nach einigen Tagen durch Klatschgeschichten, die wahrscheinlich von Wieland herrührten, zu dem Schluß, daß Goethe lediglich die Erinnerungen einer dritten Person «zugestutzt» und «Stellen eingesetzt» habe, «weil diese Bogen auch bezahlt werden»: «Es fehlte eben Göthe an Msct. [= Manuskript].» Eine andere «geistreiche geliebte Freundin», wahrscheinlich Charlotte von Kalb, setzte Goethe mit Fragen nach dem Original der «Bekenntnisse» zu (vielleicht hoffte sie auf ein wenig Unsterblichkeit für sich selbst?). Lavater sah in dem sechsten Buch den Beweis, daß Goethe vielleicht doch endlich dabei war, Christ zu werden, wie Fräulein von Klettenberg es einst prophezeit hatte, und Stolberg ließ es sich zum Andachtsbuch binden, während er wie Schlosser die anderen Teile des Romans ins Feuer warf. Auf der anderen Seite fand Wilhelm von Humboldt die «schöne Seele» eine «höchst fatale Gestalt», deren Gedanken «unerträgliche longueurs» enthielten; Respekt zollte er aber «der großen Kunst ..., mit der Goethe den Charakter souteniert hat». Aber worin konnte ihre Rolle in der Geschichte bestehen? Wie beabsichtigte Goethe, alle die unbeantworteten Fragen zu lösen, mit denen er seine Leser zurückzulassen schien? Manche glaubten, daß dazu weitere zwei Bände notwendig seien, zumal das Gerücht kursierte, daß Unger ein fürstliches Honorar für den Bogen zahle; Humboldt hingegen befürchtete, Goethe könne versucht sein, den selbstgeschürzten Knoten zu zerhauen, anstatt ihn aufzulösen. Die Frage, was Goethe tun würde, war, wenn überhaupt, noch interessanter als die Frage, was seinen Romanfiguren widerfahren würde. Alle hätten, so sagte Goethe später, «*se defendendo* gegen die geheime Gewalt des Werkes sich in Positur» gesetzt: *Wilhelm Meisters Lehrjahre* sind ein zutiefst verunsicherndes Buch von schlangengleicher Faszinationskraft, und Goethes Leser zogen es begreiflicherweise vor, lieber in jede andere Richtung zu sehen als auf den Text, der vor ihnen lag.

Die «sonderbare» Stimmung, die Goethe im März befallen hatte, verließ ihn auch den ganzen April nicht, den er, am sechsten Buch arbeitend, in Jena verbrachte. Der *Werther* kam ihm wieder in den Sinn – ebenfalls eine Erzählung in der ersten Person –, und Gernings Gegenwart in Jena rührte ihn fast zu Tränen, vielleicht durch die Erinnerung an die Frankfurter Lieben, die mit jenem Buch verbunden waren: Maximiliane Brentano und Lili Schönemann. Und jenes Glück, das ihm die Papiere des Fräuleins von Klettenberg zugespielt hatte, muß für ihn auch das eigentliche Thema von Romanen überhaupt ausgezeichnet haben, das er im Gespräch mit Schiller jetzt als den schöpferischen Umgang des Menschen mit dem Zufall bestimmte. (Dagegen werde das Drama vom Schicksal regiert.) Seiner selbst hoch bewußt und wieder einmal empfänglich für religiöse Gefühle, wurde er zum ersten Mal in seinem Leben durch die Wirkung der Musik zur Lyrik angeregt. Der Kantianer Hufeland, Professor der Rechte und zusammen mit Schütz Herausgeber der *ALZ*, war ein kultivierter und gelehrter Mann, kühl, aber gastfreundlich, bei dessen musikalischen Abendgesellschaften Goethe regelmäßig zugegen war. Seine Frau besaß eine gute Stimme und sang oft, begleitet von einem ihrer enttäuschten Verehrer, dem englischen Medizinstudenten J. F. Latrobe (1769–1845), der bei dem Berliner David Veit logierte. Latrobe, ein großer, linkischer, bebrillter Mensch, der trotz acht Jahren Unterricht in Schlesien Deutsch nur mit starkem englischen Akzent sprach, stammte aus einer begabten und musikalischen Londoner Familie von mährischen Kirchenmännern (sein Bruder wurde einer der ersten klassizistischen Architekten Amerikas und war am Bau des Kapitols in Washington beteiligt; sein Neffe war der erste stellvertretende Gouverneur des australischen Gliedstaates Victoria; er selbst ließ sich schließlich in Estland nieder, heiratete eine Gräfin und veröffentlichte seine Vertonungen von Gedichten Goethes). Er war gesprächig, voller Tatkraft und mannigfaltig interessiert – «ein Mensch voll Genie», wie man seinerzeit sagte –, er war mit Novalis befreundet, und Goethe war «eine Art vernarrt in ihn». In Berlin hatte Latrobe die Bekanntschaft des musikalischen Freimaurers Carl Friedrich Zelter gemacht, dessen jüngste Kompositionen er bei den Hufelands vortrug. Zelters Vertonung des empfindsamen Gedichts «Ich denke dein» von der deutsch-dänischen Dichterin Friederike Brun (1765–1835) fesselte Goethe wegen der ungewöhnlichen Strophenform mit abwechselnd langen und kurzen Zeilen, und er griff Form und Motiv auf und schrieb zu Zelters Musik ein eigenes Gedicht. «Nähe des Geliebten» ist das Lied einer schönen Seele – nicht gerade Goethes, denn in diesem ursprünglichen Titel wird ausdrücklich auf einen Mann angespielt, wobei unbestimmt bleibt, ob der Geliebte menschlicher oder göttlicher Art ist –; in dem Lied wird die Ferne durch die Kraft des Gedankens zu Gegenwart, und unterdrücktes Sehnen wird zum Instrument des Jubels in einer von symbolischer Bedeutung erfüllten Landschaft. Goethe distanzierte sich von diesen Gefühlen oder verstärkte ihre religiösen Implikationen durch den von ihm gewählten Titel des Gedichts (der allerdings dank eines krassen Mißverständnisses schon bald als «Nähe *der* Geliebten» zitiert wurde). Auch hierin ist das Gedicht ein vollkommenes Beispiel für Goethes späteren Stil, dessen indirekte Ausdrucksweise ein Wiedererlangen der Energien der Jugend erlaubt, indem diese gleichsam nur durch die Ferne oder die Reflexion geschwächt erscheinen.

> Ich denke dein, wenn mir der Sonne Schimmer
> Vom Meere strahlt;
> Ich denke dein, wenn sich des Mondes Flimmer
> In Quellen malt ...
> Ich bin bei dir, du seist auch noch so ferne,
> Du bist mir nah!
> Die Sonne sinkt, bald leuchten mir die Sterne.
> O wärst du da!

«Haben Sie bemerkt, daß Homer, sooft er von Wasser redet, immer groß ist, wie Goethe, wenn er von den Sternen redet?» Goethe fügte das neue Lied in eine Weimarer Produktion der *Claudine von Villa Bella* von Ende Mai ein, zu der Latrobe und der ganze Hufelandsche Haushalt eingeladen waren. Zelter, der durch Latrobe von seinem Erfolg erfuhr, fand den Mut, Goethe durch Unger 1796 weitere Kompositionen zu schicken, unter denen sich auch Vertonungen von Gedichten aus dem *Wilhelm Meister* befanden.

Goethe sah sich damals gerade nach einem musikalischen Mitarbeiter um, der die Nachfolge Reichardts antreten konnte; Göschen hatte schon früher Haydn ins Gespräch gebracht, aber wieder einmal bewies die Mittelmäßigkeit ihre heimlichen Vorzüge, und die nun allmählich beginnende Freundschaft mit Zelter gedieh zu einer der unverbrüchlichsten und längsten in Goethes Leben – auch sie also eine Frucht jenes warmen Frühlings in Jena.

«In einigen wenigen auserlesenen Zirkeln»: das erste Jahr der «Horen»

Wenn die Herausgeber der *Horen* in Jena konferierten, verfolgten sie zumindest in ihrem ersten Jahr ein kohärentes Programm, und so muß das, was sie 1795 leisteten, als ein Ganzes betrachtet werden. Als erstes wurden auf den Seiten der Zeitschrift große Ansprüche in bezug auf die Rolle der Kunst im gegenwärtigen Zeitalter formuliert; dort mußte auch der Versuch unternommen werden, sie zu erhärten. Abgesehen von einem kurzen Aufsatz Fichtes, der dessen einziger Beitrag bleiben sollte, stammte das Ende Januar erscheinende erste Heft der *Horen* allein aus der Feder Schillers und Goethes. In den drei Jahren ihres Bestehens wurde denn auch die Monatsschrift von der Öffentlichkeit klar als Organ dieser beiden wahrgenommen. Aber während ihre Namen für das Interesse des Publikums bürgen konnten, so doch nicht für den Erfolg – besonders, nachdem schon in der Ankündigung deutlich wurde, daß Schiller und Goethe allen Ernstes beabsichtigten, den drängendsten Tagesfragen den Rücken zu kehren. Schillers Ankündigung zur Politik der Herausgeber bewies bereits den Einfluß Goethes, insofern sie jedes Räsonieren über die Revolution noch expliziter ablehnte, als es ein halbes Jahr zuvor in dem Rundbrief an potentielle Autoren geschehen war. Die erste von Goethes hexametrischen *Episteln* freilich, bewußt-befangen dem Geschäft des Schreibens über das Schreiben gewidmet, mahnte den Schriftsteller, er müsse das Publikum, weil es nur höre, was es hören wolle, durch Befriedigung, nicht durch Enttäuschung seiner Erwartungen für sich einnehmen und «bilden». (Sowohl das Thema als auch seine Behandlung erinnern an *Die Vögel*.) So ist es vielleicht kein Widerspruch, daß die beiden Hauptstücke der ersten Nummer schließlich doch der Revolution galten: die ersten neun *Ästhetischen Briefe* und Goethes Einleitung zu der von ihm angeregten Geschichtssammlung in der Tradition von Renaissancenovellen, den *Unterhaltungen Deutscher Ausgewanderten*.

Der Schauplatz von Goethes Erzählung hätte zeitgenössischer nicht sein können: Haushalt, Freunde und Verwandte einer deutschen Baronin, die alle eine gewisse Ähnlichkeit mit den entsprechenden Charakteren in *Breme von Bremesfeld* haben, werden durch den Vormarsch Custines im Herbst 1792 von ihren linksrheinischen Gütern vertrieben. Durch die Belagerung von Mainz im Frühjahr 1793 können sie auf eines ihrer rechtsrheinischen Besitztümer zurückkehren, von wo ihr Blick auf den Fluß und auf ihre noch von den Franzosen besetzten eigentlichen Domänen fällt. Durch politische Meinungsverschiedenheiten kommt es zu einem bösen Streit in der Gruppe, und man vereinbart, daß Politik künftig nur noch privat, aber nicht von der ganzen Gesellschaft diskutiert werden soll; statt dessen will man sich – Geschichten erzählen, und mit diesem Kunstgriff hat Goethe die Struktur des *Decameron* und der *Canterbury Tales* in einem modernen Rahmen nacherschaffen. Die Literatur, so scheint es, soll ein zeitloses Refugium vor dem Spuk der Tagespolitik sein. Die erste Episode, im November 1794 rasch niedergeschrieben, schließt mit der Warnung, daß die künftigen Geschichten alt sind und nicht begierig erwartet werden sollten; «denn gespannte Erwartung wird selten befriedigt.» Die Beiträge Goethes zum Flaggschiff der *Horen* muten entschieden sonderbar an; es ist, als ob er bei aller Entschlossenheit zur Mitwirkung an dem Projekt doch nicht recht daran glaubt. Schiller gestand privat seine tiefe Enttäuschung über den Anfang der *Unterhaltungen*: «Leider trifft dieses Unglück schon das erste Stück.» Auch wurden die Dinge in den späteren Heften nicht besser, da Goethe Monat für Monat seiner Ankündigung treu blieb und «trocken», mit einem «Mangel an Leichtigkeit» Geschichten nacherzählte, die aus dem Weimarer Hofklatsch oder aus berühmten gedruckten Novellensammlungen bekannt waren (eine Erleichterung «nach der Last» des *Wilhelm Meister*, wie er Schiller erklärte). «Dem Goethe scheint's gar nicht mehr ernst ums Schreiben zu sein», bemerkte Frau von Stein, unverblümt wie immer, zu Schillers Frau; und: «was soll daraus werden, wenn es noch immer decrescendo geht?» fragte Körner im Mai 1795 Schiller; im Juli konnte Wilhelm von Humboldt, der in das Haus seiner Familie zurückkehren mußte, um seine kranke Mutter zu pflegen, die Antwort aus Berlin berichten: «Die ‹Unterhaltungen› mißfallen durchaus und total.»

Mit seinem Plan, ein Dutzend «Episteln» zu schreiben, erlitt Goethe noch schneller Schiffbruch; er kam nur bis zur zweiten – über die Gefahren, seinen Töchtern das Lesen zu erlauben, anstatt sie den Haushalt führen zu lassen –, während die dritte – über die Notwendigkeit, seinen Söhnen eine gute Grundlage in Latein und Griechisch zu vermitteln (ein besserer Schutz vor moderner gedruckter Dummheit als die Zensur) – Fragment blieb. Er fuhr offenkundig fort, den Vorurteilen des Publikums zu schmeicheln, während er gleichzeitig das von ihm benutzte Medium ironisierte. Vielleicht wollte er aber auch – gestützt auf das Argument von der gesunden Sinnlichkeit der antiken Welt – die Verteidigung der sechsten, bei weitem umstrittensten Nummer der *Horen* vorbereiten. Mit priapischem Humor nannte er das Juniheft «den Kentaur»; denn es habe einen philosophischen Kopf – die letzte Folge der *Ästhetischen Briefe* –, während seine Lenden mit den *Römischen Elegien* gegürtet seien. Die *Elegien* waren zwar um die zwei Gedichte gekürzt worden, welche zu explizit auf das knarrende Bett und die syphilitische Schlange anspielten – ein Verlust, den Schiller bedauerte, weil er sich fragte, ob er wirklich notwendig war. Aber auch gekürzt waren die *Elegien* ein Knüller, wie ihn eine Zeitschrift nur ein einziges Mal erwarten kann, und das Zeter- und Mordiogeschrei muß sehr befriedigend gewesen sein. «[A]lle ehrbaren Frauen sind empört», schrieb Böttiger, der vielleicht auch wußte, daß in Weimar alte Wunden aufgerissen wurden; denn er spekulierte auch darüber, daß der Ursprung dieser Gedichte «im ersten Rausche [Goethes] mit der Dame Vulpius» zu suchen sei. Frau von Stein bemerkte:

> Die bewußten Elegien habe ich schon mehrmals loben hören, aber mir sie zu lesen zu geben, hat mich der ehemalige Freund vermutlich nicht würdig gefunden. Er wollte sie vor einigen Jahren drucken lassen; der Herzog widerriet's ihm aber. Wie unsern gnädigsten Herrn just einen Moment diese pedantische Sittlichkeit überfallen hat, begreife ich nicht.

Carl August hatte offenkundig das Spektakel kommen sehen und war nicht erfreut, daß man seinen Rat in den Wind geschlagen hatte. Wahrscheinlich auf Bitten seiner seit langem leidenden Gemahlin – der Quelle dieser beträchtlichen Empörung bei Hofe –, der er den Briefwechsel zeigte, schrieb der Herzog Schiller, daß er die Veröffentlichung bedaure. Der Herzogin Luise bot Herder die halbherzige Entschuldigung an, Goethe sei eben «in Italien sehr sinnlich geworden» (ihn selbst habe es dort «angeekelt»); auch machte er – zweifellos in anderer Gesellschaft – den Vorschlag, die Horen «müßten nun mit einem u geschrieben werden». Sogar Jacobi schauderte, so als sei die moralische Überlegenheit seines eigenen, fortschrittlichen religiösen Standpunkts kompromittiert worden, und nahm in seiner Verlegenheit Zuflucht zum Argument der Unklugheit – wie alle falschen Freunde –:

> Das mußte ja ein gewaltiges Geschrei, vornehmlich der Damen, wider Ihre Monatsschrift erregen ... Sie [= ähnliche Vergehungen] nicht zu vermeiden deucht mir wenigstens *unpolitisch*.

Dalberg jedoch, unbehindert durch ein liberal-protestantisches Gewissen, fand die *Elegien* ausgezeichnet, ja «fürtrefflicher» als Ovid, Properz und Catull, und Schiller, dem Schützenhilfe von namhafter Seite zuteil wurde, konnte sich der Kritik erwehren. Immerhin bewunderte auch Heyne die *Elegien*, Deutschlands größter Altphilologe und noch nicht von Wolf entthront, und Schiller war ein gewiefter Taktiker. Der junge, aber schon beängstigend gelehrte August Wilhelm Schlegel (1767–1845), Sproß einer an Literaten und Geistlichen überreichen norddeutschen Familie, der von Braunschweig aus eine Reihe von Aufsätzen über Dantes *Inferno* zu den *Horen* beisteuerte, unternahm es nach langen Verhandlungen mit Schütz, die literarischen Partien der Zeitschrift für die *ALZ* zu resenzieren; er und sein jüngerer Bruder Friedrich (1772–1829) schwärmten von den «göttlichen» *Elegien*. Ermutigende Berichte kamen auch von Wilhelm von Humboldt: «Hier findet ... niemand an den ‹Elegien› Anstoß.» Alles konnte Berlin tolerieren, nur keine Langeweile.

Aber was hatte die neue Zeitschrift vor? Schiller schien es zu wissen; aber wußte es auch Goethe? Die *Ästhetischen Briefe* waren die deutliche Erklärung einer Absicht, zu der die *Elegien* bei aller Skandalträchtigkeit nicht übel paßten; aber die anderen Produktionen Goethes schufen doch Verwirrung. Zur selben Zeit wie die *Horen* mit ihren bleiernen *Unterhaltungen Deutscher Ausgewanderten* erschien in dreimonatigen Abständen *Wilhelm Meister* und fand ebenfalls eine gemischte Aufnahme. Es war, gelinde gesagt, eine Kühnheit, wenn ein Berliner Geistlicher mit poetischen Ambitionen im März 1795 anonym einen kritischen Aufsatz über die *Horen* veröffentlichte und den Mangel an «klassischen» Prosawerken in Deutschland beklagte. Immerhin gab diese Unbedachtheit des Pastors D. Jenisch (1762–1804) Goethe Gelegenheit zu seinem ausführlichsten und klarsten literarischen Manifest, dem Aufsatz «Literarischer Sansculottismus», der im Mai in den *Horen* erschien. Der Aufsatz wurde von der jüngeren Schriftstellergeneration lebhaft begrüßt und bewog Jenisch zu einer Entschuldigung; er wird aber heute selten im klar zutage liegenden Textsinn gelesen oder verstanden – hauptsächlich darum nicht, weil Goethe bestreitet, daß Deutschland eine «klassische» Literatur, zumal eine solche in Prosa, hat oder haben kann. Der «Sansculottismus» im Titel darf nicht als generell pejorative Anspielung auf schreibende Unruhestifter verstanden werden, so als ob Goethe sich mit irgendeiner geistigen Gegenrevolution identifizierte. Im Gegenteil, die Sansculotten waren im Sommer 1795 – über ein Jahr nach der Exekution der Hébertisten und fast ein Jahr nach dem Sturz Robespierres – die erschöpfte Kraft des Extremismus. Goethe gebraucht ihren Namen, um das Bessere zu kennzeichnen, welches der Feind des Guten, die übertriebene Forderung nach Vollkommenheit ist, demoralisierend für alle, die nach einer allmählichen, begrenzten Reform streben. Deutschland, meint Goethe, kann ebensowenig eine klassische Literatur nach französischem Muster haben, wie es das haben kann, was jene Literatur möglich gemacht hat: die zentralisierte absolute Monarchie Ludwigs XIV. (geschweige denn dessen modernisierte jakobinische Version). «Man sehe unsere Lage wie sie war und ist», in der Literatur wie in der Politik: «Wir wollen die Umwälzungen nicht wünschen, die in Deutschland klassische Werke vorbereiten könnten.» Goethes Antwort auf die Frage «Wann und wo entsteht ein klassischer Nationalautor?» (bei der er dank A. W. Schlegel ebenso an Dante gedacht haben mag wie an einen beliebigen Franzosen) kann man zwar als Philippika gegen die Umstände lesen, die es ihm, in mittleren Jahren und von Rechts wegen auf dem Höhepunkt seiner Kräfte, unmöglich machten, jene Rolle auszufüllen:

Wenn er in der Geschichte seiner Nation große Begebenheiten und ihre Folgen in einer glücklichen und bedeutenden Einheit vorfindet; wenn er in den Gesinnungen seiner Landsleute Größe, in ihren Empfindungen Tiefe und in ihren Handlungen Stärke und Konsequenz nicht vermißt; wenn er selbst, vom Nationalgeiste durchdrungen, durch ein einwohnendes Genie sich fähig fühlt, mit dem Vergangnen wie mit dem Gegenwärtigen zu sympathisieren; wenn er seine Nation auf einem hohen Grade der Kultur findet, so daß ihm seine eigene Bildung leicht wird; wenn ... so viel äußere und innere Umstände zusammentreffen, daß er kein schweres Lehrgeld zu zahlen braucht, daß er in den besten Jahren seines Lebens ein großes Werk zu übersehen, zu ordnen und in *einem* Sinne auszuführen fähig ist.

Indessen: «Jeder, auch das größte Genie, leidet von seinem Jahrhundert in einigen Stücken, wie er von andern Vorteil zieht.» Es mag in Deutschland «ein Mittelpunkt» fehlen, «wo sich Schriftsteller zusammen fänden und nach *einer* Art, in *einem* Sinne ... sich ausbilden könnten», seine Autoren mögen verstreut und in Ermangelung einer Tradition oder aus reiner Unkenntnis zum Selbststudium und Ausprobieren getrieben werden, das Publikum, obgleich sehr groß, mag keinen Geschmack und kein Unterscheidungsvermögen besitzen, die Sorge um ihr Auskommen und ihre Familie mag die kultiviertesten Geister niederdrücken, wenn sie «endlich in dem männlichen Alter» sind, und sie in ungeliebten Brotberufen jene Kräfte verzetteln lassen, die sie dem Besten, das ihnen möglich ist, zukommen lassen sollten – und das alles mag kaum von der nicht ganz so beredten Jeremiade des Pastors Jenisch zu unterscheiden sein. Aber auch Deutschland hat seine Leistungen, die nicht herabgesetzt werden dürfen: Seit einem halben Jahrhundert haben nun gebildete Köpfe im ganzen Reich ihre Isolierung zu überwinden getrachtet, ihre Kräfte vereinigt und ihre Fähigkeiten in der gemeinsamen Sache der Literatur ausgebildet. Das Ergebnis mag zwar keine klassische Nationalkultur sein, aber es ist «eine Art von unsichtbarer Schule», eine informelle Akademie, die den jüngeren Autoren einen günstigeren Ausgangspunkt verschafft, als ihn ihre Vorgänger hatten. Von den vielen Büchern und Journalen, die jetzt erscheinen, mag zwar keines vortrefflich sein, aber alle sind gut. Die deutsche Gelehrsamkeit nimmt zu, und die Kantische Philosophie hat die Selbsterkenntnis erweitert und vertieft. Mit größerem praktischen Verständnis für die Gesellschaft, als es in den *Ästhetischen Briefen* mit ihrem Vertrauen auf die Fürstenhöfe zu finden ist, erkennt Goethe, daß die Zukunft der deutschen Kultur im Zusammenwirken zwischen den Universitäten und der Welt des Buchdrucks liegen wird. Ohne Zweifel hat eine Akademie, welche wie die reine Kirche oder die reine Republik unsichtbar bleiben muß und nicht in politischen Einrichtungen der Nation Gestalt gewinnen kann, keine Ähnlichkeit mit irgendeinem griechischen, italienischen oder französischen Vorbild; aber der Thersites, der dies alles pauschal verwerfen wollte, verdiente Züchtigung: «Ich habe den ganzen Gang so mit zugesehn», erläuterte Goethe dem jungen David Veit:

... und wenn ich auch nicht gewirkt habe, so glaube ich doch, daß ich nicht ohne Wirkung gewesen bin; und nun kommt Einer und sagt: ‹es ist nichts, und wir haben nichts.› ... Ich sehe ja, daß man weiter kommt, und man will mich überreden, daß man zurückgehe?

Goethe verteidigte, was er und seine Freunde – zweifellos gegen alle Wahrscheinlichkeit – in den letzten dreißig Jahren erreicht hatten, und dessen Bedeutung für eine neue Phase der deutschen Literatur. Bemerkenswert ist der Aufsatz «Literarischer Sansculottismus» nicht nur, weil er die Kategorie des «Klassischen» für die deutsche Literatur der neunziger Jahre und sogar für Goethes eigene Schriften eindeutig zurückweist, sondern auch, weil es der erste historische Rückblick Goethes auf seinen literarischen Werdegang ist. Nachdem er sich im Januar 1795 als Mitherausgeber der *Horen* und Verfasser des *Wilhelm Meister* auf spektakuläre Weise wieder ins Publikationsgetümmel gestürzt hatte, muß er sehr bald erkannt haben, daß wenigstens in einer Hinsicht die berauschenden siebziger Jahre nicht zurückgeholt werden konnten: Eine andere Generation war jetzt jung. Was immer er und seine Altersgenossen gemeinsam beginnen mochten, sie waren jetzt die Eltern und konnten nicht das schlichte Vertrauen von Kindern haben, die alleinigen rechtmäßigen Repräsentanten der Zukunft zu sein. Das Elternalter zu erreichen bedeutet, ins Reflektieren zu kommen; denn es heißt, die Welt mit denen zu teilen, von denen man durch die eigene Vergangenheit getrennt ist und die den Gedanken des Teilens nicht kennen: «Für uns ältere», schrieb Goethe an Jacobi, nachdem Max Weihnachten 1794 bei ihm verbracht hatte,

ist es immer schwer junge Leute kennen zu lernen, entweder sie verbergen sich vor uns oder wir beurtheilen sie aus unserm Standpunkt.

Auch wenn sie der Verlockung zum Galligen nicht ganz entging, war Goethes Attacke gegen den Artikel von Jenisch das Bekenntnis eines leidenschaftlichen Vorsatzes: auch unter den komplexen Bedingungen seines mittleren Alters und einer neuen Welt an der Hingabe an seine Zeit und seine Landsleute festzuhalten. Ohne sie, das wußte er seit der ersten Fassung des *Götz von Berlichingen*, konnte sein Genius nicht überleben.

Daß ich so immer den Gang mit weiter mache, und mich daran vergnüge, das muß ich ja thun; das, was mir entgegenwächst, entgegen kommt, was aufsproßt, – anderer Leute Kinder oder meine, hier einerlei, – das ist ja das Leben; was erinnert mich sonst, daß ich bin und wie ich bin?

Schiller teilte vielleicht den Eifer, nicht aber den Optimismus für das gegenwärtige Projekt. Cotta, der seinen Autoren dreißig Taler für den Bogen (zu 32 Seiten) zahlte, konnte sich einen Rückgang der zunächst befriedigenden Auflage von 1800 Stück kaum leisten, doch zirkulierten im Sommer 1795 Gerüchte, daß viele Abonnements in Gefahr seien. Goethe mochte widersprechen und sogar eine Steigerung der Auflage prophezeien, da andere Zeitschriften «mehr Ballast als Ware» böten, aber Schiller kannte das ganze Ausmaß der allgemeinen Enttäuschung über die *Unterhaltungen* und überhaupt den vorwiegend abstrakten Inhalt der ersten Hefte. Zum Nachteil für die Werbung bestand Goethe auch darauf, seine eigenen Beiträge anonym zu veröffentlichen, um seine offizielle Stellung nicht zu gefährden. (Nicht, daß irgend jemandem der Autor der *Elegien* zweifelhaft sein konnte, wie Schiller hervorhob; Goethe stimmte schließlich dem Kompromiß zu, daß im jährlichen Inhaltsverzeichnis die Namen aller Beiträger genannt wurden.) Da jedoch die *Unterhaltungen* sich ihrem Vergessen entgegenschleppten, beendete Goethe sie mit einem Knalleffekt. Der Anblick zweier Studenten, die eines Juliabends von einem alten Fährmann bei Jena über die Saale gesetzt wurden, erregte in Verbindung mit Reflexionen über die Form des Erzählens und mit dem Erfolg von Mozarts *Zauberflöte* seine Phantasie, und so schrieb er Schiller, «es würde vielleicht nicht übel sein, wenn sie [= die *Unterhaltungen*] durch ein Produkt der Einbildungskraft gleichsam ins Unendliche aus liefen.» Am 24. August übergab er ihm das fertige Manuskript einer surrealistischen, aber in sich schlüssigen Geschichte, welche als die letzte der von den deutschen Ausgewanderten erzählten gedacht war und einfach den Titel *Das Märchen* trug. Die «18 Figuren dieses Dramatis», darunter ein Riese, ein Mops, eine Lilie, zwei Irrlicher und eine grüne Schlange, seien «soviel Rätsel», und Schiller bekannte seinen «anfänglichen bösen Eindruck». Schließlich fand er das *Märchen* doch «bunt und lustig genug», indes Wieland einschlief, als Goethe es vorlas, und so erschien es im Oktoberheft der *Horen*. Es fand sogleich Beachtung, freilich oft unmutige – laut Wilhelm von Humboldt beklagte Berlin, «daß es nichts sage, keine Bedeutung habe, nicht witzig sei usw.» –, doch wie Schiller sogleich bemerkte und wie zwei Jahrhunderte Hermeneutik bestätigt haben: «Man kann sich nicht enthalten, in allem eine Bedeutung zu suchen.» *Das Märchen* zu deuten wurde schnell zu einem Gesellschaftsspiel. Vom Prinzen August von Gotha um seine eigene Deutung bedrängt, versprach Goethe, sie vorzulegen – aber erst, wenn er neunundneunzig andere zu Gesicht bekommen habe; er fing auch wirklich an, sie zu sammeln und in eine Art Tabelle einzutragen. Es werde «eine Verwirrung ohne Ende aus diesen Aufklärungen zu hoffen sein», schrieb er Schiller und dachte sogar daran, die *Unterhaltungen* wieder aufzunehmen, um sich über die Exegeten lustig machen zu können. Aber Schiller war noch zu sehr Journalist, um sich vorstellen zu können, wie der Verkauf der *Horen* dadurch zu fördern sei, daß man ihre Leser mit Rätseln beschäftigte oder Deutschland verspottete, das laut Goethe überall «von der Platitüde begleitet» wurde «wie der Engländer von seinem Teekessel». Als sich ein Rückgang der Abonnements für 1796 deutlicher abzeichnete, begann Schiller auf Möglichkeiten zu sinnen, die Kosten zu senken und vor allem für mehr Abwechslung in den Artikeln zu sorgen. Vielleicht, meinte Humboldt, bestünde die Lösung darin, weniger Goethe zu bringen.

In Schillers Augen wäre es am hilfreichsten gewesen, irgend etwas Neues aus dem *Faust* zu bringen, und wenn es nur zwei oder drei Seiten waren. Im Dezember 1794, am Beginn der Zusammenarbeit mit Goethe, war er sehr neugierig auf die unveröffentlichten Fragmente gewesen, aber Goethe hatte ihn abgewehrt, weil er derzeit nicht in der Laune war, diese Aufgabe in Angriff zu nehmen – immerhin hatte er hinzugesetzt: «Kann mich künftig etwas dazu vermögen, so ist es gewiß Ihre Teilnahme.» Sechs Monate später kam Schiller bei Unterhaltungen in Jena auf sein Ansinnen zurück und ermunterte Goethe soweit, daß er erwog, Ende des Jahres etwas in die *Horen* zu setzen, möglicherweise die Szene zwischen Mephisto und dem Fichteschen Idealisten, welche er um diese Zeit Frau von Kalb vorgelesen haben mag. Aber was *Faust* betraf, so schrieb er Schiller:

Mit diesem letzten geht mir's wie mit einem Pulver, das sich aus seiner Auflösung nun einmal niedergesetzt hat; so lange Sie dran rütteln, scheint es sich wieder zu vereinigen, sobald ich wieder für mich bin setzt es sich nach und nach zu Boden.

Die Szene aus dem *Faust* gelangte nicht auf Schillers Schreibtisch an, und Goethe bot statt dessen eine Übersetzung des «Versuchs über die Dichtungen» von Germaine de Staël (1766–1817) an, der erfolgreichsten Pariser Salondame im Nach-Thermidor und Tochter des Grafen Necker, welcher in einer anderen Zeit Finanzminister unter Ludwig XVI. gewesen war. Ein schwacher Ersatz und kaum der Stoff, der einen Unschlüssigen zur Erneuerung des Abonnements begeisterte – Schiller verschob die Publikation bis zum Februar 1796. Die Rettung kam dann nicht von Goethe, sondern von Herder, der eine Fülle von Gedichten und Epigrammen sowie Aufsätze über den in Mode gekommenen Homer und den noch immer populären Ossian beisteuerte; und dadurch, daß Schiller seinen bisherigen Herausgebergrundsätzen untreu wurde und eine Sterne-Nachahmung aus der Feder eines unbedeutenden Literaten aufnahm, sicherte er sich für die letzten Nummern des Jahrgangs 1795 den Beifall Berlins. 1796 ging dann die Anzahl der Abonnenten wirklich um fast die Hälfte, auf etwa 1000 zurück, doch ein hoffnungsvoller Cotta druckte eine Auflage von 1500.

«Es ist hohe Zeit, daß ich ... die philosophische Bude schließe», gab Schiller zu, als das erste Jahr der *Horen* zu Ende ging. Es war zu viel über die moralische und politische Funktion der Schönheit theoretisiert und zu wenig von der Sache selbst gegeben worden. Außerdem gelüstete ihn bei seiner literarischen Arbeit wieder mehr «nach einem betastlichen Objekt», nachdem er im Juni endlich wieder begonnen hatte, Gedichte zu schreiben. Zunächst mußte er aber noch einen letzten großen philosophischen Aufsatz beenden, der «sehr popular geschrieben» sein wollte. Begonnen hatte er damit bereits rund einen Monat nach der Weimarer Unterredung mit Goethe, aber wesentliche Fortschritte machte er erst, nachdem die beiden Männer ein ganzes Jahr zusammengearbeitet hatten: Es sollte eine definitive Aussage – jedenfalls für Schiller – über das Verhältnis seines eigenen literarischen Genius zu demjenigen Goethes sein; die Natur seines Genius nämlich machte für ihn eine solche Aussage zur notwendigen Vorbedingung jeder Rückkehr zum poetischen Schaffen. Ursprünglich handelte es sich um drei getrennte Abhandlungen in den *Horen*, denen ein antithetisches Begriffspaar gemeinsam war; später veröffentlichte Schiller sie unter dem einen Titel, unter dem sie heute nur bekannt sind: *Über naive und sentimentalische Dichtung*. Die Abhandlung erwies sich als die zugänglichste seiner theoretischen Arbeiten, und ihr Einfluß war wahrscheinlich breiter, wiewohl weniger tief als der der *Ästhetischen Briefe*: Ohne Übertreibung kann man sagen, daß sie die europäische Romantik inaugurierte, mag auch die «offizielle» deutsche Literaturgeschichte für gewöhnlich alles getan haben, um diese Affinität zu verhehlen und statt dessen die angeblich klassischen Aspekte der Abhandlung hervorzuheben.

Von ihren Konnotationen im modernen Deutsch werden die zwei Adjektive in Schillers Titel nur schwach tingiert. Sie laufen auf eine streng begriffliche Einteilung der Literatur, der bildenden Künste und des Lebens in das seiner selbst nicht Bewußte oder Objektive und das seiner selbst Bewußte oder Subjektive hinaus: In den «naiven» Meisterwerken eines Homer oder Shakespeare sehen wir nur das «Objekt», die Welt, die der Dichter erschaffen hat, wobei der Schöpfer selbst dem Blick ebenso entzogen ist, wie Gott hinter Seiner Schöpfung verborgen ist; in den «sentimentalischen» Werken eines Ariost, Haller oder Klopstock gibt es einen direkten oder indirekten Bezug auf die «propria persona» des Dichters und seine gefühlsmäßige Einstellung zu dem, was er gerade beschreibt. Ja, der «sentimentalische» Dichter ist genötigt, bereits sein Material aus sich selbst zu schöpfen; denn während die «naive» Dichtung «Nachahmung des Wirklichen» ist, ist die «sentimentalische» Dichtung «Darstellung des Ideals» – das heißt, sie stellt eine Vollkommenheit dar, die, wie Kant sagen würde, nicht in der Erfahrung gegeben ist, sondern von der Vernunft gefordert wird. Obgleich die Unterscheidung zwischen diesen beiden Arten der Dichtung grundsätzlich zeitlos ist – Homer mag das überragende Beispiel des «Naiven» sein, doch sind bereits viele römische Autoren «sentimentalisch» –, deckt sie sich eng mit der Unterscheidung zwischen «antik» und «modern» und spezieller mit der zwischen «griechisch» und «deutsch». Die Dichter, erklärt Schiller, «werden entweder Natur *sein*, oder sie werden die verlorene *suchen*»: Nur an Kindern sehen wir Modernen noch jene ihrer selbst nicht bewußte, unverfälschte Nähe zur Natur, die im alten Griechenland Erbteil einer ganzen Kultur war. Kinder, wie jede Erscheinungsform der unverdorbenen Natur, «*sind*, was wir *waren*; sie sind, was wir wieder *werden sollen*.» Sentimentalische Menschen («uneinig» mit sich selbst) blicken daher auf alles «Naive» («einig mit sich selbst»), sei es eine Blume, ein Kind oder einen alten Griechen, mit einer Wehmut, die an Neid grenzt: «Unser Gefühl für die Natur gleicht der Empfindung des Kranken für die Gesundheit» – der Empfindung also, soviel wird klar, des kranken Schiller für den gesunden, wiewohl «entsetzlich dicken» Goethe.

Im Interesse des «populären» Stils lockert Schiller den Gedankengang mit ungemein gescheiten Skizzen zu einzelnen Autoren und Werken, zu Voltaire und Rousseau, Lessings *Nathan* und Klopstocks *Messias* auf («Man möchte sagen, er ziehe allem, was er behandelt, den Körper aus, um es zu Geist zu machen, so wie andre Dichter alles Geistige mit einem Körper bekleiden»). Von faszinierender Brillanz sind die kunstvollen Analysen zur Satire und zur Elegie, den zwei Formen, durch welche «sentimentalische» Autoren die Distanz der wirklichen Welt, die sie bewohnen, zu dem von ihnen gedachten Ideal artikulieren. Die europäische Bedeutung der Abhandlung liegt aber eher darin, daß sie in der Philosophie Kants und Fichtes Begriffe auffindet, die solchen Gefühlsregungen der Zeit wie Ehrfurcht vor der Kindheit, ironische Distanz zwischen Erfahrung und Unschuld, Sehnsucht nach griechischer Ganzheit und leidenschaftliches Streben nach einem unerreichbaren Ziel geistige Substanz verleihen. Schiller folgt Fichte insbesondere in der Ablehnung der Rousseauschen Zivilisationskritik, einer Kritik, die er auf den ersten Blick zu teilen scheint. Für Schiller trifft es zwar zu, daß das moderne reflektierend-»sentimentalische» Leben einen Abfall von der Integrität unserer naiven Ursprünge impliziert, aber das ist nicht das Ende vom Lied: Das Denken, und vielleicht auch die Geschichte, hat die Form einer Triade, nicht bloß einer Dyade. Die Kunst (und die Zivilisation überhaupt) mag zwar aus der Natur hervorgehen und teilen, was in der Natur eins war; aber hinter der Kunst liegt eine dritte Phase, in der die Teilungen aufgehoben und wir wieder die Unschuldigen sind, die wir einst waren, wenngleich dank des Eingreifens der Erfahrung: Diese allgemeine Wiederherstellung ist als das Ideal bekannt. Die Menschen sollen nicht einfach sehnsüchtig zurück nach Arkadien blicken, das Paradies, in das sie einst als glückliche Tiere hineingeboren wurden, sondern nach vorne ins Elysium, das Paradies, in das sie einst als vervollkommnete Helden eingehen werden, die Sünde und Sorge besiegt haben, welche untrennbar mit dem moralischen und sozialen Leben verknüpft sind, das sie zu Menschen macht. Kant glaubte, daß ein Zustand, in dem wir sowohl tugendhaft als auch glücklich sind – das Höchste Gut –, nur eine Idee sei: Zwar konnte man ihn denken, «als ob» er wirklich wäre – in diesem Falle hieß er Ideal –, aber in unserer gewöhnlichen Erfahrung konnte er nicht erreicht werden. Gleichwohl glaubten Kant wie Fichte, daß alle unsere Bestrebungen auf dieses unerreichbare Ziel gerichtet sein sollen. Für Schiller ist die beste Darstellung des idealen Ziels in der «sentimentalischen» Dichtung zu finden: zwar nicht unbedingt als direkte Beschreibung des Elysiums, aber als Maßstab, nach dem alles Beschriebene beurteilt wird, der vollkommene menschliche Zustand, von dem wir getrennt sind und dem wir entgegenstreben. Doch auch wenn das Ziel unserem Geist in der Kunst gegenwärtig gemacht wird, hört es nicht auf, ideal zu sein: Gerade weil das Elysium als reine Schöpfung des Geistes von der Wirklichkeit unendlich weit entfernt ist, unterscheidet sich die sentimentalische Dichtung eindeutig von der naiven, die sich auf das beschränkt, was in der Erfahrung gegeben ist. Die Kunst des Altertums, sagt Schiller, war eine «Kunst der Begrenzung», die der Moderne ist eine «Kunst des Unendlichen». «Unendlichkeit» – im Sinne eines subjektiven Ideals, an das in der Wirklichkeit nur eine unendlich fortschreitende Annäherung möglich war – sollte zur Parole der Frühromantik werden. Aber es war Schiller, der den Begriff in die ästhetische Debatte einführte – während seines geistigen Ringens mit Goethe und als das hauptsächliche Kunstmittel, wodurch er seinen Vorteil suchte.

Namentliche Verweise auf Goethe sind in Schillers Abhandlung nicht zahlreich; sie machen aber deutlich, daß Goethe als «naiver» Künstler vom Range eines Homer oder Shakespeare betrachtet wird. Er gehört in diese Kategorie darum nicht weniger, weil Schiller seine besondere Stärke in der «naiven» Darstellung «sentimentalischer» Charaktere erblickt: Vorzüglich Werther, aber auch Tasso, Wilhelm Meister und Faust sollen alle nach der nämlichen Form geprägt sein. Goethe, der auf diese Höhenflüge psychologischer Abstraktion des Freundes mit der bei ihm zur Gewohnheit werdenden Ironie reagierte, benutzte dieses Eingeständnis, um den Versuch abzuwehren, ihn zu zeitloser Belanglosigkeit hochzuloben:

> Denn es ist Ihnen nicht unbekannt daß ich, aus einer allzu großen Vorliebe für die alte Dichtung, gegen die neuere oft ungerecht war. Nach Ihrer Lehre kann ich erst selbst mit mir einig werden, da ich das nicht mehr zu schelten brauche, was ein unwiderstehlicher Trieb mich doch, unter gewissen Bedingungen, hervor zu bringen nötigte, und es ist eine sehr angenehme Empfindung, mit sich selbst und seinen Zeitgenossen nicht ganz unzufrieden zu sein.

Schiller jedoch ließ sich sein Schema von Gegensätzen nicht durch seine tiefe Einsicht stören. Seine Abhandlung schließt mit einem Vergleich – oder soll man sagen: Zweikampf? – zwischen zwei Figuren, dem Realisten und dem Idealisten, die ihre Namen einer letzten Umformung der Antithese von «naiv» und «sentimentalisch» verdanken. Schiller bestreitet, seine Begriffe aus dem (kantischen) philosophischen Sprachgebrauch zu beziehen und den Versuch zu unternehmen, die Überlegenheit einer der beiden Parteien zu erweisen; aber das, was da abgeleugnet wird, verdient eine Prise Salz. Der Realist wird als ein Mensch definiert, der sein Verhalten von der Natur und ihren Gesetzen bestimmen läßt, der Idealist als einer, der sich selbst in Übereinstimmung mit dem Vernunftgesetz bestimmt: Dies sind nichts weniger als Kants Definitionen des bösen und des guten Menschen, der eine an die Materie versklavt, der andere frei. Schiller möchte weniger ein philosophisches als ein pragmatisches Bild von seinen zwei Charakteren zeichnen und will, was nicht erstaunt, beweisen, daß sie zusammenwirken können, und so gesteht er dem Realisten gewisse moralische Eigenschaften zu: nicht so sehr in einzelnen Handlungen, bei denen er sich einfach vom Strom materieller Motive treiben läßt (man stellt sich vor, daß er zum Beispiel in wilder Ehe mit der Tochter eines [Weimarer] Archivars zusammenleben könnte), als vielmehr in der instinktiven Gesamtausrichtung seines Lebens auf die Ordnung und Harmonie der Natur als ganzer (welche freilich, wie Schiller in seinem ersten langen Brief an Goethe dargelegt hatte und nun wiederholt, sich dem Vertreter einer graduellen, empirisch-kumulativen Methode niemals vollkommen erschließen kann). Wie der «naive» Künstler (mit dem er identisch sein mag) beschränkt sich der Realist in der Wissenschaft wie im Leben auf das, was er mit seinen Sinnen wahrnehmen kann. Er wird der moralischen Größe und Würde ermangeln, aber der Mangel wird ihn kalt lassen, da er das Absolute als Chimäre und die Welt als einen wohlgeordneten Gemüsegarten betrachtet, in welchem stetig zu arbeiten und sich so gut es geht in Grenzen nützlich zu machen Aufgabe des Menschen ist. Er mag «weniger großmütig» sein als der Idealist, aber dafür ist er «billiger» [= gerechter]. Der Idealist hingegen ist ein edlerer Mensch als der Realist, aber ein weniger vollkommener. Indem er an ein Ziel glaubt, das über die Reichweite unserer gegenwärtigen Erfahrung hinausgeht, hat er sich eine unendliche Aufgabe gestellt, gleichgültig gegen die Kosten und sogar sein eigenes Leben. Die Gefahr, die er damit läuft, besteht nicht nur darin, daß sein Streben eitel und zwecklos erscheinen mag, sondern auch darin, daß alles, was er doch erreicht, dadurch, daß es hinter dem ursprünglich Beabsichtigten weit zurückbleibt, in Wirklichkeit sogar Schaden anrichtet oder bestenfalls auf eine komische Weise ungeschickt wirkt (ein Baudelaireleser mag an die Bewegungen des gefangenen Albatros denken). Auf der Suche nach dem transzendenten Grund aller Erkenntnis und den obersten Gesetzen allen Verhaltens mag er sich für die Erfüllung der täglichen Pflichten untauglich machen und keinen Begriff von den Besonderheiten des Lebens haben. Er zieht die Natur in ihrer (scheinbaren) Wildheit vor, und seine Leistungen sind die Früchte nicht eines regelmäßigen Fleißes, sondern der Inspiration. Doch bei aller Ausgewogenheit von Schillers Entwurf (ein Anschein von Tugenddünkel und Selbstmitleid waren wohl kulturell determiniert) besitzt der Idealist einen versteckten, zentralen Vorteil gegenüber dem Realisten: seine Nähe zur «sentimentalischen» Dichtung. Denn die «sentimentalische» Dichtung, die «Kunst des Unendlichen», ist die charakteristische Kunst der Moderne: Die Geschichte, die (wenn sie denn einem Muster folgt) vom Naiven über das Sentimentalische zum Idealen fortschreitet, steht auf der Seite des Idealisten.

Während Schiller an seiner Abhandlung schrieb, korrespondierte er ausführlich mit Wilhelm von Humboldt und konsultierte seinen gelehrten Freund über das Verhältnis seiner eigenen dichterischen Begabungen zu den Qualitäten der griechischen Dichtung: Könnte es sein, fragte er sich, daß der moderne Dichter besser daran täte, sein eigenes Terrain zu kultivieren, als die Alten nachzuahmen, und also lieber «das *Ideal* als die *Wirklichkeit* zu bearbeiten?» Die Frage selbst beantwortend, vertraute er Humboldt seinen Ehrgeiz an, ein Gedicht zu schreiben, das die Einbildungskraft des Lesers über den «sentimentalischen» Bereich hinaus und dem Ideal soweit entgegenführen sollte, wie es nur ging: Sein Thema sollte – notwendigerweise – die Vergöttlichung der Menschheit, die Aufnahme des Herkules in den Olymp sein. Der Autor eines solchen Gedichtes würde, wie Humboldt sich ausdrückte, «Kant und Goethe miteinander verknüpfen», wodurch «der höchste Dichterkranz zu erringen» sei. «Gelänge mir dieses Unternehmen», schrieb Schiller, «so hoffte ich dadurch mit der sentimentalischen Poesie über die naïve selbst triumphiert zu haben.» Indessen sagt er in seiner Abhandlung auch, daß «der Idealist erhabener denkt, als er handelt», und das Gedicht blieb ungeschrieben.

Dafür entstanden andere. Seine Muse reagierte endlich auf die herausfordernde Nähe Goethes, und Schiller konnte nach Juni 1795 die späteren Ausgaben der *Horen* mit einigen der kraftvollsten reflektierenden Verse in deutscher Sprache schmücken. Der Rhythmus mag etwas roh und oberflächlich sein (eine Peinlichkeit sind Schillers Kommentare zu metrischen Feinheiten in einem Mignon-Lied, die er für Irrtümer hält). Und doch war es keine übertriebene Großzügigkeit von Goethe, wenn er Schiller zu seinen Gedichten schrieb:

... sie sind nun wie ich sie vormals von Ihnen hoffte. Diese sonderbare Mischung von Anschauen und Abstraktionen, die in Ihrer Natur ist, zeigt sich nun in vollkommenem Gleichgewicht.

In verschiedenen Strophenformen und elegischen Distichen machte Schiller zunächst die Grenzen der Philosophie zu seinem Thema; danach entwickelte er die zentrale Lehre der *Ästhetischen Briefe* von der Macht der Schönheit, die verschiedenen menschlichen «Triebe» miteinander zu versöhnen und die Menschheit über den Konflikt zwischen der Sittlichkeit und den Sinnen zu erheben; und schließlich wandte er sich dem Verhältnis zwischen antiker und moderner Kultur und der Möglichkeit einer Neuaneignung der Leistungen der Griechen zu. Nicht antiquarisches Studium, schrieb er in «Natur und Schule» [späterer Titel: «Der Genius»], sondern die Meditation über das «stillere Selbst» wird unserem modernen Geschlecht die antike Vertrautheit mit der Natur wiederschenken – auch wenn einer unter uns wandelt, der sie nie verloren hat, der des Kantischen Sittengesetzes nicht bedarf, denn «was [ihm] gefällt, ist Gesetz», und der sich scheinbar des Gottes in seiner Brust und der magischen Kraft, die seine Schöpfungen über die Zeitgenossen haben, nicht bewußt ist. Sogar diejenigen unter uns, die nicht Goethe sind, dürfen sich aber sagen: «Und die Sonne Homers, siehe! sie lächelt auch uns» – so der Schluß der langen «Elegie», die im Oktober in den Horen erschien –, wenn wir nur unsere Augen der Natur öffnen. «Elegie», später in «Der Spaziergang» umbenannt, war in dieser plötzlichen Fülle von Gedichten dasjenige, auf das Schiller am stolzesten war, und verdichtet in sich alle Qualitäten des außerordentlichen ersten Jahrgangs der *Horen*. Die Form – das Distichon – ist antik, aber Thema und Schauplatz könnten kaum «sentimentalischer» im Schillerschen Sinne sein: Der Spaziergang durch einen Landschaftsgarten wird zu einer Metapher für den Gang der zivilisatorischen Entwicklung des Menschen, aus primitiven Anfängen über die Niederlage Griechenlands gegen die Perser, einen Höhepunkt der Künste und Wissenschaften in den blühenden Mittelmeerkulturen und ihren Erben in Renaissance und Aufklärung bis zu Verderben und scheinbarer Auflösung im Zeitalter der Revolution. Doch zu seinem Selbstbewußtsein erwachend, schlägt der Dichter wieder die Verbindung zu den Tagen Homers. Geschichte, Philosophie und Dichtung, das Malerische und das Moralische treffen sich in der Gewißheit einer ästhetischen Erneuerung, die gründlicher als jede Revolution ist und religiös genannt werden könnte, wenn sie nicht allein die alten Götter Griechenlands kennte. Andere Gedichte Schillers mögen auf eine Enttäuschung über das Publikum deuten, wie sie zu Zeiten auch Goethe zu schaffen machte; aber hier, im «Spaziergang», ist alles strahlende Zuversicht. Bestimmt kann doch jetzt ein Drama nicht mehr lange auf sich warten lassen (auch wenn *Die Malteser* sich hartnäckig sträubten, gedeihen zu wollen)? Und nachdem ein ästhetisches Programm in philosophischer Prosa und schwungvollen Versen niedergelegt, die Rolle von Goethes Genius definiert und Goethe selbst anscheinend zu entsprechender Mitwirkung bereit ist, steht doch bestimmt so etwas wie eine Kulturrevolution bevor?

Geheimnisse des Selbst: Juni – Dezember 1795

Kaum drei Monate, nachdem er sich von ihrem Gedicht hatte inspirieren lassen, lernte Goethe Friederike Brun persönlich kennen. Anfang Juni 1795 mußte er wegen einer lästigen Mandelentzündung das Bett hüten, und er beschloß, sich in Karlsbad zu erholen, wo er genau zehn Jahre zuvor zum ersten Mal gewesen war. Der Entschluß fiel ihm um so leichter, als seine Mutter ihm gerade die Einnahmen aus dem Verkauf der «Baumwiesen» im Familienbesitz geschickt hatte, und da Goethe nicht den Sinn seines Vaters für Kapitalerhaltung geerbt hatte, würde diese Summe gerade die Kosten für den Urlaub decken. (Goethe stand zwar im Ruf der Solidität, aber das Geld saß ihm locker.) Dazu kam, daß Voigt in Dresden weilte, um das Volontariat seines Sohnes am sächsischen Schatzamt vorzubereiten, so daß die Aussicht, während der Sommermonate die Stellung zu halten, nichts Verlockendes bot. Goethe verließ Weimar am 29. Juni – Christiane und August blieben zu Hause –, und nach ein oder zwei Tagen in Jena, wo er sich von Wilhelm von Humboldt verabschiedete, der im Begriff war, wieder nach Berlin zu gehen, traf Goethe am Abend des 4. Juli in seinem Karlsbader Quartier, dem Hotel «Grüner Papagey», ein. Das Wetter war und blieb sehr regnerisch und so kalt, daß Goethe die Finger klamm wurden, wenn er nach Hause schrieb; und draußen konnte man nicht viel unternehmen. Er muß Voigt um den Zugang zu den Museen und Schlössern im relativ billigen Dresden beneidet haben (freilich verbrachte Voigt, nach seinen Briefen zu schließen, mehr Zeit damit, die Größe der kurfürstlichen Hosenbeutel in der Sammlung historischer Kostüme zu bewundern, als das Angebot der Kunstgalerie zu studieren). Die Karlsbader Kultur wurde von ihren Gästen geprägt: Vom Wetter eingeschränkt, verbrachte Goethe viel Zeit auf «Conzerten, Bällen und dergleichen» und widmete sich so gründlich der «Zerstreuung» und dem Gebrauch des Wassers, daß seine Gesundheit bald völlig wiederhergestellt war und er so gut wie keine Fortschritte bei den Arbeiten erzielte, die er mitgenommen hatte (das fünfte Buch des *Wilhelm Meister* und die naturwissenschaftlichen Texte, die er bei Unger unterzubringen hoffte). «Niemand ist zu Hause, deswegen ist jeder zugänglicher», und Geselligkeit war ein ernstzunehmendes Gebot für einen literarischen Granden auf dem Scheitel des Wogenkamms – wobei es ihm zu einer vergnüglichen «Demütigung» gereichte, mit seinem genialischen Kollegen von vorvorgestern, Friedrich Maximilian Klinger, verwechselt zu werden.

Da ich doch gewöhnlich sehr einsam lebe, so tut es wohl auch einmal in eine größere, besonders so sehr zusammengesetzte Masse zu schauen. Von allen Gegenden Deutschlands sind Menschen da, die in ihrer Denkart sehr kontrastieren.

Unter diesen befand sich, vom Norden unterwegs in die Schweiz und nach Italien, Friederike Brun mit ihren zwei Kindern. Ihr erster Eindruck von Goethe, nachdem man beide miteinander bekanntgemacht hatte, war Enttäuschung:

Sein Gesicht ist edel gebildet, ohne gleich einen innern Adel entgegen zu strahlen, eine bittere Apathie ruht wie eine Wolke auf seiner Stirn. Bei einem schönen, männlichen Wuchs fehlt es ihm an Eleganz, und seinem ganzen Wesen an *Gewandheit*; ist das der Günstling der Musen ...? ... – Da faßte mich bei einem Gedanken, aus dem der seinige zurück strahlte, plötzlich sein Flammenauge, und ich sahe Faust's Schöpfer.

Dennoch trafen sie sich jeden Morgen in der Trinkhalle und spazierten gemeinsam auf und ab, während sie ihr Quantum an geschwefeltem Wasser tranken. Obwohl er für seinen mephistophelischen Flirt in der Frühe um fünf aufstehen mußte, scheint Goethe es genossen zu haben, einem Mitglied von Lavaters dänischem Gefolge manche Wahrheiten über sich anzuvertrauen, auch wenn sie ein wenig überholt waren:

Anfangs quälten mich seine Blicke ... die ... die des ... Beobachters waren ... ohne *Hoffnung* und Glauben an reinen Menschenwerth, der nur neue Gestalten zu seinen lebenvollen Gemählden sucht und in die Welt sieht wie in einen Guckkasten. ... Er hat geschwelgt ohne zu genießen, genommen ohne zu geben, ob je in seinem Herzen der reine Ton der Liebe wieder erklingen wird? Er hat viel geredet und immer als ob's halb im Scherz wäre, aber im bittern Scherz herrliche Sachen gesagt über Kunst, Epigramme, Elegisches, Improvisiren, Liebe als Mittel zum *Zweck*, über Hoffnung, die in ihm erstorben ist ... ich ergrimmte über sein Wegwerfen der *Erinnerung*, «die Gegenwart ist die einzige Göttin, die ich anbete,» sagte er – über seinen Unglauben an intellektuelle Freundschaft. «Freundschaft werde durch Verhältnisse genährt» ... und wenn diese sich änderten oder aufhörten, stürbe der Hungers. Ich ward zur Salzsäule! ... Seit 15 Jahren ist Naturgeschichte ... Goethe's ausschließendes Studium. Alle seine neueren Schriften sind lange fertig im Pulte gewesen.

«Ihm war es vielleicht neu», grübelte sie später, «ein Weib zu sehen, die ruhig und ungeblendet ihn beobachtete.» Diese Dichterin, der er klagte, daß niemand «Mitleiden» mit ihm habe, worauf sie versetzte, sie habe bei manchen seiner Gedichte «inniges Mitleiden empfunden»: sie war nicht die letzte, die auf seine Bekehrung hoffte:

O, Goethe [schrieb sie in ihr Tagebuch] wie irret Dein großer Geist umher! Die Erde war Dir zu niedrig und Du *verschmähst den Himmel, welche Stunde wird die Deines Erwachens sein?* ... was hat Dich zu diesem Trotze gegen alles das gebracht, welches doch so göttlich aus Dir redet?

Wegwerfend schrieb Goethe an Schiller von der sonderbaren «Mischung von Selbstbetrug und Klarheit», welche «diese Frau zu ihrer Existenz braucht», gerade so, als wäre sie die schöne Seele aus seinem Roman; aber sie war klug genug, um zu durchschauen, daß Goethe ein «Proteus» war, und er sprach zu ihr von Christiane und seiner Familie in einem Ton, den niemand außer seiner Mutter – und gewiß niemand in Weimar – auch nur entfernt verstanden hätte:

Heute redete ich viel mit ihm ... Wie er aus Scheu vor einer genauen Verbindung nach und nach mit einem Wesen, das Gleichheit der Denkart und Handlungsweise ihm lieb gemacht habe, in die genaueste [sc. Verbindung] geraten sei ... Innig erfreu ich mich, ihn häuslich glücklich zu wissen, als guten zärtlichen Vater. Seine Kinderliebe ist *charakteristisch*.

Die Brun-Kinder vergötterten ihn: Unter seiner Anleitung machte die Fertigkeit im Lesen der kleinen Lotte in den vierzehn Tagen Fortschritte, und Carl führte er in die Gesteinskunde ein (wie zehn Jahre zuvor den jungen Grafen Brühl). Als Friederike Brun am 21. Juli abreiste, war sie voll des Lobes für diesen «Schatz der Wahrheit, Billigkeit und häuslichen Güte» – «denken Sie ... gut von Goethen ... man sage, was man wolle.»

Wenn die Leute sagten, was sie wollten, so war es oft Goethe, der es aus ihnen herauskitzelte, und seit seinen Leipziger Studententagen hatte seine Umgebung den Köder geschluckt. Durch Friederike Brun lernte er die jüdische Bankiersfamilie Meyer aus Berlin kennen, besonders ihre zwei lebhaften Töchter Marianne (1770–1814) und die recht labile Sara (ca. 1770–1828). Zu ihrem Kreis von Berliner Freunden in Karlsbad gehörte die Sängerin und Schauspielerin Friederike Unzelmann (1760–1815), und auch Rahel Levin (1771–1833) kam auf einen kurzen Besuch; sie stammte ebenfalls aus einer jüdischen Handelsfamilie und war eine vertraute Brieffreundin David Veits und leidenschaftliche Bewunderin Goethes. Seit ihrem neunzehnten Lebensjahr unterhielt sie in Berlin ihren eigenen Salon und verbrachte jetzt den Sommer im Heilbad Teplitz. Eine schüchterne, einsame kleine Polin, welche die Meyers zu sich genommen hatten, wurde von Goethe oft ins Gespräch gezogen («Goethe liebt die Leidenden und gesellt sich sanft und theilend zu ihnen»), aber dann trat eine polnische Anstandsdame dazwischen und verbot ihr die weitere Unterhaltung mit ihm. Es dauerte nicht lange, und die Humboldts in Berlin bekamen Klagen zu hören, daß Goethe sich vorzugsweise «mit einigen hübschen Judenmädchen, und einer actrice» abgebe, während «aufgeklärte Männer und denkende Köpfe» sich brüskiert vorkämen. (Man kann aber nur schwer glauben, daß er nicht ein langes und erfreuliches Gespräch über Geologie mit Professor Werner aus Freiberg gehabt haben soll, der um den 14. herum nach Karlsbad kam.) Skandalös war, daß Goethe den Damen «erstaunlich viel» vorlas; daß er sich in ihren Alben und auf ihren Fächern verewigte und ihre eigenen Schriften kommentierte; daß er die getauften Jüdinnen Marianne und Sara einlud, Patinnen des Kindes zu werden, welches Mademoiselle Vulpius in einigen Monaten erwartete; vor allem aber, daß er die Anspielungen in einigen der anstößigeren Zeilen der *Römischen Elegien* erklärte. Sogar Frau Brun war schockiert: «Sein Ton mit Frauen, die nicht streng auf sich halten, ist nicht fein ...», mit solchen also, «die ihm *nur schön* sind». Humboldt erblickte in den Vorfällen lediglich einen Beweis von jüdischer «Unterwürfigkeit». Ausdrücklich hervorzuheben ist jedoch, daß Goethe selbst zwar mitunter auf konventionelle jüdische Eigenschaften anspielte und harte Worte für die jüdische oder christliche heilige Schrift fand, daß er aber niemals, weder in Wort noch Gedanke noch Tat, dem Jüdischsein eines Menschen, den er kannte, irgendeine besondere Bedeutung beimaß. Wenn überhaupt, scheint er, wie in der Gesellschaft von Katholiken, die Öffnung zu einer gemeinsamen Normalität – vielleicht Humanität? –, wie sie in seiner gewohnten Umgebung unbekannt war, begrüßt zu haben. (Vielleicht machte es sogar einen Teil seiner Faszinationskraft aus, daß er diesen Eindruck gegenüber jedem beliebigen Menschen erwecken konnte – aber wenn dem so wäre, würde es jene Offenheit nur noch unterstreichen.) Auf einer bestimmten Ebene seiner Existenz empfand er das Bedürfnis, ein Ausgestoßener zu sein, worin eines der Motive lag, die ihn mit Christiane zusammengeführt hatten. Wenn diese «Äugelchen» untreu waren, dann hielt er Christiane jedenfalls von Anfang an auf dem laufenden, versicherte ihr, daß er immer mehr überzeugt sei: «Von Osten nach Westen / Zu Hause am besten», und daß er «am Ende aller Dinge nichts besseres sehe als dich zu lieben und mit dir zu leben.» Mit jedem Brief schickte er ihr Süßigkeiten oder sonst ein Geschenk. Nachdem die Bruns abgereist waren, nahmen die «Äugelchen» sehr ab, «denn es kann von beyden seiten kein Ernst werden», und:

Nun fängt ... die Sehnsucht nach dir und dem Kleinen mich wieder an zu beunruhigen und ich zähle die Tage nach denen ich euch wiedersehen werde.

Die letzten zwei Wochen in Karlsbad wurden, nicht zuletzt wegen des «abscheulichen Wetters», eine stillere Zeit: Goethe las Wolfs *Prolegomena*, bat Voigt in einem Brief, für ihn einige Bücher über die Kunst der italienischen Renaissance, darunter die Autobiographie des florentinischen Goldschmieds Benvenuto Cellini, zu ersteigern, und vollendete die Reinkopie des fünften und eines großen Teils des sechsten Buches von *Wilhelm Meister*, die er am 11. August Schiller übergab, als er auf dem Rückweg nach Hause durch Jena kam.

Schiller hatte bald nach Goethes Abreise nach Karlsbad einen schweren Rückfall erlitten, und so konnten sie nicht gemeinsam den ersten Jahrestag der Begegnung der «Gleichgesinnten» begehen, worauf Goethe sich das ganze Jahr gefreut hatte. Aber wer die beiden kannte, konnte nicht bezweifeln, daß ihnen aus ihrer Freundschaft «ein neuer schöner Lebensgenuß» erwachsen war. Der «durchaus verfeinert sinnliche Goethe», so hieß es, ziehe Schiller «immer wieder in die Körperwelt zurück und gewinnt selbst, indem er sich an diesen, ich möchte sagen, ganz transcendentalen Menschen anschließt.» «[W]eder von Ihnen zu hören noch zu sehen, ist etwas, wozu ich mich kaum mehr gewöhnen kann», schrieb Schiller an Goethe, und Goethe schloß seine Erwiderung mit den Worten: «Leben Sie wohl und lieben mich, es ist nicht einseitig.» Die Universität Tübingen bot Schiller eine Professur ohne offizielle Lehrverpflichtungen an, aber Schiller zog es vor, in Weimar zu bleiben, nachdem Voigt vom Herzog die Zusicherung erwirkt hatte, Schillers Gehalt zu verdoppeln, sollte er aus Krankheitsgründen nicht mehr vom Schreiben leben können. Bereits in seinem ersten Jahr war Schiller die gemeinsame Sache wertvoller geworden als konventionelle Sicherheiten, und das Verhältnis zu seinem fürstlichen Gönner war so weit gediehen, daß es mehr der Stellung Goethes ähnelte als der des beamteten Professors, zu dem Schiller bei seiner Ankunft in Jena bestimmt zu sein schien. Die Anähnelung ihrer beiderseitigen Positionen war aber nicht nur eine gesellschaftliche, sondern auch eine geistige. Schiller gestand, «wie viel realistisches ... der anhaltendere Umgang mit Göthen ... bey mir ... entwickelt hat», während Goethe bekannte, durch die zunehmende Vertrautheit mit dem «philosophischen Kampfplatz» besonders für seine Naturwissenschaft zu profitieren. Und in dem Maße, wie Schiller sich wieder mehr der Literatur zuwandte, stilisierte er deren Gegensatz zur Philosophie und ihre Überlegenheit über sie mit Argumenten, die er in seiner ästhetischen Theorie bereits dargelegt hatte (die Schönheit ist «humaner» als die bloße Reflexion), und Goethe spielte mit. Als «Menschenverständler» – schrieb er Humboldt – ziehe er es vor, wenn ihm das Spekulative in einer Form nahegebracht werde, «daß wir es gleich fürs Haus brauchen können», und einem Mitherausgeber der *Horen* muß es ein ingrimmiges Vergnügen bereitet haben, daß die Franzosen, als sie die geistige Erhebung in Deutschland endlich wahrzunehmen begannen, als deren führende Köpfe – dem Pariser *Moniteur* zufolge – die Messrs Kant und Fichte vermuteten.

Aber diese literarische Koalition hatte einen Preis, und wenigstens Schiller lag daran, daß er auch bezahlt wurde. Goethe äußerte Unbehagen, als Wieland, welcher der neuen Philosophie ganz fremd gegenüberstand, wenngleich sie seinem Schwiegersohn Reinhold den Lebensunterhalt gesichert hatte, an exponierter Stelle der Abhandlung *Über naive und sentimentalische Dichtung* ins Gebet genommen werden sollte. Zwar nahm Schiller die Exponiertheit etwas zurück, aber die Kritik blieb stehen, und Wieland mußte nicht als einziger alter Freund Goethes erleben, daß der Neuankömmling spitze Ellenbogen hatte. Eifersucht ist in einer Freundschaft genauso natürlich wie in anderen, eindeutiger sexuellen Verbindungen, und Goethes Intensität der Zuwendung zu einem Partner erhöhte den Einsatz. Im Verlauf des Jahres 1795 verengte sich der Fokus seiner Freundschaften, ganz so, wie zehn Jahre zuvor Charlotte von Stein die anderen engen Beziehungen Goethes übernommen und aufgesogen hatte. Nicht immer war dies einfach das Werk des konkurrierenden Schiller. Auch erprobte Schiller in dieser Phase seine Stärke noch nicht an seinen zwei mächtigsten Rivalen: Meyer und Christiane. Aber wo es eine Schwäche gab, war Schiller auf dem Sprung, sie auszunutzen.

Noch an Weihnachten 1794 schrieb Goethe den Jacobis lange Briefe in der alten spaßigen Manier, worin er drohte, einen Besuch in Emkendorf zu machen und wieder den unersättlichen verliebten Satyros zu spielen. Fritz Jacobi und auch Max drängten ihn, zu kommen – es wäre eine gute Gelegenheit, die Kutschen zu tauschen –, merkten aber wohl nicht, wie wenig attraktiv er eine Einladung von den Reventlows finden mußte. Um Ostern aber und in dem Bewußtsein, daß «jetzt oder niemals» die Zeit gekommen war, das Verhältnis zu erneuern, hatte er sich für niemals und für einen Monat in Jena mit Schiller entschieden. In der Zwischenzeit hatte er Jacobis kritische Bemerkungen zum ersten Band von *Wilhelm Meisters Lehrjahren* und, was noch wichtiger war, Schillers Kommentare zu jenen Bemerkungen erhalten:

Jacobi ist einer von denen, die ... das, was *sein soll*, höher halten als das, *was ist*; der Grund des Streits liegt also hier schon in den ersten Prinzipien.

Es stimmte zwar nicht, daß Jacobis Haupteinwände moralisierender Art waren; sie bezogen sich vielmehr auf Fragen der psychologischen Plausibilität. Aber Schiller hatte vielleicht mehr Interesse an seiner Schlußfolgerung als Skrupel über die Methode, wie er zu ihr gelangte:

... und es ist völlig unmöglich, daß man einander versteht. Sobald mir einer merken läßt, daß ihm in poetischen Darstellungen etwas näher anliegt als die innere Notwendigkeit und Wahrheit, so gebe ich ihn auf.

Wenige Tage nach Erhalt dieses Briefes teilte Goethe Max mit, daß er nicht mit ihm nach Emkendorf kommen könne.

Die Beziehungen zu den anderen frommen Norddeutschen, den Stolbergs in Eutin, waren schon seit längerem abgekühlt. Goethe nahm Anstoß an der herablassenden Haltung, mit der Fritz Stolberg in seiner jüngsten Reisebeschreibung aus Italien heidnische Religion und Kunst behandelt hatte, und war empört, daß Stolberg in der Einleitung zu einigen von ihm übersetzten platonischen Dialogen den Grundsatz Lavaters aufgriff, alle Wahrheit und Schönheit der antiken Welt als Vorausdeutung auf oder Erfüllung in Christus zu behandeln. Schiller, dessen *Götter Griechenlands* Stolberg der Gottlosigkeit geziehen hatte, hatte allen Grund, Goethe in seinem Zorn zu bestärken, und schrieb ihm, «daß ich kein Mitleid mit ihm haben kann». Auch Reichardt sank in Goethes Gunst, als er sich öffentlich immer deutlicher für die Revolution erklärte; aber während Goethe den Komponisten nach und nach kaltstellte, indem er seine vorgeschlagenen Besuche verschob, ihm nichts von der Weimarer Produktion der *Claudine von Villa Bella* erzählte und seine Vertonungen von Liedern aus *Wilhelm Meister* ohne Zuschreibung veröffentlichte, drang Schiller darauf, daß man Reichardt in Publikationen «bitter verfolgen» müsse. Fichte hingegen, ein neuerer Freund und unvergleichlich größerer Geist, wiewohl nicht weniger als Reichardt ein verkappter Jakobiner, war ein komplizierterer Fall, der subtiler Behandlung bedurfte. Sein bleibender Wert als Goethes Gesprächspartner in philosophischen Dingen und die Verehrung, die er in den Schülern weckte, welche seinetwegen nach Jena kamen, machten es unmöglich, ihn als bedeutungslos abzuschreiben. Zunächst lenkte Schiller Goethes Aufmerksamkeit auf das Werk des Fichteschülers F. A. Weißhuhn (1759–1795), der den Anspruch erhob, einen gravierenden Fehler in der «Wissenschaftslehre» entdeckt zu haben. Schiller stellte Fichte gegenüber Goethe als Solipsisten hin («Die Welt ist ihm nur ein Ball, den das Ich geworfen hat und den es bei der Reflexion wieder fängt!!»), und Weißhuhn wandte sich gegen diesen «subjektiven Spinozismus»: Wenn man seine Studierstube verläßt – behauptete er – und aufs Land hinausgeht, ist es schwer zu glauben, daß alles, was man sieht, geschweige denn alles, was man nicht sieht, durch eine Kraft in einem hervorgebracht worden sein soll, von der man nicht die leiseste Ahnung hat. Eine Zeitlang, bis zu Weißhuhns unerwartetem, vorzeitigem Tode, fand Goethe dieses pragmatisch-analytische Herangehen an die Philosophie ihm gemäßer als das Fichtesche, obgleich Weißhuhns ungesellige Umgangsformen noch übertriebener als die seines Meisters waren. Schiller aber begriff schnell, daß Lächerlichkeit eine größere Gefahr für Fichte war als Logik. Während er seine Theorie von der Überlegenheit der Kunst gegenüber der Philosophie entwickelte, imitierte er Goethes ironische Randbemerkungen über die «Wissenschaftslehre» und erklärte ihm, er habe in «Freund Fichte» die «reichste Quelle von Absurditäten» entdeckt, die es in Jena gebe. Auch eine Art von Sippenhaft konnte konstruiert werden. Schiller konzedierte zwar, daß Fichte sich beim Streit um die Abhandlung «Über Geist und Buchstab in der Philosophie» «noch ganz gut benommen» habe, und Goethe freute sich, daß es anscheinend nicht zu einem völligen Bruch gekommen war; aber kurz darauf mußte Schiller berichten, daß kein geringerer als Reichardt sich in seinen Zeitschriften lobend über Fichte auslasse – auf Kosten der anderen *Horen*-Beiträger. Sobald eine Kampagne gegen die Stolbergs erwogen wurde, hielt Schiller es für selbstverständlich, daß zu ihren Zielen auch «die metaphysische Welt der Ichs und Nicht-Ichs» gehören werde.

Allerdings müssen sogar Fichtes Freunde von Zeit zu Zeit verzweifelt über ihn gelacht haben. So ließ er sich – wahrscheinlich ganz bereitwillig – infolge der Einflußnahme der älteren Professoren auf den Stundenplan dazu verleiten, seine Vorlesungen auf den Sonntag zu legen. Ungeachtet eines empörten Aufschrei der reaktionären Presse über das angeblich illuministische Jena, das sich jetzt offensichtlich zum Revolutionskalender und zur Religion der Vernunft bekehrt habe, erlaubte der Herzog die Fortsetzung der Vorlesungen, sofern sie sich nicht mit dem Gottesdienst überschnitten. Ungeachtet des Jakobinismus sah Carl August in Fichte einen Verbündeten nicht nur gegen das akademische Establishment, mit dem er nicht viel Geduld hatte, sondern auch gegen dessen heimliche Mitverschworene im alten Schlendrian: die saufenden und sich duellierenden Studentenverbindungen. Den Schokoladismus ins transzendentale Extrem erhebend, tat Fichte den

Vorschlag, die Studentenverbindungen sollten sich, getrieben von reiner Sittlichkeit, selbst auflösen. Er erhielt viel Unterstützung von seinen Schülern, die sich zu einem eigenen «Bund der freien Männer» zusammengeschlossen hatten, sowie von den fortschrittlicheren Professoren; aber die Verbindungen verwarfen den Vorschlag und übermittelten ihre Antwort in der altgewohnten Form, indem sie Fichte mit Ziegelsteinen die Fenster einwarfen. Die Krawalle dauerten das ganze Sommersemester 1795 an, und Fichte zog sich mit herzoglicher Genehmigung eine Weile aufs Land zurück. So sah man «das *absolute Ich* in großer Verlegenheit», was Goethe mit den Worten kommentierte:

Freilich ist es von den Nicht-Ichs, die man doch *gesetzt* hat, sehr unhöflich durch die Scheiben zu *fliegen*. Es geht ihm aber wie dem Schöpfer und Erhalter aller Dinge der, wie uns die Theologen sagen, auch mit seinen Kreaturen nicht fertig werden kann.

Mochte der tölpische Fichte manches Ungemach selbst verschuldet haben: die ursprünglich bewundernde Freundschaft zwischen ihm und Goethe war gleichwohl ein weiteres Küken, das ein fordernder Schiller aus dem Nest verdrängte.

Wenn Schiller gegen Fichte auf die ästhetische Karte setzte, so führte er Herders Kälte ihm gegenüber auf seine eigene ungebrochene Treue zur kantischen Philosophie zurück, worin auch Goethe die zunehmende Entfremdung von seinem ältesten Freund zu erkennen glaubte. Schiller verwies auf Herders «giftigen Neid», weswegen er über den *Wilhelm Meister* «die kränkendsten Dinge gesagt» und dafür den mittelmäßigen Roman August Heinrich Lafontaines [Clara du Plessis und Clairant] in den Himmel gehoben habe. Es war jedoch noch ein anderer Faktor im Spiel, von dem Schiller nichts wußte, es sei denn, er hätte vermutet, daß Cottas großzügige Honorare der Grund dafür waren, daß Herder trotz der *Römischen Elegien* 1795 so regelmäßig für die *Horen* schrieb. Herders finanzielle Lage war verzweifelt, und ihn verdroß die Routinearbeit für das Konsistorium, wenn er so viel zu schreiben hatte. Vielleicht unternahm er gerade deshalb nichts, um die republikanische Gesinnung zu mäßigen, für welche sein Haus berüchtigt war, und er spürte die Abkühlung, als Carl August ab Ende 1793 wieder dauerhaft in Weimar residierte. Die Vereinbarung, die Goethe 1788 konzipiert und die Herder seinerzeit bewogen hatte, den Ruf nach Göttingen abzulehnen, sah vor, daß Carl August für das Studium von Herders Kindern aufkommen und ihnen eine Anstellung verschaffen würde. Der Herzog war jedoch außer Landes gewesen, als Herder und seine Frau Caroline 1792 ihren ältesten Sohn auf die Universität geschickt hatten, und die finanziellen Zuwendungen waren ausgeblieben. Herder wagte es nicht, das Thema direkt anzusprechen – oder schmollte er vielleicht? –, und im Sommer 1793 ging August Herder in die Schweiz, um in einem Erziehungsinstitut in Neuchâtel vorbereitende Studien in Geologie aufzunehmen – teilweise, weil ihn ein Besuch mit Goethe in Ilmenau dazu inspiriert hatte, teilweise, «weil man nicht wisse wie lange die gegenwärtige [sc. politische] Verfassung bestehe und man immer Bergleute brauchen werde», wie er nicht versäumte, in Weimar während eines Ferienaufenthaltes verlauten zu lassen. 1795 sollten zwei weitere Söhne Herders ihr Studium aufnehmen, und nachdem er zu diesem Zweck bereits die Anteile seiner Frau am Ilmenauer Bergwerk veräußert hatte, nahm er im März seinen ganzen Mut zusammen und bat Carl August um ein Darlehen von 1000 Talern: Goethe wurde um Fürsprache gebeten, aber der Herzog lehnte ab. Caroline Herder sah mit wachsender Verzweiflung die Überarbeitung und sich verschlechternde Gesundheit ihres Mannes sowie seine chronische Depression durch seine Sorgen, durch die Überzeugung, von den neuesten geistigen Entwicklungen übergangen zu werden, und durch die Befürchtung, sieben Jahre zuvor die Gelegenheit zu einer entscheidenden Veränderung in seinem Leben versäumt zu haben, und bat im September Herzogin Luise brieflich um Hilfe; als Goethe wieder aus Karlsbad zurück war, erzählte sie ihm, was sie getan hatte. Die Herzogin erwiderte, es sei die Politik des Herzogs, von seiner Entscheidung nicht abzugehen, sobald eine Petition einmal abgelehnt worden sei, schlug aber Caroline Herder drei Wochen später eine Alternative vor: Der Herzog wolle den Doktorgrad ihres ältesten Sohnes finanzieren und zwei weitere Söhne in die Verwaltung des Herzogtums übernehmen. Nun war Herder der Ansicht, daß es Sache eines Vaters, nicht des Herrschers im Staat sei, über die Ausbildung seiner Söhne zu entscheiden, und befolgte die Maxime, seine Kinder würden in demjenigen Beruf das Beste leisten, der ihnen am meisten zusagte. Caroline sah die schönen Versprechungen von vor sieben Jahren auf dreihundert Taler und ein paar unerwünschte Verwaltungsposten zusammenschrumpfen und lehnte das Kompromißangebot der Herzogin ab, das ihrem Gatten vorzutragen sie nicht übers Herz gebracht hatte. In tränenreicher Empörung schrieb sie an Goethe, des Herzogs «Werkzeug» bei den ursprünglichen Verhandlungen:

Dulden Sie nicht, daß der Herzog sein Versprechen so schnöde brechen will ... Ich bitte Sie, um Gottes Willen sollten Sie Ihre und des Herzogs Ehre! ... Wir brauchen Geld und müssen es vom Herzog erhalten. Er ist es uns schuldig.

Goethe hatte zuerst die Absicht, hierauf nicht zu antworten, denn «wir sind in der Denckungsart zu weit auseinander als daß wir uns verständlich werden könnten», aber dann wollte er doch, wie er sagte, nicht stumm bleiben (was er in unerfreulichen Situationen so häufig tat). Allerdings konnte er nach diesem Brief nicht daran denken, Caroline Herder persönlich gegenüberzutreten: «Sie haben mir schon geschrieben was ich nicht lesen sollte ich müßte erwarten zu hören was ich nicht hören darf.» Vielleicht konnte Knebel als Mittler fungieren? Aber Knebel hatte diplomatischerweise eine Erkältung, und so schrieb Goethe an Caroline Herder doch einen dreizehn Punkte umfassenden Brief, worin er mit beängstigender Energie den Herzog vertrat:

Die Worte: *ich will für die Kosten des Studirens der Kinder und für deren Unterkommen sorgen*, können nicht heisen: macht mit und aus euern Kindern was ihr wollt, gebt für sie aus was ihr wollt, macht mir am Ende von drey vier Jahren die Rechnung, ich will jeden Schritt ausser dem väterlichen Hause, jede Art von Aufwand bezahlen, und wie ich die jungen Leute hernach finde sie versorgen. Weder im Gerichtshof der Ehre noch des Gewissens können sie so ausgelegt werden. ... durch die Versäumniß der Anzeige zur rechten Zeit, ... durch völlige Vernachläßigung des Rathes und der Meynung des Herzogs über die Bestimmung Ihrer Kinder, ist die Sache so verwirrt und getrübt worden, daß die Liquidität Ihrer Forderung wohl schwerlich darzustellen seyn möchte. ... Ihre Sache war, nach meiner Einsicht, dieses Anerbieten [des Herzogs] mit Vertrauen anzunehmen. ... Augusten konnte nicht schaden einige Zeit in einer Canzley zu arbeiten, ... in Chursachsen müssen die welche beym Bergwesen angestellt seyn wollen ihren ganzen Cursum iuris machen. ... Hätte man sich dadurch dem Herzog genähert, den alten Faden wieder angeknüpft, so würde ... ein bescheidnes Gesuch wegen des Vergangnen am Plaze gewesen seyn, und wie ich den Herzog kenne keine ungünstige Aufnahme gefunden haben. ... Anstatt dessen lehnen Sie, aufs eiligste, mit einer Gleichgiltigkeit die an Verachtung gränzt jenes bedeutende Anerbieten ab, ... sagen nahe zu: wir wollen weder Euern Rath noch Beystand weder Aussicht noch Versorgung; wir wissen was wir zu thun haben, wir werden es thun, aber wir wollen euer Geld. Sie beleidigen den Herzog, die Herzogin ... Wie ich hiernach Ihre heftigen leidenschaftlichen Ausfälle, Ihren Wahn als wenn Sie im vollkommensten Rechte stünden, Ihre Einbildung als wenn niemand ausser Ihnen Begriff von Ehre, Gefühl von Gewissen habe ansehen muss, das können Sie Sich vielleicht einen Augenblick vorstellen. Ich erlaube Ihnen mich, wie einen andern Theaterbösewicht zu hassen, nur bitte ich mich klar zu deuten und nicht zu glauben, daß ich mich im fünften Ackte bekehren werde. ... Ich bedaure Sie daß Sie Beystand von Menschen suchen müssen die Sie nicht lieben und kaum schätzen, an deren Existenz Sie keine Freude haben und deren Zufriedenheit zu befördern Sie keinen Beruf fühlen. Freylich ist es bequemer in extremen Augenblicken auf Schuldigkeit zu pochen als durch eine Reihe von Leben und Betragen das zu erhalten wofür wir doch einmal danckbar seyn müssen. Glauben Sie doch daß man hinter allen Argumenten Ihrer Forderungen Ihr Gemüth durchsieht. ... Diese Familiengesinnungen sollen einen Fürsten reizen Kinder heranziehen zu helfen und zu versorgen. ... Ich weiß wohl daß man dem das mögliche nicht danckt von dem man das unmögliche gefordert hat; aber das soll mich nicht abhalten für Sie und die Ihrigen zu thun was ich thun kann.

Goethe hatte zwar recht, wenn er hier das Aufeinanderprallen zweier Denkweisen sah; aber die Vehemenz seiner Antwort verrät ein unruhiges Gewissen, vielleicht sogar das Bewußtsein, eine irgendwie künstliche Position zu vertreten – und natürlich das praktische Urteil, daß man den wilden Ausbrüchen Caroline Herders aufs entschiedenste entgegentreten mußte, wenn es nicht zu einer allgemeinen Explosion kommen sollte. Die Herders standen für das Denken der neuen Zeit, welches die Revolution in Frankreich herbeigeführt hatte: Das Verhältnis zwischen ihnen und dem Herzog war ein rein «vertragliches» – dieses Wort hatte Caroline Herder benutzt – und reduzierte sich auf eine Sache des Geldes. Goethe aber schrieb die Apologie seines Verhältnisses zu einem alten Freund, den er ungeachtet aller gegenwärtigen Spannungen noch immer liebte und bewunderte, eines Verhältnisses, das er in freier Wahl dem feudalen Muster des Heiligen Römischen Reiches angepaßt hatte: das persönliche Verhältnis von Herr und Gefolgsmann. Nach der alten Ordnung war es der Beruf des Untertanen, für seinen Herrn zu leben und nicht Gewinn und Verlust bei der Transaktion zu berechnen: Der Herrscher seinerseits rechnete auch nicht, sondern gewährte dieselbe lebenslange persönliche Sorge, die ihm zuteil wurde. Die Herders hatten, wie allgemein bekannt, diese Ordnung zumindest theoretisch verworfen, aber sie lebten weiter unter ihr, und jene Abmachung von 1788 und besonders die Verpflichtung des Herzogs, den fünf Söhnen Herders Anstellungen zu beschaffen, war ihrem Inhalt nach wesentlich feudalistisch. Sie setzte voraus, daß beide Seiten miteinander im Gespräch blieben und daß wenigstens jener gewisse Schein von Abhängigkeit und Treue gewahrt wurde, den Goethe so trefflich gemeistert hatte. Nachdem aber das Gewölk einmal aufgezogen war und die Entfremdung begonnen hatte, war es um so wichtiger, weiterhin jede Formalität in der ursprünglichen Abmachung zu beobachten. Herders Versäumnis, sich an den Herzog zu wenden, ihn gar um Rat zu fragen, war in der Tat (beinahe) so gravierend, wie Goethe es hinstellte. Gewiß hatte der Herzog keinen Blankoscheck ausgestellt, und Caroline Herders Taktlosigkeit war schrecklich. Aber niemand hat sich in dieser Sache mit Ruhm bedeckt. In dem Brief an Caroline Herder – in einem gewissen Umfang eine Erklärung und Rechtfertigung seines eigenen Verhaltens in den vergangenen zwanzig Jahren – sagt Goethe nichts darüber, daß er als Vermittler jener Abmachung von 1788 zumindest moralisch verpflichtet war, über ihre Durchführung zu wachen und sich bei den Herders und beim Herzog zu vergewissern, daß sie weiterhin galt. Er hielt jedoch sein Wort, nachdem er es einmal gegeben hatte. Durch Knebel gab er den Herders den Rat, bei Carl August um die Zuwendung einer festen Summe von 1000 oder 1200 Talern zu bitten (sie entschieden sich für 1200). Sie sollten um eine Auszahlung in Raten bitten, die er selbst bestimmen würde; denn die Schatullenverwaltung verfügte selten über mehr als 500 oder 600 Taler in bar, und er konnte auf den rechten Moment warten, wo die Kassen gefüllt waren. Carl August ließ sich überreden – immerhin war er ein Ehrenmann –, aber er muß gefühlt haben, daß die Regelung den Charakter einer Scheidung hatte. Im Januar und März 1796 nahm Goethe persönlich die Zahlungen in Gold entgegen und gab sie, wiederum durch Knebel, an Herder weiter. Er hatte «das Mögliche» getan, aber es war dennoch eine traurige Geste für eine Freundschaft, die immerhin fünfundzwanzig Jahre bestand.

Der Vorfall bezeichnet vielleicht den Punkt, wo Goethes altes Freundesdreieck – Herder, Knebel und Frau von Stein – endgültig dem neuen Platz machen mußte – Schiller, Meyer und Christiane. Wenn Herder Anfang 1796 in der achten Lieferung seiner *Briefe zur Beförderung der Humanität* die jüngste deutsche Literatur Revue passieren ließ und der Trivialaufklärung der Jahrhundertmitte einen Ehrenplatz einräumte, dann «schnurrte» er nicht nur wieder «die alte, halbwahre Philisterleyer» ab, «daß die Künste das Sittengesetz anerkennen und sich ihm unterordnen sollen»: Es war eine persönliche Brüskierung, und Goethe erkannte in ihr alle Selbstdestruktivität und Wut, die einen großen Denker seit jenen Tagen verzehrt hatten, da Goethe sich zum *Götz*, dem Gründungsdokument einer neuen Literatur, hatte inspirieren lassen, weil er sehen wollte, was Herder dazu sagte: «Mir kommt immer vor, wenn man von Schriften, wie von Handlungen, nicht mit einer liebevollen Teilnahme, nicht mit einem gewissen parteiischen Enthusiasmus spricht, so bleibt so wenig daran, das der Rede gar nicht wert ist. Lust, Freude, Teilnahme an den Dingen ist das einzige Reelle, und was wieder Realität hervorbringt.» Und wie so häufig griff Schiller die Bemerkung mit Nachdruck auf und gab ihr – da ihm bei der «Realität» niemals ganz wohl war – eine Wendung ins Giftige: «Seine [= Herders] Verehrung gegen ... alles Verstorbene und Vermoderte hält gleichen Schritt mit seiner Kälte gegen das Lebendige.» Die anderen Vertreter des alten Dreiecks waren keine Gefahr. Knebel war ein brummiger Einsiedler und auf dem besten Wege, ein alter Narr zu werden. Frau von Stein wiederum hatte mitunter den Eindruck, als profitiere sie von Goethes Annäherung an Schiller – der praktisch ihr Adoptiv-Schwiegersohn war – und wurde etwas genauer im Auge behalten. «Es kommt mir vor, er sei einige Jahre auf eine Südseeinsel verschlagen gewesen und fange nun an auf den Weg wieder nach Hause zu denken.» Aber die Augenblicke waren selten, Gespräche waren steif und wurden abrupt beendet; ja als Frau von Stein einmal die Schillers in Jena besuchte, während Goethe zu Gast war, scheint man es so eingerichtet zu haben, daß die beiden einander nur wenige Minuten sahen. Sie berichtete Fritz:

Gegen 6sen kam Goethe hinein getreten, ich hatte ihn seit ein paar Monate nicht gesehen, er war entsetzlich dick, mit kurzen Armen, die er ganz gestreckt in beyde Hosentaschen hielt; Schiller hatte seinen schönen Tag, und sah neben ihn wie ein himmlischer Genius aus; seine Gesundheit war leidlich und die blaße Ruhe auf seinem Gesicht, machte ihm intereßant. Ich mögte nur wißen ob ich den Goethe auch so phisionomisch verändert vorkomme als er mir, er ist recht zur Erde worden von der wir genommen sind, der arme Goethe der uns sonst so lieb hatte!

Der kleine August Goethe mit seinem einnehmenden Gesicht, den schwarzen Augen und dem goldenen Haar, den sie zunächst als einen Freund von Carl Schiller kennenlernte, war der beste Mittler; an einem Sommertag führte er den Vater zu ihr, damit er sich zwischen den Kübeln mit Orangenbäumchen im Vorhof der herzoglichen Stallungen eine Weile zu ihr setze, und noch immer fand sie es unbegreiflich, daß sie einander so fremd geworden waren. Vielleicht *wollte* sie nicht begreifen – daß ihr Fritz nicht mehr der kleine, aufgeweckte Elpenor war, kaum älter als August, sondern ein ziemlich unbedarfter Volontär in der Verwaltung; oder daß Goethe seit jenen vor-italienischen Tagen das Land seiner Herzenssehnsucht gesehen und wieder verlassen hatte und daß er jetzt Vater und Kriegsveteran war und mit der Göschen-Ausgabe seiner Werke und der Veröffentlichung des *Wilhelm Meister* alle literarischen Unternehmungen seiner Jugend – mit Ausnahme des *Faust* – abgetan hatte. Gewiß stimmte sie nicht der Theorie Schillers zu, daß «die Menschen durch Kunstgefühle erhoben würden»; ihre eigene Erfahrung sagte ihr, «daß ästhetische Empfindungen das Herz erkalten lassen». In der Erregung einer neuen politischen und geistigen Atmosphäre mochte Goethe den Eindruck haben, daß er zu seiner einstigen Mission zurückfand; aber das bedeutete nicht unbedingt, daß er ihr in seiner alten Gesellschaft nachgehen wollte. Und seine alte Gesellschaft wollte sich auch nicht unbedingt anschließen.

«Was würde aus einem Autor werden wenn er nicht an die einzelnen, hier und da zerstreuten, Menschen von Sinn glaubte.» In der zweiten Jahreshälfte 1795, nach der Rückkehr aus Karlsbad, begann Goethe immer mehr an der Möglichkeit zu zweifeln, beim deutschen Publikum eine allgemeine Änderung des Geschmacks zu bewirken. Zweifel hatte er schon neun Monate zuvor gehabt, als er die *Episteln* schrieb. Jetzt, nachdem das erste Halbjahr der *Horen* abgeschlossen und die erste Hälfte des *Wilhelm Meister* veröffentlicht war, lag offen zutage, daß die Hoffnungen, die den Beginn seiner Zusammenarbeit mit Schiller begleitet hatten, sich nicht alle erfüllen sollten. Die Reaktion auf den *Wilhelm Meister* hatte nicht wenig von einem Achtungserfolg, und sowohl der Roman als auch die Zeitschrift krankten an dem Versäumnis – oder der Weigerung –, sich auf das eine zeitgenössische Thema von überragendem Interesse einzulassen, das nun einmal politisches Tagesgespräch war. Sobald es danach auszusehen begann, daß die Anzahl der Abonnenten in Zukunft eher zurückgehen als steigen werde, wurde insbesondere deutlich, daß die *Horen* das Ziel verfehlt hatten, den Zeitschriftenmarkt zu beherrschen und zu vereinheitlichen. Schillers Rechnung – daß ein neues System von säkularen ästhetischen Werten sowohl an den Höfen verankert als auch in Druckschriften verbreitet werden könne – war nicht aufgegangen. Mit der Auflockerung des Inhalts verlor die Zeitschrift ihre Eigenart, und Ende 1795 erwartete Schiller nicht, daß sie sich länger als vielleicht noch ein Jahr halten werde.

Wurden die *Horen* schon nicht ihrer (zweifellos unmöglichen) Hauptaufgabe gerecht, einer intellektuellen Elitekultur Verbreitung in der ganzen Nation zu verschaffen, so blieben sie doch einem Teil der ursprünglichen Konzeption ihrer Herausgeber so lange treu, wie sie den Anschein entweder des Unverständlichen oder des Skandalösen erweckten. Sobald sie nur mehr langweilig wirkten, war das Ende nahe. Das Problem bestand zum Teil darin, daß Schiller sich (und Goethe) zu sehr verzettelte. Der *Musen-Almanach für das Jahr 1796*, der, wie bei derartigen Jahresanthologien üblich, Ende 1795 erschien, enthielt genügend weiteres Material, das aus einem guten Jahrgang ein *annus mirabilis* gemacht hätte. In diesem Jahr hatten die *Horen* die *Ästhetischen Briefe*, *Über naive und sentimentalische Dichtung*, einige von Schillers philosophischen Gedichten wie den *Spaziergang*, ferner die *Römischen Elegien* und das *Märchen* gebracht. Der *Musenalmanach* enthielt weitere Gedichte Schillers in der neuen Art, außerdem Stücke von Herder

23. O. Wagner und L. Schütze: Das Goethehaus am Frauenplan in Weimar (1828)

24. Das Treppenhaus mit Deckengemälde in Goethes Wohnhaus in Weimar

und Hölderlin, neue und alte Gedichte Goethes («Nähe des Geliebten» und «Der Besuch») und den Stoff zu einem ausgewachsenen neuen Skandal, eine Sammlung von *Venezianischen Epigrammen*. Ausgewählte Gedichte, die in Venedig entstanden waren, verband Goethe mit älteren Stücken aus den *Erotica* wie dem Loblied auf Carl August sowie einigen späteren Attacken auf die Newtonsche Optik zu Miszellen, in denen Körner gleichwohl «ein Ganzes für sich» erkannte: «ein Tagebuch während einer italienischen Reise». Alle wichtigen Themen aus Goethes poetischen Notizbüchern von 1790 waren vertreten – Sexualität, Heidentum, Lokalkolorit, sogar ein wenig Politik –, und obgleich die eher drastischen Epigramme beiseite gelassen wurden, war der Rest immer noch zu viel für Wien, wo der *Almanach* verboten wurde. Der Berliner Zensor ließ ihn durchgehen, scheint aber wohl manche Anspielungen nicht verstanden zu haben – ebensowenig wie viele Leser. Auch sorgte das Fehlen einer Struktur sowie sinnfällig-geistreicher Pointen für eine gewisse Verwirrung. Es war schwerlich ein gutes Zeichen, daß Goethe mit dem Gedanken spielte, für die Veröffentlichung in den *Horen* Anmerkungen zu den Gedichten zu schreiben, und obgleich er sich jetzt den Anschein gab, den Reim barbarisch zu finden, mußte er doch einräumen, daß er «für den Witz» besonders geeignet sei – das waren demzufolge die ungereimten klassischen Formen nicht. Körner hatte also wahrscheinlich recht, wenn er für die *Epigramme* kein großes Publikum erwartete, doch gab es mindestens eine Leserin, die sie als «muntre ... Ferklein, in ein Köfchen allein gesperrt», goutierte und den Kontrast zwischen ihnen und Schillers hochgespannter Suche nach dem Ideal an anderen Stellen des Almanachs genoß: Humboldt meldete denn auch viel Lob für die *Epigramme* in Berlin. Der *Musen-Almanach* als ganzer verdiente zweifellos jenen Kasten Rheinwein, mit welchem Dalberg sich bei Schiller für sein Widmungsexemplar bedankte, aber den *Horen* wäre es besser bekommen, wenn die bemerkenswerte Produktion der beiden Dichter in einer einzigen Veröffentlichung konzentriert worden wäre.

Da Deutschland sich wieder einmal stiefmütterlich gegen das Talent erzeigte, kehrten Goethes Gedanken angelegentlicher zu jenem Italien zurück, welches knapp zehn Jahre zuvor seine Zuflucht vor den «eh(e)rnen Himmeln» des sterilen Nordens gewesen war: Auch damals bröckelten lange bestehende Verbindungen ab, und er hatte seine Selbstachtung an ein aufwendiges und sehr öffentliches literarisches Projekt gewagt. In einem gewissen Sinne war er vor dem Urteil seiner Leser geflohen und hatte statt dessen eine private Erfüllung gesucht: Vielleicht wandelte die Versuchung zur Flucht ihn jetzt wieder an. Wohl hatte Goethe 1790 Italien dann um der Verbindung mit Christiane willen den Rücken gekehrt, was damals die natürliche Erfüllung eines früheren, fehlgeleiteten Hungers nach dem Ideal zu sein schien. Jetzt aber hatte sich diese Verbindung zu einer Ehe ausgewachsen: stabil, im großen und ganzen glücklich, nicht vollkommen, eben – und zunehmend – normal. Bisher hatten es die beiden nicht geschafft, ihre

25. Das Majolika-
zimmer (ursprüng-
lich Goethes Schlaf-
zimmer) in
Goethes Wohnhaus
in Weimar. Das
Bett stand im
«Grünen Alkoven»

26. G. M. Kraus: Römisches Haus im herzoglichen Park bei Weimar (1798)

Familie nach dem Vorbild ihrer beider Kindheit zu erweitern – eine schmerzliche Enttäuschung, die Goethe nicht anders trug, als wenn er Christiane vor dem Altar Treue gelobt hätte. Auch seine irreguläre Haushaltung war zwar noch immer anstößig, wurde aber zu einem inzwischen so bekannten Aspekt des Lebens in Weimar, daß sie nicht mehr die Distanzierung von seiner Umgebung und die Hingabe an etwas Höheres ausdrückte. Nach sechs Jahren Revolution war ein derartiger Hausstand mit den Maßstäben des Hofes weniger unvereinbar als 1789. Christiane konnte jetzt auf einem Ball erscheinen und sich den Neugierigen zeigen, wenn diese auch bei ihrem Anblick zusammenfuhren, und August war in der Residenz ein willkommener Spielgefährte des dreijährigen Prinzen Bernhard. Es fehlte auch nicht an Nachahmern Goethes: Die peinliche Tändelei zwischen Major von Knebel und der Schauspielerin Luise Rudorff war jetzt dem Publikum bekannt – Goethe erzählte, von ihr in deutlicher Parallele zu seiner eigenen Mésalliance geträumt zu haben –, und ein Jenaer Professor, der die offizielle Anerkennung einer morganatischen Verbindung betrieb, berief sich ausdrücklich auf das Beispiel Goethes. Während der Feldzüge von 1792 und 1793 hatte Goethe, widerstrebend genug, gelernt, dem magnetischen Zentrum seines Lebens lange Zeit fern zu sein. Wie die häufigen Exkursionen nach Jena bewiesen, war es schwieriger, Zeit und Ruhe zum Nachdenken und Schreiben in dem gemeinsamen Haushalt am Frauenplan zu finden, als früher in den zweckmäßig getrennten Wohnungen im Jägerhaus. Wieder erhob sich das Ideal – das Trugbild eines Goldenen Zeitalters – aus seinem Grabe, und fürs erste schien es wieder italienische Züge zu tragen.

Goethes seit 1788 unternommene Versuche, ein römisches Milieu in Weimar nachzuschaffen, waren nicht besonders erfolgreich gewesen. Natürlich hatte er jetzt Meyer, aber dafür hatte er Lips verloren, der im Juli 1794 nach Zürich und in die Freiheit der Schweiz zurückgekehrt war. Das eröffnete zwar die Möglichkeit, Malern wie Meyer, Horny und anderen eine Gehaltserhöhung zukommen zu lassen und Meyer den Titel eines «Professors» zu verleihen; aber bedauerlich war es trotzdem. Das Äußere des Römischen Hauses wurde 1794 fertiggestellt. Goethe fand es «sehr schön», und seine Zeichnungen verleihen dem Bauwerk im Park an der Ilm eine italienische Aura. Aber die Inneneinrichtung mußte noch abgeschlossen werden, und es galt, Platz für die Bilder von Angelica Kauffmann und die Kopien italienischer Gemälde zu finden, die Meyer in Dresden angefertigt hatte: Dabei kamen Goethe die ersten Zweifel, ob diese wenigen, großen Räume nicht vielleicht «zu schön» seien, «um mit Bequemlichkeit drinnen wie zu Hause seyn zu können» – zumal mit Jagdgesellschaften, die «nicht immer in der größten Zucht und Reinlichkeit anlangen können». Doch im Herbst 1795 bekundete Carl August sein Interesse, die restlichen Privatgrundstücke in der Nachbarschaft des Parks samt Goethes Gartenhaus zu kaufen. Goethe hätte nicht nein sagen können, und er wollte es auch nicht – Christiane nutzte jetzt nur mehr den Garten, und ohnedies war das Häuschen schon

1794 an den Herzog vermietet worden, der darin seine Kinder spielen ließ. Außerdem scheint Goethe die Gelegenheit erkannt zu haben, aus dem kleinen Haus eine zweite, praktischere Jagdhütte im Stile Palladios zu machen, mit Blick über die Rieselwiesen auf den Arens'schen Bau (er hatte bereits eine Reihe von möglichen Fassaden skizziert, bevor der Herzog den Plan fallenließ). Aber den Möglichkeiten der Phantasie, die thüringische Landschaft zu verwandeln, waren Grenzen gesetzt:

> Nimm Dich in Acht, daß Dir's nicht wie unserm ehemaligen Freund nach seiner italienischen Reise geht [schrieb Frau von Stein an Fritz nach dessen Reise durch die englischen Landhäuser]. Noch letzt antwortete er Jemanden, der die Aussicht ins Ilmthal lobte: «Das ist keine Aussicht!» und sah dick mürrisch dazu aus.

Gewiß stellte sich noch immer eine gelegentliche Freude ein, beispielsweise, als Knieps neapolitanische Landschaften ankamen: «Sie versetzen uns ... für einige Augenblicke unter einen bessern Himmel ... die gegenwärtige Zeit erlaubt nicht oft daß man sich am Schönen erfreue.» Noch besser, weil dauerhafter und echt antik, war eine Bronzefigurine der Siegesgöttin, um deren Ankauf Goethe seit 1794 Verhandlungen geführt hatte (sie kostete ihn schließlich vierzig Taler); er mochte in ihr eine Kopie jener Statuette vermuten, die Verres laut Cicero einem der Standbilder der Ceres im sizilianischen Enna (zu Goethes Zeiten Castrogiovanni) entrissen hatte. Im Mai 1796 wurde die Bronze endlich geliefert, während man beim Abendessen war: «Es kam eben eine kleine Viktoria von Dresden für ihn an. Er setzte sie am Tisch vor sich und meinte beym eßen und trincken sey am besten von der Kunst zu sprechen», beteiligte sich dann aber immer weniger am Gespräch und saß schließlich schweigend da, «das Glaß Wein in der einen Hand und die victorie in der andern». Dies waren nun die Freuden des Erinnerns und der Einbildungskraft; allein:

> Wie ... alles Bestreben, einen Gegenstand zu fassen, in der Entfernung vom Gegenstande ... die Unzulänglichkeit der Erinnerung fühlbar macht und immerfort eine Rückkehr zur Quelle des Anschauens in der lebendigen Gegenwart fordert, so war es auch hier. Und wer, wenn er auch mit wenigerem Ernst in Italien gelebt, wünscht nicht immer dorthin zurückzukehren!

Friederike Brun vertraute er über Italien an,

> er habe seinen Zweck während seines 2jährigen Aufenthalts doch nicht erreicht ... Er habe wollen so ins Anschauen der Kunst sich vertiefen, daß diese Vorstellung ganz objektiv, und sein ganzes Wesen, seine Ichheit in's Anschauen der Schönheit übergegangen wäre, er so zu sagen sein Selbst darin verlohren hätte!

Dies war jedoch (wie die nachkantianische Terminologie verrät) keine echte Erinnerung an den Zweck seiner ersten Italienreise – es war das Programm einer zweiten.

Schillers Definition des Unterschiedes zwischen ihm selbst und Goethe erheischte, daß Schiller die Vollkommenheit und die Erfüllung nur als unerreichbares Ideal kennen konnte, während von Goethe vorausgesetzt wurde, daß er eine unmittelbare, sinnliche, «naive» Erfahrung von Vollkommenheit hatte, soweit sie in der realen Welt möglich war: daß er also ein Intimus der antiken Kulturen war und daß er das Scheinen «der Sonne Homers» kannte, ohne durch die Instrumente des Selbstbewußtseins danach ausschauen zu müssen. Nicht nur aber war unglücklicherweise Goethes unmittelbare Erfahrung Italiens und der Überreste der antiken Welt eine immer mehr in die Ferne rückende Erinnerung; auch diese erste Reise selbst war größtenteils von einer Art gewesen und von Interessen geleitet worden, die sich von allem unterschieden, was Schillers Theorie verlangte. Ein persönlicher Aberglaube hatte ihn auf die Flucht nach Rom getrieben; seine Zeit in Neapel und Sizilien hatten Landschaften und Meeresbilder nicht nur Homers, sondern auch Claude Lorrains beherrscht, während ihn die Geologie stärker beschäftigt hatte als die Architektur; das abschließende Studienjahr in Rom war eher ein deutsches denn ein italienisches Idyll gewesen und nicht weniger der Anatomie gewidmet als dem Altertum. Als Goethe um den Januar 1795 herum den Entschluß faßte, ein Jahr lang hart zu arbeiten (was wahrscheinlich den Abschluß des *Wilhelm Meister* und der *Unterhaltungen* sowie die Herausgabe seiner naturwissenschaftlichen Schriften bedeutete), um danach «nochmals eine italiänische Reise zu unternehmen», trachtete er danach, sich selbst und seine italienische Vergangenheit im Bild der Schillerschen Stilisierung nachzuerschaffen. Er lebte nicht – entgegen dem, was er viel später in den *Tag- und Jahresheften* festhielt – «im Wahn die Jahre von 87 und 88 wiederholen zu können»; er hoffte vielmehr, «die sinnlich-ästhetische Kultur zu erneuern und ... wieder ein Mensch zu werden», er wollte sich «zuletzt noch ein reines Anschauen des Höchsten was uns davon [= der bildenden Kunst] übrig ist verschaffen». «Erinnerungen» an Italien – im Sinne der Bewahrung Italiens in einem Geist, der sich seiner Entfernung vom erinnerten Gegenstand nur, mit Schiller zu reden, «sentimentalisch» bewußt war – konnte Goethe nicht gebrauchen. Was er wollte, war, wie er Friederike Brun erklärt hatte, Gegenwart, und reiner gegenwärtiger Genuß war etwas, das seine erste Reise dorthin ihm selten beschert hatte. Den Glauben, daß Kunst den Sinnen vor allem ein *gegenwärtiges* Vergnügen schenke, hatte Goethe unmittelbar nach der Rückkehr aus Rom und vor der Bekanntschaft mit Kants kritischer Philosophie formuliert. Sowohl die Schillersche Interpretation Goethes als eines unphilosophischen «Realisten» als auch der Plan einer neuen Italienreise, bei welcher ihm das Arsenal der Kunst «objektiv» gegenwärtig werden würde, waren regressive Ablenkungen von der tiefgründigen Selbstfindung, die ihm der Kantianismus erlaubte. Aber fast drei Jahre lang ging ihm der Gedanke an die «zweite» Italienreise – die Fahrt nach Venedig 1790 unterschlug er einfach – nicht aus dem Kopf, und die Befreiung von diesem Traum (einem reinen Wachtraum sozusagen) war die erste und größte Krise in der zweiten Hälfte seines geistigen Lebensweges.

Diesmal war die Öffentlichkeit über die Reise unterrichtet, und die Vorbereitungen waren sorgfältig: Es ging sogar das Gerücht, daß auch Carl August reisen wolle, und zu einem bestimmten Zeitpunkt dachte Goethe allen Ernstes daran, Fritz von Stein mitzunehmen. Als klar wurde, daß der *Wilhelm Meister* nicht bis Ende 1795 fertig werden konnte, wählte Goethe – getreu seinem Programm, die erste Reise zu korrigieren und nicht einfach zu wiederholen – als Tag der Abreise aus Weimar den zehnten Jahrestag des Datums, an dem er einst nach Italien hatte aufbrechen wollen: den 28. August 1796. Meyer sollte Begleiter, Reiseführer und Sekretär sein und wurde am 2. Oktober vorausgeschickt. Sechs Wochen später kam er in Rom an – nominell, um Bilder für Weimar zu kopieren, in Wirklichkeit aber, um das Land auszuspionieren und Einzelstücke und Kunstsammlungen ausfindig zu machen, die ein spezielles Studium wert waren. Goethe vermißte sehr seinen unscheinbaren, aber ernsthaften «Hausfreund», den gefunden zu haben er zu den «glücklichsten Ereignissen meines Lebens» zählte, und schrieb ihm Monat um Monat lange Briefe. Er erzählte ihm von literarischen und künstlerischen Entwicklungen; er beklagte die Leere und Gewöhnlichkeit des Lebens in Weimar; er bat um Informationen über einzelne Kunstwerke und ermahnte Meyer: «notieren Sie doch auch gelegentlich etwas über Clima, Sitten und Gebräuche, augenblickliche Zustände» und wollte «auch etwas von Preisen» hören; und er ermutigte seinen beflissenen und perfektionistischen Kurier, sein Tempo selbst zu bestimmen, sich auf das Einzelne eher als auf Allgemeines zu konzentrieren und nicht vor der Größe «unserer» Aufgabe zu verzagen:

Wir haben uns, mein lieber Freund, freilich ein sehr weites und breites Pensum vorgesteckt ...; aber ... denken Sie immer: daß wir nur eigentlich für uns selbst arbeiten. Kann das jemand in der Folge gefallen oder dienen, so ist es auch gut. Der Zweck des Lebens ist das Leben selbst ... In diesem Sinne bereit ich mich auch vor.

Goethe war denn auch nicht müßig. Er füllte und rubrizierte an die achtzig Mappen mit allem, was er über Italien fand, von der Geologie bis zu Speisen, von der Landwirtschaft bis zu Spielen. Er bat den kränkelnden Philipp Kayser in Zürich um die Erlaubnis, dessen musikwissenschaftliche Aufzeichnungen aus den Jahren 1787 und 1788 auswerten zu dürfen. Er begann, Leben und Schriften Benvenuto Cellinis zu studieren, in der Absicht, das 16. Jahrhundert und dessen Kunst klar vor sein geistiges Auge zu stellen. Und vielleicht aus dem Wunsch heraus, Vorschläge für eine neue Unterkunft im Park an der Ilm zu unterbreiten, wandte er sich wieder den Werken Palladios und anderer italienischer Architekten zu und dachte erneut und höchst originell über die Grundlagen der Baukunst nach, worüber er eine kleine Abhandlung (*Baukunst. 1795*) verfaßte, die jedoch weder vollendet noch veröffentlicht wurde. Der «Endzweck» dieser Studie – und der Reise, auf welche sie vorbereiten sollte – war ein Projekt, über das diskret zu schweigen Goethe in seinen Briefen den loyalen Meyer wiederholt und unnötigerweise ermahnte. Die zwei wollten «eine Schilderung Italiens» schreiben – «eine artistische Reise», prahlte Unger, dem Goethe das Buch anbot, «dergleichen noch nie erhört und gesehn war». Ausgehend von den Steinen und dem Klima, den zeitlichen Bogen von der Vorgeschichte bis zur Gegenwart spannend, sollte dieses «wundersame Werk» demonstrieren, wie in Italien die menschliche Zivilisation aus der natürlichen Umwelt, die Kunst aber aus der menschlichen Zivilisation erwachsen war – unmittelbarer und sinnfälliger, als dies in Nordeuropa zu beobachten war. Es sollte in einem gewissen Sinne eine vollendete Huldigung an Herders Philosophie zur Menschheitsgeschichte werden, dargebracht freilich zu einem Zeitpunkt, da sich die persönlichen Verhältnisse in der Weimarer Gesellschaft noch nie «so zersprengt und isolirt» hatten und die südliche Alternative zu diesem «kalte[n] Schattenreich» selten so verlockend gewesen war. Mit Meyer würde Goethe die Unterlassungen und Oberflächlichkeiten der ersten italienischen Reise wettmachen und dieser in ihrer neuen, geläuterten Form jenes literarische Denkmal errichten, welches er bisher nicht einmal in Angriff zu nehmen vermocht hatte.

Die Trossen zu lösen, die ihn in Weimar festhielten, wäre für Goethe viel einfacher gewesen, als es zehn Jahre zuvor der Fall war, wo seine Pflichten viel mannigfacher gewesen waren. Das neue Schloß nahm nur sehr langsam Gestalt an: Die 234 Arbeiter, die beim Richtfest für den östlichen Flügel im November 1794 Geschenke erhielten, waren zu diesem Zeitpunkt wahrscheinlich bereits entlassen worden, und für 1795 genehmigte Kammerpräsident Schmidt zähneknirschend sommerliche Baumaßnahmen im Wert von lediglich 6000 Talern. Die Pläne des Baumeisters, die für 1796 einen Aufwand von 30 000 Talern vorsahen, wurden von Goethe ansatzweise auf 20 000 Taler, von Carl August bei einer Besprechung im Dezember 1795 auf 15 000 zusammengestrichen: Massive Innenwände mußten durch billigere Hohlwände ersetzt werden, und Arens' großartiges Treppenhaus im Eingang durfte für diesmal nicht weiter als bis zum Erdgeschoß ausgeführt werden. Immerhin sollte der alte Schloßgraben endgültig verfüllt werden, und auch weitreichende Veränderungen im Park waren im Gespräch – aber bei der Überwachung des Bauprogramms konnte Goethe sich auf Voigt verlassen, und der Park fiel jetzt nicht in seine, sondern in Bertuchs Zuständigkeit.

In jeder Hinsicht lästiger war die «Theaterqual», wie Goethe es nannte. Von der Adventszeit bis zu Herzogin Louises Geburtstag Ende Januar, einem Zeitpunkt, wo ihre Darmstädter Familie und die Sachsen-Meiningens zu Besuch zu kommen pflegten, konnten lange Stunden der Vorbereitung und Probenarbeit notwendig sein, um den Hof mit einer genügenden Anzahl von Theaterstücken und Opern zu unterhalten. In der Lauchstädter Sommerspielzeit von 1795 wurden einige große neue Produktionen erprobt: *Emilia Galotti*, *Die Räuber* und sogar *Hamlet* (mit der jungen Mutter Christiane Becker als Ophelia), den Carl August, als er im folgenden Januar in

Weimar gegeben wurde, «ganz passabel» fand. Vielleicht kam es Goethe darauf an, ein gutes Repertoire für die Zeit seiner geplanten Abwesenheit zu erarbeiten: In dem Programm für 1795/96, den Zeitraum, wo er zunächst fort zu sein hoffte, waren überhaupt keine neuen Produktionen vorgesehen. Die Neuauflage der *Claudine von Villa Bella* jedoch, zu der diverse Jenaer Freunde geladen waren, verlief «äußerst miserabel» und konnte nicht wiederholt werden. «Ihr Orchester ist äußerst brav», versetzte Latrobe, als Goethe ihn um seine Meinung bat. Die Schauspieler tadelten natürlich Goethes Regie, konnten aber ohne ihn nicht auskommen. Die Serie von Krisen, welche die Routine des Theaterlebens ausmachen, mußte von einem Mann mit größerer Autorität behandelt werden, als sie Goethes rechte Hand, der brave Kirms, besaß. Als das Publikum darüber murrte, daß man den Souffleur besser verstand als die Schauspieler, war Goethe genötigt zu verfügen, daß Schauspieler, die ihren Text vergaßen, sich selbst überlassen blieben, oder anzukündigen, daß Nuschler damit rechnen müßten, vom Herzog persönlich zum Lautersprechen ermahnt zu werden. Die Jenaer Studenten kamen jetzt in beträchtlicher Zahl herüber, um sich von ihren philosophischen Bemühungen durch einen Besuch im «Zaubergarten» der «heiteren Musen» zu erholen; aber was sie fesselte, war wohl nur zur Hälfte die Aufführung, zur Hälfte aber die «räthselhafte Erscheinung» Goethes auf seinem Stammplatz im hinteren Parkett («Da war Hof und Herzog für uns nicht mehr»). Als sie vor einer Aufführung der *Räuber* einen Tumult anzettelten, war es Goethe, der «mit ein paar ernsten und derben Worten» die Ordnung im Hause wiederherstellte. Aber war jemals die Ordnung auf der Bühne wiederherzustellen? Goethe mußte Gagen kürzen, als Schauspielerinnen sich Beleidigungen an den Kopf warfen, und einmal mußte er sogar die herzoglich-weimarische Justiz bemühen, um den Garderobenmeister der Truppe abzustrafen, der sich mit einem Schauspieler eine Schlägerei geliefert hatte. Später passierte ein doppeltes Malheur in einem Wiener Machwerk mit dem treffenden Titel *Barbarei und Größe*: Dem armen Becker in der Rolle des Königs wurde von einem übereifrigen Schwertkämpfer die halbe Nase abgehauen, während seine Frau Christiane, die die Königin gab, ihn bei ihrem Auftritt in einer Blutlache vorfand und auf der Stelle in Ohnmacht fiel. Wochenlang mußte das Theater ohne zwei seiner zuverlässigsten Kräfte auskommen. Das Bedürfnis, für die Reise nach Italien den Rücken freizubekommen, mag im Vordergrund gestanden haben, war aber nicht der einzige Grund, der Goethe im Dezember 1795 bewog, Carl August um Entbindung von seinem Posten zu bitten. Der Herzog wußte indessen, daß es in Weimar niemanden gab, der die Nachfolge antreten konnte, und durfte vernünftigerweise auch den Eindruck haben, daß Goethe etwas tun solle für sein Geld: Er bat seinen Geheimrat um den «Gefallen», in seinem frivolen Amt zu verharren; aber der Wunsch war von der Art, die keinen Widerspruch duldet. Goethe verstand sich jedoch seit langem darauf, Auswege zu finden. Der Vormarsch der Franzosen gegen Mannheim hatte den großen

Iffland veranlaßt, die Auswanderung nach Osten zu erwägen und sich nach Möglichkeiten in Weimar zu erkundigen. Goethe lud ihn ein, zu kommen und eine Reihe von Gastvorstellungen zu geben, muß aber seine Angel von Anfang nicht nur nach einem Schauspieler, sondern auch nach einem Ersatz für die Theaterdirektion ausgeworfen haben. Die Sache sah gut für Weimar aus, als die Franzosen Mannheim nach einem Bombardement, welches das Opernhaus und die halbe Stadt zerstörte, am 22. November den Österreichern zurückgaben und das Theater geschlossen wurde. Man zwang Iffland jedoch, zu bleiben und die Besatzungstruppen zu unterhalten, und er verschob seinen Besuch auf Ostern 1796.

Die einzige andere große Obliegenheit Goethes in jenen Tagen war das Bergwerk in Ilmenau. Anfang 1795 wurde das Bergtal, an dem Goethe sich «nun seit zwanzig Jahren müde gesehen und gedacht» hatte, Schauplatz einer tragischen Vignette der Revolutionszeit. Unter den französischen Emigrierten im Herzogtum befand sich der 54jährige F. I. de Wendel aus einer Luxemburger Eisenhüttenfamilie. Wendel liebäugelte mit der herzoglichen Schmiede in Ilmenau, die nach feudaler Manier an diverse einheimische Familien verpachtet war. Der Herzog hatte sich jedoch das Recht auf ein Drittel der Betriebszeit der Schmiede vorbehalten, und Wendel machte sich erbötig, für den Herzog tätig zu werden, die Anlage zu überholen und sie durch den Gebrauch von Koks anstelle von Kohle als Feuerungsmittel produktiver zu machen. Goethe hatte seit der Zeit des schlesischen Feldlagers ein besonderes Interesse für Koks, und so befürworteten er und Carl August diese Entwicklung, nicht zuletzt darum, weil das Bergwerk selbst weiter dahinkümmerte. Doch jetzt packte Wendel bei seinen Plänen ein ungestümer Ehrgeiz; er nörgelte, als er nicht sofort, mit Holz anstelle von Koks, beginnen konnte (was Voigt befürchten ließ, er zweige notwendige Holzvorräte des Bergwerks ab) und als sein Wunsch, den gesamten Schmiedebetrieb zu übernehmen, an der Notwendigkeit scheiterte, das Auslaufen der vorhandenen Pachtverträge abwarten zu müssen. Man besorgte ihm eine billige Unterkunft in Ilmenau, und um ihn zu beschäftigen, beschloß man, einen Flammofen zum Einschmelzen von Alteisen zu errichten. Aber die Bestimmung des Standorts, das Anfertigen von Modellöfen, das Herbeischaffen der Ziegel – das alles ging Wendel zu langsam, er geriet außer sich, und in der ersten Maiwoche nahm er sich mit einer Überdosis Opium das Leben. Erst als man seine Zimmer ausräumte, kam zutage, daß der Flüchtling keinerlei eigene Mittel besessen hatte: Zu stolz, um Unterstützung zu erbitten, hatte er für seine bescheidenen persönlichen Bedürfnisse etwas von den Mitteln abzweigen müssen, die Carl August ihm zur Durchführung von Versuchen bewilligt hatte, und sich von seinem Assistenten Kleidung, Verpflegung und sogar das Fahrgeld für die Reise nach Ilmenau besorgen lassen. «Weit entfernt von seinem Vaterlande», schrieb Goethe, «in einem stillen Winkel des Thüringer Waldes fiel auch er ein Opfer der gränzenlosen Umwälzung.»

Ende August begab sich Goethe aus dem «gesellig müßigen Karlsbad» erneut in das «einsam tätige Ilmenau». Das Bergwerk war freilich ein trauriger Anblick, die Tätigkeit dort begrenzt: Nur sechs Bergleute arbeiteten vor Ort, die übrigen waren mit der Instandhaltung der Zeche beschäftigt, und auch das nur noch bis Ende des Monats. Anderthalb Jahre und alle die erhöhten Einlagen der Aktionäre waren darauf verwendet worden, das Erz zu einer schmelzfähigen Masse anzureichern – umsonst. Die Arbeit mußte bis zum Eintreffen neuer Geldmittel im nächsten Jahr vollständig eingestellt werden, und dann hing alles davon ab, ob höherwertiges Erz gefunden wurde oder nicht. Gleichwohl hatte Goethe ein Geburtstagsgeschenk für sich vorbereitet: Sein Begleiter war diesmal sein fünfjähriger Sohn August, und durch dessen Augen betrachtet gewann Ilmenau ein freundlicheres und aufregenderes Aussehen. Sie standen an einer Reihe schöner Tage morgens um fünf auf und besuchten den Bergwerksschacht und die Verarbeitungsanlagen, den Glasbläser und die Fabrik, in der Kindermurmeln hergestellt wurden. Der aufgeweckte kleine Frager war überall gern gesehen, und man schneiderte ihm eine Bergmannstracht, so daß er in dem Umzug zur Feier von Carl Augusts Geburtstag am 3. September mitmarschieren konnte; nur die Kirche mochte er nicht betreten. «Es scheint das entschiedne Heidenthum erbt auf ihn fort», meinte der Vater, der sich offensichtlich zum ersten Mal um seinen Sohn kümmerte und hocherfreut war, wie manierlich August schon essen konnte und wie leicht ihm selber die ungewohnte Aufgabe wurde, das Kind an- und auszukleiden. An Schiller schrieb er:

Ich war immer gerne hier und bin es noch; es kommt von der Harmonie, in der hier alles steht. Gegend, Menschen, Klima, Tun und Lassen. Ein stilles, mäßiges ökonomisches Streben, und überall den Übergang vom *Hand*werk zum *Maschinen*werk, und bei der Abgeschnittenheit einen größern Verkehr mit der Welt als manches Städtchen im flachen zugänglichen Lande.

Aber weder die Natur noch das Kapital waren Ilmenau günstig. Zu dem Zeitpunkt, da Goethe aus seinem frühindustriellen Arkadien nach Weimar zurückkam, hatte er das Thema Bergwerk soweit heruntergeschraubt, daß man es guten Gewissens und bis zum St. Nimmerleinstag Voigt überlassen konnte.
Zu den Verlockungen einer Reise nach Italien gehörte die Flucht vor den politischen und intellektuellen Wirrungen des revolutionären Nordens in eine Welt, die so war, wie sie den *Horen* zufolge sein sollte. Weimar schien allmählich in den Strudel hineingerissen zu werden, mochte es auch ein politisches Hauptziel Carl Augusts sein, das Herzogtum herauszuhalten. Ende 1794 begrüßte er die preußischen Friedensverhandlungen und folgte dem Rat seines Geheimen Conseils, das statt einer militärischen eine finanzielle Kontribution empfohlen hatte, falls das Reich auf einen Krieg gegen Frankreich dringen sollte. (Die durch diese Politik erforderliche zusätzliche Besteuerung wurde freilich nicht von allen Geheimräten begrüßt, und erst recht nicht ihre Ausweitung auf «Künstler und berufsmäßige Schriftsteller»:

Goethe äußerte sich sarkastisch, aber erleichtert, als die Steuer für diese Personengruppe in ein «Don gratuit [= freiwillige Leistung]» umgewandelt wurde, und setzte sich erfolgreich für die völlige Steuerbefreiung seiner Schauspieler ein.) Die Nachricht vom Basler Sonderfrieden erreichte das Conseil während einer sonntäglichen Sondersitzung am 12. April: Voigt ließ unverzüglich Goethe informieren, der gerade in Jena weilte. Aber so wünschenswert es auch sein mochte, auf die neutrale, preußische Seite der vorgeschlagenen Demarkationslinie überzutreten – auf eigene Faust konnte Weimar nicht agieren. Die bestimmende Regionalmacht war Kursachsen, das der österreichischen Sache unerschütterlich treu blieb und nicht einmal zwei Wochen benötigte, um den angebotenen Beitritt zum Frieden von Basel abzulehnen. Den ganzen verregneten Sommer hindurch blieb das Reich im Kriegszustand mit Frankreich, und das widerstrebende Weimar blieb verpflichtet, in der einen oder anderen Form sein «Kontingent» zu der gemeinsamen Anstrengung beizutragen. Der Druck auf Thüringen verstärkte sich im September, als das Wetter besser wurde und die an drei Fronten über den Rhein vorgetragene Offensive der Franzosen ihre ersten Erfolge zeitigte: Ende des Monats verließ Carl August seinen Hof (der für diesmal gerade im Freien in der Sonne speiste) und eilte nach Eisenach, wo die lokalen Herzogtümer in der – natürlich trügerischen – Hoffnung konferierten, sich auf ein gemeinsames Vorgehen einigen zu können. Goethe wurde aufgefordert, dem Herzog zu folgen und sich zu einer sechswöchigen diplomatischen Mission nach Frankfurt bereit zu machen, wo die Preußen ihr Hauptquartier zur Überwachung der Demarkationslinie aufgeschlagen hatten: ein an sich schon unwillkommener Befehl, und doppelt unwillkommen, da Christiane ihrer Niederkunft entgegensah. Doch nachdem er Meyer, der gen Süden aufbrach, Lebewohl gesagt hatte, reiste Goethe am 11. Oktober ab; er versprach Christiane, er werde aus Frankfurt für sie einen Muff und für August eine Pelzmütze mitbringen; zumindest würde seine Mutter sich freuen, ihn wiederzusehen.

Im Juli 1795 war das alte Haus am Großen Hirschgraben endlich verkauft worden. Es hatte vielleicht nicht so viel erbracht wie gehofft, aber der Wohlstand in Frankfurt war gestiegen, so daß ein Haus, das vierzig Jahre zuvor zu den schönsten der Stadt gehört hatte, mittlerweile nicht mehr dem modernen Standard entsprach: die Decken zu niedrig, die Zimmer zu zugig, nur eine Küche, «keinen Saal wo 40 Persohnen speißen können ... u. s. w.» Aber einen Tag, nachdem Frau Goethe den Kaufvertrag unterschrieben hatte, tauchte ein Makler auf und bot ihr eine geradezu ideale Wohnung in einem neueren Haus, und zu einem Mietzins, der weniger als die Hälfte der Zinsen aus dem erlösten Kapital betrug. Nur einen Katzensprung vom Hirschgraben und damit von Frau Goethes alten Bekannten entfernt, hatte die Wohnung drei große, helle Zimmer – ein Schlafzimmer, ein Wohnzimmer und ein Zimmer für zwei Dienstmädchen oder für den Sohn, wenn er auf Besuch kam –, dazu Küche, Speisekammer und Holzplatz, und alles auf demselben Stockwerk. Zwar mußte Frau Goethe zwei Treppen steigen, aber sie waren bequem, und außerdem brauchte sie ja nur einmal am Tag aus dem Haus zu gehen – und hatte dafür gewiß die schönste Aussicht. Von den vier Fenstern ihres Wohnzimmers, die auf den Roßmarkt und gegenüber auf die Hauptwache hinausgingen, überblickte sie den weitesten freien Raum in ganz Frankfurt, von der Zeil und der Katharinenkirche bis hinauf zur Bokkenheimer Straße, und immer herrschte emsiges Treiben: das Kommen und Gehen am Nord- und am Westtor, jeden Tag um elf Uhr die Wachparade der Soldaten mit ihrer Militärkapelle und sonntags die Gläubigen, die aus der Kirche kamen; sogar bei Regen boten die Hunderte von Schirmen ein farbiges Bild. Es war das erste Mal in ihrem Leben, daß sie umgezogen war, aber sie hatte so offensichtlich das Richtige getroffen, daß sie kein weiteres Mal würde umziehen müssen. Zwei preußische Soldaten hatten ihr die paar Möbel herübergetragen, die sie behielt; das Übrige, das nach vierzigjährigem Gebrauch «und dem 7jährigen Krieg – 3 Krönungen – und nun noch 3 Jahren Einquartirungen ausgehalten» habe und «etwas beschädigt» war, ließ sie versteigern; doch erhielt ihr Sohn die Leuchter, die er einst als vulgär verschmäht hatte. Kopfzerbrechen bereiteten ihr das alten Puppentheater, das durch den *Wilhelm Meister* plötzlich eine literarische Berühmtheit geworden war, und das alte Familienporträt, das zu groß zum Aufbewahren war: Es zeigte nicht nur Mutter, Vater, Wolfgang und Cornelia im Schäferkostüm, sondern auch – als Cherubim im Hintergrund – die jung verstorbenen Kinder. Goethe machte sich nicht erbötig, diese Gegenstände zu übernehmen, und so gingen sie in die Hände von Freunden über – vielleicht waren es Kindheitserinnerungen, die er nicht wieder zum Leben erwecken wollte. Die Spiegel hätte er gerne genommen, aber sie waren zu fleckig, um noch viel zu reflektieren. Alles in allem zeigte er über die Veränderung nicht dieselbe Begeisterung wie seine Mutter, die sich in seinen Augen durch hektische Betriebsamkeit nur von der prekären militärischen Lage Frankfurts ablenken wollte. Aber da er nun einmal an die Front beordert werden sollte, würde er natürlich bei ihr wohnen und das neue Zuhause besichtigen. Er schickte seinen Reisekoffer voraus, und sobald er angekommen war, saß Frau Goethe an ihren Fenstern, die bei dem schönen Wetter weit offen standen, und verfolgte die Ankunft jeder Postkutsche, für den Fall, daß es Goethes wäre, und wie freute sie sich darauf, mit dem Sohn an ihrer Seite die Parade zu betrachten!!! (Die insgesamt elf Ausrufezeichen am Ende dieses Satzes ahmten die Bewegung der marschierenden Truppen nach.) Goethe aber fürchtete, der Besuch werde ihm lediglich «die ernste Umgebung meines Vaters zerstückt und verschleudert» zeigen:

Es war auf meinen Antrieb geschehen, niemand konnte damals dem andern rathen noch helfen.

Goethe reiste über Erfurt, wo man täglich die Ankunft des herumreisenden Kurfürsten von Mainz erwartete, direkt nach Eisenach, das von Emigrierten übervölkert war, darunter der Landgraf von Darmstadt und 200 seiner Berittenen. Goethe war eben erst angekommen, als die Nachricht vom österreichischen Gegenangriff kam: Eine Armee von 60000 Mann hatte den Rhein überquert, Frankfurt war eingekreist, es drohte die Entsetzung von Mainz. Eine Schlacht stand offenbar unmittelbar bevor, die jedoch, wie Voigt erkannte, für Weimar nur neue Schwierigkeiten bringen konnte: Falls die Österreicher siegten, würden sie gewiß fordern, daß Weimar unverzüglich seine lange aufgeschobene Kontribution leiste; falls sie verloren, stand dem französischen Vormarsch nach Osten nichts mehr im Wege. In beiden Fällen würde aber Frankfurt seine gegenwärtige Bedeutung und Goethes Mission größtenteils ihren Zweck einbüßen. Das war für Goethe ein Glücksfall: Die militärische Situation war jetzt so verworren, daß er bei einer Reise nach Frankfurt mit hoher Wahrscheinlichkeit das Kampfgebiet durchqueren mußte, und es verlangte ihn überhaupt nicht danach, die Erlebnisse von 1792 zu erneuern, «da ich dergleichen anmutige Situationen schon kenne». So hielt er sich zehn Tage in Eisenach auf und überredete endlich Carl August, ihn zu entlassen. Am 22. Oktober war er wieder in Weimar. Eine Woche später hatten die Österreicher ihren Sieg davongetragen, und im Dezember traf bei Carl August ihre Forderung ein, unverzüglich sein «Kontingent» zu entsenden.

Frau Goethe war tief enttäuscht und gab übertriebenem Gerede von neuen feurigen Kugeln die Schuld an der Ängstlichkeit ihres Sohnes; aber Christiane muß erleichtert gewesen sein. Goethe widerstand dem Drängen Schillers, gleich nach Jena zu kommen, und blieb zu Hause, wo es «einen neuen Weltbürger» gab, «den ich doch gern freundlich empfangen möchte». Schiller hoffte, es werde ein Mädchen sein, das durch seinen kleinen Carl einmal seine Schwiegertochter werden würde, aber am 30. Oktober, demselben Tag, an dem Goethe seinen langen, furchteinflößenden Brief an Caroline Herder schrieb, kam «ein zarter Knabe» zur Welt, der sogleich ebenfalls auf den fürstlichen Namen Carl getauft wurde. Am 5. November fand Goethe endlich die Muße, in Jena einen ausgedehnteren Besuch zu machen, als seit langem möglich gewesen war; und wenn er nicht ein Auge auf die Wasserbauarbeiten und das Betragen der Studenten hatte, arbeitete er im Alten Schloß und sprach mit Schiller weit in die Nacht hinein über Architektur, Optik, Naturgeschichte und griechische Kunst und Literatur. So verging der zwanzigste Jahrestag seiner ersten Ankunft in Weimar und wurde von niemandem als gewiß ihm selbst bemerkt, doch gab es am 10. eine kleine Feier zu Schillers 36. Geburtstag, zu der auch die Griesbachs kamen, Schillers Vermieter vom Stockwerk über ihm. Aber dieser Abend sollte Goethe noch einen Stich ins Herz versetzen: Er hatte am Tag zuvor an Christiane geschrieben, um zu hören, ob Mutter und Kind wohlauf seien; statt dessen schickte sie einen Extraboten mit einem Alarmruf:

Das Kleine ist seit 2 Tagen sehr matt und schläft den ganzen Tag. Und wenn es essen und trinken soll, so muß man es aufwecken ... ich läugne es nicht, ich bin sehr ängstlich dabei ... Sei so gut und schreibe mir ein Wort zu meinem Trost.

Christiane schrieb zwar, daß sie ihren Mann nicht vor drei Tagen zurückerwarte, aber Goethe blieb nur noch bis zum Ende der Geburtstagsfeier und fuhr am nächsten Morgen eilends nach Hause. Hatte der Kleine die Gelbsucht? Man beginnt den Verdacht zu hegen, daß ein chronischer Defekt bei den Eltern vorlag, vielleicht eine Rhesusunverträglichkeit. Am 17. November schrieb Goethe seiner Gastgeberin in Jena:

> Der arme Kleine hat uns gestern schon wieder verlassen und wir müssen nun suchen durch Leben und Bewegung diese Lücke wieder auszufüllen.

Goethe informierte sogleich Meyer mit einer dürren Randbemerkung in einem Brief nach Rom («Sonst ist alles wohl in meinem Hause»), aber seiner Mutter zu schreiben brachte er einen Monat und länger nicht übers Herz. Sie war hocherfreut gewesen, als sie erfahren hatte, daß ein Kind unterwegs war; nur hatte sie bedauert, keine Anzeige in die Zeitung setzen zu können, jedoch Küsse für August und für den «Bettschatz» ihres Sohnes geschickt. Genauso nüchtern waren ihre Trostworte zum Tod des Kleinen. Sie hatte viele dahingehen sehen, zuletzt auch Julie Schlosser, und es war nicht Gefühllosigkeit, wenn sie sich in demselben Brief darüber freute, daß Julies Schwester, nunmehr verehelichte Nicolovius in Eutin, ihr bald ihren ersten Urenkel schenken würde:

> Daß dem lieben kleinen Söhngen seine Rolle hienieden so kurtz ausgeteilt war, thut mir sehr leid – freylich bleiben nicht alle Blüthen und Früchte zu werden – es thut weh – aber wenn die Saat gereift ist und kommt denn ein Hagelwetter und schlägts zu Boden was in die Scheuern eingeführt werden solte, das thut noch viel weher – Wenn aber nur der Baum stehen bleibt; so ist die Hoffnung nicht verloren. Gott! Erhalte dich – und den lieben Augst – und deine Gefährtin –

Frau von Stein bediente sich einer Anspielung auf Shakespeare [‹King John›; Faulconbridge ist der illegitime Sohn von Richard Löwenherz], um – lakonischer und unnachsichtiger – Fritz das Ereignis zu melden:

> Goethe ... hat wieder einen Faulconbridgen taufen lassen, und es ist gestern wieder gestorben.

Sie sah sich wohl in ihrem Urteil bestätigt, daß Goethe sein Glück verlassen habe. Aber diesmal war Goethe nicht so einsam wie damals nach dem Tode seiner Tochter, und bald trafen Beileidsbekundungen ein: von Knebel, von Marianne Meyer (die als Taufpatin vorgesehen war) und von der gewissenhaften Charlotte von Kalb. Auch Schiller schrieb sofort – freilich nicht an Christiane selbst, deren Existenz er, wie es die ganze bessere Gesellschaft Weimars tat, systematisch ignorierte. Goethes Antwort erlaubte dennoch einen der seltenen Einblicke in sein privates Ich, die er jetzt in seiner Korrespondenz gewährte, wenngleich er nach der langen Tortur des Schweigens, die auf das Ende der Beziehung zu Frau von Stein gefolgt war, seine Worte auch gegenüber dem natürlichsten Nachfolger der einstigen Freundin sorgfältig wählte:

Ich erhalte Ihren lieben Brief und danke für den Anteil, dessen ich schon versichert war. Man weiß in solchen Fällen nicht, ob man besser tut, sich dem Schmerz natürlich zu überlassen oder sich durch die Beihülfen, die uns die Kultur anbietet, zusammenzunehmen. Entschließt man sich zu dem letzten, wie ich es immer tue, so ist man dadurch nur für einen Augenblick gebessert, und ich habe bemerkt, daß die Natur durch andere Krisen immer wieder ihr Recht behauptet.

Die Gefaßtheit des gequälten Menschen, der Zuflucht bei der Kunst sucht, obgleich ihm vollkommen bewußt ist, daß die Natur mit ihrer überlegenen Logik ihn zuletzt doch einholen wird, ist paradoxer als alles, was Schiller in der *Naiven und sentimentalischen Dichtung* zu analysieren vermochte; und doch gehört sie zum Wesen des späteren Goethe als Mensch wie als Künstler. Es wurde sein einzigartiges und immer bewußteres Talent, seine Natur zum Nutzen seiner Dichtung zu organisieren. Am 21. November bedurfte es schwerlich der Versicherung: «Die ästhetische und sentimentale Stimmung ist in diesem Augenblick ferne von mir», und seine Briefe schienen zu beweisen, daß er sich «in einem Zustand der Abspannung» befand; aber Ende des Monats nahm er die Arbeit am *Wilhelm Meister* wieder auf – «und habe alle Ursache mich daran zu halten» – und Mitte Dezember erklärte sich Schiller geradezu neidisch auf Goethes «jetzige poetische Stimmung, die Ihnen erlaubt, recht in Ihrem Roman zu leben». Die letzten zwei Bücher, das siebente und das achte, die Goethe nun zu Michaeli 1796 gedruckt zu sehen hoffte, wurden zur Perle, die um den Tod des kleinen Carl herum wuchs, so wie die Überarbeitung des ersten bis fünften Buches seine Antwort auf den Tod Carolines gewesen war.

Die Vollendung des *Wilhelm Meister* war das gehaltvollste von mehreren literarischen Projekten, die auf unterschiedliche Weise die verzweifelte Stimmung Goethes am Jahresende 1795 zum Ausdruck brachten. Nur eines von ihnen wurde wirklich fertig, aber die Fragmente sind vielleicht noch interessanter. Auf jeden Fall tragen sie ein klareres Gepräge von der Gestalt künftiger Dinge. Ungeachtet aller Veröffentlichungen war 1795 ein Jahr, in dem sich Goethes Erfindungskraft, wie er selber gestand, auf die des Herausgebers seiner eigenen früheren Schriften – oder gar der Schriften anderer – beschränkte. Trotzdem war es auch ein Jahr, in dem er mehr als je zuvor durch Nachahmung gelernt hatte. Weder die Geschichten in den *Unterhaltungen deutscher Ausgewanderten* noch das sechste Buch des *Wilhelm Meister* mögen besonders inspirierende Vorlagen gehabt haben. Aber Goethe entdeckte auch in dem Werk eines Genies ein Vorbild für jenen Reichtum des Tons und der Andeutung, über den er einst, als Dichter des *Faust*, geboten hatte und den er einmal wiederzuerlangen hoffte. Seit dem Vorfrühling, vielleicht sogar schon länger, versuchte er sich an einer Fortsetzung der *Zauberflöte*, die ursprünglich *Die Zauberharfe* heißen sollte. Seine Motive waren freilich auch die des Theaterpraktikers, dem es darum zu tun war, sich an einen Kassenerfolg anzuhängen und die in eine aufwendige Produktion gesteckten Investitionen zusätzlich nutzbar zu machen. Er beschloß daher, sich so eng wie möglich an Schikaneders Libretto anzulehnen, und so bietet *Der Zauberflöte Zweiter Theil* alle Personen und die meisten Requisiten und Schauplätze des Originals auf. Es gelang Goethe auch bemerkenswert gut, die Breite der Schikanederschen Manier zu reproduzieren: In den Szenen, die er schrieb, mischen sich Verse mit Prosa, Erhabenheit und Weisheit mit Bauernschläue und Farce, Humor und Häuslichkeit mit dem Bizarren. Effekte werden gebündelt, Überraschungen, Kontraste und geniale Augenblicke folgen einander in raschem Wechsel, bekannte Motive werden aufgegriffen (zum Beispiel die besondere Funktion der Flöte, des Glockenspiels und der Posaunen oder das stammelnd wiederholte «Pa- Papa- Papapa..»). Schon seit Jahren hatte Goethe, während seine eigenen, überkonstruierten Opern in Vergessenheit gerieten, über das Erfolgsgeheimnis von Mozarts Librettisten gerätselt: Durch die Bereitschaft, bei ihnen in die Schule zu gehen, fand er zurück zu dem ungezwungeneren dramatischen Stil, den er an *Sakontala* bewundert hatte. Ja, was noch wichtiger war: Diese Übung offenbarte ganz neue dichterische Möglichkeiten, welche die schiere Wiederholung einer formalen Großstruktur in sich barg. Goethes Imitation der *Zauberflöte* ist das erste seiner Werke, die er explizit als «Teil Zwei» ansah, und er gebrauchte – wahrscheinlich zum ersten Mal in diesem Sinn – das Verbum «steigern», um zu beschreiben, wie dadurch «die Situationen und Verhältnisse» der ursprünglichen Oper auf einer höheren Ebene rekapituliert werden. Obwohl er es fast mit Sicherheit selbst noch nicht wußte, hatte Goethe mit dem Prinzip der «gesteigerten» Wiederholung den Schlüssel gefunden, der ihm in seinen mittleren Lebensjahren wieder die imaginative Kraft seiner Jugend erschließen und seiner poetischen Karriere zu einem neuen Anfang verhelfen konnte. Tamino und Pamina, Papageno und Papagena werden wieder den Abenteuern, Trennungen, Gefangenschaften und Irrfahrten der Schikanederschen Geschichte ausgesetzt – aber *nach* ihrer Hochzeit. Nicht mehr die Liebenden suchen einander, sondern als Eltern suchen sie zusammen ihre Kinder, die entweder sich verirrt haben oder noch nicht geboren sind – ihre Gefühle bewegen sich also insofern auf einer «höheren Ebene», als sie komplexer, reifer und feiner sind (obgleich es noch nicht richtig wäre zu sagen, daß die Charaktere sich ihrer eigenen Vergangenheit mehr bewußt sind). Dieses Thema berührte natürlich die persönlichsten Kümmernisse Goethes nach Carolines Tod, und daß er nach der Niederschrift von nur einem der zwei Aufzüge das Projekt vorläufig aufgegeben zu haben scheint, nachdem auch Carl gestorben war, ist nicht verwunderlich. In Wien hatte man von seinem Vorhaben Wind bekommen, und so wurde Goethe im Dezember 1795 gebeten, seine Bedingungen für die Ablieferung eines vollständigen Manuskripts zu nennen. Auf den Auftrag legte er keinen Wert, aber angesichts der geplanten Italienreise hatte er gegen ein stattliches Honorar nichts einzuwenden: Er verlangte 300 Taler, was einem halben Band des *Wilhelm Meister* entsprach. Wien bot im Gegenzug 75 Taler, den derzeitigen Kurswert von Iffland und Kotzebue, und damit war die Sache erledigt.

Ein Plan sollte schließlich doch reichlich Früchte tragen, mochten sie auch klein und sauer sein. Goethes Antwortbrief auf Schillers Kondolenzschreiben zum Tod seines Söhnchens war vor allem ein ungemein übellauniger Ausbruch gegen das deutsche Publikum: Die Leser des sechsten Buches des *Wilhelm Meister,* Stolberg und seine christianisierenden Konsorten, die engstirnige und feindselige Wissenschaftsgemeinde, alle werden mit Verachtung und Zorn behandelt – sogar Lichtenberg, dessen Versäumnis, «in seiner neuen Ausgabe von Erxlebens Compedio meiner Versuche auch nicht einmal zu erwähnen», Goethe als bewußte Brüskierung empfindet. (In Wirklichkeit war es nur das Versehen eines kranken Mannes: Lichtenberg, der versprochen hatte, «die gefärbten Schatten verdienen gewiß die größte Aufmerksamkeit des Naturforschers», hatte sich eigens einen Eintrag in sein Tagebuch gemacht, um Goethes Werk in die Bibliographie aufzunehmen, aber dann nicht nur das Buch, sondern auch diesen Eintrag vergessen – Goethe verzieh es ihm nie.) Eine Verschwörung «des Verschweigens, Verruckens und Verdruckens» ist gegen ihn und Schiller im Gange, und es ist Zeit für eine «Kriegserklärung» gegen sie und jene allgemeine «Halbheit» des zeitgenössischen Geisteslebens, die sich vornehmlich an Stolberg und an Lavaters Kompromiß zwischen Vernunft und Unvernunft zeigt. Seit März, wo nicht schon früher, hatte Goethe mit dem Gedanken gespielt, in die *Horen* Rezensionen über andere Zeitschriften aufzunehmen. In dem Maße, wie die *Horen* selbst Angriffen ausgesetzt waren, wurde der Gedanke ausdrücklich polemischer: Ein «Gericht» sollte im letzten Heft des Jahres über die Kritiker gehalten werden, diese selber dann «in Bündlein ... brennen». Schiller reagierte zurückhaltend: «Wir leben jetzt recht in Zeiten der Fehde», gab er zu, und die *Horen* seien «eine wahre ecclesia militans» (mit anderen Worten, sie kämpften eher mit irdischen Unvollkommenheiten, als daß sie sich triumphierend an dem von ihnen selbst verheißenen Ideal erfreuten); doch war er eher dafür, souveräne Mißachtung an den Tag zu legen, sogar gegenüber den immer heftiger werdenden Anwürfen Nicolais gegen alles, was nach Kantianismus schmeckte. Er suchte Goethes Misanthropie zu mäßigen. Feindseligkeiten von Wissenschaftlern und dergleichen seien eben «die histoire du jour [der Lauf der Welt]», meinte er, und wenn er auch froh war, daß jemand anderer eine Lanze brach, so wollte er selbst doch ungern involviert sein. Aber Goethe blieb hartnäckig. Vielleicht wollte er sichergehen, daß sich nicht auch der Herausgeber der *Horen* der «Halbheit» schuldig machte. Immerhin hatte Schiller seine frühere Zeitschrift mit dem Versprechen eröffnet, keinen anderen Richter über sein Werk anzuerkennen als das bücherkaufende Publikum. Seine Bekehrung zum Geschmack «einiger weniger aus erlesener Zirkel» mochte nicht verläßlicher sein als Goethes widerstrebend gefaßter Entschluß, wieder in die Welt des Buchdrucks einzutreten. Da das Publikum jetzt offenkundig unempfänglich für die *Horen* war, hatte sich der von Goethe in den *Episteln* formulierte Argwohn in gewisser Weise bestätigt. Es war an der Zeit, daß Schiller Solidarität mit seinem neuen Partner bewies und ein Publikum verwarf, das ihm nicht treu geblieben war. Einen Monat nach dem Trauerfall, in den letzten Tagen des Jahres, hatte Goethe, der wieder Herr seiner Empfindungen war, einen «Einfall»: «auf alle Zeitschriften Epigramme, jedes in einem einzigen Disticho, zu machen, wie die Xenia' des Martials sind». Ein Dutzend davon hatte er schon verfaßt; er schickte sie Schiller und schlug zugleich vor, in gemeinsamer Arbeit die Zahl auf hundert zu bringen, um sie dann im folgenden Jahr im *Musenalmanach* auf das Jahr 1797 zu veröffentlichen. Die ersten Beispiele ließen erwarten, daß es hauptsächlich darum gehen würde, Schmähungen gegen den Feind zu schleudern, zum Beispiel gegen Hennings' *Genius der Zeit*; doch sollte es auch Komplimente – vielleicht etwas zweideutiger Art – an gewogenere Journalisten wie Wieland und Bertuch geben; und es war nicht notwendig, daß die Dichter den Anschein erweckten, sich selbst zu schonen – «Über uns selbst dürfen [= brauchen] wir nur das, was die albernen Pursche sagen, in Verse bringen, und so verstecken wir uns noch gar hinter die Form der Ironie:»

Horen. Erster Jahrgang

Einige wandeln zu ernst, die anderen schreiten verwegen,
Wenige gehen den Schritt, wie ihn das Publikum hält.

Endlich willigte Schiller ein; vielleicht verführt von dem Gedanken, allein mit Goethe *contra mundum* zu stehen, fand er den Einfall «prächtig» und wartete mit einer eigenen Liste von Prügelkandidaten auf. Man beschloß, sich gemeinsam ans Werk zu machen, sobald Goethe im neuen Jahr nach Jena kam, und «dann soll es auch heißen: nulla dies sine Epigrammate.»

Goethes schwankende Gefühle über das öffentliche Medium des Buchdrucks waren nicht zu trennen von der Herausforderung seines Geistes und seiner literarischen Gaben durch die politischen Unruhen. Es mag überraschend scheinen, daß unter den Werken, welche Goethe 1795 in Angriff nahm, aber nicht weiter verfolgte, auch der Versuch eines neuen Dramas über die Französische Revolution war: *Das Mädchen von Oberkirch*. Aber das selbstverleugnende Politikverbot der *Horen* war kein Versuch, so zu tun, als ob die Revolution nicht existiere. Für Goethe, wenn auch nicht für Schiller, war es der Versuch, dieses höchst anspruchsvolle Thema einem vom Gerede verschonten, privaten Raum vorzubehalten, wo er seine eigene, dichterische Reaktion darauf erarbeiten konnte. *Der Bürgergeneral* und *Breme von Bremenfeld* konnten schwerlich als sein letztes Wort zu den großen Ereignissen gelten, die er durchlebte. 1795 bekam er einige erste Fäden eines persönlichen Beteiligtseins zu fassen, die einem deutschen Dichter und Denker möglicherweise den Weg ins Herz der Katastrophe weisen konnten. Die Aufgabe, die sich zu stellen Goethe nicht abließ, wann immer er seit den Tagen in Pempelfort über die Revolution schrieb – lieber wollte er scheitern und schweigen, als ihr auszuweichen –, war, in der individuellen Erfahrung ein adäquates Bild für ein Ereignis zu finden, das seiner ganzen Natur nach jede individuelle Erfahrung überstieg: Es mochte plötzliche, unerklärliche und grauenhafte Auswirkungen auf das Leben von Individuen haben, aber zu erfassen war es anscheinend nur abstrakt, durch Unterhaltungen und in den Zeitungen, aber nicht unmittelbar durch die Sinne. Für einen Deutschen stellte sich das Problem konkret als die Schwierigkeit dar, wahrheitsgemäß über Ereignisse in Frankreich zu schreiben, an denen er nicht unmittelbar, sondern nur durch ihre Konsequenzen Anteil hatte. Sich nur auf die deutschen Fernwirkungen des französischen Erdbebens einzulassen, wie Goethe es in *Breme von Bremenfeld* getan hatte, war redlich genug, ließ dem Autor aber nur die Befassung mit dem Trivialen und Abgeleiteten; das Spiel der Kräfte in Pariser Clubs und Ausschüssen nachzukonstruieren, bedeutete für den Deutschen ein selbstgefälliges Ausgreifen seiner Einbildungskraft auf fremdes Territorium; das eine als Bild für das andere zu verwenden, wie Goethe es in den zentralen Szenen des *Breme von Bremenfeld* beabsichtigt hatte, wäre ein Kraftakt gewesen, zu dem sogar Goethe sich außerstande zeigte. Doch 1795 wurde Goethes Aufmerksamkeit auf einen Ort gelenkt, der möglicherweise selber zwischen den französischen und den deutschen Elementen des großen Themas vermitteln konnte: Straßburg. Diese Stadt, französisches Territorium, aber immer noch weithin deutschsprachig und Zentrum der für das Reich bestimmten revolutionären Propaganda, kannte er natürlich seit seinen Studententagen. Die Assoziation ergab sich ihm nicht einfach durch eine Weimarer Dame, die zufällig Verwandte mit Besitzungen im elsässischen Oberkirch hatte, und auch nicht durch die (nicht gesicherte) Lektüre eines Berichts über jenes Bauernmädchen, das sich geweigert hatte, während des Schreckens von 1793 bei der feierlichen Entweihung des Straßburger Münsters die Göttin der Vernunft zu spielen. Zweimal bekam er 1795 durch Mittelsleute auch Nachricht von «Lili» von Türckheims Flucht und Rückkehr nach Straßburg. Auch nach zwanzig Jahren und einer späten «Ehe» ist man nicht gleichgültig gegen das Schicksal der einen Frau, mit der man jemals offiziell verlobt war – der man alle jene Verheißung einer nun entschwundenen Jugend darzubringen gedachte, die dann niemandem geschenkt wurde, und die ihren Freunden erklärt, daß sie sich «das Reine Bild», welches sie von einem hat, «durch nichts dass mir gesagt werden mag verwischen lassen» wolle. «Lili» ist als Adressatin eines in dieser Zeit entstandenen Distichons nicht minder wahrscheinlich als Charlotte von Stein, auf welche die Zeilen gewöhnlich bezogen werden:

> Ja ich liebte dich einst, dich wie ich keine noch liebte,
> Aber wir fanden uns nicht, finden uns ewig nicht mehr.

Der Gedanke an «Lili» mag ein Gefühl der inneren Beteiligung am Schauplatz des *Mädchens von Oberkirch* bewirkt und durch Lilis Gatten die Figur des gütigen «Maire» der Stadt hervorgebracht haben; beabsichtigter Gegenstand der Handlung aber waren das frevelhafte Fest am 20. November, bei dem Eulogius Schneider, der Verfolger der Türckheims, seiner Religion abgeschworen hatte, und die heldenhafte Weigerung der Titelfigur, bei diesem Fest mitzuwirken. Hier, in dem Versuch der Revolution, den alten Glauben zu verdrängen und einen neuen zu errichten, hatte Goethe endlich ein Thema gefunden, das tiefgründig und allgemein genug war, um sowohl die geistigen Belange Deutschlands als auch die brutalen Fakten der französischen Politik in sich zu schließen. Goethes «Realismus» nötigte ihn jedoch, um dieses transzendentale Thema ein gesellschaftliches Motiv zu ranken, von dem er überzeugt war, daß es ebenfalls beiden Nationen gemeinsam war: der Verlust an Zuversicht und Selbstdisziplin in den herrschenden Klassen. Es sollte ein Baron vorkommen, der sich in das Mädchen verliebt hat und es ungeachtet gesellschaftlicher Rangunterschiede heiraten will. Daß Goethe von dem Stück nicht mehr als das Schema der Handlung und zwei Szenen wenig inspirierender Prosa ausgeführt hat, dürfte jedoch nicht einfach daran gelegen haben, daß eine derartige Mésalliance sein eigener offenkundigster Verstoß gegen die etablierte Ordnung war. Der fünfte Aufzug hätte, sofern vollendet, die wahre Gemeinschaft aller drei Stände gezeigt, deren Vertreter gemeinsam den tragisch erfolglosen Versuch unternommen hätten, eine Heldin zu retten, deren Geistesadel sie alle überstrahlte. Der eigentliche Grund, warum Goethe den Entwurf nicht ausarbeiten konnte, lag aber darin, daß es ihm keine Freude machte, jene höhere Sache in Worte zu fassen, für die das Mädchen von Oberkirch sterben mußte. So teuflisch die Revolution sein mochte, wenn sie die politische Macht den Fleischern übergab (in dem Stück ist dies das Handwerk des Sansculotten-Anführers), so hatte sie sich doch mit dem heiligen Namen der Vernunft verbunden. Die Schiefheiten, die nötig gewesen wären, wenn Goethe entweder eine Verurteilung des neuen Kultes oder eine Verteidigung des alten hätte schreiben sollen, wären schwerlich mit jenem hochgestimmten Ton vereinbar gewesen, den die Tragödie eines Martyriums verlangte. Einmal hatte er solch einen vielfachen Effekt erzielt, als er die letzten Szenen der Gretchengeschichte schrieb; aber damals war seine Einstellung zum Christentum wirklich uneindeutiger gewesen, als sie es jetzt, auch nach Beendigung des sechsten Buches des *Wilhelm Meister*, war, und so verheißt nichts an dem Plan zum *Mädchen von Oberkirch* den dichterischen Reichtum im *Urfaust* oder auch nur in *Der Zauberflöte zweitem Teil*.

Der Hauptmangel des *Mädchens von Oberkirch* war die moralische Simplizität des zentralen Themas. Goethes eigene Reaktion auf die Revolution war jedoch alles andere als unkompliziert. Es gibt geheimnisvollere Episoden in seinem Leben als das erste Jahr seiner Beteiligung an den *Horen*, aber wenige so rätselhafte: Es ist recht eigentlich eine Epoche der Rätsel. Das Rätsel ist ein absichtsvoll konstruiertes Geheimnis, aber darum nicht unbedingt ein flaches. Goethes definitives Heraustreten aus dem feudalen Refugium in die Welt der Öffentlichkeit, als Autor des *Wilhelm Meister* und Mitverantwortlicher für die *Horen*, erscheint, als habe er darauf gepocht, wieviel von sich er dennoch bewußt dem Blick des Publikums entzog. Von Anfang an hatte er gewollt, daß die *Horen* mit ihren Lesern «Versteckens spielen», was die Verfasserschaft der einzelnen Beiträge betraf. Die *Unterhaltungen deutscher Ausgewanderten* sollten mit der «Auslegungssucht» der Leser ihr «Spiel treiben» – eine Absicht, die voll und ganz mit den achtzehn absichtlich rätselhaften Charakteren verwirklicht wurde, die das *Märchen* bevölkern. Das fünfte Buch von *Wilhelm Meisters Lehrjahre*, mit dem der Stoff der *Theatralischen Sendung* zu Ende ging, hinterließ viele ungelöste Fragen, die Goethe seine «wunderlichen und spaßhaften Geheimnisse» nannte – Schiller gab zu, daß niemand in seinem Kreis dem «hermeneutischen ... Geheimnis» auf die Spur zu kommen vermochte –, und von dem sechsten Buch, in welchem er seine «Absichten völlig verbergen wollte», sagte Goethe in dem übellaunigen Brief nach dem Tode Carls:

Freilich weiß der arme Leser bei solchen Produktionen niemals, wie er dran ist, denn er bedenkt nicht, daß er diese Bücher gar nicht in die Hand nehmen würde, wenn man nicht verstünde, seine Denkkraft, seine Empfindung und seine Wißbegierde zum besten zu haben.

Sogar die fünf Jahre alten *Venezianischen Epigramme* wurden als «Torheiten» abgetan, die andere Menschen sich erstaunlicherweise gutes Geld kosten ließen, und die künftigen *Xenien* sollten eine ironische Maske sein, hinter der man seinen Spott mit einem guten Teil der Leserschaft trieb. In dieser Zeit zeigte Goethe auch ein gewisses Interesse an Kryptogrammen, vielleicht auch an mystisch-symbolischen alchimistischen Schriften als den Wegbereitern der wissenschaftlichen Chemie, zu der ihn seine optischen Studien lenkten. Welches war das Geheimnis, das Goethe einem Publikum vorzuenthalten meinte, mit dem zu kommunizieren er sich mehr und mehr, wenn auch mitunter ungnädig, abgefunden hatte?

Vielleicht war es so etwas wie jene persönliche Identität des Dichters, mit der Friederike Brun bei der Lektüre von Goethes Gedichten so tiefe Sympathie empfunden hatte – eine Sympathie, die Goethe offenkundig für verfehlt hielt. Die Gedichte waren weder unaufrichtig noch unauthentisch; aber er selbst, das *«ille ego»*, war nicht so leicht zu erfassen. Das Publikum sollte sich nicht einbilden, den Schriftsteller zu besitzen oder gar in einem gewissen Sinne erschaffen zu haben, nur weil es seiner Selbstartikulation die Plattform verschafft hatte. So öffentlich Kommunikation ihrem Wesen nach war, sie implizierte paradoxerweise stets, daß es jenseits des Öffentlichen ein privates Selbst und private Erfahrung gab: Beides wurde in der Kommunikation zugänglich gemacht, aber es blieb persönlich, das heißt einzigartig und letzten Endes nicht in andere Begriffe übersetzbar. Ein sentimentales Zeitalter dachte sich natürlich alle Literatur – auch des Selbstmörders Werther Erzählung in der ersten Person Singular – als Briefe, die den direkten Zugang zur Seele des Schriftstellers eröffneten. Goethe wußte, daß er beim Briefeschreiben eine Pose einnahm, die er dem jeweiligen Empfänger anpaß-

Eine Epoche der Rätsel – Das Geheimnis der Identität

te; dementsprechend wußte er auch, daß der Erzähler, das «Ich» in einem Gedicht oder Roman, ebenso künstlich war wie die Maske der Persönlichkeit, die er der Welt Tag für Tag präsentierte. Trotzdem waren diese verschiedenen Persönlichkeiten nicht ohne Beziehung aufeinander, und wenn sie künstlich waren, so waren sie darum doch nicht leer: Goethe wollte seine Identität als Schriftsteller oder als Mensch nicht auf eine bloße grammatikalische oder narrative Konvention reduziert sehen, so als sei er nicht mehr als das Pronomen, das nach der Struktur der Sprache notwendig zu einem Verbum gehört. Er hätte Lichtenberg nicht beipflichten können, der um jene Zeit in seine Sudelbücher schrieb:

... Es *denkt*, sollte man sagen, so wie man sagt *es blitzt*. Zu sagen *cogito* ist schon zu viel, so bald man es durch *Ich denke* übersetzt. Das *Ich* anzunehmen, zu postulieren ist praktisches Bedürfnis. [K 76]

Von allen seinen Zeitgenossen war es Goethe, der Kant am nächsten war und am nächsten blieb; für Kant aber war die Seele – unsere substantielle, monadische Identität – nicht etwas, das wir oder andere Menschen aus der Erfahrung kennen können, war jedoch darum noch keine Illusion. Sie war eine Idee, ein Postulat, welches für ein konsequentes Nachdenken zumal über moralische Fragen der «praktischen» Vernunft notwendig war. Goethe selbst fühlte sich real und fest genug, aber seine Leser sollten ebensowenig glauben, ihn in seinen Schriften – oder irgendeiner anderen Form des Selbstausdrucks – erfassen zu können, wie sie meinen sollten, empirische Erfahrung von einer Idee haben zu können. In gesellschaftlichen Begriffen formuliert, könnten wir sagen: Goethe war zuversichtlich, daß es in ihm einen unabhängigen Goethe gab, der wie sein Vater von seinem persönlichen Kapital lebte; aber dieses bürgerliche Ich war nicht gleichzusetzen mit irgendeiner seiner Manifestationen als Höfling und besoldeter Beamter eines absoluten Herrschers – oder auch als Sprecher der «sentimentalischen» und hochphilosophischen Kultur, die in der untertänigen deutschen Mittelschicht die Stelle dessen vertrat, was damals im Krämervolk England die aufblühende realistische, romanzentrierte Literatur war. Das Paradox eines Ichs, das sowohl real als auch unerfahrbar privat, weder reine Konvention noch materiell und ökonomisch autonom ist (offen gestanden ein Paradoxon, das die meisten Bewohner des nachbürgerlichen Europas von heute ausleben müssen), wird von Goethe in der Überzeugung ausgedrückt, daß sein Werk, einem Publikum präsentiert, notwendig den Eindruck erwecken muß, daß es ein Geheimnis verkörpert. Friedrike Brun überliefert aus den Unterhaltungen mit ihm

nur wenige Worte über das Leiden, das er erduldet, ehe er nach und nach dahingekommen, wo er nun sei. «Es war gräßlich oft», und wie er sein Wesen in hohem Grade dem Publikum mitgetheilt, aber mit großen Lücken» ...

Wenn aber die wirkliche Bedeutung all dessen verborgen ist – wenn sie, wie die Kantianer sagten, «ideal» ist –, dann wird jede öffentliche konstruierte

Bedeutung notwendig eine Anmaßung sein, «als ob»– mit Kant zu reden – wir direkte Erfahrung der Wahrheit haben könnten. «Die Geschichte ist kitzliches Feld; wir schreiben lieber eine u: setzen Roman drüber.» Goethes merkwürdige Entschlossenheit, den *Horen* seine Fassung von Madame de Staëls *Essai sur les fictions* aufzudrängen, galt sicher eher dem profunden Thema mit seinen Anklängen an Montaigne und Pascal als der unsystematischen Durchführung:

> Das menschliche Leben scheint so wenig auf Glück berechnet, daß man nur mit Hülfe einiger Schöpfungen und gewisser Bilder, nur durch glückliche Wahl unserer Erinnerungen die vertheilten Freuden der Erde sammeln, und, nicht durch die Kraft der Philosophie, sondern durch die weit mächtigere Wirkung der Zerstreuungen gegen die Leiden zu kämpfen vermag, die uns das Schicksal auflegt.

«Fiktionen» sind unsere stärkste Waffe gegen die elende Realität unserer Situation. Madame de Staëls Verteidigung der Einbildungskraft (die Pascal als Quelle allen Trugs gebrandmarkt hatte) war für den Verfasser des *Wilhelm Meister* besonders anziehend. Ihr erklärtes Ziel ist es, zu beweisen, daß

> ein Roman, der mit Feinheit, Beredsamkeit, Tiefe und Moralität das Leben darstellt, wie es ist, die nützlichste von allen Dichtungen sei.

Außerdem hält sie mit bemerkenswerter Einsicht nach einem neuartigen Roman Ausschau, der zwar seinen Richardson noch nicht gefunden hat, von dem aber Godwins *Caleb Williams* (1794) ein erstes Muster sein mag – ein Roman, der sich zunächst einmal thematisch nicht auf die Liebe zwischen den Geschlechtern stützt, sondern statt dessen Material heranzieht, das bisher dem Geschichtsschreiber vorbehalten war, es dabei aber auf das private Leben von Individuen bezieht. Madame de Staëls Überzeugung, daß «der neue Roman» besonders für die zweite Hälfte eines Schriftstellerlebens taugt, daß er aber notwendig in der vorhergehenden Erfahrung einer leidenschaftlichen Liebe gründet, muß die Aufmerksamkeit eines Goethe erregt haben, der einen Ausweg aus der Gefühlsflaute seiner Lebensmitte suchte, ohne dabei die «Leiden des jungen Werthers» zu leugnen oder neu zu beleben:

> Aber sind nicht alle tiefe und zärtliche Empfindungen von der Natur der Liebe? Wer ist zum Enthusiasmus der Freundschaft fähig? wer zur Ergebung im Unglück? wer zur Verehrung seiner Eltern? wer zur Leidenschaft für seine Kinder? als ein Herz das die Liebe gekannt oder verziehen hat. Man kann Ehrfurcht für seine Pflichten haben, aber niemals sie mit frohem Hingeben erfüllen, wenn man nicht mit allen Kräften der Seele geliebt hat, wenn man nicht Einmal aufgehört hat zu sein, um ganz in einem andern zu leben. Das Schicksal der Weiber, das Glück der Männer, die nicht berufen sind, Reiche zu regieren, hängt oft für das übrige Leben von dem Einfluß ab, den sie in der Jugend der Liebe auf ihre Herzen erlaubt haben; aber in einem gewissen Alter vergessen sie jene Eindrücke ganz und gar, nehmen sie einen andern Charakter an, beschäftigen sich mit andern Gegenständen und überlassen sich andern Leidenschaften. Diese neuen Bedürfnisse müßte man auch zum Inhalt der Romane wählen ...

Die Größe des reifen Goethe bestand genau darin, daß er in Romanen, Theaterstücken und Gedichten solche Themen aus dem späteren Leben aufgreifen und ihre Verwurzelung in einer frühen Liebe zeigen konnte; doch vergaß er auch nie, was er unter Schmerzen in diesen mittleren Jahren gelernt hatte: daß sowohl im Leben als auch in der Kunst – wiewohl ohne Zweifel auf ganz unterschiedliche Weise – solche Geschichten vom Schicksal der Weiber und vom Glück der Männer Fiktionen sind, konstruiert von der Einbildungskraft als nützliche – und natürlich zerstreuende – Analoga zu einer unnennbaren Wahrheit. Als er Madame de Staëls *Essai* übersetzte, formulierte er gleichzeitig seine neuen Gedanken zur Baukunst und seine Kritik des Stolbergschen Platon: In beiden Fällen bediente er sich des Begriffs «Fiktionen», um eine neue Einstellung zur Kunst zu skizzieren, die man idealistisch nennen konnte und der er für den Rest seines Lebens treu blieb. Das Studium Kants und die Rückkehr zum lesenden Publikum befreiten ihn von dem Lukrezianismus, der sieben Jahre zuvor sein ästhetisches Denken beherrscht hatte: Kunstwerke brauchten nicht mehr als ausschließlich materielle Vehikel eines gegenwärtigen Vergnügens betrachtet zu werden. Gewiß sprachen sie die Sinne an; aber Goethe kannte jetzt genug Kant, um einzusehen, daß die Sinne und der Intellekt ebensowenig vollkommen voneinander getrennt werden konnten wie die Kunst und die Natur. Die intuitive Einsicht in den Schein als das Wesen aller Kunst, die ihm aufgegangen war, als er über die durch Männer gespielten Frauenrollen auf der römischen Bühne nachgedacht hatte, konnte nun durch die Kantische Theorie ergänzt werden, daß aller Schein – jedes «Als ob» – einen Wahrheitsmaßstab impliziert, der bei den elementarsten Fragen verborgen und undefinierbar sein wird und nur durch den Schein hindurch zu erkennen ist. Die Eigenschaften griechischer Tempel sollten nicht mehr einfach aus den besonderen Merkmalen der Steine erklärbar sein, aus denen sie erbaut waren. Im Gegenteil, während alles, was guter Entwurf und praktische Notwendigkeit von einem Gebäude aus einem bestimmten Material erheischen, natürlich geboten werden muß, besteht architektonische Schönheit in einer «Überbefriedigung des Sinnes» – einem Spielen mit dem Material, so daß es durch eine «Fiktion» mehr zu sein scheint als die Erfüllung einer definierbaren Funktion. So dekorierten die Griechen ihre steinernen Tempel, «als ob» sie aus Holz wären; Palladio – von dessen Genie Goethe wieder einmal eine zusammenhängende Darstellung zu geben weiß – erbaute durch eine «doppelte Fiktion» Villen und Kirchen so, «als ob» es heidnische Tempel seien; und Homer, von dem Philister Platon mißverstanden, verkürzte wo nötig die Einzelheiten des Wagenlenkens, so wie der Gemmenschneider die Konturen des Pferdeleibes von der Beschwerlichkeit des Geschirrs befreit, so «als ob» es möglich wäre, ohne ein solches zu reiten. Verstöße gegen die Logik des Materials oder der Funktion sind für Goethe keine Kunstfehler mehr, sondern Vehikel, durch die man zur höchsten Schönheit gelangt. Gewiß ist *diese* Schönheit nicht definierbar – Goethe spricht von einer Schönheit «des Charakters», womit er implizit seine frühere Ablehnung dessen widerruft, was er einst «Manier» in der Kunst genannt hatte –, und keine noch so vielfältigen Zahlenverhältnisse, keine noch so spezialisierten naturwissenschaftlichen Kenntnisse, wie sie etwa der Botaniker zu einem Blumenbild mitbringen mag, sondern nur «Geist und Sinn» können ihm helfen, Schönheit hervorzubringen oder ihre Richtigkeit zu beurteilen. Wenn Goethe jetzt in seinen Zeichnungen Elemente aus italienischen Landschaften mit Szenen von der Ilm oder der Saale zusammenfügte, dann war dies wesentlich nicht nur dafür, daß ein harmonisches Bild resultierte – eine «ideale Landschaft» in dem Sinne, in dem er solche Dinge in Italien zu malen begonnen hatte –, sondern auch dafür, daß der reale Bezug auf einen konkreten Schauplatz erkennbar blieb. Und die Wahrheit, die dem fiktiven Bild innewohnte, war weder die einer rein historischen Darstellung noch die einer vom wirklichen Leben unabhängigen ästhetischen Vollkommenheit, sondern die eines Lebens, das in ein Ideal verwandelt wird, von welchem es undefinierbar weit entfernt, aber nicht völlig abgetrennt ist.

Die Theorie der Fiktionen führt zu einer Kunst und zu einer Moralität, die man idealistisch nennen könnte, insofern die Schönheit als etwas definiert wird, das nicht durch Darstellung der Dinge so, wie sind, erreichbar ist, während es vom Leben heißt, daß es gemäß Prinzipien gelebt wird, die nicht aus dem Gang der Welt begründbar sind – dem Glauben an einen Endzweck, ein moralisches Grundmuster und eine persönliche Identität. Ebenso könnte man diese Fiktionen jedoch auch realistisch nennen; denn sie beschränken sowohl die literarische Kunst als auch die bildende Kunst, insofern sie überhaupt darstellend ist, auf die Darstellung des sinnlich Wahrnehmbaren, und im Moralischen wird nicht der Anspruch erhoben, daß seinen leitenden Prinzipien ein größerer Erfolg beschieden sein wird, als es generell mit Geboten des Gewissens der Fall zu sein pflegt. Das Ideal ist mit anderen Worten ein Geheimnis, das schweigend durch ein Leben getragen werden muß, von dem man weder seine Bekräftigung noch seine Spiegelung erwarten kann, dem aber, als der einzig sichtbaren Realität, der Pilger genaue, wenngleich mitunter ziemlich distanzierte Beachtung schenken wird. Wie Goethe um die Jahreswende 1795/96 an Meyer schrieb, der ihm in Rom den Boden bereitete,

ist das Gespräch überall nichts als ein Austausch von Irrtümern, und ein Kreislauf von beschränkten Eigenheiten. Wir wollen unsern Weg recht still aber auch recht eigensinnig verfolgen. Lassen Sie nur ja niemand nichts von unsern Hypothesen, Theorien und Absichten merken ... Ich war von jeher überzeugt daß man entweder *unbekannt* oder *unerkannt* durch die Welt gehe, so daß ich auf kleinen oder größeren Reisen in so fern es nur möglich war, meinen Namen verbarg.

Aber auch inkognito war Goethe auf der Reise. In den vorangegangenen zwölf Monaten hatte er sich am literarischen Gespräch Deutschlands so intensiv beteiligt wie seit zwanzig Jahren nicht mehr. 1775 hatte das Mißverhältnis zwischen der sozialen und der politischen Ordnung in Deutschland es ihm unmöglich gemacht, jenes produktive Verhältnis zum Publikum aufrechtzuerhalten, das der *Werther* für einen Augenblick geschaffen hatte.

Die bücherkaufende Mittelschicht, fern von den Zentren der politischen Macht und der nationalen Identität, hatte nur eine geistige Existenz, als «öffentliche Meinung», und während sie ihm ein Publikum geben konnte, konnte sie ihm – außer in dem unwiederholbaren Fall des *Werther* – nicht sein Thema schenken. *Werther*, die Geschichte eines von der Bücherwelt überwältigten Geistes, war der einzig *mögliche* realistische Roman in einem Deutschland, in dem ein absolutistisches *ancien régime* dominierte. Als Goethe nach Weimar zog, unterwarf er sich dem System, das in Frau von Stein personifiziert war, und fand in ihr sein privates und einziges Publikum: Seine Seele war in einer inneren Festung eingeschlossen, aber sie überlebte – und sei es bei Brot und Wasser. In der natürlichen Welt fand er dann für das Sehnen seines Herzens einen Gegenstand – und ein Bild –, wie die soziale Welt ihm nicht bieten konnte. Deutschlands Antwort auf die Erhebung von 1789 war eine geistige und verlegerische Gärung, in die Goethe wie jeder andere Zeitgenosse, dem es um die nationale Literatur zu tun war, hineingezogen wurde, und allmählich bedurfte er des Rückgriffs auf das natürliche Objekt nicht mehr, es sei denn ausnahmsweise, zur gelegentlichen Selbstvergewisserung. Aber das Mißverhältnis bestand fort und wurde jetzt von Goethe selbst in seiner neuen Lebensweise verkörpert: Die einfache Rückkehr zu öffentlicher Wirksamkeit konnte nicht garantieren, daß er jenen Augenblick der Identität zwischen seiner privaten Seele und dem öffentlichen Geist wiedergewinnen konnte, den er 1774 erlebt hatte. Das Lesepublikum war politisch nicht sein eigener Herr, und Goethe lebte in beiden Reichen: dem der Öffentlichkeit und dem der Herren. In seiner persönlichen Existenz gab er vor, Minister zu sein (und verhehlte dadurch, daß der größte Teil seiner Wirksamkeit jetzt in literarische und kulturelle Unternehmungen floß); in der Literatur gab er vor, als Angehöriger einer nationenweiten Mittelschicht zu sprechen (und verhehlte dadurch seine Position als Beamter eines souveränen Herrschers). Die ihnen innewohnenden Widersprüche stellten sicher, daß keine dieser Prätentionen besonders erfolgreich war; aber sie ermöglichten auch die Herstellung eines Gleichgewichts zwischen Goethe und seinem Publikum, das ihn mehr oder weniger dauerhaft in der öffentlichen Welt festhielt. Auf der einen Seite akzeptierte er jetzt, daß das gegenwärtige Zeitalter, wie Schiller es in *Über naive und sentimentalische Dichtung* beschrieben hatte, ein subjektives Zeitalter war, in dem die Kommunikation des Ichs – seine Gefühle, Gedanken und moralischen Ambitionen – ebensosehr eine Komponente der Kunst war wie die Konstruktion sinnlich erfreulicher Gegenstände. Auf der anderen Seite lernte er aus der Erfahrung, was er immer geargwöhnt hatte: daß das moderne deutsche Publikum nicht einheitlich war und daß Wahrheit und Schönheit eines Kunstwerks auf unberechenbare Weise den einen offenkundig sein würden, den anderen nicht – so «daß man im Literarischen jenen Sämann, der nur säete, ohne viel zu fragen, wo es hinfiel, nachahmen soll». Die Ästhetik, die durch Madame de Staëls Theorie der Fiktionen inspiriert oder zumindest bekräftigt wurde, war gewiß insofern «realistischer» als alles, woran Goethe viele Jahre lang festgehalten hatte, als sie ihm erlaubte, der neuen Form des Romans und der treibenden Kraft hinter ihr, der Verlagsindustrie, näher zu kommen – freilich nicht so nahe, daß er wie Jane Austen in seiner Kunst jene Welt hätte schildern können, an die er sich wandte: Zu diesem Wunder hätte es einer neuen Gesellschaft bedurft, nicht bloß einer neuen Ästhetik. Die deutsche Mittelschicht zerfiel in den neunziger Jahren des 18. Jahrhunderts deutlich in ein Handel treibendes Bürgertum, das politisch machtlos und wirtschaftlich noch schwach war, aber über die Druckerpressen verfügte, und eine wachsende und zuversichtliche Beamtenschaft, die gegenüber der staatlichen Autorität Loyalität bekundete und die Produktion neuer Ideen monopolisierte. Es gab hier keine stabile objektive Ordnung, als deren Repräsentantin oder Dienerin Goethes elementare Subjektivität sich empfinden konnte. Obgleich Goethe also seine auktoriale Stimme wiederfand, als er sich neuerlich der Öffentlichkeit zuwandte, sprach er jetzt durch Werke, deren Realismus im Vergleich zum *Werther* gedämpft war, in denen er aber sein Selbst mitteilte: nicht als drängendes zentrales Symbol, sondern als verborgenen Namen.

«Ein sonderbarer Instinkt»: Werke, 1795

Den größten Teil des Jahres 1795 dachte Goethe angestrengt über das fünfte und das sechste Buch von *Wilhelm Meisters Lehrjahren* nach, die den Übergang von dem alten Entwurf zu seinem neuen Schluß herstellen mußten. Diese Zeit wurde bestimmt von der «sonderbaren» Stimmung des Gedichts «Nähe des Geliebten», von Zelters Musik und von der Beschäftigung mit den Papieren des Fräuleins von Klettenberg. Der Naturwissenschaftler Goethe entdeckte, daß die Grundlagen der Farbenlehre ebensosehr in der Natur des Auges wie in der Natur des Lichts lagen und daß es eine Blasphemie war, von «optischen Täuschungen» zu sprechen. Die *Horen* schwankten zwischen Erfolg und Scheitern, und Friederike Brun fand ihn verbittert und doch liebevoll, einen Beobachter ohne Hoffnung und einen Schatz an häuslicher Liebenswürdigkeit. Goethe löste die vielfältigen Ungewißheiten dadurch, daß er gleichzeitig nicht nur an beiden Büchern des *Wilhelm Meister*, sondern auch an den *Unterhaltungen deutscher Ausgewanderten* – zumal am *Märchen* und an der Geschichte Ferdinands – arbeitete – alles literarische Projekte, die sich durch das Thema Religion, Subjektivität und Begrenztheit des Lebens auszeichneten. Zu derselben Zeit entwarf Goethe wahrscheinlich den zweiten Teil der *Zauberflöte* und begann die politische Abhandlung, die er nie vollendete. Aus diesen Verwicklungen des Denkens und Schreibens trat der Faden hervor, der ihn durch das Labyrinth der Zeit führen sollte, der Begriff der Entsagung, der jetzt zum ersten Mal explizit genannt wurde.

Es kann nicht verwundern, daß Goethe mit diesem komplexen Korpus intensiver Reflexionen über Bedeutung und Identität, die Zeit und die Zeiten seine Zeitgenossen – und nicht nur sie – in Ratlosigkeit stürzte. Die ersten Leser der *Unterhaltungen* durften sich wohl fragen, warum Goethe scheinbar so viel daran lag, sie zu ärgern. Warum kamen einem diese Geschichten, mit denen die deutschen Flüchtlinge einander unterhielten, während sie die Einnahme von Mainz erwarteten, so langweilig und nicht einmal neu vor? Warum war das *Märchen*, mit dem der kurze Zyklus schloß, so unausdeutbar, obgleich Goethe doch die Exegeten geradezu herauszufordern schien? Der moderne Leser stellt ähnliche Fragen. Die *Unterhaltungen* werden von den Literarhistorikern gewöhnlich als Anfang der deutschen Novelle betrachtet, jener kunstvollen (langen) Kurzgeschichte, die im 19. Jahrhundert die bevorzugte Prosagattung der deutschen Schriftsteller war. Das mag sein; aber nur auf einer sehr tiefen Ebene könnte man von diesem Resultat sagen, es habe den Intentionen Goethes entsprochen (abgesehen davon, daß Novellen in deutschen Literaturzeitschriften des späten 18. Jahrhunderts bereits eine bekannte Erscheinung waren). Der Hauptzweck der Sammlung war ein ganz anderer: Sie sollte die Probleme, die sich für Goethe aus dem Umbau und Abschluß des *Wilhelm Meister* ergaben, in eine handhabbare Form bringen und so vielleicht lösen. Das Befremdende der Geschichten hängt aufs engste mit der «geheime[n] Gewalt» des Romans zusammen, von der Goethe meinte, daß es so viele seiner Leser in die Defensive treibe.

An Goethes Absicht, zu provozieren, kann kein Zweifel bestehen. Der Widerspruch zwischen dem lautstark proklamierten apolitischen Programm der *Horen* und der Rahmenhandlung, die Goethe für sein neues *Decameron* wählte, ist so eklatant, daß er fast auf die Absicht deutet, Schiller zu provozieren. Goethe hatte selbst jene Wagen und Halbchaisen und Brancards sich durch Schlamm und Regen kämpfen sehen, in denen er die «kleine Karawane» der Baronin in der Sorge und Konfusion eines militärischen Rückzugs über den Rhein fliehen läßt. Er war selbst in Pempelfort in Gespräche über die Zukunft von Mainz verwickelt worden, die «bei täglich abwechselnden, bald sichern, bald unsichern Nachrichten» unter den Gesprächspartnern «beschränkte individuelle Vorstellungsarten» offenbarten und denen er sich nur mit «paradoxen Späßen» zu entziehen vermochte. Alle seine Leser kannten Emigrierte – Franzosen oder Deutsche, «Leichtsinnige» oder «Ungenügsame» –, und manche waren vielleicht selbst Emigrierte; ja, angesichts der Kleinheit der gebildeten Gesellschaft Deutschlands kamen einige, wie beispielsweise Caroline Böhmer, ganz sicher aus den Kreisen der Mainzer Klubbisten. Die ersten Seiten der *Unterhaltungen* waren empörend – allerdings nicht durch ihr Thema oder einen angeblichen «Mangel an Leichtigkeit», sondern weil sie ungeniert den girondistischen Grundkonsens unter den deutschen Intellektuellen in Frage stellten. 1795 war nur zu erwarten, daß prominente Schriftsteller öffentlich ihr Mißfallen über den Kurs ausdrückten, den die Revolution genommen hatte – aber unter Verweis auf ihren Extremismus, auf den Königsmord und die Korrumpierung des ursprünglich hehren Zweckes, nicht aber mit der Begründung, die Goethe im ersten Absatz anführte: daß sie dem Prinzip der Erblichkeit widersprach. Diese feudale Irrationalität zu verteidigen bedeutete, in Bausch und Bogen jenen Revolutionsbegriff zu verwerfen, der in Deutschland Mode war, und statt dessen für die unpopulärste Sache des Tages einzutreten: die soziale und politische Struktur des alten Reiches. Goethe zeigt uns einen hierarchisch fest geordneten deutschen Adelshaushalt und an seiner Spitze eine verwitwete Baronin, deren Autorität nicht angezweifelt wird. Sogar ihr Neffe Karl, der ein leidenschaftlicher Bewunderer der «blendenden Schönheit» namens «Freiheit» ist (obwohl er bald ein bescheidenes Vermögen zu erben hofft), unterwirft sich ohne zu zögern den Entscheidungen seiner Tante in Dingen des gesellschaftlich Schicklichen. Die akademisch gebildeten Intellektuellen, die die Familie beschäftigt – der Hofmeister, der Karl im stillen recht gibt, und der Geistliche, der ihm im stillen unrecht gibt –, brauchen nicht erst belehrt zu werden, Frieden zu halten, sondern bleiben von Anfang an stumm, sobald über Politik diskutiert wird. Derartige Figuren schienen nachgerade darauf angelegt, die mit Humboldt befreundeten Möchtegern-Jakobiner in Berlin zu erzürnen, die nicht erst zu lesen brauchten, die Franzosen verrieten «die Willkür der Nation, die nur vom Gesetz sprach», um zu erraten, mit welcher Seite es der Autor hielt. Ein alter Freund der Baronin, ein von den Invasionsarmeen vertriebener Geheimrat, spricht voller Verachtung von den Klubbisten, die von den zynischen Franzosen für ihre Zwecke benutzt worden sind und, wie er prophezeit, von ihnen fallengelassen werden, sobald sie ihren Zweck erfüllt haben – eine Prophezeiung, die 1795 schon weitgehend in Erfüllung gegangen war. Wenn die Hoffnung, der er darüber hinaus Ausdruck gibt, sich als eitel erwies – nämlich alle Klubbisten gehängt zu sehen –, dann war das nur das Verdienst der verbündeten Armeen, die mit ihren Gegnern bei weitem gnädiger verfuhren als die Revolutionäre. Zwar brachte Schiller Goethe dazu, die Sympathie des Lesers gleichmäßig auf Karl und den Geheimrat zu verteilen, und wenn Karl mit der eigenen Hoffnung kontert, es möge die Guillotine eine reiche Ernte in Deutschland halten, haben wir den Eindruck, daß er auf eine unerträgliche Provokation reagiert. Aber mag uns Geheimrat Goethe zwei schlechte Advokaten präsentieren – er läßt uns nicht im Zweifel, welches für ihn die bessere Sache ist. Ja, er scheint als Erzähler selbst jener Versuchung erlegen zu sein, die, wie er sagt, seine eigenen Charaktere ereilt, sobald das Gespräch auf die zeitgenössische Politik kommt: dem «unwiderstehlichen Reiz ..., andern wehe zu tun und sich selbst dadurch am Ende eine unangenehme Stunde zu bereiten».

Aber die *Unterhaltungen* sind nicht einfach ein Zornesausbruch, die Rache eines Menschen an der Welt, die ihn verraten hat. Dieser Weg mündete in die Selbstzerstörung, und die *Unterhaltungen* sind das erste Werk Goethes, in dem als Alternative zur Selbstzerstörung die Selbstentsagung offenbart wird. Die provozierten Berliner scheinen weder erkannt zu haben, daß Goethes Schilderung des Geheimrats ein Selbstporträt ist, noch verstanden zu haben, warum das wichtig ist:

> Die Folgen eines unglücklichen Feldzuges sowie die Folgen jener verbreiteten Gesinnungen und Meinungen blieben seinem Scharfblicke nicht verborgen, obgleich nicht zu leugnen war, daß er manches mit hypochondrischem Gemüte betrachtete und mit Leidenschaft beurteilte.

Das Wichtige an dem Geheimrat ist, daß er – der offenkundigste persönliche Repräsentant dessen, was die Zeitgenossen «Goethe» nannten – aus der Erzählung verschwindet. Nach dem Streit mit Karl packt er und reist ab, wobei er seine Frau mitnimmt und dadurch die Baronin um die Gesellschaft bringt, die ihr die erwünschteste war. Mit ihm verschwinden auch der politische Gegenstand der Gespräche, die aufreizenden Randbemerkungen und die Untertöne von Groll und ‹Schadenfreude› gegenüber dem Lesepublikum, die sie begleitet haben. Das ist nicht die Art wie Goethe zu schreiben wünscht, und diese Entscheidung hat viele Konsequenzen. Goethe rettet die gute Stimmung seiner Erzählung und die seiner fiktiven Gesellschaft dadurch, daß er jenes Medium beseitigt, durch das die Menschen für gewöhnlich eine Form von Identität geltend machen, die auch die größten sozialen und politischen Veränderungen einschließen kann: ihre persönlichen Meinungen über das Geschehen. Die Menschen, die es wagen, das italianisierende Treppenhaus in Weimar zu ersteigen, vorbei an Apoll und Antinous, oder die früh genug aufstehen, um das Karlsbader Brunnenwasser zu trinken, mögen durch ein Gespräch mit dem hypochondrischen Geheimrat belohnt werden, dessen Meinungen ihnen wichtig und des Aufzeichnens wert erscheinen werden; aber sie werden nur zu einem Inkognito sprechen, das Spielzeug eines anderen Ichs ist. Auf den ersten Seiten der *Unterhaltungen deutscher Ausgewanderten* läßt Goethe uns einen Blick auf dieses mögliche Inkognito tun, um es dann unseren Augen zu entziehen. Vorüber ist die Zeit, sich in symbolischen Figuren zu verkörpern, und seien es so flüchtige Erscheinungen wie die des Geheimrats. In der ernsten Frage des Schreibens ist Goethe nicht länger bereit, die Fiktion festzuhalten, daß der Mittelpunkt seiner imaginierten Welt die Verschmelzung eines Charakters mit einem Bewußtsein sein könne, wie es einst Werther, Egmont und selbst Tasso waren. Diese Figuren konnten und sollten über die Dinge Meinungen haben, die gleichzeitig zum indirekten Ausdruck von Wahrheiten über sie selbst wurden. In der modernen Welt großer Ereignisse, die uns nur medial, in Form von «Nachrichten», übermittelt werden, ist die Meinung eher ein Aspekt des Ereignisses als ein Aspekt unseres Selbst, und der Mund, der sie ausspricht, ist der einer Maske. Goethe weiß, daß sein Ich mannigfaltig geworden ist: Die Einheit in seinen Fiktionen wird künftig eine Figur stiften, die für gewöhnlich keinen Namen hat, der Erzähler. Sobald Goethe-als-Geheimrat die *Unterhaltungen* verlassen hat, rückt in den Mittelpunkt der Aufmerksamkeit Goethe-als-Erzähler, der in diesem Übergangswerk hauptsächlich in dramatisierter Form als der alte Geistliche gegenwärtig ist: Er erzählt vier, und zwar die weitaus längsten der sieben Geschichten, mit denen die Ausgewanderten sich nach dem Politikverbot in ihren Gesprächen unterhalten, und er legt seinen Lesern, wenngleich nicht seinen Hörern, den theoretischen Kontext nahe, in dem diese Erzählungen als Reflexionen über das Geschäft erscheinen können, den *Wilhelm Meister* zu schreiben.

Der Geistliche – der mit der Zeit nur einfach «der Alte» genannt wird – hat seit Jahren Geschichten, alte wie neue, gesammelt. Er macht deutlich, daß die Kostproben, die er der Gesellschaft geben wird, so ganz und gar typisch für das sein werden, was eine Geschichte sein kann, daß sie so gut wie Leerformen sind. Er wird keine Mühe haben, die Bedingung der Baronin zu erfüllen, daß die Geschichten kein politisches Interesse beanspruchen dürfen; sie sollen kein reiner Klatsch, nur für die unmittelbar Beteiligten von Interesse sein; und er betont mit Nachdruck: «man soll keine meiner Geschichten deuten!» Das heißt wohl, daß man sie nicht als verhüllte Berichte von wahren Begebenheiten betrachten soll, doch hat diese Bedingung vielleicht noch einen allgemeineren Sinn. Offenkundig werden wir aufgefordert, über die sehr fundamentale Frage nachzudenken: Was ist eine Geschichte? Und wir haben vielleicht den Eindruck, daß wir gleichzeitig aufgefordert werden, von eben jenen Dingen zu abstrahieren, die eine gewöhnliche Antwort ermöglichen würden. Die öffentliche Meinung; das Gefühl, das Erzählte gehe uns an – es *könnte* uns oder Menschen, die wir kennen, betreffen –; das Vorkommen bekannter Orte und Einrichtungen, sei es auch unter erfundenen Namen: gehören sie nicht zu den Bedingungen, welche die Hochblüte der europäischen Erzählkunst im Zeitalter Jane Austens und Stendhals, Dickens' und Tolstois erlaubten? Wohl möglich; aber daß Goethe sie ausschließt, ist nicht Mutwille. Die Rahmenhandlung der *Unterhaltungen* zeigt, daß es für die Opfer von fernen politischen Vorgängen, welche in keiner Hinsicht die Konsequenz ihres eigenen Handelns sind, Grenzen für die Art von realistischen Geschichten gibt, die ihnen als relevant für ihre Lage, befriedigend oder auch nur plausibel vorkommen. (Anders verhält es sich natürlich mit dem Phantastischen und Romantischen.) Dieses Ausgeschlossensein von der politischen Mitverantwortung war das Los der meisten deutschen Schriftsteller und Leser bis zum Ende des 19. Jahrhunderts und war keine Besonderheit der Revolutionszeit, mag die deutsche Reaktion auf die Französische Revolution auch vielleicht ein extremes Beispiel darstellen. Wenn Goethes Reflexionen über die Kunst des Erzählens anarchistisch modern klingen, dann vielleicht darum, weil die moderne Welt in mancher Hinsicht mehr dem Deutschland des 18. Jahrhunderts ähnelt als dem England oder Frankreich des 19. Jahrhunderts. Die Beschreibung, die der Geistliche von dem Material in seiner Sammlung gibt, mag noch so selbstbewußt-behaglich klingen – sie läßt doch eher auf «Märchen, die nichts bedeuten, erzählt von einem Dummkopf», als auf moralische Erzählungen schließen:

Sie behandeln ... die Empfindungen, wodurch Männer und Frauen verbunden oder entzweiet, glücklich oder unglücklich gemacht, öfter aber verwirrt als aufgeklärt werden. [Es sind Geschichten] ... wo jede Anmaßung auf eine natürliche, ja auf eine zufällige Weise bestraft wird, wo Vorsätze, Wünsche und Hoffnungen bald gestört, aufgehalten und vereitelt, bald unerwartet angenähert, erfüllt und bestätigt werden ... wo der Zufall mit der menschlichen Schwäche und Unzulänglichkeit spielt.

Spartanische Kost für die Leser der *Horen*, das nur ihr Interesse für den Theoretiker retten kann, aber Goethe führt sein Programm aus. Ursprünglich verspricht der Geistliche, mit dem Geschichtenerzählen am Tag nach der Familienkrise zu beginnen, aber man bedrängt ihn, noch an demselben Abend den Anfang zu machen, da alle nach dem Abendessen noch beisammensitzen, ausgenommen die Baronin, die sich zurückgezogen hat. Ihre Abwesenheit ermöglicht es uns, die erste und primitivste Form des Erzählens kennenzulernen: Geschichten vom Übernatürlichen und von sexueller Verirrung.

Die erste Geschichte des Geistlichen – auch ein Stoff aus der ‹Correspondance littéraire› von 1794, auf die Prinz August von Gotha abonniert war – entspricht seiner Formel buchstabengetreu. Eigentlich sind es zwei Geschichten: die erste ist die komplexe Erzählung von einer Freundschaft, die zerstört wird, sobald aus ihr eine Liebesaffäre wird – dieselben Gefühle verbinden Mann und Frau und entzweien sie; die andere besteht aus einer Reihe von Episoden, in denen der tote Liebhaber beängstigende Poch- und Klopfzeichen sendet oder zu senden scheint, um die Frau heimzusuchen, die ihm das Herz gebrochen hat – sei es auf eine natürliche oder auf eine zufällige Weise, die Gerechtigkeit scheint zu siegen. Besonders diese zweite Hälfte der Geschichte interessiert die Gesellschaft, und der Sohn der Baronin erzählt einen vordergründig ähnlichen (damals in Weimar allgemein bekannten) Fall vom Auftreten eines Poltergeistes. Danach gibt Karl zwei fast unheimliche, erotische Anekdoten aus den Memoiren François de Bassompierres zum besten. In der Diskussion zeigt sich jedoch, daß solche Geschichten zwar einen interessanten Nachrichtenwert haben mögen, als Fiktion jedoch unzulänglich sind. Zufälle allein, Koinzidenzen, scheinbar übernatürliche Vorkommnisse können nur dann interessant sein, wenn sie wirklich geschehen sind – Rätsel, die nichts weiter sind als Rätsel, sind allzu leicht zu erfinden. Aber selbst angenommen, solche Anekdoten wären wahr: was weiter? Geschichten bestehen eben nicht einfach aus der wahren Schilderung einer unerklärten Begebenheit – es bedarf auch eines Bedeutungszusammenhanges. Goethe läßt seine Charaktere – und seine Leser – pflichtschuldigst einen einschlägigen Fall erleben. In einer Ecke des Zimmers steht ein sehr schöner Schreibtisch, dessen Deckel plötzlich und ohne ersichtlichen Grund mit lautem Krachen zerspringt. Gleichzeitig erleuchtet ein Feuerschein den Nachthimmel. Der Vorfall wird untersucht, wie man eben Vorfälle zu untersuchen pflegt, die nicht Bestandteil der Geschichte sind: Thermometer- und Barometerstand werden abgelesen, die Uhrzeit wird notiert, das Fehlen eines Hygrometers beklagt. Am nächsten Tag stellt sich heraus, daß just zu diesem Zeitpunkt eines der Wohnhäuser der Familie abgebrannt ist und in den Flammen auch der «Zwillingsbruder» jenes Schreibtischs vernichtet wurde, den einst derselbe Kunstschreiner aus demselben Baum nach denselben Entwürfen verfertigt hatte. Aber was soll man aus dieser Koinzidenz schließen? Koinzidenz bedeutet nicht notwendig Zusammenhang, gibt der Hofmeister zu bedenken. Die Figuren sind mit einem wahren und ungewöhnlichen Ereignis konfrontiert worden, aber es hat keine Bedeutung, ist nicht Bestandteil einer Geschichte, ist bestenfalls Ausdruck eines unbekannten Naturgesetzes. Wir Leser aber sind in einer ganz anderen Lage: Für uns ist das Ereignis, so unplausibel es sein mag, sehr wohl Bestandteil einer Geschichte, und wir untersuchen es: zwar nicht mit wissenschaftlichen Instrumenten, aber mit jenem interpretierenden Sinn, der in Erzählungen nach Bedeutung Ausschau hält – wir erkennen zum Beispiel eine symbolische Bedeutung in der Zerstörung eines Werkzeugs zum Schreiben durch das Feuer der Revolution, so als ob hier das Erzählen selbst ein Ende gefunden hat.

Eine Geschichte ist also nicht einfach die Schilderung eines Ereignisses, sei es auch noch so ungewöhnlich oder noch so wahr. Im Gegenteil: Ist das Ereignis ungewöhnlich, wird die Geschichte nur dann interessant sein, wenn es wahr ist; ist aber die Geschichte wahr, wird das Ereignis aus anderen Gründen als nur deshalb interessant sein, weil es Bestandteil einer Geschichte ist. Was also eine Geschichte ausmacht, ist vielleicht nicht einfach der Umstand, daß sie Ereignisse wiedergibt, sondern daß diese Ereignisse eine moralische Bedeutung haben. Am Morgen nach der ersten dubiosen und ergebnislosen Causerie erzählt der Geistliche zum ersten Mal eine Geschichte im Beisein der Baronin, die ihr denn auch «den Ehrentitel einer moralischen Erzählung» zuerkennt. Es ist die Bearbeitung der 99. der *Cent nouvelles nouvelles* aus dem 15. Jahrhundert, worin erzählt wird, wie ein italienischer Kaufmann in späten Jahren noch eine junge Frau heiratet, dann aber doch nicht dem Drang widerstehen kann, noch einmal eine Schiffsreise nach Alexandria zu unternehmen. Sich selbst überlassen, gerät die Frau in die Versuchung, sich einen Liebhaber zu nehmen, aber der «Prokurator» (Rechtsanwalt), der sie anzieht, ist erstaunlicherweise ein tugendhafter Mann: Unter dem Vorwand, vorübergehend ein Fastengelübde halten zu müssen, überredet er sie dazu, seine Bußübung mit ihm zu teilen, um das Kommen des Tages zu beschleunigen, da er ihr zu Willen sein kann. Doch die Strapazen dieses Fastens dämpfen ihre Glut; sie kommt zur Besinnung; erkennt die wahre Absicht des Prokurators; und weiß ihm Lob und Dank dafür, daß er ihr geholfen hat, ihre Keuschheit zu wahren:

> Sie haben mich in diese Schule durch Irrtum und Hoffnung geführt; aber beide sind nicht mehr nötig, wenn wir uns erst mit dem guten und mächtigen Ich [zu dieser Formulierung gibt es im französischen Original natürlich keine Entsprechung] bekannt gemacht haben, das so still und ruhig in uns wohnt und so lange, bis es die

Herrschaft im Hause gewinnt, wenigstens durch zarte Erinnerungen [= Ermahnungen] seine Gegenwart unaufhörlich merken läßt.

Dieser Lobpreis des Gewissens und auf unser Vermögen, «jedem gewohnten Gut zu entsagen und selbst unsere heißesten Wünsche von uns zu entfernen», begegnet allgemeinem Beifall; als aber der Geistliche gebeten wird, mehr solcher Geschichten zu erzählen, entgegnet er, daß er das nur auf Kosten der Abwechslung tun könne; denn im wesentlichen seien sie einander alle gleich. Letzten Endes gibt es nur eine einzige moralische Fabel:

Nur diejenige Erzählung verdient moralisch genannt zu werden, die uns zeigt, daß der Mensch in sich eine Kraft habe, aus Überzeugung eines Bessern selbst gegen seine Neigung zu handeln. Dieses lehrt uns diese Geschichte, und keine moralische Geschichte kann etwas anderes lehren.

Die Moraltheorie, auf die der Geistliche sich beruft und die er nunmehr seinem zunächst etwas skeptischen Publikum darlegt – die Theorie, daß das Gute nur in Einem besteht, nämlich darin, daß man seine moralische Pflicht jeder anderen Rücksicht oder Neigung überordne –, ist diejenige Kants. Ein katholischer Priester aus dem Rheinland, für Kantische Ideen aufgeschlossen, aber in seiner Politik konservativ, war 1795 eine Figur, die man wiedererkannte. Es ist merkwürdig, daß Schiller, der wenigstens einen solchen Philosophen gut kannte und der später fordern sollte, diese entscheidenden Einsichten in die moderne Zeit im *Wilhelm Meister* darzustellen, überhaupt nicht reagierte, als Goethe dem Kantianismus in den *Unterhaltungen* eine beherrschende Stellung einräumte. Vielleicht mochte er seine Aufmerksamkeit noch nicht dem hochproblematischen Kontext zuwenden, den Goethe ihm gegeben hatte: Die Probleme sollten ihn später einmal nur allzu nahe betreffen. Denn in der Kantischen Theorie findet jede wahre moralische Entwicklung nicht in der empirischen, sondern in der noumenalen Welt statt, in einem idealen, unbeobachtbaren Ich. Geschichtenerzähler neigen hingegen dazu, sich an das Empirische zu halten. Wir scheinen also mit unserem Versuch, zu definieren, was eine Geschichte ist, auf ein unauflösbares Dilemma zu stoßen, sobald der Geistliche darauf insistiert, daß Moralität im Kantischen Sinne zu verstehen sei. Erzählungen bloßer Ereignisse, die Wirkungsweisen des bloßen Zufalls mögen unendlich abwechslungsreich und in diesem Sinne zumindest für den Naturwissenschaftler interessant sein, solange sie wahr sind – als Fiktion können sie niemanden interessieren. Eine moralische Geschichte hingegen kann gewiß als Fiktion interessant sein, aber es gibt nur eine einzige moralische Geschichte zu erzählen. Empirische Einzelheiten können nicht für Abwechslung sorgen, da sie per definitionem für den Kerngedanken der Handlung ohne Belang sind, der immer derselbe sein wird: der Entschluß, empirische Rücksichten um der moralischen Pflicht willen hintanzustellen. Läßt der reine Zufall der Einbildungskraft zu viel Spielraum bei der Herstellung von Verknüpfungen zwischen Ereignissen, so läßt ihr die reine Moralität zu wenig. Wie also kann die Fiktion zufällige Ereignisse (die empirische Welt) und das innere moralische Leben eines Menschen (die ideale Welt) zu einer interessanten Geschichte verbinden? Das ist die Frage, in der die *Unterhaltungen* gipfeln, und es war die zentrale Frage, die sich Goethe bei der Überarbeitung des *Wilhelm Meister* stellte: das Problem des Plots, des Handlungsablaufs.

In den *Unterhaltungen* wird die Antwort auf diese Frage, wie billig, in Form einer weiteren Geschichte gegeben. Wir haben bereits ein Paar Gespenstergeschichten und ein Paar erotischer Anekdoten vernommen; der Geistliche ist nun bereit, ein drittes Paar «moralischer Erzählungen» beizusteuern: «Ich liebe mir sehr Parallelgeschichten», meint die Baronin. «Eine deutet auf die andere hin und erklärt ihren Sinn besser als viele trockene Worte.» Die nun folgende Geschichte von einem jungen Mann namens Ferdinand ist aus verschiedenen Gründen bemerkenswert. Sie ist der erste Originalbeitrag Goethes zu der Sammlung von *Unterhaltungen* – ein Zeichen dafür, daß nunmehr die theoretische Untersuchung beendet ist und dringende zeitgenössische Fragen angesprochen werden. Es war sogar einer der sehr wenigen originären Handlungsentwürfe dramatischer oder narrativer Art, die Goethe seit 1782 begonnen und vollendet hatte. Die Tochter der Baronin, der orientalischen und italienischen Schauplätze in vielen *contes* des 18. Jahrhunderts überdrüssig, hebt noch einen weiteren besonderen Aspekt der Ferdinand-Geschichte hervor: Sie spielt in einer modernen deutschen Familie, so daß die Ausgewanderten sich «darin erkennen», sich «getroffen fühlen», «Geist [und] Herz bilden» können. In einer Erzählung, die mindestens so realistisch ist, wie Garve sich den *Wilhelm Meister* wünschte, will Goethe die moralische Theorie in ihrer hier und jetzt entwickeltsten Form zeigen; denn die Geschichte von Ferdinand steht in demselben Verhältnis zur Geschichte von dem Prokurator wie Kants Philosophie der Religion zu seiner Philosophie der Moralität. Ausgeführt wird der einfache Grundsatz, daß über allen anderen Rücksichten die zu stehen hat, das Rechte zu tun, und es wird der komplexere – und in der Praxis universale – Fall behandelt: was tun, wenn gegen diesen Grundsatz verstoßen worden ist?

Von seinem Vater, einem erfolgreichen, spekulationsfreudigen Geschäftsmann, der aber kein Freund der Ordnung ist, hat Ferdinand eine lebhafte und gesellige Selbstbezogenheit geerbt, von der Mutter die Neigung zum Grübeln und den Gerechtigkeitssinn: So sehr im Mißklang sind die Elemente in ihm, daß es mitunter scheint, als habe er zwei Seelen; aber dieses elterliche Erbe liefert die natürliche Grundlage für seine moralische Entwicklung. Während er heranwächst, findet er sich ständig in Geldnöten, wenn er das Leben mit seinen Freunden und besonders mit der jungen Ottilie nach Wunsch genießen will, und ärgert sich immer mehr über die leichtsinnige und aufwendige Lebensführung seines Vaters. Zufällig entdeckt er den Mechanismus, der den Schreibtisch seines Vaters öffnet, und beginnt, sich an dem Bargeld zu vergreifen, das dort verwahrt ist und über das, wie er weiß, nur unzulänglich Buch geführt wird. Er ekelt sich jedoch bald vor seinem

Hang zur Unehrlichkeit: «Endlich ermannte er sich und faßte den Entschluß, ... die Handlung sich unmöglich zu machen» – er durchlebt, wie Kant sagen würde, eine moralische Revolution, und wir registrieren, wie wenig der Verfasser tun kann, um sie zu beschreiben –: Er läßt das defekte Schreibtischschloß reparieren. Sein nächster Schritt ist der Entschluß, das gestohlene Geld zurückzuerstatten, und nach einer Periode eisernen Sparens ergibt sich für Ferdinand auf der ersten Geschäftsreise, die er auf Veranlassung seines Vaters unternimmt, die Gelegenheit, auf eigene Faust einen guten Abschluß zu tätigen und das nötige Geld für die Restsumme einzunehmen. Während aber seine moralische Rettung, wie es sich gehört, ganz und gar sein eigenes Werk ist, steht es nicht in seiner Macht, alle natürlichen Konsequenzen aus seiner früheren Versklavung unter Kontrolle zu halten. Nach seiner Rückkehr erfährt er, daß in der Kontoführung seines Vaters eine viel größere Summe fehlt, als Ferdinand genommen hat, und daß er kurz davor steht, öffentlich des gesamten Diebstahls bezichtigt zu werden.

In diesem Stadium der Geschichte des Geistlichen ist das moralische Interesse soweit befriedigt worden, wie es die Vernunft nur verlangen kann – im Himmel, so hören wir, ist große Freude über die Bekehrung dieses Sünders. Gleichzeitig aber hat das Spiel des Zufalls bewiesen, daß es sich durch die Vernunft mitnichten einschränken läßt: Nachdem er der Aufdeckung eines Verbrechens entronnen ist, das er gesühnt hat, droht Ferdinand die Verurteilung für ein Verbrechen, das er nicht begangen hat. Es gibt also keinerlei Zusammenhang zwischen der empirischen Welt zufälliger Ereignisse und der idealen Welt, in der das moralische Leben geführt wird – das Problem des Plots in Reinkultur. Wie in Kants Religionsphilosophie und in der «Kritik der teleologischen Urteilskraft» wird das Problem durch ein Gottvertrauen gelöst, das sich in einem thaumaturgischen (wundertätigen) Gebet äußert. Das mag nur eine andere Art sein, zu sagen, das Problem werde völlig offengelassen und daß es keine Antwort auf den gerechten Spinozisten gibt, der nicht erwartet, in der natürlichen Welt eine moralische Ordnung am Werk zu sehen; aber wenigstens ist jetzt klar, daß der gerechte Spinozist keine Freude an Geschichten haben wird – und gewiß nicht an «moralischen Erzählungen».

Ferdinand ist in einen jener Extremzustände gelangt, in denen wir uns nach Kant zwangsläufig an eine höchste Intelligenz als den Schöpfer unserer physischen Existenz und den Richter unseres Herzens wenden. Er ist reif genug, um zu erkennen, daß er die jetzt drohende Bestrafung verdient hat, und die Verletzung seines Stolzes und die Enttäuschung seiner Sehnsucht hinzunehmen. Aber ein letzter Schmerz bringt ihn so weit, sich Tod und Nichtsein zu wünschen: der Gedanke, daß alle seine guten Absichten zunichte und niemandem bekannt werden sollen, die «Betrachtung, daß das edelste Streben vergebens sein sollte», daß seine Verdienste in den Konsequenzen der bösen Tat untergehen werden. Und so betet er. Er erbittet sich «vom göttlichen Wesen», es möge den Willen für die Tat nehmen und durch das Wirken der Natur ergänzen, was an Ferdinands moralischem Bemühen fehlt, das heißt, es möge die Welt des Zufalls und die Welt des Ideals in Harmonie miteinander bringen. Und weil das Gebet, wie wir vernehmen, «erhörenswerten Inhalts» ist – es ist nichts anderes als das Gebet um die Verwirklichung von Kants Höchstem Gut, der Koexistenz von Tugend und Glück –, wird es erhört. Ferdinands Mutter tritt ins Zimmer, um ihm zu sagen, daß das vermißte Geld gefunden worden ist – der unordentliche Vater hatte es verlegt. Ferdinand, der bereit war, die Strafe für ein Verbrechen zu erleiden, das er nicht verübt hatte, darf den Lohn der guten Taten genießen, die er getan hat, wobei dieser Lohn ebensowenig eine notwendige Folge seines Gutseins ist, wie eine Bestrafung die Folge des (nichtexistenten) Verbrechens gewesen wäre. Der Geistliche beendet die Geschichte mit der frohen Aussicht auf Ferdinands und Ottiliens Verlobung.

Je mehr die Geschichte von Ferdinand sich ihrer Auflösung nähert, desto mehr wird uns bewußt, daß es ein Geistlicher ist, der sie erzählt – sie hat eine absichtsvolle Gestalt und einen frommen Zweck. Die gekünstelte Glätte des glücklichen Ausgangs wird offenbar, wenn – in der folgenden in *Horen* veröffentlichten Lieferung – die Tochter der Baronin nicht akzeptieren will, daß die Geschichte zu Ende ist, und den wahren Schluß zu hören verlangt. Wie sich herausstellt, ist Ferdinand ein persönlicher Freund des Geistlichen, der seinem Publikum nun den Gefallen tut und erzählt, wie der Jüngling auf dem Gipfel seines Glücks die schmerzliche Entdeckung machen mußte, daß er und Ottilie doch nicht füreinander geschaffen waren. Zwar war es «schwer so vielen Reizen zu entsagen», aber Ferdinand fand zuletzt eine andere Frau und ist heute das Oberhaupt einer großen Familie. Die Kinder werden in der größten Freiheit erzogen; nur besteht ihr Vater, der selbst die Tugenden der Selbstverleugnung kennengelernt hat, von Zeit zu Zeit darauf, daß sie unerwartet und ohne Grund auf irgendeine besondere Freude, zum Beispiel ein Lieblingsgericht bei Tisch, verzichten, ohne eine Miene zu verziehen. Dieses absonderliche, sogar ein wenig groteske Finale und sein behaglich-häuslicher Rahmen sind geeignet, die Bedeutsamkeit dessen zu verdunkeln, was der Geistliche seiner moralischen Erzählung im Geiste Kants hinzugefügt hat. Die Willkürlichkeit der Verbote, die Ferdinand seinen Kindern auferlegt, entspricht der Willkürlichkeit des Zusammenhangs zwischen Tugend und Glück, wie sie in Kants Philosophie erscheint und wie Ferdinand selbst sie in seinem früheren Leben erlebt hat. Seine Kinder lernen jetzt mehr als Selbstdisziplin: Sie lernen, daß es nicht bei uns liegt, Tag und Stunde zu bestimmen, daß die «exekutive Gewalt», wie die Baronin – Kants Metapher aufgreifend – es nennt, in der Hand Gottes, nicht der reinen Vernunft bleibt und daß Gott, Ich und rationale Welt als Ideale, die unser moralisches Verhalten regeln, in der empirischen Ordnung zufälliger Ereignisse nicht offenbart werden oder nur unberechenbar offenbart und unberechenbar wieder verhüllt werden. Durch ein Wunder (lehrt uns Kant) kann das höchste Gut verwirklicht werden – durch eine gleichermaßen unvorhergesehene Wendung der Ereignisse (setzt Goethe jetzt hinzu) können alle unsere Zukunftsberechnungen als Eitelkeit erwiesen, alle unsere sorgfältig organisierten glücklichen Ausgänge zunichte gemacht werden. Wer diese Lektion gelernt hat, übt bereits die Tugend der «Entsagung».

Das erste Ende der Geschichte von Ferdinand war Ende Juni an Schiller abgegangen; das zweite Ende, so kurz es war, folgte erst Ende August. In den zwei Monaten, die Goethe in Karlsbad verbrachte, beschäftigten ihn das fünfte und das sechste Buch des *Wilhelm Meister* und wahrscheinlich *Der Zauberflöte zweiter Teil*. In dem fragmentarischen Libretto spann er das Thema der Entsagung bis zu dem Punkt fort, wo es die Komposition der letzten Bücher des Romans leiten konnte. *Der Zauberflöte zweiter Teil* beginnt mit einer Umkehrung von Schikaneders Auflösung des Knotens, die gänzlich dem unvorhersehbaren Eingreifen feindlicher Mächte zu verdanken ist. Tamino und Pamina sind verheiratet und haben einen Sohn bekommen, doch hat die Königin der Nacht ihre Stärke zurückgewonnen und nichts von ihrer Bösartigkeit eingebüßt. Sie hat die beiden dergestalt verzaubert, daß sie einander nicht erblicken können, ohne in Ohnmacht zu fallen, und so ihre Ehe vernichtet. Gleichzeitig hat sie ihren Sohn im Augenblick seiner Geburt entführt und in einem schimmernden goldenen Sarg versiegelt, den er bei Strafe des Todes nicht verlassen darf. Eine spätere Szene legt jedoch nahe, daß Tamino und Pamina ihn unverletzt befreien können, wenn sie noch einmal die Feuer- und die Wasserprobe bestehen. Goethes Fragment stilisiert jenes Bild eines Lebens nach dem vermeintlich «glücklichen Ausgang», das schon in der Ferdinand-Novelle zu finden ist und ihr eine tragische Färbung gibt. Einen scheinbaren Höhepunkt am Ende des «ersten Teils» der Geschichte hat das Geschick (Z 185/V 185) verdorben oder vereitelt, und was folgt, ist eine Zeit der Enteignung von unbestimmter Dauer: Die Menschen scheinen dazu gemacht, auf der Suche nach einer Erfüllung, die sich ihnen immer versagt, «von Wahne zu Wahn» zu taumeln (Z 12/V 746, 732). Unser ideales Ziel aber, mag es auch weggeschlossen und unzugänglich sein wie das Kind in dem Sarg, ist nicht untergegangen. Es mag eines Tages oder von Zeit zu Zeit aus dem Grabe erstehen, um seine Feinde zu verwirren, wenngleich eine dauerhafte Wiederherstellung des Glücks, das einst unmittelbar bevorzustehen schien, wahrscheinlich in dieser Welt nicht zu erhoffen ist. Diese herben Lehren scheinen Goethe erstmals im Sommer 1795 aufgegangen zu sein, doch war der Begriff der «Entsagung» und alles, was damit zusammenhing, das Ergebnis eines jahrelangen Denkens und Fühlens und der eitlen Weigerung, sich in das Unvermeidliche zu ergeben. Seine Quelle war in der Wasserscheide des Jahres 1789 zu finden.

Willkürlich und mit unwiderstehlicher Macht vernichtete das Jahr 1789 den «glücklichen Ausgang», in den Goethe seine ersten vierzig Jahre hatte münden sehen wollen. Auch im Leben gab es das Problem des Plots. Bei der Arbeit an seinem Roman, seit Anfang 1794, entdeckte er die Begriffe, die es ihm ermöglichen sollten, jene neue Zeit zu vermessen, welche dazwischengekommen war und ihn von den Gegenständen seiner Sehnsucht in eben dem Moment getrennt hatte, da die Sehnsucht sich zu erfüllen schien. Wohl waren die Zeichen einer philosophischen und literarischen Renaissance, die er ringsumher bemerkte, und das Wiederaufleben des Geistes der siebziger Jahre eine Ermutigung; aber eine so schöne und so neue Welt, wie es der jüngeren Generation deuchte, verhießen sie ihm nicht, und Schillers Projekt, die neue Bewegung durch das Medium der *Horen* auf die Fürstenhöfe des Reiches zu konzentrieren, konnte er nicht restlos ernst nehmen. Die *Ästhetischen Briefe* schienen sogar nahezulegen, daß Schillers Umdeutung des Kantischen Ideals zur Erde herabsteigen und sich in Weimar oder Münster oder Kopenhagen häuslich einrichten konnte. Goethe zog aus seinem Kantstudium ganz andere Schlüsse und sah, daß er in seinem Roman weder das Gefühl eines Ichs noch das Gefühl eines Zweckes beibehalten konnte, um die er seine früheren Werke konstruiert hatte. Es galt, einen Weg zu finden, um jene Abhängigkeit der Textur unseres empirischen Lebens vom Zufall darzustellen, die (weithin, jedoch nicht völlig) den nicht diskutierten Hintergrund zu allen Versuchen Kants abgibt, im Gegenzug die rationale Struktur der Erfahrung freizulegen. Manchmal, zum Beispiel während einer politischen Erhebung, einer Kanonade oder eines militärischen Rückzugs, kann jene Abhängigkeit furchterregend, öffentlich sichtbar und nahezu total sein; dann wieder kann sie so privat sein, daß sie nachgerade komisch wirkt; doch immer wird sie uns mit einem leichten Gefühl des Unbehagens zurücklassen. Sie wird aber doch besser in einer tragischen Form offenbart. Ein glücklicher Zufall, ein Wunder, ein Anlaß zu Feier und Dankbarkeit haben notwendigerweise etwas Eschatologisches an sich; sind sie doch Sinnbild und Vorwegnahme jener Koinzidenz von Vernunft und Natur, die Kant ans Ende aller Historie verlegt. Die Entbehrungen aber, die uns der Zufall auferlegt, künden uns nicht nur vom glücklichen Ausgang, vom Höhepunkt unserer Humanität, die unsere eigentliche Bestimmung ist, sondern auch von der Diskrepanz zwischen Vernunft und Natur, die uns von jener Bestimmung entfernt und unser normales Los ist. Das Muster in Ferdinands Geschichte und in der *Zauberflöte zweitem Teil* – das Verschwinden des glücklichen Ausgangs, der von einer unerforschlichen Wirklichkeit über uns verhängte Zwang, unserem idealen Ziel zu entsagen – ist der Kern, aus dem fast alle großen Werke erwuchsen, die Goethe in der zweiten Hälfte seines Lebens schrieb und in denen er versuchte, jenen moralischen und literarischen Anforderungen gerecht zu werden, die ein revolutionäres und kantianisches Zeitalter an ihn stellte.

Erstens imitiert jenes Muster sehr genau den wahren Gang der deutschen Revolution in diesen Jahren: Zum Teil als Auswirkung eines europäischen Krieges mußten die deutschen Mittelschichten jeden Wunsch nach direkter Ausübung politischer Macht in ihrem eigenen Namen begraben und sich auf hundert Jahre damit abfinden, ihr Fortkommen nur durch ein Wirken auf Distanz, als Beamte einer fremden und absoluten exekutiven Gewalt, des Monarchen, zu finden. In den politischen Reflexionen, die Goethe in Jena aufzeichnete, während er die Geschichte von Ferdinand schrieb, wird es als Vorbedingung für den Eintritt in die Gesellschaft bezeichnet, der eigenen «Rechte» zu «entsagen». Dies bedeutet eine bewußte Zurückweisung der girondistischen *Erklärung der Menschen- und Bürgerrechte* von 1789 und 1793 und des politisch autonomen (aber Eigentum erbenden) Ich, das diese Dokumente voraussetzen. Daraus folgt, daß das Problem des Verhältnisses zwischen Ich und Gesellschaft sich nicht stellt, weil beide schlicht unvereinbar sind: Die Gesellschaft wird nicht aus vielen Ichs gebildet (zum Beispiel durch einen zwischen ihnen geschlossenen Vertrag); Ich heißt das, dem man entsagt, um zur Gesellschaft zu gehören. Für den Menschen bedeutet – zumindest prinzipiell – «sein» immer schon: «in Gesellschaft sein». Dies ist eine der tiefsten Einsichten, welche die offizielle Klasse Deutschlands der gemeineuropäischen Kultur vermacht hat. Während aber die meisten Angehörigen dieser Klasse ihre Situation der Untertänigkeit schließlich als die einzig wahre Freiheit, als Verwirklichung eines menschlichen Ideals interpretierten, blieb es für Kant wie für Goethe wichtig, daß eine Entsagung stattgefunden hatte. Beide erblickten in der pragmatisch kurzsichtigen Überzeugung des französischen und englischen Bürgertums von seiner vorsozialen Identität etwas, das beibehalten werden mußte, etwas Wahres über das menschliche Leben, das nicht ganz zu verwirklichen war – gewiß nicht in dem Deutschland, das sie beide bewohnten, und möglicherweise auch nirgendwo sonst – und das daher nur durch ein gewisses Gefühl des Entbehrens erkannt werden konnte.

Zweitens: Sobald alle unsere Erfahrung im Lichte einer ursprünglichen Abhängigkeit von den Dingen gesehen wird, die sich unserer Kontrolle entzieht und Einheit, Harmonie und Vollkommenheit in den Status von Idealen versetzt, welche wir nicht in die Wirklichkeit zwingen können, wird eine neue Einstellung zur Literatur erforderlich, was für Goethe die Rückkehr zu einer früheren Inspiration bedeutet. Ein Gefühlsband zwischen Subjekt und Objekt wird wieder gestiftet, das Goethe die Rückkehr zu jener symbolischen Kunst erlaubt, die er in seiner materialistisch-»objektiven» Phase, da er glaubte, das einst Ersehnte endlich besitzen zu können, aufgegeben zu haben schien. Entsagung ist das negative Gegenbild der Sehnsucht. Sobald Goethe sie als die moralische Einstellung anerkannt hat, welche das entscheidendste öffentliche Ereignis seines Lebens von ihm verlangt, steht es ihm frei, auf Ereignisse durch neuartigen Einsatz – Vertauschung, Steigerung, Idealisierung – jener Energien zu antworten, die seine frühere Dichtung möglich gemacht hatten. Wie in Schillers Deutung der Elegie in der Abhandlung *Über naive und sentimentalische Dichtung* kann der ersehnte Gegenstand in der Literatur jetzt entweder als ein in der Vergangenheit verlorener, aber unvergessener, oder als ein in einer idealen Zukunft unerreichbarer, aber unverlierbarer dargestellt werden; wie in der realistischeren

Sichtweise Madame de Staëls kann es jetzt das eigentliche Thema des reifen Dichters sein, «geliebt zu haben».

Aber wer der Hoffnung entsagt, das Objekt zu besitzen, entsagt auch dem Ich, das zu besitzen hofft. Kant hat nicht nur gezeigt, daß das Höchste Gut nicht hier und jetzt zu finden ist, mag es uns auch vom Ende aller Historie her winken dürfen; er hat auch gezeigt, daß das Ich, das alle Erfahrung in sich faßt, selber nicht erfahrbar, sondern bestenfalls eine «regulative Idee» ist: Wir müssen uns selbst denken, «als ob» wir ein Ich wären oder hätten. Es war der schwerwiegende Irrtum Schillers und anderer seiner Zeit- und Klassengenossen, zu glauben, es könnten uns Kants Postulate und Ideen irgendwie handgreiflich gemacht, durch einen hinreichend geschickten Manipulator der Erscheinungen vorgeführt werden, so daß wir im Moment des Handelns aus den Augenwinkeln einen Blick auf die frei handelnde Persönlichkeit erhaschen könnten. Dieser Irrtum führt direkt in das Dilemma, vor dem Goethes Ausgewanderte stehen. Nur wenn wir glauben, es *sei* möglich, das Ich und sein Freisein von empirischen Bestimmungen darzustellen, werden wir darüber zu rätseln beginnen, wie man Geschichten von einem bedeutungsvollen Ich mit Geschichten von bedeutungslosen Ereignissen zusammenbringen kann; denn erst durch unsere Hypothese sind ja die Ereignisse von jeder Bedeutung entleert worden. Ereignisse sind mit Bedeutung behaftet, mit Subjektivität gefärbt – vorausgesetzt freilich, wir akzeptieren, daß der Ort von Bedeutung und Subjektivität nicht das Hier und Jetzt, sondern die Idee ist: Sie ist sozusagen in einem goldenen Sarg verborgen, aus der sie nur bei Strafe des Todes heraus kann.

Eine solche Auffassung hat viele literarische Konsequenzen. Erstens ist es nicht notwendig, ja nicht einmal möglich, die subjektive Färbung von Ereignissen aus einem einzigen Herzen hervorstrahlen zu lassen: Aus diesem Grund sind die Tage des zentralen symbolischen Charakters vorüber, wenngleich das Ideal einer solchen Einheit der Person bestehen bleiben wird. Zweitens: Da es das Problem des Verhältnisses zwischen Ich und Gesellschaft nicht gibt, gibt es auch nicht – wie Goethe sein halbes Leben lang geglaubt hatte – das Problem des Verhältnisses zwischen der in Literatur ausgedrückten privaten Welt der Gefühle und der öffentlichen Welt – etwa des Buchdrucks. Sprechen ist immer – zumindest prinzipiell – öffentliches Sprechen. Das abwesende Publikum, mit dem Goethes Seele bis 1790 immer im Gespräch war, kann fast so wieder zusammentreten, wie es war, als der *Werther* geschrieben wurde. Der Unterschied zu 1774 besteht jedoch darin, daß dieses Publikum im Zeitalter der Entsagung keine reale Gruppe in einer konkreten Zeit an einem konkreten Ort ist (dies zu glauben war der Fehler, den der Gründer der *Horen* beging), sondern ein Ideal, welches das gedruckte Wort *im Prinzip* überall und jederzeit erreichen kann. Drittens: Da alles Sprechen öffentlich ist und alle Ereignisse bedeutungsvoll sind, aber nur in der Idee, am Ende aller Historie eine Bedeutung definiert und eine Geschichte ganz erzählt werden kann, ist die Moritz'sche (und Schillersche) Vorstellung unhaltbar, das literarische Kunstwerk könne ein in sich geschlossenes Ganzes sein. Sprache ist dazu da, zu deuten und gedeutet zu werden, und kann letzten Endes von diesem Zweck nicht abgelenkt werden; aber der Prozeß der Deutung kommt erst in der idealen Welt an sein Ende, das heißt: in der realen Welt ist er endlos. In den *Unterhaltungen deutscher Ausgewanderten* ist der Zusammenhang zwischen den erzählten Geschichten und dem Rahmen, in dem sie diskutiert werden, immer eng, und beides wird an dem Punkt ununterscheidbar, wo die Geschichte von Ferdinand aufhört, die Geschichte einer wunderbaren Antizipation der Einheit von Tugend und Glück am Ende aller Historie zu sein, und statt dessen die Geschichte einer Entsagung in der zeitgenössischen, historischen Welt wird. Nachdem der künstlich glatte Schluß, den der Geistliche zuerst konstruiert hat, zusammengebrochen ist, hat die zweite Episode, die er erzählt, kein eigenes, klares Ende, sondern verliert sich in der allgemeinen Unterhaltung zwischen den Figuren der Rahmenhandlung selbst. Ferdinand hört auf, eine Gestalt in einer selbständigen Geschichte zu sein, und wird ein persönlicher Bekannter des Geistlichen; seine Ansichten über den Zusammenhang zwischen seiner eigenen Moralität der Entsagung und den Gehorsams- und Ehelosigkeitsgelübden des Geistlichen werden den Anwesenden so berichtet, als ob Ferdinand im Prinzip jederzeit unter sie treten und den Faden des Gesprächs aufnehmen könnte. Gleichzeitig verändert sich die Rolle des Geistlichen als Erzähler: Er ist nicht mehr der distanzierte, kunstreiche Komponist von Prosastrukturen, sondern der Schilderer von Erinnerungen im Dienste seines Publikums, an dessen Bedürfnisse er seinen Gesprächsbeitrag anpaßt. Damit ist das Grundproblem der *Unterhaltungen* – das Problem des Plots – gelöst. Auch er ist nun Anlaß zur Entsagung geworden: Das mit *Wilhelm Meisters theatralischer Sendung* in Angriff genommene Projekt muß abgebrochen werden. Der Autor muß den Versuch aufgeben, die ganze Spanne eines menschlichen Lebensweges und das Geheimnis der moralischen Identität dieses Weges als Einheit zu erweisen, und er muß analog dazu seinen eigenen Ehrgeiz aufgeben, ein interesseloser Schöpfer sich selbst genügender Welten zu sein. Literarisches Erzählen ist möglich, aber unter einer Bedingung: daß die Geschichten nicht enden, sondern statt dessen in ein allgemeineres Gespräch der Menschheit übergehen. In jenem Strom der Sprache, der das normale, zeitgenössische Leben der Menschen ist – in seinem Fluß eingefangen vielleicht in den Seiten eines literarischen Periodikums –, sind Geschichten nicht einfach Kunstwerke, sondern moralische Exempla, Stoff zur Diskussion, sogar Erinnerungen der beteiligten Seiten, und mögen neben Gedichten, Briefen, Essays und Maximen erscheinen – das ganze Kaleidoskop disparater Formen, das wir in der zweiten Lebenshälfte Goethes antreffen, und zwar nicht nur in den von ihm herausgegebenen Periodika, sondern auch in den von ihm zusammengestellten Sammlungen seiner Werke und schließlich in seinen Romanen.

Diese neue Fruchtbarkeit wurde Goethe ermöglicht, weil er – auf eigenen Wegen, aber streckenweise von der «Kritik der teleologischen Urteilskraft» geleitet – einen Standpunkt erreicht hatte, der sich in zwei zentralen Aspekten mit dem deckte, was Kant seinen «kritischen Idealismus» nannte. Beide Denker sind «kritisch», insofern sie akzeptieren, daß gewisse metaphysische Vorstellungen wie zum Beispiel die Einheit (und Freiheit) des Ichs, die Harmonie von natürlicher und moralischer Ordnung oder auch die natürliche Ordnung in ihrer Gesamtheit durch unsere direkte und normale Erfahrung von Dingen nicht mit Inhalt erfüllt werden können. Einem solchen «transzendenten» Wissen, wie Kant es nannte, gilt es zu entsagen. Aber beide Denker sind auch «idealistisch», insofern sie glauben, daß eben diese Vorstellungen den wichtigsten Wahrheiten überhaupt entsprechen, den Wahrheiten, die das menschliche Leben leiten, auch wenn sie darin nicht so exemplifiziert werden können wie andere Dinge, die wir «wahr» nennen: Für Kant sind sie «regulative Ideen», für Goethe «das offenbare Geheimnis» (was auch als das «offenbarte» Geheimnis aufzufassen wäre). Der Anlaß in Goethes Leben, der ihm diese Weisheit erschloß – welche echter kantianisch war als die seiner allermeisten Zeitgenossen –, war das Zusammentreffen dessen, was der Augenblick seiner physischen und dichterischen Erfüllung hätte sein sollen, mit der Revolution in Frankreich. Die Revolution «auch für mich» war die Offenbarung, daß das Leben, wie wir es leben müssen, nicht unserer Kontrolle unterliegt, sondern uns von einer unerklärlichen Macht zugeteilt wird. Die Tochter der Baronin macht die Bemerkung, «daß wir selten durch uns selbst bewogen werden, diesem oder jenem Wunsch zu entsagen; meist sind es die äußern Umstände, die uns dazu nötigen.» Die meisten deutschen Kantianer zogen es vor, jenes letzte Abhängigsein von den Dingen, wie sie uns einfach gegeben sind, zu leugnen – dieses Abhängigsein, das wir bei Goethe ebenso finden wie bei Kant und das Fichte verächtlich als «Realismus» abtat. Sie schätzten lieber das herrliche Kleinod der greifbaren und sichtbaren Freiheit und Identität, das ihrer Meinung nach Kant den Händen eines räuberischen Hume entrissen und ihnen zurückgegeben hatte. Für sie war Goethes Denken natürlich «ein Analogon Kantischer Vorstellungsart, aber ein seltsames», und die literarischen Werke, die er im Banne des Prinzips der Entsagung schrieb, waren Rätsel.

Goethe hat seinem Publikum niemals unverhohlener ein Rätsel aufgegeben als in dem *Märchen*, womit der Geistliche die Reihe der Unterhaltungen beendet, auf daß sie «gleichsam ins Unendliche ausliefen» (es gibt keinen Epilog, der uns in die Rahmenerzählung zurückführte).

«Wie viel Geheimnisse weißt du?» «Drei», versetzte der Alte. «Welches ist das wichtigste?» fragte der silberne König. «Das offenbare», versetzte der Alte.

Solcher gewichtigen Dunkelheiten, mit unbewegter Miene ausgetauscht, gibt es viele in einer Geschichte, die scheinbar völlig anders als alle vorangegangenen ist. Und doch ist *Das Märchen* – das als einzige Geschichte einen eigenen Titel hat – aufs engste mit dem Rest der Sammlung und auch mit *Der Zauberflöte zweitem Teil* verknüpft, dem Goethe ursprünglich den Untertitel «Entwurf zu einem dramatischen Mährchen» gab. Novalis hatte vermutlich die *Zauberflöte* im Sinn, wenn er sagte: «Goethes ‹Märchen› ist eine erzählte Oper.» In beiden finden wir den nicht lokalisierbaren Schauplatz, die klaren, schematischen Figuren, die keiner bekannten Mythologie entstammen, die freimaurerischen Anklänge im Dialog und die Andeutungen einer geheimen, möglicherweise alchimistischen Metaphorik, und vielleicht ist das *Märchen* nur eine weitere Frucht von Goethes Entschlossenheit zu beweisen, daß er das Publikum nicht weniger hereinlegen konnte als nur irgendein Mozart-Librettist. Man hat sogar das Gefühl, daß er Schiller eine Falle gestellt hatte, der es jedoch sorgsam vermied, den Köder zu schlucken. Vielleicht – und in bezug auf diesen Text ist offen gestanden alles Spekulation – stand aber sogar dieses «Versteckens spielen» mit dem Publikum in Einklang mit der tiefen und ernsthaften Absicht der *Unterhaltungen*, die Goethe wiederum mit Erfolg verbarg. «Die Philosophie», bemerkt Madame de Staël, «muß die unsichtbare Gewalt sein, die ihren [= der dichterischen Einbildungskraft] Wirkungen die Richtung gibt, aber wenn sie sich zu bald zeigt, würde sie den Zauber zerstören.»

Goethe erzeugt in seiner Erzählung von Anfang an eine Aura des Autoritativen und Autarken – was dazu verleitet, ihr Bedeutung und Bezug zuzuschreiben –, indem er für alle seine «Charaktere» den bestimmten Artikel verwendet. Eines Nachts, so hören wir, wird «der» Fährmann aufgefordert, «die» Irrlichter über «den» Fluß zu setzen. Als Bezahlung verlangt der Fährmann Kohl, Artischocken und Zwiebeln, während er das Gold, das die Irrlichter ihm geben, zurückweist. Es wird statt dessen von «der» Schlange verzehrt, die daraufhin von innen heraus zu leuchten beginnt. Die Irrlichter fragen die Schlange, wo sie «die schöne Lilie» finden – zunächst ist unklar, ob dies ein Gattungsbegriff oder ein Name ist: kein anderer Charakter in dem *Märchen* hat einen Eigennamen –, und indem sie erfahren, daß sie wieder über den Fluß zurück müssen, weil die Lilie auf dem Ufer wohnt, von dem sie gerade kommen, werden sie mit einigen der seltsamen Gesetze bekannt gemacht, die in diesem Lande gelten. So setzt der Fährmann seine Passagiere nur in einer Richtung über den Fluß; die Schlange kann sie zwar hinüberbringen, aber nur am Mittag; und morgens und abends können sie sich den Schatten «des» Riesen zunutze machen, der zwar selbst völlig kraftlos, dessen Schatten aber allmächtig ist und Reisende mit Leichtigkeit befördern kann. Unsere Aufmerksamkeit wird nun auf die Schlange gelenkt, die in ein unterirdisches Heiligtum kriecht, wo ihr Schein auf vier Standbilder von Königen fällt: ein goldenes, ein silbernes, ein bronzenes und ein gemischtes. Ein alter Mann mit Lampe tritt ein, der bald «der Alte» genannt wird: Seine Lampe hat die Macht, unter gewissen Bedingungen Steine in Gold und tote Tiere in Edelsteine zu verwandeln. Nachdem er von der Schlange ein «Geheimnis» erfahren hat – dessen Inhalt uns natürlich nicht mitgeteilt wird –, ruft er «mit gewaltiger Stimme» die offenkundig bedeutsame Formel: «Es ist an der Zeit!» Von nun an steht er im Mittelpunkt der Erzählung. Wir wandern mit ihm zu seiner Hütte zurück, wo seine Frau,»die Alte», vor Kummer untröstlich ist: In seiner Abwesenheit hat sie Besuch von den Irrlichtern erhalten, und ihr Mops ist gestorben, nachdem er etwas von ihrem Gold gefressen hatte. Der Alte gebraucht seine Lampe, um den Mops in einen Onyx zu verwandeln, und rät seiner Frau, diesen zu der schönen Lilie zu bringen, deren Berührung Lebende tötet, aber Steine lebendig macht. Sie kann ihr bei der Gelegenheit gleich die freudige Nachricht überbringen, daß «es an der Zeit ist», und unterwegs kann sie, wie versprochen, die Gemüseschuld der Irrlichter bei dem Fährmann begleichen. So folgen wir jetzt eine Weile der Alten, die unterwegs das Pech hat, daß der Schatten des Riesen ihr etwas von ihrem Gemüse raubt. Hierdurch außerstande, dem Fährmann seinen vollen Lohn zu ersetzen, verspricht sie, den Rest binnen vierundzwanzig Stunden zu bringen. Dann setzt sie ihren Weg fort; inzwischen geht «der Prinz» mit ihr, der, mit einem purpurnen Umhang bekleidet und liebeskrank, ebenfalls auf der Suche nach der Lilie ist. Zusammen überqueren sie am Mittag den Fluß, hinweg über den gewölbten Leib der Schlange, die jetzt von Edelsteinen funkelt, wonach die Schlange sie den letzten Rest des Weges zu der Lilie begleitet, die singend in einem Hain des Parks sitzt, den sie gepflanzt hat. Da sie Besucher nur einzeln empfangen kann, tritt zuerst die Alte vor, überbringt die Botschaft ihres Mannes, präsentiert den versteinerten Mops und bittet um Ersatz für das entwendete Gemüse. Die Lilie kann alles bis auf die Artischocke besorgen, klagt aber, daß ihre eigene Erlösung aus der Verzauberung wohl noch lange auf sich warten lassen wird. Daraufhin erzählt die Schlange der Lilie von der Erfüllung verschiedener Prophezeiungen und wiederholt dabei die Formel «es ist an der Zeit». Die Lilie ist entzückt, denn der Tag ihrer Erlösung wird der Tag sein, an dem sie diesen Satz dreimal vernimmt, und mit einer Berührung erweckt sie den Mops wieder zum Leben. Schließlich naht sich der Prinz, aber er kann seine Leidenschaft nicht bezähmen, eilt auf die Lilie zu, um sie zu umarmen, und stürzt leblos zu Boden. «Das Unglück war geschehen!» meldet der Erzähler. Sogleich schließt die Schlange einen magischen Kreis um den toten Prinzen, und die Alte sowie die Irrlichter werden ausgesandt, um den Alten zu holen; denn solange seine Lampe den Leichnam bescheint, wird er vor der Verwesung bewahrt. Die Mission der Alten gelingt jedoch nicht völlig, obgleich sie es schafft, den Fährmann bis auf die fehlende Artischocke zu entlohnen; doch ohnedies tritt nun ihr Mann auf, beruhigt alle und versichert ihnen wie ein Meister der Loge, daß die Zeit günstig ist, wenn jeder seine unterschiedliche Rolle richtig spielt. Alle Charaktere, die die Erzählung in unterschiedlichen Phasen gefördert haben, sind nun beisammen; auf unterschiedliche Weise beginnen sie, mit eigenem Licht zu strahlen – sogar der Korb mit dem toten Prinzen –; und wie in einer Prozession ziehen sie zum Fluß. Hier bildet die Schlange wiederum eine blendend vielfarbige Brücke aus Juwelen, und die ganze schimmernde Gesellschaft zieht über sie hinweg; der Bogen von Lichtern oben und sein Widerschein im Fluß erzeugen einen strahlenden Kreis, den der Fährmann von ferne bewundert. Am anderen Ufer erlangt der Prinz das Leben, aber noch nicht das Bewußtsein wieder; denn «der Geist war noch nicht zurückgekehrt». In demselben Augenblick beschließt die Schlange, sich «aufzuopfern, ehe ich aufgeopfert werde», und verwandelt sich in einen Haufen von Edelsteinen, die auf ihren Wunsch in den Fluß geworfen werden. Der Zug steigt nun zu dem Heiligtum der Könige hinab, denen noch einmal verkündet wird, daß es an der Zeit ist; als sie dieses Wort zum drittenmal vernimmt, weiß die Lilie, daß ihre Erlösung gesichert ist; der Tempel schwankt und beginnt sich zu bewegen; er zieht unterirdisch unter dem Flußbett hinweg, in die Richtung, aus der die Gesellschaft gekommen ist, und bricht durch den Boden der Hütte des Fährmanns, in der die Erzählung begonnen hat. Die Hütte verwandelt sich in Silber und wird zu einem Altar in der Mitte des Tempels. Alle Schulden seien beglichen, verkündet der Alte (auch die Artischockenschuld seiner Frau); der Prinz wird eingekleidet, um das Erbe der Könige anzutreten, und an dieser Stelle kehrt der «Geist» in ihn zurück, und er erwacht ganz zum Leben. Auf dem Fundament der Edelsteine, die einst die Schlange waren, hat sich auf magische Weise eine feste Brücke erhoben, auf der jetzt lebhafter Verkehr herrscht. Der Riese mit seinem gefährlichen Schatten wird auf dem Boden festgebannt und in eine nützliche Sonnenuhr verwandelt. Der Prinz und seine Lilie sind nun König und Königin und freuen sich miteinander auf das nächste Jahrtausend ihres Ehelebens, und als das königliche Paar mit seiner Gesellschaft von den Strahlen der Sonne getroffen wird, scheinen alle wie von einem himmlischen Glanz erleuchtet zu sein.

Es gibt gewiß allegorische Elemente im *Märchen* – der goldene, der silberne und der bronzene König geben sich selbst als die Weisheit, der Schein beziehungsweise die Gewalt, die drei Beherrscher der Erde, zu erkennen –; aber dank einer unbedachten Bemerkung Goethes wissen wir ebenso sicher, daß die Geschichte im ganzen nicht allegorisch zu verstehen ist. Man würde in eine Falle tappen, die Goethe seinen Lesern gestellt hat, und nur einen Beitrag zu seiner Sammlung von neunundneunzig Fehldeutungen leisten, wollte man eine Tabelle mit Korrespondenzen zwischen den Namen der «Charaktere» und den Namen irgendwelcher anderer Wesenheiten anlegen, um das *Märchen* eine ganz andere Geschichte erzählen zu lassen als die, welche es zu erzählen scheint. So galt zum Beispiel die Schlange abwechselnd als Allegorie des Kantianismus (weil Schlangen klug sind), der Hoffnung (weil sie grün ist) oder der deutschen Literatur des 18. Jahrhunderts (warum, weiß Gott). Und wir werden bald genug entdecken, daß die drei Könige – vom vierten ganz zu schweigen – so richtig weder den drei Prinzipien der Freimaurerei noch den drei Ständen im Reich noch der Philosophie Schillers noch der Prophezeiung Daniels entsprechen. Anderseits können wir uns nicht mit der Auffassung Humboldts zufriedengeben, daß wir nur «ein leichtes, schönes Spiel der Phantasie» vor uns haben, für das den meisten Menschen das Organ abgehe, das aber keiner Erklärung bedürfe – nicht zuletzt darum, weil der Geistliche selbst dieses nicht interpretierende Verständnis der Geschichte ablehnt, die er zu erzählen verspricht, als Karl die Forderung aufstellt, die Einbildungskraft dürfe sich «an keinen Gegenstand hängen», sondern solle «nur wie eine Musik auf uns selbst spielen». Der Geistliche will nicht einmal diese Einschränkung gelten lassen, sondern sagt, seine Hörer sollten durch das *Märchen* «an nichts und an alles erinnert werden»; gegenüber Humboldt äußerte Goethe, es sei «zugleich bedeutend und bedeutungslos». Moderne Interpreten neigen übereinstimmend eher der Auffassung zu, daß die Bedeutung des *Märchens* in seinem Ganzen, nicht in den Teilen liegt; denn die einzelnen Symbole «waren ausdrücklich darauf angelegt oft in mehrere Richtungen zugleich zu weisen», wie die scharfsinnigsten herausgefunden haben; generell scheint aber auf der Hand zu liegen, daß Goethe «natürlich eine politische Fabel erzählt» und uns etwas über die Französische Revolution sagen will. Aber was? Natürlich beherrscht das Wort «es ist an der Zeit» die Erzählung, ebenso die Ermahnung des Alten, daß das gemeinsame Bemühen zu einem glücklichen Ende führen wird, wenn zur rechten Stunde jeder das Seine tut. In der Tat tut jeder das Seine – so viel wenigstens hat Goethe doch Schiller anvertraut –, und der Ausgang ist in der Tat glücklich. Aber wenn wir die rechte Zeit, die in der Geschichte gekommen ist, mit Goethes eigener Zeit gleichsetzen, laufen wir doch Gefahr, das *Märchen* auf ein plattes Moralisieren herunterzubringen. Im Rahmen der Sammlung, in die es gehört, eröffnet das *Märchen* eine viel zurückhaltendere Perspektive auf das Zeitalter der Revolution.

Die *Unterhaltungen deutscher Ausgewanderten* beschäftigen sich hauptsächlich mit der Frage: Was macht eine Erzählung aus? Das wiederum wirft die Frage auf: Was macht das Ende einer Erzählung aus? Das eine, was über das *Märchen* unumstößlich sicher feststeht, ist, daß es endet: Es ist an der Zeit; die Prophezeiungen sind erfüllt; Mann und Frau sind vereint; alle Schulden sind abgegolten; die Welt ist eine andere geworden. Wenn wir auf der letzten Seite des *Märchens* einen Blick in ein neues Jahrtausend tun, dann geschieht es im Geiste jener Formel, mit der alle Märchen passenderweise schließen. Die übrige Sammlung der *Unterhaltungen* zeigt, daß Erzählungen vom normalen Leben nur in der Entsagung oder mit einem Wunder enden können, das provisorisch und künstlich das Ende aller Historie vorwegnimmt. *Das Märchen* zeigt uns dieses Ende aller Historie selbst, als das einzig wahre Ende aller fiktiven wie erlebten Geschichten: Der Glanz, der den Prinzen und die Lilie umgibt, ist der des himmlischen Königreichs, wo allein das Höchste Gut erlangt werden kann. Der Geistliche spricht buchstäblich die Wahrheit, wenn er sagt, daß seine Erzählung uns an «alles» erinnern soll. Wenn also der Schluß des Märchens im strengen Sinne eschatologisch ist, kann der Augenblick der Erfüllung, der gekommen ist, als die

Lilie zum drittenmal das Wort «es ist an der Zeit» vernimmt, nicht mit Goethes eigener Zeit gleichgesetzt werden. Im Gegenteil: Das als wirklich zu behandeln, was nur ideal sein kann – die Einbildung, daß Gott, die Seele oder das Höchste Gut unsere Gedanken nicht nur von ferne regulieren, sondern daß sie in der normalen Erfahrung angetroffen werden können –, ist nach Kant ein Akt jener «übereilten» Antizipation, die die Quelle allen philosophischen Irrtums ist. Daß die Erfüllung «noch nicht» ist, ist ein Leitmotiv in den *Unterhaltungen* und auch im *Märchen*. Ein solcher Augenblick der Übereilung wird unverkennbar gezeigt, wenn der Prinz in die Arme der Lilie eilt und zu Boden gestreckt wird, und die anschließende nächtliche Zeit des Wartens, eine Zeit, in der der tote Prinz weggeschlossen wird – zuletzt in einem schimmernden Korb – wie der kindliche Genius in *Der Zauberflöte zweitem Teil*, mögen wir als Abbild der gegenwärtigen Zeit ansehen, in der die Menschen das Ideal zwar besitzen, aber nur in Form eines unzugänglichen Geheimnisses, das der öffentlichen Welt kundzutun gefährlich oder unmöglich ist. Die Verwirklichung des Ideals ist eine Aufgabe, zu der sich die ganze Menschheit vereinigen mag, so wie alle «Charaktere» im *Märchen* sich in dem Zug zur Wiederbelebung des Prinzen vereinigen; aber eine lange Zeit – in der Tat die gesamte Historie – mag zwischen der zweiten und der dritten Ankündigung vergehen müssen, daß «es an der Zeit ist». Obwohl es unwesentlich ist, dürfen wir uns vielleicht einen Ausflug in eine äußerliche Symbolik erlauben und die Lilie mit der französischen *fleur-de-lis* und also mit jener «blendenden Schönheit» des französischen Freiheitsgedankens gleichsetzen, zu der sich in der Rahmenhandlung Karl mit verhängnisvollen Folgen hingezogen fühlt. Goethes eigene Zeit erschiene dann im *Märchen* als gezeichnet von dem «Unglück» des übereilten Versuchs, das Ideal in die Wirklichkeit zu zwingen, und das *Märchen* selbst wäre der höchst esoterische Ausdruck sowohl von Goethes grundsätzlicher Sympathie mit den Idealen seiner Zeitgenossen im französischen Bürgertum (absichtsvoll verborgen hinter dem hypochondrischen Grollen des Herrn Geheimrats) als auch seiner Überzeugung, daß ihre revolutionären Methoden auf eine furchtbare Weise verfehlt waren. (Die revolutionäre Erhebung, die in der abgeleiteten Form von Ideen, Meinungen und Zeitungen gefährlicher ist, als sie an sich selbst ist, das «Nichts», das so tut, als wäre es ein «Etwas», wird wohl durch den Riesen und seinen Schatten dargestellt: In einem Brief an Goethe bringt Schiller diese Figur direkt mit den französischen Armeen in Zusammenhang.) Doch selbst wenn eine solche Konkretion wirklich dingfest gemacht werden könnte, bliebe sie für die Deutung des *Märchens* sekundär. Gewisser und wichtiger ist, daß die Struktur des *Märchens* uns das Muster aller Historien, und damit auch der Historie selbst, zeigt, wie es sich in der vom Geistlichen geleiteten Diskussion herauskristallisiert hat: Alle beginnen sie mit dem Zufall (dessen klassisches Emblem der alte Fährmann ist, wie die neueste Forschung gezeigt hat), weil aus diesem Stoff unser normales, differenziertes, individuelles Leben gemacht ist; und alle verweisen sie uns auf das Ideal, weil dies das Ziel ist, dem wir alle – Leser, Schriftsteller und Charaktere, real oder imaginiert – verpflichtet sind; und nur, wenn es Märchen sind, können diese Geschichten mit dem Erreichen des Ziels enden.

Der Geistliche unterrichtet die Ausgewanderten schon früh, daß das, was in seinen Geschichten wie «ein altes Märchen» aussieht, in Wirklichkeit – wenngleich in verkleideter Gestalt – etwas sein mag, was «unmittelbar in unsrer Nähe» geschehen ist, und es ist verlockend, Aspekte seiner Geschichte auf die Lage seines Publikums zu beziehen: Karl mit dem Prinzen in Verbindung zu bringen, den Fluß mit dem Rhein oder den Geistlichen mit dem anderen «Alten», der die Lampe trägt. Doch wie alle schematischen Eins-zu-eins-Entsprechungen zwischen Elementen des *Märchens* und irgendeinem äußeren Zeichensystem bricht sogar dieser innere Parallelismus innerhalb der *Unterhaltungen* recht schnell zusammen. (Wie könnte es in der Geschichte des Geistlichen einen Platz (oder keinen Platz) für eine so wichtige Autoritätsperson wie die Baronin geben? Und kein Pendant zum Mops oder der Schlange wird mit diesen mehr als ein oder zwei Züge gemeinsam haben.) Wie bei der allegorischen Bedeutung der Könige bedient sich Goethe als ein echtes Irrlicht einiger verheißungsvoller, aber falscher Spuren, um den Interpreten in den Sumpf zu locken. Wenn wir jedoch die Gesamtstruktur und besonders die Bedeutsamkeit des Endes fest im Blick behalten, wird sich eine großmaßstäbliche Parallele oder Homologie abzeichnen, die den Hinweis des Geistlichen bestätigt.

Das Märchen zerfällt erkennbar in zwei Teile, die durch den vorzeitigen Tod des Prinzen voneinander geschieden sind. Im ersten Teil werden die Charaktere der Geschichte, von denen die meisten einen Auftrag zu erledigen haben, der sie zur Lilie führt, nacheinander vorgeführt: Jeder steht der Reihe nach im Vordergrund der Erzählung, und sobald sie bei der Lilie angekommen sind, müssen sie einzeln ihr Anliegen vorbringen. Im zweiten Teil agieren alle Charaktere zusammen: Sie sind alle an dem nämlichen Ort versammelt, sie sind alle an der nämlichen feierlichen Handlung beteiligt, und aus der linearen Erzählbewegung, die zur Lilie hingeführt hat, wird eine kreisförmige Bewegung. Der leuchtende Halbkreis des den Fluß überquerenden Zuges wird durch die Spiegelung im Wasser zu einem vollkommenen, farbenprangenden Kreis vervollständigt. Der Zug selbst vollendet kurz darauf einen kreisförmigen Weg, wenn er unter dem Bett desselben Flusses zurückwandert, den er gerade auf der Brücke überquert hat. In demselben Augenblick schließt sich in der Erzählung der Kreis, wenn sie zu der nun glänzend verwandelten Hütte des Fährmanns zurückkehrt. Diese zwei Teile in der Struktur des *Märchens*, der lineare und der kreisförmige, entsprechen nun direkt den zwei Phasen, der sukzessiven und der blütenbildenden, in Goethes Darstellung der natürlichen Wachstumsprozesse in seinem *Versuch, die Metamorphose der Pflanzen zu erklären* (s. Bd I, S. 689 f.). In der sukzessiven Phase schreitet die Pflanze in linearer Bewegung von Blatt zu Blatt fort und baut dabei den Stengel auf, so wie die erzählerische Linie des *Märchens* sich zunächst aus dem Nacheinander der «Charaktere» oder Episoden aufbaut. Diesem vegetativen Prozeß, der an sich unbegrenzt fortdauern könnte, muß ein Ende gemacht werden, wenn die zweite Phase, die der Blütenbildung und der geschlechtlichen Fortpflanzung, beginnen soll. In der zweiten Phase des Pflanzenlebens präsentieren sich nach Goethe die Grundelemente der Pflanzenstruktur, nämlich die Blätter, nicht nacheinander, sondern gleichzeitig, und nicht linear, sondern ringförmig angeordnet: zuerst der grüne Ring der Kelchblätter, dann der ausgewachsene Kreis der farbigen Blütenblätter – Kelch und Krone. So zieht im Märchen die Schlange zuerst einen Ring um den Prinzen, dessen Tod die Erzählung scheinbar zum Stillstand gebracht hat, und danach vereinigen sich alle Beteiligten mit der Schlange, um jenes blendende Bild aus rotierender Farbe hervorzubringen, das den sinnlichen Höhepunkt der Geschichte bildet. In Goethes anatomischen Studien erschien die Schlange als dasjenige Tier, dessen Körperstruktur, da unendlicher Erweiterung fähig, der Struktur des Pflanzenreichs am nächsten kam. Das Prinzip der repetitiven Selbstreproduktion, das sie darstellt, muß jedoch geopfert werden, um die geschlechtliche Phase beginnen lassen zu können. Die Vereinigung von Mann und Frau vollzieht sich dann im Mittelpunkt des neu gebildeten Ringes, und so, wie in der Pflanze die kontrahierte Kammer der Samenkapsel im Inneren der expandierten Kammer des Fruchtkörpers gebildet wird und der Lebenszyklus von vorne beginnen kann, bildet im Märchen die Hütte des Fährmanns, in der alles begann, den Altar im Inneren des Tempels, auf dem, einander umarmend und verklärt, der Prinz und die Lilie stehen. Es liegt auf der Hand, daß der Tempel des Hymen, des geschlechtlich sich fortpflanzenden Lebens, «der besuchteste auf der ganzen Erde» ist, wie Goethe mit den letzten Worten der Erzählung sagt. Die Handlung des *Märchens* ist ebenso frei von jeder äußeren Zweckdienlichkeit, wie es nach Goethes – und Kants – Überzeugung die innere Konstitution eines jeden lebendigen Organismus ist:

> Mehr als zwanzig Personen sind in dem Märchen geschäftig.
> Nun, und was machen sie denn alle? Das Märchen, mein Freund.

Das Rätsel, welches *Das Märchen* den Lesern aufgibt, ist das Rätsel, das alles Lebendige denen aufgibt, die nach seinem Zweck oder seiner Bedeutung fragen. Die Botanik kann das Rätsel nicht lösen, sondern nur das Objekt beschreiben.

Die Struktur des *Märchens* in botanische Begriffe zu fassen hat jedoch immerhin den Vorteil, daß manche bizarren Aspekte darin einen klareren Bezug auf das Ganze bekommen. So erinnern zum Beispiel die Irrlichter, die ständig ihre Gestalt verändern, aber immer zu zweit auftreten, an die Verwandlungen des Blattes von einfachen Kotyledonen zu entwickelten und paarigen oder wechselständigen Stengelblättern. Vor allem ist da die Sache mit der fehlenden Artischocke. Warum vermag die Lilie der Alten zwar

Kohlköpfe und Zwiebeln, nicht aber Artischocken zu besorgen? Die Begründung der Lilie lautet, daß Artischocken Blumen sind – Zwiebeln sind natürlich Wurzeln und Kohlköpfe Blätter – und daß es keine Blumen in ihrem Park gibt, in dem alles aus Ablegern erwachsen ist, das heißt, sich vegetativ, nicht geschlechtlich fortgepflanzt hat. Die einzige Blume im *Märchen* bilden alle Beteiligten gemeinsam, als sie den Fluß überqueren: Sie braucht und sie duldet weder Antizipation noch Ersatz. Die Lilie selbst hat ihren Namen von einer einkeimblättrigen Pflanze (der Monokotyledonen), die nach Auffassung der Jussieus überhaupt keine Krone besaß; Goethe schrieb um 1795 etwas zurückhaltender über die Lilien, daß sie «die Mittelglieder der Bildung» überspringen und «zur Fructification eilen, *nicht der Zeit, sondern der Form* nach.» Mit anderen Worten: Einkeimblättrige Pflanzen sind dem Vorgang der Metamorphose entzogen, dem die «vollkommnern» zweikeimblättrigen Pflanzen unterworfen sind, und daher sind sie das geeignete Bild für ein Ideal – das heißt: für das Ziel der Fortpflanzung, aber abstrahiert von dem gesamten zu ihr führenden Entwicklungsprozeß. (Goethe fiel auf, daß die meisten geschlechtlich wenig differenzierten Pflanzen bei Linné Einkeimblättrige waren.) Kein Wunder also, daß sich die Lilie, ohnedies ein Sinnbild der Keuschheit, in der Gesellschaft aphrodisierender Artischocken nicht wohlfühlt, deren Blütenkopf zu den auffälligsten der Pflanzenwelt gehört. (Bedeutsam mag auch sein, daß ihr Name an den einer Frau anklingt, die Goethe sehr geliebt, von der ihn aber das Schicksal getrennt hatte.)

Aber sogar die Botanik unterliegt der Regel des *Märchens*, daß die Details unter dem Reiter zurückweichen, der sie auf dem Rücken eines einfachen Prinzips zu überqueren sucht. So entstammen einzelne Aspekte der Geschichte ganz eindeutig der Welt der Freimaurerei oder der Alchimie. Die «chymische Hochzeit» zwischen der Lilie und dem Roten König, dem weiblichen und dem männlichen Prinzip im Stein der Weisen war in der alchimistischen Literatur ebenso ein Gemeinplatz wie das trinkbare Gold, das *aurum potabile*. Die Bedeutsamkeit des Metamorphosegedankens im *Märchen* ist jedoch nicht lokaler, sondern struktureller Natur. Wir können ihrer Relevanz versichert sein, weil sie sowohl die Gestalt der ganzen Geschichte als auch deren Zusammenhang mit dem Thema und der Struktur der *Unterhaltungen* insgesamt bestimmt. Denn auch die Geschichten, die die Ausgewanderten einander erzählen, unterliegen dem botanischen Schema. Auf eine einleitende komplexe und kompakte, samenartige Geschichte von Freundschaft, Liebe und Leid, die der Definition des Geistlichen genau entspricht und den Keim alles Kommenden in sich birgt, folgen ein Paar primitiver Gespenstergeschichten, ein Paar Erotika und dann ein Paar ausgewachsener «moralischer Erzählungen». Auf dem Höhepunkt dieser Reihenstruktur finden wir das hermetisch in sich verschlossene, schillernde *Märchen*, worin das Muster, das wir bisher beobachtet haben, und möglicherweise auch einige Charaktere, denen wir unterwegs begegnet sind, in neuer, farbiger Verkleidung reproduziert werden. Das Problem des Plots, dem die *Unterhaltungen* gewidmet sind – wie ist Erzählen in einer Welt, und in Geschichten, ohne zentrales Ich möglich? –, erfährt damit ebenfalls eine neue, alternative Auflösung. Es bleibt möglich entweder in einer endlos, vegetativ erweiterbaren Unterhaltung, an der wir alle uns beteiligen, während wir auf das unendlich ferne Ende aller Historie warten – oder aber in dem plötzlichen Erblühen eines Kunstwerks, das das Ende antizipiert und es in einer Figur der Zirkularität des Lebens darstellt. Der Vorgang, durch den Unterhaltung in Kunst übergeht, ist auch eine Art von Entsagung. Wie der Stengel sich selbst verleugnen muß, damit der Blütenkelch sich bilden kann, wie die Schlange sich opfern muß, damit die Brücke entsteht und der Prinz gerettet werden kann, so muß die Unterhaltung verstummen und sich der Forderungen und des Fragens enthalten, damit das Werk der Einbildungskraft geleistet und das Märchen erzählt werden kann. Aber zu gegebener Zeit schlägt die Kunst wieder ins Gespräch um. Nicht einmal die Krone, die Blüte im Augenblick ihres höchsten Glanzes, ist um ihrer selbst willen da: Sie ist da, um den Samen hervorzubringen, aus dem ein neuer Stengel wachsen wird. Analog gibt es nicht so etwas wie das vollkommen autonome literarische Kunstwerk. Goethe scheint jetzt zu wissen (was er 1788 nicht wußte), daß in der Literatur das Kunstwerk nur relativ gesprochen ein Ganzes ist und daß der Kommunikationsstrom, der es weiterträgt, es auch durchzieht. *Das Märchen* scheint dem Sich-selbst-Genügenden so nahe zu kommen wie nur vorstellbar, aber es ist ebenso bedeutend, wie es bedeutungslos ist, und «man kann sich nicht enthalten, in allem eine Bedeutung zu suchen». Es mag wohl sein, daß «Bedeutung», wie Goethe in einem kleinen Gedicht von 1796 sagte, nur die Magd der Göttin der Schönheit ist; aber die Reichen können nicht ohne ihre Diener leben, und das offenbare Geheimnis des Märchens lautet, daß seine Autonomie eine Illusion ist, die aus der gegenseitigen Interferenz aller ihrer denkbaren, partiellen Deutungen erzeugt wird. Indem es resolut ein Rätsel bleibt und seine Leser ständig zur Deutung herausfordert, zeigt das *Märchen*, daß Bedeutung der Stoff der Literatur ist, und aus diesem Samen sind zwei Jahrhunderte einer oft verzweifelten Unterhaltung erwachsen.

Jede der vier Erzählungen, an denen Goethe im Sommer 1795 arbeitete – die Geschichte von Ferdinand, *Das Märchen* und das fünfte und sechste Buch des *Wilhelm Meister* –, vollendete er in zwei Etappen. In jedem einzelnen Fall scheint der Schluß ganz eigene Probleme aufgeworfen zu haben, und er wollte sicher gehen, daß die Lösungen, die er fand, miteinander harmonisierten. Eine besonders schwierige Aufgabe war das fünfte Buch des Romans; sollte es doch die Verbindung schlagen von der *Theatralischen Sendung*, von der nur wenig übrigblieb, was in die ersten Kapitel des Buches eingearbeitet werden mußte (Bd. I, S. 464f.), sowohl zum «religiösen» sechsten Buch, mit dem er bereits begonnen hatte, als auch darüber hinaus zum siebenten und achten Buch, das Wilhelms Geschichte abrunden sollte.

Goethes Lösung bestand darin, aus dem fünften Buch ein Buch der Endigungen zu machen, woraus ein neuer Anfang hervorgehen konnte. Nach einer Einleitung, in der die Streiche des kleinen Felix einen Hinweis darauf geben, wie ein neuer Anfang aussehen könnte, setzt das Buch mit dem Tod von Wilhelms Vater ein, der in diesem Roman für Wilhelm ein traurigeres und bewegenderes Ereignis ist als in der *Theatralischen Sendung*; dieser Tod hat in der Mitte des Buches einen Nachhall und an seinem Ende eine Parallele. Zwischen solcherlei Memento mori hören wir scheinbar die Geschichte eines Höhepunktes, des Triumphs Wilhelm Meisters in der Titelrolle des *Hamlet*; denn es ist sein höchster theatralischer Ehrgeiz geworden, dieses Stück aufzuführen, und in den Kontrakt mit dem widerstrebenden Serlo hat er ausdrücklich die Erlaubnis zu dieser Produktion aufnehmen lassen. Aber es ist der Höhepunkt einer großen Illusion, und ohnedies sind Höhepunkte auch Endigungen. Wilhelm ist jedoch zu seiner Illusion entschlossen, wie ein Briefwechsel mit Werner zeigt. Werner bietet ihm erneut die Kaufmannskarriere an, die seinem gesellschaftlichen Stand angemessen wäre: Es wird der Verwalter für ein großes Gut gesucht, das man mit dem Erlös aus dem Verkauf des Hauses des verstorbenen Meister kaufen kann. Als Grund für seine Ablehnung des Vorschlags gibt Wilhelm an: «mich selbst, ganz wie ich da bin, auszubilden, das war dunkel von Jugend auf mein Wunsch und meine Absicht.» Diese Selbstentwicklung, sagt er weiter, ist jedoch in einem bürgerlichen Beruf unmöglich; wenigstens in Deutschland wird sie nur dem Edelmann zuteil, dem das öffentliche und politische Leben vorbehalten ist. Der Bürger ist an produktive Arbeit in einer Nische der arbeitsteiligen Welt gebunden; dem Edelmann steht es offen, seine Persönlichkeit zu kultivieren. Die Diagnose ähnelt derjenigen Schillers in den *Ästhetischen Briefen* und ist fast zeitgleich mit ihr, doch ist sie sozial und politisch expliziter. Der bürgerliche Deutsche, meint Wilhelm, kann so etwas wie seinen Wunsch und Zweck erreichen, aber nur durch die Kunst, besonders die Kunst des Theaters, wo der Schauspieler bürgerlicher Herkunft die Gelegenheit hat, all die Eleganz und Kultur vorzutäuschen, die er in Wirklichkeit nicht besitzt – er kann zwar kein Edelmann werden, aber er kann seine Rolle spielen. Das ist zweifellos das wunderlichste Argument, das jemals für die Flucht in eine Bühnenkarriere vorgebracht worden ist, doch wegen des Körnchens Wahrheit, das in ihm steckt, haben Kritiker seine Absurdität häufig übersehen. Die Entwicklung einer nationalen Kultur auf der Basis eines postreligiösen Begriffes von «Kunst» war in der Tat eines der Mittel, womit das deutsche Bürgertum Ende des 18. Jahrhunderts eine gewisse Verschmelzung mit der herrschenden Klasse, dem niederen Adel, erreichte – schließlich war das das Programm der *Horen*, das Schiller entwarf. *Wilhelm Meisters Lehrjahre* beweisen jedoch, daß Goethe diese Bewegung, zu der er selbst beigetragen hatte, Mitte der neunziger Jahre mit einiger Ironie betrachtete. Wilhelms Überzeugung von der Triftigkeit seiner Argumentation überlebt nicht das fünfte Buch, und durch verschiedene Kunstmittel wird von Anfang an deutlich gemacht, daß er einen völlig verfehlten Kurs steuert. In dem Brief selbst gibt er zu, daß eine allgemeine Revolution in der Gesellschaft, von der er aber keine Spur sieht, ihn zu einem Sinneswandel veranlassen würde: 1795 war diese Revolution schon lange eingetreten, und sowohl Wilhelms Dilemma als auch seine Lösung dafür waren bereits obsolet, als beides dem Publikum präsentiert wurde. Unmittelbar nach dem Brief an Werner unterzeichnet Wilhelm dann den Kontrakt mit Serlo: Während er seinen Namen schreibt, wird die ihm zugedachte Warnung – in der *Theatralischen Sendung* das Verblassen seiner Vision von der schönen Amazone – in den *Lehrjahren* durch Mignon verstärkt, die ihn am Ärmel zupft, wie um seine Hand vom Papier wegzuziehen. Es hat den Anschein, als wollten die beiden Zwitterwesen, die seine Einbildungskraft heimsuchen, ihn «von den Brettern» fernhalten (wozu Mignon ihn schon viel früher, in der Residenz des Grafen, gedrängt hatte). Aber Wilhelms ganze Aufmerksamkeit gilt jetzt dem *Hamlet*. Die nun folgenden langen Gespräche über das Stück, über das Wesen des Dramas und seinen Unterschied vom Roman, über das Verhältnis zwischen dem Theater und dem Publikum und über die Begründung für die umfangreiche Bearbeitung von Shakespeares Text, die Wilhelm erforderlich findet, wenn sein Traum in die Praxis umgesetzt werden soll – dies alles hat eine bestimmte strukturelle Funktion: Es verlangsamt das Tempo und steigert unsere Erwartungen an den Premierenabend so wirkungsvoll, als beschriebe Goethe die Probenarbeiten. Es leistet aber noch etwas anderes: Dadurch, daß es uns die Künstlichkeit dessen, was wir lesen, stärker bewußt macht, vergrößert es den Unterschied zwischen unserem Standpunkt und demjenigen Wilhelms und unterstreicht, wie sehr er seine wahre Position mißversteht.

In der *Theatralischen Sendung* gab es zwei Berührungspunkte zwischen Wilhelms Selbstverständnis und Shakespeares Stück, nämlich Wilhelms Gleichsetzung seines eigenen Charakters mit dem des melancholischen Prinzen und seine Deutung Hamlets als des Opfers eines tragischen Schicksals, das ihm eine über seine Kräfte gehende Aufgabe auferlegte – Wilhelm wurde dagegen in seinen eigenen Augen vom Schicksal begünstigt und sanft an sein Ziel geführt. Diese beiden Elemente von Wilhelms *Hamlet*-Auffassung behält das vierte Buch der *Lehrjahre* bei, doch ihre Bedeutung für Wilhelms Leben erfährt im fünften Buch eine starke Veränderung durch die Einführung eines dritten Elements: die Diskussion nicht über den Charakter und die Handlung, sondern über die ästhetischen und strukturellen Qualitäten des Stücks. Wilhelm und Serlo stimmen darin überein, daß der *Hamlet* halb ein Drama, halb ein Roman ist, und so ist es notwendig, den Unterschied zwischen diesen zwei literarischen Formen zu untersuchen. Man kommt zu dem Schluß, daß das Drama der Schauplatz des Schicksals, der Roman der Schauplatz des Zufalls ist. Während es dem Schicksal zukommt, die Handlungen des dramatischen Helden zu durchkreuzen und die Katastrophe herbeizuführen, wird der weitläufige Gang des Romans von einer langen Reihe zufälliger Ereignisse bestimmt. Die Konsequenz hieraus, die wir als Leser sehen, für die Wilhelm jedoch blind ist, lautet natürlich, daß er als Held eines Romans, nicht eines Dramas aus jeder vermeintlichen Parallele zwischen sich selbst und Shakespeares krankem Prinzen keine Schlüsse ziehen darf, schon gar nicht den Schluß, daß er in der Hand des Schicksals sei. Was er jedoch aus dem Fall *Hamlet* lernen kann, ist das, was ihm schon all die sonderbaren Besucher aus einer Welt jenseits seines unmittelbaren Verstehens wiederholt eingeschärft haben: daß er Herr über die Zufälle seines Lebens werden und ihnen eine von ihm gewählte Bedeutung entlocken soll: «der Mensch muss dem Zufall eine Form zu geben suchen.» Wilhelm soll sich von der Romanfigur zum Romanschreiber fortentwickeln und für sich selbst das tun, was er mit Leichtigkeit und Entschlußfreude tut, als er *Hamlet* für die Aufführung einrichtet: Er beseitigt das Gestrüpp von Zufälligkeiten, das Shakespeare (seiner Meinung nach) um den zentralen Handlungsstrang hat aufwuchern lassen, und erhält dadurch eine klare, zielstrebige Geschichte. Wilhelm jedoch kann zwar die Textur der Leitmotive im *Hamlet*, noch nicht aber die in seinem eigenen Leben verstehen. Er bemerkt nicht einmal den komischen Gegensatz zwischen seinen weitreichenden Änderungen an Shakespeares Text – Folgerungen aus dem zufälligen Umstand, daß der Geschmack seiner deutschen Landsleute nichts Geringeres duldet – und seinem anfänglichen Insistieren darauf, daß jede Einzelheit des Originals beibehalten werden müsse.

Goethes Beschreibung der *Hamlet*-Produktion ist so schonungslos zielgerichtet wie alles, was er Wilhelm tun läßt, nur gilt sein eigenes Augenmerk etwas anderem: Seine Erzählung befaßt sich fast ausschließlich mit dem (einzigen?) Motiv, das Shakespeares Stück mit populären deutschen Romanen jener neunziger Jahre gemein hatte: der Begegnung Hamlets mit dem Geist. Mit komischer Unplausibilität wird uns berichtet, daß das hartnäckigste Problem für Serlos neue Truppe bei diesem beispiellosen Projekt – Aufführung eines ausländischen Stückes in unvertrauter Form um seines kulturellen, nicht um seines Unterhaltungswertes willen – die Besetzung von Hamlets Vater ist. Es trifft jedoch eine geheimnisvolle Botschaft ein, die besagt, daß für die Besetzung dieser Rolle gesorgt werden wird, und Serlo, der wissen muß, woher die Botschaft kommt – er scheint wie sein Vorbild Schröder Verbindungen zu den Freimaurern zu haben –, läßt die Probenarbeiten ruhig weitergehen. Obwohl der Premierenabend dann den Mittelpunkt des fünften Buches bildet, tut der Erzähler den größten Teil dieser Aufführung mit wenigen Zeilen ab: Viel interessanter sind zwei unbekannte Gestalten in weißen Mänteln und Kapuzen, die kurz vor dem Aufgehen des Vorhangs erscheinen. Der eine von ihnen trägt einen Harnisch und übernimmt die Rolle des Geistes. Wilhelm als der Prinz ist von der Erscheinung so bestürzt, daß er die Worte «Ich bin der Geist deines Vaters» halb und halb glaubt und sogar meint, «eine Ähnlichkeit mit der Stimme seines Vaters zu bemerken». Die Gefühle Hamlets, die Wilhelm darzustellen hat, sind die

Gefühle, die er in der Tat selbst empfindet, und das Publikum ist von der Lebenswahrheit seiner Vorstellung überwältigt. Dieser höchste Augenblick in Wilhelms Schauspielerkarriere offenbart also, daß er am besten ist, wenn er nur sich selbst spielt, daß er also überhaupt kein wirklicher Schauspieler ist – aber sie leistet noch mehr. Den ganzen Roman hindurch haben wir Wilhelm der Illusion unterliegen sehen, daß er sein Leben leben könnte, als ob er permanent auf der Bühne stünde: Nun, da er endlich auf der Bühne steht, macht er den gleichen, aber entgegengesetzten Fehler und glaubt, daß dies sein Leben sei. Die Kunst, wie er sie versteht, kann nicht weiter gehen, und so beginnt sie, sich selbst zu zerstören. Natürlich glaubt Wilhelm nicht im Ernst, mit seinem toten Vater in einem Theater zu stehen: Er bemüht sich, durch das Visier des Unbekannten zu spähen, um den Schauspieler vielleicht zu erkennen. Aber sich einen derartigen Alptraum auch nur einen Augenblick lang vorzustellen, hat eine revolutionierende Wirkung. Die Konfrontation mit dem Geist ist eine Erinnerung an den Todesfall, der das Buch einleitete und der Wilhelm zwar die Freiheit zu diesem letzten Theaterabenteuer gegeben zu haben schien, ihm aber auch durch das Angebot Werners eine ganz neue Karriere in Aussicht stellte. Es ist die Konfrontation mit dem bevorstehenden Tod aller Illusionen, mit denen Wilhelm von Kindheit an gelebt hat und die nun an ihr Ende gekommen sind. Fast unvermittelt setzt ihr Absterben ein.

Das Publikum, dessen Urteil ebenso zweifelhaft ist wie das Urteil Wilhelms, bereitet der Aufführung große Ovationen, und Serlo veranstaltet ein Fest für die ganze Theaterkompanie, bei dem alle zu viel trinken und das der Erzähler mit einer Hochzeitsfeier vergleicht. Ihr folgt eine Hochzeitsnacht. Wie Philine in einem Liedchen gesungen hatte, ist «die Nacht das halbe Leben, / Und die schönste Hälfte zwar.» Während der ganzen Proben hat Philine, assistiert von einem vielsagenden Paar Pantoffeln, immer unverhohlener versucht, Wilhelm zu verführen: Seit Beginn ihrer Bekanntschaft hat sich bei Wilhelm die Sehnsucht nach Philine mit der Sehnsucht nach dem Theater verbunden. Als er in sein Zimmer zurückgeht, um seinen Rausch auszuschlafen, schlüpft in der Dunkelheit eine nicht genannte Frau in sein Bett, und Wilhelm, so hören wir, leistet nur wenig Widerstand. Als er am nächsten Morgen «mit einer unbehaglichen Empfindung» und einem Brummschädel aufwacht, ist die Besucherin verschwunden. Alle Anzeichen deuten darauf hin, daß es Philine war, aber gewisse «Ursachen», die «[wir] nicht entdecken können» – vermutlich ein intimes Liebesdetail – flößen Wilhelm «einen andern, sonderbaren Argwohn» ein: Dies kann nur bedeuten, daß ihm die Figur Marianens wieder ein Zeichen gibt. Wie Schiller und sein Kreis bei der Lektüre dieses Buches im Manuskript, beginnen auch wir den Verdacht zu hegen, daß einem Wiederfinden Marianens der Boden bereitet werden soll. In dieser düsteren Stimmung fällt ihm ein Stück grauer Gazestoff in die Hände, das am Abend zuvor den Geist von Hamlets Vater bei dessen Versinken verhüllt hatte. Auf den Flor sind die Worte gestickt:

«Zum ersten- und letztenmal! Flieh! Jüngling, flieh!» Aber es bedarf keiner übernatürlichen Botschaft, um Wilhelm klarzumachen, daß etwas zu Ende gegangen ist. An diesem Abend wird, nachdem Wilhelm sich pflichtschuldigst durch eine weitere Probe gequält hat, Alarm geschlagen: Das Haus, in dem die Theatergesellschaft untergebracht ist, steht in Flammen, und in dem Durcheinander macht der Harfner, jetzt in Wahnsinn verfallen, den Versuch, Felix als Menschenopfer darzubringen, was Mignon vereitelt. Wilhelm hat ihn auch – aber wahrscheinlich zu Unrecht, wie wir hören – im Verdacht, das Feuer gelegt zu haben. Im Garten stehend und die rauchenden Trümmer betrachtend, singt der Alte das traurige Lied «An die Türen will ich schleichen», das Goethe ziemlich zu derselben Zeit geschrieben haben muß wie den Rest dieses Buches und worin der Harfner sich ausmalt, wie er als ein von der Gesellschaft Verstoßener, gleich Ödipus oder Philoktet, mit Betteln sein Leben fristen wird. Wir kennen zwar noch nicht die Herkunft von Felix, aber es ist klar, daß Wilhelms Umgang mit dem Theater und besonders die Faszination, welche die durch Hamlet und den Harfner repräsentierte Tragödie auf ihn ausübt, seine eigene wahre Zukunft bedrohen.

Die letzten Kapitel des Buches sind befrachtet mit Abschlüssen. Die Schauspieltruppe tritt in die Phase ihres größten Erfolgs ein; aber dieser kann – so hören wir – wie alles in dieser veränderlichen Welt nicht ewig währen. Es kommt zu Spannungen und Eifersüchteleien, und Serlo und Melina schmieden gemeinsam Ränke mit dem Ziel, Wilhelm zu verdrängen und von der hohen Kunst des Schauspiels zum lukrativeren Singspiel überzugehen. Wilhelm entdeckt in der Diskussion über einen anderen Prinzen, nämlich die männliche Hauptrolle in der *Emilia Galotti*, «daß man, um vornehm zu scheinen, wirklich vornehm sein müsse» und daß daher das Argument, das er kürzlich gegen Werner gebraucht hat – daß man die Eigenschaften des Adels durch deren Nachahmung in der Kunst erwerben könne –, der Grundlage entbehrt. Als die Auflösung der Theatergesellschaft beginnt, ist Philine eine der ersten, die fortgeht, und mit ihr verschwindet – wenigstens symbolisch – das sinnliche Vergnügen, das Wilhelm am Theaterleben fand. Man beobachtet jedoch, daß sie sich in Begleitung einer Gestalt davonmacht, die eine rote und weiße Soldatenuniform trägt – fast mit Sicherheit Friedrich, aber für Wilhelm ein Bild Marianens, seiner verlorenen ersten Liebe, in ihrer Zwittergestalt und damit auch ein Bild seiner Amazone, von der seit der Unterzeichnung des Kontrakts mit Serlo nicht mehr die Rede gewesen ist. Er schickt Philine einen Boten nach, aber umsonst. Der Harfner muß natürlich gehen: Wilhelm bringt ihn bei einem Landpfarrer unter, der sich durch die Heilung von Geisteskranken einen Ruf gemacht hat; die Behandlung läßt sich gut an. Während er bei dem Pfarrer weilt, erfährt Wilhelm jedoch zufällig von einem Arzt Neuigkeiten über den Grafen und die Gräfin: Der Graf ist jetzt das Opfer einer religiösen Manie, und die Gräfin leidet an der pathologischen Wahnvorstellung, Wilhelm habe sie so heftig umarmt, daß sie sich Brustkrebs zugezogen habe. Die Konsequenzen von Wilhelms theatralischen Abenteuern werden sich offenbar nicht so leicht verflüchtigen wie die Truppe von Schauspielern, und Wilhelm wird von Reue gequält. Es naht jedoch Hilfe; sie wird freilich nicht als solche erkannt und kommt aus einer unerwarteten Ecke. Die kränkelnde Aurelie, schon lange mit dem kulturellen Ideal eines deutschen Nationaltheaters verbunden und noch immer voller Haß auf ihren treulosen Lothar, übernimmt die Rolle der verschmähten Geliebten in der *Emilia Galotti*. Sie treibt jenen Irrtum ins Extrem, den für uns Wilhelms Spiel im *Hamlet* symbolisiert: Sie spielt sich selbst, und die emotionale Überanstrengung wirft sie auf ihr Sterbelager. Wilhelm kommt jedoch vom Lande mit dem bewußten Arzt zurück, der sich um sie kümmert und verspricht, ihr ein Manuskript über die Tröstungen der Religion zu schicken, von dem er glaubt, daß es ihr guttun werde. Nachdem Wilhelm es ihr vorgelesen hat, söhnt sie sich im Geiste mit Lothar aus und bittet Wilhelm in ihren letzten Lebensstunden, Lothar die Botschaft von ihrer Vergebung zu überbringen. Mignon und Felix bleiben zurück, als Wilhelm zu seiner Mission aufbricht, die den Gang seines Lebens verändern wird, und so ist er am Ende dieses Buches wieder so allein, wie er es seit dem Anfang des zweiten Buches nicht mehr gewesen ist.

Das sechste Buch gibt dieses trostreiche Manuskript wieder, das auf den Ton der Einsamkeit gestimmt ist. Der Übergang mag für den Leser noch heute ein Schock sein, so wie er es 1795 war; aber Goethe hat einiges getan, um ihn vorzubereiten. Scheinbar willkürlich fügt er den letzten Zeilen des fünften Buches noch Mignons Lied «Heiß mich nicht reden, heiß mich schweigen» (Bd. I, S. 423) hinzu; sein Thema – das «Geheimnis», in dem «mein ganzes Innre» verborgen ist, so daß «nur ein Gott» es aufzuschließen vermag – ist ein Vorgeschmack auf Künftiges. Indes scheint das sechste Buch mit der eingeführten Struktur des Romans vollständig zu brechen. Nicht nur ist die ganze Kontinuität der Handlung und – auf den ersten Blick – der Charaktere dahin; wir wechseln auch vom Erzählen in der dritten zum Erzählen in der ersten Person, und das Thema sind nicht mehr Handlung, Irrfahrt und Intrige, sondern Gedanken, Gefühle und die inneren Geheimnisse des Herzens.

Die «Bekenntnisse einer schönen Seele» (diesen Titel hat der Arzt formuliert) sind die geistliche Autobiographie einer nicht namentlich genannten Frau. Von ihrer frühesten Kindheit an, welche wie bei der Prinzessin im *Tasso* von Krankheit überschattet war, hat sie fest an Gott geglaubt; mit großer Innigkeit berichtet sie nun von den aufeinanderfolgenden Phasen, in denen ihr Glaube sich gewandelt und vertieft hat und zum bestimmenden Einfluß ihres Lebens herangereift ist. Parallel dazu beschreibt sie die Männerfreundschaften, die ihr wichtig geworden sind, bevor sie und nachdem sie das Keuschheitsgelübde als lutherische Stiftsdame abgelegt hat. Sie erzählt von einer spirituellen Krise, die sie durchgemacht hat und in der sie nach ihrer Überzeugung endlich die Lehre verstand, daß das Blut Christi unsere Sünden fortnimmt (wobei in ihrem Fall die Sünden nur hypothetische sind – die Bosheit und Verderbtheit, deren sie fähig sein könnte). Wir erfahren, wie sie in ihrem späteren Leben im Kontakt zu einer Herrnhuter Gemeinde, aber ohne deren ängstliche Zurückgezogenheit, die Gewißheit eines in ihren Augen reinen christlichen Glaubens erreichte und dann den Stiefbruder ihres Vaters kennenlernte, der einfach als «der Oheim» bezeichnet wird und in einem gewissen Sinne ihr Gegenteil ist. Er achtet theologische Denkweisen, kann aber selbst mit ihnen nichts anfangen: Er lebt ganz in der säkularen Welt und ergibt sich ebenso gern dem Genuß alles Schönen, seien es Bauten, Musik oder die Kunstwerke, die er sammelt, wie der wohltätigen und produktiven Wirksamkeit auf seinen Gütern. Durch die Bekanntschaft mit dem Oheim will die Stiftsdame das Verdienstvolle an solcherlei weltlicher Betätigung kennengelernt haben, doch bleibt sie selbst fest, glücklich und unbeschwert in der freien Ausübung ihrer selbsterwählten Pflicht. Diese ihre Harmonie zwischen Moralität und natürlicher Neigung erklärt wahrscheinlich, warum ihr der Schillersche Ehrentitel einer «schönen Seele» zuteil geworden ist. Der aber ist nicht unbedingt jenes Kompliment an die Freundin aus Goethes Jugend, als das er zunächst erscheinen mag. Wieland hat den Ausdruck «schöne Seele» zweifellos ironisch gemeint, und ebenso vielleicht auch Goethe, als er ihn während der Niederschrift der *Bekenntnisse* auf die sehnsuchtsvolle und entflammbare Rahel Levin anwandte, der er in Karlsbad begegnete. In dieser erzählerischen *tour de force* ist, ähnlich wie in Henry James' *The Turn of the Screw*, jeder Schein trügerisch.

Goethe schrieb an Schiller, daß «das Ganze auf den edelsten Täuschungen und auf der zartesten Verwechslung des Subjektiven und Objektiven beruht». Seine Zeitgenossen sahen nicht oder wollten nicht sehen, was die Literaturkritik erst jüngst ans Licht gebracht hat: das Geflecht von Motiven, die auf eine psychologische Erklärung alles dessen hinauslaufen, was an der religiösen Empfindung der Stiftsdame nach außen hin christlich ist. Krankheiten – eigene wie fremde – begleiten sie ihr Leben lang und sind dafür verantwortlich, daß sie sich zuerst der Introspektion und dann auf Dauer der Ehelosigkeit ergibt. Insbesondere ist das Bluten – Nasenbluten, Blutsturz, eine Kopfwunde – mit den Augenblicken ihrer Zuneigung zu Männern verbunden, und von dieser Mahnung an ihre weibliche Sexualität wendet sie sich weg zu ihrem himmlischen «Freund», dessen blutende Wunden ein Lieblingsthema des pietistischen Kirchenliedes waren (zu dem auch Susanna von Klettenberg ihren Beitrag leistete). Wie Lavater, der «iung nach der gekreuzigten Puppe griff», wünschte sich auch die Stiftsdame, wie sie uns erzählt, als Kind nichts sehnlicher als ein Schäfchen, besonders eines, in dem ein verwunschener Prinz steckte. Sie findet ein solches Schäfchen – um es wieder zu verlieren – in einer jugendlichen Liebesaffäre (welche sie, während sie im Gange ist, im Stil einer Schäferromanze beschreibt); aber natürlich wird ihr Wunsch zuletzt erfüllt, als sie sich dem Kreuz zuwendet, wobei Goethe taktvoll genug ist, das Motiv nicht in einem Augenblick zu wiederholen, wo es der Leser ohnedies erkennt. Aber die Religion der Stiftsdame erschöpft sich nicht in den Fetischen und Hemmungen eines engstirnigen und überhitzten pietistischen Zirkels. Die «schöne Seele» ist eine echte spirituelle Wanderin, und wir brauchen nicht tief unter die Oberfläche ihrer Lebensgeschichte zu blicken, um zu erkennen, daß die Abneigung gegen Kaffee nicht ihre einzige Gemeinsamkeit mit ihrem literarischen Urheber ist. So gibt es in ihrer Theologie zum Beispiel weder einen Platz für die Trinität noch für den Erlöser noch für die Kirche. Gott ist für sie einfach «das unsichtbare Wesen», später «der unsichtbare Freund»; sie gibt zu, kein Sündenempfinden zu haben; und die Pfarrer und Zeremonien der institutionalisierten Kirche spielen in ihrer Darstellung eine noch geringere Rolle als die Konventikel, von denen sie sich schließlich distanziert. Sie liest die Heilige Schrift, glaubt aber, daß der Sinn «bei so zarten Gegenständen eher durch Worte versteckt als angedeutet wird», und läßt «übrigens mit stiller Verträglichkeit einen jeden nach seiner Art gewähren». Ihre Bekenntnisse sind eine subtilere und gehaltvollere Übung in demselben Genre wie der *Brief des Pastors zu *** an den neuen Pastor zu **** von 1773: eine Darstellung nicht eben der religiösen Auffassung, die Goethe teilt, aber einer Art von Christentum, die er zu dulden bereit wäre, wenn die Christen sie nur annehmen wollten. Wie dieser *Brief des Pastors* waren die *Bekenntnisse* für ein Publikum aus lauter Lessings gedacht, wurden aber von einem Publikum aus lauter Lavaters beklatscht. Irregeführt durch die fromme Verkleidung und außerstande, der Demonstration Goethes zu folgen, daß ein Gespinst von Täuschungen sie umgibt, bemerkten diese ersten Leser nicht, daß den Kern des Glaubens der Stiftsdame eine rationale Religion bildet, die weit kompromißloser durchdacht ist als alles, was sie selber glauben. Wie Goethe, wenn er durch den Pastor von *** spricht, kann die Stiftsdame mit Wahrheit sagen: «Mir war es Ernst mit meiner Seligkeit», und wie Goethe blickt sie auf die Menschen rings umher und ruft: «Nun aber wie herauskommen in einer Welt, wo alles gleichgültig oder toll ist?» In diesem sechsten Buch des *Wilhelm Meister* kann Goethe die Umstände darstellen, unter denen eine ursprünglich religiöse Introspektion schließlich zentral für die säkulare hohe Kultur Deutschlands wurde, weil er hier direkter als irgendwo sonst in dem Roman die sozialen Realitäten des Lebens für die offizielle Klasse Deutschlands darstellt.

Da das Kapital ihres Vaters so gering ist, daß er auf eine besoldete Stelle angewiesen bleibt, lebt die «schöne Seele» ihr körperliches Leben ganz bei Hofe. Einige ihrer persönlichen Merkmale mögen Frau von Stein, der Verkörperung höfischer Macht in Goethes Leben, entlehnt sein – zum Beispiel ihre Vorliebe für eine «gefühllose Deutlichkeit» in «weltlichen Dingen» oder ihr nüchternes Bewußtsein, daß man mit ihr unmöglich zusammenleben kann. Bestimmend für das wichtigste Ereignis in ihrem Leben, die Auflösung ihrer Verlobung, ist den äußeren oder «objektiven» Faktoren nach das Unvermögen ihres Verlobten, jenen Posten zu bekommen, der ihm die finanzielle Unabhängigkeit gesichert hätte: Die «subjektive» Erklärung der Stiftsdame für diese Enttäuschung – das Eingreifen ihres unsichtbaren Freundes in ihrem eigenen besten Interesse – bildet die Grundlage für ihren Entschluß, sich in Zukunft allein auf das innere Licht zu verlassen. Ihr Oheim hingegen besitzt ein Vermögen, das groß genug ist, um ihm völlige Handlungsfreiheit und entsprechende Lebensansichten zu erlauben. Eine derartige Freiheit war jedoch im 18. Jahrhundert in Deutschland die Ausnahme, und so ist es die Nichte des Oheims, die den typischen Gang des offiziellen Geistes zu Goethes Zeit – bis herauf zum Jahr 1795 – nachzeichnet. Denn die Entwicklung der Stiftsdame hört nicht auf, als sie, in der Erkenntnis, «daß Gott mein Freund sei», in jener Macht, welche sie zum Kreuz drängt, einen «Zug» entdeckt, «demjenigen völlig gleich, wodurch unsre Seele zu einem abwesenden Geliebten geführt wird». Dieser «Zug», der das Gedicht «Nähe des Geliebten» beseelt, hat sie bereits über die «Sittenlehre» hinausgebracht: sowohl über die rationalistische Strenge, die «unsre Neigung meistern will», als auch über die empiristischen Kompromisse, die «unsre Neigungen zu Tugenden machen» möchten. Jetzt lernt sie, daß jenem «Zuge» auch nicht die christozentrische Religiosität der Herrnhuter Genüge tun kann und daß seine Ausdrucksform sich verwandeln muß, wenn die «schöne Seele» sich die Anziehungskraft erklären soll, die das ästhetische und praktische Wirken ihres Onkels auf sie ausübt. Der nächste Versuch, ihren Glauben in Worte zu kleiden, klingt – mit einem Echo der Stimme aus dem brennenden Dornbusch – mehr nach der ursprünglichen Tathandlung des Fichteschen Philosophen als nach konventioneller christlicher Frömmigkeit: «Alle diese Zeiten sind dahin; was folgt wird auch gehen: der Körper wird wie ein Kleid zerreißen, aber Ich, das wohlbekannte Ich, Ich bin.» Eine solche Vergöttlichung des empirischen («wohlbekannten») Ichs war für Goethe 1795 unglaubwürdig, und auch ein Leser, der die Täuschungen mitverfolgt hat, aus denen sich das Selbstbewußtsein der Stiftsdame zusammensetzt, wird sich nicht hinters Licht führen lassen. Ihr Arzt freilich – ein alter Freund ihres Oheims und derselbe, der ihre Erinnerungen später Wilhelm überreichen wird – überredet sie aus den medizinischen Gründen, die ihrem Charakter gemäß sind, nicht allzu oft bei diesem Gedanken zu verweilen: Ihre Aufgabe, meint er, ist es zunächst einmal, rastlos tätig zu sein, dann nach Erkenntnis der äußeren natürlichen Welt zu suchen und vielleicht am Ende des Tages zu hoffen, das Göttliche erblicken zu können, und auch das nur von ferne. Das ist die Reihenfolge der Prioritäten, die wir in Kants «Kritik der teleologischen Urteilskraft» antreffen, und gegen Ende ihrer Bekenntnisse verkündet die schöne Seele, daß sie nunmehr an Gott wie an sich selbst glaubt, nur weil diese beiden Ideen ihr im praktischen sittlichen Handeln greifbar werden. Man könnte sagen: Ein reflektierter kritischer Idealismus hat sie aus der Versuchung des Pietismus und der verwandten Versuchung durch Fichte errettet, und ihr abschließendes Loblied auf ihren gegenwärtigen Zustand der «Freiheit», in dem sie zuversichtlich nach vorn blickt und erkennt, daß ihre «Handlungen immer mehr der Idee ähnlich werden, die ich mir von der Vollkommenheit gemacht habe», liest sich wie Kants rationale Paraphrase der christlichen Unsterblichkeitshoffnung. (Schiller traf also schwerlich ins Schwarze, wenn er über die schöne Seele schrieb, «sie verirrte zur Herrnhuterei, weil ihr die Philosophie nicht zu Hülfe kam».) Der Stiftsdame bleibt jedoch verborgen, daß die Religion, die sie erlangt hat, eine Religion innerhalb der Grenzen der bloßen Vernunft ist und daß das christliche Vokabular, in dem sie sich seit langem auszudrücken liebt, nunmehr seine Redundanz erweist. –

Was hat dies alles mit Wilhelm zu tun? Nun, alle die Frömmler, die bis auf das sechste Buch den ganzen Roman den Flammen überantworteten, verkannten nicht nur das Licht, in dem dieses Buch die Religion erscheinen läßt, sondern auch die genaue Entsprechung zwischen der Geschichte Wilhelms und der Geschichte der Stiftsdame. Denn beides sind Geschichten einer moralischen Entwicklung durch Täuschung. Was für Wilhelm das Theater, ist für die schöne Seele das Christentum. In der Kindheit des Mannes war es die Liebe zum Puppenspiel, wodurch die Saat des künftigen Irrtums «Wurzel faßte», in der Kindheit der Frau die Sehnsucht nach dem verzauberten Schäfchen. Wenn Wilhelm das Geheimnis des Geschlechtsunterschiedes bei seinem ersten Blick hinter die Kulissen des Puppentheaters erahnt, klärt sich die Stiftsdame über die Tatsachen des Lebens durch sorgfältige Lektüre der Heiligen Schrift auf. Die Macht, die in beiden Seelen eine «Entwicklung» verursacht, ist die Macht des Eros, der Sehnsucht nach der oder dem fernen Geliebten. Diese Macht verbindet Wilhelm mit einer Reihe von Frauengestalten – Mariane, Philine, Mignon, die Gräfin – und führt ihn so durch die verschiedenen Etappen seines großen Selbstbetruges; und sie verlockt die Stiftsdame durch eine magerere Reihe von Männern – ihre Jugendliebe, ihren Verlobten, den Freund ihrer reifen Jahre, den gekreuzigten Christus – und somit durch verschiedene Ausformungen ihres eigenen, religiösen Trugbildes. Sowohl die Frauen als auch die Männer, die in diese verschiedenen Lebensläufe eingreifen, sind durch subtile Ähnlichkeiten und Antizipationen miteinander verbunden, und am Ende einer jeden Reihe steht eine Figur, welche die Befreiung aus der Täuschung zu verheißen scheint: die Amazone beziehungsweise «der Oheim». Die zwei Geschichten verlaufen jedoch nicht einfach parallel; sie ergänzen einander. Goethe sagte über das sechste Buch zu Schiller, daß «es vor- und rückwärts weist»: Es klärt nicht nur die Struktur von Wilhelms bisherigem Leben auf, sondern läßt auch durchblicken, wie Wilhelm das ihm Fehlende noch zuteil werden kann. Diese schöne Seele mag in Krankheit geboren sein, aber «Goethe liebt die Leidenden», und er lernte sein Leben lang von ihnen – von Susanna von Klettenberg, von seiner Schwester, von Frau von Stein, ja sogar von der robusteren Friederike Brun, deren «sonderbare Mischung aus Selbstbetrug und Klarheit» ihm im Sommer 1795 in Karlsbad als mögliches Vorbild vor Augen stand. Am Ende ihrer *Bekenntnisse* ist die schöne Seele, mag sie auch nicht alle Reste einer positiven Religion abgeworfen haben, weiter gekommen als Wilhelm: Sie weiß, daß sie von einer Idee der Vollkommenheit geleitet wird, die in ihr gewachsen ist, und in der nun immer leichter werdenden Umsetzung dieser Idee in die Praxis findet sie die einzige Sicherheit, die ihr nottut, daß ihre Existenz einen festen Boden hat. Dies alles hat Wilhelm noch vor sich; aber die Lektüre der *Bekenntnisse* zeigt ihm – und uns – zum ersten Male, daß diese Entwicklung eine Möglichkeit ist.

Es steckt jedoch eine Warnung in der literarischen Form dieses gescheiten Buches – vielleicht mehr gescheit als schön. Das Ausweichen in das Erzählen in der ersten Person definiert – und begrenzt damit – die Rolle, die in der endgültigen Metamorphose Wilhelms sein Selbstbewußtsein zu spielen hat. In Goethes bis dahin einziger Fiktion in der ersten Person, dem *Werther*, wird diese Technik verwendet, um eine seelische und kulturelle Krankheit sowohl teilen als auch analysieren zu können, und in den *Konfessionen* hat sie erkennbar dieselbe Funktion. Aber hier kontrastiert sie zugleich mit einem viel längeren Erzählen in der dritten Person, als ob die literarische Form der Icherzählung selbst in ihre Schranken verwiesen werden solle. Die Form – scheint uns bedeutet zu werden – hat einen gewissen, aber beschränkten Wert. In diesem Medium der Icherzählung kann deutlich werden, daß die Ordnung, die wir in unserem Leben entdecken – die Antizipation und Wiederholung von Motiven in unserer Vergangenheit, die ideale Zukunft, der wir entgegensehen –, sich zu einem großen Teil in unserem Kopf abspielt, von uns selbst erschaffen und nicht, wie Wilhelm geglaubt hat, das Werk des Schicksals ist. Es ist ein besonders passendes Medium, um den Errungenschaften des Deutschen Idealismus und seiner Säkularisierung eines sich selbst erforschenden Christentums Gerechtigkeit angedeihen zu lassen. Aber die Äußerung in der ersten Person war vor allem das Mittel, wodurch im *Werther* und in Goethes Dramen ein Charakter sich zum zentralen Bewußtsein in einer Welt aus Symbolen machte – Prometheus unter Statuen, Werther unter fallenden Blättern. Und in dem neuen Zeitalter, das Goethe um 1795 ringsumher heraufkommen fühlte, konnte ein besonderes, charaktervolles Ich plausiblerweise nicht mehr behaupten, zentral zu sein – weder für massive politische Umwälzungen noch auch für die zweckhaften Ereignisse eines einzelnen Lebens, wie Kant gezeigt hatte, wenn man ihn richtig las. So wird in Wilhelms Biographie das «Ich, das wohlbekannte Ich» an eine untergeordnete, instrumentelle Funktion delegiert, als das Mittel, wodurch «die Idee» in sein Leben tritt. Und der Oheim der Stiftsdame achtet, so hören wir, sorgsam darauf, seine Nichte von der moralischen Erziehung der nächsten Generation seiner Familie auszuschließen, um diese nicht mit der Gewohnheit der schönen Seele zum «Umgange mit sich selbst und mit dem unsichtbaren ... Freund» anzustecken.

Wir mögen über die vielen Informationen verwundert sein, welche die *Bekenntnisse* uns über diese Neffen und Nichten der Stiftsdame geben. Ihre Schwester trifft eine gute Wahl, sie erhält eine großzügige Mitgift von dem wohltätigen Oheim, und ihre Hochzeit ist die krönende Episode in den *Bekenntnissen*, die des langen und breiten, wie zum Ersatz für die ausgebliebene Hochzeit der Stiftsdame, beschrieben wird. Was wir danach über die Kinder aus dieser Ehe erfahren, wird schließlich das sichtbarste Bindeglied zwischen dem sechsten Buch und der Geschichte von Wilhelm Meister sein, was wir allerdings erst nach und nach durchschauen. Als die zwei Mädchen und die zwei Jungen verwaisen, nimmt sich der Großonkel ihrer an und übergibt ihre Erziehung einem «wunderbare[n] Mann, den man für einen französischen Geistlichen hält, ohne daß man recht von seiner Herkunft unterrichtet ist». Er glaubt an den Grundsatz, Kindern ihren Willen zu geben und sie frühzeitig ihre Fehler machen zu lassen, damit sie danach um so überzeugter einen Lebensweg nach ihrer Wahl einschlagen können. Zu dem Zeitpunkt, da die Stiftsdame dies niederschreibt, ist es noch zu früh für sie, dieses Experiment zu beurteilen; aber noch scheinen ihre Neffen und Nichten gutgeartete Naturen zu sein. Der älteste Knabe liebt Flinten und die Jagd, ist dabei aber klug und sanft. Das ältere Mädchen, Natalie – die einzige, die mit Namen genannt wird –, ist ein außergewöhnlicher Mensch und steht ihrer Tante am nächsten: Sie ist immer für andere da, wenn sich die Notwendigkeit ergibt, zeigt jedoch kein Bedürfnis nach irgendeiner Beschäftigung um ihrer selbst willen noch irgendeine gefühlsmäßige Anhänglichkeit «an ein sichtbares oder unsichtbares Wesen». Ihre jüngere Schwester scheint ein zarterer Charakter zu sein; sie ist hübsch und weiß es. Von dem jüngsten Knaben hören wir so gut wie nichts.

Auf diese Weise wird zu später Stunde noch eine ganze, neue Familie in den Roman eingeführt, und es ist nicht ganz einfach zu erkennen, was wir davon halten sollen. Höchstwahrscheinlich wird es unseren Zweifeln an der Relevanz des ganzen sechsten Buches neuen Auftrieb geben. Goethe selbst scheint die *Bekenntnisse* für ein «Einschiebsel» gehalten zu haben, strukturell analog zu den Ossian-Übersetzungen, die er in den *Werther* einfügte, um vor die Auflösung des Knotens eine «schickliche Pause» zu legen. Viele Leser jedoch, und nicht nur die ersten, mußten sich zu der unwirschen Kritik gereizt fühlen, welche die Baronin in den *Unterhaltungen deutscher Ausgewanderten* äußert:

Jene Erzählungen machen mir keine Freude, ... wo sich der Erzähler genötigt sieht, die Neugierde, die er auf eine leichtsinnige Weise erregt hat, durch Unterbrechung zu reizen ... Ich tadle das Bestreben, aus Geschichten ... rhapsodische Rätsel zu machen.

Aber da er diese Zeilen nur wenige Monate vor dem *Märchen* und dem sechsten Buch des *Wilhelm Meister* veröffentlichte, hatte Goethe natürlich nur wieder einmal sein Publikum zum besten.

Dreizehntes Kapitel
Der große Moment
(1796)

General Bonaparte greift ein: Januar – Juli 1796

Vier Jahre lang sorgte das Direktorium, das am 1. November 1795 sein Amt antrat, in der französischen Politik wo nicht für Stabilität, so doch für einen – hinreichend berechenbaren – Schlingerkurs. Es galt, zwischen zwei Gegnern einen Weg zu finden, die die neue Verfassung zu beseitigen suchten: dem wiederauflebenden Jakobinertum, das die Sansculottenverfassung von 1793, ja eine zweite terreur forderte, und den Royalisten, die in Frankreich wie im Ausland einige mächtige Verbündete hatten. Da sie die Royalisten alles in allem als die größere Gefahr einschätzten, waren die Direktoren geneigt, den Jakobinern entgegenzukommen: Ihr Club wurde unter dem Namen Pantheon-Club wieder zugelassen, und Babeuf als «Volkstribun» durfte wieder ein aggressives Sansculottenjournal herausgeben, in dem die nationale Umverteilung des Eigentums gefordert wurde, die angeblich schon die Gracchen im alten Rom angestrebt hatten. Babeuf ließ es jedoch nicht bei blutrünstigen Worten bewenden. Er plante heimlich einen bewaffneten Aufstand, doch wurde seine «Verschwörung der Gleichen» – die erste erkennbare Aktion eines modernen revolutionären Sozialismus – im Mai 1796 verraten und niedergeworfen; die Jakobinerclubs waren bereits Ende Februar wieder aufgelöst worden. Bei einer anscheinend total zerrütteten Wirtschaft waren Unruhen unvermeidlich: Zwar war die Ausgabe von Assignaten im Februar offiziell eingestellt worden, doch sie wurden sogleich durch ein neue Art von Papiergeld ersetzt, die territorialen *mandats*, die ebenfalls durch staatliche Ländereien abgesichert waren. In ähnlich riesigen Mengen gedruckt, waren sie bereits im Juli so wertlos wie ihre Vorgänger. Die Massen waren verarmt, aber wem es gelang, das Papiergeld gegen Münzen, Land oder Waren zu tauschen, der machte sein Glück. Während dieser Hyperinflation mögen sich die schokoladetrinkenden Leute in den Salons die Köpfe heiß geredet haben über Jakobinismus und Umverteilung – beherrscht wurde die gesellschaftliche Szene von dem plötzlichen Reichtum über Nacht. Der Royalismus florierte, zuerst freilich mehr im Reich der Kleidermode als in dem der ernsthaften Politik. Wadenlange Kniehosen waren wieder modern, daneben selbstbewußte Parodien auf den Kleidungsstil reaktionärer Engländer: der jüngst erfundene zweireihige Cutaway, mächtige Aufschläge, Biberhüte, Monokel, Krawatte und das Unvermögen, das «R» zu rollen. In der Konversation vermengte sich das revolutionäre «Du» mit Ausrufen aus der Zeit der Monarchie, die dem modischen Mann seinen Namen gaben: *«incroyable»* oder *«étonnant»*. Das weibliche Gegenstück, die *«merveilleuse»*, kombinierte ebenfalls revolutionäre Freiheiten mit der kunstvollen Einfachheit Marie Antoinettes und des Petit Trianon; sie trug – besonders nach den Bällen der Wintersaison 1796/97 – ein weites, hochgegürtetes, griechisch-römisches Gewand, vorzugsweise nicht ganz undurchsichtig, aber jedenfalls so lang, daß es mit der Hand gerafft werden mußte und so ein wenig den Blick auf die Beine und die fleischfarbene Strumpfhose freigab.

Das Direktorium selbst repräsentierte jedoch weder Arm noch Reich, sondern die zentrale Macht des Staates und hatte seine eigenen Moden. Die Zahl der Funktionsträger wurde erheblich vergrößert – wenigstens sie konnten mit Gehältern rechnen, die in Naturalien gezahlt oder der Inflation entsprechend erhöht wurden –, und es wurden ihnen extravagante feierliche Amtstrachten verordnet, um die Solidität der neuen Ordnung zu demonstrieren. Aber das Direktorium war gespalten – auf drei Beinahe-Jakobiner kamen zwei Gemäßigte –, und nachdrücklicher als sein Vorgänger, der Wohlfahrtsausschuß, konnte es sich nur auf die Armee stützen, falls es notwendig werden sollte, seinen Willen mit Gewalt durchzusetzen. Und wie in den Tagen des Wohlfahrtsausschusses verlangte die zentralisierte, autoritäre Regierungsstruktur umso mehr eine Führerfigur als man einen militärischen Staatsstreich mehr als innere Unruhen fürchtete; denn es wurde deutlich, daß die Lücke, die der enthauptete Ludwig und sein Nachfolger Robespierre hinterlassen hatten, wahrscheinlich eher durch einen General zu schließen war als durch ein Mitglied des Direktoriums selbst. Aber durch welchen General? Anfang 1796, während die Kriegshandlungen im Ausland einstweilen eingestellt waren, schien der mordgierige junge General Hoche, Befrieder der Vendée und Retter der einen und unteilbaren Nation, der mit einer großen Armee bereits auf französischem Boden kämpfte, die besten Chancen auf Erfolg dort zu haben, wo Lafayette und Dumouriez gescheitert waren. Noch mehr Gelegenheiten sollte aber die Wiederaufnahme des Feldzugs gegen Österreich im Frühjahr 1796 bieten. Es war geplant, den Feind in einen Kampf an zwei Fronten zu verwickeln. Den Hauptstoß quer durch Deutschland sollte J. B. Jourdan (1762–1833), der Sieger von Fleurus, führen, ein überzeugter Jakobiner und erprobter, ehrlicher Mann; ein zweites Heer, südlich von Straßburg durch Schwaben ziehend, sollte ihn unterstützen. Gleichzeitig sollte ein Diversionsfeldzug gegen die österreichischen Besitzungen in Norditalien geführt werden, mit der Absicht, Gebietsgewinne zu erzielen, die später in einer Friedensregelung gegen linksrheinisches Gebiet getauscht werden konnten. Dieses Juniorkommando übertrug das Direktorium im Februar und nach einigem Zögern dem korsischen General Bonaparte, der ein Jahr jünger als Hoche war. Er hatte dem Direktorium bereits eine Reihe detaillierter Pläne für einen Feldzug gegen Italien vorgelegt und eine rührende Treue zu der neuen Verfassung bewiesen, indem er im Oktober 1795 die Krawalle in Paris niedergeschlagen und – wenige Tage vor seiner Ernennung – gründliche Arbeit bei der Auflösung der Jakobinerclubs geleistet hatte.

Wie so viele Revolutionäre kam Bonaparte, wie er sich jetzt nannte, aus einer Juristenfamilie und verlor sein Leben lang nicht die Schamlosigkeit des geborenen Advokaten; aber bei aller bürgerlichen Herkunft floß in seinen Adern Abenteurerblut, und sein scharfer Blick für gutes Tafelsilber machte ihn zu einem gefährlichen Gast im Hause. Das Direktorium ernannte ihn im letzten Moment und hielt ihn knapp an Proviant; aber er hatte berechtigtes Vertrauen in seine Fähigkeiten und konnte feststellen, daß man ihm das größte Lagerhaus in ganz Europa mit kaum verteidigter Beute überlassen hatte. Er hatte seinem Feldzug auch eine weit ehrgeizigere Rolle zugedacht als die Direktoren; sein Ziel waren die Tiroler Alpenpässe, um Österreich von Süden angreifen zu können. Für Revolutionsgeneräle einzigartig, verfügte er über die zwei Voraussetzungen, um aus seinem militärischen Amt eine politische Machtbasis zu formen: Er konnte Schlachten gewinnen, und er konnte die Truppen bezahlen. Das Versprechen, das er seinen Truppen gab, als er die Alpen überquerte: «Ehre, Ruhm und Reichtum», orientierte sich an den jüngsten Modediktaten des Thermidor: Freiheit und Gleichheit wurden in den Schrank zurückgehängt; der neueste Schrei war, «incroyable» zu sein. Niemand kann das Tempo, den Elan und die entscheidende Bedeutung der ersten Monate des italienischen Feldzugs von 1796 bestreiten, und in den gleichzeitigen schonungslosen politischen Verhandlungen bewies Bonaparte, daß er den einlösbaren Wert seines Erscheinungsbildes in der Öffentlichkeit genau kannte. Nachdem er die in der Küstenregion zwischen Nizza und Genua verteilten französischen Kräfte gebündelt hatte, warf er Mitte April in kaum mehr als zwei Wochen die Österreicher zurück, machte kehrt, um die sardischen Kräfte auszuschalten, und zwang König Victor Amadeus III., dem Verlust von Savoyen und Nizza sowie einer französischen Besetzung des Piemont, seines halben Königreichs, zuzustimmen. In Gewaltmärschen überquerte er dann den Po, besiegte am 10. Mai das österreichische Heer bei Lodi und nahm am 15. Mailand ein. Am 1. Juni behauptete er eine Position rund um das Südende des Gardasees, die Österreicher wurden nach Rovereto abgedrängt, ließen jedoch eine Garnison in Mantua zurück, dessen langwierige Belagerung nun begann. Ungeachtet der Neutralität Venedigs besetzten die Franzosen Verona und andere verfallende Festungen der alten Republik und unternahmen bedrohliche Ausfälle gegen Parma, die Toskana und den Kirchenstaat. Am 23. Juni unterzeichnete Bonaparte zusammen mit dem Papst den Waffenstillstand von Bologna, der ihm die Herrschaft über Norditalien bis Florenz bescherte. Schon bewies er jene Unabhängigkeit des Geistes und jene Bereitschaft, neuartigen politischen Gebrauch von den Früchten des Sieges zu machen, die ihn von den anderen französischen Generälen unterschieden. Zunächst reagierte er auf Petitionen törichter lokaler Jakobiner, welche den Eindringling ebenso beflissen begrüßten, wie es die niederländischen «Patrioten» getan hatten, und

27. Unbekannter Künstler: «C'EST INCROYABLE/vingt trois mille prisonniers» (um 1797). Napoleon Bonaparte nach dem Sieg bei Lodi

reorganisierte die Stadtverwaltungen von Mailand, Parma, Modena und anderen Städten nach französischem Vorbild; schließlich genehmigte er im Dezember die Gründung einer «Cispadanischen Republik», die in einem ganz neuen souveränen Staat die einstigen Feudalterritorien südlich des Po in sich vereinte. Es war eine dramatische Geste: Bisher hatte das republikanische Frankreich entweder seine Nachbarn einfach geschluckt, oder es hatte feindliche Regime entmachtet. Dies war das erste Mal, daß ein neuer Staat, mit neuen Grenzen und einer neuen Verfassung geschaffen worden war – gleichsam in voller Rüstung dem Haupte Fichtes entsprungen. Aber der Zeitgeist brauchte Bonaparte eine Idee nur zuzuflüstern, die, wie unerhört auch immer, endlich möglich geworden war – den Rest besorgte sein persönlicher Ehrgeiz.

Das Direktorium war über den unerwarteten und gewaltigen Erfolg des jungen Generals beunruhigt, verweigerte ihm Verstärkungen und dachte an die Aufteilung seines Kommandos. Bonaparte war jedoch bereits stark genug, um sich zur Wehr zu setzen, und konnte die Kritik wenigstens teilweise durch den Zustrom von Abgaben aus den eroberten Gebieten beschwichtigen: allein 1796 waren es 45 Millionen *livres* in dringend benötigtem Gold. Mailand bezahlte monatlich eine Million an Schutzgeld in bar, womit die Armee zufriedengestellt und in glühender Loyalität zu ihrem General erhalten wurde; als Pavia Miene machte, sich gegen seine Befreiung durch gottlose Truppen zu wehren, wurde es mit einer vierundzwanzigstündigen Plünderung zur Vernunft gebracht. Die Bezahlung requirierter Vorräte in französischem Papiergeld war natürlich ein beliebter Euphemismus für weiteres Plündern, und ein regelmäßig wiederkehrender Punkt in allen Friedensregelungen Bonapartes war die Klausel, daß ausgewählte berühmte Kunstwerke nach Paris zu liefern seien: Raffaels und Correggios aus Parma, Domenichinos aus Mailand, Kunstgegenstände aus dem Marienheiligtum in Loretto, deren Wert auf 10 Millionen Pfund Sterling geschätzt wurde; und der Papst bezahlte den Waffenstillstand im Juni nicht nur mit 34 Millionen in bar, sondern auch mit 89 der besten antiken Skulpturen und elf weiteren Kunstwerken und Handschriften aus den päpstlichen Sammlungen in Rom. Es wurde sogar erwogen, die Trajanssäule auf die Place Vendôme und Raffaels Fresken im Vatikan in den Louvre abzutransportieren. Natürlich hatten es die Römer nicht eilig, ihre liebsten Kunstschätze zu verladen, und Napoleon war in der zweiten Hälfte des Jahres 1796 vollauf damit beschäftigt, österreichische Versuche zur Entsetzung Mantuas abzuwehren. Erst nachdem die Stadt im Februar 1797 kapituliert hatte, blieb ihm Zeit, einen endgültigen Friedensvertrag mit dem Papst zu schließen und auf den Abtransport jener Werke zu dringen, die seine Kunstbeauftragten ausgewählt hatten.

Der Feldzug in Deutschland verlief in einem wesentlich gemächlicheren Tempo und wurde von Ereignissen auf dem italienischen Kriegsschauplatz überschattet. Die ersten Versuche, nach dem Auslaufen des Waffenstillstands im Juni den Rhein zu überqueren, blieben erfolglos, und so waren die französischen Armeen erst Ende des Monats auf dem rechten Rheinufer aufmarschiert. Am 9. Juli siegte Jourdan bei Friedberg im Norden von Frankfurt, das er am 15. einnahm. Danach rückte er nach Franken vor, wobei er die österreichischen und die Reichsheere über Würzburg bis nach Amberg in der Oberpfalz (östlich von Nürnberg) zurückdrängte, wo er am 24. August eine schwere Niederlage erlitt. Daraufhin zog sich Jourdan zurück und überquerte am 19. September wieder den Rhein. Die französischen Armeen in Süddeutschland hatten zwar mehr Glück, nahmen im Juli Württemberg und zogen unbehelligt in Bayern ein; danach aber entschlossen sie sich ebenfalls zum allmählichen Rückzug, und nach einem Sieg der Österreicher bei Emmendingen sah das neue Jahr das rechte Rheinufer wieder frei von feindlichen Streitkräften. Wäre nicht das Genie Bonapartes gewesen, hätte also der Feldzug des Direktoriums von 1796 als ein besserer Fehlschlag erscheinen können, mit dem das Ziel, die «natürliche Grenze» am Rhein zu sichern, nicht zuverlässig erreicht worden war. Für Goethe und Voigt aber – nur rund hundert Kilometer von den französischen Vorposten entfernt – schien auch ohne die Erfolge an der italienischen Front das Eindringen der Franzosen bis weit nach Franken hinein eine tödliche Krise im Heiligen Römischen Reich ausgelöst zu haben. Wahrscheinlich hatten sie recht, und Weimar trug zu der Krise wissentlich, wenngleich widerstrebend bei. Sieben Bände mit Briefen und Memoranden füllte Voigt, als Privatsekretär des Herzogs Tag und Nacht schreibend, in den verzweifelten zwei Wochen Ende Juli, in denen Carl August wie andere Fürsten darum kämpfte, seine Territorien vor einem Einmarsch der Franzosen zu bewahren, und so mitwirkte, die föderale Struktur des alten Deutschlands rettungslos zu zerschlagen.

Zunächst jedoch, während des Waffenstillstands in Deutschland, trübten keine Wolken den Weimarer Himmel. Sogar das Wetter war im Januar mild und sommerlich, und die ersten vierzehn Tage des neuen Jahres, die Goethe in Jena verbrachte, waren «froh und glücklich». In der ersten Jahreshälfte fand man ihn in jeder freien Minute, in der seine Anwesenheit in Weimar nicht zwingend erforderlich war, im Alten Schloß, wohin er den *Wilhelm Meister* mitnahm. Der Roman, meinte er, gleiche mittlerweile «einem Strickstrumpf, der bei langsamer Arbeit schmutzig wird», aber am 14. Januar meldete er den Abschluß des siebenten Buches. Die Hauptattraktion war jedoch zunächst zweifellos die Zusammenarbeit mit Schiller an dem neuen Gemeinschaftsunternehmen der *Xenien*. Schiller mußte nicht ohne einiges Murren den größten Teil seiner Abende einem lärmenden und polternden Goethe opfern, der unbedingt vorankommen wollte: Die Epigramme gegen rivalisierende Zeitschriften mehrten sich rasch, indem der eine Dichter die erste Zeile, der andere die zweite erfand, der eine das Bild, der andere die Versifikation. Ein gelungenes Xenion entfesselte lautstarkes Gelächter, das durch die Zimmerdecke zu Griesbach hinaufdrang. Nach den ersten paar Tagen sah es so aus, als könnten hundert ausgewählte Spottverse den nächsten *Musen-Almanach* ergänzen; Ende des Monats peilten sie eine Gesamtzahl von 600 bis 1000 an. Die beiden kamen überein, die ganze Sammlung als Gemeinschaftsproduktion zu behandeln; jeder sollte das Recht haben, sie vollständig in jede Ausgabe seiner Werke zu übernehmen. Indessen bestand von Anfang an ein gewisser Unterschied zwischen ihnen: Goethe verlegte sich mehr auf den ästhetischen und bissigen Aspekt des Unternehmens; dagegen betonte Schiller die belehrende Funktion ihrer «nichts verschonende[n] Satire, in welcher jedoch ein lebhaftes Streben nach einem festen Punkt zu erkennen sein wird» – vermutlich jenem schwer faßbaren archimedischen Punkt, welchen *Die Horen* ursprünglich hatten besetzen wollen. Als Goethe Ende Januar nach Weimar zurückkehrte, um den Höhepunkt der Theatersaison zu überwachen, und die anregenden gemeinsamen Abende entbehrte, mußte Schiller brieflich einräumen, daß die Handvoll neuer Epigramme, die sie jedem Brief beizugeben vereinbart hatten, spärlicher flossen, als er erwartet hatte: «Es geht mit diesen kleinen Späßen doch nicht so rasch, als man glauben sollte, da man keine *Suite* von Gedanken und Gefühlen dazu benutzen kann, wie bei einer längeren Arbeit. Sie wollen sich ihr ursprüngliches Recht als *glückliche Einfälle* nicht nehmen lassen.» Schillers Beiträge, wenn sie denn kamen, waren ausgeklügelter: «keine so drollige Beute ... aber ... giftiger». Die «glücklichen Einfälle» blieben alles in allem Goethes Spezialität.

In Weimar waren Distichen die große Mode geworden, wie Goethe nach seiner Rückkehr feststellte. Böttiger, der sich schon seit längerem für Martials *Xenien* interessierte und vielleicht 1795 Goethes Aufmerksamkeit auf sie gelenkt hatte, veröffentlichte über sie einen Artikel in Bertuchs Journal. Durch die *Venezianischen Epigramme*, den *Spaziergang* und die Beiträge Herders zu den *Horen* eingeführt, wurden Distichen sogar Schauspielerinnen in den Mund gelegt, die Sklavinnen am türkischen Hof darzustellen hatten – in einem Maskenspiel, das Goethe zu Herzogin Louises Geburtstag arrangiert hatte. Offenkundig reizte die klassische Form weniger um ihrer selbst als um ihrer Exotik willen, die der Hof in demselben Geist goutierte wie die Palmen (in idealer italianisierender Landschaft) oder die spiralförmigen Ziersäulen (nach Raffael), die Goethe zu derselben Zeit nach eigenen Entwürfen als Kulisse für die neue Oper dieser Spielzeit malen ließ, ein Werk im Stil der *Zauberflöte* namens *Die neuen Arkadier* (Musik von Mozarts Schüler F. X. Süßmayr, Libretto von Schikaneder, eingerichtet von Goethes Schwager Vulpius). Ein Phantasiegebilde, das den Leichtfertigen bloße Unterhaltung war, konnte für den zutiefst Sehnsüchtigen einen ganz anderen Sinn haben: «So hilft man sich auf Leinwand und Pappe, um in dieser kunstlosen, höchst alltäglichen Welt wenigstens einigen Sinn und Interesse und Ahndung von einer künstlichen und harmonischen Darstellung zu erhalten.» Der Auftritt als ein Martial des Thermidor-Deutschlands war möglicherweise auch nur eine Geste auf Leinwand und Pappe, wie vielleicht das ganze Projekt der *Horen*, das die *Xenien* verteidigen sollten; doch für den, der Augen hatte, zu sehen, steckt in diesen Nachahmungen eine Andeutung jener künstlichen Harmonie, wie nur die antike Welt sie gekannt hatte und wie sie sich teilweise noch in Italien erhalten hatte. Nun, da *Die Horen* sich als untauglich für seine höchsten Hoffnungen erwiesen hatten, beabsichtigte Schiller, seinen Einsatz für die Zeitschrift «auf das Minimum» zu beschränken, während Goethe das Unternehmen weiterer Unterstützung für wert hielt: Es konnte, wie indirekt auch immer, dazu beitragen, jene Vollkommenheit der Kunst zu verbreiten, die ansonsten oft genug ein Geheimnis zu sein schien, von dem nur er und Meyer wußten.

Goethe sorgte daher um diese Zeit für zwei Beiträge in Fortsetzungsform, die die Seiten der *Horen* auf viele Hefte hinaus füllen sollten, während sie zugleich nachhaltig an die Überzeugungen erinnerten, die zuerst in den *Briefen über die ästhetische Erziehung* ausgesprochen worden waren. *Die Horen* sollten die Properzübersetzung veröffentlichen, mit der Knebel seit nahezu einem Jahrzehnt befaßt war und die Goethe zu seinen eigenen *Elegien* inspiriert hatte, während Goethes Übersetzung der *Vita* Benvenuto Cellinis ein Jahr lang abwechslungsreiche und anspruchslose Lektüre versprach. Cellinis pikareske Erzählung von Lehrzeit und Reisen und Krieg, von Aufträgen und Rivalitäten, Duellen und Liebeshändeln (männlichen wie weiblichen) unter den Künstlern Italiens im 16. Jahrhundert, besaß einen offensichtlichen vordergründigen Reiz, der authentischer und redlicher war als Heinses romanhafte Behandlung eines ähnlichen Stoffes in *Ardinghello*. Doch hatte Goethe dabei auch einen Hintergedanken: «[I]ch sehe das ganze Jahrhundert viel deutlicher durch die Augen dieses confusen Individui als im Vortrage des klärsten Geschichtsschreibers.» Zudem wurde das 16. Jahrhundert von Goethe und Meyer wie von den meisten ihrer Zeitgenossen als ein Höhepunkt der Kunst angesehen, mit welchem verglichen das Italien des präraffaelitischen Quattrocento ebenso barbarisch war wie das ganze übrige Europa. Im realistischen Detail eines individuellen Lebenslaufs, der sich zwischen italienischen Stadtstaaten und unter einem südlichen Himmel abspielte, erweckte Cellini jene Epoche der modernen Kunst wieder zum Leben, die noch am ehesten Ähnlichkeit mit dem goldenen Zeitalter der klassischen Antike hatte. Bei der Gottlosigkeit seiner primitiven Religion – die kaum mehr war als der Glaube an ein gütiges Geschick und an Magie –, bei der Reduktion seiner zuversichtlich ausgeübten Kunst auf ein inspiriertes Handwerk, das keine theoretische Erklärung zuläßt, bei dem Glück seiner Geburt und unter Lebensumständen, in denen wohlhabende Kunstkenner miteinander als Mäzene um seine Dienste wetteiferten, und vor allem «bey seiner großen puren Sinnlichkeit», die unfähig war zu jeder verallgemeinernden «Reflexion», muß Benvenuto Cellini als Verkörperung jenes «naiven» Künstlertums erschienen sein, das Schiller als typisch für die antike Welt angesehen und worauf er Goethes Genie zu reduzieren versucht hatte. Und wirklich mag Goethe sich bisweilen gewünscht haben, ein literarischer Cellini zu sein. Glücklicherweise war er es nicht. Auch war er nicht mehr imstande, eine poetische Großstruktur mit jenem zentralen charaktervollen

Bewußtsein zu schaffen, als das Cellini sich in seiner Autobiographie gibt: Nicht nur im formalen, sondern auch in einem substantiellen Sinn war die Übersetzung der *Vita* eine Übung in Retrospektion. Überdies lieferte sie einen Hinweis auf jene Epoche, da Welt und Künstler und Kunstwerk ein einheitliches, harmonisches Bild ergaben, und sollte deutsche Vorstellungen von Kunst und Italien fast noch ein Jahrhundert lang beeinflussen – bis zu Jacob Burckhardt und über ihn hinaus.

Mit der Arbeit an der Cellini-Übersetzung begann Goethe nach der anstrengenden Weimarer Karnevalszeit, als er vom 16. Februar bis zum 16. März nach Jena zurückkehrte. Einen Schlüssel zu den Überlegungen, mit denen er ans Werk ging und bis zum Schluß bei der Sache blieb, liefert eine andere, im wesentlichen redaktionelle Arbeit, die er zu derselben Zeit seinem neuen Diener J. L. Geist (1776–1854) zu diktieren begann. Auf der Suche nach Material für die *Horen*, stieß Goethe in seinem Weimarer Schreibtisch auf das Manuskript der *Briefe aus der Schweiz*. Sechzehn Jahre zuvor verfaßt, erschienen ihm diese nun als «sehr subjektiv», mochten aber brauchbar sein, wenn sie durch «irgendein leidenschaftliches Märchen» eingeleitet würden. Er verfiel auf den Gedanken, die Briefe als solche Werthers zu präsentieren, geschrieben vor den Ereignissen im Roman: offensichtlich ein Signal, daß er vom Publikum nicht mehr als der unentschlossen empfindsame Reisende von 1780 gesehen zu werden wünschte. Gleichzeitig unternahm er damit aber auch den ersten konsequenten Versuch, aus der Reflexion über ein früher veröffentlichtes Werk eine neue literarische Fiktion zu schaffen – ein Verfahren, das er mit *Der Zauberflöte zweiter Teil* an Schikaneder erprobt hatte und das die charakteristische Methode seines Schreibens in seiner zweiten Lebenshälfte werden sollte. (Freilich hatte er dieses Verfahren bereits in einigen editorischen Überarbeitungen seiner Werke von 1787–1791 vorweggenommen.) Er entschloß sich, den Briefen eine (vorerst noch unveröffentlicht bleibende) «Erste Abtheilung» voranzustellen, worin der jüngere Werther etwas unplausibel mit jenen Fragen von Kunst und Objektivität beschäftigt erscheint, die Goethe 1796 bewegten. Der Glaube an die «Freiheit» der Schweiz, der das junge Genie der Sturm- und Drang-Jahre um ein Haar dazu verführt hätte, seiner Heimat und der Bedrückung durch ein feudales Reich den Rücken zu kehren, wird von dem Zeitgenossen der Girondisten- und Sansculottenrevolutionen unter Schmähungen verworfen. Authentische Erinnerungen an einst unterdrückten Widerwillen scheinen aufzusteigen:

> Frei wären die Schweizer? frei diese wohlhabenden Bürger in den verschlossenen Städten? frei diese armen Teufel an ihren Klippen und Felsen? ... Pfui, wie sieht ... so ein schwarzes Städtchen, so ein Schindel- und Steinhaufen, mitten in der großen herrlichen Natur aus! ... den Schmutz, den Mist! und staunende Wahnsinnige! – Wo man den Menschen nur wieder begegnet, möchte man von ihnen und ihren kümmerlichen Werken gleich davon fliehen.

Dagegen liefern die reinen Schneemassen des Gebirges den sichtbaren Beweis, daß es eine Natur gibt, die durch eine ewige stumme Nothwendigkeit besteht, die unbedürftig, gefühllos und göttlich ist, indeß wir in Flecken und Städten unser kümmerliches Bedürfniß zu sichern haben, und nebenher alles einer verworrenen Willkür unterwerfen, die wir Freiheit nennen.

Moralische wie politische Freiheit sind also bloße Ablenkungen von dem erhaben notwendigen Spinozaschen Gott-oder-Natur, dessen ungeheuer Unpersönliches auch, wie Werther entdeckt, in Kunstwerken erfahren werden kann. Es gibt in wahrer Kunst eine Selbstlosigkeit, in der Sinnlichkeit sich mit eisiger, alpiner Distanz verbindet: Eine Schale mit Obst, eine gemalte Danae, die nackten Leiber zuerst eines Freundes, dann einer feilen Dirne offenbaren ihm: «Wir sollen das Schöne kennen, wir sollen es mit Entzücken betrachten ... wir sollen es uns nicht zueignen.» Ob er Manns genug ist, dieses Gleichgewicht zu wahren, wird im Ungewissen gelassen, doch ist Werther überzeugt, daß das glücklichste und beneidenswerteste menschliche Leben jenes ist, das der Schöpfung solcher formalen Vollkommenheit geweiht ist, das Leben des Handwerkers, der «arbeitet ohne zu denken», so wie der Vogel sein Nest baut, «ohne Vorsicht und Rücksicht», weil er nur die Forderungen seiner augenblicklichen Aufgabe kennt. Daraus kann man folgern, daß Goethe, wenn er sich zu dieser Zeit Cellini widmete – dem unreflektierten Handwerker-Künstler *par excellence* –, eine Wunschvorstellung von sich selbst als dem zentralen Bewohner einer Welt hegte, welche von «Freiheit», sei's revolutionärer sei's kantischer Prägung, unberührt blieb. In dieser Welt waren Religion und Kunst gleichermaßen unpersönlich, und die höchste Wirklichkeit konnte wie die höchste Schönheit Gegenstand einer interesselosen, aber ganz und gar sinnlichen Betrachtung sein, die vom Vergehen der Zeit unberührt blieb. Indem er jedoch dieses Ideal durch eine Figur formulieren ließ, für die er den Namen «Werther» erwog – den Namen jener Gestalt, die mehr als jede andere von ihm erfundene Figur der Inbegriff ihrer eigenen Zeit und ihrer Gebrechen war –, gab Goethe auch zu verstehen, daß das Ideal wohl nicht von seinen Zeitgenossen verwirklicht werden würde, ja daß jede von ihm ausgehende Faszination sich letzten Endes als destruktiv erweisen könnte. Die verborgene Bedeutung dieser seltsamen Rückkehr zum Wertherismus war, daß die Zeit einer neuartigen Kunst bedurfte – einer Kunst, oder wenigstens einer Literatur, die Kant und der Revolution und dem zerstörerischen Werk der Zeit und vielleicht sogar dem Christentum gerecht werden konnte, während sie zugleich die Vision der sonnigen Welt Cellinis und der glücklichen Alten als einen Schatz – und nötigenfalls als ein wohlgehütetes Geheimnis – bewahrte.

Um Geist zu diktieren oder Cellini zu übersetzen, hätte Goethe nicht nach Jena gehen müssen. Warum also verbrachte er 1796 dort fünf der ersten neun Monate des Jahres? Es gab dort Attraktionen, wie wir wissen, aber sie können schwerlich den Ausschlag gegeben haben: wiederum Loders Sezierkurse, Frau Hufelands Gesang und natürlich die abendlichen Stunden mit Schiller. Die beiden Dichter diskutierten Schillers langgehegten Plan, nun, da *Die Horen* an Bedeutung verloren hatten, zum Drama zurückzukehren, und *Die Malteser* wurden endgültig zugunsten eines Stückes über Wallenstein aufgegeben. (Privat gab Schiller zu, daß er mit der Wahl eines Helden, der reiner «Realist» ohne «idealische» Eigenschaften sei, «in Goethens Gebiet gerate ... auch ist es ausgemacht, daß ich hierin neben ihm verlieren werde»; er glaubte jedoch immer noch, daß «mir aber auch etwas übrigbleibt, was *mein* ist und *er* nie erreichen kann»). Auch die Pläne mit den *Xenien* wurden in dem Maße ehrgeiziger, wie die Anzahl der Epigramme sich mehrte: Die zwei Dichter unterbreiteten Cotta – der darauf aber nicht einging – den Plan zu einem Quartband in Antiqua, großzügig gesetzt, mit eigens in Auftrag gegebenen Stichen nach klassischen Mustern und einem entsprechenden Honorar. Gewisse Personalfragen, die Carl August sichtlich verärgerten, waren für Goethe ein konkreter Grund, Weimar zu meiden: Christoph Wilhelm Hufeland, dem Lieblingsmedicus des Herzogs, war ein Lehrstuhl in Pavia angeboten worden, wofür damals noch der Kaiser in Wien zuständig war, und der Gelehrte stellte exorbitante Bedingungen für sein Verbleiben in Jena. Er spielte sein Blatt, solange es stach, und kurz bevor sein Haupttrumpf durch die Plünderung Pavias am 25. Mai jeden Wert verlor, hatte er bekommen, was er wollte. Goethe billigte durchaus Hufelands Initiative – Privatpersonen ohne andere als ihre eigenen Ressourcen, die gleichwohl die Gelegenheit ergriffen, wenn sie sich bot, und sich so eine gewisse Unabhängigkeit bewahrten, waren in seinen Augen die wahre, nichtrevolutionäre Alternative zur deutschen Autokratie –; er hatte aber nicht den Wunsch, dem Herzog unnötig über den Weg zu laufen, und hielt sich aus der Sache heraus. Voigt wiederum befürchtete, seine familiären Bindungen an Hufeland könnten den Herzog negativ gegen seinen Sohn einnehmen, für den er in Weimar eine Beamtenstelle suchte; noch während seines Aufenthalts in Jena wurde Goethe bedrängt, sich einzuschalten. (Und kurz nach seiner Rückkehr nach Weimar wurde Voigt junior denn auch wirklich ernannt.) Der Abstand zum Hof blieb einer der größten Vorzüge Jenas.

Dies alles konnten jedoch für Goethe keine ernsthaften Gründe sein, seine Frau und das Kind freiwillig und so lange allein zu lassen. Als Christiane darüber klagte, daß seine Abwesenheit sie übellaunig mache, hatte er nur eine Entschuldigung: «Du weißt, daß ich zu Hause nicht zur Sammlung kommen kann meine schwere Arbeit zu endigen, vielleicht gelingt es mir auch hier nicht»; und über die Fortschritte des Romans, oder deren Ausbleiben, wurde ihr häufig berichtet. *Wilhelm Meister* war der erklärte Grund für seine Anwesenheit in Jena, und gewiß stand, nachdem drei Bände erschienen waren und die Leser über die jüngsten Wendungen der Handlung rätselten, viel auf dem Spiel. Die Reaktionen eines Stolberg mögen Goethe nicht mehr gekümmert haben, aber es gab Richter in der Nähe, deren Meinung schwerer wog. Wieland, der natürlich die *Theatralische Sendung* gut kannte und sie «viel lebendiger» fand als ihren Nachfolger, hatte die Sorge, der Roman werde wie das *Märchen* in einer Antiklimax versanden, und Wilhelm von Humboldt teilte diese Befürchtung. Vielleicht teilte auch Goethe sie: Das innere Zögern, das während des Frühjahrs sein Schreiben hemmte, mag sich schon im Februar bemerkbar gemacht haben, als er vergaß, das Manuskript des siebenten Buches und die Entwürfe zum achten mit nach Jena zu nehmen, und sich beides von Christiane nachschicken lassen mußte. Aber auch nachdem *Wilhelm Meisters Lehrjahre* endlich abgeschlossen war, hörten die langen Aufenthalte in Jena nicht auf. Wie hoch der geistige Rang der Universitätsstadt in ihrer größten Zeit auch gewesen sein mag: es ist schwer zu glauben, daß nicht eine stärkere emotionale Kraft im Spiel war, die Goethe so lange von seinem Haus und Ehebett fernhielt. Vielleicht – man kann nur spekulieren – war es kein Zufall, daß, soweit wir wissen, sechs Jahre vergingen, bevor Christiane nach dem Tod ihres Carl wieder schwanger wurde. Vielleicht hatte sie nach vier Entbindungen – vorausgesetzt, jede war so langwierig und schwierig wie die erste – und dem Verlust von drei Kindern um Augusts willen – wenn schon nicht um ihrer selbst willen – Goethe gebeten, ihr weitere Gefahren und Leiden zu ersparen. Vielleicht hatte Goethe, ohne darum gebeten zu werden oder weil er seinerseits weitere Todesfälle nicht ertragen konnte, selbst einen derartigen Vorsatz gefaßt und ihn für sich behalten:

> Kränken ein liebendes Herz und schweigen müssen – geschärfter
> Können die Qualen nicht sein, die Rhadamant sich ersinnt.

So lautet ein außerhalb des Xenien-Zyklus veröffentlichtes Distichon. In einer Zeit, da Geburtenkontrolle für gewöhnlich Enthaltsamkeit oder *coitus interruptus* bedeutete, wäre ein solcher Entschluß die härteste Prüfung gerade für eine Ehe gewesen, die offiziell nicht existierte und jederzeit aufgekündigt werden konnte. Es wäre Goethes ausgeprägteste moralische Krise seit der Aufnahme der Verbindung 1788 und seit Christianes erster Schwangerschaft 1789 gewesen. Es hätte aber auch die Liebe offenbart, die, still und fast unbemerkt unter dem Blätterfall geschäftiger Jahre, zwischen zwei Menschen gewachsen war, denen eine «Gleichheit der Denkart und Handlungsweise» eigen war. Während der Arbeit an den *Xenien* verfaßte Goethe 1796 etliche nichtsatirische Distichen, deren einige er an ungenannte Freundinnen richtete und unter dem Titel «Vielen» sammelte, während er andere zu einer einzigen Reihe (man kann sie kaum «Gedicht» nennen) mit dem Titel «Einer» zusammenstellte. Es kann kein Zweifel daran bestehen, daß die «Eine» Christiane ist – in einem unvermittelteren Sinne, als man es von den *Römischen Elegien* sagen könnte – und daß Goethe – schicklicher als in den *Elegien*, aber auch mit deutlich geringerer Subtilität – einige der intimsten Wahrheiten über ihre Beziehung ausspricht:

> Wie im Winter die Saat nur langsam keimet, im Frühling
> Lebhaft treibet und schoßt, so war die Neigung zu dir ...

> Schwer zu besiegen ist schon die Neigung, gesellet sich aber
> Gar die Gewohnheit zu ihr, unüberwindlich ist sie.

Durch die einfache Gegenüberstellung von zwei Verspaaren bezeichnet Goethe die Begegnung mit Christiane als die Wasserscheide in seinem Leben und seiner Kunst:

> Kennst du das herrliche Gift der unbefriedigten Liebe?
>   Es versengt und erquickt, zehret am Mark und erneuts.
> Kennst du die herrliche Wirkung der endlich befriedigten Liebe?
>   Körper verbindet sie schön, wenn sie die Geister befreit.

Aber wenn die erste Hälfte von Goethes Leben eine Epoche ungestillten Verlangens gewesen war, so stand 1796 nicht mehr fest, ob das, was folgte, eine Epoche des Besitzes war. Die Liebe sucht etwas Tieferes als den Besitz, etwas den Quellen der Dichtung Näheres:

> Das ist die wahre Liebe, die immer und immer sich gleichbleibt,
>   Wenn man ihr alles gewährt, wenn man ihr alles versagt.

Fast zehn Jahre seit der Rückkehr aus Italien war es Goethes höchste Weisheit, daß wir die Zeit vergessen können, wenn wir den Blick auf Bilder der Kunst richten. Das Leben im ständigen Umgang mit einem anderen, sich verändernden Menschen belehrte ihn jedoch darüber, daß sogar die Schönheit aus dem Stoff der Zeit gemacht ist und daß man dem Fluß der Zeit nur die Liebe entgegensetzen konnte. Gegenwärtig glaubte er, daß der Verlust, den die Zeit bewirkte, ein notwendiger Bestandteil unseres natürlichen Zustandes war, nicht die tragische Folge menschlicher Unzulänglichkeit – und daraus folgte, daß die Liebe selbst enden konnte. Die Zeit sollte jedoch auch diese Überzeugung wandeln.

> Warum bin ich vergänglich? o Zeus! so fragte die Schönheit.
>   Macht dich doch, sagte der Gott, nur das Vergängliche schön ...
> Leben muß man und lieben! Es endet Leben und Liebe!
>   Schnittest du, Parze, doch nur beide die Fäden zugleich.

Lediglich als Ziel und Ruhepunkt des Verlangens betrachtet, war die Frau in den *Elegien* eine negative, nicht darstellbare Figur, ihr Kommen oder ihr Erwachen war das Signal, mit dem Schreiben aufzuhören, und die Liebe, die sie bot, schien der Dichtung feind zu sein. Aber Christiane Vulpius, mochten ihre Gelüste auch ungezügelt sein – 1796 gab sie freimütig zu, daß sie sich an Eiscreme halb krank aß und aus einer plötzlichen Laune heraus am hellichten Nachmittag mit Ernestine und Tante Juliane eine Flasche Champagner austrank –, war weder gleichgültig noch ablehnend gegenüber Goethes literarischer Arbeit. Sie wurde über die Fortschritte des *Wilhelm Meister* auf dem laufenden gehalten, konnte das Manuskript identifizieren, als sie es nachschicken sollte, und bot Ermutigung, wenn der Strom zu verebben drohte.

Sie war eine eifrige Theatergängerin und berichtete regelmäßig über die Schauspieler und die Reaktionen des Publikums. Ihr praktischer Sinn entsprach diesem wichtigen Zug in Goethes Charakter: In seiner Abwesenheit erledigte sie kleine Angelegenheiten am Theater für ihn, und sie inspizierte und kaufte ein Stück Land für den Gemüseanbau, das näher lag als der Garten des Häuschens an der Ilm. Als Goethe bewußt wurde – unter welchen Umständen auch immer –, daß Sexualität oder gar Vaterschaft nicht mehr der alles beherrschende Faktor in seiner Beziehung zu Christiane sein konnte, wurde ihm die Individualität ihres Charakters und seiner Liebe zu ihr als literarisches Thema zugänglich. Daß die ehelichen Beziehungen ganz aufgehört hätten, ist eher unwahrscheinlich. Familienausflüge von Weimar nach Jena wurden zur Regel; Christiane und August wohnten dann im «Schwarzen Bären», und Goethe gönnte sich Abwechslung von seinem Schreiben und unterhielt die beiden. «Ich habe soviel gearbeitet daß ich es ganz satt habe», schrieb er am 7. März, um Christiane nach Jena zu beordern: «Ich muß dich einmal wieder an mein Herz drücken und dir sagen daß ich dich recht lieb habe.» Ende Februar war es sehr kalt geworden, in Weimar begann man wieder mit dem Schlittschuhlaufen, allen voran der Herzog, und August hatte so viel Spaß daran, in Begleitung von zwei Kavalleristen Schlitten zu fahren, daß er nach mehr verlangte. Am 8. März kamen er und seine Mutter sowie seine Tante Ernestine und sein Onkel August Vulpius für vier Tage nach Jena, um den Winterfreuden auf der zugefrorenen Saale zu frönen. (Goethe hatte seinem Sohn umgehend Schlittschuhe besorgt, aber getreu seinem pädagogischen Prinzip des Selberlernens überließ er es scheinbar dem Jungen, allein damit zurechtzukommen – in Wirklichkeit lief er selbst in einiger Entfernung würdevoll hin und her, und seltsam stachen sein brauner Mantel, der Dreispitz und der Zopf von den anderen, eleganter gekleideten Herrschaften ab.) Goethe hatte den Besuch so gelegt, daß er das Ende eines neuerlichen Anlaufs mit dem achten Buch des *Wilhelm Meister* markierte. Vier Tage nach seiner Familie fuhr auch er nach Weimar zurück – jedoch nicht einfach nur, um bei den Seinen zu sein, sondern zu sechswöchigem konzentrierten Wirken im Interesse des Theaters.

Iffland kam endlich. Seine Ankunft am Karfreitag, dem 25. März, versprach, eines der letzten Hindernisse zu beseitigen, die der Abreise Goethes nach Italien im Wege standen, und dementsprechend rollte Goethe den roten Teppich aus. Iffland sollte im Haus am Frauenplan wohnen, wo Schiller, der ihn schon kannte, ebenfalls logieren sollte, um so dem Gast die hohe Qualität der Weimarer «Gesellschaft» vor Augen zu führen. Auch ein Tag in Jena, als Gast Loders und des Professorenclubs, wurde arrangiert, und als Goethe am 31. März an seiner Tafel nicht nur seine zwei Hausgäste, sondern auch Wieland, Herder, Knebel, Bertuch, Voigt, den Maler Kraus und den Fürsten von Rudolstadt versammelte, muß Iffland die Botschaft verstanden haben. Goethe gab eine Gesellschaft um die andere und ließ alles versammeln, was Weimar zu bieten hatte, vom Herzog und der Herzogin über «die Jenenser und Frauen» bis zu den Mitgliedern der Theatertruppe. Man bewundert Christianes Organisationstalent, wenn sie auch Unterstützung aus den herzoglichen Küchen bekommen haben muß. Weitere fürstliche Gäste, um die man sich kümmern mußte, kamen aus Darmstadt und anderen Orten, und mitten in all dem Trubel tauchte, als Hofmeister im Gefolge des Grafen Moritz von Fries, auch Lersé wieder auf, Goethes alter Freund aus Straßburger Tagen, den er im *Götz* verewigt hatte. Überdies beanspruchte Schiller genausoviel Aufmerksamkeit wie Iffland. Die körperliche Schwäche und die Agoraphobie, die ihn in Jena ständig an seine Wohnung fesselten, machten ihm das Auftreten bei öffentlichen Anlässen unerträglich; bei größeren Empfängen saß er abgeschirmt in einem Nebenzimmer, zu dem nicht mehr als ein halbes Dutzend Personen gleichzeitig Zutritt hatten, und im Theater hatte Goethe für ihn eine besondere Loge herrichten lassen, so daß er sehen konnte, ohne gesehen zu werden. Iffland mußte natürlich sein Repertoire durchspielen, und es war lohnend, ihm zuzusehen. Er trat innerhalb eines Monats in zwölf Stücken auf, von denen er zwar die Hälfte selbst verfasst hatte, von den übrigen aber *Die Räuber* seine berühmteste und anspruchsvollste Rolle, den Schurken Franz Moor, boten, während ein anderes, als krönender Abschluß auf den letzten Abend seines Gastspiels gelegt, eine ganz neue Produktion war: die Erstaufführung von Goethes *Egmont*, für die Bühne eingerichtet von Schiller und mit Christiane Becker in der Rolle des Klärchen. Ob er als Franz Moor mit dem Fuß aufstampfte und mit atheistischem Gestus die Faust gen Himmel reckte, ob er als Egmont mit Samtkäppchen und riesiger Feder auftrat – in einer Produktion, die wegen ihrer historisierenden Kostüme gerühmt wurde – oder ob er in einem seiner eigenen, alltäglicheren Dramen nur klar, ruhig und freundlich er selber war: Iffland beeindruckte sein Publikum und auch Goethe durch scharfe Beobachtung und mühelose Mimikry, vor allem aber durch die Individualität, die er jeder Rolle verlieh. Er war die Inkarnation dessen, was Virtuosität zu erreichen vermag, in Goethes Augen ein «Typus» des vollkommenen Schauspielers, der es ihm ermöglichen würde, alle Theatererlebnisse zu beurteilen, die in Italien auf ihn warten mochten. Vielleicht war Iffland noch mehr: Besonders durch die Vorstellung des *Egmont*, eines Stückes, «auf das ich in mehr als einer Hinsicht längst Verzicht gethan habe», gab er Goethe zu verstehen, daß das Weimarer Theater letzten Endes vielleicht doch als Instrument für Ziele taugte, die älter waren und seinem Herzen näher standen als die Disziplinierung nuschelnder Schauspieler oder auch die Herausbildung einer deutschen Oper. «Warum kann man doch nicht oft solche ernsthafte Versuche machen?» schrieb er in der Antwort auf einen Gratulationsbrief Charlotte von Kalbs,

und wie weit würde man durch Wiederholung, Übung, Urtheil und Empfindung geleitet werden! Wie gern trüge ich manchmal etwas von meinen frühren Werken vor, wie gern etwas von dem was mich gegenwärtig beschäftigt, … und daß es nicht geschah, nicht geschieht, sollte die Ursache blos in einer trüben Vorstellungsart über gewisse Verhältnisse liegen?

28. A. Weger: Christiane Becker-Neumann (19. Jahrhundert)

Goethe unterlag zweifellos einer Selbsttäuschung, wenn er meinte, daß nur eine Hochzeitszeremonie zwischen ihm und jener «freundschaftliche[n] Theilnahme» mit Weimar stand, die er sich zu wünschen glaubte und die plötzlich noch einmal möglich zu sein schien. Dennoch sah es in späteren Jahren so aus, als sei Ifflands *Egmont* bei aller Simplifizierung und Melodramatik wirklich so etwas wie ein Wendepunkt gewesen, der Schiller Mut zu seinem *Wallenstein*-Projekt machte und Goethes eigene Gedanken darauf lenkte, den *Faust* spielbarer zu machen, als er es in jenem fragmentarischen Zustand war, in dem ihn das Publikum kannte. Der eigentliche Zweck von Ifflands Besuch wurde jedoch nicht erreicht. Das Gerücht wollte wissen, daß Carl August auf alle Bedingungen eingehen würde, die Iffland stellen mochte, um nur aus Weimar «wo nicht das prächtigste, doch das kunstreichste Theater in Deutschland» zu machen. Indessen lobte Iffland zwar höflich Genauigkeit, Bescheidenheit und Anstand der Truppe, die er, wie man hoffte, leiten würde; an Goethe aber fand er «etwas unstetes und mistrauisches in seinem ganzen Wesen, wobey sich niemand in seiner Gegenwart wohl befinden kan». War es gegenseitige Antipathie? Goethe mag lediglich bewußt geworden sein, daß Iffland versuchte, den Schauspieler Beck, der den Schnaps im *Bürgergeneral* gegeben hatte, nach Mannheim zu locken (im Januar hatte Goethe aus Mannheim eine Sängerin abgeworben); er mag aber auch schon gespürt haben, daß Iffland nach Höherem strebte. Die Verhandlungen zogen sich den ganzen Sommer hin und nährten die starke Hoffnung, daß das Theater bald expandieren werde – der finanziell lebenswichtige Kontrakt mit Lauchstädt wurde um weitere sechs Jahre verlängert, und es wurde, allerdings erfolglos, der Versuch gemacht, von den zuständigen Stellen in Jena die Erlaubnis zu Aufführungen in der Universität zu bekommen –; aber nicht überall herrschte Enttäuschung, als im Oktober bekannt wurde, daß das talentreiche Chamäleon die offensichtlich attraktivere Stelle des Direktors des Berliner Nationaltheaters angenommen hatte.

Zunächst bestanden jedoch Aussichten auf eine Einigung, und Goethe war guten Mutes, als er am 28. April, zwei Tage nach Ifflands Abreise, wieder einmal nach Jena zurückkehrte, wo er bis zum 8. Juni blieb. «Ich endige nur meinen Roman, dann mach ich mich auf», schrieb er Meyer. Aber die Versuchung, nicht zu endigen, blieb sonderbar stark, und Jena hatte manche sehr erfreuliche Gesellschaft zu bieten. Körner war von Dresden herübergekommen, um Schiller zu besuchen; mit ihm waren seine Frau Minna, deren Schwester Dorothea Stock – immer noch unvermählte, aber nunmehr eine erfolgreiche Gesellschaftsmalerin – und ein Graf Geßler gekommen, der gerade die erste Etappe seiner eigenen Italienreise absolvierte. Gegen Ende ihres dreiwöchigen Aufenthalts stieß August Wilhelm Schlegel zu dem Kreis; er war auf Anregung Schillers von Braunschweig nach Jena übersiedelt, um stärkeren Anteil an der Herausgabe der *Horen* zu nehmen. Goethe fand Gefallen an Schlegel, bewunderte seine Übersetzung von *Romeo und Julia*, mit der er kurz zuvor begonnen hatte, und erklärte Meyer, Schlegel

29. W. Henschel: *August Wilhelm Iffland als «Bittermann» in
Menschenhaß und Reue von August Kotzebue (1808–1811)*

sei «in ästhetischen Haupt- und Grundideen mit uns einig», zeige aber leider «einige demokratische Tendenz», die sein politisches Denken ebenso unausgewogen mache, wie es «die eingefleischt aristokratische Vorstellungsart» tue. Trotz des veränderlichen Wetters und der Nachricht von den österreichischen Niederlagen in Italien, waren die ersten Maitage für Goethe eine unbeschwerte Zeit des gemeinsamen Xenienschreibens in Schillers Arbeitszimmer – von wo wie zuvor Gelächter und viel Getrampel zu hören war, wenn wieder einmal «die Philister ... tüchtig geärgert worden» – und der langen Abendessen und Unterhaltungen mit den Besuchern. Goethe erinnerte sich seiner Studententage in Leipzig mit «les enfants terribles», wie er die Schwestern Stock nannte, und freute sich bereits auf Italien (dank Körners Intervention traf am 16. Mai, einen Tag, bevor die Gesellschaft abreiste, die bronzene Victoire aus Dresden ein). «Die vierzehn Tage meines hießigen Aufenthaltes habe ich mehr gesellig als fleißig zugebracht», schrieb Goethe und meinte damit, daß er wenig am *Wilhelm Meister* getan habe; aber die meisten anderen wären hochzufrieden gewesen, wenn es ihnen wie Goethe in der Zeit des Wiedersehens mit alten Freunden gelungen wäre, einen Teil seiner Cellini-Übersetzung abzuschließen, die osteologische Abteilung der naturkundlichen Sammlung der Universität neu zu ordnen, umfangreiche Wasserbauarbeiten an der Saale zu beaufsichtigen, an den Abenden verschiedene gesellige und musikalische Veranstaltungen zu besuchen, ein Buch mit französischen Memoiren zu lesen, einen ganzen Tag lang spazierenzugehen und viel zu schreiben: vier Briefe an Christiane (der er außerdem Pflanzen und Leckereien schicken ließ), einen Brief an Voigt über den Neubau des Weimarer Schlosses und die Disziplin an der Jenaer Universität, zahlreiche neue Epigramme mit Schiller und, zwischen dem 12. und 14. Mai, eines der schönsten Gedichte in deutscher Sprache, die Idylle *Alexis und Dora*.

Graf Geßler solle heiraten, sagte Goethe bei einer Abendgesellschaft, bevor der Graf am 16. nach Italien weitereilte. Auf den koketten Einwurf der Mademoiselle Stock, warum er selbst denn nicht heirate, erwiderte Goethe: «ich bin verheyrathet nur nicht mit ceremonie». Als Charlotte Schiller diese Bemerkung Frau von Stein weitererzählte (die Goethe einst einen goldenen Ring geschenkt hatte), registrierte sie nicht das betretene Schweigen, das gefolgt sein muß. Aber Dorothea Stock blieb unverzagt; als das Gespräch auf Venedig und Goethes dritten Besuch dort kam, den er im September zu machen hoffte, bat sie ihn, ihr eine goldene Kette mitzubringen. Diese Bitte einer Frau, die, wie später Lili Türckheim, eine große Möglichkeit in seinem Leben darstellte, welche nicht realisiert worden war, wurde zu dem zentralen Symbol, um das sich außerordentlich rasch ein Ring weiterer Motive bildete: Verlobung und Ehe; seine bevorstehende Abreise in das gelobte Land; die Trennung von Christiane, die daraus folgen würde, nachdem er gerade erkannt hatte, daß er an sie durch Bande der Liebe, nicht bloß der Fleischeslust gebunden war; die Ahnung von Erfüllungen, die für kurze Zeit greifbar schienen, aber nicht hatten sein sollen: seine kleineren Kinder, *Die*

Horen, möglicherweise schon die geplante Wiederholung der ersten italienischen Reise; die Überzeugung, im *Egmont* ausgesprochen und wenige Tage zuvor von Iffland klangvoll deklamiert, daß den Mächten der Sterblichkeit nur trotzen konnte, wer sein ganzes Wesen in den glücklichen Augenblick legte; das vormoralische, sinnlich-ästhetische mediterrane Paradies, das in Goethes Augen Cellini bewohnt hatte und das manche Geschichten der *Unterhaltungen deutscher Ausgewanderten* beschworen; sein neuerliches Homerstudium und die dadurch wieder lebendig gewordenen Erinnerungen an Sizilien; und als Rahmen des Ganzen die Legende vom heiligen Alexius, die ihm durch die Erweiterung der *Briefe aus der Schweiz* wieder in den Sinn gekommen war: eine Geschichte von Liebe, Störung, Geheimnis und Entsagung. Mit seinen 79 elegischen Distichen war *Alexis und Dora* Goethes längstes Originalgedicht seit den *Geheimnissen*, es glüht von einem dicht gefügten, harmonischen Glück, dessen dunklerer Unterton streng gebändigt wird, und es ist so reich an Gedanken und Andeutungen, daß man es angemessen nur zusammen mit dem Werk erörtern kann, das Goethe mindestens zwanzig Jahre lang beschäftigt hatte und dessen Vollendung es ankündigte: mit *Wilhelm Meisters Lehrjahre*. Goethe erkannte sogleich die Qualität des Gedichts; er las es, kaum daß es fertig war, der in Jena versammelten Gesellschaft vor und schickte Abschriften an Knebel, Jacobi und Wilhelm von Humboldt. A. W. Schlegel zeigte es seinem Bruder, der den Sommer in Pillnitz verbrachte; «ein Götterfest», rief Friedrich aus:

Eine wollüstige Träne fiel auf das Blatt ... Es ist mir lieber als alles, was Goethe je über Liebe metrisch gedichtet hat ... Wer so dichten kann, ist glücklich wie ein Gott!

«[M]an spricht sehr viel von der Idylle und meint, daß sie Sachen enthalte, die noch gar nicht seien von einem Sterblichen ausgesprochen worden», erfuhr Goethe von Schiller, der das Gedicht für eine der besten Leistungen seines Freundes hielt. Für Wieland eröffnete es «ein ganz neues Genre. Auch hier beweist er [Goethe] wieder, daß er alles kann.»

In der Tat war *Alexis und Dora* ein Neuanfang. Durch Goethes schleppende Veröffentlichung der *Elegien*, der *Epigramme* und des *Wilhelm Meister* blieb vielen Lesern verborgen, wie lange die Periode seiner Unfruchtbarkeit in Wirklichkeit gedauert hatte und wie wenig wertvoll oder abgeleitet die meisten seiner jüngsten Werke waren. Die Idylle war sein erster substantieller poetischer Gedanke seit acht Jahren; ihre Qualität aber war derart, daß Goethe nun nicht mehr apologetisch gestehen mußte, lediglich der Herausgeber seines Nachlaß' zu sein. Nicht so sehr für ein ganz neues Genre als vielmehr für die zweite Hälfte seines Lebens fand Goethe in *Alexis und Dora* ein Thema und eine Gestaltungsweise. In den Tagen nach Körners Abreise aus Jena war er voller Zuversicht; eine Diskussion mit Schiller über das siebente Buch des *Wilhelm Meister* bescherte ihm das Gefühl, ein gutes Stück vorangekommen zu sein (effektiv, die Auflösung war, Schillers Ansicht, so gut wie erreicht); und vielleicht zum Zeichen seiner veränderten

Stimmung ließ er seine Familie nach Jena kommen, damit sie alle das schöne Wetter genössen. Sie blieben die folgenden drei Wochen, und Christiane sah sich in der Hoffnung bestätigt, Goethe neue «Lust zu dem Roman» machen zu können. Goethe teilte seine Zeit zwischen *Wilhelm Meister*, Cellini und Wanderungen mit Christiane und August auf; er zeigte ihnen die Schlösser von Dornburg, ging mit ihnen auf eine Dorfkirmes und nahm seinen Sohn mit zum Fröschefangen an unzugänglichen Stellen an der Saale. «Ich befinde mich in einer wahrhaft poetischen Stimmung», schrieb er Schiller in dieser Zeit, «denn ich weiß in mehr als einem Sinne nicht recht, was ich will noch soll.» In Goethe – das scheinen diese Worte erstmals zu belegen – dämmerte vielleicht die Erkenntnis, daß sich seit seiner Ankunft in Jena Ende April Ereignisse auf der Weltbühne abgespielt hatten, die sein Leben dauerhaft verändern sollten.

Während des Waffenstillstands arbeitete Meyer in Italien stetig weiter; er beantwortete Fragen nach Cellini oder nach Mosaiken, schickte Zeichnungen von möglichen Vorbildern für Grabdenkmäler, kopierte eines der wenigen großformatigen Wandgemälde aus antiker Zeit, die in Rom entdeckt worden waren, die «Aldobrandinische Hochzeit», und erwiderte die Briefe Goethes, die um so länger wurden, je näher der Augenblick des majestätisch langsamen und sich im vollen Licht der Öffentlichkeit abspielenden Ausreißens heranrückte. Goethe hoffte, im Oktober in Rom Angelica Kauffmann und im November in Neapel Philipp Hackert zu sehen, und ließ ihnen durch Meyer Ankündigungsbriefe zukommen: Auch wenn es durch den Tod Reiffensteins und Trippels und die Übersiedlung Hirts nach Deutschland nicht mehr möglich sein würde, das Italien von 1788 neu zum Leben zu erwecken, hielt er es doch noch immer für «wunderbar», daß er durch das «lebhafte Anschauen» von Kunstwerken schon bald imstande sein sollte, in Meyers Gesellschaft Erinnerungen aufzufrischen, die im Laufe der Zeit verblaßt waren. Freunde und Bekannte schrieben ihm und äußerten die Hoffnung, ihn bald wiederzusehen, im April begann Goethe endlich damit, Abgüsse von der Gemmensammlung der Fürstin Gallitzin anfertigen zu lassen, um sie vor seiner Abreise zurückgeben zu können, und bestellte zwei Dutzend neuer Hemden, die er auf seine Expedition mitnehmen wollte. Doch in den letzten Maitagen – Christiane war schon längst in Jena –, als Bonaparte auf dem Weg von Mailand zum Gardasee war und die Nachricht von ersten Gemäldekonfiskationen eintraf, stiegen in Goethe Zweifel auf. Am 27. Mai gestand er Wilhelm von Humboldt, daß er «nicht wenig besorgt» wegen seiner Reise und der Aussicht sei, daß die Kunstschätze in den Sammlungen von Parma, Modena und Bologna bereits «eine Reise nach Paris antreten». Die Gefahr für seine Pläne war eine doppelte: Wenn die Österreicher, wie Ende des Monats Gerüchte wissen wollten, nach Innsbruck zurückwichen, würde der Vormarsch der Franzosen Goethe den Weg nach Italien verlegen – am Tag nach dem Fröschefangen mit August räumte er denn auch ein, daß eben dies schon geschehen war; zweitens aber erfolgten Plünderungen in einem solchen Umfang, daß die beabsichtigte Bildungsreise viel von ihrem Sinn verlor. «Wäre ihm nicht mit Dresden mehr gedient?» fragte Körner mit unschuldiger Grausamkeit. Und Goethe schrieb an Humboldt: «Wir müssen das erwarten, was wir nicht denken mögen; in wenig Posttagen wird die Sache entschieden sein.» Am 4. Juni konnte Voigt ihm in Umrissen den bevorstehenden Waffenstillstand mit dem Papst skizzieren: Voigt glaubte, in dem Durcheinander in der römischen Kunstwelt eine Chance für Weimar zu erkennen, durch Meyer einige vorteilhafte Käufe tätigen zu lassen; als Goethe aber vernahm, daß der Papst an die neuzeitlichen Westgoten die Laokoon-Gruppe und den Apoll vom Belvedere aus dem Museo Pio-Clementino ausliefern mußte, jene Kunstwerke, die zu sehen er bei seinem ersten Aufenthalt in Rom 1786 nicht gesäumt hatte, muß es ihm wie der *coup de grâce* seiner Reisepläne vorgekommen sein. Bis zum 6. Juni war die Bestellung für die neuen Hemden rückgängig gemacht, und als Goethe zwei Tage später mit seiner Familie nach Weimar zurückkehrte, war er sich bewußt – wie spätestens am 10. ganz Weimar –, daß er, «durch die sonderbaren und schrecklichen Kriegsbegebenheiten ... von dem schönen Lande abgeschnitten», in diesem Jahr nicht mehr nach Italien fahren würde.

In einem Brief an Jacobi, der endlich aus Holstein nach Düsseldorf zurückging, machte Goethe gute Miene zum bösen Spiel – für die nächsten sechs Monate, meinte er, könne er sich in einem Gefängnis einrichten, solange er nur Papier, Schreibzeug «und einen Schreiber» habe; doch Meyer gegenüber äußerte er offener seine Enttäuschung: Da der Roman sich seinem Abschluß näherte und für *Die Horen* gesorgt war, gab es für ihn jetzt kaum mehr zu tun, als jeden Tag Briefe zu schreiben, Meyer auf dem laufenden zu halten, selber die Ruhe zu bewahren und weiter italienische Studien zu treiben, bis «das Schicksal von Europa» entschieden war und er endlich doch durch irgendeine Lücke zu Meyer hindurchschlüpfen konnte. Indessen: «In welches Unglück ist das schöne Land gerathen! wie unübersehlich sind die Folgen!» Vielleicht spürte er schon, daß es nicht nur ein Schlag für seine nächsten Reisepläne, sondern für das ganze Gemeinschaftsprojekt war: Die Grundthese von der geschichtlichen und kulturellen Einheit Italiens war durch die französische Invasion und den politischen Umsturz gefährdet, und es mußte den Anschein haben, als siegten die Mächte menschlicher Willkür über die Gesetze der Natur. Für den Augenblick freilich hielt er es für das Beste, weiterzuarbeiten, als sei nichts geschehen und als halte er sich noch immer bereit, im August zu reisen: «Das Ganze kümmert sich nicht um uns, warum sollten wir uns mehr als billig um das Ganze bekümmern.» Und plötzlich gelang der Hartnäckigkeit, was ein fünfmonatiges Aufregen der Phantasie nicht vermocht hatte: Am 26. Juni sandte er Schiller, mit der Bitte um seine Kommentare, das fertige Manuskript des achten Buches des *Wilhelm Meister*.

Es gibt eine sehr bekannte Beschreibung von einem Besuch bei Goethe in diesen kritischen und anstrengenden Tagen, die nur zu oft als Beweis für

Goethes Überheblichkeit in diesen Jahren herhalten muß. Aber Jean Paul (J. P. F. Richter, 1763–1825) war einer der wenigen Zeitgenossen, die den Kunstgriff durchschauten, mit dem Goethe unter ungünstigen geschichtlichen Umständen seine schöpferische Identität bewahrte: eine groteske, um nicht zu sagen abscheuliche Verschmelzung von gesellschaftlicher Förmlichkeit mit unersättlicher geistiger Neugier. In den Romanen Jean Pauls – deutscher *Tristram Shandy* mit einem Schuß Transzendentalphilosophie, jedoch auf das Zwei- bis Dreifache des Originals vergrößert – sind die schwachen Umrisse von Figuren und Handlungsverlauf nur durch den wogenden Nebel einer besessenen, bildungsgesättigten Witzigkeit wahrnehmbar. Ein handfester Mensch wie Voigt fand sie unlesbar und war mit dieser Einschätzung weder der einzige noch der letzte. Aber im praktischen Leben war Jean Paul ungemein empfänglich, menschlich und humorvoll, aufgeschlossen für die neue Philosophie, doch in dem Bewußtsein, daß die Literatur den Zugang zu einer größeren Wahrheit eröffnete. Goethe hatte recht mit seinem Urteil, Jean Paul könne «im Theoretischen» – womit er sonderbarerweise die von seinem Gast im Gespräch vertretenen Ansichten meinte – «noch ... zu den unsrigen gerechnet werden»; aber er hatte auch recht mit der Prophezeiung, «im praktischen Sinne» – was heißen sollte: in dem, was Jean Paul schrieb und veröffentlichte – werde er sich den Herausgebern der *Horen* schwerlich nähern. Er lebe zu «isoliert», das heißt vermutlich, zu fern vom Hofe – und gerade darum schrieb er die einzigen Romane, in denen Goethe, der ganze Goethe, plausibel als Figur auftreten konnte. Bedenkt man jedoch, daß sein *Hesperus* das ganze Jahr 1795 hindurch das Gesprächsthema in Weimar blieb, um *Wilhelm Meister* in den Schatten zu stellen und sich die Ehre mit Lafontaines *Clara du Plessis* zu teilen, wurde er von Goethe geradezu mit Großmut empfangen, als er am 17. Juni zum Mittagessen kam:

[Goethe] ist ein Vulkan, aussen überschneit, innen vol geschmolzner Materie. [Charlotte von Kalb] sagte, er bewundert nichts mehr, nicht einmal sich – jedes Wort sei Eis, zumal gegen Fremde, die er selten vorlasse ... Sein Haus frappiert, es ist das einzige in Weimar in italienischem Geschmack, mit solchen Treppen, ein Pantheon vol Bilder und Statuen, eine Kühle der Angst presset die Brust – endlich tritt der Gott her, kalt, einsylbig, ohne Akzent. Sagt Knebel z. B., die Franzosen ziehen in Rom ein. «Hm!» sagt der Gott. ... Aber endlich schürete er nicht blos der Champagner sondern die Gespräche über die Kunst, Publikum etc. sofort an, und – man war bei Göthe. Er spricht nicht so blühend und strömend wie Herder, aber scharf-bestimmt und ruhig. Zulezt las er uns – d. h. spielte er uns (Sein Vorlesen ist nichts als ein tieferes Donnern vermischt mit dem leisen Regengelispel: es gibt nichts ähnliches) – ein ungedruktes herliches Gedicht [*Alexis und Dora*] vor, wodurch sein Herz durch die Eiskruste die Flammen trieb, so daß er dem enthusiastischen Jean Paul ... die Hand drükte. ... Er hält seine dichterische Laufbahn für beschlossen. Beim Himmel wir wollen uns doch lieben. [Frau von Kalb] sagt, er giebt nie ein Zeichen der Liebe. ... Auch frisset er entsetzlich. Er ist mit dem feinsten Geschmack gekleidet.

Jean Paul vergaß nie dieses «Hm», womit Goethe die schlimmen Nachrichten aus Italien quittierte, und fünfzehn Jahre später verglich er es mit dem

Laut jener schweigenden Gottheit Indiens, «die ihre Ewigkeit unterbrach und die Schöpfung anfing, blos daß sie ... sagte: oum.»

Goethes lebenslange Anfälle von zwanghafter Beschäftigung mit Verwaltungskram, zum scheinbaren Nachteil der Dichtung, waren eines der Mittel, womit er sich jenes gelassene göttliche Schweigen erhielt. Nachdem der *Wilhelm Meister* beendet war, konzentrierte sich Goethe in der ersten Julihälfte auf die nicht durchweg dankbaren Angelegenheiten des Ilmenauer Bergwerks. Obgleich ihm «die Unternehmung einer auslöschenden Lampe immer ähnlicher» zu sehen schien, waren die Berliner Anteilseigner bei einer weiteren langen Sitzung – diesmal in Weimar – gewillt, über den Geschäftsplan für die nächsten sechs Monate zu beschließen, und wurden von einem förmlichen Mißtrauensvotum gegen die Bergbaukommission nur abgehalten durch die Zusage, daß künftig monatliche Treffen der Direktion stattfinden würden, und das Versprechen des Herzogs, den nächsten Subskriptionsaufruf zu garantieren. Indem Goethe sich mit diesen «wahrhaft irdischen» Geschäften abgab, bei denen alle andere Neuigkeiten nur «als Stimmen aus einer anderen Welt» zu ihm drangen, lenkte er sich immerhin von Meyers Berichten über die «Angst und Konfusion» in Rom und die definitiven, erbarmungslosen Bedingungen des Waffenstillstands von Bologna ab. Auch Schiller hatte in diesen Tagen seine Ablenkung, an welcher Goethe bei all ihrer bitteren Süße willig Anteil nahm: die Geburt seines zweiten Sohnes Ernst. Goethe hatte sich erboten, sich während der Entbindung in Weimar um Carl zu kümmern – vielleicht hätte er gerne für eine Weile zwei Jungen im Haus gehabt; aber Schiller lehnte das Angebot ab und fügte seinem Bericht von der Geburt den etwas gefühllosen Satz hinzu: «Der Schritt von Eins zu Zwei ist viel größer, als ich dachte.» Goethe schrieb ihm sofort, um zu gratulieren, wie es Schiller im November zuvor auch getan hatte, und wünschte der Mutter Wohlergehen, was Schiller nicht getan hatte. Sobald die Besprechungen in Ilmenau beendet waren, ritt er am 16. Juli nach Jena, «den letzten Theil des Wilh. Meister, hinter sich aufs Pferd gebunden»: sowohl, um den Neuankömmling zu begrüßen, als auch, um die langen Briefe zu erörtern, die Schiller ihm in den vergangenen drei Wochen zu dem Roman geschrieben hatte, über die *Xenien* zu sprechen, die nun für den Druck in eine endgültige Form gebracht werden mußten, und wegen «mancher anderer Dinge, die ich auf dem Herzen habe», darunter wahrscheinlich die Fortsetzung des *Wilhelm Meister*. Aber als er nach Weimar zurückritt, konnte er sich nicht länger das Näherrücken des Tages verhehlen, an dem er aufbrechen wollte, um zu vollenden, was genau zehn Jahre zuvor begonnen worden war. Er fühle, schrieb er an Schiller,

erst recht lebhaft wie nöthig mir die Cultur war, die mir eine so große und schöne Reise gegeben hätte, alles was ich mir statt derselben vornehmen kann, ist ein kümmerliches Wesen.

[ich] fühle ... nur zu sehr, was ich verliere, indem mir eine so nahe Hoffnung aufgeschoben wird, welches in meinem Alter so gut als vernichtet heißt. ... was ich

vermag, konnte ich nur auf jene Weise nützen und anwenden, und ich war sicher, in unsern engen Bezirk einen großen Schatz zurückzubringen ... Eine große Reise und viele von allen Seiten zudringende Gegenstände waren mir nötiger als jemals; ich mag es indessen nehmen, wie ich will, so wäre es töricht, gegenwärtig aufzubrechen, und wir müssen uns also drin finden. ...
    Nur der Gedanke, daß jeder den seinigen gegenwärtig so nothwendig ist, macht mir die Empfindung einer, wenigstens für den Augenblick, vereitelten Hoffnung, erträglich.

Er schrieb an Meyer, der nordwärts nach Florenz gezogen war, und beschwor ihn, noch nicht nach Deutschland zurückzukehren; denn das hätte das definitive Ende des großen Planes bedeutet. Aber sogar der Verlust Italiens schien nicht die größte Katastrophe zu sein, die über ihn und seine Familie in diesen letzten Wochen des Juli und der ersten Augustwoche hereinbrechen konnte, als französische Kavallerie über die südlichen Hänge des Thüringerwaldes heranritt und die Flut des Krieges vor den Grenzen Weimars stand.

Wilhelm Meister beendet

«Dagegen hat nun Goethe seinen ‹Wilhelm Meister› sehr glorreich geendet. Auch seine bittersten Feinde müssen dies eingestehn» – so Böttiger, der kein Freund war. Goethe vermied es, den Knoten zu zerhauen, wie Humboldt befürchtet hatte. Der letzte Band des Romans (bestehend aus den Büchern 7 und 8) – der einzige, der ganz eine Hervorbringung der Zeit war, in der er erschien – ist lang und verwickelt und tatsächlich ein eigenständiges Werk. Indem Goethe es während einer sich zuspitzenden militärischen und politischen Krise mit Schiller diskutierte, klärte er sein Verhältnis sowohl zu einer Welt, die eine grundlegend andere geworden war, seit er mit *Wilhelm Meister* begonnen hatte, als auch zu einem Freund, der ihn ebensogut – oder ebensowenig – verstand wie der größte Teil seines Publikums. Der vierte Band verdient, eigens und als Spiegel seiner Zeit erörtert zu werden, bevor wir den Versuch unternehmen, das vierbändige Ganze zu erfassen, worin sogar sein Autor eine seiner «inkalkulabelsten Produktionen» sah: «um sie zu beurteilen, fehlt mir beinahe selbst der Maßstab.»
    Dabei dürfen wir jedoch die Sorgfalt nicht unterschätzen, die Goethe der Überleitung von einer Episode, die nach Schillers Befürchtung als Unterbrechung wirken konnte, zum siebenten und achten Buch angedeihen ließ. Für Wilhelm bedeutet die Lektüre der *Bekenntnisse einer schönen Seele* eine Unterbrechung, die den Anfang einer neuen Epoche markiert. Am Ende des fünften Buches sahen wir ihn mit knapper Not der Welt des Theaters entrinnen, die Aurelie den Tod brachte; was sie an Heilung erfuhr, kam aus den *Bekenntnissen*. Beinahe die ersten Worte, die Wilhelm im siebenten Buch äußert, beziehen sich direkt auf die Schilderung der Stiftsdame über das letzte Stadium ihrer religiösen Pilgerreise und auf das, was sie uns über ihren

Onkel erzählt hat; und sie zeigen uns, daß Wilhelm recht hat, wenn er sagt, diese Erinnerung habe «Wirkung auf mein ganzes Leben» gehabt. «Kehre in dich selbst zurück!» ermahnt er sich jetzt. Das Buch beginnt mit einem großartigen Tableau, einem *rite de passage*, um Wilhelm willkommen zu heißen, da er eine spirituelle Grenze überquert. Als er den Bergen zureitet, sieht er ein Gewitter durch die Frühlingslandschaft brausen, die Sonne kehrt wieder, und ein Regenbogen erscheint vor den grauen Wolken. «Ach!» sagte er zu sich selbst, «erscheinen uns denn eben die schönsten Farben des Lebens nur auf dunklem Grunde?» Es ist vielleicht das beherrschende Bild in diesem Roman, in welchem vieles dunkel ist – möglicherweise mehr, als wir zunächst bemerken – und sich das Spiel der Farben bei allem Glanz als seltsam ungreifbar erweist. Denn «wenn unser Herz» höher schlägt, sobald wir einen Regenbogen am Himmel sehen: ist das nicht das Werk einer Art von Vermenschlichung? geht es nicht darum, wie wir die Dinge zu sehen belieben, und nicht darum, wie sie sind? Wilhelms weitere Gedanken zeigen aber, daß er nun die tiefste Lektion gelernt hat, die die *Bekenntnisse* zu geben haben: daß wir für die Deutung unserer Lebensgeschichte allein verantwortlich sind und daß dennoch jeder Deutung der Glaube innewohnen wird, daß sie letzten Endes irgendwo, außerhalb unserer Seele, festen Grund hat:

> Ein heiterer Tag ist wie ein grauer, wenn wir ihn ungerührt ansehen, und was kann uns rühren, als die stille Hoffnung, daß die angeborne Neigung unsers Herzens nicht ohne Gegenstand bleiben werde?

Wie zuletzt die schöne Seele – und natürlich wie Kant – findet auch Wilhelm in der moralischen und ästhetischen Erfahrung die Bestätigung dafür, daß dieser Glaube «einen wirklichen Gegenstand» hat:

> Uns rührt die Erzählung jeder guten Tat, uns rührt das Anschauen jedes harmonischen Gegenstandes; wir fühlen dabei, daß wir nicht ganz in der Fremde sind, wir wähnen einer Heimat näher zu sein, nach der unser Bestes, Innerstes ungeduldig hinstrebt.

Wilhelm betritt ein Land, wohin die schöne Seele ihm vorangegangen ist, die weite Welt der Subjektivität, in der alles so sein wird wie zuvor, die heiteren Tage wie die grauen, und doch anders: verwandelt durch die Macht des fühlenden, hoffenden, deutenden Blicks.

Aber in demselben entscheidenden Moment wird Wilhelm, wiewohl bildlich wie buchstäblich hoch zu Roß, von einem tüchtigen Wanderer eingeholt, der ihn vor den Grenzen seiner neuen visionären Fähigkeiten warnt. Es ist kein anderer als der Geistliche, der ihm vor langer Zeit während eines Ausflugs ins Grüne geraten hatte, seine Entwicklung nicht dem Walten des Zufalls anzuvertrauen. Seinerzeit schien er Lutheraner zu sein; jetzt erkennt man in ihm den Katholiken, und auch sein Ratschlag ist zwar nicht unvereinbar mit dem, was er früher sagte, scheint aber von der entgegengesetzten Seite zu kommen. Als Wilhelm nach den Schauspielern gefragt wird, die bei jener Landpartie seine Begleiter waren, antwortet er seufzend, daß jene Epoche seines Lebens ihm jetzt «ein unendliches Leere» scheine, aus dem er nichts gemacht habe. Der Geistliche widerspricht ihm; «alles», bemerkt er mit einer Sentenz, die die Zusammenfassung der bisherigen Geschichte sein könnte, «trägt unmerklich zu unserer Bildung bei; doch ist es gefährlich, sich davon Rechenschaft geben zu wollen.» Ein Beispiel für diese Gefahren haben ohne Zweifel soeben die *Bekenntnisse* gegeben: die Rechenschaft von einer Bildung, wie sie ihre Verfasserin aufrichtiger nicht geben konnte, und dennoch «stolz und lässig» und verblendet. Der Geistliche trennt sich wegen eigener Geschäfte von Wilhelm, wobei er ihm die Richtung zu seinem Ziel weist und verspricht, ihn später dort wiederzusehen. Wilhelm reitet aus dem Bergland hinaus, um im Ernst, wiewohl ohne sich dessen bewußt zu sein, an die zweifache Aufgabe zu gehen, die ihm soeben gestellt worden ist: in seinem Leben die «unmerkliche» Erfüllung der angeborenen Neigung seines Herzens, der stillen Hoffnung auf eine Heimat zu finden, doch nicht der berauschenden pietistischen Täuschung zu erliegen, er habe die ganze Zeit über sein «wohlbekannte[s] Ich» zu einem göttlich unverletzlichen Ich gebildet. Er ist unter dem Regenbogen hindurch in die neue Welt der europäischen Romantik eingetreten.

Als nicht kommentiertes, fast unmerkliches Zeichen des Übergangs wird Aureliens früherer Liebhaber fortan nicht Lothar, sondern Lothario genannt, und als Wilhelm auf seinem Gut ankommt – einem bescheidenen Durcheinander von alten Türmen und Giebeln und formlosen modernen Anbauten, umringt nicht von Gräben oder Parks und Alleen, sondern von Obst- und Gemüsegärten –, findet er einen Charakter, der ganz anders ist, als er erwartet hatte. Seitdem er Aurelie verlassen hat, erprobt Wilhelm im Geist die tadelnden Worte, womit er Lothario zur Rede stellen will; in seiner Gegenwart aber verfliegt Wilhelms Empörung. Lothario ist kein anmaßender Großer, sondern erfreulich ungezwungen und urban. Zwar scheint er mit anderen Dingen beschäftigt, als Wilhelm ihm den Brief Aureliens aushändigt, den er aufmerksam liest, fürs erste aber nicht erörtern will; doch bleibt er zuvorkommend, besteht darauf, daß Wilhelm auf dem Gut verweilt, und übergibt ihn der Obhut des Geistlichen, der fortan «der Abbé» genannt wird. Der Grund für Lotharios Geistesabwesenheit wird am nächsten Morgen ersichtlich: Man trägt ihn verwundet von einem Duell nach Hause, in das ihn ein früherer Liebeshandel verstrickt hat. Daraufhin erkennt Wilhelm in dem Sekundanten Lotharios seinen alten Freund und selbsternannten Mentor Jarno, der sich aus der Armee und dem öffentlichen Leben zurückgezogen hat. Da er von der Moralpredigt unterrichtet ist, die Wilhelm Lothario zu halten gedenkt, gibt Jarno ihm den Rat, nicht den ersten Stein zu werfen, und erinnert ihn an sein eigenes unverantwortliches Abenteuer mit der Gräfin – die, worauf er zu Wilhelms Bestürzung hinweist, Lotharios Schwester ist. Wilhelms Vergangenheit, weit davon entfernt, eine unendliche Leere zu sein, hat ihm einen Stoß versetzt, der ebenso handfest ist wie die Kugel, die aus Lotharios früherem Leben kommt. Er erleichtert sein Gewissen, indem er die Welt des Theaters für Schwächen verurteilt, von denen Jarno ihm lachend versichert, es seien die der menschlichen Gesellschaft überhaupt. Doch ist die Art, wie «die Gegenwart und die Erinnerung» zusammenwirken – das beherrschende Thema des siebenten Buches – eine zu verwickelte Materie, als daß sie in Predigten oder Anklagen abgetan werden könnte.

Den Ton des Buches schlägt ein Traum an, den Wilhelm in der ersten Nacht seines Aufenthalts auf Lotharios Besitz hat und in dem die meisten Figuren wiederkehren, die bisher für ihn bedeutsam gewesen sind. (Anders als sonst vielfach in der Literatur klingen die Träume bei Goethe für gewöhnlich wahr und sind von einer an Kafka erinnernden Sachlichkeit, auch wenn ihre strukturelle Funktion offensichtlich ist.) Mariane sticht hervor und ist auf ominöse Weise mit Wilhelms totem Vater verbunden, und die schöne Amazone erscheint wieder, nach langer Abwesenheit aus Wilhelms Wachbewußtsein, rettet Felix vor der bedrohlichen Gestalt des Harfners und geleitet ihn durch Wasser und durch Feuer, als wäre dies *Der Zauberflöte zweiter Teil* oder Schikaneders Original. Im siebenten Buch begegnet Wilhelm wiederholt seiner Vergangenheit und muß sich die unbequeme Frage stellen, was er aus ihr gemacht hat; aber während er den Spuren Marianens in die Vergangenheit nachgeht, wird gleichzeitig seine Suche nach der Amazone dringender und berührt deutlicher die Vorstellung, die er sich von seiner Zukunft macht. Als Jarno ihm eine Begegnung mit «Fräulein Theresen» verspricht, einer «wahre[n] Amazone», die hundert Männer beschäme, überwindet er bereitwillig seine Skrupel und wirkt daran mit, Lydia zu überlisten, die jüngste unglückliche Bewunderin Lotharios, deren hysterische Zudringlichkeiten die Genesung seiner Wunde verzögern. In ihrem eigenen wie in Lotharios Interesse soll Wilhelm Lydia auf einem – wie sie meint – kurzen Ausflug begleiten und sie dann zum Haus Theresens bringen, wo sie in aller Stille von ihrer Vernarrtheit gesunden kann. Therese erweist sich nicht als Wilhelms Amazone, wenngleich sie es liebt, Männerkleidung zu tragen, wenn sie als Förster den Besitz durchstreift. Sie ist eine praktische, finanziell unabhängige Frau und eine gütige Natur, die bei der Erziehung der Dorfkinder hilft und ihr eigenes kleines Landgut untadelig verwaltet. Sie ist unsentimental (wenn sie weint, dann nur infolge einer Augenoperation, nicht aus Emotion) und an dem Platz verwurzelt, wo sie lebt. Das Theater bedeutet ihr nichts: In einem Stück sieht sie nur Menschen, die vorgeben zu sein, was sie nicht sind. Da sie so augenscheinlich das ergänzende Gegenstück zum phantasiebegabten und ruhelosen Wilhelm ist, ist es verständlich, daß beide sich zueinander hingezogen fühlen. Als sie beschließen, sich ihre Lebensgeschichte zu erzählen, zeigt sich, daß auch Therese in einer Gegenwart lebt, die in Wirklichkeit eine unabgeschlossene Vergangenheit ist. Wir erfahren einen der Gründe für Lotharios Liebeleien: Er und Therese sind zwar für die Ehe wie geschaffen, können aber nicht heiraten, weil Lothario einst eine Affäre mit Theresens pflichtvergessener

Mutter gehabt hat; eine Heirat, so sehr beide sie noch immer wünschen, wäre also ein Akt des Inzests. Wilhelm seinerseits meint, daß sein eigener Lebensrückblick nur «Irrtümer auf Irrtümer, Verirrungen auf Verirrungen» zu bieten habe, verspricht aber, seine Beichte zu Papier zu bringen, und tröstet den neuen Zwitter in seinem Leben mit einem Kuß.

Die Reihe gebrochener Herzen wird länger, aber Wilhelm muß Lothario bewundern. Nachdem er auf der Seite der Kolonisten im amerikanischen Unabhängigkeitskrieg gekämpft hat, ist er mit dem Vorsatz nach Europa zurückgekehrt, seine gesellschaftlichen und wirtschaftlichen Reformvorstellungen dort zu verwirklichen, wo es am schwersten, aber auch am zweckmäßigsten ist: in der Heimat, auf seinem eigenen Gut. «Hier oder nirgends ist Amerika!» lautet, in Abwandlung einer Horazischen Redensart, sein Motto. Der Plan, seinen Pächtern größere Freiheiten zu geben, mag bescheiden sein, aber Lothario verlangt er ein wirkliches Opfer ab, und er ist gesonnen, ihn durchzuführen. (In dieser wie vielleicht in mancher anderen Hinsicht gleicht er erkennbar Carl August.) Aber auch für ihn ist der Zeitraum, der das siebente Buch ausmacht, eine Zeit des Stillstands und der Sammlung, und zwar nicht nur darum, weil seine Rekonvaleszenz ihn «süßen Empfindungen» öffnet, so wie die Krankheit die Sensibilität der «schönen Seele» erhöht hatte. Eine unheimliche kleine Episode, die er erzählt, nachdem Wilhelm von Therese zurückgekehrt ist, vermittelt vollends den Eindruck, daß ungeachtet manch unklarer Betriebsamkeit der Fluß der Ereignisse ins Stocken geraten ist und man Zeit zur Introspektion gefunden hat.

Als Lothario erfährt, daß eine Bauerstochter aus der Nachbarschaft, die er einst sehr geliebt hatte, die aber weggezogen ist, um zu heiraten, mit ihrer jungen Familie für kurze Zeit zurückgekommen ist, um ihren Vater zu besuchen, reitet er hinüber, in der Hoffnung, sie wiederzusehen. Es war Frühling, als sie verliebt waren, so wie jetzt, zehn Jahre später, und während er sich dem vertrauten Bauernhaus nähert, ist er betroffen, als er sie von weitem erblickt – sie sieht aus wie damals, unberührt von der Zeit. In Wirklichkeit ist es ihre jüngere Kusine oder Nichte, die er gesehen hat; aber die seltsame, durch seinen Irrtum hervorgerufene Stimmung weicht nicht von ihm, als er zu ihrer beider «unaussprechliche[n] Freude» die ältere Frau und Mutter von sechs Kindern antrifft, die er sucht. Auch eines der Kinder ähnelt ihr, so daß Lothario drei Abbilder – drei Lebensalter – seiner Geliebten in ein und demselben Zimmer findet,

und so stand ich in der sonderbarsten Gegenwart, zwischen der Vergangenheit und Zukunft, wie in einem Orangenwalde, wo in einem kleinen Bezirk Blüten und Früchte stufenweis neben einander leben.

Aber Blumen und Früchte und die Geliebte selbst, erfüllt und ehrenwert in ihrem neuen Leben, stehen in Lotharios Sinn für etwas, das für ihn nicht hat sein sollen: die verbotene Verbindung mit Therese; versprach sie doch «nicht den Himmel eines schwärmerischen Glücks, sondern eines sichern Lebens auf der Erde: Ordnung im Glück, Mut im Unglück, Sorge für das Geringste, und eine Seele, fähig, das Größte zu fassen und wieder fahren zu lassen». Die Art, wie der Augenblick der Begegnung der einstigen Liebenden beschrieben wird, gemahnt an Goethes Wiedersehen mit Friederike Brion 1779 (die Bauerstochter trägt denselben Namen wie Friederikes literarisches Pendant im *Urfaust*, Margarethe) und vor allem mit «Lili» von Türckheim, die ihm einst die Sicherheit des irdischen Glücks angeboten hatte – und wie ihr späteres Leben zeigte, war dieses Angebot kein Trugschluß. Als Goethe am siebenten Buch arbeitete, erhielt er einen jener Berichte über Lilis heldenmütige Irrfahrten mit ihren fünf Kindern, die ihm vielleicht Straßburg als Schauplatz des *Mädchens von Oberkirch* eingaben. Nur wenige Wochen nach Abfassung der «Margarethe»-Episode redigierte er seine *Briefe aus der Schweiz*, das diskrete Zeugnis seiner Rekapitulationsreise von 1779, bei der die Figuren seiner Frankfurter Vergangenheit in seine Weimarer Gegenwart eingeführt worden waren, um dann in des Künstlers immer seltener geöffnetem Album der Erinnerungsstücke ihre Ruhe zu finden. Doch Anfang 1796 scheint Goethe gefühlt zu haben, daß die alten Bilder wieder Frische und Leben gewannen, als seien sie niemals wirklich verblaßt gewesen und könnten sogar Macht über die Zukunft gewinnen. Vielleicht war die Verquickung von Reminiszenzen an «Lili» und an Italien – seine andere verlorene Liebe – im Gleichnis des Orangenwaldes jener ursprüngliche inspirierte Akt der Zeugung, aus welchem in den folgenden Monaten *Alexis und Dora* hervorging.

Auch für Wilhelm ist eine unerledigte Vergangenheit in der Gegenwart lebendig, und Lotharios Erzählung veranlaßt ihn, auf sie zurückzukommen, zumal als er erfährt, daß Felix nicht, wie er immer angenommen hatte, das Kind Aureliens oder Lotharios ist. Er beschließt, Felix und Mignon aus H. zu holen und ihnen ein geregeltes Zuhause und Erziehung zu verschaffen; unterdessen wäre es nicht übel, setzt Jarno hinzu, «Sie entsagten kurz und gut dem Theater, zu dem Sie doch einmal kein Talent haben.» Seine Rückkehr an die Stätten von einst schließt den Kreis der im ersten bis fünften Buch des Romans erzählten Geschichte, was den äußerlichen Gang der Handlung betrifft: «Ich ... begreife nun», schrieb Schiller, «wie er im achten fertig werden kann und muß.» Im hellen Licht des Tages, auf der Bühne des leeren Schauspielhauses, wo er so oft Illusionen erzeugt hat und ihnen erlegen ist, beginnt Wilhelm die Wahrheit aufzugehen: Eine alte Frau, die Aurelie zur Hand zu gehen pflegte, sitzt dort, während Mignon Felix das Lesen beibringt, und Wilhelm erkennt in ihr endlich die «alte Barbara», die Gesellschafterin Marianens. Es ist ihr ein begreifliches grimmiges Vergnügen, Wilhelm nach und nach mit den vielen Vorwürfen zu konfrontieren, die fällig geworden sind; sie beginnt damit, ihm einen vor Jahren geschriebenen Brief Marianens auszuhändigen, worin sie ihm sagt, daß sie im Sterben liege und daß das Kind, daß sie gerade geboren habe – vermutlich Felix

– von ihm sei. Die Kinder entreißen Wilhelm den Brief als Leseübung, und so wird den Anforderungen der poetischen Gerechtigkeit auf sonderbare Weise Genüge getan, da Wilhelm gezwungen ist, zweimal Felix' stockende Wiedergabe der letzten, schmerzlichen Worte seiner Mutter anzuhören. Ähnlich theatralisch schafft Barbara bei einer zweiten, abendlichen Begegnung mit Wilhelm eine Flasche Champagner und drei Gläser herbei, um die einleitenden Episoden des Romans nachzustellen. Diesmal hören wir jedoch nichts von Wilhelms scheinbar unschuldigen Kindheitsobsessionen, sondern von einer Erwachsenenwelt aus Mißverstehen, Leid und Verzweiflung. Briefe, die Mariane geschrieben hatte, die ihr jedoch von Werner während Wilhelms Zusammenbruch zurückgeschickt worden waren, offenbaren, daß Wilhelm sehr ungerecht über sie geurteilt hatte: Sie hatte Wilhelm aufrichtig geliebt und in jener Nacht, als er sie untreu wähnte, Norbergs Werben endgültig abgewiesen und sich entschlossen, mit ihm zu brechen und auf Wilhelms Fluchtplan einzugehen. Wilhelm ist überzeugt, daß Barbara diese Szene als romanhafte Strafe für ihn und als Vorspiel zu einem glücklichen Wiedersehen mit Mariane arrangiert hat; aber keine Geliebte tritt aus einem Nebenzimmer oder Gelaß, um ihn zu umarmen, und schließlich gesteht er sich ein, daß Mariane wirklich tot ist, wie sein Traum es angekündigt hat. Goethes Mutter entsann sich später, daß die *Theatralische Sendung* eigentlich mit dem Wiedersehen und der Heirat Wilhelms und Marianens enden sollte, und viele Leser der *Lehrjahre* erwarteten gleich Wilhelm dasselbe; aber literarische Konventionen werden in diesem Roman nur eingesetzt, um verworfen zu werden – damit wir der Bitterkeit des Wirklichen ansichtig werden. An der Vergeudung von Leben und Liebe und Möglichkeiten, auf die letzten Endes die theatralische Sendung Wilhelms hinausläuft, ist nichts zu ändern. Er hat nichts Konkretes erreicht und nichts Greifbares gelernt, und er hat an Welterfahrung nur insofern gewonnen, als sein Leben jetzt mit Schuld und Tod durchwirkt ist. Das beste, was man sagen kann, ist, daß er überlebt hat, und er tut das einzige, was Überlebende tun, nachdem sie die Toten betrauert haben: Er fängt von vorn an. Das Wie und Warum zu erklären, war die überaus schwere und delikate Aufgabe, die Goethe sich in dem verbleibenden Rest des Romans stellte.

Wenigstens hat Wilhelm Felix, und er und Mignon erlegen Wilhelm eine unmittelbare Pflicht auf. Er entschließt sich, beide zu Therese in Obhut zu geben, und schreibt an Werner, um sich über seine finanzielle Lage zu informieren, die er in seiner Sorge um «innere Bildung» unerklärlicherweise vernachlässigt hat. Er sagt, er habe das Theater zugunsten einer praktischen Tätigkeit bei seinen neuen Freunden aufgegeben, doch hätte er wahrheitsgemäß sagen müssen, daß das Theater ihn aufgegeben hat. Als er eine Vorstellung besucht, stellt er fest, daß ihn, wie Therese, die Illusion kalt läßt, doch kann er jetzt einsehen, daß Laertes mehr Geschick in diesem Beruf besitzt, als er selbst jemals gehabt hat. Jedes Versprechen, das er seinen Schauspielerkollegen einst gegeben hat, ist jetzt gehalten, da sie unter Serlos

Leitung glücklich etabliert sind und die Bürger von H. mit der Singspielkost verwöhnen, die sie haben wollen; Serlo und Melina aber sind sichtlich erleichtert, als Wilhelm ihnen erklärt, den Kontrakt lösen zu wollen. Der einzige Schatten, den die liederliche Welt des Theaters in seiner Seele hinterläßt, als er für immer aus ihr davonreitet, ist die Frage nach Felix' Vater – Madame Melina hat in einem Anfall von Eifersucht Zweifel in Wilhelm geweckt. Dessen, sagt die alte Barbara, könne ihn nur die Zeit und die Natur versichern.

Die Versicherung kommt früher als erwartet, in der eigentümlich komischen letzten Episode des siebenten Buches, einer neuen Variation über das Thema «Gegenwart und die Erinnerung». Bei seiner Rückkehr findet Wilhelm Lotharios Haushalt voller Aufregung. Lotharios Großonkel ist gestorben, und Lothario beabsichtigt, mit seinem ererbten Vermögen einige benachbarte Güter aufzukaufen und in Verbindung mit einem Handelshaus zu bewirtschaften. Wilhelm läßt sich willig zu den vorbereitenden Schritten heranziehen, und Jarno erklärt ihm, daß er nun imstande sei, die ganze Wahrheit über die «kleine Welt» zu erfahren, in die es ihn verschlagen hat und in der er besser bekannt ist, als er weiß. Lydia hatte, als sie mit Wilhelm zürnte, weil er sich von Jarno und Lothario in die Intrige gegen sie hat einspannen lassen, bereits angedeutet, daß es mit einem alten, unzugänglichen Turm in Lotharios Residenz eine geheime Bewandtnis habe; zu diesem Turm wird Wilhelm kurz vor Sonnenaufgang von Jarno geführt. Hier unterzieht man ihn einem Initiationszeremoniell, das offenkundig zeitgenössischen Ritualen der Freimaurer, genauer gesagt der Illuminaten, nachgebildet ist. Diese Rituale waren in den einzelnen Graden, zu denen der Kandidat zugelassen wurde, verschieden, hatten jedoch gemeinsam, daß der Kandidat, nach dreimaligem Anklopfen und Befragung durch die Logenhüter, von seinem Bürgen in einen Vorraum geführt wurde, wo er eine Zeitlang damit zubringen mußte, entweder sich in einer dunklen Kammer auf sich selbst zu besinnen oder eine schriftliche Selbsterforschung zu verfassen. In einer inneren Kammer, die mit Tüchern ausgeschlagen und von Kerzenlicht erhellt war, saßen die Initiatoren an einem Tisch, auf dem mitunter symbolische Gegenstände lagen, und vernahmen – so bei den Illuminaten – einen von Logenbrüdern ausgearbeiteten Bericht über Leben und Charakter des Kandidaten. Bloße Freimaurer mußten sich auf mehr gefaßt machen: Je strenger die Observanz, desto langatmiger und kabbalistischer die Ausführungen über die Geschichte des Ordens und den Salomonischen Tempelbau. Es konnte ein rituelles Rollenspiel geben, mit Schwertern, Augenbinden und dergleichen, sicher gab es ein stilisiertes Verhör, der Kandidat konnte aufgefordert werden, sich in einem Spiegel wiederzuerkennen, und eine wichtige Rolle spielten die geheimen Maurerworte und Erkennungszeichen – bei den Illuminaten war es die vor die Augen gelegte Hand, als Sinnbild für das Geblendetsein vom Licht der Weisheit. Goethe verändert oder verweltlicht dieses Zeremoniell, so daß es natürlich, vernünftig und auf Wilhelm zugeschnitten wirkt. Die dunkle Kammer, in die Wilhelm von Jarno gestoßen wird, ist einfach der Windfang hinter der Tür zur früheren Schloßkapelle; er wird zweimal, nicht dreimal gerufen, und auch das nur, weil er zögert; es ist nicht Nacht, sondern Tag, und so hebt er, als er in dem Raum Platz nimmt und ihm die aufgehende Sonne ins Gesicht scheint, natürlich die Hand, um die Augen zu schützen. Die Kapelle ist leer, ein mit grünem Tuch bespannter Tisch nimmt die Stelle des Altars ein, und auf ihm steht der einzige symbolische Gegenstand, den es in dem Raum gibt und mit dem es eine sehr konkrete, persönliche Bewandtnis hat. Es scheint, hinter Vorhängen verborgen, ein Bilderrahmen zu sein; erst als die Vorhänge aufgezogen werden und eine dunkle Öffnung freigeben, merken wir, daß es ein Proszenium ist. Diese Profanierung besiegelt die Parallele zur «schönen Seele»: Was für diese der Altar war, ist für Wilhelm das Theater gewesen. Es folgt ein kleines Historienspiel, aber sein Inhalt ist nicht kabbalistisch, ja nicht einmal fiktional: Wilhelm sieht vier Figuren aus seinem früheren Leben wieder – die geheimnisvollen Sendboten, die ihn wiederholt gewarnt und beraten haben. Der erste, der in diesem überlebensgroßen Puppentheater auftritt, ist jener Händler, der die Kunstsammlung von Wilhelms Großvater gekauft hat; er legt Wilhelm nahe, nach der Sammlung zu forschen, und erinnert ihn an ihr Gespräch über das Schicksal und an das Bild des kranken Königssohns. Wilhelm ist durch die Anspielungen auf die Gemälde irritiert, aber seine Antwort zeigt, daß er letzten Endes vielleicht doch etwas aus seiner theatralischen Odyssee zu lernen beginnt, deren Beendigung jetzt symbolisch bekräftigt zu werden scheint. Wäre es möglich? fragt er sich: «das, was wir Schicksal nennen, sollte es bloß Zufall sein?» Und: «sollten zufällige Ereignisse einen Zusammenhang haben?» Er steht im Begriff, auf seine eigenen Erfahrungen das Prinzip anzuwenden, das er bei seinem Ritt zum Regenbogen vermutete: Die lenkende Hand in unserem Leben gehört keiner Macht außerhalb unserer selbst. Dies wird durch die nächste im Rahmen sichtbare Figur bekräftigt: Es ist der lutherische Pfarrer, der an dem Ausflug ins Grüne teilgenommen hatte, der aber diesmal ein klein wenig anders wirkt als der Abbé. Er nennt sich selbst einen «Menschenerzieher», der die Menschen in ihren selbstgewählten Irrtümern ermutigt, weil dies der einzig wirksame Weg zu ihrer Überwindung sei. Wieder antwortet Wilhelm mit einer neuen und entscheidenden Einsicht in seine Theatervergangenheit: Sein Irrtum war, «daß ich Bildung suchte, wo keine zu finden war», und daß das Ziel unerreichbar war – eine Fähigkeit zu erwerben, für die ihm das Talent fehlte. Aber noch erkennt er nicht den ganzen Umfang seiner Autonomie. Jener Reiter, der ihn umarmt hat, während er auf dem Grundstück des Grafen mit Jarno im Gespräch war, ist der dritte, der ihn anspricht, und Wilhelm begreift, daß er, ohne es zu wissen, seit Jahren von einem Netz von Beobachtern und Wohlmeinenden umgeben ist. Aber warum, so fragt er, haben sie nicht mehr getan, um ihn vor seiner eigenen Torheit zu schützen? Natürlich hat er den Grund gerade erfahren, und ohnedies hat er den Ratschlägen regelmäßig ebensoviel Beachtung geschenkt, wie es im Gleichnis mit den Ratschlägen von Moses und den Propheten ging. Sein Verhältnis zu der plötzlich offenbarten Geheimgesellschaft sei nicht so beschaffen, daß ihm ein derartiger Vorwurf zukäme, erklärt ihm eine Stimme; wichtig ist, daß er nun «gerettet und auf dem Wege zum Ziel» ist. Wahrscheinlich gehört die Stimme dem vierten Wiedergänger, jenem Schauspieler in der Rüstung, der den Geist von Hamlets Vater verkörpert hat. Im Namen von Wilhelms totem Vater und beinahe mit seiner Stimme, verheißt er Wilhelm, daß er noch mehr empfangen werde, als der ältere Meister ihm zugedacht habe, und daß man zu solchen Höhen nur auf gewundenem Pfade gelange. Damit ist das Schauspiel vorbei, und der Zeremonienmeister – der Abbé – kommt hinter der Szene hervor, um Wilhelm seinen «Lehrbrief» zu überreichen, eine Reihe von Sinnsprüchen, zum Teil aus Hippokrates übersetzt, welche an die während der Darbietung ausgesprochenen, allgemeingültigen Sentenzen anknüpfen und sich um die Unterscheidung zwischen falscher Kunst und wahrer Kunst und den Vorrang des rechten Handelns vor beidem drehen. Wilhelm ist, freimaurerisch gesprochen, aus dem «Gesellen»-Dasein in einen Zustand eingetreten, in dem er sich zumindest «dem Meister nähert», und der Abbé zeigt ihm – wie bei einer echten Illuminaten-Initiation – einen Bücherschrank voller Schriftrollen mit Titeln wie «Lotharios Lehrjahre», «Jarnos Lehrjahre» und auch Wilhelm Meisters «Lehrjahre» – aus Wilhelms Leben, das so lange Zeit irrigerweise als das Drama Hamlets konzipiert worden war, ist zuletzt ein Roman geworden. Wilhelm hat nur eine einzige Frage, auf die jedenfalls der Autor seines Romans, wenn schon sonst niemand, die Antwort wissen sollte: Ist Felix sein Sohn? Der Abbé ist erfreut über diese Frage, die beweist, daß die Natur für Wilhelm jetzt mehr zählt als falschverstandene Kunst. «Kehren Sie sich um», sagt er (mit anderen Worten: wenden Sie sich von dem theatralischen Bild der Vergangenheit ab und der Zukunft zu), «und wagen Sie es, glücklich zu sein!» – eine bewußte Abwandlung des Mottos *sapere aude* – «habe den Mut, dich deines eigenen Verstandes zu bedienen»-, in welchem Kant das Grundprinzip der Aufklärung sah. Das heißt: wage es, Felix als deinen Sohn anzunehmen, im Vertrauen auf alles, was dieser Geheimgesellschaft am heiligsten ist, und den Knaben zu umarmen, der jetzt unerwartet und unerklärt in die Kapelle und seinem Vater in die Arme läuft. Wilhelm ist ein freier Mann, verkündet der Abbé, befreit durch die Natur und befreit von der Herrschaft der Natur: Seine Lehrjahre sind zu Ende.

Dieser atemberaubende Unsinn ist eine Parodie auf die Freimaurerei und zugleich eine Parodie auf die Freimaurerromane, die nach dem *Geisterseher* überhandnahmen, und eine Parodie auf sich selbst. Nichts an der Szene ist unmöglich oder übernatürlich; aber der Autor und alle Mitwirkenden – mit Ausnahme Wilhelms – scheinen dabei ironisch zu lächeln. Die herrische Gebärde, womit Wilhelms Einwände vom Tisch gewischt werden, entspricht der langen Nase, die dem Leser gedreht wird. Mit naiver Bereitwilligkeit nimmt Wilhelm Menschen, die er kaum kennt, die Versicherung seiner Vaterschaft ab, der er keinen Glauben schenkt, wenn sie von der Mutter des Kindes kommt – ein komischer Kontrast zu der wissenden Beharrlichkeit, mit der uns diese Frage (ganz unnötigerweise, wie wir geglaubt haben mögen) immer wieder vor Augen geführt wurde. Können wir wirklich die Behauptung akzeptieren, daß jene Epoche in Wilhelms Leben, die soeben in dem verlassenen Theater von H. ihr trauriges Ende gefunden hat, eine freimaurerische Gesellenzeit gewesen sei? Gewiß wird neues Licht auf einzelne Vorfälle der Vergangenheit geworfen, und es hat jetzt den Anschein, als habe Jarno Wilhelm gegenüber die Rolle gespielt, die ein älterer Illuminat gegenüber einem jüngeren «Minerval» oder «Gesellen» spielt: Er hat ihn beobachtet, seine Lektüre gelenkt und einige misanthropische Bemerkungen zu seinem Kollektaneenbuch beigesteuert (das zu führen eine der wenigen konkreten Pflichten eines Kandidaten für den Orden ausmachte). Wichtiger noch: er hat ihn jüngst dazu ausersehen, als der geheimnisvolle Abgesandte in Lydias Leben zu fungieren – letzten Endes zu ihrem Besten, aber ohne ihre Einwilligung. Aber dies alles ist doch zu beiläufig, als daß es die Lösung des eigentlichen Rätsels dieses Romans sein könnte – was ist der Sinn oder Zweck von Wilhelms Leben? –, und offenkundig soll es das auch nicht sein. In jeder der Episoden, mit denen Wilhelm während der Zeremonie konfrontiert wurde, war ihm ein Ratschlag erteilt worden, den er ignorierte oder vergaß oder nicht verstand, und keine der Figuren, die wieder vor ihm erschienen, ist mehr als eine flüchtige Bekanntschaft gewesen. Daß Wilhelm trotzdem alles, was man ihm sagt, für bare Münze nimmt, zeigt sich daran, daß er das Urteil der Geheimgesellschaft in der Angelegenheit akzeptiert, die für ihn von höchster Bedeutung ist: der Identität von Felix. Daß wir als die Leser die Dinge zwangsläufig anders sehen, ist eine Form der Ironie, die uns durch den ganzen Roman begleitet hat. Wir wissen, daß dies eine falsche Lösung des Knotens ist, und sei es nur darum, weil wir an der Stelle, wo der Abbé Wilhelm das Ende seiner «Lehrjahre» verkündet, sehen können, daß uns noch hundert Seiten vom Ende des Buches trennen. Doch gerade durch ihre Komik fördert die Szene die Auflösung. Mit großer Virtuosität steigert Goethe die Wirkung, die er schon früher mit einer Szene freimaurerischer Initiation erzielt hatte, nämlich in *Der Groß-Cophta*. In diesem Stück konnte das Vorgeben des Grafen, es gehe seinem geheimen Orden um hohe Sittengrundsätze, den ehrlichen Ritter täuschen, dessen Naivität in einem grotesken Gegensatz zu der schlau-behenden Skrupellosigkeit des Grafen stand. Aber wenngleich die moralische Prüfung, die der Graf veranstaltet zu haben behauptete, ein Betrug war, war sie für den Ritter doch eine echte Prüfung. So war auch die Liebe des Domherrn zur Königin echt, mochte ihr Gegenstand auch eine Illusion sein. In manchen Lebensbereichen erwies sich die Illusion als wirklich genug. Die Komödie zeigte, daß das Gewissen des Ritters und die Liebe des Domherrn keine Unterstützung durch die Außenwelt erwarten konnten; aber sie zeigte auch, daß sie dieser

Unterstützung nicht bedurften. In diesem Sinne war *Der Groß-Cophta* ein kantianisches Werk. So ist es in den *Lehrjahren* ohne Belang, daß das, was Jean Paul das «hölzerne Räderwerk» der «Turmgesellschaft» genannt hat und wodurch Wilhelm Meister veranlaßt wird, über seine Vergangenheit zu reflektieren und in ihr ein grundsätzlich sinnhaftes Muster aus zufälligen Ereignissen zu sehen, etwas leicht Lächerliches hat. Im Gegenteil: Keine äußere Autorität könnte *im Ernst* beanspruchen, unserem Selbstverständnis Vorschriften zu machen. Es kann nach Kant keine *objektiven* Gründe für die Überzeugung geben, unser vergangenes – individuelles oder kollektives – Leben weise ein besonderes sittliches Muster auf. Dies hängt vielmehr von dem sittlichen Ziel ab, das wir uns in völliger Freiheit für die Zukunft setzen: Sobald wir einmal wissen, wohin wir gehen, können wir dieses Muster rückblickend in unsere Vergangenheit hineinlesen und dürfen vernünftigerweise die Zuversicht hegen, daß diese Vergangenheit die Geschichte einer allmählichen sittlichen Verbesserung ist; sobald wir einmal entschieden haben, daß das Ziel von Natur und Geschichte das Höchste Gut ist, können wir beide so ansehen, «als ob» sie einen «verborgenen Plan ... der Vorsehung» verkörperten, dieses Ziel herbeizuführen. Aber die Gründe einer derartigen Zuversicht liegen nicht in den Dingen, wie sie an sich selbst sind, sondern in der notwendigen Natur unseres Denkens und in der Ausrichtung unseres Willens: sie sind subjektiv. Im Turm lernt Wilhelm, sein bisheriges Leben so anzusehen, «als ob» es von einer wohlwollenden Geheimgesellschaft gelenkt worden wäre; aber dieses teleologische «Als ob», in dessen Licht Natur und Geschichte von einer Vorsehung regiert zu werden scheinen, die sich natürlicher Mittel zur Erreichung vernünftiger Zwecke bedient, hat immer etwas von einem *jeu d'esprit*, hat immer etwas leicht Lächerliches. Seine systematische Anwendung erzeugt, wie Kant selbst bemerkt hat, nicht so sehr Philosophie als vielmehr einen «Roman».

Und wenn schon einen Roman, warum dann nicht einen Freimaurerroman? Die Geheimgesellschaft ist eine recht gute Metapher für jenen Mechanismus, der Wilhelm endlich von seinem Glauben an ein blindes oder doch unerkennbares Fatum abbringt und zu einem Begriff sittlicher Autonomie führt. Zwischen 1794 und 1797 benutzte Goethes alter, freilich ihm entfremdeter Freund Jung-Stilling sie als Metapher für die christliche Kirche, und zwar in dem Roman *Das Heimweh*, der Goethe ein Beispiel, vielleicht sogar das Vorbild des Heimwehs geliefert haben mag, das Wilhelm beim Anblick des Regenbogens empfindet. Aber jene Kirche, die sich in Wilhelms Leben ständig bemerkbar macht, ist natürlich etwas Säkulares, ja sie ist radikaler säkular als alle historisch bekannten Erscheinungsformen der Freimaurerei. Der deutschen Intelligenz seit Lessing war die Freimaurerei stets als Abbild, ja als Vorläufer von etwas Höherem und Allgemeinerem erschienen, als jene «sichtbar-unsichtbare Gesellschaft» «aller denkenden Menschen in allen Weltteilen», von der Herder glaubte, sie errichte «den edlen Bau der Humanität». (Goethe las diese Worte wahrscheinlich, als er während des Feldlagers vor Mainz über die neue Struktur nachdachte, die *Wilhelm Meisters theatralische Sendung* erhalten sollte.) Die Stimme, die Wilhelm wiederholt hört und wiederholt ignoriert und der er endlich in Lotharios Turm zu lauschen beginnt, ist die Stimme der Vernunft; sie ist nichts Großartiges, nur einfach die Vernunft, die alle moralisch anständigen Menschen besitzen, das, was man auf englisch *common sense* nennt. Kant (der dem Begriff «Vernunft» höheren Wert beimaß) verwendet in der *Kritik der Urteilskraft* ein ähnliches Wort: «Gemeinsinn». Wilhelm betrit endlich eine Welt, die er mit anderen teilt. Endlich schenkt er dem Beachtung, was das ganze Menschengeschlecht zu einer Gesellschaft macht: der Mitteilung von praktischer Klugheit und der Früchte der Erfahrung, dem Austausch von Information und Ermutigung, dem Erteilen willkommenen und unwillkommenen Rates. Als er entdeckt, daß die zufälligen Ereignisse seines Lebens, rückblickend betrachtet, vielleicht ein sinnhaftes Muster ergeben, entdeckt er damit nicht ein Mysterium, das Vorrecht einer Elite wäre, sondern ein offenbares Geheimnis. Wenn er akzeptiert, daß Felix sein Sohn ist, dann nicht, weil er von irgendeiner privilegierten Einsicht profitierte, sondern weil er die Situation des Menschen akzeptiert: Sogar unsere natürlichsten Beziehungen sind nicht einfach animalisch, sondern kommen als Bestandteil des sozialen Nexus auf uns zu und werden uns durch unsere Mitmenschen bestätigt. Wir alle werden füreinander von Zeit zu Zeit, bewußt oder unbewußt, die geheimnisvollen Sendboten dieser Freimaurerei: Ein flüchtiges, aber treffendes Wort, das wir bereits vergessen haben mögen, kann das Denken eines anderen verändern – vielleicht für immer. Zweifellos war es besonders leicht, den Begriff einer kosmopolitischen Geselligkeit im Deutschland des 18. Jahrhunderts zu entwickeln, das zwar politisch geteilt war, geistig aber durch ein Netz von Verlagen, Zeitschriften und privaten Korrespondenzen geeint wurde; es ist jedoch, seinem eigenen Anspruch gemäß, ein Begriff für alle Zeiten und Orte. Goethe brauchte seine erste freimaurerische Arbeit, das Fragment gebliebene Versepos *Die Geheimnisse*, nicht zu vollenden, weil dessen Leitgedanke, daß alle Religions- und Kulturgeschichte sich in einer einzigen menschlichen Weisheit erfüllt, in veränderter und noch mehr säkularisierter Form verwirklicht war, als er die Turmgesellschaft erfand. Die Gesellschaft bekennt sich wie die Bruderschaft in den *Geheimnissen* zu ihren christlichen Ursprüngen, indem sie in einer ehemaligen Kapelle zusammenkommt; doch säumen den Raum keine religiösen Symbole, sondern die Biographien und akkumulierten Erfahrungen ihrer Mitglieder, und die hier weitergegebenen Tiefsinnigkeiten entstammen nicht historischen Religionen, sondern der kantianischen Introspektion sowie Übersetzungen aus der säkularen Antike. Auch das Oberhaupt der Gesellschaft, der Abbé, hat gewisse Züge mit dem Oberhaupt der Rosenkreuzer-Bruderschaft, Humanus, gemein. Ja, er wird praktisch mit ihm gleichgesetzt, wenn wir bei seinem ersten Auftreten im Roman erfahren, daß «er aussieht wie ein Mensch und nicht wie Hans oder Kunz». Seine Affinität zu allem Menschlichen wird wiederholt unterstrichen: Irgendwie scheinen seine Erscheinung und seine Stimme jedem vertraut zu sein, dem er begegnet, sein Rock ist bald lutherisch, bald katholisch, und als Wilhelm beginnt, wie er auszusehen – das heißt «wie ein Mensch»-, soll er Ähnlichkeit mit einem Juden haben. In diesem Sinne ist auch seine persönliche Identität schwer zu fassen: Niemand scheint über seine Herkunft recht viel mehr zu wissen, als daß er ein Fremder ist und Jesuit gewesen sein mag, und schließlich erfahren wir, daß er einen Zwillingsbruder hat, der möglicherweise bei verschiedenen Gelegenheiten in seine Rolle geschlüpft ist, wo wir glauben mochten, den Abbé gesehen zu haben (so vielleicht beim Auftritt des lutherischen Pfarrers während Wilhelms Initiation). Der Abbé hat einen Charakter, der wie die Vernunft selbst jedermann im allgemeinen, aber niemandem im besonderen gehört. Bald kann er wie Kant aussehen, bald wie Herder («Dein Schicksal ist der Widerhall ... deines Charakters», schrieb Herder 1795 in den *Horen*, «möge jeder sich ... sein eigenes Schicksal bauen»), dann wieder wie Wilhelm von Humboldt («Sich selbst überlassen, fällt es dem Menschen schwerer, zu richtigen Grundsätzen zu gelangen, doch dann prägen sich diese seinem Handeln unauslöschlich ein»). Nicht von irgendeiner bizarren, übersinnlichen Sekte, sondern von einem Geist vernunftbestimmter Humanität hat Wilhelm gelernt, seinen Lebensweg anzusehen, «als ob» er einen Sinn habe wie der jedes anderen Menschen.

Das Recht auf die – leicht lächerliche – teleologische Deutung seines eigenen Lebens ist jedoch nach Kant nur mit dem rückhaltlos ernsten, persönlichen Engagement für ein moralisches Ideal zu erkaufen. Am Ende des siebenten Buches ist noch immer unklar, welches das Ideal Wilhelms sein könnte, außer daß es etwas mit Felix und, wie angedeutet wurde, mit der Kunstsammlung von Wilhelms Großvater zu tun hat. Wilhelm mag zwar gelernt haben, daß der Sinn unseres Lebens das Werk der menschlichen Vernunft, nicht des Schicksals ist, aber er begreift noch nicht, daß unsere Hoffnung, die angeborene Neigung unseres Herzens möge nicht ohne ein Objekt bleiben, sich selbst nicht auf ein Objekt, eine Person oder eine Institution gründet. Das achte Buch bringt die vollständige Entfaltung des idealen Reichs und somit auch die vollständige neue Deutung von Wilhelms Vergangenheit. Was im siebenten Buch vieldeutig und potentiell geblieben war, ist jetzt eindeutig, wenngleich nicht aktuell geworden.

«Anagnorisis» ist der literaturwissenschaftliche Fachausdruck für die Wiedererkennungsszenen im Drama, bei denen Mißverständnisse aufgeklärt werden und lange getrennte Verwandte oder Bekannte einander in neuer Gewandung wiederfinden. Vom achten Buch der *Lehrjahre* könnte man sagen, daß es mit einer anagnoristischen Lawine einsetzt. Die Handlung schließt unmittelbar an das siebente Buch an. Felix führt seinen Vater aus dem Turm und in Lotharios Garten, wo er nach den Namen der Pflanzen fragt; als Wilhelm sich hilfesuchend an den Gärtner wenden muß, hat er das Gefühl, auf die Anfänge seiner Bildung zurückgeworfen worden zu sein.

Dieses Gefühl verstärkt sich am Abend, als sich herausstellt, daß ein neuer Gast auf dem Landgut ein altes Gesicht hat, von Wilhelm zuletzt in den ersten Stadien seines früheren Weges erblickt, und der Prozeß des Benennens und Neubenennens beginnt im Ernst. Der Neuankömmling ist Wilhelms Schwager Werner, der gekommen ist, um über die Verwaltung des Gutes zu sprechen, das die Familienfirma gemeinsam mit Lothario kaufen will. Diese Offenbarung birgt ihre Ironien. Nicht nur ist Wilhelm durch das Geld, das sein Vater ihm hinterlassen hat, unversehens der Partner Lotharios bei dessen großem Projekt geworden; er hat auch freiwillig und gern den Posten eines Bevollmächtigten übernommen, der ihm einst, wie wir aus dem fünften Buch wissen, von Werner angeboten worden war und den er zurückgewiesen hatte, um den Kontrakt mit Serlo zu schließen. Nach einem langen Umweg über das Theater scheint er aus freien Stücken wieder dort angelangt zu sein, von wo er ausgegangen war. Freilich hat das Intermezzo seine Spuren hinterlassen. Mit Felix und Mignon ist ihm eine langfristige Verantwortung zugewachsen, und körperlich befindet er sich dank seines Berufs und des Lebens im Freien in besserer Verfassung als Werner, der kahl und schlaff geworden ist – eben reif für die Ehe mit einer reichen Erbin, auf die Werner spekuliert. In einer Stimmung neuer Zuversicht, die ihren Ursprung in verschiedenen Dingen hat, darunter in der Lektüre jener recht schmeichelhaften Schriftrolle mit dem Titel «Wilhelm Meisters Lehrjahre», beschließt er, seine Reife zu beweisen, sich selbst bei der Hand zu nehmen und den Kindern eine Mutter zu verschaffen. Er schickt Therese den autobiographischen Aufsatz, den er ihr versprochen hat, und hält in einem Begleitbrief um ihre Hand an; allerdings hält er es nun, da er nicht mehr Geselle, sondern ein freier Mensch ist, für unnötig, Lothario, Jarno oder den Abbé über diesen Schritt zu konsultieren. Indessen steht er im Begriff zu erfahren, daß die Erinnerungen, die er gelesen und geschrieben hat, gravierend unvollständig sind. Lotharios Schwester, die sich gemeinsam mit Therese um Mignon kümmert, schreibt ihrem Bruder von der Residenz ihres Großonkels, wo sie lebt, einen Brief, um mitzuteilen, daß die Gesundheit des Mädchens sich verschlechtert habe und Wilhelm dringend benötigt werde. Nach allem, was Wilhelm weiß, ist Lotharios Schwester die Gräfin, so daß dieser Brief ein sehr unbehagliches Wiedersehen verheißt. In einem Zustand angstvoller Beklemmung bricht er auf, wobei er Felix in seiner Kutsche mitnimmt und ein letztes Gebet an sein «erbittliches oder unerbittliches Schicksal» richtet – nicht darum, daß ihm die Begegnung erspart bleibe, sondern darum, daß, was immer geschehe, Felix ihm nicht genommen werde, «dieser beste Teil von mir selbst»; ohne ihn, bekräftigt er in dem Gebet, wäre es nichts wert, wenn ihm «Verstand und Vernunft» blieben und «alles, was uns vom Tier unterscheidet». Der Morgen dämmert, als er losfährt, der erste Sonnenaufgang, den Felix gesehen hat, und als er in dieser frühen Stunde noch einmal den Brief betrachtet und sich der Aufgabe nicht gewachsen glaubt, erkennt Wilhelm, daß die Handschrift nicht die der Gräfin ist, sondern die ganz ähnliche der Amazone, die er so lange gesucht hat. «Nun löst sich das Rätsel», ruft er aus. «Lothario hat zwei Schwestern. Er weiß mein Verhältnis zu der einen; wie viel ich der andern schuldig bin, ist ihm unbekannt ... So ist also auch diese Natalie» – wir müssen annehmen, daß er ihren Namen aus der Unterschrift des Briefes kennt und, gleich uns, den Namen der Gräfin nie gehört hat – «die Freundin Theresens! welch eine Entdeckung, welche Hoffnung und welche Aussichten!» Felix ist bezaubert vom wachsenden Licht und dem Farbenspiel am Himmel; Wilhelm aber verspricht sich ein noch strahlenderes Bild am Ende seiner Reise, das er nun kaum erwarten kann.

Bange Ahnungen und die Befürchtung, einen Fehler gemacht zu haben, kehren mit Einbruch der Nacht wieder, doch als Wilhelm in der Dunkelheit das große Gutshaus erreicht, erwartet ihn ein unverhoffter Ausbruch von Glanz und Pracht: Ringsumher in den eleganten Räumen erblickt er die Skulpturen und Gemälde, die sein Großvater gesammelt hat. Den schlafenden Felix auf dem Arm, wird er, vorbei an dem Bild des kranken Königssohns Antiochos, in ein Arbeitszimmer geleitet, in dem eine Frau sitzt und liest, das Gesicht zunächst durch einen Lampenschirm verdeckt. Dieser «entscheidende Augenblick» ist eine wahrere Initiation und eine wahrere Wiederaneignung seiner Vergangenheit als jede Illuminatenzeremonie oder rationalistische Parodie, und hinter jenem symbolischen Schirm, aufgestört durch Felix, der sich auf dem Teppich niederläßt, erhebt sich das Licht von Wilhelms Leben: Natalie, seine Amazone. Eine weitere Enthüllung wird den aufmerksamen Leser nicht überraschen: Lothario, Natalie und die Gräfin hatten eine – mittlerweile verstorbene – Tante: die Stiftsdame, die jene *Bekenntnisse einer schönen Seele* schrieb, welche das sechste Buch des Romans ausmachten, und so sind von den vier Neffen und Nichten, die sie Wilhelm beschrieb, nun drei identifiziert. Den vierten, den jüngeren Bruder, bekommt Wilhelm noch nicht zu Gesicht, doch ist klar, daß der Onkel der Stiftsdame, der Großonkel Lotharios, welcher Kunst, Natur und praktischer Tätigkeit jenen höchsten Wert einräumte, den die Stiftsdame der Religion gab, vor langer Zeit die glorreichen Gegenstände erwarb, die Wilhelm in seiner Kindheit umgaben, und somit die Kontakte zwischen den zwei Familien stiftete, die nunmehr so eng geworden sind. Wir können uns sogar vorstellen – obgleich es nicht gesagt wird –, daß jener Beauftragte, der den Kauf tätigte, als erster den Namen Wilhelms, seines lebhaften jungen Führers, dem Pfarrer zur Kenntnis brachte, welchem die Erziehung der vier Waisenkinder anvertraut war und welchen wir als den Abbé kennen.

Wer ist nun Natalie? Oder besser gesagt – denn ihr Charakter, wie er jetzt im Gespräch zutage tritt, ist unverändert geblieben, seit die Stiftsdame ihn in den *Bekenntnissen* beschrieben hat –, wer ist sie für Wilhelm? Warum ist sie der Schlußpunkt jener Reihe von bisexuellen Wesen, die auf Wilhelm seit seiner Kindheit einen ebenso bildenden Einfluß hatten wie die Reihe der besonderen Boten des Abbé? Wenn sie über ihre Tante bemerkt, es seien «die Menschen dieser Art außer uns, was die Ideale im Innern sind, Vorbilder, nicht zum Nachahmen, sondern zum Nachstreben», und hinzusetzt, daß Therese, die den Haushalt so vortrefflich verwaltet, «eine ähnliche Idee» einer peinlich genauen Holländerin leite, ist es nicht schwierig, das Ganze auf Wilhelm anzuwenden und sein «Ideal» zu erkennen. Doch in der Kantianischen Atmosphäre, in der Goethe schreibt, sind diese Begriffe besonders bedeutungsschwer, und so ist mehr gemeint, als daß Natalie ein vervollkommnetes Bild von Wilhelms Streben nach dem Besseren ist. Erstens ist es für Kantische Ideen – die «Ideale» heißen, wenn sie als verkörpert gedacht werden – wesentlich, daß ihre Funktion eine regulative, keine konstitutive ist, daß man ihnen nachstreben, sie aber nicht nachahmen kann. Wir richten uns an ihnen aus, aber wir erwarten nicht, sie zu erlangen. Ideale können nur am Kulminationspunkt aller Dinge, am Ende der Geschichte erreicht werden – sie liegen außerhalb der empirischen Welt, die alles ist, was wir kennen. Daher können sie, wie wir im *Märchen* gesehen haben, als wirklich nur durch so paradoxe Mittel dargestellt werden wie die Verschmelzung der geschlechtlichen Gegensätze im Zwitter, der gerade darum ein Bild der idealen Schönheit und somit der idealen Menschlichkeit ist, weil er nicht das Bild von etwas Realem ist. Dementsprechend kann das wirkliche Erreichen des Ideals nur als eine – zumindest im konventionellen Sinne – unmögliche Vereinigung des Suchenden mit dem Gesuchten dargestellt werden, zum Beispiel als inzestuöse Ehe. Antiochos, der sich in Sehnsucht nach seiner künftigen Stiefmutter Stratonike verzehrt, ist wie Hamlet, der seine Mutter Gertrude liebt, das Bild jener Sehnsucht nach dem unerreichbaren Ideal, welche Wilhelm sein Leben lang begleitet hat, und daß er das Bild in demselben Augenblick wiederentdeckt, da er seiner Amazone begegnet, verrät uns, daß er in die Gegenwart von etwas geraten ist, das sich mit den von Kant so genannten «Verstandeskategorien» nicht erfassen läßt. Natalie gehört also, was Wilhelm betrifft, eindeutig zur idealen Welt; wir können aber noch genauer sein. Sie sagt, daß für sie weder die Kunst noch die Natur irgendeinen Reiz haben, und stellt sich damit außer Reichweite der meisten Begriffe, die Kant in der *Kritik der Urteilskraft* aufbietet, um den Bereich zweckgerichteter oder zweckloser Empirie zu verstehen. Das Wesen ihres Charakters ist ein moralisches Prinzip, etwas, das ganz und gar von jenseits des Empirischen zu uns spricht. Nachdrücklich beharrt sie darauf, daß ihre Art zu handeln «völlig verschieden» von der der Turmgesellschaft sei: Um der empirischen Verwirrung der Dinge eine vernünftige Ordnung zu entlocken, benötigte diese reine Männergesellschaft Sinn für Humor und viel Toleranz. Natalie weiß zwar Toleranz zu schätzen, aber sie praktiziert sie nicht: Sie ist der Überzeugung, daß ihre Zöglinge sie nötigen, «gewisse Gesetze auszusprechen». Nun ist das Aussprechen von Gesetzen für Kant die höchste Tätigkeit der Vernunft, und unsere Fähigkeit, uns selbst Gesetze zu geben – das heißt moralisch zu sein –, ist die Grundlage unserer menschlichen Würde. An den Rand eines Absatzes in der «Kritik der teleologischen

Urteilskraft», der vielleicht zum Teil die Geschichte von Ferdinand inspiriert hat und es rechtfertigt, unter Berufung auf die gesetzgebenden Vollmachten der reinen praktischen Vernunft ein «moralisch-gesetzgebendes Wesen außer der Welt, als Urgrund der Schöpfung anzunehmen» [und weiter unten spricht Kant von einem «moralischen Gesetzgeber»], schrieb Goethe mit großer, selbstsicherer Schrift «Gefühl menschlicher Würde objektiviert – Gott -». Natalie ist Gesetzgeberin; daß sie ein Ideal ist, hat sie uns beinahe selbst gesagt, und daß sie objektiv ist, wissen wir; denn als Wilhelm seine Amazone mit Natalie vergleicht, stellt er fest, daß das ältere Bild ein solches war, das «er sich gleichsam geschaffen» hatte, dieses aber «schien fast *ihn* umschaffen zu wollen». Die direkte Darstellung des Göttlichen in der Literatur ist mit gewissen Schwierigkeiten verbunden. Spinoza versichert uns jedoch, daß es leidenschaftslos ist, und stets hatte auf Goethe der Spinozasche Grundsatz Eindruck gemacht, daß, wer Gott wahrhaftig liebt, nicht erwarten kann, von Ihm wiedergeliebt zu werden. Dementsprechend ist es kein emotionales Bedürfnis, was Natalie veranlaßt, Gutes zu tun, und als Wilhelm, für den diese Frage einige praktische Bedeutung hat, sie fragt, ob sie jemals geliebt habe, antwortet sie: «Nie oder immer!» Für Kant besteht das Wesen des göttlichen Wirkens mit der Menschheit darin, daß, da der postulierte «moralische Gesetzgeber» identisch ist mit dem postulierten «Welturheber» der geschaffenen Welt, Er (oder vermutlich auch Sie) imstande ist zu ergänzen, was uns an unserer Erlösung fehlt, und am Ende aller Dinge die Kluft zwischen Tugend und Glück zu schließen, in deren Zusammenfallen das Höchste Gut besteht. Natalie erzählt Wilhelm, daß sie immer, wenn ihr «ein Mangel, ein Bedürfnis in der Welt» aufgefallen ist, den unwiderstehlichen Wunsch empfunden habe, «einen Ersatz, ein Mittel, eine Hülfe» zu schaffen, und später wird man ihr sagen – mit dem Humor, der nicht zu ihren Wesenszügen gehört -: «Du heiratest nicht eher, als bis irgendwo eine Braut fehlt, und du gibst dich alsdann nach deiner gewohnten Gutherzigkeit auch als Supplement irgendeiner Existenz hin.» Ihr Name deutet auf eine astrologische Bestimmung, aber auch auf das Weihnachtsgeheimnis, die Fleischwerdung Gottes. Es scheint, als sei Wilhelms verzweifeltes Gebet, wie das Ferdinands, erhört worden, und weil sein Gebet, nicht des Sohnes beraubt zu werden, im Endeffekt einfach das Gebet war, sein moralisches Streben möge nicht ohne eine natürliche Konsequenz bleiben, ist ihm eine Theophanie zuteil geworden.

Es könnte scheinen, als ob nicht mehr viel zu sagen bliebe. Wilhelm ist von der männlichen und entschieden ehelosen Welt des Verstandes, die der Abbé und seine Geheimgesellschaft verkörpern, hinübergewechselt in die weibliche Welt der Vernunft, über die Natalie herrscht, und damit ist er heimgekehrt – sowohl im wörtlichen Sinne, weil sein Platz in dieser neuen, aber vertrauten Welt mit dem Verkauf seines Vaterhauses erkauft worden ist, als auch in dem besonderen Sinn, den das Wort «Heim» hatte, als er vor sich den Regenbogen sah. Doch muß er noch Besitz ergreifen von dem, was er sieht. Wir wissen noch nicht, ob das Ende seiner Geschichte wie das des *Märchens* ausfallen wird oder wie das von Ferdinands Geschichte. Wird es ein Happy End sein, welches das Ende aller Geschichte und die Erringung des Höchsten Guts in der Vereinigung von Glück und Tugend vorwegnimmt? Oder wird es ein offenes Ende sein, das durch entsagenden Verzicht auf jenes letzte Ziel die Figuren in der geschichtlichen Welt beläßt, in der es keinen prinzipiellen Unterschied zwischen Faktum und Fiktion, Leben und Kunst gibt? In der Geschichte von Ferdinand führt Goethe uns erst den einen und dann den anderen Ausgang vor. In *Wilhelm Meisters Lehrjahre* führt er uns beide vor. Er macht sich daran, immer künstlicher und bewußter unter seinen Figuren aufzuräumen, so als sei er dabei, ein Märchen oder eine Shakespearesche Komödie zu Ende zu bringen; und er setzt dem als Kontrapunkt ein realistisches, ja verzweifeltes Bild von Wilhelms Entferntheit von der idealen Erfüllung entgegen. Die Spannung bleibt bis zum letzten Absatz erhalten. Man begreift den sorgenvollen Kampf, den Goethe im Frühling und Sommer 1796 darum führte, jene Stimmung zu finden oder auszunutzen, die ihn den richtigen Ton treffen ließ. Ob ihm das ganz gelungen ist, kann man bezweifeln.

Wenn Wilhelm es wagen soll, glücklich zu sein, muß es dem übernatürlichen Licht, welches Natalie über sein Leben ausgießt, erlaubt werden, jene drei Beziehungen «neu zu erschaffen», die ihn jetzt prägen: zu Felix, zu Mignon und zu Therese. Die Beziehung zu Felix ist die tiefste, und sie wird sich erst ganz am Ende des Romans klären. Mignon ist natürlich aufs engste mit Wilhelms Identität verbunden, doch ist es ihre Natur, heranwachsend und vorläufig zu sein. Sobald Wilhelm sie sieht, nicht wie in einem dunklen Spiegel, sondern von Angesicht zu Angesicht, kann sie nicht als «seine» Mignon überleben, und er verdankt die Aufforderung, zu Natalie zu kommen, allein ihrer verzehrenden Krankheit. Mignon ist immer häufiger Herzanfällen ausgesetzt und scheint einen frühen Tod zu erwarten, ja zu erhoffen. Seit sie einen Kindergeburtstag besucht hat, bei dem sie das Kostüm eines Engels und eine weiße Lilie trug – eine Einkeimblättrige, die, wie erinnerlich, für Goethe ein Übereilen der Erfüllung bezeichnen konnte –, will sie das weiße Kleid nicht mehr ausziehen; sie singt zur Erklärung das Lied «So laßt mich scheinen, bis ich werde» und sieht mehr und mehr wie «ein abgeschiedner Geist» aus. «Die sonderbare Natur des guten Kindes», erläutert der Arzt Wilhelm gegenüber, «besteht beinah nur aus einer tiefen Sehnsucht; das Verlangen, ihr Vaterland wieder zu sehen, und das Verlangen nach Ihnen, mein Freund, ist, möchte ich fast sagen, das einzige Irdische an ihr». Diese «doppelte Sehnsucht» nach zwei unerreichbaren Objekten untergräbt ihre Gesundheit seit jener ersten *Hamlet*-Aufführung, der Nacht der fleischlichen Vereinigung Wilhelms mit dem Geist des Theaters, und ist damit, so glaubt Wilhelm, ein weiterer Vorwurf gegen ihn. Aber als sie einander begegnen, ist sie verklärt, ohne Groll und über jeden Groll hinaus: Sie drückt Felix an ihr Herz, und es ist, «als wenn Himmel und Erde sich umarmten».

In Natalies Einflußsphäre geraten, hat sie in gewisser Weise gelernt, was sie wahrhaft will, und ist dabei, es zu bekommen; denn ihre Sehnsucht ist grenzenlos und kann nur in einer ewigen Heimat Genüge finden: Schon sieht Mignon über die zwei zeitlichen, irdischen Objekte ihrer Sehnsucht hinaus.

Auch Wilhelm lernt etwas über seine wahren Sehnsüchte, kaum daß er das Haus betritt; doch was er lernt, scheint das Genügefinden in noch weitere Ferne zu rücken und nur neue Verwicklungen zu verheißen. Seine Unterhaltungen mit Natalie über Mignon haben kaum begonnen, als er sich fragt «Ist sie verheiratet oder nicht?» und besorgt erwartet, daß gleich eine Tür aufgehen und ein Ehemann hereinkommen werde. Natalie ist nicht verheiratet, aber es ist erst Tage her, daß Wilhelm um die Hand Theresens angehalten hat, und er wartet noch auf ihre Antwort. Als Natalie, die den ganzen Briefwechsel gesehen hat, Wilhelm den erwarteten Brief von Therese aushändigt und ihm zu seinem Glück gratuliert, stellt er mit Entsetzen fest, daß er gar nicht überglücklich ist. Aber er hat sich ursprünglich an Therese gewandt, weil er fälschlicherweise glaubte, sie sei seine «Amazone». Wenn uns dann gesagt wurde, daß sie und die «Amazone» «himmelweit unterschieden» seien, war dieses Wort mit Bedacht gewählt. Therese findet sich damit ab, daß ihr die theologischen Tugenden fehlen, die Natalie auszeichnen: Anstelle von Glaube, Liebe und Hoffnung bekennt sie, nur «Einsicht ... Beharrlichkeit ... Zutrauen» zu besitzen. Sie ist die letzte in der Reihe der Frauenfiguren, die Wilhelm seinem Ziel entgegengeführt und zugleich von ihm abgelenkt haben, und ihre zwitterhaften Züge beweisen, daß sie eine Art von Vollkommenheit besitzt. Aber letzten Endes ist sie kein himmlisches Ideal: Vielmehr ist sie ein irdisches Muster, das Beste, was durch alleinige Leitung der Turmgesellschaft erreicht werden kann. Das «sichere Leben auf Erden», das sie verheißt, ist eher Lotharios natürlicher Teil als Wilhelms, der einen fremderen und höheren Ruf vernommen hat und das Beste hinter sich lassen muß, das die Welt zu bieten hat – so wie Goethe «Lili» um der Schweiz, um Italiens, um Weimars willen verließ, einem Stern folgend, den er nicht kannte. Überdies können wir aus den Briefen Theresens an Wilhelm und an Natalie schließen, daß sie – was vielleicht unvermeidlich ist – die Beziehung mißversteht. Sie bietet sich Wilhelm an, «wie ich bin», und akzeptiert ihn, «wie Sie sind»; sie tut den Standesunterschied zwischen sich und Wilhelm als bedeutungslos ab und meint, es seien nur «die innern Mißverhältnisse» in einer Ehe, die ihr Sorge bereiten könnten, wie «ein Gefäß, das sich zu dem was es enthalten soll, nicht schickt.» Das Bild erinnert an die Beschreibung, die Wilhelm von Hamlet und damit indirekt von sich selbst gegeben hat, und die Erinnerung ist nicht ermutigend. Wilhelm wächst, und er hat viele Gefäße zerbrochen; sein bisheriger Lebensweg vermittelt das Gefühl, daß das, was Wilhelm «ist», nichts ist: Er hat keine festgestellte Identität, keine Leistungen, er kann nicht sein, er kann nur werden. Therese räumt von Wilhelm ein: «Ich sehe ihn, aber ich übersehe ihn nicht», und unbewußt erkennt sie, wohin Wilhelm wirklich gehört, wenn sie schreibt:

Wenn ich hoffe, daß wir zusammen passen werden, so gründe ich meinen Anspruch vorzüglich darauf, daß er Dir, liebe Natalie, die ich so unendlich schätze und verehre, daß er Dir ähnlich ist. Ja, er hat von Dir das edle Suchen und Streben nach dem Bessern, wodurch wir das Gute, das wir zu finden glauben, selbst hervorbringen.

Was auch immer im Turm geschehen sein mag, die Zeremonie markierte nicht das Ende von Wilhelms Suchen und Streben, ja er mag es bereits bereuen, daß er so rasch glaubte, auf den Rat der Gesellschaft verzichten zu können, zu der er gerade erst gestoßen war.

Plötzlich trifft Jarno ein und bringt eine Nachricht mit, die die Situation noch weiter kompliziert, uns zugleich aber die erste Andeutung einer Lösung gibt. Der Abbé und seine Helfer haben herausgefunden, daß Therese nur das Pflegekind ihrer vermeintlichen Mutter ist; nun soll Natalie gebeten werden, ihre Freundin darauf vorzubereiten, die Verlobung mit Lothario zu erneuern, da das Hindernis eines möglichen Inzests aus dem Weg geräumt ist. Sogar Jarno ist entgeistert, als er erfährt, daß Wilhelm und Therese an der Schwelle zu einer unauflöslichen Verbindung stehen. Natalie aber – für deren Leitung Wilhelm Gott dankt, nicht dem Schicksal – besteht auf einer Bedenkzeit. Aus einem allgemeinen Austausch von Briefen erfahren wir, daß Therese die Neuigkeit nicht glaubt und den Turm eines feingesponnenen Plans verdächtigt, sie und Wilhelm auseinanderzubringen. Während dieses ruhigen Intermezzos bittet Natalie Wilhelm, sie zu begleiten, um die Blumen auf dem Grab ihres Großonkels zu erneuern; es befindet sich in einer großen, prächtigen Galerie, die er bisher noch nicht gesehen hat, sozusagen dem Gegenstück zur Kapelle in Lotharios Turm und als Saal der Vergangenheit bekannt. Der Großonkel entwarf die Stätte als säkulare Antwort auf die morbide christliche Einstellung zum Tode, und so frappiert sie den Betrachter als ein irdischer Himmel, wo «Kunst und Leben jede Erinnerung an Tod und Grab aufhoben». In dem Marmor und künstlichen Lapislazuli, womit das Grabmal ausgekleidet ist, gipfeln die Komplementärfarben Blau und Gelb in einem Hauch von Rot, was eine vollkommene Harmonie erzeugt; in den Nischen stehen behauene Urnen und Sarkophage; zwischen den Pfeilern ziehen sich mannigfache Wandbilder hin, die die Freuden des Menschenlebens von der Kindheit bis ins Alter schildern; verborgene Nischen erlauben den gelegentlichen Beistand von Sängern und Musikanten; eine Inschrift mahnt nicht «memento mori», sondern «Gedenke zu leben»; und in der Mitte steht leer ein einziger antiker Marmorsarkophag. Hier wird Wilhelm, nachdem er sie endlich verstanden hat, seine Vergangenheit begraben können.

Jedoch nicht ohne Schmerzen und in dem fremden, zweideutigen Licht, welches das Ende des Romans jetzt zu verströmen beginnt. Während Wilhelm noch die Galerie bewundert, kommen Felix und Mignon hereingestürmt; jeder will der erste sein, Wilhelm Theresens Ankunft zu melden. Therese folgt ihnen auf dem Fuß und umarmt ihn mit den Worten «auf ewig die Deine!» Die körperliche und emotionale Anstrengung und vielleicht auch die Vorstellung, daß Wilhelms Sehnsucht an ein enttäuschend irdisches Ziel gekommen ist, sind zu viel für Mignons Herz; sie erliegt einem heftigen Anfall und stirbt. Gemeinsam treten Lothario, Jarno und der Abbé ein – die personifizierte Turmgesellschaft. Der Arzt ist zugegen. Der Leichnam wird zum Einbalsamieren fortgetragen. «Es gibt Augenblicke des Lebens, in welchen die Begebenheiten, gleich geflügelten Weberschiffchen, vor uns sich hin und wider bewegen und unaufhaltsam ein Gewebe vollenden, das wir mehr oder weniger selbst gesponnen und angelegt haben.» Jarno wählt diesen besonders unpassenden Augenblick, um Wilhelm, der sich vorwirft, den Tod seiner kleinen Gefährtin verursacht zu haben, in eine Unterhaltung über die Ursprünge der Turmgesellschaft zu verwickeln, gespickt mit Lesungen aus seinem «Gesellenbrief». Aber das Gewebe wird aus dem Webstuhl geschnitten. Mignon ist fort. Lothario ist wieder mit Therese vereinigt, und sie wird ihn, trotz allem, was sie noch eben zu Wilhelm gesagt hat, nicht wieder verlassen. Die Geheimgesellschaft hat ihre kurze Rolle gespielt, Wilhelm die Augen für das Muster seiner Vergangenheit zu öffnen; nun muß er von jeder Abhängigkeit von ihr freigemacht werden. Daß er über die Gesellschaft hinausgewachsen ist, hat er bereits dadurch bewiesen, daß er Theresens Mißtrauen teilt: Wie kann man einer Institution trauen, deren Brillanz nicht durch jenes Gesetz beschränkt und geleitet wird, das sich Wilhelm in Natalie offenbart hat? Jarno bringt Wilhelm bewußt gegen die Gesellschaft auf, indem er ihm erzählt, daß jene Zeremonie im Turm kaum mehr als ein Spaß gewesen ist und daß – vielleicht mit Ausnahme des Abbé – alle Mitglieder der Gesellschaft, was immer ihre ursprünglichen Intentionen gewesen sein mögen, die ganze Sache nicht mehr ernst nehmen. Wie die historische Freimaurerei lag ihre Bedeutung eher in der Metapher als in der Institution selbst. Ihre sentenziösen Aphorismen sind für Wilhelm kaum verständlich, der in ihnen «ein schlechtes Heilmittel für ein verwundetes Herz» sieht. Ohnedies ist die Gesellschaft ein Anachronismus. Zum ersten Mal in dem Roman werden Ereignisse, wenn sie geschehen, in jene zeitgenössische Welt verlegt, welche seinen ersten Lesern vertraut war: Die politische Revolution, so hören wir in einer bald folgenden Unterhaltung, bedroht jetzt jeden Staat und alles Privateigentum. Der wohlwollende und heitere Rationalismus des Turms kann die Ereignisse von 1789 ebensowenig überdauern, wie es die paternalistische Aufklärung in Europa kann. Wird das Privateigentum angezweifelt, ist die Basis von Lotharios Reformplänen erschüttert. Es bedarf einer neuen Institution, in welcher der tätige gute Wille einzelner gegeneinander neuen Ausdruck finden kann, und da nunmehr Staaten so wichtig geworden sind, wird sie staatliche Grenzen überschreiten und international sein müssen. Die Turmgesellschaft, sagt Jarno, wird sich zu einer weltweiten und erheblich ernsteren Sozietät umbilden müssen; ihre Mitglieder sind «redliche, gescheite und entschlossene Leute, die einen gewissen allgemeinen Sinn haben»: Er selbst wird nach Amerika gehen, der Abbé nach Rußland, Lothario wird in Deutschland bleiben, und jeder wird jeden anderen bei sich aufnehmen, falls seine Existenz bedroht ist. Im Unterschied zu den Freimaurerorden, von welchen Goethe wie mancher andere glaubte, sie hätten die französische und die amerikanische Revolution geschürt, wird sich der Turm in seiner neuen Form den zerstörerischen Folgen des Aufruhrs entgegenstellen – nicht als politische Kraft, sondern als moralische Vereinigung.

Die Turmgesellschaft, in welcher der Abbé als Verkörperung des praktischen menschlichen Verstandes «das Schicksal spielt», hat sich überlebt. Die Zeit in Wilhelms Leben, die als seine Lehrjahre anzusehen sie ihn kürzlich belehrt hat, ist ebenfalls vorbei, ebenfalls plötzlich überholt, und es bleibt immer weniger von ihr zurück. Eine Verbindung mit Therese bot ihm und Felix endlich ein sicheres Heim, aber auch das erwies sich als Trugbild. Zwischen Wilhelm und seinem Ideal scheint die Kluft zu wachsen, der Himmel hat sich verdüstert. Die zerrissene Stimmung, in der in den nun folgenden Tagen alle die Beisetzung Mignons erwarten, wird durch eine neue anagnoristische Überraschung verschärft. Unerwartet wie immer, denn, wie er sagt, «der Zufall tut alles», taucht der junge Friedrich auf. Er stellt sich als Nataliens zweiter Bruder heraus (womit Wilhelm nun alle Neffen und Nichten der Stiftsdame kennt) und bringt Neuigkeiten von Philine. Die zwei sind in der Tat durchgebrannt – Friedrich in einer Offiziersuniform, weshalb Wilhelm glaubte, einen flüchtigen Blick auf Mariane zu werfen – und leben nun wie Mann und Frau zusammen. Philine war Wilhelms unbekannte Besucherin in jener Nacht nach der Premiere von *Hamlet* und ist schwanger; allerdings ist Friedrich ebenso überzeugt, daß das Kind von ihm ist, wie Wilhelm überzeugt ist, der Vater von Felix zu sein. Friedrich versucht, seine ernste Familie und ihre Besucher mit jener Stimmung überdrehter Witzigkeit anzustecken, in der er unablässig mit Philine zu leben behauptet, allein vergebens: Wilhelms Seelenzustand ist verzweifelt. Er glaubte, sein Ziel erreicht zu haben: Ist er nun wieder unterwegs? In einem Zeitraum von wenigen Minuten schlägt Jarno ihm vor, mit ihm nach Amerika auszuwandern, Friedrich setzt hinzu, er solle Lydia als seine Frau mitnehmen (worauf Jarno rasch und zur allgemeinen Verblüffung einwirft, daß er selbst Lydia heiraten werde), und der Abbé, der den bevorstehenden Besuch eines italienischen Marchese ankündigt, der Deutschland zu bereisen wünscht, macht den Vorschlag, Wilhelm solle als Kurier des Gastes fungieren; Wilhelm hat den Eindruck, daß ihm – nicht besonders zart – seine Überzähligkeit bedeutet werde. Aber er weiß, daß Natalie der wahre Zweck seines Lebens ist: Kann es wirklich sein, daß sie, «das Gute» in Person, nur der Pfosten am Ende einer Pferderennbahn ist, den die Reiter zuerst erjagen müssen, um ihn mit Beginn der neuen Runde sogleich wieder hinter sich zu lassen? Ist die Kunstsammlung wirklich «ein Symbol» nicht für das, was zu genießen ihm bestimmt ist, sondern für das, was ihm vorenthalten bleiben soll, indem sie ihm zeigt, daß er «von einem ruhigen und gründlichen Besitz des Wünschenswerten teils ausgeschlossen, teils desselben durch eigne oder fremde Schuld beraubt werden sollte»? Wenn Natalie ein unerreichbares Ideal bleiben soll, ist er durch die Kenntnis, die er von ihr gewonnen hat, nur zur dauernden Qual der Entsagung verdammt: «Ängstlich ist es, immer zu suchen, aber viel ängstlicher, gefunden zu haben und verlassen zu müssen.» Ihre geistige Gegenwart wird ihn unaufhörlich an ihre leibliche Abwesenheit erinnern, und Wilhelm gebraucht ein Bild, das sich Goethe durch wissenschaftliche Experimente im Sommer 1795 aufgedrängt hatte, als ihm das subjektive Element im Sehen – und in vielem anderen – klar wurde:

> Wirst du nicht immer zu dir sagen: ‹Natalie ist nicht da!› und doch wird leider Natalie dir immer gegenwärtig sein. Schließest du die Augen, so wird sie sich dir darstellen; öffnest du sie, so wird sie vor allen Gegenständen hinschweben wie die Erscheinung, die ein blendendes Bild im Auge zurückläßt.

Die Welt der reinen «Gegenstände» wird Wilhelm keinen Trost gewähren. Die Bruchstücke eines sinnhaften Musters in seinem Leben ergeben nicht mehr als einen zerbrochenen Ring, der «sich auf ewig nicht schließen zu wollen» schien. Der einzige «irdische Schatz», der sich mit Natalie vergleichen kann, ist Felix, der mit größter Sicherheit Wilhelms Sohn ist – aber nicht dank der halb scherzhaften Vernünfteleien des Turms, die kaum ernster zu nehmen sind als jene Friedrichs, sondern weil allein er es ist, der in dieser begrenzten Welt Wilhelm für das Fehlen Nataliens überhaupt entschädigen kann:

> «Komm, lieber Knabe!» rief er seinem Sohn entgegen, der eben daher gesprungen kam, «sei und bleibe du mir alles! Du warst mir zum Ersatz deiner geliebten Mutter gegeben, du solltest mir die zweite Mutter ersetzen, die ich dir bestimmt hatte, und nun hast du noch die größere Lücke auszufüllen. ... laß uns in der Welt zwecklos hinspielen, so gut wir können!»

Sein Entschluß, sich zu entfernen, das Kind mit sich zu nehmen und sich an den Gegenständen der Welt zu zerstreuen, war nun sein fester Vorsatz.

Doch bevor sich Wilhelm auf Gedeih und Verderb einer «Welt» ohne Natalie ausliefern kann, muß er dem Begräbnis beiwohnen. Diese Episode, vielleicht die bizarrste in dem ganzen Roman, führt unmittelbar zur Auflösung der letzten zwei Rätsel aus Wilhelms früherem Leben – der Identität Mignons und des Harfners – und mittelbar zur endgültigen Auflösung des Knotens. Eingeleitet wird sie, sonderbar genug, mit einer Diskussion über Ästhetik zwischen dem Abbé und dem kürzlich eingetroffenen Marchese, der einst der bevorzugte Gesprächspartner «unseres Onkels» war. Als Männer aus vorrevolutionärer Zeit von erlesenem und wohlerwogenem Geschmack stimmen sie in einer Auffassung von der Kunst und deren Verhältnis zum Publikum überein, die aus dem Briefwechsel zwischen Goethe und Schiller abgeschrieben sein könnte und gewiß Goethes volle Billigung gefunden hätte, als er *Über einfache Nachahmung der Natur, Manier, Stil* schrieb. Aber wie Jarno sarkastisch bemerkt: sie verlangen zuviel von den Menschen, «den armen Teufeln», die das Publikum des Künstlers ausmachen, und die Zeremonie, die sich unmittelbar anschließt, gibt zu verstehen, daß Goethe sich – mit einer Bitterkeit gleich jener Wilhelms – von dem distanziert, was er einst für den höchsten Zweck seines Lebens und seiner Kunst gehalten hat und was durch dieselbe große Revolution obsolet geworden ist, die aus dem Abbé und dem Marchese Figuren der Vergangenheit gemacht hat. Im Saal der Vergangenheit, der für diesen Zweck mit himmelblauen Tüchern ausgeschlagen ist (einer Farbe, die auf Ferne deutet), inmitten freimaurerisch im Quadrat angeordneter Kerzen und zur Begleitung weltlicher Gesänge, die jeden Anwesenden auffordern, sich von der Toten ab- und ihrem eigenen tätigen Leben zuzuwenden, wird Mignons einbalsamierter Leichnam in den in der Mitte stehenden Marmorsarkophag hinabgelassen. In einer kurzen Rede spricht der Abbé von der Liebe zu Wilhelm, die alles war, was Mignon von ihrem Innenleben offenbart hat, lobt das Werk der Einbalsamierer und lädt die Trauernden ein, dieses «Wunder der Kunst» zu bestaunen. Als sie vortreten, stößt der Marchese einen qualvollen Schrei aus: Er erkennt in Mignon seine Nichte, die seit Jahren verschwunden und längst totgeglaubt war. Die Zeremonie geht weiter, aber «niemand ... vernahm die stärkenden Worte» des Geistlichen, und sobald sie vorbei ist, zieht sich der Marchese zu langen Beratungen mit dem Abbé zurück. Hieraus entwickelt sich eine Erzählung, die zu einer veritablen Obduktion der bereits mumifizierten Mignon führt, ein rationalistischer Exorzismus jenes Geistes der Dichtung, der noch immer über Wilhelms theatralischem Abenteuer hing.

Der jüngere Bruder des Marchese, Augustin, trat schon früh in seinem Leben in ein Kloster unweit der Familiengüter am Lago Maggiore ein. Er verliebte sich jedoch in eine Frau, von der er – dank gewisser Komplikationen, wie sie in Romanen des späten 18. Jahrhunderts in italienischen Familien üblich waren – erst dann entdeckte, daß sie seine Schwester Sperata war, als beide schon ein Kind gezeugt hatten: Mignon. Das inzestuöse Paar wurde zwar gewaltsam getrennt, aber Augustin weigerte sich, seiner Liebe zu entsagen, während Sperata, der man die ganze Wahrheit vorenthielt, das Opfer pathologischer Schuldgefühle wurde, die ihr Beichtvater in ihr nährte. Begebenheiten aus Mignons Kindheit, als sie die Gesellschaft der Schiffer am See suchte, werfen zum Nutzen des Lesers Licht auf ihr akrobatisches Geschick, ihre Vorliebe für Männerkleidung und die rätselhaften Anspielungen in ihrem Lied «Kennst du das Land, wo die Zitronen blühn». In einer grausigen und scheinbar überflüssigen Nebengeschichte erfahren wir, wie sich Speratas Geist nach dem Verschwinden Mignons verwirrte (Mignon war, was wir jetzt wissen, der Marchese aber nicht weiß, von jener Truppe entführt worden, der Wilhelm sie abgekauft hat); wie sie ihr Leben damit verbrachte, aus Knochen, die der See an Land spülte, das Skelett Mignons nachzubauen; wie sie laut den Glauben an Mignons Auferstehung verkündete, nachdem wohlmeinende Hände das Skelett hatten verschwinden lassen; und wie sie daraufhin nach ihrem Tod in der Gegend als Heilige verehrt wurde. Von Augustin wird dagegen berichtet, daß er dem Atheismus und der Melancholie verfiel und nach Norden, über die Berge fortzog – im Gewand eines pilgernden Harfners. Damit ist alles erklärt.

Die Frage bleibt nur, warum uns Goethe diese ganze Episode zugemutet hat. (Er gibt praktisch selbst zu, daß es alles zuviel geworden ist: Als die Gesellschaft darüber berät, ob man dem Marchese vor seiner Abreise eröffnen soll, daß sein Bruder Augustin sich ganz in der Nähe in ärztlicher Behandlung befindet, beschließt man, ihn in Unwissenheit seines Weges ziehen zu lassen – so als fürchte man noch einmal neue Komplikationen). Die Frage heischt mehr als eine Antwort. Auf einer tieferen Ebene entspricht die erbarmungslose Rationalisierung der zwei suggestivsten symbolischen Figuren in Wilhelms früherem Leben, die beide mit fast allen in die Prosaerzählung eingestreuten Gedichten verbunde sind, der Unmöglichkeit, in der aufgeklärten Welt des vorrevolutionären Humanismus des Abbé sei's die Energie zu einer endlosen Sehnsucht (mit welcher Mignon identifiziert worden war), sei's den Glauben an ein möglicherweise übelwollendes Schicksal, sei's die Dichtung festzuhalten, welche – zumindest im Falle Goethes – diese Mächte einst erzeugten. Die Bilderwelt von «Kennst du das Land, wo die Zitronen blühn» durch die Erfindung von biographischen Details wegzuerklären, auf die sie sich beziehen soll, ist ein Akt der Gewalt wie das Einfügen des Monodramas *Proserpina* in den *Triumph der Empfindsamkeit*. Diese Gewalt verrät sich in dem sensationellen Anstrich der erfundenen Biographie ebenso wie in der grotesken Andeutung des Abbé, ein einbalsamierter Leichnam stelle ein «Wunder der Kunst» dar, das in einem gewissen Sinne mit dem Wunder des Originalgedichts vergleichbar sei. Es ist die Gewalt einer emotionalen Krise, so als habe Goethe endlich akzeptiert, daß die frühe Phase seines Lebens und seiner Dichtung vorüber ist, und als habe er, um eine Rückkehr dorthin unmöglich zu machen, dieses Akzeptieren für alle Welt und mit brutaler Wörtlichkeit dadurch markiert, daß er die ahnungsvollen und halb geheimen Gefühle, die in jenem Leben verborgen waren, aufdeckte. Iphigenie vermochte in keuscher Verbindung mit ihrem Bruder Orest anstatt in sexueller Knechtschaft bei Thoas zu leben, weil sie die Auffassung vom Schicksal völlig verwarf, die im Harfnerlied zum Ausdruck kam: daß die Götter den Menschen schuldig werden lassen, um ihn dann seiner Pein zu überlassen. Sowohl das Harfnerlied als auch das Drama waren jedoch große theologische Gedichte, und als Gedichte konnten sie in Goethes ästhetisch unbestimmtem, vorsexuellem Gefühlsleben nebeneinander existieren. Wenn wir uns aber die Erklärung zu eigen machen, die der Marchese und der Abbé konstruieren, hört das Lied auf, überhaupt ein Gedicht zu sein; denn dann wird es, zusammen mit seiner Theologie, auf die psychologische Konsequenz aus einem explizit vollzogenen Inzest reduziert, und in diese Zerstörung wird wahrscheinlich auch *Iphigenie auf Tauris* hineingezogen werden. Aber das Begräbnis Mignons ist auch das Begräbnis der Turmgesellschaft. Ihre Zeremonien sind obsolet, ihre Worte werden ignoriert. Die Zukunft gehört nicht den Arbeiten aus Wachs. Die Kunst, von der der Abbé und der Marchese sprachen – wie übrigens auch Moritz und Schiller –, ist Kaviar für die Allgemeinheit, wie Jarno sagt. Goethes wahre Inspiration, die Dichtung der Sehnsucht, in der allein er zu den Menschen seiner Zeit sprach, kann in einer derartigen Kunst nur durch ein virtuoses Stück wie *Torquato Tasso* bewahrt werden – Leidenschaft, in Bernstein gefaßt. Der Saal der Vergangenheit trägt einen zweideutigen Namen – vielleicht gehört er selbst schon der Vergangenheit an und ist das Grabmal jenes Rationalismus, der ihm zum Dasein verhalf. Wenn Goethe akzeptieren kann, daß es mit seiner alten Kunst vorbei ist, dann darum, weil er jetzt eine neue konzipieren kann. Der Weg zu der neuen Dichtung der Entsagung und damit zu Wilhelms Erlösung aus seiner Verzweiflung wird auf den abschließenden Seiten des Romans markiert und ist schon in der offensichtlichen strukturellen Rolle der Geschichte des Marchese angelegt.

Die Geschichte von Augustin und Sperata ist ein katholisches Pendant zu der protestantischen Biographie der schönen Seele, gesehen vom Standpunkt eines kantianischen kritischen Idealismus. Die Verderbtheit, welcher – einigermaßen unglaubhaft – die Stiftsdame sich für fähig hielt, wird hier zur Tat. So wie Therese in dieselben Familienkomplexitäten verstrickt war wie Sperata, aber durch Umsicht und Selbstbeschränkung vor einer Katastrophe bewahrt wurde, ergibt sich Augustin derselben religiösen Einsamkeit wie die Stiftsdame, stürzt aber dank der falschen Objektivierungen einer abergläubischen und götzenanbeterischen Kirche in den Abgrund seines «hohlen, leeren Ichs». Weil ihm jenes Verständnis für die subjektive und moralische Natur der wahren Religion abgeht, welches die Stiftsdame befähigt, über die Beschäftigung mit ihrem «wohlbekannten Ich» hinauszugehen, wird der Katholik zum Opfer eines Glaubens an die objektive und nichtmoralische Macht von Gebeten, Wundern, Heiligen und Auferstehungen und bleibt, wenn diese Dinge ihn enttäuschen oder für unglaubwürdig befunden werden, mit dem Nihilismus zurück. Das Luthertum der schönen Seele ist ein Mittelding, das sowohl den Keim des Zerfalls zu einer rein «positiven» Religion der Pietisten und Katholiken in sich trägt wie den zum Heranwachsen zu einer Religion innerhalb der Grenzen der bloßen Vernunft. Das schaurige Gegenbild, das sich uns in der Geschichte von Mignons Vorleben präsentiert, verweist auf die Gemütsruhe und Pflichtergebenheit der Stiftsdame und über diese hinaus auf Wilhelms Begegnung mit dem Ideal in der Gestalt Natalies.

In Wilhelms Verhältnis zum *summum bonum* nähert sich der Augenblick einer letzten Entscheidung. Wird er, wie er befürchtet, dem entsagen müssen, was ihm offenbart worden ist, oder kündigt das fortgesetzte Zusammenlaufen der Fäden seines Lebens ein rationales Wunder an? In dem Durcheinander nach dem Begräbnis bemerken wir kaum, daß die Gräfin zur Gesellschaft gestoßen ist: Sie macht mit einem matten Lächeln in Wilhelms Richtung einer langen Zeit sorgenvoller Reue ein Ende. Mit dem Auftreten Augustins, des Harfners, jedoch beginnt das Ende des ganzen Romans. Glattrasiert, normal gekleidet und ohne die Zeichen vorzeitigen Alters, ist er zuerst nicht wiederzuerkennen – wie es einem Menschen geziemt, der soeben aus dem Dasein weginterpretiert worden ist. Er hat sich durch einen sonderbaren Kunstgriff von seiner selbstmörderischen Melancholie geheilt: Als er sich anschickte, seinem Leben mit einer Dosis Opium ein Ende zu machen, entdeckte er in sich die Sehnsucht, weiterzuleben; indem er die tödliche Dosis immer zur Hand hat, erhält er sich die Bereitschaft, ein Leiden zu ertragen, dem er jederzeit ein Ende machen kann. Allerdings hat er nicht seine irrationale Furcht vor Felix verloren, den er einst zu töten versuchte, und er ist erleichtert zu hören, daß das Kind bald mit seinem Vater fortgehen wird. Der Marchese war Wilhelm für seine Freundlichkeit gegenüber Mignon so dankbar, daß er ihm vor seiner Abreise Speratas Anteil am Familienerbe anbot und noch einmal anregte, er und Felix sollten ihn auf der Reise durch Deutschland und zurück nach Italien begleiten. Wilhelm hat diesmal den Vorschlag angenommen und Therese von ihrem Verlöbnis entbunden. Er ist gern bereit, ein Haus zu verlassen, das mittlerweile so überfüllt ist, daß es kaum noch Raum für die Unterbringung des Grafen bietet, der gekommen ist, sich zu verabschieden, bevor er sich vor der Welt in eine Pietistengemeinde zurückzieht. Plötzlich aber beginnt sich die Spannung auf tragische Weise zu entladen. Augustin, der zu seiner Beschämung entdeckt, daß seine Vergangenheit allen um ihn herum bekannt ist, bereitet sich ein Glas vergifteter Milch zu, aber bevor er den letzten Schritt tut, zögert er und geht für einen Augenblick aus dem Zimmer. Als er zurückkommt, findet er Felix vor, der gerade etwas von der Milch getrunken hat. Das Haus ist in Aufruhr; Wilhelm ist starr; Augustin schneidet sich die Kehle durch, kann aber bandagiert werden, so daß Hoffnung auf Rettung besteht. Der Graf kommt herein, legt seine Hände auf den verängstigten Knaben, hebt den Blick zum Himmel und murmelt etwas; Wilhelm aber ist über das Beten hinaus: Sein Gebet hat er schon damals verrichtet, als er sich dem Haus und Natalie näherte. Mit Natalie verbringt er eine lange Nachtwache am Bett des schlafenden Kindes, das der einzig sichere Zweck, die Hoffnung und der Inhalt seines Lebens ist: Sie sagen nichts, sondern sehen einander nur an. Am nächsten Tag wacht Felix auf und zeigt keine schlimmen Nachwirkungen; Augustin aber löst in der folgenden Nacht die Bandagen und verblutet. Derselbe Absatz, der uns von seinem Ende unterrichtet, enthält auch die Bestätigung, daß Felix, unmanierlich wie immer, die Milch aus der Flasche, nicht aus dem daneben stehenden, vergifteten Glas getrunken hat und außer Gefahr ist (auch wenn der Graf ein überlegenes, aber bescheidenes Lächeln sehen läßt, so als kenne er den wahren Grund für Felixens Rettung). Augustin, der ein so unnatürliches Leben führte, hatte recht, das natürliche Verhalten von Wilhelms natürlichem Sohn zu fürchten: Durch ein Mißverständnis hat Felix ihn getötet.

Und noch immer ist nichts gelöst. Als die Gräfin mit ihrem Gatten abreist, legt sie Wilhelms und Nataliens Hände ineinander, aber das entscheidende Wort bleibt ungesprochen. Die Spannung wächst immer weiter. Wilhelm argwöhnt, daß Lothario und Therese nur auf seine Abreise warten, um ihre Verlobung bekanntgeben zu können, und die Männer in dem noch immer überfüllten Haus greifen zu geistigen Getränken, um ihre Nerven zu beruhigen. «Wilhelm war in der schrecklichsten Lage», schreibt der Erzähler und veranlaßt uns, mit ihm eine kurze Rückschau zu halten; «er überlief mit flüchtigem Blick seine Geschichte und sah zuletzt mit Schaudern auf seinen gegenwärtigen Zustand.» Worauf ist der Roman hinausgelaufen? Ist Wilhelm vielleicht in diesen Lehrjahren gewachsen, hat er sich entwickelt? Hat er Weisheit, Bildung, irgendeine «natürliche Vollkommenheit» erworben? Nein, sagt er zu seinem Gastgeber Lothario, in dessen Privatleben er sich, wie er meint, zu Unrecht gedrängt hat und in dessen Haus soeben zwei seiner teuersten Freunde gestorben sind: «Aber und abermal gehen mir die Augen über mich selbst auf, immer zu spät und immer umsonst.» Er findet in der Abfolge der Ereignisse in seinem Leben nicht *mehr* Sinn oder Zweck, als Kant im Ganzen der Natur findet, sofern uns nicht die moralische Teleologie mit ihrem praktischen Argument für die Existenz Gottes zu Hilfe kommt. Er tönt sogar die feierlichen Worte nach, mit denen Kant uns warnend darauf hinweist, daß jeder, der glaubt, ohne die Hilfe dieses Arguments auszukommen – welches Goethe der Randbemerkung «optime» für würdig befand –, bereit sein müsse, das menschliche Leben als ein zweckloses Wogen von Ebbe und Flut anzusehen, «bis ein weites Grab sie insgesamt (redlich oder unredlich, das gilt hier gleichviel) verschlingt». Drei Seiten vor dem Ende seiner Geschichte ruft Wilhelm aus:

Vergebens klagen wir Menschen uns selbst, vergebens das Schicksal an! Wir sind elend und zum Elend bestimmt, und ist es nicht völlig einerlei, ob eigene Schuld, höherer Einfluß oder Zufall, Tugend oder Laster, Weisheit oder Wahnsinn uns ins Verderben stürzen?

Aus dieser Verzweiflung können wir laut Kant durch Gott, das heißt durch unser moralisches Ideal befreit werden – vorausgesetzt, wir willigen ein, es nur als ein Regulativ zu behandeln, und entsagen der Erwartung, ihm als einem konstitutiven Bestandteil der natürlichen Welt zu begegnen. Das Ideal kann nur am Ende aller Geschichte Wirklichkeit werden, oder durch ein Wunder, das das Ende vorwegnimmt. Wilhelms Seelenqual ist die eines Menschen, der die Notwendigkeit der Entsagung, die unvermeidliche Abwesenheit des ihm offenbarten Ideals in seinem Leben, ständig näherkommen sieht und doch gegen jede Hoffnung auf das Wunder hofft, das das Unvermeidliche abwenden wird. Was aber kann zuletzt die Kluft zwischen dem Wirklichen und dem Idealen überbrücken? Allein der Humor, der Geist der

Komödie, der der Vernunft zu schweigen gebietet und mit der Willkür des Zufalls, aber mit seinem eigenen unerforschlichen Sinn für poetische Gerechtigkeit, aus dem Stoff der Tragödie ein glückliches Ende formt. Der muntere Friedrich läuft während Wilhelms verzweifelten Unterhaltungen hin und her und macht immer deutlichere Anspielungen auf das Bild von Antiochos und Stratonike, auf die verbotene Liebe, die, würde sie erlaubt, die Krankheit des Prinzen heilen könnte, und somit auf die Zuneigung zwischen Wilhelm und der Schwester seines Gastgebers, von der also jedermann weiß, die aber noch immer nicht erklärt wurde. Friedrich aber erklärt sie. «Ihr werdet Wunder sehn!» singt er fröhlich und plaudert, nachdem er an Schlüssellöchern gelauscht hat, das offenbare Geheimnis aus. Während der langen Nachtwache am Bett des schlafenden Felix hat Natalie beschlossen, daß, sollte Felix sterben, sie – die Ergänzung der begrenzten Zwecke jedes irdischen Daseins, die ausgleicht, was in unserem ganzen moralischen Leben zur Vollkommenheit fehlt – Wilhelm die Hand zur Ehe reichen wird. Das Kind ist nicht gestorben; aber, meint Friedrich mit der großartigen Mißachtung des Narren für philosophische Notwendigkeiten, warum sollte das etwas an ihrer Einstellung ändern? «Ich komme, so scheint es, heute nicht mehr zum Wort», sagt der Abbé – es ist seine letzte Äußerung in dem Roman –, und unbehindert von jeglicher Rationalität entrollt sich der Schluß. Lothario und Therese warten, wie sich herausstellt, nur auf eine Erklärung von Wilhelm und Natalie, um ihr eigenes Verlöbnis einzugehen, und so kann, nachdem sich nun die Liebe des Göttlichen Ideals zu einem Menschen offenbart hat und die Verbindungen zwischen Jarno und Lydia und zwischen Friedrich und Philine schon allgemein bekannt sind, der Roman mit der Aussicht auf vier Heiraten schließen – von denen wenigstens drei Heiraten über Klassenschranken hinaus sind (Lydias Stand ist unklar). «Als wir Bekanntschaft machten», sagt Friedrich zu Wilhelm, «als ich Euch den schönen Strauß abforderte, wer konnte denken, daß Ihr jemals eine solche Blume aus meiner Hand empfangen würdet?»

Wilhelms letzter, verzweifelter Ausbruch ist natürlich kindisch übertrieben, und Lothario nimmt ihn beiseite und fordert ihn auf, ein Mann zu sein, ein «gebildeter» Mann, für den es in der Welt im Verein mit seinen Mitmenschen viel zu tun gibt. Wilhelm hat in Natalie seinen idealen Zweck gesehen, und er weiß, daß er sie durch ein ganzes Leben fern von ihr – falls ihm das beschieden sein sollte – weiter sehen wird, und das wird eine Quelle der Stärkung, nicht nur des Leidens für ihn sein. Daß sein Ausbruch Folgen hat, daß sein Ideal (fast) Wirklichkeit wird, wie es nach Schiller in schönen Gegenständen der Fall sein kann – das ist ein eschatologischer Spaß. Dank einer Logik oder Anti-Logik der Unmanierlichkeit, die zwar dem Abbé ebenso verborgen ist wie ihm selbst, sich aber im Trinken aus Flaschen und im Horchen an Türen manifestiert, ist Wilhelm an ein Ziel gebracht worden, das er in der Unterhaltung mit seinem ersten Emissär «noch kaum ins Auge gefaßt» hatte, und man kann von seinem Leben sagen, daß es bis zu dem

Punkt gediehen ist, wo «der tolle Bruder ... nur die reife Frucht abgeschüttelt» hat. Aber hinter den Schlichen der Komödie erhaschen wir einen Blick auf eine nüchterne Wahrheit. Wilhelm steht in gewisser Weise vor einer Entscheidung – zwischen einem wirklichen und einem idealen Ziel, zwischen Felix (falls Natalie verloren ist) und Natalie (falls Felix stirbt). Soll er jenen natürlichen, animalischen Zweck der Fortpflanzung in die nächste Generation verfolgen, der immer bedroht und zuletzt mit Gewißheit vom Tod begrenzt ist? Oder soll er einen transzendenten Zweck ergreifen, der uns über alle Begrenztheiten hinwegtröstet, uns aber auch von ihnen entfernt? Das Wunder, der Spaß, besteht darin, daß ihm beides gewährt wird – beinahe. *Wilhelm Meisters Lehrjahre* ist – nicht ganz – ein Märchen. Der Roman bleibt bis zum Schluß vieldeutig. In den letzten Zeilen wird Wilhelm zu Natalie geführt, sie geht ihm entgegen, aber sie sind nicht vereint. Im letzten Satz des Romans erklärt Wilhelm, er habe «ein Glück erlangt ..., das ich nicht verdiene und das ich mit nichts in der Welt vertauschen möchte», ein transzendentes Glück also, das zu erwarten ihm weder die Moral noch die Logik der Erzählung ein Recht geben, eine freie Gnade des Himmels. Aber hat er es wirklich erlangt? Oder ist seine Überzeugung, er habe es erlangt, nur eine neue übereilte Vorwegnahme, wie die Liebe zu Mariane, zum Theater, zur Gräfin, zu Therese? Wie *Tasso* endet der Roman, einen Augenblick bevor die Frage entschieden ist. Stehen wir an der Schwelle der Apotheose oder der Entsagung? Das freie Spiel des Zufalls in dieser Geschichte ist so groß, daß der Unterschied zwischen beidem nicht mehr ist als der Unterschied zwischen einer Flasche und einem Glas, nach einem Leben der Mühsal und Verwirrung – kein natürlicher Entwicklungsprozeß kann Wilhelms letzten Anspruch auf Glück erklären. Zugleich aber ist das moralische Interesse so ernst, daß beide Deutungen der letzten Bemerkung Wilhelms gerecht werden: Nach diesem Augenblick gehört er zu Natalie, *was auch immer* geschehe, und für seine Liebe zu dem unpersönlichen Gott Spinozas ist die Frage, ob er mit dem Satz über sein Glück Recht hat oder nicht, völlig irrelevant. Da es weder von der Natur noch von der Moral gefordert wird, fällt dieses Ende daher allein in die Verantwortung des Autors und beendet nichts weiter als das Buch. Von der kunstvoll geschlossenen Struktur von *Wilhelm Meisters Lehrjahre* wird unser Blick hinausgelenkt auf Wilhelm Meisters Lehrjahre, die, wie sie es immer waren, unendlicher Deutung und Erweiterung fähig sind.

Goethe vollendete nicht nur den Roman, als er das siebente und achte Buch schrieb, sondern veränderte auch dessen Bezug zu seiner Zeit. Was zunächst eine kulturelle Suche gewesen war, die sich durch die komplexen gesellschaftlichen Gewißheiten des deutschen *ancien régime* hindurchwand, wurde zu einer Befragung aller Daseinsebenen in einer Epoche weltweiter Revolution und aufkommender Romantik. So gab Goethe seinen ersten Lesern ein Rätsel auf, das mindestens ebenso schwer zu verstehen war wie die politischen Wirren, die sie durchlebten. Bemerkenswerterweise stellte sich

Schiller der Herausforderung. Was Schiller an *Wilhelm Meister*, und somit an Goethe, nicht sah, haben die wenigsten gesehen. Zwar fehlte ihm das wirklich subtile literarische Gespür, und seine geistige Perspektive wurde durch das Kantische System eher eingeengt als befreit. Aber er verstand Goethes Intentionen besser als jeder Zeitgenosse mit Ausnahme Friedrich Schlegels, und er gelangte zu diesem Verständnis inmitten von Ereignissen, die zeigten, daß der Roman seiner Zeit nicht mehr hinterherhinkte, sondern ihr voraus war.

Eine sonderbare Revolution: Sommer 1796

Noch im März 1796 hatte in den deutschen Fürstentümern die Hoffnung bestanden, daß aus dem Waffenstillstand vom vorangegangenen Dezember ein auf Dauer ausgehandelter Friede werden könnte. Doch Sachsen hielt Österreich hartnäckig die Treue und verweigerte nach wie vor einen separaten Beitritt zum Basler Frieden. Als eines Tages nach dem Mittagessen ein Brief des Kurfürsten eintraf, der Carl August mitteilte, daß sächsische Truppen unterwegs seien, um sich dem Reichsheer anzuschließen, verursachte die Nachricht dem Herzog Bauchgrimmen, wie er seinem Geheimen Conseil versicherte, aber tun konnte man nichts: Wo Sachsen voranging, mußte Weimar nachfolgen. Erhoffte Hindernisse, die dem Durchmarsch des kleinen Weimarer Infanterieregiments durch benachbarte Staaten im Wege stehen mochten, lösten sich bedauerlicherweise in Luft auf, und am 13. Mai zogen die grün und gelb gekleideten Füsiliere aus Eisenach hinaus (wo ihre Handvoll von Offizieren während der Wartezeit 250 Flaschen Wein konsumiert hatten) und marschierten in Richtung Rheinland, wo die Verhältnisse spartanischer waren (eine dort grassierende Maul- und Klauenseuche bedeutete, daß es kein Fleisch gab). Als Ende des Monats die Feindseligkeiten wieder aufgenommen wurden, nahmen die Weimarer Truppen an der Front entlang der Nahe Aufstellung, in dem Goethe wohlbekannten Bergland zwischen Trier und Mainz. Von hier fielen sie zurück, als Jourdan weiter nördlich den Rhein überquerte, und waren am 15. Juni in die Schlacht bei Wetzlar verwickelt, die die Franzosen am Nordufer der Lahn festhielt. «Die Franzosen sind Meister vom ganzen linken Ufer des Rheins», schrieb Goethe damals an Meyer. «Sollten die Österreicher ... genöthigt werden diese letzte Stellung an der Lahn zu verlassen; so ist das übrige Deutschland im Fall von Unteritalien.» Die Führer Deutschlands schienen für die prekäre Situation ihres Landes blind zu sein; Goethe aber war überzeugt, daß eine «sonderbare Revolution» bevorstehe und die überkommenen Einrichtungen ernsthaft bedroht seien. In den folgenden zwei oder drei Wochen schien sich die Lage allerdings zu bessern, da die Franzosen sich erneut über den Rhein zurückzogen und Mantua sich weigerte, zu kapitulieren. Dann erfolgte plötzlich und ganz unerwartet der Vorstoß des südfranzösischen Heeres über den Rhein bei Straßburg. Binnen einer Woche war Schwaben so gut wie verloren; am 18. Juli wurde Stuttgart besetzt; und die Postverbindungen waren unterbrochen. Schiller verlor den Kontakt zu seiner Familie und konnte sich nicht mit Cotta über *Die Horen* verständigen, die im östlichen Deutschland nicht mehr ausgeliefert werden konnten: «Die politischen Dinge, denen ich so gern immer auswich, rücken einem doch nachgerade sehr zu Leibe.» Im Norden waren die Österreicher zum Rückzug gezwungen; da sie jedoch eine Garnison in Frankfurt zurückließen, begannen die Franzosen am Abend des 12. Juli, die Stadt zu beschießen: Zum Zeitpunkt der Kapitulation am 15. Juli waren 174 Häuser abgebrannt, vornehmlich im Ghetto. Goethe wußte aus Zeitungsmeldungen, daß seine Mutter in ihrem neuen Zuhause den Sturmangriff immerhin von einem Logenplatz aus verfolgen konnte, aber Nachrichten von ihrem Ergehen hatte er erst, als er – wahrscheinlich am 28. – einen Brief erhielt, den sie am 22. geschrieben hatte. Viele reiche Frankfurter Familien hatten ihre Sachen gepackt und die Stadt verlassen – so die Gontards (Susette und die Kinder), Verwandte von Lili Türckheim, die ihr kürzlich Unterschlupf gewährt hatten und nun selbst mit ihrem neuen Hauslehrer Hölderlin vorübergehend nach Kassel zogen (und somit Hölderlins Versuch für einige Zeit vereitelten, Hegel eine ähnliche Stellung in Frankfurt zu verschaffen). Voigt sah die Gontards bei einem Abendessen mit Carl August in Eisenach; sie waren «so fröhlich wie möglich ... oder gaben vor es zu sein.» Aber Frau Rat Goethe war aus handfesterem Stoff: Sie glaubte nicht daran, daß die Franzosen Frankfurt plündern würden, und blieb lieber in ihrer schönen Wohnung, um sie vor einer Einquartierung zu bewahren. Am Abend des 12. hatte sie, wie sie ihrem Sohn berichtete, Schutz in den ebenerdigen Räumen ihres Vermieters gesucht; um zwei Uhr morgens, auf dem Höhepunkt des Bombardements, beschloß sie aber, sich hinaus nach Offenbach fahren zu lassen, wo sie die Tage bis zur Kapitulation bei Sophie von La Roche verbrachte. Der einzige Schaden, der sie überhaupt betraf, war die Zerstörung des nahegelegenen Hauses, in dem einst ihre Eltern gelebt hatten und das lichterloh niederbrannte, weil es von einem Kaufmann, der ein vor Plünderern sicheres Lagerhaus gesucht hatte, mit Öl und Zucker vollgepackt worden war. Die Hitze und der Qualm dabei müssen fürchterlich gewesen sein. Natürlich mußte sie wie alle Bürger der Stadt einen Beitrag zu der von den Franzosen erhobenen Abgabe von rund zwei Millionen Talern leisten, aber am 16. war sie wieder in ihrer Wohnung, um selbst auf sich aufzupassen, und da das Theater geschlossen und alle ihre Freunde fort waren, unterhielt sie sich selbst und jedermann unten auf dem Platz damit, bei weitgeöffneten Fenstern auf ihrem Cembalo «drauflos zu pauken».

Sobald die Franzosen gegen Fulda und Würzburg vorrückten, war die Beteiligung am gemeinsamen Reichsheer ein Luxus, den Carl August sich nicht mehr leisten konnte. Da einer seiner Offiziere bei einem Gefecht in Württemberg in Gefangenschaft geraten war, stand leider zu erwarten, daß

30. F. Tieck: Christian Gottlob von Voigt, Gipsbüste (o. J.)

Weimar als eine der kriegführenden Mächte identifiziert werden würde, und am 22. Juli wurde das Weimarer Kontingent zurückbeordert, um das Herzogtum zu verteidigen. «In dieser Art Schiffbruch des Heiligen Reiches», schrieb Voigt rechtfertigend an Goethe, «muß wie auf hoher See ‹sauve qui peut› die Ordre des Tages sein.» Goethe vertrat keine andere Meinung. Allenthalben bröckelte die Loyalität mit dem alten Reich unter der Wucht der Invasion und des Eigeninteresses. Am 17. Juli stimmte Württemberg einem Waffenstillstand zu, am 23. die schwäbischen Staaten, am 25. Baden; am 7. August schloß Württemberg seinen eigenen, definitiven Frieden mit Frankreich, zu derselben Zeit befand sich Sachsen-Meiningen in Verhandlungen mit demselben Ziel. Schon ging man allgemein von der Annahme aus, daß die geistlichen Fürstentümer demnächst säkularisiert und zur Entschädigung jener verwendet werden würden, die wie die Landgrafen von Darmstadt und Kassel ihre linksrheinischen Besitzungen verloren hatten – sogar Weimar würde dann, bei aller seiner Gewissenhaftigkeit in Reichsangelegenheiten, ein Interesse an der Zukunft Erfurts haben. Ende Juli war eine Zeit der «allgemeinen Auflösung», schrieb Goethe, von «seltsamen Zuständen, in denen wir, nicht leben, sondern schweben»; und noch immer rückten die Franzosen vor: auf Nürnberg, auf Coburg und auf Römhild, ein oder zwei Täler von Ilmenau entfernt.

Sobald Frankfurt belagert wurde, faßte Carl August den Entschluß, nach Eisenach zu gehen; Voigt und dessen Sohn nahm er als seine Privatsekretäre mit. Der Herzog wußte, daß der König von Preußen den Sommer in Bad Pyrmont verbrachte, von wo es nicht schwer war, die mit den Franzosen vereinbarte Demarkationslinie zu überwachen, und hatte die Absicht, als Unterhändler zwischen dem König und dem Kurfürsten von Sachsen zu fungieren. Falls man Sachsen dazu überreden konnte, dem Frieden von Basel beizutreten und sich damit aus dem Konflikt in die Neutralität zurückzuziehen, würde auch Weimar in ziemlicher Sicherheit sein: Im äußersten Falle mochte Weimar imstande sein, allein zu agieren. Das Vehikel dieser diplomatischen Betriebsamkeit sollte Voigt sein, der einer der schnellsten Schreiber in Weimar war: Er richtete sich ein, was er gern seine «Feldkanzlei» nannte, wo er glaubte, eine Ahnung von feldzugmäßigem Leben zu bekommen; rings um ihn wurden Landkarten kopiert und gemustert, während er und sein Sohn von halb vier Uhr morgens bis um Mitternacht damit beschäftigt waren, die Schriftstücke bereitzustellen, die per Sonderkurier nach Pyrmont, Dresden und Gotha zu bringen waren (denn Carl August wollte im Einvernehmen mit allen seinen Nachbarn handeln), und daneben noch Zeit fanden, an Goethe zu schreiben und ihm über die Verhandlungen eingehend und fast täglich Bericht zu erstatten. Falls allerdings der sächsische Kurfürst nicht dazu gebracht werden konnte, sich für neutral zu erklären, können die Maßnahmen, die Carl August zur Fernhaltung der Franzosen vorschlug, wenig Vertrauen erweckt haben: Ein Brief des Königs von Preußen oder auch des französischen Botschafters in Berlin sollte den Wunsch

Weimars nach Neutralität bekräftigen; an den Grenzen des Herzogtums sollten irreführende Tafeln mit der Aufschrift «Dépendance du Cercle neutral de la Saxe supérieure» aufgestellt werden, in der Hoffnung, daß französischen Offizieren der Unterschied zwischen Niedersachsen (auf der preußischen Seite der Demarkationslinie) und Obersachsen (auf der Reichsseite) nicht geläufig sein würde. Zum Glück schien es die militärische Strategie der Franzosen zu erfordern, daß – in Goethes Worten – «das französische Ungewitter noch immer jenseits der Thüringer Waldes hinstreifte», so daß Carl August Zeit für seine Diplomatie gewann. Am 3. August beugte sich der sächsische Kurfürst dem Argument, daß der Zorn Wiens unmöglich schlimmere Folgen haben könne als eine Besetzung durch die Franzosen; er erklärte sich bereit, den Vertrag von Basel zu unterzeichnen, und begann, seine 30000 Mann als Cordon an den Grenzen Sachsens und der sächsischen Herzogtümer aufzustellen – zum Schutze nicht nur vor Eindringlingen, sondern auch vor den außerordentlich harten Bedingungen, die die Franzosen in anderen Friedensregelungen erzwungen hatten. In Goethes Briefen ist die Erleichterung spürbar: Seine verzweifelte und gereizte Stimmung weicht dem etwas souveräneren Eingeständnis, daß «unsere öffentliche und meine innere Lage ein wenig zweydeutig und zweifelhaft ist», und nach dem 5. August räumt er sogar ein, daß, wie Schiller ihm einschärft, eine Italienreise noch immer möglich ist – «bey dem ersten günstigen Sonnenblick», vielleicht im nächsten Frühjahr. Während er sich erneut in die Cellini-Übersetzung stürzt, beglückt es ihn, an Meyer zu denken, der im fernen Florenz Gemälde kopiert, und er beauftragt ihn, «eine hübsche Wohnung» ausfindig zu machen, «etwa auf den Arno hinaus». Der Herzog kam am 13. August aus Eisenach zurück, hochzufrieden mit seinem Werk und dem königlichen Lob durch Friedrich Wilhelm, das es ihm eingetragen hatte, und nachdem jetzt der sächsische Cordon stand, begab sich Goethe am 18. wieder nach Jena. Da am achten Buch des *Wilhelm Meister* nur mehr einige letzte Retuschen vorzunehmen waren, verspürte er «wieder zu tausend anderen Dingen Lust».

War die Krise eine Illusion, waren die Kriegsgerüchte bloßer Theaterdonner? Sachsen bedauerte schon bald den Sprung in die Neutralität als verfrüht, unterzeichnete aber wie vereinbart am 29. Dezember den Frieden von Basel. Aber die ruhmlose und heute weithin vergessene Kampagne Jourdans war im Leben Goethes ebenso einflußreich wie Bonapartes Kampagne in Italien. Der Vormarsch der Franzosen an die Donau versetzte der Struktur des Reichs den entscheidenden Schlag: Das Schiff sank, wie Voigt richtig sah, und die Fürstentümer retteten sich in eine neue Heimat. Carl August, der zwanzig Jahre lang bestrebt gewesen war, aus dem Reich ein Instrument der kleineren Staaten zu machen und einen mittleren Kurs zwischen den zwei Supermächten der deutschen Welt zu steuern, optierte im Sommer 1796 für Preußen. Für den Augenblick, jedoch nicht auf unabsehbare Zeit, war das eine Option für den Frieden. Die Bedrohung wich von Goethes Haus und Familie. Aber solange sie andauerte, hielt sie ihn ebenso sicher in Weimar fest wie die Heere, die die Lombardei überschwemmten – und während er zögerte, gegen seinen Willen, aber in dem Bewußtsein, daß es keine Alternative gab, verstrich der kostbare Augenblick, die annehmbare Zeit, die er – oder das Schicksal – für die Gewährung jeder nicht eingelösten Erfüllung dieser zehn Jahre seit seinem ersten Aufbruch nach Italien ausersehen hatte. Eine solche Bedeutung hatte er einem Datum zuletzt 1789 beigemessen, als er rechtzeitig zu seinem 40. Geburtstag die erste Ausgabe seiner Werke abschloß. Sieben Jahre lang hatte er ein realistisch-objektives Leben geführt, emanzipiert von jeder Vorstellung eines leitenden Geschicks: nun, da er neuerlich versuchte, seiner Entwicklung ein sinnhaftes Muster unterzulegen, schien sich das Schicksal dadurch zu manifestieren, daß es die Mitarbeit verweigerte. Am 13. Juli gedachte er zweier Jahrestage, des vom 12. und des vom 14. Juli, und schrieb Schiller:

> Heute erlebe ich ... eine eigne Epoche, mein Ehstand ist eben 8 Jahre und die Franzö[si]sche Revolution 7 Jahre alt.

Was 1796 diese Beinahe-Koinzidenz in einer Weise bemerkenswert machte, wie sie es früher nicht gewesen war, war der Umstand, daß in diesem Jahr – in eben diesem Monat – diese zwei bestimmenden Einflüsse auf sein neues Leben zusammenwirkten, um ihn von einer zweiten, vervollkommneten Italienreise abzuhalten. Natürlich konnte er es im folgenden Jahr noch einmal versuchen, und er würde sich nicht durch Aberglauben abschrecken lassen; aber so günstig wie jetzt konnten die Sterne nicht wieder stehen. Zu den Vorkehrungen zum Schutz des Herzogtums bemerkte er, es werde «wohl das Beste, was zu hoffen ist, nicht von Macht und Gewalt, sondern von höhern Verhältnissen und höhern Konstellationen abhängen». Vielleicht als Zeichen der Hoffnung begann er mit einer Reihe von Versuchen über die Fähigkeit der Pflanzen, im Dunklen zu wachsen, und über das Entstehen von verwandelten Insekten aus dem scheinbaren Grab der Puppe.

Nach dem Entschluß zur Neutralität und zur Existenz als preußischer Klientenstaat war Weimar zehn Jahre lang eine Oase des Friedens und der Kultur für Deutschlands Intellektuelle, wenngleich eine bedrohte Oase. Goethe schien es, als habe das Herzogtum jene kritischen Wochen, die es verwandelten, verschlafen, und der Nachhall der großen und fernen Ereignisse war ja gedämpft genug. Bertuch hielt in der Freitagsgesellschaft einen Vortrag über Papiergeld, Frau von Stein veranstaltete eine Teegesellschaft für die französischen Emigranten; Goethe spann Intrigen, um einen Untergärtner im Botanischen Garten vom Kriegsdienst freizubekommen, und arbeitete einen ziemlich unpraktikablen Plan aus, die Theatergesellschaft in das preußische Magdeburg zu evakuieren. Auf den Weimarer Alltag hatte das faktische Ende des Heiligen Römischen Reiches weniger spürbaren Einfluß als der Bayerische Erbfolgekrieg. Aber die Persönlichkeiten wechselten, die Atmosphäre wurde eine andere. Als politische Stabilität zu einem Privileg

31. A. Weger nach dem Gemälde von F. A. Tischbein (1793):
Caroline Schlegel-Schelling

wurde in einer Zeit, da so viele entwurzelt waren, wurde Weimar immer gesuchter und somit immer weniger provinziell. Nicht alle französischen Emigranten waren so beliebt wie der geschliffene Graf Dumanoir, der ein Günstling des Herzogs wurde, oder Marquis Fumel, der der Frau von Stein demonstrativ den Hof machte; doch wenigsten einen fähigen und verdienten Mann gab es unter ihnen: J. J. Mounier, den ersten Präsidenten der Nationalversammlung. Carl August erlaubte ihm, in zwei Flügeln des Schlosses Belvedere eine Schule für etwa vierzig ausländische Schüler, hauptsächlich Engländer, einzurichten. Die Besetzung des linken Rheinufers und die Kampagne von 1796 brachten jedoch neue Wellen von heimatlosen Deutschen aus dem Elsaß und Schwaben, aus Franken und Niedersachsen; manche unter ihnen waren in tiefster Verzweiflung, weil sie ihr gesamtes Erbe verloren hatten. Für gewöhnlich besaßen sie irgendeine Verbindung zu den alteingesessenen Familien des Herzogtums und konnten somit auf gewisse Ansprüche pochen; zum Beispiel kehrte im August die Schwester Charlotte Schillers aus Thüringen zurück. Sie hieß nicht mehr Caroline von Beulwitz: Der württembergische Baumeister Wilhelm von Wolzogen, ein vierschrötiger und häßlicher, aber kluger Mann und alter Bekannter Schillers, hatte 1794 um ihre Hand angehalten und ihr damit die Scheidung von ihrem ersten, ungeliebten Mann ermöglicht. Sie war jetzt Mutter und innerlich gefestigter und versuchte sich als berufsmäßige Schriftstellerin. Wolzogen verließ Stuttgart, als die Franzosen einmarschierten, und hoffte, in Weimar Anstellung zu finden: Carl August zögerte, aber Frau von Stein bearbeitete Herzogin Louise, und im Dezember bekam Wolzogen die gewünschte Position in Form eines kleinen Hofamtes. In der Zeit des Wartens trugen Mann und Frau zu den *Horen* bei: Sie hatten wieder Anschluß an einen der wenigen, ausgewählten Kreise in Deutschland gefunden, in denen die Beamtenklasse ihre ästhetische Erziehung betreiben konnte. In demselben Sommer landete eine weitere Revolutionärin im sicheren Hafen Sachsen-Weimars: Caroline Böhmer. Nach ihrer Freilassung aus den abscheulichen Festungen des Kurfürsten von Mainz hatte sich der vier Jahre jüngere August Wilhelm Schlegel ihrer angenommen, der ihr zuerst während seiner Göttinger Studentenzeit vorgestellt worden war. Er besorgte ihr einen Unterschlupf in der kleinen Stadt Lucka bei Leipzig, im Haus des örtlichen Arztes, und da seine Pflichten als Hauslehrer ihn in Amsterdam festhielten, vertraute er sie seinem Bruder Friedrich an, der damals in Leipzig studierte. Unter falschem Namen gebar sie im November 1793 einen Sohn, den sie bald danach heimlich in Lucka in Pflege gab, während sie ihren früheren Namen wieder annahm und im folgenden Jahr zusammen mit ihrer Tochter Auguste die Gastfreundschaft der Gotters in Gotha genoß. Nachdem ihr zweifelhafter politischer Ruf einen Schatten auf ihre Gastfamilie geworfen hatte und ihr Junge in Lucka mit sechzehn Monaten gestorben war, zog sie zu ihrer Mutter nach Braunschweig, wo sie im Sommer 1795 August Wilhelm Schlegel wiedersah, mittlerweile eine der Säulen der *Horen*. Sie gab

32. F. A. Tischbein: August Wilhelm Schlegel (1793)

33. F. Gareis: Friedrich Schlegel (1801)

endlich ihre bisherige Entschlossenheit auf, als freie und selbständige Frau zu leben – sie hatte sich ebenso geweigert, ihren Sohn zur Adoption freizugeben, wie auf das Heiratsangebot von dessen französischem Vater einzugehen –, willigte ein, ihren jungen Wohltäter zu heiraten, und kam mit ihm im Juli 1796 nach Jena. Sie war noch immer dabei, passende Gardinen in dem kleinen Haus aufzuhängen, das sie gemietet hatten, als das Hausmädchen am Nachmittag des 17. Juli den Geheimrat Goethe meldete, der von Weimar herübergekommen war, um mit Schiller seinen Roman zu diskutieren. Zuletzt waren Caroline und Goethe einander 1792 in Mainz begegnet, in Gesellschaft Forsters und Sömmerings, und sie hätte Goethe schier nicht wiedererkannt, so «stark» war er geworden. Aber er war herzlich und bezaubernd, bekundete Freude über die günstige Wende ihres Schicksals und äußerte sich schmeichelhaft über ihren Gatten, auf den sie nun beide warteten. «Es hat mir große Freude gemacht Göthen ... wiederzusehn. Er sprach davon, wie lustig und unbefangen wir damals noch alle gewesen wären, und wie sich das nachher so plötzlich geändert habe.» Goethe drohte, regelmäßig vorbeizukommen, wenn er in Jena war, und als er Schiller wenige Tage später einen großen Fisch als Präsent schickte, wurden die Schlegels eingeladen, ihn verzehren zu helfen.

Es war zu erwarten, daß Friedrich Schlegel, der in Dresden wohnte, die erste Gelegenheit ergreifen würde, das frisch vermählte Paar zu besuchen. Neun Jahre jünger als Caroline, war er bei seinen Besuchen in Lucka fasziniert gewesen von dieser erfahrenen, lebenshungrigen, ungebärdigen Frau, hatte von ihr gelernt, wohl die politischen Ideen aus Frankreich ernst zu nehmen, nicht aber die Moral, und war durch ihre Begeisterung auf eine neue Philosophie der Geschichte aufmerksam geworden, gedacht als Apologie der girondistischen Revolution: die Abhandlung *Entwurf einer historischen Darstellung der Fortschritte des menschlichen Geistes* von Condorcet (1743–1794). Seit 1794 veröffentlichte der jüngere Schlegel literarische und philologische Essays, in denen er als bewußter Schüler Winckelmanns resolut die Überlegenheit alles Altgriechischen verkündete. 1796 demonstrierte er die politischen Konsequenzen aus seinen Anschauungen in einer langen Arbeit *Über den Begriff des Republikanismus*: Er verwarf Kants Verteidigung einer modernen Repräsentativregierung und plädierte für die direkte Basisdemokratie der athenischen *polis* und für einen Weltstaat, gebildet aus dem Zusammenschluß nationaler Republiken. Anders als sein sanfter, gelehrter, im Grunde recht langweiliger und – wie sich bald zeigen sollte – schwer impotenter Bruder war Friedrich Schlegel ein schwieriger und leidenschaftlicher Charakter – und vielleicht voller Groll über das ihm versagte letzte Quentchen Brillanz, das ihm gleichwohl vorschwebte. Jüngstes Kind einer sehr großen Pastorenfamilie, war Friedrich verzogen, frühreif, sorglos, bald träge, bald von manischer Betriebsamkeit und begabt mit einer Zunge, die schärfer war als sein Geist. In demselben Jahr 1772 geboren, war er ein Coleridge ohne die Dichtung. Er hatte sogar ebenso wie Coleridge einen älteren Bruder, der als Soldat in britischen Diensten in Indien starb und zum Teil für Friedrichs lebenslanges Interesse an orientalischer Exotik verantwortlich war. Wenn überhaupt ein einzelner den Begriff «Romantik» erfunden hat, dann war es Friedrich Schlegel, und seine Ankunft in Jena Ende Juli 1796, nach einem kurzen Besuch bei seinem Freund Novalis im benachbarten Weißenfels, leitete eine neue literarische Ära ein. Anders als sein Bruder war er nicht damit zufrieden, eine Karriere durch Zusammenarbeit mit den etablierten Mächten zu fördern: Er empfand sich selbst als Stimme einer neuen Generation, die vielleicht darum um so aggressiver klang, als er nichts wirklich Neues zu sagen hatte. Schiller glaubte anfangs, Schlegel habe einen guten Eindruck gemacht und sich als vielversprechend gezeigt; aber Schiller war selbst zu reizbar und unsicher, als daß er diesen meinungsfreudigen Alleswisser lange um sich dulden konnte. Den Verfassern der *Xenien* war Friedrich Schlegel schon vor das Rohr gelaufen: als ein noch radikalerer Republikaner als sein Bruder, als Beiträger zu den Zeitschriften des nunmehr verhaßten – und haßerfüllten – Reichardt sowie durch seine respektlose Rezension von Schillers eher bombastischen Gedichten im *Musen-Almanach für das Jahr 1796*. Die längere persönliche Bekanntschaft (sie waren einander schon früher in Leipzig begegnet) war für Schiller kein Grund, die einschlägigen Epigramme zu unterdrücken, als er daran ging, die endgültige Auswahl zu treffen.

Die *Xenien* waren das anspruchsloseste der literarischen Projekte, denen sich Goethe nun, da die politischen und militärischen Stürme des Juli abflauten, reuig, aber mit Erleichterung wieder zuwenden konnte, und sie lagen damals fast ganz in Schillers Händen. Es war ihnen jedoch bestimmt, mehr indignierte Aufmerksamkeit auf sich zu ziehen als irgend etwas sonst, was Goethe oder Schiller schrieben, und, recht gelesen, sind sie ungemein aufschlußreich für Goethes damalige Geisteshaltung. Das mit ihnen Geplante hatte sich verändert und weiterentwickelt, allerdings bestimmt nicht, wie Goethe in seinen *Tag- und Jahresheften* behauptet, «aus ... unschuldigen Anfängen ... zum Herbsten und Schärfsten» – so als sei dies die Folge von Schillers zunehmendem Einfluß gewesen. Die *Xenien* waren von Goethe in persönlicher Verbitterung und aus Abneigung gegen die Leser der *Horen* konzipiert worden, als ein «Schreckensystem gegen alle die Pfuschereyen»; Schiller wurde nur allmählich für den Einfall gewonnen und ließ keine Gelegenheit aus, Goethe auch zur Aufnahme von «poetischen und gefälligen» Epigrammen zu ermutigen, ja er hoffte einmal sogar auf eine beschreibende Reihe von *Xenien* über antike Skulpturen und berühmte Gemälde: «Sind doch die Musen keine Scharfrichter!» Der Plan, die *Xenien* als eigenes Buch herauszubringen, resultierte aus dieser Erweiterung des Umfangs und der thematischen Breite der Sammlung, doch räumte Goethe mehr als einmal bedauernd ein, daß in seiner neuesten Ausbeute an «Späßen» «der Haß doppelt so stark als die Liebe» sei. Schließlich dachte sich Goethe die *Xenien* als Miszellen, denen «eine gewisse Universalität» eignete, wie Schiller sich ausdrückte, und in denen viele Töne und Themen anklangen, welche nur die bequeme Logik der Assoziation zu einem poetischen und rhapsodischen Ganzen verband. Als Cotta auf den Vorschlag zu einem Buch nicht einging und Schiller begann, aus den über 900 Distichen etwas Publizierbares für den *Musen-Almanach* zu machen (den Cotta inzwischen übernommen hatte), erkannte er jedoch, daß nicht genug Material vorhanden war, das sich eindeutig für eine solche Großstruktur geeignet hätte, und daß auch keine Zeit mehr war, das Fehlende zu verfassen. Vieles von dem, was bereits geschrieben war, wäre witzlos geworden, hätte man es ein weiteres Jahr ruhen lassen, und die vorhandene heterogene Masse ergab keine Rhapsodie, sondern war ein ungeordneter Haufen. Mit wütender editorischer Effizienz begann Schiller nun, die Sammlung auseinanderzubrechen und wenigstens einen Teil des Materials zu einzelnen Gedichten und Epigrammreihen zusammenzustellen, die, zumeist mit den Initialen des Autors gezeichnet, über den Almanach verstreut werden sollten. Der Rest würde ein nützliches Reservoir für die Zukunft abgeben. Goethe fügte sich ohne Begeisterung, erlaubte sich aber einen Seufzer des Bedauerns für die *Xenien*, «unser schönes Karten- und Luftgebäude», und hatte die ungute Ahnung, daß einige der persönlichen Sticheleien allzu bewußt verletzend wirkend konnten, wenn man sie aus dem Kontext eines größeren Werkes löste, durch dessen allgemeine satirische Intention sie erklärt und entschuldigt wurden. Schiller als Herausgeber hielt zunächst eisern an seiner Entscheidung fest – «Sie können sich von den Xenien nicht [so] ungern trennen als ich selbst», «Ich bin mit Stolberg in einer gerechten Fehde»-, aber dann, binnen einer Nacht, schwenkte er völlig um. Er erkannte, daß die Quelle der Unklarheit jene nachdenklicheren, unpolemischen Distichen waren, auf deren Einbeziehung er gedrungen hatte, und daß diese geschlossen, als eigene Gruppe, unter dem Titel *Tabulae Votivae* an den Anfang des Almanachs gestellt werden konnten. Damit war der Weg frei, den *Xenien* ihren ursprünglich geplanten Charakter als reines Haberfeldtreiben zurückzugeben, das als satirischer Scheidegruß beider Autoren den Almanach beschließen konnte, so wie es im Jahr zuvor Goethes *Venezianische Epigramme* getan hatten. Es war eine elegante Lösung, die das, was Goethe mit den *Xenien* bezweckte, zusammen mit dem rettete, was Schiller wichtig war – daß sie nämlich ganz und gar ein Gemeinschaftsunternehmen waren –; zugleich wurde eine strenge Einheit der Form und des Tons erreicht (die *Xenien* sind ohne Ausnahme Monodistichen, während viele der *Tabulae Votivae* auf vier Zeilen und mehr angewachsen waren). Schiller bezeichnete den *Musen-Almanach für das Jahr 1797* zutreffend als «erstaunlich reich»: Neben Gedichten von Herder, Conz (dem Lehrer Hölderlins) und Sophie Mereau (1770–1806, der Frau des Jenaer Bibliothekars) präsentierte Schiller lange Gedichte von sich selbst und vor allem *Alexis und Dora*. Von Rechts wegen hätte dieser Idylle Goethes die Palme gebührt, aber es waren die gesammelten Epigramme am Anfang und am Schluß, die dem Band seine Eigenart gaben, so daß man für gewöhnlich von dem «Xenien-

Almanach» spricht. «Wer weiß», schrieb Goethe, «was uns einfällt, um übers Jahr wieder auf eine ähnliche Weise zu interessieren.»

Zweihundert Jahre später haben die *Xenien* naturgemäß an Interesse verloren. Trotzdem leistete Schiller gute Arbeit, als er aus einem mitunter recht monotonen Stoff etwas Unterhaltsames machte. Die 414 Epigramme geben sich als Schwarm schwatzender und stechender Insekten, die am Beginn der Sammlung zur Leipziger Buchmesse unterwegs sind. Nach einer Salve von Feuerwerken, deren einige nur «das Aug zu erfreun» suchen, meistens aber beleuchten, was ihr späteres Hauptziel sein wird, steigen die *Xenien* zum Himmel auf, wo sie entdecken, daß jedes Zeichen des Tierkreises eine literarische Figur regiert. Dann kehren sie zur Erde zurück, wo sie zuerst die einzelnen Gegenden Deutschlands überschauen, deren jede durch ihren wichtigsten Fluß charakterisiert wird, um danach ihren Hauptangriff zu starten: etwas über 200 Distichen über das zeitgenössische Literatur- und Geistesleben in Deutschland, locker-assoziativ gereiht und von Zeit zu Zeit unterbrochen von Epigramm-Gruppen, die sich auf eine bestimmte Person oder ein Thema konzentrieren. Schließlich steigen sie in die Unterwelt hinab; hier gibt es einige Kommentare zu den mehr oder weniger jüngst Verstorbenen, eine kurze Diskussion über Wolfs Hypothese zur Identität Homers, eine Reihe von Charakterisierungen moderner Philosophen von Descartes bis Fichte und Reinhold sowie ein abschließendes Zwiegespräch mit dem Geist Shakespeares über den beklagenswerten Zustand des deutschen Theaters. Durchwegs fungieren Bemerkungen über die *Xenien* selbst als Ritornell; sie markieren die Abteilungen innerhalb der Sammlung und fordern ihre Opfer auf, in gleicher Münze herauszugeben. Die 105 Gedichte der *Tabulae Votivae* (darunter die zusammengesetzten Gedichte «Vielen» und «Einer») weisen demgegenüber keine so geordnete Struktur auf.

Gegen «Philister», «Schwärmer» und «Heuchler» seien, so wird uns gesagt, die *Xenien* gerichtet. Einzelne Personen erhalten ihre Abreibung nicht, weil Goethe oder Schiller eine persönliche Animosität gegen sie hegten, sondern weil sie als Typus hingestellt werden können. So empfand Goethe beispielsweise gegen Lavater eine viel größere Abneigung als gegen Fritz Stolberg, und doch wird Lavater nur einige Male erwähnt, während Stolberg einem Dutzend Epigrammen als Zielscheibe dient: Stolberg steht für eine ganze Gruppe von «Heuchlern», das heißt von sich selbst überzeugten Christen, für Lavater und auch für Klopstock, Matthias Claudius und Friederike Brun, ja sogar für Schillers Wohltäter Baggesen, die alle nur ein oder zwei Seitenhiebe abbekommen. Weder Goethe noch Schiller hatten sich besonders über J. C. F. Manso (1759–1826) zu beklagen, einen Breslauer Gymnasialdirektor mit Trieb zum Schreiben; auch hat sein Gedächtnis die Nachwelt nicht belastet: Das Sperrfeuer gegen ihn könnte unangemessen erscheinen, wäre er nicht der glücklose Repräsentant einer ganzen Schar von Poetastern und Pedanten – wie dem Wörterbuch-Adelung oder dem Hauslehrer Humboldts, Campe –, von minderbegabten Kritikern – wie dem Prediger Jenisch – und von Herausgebern erfolgreicher populärer Journale namentlich in Leipzig, einer Stadt, der eine ganze Serie von *Xenien* gewidmet ist. Eine besondere Rolle unter diesen «Philistern» fällt Friedrich Nicolai zu, dem Berliner Buchhändler, *Werther*-Parodisten und gnadenlosen Apostel des gesunden Menschenverstandes, der einst der prosaischste von Lessings Mitarbeitern gewesen war. Nicolai führte noch immer die Traditionen der älteren Aufklärung fort, in einer Zeit, die sich mehr und mehr an der idealistischen Philosophie berauschte, und attackierte 1795 und 1796 den Kantianismus und dessen Vertreter, von Fichte und Schiller bis hinab zu dem kaum den Kinderschuhen entwachsenen Schelling. (1795 trat Schelling eine prestigereiche Hauslehrerstelle an und publizierte zwei stark von Fichte beeinflußte Abhandlungen, in welche die für die Tübinger Stiftszöglinge bezeichnenden historischen Interessen hereinzuspielen begannen: Nicolai sprach Schelling das Recht auf das Hauslehreramt mit dem Argument ab, er könne nicht begreifen, warum «das absolute Ich und der Ketzer Marcion» – das Thema von Schellings Dissertation – «eine Stufe der Erziehung junger Leute sein soll, die künftig, in der Welt zu leben bestimmt seien» und nicht in einem «Kloster [...] in Tübingen».) Die *Xenien* verteidigen Schelling, rühmen Fichte und machen die Kritik an Nicolai zum Kernstück einer Apologie der kantischen Hauptströmung, nicht ohne dabei das Unverständnis der alten Schule wie auch die Übertreibungen einiger Schüler zu verspotten. So hartnäckig umtriebig, wie er im wirklichen Leben war, taucht Nicolai in jedem nur möglichen Kontext auf, den die *Xenien* konstruieren: Sogar in der Unterwelt wartet der von ihm geschmähte Werther auf ihn. In ähnlicher Weise ist Reichardt der exemplarische Fall eines «Schwärmers», des geistigen Kollaborateurs der Revolution, und wird zum Brennpunkt der Kritik an (unter anderem) Forster und seinen Frauen, an Hennings und seiner Zeitschrift *Genius der Zeit* sowie an Professor Cramer in Kiel, einem zweiten (und bislang nur im übertragenen Sinne kopflosen) Anacharsis Cloots, welchen ein bereitwilliges Deutschland gerne nach Frankreich exportiert. Die «Gräkomanie», die Friedrich Schlegel in Reichardts Zeitschriften predigt, wird ebenfalls als eine Abart dieser «Gallomanie» verstanden, und es wird angedeutet, daß die Paradoxa, mit welchen Schlegel seine kritischen Schriften zu würzen liebt, mit dem ursprünglichen Geist der Griechen unvereinbar sind. Potentiell sind die *Xenien* ein wahres Pandämonium Germanicum: Sie mustern die Torheiten einer außerordentlichen Zeit und hätten deren *Dunciad* sein können, wäre nur ihre Form ebenso geistreich pointiert gewesen wie bei Pope.

Die Distichen selbst leiden generell an denselben Schwächen wie die *Venezianischen Epigramme*. Die Satire auf Menschen, die ohnedies vergessen sind, wird nicht interessanter durch ein stockendes, unsicheres Metrum. Gelegentlich, und besonders, wenn Schiller die Feder führt, schwingt sich die Bosheit zu einer zeitlosen Schärfe auf, die der äußeren Beglaubigung nicht mehr bedarf: Es ist dann gleichgültig, wer angegriffen wird und ob der

Angriff gerecht ist. Man muß von Manso nichts wissen, um in diesen Zeilen über seine Nachdichtung von Tassos *Gerusalemme Liberata* ein echtes, kurzes Gedicht zu erkennen:

> Ein asphaltischer Sumpf bezeichnet hier noch die Stätte,
> Wo Jerusalem stand, das uns Torquato besang.

Das Xenion über Nicolais Zeitschrift, ob fair oder nicht, umreißt seine Karikatur mit einer schlagfertigen, witzigen Knappheit, die eines Pope würdig ist:

> Zehnmal gelesne Gedanken auf zehnmal bedrucktem Papiere,
> Auf zerriebenem Blei stumpfer und bleierner Witz.

Schillers Kunst, im engen Korsett dieser Form eine klare, aber komplexe Struktur zu erschaffen, tritt besonders in den glänzenden Zweizeilern zutage, mit denen er die Variationen verschiedener Philosophen über das cartesianische Thema «cogito ergo sum» zusammenfaßt. Hervorragend sein Distichon über Kant:

> Von dem Ding weiß ich nichts und weiß auch nichts von der Seele,
> Beide erscheinen mir nur, aber sie sind doch kein Schein.

Goethe erhebt sich zu ähnlicher Prägnanz, wenn er das moralistische Verständnis von Dichtung angreift:

> «Bessern soll uns der Dichter, bessern!» So darf denn auf eurem
> Rücken des Büttels Stock nicht einen Augenblick ruhn?

oder Wolfs Theorien über Homer:

> Sieben Städte zankten sich drum, ihn geboren zu haben,
> Nun, da der Wolf ihn zerriß, nehme sich jede ihr Stück.

Aber der Prozentsatz derartiger polemischer Erfolge ist gering – unter dem Dutzend Epigrammen, die der Optik-Lehre Newtons gelten, nicht ein einziger. Goethes Stärke waren die milderen, reflexiveren und somit stilistisch weniger schlagenden Stücke: Bei allem Ärger, der ihn zu dem Unternehmen reizte, war er kein forensisches Naturtalent. Der satirische Ton war für ihn noch enger mit dem elegischen verwandt, als Schiller in seiner Theorie der sentimentalischen Dichtung gestattet hatte:

> Warum plagen wir einer den andern? Das Leben zerrinnt,
> Und es versammelt uns nur einmal, wie heute, die Zeit.

Die interessanteste Frage, die man an die *Xenien* richten kann, ist vielleicht die nach dem Warum. Warum gaben sich Goethe und Schiller dem Gespött preis durch eine arrogante, aber nicht ganz haltbare Pose in einem Medium, das gegenüber seinem Benutzer ebenso unnachsichtig ist wie gegenüber seinem Objekt? Um welcher Sache willen zogen sie so geräuschvoll aus, um sich so viele unbedeutende Feinde zu schaffen und Bande der Freundschaft zu kappen, die sich ohnedies schon gelockert hatten? Gewiß, es standen in dieser Schlacht der Bücher einige handfeste Interessen auf dem Spiel: Nicolai versuchte gezielt, Schellings Vermittelbarkeit zu beschädigen, und die reaktionäre, antifreimaurerische Zeitschrift *Eudämonia*, die sich mit ihren Attacken gegen Fichte und seinen Plan der Sonntagsvorlesungen selbst ein oder zwei *Xenien* einhandelte, untergrub den Kredit eines der neuen Philosophen so sehr, daß Carl August ihm eine Stelle in Jena verweigerte. Aber Schiller und Goethe waren nicht materiell gefährdet, ebensowenig wie die paar Personen, für welche die *Xenien* Komplimente bereithielten: Kant, Wieland, Voß, J. H. Meyer oder Schütz von der *Allgemeinen Literatur-Zeitung*. Offensichtlich sind die *Xenien* das negative Abbbild des kulturellen Programms der *Horen* – negativ darum, weil dieses Programm wenig Aussicht auf Verwirklichung hatte. Weil so viele *Xenien* sich gegen Autoren und Verleger in der mehr oder weniger autonomen bürgerlichen Kultur der reichen Städte Leipzig und Breslau und gegen Dramen richten, deren Personal auf «Pfarrer, Kommerzienräte ... und Husarenmajors» begrenzt ist, und weil sie ihre Vorliebe für «Aristokraten» und ihre Feindschaft gegen Sansculottismus und das *profanum vulgus* zur Schau stellen, ist es verlockend, sie als Teil einer «antibürgerlichen Bewegung» mißzuverstehen, welche die Werte der höfischen Kultur selbst gegen eine girondistische Revolution geltend machte. Der Feldzug gegen «Mittelmäßigkeit» ist offenkundig geeignet, soziale Bedeutung anzunehmen. Aber das ist nicht die ganze, ja nicht einmal die halbe Geschichte. Da den handeltreibenden Klassen Sachsens und Schlesiens jede Form von politischer Macht und jeder glaubwürdige Anspruch auf sie fehlte, war jeder Versuch ihrerseits, sich als Geist der deutschen Nation zu denken, dazu verurteilt, lächerlich unrealistisch zu bleiben: Ein solcher Marsyas verdiente wie der gleichnamige Silen, der sich mit Apollon auf einen Wettstreit im Flötenspiel eingelassen hatte, geschunden zu werden. Die Macht lag bei den Fürsten: Das war es, was Goethe zuallererst nach Weimar gebracht hatte, als er nach einer Warte suchte, die einen Blick auf Deutschland im Sinne seiner literarischen Imagination erlaubte. Wenn die *Xenien* – wie die *Horen* – eine Apologie der Höfe zu sein scheinen, dann darum, weil sie in erster Linie eine Verteidigung jener bürgerlichen Schichten sind, die einen Weg gefunden hatten, mit der Fürstenmacht zu koexistieren und sie zu durchdringen, nämlich der Beamten. Der Versuch, die Werte des Beamtentums in dem unhöfischen und kommerziellen Medium des Drucks zu artikulieren, war der Versuch, ein echt nationales Bewußtsein für das gesamte Bürgertum zu schmieden, und insoweit ein revolutionärer Akt. Aber das Paradox war zu groß: Die *Horen* verkümmerten, und die *Xenien* verpufften in einer explosionsartigen Kontroverse. Konkret war es so, daß just in dem Augenblick, da Goethe und Schiller ihrer Ambition Ausdruck gaben, jene politische und institutionelle Basis hinweggefegt wurde, auf der sie hätte verwirklicht werden können. Das Heilige Römische

Reich war zwar im wesentlichen eine Ansammlung von absoluten Fürstentümern, aber als ein Deutsches Reich – als ein Gemeinwesen aller deutschsprachigen Menschen – wurde es zusammengehalten durch das bürgerliche Medium des Drucks und durch den Handel, der über lokale Grenzen hinausging und einen stetigen sanften Einigungsdruck erzeugte. Solche immateriellen Beziehungen waren den Belastungen nicht gewachsen, die ein Krieg zwischen großen und zentralisierten Nationen in spe mit sich brachte, und waren im Juli 1796 gekappt. Zu dem Zeitpunkt, da die *Xenien* veröffentlicht wurden, war der unausgesprochene Appell an das im Reich versprengte Beamtentum, Träger einer deutschen Nationalkultur zu werden, bereits obsolet geworden und hatte kein Publikum mehr. Die – ferne – Zukunft lag vielleicht, wenigstens für diejenigen, die dem Basler Sonderfrieden beitraten, in Preußen und seiner geeinten Beamtenschaft für eine einzige Nation (nach 1790 verriet allein schon dieses Wort Nachahmung des französischen Vorbilds). Aber es gibt nichts Pro-Preußisches in den *Xenien*; Berlin erscheint als Land des literarischen Schweigens, zumal «in dem dürren stygischen Reiche» Nicolai zu Hause war:

> Das Deutsche Reich
>
> Deutschland? aber wo liegt es? Ich weiß das Land nicht zu finden.
> Wo das gelehrte beginnt, hört das politische auf.
>
> Deutscher Nationalcharakter
>
> Zur Nation euch zu bilden, ihr hoffet es, Deutsche vergebens;
> Bildet, ihr könnt es, dafür freier zu Menschen Euch aus.

Was immer sie für Schiller gewesen sein mögen: für Goethe waren die *Xenien* ein polemischer und wehmütiger Ausdruck seines Glaubens an die deutschen Höfe als Stätten der Selbstbildung des Menschen – zumal solcher mit einem «von» im Namen. Wilhelm von Humboldt hielt es für möglich, daß der Staat friedlich mit privater Bildung koexistiere, vorausgesetzt, die Grenzen wurden definiert und eingehalten; und in Preußen konnte das vielleicht – freilich um welchen Preis? – auch weiterhin der Fall sein. Im Reich aber hatte die Revolution alles verändert, so gewiß, wie Jahrhunderte zuvor die vergleichbaren Wirren der Reformation das unschuldig-heidnische Europa Cellinis wieder dem Zugriff der Priesterschaft preisgegeben hatten:

> Was das Luthertum war, ist jetzt das Franztum in diesen
> Letzten Tagen, es drängt ruhige Bildung zurück.

In der von den *Horen* angestrebten Zusammenarbeit zwischen den Höfen und der publizierenden Welt sollten die wenigen auserlesenen Zirkel, die den Fürstenthronen nahestanden, der dominierende Partner sein: Schillers ursprüngliche Absicht war es denn auch, die deutsche Öffentlichkeit von einem einzigen Zentrum aus zu beherrschen. In den *Xenien* könnte es auf den ersten Blick so scheinen, als hätten er und Goethe diesen anmaßenden Anspruch erneuert; die *Tabulae Votivae* – unpolemische Formulierungen jener Weisheit, welche, so heißt es, den Verfassern durchs Leben geholfen hat – jedoch zeigen im Gegenteil, daß die beiden jenen Anspruch angewidert aufgegeben hatten. In dieser milderen Distichensammlung hat «Adel» eine rein metaphorische Bedeutung, und die Welt des Drucks wird einfach als Vehikel betrachtet, das den Autor mit einem einzelnen, empfänglichen Leser zusammenbringt: Nur aus einer solchen persönlichen Verbindung, der ein erotisches Element nicht abgesprochen wird, kann heute vielleicht Humanität erwachsen und zunehmen. In den ersten *Tabulae Votivae* wird wiederholt betont, daß ästhetische Bildung eine Sache des einzelnen, nicht der moralisch-politischen Gemeinschaft ist. Die ist der Barbarei und dem Chaos zum Opfer gefallen, die sich demgemäß in den *Xenien* spiegeln. Schönheit, ob die der Seele oder die des Kunstwerks, ist sich selbst genug, eher ein in den Wind gesäter Samen denn funktionierender Teil eines größeren Ganzen. In zweierlei Hinsicht versucht Goethe jedoch, nicht einfach das imaginäre oder nicht vorhandene Publikum seiner empfindsamen Jahre zurückzugewinnen (auch wenn er in einem Epigramm seinen alten Schirmherrn Prometheus anruft). Erstens greifen er und Schiller, wenn sie die Schönheit beschreiben, die sie zu schaffen sich vorgenommen haben, immer wieder auf die Begriffe der neuen Philosophie zurück:

> Ein Unendliches ahndet, ein Höchstes erschafft die Vernunft sich,
> In der schönen Gestalt lebt es dem Herzen, dem Blick.

Weit davon entfernt, bloße Mode zu sein, ist der Kantianismus das neue Instrument des menschlichen Geistes bei seinem unablässigen Ringen um Bildung, und beide Dichter können von ihm profitieren: Goethe, indem er sich vom Studium der Natur zur Wahrnehmung der Ideen erhebt, Schiller, indem er die natürliche Welt in den inneren Bestrebungen des Herzens gespiegelt findet. Indem Goethe sich der machtvollsten geistigen Strömung überläßt, die das zeitgenössische Deutschland erfaßt hat, «vereinigt» er sich – wirksamer als je zuvor in seinem Leben – mit einer Bewegung, die nicht sein Werk ist, und akzeptiert die Kultur, deren Teil zu sein die Geschichte ihm bestimmt hat. Zweitens aber hat er das Vertrauen verloren, das die jungen Genies der siebziger Jahre beflügelt hatte: daß deutsche Dichter aus den Reserven ihrer eigenen Zeit und Sprache eine Nationalliteratur erschaffen können. Die Verfasser von Oden in vorgeblich toten Sprachen hätten Antrieb zu allem gegeben, was in der zeitgenössischen Dichtung lebendig sei, schreibt er, und es sei Ausdruck der Armut unserer eigenen Zeit, nicht nur der antiken Vortrefflichkeit, wenn deutsche Künstler «aus Rom und Athen borgen die Sonne, die Luft». Im Juli 1796 antwortete Goethe auf den Zusammenbruch des *Horen*-Projekts – und der politischen Ordnung, die es vorausgesetzt hatte – mit dem Vorsatz (den er vorläufig für sich behielt), eine «bürgerliche Idylle» zu schreiben: ein Gedicht nämlich, welches das der neuen Zeit angemessene unhöfische Sujet verbinden sollte mit der idealisierenden und quasi-antiken Manier von *Alexis und Dora*. Die Konzeption dieses neuen Gedichts war Goethes Art des Eingeständnisses, daß Deutschlands «sonderbare Revolution» endlich gekommen war.

Die Beendigung des *Wilhelm Meister* unter den Gegebenheiten von Mitte 1796 war eine außerordentlich heikle Aufgabe. So vieles hing von der «Stimmung» ab – hatte Goethe im Winter 1795 geschrieben, als er das siebente Buch in Angriff nahm –, vom Ausnützen jedes günstigen Augenblicks, in dem er glaubte weiterkommen zu können; und daher hatten «zufällige Ereignisse» zwangsläufig ihre Auswirkungen auf das Endergebnis. Der «zusammentreffenden Umstände», durch welche Ende Juni eine Aufgabe zu einem natürlichen Abschluß gebracht werden konnte, die schier unmöglich geschienen hatte, waren so viele, daß «man beinahe abergläubisch werden» konnte, wie Goethe an Schiller schrieb; und obgleich er kein Hochgefühl empfand, als er ihm das achte Buch schickte – der Weg zu diesem Ziel war zu lang und beschwerlich gewesen –, muß es doch als gutes Omen erschienen sein, daß es fast auf den Tag genau zwei Jahre waren, seit Schiller ihn zur Mitarbeit an den *Horen* eingeladen hatte. Vielleicht war es das, was er meinte, als er schrieb, es habe sich nun «eine sonderbare Epoche unter sonderbaren Aspekten geschlossen». Jedenfalls so lange – setzte er hinzu –, wie Schiller bereit war, ihn «loszusprechen» und zu erklären, daß das, was er unter dem Zwang einer persönlichen Notwendigkeit habe schreiben müssen, auch einer inneren Notwendigkeit des Romans entspreche. Doch einmal in der Rolle des Beichtvaters, hatte Schiller es nicht eilig, den Prozeß der Buße zu beenden. Nach einigen, dem Anlaß gemäßen Bekundungen der Freude, die Goethe bereits für die erhoffte Billigung hielt, die jedoch mit den ominösen Worten begannen «Ich bin beunruhigt und bin befriedigt, Verlangen und Ruhe sind wunderbar gemischt», erbat Schiller auch das Manuskript des siebenten Buches, um das Lösen des Knotens im Zusammenhang überblicken zu können. Es folgten drei lange Briefe, geschrieben zwischen dem 2. und 5. Juli, in welchen er Figur um Figur die Vorzüglichkeiten des Romans aufzählte, aber auch auf eine Reihe von Fehlern aufmerksam machte – die Chronologie schien durcheinandergeraten zu sein, so daß alle eigentlich älter sein mußten, als sie es scheinbar waren; und gab es nicht Personen, die mehr Anspruch auf die Bezeichnung «schöne Seele» machen konnten als die fromme Stiftsdame aus dem sechsten Buch? Und nachdem Goethe sich entschlossen habe, seine Geschichte damit zu endigen, daß er die meisten Figuren in einer Reihe von Mésalliancen miteinander verheiratete, obgleich doch dieser Roman «so gar nichts *Sansculottisches* hat, vielmehr an manchen Stellen der Aristokratie das Wort zu reden scheint»: sollte er nicht irgendwo deutlich machen, daß diese soziale Unschicklichkeit gewollt und begründbar war? Goethe, der die Briefe in einer ruhigen Stunde zwischen Sitzungen mit den Ilmenauer Anteilseignern beantwortete, fühlte sich außerstande, diese Einwände zu erörtern, glaubte aber, sein Manuskript so verändern zu können, daß ihnen allen Rechnung getragen war. Er war sich eigentümlich bewußt, wie ungewöhnlich solch ein einfühlender Mitarbeiter selbst in den weltlichen Angelegenheiten wäre, die ihn im Augenblick beschäftigten, geschweige denn «in diesem hohen ästhetischen Falle»: «Fahren Sie fort», schrieb er mit einer Ironie, die weniger herablassend war, als sie klang, «mich mit meinem eigenen Werke bekannt zu machen.» Aber auf Schillers vielsagendste Charakterisierung des Romans – «daß ich bis jetzt zwar die *Stätigkeit*, aber noch nicht die *Einheit* recht gefaßt habe» – war die einzige Erwiderung, die Goethe zu Papier bringen konnte: «Ich selbst glaube kaum, daß eine andere Einheit als die der fortschreitenden Stätigkeit in dem Buche zu finden sein wird.» Der Roman hatte zu lange gebraucht, zu viele Veränderungen der Umstände durchgemacht, als daß er ein anderes organisierendes Prinzip ausdrücken konnte als den Geist oder das Gemüt seines Autors. Diese Erwiderung befriedigte Goethe jedoch nicht (er schickte sie nicht ab), und Schiller hätte sie gewiß unangemessen gefunden. Am 8. Juli hörte Schiller, der seinen Vorteil spürte, auf, zu scharmützeln, und feuerte eine doppelte Salve ins Herz des Romans ab, seine Form wie seinen Inhalt. Hatte Goethe dem Leser klar genug gemacht, daß ein notwendiger Zusammenhang zwischen den zutiefst ernsthaften Ideen des Buches und den frivolen Kunstgriffen bestand, die Goethe der zeitgenössischen Erzählkunst entlehnt hatte, um sie auszudrücken? Und hatte Goethe diese Ideen selbst genügend hervorgehoben; oder waren die Begriffe von Lehrzeit und Meisterschaft, wie der Text sie definierte, zu eng, um dem Charakter wie dem Ereignis in vollem Umfang gerecht zu werden? Als erster Leser des Buches benannte Schiller außerordentlich rasch die zwei Haupthindernisse für alle jene nach ihm, die Ungenügen an dem Buch empfanden. Körner erkannte richtig, daß an diesem Punkt seines Briefwechsels mit Goethe Schiller – der das Gefühl hatte, mehr in Goethes Persönlichkeit zu leben als in seiner eigenen – stellvertretend für Goethes gesamte Leserschaft stand:

Für den deutschen Dichter gibt es keine Hauptstadt. Sein Publikum ist zerstreut und besteht aus einzelnen Köpfen, die seinen Wert zu schätzen wissen, aber deren Stimme selten laut wird. Die unsichtbare Kirche bedarf eines Repräsentanten, sonst glaubt der Dichter in einer Wüste zu sein; und zu diesem Repräsentanten schickt sich niemand besser als Du.

Der briefliche Austausch über *Wilhelm Meister* bildete den Höhepunkt in der geistigen Beziehung zwischen Goethe und Schiller: Er bezeichnete die Grenzen, über die hinaus Schiller (und mit ihm das deutsche Publikum) nicht vordringen konnte oder durfte; danach erwärmten und entspannten sich die Gefühle zwischen den zwei Dichtern. Sie akzeptierten die Unterschiede, die es zwischen ihnen gab, und namentlich Schiller hörte auf, nach vollständiger Übereinstimmung ihrer Ansichten zu trachten. Für Goethe wurde durch die Krise definiert – und somit endlich anerkannt –, inwieweit seine Persönlichkeit in seine Werke einfloß und er durch diese «einen Theil meiner Existenz auch entferntern mir unbekannten Gemüthern nahe bringen kann». Die Definition war jedoch zirkelschlüssig, paradox und leicht mißzuverstehen – fast argwöhnt man den Einfluß von Diderots *Essai sur la peinture*, den Goethe, wie wir bestimmt wissen, Ende Juli las. Auch Sömmerrings unbedarfter Versuch, den physischen Sitz der Seele zu lokalisieren – in einem neuen Buch, das in Jena auf viel Kritik stieß, regte er an, sie in den Säften der Gehirnhöhlen zu suchen –, spielte für Goethe bei der Klärung seiner Gedanken wahrscheinlich eine Rolle. Seine Reaktion auf Schillers Frontalangriff – eine Entfaltung von Gedanken, die er Monate früher zuerst Meyer dargelegt hatte – könnte kindlich ausweichend erscheinen:

Der Fehler, den Sie mit Recht bemerken, kommt aus meiner innersten Natur, aus einem gewissen realistischen Tic, durch den ich meine Existenz, meine Handlungen, meine Schriften den Menschen aus den Augen zu rücken behaglich finde. So werde ich immer gerne incognito reisen, das geringere Kleid vor dem bessern wählen, und, in der Unterredung mit Fremden oder Halbbekannten, den unbedeutendern Gegenstand oder doch den weniger bedeutenden Ausdruck vorziehen, mich leichtsinniger betragen als ich bin, und mich so, ich möchte sagen, zwischen mich selbst und zwischen meine eigne Erscheinung stellen. [Es überrascht nicht, daß er in dem folgenden Brief Schiller von dem Vorschlag abbringt, dem nächsten *Almanach* ein Porträt Goethes beizugeben.] ... Es ist keine Frage, daß die scheinbaren, von mir ausgesprochenen Resultate [in dem Roman] viel beschränkter sind als der Inhalt des Werks, und ich komme mir vor wie einer, der, nachdem er viele und große Zahlen übereinandergestellt, endlich mutwillig selbst Additionsfehler machte, um die letzte Summe, aus Gott weiß was für einer Grille, zu verringern.

Aber Genie ist oft genug die Fähigkeit, sich seine Kindlichkeit zu bewahren, wenn alles ringsherum ins Erwachsenenalter abgeglitten ist. Wenn Goethe seine Eigenart «realistisch» nennt, gebraucht er den Begriff in dem Sinn, in welchem Schiller ihn dem «Idealistischen» gegenübergestellt hat: Der «Realist» bestreitet dem freien Ich, welches die neue Philosophie zur Grundlage aller Ethik und aller Erkenntnis gemacht hat, eine Rolle in der Welt und ihren Angelegenheiten. Goethes «Realismus» freilich erweist sich als um ein gut Teil gescheiter als der modische Idealismus: Das Ich soll nicht zur Schau gestellt werden, weder im Leben noch in der Literatur – Kant hatte ja, woran man Sömmering erinnern mußte, gezeigt, daß es unerkennbar ist –, aber Goethe will auch nicht unterstellen, daß es sich überhaupt nicht manifestieren kann. Im Gegenteil: Viele, die ihm begegneten, wurden unbehaglich gewahr, daß das scheinbar Unpersönliche der Ausdruck eines außerordentlich starken Ichs sein kann. Er legt Schiller nahe, seine Persönlichkeit als eine dreifache zu betrachten: Es gibt den oberflächlichen Schein, die verborgene Wirklichkeit und den souveränen Spieler, der das Verhältnis zwischen beidem manipuliert – mitunter sind Schein und Wirklichkeit identisch, mitunter sind sie es nicht – und so den Eindruck von Laune, Distanz oder Undurchdringlichkeit erzeugt. Was aber für sein Leben im allgemeinen gilt und «die seltsame Mischung des Anziehenden und Abstoßenden in dem rätselhaften Manne» erklärt, der jenen, die ihn nicht genau kennen, ein Proteus, ja sogar ein Heuchler zu sein scheint, gilt auch für seine Werke. Den Geist oder die Seele, die den *Wilhelm Meister* erschuf, präsentiert das Buch nicht in einer einzelnen Figur, sondern in dem durch das Werk erzeugten Eindruck, daß seine disparaten Stoffe nur durch ein «inkalkulables» geheimes Prinzip zu einer Einheit organisiert werden können. Goethe gibt Schiller gegenüber zu, daß es ein leichtes gewesen wäre, die Unstimmigkeiten zu berichtigen und die Lücken zu füllen, die ihm nachgewiesen worden sind: Er hätte es tun sollen, und trotzdem hat er es nicht getan – und damit, wie wir hinzusetzen können, seine auktoriale Hand absichtsvoll verraten. Seine Parodie eines *Confiteor* scheint offensichtlich zu werden – und somit sein Brief selbst die Eigenschaften zu teilen, die er seinem Roman zugeschrieben hat –, wenn er nun Schiller dafür dankt, auf eine «so entschiedene Weise» die Frage nach dieser «perversen Manier» aufgeworfen zu haben, und mit einer an Bosheit grenzenden Ironie schließt:

Und sollte mir's ja begegnen, wie denn die menschlichen Verkehrtheiten unüberwindliche Hindernisse sind, daß mir doch die letzten bedeutenden Worte nicht aus der Brust wollten, so werde ich Sie bitten, zuletzt, mit einigen kecken Pinselstrichen, das noch selbst hinzuzufügen, was ich, durch die sonderbarste Natur-Notwendigkeit gebunden, nicht auszusprechen vermag.

Aber Schiller, die Beute witternd, überhörte die unheimlichen Untertöne in Goethes Brief und ließ nicht locker. Unbedingt – so schrieb er zurück – solle man den Leser hart arbeiten lassen, um das Geheimnis zu entdecken – solange der Autor dafür gesorgt habe, daß es eines zu entdecken gäbe. Offenkundig bezweifelte er, daß dem so war – aber ebenso offenkundig verstand er nicht, daß Goethe beanspruchte, eben ein Geheimnis, nicht eine Lösung geschaffen zu haben. Schiller zählte weitere unerklärte Ungereimtheiten im siebenten und achten Buch auf und fühlte sich seiner Sache sicher genug, um seinen grundlegenden Einwand endlich vorzubringen: Der Roman hatte weder in den Reflexionen der Hauptfigur noch irgendwo sonst Raum für die Einsichten und Tröstungen der modernen säkularen Philosophie, die für ihn – und für viele seiner Generation – die Lösung für das bot, was sie für das Rätsel des Lebens hielten:

Ich gestehe es, es ist etwas zu stark, in unserm spekulativischen Zeitalter einen Roman von diesem Inhalt und von diesem weiten Umfang zu schreiben, worin ‹das einzige was not ist› so leise abgeführt wird ... woher mag es kommen, daß Sie einen Menschen haben erziehen und fertig machen können, ohne auf Bedürfnisse zu stoßen, denen die Philosophie nur begegnen kann?

In einer Hinsicht, die Schiller wahrscheinlich nicht beabsichtigte, hatte er recht: Ein deutscher Roman aus den neunziger Jahren des 18. Jahrhunderts ohne Kantianismus würde seiner Zeit so wenig gerecht, wie es *Werther* ohne Empfindsamkeit geworden wäre. Aber er war sehr im Irrtum, wenn er *Wilhelm Meister* für unkantianisch hielt; freilich war dessen Kantianismus so verschieden von seinem eigenen, daß er ihn nicht erkennen konnte. Aber ohnehin drang er Goethe nicht die Vorzüge des Realismus auf, der *Werther* auszeichnete; vielmehr versuchte er, Goethe zu einer programmatischeren – und somit vielleicht eher verifizierbaren – Formulierung seiner Absicht zu bringen. Goethe jedoch war sich mittlerweile klar geworden, was er von Schillers kritischen Einwänden hielt, und die Pause, die jetzt in ihrem Briefwechsel über *Wilhelm Meister* eintrat, rührte nicht nur von der Geburt von Schillers zweitem Sohn her. Zwar überarbeitete Goethe nach der Begegnung mit Schiller zwischen dem 16. und 19. Juli einige Stellen im achten Buch, aber das revidierte Manuskript schickte er ihm nicht zu, trotz wiederholter Versprechungen, es zu tun. In den verworrenen Wochen Ende Juli und Anfang August hielt der Roman «einen Mittagsschlaf», aber danach kehrte Goethe zu ihm mit dem Gefühl zurück, das Buch müsse in Druck gehen, ohne noch einmal Schiller vorgelegen zu haben. «Es liegt in der Verschiedenheit unserer Naturen, daß es [das Werk] Ihre Forderungen niemals ganz befriedigen kann», schrieb er am 10. August, in resignierter Abwandlung der Gefühle, mit denen er Schiller im Juni das achte Buch geschickt hatte; «die Ansprüche, die dieses Buch an mich macht, sind unendlich und dürfen, der Natur der Sache nach, nicht ganz befriedigt werden.» Doch schwankte er noch immer: Am 26. August war er schon entschlossen, das Manuskript aus Weimar abzuschicken, so daß Schiller mit der endgültigen Fassung überrascht werden konnte, sobald sie im Druck erschien – Goethe selbst war «wie von einer großen Debauche [Orgie], recht ermüdet daran» –; zwei Tage später nahm er das Manuskript schließlich nach Jena mit. Gleichwohl ist es unwahrscheinlich, daß Schiller vor dem Erscheinen des Romans noch irgend etwas vom achten Buch zu Gesicht bekommen hat. Goethe hatte seine verbleibenden Probleme mit dem Roman dadurch gelöst, daß er sich entschloß, sie in einen Folgeband einzubringen, und so wird er jetzt die «tausend andern Dinge», die er für die Zukunft vorhatte, mit Schiller diskutiert haben: die Vorwegnahmen des zweiten Romans, die «Verzahnungen», die im ersten stehenbleiben mußten und über die er einen Monat zuvor nachzudenken begonnen hatte, als erstmals das ganze Ausmaß der Meinungsverschiedenheit mit Schiller sichtbar wurde; und seine Pläne zu neuen Gedichten. Vielleicht schon beim Anblick der Emigranten, die aus dem Kriegsgebiet nach Weimar und Jena strömten, war ihm aufgegangen, daß Correggios *Flucht nach Äypten*, von der er Meyers genaue Beschreibung erhalten hatte, kurz bevor er nach Jena aufbrach, ein zeitgenössisches Bild war, mit dem ein neuer Roman einsetzen konnte; vielleicht war er auch schon zu dem Schluß gekommen, daß ein bürgerliches Idyll ein tauglicheres Vehikel für das war, was jetzt zu sagen nottat, als die Elegie über Hero und Leander, mit der er ebenfalls gespielt hatte. Schiller war dagegen ein weniger ahnungsvoller Leser der Zeichen der Zeit und beschäftigte sich Mitte August mit einem Gedicht für den *Musen-Almanach*, «Pompeji und Herkulanum», zu dem ihn die dortigen, jüngst wieder aufgenommenen archäologischen Grabungen inspiriert hatten. In diesen sah er ein Symbol dafür, daß nach einer langen Zeit der Finsternis seit der klassischen Zeit, die antike Welt wieder zum Leben zu erwachen begann, und in Trotz oder in Mißachtung gegen die politische Konstellation schrieb er die triumphierenden Schlußzeilen:

> Die Altäre, sie stehen noch da, o kommet, o zündet,
> Lang schon entbehrte der Gott, zündet die Opfer ihm an!

Wenn Goethe es besser wußte, dann gehörte auch das zum Unterschied ihrer Naturen. Schiller dachte wahrscheinlich an die französischen Revolutionäre, Goethe an das deutsche Publikum, als sie beide dem Xenion «Der Zeitpunkt» zustimmten:

> Eine große Epoche hat das Jahrhundert geboren,
> Aber der große Moment findet ein kleines Geschlecht.

Goethe folgte keinem öffentlichen Kalender, sondern nur seinen ältesten privaten Ritualen, wenn er Unger das letzte Buch des *Wilhelm Meister* am Freitag, dem 26. August, schickte, zwei Tage vor seinem Geburtstag, der einst für die Abreise nach Italien vorgesehen war. Am nächsten Tag kamen Christiane und August von Weimar herüber; ihre Hoffnungen auf Feuerwerk und einen Ball dürften enttäuscht worden sein, aber sie blieben bis zu einer bescheidenen Feier am Sonntag. Gleichzeitig traf die Nachricht ein, daß die Franzosen soeben bei Amberg geschlagen worden waren und sich auf dem Rückzug befanden.

Zwischen Realismus und Idealismus: Werke, 1796

Von Beginn des Terrors bis zu der sommerlichen Pause in den expansionistischen Feldzügen Jourdans und Bonapartes trug Goethe die «Last», die ihm das «Pseudo-Epos» des *Wilhelm Meister* auferlegte, den wir nunmehr als ein Ganzes erörtern können. Das Gedicht *Alexis und Dora*, das sich auf die originelle, nachitalienische Manier der *Römischen Elegien* besann und endlich den Impetus dieser poetischen Revolution wiedergewann, wurde mit der Euphorie dessen geschrieben, der das Ende einer großen Mühsal vor sich sieht. Auch *Alexis und Dora* war Teil eines gewaltigen geistigen Umorientierungsmanövers, das Goethe im Kampf mit seinem Roman sowie in einigen verwandten literarischen Scharmützeln vollführte. Und es hat mit allem, was Goethe in dieser Zeit schrieb, gemeinsam, daß es nicht nur dem Leser Rätsel aufgibt, sondern auch Rätsel zu einem seiner Themen macht.

Goethes längstes und einheitlichstes Prosawerk hat zu mehr Kommentaren eingeladen und die deutsche Literatur und Literaturwissenschaft stärker beeinflußt als jede andere seiner Schriften mit Ausnahme des *Faust*. Wenn der Rest der Welt den *Wilhelm Meister* im großen und ganzen der Kategorie der großen ungelesenen Werke überlassen hat, wie Nicolai, Madame de Staël und sogar Carlyle prophezeiten, so entspricht das seiner Nähe zu den deutschen Gegebenheiten, die er schildert, und der deutschen Tradition des Romanschreibens, die er begründet. Die besondere Not der deutschen Beamtenklasse, die weder ein Bürgertum nach englischem oder französischem Vorbild noch ein grundbesitzender Adel war, sowie die idealistische Philosophie, mit deren Hilfe diese Klasse ihrer zwitterhaften Existenz eine säkularisierte religiöse Bedeutung zu geben suchte, waren für bürgerliche Leser in den postfeudalen und zunehmend imperialistischen Nationen an Europas Atlantikküste Themen von geringem Interesse. Noch weniger Reiz übten auf sie die gedankenreichen und oft sehr schönen Variationen über das *Wilhelm-Meister*-Thema aus, die Ludwig Tieck, Jean Paul Novalis, Clemens Brentano (1778–1842), Eduard Mörike, Adalbert Stifter (1805–1868) oder Gottfried Keller (1819–1890) komponierten – im 19. Jahrhundert weithin die beherrschende Form der umfangreichen Prosaerzählung in der deutschsprachigen Welt –. Nur in einigen Romanen des 20. Jahrhunderts haben einzelne Elemente dieser Tradition ein internationales Publikum erreicht, und dann oft in Form von ironischen oder parodistischen Anspielungen – genannt seien *Der Zauberberg* oder *Doktor Faustus* von Thomas Mann (1875–1955), *Siddharta* oder *Das Glasperlenspiel* von Hermann Hesse (1877–1962) oder *Die Blechtrommel* von Günter Grass (*1927). Schon die Bezeichnung «Bildungsroman» (im Unterschied zum «Entwicklungsroman»), die Wilhelm Dilthey (1833–1911) 1870 für «die Werke, die die Schule des *Wilhelm Meister* ausmachen» vorschlug, sträubt sich hartnäckig gegen jede Übersetzung. Wohl nur in einem Land, wo «Bildung» zählt – wo sie den Ort der Begegnung für mittlere Stände und niederen Adel abgeben kann, weil sie sowohl die «Kultur» des Müßiggängers als auch die «Ausbildung» der freien Berufe meint –, hat der «Bildungsroman» Chancen, gelesen zu werden. Doch als die Geschichte des Preises, den andere für das Herauswachsen eines jungen Menschen aus schmeichelhaften Illusionen zu zahlen haben, hat *Wilhelm Meisters Lehrjahre* viel mit Dickens' *Great Expectations* gemeinsam, und wenngleich D. H. Lawrence die «eigentümliche Immoralität» von Wilhelm Meisters «intellektualisierter Sexualität» und, noch zugespitzter, seine «absolute Unfähigkeit zu jeder *Entwicklung* der Beziehung zu irgendeinem anderen Menschen» kritisierte, machte er doch in seinem eigenen Roman *The Rainbow* nicht nur von Goethes zentralem Bild, sondern auch von der tieferen Struktur des *Wilhelm Meister* Gebrauch. Es ist nämlich fraglich, ob Goethes Roman – trotz allem, was ihn mit seiner eigenen Zeit und mit späteren Zeiten in Deutschland verbindet – überhaupt mit Recht ein «Bildungsroman» genannt werden kann; denn er ist, wie alles irgendwie Wertvolle, das Goethe geschrieben hat, zu persönlich und gleichzeitig zu philosophisch, als daß er in die Terminologie der Gattungen und Bewegungen und der Kulturgeschichte gezwängt werden könnte. Zu den fruchtbarsten Anregungen der Goethe-Deutung in jüngster Zeit gehört denn auch der Vorschlag, *Wilhelm Meisters Lehrjahre* als philosophische Reaktion auf die Herausforderung der modernen Wissenschaft zu lesen –

wobei es freilich wichtig ist zu konkretisieren, um welche Philosophie und um welche Wissenschaft es sich handelt. Jedenfalls wird dem Werk keine Auffassung des Romans gerecht, die, wie die meisten Romanciers, welche als Huldigung oder als Parodie auf ihn anspielen, oder auch – um ehrlich zu sein – wie Schiller, von der Annahme ausgeht, daß Wilhelm, sei es direkt oder auf Umwegen, zu einer vollkommenen Erfüllung fortschreitet, sei sie ästhetischer oder sozialer oder liebender Art. Goethe setzte sich unerschrocken für eine Kultur ein, in der es unvermeidlich war, daß er eines Tages mit professoralen Kritikern gesegnet sein würde, die glaubten, in dem Buch werde «Wilhelms Einführung in das Leben» gezeigt (als ob irgend jemand jemals außerhalb des Lebens anfinge); aber sicherlich verdiente er keine Leserschaft von so grenzenloser Unaufmerksamkeit, daß noch fast zweihundert Jahre nach dem Erscheinen des Romans ein intelligenter Schriftsteller ungestraft behaupten kann, der Roman ende damit, daß Wilhelm Natalie heiratet.

Wenn es in *Wilhelm Meisters Lehrjahren* «Bildung» gibt, dann ist es jedenfalls nicht jene, die ambitionierte Leser der Mittelschicht wie der Gymnasialdirektor Manso aus Breslau in ihnen vergeblich suchten und die mit dem gesellschaftlichen Fortkommen einhergeht. Novalis, der selbst mit einem Adelstitel geboren wurde, den Goethe sich verdienen mußte, fand es witzig, das Buch umzutaufen in «Wilhelm Meisters Lehrjahre oder die Wallfahrt nach dem Adelsdiplom», während der musikalische Engländer Latrobe von seinen estnischen Latifundien die Ansicht äußerte, es sei Goethe darum gegangen, «daß der Held ... ein *country gentleman*» werde; denn das «sei die eigentlich wünschenswerte Existenz». Beide irrten. (Moderne, dekonstruktivistische Lesarten, die den Roman als Satire auf den gesellschaftlichen Aufstieg verstehen, verstärken nur diesen Irrtum.) Gesellschaftlich gesehen, endet Wilhelm Meister dort, wo er anfing, indem er die Tätigkeit und das Vermögen akzeptiert, die ihm bestimmt waren, bevor er beides aufgab.

Das Geheimnis von Wilhelms Entwicklung müssen wir anderswo suchen. Für Wilhelm von Humboldt, den ersten Theoretiker der menschlichen «Bildung», war dieser Begriff eine bewußt gewählte botanische Metapher, und Goethe wendet diese Metapher überdies häufig, wenngleich nicht systematisch, auf das Entwicklungsmuster nicht nur eines normalen menschlichen Lebens, sondern auch eines Buches an, besonders des *Wilhelm Meister*. Die «kotyledonenartigen» Anfänge des Romans lägen in der Zeit von 1775 bis 1780, bemerkte er einmal, doch seine «fernere Entwickelung und Bildung» habe viele Jahre beansprucht. In Italien kam ihm der Gedanke zu «Wilh. M.», als er um die Definition der «Urpflanze» rang; aber er kommentierte dazu – wahrscheinlich später –, daß Italien nicht der Ort war, Wilhelms Geschichte fortzuführen: «Möge meine Existenz sich dazu genugsam entwickeln, der Stengel mehr in die Länge rücken und die Blumen reicher und schöner hervorbrechen.» Im Winter 1794/95, als Schiller die Korrekturbögen des ersten und zweiten Buches der *Lehrjahre* las und seinen Freund zu den Anatomievorlesungen Loders begleitete, gebrauchte Goethe das Bild vom Ariadnefaden, das für die Leibniz'sche Phase seines naturwissenschaftlichen Denkens bezeichnend war, um nicht nur den Versuch zu beschreiben, seine botanischen Prinzipien auf «das Labyrinth der thierischen Bildung» anzuwenden, sondern auch die Hoffnung auszudrücken, daß eine einzige «Idee» ihm aus dem «Labyrinth» seines Romans hinaushelfen werde. Leibniz' «Begriff der *Stetigkeit*» schien ihm, wie er im Sommer 1796 an Schiller schrieb, gleichermaßen in der Metamorphose von Insekten und Pflanzen wie in der von «organischen Naturen» veranschaulicht zu werden. In jenen selben Wochen, in denen der Kampf um das ideologische Eigentum an dem nunmehr vollendeten *Wilhelm Meister* ausgetragen wurde, machte er das (nicht abgesandte) Eingeständnis, daß das Buch nicht «organisiert» sei und «kaum ... eine andere Einheit als die der fortschreitenden Stetigkeit» besitze. Schiller selbst wies jedoch auf einen anderen Philosophen der organischen Form hin, der bei der Entstehung des Romans seine Hand im Spiel gehabt habe. Vielleicht als Widerhall des Urteils, das Wilhelm über die Hauptfigur des *Hamlet* fällt – «der Held hat keinen Plan, aber das Stück ist planvoll» –, bemerkte er, Wilhelms Unkenntnis vom Treiben der Turmgesellschaft gebe dem Buch «eine schöne Zweckmäßigkeit, ohne daß der Held einen Zweck hätte». «Zweckmäßigkeit ohne Zweck» ist eine von Kants Definitionen der Schönheit, und die zweckmäßige Organisation eines Lebewesens dient für ihn nur dem Zweck seiner eigenen Existenz, nicht aber irgendeinem äußeren Endzweck. «Entsagung auf einen Endzweck loszugehen» war denn auch für Goethe eine der befreienden Konsequenzen aus der Lektüre der *Kritik der Urteilskraft* (ungeachtet der lähmenden Auswirkungen durch das Nachdenken über die wissenschaftliche Methode, welche die Kantische Befreiung möglich machte). «Wie können wir die Teile eines organisierten Wesens ... begreifen, wenn wir es nicht als ein durch sich und um sein selbst willen bestehendes Ganze beobachten?» Das war der Bruch mit Wolff, wo nicht mit Leibniz, und *Wilhelm Meister*, die Geschichte von der Bildung einer «organischen Natur» und selbst ein «organisiertes» Ganzes, enthält Kontinuitäten ebenso wie Diskontinuitäten, Leibniz'sche Botanik ebenso wie Kantischen Idealismus.

Goethe machte keinen prinzipiellen Unterschied zwischen der Form seines Romans und der Form des Lebens, das der Roman beschrieb. Das erste Buch des *Wilhelm Meister* ist auch das erste Stadium von Wilhelms symbolischer Existenz. Seine innere Struktur ist verwickelt und verschachtelt wie das Innere eines Samenkorns, und es beginnt damit, daß es uns in einen einzigen Augenblick komprimiert die ganze bisherige Existenz Wilhelms vorführt, von der wir nach und nach mehr erfahren werden. Das erste Buch enthält – wie Wilhelm es später nennt – «die Keime dessen, was uns begegnen wird», einen «Vorgenuß der Früchte, die wir einst zu brechen hoffen»: sein früh erwachtes Interesse für Puppenspiel und Laientheater, die Affäre mit Mariane als Präfiguration aller seiner späteren Lieben, die Begegnung mit Melina, bei der zum ersten Mal angedeutet wird, daß ein stabiles Leben dem Leben als Schauspieler vorzuziehen ist, und das erste Eingreifen eines «geheimnisvollen» Unbekannten. Weit im Hintergrund von Wilhelms Kindheit ruht die Reminiszenz an die Kunstsammlung des Großvaters, so wie im Samenkorn die Erinnerung an die glorreiche Blume ruht, aus der es gekommen ist und die es seinerseits wiederherstellen wird, sobald es zur Reife gelangt ist. Ganz anders ist die Struktur des zweiten bis fünften Buches: Die Erzählung ist einfach, chronologisch, vorwärtsdrängend. Wie der Stengel einer Pflanze nach Goethes Theorie kein eigenes Organ ist, sondern lediglich die Folge des Wachstums paariger oder wechselständiger Blätter von einem Knoten zum nächsten, ist Wilhelms Geschichte in diesen Büchern lediglich das Hinzukommen von neuen Figuren, die gewöhnlich paarweise auftreten. Wie die Pflanze durch Transformationen des einen Grundelementes, des Blattes, wächst, wächst Wilhelms Geschichte durch wiederholte Modifikationen jenes Grundelementes, das ein menschlicher Charakter oder das Leben ist. Wir sind die Menschen, die wir kennen: diese Vorstellung ist nicht so verächtlich instrumentell, wie Lawrence glaubte. Wilhelms Ausflug auf das Theater ist eine Phase der Expansion: Nachdem die Ereignisse im zweiten Buch mit viel Punsch geschmiert worden sind, einem einfachen und wässrigen Getränk (Goethe führte Veränderungen im Pflanzenwachstum auf Veränderungen in der Bewegung und Verfeinerung des Saftes zurück), zieht Wilhelm in die Welt hinaus und sammelt die Erfahrungen unterschiedlicher Orte und Milieus.

Wir haben jedoch schon im *Märchen* gesehen, daß eine Pflanze, wenn sie in das Stadium der geschlechtlichen Blüte eintreten soll, die potentiell endlose Phase ihres vegetativen Sprossens beenden muß. Nach dem *Versuch, die Metamorphose der Pflanzen zu erklären* wird diese Veränderung gewöhnlich durch einen Mangel an Nährstoffen hervorgerufen. Am Ende des fünften Buches hat sich das Theater als unzulängliche Nahrung für Wilhelms Sehnsucht nach Entwicklung erwiesen, und es beginnt eine unerfreuliche Phase des Verlusts und der Einschränkung. In der Welt der Pflanzen, heißt es im *Versuch*, kann der Übergang vom Sprossen zum Blühen entweder fließend oder, wie in Wilhelms Fall, abrupt sein. Wenn er abrupt erfolgt,

rückt der Stengel, von dem Knoten des letzten ausgebildeten Blattes an, auf einmal verlängt und verfeinert, in die Höhe; und versammlet an seinem Ende mehrere Blätter um eine Achse.

Das Bindeglied zwischen der reihenden und linearen Anordnung der Blätter und ihrer gleichzeitigen und kreisförmigen Anordnung ist also ein neuer, schmaler und zarter Stengel, der von allen als nur den rudimentärsten Blättern frei ist. Die Blätter des grünen Kelchs, in die er ausläuft, sind jedoch erkennbar dieselben Organe wie die des Hauptstengels, allerdings in kontrahiertem Zustand. Das letzte voll ausgebildete Blatt, der letzte Charakter am Stengel von Wilhelms erstem Leben ist Aurelie, und durch sie wird

Wilhelm mit einer anderen Lebensgeschichte bekannt: der der schönen Seele. Ihr Leben ist verfeinerter und in sich geschlossener als das seine; es schreitet nicht von Blatt zu Blatt fort, ja weithin ermangelt es sogar der entwickelten Charaktere, die bisher Wilhelms Erfahrung gebildet haben. Statt dessen strebt es unbeirrbar in die Höhe, seinem Ziel entgegen, und an seinem Ende treffen wir auf ein halbes Dutzend Figuren, die uns schon von ihren früheren Auftritten in Wilhelms Leben her bekannt sind. Nur sehen wir jetzt die Neffen und Nichten der Stiftsdame sowie deren Onkel und den Abbé nicht als isolierte Zufallsbegegnungen auf Wilhelms Weg, sondern als eine Familiengruppe, die sich um das axiale und wohlbekannte Ich der Stiftsdame ordnet – die meisten in kontrahiertem Zustand, da es noch Kinder sind. Der Regenbogen aber, der Wilhelms Übergang in eine eingezogenere Welt markiert, enthält auch die Verheißung der Farbe, die kommen wird, sobald die Knospe wieder zur Blüte expandiert (so wie die grünen Kelchblätter oft in der Farbe der im Inneren sich bildenden Blütenblätter getönt sind – *Versuch*, § 43). In der Abgeschiedenheit von Lotharios Landgut lernt Wilhelm im siebenten Buch sowohl, das Alte im Neuen zu erkennen, als auch, sich – nicht ohne Schmerzen – von seiner Vergangenheit zu trennen. Die zunehmende Bedeutung von Felix und dessen Anerkennung als sein Sohn bereiten die nächste Phase vor: Nach dem *Versuch, die Metamorphose der Pflanzen zu erklären*, bewirkt die diffuse Gegenwart der reproduktiven Flüssigkeiten im Saft die letzte Phase der Expansion beziehungsweise Kontraktion im Leben der Pflanze, und sie verursacht auch die damit einhergehenden farblichen Veränderungen. Wir bemerken, daß der Beginn der aktiven Rolle, welche Felix in Wilhelms Entwicklung spielen wird, wie zur Bekräftigung mit Champagner begossen wird, wie im ersten Buch die erste Sprosse dieses Samenkorns.

Was im siebenten Buch knospenhaft verborgen war, bricht in der ersten Hälfte des achten glorreich auf. «Die ganze vegetabilische Natur» schmückt sich mit Farben, um ihr Hochzeitsfest zu feiern, schrieb Goethe in der Einleitung zu den *Beiträgen zur Optik*, und nach langer Vorbereitung wird in wenigen Augenblicken die Zukunft der Art entschieden. «Der höchste Augenblick für den Menschen ist dieser Augenblick des Erblühens», meinte Humboldt dazu. Im Hause des «Oheims», umgeben von den Bildern und Skulpturen seines Großvaters, und in dem mit harmonischen Farben reich geschmückten Saal der Vergangenheit, dem Tempel des Lebens und der Kunst in der Mitte des Hauses, erkennt Wilhelm endlich das vollständige Muster hinter den Begebenheiten in seinem Leben und identifiziert sein wahres Ziel. Zu Beginn, in der Mitte und am Ende des achten Buches kommen Blumen vor: die unbekannten Blumen, die Felix Wilhelm zeigt und die Natalie für das Grab ihres Großonkels abschneidet, und die bekannte Blume, die Friedrich in den letzten Zeilen Wilhelm überreicht – Natalie selbst, oder vielleicht die ganze Geschichte seines Lebens vom Samenkorn über Stengel, Kelch und Krone zu Staubgefäßen, Frucht und neuem Samenkorn.

Das Gegenbeispiel einer unzulänglich differenzierten Entwicklung wird mit der Geschichte von Augustin und Sperata gegeben, die wie Einkeimblättrige zur geschlechtlichen Vereinigung eilen, bevor sie voll ausgebildet sind. Augustin verteidigt sein Recht auf Inzest mit dem Argument, daß sogar die Lilie, das Symbol der Reinheit, zwittrige Blüten habe (wie die meisten Pflanzen), daß bei ihr «Gatte und Gattin auf *einem* Stengel» entspringe. Er behandelt als Muster für sein eigenes Verhalten, was bestenfalls Zeichen ist, und die wahre Bedeutung dieses Zeichens – daß die vollkommene Erfüllung nicht für diese Welt ist – wird durch Mignon enthüllt, die eine Lilie in der Hand hält, sobald klar ist, daß ihr kurzes Leben in den Himmel entschwinden wird. Der zweikeimblättrige Wilhelm hat eine längere und komplexere Geschichte. Denn im achten Buch entfaltet sich die Blütenkrone nur kurze Zeit, und nachdem Wilhelm in den Saal der Vergangenheit eingetreten ist, werden wir sehr rasch durch die letzten Phasen von Kontraktion und Expansion im Leben einer Pflanze hindurchgeführt. Unmittelbar nach dem krönenden Augenblick der Expansion erfolgt eine geradezu katastrophale Kontraktion. Die Organe, die wir eben noch als Ring von glorreichen Blütenblättern erblickt haben, werden auf einmal zu Staubgefäßen und Stempeln komprimiert, jenen Instrumenten der Fortpflanzung, die die verfeinertsten Flüssigkeiten der Pflanze enthalten (*Versuch*, § 50). In dem Roman scheinen auf einmal alle Figuren zusammenzuströmen, gleichsam magnetisch angezogen von der Residenz des «Oheims» und dem Saal der Vergangenheit in ihrer Mitte, zusammengedrängt auf zu engem Raum, wo nur geläuterte Geister ihr Gleichgewicht halten und die endgültige Paarung von Mann und Frau hervorbringen können. Auf den Augenblick der geschlechtlichen Diversifikation und Vereinigung folgen zwei Phasen, die in den *Lehrjahren* nur perspektivisch angedeutet werden: eine weitere, äußerste Expansion des Blattes zu der Frucht, in der sich dann das extrem kontrahierte Blatt entwickeln wird, das wir Same nennen. Die expandierte Form des Ringes von Figuren, in denen Wilhelm in den ersten Kapiteln des achten Buches die hauptsächlichen Weggefährten seines bisherigen Lebens erkennt, ist die Turmgesellschaft, avisiert als internationale Organisation, die überall auf der Erde Frucht trägt. Innerhalb dieser Organisation und durch sie geschützt wird Wilhelm fähig sein, ins Ausland zu wandern und zum Zweck der Wiederholung jenes Zyklus, den er durchschritten hat, den Samen eines neuen Lebens auszubilden: seinen Sohn Felix. Was Goethe 1796 als das Hauptthema von *Wilhelm Meisters Wanderjahren* intendiert haben muß, wirft hier seinen Schatten voraus: die weltweite Rolle der Turmgesellschaft und die Erziehung von Felix. Wilhelm selbst ist es jedoch nicht bestimmt, auf einer bestimmten Stufe fixiert zu werden. Er ist – um die botanische Parallele ein wenig weiterzuführen – das ewig veränderliche Blatt, hinter dessen je bestimmter Form in Goethes Abfolge der sechs Gestalten immer schon die nächste Form bereitsteht. Seine früheren Gestalten müssen, wie Mignon, der Vergangenheit überantwortet werden, und er muß zur nächsten Phase übergehen, angelockt von dem Bild der Blume in allen ihren Phasen, Natalie – freilich sei das «keine Erfahrung», sondern eine «Idee», hatte nach Goethes Bericht Schiller zu ihm gesagt, als er ihm sein Schema der Pflanzenmetamorphose skizzierte.

Aber Wilhelm, so müssen wir uns sagen, ist kein Botaniker. Seine Lebensgeschichte mag dasselbe Muster aufweisen wie eine Pflanze, aber er weiß das nicht – und so kann das Muster nicht wirklich dasselbe sein; denn das, was ein Mensch über sich selbst weiß, ist Teil dessen, was er ist. 1795 und 1796 veröffentlichte Schiller eine Reihe von Epigrammen, die menschliches und pflanzliches Leben vergleichen und wahrscheinlich auf Unterhaltungen mit Goethe zurückgehen; in jedem Falle aber verweist die Ähnlichkeit auch auf einen Unterschied, wie in «Das Höchste»:

Suchst du das Höchste, das Größte? Die Pflanze kann es dich lehren:
Was sie willenlos ist, sei du es wollend – das ists!

In dem Maße, wie Wilhelms Leben sich seiner Blüte nähert, wird die Frage dringender, was er wissend daraus machen will, – eine Frage, die man ja Pflanzen nicht stellen kann. Der organische Zyklus vom Samen über Wachstum («Bildung») und Fortpflanzung zu neuem Samen ist eine Bewegung ohne jede äußere Zwecksetzung oder Bedeutung. Wie die zufälligen Ereignisse und Koinzidenzen, die die deutschen Ausgewanderten einander erzählen, entbehrt er des moralischen Interesses. Wir lösen das Problem der Fabel nicht, wenn wir Wilhelms Bildung mit irgendeinem rein natürlichen Reifungsprozeß gleichsetzen – sein Sohn wird auf den ersten Seiten des Romans gezeugt, nicht auf den letzten, und die Klimax ist Wilhelms bewußte Annahme seiner Vaterschaft, nicht der Moment der Zeugung. Eine solche bewußte Wahl ist jedoch nur einem Geist möglich, der bei der Suche nach seinem Endzweck sogar über die natürliche Vaterschaft hinausblickt. Sogar wenn Felix stirbt, wird Wilhelm um Natalie werben, ja nur *wenn* Felix stirbt, kann seine Sehnsucht nach ihr gestillt werden (außer durch einen lächerlichen Glückszufall). Für einen vernunftbestimmten, autonomen Menschen kann das angemessene Ziel nicht begrenzter und rein natürlicher Zweck sein, nicht einmal die Existenz als Vater von Felix und als Gatte Theresens. Das Leben des Menschen hat, wie Kant uns zeigt, ebensowenig einen natürlichen Zweck wie das jeder anderen Spezies. Doch kann ihm ein idealer Zweck zugeschrieben werden. Wir können beschließen, Natalie zu suchen. Der Unterschied zwischen einem schönen Tag und einem grauen liegt nicht im Wetter, sondern in der Bewegung unseres Herzens, und ohne diese Bewegung wird uns, wie dem Autor des *Römischen Carnevals*, «das Leben im Ganzen ... unübersehlich, ungenießbar, ja bedenklich» vorkommen. Sieben Jahre nach dem *Römischen Carneval* jedoch ist die Flaute überstanden: Die Strömungen des Idealismus regen sich stark in Deutschland und tragen Goethe aus diesen tödlichen Gewässern hinaus. Als er den *Versuch einer allgemeinen Vergleichungslehre* schrieb, schien er die Möglichkeit zu erwägen, daß sich das Innenleben des Organismus in die ihn formenden äußeren Kräfte auflösen könnte: Nun aber wird in Deutschland generell wieder der Leibniz'sche Vorrang des individuellen inneren Gesetzes zur Geltung gebracht, wenn auch in neuer Terminologie, und Goethe ist nicht geneigt zu widersprechen.

Da jedoch in dem Kantischen Schema die Leibniz'schen Gewißheiten – über Ordnung, Zweck, Gott und Ich – nur als ideale geltend gemacht werden – als Regulativ der Erkenntnis, nicht als konstitutiv für sie –, ist der Kantianer in einer gewissen Gefahr, dem Dualismus zu verfallen: Chaos in der materiellen Welt, Ordnung im Geist. Die Struktur von *Wilhelm Meisters Lehrjahren* weist vielleicht Sprünge entlang dieser Bruchlinie auf. Das neue Material, das 1795/96 zu der *Theatralischen Sendung* hinzukam – das sechste, siebente und achte Buch –, ist mit dem alten nicht homogen. Die Erzählung ist, zumal im siebenten und achten Buch, funktional, karg, ja sogar unglaubwürdig, so als würde sie durch äußerliche Erwägungen vorangetrieben, und stellenweise so lakonisch, daß der Leser wichtige Wendepunkte in der Fabel leicht übersehen kann. In einem gewissen Umfang hat Goethe natürlich eine Tugend aus dieser Not gemacht: Die strukturelle Diskontinuität bildet bewußt den Übergang vom Realen zum Idealen ab. Die im sechsten Buch eingeschaltete neue Art der Erzählweise, danach die Einführung eines neuen Schauplatzes und – wenigstens scheinbar – neuer *dramatis personae* und neuer Ambitionen für den Helden – das alles summiert sich zu einer offensichtlichen und kraftvollen literarischen Wirkung. Dasselbe gilt für die positiv überwältigende Anagnorisis, durch die die Ereignisse in Wilhelms Theaterlaufbahn nicht weitergeführt, sondern in einem neuen Licht gezeigt werden: Klarer ließe sich kaum zum Ausdruck bringen, daß der Roman in eine neue Phase eingetreten ist. Andererseits hat Goethe gerade dadurch, daß er der Sache des Wiedererkennens eine solche Bedeutung einräumt, in gewisser Weise die Diskontinuität überbrückt. So wie wir die Stengelblätter, verfeinert und neu angeordnet, in der voll erblühten Blume erkennen, erkennen wir Wilhelms frühere Lebensphasen und Gefährten in den späteren. Und damit könnten wir fast zu der Überzeugung gelangen, daß diese Diskontinuität ein ebenso natürliches Merkmal von Wilhelms Leben und der Gestalt des Romans ist wie der abrupte Übergang vom Stadium des Sprossens zum Stadium des Blühens in der Metamorphose der Pflanze. Vielleicht ist die höchste Blüte unserer Humanität in der Tat eine geistige, nicht eine animalische Leistung: unser Leben in einem moralischen Licht zu sehen, nicht als etwas vom Schicksal über uns Verhängtes, und das Glück zu erkennen, in dem wir immer gelebt haben, das Ideal, für das wir geboren wurden, das uns unerkannt immer begleitet hat. Aber einem einzigen Augenblick der Einsicht und dem voll entwickelten und seiner selbst gewissen moralischen Bewußtsein, in dem sie sich ereignet, eine so privilegierte Stellung zu geben, hieße, dem Kantianismus des Romans eine Schillersche, voluntaristische Seite zu geben. Goethes «realistischer Tic», sein kritischer

Idealismus, erlaubten ihm nicht, Wilhelms Identität in einen sei es auch noch so erhöhten Zustand seines Geistes zu verlegen. Wilhelm mußte wie das Blatt in jeder Phase seiner Metamorphose voll und ganz gegenwärtig sein. Die späteren Bücher der *Lehrjahre* mögen im gewöhnlichen Sinne des Wortes weniger «realistisch» sein als die früheren; doch an der Trennungslinie zwischen altem und neuem Material bricht der Roman nicht einfach auseinander. Das botanische Muster zieht sich von Anfang bis zum Ende durch Wilhelms Geschichte, und neben ihm verläuft ein anderes, die nicht benannte Idee (vielleicht), von der Goethe glaubte, sie werde ihn durch das Labyrinth führen (falls er nicht Natalie selbst – die Idee in eigener Person – meinte). In jedem Buch des Romans sehen wir Wilhelm in dem voreiligen Irrtum befangen, einen partikularen, realen Zweck – ein Puppenspiel, Philine, die Aufführung des *Hamlet*, die Ehe mit Therese – für seinen idealen, eigentlichen Zweck zu halten, und die parallelen Geschichten der Stiftsdame und des Harfners zeigen ähnliche Irrtümer, allerdings von sehr unterschiedlicher Schwere. Die Entwicklung der Stiftsdame wird letzten Endes nicht dadurch abgeschnitten, daß sie ihren moralischen Führer mit dem Gotteslamm ihrer Phantasie gleichsetzt. Augustin jedoch reduziert sich selbst auf den Status einer Pflanze, weil er darauf besteht, daß er und Sperata füreinander bestimmt seien. Obgleich also das recht verstandene Ideal niemals mit dem gleichgesetzt werden kann, was real ist, versucht Goethe doch, den ganzen Roman hindurch zu zeigen, daß es in realen Ereignissen verwurzelt und implizit enthalten ist. Vom Augenblick seiner Rettung nach dem Überfall an sucht Wilhelm seine schöne Amazone als die Erfüllung von Verheißungen, die ihm in Kinderträumen zuteil geworden sind. Das Wirken der Turmgesellschaft mag zwar erst nachträglich erkennbar sein, greift aber in einige von Wilhelms frühesten Erinnerungen ein. Andere Leitmotive deuten auf eine Kohärenz in seinen Erfahrungen, die erst gegen Ende seiner Entwicklung ausgesprochen wird oder nur halb bewußt beziehungsweise kaum bewußt bleibt: die Kunstsammlung, das Bild des kranken Prinzen, die Inzestmotive, der Hermaphroditismus, die Figuren, die in Paaren auftreten, die Blumen. Doch auch die durchgängige botanische Struktur bleibt fast völlig verborgen, eine objektive Ordnung, die fast nie in das erklärte Selbstverständnis der Figuren integriert ist. Andererseits ist deren Erfahrung auf der bewußten Ebene gekennzeichnet von einer unerwarteten und frustrierenden Diskontinuität, von unerklärlichen Koinzidenzen, von Rätseln. So liegt der Geschichte Wilhelms eine paradoxe Beziehung zwischen dem Realen und dem Idealen zugrunde, die nicht erst am Punkt des Übergangs zu den letzten drei Büchern des Romans augenscheinlich wird. Zum ersten Mal wird sie im ersten Buch zum Ausdruck gebracht, in Wilhelms erstem Gespräch mit einem Abgesandten des Turms: Es ist Wilhelms Aufgabe, sich von dem Glauben zu emanzipieren, sein Leben läge in den Händen einer leitenden Macht oder des Schicksals; aber wie er bereits richtig vermutet, wird er zur Selbstemanzipation durch eine äußere Macht geführt werden, deren Wirken ihm verborgen ist. Goethe versucht, uns ein Leben zu zeigen, für das diese beiden widersprüchlichen Deutungen jederzeit zutreffen, um uns damit vielleicht eine Ahnung von jenem offenbaren Geheimnis des Lebens zu geben, das hinter und jenseits aller Deutung steht. Doch stellt ihn das Ende seiner Geschichte vor ein unlösbares Dilemma: Er kann nicht zeigen, daß die natürliche Blüte eines Menschen darin besteht, die Natur hinter sich zu lassen, ohne eines der zwei Prinzipien aufzugeben, die er bisher im Gleichgewicht gehalten hat. Seine Lösung besteht, nicht zum ersten Mal in seiner Schriftstellerlaufbahn, darin, nicht zu enden.

Wilhelms Braut kommt vom Himmel herab, aber die Ehe wird nicht vollzogen. Zwischen den zwei Schlüssen schwebend, die für Ferdinands Geschichte denkbar sind – Wunder oder Entsagung –, verfällt der Roman in Schweigen. Diese letzte Zurückhaltung entspricht völlig dem Zustand von Goethes Geist und Herz im Frühsommer 1796, hat aber auch nicht aufgehört, die Leser des Romans zu verwirren. Sind *Wilhelm Meisters Lehrjahre* ein Meisterwerk der Zweideutigkeit oder aber ein Monument der Unschlüssigkeit, das sich der Beantwortung der Frage verweigert, die es aufwirft? Spätestens seit Anfang 1795 hatte eine kleine, kalte Angst begonnen, sich bei Goethe auszubreiten: die Angst, daß die Vollkommenheit des Lebens wie des Werks, die er sich für sich selbst vorstellen konnte, unerreichbar sein könnte. Die Verheißung einer Erneuerung der deutschen Literatur war nicht besonders überzeugend in einer Zeit, die vom Zeitungsgeschwätz über die Revolution beherrscht wurde: Goethes Beunruhigung verriet sich in seinen Beiträgen zu den ersten Heften der *Horen* und mag sich zu einer deutlichen Vorahnung des Scheiterns verdichtet haben, als er darum rang, für seine Ideen zur Anatomie einen Ausdruck zu finden, der der Kantischen Kritik standhalten konnte. Ein Jahr später erzeugten die Wochen der durch Bonaparte und Jourdan verursachten Ungewißheit jene «poetische Stimmung» der Unentschlossenheit, die ihn befähigte, das achte Buch zu vollenden, aber nur dadurch, daß sie ihn die große Wahrscheinlichkeit in Betracht ziehen ließ, letzten Endes doch nicht mehr in sein italienisches Paradies zurückkehren zu können. In der Zwischenzeit zeigte ihm der Tod des kleinen Carl wie flüchtig und gefährdet sein Familienglück war, und er suchte Erleichterung von seiner Bitterkeit in der Beschimpfung des deutschen Publikums und in dem Vorsatz, vor diesem – und vielleicht namentlich vor dessen Repräsentanten Schiller – die Wundheit seines Herzens zu verbergen. Und immer zog sich durch die großen und kleinen Ereignisse, durch die Briefe und Unterhaltungen, die von ihnen handelten, wie ein roter Faden der Geist «Lilis», die selbst nie zu sehen war, aber unerwartet in vielen Frauen halb erkannt wurde – in Friederike Brun, in Dorothea Stock, in Christiane Vulpius, die unbehaglich, aber solide ihren Platz eingenommen hatte, vielleicht auch in einer anderen Christiane, der siebzehnjährigen Schauspielerin Bekker-Neumann, 1795 also so jung wie jener Geist im Jahre 1775, für Goethe das alterslose Sinnbild einer nicht erfüllten Verheißung. In dieser Zeit unvergleichender Prüfungen hatte sich «Lili» von Türckheim als die perfekte Frau eines anderen Mannes erwiesen. Auf einmal gab es vieles, das man einmal erhofft haben mochte und das nun niemals Wirklichkeit werden würde und mit dessen Verlust man sich abfinden mußte, obgleich man es niemals besessen hatte. Aber aus dem Schmerz des Verlustes, vor dem Wilhelm Meister verzweifelt zurückschrak, konnte die Dichtung wiedergeboren werden. Die Elemente, die in den siebziger Jahren sich verbunden hatten und detoniert waren, waren wieder vorhanden, wenngleich in einer verfeinerten und veränderten Form, die eine längere und kontrolliertere Freisetzung der dichterischen Energie verhieß, und sie waren alle vorhanden im neuen *Wilhelm Meister.* Goethe hatte, unter welchen Vorbehalten auch immer, wieder begonnen, für das deutsche Lesepublikum zu schreiben, und er war wieder bereit, dieses Publikum durch das Medium der Verlagsgewerbes zu erreichen; in der großen Revolution besaß er ein – wenn auch abstoßendes – Thema, dessen öffentliches Interesse und dessen Auswirkung auf sein eigenes Leben alles übertraf, wodurch die Bewegung der Empfindsamkeit einst den *Werther* und den *Urfaust* inspiriert hatte; Kant hatte sowohl die Vollmachten des denkenden und fühlenden Subjekts wieder in ihre Rechte eingesetzt als auch den wenigen, die ihn so lasen, wie Goethe ihn las, zu verstehen gegeben, daß diese Vollmachten zur Konstruktion einer neuen Art von Objektivität dienen konnten; Kants Bekräftigung der Verborgenheit Gottes und der Seele machte jenes erneuerte Gefühl für das religiöse Geheimnis intellektuell begreiflich, das Goethe seit den grauenvollen Erfahrungen der Feldzüge von 1792 und 1793 umtrieb; vor allem aber konnte der fehlende Gegenstand einer überwältigenden Sehnsucht, der einst seine Dichtung motiviert hatte, sie aufs neue motivieren, sobald er als der Gegenstand einer notwendigen Entsagung aufgefaßt wurde. Doch obgleich Goethe vor ihm die neue Welt sich hatte auftun sehen, in der er von nun an zu leben und zu schreiben hatte, zögerte er an der Schwelle. Zwar gab er die alles verwandelnden Folgen der politischen Revolution zu, aber sozusagen nur als nachträglichen Einfall: Er schien nicht zu erkennen, daß es selbst ein revolutionärer Akt war, der religiösen Frage – was ist der Zweck des menschlichen Lebens? – der Emanzipation seines Helden vom Schicksal und unserer Fähigkeit zu eigener Sinngebung der Dinge eine so überragende Bedeutung beizumessen. Schließlich hatte Schiller recht, wenn er klagte, «in unserm spekulativen Zeitalter» könnte das Publikum erwarten, mit Kantianismen bedient zu werden. Die Elemente sind alle da, aber die Reaktion will nicht einsetzen; die Retorte bleibt kalt; dem Roman fehlt, wie Schiller erkannte, der magische Anhauch einer einheitsstiftenden Identität. Bei aller suggestiven Fülle kommt uns *Wilhelm Meisters Lehrjahre* eher als unerforschlich bedeutsam denn im poetischen Sinne symbolisch vor.

Botanik ist kein wirklich zureichender Ersatz für gesellschaftliche Objektivität. Die eigentliche Beschränkung für das freie Spiel der Kräfte unserer Selbstdeutung und -neudeutung liegt nicht in der Natur, sondern in anderen Menschen, und es ist das einzigartige Privileg des Romans, aus gesellschaftlichen Realitäten literarische Symbole zu erschaffen. Schiller legte den Finger auf diesen Punkt, wenn er die Plausibilität von Wilhelms sozialem Aufstieg zum künftigen Schwager des Grafen, immerhin eines souveränen Herrschers, bezweifelte, und plädierte darum für eine gewisse Rechtfertigung der vielen Mésalliancen am Ende des Romans. In der Tat hat das letzte Buch der *Lehrjahre* etwas «Sansculottisches», allerdings nicht ganz in dem Sinn, den Schiller meinte. Als Friederike Brun vom Prozeß der Bildung glaubte sagen zu müssen, daß er den Menschen «adelt», erwiderte Goethe mit einiger Bitterkeit: «Das nennen wir anderen Menschen nun nicht so.» Und im *Musen-Almanach für das Jahr 1797* bekräftigte er öffentlich, ein «wackerer Bürger» sei «der edelste Stoff», aus dem ein Staat gemacht sein könne. Es ist eine starke und ironische Metapher, daß Wilhelm die Kunstsammlung, die in gewisser Weise sein Erbe, sein bürgerliches Geburtsrecht ist, nur in entfremdeter Form wiederfindet: als Eigentum einer Adelsfamilie mit privilegierterem Zugang zu Kapital. So war die Realität des Lebens in Deutschland für einen Mann, der einst ein unabhängiger Bürger gewesen war, aber lernen mußte, daß er die Kultur seiner Nation nur von einer Position beeinflussen konnte, die näher am Zentrum der politischen Macht lag. Jene Partien im achten Buch, in denen Wilhelms künftiges Schicksal die Entsagung zu sein scheint, sind von geradezu radikaler Schärfe. Aber auf diesem Ton will Goethe nicht enden. Statt dessen bieten die gemischten Ehen des künstlichen Finales – vielleicht getönt mit dem Utopismus des *Horen*-Projekts – ein unernstes Sinnbild sozialer Harmonie. Hingegen hatte die Mésalliance, die Goethes persönliche und öffentliche Existenz in den neunziger Jahren beherrschte: die Verbindung mit Christiane Vulpius, einen genau entgegengesetzten Effekt – sie hielt das adlige Weimar, das Weimar des Hofes, auf Distanz. Doch dieses leidenschaftlich ernste Sinnbild für all das, was Goethe bewog, so viel Zeit wie möglich in Jena und in der Gesellschaft von bürgerlichen Intellektuellen zu verbringen, hat in den *Lehrjahren* kein Pendant. Die soziale Realität auf den letzten Seiten des Romans ist nicht schlüssig, weil fast alle persönlichen Beziehungen, die Goethe beschreibt, an einer tieferen Unentschlossenheit leiden: Der neue Panurg kann sich noch immer nicht entscheiden, ob er heiraten oder nicht heiraten will. Für einen romantischen Helden ist Wilhelms letzte Situation sonderbar: Er hat ein Kind, aber keine Gemahlin, und die Frau, die er allem Anschein nach heiraten wird, ist nicht die Mutter des Kindes – ja, teilweise ist Wilhelm für den Tod der Mutter mitverantwortlich. Alle sexuell unzweideutigen Frauen in seinem Leben – Philine, die ewig schwangere Madame Melina, die Gräfin, Aurelie – stehen mit Wilhelms großer Ablenkung in Verbindung: dem Theater. Alle Frauen aber, die ihn vom Theater weg – und auf Höheres verweisen – Mignon, die Amazone, Therese – haben bisexuelle Züge. (Einzig Mariane gehört in beide Lager.) Trotzdem fand die Ehe endlich 1795/96 Goethes literarische Beachtung. Nie mehr seit der fröhlichen Bigamie und dem frommen Inzest in *Stella* und in *Die Geschwister* hatte er sie so gezeigt, wie sie im *Märchen* erscheint, als den eigentlichen Gipfel des menschlichen Lebens; nie mehr seit *Götz von Berlichingen* hatte er den Ehestand so gezeigt, wie er in *Der Bürgergeneral*, in Ferdinands Geschichte und sogar in *Der Zauberflöte zweiter Teil* erscheint: als gegenseitige Stütze und ein Bollwerk gegen die Widrigkeiten des Geschicks. Aber diese kleineren oder fragmentarischen Werke verlangten von ihm nicht, wie der Roman, die Ehe seines Helden in die gesellschaftliche Textur des zeitgenössischen Deutschlands zu verweben, worin er seine eigene Stellung noch nicht definiert hatte. Für Goethe, den Schriftsteller wie den Menschen, bedeutete die Entscheidung für die Ehe die Entscheidung für Deutschland wie es war, und zu beidem fühlte er sich im Mai 1796 noch nicht ganz bereit.

Italien lockte noch immer – das Land Cellinis, wo er einst Deutschland so gesehen hatte, wie es sein konnte und sein sollte, wo er das Leben der Götter unter Künstlern und gebildeten Menschen geführt hatte, die emsig ihr Werk förderten, in souveräner Unabhängigkeit von jenen Fürsten in der Ferne, die ihnen ihre Stipendien bezahlten. Auch sein Wilhelm hatte vielleicht eine Italienreise in Aussicht, das großzügige Geschenk eines dankbaren Marchese. Aber Goethe hegte bereits den Verdacht, daß er, sollte er wirklich ins Paradies zurückkehren, nicht imstande sein würde, sein römisches Jahr noch einmal zu durchleben, geschweige denn dort zu bestehen, wo er einst gescheitert war, und aus den Ruinen den Geist eines klassischen Goldenen Zeitalters zu beschwören. Wenn dies überhaupt geleistet werden konnte, dann nur so, wie Schiller es in seinen philosophischen Gedichten und Epigrammen von 1795 angedeutet hatte: nicht dadurch, daß man nach Süden, in die äußerliche Welt reiste, sondern dadurch, daß man auf die Stimme im Inneren hörte und sogar den Beistand der Kantischen Philosophie dabei suchte. Gewiß hatte Schiller auch in schmeichlerischer Absicht dafür gesorgt, daß Goethe den Zwängen der Moderne auf einzigartige Weise enthoben war; aber Goethe kannte seine Grenzen, und vom *Wilhelm Meister* bemerkte er trocken, daß er «seine moderne Natur freilich auch nicht verleugnet». Wilhelms mögliche Expedition nach Italien nimmt daher einen besonderen Charakter dadurch an, daß sie zum Lago Maggiore führen soll, den Goethe zur Heimat Mignons erkoren hatte, anstelle von Verona, Vicenza oder dem Fondi-See. Die Zitronen, Orangen und Myrten, in welchen der Harfner die Symbole seiner reinen, erfüllenden und natürlichen Liebe zu Sperata erblickt, wachsen an den Ufern eines Sees, den Goethe nie gesehen hatte. Wenn Wilhelm dem Marchese folgt, dann in ein Italien, das für Goethe nur in seiner Phantasie existierte und in Kunstwerken wie den Aquarellen vom Lago Maggiore und von seinen Inseln, die Kraus, der Direktor der Zeichenakademie, von einer Bildungsreise 1795 mitbrachte. Zumindest insoweit bleibt sogar die entmythologisierte Mignon des achten Buches mit der Sehnsucht nach einem Italien des Geistes verbunden, wie in *Wilhelm Meisters theatralische Sendung*. Aber vielleicht ist es nunmehr weder Goethe noch seinem Helden bestimmt, den Gegenstand der Sehnsucht zu erlangen. Wilhelms künftige Reisen können ihn genausogut durch Deutschland oder sogar nach Amerika führen. Mit der Erwähnung dieser letzteren Möglichkeit scheinen sich auf einmal so weite Perspektiven vom Turm des Abbés aufzutun, wie nur die moderne Welt sie bieten kann: Lotharios Gutshaus in der deutschen Provinz und die von seinem Großonkel angehäuften Schätze aus der Vergangenheit werden von einer kühleren, unbeschwerteren Luft gestreift, die Goethe 1792 geatmet hatte, als er die Fürstin Gallitzin besuchte. Vielleicht hatte Münster schon einige Züge zu dem Bild von Ferdinands Familie beigesteuert, das die vorletzte Lieferung der *Unterhaltungen deutscher Ausgewanderten* zeigte. Dieser geordnete, aber unkonventionelle Haushalt mit seinem diskret asketischen religiösen Ernst, der in seiner nächsten Nachbarschaft das praktische Werk der Hilfeleistung und Aufklärung betrieb, aber Verbindungen bis nach Rußland wie nach Amerika unterhielt, mag Goethe vorgeschwebt haben, als er die Atmosphäre jener Fortsetzung des *Wilhelm Meister* einzufangen suchte, von deren Notwendigkeit er Schiller im Juli 1796 erzählte und die über Wilhelms Schicksal und seine Bestimmung entscheiden sollte.

Das ideale Italien, das utopische Amerika oder die Realität des hart arbeitenden und hochgeistigen Deutschlands – alle drei Möglichkeiten gehören mit zu den «Verzahnungen», die über den Schluß des Romans hinausweisen, aber es sind nicht die einzigen: Der ganze «Plan» des Romans, fuhr Goethe fort, verlangte nach Fortsetzung, verlangte also ein offenes Ende, das Schiller mit seinem dogmatischen Kantianismus gesonnen war zu schließen. Für Goethe war diese Offenheit die Bedingung seines Überlebens als Dichter von der einzigen Art, die der Mühe lohnte. Als Goethe einmal viel später über ein viel älteres Projekt schrieb, jedoch in Worten, die offensichtlich darauf abzielen, unsere Gedanken auf *Faust* oder *Wilhelm Meister* zu lenken, bekannte er, daß er ein Thema behandele «wie einen ersten Band, der einen zweiten notwendig macht, auf den auch schon vorbereitend gedeutet wird; überall sollten Verzahnungen stehen bleiben, damit jedermann bedaure, daß ein frühzeitiger Tod den Baumeister verhindert habe, sein Werk zu vollenden.» Die Suggestion des Unabgeschlossenen, eines avisierten, aber nicht erreichten Ziels ist das Mittel, wodurch in Goethes Kunst wieder das Persönliche eindringen kann, das in Werken wie *Scherz, List und Rache*, *Der Groß-Cophta* und *Reineke Fuchs* mit so enttäuschendem Resultat fehlte: Die Suggestion eines vom Autor Beabsichtigten, im Unterschied zum tatsächlich Erreichten, suggeriert den Autor selbst und gibt seinen Schriften die autobiographische Dimension zurück. (Der Lago Maggiore ist nur für Goethe, nicht für Wilhelm das eigentümlich signifikante Symbol eines nicht gesehenen Italiens.) Barker Fairly schreibt einmal vortrefflich: «Der Unterschied zwischen den Schriften Goethes und denen der meisten anderen Literaten ist der, daß überall, wo wir ihn anrühren, sei es in einem Gedicht oder einem Roman oder einem Drama, wir es nicht dabei bewenden lassen können, sondern allmählich auf eine Reise geschickt werden; und diese Reise führt uns in die gemeinsame Mitte der Erfahrung in seinem Geist und seiner Person.» Was uns weiterführt, ist meines Erachtens das Eingeständnis des Fragmentarischen, der Unzulänglichkeit gegenüber dem implizierten Ideal in allem, was wir anrühren, und das Eingeständnis, daß Wilhelm Meisters Lehrjahre nur auf einen zerbrochenen Ring hinauslaufen, gilt gleichermaßen für sein Leben, für den Roman seines Lebens und für das Leben seines Romanciers. Weil jedoch der Kreis zerbrochen ist, ist die Mitte nicht bestimmbar und hat die Reise kein Ende: Wir gelangen ebensowenig zu einem einzigen, definitiven Goethe, wie Wilhelm einen definitiven Charakter oder ein einziges Ziel hat. Wenn *Wilhelm Meisters Lehrjahre* einer Fortsetzung bedarf, dann führt der Prozeß der Bildung zu keiner endgültigen oder vollkommenen Form. Zwar gibt es am Ende des achten Buches für kurze Zeit die Imitation eines Ziels durch eine *dea ex machina*; denn Goethe ist sich noch unschlüssig, ob er sich unschlüssig ist. Aber jenseits von ihr, die für ihn nur erreichbar wird, wenn er ihr entsagt, kommt eine neue, symbolische Landschaft in den Blick, zu der Italien, Amerika und Deutschland Elemente beitragen können und durch die wir vielleicht in unbestimmten Jahren des zweckvollen Wanderns, aber ohne Zweck, geführt werden, eine subjektive Landschaft ohne zentrales Subjekt.

In den *Lehrjahren* ist jedoch die neue, offene Erzählweise, die Goethe in der Rahmenhandlung der *Unterhaltungen deutscher Ausgewanderten* erprobt hatte und in der die Leser, die Figuren und der Autor ein und dieselbe, halb fiktive Welt bevölkern, noch nicht erreicht. Der Erzähler ist noch immer ein prädikatloses Subjekt; er hat sich noch nicht der Notwendigkeit gebeugt, noch hat er akzeptiert, daß auch er eine begrenzte historische Existenz hat und als ein Mensch seiner Zeit sprechen muß. Stattdessen färbt eine seltsame Ironie die gesamte Struktur des Romans. Es ist dieselbe Ironie, welche die Keimzelle des Wachstums in dem ansonsten saftlosen *Groß-Cophta* darstellt – die Einsicht, daß Illusionen ihre eigene Wahrheit haben –, so daß ein Hauch von Ernsthaftigkeit sogar über der erklärten Farce von Wilhelms Initiation in die Turmgesellschaft liegt. Wir könnten meinen, daß Wilhelm – wie der Ritter – das Opfer einer Reihe von Täuschungen und Selbsttäuschungen ist, aus denen er «immer zu spät und immer umsonst» erwacht. Er bildet sich ein, ein tragischer Liebender zu sein, aber – so könnten wir meinen – er ist es nicht, weil Mariane ihm ja immer treu war; er bildet sich ein, eine Sturm-und-Drang-Jugend zu haben, die das deutsche Theater reformiert, aber er hat sie nicht, weil die Schauspieler um ihn herum zwielichtig, unfähig und profan sind und weil Wilhelm nur sich selbst spielen kann; er glaubt, er habe sein Selbstverständnis vertieft, weil er die «Bekenntnisse einer schönen Seele» gelesen hat, aber er hat es nicht vertieft, weil die Stiftsdame von einer falschen Religion in die Irre geführt wird; er glaubt, die Liaison mit Therese gäbe ihm einen festeren Halt in der Welt, aber das stimmt nicht, weil auch sie sich in dem Moment als Irrtum erweist, wo sie besiegelt wird. Aber die durchgängige Ironie in dem Roman wie in dem Schauspiel hat noch eine weitere Ebene: sie hat keinen doppelten, sondern einen dreifachen Boden. Da nichts anderes gegeben wird, was systematisch wirklicher wäre als diese Illusionen, bleiben sie zuletzt doch das wahre Muster von Wilhelms Leben. Der Roman ist in der Tat nichts, wenn nicht die Geschichte eines in seiner Liebe enttäuschten Mannes, der Shakespeare auf die deutsche Bühne bringt und über den Umweg seiner Theaterlaufbahn den Weg in die höheren Schichten der Gesellschaft findet, wo er die Wichtigkeit sowohl der inneren Bildung als auch einer ganz irdischen praktischen Einstellung kennenlernt und durch Einhalten der goldenen Mitte fähig wird, die gesellschaftliche Verantwortung eines reifen und vernünftigen Menschen zu übernehmen. Dies alles sind zwar nur Bilder im Kopf, Deutungen seines Lebens, die Wilhelm verwirft, aber der Roman erzählt keine alternative Geschichte, und die Frage «in wessen Kopf sind diese Bilder gespeichert?» könnte nur geklärt werden, wenn der Roman jene Unbestimmtheit aufgäbe, die er bis zur letzten Zeile beibehält. Doch obgleich Goethes Entschluß, die Begrenztheiten seiner Zeit und seines Ortes zu akzeptieren, erst in seinen späteren Schriften dichterisch produktiv wurde, hat das Buch, in dem er sechshundert Seiten lang zögerte, seinen eigenen Realismus, und es lohnt den Vergleich mit *Clara du Plessis*, seinem heute fast vergessenen Romankonkurrenten, um ihn zu verstehen.

Das Leben ist ein offenbares Geheimnis, in dem die zutage liegende Wahrheit ist, daß die Wahrheit verborgen und die einzige Ordnung eine anagnoristische ist – zurückschauend erkennen wir in unserer Vergangenheit unsere Gegenwart. Für dieses Ergebnis von *Wilhelm Meisters Lehrjahre* ist die ironische Struktur wesentlich, die Goethe während des Umschreibens der *Theatralischen Sendung* schuf. Insbesondere markiert die tiefgreifende formale Diskontinuität zwischen den ersten Büchern und dem sechsten, siebenten und achten Buch die Unterscheidung zwischen einem unreflektierten Leben ohne natürlichen Zweck und einem Leben, dem in der Reflexion ein idealer Zweck zugeschrieben wird. Schiller befürchtete, die meisten zeitgenössischen Leser würden diese «ästhetische» Rechtfertigung für die «Maschinerie» der Geheimgesellschaft verkennen und in ihr lediglich einen unoriginellen Kunstgriff sehen, «um die Verwicklung zu vermehren, Überraschungen zu erregen u. dgl.» Die Befürchtung war sehr begründet, zu Zeiten Schillers ebenso wie später. Wer 1795 seine Zeit verstehen wollte und der Ansicht war, der Roman sei «der Spiegel des wirklichen Lebens, eine bürgerliche Epopee ... eine Moral in Beispielen», der wandte sich, wie Herder und Knebel, Lafontaines *Clara du Plessis und Clairant* zu. Trotzdem waren die Kunstgriffe des *Wilhelm Meister* ein wahrerer Spiegel deutschen Lebens als die «treue Verwendung der Sitten und Begebenheiten», die Charlotte von Kalb an Lafontaines Briefroman bewunderte. *Clara du Plessis* ist kein Trivialroman: Aus diesem Grund zeigt er deutlich, warum die besten deutschen Romane des 19. Jahrhunderts dem Beispiel Goethes folgen und ohne breiten Zuspruch auskommen mußten. Lafontaines Geschichte von der Liebe zwischen einem aufrechten Bauern und einer jungen Adligen spielt auf dem französischen Lande, in der Nähe von Verdun, und vor der Kulisse zunächst des *ancien régime* und dann der revolutionären Ereignisse im fernen Paris und bei der Invasion der Alliierten 1792. Die lange Trennung der Liebenden, das kurze Zwischenspiel ihres ländlichen Glücks und schließlich ihr Scheitern am Familienstolz von Claras Vater gehören zu den Konventionen des sentimentalen Romans, doch unverkennbar versucht Lafontaine auch, die Wahrheit über seine sonderbare und beispiellose Zeit zu erfassen. Er arbeitet das Paradox heraus, daß die Revolution einer Verbindung von Clara und Clairant ebenso streng entgegentrat wie die Feudalordnung, und er schildert die beschämenden Entbehrungen, denen Claras Familienangehörige ausgesetzt sind, als sie als Emigranten in der Gegend von Koblenz leben. Aber diese vordergründige Nähe zu den Tagesfragen verbirgt etwas doppelt Unrealistisches. Die politischen Einstellungen, die den fortschrittlichen Figuren, zumal dem Bauern Clairant zugeschrieben werden, sind die des vorsichtig girondistischen deutschen Bürgertums: menschenfreundlich, kosmopolitisch und entsetzt über die Aussicht auf einen Königsmord. Es werden also nicht nur die französischen Realitäten falsch dargestellt: die echte Unterstützung für die Revolution, gerade auf dem Lande, und der Haß gegen die einmarschierenden Alliierten. Deutsche Wirklichkeiten wiederum werden so gut wie gar nicht gezeigt: die Situation in den deutschen Staaten und die eigentümliche geistige Krise, hervorgerufen durch eine nahe Revolution, die nicht die ihre war. Goethe bleibt in Deutschland, in der Welt, die er kennt und in der er lebt, und die ironische Struktur des Romans stellt indirekt jenen wichtigsten Einzelaspekt deutschen Lebens dar, der dessen direkte, realistische Zeichnung unmöglich machte: die Dissoziation des Reichs des Verstandes, wie Kant es nennt, des Reichs der kausal verknüpften materiellen Dinge (im Roman: die Welt des Theaters, die sich entwickelnde Fabel, die verborgene botanische, das heißt natürliche Ordnung) von dem Reich der Vernunft und dem sinnstiftenden moralischen Ideal (die Turmgesellschaft, ihre nachträgliche Rekonstruktion der Geschichte und Natalie). Die Dissoziation der materiellen Welt, in der Glück möglich ist, und der vernünftigen Welt, in der Tugend erreichbar ist, entspricht genau der Distanz des wirtschaftlich aktiven deutschen Bürgertums von der politischen Macht in ihrem Staat – ein Thema, das für Lafontaine zu gefährlich war und zu gründlich verdrängt wurde. Wilhelm wechselt aus den bürgerlichen und handeltreibenden Kreisen Werners und der Schauspieler in den Kreis Lotharios, aber Lothario ist kein Angehöriger eines politisch autonomen Feudaladels (geschweige denn einer Republik). Obgleich durch seine Verwandten zu Reichtum gekommen, ist er der Enkel eines pensionierten Beamten – gesellschaftlich ist er das Äquivalent der Humboldts –, und nach seiner Überzeugung haben Grundbesitzer nur insoweit ein Recht auf ihr Eigentum, als sie dafür Steuern an den Staat zahlen.

Wilhelm schließt sich daher einem Kader von Beauftragten, von Sachwaltern einer Macht an – der Macht der Vernunft und Humanität, wie es heißt –, die höher ist als ihr eigener Wille. In *Clara du Plessis* gibt es kein Reich der Vernunft, kein Pendant zur Turmgesellschaft oder zu der inneren Vision der schönen Seele, und so gibt es auch nicht das ironische Gespür für die Distanz zwischen der Maschinerie der Vernunft und der materiellen Welt, die sie ordnen soll. Aber das gereicht dem Roman nicht zum Vorteil. Indem Lafontaine deutsche Köpfe auf französische Leiber setzt, wird die Illusion genährt, daß das deutsche Bürgertum, wie das französische, sein Schicksal selbst in der Hand hat. *Wilhelm Meisters Lehrjahre* zeigt uns, wie sich ein Leben anfühlen muß, das letzten Endes nicht die Herrschaft über sich selbst hat. Entweder ist es eine ständige, bald humorvolle, bald bittere Bewußtheit von der Diskrepanz zwischen dem Realen und dem Idealen; oder es ist der dankbare Nutznießer eines göttlichen Aktes monarchischer Macht, durch den die Diskrepanz unerforschlicher- und unerwarteterweise aufgehoben und in einer Wüste der Sinnlosigkeit Sinn gestiftet wird: in Form symbolischer Augenblicke oder Ereignisse, in Form bedeutsamer Wiederholungen und Leitmotive oder in Form jenes Gipfels, dem Wilhelm am Ende seiner (oder aller) Geschichte entgegensieht. Lafontaine schreibt eine Phantasie, die den Zeitgenossen schmeichelt, aber die Wahrheit weder über Frankreich noch über Deutschland sagt und daher heute Gegenstand der literarischen Archäologie ist. Goethe schreibt als Opfer seiner Zeit, und damit transzendiert er sie. Denn außerhalb Deutschlands mag *Wilhelm Meister* im 19. Jahrhundert als ein blasser Nachfahr Smolletts oder Fieldings erschienen sein (auf die Goethe sich, wenn auch nur auf dem Weg über Wieland, gestützt haben mag); aber einem späteren Zeitalter sollte er als Vorausdeutung auf Eco oder García Márquez erscheinen (auf die Goethe, wenn auch nur auf dem Weg über Grass, einen gewissen Einfluß ausgeübt haben mag). Eine Leserschaft, die sich an Kriminalfällen in mittelalterlichen Klöstern ergötzt, die keine sind, und nicht zurückschrickt vor fliegenden Teppichen, Trommlern mit gläserzersprengender Stimme oder Hausierern, die von den Toten wiederkehren und sich in achtbaren Häusern als Sanskritlehrer einquartieren, kann sicherlich auch Vergnügen an der Turmgesellschaft, an Theresens Tränenkanal, an den eingebildeten Krankheiten des Grafen und der Gräfin oder an Mignons Eiertanz finden. Eine Aura von «magischem Realismus» umgibt *Wilhelm Meisters Lehrjahre*, das Buch steht fest mit beiden Füßen nie mehr als eine Hand breit über dem Boden. Die gedrängte, geschäftsmäßige und nie ganz ernste Erzählweise, die zahlreichen Todesfälle und der plötzliche Wechsel des Personals, die Abschweifungen in die Dichtung und das lange, subtile Spielen mit dem Thema *Hamlet*, das Bewußtsein einer alles überflutenden Sexualität – normal wie abnormal –, die Unentschiedenheit, ob eine objektive oder eine subjektive Ordnung präsentiert wird – das alles sollte diesen Roman für ein modernes oder postmodernes Publikum zugänglicher machen, als er es in der großen Zeit des sozialen Realismus sein konnte. Nicht deshalb, weil eine Epoche, in der eine literarische Form vergeht, naturgemäß eine Affinität zu der Epoche ihres Entstehens empfinden müßte – das mag der Fall bei der jüngsten, modischen Begeisterung für Sterne und andere Romanautoren des 18. Jahrhunderts und der Romantik sein, denen man das Parodieren einer Form zugute hält, die zu ihrer Zeit nicht existierte und in der zu schreiben sie nicht fähig gewesen wären. Vielmehr deshalb, weil in unserer – wie in Goethes – Zeit und Situation Romane von Menschen gelesen und zum Teil auch geschrieben werden, die nicht das Gefühl haben, Herr ihres eigenen Lebens zu sein.

Auf den letzten Seiten von *Wilhelm Meisters Lehrjahre* drängen die Ereignisse einem Augenblick des vollkommenen Glücks entgegen, der wie in einem langsamer werdenden Traum immer schwieriger zu erlangen ist, bis der Roman unmittelbar vor diesem Augenblick, aber ohne ihn erreicht zu haben, zum Stillstand kommt. Wenn wir den Roman sorgfältig gelesen haben, werden wir wissen, daß *eine* Möglichkeit, die unmittelbar hinter der letzten Zeile lauert, die ist, daß dieser Augenblick überhaupt nicht Wirklichkeit wird und Wilhelm sich in erzwungener Entsagung abwendet. *Alexis und Dora*, in einer Pause während der Abfassung dieser Seiten entstanden, beginnt damit, daß der Augenblick erreicht wurde, aber immer schneller hinter uns zurückbleibt, da wir – Leser und Held zunächst ununterscheidbar – von einer Kraft in die Zukunft gerissen werden, die ebenso unwiderstehlich und eigengesetzlich ist wie eine steife Brise, die die Segel eines Kauffahrers auf den blauen, sonnigen Gewässern des Goldenen Zeitalters bläht. Der bittersüße Effekt ist wesentlich. Goethes Alexis sticht von einem Hafen in der antiken Magna Graecia in See – sozusagen einem Sizilien oder Delos, imaginiert von Claude Lorrain –, um über das Mittelmeer zu einem großen Handelsplatz zu fahren – sozusagen dem Alexandria, wo jener Kaufmann aus der Geschichte vom Prokurator in den *Unterhaltungen deutscher Ausgewanderten* Juwelen und wertvolle Stoffe für seine Frau kaufen will. Aber er läßt Dora zurück, die Nachbarstochter, die er seit Jahren zum Markt, zum Tempel, zum Brunnen hat gehen sehen, die er aber erst im Augenblick der Abreise als die Liebe seines Lebens erkannt hat. Er war bereits auf dem Weg hinunter zum Schiff, als sie ihn bat – das von Dorothea Stock gelieferte Motiv –, ihr von dem fremden Basar ein goldenes Kettlein mitzubringen. Als sie ihn dann in den Familiengarten bat, um ihm Orangen und Feigen für die Überfahrt mitzugeben, und sie einander in einer myrtenüberwachsenen Laube umarmten, fragte Alexis sie: «Bist du nicht mein?»»und sie flüsterte: «Ewig!» Sein Leben war verändert:

> Nur Ein Augenblick war's, in dem ich lebte, der wieget
> Alle Tage, die sonst kalt mir verschwindenden, auf. (Z. 15 f.)

Aber die Schiffer trieben ihn schon zur Eile, der Anker schleifte im Sand, und der verblüffte Alexis wurde auf das Schiff gepackt, das schnell in See stach. Als Alexis sich jedoch der Zukunft zuwendet, kann er dem «mächtigen Kiel» nur eine noch raschere Fahrt durch die Wellen zum fremden Hafen wünschen. «Bilder der Hoffnung» überwältigen ihn: nicht nur die Gemmen und Perlen und Ringe zu dem goldenen Kettchen, womit er sich seiner Braut versichern wird, sondern die purpurgesäumten wollenen Dekken, die er für ihr gemeinsames Lager kaufen wird, und der Vorrat an feinem Linnen, woraus Dora Kleider für sie beide, «und auch wohl noch ein Drittes» (Z. 134), nähen wird. Aber meint Dora es ehrlich mit ihm? Auf einmal weicht die Hoffnung der Furcht, der Himmel verfinstert sich, und der Gewittersturm ist zu vernehmen wie ein furioses Zwischenspiel in einer Opernarie; aber Alexis kann sich nicht entscheiden, auf wen er den Blitz herabwünschen soll. Mit einer humorvollen Bemerkung über die Unmöglichkeit, den Gefühlskonflikt in einem liebenden Herzen zu beschreiben, bringt die Stimme des Dichters die «Idylle» zu einem freundlichen Ende.

Einige der glücklichsten und einige der zweideutigsten Augenblicke in Goethes Leben klingen in der Situation dieses unvergleichlichen Gedichts nach: die Seereise nach Sizilien 1787 und die drei Male, die er in der Vergangenheit nach Italien aufgebrochen war und eine geliebte Frau zurückgelassen hatte – Christiane 1790, Frau von Stein 1786 und – am problematischsten und noch immer in quälender Erinnerung – Lili Schönemann 1775, als er nach Weimar umdirigiert wurde. Überdies glaubte sich Goethe Anfang Mai 1796 noch immer am Vorabend einer Reise, von der er einen reicheren Schatz als je zuvor nach Hause zu bringen hoffte, die ihn aber für viele Monate von Christiane trennen würde, für die ihn eine neue Welle der Zärtlichkeit erfaßt hatte, und auch von August, dem «Dritten» in seinem Haushalt. Die unmittelbaren Ursprünge der Elegie liegen jedoch nicht in irgendeinem einzelnen Vorfall, sondern in dem Bedürfnis Goethes, den im achten Buch des *Wilhelm Meister* begonnenen Gedankengang weiterzuführen. Die Liebeserklärung zwischen Alexis und Dora ist ein Akt des Wiedererkennens wie Wilhelms Einführung in die Turmgesellschaft oder seine Begegnung mit Natalie. Für Alexis war auf einmal der ganze Aspekt der Vergangenheit verwandelt, als er gewahr wurde, daß der Zweck seines Lebens und die wahre Quelle seines Glücks ein Mensch war, den er Tag für Tag gesehen hatte, so lange er zurückdenken konnte, der ihm vertraut war wie die Sterne und der Mond. Es war, so wird uns in einem homerischen Gleichnis gesagt, wie der Augenblick, in dem die Lösung eines Rätsels oder einer Scharade verkündet wird: ein zweites Vergnügen, das Vergnügen, eine Bedeutung zu verstehen, gesellt sich zu dem ursprünglichen Vergnügen an der verlockenden, wenngleich rätselhaften Reihe von ungedeuteten Worten und Ereignissen. Auch das Leben Wilhelms konnte uns sogar dann interessieren, als es nicht *mehr* zu sein schien als eine geheimnisvoll pikareske Reihe von Ereignissen; es erhielt einen neuen Aspekt, als Wilhelm seinem Ideal in Person begegnete und in ihr gewahr zu werden lernte, was er immer dunkel gesucht hatte; das ursprüngliche Geheimnis jedoch wurde nicht beseitigt; denn wir blieben uns bewußt, daß jede Deutung dieses Geheimnisses letzten Endes aufgesetzt war und daß es Wilhelm ebensogut bestimmt sein konnte, sein Ideal zu verlieren, wie es zu besitzen. Aber *Alexis und Dora* geht weiter als der Roman. Alexis gewahrt sein Ideal und wird zugleich mit ihm vereinigt; die Zeilen, welche die Umarmung der Liebenden und das Geschenk der – sexuell emblematischen – Früchte beschreiben, sind von größerer sinnlicher Fülle als jede Erfahrung Wilhelms. Dora verbreitet nicht nur himmlisches Licht über sein Leben, als wäre sie Natalie; sie äußert auch denselben Schwur ewiger Treue wie Therese, Wilhelms irdische Amazone. Und das bedeutet, daß Alexis nicht nur mit seinem Ideal vereint ist, sondern es auch verliert. Therese wendet sich nach der Umarmung von Wilhelm ab und kehrt zu Lothario zurück; Alexis wird von eifersüchtigen Ängsten gequält, je weiter das Meer zwischen ihm und Dora wird. Während jedoch für Wilhelm die himmlische und die irdische Venus unterschieden bleiben und er keine von beiden besitzt, sind sie für Alexis ein und dieselbe, und er hat sie, wenn es nun auch Vergangenheit ist, vollkommen besessen.

Das Bild des heiligen Alexius, der von seiner Trauung forteilt, um das Schiff nach Kleinasien zu besteigen, war in Goethe ohne Zweifel wieder lebendig geworden, als er sich im Februar 1796 in seine Vergangenheit versenkte und die *Briefe aus der Schweiz* ausgrub. Falls damals wirklich eine Phase sorgloser und uneingeschränkter körperlicher Intimität mit Christiane zu Ende gegangen war, wird ihm die Entscheidung des Heiligen naturgemäß als Spiegelbild seiner eigenen erschienen sein. Auch andere unterbrochene Ehen als jene, die *Wilhelm Meister* darstellte oder implizierte, waren ihm in den letzten Jahren im Kopf herumgegangen: Sakuntala, welche die Trennung von ihrem Gatten mit den Worten beklagt «O mein Herz! kaum hattest du angefangen Seligkeit zu kosten, so entfloh der schöne Augenblick!» und darauf hofft, jene von Kletterpflanzen überwachsene Laube noch einmal zu sehen, wo sie einst glücklich war; oder Tamino und Pamina, die zu Beginn von *Der Zauberflöte zweiter Teil* um die Belohnungen gebracht werden, die ihnen der Ausgang von Mozarts Oper verheißen hatte. Der Typus all dessen aber war die Hochzeit Goethes, die es nie gegeben hatte, die lärmenden Gäste und die Jagdhörner in der sommerlichen Mondnacht, die niemals sein gemeinsames Glück mit «Lili» feierten, weil er statt dessen fortgereist war und sie einem anderen überlassen hatte. Diese Wunde hatte unwissentlich auch Dorothea Stock mit ihren leichtfertigen Fragen nach der Ehe berührt. Als Goethe 1779, auf dem Weg zu den italienischen Alpenpässen, Tränen um den abstinenten Alexius vergoß, dachte er vielleicht ebenso sehr an «Lili» und das, was in Frankfurt hätte werden können, als an Frau von Stein und das, was in Weimar über ihn verfügt worden war. Für einen Goethe, der sich mit Christiane enger verbunden sah, als es je durch eine kirchliche Zeremonie hätte geschehen können, war Lili 1796 gewiß nurmehr das Bild eines Glückes, das fern und hypothetisch war, eine Möglichkeit, die nunmehr so ganz und gar Vergangenheit war wie die Tage und Nächte in dem Häuschen an der Ilm, als ihn die Liebe einer robust wirklichen Frau zu den

Römischen Elegien inspiriert hatte. Doch dieses wehmütige Thema verwandelte Goethe in einen dichterisch affirmativen Jubelruf auf den dahinstürzenden, aber sinnvollen Strom des Lebens. Alexis mag ein Abbild jener sein, die gezwungen sind zu entsagen, aber zu ihm gesellt sich in Goethes Imagination Dora, deren Name – als selbständiger Frauenname bis dahin unbekannt – «Geschenke» bedeutet. (Er mag sich Goethe in der Homerischen Wendung von den «Gaben der Aphrodite» aufgedrängt haben, die Voß nach Goethes Ansicht unzulänglich übersetzt hatte.) Die Ehe für einen Augenblick ist nicht einfach – oder auch nur primär – der Beginn der Trennung: Sie ist das höchste Gut, das das vergehende Leben zu verschenken hat. Wenn das *summum bonum* Menschen erreichbar ist, dann hat Alexis es in Doras Laube umarmt. Das ingrimmige Epikureertum des *Römischen Carneval*, dessen Autor uns lehrt, nach dem Glück zu haschen, wenn es vorüberfliegt, wird endlich in einem Gedicht überwunden, das so frisch und bereit ist wie der Frühling, in dem es geschrieben wurde. Sogar Egmonts ein wenig verzweifelte Haltung gegenüber Sorge und Tod ist überwunden. Das ganze Gedicht hindurch wird der vollkommene Augenblick, sogar durch sein Fehlen hindurch, gegenwärtig gemacht als Mitte und Quelle aller Bedeutung, die nicht in Streben und Sorge erlangt, sondern aus Gnade geschenkt wird.

Lieben heißt immer, wie *Alexis und Dora* offenbart, geliebt zu haben: von irgendeiner Warte herabsehen und die eigene Vergangenheit als die Hänge und Höhen wiederentdecken, die zu ihr hinaufführten; auf solche Augenblicke zurückblicken als auf die Marksteine, an denen Gegenwart und Zukunft zwangsläufig ausgerichtet sind. Daß das Geschenk vergangen ist, ist die Gewähr für seine Wirklichkeit. In der Legende vom heiligen Alexius folgte die lange Zeit der heimlichen, unerkannten Koexistenz der Liebenden ihrer unterbrochenen Trauung nach: In Goethes Gedicht geht sie ihr voran, und was folgt, ist die Trennung, aber nicht, um eine Melancholie à la T. S. Eliot zu ermöglichen – «Ridiculous the waste sad time / Stretching before and after» (lächerlich die vergeudeten, traurigen Spannen Zeit / davor und danach). Im Gegenteil, der strahlende Glanz von Alexis' Glücksmoment verwandelt seine Erinnerung an die frühere Zeit einer nur latenten Liebe in eine neue Quelle des Vergnügens, so wie die Hörer eines Rätsels, nachdem sie die Lösung vernommen haben, sich noch einmal mit dem Nachvollziehen dessen vergnügen können, was sie vorher nicht verstanden haben. Ähnlich ist die Reise fort vom Garten der Liebe eine Reise in glühender Erwartung der Wiederkehr, und sogar die Eifersucht, mit der Alexis sich selbst quält, hält seinen Sinn unverrückt auf den einen, alles entscheidenden Augenblick gerichtet, von dem er sich – zweifellos nicht plausibel – ausmalt, «ein anderer» genieße ihn. Zur Rechtfertigung dieses scheinbaren Mißtons schrieb Goethe, daß «jedes unerwartete und unverdiente Liebesglück die Furcht des Verlustes unmittelbar auf der Ferse nach sich führt», und dasselbe hätte er auch von Alexis' «Bildern der Hoffnung» sagen können. Hoffnung und Furcht sind zwei Seiten derselben Medaille, zwei entgegengesetzte Weisen, wie die Zeit nach dem Besitz vor vergeudeter Trauer bewahrt und mit Sehnsucht und Zweck erfüllt werden kann. Aber «Jammer und Glück», die Alexis auf die Folter spannen, wenn er auf den Augenblick der Umarmung zurückblickt, waren Teil dieses Augenblicks selbst. Nur unter dem Druck des bevorstehenden Scheidens und Verlierens offenbarte sich überhaupt erst seine Liebe: Nur die Vergänglichkeit des Augenblicks macht, wie die der Blume, seine Vollkommenheit möglich, und sie macht es möglich, daß die Zeit davor und die Zeit danach mit ihrem Duft erfüllt ist. Alle Freude – so könnten wir das zentrale Thema des Gedichts paraphrasieren – ist sowohl wirklich als auch fern. Wir leben unser Leben entfremdet von dem Glück, das gleichwohl sein Gipfel und seine Mitte ist – von ihm entfremdet durch die ihm wesentliche Augenblickskürze: durch die Achtlosigkeit, die es nicht erkennt, wenn es sich naht, durch die Erinnerung, die sich seiner nur entsinnen kann, wenn es vergangen ist, durch die Hoffnung, die nur nach ihm ausschauen kann, durch die Furcht, daß es nicht mehr zurückkehrt, sondern schon einem anderen gehört. Und trotzdem ist das Glück wirklich – «ewig». Der vollkommene Augenblick ist immer schon vorüber, wenn er erinnert wird – aber da wir ein Leben der permanenten Erinnerung leben, ist geliebt zu haben ein Glück, das immer gegenwärtig sein kann, immer neu entdeckt werden kann in einer Zeit, die eine der Entbehrung zu sein scheint: Alexis' und Doras Umarmung wird niemals als gegenwärtige erzählt, und trotzdem wird sie in jeder Zeile des Gedichts erinnert oder impliziert.

Aber der tiefere Sinn von Alexis' Eifersuchtsausbruch ist eine Warnung: Der vergangene Augenblick kann zwar immer bei uns sein, aber er kann nicht zurückgeholt oder wiederholt werden. Der Augenblick der Offenbarung ist einmalig, er kann nicht zweimal gepflückt werden. Wenn Alexis in Doras Laube zurückkehrt, wird er selbst «ein anderer» sein, der dieses eine, unvergleichliche Geschenk usurpiert und denaturiert. Vielleicht hatte schon vor dem Bekanntwerden von Bonapartes Erfolgen Goethe die Erkenntnis gedämmert, daß das Italien von 1796 nicht einfach das wiederbesuchte Italien von 1786 sein konnte, ja daß die Sehnsucht danach, es möchte so sein, etwas Ertötendes hatte. Es herrscht eine innere Eifersucht zwischen den Augenblicken unserer Erfahrung: Sogar für das Ich, das sich der glücklichen Vergangenheit erinnert, ist das vergangene Ich «ein anderer», ein Konkurrent um das Glück des Erinnerns. Allein die Dichtung, so scheinen die letzten Zeilen von *Alexis und Dora* zu sagen, kann durch ihren Abstand von den Leidenschaften eines bestimmten Augenblicks alle Augenblicke gerecht darstellen – sowohl das Geheimnis des noch nicht offenbarten Glücks wie die Erinnerung danach – und so den Schmerz über das Vergehen der Zeit lindern, auch wenn sie es nicht aufhalten kann.

Das größte Geschenk in diesem Hymnus auf Geschenke ist das Geschenk einer neuen Dichtung, das Goethe zuteil wird. Sieben Jahre zuvor hatte er in den *Römischen Elegien* und den *Venezianischen Epigrammen* einen neuen

Stil retrospektiven und reflexiven Schreibens gefunden, nachdem die erste Hälfte seines Lebens mit der Reise nach Italien und der «Ehe» mit Christiane vollbracht und beendet war. Aber er verschwor sich mit den Umständen gegen sich selbst und unterdrückte die Entdeckung. Eine starrsinnige Treue zu seinen früheren Sehnsüchten und zu der sozialen und intellektuellen Welt, in der er sie zu verwirklichen gesucht hatte, ließ ihn in Feindseligkeit gegen die revolutionären Veränderungen erstarren, die sich um ihn her vollzogen. Er zögerte, das Zeugnis seines eigenen Lebens zu akzeptieren, daß Sehnsüchte nicht damit enden, daß man sein Ideal besitzt, sondern damit, daß man eine persönliche Vergangenheit erwirbt – geliebt zu haben. Die *Elegien*, deren Hauptthema es ist, daß gegenwärtige Liebe nicht in der Dichtung vorgeführt werden kann, blieben ungedruckt. Der Gedanke einer Rückkehr nach Italien zur Abrundung und Korrektur der Vergangenheit wurde immer ernsthafter erwogen. Die Liaison mit Christiane blieb ein dauerhaftes Provisorium, eine ständige Erinnerung an die Distanz vom Hof, die Goethe ursprünglich aufgrund seiner besonderen, nun aber längst beendeten Beziehung zu seinen bürgerlichen Lesern genossen hatte. In dem Maße jedoch, wie das literarische Publikum Deutschlands unter dem Eindruck des Kantianismus die Energien und Bestrebungen der siebziger Jahre zurückzugewinnen schien und Goethe seine Erfahrung – zunächst naturwissenschaftlicher Dinge, dann der Religion – immer mehr in einem Kantischen Licht zu sehen begann, verringerte sich die Distanz zwischen ihm und seinem Publikum. In dem Maße, wie das Band zu Christiane weniger zwanghaft wurde, wurde es freier und persönlicher. In dem Maße, wie die wieder auftauchende Figur «Lilis» in einer unerreichbaren Vergangenheit gewisser fixiert war, wurde sie wieder zu einem möglichen Objekt der Liebe und zu einer Quelle der Inspiration. Wenn man hart sein wollte, könnte man von einer Art geistigen Ehebruchs sprechen, die ideale Frau in der realen und durch sie zu lieben; aber Goethe verband ihn mit einer mehr oder weniger vollkommenen Redlichkeit in der Praxis, und zwei Frauen zugleich zu lieben, eine abwesende und eine gegenwärtige, gehörte zu den ältesten Formen seiner Imagination. In den *Unterhaltungen deutscher Ausgewanderten* und in *Wilhelm Meisters Lehrjahre* begann er, ernsthaft und ausführlich herauszuarbeiten, wie ein Kantisches Verständnis des menschlichen Lebens, seines Lebens, aussehen konnte: Idealismus ja, aber mit einem «realistischen Tic». Es gibt verschiedene Weisen, die Idealität eines Höchsten Gutes zu akzeptieren und seinem Besitz im Hier und Jetzt zu entsagen; nicht alle sind der Literatur günstig. Im Gegensatz zu Fichte und seinen Anhängern hielt Goethe es für wesentlich, daß das Höchste Gut, wie das Ding an sich, unabhängig von uns ist – etwas Gegebenes. Zuerst sah es so aus, als ob dies bedeute, daß das Ideal nur durch ein Wunder oder ein eschatologisches Phantasiegebilde Wirklichkeit – und damit in der Literatur darstellbar – werden könne. Am Ende von *Wilhelm Meisters Lehrjahre* schien es, als ob das Ideal spielerisch, durch einen Scherz Wirklichkeit werden könne. Als

Goethe aber mit der Niederschrift des Romanendes innehielt, kam eine Art von Erleuchtung. Für Fichte liegt das Goldene Zeitalter immer vor uns, als permanenter sittlicher Entwurf: Goethe erkannte jetzt, daß wir sicher sein können, daß unser persönliches Goldenes Zeitalter, oder das der Menschheit insgesamt, möglich ist – mehr noch: daß es Wirklichkeit ist –, wenn es auch in der Vergangenheit liegt, selbst wenn wir jetzt von ihr getrennt sind. Die wirkliche Welt, die wir geliebt haben, ist das Medium, in dem wir das Ideal erkannt haben, und so kann sie den Stoff zu symbolischer Dichtung liefern – das heißt einer Dichtung, in der die Konkretheit der Dinge untrennbar ist von ihrer Bedeutung für uns und in der Eros und Moralität eins sind. Goethe lernte die Dichtung der Entsagung zuerst als Dichtung des Vergangenseins. Das Gefühl, belebt zu werden von einem Wiedererstarken alter Ambitionen, aber gemäßigt durch das Wissen, daß die Vergangenheit nicht wiederholt werden konnte, beherrschte Anfang Mai 1796 sein Leben geistig wie persönlich, als das arkadische Italien wieder in Reichweite schien, wenn auch durch neue, bewußtere Mittel. In einer schicksalhaften Konjunktion der Empfindungen des Dichters mit den Bedürfnissen seiner Zeit, vergleichbar jener, aus der *Werther* entstanden war, aber weniger dramatisch, legte Goethe, indem er Form und Gebärde der *Elegien* wiederbelebte, das Fundament für die zweite Hälfte seines Lebens als Dichter.

> Ach! unaufhaltsam strebet das Schiff mit jedem Momente
>   Durch die schäumende Flut weiter und weiter hinaus!
> Lange Furchen hinter sich ziehend, worin die Delphine
>   Springend folgen, als flöh' ihnen die Beute davon.
> Alles deutet die glücklichste Fahrt, der ruhige Schiffer
>   Ruckt am Segel gelind, das sich statt seiner bemüht;
> Alle Gedanken sind vorwärts gerichtet, wie Flaggen und Wimpel.
>   Nur Ein Trauriger steht, rückwärts gewendet, am Mast,
> Sieht die Berge schon blau, die scheidenden, sieht in das Meer sie
>   Niedersinken, es sinkt jegliche Freude vor ihm.
> Auch dir ist es verschwunden, das Schiff, das deinen Alexis,
>   Dir, o Dora, den Freund, dir, ach, den Bräutigam raubt.
> Auch du blickest vergebens nach mir. ...

So machtvoll ist die Bewegung des Scheidens in diesen Anfangszeilen, so glänzend die Konkretheit ihrer bedeutsamen Einzelheiten (der gelassene Schiffer im Kontrast zum gestrafften Segel, die Delphine, die nicht nur klassizistisches Dekor, sondern mediterranes Lokalkolorit sind), daß ein anderer bemerkenswerter Aspekt uns leicht entgeht, ja vielleicht uns sogar vage irritiert: Von der ersten Silbe an sind die Beschreibungen in dem Gedicht von persönlichen Gefühlen gefärbt, aber eine ganze Weile bleibt undefiniert, wem diese Gefühle gehören. Wessen Schmerz das erste «Ach» ausdrückt, wissen wir erst, als Alexis sich als das «Ich» einführt, nach dem Doras Blick sucht. In der Zwischenzeit hat es eine vordergründig unpersönliche Darstellung von der Fahrt des Schiffes gegeben – wiewohl nur für einen Menschen Delphine aussehen können, «als ob» sie ihre Beute verfolgten, und mit der fünften Zeile unser Perspektivpunkt eindeutig das Schiff, nicht mehr das Ufer ist –, und von der einen traurigen Gestalt scheint ein mitleidiger Unbekannter zu sprechen. Obgleich also Alexis schließlich als der Sprecher identifiziert wird, ist es nicht unbedingt sicher, daß er auch einen der früheren Sätze spricht: Die Anrede an Dora, die im Hafen zurückblieb, könnten die Worte einer sich selbst beklagenden Dora sein, oder eines Alexis, der sich an Doras Stelle versetzt und von sich in der dritten Person spricht, oder jenes mitleidigen Unbekannten, der vielleicht auch zeigte, daß er Alexis' (oder Doras?) Gefühle teilt und um seinet- (oder ihret-)willen das erste «Ach» ausgestoßen hat. Dank dieser komplexen Einleitung erinnern wir uns während des ganzen nun folgenden, langen Monologs von Alexis, daß dies kein Drama ist, in dem die Worte eindeutig dieser oder jener Figur zugeteilt sind, sondern ein lyrisches Gedicht, in dem das «Ich» keine endgültigen Grenzen hat und alle Ereignisse uns gefärbt mit den Emotionen entgegentreten, von denen sie ebensowenig isoliert werden können wie Gegenstände von ihren Farben. Wie in dem Gedicht «Das Wiedersehn» von 1793, aber weit extensiver, wird Erfahrung dargestellt als in sich subjektiv, aber nicht notwendig an ein definierbares Subjekt gebunden. Im *Groß-Cophta*, Goethes objektivstem Drama, wurde das Reich der Subjektivität auf Illusion und Täuschung reduziert; «Das Wiedersehen» war noch mit dem befaßt, was man die Illusionen der Perspektive nennen könnte; in *Alexis und Dora* jedoch gibt es keinerlei Andeutung, daß Erfahrung irgendwie mangelhaft wäre, weil sie persönlich sein muß. Ganz im Gegenteil: Alle Ereignisse, die das Gedicht erzählt, erscheinen nur darum als Anlaß zur Freude, weil sie uns durch einen menschlichen Geist vermittelt werden, hauptsächlich, aber ausschließlich den von Alexis. Das ablegende Schiff, die Abschiedsworte von Alexis' Familie, die dringenden Rufe der Schiffer, die kostbaren Stoffe und Edelsteine, alles bezeugt ein erinnertes oder ein erhofftes Glück, ein Glück, das verloren zu gehen droht oder die Sehnsucht anspricht.

Für ein Gedicht über die Abwesenheit ist *Alexis und Dora* angefüllt mit Freuden, und zwar nicht nur den geistigen Freuden der Erinnerung, des gegenseitigen Erkennens und der mutigen Zukunftsplanung. Das Gedicht zeigt uns – und die optischen Reize sind oft sehr stark – die Aufgeregtheit eines geschäftigen Hafens, die Wonne von schönem Wetter, blauer See und schnellem Schiff, die Zärtlichkeit einer eng zusammenhaltenden Familie, die suggestiven Formen von südlichem Obst. Besonders aber spricht das Gedicht unseren Sinn für Muskelbewegung, für die Disposition der Glieder und die Reaktion reizbarer Oberflächen an. Was Alexis seit den allerersten Jahren der Bekanntschaft mit Dora in Erinnerung hat, ist «vor allem deiner Bewegungen Maß»: nicht so sehr der optische Eindruck des Wasserkruges auf ihrem Kopf als der wiegende Gang, wenn sie ihn forttrug (Z. 42). Als Leser bleiben uns wahrscheinlich weniger die Farben von Doras Orangen und Feigen in Erinnerung als die liebkosende Bewegung, womit sie sie eifrig pflückt (Z. 81–82), oder ihr Kleid, das die gesammelte «goldene Last» dehnt und niederzieht (Z. 80). Die Umarmung selbst wird ausschließlich in Begriffen der Berührung, Stellung und Kraftentfaltung beschrieben:

> Mir war dein Haupt auf die Schulter gesunken; nun knüpften auch deine Lieblichen Arme das Band um den Beglückten herum.
> Amors Hände fühlt' ich: er drückt' uns gewaltig zusammen ...

Auch unbelebte Gegenstände haben in diesem Gedicht Willen und Muskel: das Segel, der Wind, der Anker, der in das Wasser eindringende Kiel. Mit seiner sinnlichen Kraft übertrifft dieses Dichten sogar die *Römischen Elegien*. Und doch ist nicht einmal dies seine bedeutsamste Leistung.

In *Alexis und Dora* bannte Goethe das Gespenst seiner ersten italienischen Reise. Zum ersten Mal verlieh er seinem persönlichen Goldenen Zeitalter vollen dichterischen Ausdruck, wie er es weder in Italien selbst noch danach vermocht hatte, außer vielleicht in Tassos Klage. Zwar fing er den Augenblick, da sein Leben an seinem Zenit stand, ohne Reflexion oder Wehmut in einigen unvergleichlichen Zeilen des *Nausikaa*-Fragments ein. Aber erst, als er aus reflektierender Distanz auf jenen Augenblick als einen einzigartigen und unwiederbringlichen zurückblicken konnte, vermochte er seinen ganzen Reichtum zu gestalten (während Tasso scheiterte, sobald es mit der Vollkommenheit vorbei war). *Alexis und Dora* ist der Triumph der Sinnlichkeit wie der des Idealismus, und damit einer Symbolik, zu der *Wilhelm Meister* sich nicht ganz emporschwingt. Es ist ein palladianisches «Ungeheuer», das aus «Wahrem» und «Falschem» etwas Magisches erbaut: das «gegenwärtige Interesse», das Goethe für ein charakteristisches Merkmal der antiken Kunst hielt, wird durch moderne Mittel geweckt, durch das, was Kant den «inneren Sinn» der Zeit nannte, durch Erinnerung und deutendes Denken. Trotz dieses Paradoxons wird etwas von dem Geist der Antike wiedergeboren.

Goethe fing in diesem Gedicht den Geist seiner hedonistischen Reise durch Süditalien wie den seiner deutschen Hausakademie in Rom ein. Eine vollständige Menschenwelt, zivilisiert und ökonomisch komplex, ist darin eins mit ihrer natürlichen Umgebung. Die Handelsaktivitäten der Mittelschicht – im *Wilhelm Meister* noch prosaisch und sogar problematisch – erscheinen als Mittel zur Erfüllung der Liebe, durch den Tausch von Waren gegen Geschmeide und den Brautschatz; und von derselben Sinnlichkeit erfüllt, beschreibt das Gedicht die Bewegung des Schiffs auf den Handelsstraßen des Meeres, die Umarmung der Liebenden und die natürliche Welt der Früchte und der Winde. Diese Vision von dem in seiner Welt eingerichteten Menschen, die Goethe letzten Endes Winckelmann und seiner Überzeugung verdankte, die griechische Kunst sei darum vollkommen, weil sie ihren Ursprung in vollkommenen gesellschaftlichen und natürlichen Verhältnissen habe, hatte fraglos das Projekt eines Reisebuchs über Italien inspiriert, das die geplante Frucht der geplanten Reise von 1796 hatte sein sollen. Die Formulierung dieser Überzeugung in den philosophischen Gedichten Schillers, besonders in jenen Zeilen des *Spaziergangs*, die das Griechenland nach den Perserkriegen besingen, hatte auf Hölderlin eine verheerend-verführerische Wirkung. Doch *Alexis und Dora* besitzt die eigentümliche Stärke, daß es uns zwar persönliches Glück, sinnliche Erfüllung und arkadische Gesellschaft nur gespiegelt im Bewußtsein eines einzelnen Menschen von ihrem Verlust vorführt und daß dennoch dieser Verlust zuletzt kein tragischer ist. Statt dessen ist er zu einem Symbol einer notwendigen Bedingung allen menschlichen Wachstums und Wandels gemacht worden und kann am Ende des Gedichts mit einem leicht ironischen Lächeln behandelt werden, das ebenfalls an die *Römischen Elegien* erinnert. Die abschließende Anrede an die Musen macht den Dichter und sein Publikum sichtbar und setzt ein Gespräch in Gang, indem sie uns einlädt, die Macht und die Grenzen der Dichtung und damit eine Realität des Lebens anzuerkennen:

> Heilen könnet ihr nicht die Wunden, die Amor geschlagen;
> Aber Linderung kommt einzig, ihr Guten, von euch.

Die Dichtung vermag weder die Sehnsucht zu stillen noch den Fluß der Zeit umzukehren; aber sie vermag zu trösten. Schiller hatte eine höhere, weniger menschliche Konzeption von Kunst, aber Goethes ästhetische Erziehung hatte sich über die Schillerschen Kategorien hinausentwickelt. *Alexis und Dora* trug zuerst den Untertitel «Idylle» – eine Form, in der nach Schiller der Dichter das Ideal als gegenwärtiges Objekt der Freude vorstellt – und wurde später als «Elegie» veröffentlicht – die für Schiller den Verlust des Ideals beklagt. Aber das Gedicht läßt sich ebensowenig festlegen wie das Ende des *Wilhelm Meister*. Wie der Roman blickt es in ein neues Zeitalter hinaus, in dem sogar das abwesende Ideal für jene, die ihm entsagen, eine Quelle der Freude werden kann.

Vierzehntes Kapitel
Dem Paradies entsagend
(1796-1797)

Gezeitenwechsel: September 1796 - März 1797

War es Wilhelm Meister bestimmt, nach Italien zu kommen? War es Goethe bestimmt? Um die Entsagung, die er in seiner Dichtung in einem visionären Moment zum Ausdruck gebracht hatte, als unausweichliche Wahrheit im eigenen Leben zu erkennen, brauchte Goethe eine Weile. Die Ungewißheit, in der er Wilhelm Meisters Pläne am Ende der *Lehrjahre* beließ, spiegelte seinen seelischen Zustand in den nächsten zwölf Monaten besser wider als die frohe Aneignung des erinnerten Ideals in *Alexis und Dora*. Als er zehn Jahre später endlich eine Fortsetzung des Romans in Angriff nahm, wurde der Held hoch im Gebirge wieder eingeführt, auf der Wasserscheide zwischen Norden und Süden – als sei es der Gotthard, auf dem Goethe zweimal dem Weg hinunter nach Mailand den Rücken gekehrt hatte und den er im Herbst 1797 ein letztes Mal wiedersah. Das Orakel des Schicksals oder der Gelegenheit konnte nur eine zweideutige Antwort geben, solange ihm nicht ein Entschluß im Herzen des Fragenden zu Hilfe kam. «Niemand flucht den Franzosen mehr als er, denn durch ihre Invasion und Kunstplünderungen in Italien verderben sie seinen Plan, ... dahin abzugehen». Nach der Niederlage der Franzosen bei Amberg wartete Goethe über ein Jahr lang, »reisefertig», auf den «ersten günstigen Sonnenblick», der ihm erlauben würde, sich in das Land seiner Herzenssehnsucht zu flüchten, und als er endlich aufbrach, wußte niemand, wohin er unterwegs war, nicht einmal er selbst. Erst nach mancherlei Aufschub und immer neuer falscher Hoffnung verfestigte sich die Enttäuschung, die auf den Blitzfeldzug Napoleons in Italien gefolgt war, zur Gewißheit, entsagen zu müssen, und jede neue Wendung der Ereignisse hinterließ ihre Spur in Goethes Schriften. In dem Jahr der Spannung vor jenem symbolischen Akt, mit dem er sein Schicksal akzeptierte, begannen sich gewisse Merkmale zu zeigen, die für die nächsten zwanzig Jahre seines geistigen Lebens charakteristisch werden sollten. In der deutschen Literatur und Philosophie setzte langsam der Gezeitenwechsel ein, und spätestens im Frühjahr 1797 floß der Strom mit wachsender Kraft und Geschwindigkeit in eine neue Richtung.

Auch für Frankreich war es eine Zeit der Spannung – Epilog einer vergangenen Ära und Prolog zu einer neuen. Während man den 1792 begonnenen Krieg im Ausland mühsam zu einem vorläufigen Abschluß brachte, wurde die Innenpolitik lahmgelegt durch die fortwährende Kraftprobe zwischen Royalisten und Jakobinern und durch das krampfhafte Bemühen der

Bevölkerung, sich auf die abrupte und extreme Deflation einzustellen. Als die französische Regierung Ende September 1797 zwei Drittel ihrer Schulden nicht anerkannte, war die Revolution der girondistischen Kaufleute vorbei, und es triumphierten die Interessen des neuen Nationalstaats. Zu diesem Zeitpunkt hatte die Verwandlung des Direktoriums in eine Militärdiktatur eindeutig begonnen. Noch ein Jahr zuvor schienen weder die Armeen noch ihre Generäle bereit zum Griff nach der Macht zu sein. Als die Franzosen sich im Herbst 1796 aus Deutschland zurückzogen – Frankfurt räumten sie am 7. September, und Frau Rat Goethe vergoß Freudentränen, als sie die Stadtkapelle wieder einen Choral von Neander spielen hörte, und dankte Gott, daß er der Stadt ihre alte Verfassung erhalten hatte –, legte Rußlands deutsche Zarin Katharina II. den Preußen dringend nahe, den Basler Frieden zu brechen und die Republik in der Stunde ihrer Schwäche anzugreifen. Bei Jahresende war sie tot, und der vorzeitig senil gewordene Friedrich Wilhelm II. hätte selbst dann nicht als ihr Handlanger fungieren können, wenn er es gewollt hätte; aber ihr Sohn und Nachfolger Paul, ein paranoider Zuchtmeister, brannte auf eine direkte Intervention. «Der leidige Krieg» in Italien schien sich «noch nicht endigen zu wollen», und Bonaparte befand sich vor Mantua in einer ruhmlosen Pattsituation. Sein Erzrivale unter den jüngeren Generälen, Lazare Hoche, erlitt eine ähnliche Schlappe, als er es mit einem Gewaltstreich den frühen Siegen Bonapartes gleichzutun suchte: Die Invasionsflotte, die er gegen den Westen Irlands dirigierte, mußte, von Stürmen gebeutelt, umkehren, nachdem in Bantry Bay Land in Sicht gekommen war. Im Spätwinter aber senkte sich die Waage zugunsten Frankreichs und Bonapartes. Am 2. Februar kapitulierte Mantua, und der südliche Weg nach Österreich war frei. Bonaparte legte nur eine Pause ein, um in den Kirchenstaat einzufallen und den Vertrag von Tolentino zu diktieren (19. Februar 1797), in dem der Papst sich formell mit den jüngsten Gebietsverlusten abfand und sich verpflichtete, mit dem Abtransport der Kunstwerke zu beginnen, die die französischen Beauftragten nach dem Waffenstillstand von Bologna im vorigen Jahr ausgewählt hatten. «Nous aurons tout ce qu'il y a beau en Italie» (Wir werden alles haben, was es in Italien Schönes gibt), schrieb Attila und marschierte durch den Veneto weiter, um bei Tarvisio die Grenze nach Kärnten zu überschreiten. Am 5. April stand er in Judenburg, 130 Kilometer vor Wien. Die von Panik erfaßten Österreicher, die in Leoben Bonapartes Heer gegenüber in Stellung gegangen waren, benötigten zwei Wochen, um die vorläufigen Bedingungen zu akzeptieren, die den fünfjährigen europäischen Konflikt beilegen sollten. Bonaparte hatte keine Verhandlungsbefugnis von Paris, aber nachdem er den Krieg gewonnen hatte, wollte er auch den Frieden bestimmen. Dabei entstand an den verschiedenen Fronten eine gewisse Verwirrung: Frankfurt erhielt die Nachricht von der Einigung früher als die französischen Truppen, die erneut gegen die Stadt vorrückten, und wenn die zwei Generäle schließlich auch übereinkamen, gemeinsam ein Glas Wein im «Römischen Kaiser» zu trinken, glaubte Frau

Rat Goethe doch, daß die Stadt nur knapp einem Blutbad entgangen war. Das Direktorium hatte jedoch keine andere Wahl, als den fait accompli zu akzeptieren, und vom 18. April an senkte sich der «zweideutige» Frieden von Leoben auf einen noch von Waffen starrenden Kontinent, während die Diplomaten die Detailberatungen über einen endgültigen Friedensvertrag in Udine fortsetzten.

Die in Leoben vereinbarten Bedingungen waren für das Interesse Österreichs überraschend großzügig; für die Reichs- und Feudalordnung in Deutschland und anderswo aber bedeuteten sie das Ende. Die künftige Gestalt Europas bestimmten territorial konsolidierte Staaten – vorzugsweise, wenn sie groß waren. Belgien sollte natürlich zu Frankreich geschlagen werden, und Österreich sollte auch Mailand und die Lombardei verlieren, die Bonaparte höchstpersönlich mit der Cispadanischen Republik von gestern zu der Cisalpinischen Republik von heute zusammenflickte. Die Entschädigung war jedoch beachtlich: Die große und ehrwürdige Republik Venedig samt allen Gebieten östlich der Etsch wurde Österreich übergeben, obwohl sie sich während den jüngsten Feldzügen neutral verhalten hatte. Der Doge dankte ab, und wie Goethe vermerkte, erneuerte Venedig am Himmelfahrtstag 1797 nicht seine Vermählung mit dem Meer. Die Gefahr für die Reste des alten Europas war offenkundig: Mit der Errichtung einer Schwesterrepublik in Norditalien hatte Frankreich strategisches Interesse an den Alpenübergängen gewonnen, und das Alter ihrer demokratischen Traditionen würde für die Schweiz kein Schutz sein; noch weniger waren der Kirchenstaat oder das Königreich Neapel dagegen gefeit, «cisalpinisiert» zu werden. Die Zukunft des linken Rheinufers ließ Bonaparte offen; doch gleichgültig, ob diese Region – wie Belgien – von einem auf Ausweitung seiner natürlichen Grenzen erpichten Frankreich geschluckt oder ob ihr die Errichtung einer eigenen Schwesterrepublik gestattet werden würde, die einstige Verfassung des Deutschen Reiches, wiewohl in den Leobener Präliminarien nominell garantiert, konnte offenkundig nicht überleben.

Die Krise des Reiches verursachte eine neue Gärung unter Deutschlands Intellektuellen, da die Aussicht auf ihre eigene Revolution plötzlich näherzurücken schien. Hölderlins erster Gönner, der ältere Städlin, nunmehr der verfolgte und verarmte Herausgeber revolutionsfreundlicher Journale, ging nach dem Rückzug von Amberg vor Verzweiflung bei Straßburg in den Rhein, aber das war nur die Dunkelheit vor dem Morgengrauen. Im neuen Jahr trafen sich Hegel und Hölderlin immer wieder und führten Gespräche miteinander, die zwar nicht schriftlich festgehalten wurden, dennoch Einfluß auf die europäische Geistesgeschichte ausgeübt haben. Nachdem Hölderlin Susette Gontard und ihre Kinder sicher mit dem Flüchtlingsstrom durch Hessen und Westfalen geführt hatte, begleitet von Heinse und Sömmering, zwei alten Freunden der Familie, nahm er die Suche nach einem dem seinen vergleichbaren Posten wieder auf, um Hegel aus seiner melancholischen Isolation in der Schweiz zu befreien. Die ideale Stellung (400

Gulden, freie Wäsche und französischer Wein bei Tisch) fand sich ab Januar 1797 in einem anderen wohlhabenden Frankfurter Haushalt. Hier hatten Hegel und Hölderlin Kontakte zu dem örtlichen Kreis von Revolutionsfreunden, der von dem ungestümen Isaak von Sinclair dominiert wurde und zu dem auch ein anderer hoffnungsvoller Dichter gehörte, Siegfried Schmidt (1771-1859) - hauptsächlich junge Leute, doch gab es auch ein paar alte Hasen aus Mainz, jene «Skribenten», die Carl August ärgerten. Einem von ihnen, der tief enttäuscht aus Paris zurückgekehrt war, erklärte Hölderlin - vielleicht unter dem Eindruck seiner wachsenden und erwiderten Liebe zu Susette Gontard und dessen, was ihm während der französischen Besatzung auf der Straße begegnet war - er glaube jetzt vielmehr «an eine künftige Revolution der Gesinnungen und Vorstellungsarten». Aber zunehmend faszinierte ihn - wie so viele - die Gestalt Bonapartes, und wie Hegel, der um diese Zeit das Mainzer Experiment anscheinend als Vorbild für das übrige Deutschland betrachtete, verfolgte er genau die Ereignisse im heimatlichen Württemberg. Die Abgaben an die Franzosen waren so drückend, daß der neue Herzog Friedrich Eugen, der 1796 den Frieden geschlossen hatte, Anfang 1797 gezwungen war, zum ersten Mal seit dreißig Jahren seine Stände zusammentreten zu lassen, um über die Zahlungen zu beraten. Hatte das Jahr 1789 Württemberg ereilt? Es wimmelte nur so von Schriften nach Art der Beschwerde-«cahiers», welche in Frankreich die Stände präsentierten; aber sie hatten mehr über Kants ‹praktische Vernunft› und den Geist der Zeit zu sagen als über einen fundamentalen politischen Wandel - wahrscheinlich, weil außer den Schreibern selbst nur die wenigsten in der württembergischen Mittelschicht den Wandel wollten. Hegel verfaßte eine vernichtende Attacke gegen den Herzog und die konservative Geisteshaltung, die sich an die alten konstitutionellen Formen klammere, doch blieb sie auf Anraten des Frankfurter Kreises ungedruckt. Weiter rheinabwärts, am linken Ufer, das 1797 noch von den Franzosen unter dem schamlosen General Hoche besetzt war, lagen politische Theorie und politische Praxis enger beisammen. Hoche war auf den Gedanken einer Cisrhenanischen Republik verfallen, um Bonapartes cisalpinische Schöpfung nachzuahmen, und seine Unterstützung ermutigte die örtlichen Kantianer wie Wyttenbach und den jungen Joseph Görres (1776-1848), die Loslösung vom Reich zu betreiben. Die früheren Mainzer Clubisten Dorsch und Böhmer, die jetzt in Paris lebten, wußten jedoch, daß cisrhenanische halbe Sachen hier keine Aussicht auf Unterstützung hatten, und machten sich für eine totale Annexion stark. Rebmann hingegen war vom nackten Eigennutz des direktorialen Paris so angewidert, daß er eine Konversion durchmachte und zum programmatischen deutschen Nationalisten wurde, möglicherweise zum ersten. Getreu seinem ursprünglichen Moral-Utopismus sah er die einzige Hoffnung für Frankreich in der neuen theophilanthropischen Bewegung, die eine Ausgeburt bayerischer Illuminatenorden hätte sein können. Die Theophilanthropen, staatliche geförderte Deisten, die sich für ihre Gottesdienste der entweihten christlichen Kirchen bedienen durften, waren eine Brücke von Robespierres Kult des Höchsten Wesens zu dem späteren Sozialismus Saint-Simons. Ihre republikanische Religion war bei preußischen Radikalen wohl gelitten, die nach wie vor das neue Frankreich wie das alte Preußen als gleichermaßen aufgeklärte Staaten mit gemeinschaftlichen Interessen betrachteten: Dieselbe Gruppe verlangte, daß Sonntage und Namenstage abgeschafft oder nach nationalen Kriegshelden und ihren Siegen benannt würden und daß Frankreich und Preußen auf dem linken beziehungsweise rechten Rheinufer expandieren und vereint dem Handelsmonopol Englands entgegentreten sollten. Aber wie der Republikanismus Friedrich Schlegels und Fichtes, der von Babeuf und den Prinzipien von 1793 inspiriert war, hinkten diese Phantasien ihrer Zeit hinterher – überholt von den Ereignissen in Frankreich, wo Babeuf im Mai 1797 hingerichtet wurde.

Während Bonaparte vor den Toren Wiens verhandelte, wurden Anfang April in Frankreich Wahlen abgehalten, die den Royalisten und Klerikalen eine bedeutende, allerdings schlecht organisierte Mehrheit bescherten. Der radikalste der Direktoren, J. F. Reubell (1747–1807), der (zu Goethes Zeit) als Kommissar aus Mainz entkommen war, um seine Karriere in Paris fortzusetzen, war für die unverzügliche Annullierung der Wahlen; seine Kollegen zogen es jedoch vor, ihre Schritte den Sommer über vorzubereiten, unter den wachsamen Augen der rivalisierenden Generäle. Von seinem Hauptquartier in Wetzlar entsandte Hoche Truppen, die nach und nach die Hauptstadt einkreisten. Bonaparte, mit Italien beschäftigt, mit dem er «wie mit einer Domäne oder einem Krautlande» umging, «wovon er austut an jeden der ihn gutdünkt», beschränkte sich darauf, den befehlshabenden Offizier zu entsenden. Am 3. und 4. September, nach dem Revolutionskalender der 17. und 18. Fructidor, wurde Paris der militärischen Kontrolle durch C. P. F. Augereau (1757–1818) unterstellt, und die widerspenstigen Abgeordneten sowie die zwei gemäßigten Direktoren darunter Carnot, wurden verhaftet und schließlich zur Verbannung auf die Sträflingsinseln vor der Küste Guianas verurteilt. Doch weit davon entfernt, Frankreich eine konstitutionelle Zukunft zu garantieren, machte der Fructidor-Coup öffentlich bekannt, daß die Legislative jetzt eine Kreatur der Exekutive und die Exekutive in der Hand der Armee war. Und die Armee? Am 19. September verstarb Hoche unerwartet nach kurzer Krankheit, und es begann die letzte Phase der Republik. Das «Zweite Direktorium» begann sein Regime mit einem kleinen eigenen «Terror», exekutierte Adlige und verbannte Geistliche – ebenfalls auf die Teufelsinsel –; es schien dem Jahr der Unentschlossenheit ein sicheres Ende gemacht zu haben, aber es konnte sich im Notfall weder auf ein Mandat des Volkes berufen noch auf die unmittelbare Kontrolle der Zwangsmittel pochen. Eine Fünfer-Diktatur war ein offenkundiger Unfug, was ein Fünfer-Kabinett vielleicht nicht gewesen wäre, und es stand jetzt ein Kandidat von außen zur Verfügung, der mehr und mehr geeignet schien, das Ein-Mann-Vakuum an der Spitze des französischen Machtgefüges auszufüllen.

Es ist jedoch verständlich, daß das übrige Europa und vor allem Deutschland den Stimmungsumschwung in Paris als Rückkehr zu dem kriegerischen Republikanismus von 1792 deuteten. Ein Augenzeuge des Fructidor-Geschehens versicherte Goethe, «daß es nicht sowohl der royalistischen als der friedliebenden Parthey gegolten habe», und bald machten Gerüchte die Runde, daß die Verhandlungen in Udine abgebrochen worden seien. Das Säbelrasseln war jedoch nur ein diplomatischer Trick; nach der Klärung der Ungewißheiten in Frankreich erkannte Österreich, daß es durch weitere Verzögerungen nichts zu gewinnen hatte, und so wurde am 18. Oktober in Campo Formio der endgültige Friedensvertrag geschlossen. Die Bedingungen waren im wesentlichen dieselben wie in Leoben; da aber Hoche gestorben und Reubell ein glühender Annexionist war, weil ihm als Elsässer vor allem die linksrheinischen Angelegenheiten am Herzen lagen, war von einer Cisrhenanischen Republik nicht mehr die Rede. Die Ostgrenze Frankreichs wurde an den Rhein vorverlegt, eine Entschädigung für die enteigneten Fürsten mußte anderswo in Deutschland gefunden werden. Dies konnte nicht durch Österreich, sondern nur durch das Reich geschehen, das sich auf einem Sonderkongreß in Rastatt (am Rhein, ungefähr gegenüber Sesenheim) auf seine Neuorganisation einigen mußte. Den Reichsinstitutionen wurde durch die Notwendigkeit, zusammenzukommen und diese Zerstückelung vorzubereiten, noch einmal fiktives Leben eingehaucht: So kehrte Nürnberg zu seiner traditionellen Gastgeberrolle zurück und war Schauplatz einer vorbereitenden Konferenz des Fränkischen Kreises; man vergaß, daß man noch ein Jahr zuvor ohne Erfolg die Eingliederung nach Preußen betrieben hatte, um in den Genuß des Basler Friedensvertrages zu kommen. Ein eingefleischter Optimist wie Wieland, der noch immer für den *Teutschen Merkur* schrieb, allerdings die Leitung der Zeitschrift an Böttiger übergeben hatte, freute sich bereits auf die Umwandlung des Reichstags in ein deutsches Zwei-Kammern-Parlament, so als sollten sich die Hoffnungen der siebziger Jahre nun endlich erfüllen, und Frau Rat Goethe in Frankfurt bereitete sich schon auf den Ansturm der Gäste vor, die von ihren Fenstern vom Roßmarkt aus die Friedensfeiern würden miterleben wollen, mit denen sie fest für Ende des Winters rechnete. Aber diesmal hatte die jüngere Generation recht, wenn sie ihre Zeit gekommen glaubte, und sah klarer. Unmittelbar nach Bekanntwerden der Neuigkeiten aus Campo Formio veröffentlichte Görres einen Nachruf auf das Heilige Römische Reich Deutscher Nation, das soeben im Alter von 955 Jahren, 5 Monaten und 28 Tagen entschlafen sei.

Goethe hatte schon über ein Jahr zuvor die Folgen von Deutschlands «sonderbarer Revolution» begriffen; allein: «Indem wir nun auf alles dieses nicht wirken und dabey nichts gewinnen, sondern nur verlieren können, so ist es desto mehr Pflicht unsere eignen Verhältnisse recht wohl zu beherzigen und das vortheilhafteste zu thun.» Und das bedeutete, wenn irgend möglich das Gemeinschaftsprojekt mit Meyer voranzutreiben, der noch immer in Florenz weilte. Im September 1796 machte Jourdans Rückzug aus dem Südwesten Deutschlands den Weg zu den Alpenpässen über Stuttgart und Zürich frei. Die «Bilder der Hoffnung» waren wieder da. Goethe lieh sich Zeichnungen von italienischen Landschaften und begann, bei einem Schweizer Bankier Kreditkonditionen auszuhandeln. Nur noch ein oder zwei Monate winterlicher ‹Leibeigenschaft› schienen ihn von einem Frühling zu trennen, in dem er darangehen konnte, wettzumachen, was an den Erfahrungen von 1786 bis 1788 weniger als ideal gewesen war. Schiller hätte sich die alten Reiseaufzeichnungen Goethes für *Die Horen* gewünscht, aber Goethe winkte ab: Eine Neuauflage seiner italienischen Reise – und ihrer Schilderung – stand bevor, und er wollte sich den Markt nicht verderben. «Das Tagebuch meiner Reise von Weimar bis Rom, meine Briefe von dort her, und was sonst allenfalls davon unter meinen Papieren liegt, könnte nur durch mich redigirt werden, und dann hat alles, was ich in dieser Epoche aufgeschrieben, mehr den Charakter eines Menschen, der einem Druck entgeht, als der in Freiheit lebt, eines Strebenden, ... der am Ende seiner Laufbahn erst fühlt, daß er erst jetzt fähig wäre von vorn anzufangen.» Die Sehnsucht kehrte wieder, als die Aussicht auf ihre Befriedigung konkreter wurde; denn sie hatte nie dem Fernen und Unendlichen gegolten, sondern vielmehr dem Endlichen und Nahen. Als Meyer ihm von den Metallarbeiten der Vorgänger Cellinis schrieb, die er gerade untersuchte, war die Vorfreude auf den Tag, da sie diese Herrlichkeiten würden gemeinsam bewundern können, schwer zu ertragen. Goethe wurde an die Erfüllung erinnert, welche die Sprache, sein erwähltes Medium, zu verheißen scheint, aber zuletzt doch immer versagt: «Was nur durch die Sinne gefaßt werden kann, dessen Erzählung erregt im Gemüth eine lebhafte und beynah ängstliche Sehnsucht, und je genauer wir von solchen Gegenständen sprechen hören, desto gewaltsamer strebt der Geist nach ihnen.» Das paradoxe Verlangen, in Worten die Gegenstände der Sinne zu erreichen – die treibende Kraft des Goetheschen Dichtens –, war mit der Niederschrift von *Alexis und Dora* nicht befriedigt worden, und nach den Wirren des Sommers schien sich die verheißungsvolle Konstellation der Maienzeit wieder herzustellen. «Ähnliche Arbeiten dieser Art» wie jene Elegie «machen mich hier im Saalgrunde vergessen, daß ich jetzt eigentlich am Arno wandeln sollte». Das Ereignis aber, das einen neuen, fast ebenso bemerkenswerten Strom dichterischer Produktion bewirkte wie im Frühling, war die Befreiung Frankfurts.

Anfangs fürchtete Goethe, «nur die schlimmsten Nachrichten» aus Frankfurt zu hören. Er wußte aus Erfahrung, daß eine Armee im Rückzug viel gefährlicher war als auf dem Vormarsch, und rechnete damit, daß seine Heimatstadt erneut den Besitzer wechseln werde. Vielleicht sollte er seiner Mutter erneut anraten, in das relativ sichere Weimar umzuziehen, auch wenn ihr das lebhafte Stadtleben mehr behagte – vielleicht aber war es auch schon zu spät dafür. Da erfuhr Voigt am 11. September, daß die Franzosen aus Frankfurt abgezogen waren, und überbrachte Goethe die Neuigkeit sofort nach Jena. Wenige Tage später kam ein Brief von Frau Rat Goethe persönlich, in dem sie schrieb, daß sie nicht vorhabe, «so weit weg» nach Weimar zu ziehen, und daß ihre Weihnachtsgeschenke (Kleider und Spielzeugsoldaten) mittlerweile wie üblich eingepackt und fertig für die «Fuhrleute» waren.

In den zehn Tagen nach seinem Geburtstag und nach der Rückkehr Christianes und Augusts nach Weimar hatte sich Goethe auf die nächste Lieferung der Cellini-Übersetzung konzentriert; aber als das geschafft war und er zunehmend Erleichterung über die Veränderung der militärischen Lage empfand, meldete sich am 9. September auch wieder ein «neuer Antrieb zur großen Idylle». Voigts Meldung, daß Frankfurt in Sicherheit sei, versetzte ihn in eine «gute Stimmung», die er sogleich ausnützte, und so begann er, ein ganz neues Gedicht zu «versificieren». Gegen die morgendliche Kühle durch ein Paar warmer Strümpfe geschützt, die er sich von Christiane hatte schicken lassen, verbrachte er die ersten Stunden jedes Tages mit Konzipieren und Diktieren, und in der ruhigen Abgeschiedenheit des Alten Schlosses kam er mit erstaunlichem Tempo voran. Schiller, den er beim Mittagessen sah, berichtete: «Die Ausführung, die gleichsam unter meinen Augen geschah, ist mit einer mir unbegreiflichen Leichtigkeit und Schnelligkeit vor sich gegangen, so daß er, 9 Tage hinter einander, jeden Tag über anderthalb 100 Hexameter niederschrieb.» Vom 11. bis zum 19. September wußte er sich seine Schreiblaune zu erhalten; in dieser Zeit wehrte er alle störenden literarischen Einflüsse von sich ab, so zum Beispiel das Ansinnen, *Macbeth* für die neue Weimarer Spielzeit einzurichten, erledigte aber weiter Verwaltungskram und machte seine übliche Runde bei den Jenaer Naturwissenschaftlern. Er fand sogar Zeit, die lungenkranke Braut von ‹Novalis›-Hardenberg zu besuchen, die, nach einer letzten verzweifelten Operation für kurze Zeit auf dem Wege des Besserung, in Jena war –, und Hardenberg vergaß ihm diese Geste nicht. Am 19. versetzten Schiller die Nachricht vom Tode seines Vaters und eine plötzliche schwere Erkrankung des kleinen Ernst in Unruhe, und Christiane und August kamen zu dem seit langem versprochenen Wochenendbesuch. Der Bann war gebrochen, aber Goethe hatte vier Gesänge (nach der späteren Neuaufteilung sechs) konzipiert – zwei Drittel eines Gedichts, das nun eindeutig keine Idylle, sondern ein Epos war, dessen Struktur sich an der *Ilias* orientierte. Im Sprechen verfaßt, sollte es «eigentlich nur durchs Ohr empfangen werden», und auch in diesem unfertigen Zustand las Goethe es gern vor – zuerst, während der Niederschrift, Schiller und seiner Frau, danach dem Herzog, sobald er wieder in Weimar war, und schließlich in größerem Kreise. Aber als Böttiger den Entwurf an Weihnachten 1796 zu hören bekam, war er noch nicht weiter gediehen als im September: Der «Antrieb» war ebenso plötzlich wieder verflogen, wie er gekommen war, und es blieb unklar, wie man ihn zurückgewinnen konnte.

«Goethe arbeitet seine Gedichte alle erst im Kopf aus [...]», berichtete Böttiger: «Sind sie so weit vollendet, läßt er sie niederschreiben.» Durch die ungewöhnliche Anstrengung, den *Wilhelm Meister* zu diktieren, wobei es galt, das Ganze geordnet im Gedächtnis zu behalten und sich so bis zum Abschluß des letzten Bandes vorzuarbeiten, hatte Goethe viel über den Umgang mit diesem Schaffensprozeß gelernt, bei dem «das, was bey mir ohne mein eignes Bewußtseyn reif geworden, gleichsam von selbst abfällt». Er wußte, daß er mit seiner Einbildungskraft haushalten mußte, bis der rechte Augenblick und die rechte Stimmung gekommen waren, und daß er nichts übereilen durfte. Er muß auch gewußt haben, daß es nicht nur äußerliche Gründe hatte, wenn der günstige Augenblick verstrich. Der Träumende kann noch gestört werden, wenn der Traum schon ausgeträumt ist, aber gebieterisch danach zu verlangen scheint, weitergeträumt zu werden. Während Christiane sich offenbar Vorwürfe machte, den poetischen Fluß am 19. September unterbrochen zu haben, scheint Goethe ihr das nicht vorgehalten zu haben, und die Schwierigkeiten, die er in den folgenden neun Monaten damit hatte, «die zwei armen letzten Gesänge» aus dem «Limbo» heraufzubeschwören, gründeten im Sujet selbst. Das Sujet war die Ehe – die bürgerliche Ehe, mit einer Spur von Mésalliance –, verstanden als die richtige Antwort auf die Wirren der revolutionären Zeit. Zu Schiller sagte er, er habe über das Thema schon einige Jahre nachgedacht, und zu Böttiger, er habe es zuerst in einem Theaterstück behandeln wollen – möglicherweise in *Der Bürgergeneral* oder *Das Mädchen von Oberkirch*. Er behauptete aber auch, die Zeit der Handlung seines Gedichts sei «ohngefähr im vergangenen August» (1796) und er habe «da hinein, so wie immer, den ganzen laufenden Ertrag meines Daseyns verwendet.» Goethe hatte die Absicht, gleichzeitig die zentralen Bedürfnisse des Dichters und die seiner Zeit anzusprechen, und zwar durch ein Thema, das öffentlich, aktuell und autobiographisch zugleich war. Das Problem lag darin, daß das Thema nicht – noch nicht – autobiographisch genug war.

Erst im Dezember findet sich ein schlüssiger Hinweis darauf, daß Goethe das neue Gedicht *Herrmann*[1] *und Dorothea* zu nennen gedachte. Die Hauptfigur, der Sohn eines Gastwirts in einem selbstgenügsamen Städtchen in den Bergen des Rheinlands, scheint von Anfang an den Namen des germanischen Helden (latinisiert «Arminius») getragen zu haben, der die Legionen des Eindringlings Augustus besiegte. Dorothea, die einzige andere Figur mit einem eigenen Namen, hat diesen vielleicht erst im November erhalten, als Goethe zu «Dorchen» Stock sagte, sie sei nun die Namenspatronin von Alexis' Geliebter und dieser neuen Heldin. Auch sie ist eine «Göttergabe»; denn sie wird Herrmann, der eine Frau braucht, durch die großen Geschehnisse der Zeit beschert: Sie befindet sich in dem Zug der Flüchtlinge, der sich, vom besetzten linken Rheinufer kommend, auf der Hauptstraße in das Tal bewegt, in geringer Entfernung von dem Städtchen.

---

1 So die ursprüngliche Schreibung.

Herrmann ergreift den günstigen Augenblick, der sich bietet. Binnen neun Stunden ist Dorothea umworben und gewonnen, gerettet aus dem chaotischen Strom internationaler Ereignisse und hineingestellt in die stabile Ordnung der deutschen Kleinstadt, die sie mit ihren guten Eigenschaften befestigen wird. An einer Stelle, die Goethe im September schrieb, als ihm vielleicht die Beschreibung seiner Mutter vom Brand des großelterlichen Hauses in Frankfurt noch lebhaft vor Augen stand, gibt er zu verstehen, daß es Herrmanns Bestimmung ist, in der revolutionären Zeit die Tapferkeit seiner Eltern zu bewähren, die einander zwanzig Jahre zuvor, nach der großen Feuersbrunst und mitten unter den rauchenden Trümmern der Stadt, das Jawort gegeben haben. Die Ehe ist also das Symbol des Glaubens an eine sinnvolle Zukunft und zugleich der erste Schritt, sie herbeizuführen. Die Ehe ist für Herrmann die gänzlich unerwartete Form, in der die Götter sein Sehnen erfüllt haben – in Überfluß zu verwandeln, was eine Katastrophe zu sein schien. Dorothea war schon einmal verlobt (wobei nicht sicher ist, ob dieses Motiv zu Goethes ursprünglicher Konzeption gehört hat): Ihr erster Bräutigam war ein junger Deutscher, der für die Revolution schwärmte, eine Figur wie Adam Lux und unwiderstehlich angezogen von Paris, wo ihm sein reines moralisches Wollen Streit mit den Mächtigen, Gefängnishaft und Tod eintrug. Herrmann findet also nicht einfach zur Versöhnung mit der schrecklichen Zeit, in der er zu leben hat; diese ist vielmehr die notwendige Bedingung seines einzigartigen und unkonventionellen Glücks geworden:

> Denn die Wünsche verhüllen uns selbst das Gewünschte; die Gaben
> Kommen von oben herab in ihren eignen Gestalten. (V. 69–70)

Das Gedicht selbst, eine unerwartete Gabe der Musen, stellt die unwahrscheinliche Vermählung seines deutschen und aktuellen Inhalts mit einer pseudohomerischen Form dar. Die Verfasser der *Tabulae Votivae* hatten über «Deutsche Kunst» geschrieben:

> Gabe von oben her ist, was wir Schönes in Künsten besitzen,
>   Wahrlich, von unten herauf bringt es der Grund nicht hervor.

Der Grund, aus dem *Herrmann und Dorothea* hervorwächst, ist sowohl das Alltagsleben der «Honoratioren» einer deutschen Kleinstadt als auch «eine Kriegsflut und Emigration, wie sie vielleicht kein folgendes Jahrhundert wiedersieht,» Themen, von denen Böttiger meinte, sie müßten «alle Klassen und alle Stände gleich stark ergreifen» und dem Werk den Rang eines «Volksgedichts» sichern. Doch die Form des Gedichts ist den deutschen Honoratioren ebenso fremd wie die Flut der Revolution: Sie kommt von weit her, zeitlich wie räumlich, so wie Schiller es in der *Ästhetischen Erziehung des Menschen* verlangt hatte, und steckt voller Anspielungen auf Homer und auf Voß' Homer-Übersetzungen, die wegen ihrer immer stärkeren Eigenwilligkeit in aufeinanderfolgenden Auflagen 1796 zum jüngsten Gegenstand gelehrter Kontroversen geworden waren. Mit seiner *Luise* hatte

Voß die Beschreibung deutschen Landlebens in Klopstockschen Hexametern in die deutsche Literatur eingeführt, und Goethe räumte freimütig ein, daß dieses Beispiel *Herrmann und Dorothea* erst möglich gemacht habe; Schiller erkannte jedoch sofort (ebenso wie Friedrich Schlegel, nachdem er den Text zu Gesicht bekommen hatte), daß die Bedeutung des Gedichts «Vossen völlig entgegengesetzt» war. Schlegel nannte es mit seinem neuen Lieblingsausdruck ein «romantisiertes» – das heißt modernes und subjektives – «Epos». Die Paraphernalia antiker Dichtung sind keine bequeme Stütze jener bürgerlichen Existenz, die der «Grund» des Gedichts ist, sondern bleiben fremd – wie Dorothea ein Gast aus einer anderen, höheren Welt.

Als Goethe bei der Ankunft seiner Familie in Jena die Arbeit abbrach, hatte er Dorothea als eigene Akteurin noch nicht in die Geschichte eingeführt. Er hatte von ihren ersten Gesprächen mit Herrmann und von ihrer heldenhaften Tüchtigkeit bei der Sorge um ihre Mitflüchtlinge und der Abwehr vor Marodeuren geschrieben, aber nur in Gestalt eines beeindruckten Berichts *über* sie: Sie mußte erst noch lernen, für sich selbst zu sprechen, gleichberechtigt mit Herrmann. Goethes Unvermögen, eine Fortsetzung zu finden, muß zum Teil sein Unvermögen gewesen sein, sich die gottgegebene Erfüllung von Herrmanns Sehnsüchten als Person und nicht als Ideal vorzustellen – als eine Christiane und nicht als eine Lili, an deren Tapferkeit Dorotheas Taten erinnern. Es war schwierig für ihn, das Loblied auf die Ehe zu vollenden, wenn seine eigene Verehelichung nach außen hin noch nicht vollkommen war. Im Geist war er bei den Fliegen, die vor dem Gasthaus am Marktplatz seiner imaginären rheinischen Kleinstadt in der heißen Augustsonne summten, und bei Herrmanns Vater, der sich mit seinen Gästen in einen kühlen dunklen Salon zurückzog, wo sie aus den besten grünen Pokalen eine Flasche 83er trinken konnten, und unterdessen schrieb ihm Christiane aus Weimar, daß ihr die kalten Tage und die langen Herbstabende ohne ihn zuwider seien, daß «das Bübchen» gesagt habe «Ach, du lieber Gott! kömmt denn mein Vater wieder nicht?» und daß sie sich auf die Weihnachtsgeschenke aus Frankfurt freue, «aber Du mußt beim Aufmachen sein, sonst ist es kein Spaß.» Hinter Weihnachten lag für Goethe ein Frühjahr, in dem er noch immer hoffte, Angelica Kauffmann wieder zu besuchen, die an vielen glühend heißen Sonntagen des Jahres 1787 sein Cicerone in Rom gewesen war, um noch einmal «jene herrlichen Gegenden, obwohl nicht so ruhig wie das erstemal, durchzusehen», und obwohl der Dritte in ihrem Bunde, Angelicas Ehemann Zucchi, inzwischen gestorben war. Aber Christiane konnte nur mit unguten Gefühlen an die Zukunft denken: «Wenn Du so weg bist», schrieb sie Goethe nach Jena, «sehe ich immer, wie schlecht es mir zu Muthe sein wird, wenn Du in Italien sein wirst.» Goethes Hoffnung, sein Epos zu vollenden, «ehe wir es uns versehen», in einem Augenblick, der ihm «die reinste Stimmung» schenkte, war eng mit seiner Hoffnung auf Italien verbunden. In einem ganz praktischen Sinne: Ihm war fast von Anfang an klar, daß er hier die Chance hatte, mit seinem Schreiben Geld zu verdienen – vielleicht sogar die Hälfte dessen, was nach seiner Schätzung ein Mann seines Standes für eine solche Reise benötigte. Aber um das Geld zu verdienen, mußte er erst einmal fertig werden, und solange die Lombardei für eine Durchreise zu gefährlich schien, kam er nicht voran. Um die Jahreswende entwarf er jedoch einen neuen Plan: Er wollte zunächst nach Wien und dann nach Ancona reisen, das zwischen den Armeen und dem Meer lag; so bewegte er sich in einer Gegend, in der keine Franzosen standen. Der neue Plan wurde sogleich mit neuem Antrieb zu seinem Gedicht belohnt, und in den ersten Tagen des neuen Jahres 1797 konzipierte Goethe eine erste Fassung für den Schluß des Gedichts. Aber damit war sein eigentliches Dilemma nicht behoben: daß er versuchte, über die Ehe zu schreiben, während er die Flucht vor Frau und Familie vorbereitete. Eine Künstlerwallfahrt nach Italien war in seinem gegenwärtigen Leben ebensosehr ein Fremdkörper, wie es Homer im revolutionären Rheinland war. Solange der tote Punkt nicht überwunden war, flüchtete sich Goethe in einen theoretischen Gedankenaustausch mit Schiller, der jetzt ernsthaft an *Wallenstein* arbeitete, über den Unterschied zwischen Epos und Drama, das heißt zwischen ihren zwei derzeitigen Projekten. Schiller fand den Austausch nützlich; für Goethe jedoch war der Rückgriff auf die Theorie eher die Formulierung des Problems als dessen Lösung.

Es gab noch einen anderen Grund, weshalb es wünschenswert war, mit *Herrmann und Dorothea* bald fertig zu werden. Mit deutlicher Anspielung auf das Epos und auf *Wallenstein* schrieb Goethe im November an Schiller: «Nach dem Wagestück mit den *Xenien* müssen wir uns bloß großer und würdiger Kunstwerke befleißigen und unsere proteische Natur, zu Beschämung aller Gegner, in die Gestalten des Edlen und Guten umwandeln.» Der Proteus war Goethe, nicht Schiller; aber Schiller war es, der eine magische Befreiungstat nötig hatte. Die *Xenien* waren ein privater Scherz, der durch die Veröffentlichung schal geworden war. Nach Goethes Rückkehr nach Weimar am 5. Oktober wurde der *Musenalmanach* im Laufe von zwei Wochen privat in Jena gedruckt, da Cotta in Stuttgart durch den Krieg unerreichbar war. Vier Zentner der kleinen Bändchen mit dem von Goethe entworfenen Einband wurden zur Leipziger Buchmesse verfrachtet, und binnen vier Wochen war die Erstauflage mit 2000 Stück verkauft, und weitere 500 Exemplare mußten nachgedruckt werden. Es war jedoch ein *succès de scandale*. Goethe bedauerte bald, daß *Alexis und Dora* und die *Tabulae Votivae* im Schatten der *Xenien* standen, und als im Verlauf des Herbstes die öffentliche Stimmung von Amüsement und Erheiterung in Zorn und bitteren Tadel umschlug, erschien Schillers Stellung als gefährlich exponiert. Die Feindseligkeit der wichtigsten Attackierten – Nicolai und sein Berliner Netz, Reichardt und Lavater und die Leipziger Literaten – war zu erwarten; aber diese Leute hatten viele, zum Teil hochgestellte Verbündete. Der Herzog von Gotha war angeblich verärgert über die Behandlung, die einem seiner Günstlinge zuteil geworden war; Lavater sprach in einem Brief an

Herzogin Louise vielsagend von der Notwendigkeit, keine «Lästerungen des Allerheiligsten» zu dulden; und im fernen Norden unterhielt die Eutiner Gruppe Beziehungen zu Schillers Gönnern am dänischen Hof. «Goethe schadet's zwar nicht», schrieb Frau von Stein an Lotte Schiller, «aber Schiller könnte es in der Folge schaden, besonders im Holsteinischen. Man lebt doch nicht vom Verstand allein. Ich denke freilich nicht wie eine Poetin, sondern hausmütterlich.» Bald trafen denn auch Briefe aus Kopenhagen ein, die – eher bekümmert als erzürnt – wissen wollten, welcher Art Schillers Verbindung mit dem notorisch unmoralischen Goethe in diesem «Furien-Almanach» sei. Noch konnte Schiller es sich leisten, das Unbehagen Friedrich Schlegels zu ignorieren, der die auf ihn gemünzten Epigramme ihm, nicht Goethe zuschrieb; aber es muß ihn beunruhigt haben zu hören, daß Kant «höchst unzufrieden, vorzüglich aber gegen [Schiller] erzürnt» war. Huber mag charakterliche Mängel gehabt haben, aber er hatte einst geholfen, Schiller vor der Armut zu retten, und er durfte mit gutem Grund gekränkt sein über den Angriff auf das Privatleben Forsters. «Schiller ist mein Freund, Goethe war Forsters Freund!» Von Goethe stammte die Bezeichnung «literarischer Sansculottismus» für einen unrealistischen Perfektionismus, der der Feind des nationalen Fortschritts war; aber jetzt sahen er und Schiller sich als die Sansculotten und literarischen Robespierres etikettiert, die ihre Gegner in aller Öffentlichkeit guillotinierten. Im Dezember brachten Manso und ein Leidensgefährte in Breslau die erste und beste Sammlung von Anti-*Xenien* heraus – mehr oder weniger verleumderische und oft metrisch verunglückte Stücke, dabei ohne jene Phantasie und Konstruktion, die aus den *Xenien* trotz allem ein Werk der Dichtung machten. Für die Wirkung der *Xenien* waren die Reize und Vagheiten der Entschlüsselung wesentlich, während ihre Gegner stets von prosaischer Deutlichkeit waren. Immerhin hatte Manso einen scharfen Blick für sein Opfer:

> Göthens Aufruf an Deutschland
> Deutsche, vernehmts, ihr habt nur *einen* Dichter erzielet.
> Dieser *eine* bin ich. Drum wenn ich niese, so klatscht.
> Poetische Einbildung
> Weil ihn Göthe besucht, so dünkt er sich Göthe der zweyte.
> Schiller der erste, mein Freund, bist du und bleibst es gewiß.

Im März 1797 ging Nicolai mit dem Knüppel auf den Schwarm bissiger Insekten los. Er verfaßte eine 217 Seiten starke Abrechnung, in der jedoch die einzigen schädlichen Zeilen von Gottfried August Bürger stammten, der drei Jahre zuvor gestorben war: Nicolai hatte seinen literarischen Nachlaßverwalter überredet, ein Epigramm gegen den «Minister» Goethe freizugeben, das Bürger in seinem Zorn über den peinlich verlaufenen Besuch in Weimar 1789 geschrieben hatte. Sogar Wohlmeinende wurden unruhig, als der Furor Kreise zog. Alexander von Humboldt fand Zwietracht gesät, wo Einigkeit nottat, und wie zur Bekräftigung dessen sagte Voß einen zweiten

Besuch in Weimar ab, um nicht in die Kontroverse hineingezogen zu werden. Voigt, der sich anfangs mit einem eingeschmuggelten Exemplar des *Musen-Almanachs* die Zeit in langweiligen Consiliums-Sitzungen vertrieben hatte, gestand schließlich: «Der Xenien-Krieg bringt eine literarische Attakke über Weimar und Jena, die wir hätten vermeiden können.» Schiller lernte jetzt die Wahrheit dessen kennen, was Schlosser ein Vierteljahrhundert zuvor warnend zu Lavater gesagt hatte: «Es gehört eine gewisse Stärke der Seele dazu, sein [= Goethes] Freund zu bleiben.» Doch auch Goethe blieb nicht ungezaust. Die gravierendste Folge der *Xenien*-Rauferei war, daß sie – ebenfalls Mitte Oktober – das Erscheinen des letzten Bandes der *Lehrjahre* (mit dem siebenten und achten Buch) in den Hintergrund drängte. Freilich nicht für Goethes engsten Kreis, dessen Reaktionen allerdings so ausfielen, wie man es erwarten konnte: Frau von Stein bedauerte die Besudelung aller weiblichen Reinheit; Knebel lobte die Bezüge zur französischen Revolution, fand aber Lothario nicht praktisch genug gesinnt, und als ein Mann, der endlich den wahren Sinn der Liebe gefunden zu haben glaubte (er lebte in Weimar jetzt in einem Häuschen, das diskret vor dem Erfurter Tor gelegen war, so daß er unbeobachtet Luise Rudorff empfangen konnte), verurteilte er Wilhelms Weibergeschichten; Herder verwarf das gesamte Romanpersonal und ließ nur den Harfner gelten: «Das ist mein Mann.» Auch Jacobi war in einem früheren Stadium des Schreibens und Denkens steckengeblieben, in welchem Charakter mehr zählte als Struktur, und zeigte sich verblüfft über die Wendung, die der Roman genommen hatte. Gescheitere Kommentare kamen auch von der jüngeren Generation, die die Nähe dieser zwei letzten Bücher des Romans zur Philosophie Kants zu würdigen wußten: von Körner, von Schiller, der nun die Veränderungen sah, die Goethe nach seinen letzten kritischen Bemerkungen vorgenommen hatte, und von Wilhelm von Humboldt. Humboldt verstand genau die literarische Revolution, die die zentrale Figur des Romans verkörperte; eines entschiedenen eigenen Charakters ermangelnd, stellte Wilhelm nur die Zentralität an sich dar, so «daß er die Welt und das Leben, ganz wie es ist, völlig unabhängig von einer einzelnen Individualität und eben dadurch offen für jede Individualität schildert». Aber seine weitere Erwartung, daß «jeder Mensch im *Meister* seine Lehrjahre wiederfinden» werde, war doch allzu optimistisch. Sogar unter günstigeren Umständen hätte man nur von einer schmalen Schicht der deutschen Gesellschaft erwarten können, daß sie die Bedeutung eines so subtilen Punktes für ihre eigene Lage erkannte, mochte ihn Goethe auch in einfachere und wärmere Worte kleiden, wenn er über «den vierten Band meines Romans» sagte, daß er «vielleicht nur einen geringen Theil jener Erwartungen erfüllt welche die ersten Bände erregten. Indessen, da es mit dem menschlichen Leben selbst nicht besser geht, so stellt er gerade durch diesen Mangel unsern planetarischen Zustand am besten dar.» «Dieses Ganze ohne Ende» nannte Goethe seinen Roman unter Anspielung auf dessen deutlichstes kantisches Merkmal; doch als seine Mutter und ihre Bankiersfreunde in Frankfurt das Buch lasen, hielten sie es einfach für unfertig und meinten, der bisherigen Leistung des Autors ein besonderes Lob zu zollen, wenn sie lauthals die prompte Lieferung des fünften Bandes verlangten. «Lassen Sie uns nun bei diesem Anlaß horchen, was für ein Publikum wir haben», meinte Schiller, als er endlich die Druckfassung der letzten beiden Bücher zu Gesicht bekam, und wie die nächsten Monate zeigten, war es ein Publikum, das sich mehr für die Personen und das Hauen und Stechen der *Xenien* und Anti-*Xenien* interessierte als für die enervierenden Rätsel im *Wilhelm Meister* oder für Körners langen Brief über den Roman, der als Aufsatz in den *Horen* erschien. Die persönlichen Schmähungen gegen Goethe waren schlimmer als alles, was Schiller zu ertragen hatte, dessen Hauptvergehen darin bestand, mit Goethe gemeinsame Sache gemacht zu haben. Goethes ungeregeltes Hauswesen – «zwischen Hof und Hinterhof», «entre la cour et la basse-cour» – mußte immer wieder als Erklärung für die Unschicklichkeiten in seinem Roman und in seinen Epigrammen herhalten, und in Berlin machte man seine angeblichen Amouren mit reiferen Jüdinnen, die zumindest ihre Attraktivität und ihre Figur eingebüßt hatten, für das überschwengliche Lob verantwortlich, das allen seinen neueren Werken von dieser Seite zuteil wurde. Schiller zeigte sich empfindlicher gegen Kritik, aber dann war es Goethe, der sich im Dezember zu einer literarischen Replik hinreißen ließ: eine neue Elegie, die das neue Epos *Herrmann und Dorothea* ankündigte und denselben Titel trug.

Diese Elegie «Herrmann und Dorothea» ist der bemerkenswerte Versuch, in ein neues, auf den Konversationston gestimmtes Verhältnis zum Publikum zu treten, trotz der Arroganz der *Xenien* und der durch sie ausgelösten Feindseligkeit. Zu Beginn zählt das Gedicht alle die «Verbrechen» auf, die man Goethe jetzt zur Last legte: das Skandalon seiner diversen Epigramme, die *Römischen Elegien* und sein «an den Alten geschultes» – das heißt erotisch freizügiges – Leben; seine unkonventionellen Ansichten zu Wissenschaft, Kunst und Religion; die Gesinnungslumperei und die Karrieremacherei, die G. A. Bürger an ihm kritisiert hatte. Aber Goethe wird, so sagt er, nicht davon ablassen, allein der Muse der Dichtkunst gehorsam zu sein, der Quelle seiner Fähigkeit zu permanenter Erneuerung. Doch dann erfährt dieser reuelose Standpunkt eine subtile, ihrerseits ganz neue Verwandlung. Goethe beansprucht die Privilegien des einsamen Genies nicht für sich selbst: Die Dichtkunst, fährt er in horazischem Geiste fort, gehört in einen häuslichen Rahmen (mit einer «Gattin», die kocht, und einem «Knaben», der Holz für das Feuer nachlegt), in dem «Gleichgesinnte» sich wohlfühlen. Es ist eine gesellige Angelegenheit, und das große Verdienst F. A. Wolfs ist es, den entmutigenden Mythos von Homer als dem einen, übermenschlichen Geist entthront und damit die homerischen Gedichte als ein Gemeinschaftswerk erwiesen zu haben. Goethe verwirft also die Theorie vom dichterischen Genie, die ihn seit Anfang der siebziger Jahre begleitet hatte, und wendet die Einsichten über menschliche Identität, die er beim Schreiben von

Wilhelm Meisters Lehrjahren erlangt hatte, auf sein Verständnis von Autorschaft an. Homer zum Vorbild zu wählen ist keine Hybris, wenn Homer kein einzelner Mensch ist, dem es nachzueifern gilt, sondern eine Schule, zu der man gehören will: «Doch Homeride zu sein, auch nur als letzter, ist schön.» Wolf verdient es daher, daß man auf seine Gesundheit trinkt, denn er ist einer der Ahnen des neuen Epos; ein anderer ist Voß; ein dritter der gemeinsame Erfahrungshintergrund des Dichters und seines Publikums, denn die Geschichte der Goetheschen Luise soll sich vor den «traurigen Bilder[n] der Zeit» abspielen. Das «Gespräch», welches das Gedicht möglich macht, wird «weise» sein durch die Weisheit jener – wie der deutschen Ausgewanderten? –, die aus der Erinnerung an vergangenes Leiden die Lehre einer heiteren Distanziertheit gezogen haben und an dem delikaten Spiel des Dichters mit ihren Gefühlen von Schmerz und Lust den Wert ihrer eigenen Emotionalität zu schätzen lernen. Diese Schlußfolgerung ist offenkundig der «Kritik der ästhetischen Urteilskraft» zu danken; dennoch zeigt die Elegie bei aller anspruchsvollen Argumentation Goethe von seiner gewinnendsten Seite. Sogar Frau von Stein sprach von der Elegie,

worin er das Publikum wegen der ‹Xenien› wieder versöhnen wird; denn sie ist recht poetisch schön und ist, wie Anakreon würde von sich gedichtet haben. Nur schade, daß bei der Gattin, die am reinlichen Herd kocht, immer die Jungfer Vulpius die Illusion verdirbt.

Goethe befolgte zwar Schillers Rat, die Elegie nicht zu veröffentlichen, bevor das Epos fertig war, aber seine Absicht beim Schreiben war eindeutig irenisch: Es kam einer Entschuldigung und dem Eingeständnis nahe, daß die Publikation der *Xenien* ein Fehler gewesen war. Nicht daß die Satire ihr Ziel verfehlt hätte – ganz im Gegenteil. Wie Charlotte Schiller bemerkte, die in tapferen Nachhutgefechten ihren Mann gegen die Tadler unter seinen Freunden in Schutz nahm, bewies gerade die Reaktion auf die *Xenien* die Wahrheit von vielem, was Schiller und Goethe gesagt hatten. Es gab in der Tat ein literarisches und Lesepublikum in Deutschland, das einer homogenen Reaktion fähig war – und es war frömmlerisch, von lüsterner Sittenstrenge, ernst, aber ohnmächtig der Idee einer Nationalkultur ergeben und von verbohrter Phantasielosigkeit. Aber Goethe und Schiller waren gemeinsam gesonnen, für dieses Publikum zu schreiben, und wenn beide in den *Xenien* über seine Dummheiten lachten, so war es gleichwohl ein taktischer Fehler, ihre künftigen Leser dieses Gelächter hören zu lassen. Diese Wahrheiten waren besser dort aufgehoben, wo die Abhandlung «Literarischer Sansculottismus» sie verstaut hatte: zwischen den Zeilen. Die Elegie «Herrmann und Dorothea» ist der Versuch, den *status quo ante bellum* wiederherzustellen. Sie behauptet den Primat der Dichtung, schweigt sich aber über jene aus, die nicht gleichgesinnt sind, und macht ihnen ein, wie es scheinen mochte, bedeutendes Zugeständnis, freilich ganz im Geiste der *Unterhaltungen deutscher Ausgewanderten*: Sie nimmt die häusliche und persönliche Existenz des Dichters in den Kontext und die Bedeutung seines Schreibens hinein. Dieses Zugeständnis bewirkt jedoch weitere Schwierigkeiten. Wie das Epos, das sie ankündigt, will die Elegie die Ehe feiern – hier der gesellige Rahmen für die Dichtung –, und zwar als Reaktionen auf die «Prüfungen», die das historische «Geschick» auferlegt hat. Aber wie das Epos tut es etwas zu viel des Guten, um überzeugend zu sein, und so argwöhnen wir mit Frau von Stein, daß das Publikum nach dem Willen des Autors den Begriff «Ehe» ganz anders verstehen soll, als er selbst ihn gebraucht: Noch gönnt der Dichter – geschweige denn das Publikum – der Mademoiselle Vulpius nicht ganz die Rolle der fröhlichen Gemahlin, welche ihre gesprächigen Gäste empfängt, und die Erinnerung an die *Xenien* trübt die unausgesprochene Vorstellung, als seien Dichter und Publikum sich darin einig, deutsche Häuslichkeit als rettenden Hafen vor politischen Stürmen zu genießen.

Auch die *Horen* hatten zwangsläufig unter den *Xenien* zu leiden. Es konnte nicht vorteilhaft sein, den Eindruck zu verstärken, als wollten sich die Herausgeber der Zeitschrift, «allein auf dem Parnaß», «das Monopol auf Geschmack und deutsche Literatur anmaßen». Die schlechtere Qualität von Druck und Papier und das mickrigere Format des Jahrgangs 1797 machten den Rückgang der Verkaufszahlen sichtbar. Doch ist das Scheitern der *Horen* nicht einfach der Herausgeberschaft Schillers anzulasten. Charlotte Schillers Analyse trifft auch hier zu. Die verzweifelte Suche ihres Mannes nach Material für die *Horen* war nur ein Beweis mehr für das, was die *Xenien* geltend machten: Deutschland besaß weder das Publikum noch die Autoren, die das Programm für die *Horen* ursprünglich vorausgesetzt hatte. Nicht einmal Goethe und Schiller konnten die Werke schreiben, die dem Programm gerecht wurden – sie brachten nur die *Xenien* zustande, die den Mangel konstatierten und die Zweifel aufgriffen, die Goethe bereits in den einleitenden *Briefen* und in den *Unterhaltungen deutscher Ausgewanderten* vorgebracht hatte. 1797 waren die bevorzugten Beiträger zu den *Horen* Ausländer, Verstorbene oder Frauen. So brachte das Septemberheft 1796, abgesehen von einem Beitrag Meyers über Innendekoration in Rom, ausschließlich Übersetzungen aus dem Lateinischen, Griechischen und Italienischen, und als der Cellini zu Ende ging, entdeckte Schiller einen zweckdienlich umfangreichen Ersatz, nämlich französische Memoiren aus dem 16. Jahrhundert, mit deren deutscher Übersetzung er, wahrscheinlich aus Nächstenliebe, seinen Schwager Wolzogen betraute. Friedrich Schlegel kommentierte sarkastisch das Überwiegen von Übersetzungen in den *Horen*, verkannte aber, was das bedeutete: daß auf höchster geistiger Ebene jene einheitliche Nationalliteratur, die zu fördern die Zeitschrift getrachtet hatte, ein Ding der Unmöglichkeit war wie in den Tagen des Sturm und Drang. Passenderweise stammten 1797 die besten Seiten in den *Horen* von einem *revenant* – oder wie Goethe grausam sagte: einer «Mumie» – aus jener fast vergessenen Generation. Bei der Durchsicht seiner alten Papiere nach etwas, das er den *Briefen aus der Schweiz* an die Seite stellen konnte, stieß Goethe auf Manuskripte, die ihm J. M. R. Lenz 1776 überlassen hatte, und veröffentlichte eine Erzählung voller Goethe-Anklänge in den *Horen* und zwei weniger gewichtige Stücke im *Musen-Almanach*. Ein ähnliches Schicksal ereilte Gotter, der im März 1797 starb und vor seinem Tod das «Genie- und Xenien-Wesen ... bitter beklagt» hatte; Goethe zwang ihn, «der lebend nichts mit den ‹Horen› zu tun haben wollte, noch tot darin zu spuken», und publizierte aus Gotters literarischem Nachlaß eine von Shakespeares *Sturm* inspirierte Zauberoper in der Zeitschrift. Schiller befand sie als «dünne Speise», aber wenigstens füllte sie die Seiten. Einen beachtlichen Erfolg konnte er jedoch verbuchen, als er in Fortsetzungen einen Roman seiner Schwägerin Caroline von Wolzogen brachte. *Agnes von Lilien* begründete ihre literarische Karriere und wurde zunächst von vielen für ein Werk Goethes gehalten (Friedrich Schlegel freilich durchschaute es sogleich als Imitation). Sophie Mereau offerierte den *Horen* die erste Lieferung eines Romans in Liebesbriefen, und Schiller gestand: «Ich muß mich doch wirklich drüber wundern, wie unsere Weiber jetzt, auf bloß dilettantischem Wege, eine gewisse Schreibgeschicklichkeit sich zu verschaffen wissen, die der Kunst nahekommt.» Aber Sophie Mereau, eine ernsthafte Schülerin Fichtes, war eine engagierte und erfolgreiche Autorin, wie auch Emilie von Berlepsch (1755–1830), die Schiller wohl ebenfalls im Sinn hatte. Frau von Berlepsch war bereits geschieden und hatte es auf Goethe abgesehen. («Sie war lustig und munter und dick und fett», schrieb Frau von Stein. «Vielleicht macht sie jetzt mehr Eindruck auf Goethe, als da sie mager und sentimentalisch war; sie sieht auch etwas gemeiner aus.») Mehr Erfolg war ihr jedoch bei dem mehrsprachigen schottischen Geistlichen James Macdonald beschieden, der als Privatlehrer eines (mit ihm nicht verwandten) George Macdonald durch Deutschland reiste; später tauchte sie als exotischer Gast in seinem feuchten, modrigen Pfarrhaus zu Fife auf. Dort zog sie los, um die Heimat Ossians aus erster Hand zu erkunden; sie verfaßte eine der wichtigsten Beschreibungen Schottlands in deutscher Sprache und ein Buch über englischsprachige Schriftstellerinnen. Goethe war viel gerechter als Schiller, wenn er auf dessen gönnerhafte Bemerkungen geschlechtsneutral entgegnete, daß «die neuern Künstler» sich alle in der nämlichen traurigen Lage befänden – in Ermangelung kanonischer Vorbilder und einer tragfähigen kritischen Tradition sei jeder ein Dilettant und müsse «durch Theilnahme und Anähnlichung und viele Übung sein armes Subject ausbilden». Da jedoch Frauen keinerlei Zugang zu den Reihen der Staatsdiener, Professoren und Geistlichen hatten, war der vermehrte Rückgriff der *Horen* auf Autorinnen ein sicheres Zeichen dafür, daß die Zeitschrift ihre ehrgeizige Absicht aus dem Auge verlor, den offiziellen und den bürgerlichen Teil der literarischen Kultur Deutschlands zusammenzuführen, und sich vom übrigen, rein kommerziellen Buchmarkt kaum mehr unterschied. Die Frau, deren Arbeiten Goethe am meisten in den *Horen* zu sehen wünschte, Madame de Staël, war nicht Deutsche, sondern Französin, und es störte ihn nicht, daß eine Veröffentlichung von Auszügen ihres jüngsten Buches *De l'influence des passions sur la bonheur des individus et des nations*, die er Schiller dringend nahelegte, ein Verstoß gegen das selbstauferlegte Verbot war, in den *Horen* die Revolution zu diskutieren. Eine leidenschaftliche Natur, intime Kenntnis des politischen Lebens und literarische Leistung waren in Madame de Staël auf eine Art vereint, wie es in Deutschland nicht möglich schien. Wie ihr *Versuch über die Dichtungen* stand diese Abhandlung den aktuellen Interessen Goethes näher als fast alles, was die *Xenien* verspottet hatten, und um in einen Briefwechsel mit ihr einzutreten, sandte er ihr eine Luxusausgabe von *Wilhelm Meisters Lehrjahren*. Leider konnte sie kein Deutsch lesen und mußte sich damit begnügen, den schönen Einband zu loben (der aber ohnehin das Beste an dem Buch sei, wie ihr Benjamin Constant versicherte).

Nicht jeder Schaden – seufzte Wieland –, den die *Xenien* angerichtet hätten, könne wiedergutgemacht werden. Gleim, was vielleicht zu verschmerzen war, blieb für immer verschnupft, desgleichen die Stolbergs, und einen Feind auf Lebenszeit erwarb sich Goethe, als Garlieb Merkel (1769–1850), ein säuerlicher junger Mensch mit Zukunft, nach Jena kam und sich von einem Zirkel gedemütigt und ausgeschlossen fühlte, der lieber den Verfasser der *Xenien* bewunderte als Merkels eigene, neue und moralisch überlegene Abhandlung über die Leibeigenschaft in Lettland. (Dafür siedelte sich etwa gleichzeitig Johannes Daniel Falk (1768–1826) in Weimar an, ein recht ähnlicher junger Dichter, der Goethes Bewunderer und sein Freund werden sollte.) Doch hatte Wieland auch recht mit den Trostgründen, die er fand – ganz recht in bezug auf die *Xenien* und ganz besonders recht in bezug auf Goethes Charakter:

> Er ist ein sonder- und wunderbarer Sterblicher, aber bei allem dem so sehr *aus einem Stück*, so sehr bona fide alles, was er ist, mit allem seinem Egoismus so wenig übeltätig oder vielmehr im Grunde so gutartig und mit allen Anomalien seiner produktiven Kraft ein Mann von so mächtigem Geist und unerschöpflichen Talenten, daß es mir unmöglich ist, ihn nicht liebzuhaben, wie oft ich auch im Fall bin, zu wünschen, daß dies oder jenes anders an ihm wäre. ... Was mich bei dem allem tröstet, ist, daß sowohl G[oethe] als Sch[iller] es in ihrer Macht haben, durch ebenso gute und noch bessere Geisteswerke, als wir schon von ihnen kennen, in wenig Jahren jede Spur der von ihnen verübten Leichtfertigkeiten wieder auszulöschen – ...

Für Schiller waren die *Xenien* vielleicht ein Instrument, um der literarischen Welt seine Autorität aufzuzwingen; für Goethe waren sie der bittere Ausdruck des Bedauerns darüber, daß der Augenblick einer kulturellen Chance ungenutzt verstrich. Schiller schmerzte Deutschlands Unbotmäßigkeit, und es drängte ihn, zurückzuschlagen; als wirkungsvoll aber erwies sich, wie Wieland vorhergesehen hatte, die eher resignierte und zielbewußte Reaktion Goethes. Nach einem neuen *Musen-Almanach*, der Publikation des neuen Epos und schließlich einer Reihe neuer Meisterwerke Schillers traten die *Xenien*, ihrem ganzen Wesen nach auf Kurzlebigkeit berechnet, nach gut einem Jahr in den Hintergrund. Nachdem die Gefahr von offiziellen Repressalien vorüber war, konnte es für Schiller sogar so scheinen, als hätten sie ihren Zweck erreicht. Hatte er doch schon lange nach einer öffentlichen Bestätigung ihres Bundes durch Goethe giert, und nun gehörten ihrer beider Namen dauerhaft zusammen, mochte auch das ganze literarische Deutschland den Preis dafür in Form von Trubel und Provokation zu entrichten haben. Einmal hatte der Kampf seinen Lebensunterhalt bedroht, aber Schiller ließ nicht locker, was ihm zur Ehre gereicht. In der Tat war die *Xenien*-Kampagne eine ähnlich bedeutsame Krise wie der Briefwechsel über *Wilhelm Meister*, dessen Verlängerung sie war. Sie berechtigte Schiller, zu Goethe «mein teurer, mein immer teurerer Freund» zu sagen, dessen «lebendige Gegenwart» um so größeren Einfluß auf ihn ausübe, «je mehr Verhältnissen ich jetzt abgestorben bin». Sie bot auch die Gelegenheit, die Brüchigkeit gewisser anderer Verhältnisse Goethes zu konstatieren: natürlich der Beziehung zu den eindeutigen Opfern der *Xenien* wie Friedrich Schlegel, aber auch zu Herder, dem das ganze Geschäft verhaßt war («Jeder ehrliche Mann ... kann eine Klette ans Kleid oder einen Schandfleck ins Gesicht geworfen bekommen, und man sagt, es war eine Xenie»), und sogar zu Klopstock, dessen Distichon auf Goethe Schiller in vollem Wortlaut weitergab. Und sie erzeugte die erhitzte Atmosphäre, in der absonderlichere Gelöbnisse getan werden konnten. Wenn Schiller Goethe von der Mißbilligung erzählte, die er in Kopenhagen geerntet hatte, kehrte er wehleidig die Sexualität seines einstigen Wunsches um, Goethe, wie einer «Prüden ein Kind zu machen»: «Mir wird bei allen Urteilen dieser Art, die ich noch gehört, die miserable Rolle des Verführten zuteil, Sie haben doch noch den Trost des Verführers.» Die Metapher meinte, wie so oft, das Gegenteil dessen, was sie vordergründig besagte. Schillers langes Werben hatte endlich zum Erfolg geführt, die Vereinigung war öffentlich vollzogen worden, und jetzt empfand er, bei allen bösen Ahnungen und Ängsten zwischendurch, keine wirkliche Reue.

Die endgültige öffentliche Bestätigung blieb ihm jedoch versagt, obgleich der gemeinsame Feind eine großartige Gelegenheit lieferte. Reichardt behauptete in seiner Zeitschrift, daß die gegen ihn gerichteten *Xenien* von Schiller, nicht von Goethe stammten: «Er glaube, bei Ihnen noch immer was zu gelten», schrieb Schiller mit Lust: «Sie haben also Ihre Absicht mit ihm vorderhand noch nicht erreicht.» Hier bot sich die Gelegenheit zu einem vernichtenden Gegenschlag der beiden Dichter, indem sie auf ihre gemeinsame Verantwortung, ihre «unzertrennlichste Vereinigung» pochten, und Weihnachten 1796 hatte Schiller einen entsprechenden Text parat. Doch jetzt zierte sich Goethe: Er sei – Ende Dezember – gerade im Begriff, mit dem Herzog zu einer diplomatischen Mission nach Sachsen aufzubrechen, und könne einer so lohnenden Sache nicht die Zeit schenken, die sie verdiente; es gelte unbedingt, die Sache «so ästhetisch als möglich» anzufassen, aber hier seien schon einmal ein paar vorläufige Anregungen; nunmehr – im Januar – habe er den Text fertig und benötige nur noch ein paar freie Stunden, um sie zu diktieren; oder vielleicht sei es doch besser, zu warten, bis er für einige Zeit nach Jena kommen könne – im Februar? im März? –, um alles in Ruhe durchzusprechen. Danach wurde es still um das Ansinnen, Goethe die Schuld begleichen zu lassen, die er sich nach Schillers Einschätzung dadurch aufgehalst hatte, daß er ihn zu den *Xenien* verlockte. Goethe mag verschiedene Gründe für seine Hinhaltetaktik gehabt haben – so wollte er die Reise seines Fürsten zur Schadensbegrenzung in Leipzig nutzen –; aber wenn er seine Meinung für sich behielt, dann zum Teil auch darum, weil er wußte, daß Schiller selbst nicht mit offenen Karten spielte, und das nicht nur in Sachen Reichardt. Im Herbst war Schiller zu Ohren gekommen, daß Frau von Stein etwa ein Jahr zuvor eine fünfaktige Prosatragödie namens *Dido* vollendet hatte, worin es um ihr Verhältnis zu Goethe ging. Durch seine Frau brachte er sie dazu, ihm ein Exemplar zu leihen, das er im Januar «voll Lobes» zurückschickte. Die Handlung hat nichts mit der Geschichte von Aeneas bei Vergil zu tun, sondern ist einem kleineren römischen Geschichtsschreiber entnommen und entbehrt nicht eines gewissen politischen Interesses: Die edel gesinnte, kürzlich verwitwete Königin Dido führt um ihre eigene Integrität und den Frieden in Karthago einen Kampf sowohl gegen einen skrupellosen barbarischen König, der ihr nur die Wahl zwischen Heirat und Krieg läßt, als auch gegen die Intrigen von drei neuerungssüchtigen Intellektuellen, die in den Mauern der Stadt Kollaborateure des Königs sind. Am Ende erleben wir das Exil der Intellektuellen, die Selbstaufopferung Didos und den Pyrrhussieg des Eindringlings. Das Stück überzeugt mehr durch die Charakterisierung der Figuren als durch ihre Motive oder durch seine Komposition, und «die drei Gelehrten» sind wohl das Interessanteste an ihm: ein Historiker, ein Philosoph und ein Dichter. Der Philosoph ist – an seiner Schrulligkeit, seinem Materialismus und seinen Vergilzitaten zum Lobe des Lukrez – unschwer als Knebel zu erkennen, während sich Frau von Stein in der Figur des Dichters Ogon, besonders in dessen Unterhaltung mit Didos Hofdame Elissa, an Goethe rächt. Ogon hat einst Elissa geliebt, in jenen Tagen, da er noch nach Tugend strebte; er hat aber festgestellt, daß ihn diese Anstrengung zu mager macht, und präsentiert Doppelkinn und Schmerbauch als Beweis für die Vorzüge eines behaglichen Lebens. «Erhabene Empfindungen kommen von einem zusammengeschrumpften Magen.» Wie er selbst, sollte Elissa von der Schlange lernen, die Haut einer Lebensphase abzustreifen, der man entwachsen ist: «Gelübde thun wir uns selber, und können sie uns auch wieder entbinden.» Daß sie in Ogon einen Satyr erkennt, ist eine jener Wahnvorstellungen, die «von einem ungesunden Trank her[kommen], den ich dir immer verwies»: Sie solle lieber Wein trinken. Eine andere Gefühlshaltung in Goethes Briefen, die Frau von Stein offenbar genauso tief verletzt hatten wie die Unterstellung, alle Differenzen zwischen ihr und Goethe rührten vom Kaffee her, klingt in den Worten wieder, mit denen Ogon bereitwillig in das mildere Klima «Iberiens» auswandert: «Ich habe nur eine Existenz, und die will ich ganz spielen», war Goethes Rechtfertigungsgrund für die heimliche Abreise nach Italien gewesen, mit der er abrupt sämtliche Verbindungen kappte, die er in den ersten zehn Jahren in Weimar geknüpft hatte. Die Karikatur ist von amüsanter Bosheit, aber flach. Tiefer und für Goethe gefährlicher ist die Ahnung, die Frau von Stein veranlaßt, Ogon zu jener Fünften Kolonne in Karthago zu zählen, welche die Legitimität von Didos Herrschaft bestreitet. Fünfzehn Jahre nach der Erhebung in den Adelsstand war Goethe in den Augen der Herzogin Louise (von der Dido manche Züge hat) noch immer ein Bürger. Frau von Stein – die, wie sie gestand, «kein respect vor die schönen Geister mehr» hatte – spürte richtig die girondistischen und reformerischen Neigungen des Kollegen eines Marat und Forster, auch wenn sie blind war für die konstitutionelle Bindung an das alte Reich, durch welche Goethe sich kraß von Knebel unterschied, der noch immer unverhohlen ein Freund der Revolution war. Schiller muß gewußt haben, daß schon das Herumreichen von Abschriften dieses Stückes, das den Anschein erwecken mußte, so manche Vorwürfe der Anti-*Xenien* aus berufenstem Munde zu bestätigen, Goethe in die größte Verlegenheit gestürzt und wahrscheinlich auch der Verfasserin geschadet hätte. Trotzdem bot er Frau von Stein mehr als 100 Taler für das Recht zur Veröffentlichung, ohne Goethe gegenüber die Existenz des Stückes zu erwähnen. So einzigartig die Beziehung der zwei Männer war, es mußte auf beiden Seiten eine letzte Reserve geben, wie Goethe früher erkannte als Schiller. Das Überraschende sind nicht die kleinen Treulosigkeiten, die daraus folgten; es ist – bei allen Einschränkungen – die fortwährende Festigkeit des Bandes zwischen ihnen.

In ihrem Porträt Ogons verriet Frau von Stein unwillkürlich, warum jede Nähe zwischen ihr und Goethe unmöglich geworden war. Sie glaubte aufrichtig, er habe eingesehen,

daß ihre [= der Welt] Natur von der Beschaffenheit sei, daß sie keine Philosophen je verbessern werden. Und [...] [er] weiß [...] wohl, daß auch er nicht anders sein kann, und je mehr ihm diese Dinge sonst gequält [...], hat er sich gemütlich darüber zur Ruhe gesetzt.

Was nichts anderes hieß, als daß die einzige Beziehung zu Goethe, die sie hätte akzeptieren können, eine solche des permanenten Vorwurfs gewesen wäre. Von dieser Art war leider ihre Einstellung zu den meisten Menschen, die sie kannte: «Ich glaube, mein Herz versteinert nach und nach; ich fühle, wie mir der Ausdruck immer mehr und mehr versagt, Liebe und Wohlwollen zu erkennen zu geben.» Eine der Ausnahmen hiervon war der kleine August Göthe (wie dieser, sobald er schreiben konnte, seine Briefe signierte, obwohl er rein rechtlich ein Vulpius war). Er besorgte regelmäßig Botengänge zwischen dem Goetheschen und dem Steinschen Haushalt und überbrachte Mitteilungen, Papiere, Bücher, Exemplare der *Horen* oder jene Delikatessen, die einst das Sinnbild der unirdischen Liebe seines Vaters gewesen waren: geräucherten Lachs aus Hamburg, Spargel aus dem Garten an der

Ilm. «Ob diese fleischernen Gaben unsere Geister wieder zusammenbinden werden, weiß ich nicht. Aber das ist gewiß, daß ich seinen August recht lieb habe. Er ist so possierlich und gescheit, daß ich ganze Tage mit ihm spielen könnte. Auch kommt er recht oft.» August war höflich und wohlerzogen, und sie schenkte ihm «nen Stück Geld» für den Jahrmarkt und lud ihn zum Mittagessen ein. Goethe ermutigte August zu diesen Besuchen und schrieb Frau von Stein, sie trügen hoffentlich dazu bei, seinen Jungen zu «bilden» – eine großmütige Hoffnung, nachdem so vieles an ihrer eigenen Beziehung als «Bildung» angesehen worden war. Frau von Stein erwiderte, es sei doch «eigentlich sehr natürlich», daß sie seinen Sohn so gern habe.

Stockend hatten sie – nunmehr und für den Rest ihres Lebens per «Sie» – um 1794 ihren Briefwechsel wieder aufgenommen. Der erste Brief Goethes, der aus der Zeit nach 1789 erhalten ist, ist am 7. September 1796 aus Jena datiert und betrifft die Angelegenheiten Fritz von Steins, die den beiden nun eine Zeitlang zu gemeinsamer Sorge gereichten. Nach seiner Rückkehr aus England im April 1795 war Fritz, den Carl August noch immer als Hofmeister des Erbprinzen und auf lange Sicht, sobald eine Stelle frei wurde, für eines der höchsten Ämter im Herzogtum vorgesehen hatte, nach Breslau geschickt worden, wo er praktische Erfahrungen in der preußischen Verwaltung sammeln sollte. Graf Hoym, der nach bald dreißigjährigem Wirken in der Regierung Schlesiens den Wert eines jederzeit verfügbaren Talentreservoirs schätzen gelernt hatte, legte Fritz von Stein nahe – ohne irgendwelche Versprechungen abzugeben –, daß er im Dienste Preußens ein breiteres und einträglicheres Betätigungsfeld finden werde als in Weimar. Fritz war in Versuchung, aber unentschlossen. Seine Ausbildung hatte seine Mutter und seinen Bruder mit Schulden belastet, die er abzutragen bestrebt war, und seine Umwelt hatte immer damit gerechnet, daß er als Liebling der Götter nur das Beste vom Leben zu erwarten habe, und zwar unverzüglich. Jetzt mußte er feststellen, daß er nicht wußte, was das Beste war. Vielleicht konnte er die gegenwärtigen Aussichten in Schlesien wahrnehmen und sich gleichzeitig die Weimarer Optionen offenhalten, zum Beispiel die Hofmeisterstelle annehmen, sobald er gebraucht wurde. Im Spätsommer 1796 bat er seine Mutter, seinethalb mit dem Herzog zu verhandeln, und Frau von Stein wandte sich an Goethe. Goethe machte Fritz keinen Vorwurf:

> Wer gerne leben mag und ein entschiedenes Streben in sich fühlt, ... dem muß vor einem kleinen Dienst wie vor dem Grabe schaudern. Solche enge Verhältnisse können nur durch die höchste Konsequenz, wodurch sie die Gestalt einer großen Haushaltung annehmen, interessant werden.

Das war erklärtermaßen ein Rezept für Goethe, dem es in vielen Jahren in der Tat gelungen war, aus einem kleinen Fürstentum eine Erweiterung seiner eigenen häuslichen Ökonomie zu machen; aber es war kein Rezept für Fritz von Stein. Und dieser mußte nach all den Schmeicheleien der Jugend erkennen, daß er kein Goethe war. Es war vielleicht unvermeidlich, daß er die

Probe nicht bestand. Goethe dachte praktisch und klar und schlug Frau von Stein einen Weg vor, wie man die Frage bei dem Herzog so aufwerfen konnte, daß er Fritz mit einem Minimum an Verstimmung gehen ließ. Goethe mag sogar geglaubt haben, dies werde Fritz – und den Grafen Hoym – zwingen zu klären, was Preußen konkret zu bieten hatte. Aber weder Fritz noch seine Mutter waren sich schlüssig, ob es wirklich das Ausscheiden aus Weimarischen Diensten war, was Fritz wollte, und so ließ man die Angelegenheit noch ein Jahr treiben, während Fritz weiter in Schlesien blieb. Ende November 1796 brachten Goethe und Frau von Stein drei Vormittage damit zu, Bücher und Bilder für Fritzens Wohnung in Breslau auszusuchen und zu verpacken, während August Münzen einwickelte. Als Fritz schließlich im folgenden Sommer dem Herzog seine unpassend formulierte Bitte um Entlassung vorlegte, mit der Option zu irgendeinem unbestimmten Zeitpunkt zurückkommen zu dürfen, reagierte Carl August so, wie man es erwarten konnte. Verärgert und enttäuscht über den Verlust dessen, der scheinbar ein aufsteigender Stern gewesen war, und einer beträchtlichen Investition kam er zu dem Schluß, daß Fritz sich weder loyal noch zuverlässig genug erzeigt habe, um seinen Sohn und Erben zu erziehen. Sobald der junge Mann einmal in preußische Dienste getreten sei, komme eine Rückkehr nach Weimar nicht mehr in Betracht. Die Bitte um Entlassung aber sei annehmbar und werde hiermit gewährt. Fritz hatte nicht einmal seinen Rückzug gesichert: Zu der Schande seines überstürzten Abschieds aus der Heimat kam noch hinzu, daß es Graf Hoym erst Ende 1798 gelang, für ihn eine Stelle zu finden.

Carl Augusts Vorgehen war brutal, aber zweifellos richtig und vielleicht auch gutgemeint: Er wollte Fritz helfen, erwachsen zu werden. In einem Brief an Goethe gab er Fritzens «Egoismus» die Schuld für sein Verhalten, und gegenüber Frau von Stein äußerte er offen die Vermutung, dieser Charakterzug ihres Sohnes gehe auf den erzieherischen Einfluß Goethes zurück. Dagegen waren Schiller sowie die Jacobis und die Körners, bei denen der junge Stein auf seinen Reisen logierte, voll des Lobes über seine Güte, Schlichtheit und Lauterkeit – allerdings waren sie, wie sie zugaben, auch sehr neugierig auf dieses «pädagogische Kunstwerk» Goethes, was ihr Urteil beeinflußt haben mag. Hartnäckigkeit, diplomatisches Ungeschick und die naive Überzeugung von der offenkundigen Vernünftigkeit der eigenen Wünsche sind Merkmale des Meisters, die beim Schüler wiederkehren; das mag jedoch Zufall sein und läuft auch nicht nur auf Egoismus hinaus. Ein bedenklicherer Charakterzug des erwachsenen Fritz war eine gewisse höfliche Glattheit und Verschlossenheit, die zu zwei gescheiterten Verlobungsversuchen während seiner Lehrzeit in Breslau geführt hatten und vielleicht auf eine gewisse unerledigte und uneingestandene Gefühlskrise in früheren Jahren schließen läßt, vielleicht sogar in der scheinbar so seligen Zeit des Heranwachsens unter Goethes Augen. (Der Taugenichts Karl, sein älterer Bruder, der den Eindringling in der Familie nie wirklich hatte leiden können, war 1796 bereits entschieden robuster und hatte erfolgreich die Bewirtschaftung des Gutes Groß-Kochberg übernommen; allerdings war er nicht verheiratet, und seine Mutter befürchtete, er könne es zuletzt dem Goetheschen Vorbild nachtun und sich «ein Mamsellchen» nehmen.) Was Carl August jedoch wirklich erzürnte, war etwas an der Affäre Stein, das ihn an das Fiasko mit Herder erinnerte, von dem er Goethe ausdrücklich gesagt hatte, dergleichen wünsche er nicht noch einmal zu erleben. Fritzens Schwanken bewies, daß er trotz der langen Geschichte seiner Familie in den Diensten Weimars ebensowenig wie Herder eine instinktive lehnsrechtliche Verpflichtung empfand: Er sah sich nicht in einem persönlichen Verhältnis zu seinem Herrn und Beschützer, ja auch nur zu seinem winzigen Vaterland innerhalb des Reichs, sondern als Individuum, das so vorteilhaft wie möglich sein Fortkommen in der Welt suchen mußte. Dieses Selbstverständnis kennzeichnete ihn als Menschen der neuen Zeit, auch wenn es sein Pech war, daß er ihm nicht gerecht zu werden vermochte und daher an seiner Unentschlossenheit scheiterte. Und vielleicht ist es wirklich Goethe gewesen, der Fritz dieses Selbstverständnis vermittelt hatte, ohne seine Grenzen zu erkennen und ohne ihm das ausgleichende Gefühl einer besonderen Pflicht zu vermitteln, wie es Carl eindeutig geerbt hatte. Goethe verstand sich bestens darauf, seine Modernität hinter feudalen Formen zu verstecken; da es aber letzten Endes immer seine persönliche Entscheidung war, diese Formen zu wahren, war er – wie die Verfasserin der *Dido* wußte – nicht minder revolutionär als irgendeiner seiner Zeitgenossen. Auch Carl August wußte das und äußerte seinen im Grunde genommen politischen Tadel als moralischen Vorwurf des Egoismus.

Der sichtbarste Beweis dafür, daß Goethe sich von den selbstgewählten Formen nicht gebunden fühlte – nämlich sein Verhältnis mit Christiane Vulpius –, wurde beim *Xenien*-Streit besonders kritisch unter die Lupe genommen; reichte es allein doch schon hin, jeden Vorwurf der Unmoral zu erhärten. «Es ist doch schade», schrieb Frau von Stein an ihren Sohn, als sie Goethe zusah, wie er dessen Sachen so liebevoll und sorgfältig auswählte und einpackte, «daß der Goethe in so dummen Verhältnissen steckt; er hat Verstand und eine Seite von Bonhomie, und nur sein dummes häusliches Verhältniß hat ihm etwas Zweideutiges im Charakter gebracht.» Aber die Ursache dieser Zweideutigkeit war nicht in den häuslichen Umständen zu suchen, sondern in deren Beziehung zu Weimar: Charlotte Schiller fand Goethe viel weniger «steif und zurückgezogen», wenn er in Jena war, weil hier die «strenge Beurtheilung» seines Privatlebens wegfiel, die in der Residenzstadt vorherrschte. Freilich maß Weimar mit zweierlei Maß. Als Emilie von Einsiedel nach ihrer Flucht nach Afrika und der gescheiterten Ehe mit dem exzentrischen Bruder von Anna Amalias Kammerherrn schließlich nach Weimar zurückkam, saß sie, die den ganzen Hof mit ihrem Scheinbegräbnis genarrt hatte, binnen Stunden, in Gnaden wieder aufgenommen, einträchtig neben Herzogin Louise und Fräulein von Göchhausen beim Tee auf dem Sofa. Goethes «Unmoral» bestand nicht darin, daß er eine Mätresse hatte, sondern darin, daß er eine Mätresse aus der falschen Gesellschaftsschicht hatte: seiner eigenen. Durch Christiane und ihren Freundeskreis war er mit gesellschaftlichen Gruppen verbunden, die mehr mit der Frankfurter Welt, wie er sie kannte, als mit dem Weimarer Hof gemeinsam hatten – gehobene Handwerker und Händler, Böttcher und Bäcker, reiche Bauern und Honoratioren von den Dörfern um Jena, bei deren Hochzeiten und Taufen er persönlich anwesend war oder sich durch Christiane vertreten ließ und die er aus langer Vertrautheit in *Herrmann und Dorothea* darstellte. Das Verhältnis zu Christiane war ein Verhältnis unter gleichen, wie er Friederike Brun gesagt hatte, und zwar jetzt noch mehr als während seiner Abwesenheit bei den Kampagnen drei Jahre zuvor. Christiane erzählte ihm in ihren Briefen noch immer vom Waschen und Bügeln der Vorhänge und darüber, was sie einmachen wollte, aber er berichtete ihr jetzt, womit er in Jena die Zeit verbrachte, über die Experimente zur Optik und zur Metamorphose der Raupen, über die Fortschritte bei der Cellini-Übersetzung und natürlich über «das Gedicht». Die Vollendung von *Herrmann und Dorothea* würde seine Rückkehr nach Hause – und ein Mitbringsel in Form von sechs Pfund Jenaer Seife – bedeuten, und wie sie ihm schrieb, betete sie zu Gott um gutes Gelingen. (Christiane war selbständig genug, um trotz ihres keineswegs rechtgläubigen Partners in die Kirche zu gehen – und das nicht nur, um ein neues Kleid einzuweihen.) Als das Publikum im Weimarer Schauspielhaus außer Kontrolle geriet, erstattete sie über das Ereignis einen so ausführlichen und genauen Bericht (die mit der Aufrechterhaltung der Ordnung betrauten Husaren waren falsch postiert worden, die Jenaer Studenten hatten demonstrative Kopfbedeckungen tragen dürfen usw.), daß Goethe auf dieser Grundlage eine Denkschrift über die zu ergreifenden Gegenmaßnahmen abfassen konnte, die sich denn auch als wirksam erwiesen. Das Bild, das Schiller seinen vornehmen Gönnern in Kopenhagen von den Gegebenheiten am Frauenplan zeichnete, war tendenziös bis zur Verfälschung; er behauptete,

daß dieses Weib, welches die Mutter seines Sohnes ist, nur in dieser Eigenschaft in seinem Hause wohnt, daß sie für ihn wirtschafte und nicht zu seiner Gesellschaft gehöre, keinen Einfluß auf ihn habe [...]

Diese Verdrehung war gewiß von Schillers Absicht diktiert, seine Adressaten zu besänftigen, aber zum Teil war es zweifellos sein Wunsch zu glauben, daß Christiane keinen Einfluß auf Goethe habe, jedenfalls weniger Einfluß als er. Was die Schillers über «die Vulpius» dachten, verrät die Antwort Charlotte Schillers, als Caroline Schlegel sie im Dezember 1796 fragte, «warum er [= Goethe] sich nur nicht eine schöne Italienerin [anstelle Christianes] mitgebracht hat?»: «Jetzt tut es ihm freilich auch wohl nur weh, die Vulpius zu verstoßen, und nicht wohl, sie zu behalten.» Dieser odiosen Bemerkung muß ein Gespräch vorangegangen sein, in welchem Schiller behutsam nach

Goethes Meinung zu der einhelligen Einschätzung seiner Liaison durch das gesellschaftliche und kulturelle Establishment, von der Herzogin bis zu den Schlegels, gefragt hatte, woraufhin Goethe freundlich, vielleicht sogar mit einer Miene des Bedauerns, abgelenkt hatte. Es gab Spannungen und Kümmernisse in der nicht geweihten Ehe, vor allem, weil kein Brüderchen oder Schwesterchen für August kam; Goethes lange Abwesenheiten waren mindestens eine ebensolche Zumutung wie Christianes wiederholte Klagen darüber; zudem zeigte Christiane mit ihren erst 31 Jahren eine beunruhigende Vorliebe für schwerere und höherprozentige Weine, wie etwa Champagner oder Malaga. Indessen: «Ich mache mir alle mögliche Beschäftigung, gehe immer aus, aber ohne Dich will mir gar nichts gefallen»; «Ich kann Dir nur so viel sagen, daß ich mich wieder sehr nach Dir und dem Kleinen sehne ... gedenket mein, wenn ihr das Obst, das ich euch schicke, zusammen verzehrt.» Der Briefwechsel zwischen den beiden, mit seinen detaillierten Alltagssorgen hüben und drüben, der Vorfreude auf das familiäre Beisammensein und die diskreten Anspielungen auf die Vergewisserung in der körperlichen Liebe, ist der ausführlichste Beweis dafür, daß dieses Band so fest war, wie Goethe es behauptete, und fester, als Schiller es wünschte; und Goethe wird seine eigenen Wege gefunden haben, Schiller das wissen zu lassen.

Vom 5. Oktober an war Goethe mit nur einer Unterbrechung bis Weihnachten zu Hause. Die «fürchterliche Prosa hier in Weimar» war nicht dazu angetan, ihm aus der Sackgasse herauszuhelfen, in der er *Herrmann und Dorothea* zurücklassen mußte, und als er versuchte, eine Glasglocke der lebenspendenden Jenaer Atmosphäre zu erhalten, indem er die Freitagsgesellschaft wieder ins Leben rief, schlief auch das nach ein paar Sitzungen wieder ein. Er brauchte aber Arbeit, «um diese paar Monate zu überstehen», bis man im Frühling nach Süden reisen konnte. Ein drohender Raubdruck ließ ihn daran denken, die Übersetzung von Cellinis *Vita* zum Abschluß zu bringen und in Buchform herauszubringen, aber sein eigentlicher geistiger Halt war, wie so oft in unpoetischen Phasen, seine Naturwissenschaft. Die Wolfmilchsraupen, die im Sommer die einheimischen Stachelbeersträucher entlaubten, setzten mehr in Gang als Goethes sorgfältig gestoppte Beobachtungen über die ersten sechzig Minuten des aus dem Kokon geschlüpften Falters. Es folgte im Herbst und Winter eine eingehende Zergliederung aller Phasen in der Metamorphose der Insekten und eine allgemeinere Untersuchung zur Anatomie von Insekten und anderen Invertebraten, die Goethe davon überzeugte, daß es möglich sein müsse, seine auf dem Prinzip der Metamorphose gründende Erklärung der Botanik und der Anatomie der Vertebraten auf den gesamten Bereich des Lebendigen auszudehnen. Vielleicht noch mehr. Er hatte die Hoffnung nicht aufgegeben, eine Sammlung aller seiner naturwissenschaftlichen Werke bei Unger erscheinen zu sehen, auch die Arbeiten zur Optik, die er im September mit Schiller zu besprechen begann. Er kam auf dieses Projekt zurück, nachdem die erste Welle der Inspiration zu *Herrmann und Dorothea* verebbt war, und notierte am

25. September, dem Tag, an dem seine Familie nach der Woche in Jena wieder nach Weimar fuhr, in seinem Tagebuch zum ersten Mal den Titel, den er ihm geben wollte: *Morphologie*. Das Wort war Goethes Prägung, er teilte es sogleich Schiller mit und verhalf ihm in seinem späteren Leben zu starker öffentlicher Beachtung; zwar wurde es unabhängig von ihm als medizinischer Fachausdruck erfunden und erschien als solcher erstmals 1800 im Druck, doch muß das Wort als eine seiner bekanntesten Schöpfungen gelten. In dieser ersten Phase, als der Begriff im wesentlichen noch der Arbeitstitel für sein Kompendium war, gab er ihm eine sehr umfassende Bedeutung, wie wir aus seinem vermutlich frühesten Defintionsversuch ersehen können:

Morphologie
Ruht auf der Überzeugung, daß alles, was sei, sich auch andeuten und zeigen müsse. (...)
Das Unorganische, das Vegetative, das Animale, das Menschliche deutet sich alles selbst an, es erscheint, als was es ist, unserm äußern, unserm inneren Sinn.
Die Gestalt ist ein Bewegliches, ein Werdendes, ein Vergehendes. Gestaltenlehre ist Verwandlungslehre. Die Lehre der Metamorphose ist der Schlüssel zu allen Zeichen der Natur.

Diese früheste Konzeption der Morphologie zeichnet sich durch zweierlei aus. Zum einen soll sie die Wissenschaft nicht nur aller lebendigen Gestalten, sondern auch der anorganischen Gestalten sein. So umfaßt sie auch die Mineralogie, «ohne welche denn doch die berühmte Morphologie nicht vollständig werden würde», wie Goethe im November an Schiller schrieb. Zum andern ist sie von ihren Grundzügen an als kantische Wissenschaft konzipiert – das heißt als ein Weg, die methodologischen Kritikpunkte, welche Goethes Spekulationen über vergleichende Anatomie ein vorzeitiges Ende bereitet hatten, durch Berufung auf die idealistischen Elemente in der kritischen Philosophie selbst zu umgehen. Die Art, wie die Dinge uns «erscheinen» – zum Beispiel als aufeinander bezogene Gestalten, als Modifikationen eines Typus –, ist zu verstehen als ein notwendiges «Sich-Zeigen» dessen, was sie, unerkennbar und an sich, «sind». Die Natur – könnte man sagen – ist ein System von Zeichen des Seins, und weil als erstes postuliert wird, daß die Natur Bedeutung hat, brauchen wir über die methodologische Grundlage unserer erklärenden Hypothesen über sie keine Bedenken zu tragen. Tiefer und origineller ist jedoch, daß Goethe diesen etwas willkürlichen Idealismus – der lediglich eine Sache der «Überzeugung» sein soll – mit seiner Metamorphosenlehre durch eine kantische Auffassung der Zeit als eines «inneren Sinnes» verknüpft. Die Gestalten, in denen die natürliche Welt uns «erscheint» oder sich als das «zeigt», was sie «ist», nimmt unser «äußerer Sinn» als sichtbar, betastbar usw. wahr, unser «innerer Sinn» als mit der Zeit verändert und wachsend: Die «Gestalt» der Pflanze ist zum Beispiel nicht einfach der blatttragende Stengel, der sie in diesem Augenblick ist, sondern auch das gewesene Samenkorn und die werdende Frucht sowie der besondere, nur dem inneren Sinn sich zeigende Vorgang, durch den alle diese äußeren Gestalten ineinander übergehen. Daraus folgt aber auch, daß so, wie der innere Sinn zusammenhängt mit dem äußeren, das Studium der Metamorphose – der Natur, wie sie in der Zeit erscheint – zusammenhängt mit dem Studium der Optik – der Natur, wie sie in diesem Augenblick erscheint. An Schiller schrieb Goethe, seine *Morphologie* werde die Natur als «eine Art von subjectivem Ganzen» zeigen, «die Welt des Auges, die durch Gestalt und Farbe erschöpft wird», und eine Zeitlang ließ er in seinem Briefwechsel durchblicken, daß er seine gleichzeitigen Bemühungen in der Zoologie und der Farbenlehre als «verwandte» Teile desselben Beginnens verstand. Diese Vorstellung von der Einheit in allen seinen naturwissenschaftlichen Unternehmungen verdankte Goethe seiner größeren Bereitschaft, sich auf die Philosophie Kants zu stützen. Der «Realismus», durch den sich zu unterscheiden er und Schiller sich geeinigt hatten, war mehr ein Tic als ein Prinzip. «Du würdest mich nicht mehr als einen so steifen Realisten finden», erklärte er Fritz Jacobi unter Anspielung auf ihre Gespräche 1792; «es bringt mir großen Vortheil daß ich mit den andern Arten zu denken etwas bekannter geworden bin.» Bei der Darstellung seiner «weiter verbreiteten und besser geordneten Plane über die natürlichen Dinge» schien ihm, daß es «besonders jetzt auf die Ausbildung des Subjects ankommt, daß es so rein und tief als möglich die Gegenstände ergreife» – fast als gehöre er selbst zur nachkantianischen Avantgarde und als hätten sich aus dem Kokon der Wolfsmilchraupe die ersten Umrisse einer neuen Wissenschaft von den Erscheinungen, einer universalen Phänomenologie herausgeschält.

Das Ganze sollte nicht lange währen – zum Glück. Goethes Affinität zum kantischen Idealismus bezog sich eher auf dessen kritische als auf die konstruktive Seite. Auf Goethes Bekenntnis einer neuen Offenheit für andere Arten des Denkens antwortete der schlaue Jacobi mit der Zusendung einer neuen Schrift über Naturphilosophie («Physiologie») aus der Feder des bayerischen Bergbauingenieurs Franz Xaver Baader (1765–1841), der, aus Werners Freiberger Bergakademie hervorgegangen, später zum eigenwilligen Apologeten eines papstfeindlichen, proto-sozialistischen Katholizismus wurde. Baaders Studie über die elementare Gestalt von Körpern, ihre Individualität und ihre Verbundenheit miteinander, war ebenso trocken-abstrakt wie Kants *Metaphysische Anfangsgründe der Naturwissenschaft* (1786), auf denen sie aufbaute, argumentierte aber eher orakelnd als zwingend. Es war viel die Rede vom inneren und äußeren Sinn, von Fichtescher These, Antithese und Synthese und abfällig von dem «bloß maschinistisch erklärenden Physiker» Newton mit seiner Theorie der Teilchen. Goethe behauptete in seinem Dankesbrief, aus diesen *Beyträgen zur Elementarphisiologie* viel gelernt zu haben – vor allem, daß hochfliegende Spekulation nicht seine Sache war. Doch in den Monaten, in denen er der Vorstellung anhing, seine *Morphologie* könnte sich zu einer umfassenden Wissenschaft von der Natur auswachsen, welche dieselbe Allgemeingültigkeit beanspruchen durfte wie Baaders Werk, genoß er es, seine mannigfaltigen Interessen in einzelnen Wissenschaften neu zu beleben und aufeinander zu beziehen. Er führte Herzogin Louise seine Entdeckungen in der Entomologie vor, und da ein neuerlicher Besuch von Max Jacobi in Aussicht stand, traf er Vorkehrungen, die morgendlichen Diktate im Bett wieder aufzunehmen, vermutlich über vergleichende Anatomie, die auch Gegenstand der Doktorarbeit war, die Max in Jena vorlegen wollte. Gleichzeitig schmeichelte es ihm, daß man ihn als Fachmann für die neue Chemie Lavoisiers ansah und über deren Anwendung auf die Geologie konsultierte. Speziell die Optik betrieb er jetzt «mehr als Geschäft». Beflügelt von der Aussicht auf eine Veröffentlichung und von Knebel unterstützt, begann er, seine Stöße von Aufzeichnungen zu einigen Hauptgruppen zu ordnen, die Illustrationen zu skizzieren und eine Einleitung zu entwerfen. «Das Ganze simplicirt sich unglaublich, wie es natürlich ist, da eigentlich Elementarerscheinungen abgehandelt werden.» «Elementarerscheinungen» ist ein Begriff, der aus einem kantischen Substantiv mit einem reinholdschen Präfix gebildet ist (vielleicht angeregt durch Baaders Buch), mit dem Goethe eine neue Auffassung vom Gegenstand der Farbenlehre ankündigte. Die Farbenlehre ist, demnach eine kantische Wissenschaft von «Erscheinungen», nicht eine newtonsche Wissenschaft von Dingen. Das war die produktive Wahrheit hinter Lichtenbergs enttäuschender Kritik an Goethes Abhandlung über farbige Schatten, und Goethe war mittlerweile «Realist» genug, um sie zu akzeptieren. Goethe hielt nicht lange an der Konzeption fest, daß seine Morphologie es mit der «Welt des Auges», «einem subjectiven Ganzen» zu tun habe, doch das engere Gebiet der Farbenlehre faßte er nach dem Winter 1796/97 weiter in diesem Sinne auf, und diese Veränderung ermöglichte ihm nach mehr als zweijähriger Pause wieder Fortschritte in jener Wissenschaft, für die er immer das meiste persönliche Engagement gezeigt hatte. Zwar vernichtete er später viele Arbeitsnotizen, so daß aus dieser Zeit praktisch nichts erhalten ist, doch ist klar, daß er damals den begrifflichen Fortschritt in der Erkenntnis der «trüben Mittel» machte, der ihm während der Belagerung von Mainz versagt geblieben war. Im Mai 1797 vermerkte er in seinem Tagebuch die sonderbare Beobachtung, daß der schwarze Mantel auf einem Ölgemälde glänzend blau erschien, wenn man den durchsichtigen Firnis über der Farbe mit einem feuchten Tuch noch trüber machte. Hier konnte keine Rede von den Strahlen der Dunkelheit sein, die 1793 das Absurde gestreift hatten, vielmehr sah Goethe die Erscheinung durch die «Lehre der trüben Mittel» erklärt: Diese Lehre muß in den vorangegangenen sechs Monaten entstanden sein, als er seine Farbenlehre umformulierte zu der Untersuchung darüber, wie die Farbe uns erscheint, nicht darüber, wie sich das Licht verhält.

Es waren dramatische Umstände, unter denen die schlummernden geologischen Interessen Goethes wieder aktiviert wurden. Gleichzeitig räumten sie ein mögliches Hindernis auf seinem Weg nach Italien im neuen Jahr beiseite. Während Weimar am 24. Oktober den Geburtstag der Herzoginmutter beging – Goethe leitete zu dem Anlaß die Aufführung einer neuen

Oper –, wurden in Ilmenau Bergleute ins Freie gezerrt, nachdem ein heftiger Felssturz einen Hauptstollen überflutet hatte. (Zum Glück gab es keine Todesopfer.) Goethe erfuhr von dem Unglück am 29., unterrichtete noch an demselben Abend den Herzog und begab sich am nächsten Morgen nach Ilmenau. Es war ein herrlicher Tag und offenbar eine gute Gelegenheit, August auf eine Exkursion mitzunehmen, und außerdem hoffte Goethe, in der Zurückgezogenheit der Berge mit *Herrmann und Dorothea* ein Stück weiterzukommen. Indessen stellte sich Dauerregen ein, das Gasthaus war schlecht und der Ofen qualmte, und August, der tagsüber froh und munter war, ließ seinen Vater nachts nicht schlafen und morgens nicht arbeiten. Häufige Besprechungen erwiesen sich als notwendig, da die Lage sich täglich änderte – «es ist ein Kriegszustand», schrieb Goethe –, und für die Dichtkunst war keine Zeit. Zu allem Überfluß war eine Art Seuche ausgebrochen, was Christiane, als sie davon erfuhr, sehr beunruhigte, makabrerweise aber eine gewisse Entspannung bewirkte. Der plötzliche Tod des Gastwirts machte den Umzug in ein behaglicheres Privatquartier in der Nähe des jüngeren Voigt erforderlich, wo August einen Jungen seines Alters als Spielgefährten hatte und Goethe die Mineraliensammlung bewundern konnte. So kam es, daß er bei der Rückkehr nach Weimar am 9. November nicht das Gefühl hatte, die Zeit völlig nutzlos vertan zu haben. Seine Berichte von der Front lassen mehr auf einen gebührend optimistischen Vollzug der Bestattungsriten denn auf ernsthafte Beteiligung am Kampf schließen. Es wurde ein Plan entworfen und in den nächsten Monaten in die Tat umgesetzt, einen neuen Schacht niederzubringen und den Felssturz von oben her abzutragen, doch dabei entdeckte man einen weiteren Felssturz, und Stickwetter füllte die Stollen. Das waren jedoch Probleme, für die es technische Lösungen gab, und in technischer Hinsicht war Ilmenau ein fortschrittliches Bergwerk: Es wurde ein Belüftungssystem entwickelt, und die Grubenlampe, die Alexander von Humboldt gerade erfunden hatte, erlebte ihre erste praktische Bewährungsprobe vor Ort. Aber das eigentliche Problem war jetzt das Vertrauen: Das Bergwerk war noch immer völlig unergiebig, und allein für den weiteren Betrieb wurde neues Kapital benötigt. Die Investoren mußten gegen schlechte Nachrichten abgeschirmt werden, wenn sie nicht ihre Einlagen kürzen oder ganz abziehen sollten, was sie bereits in immer größerer Zahl taten. Voigt war entsetzt, als Carl August auf einer ausführlichen Erörterung der Angelegenheit durch das Geheime Consileil im Frühjahr beharrte (seine Sorge vor undichten Stellen war vielleicht nicht unbegründet, da der alte Schnauß mittlerweile so schwerhörig war, daß man sich mit ihm brüllend verständigen mußte, was jeder Passant auf der Straße mitbekommen konnte); bei den Besprechungen mit den Anteilseignern legte er Wert auf den persönlichen Einsatz Goethes und Alexander von Humboldts, da der Ruf dieser zwei Männer mittlerweile noch das beste Kapital des Unternehmens war. Der Herzog erklärte sich bereit, weitere 600 Taler zu zeichnen, aber um Michaeli waren nur noch sieben Taler in der Kasse, und Pumpen und

Belüftungssystem, Aufzüge und Batterien standen still und begannen, infolge mangelnder Wartung zu verrotten. Goethe war wieder Geologe, aber spätestens ab Sommer 1797 gab es in Ilmenau nicht mehr viel, was ihn abhalten konnte, sollte er den Wunsch haben, wieder auf Reisen zu gehen.

Auch das Weimarer Theater sollte kein Hindernis für Goethes Pläne sein; Ende 1796 beziehungsweise Anfang 1797 traf er zwei Entscheidungen, die von zukunftweisender Bedeutung waren. Heinrich Vohs, der immer ein unlustiger Regisseur gewesen war, trat von seinem Posten zurück, weil er sich bei einer Meinungsverschiedenheit mit Genast von Goethe im Stich gelassen fühlte; er wirkte jedoch als Schauspieler weiter in Weimar und übernahm sogar oft männliche Hauptrollen. Anstatt nun einen einzelnen Nachfolger zu berufen, führte Goethe eine Neuerung ein: Die Verantwortung wurde geteilt, und zwar für jeweils eine Woche zwischen Genast, Becker und einem weiteren Mitglied der Truppe. Überraschenderweise erwies sich dieses System als wirkungsvoll und dauerhaft. Da ein wohlwollend-zynischer und geiziger Franz Kirms die Theaterfinanzen übernahm und August Vulpius auf eine anspruchslose Stelle in der fürstlichen Bibliothek berufen wurde, so daß er als Hausdramaturg fungieren konnte, war auch ohne einen künstlerischen Leiter für einen ordentlichen Spielplan gesorgt.

Doch Goethes zweite Maßnahme bewirkte, daß die Spielzeit von 1797 mehr als nur ordentlich ausfiel. Nach der Enttäuschung mit Iffland, der nicht für Weimar zu gewinnen war, nahm Goethe am 26. Januar nach einem Vorstellungsgespräch Caroline Jagemann (1777–1848) unter Vertrag, eine der besten Iffland-Schülerinnen und selbst in Weimar geboren. Ihr Vater, ein früherer Mönch aus Erfurt, der jedoch nach der Ernennung zum Bibliothekar Anna Amalias zum lutherischen Glauben übergetreten war, hatte sich dem Studium der italienischen Literatur gewidmet, wußte aber die ganz unterschiedlichen Talente seiner zwei Kinder durchaus zu schätzen. Ferdinand Jagemann (1780–1820), ein begabter Zeichner, wurde in Privatunterricht und auf der Weimarer Zeichenakademie auf die italienische Reise vorbereitet, die – so war zu hoffen – seine künstlerische Karriere einleiten würde. Seine ältere Schwester wurde mit dreizehn Jahren nach Mannheim geschickt, um unter Iffland ihren kraftvollen, wohlgerundeten Sopran ausbilden zu lassen. Sie war klein, anziehend und ein schauspielerisches Naturtalent, hatte blaue Augen, blonde Locken und ein feines, selbstbewußtes Profil; aus Mannheim kehrte sie als ausgebildete Schauspielerin und Opernsängerin nach Weimar zurück. Nach einem ersten, sonntäglichen Auftritt bei Hofe gab sie am 18. Februar ihr Operndebüt in der Titelrolle von Wranitzkys *Oberon*, und trotz der mangelhaften Bühnenmaschinerie, die sie kritisch mit den Gegebenheiten in Mannheim verglich, war sogleich offenkundig, daß Weimar einen neuen Star besaß. Für den Rest der Spielzeit verliehen ihre Erfolge einem matten Repertoire Glanz und Spannung; Voigt vermeldete Vergötterung; Goethe spielte mit dem Gedanken, *Nathan der Weise* aufzuführen, damit die Jagemann die weibliche Hauptrolle geben konnte; in

34. *Chr. Hornemann: Caroline Jagemann (1800)*

Lauchstädt faßte das Theater die Neugierigen nicht, die sie sehen wollten, so daß die Studenten eine Ehrengarde bildeten, als sie das Theater verließ; und die übrigen Schauspielerinnen spannen verbittert fruchtlose Intrigen, um sich die Aufmerksamkeit zurückzuerobern, die eine unwiderstehliche Rivalin ihnen geraubt hatte. Aber Caroline Jagemann war auf größere Eroberungen aus: Die Nachfolge Luise Rudorffs war frei, welche sich nach Weimar zurückgezogen hatte, um ein uneheliches Kind Carl Augusts zur Welt zu bringen, und ein erstes Indiz dafür, daß die Dinge nach Plan verliefen, mag gewesen sein, daß der Herzog im August einwilligte, den Bruder der Jagemann für vier Jahre zum Studium der Malerei nach Wien zu schicken. Die Beziehungen des neuen Stars zu Goethe waren von Anfang an kühl, wie die zwischen dem einen Günstling und dem anderen. Oder um es mit ihren Worten zu sagen: sie versagte ihm «die gewohnte Huldigung»; sie glaubte auch nicht, daß ihm ihr Engagement besonders willkommen war; denn ihr Talent und ihr Charakter – und, wie man hinzufügen muß, ihre absolute Professionalität – entzogen sie «der sklavischen Unterwürfigkeit in der [Goethe] die Theaterdamen sich gegenüber zu sehen wünschte.» Sie übersah vielleicht, in welchem Ausmaß das Theater und alle, die mit ihm zu tun hatten, für Goethe ein Ärgernis waren, dessen enormes Ablenkungspotential in Grenzen gehalten werden mußte. Die Jagemann reagierte auf Goethe genauso wie Iffland, und vielleicht aus demselben Grund: Der eine Wille zur Macht stieß sich an dem anderen, auf einem Terrain, wo der Ausgang unsicher war, und Goethe konnte, wenn er wollte, so hart und unpersönlich wie ein Spiegel sein.

In seinem Wesen lag eine gewisse Pedanterie, in seiner Haltung eine Steifheit ... der schön geformte Mund, der an den Apoll von Belvedere erinnerte, konnte lachen, ohne freundlich zu sein, das große dunkle, scharf geschnittene Auge blieb immer ernst, selbst wenn der Mund lächelte, und störte die Harmonie.. das Ganze imponierte, sprach aber nicht zum Herzen.

Freilich war dieses «Herz» für Caroline Jagemann nicht anders als für Iffland lediglich eine literarische Konvention. Beide verkörperten den Geschmack des Publikums, an das und gegen das die *Xenien* gerichtet waren, das rein bürgerliche Publikum eines Lafontaine und Kotzebue, die in politischen Dingen längst in das *droit de seigneur* der absoluten Herrscher eingewilligt hatten und überhaupt kein Bewußtsein ihrer eigenen Ohnmacht mehr besaßen. Sie konnten nicht einmal ansatzweise den Ernst in jenen Augen ermessen, welche ihnen den Glauben an ihre eigene Kultur und Harmonie und moralische Fortschrittlichkeit störten, oder auch nur ahnen – wie Goethe bei Ausbruch des *Xenien*-Krieges an Schiller schrieb –, «in welcher unzugänglichen Burg der Mensch wohnt, dem es immer Ernst um sich und um die Sachen ist». «Demoiselle Jagemann» war außer sich, daß in der Weimarer Produktion des *Oberon* Oberon und Titania in der letzten Szene nicht, wie in Mannheim, eng umschlungen in den Wolken entschwinden, sondern von zwei zwischen ihnen stehenden Genien mit einem Kranz als Sinnbild der Ehe gezwungen wurden, in erstarrter Sehnsucht die Arme nach einander zu recken. Sie sah sich – wie sie meinte, durch Goethes Ungeschicklichkeit und Unfähigkeit – um eine herzerwärmende und harmonische Illusion betrogen, und es kam ihr nicht in den Sinn, daß der Verfasser des letzten Kapitels der *Lehrjahre* oder der *Unterhaltungen deutscher Ausgewanderten* (oder, wie wir heute wissen, von *Der Zauberflöte zweitem Teil*) mit Absicht das Bild der Erfüllung angehalten und durch etwas bewußt Literarisches und Allegorisches ersetzt haben könnte – etwas, das, wie Kant gesagt hätte, gedacht, aber nicht erfahren werden kann.

Goethe verbrachte das Ende des Jahres in Leipzig, dem Hauptschauplatz des *Xenien*-Krieges, und zwar als Begleiter Carl Augusts, der zu Konsultationen mit seinem alten Freund, dem Herzog von Anhalt-Dessau, unterwegs war. In der Schwebe zwischen den Fürsten, die Deutschlands Diplomatie trieben und über seine politische Zukunft bestimmten, und den Mittelschichten, die Deutschlands literarische und akademische Kultur stifteten, stellte Goethe fest, daß das gesellige Leipzig mehr für *Herrmann und Dorothea* tun konnte als die Einsamkeit Ilmenaus. Hier befand sich schließlich sein Publikum: Es mochte ihn amüsieren, schamlos und kalt wie Mephistopheles auf einem Ball zu erscheinen, wo es unter den 216 Gästen auch jüngste *Xenien*-Opfer und aktuelle Feinde gab; aber das waren die Menschen, deren Sorgen er in seinem Gedicht ansprechen mußte, wenn er ihre Gunst zurückerlangen wollte. Angelegentlich ließ er sich in freundschaftlich-bedeutender Unterhaltung mit C. F. Weiße sehen, dem großen alten Mann der Leipziger Literatur, mit dem er seit zwanzig Jahren kein Wort gewechselt hatte. Er ging zu Abendessen und zu Mittagessen, bewunderte Kunstsammlungen und suchte Philosophen und Naturwissenschaftler auf, die Alexander von Humboldt ihm empfohlen hatte. «So viel ich weiß, hat Goethe durch ein artiges Benehmen alles zur Artigkeit gebracht», bermerkte Göschen mit dem Gespür des Geschäftsmanns für die öffentliche Stimmung. Mehr noch: diese vierzehn Tage fern von zu Hause – die Gesellschaft verließ Weimar am 28. Dezember und kam am 10. Januar wieder – wurden für Goethe eine Zeit der schöpferischen Rekapitulation, der Erinnerung und des Nachdenkens über seine Ursprünge. Leipzig, wo seine literarische Laufbahn einst begonnen hatte, beherbergte noch immer viele reiche Frankfurter Flüchtlinge; er sprach bei Oeser vor, stahl sich in eine Vorlesung und machte tägliche – und zweifellos aufgeregte – Besuche bei seinem alten Straßburger Freund Franz Lersé; denn Lersé beabsichtigte, in Kürze mit seinem Schüler über Wien nach Italien zu reisen, und so nahm jetzt der Plan Gestalt an, daß Goethe die beiden begleiten sollte. Der Plan war um so reizvoller, als Wilhelm von Humboldt soeben auf den Gedanken gekommen war, mit seiner ganzen Familie denselben Weg zu nehmen. (Im November hatte der Tod seine Mutter von einem qualvollen Krebsleiden erlöst; Wilhelm und sein Bruder hatten ein Vermögen geerbt, das beiden ein jährliches Einkommen weit über dem Ministergehalt Goethes brachte, und so war er in der Lage, Europa zu bereisen, was schon lange sein Wunsch gewesen war.) Noch mehr aus seiner Vergangenheit erwartete Goethe in Dessau, wo man am Abend des 2. Januar eintraf, nachdem man den ganzen Tag in Schlitten über eine schwindende Schneedecke gerumpelt war (der Frost, der in Weimar streng genug war, um Max Jacobi das Schlittschuhfahren zu erlauben, war raschem Tauwetter gewichen). Ein Vetter von Goethes Mutter, Johann Jost von Loen (1737–1803), Sohn des aufklärerischen Johann Michael von Loen, hatte die Schwester des Herzogs geheiratet – eine sehr erfolgreiche Mésalliance – und war zu einem Weihnachtsbesuch von dem winzigen Hof von Detmold herübergekommen, wo er das Amt des Hofmarschalls versah: Als Goethe ihn am 4. Januar aufsuchte, drehte sich die Unterhaltung selbstverständlich um das alte Frankfurt, die Familiengeschichte und Goethes früheste Jahre. Der öde, entlaubte Park erinnerte wohl kaum noch an den Zauber, der in seiner Jugend von ihm ausgegangen war, als Weimars neuer Minister die Ufer der Ilm neu gestaltet hatte; aber die palladianischen Bauten bewiesen, im Vergleich mit dem städtebaulichen Durcheinander in Leipzig, was mit Hilfe eines an keine Rücksichten gebundenen, aufgeklärten Fürsten erreicht werden konnte, und sprachen noch immer einen Geschmack an, der strenger geworden war. Und in einem schönen Zimmer des klassizistischen Schlosses, wo in Blumentöpfen die Geranien im weißen Licht des Januars noch blühten, entdeckte Goethe Behrisch, jenen Mann, der ihm dreißig Jahre zuvor den Stil einer höfischen Elite nahegebracht hatte; jetzt war er an die sechzig, noch immer unverheiratet und noch immer voller Groll gegen die Mächte der Pedanterie und Spezialisierung, der Gleichmacherei und Häßlichkeit. «Die dummen Kerle!» schimpfte er auf moderne Botaniker und ihre neumodische Nomenklatur. «Ich denke ich habe das ganze Zimmer voll Geranien und nun kommen sie und sagen es seyen Pelargonien. Was thu ich aber damit wenn es keine Geranien sind, und was soll ich mit Pelargonien!» Der Wechsel der Szenerie und die Rückkehr an die Quellen seines jetzigen Denkens und Lebens verbanden sich in Goethe auf irgendeine Weise mit den Verheißungen des neuen Jahres und dem neuen Plan für die Italienreise und erzeugten die Stimmung, die er brauchte. In den letzten Tagen der Exkursion, noch in Dessau, und nach der Rückkehr Carl Augusts nach Leipzig am 6. Januar entwarf er ein genaues Schema für die restlichen Gesänge von *Herrmann und Dorothea*.

So hatte eine zweite Phase in der Konzeption des Epos begonnen. Gleich nach seiner Rückkehr nach Weimar und einem Tagesausflug nach Jena, wo er die Brüder Humboldt sowie Schiller besuchte, der darauf brannte, über *Wallenstein* zu sprechen, war Goethe zuversichtlich, das Werk in naher Zukunft abzuschließen, und begann, mit Böttiger, der praktisch sein Agent war, über den Verkauf der Rechte zu verhandeln. Böttiger war im November von dem Berliner Verleger Johann Friedrich Vieweg (1761–1835) gefragt worden, ob Goethe daran interessiert sei, bei ihm etwas in dem Almanach- oder

Taschenbuch-Format herauszubringen, dessen Schiller sich mit so großem Erfolg bediente. Goethe war sogar sehr interessiert: erstens, wie er später erklärte, weil er Geld benötigte – vermutlich für die italienische Reise –, und zweitens, weil es eine Publikation im Taschenbuch ihm erlauben würde, das größtmögliche Publikum zu erreichen. Mit diesem Ehrgeiz waren *Die Horen* eindeutig gescheitert, während der Erfolg, den die *Xenien* hatten, eher kontraproduktiv war; aber Goethe hielt an dieser Ambition eigensinnig fest – vielleicht weil sie konstitutiv für *Herrmann und Dorothea* war und er das Epos schon als Kandidaten für eine Veröffentlichung bei Vieweg sah. Widersprach dies der Vereinbarung mit Unger? Dem Buchstaben nach gewiß nicht, denn die Vereinbarung war locker, und Goethe war keineswegs verpflichtet, ausschließlich im Rahmen der *Neuen Schriften* zu publizieren (in denen zum Beispiel die *Unterhaltungen deutscher Ausgewanderten* oder der *Cellini* nie auftauchten); aber wohl auch dem Geiste nach nicht, da Taschenbücher zeitgebunden waren und Goethe ausdrücklich das Recht behielt, nach zwei Jahren bei Unger zu publizieren. Unger selbst scheint keine Vertragsverletzung gesehen zu haben, und wenn Goethe an eine Alternative zu Vieweg dachte, dann war es Cotta, der über Schiller eine engere Beziehung zu Goethe anstrebte. Nachdem Goethe sich von der Qualität der Viewegschen Arbeit überzeugt hatte, ging es für ihn einfach um die Frage, ob er gut genug zahlte. Böttiger hörte um die Weihnachtszeit genug von dem Entwurf, um begeistert zu sein, und diese Begeisterung gab er nach Berlin weiter. So war der Grund für die eigenartige Verhandlungsform gelegt, die Goethe Böttiger am 14. Januar eröffnete: Goethe würde Böttiger einen versiegelten Umschlag mit seiner Honorarforderung übergeben. Vieweg sollte sein Angebot machen. War es höher als die genannte Summe, sollte er das Veröffentlichungsrecht für sein Taschenbuch bekommen und nicht mehr zahlen müssen, als was Goethe gefordert hatte. War es niedriger, sollten die Verhandlungen abgebrochen werden, und Goethe ging zu einem anderen Verlag. Die Gründe für diese Maßnahme liegen auf der Hand: Goethe wollte sein Geld haben (1000 Taler, wie die Notiz in dem Umschlag besagte), und er wollte sich das Feilschen ersparen. Ein Bietprozeß, der über Dritte abgewickelt wurde, konnte nur zu Mißverständnissen und Übelwollen führen; Goethe brauchte ein klares Verfahren, um die Berücksichtigung oder Nichtberücksichtigung Cottas zu rechtfertigen, auf den Schiller finanziell angewiesen war. Wenn Vieweg bereit war, ebenso großzügig und unangestrengt zu agieren wie Cotta, war Goethe bereit, ihn zu honorieren, weil er eine gute Idee als Erster gehabt hatte. Nach dem Gespräch mit Goethe schrieb Böttiger an Vieweg als «ein Zuschauer, der Ihr Freund ist», und äußerte als seine rein persönliche Meinung, in Unkenntnis dessen, was der versiegelte Umschlag enthielt: «Unter 200 Frd'or [= 1000 Taler] können sie nicht bieten.» Vieweg macht dementsprechend sein Angebot, und als Goethe zehn Tage später erneut mit Böttiger zusammenkam, äußerte er höfliche Verwunderung und echte Freude über diese genaue Entsprechung mit seiner eigenen

Forderung. Es war eine fürstliche Summe, und während Goethe sie geheimhielt – » Ja, recht gut, ich kann leidlich zufrieden sein», brummte er, um den neugierigen Schiller zu frotzeln –, gab Böttiger sie preis, und sogleich erregte sie allgemeine Verwunderung. Es war beinahe das Zwanzigfache dessen, was Cotta für Hölderlins *Hyperion* gezahlt hatte. Aber es stand in keinem Mißverhältnis zu Goethes anderen literarischen Einnahmen: Es war das Doppelte dessen, was er für *Reineke Fuchs* bekommen hatte, und fast genausoviel wie das, was ihm Cotta dann im Frühjahr für die Beiträge zu den *Horen* und dem *Musen-Almanach* zahlte. Mit diesen zwei Honoraren sicherte Goethe mehr oder weniger die Finanzierung seiner italienischen Pläne. Aber durch die Vereinbarung mit Vieweg legte er sich auch auf einen Termin fest. Wenn er nach Italien fahren wollte, mußte sein Loblied auf die Ehe bis Anfang Mai fertig sein.

Ein neuer, längerer Aufenthalt in Jena war also unabdingbar, wenngleich im Augenblick nicht möglich. Goethe arrangierte eine Stipvisite bei Schiller, «um sich nicht fremder zu werden», aber das Theater hielt ihn in Weimar fest, bis man den Geburtstag der Herzogin Louise mit einer neuen Produktion (einem Stück von Iffland) begangen und alle Vorbereitungen für das Debüt der Jagemann getroffen hatte. Er beschäftigte sich unterdessen mit Insekten und Optik, Beratungen über Ilmenau und der Übersetzung Cellinis, ja er schaffte es sogar, der Fürstin Gallitzin endlich ihre noch immer nicht verkaufte Gemmensammlung zurückzuschicken – vielleicht ein Indiz dafür, daß er wirklich damit rechnete, bald nach Italien aufzubrechen –; aber am 20. Februar, zwei Tage nach der *Oberon*-Premiere, warf er alles hin und fuhr nach Jena, um erst am 31. März zurückzukommen. Christiane und August wußten, daß es eine lange Trennung sein würde, und kamen die halbe Wegstrecke, bis zum Dorf Kötschau, mit; als sie der Kutsche nachsahen, die Goethe davontrug und sie ihrem einsamen Heimweg überließ, «da fingen wir beide eins an zu heulen und sagten beide, es wär uns so wunderlich». Aber bei allem Schwung und obgleich er in den letzten zwei Tagen in Weimar bereits mit einer ersten Überarbeitung des Manuskripts begonnen hatte, vermochte Goethe nicht in die rechte Stimmung zu kommen und sich in sein Gedicht zu finden, sobald er in Jena eingerichtet war. Kurz nachdem die Gemmen an Fürstin Gallitzin abgeschickt waren, muß er die Nachricht vom Fall Mantuas erhalten und gewußt haben, daß er die geplante Reise mit Lersé und Humboldt würde aufgeben müssen. Humboldt mochte seine eigenen Pläne noch nicht sogleich fallenlassen, aber Goethe war deprimiert und sagte voraus, der einzig sichere Ort für sie alle werde in Zukunft ein alter Bergfried oberhalb von Jena sein (selbst das war noch übertrieben optimistisch). Zufällig gab es aber noch die Alternative, die Gerning angeboten hatte, und Goethe schrieb ihm sofort, um seine Bereitschaft zu signalisieren, es im April mit der Route über die Lombardei zu versuchen; er hatte jedoch wenig Zutrauen zu Gerning, der über ein Jahr lang geschwankt hatte, und Anfang März sah es so aus, als müsse der Aufbruch nach Italien erneut auf unabsehbare Zeit verschoben werden. Es traf sich daher gut, daß das Schema für die letzten zwei der sechs Gesänge ein Ritardando in der Handlung vorsah, ein Hindernis, das der Vereinigung Herrmanns mit seinem Ideal vorübergehend im Wege stand: Nachdem Goethe einmal seine Enttäuschung und Unruhe überwunden hatte, herrschte zwischen seiner Situation und den Erfordernissen des Gedichts eine produktive Übereinstimmung von der Art, wie sie im Jahr zuvor geholfen hatte, das achte Buch des *Wilhelm Meister* abzuschließen. Auch die Natur hatte ihre Hand im Spiel, in Gestalt einer ungewöhnlich schweren Erkältung, die Goethe ab dem 27. Februar im Alten Schloß praktisch in Einzelhaft hielt. Am Aschermittwoch, dem 1. März, lenkte er in der überhitzten, von Ammoniak- und Lakritzedämpfen geschwängerten Atmosphäre seines Zimmers die Phantasie auf die abendlichen Weingärten eines rheinischen Sommers, und als man ihn eine Woche später wieder zu Gesicht bekam, war er in einen «guten Gang» gekommen und brachte am 15. einen provisorischen Schluß des Gedichts zu Papier. Christiane litt unterdessen Qualen, weil man ihr von einer schweren Krankheit Goethes berichtet hatte, und um sie zu beruhigen, trafen sich beide am 17. in Kötschau, wo sie im Gasthaus zu Mittag aßen und sich «lieb hatten»; auch gab Goethe ihr ein paar Spielzeugsoldaten für August mit. Der Junge freute sich, «fragt' aber gleich: ‹Wenn kömmt denn aber mein liebes Väterchen?›» Nach vier weiteren Tagen intensiver Arbeit konnte Goethe den ersten Entwurf für abgeschlossen erklären. Fünfhundert Hexameter in drei Wochen waren eine eindrucksvolle Leistung, aber dennoch nicht mit dem schöpferischen Ausbruch vom September 1796 zu vergleichen. Außerdem waren diese letzten Gesänge im wesentlichen ein Produkt der Willenskraft und des Kunstgeschicks, so daß Goethe sie später «gleichsam wieder ein neues Gedicht» nennen konnte. Die Ähnlichkeit mit dem achten Buch des *Wilhelm Meister* war nicht auf die Umstände des Schreibens beschränkt: Goethe kam auch auf das Thema und sogar auf einige Kunstgriffe aus den letzten Kapiteln des Romans zurück. Herrmanns Schüchternheit sowie der Anblick des ersten Verlobungsrings, den Dorothea noch immer trägt, machen ihn ebenso unfähig wie Wilhelm, seine Liebe zu erklären, und Dorothea, endlich beim Namen genannt, wird wie Natalie als subjektives Ideal gekennzeichnet, und zwar durch den konsequenten Vergleich mit dem Nachbild, das eine blendende Erscheinung im Auge hinterläßt. Schalk und Humor veranlassen wie im *Wilhelm Meister* die Frau dazu, als erste zu sprechen, und wie im Roman ist die Heirat, mit der das Gedicht schließt, eher eine Aussicht als eine Tatsache, freilich die Aussicht auf ein Leben, «das nun ein unendliches scheinet». Goethe hatte jedoch in dieser Phase noch keinen Schluß gefunden, der das persönliche Drama um Verzögerung und Mißverständnis in seiner kleinen Peripatie auf jene revolutionären Ereignisse bezog, die den Hintergrund des ersten Teiles von *Herrmann und Dorothea* bilden, und so wirkt diese Ehe einfach wie die Flucht vor einer unkongenialen Öffentlichkeit in die Privatheit. Er brauchte nicht lange, um einzusehen, daß er ein anderes Ende erfinden mußte, da er sich nicht mit einem Neuaufguß der gewollten Zweideutigkeiten zufriedengeben konnte, womit er sich im Jahr zuvor persönlich und literarisch im Gleichgewicht gehalten hatte.

Nach Beendigung der ersten Fassung blieb Goethe noch zehn Tage in Jena. Ein guter Grund hierfür lag darin, daß Jena, intellektuell gesehen, Anfang 1797 der spannendste Ort in der Welt war. Der Philosophiestudent Jacob Friedrich Fries (1773–1843), später selbst Professor an seiner Alma mater, notierte mit Wohlgefallen, daß er im Konzert «das erste mal so viele berühmte Männer, Goethe, Humboldt, Fichte, ... Schütz und Schlegel in einer Reihe zusammen» gesehen hatte. Es war einmalig, daß sechs Wochen lang Goethe, Schiller und Fichte, die Brüder Humboldt und die Brüder Schlegel zusammen in der Stadt lebten und recht gut miteinander auskamen. Sogar Fichte, der sein System vollendet hatte und es nun zu popularisieren trachtete, erklärte sich «äußerst zufrieden» mit dem Ort, und bis auf die paar Tage seiner Erkältungsklausur war Goethe nach dem täglichen Pensum *Herrmann und Dorothea* regelmäßig bei den Schillers oder im Club zu sehen, wo man den Geist der Zeit und seinen Atem spüren konnte:

Schiller ist fleißig an seinem Wallenstein [schrieb er Knebel], der ältere Humboldt arbeitet an der Übersetzung des Agamemnon von Aeschylus, der ältere Schlegel an einer des Julius Cäsar von Shäkespear ... Dabey bringt noch die Gegenwart des jüngern von Humboldt, die allein hinreichte eine ganze Lebensepoche interessant auszufüllen, alles in Bewegung was nur chemisch, physich und physiologisch interessant seyn kann ... Nimmst du nun dazu daß Fichte eine neue Darstellung seiner Wissenschaftslehre, im Philosophischen Journal, herauszugeben anfängt, und daß ich, bey der speculativen Tendenz des Kreises in dem ich lebe, wenigstens im Ganzen daran Antheil nehmen muß, so wirst du leicht sehen, daß man manchmal nicht wissen mag wo einem der Kopf steht, besonders wenn noch reichliche Abendessen die Nacht verkürzen ...

Von allen Gästen bei diesen Abendessen war es wahrscheinlich nur Goethe, zwanzig Jahre älter als der jüngere Humboldt, der bereits die Sprache besaß, um den Charakter dieses flüchtigen Augenblicks einzufangen, da viele Lebenslinien einander kreuzten und die Früchte der letzten Jahre an demselben Baum sichtbar waren wie die Knospen künftiger Blüten. Für August Wilhelm Schlegel waren es die letzten Wochen einer relativ unproblematischen Mitarbeit an den nun rasch verkümmernden *Horen*, während sich zugleich die Anfänge jenes großen Projekts abzeichneten, das durch versifizierte Übertragungen von hervorragender dichterischer und wissenschaftlicher Qualität aus William Shakespeare eine Figur des einheimischen deutschen Literaturkanons machte. Der erste Band (*Romeo und Julia* und *Sommernachtstraum*) sollte im Mai herauskommen. Was seinen Bruder betraf, der sich besonders eng an Fichte angeschlossen hatte, so sorgte die in diese Zeit fallende Veröffentlichung seiner gewichtigen Abhandlung *Über das Studium der griechischen Poesie* für eine neue Herzlichkeit in seinen persönlichen

Beziehungen zu Goethe – begreiflicherweise: Vertrat er doch die These – in Begriffen, die an Schillers Unterscheidung zwischen dem «Naiven» und dem «Sentimentalischen» gemahnten (aber unabhängig von ihm geprägt worden waren) –, daß die antike Dichtung «objektiv», die moderne Dichtung nur «interessant» sei, daß aber Goethes Dichtung Gipfel und Synthese beider Dichtungsarten sei, «die Morgenröthe der echten Kunst». Aber wie Schiller in seinen *Ästhetischen Briefen* implizierte auch Schlegel in diesem Essay, daß jenseits der modernen Dichtung eine neue, eben erst beginnende Phase liege, und er war im Begriff, Jena zu verlassen, um seiner Vision in Berlin zu folgen. Auch Wilhelm von Humboldt war aufbruchsbereit, er hoffte auf Italien, andernfalls auf Paris, und zog nun die Bilanz der letzten Jahre. Er wußte, daß mit dem Abschied von Schiller «etwas untergeht was wenigstens in dieser Art gerade nie wieder zurückkehren kann»; doch während ihrer gemeinsamen Zeit hatten sich «gerade die Ideen, die mich jetzt und gewiß von jetzt an auch künftig immerfort am ernsthaftesten beschäftigen, ... zuerst angesponnen», und sein *Agamemnon*, mochte er auch erst zwanzig Jahre später abgeschlossen werden, legte den Grund zu einem philologischen Lebenswerk. In den letzten Wochen vor seiner Abreise genoß er seine «unendlich interessante Existenz zwischen ihnen beiden [Goethe und Schiller], wie sie beide jetzt gerade in dem Feuer der Composition sind», er wurde von ihnen ermutigt, die Diskussionen mit ihnen führten ihn «tief in das Wesen der Tragödie ein», und beim Mittagessen verdroß ihn die abtötende Gegenwart des bescheidenen Amateurphilologen Geheimrat Voigt, denn er «verdarb uns ziemlich den Spaß».

Indessen war Voigt ein notwendiger Langweiler, die Kartoffel im Garten Eden; immerhin teilte er nicht die Auffassung des Finanzministers Schmidt, der einzige Nutzen der Universität für das Herzogtum sei ihr Beitrag zur Branntweinsteuer, und gerade hatte er Schiller einen wichtigen Dienst erwiesen. Denn im März 1797 war auch Schiller im Umzug begriffen. Er hatte sich in den Abgründen eines traurig-trüben Januar entschlossen, ein Sommerhaus zu suchen, wo er die frische Luft und Bewegung bekam, die er sich als Invalide, der es nicht vertrug, beobachtet zu werden, in seiner Stadtwohnung nicht verschaffen konnte. Zuerst dachte er an Weimar und das leerstehende Gartenhäuschen seines Freundes an der Ilm; aber Goethe kann den Vorschlag nicht begrüßt haben, einen der größten Vorteile Jenas und der wichtigsten Vorwände für die Flucht dorthin vor seine Haustüre in das bedrückende Weimar zu verlegen. Er reagierte erst, als Schiller um eine schnelle Entscheidung bat, da in Jena ein attraktives Wohnhaus zum Verkauf stand. Daraufhin beeilte sich Goethe mit der Versicherung, daß sein Gartenhaus natürlich zur Verfügung stehe; nur sei es für eine Familie ganz ungeeignet, da es nach der Beseitigung der Veranda keinen Holzspeicher und keine Waschküche mehr habe und nicht einmal einen Ofen besitze. Er riet Schiller dringend dazu, die Jenaer Option zu verfolgen, zumal bei den Emigranten die Inflation um sich greife, die Immobilienpreise rasch anstiegen und Kaufen günstiger sei als Mieten. Mit anderen Worten: Die Interessen Schillers waren, richtig verstanden, identisch mit denen Goethes – bis zu einem gewissen Punkt. Das dreistöckige Gebäude vor der südwestlichen Stadtmauer war geräumig genug, hatte einen kleinen Garten an der Leutra (einem Fluß, oder besser gesagt, einem großen Graben, der in die Saale floß) und war zu einem ansprechenden Preis zu haben; aber es hatte auch seine Probleme. Für 1150 Taler (etwas mehr als Goethes Honorar für *Herrmann und Dorothea*) glaubte Schiller, sich das Haus leisten zu können, wenn er ein Darlehen aufnahm; aber dann mußte er noch einmal die Hälfte dieser Summe für Reparaturarbeiten aufwenden. Außerdem waren die Verkäufer Minderjährige, deren Interessen von einem besonderen Gremium wahrgenommen wurden, so daß der Verkauf vor der zuständigen Weimarer Behörde abgewickelt werden mußte. Auf Bitten Goethes bemühte sich Voigt jedoch, das beschwerliche Verfahren abzukürzen, «pro promovendo negotio amici Schilleri [um unseres Freundes willen]»; am 16. März unterschrieb Schiller den Kaufvertrag; Goethe verbrachte den folgenden Tag mit Christiane in Kötschau, war aber am 18. in aller Frühe an Ort und Stelle, um Ratschläge zu den auszuführenden Arbeiten zu geben. Als er das nächste Mal, im Mai, für längere Zeit nach Jena kam, hatten die Schillers ihr neues Haus bereits bezogen.

Er habe den Szenenwechsel dringend nötig, meinte Schiller, um produktiv sein zu können. Ende Januar steckte er mit der Arbeit am *Wallenstein* «in der schwersten Krise», und im März begann er, die Umrisse eines Auswegs zu sehen. Den Stoff für sein Stück mußte er seiner eigenen *Geschichte des Dreißigjährigen Krieges* und ihren sämtlichen Quellen entnehmen, und er gestand, daß er «einen gewissen kühnen Glauben» an sich selbst benötige, um diese Materialfülle auf eine schlüssige Handlung zu reduzieren; denn «auf dem Glück der Fabel beruht freilich alles.» Dabei ging es nicht nur darum, in eine Reihe von Szenen aus der deutschen Vergangenheit eine gewisse narrative Einheit zu bringen – ein Genre und ein Problem, das Goethe viele Jahre zuvor mit *Götz von Berlichingen* und *Egmont* aufs Tapet gebracht hatte. Schillers «Glauben an sich selbst» erlaubte ihm nicht, weniger modern zu sein als Goethe. Die Geschichte des großen katholischen Generals, der erst den Kaiser rettete und ihn dann verriet, um sich selbst ein Königreich zu schmieden, und in Verhandlungen mit den schwedischen Invasoren eintrat, war in den Tagen des Direktorats, als Europa wieder einmal ideologisch gespalten war und von brutalen Generälen neugestaltet wurde, ebenso aktuell wie der Hintergrund von *Herrmann und Dorothea*. «Es ist in einer viel *pesantern* [= gewichtigeren], und also für die Kunst bedeutendern Manier, die Geschichte von Dumouriez», schrieb Goethe, der selbst zu den Opfern von Dumouriez' erfolgreichstem Feldzug gehörte. Schiller versuchte, in der höchsten Gattung des literarischen Kunstkanons, dem Trauerspiel, die politischen und moralischen Realitäten seiner Zeit darzustellen. Allerdings verstand er viel weniger gut als Goethe, daß es eine neue Zeit

35. Goethe: Schillers Garten in Jena (1810)

war, die, wenn überhaupt, nur in einer neuen Art von Kunst ausgedrückt werden konnte; hier lag letzten Endes der Grund dafür, daß er so lange mit dem *Wallenstein*-Stoff zu ringen hatte und daß seine späteren Dramen bei aller Größe doch nicht an die Allgemeingültigkeit des *Faust* heranreichen. Seit dem Abschluß des *Wilhelm Meister*, dieses «Ganzen ohne Ende», verstand Goethe besser als der Verfasser der Abhandlung *Über naive und sentimentalische Dichtung* und in der Praxis auch besser als Friedrich Schlegel, warum die modernste Dichtung «unendlich» sein mußte. Die Schwierigkeiten, die Schiller hatte, nachdem ihn im Winter 1796 die «mächtige Hand» der Inspiration gepackt hatte, demonstrierten den Unterschied. Ein Vorzug der Wallenstein-Thematik, die dieser im Zeitalter eines Danton und Lafayette besondere Relevanz verlieh, war der Umstand, daß die zentrale Figur ihre politische Macht nicht ihrem Amt, sondern ihrer Wirkung auf die Massen verdankte. Wallenstein stürzte und wurde ermordet – jedenfalls in Schillers Deutung –, weil er das Heer nicht mitzureißen wußte. Aber wie sollte man die Macht der Massen darstellen, wenn die Massen sie durch ihre nicht darstellbare Riesigkeit besaßen? Im *Werther* war es Goethe gelungen, das enge und doch anonyme Verhältnis zwischen der Öffentlichkeit und dem einzelnen Konsumenten einer geistigen und emotionalen Mode vorzuführen; aber *Breme von Bremenfeld* ließ er lieber als Fragment liegen, als zu versuchen, das Verhältnis zwischen öffentlicher Meinung und dem manipulierenden Politiker zu zeigen. Schiller war im Januar 1797 ratlos, wie das Heer Wallensteins als selbständiger Akteur in eine ohnedies schon komplexe Intrige einzubauen war, ja ob die Macht des Heeres damit überhaupt angemessen dargestellt würde, was zweifelhaft war. Schließlich ging er mit der ihm eigenen redaktionellen Entschiedenheit vor, und als Goethe im Februar nach Jena kam, hatte er bereits beschlossen, die Beschreibung des Heeres in ein Vorspiel von eigenständigem theatralischen Gepräge vorzuziehen und das Schicksal von Einzelpersonen in ein – so hoffte er noch – einziges fünfaktiges Drama zu fassen. Das hatte die leidige Konsequenz, daß gerade der Stoff, der die Größe des Helden ausmachte, in den Szenen, die seine Geschichte erzählten, fehlte; aber Schiller meinte, und Goethe mit ihm, das Heer übernehme nunmehr die Rolle des Chors in den griechischen Tragödien, die er gerade studierte, oder der Massenszenen in Shakespeares *Julius Caesar*, der ihm in dieser Hinsicht den Griechen besonders nahe zu stehen schien. Indessen offenbarte der Vergleich mit den Griechen und mit Shakespeare eine weitere Schwierigkeit und eine Meinungsverschiedenheit zwischen Schiller und Goethe, die ebensowenig zu beheben war wie ihre Meinungsverschiedenheit über den Schluß des *Wilhelm Meister*. «Das eigentliche Schicksal tut noch zuwenig, und der eigne Fehler des Helden noch zuviel zu seinem Unglück», hatte Schiller im November geschrieben, als er von den mühsamen Fortschritten bei der Konstruktion einer prägnanten und nahtlosen tragischen Handlung berichtete. Der Tod des Agamemnon, des Brutus oder des Macbeth sind nicht einfach die notwendige Folge ihrer eigenen Missetaten: Sie verstricken sich vielmehr in das Leben anderer und werden von Mächten zu Fall gebracht, die größer sind als sie. Das hatte Schiller richtig gesehen, doch als Anhänger einer Philosophie, für die Religion gleichbedeutend war mit «einen guten Lebenswandel führen», widerstrebte es ihm, diese Mächte «die Götter» zu nennen, und er wußte nicht, was er als Grund unseres Unglücks anderes zeigen sollte als unser Versäumnis, das zu tun, was wir als richtig erkannt haben. Da er der Überzeugung war, daß wir letzten Endes immer die Freiheit haben, unsere Pflicht zu tun, konnte er Menschen nicht als Gegenstand irgendeines moralisch bedeutsamen Zwanges darstellen. Zu guter Letzt tat das «Schicksal» nicht zu wenig, sondern überhaupt nichts zu Wallensteins Unglück, so daß denn auch die Tragödie eine ganz andere moralische Struktur aufweist als Schillers griechische oder Shakespearesche Vorbilder. Wer überzeugt ist, daß wir unsere eigenen moralischen Gesetzgeber sind, sieht im «Schicksal» etwas nicht Existentes – es kann bestenfalls der Name für etwas sein, wovon wir irrigerweise glauben, es stehe der Betätigung unserer Freiheit im Wege. Wallenstein wurde Schillers gründlichste Studie eines radikal bösen Menschen, wie Kant ihn verstand: des Menschen, der nicht kompromißlos das Gebot befolgt, unter allen Umständen das Gute zu tun, sondern sich einredet, daß er zwar im allgemeinen gern das Gute täte, ihn jedoch die besonderen gegenwärtigen Umstände daran hindern, und sich damit bereitwillig der Heteronomie überantwortet, indem er sich der Einengung durch die Ketten der Verursachung fügt, die ihn angeblich «zwingen», zu tun, was ohnedies im Einklang mit seinen eigenen verkehrten Wünschen steht – in diesem Fall dem Wunsch, sich gegen den Kaiser aufzulehnen. Dieser «realistischen» Figur setzt Schiller in Max Piccolomini einen «Idealisten» eigener Erfindung entgegen, das vollkommene Beispiel für jene «schöne Seele» aus *Über Anmut und Würde*, in der Pflicht und Neigung zunächst in vollkommener Harmonie miteinander erscheinen. Jung und allgemein beliebt, vermeidet er es, den Lehnseid auf den Kaiser zu verraten, anscheinend ohne sich besinnen zu müssen. Wie die «schöne Seele» muß er jedoch durch Ereignisse auf die Probe gestellt werden, wenn seine wahre Treue bestimmt werden soll. Im Konflikt zwischen seiner Pflicht gegenüber dem fernen Kaiser und den Banden der Freundschaft und Liebe, die ihn an Wallenstein und dessen Tochter Thekla binden, entscheidet er sich ohne zu zögern, das Richtige zu tun, selbst um den Preis, in der Schlacht den Tod zu finden, und beweist damit seine sittliche Autonomie, indem er zu den Klängen seiner Regimentskapelle «ins Heroische übergeht». Das Pathos über Maxens Isolierung in einer Welt barbarischer und verräterischer Opportunisten, ist auch das der leidenschaftlichen Weltentrücktheit deutscher Revolutionsfreunde wie Stäudlin und Lux. Es fällt jedoch schwer, in der Einführung dieser unhistorischen Figur etwas anderes zu sehen als eine Nachgiebigkeit Schillers, die das Zentrum des Stückes aus der Sphäre des Öffentlichen verschiebt und in das private Forum des Gewissens verlegt. Schiller gestand, daß nur die Liebenden in ihm irgendeine Wärme des Gefühls erzeugten, wenn er schrieb – die Realisten, Wallenstein, seine Generäle, Soldaten und Mörder ließen ihn kalt (was nach seiner Meinung dem Werk zum Vorteil gereichte). Goethe, dem Schiller am 22. Februar drei Fünftel der Handlung erzählte, ermutigte seinen Freund, hatte aber anscheinend eine ausgewogenere, vielleicht auch kühlere Einstellung zu *allen* Figuren. Am 8. März unterhielten sie sich beim Abendessen «über die Wirkung des Verstandes und der Natur bey der Handlung der Menschen, besonders derer, die sich für frey erklären». Das Gespräch mag sich um Wallenstein gedreht haben – für den Freiheit die Freiheit ist, zu tun, was er will, und der nicht erkennt, daß das Begehren versklavt, während allein die Pflicht frei macht –, aber genauso gut kann es sein, daß Goethe gewisse Zweifel an der Realität von Piccolominis Autonomie äußerte. Für Goethe spiegelten die unterschiedlichen Schicksale Maxens und Wallensteins ebensosehr die Verschiedenheit ihrer Charaktere wie die ihrer Verstandestätigkeit wider. Kurz nach seiner Rückkehr nach Weimar übersandte er Schiller einige Reflexionen zu der Rolle, die «das Schicksal, oder welches einerley ist, die entschiedne Natur des Menschen» in der Tragödie spiele: «der Verstand darf gar nicht in die Tragödie entriren als bey Nebenpersonen». Im Trubel des Umzugs hatte Schiller keine Gelegenheit, zu antworten; aber vielleicht mochte er solchen Überlegungen ohnedies keine allzu gründliche Beachtung schenken. Gewiß wollte er mehr Schicksal in seinem Drama, aber nicht das Goethesche Schicksal, jene geheimnisvolle Bestimmung unserer individuellen Identität, die zu Handlungen und Entscheidungen führt, welche der Moralphilosoph «frei» nennen mag, die aber im Auge des kühlen Beobachters für uns ebenso «typisch» sind wie das Knospen oder Erblühen für eine Pflanze. Das «Schicksal», das Schiller wollte, war eine Unmöglichkeit, sobald man die absolute sittliche Autonomie des Handelnden postulierte; aber seine wiederholten Versuche, in seinen späteren Dramen die Illusion des Schicksals zu erzeugen, beweisen, daß Schiller es ebensowenig wie andere fertigbrachte, den kantischen Freiheitsbegriff aufzugeben, aber von den Konsequenzen irritiert wurde, die Fichte aus ihm gezogen hatte. Wenn man der ethischen Philosophie Kants den Vorrang vor seiner theoretischen einräumte, wenn man «Dinge an sich» und schon den Versuch eines kritischen Idealismus verwarf, dann gab es anscheinend kein objektives Gegengewicht zu dem sich selbst setzenden Ich, es sei denn, man führte eines mit roher Gewalt ein. Goethe war dabei, dieses Dilemma zu lösen. Indem er den verpönten «kritischen» Standpunkt in der Philosophie beibehielt, für welchen Freiheit und Notwendigkeit gleichermaßen ideal, das heißt nicht-darstellbar sind, vermochte er ein distanziertes Interesse für die Herausbildung des Nach-Kantianismus aufzubringen und diesen für seine eigene literarische Aufgabe zu nutzen, die Auswirkung der Moderne auf das Individuum und seine Erfahrung in Worte zu fassen. Schiller hingegen kehrte in den folgenden Jahren immer wieder zu der Herausforderung zurück, eine befriedigende theatralische Umsetzung der Kantischen Ethik zu finden, und nahm von wichtigen Veränderungen der geistigen Atmosphäre so gut wie keine Notiz. Er hatte die Warnung des alten Geistlichen in den *Unterhaltungen deutscher Ausgewanderten*, daß es für den Kantianer in dieser Welt nur eine einzige moralisch erbauende Geschichte zu erzählen gibt; aber es war eine Warnung, die er in den Wind schlug.

«Unglaublich aber ist's was für ein Treiben die wissenschaftlichen Dinge herumpeitscht und mit welcher Schnelligkeit die jungen Leute das, was sich erwerben läßt, ergreifen.» Wenn Novalis beschloß, eine neue Zeitmessung einzuführen, die mit dem Tod seiner jungen Verlobten am 19. März in Jena begann, hatte das neben dem privaten auch einen öffentlichen Sinn. Goethe schrieb an Meyer, daß er nicht umhin könne, Anteil an der spekulativen Gärung zu nehmen, «weil alles was einen umgiebt sich dahin neigt und gewaltsam dahin strebt»; aber er war weit weniger abgeneigt, als er sich den Anschein gab. In intellektuellen Kreisen etablierte sich jetzt eine neue Generation, so wie nun junge Damen in die Weimarer Gesellschaft eingeführt wurden, die nach 1775 geboren worden waren und das Herzogtum niemals anders als mit dem Minister Goethe erlebt hatten. Goethe war darauf bedacht, nicht den Anschluß zu verlieren, aber er durchschaute, daß er und Meyer «doch eigentlich zu Künstlern geboren» seien, für welche diese Schwärmereien der Jugend «doch immer ... falsche Tendenzen» blieben, und wahrte auf diese Weise Distanz und Würde. Mit Schiller und Wilhelm von Humboldt diskutierte er Fichtes *Versuch einer neuen Darstellung der Wissenschaftslehre* (den Humboldt den anderen vorlas, sobald wieder eine Lieferung im *Philosophischen Journal* erschienen war) und blieb auf diese Weise in Kontakt mit der mächtigsten Potenz, die 1797 die philosophische und literarische Kultur Deutschlands in eine neue Bahn lenkte. Jena war bei weitem der beste Aussichtspunkt, um diesen Vorgang zu beobachten: Schütz, Niethammer und Schiller kannten in ihrer Eigenschaft als Zeitschriftenherausgeber die schöpferischsten Geister der Zeit, und jene, die noch nicht in Jena waren, ließen nicht lange auf sich warten. Goethe war zum Beispiel Abonnent des *Philosophischen Journals* (dessen Mitherausgeber jetzt Fichte war) und hatte im März ein Gespräch über die neuesten Artikel mit Niethammer, der sich mit Goethes Unterstützung um Versetzung auf einen besser bezahlten Lehrstuhl in der theologischen Fakultät bewarb: Ihm kann daher nicht entgangen sein, daß das *Journal* gerade eine Reihe von Beiträgen von ebensolcher historischen Bedeutung wie diejenigen Fichtes brachte, unter dem – Goethe gewiß interessierenden – Titel *Allgemeine Übersicht der neuesten philosophischen Literatur* und verfaßt vom jüngsten der Jungen, dem zwanzigjährigen Schelling. Schelling, durch die Beschränkungen des Krieges um die große Bildungsreise durch Europa gebracht, die ihm seine adligen Schüler in Aussicht gestellt hatten, war dabei, ins ungeschützte Feld der Spekulation hinauszustürmen. Nachdem er Niethammers Forum zwei Jahre zuvor dazu benutzt hatte, sich gegen den «Dogmatismus»

36. J. Klotz: Friedrich Wilhelm von Schelling (o. J.)

(«Realismus») für den «Kritizismus» («Idealismus») stark zu machen, versuchte er jetzt, unter Rückgriff auf Fichte mit dem «Hirngespinst» der «Dinge an sich» aufzuräumen und Fichte dadurch zu übertrumpfen, daß er sogar die Unterscheidung zwischen Subjekt und Objekt überwand. Dies gelingt ihm in der *Allgemeinen Übersicht* zu seiner eigenen Zufriedenheit durch eine Neudefinition von großer Tragweite: Als Fundament der Philosophie soll nicht das Handeln des «Ichs», wie Fichte will, sondern das Handeln des absolut autonomen «Geistes» anzusehen sein. «*Geist* heiß ich, was nur sein *eignes* Objekt ist»; im Selbstbewußtsein sind Subjekt und Objekt bereits gegeben; denn schon «ich» zu sagen heißt, sich seiner selbst als Objekt bewußt zu sein. Und da «keine Welt da [ist], es sey denn, daß sie ein Geist erkenne, und umgekehrt kein Geist, ohne daß eine Welt außer ihm da sey», ist in den Geist von Anfang an eine Dynamik dergestalt eingetragen, daß ihm, je mehr er seiner selbst bewußt wird, die Welt um so mehr bewußt wird. Fichtes Prinzip, daß ein elementarer Wille uns zu immer neuen Setzungen eines immer nur unvollkommen verwirklichten Nicht-Ichs treibt, wird von Schelling dahingehend interpretiert, daß unser Denken und Handeln von Anfang an und durch seine Definition von «Geist» eine «Vereinigung» von Gegensätzen ist. Ein «Dualismus», eine «Duplizität» zieht sich durch alle unsere Erkenntnis, und durch wiederholte Akte des Trennens und Vereinigens, der «Expansion und Contraktion des Geistes» treten die Welt und unsere Erfahrung von ihr zusammen ins Dasein. Die Welt studieren heißt, uns selbst studieren, und genauso gilt das Umgekehrte. So spiegelt sich zum Beispiel der fundamentale Dualismus unseres Geistes in dem fundamentalen Dualismus der positiven und negativen Elektrizität, die nach den Entdeckungen der neuesten Naturwissenschaft alle Materie durchdringt. Aufgabe der Philosophie ist es, eine systematische Ordnung in solche Parallelen zwischen dem Geistigen und dem Stofflichen zu bringen, jedoch eine von innen heraus sich zeigende, nicht eine von außen übergestülpte Ordnung:

Die äußere Welt liegt vor uns aufgeschlagen, um in ihr die Geschichte unseres Geistes wieder zu finden. Wir werden also in der Philosophie nicht eher ruhen, als wir den Geist zum Ziel alles seines Strebens, zum Selbstbewußtseyn, begleitet haben. Wir werden ihm von Vorstellung zu Vorstellung, von Produkt zu Produkt bis dahin folgen wo er zuerst von allem Produkt sich losreißt und nun nichts weiter anschaut als *sich selbst* in seiner absoluten Thätigkeit.

Mögliche Stationen auf diesem Wege werden aufgezählt: Anschauung, Empfindung, Zeit, Bewegung, Ursache und Wirkung, «eine sich selbst organisirende Natur», Leben, Physiognomie («daher der Mensch das einzige Wesen das Physiognomie hat»), «sein Körper», Freiheit. Schelling sagt, «daß die Zeit, Leibnizen zu verstehen gekommen ist», und er hat eindeutig die Möglichkeit gesehen, die gesamte Leibniz-Wolffische «Stufenfolge» des Seins umzubauen auf der Grundlage einer Definition nicht des Seienden, sondern des erkennenden Geistes. Doch in dem Maße, wie die Welt mit dem Geist wächst, wächst der Geist mit der Welt, und für Schelling gehört das höchste Selbstbewußtsein, in welchem die Stufenfolge gipfelt, nicht wie bei Leibniz Gott, sondern dem Philosophen. Schelling übertrumpft Fichtes Satz, was für eine Philosophie wir hätten, hänge davon ab, was für ein moralisches Wesen wir seien, fast in derselben Nummer derselben Zeitschrift mit der Behauptung: «Die Philosophie eines Menschen soll zugleich das Maß seiner Kultur seyn, und umgekehrt.»

Goethe hat zweifellos die Bedeutung von Schellings genialen Essays für seine eigene wissenschaftliche Arbeit, zumal seine neue Theorie der Morphologie, zu schätzen gewußt. Doch wenn Schelling in einer unauffälligen Fußnote anmerkt, eigentlich zeige erst die Ästhetik «den Eingang zur ganzen Philosophie», so reichte das wahrscheinlich nicht hin, um Goethe zu verdeutlichen, wie kraftvoll sich Schelling und seine Tübinger Zeitgenossen die in den *Horen* entfaltete Kunsttheorie bereits angeeignet und umorientiert hatten. Mochte Goethe sich noch fragen, welches Verhältnis zwischen dem Naturschönen und dem Kunstschönen bestehe – die jüngere Generation wußte es bereits. Etwa zu derselben Zeit, als Schelling mit der Veröffentlichung seiner *Allgemeinen Übersicht* begann (die einen weitreichenden Einfluß auf seine eigene weitere Entwicklung ausüben sollte), hielt (wahrscheinlich) Hegel einen Vortrag vor der Gruppe von Frankfurter Radikalen, in die ihn gerade Hölderlin eingeführt hatte. Wir wissen nichts Näheres über das Fragment stürmischer Prosa, das ziemlich irreführenderweise als «Das älteste System-Fragment des deutschen Idealismus» bekannt wurde, als daß es in Hegels Handschrift geschrieben ist und daß es den Beginn einer neuen Periode deutschen Geisteslebens bestätigt. Es veranschaulicht bereits die typische Fähigkeit Hegels, das Denken anderer in einer Geschlossenheit und methodologischen Stringenz zu reorganisieren, die auf Originalität hinausläuft. Wie Schelling beginnt Hegel seinen Gedankengang mit dem Kantischen Postulat der Freiheit, und wie Schelling ist er überzeugt, daß man sich ein «freies, selbstbewußtes Wesen» nicht vorstellen kann, ohne sich die Welt vorzustellen, der es angehört – daher muß es eine Entsprechung zwischen den Grundprinzipien der Naturwissenschaft und den Grundprinzipien der Ethik geben. Aber noch hat sich Hegel nicht das Schellingsche Konzept des Geistes zu eigen gemacht, und anstatt danach zu trachten, den Geist auf seinem Weg zum Selbstbewußtsein zu begleiten, skizziert er ein durchstrukturiertes System auf der Basis einer erweiterten Kantischen Methode (wie er sie versteht), Ideen zu postulieren. Die Idee des freien Ichs als des Brennpunkts der Natur wie der Ethik ist nur die erste dieser Ideen. Nach ihr kommt die Idee der Menschheit, das beherrschende Prinzip, dem alle Begriffe der politischen Wissenschaft und der Universalgeschichte untergeordnet werden müssen, und dann Kants bekannte «Ideen von einer moralischen Welt, Gottheit, Unsterblichkeit.» «Zuletzt die Idee, die alle vereinigt, die Idee der *Schönheit* ... Ich bin nun überzeugt, daß der höchste Akt der Vernunft ... ein ästhetischer Akt ist.» Nicht das Ich, sondern die

Schönheit wird im «Ältesten System-Programm» als vereinigender Brennpunkt von Metaphysik und Moralität, Geschichte und Religion gesehen. Die Forderungen von Karl Philipp Moritz und von Schillers *Briefen über die ästhetische Erziehung* werden hier extrem zugespitzt, und ausgerechnet der protestantisch-jakobinische ehemalige Zögling eines Theologenseminars, der zu diesem Zeitpunkt wohl nicht einmal mehr Theist war, wurde zum ersten Prediger der Göttlichkeit der Kunst – eines spezifisch deutschen Evangeliums, dessen jüngste, ziemlich ausgedehnte Exegese Hans Urs von Balthasar in seiner ästhetischen Theologie entwickelt hat. Die apostolische Rolle war ganz bewußt gewählt: Hegel versicherte seiner Frankfurter Gemeinde der unsichtbaren Kirche, daß sie als «aufgeklärte» Verkündiger von «Freiheit und Gleichheit» nicht befürchten müßten, sich dem in Irrtum und Aberglauben befangenen gemeinen Volk zu entfremden. Die Philosophie der Schönheit verheiße eine «neue Religion», «eine Mythologie der Vernunft», die sinnlich ansprechende Bilder von der Vernunftwahrheit liefern werde – praktisch eine ästhetisierte Theophilanthropie, zu der sich Gebildete wie Ungebildete bekennen konnten, so daß alle Schichten der Gesellschaft in einer gemeinsamen Kultur vereinigt seien. Die Theorie der Schönheit wurde so ins Politische und Praktische gewendet: Die Dichtkunst, in der Philosophie und Geschichte aufgegangen waren, sollte wieder werden, was sie einmal gewesen war: die «Lehrerin der Menschheit».

Der Mann, der Hegel überzeugt hatte, daß die höchste Tätigkeit der Vernunft ästhetisch sei, war wahrscheinlich auch die Quelle für jenes Konzept des Geistes, dem Schelling abstrakt-rationalen Ausdruck gab. Hölderlin scheint ein echt poetischer Lehrer gewesen zu sein, von dem die ersten, intuitiven, halb metaphorischen Formulierungen von Ideen stammten, deren ungeheures systematisches Potential erst das Werk der von ihm Inspirierten (von Hegel bis Heidegger) offenkundig machte. 1797, nur wenige Wochen nach Goethes März-Aufenthalt bei der hochgestimmten Jugend Jenas, erschien von Hölderlin der erste Band seines Romans *Hyperion, oder Der Eremit in Griechenland* – praktisch ein Manifest des kulturellen Nach-Kantianismus. Der Roman hatte nach der Teilveröffentlichung durch Schiller 1794 in der «Thalia» verschiedene Umarbeitungen durchgemacht – eine Zeitlang existierte er sogar als erzählendes Gedicht in Blankversen –, aber das zentrale Motiv, das Hölderlin als Student konzipiert hatte, war unverändert geblieben: In den Erlebnissen eines jungen Griechen, der Ende des 18. Jahrhunderts die Landschaft Europas durchwandert, sollten die Dissonanzen, die Hölderlin in seiner eigenen Existenz empfand – zwischen dem Realen und dem Idealen, dem Modernen und dem Antiken, Deutschland und Griechenland – anklingen und zu einer Art Auflösung finden. Die Kantischen Themen des Tages, sogar deren jüngste Abwandlungen bei Hegel und Schelling, hatten in dem definitiven, veröffentlichten Text ebenso ihren Platz wie die Streitfragen und Leidenschaften im Zeitalter der politischen Revolution, jedenfalls insoweit sie ein deutsches Gemüt berührten; doch standen die anderen Anliegen Hölderlins aus seiner Tübinger Zeit nicht minder, ja vielleicht noch mehr im Vordergrund: die alles versöhnende Macht der platonischen beziehungsweise johanneischen Liebe und die einzigartige Befähigung des alten Hellas, der neuen Mythologie der Schönheit ihren sinnlich greifbaren Inhalt zu schaffen.

Als Hörer von Fichtes Jenaer Vorlesungen war Hölderlin der fundamentalen Dualität im selbstbewußten Ich gewahr geworden (sowohl schlechthin Subjekt als auch sein eigenes, erstes Objekt) – er scheint seine Gedanken auf das herausgerissene Vorsatzpapier der Erstausgabe von Fichtes *System* geworfen zu haben. In der metrischen Zwischenfassung des *Hyperion* hatte er, wenngleich negativ, die gegenseitige Abhängigkeit von Geist und Welt formuliert:

> Von nichts zu wissen, und vernichtet sein
> Ist Eins für uns.

Schellings *Allgemeine Übersicht* kann ihm wenig Neues geboten haben, und bei Hegels Vortrag vor den Frankfurter Getreuen begrüßte er wohl mit beifälligem Gemurmel bekannte Gedanken. Was für seine Freunde Ideen waren, erregende oder sogar begeisternde Ideen, die nach Umsetzung durch den Intellekt oder die Tat verlangten, waren für Hölderlin Realitäten, in denen er lebte: Er kannte ihre Stimmungen und sie die seinen, sie hießen ihn bei sich willkommen oder wandten sich ab. Er nahm so vieles vom Denken seiner Zeitgenossen vorweg, weil er vollkommen ernst nahm, was für sie zuletzt doch nur ein Teil des Daseins war; Hölderlin verlieh diesen Ernst seinem fiktionalen Ich Hyperion, der nach zwei intensiven, aber enttäuschenden Männerfreundschaften durch die Liebe einer Frau geschenkt bekommt, was Hölderlin in der Liebe Susette Gontards als Geschenk empfand: die Verkörperung der spinozistischen, nach-kantianischen Gottheit, deren Reich auf Erden zu verwirklichen die drei Freunde sich beim Verlassen Tübingens geschworen hatten. Angekündigt in der Sprache des Johannesevangeliums, trägt sie den Namen jener Frau, die in Platons *Gastmahl* über die Liebe spricht. Ihre Ankunft erfüllt die Gegenwart mit jener Fülle, die Kant als den Gegenstand unseres Strebens dem Ende der Zeit vorbehielt; in Schillers Terminologie ist sie die Idee «in der Erscheinung»; mit Goethe gesprochen ist sie Natalie, verkörpert in Lotte:

Ich hab es Einmal gesehn, das Einzige, das meine Seele suchte, und die Vollendung, die wir über die Sterne hinauf entfernen, die wir hinausschieben bis ans Ende der Zeit, die hab ich gegenwärtig gefühlt. Es war da, das Höchste, in diesem Kreise der Menschennatur und der Dinge war es da! ...
O ihr, die ihr das Höchste und Beste sucht ...
wißt ihr seinen Namen? den Namen des, das Eins ist und Alles?
Sein Name ist Schönheit ...
O Diotima, Diotima, himmlisches Wesen! ...
Tausendmal hab ich in meiner Herzensfreude gelacht über die Menschen, die sich einbilden, ein erhabner Geist könne unmöglich wissen, wie man ein Gemüse berei-

tet ... es ist gewiß nichts edler, als ein edles Mädchen, das die allwohltätige Flamme besorgt, und, ähnlich der Natur, die herzerfreuende Speise bereitet.

Höhepunkt und Schluß des ersten Bandes ist Hyperions Schilderung eines Besuchs der Ruinen von Athen in Gesellschaft Diotimas und anderer Freunde. Ihre Unterhaltung ist, wie die ganze Erzählung, atemlos und lyrisch, auch wo sie stockt, unzusammenhängend wie unser alltägliches Sprechen und Schweigen, und in ihrem Verlauf erhält die metaphysische Schönheit des «Ältesten System-Programms» ihre Heimat und ihren Namen im alten Griechenland. Im Anfang, sagt Hyperion, seien Menschen und Götter eins gewesen in unbewußter ursprünglicher Schönheit; dann habe der «göttliche Mensch» (wie das Ich, das durch seine Selbstbewußtwerdung ins Dasein tritt) eine andere Schönheit erschaffen, in der er sich erkennen konnte – die Schönheit der Kunst; weitere Schöpfungen aus der ursprünglichen Schönheit waren Religion, Dichtung und politisches Leben, die alle Spiegel ihrer göttlich-menschlichen Quelle waren. Nirgends waren diese Hervorbringungen reiner als bei den Griechen, namentlich bei den Athenern. Die Götterdarstellungen ihrer religiösen Kunst und ihres Kultus blieben «in der schönen Mitte» zwischen dem Sinnlichen und dem Übersinnlichen. Allein ihre Philosophie, der Sproß ihrer Dichtung, begriff das wahre Wesen der Schönheit; war sie doch aus der Schönheit hervorgegangen und nicht aus dem bloßen empirischen «Verstand» oder den abstrakten Anforderungen der bloßen «Vernunft» (diese von Hyperion verworfenen Begriffe sind eindeutig Kantische). Nachdem Heraklit den Namen der Schönheit einmal ausgesprochen hatte als das *en diapheron eauto*, «das Eine in sich selber Unterschiedne», konnte sich ihre Inkarnation in einer ganzen Gemeinschaft begeben, so wie sie sich für Hyperion in Diotima begeben hatte:

Das Moment der Schönheit war nun kund geworden unter den Menschen, war da im Leben und Geiste, das Unendlicheinige war ... es war ein göttlich Leben und der Mensch war da der Mittelpunct der Natur.

Aber das alte Athen liegt zerschmettert wie ein Schiffswrack auf dem Sand, und seine Säulen stehen «verwaist» vor den Besuchern wie die kahlen Stümpfe eines Waldes, der über Nacht in Flammen aufgegangen ist. «Der Geist von all' dem Schönen» sei verloren, seufzt Hyperion – war vielleicht schon verloren, bevor die Barbaren mit ihren Plünderungen kamen. Aber:

Wer jenen Geist hat, sagte Diotima tröstend, dem stehet Athen noch, wie ein blühender Fruchtbaum.

Wenn das Herz auf dem Felsen des Schicksals gescheitert sei, erhebe es sich wieder als Geist, und Diotima erklärt Hyperion, daß er lernen müsse, den Geist in sich zu erkennen, der sich – aus den Ruinen all' des Schönen – erhoben habe, und ihn an seine Landsleute weiterzugeben: Er solle der «Erzieher unsers Volks» werden. Die letzte Seite des ersten Bandes füllt die missionarische Inbrunst eines Hegel und Schelling, als Hyperion, der sich von Anfang an danach gesehnt hat, die «neue Kirche» der «Begeisterten» aus den unreinen und obsoleten Formen der Gegenwart sich erheben zu sehen, endlich deutlich seine Aufgabe erkennt, seine Nation im Geist ihrer Vergangenheit zu verjüngen: «Es wird nur Eine Schönheit seyn; und Menschheit und Natur wird sich vereinen in Eine allumfassende Gottheit.»

Aber sogar über diesem jubilierenden *envoi* liegt eine böse Vorahnung. Schon rein formal gesehen ist *Hyperion* eine Neuauflage von Werthers empfindsamer Tragödie auf der höheren Ebene des Idealismus. Hyperions Geschichte wird wie diejenige Werthers in Briefen erzählt – im ersten Band sind sie alle von Hyperion und alle an denselben Freund gerichtet. Doch im Gegensatz zu Werther erzählt Hyperion die Ereignisse nicht, sobald sie sich zugetragen haben, sondern erinnert sich seines frühen Lebens, und die Niedergeschlagenheit, die Schmerzen und gelegentlichen Aufheiterungen des älteren Mannes färben auf die Beschreibung seiner Jugend ab oder brechen in ihr durch. So wird die Trennung des Selbstbewußtseins in Subjekt und Objekt in der Erzählung selbst vollzogen, und der «Dualismus» in allen Tätigkeiten des «Geistes» zieht sich durch das ganze Buch. Man hat die These vertreten, Hölderlins eigentlicher Zweck liege in dieser zweiten Schicht der Erzählung und bestehe darin, uns die Selbsterziehung Hyperions durch das Schreiben seiner Autobiographie vor Augen zu führen. Eine solche Zwecksetzung stünde im Einklang mit Schellings Ziel, die Geschichte des Selbstbewußtseins zu schreiben und den Geist durch alle seine aufeinanderfolgenden Gestalten zu begleiten. Für die Vordergrunderzählung aber hat die Vorwegnahme künftigen Leides – die Vorausdeutung schon im ersten Band auf Diotimas Tod – zur Folge, daß die Hoffnungen und Ängste des jüngeren Hyperion neutralisiert werden und seine wechselnden Glücksumstände in einem generellen Stillstand der Gefühle aufgehen, der den Erzähler in endloser Teilung seines Ichs und ekstatischer Klage festzuhalten droht. Das müßte zur Tragödie führen – nicht nur für Hyperion, sondern auch für den Autor seines Romans.

Es bedeutete weder Eigensinn noch tendenzielle Isolierung, im perikleischen Athen den Gipfel der Menschheitsgeschichte zu erblicken. Hölderlin setzte damit nur eine Tradition des deutschen Hellenismus fort, die mit Winckelmann begonnen hatte, von Goethe mit der *Iphigenie* bedeutend bereichert worden war und sich nach 1790 vielfältig genug präsentierte, um das Gelehrtentum eines Wilhelm von Humboldt ebenso aufzunehmen wie die Polemik eines Friedrich Schlegel. Die Originalität der Tübinger Gruppe bestand darin, diese Bewegung des Geschmacks mit der neuen Philosophie der Subjektivität zu verknüpfen und dadurch ihr kritisches Potential enorm zu vergrößern. Für Winckelmann war die Entscheidung für seine Idee von Griechenland bereits eine Entscheidung gegen die Wirklichkeit Deutschlands gewesen, zumal die preußische Wirklichkeit. Mit dem Konzept der Schönheit eröffnete sich dem Hellenisten jetzt eine systematische Vorstellung vom Zusammenhang zwischen individuellem Geist und allgemeiner

Vernunft, die auf das Erreichen einer deutschen Revolution besonders zugeschnitten war. Umgekehrt konnte dem Vertreter der neuartigen, nachkantianisch-gallomanischen Aufklärung dasselbe Konzept dazu dienen, aus der Vision von Griechenland eine neue Mythologie, einen phantasievollen Gegenentwurf zu der alten Mythologie des Christentums zu machen. Durch diese auf breiter Front vorgetragene kulturelle Offensive gegen das *ancien régime* meldeten die offiziellen Klassen Deutschlands erstmals ihren Machtanspruch an, und sie fiel in eine Zeit, in der eine gewisse politische Umgestaltung Deutschlands unvermeidlich schien. Besonders für die Männer am Rande des Staatsapparats, auf den Universitäten und im Klerus sowie für die Hauslehrer war es eine Zeit der Hoffnung, aber auch eine Zeit der hohen Risiken, in der ein einziger falscher Schritt ein ganzes Leben in eine Sackgasse der Geschichte führen konnte.

Aus dieser gefährlichen Wechselwirkung zwischen Religion, Philosophie, Staatsbildung und kulturellem Bild und Gegenbild gingen die vielen notvollen und oft dramatischen Biographien von deutschen Literaten und Intellektuellen hervor – Männern wie zunehmend auch Frauen –, die kaum ihresgleichen in Europa haben und von Goethe oft genau, wenngleich aus vorsichtigem Abstand beobachtet wurden. Sein Leben enthielt Elemente, die es ihm leicht machten, mit der neuen deutschen Generation zu sympathisieren: besonders die Krise, deren literarischer Ausdruck *Werther* gewesen war, und später sein Entschluß, in die Bürokratenklasse einzutreten und damit die schmerzliche Anpassung seines Selbstverständnisses an die Wirklichkeit politischer Abhängigkeit am eigenen Leibe zu erfahren. Doch gab es auch Elemente, die seine Freiheit schützten und ihn für das übrige Europa wohl zu einer begreiflicheren Figur machten: die Herkunft seiner Familie aus dem handeltreibenden Bürgertum einer freien Reichsstadt, seine Bindung an das alte Reich und seine privaten Mittel. *Die Horen, Die Xenien* und sogar die ersten Gesänge von *Herrmann und Dorothea* formulierten auf je eigene Weise die Überzeugung, daß die deutsche Literatur und Philosophie analog zu Goethe imstande sein sollte, gleichermaßen die Ressourcen der Beamtenschaft wie des Bürgertums zu nutzen. 1797 jedoch begann Goethe einzusehen, daß jedes Gleichgewicht, das er finden mochte, rein persönlich sein werde: Er konnte nicht darauf hoffen, daß die Öffentlichkeit generell daran Anteil hatte, nicht einmal die neuen, jungen Talente, die nur insoweit nennenswert schöpferisch sein würden, wie sie das Risiko eingingen, sich der Kulturrevolution der deutschen Beamtenklasse anzuschließen. Das konnte nicht Goethes Weg sein; denn er wollte allen Deutschlands treu bleiben, und als der Generationenwechsel bemerkbar wurde, mußte er seine Position und seine Hoffnungen neu bestimmen.

Gleichzeitig boten zwei junge Berliner, Wilhelm Heinrich Wackenroder (1773-1798) und Ludwig Tieck (1773-1853), ein Beispiel dafür, was von Leuten zu erwarten war, die das Risiko und den Einsatz scheuten. Ende 1796, mit der Jahreszahl 1797 auf der Titelseite, erschienen ihre gemeinsam

37. L. Duttenhofer: Ludwig Tieck (o. J.)

verfaßten *Herzensergießungen eines kunstliebenden Klosterbruders.* Kurz vor Weihnachten gab Goethe eine große literarische Abendgesellschaft (beim Nachtisch brachte man mit Süßwein einen Toast auf Klopstock aus); auch August Wilhelm Schlegel und Caroline Schlegel waren zugegen, und Schlegel händigte seinem Gastgeber ein Exemplar der *Herzensergießungen* aus, über die er eine Besprechung schreiben sollte; doch Goethe, der sich persönlich um das Wohl seiner Gäste kümmerte, verlegte das Buch sogleich. Schon der Titel muß ihm mißfallen haben. Später zur Stiftungsurkunde der romantischen «Mittelältler» ausgerufen, hat dieses Sammelsurium aus kurzen Abhandlungen, Anekdoten und fiktiven Briefen von Malern an Maler und über Maler so gut wie nichts zur mittelalterlichen Kunst zu sagen, über die die zwei Autoren wenig zu wissen scheinen. Das Buch huldigt im wesentlichen dem konventionellen Götterhimmel des 18. Jahrhunderts – Raffael, Michelangelo, Leonardo da Vinci –, den es nur von Zeit zu Zeit, im Geiste Herderscher Kulturtoleranz, um Dürer zu vermehren trachtet. Dürer ist nämlich der vornehmste Vertreter des Deutschen in der Kunst; denn:

> Nicht bloß unter italienischem Himmel, unter majestätischen Kuppeln und korinthischen Säulen – auch unter Spitzgewölben, krausverzierten Gebäuden und gotischen Türmen wächst wahre Kunst hervor.

Hauptthema der Sammlung ist jedoch der Gedanke, daß «wahre Kunst» nicht zu trennen sei von Religion. Zunächst einmal heißt das:

> Ich vergleiche den Genuß der edleren Kunstwerke dem *Gebet*. Sie sind nicht drum da, daß das Auge sie sehe; sondern darum, daß man mit entgegenkommendem Herzen in sie hineingehe und in ihnen lebe und athme.

Dieser Gedanke wird dann dahingehend erweitert, daß alle große Kunst es mit frommen Gegenständen zu tun habe und daß alle großen Künstler eine ausnehmende persönliche Frömmigkeit bewiesen hätten. Das Buch gipfelt in der Geschichte von dem deutschen Künstler in Rom, der sich in eine junge Römerin verliebt, sich von ihr in die Kirche mitnehmen läßt und dann, hingerissen von der sinnbetörenden Großartigkeit der Zeremonien, zum Katholizismus konvertiert. «Die Kunst hat mich allmächtig [oder: allmählig] hinübergezogen», schreibt er, «und ich darf wohl sagen, daß ich nun erst die Kunst so recht verstehe und innerlich fasse.» Katholisch war keiner der zwei Autoren, und Ludwig Tieck war bestenfalls indifferent; aber beide hatten die Vorlesungen von Karl Philipp Moritz in Berlin besucht. Ihre Religion der Kunst geht zum Teil auf Moritz zurück – «so möchte man vielleicht sagen, daß Gott wohl ... die ganze Welt auf ähnliche Art, wie wir ein Kunstwerk, ansehen möge» –, ist aber etwas ganz anderes als Hyperions Verzauberung von einer Schönheit, die eng mit dem System des Idealismus verbunden ist. Für Hölderlin und Hegel schließt die vereinigende Tätigkeit der Schönheit gewiß auch Kunst und Religion ein, erstreckt sich aber weiter auf die gesamte politische und soziale Ordnung an sich und im Verhältnis zum individuellen Geist. Sie fassen Ort und Zeit der vollkommenen Schönheit in polemischem Gegensatz zu ihrem eigenen Hier und Jetzt, sei es als die vergangene Glorie, die Griechenland hieß, sei es als das Reich Gottes, das durch ihr eigenes pädagogisches «Eingreifen in das Leben der Menschen» kommen soll. Während Hölderlin und Hegel als Württemberger reden, die auf ein Mitspracherecht in ihren eigenen Angelegenheiten pochen, sprechen Wackenroder und Tieck für eine Mittelschicht, die gelernt hat, sich zu dukken und ihre Freuden für sich zu behalten. Die Religion der Kunst sieht sich auf eine Mönchszelle beschränkt, und der Eros, den sie weckt, birgt nur private Ekstase und nicht, wie Hölderlins Diotima, das Versprechen einer Verwandlung von Natur und Gesellschaft. Sogar die ästhetischen Vorlieben, welche die *Herzensergießungen* bekunden, verraten die Herkunft ihrer Autoren. Von Berlin aus, dieser rechtwinkligen, winddurchwehten Stadt mit den breiten Straßen und den Exerzierplätzen, in der es so gut wie keine mittelalterlichen Bauten oder katholischen Kirchen gab, bereisten Wackenroder und Tieck 1797 Franken, wo sie in den Domen und Klöstern Bambergs und Würzburgs, in den verwinkelten Gassen und gotischen Türmen Nürnbergs den verführerischen Zauber des Exotischen witterten. Aber was sie da erblickten, war nichts anderes als die herrschende Kultur des damaligen Heiligen Römischen Reiches, der sie mit der seligen Ahnungslosigkeit des Preußen gegenübertraten, und wenn sie nun diese Kultur vorzüglich als Nahrung für die Phantasie und als Quelle jenseitiger Beseligungen priesen, setzten sie sie unbewußt herab und formulierten literarisch, was politisch schon lange der Anspruch Preußens war, nämlich in der harten Alltagswelt der einzige Repräsentant dessen zu sein, was wirkliches «Deutschtum» bedeutete. Die generöse Weltweisheit des Koadjutors Dalberg oder die praktische Askese Fürstenbergs oder der Fürstin Gallitzin waren mindestens ebenso irdisch und handfest, mindestens ebenso deutsch wie die Ambitionen Friedrich Wilhelms II.; aber ihr Katholizismus hat keinen Anteil an der Religion des kunstliebenden Klosterbruders. Die *Herzensergießungen* zeigen ein gewisses Genie in der Fertigkeit, etwas Neuartiges aus dem Geschmack der Zeit herauszudestillieren, dem Geschmack jenes Lafontaine-süchtigen Publikums, gegen das die *Xenien* zielten – Tieck wurde denn auch bald der Schwager Reichardts und war schon jetzt ein produktiver und erfolgreicher Berufsliterat. Der Klosterbruder im Titel des Buches ist der freundliche Verwandte des unvermeidlichen Mönchs im «gotischen» Schauerroman – einer Gattung, zu welcher Tieck soeben mit *William Lovell* seinen einmalig amoralischen Beitrag geleistet hatte. Eine Konversion zum Katholizismus, die nicht die sofortige geistige Degeneration zur Folge hatte, war eine pseudoschockierende Wendung, der ein beträchtlicher Einfluß auf die Literatur beschieden war – eine wohlkalkulierte Variante zu dem konventionell protestantischen Ethos der Augustin-und-Sperata-Geschichte im *Wilhelm Meister*. Das «Städtisch-Malerische» in der Beschreibung des Dürerschen Nürnberg ist eine bezeichnend originelle Weiterentwicklung jener Begeisterung für das deutsche 16. Jahrhundert mit seinem Hans Sachs und Götz von Berlichingen, mit Burgen, Rittern und Femegerichten, die Goethe 25 Jahre zuvor initiiert hatte. Es kann aber nicht verwundern, daß Goethe über diese *Herzensergießungen* erzürnt war: An der Kunst und an den Künstlern, die er bewunderte, wurde hier genau das Falsche gelobt, nämlich eine Religiosität, die er verabscheute, und ausgerechnet das, was an ihnen für das Auge unsichtbar war. Es gab in den *Herzensergießungen* sogar einen Abschnitt mit dem Titel «Sehnsucht nach Italien». Goethe verspürte das Künstliche, Gemachte an dem Ganzen – das «Unwesen», wie er später sagte: Aus dieser Ecke bedurfte sein Verlangen nach dem «gelobten Land der Kunst» keiner Rückendeckung.

So oder so, das intellektuelle Klima begann sich zu verändern. Die ersten Anzeichen dafür, daß Goethe hierauf mit einer Korrektur seiner Position reagierte, gab es jedoch auf einem Gebiet, von dem das Publikum wenig wußte: in seiner naturwissenschaftlichen Arbeit, besonders in seinen Gedanken zu einer neuen Wissenschaft der Morphologie. Verantwortlich war zum Teil, wie Goethe selber gestand, der Sturmlauf Alexander von Humboldts durch Jena und Weimar von März bis Mai. Auch der jüngere Humboldt trug sich mit Reiseplänen. Sobald er an sein Erbe kam, gab er seinen Posten als Oberbergrat in Franken auf, um sich einen Kindheitstraum zu erfüllen und auf den Spuren Cooks und Forsters zu wandeln und in fernen Weltgegenden Forschung und Entdeckung miteinander zu verbinden. Gegenwärtig war er bereit, die Familie seines Bruders auf ihrer großen Bildungsreise zu begleiten, während er nach einer Gelegenheit Ausschau hielt, nach Zentralasien oder in die Tropen zu gelangen; aber bei seinen unbändigen Energien hielt es ihn nicht lange in der Alten Welt. Fanatisch fleißig, gesprächig, von einem zerwühlten, jungenhaften Charme, war Alexander von Humboldt auch von einer jungenhaften Unsensibilität und Rücksichtslosigkeit bei der Durchsetzung seiner Interessen. Wie seinen Bruder hatten ihn die Kälte der Mutter und der frühe Tod des Vaters geprägt, und als er nach Jena kam, war gerade eine leidenschaftliche sexuelle Beziehung zu einem jungen preußischen Offizier in Bayreuth schmerzhaft zu Ende gegangen. Er war nicht in der Stimmung irgendetwas, was es als unangemessen empfand, zu tolerieren. Er war außerdem erfüllt von seinem jüngsten Opus, einer Studie über die Irritabilität von Muskeln auf der Grundlage von 4000 Versuchen, zu denen auch umfangreiche Pustelbildungen auf seiner eigenen Haut durch das Applizieren von Elektroden gehörten, und sogleich hielt er im Alten Schloß eine Reihe von Vorträgen und Demonstrationen vor dem schwer erkälteten Goethe. Hier oder in Wilhelm von Humboldts Wohnung oder bei den Schillers sahen sich er und Goethe im März fast täglich – Schiller, wie immer auf der Hut vor Rivalen, fand den jungen Mann unausstehlich –, und Goethe lud ihn für die zweite Aprilhälfte auf eine Woche nach Weimar ein. Mit diesem «wahrhaften *Cornu Copiae* [Füllhorn] der Naturwissenschaften» konnte Goethe über alle seine Interessen sprechen, von der Mineralogie bis zur Anatomie – «Man könnte in 8 Tagen nicht aus Büchern herauslesen was er einem in einer Stunde vorträgt»-, doch konzentrierten sie sich zum einen auf die Chemie, wobei sie für den Jenaer Chemiker Alexander Nikolaus Scherer (1771–1824), den Carl August zu fördern wünschte, eine Studienreise nach England ausarbeiteten, zum anderen auf das, was Luigi Galvani (1737–1798) «animalischen Elektrizität» nannte. Die Gespräche über elektrische Polarität dürften Goethes erste systematische Einführung in ein Konzept gewesen sein, dem er später eine seiner aussagekräftigsten Metaphern verdanken sollte. Doch hatte die Frage nach dem «galvanischen Fluidum» noch eine andere, unmittelbare Relevanz für Goethe. Ein entscheidendes Problem warf der berühmte Versuch auf, bei dem ein Froschschenkel dadurch zum Zucken gebracht wurde, daß man ihn an zwei miteinander verbundene Drähte anschloß, deren einer aus Kupfer, der andere aus Silber war; Humboldt glaubte, das Problem noch nicht gelöst zu haben. Hatte die elektrische Ladung, von deren Vorhandensein man wußte, ihren Ursprung in den Metalldrähten, wie Volta behauptete, oder war sie, wie Galvani glaubte, im Nerv und im Muskel gespeichert, wo sie durch den Versuch freigesetzt wurde? Die Darlegung dieses Problems hatte unmittelbare Auswirkung auf Goethes im Entstehen begriffene allgemeine Theorie der Naturgestalten; denn sie verlangte, zwischen organischen und anorganischen Vorgängen eine klare Unterscheidung zu treffen, wie Goethes eigene Lehre sie eher zu verdunkeln schien. Ferner hatte sich Goethe nach der Lektüre Baaders – für dessen luftige Wortgespinste Humboldt schon gar keine Zeit aufbrachte – Kants *Metaphysische Anfangsgründe der Naturwissenschaft* beschafft, in denen er den bestimmten Nachweis entdeckte, daß Materie ihrem ganzen Begriff nach frei von allen Eigenschaften des Lebendigen sein müsse. Die Konsequenz lag auf der Hand: Globaltheorien der gesamten, organischen wie anorganischen Natur waren etwas für die jüngere Generation; die Sorge des Mannes galt handfesteren Dingen. Goethe beugte sich der geballten Autorität Kants und Humboldts, entsagte seiner ursprünglichen schönen Phantasie von einer vereinheitlichten Wissenschaft der «Welt des Auges» und verstand sich dazu, aus seiner Morphologie die anorganischen Wissenschaften, namentlich die Mineralogie und Teile der Optik, auszuklammern. Statt dessen wollte er sich darauf konzentrieren, seine Arbeiten zur Anatomie zur separaten Veröffentlichung vorzubereiten. Um diese Zeit begann er einen Aufsatz, der das Gebiet der «Morphologie» und ihr Verhältnis zu den anderen Naturwissenschaften definieren sollte und worin er akzeptierte, daß die Morphologie es «in der Hauptsache mit organischen Formen» zu tun habe. Sie sollte eine der vielen «Dienerinnen» jener umfassenden Wissenschaft vom Leben sein – hier «Physiologie» geheißen –, die noch nicht existierte und vielleicht für immer unerreichbar, aber dennoch das eigentliche Ziel all' unserer Mühen war (also ein Ideal im Sinne Kants, dessen Name zwar nicht genannt wird, dessen Einfluß auf Goethes Erklärung der Physik unübersehbar ist). Die ursprüngliche Inspiration in einer Theorie der Erkenntnis war nicht völlig verloren: Die Morphologie war mit der «Semiotik» und der Physiognomik verbunden, die es alle drei «mit der Gestalt und ihrer Bedeutung» zu tun hatten; aber das große Ziel, einen Schlüssel für alle Zeichen der Natur zu liefern, wurde zurückgestutzt auf eine bescheidene Neugliederung der Arbeitsteilung zwischen den wissenschaftlichen Berufen.

Doch kam der Morphologie noch immer die Aufgabe zu, «die Grundlagen der vergleichenden Anatomie» zu legen, und Goethe wußte es Humboldt Dank, daß er seine Naturforschungen aus ihrem «Winterschlaf» geweckt habe. Bei den vorweihnachtlichen Morgendiktaten mit Max Jacobi war Goethe auf den *Ersten Entwurf einer allgemeinen Einleitung in die vergleichende Anatomie* zurückgekommen und hatte sehr wahrscheinlich die ersten zwei Kapitel in eine publikationstaugliche Form gebracht. Nach seiner Rückkehr aus Dessau und Leipzig war Max jedoch mit der unglücklichen Wendung beschäftigt, die seine eigenen Angelegenheiten genommen hatten: Er zog sich den Zorn der Ehefrau eines Medizinprofessors zu, weil er in ihrem Haus keine Zimmer mieten wollte, und laut Loder bewog sie ihren Mann, Max im Rigorosum durchfallen zu lassen; eine Rolle spielten aber zweifellos auch das linkische Wesen und die Behinderung dieses «curiosen Bären», wie Frau von Stein ihn nannte. Mit Goethes Hilfe wechselte er unverzüglich nach Erfurt, wo er am 21. Februar ohne weiteres sein Doktordiplom erhielt; doch da er anschließend gleich nach Hause fuhr und nicht wieder nach Weimar kam, büßte Goethe den Helfer ein, der ihm Lust zur Umarbeitung des *Ersten Entwurfs* gemacht hatte. Als Goethe im Frühjahr auf Humboldts Drängen diese Aufgabe wieder in Angriff nahm, hielt er es für notwendig, einen ganz neuen Abschnitt zur Rechtfertigung der Methode einzufügen, die er 1795 beim Entwurf des allgemeinen Typus des Wirbeltierskeletts beobachtet hatte. Im Juni war er so weit vorangekommen, daß er Böttiger bitten konnte, diesen zweiten Entwurf der *Allgemeinen Einleitung* sowie seine alte Arbeit über den Zwischenkieferknochen ins Lateinische zu übersetzen, so daß eine Abhandlung entstand, die er sich einst als Teil seiner «berühmten Morphologie» erträumt hatte, während er sich jetzt damit begnügte, sie wieder einmal als Anhang zu Loders anatomischen Beobachtungen zu veröffentlichen. Der neue Abschnitt, in dem das Wort «Morphologie» überhaupt nicht vorkommt – vielleicht weil Goethe halb und halb noch immer hoffte, diesen Begriff für seine erste, verführerisch umfassende Vision zu reservieren –, ist gleichwohl Goethes ausführlichste Aussage überhaupt zu Umfang und Inhalt jener Wissenschaft, die in seinen Augen den Grund für eine vergleichende Analogie legen sollte: die Wissenschaft von der allgemeinen Metamorphose. Er beginnt mit der Erörterung von Veränderungen der Gestalt in der anorganischen, zumal mineralischen Welt und kommt zu dem Schluß, daß diese sich von organischen Veränderungen insofern fundamental unterscheiden, als sie häufig umkehrbar sind und – in Fällen wie zum Beispiel der Bildung eines Kristalls oder einer chemischen Verbindung – einfach die Wirkung einer äußeren Kraft auf die Komponenten implizieren, die selbst durch ihre «Ko- oder Subordination» in einer größeren Struktur passiv und unberührt bleiben. Es ist ziemlich gewagt vom Chemiker (wenn er der vor-Lavoisierschen Chemie verhaftet bleibt), von Wahlverwandtschaften zwischen anorganischen Elementen zu sprechen, so als hätten sie die Wahl, Verbindungen einzugehen oder nicht, aber Goethe ist dennoch bereit – wohl um eine gewisse Unabhängigkeit von Kant zu beweisen und zumindest den Umriß seiner ursprünglichen Idee zu bewahren –, ihnen einen «zarten Anteil ... an dem allgemeinen Lebenshauche der Natur» zuzugestehen. Dagegen zeigen bereits die einfachsten Lebewesen eine Unterordnung der Teile unter das Ganze und im Verlauf der Nahrungsaufnahme eine aktive und selektive Beziehung zu ihrer Außenwelt; auch kann die Gestalt, die das Leben ihnen gegeben hat, ist sie einmal zerstört, nicht wiederhergestellt werden. An Pflanzen sehen wir das eine Organ des Blattes in vielen verschiedenen Gestalten mit unterschiedlichen Funktionen erscheinen; aber die strukturierte Einheit, die aus diesen Transformationen zu erwachsen scheint, ist eine scheinbare, da alle die verschiedenen Stadien des Blattes – Stengelblätter, Kelch, Blütenkrone, Frucht – nebeneinander existieren können und jede von ihnen aus dem «Ganzen» herausgetrennt werden und eine neue Pflanze entstehen lassen kann. Sogar das Larvenstadium des Insekts, zum Beispiel eine Raupe, ist ein organisierteres Individuum als eine Pflanze, mag sie auch der «notwendigsten aller Funktionen, zur Fortpflanzung», nicht fähig sein, weil sie jede Phase in ihrem Wachstum hinter sich läßt und die einmal abgestreifte Haut nicht wieder anlegen kann. Ihre Struktur mag wie die des Pflanzenstengels lediglich eine Abfolge von wiederholten, mehr oder weniger identischen Größen sein, aber diese Abfolge hat eine Richtung, sie hat ein Vorne und ein Hinten. In ihrer vollkommensten Transformation, die sie fähig werden läßt, ihresgleichen zu reproduzieren, erwirbt sie eine gegliederte Struktur von ausdifferenzierten, aber einander gegenseitig untergeordneten Teilen, deren keiner durch einen anderen ersetzt werden kann. Eine solche Struktur ist für Wirbeltiere von ihren geringsten Anfängen her charakteristisch, mag auch die Fähigkeit mancher Eidechsen, verlorene Organe zu ersetzen, ein leiser Hinweis auf jenen Typus der Metamorphose sein, der in den unteren, «unvollkommeneren» Formen des Lebens anzutreffen ist. Die Würde der «vollkommensten Tiere und besonders des Menschen» rührt von der Bestimmtheit ihrer Teile her. Wenn aber ihre Gestalt von der Zeugung an bestimmt ist, in welchem Sinne können wir dann bei Wirbeltieren von einer Metamorphose sprechen? Von der Antwort auf diese Frage hing die Einheit des ganzen morphologischen Systems Goethes ab; es ist eine Frage, die offen geblieben war, seit er in Venedig den Wirbelknochen eines Schafes als tierisches Äquivalent eines Blattes gesehen hatte; an seinem Unvermögen, diese Frage zu beantworten, war sein erster Anlauf zu einer allgemeinen Theorie der vergleichenden Anatomie von 1795 gescheitert. Er brauchte eine einleuchtende Erklärung für den Prozeß, durch den sein allgemeiner «Typus» der Wirbelstruktur in der anatomischen Struktur verschiedener konkreter Arten verändert und zugleich bewahrt wurde, wenn er kantisch inspirierten Einwänden dagegen begegnen wollte, wie er seinen allgemeinen «Typus» überhaupt einführte. 1797 löste er das Problem mit einem Handstreich, der aber die Weiterentwicklung seiner Theorie praktisch beendete. Er schlug einen neuen Begriff vor, den der «simultanen Metamorphose» – jene Art Metamorphose, die sich vornehmlich bei höheren Tieren findet. Wir sollten die Knochen eines Skeletts zwar weiterhin als unterschiedlich modifizierte identische Teile ansehen, uns diese Modifikationen aber nicht als nacheinander eintretend denken, sondern als gleichzeitige Beiträge und Anpassungen an die «Harmonie des organischen Ganzen». Eine Wirbelsäule wächst nicht von einem Wirbel zum nächsten modifizierten Wirbel wie der Stengel einer Pflanze, aber sie sieht aus, als sei sie so gewachsen. Die Teile einer Giraffe oder eines Maulwurfs werden nicht durch Expansion oder Kontraktion der entsprechenden Teile des «Typus» gebildet, wie die Teile des Schmetterlings durch Expansion oder Kontraktion der Teile der Raupe gebildet werden, aber sie sehen so aus, als seien sie so gebildet worden. «Gleichzeitige Metamorphose» erklärt sowohl das Verhältnis der (durch Transformation des elementaren Knochens) differenzierten, aber identischen Teile eines ganzen Tieres zueinander als auch das Verhältnis der (durch Transformation des ganzen Skeletts) unterschiedlich modifizierten Arten zum gemeinsamen «Typus». Da es jedoch eine Transformation – ebensowenig wie ein Verharren – schwerlich ohne einen Ablauf in der Zeit geben kann, ist «simultane Metamorphose» eine Art von begrifflichem Selbstmord. Zwar ist es Goethe gelungen, die Vorstellung der Metamorphose so zu erweitern, daß sie die gesamte Pflanzen-, Insekten- und Tierwelt abdeckt, aber um den Preis, daß sie bei den Tieren auf eine Metapher reduziert wird. Oder vielleicht auf eine Idee – ein Ziel für unsere Untersuchungen, das nie zu einem Gegenstand der direkten Erfahrung werden kann. «Simultane Metamorphose» ist die Endstation einer Leibnizischen Wissenschaft vom Leben, die ohne Rückgriff auf erkenntnistheoretische Feinheiten versucht, die Genese der natürlichen Hierarchie von harmonischen, materiellen, organischen Ganzheiten zu zeigen. Der Leibnizianismus kann eine so paradoxe Konzeption nicht in sich aufnehmen, ohne zum Kantianismus zu gerinnen. Sobald einmal diese Schwelle überschritten ist, muß jedoch auch der Leibnizische Zentralbegriff neu überdacht werden. Wie das Leibnizische Schema war auch Goethes Naturwissenschaft niemals so materialistisch gewesen, daß sie die Würde und monadische Individualität zumindest der vollkommensten Tiere kompromittiert hätte – sie treten ins Dasein, ohne jemals aus etwas anderem zusammengesetzt worden zu sein. Wenn aber aus der «Metamorphose» kaum mehr geworden ist als ein Kantisches «Als ob», das der Geist des Naturwissenschaftlers der materiellen Welt unterschiebt, so gilt dasselbe vielleicht auch für die Individualität, und so wurde die nächste Phase in Goethes morphologischem Denken eingeleitet von einer Kritik des Begriffs des Individuums, gestützt auf die Lehren, die Goethe aus dem Schreiben des

Wilhelm Meister gezogen hatte. Die Teile des neuen Entwurfs der *Allgemeinen Einleitung*, die das meiste für die Zukunft versprachen, waren jene, in denen Goethe kantische Begriffe gebrauchte, um möglichen Einwänden gegen seine Methode zu begegnen. Unser Verfahren ist nicht hypothetisch, sagt Goethe, sondern beruht auf einer notwendigen Voraussetzung über die Zwecke der Natur, wenn (ein entscheidendes Wenn) wir uns die Natur als Produzentin harmonisch differenzierter und spontan handelnder Individuen denken sollen: der Voraussetzung nämlich, daß unser «Genius» wie stokkend auch immer, mit dem ihren übereinstimmt, um so mehr, wenn wir im Einklang mit unseresgleichen denken und nach Einsichten trachten, die allen willkommen sein werden. Eine pragmatische Wissenschaft, auf idealistischer Grundlage, aber ihrer Grenzen sich bewußt, und im Kollektiv betrieben – so verstand Goethe in Zukunft sein Studium der Natur, und insoweit verband ihn mehr mit Alexander von Humboldt als mit Baader oder Schelling.

Faust oder Italien? April–Juli 1797

Die Ereignisse in Europa spielten sich im Frühjahr 1797 so geschwind ab wie die Verpuppung eines Insekts. «Jetzt kann ein Brief kaum hin und wieder gehen, so hat die Welt schon wieder eine andere Gestalt.» Auch Goethes Gedanken und literarische Pläne änderten sich rasch und ordneten sich neu, sobald der Druck, *Herrmann und Dorothea* abschließen zu müssen, von ihm abgefallen war; als er am 31. März nach Weimar zurückkam, war er wieder in aufnahmebereiter Stimmung. Das Gedicht war dem *Wilhelm Meister* so dicht auf den Fersen gefolgt, daß Goethe seit über drei Jahren keinen Tag erlebt hatte, an dem seine schriftstellerische Kunst und seine Erfindungskraft nicht gefordert waren, und so begann er, nach einem neuen Joch Ausschau zu halten, das er sich auferlegen konnte. Trotz der Erinnerungen Schillers zögerte er noch immer, seine Aufmerksamkeit auf *Faust* zu richten, den nächstliegenden Torso, der aus der Vergangenheit geblieben war. Seine erste Reaktion auf die Beendigung des ersten Entwurfs von *Herrmann und Dorothea* war zwei Tage später der Einfall zu einem weiteren Versepos, und als Wilhelm von Humboldt schließlich nach Berlin zurückfuhr, um seine Reisevorbereitungen zu treffen, nachdem er die erste Aprilwoche in Weimar verbracht hatte, um Goethe metrische Ratschläge zu *Herrmann und Dorothea* zu geben («wir werden einander wahrscheinlich sehr lange nicht wiedersehen»), stürzte sich Goethe sogleich in das Studium der neuesten Bibelkritik: Es war die Karwoche, am Karfreitag waren Haydns *Sieben letzten Worte Jesu am Kreuz* aufgeführt worden, und Goethe kam die wunderbar ablenkende Inspiration zu einem Essay. Aber noch hinter den Ausflüchten und der Tarnung war eine Veränderung in Goethes Anliegen zu erkennen. Die beiden neuen Projekte gehörten in die Zukunft, und es vergingen gut zwanzig Jahre, bevor sie ans Licht der Öffentlichkeit kamen; die provisorisch so betitelte *Jagd* sollte eine neue, mehr allegorische Antwort auf die Ausgriffe der Französischen Revolution nach Deutschland sein und das beheben, was als Versäumnis in *Herrmann und Dorothea* empfunden werden mochte: Indem es seine Figuren aus den herrschenden Klassen, vom Hofe eines zeitgenössischen deutschen Fürstentums nahm, gäbe das Epos – wie Humboldt nach Goethes Schilderung erwartete – Gelegenheit zu direkten Berichten über Krieg und hohe Politik aus dem Munde der Akteure selbst; die Darstellungsart wäre weniger idyllisch als vielmehr durchgängig episch; und die Handlung – das Einfangen von exotischen wilden Tieren wie Löwen und Tigern, die nach einem Feuer auf einem Volksfest ausgebrochen und in eine deutsche Waldlandschaft geflohen sind – verwiese metaphorisch auf die Konvulsionen großer «Massen, Staaten und Völker», auf die neuen und exotischen Themen, die die Weltgeschichte an altbekannten Schauplätzen durchspielte. Und gewiß bot das Motiv der Jagd eine moderne Folie für heroische Tugenden und heroische Art; aber dieser Heroismus gehörte wie die Höfe und Herrscher eher der feudalen Welt der großen mittelalterlichen Versromane an als der antiken Welt Homers. War das wirklich der Stoff für ein Epos in Hexametern? Esoterische Erwägungen über die Unterschiede zwischen Gattungen und die Struktur der Fabel gingen zwischen Goethe und Schiller hin und her – wie zu der Zeit, als *Herrmann und Dorothea* brachlag –, nicht eine einzige Zeile der *Jagd* wurde zu Papier gebracht, und als andere Interessen das Projekt zu verdrängen begannen, fragte Goethe sich schließlich, ob nicht der Reim das tauglichere Medium war. Schiller pflichtete ihm bei: Das Werk partizipiere dann «von gewissen Rechten des romantischen Gedichts, ohne daß es eigentlich eins wäre», und mit diesem zweideutigen Etikett entschwand es in das schöpferische Dunkel von Goethes Hinterkopf und für immer aus Schillers Bewußtsein. Auch der Text über die Bibel war auf verwickelte Weise sowohl mit Goethes jüngsten Homerstudien als auch mit jener Phase seines Lebens fünfundzwanzig Jahre zuvor verbunden, als er über Theologie geschrieben sowie einige seiner schönsten gereimten Gedichte verfaßt und seine Einbildungskraft mit heroischen Figuren nicht nur aus dem feudalen und Renaissance-Deutschland, sondern auch aus dem Orient der Patriarchen genährt, aus dem Koran übersetzt und im Geiste mit Mahomet oder Dr. Faust als dramatischem Stoff gerungen hatte. Die Ursprünge dieses Textes lagen vielleicht in dem Vergleich zwischen den Flüchtlingen in *Herrmann und Dorothea* und den Kindern Israels im 2. Buch Mose und im Buch Josua, den er möglicherweise während seiner Arbeitswoche mit Wilhelm von Humboldt in den Text des Gedichts eingefügt hatte. Goethe waren gewisse Ungereimtheiten in der biblischen Erzählung analog jenen aufgefallen, die Wolf zur Demontage der Einheit der Homerischen Epen veranlaßt hatten, und so stellte er sich – wie nach ihm Freud – die Frage, ob die Israeliten wirklich vierzig Jahre lang damit zugebracht hatten, durch eine relativ kleine Wüste zu ziehen, auf welche Weise wohl der gegenwärtige Text aus vielerlei Quellen zusammengesetzt worden war und welches der historische Charakter des Mose gewesen sein mochte, des Helden und angeblichen Verfassers der Geschichte – eine Frage, die von mehr als nur psychologischem Interesse ist, denn «wie der Mann, so auch sein Gott». Vielleicht war ja Moses, mutmaßte ein boshafter Goethe, eher ein Benvenuto Cellini, ein zwielichtiger, seiner Sache nicht ganz gewachsener Schelm, der seine unbotmäßigen Truppen nicht zu bändigen vermochte. Die Abhandlung versprach ein amüsanter und natürlich provozierender Beitrag zu den *Horen* zu werden, aber Goethe war sich bewußt, daß er ein Steckenpferd ritt, anstatt sich der schweren Frage nach seiner nächsten Aufgabe zu stellen, und so wurde der Text zwar begonnen, aber nicht abgeschlossen. Gleichwohl zeugt es von Goethes hoch sensiblem Instinkt für die Stimmung der Zeit, daß er genau in dem Augenblick glaubte, Bibelforschung und literarische Kultur zusammenbringen zu können, als Hegel in Frankfurt begann, dieselben Texte zu befragen in der Hoffnung, das Verhältnis zwischen judäisch-christlicher Moderne und dem neuen philhellenischen Evangelium der Schönheit zu klären. Irgendwie muß Goethe auch begriffen haben, daß er, wollte er sich das Stück wieder vornehmen, zu seinen früheren, ironischen Sympathien für die christlichen Elemente im *Faust* zurückfinden mußte.

Unterdessen bedurfte *Herrmann und Dorothea* des letzten Feinschliffs. Es war ein wesentlicher Aspekt des Taschenbuchs, daß es mit Kupferstichen mit einem gewissen Bezug zum Text verziert sein sollte. Vieweg tat einige sentimentale Landschaften auf, wobei es sich nach Goethes Worten «gar zu sonderbar» traf, «daß sie gerade die Vorstellungen enthalten, die mir äußerst verhaßt sind, und die ganz antipodisch zu meiner Denk- und Dichtart stehen». Er hätte Motive nach antiken Gemmen (und eine Antiquaschrift) vorgezogen, aber die italienische Sammlung, die ihm vorschwebte, war nicht zugänglich. Anfang April zeichnete sich eine Lösung ab (der genaue zeitliche Ablauf der Ereignisse ist unklar), welche die Struktur des ganzen Gedichts berührte: Es sollte jetzt in neun anstatt wie bisher in sechs Gesänge aufgeteilt werden, jeder Gesang sollte eine Überschrift mit einer Inhaltsangabe und dem Namen einer Muse erhalten. Jede Muse sollte auf einem dazugehörigen Kupferstich abgebildet werden; die ganze Serie, nach einem Original in Herculaneum, sollte Johann Gottlieb Schadow (1764–1850) in Berlin stechen. (Heute ist Schadow am bekanntesten als Schöpfer der Quadriga auf dem Brandenburger Tor.) Schadow war jedoch nicht abkömmlich, und bevor Vieweg das Buch ohne Abbildungen publizierte, was Goethe am liebsten gewesen wäre, unter kommerziellen Gesichtspunkten aber nicht akzeptabel war, griff er lieber auf seine verschwommenen Landschaften zurück. Dafür blieb es bei den neun Gesängen mit ihren großartigen Doppeltiteln, und am 11. April, zwei Tage nach der Abreise Wilhelm von Humboldts, übergab Goethe die ersten vier Gesänge vollständig korrigiert an Böttiger, der sie nach einer letzten Durchsicht an Vieweg weiterschickte. Die erste Rate des Honorars war nun bald fällig, aber es wurde immer unwahrscheinlicher, daß Goethe das Geld in Italien ausgeben würde. Die Auflösung des Italien, das er gekannt hatte, war in ihre grausamste Phase getreten: Am 10. April rumpelte der erste Konvoi mit den größten Kunstschätzen Roms über den Ponte Molle hinaus auf die Straße nach Livorno und zum Mittelmeer. Goethe hatte diese Neuigkeit vielleicht schon erfahren, als er am Karsamstag, dem 15. April, den Entwurf der zweiten Hälfte seines Gedichts überarbeitete. Aus den Gesprächen mit Wilhelm von Humboldt über *Die Jagd* scheint er den Schluß gezogen zu haben, daß *Herrmann und Dorothea* jene umfassendere Sicht auf die Revolution und jene geprägte Behandlung des Themas «Schicksal der Staaten» brauchte und vertrug, die er seinem zweiten Epos vorbehalten hatte, so daß er sich entschloß, im letzten Gesang ein neues Handlungselement einzuführen. (Diese Übertragung des wichtigsten Aspekts der geplanten *Jagd* war wahrscheinlich der Grund dafür, sie aufzugeben.) Erinnerungen des politischen Idealisten, der Dorotheas erster Verlobter gewesen war, konnten das Epos ins Offene enden lassen und der Liebe Herrmanns eine allgemeinere Bedeutung geben. Aber der Zusatz zum letzten Gesang würde umfangreich werden und wahrscheinlich einen weiteren Besuch in Jena erforderlich machen, so daß Goethe sich im nächsten Monat darauf beschränkte, die Gesänge 5 bis 8 in Ordnung zu bringen, die er Böttiger am 15. Mai zur Weitergabe an Vieweg übersandte.

Je enger der Zusammenhang zwischen *Herrmann und Dorothea* und dem Revolutionskrieg wurde, desto schwerer fiel es Goethe, sich das Ende seines Epos genau vorzustellen, da das militärische Ergebnis selbst noch so ungewiß war. Welche Zukunft für Deutschland sollte es ahnen lassen? Und welches sollte die vorherrschende Stimmung sein? Die Antworten auf diese Fragen hingen zum Teil davon ab, in welcher Weise Goethes Reisepläne tangiert wurden. Wenn der Krieg sich fortschleppte, Wien für Ausländer gesperrt war, der Weg nach Triest blockiert blieb und die Lombardei sich praktisch im Zustand des Bürgerkriegs zwischen einheimischen Jakobinern und den Beauftragten Bonapartes befand, während Soldaten und Amtspersonen ohne konkrete Befugnis auf den Straßen lauerten und an jeder Wegbiegung Passierscheine und Bestechungsgelder forderten, mußte er den Gedanken an Italien für diesen Sommer «und vielleicht das ganze Jahr» aufgeben. Der Besuch Lersés und seines Zöglings in Weimar gemahnte Mitte April schmerzlich an das, was hätte sein können, und Bitterkeit war nicht die beste Voraussetzung, um eine Idylle zu schreiben. Immerhin bot die verstärkte Profilierung des ersten Bräutigams die Möglichkeit, aus Herrmann mehr zu machen als einen häuslichen Biedermann. Jetzt konnte er, im Gegensatz zu dem selbstzerstörerischen Idealisten, als jemand erscheinen, der der Verstrickung in die glänzende Welt dramatischer Ideale entsagt und dafür mit einer Ehe belohnt wird, die ein Saatbeet der Zukunft darstellt und alles dessen, was wertvoll und erreichbar ist. In dieser Art hätte auch Goethe sein eigenes enttäuschendes Zuhausebleiben verklären können, obgleich die Anstrengung sich in seinen Versen verraten und Christiane ausnahmsweise seine Gereiztheit zu spüren bekommen hätte. Um den 22. April schrieb ein gequälter Goethe an Meyer, der noch immer treu in Florenz ausharrte:

> In der Lage in der ich mich befinde, habe ich mir zugeschworen an nichts mehr teil zu nehmen als an dem was ich so in meiner Gewalt habe wie ein Gedicht, ... denn leider in allen übrigen irdischen Dingen lösen einem die Menschen wieder auf was man mit großer Sorgfalt gewoben hat, und das Leben gleicht jener beschwerlichen Art zu wallfahrten, wo man drei Schritte vor und zwei zurück tun muß. ... Zwar ist, ich gestehe es, ein solcher Entschluß sehr illiberal und nur Verzweiflung kann einen dazu bringen; es ist aber doch immer besser ein für allemal zu entsagen, als immer einmal über den andern Tag rasend zu werden.

Wenn sich andererseits der Weg nach Italien unerwartet auftat, mochte zwar die Euphorie Goethe beflügeln, sein Epos mit Leichtigkeit zu beenden, doch lief es dann Gefahr, auf subtilere Weise, durch Heuchelei und Flachheit korrumpiert zu werden. Denn wie konnte aus der freudigen Erregung des Reisenden, der seine Koffer für die Fahrt nach Arkadien packte, unbelastet von familiären Kümmernissen, das emotionale Medium für den Entschluß Herrmanns und Dorotheas werden, in Deutschland zu bleiben und zusammen den Verwirrungen der Zeit standzuhalten? Es könnte scheinen, als sei die Frage durch Mächte entschieden worden, die sich der Kenntnis und dem Einfluß Goethes entzogen, als am 24. April die Kunde vom Friedensschluß zu Leoben eintraf, vielleicht in Form einer Botschaft, mit der ein atemloser Livrierter aus dem Palast des Herzogs in einen abendlichen Empfang bei Anna Amalia platzte. Goethe hätte den Spruch des Schicksals einfach akzeptieren können: Er hätte sein Gedicht unzweideutig enden lassen können, sei es mit dem Rückzug in die Privatheit, sei es mit einem Ausbruch patriotischer Ruhmredigkeit, um rücksichtslos seine italienischen Pläne zu verwirklichen, die zu guter Letzt ausführbar geworden waren. Der sonderbar unentschlossene Kurs, den er statt dessen steuerte, ist der Beweis, daß ihm daran lag, die zwei wichtigsten Dinge in seinem Leben «in seiner Gewalt» zu behalten: sein Gedicht und die Zukunft seiner Familie.

Selbstverständlich war Goethe in Hochstimmung: «Seitdem die Hoffnung, das gelobte, obgleich jetzt sehr mißhandelte, Land zu sehen bey mir wieder auflebt, bin ich mit aller Welt Freund.» Und an Bury schrieb er, daß er die Hoffnung nicht aufgegeben habe, «Sie wieder auf dem heiligen Grund und Boden zu umarmen.» Aber die Worte, mit denen er den gequälten Brief an Meyer vom 28. April beendete, waren vorsichtig:

> Vorstehendes war schon vor einigen Tagen geschrieben, nicht im besten Humor, als auf einmal die Friedensnachricht von Frankfurt kam. Wir erwarten zwar noch die Bestätigung und von den Bedingungen und Umständen ist uns noch nichts bekannt ... In weniger Zeit muß sich nun vieles aufklären und ich hoffe, der Wunsch uns in Italien zuerst wieder zu sehen soll uns endlich gewährt werden.

Gut eine Woche später tauchte jedoch ein neues, ernsthaftes Hindernis auf: Meyer teilte in einem Brief mit, daß er sich in Florenz ein Fieber zugezogen hatte, welches er zwar jetzt wieder überwunden habe, aber möglicherweise bei seiner Familie in der Schweiz würde auskurieren müssen. In Goethe stritt das ängstliche Bestreben, Meyer in Italien festzuhalten, mit der ehrlichen Sorge um seinen engsten, wo nicht ältesten Freund, und so war er gezwungen, für Meyer einen Plan zu formulieren, von dem er sagen konnte, er habe ihn sich so sicher vorgesetzt, «als ein Mensch sich etwas vorsetzen kann»: Er wollte Anfang Juli von Weimar zunächst nach Frankfurt fahren, wo er verschiedenes mit seiner Mutter zu besprechen hatte, und dann zu Meyer nach Italien oder gegebenenfalls in die Schweiz weiterreisen. Wie um das unmittelbare Bevorstehen seiner möglichen Abreise zu unterstreichen, bat er Meyer, ihm Nachrichten über seinen Aufenthaltsort nach Frankfurt zukommen zu lassen – eine merkwürdige Vorkehrung, mit der sich Goethe vielleicht selbst vor allzu vielen Änderungen seiner Pläne schützen wollte: Er sei noch immer in einem «Zustand von Unentschiedenheit», schrieb er Schiller, «in welchem ich nichts rechtes thun kann und mag». Damit waren vermutlich nicht die Aufgaben gemeint, die ihn derzeit in Weimar festhielten: Kampf um die Rettung des Ilmenauer Bergwerks, Erstellung eines Zeitplans für die nächsten Arbeiten am Neuen Schloß und Probenarbeiten mit einer kränkelnden Christiane Becker für die Rolle der Fee Euphrosyne in einer musikalischen Tragikomödie. Goethes Bekenntnisse über seine Untätigkeit waren immer relativ zu verstehen. Immerhin sollten sich Schiller und er auf eine längere Trennung gefaßt machen, meinte er; denn zumindest würde er demnächst in die Schweiz fahren, und daß diesem Plan politische Ereignisse in die Quere kamen, war kaum zu erwarten. Als der Mai fortschritt, versuchte er, sich den Rücken für einige Wochen in Jena freizuhalten, um den Bund mit Schiller durch das gemeinsame Sammeln von Material für den *Musenalmanach* zu zementieren und natürlich den letzten Gesang von *Herrmann und Dorothea* zu beenden, «da die Erfüllung des Friedens auch meine Arbeit begünstigt» und sein Gedicht dadurch «eine reinere Einheit» gewann.

Der zweite lange Aufenthalt Goethes in Jena im Jahre 1797, vom 19. Mai bis zum 16. Juni, war ebenso produktiv wie der erste, auch wenn die Umstände nicht ganz so günstig waren. Caroline von Humboldt fuhr mit ihrer Familie schon am 30. Mai zu Wilhelm nach Dresden. Alexander von Humboldt eskortierte die zwölfköpfige «Caravane» – unter ihnen drei Bedienstete und sein früherer Freund mit Frau und zwei Kleinkindern –; die meisten waren krank, und alle saßen in zwei überladenen Kutschen zusammengedrängt: Zuletzt tat es Goethe vielleicht doch nicht leid, daß er nicht mitfuhr. Das Verhältnis zu den Schlegels hatte sich verschlechtert: Nach einigem Vorgeplänkel in der Freitagsgesellschaft erklärte Schiller, dem ob Friedrich Schlegels ständigen Attacken gegen die *Horen* in Reichardts Zeitschriften schließlich der Geduldsfaden riß, in einem Brief an August Wilhelm vom 31. Mai ihre Zusammenarbeit für beendet – ein Schritt, der vielleicht nicht zwingend notwendig war und seinen Grund zum Teil in der Verärgerung über Goethes amüsierte Toleranz gegenüber den Brüdern und seiner herzlichen Gesinnung gegen August Wilhelm Schlegel gehabt haben mag. Goethe wollte wenn irgend möglich einen Krieg vermeiden, der für Jena nur schädlich sein konnte, zumal in den Augen Carl Augusts, und sah ein, daß etwas mit Friedrich Schlegel geschehen mußte, den er später als «wahre Brennessel» bezeichnete. Er erörterte mit ihm die Angelegenheit bei einem morgendlichen Spaziergang im Juni und ermutigte ihn, dem Vorschlag Reichardts zu folgen und als Redakteur von dessen Zeitschrift *Lyceum* nach Berlin zu gehen; dank dieser Intervention war Schiller dann bereit, weiter die Mitarbeit von Friedrichs Bruder an den *Horen* zu dulden. Was Goethe aber am lästigsten fand, war die Veränderung von Schillers Lebensumständen: Im obersten Stockwerk seines neuen Hauses – seiner «Burg», wie Goethe es nannte – hatte Schiller einen weiten Blick über seinen Garten und die Bäume und Wiesen des Saaletales und kam gut mit dem *Wallenstein* voran, aber die unteren Stockwerke waren erfüllt vom Lärm der Arbeiter, und außerdem lag das Haus denkbar weit vom Alten Schloß entfernt. Um dorthin zu kommen, mußte Goethe die ganze Stadt durchqueren, was während der Hitzewelle Ende Mai beschwerlich und bei dem Regenwetter ab Mitte Juni unmöglich war, wenn er seine Kleidung für das abendliche Treffen des Professorenklubs schonen mußte. Er war noch immer häufig zu Besuch, um mit Schiller über Aristoteles und Milton, Prosodie und Reisepläne zu sprechen, Schiller das Vorspiel zu seinem Stück lesen zu hören und selbst aus dem vorzulesen, was er gerade schrieb; aber der Rhythmus der regelmäßigen Mahlzeiten mit der Familie war gestört. Andererseits war er besorgter um Christiane. Durch ihre jämmerliche Verfassung während seinen früheren Abwesenheiten bei der Arbeit an *Herrmann und Dorothea* war ihm bewußt geworden, wie sehr sie darunter leiden würde, wenn er monatelang auf einer ausgedehnten und vielleicht nicht ungefährlichen Reise unterwegs war. Mit seinem definitiven Entschluß, über die Schweiz zu reisen und damit Frankfurt in seine Route einzubeziehen, war der Gedanke aufgekommen, daß sie und August ihn auf der ersten Etappe begleiten sollten, um seine Mutter kennenzulernen, vorausgesetzt, Christiane fühlte sich imstande, von Frankfurt auf eigene Faust nach Weimar zurückzufahren. In ihren Briefen aus Weimar vom Mai und Juni gab sie sich resoluter und zuversichtlicher, und so organisierte Goethe versuchsweise Ausfahrten, die auch die Zeit der Trennung unterbrachen. Christiane und August kamen am Tag nach Goethes Ankunft aus Weimar herüber, blieben über Nacht und reisten hin und zurück allein. Am 1. Juni kamen sie wieder, und die ganze Familie unternahm einen Ausflug und blieb bis zum nächsten Tag in Dornburg; August genoß ihr Quartier in luftiger Höhe, fütterte die Hühner und wurde von einem Truthahn verscheucht. Er wäre gern länger geblieben und in der Kutsche von Jena zurück nach Weimar hatten seine Mutter und er «ein bißchen geheult». Für Mitte Juni plante man eine aufwendigere Exkursion, vielleicht nach Lauchstädt, die aber wegen des Dauerregens ausfallen mußte.

Aber angenommen, Christiane und August zeigten sich bei diesen Übungsfahrten zu langen Reisen imstande, warum machte Goethe keine Anstalten, sie auf den ganzen Weg mitzunehmen, wie Wilhelm von Humboldt es mit seiner Familie tat? Ein Grund dürfte zweifellos gewesen sein, daß er glaubte, sich das nicht leisten zu können. Er verfügte nicht über das Einkommen der Humboldts und war außerdem immer noch auf den Kauf eines kleinen Gutes aus, was ihn alles verfügbare Kapital kosten und mit einer riesigen Hypothek belasten würde. Aufgrund von Inflationsängsten und Krieg war Grund und Boden sehr gefragt – dies sei «ein Zeitalter der Spekulationen», schrieb Voigt – und Goethe mag die Vorstellung einer ländlichen Bleibe gefallen haben, wo seine Familie vor den Weimarer Gehässigkeiten sicher war und er selbst vor dem Weimarer Lärm. Wieland war im März das Stadtgespräch, als er 22 000 Taler ausgab, um Besitzer eines Gutes in dem trostlosen Dorf Oßmanstedt zu werden, knapp zehn Kilometer entfernt am Ende eines kaum befahrbaren Feldwegs. (In sein Haus in Weimar zog nach ihm Voigt ein, das Bettzeug auf dem Schubkarren schiebend.) Goethe wollte sich nicht lumpen lassen, ließ sich vom herzoglichen Baudirektor gewissenhaft beraten und glaubte, etwas genauso Gutes um 12 000 Taler im nahelegenen Oberroßla bekommen zu können. Als er am 6. Juni an Carl August schrieb, um offiziell um Urlaub für seine Reise zu bitten (Bestimmungsort ungewiß), war die Versteigerung für 1797 schon weit vorgeschritten, und er erwähnte, daß er Frankfurt besuchen müsse, um die Investitionen seiner Mutter zu prüfen: Vielleicht beabsichtigte er, etwas von ihrem Kapital in seinen Immobilienkauf zu stecken. Doch ein Jenaer Professor kam ihm zuvor. Vielleicht würden ihm ja seine alten Freunde, die Götter helfen: Er begann, Lose von kommunalen Lotterien zu kaufen, von denen einige auch große Güter verlosten. Mit einem Preis von bis zu 100 Talern das Stück waren die Lose nicht eben billig, aber mit einem Treffer hätte er seinen Ehrgeiz befriedigt und seine finanziellen Reserven für eine italienische Reise auf Humboldtschem Fuße geschont. – Ein weiterer Grund dafür, die Familie in Weimar zurückzulassen, mag allerdings auch gewesen sein, daß er sich nicht vorstellen konnte, in ihrer Gesellschaft tun zu können, was er und Meyer gern tun wollten. Goethe kannte sich gut genug, um sich diese Überlegung einzugestehen, falls er sie anstellte, und es kann kein angenehmes Geständnis gewesen sein.

Aber Goethe war durch neun Jahre körperlicher Liebe an Christiane gebunden. Es ist ein außerordentlicher Beweis seiner fortdauernden literarischen Vitalität, daß er im Frühjahr 1797 den Weg durch ein moralisches und sexuelles Labyrinth mit einem Kunstgriff fand, der so alt war wie *Die Mitschuldigen*, nämlich Gedichte darüber zu schreiben. Um zu dieser ersten Quelle seiner reifen Inspiration zurückzukehren und wieder zu seinem Verständnis von Literatur als einer autobiographischen Kunst zu finden, war es notwendig, sein Theoretisieren des letzten Jahrzehnts in eine neue Form zu fassen und die Aufgabe abzuschließen, die er in den *Unterhaltungen deut-*

scher Ausgewanderten begonnen hatte: eine Ästhetik für die moderne Zeit und die zweite Lebenshälfte zu entwerfen. So ziemlich das erste, was Goethe nach der Ankunft in Jena tat, war, ein langes Liebesgedicht zu schreiben, das im Titel eine sehr persönliche Anspielung, einen Hinweis auf Christianes ursprünglichen Beruf enthielt. *Der neue Pausias und sein Blumenmädchen* ist einer von Goethes umfangreichsten Versdialogen: Je über dreißig elegische Distichen entfallen abwechselnd auf einen «Er» und eine «Sie». Als Gespräch, das tief über Goethes Verhältnis zu Christiane reflektiert, ähnelt er dem in Mainz entstandenen Gedicht ‹Das Wiedersehn›. Die Thematik von Zeit und Selbstbewußtsein, der Schauplatz einer großen, halb antiken, halb modernen Stadt und der Schluß, der die Schwelle markiert, wo das Dichten aufhört und das Liebesspiel beginnt, erinnern an die *Römischen Elegien*. Die auffälligsten Verbindungen bestehen jedoch zu Goethes jüngsten Gedichten, dem fast auf den Tag genau ein Jahr zuvor, in einem anderen Frühling voller Reisehoffnung auf Italien entstandenen *Alexis und Dora*, worin die Sprache der Früchte die Rolle der Sprache der Blumen in *Der neue Pausias* spielt, und der Elegie ‹Herrmann und Dorothea› mit ihrer trotzigen Konstruktion einer öffentlichen Rolle für Goethes Privatleben. Durch ‹Herrmann und Dorothea› war Goethe, vielleicht wegen der hervorstechenden Bedeutung Christianes darin, auf das Schema einer neuen Reihe von Elegien gekommen: Die nächste werde, wie er Schiller schrieb, «die Sehnsucht, ein drittes Mal über die Alpen zu gehen», behandeln und nachfolgende Gedichte würden der Eingebung des Augenblicks, sei es in der Heimat oder auf der Reise, überlassen bleiben. Das Bemerkenswerte an diesem Plan ist – im Gegensatz zu der hochliterarischen und formalistischen Erörterung poetischer Themen und Behandlungsweisen im damaligen Briefwechsel mit Schiller – Goethes ungenierte Vermutung, seine eigenen Gefühle und Erfahrungen würden das Sujet seiner Dichtung sein und in ihr öffentlich als die seinen benannt werden. Es wird oft angenommen, daß *Der neue Pausias* vielleicht auf einem anderweitig nicht bekannten Vorfall aus der Zeit von Goethes ersten Ministerjahren beruht, nachdem er zum ersten Mal Christiane in Bertuchs Kunstblumenfabrik gesehen hatte: Eine derartige, heute nicht mehr nachvollziehbare gemeinsame Erinnerung könnte dann das Samenkorn des Gedichts gewesen sein, aber seine Deutung des Verhältnisses zwischen Dichtung und Dichterleben ist ein tiefgründigeres Geschäft als sentimentaler Klatsch. Die Dialogpartner sind nicht einfach mit Goethe und Christiane gleichzusetzen: ‹Er› ist zwar ein Dichter, aber jung, etwas unreif, stürmisch und impulsiv; ‹Sie› ist, wo nicht älter, so doch reifer und klüger als er in Dingen der Liebe, des Lebens und der Kunst – eigentlich Goethes Diotima, ebensosehr eine Epiphanie wie Hölderlins oder Platons Diotima, aber die Wahrheit, die sie offenbart, ist eine persönlichere. Sie birgt denn auch den Abglanz des Göttlichen; denn ihr Gewerbe, das Flechten von Blumenkränzen, erheischt das Binden von glänzenden, aber ungeordneten Elementen zu einem Kranz, also das Erschaffen einer harmonischen Schönheit («Kosmos») aus dem Chaos

(Z. 2–4), so wie man vom Gürtel der himmlischen Aphrodite (der «Venus-Urania») glaubte, er halte die Weltordnung zusammen. Das Gedicht erzählt von Goethes Liebe zu Christiane nicht direkt durch die Charaktere – auch wenn Christianes Siegelring einen Blumenkranz zeigte –, sondern durch die Weisheit, die aus ihrer Beziehung spricht. Die körperliche Liebe, die der Mann zu Beginn des Gedichts begehrt, gewährt ihm die Frau bei oder nach dessen Ende erst nach Absolvierung etlicher kraftvoller Antithesen, die das Verhältnis der Kunst zur Natur (oder modern gesprochen der Literatur zum Leben) definieren: Die Gegenwart wird der Vergangenheit gegenübergestellt, das Öffentliche dem Privaten und am offensichtlichsten, aber auch oberflächlichsten die Dichtung der Malerei. Der junge Dichter betrachtet sehnsüchtig den Kranz, den ‹Sie›, wie jeden Tag, eigens für ihn flicht, und wünscht sich die Fähigkeit des antiken Malers Pausias, diese immer wieder welkende Schönheit in ein bleibendes Bild zu bannen. Pausias' Kunst scheint ihm den vollkommenen Besitz ihres Gegenstandes zu bieten, den Taumel des Augenblicks der geschlechtlichen Vereinigung, da die Biene die Blüte bestäubt, in die sie sich vergräbt, endlos zu verlängern. Daraufhin rügt ‹Sie› seine Unersättlichkeit und ermahnt ihn, auf seine eigenen Talente zu schauen: Kein Maler kann es dem Dichter gleichtun und den menschlichen Sinn seines Bildes in den Worten «dich lieb ich» ausdrücken. Nein, wendet ‹Er› ein, aber die Sprache des Dichters ist auch nicht die Sprache der wirklichen Liebe: Sie ist Kunst, nicht Leben. ‹Sie› pflichtet bei: Sein Irrtum ist es, überhaupt zu glauben, die Freuden des vergänglichen Lebens könnten in einer dieser Kunstformen festgehalten werden. Die Liebe – in ihrer Schönheit und ihrem Sinn – ist für Liebende, nicht für Dichter oder Maler. Aber damit ist die Geschichte nicht zu Ende. Diskret ruft ‹Sie› ‹Ihm› ihre erste Begegnung in Erinnerung: ein wahres Duell zwischen Dichtung und Malerei und eine Dramatisierung der bisherigen, ziemlich abstrakten Diskussion. Bei dem Gelage, da ‹Sie› ‹Ihm› den ersten Kranz überreichte, verteidigte der junge Dichter ‹Ihre› Ehre gegen die rohen Anspielungen eines Malers, und bei der folgenden Schlägerei wurden Aggression und Geilheit sexuell erregter Männer deutlich erkennbar. Das ist, wie Goethe uns durch einen Kunstgriff ähnlich der hinzuerfundenen Rahmenhandlung zu den *Briefen aus der Schweiz* gezeigt hat, der eigentliche Inhalt der Ästhetik des Genusses, welcher der scheinbar kultivierten Diskussion über die relativen Vorzüge von Dichtung und Malerei zugrunde liegt. Glaubt man, das Ziel beider Künste sei lediglich die Befriedigung, verkürzt man sie auf eine Sache von Blut, Geschrei und lüsternen Blicken. Die Haltung des Apoll von Belvedere, die der Dichter während der Schlägerei einnimmt, wird von der eines gewöhnlichen Stierkämpfers ununterscheidbar gemacht. Aber auch damit ist die Geschichte nicht zu Ende. Denn weder die Kunst noch die Liebe können auf die primitiven Elemente verzichten, die dieser Vorfall offenbarte. Im Anschluß an den Tumult getrennt, der in ihnen beiden das Verlangen entzündet hat, vermochten weder ‹Er› noch ‹Sie›, in der großen

Stadt die jeweilige Wohnung des anderen zu finden. Als ‹Sie› jedoch aus Geldmangel genötigt war, wieder ihrem Beruf nachzugehen, fanden sie einander schließlich an der alleröffentlichsten Stelle: auf dem Marktplatz. Seither leben sie zusammen und erneuern ihre Liebe täglich in einer Umarmung, deren Privatheit das Gedicht nicht antastet, die aber täglich ein frischer Kranz, in Erinnerung des ersten, versinnbildlicht. Die komplexe, aber durchsichtige Metaphorik dieses virtuosen Schlusses steckt voller Bedeutung für das Leben wie für die Literatur, die beide einander so nahe rücken, aber so unterschiedlich bleiben wie die letzte Zeile und das Schweigen, das ihm folgt. Die Leidenschaft der ersten Begegnung ist nicht geschwunden, doch ist sie auch nicht in der Kunst ins Grenzenlose verlängert worden, wie es der Dichter-Liebhaber gern wollte: Sie lebt im Gedächtnis fort, und erst, wenn sie erinnert worden ist, gibt das Blumenmädchen dem Werben des Dichters nach. ‹Er› suchte in der Dauer das Heilmittel gegen die Vergänglichkeit der Dinge, doch ‹Ihr› tieferes Heilmittel ist die tägliche Erneuerung – neue Liebe, täglich neu geboren aus der Erinnerung an die alte. Der Kranz von gestern mag verwelkt sein, aber die Erinnerung an seine Frische stiftet uns an, einen neuen zu flechten. In diesem Sinne hat Dichtung mit Leben zu tun und ist also ein Teil von ihm. Denn Dichtung ist die Kunst der Erinnerung: Die Leidenschaften, die sie birgt, sind wirklich, aber erinnert; sie erschafft ihre eigene, schöne Ordnung, indem sie Vergangenheit und Gegenwart auf eine Art verflicht, wie Natur es nicht kann, so wie das Blumenmädchen, so hören wir (Z. 9–10), die aus der antiken Mythologie bekannte Hyazinthe, eine Frühlingsblume, mit der Nelke verwindet, einer modernen Sommerblume. (Um die Zeit, als *Der neue Pausias* entstand, muß Wordsworth die Wendung *emotion recollected in tranquillity* [»Die Dichtung ... nimmt ihren Ausgang von einem in stillem Frieden erinnerten Gefühl«] geprägt haben, die er der Welt im nächsten Jahr im Vorwort zu den *Lyrical Ballads* schenkte.) Die Dichtung erinnert uns an einen Genuß, der vorbei ist, und ermutigt uns, nach neuem Genuß in der Zukunft Ausschau zu halten. Doch kann sie das nur unter einer Bedingung: daß wir ihr öffentlich, auf dem Marktplatz begegnen. Die Dichtung ist ein öffentlicher Akt, ebenso öffentlich wie das Geschäft des Kaufens und Verkaufens, dem sie als Teil des literarischen Gewerbes angehört. Sie spricht von Liebe, aber in der gemeinsamen Sprache aller, nicht in der privaten Sprache der Liebe, und eben darum vermag sie Liebende aus den anonymen Wüsteneien der Großstadt zusammenzuführen. Ihre Dezenz ist kein Zwang, sondern ihr wesenseigen; denn sie besteht aus Symbolen, nicht aus Realitäten, auch wenn die Symbole symbolisch für Realitäten stehen. In der Öffentlichkeit schenkt das Blumenmädchen eine Rose und verweigert den Kuß; aber die Rose spricht öffentlich von dem Kuß, den sie privatim gibt und empfängt (Z. 5–8, 29–30, 123–125). Weil Dichtung Gemeinschaft mit allen ist, bewirkt sie, daß das persönliche Leben des Dichters allen wirklich gegenwärtig ist: als vergangene Erinnerung gegenwärtig, als tätiges Symbol wirklich. Sein Leben aber bleibt als Ding an sich ein unausgesprochenes Geheimnis.

Mit dem Reichtum seiner Themen, der subtilen Psychologie der Erzählung und der ungebrochen glückhaften Stimmung ist *Der neue Pausias* eines der schönsten Gedichte Goethes; trotzdem ist es wenig bekannt [so wenig, daß es zum Beispiel in der *Hamburger Ausgabe* nicht enthalten ist – H. F.]. Der unerbittliche Formalismus der alternierenden Distichen hat gegen das Gedicht gesprochen und seine Struktur verdeckt. Sie sind jedoch für seinen bemerkenswertesten Aspekt unabdingbar: das vollkommen gleichgewichtige Zusammenspiel der Männer- und der Frauenstimme. Bei der Erzählung der Schlägerei spricht jeder nur von dem, was er vom anderen oder am anderen gesehen hat. Ein gewichtigerer Grund dafür, dem Urteil August Wilhelm Schlegels, es sei *Der neue Pausias* «ein gefährlicher Nebenbuhler» für *Alexis und Dora*, nur zögernd zu folgen, könnte die leichte Aura von männlicher Wunscherfüllung sein, die die Figur der – privatim – unendlich geneigten Lehrmeisterin der Liebeskunst umgibt. Es fehlt ihr etwas Eigenes, das sie um der Beziehung willen opfern könnte, und daher erreichen die Partner nicht die absolute Gleichheit, die in ‹Das Wiedersehn› herrscht. Der sonderbarste Aspekt in der (Nicht-)Rezeption des *Neuen Pausias* ist jedoch die generelle Tendenz, die entscheidende Rolle des Gedichts in dem Prozeß der neuen literarischen Selbstdefinition zu verkennen, der 1797 die Antwort Goethes auf das Ende der *Horen*, den Aufstieg einer neuen Generation zu geistiger und literarischer Macht, die Veränderung der politischen Landschaft Deutschlands nach dem Ende des Ersten Koalitionskriegs und die neuerdings problematische Rolle der zentralen sexuellen Beziehung in seinem Leben war. Das beherrschende Thema von *Alexis und Dora*, die Erschaffung und Neuerschaffung der Liebe durch das Gedächtnis, wird zu einem Verständnis von Dichtung weiterentwickelt, das nach vielen Jahren ihre persönliche und autobiographische Funktion wiederherstellt. Der reale Gehalt der Dichtung wird gegen die Drohung idealistischer Subjektivität bewahrt, während die idealistische Verteidigung der Autonomie der Schönheit dankbar angenommen wird. Es wird gezeigt, daß Dichtung mit Dingen befaßt ist, die wirklich geschehen sind; aber das ihr Wesentliche, ihre Ordnung, ist ihr eigenes Werk. Ähnlich wird Literatur als von Natur aus öffentlich und kommunikativ verstanden – soviel ging schon aus *Wilhelm Meister* und den *Unterhaltungen deutscher Ausgewanderten* hervor –; sie hat jedoch ihren Kommunikationszweck nicht erreicht, wenn sie die Nation aufgeklärt oder befreit, sondern wenn sie private Liebe und Freude ermöglicht hat. Mit neuer Klarheit über seine öffentliche Rolle und die Natur seiner Kunst gerüstet, könnte Goethe an die Aufgabe gehen, den Faust zu vollenden, an der er schon einmal gescheitert war und in der alle Fragestellungen seines revolutionären Zeitalters beschlossen lagen. Das Projekt war fast lahmgelegt durch das Gewicht der daran sich knüpfenden Erwartungen der Nation, zumal seit der Publikation von *Faust. Ein Fragment*: Er mußte dies irgendwie abschütteln, ohne ungenerös zu sein oder zu verkleinern, was er tat. Er mußte auch einen Weg finden, über die christlichen Themen in dem Stück ohne Heuchelei und ohne destruktiven Widerwillen zu schreiben. Überdies bestand die Gefahr, daß er mit der Behandlung eines so metaphysischen Themas, das so wenig Vorgänger in der antiken Welt hatte und so fest in deutschen Gegebenheiten verwurzelt war, nur die Zerfaserungstendenzen in der Literatur verstärkte, denen *Die Horen* erfolglos versucht hatten entgegenzuwirken. Dies war natürlich auch ein Maßstab für die Modernität des Werkes, und Goethe war nicht der Mann, sich der Pflicht zur Zeitgemäßheit zu entziehen: Er durfte jetzt hoffen, alle diese unbotmäßigen Geister in den Zauberkreis der Dichtung zu bannen. Aber die elementarste Frage, der sich literarisch zu stellen *Der neue Pausias* ihn befähigt hatte, war eine persönliche Entscheidung, die den gesamten Charakter des vollendeten *Faust* bestimmen sollte und ihm durch öffentliche Ereignisse wie durch seine eigenen Wünsche Schritt für Schritt aufgezwungen wurde: die Wahl zwischen Italien oder Christiane. *Der neue Pausias* verrät durch nichts diesen Schatten über der verjüngten Liebe, die er im übrigen so überzeugend feiert, und dieser Hauch von Unrealismus mag die Vernachlässigung des Gedichts erklären.

Goethes Bewußtsein von der nahenden Krise artikulierte sich mit wachsender Klarheit in dem lyrischen Ausbruch, dessen Auftakt *Der neue Pausias* war. Unmittelbar nach dessen Beendigung, in kaum mehr als zwei Wochen Ende Mai und Anfang Juni, schrieb er einige kleinere und vier, vielleicht fünf große Gedichte, von denen wenigstens drei überaus verstörend, ja alptraumhaft sind. In demselben Sturzbach der Bilder fand er endlich auch die Worte, mit denen *Herrmann und Dorothea* schließen konnte. «Zwey kleine Reimgedichte», die ihm am Morgen des 24. Mai einfielen, sprechen direkt von den Gefühlen, die ihn quälen, wenngleich bereits in Erinnerung und Personifizierung distanziert. In ‹Erinnerung› (späterer Titel ‹Nachgefühl›) wird der Dichter durch den Frühling ungut an einen anderen Frühling – vielleicht 1775? – gemahnt, als er Gegenstand der glühenden Neigung einer ‹Doris› war, offenbar eine Schwester Dorotheas – Doras und damit der idealen ‹Lili›. Explizit wird die Andeutung von Unbehagen in Abschied, worin Goethe nur halb zusammenhängend die Entschuldigungen und Selbsttäuschungen aufzählt, mit denen man eine seit langem bestehende Beziehung aufkündigen kann: Man kann «nichts versprechen, / Was unserm Herzen widerspricht», die Partnerin übt wieder «die alten Zauberlieder»:

> Was ich gesollt, hab ich vollendet,
> Durch mich sei dir von nun an nichts verwehrt;
> Allein verzeih dem Freund, der sich nun von dir wendet
> Und still in sich zurücke kehrt.

Konnte Goethe sich wirklich von Christiane und August abwenden? Die ältesten Ängste aus der Zeit seiner Unreife kehrten wieder und suchten ihn heim: die Angst davor, gebunden zu sein, sich nicht binden lassen zu können, vor dem sexuellen Verlangen, das seine Lebensbemeisterung kompromittierte, aber dem Leben auch Sinn gab, vor verschlingenden Frauen, die seine Identität gefährdeten, und vor dem göttlichen Nebenbuhler, der brüderliche Autorität beanspruchte. Am 28. Mai wandte er sich einer seiner ältesten Musen zu, der erotischen, aber zweideutigen Mignon, um ihr seine Nächte voller trauriger Träume zu klagen:

> Und ich fühle dieser Schmerzen,
> Still im Herzen
> Heimlich bildende Gewalt. (‹An Mignon›)

Die Muse gab Antwort, und die Seelenqual gewann tönende, unpersönliche, symbolische Gestalt in einer Reihe gehaltvoller, großartiger Gedichte, die einigermaßen irreführend «Balladen» genannt werden. Sie verdienen diese Bezeichnung wahrscheinlich weniger als die Gedichte Wordsworths und Coleridges von 1798, wenngleich sie am ehesten, in kleinem Maßstab, dem *Rime of the Ancient Mariner* analog sind. Der Terminus «Balladen» – und anfangs «Romanzen» – wurde von Goethe und Schiller gebraucht, um diesen Gedichten und denen, die Schiller sie nachahmend schrieb, eine einheitliche Überschrift zu geben. Es war eine bequeme Art, den eigentümlichen Charakter des neuen *Musen-Almanachs* zu bezeichnen, in dem die zwei Dichter sogleich beschlossen, sie zu veröffentlichen und der ein würdiger Nachfolger des ‹Epigramm›- und des ‹Xenien›-Almanachs zu werden versprach. Nachdem der Plan gefaßt war, steuerte Goethe jedoch nur noch ein Muster der neuen Gattung bei; allerdings gab es kurzfristig das Projekt eines Wettdichtens über das Thema der Kraniche des Ibikus, und Schiller verfaßte in diesem Sommer und Herbst Verse, die später zu seinen populärsten zählten. Seinen und Goethes Balladen sind die im wesentlichen narrative Struktur, der dramatische Gebrauch des Dialogs und die markante rhythmische Vielfalt und Findigkeit gemeinsam. «Es ist wirklich beynahe magisch», schrieb Goethe nach Vollendung seiner ersten zwei Balladen, «daß etwas, was in dem einen Sylbenmaße noch ganz gut und charakteristisch ist, in einem andern leer und unerträglich scheint.» Es spricht wo nicht Befreiung, so doch poetische Neugier aus dieser Bemerkung, die das Ende der unangefochtenen Hexameter- und Distichenherrschaft einleitet. Besonders Goethe schrieb gerne in zwei kontrastierenden Metren, vor allem in zweiteiligen Strophen, um einen Wechsel des Narrativen mit einem reflektierenden oder lyrischen Refrain anzudeuten – eine echte Reminiszenz an die *Border Ballads*, die er durch Bischof Percy in den siebziger Jahren kennengelernt hatte. (Dagegen machten weder er noch Schiller mehr als nur gelegentlichen Gebrauch von wiederkehrenden verbalen Formeln.) Im übrigen besteht ebensoviel Grund zu der Feststellung, daß die Beiträge der zwei Dichter zum *Almanach* auf das Jahr 1798 in dieselbe literarische Kategorie fielen, wie dazu, Goethes geistreiches Wort ernstzunehmen, sie beide hätten sich abgesprochen, mit ihren Gedichten einen systematischen Überblick über die Elemente zu geben, da in seinen Gedichten Feuer eine Rolle spiele, in Schillers Wasser (seine erste Ballade war ‹Der Taucher›).

Das Feuer, leidenschaftlich und reinigend und die heidnische Art der Totenbestattung, aber in *Die Jagd* und *Herrmann und Dorothea* auch mit der Destruktivität der Revolution verbunden, ist in Goethes Balladen ebenso ein Leitmotiv wie die Nacht, die Zeit der Träume, der Magie und der sexuellen Paarung. Im ersten Gedicht der Reihe, ‹Der Schatzgräber›, sind bereits beide Motive gegenwärtig, allerdings in einer gedämpften, fröhlichen, sogar humorvollen Tonalität, die an den *Neuen Pausias* erinnert (an dem Goethe noch schrieb, als er mit dem ‹Schatzgräber› begann). «Arm am Beutel, krank am Herzen» wie Goethe, sucht sich das lyrische Ich Reichtum durch Zaubermittel zu verschaffen, so wie Goethe sein Glück in der Lotterie versuchte. Aber nach den schauerlichen Schrecken der nächtlichen Beschwörung, bei der er in einem mit Blut geschriebenen Pakt seine Seele dem Teufel verkauft, entdeckt er, daß der Geist, der ihm aus der Dunkelheit entgegentritt, ein klassischer Ganymed ist. Einen Blumenkranz auf dem Kopf, bietet er ihm eine glänzende Schale, aus der er den Mut trinken kann, den Zauberdingen zu entsagen und ein neues, reineres Leben zu führen. Die stoische Weisheit, welche nach den Worten des Geistes der wahre Weg zu Reichtum und Glück ist, wurde später im bürgerlichen Deutschland sprichwörtlich:

> Tages Arbeit! Abends Gäste!
> Saure Wochen! Frohe Feste!

Doch die Aura der moralischen Autorität, womit die heidnische Vision die faustischen Zurüstungen des Gedichteingangs verdrängt, reduziert die Sorgen dieser modernen, christlichen Welt auf etwas leicht Komisches. Es herrscht eine Zuversicht, die das Gedicht nicht ganz rechtfertigen kann, daß das, was einem heiteren ausgeglichenen Leben im Wege steht, nur eine Sache des verderbten zeitgenössischen Geschmacks ist. Das war eine Haltung, in der Goethe seine Arbeit in den zwölf Tagen nach der Niederschrift des ‹Schatzgräbers› bestärkt haben mag: der Abschluß der letzten Lieferung des Cellini und die Fertigstellung des letzten Gesangs von *Herrmann und Dorothea* für Vieweg; er fügte ihm ein paar weltlich-fromme Worte über die sorglose Betrachtung des Todes hinzu, war aber weiter außerstande, die entscheidenden letzten hundert Zeilen zu erfinden, die er nachzureichen versprach. Aber am Pfingstsonntag, dem 4. Juni, begann er ein Gedicht von so wütendem Ernst, daß er, als er es Schiller am Dienstag überreichte, vorgeben mußte, es sei nur eine Fingerübung in einer für ihn fremden Gattung. Das «vampyrische Gedicht» nannte er in seinem Tagebuch ‹Die Braut von Korinth›, die er bewußt, und entgegen der überlieferten Quelle, in der christlichen Lieblingsgemeinde des heiligen Paulus spielen ließ. Ein junger Athener, noch Heide, besucht eine korinthische Familie, um die Tochter zu sehen, mit der die Ehe seit langem arrangiert ist. Die Familie ist jedoch unter dem Einfluß der Mutter zum Christentum übergetreten, und die ältere

Tochter, die ursprünglich dem Jüngling zur Braut bestimmt war, ist, was er nicht weiß, erkrankt und gestorben, weil sie den Schleier nehmen mußte. Es ist fast Mitternacht, als er kommt, man führt ihn in sein Zimmer, und kalt und weiß kommt sie aus dem Grab zu ihm. Immer noch ahnungslos, sucht er der Leiche in einem ungestümen Liebesakt Glut einzuhauchen. Von der Raserei des Orgasmus schockiert, tritt die Mutter herein und bekommt von der Tochter die verzweifelte Verurteilung der törichten Konversion zu hören. Indem sie dem Athener enthüllt, daß sie tot ist und daß auch er nun sterben muß, droht die Tochter, allen Jünglingen der Stadt das Leben auszusaugen, wenn man sie nicht aus ihrem christlichen Grab herausholt und sie auf einem heidnischen Scheiterhaufen zusammen mit dem Mann verbrennt, den sie liebt. – Als Diatribe gegen die moderne Religion, welche die glückliche Vielgötterei eines sinnenfrohen Altertums abgelöst hat, überbietet *Die Braut von Korinth* noch Schillers *Götter Griechenlands*, deren Formulierungen die Ballade an ein oder zwei Stellen aufgreift (Z. 57-60, 170). An demselben Tag, als er den Schlußteil schrieb, erhielt Goethe einen Brief von Meyer, der es, ohne sich endgültig festzulegen, doch wahrscheinlich machte, daß man einander nicht am Arno, sondern am Zürichsee wiedersehen würde, in allzu großer Nähe zu Lavater, einem Apostel der modernen Religion, der noch penetranter war als der heilige Paulus. Herder gab eine verzerrte Inhaltsangabe der Handlung, traf aber ziemlich genau den Tenor des Gedichts, wenn er bemerkte: «Ein Heidenjüngling mit seiner christlichen Braut ... die er, eine kalte Leiche ohne Herz, zum warmen Leben priapisiert – das sind Heldenballaden!» *Die Braut von Korinth* hat die Bitterkeit des Bezwungenen, eines Mannes, der weiß, daß es für ihn keine Alternative zu der Auseinandersetzung mit einer schädlichen Kraft gibt, wenn er sein Lebenswerk vollenden will, und der bereits diese Kraft unter seinen Zeitgenossen in neuer Form erstarken spürt. Denn der Triumph des Christentums in Goethes Gedicht besteht nicht darin, das Heidentum intakt, aber ohnmächtig zurückzulassen, sondern darin, es zu pervertieren: Der Vampir ist nicht die neue Religion, sondern die alte, die durch ihre Rivalin um die Fähigkeit gebracht wurde, gesundes Leben zu spenden, was ihre ursprüngliche, natürliche Funktion ist. Solcherart müssen auf der Ebene, die das Gedicht berührt, Goethes Gefühle auch über andere Kräfte außerhalb des Christentums gewesen sein – die Revolution, die Kantische Philosophie, die sich abzeichnende Veränderung des literarischen Geschmacks –, denen es bereits gelungen war, ihm seine ursprüngliche Vision einer Ganzheit in Ich und Natur, Leben und Kunst auszutreiben, und die ihn in die sterile und tödliche Rolle eines mit seiner Zeit hadernden Reaktionärs zu drängen drohten. Daß dieses grausame Dilemma auf einer sehr tiefen Ebene empfunden wird, zeigt seine Artikulation in Begriffen der Sexualität. Goethe konnte sich diesen elementarsten der menschlichen Triebe zum Leben und zu allem, was nicht Ich ist, zur Nekrophilie entstellt denken, weil zu jener Zeit der sexuelle Fokus seiner eigenen Existenz durch den Kampf gegen die Kräfte der Modernität verschoben war. Sein Vorsatz, in Italien noch einmal die Erfahrung der harmonischen Einheit von Leben, Kunst und Natur zu machen, war seine Geste des Widerstandes gegen das Christentum und den Idealismus, auch gegen die Französische Revolution (die wiederholt seine Versuche, nach Italien zu kommen, vereitelt hatte), und dieser Ehrgeiz brachte ihn und Christiane immer mehr auseinander. Die ‹Braut von Korinth› ist ein so beunruhigendes Gedicht, weil es, gründlich vermummt, wieder *Werther* ist: die Einladung, unsere Sympathien einem Mann zu schenken, der sich anschickt, um seines unbefriedigten Herzens willen eine emotionale und eheliche Selbstzerstörung zu begehen. Doch im Gegensatz zu *Werther* fehlt der Ballade eine Figur, in der die beherrschende Stimmung als pathologisch dargestellt wird: Der junge Athener wird das stumme, passive Opfer eines grausigen Schicksals, und so gleitet das Gedicht als Ganzes in Selbstmitleid ab.

Ob ‹Die Braut von Korinth› der Ästhetik des *Neuen Pausias* gerecht wird, kann man bezweifeln. Am Pfingstmontag-Nachmittag versuchte Goethe wieder, eine gewisse humorvolle Distanz zu den Feinden zu gewinnen, die seine Ballade bitter angreifen, und verfaßte einige satirische Reimpaare gegen sie, die als Ergänzung der *Xenien* gedacht waren und – vielleicht als trotziges Pochen darauf, daß die gegenwärtige Gefährdung seiner Ehe vergehen werde, und als Anspielung auf seine Wranitzky-Produktion – den Titel *Oberons und Titanias Goldene Hochzeit* trugen. An dem Dienstag jedoch, an dem er Schiller die neue Ballade brachte, begann er eine andere, die einige Themen der ‹Braut von Korinth› fortspann und am Freitag fertig wurde – und mit ihr endlich der letzte Teil von *Herrmann und Dorothea*. In diesen herausragenden Arbeiten mag der tiefere Konflikt vielleicht nicht gelöst sein, doch ist ein emotionales und ästhetisches Gleichgewicht erreicht, das die Möglichkeit einer Lösung andeutet. Beherrschende Bilder in der «indischen Romanze» ‹Ram und die Bajadere›, für die Goethe eine Quelle in einem jüngst erschienenen Reisebericht hatte und die unter dem Titel ‹Der Gott und die Bajadere› erschien, waren noch immer die Leiche im Ehebett und das läuternde Feuer. Doch ist ein Prozeß der Neuinterpretation in Gang gekommen, der das Verhältnis dieser Bilder zur christlichen Religion neu bestimmt und mit einer neuen Konzeption des Faust-Dramas enden wird. Denn die Theologie des Gedichts ist christlich, auch wenn sie in ein indisches Gewand gehüllt ist, in der durchsichtigen Absicht, die Orthodoxen zu provozieren – sowohl durch die Unterstellung, daß auch andere Religionen christliche Vorstellungen teilen, als auch durch den unziemlichen und grausamen Gebrauch, der von diesen Vorstellungen gemacht wird. Der Höchste Gott, heißt es in dem Gedicht, kommt in menschlicher Gestalt auf die Erde herab («zum sechsten Mal») und zieht von Stadt zu Stadt, um das Verhalten der Menschen zu beobachten. Eines Abends grüßt er eine Prostituierte, in der er zu seiner Freude «ein menschliches Herz» entdeckt, und er beschließt, sie durch «Lust und Entsetzen und grimmige Pein» auf die Probe zu stellen. Die Künste des Mädchens werden Natur, sie verliebt sich in den Gott, aber nach einer wahren Hochzeitsnacht findet sie ihn am Morgen tot an ihrer Seite liegen. Als der Leichnam auf den Scheiterhaufen gelegt wird, verweigern die Priester dem Mädchen das Recht der *sati*, da sie nicht kanonisch verheiratet war, aber in ihrem verzweifelten Schmerz springt sie in die Flammen, aus denen der Gott, emporschwebend, sie in seinen Armen gen Himmel trägt. Die zentrale Neubestimmung ist daher, daß hier die Frau der unzweideutige moralische Mittelpunkt des Gedichts ist. Weder die Priester der institutionellen Religion noch der berechnende, kalte und mitleidlose Gott noch auch der Erzähler, eine willige und konventionell gesinnte Figur, die glaubt, daß die Liebe eine Frucht des Gehorsams sei, und behauptet: «Es freut sich die Gottheit der reuigen Sünder» (wo doch von Sünde wenig und von Reue überhaupt nicht die Rede ist), haben irgendeine Weisheit oder einen Wert zu bieten, die sich mit der Selbstaufopferung der Bajadere in einer ihr Leben verklärenden Liebe messen könnten. Die wirkliche Sünde in diesem Gedicht ist das perverse und sadistische Handeln des Gottes, und die Bajadere sühnt es, allein und ohne jede Hilfe. Wer da glaubt, Goethe habe in diesem Gott sich selbst dargestellt (und vermutlich, auch wenn man es ihm nicht ins Gesicht sagte, in der Prostituierten Christiane), war zu ungeschlacht, um die Selbstbezichtigung zu bemerken, die in dieser Identifikation steckte: daß, wer eine Frau so im Stich läßt, sie von Anfang an als Prostituierte behandelt hat. Die erlösende Kraft der Liebe, auch die Perversion und die Verweigerung von Liebe zu heilen, ist ein neues Thema in Goethes Schriften, mag es sich auch in Claudine, Klärchen und anderen Figuren andeuten, die Mitte der siebziger Jahre im Umkreis des *Faust* entstanden. Doch nicht einmal Gretchen verkörpert es explizit im *Urfaust*, und in *Faust. Ein Fragment* waren die einschlägigen letzten Szenen ohnehin von der Publikation ausgeschlossen. In ‹Der Gott und die Bajadere› erweist sich die Liebe als schöpferisch und fortzeugend nicht nur im Angesicht der Zeit wie in *Der neue Pausias*, sondern auch im Angesicht einer böswilligen Liebesverweigerung durch die Götter und Priester der etablierten Religion und durch einen heuchelnden (Z. 31) und unzulänglichen Liebhaber. Unter dem Druck einer äußersten persönlichen Not und in dem Bewußtsein, daß er seine Ehe mit Christiane nicht denselben Weg nehmen lassen durfte wie seine Beziehungen zu Friederike, Lili oder Charlotte von Stein, entdeckte Goethe wieder jenen distanzierten, aber wohlwollenden Respekt vor dem subversiven Christentum der ersten drei Evangelien, den Kestner an ihm bemerkt hatte, als er mit der Arbeit am *Faust* begonnen hatte; aber er vertiefte diesen Respekt jetzt auch und machte etwas weniger Spielerisches aus ihm. Tod und Auferstehung wurden Themen, die er in seinem Leben wiedererkennen und in seiner Kunst behandeln konnte und nicht einfach ableugnen oder als ungesund oder phantastisch abtun mußte, vorausgesetzt, sie erschienen als Teil der Geschichte des Martyriums wahrer Liebe. Desgleichen lieferte das Gedicht die klarste Bestätigung, daß der Weg zurück zu den mannigfachen lyrischen und dramatischen Formen des *Faust* über die

Balladen führte. In ‹Der Gott und die Bajadere› gelang es ihm, in gereimte Verse zu überführen, was ihm im Jahr zuvor mit den Distichen von *Alexis und Dora* gelungen war: Die Sprache ist bildlich und akustisch reich – wenige Pinselstriche genügen, um die düstere Atmosphäre der Vorstadt zu erschaffen, wo der Gott seinem Opfer begegnet, und im gravitätischen Tanz der amphibrachischen «Refrain»-Zeilen wiederholen sich physische Rituale, um die psychologische Entwicklung zu akzentuieren –, und sie ist das Medium für eine komplexe Struktur von Gesichtspunkten ohne einheitliches zentrales Bewußtsein.

Es gab andere Anzeichen für diese poetische Versöhnung mit dem Christentum, auch einige eher oberflächliche. Schon im April hatte sich Goethe friedfertiger gezeigt, als er das Ostereiersuchen für August und seine Freunde am Gründonnerstag veranstaltete und nicht wie früher völlig getrennt von Ostern. Ende Mai oder (wahrscheinlicher) in den ersten Juniwochen gab er unter dem Titel ‹Legende› in Knittelversen eine apokryphe Geschichte aus dem Leben Christi wieder, die in humorvoller Weise die handfeste Moral aus der letzten Strophe des ‹Schatzgräbers› veranschaulicht: Nach Form und Stimmung, wo nicht nach ihrem Gehalt hätte die ‹Legende› zwanzig oder fünfundzwanzig Jahre früher entstanden sein können. Gleichzeitig und in ähnlich leichtsinniger Stimmung schickte er Schiller einige Verse, worin er sich mit Satan verglich, der den Herrn in der Wüste versuchte, und schrieb, etwas ungefälliger, den Aufsatz über die Wanderung der Israeliten. Aber an dem Tag, an dem er ‹Der Gott und die Bajadere› vollendete, diktierte er Geist die eindrucksvollste Stelle in *Herrmann und Dorothea*, wo die Kräfte, denen er in den letzten acht Jahren geistig und physisch widerstanden hatte, endlich Ausdruck und Anerkennung fanden. Während seiner «realistischen» oder «objektiven» – oder wie Schiller sie jüngst genannt hatte: «analytischen» – Phase und noch während er dem Vormarsch des Idealismus nachgab, bewahrte sich Goethe den Glauben, daß wir in der Welt zu Hause sind, oder sein sollten, oder als Griechen und Römer einst gewesen waren: Tugend und Glück fallen am Ende zusammen (wobei Kant begonnen hatte, dieses Ende sehr weit entfernt scheinen zu lassen). Dieser Glaube war die Grundlage sowohl für eine Ästhetik, derzufolge die Vollkommenheit der Kunst gegenwärtigen Genuß schaffen sollte, unvermischt mit Rückschau oder Vorschau, und für eine Sittlichkeit, die Goethe im *Wilhelm Meister* als Lenkerin der Handlungen des «Oheims» vorführte, der den todverneinenden Saal der Vergangenheit mit seinem Motto «Gedenke zu leben» erbaut hatte. Wenige biblische Grundsätze widerstritten diesem Motto mehr als der Refrain des Verfassers des Hebräerbriefes, daß wir «Fremdlinge und Pilger auf Erden» sind. Aber im *Wilhelm Meister* stirbt der «Oheim», und die Fortführung seiner Einstellungen durch Jarno und den Abbé hat etwas Anachronistisches. Die letzten Zeilen von *Herrmann und Dorothea* zitieren und bekräftigen diese Worte des Neuen Testaments im Zuge einer überwältigenden Beschreibung der europäischen Welt aus der Sicht eines Deutschlands, das die «herben Früchte» des Vorfriedens von Leoben erntete. Bevor sie sich endlich den Ring an den Finger steckt, der sie mit Herrmann verlobt, ruft Dorothea in dem Gedicht den Geist ihres verstorbenen Bräutigams auf, indem sie sich der Worte erinnert, mit denen er seinen Aufbruch nach Paris und sein Verschwinden im Schlund der Geschichte erklärte:

«‹Lebe glücklich›, sagt' er. ‹Ich gehe; denn alles bewegt sich
Jetzt auf Erden einmal, es scheint sich alles zu trennen.
Grundgesetze lösen sich auf der festesten Staaten,
Und es löst der Besitz sich los vom alten Besitzer,
Freund sich los von Freund; so löst sich Liebe von Liebe.
Ich verlasse dich hier, und wo ich jemals dich wieder
Finde – wer weiß es? Vielleicht sind diese Gespräche die letzten.
Nur ein Fremdling, sagt man mit Recht, ist der Mensch hier auf Erden;
Mehr ein Fremdling als jemals ist nun ein jeder geworden.
Uns gehört der Boden nicht mehr; es wandern die Schätze;
Gold und Silber schmilzt aus den alten heiligen Formen;
Alles regt sich, als wollte die Welt, die gestaltete, rückwärts
Lösen in Chaos und Nacht sich auf und neu sich gestalten ...›»
(IX, 262–274)

Die Einführung einer neuen Stimme an so später Stelle in einem so gemächlich dahinschreitenden Werk ist an sich schon ein frappierender Kunstgriff; noch bemerkenswerter ist die Qualität des Textes. Eine politische Vision durchdringt sich mühelos mit einem bewegenden persönlichen Drama und dem unwiderstehlichen Fluß poetischer Metaphern, ja gerade die Vorstellung der Flüssigkeit stiftet den Zusammenhang, der die verschiedenen Abschiede von der Vergangenheit und die ständig variierenden Kontexte der sich wiederholenden verbalen Elemente zusammenhält: An den Wörtern selbst vollzieht sich der Vorgang der Auflösung und Neugestaltung, und eine Assoziation fließt in die nächste über. Die biblische Erde verwandelt sich in Boden, der beschlagnahmt wird, oder in Erde, die sowohl bebt als auch die Quelle mineralischen Reichtums ist; das Gold und Silber, das er schenkt, wird eingeschmolzen, wenn Währungen reformiert oder (wie in Loretto) Heiligtümer säkularisiert oder die Werke von Renaissancekünstlern wie Cellini ein Raub roher Habgier werden. Goethe stellt eindeutig alle Reserven seiner neu aufgebrochenen Dichtkunst in den Dienst einer Sensibilität, die jahrelang seine Feindin gewesen ist, doch deren Stunde er nun gekommen weiß. Seine Einbildungskraft kann sogar das vom Bräutigam angesprochene Konzept der Auferstehung erfassen: Wenn er und Dorothea einander wiedersehen, wird es «über den Trümmern der Welt» sein, denen sie nur entronnen sein werden, weil sie «erneute Geschöpfe» sind, «umgebildet und frei und unabhängig vom Schicksal» – Worte, welche die traurige Größe und die geistigen Kosten des politischen Idealismus so gut einfangen wie nur irgend etwas von Schiller oder vielleicht von Hölderlin. Es ist ein strenger Glaube, aber Goethe versteht und formuliert ihn mit Shakespearescher Einfühlung, sogar wenn er dem asketischen Christentum ganz nahe kommt:

«‹Heilig sei dir der Tag; doch schätze das Leben nicht höher
Als ein anderes Gut, und alle Güter sind trüglich.›» (IX, 288–289)

Dies alles wird überdies von Dorothea geäußert und in dem Augenblick zu ihrem Eigenen gemacht, da sie mit Herrmann vereinigt ist. Er heiratet nicht nur ein Opfer der Revolution, sondern auch deren Stimme. Kein Wunder also, daß Herzogin Louise bei dieser Stelle Unbehagen empfand und meinte, Goethe erlaube dem Bräutigam alles in allem zu viel Beredsamkeit, trotz der patriotischen Gefühle, die dann folgen und das Gedicht beenden. Die Leidenschaft, die diese machtvollen Zeilen inspiriert hatte, kam drei Tage später erneut zum Vorschein, als Goethe den notorisch reichen und exzentrischen Lord Bristol, Bischof von Derry und Erbauer von Ickworth Hall in Suffolk, auf dessen Durchreise durch Jena kennenlernte. Der Bischof, in geistigen und literarischen Dingen ein pedantischer Rationalist und Moralist wie die meisten seinesgleichen im damaligen England, äußerte gegenüber Goethe den konventionellen Tadel, mit *Werther* eine Aufforderung zum Selbstmord geschrieben zu haben. Goethe explodierte, in höflichem und vergnüglichem, aber vehementem Französisch: Wie wagten es die Sachwalter der politischen und wirtschaftlichen Macht, welche *Te Deums* singen ließen, wenn Zehntausende auf ihren Feldzügen fielen oder durch ihre Handelsembargos ruiniert wurden, aus moralischen Gründen ein bloßes Werk der Literatur zu verurteilen, das höchstens das Leben von ein paar Dutzend Verrückten gefährdete? Dieser selbstgefällige Prälat hatte für Goethe eines der tiefsten Probleme aufgeworfen, die seit dem Rückzug von Valmy – auf den sich die von ihm genannten Opferzahlen offenbar bezogen – in ihm gärten: Welches Gewicht besaß Literatur, die Sprache der individuellen moralischen Erfahrung sprechend, im Zeitalter massenhafter Veränderung und massenhafter Verbrechen? Hatte er wirklich auch nur ein Gedicht «in seiner Gewalt», sobald es den wirklichen Kontext darzustellen suchte, in dem ein modernes Leben geführt werden mußte? Es mag Goethe nicht ganz gelungen sein, die Rede des Bräutigams in den größeren Erzählrahmen von *Herrmann und Dorothea* zu integrieren. Aber diese ausgewogene, unparteiische *tour de force* gehört zu den Balladen – nicht nur chronologisch, sondern auch in der Dichte des Stils und dem Ernst, womit sie einer sich nahenden Konjunktion von öffentlichen und persönlichen Ereignissen ins Auge sieht, die eine große Wende in Goethes dichterischer Laufbahn bewirken sollte.

Schillers Balladen sind dagegen eher bezwingend erzählte moralische Fabeln. Zuerst hatten sie auch ein symbolisches, mitunter persönliches Element. ‹Der Taucher› mit seiner eindrucksvoll onomatopoetischen Beschwörung eines kochenden Malstroms und der surrealen Meereswelt darunter war ein Sinnbild für den Unterschied zwischen der naiven und der reflexiven

Existenzweise, ebenso sein Pendant, der schneidig-theatralische ‹Handschuh›. ‹Der Ring des Polykrates›, ebenfalls im Juni 1797 entstanden, zeigt einen Mann, der von der Freigebigkeit der Götter überschüttet wird und damit natürlich auf dem Punkt steht, von irgendeiner Katastrophe zu Boden gestreckt zu werden – wie bewußt hier der Widerhall Schillerscher Gefühle gegenüber Goethe war, ist unklar. Aber dramatische Wendungen des Schicksals und der Triumph der reinen Sittlichkeit oder poetischen Gerechtigkeit gewannen schließlich dominante Züge in seinen Balladen und diktierten auch den Chrakter des sentenziös-allegorischen *Lieds von der Glocke*; es gehört zwar kaum zu den Balladen, wurde aber zu derselben Zeit und in demselben Geist metrischer Erfindung in Angriff genommen wie sie. Ein gewisser Einfluß dieses Schillerschen Musters ist vielleicht schon in Goethes letzter Ballade von 1797 sichtbar, dem ‹Zauberlehrling›, den er wahrscheinlich etwa Mitte Juli, möglicherweise aber schon Ende Juni schrieb. Die unheimliche Atmosphäre der früheren Balladen lebt im unverhohlenen Gebrauch der Magie und in einem traumgleichen Element beängstigend zwanghafter Wiederholung fort, doch Goethes Hauptinteresse scheint eine temporeiche Erzählung und eine sarkastische, lapidare Moral zu sein. Die bekannte, aus Lukian stammende Geschichte von dem wassereimertragenden Besen wird hier witzig mit den Worten des Lehrlings und durch deren Steigerung von händereibender Schläue über Selbstzufriedenheit zu panischer Atemlosigkeit erzählt, bevor ein paar kurze Befehle des «alten Meisters» die Gefahr einer Überschwemmung bannen. Niemand weiß, ob Goethe eine politische oder sonst eine bestimmte Anwendung im Sinn hatte, als er den Hilferuf des Lehrlings hinschrieb, der ebenso sprichwörtlich geworden ist wie die Lehre des Schatzgräbers, und in denselben sozialen Schichten – besonders, wenn etwas, das als Revolution gilt, außer Kontrolle geraten scheint:

> Herr, die Not ist groß!
> Die ich rief, die Geister,
> Werd' ich nun nicht los.

Doch Knebels sogleich geäußerte Vermutung, die Ironie des Gedichts sei nicht gegen politische Scharlatane gerichtet, sondern gegen die Verfasser der Anti-*Xenien*, hat den Vorzug, Goethe mit dem «alten Meister» zu identifizieren – ein Kompliment, das der Autor des *Wilhelm Meister* zweifellos sich selber zu machen imstande war. Man könnte sogar den boshaften Verdacht hegen – zumal Goethe in dieser Zeit die Karikatur eines in seinem Arbeitszimmer von dämonisch-grotesken Figuren umgebenen Schiller zeichnete –, daß der Zauberlehrling einfach sein hasenfüßiger Mitarbeiter bei der Aufbietung der *Xenien* selbst war, wodurch die Ballade zu einer würdigen Erwiderung auf den ‹Ring des Polykrates› würde. Aber die offenkundigste und unmittelbarste Relevanz hat der Ausruf des Lehrlings im Umkreis von Goethes eigenem Schreiben. Er spielt auf das an, was bereits einer der

Haupthandlungsstränge im *Faust* war – die Unzertrennlichkeit des Helden von Mephistopheles –, wie denn auch der Schauplatz des Gedichts viel mit dem des Stückes gemeinsam hat. Als Goethe den ‹Zauberlehrling› schrieb, hatte er endlich das Paket aufgeschnürt, das Faust gefangenhielt.

Trotz der Abstecher in andere Pläne und Nebenwerke hatte Goethe sich seit langem an die Wiederaufnahme des *Faust* herangetastet. Nicht nur war das Fragment von 1790 die unverkennbarste, herausragende Herausforderung für seine Kreativität und Gegenstand anhaltenden öffentlichen Interesses; ihn trieb auch die Notwendigkeit um, den *Xenien*-Streit durch die Produktion «großer und würdiger Kunstwerke» zu begraben, und vielleicht auch eine gewisse Rivalität, nachdem Schiller mit seinem ungeheuer ehrgeizigen *Wallenstein* Fortschritte zu machen begann. Die Zeit in Jena im Mai und Juni war für Goethe eine Periode der geistigen und poetischen Vorbereitung auf die große Aufgabe. Goethe hatte, als er nach Weimar zurückkam, eine neue, durchgebildete Einsicht in das Verhältnis zwischen Gefühl und Erinnerung in der Dichtung erlangt; die Rückkehr zum Gebrauch des modernen reimenden Verses in Reflexion und Dialog geschafft, und nicht nur zu geselligen Zwecken; mit der Rede des Bräutigams in *Herrmann und Dorothea* einen ersten, erfolgreichen Versuch unternommen, seine Auffassung vom Charakter dieses Zeitalters der politischen Revolution und des philosophischen Idealismus in Poesie zu verdichten; wieder den Kontakt zu der Art seines Denkens und Schreibens gut zwanzig Jahre zuvor hergestellt; seine poetische Gesinnung in ein besseres Verhältnis zum Repertoire christlicher Vorstellungen und Bilder gebracht und vielleicht eine neue Rolle für Gretchens Liebe und Religion gesehen; und Gedichte geschrieben, in denen der Geschlechtsakt Anlaß und Ausdruck einer Entscheidung für eine Lebensweise angesicht des Todes von jener Art war, die man auch seinen Faust treffen sehen konnte und die er vielleicht selbst bald würde treffen müssen, sollte sich herausstellen, daß Erfüllung in Italien nur durch den Bruch der Geschlechtsbeziehung zu Christiane zu finden war. Doch wie es nun seine Gewohnheit war, verwischte Goethe seine Spuren. Als er eine Woche nach der Rückkehr Schiller die Wiederaufnahme des *Faust* meldete, kehrte er die Kausalität der Ereignisse um: «Unser Balladenstudium hat mich wieder auf diesen Dunst- und Nebelweg gebracht», schrieb er. Indem er verhehlte, daß es in Wirklichkeit der Weg zum *Faust* war, der ihn über die Balladen geführt hatte, unterdrückte er im voraus jede Frage danach, warum *Faust* für ihn etwas so Dringliches geworden war. Derjenige Faktor jedoch, der diese beiden neuen literarischen Unternehmungen in Gang gesetzt hatte, war Anfang Mai die Formulierung seiner Reisealternativen aufgrund der Nachrichten aus Leoben und von Meyers Krankheit gewesen. Sobald er definitiv wußte, daß er Weimar so bald als angängig verlassen würde, daß aber das Ziel seiner Reise sogar dann noch ungewiß sein mochte, war er gezwungen, auch literarische Alternativen zu bedenken – und sei es nur, um sich selbst zu versichern, daß etwas in seinem Leben noch immer mehr oder weniger in seiner Gewalt stand. Wenn Träume wahr wurden und er zusammen mit Meyer Italien erreichte, war seine Priorität klar: das große Reisebuch über italienische Kunst in ihrer historischen und natürlichen Situierung zu schreiben, für das sie beide seit 1795 Material sammelten. Aber was, wenn er nicht weiter als in die Schweiz kam? Ihm graute bei dem Gedanken, wieder einen Winter in Weimar zu sein, voller «Unmuth über fehlgeschlagene Hoffnung», sich selbst und seinen Freunden «lästig». Das schon vorhandene Material über Italien konnte in Aufsatzform veröffentlicht werden, und wenn er dazu seine eigene Zeitschrift gründen mußte; aber das wäre nicht genug, ihn zu beschäftigen, und würde ohne Ergänzung durch etwas Anderes seine Stimmung vermutlich eher noch verschlechtern. Außerdem wußte er, wie er in der einen oder anderen Weise immer schon alles über sich gewußt hatte (später nannte er dieses Wissen «Antizipation»), daß seine Bestimmung nicht Italien und die Kunst waren, sondern Deutschland und der *Faust*. Es sei einfach, erklärte er Schiller, eine Sache der Vorsicht, sich auf den nordischen Winter einzustellen und sich «einen Rückzug in diese Symbol-, Ideen- und Nebelwelt» vorzubereiten, wenn das der Stoff sei, aus dem Dichtung zu schaffen sein Leben ihn beschieden habe. Aber vielleicht ließen die Götter ihm, wie schon so oft, ein Glückslos zuteil werden, vielleicht ging der bittere Kelch zuletzt doch an ihm vorbei. Es war in einer anderen Weise eine Sache der Umsicht, sich im Juni 1797, unmittelbar bevor er aufbrechen mußte, wieder dem *Faust* zuzuwenden: Seinem Widerstreben, das Paket aufzuschnüren und die Geister darin freizulassen, konnte er mit der Überlegung begegnen, daß er sich eigentlich zu nichts verpflichtete, daß ihm ohnehin keine Zeit blieb, mehr als einen Anfang zu machen, und daß noch immer Ereignisse eintreten konnten, die ihn auf ganz andere, sonnigere Pfade zurück in sein Goldenes Zeitalter lenkten.

Am 16. Juni mußte Goethe dringend und etwas verfrüht nach Weimar zurückkehren, um endgültig sein erfolgloses Gebot für das Gut Oberroßla abzugeben. Es erwartete ihn ein Brief Carl Augusts, der in Teplitz seine Hämorrhoiden kurierte und die Gesellschaft Marianne Meyers genoß. Goethes Gesuch um Urlaub wurde gewährt, doch bat ihn der Herzog, die Abreise bis zu seiner Rückkehr aus dem Kurort, wahrscheinlich Anfang Juli, zu verschieben, da es so viele wichtige Dinge zu besprechen gab. In Goethes Kalender tat sich eine Lücke auf, die mit Schreiben gefüllt werden konnte. Es war Hochsommer, wenngleich regnerisch, der Wendepunkt im Jahr, wo die Sonne vom Zeichen der zweideutigen Zwillinge in das des produktiven Krebses übergeht. Wahrscheinlich am trüben, feuchten Morgen des 22. Juni, dem Tag, an dem er Schiller die erwähnte Ankündigung machte, breitete Goethe den gedruckten Text des *Faust*-Fragments vor sich aus, die handschriftlichen Szenen, die er mindestens 22 Jahre zuvor beendet hatte, sowie die Zettel und Blätter, zum Teil noch älter, zum Teil ganz neu, einige mitunter kaum ein bis zwei Zeilen lang, andere mit langen Reden oder

Dialogen, die er zunächst zu verwandten Gruppen ordnen und dann in ein «Schema» von numerierten Szenen oder Episoden bringen wollte. Am 23. diktierte er eine Synopse und vermaß das Gelände, das ihn von der noch nicht ganz zugänglichen «Idee» trennte, welche im Augenblick, wie er sagte, alles sei, was das Stück als ganzes an Identität besitze. Bis zum 27. vermerkt Goethes Tagebuch kaum etwas anderes als Arbeit am *Faust*; welcher Art sie war, bleibt unklar, aber die Rückkehr zu den «ersten Epochen» seines Schreibens zeitigte eine dauerhafte Wirkung. Nachdrücklicher vernahm Goethe jetzt die Rhythmen und Reime seiner früheren Verse, die er in der ‹Legende› schon ausführlicher erprobt hatte. Seine Stimmung war von jener «ästhetischen» Art, die sich ein Jahr zuvor als so fruchtbar erwiesen hatte: Schwankend «zwischen Nähe und Ferne, zwischen einer großen und kleinen Expedition», «unendschloßen» zwischen Italien und der Schweiz, sah er im *Faust* «eine Arbeit die sich zu einer verworrenen Stimmung recht gut paßt». Die Schatten der Vergangenheit, im Winter in Dessau und Leipzig geweckt, drängten hervor. «Jetzt», prophezeite Schiller, «kehren Sie, ausgebildet und reif, zu Ihrer Jugend zurück und werden die Frucht mit der Blüte verbinden.» Das Dämmerlicht einer Sonnenfinsternis am 24., einem «sehr trüben Tag», symbolisierte mehr als die Halb-Wirklichkeit der «Luftphantome», die das Stück bevölkerten: Es entsprach dem sonderbaren Gefühl, daß sein so erfülltes Leben in den Jahren, seit er sie zuerst imaginiert hatte, ihm im Laufe der Zeit ferner gerückt und unwirklicher geworden war als sie. Die Dichtung, hatte er im *Neuen Pausias* gefolgert, verlieh nicht dem Leben Dauer, sondern den Erinnerungen an das Leben; jetzt aber wurde er daran gemahnt, daß Dichtung, und jedenfalls die seine, auch Leben war. Am Tag der Sonnenfinsternis beendete er ein Gedicht, das in seiner Art ebenso originell war wie *Tasso*, Europas erste Tragödie mit einem Dichter als Helden: vier Stanzen, an sein eigenes Werk gerichtet und dazu bestimmt, ein Teil davon zu werden, die von Anfang an den sonderbaren Titel ‹Zueignung an Faust› trugen, so als werde hier das Leben der Kunst gewidmet und nicht umgekehrt, sich jedoch nicht mit dem Inhalt des Werks befaßten, dem sie vorangestellt werden sollten, sondern mit der Wirkung des Schreibens dieses Werks auf den Dichter und mit dem Publikum, für das es gedacht war. Es ist das unverstellt und erklärtermaßen autobiographischste Gedicht, das Goethe seit *Ilmenau* geschrieben hatte; es fixiert ein für allemal den datierbaren Augenblick, da sich die «schwankenden Gestalten» seines Stücks ihm wieder aus «Dunst und Nebel» nahen und er sich fast mit einem Seufzer darein schickt, sie «diesmal» festzuhalten; aber indem er es tut, verspürt er in unerwarteter Gefühlsaufwallung den «Zauberhauch» seiner Jugend. Mit den Bildern glücklicher Tage von «erste[r] Lieb' und Freundschaft» – die jüngst vielleicht im Hintergrund seiner Unterhaltungen mit Franz Lersé rumorten – kommt der Schmerz der Erinnerung, daß die Gesellschaft, die ihn einst aus lädierten Blättern lesen hörte, nicht mehr zusammenkommen kann:

> Sie hören nicht die folgenden Gesänge,
> Die Seelen, denen ich die ersten sang.

Lenz und Merck und Gotter waren dahingegangen, und vor allem Cornelia. Und sogar die Überlebenden, einst die furiosen Genies an seiner Seite, begierig auf alles, was er sagte und schrieb, waren nun in alle vier Winde zerstreut – Klinger und Müller, Jacobi und die Stolbergs, alle in diversen Formen des Exils, und andere, etablierter, aber Goethe halb entfremdet: Klopstock und der grollende Herder und Boie, dem er gerade geklagt hatte: «Wie manches hat sich seitdem an Menschen und Dingen verändert.» Knebel geht an eben diesem Tag aus Weimar fort, um wieder einmal ein neues Leben in Bayreuth anzufangen, nachdem er sein Haus Böttiger verkauft hat, einem der neuen Generation; sogar Fritz von Stein kommt vielleicht nie mehr zurück. Jetzt *Faust* zu schreiben heißt, nicht für ein paar Dutzend namentlich bekannter Freunde zu schreiben, die ein Zirkel empfindsamer Korrespondenz vereinte; es heißt, wie Goethe im *Neuen Pausanias* erkannte, auf den Markt zu gehen, sich dem anonymen Medium des Drucks anzuvertrauen, was er mit den *Horen* versucht hatte, ihm aber seit dem *Werther* nicht mehr wirklich gelungen war; heißt, sich mit der Kluft zwischen Autor und Leser abzufinden, welche die Empfindsamen glaubten in einer Gemeinschaft der Herzen überbrücken zu können:

> Mein Lied ertönt der unbekannten Menge,
> Ihr Beifall selbst macht meinem Herzen bang.

Das Paradox der Dichtung seit dem Aufkommen des Buchdrucks und besonders seit dem Aufstieg des Verlagswesens im 18. Jahrhundert – daß sie die Menge in der Sprache der Intimität anredet – hatte Goethe gründlich durchschaut, lange bevor es den meisten seiner Landsleute auch nur dämmerte. Den Blick ganz auf sein unbekanntes Publikum gerichtet, ergreift ihn doch ein «Sehnen», wie er in der letzten Strophe sagt, nach den Geistern seines Stückes und seiner Vergangenheit: ein Bekenntnis, daß der Kern seines Schreibens seine persönliche Geschichte ist, was freilich, wie er zugibt, dem zuwiderläuft, was er jahrelang gepredigt hat (dieser Gefühle sei er «längst entwöhnt»). *Faust* verlangt von ihm eine andere Kunst und eine andere Ästhetik: eine formlose Rhapsodie, «der Äolsharfe gleich», und keine «strenge» gegründeten Verfahren, um sich in den Vollbesitz eines bestimmten Gegenstandes zu setzen. Diese Verfahren stehen Goethe jetzt ebenso fern wie die Vorstellung von einem festen, definierbaren Ich, und der Stoff des *Faust* wird wie der des *Neuen Pausias* die Erinnerung sein:

> Was ich besitze, seh' ich wie im Weiten,
> Und was verschwand, wird mir zu Wirklichkeiten.

Schiller, den Goethe nach seinen Gedanken über den rechten Abschluß des *Faust* gefragt und der in freudiger Erregung über diese lang erhoffte Entwicklung sogleich das gedruckte Stück wieder gelesen hatte, kam zu einem ähnlichen Schluß. Die Geschichte, erwiderte er, lade nicht zu ruhiger Betrachtung eines geschilderten Gegenstandes ein, sondern erheische auch die philosophische Behandlung von Ideen. Goethe mochte sich drehen und wenden wie er wollte – und wie er es nach Schillers unüberhörbarer Ansicht bei Beendigung des *Wilhelm Meister* getan hatte –, jetzt mußte er der neuen Bewegung in der Philosophie imaginativ Rechnung tragen. Natürlich war Goethe auf diesen Schritt besser vorbereitet, als Schiller bewußt war, aber mit großer Eindringlichkeit analysierte Schiller nun die Hauptschwierigkeit, vor der Goethe stehen würde. Das Stück schien seiner ganzen Natur nach eine größere Stoffülle zu erheischen, als mit der ziemlich einfachen Geschichte zu bewältigen war: Schiller jedenfalls konnte sich keinen «poetischen Reif» denken, der alles zusammenhielte. «Zum Beispiel, es gehörte sich meines Bedünkens, daß der Faust in das handelnde Leben geführt würde, und welches Stück Sie auch aus dieser Masse erwählen, so scheint es mir immer durch seine Natur eine zu große Umständlichkeit und Breite zu erfordern.»

Schillers anderes Bedenken war stilistischer Art und bedeutete daher Goethe weniger: Die Schwierigkeit, wie er sich ausdrückte, zwischen dem Spaß und dem Ernst glücklich durchzukommen, zwischen dem Realismus des Verstandes (Mephistopheles) und dem Idealismus der Vernunft und des Herzens (Faust). (Es war bezeichnend für den frühen Nachkantianismus, die sittlichen Imperative der praktischen Vernunft mit den Instinkten des von Natur aus guten Herzens gleichzusetzen: Schiller arbeitete zu dieser Zeit am Porträt Max Piccolominis.) Über derartige dialektische Duelle war Goethe jedoch bereits hinaus. Was das Problem des Inhalts betraf, war Schiller vielleicht im Recht (viele spätere Leser haben das geglaubt, obgleich Goethe schließlich doch seinen «poetischen Reifen» fand, ja vielleicht sogar 1797 bereits gefunden hatte). Aber keinen Augenblick glaubte Goethe, daß die literarischen Gattungstheorien, die sie ausgearbeitet hatten, auf die subtile und komplexe Einheit des Tons anwendbar seien, die er im *Faust* bereits erreicht hatte:

> ... nur daß ich mir's bey dieser barbarischen Composition bequemer mache und die höchsten Forderungen mehr zu berühren als zu erfüllen denke. Ich werde sorgen daß die Theile anmuthig und unterhaltend sind und etwas denken lassen ...

Freilich werde das Ganze, wie er jetzt – vielleicht mit weniger Ironie – zugab, «immer ein Fragment bleiben», und wie um die Belanglosigkeit ihrer gemeinsamen Reflexionen für sein lyrisches Drama zu unterstreichen, deutete er an, diesem werde ausgerechnet «die neue Theorie des epischen Gedichts» zustatten kommen. Es muß seine bewußte Absicht gewesen sein, Schiller ein Rätsel aufzugeben, der ohnedies schon entgeistert war über seinen Entschluß, das Projekt zu einem Zeitpunkt in Angriff zu nehmen, da er sich für eine Reise nach Italien gürtete. «Aber», schrieb Schiller, «ich habe

38. Laokoon. Abguß der Marmorgruppe (1. Jh. v.–1. Jh. n. Chr.)
im Zustand des 18. Jahrhunderts

es einmal für immer aufgegeben, Sie mit der gewöhnlichen Logik zu messen. Nun, sie werden sich schon zu helfen wissen.»

«Es käme jetzt nur auf einen ruhigen Monat an», glaubte Goethe, «so sollte das Werk zu männiglicher Verwunderung und Entsetzen, wie eine große Schwammfamilie, aus der Erde wachsen.» Aber diese Möglichkeit hatte er sich natürlich selbst dadurch verbaut, daß er gerade jetzt die Arbeit angefangen hatte. Als Aloys Hirt am 28. Juni zu einem längeren Aufenthalt nach Weimar und Jena kam, der bis Mitte Juli dauerte, war er jedenfalls willkommen und vielleicht auch eine Abwechslung. 1796 war Hirt gerade noch rechtzeitig aus Rom abgereist, wo Meyer ihn besucht hatte, und hatte eine auskömmliche Stellung als Professor an der Berliner Kunstakademie gefunden; jetzt wollte er die Herausgeber der *Horen* sehen (oder wiedersehen), in denen er eine lange topographische Abhandlung veröffentlicht hatte. Goethe konnte mit ihm alte Streitgespräche auffrischen – noch immer wollte Hirt kein gutes Haar an Michelangelo lassen – und über alte Freunde und über Rom reden, wie es zu seiner Zeit gewesen war. Hirt hatte auch einen weiten Horizont, und Goethe lauschte interessiert seinen pragmatischen Ansichten über Kunsttheorie (die Goethe, sich zum Kantianer Schiller gesellend, «dogmatisch» nannte) und konsultierte ihn speziell in architektonischen Fragen: Zusammen inspizierten sie das Römische Haus, dessen Inneres jetzt fast vollständig fertiggestellt war, und die Arbeiten am Neuen Schloß. Die «deutliche Baukunst» und die «südlichen Reminiscenzen» beendeten Goethes Beschäftigung mit den «nordischen Phantomen», und als Hirt den *Horen* einen Beitrag anbot, den er über die Laokoon-Gruppe geschrieben hatte, ließ Goethe sich dazu hinreißen, selbst etwas über dieses Thema zu schreiben. Dieses windungsreiche Geflecht aus Armen, Beinen und Schlangen, in welchem Winckelmann unplausiblerweise «die edle ... Größe» der besten griechischen Plastik in Reinkultur zu erblicken glaubte, befand sich jetzt, der Welt entzogen, in einer Kiste irgendwo auf dem Weg von Rom nach Marseille; für Goethe aber war es noch immer jener Höhepunkt antiker Kunst, als der es ihm in seiner frühesten Jugend erschienen war. Der Aufsatz, den er 1769 darüber geschrieben hatte, war ihm verlorengegangen, seine Behauptung, sich des Inhalts zu erinnern und nichts an seinen Ansichten geändert zu haben, verdient eine gewisse Skepsis, aber sein neuer Text, von außergewöhnlicher geistiger Feinheit, war nicht ganz die behauptete Ablenkung von seinem jüngsten Arbeitseifer am *Faust*, der seinerseits vielleicht auch ein Produkt von 1769 war. *Über Laokoon* überträgt die Ästhetik des *Neuen Pausias* auf die Skulptur und kann als Grundlage für alles spätere Nachdenken Goethes über die bildenden Künste gelten. Aber es ist auch eine Theorie der Tragödie, mit Goethes Antwort auf die *Poetik* des Aristoteles, die er und Schiller jüngst gelesen hatten.

In einem einleitenden Abschnitt, der der allgemeinen Theorie gewidmet ist, werden Goethes frühere Ideen, wie er sie unmittelbar nach der Rückkehr aus Italien formulierte, zwar nicht verworfen, aber an ihren Platz in so etwas wie einem System gerückt und auf die Hauptströmung der öffentlichen Reflexion über Ästhetik bezogen. Die Verdienste des botanischen Blumenmalers zum Beispiel, welche in der Abhandlung *Über einfache Nachahmung der Natur, Manier, Stil* etwas in den Schatten gerückt erscheinen mochten, werden ebenso anerkannt wie der Wert der Physiognomik und Pathognomik (die zu einer reinen anatomischen Richtigkeit ein Verständnis des «Charakters» – der Begriff war das Steckenpferd Hirts – hinzufügen, das heißt der moralischen und psychologischen Bedeutung der sichtbaren Veränderungen von Form und Gebärde). Sie werden aber jetzt lediglich als das wesentliche Handwerkszeug des Künstlers angesehen. Sogar das sinnliche Vergnügen, das uns eine so reine Dekoration verschafft wie jene, die wir in der griechischen Vasenmalerei sehen – welche Goethe einst die Basis für eine materialistische, lukrezische Ästhetik geboten hatte –, erhält jetzt eine untergeordnete Rolle: Gewiß bildet das Kunstwerk ein sinnlich befriedigendes Ganzes, es besitzt, so hören wir, «Anmut», aber es leistet noch beträchtlich mehr. Schließlich wird der Unterschied zwischen Kunst und Natur emphatisch bekräftigt (zweifellos teilweise aus Opposition gegen den einen Aspekt der Kantischen Ästhetik, den Goethe stets unannehmbar gefunden hatte); aber der Unterschied führt nicht mehr zu der Schlußfolgerung, die Vollkommenheit der Kunst habe den Zweck, uns selbstgenügsame Erfahrungen reiner sinnlicher Befriedigung zu verschaffen (eine Schlußfolgerung, die schon *Der neue Pausias* entschieden zurückgewiesen hatte). Statt dessen ist ein neuer Faktor in Goethes Denken getreten und hat die Neuordnung aller anderen ermöglicht: der Idealismus. Indessen ist der Idealismus, entgegen der bei Hölderlin, Wackenroder und Friedlich Schlegel jeweils unterschiedlich bekundeten Tendenz, für Goethe der Gesichtspunkt, aus welchem Kunst als die schöne Darstellung dieser Welt erscheint, nicht als Einbruch irgendeines transzendenten, göttlichen oder subjektiven Anderen. Goethes – kantianischer – Idealismus bewahrt den Glauben, daß es Künstlern darum zu tun ist, Gegenstände darzustellen. Sie tun das, indem sie sich das Leben vorstellen, welches ihre Arbeit darstellen soll – und nicht nur nach seiner physischen Struktur, sondern auch mit aller Leidenschaft, Bewegung und Charakter –, und zwar mit solcher Klarheit und Ganzheit, daß sie entscheiden können, welches die schönste Darstellung wäre. Die Geschlossenheit der künstlerischen Vision von der Welt hinter dem Werk und die Vielfalt der Elemente, die daher aufgeboten werden, um eine harmonische Einheit zu schaffen, sind das Maß für die «geistige Schönheit», die dem Werk eignet, das heißt für das Ausmaß, in dem es nicht «einer beschränkten Wirklichkeit», sondern «einer idealen Welt» angehört. Dieses «Maß» zu erreichen ist letzten Endes eine Sache der Intuition, und die persönliche Vision des Künstlers – von Goethe einst als reine «Manier» bezeichnet – wird jetzt als das Wesen aller Kunst begriffen. Im Falle Laokoons bewundert Goethe die anatomische Genauigkeit in der Haltung der Hauptfigur, die vor dem Biß der Schlange zurückweicht, und das physiognomische Detail, das ihre körperliche und seelische Qual ausdrückt. Aber er bewundert auch die Ausgewogenheit und Struktur des Ganzen, die, «wenn man auch von dem Inhalt abstrahiert», den Betrachter mit den Vorzügen reinen «Zierats» erfreut. Seine größte Aufmerksamkeit richtet Goethe jedoch auf die Vielfalt und Komplementarität der physischen wie emotionalen «Verhältnisse, Abstufungen und Gegensätze sämtlicher Teile des ganzen Werks», dank derer es «sowohl ein geistiges als ein sinnliches Ganzes» ausmacht: die verschiedenen Angriffsweisen der zwei Schlangen; die unterschiedlichen Lebensalter, Charaktere und Situationen der drei Opfer: das eine hilflos, das andere kämpfend, das dritte erst teilweise eingebunden; ihre unterschiedlichen Reaktionen – Goethe glaubt im Gegensatz zu erstmals in der Renaissance geäußerter Kritik, daß der Vater nicht uninteressiert an seinen Söhnen ist, sondern sein Mitleid mit ihnen dadurch beweist, daß er sich müht, sie zu befreien –; und besonders die unterschiedlichen Reaktionen, die jedes im Betrachter hervorrufen wird. Alle Emotionen, die, unterschiedlichen Deutungstraditionen zufolge, Aristoteles durch die Tragödie erregt fand, können in uns durch verschiedene Teile oder Aspekte dieser Skulptur erregt werden: Entsetzen durch das Schicksal des Vaters, Mitleid durch den bevorstehenden Tod des jüngeren Sohnes, Furcht durch die dem älteren Sohn drohende Gefahr, aber auch das Gegenstück zur Furcht: Hoffnung, daß er noch entkommen kann. Besondere Aufmerksamkeit widmet Goethe der Rolle des älteren Sohnes: Weil er noch wie wir ist, «Beobachter, Zeuge und Teilnehmer», und damit unsere Gefühle in der Struktur des Werkes verkörpert, ist das Werk in sich «abgeschlossen». (Ebenso, meint Goethe, könne der Vater nicht seine Söhne ansehen, ohne seinen Rang als Hauptfigur zu verlieren und statt dessen lediglich zum Beobachter ihres Leidens zu werden.) Doch ist diese offensichtliche Geschlossenheit des Werks nicht das, was sie zu sein scheint. Denn Goethe sagt nicht, daß unsere emotionalen Reaktionen auf das Geschilderte unschicklich oder sekundär seien: Sie sind wesentliche Bestandteile eines organisierten Ganzen, und eine Figur wie der ältere Sohn ist das Mittel, wodurch sie hier dargestellt werden. Er markiert sowohl die Außengrenzen des Werks als dadurch auch unseren Zugang dazu. Ein Kunstwerk ist in sich vollkommen, aber darum nicht abgeschnitten vom gemeinsamen Leben der Menschheit: Das gemeinsame Leben ist sein Stoff, und ist sein Medium. Geschickt navigiert Goethe zwischen der Moritz'schen Theorie, daß es das einzige Geschäft der Kunst zu sein habe, kalt und amoralisch schön zu sein (eine Theorie, wodurch laut Schiller der Begriff der Schönheit «beinahe ausgehöhlt und in einen leeren Schall verwandelt» würde), und der Theorie von der Kunst als «des Büttels Stock», um moralische Lehren zu erteilen, so wie er hinsichtlich der Abbildung sowohl die Auffassung vermeidet, daß Kunst einfach Natur imitiere, als auch der Auffassung fernsteht – die für ihn selbst einst verführerisch war –, daß sie sinnlich erfreuliche Gestalten erschaffe, die sehr wohl auch abstrakt sein könnten. Er verwirft sowohl Winckelmanns Versuch, Kunst auf das Gemessene und Statische zu beschränken – ihr Sujet kann sehr wohl «bewegt, wirkend, leidenschaftlich ausdrucksvoll» sein –, als auch Lessings verkappter Versuch, die Skulptur auf die Umsetzung oder Illustration eines literarischen Textes zu reduzieren. Goethe unterscheidet sogar stillschweigend seine Position von der Schillers, als sei ihm bewußt, daß ihre Wege sich zu trennen beginnen. Für Schiller war wesentlich, daß Kunst Ausdruck der Befreiung des Menschen von der Tyrannei der Natur sei, und die Hohepriester der Kunst waren, wie seine Tübinger Schüler bereitwillig schlußfolgerten, die Vorhut einer politischen Befreiung. Goethe hält zwar weiter daran fest, daß die Kunst ein eigenes Reich ist, schickt sich aber an, die Ansprüche der Natur neu zu formulieren: In seinem Aufsatz wird nirgends von Freiheit oder vom Erhabenen gesprochen, nirgends wird unterstellt, daß Laokoon und seine Söhne sich über ihr Leiden erhöben oder daß wir es an ihrer Stelle täten. Die Manifestation der Freiheit, die für Schiller das objektive Kriterium der Schönheit war, ersetzt Goethe durch die Konstruktion von Harmonie. In den Anspielungen auf Aristoteles deutet sich eine neue Konzeption vom Wesen der Tragödie an, die sich von jener Schillers unterscheidet: Leidenschaften, so könnten wir aus ihnen schließen, werden gewiß durch die Tragödie in uns erregt, aber sie sind auch innerhalb der Tragödie in eine Form gefügt und dienen keinem darüber hinausgehenden Zweck. Wir werden durch sie nicht gebessert, und sie motivieren uns nicht, die Welt zu verbessern; vielmehr genießen wir, um einen Kantischen Begriff zu gebrauchen, das freie Spiel der Kräfte unserer Phantasie. In diesem Licht konnte Goethe den nordischen Themen und den religiösen und philosophischen Leidenschaften seines *Faust* nähertreten: Weder mußte er sie sich zu eigen machen noch sich von ihnen abgestoßen zeigen; er konnte einfach danach trachten, aus ihnen ein harmonisches Ganzes zu machen. Das war jedenfalls die konvenierende Fiktion, die für den praktischen Zweck ausreichte, sich ans Schreiben zu machen. In Wirklichkeit jedoch konnte ein Werk, dem es bestimmt war, ewig Fragment zu bleiben – und das, wie Schiller argwöhnte, die Totalität, die es notwendigerweise avisierte, niemals angemessen darstellen konnte – von keiner ästhetischen Theorie erfaßt werden. Funktion der Theorie war es, eine Außengrenze nicht um das Werk, sondern um seinen Schöpfer zu schaffen, einen sicheren Hafen, wo er sich der Aufgabe widmen konnte, aus seinen eigenen ernstesten Anliegen Bilder zu machen, so unerwünscht und beunruhigend sie auch sein mochten – und wie er es in ‹Die Braut von Korinth› und in ‹Der Gott und die Bajadere› schon getan hatte.

«Noch niemals bin ich von einer solchen Ungewißheit hin und her gezerrt worden, noch niemals haben meine Plane und Entschließungen so von Woche zu Woche variiert.» Goethe hatte es Meyer überlassen, den Kurs seiner Reise zu bestimmen, aber von Meyer kamen keine Nachrichten. Die Post war so langsam, daß Goethe zwei Monate auf Antwort auf seinen Brief vom 8. Mai warten mußte. Gerning verschob seine Abreise und war bereit, seine Reiseroute abzuändern, um mit Goethe reisen zu können, der am 14. Juni noch immer mit ihm zusammen aufgebrochen wäre, hätte er nur definitiv gewußt, daß Meyer die Absicht hatte, in Italien zu bleiben. Schließlich machte sich Gerning am 5. Juli auf den Weg nach Neapel, via Regensburg und Wien. Am 7. empfing Goethe endlich einen Brief, den seine Mutter ihm aus Frankfurt nachgeschickt hatte, worin Meyer meldete, daß er wohlbehalten im Haus seiner Eltern in Stäfa am Zürichsee eingetroffen sei. Ein Stich der Enttäuschung muß Goethe durchzuckt haben, aber die überschwenglichen Bekundungen von Erleichterung in seinem Antwortschreiben und die Anteilnahme an Meyers einsamer Qual in Florenz können keine reine Heuchelei gewesen sein. Immerhin stand jetzt fest, wohin er sich, wenn auch nur fürs erste, wenden würde. «Nun geht eine neue Epoche an, in welcher alles eine bessere Gestalt gewinnen wird, aus unserm eigentlichen Unternehmen mag nun werden was will» – ein Satz, der die Möglichkeit offenließ, daß es zuletzt vielleicht doch wie geplant zum Abschluß gebracht werden konnte. Goethe hatte seine Vorbereitungen immer in der Annahme getroffen, daß seine Reise länger als ein paar Monate dauern und ihn zuletzt nach Italien führen konnte, und er schränkte sie auch jetzt nicht ein, nachdem feststand, daß sein erstes Ziel Stäfa war. Sie müssen auch übertrieben gewirkt haben für eine Reise, die man notfalls in ein paar Wochen erledigen konnte, durch Gebiet, das jetzt seit fast einem Jahr befriedet war, und in ein stabiles, konservatives Land, das Wieland soeben ohne Zwischenfälle besucht hatte. Was seither als Goethes «dritte Reise in die Schweiz» bekannt geworden ist, war potentiell, nach Absicht und Durchführung, immer schon seine dritte italienische Reise, und die Hoffnung schwand ihm nicht, bevor er sie freiwillig aufgab. Am Tag, nachdem er *Herrmann und Dorothea* mit seiner imaginativen Beschwörung des revolutionären Europas beendet hatte, machte er sich ein Memorandum für seine Expedition durch dieses Europa – ganz im Einklang mit dem ursprünglichen Plan eines topographischen und historischen Überblicks über Italien, aber unnötig methodisch, wenn er nur Deutschland und die Schweiz bereisen wollte. Viele Vorkehrungen wurden für den Fall seines Todes getroffen – kein ernsthaftes Risiko, solange er nicht den Kriegs- und Revolutionsschauplatz betrat, und auch 1792 und 1793 hatte er sie nicht getroffen, als sein Leben viel unmittelbarer in Gefahr gewesen war. Aber seit der Teilnahme an seinem ersten Feldzug waren fünf Jahre dessen vergangen, was er jetzt als Ehe sah, und er stand endlich zu seiner Verantwortung, wo nicht seiner Pflicht. Und so traf er Vorbereitungen, Frau und Kind für unbestimmte Zeit zu verlassen, und gab sich gleichzeitig alle erdenkliche Mühe, sie zu schützen, sollte er nicht zurückkehren. Es wäre alles viel einfacher gewesen, hätte er sich dazu durchgerungen, eine kirchliche Trauung zu absolvieren und den Schein aufzugeben, in einer christlichen Welt ein heidnisches Leben zu führen – ‹Die Braut von Korinth› ist vielleicht deshalb so bitter, weil er sich der Kräfte bewußt war, die gegen ihn und seine hartnäckige Weigerung, nachzugeben, aufgeboten waren. So wie die Dinge lagen, benötigte er Ende Mai eine eidesstattliche Erklärung seiner Mutter, abgelegt vor zwei Zeugen und einem Notar, daß sie als nächste Blutsverwandte auf seine Erbschaft verzichtete, so daß er ein Testament zugunsten Christianes und Augusts machen konnte. Natürlich war sie gern bereit, dies «und überhaupt alles [zu] thun was dir Vergnügen machen kan – damit du ruhig und ohne Kummer die Reiße antretten – und noch 40 Jahre theils in Italien theils in Weimar des Lebens genüßen kanst und solls»; man kann aber doch vermuten, daß eine Heirat ihr lieber gewesen wäre. Auch so war noch ein direktes Gesuch an Carl August erforderlich, um sicherzustellen, daß die Vermächtnisnehmer unverzüglich erben konnten und nicht warten mußten, bis das Testament bestätigt war. Eine Erkundung der Möglichkeit, August als seinen legitimen Sohn anzuerkennen, was ein anderer Weg zu demselben Ziel gewesen wäre, endete im Juni ergebnislos, nachdem Goethe festgestellt hatte, daß der Fall entweder durch praktisch jede einzelne Behörde der Weimarer Verwaltung gegangen wäre oder er selbst ein demütigendes persönliches Gesuch an Wieland hätte richten müssen, der zufällig den erforderlichen Reichsrang besaß. Aber Goethe behielt seinen Hauptzweck im Auge, und gewisse Schritte, die auf jeden Fall, ungeachtet seiner familiären Umstände, notwendig gewesen wären, sind ein weiterer Beweis für den Ernst, womit er seine Angelegenheit ordnete: Er kündigte die Bürgschaft für ein Darlehen, zahlte ein eigenes so gut es ging zurück und stellte einen Tilgungsplan für die Hypotheken auf, die noch das Haus am Frauenplan belasteten und wohl aus der Erbmasse würden beglichen werden müssen. Das Testament selbst, Zweck aller dieser Manöver, war überaus großzügig gegenüber «meiner Freundin und Hausgefährtin so vieler Jahre, Christiane Vulpius» und demonstrierte große Zuversicht, daß es ihr gelingen werde, allein zurecht zu kommen. Zwar ging der Grundbesitz an August über, aber Christiane behielt bis zu ihrem Tod die Einkünfte daraus, verbunden nur mit der Bedingung, daß sie angemessen für Augusts Erziehung sorgte, und erhielt darüber hinaus zu uneingeschränktem eigenen Gebrauch ein Viertel aller Tantiemen und aller Einkünfte aus der Frankfurter Erbmasse, sollte Frau Rat Goethe sterben. Sie erhielt das Recht, die Wohnungen am Frauenplan und im Park an der Ilm nach Gutdünken selbst zu bewohnen oder zu vermieten und im Benehmen mit Voigt, der zu Augusts Vormund eingesetzt war, über das Bargeld, die Bücher und sonstige Sammlungen zu verfügen. Literarische Testamentsvollstrecker sollten Voigt und Schiller sein, wobei Schiller gebeten wurde, «gegen eine billige Remuneration» eine definitive Sammlung von Goethes Werken herauszugeben, sollte dies für wünschenswert erachtet werden.

Auch die Frage seiner privaten Papiere quälte Goethe. In seiner früheren schöpferischen Periode, bevor der Atheismus ihm den Sinn für das Symbol raubte, war sein symbolisches Leben das Korollar seiner autobiographischen Kunst gewesen. 1797 hatte er im allmählichen Verlauf seiner Umstellung auf das Schreiben für das anonyme Medium des Buchdrucks seine früheren literarischen Interessen thematisch wie formal wiederentdeckt, freilich in einer – wie Schiller gesagt hätte – «sentimentalischen», nicht «naiven» Weise. Indem er die *Römischen Elegien* und die *Venezianischen Epigramme* im Druck erscheinen ließ, hatte er versuchsweise die seit dem *Torquato Tasso* unterdrückte öffentliche Praxis einer autobiographischen Kunst wieder aufgenommen, die seine jüngsten und bislang unveröffentlichen kürzeren Gedichte seit der Elegie ‹Herrmann und Dorothea› auf neue, originelle Weise fortentwickelt hatten. Das Gefühl eines zentralen Ichs mochte dahin sein, aber mithilfe von Anspielungen – mehr oder weniger stilisiert, mehr oder weniger konzentriert – hatte er begonnen, die *persona* «Goethe» zu erschaffen, das Bild eines Lebens, das sich hinter den Worten abspielte und sie erklärte. Am besten ließe sich vielleicht sagen – da es nicht ganz eine Sache seiner eigenen Entscheidung war –, daß er seit der Rückkehr auf die öffentliche Bühne 1795 sich damit abfand, als öffentliche Figur zu leben. Es mußte wieder ein symbolisches Muster geben für das, was er tat, und zwar nicht mehr darum, weil es, wie alles andere, die Absichten der Götter hätte enthüllen können, sondern weil alles, was er tat, auf irgendeine nicht unbedingt vorhersagbare Weise vielleicht zum Stoff einer öffentlichen und literarischen Gebärde werden konnte, sei es ein Werk oder nur ein Standpunkt im Hin und Her der Kultur. Es mußte wieder ein bewußt und künstlich sinnhaftes Leben geben, auch wenn hinter ihm und durch es geschützt weiter die ganz und gar private Existenz lag, auf die hin sich seine Gedichte öffneten, die sie aber nicht aussprachen. Im Januar 1797 begann Goethe, formell die Kontrolle über die potentiellen Bedeutungen dessen, was er tat, zu übernehmen, indem er anfing, ein regelmäßiges Tagebuch zu führen. Das Format des *Verbesserten Gothaer Diariums und Calenders* (seit 1797 benutzte er keinen anderen) gab ihm jeden Tag eine halbe Seite Platz, um eine beliebig ausführliche Notiz über Besucher, Gespräche, gelesene Bücher, geschriebene Briefe und Fortschritte bei literarischen und naturwissenschaftlichen Projekten zu diktieren. Das Diarium sollte unmittelbaren Wert bei der Durchführung seiner vielfältigen Geschäfte haben, aber auch für die Zukunft einen Mangel beheben, der Goethe im ersten Halbjahr 1797 zunehmend bewußt geworden sein muß, als er im Geist die vergangenen 25 Jahre durchstreifte, auf der Suche nach Punkten, an denen er eine Kontinuität zu seinen gegenwärtigen Anliegen festmachen konnte, und in Augenblicken der Ungeduld zu dem Schluß gelangend, eigentlich nicht sehr viel hervorgebracht zu haben. Schiller hatte ihn nach der Rückkehr aus Dessau um eine chronologische Darstellung seiner literarischen Entwicklung gebeten, aber wo war die leidenschaftslose Grundlage für dergleichen? Sollte er wirklich auf der Reise in den Süden sterben, konnte der Herausgeber seiner gesammelten Werke nur auf die Hinweise zurückgreifen, die sich in dem Regal mit den zu Bänden gebundenen Briefen an Goethe seit 1772 fanden. Die heikelsten Briefe, diejenigen von Frau von Stein, hatte Goethe ihr zurückgegeben; aber wollte er wirklich den forschenden Blick seines Freundes in Jena auf die linkischen Liebschaften und Begeisterungen und Treulosigkeiten seiner frühen Jahre gerichtet wissen, auf die Rügen und Vorwürfe, die er sich als Minister eingehandelt hatte, oder auf die Verzweiflung, in welcher Merck versunken war, ein noch älterer und noch lieberer Freund? Er hatte die Spekulationen Wolfs über das kompositorische Verfahren «Homers» mit seiner eigenen literarischen Praxis verglichen und erraten, wie unbequem und wie unwahr gegen seine Erfahrung die Deutungen des Kritikers sein konnten. Vielleicht – der Biograph kann nur raten – hatte er bereits beschlossen, daß er keinen anderen Biographen haben würde als sich selbst. Was immer, sofern er nicht starb, im kommenden Jahr geschah, ob 1798 ihn in seinem italienischen Paradies sähe oder eingeschlossen mit *Faust* in Weimar, es würde ein neues Leben begonnen haben. Das alte sollte nur als ein im neuen aufgehobenes überleben. An zwei aufeinanderfolgenden Sonntagen, am 2. und 9. Juli, bevor und nachdem er erfahren hatte, daß Meyer nicht mehr in Florenz war, verbrannte Goethe seine gesamte Korrespondenz bis 1792, etwa tausend Briefe, die als nützliche Beobachtung zur Farbenlehre in seinem neuen Leben aufgehoben wurden: «Briefe verbrannt. Schöne grüne Farbe der Flamme wenn das Papier nahe am Drahtgitter brennt.»

«Sollte aus meiner Reise nichts werden, so habe ich auf diese Possen mein einziges Vertrauen gesetzt.» Italien oder *Faust* waren die zwei möglichen Alternativen, die Goethe vor dem 7. Juli im Sinn hatte, und sie blieben auch weiter die Alternativen. Die Waage der Wahrscheinlichkeit mochte sich eher zugunsten einer baldigen Rückkehr nach Weimar senken, aber um die Zeit, als Meyers Brief eintraf, fragte Goethe in Mailand an, ob ein in Sachsen-Weimar ausgestellter Paß zur Einreise in die neue Republik ausreichend sei, und der auf den 29. Juli datierte Paß, mit dem er dann schließlich reiste, vermerkte seine Absicht, «von Franckfurt am Mayn, und von da in die Schweiz, auch, dem Befinden nach, weiter zu reyssen». Die Theaterverwaltung nahm offiziell von der Möglichkeit Kenntnis, daß Goethe vielleicht viel länger fort war als die «einigen Monate», die notwendig waren, um Meyer abzuholen, und Böttiger, der es sich zur Aufgabe machte, das Gras wachsen zu hören, schrieb am 2. Juli an Knebel: «Wird es indeß in Italien ruhig, so mögen sie wohl beide über die Alpen schlüpfen.» Nichts von dem, was Goethe zu Hause tat, kann Christiane und August in ihren bangen Ahnungen beruhigt haben. Augusts seit Ostern engagierter Privatlehrer wurde jetzt gebeten, während Goethes Abwesenheit auch ein Auge auf die Mußestunden seines Zöglings zu haben – vor allem und ominöserweise an den langen Winterabenden. «Es wird mir sehr schlecht gehen, wenn Du weggehst», hatte Christiane im März geschrieben, «Ich sehe nicht ein, wie ich es ein halbes Jahr aushalten soll.» Immerhin muß der Ausflug nach Frankfurt eine erfreuliche Aussicht gewesen sein, und sie hatte zumindest den Vorsatz, tapfer zu sein: «Und um vergnügt zu werden, muß ich an Schatz schreiben, und es ist mir schon, als ob es besser wär.» Überdies bekam sie einen unerwarteten Verbündeten. Als der Augenblick der Abreise näherrückte und Goethe nur noch auf die Rückkehr Carl Augusts aus Teplitz wartete, kam am 12. Juli Schiller aus Jena herüber, um bei intensiven Gesprächen über ihre künftige Zusammenarbeit eine letzte Woche in Goethes Gesellschaft zu verbringen. Zwar schenkte Schiller der Gefährtin seines Gastgebers keine größere Beachtung als sonst, aber für diesmal waren ihre Interessen dieselben. Auch Schiller blickte nach dem kürzlichen Abschied von Wilhelm von Humboldt, einigermaßen bestürzt der «großen Einsamkeit» entgegen, in der Goethes Expedition ihn zurücklassen würde. Er durchschaute schnell, daß Goethe die endgültige Entscheidung zur Alpenüberquerung erst in Stäfa fällen würde, und schrieb bei der Rückkehr nach Jena einen vertraulichen Brief an Meyer, worin er die dem Selbstmitleid entspringenden Illusionen beiseite wischte, mit denen Goethe seine Reise umnebelt hatte: Jetzt sei nicht die Zeit für Goethe, Feldstudien für seine Materialsammlung zu treiben. Vielmehr solle er «für seinen nächsten und höchsten Zweck» wirken und «ganz der poetischen Praktik leben». Im Streit zwischen *Faust* und Italien stand Schillers Urteil fest, und natürlich hatte er recht. Zwar deckte es sich zufällig mit seinen eigenen Interessen, aber er tat nur seine Pflicht gegen uns alle, wenn er Meyer beschwor, er solle Goethe dazu bringen, bald heimzukehren und «das was er zu Hause hat, nicht zu weit zu suchen».

Am 25. Juli kam der Herzog endlich zurück und brachte Marianne Meyer mit. Insbesondere zwei Themen waren mit Goethe zu besprechen (abgesehen von der redseligen Dame selbst – sie sagte später, sie sei unendlich dankbar, zum «innersten Heiligthume» am Frauenplan zugelassen zu werden, erinnerte sich von dem Gespräch auf dem Sofa aber nur, «das gewisse, so bedeutende, von mir so gut verstandene ‹ja nun› zu vernehmen»). Der Neubau des Schlosses hatte am 18. Mai neue Dringlichkeit erhalten: Die Geburt eines Neffen und Erben des Kurfürsten von Sachsen hatte Carl Augusts heimliche Hoffnung zunichte gemacht, Thronfolger in diesem Kurfürstentum zu werden; so blieb Weimar auf absehbare Zeit die herzogliche Residenzstadt und benötigte die geeigneten Einrichtungen so bald wie möglich. Leider waren für 1797 nur kleinere Arbeiten an den Kaminen, der Kanalisation und dem Innenhof des Schlosses vorgesehen, und erst zwei Wochen vor der Nachricht aus Dresden hatte der Herzog das Budget für 1798 von 26 000 auf 15 000 Taler zusammengestrichen. Im Inneren des Schlosses konnte man unverzügliche Arbeiten aufnehmen – mit der Stukkatur und den Holzarbeiten für Türen und Fensterrahmen beginnen, nach Möbeltischlern suchen, um die Verluste durch den Brand zu ersetzen, und Mahagoni und Damast sowie gelegentlich ein attraktives fertiges Stück erstehen –; aber Goethe war überzeugt, daß die Resultate uneinheitlich und zufällig sein würden, solange kein einzelner die Gesamtverantwortung übernahm. Es war offensichtlich notwendig, den Nachfolger für Arens zu finden, der Clérisseau nie gewesen war, vorzugsweise jemanden, der bereit war, für die Dauer des Projekts in Weimar zu wohnen. Carl August bevorzugte bei der Suche die lokalen Zentren Leipzig und Dresden, doch ergab sich eine verheißungsvolle neue Möglichkeit. Schillers Schwager Wolzogen war im März nach Weimar gekommen und war mit seiner Baumeisterausbildung offenbar ein Kandidat für das neue Baukomitee. Er konnte nützlichen baulichen Rat geben – Voigt meinte, er werde sich bald als «eine gute Akquisition» erweisen –, vor allem aber hatte er viele Kontakte zu den künstlerischen Kreisen Württembergs, von denen das Gerücht ging, sie seien durch den plötzlichen Verlust ihres Gönners nach dem Tode Carl Eugens und durch die Wirren des Krieges recht demoralisiert. Goethe würde auf dem Weg in die Schweiz in Kürze durch Stuttgart kommen und konnte nach Talenten Ausschau halten, die bereit waren, in ein kleineres, aber sichereres Herzogtum auszuwandern, das für seine Großzügigkeit gegenüber den Künsten berühmt war. Etwas ähnliches konnte er auch für das Weimarer Theater tun, die andere drängende Sorge, über die er Carl August konsultieren mußte. Ein Ausschuß war einzurichten, der für die Zeit seiner Abwesenheit einsprang – eher um Kirms' Autorität abzusichern als um irgend etwas zu tun –; auch war eine wesentliche neue Entwicklung eingetreten, die die Zustimmung des Herzogs erheischte. Lauchstädt war zu erfolgreich. Das alte Theater war eng und unerträglich heiß, und zu viele potentielle Besucher mußten abgewiesen werden. Ein neues Theatergebäude wäre zwar eine bedeutende Investition – der Fürst von Dessau gab gerade 20000 Taler für ein Schauspielhaus nach Entwürfen von F. W. von Erdmannsdorff (1736–1800) aus, der den größten Teil seines kleinen klassizistischen Utopia erbaut hatte –; aber sie würde sich auszahlen, sofern Kursachsen die derzeitige Vereinbarung, die 1799 auslaufen sollte, auf eine permanente Basis stellen würde. Carl August war nicht abgeneigt, Goethe, mitten in einer blühenden Erkältung, verfaßte einen Brief an den Kurfürsten mit den zweckmäßig superlativischen Artigkeiten, und Baumeister Steiner wurde abgesandt, um in Lauchstädt und Dessau zu rekognoszieren. Der Wald von administrativen Aufgaben lichtete sich endlich, und die Erkältung wurde rasch besser. Goethe blieb nur noch übrig, sein Testament zu hinterlegen, für sich und «Madame Vulpius mit Sohn» Pässe ausstellen zu lassen, am 28. Juli der ersten Sitzung des neuen Theaterausschusses beizuwohnen und am nächsten Tag zum mittäglichen Abschiedsessen bei Carl August und Louise im Römischen Haus zu erscheinen, das endlich fertig war und auf Goethe «recht heiter» wirkte. Zwei große Bilder schufen «mitten unter der architektonischen Herrlichkeit einen sehr guten menschlichen Anblick»: eine Kopie nach Carracci von Meyer und Angelica Kauffmanns Porträt von Anna Amalia. Beide Gemälde waren ebenso die Frucht seines tollen Entschlusses vor elf Jahren, nach Italien auszubrechen, sowie das Römische Haus selbst in bezug auf die Details seiner Erscheinung. Stand er an der Schwelle einer neuen, großen und gleichermaßen kreativen Gebärde? Am 30. Juli um 3 Uhr nachmittags bestieg er, so gesetzt, wie es die freudige Erregung eines Siebenjährigen zuließ, den Platz in der bestellten Kutsche neben Christiane, August und Geist. Die Goethes brachen zu einem Familienurlaub auf, dem ersten, der sie über die Grenzen der Herzogtums hinausführte.

Der letzte Homeride: Werke 1796–1797

Als Goethe am 3. Juni 1797 seinem Verleger Vieweg durch seine Unterschrift den vollständigen Erhalt des Honorars bestätigte (vier Tage, bevor er ihm die letzten Seiten von *Herrmann und Dorothea* schickte) und Christiane die zweite angenehm schwere Rolle mit Golddukaten in seinem Schreibtisch einschloß, hatte eine der bemerkenswertesten literarischen Transaktionen des 18. Jahrhunderts ihren Abschluß gefunden, und das nur einen Monat nach dem vereinbarten Termin. Goethe, der noch sechs Jahre zuvor geglaubt hatte, er stehe im Begriff, die Literatur zugunsten der Naturwissenschaften aufzugeben, erfuhr seine Bestätigung als Deutschlands angesehenster Berufsschriftsteller und – für das nächste Jahrhundert – als unumgängliches Vorbild für jeden Dichter, der zu der Nation und für die Nation spricht. «Und [Ihren] patriotischen Schluß müssen alle Rhapsoden des 19ten Jahrhunderts zum Thema machen», prophezeite Böttiger – eine erstaunlich genaue Prophezeiung im Blick auf Deutschland, aber auch viel genereller anwendbar. Wenn es Tennyson und Longfellow, Victor Hugo und Yeats gelang, kommerziell erfolgreich zu sein und zur kulturellen Institution zu werden, ohne ihre Originalität und Produktivität einzubüßen, dann nicht zuletzt darum, weil Goethe es ihnen vorgemacht hatte. Zwar erfüllte das Unternehmen nicht alle Hoffnungen, die Vieweg darein gesetzt hatte. Zur Deckung seiner ungewöhnlich hohen Aufwendungen für das Autorenhonorar, den Einband und den Satz der Verse riskierte er die beispiellos hohe Auflage von 6000 Exemplaren (zum Buchhandelspreis zwischen $1^1/_3$ und $2^1/_2$ Talern), aber obwohl er nach dem Verkauf von 3500 Exemplaren den Gestehungspreis erwirtschaftet hatte, versuchte er noch 1811, den Rest en bloc abzustoßen. «Bei solchen Schriften sollte der Verleger billig keinen Profit zu machen suchen, sondern sich mit der Ehre begnügen», kommentierte Schiller. «Mit schlechten Büchern mag er reich werden.» Das Publikum hegte keinen Zweifel, daß Goethe die Taktlosigkeit der *Xenien* und sogar den verwirrenden und sperrigen *Wilhelm Meister* wiedergutgemacht hatte, und bis zum Ersten Weltkrieg waren Luxusausgaben von *Hermann* (wie man jetzt schrieb) *und Dorothea* beliebte Schulpreise und Konfirmationsgeschenke für die deutsche Jugend – freilich selten in Antiqua oder mit Illustrationen, die sich, Goethes Wunsch entsprechend, auf keusche Musengestalten beschränkten. Nach 1945 machte sich ernsthafte Verlegenheit breit, und wenn das Epos überhaupt gelesen wurde, dann als Beispiel unfreiwilliger Komik, weil die inneren Spannungen des Gedichts durch den Kult um *Herrmann und Dorothea* im 19. Jahrhundert und durch die von Goethe selbst dick aufgetragene Schicht von Neo-Klassizismus geglättet worden waren. Dabei ist *Herrmann und Dorothea* ebensosehr ein Werk des Übergangs wie *Wilhelm Meister*. Als das Produkt eines Jahres, das durch den *Xenien*-Streit und die immer wieder wechselnden und enttäuschten Hoffnungen auf eine Rückkehr nach Italien gekennzeichnet war, kann man *Herrmann und Dorothea* als das letzte Zögern Goethes vor der Wiederaufnahme des *Faust*-Projekts betrachten, mit dem es gleichwohl einen überaus wichtigen Aspekt gemeinsam hat: den Humor.

Den Kern der Geschichte von *Herrmann und Dorothea* bildet möglicherweise (Goethe hat es bestritten) eine Schilderung der Vertreibung der Protestanten aus dem Erzbistum Salzburg im frühen 18. Jahrhundert. Die literarische Quelle darf jedoch nicht als Vorwand herhalten, die Bedeutung des zeitgenössischen Schauplatzes während des Einmarschs der Franzosen 1796 herunterzuspielen. Nach Goethes eigener Darstellung ist der Plan von *Herrmann und Dorothea* «gleichzeitig mit den Tagesläuften ausgedacht und entwickelt» worden. Das Ergebnis war jedoch keine episodenhafte Struktur, sondern eine dichte, fast bruchlose Fabel, die ebensosehr vom Dialog wie von der Erzählung lebt; sie dreht sich um die einfachsten Geschäfte des Stadt- und Landlebens und verweist doch ständig auf die Folgen der großen Revolution. Wir werden gleich *in medias res* geführt. Auftakt sind die Gespräche zwischen Herrmanns Vater, dem Wirt zum *Goldenen Löwen*, und seiner Frau und später den zwei Freunden, dem örtlichen Apotheker und dem Pfarrherrn, während er, unter dem Haustor sitzend, auf den ausgestorbenen Markt hinaussieht. Wir hören von dem Zug der Vertriebenen, der sich, eine Stunde «im heißen Staub des Mittags» entfernt, auf der Hauptstraße «von Hügel zu Hügel» zieht. Die ganze Stadt ist ausgezogen, ihn zu sehen – aus Mitleid ebenso wie aus Neugier. Auf Geheiß seiner Mutter jedoch und obwohl der Vater seinem alten Schlafrock aus bedrucktem Kattun nachtrauert, ist Herrmann in der neuen Familiengig hinuntergefahren, um einige alte Kleidungsstücke für jene zu bringen, die ihrer bedürfen, dazu Brot und Schinken, Bier und Wein; ein guter Junge, aber schüchtern, findet der Vater und hofft, daß Herrmann an dem Tag, da der Friede verkündet wird, mit einer Braut an den Altar tritt. Man hört den Gig zurückkehren, und der zweite Gesang beginnt mit Herrmanns Schilderung seiner Mission. Ihm war, hinter dem Hauptstrom der Flüchtlinge zurückgeblieben und von dem vorausgeflohenen Familienmitgliedern getrennt, ein von Ochsen gezogener Wagen aufgefallen, auf dem eine Frau mit ihrem neugeborenen Kind lag und der von einem schönen und tüchtigen Mädchen geführt wurde. Das Mädchen hatte Herrmann um etwas Leinwand für das Kind gebeten, die er ihr bereitwillig gereicht hatte; nach kurzem Besinnen war er dann noch einmal umgekehrt und hatte dem Mädchen auch die Speisen und Getränke übergeben. Als der Apotheker aus dem Geschehen die Lehre zieht, daß es besser sei, keine Angehörigen zu haben, als im Falle einer erzwungenen Flucht mit ihnen belastet zu sein, tadelt Herrmann diese Rede: Lieber möchte er heute noch heiraten als wie der Apotheker allein zu sein. Der Mutter sind diese Worte willkommen; sie erinnert sich an ihre eigene Verlobung unmittelbar nach dem schrecklichen Brand, der fast die ganze Stadt zerstört hat. Den Vater aber verdrießt dieses Reden, als ob man einen Hausstand mit nichts anfangen könne. Nach zwanzig Jahren harter Arbeit erwartet er, daß sein Sohn es einmal besser im Leben haben wird – und zum Beispiel einen Anfang macht, indem er eine der Töchter des reichen Nachbarn heiratet. Leider ist das offenbar ein ganz und gar abgedroschenes Thema in den Gesprächen der Familie: Herrmann weiß mit Pferden umzugehen, aber im Lesen und Schreiben ist er weniger gut, und die modischen jungen Damen haben ihn beschämt, als sie einmal singend und Klavier spielend von der *Zauberflöte* sprachen, die nicht zu kennen er zu seiner Schande gestehen mußte. Sein Widerstand gegen die Pläne des Vaters provoziert eine zornige Standpauke, in deren Verlauf Herrmann still aus dem Zimmer schleicht, und die im dritten Gesang, wie es mit solchen Reden zu gehen pflegt, wenn ihnen der Adressat abhanden gekommen ist, eine Wendung ins Allgemeinere und Philosophische nimmt. Alte Weisheiten werden bemüht: «Wer nicht vorwärts geht, der kommt zurücke! So bleibt es.» Herrmanns Mutter macht ihrem Mann freundliche Vorwürfe, weil er seinem Sohn nicht mehr Selbständigkeit erlaubt, und geht hinaus, um nach Herrmann zu sehen. Unterdessen hält der Apotheker die Diskussion in Gang. Ohne Zweifel ist es grundsätzlich gut, immer Verbesserungen einzuführen; aber nach seiner Erfahrung kommt das in der Praxis zu teuer. Der vierte Gesang überläßt die drei Männer ihren Steckenpferden und folgt Herrmanns Mutter. Zum ersten Mal führt uns die Erzählung durch die Nebengebäude hinter dem Gasthof und den langen Garten mit seinen Äpfeln, Birnen und Kohlköpfen zur Stadtmauer, in der sich aufgrund einer Ausnahmeerlaubnis eine kleine Pforte befindet. Die Mutter geht über den trockenen Graben und steigt den steilen Weinberg der Familie empor, aber Herrmann ist nirgends zu sehen. Endlich tun sich die urbaren Felder auf dem Rücken des Hügels auf, und an deren Grenze, die ein großer Birnbaum bezeichnet, sitzt Herrmann auf einer steinernen Bank. Er hat Tränen in den Augen. Was ihn weinen mache, behauptet er, sei das patriotische Gefühl des Unrechts, das seinem Vaterland geschehe; er wolle nun fortziehen und es verteidigen helfen. Die Mutter glaubt ihm diese ganz untypische kriegerische Gesinnung keinen Moment, und es zeigt sich auch, daß Herrmann einfach vom Zorn des Vaters gekränkt ist und wirklich den Wunsch hat zu heiraten. Sie vermutet sogleich, daß er sein Herz an das Mädchen verloren hat, dem er am Nachmittag die Kleider und Speisen gebracht hat, und rät ihm, nicht auf den kleinen Ausbruch des Vaters zu achten; das sei nur normal, wenn er nach Tisch getrunken habe.

Zu Beginn des fünften Gesanges sind die drei Männer immer noch im Gespräch, und sie sind immer noch nicht zu einem Ergebnis gekommen. Herrmann und seine Mutter kehren zurück; und die Mutter verkündet, Herrmann habe sich eine Braut erwählt, reagiert der Vater mit Schweigen. Der Geistliche fällt rasch ein, wohl um jedem ablehnenden Wort zuvorzukommen, und bestärkt Herrmann in seinem Entschluß. Der Apotheker hingegen rät zur Vorsicht: Er und der Pfarrer sollten lieber Erkundigungen über das Mädchen unter den Flüchtlingen einziehen während der Löwenwirt lediglich anmerkt, der Mann sei eben niemals Herr im eigenen Hause ist und man möge tun, was der Apotheker vorgeschlagen habe. So fährt Herrmann die zwei Freunde in das Dorf hinunter, wo die Vertriebenen ihr Quartier aufgeschlagen haben, bleibt aber außerhalb an einer kleinen, mit Steinen gefaßten und von Linden beschatteten Quelle zurück. Hier bindet er die Pferde an, und der Pfarrer und der Apotheker machen sich ohne ihn auf den Weg. Im Dorf entdecken sie, unter Streit, Geschrei und sichtbaren Beweisen für den Zerfall der gesellschaftlichen Ordnung, einen weißhaarigen Richter, der noch immer die Achtung der Leute genießt und sie zusammenhalten kann. Während der Apotheker nach dem Mädchen Ausschau hält, verwickelt der Pfarrer diesen zweiten Josua oder Moses in ein Gespräch. Zu Beginn des sechsten Gesanges erzählt der Richter, wie diese Menschen in ihre gegenwärtige Lage geraten sind und diese Schilderung entspricht in dem Epos noch am ehesten dem, was man eine Beschreibung der Französischen Revolution selbst, im Unterschied zu ihren Folgen, nennen könnte. Mindestens sieben Jahre, bevor Wordsworth die Worte schrieb *«Bliss was it in that dawn to be alive»* [Wonne war es, in diesem Morgenrot zu leben], wird die Begeisterung der ersten Tage und Monate, «als sich der erste Glanz der neuen Sonne heranhob», in glühenden, biblischen Worten als neues Pfingsten, als Erfüllung der Zeit beschrieben. Doch bald folgte die Verderbnis, erzählt der Richter, und dann die bittere Ernte des Krieges, als auf dem Boden seines Volkes die Armeen der Verbündeten und die Franzosen hin und her wogten, zuerst siegreich, dann in einer verheerenden Niederlage. (Seine Beschreibung ist von einer beklemmenden Unmittelbarkeit, die nahelegt, daß Goethe sich hier des Rückzugs der Verbündeten im Jahre 1792 entsann.) Schlau fragt der Pfarrer den Richter, ob er sich nicht auch mancher heldenmütigen oder hochherzigen Tat entsinne, die aus dem Wirrsal erwachsen sei, so wie nach einem großen Brand Gold und Silber geschmolzen im Schutt liegen, aber noch immer da sind und geborgen werden können. Der Richter erzählt von einer jungen Frau, deren Bräutigam in Paris gehenkt worden sei und die eigenhändig eine Schar kleiner Mädchen vor einem Trupp plündernden und geilen Gesindels verteidigt habe. Dann bestätigt er, daß sie in der Tat die Frau ist, die der Apotheker inzwischen nach Herrmanns Beschreibung gefunden hat und die jetzt dasitzt und aus dem Kattunschlafrock des Löwenwirts Kinderkleider schneidert. Nachdem ihr Geschäft erledigt ist, gesellen sich die zwei Freunde wieder zu Herrmann; der Pfarrer verschenkt den ganzen Inhalt seiner Geldbörse an die Flüchtlinge, der Apotheker hingegen teilt den Inhalt seines Tabaksbeutels mit dem Richter, weil er rein zufällig kein Bargeld bei sich hat. Unterdessen hat sich Herrmann in die bange Befürchtung hineingesteigert, daß dieses bewunderungswürdige Mädchen vielleicht schon einem anderen versprochen ist; auch die nachdrückliche Billigung seiner Wahl durch die beiden Freunde vermag ihn nicht zu beruhigen. Er beschließt, selbst mit ihr zu sprechen und dann zu Fuß nach Hause zu gehen, und überläßt es dem Pfarrer, die Kutsche heimzufahren (wobei sich der Apotheker nur zögernd sein Leib und Gebein der geistlichen Hand anvertraut). Der siebente Gesang beginnt jedoch damit, daß das Mädchen Herrmann bereits entgegenkommt; sie will Wasser schöpfen, tut es aber lieber an der Quelle, wo Herrmann haltgemacht hat, als im Dorf, wo Menschen und Tiere das Wasser verunreinigt haben. Wie Abrahams Knecht, der Rebekka am Brunnen begegnet, bittet Herrmann sie um einen Trunk und erzählt ihr, daß er sich in seinem Haushalt noch ein Mädchen wünscht, um seiner Mutter zu helfen. Sie glaubt, er biete ihr eine Stelle als Magd an, und ist bereit, sie anzunehmen; Herrmann hat nicht den Mut, sie über ihren Irrtum aufzuklären, zumal er den Ring an ihrem Finger erblickt. Sie muß noch das Wasser ins Dorf tragen, und als die Kinder sie aufgeregt umspringen, erfahren wir aus ihrem Gruß ebenso natürlich wie Herrmann, daß das Mädchen Dorothea heißt. Da die Gruppe, die sie begleitet hatte, nunmehr wieder vereint ist und Hoffnung auf eine bessere Wohnung hat, darf Dorothea sie guten Gewissens verlassen. Freilich ist der Abschied traurig, zumal von den Kindern, die mit der Notlüge besänftigt werden müssen, daß Dorothea in der Stadt Süßigkeiten für sie holen wolle. Der achte Gesang spiegelt dann den vierten wider: In der gewitterträchtigen Abenddämmerung nehmen die beiden denselben Weg durch den Familienbesitz; Herrmann erzählt Dorothea von dem Haushalt, in den sie eintreten wird, und sie können zusammen im Licht des Vollmonds unter dem großen Birnbaum sitzen, unter dem Herrmann vorher über das Los seiner Einsamkeit geweint hatte. Aber noch herrscht nicht völliger Einklang zwischen ihnen; es gibt auf beiden Seiten Mißverständnisse, die der Aufklärung bedürfen, und Gewitterwolken türmen sich, die die reiche Ernte bedrohen. In der Dunkelheit des Weinbergs, den das Mondlicht nicht erhellt, vertritt sich Dorothea den Fuß und stützt sich hilfesuchend auf Herrmann – ein neues böses Vorzeichen, aber auch ein Moment, der das Paar in einer flüchtigen Umarmung vereint – beherrscht gleichwohl durch die Rücksicht auf den Standesunterschied. Der neunte und letzte Gesang beginnt mit einer Anrufung der Musen, beglückwünscht sie, die Liebenden auf diese kunstreiche Weise einander «noch vor der Verlobung» nahegebracht zu haben, und bittet sie, das theatralisch drohende Gewitter abzuwenden. Der Sturm scheint jedoch loszubrechen, als Herrmanns Vater Dorothea als seine künftige Schwiegertochter begrüßt – in ihren Augen ein geschmackloser Scherz. Der Pfarrer, von Herrmann gebeten, sich ins Mittel zu legen, provoziert Dorothea statt dessen noch mehr, und wie er es erwartet hat, offenbart sie nun, daß sie sich in der Tat heimlich geschmeichelt habe, von dem jungen Mann als Braut heimgeführt zu werden. Nach diesem Geständnis muß sie nun das Haus verlassen und hinausgehen in den mittlerweile «sausenden Sturm», in den «Strudel der Zeit», aus dem sie sich für kurze Zeit gerettet wähnte. Bevor sie gehen und Herrmanns Vater, der Geschrei und Tränen der Weiber unleidlich findet, sich zu Bett begeben kann, macht Herrmann endlich seine Liebeserklärung. Als der Pfarrer die Liebenden verlobt und ihnen die Ringe von Herrmanns Eltern ansteckt, bittet er Dorothea um eine Erklärung für den Ring, den sie bereits trägt. Ihre Erinnerung an das letzte Gespräch mit dem früheren Verlobten wird gekrönt von Herrmanns Worten, mit denen er dem endlosen Schwanken, von dem der Tote gesprochen hatte, die Festigkeit entgegensetzt, die Deutschland eigentümlich sei und in der Ehe mit Dorothea verkörpert werde. Sein Patriotismus ist nicht der trommelwirbelnde Ruf der deutschen Jugend zu den Waffen, dem folgen zu wollen er im vierten Gesang vorgab, sondern die gemessene Überzeugung, daß eine «Macht» aufstehen muß «gegen die Macht» – so wie in Judenburg und Leoben; dann erfreuen sich alle Seiten des «Friedens», der das letzte Wort in dem Gedicht ist.

Es könnte scheinen, als habe Goethe genau die beabsichtigte «bürgerliche Idylle» geschrieben. Mit dieser Einschätzung kann man im wesentlichen die Beliebtheit des Epos bei seinem ersten Erscheinen und im ganzen 19. Jahrhundert erklären, aber vielleicht auch einen Teil des Mißkredits, in den es seither geraten ist. Es ist in gewisser Hinsicht ganz eindeutig ein bürgerliches Werk insofern, als Figuren aus dem Adel oder den herrschenden Schichten völlig fehlen und auch kaum andeutungsweise vorkommen. Einmal heißt es «Fürsten fliehen vermummt, und Könige leben verbannet», der Kontakt des Pfarrers zum Leviathan wird erwähnt, als er von seiner Zeit als Hauslehrer bei einem jungen Baron erzählt, und Herrmanns Vater ist stolz darauf, Menschen von Stand bewirten zu können. Aber ansonsten könnten wir den Eindruck haben, als wäre das politische Gefüge des Reichs überhaupt nicht vorhanden und ein Städtchen wie jenes, worin Herrmanns Familie lebt, eine völlig autarke Insel des reichen Bauern- und Handwerkerstandes: fürwahr eine Idylle für Leser in Leipzig und Breslau, eine Gesellschaft, die nach girondistischen Vorstellungen revolutioniert und von jakobinischen Übergriffen eines absolutistischen Staates unberührt ist. Der sorgfältige, konkrete Realismus in der Schilderung des Lebens einer halb ländlichen Mittelschicht – Herrmanns Mutter, die einige Raupen vom Kohl wegnimmt, während sie durch den Garten eilt, oder die eingehende Beschreibung der steinernen Brunneneinfassung – nimmt vieles in der erzählenden Prosa des 19. Jahrhunderts vorweg, was beim Bürgertum zumal in Deutschland beliebt war. Der motivische Gebrauch von Verweisen auf kleine Dinge ist ein Aspekt dessen, was man später «poetischen Realismus» nannte: der alte Kattunschlafrock, der eine unerwartet zentrale Rolle spielt, der Wasservorrat, der Abstufungen gesellschaftlicher Ordnung beziehungsweise Auflösung anzeigt, Gold und Silber, die zum unmittelbaren Ausdruck für die Großzügigkeit des Pfarrers, der den Flüchtlingen seine Börse überläßt, dann zur Metapher für die Fähigkeit menschlicher Tugenden werden, unter veränderten Umständen neue Formen zu finden, und schließlich in der Rede von Dorotheas einstigem Verlobten zum Sinnbild allgemeiner Unbeständigkeit geraten. Es herrscht auch eine psychologische Lebenswahrheit, die durchgängig freundlichen Komödienstoff liefert: bei Herrmann mit seinem immer wieder zaudernden und linkischen Verhalten; beim Vater, der wirkungslos wütet, während die Mutter mit ruhiger Hand die Dinge lenkt; beim Apotheker, der mehrmals seinen von ängstlichem Eigennutz verkümmerten Charakter verrät. Und noch eine andere, für seine Absicht wesentliche Art von Realismus zeigt das Werk, die es wohl mit *Werther*, sonst aber mit nur wenigen anderen Werken Goethes teilt: Es ist historisch und geographisch genau lokalisiert. Als sein Gegenstand ist Deutschland Mitte der 1790er Jahren zu identifizieren – nicht durch Verweise auf Frankfurt am Main, Straßburg und Mannheim und den Einmarsch der Franzosen 1796, sondern auch durch die Ansiedelung des Geschehens in einer Landschaft, in der es wohl Getreidefelder, Weinberge und Obstbäume gibt, die aber klar unterscheidet zwischen dem Dorf, wohin die Stadtbewohner einen Ausflug unternehmen, und dem Städtchen selbst mit den Mauern und dem Marktplatz. Der Wein und die Römer, aus denen er getrunken wird, der große offene Landauer des Nachbarn und die Stickerei auf Dorotheas Mieder verraten uns ebenso genau, wo wir uns befinden, wie uns der Verfall der altmodischen Rokokostukkatur am Haus des Apothekers oder die Beliebtheit des häuslichen Klavierspiels und der *Zauberflöte* den zeitlichen Rahmen der Erzählung geben. Das ist ein wichtiger Schritt über *Wilhelm Meisters Lehrjahre* hinaus zum Roman des 19. Jahrhunderts. Ein anderer ist, daß Herrmann und Dorothea wirklich – und nicht nur ideell oder, wie Goethe sagt, «*in suspenso*» – verheiratet sind. Nicht nur, weil ihnen die Verlobungsringe angesteckt werden, sondern weil es die Ringe von Herrmanns Eltern sind und weil wir in der Schilderung von deren Ehe – die bei aller Unterschiedlichkeit der Partner gut eingespielt und glücklich ist – eine Vorausdeutung auf die Ehe Herrmanns und Dorotheas erhalten haben: sowohl psychologisch, denn wir haben Grund zu der Annahme, daß Dorothea ebenso klüglich dominierend sein wird wie Herrmanns Mutter und wohl ebenso praktisch und tüchtig; als auch materiell, denn wir wissen, daß die physische Welt, die Herrmanns Familie und seine Nachbarn bewohnen – Gebäude und Kutschen, Mobiliar und Wohlstand –, nicht aus der Vergangenheit ererbt, sondern das Produkt von ihrer Hände Arbeit in den zwanzig Jahren seit dem großen Brand ist. Das Gedicht setzt dem Aufruhr der Revolution nicht einfach eine Geste der Hoffnung entgegen, sondern das voll ausgeführte Bild eines Lebens, das imstande ist, notfalls bei Null anzufangen.

Wäre dies alles, so bliebe freilich *Herrmann und Dorothea* bei allem Reiz das unerträgliche Beispiel einer Selbstbeweihräucherung jener Klassen, die sich über *Die Horen* mokierten und dafür ihrerseits in den *Xenien* verspottet wurden. Nun mag Goethe froh gewesen sein, potentielle Gegner beschwichtigen zu können; aber darum war er doch nicht ihr Sprachrohr, und in mancherlei Hinsicht gab sein Gedicht gerade für jene Menschen, denen es zu schmeicheln schien, eine unbehagliche und irritierende Lektüre. Für einiges ist wahrscheinlich schiere Bosheit verantwortlich: Der Mutter Herrmanns legt Goethe ausgerechnet eine Zeile Philinens in den Mund, wenn er sie ihrem Sohn die Ehe mit den Worten schmackhaft machen läßt: «Daß dir werde die Nacht zur schönen Hälfte des Lebens.» Sie wiederholt nur, was Goethes eigene Mutter gesagt hatte, die die Wahl seines «Bettschatzes» billigte – Goethe berichtete ihr, daß sein Gedicht eine «Frau Aya»-Figur enthalte –; trotzdem wurde die Zeile in vielen *Herrmann-und-Dorothea*-Ausgaben des 19. Jahrhunderts fortgelassen. Wie in *Der Gott und die Bajadere* verpufft die Verkündung scheinbar patriarchalischer Lebensregeln bei näherem Zusehen wirkungslos, ohne autoritativ bekräftigt zu werden. «Dienen lerne beizeiten das Weib», sagt Dorothea, als sie Herrmanns Angebot ablehnt, ihr die gefüllten Wasserkrüge ins Dorf tragen zu helfen. Aber als sie diese Worte spricht, erfüllt sie noch das «süße Verlangen» – die Bezeichnung Homers für den Eros, der Götter und Göttinnen zusammenführt –, welches sie kurz zuvor «ergriffen» hat, und was sie den Worten folgen läßt, ist die lebhafte, eingehende Beschreibung des Lebens nicht der Dienstmagd, zu der sie sich bestellt glaubt, sondern der Ehefrau und Mutter, zu der sie insgeheim zu werden hofft; in diesem Zusammenhang sei das Dienen lediglich der Umweg jener, die herrschen wollen, ein Umweg, der sie um so sicherer an das Ziel bringe. Was auf den ersten Blick eine patriarchale Pose des Autors zu sein schien, darauf berechnet, wie Goethes *Episteln*, bestimmten Lesern dadurch zu schmeicheln, daß andere verärgert werden (so Caroline Schlegel oder Sophie Mereau, die nicht die Absicht hatten, dienen zu lernen), erweist sich als ein recht ernüchterndes Stück Psychologie mit wenig Trost für jenen *pater familias*, der sich gern für den moralischen Mittelpunkt des Universums hält. Von den männlichen Hauptfiguren des Gedichts werden alle mit Ausnahme des Geistlichen an irgendeinem Punkt zur Zielscheibe des Spotts – von den weiblichen Hauptfiguren keine. Doch ist nicht einmal der Pfarrer die Quelle einer letzten moralischen Autorität. Er ist eine vieldeutige Gestalt: der vollkommene Inbegriff der vernünftigen Religion, dem die Erwähnung des Übernatürlichen nicht über die Lippen kommt; verständnisvoll und großmütig bis zur Schwäche, dabei jedoch ein berechnender Schalk wie Friedrich in *Wilhelm Meister*, der absichtlich die anderen Charaktere in noch tiefere Verwirrung stürzt, um am Ende den guten Ausgang der Sache zu beschleunigen. Wie die Täuschung der Kinder, als Dorothea von ihnen scheiden muß – ein Sinnbild en miniature für die herberen Schmerzen durch Krieg und Vertreibung –, erzeugt das Finassieren des Geistlichen einen momentanen Mißton, der unser Verhältnis zu dem restlichen Gedicht verunsichert. Er scheint der Abgesandte einer anderen, sonst kaum erwähnten Welt zu sein, der intellektuellen Welt der Philosophie und der Universitäten, des moralischen und politischen Idealismus. Wie Frau von Steins Ogon (in ihrer «Dido») hat er etwas von einer Fünften Kolonne in den Mauern des Städtchens. Säkularisierte Theologie und Universitätsausbildung sind die heimliche Grundlage seiner Affinität zu dem Richter und zu Dorotheas erstem Bräutigam: Sie alle sind die drei Geister bei dem Fest, Stimmen des Beamtentums und der Intelligenz, die dem Bürgertum Neuigkeiten von jenen Mächten ins Ohr flüstern, welche drohen, ihre Idylle zum Einsturz zu bringen. Für den Pfarrer sind, wie wir hören, geistliche und weltliche Literatur gleichermaßen Quellen der Weisheit, und wenn diese Gleichheit im Nebenzimmer des *Goldenen Löwen* harmlos, ja sogar behaglich scheinen mag, so zeigt sich ihr immenses revolutionäres Potential in dem Moment, wo der Richter Worte aus dem Propheten Joel und aus der Apostelgeschichte gebraucht, weil er nur auf diese Art die Ereignisse von 1789 zu beschreiben weiß. Es muß nicht so sein, daß Säkularisierung nur einseitig die religiöse Begeisterung lähmt; sie öffnet auch die säkulare Welt der Verwandlung durch eine neu verstandene Religion. Dorotheas erster Bräutigam konnte sich eine Auferstehung für sie beide vorstellen, aber nur am Ende eines Prozesses, der die Welt in Trümmer gelegt und sie beide zu «erneuten Geschöpfen» umgebildet hätte, «unabhängig vom Schicksal». Auch der Pfarrer gibt zu bedenken, daß Herrmann und seine Familie sich einmal in der Schattenexistenz eines biblischen Exils wiederfinden könnten, für immer vertrieben von dem Grund und Boden, den das Gedicht als fest und zuverlässig beschrieben hat (VI. 201–205). Jener epische Realismus, der scheinbar die Verwurzelung des Gedichts in einer bürgerlichen Welt des Besitzes, der greifbaren Früchte harter Arbeit bekräftigte, weicht in den Reden des Richters und des Bräutigams über die Revolution und ihre Folgen der Metaphorik, der Abstraktion und dem Bibelzitat. Da die Revolution, dem Bräutigam zufolge, die Zerschmetterung der Grundlage alles Konkreten ist, ist es unmöglich, sie auf eine realistische Weise zu beschreiben. Der philosophische Idealismus, der Form und Inhalt der letzten drei Gesänge erfüllt, bringt bewußt die unreflektierten Gewißheiten der Gesänge 1 bis 6 ins Wanken. Der Apotheker beschreibt im ersten Gesang, wie die Habe einst wohlgeordneter Haushalte jetzt kunterbunt durcheinander auf den Karren der Flüchtlinge aufgetürmt liegt; da ist ein Spiegel lediglich ein Gegenstand aus Holz, über den ein Leintuch gebreitet ist, so daß er nichts mehr – oder nur sein eigenes Verhülltsein – spiegelt. Im siebenten Gesang jedoch, der zunächst das Bild Dorotheas in Herrmanns Gedanken mit der physiologischen Erscheinung des Nachbildes vergleicht, ist es der Anblick ihres gemeinsamen Spiegelbildes im Wasser des Brunnens, was das «süße Verlangen» der Liebenden auslöst. Der Gipfel des reflexiven – oder wie Schiller sagen würde: sentimentalischen – Selbstbewußtseins wird dann zu Beginn des letzten Gesanges erreicht, wo die Musen angerufen und um Hilfe bei der glücklichen Vollendung des Bundes gebeten werden. Weder der Schluß von *Herrmann und Dorothea* noch das Verhältnis des Gedichts zu der von Goethe angeblich thematisierten Lebensweise sind in irgendeinem Sinne des Wortes «naiv».

Die Entschuldigung, die Goethe gegenüber Herzogin Louise für die eindeutig revolutionsfreundlichen Worte von Dorotheas erstem Geliebten vorbrachte, war selbst alles andere als aufrichtig: «Das Ganze schien mir zu fordern, daß die zwey Gesinnungen in die sich jetzt beinahe die ganze Welt theilt neben einander ... dargestellt würden.» Gemäß der Theorie, die er kurz darauf in *Über Laokoon* skizzierte, sollte das Gedicht zwei widerstreitende Leidenschaften in Harmonie bringen, ohne doch eine von ihnen zu teilen. Aber befindet sich Herrmann wirklich in Konflikt mit seinem toten Rivalen? Fest steht, daß die abschließende Rede Herrmanns – in gewisser Hinsicht das Gegengewicht zu der Rede des ersten Bräutigams – weder die Ansichten der Herzogin Louise noch die irgendeines sonstigen Revolutionsgegners unter den kompromißlosen Aristokraten oder den Vertriebenen wiedergibt. Deutschland, sagt Herrmann, geziemt es nicht, sich mit der Herrschaft einer grenzenlosen Bewegung und Veränderung abzufinden: Deutschland ist *terra firma*, «fester Boden» (das Wort «fest» kommt in acht Zeilen fünfmal vor), und an den Deutschen ist es zu sagen «Dies ist unser!» und nicht die Nachbeben ausländischer Erschütterungen fortzuleiten. Aber Herrmann pocht selbst auf das Seine, wenn er zu Dorothea sagt «Du bist mein», und Dorothea ist es, die soeben die Überzeugung ihres ersten Geliebten von der unwiderruflichen Wandelbarkeit der Zeiten beredt zu neuem Leben erweckt hat und von außen in die geschlossene Welt des Städtchens gekommen ist, als ein Geschenk und eine Verkörperung des großen Aufruhrs. Was ist nach Herrmanns Auffassung eigentlich «unser», oder jedenfalls sein? Wohl nicht, so scheint es, die steinerne Verachtung der Moderne, sondern etwas, das in der Mitte zwischen Beweglichkeit und Festigkeit liegt, gleichsam als tue es Deutschland not, sich mit den ausländischen Mächten zu vermählen und mit einer eigenen Revolution seine alte Identität zu stärken. Also nicht einfach die bürgerliche Idylle, sondern die Idylle, verbunden mit den Mächten, die sie bedrohen. «Du bist mein; und nun ist das Meine meiner als jemals.» Die letzten Worte Dorotheas, bevor Herrmann spricht, verweisen unmißverständlich darauf, daß wir ein unheimliches Niemandsland zwischen Gleichgewicht und Ungleichgewicht betreten haben. Sie bereiten uns auf ein Bild vor, das den letzten Zeilen des *Torquato Tasso* entlehnt ist, mit einem Oxymoron aus zwei Worten, das besonders herausgehoben wird, da es auf eines der wenigen Enjambements des ganzen Gedichts folgt:

O verzeih, mein trefflicher Freund, daß ich, selbst an dem Arm dich
Haltend, bebe! So scheint dem endlich gelandeten Schiffer
Auch der sicherste Grund des festesten Bodens zu schwanken.

Nach Goethe scheint der ganze Laokoon in Bewegung zu sein, wenn wir die Augen schließen und dann für einen kurzen Augenblick die marmorne Gruppe ansehen. Einen derartigen Eindruck des Schwankens und Feststehens zugleich scheint Goethe uns mit *Herrmann und Dorothea*, verstanden als ein «Ganzes», verschaffen zu wollen.

Diese Vermählung Deutschlands mit der Revolution scheint freilich mehr das Werk der sinnreichen Musen zu sein als eines ernsthaften Handels zwischen den Partnern. Die Kosten seiner Hochzeit scheint, poetisch gesprochen, nicht Herrmann selbst zu entrichten, sondern der Apotheker als der

Gegner jeder Ehe und Bindung an andere, und auch Herrmanns Vater, der von ihrem Umfang eine zu enge, selbstsüchtige Vorstellung gehabt hat. Um Dorothea zu erringen, opfert Herrmann nichts Eigenes, sondern nur den gesellschaftlichen Ehrgeiz seines Vaters. Da die Fabel des Epos sich darum dreht, ob und wie das Geschenk der Götter angenommen wird, und die Initiative ganz allein bei Herrmann liegt, findet das Verhältnis zwischen Deutschland und der Revolution in der abschließenden Verlobung letztlich keine wahre Darstellung. Denn wenn das Schicksal an die Tür klopft, dann nicht als Bettler, der dankbar ist, eingelassen zu werden, sondern als Notwendigkeit, die Gehorsam fordert, und zwar um jeden Preis. Geschichte zwingt sich auf; Goethe aber stellt sie als eine Sache der Wahl hin, so als hätte Herrmann eine Alternative zu seiner Aussage «Dies ist unser». Die vordergründige Handlung des Gedichts läuft also der inneren Logik ihrer Präsentation zuwider. Denn Goethes eigentliche Absicht in diesem Gedicht ist es nicht, wie in *Das Mädchen von Oberkirch*, einen Standpunkt zu finden, von dem aus die französische wie die deutsche Wirklichkeit in den Blick genommen werden kann, und auch nicht, wie in *Breme von Bremenfeld*, die Revolution als einen Konflikt deutscher Meinungen über Ereignisse in Frankreich zu behandeln, die kaum mehr als Meldungen in der Zeitung sind. Die geographische und historische Konkretheit seiner Erzählung macht überdeutlich, daß Goethes Thema nicht die Französische Revolution selbst ist, ein Vorgang, den vor Jahren in einer fernen Kapitale Akteure eingeleitet haben, die zu irgendeinem Zeitpunkt eine gewisse Freiheit der Wahl gehabt haben mögen – es gibt keine einzige französische Figur in dem Gedicht –, sondern die direkte Auswirkung der Revolution auf das Leben der Mehrheit des deutschen Volkes im Jahre 1796. Und 1796 lernte das deutsche Volk wieder eine Wahrheit, so alt wie der Trojanische Krieg: daß die Mehrheit nicht Initiator der Ereignisse ist, sondern ihr Opfer – *Quidquid delirant reges plectuntur Achivi*. Dorothea ist ein Opfer, aber Herrmann nicht – so wie Goethe im Frühsommer 1797 zwar Italien, aber noch nicht sich selber als Opfer der Geschichte erblickte und noch nicht eingesehen hatte, daß seine Ehe mit Christiane einen Preis forderte, den er allein und niemand sonst zu entrichten hatte. Herrmanns Entschluß, sich an Dorothea zu binden, die Triebfeder der Fabel, mag dramatisch und generös sein, verlangt aber relativ wenig, verglichen mit den Kämpfen, die seine Eltern oder Dorothea oder ihr idealistischer Bräutigam zu bestehen haben, und auf der abschließenden Ermahnung, zu welcher er in gewisser Hinsicht von allen Hauptfiguren am wenigsten berufen ist, liegt ein Hauch von Selbstgefälligkeit.

Herrmann und Dorothea ist nicht die erste Vorwegnahme des Romans oder der Novelle des deutschen «poetischen Realismus» im 19. Jahrhundert. Es ist der letzte umfassende Ausdruck des Programms der *Horen* und der illusorischen Überzeugung, die öffentliche Kultur des Buchdrucks könne ihre Einheit und Richtung aus den Händen jener Beamtenintelligenz empfangen, die den souveränen Fürsten des alten Reichs und ihren Höfen dienen. Aber die Illusion wird als das erkannt, was sie ist, und nicht zum Stoff einer maßlosen Polemik wie in den *Xenien*, sondern eines einzigartig ausgewogenen Humors gemacht, der jegliche Schwäche in der moralischen Struktur des Gedichts kompensiert. Vorbedingung dieses Humors ist eine Auslassung. Der eine Bereich zeitgenössischen bürgerlichen – das heißt nicht-höfischen – Lebens, den Goethe rigoros aus dem Gedicht ausklammert, ist die Literatur. Die modische *Zauberflöten*-Schwärmerei kommt kurz in einem satirischen Zusammenhang vor, der mehr von Anmaßung als von Bildung zeugt; aber Bücher werden überhaupt nicht erwähnt. Von Herrmann wird denn auch gesagt, daß er sich als Kind schwergetan habe mit dem Lesen-, Schreiben- und Rechnenlernen, und da seine Angehörigen, wenn sie denn überhaupt lesen, zweifellos eher zu Lafontaine als zum *Wilhelm Meister* neigen, hat man den Eindruck, daß Goethe es vorzöge, sie blieben Analphabeten. In *Herrmann und Dorothea* ist kein Raum für Rivalen der *Horen*; denn deren Literaturbegriff bestimmt jedes Wort in dem Epos. Die Beamten- und die höfische Klasse, die in diesem epischen Bild Deutschlands durch ihr Fehlen auffällt und nur im Hintergrund einiger Figuren angedeutet wird, ist inständig gegenwärtig in der gebildeten, hellenisierenden Form des Werks und in den Anspielungen auf Homer, die die Erzählung durchziehen. Es ist für Leute geschrieben wie Schiller und Hölderlin, Voigt und Böttiger, die als einzige imstande waren, den Gebrauch des homerischen Vorbilds zu schätzen, obgleich die Menschen, über die es geschrieben ist, und nicht einmal der Geistliche jemals Homer oder das alte Griechenland erwähnen. Eine erste Erklärung für diese Kluft zwischen der gesellschaftlichen Welt, die geschildert wird, und der gesellschaftlichen Welt, die die Schilderung voraussetzt (beide Male das Deutschland nach 1790), könnte Goethes Absicht sein, das zeitgenössische Kleinstadtleben in Deutschland als eines vorzuführen, das in allen wesentlichen Punkten selber homerisch ist. Wenn ehrende Adjektive oder «homerische Epitheta» wiederholt werden – «die gute verständige Mutter», «der treffliche Jüngling», «der alte würdige Richter»-, stellen sich beim Leser «der erfindungsreiche Odysseus» oder «der starke Held Diomedes» als Parallele ein. Der wiederholte Gebrauch von narrativen Formeln wie «Da versetzte der Sohn sogleich mit geflügelten Worten» oder «Also sprach er» ist auch eindeutig dazu bestimmt, eine rituelle Feierlichkeit der Aussage zu erreichen, wie sie vielleicht von Homer gewollt war (vielleicht auch nicht), wie sie aber auf jeden Fall von Voß in seiner 1793 erschienenen Übersetzung der *Ilias* gewollt war. Einige Episoden und beschreibende Passagen sind so genau ihren Entsprechungen bei Homer und Voß nachgebildet, daß ein gebildeter Leser vorausgesetzt werden muß, der imstande ist, sich an der Parallele zu ergötzen und zugleich die richtigen Schlüsse daraus zu ziehen. Wenn zum Beispiel Herrmann im fünften Gesang die Pferde vor die neue Familienkutsche spannt, legt eine ganze Reihe von textlichen Reminiszenzen einen Vergleich mit der

Zurüstung von Achilles' Streitwagen im 19. Buch der *Ilias* nahe – und damit wohl die Erhöhung Herrmanns zum Status des Helden. Wenn uns bei der Szene an der Quelle der homerische Anklang in der Wendung «süßes Verlangen» nicht auffällt, bemerken wir vielleicht nicht einmal die Bekräftigung der sexuellen Bindung zwischen Herrmann und Dorothea, geschweige denn den implizierten Vergleich mit Paris und Helena oder Zeus und Hera. So interpretiert, würde die homerische Manier des Gedichts darauf abzielen zu zeigen, daß heroische Einfachheit und Tugend sogar im Zeitalter der Französischen Revolution noch möglich sind, und die zuversichtliche Hoffnung der letzten Zeile von Schillers *Spaziergang* bewähren, daß auch uns die Sonne Homers lächelt, wenn wir uns der Natur zuwenden – jedoch unter der Voraussetzung, daß «wir» ungebildete Handwerker sind, die nie etwas von Homer gehört haben. Diese Interpretation ist also offenkundig unzureichend.

Dem Dichter weniger wohlgesinnte Zeitgenossen hielten *Herrmann und Dorothea* für eine Parodie auf Voß und hatten damit nicht ganz unrecht; allerdings war nicht, wie Gleim vermutete, Vossens *Luise* Gegenstand der Parodie. Es herrscht in Goethes Gedicht eine durchgehende, subtile Diskrepanz erstens zwischen seinen – mit Schiller zu reden – «naiven» Figuren, die sich ihrer Ähnlichkeit mit ihren Pendants bei Homer nicht, und seinen «sentimentalischen» Lesern, die sich ihrer sehr wohl bewußt sind; und zweitens zwischen der antiken Welt und Literatur, auf die sich zu besinnen die Leser ständig genötigt werden, und der modernen Welt mit ihren materiellen und gesellschaftlichen Gegebenheiten, in der allein die Figuren zu agieren glauben. Vossens *Luise* weiß von solchen Diskrepanzen nichts. *Luise*, deren drei Teile erstmals 1795 gesammelt in Buchform erschienen, erzählt von einer ländlichen Werbung und Hochzeit in Hexametern, die gelegentlich mit verbalen Formeln aufgeputzt werden, bietet aber an keiner Stelle eine konsequente Homer-Imitation. Die fröhliche Geschichte steckt voller malerischer Anspielungen auf das zeitgenössische Leben und scheint nur zufällig in Hexameter gefaßt zu sein; so kennt es denn auch gereimte Lieder in einem modernen Rhythmus. Goethes Stil in *Herrmann und Dorothea* verdankt den Übersetzungen Vossens mehr als seiner *Luise*. Betrachten wir zum Beispiel, wie Goethe einen modernen Eigennamen in die Beschreibung der Rückkehr von Herrmanns reichem Nachbarn einflicht:

> Im geöffneten Wagen (er war in Landau gefertigt)
> (I. 56)

Warum wendet Goethe zur Bezeichnung des Landauers fünf Wörter auf, wenn doch jeder deutsche Ortsname durch das Suffix «-er» zu einem Adjektiv gemacht werden kann, das Wort «Landauer» bereits eine eingebürgerte Bezeichnung für dieses Fahrzeug war (und wahrscheinlich nicht, weil er, wie Goethe meint, aus Landau gekommen wäre, sondern weil er von dem Engländer Landow gebaut wurde) und die Formulierung «Landauer Wagen» eine verlockende hexametrische Endung abgegeben hätte? Voß dagegen findet nichts dabei, das Porzellan auf dem Frühstückstisch des Pfarrers als Dresdener Ware zu bezeichnen; der Geistliche wachte auf, zog «den rauschenden Vorhang» auf

> und sah durch die gläserne Tür in der Stube den Teetisch
> Hingestellt und geschmückt mit geriefelten Dresdner Tassen
> (*Luise* II.13–14)

Voß gebraucht einfach die Adjektivbildung mit dem Suffix «-er». Er hätte über die Tassen in einem eigenen Nebensatz sagen können «sie waren in Dresden verfertigt», aber das hätte steif, umständlich und geradezu lächerlich gewirkt – eine Wirkung, die Goethe bewußt zu suchen scheint. Denn Goethe versucht nicht, den reizvollen Gesprächston von Vossens Idylle nachzuahmen, sondern etwas zu schreiben, das einen sei's auch merkwürdigen Bezug zu der großartigen Manier von Vossens Übersetzung der griechischen Epen aufweist, etwa der klangvollen Kette von Namen im Schiffskatalog des zweiten Buches der *Ilias*:

> Diese führt Eumelos, der traute Sohn des Admetos,
> In eilf Schiffen zum Streit; ihn gebar Alkestis, die Fürstin
> (II. 714–715)

Wenn er uns von dem Landauer erzählt, läßt Goethe bewußt diese langsame, heroische Parataxe anklingen – ein Nachhall, den man als Parodie bezeichnen könnte (bei der Arbeit an *Herrmann und Dorothea* scheint er eine antike Burleske Homers konsultiert zu haben, den *Froschmäusekrieg*). Aber Gegenstand der Parodie, wenn es denn eine ist, ist weder *Luise* noch einfach Homer; Gegenstand ist die Fremdheit Homers, wie er in Vossens Übersetzung erscheint. Verdrehte Wortstellung, ungewöhnliche Satzstruktur und gequälter Ausdruck beziehungsweise Wortschatz von Vossens Übersetzungen hatten schon immer zu abfälligen Kommentaren gereizt, besonders von seiten des makellos versifizierenden Wieland. Doch Voß hielt diese Fremdheit für einen wesentlichen Aspekt der Übersetzung, wenn sie einen authentischen Eindruck vom antiken Original vermitteln wollte, indem sie dessen Differenz von allem Modernen darstellte. Voß empfand die antike, heidnische Tugend als derartig verschieden von der modernen Verderbtheit, daß ihre Darstellung in seiner Übersetzung eine fast abweisende Monumentalität annahm. Dementsprechend sah er auch keinen Sinn darin, die Behandlung eines modernen Stoffes in *Luise* mit irgendeinem antiken Muster zu verknüpfen, das der Gebrauch von Hexametern vielleicht nahelegen mochte. Goethe steuert in *Herrmann und Dorothea* einen mittleren Kurs. Er führt in eine moderne Idylle, die der *Luise* nachgebildet ist, die stilistischen Merkmale von Vossens Homer ein, doch die antike oder quasi-antike Form kontrastiert merklich mit dem neuen Inhalt: Unsere Welt ist die deutsche des 18. Jahrhunderts mit dem Landauer, und sie unterscheidet sich wesentlich von jener antiken Welt mit Achilles' Streitwagen und Homers Schiffskatalog, an welche die parataktische Satzstruktur gemahnt. Aber Unterschied ist auch Verhältnis, und Goethe versucht ein Medium zu schaffen, in dem uns die antike Welt noch in ihrer Andersartigkeit gegenwärtig bleibt und nicht einfach dem Vergessen oder der absoluten Fremdheit anheimfällt und in dem die Leser seines Gedichts mit seinen Figuren eine gemeinsame Basis finden können und ihnen nicht durch ihre literarische und intellektuelle Kultur hoffnungslos entfremdet sind.

Nach Schillers Analyse in der Abhandlung *Über naive und sentimentalische Dichtung* unterschied sich die antike Welt von der unseren insbesondere dadurch, daß die Alten die Unterscheidung zwischen Ideal und Wirklichkeit nicht kannten, in der wir Modernen unseren Unterschied zu ihnen ausdrücken (sie sind das Ideal, wir die Wirklichkeit). Wenn Goethe sich zu Beginn des siebenten Gesanges der spezifisch homerischen Technik des ausgeführten Bildes bedient, dann geschieht das, um diesen fundamentalen Unterschied zu thematisieren und zugleich seine Überzeugung anzudeuten, daß er überwunden werden kann und daß ein mittlerer Kurs möglich ist. Herrmann, alleingelassen, hat die Absicht, ins Dorf zurückzugehen, um Dorothea zu suchen. Ihr Bild, sagt Goethe, hat sich Herrmanns Sinn so eingedrückt, daß er sie erblickt, wohin er auch sieht, wie der Wanderer, nachdem er die sinkende Sonne noch einmal ins Auge gefaßt hat, den Blick dem dunklen Gebüsch zuwendet und ein Nachbild der Sonne in sich langsam abwandelnden Farben vor sich schweben sieht. Der Inhalt, den Goethe in diese alte Form gegossen hat, ist in mehrfacher Hinsicht modern: Die Erscheinung kommt aus dem Bereich des Naturwissenschaftlers und ist subjektiv, und das Erlebnis widerfährt einem «wandernden Mann», der sich fern der menschlichen Gesellschaft befindet, in der Natur, nicht in einer zivilisierten Umgebung. Herrmann rüttelt sich aus dem Traum auf, aber die Kluft zwischen Idee und Wirklichkeit, und damit zwischen Antike und Moderne, wird nicht vertieft, sondern überbrückt. Er blickt nach vorn und sieht wieder das Bild Dorotheas; aber diesmal ist es kein bloßes Bild, «es war kein Scheinbild; sie war es / Selber» (VII. 11–12). Dorothea kommt ihm entgegen, und die letzten drei Gesänge zeigen uns, wie dieses vollkommene Ideal in Herrmanns Leben wirklich und tätig wird. So ist es auch Goethes Absicht, uns durch die Form seines Gedichts die Antike nahezubringen, als ein Nachbild, das die moderne Thematik ergänzt, und sie uns in einem «abgeschlossenen» Kunstwerk wirklich gegenwärtig zu machen. Auf diese Weise wird die Intellektuellen- und Beamtenschicht, die den narrativen Stil des Gedichtes liefert, doch nicht völlig gesondert von dem kleinstädtischen Bürgertum, das die Themen liefert. Sie werden in ihrer Verschiedenheit aufeinander bezogen, und das Ideal der *Horen* wird lebendig erhalten, bei aller Einsicht in seine praktische Unrealisierbarkeit. Goethes Instrument, um diese Diskrepanzen miteinander zu harmonisieren und aus ihnen eine ästhetische Einheit zu schaffen, ist sein konsequent humorvoller Ton.

Es scheint mir besser zu sein, den in *Herrmann und Dorothea* vorherrschenden Ton «humorvoll» zu nennen und nicht «ironisch». Neben dem Kontrast zwischen antiker Idee und moderner Wirklichkeit gibt es andere Aspekte, die die Erwartung erzeugen, der Leser werde dem Gedicht in einer Stimmung intelligenter Unbeschwertheit gegenübertreten. Die Komödie der Temperamente, der lebensechten Figuren liefert viele prägnante psychologische Beobachtungen: der Apotheker, der dafür sorgt, daß seine Wohltätigkeit auf das Verteilen seines Tabaks beschränkt bleiben wird, und dann dessen Vorzüge rühmt, wie um den Wert des Geschenks zu erhöhen; oder der Vater, dessen Heftigkeit nach Tisch seine Frau eine kleine Angewohnheit nennt, die man nicht beachten müsse, und der sich daraufhin beklagt, daß ihn ohnedies niemand beachtet, und sich damit abfinden muß, überstimmt worden zu sein. Sobald wir uns klargemacht haben, daß die *dramatis personae* sich auf einem von Sterne, Molière und Terenz abgesteckten Gefilde bewegen, können wir in dem Wechselspiel von Form und Inhalt Zeichen eines Autors mit eigenem Humor entdecken. Eine bestimmte Wirkung ist eindeutig beabsichtigt, wenn im zweiten Gesang 71 dröhnende Hexameter benötigt werden, um uns zu erzählen, daß Herrmann ins Dorf hinuntergefahren ist, um zwei Frauen etwas Bier und einen alten Schlafrock zu schenken, oder wenn wir am Ende des ersten Gesanges lesen:

> Also sprach er und horchte. Man hörte der stampfenden Pferde
> Fernes Getöse sich nahn, man hörte den rollenden Wagen,
> Der mit gewaltiger Eile nun donnert' unter den Torweg.

Die Wirkung beruht in diesem Fall nicht zuletzt darauf, daß die onomatopoetische Dramatik den klasssisch gebildeten Leser an Vergils berühmte Zeile *quadrupedante putrem sonitu quatit ungula campum* («dumpf zermalmt der Huf im Galopp das mürbe Gefilde» *Aeneis* VIII. 596 [Ü.: J. Götte]) gemahnt und daß die ganze Stelle an Vossens Übersetzung von Nestors Begrüßung des Odysseus erinnert, als er mit den erbeuteten Pferden des Rhesos in die griechischen Befestigungsanlagen zurückkehrt:

> Schnell hertrabender Rosse Gestampf umtönt mir die Ohren.
> Wenn doch Odysseus jetzt und der starke Held Diomedes
> Hurtig daher von den Troern beflügelten stampfende Rosse!
> (*Ilias* X. 535–537)

Ein Teil der Wirkung besteht indessen auch darin, daß diese Zeilen, trotz ihrer herausgehobenen Stellung, ihrer beeindruckenden Phraseologie und ihren Anspielungen auf die kriegerischen Helden des Altertums, einen Gastwirtssohn beschreiben, der die Familienkutsche in den Stall zurückfährt. Da aber ein komischer Ton schon früher in dem Gedicht angeschlagen worden ist, wirkt das nicht als bombastisch oder wie der erfolglose Versuch einer Idealisierung sondern wie ein Lächeln. Wir erheitern uns mit dem Autor über die Diskrepanz zwischen seinen großen epischen Gesten, den Anspielungen auf eine antik-heroische, im wesentlichen literarische Welt, und der modernen, bürgerlichen und unprätentiösen Welt, mit der diese Anspielungen verbunden sind – mit anderen Worten über die Vorstellung, daß «uns» noch immer die Sonne Homers lächelt und damit wohl auch den Gartenzwergen des Apothekers.

Wir geben diese Vorstellung jedoch nicht völlig auf. Die Inkongruenzen in *Herrmann und Dorothea* führen nicht zur Ironie, denn sie wollen nicht besagen, daß die Welt seit dem Altertum einfach degeneriert ist und Schwächlinge an die Stelle von Helden getreten sind. Unsere Erheiterung trifft nicht die Figuren der Geschichte; sie selbst hegen ja keine heroischen Prätentionen, sehen ihre Geschäfte nicht im Lichte homerischer Anspielungen. Diese Stadtleute sind keine kleinen Don Quixotes, die mit dem Versuch scheitern, ein Leben zu leben, das klassischen Maßstäben von Adel und Bedeutung genügte. Wären sie es, so erschiene Herrmanns abschließende Bekräftigung «Dies ist unser» als die lächerliche Selbstgefälligkeit und Überheblichkeit eines unwissenden, barbarischen Zeitalters. Die ominöse Schwäche des Philhellenismus in Hölderlins *Hyperion*, in dem die Weltgeschichte seit dem griechischen Augenblick der Vollkommenheit ein stetiger Verfall und Niedergang ist, beruht darin, daß dieser Roman die größten Schwierigkeiten hat, der modernen Zeit überhaupt irgendein Verdienst zuzuerkennen. Goethes Herrmann kann auf den Wert seiner Welt pochen, ohne lachhaft zu wirken, weil die homerische Sicht auf seine Welt ganz und gar ein Produkt der Form des Gedichtes ist. Was wir belächeln, ist das dichterische Medium, die homerisierende Manier, und darum behält die Sache für uns ihr ernsthaftes Interesse. Nicht Herrmann vergleicht sich mit Achilles, sondern der erzählende Dichter, und nicht die Vorstellung von Herrmann, der die Kutsche nach Hause fährt, ist Quelle unserer Belustigung, sondern der Versuch des erzählenden Dichters, diesen Augenblick einem Augenblick in der *Ilias* anzuähneln. Es hat nichts Unstimmiges, daß in einer Erzählung, die 1796 in Deutschland spielt, ein Landauer auftaucht; die Unstimmigkeit entsteht, wenn der Erzähler aus ihm einen Gegenstand aus dem homerischen Schiffskatalog zu machen sucht. Wir haben keinen Grund, uns Herrmann anders denn als «trefflich», seinen Vater als «gut», seine Mutter als «kluge verständige Hausfrau» vorzustellen; erst die Wiederholung dieser Höflichkeitsepitheta durch den Erzähler kommt uns als nicht ganz ernsthaft vor. *Herrmann und Dorothea* stellt nicht das Leben deutscher Kleinstädter als komisch hin, sondern die Bemühung der deutschen Intellektuellenschicht und speziell der Herausgeber der *Horen*, aus der Kombination dieses Lebens mit einer Bildung, die auf antiker Literatur und moderner Philosophie basiert, eine nationale Kultur zusammenzusetzen. Dennoch kann Goethe mit Recht behaupten, ein Homeride zu sein, und sei es auch der letzte, weil er jene Bemühung noch nicht definitiv aufgegeben hat und weil er, bei allen humorvollen Warntafeln, ein Gedicht geschrieben hat, das sich als schöpferische Fortentwicklung der homerischen Tradition darstellt. Wenn in der

Einleitung zum siebenten Gesang eine moderne naturwissenschaftliche Beobachtung in ein antikes literarisches Kunstmittel eingebettet wird oder wenn Herrmann und Dorothea zusammen in den Brunnen blicken und von einem zeitlosen Verlangen ergriffen werden, dem Homer einen Namen gegeben hat, gelingt eine Verschmelzung von Alt und Neu, bei der beide ihre unabhängige Identität behalten, so daß man wirklich sagen kann, daß sie miteinander kommunizieren. Die Handlung, in der das ganze Gedicht gipfelt, hat diese doppelte Qualität, eine Tradition festzuhalten und gleichzeitig zu erneuern. Goethes Vergleich moderner Stadtmenschen, Bauern und Händler mit den Helden antiker Epen hat etwas Richtiges und wirkt nicht bloß komisch; denn die antiken Helden waren ja selbst Bauern und Händler, einige von ihnen auch Stadtbewohner, wie wir aus den ausführlichen Vergleichen Homers zwischen seinen Szenen eines Krieges und Szenen aus der Schafzucht, dem Ackerbau, der Seefahrt und dem Leben in Marktstädten wissen. Weil es thematisch kaum eine Diskrepanz zwischen diesen Vergleichen und den ersten Gesängen von *Herrmann und Dorothea* gibt, ist die Revolution, welche die Lebensweise von Herrmanns Familie bedroht, auch ein Sinnbild alles dessen, was unsere Verbindungen mit der homerischen Welt zu zerstören droht. Wenn Herrmann sich entschließt, Dorothea, das entwurzelte Opfer der Revolution, zu heiraten, entscheidet er sich also für die Moderne, die uns vom Altertum trennt. Aber er pocht auch auf die fortdauernde Geltung der traditionellen Lebensweise und vollzieht eine heroische Handlung nach antiker Prägung. Dieses Paradoxon wird mit dem vorherrschend humorvollen Ton des Gedichts vollendet eingefangen. Der Schluß offenbart aber auch die Grenzen dieses Humors. Für die letzten Worte des toten Bräutigams, eines Mannes, der das Ende allen Schicksals vorhersieht, kann es kein Vorbild bei Homer geben – so gibt es zum Beispiel keinen Berührungspunkt zu Hektors Abschied von Andromache –; und gäbe es eines, könnte der Kontrast nicht zum Gegenstand des Vergnügens gemacht werden. Die Rede nimmt zu eindeutig den Untergang der Grundlagen der homerischen Welt in den Blick und steht ihrem Geiste nach dem Christentum zu nahe, als daß sie irgend etwas anderes sein könnte als bitterer Ernst. Wie am Ende von *Liebes Leid und Lust* wird auf einmal ein dunkler Akkord angeschlagen, ein Aufruf zur Askese vernehmbar. Auch wenn Goethe sich wie in *Das Römische Karneval* entscheidet, diesem Ruf nicht zu folgen, sind die Lustbarkeiten zu Ende, und die Stimmung ist nicht mehr zu retten. Wenn Herrmanns Antwort auf die Stimme aus dem Grabe nicht völlig überzeugt, dann darum, weil nach der Abdankung des Humors reiner Heroismus uns nicht helfen wird, einen übermächtigen historischen Wandel zu bestehen. Die Zeit ist reif zur Entsagung; aber dafür ist Goethe noch nicht bereit.

Nur vierzehn Tage nach der Niederschrift der Rede des Bräutigams wandte sich Goethe jedoch dem *Faust* zu: ein erster unmißverständlicher Akt der Entsagung, eine Anerkennung der Mächte der Modernität – und damit letzten Endes des Christentums –, die es anscheinend darauf abgesehen hatten, ihn in Weimar festzuhalten, wo er doch lieber Italiens «heidnische» Freuden genossen hätte (als die sie einem Protestanten erschienen). Man wüßte gerne mehr über die Pläne zum Umbau des ganzen Dramas, die er damals formulierte. Aber Goethe gab sich wohl absichtlich verschlossen über Einzelheiten, als er das Stichwort «Faust» in sein Tagebuch eintrug; das «Schema», das er diktierte, hat sich nicht erhalten; und so kann man nur den allgemeinen Charakter dessen erraten, womit er vom 21. Juni bis 5. Juli beschäftigt war. Geist wurde beauftragt, die vorhandenen Entwürfe und die einzelnen Szenen des gedruckten *Faust*-Fragments abzuschreiben, so daß Goethe ein sauberes Manuskript des ganzen einschlägigen Materials in der Reihenfolge des «Schemas» zusammenstellen konnte, durchschossen mit vielen leeren Blättern für Zusätze und Änderungen. Zweifellos wurden auch einige prägnante Zeilen zu Papier gebracht, in denen Grundzüge der Gesamtstruktur formuliert waren. Die Goethe-Philologie hat jedoch relativ wenig über die dreißig Überschriften des «Schemas» und die entsprechenden dreißig Manuskriptteile von sehr unterschiedlicher Länge erschließen können (die Numerierung von Manuskriptteilen und Überschriften aber wurde wahrscheinlich erst Anfang 1798 vorgenommen, als Goethe sich seiner Sache sicher genug war, um die genaue Reihenfolge der Ereignisse festzulegen). Dieses Wenige ist freilich von großer Bedeutung. Erstens hatte Goethe noch ein einziges, ungeteiltes Stück im Sinn, obwohl rund ein Drittel seiner Überschriften die Handlung dessen betrafen, was heute *Faust II* ist. Im Frühjahr 1797 hatte er ein Gespräch mit Schiller über «die Theilung des *Wallensteins*» – der bereits ein «Vorspiel» hatte, aber erst im folgenden Jahr zur Trilogie wurde –, aber noch hatte der Gedanke eines mehrteiligen Werks seine eigenen *Faust*-Pläne nicht berührt. Zweitens aber bestand die wichtigste Entscheidung, auf die Goethe sich zu diesem Zeitpunkt festlegte, darin, die Handlung der frühesten Fassung – des *Urfaust* – zur Rahmenhandlung für die ersten zwei Drittel des Dramas umzuarbeiten und damit auf alle Pläne zu einer radikal neuen Struktur des Stückes zu verzichten, die er 1788 und 1789 etwa formuliert haben mochte. Fausts enzyklopädischer Ehrgeiz, zu erleben, «was der ganzen Menschheit zugeteilt ist», sollte im Rahmen der bereits skizzierten Geschichte befriedigt oder enttäuscht werden. Lange war unklar gewesen, wie Fausts Einführung in das «handelnde Leben» mit der Gretchen-Tragödie verbunden werden sollte, zumal nachdem der Szene «Wald und Höhle», die zu der Zeit, als Moritz sie in Rom zu Gesicht bekam, noch ein Übergang aus der Gretchen-Geschichte hinaus gewesen war, mittlerweile eine Funktion innerhalb dieser Geschichte zugewiesen worden war. Ein Grund dafür, die letzten Gretchen-Szenen aus dem *Faust*-Fragment auszuschließen, mag darin gelegen haben, daß Goethe noch immer erwog, Fausts Ausflug in das «handelnde Leben» vor die Auflösung der Gretchen-Fabel zu legen; er mag sogar daran gedacht haben, sich die ganze Episode dadurch vom Hals zu schaffen, daß er sie anders als mit dem

Tod Gretchens enden ließ. Ein weiterer Fixpunkt in Goethes Planung war, daß Faust der trojanischen Helena begegnen sollte, jedenfalls seitdem er die Szene «Hexenküche» geschrieben hatte, in welcher Gretchen endgültig ihre Funktion als die moderne Helena des modernen Faust eingebüßt hatte, die sie in jenem Augenblick der Sturm-und-Drang-Inspiration gehabt haben mag, der den *Urfaust* entstehen ließ. Das Vorbild des Altertums hatte in Goethes Leben eine zu große Bedeutung erlangt, als daß er auf ein Element der traditionellen Faust-Sage verzichtet hätte, das Faust mit der Verkörperung antiker Schönheit zusammenführte. Wie aber sollte Faust neben zwei weiblichen Hauptfiguren gleichzeitig agieren, ohne zum Don Juan zu werden (ein Motiv, an dem Goethe ein gewisses Interesse zeigte, als er zur Vorbereitung auf den *Faust* Balladen schrieb)? 1797 scheint Goethe sich endgültig entschlossen zu haben, auf den Versuch zu verzichten, diese Episoden in eine konventionelle – beispielsweise fünfaktige – Dramenstruktur zu bringen, und sie stattdessen in einer Reihung, nacheinander, zu behandeln, so daß das Endergebnis Ähnlichkeit mit dem haben würde, was er Schiller für seinen *Wallenstein* empfahl: «ein eigner Cyklus, in den Sie, wenn Sie Lust haben, auch Privatgegenstände hineinwerfen ... können». Insbesondere kam er zu dem Schluß, daß die Szenen, die Gretchens schreckliches Ende zeigten, mehr oder weniger intakt und mehr oder weniger an der Stelle bleiben sollten, die sie im *Urfaust* einnahmen; allerdings mußten einige Lükken in der Erzählung gefüllt werden. Die unsäglich schwierige Aufgabe, einen Übergang von dem, was ursprünglich Goethes Nacherzählung der letzten, verzweifelten mitternächtlichen Augenblicke von Dr. Fausts irdischer Existenz gewesen war, zu dem Beginn irgendeines neuen Lebens zu finden, konnte zurückgestellt werden, bis die entsprechenden Szenen redigiert oder geschrieben werden mußten. Als er das Schema entwarf, muß Goethe endlich wieder die Überzeugung gewonnen haben, daß es ihm möglich sein werde, sich den tragischen Gefühlen, die im *Urfaust* in der Schwebe geblieben waren, zu stellen, und daß er sie nicht eliminieren mußte, um die Thematik des Stückes zu erweitern, sondern sie in eine übergreifende künstlerische Einheit integrieren konnte. Die Gründe für seine Zuversicht lagen in den ästhetischen Ideen, die er in *Der neue Pausias* und *Über Laokoon* entwickelt hatte; auch hatten diese Ideen in *Der Gott und die Bajadere* bereits ihre Wirksamkeit entfaltet. In einem ganz und gar unhellenischen Kontext, und ohne dem Leser irgendwelche eindeutigen oder unironischen theologischen Behauptungen aufzunötigen, führte diese Ballade die sinnliche Liebe einer Frau niederen Standes vor, die sich durch Qual, Entsetzen und Verlust zu einer göttlichen Erlösungsmacht wandelte. Endlich wieder fühlte sich Goethe der ursprünglichen Inspiration zu seinem *Faust* gewachsen und fand sich nicht länger gedrungen, sie im Interesse eines reiferen oder gebildeteren Geschmacks zu verleugnen.

Das dritte Element des Schemas von 1797, das mit einiger Sicherheit aus dem erhaltenen Quellenmaterial zu erschließen ist, hängt aufs engste damit zusammen, daß das Gretchen-Geschehen wieder in den Vordergrund rückte: Es ist das Instrument, womit Goethe – zumindest in diesem Stadium – glaubte, die ungeheure poetische Wucht seines jugendlichen Entwurfs bändigen zu können. Er entschloß sich, einen doppelten Rahmen um die ganze Handlung zu legen, um sie, wie die Laokoon-Gruppe, zu etwas in sich «Abgeschlossenem» zu machen, dessen Ansprüchen auf das Mitgefühl des Lesers oder Publikums andere, werkimmanente Faktoren die Waage hielten, das aber auch in das gemeinsame Leben aller Menschen hinüberreichte. Einerseits sollte das Gedicht «Zueignung» das Gesamtwerk eröffnen und wie die Elegie «Herrmann und Dorothea» die Arbeit des Dichters dadurch im öffentlichen und geschichtlichen Bereich verankern, daß es sie zu einem Bestandteil des unaufhörlichen Gesprächs im Medium des Buchdrucks machte. Diese humane Unterstellung, daß das Stück nichts weiter als eine Begebenheit in der geistigen Geschichte seines Autors sei, die zum Gegenstand einer gebildeten Diskussion gemacht werden könne, sollte durch ein entsprechendes Gedicht, ebenfalls in Stanzenform, verstärkt – und leider auch vergröbert – werden, das am Schluß des Werks stehen und «Abschied» heißen sollte. Höchstwahrscheinlich hat Goethe die ersten zwei Stanzen dieses Gedichts zu derselben Zeit geschrieben wie «Zueignung», und nicht von ungefähr sind sie bedeutend schlechter: Sie behandeln leere Absicht anstatt überströmender Erinnerung, sehen erleichtert dem Augenblick entgegen, da das «Trauerspiel» zu Ende sein wird, und liefern damit eine Art von Entschuldigung dafür, es begonnen zu haben. Als «beschränkter Kreis von Barbareien» abgetan, sollen den Faust im «neuen Leben» des Dichters «neue Szenen» einer »neuen Kunst» ablösen, von der eine spätere Überarbeitung dieser Zeilen ausdrücklich sagt, daß sie «im Osten», also wohl im klassischen Griechenland zu finden sei. Andererseits plante Goethe, in diesen äußeren Rahmen zweier reflektierender Gedichte einen inneren, dramatischen Rahmen zu fügen, in welchen er eine Figur wie den älteren Sohn aus der Laokoon-Gruppe als «Beobachter, Zeuge und Teilnehmer» stellen wollte, durch den unsere eigenen Gefühle und Urteile über die wichtigsten Charaktere in das Werk integriert werden konnten. In einem «Prolog im Himmel», der der «Zueignung» folgt, übernimmt diese Rolle Gott der Herr; wahrscheinlich war auch vorgesehen, daß Gott die Rettung Fausts in einem «Epilog» bekräftigt, der dem abschließenden Gedicht «Abschied» unmittelbar vorangehen sollte. Die Ereignisse des Stückes sollten sich also unter Seinen Augen und damit stellvertretend unter den unseren abspielen. Seine Sicht auf das Geschehen sollte also im Stück selbst für die unsere stehen: vollkommen beteiligt und vollkommen unbeteiligt. In diesem inneren Rahmen sollte Fausts Leben vor Gott und damit vor uns im weitesten Sinne als ein Problem der Theodizee ausgebreitet werden: Gott sollte zunächst von seinem Widersacher, dem Teufel, herausgefordert werden, der am Wert und der Zweckmäßigkeit der Schöpfung zweifelt. Der Abschluß des Streits durch Widerlegung des Teufels sollte dann gleichzeitig der Abschluß des dichterischen Kunstwerks sein, in dem unsere heftigsten Gefühle – ganz gewiß Mitleid, Furcht und Entsetzen – beansprucht worden sind, nun aber als Teil einer harmonischen Einheit erwiesen werden. Aus diesem Stadium von Goethes Arbeit am «Epilog» hat sich außer dessen Nummer im Schema nichts erhalten. Dagegen gehörte der «Prolog im Himmel» wahrscheinlich zu den allerersten Szenen, an deren Zusammenstückelung er sich machte, sobald der Gesamtplan feststand; denn wenn er glaubte, einen gewissen Abstand zwischen sich und seinen barbarischen Stoff legen zu müssen, war der Rahmen genau der richtige Ort, ihn herzustellen. Diese Szene konnte den Ton für die gesamte vor ihm liegende Arbeit des Revidierens und Neuschreibens angeben. Der Ton, den er wählte, war der distanzierte, aber mitfühlende Humor, womit er in «Legende» die christliche Religion und – mit größerer Bewußtheit – in *Herrmann und Dorothea* den homerischen Apparat behandelt hatte.

So, wie er schließlich publiziert wurde, entfaltet sich der «Prolog» methodisch: Immer deutlicher kommen in seinem Verlauf Faust und die Geschichte, die folgen wird, in den Blick. Ein großartiger einleitender Gesang der drei Erzengel (vielleicht erst später, um 1800, der Szene hinzugefügt) beschwört sowohl die elementare Harmonie der Weltordnung als auch den Anschein von gewaltsamen Konflikten in den Manifestationen ihrer immer kreisenden Kräfte. Dann kommt es jedoch zu einem ersten komischen Mißklang durch den Kontrast zu Mephistopheles, der bei seinem ersten Auftritt in dem Stück nicht als der verstörende Genius finsteren Ursprungs vorgeführt wird, der er im *Urfaust* war, sondern als der geduldete Narr am himmlischen Hof. Er dämpft sogleich den hohen Ton, indem er von der erhabenen Kosmologie der Engel, von der er nichts zu verstehen behauptet, auf die jämmerliche Lage der Menschheit kommt, mit der er als einer ihrer Qualgeister besser bekannt ist. Wie zu Beginn des Buches Hiob, das vielleicht zu Goethes intensiver Lektüre des Alten Testaments um Ostern 1797 gehört hat, wird der Teufel, nachdem er die ganze Erde durchstreift hat, vom Herrn gefragt, ob er einen bestimmten Menschen kenne, Faust, «meinen Knecht», und was er von ihm halte. Und wie im Buch Hiob – Goethe räumte diese Reminiszenz ein – erhält der Teufel die Erlaubnis, den Erwählten in Versuchung zu führen. Was Faust mit seinem Leben machen wird, wird daher einige theologische Bedeutung haben, doch dürfen wir daraus nicht die Folgerung ableiten, daß Faust ein Repräsentant der Menschheit überhaupt sei: Das hieße, die Struktur dieser Szene zu verkennen, in der der Abschnitt über das generelle Los der Menschen deutlich getrennt ist vom Gespräch über Faust, von dem ausdrücklich gesagt wird, daß er dem Herrn «auf besondere Weise» dient, und das wiederum hieße zu übersehen, daß Goethe die in Rom gefundene Konzeption des Stückes entscheidend verändert hat. Faust ist nicht mehr ein Mensch, bei dessen Lebensdarstellung alle menschlichen Möglichkeiten ausgeschöpft werden müssen, sondern ein Mensch mit einem besonderen, möglicherweise zerstörerischen Ehrgeiz –

eine Figur, die dem Sturm-und-Drang-Helden des ursprünglichen Dramas näher steht als der Mann, der in der Hexenküche den Zaubertrank leerte. Es heißt von ihm, daß ihn eine innerliche «Gärung» «in die Ferne» treibt und er sich seiner «Tollheit» halb bewußt ist. Ebenso wichtig ist, daß wir genau verstehen, auf welche Weise Mephistopheles diesen Faust in Versuchung zu führen gedenkt. Mephistopheles, der hier vielleicht wieder dem Wortlaut des Buches Hiob folgt, bietet dem Herrn eine Wette an, daß Faust verloren sein wird, sobald nur der Teufel freie Hand hat. Gott ignoriert das Angebot stillschweigend – vornehme Herren, zumal wenn sie allwissend sind, gehen keine Wetten mit ihren Untergebenen ein –, aber er verwehrt Mephistopheles nicht den Versuch, Faust von Gott, seinem «Urquell», abzuziehen. Er sagt aber voraus, daß «ein guter Mensch in seinem dunklen Drange» sich des «rechten Weges» instinktiv bewußt sein wird. In diesem Wortwechsel deutet nichts darauf hin, daß Mephistopheles etwas anderes wünscht, oder der Herr etwas anderes von ihm erwartet, als Faust nach Möglichkeit zu einer Sünde zu verleiten und ihn seinem Schöpfer zu entfremden. Die Rede von Unersättlichkeit und Sinnlichkeit in den Gesprächen, die Goethe in Rom verfaßte, ist einer schlichteren moralischen Terminologie gewichen, die mehr im Einklang mit den klaren, aber tiefgründigen dramatischen Spannungen des *Urfaust* steht, und Mephistopheles deutet an, daß seine Rolle derjenigen der Schlange ähnlich sein wird, die Adam und Eva in Versuchung führte. Schlichtheit der Mittel schließt jedoch Subtilität in den Wirkungen nicht aus. Mephistopheles hat eine genaue Vorstellung von seinem Vorsatz mit Faust, verkennt jedoch völlig seine eigene Lage und beharrt gegen jeden Augenschein darauf, soeben mit dem Herrn eine Wette eingegangen zu sein, die er glorreich zu gewinnen erwartet. Es wirkt wie ein Kommentar zu dieser Verstocktheit, wenn der Herr bemerkt, daß im göttlichen Plan die schlimmsten Bemühungen des Teufels einem schöpferischen Zweck dienen müssen, der ihm selbst verborgen ist, ja seinen böswilligen Absichten direkt zuwiderläuft. Die Menschen sind von Natur aus träge und bedürfen eines Geistes der Verneinung und der Bosheit, der sie zu schöpferischem Handeln aufreizt. Die Komödie um den Selbstbetrug des Teufels findet ihr Ende, wenn der Herr, mit einem geziemend entspannten und souveränen Wink an die Erzengel, in ihrem Tun fortzufahren, dem Blick entschwindet und Mephistopheles allein zurückbleibt, um uns in den letzten Zeilen dieses Prologs zu versichern, daß ihm an einem guten Verhältnis zu dem «Alten» gelegen ist – so als seien die zwei in dieser Beziehung gleichberechtigte Partner. Es ist daher ganz offenkundig, daß zwar die Figur des Herrn einigermaßen mit der respektvollen Ironie der spätmittelalterlichen Mysterienspiele behandelt wird, die Goethe als Vorbild dienten, und Seine Weisheit etwas von der Selbstgefälligkeit des Schlusses von *Der Gott und die Bajadere* hat, daß aber die Sichtweise Mephistopheles' die beschränktere ist und es ihm im «Epilog» beschieden sein wird, in einer komischen Niederlage zu enden. Ein heiter-humorvoller theologischer Rahmen für die folgende Handlung ist geschaffen. Weil aber die wichtigsten Sprecher nicht ganz ernsthaft behandelt werden (und Mephistopheles auch einen Seitenhieb gegen die Erzengel austeilt), kann auch der Rahmen nicht ganz ernsthaft behandelt werden. Wird die Kombination aus Großartigkeit und Ironie in diesem Pappmaché-Himmel imstande sein, Fausts Sehnen Befriedigung oder Gretchens Verzweiflung Trost zu verschaffen? Hat Goethe wie mit *Herrmann und Dorothea* ein Gefäß geschaffen, das für die Gefühle, die es zuletzt wird bergen müssen, untauglich ist? Im Falle dieses «Prologs im Himmel» erfüllen die Grenzen des Humors jedenfalls einen konstruktiven Zweck im Werk als ganzem. Sie dienen justament dazu, den Prolog gegen die eigentliche Handlung abzusetzen, so wie die Hoffnung, die sich an den älteren Sohn heftet, diesen gegen die tragische Situation Laokoons absetzt, an der Tragödie selbst aber nichts ändert. Metaphysik, Theologie und Theodizee mögen wie der Humor dazu beitragen, der Geschichte von Faust Sinn und sogar Schönheit zu verleihen; sie sollen aber keine wirkenden Mächte innerhalb dieser Geschichte sein. Der «Prolog im Himmel» ist keine Ouvertüre: Es ist bemerkenswert, wie wenige der nun folgenden Themen er einführt. Es gibt in ihm keinen Hinweis auf die Faktoren, die dem Stück schließlich seine zweiteilige Struktur aufnötigen, auf den Schmerz und die Entsagung in den zentralen Episoden oder auch nur auf den Gang der Handlung. Nicht nur ist die Zuversicht des Herrn, er werde Faust «bald» in die «Klarheit» führen, ziemlich vage, fast ein wenig wichtigtuerisch; auch Seine Reaktion auf Mephistopheles' Herausforderung ist von wohlüberlegter Zweideutigkeit; vielleicht wird der Teufel gestehen müssen, daß «ein guter Mensch» sich des rechten Weges bewußt ist, aber vielleicht wird sich Faust auch nicht als ein guter Mensch erweisen (und im «Epilog» auf andere Weise gerettet werden müssen). Wir wissen jetzt zumindest, welche Motivation Mephistopheles im eigentlichen Stück antreiben wird, aber wir werden auch gewahr, daß seine Geschichte nicht die ganze Geschichte sein wird, und ganz und gar ahnungslos sind wir in bezug darauf, wie Faust das Eingreifen des Teufels sehen wird. Manches von dieser Ungewißheit lag wohl an dem relativ frühen Zeitpunkt, zu dem der «Prolog im Himmel» geschrieben wurde – Goethe mag begreiflicherweise den Wunsch gehabt haben, sich in manchen Punkten noch nicht festzulegen –, oder auch daran, daß er Material verwertete, das, sofern es älteren Datums war, mindestens auf die Zeit zurückgegangen sein muß, als Goethe das *Faust*-Fragment für den Druck vorbereitete. Aber grundsätzlich muß die Wirkung gewollt sein. Wir sollen uns vergegenwärtigen, daß das Drama Fausts nicht im Himmel beginnt, weil es ein irdisches Drama ist, dessen Perspektiven in ihm selbst liegen, und es sich innerhalb der Grenzen der Natur und ohne Einwirkung transzendenter Mächte vollziehen muß. Nicht, weil Faust verblendet ist, sondern weil er modern ist und weil im modernen, revolutionären Zeitalter alles, was das Natürliche und Säkulare transzendiert, mag es auch in der Vergangenheit noch so unmittelbar zugänglich erschienen sein, dem Reich dessen angehört, was Kant Ideen nennt. Das Ideale kann nicht verursachend auf uns oder unsere Welt einwirken, und es kann nur durch Paradoxon, Ironie oder die komische Diskrepanz zwischen Form und Inhalt dargestellt werden. Die helläugigen Götter kommen nicht mehr auf die Erde herab, um mit unseren Helden zu sprechen, nicht einmal in Verkleidung; doch gibt es immer noch Gelächter auf dem Olymp, und Goethe hat eine Art von Dichtung entdeckt, die uns erlaubt, in das Gelächter einzustimmen.

Eine Reise und eine Nicht-Reise: August–November 1797

Goethes Sommerurlaub mit Christiane und August war das auf eine Woche veranschlagte Vorspiel zu dem, was eigentlich eine Geschäftsreise sein sollte. Diesmal fuhr er nicht in der Nacht aus Weimar davon, wie bei früheren Gelegenheiten, als er auf dem Weg nach Italien war (ein Vergleich, der ihm durch den Kopf schoß, den er aber schnell verdrängte). Die Familie reiste nur bei Tage und legte in flottem Tempo, doch ohne zu hetzen, an jedem der vier Tage, die die Fahrt nach Frankfurt dauerte, 50 bis 60 Kilometer zurück. Freilich mußte man im Morgengrauen aufbrechen, zwischen vier und halb sechs; denn gegen Mittag wurde es ungemein heiß, und dann war es am besten, das glühend heiße Holz und Leder der Kutsche in den Schatten zu bringen und die Pferde zu füttern. Nächtliche Gewitter reinigten die Luft, ohne das reife Getreide zu schädigen, das auf den Feldern zu beiden Seiten des Weges wuchs: schmale Streifen Gerste und Hafer in den freieren Höhenlagen des Thüringer Waldes hinter Eisenach, Weizen in den Flußtälern der Werra, der Fulda und den Zuflüssen des Mains. In diesen tieferen und südlicheren Gegenden standen schon Hocken über die Felder verstreut, und vor Frankfurt sah man nur noch Stoppeln. Die Weinberge und Kastanienhaine verhießen nur eine spärliche Ernte, sonst sah das Obst vielversprechend aus: In Fulda wurde August mit «Schafnüssen» verwöhnt, der größten und gesuchtesten Walnußart. Während Goethe durch die sommerliche Landschaft rumpelte, erprobte er bereits den thematischen Plan, den er sich für die Untersuchung der italienischen Topographie gemacht hatte. Er versuchte, sich die geologische Vorgeschichte von Orten und Wegen vorzustellen und Rückschlüsse auf deren Auswirkungen für die Landwirtschaft und die menschliche Bevölkerung zu ziehen; er überlegte, daß der Weg, den sie nahmen, die älteste Straße sei, die vom Maintal nach Thüringen führe, und daß auch die Städte alt und klein seien und wie ihre Gasthäuser zu kaum etwas anderem als dem Speditionsgewerbe taugten. Zum Glück brauchten sie diese nicht lange zu ertragen. Seine Mutter hatte ihn gebeten, nicht am Abend einzutreffen, und so trennte er sich am Donnerstag, dem 3. August, um ein Uhr früh in Gelnhausen von seinen Reisegefährten, um die letzten zwei Etappen nach Frankfurt bis um acht Uhr morgens hinter sich zu bringen. So hatte er den ganzen Tag Zeit, sich die neuen Zimmer zeigen zu lassen, in denen er wohnen sollte, und für seine Familie Quartier im nahegelegenen Hotel «Zum weißen Schwanen» zu machen; es fand sich sogar Zeit, am Nachmittag Sömmerring zu besuchen und mit ihm die Gespräche über die Physiologie des Auges wieder aufzunehmen. Um acht Uhr abends trafen die übrigen Reisenden ein, und Frau Rat, ohnedies entzückt, endlich ihren einzigen Enkel kennenzulernen, hatte von Anfang an keine Schwierigkeiten, Christiane wie ihre Schwiegertochter zu behandeln. Mit ihren 66 Jahren fast genau doppelt so alt wie Christiane, hatte sie kaum etwas von ihrer aufgeregten und übersprudelnden Gesprächigkeit verloren, aber Christiane war ihr ebenbürtig, und beide waren klug genug, miteinander auskommen zu wollen und diese Klugheit an der anderen zu schätzen.

Frau Rat wußte, daß sie ihren Sohn bald für sich allein haben würde, und so freute sie sich für ihn, wenn er in den ersten vier Tagen des Besuchs loszog, um seiner Frau und seinem Sohn die wohlhabende Stadt zu zeigen, in der er aufgewachsen war. Als erstes fuhren sie am Freitag und Samstag um die Stadtmauern, über die Brücke nach Sachsenhausen, hinaus in die Weinberge und Gemüsegärten vor der Stadt, wo die Sommerhäuser hinter dem Grün hervorlugten; dann fuhren sie wieder zurück, bestiegen den Turm der alten Kirche, kauften schwarze Seide, aus der in Weimar ein Kleid für Christiane werden sollte, und besichtigten die Plätze der Stadt und das Rathaus, wo sie zweifellos Erinnerungen an Augusts Urgroßeltern und an die Krönung Josephs II. zu hören bekamen. Aber die Zeiten änderten sich in Frankfurt, und zwar so schnell, daß Goethe selbst «oft irre gemacht» wurde, und es gab auch Neues zu sehen: Die Reformierten durften ihren Gottesdienst jetzt innerhalb der Stadtmauern abhalten und hatten sich eine Kirche gebaut; die Lutheraner ließen sich nicht lumpen und hatten ihre Hauptkirche durch einen stattlichen neuen Zentralbau ersetzt, die Paulskirche, die nur den Nachteil hatte, unter all den alten Häusern kaum sichtbar zu sein – die Alten verstanden es besser, ihre Tempel aufzustellen, dachte Goethe (und sagte es vielleicht auch); und wir können sicher sein, daß die Familie sich auch die Zeit für einen Blick auf die rauchgeschwärzte Ruine des einstigen Textor-Hauses nahm, ein Mahnmal des Krieges wie der Inflation; denn das Areal war inzwischen doppelt soviel wert, als elf Jahre zuvor für die Gebäude bezahlt worden war. Frau Rat wird ihre eigenen Erinnerungen an das Haus beigesteuert haben, wenn die Familie sich täglich zum Mittagessen im «Weißen Schwan» traf, wo es guten Wein gab, allerdings zu Christianes Kummer keinen Champagner. Nachmittags – wenn Christiane wohl der Ruhe pflegte – schrieb Goethe Briefe oder ging mit Sömmerring zur Erörterung des Ohrs über; und an den Abenden hatte Frankfurt noch eine Neuheit zu bieten, die in Goethes Kindheit unbekannt gewesen war: das in den 1780er Jahren errichtete ständige Schauspiel, wo Goethe 1793 zum ersten Mal *Die Zauberflöte* gesehen hatte, die man inzwischen auch auf Befehl des unbequemen Nachbarn in Wetzlar, General Hoche, hatte aufführen müssen. Zwei Theaterbesuche mit Christiane, die einen ebensoguten Blick für Begabungen besaß wie er selbst, trugen ihm einen Höflichkeitsbesuch seines früheren Untergebenen Willms ein, der zweifellos herausfinden wollte, was diese Talentjäger gegen seine Gesellschaft im Schilde führen mochten. Am Sonntagmorgen durften Christiane und August die Militärparade vor dem Haus von einem Logenplatz an den Fenstern in Frau Rats Wohnung verfolgen; am Montag, dem 7. August, brachen sie dann, nach einem mit Besichtigungen noch einmal vollgepackten Vormittag, um drei Uhr nachmittags nach Weimar auf; auf der ersten Etappe, bis Hanau, begleitete sie Geist in ihrer Kutsche.

Zwei Abschiedsbriefe nahm Geist aus Hanau mit: ein tapferes Versprechen Christianes, nicht zu murren, und eine traurige Notiz von August, kaum mehr als die Zeile: «Thun Sie mir den Gefallen und reisen Sie nicht in die Schweiz.» Offensichtlich wußte August nicht, daß seine Mutter auf dieser Rückfahrt eine noch schlimmere Befürchtung hegte. Fürs erste mußte sie freilich ihre ganze Aufmerksamkeit darauf richten, wohlbehalten heimzukehren – kein leichtes Unterfangen für eine Frau ohne Begleitung. Unterstützt wurde sie durch ein paar Pistolen, die sie nicht undeutlich sehen ließ, als die Kutsche anhalten mußte, um einen Trupp kaiserlicher Kavallerie passieren zu lassen, und einige Offiziere sie durch das offene Fenster ansprachen, oder als sie sich ihren Weg zu einem Gasthaus bahnen mußte, vor dem rund fünfzig Soldaten lagerten; «und es hat keiner gepiepst.» Aber Pistolen halfen nicht, als das Pferd eines entgegenkommenden Fuhrwerks strauchelte und sie fast unter der umstürzenden Ladung begraben hätte; und in Gasthäusern, die die Soldateska ausgeräumt hatte, konnten sie nichts Ordentliches zu essen mehr auftreiben. So behalfen sie sich mit Wein und Brötchen aus dem «Weißen Schwan». Am Mittwoch überließ Christiane einen Sitz in der Kutsche einem Pferdehändler, der mit wohlgefüllter Börse aus Frankfurt zurückkam, wo er alles, was er hatte, sogar sein eigenes Reitpferd, den Opfern der französischen Requisitionen verkauft hatte; der Mann bot für diesen Tag den nötigen Schutz und besorgte ihr abends eine gute Unterkunft. Ihre Stimmung hob sich, und so kaufte sie von einem jüdischen Krämer Halstücher aus Kattun: «Es hieß doch: ich käme von Frankfurt, und ich wollte doch auch ein bißchen Aufsehen machen.» Das Wetter war weiter schön, und sobald sie in Thüringen waren, fanden sie beide die Reise «sehr schön und gut» – «wenn nur der gute Vater bei uns wär», wie August hinzusetzte. In Erfurt kaufte er Süßigkeiten, die er gleich, nachdem sie am Freitag nachmittag in Weimar angekommen waren, unter seinen Freunden verteilte. Bald war er fröhlich damit beschäftigt, im Garten des Parks mit seiner Mutter Birnen zu pflücken, und Voigt amüsierte sich, als «der liebe Augustulus» ihn besuchte und begeistert von seiner eindrucksvollen Großmutter schwatzte. Christiane stellte fest, daß Ernestine das gegenwärtige hausfrauliche Hauptgeschäft des Obsteinmachens übernommen hatte, und ging daran, Aufträge aus Frankfurt zu erledigen – Frau Rat wollte ihr eine schöne Tasse für die Trinkschokolade schicken und erhielt dafür Strümpfe und Hufelands Werk über die Kunst, das Leben zu verlängern –; sie nähte ihr neues schwarzes Kleid und bat Goethe um Erlaubnis, dazu eine teure Goldschnur mit Quasten kaufen zu dürfen; und sie wimmelte neugierige Frager ab, zerstreute «allerhand Mährchen», die um Goethes Reise aufgekommen waren, und erzählte von der Welt, die sie gesehen hatte. Sie war gewillt, sich durch den Ausflug nach Frankfurt aufgeheitert zu fühlen, und füllte ihre Briefe mit Geplauder über Caroline Jagemann oder den Besuch des Königs von Schweden oder Geldangelegenheiten oder ihr Bedürfnis nach Wein; aber es folterten sie Gerüchte – angeblich vom Herzog selbst stammend –, daß Goethe, sobald er mit Meyer zusammengetroffen wäre, nicht nach Weimar zurückkehren, sondern nach Süden weiterreisen wollte. In seinem ersten Brief nach Hause – der Antwort auf die Mitteilungen aus Hanau – versprach Goethe, binnen einer Woche eine Entscheidung über seine weiteren Schritte zu fällen; denn in der Wohnung seiner Mutter kam er nicht zur Ruhe, und an Arbeit war nicht zu denken. Mittlerweile hatte der Schmerz über seine Abwesenheit Christiane schon gepackt; denn «Ich habe Dich nur immer lieber», «mir waren so aneinander gewöhnt.» Mit der Köchin und dem Dienstmädchen, Ernestine und Juliane, saßen insgesamt jeden Tag sechs Menschen am Mittagstisch, aber «alles im ganzen Hause kommt mir groß und leer vor». Dann zog sich August eine schmerzhafte Entzündung am Kopf und an den Augen zu, die er sich wohl in einem der unhygienischen Gasthäuser geholt hatte, in denen sie auf der Rückreise hatten nächtigen müssen, und als der Brief kam, der ihr mitteilte, daß Goethe am 25. August aus Frankfurt abreisen werde, daß sie ihm einmal noch dorthin schreiben könne und daß danach Briefe zum Nachsenden an seine Mutter geschickt werden müßten, verfiel sie für einen Augenblick in Panik: «Ich und das Kind haben beide sehr geweint. Es soll nach der Schweiz auch wegen des Kriegs übel aussehen ... und ich bitte dich um alles in der Welt, gehe itzo nicht nach Italien! Du hast mich so lieb, Du läßt mich gewiß keine Fehlbitte thun. ... ich träume alle Nacht von Dir.» Goethe erhielt diese flehentliche Bitte rechtzeitig, um sie in den Briefen, die er am Abend vor seiner Abreise schrieb, freundlich, rücksichtsvoll und tröstend beantworten zu können: Sie wisse doch, daß er sich nicht mit heiler Haut in Gefahr begeben werde; vielleicht könnte sie mit August wieder nach Frankfurt kommen, um ihn nach seiner Rückkehr abzuholen; ein Eimer Wein und eine Anweisung auf sein vierteljährliches Gehalt seien unterwegs; und «ich kann dir wohl gewiß versichern, daß ich dießmal nicht nach Italien gehe. Behalte das für Dich...» Wahrscheinlich war er sich kaum bewußt, wie unausrottbar jetzt die Mehrdeutigkeit seiner Absichten, im Leben wie in der Literatur, in ihm verwurzelt war. Auf seiner Liste der abgeschickten Briefe vermerkte er zu diesem: «Beruhigung wegen Italien», aber seine Formulierungen waren nicht dazu angetan, irgend jemanden über das, was er meinte, zu beruhigen – nicht einmal, oder gerade nicht, den einen Menschen, der ihn am besten kannte und es am dringendsten wissen mußte.

Goethe schrieb, er leide in Frankfurt an «Zerstreuung». Diese Klage war nicht einfach eine Entschuldigung gegenüber Christiane, daß es ihn fortdrängte; denn sie kehrt in mehreren Briefen wieder. Er konnte sich beim Schreiben jeweils nur auf wenige Absätze konzentrieren und war am Zweck seiner Reise irre geworden. Als er in Frankfurt angekommen war, hatte er gewiß noch mit der Möglichkeit gerechnet, in einem günstigen Augenblick mit Meyer über die Alpen schlüpfen zu können. In seinem jüngsten Brief, der ihn in Frankfurt erwartete, schlug Meyer eine solche Expedition praktisch explizit vor und wies darauf hin, wieviel leichter die Route über den Gotthard und Mailand jetzt war, verglichen mit jener, die die Humboldts und Gerning gewählt hatten. In der Vorfreude auf die Begegnung mit Meyer schrieb Goethe zurück, es sei jetzt am besten, «abzuwarten», was sie als nächstes unternehmen würden: auf jeden Fall «noch irgend eine kleine Tour». Aber nach und nach begann eine groteske und vielleicht nicht ganz ernstgemeinte Alternative zu Italien Gestalt anzunehmen: Frankreich, der Riese, der seinen Schatten leicht bis nach Frankfurt warf. Als Christiane und August zurückfuhren, summte die ganze Stadt vor Erwartung der Festlichkeiten, die in Wetzlar für den kommenden Donnerstag, den fünften Jahrestag der Ausrufung der Republik, vorbereitet wurden, und auf den Straßen fürchtete man Gewalttätigkeiten. Aber wie sich herausstellte, verging der Tag ohne jeden Zwischenfall; Goethe verbrachte ihn zu Hause, konnte aber am Abend das Schauspiel besuchen. Aber wo er auch war, Frankreich und die Franzosen gaben den unvermeidlichen Gesprächsstoff ab; jedermann wußte aus eigenem Erleben etwas über das Bombardement und die Okkupation zu erzählen, über den Gemeinsinn, womit die Frankfurter die von dem Eindringling erpreßten Millionen aufgebracht hatten, aber natürlich auch über ihre Unzufriedenheit damit, wie saumselig der Magistrat ihnen ihren Schaden ersetzte. Goethe hatte diesmal ein persönliches Interesse daran, Einzelheiten über das Verhalten der Revolutionssoldaten in Erfahrung zu bringen; sollte er wirklich französisch besetztes Gebiet betreten, konnte es beispielsweise nützlich sein zu wissen, mit welcher anderen Behandlung man zu rechnen hatte, wenn man französisch sprach, oder ob es sich empfahl, kleine Summen Geldes bereitzuhalten, wenn man es mit einer Armee zu tun bekam, die gut verpflegt war, aber keinen Sold erhielt. Hier an der Front waren Gespräche über französische Politik und französische Parteien, oder auch über die Verhandlungen in Udine, kein widriger Austausch längst verfestigter Meinungen, sondern Mitteilungen über Angelegenheiten, die für die Stadt unmittelbar von Bedeutung waren; für die Bankiers und Kaufleute, unter denen Goethe sich bewegte, gehörten Anekdoten über Pariser Spekulanten buchstäblich zu ihrem Beruf. Paris glich wohl ein wenig dem Brocken: Es beherrschte die Landschaft und war aus der Ferne von schreckenerregenden Teufelslegenden umwoben; für den Mann aber, der den Mut besaß, sich ihm zu nahen und es zu überwinden, war es überschaubar:

Bey uns sieht man Paris immer nur in einer Ferne, daß es wie ein blauer Berg aussieht, an dem das Auge wenig erkennt, dafür aber auch Imagination und Leidenschaft desto wirksamer seyn kann. Hier unterscheidet man schon die einzelnen Theile und Localfarben.

Gegenüber Knebel, dem alten Freund der Revolution, deutete Goethe an, er wolle lieber «die ausgekrochnen Schmetterlinge» der «Freyheit» in Frankreich sehen, als deren «Raupen und Chrysaliden» in den neuen Republiken Italiens zu beobachten. An dem Tag, an dem Christiane und August abreisten, las er alle italienischen Zeitungen, die in Frankfurt leicht zu bekommen waren, und berichtete einem etwas verdutzten Carl August in trockenem Ton über ihre jeweilige politische Ausrichtung; dann aber stieß er auf eine private Sammlung – unklarer Provenienz – von zeitgenössischen satirischen Kupferstichen aus Frankreich, die seinem Interesse eine andere Richtung gaben. Karikaturen der *incroyables* und der *merveilleuses* veranschaulichten, daß der jakobinische Terror wirklich vorüber war, eine Flutwelle von inflationären Assignaten das Land mit neuem Reichtum und neuer Armut überspült hatte, der Konflikt mit England und die Siege in Italien Sitten und Mode tangiert hatten, die sexuellen Beziehungen im Niedergang und die politische Propaganda im Aufstieg begriffen waren und sich unter den Menschen, wie vielleicht immer bei Überlebenden großer Ereignisse, das Bewußtsein breitmachte, daß jedermann eine Vergangenheit habe – und vielleicht mehr als eine. Goethe war fasziniert von diesem respektlosen Einblick in ein Milieu, dem Madame de Staëls Abhandlung über die Leidenschaften entstammte, und begann, die satirischen Drucke nach Themen zu ordnen, um daraus einen Beitrag für die *Horen* zu machen. Schiller muß, trotz seiner Knappheit an verwertbarem Material, froh gewesen sein, daß Goethe zwar weiter mit einem Parisbesuch liebäugelte, der Artikel aber nicht zustande kam; denn der Abdruck einiger Illustrationen wäre unentbehrlich gewesen und hätte das Heft unvertretbar verteuert. Die vorgeschlagene Einteilung der Drucke und die kurzen Glossen dazu verraten, daß Goethe bei allem Interesse für das Material doch eine sarkastische Distanz dazu wahrte. Die fließenden, antikisierenden Gewänder der modernen «Töchter der Natur» mögen anmutiger sein als die Korsetts und Krinolinen der vorrevolutionären Zeit, aber «Absurditäten» sind sie beide gleichermaßen, und Bonaparte, den ein propagandistisches Blatt in der Kleidung eines *incroyable* darstellt, sieht zwar «sehr …. bedeutend und eigenthümlich» aus, gehört aber doch wie vieles andere in die Rubrik «Modefratzen». Goethe wußte, daß er ein Lichtenberg hätte sein, die Vertrautheit eines Lichtenberg mit der fremden Gesellschaft hätte besitzen müssen, um jenen Kommentar zu schreiben, den die Stiche verdienten, und er war wie sein Herrmann zu sehr auf seine Heimat, auf Deutschland und die deutsche Literatur orientiert, als daß er das Projekt hätte zu Ende bringen können. Um so gewisser war es, daß Paris außerhalb seiner Sphäre lag – ganz abgesehen von den praktischen Schwierigkeiten, dorthin zu gelangen. Und dann: hätte er wirklich Christiane schreiben können, daß er zwar nicht nach Mailand gehe, dafür aber in die Urheimat des Sansculottismus und der Guillotine?

Der Grund für Goethes «Zerstreuung» lag an Frankfurt selbst, allerdings an etwas, dem die französischen Kupferstiche künstlerischen Ausdruck gaben. Es waren nicht allein die geschäftigen Menschenmengen vor den Fenstern seiner Mutter oder die Besucher, die die Treppe zu ihr heraufstapften, oder die vielen Unterhaltungen mit alten Bekannten, von denen ja manche recht angenehm waren, wie die Gespräche mit Sömmerring über alles Erdenkliche, von der Politik bis zur Barttracht. Es war auch nicht das Empfinden, daß die Kluft zwischen seiner Gegenwart und seiner Vergangenheit sehr schnell immer breiter wurde. Ein Besuch in Offenbach bei Sophie von La Roche, die er einst dafür gescholten hatte, zu viel über Einsamkeit und das menschliche Herz nachzugrübeln, bewies ihm, daß es etwas Schlimmeres gibt, als sich mit den Zeitläuften zu verändern, nämlich sich nicht mit ihnen zu verändern. «Goethe habe ich gesehen und seine Verwandlung angestaunt», schrieb sie: «Muß man bei Weimars großen Geistern nicht sagen, ihre Edelmütigkeit, ihre Seelengröße, Weisheit und Güte ist nur in ihren Schriften?» Und er: «Sie hat mich mit ihren sentimentalen Sandsäckchen so abgebläut, daß ich mit dem größten Mißbehagen wieder fortfuhr ... Es ist schrecklich was eine bloße Manier durch Zeit und Jahre immer leerer und unerträglicher wird.» Was Goethe im Grunde zerstreute, war die Konfrontation zwischen dem Dichten, wie er es seit seiner Übersiedlung nach Weimar zu verstehen gelernt hatte, und dem hektischen, unsteten Leben in einer Stadt, die in rapider Modernisierung begriffen war, stark vom girondistischen Vorbild aus Frankreich beeinflußt wurde, sich immer mehr von der reichsstädtischen Gesellschaft seiner Jugend mit ihrer hierarchischen Gesetztheit unterschied und noch unberührt war von der Kultur der Staatsbeamten, der Goethe wenigstens teilweise sein Genie verschrieben hatte. In einem Brief an Schiller, der vielleicht als einziger die Tragweite dessen ermessen konnte, was er schrieb, gestand er ein, wie weit entfernt diese Welt und ihre Literatur – die Anfänge des Romans des 19. Jahrhunderts –, von ihrer beider Bestrebungen entfernt war:

Sehr merkwürdig ist mir aufgefallen, wie es eigentlich mit dem Publiko einer großen Stadt beschaffen ist. Es lebt in einem beständigen Taumel von Erwerben und Verzehren, und das, was wir Stimmung nennen, läßt sich weder hervorbringen noch mitteilen; alle Vergnügungen, selbst das Theater, sollen nur zerstreuen, und die große Neigung des lesenden Publikums zu Journalen und Romanen entsteht eben daher, weil jene immer und diese meist Zerstreuung in die Zerstreuung bringen.

Ich glaube sogar eine Art von Scheu gegen poetische Produktionen, oder wenigstens insofern sie poetisch sind, bemerkt zu haben, die mir aus eben diesen Ursachen ganz natürlich vorkommt. Die Poesie verlangt, ja sie gebietet Sammlung, sie isoliert den Menschen wider seinen Willen ...

Das Problem bestand für Goethe also darin, wie die zerstreuende «empirische Breite» des städtischen Lebens, seine stoffliche Fülle, mit der Forderung der Dichtung nach Sammlung und «Stimmung» zu versöhnen war, wie der Realismus, den das Bürgertum verlangte und den er selbst einem Reisenden angemessen fand, mit dem Subjektivismus der offiziellen Literatur, mit dem Idealismus verbunden werden konnte, den er, wie er sagte, jetzt gleichsam wie in einem Kästchen eingeschlossen mit sich herumtrug, gleich jener Miniaturprinzessin in einem anderen Märchen, über das er gerade nachdachte. Immerhin glaube er, in *Herrmann und Dorothea* ein Beispiel geliefert zu haben, daß «die modernen Gegenstände» sich zu der Art von Dichtung, die ihm vorschwebte, «bequemten». Aber *Herrmann und Dorothea* setzte das Publikum voraus, an das sich die *Horen* wandten. Nachdem das Bestreben dieser Zeitschrift, eine kollektive Reaktion auszulösen, praktisch gescheitert war, mußte Goethe seine eigene, persönliche Lösung für das Problem finden: Wie schrieb man Poesie für Frankfurt? Wie bekam man die Prinzessin aus dem Kästchen heraus?

Schillers Antwort war deutlich und brüsk, und sie hat seither deutsche Schriftsteller immer angesprochen. Er schrieb,

daß man den Leuten, im ganzen genommen, durch die Poesie nicht wohl, hingegen recht übel machen kann, und mir deucht, wo das eine nicht zu erreichen ist, da muß man das andere einschlagen. Man muß sie inkommodieren, ihnen ihre Behaglichkeit verderben, sie in Unruhe und in Erstaunen setzen. Eins von beiden, entweder als ein Genius oder als ein Gespenst muß die Poesie ihnen gegenüberstehen.

Aber diese beleidigte Reaktion des beamteten Intellektuellen auf seine eigene Abgeschnittenheit von der ökonomischen Realität – *épater le bourgeois* oder «Publikumsbeschimpfung», wie Handke es nennt – konnte auf die Dauer nicht Goethes Sache sein, schon darum nicht, weil er ein Sohn Frankfurts war. Wenn das Ideale nur zu dem Zweck aus seinem Kästchen hervorkam, um das Reale zu bekriegen, würde es, wie der Prinz, der in *Der Zauberflöte zweiter Teil* aus dem Sarg stieg, mit Sicherheit den Tod finden, und der Dichter selbst konnte tödlich verwundet werden. Zwei Paradebeispiele hierfür präsentierten sich zu einer Audienz bei Goethe in der Wohnung seiner Mutter: Hölderlin und Schmidt; beide gehörten den jakobinischen Kreisen an, die in der Thermidor-Atmosphäre der Stadt Beklommenheit empfanden und sich gegen sie mit Jena und Weimar zu verbünden wünschten, indem sie Beiträge zum nächsten *Musen-Almanach* beisteuerten. Siegfried Schmidt erschien zuversichtlich am Morgen des 9. August, so als ob ihm bewußt sei, daß Schiller ihn als das neue poetische Talent des Jahres empfohlen hatte. Goethe fand ihn «keine unangenehme Erscheinung», bemerkte an ihm «treffliche Schenkel», war aber von seiner geistigen Potenz nicht beeindruckt. Als Sohn eines wohlhabenden Kaufmanns war Schmidt zur Dichtkunst gekommen, weil die Eltern ihn zum Prediger bestimmt hatten, und die Angestrengtheit seines Ehrgeizes verriet sich in unvorteilhaften Grimassen, mit denen er seine Reden begleitete. Goethe hatte erwartet, eine gewisse Gemeinsamkeit mit einem Mann zu finden, der Reinhold und Fichte gehört hatte, bekam aber nicht mehr aus ihm heraus als den «philisterhaften Egoismus des Exstudenten». Schiller räumte ein, mit seinem Schützling keine Ehre eingelegt zu haben, und schloß sich Goethes Vermutung an, daß Schmidts soziale Herkunft erklären mochte, warum er nicht aus sich herausging. Vielleicht war er nur «die entgegengesetzte Karikatur von der Frankfurter empirischen Welt» und wie Hölderlin nicht aufgrund einer angeborenen Schwäche so «subjektivistisch», sondern weil er in seiner Umgebung keine ästhetische Nahrung für seine idealistischen Neigungen fand. Es war eine scharfsinnige Analyse, auch wenn Schiller die weitere Frage nicht stellte, welche gesellschaftlichen Faktoren dann den Idealismus erklärten, der schließlich die Wurzel der negativen Einstellung zu Frankfurt war. Der Fall unterschied sich nicht besonders von seinem eigenen, und er bekräftigte seine Absicht, «diese Hölderlin und Schmid» so lange zu unterstützen, wie er konnte. Hölderlin ließ sich Zeit bis zum 22. August, bevor er auf Schillers Zureden hin Goethe seine Aufwartung machte, wurde aber viel wohlwollender empfangen als Schmidt. Hölderlins Liebe zu Susette Gontard war jetzt fest gegründet und wurde erwidert, war aber genauso hoffnungslos wie die Liebe Werthers, und sein Brotherr war keineswegs so nachsichtig wie Albert: Goethe, der die Familie Gontard kannte und von der Affäre schon gehört haben mochte (Susettes beste Freundin war Sömmerrings Frau), fand Hölderlin «etwas gedrückt und kränklich» aussehend. Aber der erste Band des *Hyperion* war bereits erschienen, und Hölderlin machte gute Gedichte, wenngleich noch nicht seine besten. Im Juni hatte Schiller nach der Meinung Goethes zu zwei Gedichten gefragt, ohne Hölderlin als den Verfasser zu verraten, und Goethe war ausführlicher auf sie eingegangen als auf irgend etwas, was er abgesehen von ihrer beider Arbeit sonst mit Schiller diskutiert hatte. Sein Urteil war absolut gerecht, aber günstig: «Beide Gedichte drücken ein sanftes in Genügsamkeit sich auflösendes Streben aus. Der Dichter hat einen heitern Blick über die Natur, mit der er doch nur durch Überlieferung bekannt zu sein scheint.» Schiller war froh, daß Goethe seinem «Freunde und Schutzbefohlenen» wohlgesinnt war, und nachdem Goethe erfahren hatte, daß es sich um Hölderlin handelte, pflichtete er Schiller darin bei, daß der Dichter es verdiene, «daß Sie das mögliche tun, um ihn zu lenken und zu leiten». Hölderlin wirkte bei aller Zaghaftigkeit – Schiller war froh, daß er sich ein Herz zu dem Besuch gefaßt hatte – jetzt auf Goethe «wirklich liebenswürdig und mit Bescheidenheit, ja mit Ängstlichkeit offen». Goethe riet ihm, «kleine Gedichte zu machen», dabei das Mittelalter zu meiden und sich «einen menschlich interessanten Gegenstand zu wählen». Auf längere Sicht gesehen, konnte Hölderlin diesen Rat ebensowenig befolgen, wie Werther den Rat Nicolais befolgen konnte, eine Familie zu gründen und Kinder zu haben; aber im Lauf des folgenden Jahres schrieb er einige epigrammatische Oden über Liebe, Freundschaft und Themen des klassischen Altertums. Ob er sich dabei bewußt an Goethes Empfehlung hielt oder nicht, es waren seine ersten wirklich reifen Werke, die lange Zeit auch seine bekanntesten blieben. Es gibt die Legende, Goethe habe Hölderlin die kalte Schulter gezeigt und ihn durch seine wenig einfühlsame Verständnislosigkeit verstört. In Wirklichkeit erkannte er Hölderlins geistige Nähe zu Schiller und seinen qualitativen Abstand zu Schmidt, er mochte ihn persönlich und gab ihm Ratschläge, die den ihm bekannten Arbeiten Hölderlins angemessen, dabei hellsichtig und produktiv waren. Im Frankfurter Rahmen, den er selbst allmählich aufreibend fand, sah er in Hölderlin einen Geist mit verwandten Ambitionen und verstand – vielleicht besser als der weniger erfahrene Jüngling –, in welche inneren und äußeren Konflikte er hineingezogen wurde. Ein Stoffel wie Schmidt machte durch die Diskrepanz zwischen seinem Jena-bestimmten Anspruch und seiner Frankfurter Umwelt höchstens sich selbst lächerlich; im Falle Hölderlins aber galt es, eine dichterische Begabung zu retten.

Zum Zeitpunkt seiner Begegnung mit Hölderlin hatte Goethe bereits an Schiller geschrieben, daß er den ersten Schritt auf dem Weg zu einer Versöhnung des poetischen Ideals mit der bürgerlichen Realität getan habe. In einem wohl überlegten Brief vom 16. August fand er zu dem Konzept der symbolischen Existenz zurück, das ihm dank einer problematischen, mitunter sogar lähmenden Spaltung von Subjekt und Objekt jahrelang nicht mehr erreichbar gewesen war, ihm aber nun in einer durch Kants kritischen Idealismus geläuterten Form wieder zugänglich wurde. Er hat, schreibt Goethe, auf dieser Reise bemerkt, daß er zwar weiterhin die meisten Erscheinungen mit der unbewegten Objektivität des Naturwissenschaftlers beobachtet, daß aber gewisse Gegenstände in ihm eine Stimmung erzeugt haben, die zwar noch nicht auf das harmonische Zusammenspiel aller unserer Fähigkeiten hinausläuft, das man von einem glücklichen poetischen Stoff erwarten muß, die aber dennoch eindeutig subjektiv ist. Es ist ein «Mittelzustand» zwischen Objektivität und poetischer Stimmung. Diese besonderen Gegenstände zeigen sich nicht als geeignet für die Kunst, sondern als bedeutend für die Menschheit: Sie sind ihrem Wesen nach «symbolisch», das heißt – Goethe hält sich so eng wie möglich an Kants Terminologie – sie repräsentieren in ihrer eigenen Einheit und Totalität mannigfaltige andere Fälle. Zwei derartige symbolische Gegenstände, die er als solche ausgemacht hat, sind der Blick von der Wohnung seiner Mutter hinunter auf das Treiben des Platzes und der Schutthaufen, in den das Bombardement das Haus seiner Großeltern verwandelt hat. *Bedeutend* – Goethe unterstreicht das Wort – sind diese Orte nicht nur für ihn (obgleich er einräumt, daß im letzten Fall «eine liebevolle Erinnerung» mitspielt), sondern auch für andere; denn sie können zahllose Ereignisse und Erfahrungen an einem Ort repräsentieren, wo sich innerhalb einer Lebensspanne die Welt tiefgreifend und unwiderruflich verändert hat: Das Reich ist der Revolution gewichen, und aus dem Garten, vom Schultheiß Textor so ordentlich gehalten wie das Stadtregiment, wenn er seine dicken Handschuhe anzog, um die Rosen zu schneiden, ist formloser, scheinbar wertloser Gegenstand inflationärer Spekulationen geworden. Dank dieser neuen Theorie des Symbolischen vermag sogar die moderne städtische Welt Frankfurts wo nicht Poesie, so doch das Rohmaterial dazu zu liefern. Goethe konnte jetzt als Zweck seiner Reisen in Anspruch nehmen, für seine Leser weitere solche Beispiele zu sammeln; freilich räumte er – in einer Zeit, der Sterne schon altmodisch vorkam – ironisch ein, das Ergebnis werde wohl ein Beitrag zu dem «verrufenen» Genre der «empfindsamen Reise» sein. Goethe hatte jedoch nicht einfach die Rückkehr zu einer früheren Denkweise im Sinn. Die Symbolik, nach der er jetzt suchte, war keine private, sondern eine öffentliche, die objektive Bedeutung persönlicher Erfahrung, und sein Publikum konnte, ja sollte die ganze Menschheit sein. Von jetzt an wurde das Wort «bedeutend» eines der gewichtigsten in Goethes Wortschatz. Es verkörperte sein gereiftes Verhältnis zur Kantischen Philosophie, die Form, in der diese Philosophie ein entschiedener Teil seiner Weisheit wurde; erstmals taucht es in dem Brief vom 16. August als Korrektur für das gestrichene Wort «regulativ» auf und hat daher in etwa den Sinn von «mit der Autorität einer Kantischen Idee ausgestattet». Wie Ideen überbrücken symbolisch bedeutende Dinge die Teilung zwischen Subjekt und Objekt; «die Sache ist wichtig, denn sie hebt den Widerspruch, der zwischen meiner Natur und der unmittelbaren Erfahrung lag, den in früherer Zeit ich niemals lösen konnte, sogleich auf.» Unmittelbar nach Kant, als man die wahre Natur seiner Leistung ignorierte, schien es in der Philosophie eine unheilbare Dichotomie zwischen subjektivem Idealismus und empirischem Dogmatismus zu geben: Entweder basiert die Ordnung, die alle Dinge eint, nicht in diesen selbst, sondern ist ein aus unserem «Innersten» hervorgearbeitetes «Phantom»; oder es gibt keine einzelne Ordnung, die der endlosen Vielfalt der Dinge eigen wäre, so daß wir uns, wenn wir irgend etwas verstehen wollten, mit der «millionenfachen Hydra der Empirie» herumzuschlagen hätten. In diesem Falle – schloß Goethe, nachdem seine Reise gerade erst begonnen hatte – wäre er «lieber gerad nach Hause zurückgekehrt», um sich den inneren Phantomen zu widmen und sich die Extramühe einer langen Fahrt durch die empirische Welt zu sparen. Wenn jedoch eine objektive Symbolik möglich ist, wenn die Welt, die uns in unserer Erfahrung entgegentritt, von Anfang an bedeutungsvoll ist, dann ist auch eine vernünftig vereinheitlichte, öffentlich zugängliche Ordnung, sei es im Sittenleben, in der Naturwissenschaft oder in der Poesie, möglich. In seiner ersten Mitteilung an Schiller zog Goethe diese weitergehenden Schlüsse noch nicht, die zwangsläufig jene Ästhetik hätte untergraben müssen, auf welche die zwei Dichter sich mühsam genug geeinigt zu haben schienen. Er machte aber kein Hehl aus seiner Überzeugung, eine neue, persönliche Ausdeutung des Kantianismus gefunden zu haben. Schiller erkannte sogleich die Gefahr und reagierte mit einer Heftigkeit, an die nicht einmal das heranreichte, was er über *Wilhelm Meister* geschrieben hatte. Goethe hatte seinen Freund um weitergehende Gedanken zu seiner neuen Einsicht gebeten, aber Schiller mochte die Existenz dieses «Mittelzustandes» nicht zugeben. Durch die Verwischung der Unterscheidung zwischen Subjekt und Objekt gefährdete sie andere Unterscheidungen, die ihm noch wichtiger waren: die zwischen dem freien, sittlich handelnden Subjekt und der mechanisch determinierten Natur und die zwischen der sentimentalen und der naiven Form der Dichtung (die jetzt die Grundlage seines Verständnisses der Beziehung zu Goethe bildete). Schonungslos führte er Goethes Versuch einer Vermittlung auf die Termini des ursprünglichen Dualismus zurück – das «Symbolische» sei lediglich das «Sentimentalische» in anderem Gewande, denn Gegenstände seien an sich völlig «leer» und ihre Bedeutung daher allein die Schöpfung des ihrer bedürfenden Geistes – und gestand Goethes persönlichen Erinnerungen nichts Neuartiges zu. Als ob er entschlossen sei, eine empirische Basis für Goethes Konzept sogar in Goethes literarischer Praxis zu tilgen, las er noch einmal *Wilhelm Meister* und machte in einem späteren Brief an diesem Roman «ein sonderbares Schwanken zwischen einer prosaischen und poetischen Stimmung aus, für das ich keinen rechten Namen weiß» – jedenfalls nicht «symbolisch» oder «bedeutend» –, und so sehr war er darauf erpicht, jede heterodoxe Tendenz in Goethes Denken zu unterdrücken, daß er nicht bemerkte, wie er dem Roman eben jene beunruhigende Wirkung zuschrieb, die er von der modernen Literatur verlangte. Goethe erreichte diese Attacke erst, als er Frankfurt längst hinter sich gelassen hatte und seine empfindsame Reise sich ihrem Ende näherte. Mittlerweile fühlte er sich seiner Sache sicher genug, um das Thema aus ihrem Briefwechsel verschwinden zu lassen. Es war wohl Folge seines Bemühens gewesen, im *Laokoon-Text*, gegen eine Überbewertung der reinen Form die Inhalte der Kunst wieder in ihre Rechte einzusetzen, und diente künftig als unverfänglicher Hintergrund weiterer Diskussionen mit Schiller wie mit Meyer über die angemessenen «Gegenstände» künstlerischer Darstellung – ein Thema des Essays, das Schillers Billigung finden konnte, weil es die Unterscheidung zwischen Kunst und Leben unangetastet ließ. Schiller spürte zu Recht, daß auch diese Unterscheidung durch das Konzept des «Symbolischen» kompromittiert würde, obwohl er Goethe nicht in jener Periode seines Lebens gekannt hatte, wo das Gegenstück zu seinem symbolischen Dasein seine autobiographische Kunst gewesen war.

Die drei Wochen in Frankfurt waren für Goethe also eine Zeit der Selbstentdeckung. Sie wurde ihm aufgenötigt zum Teil durch den Kontakt mit der neuen Welt, die jenseits des schützenden Cordons um Carl Augusts Herzogtum im Entstehen begriffen war, und teilweise durch die Einsicht, daß die Entscheidung, ob er nach Italien ging oder nicht, jetzt bei ihm lag und nicht länger aufgeschoben werden konnte. Er hatte das Bedürfnis, sich für sich selbst zu definieren, wie er es seit dem Abschied von Rom, ja seit seinen ersten Jahren in Weimar nicht mehr getan hatte und wozu eine neue Definition der Objekte gehörte, mit denen sein Subjekt in ständiger Berührung war. Anscheinend ohne besonderen Zweck und für kein besonderes Publikum diktierte er irgendwann zwischen dem 7. und 24. August eine Selbstcharakterisierung in der dritten Person von betont leidenschaftsloser Klarheit – vielleicht ein geistiges Gegenstück zu dem Testament, das er einen Monat zuvor unterzeichnet hatte:

> Immer tätiger, nach innen und außen fortwirkender poetischer Bildungstrieb macht den Mittelpunkt und die Base seiner Existenz; hat man den gefaßt, so lösen sich alle übrigen anscheinenden Widersprüche. Da dieser Trieb rastlos ist, so muß er, um sich nicht stofflos selbst zu verzehren, sich nach außen wenden. ... Daher die vielen falschen Tendenzen zur bildenden Kunst zu der er kein Organ, zum tätigen Leben wozu er keine Biegsamkeit, zu den Wissenschaften wozu er nicht genug Beharrlichkeit hat. Da er sich aber gegen alle drei bildend verhält, auf Realität des Stoffs und Gehalts und auf Einheit und Schicklichkeit der Form überall dringen muß, so sind selbst diese falschen Richtungen des Strebens nicht unfruchtbar nach außen und innen. ... Den besondern Charakter seines poetischen Bildungstriebes mögen andere bezeichnen; leider hat sich seine Natur ... durch viele Hindernisse und Schwierigkeiten ausgebildet und kann erst spät mit einigem Bewußtsein wirken, indes die Zeit der größten Energie vorüber ist.

Er mag es als die Zeit seines beginnenden Niedergangs empfunden haben, aber mit diesen Worten erkannte Goethe endlich unzweideutig an, daß er ein Dichter war, und ließ den Unsinn hinter sich, den er zuletzt noch Friederike Brun hatte aufschwatzen wollen: daß seine vornehmste Berufung eine andere sei. Das allein reichte in diesen Tagen schon aus, einem echten Dichterkollegen wie Hölderlin wohlwollendes Gehör zu schenken. Auch kann er die vernichtenden Zeilen über seine dilettantischen Ambitionen zumal in den bildenden Künsten nicht niedergeschrieben haben, ohne seine geplante Italienreise in einem neuen, kälteren Licht zu sehen. Was verhieß sie denn anderes als erneut eine «falsche Richtung des Strebens», noch dazu in großem Stil? Schiller wußte es schon und hatte es ihm wahrscheinlich auch gesagt, daß seine erste Pflicht seinem poetischen Talent zu gelten habe, vielleicht speziell dem *Faust*, den er sich als Trostpreis aufhob, sollte er den Winter im Norden verbringen müssen; und er muß jetzt eingesehen haben, daß das Schreiben eines noch so anspruchsvollen Führers zu den Kunstschätzen Italiens nur ein Ausweichen sein konnte. Und die Kosten für ein Nachgeben gegenüber dieser falschen Tendenz würden andere zahlen müssen, für die Schiller nicht einzutreten hatte. Goethe muß über Erwarten bewegt gewesen sein, als er sah, welche Freude seine Mutter an ihrem Enkelsohn hatte und mit welcher Bereitwilligkeit sie ihre neue Tochter akzeptierte. Und er muß über Erwarten erschüttert gewesen sein, als Christiane und August nach der gemeinsam verbrachten Woche von seiner Seite wegfahren mußten. Auch der zunehmend verzweifelte Ton in Christianes Briefen wird seine Wirkung nicht verfehlt haben. Der Plan, sie für mehr als ein halbes Jahr allein zu lassen, kann im Lichte der schneidenden Selbsterforschung dieses Textes keinen Bestand gehabt haben. Er konnte nicht nach Italien gehen. Aber es fiel Goethe sehr schwer, Christiane die eine beruhigende Zeile zu schreiben, die ihn endgültig von einer so lange gehegten und halb schon verwirklichten Hoffung schied. Konnte es nicht sein, daß die Umstände, die sich bisher mehrmals gegen ihn verschworen hatten, zuletzt gnädig waren und doch einen Weg durch all diese Hindernisse wiesen? Sollte er aufgeben, bevor der Augenblick der endgültigen Gewißheit über seine Berufung gekommen war, bevor er an der Pforte des Paradieses gestanden und sie verschlossen gefunden hatte? Dann war da die Frage, wie er seine Entscheidung der Welt und sich selbst verkaufen wollte. Ein so großes und öffentliches Projekt durfte nicht schmählich zerstört werden, vor allem nicht so, daß sich die Aufmerksamkeit auf den Anteil Christianes an dem Fiasko richten: Der daraus resultierende Klatsch wäre entsetzlich gewesen. Goethes poetischer Bildungstrieb verlangte nach einer glaubwürdigen und zufriedenstellenden Gestalt seiner Reise. Er mußte etwas in petto haben, womit er sie alle verblüffen konnte. Es ist sehr wahrscheinlich, daß er, bevor er der mütterlichen Wohnung und den Ruinen des großelterlichen Hauses den Rücken kehrte, bereits entschlossen war, wenn irgend möglich einen anderen symbolischen Ort zu erreichen: den Gotthard-Paß, den er schon zweimal zum Wendepunkt in seinem symbolischen Dasein hatte werden lassen.

Für Goethes neugewonnenes Konzept des «Symbolischen» war es wesentlich, daß die Bedeutung des symbolischen Objekts diesem inhärent und nicht einfach eine Zutat des Subjekts war. In früheren Phasen seiner symbolischen Existenz war dieses Element der Objektivität durch Goethes Glaube an die «Götter» oder das «Schicksal» garantiert worden. Jetzt wurde es durch Goethes besondere Form des kritischen Idealismus garantiert – den Glauben an die selbständige Existenz der Dinge an sich und damit zwangsläufig auch den Glauben an die Unzulänglichkeit unserer Mittel, sie zu erfassen und auszudrücken. Der Gotthard war an und für sich das Symbol einer Grenze – in Goethes Leben das Symbol einer nicht überschrittenen Grenze. Es hatte ihn immer danach verlangt, diese Grenze zu überschreiten, aber es war nie dazu gekommen. Aber er wußte, daß das, was hinter dem Gotthard lag: jenes vollkommene Italien, das er nie recht erlebt hatte, keine Erdichtung war, ins Dasein gerufen durch seine Sehnsucht – so wie die Vorgänge der pflanzlichen und tierischen Metamorphose, die er um sich herum beobachtete, nicht einfach eine Konstruktion seines Geistes, sondern das Werk der Natur selbst waren, und so wie die Laokoon-Gruppe nicht einfach eine schöne Form war, sondern eine wahrhaftige Darstellung. Er hatte kurze Zeit in dem Land gelebt, wo die Zitronen blühen, und wenn es ihm auch nicht vergönnt sein sollte, noch einmal dort zu leben, fand er sich nicht bereit, das Land nur darum für unwirklich zu halten, weil er den Frühling seines Lebens in Sehnsucht nach ihm verbracht hatte, während es nun schien, er solle den Herbst fern von ihm verbringen. Eine nicht überschrittene Grenze, hinter der nicht ein Traum lag, sondern eine Wirklichkeit, das Ding an sich, das Ideal – zu dem Zeitpunkt, als er dieses ungeheuer starke Symbol nicht nur über seine Reisebewegungen, sondern auch über sein Verhältnis zu allen Menschen, die er liebte, entscheiden ließ, wurde Goethe zugleich inne, daß das Symbol auf die Dichtkunst angewendet werden konnte, die er jetzt als Zentrum seiner Existenz identifiziert hatte. In seinem Selbstporträt unterstrich er das Reagierende in seiner Geisteshaltung, gestützt auf das Bewußtsein, daß es einen Gegenstand gab, den es zu erlangen, zu erfassen, zu beantworten und zu «bilden» galt. «Eine Besonderheit, die ihn als Künstler wie als Menschen immer bestimmt, ist

> die Reizbarkeit und Beweglichkeit, welche sogleich die Stimmung von dem gegenwärtigen Gegenstand empfängt und ihn also entweder fliehen oder sich mit ihm vereinigen muß.»

Aber er konnte niemals zur Identität mit dem Gegenstand gelangen, sollte dieser nicht die Selbständigkeit verlieren, die seine Anziehungs- oder Abstoßungskraft ausmachte. Etwa zu derselben Zeit, als er dieses Selbstporträt schrieb, dachte er in einem Aufsatz über die Sprache, der unverblümter war als alles, was er bisher zu diesem Thema geschrieben hatte, über den unüberwindlichen Abstand zwischen Wörtern und den Dingen nach. Er war das Resultat einer Begegnung mit dem Bühnenbildner Giorgio Fuentes (1756–1821). Goethes Hauptaufgabe in diesen Tagen war außer dem Ordnen ihrer Finanzen der Theaterbesuch mit seiner Mutter («eine alte geschminckte pretensionsvolle Frau», wie ein Besucher im Foyer bemerkte). Hier konnte er nach neuen Akquisitionen Ausschau halten, und anläßlich einer Aufführung von Salieris Oper «Palmira, Prinzessin von Persien» war er außerordentlich beeindruckt von der Qualität von Fuentes' Kulissen: Er machte Fuentes einen Besuch, fand in ihm einen intelligenten Mann, den nach Weimar zu locken sich lohnen mochte, und schrieb einen kurzen Aufsatz über dessen hochspezialisierte Kunst der Täuschung mit dem Titel *Über Wahrheit und Wahrscheinlichkeit der Kunstwerke*. Zwar gibt der Aufsatz keine förmliche Antwort auf die Eingangsfrage, ob es nicht etwas Absurdes oder Unnatürliches habe, wenn man auf Fuentes' Bühnenbild zu *Palmira* gemalte Zuschauer sieht. Bemerkenswert ist er aber durch die Art, wie er – direkt und indirekt – die Frage behandelt, wie man derartige Fragen zu beantworten habe. Indirekt, weil der Aufsatz die richtige Methode veranschaulicht: Er ist in die Form einer Unterhaltung gekleidet, an deren Ende die Gesprächspartner sich darauf einigen, die Oper ein weiteres Mal zu sehen und zu genießen – die einzig praktische Schlußfolgerung und Rechtfertigung der kritischen Auseinandersetzung. Direkt, weil die Gesprächspartner über die Schwierigkeit diskutieren, so subtile Fragen wie die Wahrheit von Kunstwerken in Worte zu fassen. «Sie drücken Ihre Empfindungen recht gut aus», sagt der Sokrates in diesem Dialog, «nur ist es schwerer, als Sie vielleicht denken, recht deutlich einzusehen, was man empfindet.» Als er Zuflucht zu einem Wortspiel nimmt, entgegnet er auf den Protest seines Schülers,

> daß, wenn wir von Wirkungen unseres Geistes reden, keine Worte zart und subtil genug sind und daß Wortspiele dieser Art selbst ein Bedürfnis des Geistes anzeigen, der, da wir das, was in uns vorgeht, nicht geradezu ausdrücken können, durch Gegensätze zu operieren, die Frage von zwei Seiten zu beantworten und so gleichsam die Sache in die Mitte zu fassen sucht.

(Indem Goethe die Form des fiktiven Dialogs gewählt hat, hat er sich, notabene, dem Einwand entzogen, daß diese Worte selbst ja den Anspruch erheben, geradezu auszudrücken, was in ihm vorgeht.) Es ist dies Goethes erste klare Formulierung der Überzeugung, daß man die begrifflichen Antithesen, von denen es zum Beispiel in den Schriften idealistischer Philosophen und namentlich bei Schiller wimmelt, am besten als Wortspiele versteht, und wahrscheinlich auch seit Goethes Sturm-und-Drang-Jahren die erste Formulierung seiner Überzeugung, daß die Sprache ungeeignet zum Ausdrücken von Gefühlen oder generell von Dingen ist; um so weniger dürfen wir Goethes ausdrückliche Voraussetzung übersehen, daß unser Ziel beim Gebrauch der Sprache darin besteht, eine «Sache» oder «Empfindung» «recht deutlich einzusehen» oder «zu fassen». Es mag sein, daß wir uns selbst nicht so gut kennen, Sachen nicht so gut in Worte fassen können, wie wir vielleicht zuerst gedacht haben; aber indirekt, durch die Mittel der Kunst – seien es Wortspiele, die ergebnislose Polyphonie des Gesprächs oder kleine oder große literarische Fiktionen –, können wir doch offenbaren, daß es etwas gibt, das gewußt und ausgedrückt und von uns in eine mehr oder weniger zufriedenstellende Form gebracht werden kann – ein Noumenon, wie Kant sagen würde. Es mag sich herausstellen, daß dieses Etwas außerhalb unserer Reichweite liegt, jenseits der Grenze, in der Mitte zwischen den verschiedenen Äußerungen, die wir tun können; aber darum ist es weder unwirklich noch gar unbekannt. In den letzten Augusttagen befaßte sich Goethe damit, die Möglichkeit von «Gesprächen in Liedern» zu untersuchen: Balladen, die nur aus Dialogen ohne narrative Abschnitte bestehen und in denen daher die «Gegenstände», die Fakten der Geschichte, nur hinter und zwischen der direkten Rede der Gesprächspartner sichtbar werden. Den Anfang machten einige solcher Balladen über die Kapriolen einer Müllerin – Kernstück des nächsten *Musen-Almanachs*, wie Goethe hoffte. Er hielt es für eine passende Gattung eines Dichters, der unterwegs war.

Ein Gewitter am 19. August, das die ganze Nacht währte, beendete die Hitzewelle, und es wurde kühler und bewölkt. Nachdem sich die Regenwolken verzogen hatten, herrschte ausgezeichnetes Reisewetter. Goethe hatte erst abreisen wollen, als er sicher sein konnte, eine gute Aussicht von der malerischen Bergstraße zwischen dem Odenwald und dem rechten Rheinufer zu haben (unten am Fluß hätte er der Spur der Verwüstung folgen müssen, die die Franzosen hinterlassen hatten; Hegel fand hier wenige Monate später «kein Dorf an seinen [des Rheins] Gestaden, dessen Hälfte nicht in Trümmern läge, dessen Turm und Kirche nicht noch ein Dach, mehr als die kahlen Mauern hätte»). Bei zunehmend besserem Wetter beneidete er jede Kutsche, die zum Friedberger Tor hinausfuhr. Seine Mutter hatte ihm Christianes ängstlichen Wunsch ans Herz gelegt, er möge sich nicht noch weiter von zu Hause entfernen; aber wenn sie ihn wohl auch nicht in Italien sehen wollte, diesem Land der «Räuber und Mörder», so werden doch ihre Einwände gegen die Schweiz wahrscheinlich eher halbherzig gewesen sein.

Sie mag sogar den Wunsch verspürt haben, die Interessen ihres Sohnes gegen eine erstickende Häuslichkeit zu verteidigen; aber er ließ sich ohnedies nicht von seinem Vorhaben abbringen. Er hatte einen Reiseplan, der ihm jenes Fünkchen Hoffnung beließ, welches er benötigte, um ihn durchzuführen; ihn im tiefsten mit den wichtigsten Reisen seines bisherigen Lebens und mit dessen voraussichtlicher künftiger Gestalt verband; und ihm eine sparsame Dosierung der Mitteilungen über seine Absichten erlaubte, so daß seine wahren Motive im dunkeln blieben. Er wollte sich an den Rat halten, den er soeben Christiane gegeben hatte: sich das Glück der Tage, die er hatte, nicht durch die glücklichen Tage verderben zu lassen, die er nicht hatte. Am nebelverhangenen Morgen des 25. August, um sieben Uhr früh, nahmen er und seine Mutter voneinander Abschied – «nicht ohne Rührung, denn es war das erstemal nach so langer Zeit, daß wir uns wieder ein wenig an einander gewöhnt hatten». Zwar hatte Goethe die Absicht, auf seinem Rückweg wieder durch Frankfurt zu kommen, aber im 18. Jahrhundert waren Trennungen für lange, und Frau Rat hatte ein Alter erreicht, in dem jeder Abschied der letzte sein konnte. Der Tag wurde rasch wärmer, und Goethe hatte das ersehnte schöne Wetter für die Fahrt auf der alten Römerstraße, vorbei an Weinbergen und fruchtbeladenen Birnbäumen, mit dem Ausblick auf blaue Berge und dann im purpurroten Schein der Abendsonne, die alle Schatten smaragdgrün färbte, nach Heidelberg, wo er und Geist abends um halb zehn eintrafen. Am nächsten Tag genoß er von dem Fußweg am rechten Neckarufer den Blick auf Heidelberg, das in der hellen Spätsommersonne dalag, und schwelgte «in Erinnerung früherer Zeiten» – wohl auch einer Reise nach Italien, die 1775 hier geendet hatte –, und fast war es wie eine Probe auf seine neue Theorie von der Einheit von Subjekt und Objekt im Symbolischen. Von den Stadtmauern zu Füßen der bewaldeten Felsenhänge des Königstuhls bezeichnete eine Straße kleiner Häuser den Weg durch die Bäume hinauf zu dem «Schloß in seinen großen und ernsten Halbruinen»; es wirkte wie «etwas Ideales, ... wenn man mit der Landschaftsmalerey bekannt ist», und die neue steinerne Neckarbrücke verlieh dem Ganzen «eine edle Würde ..., besonders in den Augen desjenigen, der sich noch der alten hölzernen Brücke erinnert». Am 27. August entschlüsselte sein neuestes Werk Goethe die Bedeutung dessen, was er sah: Als er hinter Neckargemünd aus dem Neckartal heraustrat, bemerkte der Verfasser von *Herrmann und Dorothea* die stille Höflichkeit der Menschen: «Die Männer tragen blaue Röcke und mit gewirkten Blumen verzierte weiße Westen», die Frauen «haben eine catholische nicht unangenehme Bildung». Als er zur Mittagszeit das «heiter[e] Landstädtchen» Sinsheim im Kraichgau passierte, sah er in der Gepflogenheit, die Misthaufen unter den Fenstern der Häuser anzulegen, um den Hauptweg rein zu halten, einen klugen Kompromiß, der die öffentliche Ordnung wahrte, ohne die Freiheit des Bürgers zu beschneiden, die Nachteile seiner frei gewählten Lebensweise zu dulden. In Heilbronn stieß er am Abend wieder zum Neckar; die Stadt interessierte ihn vor allem als Beispiel eines sich selbst verwaltenden Gemeinwesens, dessen nüchterne und wohlhabende Bewohner sich einer vortrefflichen protestantischen Obrigkeit erfreuten: Er kam zu dem Schluß, «daß sie auf gemeine bürgerliche Gleichheit fundiert ist; daß weder Geistlichkeit noch Edelleute in frühern Zeiten großen Fuß in der Stadt hatten ... Es werden keine Juden hier gelitten.» Da er ein gutes Quartier gefunden hatte, beschloß er, auch seinen Geburtstag hier zu verbringen; er spazierte um die antiquierten Befestigungsanlagen, musterte die altmodischen Trachten, die überhängenden Giebel mit den großen hölzernen Wasserrinnen und die zum Nutzen der Fußgänger erhöht gepflasterten Seitenwege und freute sich vor den Toren der Stadt der ertragreichen Gärten, die an die kastanien- und lindengesäumte Allee um den Stadtgraben stießen. Auch in Weimar vergaß man nicht den 28. August: Voigt hielt morgens um fünf einen Augenblick inne und dachte an Goethe, bevor er sein Tagwerk begann, und Christiane öffnete mehrere ihrer besten Flaschen. Am 29. brach Goethe zeitig auf und erreichte, bevor es zum Reisen zu heiß wurde, die Antithese zu Heilbronn, das geräumige Schloß Ludwigsburg, ein Symbol für alles das an Deutschland, was Goethe aus *Herrmann und Dorothea* verbannt hatte: «sehr wohnbar, aber sowohl das alte als das neue [Schloß] in verhältnismäßig bösem Geschmack ausgeziert und meublirt». In der Abendkühle ging die Fahrt weiter nach Stuttgart. Die Stadt auf dem «vaterländischen Boden» Schillers, umringt von Höhenzügen in einem Kessel gelegen, machte um diese Tageszeit, nach Sonnenuntergang, «einen ernsten Eindruck».

Goethe war eigentlich Carl Augusts und seiner Bauprojekte wegen nach Stuttgart gekommen, aber die Woche, die er dort, einquartiert in einem Hotel, verbrachte, wurden «Tage, wie ich sie in Rom lebte». Es gab etwas Kompliziertes an Stuttgart, das es von Frankfurt unterschied und für Deutschland typischer machte: Das Bürgertum bestimmte nicht allein über sein Leben, sondern mußte mit einer staatlichen Zentralgewalt rechnen, die noch immer nach dem absoluten Herrschaftsrecht strebte. Stuttgart erinnerte Goethe an seine römische Hausakademie, weil auch dort – wenngleich aus anderen Gründen – Künstler die Abhängigkeit von ihrem Souverän vergaßen, aber dennoch deren Früchte genossen. Der Herzog lag nach einem Schlaganfall im Sterben und konnte nicht besucht werden, doch erhaschte Goethe im Theater einen Blick auf den «sehr corpulenten Erbprinzen» und die aus England stammende, «sehr wohlgebaute» Erbprinzessin. Auch der Konflikt in den Ständen verharrte wie die herzogliche Familie in Bewegungslosigkeit. Das politische Fundament, auf dem der kulturelle Überbau ruhte, wurde von Goethe eher erahnt als analysiert. Das österreichische Heer als Hüter des Status quo hatte sein Lager nördlich von Stuttgart im Remstal (Goethe wandte für einen Abstecher dorthin einen ganzen Tag auf) und übte auf die Stadt kaum einen merklichen Einfluß aus. Es war jedoch bei der Bevölkerung kaum beliebter als die Franzosen, weil die Kosten für seinen Unterhalt bereits dreimal so hoch waren wie die von den Invasoren erpreßten Abgaben. Für Goethe glich Stuttgart drei Städten in einer: Es gab die Landstadt, die Handelsstadt und die Stadt des Hofes und der wohlhabenden Privatleute. Daß es für deren auskömmliches Nebeneinander möglicherweise konstitutionelle Gründe gab, scheint Goethe nicht in den Sinn gekommen zu sein. Die älteren Stadtviertel erinnerten ihn an das alte Frankfurt, die neueren Straßen waren in rationalen, quasi-absolutistischen rechten Winkeln angelegt, wobei aber die Gestaltung einzelner Häuser «einer gewissen bürgerlichen Willkühr» überlassen blieb. Den Eindruck einer römischen Atmosphäre mag das Fehlen einer Universität verstärkt haben, nachdem die Akademie Carl Eugens 1794 aufgelöst worden war. Kultur und Geistesleben lagen in den Händen einzelner, vielleicht gerade darum, weil sie politisch nicht autonom sein konnten; in diesen Kreisen bewegte sich Goethe. Seine wichtigsten Ciceroni waren der Kaufmann und dilettierende Landschaftsmaler Gottlieb Heinrich Rapp (1761–1832), die hervorragenden Bildhauer Johann Heinrich Dannecker (1758–1841), Rapps Schwiegersohn, der gerade seine Schillerbüste in Marmor umarbeitete, und der auf Vasen spezialisierte Anton Isopi (1756–1833) sowie der Architekt Nikolaus Friedrich Thouret (1767–1845), der sich nach Goethes Überzeugung durch seine Ansichten über die Ausgestaltung von Schlössern für Weimar empfahl. Er diskutierte mit Dannecker, auf welche Weise Thouret und Isopi sowie die Stukkateure und Möbeltischler, deren Arbeiten er bewunderte, für Weimar zu gewinnen seien, vernachlässigte aber darüber nicht sein eigenes Vergnügen. Neben den Arbeiten in den jeweiligen Ateliers gab es lohnende Kunstwerke zu besichtigen; denn die Künstler, von denen viele Professoren an der ehemaligen Akademie gewesen waren, besaßen ebenso private Sammlungen wie manche Geschäftsleute. Der Diplomat Conradinus Abel (1750–1823), der sich während Goethes Stuttgartbesuch in Paris aufhielt, hatte systematisch die Gemälde aufgekauft, die den französischen Markt überschwemmten, und sie für die Zeit seiner Abwesenheit aus Sicherheitsgründen bei seinen Freunden untergestellt. Goethe sah diese Bilder in verschiedenen Häusern; besonders eine Claude Lorrain zugeschriebene Landschaft – vielleicht auch sie eine Reminiszenz an Rom – hatte es ihm angetan, und er nahm Verhandlungen auf, um sie (für 110 Taler) zu erwerben. Es herrschte in Stuttgart viel Wohlwollen gegen Goethe und großer Stolz auf Schiller, worüber sich Goethe neidlos gefreut zu haben scheint; er empfahl sich durch häufiges Lob des demnächst erscheinenden *Wallenstein*. Der Komponist Johann Rudolf Zumsteeg (1760–1802), der die Lieder in *Die Räuber* komponiert hatte, zeigte ihm seine Vertonung der Ossianübersetzung aus *Werther* als Kantate mit Klavierbegleitung, und Goethe, den diese Stimmen aus der Vergangenheit überhaupt nicht anfochten, fand so viel Gefallen daran, daß er eine szenische Aufführung erwog. Aber die beste Musik, schien ihm, spielte man doch daheim. Was ihm an Stuttgart am meisten zusagte, war seine Häuslichkeit, und das Rappsche Haus bot ihm eine familiäre Umgebung, in der er sich sogleich wohlfühlte. Am Abend des 30. August, seines ersten vollständigen

Tages hier, saß er mit Rapp in dessen Garten, diskutierte über Kunst, vertilgte Unmengen jener köstlichen hellgelben Mirabellen, die auf den Hängen rund um Stuttgart wachsen, und wünschte sich Christiane und August herbei, um mit ihnen zu genießen. Zum Zeichen seiner Dankbarkeit las er den versammelten Rapps und Danneckers zwei Abende vor seiner Weiterreise *Herrmann und Dorothea* vollständig vor; besonders zufrieden war er mit seinem Erfolg bei Rapps fünfjähriger Tochter, die bis zum Ende des neunten Gesangs mucksmäuschenstill dasaß und dann sagte, «der Herr möge doch weiterlesen». Im Gegensatz zur ernsthaft kunstbeflissenen Mittelschicht hatten die herzoglichen Einrichtungen wenig zu bieten. Das Schauspiel war steif und trocken und – da die dort Beschäftigten Beamte auf Lebenszeit waren – zwanzig Jahre hinter seiner Zeit her. Den ganzen 1. September verbrachte Goethe in Begleitung Danneckers und Geists auf Schloß Hohenheim, das Karl Eugen für seine Mätresse gebaut hatte. Er war nicht beeindruckt: «Man kann beym äußern Anblick der Gebäude sagen, daß sie in gar keinem Geschmack gebaut sind, indem sie nicht die geringste Empfindung weder der Neigung noch des Widerwillens im Ganzen erregen.» Die inneren Proportionen waren alle verkehrt; «Der Hauptsaal, leider mit Marmor decorirt, ist ein Beyspiel einer bis zum Unsinn ungeschickten Architektur.» Die Dekorationen der kleineren Zimmer verrieten «einen unsichern und umherschweifenden Geschmack»; «die Stukkaturarbeit ist meistens höchst schlecht.» Der Garten, der Schiller zu seinem *Spaziergang* inspiriert haben mochte und Geist «außerordentlich schön» vorkam, bot für Goethe «nichts wissens- noch nachahmungswerthes», die vielen über ihn verstreuten architektonischen Einfälle und Launen verrieten «theils einen engen, theils einen Repräsentationsgeist», und das Ganze litt an Wassermangel. Die einzigen schönen Dinge, die Goethe dort fand, waren die roten Trompeten einer Amaryllis belladonna und einige exotische Pflanzen in den mächtigen gußeisernen Treibhäusern (die selbst gewiß ein Wort des Lobes verdient hätten – Schreiber Geist war jedenfalls beeindruckt). Die Animosität gegen den schwäbischen Sonnenkönig ist in Goethes Tagebuch und in einem kurzen Aufsatz über die Künste in Stuttgart ebenso spürbar wie die gesellschaftliche Perspektive, aus der Goethe schrieb: «Bey diesen vielen kleinen Parthien [im Schloßgarten Hohenheim] ist merkwürdig, daß fast keine darunter ist, die nicht ein jeder wohlhabende Particulier [Privatmann] eben so gut und besser haben könnte, nur machen viele kleine Dinge zusammen leider kein großes.» Mit anderen Worten: ein souveräner Herrscher sollte (wie Carl August, an den einige dieser Bemerkungen gerichtet waren) einen ausgeprägten und zielstrebigen Sinn für das Gemeinwohl haben; ist er ein Bürger wie andere, nur mit mehr Reichtum und weniger Verantwortungsgefühl, darf er sich nicht wundern, wenn die Städter wie in Heilbronn oder Stuttgart ihre Angelegenheiten lieber in eigener Regie regeln. Carl August verdrossen die Aufsätze, die Goethe seit Frankfurt seinen ohnedies schon umfangreichen Briefen beilegte; diese waren ihrerseits kaum mehr als Abschriften aus dem detaillierten Tagebuch, das Goethe im Hinblick auf das geplante Gemeinschaftsprojekt mit Meyer führte. «Goethe schreibt mir Relationen, die man in jedes Journal könnte rücken lassen. Es ist gar possierlich, wie der Mensch feierlich wird!» Der Einwand des Herzogs richtete sich freilich nicht gegen Goethes höfische Steifheit, sondern gegen das Selbstbewußtsein – in seinen Augen die Überheblichkeit – der bürgerlichen Presse, die Goethe jetzt als sein eigentliches Medium anerkannte – sei's auch mit gemischten Gefühlen, wie die «Zueignung» zu *Faust* bewies. Entgegen dem äußeren Anschein ließ Goethe die reformfreundliche Atmosphäre Württembergs nicht kalt, wenngleich er vorsichtig und realistisch genug war, sie in einem kulturellen, nicht einem politischen Zusammenhang auf sich wirken zu lassen. Als ein Aspekt des modernen Deutschlands, mit dem er leben mußte, falls es ihm nicht vergönnt war, nach Italien zu entweichen, war, daß der Geist der Reform erträglicher als manches andere war. Auf jeden Fall wirkte er auf Goethe nicht so befremdend und verstörend wie der neue Geist hemmungsloser Kommerzialisierung in Frankfurt. Stuttgart legte sogar nahe, daß Goethes alter Ehrgeiz, ein Stück Italien nördlich der Alpen zu bauen, zu seiner Verwirklichung nicht der Ressourcen eines absoluten Monarchen bedurfte, sondern auch in den Salons der Mittelschicht Gestalt annehmen konnte. Dannecker ahnte etwas von der tiefen Bedeutung, die Goethes Kompliment an die Stadt hatte, als er es bei Goethes Abreise am Morgen des 7. September galant erwiderte: «Dann ist mir nach Ihrer Abreyse die nehmliche Empfindung gekommen, die ich zu der Zeit hatte, als ich von Rom abreysen mußte. So troken so verwayst ware ich noch nie in meinem Leben.»

Es war kaum eine Tagesreise nach Tübingen – für Stuttgart das, was Jena für Weimar war –, aber Goethe hatte es nicht eilig und blieb bis zum 15. Nicht nur das Wetter hielt ihn auf (am 11. begann es zu regnen), sondern auch Ungewißheit über die politische Lage (an demselben Tag traf die Nachricht vom Staatsstreich des 18. Fructidor ein) sowie die Gastfreundlichkeit Cottas, der ihn in seinem eigenen Haus, zwischen der Universitätskirche und den Stiftsgebäuden gelegen, ehrerbietig begrüßte. Die «Akademie» war natürlich Tübingens Hauptattraktion und, wie Goethe erkannte, die Grundlage seines Reichtums. Die ländliche Hälfte der Stadt war, ähnlich wie im damaligen Cambridge, «abscheulich», die Gassen zwischen den schlecht gebauten Hütten waren vor lauter Mist unpassierbar, und in der anderen Hälfte schienen die großen Stiftungen «den großen Gebäuden gleich, in die sie eingeschlossen sind, sie stehen wie ruhige Colossen auf sich selbst gegründet und bringen keine lebhafte Thätigkeit hervor, die sie zu ihrer Erhaltung nicht bedürfen.» Wie die württembergische Verfassung schienen die Universitätsinstitute hauptsächlich darauf bedacht zu sein, die Mittel zum Zweck intakt zu erhalten, und darüber den Zweck selbst vergessen zu haben. Immerhin gab es «verdienstvolle Leute» an der Akademie, denen ungeheure Geldsummen zur Verfügung standen, und nach der Kunstwoche in Stuttgart war Goethe gern bereit, in Gesellschaft der Tübinger Naturforscher und

Geologen eine weitere Woche seiner «falschen Tendenz» zur Wissenschaft zu frönen. Fast jeden Tag versammelte sich an Cottas Mittagstisch eine andere Gesellschaft. Danach mochte ein bevorzugter Gast noch einmal zu einer privaten Unterredung zurückkommen; so zeigte zum Beispiel Karl Friedrich Kielmeyer (1765–1844) einige schöne Zeichnungen von Georges de Cuvier (1769–1832), der, ursprünglich aus der Mömpelgarder Exklave stammend, mittlerweile Professor der vergleichenden Anatomie am Institut National in Paris war. Sonntag, den 10. September, verbrachte Goethe vorwiegend mit Kielmeyer und diskutierte mit ihm über die Grundprinzipien der Lebenswissenschaften, denen seine Aufmerksamkeit zuletzt im Beisein Alexander von Humboldts gegolten hatte: die Möglichkeit einer allgemeinen Polarität in anorganischen wie in organischen Erscheinungen und das Verhältnis zwischen sukzessiver und simultaner Metamorphose. Bevor der Regen einsetzte, war es eine Freude, zum alten Schloß oder zu den Professorengärten an den benachbarten Hängen hinaufzuspazieren, von wo aus man die Lage der Stadt auf einem Sattel zwischen der Ammer und dem Neckar überblicken konnte. Das nasse Wetter war dann die gegebene Zeit, in der Bibliothek nach Büchern zu stöbern: Als Goethe im letzten Winter versucht hatte, eine gewisse Ordnung in seine Arbeiten zur Optik zu bringen, war er offenbar zu dem Schluß gelangt, daß er sich näher mit den Farbenlehren vor Newton befassen mußte, um seine eigenen Standpunkt näher zu bestimmen; er war daher erfreut, jetzt ein seltenes altes Buch über die Theorie des Regenbogens zu entdecken, aus dem Schreiber Geist Auszüge anfertigen konnte. Es war auch die gegebene Zeit, um lange Briefe an Schiller und Carl August zu schreiben und über seine Erlebnisse seit der Abreise von Frankfurt zu berichten. Christiane erhielt zwei Briefe; allerdings schrieb Goethe gehemmt und auch etwas besorgt. Er hatte seit dem 24. August nichts mehr von ihr gehört, und am 12. September trafen zwei Briefe von Voigt ein, der mitteilte, daß August krank gewesen war – er deutete an, daß der Junge sich möglicherweise mit dem Typhus infiziert hatte, der während der sommerlichen Hitze in den Dörfern Thüringens wütete –, mittlerweile aber außer Gefahr sei, und daß durch Blitzschlag ein großes Feuer am Erfurter Tor ausgebrochen war, das zwar zum Glück nur Scheunen und Lagerhäuser erfaßt, jedoch einen Schaden von 60000 Talern angerichtet hatte. Im Bewußtsein, wie sehr Christiane in diesen zwei kritischen Situationen der Sicherheit seiner Gegenwart bedurft hätte, schrieb er ihr, um sie zu trösten. Aber hatte ihr Schweigen vielleicht einen ernsteren Grund, von dem er noch nichts wußte? Nun, das war nicht der Fall. Christiane schrieb ihm jede Woche an die Adresse seiner Mutter, wie er es ihr aufgetragen hatte; aber bei allen seinen Vorbereitungen für die weitere Reise hatte er vergessen, seiner Mutter eine Nachsendeadresse zu geben. Da er ihr auch nicht schrieb, um ihr für die Tage in Frankfurt zu danken, hatte sie keine Ahnung, wo er war. Allerdings mußte sie damit rechnen, daß er bewußt Stillschweigen bewahrte, wie er es schon einmal getan hatte, als er nach Italien unterwegs war, und zuließ, daß die Post für ihn sich bei seiner Mutter häufte. Aber das alles wußte er nicht. Vom Südfenster seines Zimmers konnte er zwischen den Häusern hindurch das Neckartal sehen und, als sich die Regenwolken verzogen, auch die Höhen der Schwäbischen Alb, die er demnächst überqueren würde. Er entfernte sich immer weiter von Christiane, und vielleicht zum ersten Mal auf dieser Reise wünschte er sich, daß es nicht so wäre. Er beruhigte sich mit dem Gedanken – «mein einziger Wunsch», wie er ihr schrieb –, daß er eines Tages mit ihr und dem Jungen, «wenn seine Natur ein bischen mehr befestigt ist», sowie mit Meyer «noch einmal eine schöne Reise» tun wollte, «damit wir uns zusammen auch auf diese Weise des Lebens erfreuen». Für diesmal aber sollte sie wissen, «wie sehr ich dich liebe, und wie sehr ich wünsche bald wieder an deiner Seite zu seyn». Zu derselben Zeit sagte Schiller zu Körner, er wisse nicht, ob Goethe nach Italien gehen werde, und er glaube, Goethe wisse es selber nicht; aber er irrte. Goethe bereitete bereits den Boden für eine unverzügliche Heimreise aus der Schweiz, als er am 12. September seinem Herzog (der ein Recht hatte, es als erster zu erfahren) schrieb, wahrscheinlich werde ihn nach der Ankunft am Zürichsee

das Heimweh wieder ergreifen und ich werde vor eintretendem Winter wieder suchen mein ruhiges und bequemes Haus zu erreichen. Durch Natur und Neigung, Gewohnheit und Überzeugung bin ich nur in dem Ihrigen zu Hause.

Die Nachrichten aus Frankreich waren nicht ermutigend. Cotta unterhielt weiterhin gute Verbindungen zu den Revolutionsfreunden in Deutschland; in seinen Gesprächen mit Goethe über die neuesten Geschehnisse – Goethe hoffte, daß er einen leicht faßlichen Führer durch die Turbulenzen der französischen Politik seit 1792 schreiben würde – muß er die Bedeutung des Staatsstreichs ziemlich zutreffend umrissen haben. Aber es bestand keine unmittelbare Gefahr, von zu Hause kam kein unmißverständlicher Hilferuf, und so fuhr Goethe am 16. September um vier Uhr früh aus Tübingen hinaus, begleitet von Schreiber Geist und einem Kutscher, den ihm Cotta gestellt hatte. Cotta, seine Frau und sein Sohn waren vollendete Gastgeber gewesen, und der Verleger, der sich in seiner persönlichen Hochachtung Goethes bestätigt fand, beglückwünschte sich zu seiner Selbstbeherrschung: Nur ein einziges Mal während des Besuchs hatte er sein Interesse angedeutet, Goethes Werke in seinen Verlag zu übernehmen.

Nach den volkreichen Städten, fruchtbaren Tälern und gepflegten Straßen Württembergs führte Goethes Reiseroute jetzt in rauhere Gefilde hinauf. Die hohen Kalksteinrücken der Alb waren reich an Versteinerungen, aber abweisend für den Landmann: Erst jetzt wurde der Hafer geerntet, Kartoffelfelder und Schweineköben zeugten von einem einfacheren, härteren Leben als im Unterland. Die Städte auf der Alb waren klein, schmutzig und eng: In Balingen zwängte sich die Kutsche mit Mühe und Not zwischen Hauswänden und Misthaufen hindurch, die mitten auf der Straße neben einem Bach standen, aus dem die Bewohner ihren Wasservorrat schöpften. Standbilder des heiligen Nepomuk tauchten auf, die die Brücken bewachten, und der Schutz dieses Heiligen schien Goethe recht notwendig: Die Auffahrt nach Schömberg war so steil, daß vor einigen Jahren eine Postkutsche den Berg hinuntergerutscht war. Nach einem erhebenden Rundblick auf der knapp 1000 Meter hohen Hochfläche der Alb fuhr Goethe durch ein enges Tal hinunter und kam am Abend in das unter dicht bewaldeten Kalksteinklippen liegende Tuttlingen an der Donau, die, im Schwarzwald entspringend, hier schon breit strömend nach Osten fließt. Schon früh am nächsten Morgen quälte sich der Wagen wieder bergan, zu dem Bergrücken hinauf, der die Oberläufe der zwei längsten Flüsse Europas voneinander trennt. «Der Nebel sank [hinter den Reisenden] in das Donauthal, das wie ein großer See, wie eine überschneite Fläche aussah... Oben war der Himmel völlig rein.» Vor ihnen lag der Lauf des westwärts fließenden Rheins, links ahnte man den Bodensee und als kaum wahrnehmbaren Schatten die Berge von Graubünden, durch das Goethe 1788 gekommen war; rechts lag die Straße nach Schaffhausen und Basel. Die Landschaft wirkte schon «vorschweizerisch»: im Hintergrund «charakteristische» Berge mit Fruchtbau, im Mittelgrund weit hingestreckte Waldungen, näher am Weg Wiesen und wohlgebaute Felder. Nach und nach fiel das Gelände ab und teilte sich in Täler, in denen der Wald bis an die Straße herankam; darin entdeckte der Botaniker Weidenröschen, Löwenmaul und in Massen «Gentianen» (Enzian). Die Besiedlung war dünn, aber es gab auch unerwartete Hinweise auf die politische Realität: Vor Engen stieß Goethe auf ein von den Franzosen teilweise niedergebranntes Dorf, in Hilzingen mußte die Reisegesellschaft ihre Pässe von einem österreichischen Wachtmeister unterzeichnen lassen und eine Kaution für die Pferde erlegen, bevor die Weiterfahrt auf dem Weg in die friedliche Schweiz erlaubt wurde. Dann ging es einen steilen Berghang hinunter in die Stadt; rechts lagen säuberlich umzäunte Gärten und Weinberge, links sah man Häuser, zu deren Dach eine Brücke von der Straße führte: So zog Goethe wieder in Schaffhausen ein, das er zuletzt in Gesellschaft Carl Augusts gesehen hatte, als im Dezember 1779 Lavater von ihnen Abschied nahm.

Diesmal suchte Goethe in Schaffhausen nicht ein Orakel, sondern ein literarisches Symbol. Bevor er Tübingen verließ, hatte er in der Vielgestaltigkeit und dem Spannungsreichtum städtischen Lebens nach dem «Symbolischen» Ausschau gehalten; seither hatte die Landschaft seine Wahrnehmungen beherrscht. Der Rheinfall bei Schaffhausen, wo der Strom das Kalksteinplateau des Jura verläßt, war das grandioseste Naturphänomen, das ihn vor der Weiterfahrt ins Gebirge erwartete, und den ganzen 18. September verbrachte er damit, es zu studieren; die zehn Seiten seines Tagebuchs, auf denen er mit höchster Wachsamkeit jedes Detail des Objekts und seine Reaktionen darauf festhält, gehören zu seiner schönsten spontanen Prosa. Dreimal suchte er im Laufe des Tages die hölzerne Aussichtsplattform am

Ufer auf: einmal vor und bei Sonnenaufgang; dann wieder um zehn Uhr; und am Nachmittag fuhr er durch die umliegende Gegend, um den Rheinfall in seiner Umgebung zu betrachten und die Auswirkung des Sonnenuntergangs genau zu beobachten. Er heuerte einen Schiffer an, der ihn und Schreiber Geist so nahe vor dem ohrenbetäubend tosenden Gewässer hin- und herfahren mußte, daß sie durch und durch naß wurden. In der Fülle der Gedanken, die er an diesem Tag notierte, erprobte Goethe verschiedene literarische Kontexte, die das überwältigende Phänomen als Symbol erweisen konnten. Man konnte es zum Beispiel geprägt sehen von einer bezwingenden literarischen Reminiszenz: Als er in der Morgendämmerung an den Ort kam, vermischte sich der Dampf des Rheinfalls mit dem Nebel und stieg mit ihm auf, während sich der Himmel langsam klärte, und Goethe ertappte sich bei Gedanken an Ossian; als er in die siedenden Wasser hinunterblickte, empfand er Schillers Beschreibung des Malstroms in *Der Taucher* – «und es wallet und siedet und brauset und zischt» – als physische Realität. Weniger vordergründig, aber noch konventionell genug mochte der Rheinfall als Beispiel für das Erhabene im Sinne Kants und Schillers dienen: In der sicheren Betrachtung einer grauenerregenden Gewalt, einer furchteinflößenden Kraft, die man nicht bekämpfen und zu überleben hoffen konnte, wird man inne, wie sehr «die größten Phänomene der Natur selbst hinter der [moralischen] Idee zurückbleiben». Der Fluß, der da so ruhig, aber unaufhaltsam dem Wasserfall entgegenglitt, der seine Gewalt bekundete, erinnerte Goethe an die bewaffneten Kolonnen, die sich gegen Valmy ergossen hatten. Doch in die Landschaft eingebettet, als eines von vielen verständig miteinander verknüpften Elementen, die ein in sich mannigfaltiges, aber harmonisches Ganzes ergeben, bot der Fall ein Beispiel für das Kantische Schöne. Von unmittelbarerer persönlicher Bedeutung war für Goethe das Anschauungsmaterial, das der Rheinfall für seine Farbenlehre lieferte. Hier fanden sich reine, archetypische Beispiele für Farben: das Grün der strömenden Stellen, die komplementäre «purpurne» Färbung der nächsten Gischt. Als die Sonne stieg und seitwärts von hinten den Schleier aus Wasser erleuchtete, erschien im Dunst der Tröpfchen ein halber Regenbogen, der im Laufe des Tages immer kräftiger und schöner wurde: «Er stand mit seinem ruhigen Fuß in dem ungeheuern Gischt und Schaum, der, indem er ihn gewaltsam zu zerstören droht, ihn jeden Augenblick neu hervorbringen muß.» Seit dem großen Unwetter in Frankfurt hatte Goethe den Regenbogen besondere Beachtung geschenkt, und diese wunderbar dauerhafte Darbietung eines gewöhnlich flüchtigen Phänomens – weit zarter als der Nebel, der ihm Gestalt gibt, so wie das Subjekt weit weniger greifbar ist als das Objekt, durch das es wahrnimmt – mag ihm als das beherrschende subjektiv-objektive Symbol erschienen sein, das seine empfindsame Reise in Dichtkunst verwandeln konnte.

Als Goethe zwei Jahre zuvor das siebente Buch von *Wilhelm Meisters Lehrjahren* schrieb, hatte er einen Regenbogen eingeführt, um den Eintritt in ein neues Leben anzuzeigen. Auch im *Faust* wurde eine Szene benötigt, die den Helden nach der Gretchen-Episode auf eine neue Ebene hob, da für den Monolog der Szene «Wald und Höhle» eine andere Verwendung vorgesehen war. Vielleicht hatte sich Goethe bereits entschlossen, zu diesem Zweck einen neuen Monolog um das Motiv des Regenbogens im Wasserfall zu schreiben, als er die umfangreichen Notizen in seinem Tagebuch machte. Gewiß zog er sie heran, als er schließlich – vielleicht schon im folgenden Februar – den Monolog zu entwerfen begann, und es ist anzunehmen, daß ihm der Tag in Schaffhausen immer als Material zu einer Metapher des Neuanfangs diente – wenn nicht für Faust, dann doch für ihn selbst. Natürlich konnte Goethe die Farben des Regenbogens nicht aus der Brechung des Sonnenlichts erklären: Nach der Theorie, die er in Tübingen studiert hatte und die er mit leichten Abwandlungen zeitlebens beibehielt, setzte sich der Regenbogen aus einer Unzahl winziger Widerspiegelungen des Gesamtbildes der Sonne zusammen. Da für ihn bereits entschieden war, daß – falls nicht das Schicksal noch unverkennbar eingriff – diese Reise ihn nicht nach Italien führen sollte, für ihn Heimat und Quelle des Lichts, war der Regenbogen, so verstanden, ein genaues Symbol für alles, was er in Zukunft in seinem nordischen Exil noch zu erleben hoffen durfte: eine Menge von kleinen, momentanen Widerspiegelungen jener dauerhaften Vollkommenheit des Lebens, von der er ausgeschlossen war, ein abgeleitetes Schönes, das als Form Bestand hatte, wenn auch die Tröpfchen, die es ausmachten, kamen und gingen. In der Szene, die er schließlich zu Papier brachte, wendet sich Faust freiwillig von der Sonne ab und ihrer Widerspiegelung im Wasserfall zu und leitet auf diese Weise die zweite Hälfte seiner Geschichte ein:

> Allein wie herrlich diesem Sturm entsprießend
> Wölbt sich des bunten Bogens Wechsel-Dauer
> Bald rein gezeichnet, bald in Luft zerfließend,
> Umher verbreitend duftig kühle Schauer.
> *Der* spiegelt ab das menschliche Bestreben.
> Ihm sinne nach und du begreifst genauer:
> Am farbigen Abglanz haben wir das Leben.

Wenn Goethe jedoch an jenem 19. September in ein neues Leben eintrat, als sein Reisewagen der hölzernen Rheinbrücke bei Eglisau entgegenstrebte und er sein Gesicht zu den Bergen wandte, die er entschlossen war nicht zu überqueren, dann war die Entscheidung nicht leicht. Wie um sich zu bestätigen, daß Italien keine praktikable Möglichkeit war, hielt er in seinem Tagebuch fest, was Reisende in den Gasthöfen über das schwierige Leben und die schreckliche Inflation dort erzählten. Aber der ausschlaggebende Faktor, der ihn anfällig für die Bedenken der Vorsicht machte und damit Revolutionen und Kriegen Macht über ihn einräumte, war derselbe wie seit fünf Jahren, mochte er ihm auch erst in den letzten paar Wochen wirklich klar geworden sein – sei's durch den Kontrast zwischen der lärmenden Reise nach Frankfurt und der seitherigen größeren Stille um ihn, sei's durch seine wachsende Besorgnis über Christianes scheinbares Schweigen –: Es war der Umstand, daß er jetzt verheiratet war und seiner wenngleich kleinen Familie die Pflichten des Ehemannes schuldete. Als die Reihe der weißen Schneegebirge im Sonnenschein vor ihm dalag, Hindernis und Tor zum Süden zugleich, fiel ihm der Preis seiner Entscheidung auf die Seele, und das dichterische Symbol, das er am Vortag gesucht hatte, ohne noch das Gedicht dafür zu finden, zeigte sich ihm in unerwarteter Gestalt. Der Anblick eines von Efeu umwundenen Baumes hinter Schaffhausen weckte in ihm Erinnerungen an eine antike Allegorie, und er begann eine Elegie zu skizzieren, ein herbes, quälendes Gedicht von kompromißloser Ehrlichkeit, wehleidig vielleicht, aber auch von reuevoller Selbstironie und im Persönlichen tiefer als sogar *Alexis und Dora*. Das Gedicht setzte die Erotik der zwei großen Balladen fort, aber Goethe stellte sich nicht mehr als Leichnam dar, sondern nur als einen Mann, der willig an Auszehrung stirbt. Amyntas, nach dem die Elegie benannt ist, bittet seinen Freund Nikias, den «trefflichen Mann», nicht auf dem Rat zu beharren, daß nur eine Radikalkur ihn heilen könne und er die Liebe aus seinem Leben herausschneiden müsse. Erst gestern, erzählt Amyntas, habe er bemerkt, daß sein Apfelbaum kaum Früchte trage und seine Zweige am verdorren seien; er legte das Messer an den Efeu, der den Baum erstickend umklammerte – aber dann vernahm er die Stimme des Baumes selbst, der ihn beschwor, den Parasiten zu schonen:

> Soll ich nicht lieben die Pflanze, die, meiner einzig bedürftig,
> Still, mit begieriger Kraft, mir um die Seite sich schlingt?
> Tausend Ranken wurzelten an, mit tausend und tausend
> Fasern senket sie fest mir in das Leben sich ein. […]
> Sie nur fühl' ich, nur sie, die umschlingende, freue der Fesseln,
> Freue des tötenden Schmucks fremder Umlaubung mich nur.

Unmerklich geht gegen Ende des Gedichts die Stimme des Baumes in die Stimme Amyntas' über, «der sich in liebender Lust, willig gezwungen, verzehrt»:

> Süß ist jede Verschwendung! Es ist die schönste von allen,
> Wenn uns das Mädchen gewährt, alles zu opfern für sie.

Als Schiller «Amyntas» las, lobte er es als Muster «der rein poetischen Gattung» und sah – was blieb ihm anderes übrig? – diplomatisch darüber hinweg, daß er den Ratschlag Nikias' seit mehr als einem Jahr gegeben hatte. Er war nicht der letzte Kritiker, der es vorzog, diese Elegie als Spiel mit einem literarischen Topos zu behandeln, anstatt die brutale Offenheit anzuerkennen, womit Goethe darin über die intimste Beziehung seines Lebens spricht, der zuliebe er dabei ist, eine seiner kostbarsten Hoffnungen zu begraben. Aber «Amyntas» ist nicht bitter, ja es ist vielleicht nicht einmal unverzeihlich. Seine Komplexität schützte das offenbare Geheimnis vor den

Weimarer Lästermäulern, die über Christianes Demütigung frohlockt hätten, wenn sie sie hätten erkennen können. Denn erstens bekräftigt das Gedicht eine Bindung. Gewiß sagt der Baum von der Pflanze «Und so saugt sie das Mark, sauget die Seele mir aus», aber das ist der ersterbende Protest eines Ichs, das einst, 1780 vor der großen Italienreise, die «Pyramide meines Daseins so hoch als möglich in die Luft zu spizzen» dachte – und fürchtete, eine Ehe werde ihm die Seele aus den Gliedern winden, und das jetzt denkbar widerwillig seine Niederlage gesteht. Amyntas sagt die Wahrheit über sich – und wir finden es wichtiger, daß Dichter die Wahrheit über sich sagen, als daß sie höflich oder auch nur rücksichtsvoll sind –, aber er bekräftigt auch seine Absicht, ein Opfer zu bringen – freilich nicht das Opfer, das Nikias meint. Am Fuß der Alpen brachte Goethe seinen Entschluß in Verse, Italien zu entsagen und zu der Frau und dem Kind heimzukehren, die ihn brauchten und in sein Leben hineingewachsen waren. Komplex ist sein Gedicht aber zweitens auch darum, weil es humorvoll ist: Der Entsagende in diesem Gedicht gehorcht nicht zähneknirschend einem Gesetz der Askese, sondern erliegt wollüstig einer sinnlichen Versuchung. Die traditionelle moralische Bedeutung des dominierenden Symbols wird damit geistreich auf den Kopf gestellt; denn in der Dichtung gilt das Bild des efeu-umwundenen Baums seit der Antike als negatives Gegenstück zu dem des Baumes, der den Weinstock stützt, und steht daher für die erstickende, unproduktive sexuelle Leidenschaft im Gegensatz zur fruchtbaren, partnerschaftlichen Ehe. Goethe macht hingegen aus dem Symbol der sexuellen Obsession ein Symbol quasi-ehelicher Treue und erzeugt damit ein Gefühl amüsierter Distanzierung von einer paradoxen Beziehung. Hier klingt freilich zuletzt auch eine tragische Note an. In der traditionellen Ikonographie ist der Efeu – im Unterschied zum Weinstock – unfruchtbar. Wenn Amyntas-Goethe sich den Freuden der Ehe ergibt und dadurch alles opfert, gibt er mehr auf als die persönliche Erfüllung in Italien oder die literarischen Werke, die aus ihr hätten resultieren können. Er weiß, daß die Frau, an die er sich so bindet, ihm wahrscheinlich keine Kinder mehr gebären wird und daß die Kraft «herbstlicher Früchte», die ihm der Efeu angeblich verweigert (Z. 36), nicht nur Früchte des Geistes, sondern auch des Leibes sind.

Am 19. September war Goethe mißmutiger Stimmung, wie die meisten Menschen nach einem Akt schwerwiegender Selbstverleugnung. Er hielt sich an die trotzige Stellung und den republikanischen Stil der Figuren auf den Glasfenstern aus dem 16. Jahrhundert, die er in Bülach besichtigte, wo er eine Mittagspause einlegte, nachdem er auf der Fahrt wahrscheinlich seine Elegie skizziert hatte. Er lebte wieder in der erquickenden Atmosphäre seiner ersten Schweizbesuche, als die Gestalten und Gesinnungen aus dem Zeitalter eines Götz von Berlichingen und Doktor Faust die Phantasie der jungen Leute beschäftigt hatten. In einer Hinsicht konnte er freilich den Geist jener Jahre nicht mehr zurückholen, und er war nicht gesonnen, es zu versuchen. Er hatte, und sei es nur zu literarischen Zwecken, seine damals gehegte Sympathie für den Stifter des Christentums wiedergefunden (ein Bruder-Genie immerhin), aber er weigerte sich immer noch, sich mit Lavater auszusöhnen. Nach wie vor verwarf er Lavaters empfindsames Evangelium des toleranten Kompromisses mit jeglicher literarischen und intellektuellen Absurdität, weil er darin den rivalisierenden Anspruch auf die Macht über den Geist Deutschlands witterte. Das Netz seines korrumpierenden Einflusses, das der «Prophet» bis nach Frankfurt, Eutin und Kopenhagen gesponnen hatte, agitierte eben jetzt gegen die *Horen* und den *Wilhelm Meister* und überhaupt gegen alles, was Goethe zu bewirken gehofft hatte, als er heidnische Kunst und heidnisches Leben aus Italien über die Alpen trug. Als er abends um sechs Uhr in Zürich ankam, begab sich Goethe sogleich zu Barbara Schultheß, aber sein Vorsatz, ja nicht Lavater zu begegnen, lenkte ihn innerlich dermaßen ab, daß er zerstreut und kurz angebunden war, so daß die Begegnung unbefriedigend verlief. Zu vieles war ungesagt geblieben, als er in das Hotel zurückging, wo er übernachtete, und am nächsten Tag unterließ er einen zweiten Besuch. Danach gingen bedauernde und entschuldigende Briefe hin und her, und Goethe versprach halb und halb, in drei Wochen wiederzukommen. Lavater erfuhr natürlich sofort von Goethes Ankunft und empfand sein Schweigen als bittere Kränkung: Er dachte daran, etwaige Annäherungsversuche des Verfassers der *Venezianischen Epigramme* und der *Xenien* schroff zurückzuweisen, zumal er Goethe fälschlich als «dezidierten Antichristen» verstand oder in Erinnerung hatte; aber Goethe gab ihm keine Gelegenheit. Am 20. September brachte Goethe den sonnigen Morgen zuerst am See und danach unter den hohen Linden des ehemaligen Burgplatzes zu. Bei einem Spaziergang am Nachmittag sah er einen Menschen wie einen «Kranich», der in einer Gasse auf ihn zukam – er wußte sofort, daß es Lavater war. Lavater hingegen erkannte den korpulent gewordenen Goethe nicht wieder, und Goethe ließ ihn vorbeigehen, ohne ihn anzusprechen. Gegen vier Uhr kam Meyer aus Stäfa, den Goethe am Tag zuvor brieflich verständigt hatte, und nach zweijähriger Trennung konnten sich die Freunde endlich wieder miteinander unterhalten; starker Regen und Sturm hielten sie für den Abend im Hotel fest.

Der folgende Tag war schön, mit gutem Segelwetter, und nach einer mittäglichen Einkehr in Herrliberg bei einem Seidenfabrikanten, der als sein Mittelsmann für Zahlungen an Meyer in Italien fungiert hatte, war Goethe am Abend in Stäfa. Die Meyers – Mutter, Schwester und Onkel des Künstlers – waren eine Gastwirtsfamilie und quartierten Goethe in ihrem Haus neben der «Krone» ein. Sein Zimmer hatte einen Balkon (und zweifellos auch einen Blumenkasten mit Geranien) und bot einen herrlichen Blick über den See; Weinberge, Obstgärten und intensiv bebaute Felder erstreckten sich vom Haus am See entlang und die Hänge hinauf. Goethes gute Laune kehrte trotz eines trüben Tages am 22. wieder; denn Meyer hatte so viele Zeichnungen und Kopien mitgebracht, die man durchgehen konnte, und es gab so viel zu erzählen, daß alle Farbe und geistige Anregung, die Goethe brauchte, in der Stube zu finden war. Am 23. kam ein langer Brief von Schiller, der zwar Kritik am Begriff des Symbolischen übte, im letzten Satz aber erwähnte, daß August wieder völlig hergestellt sei. Sofort schrieb er Christiane, um ihr seine Erleichterung auszudrücken, und fügte mit eigener Hand hinzu, was er seinem Schreiber nicht diktieren konnte:

daß ich Dich recht herzlich, zärtlich und einzig liebe ... Mit meinen Reisen wird es künftig nicht viel werden, wenn ich Dich nicht mitnehmen kann. Denn jetzt schon möchte ich lieber bei Dir zurück sein Dir im grünen Alkoven eine gute Nacht und einen guten Morgen bieten und mein Frühstück aus Deiner Hand empfangen. Auch ist unser Plan gemacht, bald zurückzukehren und ... Anfang November in Frankfurt zu sein. ... Sage aber niemanden noch davon und laß die Leute im Ungewissen, ob und wann ich komme.

Die Entscheidung war natürlich schon gefallen, bevor Goethe in Zürich ankam, aber es war immer noch möglich, daß das Schicksal eingriff und anderes verfügte, und so diente es nicht allein der Täuschung, wenn er mit Meyer Alternativen erörterte. Aber nach dem Staatsstreich vom Fructidor schienen die Absichten des Schicksals klar zu sein: Es war wie ein Kompliment an Goethes politischen Weitblick, als Wilhelm von Humboldt ihm aus Wien mitteilte, daß er und seine Karawane angesichts der Kriegswolken, die sich wieder über Udine zusammenzogen, ihre Italienreise aufgegeben hätten und nun alle auf dem Weg in die Schweiz seien. Nicht, daß die Schweiz selbst langfristig sicher gewesen wäre. Graf Purgstall, der einen kurzen Besuch machte, war nicht nur willkommen, weil er Goethe und Schiller von früher kannte und Beziehungen zu Kant und Reinhold unterhielt, deren Schüler er war, sondern auch, weil er zur Zeit des Staatsstreichs in Paris gewesen war und über die dortigen Zustände aktuelle Informationen liefern konnte, die zum Teil amüsant, zum Teil aber auch sehr beunruhigend waren. Behauptungen Frankreichs, die Schweiz sei in eine vorgebliche Verschwörung verwickelt gewesen, die den Vorwand zu dem Coup geliefert hatte, schienen darauf berechnet, einen casus belli zu fabrizieren. Es gab gute Gründe, sich recht bald wieder nach Norden zu wenden. Als Goethe mit Meyer über das geplante Gemeinschaftswerk über italienische Kunst zu sprechen begann, nannte er es jetzt eine «rhetorische Reisebeschreibung», wohl weil die Reisebuchstruktur unter den gegebenen Umständen nur ein rhetorischer Kunstgriff sein konnte. Die Ereignisse hatten tadellos zusammengewirkt, das Hauptmotiv Goethes für den Verzicht auf die Italienpläne zu bekräftigen und zugleich, was noch wichtiger war, zu verbergen. Meyer scheint sogar geglaubt zu haben, er selbst habe Goethes Meinungsumschwung beeinflußt; er schrieb verschwörerisch an Schiller, «daß das Schiksal Ihren geäußerten Wunsch und Willen unterstützt hat». Aber es war weit mehr im Spiel als das Schicksal oder die nachhelfende Hand von Freunden. Goethe hatte schon seit Jahren, gewiß aber seit der Annäherung an Schiller versucht, ein persönliches und ästhetisches Ideal, das sein Italienerlebnis verkörperte, der Wirklichkeit einer durch die große Revolution aus den

Fugen geratenen Welt anzupassen. Durch den Gang zu den Alpen hatte er einen Augenblick herbeigeführt, in dem die Anforderungen seiner Ehe sich deckten mit dem Veto, das die Revolution gegen jede Wiederholung der italienischen Reise einlegte. Von nun an würde die Ehe ihm als Bild dienen können für jene Entsagung, die der Gang der Geschichte ihm aufgezwungen hatte, und damit als Bild für alles Wertvolle, das in chaotischer Zeit gerettet werden konnte. *Herrmann und Dorothea* ist in einem wichtigen Sinne unrealistisch, weil es dieses Element der Entsagung aus dem Bild der Ehe ausschließt; «Amyntas», das dieses Element einschließt, ist es nicht.

Goethe benötigte jedoch noch ein Glanzlicht, um die Symbolik seiner empfindsamen Reise – man könnte auch sagen: sein Werk der Mystifikation – zu vollenden. Die «kleine Tour», mit der er schon in Frankfurt seine Exkursion abzurunden gedachte, nahm endlich Gestalt an, als Nachvollzug der Urlaubswanderung 1775 rund um den Vierwaldstättersee. Die Gipfel und Wälder und Hochtäler, die er damals gesehen hatte, schienen ihn zu rufen, wenn er jetzt vom Balkon hinaussah; «diese ungeheuern Naturphänomene» waren auch «meine alten Freunde ..., die in früherer Zeit so viel Gewalt über mich ausgeübt haben». Und wie alte Freunde hielten sie etwas von ihm gefangen, das freigelassen und in einen Bezug zu seiner jetzigen Identität gesetzt werden mußte.

Der Instinct, der mich dazu trieb, war sehr zusammengesetzt und undeutlich, ich erinnerte mich des Effects den diese Gegenstände vor zwanzig Jahren auf mich gemacht ... Ich fühlte ein wundersames Verlangen jene Erfahrungen zu wiederholen und zu rectificiren. Ich war ein anderer Mensch geworden und also mußten mir die Gegenstände auch anders erscheinen.

Goethe hatte sein früheres Leben immer wieder rekapituliert, seit er 1779 aus der Schweiz zurückgekommen war, und es immer wieder neu geschrieben, seit er begonnen hatte, seine Werke bei Göschen erscheinen zu lassen. Aber mittlerweile war er fast fünfzig, und von den Werken, die er seit dem ersten Anblick des Gebirges erwogen hatte, ging ihn nur noch der *Faust* etwas an. Zu wiederholen, was er 1775 getan hatte, hieß, Abschied zu nehmen von der Jugend, und nicht zu früh. Es hieß aber auch, sie auf eine zweideutige Weise zu erneuern. Vielleicht hatte ihn der Neid, ja sogar ein Gefühl der Rivalität gepackt, als er in Schaffhausen einen jungen Schweden kennenlernte, der «auf einer so genannten genialischen Fußreise begriffen» war. Das Gebirge, das die Szenerie zur letzten, kulminierenden Strophe von Mignons Sehnsuchtslied geliefert hatte, hatte ihn zweimal kommen sehen, keusch und schlank, als er an den äußersten Rand der nördlichen Welt getreten war, um einen Blick hinüber ins Paradies zu tun; und vielleicht mußte er seinem älteren Ich beweisen, daß er noch immer wenigstens bis dorthin kommen konnte, auch wenn die Erfüllung jetzt in der Vergangenheit lag und nicht in der Zukunft. Mit dieser Tour konnte er zumindest der Welt beweisen, daß er sich so weit vorgewagt hatte, wie es ging, und von widrigen

Umständen zur Rückkehr gezwungen worden war, und zu seiner eigenen Genugtuung konnte er der Enttäuschung dadurch die Spitze abbrechen, daß er seiner Reise eine Klimax inmitten der großartigsten Schauspiele der Natur, wo nicht der Kunst verschaffte. Das Wetter blieb schön, und Meyers Gesundheit war völlig wiederhergestellt, wie Goethe schon in Frankfurt erfahren hatte, und bildete kein Hindernis. Am 25. September schrieb er Schiller von seinem Plan und setzte hinzu:

Da Italien durch seine früheren Unruhen, und Frankreich durch seine neusten, den Fremden mehr oder weniger versperrt ist, so werden wir wohl, vom Gipfel der Alpen, wieder zurück dem Falle des Wassers folgen und den Rhein hinab, uns wieder gegen Norden bewegen, ehe die schlimme Witterung einfällt. ... ja, ich vermuthe sogar, daß Humboldt uns Gesellschaft leisten wird.

Es war – gemessen, unbeirrt und noch immer etwas vorsichtig – die öffentliche Bekanntmachung einer Entscheidung, die unter viel innerer Ungewißheit schon vor einiger Zeit gefallen war und nicht als der Verzicht auf einen langgehegten Wunsch erscheinen sollte, sondern als Entschluß, im Lichte von Erwägungen, die mit der Zeit auch andere würden zugeben müssen, eine Reise nicht weiter auszudehnen, die in sich schon geschlossen war. Goethe konnte sich ausrechnen, daß der Brief acht Tage nach dem Absenden in Jena sein und ganz Weimar dann wissen würde, daß er nicht nach Italien ging.

Der Ausflug ins Gebirge war nicht nur eine Vergnügungsreise, sondern auch eine bewußte literarische Übung. Goethe hielt sich genau an die Route von 1775, diktierte sein Tagebuch in einem atemlosen, «aphoristischen» Stil, der an sein erstes Reisejournal erinnern sollte, steuerte zielstrebig den Gotthard als das erwählte symbolische Ziel an und hielt ständig nach poetischen Stoffen Ausschau. Mit Meyer und Geist setzte er am 28. September über den Zürichsee und traf am Abend in Einsiedeln ein, begleitet von zahlreichen Pilgern und gerade rechtzeitig zu den Feierlichkeiten des folgenden Tages – diesmal der Michaelstag und nicht der Meinradstag, aber dennoch ein großes Fest mit viel Musik und der Gelegenheit, den Kirchenschatz zu sehen. Goethe mißfielen die Stimmen der Priester, und gegenüber Meyer zog er wissende Vergleiche mit den Gegebenheiten in Italien – manches hatte sich in zwanzig Jahren doch verändert. Nach einer Besichtigung der Bibliothek und des Naturalienkabinetts folgte der erste steilere Aufstieg an der Flanke der Mythen, die ohne den sie umlagernden Nebel Aussicht über Schwyz gewährt hätten. Durchnäßt von Schweiß und feinem Regen, labte sich die Gesellschaft in einem Gasthaus bei einem Glas Wein und wurde dann durch ein plötzliches Aufklaren über den unangenehmen Abstieg getröstet, der eher ein Rutschen auf feuchten Wiesen gewesen war. Es öffneten sich die ersten schönen Ausblicke hinunter auf den von Bergen eingeschlossenen Lowerzer See mit dem Dorf Goldau und in der Nähe die Häuser von Schwyz, wo man die Nacht verbrachte. Es war das Land Wilhelm Tells, das

Herzstück der Schweizer Nationallegende, aber sie nahmen die direkte Route zum Gotthard, schifften sich nach Flüelen ein, passierten die Rütliwiese, wo der Schwur getan worden war, der Tyrannei zu widerstehen, und machten nur kurz Halt bei der Kapelle, die an Tells berühmten Sprung in die Freiheit erinnert. Der Tag war grau, aber klar, die Landschaft durchsetzt mit Bedeutung. Sie verdichtete sich nicht zu unvergleichlicher Lyrik, wie einst im Juni 1775, als Goethe über den Zürichsee gefahren war, aber die Prosa entsprang derselben unablässig interpretierenden Empfindungskraft, die immer darauf wartet, die Gelegenheit zum Gedicht zu ergreifen:

> Grüne des Sees, steile Ufer, Kleinheit der Schiffe gegen die ungeheuern Felsmassen. Schwer mit Käse beladnes Schiff. Waldbewachsne Abhänge, wenige Matten, wolkenumhüllte Gipfel, Sonnenblicke, gestaltlose Großheit der Natur. Abermals nord- und südwärts fallende Flötze ... Thal hineinwärts erst gelinde ansteigende, dann steile Matten. Angenehmer Anblick der Nutzbarkeit zwischen dem Rauhsten. Die Seelinie macht das Ganze so ruhig. Schwanken der Bergbilder im See.

Altdorf, Hauptstadt des Kantons Uri und Geburtsort Wilhelm Tells, war der eigentliche Ausgangspunkt der Gotthardstraße; hier kam viel Verkehr durch, das Vieh war schon für den Weg über das Gebirge mit Eisen beschlagen. Es war eine fest gebaute Stadt, mit Mauern um die Gärten und Gittern vor den Erdgeschoßfenstern, und einer schon italienischen Atmosphäre. In seinem Zimmer im Gasthaus vernahm Goethe Klänge, die ihm sagten, daß der Süden nicht fern sei: Zwischen dem dunklen Ton der Kuhglocken und den helleren der Schellen von Maultieren hörte er «Kastagnettenrhythmus der Kinder mit Holzschuhen» und – wie jetzt überall – das Lärmen der sich sammelnden Schwalben. In der Nacht regnete es stark, und am Morgen sah man dort, wo die niedrigen Wolken aufrissen, die Bäume der nächsten Gipfel beschneit. Goethe hatte sich damit abgefunden, daß seine dritte italienische Reise eine Reise in den «Herbst des Lebens» sein werde, und er war jetzt dem Wendepunkt nahe:

> Uri, den 1. Oktober 1797[1]
> War doch gestern dein Haupt noch so braun wie die Locke der Lieben,
>   Deren holdes Gebild still aus der Ferne mir winkt;
> Silbergrau bezeichnet dir früh der Schnee nun den Gipfel,
>   Der sich in stürmender Nacht dir um den Scheitel ergoß.
> Jugend, ach! ist dem Alter so nah, durchs Leben verbunden,
>   Wie ein beweglicher Traum Gestern und Heute verband.

Das Gleichnis mag etwas steif sein, ebenso wie das artifizielle Metrum, das noch immer den Blick auf die wunderbare Beweglichkeit von Goethes früherer Lyrik trübt; aber das letzte Distichon weitet sich zu ahnungsreicher Unbestimmtheit. Die Kleine Dichtung entstand vielleicht, als die Reisenden bei aufklarendem Himmel und wärmer werdender Sonne zwischen

---

1 Späterer Titel: «Schweizeralpe».

den grünen Matten und Kalksteinfelsen des Reußtals von Altdorf aufstiegen; sie behandelt den Übergang, besonders den Übergang zu einer neuen Art des Schreibens, die ihre Vorgänger bewahrt und integriert. Was als Nachvollzug eines jugendlichen Abenteuers begonnen hatte, in dem die braunhaarige Christiane (die infolge der Irrläufe ihrer Briefe noch immer «still» ist) die Rolle der fernen Lili spielte, ist auf einmal zu einer Erinnerung geworden, die dem Dichter sagt, daß er alt ist. Das Jahr 1775 und das Jahr 1797 existieren in dieser Landschaft nebeneinander, und alles, was sie trennt – die Weimarer Jahre, welche viele Menschen Goethes «Leben» nennen würden –, ist vielleicht nur ein Traum; alt zu sein bedeutet, Erinnerungen zu haben und von Träumen zu leben. Als autobiographisches Gedicht über einen Moment einer symbolischen Existenz sind diese Distichen ein würdiges Gegenstück zumindest zu den kleineren Gedichten auf Lili, wo nicht zu «Auf dem See».

In Amsteg verengt sich das Tal der Reuß, und Goethe und seine Gefährten sahen sich von grauem Granit umgeben und in der «Region der Wasserfälle». «Die Felsmassen werden immer ganzer, ungeheurer.» Nach einer Nacht in Wassen, wo eine geschwätzige alte Wirtin gleichsam die Reinkarnation der Frau war, die einst die Legende vom heiligen Alexius erzählt hatte (die *Briefe aus der Schweiz* waren erst vor kurzem erschienen), folgte eine Reihe steiler Aufstiege, vorbei an der Baumgrenze, über die einbogige Teufelsbrücke, in eine Landschaft der Granitblöcke, Pyramiden und Obelisken, wo vor den Wanderern jetzt steile Schneeberge im Sonnenlicht lagen und hinter ihnen Nebel heraufzog. Pflanzen wurden seltener, das Gestein nahm eine übermenschliche Einfachheit an. «Das Ungeheuere läßt keine Mannigfaltigkeit zu.» Nach dem Rheinfall von Schaffhausen war dies die zweite Manifestation des Erhabenen. Dann hatten sie die Schlucht passiert und standen im fruchtbaren Urserental, «völlig wie vor Alters», obgleich der Schnee jetzt fast bis an die Wiesen reichte und Schlitten durch den Schmutz fuhren. Dienstag, der 3. Oktober, «war endlich der Tag der uns zur Spitze des St. Gotthards bringen sollte», schrieb Geist feierlich in sein Tagebuch. Die weltlichen Pilger brachen um acht Uhr früh vom Posthaus in Hospenthal auf, bei ganz heiterem Himmel, vorbei an glatten Granitwänden, der Boden unter ihren Füßen voller Quellen wie der Brocken, jener andere ominöse Berg in Goethes Leben. Um zehn Uhr erreichte man das in ewigem Schnee liegende Kapuzinerhaus. «Ich fand den Pater Lorenz noch so munter und gutes Muthes als vor zwanzig Jahren»; er bewirtete sie sogleich mit italienischem Wein und Schweizer Käse. Mit Goethe italienisch sprechend, mit Geist lateinisch, gab er «seine verständigen und mäßigen Urteile über die gegenwärtigen Verhältnisse in Mailand» ab, zeigte den Besuchern das neu angelegte Gästebuch, machte sie mit einem jungen Menschen aus Luzern bekannt, der bei ihm wohnte und zum Postboten ausgebildet wurde (für Postwagenverkehr war der Paß zu steil), und lud sie zum Mittagessen ein – Reissuppe mit Wurst, Pökelfleisch mit Senf, gebackener Fisch, Gemsenbraten und zum Abschluß noch Käse und Apfelwein. Die Köchin, eine umtriebige Frau, unterhielt einen Mineralienhandel und wollte Goethe ihre kleinen Steinbrüche zeigen, aber er wollte nicht über Nacht in dem Hospiz bleiben, und so kehrte die Gesellschaft am Nachmittag zu ihrer Station in Hospenthal zurück. Vielleicht war es für Goethe wichtig, daß es einen bewußten und entschiedenen Moment des Umkehrens gab, vielleicht traute er sich nicht zu, auch nur für eine Nacht am Ort der Versuchung und Entscheidung zu verweilen, vielleicht wollte er seine persönliche Andacht von jeder kirchlichen Verunreinigung freihalten und sie so abrupt und unreflektierend wie möglich verrichten. Die Tat trug ihre Bedeutung in sich selbst, und er mußte nicht noch einmal dem Weg hinunter zum Lago Maggiore nachsinnen, um zu begreifen, daß dies der Augenblick war, wo er für dieses Leben dem Erreichen einer Vollkommenheit entsagte, von der er wußte, daß sie grundsätzlich möglich war. Er war einst in Arkadien gewesen, aber es war ihm nicht vergönnt, darin zu leben. Die Umstände, persönliche wie historische, waren gegen ihn, ebenso wie etwas noch weniger Berechenbares, das den Umständen ihre Macht gab. Denn lag es in der Natur seines Genius, Dichtung über die erreichte Vollkommenheit zu schreiben? War es sein Verhängnis, nur sagen zu können, daß er an den Rand des Ideals geführt worden war, um dann in Stückwerk zurückzufallen? Wenn ja, dann war der Augenblick nach dem schweren Mittagessen, als er begann, in seinen Fußspuren vom Vormittag zurückzugehen, auch der Augenblick, in dem er schließlich alles akzeptierte, was ihm als Bedingung seiner Kunst bestimmt war: die Frau und das Kind, die er liebte; die Revolutionen des Zeitalters, die Italien so unerreichbar gemacht hatten; das Vergehen der Zeit, das seine früheren Leben in Träume verwandelt hatte; die neue Welt des Denkens und der Literatur, die nicht die seine war, der er sich aber öffnen mußte; die Grenzen des Lebens, in das er zurückkehrte, Weimar, Winter und *Faust*; und – zwar noch fern, aber betrüblich erkennbar bei diesem Scheiden von seinem Ideal – die Grenze des Todes, dem er bisher immer nur widerwillig Macht über seine Dichtung hatte einräumen wollen. Wahrscheinlich im Posthaus von Hospenthal erfuhr Goethe (wohl aus der Zeitung), daß die andere Christiane, die Schauspielerin Becker-Neumann, die ihn seit seinen Anfängen als Direktor des Weimarer Theaters inspiriert hatte, an Tuberkulose gestorben war – mit neunzehn Jahren, jünger noch als Cornelia, aber wie sie schon Mutter. «Liebende haben Thränen und Dichter Rhythmen zur Ehre der Todten, ich wünschte, daß mir etwas zu ihrem Andenken gelänge.»

Vom Gebirge kam Goethe zurück in die Welt der Literatur. Mit Meyer unterwegs, scherzte er, daß sie ihre Italienreise nun als «Halbroman» schreiben müßten und daß es ohnedies «so viele halbe Genres» gebe, und sammelte Episoden, die als Kern für künftige Erzählungen dienen konnten. Am 5. Oktober waren sie wieder in Altdorf, und Goethe beschloß, von der Route, die sie gekommen waren, abzuweichen, um noch weitere Tellstätten am Vierwaldstätter See zu besuchen. Er hatte begonnen, in der Geschichte von

39. J. M. W. Turner: Die Straße über den St. Gotthard 1802 (1803/04)

40. Goethe: Scheideblick nach Italien (1775)

Tell den Stoff zu seinem nächsten großen Werk zu sehen, und studierte «das beschränkte höchst bedeutende Local ... so wie die Charaktere, Sitten und Gebräuche der Menschen in diesen Gegenden»: Tell, eine «Art von Demos», würde die Macht der Masse verkörpern, Geßler die im wesentlichen individuelle Natur einer Willkürherrschaft. An der Wahl des Themas, das direkter auf den Prozeß der Revolution einging, und dem Wunsch, es als Hexameter-Epos zu behandeln, erkennt man unschwer den Plan zu dem Gedicht *Die Jagd* wieder, durch das er ebenfalls wettzumachen gehofft hatte, was ihn an *Herrman und Dorothea* nicht zufriedenstellte. Es wurde nichts daraus: Goethe war nicht der Mann des Wiederholens und Ausbesserns; er brauchte einen Neuanfang. Das wirklich neue Thema, das er auf dieser Reise – vielleicht ohne es zu merken – gefunden hatte, war die Erinnerung, die wechselseitige Durchdringungskraft von Literatur und Leben, und noch nach Jahren kehrten, in den späteren Szenen des *Faust* und in der Fortsetzung des *Wilhelm Meister*, Motive aus diesen Tagen wieder: nicht nur die urgewaltige Landschaft des Gotthard, sondern auch die Schiffsfahrt über den buchtenreichen Vierwaldstätter See oder der fremde Gast im Wirtshaus in Stans – unweit der Stelle, wo einst Graf Lindau seine wertherschere Einsiedelei errichtet hatte –, der dem verdutzten Schreiber Geist, an seiner Sprache als Sachse kenntlich, die Geschichte von Peter im Baumgarten erzählt hatte – ein Leben, das bereits zur Fabel geworden war. Wenn Goethe im Tagebuch erwähnt, daß von den Nußbäumen vor Stans die Walnüsse abgeschlagen wurden: dachte er da an die reifenden Walnüsse, die er im Wasser des Zürichsees sich hatte spiegeln sehen, vor zweiundzwanzig Jahren, als Cornelia noch lebte? dachte er daran, daß nun seine eigene Ernte eingebracht wurde? Im Vergleich dazu hatten die geschichtlichen Konnotationen der Kapelle in Küssnacht, auf der kleinen Erdzunge zwischen Vierwaldstätter See und Zuger See, wo Tell der Sage nach dem Landvogt aufgelauert hatte, etwas Gemachtes und waren kaum der Rede wert. In Stans und in Zug selbst, wo man am 6. und 7. Oktober nächtigte – kleinen, alten Handelsstädten voller patriotischer Mementos auf Wandgemälden und gemalten Scheiben –, war die Vergangenheit lebendiger.

Nach einer anstrengenden Wanderung über den Bergrücken, der den Zuger See vom Zürichsee trennt, und einer Lehrstunde in angewandter Demokratie in Horgen – Exerzierappell der Bürger auf dem Marktplatz – war Goethes Reisegesellschaft am Abend des 8. Oktober wieder in Stäfa. Eine Woche Regenwetter lenkte alle Gedanken auf die nächsten Projekte. Schreiber Geist mußte eine Reinschrift des Tagebuchs herstellen, und Goethe studierte die Quellen der Tellsage und sortierte seine Gesteinsproben, während Meyer ihm Tag für Tag etwas aus den Erträgen der letzten zwei Jahre vorlas: einen Aufsatz über Niobe oder einen Abschnitt aus seiner florentinischen Kunstgeschichte. Aus dem «Formlosesten» des Gebirges hätten sie sich nun in ein «Museum» der Form zurückgezogen, schrieb Goethe, und es war ein Anlaß zum Feiern, als Meyers Kopie der «Aldobrandinischen Hochzeit»,

41. Kopie von J. H. Meyer: Die Aldobrandinische Hochzeit

jenes seltenen Beispiels altrömischer Malerei, in ihrer sperrigen Kiste wohlbehalten aus Italien eintraf, «dem weit und breit gewaltigen Buonaparte glücklich entronnen». Allenthalben waren Kunstwerke von «dem Moder und den Franzosen» bedroht, und Meyer war ein zweiter Pausanias, der durch seine Beschreibungen und Beurteilungen dem Vergessen entriß, was durch politische Ereignisse zerstört und verstreut worden war. Aber Meyers Material und seine eigenen Aufzeichnungen konnten auf eine Weise zusammengestellt werden, die, wo nicht biographische, so doch rhetorische Wahrheit besaß, als «ein Epitome unserer Reise und Nichtreise», zusammengeschrieben in zwei Oktavbänden für die breitere Allgemeinheit und einem dritten Band mit gelehrteren Beilagen als Anhang – ein «Trost» für das andere Buch und die andere Reise, die es nicht gegeben hatte, wie Goethe Böttiger in der offenkundigen Erwartung mitteilte, daß er es Vieweg weitersagen würde. Die theoretischen Fragen, die jetzt in der Unterhaltung zur Sprache kamen, würden gewiß auch in diese Sammlung eingehen. Goethe war dabei, seine Gedanken zu einem Thema zu ordnen, das ihn den Sommer über beschäftigt hatte und im Gebirge ausgiebig erörtert worden war: die Zulässigkeit unterschiedlicher Gegenstände für unterschiedliche Arten der künstlerischen Behandlung. Diese Diskussion mündete in einen wichtigen philosophischen Fortschritt, auf den ihn seine Reise ebenfalls vorbereitet hatte, wenn auch weniger offensichtlich. Er diktierte Geist den Entwurf eines Aufsatzes hierzu, doch kamen ihm unerwartete Hindernisse in die Quere: das Beispiel Raffaels, der aus einem keineswegs vielversprechenden Thema ein gelungenes Bild machte, und generell die Ergebnisse von Goethes intensiver Selbstforschung in den letzten Wochen, aus der sich sein Begriff des «Symbolischen» entfaltet hatte. Die kritischen Einwände Schillers hatten ihm diesen nicht ausreden können; im Gegenteil, er schrieb ihm jetzt (freilich ohne irgendeinen Meinungsunterschied anzudeuten), er habe auf dieser Reise den Konflikt zwischen dem Ideal in seiner Brust und der breiten empirischen Erfahrung gelöst, der ihn in Frankfurt beschäftigt und auf jenen Begriff geführt habe. Er sei «reich geworden ohne beladen zu seyn, der Stoff incommodirt mich nicht, weil ich ihn gleich zu ordnen oder zu verarbeiten weiß» – eben jene «regulative» Funktion symbolisch bedeutender Gegenstände, die ihm vorgeschwebt hatte –. Obendrein definierte er in seinem Brief ein Prinzip, auf das er im Gespräch mit Meyer gekommen war und das dem Gegenargument Schillers den Boden entzog: «daß eine vollständige Erfahrung die Theorie in sich enthalten muß.» Das heißt: die Gegenstände sind von ihrer Deutung nicht zu trennen, und wir können ebensowenig einen völlig leeren Gegenstand erfahren oder uns vorstellen, wie wir einen von Gegenständen vollkommen losgelösten Geist erfahren oder uns vorstellen können. Das war ein Bekenntnis zum Kantischen, kritischen Idealismus, und Goethe wußte das. In einer Fortsetzung des Briefes, die er jedoch nicht abschickte, verglich Goethe das mit Meyer diskutierte Problem direkt mit der philosophischen Frage nach einem «Gegenstand an sich» und einem

Gegenstand, «der uns durch die Erfahrung gegeben wird» und unterstellte, er sage über die Kunst nichts anderes, als was der «kritische Idealismus» von allen empirischen Wahrheiten behaupte. Er bezeichnete damit eine entscheidende Station in den tausend und aber tausend Übergängen, aus denen seinem späteren Zeugnis zufolge seine philosophische Weiterentwicklung durch die Zusammenarbeit mit Schiller bestand. Damit trennte er sich bewußt von der Vorstellung einer reinen, deutungslosen Beobachtung von Gegenständen, die zehn Jahre lang sein Denken in bezug auf Naturwissenschaft und Kunst beherrscht hatte. Und indem er dem kritischen Geist Kants treuer blieb, als Schiller es tat, gab er unausgesprochen zu verstehen, daß Schillers Verlangen, das reine Wirken der Freiheit anzuschauen oder gar darzustellen, ebenso unzulässig war wie die dualistische Psychologie, die darauf basierte. Dieser Weg führte Goethe über Schiller hinaus, war aber nicht frei von Hindernissen. Mit seinem Beharren auf der unausweichlichen Wechselwirkung zwischen Subjekt und Objekt schuf Goethe einen Berührungspunkt zur jüngsten Philosophengeneration, aber mit seiner Weigerung, die Vorstellung von Dingen an sich fallenzulassen, distanzierte er sich von allem, was Fichte begonnen hatte. Wie waren diese beiden Prinzipien aufeinander zu beziehen? Wie konnte man – wozu Goethe sich auf dem Gotthard verpflichtet hatte – in dauerhaftem Bezug zu einer überragend wichtigen Wirklichkeit leben, die sich auf der anderen Seite einer unüberwindlichen Barriere befand? Vielleicht hat er seinen Aufsatz über die zulässigen Gegenstände der Kunst aufgegeben, weil er noch nicht wußte, wie er seinen Glauben an die Notwendigkeit einer Theorie mit seinem Glauben an die Selbständigkeit der Gegenstände verbinden konnte, und aus diesem Grund, oder weil er die Freundschaft mit Schiller nicht noch weiter belasten wollte, schickte er diesen Fortsetzungsbrief nicht ab.

Nach dem Eintreffen der «Aldobrandinischen Hochzeit», die Goethe und Meyer aus Sicherheitsgründen persönlich nach Weimar expedieren wollten, gab es keinen Grund mehr, länger in Stäfa zu säumen. Das Säbelrasseln, das die letzten Phasen der Verhandlungen in Udine begleitete, ließ es nicht ratsam erscheinen, über Frankfurt zu fahren, und so entschlossen sie sich zu einer beschleunigten Rückreise durch Schwaben und Franken. Am 21. Oktober segelten sie ab und besuchten am Mittag das große Haus in Herrliberg. Als er in dem geräumigen Salon eine Kammerorgel entdeckte, rief Goethe aus: «Hier muß man tanzen» und machte ein paar Tanzschritte allein auf dem Parkett; Schreiber Geist begann zu spielen, die jungen Leute vom Gut liefen zusammen, und der improvisierte Ball währte bis nachmittags um fünf, so daß sich die Ankunft in Zürich bis zum Abend verzögerte. Goethe war jetzt besserer Laune als auf dem Herweg – nicht mehr grollend, sondern resigniert – und blieb bis zum 26., wobei er fast jeden Tag Barbara Schultheß und ihre Familie besuchte. In Zürich erreichten ihn endlich auch Briefe von Christiane und August – Antworten auf seine Briefe aus Tübingen mit der Nachsendeadresse –, die ihn über seinen Entschluß trösteten: «Mein einziger

Wunsch ist, Dich bald wieder bei mir zu sehen und Dich an mein Herz zu drücken. ... Es ist mir heute so zu Muthe, als könnte ich es nicht länger ohne Dich aushalten. Es hat auch heute alles im Hause schon über meinen übelen Humor geklagt. Ich weiß gar nicht, was ich vor Freuden thun werde, wenn ich von Dir hören werde, daß Du wieder auf der Rückreise bist. ... ich habe, seit ich von Frankfurt weg bin, keine rechte vergnügte Stunde gehabt. ... wenn Du nicht da bist, ist es alles nichts. Und wenn Du nach Italien oder sonst eine lange Reise machst und willst mich nicht mitnehmen, so setze ich mich [mit] dem Gustel hinten darauf; denn ich will lieber Wind und Wetter und alles Unangenehme auf der Reise ausstehen, als wieder so lange ohne Dich sein.» Sie erheiterte sich mit dem Gedanken an ihre reiche Kartoffelernte, und August, dem es bis auf zwei schlimme Finger gut ging, reihte Kastanien auf Bindfäden und hatte bessere Fortschritte als bislang sein Vater mit einem Schattenspiel über den Doktor Faust gemacht, das schon bis zu dem Punkt gediehen war, wo der Teufel die Hälfte der Personen mitgenommen hatte, bevor eine Katze auf die Bühne sprang und das Licht umwarf. Auch das Rätsel der Postverzögerungen klärte sich auf – vielleicht hatte das Schweigen letzten Endes Goethe geholfen, seine Gedanken zu ordnen. Er fuhr jetzt mit mehr oder weniger frohen Gefühlen heim. «Der Gefahr wegen», antwortete er den Seinen, «hätte ich wohl nach Italien gehen können, denn mit einiger Unbequemlichkeit kommt man überall durch, aber ich konnte mich nicht so weit von euch entfernen. Wenn es nicht möglich wird euch mitzunehmen, so werd ich es wohl nicht wiedersehen.»

Aber bei aller Entsagung schmerzte die Wunde doch. Eine gewisse Reizbarkeit und geistige Ermattung brach von Zeit zu Zeit durch, nachdem ein moralischer Kraftakt eine vierjährige geistige Tätigkeit beendet hatte, wie sie in Goethes Leben seit der zweiten Hälfte der siebziger Jahre nicht mehr vorgekommen war. Ein Brief von Voigt hatte die Frage des Wiederaufbaus in Weimar nach dem Brand am Erfurter Tor aufgeworfen, und Goethe hatte wohl eine Anregung zu geben, fand aber: «Indessen geschieht in der Welt so wenig Planmäßiges», daß man es auch dem Zufall überlassen konnte. Und was das neue Schloß betraf, so wußte er, was für ein Mann zur Leitung der Arbeiten benötigt wurde – er dachte an Thouret –, aber zuletzt blieb es sich gleich, ob man es so oder anders machte. Die Schweiz war der gegebene Ort für wirkliche Parks, Rom für wirkliche Gebäude. In Deutschland, dem Land, das er endlich feierlich als den gegebenen Schauplatz seines eigenen, begrenzten Strebens nach dem Guten anerkannt hatte, waren es doch «alles vergebliche Bemühungen». Die Tage in Zürich vergingen nicht nur mit solchen «hypochondrischen Reflexionen», wie er sie nannte; «doch waren die Tage nicht Constanzer Tage», wie Barbara Schultheß sagte, im wehmütigen Gedenken an Goethes erste Rückkehr vor fast zehn Jahren aus einem Italien, das nun für immer verloren war. Lavater wollte er noch immer nicht begegnen. Die militärische Lage entspannte sich, als am 24. Oktober die Nachricht vom Frieden von Campo Formio eintraf, der eine Woche zuvor geschlossen worden war; aber im Hinblick auf das schlechte Wetter und den Zustand der Straßen ließ Goethe dennoch seine Absicht fallen, einen Umweg über Basel zu machen, um den Kunstmarkt zu inspizieren und einige günstige Erwerbungen aus Frankreich zu tätigen. Dem Gedanken an einen Winter mit Schiller, Meyer und seiner Familie konnt er doch etwas abgewinnen und sah keinen Grund, dieses Vergnügen hinauszuschieben. Wohl versehen mit Musselin – genähtem für Christiane, mit Blümchen gewirktem für Ernestine – und allerlei Halstüchern für die anderen Damen des Haushalts legte er in Gesellschaft Meyers und Geists den Weg von Schaffhausen nach Tübingen zurück. Wie üblich bei solchen Heimreisen, versank er wieder in sich selbst, bereitete sich auf den kommenden Schock der Eingewöhnung vor und achtete wenig auf die Orte, durch die sie kamen. Ein kurzer Halt in der Dämmerung am Rheinfall von Schaffhausen konnte ihn nicht aus seiner Lethargie reißen, und die Tagebucheintragen wurden einsilbig. «Die Jahreszeit ist äußerst verdrießlich, die Wege schlecht und alles unglaublich theuer»: in einer solchen seelischen Verfassung begegnete man schwerlich irgendwelchen bedeutenden symbolischen Objekten. Die Humboldts freilich entdeckten sie. Auf ihrem Weg durch die Schweiz waren sie um eben diese Zeit in Stäfa angelangt; sie hatten Goethe um eine Woche verpaßt. Sie bestanden darauf, das Zimmer zu sehen in dem er gewohnt hatte, seinen Balkon und die Aussicht, die er gehabt hatte, und trugen zusammen, was die Leute über das Werk erzählten, womit Goethe beschäftigt war – Goethetourismus von der Art, wie Anna Amalia ihn auf ihrer eigenen Italienreise gepflegt hatte; Symbolik aus zweiter Hand. Unterdessen schrieb der Mann, der anderen das Leben bedeutend machte, indem er seiner eigenen Erfahrung Bedeutung gab, aus Tübingen, wo er drei Tage blieb, ohne ein Wort zu notieren: «Ich kann aber auch wohl sagen, daß ich nur Deinet- und des Kleinen willen zurück gehe. Ihr allein bedürft meiner, die übrige Welt kann mich entbehren.» Die düstere Stimmung begann sich aber am 2. November zu heben, als Goethe, nach nur einer Nacht in Stuttgart, nordostwärts durch Franken kam. Zwei Tage lang kamen sie vorbei an den verstreuten Magazinen, Wagenburgen und Geschützen des österreichen Heeres, aber er war jetzt auf dem direkten Weg nach Hause und nahm mehr Notiz von seiner Umgebung. Als die Gesellschaft am 6. November nach Nürnberg kam, gewann endlich frohe Stimmung die Oberhand, wie einst, als er 1790 mit Anna Amalia aus Venedig hierhergekommen war. Denn Knebel war wieder einmal in Nürnberg, und Goethe beschloß, eine Woche zu bleiben, um sich seiner Gesellschaft und der Kunstsammlungen zu erfreuen, die er schon um einiges besser kannte als Tieck oder Wackenroder. In der Kunst wie im Handel war die Heimatstadt Dürers immer offen für Einflüsse aus dem Süden, und so konnte Goethe sich hier leicht und angenehm in das Deutschland zurückfinden, zu dem er gehörte. Er war ein gefeierter und gefragter Gast in einer freien Reichsstadt, die Frankfurt nicht unähnlich, aber altertümlicher und weniger abhängig vom Fieber eines Finanzplatzes war. Hier kam er auch wieder mit der literarischen Welt in Berührung; denn hier erreichten ihn endlich die ersten Belegexemplare von *Herrmann und Dorothea*, und er begann die Reaktionen darauf zu registrieren (in Tübingen hatte er die ersten Exemplare des *Musen-Almanachs* gesehen). Und er führte vertrauliche Gespräche über Weimar, die Ehe und seine ältesten Freunde; denn Knebel hatte es aufgegeben, sich außerhalb Weimars eine Stellung oder gar, wie Goethe ihm geraten hatte, eine Pfründe zu suchen, und beabsichtigte trotz der Ermahnungen Herders und Frau von Steins, im neuen Jahr zurückzukommen, Luise Rudorff zu heiraten und ihren Sohn von Carl August als den seinen aufzuziehen. Goethe war versöhnlich gestimmt und sagte seine Unterstützung zu; er erkannte die Hand des Schicksals, wenn er sie sah, und wußte besser als die meisten, welches Schicksal Knebel in der «Seelenessigfabrik» erwarten mochte. Durch Knebel ließ er der malkontenten Caroline Herder eine Mitteilung zukommen, daß er bedauere, ihr vor zwei Jahren so geschrieben zu haben, wie er es getan hatte. Jetzt war für Weimar nicht der Zeitpunkt, in Faktionen zu zerfallen: Nürnberg als Zentrum des Fränkischen Kreises des Reiches, schwirrte von Gerüchten über Campo Formio, die Entschädigung der linksrheinischen Fürsten, eine Säkularisierung der geistlichen Territorien und eine Verfassungsreform. Man mußte kein Görres sein, um den Geruch von Sterblichkeit zu wittern: Die Vertreter aller fränkischen Gebiete, die bei einem großen Festessen am 11. in seinem Hotel zugegen waren, listete Goethe auf, als katalogisiere er die Bestände eines Museums. Nürnberg war eine liebenswürdige und angenehme Stadt, die glücklich in ihrer reichen Vergangenheit lebte: Früher als anderswo schien sich hier Weihnachtsstimmung zu verbreiten. Aber in der Welt draußen wurde es kälter. Am 15. November brachen Goethe, Meyer und Geist zur letzten Etappe der Reise auf, die sie über Erlangen, wo sie den noch immer von geschwärzten Ruinen gezeichneten Weg von Moreaus Armee kreuzten, nach Bamberg und Kronach führte. Heftiger Schneefall setzte ein, als der Reisewagen den natürlichen Wall des Thüringer Waldes überwand, der Weimar im Jahr zuvor geschützt hatte. Am 20. November kamen sie mittags in Jena an und sahen für einige Minuten bei Schiller herein, der sie alle gesund aussehend und gut erholt fand. Goethe brachte Meyer für die Nacht im Alten Schloß unter und sputete sich, um wieder mit seiner Familie vereint zu sein – dem Magneten, der ihn zu seiner eigentlichen Bestimmung zurückgezogen hatte. Zu seinem Entzücken erwartete ihn ein Rausch italienischer Farbe, der (vermeintliche) Claude Lorrain, dessen Kauf er in Stuttgart getätigt hatte: eine ideale südliche Landschaft, friedlich, üppig, sehnsüchtig, mit einem Baum und einer sinkenden Sonne und einigen kleinen Figuren, die den Leichnam Phaethons suchen, der mit dem Versuch gescheitert ist den Wagen Apollons zu lenken.

Fünfzehntes Kapitel
Das neue Jahrhundert
(1798–1800)

Alarm außen; das Universum im Innern

Nach der Schweizer Reise von 1797 hat Goethe das Gebiet des Heiligen Römischen Reiches nie mehr verlassen. In den nächsten dreieinhalb Jahren hielt er sich, bis auf achtzehn Tage, ausschließlich im Herzogtum Sachsen-Weimar-Eisenach auf. Neun Jahre lang begleiteten ihn Christiane oder August auf wenigstens einem Teil der längeren Reisen, die er unternahm. Erst 1806, als sein Sohn sechzehn war, machte er wieder eine lange Reise allein: Augenscheinlich hatte er den Entschluß gefaßt, bei seiner Familie zu bleiben, solange August noch klein war. Noch immer mußte er sich wochenlang nach Jena zurückziehen, wenn er Stille brauchte, um sich auf eine literarische Arbeit zu konzentrieren – Christiane hatte wohl akzeptiert, daß diese Abwesenheiten zum Rhythmus eines Schriftstellerlebens gehörten. Sie nährten nicht mehr ihre Sorge, sie könnten so etwas wie eine Vorübung für eine monate- oder jahrelange Expedition in irgendeine gefährliche Ferne sein. Sehr selten nur waren sie und August ganze drei Wochen von Goethe getrennt; man fuhr nur drei Stunden nach Jena, und als August größer wurde, konnte niemand ihm verwehren, herüberzukommen und seinem Vater einen Kuß zu geben, wann immer ihm danach zumute war. Regelmäßig gingen Briefe hin und her; wenn sie aus Jena kamen, waren sie mit Geschenken verbunden, für gewöhnlich dem Obst der Jahreszeit (Kirschen und Erdbeeren, Birnen und Trauben); kamen sie aus Weimar, lagen kurze Mitteilungen von August bei – anfangs hauptsächlich das Werk des Hauslehrers Eisert, später aber weitgehend selbständige Berichte über Haustiere, Kindergesellschaften und aufregende Vorfälle. Jene gereizten Augenblicke, die bis 1797 im Briefwechsel zwischen Goethe und seiner Partnerin bemerkbar waren – sie quengelig, er patriarchalisch abweisend –, wurden während Augusts späterer Kindheit seltener und wichen auf beiden Seiten einem anhaltenden und vertrauensvollen Gefühl der Gleichheit. Es war eine schwierige Zeit für den Dichter, eine Zeit der Latenz, als seine Kunst, ohne große Unterstützung durch Entwicklungen um ihn herum, die neuen Formen und Themen für die Artikulation der Bedeutung jener Krise ausbildete, die er mit der Rückkehr vom Gotthard markiert hatte. Vieles von dem, was er unternahm, blieb mehr als sonst fragmentarisch oder auch einfach unbefriedigend für ihn. Hierin ähnelte diese Zeit seinem ersten Jahrzehnt in Weimar, wenngleich natürlich die nationale Kultur, in der er sich zurechtfinden mußte, viel komplexer und der internationale und politische Rahmen ungleich bedrohlicher war. Aber was sich auch in der Welt oder in anderen Bereichen seines Lebens und Denkens abspielen mochte – Goethe genoß in diesen Jahren Frieden und Zufriedenheit in seinem Haushalt, weil er sich dazu durchgerungen hatte, sich mit dessen Beschränkungen abzufinden.

Frankreich, um dessen innerer Zwistigkeiten willen Europa fast acht Jahre lang hatte leiden müssen, wurde nach dem Frieden von Campo Formio vom üblichen Schicksal eines Imperiums ereilt: Die Innenpolitik wurde von der Außenpolitik bestimmt, denn es war notwendig, die Früchte der Eroberung zu wahren und zu mehren. Zwar saß die Regierung nach dem Staatsstreich vom Fructidor fester im Sattel, aber die Verfassung war definitiv im Niedergang begriffen, und die Bürger, unfähig, einen Konsens über ihre Ziele zu erreichen oder zu formulieren, überließen den Feinden der Republik – und dem Schlachtenglück – die Entscheidung darüber, wo ihre Expansion enden sollte. Der allgemeine Friede, der fünf Jahre später kam, wäre wohl schon 1797 zu haben gewesen: Das prominenteste Opfer, das sein Nichtzustandekommen forderte, war die Revolution selbst. Bereits in den ersten Wochen 1798 war offenkundig, daß das Direktorium die Diplomatie als Fortsetzung des Krieges mit anderen Mitteln betrachtete. Die französischen Delegierten verlangten auf dem Rastatter Kongreß die sofortige Kapitulation von Mainz, und noch ohne jede Verankerung im internationalen Recht wurde eine Administration eingesetzt, um das linke Rheinufer als neue Départements der Grande Nation einzuverleiben. (Die Mainzer Klubisten und die «Skribenten» kehrten zurück, um sich wieder den Menschen aufzudrängen, die sie verjagt hatten, einige von ihnen nüchternen Sinnes wie Rebmann, der sich aus einem korrupten Paris auf ein Richteramt in Mainz zurückzog, andere triumphierend wie der Priesterjäger Dorsch oder F. W. Jung (1767–1833) aus Hölderlins Frankfurter Kreis, der von seiner Stellung in Homburg zum Chef der neuen Bürokratie avancierte.) Noch mehr Druck wurde auf die Schweiz ausgeübt, diesem unpraktischen Verkehrshindernis zwischen Frankreich und seinen neuen italienischen Satelliten. Mülhausen und Genf wurden kurzerhand annektiert, und als eine von Paris aus gesteuerte Erhebung des Basler Revolutionsfreundes Peter Ochs nicht um sich greifen wollte, marschierten im März 1798 französische Truppen ein, um einen neuen durchrationalisierten Einheitsstaat, die Helvetische Republik, zu errichten, worauf die Bürger von Basel und Zürich unverzüglich begannen, brüderliche Kontributionen an das französische Schatzamt zu entrichten. In Italien selbst lieferten Unruhen in Rom den Vorwand für die Errichtung einer Römischen Republik und die Absetzung und Inhaftierung des Papstes. Pius VI., dem noch zehn Jahre zuvor in der Sixtinischen Kapelle vor Goethes Augen göttliche Ehren erwiesen worden waren, wurde anderthalb Jahre lang in grausamer und schimpflicher Gefangenschaft gehalten; im August 1799 starb er in Frankreich. Es sah nicht danach aus, daß er einen Nachfolger haben würde, und der heidnische Altar, der am 14. Juli 1798 auf dem Petersplatz errichtet wurde, sollte das Ende nicht nur der zeitlichen, sondern auch der geistlichen Macht des Papsttums feiern. Das Direktorium zeigte kein wirkliches Interesse an einer europäischen Friedensregelung, und mit einer ausgesprochen jakobinischen Innenpolitik, die unter anderem die Ächtung des Adels und eine neuerliche Strafverfolgung eidverweigernder Priester brachte, schien es eine gewaltsame Reaktion seiner Gegner an allen Fronten geradezu herauszufordern. Der gravierendste Fehler des Direktoriums war jedoch die Verweigerung von Zugeständnissen, die die Mitwirkung Großbritanniens an dem Friedensprozeß gesichert hätten, der in Campo Formio begann und endete. Der Krieg mit Britannien ging das ganze Jahr 1798 weiter und enthüllte seinen wahren Charakter als Krieg zwischen Rivalen um koloniale Macht, als Bonaparte im Mai die Expedition gegen Ägypten unternahm, um die britischen Verbindungen nach Indien zu kappen (womit er übrigens den Plan Alexander von Humboldts durchkreuzte, den Bischof von Derry auf einer Ägyptenreise zu begleiten). Die Nachricht von der Vernichtung der französischen Flotte, die Nelson im August in der Bucht von Abukir eingeholt hatte (die «Schlacht am Nil»), traf in Westeuropa gerade zu dem Zeitpunkt ein, als die viel kleinere Streitmacht, die die Franzosen zur Unterstützung der nationalen Erhebung der Iren entsandt hatten, in Ballinamuck kapitulieren mußte. Das war das Signal für die Reaktion, die das Direktorium seit langem provozierte, und im Herbst 1798 änderte sich das politische Klima abrupt. Die preußische Delegation in Rastatt unter dem Grafen Görtz verhärtete augenblicklich ihren Standpunkt, und für kurze Zeit sah es so aus, als wolle sich der neue preußische König Friedrich Wilhelm III. von der Neutralitätspolitik seines im Dezember 1797 gestorbenen Vaters abwenden. In Italien lag ganz Neapel, nicht anders als Lady Hamilton, dem heimkehrenden Sieger vom Nil zu Füßen, und unter Jubel zog eine Streitmacht aus der Stadt nach Norden, um Rom zu befreien. Am bedeutsamsten war, daß sich jetzt Rußland mit Begeisterung in einen Konflikt stürzte, aus dem sich Katharina die Große wohlweislich herausgehalten hatte. Paul I. hatte verwegene Träume. Gleich Friedrich Wilhelm II. in dessen früheren Jahren, verstand er sich als allgemeiner Verteidiger der Legitimität und war über Bonapartes Einnahme der Insel Malta, zu deren Protektor er sich erklärt hatte, ebenso aufgebracht wie über die Verzögerungstaktik der europäischen Mittelmächte. Die anhaltenden militärischen Erfolge Bonapartes in der Levante waren als solche weniger bedeutsam als die Verstimmung, die sie am osmanischen Hof hervorriefen, der jetzt einer russische Flotte gestattete, im Mittelmeer zu operieren. Paul war also mit den Neapolitanern bereits verbündet, als sie von den französischen Truppen schmählich aus Rom verjagt wurden und ihre Bourbonenherrscher, die nach Sizilien flohen, von der Parthenopäischen Republik abgelöst wurden. Er kam ihnen, wie es ihm die Ehre gebot, mit einer mächtigen Armee unter Suworow, dem Schlächter von Warschau, zu Hilfe, die unter Verletzung der Friedensbedingungen von Campo Formio durch das Territorium des Heiligen Römischen Reiches nach Italien marschierte. Die Franzosen forderten die Russen zum

Rückzug auf, aber ihre Ultimaten blieben unbeachtet, und am 1. März 1799 antworteten sie mit einem Vormarsch ihrer Truppen über den Rhein oberhalb Straßburgs, womit sie dem Rastatter Kongreß ein Ende machten und offiziell den Zweiten Koalitionskrieg eröffneten. Als die französische Delegation aus Rastatt abreiste, geriet sie in einen Hinterhalt ungarischer Husaren. Einige konnten entkommen, darunter der Schwager des Weimarer Vertreters, aber zwei Franzosen wurden getötet und gräßlich zugerichtet. Der Rastatter Gesandtenmord wurde von einer internationalen Kommission unter Görtzens Adjutanten Dohm untersucht, aber niemals zufriedenstellend aufgeklärt; möglich ist, daß Wien Dokumente abfangen wollte, die allzu unverblümt die von Österreich auf Kosten des Reiches erstrebten Territorialgewinne verraten hätten.

Dem größten Teil Deutschlands blieb eine ernsthafte Verwicklung in den neuen Konflikt in dessen Anfangsphase erspart. Hauptkriegsschauplätze waren Schwaben, die obere Donau, die Schweiz und Norditalien; nur Österreichs Sorge, so viel wie nur möglich im Rheinland und in Italien zu gewinnen oder zurückzugewinnen, hielt einen Einmarsch der Verbündeten in Frankreich selbst auf. Wie seit fünf Jahren nicht mehr bekam die Republik die Strapazen eines Krieges mit siegessicheren Gegnern zu spüren. Unter der Last neuer Gesetze zur Wehrpflicht und drückender neuer Steuern (die nun endlich effizient eingetrieben wurden), verschärften sich die Spannungen zwischen Royalisten und Jakobinern. Auch nahm der Feldzug zuerst keinen guten Verlauf: Jourdan erlitt bei Stockach, zwischen Tuttlingen und dem Bodensee, eine schwere Niederlage, sein Vormarsch wurde dauerhaft aufgehalten. Abbé Sieyès, der seinen Augenblick für gekommen hielt, gab seinen klug gewählten Rückzugsposten als Botschafter in Berlin auf und wurde im Mai als Nachfolger Reubells, der kraft Losentscheids zurücktreten mußte, ins Direktorium gewählt. Mit einer Säuberung unter den anderen Direktoren, die er durch Nullen ersetzte, verschaffte er sich schnell die beherrschende Stellung; sogar der zählebige Talleyrand mußte das Außenministerium für kurze Zeit abgeben, und zwar an Reinhard, der es in seinem Leben weiter gebracht hatte als die meisten einstigen Zöglinge des Tübinger Stifts. Sieyès verfolgte den Plan, die einander befehdenden Fraktionen in den Versammlungen sich gegenseitig lahmlegen zu lassen und dann die Armee einzusetzen, um der Exekutive die Herrschaft über den Staat zu verschaffen. Zu diesem Zweck brauchte er eine militärische Krise und einen willigen General. Erstere war bald zur Hand. Mitte August errang Suworow, der bereits die lombardischen Republiken hinweggefegt hatte, bei Novi einen grandiosen Sieg über Frankreichs norditalienische Armee. Zwei Wochen später verband sich eine andere russische Streitmacht mit den Engländern, um in Holland einzufallen. «Das Vaterland ist in Gefahr», verkündete der beherzte jakobinische General Jourdan im September, und obgleich sein Antrag auf Ausrufung des Notstandes nicht verabschiedet wurde, drängte sich die Analogie zu 1792 förmlich auf. Die vorrevolutionären Kräfte waren auf dem Vormarsch: Auf dem Lande gab es royalistische Erhebungen, und ein selbstzufriedenes Österreich gab bekannt, daß unter seiner Protektion ein Kardinalskonklave in Venedig zur Wahl eines Nachfolgers für Pius VI. stattfinden werde. Aber Siéyès hatte das Pech, daß der General, den er sich als Instrument erkoren hatte, bei Novi gefallen war. Das Kriegsglück wandte sich gerade wieder der Republik zu, als Bonaparte, seine ägyptische Armee sich selbst überlassend, am 9. Oktober in Fréjus anlegte – mit noch mehr Sinn für den rechten Zeitpunkt, als ihn Siéyès bewiesen hatte. Am 16. war er in Paris und wurde schon als Retter der Nation gefeiert. Die Familie Bonaparte führte Siéyès' Plan für ihn aus, aber der Preis für einen kriminellen Vertrag ist oft höher als erwartet. Die gesetzgebenden Versammlungen wurden in das abgelegene Schloß Saint-Cloud verlegt und am 9. November (18. Brumaire) aufgefordert, um Siéyès' neue Verfassung zu bitten. Als sie unter einigem Tumult Bedenken erhoben, löste Lucien Bonaparte (1775–1840) unter dem Vorwand einer jakobinischen Verschwörung zur Ermordung seines Bruders die Versammlungen gewaltsam auf, und während über letzte Einzelheiten der Verfassung gesprochen wurden, ging die Regierungsgewalt an drei «Konsuln» über: Siéyès, Napoleon Bonaparte und eine Marionette. Die Verfassung trat am ersten Weihnachtstag in Kraft, zwei Monate vor der Volksabstimmung über sie. Die in ihr vorgesehenen Institutionen der Volksvertretung waren eine ähnlich schamlose Farce, nichts anderes als ein Vehikel für die einzige Maßgabe, die zählte: daß die ganze vollziehende Gewalt beim Ersten Konsul liegen solle, der natürlich nicht Siéyès hieß.

Im ersten Jahr nach Bonapartes Übernahme der absoluten Macht in Frankreich bestand der Primat der Außenpolitik fort. Das Jahr 1800 mußte der Erste Konsul daran wenden, die Fehler des Direktoriums seit Campo Formio wiedergutzumachen. Hilfreich war dabei das unerwartete und vollständige Verschwinden der Russen von der Bühne. Die Österreicher, noch immer auf ihre Interessen von vorvorgestern aus, hatten es im Sommer 1799 unterlassen, das russische Heer in der Schweiz zu unterstützen: Suworow in der Lombardei gab sich alle Mühe, seinen bedrängten Landsleuten über die Fußsteige des Gotthards zu Hilfe zu eilen, kam aber zu spät, um ihre Niederlage bei Zürich Ende September 1799 noch abwenden zu können. Da seine Männer zu schwach für einen Kampf waren, befahl er, der in seinem langen Leben noch nie eine Schlacht verloren hatte, zum ersten Mal den Rückzug und retirierte über die Berge nach Chur, wo er an demselben Tag einzog, an dem Bonaparte aus Ägypten zurückkehrte. Wenige Monate später war er tot. Unterdessen ließen die Briten nach einigen weiteren, ergebnislosen Manövern ihre Verbündeten im Stich und zogen aus Holland ab. Paul I. neigte zwar zu enormen Stimmungsschwankungen, aber es war nicht unvernünftig, wenn er zu dem Schluß kam, daß er von der Koalition nur benutzt wurde, und so beorderte er seine Truppen im neuen Jahr nach Hause. Ohne den Druck, unter den sein Eingreifen den französischen Staat gesetzt hatte, wäre der Coup vom 18. Brumaire möglicherweise nicht durchführbar gewesen. Sein Abtreten von der Bühne zu diesem Zeitpunkt sorgte dafür, daß Frankreichs neuer Herrscher, sobald er sich wieder einmal beweisen mußte, dies in Italien tun konnte, ohne eine Konfrontation mit seinem gefährlichsten Gegner befürchten zu müssen. Während Moreau sich nur langsam nach Deutschland hineinbewegte, im Süden kaum über Stockach hinauskam und im Norden erneut Frankfurt besetzte, kehrte Bonaparte nach einem Alpenübergang im Mai 1800 zum Schauplatz seiner ersten großen Siege zurück, und zwar mit demselben Ziel: die Österreicher aus der Lombardei zu vertreiben und Wien von Süden her zu bedrohen. Bei Marengo unweit Novi war er zahlenmäßig unterlegen und am Rande der Niederlage, doch das rechtzeitige Eintreffen einer frischen Division sowie eine Kavallerieattacke des Sohns von Marschall Kellermann, des gemeinsamen Siegers von Valmy, entschieden den Tag und wahrscheinlich auch seine ganze Zukunft. Österreich ersuchte sogleich um einen Waffenstillstand, hielt aber an seiner Taktik fest, ernsthafte Friedensverhandlungen zu vermeiden, in der Hoffnung, die schlimmsten Verluste von 1797 wettmachen zu können. Als der Waffenstillstand im November ablief, gab Bonaparte, gestärkt durch seine Erfolge in Italien, wo Österreich bis zur Brenta zurückgeworfen wurde, dem General Moreau in Deutschland den Befehl, nach Wien zu marschieren. München wurde eingenommen, und am 3. Dezember 1800 errang Moreau in der Schlacht bei Hohenlinden den entscheidenden Sieg. Ein am 25. geschlossener Waffenstillstand ebnete dem Frieden von Lunéville am 9. Februar 1801 den Weg. Die Zweite Koalition war beendet, nachdem sie, was Deutschland betraf, nichts erreicht hatte, was sich von den Bedingungen von Campo Formio wesentlich unterschieden hätte, so daß es nach wie vor dem Reichstag überlassen blieb, darüber zu entscheiden, wie diese bittere Medizin zu schlucken wäre. Die Vertragsklauseln für Italien zeigten schon deutlicher die Handschrift des neuen Bonaparte: Die einst von ihm geschaffenen nördlichen Republiken wurden wiederhergestellt, wie um die Kontinuität mit den Prinzipien der Revolution zu wahren, aber weiter südlich, in der Toskana, schuf er ein Königreich Etrurien und übergab es einem Bourbonen, während er Neapel einfach den alten Herrschern zurückgab. Der Preis für die Wiederherstellung des spanischen Interesses in Italien war, daß das riesige nordamerikanische Territorium von Louisiana bis zur heutigen kanadischen Grenze, das nominell unter spanischer Herrschaft stand, ebenso nominell französischer Souveränität unterstellt wurde. Österreich war außer sich vor Wut gewesen, als im März das Kardinalskollegium in Venedig als Pius VII. nicht die erwünschte Marionette gewählt hatte, die den Österreichern den Kirchenstaat zedieren würde, sondern einen frommen Mönch, der noch kurz zuvor erklärt hatte, daß Demokratie mit dem Evangelium nicht unvereinbar sei, und Briefpapier mit dem Aufdruck «Freiheit, Gleichheit und Friede in unserem Herrn Jesus Christus» benutzte. Der Erste Konsul revanchierte sich im Juni und erklärte vor dem Mailänder Klerus: «Frankreich ... hat erkannt, daß die katholische Religion der einzige Anker im Sturm ist.» Als in Lunéville Friede geschlossen wurde, stand Bonaparte bereits in Verhandlungen über das Konkordat, das die Beziehungen zwischen Kirche und Staat für das neue Jahrhundert festlegte und durch Beendigung des Konflikts zwischen eidleistendem und eidverweigerndem Klerus in Frankreich auch das Ende der Revolution markierte.

Nach 1797 wurde es für einen deutschen Intellektuellen immer schwieriger, an jener hoffnungsvollen Erwartung bedeutender Veränderungen festzuhalten, mit der man zunächst den Friedensschluß und die Einberufung des Rastatter Kongresses begrüßt hatte. Der rücksichtslose Eigennutz des Direktoriums, der nach der Schlacht am Nil europaweit einsetzende Stimmungsumschwung ins Reaktionäre, der in einem gewissen Sinne nie mehr rückgängig gemacht wurde, die Brutalität, womit der Kongreß sein fruchtloses Ende fand, die Erfolge der Zweiten Koalition im ersten Jahr ihres Bestehens und der zynische Staatsstreich, der ihnen ein Ende machte, und die zutiefst zweideutige Figur des Ersten Konsuls selbst – das waren lauter Schläge, die einen Kantischen oder Fichteschen Glauben an die Macht der reinen Moral erschütterten. Im besetzten Rheinland waren Zweifel nicht zulässig, und die Charakterisierung des Kantianismus als der deutschen Formulierung revolutionärer Prinzipien wurde zu einer Art von offizieller Ideologie: «Wir schwören Haß der Fürstenzunft: / Nur uns gebietet die Vernunft» lautete die offiziell empfohlene Agitprop-Parole zur Feier des Königsmordes 1799 in Trier, und Fichte und Schelling wurden schmeichelhafter-, aber auch peinlicherweise eingeladen, zu den neu organisierten Universitäten Mainz und Köln überzulaufen. Aber weiter südlich, in Württemberg, lagen die Dinge weniger klar, wo Leute wie Cotta versuchten, zwischen den zwei Absolutismen Frankreich und Deutschland einen Mittelweg der Freiheit zu finden. Württemberg war in Rastatt durch zwei verschiedene, konkurrierende Gesandtschaften vertreten, die des Herzogs und die der Stände, und die Stände wurden sogar mit einer eigenen Mission in Paris vorstellig, um gegen die immensen Belastungen durch die französischen Heere zu protestieren. Die Franzosen wiederum versuchten, den Rastatter Kongreß zur Destabilierung Südwestdeutschlands zu benutzen, indem sie den bürgerlichen Idealisten eine Danubische oder Alemannische Republik vorgaukelten. Cotta war zu besonnen, um sich von solchen Phantasien verlocken zu lassen, aber er opferte für die Stände viel von seiner Arbeitskraft, beteiligte sich an der Mission nach Paris und publizierte eine offen revolutionsfreundliche Tageszeitung, deren stellvertretender Herausgeber Huber war. Im Zuge der europäischen Reaktion im Herbst 1798 wurde sie von Wien verboten, aber mit einem simplen Trick brachte Cotta sie unverzüglich neu heraus: Er gab ihr einen neuen Titel und machte Huber zum Herausgeber, seinen Vorgänger zum Stellvertreter. Der neue Herzog Friedrich II., ein Schwager des Zaren, der im Dezember 1797 die Thronfolge angetreten hatte, war jedoch ein entschiedener Zentralist. Nachdem er den Ständen im September 1798 in Rastatt die Zusammenarbeit aufgekündigt hatte, schloß er im Sommer 1799 gegen ihren Willen einen Vertrag mit Österreich und machte im November desselben Jahres, zwei Wochen nach dem 18. Brumaire, ihrem Widerstand gegen seine Außenpolitik dadurch ein Ende, daß er sie vollends auflöste. Cotta wurde kurze Zeit inhaftiert, nachdem sein Zeitungsunternehmen bereits nach Stuttgart verlegt worden war, wo man ein schärferes Auge darauf haben konnte als in Tübingen, der vorgeblichen Brutstätte des Kantianismus. Friedrich, durch den langsamen, aber unerbittlichen Vormarsch Moreaus im Mai 1800 zur Flucht aus seinem Herzogtum gezwungen, nahm nach der Schlacht bei Hohenlinden Verhandlungen mit Bonaparte auf. Die wiedergewählten Stände, die an französische Unterstützung geglaubt hatten, fürchteten Verrat und wurden darin bald bestätigt. Die Winkelzüge der Mutter der Freiheit hätten jeden denkenden Menschen dem Revisionismus in die Arme getrieben. Für Hölderlin, der ohnedies in qualvollen persönlichen Umständen lebte, gaben die Ereignisse in seiner Heimat Anlaß zu tiefen religiösen Reflexionen und einigen der größten Gedichte deutscher Sprache.

Die Heftigkeit der Liebe zwischen ihm und Susette Gontard machte Hölderlins Stellung in Frankfurt unhaltbar: Schon im Februar 1798 kam er sich vor «wie einer, der Schiffbruch gelitten hat», und im September gab er nach einem bösen Wortwechsel mit seinem reizbaren Brotherrn die Stelle als Hauslehrer auf und zog ins nahegelegene Homburg. Zwei Jahre lang, bis zu seiner Rückkehr nach Schwaben im Sommer 1800, war seiner Liebe ein quälendes Nachleben in Form von heimlich gewechselten Briefen und gelegentlichen, eilig-ängstlichen Begegnungen beschieden: «... drum laß uns mit Zuversicht unsern Weg gehen und uns in unsern Schmerz noch glücklich fühlen», schrieb ihm seine Diotima am Tag nach der endgültigen Trennung, «und wünschen daß er lange lange noch für uns bleiben möge weil wir darin vollkommen Edel fühlen ...» Der Wunsch ging in Erfüllung; denn der Schmerz wurde zum Brennpunkt für alles, was Hölderlin fortan schrieb. Sein Freund Sinclair war der Homburger Gesandte in Rastatt und tief in das Komplott zur Ausrufung einer süddeutschen Republik und zum Sturz des Herzogs Friedrich verstrickt. Er veranlaßte Hölderlin, im Winter 1798 nach Rastatt zu kommen, wo er Sinclair in einem Kreis «junge[r] Männer voll Geist und reinen Triebs» antraf. Aber Hölderlin war bereits, wie es ein weiterer angehender Revolutionär formulierte, «ein Republikaner im Geist und in der Wahrheit» und nicht wie Sinclair «mit Leib und Leben». Für Hölderlin waren die politischen Ereignisse seiner Zeit, die großen Epochen der Menschheitsgeschichte und die Gefühle, die sein persönliches Leben durchströmten, gleichermaßen Verkörperungen «des Geistes» – mochte das nun «Gott» oder «Gott in uns» bedeuten –, und es war seine Aufgabe als Dichter, diese in Worte zu fassen, die seine Landsleute verstanden. Gewiß teilte er die Vision von einem republikanischen Württemberg – über die Wiedereinnahme von Mainz durch die Franzosen äußerte er sich erfreut –, aber es war nicht an ihm, an ihrer Verwirklichung mitzutun. Die wachsende

Hoffnung, daß Deutschland politisch und kulturell transformiert werden könne, die Befleckung dieser Hoffnung durch die Motive und Methoden derer, die sich auf sie beriefen, die Hartnäckigkeit ihrer Gegner und letztlich ihr Zuschandenwerden – das alles war nicht die primäre und bestimmende Wirklichkeit in Hölderlins Leben. Es gab noch andere Manifestationen der göttlichen Vollkommenheit, die untergegangen waren, kaum daß sie sich offenbart hatten: die Liebe zwischen ihm und Susette; der Aufstieg und unverzügliche Niedergang der griechischen Kultur der Schönheit in Literatur und Kunst, Politik und Religion; und jener große Mythos, der das Fundament seiner Erziehung gewesen war: der Heimgang Christi, der, kaum Mensch geworden, schon wieder entrückt wurde. Die Dichtung hatte die Aufgabe, die harmonische Verflochtenheit dieser großen symbolischen Wirklichkeiten untereinander darzustellen – oder zu erschaffen – und so die Struktur aufzuzeigen, die ihnen gemeinsam war, das, was man die Logik des Seins nennen könnte, die Prozesse, in denen Gott sich gleichzeitig offenbart und verbirgt. Und damit wurde zwangsläufig auch die Dichtkunst selbst zu einer solchen symbolischen Wirklichkeit, dem Ort der göttlichen Offenbarung und Verbergung in seinem Leben und dem Leben derer, zu denen er sprach, ein prophetisches Geheimnis und tragisches Selbstopfer. Hölderlins reife Gedichte sind gleichzeitig politisch, persönlich, historisch, religiös und reflexiv. Doch gelang ihm diese Integration zuerst in Prosa, als er nach langem Ringen seinen Roman *Hyperion* abschloß.

Der zweite Band des *Hyperion* erschien im Herbst 1799 und ist unübersehbar vom Wechsel des politischen Klimas seit 1796 gekennzeichnet, ja die wesentliche Neuerung im Vergleich zum ersten Band besteht darin, daß er einen politischen Rahmen für die Handlung einführt, der der unglücklichen Stellung Deutschlands während der Feldzüge des Direktoriums entspricht. Hyperion unternimmt den Versuch, das Programm zur Erneuerung seiner Nation dadurch zu verwirklichen, daß er sich an einem Krieg zwischen den benachbarten Großmächten beteiligt, in deren Schatten diese Erneuerung stand, nämlich am russisch-türkischen Krieg von 1770. Er zieht recht bald zwei bittere Lehren, für die erstaunlich viele Zeitgenossen Hölderlins unzugänglich waren: Die Siege jener, die gewaltsam eine Idee zu verwirklichen suchen, nehmen sich jämmerlich klein aus, wenn man sie an ihren Träumen mißt; und das Mittel korrumpiert den Zweck, sofern es ihn nicht geradezu verdirbt. Als seine Parteigänger plündern und morden wie die Barbaren, ruft Hyperion aus: «In der That! es war ein außerordentlich Project, durch eine Räuberbande mein Elysium zu pflanzen» – ein Epitaph auf die Revolution, das aus Schillers *Briefen zur ästhetischen Erziehung* oder gar aus den *Räubern* hätte stammen können, wäre es nicht an dem, daß hier die Worte das ganze Gewicht eines echten, kollektiven Engagements hinter sich haben. In seiner Wut stürzt sich der enttäuschte Hyperion, wie viele Klubisten, in den Kampf für einen der Hauptkombattanten, in diesem Falle Rußland. So bricht er brüsk mit Diotima, die nur mit Hyperions reinstem Streben in

Verbindung gebracht wird, und auf seinem Höhepunkt verläßt der Roman das von *Werther* vorgezeichnete Muster, um in einem Briefwechsel zwischen den Liebenden Diotima das Wort zu geben. Diotima stirbt als Opfer der Maßlosigkeit Hyperions ebenso wie der Umstände, die er verändern wollte, und auf den letzten Seiten des Romans zeigt Hölderlin, was seine Fabel lehrt. Hyperion reist nach Deutschland und ist entsetzt über das, was er vorfindet. Verglichen mit dem alten Griechenland oder auch dem modernen Frankreich, wirkt Deutschland wie eine Nation von Amputierten:

Barbaren von Alters her, durch Fleiß und Wissenschaft und selbst durch Religion barbarischer geworden, tiefunfähig jedes göttlichen Gefühls, verdorben bis ins Mark zum Glük der heiligen Grazien ... ich kann kein Volk mir denken, das zerißner wäre, wie die Deutschen ... wo ein Volk das Schöne liebt, wo es den Genius in seinen Künstlern ehrt, da weht, wie Lebensluft ein allgemeiner Geist ... Die Heimath aller Menschen ist bei solchem Volk, und gerne mag der Fremde sich verweilen. Wo aber so beleidigt wird die göttliche Natur und ihre Künstler ... öder werden die Menschen ... der Knechtsinn wächst ... und alle Götter fliehen.

Und wehe dem Fremdling, der aus Liebe wandert, und zu solchem Volke kömmt! –

Goethe ist bei allem Unwillen über die Deutschen seiner Nation niemals so erhaben entfremdet wie Hyperion. Die wehmütige Sehnsucht nach den ersten Illusionen eines kosmopolitischen Girondismus im Verein mit der Naturreligion des Herderschen Gottes, den Ansprüchen der neuen Generation von Künstler-Beamten in spe sowie der neuesten Philosophie der Schönheit und des Geistes wirken zusammen, um die Tragödie eines Liebenden als Zeichen der kulturellen Malaise, als Unfähigkeit eines ganzen Volkes oder Zeitalters zu deuten, dem hellenischen Ideal gerecht zu werden. Berücksichtigt man, daß Diotima die Inkarnation jenes göttlichen Ideals ist, so macht Hölderlin in seinem Roman aus dem Scheitern der Revolution – zumal in Deutschland – eine neue Kreuzigung Christi. In allen späteren Werken entfaltete und vertiefte Hölderlin diese Verkörperung der Ereignisse seiner eigenen Zeit in einer neu verstandenen heiligen Geschichte, von der auch das alte Griechenland ein Teil wurde. Die Hauptfigur des Trauerspiels *Empedokles*, an dem er von 1797 bis 1800 arbeitete, der vorsokratische Philosoph, der sich in den Krater des Ätna stürzte, weist viele Züge jenes zugleich johanneischen und kantischen Christus auf, den Hölderlin in Tübingen lieben gelernt hatte: der Bringer der wahren Religion in einem verstockten Geschlecht. Aber die Religion des Empedokles verlangt eine politische Revolution – «Dies ist die Zeit der Könige nicht mehr» –, und weil die Menschen in seiner Stadt Agrigent sich nicht selbst befreien wollen, wendet sich Empedokles wie Hyperion der Natur zu und sucht im Tod die letzte Vereinigung mit ihr. Hölderlins spätere Entwürfe zu dem Stück machen diesen Tod weniger freiwillig, ausdrücklicher zu einem Opfer: Empedokles, der mehr und mehr als Dichter charakterisiert wird, hat den göttlichen Auftrag, die Gegensätze und Widersprüche, die seine Zeit bedrängen, harmonisch aufzulösen. Aber den Gegensatz der Zeit zu seiner Dichtung kann er nur dadurch auflösen, daß er selbst entschwindet.

Hölderlin hat das Stück vielleicht unvollendet gelassen, weil politische Ereignisse ihm nahelegten, daß sein eigenes Werk als Dichter noch nicht getan war. Verwirft das Zeitalter die Götter, oder wenden die Götter dem Zeitalter den Rücken? Oder gibt es einfach einen geheimen Rhythmus, der diktiert, daß auf ein Zeitalter göttlicher Offenbarung – sagen wir von Perikles bis zu Christus – ein Zeitalter folgen muß, in dem die Menschheit ihren eigenen elenden Plänen überlassen bleibt? Und welche Rolle kommt dem Dichter in einem solchen gottlosen Zeitalter zu? Im Jahre 1800 nahm das Schicksal der Revolution eine Wendung zum Besseren, zumindest in den Augen derjenigen, die die Folgen der neuen französischen Verfassung nicht zur Kenntnis nahmen, und es wurde dringlicher, den Absichten des «bildenden Geists» der Geschichte in seiner «werdende[n] Werkstatt» auf die Spur zu kommen. Denn bei aller rückgratlosen Lethargie der Deutschen, die Hyperion geißelte, schien es auch Hoffnungsgründe zu geben: den erfolgreichen Feldzug Bonapartes, die Flucht des Herzogs Friedrich und die Aussicht auf eine europäische Friedensregelung, die dem Republikanismus eine Zukunft garantieren würde. In den Oden, Elegien und Hymnen, die er in reicher Zahl im ersten Jahr von Bonapartes Konsulat zu schreiben begann, versuchte Hölderlin wiederholt, sein Zeitalter und dessen große Ereignisse nicht nur als eine Zeit der Entbehrung zu verstehen, in welcher der Dichter nichts weiter tun kann als sich einer Vergangenheit zu erinnern, in der die göttliche Schönheit auf Erden wandelte, sondern auch als eine Zeit, in der wir darauf vertrauen müssen, daß die künftige Wiederherstellung der glorreichen Vergangenheit in Vorbereitung ist. In seinem am vollendetsten durchstrukturierten langen Gedicht *Brod und Wein* erscheint das gegenwärtige Zeitalter als nächtliche Zeit, in der die Götter fern sind, doch hat im großen Kreislauf der Dinge auch die Nacht ihre Vorzüge: Sie ist eine Zeit nicht nur des Ausruhens von der Heftigkeit des Tageslichts, sondern auch der Feier und vor allem der erinnernden Sammlung. Die christliche Liebesfeier von Brot und Wein ist ein Gedenken an jene Tage, da das Göttliche unter uns weilte, und die Verheißung, daß es eines Tages wiederkehren wird: Die Eucharistie entspricht daher genau dem Charakter unseres Zeitalters, in dem wir zwar noch immer Kenntnis von den Göttern haben können, aber nicht direkt, sondern vermittelt durch Erinnerung, Prophezeiung und Ahnung. *Brod und Wein* ist – fast – ein Augenblick des Gleichgewichts in Hölderlins Produktion, in dem es den Anschein hat, als könnte es zuletzt doch möglich sein, im Hier und Heute zu leben, ohne von der Sehnsucht nach etwas anderem zerrissen zu werden. Auf dem Höhepunkt des Gedichts verschmilzt er für einen Augenblick bewußt Christus, Dionysos und Herkules miteinander. Da es in der Dichtung, wie Hölderlin sie versteht, eine symbolische Gleichwertigkeit des Politischen und des Persönlichen, des Geschichtlichen und des Religiösen gibt, ist Identität in seinen Gedichten immer etwas Flüssiges, Entgrenztes: Dieselben Zeilen oder Bilder können sich auf den Rhein, Rousseau, den Dichter oder Isaak von Sinclair beziehen. Es darf uns daher nicht verwundern, daß Hölderlin, wenn er den Vertrag von

Lunéville mit dem großen, an biblischen Bildern eschatologischer Erfüllung reichen – nach Pindars Manier verfaßten – Hymnos *Friedensfeier* zelebrierte, damit in einer Tradition steht, die deutsche Dichter in den neuen linksrheinischen Départements begründet hatten, und Bonaparte als den «Fürsten» des Friedensfestes darstellt, einen Jüngling, der mit dem Messias gleichzusetzen ist, wenn anders das prophetische Auge des Dichters die Zeichen der Zeit recht gelesen hat. (Und wenn wir heute Bonaparte als kleinen, untersetzten Mann mittleren Alters kennen, sollten wir nicht vergessen, daß der 28jährige der Öffentlichkeit mit einer Kaskade apollinischer Locken und modisch überbreitem Revers vorgestellt wurde.)

Hölderlins symbolisches Verständnis seiner Zeit und seines eigenen Ortes in ihr machte in den wenigen Jahren dichterischer Schaffenskraft, die ihm nach 1797 vergönnt waren, viele Veränderungen durch. Der manchmal unreife oder wehleidige Ton gewisser Seiten des *Hyperion* wich einem tragischen und später einem mystischen Ernst. So eigenwillig oder ausgefallen die Korrespondenzen in seiner poetischen Mythologie auch wirken mögen, wir wissen immer, daß Hölderlin unerschütterlich gesinnt ist, ihnen nachzuleben. Dies ist seine Welt mit ihrer besonderen Topographie und Geschichte und ihren öffentlichen Ereignissen, und in ihr wird er seine dichterische Aufgabe der Deutung und der Feier wahrnehmen, sie mag ihm Ekstase oder Scheitern, eine Vision vom Leben der Götter oder die Folter von Zweifel und Schuld bescheren. Es gibt nicht die Ausflucht in den billigen Trost, daß alles nur ein Spiel mit Worten sei. Diese Überzeugung, daß ein rechtes Verständnis seiner Zeit notwendiger Bestandteil seines Seins und Sagens war, ermöglichte Hölderlin das Zusammentreffen von zwei Faktoren: der eigentümlich passive Bezug Deutschlands zur Französischen Revolution, einem großen Ereignis, dessen Opfer es einfach war; und der Aufstieg der idealistischen Philosophie, die eine eigentümlich aktive Beziehung zwischen dem Ich und seiner Welt postuliert. Der Konflikt zwischen dem Gefühl, daß die Ereignisse über einen bestimmten, und dem Gefühl, für die Bestimmung ihrer Bedeutung verantwortlich zu sein, war potentiell extrem. Hölderlin verkörperte diesen Konflikt in seinem dichterischen Ringen um die Erweiterung der heiligen Geschichte bis in die Gegenwart und errang dadurch eine Größe, die seine lokalen Ursprünge weit überstieg. Aber seine Leistung war nicht einzigartig. Wenigstens zwei seiner Landsleute widmeten sich mit demselben Ernst, wiewohl mit weniger tragischen Konsequenzen, der Aufgabe, jenes Verhältnis zwischen Geschichte und Subjektivität zu artikulieren, das ihre Zeit und ihre eigene Erfahrung ihnen offenbart hatte: Goethe und Hegel. Goethe versuchte ein Leben lang, die Revolution zu verstehen, und scheiterte schließlich damit; da er kein theologisches Vorurteil hegte, das ihn geneigt gemacht hätte, in der Geschichte einen göttlichen Plan zu entdecken, stand er dem Gedanken, daß sie einfach nur absurd sein könnte, aufgeschlossener gegenüber. Das machte freilich den Zugriff der Geschichte auf sein eigenes Leben nicht weniger spürbar. Der Glaube an die Notwendigkeit der Entsagung angesichts der Edikte der Geschichte wurde ihm durch Umstände aufgezwungen, die ebenso persönlich waren wie jene, unter denen Hölderlin seinen schmerzlichsten Verlust erlebte, und bestimmte auf ähnliche Weise den Charakter seiner späteren Schriften. Für Goethe wie für Hölderlin war das hellenische Ideal, auch wenn es unerreichbar war, wesentlicher Bestandteil in einem System von Symbolen, das seinen Ursprung in dem alles überragenden Imperativ des Dichters hatte, die Welt zu deuten. Hegel begann den Zusammenhang zwischen geschichtlichem Wandel und religiösem Bewußtsein zu erforschen, als er in Frankfurt war und häufigen Kontakt mit Hölderlin hatte, der gerade am zweiten Band des *Hyperion* und am *Empedokles* schrieb. Auch für ihn waren dies Jahre, in denen die Grundlagen seines künftigen Werks gelegt wurden. Auch für ihn wurde eine neue politische Theologie eine unabweisbare Notwendigkeit, nachdem Krieg und Revolution die ganze Verfassung des Reichs in Frage stellten. Das «älteste Systemprogramm» kannte noch nicht die Spur einer historischen Methode, doch in den Aufsätzen zu einer Abhandlung, der die Herausgeber den Titel *Der Geist des Christentums und sein Schicksal* gaben, schuf Hegel einen völlig neuen Ansatz in einer Frage, die er und seine Kommilitonen für selbstverständlich genommen hatten – die wahre Natur des Reichs Gottes. Wer die zeitgenössische Welt verändern wollte, mußte das Christentum der Vernunft erfaßt haben, das deren Mängel heilen sollte. Anstatt jedoch in die Fußstapfen Kants und Fichtes zu treten und in abstracto das auszuarbeiten, was die allgemeine moralische und vernünftige Religion sein mußte, welche Jesus – wie jeder andere Lehrer – zwar mit besonderer Klarheit, aber ohne besondere Autorität proklamieren konnte, entschloß sich Hegel, die Frage historisch – oder wie man auch sagen könnte: dramatisch – anzugehen. Denn wie jeder Reformer verkündete Jesus seine Botschaft nicht im luftleeren Raum: Wie Empedokles die Einwohner Agrigents hatte, so hatte Jesus als Publikum die Juden – und Hegel und Hölderlin hatten ihr zeitgenössisches Deutschland. Hegel untersuchte nun, wie die grundlegenden Aspekte der Lehre Jesu und ihrer Weiterentwicklung nach seinem Tod durch seinen Kontakt zur religiösen, ethischen und politischen Tradition der Juden bestimmt wurden. Von diesen Aspekten war zu erwarten, daß sie noch für die Religion, Ethik und Politik von Hegels eigener Zeit grundlegend waren. Die jüdische Tradition begann, wie Hegel in einer wundervoll sarkastischen Nacherzählung der Geschichte im 1. Buch Mose zeigt, damit, daß Abraham bewußt die Selbstentfremdung von der Stadt Ur wählte, die Bande zu Geselligkeit und Zivilisation kappte, um in die Wüste zu gehen und ganz auf sich allein gestellt seinem Gott zu begegnen. Indem Abraham das Einzigartige seiner Individualität geltend machte, setzte er sich nicht nur allen anderen Menschen und der physischen Natur entgegen, sondern auch seinem Gott, der ihm ebenso fremd war wie alles andere, ein unbegreiflicher Tyrann, die Quelle eines ganz und gar willkürlichen Gesetzes. Mit großem psychologischen Scharfsinn leitet Hegel aus diesem ursprünglichen Akt der «Trennung» ein ganzes System von moralischen und politischen Einstellungen ab, von denen sich nach und nach ergibt, daß sie sehr viel mit den Einstellungen einer Kantischen Aufklärung gemein haben. Jesus hat nach dieser Darstellung den Versuch gemacht, die Wunde der Entfremdung, Isolation und Knechtschaft durch das Prinzip allgemeiner Liebe zu heilen – ganz ähnlich wie Hegels eigene Generation von Denkern, die ein Allheilmittel für ihr Zeitalter in der «Vereinigung» sahen, in der Überwindung des Dualismus, zumal in seiner – wie sie meinten – Kantischen Form. Aber man setzt sich nicht ungestraft der Entgegensetzung entgegen. «Das Schicksal Jesu war, vom Schicksal seiner Nation zu leiden»: Seine Botschaft (und sein Leben) einer allumfassenden Liebe wurde von Abrahams Prinzip der Trennung, von dem sie sich gerade zu trennen suchte, ins Herz getroffen. Sie konnte nicht Teil des Lebens des jüdischen Volkes und des jüdischen Staates werden und zog sich daher ganz aus dieser Welt zurück, um eine ganz und gar persönliche und innerliche Religion der liebenden Einheit mit Gott anstatt mit irgendeiner konkreten menschlichen Wirklichkeit zu werden. Ein in etwa ähnliches «Schicksal» ereilte dann die Jünger Jesu und ihre Religion: Der Geist Jesu lebte fort, aber das Leben bedarf eines Körpers, und alle Versuche der Kirche, Körper und Seele zusammenzubringen, wiederholen und betonen nur deren Trennung – so die Lehre von der Auferstehung des Leibes Christi (der in den Himmel entrückt wird und nicht sichtbar oder greifbar ist wie jeder andere Körper), aber auch die Praxis der Eucharistie (bei der Christus für den Geist gegenwärtig ist, für die Sinne aber nur Brot ist – «es war etwas Göttliches versprochen, und es ist im Munde zerronnen»). Hegels Abhandlung ist jedoch nicht nur eine Kritik des Christentums, sondern auch eine Darstellung der tiefen und hartnäckigen Spaltungen des zeitgenössischen sozialen Lebens, auf die mit reiner Theorie oder Ideologie nicht angemessen zu antworten sein wird. Das Himmelreich wird schließlich nicht durch revolutionäre Nach-Kantianer kommen. Zwar wird deutlich impliziert, daß jene Spaltungen die antike griechische Gesellschaft nicht betroffen haben; die «Schönheit», die Jesus nur in einem Leben der Seele mit Gott finden konnte, verkörperten dort alle Aspekte des kollektiven Lebens, und jene Einheit von körperlicher Gegenwart und geistiger Bedeutung, die die Christen vergebens in der Eucharistie suchen, war dort in Kunstwerken zu finden, die Göttlichkeit als vollendete Menschlichkeit vorstellten. Als Hegel mitten in dieser Untersuchung steckte, veröffentlichte Schiller im *Musen-Almanach für das Jahr 1797* das Gedicht «Bürgerlied»,[1] worin die griechischen Götter jeden Aspekt des Lebens in der bürgerlichen Gesellschaft segnen. Aber ein Neu-Heidentum war ebensowenig eine ernstzunehmende Antwort auf das Zeitalter wie die Theophilanthropie. Hegel war – wie seine ganze Generation – von der griechischen Vollkommenheit durch dasselbe «Schicksal» getrennt, das die lange

---

[1] Späterer Titel: «Das eleusische Fest».

Geschichte des Judentums und des Christentums bestimmt hatte, mochte er auch noch keine Antwort auf die Frage haben, welche Stellung jenem griechischen Ideal zukam oder wie die verlorene Vollkommenheit des Menschen wirksamer zu retten war als durch Jesu schöne Seele. (Die Reminiszenz an *Wilhelm Meister* muß Absicht sein und zeugt von einer sorgfältigen und genauen Lektüre des sechsten Buches.) Hegel gelangte in diesen Jahren zu einem tieferen Verständnis des «Schicksals» als Schiller bei seinen Bemühungen, dem Wallenstein-Stoff Gestalt zu geben; denn er lernte, im Schicksal nicht einen moralischen, sondern einen historischen Prozeß zu sehen, durch den das Individuum zum Opfer von Widersprüchen in den Begriffen wird, die es gebrauchen muß, um seinem Leben Sinn zu geben. Der originellste Aspekt von *Der Geist des Christentums und sein Schicksal* ist denn auch seine Methode: die Entdeckung, daß das Individuum nichts Absolutes ist, sondern sich durch seine «Entgegensetzung» gegen etwas anderes definiert (Abraham ist Abraham, weil er nicht Abram, kein Chaldäer, nicht Natur, nicht Gott und so weiter ist, und Jesus kann nur Jesus sein, weil er weder Heide noch ein Jude ist). Diese Entdeckung, die Hegel nachdrücklich von der gesamten Tradition des Leibnizischen Individualismus, einschließlich seiner Umformulierung durch Kant und Fichte, entfernte, eröffnete die Möglichkeit einer neuen Antwort auf Leibniz' fundamentale Frage – wie verhält sich das Individuum zum Kontinuum? – und damit auf die Schwierigkeiten Herders, eine Leibnizische Ordnung im Chaos der Geschichte auszumachen. Obgleich Hegel nun das Dilemma Hölderlins besser als jedermann sonst in Deutschland verstehen und sogar nachvollziehen konnte – nicht jedoch seine Deutung der Eucharistie als Sakrament der geschichtlichen Erinnerung –, sagte ihm seine neue Einsicht noch nicht, was zu tun sei. Im Januar 1799 starb sein Vater und hinterließ ihm ein kleines Vermögen von rund zweitausend Talern, das ihm für die unmittelbare Zukunft eine gewisse Freiheit gab. Er behielt jedoch noch fast zwei Jahre seine Frankfurter Hauslehrerstelle bei und arbeitete weiter am *Geist des Christentums* und einer Schrift *Die Verfassung Deutschlands*, bevor er Ende 1800 beschloß, zum Kreis der Fichteschen «Gelehrten» zu stoßen und sich an der Universität Jena einzuschreiben, um eine akademische Qualifikation und vielleicht eine akademische Laufbahn anzustreben.

Um diese Zeit erregten Hölderlin und Hegel wenig Aufsehen in der Welt der Literatur. Um so mehr Aufsehen erregten die Gebrüder Schlegel, und am meisten in Jena. Indessen leidet ihr Beitrag (und der Beitrag der um sie versammelten Gruppe) zur Entwicklung des europäischen Geistes, ja nur zum Korpus der deutschen Literatur – mit Ausnahme von August Wilhelm Schlegels Shakespeare-Übersetzung – keinen Vergleich mit dem der Tübinger Revolutionäre. Bei aller stilistischen Brillanz und polemischen Verve vermittelt ihr Werk nicht den Eindruck, daß sie ernstlich darum rangen, die Forderungen der Stunde zu verstehen und ihnen gerecht zu werden; im Gegenteil wiegten sie sich selbstsicher in der Gewißheit, als einzige alles voll und ganz zu verstehen. Friedrich Schlegel erlangte fragwürdige Berühmtheit durch die Bemerkung «Die Französische Revolution, Fichtes Wissenschaftslehre und Goethes Meister sind die größten Tendenzen des Zeitalters», wobei er im nächsten Satz zugibt, der Zweck dieser Gegenüberstellung sei es gewesen, «Anstoß» zu geben. Die Einsicht in die subversive Natur des Romans und deren Zusammenhang mit Fichte war ein charakteristisches Beispiel seiner hellsichtigen Literaturkritik, aber an dem Vergleich der politischen mit der philosophischen Revolution war nichts Neues – besonders wenn es ein Lob der stillen deutschen Revolution sein sollte, durch «manches kleine Buch» erreicht worden zu sein. Keiner der zwei Brüder würdigte die Auswirkung der spezifisch französischen Erhebung auf Deutschland – ihre Gleichsetzung mit der «Erfindung des Idealismus» war eine Ausrede dafür, nicht über sie zu sprechen. Wenn sie den beliebten Gegensatz zwischen den Alten und den Modernen aufgriffen, dann nur, um die Literatur der Zukunft, nicht die der Gegenwart zu definieren. Sie bewiesen also nicht jenes Bewußtsein für Geschichte, das Hölderlin und Hegel auszeichnete, und gewiß kein Bewußtsein für ein geschichtliches «Schicksal». Wenn sie es trotzdem fertigbrachten, ein blasses Gegenstück zu den Leistungen dieser zwei Großen zu liefern, lag das zum Teil daran, daß es ihnen gelang, Persönlichkeiten in den von ihnen erzeugten Wirbel zu ziehen, die weniger quecksilbrig, aber produktiver waren als sie. Als Friedrich Schlegel Ende Juli 1797 nach Berlin kam, fand er sogleich Aufnahme in der örtlichen Kolonie von Goetheverehrern, deren Mittelpunkt die Salons von Rahel Levin und Henriette Herz waren. Hier begegnete er bald Wackenroder, der nur noch wenige Monate zu leben hatte, und Ludwig Tieck, den er als Mitarbeiter für sein *Lyzeum der schönen Künste* gewinnen wollte und der soeben *Franz Sternbalds Wanderungen* beendet hatte, einen Roman in der Nachfolge des *Wilhelm Meister*, der aber die Ästhetik des kunstliebenden Klosterbruders verbreitete. Der Kontakt zu Tieck war eine wichtige Erweiterung der Netze der zwei literarischen Profis, doch weit bedeutsamer für Friedrich Schlegel persönlich war die enge Freundschaft, die er mit Friedrich Daniel Ernst Schleiermacher (1768–1834) schloß. Der reformierte Geistliche an der Charité hatte bereits eine Periode der Zweifel hinter sich, die er durch das Studium der Aufklärungstheologie in Halle ausgeräumt hatte. Schleiermacher, ein sympathischer, ernsthafter Seelenhirte, sehr belesen und ein ausgezeichneter Altphilologe, der sich auch für Kant interessierte, war überwältigt von Schlegels breitem Wissen und der Flinkheit seines Geistes. Ab Dezember wohnten sie zusammen. Morgens weckte Schleiermacher das Klappern der Kaffeetasse im Schlafzimmer nebenan, wo Schlegel schon seiner Lektüre nachging; dann vertieften sich beide den ganzen Vormittag bis um halb zwei schweigend in ihre Vorhaben und machten nur eine kleine Pause, um einen Apfel zu essen und über ihre Arbeit zu sprechen. Schlegel ermutigte Schleiermacher, lieber Platon zu übersetzen als Predigten von englischen Geistlichen, und Schleiermacher suchte dafür seinem ungläubigen

Freund ein Bild von der in ihm lebenden Hoffnung zu geben und schrieb im Winter 1798 und Frühjahr 1799 *Über die Religion. Reden an die Gebildeten unter ihren Verächtern*. In diesen sowie in den *Monologen* von 1800 behandelte Schleiermacher das Problem der historischen Individualität, das im Zentrum aller philosophischen Theologie des 18. Jahrhunderts stand, insoweit sie sich – wie der damals noch unbekannte Hegel – mit dem Verhältnis zwischen einer allgemeinen, vernünftigen, moralischen Religion und einzelnen «positiven» Kulten befaßte. Seine Lösung des Problems bestand darin, die Anmaßungen einer allgemeinen Religion gänzlich zu verwerfen; die Religion hatte nichts mit Vernunft oder Moral zu tun, sondern war ihrem Wesen nach geschichtlich konkret und individuell, eine Sache der persönlichen Einsicht in die Art, wie Gott («das Unendliche») in unser eigenes, endliches Leben hineinvermittelt wird. Jeder Mensch hat mindestens *eine* solche Einsicht, doch entstehen besondere Kulte durch die (nicht weiter begründbare) Übereinkunft, die Einsicht eines Individuums als gemeinsame Quelle der Vermittlung anzuerkennen. Daher sind alle Religionen Wege zu Gott; das Christentum aber ist dadurch einzigartig, *primus inter pares*, daß die Einsicht seines Stifters die Notwendigkeit der Vermittlung selbst und damit seine eigene Stellung als höchster Vermittler und Gottheit betraf: «keine Gottheit kann gewisser sein als die, welche so sich selbst setzt.» Mit Hilfe dieser Fichteschen Behauptung wahrte Schleiermacher den Schein, den ein christlicher Geistlicher wahren mußte, während er gleichzeitig das Dogma jeder vernünftigen Basis und die Moral jeder religiösen Autorität beraubte. Damit war der Weg frei für die eigentliche Stoßrichtung seiner Argumentation, soweit es sein Publikum von «gebildeten Verächtern» betraf: Da alles, was uns auf das Unendliche verweist, für uns ein Vermittler ist, muß es möglich sein – obgleich Schleiermacher behauptet, nicht zu wissen, auf welche Weise – zu zeigen, daß Kunst und säkulare Kultur eigentliches Vehikel der Religion sind, zumindest für einige. Diese dürften daher ebensogut Priester der einen, aber unsichtbaren Kirche sein wie jene, die sichtbar den Talar tragen. Friedrich Schlegel schrieb in seiner Besprechung, daß er «das Buch mehr wegen der Bildung empfehle, die es hat, als wegen der Religion», und genoß seine Rolle als Mephistopheles, doch Schleiermachers sokratisches Eingeständnis seines Nichtwissens hätte nicht besser darauf berechnet sein können, den Mittelgrund der damaligen geistigen Landschaft Deutschlands zu besetzen. Man hat gegen Schleiermacher eingewandt, daß er einfach «Religion» genannt habe, was deutsche Denker seit zwanzig Jahren unter «Kunst» verstanden; dabei wird jedoch übersehen, daß die so verstandene «Kunst» ihrem Ursprung nach ohnedies eine neu gedeutete Religion war. Zusammen mit der neuen Philosophie bot sie die nötige Beschäftigungsalternative für die wachsende Schar von ernüchterten Theologen. In einer Sammlung von Aphorismen, die 1797 im *Lyzeum der schönen Künste* erschien, setzte sich Friedrich Schlegel eben dies zum Ziel – «Poesie und Philosophie sollen vereinigt sein» –, und der geschickte Schleiermacher fand den historisch korrekten Namen dafür. «Ich denke eine neue Religion zu stiften», äußerte Schlegel im Dezember 1798, als Schleiermachers Reden *Über die Religion* Gestalt annahmen, gegenüber Novalis, «oder vielmehr sie verkündigen zu helfen.» Zur Erläuterung fügte er hinzu – er hatte sich angewöhnt, in seiner Literaturtheorie naturwissenschaftliche und mathematische Begriffe und sogar Formeln zu verwenden –: «Giebt die Synthesis von Göthe und Fichte etwas anders als die Religion?»

Mit dem Verkündigen *alter* Religionen machte man in Berlin jedenfalls nicht seinen Weg. Als im Sommer 1797 der Bankier Simon Veit in Frankfurt war, um seine Bekanntschaft mit Goethe zu erneuern, lernte seine Frau Dorothea Friedrich Schlegel kennen. Sie war acht Jahre älter als er und hatte zwei Söhne – von denen Philipp erst 1796 zur Welt gekommen war –, aber die Gebrüder Schlegel scheinen sich bei älteren Frauen wohler gefühlt zu haben. Veit war ein braver Mann, doch die Tochter Moses Mendelssohns stellte geistige Ansprüche. «Ihr ganzes Wesen ist Religion», schrieb Schlegel, «obgleich sie nichts davon weiß.» Die Ehe war arrangiert worden, und Schlegel veranlaßte Schleiermacher, sich 1798 in langen, stützenden Gesprächen mit Dorothea um sie zu kümmern; die Tendenz dieser Unterhaltungen kann man an einer kleinen Parodie auf die zehn Gebote ablesen, die der Geistliche im Juni unter dem kantischen Titel *Ideen zu einem Katechismus der Vernunft für edle Frauen* veröffentlichte:

> [...] Du sollst nicht absichtlich lebendig machen.
> Du sollst keine Ehe schließen, die gebrochen werden müßte.
> Du sollst nicht geliebt sein wollen, wo du nicht liebst.
> [...] Laß dich gelüsten nach ... Bildung, Kunst, Weisheit [...]

Als Anfang 1799 die Scheidung erfolgte, war Schlegel klar, daß eine Heirat nur «eine verhaßte Ceremonie» sein würde; Dorothea Veit würde das Sorgerecht für den kleinen Philipp verlieren und sich vor der Trauung taufen lassen müssen, was in ihrer Familie Anstoß erregt hätte. So gründete sie fürs erste ihren eigenen Hausstand, mit ihrem Freund als Dauergast; doch bestand über die Natur der Verbindung keine Unklarheit, weder in den Augen der zwei noch in denen der Öffentlichkeit. Schlegel ließ die Öffentlichkeit wissen, was er von ihrer Meinung – wie von der konventionellen Ehe – hielt, und äußerte Mitte 1799 seine Ansichten über die eigentliche Gleichheit von Mann und Frau und von Leib und Seele in dem «Roman» *Lucinde*, seinem einzigen Ausflug in die erzählende Prosa. Ironisch, essayistisch, phantastisch und nach einhelliger Einschätzung pornographisch (auch wenn Schleiermacher die Publikation verteidigte), lösten die ekstatischen Variationen des Autors über das Entzücken an sich selbst und an der Frau, die ihn empfängt, einen Skandal aus und schmerzten Dorothea Veit durch ihre Taktlosigkeit. Schlegels Schwägerin Caroline meinte, die *Lucinde* hätte zum gegenwärtigen Zeitpunkt nicht gedruckt werden dürfen, doch «in 50 Jahren könnt ich es leiden, daß sie vor 50 Jahren gedruckt worden wär». Nun war sie gedruckt;

bald darauf zog Friedrich Schlegel von Berlin nach Jena, und Dorothea kam vier Wochen später mit Philipp nach.

Schlegels Zeit als Herausgeber des *Lyzeums der schönen Künste* war kurz. Nach einigen scharfen Bemerkungen über Vossens Übersetzungen und einem Streit mit Reichardt samt gegenseitigen Beleidigungen – Reichardts «soidisant [sogenannter] Republikanism politisch und litterarisch ist alter Aufklärungsberlinism», während Schlegel sich für einen waschechten Fichteaner hielt – war er wieder ungebunden und mittellos und konnte das verfolgen, was sein «großer Plan» geworden war: eine Zeitschrift für Kritik, Polemik und «erhabne Frechheit», die er mit seinem Bruder zusammen herausgeben und größtenteils auch schreiben wollte, «um nach 5–10 Jahren kritische Dictatoren Deutschl[ands] zu seyn». Dem Kult der Schönheit als der frömmsten menschlichen Betätigung geweiht, sollte sie den Namen des heiligsten Ortes der Kunst auf Erden tragen, den des Parthenons, des Tempels der Athene. Von 1798 an erschien das *Athenäum* drei Jahre lang zweimal jährlich. Die Zeitschrift wurde zwar in Berlin redigiert und publiziert, aber ihr Gravitationszentrum, vor allem ab Mitte 1799, war Jena; sowohl in den Beiträgern (in erster Linie die zwei Brüder und ihre Partnerinnen, ferner Novalis und Schleiermacher) als auch in den behandelten Personen (Goethe, Kant, Tieck, Schelling, Fichte) artikulierte sich eine persönliche und geistige Konstellation, die sich in wachsendem Maße als «romantische» Schule verstand. In den Augen der Zeitgenossen diente sie schlicht der institutionalisierten Verherrlichung Goethes, «jezt der wahre Statthalter des poëtischen Geistes auf Erden», wie in der ersten Nummer zu lesen war, während in der letzten August Wilhelm Schlegel in dem Sonett «An Goethe» sämtliche messianischen Exzesse der Sturm-und-Drang-Zeit überbot und in Alliterationen und Assonanzen ein aberwitziges Spiel mit einem Namen trieb, der jenem Gottes im Deutschen so nahe ist:

> Die Göthen nicht erkennen, sind nur Gothen [...]
> Uns sandte, Goethe, dich der Götter Güte [...]
> Göttlich von Namen, Blick, Gestalt, Gemüte.

Herder hatte seit Jahren die Religion der Kunst heraufziehen sehen und bemerkte bitter: «Hinfort ist zwar kein Gott mehr, aber ein Formidol ohn allen Stoff, ein Mittler zwischen dem Ungott und den Menschen: der Mensch Wolfgang.» Oberster Ehrgeiz der Zeitschrift war es, eine neue Art von Literaturkritik zu schaffen, und Herders Sarkasmus war gerechtfertigt, insofern dieser Ehrgeiz zwar stilistisch, nicht aber substantiell verwirklicht wurde. In vielfältigen Formen, von der bissigen «Anzeige» über die maßgebende, formvollendete Rezension (des *Wilhelm Meister*) bis zum fiktiven Symposion der literarischen Gattungen, ersannen die Brüder, und namentlich Friedrich, eine vergnügliche und spannende Art, über Literatur zu schreiben, die selbst Dichtung und Philosophie verschmolz und gedanklich anspruchsvoll war, ohne akademisch zu sein. Das bedeutete bei den Gegebenheiten in Deutschland ihr Todesurteil, und es erwies sich als ganz unmöglich, die 1250 Exemplare abzusetzen, die nötig gewesen wären, um die großzügigen Honorare auszugleichen, die Vieweg zahlte. *Die Horen* waren von der falschen Voraussetzung ausgegangen, die Fürstenhöfe des Reichs könnten der Brennpunkt einer nationalen Kultur sein; Friedrich Schlegel aber schrieb so, als gäbe es in Deutschland überhaupt keine politische Struktur. Er trachtete danach, das Gedankengut, das von den Universitäten kam, an ein zeitschriftenlesendes Bürgertum weiterzugeben, übersah dabei aber völlig die Fürsten, die die Universitäten finanzierten und das Bürgertum noch immer in Abhängigkeit hielten. Infolgedessen war er für das Publikum zu gescheit und für die Professoren zu unbotmäßig (zu «unsystematisch») und mußte sich in der letzten Nummer der Zeitschrift mit einer «Fuge der Ironie», einem Aufsatz «Über die Unverständlichkeit», verabschieden. Erst in der zweiten Hälfte des 19. Jahrhunderts gab es in Deutschland einen literarischen Journalismus, der sich auf demselben (damals niedrigen) Niveau bewegte wie die akademische Literaturwissenschaft. In der Zwischenzeit vermochte Heinrich Heine das, was im *Athenäum* begonnen worden war, nur dadurch wieder zum Leben zu erwecken, daß er seine subversiven Kommentare zum literarischen und politischen Leben Deutschlands aus Paris abgab, das heißt außerhalb des Systems. Auch Friedrich Schlegel war schließlich gezwungen, das System zu verlassen, in dem er nicht Fuß fassen konnte. Huber, der Anfang 1800 aus Württemberg schrieb, wo sich der Kampf für die alte Verfassung seinem Höhepunkt näherte, gestand August Wilhelm Schlegel, er sei «ganz at a loss [in Verlegenheit]», irgendeinen Zusammenhang zwischen dem «gegenwärtigen ungeheuren Streit ... des Despotismus mit der Freiheit» und dem Schicksal des *Athenäums* oder der *Lucinde* zu sehen, die «für das Glück und die Verfollkommnung der künftigen Geschlechter von sehr geringem Gewicht sein» dürfte. Huber war kein Philister; er machte nur darauf aufmerksam, daß alle die schönen Reden über Kunst und Religion, Dichtung und Philosophie jedes Engagement für die politischen Erschütterungen und Besorgnisse einer Zeit vermissen ließen, in der die gesellschaftlichen Bedingungen für alle Schreibenden, auch für die Schlegels selbst, im Fluß waren. Auch der ironischste Geist bedarf für sein Wirken des Stoffes, den ihm ein konkreter geschichtlicher Augenblick liefert. Letzten Endes scheiterte das *Athenäum*, weil es seinen Herausgebern am nötigen ironischen Selbstbewußtsein mangelte.

Wenigstens zwei bedeutsame Leistungen dieser Jahre hätten die Gebrüder Schlegel aber für sich in Anspruch nehmen können: Das «Fragment» wurde als eigenständige literarische Gattung etabliert, und unter dem Pseudonym «Novalis»[2] begann Friedrich von Hardenberg zu veröffentlichen. Nach dem Erfolg, den seine Sammlung von Reflexionen und Einfällen im *Lyzeum für schöne Künste* gehabt hatte, brachte Friedrich Schlegel im *Athenäum* zwei weitere, ähnliche Sammlungen, im wesentlichen aus seiner eigenen Feder,

---

2 Nach dem Familienbesitz Neuenrode.

und eine, betitelt *Blütenstaub*, von Hardenberg. «Aphorismen» lagen in der Luft – ein Leipziger Professor hatte das Wort bereits für seinen eigenen Kranz geschwätziger Weisheiten verwendet –, Chamforts *Pensées* hatten das Interesse an Pascal wieder geweckt, und 1803 erschienen die ersten Blütenlesen aus den Sudelbüchern Lichtenbergs, der im Februar 1799 gestorben war. Das Wort «Fragment» wiederum hatte mit dem Erscheinen von Goethes *Faust*-Fragment eine besondere Aura literarischer Bedeutung gewonnen. Zweifellos aber hat Friedrich Schlegel das öffentliche Bewußtsein dafür geschärft, daß eine Sammlung von Prosabemerkungen eine gewisse poetische Einheit besitzen kann, und seither hat der deutsche Aphorismus immer einen engen, wenngleich polemischen Bezug zur idealistischen Philosophie gehabt. Der Gedanke, es könne ein einzelner Satz oder Absatz die Welt in einer Nußschale sein oder, wie Schlegel sagte, «gleich einem kleinen Kunstwerke ... in sich selbst vollendet sein wie ein Igel», hatte eine natürliche Affinität zu der Fichteschen (und Leibnizischen) Auffassung, daß sich im Ich die ganze Welt spiegelt. Aber obgleich er die Gattung begründete, war Schlegel doch nicht ihr hervorragendster Vertreter. Was ihn an seinen «Fragmenten» reizte, war nicht die Wirkung der Ganzheit, sondern des Bruches, der Riß zwischen Konzeption und Ausführung, zwischen dem Idealen und dem Realen; aber anders als Lichtenberg – dessen Gedanken ebenfalls unerfüllte Absichten verkörpern – gelang es ihm nicht, aus dem Fragmentarischen eine literarische Persönlichkeit, ein «Gesinnungssystem» zu erschaffen. Die Leitthemen in Schlegels Sammlungen sind die Schlagworte einer Clique – «Kant», «Religion», «Poesie», «Witz», «romantisch» –, und ständig wiederholt, klingt sogar «das Unendliche» ziemlich beschränkt. Es blieb Novalis vorbehalten, mit dem Aphorismus als der Lochkamera des idealistischen Ichs die breiteren Felder Natur und Geist zu erforschen. Novalis, der nach dem Tod seiner Braut praktisch ein neues Leben angefangen hatte, begann im Dezember 1797 an der Bergakademie bei Werner in Freiberg zu studieren, wo er sich ein Jahr später wieder verlobte – mit der Tochter eines Geologen –, seine Kenntnisse der Naturwissenschaften erheblich erweiterte und Aufzeichnungen zu einer Synthese von Kunst, Erkenntnis und Religion machte, aus denen *Blütenstaub* ein Auszug war. Aber er wurde verfolgt von dem, was vergangen war, und von seiner toten Sophie. Er bekam das Gefühl, ein Doppelleben zu führen, abwechselnd eine Tagesexistenz mit praktischer Tätigkeit und wachsendem Wissen und Nächte voller mystischer Träume vom Liebestod. Seine *Hymnen an die Nacht* (1800) waren das gewichtigste Stück Dichtung, das im *Athenäum* erschien. Wenn Schleiermacher der «romantische» Schatten Hegels war, so Novalis derjenige Hölderlins. Wie die genau gleichzeitigen Gedichte Hölderlins beruhten Novalis' *Hymnen* auf der Überzeugung eines Menschen, der noch immer bei seiner ungemein frommen Familie lebte, daß das auftrumpfende Heidentum der Schillerschen Lyrik – in *Die Götter Griechenlands*, in *Pompeji und Herkulanum*, ja sogar im *Bürgerlied* – nicht durchzuhalten war: Die Ablösung der griechischen durch die christliche Welt war kein umkehrbarer Zufall, sondern ein Wendepunkt in der Geschichte. Wie Hölderlin griff Novalis auf die Metaphorik von Tag und Nacht zurück, um diesen Wandel zu kennzeichnen. Aber er teilte nicht Hölderlins Bedauern über das Verschwinden des Heidentums, sondern begrüßte die Heraufkunft von Nacht, Tod und Kreuz – «Unverbrennlich steht das Kreuz – eine Siegesfahne unsers Geschlechts» – mit einem Triumphalismus, der auf eine leichtfertige oder pathologische Unempfänglichkeit für wirklichen Schmerz schließen läßt. Die *Hymnen* bringen ihr Schema der Religionsgeschichte auch nicht in Beziehung zur zeitgenössischen Politik mit ihren revolutionären Hoffnungen und Enttäuschungen. Wie das *Athenäum* selbst scheinen sie weder dem Leben noch der Literatur anzugehören, sondern einem Zwischenreich. Bedenkt man die Universalität ihrer Ansprüche, sind sie wie ihr Verfasser eigentümlich weltflüchtig. Von allen Beiträgern des *Athenäums* führte Novalis das zurückgezogenste Leben, in den Bergen und Kleinstädten Sachsens und Thüringens; doch blieb er durch häufige Besuche in Jena in ständigem Kontakt mit August Wilhelm Schlegel. «Dein Bruder, Schelling und Du sind mir vollkommen genug», schrieb er Ende 1797 an Friedrich Schlegel – eigentlich kein reales, sondern ein ideales Gruppenbild, da Friedrich Schlegel damals noch in Berlin wohnte und Schelling, den er kurz zuvor kennengelernt hatte, in Leipzig war. Wie Novalis wich auch August Wilhelm Schlegel damals nicht vom Fleck und förderte stetig sein Langzeitprojekt – sechs Shakespeareübersetzungen, darunter *Hamlet*, waren im Juni 1798 erschienen –, und wie Novalis besaß auch Schelling in seinem Denken eine «ächte Universaltendenz» in sich, die «wahre Strahlenkraft», «von einem Punct in die Unendlichkeit hinaus» zu gehen; damit brauchte man nicht die ganze Welt zu bereisen. «Wir träumen von Reisen durch das Weltall: ist denn das Weltall nicht in uns? ... Nach Innen geht der geheimnisvolle Weg.» (*Blütenstaub*, § 16.) Immerhin konnten kleine Reisen nicht schaden. August Wilhelm Schlegel mußte im Mai 1798 nach Berlin reisen, um das Erscheinen der ersten zwei *Athenäum*-Hefte zu überwachen – unterwegs hatte er seine erste persönliche Begegnung mit Schelling, und auf der Rückreise wurde das Gruppenbild Wirklichkeit, das sich Novalis ausgemalt hatte. Friedrich Schlegel und Dorothea Veit, August Wilhelm Schlegel und Caroline trafen gemeinsam in Dresden ein, wo Schelling und Novalis für die letzte Augustwoche, die man hauptsächlich mit dem Besuch der berühmten Kunstsammlungen verbrachte, zu ihnen stießen. Schelling, der jüngste, war 23, Caroline, die älteste, immer noch erst 34: Es wäre auf jeden Fall eine laute und lustige Gesellschaft gewesen, die da die düstere, scheunenartige kurfürstliche Gemäldegalerie unsicher machte; doch gab es noch einen besonderen Grund, guter Dinge zu sein. Im Juli waren sowohl Schelling als auch August Wilhelm Schlegel auf (freilich unbezahlte) Professuren nach Jena berufen worden. Die folgenden neun Monate bis zum Ausbruch des Zweiten Koalitionskrieges und dem Erscheinen der *Lucinde* könnte man als die unschuldige Blütezeit der deutschen Romantik bezeichnen.

Die treibende Kraft hinter den Berufungen war natürlich Goethe gewesen. Der Fall Schlegel war eindeutig: Er hatte seit Jahren als einer der wichtigsten Rezensenten für die *Allgemeine Literatur-Zeitung* und geschätzter Beiträger zu den *Horen* und zum *Musen-Almanach* gearbeitet. Goethe bewunderte seine virtuose Fertigkeit der Versifikation, die ihn, wo nicht zum Dichter, so zu einem begnadeten Übersetzer machte; an seiner literarischen Bildung konnte kein Zweifel bestehen; und seine Arbeit an Shakespeare empfahl ihn dem Herzog, der sich für einen guten Kunstrichter in Theaterdingen hielt. Bei Schelling lagen die Dinge anders. Er war ungemein jung und kam aus einem Stall, der, politisch gesprochen, nicht ganz sauber war. Goethe hielt ihn jedoch schon 1797 für einen möglichen guten Fang, und als er im November nach Hause zurückkam, besorgte er sich gleich Schellings neueste Veröffentlichung, *Ideen zu einer Philosophie der Natur*, eine erste Anregung zur Einbeziehung einer gründlichen Untersuchung der Naturwissenschaften in den Idealismus, gemäß dem Programm, das er in seinen Aufsätzen für das *Philosophische Journal* skizziert hatte. Die Realisierbarkeit dieser Anregung bestätigte Schelling in Goethes Augen mit seinem ersten systematischen Versuch in der neuen «Naturphilosophie», der im Juni 1798 erschienenen Abhandlung *Von der Weltseele*, die Goethe sich beschaffte, kurz nachdem er Ende Mai Schelling in Jena kennengelernt hatte. Die Begegnung war mit Versuchen zur Optik verbunden und entschied die Sache für Goethe: «Er ist ein sehr klarer, energischer und nach der neusten Mode organisirter Kopf; dabei habe ich keine Spur einer Sansculotten-Tournure an ihm bemerken können, vielmehr scheint er in jedem Sinne mäßig [= maßvoll] und gebildet.» Schiller, der während Goethes Abwesenheit 1797 mit Schelling bekannt geworden war, hatte bereits «für uns jenaische Philosophen» seinen Segen erteilt, und es gab glänzende Referenzen von Fichte und Paulus; dennoch mußte der Vorschlag dem Geheimen Conseil diplomatisch unterbreitet werden. Herder, der gerade an einer *Metakritik zur Kritik der reinen Vernunft* schrieb, hatte kürzlich einen Vorstoß mit dem Ziel unternommen, den Einfluß des Kantianismus auf die Jenaer Studenten, zumal die Theologen unter ihnen, zurückzudrängen, und Goethe hatte diesen Plan erfolgreich durchkreuzt. Es schien daher ratsam, nichts von Schellings kantianischen Ursprüngen zu sagen, das Tübinger Stift für die Solidität und ernste Gesinnung seiner Absolventen zu loben und im übrigen den Beitrag zu unterstreichen, den Schelling zu den örtlichen Bemühungen «in den Erfahrungswissenschaften als die Physik und Chemie pp.» leisten konnte, insbesondere zu den Arbeiten Goethes und Scherers, des derzeitigen Günstlings Carl Augusts. Der Herzog hatte sich schon lange gefragt, warum die gelehrten Herren nicht mit einer brauchbaren Form der Wettervorhersage aufwarten konnten, und Goethe überreichte ihm zusammen mit dem Berufungsvorschlag sein Exemplar von *Von der Weltseele* und lenkte die Aufmerksamkeit Carl Augusts vor allem auf den Abschnitt über Meteorologie, der im wesentlichen eine gut durchdachte Kritik gängiger Theorien bot, Regen und Tau würden durch ein und denselben Naturvorgang hervorgerufen, und praktisch frei von jeder idealistischen Terminologie war.

Die Finesse war keine Heuchelei. Manch ein Student mit «Sansculotten-Tournure» ist, wenn er Köpfchen hat, bald ein ehrgeiziger Akademiker, und Schelling war der Mode immer um mehrere Jahre voraus. Anstatt an dem persönlichen Widerstand gegen das deutsche System mit der philanthropischen Hartnäckigkeit eines Hölderlin oder Hegel festzuhalten, folgte Schelling den Fußstapfen Goethes und suchte ein Gegenbild im objektiven Reich nicht der Gesellschaft, sondern der Natur: Hier konnte man dem Ideal der Einheit, Regelmäßigkeit und Harmonie in einer Welt frönen, die es wirklich gab, die aber nicht den gewaltsamen Eingriffen einer willkürlichen Autorität unterworfen war. Es war zwar keine Menschenwelt, aber ganz zuletzt stieß man bei seinen Nachforschungen vielleicht auf die Anthropologie und konnte die Frage nach dem Zusammenhang zwischen Natur und Menschennatur stellen. Schelling zog es allerdings vor, den problematischen Augenblick hinauszuzögern, wo das revolutionäre Potential, das jeder Form der Kantischen Philosophie innewohnte, nicht länger zu verhehlen war. Er schloß seinen Kompromiß mit dem Status quo, indem er einen grundsätzlichen Unterschied zwischen einer Philosophie des Objekts und einer Philosophie des Subjekts beziehungsweise, wie er sich ausdrückte, «zwischen Natur-Philosophie und Transscendental-Philosophie» postulierte. Beide bewegten sich aufeinander zu, so daß sie sich – so die Annahme – auf einer letzten, geheimnisvollen Ebene als identisch erweisen würden (wie Schelling das schon in seiner *Allgemeinen Übersicht* behauptet hatte); das Studium der Materie würde also schließlich zum Verständnis des Geistes führen, so wie das Studium des Geistes schließlich zum Verständnis der Materie führen würde. Fürs erste aber, solange er noch dabei war, Fuß zu fassen, konnte er sich ersterem widmen, der moralisch und politisch unumstrittenen Untersuchung der natürlichen Welt. In seiner Tübinger Zeit war er ein Bewunderer Professor Kielmeyers gewesen, und er nutzte seine Mußestunden in Leipzig und die Bestände der dortigen Universität, um eine beängstigende Belesenheit (das Experimentieren lag ihm weniger) in zeitgenössischer Naturwissenschaft, besonders in Chemie und angewandter Physik, zu erwerben. Den größeren Teil der *Ideen zu einer Philosophie der Natur* bilden locker aneinandergereihte Überlegungen zu zeitgenössischen Kontroversen über Verbrennung, Licht, atmosphärische Gase, Elektrizität und Magnetismus; generelle Absicht ist der Nachweis, daß in der Natur keine geheimnisvollen Kräfte am Werk sind, sondern nur die Wechselwirkung materieller Substanzen gemäß den Prinzipien von Anziehung und Abstoßung, die Kant in den *Metaphysischen Anfangsgründen der Naturwissenschaft* expliziert hatte. (Elektrizität und Magnetismus, in gewissem Umfange auch Licht, werden als Flüssigkeiten gedacht, die chemisch zerlegt werden können – eine Hypothese, die bereits Lichtenberg und andere gelehrte Verfechter der alten Phlogiston-Theorie gegen die neue Chemie Lavoisiers erwogen hatten). Die Einleitung zu der Abhandlung ist jedoch viel allgemeiner gefaßt und legt Schellings eigentliches Ziel in den zwei Hälften seines nunmehr geteilten philosophischen Unternehmens fest: «Die Natur soll der sichtbare Geist, der Geist die unsichtbare Natur seyn.» In vorphilosophischer, jedenfalls in vorsokratischer Zeit «hatten die Menschen im (philosophischen) Naturstande gelebt», waren eins mit sich und der sie umgebenden Welt und machten ebensowenig einen Unterschied zwischen dem Denkenden und dem Gegenstand des Denkens, wie sie das Bewußtsein von sich selbst als freien Akteuren hatten, die fähig waren, unabhängig von der Natur zu handeln. Diese Unterscheidung zu treffen, ist der erste Schritt zur Philosophie und damit zu geistiger und moralischer Reife; allerdings kann die Unterscheidung sich auf die eine oder andere Weise zu der absurden Vorstellung verfestigen, als ob Dinge an sich existierten, völlig unabhängig von denen, die sie erkennen. Aufgabe des modernen Philosophen ist es, diese Verfestigung wieder zu verflüssigen, die grundlegende Einheit von Gedanke und Materie zu erkennen und so als siegreicher, selbstbewußter Erwachsener in den Zustand zurückzukehren, in dem die Vernunft in ihrer unreflektierten Kindheit verharrte. Der erste, der die Rückkehr zu dieser Einheit versuchte, war Spinoza, aber anders als Leibniz verkannte er, daß sie nur in dem einzelnen Ich erreicht werden konnte, und so muß Leibniz' Philosophie der Individualität jetzt, nach ihrer Vernachlässigung in den Jahren des Empirismus und Vulgär-Kantianismus, wieder auf den Thron gehoben werden. Leibniz betonte, daß nichts in der Monade als Resultat einer von außen wirkenden Ursache angesehen werden könne, und dieses Prinzip müssen wir auf die gegenwärtigen Auseinandersetzungen darüber anwenden, ob Dinge an sich unsere Wahrnehmung von ihnen verursachen oder nicht. Natürlich, meint Schelling, ist es absurd, sich vorzustellen, daß Farben, Gerüche oder andere «Qualitäten» durch etwas außerhalb von uns verursacht würden; trotzdem muß unsere Ablehnung solcher «mechanistischen» Theorien auf ein breiteres Fundament gestellt werden. Erklärungen in Begriffen von Ursache und Wirkung sind in der Welt der organischen Natur ganz und gar unangebracht: Ein Organismus ist ein Ganzes, eine Einheit in sich selbst, und er ist so, wie er ist, nicht, weil er durch eine äußere Ursache so gemacht worden ist, sondern weil er sich im Einklang mit dem komplexen Gesetz seines Seins am Dasein erhält. Ein lebendiger Organismus ist nicht als Wirkung, sondern nur als «Idee» zu verstehen, als Gedanke eines sei es auch noch so unbedeutenden Geistes, der «Ich» sagt (wie Leibniz sagen würde). Wenn wir dann noch zeigen können, daß das Ganze der Natur als ein sich selbst erhaltender Organismus anzusehen ist – auch wenn das ein totalisierender Schritt von eben jener Art wäre, die Kants kritische Philosophie verbieten wollte –, sind wir berechtigt, es durch ein einziges, allgemeines geistiges Prinzip, die «Weltseele», zusammengehalten zu sehen, und werden den Punkt erreicht haben, wo die Philosophie der Natur in die Transzendentalphilosophie der «Intelligenz» übergeht. Schellings Abhandlung *Von der Weltseele* verstand sich als Experiment, insofern sie die ganze Natur als einen solchen Organismus betrachtete, beseelt von einem einzigen Prinzip, dem alles erhaltenden und alles durchdringenden «Äther» (bei den alten Griechen einer der Namen für den höchsten Gott, wie Hölderlin wußte). Da jedoch die Kantische Naturwissenschaft erheischt, daß ein materieller Körper uns nur als das Produkt zweier gegensätzlicher Kräfte erscheinen kann, drückt sich diese uranfängliche Kraft in der Welt der materiellen Erscheinungen in einem «allgemeinen Dualismus» der Natur aus, einer langen Reihe von Entgegensetzungen von positivem und negativem Prinzip. So manifestiert sich der Äther zuerst entweder als Licht oder als Wärme, die beide nichts Einfaches sind: Licht resultiert nach Schelling aus dem Zusammenwirken von (positivem) Äther mit (negativem) Sauerstoff, während im Falle der Wärme das negative Prinzip das Phlogiston ist. Bei der Zusammensetzung der Atmosphäre spielt dann der dem Sonnenlicht entstammte, lebenspendende Sauerstoff die positive Rolle, dem der negative, lebensfeindliche Stickstoff entgegengesetzt ist. «Es ist erstes Princip einer philosophischen Naturlehre, in der ganzen Natur auf Polarität und Dualismus auszugehen», und die elektrischen und magnetischen Erscheinungen, von denen der Begriff der «Polarität» abgenommen ist, finden Schellings besondere Aufmerksamkeit. Er ist von der grundsätzlichen Identität von Elektrizität und Magnetismus überzeugt, was nicht alle seine Zeitgenossen waren, und glaubt, daß die erste und elementarste Wirkung der Sonne, der lokalen Quelle für alle Bewegtheit des uns umgebenden Äthers, darin bestand, der Erde ihre magnetische Polarität zu verleihen. Etwas kürzer geht er auf die organische Natur ein, wobei er die Unterscheidung zwischen Pflanzenreich und Tierreich seinem allgemeinen Dualismus unterordnet, da man Tiere als Organismen definieren kann, die Sauerstoff einatmen, Pflanzen als Organismen, die ihn ausatmen. In beiden Fällen wirken spezifische Gegensatzpaare von Kräften auf die elementare, positive, lebenspendende Kraft, um immer komplexere, immer vollständiger individuierte Organisationen hervorzubringen; Gipfelpunkt dieses Prozesses ist die geschlechtliche Differenzierung und Vereinigung in einer neuen Einheit – und hier beruft sich Schelling auf Goethes Abhandlung über die *Metamorphose der Pflanzen*. Das positive Prinzip der Kontinuität jedoch, das dieser ganzen Individuation zugrunde liegt, darf nach Schellings Überzeugung nicht als eigene Lebenskraft betrachtet werden: Es ist dasselbe Prinzip, das wir schon als den positiven Pol des Lichts, der Atmosphäre, der Elektrizität und des Magnetismus kennen, und oft führt er das Werk Alexander von Humboldts als Beweis an: «Der Galvanismus ist also etwas weit Allgemeineres, als man gewöhnlich sich vorstellt.» Das positive Prinzip ist denn auch nichts anderes als der Äther selbst, den wir jetzt berechtigt sind, nicht nur die in der materiellen Welt wirkende Urkraft, sondern auch die «gemeinschaftliche Seele der Natur» zu nennen. Denn letzten Endes ist der Äther die Energie hinter den zwei entgegengesetzten Fähigkeiten, die nach Auffassung der zeitgenössischen Biologen charakteristisch für das Leben waren: der Fähigkeit, auf einen äußeren Reiz durch Bewegung zu reagieren («Irritabilität»), und der Fähigkeit, auf ihn durch Empfindung zu reagieren («Sensibilität»), und damit steht er auch hinter der Vereinigung beider Fähigkeiten im «Instinkt» – der durch die Sinne geleiteten Bewegung –, der untersten Form des Bewußtseins und damit dem Ende der Naturphilosophie. Wiederum wird Goethe als Kronzeuge für das kontinuierliche Vorhandensein von Polarität und Dualismus sogar auf diesen höchsten Stufen der natürlichen Organisation angerufen: Seine Versuche mit dem Prisma haben gezeigt, daß unsere ersten Farberfahrungen solche von zwei entgegengesetzten Farbengruppen um einen blauen Pol und einen gelben Pol sind.

Nicht anders als mit Bewunderung und vielleicht Neid konnte Goethe auf die offensichtliche Eignung Schellings blicken, eine vollständige Erklärung der natürlichen Welt zu geben, die an der neuen Philosophie orientiert und frei von allen übernatürlichen oder anthropomorphen Momenten war. Seine eigenen Fragmente einer Morphologie hatten denselben Ehrgeiz, und Schelling gab zu verstehen, daß sie dieselben Prinzipien exemplifizierten wie seine Ideen zur Farbe, um deren Formulierung er noch rang. In den allerersten Tagen des Jahres 1798 versprach er Schiller, mit ihm über die *Ideen zu einer Philosophie der Natur* zu diskutieren, sobald er Zeit hatte, nach Jena zu kommen, und zwei Monate später fand er es noch immer «merkwürdig», sich mit dem Buch «zu unterhalten». In der Zwischenzeit hatte es ihn jedoch genötigt, seine Gedanken über das Wesen der naturwissenschaftlichen Betätigung zu klären, und er hatte entdeckt, daß er und Schelling fundamental verschiedene Ansätze verfolgten. Wie er Schiller am 6. Januar schrieb, gefiel ihm weder der dogmatische Ton von Schellings Einleitung noch die Annahme, allein der transzendentale Idealist könne diese Dinge richtig sehen: Er selber war ganz zufrieden mit der Variante eines kritischen Kantianismus, auf die er im Herbst zuvor in Stäfa verfallen war – «daß es nicht die Natur ist, die wir erkennen, sondern daß sie nur nach gewissen Formen und Fähigkeiten unsers Geistes von uns aufgenommen wird»–; denn sie erlaubte, daß verschiedene «Vorstellungsarten» nebeneinander bestanden, und verlangte nur, deren unterschiedliche Geltungsbereiche klar gegeneinander abzugrenzen. So sehr Schelling sich gegen Dinge an sich sträuben mochte, er konnte nicht verhindern, daß er sich in der Realität den Kopf an ihnen stieß. (Ebensowenig konnte Goethe, bei aller Neigung, Organismen als Monaden anzusehen und den Aberglauben zu verwerfen, sie dienten irgendwelchen Zwecken außerhalb ihrer, die Realität von Verhältnissen nach außen und Bestimmungen von außen und die praktische Nützlichkeit der Idee des Zweckes leugnen.) Sich in seine Entrüstung hineinsteigernd, übertrieb Goethe seinen Abscheu gegen den Kantianismus, den er gerade bekannt hatte, und erklärte, in Schellings «philosophischem Naturstande» bleiben zu wollen, bis die Philosophen sich geeinigt hätten, wie das Getrennte wieder zu vereinigen sei; daß sie, vom Geist ausgehend, zu den Körpern gelangten, war ebenso unwahrscheinlich, wie, daß sie, von den Körpern ausgehend, zum Geist gelangten. Vier Tage später setzte er die Diskussion über die naturwissenschaftliche Methode fort und übersandte Schiller eine Kopie seines Aufsatzes über den Versuch von 1792, für den er den Titel *Kautelen des Beobachters* vorschlug; ausdrücklich wies er darauf hin, wie sehr sich seine Ansichten seither gewandelt hätten. Schiller ermutigte ihn in seiner Antwort dazu, den Aufsatz auf den neuesten Stand zu bringen und deutlich zu machen, daß man sowohl die Phänomene in ihrer ganzen Breite als auch die schöpferische Freiheit der Vorstellungskraft gleichermaßen respektieren müsse. Goethe schrieb zurück, «daß ich Ihren heutigen Brief als mein eignes Glaubensbekenntnis unterschreiben kann»; da er aber, nach Schellings Buch zu urteilen, «von den neuern Philosophen» wenig Hilfe zu erwarten habe, setzte er sich hin und entwarf ein dreiseitiges «Aperçu» des Ganzen, das die methodologischen Richtlinien nicht nur für die Beschäftigung mit der Farbenlehre, die er damals wieder aufnahm, sondern für alle seine künftigen naturwissenschaftlichen Arbeiten liefern sollte. Der unbetitelte Aufsatz, in den verschiedenen Ausgaben «Erfahrung und Wissenschaft» beziehungsweise «Das reine Phänomen» genannt, ist Goethes Antwort auf die Herausforderung der nach-kantischen «Naturphilosophie», und er entfernte sich während des ganzen raschen Aufstiegs und allmählichen Niedergangs der von Schelling inaugurierten Bewegung nicht sehr weit von dem darin vertretenen Standpunkt. Der feste Ausgangspunkt für Goethe war, wie einst am Anfang seiner optischen Forschungen, die unmittelbare Erscheinung der Dinge für die Sinne, und der Begriff «Erscheinung» sowie sein Synonym «Phänomen» erhielt für ihn nun gleichsam eine programmatische Bedeutung, in die die theoretischen Verfeinerungen eines nahezu zehnjährigen Forschens eingegangen waren. Zweck der Wissenschaft ist es, die Qualität jener – individuellen und kollektiven – Erfahrung von Dingen zu verbessern, die wir ihre «Erscheinung» für uns nennen. (Mit einer Verbesserung unserer Erfahrung von Dingen mögen wir besser verstehen, sie zu unserem Vorteil zu manipulieren, wenn wir das für richtig halten, doch sind weder der Zweck noch die Methoden der Naturwissenschaft, wie Goethe sie versteht, in diesem Sinne «praktisch»: Naturwissenschaft besteht nicht darin, herauszufinden, wie man Dinge mit den Dingen macht.) Jene Erfahrung durchläuft laut Goethe drei Stufen, die eine gewisse Ähnlichkeit mit den Stufen aufweisen, die Schellings These impliziert, daß wir zwar unsere Einheit mit den Gegenständen des Denkens verloren haben, jedoch dazu bestimmt sind, sie irgendwann einmal wiederzuerlangen. Erstens gibt es das «empirische Phänomen», den unvollkommenen, partikularen und vielfach bedingten Eindruck, den wir von einem Ding haben, wenn wir uns mit ihm in der unreflektierten Unmittelbarkeit der «gemeinen Empirie» befassen. (Zum Beispiel die Regenbogenfarben der Fische in einem Teich in Frankreich, oder die durchscheinende Weiße der Hand eines Toten.) Danach kommt das wissenschaftliche Phänomen: Wenn wir den Gegenstand beobachten, messen oder beschreiben wollen, versetzen wir ihn in neue, sorgfältiger beschriebene Zustände und lassen ihn sich in einer (wie wir hoffen) gut gewählten Reihe von Variationen manifestieren. Wir beginnen, Schlüsse über ihn zu ziehen, machen Voraussagen darüber, wie er unter anderen, noch nicht erprobten Umständen erscheinen wird, und überprüfen diese Voraussagen. Wenn unsere Voraussagen sich schließlich regelmäßig bestätigen, können wir zuversichtlich sein, daß wir uns der letzten Stufe nähern, auf der wir dem Gegenstand so nahe sind, wie es dem Menschengeist möglich ist, «wo der menschliche Geist sich den Gegenständen ... gleichsam amalgamieren kann», und zwar nicht mehr, ohne zu denken, sondern mit dem Vorteil eines umfassenden rationalen Verstehens. Nicht, daß jetzt Theorie oder Abstraktion an die Stelle des Gegenstandes getreten wären: Wir haben es noch immer mit «Phänomenen» zu tun, mit dem, was wir direkt durch unsere Sinne erkennen. Aber ebensowenig kann dieses «reine Phänomen» Sache einer augenblicklichen, unverstellten Schau sein; vielmehr ist es das, was der gebildete und tätige Geist in einer langen – vielleicht lebenslangen – Reihe von Manifestationen hinter den zufälligen Entstellungen der Empirie zu sehen lernt, die in der Praxis niemals fehlen wird. Es ist die bestmögliche Annäherung an die Erscheinung des Dinges, wie es an sich ist. So hat Goethe zunächst, auf einem Feldzug, einige frappante farbliche Phänomene beobachtet und hat sich danach durch eine geordnete Erfahrung aller Umstände, unter denen Farben erzeugt werden können, zu einer dauerhaften intuitiven Auffassung vom Wirken eines trüben Mediums emporgearbeitet, die alle seine Farberfahrungen organisiert. Schiller beschrieb diese Idee, nachdem er an ihr alle Kantischen Kategorien durchprobiert hatte, als den Aufstieg von der «gemeinen Empirie» über den «Rationalism» zur «rationellen Empirie»; Goethe gefiel dieser Ausdruck, und er übernahm ihn. Deutete er doch auf einen dritten Weg zwischen zeitgenössischen Extremen, eigentlich den Weg des gemeinen Menschenverstandes, «der sich in einer höhern Sphäre zu üben wagt». Die «Naturphilosophen» versuchen, von oben zur Wahrheit hinunterzusteigen, die «Naturforscher», von unten zu ihr emporzusteigen; in der Mitte befinden sich diejenigen, die sich mit dem «Anschauen» begnügen. «Anschauung», die Ergänzung im Subjekt zur «Erscheinung» des Objekts, war das, was Goethe fortan unter wahrer Naturwissenschaft verstand: eine tätige Schau, die nicht voraussetzungslos ist, aber in dem besonderen Fall die tausend geordneten Fälle sieht, die das durch ihn exemplifizierte Gesetz bilden. Im Gegensatz dazu konnte ein «Theorist» wie Schelling die Ausschließlichkeitsansprüche seiner «Vorstellungsart» nur durch das problematische Verfahren aufrechterhalten, Anschauungsmaterial zu unterdrücken und «seinen Vorrat von Phänomenen zu verkümmern».

Das Bewußtsein des Unterschieds lief aber nicht auf Feindschaft hinaus. Nachdem er Schelling im Mai kennengelernt hatte, vor allem aber nach der Lektüre des Buches *Von der Weltseele*, hatte Goethe den Eindruck, er habe viel von der «Naturphilosophie» zu lernen, und zwar nicht nur, «mich recht genau innerhalb meiner Sphäre zu halten». Was ihn besonders beeindruckte, waren Schellings Argumente für den allgemeinen Dualismus der Natur. Er begann, Versuche mit Magneten zu machen, das Wort «Polarität» hielt auch in anderen Zusammenhängen Einzug in seinen Wortschatz, und im Juli stellte er eine (verschollene) Tabelle von augenscheinlichen Dualitäten in der Natur auf: Magnetismus, Elektrizität, «Galvanismus», Farbe und Akustik; auch Geruch und Geschmack wolle er hinzunehmen, versprach er Schiller. Natürlich war ihm bewußt, was er spätestens seit dem Dialog über die illusionäre Kunst der Bühnenmalerei wußte: daß solche Gegensätze zu den Formen unseres Geistes gehören und nicht zu den Dingen, wie sie an sich sind. Aber das machte sie hinsichtlich dessen, was er «Erscheinung» nannte, nicht unwissenschaftlich, vorausgesetzt, man behielt immer im Sinn, daß hinter ihnen eine Natur «von so unerschöpflicher und unergründlicher Art» lag, «daß man alle Gegensätze und Widersprüche von ihr prädicieren kann.» Daß Goethe sich so engagiert für Schellings Berufung einsetzte, beweist, daß die «Naturphilosophie» für ihn eine wichtige neue intellektuelle Entwicklung war, die zu allermindest dazu dienen konnte, seinen eigenen Standpunkt besser zu definieren. Wahrscheinlich im August 1798, aber jedenfalls nicht früher, nahm er sich wieder den Aufsatz über die neue Wissenschaft der «Morphologie» vor, den er ein Jahr zuvor begonnen hatte, und überarbeitete ihn unter dem Gesichtspunkt, seine Konzeption einer umfassenden Naturwissenschaft gegen diejenige Schellings abzusetzen. Goethe betont, daß es notwendig ist, alle verfügbaren «Vorstellungsarten» heranzuziehen, und «keineswegs die Dinge und ihr Wesen zu ergründen, sondern von dem Phänomene nur einigermaßen Rechenschaft zu geben und dasjenige, was man erkennt und gesehen hat, andern mitzuteilen». Symptomatologie und Physiognomie – Wissenschaften, wenn es denn welche sind, die sich eher mit Deutung als mit Beobachtung befassen –, verschwinden gänzlich von der Liste der naturwissenschaftlichen Disziplinen, vielleicht, weil sie zu sehr wie Versuche wirken, das Gesicht der Weltseele zu lesen. Gegenstand der Naturwissenschaften sind, wie mehrfach gesagt wird, nicht Dinge, sondern «Phänomene», die Erscheinung von Dingen für den Beobachter; von einem so fundamentalen Phänomen wie der Fähigkeit zur Fortpflanzung, die die organische Welt von der anorganischen unterscheidet, wird gesagt, daß es nicht möglich ist, über sie irgendeine weitere Untersuchung anzustellen. Sie ist ein Letztes unter den Phänomenen, das durch andere exemplifiziert wird, selbst aber nichts exemplifiziert; sie ist eine sichtbare Grenze für unsere Erfahrung, über die eine Theorie nur leere Worte wären. Das Phänomen der Fortpflanzung bietet dann, im Entwurf einer Einleitung zu der neuen Abhandlung, Gelegenheit zu einer radikalen Kritik der Idee der Individuation, von der Schelling nicht nur behauptete, sie sei der beherrschende Zweck der Natur, sondern auch, Goethe habe sie als solchen in seinem *Versuch die Metamorphose der Pflanzen zu erklären* nachgewiesen. Ganz im Gegenteil, sagt Goethe: Der Natur ist es einzig um Fortpflanzung zu tun, und «Individualität» – mit deren Hilfe Schelling die Sache Leibniz' auf Kosten Spinozas zu fördern hoffte – ist «ein trivialer Begriff», der unser Verständnis für organische Wesen behindert. Das, was wir Individuen nennen, sind in Wirklichkeit Episoden in einem Kontinuum, Ansammlungen mehr oder minder notwendiger Teile, die selber vielfältig sind. (Wilhelm Meisters natürlicher Zweck war, wie erinnerlich, sich fortzupflanzen; wie wenig das zu seiner ohnedies fragilen Individualität beitrug, wurde an dem nie beseitigten Zweifel deutlich, ob er diesen Zweck erreicht hatte oder nicht.) Nur ein echter Kantianer, der sich im klaren war, ein wie schwieriges und zweifelhaftes Unterfangen es war, «Ich» zu sagen, wie sogar Leibniz, von Fichte ganz zu schweigen, Ich sagen wollte, hätte diese Seiten schreiben können. Als Schelling zum Semesteranfang im Oktober nach Jena kam, hat Goethe sicher geglaubt, seinen neuesten Schützling richtig taxiert zu haben. Aber auch Schelling erwies sich als unabhängiger Mensch, und Goethe kann zu diesem Zeitpunkt nicht vorausgesehen haben, wie verheerend Schelling sich auf den Kreis auswirken würde, zu dem er jetzt stieß.

Neubestimmung des Publikums: Dezember 1797 – August 1799

Im Rückblick war das erste Jahr nach der Rückkehr vom Gotthard gut gewesen, voraussehbar war das nicht. Goethe war in der dunklen Jahreszeit nach Hause gekomen, die seiner Stimmung immer abträglich und der poetischen Produktion am wenigsten förderlich war. «Goethe ist zurück und in Weimar einsam.» Ihn erwarteten unangenehme Neuigkeiten: von Herders Versuch, die Jenaer Philosophie abzuwürgen, vom jämmerlichen Zustand des Ilmenauer Bergwerks – das dem Bergmeister nicht einmal die Reise nach Weimar bezahlen konnte – und von einer erheblichen Zunahme seiner Arbeitsbelastung. Am 4. Dezember starb – in den Sielen und mit 75 Jahren – sein Ministerkollege Geheimrat Schnauß, der einst in Weimar hart gearbeitet hatte, damit Goethe sich in Italien im Aquarellieren versuchen konnte; die Verantwortung für die herzogliche Bibliothek und die Münzensammlung ging gemeinsam auf Goethe und Voigt über. Die Bibliothek war eine der Zierden des Herzogtums, und Goethe träumte davon, sie eines Tages mit der Universitätsbibliothek und womöglich, nach dessen Tod, mit Büttners Sammlung in Jena zu vereinigen, aber Schnauß hatte in den letzten Jahren die Zügel schleifen lassen, und der Bibliothekar war eigene Wege gegangen: Es bedeutete schon viel Arbeit, allein die Weimarer Bestände zu ordnen. Unterdessen zwang Schiller seine schlechte Gesundheit, in der Wohnung und in Jena zu bleiben; jeder Verkehr zwischen ihm und Goethe mußte, wie in den vergangenen fünf Monaten, brieflich erfolgen. Vor allem aber mußte Goethe sich praktisch und im kalten, feuchten Weimar mit dem Leben aussöhnen, das er prinzipiell in einem glühend heißen Frankfurt akzeptiert hatte: resigniert, begrenzt, arbeitsam, häuslich. Die Familie hatte ihn zurück-

42. F. Bury: Johann Wolfgang von Goethe (1800)

43. F. Bury: Christiane Vulpius (1800)

haben wollen, und er war gekommen. Erwartete sie auch von ihm, daß er darüber glücklich war? Er hatte sich vorgestellt, den Winter mit den nordischen Phantomen des *Faust* zu verbringen, aber als er das Manuskript wieder zur Hand nahm, stellte er fest, daß er nur die ungebärdigsten und zornigsten dieser Geister herbeirufen konnte. In den Tagen vor Weihnachten wandte er sich der allernordischsten Phantasmagorie zu: einem Hexensabbat auf dem Brocken. Er hatte ihn wahrscheinlich schon seit den siebziger Jahren als Teil des Stückes vorgesehen, plante ihn aber jetzt im einzelnen als orgiastische Feier der «Walpurgisnacht» (der Nacht vor dem 1. Mai, dem Walpurgistag), die in einer schwarzen Messe vor Satan höchstpersönlich gipfelte. In den Fragmenten, die dieses Zerrbild eines heidnischen, in die christliche Ära hinübergeretteten Fruchtbarkeitsrituals beschreiben, lebt noch etwas von der Bitterkeit und Blasphemie der *Braut von Korinth*, dem Gedicht, das am elementarsten Goethes Gefühl der Ausweglosigkeit und Enttäuschung in der modernen Welt zum Ausdruck brachte. Die priapische Stimmung, die ihn bei der Geburt Augusts überkommen hatte, packte ihn auch jetzt wieder, als er in den grünen Alkoven und in das eheliche Bett zurückkehrte. Was hatte ihn abgehalten, den Weg nach Italien weiterzugehen und das Christentum und Deutschland hinter sich zu lassen? Hätte er's nicht doch, wie ein mißmutiges Stimmchen in seinem Inneren nicht aufhörte ihm, wenig plausibel, einzuflüstern, tun können? In seinen Briefen nach Hause kam das sehr fromm zum Ausdruck, aber man konnte es auch zynisch und brutal ausdrücken: Er hatte nicht genügend Geld gehabt, und er brauchte Sex. Diese zwei waren jetzt die Regenten seines Lebens, bei allem Gerede über Liebe und Schönheit. Er malte sich eine satanische Parodie auf das Jüngste Gericht aus, worin der Teufel die ihn Anbetenden nicht in Schafe und Böcke scheidet, weil sie alle Böcke sind, sondern in Männlein und Weiblein, und sie mit beständigem Nachdruck ermahnt, sich den einzigen zwei Dingen zu ergeben, an die sie wirklich glauben: die Männer ans «gleißende Gold und den weiblichen Schoos», und was die Frauen betrifft:

> Für euch sind zwey Dinge
> Von köstlichem Glanz
> Das leuchtende Gold
> Und ein glänzender Schwanz [...]
> Seyd reinlich bey Tage
> Und säuisch bey Nacht
> So habt ihrs auf Erden
> Am weitsten gebracht.

Wie Goethes frühere Obszönitäten, schwelgt diese Episode in einer recht optimistischen männlichen Auffassung von weiblicher Sexualität, doch ist sie kraftvoll und gnadenlos in ihrem Spott über jene, die, seien es kurzsichtige Naturphilosophen oder zimperliche Jungfern, behaupten, nicht verstanden zu haben, daß das Geheimnis des Lebens nur von den Hosen ihrer

Mitmenschen verdeckt wird. Als Goethe die Szene schrieb, scheint er sich jedoch Gedanken gemacht zu haben, daß sie vielleicht nur schwer in den Rest des Stückes möchte einzubauen sein, und sich nach Material umgesehen zu haben, das den Übergang erleichterte. Am 20. Dezember erreichte ihn Schillers Rat, die satirischen Vierzeiler *Oberons und Titanias goldne Hochzeit* nicht in den *Musen-Almanach* hineinzunehmen (der im Oktober aufgegebene Brief war ihm durch ganz Deutschland nachgereist), und er entgegnete – einigermaßen herausfordernd, da Schiller nicht wußte, was da im Entstehen war –, in diesem Fall werde er sie eben in den *Faust* einrücken. Dieser Einfall, der seither Generationen von Lesern vor ein Rätsel gestellt hat, muß ihm bei der Arbeit an der Walpurgisnacht gekommen sein. Das Wortgeklingel seiner Feen war ursprünglich in engem Zusammenhang mit der *Braut von Korinth* entstanden und konnte als Pucks bedrohlich frivole Variation auf die Themen und den Ton des Hexensabbats gelesen werden. Dieser Kontrast scheint von Anfang an in Goethes Absicht gelegen zu haben. Mochte aus dem Stück auch ein gestaltloses nordisches Potpourri werden, eher ein Zyklus als eine Einheit, sollte es doch wie die Laokoon-Gruppe die Elemente ästhetisch harmonisieren.

Goethe war geübt darin, auf verschiedenen Stimmungsebenen gleichzeitig zu leben. Welche Teufel ihn in jenem Dezember auch reiten mochten, als er einen Kürbis aushöhlte und eine Kerze hineinstellte, um «mit seinen feurigen Augen und seinem weiten Maule» seinen Sohn zu erschrecken – August fand es herrlich und wünschte sich sehnlich eine Wiederholung. Zu Neujahr kam eine reisende Menagerie mit Elefanten und einer Schar buntschillernder Papageien nach Weimar: Goethe besichtigte sie, um die Farben dieser etwas bizarren Vögel zu studieren, die Beobachtungen zu machen, die ihm bald für einen Aufsatz über die Selbstheilungskräfte des Elfenbeins nützlich wurden, und zweifellos auch, um seine Differenz zu Schelling zu unterstreichen. Er opferte aber auch einen halben Tag für einen Besuch «mit der Familie zu den Tieren», obgleich jede Unterbrechung seiner Arbeit den Augenblick hinausschob, da er nach Jena entweichen konnte; er wollte nicht, daß seine Familie unter seiner Gereiztheit litt, aber Christiane wußte gewiß, daß sie da war, und bat ihn, sie sich in der Öffentlichkeit nicht anmerken zu lassen. Er war ihr «allerbester, superber, geliebter Schatz», den sie «höllisch» lieb hatte; sie begriff, welches Opfer er für sie gebracht hatte, und wollte nicht, daß es noch größer würde. Für August, der 1798 begann Latein zu lernen, war Goethe nicht nur «ein guter Vater», der «immer vor uns sorgt», sondern auch der Führer zu der neuen Welt, die ihm das Lernen eröffnete. Tagsüber war August außer Haus, zum Unterricht bei seinem Privatlehrer, aber er freute sich auf die Abende, die er regelmäßig mit seinem Vater verbringen durfte; dann schaute er Bücher und Bilder an oder saß sogar in der Oper auf seinen Knien (die bunten Kostüme und blitzenden Waffen gefielen ihm, aber lange Arien langweilten ihn); und er besprach mit ihm die Ausarbeitungen über gelehrte Gegenstände, die er für seine Großmutter in Frankfurt schrieb, um sie noch in ihrem Alter zu bilden. Besucher am Frauenplan waren ebenso frappiert von der merkwürdigen Mischung aus Unnahbarkeit und angelegentlicher Freundlichkeit, die sie empfing, wie von den erlesenen und geschmackvollen Möbeln: «... nach einem sehr wohlwollenden Empfang ... Göthe ist einer der schönsten Männer, die ich je gesehen habe ... angenehm dick ... Ruhe, Selbständigkeit und eine gewisse, vornehme Behaglichkeit wird durch sein ganzes Betragen ausgedrückt.» «Nicht daß G. beim ersten Anblick die Leichtigkeit u. Gewandtheit eines Weltmanns zeigte: im Gegentheil er mag oft verlegen sein, aber ... das Selbstgefühl einer seltenen Kraft, welches eben deswegen die edle Gutmütigkeit eines Löwen bewirkt ... hat mich in unserm ersten Gespräch so elektrisiert ... Wir wurden bald so bekannt, daß wir schon, ich möchte sagen *vertraut* zusammen plauderten, wenn dies Wort in dieser Verbindung mir nicht noch immer ein wenig impertinent klänge. Der gesellschaftliche Scherz nemlich, u. der rücksichtslose freiere Witz, ist an G. noch eine sehr glänzende Seite, von der ich ihn vorzüglich bei einem Diné [sic] kennen lernte, das er ausdrücklich mir zu Ehren gab, u. das aus sehr ausgewählten Personen bestand. Es ist unmöglich ihn in dieser jovialischen Stimmung nicht höchst liebenswürdig zu finden ...» Auch junge, unbekannte Menschen konnten herzliche, ja familiäre Aufnahme finden: Theodor Kestner, ein neunzehnjähriger Sohne Lotte Buffs, der in Jena Medizin studieren wollte, wurde «sehr freundlich» nach seiner Mutter und seinem Vater befragt, und ein Kommilitone Kestners aus Bremen, Nicolaus Meyer (1775–1855), der sich durch nichts anderes empfahl als sein einnehmendes Wesen und seine Bewunderung für Goethe, besuchte ihn eines Tages und kam dann immer wieder, um «väterliche» Einführung in Kunst und Wissenschaft zu empfangen. Ein anderer Student, F. C. G. H. von Lützow, kam in den ersten Monaten des Jahres 1798 regelmäßig und war bald so eng mit Christianes Schwester Ernestine liiert, daß er als Mitglied der Familie behandelt wurde. Goethe hielt Lützow «vor einen guten Menschen» und gab zumindest seine schweigende Zustimmung zu einer offenbar informellen Verlobung im Juni, und eifrig kaufte man Kleider und Hüte für Ernestine, um sie für eine Reise mit ihrer Schwester nach Erfurt auszustaffieren. Lützow begleitete sie, und Christiane glaubte: «Wo Lützow ist, muß man ihm nachsagen, daß es alles auf einem *sehr* honetten Fuß gehen muß.» Auf jeden Fall kannte er die Pflichten eines künftigen Schwagers und Onkels und kaufte August auf der Herbstmesse ein paar Zinnsoldaten. Aber Christiane war froh, daß sie nicht das Auf und Ab in der Beziehung solcher «ehrbarlichen» Liebhaber mitmachen mußte. «Denn es ist was Elendes, so eine lange Liebschaft», schrieb sie im November ihrem eigenen Liebling, der ihr sicherlich recht gab. Es förderte wahrscheinlich Goethes und Christianes Gefühl, daß sie einander sicher sein konnten, als nach zweieinhalbjähriger Abwesenheit J. H. Meyer zurückkam, der einzige Freund, der mit beiden als Gleichberechtigten sprach – wenn er denn sprach. Er kannte August seit seiner Geburt und tröstete ihn nun unaufdringlich mit kleinen Geschenken, wenn sein Vater nach Jena gefahren war, und sorgte für die ständige Gegenwart eines Mannes im Haus. Die ersten anderthalb Jahre wohnte er unentgeltlich bei ihnen, aber er spürte, daß diese Abhängigkeit kein Dauerzustand sein konnte, und bot danach an, sich anderswo eine Wohnung zu suchen. Aber Goethe war darauf bedacht, seine Gesellschaft nicht zu verlieren, «da wir ein so nah verwandtes Interesse haben und ich fast von aller Welt abgesondert lebe», und Meyer erklärte sich einverstanden, seine Situation dadurch zu regeln, daß er jährlich 150 Taler zum Haushalt beisteuerte – beträchtlich weniger, als er auf dem freien Markt für Kost und Logis hätte zahlen müssen, aber es deckte Goethes Unkosten, und er zählte auf sein Verständnis, da «es Ihnen kein Geheimniß ist daß ich nicht reich bin, sondern nur durch Ordnung und Thätigkeit meine freylich etwas breite Existenz soutenieren kann».

In Weimar war die Zeit gekommen, zu freien und gefreit zu werden, und Goethe und Christiane hätten, wäre nicht ihr Personenstand gewesen, am zehnten Jahrestag ihrer Verbindung ausgesprochen gesetzt gewirkt. Knebel kam im Januar und ließ sich in Ilmenau nieder, wo er sich – in diplomatischer Entfernung vom Hof – der Mineralogie, dem Lukrez, dem Republikanismus und seiner neuen Familie widmen konnte. Goethe vermittelte ihm ein Haus und wagte auch den buchungstechnischen Drahtseilakt, sich Knebels vierteljährliche Pension in Höhe von 200 Talern aus der Staatskasse auszahlen zu lassen und an ihn weiterzugeben. Louise Rudorff zog Anfang Februar zu ihm, und am 9. war Hochzeit: Noch am selben Abend ereignete sich die erste der allgemein prophezeiten häuslichen Katastrophen, ein Streit um die Temperatur in den Zimmern. Seine Schwester redete fortan nicht mehr mit Knebel, Carl August (für den die Heirat als Nasenstüber gedacht war) zeigte sich verstimmt, und die Herzogin Louise betrug sich in ihrer Feindseligkeit «mit einem Unverstand», daß Klatsch und Tratsch die Runde machten und die Reise von Knebels neuer Frau nach Franken, wo sie ihr Kind abholen wollte, das Gerücht nährte, sie habe ihn bereits verlassen: Erwarte ruhig den Wandel, dem du nicht gebieten kannst, lautete Goethes aus eigener Erfahrung geschöpfter Rat, und ignoriere das Publikum, so gut es geht. Er wurde an Erfahrung noch reicher. Man schrieb es allgemein dem Bewußtsein seines irregulären Standes zu, daß Goethe *dem* gesellschaftlichen Ereignis von 1798 fernblieb: einer vierfachen Trauung, die Herder am 20. Mai in Gegenwart des Herzogs, der Herzogin und der Herzoginmutter im Hause der Frau von Stein vornahm, und dem anschließenden Empfang im Theater. Carl von Stein ging endlich die Ehe ein, und mit ihm zwei Brüder seiner Braut; sie war zuvor kurz mit dem Sohn des Ministers von Fritsch, dem Offizier, verlobt gewesen, aber die finanzielle Lage der Fritschs war verzweifelt, und das Mädchen hatte auch kein Geld. Sie erwies sich aber als tüchtige Ehefrau eines Gatten, der sich nun ganz der Verwaltung des Gutes Groß-Kochberg widmete, auf dem eine neue Hypothek von 40 000 Talern lastete, nachdem Carl seinen Bruder Fritz auf dessen Ersuchen ausbezahlt hatte.

Wollte Goethe vielleicht von Leuten wie Carl von Stein nicht ausgestochen werden? Kaum einen Monat nach seiner Rückkehr fügte er seinen Sorgen eine weitere hinzu, um definitiv zu beweisen, daß er und seine trotzig unorthodoxe Familie jetzt nach Weimar gehörten. Im Januar warf sein Gebot von 13 125 Talern auf das Gut Oberroßla alle Mitbewerber aus dem Feld, und am 8. März wurde er als glücklicher Käufer registriert. Drei Tage später fuhr er hinaus, um seinen neuen Besitz zu inspizieren, den er ungesehen gekauft hatte, hauptsächlich, um sich seinen prospektiven Anteil am Erlös aus dem Gut seiner Mutter zu sichern, bevor es durch den kontinuierlichen Anstieg der Agrarpreise und damit der Grundstückspreise entwertet wurde. Als örtlicher Grundbesitzer hatte Goethe nun das Recht auf einen Sitz in der Ständekammer, aber Oberroßla war kein guter Kauf: Vorderhand mußte er mehrere Darlehen aufnehmen, um den Kaufpreis aufzubringen, die Liegenschaft bestand aus 45 einzelnen Parzellen, und das Gutshaus stand zwar mitten im Dorf neben der Kirche, war aber dringend renovierungsbedürftig. Die jährliche Pacht wurde auf 450 Taler und diverse Abgaben in Naturalien festgesetzt, aber es galt, Pächter zu finden, und Christiane, die schließlich nicht vom Lande stammte, ließ ihr gewohntes Urteilsvermögen vermissen und setzte sich für die am Rande Weimars wohnende Familie Fischer ein, der sie die Pacht zutraute, weil sie ihre Hühner gut versorgten. Gegen den ausdrücklichen Rat von Goethes Agenten, dem herzoglichen Bauverwalter, bekamen die Fischers die Pacht. Bei einer zweitägigen Feier im Hochsommer, die am Samstag, dem 23. Juni, in einem Festessen für zwanzig Personen gipfelte, wurde der neue Gutsherr, der zu diesem Anlaß aus Jena herübergekommen war, eingeführt und Fischer in sein Pächteramt eingesetzt. Nach feierlichem Entzünden und Löschen des Herdfeuers und Übergabe der Schlüssel, Titel, Nutztiere, einer symbolischen Schaufel Erde und eines Zweiges gab es für alle – unter ihnen Goethes Nachbar, Bauer Wieland – Sagosuppe, Rindfleisch mit Senf, Huhn mit Erbsen, Forelle, Wildbret und Kuchen. Die meisten Vorbereitungen besorgte Christiane, die, in der Sache ohne Rechtsstellung, bei der Feier selbst nicht zugegen war. Am Abend stahl sich Goethe jedoch nach Weimar und schlüpfte durch das Gartentor auf ein paar heimliche Stunden zu ihr, bevor sie selbst am Sonntagmorgen zu ihrer eigenen Feier nach Oberroßla aufbrach: Das Fest Johannis des Täufers beging man mit einem Gottesdienst – Goethe besuchte ihn nicht, gab jedoch eine großzügige Spende für die Kollekte – und einer Prozession samt einer Musikkapelle, in der ehrenhalber August mitmarschierte, der die Dorfbewohner mit einem Lamm beschenkte. Nach dem Tanz, mit dem das Fest endete, war Goethe um 50 Flaschen Klarett und ein Dutzend Flaschen Süßwein ärmer (die hauptsächlich beim Samstagsmahl konsumiert worden waren): Die Präliminarien zur Landwirtschaft glichen, so meinte er, den fesselnden Vorlesungen über allgemeine Menschenkunde, die so manchen braven Jüngling zum verdrießlichen Studium der Medizin verlockten. Doch kann der Anlaß für keinen Beteiligten ganz gemütlich gewesen sein: Die

Verkäufer des Gutes – bis zur offiziellen Übergabe die Gastgeber – waren vier zerstrittene Erben, deren einige das Gut behalten wollten; Goethe und Christiane, nominell unverbunden, gaben keine normale Gutsherrschaft ab; und Augusts Stellung als Erbe war zweifelhaft, da der Titel einzig legitime Erbfolge vorsah und Goethe weitere rechtliche Schritte unternehmen mußte, um die diesbezüglichen Pachtbedingungen zu ändern. Christiane und August kamen in der Folge öfter nach Oberroßla, während Goethes Besuche kurz waren und er dann lieber beim Pastor wohnte, weil er die lichtlosen Zimmer seines eigenen Besitzes zu düster fand.

Hinter seiner Freundlichkeit und Jovialität, oder hinter seiner Stummheit und Distanziertheit, quälten Sorgen Goethe. Anfangs, im Winter 1797/98, mochte der Grund dafür die Schwierigkeit sein, sich offizieller Verpflichtungen schnell genug zu entledigen, um in Jena die in der Schweiz geplanten Projekte beginnen zu können. Er wußte, daß er wie immer bis Ende Januar in Weimar bleiben mußte, um einen Maskenzug zu Louisens Geburtstag zu schreiben und zu proben – diesmal einen über die Aussicht auf Frieden. Doch war auch danach so viel in der Bibliothek zu tun, daß er nicht fort konnte. Der Bibliothekar war entschlossen, keine neuen Besen kehren zu lassen: Er wachte eifersüchtig über die Schlüssel, verweigerte seine Mitwirkung an der Erstellung einer leserlichen Abschrift des Katalogs und war sicher, daß jede Neuordnung der Regale den einzigen Büchern zu wenig Platz lassen würde, die zählten: den alten Folianten. Goethe – der überzeugt war, daß das Zeitalter der Folianten vorbei war, und die Anfertigung neuer Bücherschränke forcierte – hielt es für vordringlich, den Bestand der Bibliothek zu ermitteln, und machte sich an die peinliche Aufgabe, von seinen Weimarer Freunden alle nicht zurückgegebenen Ausleihen einzufordern. Er selbst und Voigt gehörten, wie sich herausstellte, zu den Sündern, ebenso Herder und auch Böttiger, der es leugnete (aber, meinte Goethe, dafür schreibe er ja auch einen Aufsatz gegen das rigorose Gebot Kants, unter keinen Umständen zu lügen); aber bei weitem der schlimmste Frevler war Carl August. Zwar waren natürlich alle Bücher sein Eigentum, aber er gab das schriftliche Versprechen, für die Ersatzbeschaffung aufzukommen. Die Abschrift des Kataloges, die den größten Teil des Jahres 1798 in Anspruch nahm, diente dazu, die Versteigerung des dabei zum Vorschein kommenden und raumfüllenden Duplikatbestandes vorzubereiten. Goethes Hauptsorge galt jedoch der Einrichtung einer regel- und zweckmäßigen Bibliotheksroutine, an der es bisher gefehlt hatte, und hierbei stützte er sich schließlich immer mehr auf August Vulpius, der 1797 die unterste Stufe der Weimarer Verwaltungshierarchie erklommen hatte und zum Bibliotheksregistrator ernannt worden war. Vulpius hatte sich in den zehn Jahren, seit Goethe erstmals eine Stelle für ihn gesucht hatte, an hartes, diszipliniertes Arbeiten gewöhnt und war mit seiner breiten, etwas weltfremden Bildung wie geschaffen für den Bibliotheksdienst. Doch war er wie Goethe selbst nur ein Anfänger und verdiente weiterhin Geld mit seiner literarischen Tätigkeit als

44. Oberroßla

wirkungsvoller Bearbeiter für die Weimarer Bühne; bei einem Gehalt von 100 Talern pro Jahr hatte er das auch nötig. Er war noch nicht ein so erfahrener Praktikus wie Kirms, in dessen Hände Goethe bei längerer Abwesenheit die Dinge vertrauensvoll legen konnte. Aber selbst wenn er es gewesen wäre, hätte Goethe nicht aus Weimar fortgekonnt; denn der neue Herzog von Württemberg war nicht bereit, Thouret zu beurlauben und nach Weimar gehen zu lassen, um die letzte Phase der Innengestaltung des neuen Schlosses in Angriff zu nehmen. Die Entscheidungen über die Arbeiten des laufenden Jahres mußten ohne ihn gefällt werden – begreiflicherweise waren es in der Hauptsache Entscheidungen über Verschiebungen. Hätte Thouret zur Verfügung gestanden, hätte er Ratschläge über den Neubau der Brandstelle am Erfurter Tor geben können – so wurde dieses umfangreiche Dossier von Goethe erarbeitet. (Er benutzte die Gelegenheit zu der Empfehlung, bei den Neubauten den üblichen steingrauen Hausverputz durch Weiß oder Gelb mit blau-grauen Rändern zu ersetzen, was mehr nach seinem Geschmack war: Wenn er schon keine Mußestunden genießen durfte, wollte er wenigstens seinen Einfluß genießen.) Je unsicherer es wurde, ob Thouret kommen würde oder nicht, desto mehr war Goethe darauf bedacht, eine andere Möglichkeit zu verfolgen, die Aloys Hirt vorgeschlagen hatte. Heinrich Gentz (1766–1811), der jüngere Bruder des zwielichtigen Burke-Übersetzers, war Hirts Kollege an der Berliner Akademie der Wissenschaft und der Künste und ihm seit seinen Studientagen in Rom und Neapel bekannt. Er hatte einige eindrucksvolle Vorschläge zu einem Denkmal für Friedrich II. im griechischen Stil gemacht, die Goethe zusagten, und Ende Januar lud Goethe ihn ein, einen Raum auszumalen und sein Honorar zu nennen. Gentz war weniger etabliert als Thouret, und so mochte es leichter sein, ihn zu bekommen.

Lange bevor davon die Rede sein konnte, nach Jena zu entweichen, wußte Goethe, daß irgend etwas nicht stimmte. Nur eine Woche nach dem Ende der Schweizer Reise war ihm zumute, «als wenn ich nie ein Gedicht gemacht hätte oder machen würde», und die zaghaften Ansätze vom Dezember verliefen bald im Sande (außer der rauschhaft hervorbrechenden *Walpurgisnacht* mag er sich weiter an dem Erinnerungsgedicht für Christiane Becker versucht haben). Am 6. Januar erklärte er Schiller, er habe mit der dichterischen Arbeit «ganz pausiert», eine Mitteilung, der die neuen im Verlauf des Monats entstehenden *Xenien* nicht widersprechen: *Die Weissagungen des Bakis* betreiben das Verschweigen des Unmuts bis zum hermetischen Extrem, und jedes Distichon ist sein eigenes «Mährchen», worin nichts als die ironische Herablassung mit einiger Sicherheit auszumachen ist. Goethe schob es in einem Brief an Schiller auf die Reise, daß er «außer aller Stimmung» gekommen sei, erwartete aber, in Jena «etwas ernsthafter» an seinen *Faust* denken zu können: Die *Walpurgisnacht* war, wie er wußte, eine recht marginale Marotte, und er konnte es nicht erwarten, von «aller nordischen Barbarey» befreit zu sein. Daneben dachte er neuerdings an einige weitere

Geschichten im Stil der *Unterhaltungen deutscher Ausgewanderten*, und da auch für Beiträge zum nächsten *Musen-Almanach* ein Monat aufgewendet werden mußte, hatte er tatsächlich schon das Pensum für ein ganzes Jahr geplant, vorausgesetzt, daß er nicht abgelenkt wurde. Schiller bezeichnete in seinem Antwortbrief mit der üblichen Präzision den Ort von Goethes Unbehagen, freilich nicht die wahre Natur des Leidens. Wo bleibe auf Goethes Liste das neue Epos, der Nachfolger von *Herrmann und Dorothea*, die Inspiration für einen neuen Schwall poetischer Kreativität wie im Spätsommer 1796, «der mir immer unvergeßlich bleiben wird»? Er hätte auch sagen können «die neuen Epen»; denn neben dem Wilhelm Tell war Goethe ein weiterer potentieller Held in den Sinn gekommen, der von nichts Nordischem kontaminiert war: Er frage sich, hatte er im Dezember gegenüber Schiller geäußert, ob vielleicht der Tod des Achilles sein nächstes Thema sein werde. Doch hatte Schiller recht, den Singular zu gebrauchen; denn er hatte wahrscheinlich begriffen, daß die zwei Möglichkeiten alternative Varianten ein und desselben Themas waren und daß Goethe sich letzten Endes darum unwohl in seiner Haut fühlte, weil er merkte, daß er mit keiner von beiden vorankam. Schiller begriff jedoch nicht, warum dem so war, wahrscheinlich weil er nicht verstand, weshalb diese zwei Themen für Goethe überhaupt so wichtig waren. Er wußte – und muß darüber ein wenig überrascht gewesen sein –, daß Goethe inzwischen *Herrmann und Dorothea* – die Erfolgsgeschichte, die die Kritiker in ganz Deutschland mit ihrem Autor versöhnte – als verfehlt empfand: «In ‹Hermann und Dorothea› habe ich, was das Material betrifft, den Deutschen einmal ihren Willen getan, und nun sind sie äußerst zufrieden. Ich überlege jetzt, ob man nicht auf ebendiesem Wege ein dramatisches Stück schreiben könnte, das auf allen Theatern gespielt werden müßte und das jedermann für fürtrefflich erklärte, ohne daß es der Autor selbst dafür zu halten brauchte.» Plausibel mochte es da sein, daß Goethe mit der pseudo-homerischen Manier unzufrieden war und sich lieber an Homer selbst versuchen wollte – ohne Kompromisse oder wissende Anspielungen auf Voß, sondern ein ernsthaftes Epos in einem antiken Stil. In diesem Sinne wird denn auch seine Hinwendung zu einer *Ilias*-Imitation für gewöhnlich verstanden, sogar heute noch. Aber was Goethe jetzt als ein Zugeständnis an das deutsche Lesepublikum empfand, war das «Material» von *Herrmann und Dorothea*, und dieses «Material» war die Französische Revolution aus deutscher Perspektive, indirekt und abgemildert, gewesen. Demgegenüber boten die Tell- wie die Achilles-Geschichte die Chance, jene Streitfrage direkt zu behandeln, die Goethe um diese Zeit als immer drängender empfand: das Verhältnis eines individuellen Lebens zu einer großen, gewaltsamen historischen Umwälzung, im einen Fall dem Ringen um politische Freiheit, im andern einem totalen Vernichtungskrieg. Mit dem Plan zu *Die Jagd* hatte er bereits einen Versuch unternommen, die Bandbreite seiner Dichtkunst über das in *Herrmann und Dorothea* Erreichte hinaus zu erweitern, und war gescheitert. Wenn ihn jetzt sein Unvermögen ärgerte, aus zwei guten neuen Ideen etwas zu machen, lag es im Grunde genommen an seinem Argwohn, neuerlich in der wichtigsten Aufgabe zu versagen, die ihm gestellt war und die ihn seit den *Venezianischen Epigrammen* von 1790 in der einen oder anderen Weise beschäftigt hatte. Man könnte versucht sein zu meinen, daß er ohnedies dazu verurteilt war, an einem Vorurteil über die literarische Form zu scheitern: Wie konnte das ernsthafte Versepos, ob vergilisch oder homerisch, eine Gattung, in der selbst ein Milton nur einen Pyrhussieg errungen hatte, das angemessene Vehikel für eine Antwort auf die Revolution sein, die definierte, was es hieß, modern zu sein? Wußte Goethe denn nicht, daß ihm das nicht gelingen konnte? Gewiß wußte er es – darum hatte er ja auch für *Herrmann und Dorothea* bewußt eine nur halb ernsthafte epische Zwitterform gewählt und räumte, als sein Achilles-Epos bereits in der Planungsphase war, gesprächsweise ein, daß er sich mit einem Anachronismus befasse; «der Roman, sagte er, sei nun einmal keine reine Gattung, nicht völlig episch etc., aber angemessen unserer Zeit etc.» Um seiner Zeit angemessen zu schreiben, mußte er, wo nicht Romane, so Dinge schreiben, die nicht rein, nicht völlig episch waren, aber jedenfalls keine *Achilleis*. Die Obsession mit der Reinheit der Gattung war eine Folge, nicht eine Ursache seines Unvermögens, die angemessenen Worte für das große Thema seiner Zeit zu finden. Wäre Goethe fähig gewesen, den Nachfolger von *Herrmann und Dorothea* zu schreiben – ob in einer anerkannten Gattung oder nicht –, hätte er nicht seine Zeit damit verbracht, aus seinem Briefwechsel mit Schiller den Aufsatz «Über die epische und dramatische Dichtung» zu destillieren, eine tautologische Übung mit dem Tenor, daß das Unmögliche verboten und das Faktische vorgeschrieben sei. «Ich habe einmal gehört oder gelesen», notierte sich Lichtenberg im Oktober 1798, «daß man die Rezeptbücher, *schöne* Kinder zu zeugen, erst um die Zeit nachzuschlagen anfangen soll, wenn es anfängt zweifelhaft zu werden, ob man überhaupt noch welche zeugen kann. (Schillers und Goethens Theorie.)»

Die Unterschiede zwischen den Gattungen finden sich nicht in der inneren Struktur einzelner Werke, sondern in den – gesellschaftlichen und sonstigen – Umständen ihrer Produktion und ihres Konsums. Was Goethe brauchte, war nicht die richtige Gattung, sondern das richtige Publikum. Er konnte noch nicht sagen, was es hieß, in diesen beispiellosen Zeiten zu leben, weil er noch nicht wußte, wem er es sagte. Als er vom Gotthard herabstieg, hatte er zwar die Grenzen des Lebens in seiner modernen Welt akzeptiert, aber er hatte noch immer Illusionen über das Leben eines modernen Schriftstellers abzustreifen. Als er endlich am 20. März nach Jena kam und die Gespräche mit Schiller wieder aufnahm, die bis auf eine kurze Stunde im November acht Monate unterbrochen worden waren, hatte er ein völlig neues Programm zur Neubestimmung des Publikums zu erörtern. Das meiste davon belief sich zuletzt auf weitere «falsche Tendenzen», die aber wie andere verfehlte Richtungen seines Strebens Früchte in seinem inneren und äußeren Leben trugen und Schritte (vielleicht notwendige, vielleicht auch nicht) zu späterer, größerer Leistung waren. Ein einleitender Schritt war eine neue Initiative in bezug auf Schiller. Schiller fand Gefallen an dem Sommerhaus, verbrachte dort soviel Zeit, wie das Wetter zuließ, und verbesserte 1798 den Garten mit zwei neuen Bauten: einer freistehenden Küche und einem zweigeschossigen Turm mit einem Bad unten und einem ruhigen, aber fürchterlich kalten Arbeitszimmer oben. Leider hatte er, wie Goethe feststellte, beim Bau der Küche vergessen, auf die herrschenden Windverhältnisse zu achten, so daß Rauch und Fettdunst einem den Aufenthalt im Garten verleideten. Goethe, dem die Lage des Hauses ohnehin nicht zupaß kam, war nicht mehr gewillt, ununterbrochen längere Zeit in Jena zu verbringen; 1798 war er alles in allem drei Monate da, aber dafür brauchte er acht verschiedene Besuche; 1796 hatte er es auf fast fünf Monate bei fünf Besuchen gebracht. Nach der Krise des vergangenen Jahres hatte er den Wunsch, die zwei Achsen seines Lebens, Christiane und Schiller, näher aneinanderzurücken, und das Pendeln zwischen Weimar und Jena war nur eine vorübergehende Lösung. Die zunehmende Häufigkeit und Länge ihrer Briefe bewies, wie sehr er und Schiller das Gespräch brauchten; Goethe überdachte noch einmal seinen früheren Widerstand gegen einen Umzug und sah die naheliegende Lösung darin, daß Schiller die Wintermonate in Weimar verbrachte. Er konnte jede Woche die Oper besuchen, eine spezielle Loge für ihn, die seinem Bedürfnis nach Privatheit entsprach, war leicht einzurichten, und «nach dem bekannten weimarischen Isolationssystem» war dafür gesorgt, daß er nicht von Verpflichtungen belästigt wurde, wenn er nicht wollte. Schiller begrüßte den Vorschlag – die Nähe eines wirklichen Theaters würde ihm beim Schreiben von praktischem Wert sein –, erinnerte jedoch Goethe pointiert an die Schwierigkeit, in Weimar eine Wohnung zu finden. Hierbei blieb es eine Weile, und das Thema wurde erst im folgenden Jahr wieder aufgenommen; aber daß es überhaupt aufgeworfen worden war, signalisierte Goethes Vorsatz, enger mit Schiller zusammenzuarbeiten. Ohnehin war es jetzt an ihm, die Führung zu übernehmen. Ihr bisheriges Gemeinschaftsunternehmen, *Die Horen*, war Schillers Idee gewesen, und die wurde gerade abgewickelt. Schiller kam im Januar mit Cotta überein, daß das eben anbrechende Jahr das letzte sein solle, doch lagen die Herausgeber mit ihrem Zeitplan so weit zurück, daß das letzte Heft für 1797 erst Anfang Juni erschien, etwa zwei Wochen nach dem Erscheinen der ersten Nummer von Schlegels *Athenäum*. Schon halb vergessen, schwand eine Ära dahin. Hatten Goethe und Schiller, sei's auch gemeinsam, bei dem, was folgen würde, ein Wort mitzureden?

Goethes neues Hauptunternehmen, in seiner ersten Woche in Jena ausführlich diskutiert, sollte weniger eine Nachfolgepublikation für *Die Horen* als der Versuch sein, aus den Fehlern der früheren Zeitschrift zu lernen. Ursprünglich war gar nicht an eine Zeitschrift gedacht, sondern lediglich an eine «Suite von kleinen Bändchen», auf Subskription angeboten, in denen eine kleine Gruppe von Freunden – Goethe, Meyer und Schiller – ihre Auffassungen über die Künste, deren Theorie und Praxis darlegen sollten und zu denen Goethe als Anhang eine neue, vollständige und kommentierte Ausgabe seiner Übersetzung von Cellinis *Vita* beizusteuern hoffte. In Wahrheit waren es also die Trümmer des von Bonaparte zerschlagenen großen Plans von vor drei Jahren, eine umfassende Darstellung des Kulturphänomens Italien zu geben: So sollten beispielsweise Meyers Studien über Raffael, Mantua, die Niobe oder die Geschichte der florentinischen Kunst jetzt alle einfach als einzelne Essays erscheinen. «Am Ende des Jahrhunderts», erklärte Goethe seinem Publikum im folgenden Jahr, habe «der alles bewegende Genius seine zerstörende Lust besonders auch an Kunst und Kunstverhältnissen ausgeübt». «In diesen Zeiten allgemeiner Auflösung» präsentiere er nur «die Theile, die wir gerettet haben, da wir das ganze aufgeben mußten». So wie nur wenige zuverlässige Beiträger vorgesehen waren, sollte das Publikum ein ganz anderes sein als jenes, das den Herausgebern der *Horen* vorgeschwebt hatte: nicht ein Publikum, das die Veröffentlichung schuf, sondern eines, das sie herausfinden sollte; weder das ganze Spektrum des zeitschriftenlesenden Publikums noch eine sozial oder geographisch unterscheidbare Schicht, sondern eine erlesene Gruppe von Gleichgesinnten, wo immer sie sein mochten. Es war das minimale Publikum, das Goethe benötigte, wenn er an eine objektive Basis seiner Anschauungen glauben und sich gegen die Wahrheit schützen sollte – daß seine Anschauungen (zumindest die über die Kunst) nur darum von Interesse waren, weil es die seinen waren, und das einzige Publikum, das er zu erwarten hatte, eine persönliche Gefolgschaft war. Der Ehrgeiz, ein nationales Forum zu schaffen, war dahin, aber dahin war auch die hinderlichste Einschränkung, die die Herausgeber den *Horen* aufgebürdet hatten: Das neue Periodikum sollte offen sein für die Diskussion gegenwärtiger Angelegenheiten, insoweit sie die Künste berührten. Goethe führte auf seiner Liste möglicher Aufsätze ausdrücklich an: «Bemerkungen und Betrachtungen über sittliche, politische und militarische Gegenstände, während eines Aufenthaltes in Italien 1795, 96 und 97». In diesem Projekt begann das literarische Programm, das die *Unterhaltungen deutscher Ausgewanderten* implizierten, Wirklichkeit zu werden – eine öffentliche Unterhaltung mit offenem Ende zwischen verschiedenen Parteien, die den Unterschied zwischen Sprechern und Publikum verwischte und fiktionale Texte nicht grundsätzlich ausschloß. Die Subskriptionsankündigung, die Goethe verfaßte, setzte eine gewisse Harmonie der Grundsätze bei den Beiträgern voraus, unterstrich aber die vielfältige, gemeinschaftliche und praktische Natur des Unternehmens. Schiller fühlte als erstes bei Cotta vor, obgleich er an der ganzen Sache ebenso zweifelte wie der Verleger selbst (und mit Recht fürchtete, sie werde Goethe von Wichtigerem ablenken), aber Cotta erkannte seine Chance. Mochte das Projekt – im Briefwechsel darüber kristallierte sich bald eine Vierteljahresschrift heraus – gelingen oder scheitern, er war in einer günstigen Ausgangsposition, von Goethe das zu bekommen, was er eigentlich wollte: das Manuskript des *Faust*. Goethes exorbitante Honorarforderungen – 390 Taler pro Ausgabe – schreckten ihn ebensowenig wie der abweisende Titel, den er vorschlug.

Das erste Heft der *Propyläen*, klar gedruckt in einem großzügigen Format, das seinem stolzen Preis von einem Taler entsprach, erschien im Oktober, und die nächsten drei, im folgenden Januar, April und Juli, behielten den Vierteljahresrhythmus bei. Goethe verstand den Namen für das «neue gemeinschaftliche Werk» als Anspielung auf das Torhaus zur athenischen Akropolis und als einen Seitenhieb gegen die Schlegels, deren *Athenäum* in seinem Titel erklärte, daß sie in das «Allerheiligste» der Kunst vorgedrungen seien. Gegen ihren arroganten Fichteschen Anspruch, das Ding an sich zu besitzen, setzte Goethe die Bescheidung, die sich damit abfindet, nur in den Vorhöfen von Kunst und Schönheit, unter den «Phänomenen», zu wandeln und nicht zu dem vorstoßen zu können, was im Inneren ist. Diese entsagende Bescheidenheit, der er in seinem eigenen Leben schon Ausdruck gegeben hatte, als er an der Schwelle Italiens kehrtmachte, hatte auch einen historischen Aspekt. Vierzehn Tage, nachdem er von August Wilhelm Schlegel das erste Heft des *Athenäum* erhalten hatte, und unmittelbar nach der Findung seines eigenen Titels begann Goethe eine Einleitung zu dem neuen Periodikum zu schreiben, ein Manifest des «Mannes», der im Unterschied zum verwegenen «Jüngling» nicht daran denkt, daß das, was er baut, an «Kunst und Pracht» mit den heiligen Plätzen der Antike wetteifern kann. Das Fragmentarische mag in der Tat ein Charakteristikum der modernen Kunst und Poesie sein (das erste *Athenäum* hatte Novalis' *Blütenstaub* gebracht), aber, wie Goethe betonte, nicht, weil die Menschheit zwangsläufig des Ganzen unfähig ist oder immer gewesen ist:

Werden nicht Denker, Gelehrte, Künstler angelockt […], unter einem Volke wenigstens in der Einbildungskraft zu wohnen, dem eine Vollkommenheit, die wir wünschen und nie erreichen, natürlich war, bei dem […] sich eine Bildung […] entwickelt, die bei uns nur als Stückwerk vorübergehend erscheint?

Die Einsicht, daß die Geschichte uns ein Leben nur in den Vorhöfen der Vollkommenheit diktiert hat, so wie unsere Erkenntnis nur ein Stückwerk aus Erscheinungen des «Dinges an sich» ist, führt Goethe zu einer polemischeren Haltung gegenüber der zeitgenössischen Kultur, als man nach dem einleitenden Versprechen eines freundschaftlichen Ideenwechsels erwartet hätte. Da moderne Künstler so oft die unerreichbare Vortrefflichkeit antiker Werke zugeben, in Theorie und Praxis aber versäumen, die Lehren zu beobachten, auf denen sie errichtet sind, wird es Hauptzweck der Zeitschrift sein, diese Lehren zu erhellen und moderne Werke an ihnen zu messen. Das ist an sich nicht sehr verschieden von dem Zweck jenes Buches über Italien, das Goethe nun nicht mehr schreiben würde: Er gab bekannt, daß die *Propyläen* nicht nur Untersuchungen zu einzelnen Werken (wie seinen Aufsatz über Laokoon) enthalten sollten, die aus ihnen ästhetische Maximen abziehen würden, sondern auch Darstellungen naturwissenschaftlicher Themen, die dazu dienen sollten, die in der Natur wirksamen Gesetze zu klären, die der Künstler nachzuahmen versucht, und damit Darstellungen dessen, was in der Kunst der Gegenwart natürlich oder unnatürlich war. Zusätzlich zu allgemeinen theoretischen Überblicken sollte es Raum für Artikel über vergleichende Anatomie (vielleicht konkret die «Morphologie»), Gesteinskunde und die Farbenlehre geben. Es kam darauf an, das entscheidende Gebiet zu beleuchten, wo die Natur an die Kunst grenzt und wo die beiden Reiche, an sich äußerst verschieden, durch des Künstlers «höchsten Begriff» vom Menschen vereinigt werden; denn Schönheit wird geboren, nicht wenn Natur verleugnet, sondern wenn sie verstanden wird. In eben diesem Sinne war es einst Goethes Absicht gewesen, das Gegründetsein der Kunstleistung Italiens in der Natur zu zeigen, das in der modernen Welt unübertroffene Beispiel einer würdigen Antwort der menschlichen Einbildungskraft auf wohltätige natürliche Umstände in geologischer und botanischer, geographischer und klimatischer Hinsicht. Das bittere Dekret der Geschichte war indessen nicht zu umgehen. Lesern wie Autoren der *Propyläen* ist, so hören wir, nicht nur der Zugang zum Allerheiligsten der antiken griechischen Kunst verwehrt, sondern auch der zu einer Vollkommenheit, die «vor kurzem» allen erreichbar war. Italien war einst ein einziger «großer Kunstkörper», nun sind «viele Teile von diesem großen und alten Ganzen abgerissen» worden, und wir leben in einer «Zeit der Zerstreuung und des Verlustes». Das Gemeinschaftsunternehmen der *Propyläen* kann diese verlorene Einheit vielleicht auf zweierlei Weise wettmachen: durch die Sammlung von Aufzeichnungen (wie Meyers Notizen über das von ihm Gesehene) kann der «zerstückelte» Körper Italiens in der Erinnerung wieder hergestellt werden; und durch Berichte über Kunstwerke, die in ganz Europa, in England und Deutschland wie in Paris, aufbewahrt werden, kann vielleicht ein neuer «idealer Kunstkörper» erschaffen werden, ein *musée imaginaire*, in dem die über die ganze Welt verstreuten physischen Überreste der Antike im Geist zusammengeführt und lebendig gemacht werden. Die Unterhaltung in der Zeitschrift, könnten wir hinzufügen, würde so zum Medium werden, in dem ein selbst zerstreutes Publikum seine Identität und gemeinsame Aufgabe finden könnte. Die *Propyläen* waren das erste Projekt Goethes, das von Anfang an im Geist der Entsagung – historisch, erkenntnistheoretisch und ästhetisch – konzipiert wurde und wie Hölderlins Lyrik aus denselben Jahren, wiewohl mit einem ganz anderen politischen Tenor, das Gefühl der Entfremdung von der Ganzheit der Antike dazu nutzte, die Erfahrung der großen zeitgenössischen Revolution zu deuten.

Trotz seines Versprechens, mitzumachen, steuerte Schiller zu den *Propyläen* praktisch nichts außer allgemein gehaltenen redaktionellen Bemerkungen bei. Die Aufgabe, die ihn ablenkte, war jedoch auch ein großes Anliegen Goethes. Das erste, was Goethe nach seinem Eintreffen in Jena getan hatte, war, zu Schiller zu gehen, um ihn den ersten Akt einer neuen Fassung des

Wallenstein lesen zu hören. Anfang November 1797 hatte Schiller sich entschlossen, auch den *Wallenstein* in die Blankverse zu bringen, deren er sich zehn Jahre zuvor bei *Don Carlos* bedient hatte. Der Entwurf schwoll in Schillers luzider, aber wortreicher Versifikation stark an, doch Goethe äußerte nachdrückliche Zustimmung: «Alle dramatische Arbeiten ... sollten rhythmisch seyn.» Zwar konnte keine existierende deutsche Theatergesellschaft etwas anderes sprechen als die dichterische Prosa, in der alle zeitgenössischen Dramatiker schrieben, aber: «Auf alle Fälle sind wir genöthigt unser Jahrhundert zu vergessen wenn wir nach unserer Überzeugung arbeiten wollen.» Schiller faßte Mut und vermochte in dem, was er tat, die theatralischen Anfänge einer allgemeinen Geschmacksreform im Interesse der Kunst zu erblicken. Nachdem er die ersten drei Fünftel des Stückes gehört hatte – «fürtrefflich und in einigen Stellen erstaunend» –, war Goethe überzeugt, daß Schiller etwas geschaffen habe, das das zeitgenössische Theater auf eine extreme Probe stellen werde, auf jeden Fall aber eine Rolle, der nur ein Schröder gerecht werden konnte. Schiller war sich durchaus bewußt – und sagte es einem jungen Besucher, der noch immer hoffte, die politische Revolution werde die sittliche und ästhetische Einfalt der Alten wiederherstellen: «Dichter, die Iphigenien etc. aufführen lassen wollten, hätten kein Publikum.» Dennoch spielten er und Goethe mit der Vorstellung, «ob nicht von Weimar aus ... etwas geschehen könne», besonders «wenn z. B. ein neues Schauspielhaus in griechischer Form gebauet würde». Die Vorstellung wurde erstaunlich schnell Wirklichkeit: In kaum mehr als sechs Monaten strukturierte Goethe 1798 das Weimarer Theater um und überdachte seine Bestimmung neu. Die Theaterreform war ein weiterer Versuch, jenen Rapport zwischen Schriftstellern und dem Publikum herzustellen, den die *Horen* nicht zu stiften vermocht hatten; obgleich das Ziel aber ähnlich war wie bei den *Propyläen*, ging das Unternehmen doch in eine ganz andere Richtung. Das Publikum in Weimar mußte nicht gesucht werden, es war eine bekannte Größe; was not tat, war, die Funktion zu verändern, die das Schauspiel für die Zuschauer erfüllte, und ein Beispiel für den Rest der Nation zu setzen. Ein neuartiges, ritualisiertes Drama, feierlich formalisiert im Sinne der neuen Religion der Kunst – zum Beispiel durch den Gebrauch des Verses – mochte vielleicht dort Erfolg haben, wo die *Horen* gescheitert waren. Doch während die Leser einer Zeitschrift durch das kommerzielle Medium des Buchdrucks eine Gesellschaft von Gleichen ausmachten (für einen Taler bekam der Bürgerliche genauso viel von den *Propyläen* wie der Graf), hatte ein Theater, das dem Fürsten und seinem Hof zur Repräsentation diente und als Zweigbetrieb der örtlichen Verwaltung geführt und subventioniert wurde, zwangsläufig den Effekt, den unterschiedlichen Ort seiner Zuschauer in der sozialen Hierarchie zu zementieren. *Die Horen* hatten diese zwei verschiedenen Wertsysteme vereinigen wollen und waren gescheitert. Schiller wußte, daß er sich mit der Abwendung vom Journalismus und der Hinwendung zum Theater mit der herrschenden Fürstenmacht in Deutschland zusammentat. Sein Publikum, bemerkte er, seien zum einen die ernsten mittleren Schichten (Bürgertum und Beamte), die der Aufheiterung durch die ästhetische Erfahrung bedurften und daher in die Oper gehen sollten, und zum anderen der grundbesitzende und höfische Adel, dessen Leichtsinn der Beschwerung durch die Tragödie bedurfte. Da er damals an einer Tragödie und nicht an einer Oper schrieb, war offenkundig, wo seine politischen Prioritäten lagen. Goethe hingegen hatte sich seit Jahren zunehmend darauf eingelassen, für die unbekannte Menge verstreuter Leser zu schreiben; zwar fand er den Gedanken eines institutionell definierten Publikums verlockend, doch war er völlig außerstande, Schillers Beiträgen zum Repertoire des neuen Theaters Gleichwertiges an die Seite zu stellen. Vielleicht hatte er eine Vorahnung, daß das Theater als im wesentlichen höfische Institution nur zu leicht und zu bald Zwecken dienstbar gemacht werden konnte, die von den seinen sehr verschieden waren. Er steckte viel mehr Mühe – und über einen längeren Zeitraum – in das gemeinschaftliche Theaterprojekt als in die *Propyläen*, und es brachte ihn schließlich dazu, ein Meisterwerk zu schreiben – das allerdings kaum aufführbar war –; doch war es die Zeitschrift, die die Saat seiner einflußreichsten späteren Werke wachsen ließ.

Als Goethe am Karsamstag nach Weimar zurückkehrte, um Ober-Roßla zu verpachten, gaben ihm Ideen für die Zukunft Auftrieb, und er war in guter Stimmung, um einen bevorstehenden zweiten Besuch Ifflands vorzubereiten. Es konnte nicht offen die Rede davon sein, den Schauspieler von Berlin wegzulocken, aber ein herzlicher Empfang mochte den rechten Eindruck machen, sollte er sich eines Tages doch zu einem Wechsel entschließen, und Goethe war offenbar gewillt, dem Theater auf dem gesellschaftlichen Kalender Weimars höhere Prominenz zu verschaffen. Ifflands erstes Gastspiel 1796 war ein großer Erfolg gewesen; beim zweiten, als er für eine Gage von 250 Talern zwischen dem 24. April und 4. Mai neun verschiedene Rollen spielte, war das Haus sogar noch voller, obwohl man die Preise für die Plätze erhöht hatte. Goethe hatte wieder Gelegenheit, seine «lebhafte Einbildungskraft ... seine Nachahmungsgabe ... und zuletzt den Humor» zu bewundern, die der Mime in einer Reihe von ansonsten unbedeutenden bürgerlichen Trauerspielen und Komödien demonstrierte, aber zum Erstaunen eines ungläubigen Schiller – den Krankheit in Jena festhielt und der dem vertrauen mußte, was man ihm erzählte – hielt Goethe für Ifflands größten Triumph die Rolle des Pygmalion in dem gleichnamigen lyrischen Melodram Rousseaus (zu der Musik von Benda). Es ist in der Tat schwer zu glauben, daß Ifflands im wesentlichen realistisches Talent in dieser verzückt-manierierten Pièce über mehr soll hinausgekommen sein als ein grotesk affektiertes «o Sophonisbe», aber Goethe scheint das nicht gekümmert zu haben: Was für ihn zählte, war – etwas ungereimt unter den gegebenen Umständen – das Stück und nicht der Schauspieler. Rousseaus Werk, das mit Goethes Verständnis seiner eigenen Kreativität verbunden gewesen war, seit er es 1773 für sein Drama *Prometheus* herangezogen hatte, erschien plötzlich in neuem

Licht: als Brücke zwischen der Philosophie und Kultur des Ichs, die im letzten Vierteljahrhundert in Deutschland so extensiv gepflegt worden war, und einer großen modernen Tradition der formalisierten Verstragödie, die das deutsche Theaterpublikum in demselben Zeitraum systematisch ignoriert hatte: der französischen. Wenn Iffland jene stilisierte französische Manier zum Erfolg führen konnte, in welcher mythische und historische Figuren als Allegorien moderner Belange fungierten, dann gab es vielleicht auch in Weimar eine Zukunft für die Tragödie in Versen, und was Racine, die beiden Corneilles und Voltaire in Paris für *la cour et la ville* geleistet hatten, konnte auch für das ähnliche gemischte Publikum Schillers in Deutschland getan werden – mit anderen Worten: Gottscheds Rezept, mit Idealismus gewürzt. Der spektakuläre Empfang, den Goethe Iffland bereitete, hatte eindeutig einen propagandistischen Zweck, als Demonstration des Tributs, den nach seinem Dafürhalten die Gesellschaft der Laien einem Priester der Kunst zu entrichten hatte. An sieben der neun Vormittage von Ifflands Besuch empfing er im Haus am Frauenplan zwischen 10:30 und 12:45 Uhr bis zu dreißig Gäste zum «Frühstück»; alle waren eingeladen, vom Herzog und der Herzogin und den höchsten Beamten über die dienstältesten Schauspieler und durchreisende Gelehrte bis hin zu August Wilhelm und Caroline Schlegel. Auf dem Absatz der großen Treppe wurde jeder Gast mit einer Tasse Schokolade begrüßt; danach zog man, vorbei an Meyers Kopie der «Aldobrandinischen Hochzeit», die in einem eigenen Zimmer aufgestellt war, in den großen Salon: Teppiche, Drucke und Gemälde wurden bewundert, Caroline Jagemann sang, und durch die rückwärtigen Türen, hinter dem Piano und der Büste des Apoll von Belvedere, blickte man in den besonnten Garten, wo, versteckt in den Rosenbüschen, August das Geschehen verfolgte. Iffland traf als Ehrengast ein, Goethe nahm ihn beim Arm und zog ihn langsam durch die Gesellschaft mit sich fort. Um halb zwölf wurden im benachbarten Zimmer, das Angelica Kauffmanns Darstellung einer Szene aus *Iphigenie* beherrschte, Erfrischungen gereicht: Meeresfrüchte, kalte Zunge und «feinster Wein». Das ganze Programm war als Ergänzung – vielleicht auch als Konkurrenz – zu dem von Carl August veranstalteten Festessen im Römischen Haus gedacht, das Iffland zum ersten Mal sah. «Einen Schauspieler wie Iffland gesehen haben» sagte Goethe zu einem Gast, «erregt beim Publikum ein Bedürfnis, künftig wieder dergleichen zu sehen; und ein solches Bedürfnis erwecken, ist der erste Schritt zum besseren Geschmack.»

Das dritte Jahr in Folge ließ der Frühling Goethes poetische Ader schwellen. Vielleicht weil Goethe das kommen sah, nahm er am Ostermontag überraschenderweise die Arbeit an *Faust* wieder auf, während er noch das Auftreten Ifflands vorbereitete, und schrieb die ersten zehn Tage und möglicherweise auch in der betriebsamsten Zeit von Ende April bis Anfang Mai jeden Tag mindestens ein Dutzend Zeilen. Schwelgte er in dieser improvisierten Produktivität, die so ganz anders war als die systematische Konzentration, womit er sich in seiner Jenaer Einsamkeit ernsthafteren Studien widmete – zumal dies ohnehin nur leichtgewichtiges nordisches Zeug war, das nichts Besseres verdiente? – Oder versuchte er bewußt, etwas von der Dringlichkeit der emotional beengten Tage einzufangen, in denen die ersten Szenen des Stückes entstanden waren? Oder wußte er mehr oder weniger deutlich, daß von allen seinen längeren Werken *Faust* dasjenige war, das aus der Mitte seines Lebens hervorgehen mußte, nicht aus einem abgeschiedenen Refugium am Rande? Er schloß die Neuordnung des Manuskripts ab und nahm sich sogar den bei weitem schwierigsten Teil vor, die «tragischen Szenen» mit Gretchens Ende. Er bekräftigte endgültig seine Absicht, sie beizubehalten, indem er sie jetzt von der Prosa in Verse brachte – sie dem Ambiente des bürgerlichen Trauerspiels (und damit dem größten Teil von Ifflands Programm) enthob und in ein poetisches Theater überführte, das bisher weder Bühne noch Truppe besaß. Die intensive Arbeit an *Der Zauberflöte zweiter Teil*, die sein Tagebuch für die Zeit nach Ifflands Abreise verzeichnet – der Schauspieler hatte gerüchteweise von dem Libretto gehört und sein Interesse daran bekundet –, umfaßte möglicherweise auch zumindest die Anfänge eines «Vorspiels auf dem Theater», einer Diskussion über das Wesen des Dramas zwischen dem Direktor, dem Dramaturgen und der «lustigen Person» einer reisenden Komödiantentruppe. Cimarosas Oper *L'impresario in angustie*, die im Januar wieder ausgegraben worden war, hatte ein ähnliches Personal, und die Fragen waren Goethe so gegenwärtig wie seit Jahren nicht mehr. Zu diesem Zeitpunkt war es jedoch das Vorspiel zu einer Oper, nicht zu *Faust*, und die Arbeit an *Faust* scheint ganz aufgehört zu haben, als Goethe sich von diesen Zerstreuungen abwandte, um als Vorbereitung auf sein Epos das ernste Geschäft einer *Ilias*-Lektüre zu beginnen. Glücklicherweise hielt die poetische Stimmung jedoch an, und sobald Goethe am 20. Mai wieder in Jena war, wo er mit einer viertägigen Unterbrechung blieb, bis er am 21. Juni offizieller Besitzer von Ober-Roßla wurde, konnten weder das Studium von Wilhelm von Humboldts Theorien über die epische Gattung noch die vorbereitende Arbeit an den *Propyläen* ihn davon abhalten, für den nächsten *Musen-Almanach* eine beeindruckende Reihe von Gedichten abzuschließen: neben mehreren kürzeren Stücken die endlich unter dem Titel *Euphrosyne* fertiggestellte Elegie auf Christiane Becker und etwas ganz Neues, *Die Metamorphose der Pflanzen*, ein Lehrgedicht in elegischen Distichen, das vielleicht auf die kürzlich betriebene Lektüre von *The Botanical Garden* von Erasmus Darwin (1731–1802) zurückging.

Wenn Goethe einer neuen Obsession erlag, mußten seine Mitmenschen damit rechnen, skrupellos ausgenutzt zu werden (was zugegebenermaßen recht vergnüglich sein konnte). Sein kurzer Besuch in Weimar Ende Mai war erforderlich geworden, weil endlich Thouret gekommen war, dem er das Schloß zeigen und Anweisungen für die Ausgestaltung der herzoglichen Räume im Ostflügel erteilen mußte. Da jedoch für das laufende Jahr keine besonderen finanziellen oder sonstigen Ressourcen bewilligt waren, gab es bald für Thouret peinlich wenig zu tun. Goethe witterte seine Chance. Am 5. Juli, zwei Tage, bevor Carl August zu Konsultationen mit Preußens neuem König nach Berlin abreisen mußte, traf es sich, daß Goethe gerade Thouret und Baumeister Steiner das Innere des Weimarer Theaters zeigte: Gemeinsam wurden sie von einer «Idee wegen der Änderung» inspiriert, und am 14. wartete Thouret mit detaillierten Plänen auf, die Goethe in Abwesenheit des Herzogs Herzogin Louise zur Billigung vorlegte. Er bot ohne Zweifel seine ganze Überredungskunst auf – es war ein in seinem Umfang begrenztes Projekt, das Thouret zur Gänze überwachen konnte, nicht mehr als ein paar Monate in Anspruch nahm und ihrem Gemahl gewiß sehr gefallen würde –, und wahrscheinlich verschwieg er ihr, daß das Bauholz und alles andere aus dem Material abgezweigt werden mußte, das für das Schloß bestimmt war. Der neue Grundriß wurde bereits auf dem Boden markiert, und am 16. begann das Bauen. Goethe wußte, daß es seinen Sommer ruinieren würde, jedoch auf angenehme Art:

Ich kenne leider aus frühern Zeiten diese wunderbare Ableitung nur allzusehr, und habe unglaublich viel Zeit dadurch verdorben. Die mechanische Beschäftigung der Menschen, das handwerksmäßige Entstehen eines neuen Gegenstandes, unterhält uns angenehm, indem unsere Thätigkeit dabey Null wird. Es ist beynahe wie das Tabakrauchen.

Ziemlich dasselbe hätte man von seiner Herausgebertätigkeit für die *Propyläen* sagen können, seiner anderen Hauptaufgabe während der Hundstage. Aber alle Bauten wurden aus Holz aufgeführt und entstanden entsprechend schnell – «Wenn Sie recht klopfen, sägen, hämmern, hobeln hören wollen so sollten Sie sich jetzt Tags ein paar Stunden ins Theater setzen» –, und Ende August war die Decke fertig, das Gerüst wurde entfernt, und es begann die Arbeit des Ausräumens und Ausgestaltens. Gleichwohl hatte Thouret das Gebäude völlig verändert. Der alte Zuschauerraum war nicht mehr gewesen als ein einstöckiger, länglicher Tanzsaal, mit einer Bühne, die sich in der Mitte einer Längsseite öffnete. Thouret zog die Schmalwände ein, so daß Bühne und Zuschauerraum gleich breit waren, und baute zum Ausgleich für die dadurch verschwundenen Sitzplätze zwei hufeisenförmige Ränge: einen, der auf granitfarbenen Bögen ruhte und die nur durch hüfthohe Abteilungen voneinander getrennten Logen enthielt, mit der herzoglichen Loge in der Mitte im Hintergrund; und einen zweiten, der durch eine stattliche Reihe dorischer Säulen – in der Farbe gelben Marmors und mit Bronzekapitellen – vom ersten getragen wurde. Der Raum unter dem unteren Hufeisen, zwischen den Bögen und den Wänden, war frei begehbar und bot zusätzlichen Stehplatz, wenn das Haus voll war. Von einer runden Entlüftungslaterne in der Mitte der grauen, mit einfacher Stukkatur gerahmten Decke hing ein riesiger Leuchter mit den modernsten (erst 1784 von Argand erfundenen) Öllampen; die Bühne, die verkürzt worden war, aber ihre Maschinerie unverändert behalten hatte, bekam einen neuen Satz derselben Lampen als

45. Rekonstruktion des Zuschauerraums des Weimarer Hoftheaters

Rampenlicht. Thouret malte einen neuen Vorhang, der die beflügelte Muse der Dichtkunst zeigte; den Dekor vervollständigten die Maske der Komödie und der Tragödie, Büsten von Aischylos und Sophokles sowie Girlanden mit Flöten und Leiern. Goethe hatte die «griechische Form» so weit getrieben, wie es das 18. Jahrhundert erlaubte: Jedenfalls hatte er einen Rahmen, in dem, wie bei den Amphitheatern, die er in Italien besucht hatte, «das Publikum sich wechselweise selbst sieht». Er hatte viel unternommen, um das Problem von Störungen während der Aufführung zu lösen; das ganze Publikum konnte jetzt von oben beobachtet werden, und jede Reihe des Parketts war ungehindert von beiden Seiten her zugänglich. Natürlich hatte Goethe mit dem Umbau auch eine Mehrzweckhalle, die ein städtischer Spekulant gebaut hatte, in ein intimes Hoftheater von der Art verwandelt, wie man sie in fürstlichen Residenzen im ganzen Reich antraf. Auch äußerlich zeugten die Veränderungen von der Eingliederung des Gebäudes in die politische Struktur des Herzogtums. Der Haupteingang wurde von der schmalen Nordseite auf die Ostseite verlegt, und mit einem griechischen Portikus sah das Theater jetzt zum Wittumspalais hinüber und beherrschte den offenen Platz dazwischen.

Das neue Gebäude mußte natürlich stilgemäß eröffnet werden. Kirms wollte zu dem Anlaß *Götz von Berlichingen* auf die Bühne bringen, aber Goethe hielt sein Stück für unaufführbar und außerdem durch die Unzahl von Nachahmungen für zu bekannt. Besser war es, irgendeinen Publikumsliebling zu nehmen – vielleicht hatte er *Die Zauberflöte* im Sinn –, zu dem er «eine Art von Vorspiel und dialogirtem Prolog» verfassen wollte: Wahrscheinlich wurde das «Vorspiel auf dem Theater» zu diesem Zeitpunkt konzipiert oder nach den Entwürfen des Frühjahrs bearbeitet. Für die heißesten Tage des Sommers ließ er die Familie in Weimar und Oberroßla (August repetierte eifrig die Beobachtungen seines Vaters zur Metamorphose der Raupen) und zog sich mit einem auf Flaschen gezogenen Vorrat an Pyrmonter Mineralwasser in das alte Schloß in Jena zurück, wo er dieses Projekt sowie die *Propyläen* zu fördern hoffte. Am Ende zweier unproduktiver Wochen jedoch, am 15. August, las ihm Schiller den ersten Entwurf der letzten zwei Akte seines *Wallenstein* vor, und ein neuer Gedanke begann zu reifen; denn es war abzusehen, daß das Stück, bei aller unmöglichen Länge des Manuskripts, für eine Produktion in der kommenden Winterspielzeit zur Verfügung stehen würde. Eine Redaktionskonferenz wäre dringend erforderlich gewesen, aber Goethe kam nicht aus Weimar fort – wegen der Bauarbeiten und der Hochzeit von Voigts Sohn –, Schiller nicht aus Jena – wegen einer Erkältung, die er sich in seinem neuen Arbeitszimmer zugezogen hatte (das Wetter war regnerisch geworden), und einiger neuer Balladen, die er zum Auffüllen des *Musen-Almanachs* verfassen mußte. Erst am 10. September wagte sich Schiller in die rüttelnde Kutsche, um für fünf entscheidende Tage nach Weimar zu kommen. Goethe schärfte ihm ein, wie wichtig es war, das Stück für die Bühne einzurichten, noch bevor es seine endgültige Gestalt für die Veröffentlichung erhielt. (Das war auch in finanzieller Hinsicht vernünftig, da Theaterschriftsteller Einkünfte aus dem Verkauf ihres Werkes an Produzenten nur erzielen konnten, solange das Stück nicht frei im Druck erhältlich war.) Der Stoff sollte zu einem Zyklus umgruppiert werden: dem schon vorhandenen Vorspiel, später *Wallensteins Lager* geheißen, und zwei ausgewachsenen Stücken, die zu diesem Zeitpunkt *Die Piccolomini* und *Wallenstein* (später *Wallensteins Tod*) hießen. Als Schiller zurückfuhr, hatte er sich bereit erklärt, *Wallensteins Lager* in eine Form zu bringen, in der es zur separaten Aufführung bei der feierlichen Eröffnung von Goethes neuem Theater taugte. Ihm blieb kaum noch ein Monat. In dieser Zeit verdoppelte sich fast der Umfang des Stückes auf über tausend Zeilen zumeist gereimter Knittelverse nach dem Vorbild des *Faust*, die keine Einführung in die Wallenstein-Handlung, sondern ein «Charakter- und Sittengemälde» aus dem 17. Jahrhundert boten. Es sollte Lieder, Tanzeinlagen und Musik geben, Goethe steuerte diverse Anregungen zu pittoresken Zusätzen bei, und in der letzten Septemberwoche fuhr er nach Jena, um mit Hand anzulegen. Zu derselben Zeit ging der *Musen-Almanach* in Druck, der Einband warf wie üblich Probleme auf, und Goethe versuchte, einen Aufsatz für die *Propyläen* zu schreiben, aber als er am 1. Oktober zurückfuhr, war es ihm gelungen, dem zögerlichen Schiller ein einstweilen endgültiges Manuskript zu entreißen. Am 4. hatten die Schauspieler ihre erste Leseprobe, die Eröffnung des Theaters wurde für den 10. erwartet. Sie zogen sich nach Goethes Eindruck angesichts der unvertrauten Form außerordentlich gut aus der Affäre, und die Akustik in dem neuen Raum schien ausgezeichnet zu sein. Meyer war bereits damit beschäftigt, alte Illustrationen als Muster für Bühnenbild und Kostüme herauszusuchen – sogar eine «alte Ofenplatte, worauf eine Lagerszene aus dem 17. Jahrhundert sich befand, einem Kneipenwirt in Jena entführt», erwies sich als nützliche Quelle. Auch ein förmlicher Prolog, den einer der Schauspieler zu sprechen hatte – Goethe lehnte diese Ehre ab –, mußte geschrieben werden, zum Lobe des Neubaus und mit Bezug auf Ifflands jüngstes Auftreten und die Hoffnung auf das baldige Kommen Schröders. Schillers Text dazu traf ebenfalls am 4. ein; am 8. übersandte er eine ganz neue Szene, nämlich eine Kapuzinerpredigt, in der die Gottlosigkeit von Wallensteins plündernden Horden und der erbärmliche Zustand des Reichs mit einer Vehemenz und wortspielerischen Suada verurteilt werden, die einen zeitgenössischen Ton hatten, jedoch auf einem von Goethe beschafften, authentischen Text beruhten. Zum Glück wurde die Eröffnung des Theaters auf Freitag, den 12. Oktober, verschoben. Am Donnerstag kam Schiller zur Kostümprobe, und Goethe wich den ganzen Tag nicht aus dem Theater, nahm seine Mahlzeiten mit den Schauspielern ein und half, letzte Hand anzulegen. Obwohl es unter den Schauspielern Streit über die Besetzung gab und eine Flut von Beschwerden über hohe Eintrittspreise und verschwundene Lieblingsplätze eingingen, obwohl Wolzogen das Gerücht in die Welt setzte, das neue Gebäude sei unvernünftig, und Kirms beharrlich opponierte, weil er den praktischen Theaterbetrieb dem Bestreben, «architektonisch schön» zu sein, geopfert sah, blieb Goethe unerschütterlich guter Dinge. Er genoß die Rolle des großzügigen Gastgebers, der dem am Freitagabend hereindrängenden Publikum «ein freundliches glänzendes Feenschlößchen» zum Geschenk machte. Nach einer Neuauflage von Kotzebues jüngstem erfolgreichen Familiendrama *Die Korsen* – wegen der musikalischen Elemente in *Wallensteins Lager* hatte Schiller die Koppelung mit einer Oper abgelehnt – schwebte die Muse auf Thourets Vorhang ein zweites Mal in die Höhe und eröffnete den Blick auf eine lichtdurchflutete ideale Landschaft und einen Tempel der Kunst – hinreichend fern und geheimnisvoll, um einen weiteren versteckten Tadel des *Athenäums* und seiner Prätentionen vorzustellen. Dann sprach Vohs im Kostüm Max Piccolominis Schillers Prolog. Die Worte waren ernüchternd; sie erinnerten das Publikum daran, daß die Verfassung des Reichs, die 1648 aus Wallensteins Krieg erwachsen war, heute, 150 Jahre später, «an des Jahrhunderts ernstem Ende, / wo selbst die Wirklichkeit zur Dichtung wird», in Rastatt auseinanderbrach. Die dramatische Kunst, deklamierte Vohs, habe sich, «soll nicht des Lebens Bühne sie beschämen», mit mindestens so gewichtigen Themen zu befassen wie dem gegenwärtigen Kampf der Menschheit, in dem «um Herrschaft und um Freiheit wird gerungen». Doch macht sie diese Themen zum Stoff der Kunst und erlaubt uns auf sie einen höheren Blick, als wir ihn aus «des Bürgerlebens engem Kreis» haben – freilich nicht ohne unsere Aufmerksamkeit zugleich auf ihre eigene Künstlichkeit (zum Beispiel den Gebrauch von Vers und Reim) zu lenken. Im Unterschied zu Kotzebue – mußte das Publikum folgern – gab Schiller nicht vor, das «Leben» zu bieten: «Ernst ist das Leben, heiter ist die Kunst.» Das hätte als Programm der *Horen* und der *Briefe über die ästhetische Erziehung* dienen können, wurde aber durch den Kontext entscheidend modifiziert: Das vom Reich gespannte Netz der deutschen Kultur war dahin, und die Kunst, die hier gefeiert wurde, war keine Kunst, die jedem zugänglich gewesen wäre, der lesen konnte, sondern ein liturgischer Akt für diese Gemeinde und für die gesellschaftliche Struktur, die ihre Zusammenkunft ermöglicht hatte. Eine Trompete erscholl, und bevor der Vorhang erneut aufging, ertönte ein Soldatenlied. Die Vision des Idealen war entschwunden, und Schiller bewies (so meinte August Wilhelm Schlegel), daß er seine Seele dem Teufel verkauft hatte, um den Realisten spielen zu können. Aber sogar die Schlegels mußten dem Teufel ihren Tribut entrichten: Schiller mochte Jahre gebraucht haben, um zu schreiben, was Goethe an einem Nachmittag geschrieben hätte, aber er hatte es geschafft. Vor einer ins Unendliche zurückweichenden Flucht von Wäldern und Zelten sah man an einem Lagerfeuer, zwischen Zechtischen und Kriegsgerät, den Hauptmann und den Kapuziner, die Soldaten, Marketenderinnen, Kroaten und Bauern, wie sie in ihren bunt kontrastierenden und historisch korrekten Kostümen miteinander zankten, dem Glücksspiel frönten, über ihren Anführer sprachen und sich vergnügten. Das Publikum fand mehr zu lachen und zu beklatschen als bei den alltäglichen, aber unplausiblen Intrigen Kotzebues. Schiller, durch den Umbau seines schützenden «Käfigs» beraubt, mußte sich auf dem Balkon neben der herzoglichen Loge zeigen und den Applaus entgegennehmen. Goethe beobachtete von einer Ecke aus den triumphalen Ausgang seines neuen Experiments, vielleicht mehr als andere in dem Bewußtsein, daß die See dennoch rauh war. Die Jenaer Intellektuellen glaubten aber, daß dies ihr Tag sei, und mischten kräftig mit. Schelling, eben erst eingetroffen, hatte vor, sich zur Niederschrift seiner ersten Vorlesungsreihe «einzumauern», erlaubte sich aber trotzdem, an der Feier teilzunehmen. Fichte nötigte hinterher Caroline Schlegel vier Gläser Champagner auf, und sie fuhr mit Schelling nach Jena zurück. Er sei keineswegs ein Mensch, der sich einmauern lasse, fand sie: «Er ist eher ein Mensch um Mauern zu durchbrechen ... echter Granit.» Friedrich Schlegel, dem sie das schrieb erwiderte aus Berlin: «Aber wo wird Schelling, der Granit, eine Granitin finden?»

Das Vorlesungsverzeichnis für das Wintersemester 1798/99 war zweifellos das bemerkenswerteste in der Geschichte der Universität Jena. Die Konstellation der Geister war zwar nicht ganz so glänzend wie im März 1797, aber sie war für die Studenten sichtbarer. Fichte las vor 290 bis 400 Hörern über metaphysische und ethische Themen. Schelling gab die erste systematische Darstellung seiner Naturphilosophie und einen Parallelkurs über transzendentalen Idealismus, seine Philosophie des Geistes. August Wilhelm Schlegel debütierte mit Vorlesungen über Ästhetik und die Geschichte der deutschen Literatur. Daneben gab Schelling seinen Kursus gleichzeitig im Druck heraus, Schlegel schrieb für die *ALZ* und das *Athenäum*, und Fichte war zum Mitherausgeber des *Philosophischen Journals* neben Niethammer geworden; und natürlich entgingen der Hochschule nicht die literarischen Neuheiten aus Weimar, die *Propyläen* und der *Musen-Almanach* (der in diesem Jahr zwei kurze Gedichte von Hölderlin brachte). Neue Gesichter unter den Studenten waren Henrik Steffens (1773–1845), ein norwegischer Mineraloge, der rasch Anschluß an den Kreis um die Schlegels fand und später eine anschauliche und informative Chronik darüber schrieb, und Clemens Brentano (1778–1842), ein Sohn Maximilianes, den sein katholischer Glaube – und vielleicht sein Medizinstudium – von den Fichteanern fernhielt, der aber bald seine eigenen literarischen Freunde fand, namentlich die unglückliche Sophie Mereau. Für Goethe hatte diese Betriebsamkeit «etwas Anstekkendes» – «es ist wirklich interessant so viele Menschen zu sehen von denen jeder arbeitet als wenn er für alle arbeiten müßte» –, und nachdem die zweite Vorstellung von *Wallensteins Lager* gegeben war, fuhr er selbst für ein paar Tage nach Jena. Nach einem weiteren kurzen Aufenthalt in Weimar, wo er Anna Amalias Geburtstag und den ersten Ball im neuen Theater vorbereitete, verbrachte er den November zum größten Teil wieder in Jena. Eine besondere Attraktion war Schelling: sinnlich, verführerisch jung, intelligent und ehrgeizig genug, um nichts von jener Ungehobeltheit zu zeigen, die

Friedrich Schlegel so viele Feinde schuf – eben «ein ganz vortrefflicher Kopf», und Goethe war «sehr zufrieden daß er uns so nahe ist». Jeden Samstagnachmittag war er mit Niethammer bei Schiller zu Besuch, allerdings hauptsächlich zum Kartenspielen. Goethe begegnete ihm im November nur ein- oder zweimal, las aber in den Bürstenabzügen die Druckfassung seiner Vorlesungen, *Erster Entwurf eines Systems der Naturphilosophie*. Er fand ihn «noch faßlicher als die beyden andern Schriften»; denn er wies eine klare methodische Struktur auf und verlor nie in einem Dickicht falscher empirischer Details sein Hauptargument aus dem Auge. Die These in *Von der Weltseele* schien ohnedies von dem jungen Jenaer Physiker Johann Wilhelm Ritter (1776–1810) bestätigt worden zu sein, in dem Goethe einen weiteren wertvollen Gehilfen für Scherer erblickte und dessen *Beweis, daß ein ständiger Galvanismus den Lebensprozeß im Tierreich begleite* fast gleichzeitig mit Schellings Buch erschienen war. Schelling hielt daher daran fest, daß ein allgemeiner Dualismus, eine Polarität durch die ganze Natur gehe, deren sämtliche Hervorbringungen, von den Sternen und ihren Planeten bis zum Instinktverhalten der Tiere, aus der Interaktion gegensätzlicher Kräfte resultierten. Als ursprüngliche Quelle dieser Duplizität wurde jedoch nicht mehr der «Äther» bezeichnet, sondern «die (unbekannte) Ursache des ursprünglichen Magnetismus». Was uns ursprünglich als magnetische Polarität entgegentritt, «Identität in der Duplicität und Duplicität in der Identität», setzt sich auf den höheren Ebenen einer «dynamischen Stufenfolge» fort: in den elektrischen und chemischen Prozessen der anorganischen Natur und, da «das Leben selbst ... ein chemischer Proceß» ist, in den organischen Phänomenen der Sinneswahrnehmung, der Bewegung und des «Bildungstriebes». Die Abhandlung selbst weist die dreigliedrige Struktur auf, die dieser Dualismus verlangt – zuerst die zwei Gegensätze, dann als Drittes das Produkt aus ihrer Interaktion: Sie behandelt zunächst das Reich des Organischen, dann das des Anorganischen (das nicht als etwas Primäres, sondern als notwendige Voraussetzung des Organischen verstanden wird) und schließlich die Begriffe, die die zwei Reiche in Beziehung zueinander bringen: die Fähigkeit des Lebendigen, von der leblosen Welt affiziert zu werden beziehungsweise produktiv auf sie einzuwirken. Dieses übersichtlich dargelegte Schema hatte wichtige Folgen für die Entwicklung von Goethes Farbenlehre, die seine Gespräche mit Schiller immer mehr dominierte. Das ganze Jahr 1798 stand in der Farbenlehre für Goethe die Frage im Vordergrund, in welche Ordnung er seine unaufhörlich wachsenden Materialberge bringen sollte. In den ersten Monaten des Jahres hatte er Schillers zögernde Zustimmung zu einer Aufteilung des Gebiets in drei Teile erhalten: «physiologische» Farbphänomene (hervorgebracht durch die spontane Tätigkeit des Auges ohne unmittelbaren äußeren Reiz – zum Beispiel Nachbilder oder die Färbung von Schatten); «physische» Farben (die zu sehen sind, wenn Licht mit einem selbst farblosen Medium wie etwa einem Prisma interagiert); und «chemische» Farben (die Farben gefärbter Gegenstände). Das ließ jedoch die Frage nach dem Verhältnis der Farben untereinander unbeantwortet. Den kreisförmigen Diagrammen, mit denen Goethe gut fünf Jahre zuvor gespielt hatte,[3] auf denen die prismatischen Farben ineinander übergingen, fehlte die systematische Einheit und sie verdeckten außerdem ein grundsätzliches Problem: Zwar konnte man Blau und Gelb mischen, um Grün zu bekommen, aus Rot und Gelb wurde Orange, aus Rot und Blau Violett, aber man konnte aus Orange und Violett kein Rot erzeugen. Schiller war von dem Rätsel fasziniert, experimentierte mit verschiedenen Weisen, im Diagramm die Binnenstrukturen darzustellen, die unserem Gefühl für Farbenharmonie zugrunde liegen, und versuchte, sie mit Kantischen Kategorien zu analysieren. Am Abend des 14. November – zu einer Zeit, als er die ersten Lieferungen von Schellings *Erstem Entwurf eines Systems der Naturphilosophie* studierte – saß Goethe in Griesbachs Haus neben Schiller am Tisch und skizzierte gerade die Diagramme auf einem großen Blatt Papier, als die beiden auf den Gedanken kamen, die Brauchbarkeit von Schellings Hypothese zu erproben, eine dem Magnetismus vergleichbare Polarität herrsche auch zwischen Farbphänomenen. Die zwei Hälften des Farbenspektrums, wie es sich in Goethes elementaren Versuchen darstellte, mußten ja nicht kreisförmig angeordnet werden, sondern konnten als Streifen behandelt werden – von Gelb zu Orange beziehungsweise von Blau zu Violett –, die man dann als zwei Stabmagneten auffassen konnte. Dann repräsentierten Blau und Gelb beziehungsweise Violett und Orange entgegengesetzte Pole. Legte man dann diese zwei Farbmagneten so aneinander, daß ihre ungleichen Pole benachbart waren, wurde zwischen ihnen ein visuelles Kraftfeld gleich dem Feld der Anziehungskraft zwischen magnetischen Polen erzeugt: Blau und Gelb verlangten die Aufhebung ihres Gegensatzes in Grün, Orange und Violett die Aufhebung in Rot. (Werden die gleichnamigen Pole nebeneinandergelegt, entsteht dieses Gefühl des Gegensatzes und damit das Bedürfnis nach Rot beziehungsweise Grün nicht: Statt dessen besteht eine völlig befriedigende Harmonie von Blau neben Orange beziehungsweise von Gelb neben Violett.) Der Vergleich zwischen Farben und Magnetismus war eine Gedankenspielerei ohne besondere Folgen, aber die Übernahme des entsprechenden Schellingschen Begriffsrahmens – daß Gegensätze ihre Aufhebung in ein Höheres fordern – wurde entscheidend für Goethes Versuch, seine Farbenlehre in ein System zu bringen. Am 15. November durchdachte er die allgemeinen Folgerungen aus der Diskussion des Vortages, arbeitete die Skizze über Farbenmagnetismus zu einem sorgfältig gemalten Diagramm aus und hatte, als er abends das Gespräch mit Schiller fortsetzte, eine Erleuchtung, die so wichtig war, daß er sie in sein Tagebuch schrieb: «neue Idee wegen des Rothen». Bisher hatte er immer gezögert, Rot eine «Farbe» wie die anderen zu nennen; vielmehr schien es ihm eine in allen Farben gegenwärtige «Farbeigenschaft» zu sein. Jetzt erkannte er, daß Rot die Farbe *par excellence* war, der alle an-

---

3 Siehe oben, S. 130.

46. Goethe: Symbolische Annäherung zum Magneten (1798)
In der Abbildung links bedeuten die gekrümmten Balken die gleichsam magnetische optische Anziehungskraft zwischen den entgegengesetzten Polen (Blau-Gelb, Orange-Violett). Bei den zwei parallelen senkrechten Balken rechts sind die benachbarten Pole gleich, nicht ungleich, weshalb es keine gekrümmten verbindenden Balken gibt. Die waagerechten Balken in der Mitte zeigen die Verbindung der Farbmagneten durch ihre sich anziehenden entgegengesetzten Pole (so wie in der Physik Stabmagneten zu einer Kette verbunden werden können); hierdurch entsteht Rot (oberer Balken) beziehungsweise Grün (unterer Balken). Der lange senkrechte Balken zeigt die gesamte Sequenz, die notwendig ist, sollen alle Farben des Farbenkreises zwischen einem Pol reinen Gelbs und einem Pol reinen Blaus erscheinen. Natürlich liegen in dieser Sequenz an keiner Stelle gleiche Pole (Blau und Orange, Gelb und Violett) nebeneinander.

deren entgegenstrebten, das höchste Produkt des ursprünglichen polaren Gegensatzes von Blau und Gelb. Sogar Schwarz war «mit roth tingirt». Grün war reine Mischung, aber Rot war die Intensivierung der wahren inneren Natur von Blau und von Gelb bis zu dem Punkt, wo ihr Gegensatz verschwand. Schiller war von dem Gedanken so beeindruckt, daß er auf ihre gemeinsame Skizze das Wort «Intension» schrieb, um die Übergänge zu markieren, die von Gelb über Orange beziehungsweise von Blau über Violett zum letzten Ziel führten. Goethe hatte beinahe das Wort gefunden und verfügte über das Konzept, das es ihm ermöglichen sollte, das ganze Spektrum der Farbphänomene als Einheit zu behandeln. Farbkreise und sogar Farbmagneten wurden nun als zu statisch verworfen: Farbe war dynamisch, eine Energie in den Dingen, die sich als Prozeß, Konflikt und Streben nach harmonischer Totalität manifestierte. Es war dies eine weit elementarere Lehre, die aus der Schellinglektüre zu ziehen war, als jeder detaillierte Parallelismus von Duplizitäten, mit dessen Anwendung auf etwas den Sinnen so allgemein und machtvoll Gegenwärtiges wie Farben (oder auch Klänge) man sich nur einen «imaginativen Spaß machen» konnte. Goethe wußte, daß man Farbe nicht auf fein säuberliche Schemata reduzieren konnte, nicht einmal binäre:

Das Chromatische hat ... eine Art von Doppel-hermaphroditischem, ein sonderbares Fordern, Verbinden, Vermischen, Neutralisieren, Nullisieren usw., ferner einen Anspruch an physiologische, pathologische und ästhetische Effekte, daß man, selbst bei der größten Bekanntschaft damit, noch immer darüber erschrickt.

Und doch war es so «so stoffhaft, materiell, daß man nicht weiß, was man dazu sagen soll».

In dem philosophischen Schmelztiegel jedoch, zu dem Jena geworden war, wirkte kein Einfluß nur in einer Richtung. Schelling gab nicht nur, er empfing auch. In einer wichtigen Hinsicht zeigte sein *Erster Entwurf eines Systems der Naturphilosophie* die Folge von Goethes Kritik an seinem früheren Denken. Er vollzog eine spinozistische Wende und ging sogar in dieser Richtung weiter, als Goethe selbst zu gehen bereit war. Leibniz blieb das Vorbild für das System insgesamt, doch glaubte Schelling in der Naturphilosophie jetzt, ohne Individuen auskommen zu können. Die Natur verfolgte demzufolge einzig das Ziel einer unendlichen Produktivität, während Individuen lediglich Instrumente zu diesem Ziel waren, zeitweilige Punkte des Gleichgewichts zwischen einander aufwiegenden Kräften, flüchtige Hindernisse für den endlosen Strom. Schelling modifizierte seinen Standpunkt in der Naturphilosophie, um diese nahtloser an die Philosophie des Geistes anschließen zu können, an der er ebenfalls arbeitete – ein vollendeterer Materialismus sollte einen dramatischeren Gegensatz zum künftigen Idealismus bilden. Goethes Kritik an dem «trivialen Begriff» des Individuums und seine Parteinahme (wenigstens in der Kontroverse) für Spinoza mögen ihm geholfen haben, diesen Weg einzuschlagen. Sie hatte aber auch die Konsequenz, daß es nun aussah, als könne Schelling eine konsequentere Grundlegung der vergleichenden Anatomie liefern als Goethe, der sich nie dazu verstehen konnte, die Monadenlehre völlig aus seiner Naturwissenschaft zu verbannen, so wie er niemals die Notwendigkeit akzeptieren konnte, den «philosophischen Naturstand» zu überwinden und den Geist völlig von der Materie zu trennen. Schelling, der weniger metaphysische Kompromisse eingegangen war, schien besser in der Lage zu sein als Goethe, in Botanik und Anatomie die «beständige[n] Bildung», den «Kampf zwischen der Form und dem Formlosen» aufzuzeigen. Goethe hielt wohl die Zeit für gekommen, die Fackel der «Morphologie» an die Naturphilosophen weiterzugeben. Jedenfalls machten, nachdem er Schelling diesen Anstoß gegeben hatte, seine eigenen morphologischen Studien jahrelang keine ernsthaften Fortschritte mehr.

Schillers enge Beteiligung an Goethes naturwissenschaftlicher Arbeit ist um so bemerkenswerter, als er selber seinen Beitrag zu diesem außergewöhnlichen Wintersemester zu leisten hatte. Sobald *Wallensteins Lager* einmal aufgeführt war, begann der Druck sich zu verstärken. Goethe hatte einen konkreten Termin für die erste Weimarer Produktion der *Piccolomini* im Auge, den Geburtstag der Herzogin Louise am 30. Januar, und Iffland war bereit, für eine Abschrift des Stückes für Berlin einen guten Preis zu zahlen. «Wie wünschte ich», klagte Schiller, als Goethe Ende November wieder in Weimar war, «daß Sie mir Ihre Muse, die Sie jetzt gerade nicht brauchen, zu meiner jetzigen Arbeit leihen könnten.» Schiller mußte diesen zweiten Teil der Trilogie in Verse bringen, noch dazu unter Berücksichtigung der Lehren aus *Wallensteins Lager* – «man glaubt nicht was man deutlich zu seyn Ursache hat», kommentierte Goethe in seiner Rolle des Schauspieldirektors –, er mußte die schwierigen Liebesszenen schreiben und gegen seine Schlaflosigkeit und Schwäche ankämpfen: «Könnte ich nicht durch meinen Willen etwas mehr, als andere in ähnlichen Fällen, so würde ich ... pausieren müssen.» Wo Willenskraft nicht ausreichte, half Goethes Muse ein wenig nach: Einige Ratschläge zum dichterischen und theatralischen Effekt trugen dazu bei, aus der astrologischen Szene die rätselhaft suggestivste des ganzen Dramas zu machen, vielleicht weil sie dem Glauben der Naturphilosophie an eine halb verborgene kosmische Einheit mehr verdankt als dem reinen moralischen Rigorismus Kants. Doch je näher Weihnachten rückte, desto nervöser wurden sowohl Goethe als auch Iffland, die besorgten Anfragen häuften sich, und Iffland drohte mit dem Verlust von 4000 Talern, sollte er nichts haben, was er im Winter den Opern der Konkurrenz entgegensetzen konnte. Schiller beschäftigte drei Kopisten für die Abschrift des Manuskripts, und am Ende des Heiligen Abends – «So ist aber schwerlich ein Heiliger Abend auf 30 Meilen in der Runde verbracht worden, so gehetzt nämlich und qualvoll über der Angst, nicht fertig zu werden» – schickte er das Konvolut nach Berlin – nur um wenige Tage später, als er es zum ersten Mal vorlas, zu entdecken, daß es viel zu lang war – allein die ersten drei Akte dauerten drei Stunden – und radikaler Kürzungen bedurfte. Um vierhundert Zeilen leichter, so daß das Publikum, bei Vorstellungsbeginn um halb sechs, gegen zehn Uhr zu Hause sein konnte, trafen *Die Piccolomini* in ihrer endgültigen Fassung am letzten Tag des Jahres 1798 bei Goethe ein. Kurz darauf empfing Charlotte Schiller ihr drittes Kind. Am 4. Januar bezog die Familie die von Thouret geräumte Suite in der herzoglichen Residenz in Weimar, sehr zur Freude August Goethes, der endlich wieder Carl Schiller zum Spielen hatte. Carls Vater wollte die Proben überwachen, obwohl er noch das dritte Stück der Trilogie fertigzustellen hatte und darüber nachzudenken begann, was er als nächstes schreiben könnte; auch erprobte er Goethes Ratschlag, Weimar zu seinem Winterquartier zu machen. Mittlerweile war klar, daß Schröder nicht kommen, ja vielleicht nie mehr spielen würde, nachdem sein Hamburger Vertrag nicht verlängert worden war und er sich schmollend aufs Land zurückgezogen hatte; so war die Besetzung, abgesehen von den üblichen Querelen, kein Problem, und es mußte nur eine einzige neue Kulisse (für die astrologische Szene) gemalt werden. Dafür verwandte man, wie bei *Wallensteins Lager*, viel Mühe auf glänzende und authentische Kostüme (aus reinem Satin) und einen klaren, ausdrucksvollen Vortrag der ungewohnten jambischen Zeilen: Bei einer der vielen Übungsstunden in seinem eigenen Haus, die sich als nötig erwiesen, mußte Goethe eine Schauspielerin beim Arm nehmen und mit ihr den Takt klopfen, bevor sie den Rhythmus erfaßte. Beobachtern von auswärts fiel auf, daß die weniger begabten Weimarer Mimen die Neigung hatten, am Ende jeder Zeile die Stimme zu heben und zu pausieren. Ganz Jena und Weimar strömte zur ersten Aufführung. Sie wurde ein verhaltenerer Erfolg als *Wallensteins Lager*, hauptsächlich wohl darum, weil das Stück für sich genommen so offenkundig unvollständig war. Aber Goethe, der mit August im Parkett saß, war zufrieden, und Schiller im ersten Rang war überaus «glücklich»; Steffens hingegen, der neben ihm saß, fand die schauspielerische Leistung schlechter als das, was er von Kopenhagen kannte, und den Vortrag steifer und künstlicher (was jedoch Goethe gerade beabsichtigt haben mag). Eine zweite Vorstellung drei Tage später war flüssiger, und am 7. Februar fuhr Schiller im Schlitten nach Jena zurück, und zwar begleitet von Goethe: Drei Wochen Anfang März waren in den fünf Monaten von Jahresbeginn bis Ende Mai 1799 ihre längste Zeit der Trennung. Der Zeitplan für das letzte Stück des Zyklus war etwas weniger nervenaufreibend als bei den vorhergehenden: Die erste Weimarer Aufführung brauchte erst stattzufinden, bevor Carl August – irgendwann vor Ende April – wieder nach Berlin ging; Iffland jedoch, der von der Zensur an der Produktion von *Wallensteins Lager* gehindert worden war (für die preußische Kapitale war das Stück zu respektlos gegenüber dem Militär) und die Premiere der *Piccolomini* vermasselt hatte, war noch immer äußerst erpicht auf den Text. Schiller, der zu seiner Befriedigung feststellte, daß der verbleibende Stoff für das dritte Stück bequem in fünf Akte zerfiel, hatte die ersten zwei bis zum 7. März beendet, und Goethe sah sofort, was das Theaterpublikum seither immer gefunden hat: daß der Dramatiker nach all den Zurüstungen in den ersten zwei Stücken endlich in

Fahrt gekommen war. «Die Welt ist gegeben in der das alles geschieht», schrieb er Schiller; «der Strom des Interesses, der Leidenschaft, findet sein Bette schon gegraben in dem er hinabrollen kann. ... so wird man hier unwiderstehlich fortgerissen.» Die restlichen Akte wurden am 17. März nach Weimar geschickt, und als Goethe nach Gründonnerstag, dem 21. März, wieder in Jena war, verbrachten die Dichter die ersten zwei Abende damit, gemeinsam das ganze Stück zu lesen. Beide Werke seien «ein unschätzbares Geschenk für die deutsche Bühne», hatte Goethe am 18. März geschrieben, «und man muß sie durch lange Jahre aufführen.» Ursprünglich war geplant, die Trilogie in einer einzigen Woche, am Montag, Mittwoch und Samstag zu geben, doch das erwies sich als zu umständlich, und man mußte *Wallensteins Lager* fallen lassen. Zu den Proben am 10. April waren Schiller und Goethe in Weimar, *Die Piccolomini* wurden am 17. wieder aufgenommen, und *Wallenstein* (heute die Akte 3 bis 5 von *Wallensteins Tod*) wurde am 20. uraufgeführt. In ihrer Gesamtheit wurde die Trilogie zum ersten Mal zwischen dem 18. und 22. Mai gegeben, doch da waren Schiller und Goethe beide wieder in Jena. Goethe erwog, für diese Woche nach Weimar zu fahren, zog dann aber den Besuch von Christiane und August vor. Wie Schiller (gab er später zu) kannte er das ganze Werk auswendig und hatte so viel Zeit und Mühe daran gewendet, daß er jetzt froh war, es seinen eigenen Weg in der Welt machen zu lassen. Das war um so leichter, als es zuletzt ein Triumph geworden war. Das Stück hat «eine außerordentliche Wirkung gemacht», schrieb Schiller an Körner, «es war darüber nur *eine* Stimme, und in den nächsten acht Tagen ward von nichts anderem gesprochen.» Mit den *Piccolomini* hätten manche Zuschauer ihre Schwierigkeiten gehabt, berichtete Goethe Wilhelm von Humboldt, aber über *Wallenstein* seien sich alle einig gewesen, «indem er aus den vorbereitenden Kelchblättern, wie eine Wunderblume unversehens hervorstieg und alle Erwartungen übertraf.» Carl August, der Schiller während seiner Besuche in Weimar zum Essen bei Hofe empfing und zweifellos die Enge seiner Zusammenarbeit mit Goethe im letzten halben Jahr bemerkt haben muß, sprach ihm nach der Premiere in der Herzogsloge seinen Glückwunsch aus und meinte, daß es für ihn doch besser wäre, mehr Zeit in Weimar, näher am Theater, zu verbringen. Aus einem solchen Munde war ein solcher Vorschlag geradezu Befehl, allerdings kein finanzielles Angebot, wie Schiller gehofft hatte.

Der Herzog mag andere Gründe als die Qualität der Unterhaltung bei Hofe gehabt haben, um Schiller aus Jena wegzuwünschen. Seit dem Sommer 1798 dunkelte mehr und mehr der Schatten seines Mißvergnügens über der Universität, die doch die höchste Zierde seines Herzogtums war. Nach der Schlacht am Nil, die gezeigt hatte, daß die Franzosen bei aller Intransigenz und Subversion in Rastatt nicht unüberwindlich waren, hatte eine europäische Reaktion eingesetzt, die ebensosehr kulturell wie politisch war. Britannien, das keine Skrupel hatte, in Irland in drei Monaten so viele Menschen niederzumetzeln, wie dem französischen Schrecken in einem Jahr zum Opfer fielen, wurde von einer Welle der Feindseligkeit gegen die geistigen Fundamente der Revolution erfaßt: Französische Politik und deutsche Philosophie und Literatur (denn neutrale Deutsche waren nicht besser als Sansculotten), alles war Teil einer Verschwörung von Freimaurern, von kontinentaleuropäischen Atheisten in ihren Klubs – das behaupteten jedenfalls zwei praktisch gleichzeitig erscheinende Traktate, die 1798 zu Bestsellern wurden. George Canning (1770–1827) und sein satirischer *Anti-Jacobin* bekamen mit einem Male ganz ernsthafte Bundesgenossen, und in einem Anfall von Furcht vor einer intellektuellen fünften Kolonne wurden die Zensurbestimmungen verschärft und politische Vereinigungen verboten, insbesondere, wenn sie Verbindungen ins Ausland hatten. Das britische Interesse an deutscher Literatur, das seit einiger Zeit gewachsen war, wurde bald abgewürgt und erwachte lange nicht mehr. Coleridge, der 1799 von einer mit Wordsworth unternommenen Bildungsreise durch Deutschland zurückkehrte, auf der er zwar das anglophile Göttingen der Empiriker, nicht aber das Jena der Idealisten besucht hatte, wurde von seinem Verleger Longman gedrängt, *Wallenstein* zu übersetzen (nach einer unrechtmäßig erworbenen Handschrift, die von Schiller selbst stammte), weil Longman hoffte, aus der modischen Begeisterung für *Die Räuber* Kapital schlagen zu können. Sie wurden jedoch vom Umschwung der öffentlichen Stimmung überholt, Longman verlor £250 (rund 1500 Taler), und als Schiller weitere Erkundigungen über die Aussichten einer autorisierten Übersetzung einholte, mußte er feststellen, daß es für sie keinen Markt mehr gab. Im krankhaft mißtrauischen Wien wurde Kotzebue Ende 1798 allein auf das Gerücht hin, er sei als Jakobiner verhaftet worden, aus seinem neuen Amt als Direktor des Burgtheaters gejagt. Besonders stark war Weimar dem veränderten Klima ausgesetzt. Als sich der Zar im August 1798 anschickte, die nichtinterventionistische Politik seiner Mutter aufzugeben, trat Carl August im Zuge seiner eigenen Kampagne, die neue preußische Regierung zu einem energischeren Vorgehen gegen Frankreich zu überreden, wieder in preußische Dienste ein. Es war für ihn selbstverständlich, im Einklang mit Paul zu handeln. Herzogin Louises Schwester, deren Vermählung mit dem Zarewitsch einst Merck an den russischen Hof geführt hatte, war nur drei Jahre später kinderlos gestorben, aber Paul hatte den vertraulichen Briefverkehr mit seiner Schwägerin auch nach seiner Wiederverheiratung mit einer Schwester des Herzogs Friedrich II. von Württemberg und seiner Thronbesteigung fortgesetzt. Paul hatte außer vier Söhnen auch fünf Töchter; sie brauchten standesgemäße Ehemänner; Konvenienz und dynastische Tradition verwiesen auf die Fürstenhäuser Deutschlands; und in Weimar machten sich Louise und Carl August Gedanken über die Zukunft ihres ältesten Sohnes Carl Friedrich, der im März 1799 mit sechzehn Jahren konfirmiert worden war. Drei Tage vor der Feierlichkeit begab sich Wolzogen, in dem Carl August die perfekte diplomatische Mischung von sensibler Intelligenz und elefantenhafter Dickhäutigkeit entdeckt hatte, auf die heikle Mission nach Sankt Petersburg, eine Verbindung zu arrangieren. Er entledigte sich seiner Aufgabe rasch und ungemein erfolgreich. Als er wiederkam, errang die Zweite Koalition bereits ihre ersten Siege, und es war eine eher willkommene Verlegenheit, daß eine der informellen Bedingungen für die Verlobung Carl Friedrichs mit der damals dreizehnjährigen Maria Pawlowna (1786–1859) lautete, Carl August müsse – wenn Preußen auf seiner Neutralität beharrte – bei Friedrich Wilhelm III. die Erlaubnis erwirken, seiner eigenen, vehement geäußerten Neigung zu folgen und unter russischer Fahne gegen die Franzosen zu kämpfen. Selbst wenn Weimar sich nicht mit der reaktionärsten Macht Europas verbündet hätte, wäre seine lange Verbindung mit Preußen genug gewesen, ihm die neue Intoleranz gegen französisierende Meinungen einzuimpfen; denn die Neutralität Preußens war militärischer, nicht ideologischer Natur. Carl August, der mit Interesse von Berliner Plänen gehört hatte, die Universitätsverwaltungen durch Einsetzung von staatlichen Beamten anstelle von akademischen Prorektoren und Senaten strenger an die Kandare zu nehmen, hatte bereits im August 1798 durch Goethe eruieren lassen, wie Jena auf eine ähnliche Maßnahme reagieren würde (und erhielt die erwartete devot-hasenfüßige Antwort). Aber gerade dann, als der Plan der russischen Vermählung heranreifte und es für Carl August immer wichtiger wurde, seine antijakobinische Glaubwürdigkeit zu wahren, drohte seine Universität ihn ernstlich zu kompromittieren. Am 18. Dezember erhielt er vom sächsischen Kurfürsten das förmliche Ersuchen, Fichte, Niethammer und Forberg «ernstlich bestrafen zu lassen» – andernfalls würde sächsischen Theologiestudenten der Besuch der Universität Jena verboten, und zwar wegen Veröffentlichung angeblich atheistischen Materials im ersten von ihnen gemeinsamen herausgegebenen Heft des *Philosophischen Journals*, das rechtzeitig zu Beginn des Wintersemesters im Oktober erschienen war. Einen unbestreitbar atheistischen Beitrag von Forberg, «Entwikkelung des Begriffs Religion», leitete Fichte mit einem etwas versöhnlicheren Aufsatz «Über den Grund unseres Glaubens an eine göttliche Weltregierung» ein; das geschah zwar in Kantischer Manier, aber ohne den Verästelungen der Frage so nachzugehen, wie Kant es getan hätte. Der Glaube an Gott wurde hier mit dem notwendigen Postulat einer moralischen Weltordnung gleichgesetzt. Binnen Wochen hatte die sächsische Kirchenverwaltung die Zeitschrift angezeigt, und Mitte November wurde sie in Sachsen verboten und eingezogen. Durch die Forderung eines Fürstenkollegen nach disziplinarischen Maßnahmen wurde eine Affäre, die eine rein sächsische Angelegenheit gewesen war, zu einem internationalen Zwischenfall, und Carl August schäumte. Am zweiten Weihnachtsfeiertag schrieb er Voigt einen Brief, der für Goethes Augen bestimmt war, eine «Explosion» (so der Herzog) seiner jahrelangen Enttäuschung: Er ärgerte sich über die Machenschaften, mit denen man ihm in seiner Abwesenheit Fichte untergejubelt hatte, «einen sich öffentl[ich] bekennenden revolutionisten»; schon lange war er verzweifelt «über den sehr unnütz aquirierten zweydeutigen ... Ruf» seiner Universität durch «die wilden aufschößlinge der Menschlichen ungeschlachteten Phantasie», welche die Lehrer nützlicher Wissenschaften gefährdeten, die gute Ernte einbrachten:

> Wir werden unsere ganze Universität ruiniren um der geschmacklosen thorheit einer ephemeren Geistes krankheit zu schonen. Menschen die nicht wißen was sie der allgemeinen schicklichkeit zu liebe, verschweigen, od[er] wenigstens nicht öffentl[ich] sagen sollen, sind höchst unbrauchbar u[nd] schädl[ich].

In einem zweiten Brief an Voigt wetterte er privat gegen Goethe, mit dem über dieses Thema nicht zu reden sei, da er die «schäckers» mit eben jener Spitzfindigkeit und dem unverständlichen Kauderwelsch verteidige, die der Herzog ihnen vor allem zum Vorwurf machte: Ihre langweiligen Beweise für ihren Gott der Tugend seien nicht weniger absurd, dabei aber viel untunlicher als Sittenlehren, die «durch das vehicel irgendeiner mythologie» verbreitet würden. Goethes Reaktion war bewußt gutmütig und friedfertig: «Serenissimi Strafrede ... ist gut gedacht u[nd] geschrieben», und am besten sei es, förmlich zu verfahren und die Verteidigung der Beschuldigten zu hören und über ihren Fall in aller Ruhe zu richten, da er nicht der letzte sein werde. Sein Rat wurde befolgt und der Senat der Universität zu einer Untersuchung aufgefordert. Goethe hoffte natürlich auf eine Beruhigung der Gemüter, auf eine Art Widerruf oder Entschuldigung von Fichte und Niethammer (Forberg war bedeutungslos, da er mittlerweile Lehrer in einem anderen Zuständigkeitsbereich war) und auf eine offizielle Rüge, die Sachsen zufriedenstellen würde und ansonsten folgenlos bliebe. Aber das hieß, die Rechnung ohne die gegeneinander gerichteten Kräfte zu machen, deren Kollision in zwei ungebärdigen Persönlichkeiten in der Tat die Universität ruinieren sollte, die Goethe geschaffen hatte, den kurzlebigen Brennpunkt der deutschen Nationalkultur des alten Reiches und die letzte noch verbliebene institutionelle Verkörperung des Programms, als dessen Stimme *Die Horen* gedacht gewesen waren.

Carl August hatte recht: Der Streit ging darum, was in der Öffentlichkeit gesagt werden konnte, und damit auch darum, wer diese Öffentlichkeit war. Als Professor in Jena war Fichte der Beamte eines kleinen, altmodischen Reichsfürstentums, der in erster Linie die künftigen Geistlichen und Juristen seines eigenen Staates und die der unmittelbaren Nachbarn auszubilden hatte. Er aber hielt sich für einen Priester der Wahrheit, der zu einer Öffentlichkeit ohne Staat und Institutionen sprach, zu der grenzenlosen Gemeinschaft aller Menschen deutscher Zunge, und übersah dabei, daß es noch keinen Mechanismus gab, mit dem diese Öffentlichkeit sein Gehalt bezahlen konnte. Er verstand sich als Sachwalter einer großen und vernünftigen Republik, nicht als freier Schriftsteller für den kommerziellen Markt, und vergaß dabei, daß diese Republik vorläufig nur in seinem und den Köpfen seiner Leser existierte. Auf seine, wenngleich robustere Weise erlitt Fichte dasselbe Schicksal wie Hölderlin. Die «Revolution in der Religion» – «stößt doch diese Lehre allen Kultus um» –, die Voigt zu seiner Überraschung als die Intention von Fichtes Werk entdeckte – ein Ehrgeiz, den natürlich die Tübinger Schüler Fichtes teilten –, war, wenn überhaupt, nur in einem künftigen geeinten Staat zu verwirklichen, aber nicht in dem komplexen, pluralistischen, der Tradition verhafteten System ohne definierte Ideologie, als das sich das zeitgenössische Heilige Römische Reich präsentierte. Denn solange das Reich die Identität von Miniaturgebilden wie Weimar garantierte und sie in eine größere Struktur einband, war es plausibel, in ihnen lokale Verkörperungen der Idee Deutschlands zu erblicken, so daß jedes von ihnen oder ihrer zwei plausiblerweise den kulturellen Führungsanspruch über alle erheben konnten. Auf diese Voraussetzung hatte sich das Projekt der *Horen* gegründet. Aber in dem Maße, wie das Reich verblich, mußten seine Bestandteile politisch wie kulturell selbst für sich sorgen: Sie konnten nur dadurch überleben, daß sie engstirniger wurden und es Berlin und Wien überließen, feierlich zu erklären, daß ihre Zukunft die Zukunft Deutschlands sei. Goethe war klug und beharrlich genug, diese Verwandlung zu bewältigen. Fichte war es nicht. Das Deutschland, für das er stand, ein bürokratischer, absolutistischer Nationalstaat nach französischem Vorbild, hatte keinen Platz für Skurrilitäten wie das Herzogtum Sachsen-Weimar-Eisenach, und Carl August wußte das. Als ein reformfreudiges, aufgeklärtes absolutistisches Staatswesen, geprägt vom 18. Jahrhundert, rettete sich Weimar in das 19. Jahrhundert, indem es beschloß, sich dem Schutz des autokratisch-repressiven Rußlands zu unterstellen und sich der deutschen Revolution und der Aufgabe der Nationwerdung zugunsten eines bewußten Provinzialismus zu entziehen. Der Jenaer Atheismusstreit war der Augenblick, in dem diese Entscheidung gefällt wurde. Carl August wußte, daß Fichte nicht mehr und nicht weniger Atheist war als er selbst, und er sagte das auch Voigt. Er gebrauchte sogar eines der modernsten Wörter – «Mythologie» –, um seine eigene Auffassung vom Christentum zu beschreiben. Fichtes Delikt war die Brüskierung nicht der Religion, sondern «der allgemeinen schicklichkeit», welche die Beziehungen zwischen «Nachbarn od[er] mittmenschen, von denen mann leben u[nd] zehren muß», regelt. Diese allgemeine Schicklichkeit war der Zement, der das Reich zusammenhielt, die Zweideutigkeit, Wunderlichkeit und schiere Heuchelei, die seit 1775 Weimar seinen Stand als moderne, freidenkerisch-heidnische Variante zu der vom Westfälischen Frieden etablierten feudalistisch-paternalistisch-christlichen Ordnung erlaubt hatten. Indem er diese Heuchelei beim Namen nannte, schüttelte Fichte den Staub der Stadt von den Füßen, die ihm Gastfreundschaft gewährt hatte.

Fichte beantwortete den Angriff Sachsens gegen ihn und die Beschlagnahmung seiner Zeitschrift mit einem Appell an seine vermeintliche Machtbasis. Seine *Appellation an das Publikum. Eine Schrift, die man erst zu lesen bittet, ehe man sie konfiscirt* erschien im Januar 1799 in einer Startauflage von 5000 Exemplaren; bereits zwei Wochen später wurde eine zweite Auflage in derselben Höhe notwendig. Rund vierzig Antwortbroschüren erschienen, von denen die meisten ablehnend, aber doch auch so viele zustimmend waren, daß Voigt Mitte Februar in Sorge über mögliche Folgen für ihn versetzt wurde. Aber Carl August wußte, daß Fichtes Machtbasis die Illusion eines Intellektuellen war: «Fichtens gegen arbeit fürchte ich gar nicht», schrieb er, «wenn wir mit Gotha einverstanden sind; bey dergl. handlungen ist alleweile die stimme des ungelehrten Publicums, der des andern vorzuziehn.» In einer Angelegenheit von dieser Tragweite waren alle Herzogtümer betroffen, die die Universität unterhielten, und in Gotha, einem Zentrum von Rosenkreuzer-Mystik und Lavater-Frömmigkeit, wo man die Achse Weimar-Jena in der Philosophie wie in der Literatur schon immer bekämpft hatte, brannte man bereits darauf, «Fichten wegzuschaffen». Voigt hatte den Verdacht, daß den Philosophen im Falle einer Maßregelung ohnedies sein Stolz der geliebten französischen Republik in die Arme treiben werde, fand es aber richtig, nichts zu unternehmen, bevor nicht Fichte und Niethammer ihre förmliche Stellungnahme zu den gegen sie erhobenen Vorwürfen eingereicht hatten. Carl August war bereit zu warten, weil er noch nicht wußte, wie und wann die Eiterbeule aufzustechen war. Von Anfang an sah er Fichte für eine ganze Gattung, eine neue Klasse stehen, die in diesem «akademischen Statu in Statu» gezüchtet wurde: die Träger der deutschen Revolution. «Denn mit aller ihrer unend[lich]keit», schrieb er mit einer Verachtung, die einem Mann in seiner Position nicht anstand, «ist es eine sehr eingeschrenckte, an ihrem platz u[nd] einnahme hängende raçe», und er war entschlossen, ihren Anmaßungen einen Dämpfer aufzusetzen.

Wenn immer und an jedem Orte dieser Art Menschen der Daume vorsichtig, aber anhaltend, wäre aufs Auge gehalten worden, so stünden die Sachen jetzt ganz anderst.

Gelegenheiten, ein wenig Druck auszuüben, ergaben sich im Januar und Februar; sie hatten mit der Affäre Fichte nicht unmittelbar etwas zu tun, ließen aber des Herzogs Absichten deutlich erahnen. Böttiger, der so schleimig war wie Fichte eisern, versuchte im Januar, gewisse Aussichten auszuspielen, die er angeblich in Kopenhagen hatte, und praktisch den Rücktritt von seiner Stelle als Gymasialdirektor bei voller Gehaltsfortzahlung auszuhandeln: Goethe und Herder waren ohnehin dagegen, und vor Carl August kuschte Böttiger wie ein Hund. Zäheren Widerstand leisteten dem Herzog Professor Schütz und namentlich seine Frau, die seit einiger Zeit mit Begeisterung ein Laientheater in Jena leiteten; Goethe hatte einige ihrer Produktionen gesehen, darunter *Minna von Barnhelm*. Sie dachten nun daran, ihrem Theater eine offiziellere Basis zu geben, und baten durch Goethe das Geheime Conseil um Erlaubnis hierzu. Geheimrat Schmidt war empört, als er hörte, daß teure und unrentable Akademiker ihre Zeit mit Frivolitäten verschwendeten, und auch Carl August mißbilligte die Sache aufs schärfste: Theater, auch private, waren Tummelplätze der Öffentlichkeit und daher von Haus aus verdächtig; sie hatten in der Entwicklung der jüngsten deutschen Literatur eine besondere Funktion als Ort der Begegnung von bürgerlicher und höfischer Kultur; es war wichtig, daß in dieser Hinsicht der Hof seine dominierende Stellung behauptete. Der Platz des Theaters war Weimar; denn nur der Adel besaß Muße genug zur Unterhaltung und hatte ein Recht darauf. Die Gelehrten in Jena sollten bei ihrem Leisten bleiben und nicht (wie Wilhelm Meister oder Fichte) Anspruch auf eine abgerundete, persönliche Kultur erheben. Schütz mochte nicht glauben, daß das Verbot von Theateraufführungen in Jena, das prompt folgte, für Professoren ebenso wie für Studenten gelten sollte; so kam er am 27. März zu einer Audienz beim Herzog nach Weimar, um den Punkt zu klären, und sah sich gedemütigt, als er geklärt war. Beim Fortgehen fragte er Voigt nach der anderen Angelegenheit, die alle seine Kollegen beschäftigte: Welches Urteil wohl im Fall Fichte zu erwarten sei? Das denkbar mildeste, erwiderte «der bleiche Minister» unheilverkündend.

Die massive Erklärung, die Fichte zu seiner Verteidigung abgab, ging Mitte März ein, doch nahmen die Ereignisse erst am Karfreitag, dem 22. März, eine entscheidende Wendung. Offenbar angestiftet vom Prorektor der Universität, dem Theologen Paulus, der in der ganzen Affäre eine undurchsichtige Rolle spielte, schickte Fichte seiner Unterwerfungserklärung einen wortreich-pompösen und außergewöhnlich törichten Brief an Voigt hinterher: Warum, so fragte er (und drohte dabei, daß seine Freunde demnächst dieselbe Frage im Druck stellen würden), wurde er des Atheismus bezichtigt, wo doch Herder, das Oberhaupt des örtlichen Kirchenwesens, «Philosopheme über Gott» veröffentlicht habe, die «dem Atheismus so ähnlich sehen, als ein Ey dem andern»? Erkennbar unterstellte er, daß die Entscheidung in seinem Fall nicht nach Billigkeit ausfallen, sondern das Ergebnis von politischen Rücksichten, ja von Intrigen sein werde; er erklärte, niemals «etwas Unanständiges» wie etwa eine öffentliche Rüge hinnehmen zu wollen, und tönte wie ein zweiter Luther: «Ich *darf* es nicht; ich *kann* es nicht.» Sollte sie dennoch ausgesprochen werden, bleibe ihm keine Wahl als seinen Rücktritt einzureichen, wobei er dann alle einschlägigen Dokumente der Affäre publik machen und zahlreiche ungenannte Freunde mitnehmen werde, die bereit seien, eine eigene akademische Einrichtung zu gründen. Nicht nur sein eigenes Schicksal, sagte Fichte, sondern das der ganzen Universität sei jetzt in der Schwebe. Wäre Voigt Fichtes Freund gewesen, hätte er ihm den Brief zurückgegeben und geraten, ihn neu zu schreiben oder wenigstens die Rücktrittsdrohung fallenzulassen. Aber er war der Diener seines Herrn und ein eingeschränkter Geist, der es liebte, die Ausübung von Macht mit einem Schein von triumphierender Tücke zu würzen, und Fichte hatte ihm schließlich erlaubt, den Brief zu zeigen, wem er wollte. Er trug ihn sofort zum Herzog. Wolzogen war gerade nach Sankt Petersburg aufgebrochen, und jetzt war nicht der Augenblick, nachsichtig gegen die Unbotmäßigen zu erscheinen. Hier war die Gelegenheit, auf die Carl August gewartet hatte, vorausgesetzt, es wurde gehandelt, bevor Fichte Zeit hatte, sich eines anderen zu besinnen. Der Herzog sandte einen Expreßboten nach Jena, wo Goethe, nachdem ihm Schiller den endgültigen Text des *Wallenstein* vorgelesen hatte, endlich dazu gekommen war, seine *Achilleis* zu konzipieren, und für den Ostersonntag wurde ein Treffen Goethes mit Voigt in dem Dorf Kötschau, auf halbem Wege zwischen Jena und Weimar, vereinbart. Bei dieser Besprechung gab Goethe seine bisherige, vorsichtige Inschutznahme Fichtes auf. Er sagte später, er würde gegen seinen eigenen Sohn votiert haben, hätte der sich eine derartige Sprache gegenüber der Obrigkeit erlaubt; doch war es nicht nur die Beleidigung des Staatsoberhauptes und seiner Verwaltung, was den Ausschlag gab, sondern das, was der anmaßende Ton unterstellte. Wie damals, als Caroline Herder ihm den Brief über die Ausbildung ihrer Söhne geschrieben hatte, erkannte er, daß dies auch ein Augenblick war, wo in persönlichen Einstellungs- und Loyalitätskonflikten die tieferen Konflikte der Zeit ausgetragen wurden. Fichte hatte eine Bresche geschlagen, durch welche Sachsen das Fundament der Weimarer Kultur attackiert hatte, jenen Kompromiß zwischen Altem und Neuem, der in den Augen Jacobis – und Fichtes selber – eine unhaltbare Inkonsequenz darstellte. Er war nicht bereit, sich zu diesem Kompromiß zu bekennen, sondern wollte lieber, wenn er konnte, die Institution zerstören, die ihm Reputation und Einfluß verschafft hatte; er gehörte nicht nach Weimar und wohl auch nicht in die französische Republik – er gehörte, wenn überhaupt, dann nach Preußen. Goethe hatte eine andere Wahl getroffen, und wenn er, wie er es im Zweifelsfall immer tat, die Entscheidung seines Herzogs unterstützte, erneuerte er seine eigene Entscheidung von 1775, nach Weimar zu kommen und hier zu bleiben, mochte in der Welt geschehen, was wolle. Fichte zwang ihm die Aufgabe auf, das Werk von zwei Jahrzehnten zu vernichten, und er tat es mit einer gewissen ingrimmigen Resignation. «Ein Stern geht unter, der andere erhebt sich!» bemerkte er, wahrscheinlich bei jener Besprechung am Ostermontag; aber wer war der aufgehende Stern in Jena? Vielleicht Schelling; aber von allen Jenaer Professoren war gerade er es, der wohl am ehesten seinem Lehrer in die Verbannung folgen würde, zumal er kein Gehalt bezog, das ihn festhielt.

Nachdem Voigt dem Herzog Fichtes Brief einmal vorgelegt hatte, war Carl August die treibende Kraft hinter den Machenschaften der letzten Märzwoche. Goethe war nur ein Helfershelfer, freilich ein williger und wichtiger; und zumindest versuchte er, menschlich zu bleiben. In Kötschau entwarf er mit Voigt einen Brief nach Gotha mit der Bitte um Unterstützung, eine Anweisung an die Universität, eine offizielle Rüge auszusprechen, und einen Brief an Fichte mit der Ankündigung, daß diese Entscheidung gefallen war und daß ein förmliches Rücktrittsgesuch angenommen werden würde. Es war Kammerpräsident Schmidt, der drei Tage später im Geheimen Conseil auf den tödlichen Trick verfiel, dieses Moment des Vorläufigen aus Goethes Briefentwurf zu tilgen und damit Fichte seinen letzten möglichen Ausweg zu verlegen: Das Rücktrittsangebot, argumentierte Schmidt, sei in der Rücktrittsdrohung bereits enthalten, die Universität wurde instruiert, es anzunehmen, und die persönliche Antwort an Fichte entfiel. Am 30. März hatte Goethe eine weitere Besprechung in Kötschau, aber nur, um letzte Hand an einzelne Formulierungen zu legen und das definitive Verbot des Theaterspiels in Jena entgegenzunehmen. Als der konsternierte Fichte, dem am 1. April der an die Universität ergangene Entscheid mitgeteilt worden war, auf Drängen von Paulus einen zweiten Brief an Voigt schrieb und erklärte, die Rüge sei so formuliert, daß sie ihn nicht zum Rücktritt nötige, opferte er lediglich seine Würde und, wie Voigt frohlockend registrierte, seinen Anspruch auf die Märtyrerkrone. «Was ist das nicht für ein miserables Volk!» kritzelte Carl August an den Rand des Briefes: «die Sache behält wohl ihren Lauf, und adieu, Fichte!» Die einseitige Aktion Weimars mußte allerdings noch von den anderen Herzogtümern ratifiziert werden, und in der Zwischenzeit lieh man demonstrativ den vielen Fürsprachen zugunsten Fichtes ein Ohr; sogar der vernichtete Philosophieprofessor Schmidt legte ein gutes Wort für ihn ein – vielleicht war ihm peinlich bewußt, daß er, der einst die berüchtigte Schmähschrift gegen Moses, Jesus und Mohammed, den anonymen *Liber de tribus impostoribus*, neu herausgegeben hatte, dem Atheismusvorwurf stärker ausgesetzt war als Fichte. Voigt schützte die ganze Zeit den offensiven Ton des Karfreitagsbriefes als kränkend vor, «damit vorerst der eigentliche Grund, daß man nämlich eigentlich froh sei, einen Anlaß zu haben, des Fichte wieder loszuwerden, nicht durchschimmerte» – Goethe war wohl der einzige im Geheimen Conseil, für den wirklich Fichtes stilistischer Fauxpas ins Gewicht fiel. Am 10. April schickte er Cotta für seine Zeitung eine Notiz über Fichtes Entlassung. Eine von Steffens organisierte Petition der Studentenschaft auf Wiedereinsetzung Fichtes, die am 20. April, dem Tag der *Wallenstein*-Premiere, eintraf, wurde unbesehen verworfen, ebenso eine zweite vier Tage später. Weimar hatte seine Aufmerksamkeit bereits dem neuen Stück zugewandt. Spätestens Anfang Mai hatte dann die Nachricht vom Rastatter Gesandtenmord alle anderen Skandale aus dem Bewußtsein der Öffentlichkeit verdrängt.

Schelling blieb. Einzig Fichte ging fort, und zwar am 21. Juli, nach Auszahlung seines letzten Quartalsgehalts, nach Berlin, wo er bei Friedrich Schlegel und Schleiermacher wohnte und sich mit Vorträgen und Publikationen durchzubringen hoffte. Ein Asylgesuch in Rudolstadt, auf der anderen Seite der Grenze hinter Jena, wo vorläufig seine Familie blieb, wurde abgelehnt. Von Gotha ausgehende Bestrebungen, Fichte den Professorentitel abzuerkennen, trat Goethe entgegen. Die Auswirkungen des Vorgangs waren so betrüblich, wie zu erwarten gewesen war. Fichte hatte in seinem Zornesbrief ein paar unangenehme Wahrheiten ausgesprochen – zum Beispiel die, daß Jena sich von seinem Verlust nicht werde erholen können. Carl August wollte diese Erholung nicht, und Fichtes Stelle blieb unbesetzt. Der Niedergang von dem Höhepunkt des Wintersemesters 1798/99 war langsam, aber am Rückgang der Studentenzahlen sogleich wahrnehmbar. «Die nächste Folge davon ist, daß Jena in das Chaos der allgemeinen Plattheit herabsinken wird», schrieb Friedrich Schlegel seinem Bruder, der – wie um dies zu beweisen – einen erbitterten und trivialen, aber jahrelang währenden Streit mit der *ALZ* anfing, weil sie das *Athenäum* nicht besprach. (Schütz revanchierte sich mit einer Parodie auf August Wilhelm Schlegel in einem privaten Kabarett, das gegen das herzogliche Theaterverbot verstieß, wurde von der Polizei verhört und mußte eine Geldbuße zahlen.) In einer kleinen Kommission, die gebildet wurde, um die Lehren aus der Affäre zu ziehen und die akademische Disziplin zu straffen, vermochte Goethe wenigstens zu erreichen, daß der Plan eines staatlichen Universitätskommissars fallengelassen wurde. Um weitergehenden Restriktionen vorzubeugen, schlug er auch eine neuartige Form der Buchzensur vor: eine Garantie von drei mit dem Verfasser befreundeten und in herzoglichen Diensten stehenden Männern, daß in der geplanten Publikation nichts gegen Recht und Ordnung verstoße. Es war der bezeichnende Vorschlag eines gleichsam familiären Arrangements unter Kollegen, der – ohnehin utopisch – in einer Weise auf die Weimarer Gegebenheiten zugeschnitten war, wie es in keinem größeren Staat denkbar gewesen wäre. Abgesehen von der Einführung strengerer Immatrikulationsbestimmungen jedoch wurde einzig die Empfehlung der Kommission wirksam, nichts zu tun. Eine andere bittere Wahrheit in Fichtes Brief war, daß bald die Scham sich derer bemächtigen werde, die in seinem Fall nicht richtig gehandelt hatten. Goethe muß sich bewußt gewesen sein, daß er, so gerechtfertigt die Loyalität zu seinem Souverän auch war – und wer kann behaupten, daß Carl Augusts instinktive Entscheidung für Rußland anstatt für Jena sich letzten Endes als falsch für sein Volk herausgestellt habe? –, doch Mitbeteiligter am Verrat seiner eigenen, alten Zielsetzungen und an einem Akt der Schäbigkeit gewesen war. Spätestens seit der Abfassung seines Testaments wußte er um die in seinem Archiv verborgenen Bomben: Er bat Voigt um Rückgabe aller seiner auf den Fall Fichte bezüglichen Papiere und vernichtete sie.

«Wenn ich Dir diese Zeit über wenig geschrieben habe», schrieb Goethe am 2. April, dem Tag nach Fichtes Entlassung, an Christiane, «so war es, weil ich gar wenig zu sagen hatte.» Was er getan hatte, wäre seiner Familie als ruhige Routine vorgekommen: Arbeit, Spaziergänge – endlich wieder, nach dem längsten und härtesten Winter des Jahrhunderts und Februarüberschwemmungen, die das Flußwasser im Innenhof des Alten Schlosses gut einen halben Meter hoch steigen ließen – sowie Abende bei Schiller. Christiane und August hingegen hatten lärmende Ostern gehabt: Sie waren zweimal in der Kirche gewesen, für August wurden zweimal Ostereier versteckt, und ein Pfeil-und-Bogen-Spiel mit Freunden endete mit der Vernichtung eines Spielzeugdorfes durch einen Drachen. Sie waren zusammen in einer Vorstellung von *Hamlet* gewesen, in der August besonders das Stück im Stück und die tiefe Stimme des Geistes gefallen hatten, und hatten am Osterdienstag einen Ball besucht, bei dem er sich gelangweilt hatte, weil «nichts Komisches zu sehen war», während Christiane ein neues Paar Tanzschuhe durchgetanzt und mit ihrem Auftritt einen Taler gewonnen hatte. Betrüblich war nur, daß Lützow Ende des Semesters von seiner Familie nach Hause beordert worden war und anscheinend nicht mehr schreiben wollte. (Nur Goethe wußte, daß Lützows Mutter sich gegen die Ehe mit Ernestine entschieden und ihn im Januar um seine Hilfe gebeten hatte. Goethe hatte statt eines abrupten Verbotes zu vorsichtigem Rückzug geraten, so daß Zeit, Trennung und eine andere Umgebung dem jungen Mann helfen konnten, seinen Hoffnungen zu entsagen; und so kam erst im Mai der Brief, in dem er mitteilte, daß er nicht wiederkommen werde.) Verdrießlich für Christiane wie für Goethe war auch, daß Fischer in Oberroßla nichts Gutes zu melden hatte und mit Pachtzahlung und Naturalienlieferungen in Verzug war, so daß sie schon damit rechnen konnten, den Pachtvertrag kündigen zu müssen. Aber eine Neuerung stand in Aussicht, die den Gemütern aller Beteiligten frühlingshaften Auftrieb gab: Goethe hatte beschlossen, Pferde zu halten und eine Kutsche anzuschaffen. Voigt besaß bereits eine, und Goethe wollte nicht zurückstehen, obgleich das Gefährt 600 Taler kostete; auch lieferten die notwendigen Fahrten nach Oberroßla eine gewisse Entschuldigung. Am 24. April – der *Wallenstein* lag glücklich hinter ihm – prüfte er die Pferde im Park des Belvedere und machte den Kauf perfekt. Eine Woche lang unternahm er dann fast jeden Tag eine Ausfahrt, wahrscheinlich zusammen mit August und Christiane, die sich um die Pferde würden kümmern müssen, wenn sie in Weimar waren. Am 1. Mai fuhr Goethe, begleitet von Meyer, zum ersten Mal im Stil des vermögenden Edelmannes nach Jena.

Goethe war schon süchtig nach seinem neuen Zeitvertreib und unternahm in der ersten Maiwoche regelmäßige Ausfahrten; einmal fuhr er sogar bis nach Dornburg, um Schiller zu Mellish zu bringen, der jetzt eines der Schlösser gemietet hatte. Doch behielt er das Vergnügen nicht für sich: Über Pfingsten ging die Kutsche wieder nach Weimar, wo sie bei Christiane blieb, bis sie und August am 18. nach Jena kamen. Die beiden wohnten in einem Gartenhaus ähnlich dem Schillerschen und genossen das «ländliche» Leben, während Goethe morgens im alten Schloß zu arbeiten pflegte; am 27. fuhr die ganze Familie gemeinsam nach Hause. Die Hauptbeschäftigung des frisch gebackenen Besitzers einer zweispännigen Kutsche war der Entwurf eines komplizierten tabellenförmigen *Propyläen*-Artikels über Dilettantismus, den er mit Schiller erarbeitete. Der Beitrag war eine Reaktion auf das Verbot des Jenaer Amateurtheaters und damit indirekt auch auf den Jenaer Atheismusstreit, eine ästhetische Rechtfertigung des ganz und gar ästhetikfeindlichen Akts des Herzogs. Die Autoren des Entwurfs scheinen angelegentlich einem irrigen Eindruck entgegenzuwirken, den Schillers *Briefe über die ästhetische Erziehung* hervorgerufen haben mochten: daß nämlich, da doch die Kunst den Menschen bilden und sogar befreien soll, die Ausübung der Kunst für jedermann von Nutzen sei. Demgegenüber sollte die erste und tragende Voraussetzung des neuen Beitrags sein, daß man die Kunst am besten den berufsmäßigen Künstlern überließ (was nach Lage der Dinge in Deutschland bedeutete: den in fürstlichen Diensten Beschäftigten). Der Anspruch der deutschen Mittelschichten auf Beteiligung an höfischen Unterhaltungen wurde schroff zurückgewiesen oder eingegrenzt; der Aufschwung nicht-höfischer Künste und Handwerke in den letzten fünfzig Jahren – Musterzeichnungen für Fabrikware und Kleidung, Buch- und Zeitschriftenillustrationen, vor allem aber der Siegeszug der unreinen literarischen Gattung des Romans – wurde dagegen schlankweg ignoriert. Eine systematische Übersicht über das, was ein Fürst für die wichtigsten Spielarten der Kunst halten mochte – Dichtung, bildende Künste, Musik, Tanz, Architektur, Landschaftsgärtnerei und Theater –, sollte in einer Verurteilung der Amateurbühne gipfeln, die als «die gefährlichste aller Diversionen für Universität» gebrandmarkt wurde. Man muß dankbar sein, daß dieses unwürdige Elaborat unvollendet blieb, und kann nur vermuten, daß Goethe sich nach dem Weggang Fichtes und dem brutalen Schlußpunkt unter das Rastatter Fiasko in einem Schockzustand befand. Nachdem die russischen Siege das Bevorstehen einer allgemeinen Restauration erwarten ließen, genoß er verstockt genug die Niederlage der Radikalen, die geglaubt hatten, jenen *modus vivendi* verbessern zu können, den er in mühsamer Kleinarbeit über Jahre hin aufgebaut hatte und den sie nun in einem allgemeinen Zusammenbruch ruinierten. Beobachtern fiel auf, daß Goethe und Schiller «über jene Begebenheit [Rastatter Gesandtenmord] wie Emigrirte sprechen. ‹Wer es gethan habe, sey einerley, nur gut daß es geschehn, denn das Abscheuliche müsse geschehn.› Bey Goethe ist das eine Art von Verzweiflung darüber, daß die Ruhe, die er liebt, sich ferner und ferner hält.» Die Niederschlagung jener literarischen Revolte, die der Sturm und Drang gewesen war, wiederholte sich jetzt, aber in größerem Maßstab, und die kritischen Themen von vor dreißig Jahren gewannen eine unheimliche neue Aktualität. Das Theater, in absolutistischen Monarchien der Ort, wo der Hof öffentlich seine kulturelle Vormachtstellung demonstrierte, wurde neuerlich zum Schlachtfeld politischer Interessen. Carl August – dem die Autoren von «Über den Dilettantismus» mit der Forderung folgten: «Möglichster Rigorism in äußern Formen» – verlangte die Wiederkehr der strengen französischen Tragödie und legte Goethe speziell jenen Dramatiker ans Herz, der nach 1770 der verhaßteste überhaupt gewesen war: Voltaire. Aber Goethe konnte einem solchen neuen Kurs nicht folgen, ohne seinem – in den letzten Jahren bewußten und erfolgreichen – Engagement für eine Literatur im bürgerlichen Medium des gedruckten Buchs und Periodikums, für Gedichte und ausgedehnte Prosawerke abzuschwören. Als durch den Atheismusstreit klar wurde, daß der Herzog eine gründliche Neuorientierung der Weimarer Kultur um den Hof und seine Vergnügungen anstelle der Universität und des Lesepublikums beabsichtigte, geriet Goethes Schreiben ins Stocken, ja wurde regelrecht lahmgelegt, bis er die Ansätze eines neuen Ausgleichs zwischen Literatur und den politischen Machtrealitäten in Deutschland erarbeitet hatte. Im April und Mai fanden seine zwei derzeitigen Hauptprojekte ein vorzeitiges Ende: Nachdem er auf Drängen Schillers seine ganze Willenskraft zusammengenommen und im März den ersten Gesang der *Achilleis* beendet hatte, beschloß er am 2. April, «eine kleine Pause» zu machen, und nahm das Projekt nie wieder auf; im Mai quälte er sich den Abschluß seines längsten Prosabeitrags für die *Propyläen* ab, die Erzählung in Briefform *Der Sammler und die Seinigen*, und sie erwies sich als sein letzter bedeutender Text, der eigens für diese Zeitschrift entstand.

Den Verlust der *Achilleis* haben seither nur wenige bedauert: darauf berechnet, die Kompromisse zu vermeiden, durch welche *Herrmann und Dorothea* die verschiedenen Segmente eines fragmentierten Publikums ansprach, hat dieses Epos gar kein Publikum gefunden und sollte anscheinend auch keines anziehen. Es war eine kühne, aber – auf einem Markt, der *Die Horen* nicht vertrug – eine tollkühne Geste. Wiewohl im literarischen Spektrum am entgegengesetzten Ende angesiedelt wie der Sensationsroman *Rinaldo Rinaldini der Räuber Hauptmann*, mit dem August Vulpius damals einen beträchtlich größeren Erfolg landete als Goethe mit *Herrmann und Dorothea* (allerdings leider nicht in finanzieller Hinsicht), war Goethes neues Epos viel zu gelehrt und antikisierend, selbst für gebildete Hofbeamte wie Voigt; allenfalls einige von deren akademischen Lehrern mochte es ansprechen. Viel schwerer wog dagegen die Unterbrechung in Goethes Prosa. *Der Sammler und die Seinigen* ist ein anmutiges *jeu d'esprit*, das das Programm der *Propyläen* in Reinkultur verkörpert. Wie Goethes kommentierende Auswahlübersetzung von Diderots *Essai sur la Peinture* in den vorangegangenen Heften der Zeitschrift ist es ein Konversationsstück, das den Reiz eines halb dramatischen Austauschs von intelligenten Meinungen über Gegenstände bietet, bei denen zu erwarten ist, daß auch der Leser mitreden kann. Die Fiktion von Briefen an die *Propyläen*-Herausgeber – die somit in der Geschichte selbst schattenhaft gegenwärtig sind – macht den Anspruch der Zeitschrift lebendig, das Forum für die ästhetisch reflektierenden Schichten der Nation zu sein. Die idealistische Philosophie der neunziger Jahre verbündet sich hier mit dem pragmatischen Geschmack eines *virtuoso* der Jahrhundertmitte – auch er ein «Oheim» nicht unähnlich dem Gegenspieler der Stiftsdame aus *Wilhelm Meisters Lehrjahren*, jedoch weniger wohlhabend und als Arzt Akademiker –, und gemeinsam verteidigen sie im Rahmen einer beschwingten romantischen Komödie die Thesen des Aufsatzes «Über Laokoon» gegen diverse Philister, zu denen auch eine Karikatur Hirts gehört. Die abschließende Klassifizierung der Künstler und Kunstliebhaber ist satirisch und biegsam, anders als die steifen, humorlosen Tabellen im Entwurf «Über den Dilettantismus», zu dem Goethe gleich anschließend überging. Das war die Quelle, die Goethe anzapfen mußte, wenn er in einem nicht mehr kaiserlichen Deutschland ein eigenes Publikum zusammenbringen wollte; aber Mitte 1799 verlor er das Vertrauen in seine Fähigkeit, sie

47. H. Kolbe: Venus führt Helena dem Paris zu (1799).
Kolbe war einer der beiden Preisträger der ersten Weimarer Kunstausstellung.

48. Ph. O. Runge: Achills Kampf mit den Flüssen (1801)

zu lokalisieren, und wandte sich mehrere Jahre von ihr ab. Es war ein besonders schlechtes Zeichen, daß er den Plan nicht weiter verfolgte, in die Zeitschrift eine Fortsetzung von *Wilhelm Meisters Lehrjahren* aufzunehmen, und zwar in Form von «Briefen» (ohne Zweifel über Italien) «eines Reisenden» (ohne Zweifel Wilhelm) «und seines Zöglings» (ohne Zweifel Felix); am 10. Mai bat er Meyer um Informationen über die Ikonographie des heiligen Josef, des Pflegevaters. *Wilhelm Meisters Lehrjahre* und die mit ihm verwandten *Unterhaltungen deutscher Ausgewanderten* waren die Prosawerke, in denen er noch am ehesten die Rolle der Literatur in einer neuen Zeit definiert hatte.

Im Mai sah Goethe in den *Propyläen* noch immer das Medium, durch das er sich mit entfernten Freunden unterhalten konnte, wie er es gegenüber Wilhelm von Humboldt formulierte, der ihm aus Paris geschrieben hatte, um auf seine Diderot-Kommentare einzugehen (und ihn von der bevorstehenden Abreise seines Bruders aus Spanien nach Südamerika zu unterrichten). Im März und April verabredete er mit Meyer ein wichtiges neues Projekt, dessen Hauptvehikel die *Propyläen* sein sollten: einen Kunstwettbewerb über ein vorgegebenes Thema aus Homer, mit Meyer und Goethe als Juroren und einem teilweise von Cotta gestifteten Preis. Die eingereichten Arbeiten sollten im Rahmen der jährlichen Sommerausstellung mit Werken aus der Weimarer Zeichenakademie gezeigt werden, und die Reaktionen des Publikums sollten in die Beurteilungen einfließen, die man, zusammen mit dem Thema des nächsten Jahres, in den *Propyläen* abdrucken wollte. Aber dieser Glaube an die *Propyläen* als Organ des Geschmacks in der deutschsprachigen Welt wurde durch eine Nachricht Cottas grausam erschüttert, die Goethe Ende Juni erreichte: Im ersten Jahr waren von der Zeitschrift nur 450 Exemplare pro Heft verkauft worden – kaum genug, um Goethes Honorar abzudecken; bisher hatte Cotta fast 2000 Taler bei dem Unternehmen verloren. Goethe war furchtbar enttäuscht und fühlte sich «aus ... Träumen» geweckt. Er kam mit Cotta überein, die Auflage der Zeitschrift und die Erscheinungshäufigkeit zu senken – nach dem Juli 1799 erschienen nur noch zwei Hefte in einer Auflage von jeweils 750 Stück – und bot sogar eine Kürzung seines Honorars an. Cotta begnügte sich jedoch mit einem ganz anderen Zugeständnis, mit dem die *Propyläen* alles erreichten, was er von ihnen erwartet hatte: Goethe erklärte sich vorsichtig und mit der Einschränkung «ob man gleich für die Zukunft ... nichts versprechen soll» bereit, seine künftigen Werke von Cotta verlegen zu lassen, sofern feststand, daß niemand ihm bessere Konditionen werde bieten können. Er betonte, zu diesem Entschluß habe seine alte Hochachtung vor Cottas «Charakter und ... Handelsweise» ebenso beigetragen wie irgendeine neuere Verpflichtung. So mag der Vorschlag, mit einem erklärten und aktiven Konstitutionalisten zusammenzuarbeiten, dessen Zeitschriften ständig am Rande des Verbots lavierten, auch eine teilweise beabsichtigte politische Bedeutung gehabt haben. Vielleicht spürte Goethe, daß die Partnerschaft mit Cotta mehr als alles, was er für das Herzogtum Carl Augusts tun konnte, langfristig jene solide strukturierte Beziehung zu einer nationalen Öffentlichkeit herstellen würde, nach der er suchte. Im Sommer 1799 muß es freilich geschienen haben, als sei diese Beziehung in dem Moment zusammengebrochen, als dank herzoglicher Politik Weimar und Jena von Goethe etwas Neues, ganz und gar Unmögliches verlangten: nicht Beteiligung an einer Republik der Gelehrsamkeit, sondern Kultivierung einer bewußt exklusiven Form der Tragödie, einer Gattung, in der er ohnedies seit zehn Jahren kein Werk zu schreiben vermocht hatte, das zufriedenstellend oder auch nur vollständig gewesen wäre. Gab es überhaupt noch irgend etwas, das er schreiben konnte?

Es falle schwer, meinte Knebel, «sich Teutschland je als ein Kunstland in diesem hohen Sinne zu denken», den die *Propyläen* meinten, und es gibt verschiedene naheliegende Gründe, warum die Zeitschrift scheiterte: zu hoher Preis, zu enge Thematik, noch dazu zwei Drittel des ganzen Inhalts ein monotones schulmeisterliches Geleier von Johann Heinrich Meyer. Der Ursprung der Zeitschrift in einem gemeinsamen Buchprojekt war nicht zu übersehen. Aber Meyer war nicht allein der Schuldige: Zwar unterschied sich sein Ton von den bunteren und offeneren Beiträgen Goethes, aber er entsprach der von beiden Autoren gehegten Annahme, daß die «Richtung unserer Zeit» in der Kunst «beinah fast ganz falsch» sei. Das war keine Formel, mit der man Subskribenten unter den zeitgenössischen Künstlern gewann. Es wäre jedoch falsch zu glauben, Goethe hätte sich den Künstlern seiner Zeit entfremdet gefühlt, weil er oder Meyer eine Kunstauffassung vertraten, der sich die Künstler seiner Zeit nicht anschließen mochten: Themen aus Homer, Vorbilder im Cinquecento und in der griechischen Plastik, wie (im großen und ganzen) das Cinquecento sie verstand, Vorrang der Zeichnung, Klarheit der Linie, Reinheit der Gattung, Auswahl der Themen nach bestimmten theoretischen Prinzipien und so fort – ehrlich gesagt ein Mischmasch aus Konventionen des mittleren 18. Jahrhunderts und historischen Mißverständnissen. (So wie es falsch wäre zu glauben, Hölderlin hätte sich zuerst aus Büchern seinen Griechenlandtraum geholt und sich dann in Deutschland nicht mehr heimisch gefühlt, weil es seinem Traum nicht gerecht wurde.) In Wahrheit war es eher umgekehrt: Goethe fühlte sich seiner Zeit entfremdet und suchte daher eine Kunstauffassung, die dieses Gefühl rechtfertigte (wobei diese Auffassung natürlich bald zur Bekräftigung ihrer selbst geriet). Sein Vorgehen in der Naturwissenschaft war ähnlich: Er bezog bewußt einen Standpunkt, von dem aus die Naturwissenschaft seiner Zeit als jüngste und unverständliche Abirrung von einer uralten Wahrheit erscheinen konnte (und natürlicherweise weckte er bald eine verständnislose Opposition). Bei seinen Exkursionen in die Kunst und die Naturwissenschaft suchte er in erster Linie ein gemeinsames Betätigungsfeld, einen gemeinsamen Zweck und die bestätigende Interaktion mit anderen – im Grunde genommen die Objektivität –, die er im gesellschaftlichen und politischen Leben nicht finden konnte und die für ihn daher außerordentlich schwer in der Literatur zu verkörpern war. In diese «falschen Tendenzen» wurde er nicht durch irgendeinen Mangel seiner persönlichen Konstitution getrieben, sondern durch die historischen Umstände, die ihm kein anderes Ventil für seine enormen Energien ließen. Aber er war ein Realist, kein Eskapist. Für die deutsche Mittelschicht des Bürger- und Beamtentums waren Ratlosigkeit und Enttäuschung die geschichtliche Realität – nicht wegen der Herrscher und Adligen in Deutschland, die sich ja in Friedenszeiten zu Reformen fähig zeigten, sondern wegen der Folgen großer Ereignisse anderswo. Die künstlerischen und naturwissenschaftlichen Studien, in denen Goethe jene Gleichheit und Brüderlichkeit suchte, die das gesellschaftliche und politische Leben ihm nicht gewähren wollte, konnten nur dann überzeugende alternative Realitäten für ihn sein, wenn sie, ebenso wie das Leben, dessen symbolischer Ersatz sie waren, von einer generellen und unerklärlichen Feindschaft gegen seinen Willen geprägt waren. So verdrängten allmählich auf beiden Gebieten Goethes historische Studien die Ausarbeitung neuer Konzepte – von denen die meisten um die Jahrhundertwende ausgebildet waren –, und er trachtete danach, die alte, objektive Weisheit zu benennen, von der aus er seine eigene absurde und subjektive Zeit als eine des Niederganges beschreiben konnte. 1799 begann er nicht nur, die moderne deutsche Kunstgeschichte sowie die «Wendung» zu studieren, die die Dinge seit Winckelmann genommen hatten; er entwarf auch ein umfangreiches «Schema» zur Geschichte der Farbenlehre, das den verhängnisvollen Einbruch des Newtonschen Irrtums in einen Gegenstand zeigen sollte, der bis dahin von gesunden, wiewohl unzulänglich verstandenen Prinzipien beherrscht worden war. Da nun für die Engländer jede Kritik an Newton reine Blasphemie war, die Franzosen gegenwärtig naturwissenschaftlichen Dingen keine anhaltende Aufmerksamkeit schenken konnten, die Italiener und Niederländer «ruiniert» waren und aus Deutschland «aus mehr als einer Ursache» nur Widerstand zu erwarten war, blieb dem Freund der Farbenlehre nichts übrig als «das Geschäft im stillen so ernst als möglich zu betreiben». In humorvoller Laune fragte sich Goethe, ob die moderne Absurdität in allen ihren Formen nicht vielleicht eine bloße Halluzination sein könnte, die Konsequenz aus einem Scherz der Weltgeschichte. In einer Ballade mit Chören, die Ende Juli 1799 entstand, aber halb ernsthaft die Motive der großen Balladen von 1797 aufgreift, unterstellt Goethe, daß die Teufel und Nachtmahre, die die moderne, christliche Zeit plagen, die Rache des Altertums für seine Unterdrückung sind. In *Die erste Walpurgisnacht* werden die letzten vorchristlichen Druiden als Anbeter der Natur, der reinen Bergesluft, des reinigenden Feuers und eines «Allvaters» dargestellt: Indem sie ihren christlichen Verfolgern auflauern und sie mit Geheul, Mistgabeln und brennenden Holzhaufen erschrecken, begründen sie die Fabeln vom Hexensabbat. Und so ist vielleicht alles Unnatürliche an der modernen Zeit, sogar ein Newton oder Wackenroder oder Füßli, das komische Mißverständnis der antiken Einfachheit durch humorlose Puritaner.

Von dem Dilemma, in das Goethe das Scheitern der *Propyläen* und der abrupte Kurswechsel des Herzogs stürzten, blieb Schiller unberührt. Das Jahr seines vierzigsten Geburtstags sah nicht nur seine triumphale Rückkehr auf die Bühne mit dem abgeschlossenen *Wallenstein*, sondern auch den zügigen und glatten Übergang zu der Arbeit an seinem nächsten Stück – allerdings nicht *Die Malteser*, deren Sujet nun, da der Zar sein Interesse an der Insel bekundete, auf einmal eine allzu unerwünschte Aktualität erhalten hatte, sondern *Maria Stuart*, ohnedies ein Stoff, der eine klarere Konzentration auf wenige, deutlich gezeichnete Persönlichkeiten erlaubte. Die Lehren aus dem *Wallenstein* waren gezogen, so gründlich es nur ging, und Schiller versicherte Goethe, daß er die praktischen Aufführungserfordernisse ständig vor Augen habe. Dieses Mal bannte er erfolgreich den Stoff eines Shakespeareschen Historiendramas in eine einzige, fünfaktige Verstragödie nach dem Muster Racines und Corneilles, deren Werke er zur Vorbereitung im Mai studierte. In einer Hinsicht gelang es ihm sogar, noch mehr in das neue Stück zu packen als in den *Wallenstein*. Die Moralpsychologie ging in beiden Fällen auf Kant zurück, aber in *Wallenstein* steht der Hauptfigur, einem Exemplar der verderbten menschlichen Natur, die ihre Pflicht den Umständen unterordnet, Max Piccolomini gegenüber, in dem die Harmonie von Pflicht und Neigung zwar durch die Ereignisse auf die Probe gestellt wird, aber keinerlei Veränderung oder Entwicklung erfährt. In *Maria Stuart* überzeugt sich Elisabeth – wie Wallenstein –, daß sie durch die Umstände gezwungen ist, das Falsche zu tun und die schottische Maria zu Unrecht hinzurichten; aber Maria ist keine «schöne Seele». Das Stück schildert ihre Entwicklung vom Stadium der reuelosen Sünderin, die nicht besser ist als Elisabeth und ihre Frömmigkeit nur erheuchelt, über eine Krise der Selbsterkenntnis bis zu der Annahme ihrer jetzigen unverdienten Leiden als Sühne für ihre früheren Verbrechen. Ihre Geschichte ist daher die einer moralischen Bekehrung in genauer Übereinstimmung mit Kants Theorie der wahren Religion und hat große Ähnlichkeit mit der Geschichte Ferdinands in den *Unterhaltungen deutscher Ausgewanderten*. Wie Ferdinand erlebt auch sie ein Wunder; denn nachdem man ihr die Tröstungen ihrer Religion verweigert hat, wird sie vor ihrer Hinrichtung von einem verkleideten Priester besucht, der ihr die Beichte abnimmt und die Kommunion spendet. Verklärt erhebt sie sich über die Umstände in die Freiheit, während Elisabeth in selbstverschuldeter, verblendeter Knechtschaft verstocktes Opfer der Umstände bleibt. Also zwei gleichartige und parallele Studien über moralische Veränderung und moralischen Stillstand: Es ist weniger klar, ob beides konfligiert oder sogar interagiert. Schiller verstößt gegen die geschichtlichen Tatsachen, wenn er die zwei Königinnen einander in der Mitte des dritten Aufzugs begegnen läßt, aber in der daraus resultierenden Konfrontation verfolgt jede ihren eigenen Kurs wie eine Monade, vollkommen abgestimmt mit den Bewegungen der anderen, aber nur mit scheinbarer Wirkung auf sie. Da jede jederzeit die Freiheit hat, unabhängig von den Umständen das Rechte zu tun, kann keine Kumulierung von Umständen für sie jemals zur Ursache einer bestimmten Handlungsweise werden. Das Trauerspiel ist voll von politischem Kalkül, aber ohne jeden Sinn für Schicksal oder tragischen Verlust, weil in ihm die politische Welt keine moralische Bedeutung hat. Moral ist allein das, was man ganz und gar selbst in der Hand hat. Insoweit repräsentiert *Maria Stuart* exakt den Zustand der Seelen in einem absolutistischen Regime, das sie aufgehört haben zu hinterfragen oder abzulehnen. Formal ist es jedoch Schillers vollendetstes Stück und kann noch heute höchst bühnenwirksam sein, es verrät in hohem Maße Bewußtheit für die Probleme, die es aufwirft (und harrt noch immer der postmodernen Rehabilitation, zu der es sich zweifellos eignet), und es ist erstaunlich, daß Schiller ein so komplexes Werk in nur einem Jahr beenden konnte. Der erste Aufzug war Ende Juli 1799 fertig, der zweite einen Monat später – die Situation war genau umgekehrt als 1797, als Goethe vor Lyrik übersprudelte und Schiller an seinem *Wallenstein* dokterte. Jetzt äußerte sich Schiller besorgt über die mangelnde Produktivität seines Freundes – «eine so lange Pause ... darf nicht mehr vorkommen» –, ermahnte ihn zur Disziplin, bemitleidete ihn bei Ablenkungen, riet zu anderer Umgebung und schlug die Wiederaufnahme des *Faust* vor. Schiller, nicht Goethe erschien als Weimars *poeta laureatus*, als der neue König von Preußen mit seiner Gemahlin Anfang Juli für zwei Tage zu Besuch kam. Auf ihr Ersuchen wurden die hohen Herrschaften mit einer Aufführung von *Wallenstein* unterhalten; die Königin hatte sich absichtlich nicht die Ifflandsche Produktion angesehen, um das Stück zuerst auf seinem heimatlichen Boden genießen zu können. In der Pause wurden ihr Schiller, Goethe und Wieland vorgestellt. Im Gegensatz zu ihrem Gemahl, der kein großer Causeur war, war die Königin bezaubernd (als der Troß weiter nach Frankfurt zog, erschreckte sie ihre einstige Gastgeberin, Frau Rat Goethe, als sie sie durch den Erbprinzen von Mecklenburg zu einer Privataudienz einladen ließ und an die Pfannkuchen erinnerte, die sie ihr damals vorgesetzt hatte). Aber Goethe spielte bei dieser Gelegenheit nur die Rolle des dekorativen Faktotums: Man schickte ihn in voller Hofmontur aus der Loge des Königs hinter die Bühne, um Caroline Jagemann für den nächsten Morgen zum Frühstück einzuladen, und zwei Wochen lang mußte er den Weimarer Erbprinzen als Hausgast am Frauenplan beherbergen, weil Carl Friedrich aus der Residenz ausziehen und Platz für die königlichen Gäste machen mußte. Vier Tage hatte er auch Schiller bei sich, brachte es aber nicht übers Herz, ihm etwas von den verheerenden Nachrichten zu sagen, die er gerade von Cotta über die *Propyläen* bekommen hatte, um nicht, wie er später gestand, ihr Zusammensein zu ruinieren.

Goethe unternahm 1799 verschiedene Versuche, den poetischen Fluß wieder in Gang zu bringen und das rätselhafte Hindernis zu überwinden, das ihn abhielt, jenes große Werk als Antwort auf die Revolution zu schreiben, das sein eigentliches Ziel war. Er las Schweizer Chroniken, um sich für sein Epos über Wilhelm Tell anregen zu lassen, aber vergebens; er kam mit Schiller überein, den diesjährigen *Musen-Almanach* dem langen Gedicht *Die Schwestern von Lesbos* von Frau von Steins Nichte Amalie von Imhoff (1776–1831) zu widmen, damit sie beide den besten Teil des Jahres für etwas anderes als lyrische Stücke frei hatten; er erwog, an die erfolgreiche Elegie *Die Metamorphose der Pflanzen* anzuknüpfen und ein philosophisches Gedicht in Hexametern über das gesamte Reich der Natur zu schreiben, einen modernen Lukrez; er las Euripides und nahm sich für seinen Februaraufenthalt in Jena sogar vor, den Wunsch Carl Augusts aufzugreifen und Voltaire zu übersetzen. Nach einem Winter der «völligsten Inproduction» war er «vom schlimmsten Humor, der sich auch wohl nicht verbessern wird bis irgendeine Arbeit von Bedeutung wieder gelungen seyn wird. ... Auf den Sommer muß ich mir was erfinden, es sey was es will ...» Das Jahr war bedeutungsschwanger; es würde seinen fünfzigsten Geburtstag bringen, und zehn Jahre zuvor, als er so alt war wie Schiller jetzt, hatte er *Tasso* und damit den größten Teil seiner Werke für die Göschen-Ausgabe beendet. Was hatte er jetzt Vergleichbares zu bieten? Zudem gab es die Frage des neuen Jahrhunderts. Die meisten gebildeten Menschen bekannten sich zu der arithmetisch korrekten Ansicht, das 18. Jahrhundert gehe mit dem 31. Dezember 1800 zu Ende. Dagegen hatte Lichtenberg in einer *Rede der Ziffer 8*, einem seiner besonders geistreichen Stücke populärer Wissenschaft, das in seinem letzten, mittlerweile leider postumen *Göttinger Taschen-Kalender* erschienen war, ernsthaft für die abergläubische, numerologische Alternative, den 31. Dezember 1799, plädiert. Und, schrieb Goethe an Schiller, da sie «einmal 99er» seien – wohl eine Anspielung auf ihre runden Geburtstage –, dürften sie privat das Jahr 1800 als Eintritt in das 19. Jahrhundert betrachten. Als er schließlich im März die *Achilleis* in Angriff nahm, geschah es mit dem Vorsatz – den Schiller sogar für den Verfasser von *Herrmann und Dorothea* strapaziös fand –, «vor eintretendem Herbste» fertig zu sein. Das hieß wohl: bis zum 28. August, und wenn nicht das, dann jedenfalls vor dem Ende des Jahrhunderts, dessen jüngste Angelegenheiten in dem Gedicht eine seltsame und wenig schmeichelhafte homerische Reflexion erfahren sollten. Aber Anfang Juni kam Goethe zu dem Ergebnis, sich «blos durch gänzliche Resignation vom Unmuth erretten [zu] können, da an eine zusammenhängende Arbeit nicht zu denken ist.»

«Noch dazu läßt sich's gewissen Leuten nicht einmal begreiflich machen, welches das Opfer ist, das Sie bringen», schrieb ihm Schiller, der dabei fraglos an den Herzog dachte. Zwar war Goethes Problem nicht so sehr die Ablenkung von außen als vielmehr die innere Schwierigkeit, den Nebel von Ideen und Vorurteilen – in anderen wie in ihm selbst – zu durchdringen, der ihm das rechte Sujet und die rechte Form verbarg; doch spielte in diesem Sommer auch die Ablenkung eine Rolle. Er sinnierte:

Verhältnisse nach außen machen unsere Existenz und rauben sie zugleich. Es ist sehr sonderbar daß meine Lage, die im allgemeinen genommen nicht günstiger sein könnte, mit meiner Natur so sehr im Widerstreite steht.

Eine Folge der Avancen, die man Rußland machte, wurde auf peinliche Weise offenkundig, als das preußische Königspaar Carl Friedrich aus der Residenz verdrängte: Das neue Schloß mußte rechtzeitig zu einer Vermählung fertig sein, die den herzoglichen Haushalt beträchtlich vergrößern würde. Im Winter war auf Goethes Betreiben Meyer dazu bestimmt worden, für Thouret einzuspringen, dessen Rückkehr noch immer nicht abzusehen war, und die Arbeiten an der Innendekoration in Gang zu halten; im Sommer aber wurde nach Wolzogens Erfolg eine Autoritätsperson benötigt, um das Projekt mit Nachdruck voranzubringen. Der Herzog verbrachte den Juli und August größtenteils in Eisenach und ließ sich von Voigt begleiten, woraus folgte, daß Goethe nicht nach Jena konnte. In Weimar festgenagelt, sah er kaum eine Möglichkeit für jene «absolute Einsamkeit», die er brauchte, um irgend etwas zu schreiben. *Die Schwestern von Lesbos* erwiesen sich nicht als die Entlastung, die Goethe und Schiller sich davon versprochen hatten: Amalie von Imhoff hatte, so sagte man, alle Marotten ihres launischen Vaters – «in sich selbst verliebt», sagte Frau von Stein –; zwar wußte sie nicht, daß sie in Hexametern geschrieben hatte, aber Kritik nahm sie ungnädig auf. Zwischen Mai und August waren eine ganze Reihe von spannungsgeladenen «Conferenzen» erforderlich, bei denen Goethe dazu riet, das ganze Gedicht umzubauen. Der Weimarer Adel hatte eine Laienschauspieltruppe gegründet (für die es keiner herzoglichen Erlaubnis bedurfte) und wünschte sich Goethes Schirmherrschaft. Besucher waren nicht zu vermeiden. Einige konnten interessant sein, zum Beispiel Novalis und August Wilhelm Schlegel, die am 24. Juli zum Abendessen kamen, um Goethe mit Tieck bekanntzumachen («eine recht leidliche Natur. Er sprach wenig aber gut»). Andere Unterhaltungen hatten nur «interessante Stellen». Ende Juli und Anfang August rauschte Sophie von La Roche mit ihren Enkelinnen Sophie und Adelgunde Brentano sowie deren bester Freundin Susette Gontard durch Weimar, um ihre Verwandten zu besichtigen: Sophies und Gundas Bruder Clemens sowie Vetter Wieland in Oßmannstedt. Es gab Tee mit der Herzoginmutter Anna Amalia im Rosengarten zu Tiefurt, man vergoß eine pietätvolle Träne am Grab des Prinzen Constantin, und in Jena hatten die jungen Damen eine lange Unterhaltung mit Schiller (bei der Susette Gontard nicht wagte, mit ihm Hölderlins fruchtlose Hoffnung zu erörtern, er und Goethe könnten Beiträge zu der neuen Zeitschrift liefern, die Hölderlin herauszugeben gedachte). Goethe fühlte sich verpflichtet, ein literarisches Festessen zu Ehren der *grande dame* der Empfindsamkeit zu geben – allerdings mit einem boshaften Zug ins Hedonistische. Nachdem sie die Skulpturen, die Kopien nach Raffaels *Stanze* und die Aldobrandinische Hochzeit unter ihrem feierlichen Vorhang passiert hatte, erblickte Sophie von La Roche einen Tisch, der auf eine für sie neue Art gedeckt war, mit Tischkarten und dazwischen exotischen Blumensträußchen und Weinflaschen; erst später, als die Unterhaltung mit ihren Tischnachbarn – Wieland und Caroline von Wolzogen und Amalie von Imhoff – begonnen hatte, wurden die Speisen serviert, und als Dessert und Kuchen gereicht wurden, wehten Klänge sanfter Musik vom Garten herein. Sie glaubte, «ein Göttermahl» zu erleben, in einem Tempel der Kunst oder einer römischen Villa, und das Gefühl, in eine heidnische Idylle versetzt worden zu sein, muß sich am Abend verstärkt haben, als sie den Park in seinem tiefen sommerlichen Grün durchquerte und die ganze Gesellschaft sich zu einem Empfang versammelte, den Herzogin Louise im frischen Prunk des Römischen Hauses gab. Fünf Tage später verfaßte Goethe *Die erste Walpurgisnacht*, seine sarkastische Ballade über die Ursprünge der modernen Sinnesart, und am nächsten Tag, dem 31. Juli, entschloß er sich, der Stadt den Rücken zu kehren und in sein Häuschen an der Ilm zu übersiedeln.

Er hatte wenigstens ein bescheidenes Projekt für sein Jubeljahr. Im Mai hatte er damit begonnen, die kürzeren Gedichte zusammenzustellen, die er seit seiner ersten, höchst originellen Sammlung von 1788 geschrieben hatte; vielleicht dachte er daran, eine neue vollständige Ausgabe seiner Werke vorzubereiten. Aber Unger drang auf neues Material für die Reihe der *Neuen Schriften*, in der seit *Wilhelm Meisters Lehrjahren* nichts mehr erschienen war, und die Gedichte würden immerhin einen siebenten Band abgeben, mochte er auch «ein wenig mager» ausfallen. Er wollte die Gedichte nach Gattungen ordnen – «Lieder», Balladen, Elegien, Epigramme usw. –, dabei die Prosodie der Stücke in klassischen Metren glätten und noch «ein paar Dutzend» neue hinzufügen (er brachte es auf drei), um alles zu einem «kleinen Ganzen» zu runden. Er brauchte Stille und Konzentration und hatte vielleicht Lust auf einen Urlaub zu Hause. Die ersten zehn Augusttage wurden Christiane und August in das Gartenhaus in Jena verfrachtet, wo es ihnen im Mai gefallen hatte, und Ende des Monats folgte Christiane der Weimarer Theaterkompanie nach Rudolstadt, von wo sie Goethe Berichte über die neue Spielzeit (mit einer erfolgreichen Aufführung der *Wallenstein*-Trilogie) schickte, während August von seinen Tanten am Frauenplan versorgt wurde. Für sechs Wochen nahm Goethe wieder das halb ländliche Leben *extra muros* auf, das er vor 1782 geführt hatte, in einem Haus, das er jahrelang kaum besucht hatte. Die Zähmung der Wildnis und die Öffnung des Parks waren der Lage des Häuschens zugute gekommen, aber die Buchen, Kiefern und Wacholderbüsche, die er 1776 gepflanzt und an denen er sich zu schaffen gemacht hatte, als er vom Tod seiner Schwester erfuhr, raubten dem Haus und dem Garten jetzt das Licht: «So kommt es wohl manchmal daß uns unsre eigne Wünsche über den Kopf wachsen.» Die Aufgabe, die er sich vorgenommen hatte, war ohnedies ein Verkehr mit der Vergangenheit: «Mein gegenwärtiger Aufenthalt erinnert mich an einfachere und dunklere Zeiten, die Gedichte selbst an mannigfaltige Zustände und Stimmungen.» Er nahm in den neuen Band einige der ältesten und suggestivsten Stücke auf, die bisher in keiner Sammlung erschienen waren: «Es war ein Buhle frech genung», «Der Fischer», «Erlkönig». Die Dinge waren jetzt komplizierter – in seinem Tagebuch listete er ein Dutzend kleinerer

Projekte auf, an denen er gleichzeitig arbeitete –, aber sie waren auch klarer: So konnte er bei seinen Revisionen die systematische Metrik von Voß und Schlegel anwenden. Das wissenschaftliche Zeitalter begann das empfindsame abzulösen. Eine Woche lang stand der Autor von «An den Mond» mitten in der Nacht auf und studierte im stillen Tal der Ilm «einen so bedeutenden Gegenstand» durch ein Zwei-Meter-Spiegelteleskop, das ihm ein örtlicher Handwerker angefertigt hatte. «Es war eine Zeit, wo man den Mond nur empfinden wollte, jetzt will man ihn sehen», meinte er später zu Schiller, der scharfsinnig bemerkte, wie das Teleskop einen Anblick scheinbar unheimlich greifbar machte, der bisher unnahbar und rein optisch zu sein schien. Aber das Geheimnis der Natur wich nur zurück, es verschwand nicht. Die Gegenwart war eine Metamorphose der Vergangenheit – das Blatt, die Grundform, blieb bestehen. Schlosser, der vor kurzem wieder nach Frankfurt gezogen war, schlug in einem Brief die Wiederaufnahme der Beziehungen in Form von Erörterungen über Goethes botanische Theorien vor; Goethe reagierte positiv, obgleich sein Schwager wohl in der Naturwissenschaft ebenso unnachgiebig sein würde wie in allem anderen; aber bevor der Gedankenaustausch beginnen konnte, starb Schlosser sechzigjährig, wahrscheinlich an einer Lungenentzündung. Doch niemals hätte er Goethe seinen Glauben an Wachstum durch Verwandlung ausreden können: Zu vieles in Goethes eigenem Leben bestätigte ihn, zu vieles von dem, was er jetzt tat, erschien als höhere oder kompliziertere Form von etwas, das damals neu und einfach gewesen war, als die Liebe zu Cornelia ihn und Schlosser verbunden hatte. Noch immer zierte er den Park mit Erinnerungsstücken – doch sollte Christiane Becker-Neumann eine eigens in Auftrag gegebene griechische Skulptur bekommen und nicht, wie Christel von Laßberg, eine selbst gehauene Grotte an der Ilm. Noch immer baute er – doch nicht eine hölzerne Einsiedelei, sondern ein Schloß, an dem 160 Arbeiter und Handwerker schafften, welche häufiger Aufsicht bedurften. Er zeichnete nicht mehr so viel wie in den Tagen, da er versucht hatte, mit Kohle und Kreide Mondschein und Wolken über der Ilm zu beschwören – aber jene Leidenschaft von damals entfaltete jetzt ihre Wirkung in ganz Deutschland: Trotz der späten Ankündigung wurden im Sommer neun Arbeiten für den von den *Propyläen* ausgeschriebenen Wettbewerb eingereicht; der Preis wurde schließlich zwischen einem Stuttgarter Künstler und einem mittelmäßigen Düsseldorfer Nachahmer Flaxmans geteilt (welcher sehr in Mode, in Goethes Augen aber etwas kraftlos und unakademisch war), und der einstige Schüler Oesers begann, als Vorarbeit zu einer allgemeinen Kunstgeschichte des 18. Jahrhunderts die Briefe Winckelmanns zur Publikation vorzubereiten. Seine Lyrik war jetzt gedrängt, gebildet, ironisch, ihr Geheimnis lag tiefer unter der Oberfläche als in dem traumgleichen Quecksilber seiner früheren Verse, aber sie lebte noch immer aus ihrem Rhythmus, immer – sogar wenn sie förmlich oder sogar feierlich war – aus dem unvorhersehbaren Kontrapunkt zum Rhythmus der Rede. Das mag der Grund gewesen sein, weswegen er die einfachen, zurückhaltenden Vertonungen seiner Gedichte durch Zelter schätzte. (Vielleicht das Wichtigste in diesem Sommer war der Brief, worin er Zelters Vorschlag annahm, in Korrespondenz mit ihm zu treten.) Die Hexameter und Pentameter, die er zehn Jahre bevorzugt hatte, eigneten sich nicht für Musik – vielleicht empfand er das Bedürfnis nach einem neuen Rhythmus, der ihn in das neue Jahrhundert und in sein neues Lebensjahrzehnt trug. Während dieser einsamen *villeggiatura* fand er ihn nicht, und er brachte nicht mehr als die Hälfte dessen zustande, was er sich vorgenommen hatte, nämlich nur die endgültige Textgestalt seiner «Lieder, Balladen und Romanzen»: Sein fünfzigster Geburtstag verstrich vollkommen unbemerkt, bis auf einige gewundene Komplimente von Voigt, der seit 24. August endlich wieder in Weimar war (Christianes Brief aus Rudolstadt hat sich nicht erhalten). Aber der Rückzug auf sein früheres Ich mag ihm gezeigt haben, was not tat: Fortan nahm er kein größeres Werk in Hexametern mehr in Angriff und sparte die Distichenform für gesellige Anlässe wie Autogrammalben oder Inschriften auf. Schiller registrierte, daß «alle Productivität» Goethe diesen Sommer verlassen habe, und setzte schließlich auch keine Hoffnung mehr auf Goethes Versprechen, zur Rettung des *Musen-Almanachs* einige Gedichte zu liefern, um den verunglückten *Schwestern von Lesbos* aufzuhelfen. So unterbrach er die Arbeit an *Maria Stuart*, um zu sehen, was er allein ausrichten konnte, und stellte endlich *Das Lied von der Glocke* fertig, seine lange, philosophische Allegorie auf das menschliche Leben. Goethe war indessen mit den Früchten des Sommers – «wo nicht viele doch gute» – zufrieden und freute sich darauf, «wieder eine Epoche zu erleben», als er am 13. September das Gartenhaus verließ und zum Frauenplan zurückkehrte, um Schiller zu sehen, der von einem Familienbesuch in Rudolstadt kam. Sichtbarer kündigte sich die neue Epoche jedoch für Schiller an: Seine Frau sah ihrer Niederkunft entgegen, und er selbst hatte sich im August endlich dazu durchgerungen, nach einem Winterquartier in Weimar Ausschau zu halten. Goethe hielt Wort und bot sogleich seinen Einfluß auf: Charlotte von Kalb, die auf dem Wege der Erblindung war, wollte ihr Haus in Weimar aufgeben und stand kurz davor, es an den Chemiker Scherer zu vermieten. Scherer war jedoch noch unschlüssig, da ihm eine Professur in Halle angeboten worden war. Goethe richtete es ein, daß bei langfristiger Vermietung – vorzugsweise für zwei Jahre – der Hausbesitzer bereit war, Schiller die Wohnung zum gegenwärtigen Mietzins von 122 Talern pro Jahr zu überlassen. Für Scherer mag diese Enttäuschung den Ausschlag gegeben haben, sich für das staatliche Universitätswesen und gegen die Unwägbarkeiten eines privaten Mäzenatentums zu entscheiden: Er reichte umgehend seinen Rücktritt ein, der (nach einigen unerfreulichen Diskussionen über die Erstattung der Kosten für seine Forschungsreise nach England, da Carl August über den Verlust seiner Investitionen in ein Lieblingsprojekt verärgert war) auch angenommen wurde. Für Schiller bedeutete umgekehrt die Unterzeichnung des Mietvertrages die Verpflichtung, für das

Weimarer Hoftheater zu schreiben anstatt für die Philosophen in Jena. Er hatte die Absicht, wenn möglich im November umzuziehen – Goethe begann, für einen Brennholzvorrat zu sorgen –, und als Goethe am 16. September zu ihm nach Jena kam, wußten beide, daß der Rhythmus ihres alten Lebens in Ferne und Nähe nur mehr wenige Wochen dauern würde.

Alte und neue Zeit: September 1799 – Dezember 1800

In Jena war etwas im Gange, so als spüre eine neue Generation, daß das Haus sich leerte und ihre Zeit gekommen war. Noch war August Wilhelm Schlegel da, um die Kontinuität zu den alten Tagen Fichtes und der *Horen* zu wahren, aber als Anfang September Friedrich Schlegel aus Berlin zurückkam, noch immer umflossen von der unheiligen Aura seiner *Lucinde*, waren künftige Überraschungen garantiert. «Stellen Sie sich vor», schrieb August Wilhelm Schlegel, «daß die ganze Deutsche Literatur in einem revolutionären Zustand ist, und daß wir, mein Bruder, Tieck, Schelling und einige andere zusammen die Bergparthei ausmachen.» Kotzebue brachte eine Farce heraus, in der er sich über das *Athenäum* mokierte, die *ALZ* veröffentlichte eine ungünstige Besprechung von Schellings *Ideen*, und ein Gegenangriff war nicht zu umgehen. Goethe überließ den jüngeren Truppen das Scharmützel mit den Philistern um Kunst und Idealismus. Sein Sinn war auf die eigentliche Schlacht gerichtet, von der sie nichts zu ahnen schienen und für die er noch keinerlei Machtmittel aufzubieten hatte: den Konflikt zwischen dem ästhetischen und humanen Ideal, dessen Formulierung die schöpferischsten Geister Deutschlands während Goethes Mannesalter und vor allem in den letzten zehn Jahren so nahegekommen waren, und der großen historischen Veränderung, die das friedliche Wachsen und Gedeihen dieses Ideals verhindert hatte und es nun eher mit Stumpf und Stiel schien ausrotten zu wollen. Sogar der Versuch, die Bruchstücke in den *Propyläen* zu sammeln, hatte nur eine Handvoll Unterstützer gefunden; sogar die Höhen in der Schweiz, wo er zuerst beschlossen hatte, sich mit den Vorhöfen des Ideals anstelle des Allerheiligsten abzufinden, waren jetzt ein unpassierbares Schlachtfeld. Er behielt seine Bereitschaft, von der Jugend anzunehmen, was sie ihm zu geben hatte. Eine Woche lang ließ er sich von August Wilhelm Schlegel über die Metrik seiner Elegien und Epigramme beraten. Nachdem er in Jena die Diskussionen mit Schiller über den Zusammenhang zwischen Farbenlehre und Magnetismus wieder aufgenommen hatte, erprobte er seine neuen Überzeugungen über das Empirische und das Ideale bald in Unterhaltungen mit Schelling (dem er davon abriet, auf die Provokationen der *ALZ* einzugehen). In den ersten vierzehn Tagen des Oktober gestalteten sich die täglichen Unterrichtsstunden als gründlicher Kommentar Schellings zu der synoptischen *Einleitung*, die er gerade zur Ergänzung des *Ersten Entwurfs eines Systems der Naturphilo-*

sophie verfaßt hatte, und Goethe war «fast ganz für seine Naturphilosophie Systeme gewonnen». Aber es mußte jetzt ein «fast» geben, das die Generationen trennte. Schlegels Ratschläge bestätigten Goethe in seiner Einschätzung, daß er besser daran täte, die korrekten klassischen Metren (oder was man jetzt dafür hielt) ganz aufzugeben, da er sich nicht wirklich ungezwungen in ihnen auszudrücken vermochte. Und als Friedrich Schlegel ihm sein Widmungsexemplar von Schleiermachers Reden *Über die Religion* lieh, las er die ersten zwei oder drei mit bereitwilliger Bewunderung für ihre kulturelle Breite:

Je nachlässiger indessen der Styl und je christlicher die Religion wurde, je mehr verwandelte sich dieser Effect in sein Gegentheil, und zuletzt endigte das Ganze in einer gesunden und fröhlichen Abneigung.

Während des Sommers hatte er im Weimarer Park Miltons *Paradise Lost* gelesen, vielleicht auf der Suche nach einer Richtschnur für seinen eigenen Versuch in *Faust*, die christliche Theologie zu dichterischer Wirkung zu bringen; doch obgleich er große Bewunderung für Milton hegte, fand er das Sujet zwar durch seine äußere Attraktivität für die Gläubigen vorteilhaft, aber «innerlich wurmstichig und hohl». Schiller schob die Schuld auf die revolutionäre Zeit, in der Milton geschrieben hatte – der puritanische Geist konzentrierte sich wie der jakobinische auf seine Phantasiegebilde anstatt auf einen äußeren Gegenstand –, und Goethe muß ihm beigepflichtet haben. Konnte Milton ihm nicht helfen, so konnte es Schleiermacher erst recht nicht. Goethe arbeitete zu Beginn seines Aufenthalts in Jena einige Tage an *Faust*, machte aber nur geringe Fortschritte. Er muß sich zu diesem Zeitpunkt bereits für eine dritte Schicht einleitenden Materials in seinem Stück entschieden haben, indem er zwischen die «Zueignung» und den «Prolog im Himmel» jenes «Vorspiel auf dem Theater» einfügte, das 1798 für die Eröffnung des umgebauten Theaters nicht verwendet worden war. Der Effekt dieser dramatischen Diskussion über das Wesen des Dramas bestand darin, auszusprechen, was im Humor des nun folgenden «Prologs» bereits unausgesprochen enthalten war: daß die übernatürlichen Figuren darin reine Fiktion sind und daß die hier und an anderen Stellen des Stückes bemühten theologischen Termini als Metaphern zu verstehen sind. *Faust* sollte nicht gelesen werden, als wäre er *Das verlorene Paradies* (geschweige denn *Das wiedergewonnene Paradies*), und er war nicht nur eine weitere Bekundung irgendeiner allgemeinen «Religion». Er hatte aber seine eigene Wahrheit. Die Struktur, auf die Goethe sich im Juni 1797 festgelegt hatte, erforderte ein abschließendes Nachspiel, das dem «Vorspiel» entsprach, und in der Tat skizzierte er einige Zeilen für die lustige Person aus dem «Vorspiel», die das Publikum um Beifall für ein Stück bittet, das wie das menschliche Leben ist:

> Es hat wohl seinen Anfang und sein Ende.
> Allein ein Ganzes ist es nicht.

Möglicherweise zu derselben Zeit fügte er dem abschließenden Gedicht «Abschied» zwei Strophen hinzu, die gegen die einsame Melancholie der einleitenden «Zueignung» jenen Geist aufboten, in dem er die *Propyläen* gegründet hatte und den er noch in Jena zu behaupten hoffte: die gemeinschaftliche Toleranz kleiner Freundeskreise, denen «jedes ideale Streben ... wert und lieb» ist (wie Goethe sich wenig später gegenüber Jacobi ausdrückte). Sie ehren daher sowohl «das Alterthum» als «jedes neue Gute», wie Schelling finden sie in der Natur «des eignen Geistes Spur», und sie sind froh, wenn ihnen ein heimatlicher Friede erlaubt, sich der Kunst zu widmen und die heulenden Stürme der weltgeschichtlichen Walpurgisnacht zu überhören:

> Und wie des wilden Jägers braust von oben
> Des Zeiten Geists gewaltig freches Toben.

Goethe schuldete Wilhelm von Humboldt einen Brief. Humboldt, dessen langweiliger Stil im *Athenäum* gern satirisch aufs Korn genommen wurde, war in den Augen des neuen Jena bereits mittleren Alters, aber er war korrespondierendes Mitglied des kleinen Kreises und hatte Goethe im August eine lange Schilderung über die förmliche, tragische Art des Agierens geschickt, die auf der Pariser Bühne noch gepflegt wurde und von der Revolution unberührt geblieben war. Bei der Beantwortung dieses Briefes und der Bearbeitung von Humboldts Bericht für das nächste Heft der *Propyläen* kam Goethe wieder auf Carl Augusts herausfordernde Anregung einer Voltaire-Übersetzung zurück. Seine Abneigung gegen Schleiermachers Reden *Über die Religion* gab ihm plötzlich einen Anstoß, und die jambischen Zeilen, die Schiller ihm, aufgelöster und formenreicher als in *Wallenstein*, aus dem Manuskript von *Maria Stuart* vorlas, verbanden sich mit den sommerlichen Milton-Nachklängen und schenkten ihm ein Medium: einen neuen Rhythmus. Zwischen 29. September und 10. Oktober übersetzte er in regelmäßigen täglichen Pensen den ganzen *Mahomet*, Voltaires Streitschrift gegen die Religion, in Blankverse, eine Form, die er in dieser Länge seit *Torquato Tasso* nicht mehr verwendet hatte. Am 1. Oktober ließ er sich vom Herzog beurlauben, um auch nach Beginn der neuen Theaterspielzeit in Jena bleiben und die Übertragung beenden zu können. Der Herzog konnte kaum nein sagen und muß ohnedies an der Widerborstigkeit des Ganzen Gefallen gefunden haben. Die französische Verstragödie war die ausländische, höfische Form *par excellence*, um deren Diskreditierung die bürgerliche Literatur Deutschlands seit einem halben Jahrhundert gekämpft und die man in Weimar seit dem Brand des alten Schlosses nicht mehr gesehen hatte; sie wieder zur Geltung zu bringen war eine ebenso klare politische Aussage wie die Entlassung idealistischer Philosophen. Goethe genoß es auch, den Kreis um die Schlegels und sogar Schiller zu verblüffen, den er mit der Bitte um ein paar einführende Verse in Verlegenheit setzte: Sie ließen lange auf sich warten und verhehlten nicht Schillers Vorbehalte. Aber 1799 wäre eine stilistische Geste allein nicht ausreichend gewesen, Goethes poetische Trägheit zu überwinden: Voltaires Stück behagte ihm, wie auch Carl August, ob seiner unmittelbaren politischen Relevanz. *Le Fanatisme ou Mahomet*, heute ebensowenig bühnenfähig, wie es das im 18. Jahrhundert gewesen wäre, hätte es sich offen mit einem der beiden anderen «drei Betrüger» befaßt, deren Religion Voltaire natürlich auch im Sinn hatte, präsentiert den Stifter des Islam als militärischen und politischen Abenteurer, ehrgeizig, lüstern und absolut zynisch. In seine Heimatstadt zurückkehrend, aus der er als unbedeutender kleiner Störenfried verbannt worden ist, beseitigt er deren uralte Verfassung und ihren religiösen Kult mit Waffengewalt und einer neuen Ideologie, die die Jugend verführt, an die aber weder er selbst noch seine unmittelbaren Statthalter glauben. Die Nutzanwendung auf das revolutionäre Frankreich lag auf der Hand und wurde im ganzen Stück dadurch verstärkt, daß Goethe den eher religiösen Begriff *fanatisme* mit dem säkular-politischen Begriff «Parteigeist» übersetzt und daß die Bewohner Mekkas immer wieder als «Bürger» und nicht als «das Volk» bezeichnet werden. Die französischen Führer von Mirabeau bis Reubell boten sich als naheliegende Verkörperung von Voltaires «Mahomet» an, aber auch Bonaparte, der Anfang Oktober 1799 noch auf dem Rückweg von Ägypten war, hatte schon genug getan, um von Goethe in dieser Figur wiedererkannt zu werden (daß Bonaparte eine verständlicherweise geringe Meinung von dem Stück hatte, konnte Goethe damals noch nicht wissen). Als politische Prophezeiung gelesen, formulierte *Mahomet* Goethes früheste Konzeption der Revolution als Werk von destruktiven Illusionären, von Cagliostros, die über Pöbelhaufen und Armeen gebieten. Aber die Figur Sopirs, des obersten Richters in Mekkas *ancien régime*, verkörperte zugleich Goethes jüngste, stoische Resignation angesichts der großen Schlachten der Geschichte. Wie die Druiden in *Die erste Walpurgisnacht* hat Sopir nur Verachtung übrig für Neuerer, die billige Siege erringen, indem sie reine Naturanbetung und unvordenkliche Bräuche beseitigen. Sein Gegenspieler aber intrigiert, um Rache an dem Mann zu nehmen, der ihn einst voller Verachtung verbannt hat, und fädelt es ein, daß die zwei Kinder Sopirs, die seit langem von ihm getrennt sind und seine Identität nicht kennen, sich zu seiner Ermordung verschwören. Goethes zahlreiche Modifikationen machen die Szene des Vatermordes noch beklemmender, als sie es bei Voltaire ist; den Schluß veränderte er so, daß er zu einem Aufschrei gegen all das wurde, was die Revolution der Menschheit zugemutet hatte – doch scheint Carl August nicht bemerkt zu haben, daß er mehr bekam, als er bestellt hatte. Sopirs Tochter, die zuletzt den wahren Charakter des «Propheten» durchschaut, der sie verblendet hat, entzieht sich seinen unerwünschten Avancen, indem sie sich selbst erdolcht, und Goethe läßt das Stück mit ihren letzten Worten enden – einer Zeile, die es an Größe mit Corneille aufnimmt:

<blockquote>Die Welt ist für Tyrannen; lebe du!</blockquote>

Als das Ende des Rohentwurfs der Übersetzung in Sicht war, ließ Goethe August nach Jena kommen, so daß Carl Schiller in der letzten Phase der

Schwangerschaft seiner Mutter einen Spielgefährten hatte, und am 11. Oktober nahm er beide Buben zu einem Ausflug mit, während Carls Schwester Caroline zur Welt kam. Drei Tage später kehrte er nach Weimar zurück, ohne zu ahnen, daß Charlotte Schiller das Kindbettfieber bekommen hatte und bald schwer krank war: Schiller war wie von Sinnen, zumal es nach einer sehr langsamen Genesung so schien, als habe Charlotte den Verstand verloren. Als Goethe erfuhr, wie es stand, wollte er helfen und bot Schiller an, Carl für eine Weile zu sich nach Weimar zu nehmen. Schiller brachte ihn am 6. November: ein ängstliches sechsjähriges Bürschchen, das nicht zu Augusts Privatstunden mitkommen mochte, vor dem Gemecker von Ziegen erschrak und vor dem Schlafengehen Heimweh bekam; dennoch blieb er fast drei Wochen und schloß sich dabei sehr an Christiane an, die er «meine gute Damela» (Demoiselle) nannte. Unterdessen gab es bereits am Tag nach der Ankunft Carls eine Schlägerei zwischen Studenten und Soldaten in Jena, und der aufgebrachte Herzog verlangte Maßnahmen. So wurde Goethe am 10. nach Jena beordert; zwar beruhigte sich die Sache schnell und versandete in einem Gerichtsverfahren, aber Goethe blieb gerne so lange, wie der Herzog es wünschte – um Schillers willen und um die *Mahomet*-Übersetzung zu überarbeiten.

In dem einen Monat seit Goethes letztem Aufenthalt in Jena war der literarische Kessel übergekocht. Dorothea Veit war im Oktober mit ihrem Sohn Philipp gekommen und zog zu Friedrich Schlegel, der bei seinem Bruder und Caroline lebte – Dorothea wohnte im Parterre, Friedrich im Dachgeschoß, zwischen ihnen das verheiratete Paar. Tieck und seine Familie kamen einige Tage später, um sich in Jena niederzulassen, und da sie wie Schelling als erstes bei den Schlegels essen wollten, fand Caroline sich unversehens als Wirtschafterin einer ziemlich großen Kommune wieder. Die Mittagsmahlzeiten konnten zum Brüllen komisch sein: Als im *Musen-Almanach* Schillers *Lied von der Glocke* erschien, wurde es bei Tisch vorgelesen, und wir «sind fast von den Stühlen gefallen vor Lachen». An der Stelle, wo Schiller den revolutionären Terror in Paris geißelt:

> Da werden Weiber zu Hyänen
> Und treiben mit Entsetzen Scherz,
> Noch zuckend, mit des Panthers Zähnen,
> Zerreißen sie des Feindes Herz –

dürfte Friedrich Schlegel den zwei *tricoteuses* Dorothea und Caroline neckisch mit dem Finger gedroht haben. Im November, unmittelbar nach Goethes Ankunft, kam auf fünf Tage Novalis mit seinem Bruder zu Besuch, und das Kommunenleben wuchs sich zu einer regelrechten Literatenkonferenz aus. Am 13. las Tieck Fragmente aus einer eben beendeten monumentalen Phantasie, die auf der mittelalterlichen Legende von der heiligen Genoveva basierte. Novalis las eine schwärmerische Meditation – man hat sie auch eine Predigt genannt – mit dem Titel *Die Christenheit oder Europa*. Mitten in einem europäischen Krieg, als das weltliche Glück der katholischen Kirche auf einem Tiefpunkt angelangt war – der Papst war tot, er würde vielleicht keinen Nachfolger mehr haben, und die Revolution, dieses Kind der Aufklärung, schien den größten Feind der Aufklärung geschlagen zu haben –, stimmte Novalis Loblieder auf die christliche, katholische Weltordnung an, die er vorgab im Mittelalter zu finden. Die provozierenden Gesten des kunstliebenden Klosterbruders wurden systematisch ins Extrem getrieben: In der Autorität des Papstes, in der Zensur, in der Unterdrückung der neuen Astronomie, im Wirken der religiösen Orden, speziell der Jesuiten – die man in protestantischen Ländern noch immer in angstvoller Erinnerung hatte –, behauptete Novalis Gedanke und Tat, Kunst und Wissenschaft zu sehen, vereinigt zu einer einheitlichen Lebensweise, die Reformation und Aufklärung zerbrochen hatten. Seine eigene Zeit aber, glaubte er, zeige mit dem Nahen des neuen Jahrhunderts erste Züge einer neuen Einheit: Die Bruchstücke des zerstückelten Europa und der ganzen Welt konnten wieder zusammengefügt werden, würden sie durch die Religion verbunden, die ein allgemeines Konzil aller Zweige der Christenheit wieder einsetzte. Die intellektuelle Gärung in Deutschland («unendlich viel Geist wird entwickelt») bereitete eine solche umgekehrte Reformation bereits vor, während andere Nationen noch mit «Krieg, Spekulation und Parteigeist beschäftigt» waren. Die Spuren einer neuen «goldne(n) Zeit mit dunklen unendlichen Augen» waren mit völliger Gewißheit erkennbar, und «ein Liebesmahl als Friedensfest» würde auf den «rauchenden Walstätten» Europas abgehalten werden. Der ungewöhnlich kraftvolle Text – Novalis nannte ihn «Fragment» – verdichtet auf poetische Weise Fichte und Schleiermacher, Schiller und Wakkenroder, Hamann und Jacobi, hohe und niedere Literatur der jüngsten Zeit und noch vieles andere daneben. Er bezeichnet den Punkt, wo ein rein moralischer Kantianismus seine Gewalt über den Geist der jüngeren Generationen verlor. Nicht länger wollte ein philosophischer Klub etwas von einer sittlichen Freiheit hören, für die es in dieser Welt keine Erklärung, ja nicht einmal eine Darstellung gab; statt dessen redete man von «intellektueller Anschauung», durch die Welt und Ich zueinander in Entsprechung gesetzt würden. Es war zu lange ein zu schwerer Weg von der transzendentalen Freiheit zu ihrer empirischen Erscheinung gewesen; statt dessen fand man sittlichen Sinn jetzt unmittelbar im notwendigen Aufbau der Natur und menschlicher Zusammenschlüsse wie der Religion und des Staates. Noch mehr als Novalis' Gedichte (deren einige er am 13. ebenfalls vorlas) nähert sich der Versuch über *Die Christenheit oder Europa* dem Ernst Hölderlins und war sogar in dem Kreis umstritten, dem er zum ersten Mal vorgelesen wurde. Schelling versuchte, ihn mit einigen aggressiv materialistischen Knittelversen im Stil von Goethes Hans-Sachs-Imitationen zu erledigen, und man stritt darüber, ob Novalis' Text im *Athenäum* abgedruckt werden solle, und wenn ja, ob allein oder zusammen mit Schellings Travestie. Am nächsten Tag unternahm die ganze Gesellschaft einen Spaziergang an der Saale – es war ein schöner Tag und für die Jahreszeit warm –, und man begegnete Goethe, der leutselig mit allen plauderte, zumal mit Dorothea Veit, die er bisher nicht kannte. Vielleicht unmittelbar nach dieser Unterhaltung kam August Wilhelm Schlegel auf den Gedanken, Goethe um einen Schiedsspruch in der Publikationsfrage zu bitten, und so wurden ihm die Manuskripte zugeleitet. Novalis war jedoch, nach früheren unbefriedigenden Begegnungen mit Goethe und einer genaueren Lektüre des *Wilhelm Meister*, die ihm bewiesen hatte, daß deren Verfasser ein Feind der Dichtkunst war, inzwischen von Goethe enttäuscht. Am nächsten Tag war die Literaturkonferenz beendet; Novalis begab sich mit Tieck nach Weimar, um Jean Paul zu besuchen, mit dem Goethe nicht zurechtkam, kehrte dann nach Weißenfels in sein Amt zurück und begann mit seinem halb historischen Roman *Heinrich von Ofterdingen*, über die Lehrjahre eines wenig bekannten mittelalterlichen Dichters, der als Gegenschlag gegen *Wilhelm Meister* gedacht war. Schon zeigten sich erste Risse in der Kommune selbst. «Häßlich ist die Tieck nicht», schrieb Caroline Schlegel ihrer Schwester Auguste: «Hätte sie Anmut und Leben, und etwas mehr am Leibe als ein Sack, so könnte sie für hübsch gelten.» Tieck parierte den Hieb, den er ohne sein Wissen bekommen hatte: «Sonst macht Schelling der Schlegel die Cour, daß es der ganzen Stadt einen Skandal gibt, die Veit dem Wilhelm Schlegel, und so alles durcheinander seid nur überzeugt, daß die Schlegel eigentlich die Ursach aller Zänkereien ist sie sind hier alle gegen mich.» Während der Konferenz mit Novalis erschien August Wilhelm Schlegels Ankündigung, daß er sich von der *ALZ* zurückziehen werde, und einige Tage später brachte das Journal endlich eine Besprechung über das *Athenäum* aus der Feder Hubers, der sich, fern von Jena, nicht bewußt war, wie sehr sein Vorwurf der politischen Verantwortungslosigkeit den örtlichen Feinden der Schlegels, namentlich Kotzebue, in die Hände spielte. Goethe sympathisierte zwar durchaus mit der jüngeren Generation in ihrem Kampf mit der *ALZ*, hielt es aber doch für notwendig, mit August Wilhelm Schlegel ein sehr langes Gespräch über seinen Bruder und «das Verhältniß ihrer Societät zum Publikum» zu führen. In Berlin wurden falsche Gerüchte über ein Eingreifen des Herzogs verbreitet, und als August Wilhelm am 7. Dezember zu Goethe kam, um sich nach Novalis *Christenheit* und Schellings Erwiderung zu erkundigen, muß dieser bereits eine Neuauflage der Affäre Fichte befürchtet haben. Das letzte, was Goethe gewünscht haben kann, war, Jena erneut mit religiösen Kontroversen in Zusammenhang gebracht zu sehen, und zwar diesmal nicht nur mit dem Atheismus, sondern mit einer augenscheinlich aggressiven Apologie des finstersten Katholizismus. Auf die Empörung ganz Sachsens, der Urheimat des Luthertums, konnte man mit Sicherheit rechnen. Er schärfte Schlegel den Unterschied ein, auf dem der Herzog im Falle Fichtes beharrt hatte, den Unterschied zwischen dem, was «esoterisch», und dem, was «exoterisch» war, dem, was man denken konnte, und dem, was man öffentlich sagen konnte; er riet ihm, keinen der beiden Texte zu veröffentlichen, und versüßte die Pille mit einigen Offenbarungen über seine eigenen Gefühle als jemand, der sich «nun, Gott sey gepriesen! an die dreißig Jahre in der Opposition befindet». Mit diesem Schritt erhielt er der Universität wahrscheinlich Schelling (und damit übrigens auch Hegel).

Goethe teilte nicht das Gefallen Novalis' an der kommenden neuen Zeit. Nachdem er mit *Mahomet* begonnen hatte, bestimmten sein Nachdenken über Literatur Tragödien, besonders die Meisterwerke der politischen Tragödie. Daß er mit Schiller zur Diskussion Corneilles (*Le Cid*) und Racines (*Mithridate*) überging, war naheliegend, aber als aus dem Herbst Winter wurde, las er auch viel Shakespeare: *Macbeth* (Schiller dachte an eine Einrichtung des Stückes für das Weimarer Theater), *King John* (zusammen mit *Richard II.* gerade von Schlegel übersetzt), andere Geschichtsdramen, *Coriolanus* und *King Lear*. Er begann, die Kommentatoren zu studieren, und traf sich öfter mit Tieck, der schon damals ein ernstzunehmender Kenner des älteren europäischen Dramas war. An einem Dezemberabend versetzte ihn Tieck mit einer Lesung aus seiner neuen *Genoveva* so in Trance, daß er nicht hörte, wie es vom Schloß elf Uhr schlug, und bereitwillig folgte er dem Ratschlag Tiecks, mehr von Shakespeares Zeitgenossen zu lesen. Tieck borgte ihm einen Folianten mit Jonsons *Sejanus* und *Volpone*, und es ist denkbar, daß der bittere Zynismus des Volpone ihn dazu bewog, die Brokkenszene im *Faust* um eine Episode zu erweitern, die vielleicht seine Reaktion auf die Nachricht von Bonapartes Coup vom 9. November war: Ein moderner Politiker, der sich zwar als Demokrat bezeichnet, aber um die Gunst des Teufels buhlt («die Walpurgisnacht ist monarchisch», sagte Goethe zu Eckermann), sucht um eine Audienz am Hofe des Tyrannen nach, küßt feierlich den satanischen Hintern und rühmt dessen Duft in so überschwenglichen Tönen, daß er zur Belohnung mit der Macht ausgestattet wird, Millionen Seelen zu betören. Sicher ist, daß Goethe eine Reihe von halb- oder unechten Shakespearestücken las, darunter den wundervollen *Perikles*, und daß gerade dieser Text in engem Zusammenhang mit jenem erfinderischen Augenblick stand, der ihm endlich zeigte, wie die Geschichte der Französischen Revolution als Trauerspiel zu behandeln war. Die Kunde vom 18. Brumaire verblüffte die deutsche Intelligenz: Schleiermacher bekannte, daß er den Vorgang nicht verstehen könne, und befürchtete das Ende der Republik, und Goethe teilte wahrscheinlich diese Einschätzung, wenn auch nicht die Verblüffung. Zu derselben Zeit erregte eine literarische Neuheit aus Frankreich kurzfristig die Aufmerksamkeit des Publikums. 1798 veröffentlichte Anne-Louise Billet, geborene Delorme (1762–1825), natürliche Tochter eines gewissen Étienne Cormeo und danach Ehefrau eines französischen Provinznotars, von dem sie getrennt lebte, unter dem Namen Stéphanie-Louise de Bourbon-Conti ihre Lebenserinnerungen, worin sie behauptete, die illegitime Tochter des Fürsten de Conti und der Herzogin de Mazarin zu sein, die zu dem Zeitpunkt beide tot waren. Schiller lieh Goethe am 18. November sein Exemplar des Buches, und obwohl ein gescheiter Zeitgenosse wie Knebel die ganze «Nichtigkeit des abgeschmackten Märchens» durchschauen konnte, faszinierte Goethe doch, was die Autorin zu erzählen hatte: ihre wunderbare Kindheit bei dem königlichen Vater, die Feindseligkeit der Mutter (die wegen ihres eigenen guten Namens eifersüchtig auf sie war), die plötzliche Entführung durch Handlanger der Mutter in dem Moment, wo ihre öffentliche Legitimierung kurz bevorstand, ihre Verwahrung in einem Kloster sowie danach die erzwungene Heirat mit einem Bürgerlichen und endlich ihre jahrelangen Bemühungen um Wiedereinsetzung in den vorigen Stand. Madame Billet behauptete, sie habe diverse Wendepunkte der Revolution wie etwa den Sturm auf die Bastille und den Sturz der Monarchie persönlich miterlebt, sich in Männerkleidung in die königliche Garde eingeschlichen und zwei Tage vor seiner Verhaftung eine Unterredung mit dem König gehabt, der ihre Abstammung anerkannt und eine Rente versprochen habe. Nach einem entstellenden Unfall und einer Zeit im Gefängnis habe sie ihren Kampf um die Scheidung von ihrem Mann und die Anerkennung als eine der wenigen noch lebenden Angehörigen des Königshauses wieder aufgenommen – eine Causa, die unter dem Direktorat von einer gewissen verqueren Interesselosigkeit war. In dieser zweibändigen Suada einer bedauernswert derangierten Phantasie, die um die Zeit des Fructidor-Staatsstreichs verstummt, fand Goethe ein Motiv, das sich ihm seit Jahren entzogen hatte: eine Lebensgeschichte von mythischer Einfachheit, in der das Leiden des einzelnen direkt den großen politischen Ereignissen der Revolutionszeit gegenübergestellt wurde. Diese Ära war mit der Rückkehr Frankreichs zu einer Ein-Mann-Regierung am 18. Brumaire natürlich zu einem gewissen Ende gekommen, wie Goethe und Schiller sich einig gewesen sein müssen, als sie am 22. November «die neuen Auftritte in Saint Cloud» besprachen. Was die Zukunft auch bringen mochte, ein historischer Kreis hatte sich jetzt sichtbar geschlossen. In den nächsten zwei Wochen fand Goethe bei Shakespeare Beispiele für jene ganze Geschichte, von der Madame Billets Erzählung nur die erste Hälfte war: die Geschichte von Trennung und Wiederfinden von Vater und Tochter, sei es als Tragödie wie bei Lear und Cordelia, sei es als Romanze wie bei Pericles und Marina. An den zwei Tagen nach Beendigung der *Perikles*-Lektüre, am 6. und 7. Dezember, skizzierte Goethe die ersten Umrisse eines neuen fünfaktigen Stückes und notierte auch den Titel: *Die natürliche Tochter*. Anders als alles, was er bisher zu diesem Thema geplant hatte, sollte es das Publikum ins Zentrum der Revolution führen – in die Hinterzimmer, wo man die Aufruhrpläne schmiedete, in die Versammlungen, wo man ehrbare Reformer hinterging, auf die Plätze, wo der Pöbel alles seinem gleichmachenden Willen unterwarf, und in die Verliese, wo die flüchtigen Träger des Wandels im Angesicht von Niederlage und Tod verzweifelten – und enden sollte das Ganze mit der brutalen Wiederherstellung der Ordnung durch das Militär. Es war ein schwarzes Bild von Goethes Zeit, wie es nicht anders zu erwarten war von dem Reisenden, der Italien hatte den Rücken kehren müssen, von dem enttäuschten Herausgeber der *Propyläen* und dem Verfasser der *Achilleis* und der *Ersten Walpurgisnacht*; die einzig versöhnliche Gestalt in dem Stück sollte die shakespearesche Prinzessin sein, in welche Goethe die wenig anziehende Anne-Louise Billet verwandeln wollte. Um das zu verwirklichen, bedurfte es erheblicher moralischer und dichterischer Standfestigkeit. Immerhin aber hatte Goethe jetzt das «Gefäß, worin ich alles, was ich so manches Jahr über die Französische Revolution und deren Folgen geschrieben und gedacht, mit geziemendem Ernste niederzulegen hoffte».

Charlotte Schiller gewann allmählich ihre Geisteskräfte zurück, und so forcierte Schiller seine Umzugspläne, während Goethe die Benutzung der herzoglichen Pferde für den Transport der Möbel vermittelte. Carl Schiller kam am 25. November nach Jena zurück und mit ihm August: Als er vernahm, daß sein Vater nach der Beendigung des *Mahomet* sich wieder der Farbenlehre zugewandt habe, stöhnte er «Nu kömmt das Väterchen noch nicht» und trotzte dem Verbot der Mutter, als die Gelegenheit kam, ihn von Angesicht zu Angesicht zu sehen. Goethe skizzierte die drei Hauptabschnitte, in denen er die Farbphänomene abhandeln wollte, und als er schließlich die Gedanken von vor einem Jahr über das Verhältnis von Farbe und Magnetismus niederschrieb, scheint er in diesen Tagen Mitte November eher durch Zufall das Wort gefunden zu haben, das er suchte, um die Intensivierung von Blau und Gelb zu Rot auszudrücken: nicht Schillers gelehrten lateinischen Begriff «Intension», sondern das einfache deutsche Wort «Steigerung». Trotz dieses entscheidenden terminologischen Fortschritts bestand aber seine Hauptarbeit noch immer im Lesen und Planen, nicht im Konzipieren, und so konnte er viel Zeit mit August verbringen und behielt ihn bei sich, bis er am 8. Dezember nach Weimar zurückging (er durfte aufbleiben, um Tieck aus *Genoveva* lesen zu hören). Inzwischen waren die Schillers umgezogen: «Die Pole an unserer magnetischen Stange haben sich jetzt umgekehrt», schrieb am 3. Dezember Schiller aus Weimar an Goethe in Jena. Goethe hatte ihm angeboten, nicht nur Carl, sondern auch Ernst bei sich am Frauenplan aufzunehmen; doch bei dem neugeborenen Säugling und seiner Amme spielte Christiane nicht mit. Vielleicht gab es Probleme mit dem Personal; vielleicht befürchtete sie auch, die Hauswirtschaft werde einfach zu kompliziert werden. Zu derselben Zeit wohnte noch der Bremer Medizinstudent Nicolaus Meyer bei ihr, der eine Dissertation über die Anatomie der Maus verfaßte und seine Versuchstiere in den Kochtöpfen Christianes auf ihr Skelett reduzierte; auch Wilhelm Bury, Goethes alter Freund aus römischen Tagen, den die Unruhen nordwärts getrieben hatten, lebte vorübergehend mit im Haus; und schließlich war auch Thouret auf ein paar Wochen gekommen, um am Schloß weiterzuarbeiten, und wollte unterhalten sein. Aber Christiane muß hocherfreut gewesen sein, daß die Schillers jetzt in Weimar wohnten. Bevor er diesmal nach Weimar zurückfuhr, hatte Goethe sie gebeten, ihr eine große leere Truhe zu senden: Auch er mußte verschiedenes einpacken, weil er seine Räume im Alten Schloß künftig nicht mehr so häufig zu benutzen gedachte.

Schiller wohnte jetzt nur wenige Minuten entfernt, wenngleich er um diese Jahreszeit nicht zu Fuß zu Goethe ging, sondern sich nur, dick eingemummelt, in einer Sänfte hinauswagte, und fast täglich genossen sie die neue Nähe, wobei sie natürlich vor allem über die raschen Fortschritte von *Maria Stuart* sprachen. Auch auf die Präsentation des *Mahomet* mußte sich Goethe jetzt vorbereiten: Schiller fand sich zur ersten Vorlesung ein, die in Gegenwart des Herzogs und der Herzogin und eines ausgewählten Hofpublikums bei einer spätnachmittäglichen Teegesellschaft am 17. stattfand. Eine zweite Vorlesung für einen größeren Kreis um die Herzoginmutter und ihre Schöngeister hielt Goethe am 23., aber Schiller lehnte die Einladung ab, hinterher um halb neun Uhr vorbeizuschauen, obwohl Goethe ihm «geheizte und erleuchtete Zimmer, wahrscheinlich einige zurückgebliebene Freunde, etwas Kaltes und ein Glas Punsch» versprach: In dieser Jahreszeit blieb er lieber bei seiner Familie. Aber am 31. Dezember kam er gern, um den Abend ganz allein mit Goethe zu verbringen und den inoffiziellen Geburtstag des 19. Jahrhunderts zu feiern.

Eine Zeitlang konnte Goethe die Fortdauer der poetischen Verlegenheit, in der er sich befand, hinter der Aufregung um den neuen Kurs des Weimarer Theaters verstecken. *Mahomet* war natürlich die Produktion, die man auswählte, um den Geburtstag der Herzogin zu würdigen: Carl August zeigte großes Interesse an seinem neuen Theater und überschüttete Goethe mit Ratschlägen zur Rollenbesetzung, Bühnendekoration und die Bewegungen der Schauspieler, und Thouret wurde abkommandiert, um bei den Kostümen zu helfen. Das Publikum reagierte eher mit respektvoller Neugierde als mit Begeisterung: Die Herders bewunderten zwar Goethes Verse, empörten sich aber über die Verhöhnung der Geschichte, die Herabsetzung eines großen Religionsstifters und vor allem über die «Versündigungen gegen die Menschheit» in einem Theaterstück, das «die platte, grobe Tyrannei, Macht, Betrug und Wollust» feiere. Nicht grundlos suchten sie die Schuld bei dem neuen Hofmeister des Erbprinzen: Nachdem sich die russische Verbindung abzeichnete, wirkte Ridel mit seinem Basedow abgelernten moralistisch-asketischen Regiment zu deutsch-provinziell und wurde durch den fließend französisch sprechenden Baron Duco van Haren abgelöst, eine imposante Erscheinung «mit Amassadeurs-Air und großer politischer Intelligenz». Als Nachfolger der im Jahr zuvor gegebenen *Piccolomini* kündete *Mahomet* von Goethes Absicht, durch diese Übersetzung «eine Epoche in der Verbesserung des deutschen Geschmacks» zu machen, allerdings nicht in dem Sinne, den die Herders befürchteten oder Carl August vielleicht erhoffte. Die Etablierung der Verstragödie in jeder Form hatte für Goethe jetzt oberste Priorität und bot einen Weg, Carl Augusts Kulturpolitik in eine Bahn zu lenken, die mit seinen eigenen Zielen enger konvergierte. Die Experimente mit dem französischen Stil mußten fortgesetzt werden, aber es gab auch andere Formen der hohen und ernsten Tragödie, die ein «ideales Streben» ausdrückten und von Zeit zu Zeit dazu dienen konnten, Abwechslung in die Routinekost aus Kotzebue und Singspielen zu bringen und damit – wenngleich nur auf lokaler Ebene – ein neues und gebildetes Publikum anzulocken. Es gab Goethes eigene frühere Stücke: Seine Vers-*Iphigenie* erlebte im Januar 1800, dreizehn Jahre nach ihrem Erscheinen im Druck, ihre Uraufführung in Wien, und er begann, sie unter dem Gesichtspunkt einer Aufführung in Weimar noch einmal zu lesen. Es gab natürlich Schiller: Die ganze *Wallenstein*-Trilogie wurde Mitte Februar wieder aufgeführt, und obgleich Schiller unmittelbar danach erkrankte, bestand die begründete Hoffnung, daß *Maria Stuart* rechtzeitig fertig würde, um die Saison mit einem Paukenschlag zu beenden. Und es gab Shakespeare: Schillers Krankheit verzögerte die Bearbeitung von *Macbeth*, aber im Mai kam er endlich auf die Bühne und war bedeutend erfolgreicher als *Mahomet*. Der zeitgenössische Geschmack, den Schiller teilte und der noch immer der der empfindsamen Aufklärung war, konnte die brutaleren und grotesken Aspekte des Werkes nicht akzeptieren: Die Torhüterszene, die Ermordung der Familie Macduff und die Zurschaustellung von Macbeths abgeschnittenem Kopf wurden wegredigiert. Bezeichnender war, daß die Rolle der Hexen und mit ihr der ganze Charakter Macbeths gemäß den Erfordernissen der Kantischen Moralpsychologie verändert wurden: «Wir streuen in die Brust die böse Saat, / Aber dem Menschen gehört die Tat» singen sie zu Beginn, und Macbeth ist ein freier und edler Mensch, der sich sein Schicksal selber schmiedet. Es war zwar nicht die erste deutsche Shakespeare-Inszenierung in Versen – wenige Monate zuvor hatte Iffland Schlegels *Hamlet* aufgeführt –, aber doch ein wichtiger Schritt auf dem Wege zu der Geltung, die Shakespeare im deutschsprachigen Tragödienrepertoire seither seit zweihundert Jahren behauptet. Nun konnte Goethe zwar als Leser die tiefere poetische Harmonie empfinden, die Shakespeare zwischen seinen Figuren und ihrem Schicksal erzeugt; ein Shakespeare aber, der für prüde und tränenselige Idealisten entschärft worden war, konnte ihn ebensowenig inspirieren wie der Rest des Weimarer Programms. Seine Gedanken über seine Zeit und über die individuelle Bestimmung des Menschen waren jetzt zu subtil und zu lange im verborgenen geblieben, als daß sie ihren Ausdruck in den öffentlichen Künsten finden konnten, die er gegenwärtig förderte. Die letzten zwei Nummern der *Propyläen*, im Abstand von fast einem Jahr im Dezember 1799 und November 1800 erschienen, hatten den Hauptzweck, die Themen für den Kunstwettbewerb von 1800 beziehungsweise 1801 bekanntzugeben, und enthielten bis auf einige Auszüge aus *Mahomet* wenige Seiten von Goethe selbst. Seine Pläne für *Die natürliche Tochter* blieben unberührt liegen, und selbst als er am Aschermittwoch, dem 26. Februar, August Wilhelm Schlegel zu sich bat, um sich von ihm bei der Überarbeitung seiner Elegien und Epigramme helfen zu lassen, gestand er, daß seine gegenwärtige Lage «so unpoetisch als unkritisch» sei. Er zwang sich, etliche Distichen aus *Tabulae Votivae* (die *Xenien* sollten in der Gedichtsammlung nicht erscheinen) zu vier längeren Reihen unter dem Titel *Vier Jahreszeiten* zusammenzustellen, und mußte zu diesem Zweck ein paar neue Epigramme für den Teil «Herbst» erfinden. Das war seiner Stimmung nur allzu gemäß:

Diesmal streust du, o Herbst, nur leichte, welkende Blätter;
Gib mir ein andermal schwellende Früchte dafür.

Knebel bemängelte, daß auf diese Weise «manches Platte in den Epigrammen hinzugekommen» sei, und wer sie später las, als das Buch im August erschien, bezweifelte, ob ihr Verfasser noch die Gedichte der ersten Sammlung von 1788 würde schreiben können, die das Vorbild dieser zweiten war. Als Fichte, der den Winter unauffällig in Jena verbracht hatte, um den Umzug seiner Familie nach Berlin vorzubereiten, Mitte März bei Goethe vorsprach, um auf seine linkische Art Abschied zu nehmen, muß Goethe nicht nur darüber nachgedacht haben, «daß doch einem sonst so vorzüglichen Menschen immer etwas fratzenhaftes in seinem Betragen ankleben muß», sondern auch darüber, daß Fichte, ohne es zu wissen, seine Revanche gehabt hatte: In dem Jahr, seit er nach Fichtes Entlassung aufgehört hatte, an der *Achilleis* zu arbeiten, hatte Goethe keine längere Originalarbeit mehr verfaßt, weder in Versen noch – abgesehen von den letzten Seiten von *Der Sammler und die Seinigen* – in Prosa. In den ersten drei Monaten des Jahres 1800 widmete er die Zeit, die ihm Theater und Bauarbeiten ließen, nicht der Literatur, sondern der Farbenlehre, der Botanik und den Teleskopen, die sein neuestes Steckenpferd waren. (Knebel besaß ein gutes Gerät und wollte es, da er Geld brauchte, dem Herzog verkaufen.) Aber in Wirklichkeit war das Problem viel älter: Goethe hatte schon seit *Herrmann und Dorothea* kein großes eigenes Werk mehr beendet, und der Grund dafür war in diesem Epos selbst zu finden: in der zweideutigen und letzten Endes – wahrscheinlich – unbefriedigenden Einstellung gegenüber den Lesern. Solange Goethe nicht ein neues Medium und ein neues Publikum als Gegengewicht zu der neuen politischen Struktur besaß, die der deutschen Nation aufgezwungen wurde – ganz deutlich 1800, als der Erste Konsul an Boden wiedergutzumachen begann, was Frankreich im letzten Jahr des Direktoriums verloren hatte –, so lange konnte er nicht einmal für ein lokales Publikum erfolgreich schreiben.

Er konnte jedoch privatim schreiben, und wenn nicht eben für sich selbst, dann für einen künftigen Leser. Vom Frühjahr 1800 an wurde ein Jahr lang – wie bereits 1798 – die Geringfügigkeit von Goethes Publikationen auf einem fast völlig geheim bleibenden Gebiet wettgemacht, wo er langsam, aber geduldig sein Verständnis der Gegenwart in Material aus seiner mitunter fernen Vergangenheit verwob: In einer Zeit, die ansonsten unfruchtbar schien, gelang es ihm dank einer diskreten Neudefinition seiner Ziele, fast den ganzen *Faust* fertig zu schreiben. Das Idiom, in dem *Faust* konzipiert worden war, war der poetischen Sprache, deren er sich jetzt bediente, wenn er öffentlich sprach, ziemlich fremd; aber diese Sprache hatte ihn im Stich gelassen, und die Rückkehr zu seiner früheren Art bot, wie zuvor schon oft, eine Möglichkeit der Erneuerung. Die strengen Regeln, nach denen August Wilhelm Schlegel jetzt seine Hexameter und Distichen überarbeitete, konnten ihm nie natürlich werden, und das sagte er Schlegel auch, als der ihn einlud, Goethe möge sich seiner (schließlich erfolgreichen) Kampagne zur Wiederbelebung des Sonetts in Deutschland anschließen. Goethe antwortete mit einem ersten, noch ironisch-befangenen Sonett, das seine Vorbehalte gegen formale Virtuosität überhaupt zum Ausdruck brachte:

> Ich schneide sonst so gern aus ganzem Holze,
> Und müßte nun doch auch mitunter leimen.

In *Faust* hatte es bisher nirgends Leim gegeben. Ungeachtet des defensivabschätzigen Tons, in dem Goethe über die Beschäftigung mit seinem größten Werk zu schreiben pflegte, muß er sich ihm mit einem uneingestandenen Gefühl der Erleichterung genähert haben. Er war 1798 zu einem Stillstand gekommen, weil er keinen praktikablen Weg fand, die tragischen Gretchen-Szenen in die Mitte eines Stückes zu versetzen, das sie ursprünglich hatten beschließen sollen. Doch in den folgenden zwei Jahren erweiterte und vertiefte sich sein Begriff der Tragödie. Ende März 1800 kam der entscheidende Durchbruch. Schiller war fünf Wochen lang besorgniserregend krank: Goethe besuchte ihn regelmäßig, aber erst am 23. März, als Goethe sich selbst unwohl fühlte, konnte Schiller mit einem überraschenden Gegenbesuch aufwarten. Bei dieser Gelegenheit scheinen sie den Stand der Dinge in *Faust* erörtert zu haben, nicht zuletzt darum, weil Goethe daran dachte, *Oberons und Titanias goldne Hochzeit* als Auszug aus dem Stück in die Gedichtsammlung für Unger aufzunehmen. Vielleicht sagte Goethe, er spiele mit diesem Gedanken, weil die Beendigung des ganzen *Faust* noch in weiter Ferne liege. Zuletzt hatte er Schiller Ende 1798 die geschätzte Länge des fertigen Werks verraten: ein Oktavband von rund 200 Seiten. In der Unterhaltung am 23. März stellte sich heraus, daß Goethe jetzt damit rechnete, zwei solcher Bände zu füllen. Die neue Kalkulation war realistischer – sie erwies sich sogar als bemerkenswert genau –, kann aber nicht auf einem plötzlichen Anschwellen des Manuskripts beruht haben, da dieses inzwischen nur um das «Vorspiel auf dem Theater» und höchstens noch einige wenige weitere Zeilen gewachsen war. Vielmehr hatte Goethe sich grundsätzlich entschlossen, *Faust* als ein Werk in zwei Teilen ähnlich dem *Wallenstein* zu behandeln – sicherlich auch in der Absicht, das Problem des tragischen Schlusses der Gretchen-Geschichte dadurch zu lösen, daß er aus diesen Szenen das Ende des ersten Teils machte. Schiller muß gleich noch auf einen weiteren Vorteil diese neuen Plans hingewiesen haben: Der erste Band des *Faust*, der schon weit vorgeschritten war, konnte relativ schnell fertiggestellt und veröffentlicht werden (weshalb Schiller von einer vorherigen Veröffentlichung von *Oberons und Titanias goldner Hochzeit* abriet). Es war Schiller so wichtig, diese Gelegenheit beim Schopf zu packen, daß er gleich am nächsten Tag an Cotta schrieb, um ihn wissen zu lassen, daß

Goethe durch «glänzende Anerbietungen» bewogen werden könne, das Projekt im kommenden Sommer abzuschließen. Umgehend machte Cotta, dem diese Art von indirekten Verhandlungen nichts Neues war, Goethe am 4. April ein vorläufiges Angebot von 4000 Gulden für die Rechte an *Faust* – das Zweieinhalbfache dessen, was Unger für *Herrmann und Dorothea* gezahlt hatte. Goethe gab sich von der Offerte überrascht, sagte Schiller aber am Karfreitag, dem 11. April, daß sie ihm gleichwohl willkommen sei (und gewiß doppelt willkommen, da die Einkünfte aus den *Propyläen* zu versiegen begannen) und er sich das Manuskript wieder vorgenommen habe. Am Ostersonntag begann er eine Badekur mit Pyrmonter Mineralwasser, die ihm sein Arzt verordnet hatte, weil er sich seit einiger Zeit Sorgen über Goethes Gesundheitszustand machte: Der Dichter hatte nicht nur unverkennbares Übergewicht (was selbst Bury nicht verhehlen konnte, der in dieser Zeit ein Kreideporträt Goethes als Vorstudie zu einem lebensgroßen Ölgemälde anfertigte), er klagte auch über eine seltsame Empfindung im Kopf, so als streife er ständig mit dem Gesicht durch Spinnweben. Vielleicht würde der Frühling, die lyrische Zeit, seine «Lebenslust» zurückbringen. An demselben bedeutungsvollen Tag notierte er – wie zwei Jahre zuvor am Ostermontag – in seinem Tagebuch die offizielle Wiederaufnahme der Arbeit an *Faust*.

Zwei Wochen lang absolvierte Goethe regelmäßig sein tägliches Pensum von *Faust* und Wasserkur; als schließlich eine Unterbrechung eintrat, war er in viel froherer Gemütsverfassung und bereit für eine Veränderung. In Leipzig war die Ostermesse in vollem Gange, und Carl August, der mit dem Fürsten von Dessau konferieren wollte, wünschte sich Goethes Begleitung auf der Reise dorthin. Goethe brach mit ihm am 28. April auf und fand die Stadt überreich an Besuchern und Interessantem; Unterkunft war jeweils nur auf wenige Tage zu finden, wenn man nicht daran gedacht hatte, vorzubestellen. Nachdem die Herren von Weimar und von Dessau ihr Treffen hinter sich gebracht hatten und nach Hause fuhren, ermutigte Christiane Goethe, noch in Leipzig zu bleiben, weil es ihm sicher gut tun werde. So konnte er noch zehn Tage Leipzig genießen, besuchte Künstler und Kunstsammlungen, speiste und spazierte in alter und in neuer Gesellschaft und verbrachte die Abende beim Spiel oder im Konzert. Er sammelte genügend Tätigkeitsweisen, Anregungen und Informationen, um ein Dossier über Leipzig gleich jenen über die Städte Südwestdeutschlands bei seiner Reise vor drei Jahren anzulegen. Verleger aus ganz Deutschland waren zugegen, unter ihnen Vieweg und Unger, den er jetzt persönlich kennenlernte, Carl Friedrich Ernst Frommann (1765–1837), der sich jüngst in Jena etabliert hatte und mit Jenaer Freunden gekommen war, und Cotta, der seinen üblichen «goldenen Segen» in Form des Honorars für das vorletzte Heft der *Propyläen* mitbrachte und ausführlich von seinem Aufenthalt in Paris, von Reinhard, Talleyrand und den Bonapartes erzählte. Breitkopf, Goethes erster Verleger und einst sein Vermieter, war kürzlich gestorben, aber sein

Verlag florierte unter seinem neuen Partner Härtel; und auch Oeser, eines der letzten Bindeglieder zu den alten Studententagen, war nicht mehr; doch war keine Zeit für Melancholie. In den Geschäften gab es lauter interessante Waren, vor allem Stoffe, und besonders beeindruckte Goethe die große Neuheit des Jahres: das Panorama der Stadt London, an die Wände einer zylindrischen Kammer gemalt und von einem Gerüst in der Mitte zu betrachten, «als stünde man auf einem Thurm». Es «wird euch in Verwunderung setzen», schrieb er Christiane und August und schlug ihnen einen Besuch vor, am besten am Samstag, «weil ein Meßsonntag gar lustig ist» und Gelegenheit bot, Pferde und Wagen bei ihren Spazierfahrten zu bewundern: die Goethesche Equipage sollte aber «ein bißchen artig» aussehen, und Christiane sollte nichts als weiße Kleider mitbringen. (Er selbst war recht altmodisch herausgeputzt mit seinem langen dunkelblauen Frack, dem Dreispitz, «zwei pomadisierten Querlocken, Zopf und großen Stiefeln mit braunen Stulpen», so daß man den Dichter eher «für einen Herzoglichen Stallmeister» gehalten hätte, wie der Maler Veit Hans Friedrich Schnorr von Carolsfeld [1764–1841] befand.) Hüte seien nicht notwendig, die könne Christiane in Leipzig kaufen, schrieb ihr Goethe. Die Familie kam am Samstag, dem 10. Mai; am Sonntag aßen sie in Auerbachs Keller zu Mittag und schlossen sich dem Zug der Betuchten und Geputzten an, der um die Stadt fuhr. Am Montag kauften sie für fast dreißig Taler Hüte, Sonnenschirme, Salzstreuer, eine Krawatte für Augusts Privatlehrer, einen Fächer (für eine seiner Tanten?) und gut vierzig Meter Stoff. Am Mittwoch besuchten sie eine Aufführung von Mozarts *Requiem*, und am Donnerstag fuhren alle wieder nach Weimar zurück, womit dieser Familienurlaub fröhlicher endete als 1797 die Rückfahrt Christianes von Frankfurt.

Auch August Wilhelm Schlegel war in Leipzig und besuchte Goethe vor seiner Abfahrt. Jena hätte endlosen Gesprächsstoff geboten, doch das meiste davon war zu persönlich, und so hat man sich anscheinend auf die jüngsten Publikationen Schellings beschränkt, ein Thema, das ohnedies brisant genug war. Schelling hatte kürzlich die zweite Hälfte seines Gesamtsystems herausgebracht, ein *System des transzendentalen Idealismus* zur Ergänzung seiner Naturphilosophie, von dem er Goethe ein Exemplar gewidmet hatte; er hatte eine neue Zeitschrift, das *Journal für spekulative Physik*, gegründet und gleich im ersten Heft die *ALZ* wegen ihrer Besprechungen seiner *Ideen* attackiert; und er war beleidigt nach Bamberg gegangen, wo er im Sommersemester als Privatdozent las. Schlegel gab den Ratschlag Goethes, die Exposition der Gedanken im Interesse des Laien noch klarer zu fassen, freundschaftlich genug an Schelling weiter – nur eine minimale Schärfe in der Formulierung verrät dem Leser, daß es der Verehrer seiner Frau war, dem er schrieb. Friedrich Schlegel hatte sich über Carolines Verhalten im Winter dermaßen geärgert, daß er und sein Bruder sich zum erstenmal ernsthaft verkracht hatten; aber August Wilhelm schien es nicht einmal zu stören, daß Caroline mit Auguste nach Bamberg gefahren war, um Schelling zu treffen.

Mehr Sorgen bereitete ihm sein eigener Streit; denn da er sich von den Herausgebern der *ALZ* persönlich verunglimpft fühlte, wollte er eine Klage beim Senat der Universität einreichen und Schütz und Hufeland disziplinarisch belangen lassen. Wie sich jedoch herausstellte, hatte Hufeland den ganzen Trubel ohnedies satt und war als Mitherausgeber der Zeitschrift ausgeschieden, während Tieck, verbittert und bereits rheumakrank, im Begriffe stand, Jena endgültig den Rücken zu kehren. Goethe, der noch immer alles zusammenzuhalten suchte, nahm die Kampagne Schellings so leicht wie möglich und machte sich erbötig, Schlegel beim Abfassen der notwendigen Schriftstücke in seiner eigenen Sache zu helfen, da er lange Erfahrung mit dem unergründlich geschraubten deutschen Kanzleistil besaß. Schlegel scheint beim gehorsamen Abschreiben der gewundenen Sätze, welche Goethe ihm nach ihrer beider Rückkehr nach Weimar aufgesetzt hatte, nicht bemerkt zu haben, daß sie die Universitätsbehörde wortreich zur Untätigkeit einluden, was denn auch – zu Schlegels Verblüffung – dankend angenommen wurde.

Weimar war im Mai und Juni voller Menschen, und Goethe mußte sein Teil zur offiziellen Unterhaltung beitragen. Ständeausschüsse der Herzogtümer Weimar und Jena waren einberufen worden, um nacheinander zu tagen (Eisenach folgte im Juli, aber auf eigenem Territorium). Carl August, der inzwischen offiziell die bevorstehende Verlobung seines ältesten Sohnes bekanntgegeben hatte, mußte den Ständen beibringen, daß, wenn das Schloß rechtzeitig fertig werden sollte, um die Zarentochter gebührend zu begrüßen, die Arbeit von sechs oder sieben Jahren innerhalb von dreien zu leisten war und die Stände «sich patriotisch entschließen» mußten, die zusätzlichen Kosten auf sich zu nehmen. Der Bau hatte bisher über 170000 Taler verschlungen, aber glücklicherweise hatte man durch Vermeidung der Weimarer Kontribution zu den Reichsheeren über 32000 Taler im Verteidigungshaushalt einsparen können, und so war das Kapital verfügbar, um den Ständen das notwendige Darlehen zu geben. Maria Pawlowna war ein glänzender Coup und würde Weimar nicht nur das Prestige einer Verbindung mit Rußland, sondern auch eine millionenschwere Mitgift bescheren; den Ständen blieb praktisch keine andere Wahl, als zähneknirschend zuzustimmen – mit der von Eisenach devotest vorgetragenen Hoffnung, daß der Herzog künftig mehr Geld und Zeit für Wilhelmsthal haben werde –, aber man mußte ihnen noch etwas Honig ums Maul schmieren. Jeder der höchsten Beamten des Herzogtums mußte für sie ein verschwenderisches Abendessen geben, und Goethe war, als Gutsherr von Oberroßla, jetzt nicht nur selbst ein Mitglied der Stände, sondern auch der dienstälteste Geheimrat, der von den Ständeversammlungen die offizielle Bewilligung der geplanten Maßnahmen einzuholen hatte. (Fritsch, von Schulden, Krankheit und Gram gebeugt, war endlich zurückgetreten und hatte sich in eine Mansardenwohnung im hintersten Weimar verkrochen.) Goethe hatte mit den Jenaer Ständen auch ein eigenes Anliegen zu beraten: die Zusicherung von Mitteln für eine letzte große Erdbewegung zur Regulierung der Saale. Glücklicherweise hätte das Ende der Theaterspielzeit kaum spektakulärer sein können, was erheblich zu einer Atmosphäre der Aufheiterung und des Wohlbefindens beitrug. Zwei Tage vor Goethes Rückkehr aus Leipzig hatte Schillers *Macbeth* Premiere, und als er wieder da war – rechtzeitig zur zweiten Aufführung, bei der er 28 verbesserungswürdige Punkte notierte, zum Beispiel «Es ist für Stühle zu sorgen die nicht fallen» –, hatte sich Schiller nach Ettersburg zurückgezogen, um den letzten Aufzug von *Maria Stuart* zu beenden, während die ersten Aufzüge bereits geprobt wurden. Aufführungen der *Räuber* und dreier Mozartopern – mit Gastauftritten eines durchreisenden Künstlerehepaars – vertieften den Eindruck von Sommerfestspielen, und am 14. Juni drängte sich ein achthundertköpfiges Publikum in ein Haus, das für fünfhundert ausgelegt war, um die Uraufführung des neuesten Stückes von Schiller mitzuerleben. Caroline Jagemann als Elisabeth triumphierte über Friederike Vohs, die nach allen Berichten eine ausgezeichnete Maria war, und trotz einiger Premierenprobleme war der Abend, mit einer einzigen Einschränkung, Schillers größter Erfolg seit der Uraufführung der *Räuber* 1781.

Das Problem war die Kommunionsszene, die in gewisser Weise das böse Gewissen des Kantianismus exemplifizierte, das Dilemma, das schon Novalis zu seiner provozierenden Parteinahme für die mittelalterliche Religion veranlaßt hatte. Menschliche Freiheit und Güte und das Drama von Bekehrung und Erlösung waren von Kant sowohl dem Christentum entwunden als auch gegen den Materialismus verteidigt worden, als er sie in das unzugängliche Reich transzendentaler Noumena verpflanzt hatte. Aber wie waren sie in der konkreten Alltagswelt bloßer Erscheinungen wieder sichtbar zu machen, in der einzig Dichter und andere Künstler wirken können? Die Antwort konnte nur lauten: in den alten Symbolen, Geschichten und kultischen Handlungen, aber umgedeutet – in einer neuen, Kant würde sagen: einer «moralischen» Bedeutung gesehen, deren wesentlichster Aspekt war, die substantielle Bedeutung zu leugnen, von der man einst geglaubt hatte, sie wohne jenen Dingen selbst inne. So hatte Schiller in *Maria Stuart* mit Recht das Gefühl, daß die Erlösung seiner Heldin sich nur in einem Akt der Beichte und Kommunion auf der Bühne zeigen lasse – einem Akt indes, der gleichzeitig von allen Anwesenden als bloßes Symbol oder Metapher für die moralische Wahrheit und damit als implizite Verleugnung der Substanz des dargestellten kirchlichen Ritus verstanden wurde. Die Empörung, womit Herder und die Weimarer Rechtgläubigen auf die aus den Probenarbeiten durchsickernde Kunde reagierten, Schiller beabsichtige, das Sakrament zu profanieren (wenngleich nur ein katholisches Sakrament), verriet nicht nur Bigotterie, sondern auch die instinktive Einsicht, daß dieses vorgeblich rein «ästhetische» Bild nicht weniger eine ideologische Aussage war wie die berüchtigten Essays von Forberg und Fichte. Carl August muß etwas Ähnliches gespürt haben, als er Goethe bat, er möge Schiller zu einer Neufassung der Szene überreden. Goethe blieb erfolglos, aber die Unruhe des Publikums am Premierenabend und Herders fortdauernde Feindseligkeit überzeugten Schiller von der Notwendigkeit, die anstößige Szene in späteren Aufführungen zu streichen. Nachdem es in Rom wieder einen Papst gab und in Deutschland allmählich die Nachricht die Runde machte, daß Fritz Stolberg am 1. Juni in der Privatkapelle der Fürstin Gallitzin in die katholische Kirche aufgenommen worden war, hatte *Maria Stuart* jenen Angriff von zwei Fronten zu gewärtigen, den Goethe gerade erst vom *Athenäum* abgewendet hatte: den zweifachen Vorwurf des Atheismus und des Kryptokatholizismus.

Während der Sitzung der Stände gab es für Goethe viel zu erledigen: Den Fischers war die Pacht gekündigt worden, während er in Leipzig war, und er mußte neue Pächter suchen; Cotta hatte ihn um einen Kommentar zu einer Reihe von Kupferstichen von «bösen Weibern» gebeten, und statt dessen schrieb er in drei Tagen ein kleines Prosa- und Dialogstück nach Art von *Der Sammler und die Seinigen* mit dem Titel *Die guten Frauen* über sein Unvermögen, den Auftrag auszuführen. Es war wohl verzeihlich, daß er sich den Besuch einer traurigen Nebenvorstellung ersparte, die aus Zweckmäßigkeitsgründen anberaumt worden war, solange die meisten derer, die es anging, ohnehin in Weimar waren: der letzte Auftritt des «Gespenstes» (so Voigt) Ilmenau, eine abschließende Zusammenkunft der Berggewerkschaft Ende Mai. Eine Wiedereröffnung der Schächte wäre jetzt technisch möglich gewesen, hätte aber weitere 9 000 Taler gekostet; nur bestenfalls 160 Aktionäre waren noch aktiv, und ihre Vertreter entschlossen sich zu einer Radikalkur. Die alte Gesellschaft sollte aufgelöst und eine neue gegründet werden. Man gab der Hoffnung Ausdruck, daß der Herzog alle neuen Anteile zeichnen werde, aber der Augenblick war denkbar ungünstig. Carl August machte zur Vorbedingung seiner Unterstützung, daß die neue Gesellschaft bis Ostern 1802 fünfhundert Mitglieder zählte, und niemand brachte die Zeit und Energie auf, sich um die Erfüllung dieser Bedingung zu kümmern. Ilmenau, das für Goethe einst der Ardenner Wald gewesen war, war jetzt nur noch der trefflich abgelegene Wohnort der zankenden Knebels, und Goethe kehrte jahrelang nicht mehr an den Schauplatz seiner frühen Träume zurück. Auch Lauchstädt hatte darunter zu leiden, daß jetzt alle Ressourcen auf das Weimarer Schloß konzentriert wurden, und obwohl man dort zweihundert Personen keinen Platz mehr für die Erstaufführung von *Maria Stuart* geben konnte, mußte der Beginn des Theaterbetriebs verschoben werden. Im Schloß herrschte noch mehr Geschäftigkeit als im Sommer zuvor, Türen und Fenster wurden eingepaßt, und es wurde dringend ein Baumeister auf dem Gelände benötigt, nachdem Thouret im Februar wieder nach Stuttgart gegangen war und wenig Neigung zeigte, wiederzukommen. Carl August wandte sich ratsuchend nach Berlin – vielleicht versuchte er es mit dem von Goethe empfohlenen Gentz –, aber auch nachdem sich bald herausstellte, daß Gentz in der Tat der Mann für Weimar war, kam er erst Ende des Jahres. (Thouret hatte es sich mittlerweile anders überlegt, aber da war es schon zu spät.) Die mangelnde Bauaufsicht blieb nicht unbemerkt. Knebel, schonungslos wie immer, sah darin das Symbol einer größeren Enttäuschung:

> Wir haben uns ein ganz falsches Bild von Goethes Talenten und Verdiensten gemacht ... Goethe hätte niemals zum Reformator eines Staates oder zum Staatsmann getaugt. Was hat er denn geleistet – in Ilmenau, in Jena, in Weimar? bei dem Einfluß, dessen er sich rühmt. Er, der Künstler, der Kenner der antiken und italienischen Meisterwerke, von Künstlern gekannt und umgeben &c. hat es nicht einmal vermocht, dem Herzog ein brauchbares Gebäude hinzustellen. Man hat einfach den alten steinernen Pferdestall stehen lassen und karrt an Dekoration hinein, was man eben findet.

Natürlich übersah Knebel das Römische Haus und ließ das neue Theater nicht gelten; doch war der Dichter nicht der einzige und nicht der letzte, der den schwerer wiegenden Fehler beging, alle Gebrechen der Welt, in der er sich bewegte, auf Goethes Persönlichkeit und Talente zurückzuführen. Die gesellschaftliche und politische Verfassung Deutschlands als ganzem – wenn es denn ein Ganzes war – war zu den Reformen unfähig, die Knebel und andere Revolutionsfreunde wirr erträumten, und bedurfte ihrer nicht; überdies war Weimar ohnehin zu klein. In Weimar war Platz für nur einen Staatsmann, Reformer oder nicht, und insoweit es Goethe gelungen war, an seinen Herzog etwas von seiner eigenen Geistesgröße weiterzugeben, hatte er seinen politischen Einfluß gehabt. Und es gab in Weimar keinen Platz auch nur für *einen* berufsmäßigen Baumeister. Das Schloß war ein Großprojekt, aber nicht groß genug, um eine Karriere zu bestreiten. Sofern Carl August nicht, wie der Fürst von Dessau, sich und die Einkünfte seines Staates dem Bau einer endlosen Reihe von palladianischen Prunkbauten widmete, bestanden in Weimar keine Aussichten, einen privaten Praktiker wie Arens oder halbe Beamte wie Thouret oder Gentz zu überreden, ihre Verbindungen zu einem größeren Markt aufzugeben und sich auf Dauer in Weimar niederzulassen. Daß er «Künstler» und Dichter war, qualifizierte Goethe nicht dazu, seine Welt – das kleine Weimar oder das größere Deutschland – im Einklang mit irgendeiner Vision zu gestalten, sondern nur dazu, sie mit allen ihren Begrenztheiten als bloßen Vorhof der Vollkommenheit, die hätte sein können, zu repräsentieren. Nach 1797 glaubte Goethe nicht mehr daran, daß irgend etwas, was er selbst leisten oder von sich oder anderen erwarten mochte, das Ideal tatsächlich verkörpern könne, nach dem wir dennoch alle streben müssen (obgleich uns dieses Ideal gelegentlich, als unverdientes Geschenk, offenbart werden konnte und einmal, in der Kultur des antiken Griechenland, wirklich ausgiebig und der ganzen Menschheit offenbart worden war). Vielmehr sollte man zeigen, daß einem das Ideal als Ziel vorschwebte, und offen für die Möglichkeit sein, daß es durch die eigene Unzulänglichkeit hindurchschien. Nur die wenigsten wußten diese genuin Kantische Ethik der Kunst und des Lebens zu würdigen – Knebel nicht und auch Meyer nicht –, und so entstand aus dem Mißverständnis bald Polemik. Im Sommer trafen die Beiträge zur zweiten Preisaufgabe ein: neunundzwanzigmal der Abschied Hektors von Andromache, und keiner von ihnen bemerkenswert. Meyer verteilte wieder die Preise für die Zeichnungen und schrieb die Beurteilungen; Goethe aber war frappiert von dem Mikrokosmos der zeitgenössischen deutschen Kunst, den er in den Räumen der Weimarer Akademie zusammengetragen hatte, und benutzte die Gelegenheit, eine *Flüchtige Übersicht über die Kunst in Deutschland* zu verfassen, die im letzten *Propyläen*-Heft im November erschien. In der Regel waren seine Bemerkungen Komplimente, zumal an die Fürstentümer und kleineren Zentren im Reich; er reflektierte über die Vor- und Nachteile großer Bibliotheken und Sammlungen; er wies darauf hin, daß jetzt ein guter Augenblick sei, um Gipsabgüsse in Rom zu kaufen; im übrigen aber gab es kaum Bezüge auf die Kunst des Altertums, außer daß er seine Freunde in Stuttgart empfahl, weil sie das Studium nach der Antike «und den besten Modernen» an der Quelle betrieben. Über Berlin sprach er dagegen mit großer Strenge – was ihm mißfiel, war nicht eine Vernachlässigung des Altertums, sondern «der prosaische Zeitgeist»: «Poesie wird durch Geschichte, Charakter und Ideal durch Porträt, symbolische Behandlung durch Allegorie, Landschaft durch Aussicht ... verdrängt». Mit anderen Worten: Es fehlten Berlin Offenheit, Einbildungskraft und jene Subjektivität, die der wirklichen Welt Bedeutung verleiht, indem sie sie auf eine die Wirklichkeit transzendierende Vollkommenheit bezieht. (Keine schlechte Charakterisierung der preußischen Kunst im 19. Jahrhundert, möchte man meinen.) In dem Getöse, das nun folgte – die fünf Seiten der *Flüchtigen Übersicht* scheinen mehr Beachtung gefunden zu haben als der ganze Rest der *Propyläen* –, wurde allgemein unterstellt, Goethes Kritik richte sich gegen große Künstler wie Schadow (die er ausdrücklich ausgenommen hatte), weil sie nicht sklavisch antike Vorbilder nachahmten. Aber was immer Meyer erwartet haben mochte – das war im Sommer 1800 nicht Goethes Verständnis von der Beziehung der Modernen zur Kultur der Griechen, und die Subtilitäten dieser Beziehung regten ihn zu einer Reihe von dramatischen Versuchen an.

Schillers Energie war unerschöpflich, und er wies den Weg. Kaum war *Maria Stuart* auf die Bühne gebracht, trieb er schon Studien zu einem neuen Theaterstück – nicht mehr eine bloße Wiederholung älterer Themen, sondern deren zielstrebige Weiterentwicklung. In der Geschichte der Jungfrau von Orléans erkannte er die Möglichkeit, in der dramatischen Nutzbarmachung der Kantischen Religionspsychologie einen Schritt weiterzugehen: Zu der Darstellung von Konversion und Rettung in *Maria Stuart* konnte er den Zustand ursprünglicher Unschuld und den Fall in die Sünde hinzufügen und damit wie in einem theatralischen Gegenstück zu seinen *Briefen über die ästhetische Erziehung* das ganze Spektrum der moralischen Möglichkeiten des Menschen demonstrieren. Seine Johanna hat wenig mit der Historie oder der Legende zu tun, wie sie einem französischen oder englischen Publikum geläufig sind; aber für sie schrieb er auch nicht. Von einer göttlichen Stimme aus ihrer urtümlichen, schäferlichen Welt herausgerufen, um ihre Pflicht gegen den Staat zu tun, überwindet Johanna alles, solange sie dem willkürlichen Gesetz völliger Keuschheit gehorcht, das der Wille Gottes ihr auferlegt hat. Als sie jedoch für einen Augenblick den Regungen der Liebe nachgibt und das Leben eines jungen englischen Soldaten schont, verläßt sie ihre Selbstsicherheit, und sie kann im Augenblick des Triumphs den Vorwurf nicht bestreiten, daß sie sich mit unnatürlichen Mächten verbündet hat – daß sie eine Hexe ist. Ganz auf sich selbst zurückgeworfen, von Gott und den Menschen verlassen, entdeckt sie ihre moralische Autonomie: Ihre Stärke ist, daß nur sie allein, nicht irgendeine äußere Gottheit, ihr moralischer Gesetzgeber ist, und ihre tiefste Sünde war, auf Geheiß von außen, nicht nach ihrer eigenen freien Wahl gehandelt zu haben. Nach einem kurzen Gebet um die physische Kraft, ihre kategorische Pflicht zu tun, und dem wundersamen Anfall von Übermenschlichkeit, der ihm folgt, sprengt sie die Ketten, womit ihre englischen Häscher sie gebunden haben, und führt die Franzosen zum endgültigen Sieg. *Die Jungfrau von Orléans* ist mitnichten jener «Hexenkessel romantischer Raserei», den Shaw in ihr sah, sondern eine weitere streng idealistische Fabel. (Auch Frau Rat Goethe verkannte die wesentliche Modernität des Stückes, wenn sie beklagte, daß Schiller es in Antiqua habe drucken lassen und nicht in ihrer geliebten Fraktur.) Der besondere Vorteil des mittelalterlichen Schauplatzes war, daß er Schiller empirische Äquivalente für transzendentale Prozesse lieferte, die im Unterschied zu den Sakramentsriten in *Maria Stuart* auf die Bühne gebracht werden konnten, ohne sich dem Vorwurf der Profanierung auszusetzen. Die Gottheit, von der Johanna sich emanzipiert, ist die Jungfrau Maria, in der aufgeklärte Protestanten unschwer das verklärte Bild Johannas von sich selbst erkennen konnten, und da weder Christus noch eine andere Person der christlichen Trinität in Johannas Religion vorkommen, war diese dem Publikum so fremd wie der Islam oder die Religion der alten Griechen. Hinter der aufwendigen mittelalterlichen Staffage ist *Die Jungfrau von Orléans* der Intention nach nicht christlicher als Homer, und Schiller hoffte, mit dieser «romantischen Tragödie» (so der Untertitel) die antike Schicksalsvorstellung wirkungsvoller zum Leben zu erwecken als im *Wallenstein*. Es blieb jedoch die Schwierigkeit, daß für einen Kantianer das Schicksal weder der Wille der Götter noch irgendeine innere Widersprüchlichkeit der Dinge oder des Charakters sein kann, sondern nur eine Sache der Kontingenz, die zufällige Harmonie oder Disharmonie des Ganges der Natur mit unseren moralischen Zwecken. Schiller stellte die Gewalt der Kontingenz im zentralen Aufzug des Stückes in dem dramatisch unmotivierten Auftritt eines unbekannten Ritters in schwarzer Rüstung auf dem Schlachtfeld dar, der Johanna eröffnet, daß ihre bisherigen Siege das Werk des Zufalls, nicht ihrer eigenen moralischen Entscheidung gewesen sind: Sie muß darauf gefaßt sein, durch einen völligen Umschwung der Umstände auf die Probe gestellt zu werden. Doch solange Schiller das Wirken des Schicksals nicht in unseren Umständen, sondern in unseren moralischen Entscheidungen selbst sehen konnte, blieb ihm der Geist der antiken oder der shakespeareschen Tragödie versagt, er mochte wählen, welchen Schauplatz er wollte. Immerhin hatte er bei seinem Versuch entdeckt, wie man die mittelalterliche Welt für eine Absicht nutzbar machen konnte, die von der des Novalis nicht sehr verschieden war – sie war christlich genug, um modern zu sein, aber sie war auch so anders, daß sie unbesorgt kritisiert werden konnte –, und Goethe sah bald die Verdienste dieser Entdeckung. Wie aus Sorge, den Anschluß zu verpassen, aber noch immer nicht imstande, ein eigenes Projekt zu beginnen – ein langes abendliches Gespräch mit Schiller über *Die natürliche Tochter* hatte zu nichts geführt –, entschloß er sich auf einmal, eine andere Anregung Carl Augusts zu einer Übersetzung aus Voltaire aufzugreifen. Es gab jedoch so viel Arbeit mit dem Verglasen der Fenster, dem Entwerfen von Kaminen und der Auswahl von Stoffen für das neue Schloß, daß Goethe am 22. Juli kurzentschlossen nach Jena floh – zum erstenmal seit Schillers Umzug –, «weil ich ein für allemal hier zu keiner Art von Besinnung gelange». In den nächsten zehn Tagen verbrachte er täglich vier Stunden damit, drei Akte aus Voltaires *Tancred* in Blankverse zu übertragen.

Tancred, die Geschichte eines tragischen Mißverständnisses im Konflikt zwischen ritterlicher Liebe und öffentlichem Leben nach einer Episode aus dem Ariost, gehörte zu den beliebtesten Werken Voltaires und lieferte später ein Libretto für Rossini. Er mag dem Herzog auch darum gefallen haben, weil er das republikanische Regiment des mittelalterlichen Syrakus in ein ungünstiges Licht rückt – von Parteienhader zerrissen und hauptsächlich von Habgier geleitet, haben die Bürger der Stadt den aristokratischen Kriegshelden Tancred verbannt, der dennoch sein Leben läßt, um seine Heimat vor den Sarazenen zu retten –: eine Variation des *Coriolanus*-Themas, die wahrscheinlich die Streitigkeiten Voltaires mit den Stadtvätern von Genf widerspiegeln sollte. Goethe nutzte jedoch die Gelegenheit, die das Stück bot, um heimlich die Begeisterung des Herzogs für die Kunstformen des herrscherlichen Hofes in eine ganz andere Bahn zu lenken – die Wiederbelebung der griechischen Kultur als unumstrittenes Vehikel für den oppositionellen Säkularismus der bürgerlichen Akademiker- und Beamtenklasse. Ein Schauplatz in Sizilien reizte Goethe, so wie er Hölderlin zu dem Empedoklesthema gereizt hatte, und zwar aus ziemlich demselben Grund: Sizilien war der einzige Teil des abendländischen und römischen Reiches, wo die griechische Zivilisation als heimisches Gewächs floriert hatte. Goethe modifizierte Voltaires ängstliches Festhalten an der Einheit des Ortes und steigerte damit die Bedeutung der Lokalität: Im Gegensatz zu dem Säulenportikus der mittleren Akte, die eine griechische Metropole wie das sophokleische Theben vorstellten, verlegte er den letzten Akt in eine malerische Landschaft bewaldeter Felsen, mit Blick auf den Ätna im Hintergrund, und führte in die Bildwelt der letzten, zornigen Klage um den toten Tancred die Beschwörung eines Vulkanausbruchs ein, die seine aus erster Hand am Vesuv und am Ätna gewonnenen Kenntnisse der beiden Sizilien verriet. Er hatte auch bald die Absicht, zwischen den Akten gesprochene Chöre hinzuzufügen, um den mehr griechischen als französischen Charakter des Stücks und die öffentliche Natur der Handlung zu betonen; denn in der Vernichtung privaten Glücks durch politische Zweckdienlichkeit beruhte allenfalls das winzige Element des Schicksalhaften in Voltaires Tragödie. Die Idee gewann im August Gestalt, als er wieder in Weimar war, um die Ausstellung vorzubereiten, die am Geburtstag des Herzogs am 3. September in der Zeichenakademie eröffnet werden sollte. Christiane war wieder in Rudolstadt, und Goethe hatte Zeit, nachzudenken. Obwohl er an der Übersetzung eine Weile nicht weiterarbeitete, vermochte er sich bei der Rückkehr nach Jena in ein eigenes griechisches Stück zu stürzen.

Das neue Projekt war von äschyleischer Größe: ein Monodram mit Chören über die trojanische Helena. Die Blankverse in *Mahomet* hatten sich mitunter zu sechs- oder gar siebenhebigen Zeilen geweitet (in *Tancred* waren sie viel regelmäßiger), und Goethe, auf der Suche nach neuen Rhythmen, hatte Interesse daran, ein deutsches Gegenstück zum zwölfsilbigen Trimeter (drei doppelte Jamben) zu erproben, wie sie in der griechischen Tragödie begegnen. Dieses feierliche Maß sollte die neue Versform seiner *Helena* werden. Jedoch sollte *Helena im Mittelalter*, wie das Monodram in Goethes Handschrift betitelt ist, kein nostalgischer Pastiche wie die *Achilleis* sein, sondern – ausgerechnet – eine Episode, ein Zwischenspiel im zweiten Band von *Faust*. Das Stück sollte zeigen, wie Faust erfolgreich den Geist der antiken Schönheit beschwört und sie in die Welt des germanischen Mittelalters einführt, wahrscheinlich in dem «schwäbischen» Kastell des Hohenstaufenkaisers Friedrich II. in Enna in Mittelsizilien, das Goethe 1787 besucht hatte. Obwohl er sich sogleich zu seiner Heldin hingezogen fühlte und arg in Versuchung war, aus ihrer Geschichte eine «ernsthafte Tragödie» zu machen, wußte Goethe von Anfang an, daß sie in seinem nordischen Potpourri als «Karikatur» auftreten mußte, das heißt als eine schöne Wirklichkeit, die nur durch die verzerrende Linse der modernen Sinnesart wahrgenommen werden konnte – sozusagen durch ein Teleskop, aufgestellt in den Propyläen der Kunst. Der Plan war so sonderbar, daß Goethe fast das Zutrauen dazu verlor; Schiller aber, der mittlerweile des langen und breiten mit Goethe über Inhalt und Charakter der zwei Teile diskutiert hatte, in die *Faust* zerfallen sollte, schrieb ihm energisch, er solle sich nur beruhigen: «Der Fall könnte Ihnen im 2ten Teil des ‹Faust› noch öfter vorkommen.» Nachdem er auf ein paar Stunden nach Jena gekommen war, um sich von Goethe den Monolog vorlesen zu lassen, bezeichnete er die Episode als eine «Synthese des Edlen mit dem Barbarischen», die «das Schöne nicht aufheben, nur es anders spezifizieren» wolle. Goethe habe recht daran getan, an diesem zentralen Augenblick des zweiten Teils zu arbeiten, dem Augenblick, weswegen er sein Stück nicht mit dem Tod Gretchens hatte enden lassen können; «dieser Gipfel, wie Sie ihn selbst nennen», werde sich als «der Schlüssel zu dem übrigen

Teil des Ganzen» erweisen. Goethe werde also, mit anderen Worten, den Geist des Altertums mit Erfolg nicht durch direkte Nachahmung der Alten herbeizitieren, sondern indirekt, in seinem modernsten Werk, durch ironische Konfrontation «Schönes mit dem Abgeschmackten durch Erhabenes» vermitteln, wie Goethe es in einer Unterhaltung mit Niethammer formulierte. So beeindruckt war Schiller von Goethes Stratagem, daß er versuchte, es in *Die Jungfrau von Orléans* einzubauen und das homerisch-nichtchristliche Ethos seiner mittelalterlichen Tragödie dadurch herauszuarbeiten, daß er eine ganze Schlachtszene in Trimetern schrieb, in der Johanna ihren Gegner so unversöhnlich wie Achilles oder das Fatum niederstreckt. Er scheint dabei nicht bemerkt zu haben, daß Goethe in seiner Helena eine neue Form des tragischen Schicksals umrissen hatte, die von der homerischen ebensoweit entfernt war wie von der Kantischen, eine Form, von der bis jetzt erst Hölderlin, Hegel und Schelling eine Ahnung hatten: Geschichte als Schicksal, die Tragödie der geschichtlichen Existenz.

Die Komplexität des Verhältnisses zwischen Altertum und Moderne, die Unmöglichkeit, es auf einfache Nachahmung oder einfachen Gegensatz zu reduzieren, beschäftigte Goethe wie der Rhythmus des Trimeters, als er Jena wie üblich Anfang Oktober verlassen hatte. Die Beschäftigung mit *Faust* hatte eindeutig eine belebende Wirkung. Die Weimarer Laienschauspieler studierten ein Lustspiel mit Masken von Gotter ein, das ihm als Wiederbelebung der griechischen Theaterpraxis gefiel, und so diktierte er gleich ein eigenes Stück in derselben Form und überwiegend in Trimetern zur Feier des Geburtstags der Herzoginmutter. Die 264 Zeilen der Allegorie *Alte und Neue Zeit* wurden von Fräulein von Göchhausen am 29. und 30. Oktober jeweils beim Frühstück, gekräftigt durch Punsch, nach Goethes Diktat aufgenommen und gleichzeitig den zwei Hauptdarstellern zum Lernen und Proben gegeben; nach einer Kostümprobe am 31. fand die Aufführung am Abend im Wittumspalais statt. Die Neue Zeit wurde, schmeichelhafterweise ohne Maske, von einer Hofschönheit gegeben, während Graf Brühl, wiewohl mit seinen achtundzwanzig Jahren auch nicht mehr der Knabe, den Goethe 1785 in Karlsbad in die Gesteinskunde eingeführt hatte, der Hilfestellung durch bärtige Maske und Toga bedurfte, um die Alte Zeit darzustellen. Beiden Personen waren zwei stumme Begleiter in ausdrucksvollen Masken beigegeben: Der Alten Zeit «Griesgram» und «Haberecht», der Neuen «Gelbschnabel» und «Naseweis». Im Zwiegespräch zwischen Antike und Moderne stellt sich heraus, daß an ihrem langen Streit ihre unerträglichen Gefährten schuld sind: Die Alte Zeit entfernt die Gewohnheiten eines düsteren Pessimismus (Griesgram ist farbenblind) und eines unbeweglichen Dogmatismus (Nicolai?), die Neue Zeit trennt sich von den besonders nervtötenden Vertretern der jüngeren Generation, törichter Ignoranz und rastloser Impertinenz (Schiller mißfiel an Friedrich Schlegel besonders seine «naseweise schneidende Manier»), und so können sie sich miteinander aussöhnen. Schließlich hat jeder einmal sein

Goldenes Zeitalter gehabt, und jeder findet das Neue nicht nur unwillkommen, sondern auch willkommen: Nachdem sie ihre Kränze getauscht haben – die Rosen der Jugend und das Eichenlaub der Langlebigkeit –, präsentieren sie Alte und Neue Zeit Anna Amalia, die sie zuerst in Weimar zusammengeführt hat. Dieses elegante Gelegenheitsstück barg für Goethe viele Schichten der Wahrheit: In der politischen Welt machten es die jüngsten Erfolge Bonapartes wahrscheinlich, daß die Friedensregelung von Leoben und Campo Formio bestätigt werden und daß, wie in *Herrmann und Dorothea* prophezeit, die Hinnahme der Veränderung der Preis der Stabilität sein würde; analog hierzu erkannte Goethe, daß die ältere literarische Generation sich mit der jüngeren versöhnen könne und solle: Sein Herz an das Goldene Zeitalter der antiken Zivilisation zu verlieren hieße, bei der Befassung mit der Kunst und Religion der Zeit, in der man leben mußte, sauertöpfisch und dogmatisch zu werden. *Alte und Neue Zeit* entsprach mehr der eigenen poetischen Praxis Goethes und seiner ursprünglichen Absicht mit den *Propyläen* als dem öffentlichen Image, das die Zeitschrift bekommen hatte. Er überließ es Meyer, in ihrer letzten Nummer, die gleich nach der Aufführung des kleinen Dramas vorbereitet wurde, den Griesgram und Haberecht zu spielen; er selbst erlebte in den ersten vierzehn Novembertagen einen Schub produktiver Arbeit an *Faust*. In den *Propyläen* war kein Platz mehr für einen Aufsatz Wilhelm von Humboldts über die terrassenförmigen Gebirgseinsiedeleien des Montserrat, doch kann es sein, daß Goethe Humboldts Beschreibung für einen ersten Entwurf der Szene nutzte, die einmal die letzte in seinem Stück wurde und die Auffahrt von Fausts Seele durch die Himmelskreise zeigt – eine Versöhnung in großem Maßstab mit der Religion der Moderne. Als Goethe Mitte November in der Hoffnung nach Jena fuhr, an *Faust* oder *Tancred* zu arbeiten, machte er eine weitere versöhnliche Geste und konsultierte Friedrich Schlegel wegen der Namen für die Hauptfiguren in seinem Stück für Anna Amalia, und Schlegel wartete mit zwei ausgezeichneten Vorschlägen auf. Unter dem Titel *Paläophron* («Altgesinnt») *und Neoterpe* («Neuvergnügt») wurde das Spiel im Winter veröffentlicht. Es konnte jedoch nicht in Cottas *Musen-Almanach* erscheinen, dessen Herausgabe nicht mehr Schiller oblag, sondern mußte in einer lokalen Nachfolgepublikation herauskommen, dem *Neujahrs-Taschenbuch von Weimar auf das Jahr 1801*, das der junge Regierungsassessor Leo von Seckendorff herausgab, ein Neffe von Goethes längst verstorbenem Mitarbeiter und Freund. Alte Zeit und neue …

Jena hatte bereits ein verändertes Gesicht, als Goethe anfing, es im Spätsommer 1800 wieder zu besuchen. In Abwesenheit Schillers begann er wieder das eher öffentlich-gesellige Leben seiner früheren Jahre dort zu führen, man sah ihn wieder im Hause Griesbachs oder Loders, den Säulen der Universität, und häufiger verkehrte er jetzt bei Frommann, dem neuen Verleger. Der Kreis um die Schlegels hatte praktisch aufgehört zu existieren. Tieck war zunächst in Hamburg, dann in Berlin, Caroline und Schelling waren fort, und Novalis begab sich wegen des Ausbruchs einer entkräftenden Krankheit noch weniger auf Reisen als früher, und so fühlten sich die Brüder «sehr einsam», und in ihrem Kampf gegen die *ALZ* erlosch das Feuer. Es gab jetzt auch weniger Grund zu ernsthaften Kampagnen gegen Kotzebue, der aus Weimar fortgegangen war, um seine Stelle als Leiter des Theaters in Sankt Petersburg anzutreten, den man jedoch beim Grenzübertritt als verdächtiges Subjekt verhaftet und nach Sibirien expediert hatte. Der Zar änderte dann seine Meinung, ließ ihn frei und entschädigte ihn mit einem Gut in Litauen samt 400 Leibeigenen, was ihm wahrscheinlich half, die Sticheleien in Schlegels satirischem Jubelgedicht anläßlich seiner triumphalen Rückkehr nach Sankt Petersburg tapfer zu ertragen. Am 20. Juli rief jedoch eine furchtbare Nachricht August Wilhelm Schlegel unverhofft nach Franken: In dem Badeort zwischen Bamberg und Fulda, in dem Caroline und Schelling wohnten, war Auguste an Ruhr erkrankt und, fünfzehnjährig, am 12. Juli gestorben. Caroline hatte das eine stetige Element in ihrem Leben verloren und die Jenaer Literaturrevolution ihr Herz. Es kam sofort zu einem erbitterten Streit; Friedrich Schlegel und Dorothea Veit schoben Augustes Tod auf Schellings neumodische medizinische Ideen, während August Wilhelm zu Schelling und Caroline hielt. Die Krise führte Mann und Frau wieder zusammen, und für fast sechs Monate nahmen sie ihr eheliches Leben in Braunschweig wieder auf, wo Carolines Schwester wohnte – wahrscheinlich wäre ihnen Göttingen lieber gewesen, aber Caroline war in ihrer Heimatstadt politisch unerwünscht und durfte sie nicht betreten. Das bedeutete praktisch das Ende von August Wilhelm Schlegels Verbindung zu Jena, wo er mittlerweile zu viele Feinde, zu wenige Freunde und keine gesicherte Einkommensquelle besaß. Dagegen faßte Friedrich Schlegel den Entschluß, in Jena die Universitätslaufbahn einzuschlagen; auf seinen philologischen Arbeiten aufbauend, machte er seinen Doktor und qualifizierte sich damit für eine Vorlesungstätigkeit als Privatdozent. Dorothea blieb bei ihm; im Herbst 1800 erschien ihr Romanfragment *Florentin*, worin Goethe und Schiller manches Verdienstvolle fanden, auch wenn die Patenschaft Wilhelm Meisters und Franz Sternbalds nicht zu übersehen war. «Was sich aber ein Student freuen muß, wenn er einen solchen Helden gewahr wird! Denn so ohngefähr möchten sie doch gerne alle aussehen.» Schelling blieb noch eine Weile in Bamberg zurück, wo er seine Vorlesungen über Naturphilosophie hielt und sich im übrigen anschickte, gewisse Chancen in Wien wahrzunehmen. Aber das Schicksal, sein Stolz und Goethe kamen dazwischen. Die drohende Wiederaufnahme der Feindseligkeiten in Süddeutschland machte die Reise nach Wien nicht ratsam und später unmöglich; er war wütend, als er erfuhr, daß Friedrich Schlegel über Transzendentalphilosophie zu lesen beabsichtige – in seinen Augen die sichere Gewähr dafür, daß das Thema von «poetische[m] und philosophische[m] Dilettantismus» tangiert sein werde; und Goethe schrieb ihm angesichts der allgemeinen Talentflucht aus Jena einen verlockenden Brief, wünschte ihm Glück zu allem, was er tat,

49. Chr. Müller nach F. Jagemann: August Kotzebue (o. J.)

50. Kostümierung zu Jon von August Wilhelm Schlegel (1802)

drückte aber einen «entschiedenen Zug» zu Schellings Lehre aus: «Ich wünsche eine völlige Vereinigung [sc. ihrer unterschiedlichen Standpunkte], die ich durch das Studium Ihrer Schriften, noch lieber durch Ihren persönlichen Umgang ... zu bewirken hoffe.» Schelling kam im Oktober nach Jena, als Friedrich Schlegel mit seinen mehr oder weniger unverständlichen Vorlesungen anhand einiger flüchtig hingeworfener Formeln über die Gleichheit von Gott, Poesie, Ich usw. bereits begonnen hatte. Anfangs war Schlegels Veranstaltung gut besucht, aber Schelling begann eine zeitgleiche Vorlesungsreihe über dasselbe Thema, er war ein ungewöhnlich guter Erklärer und hatte gerade eine systematische Abhandlung veröffentlicht, und nach seiner vierten Vorlesung war Schlegels Kurs und die damit verbundene Hoffnung auf Einkünfte «todtgeschlagen und begraben». «Schade», schrieb Goethe an Wilhelm von Humboldt, «daß die kritisch-idealistische Partey, der wir schon so viel verdanken, in sich selbst nicht einig ist»; doch wenn er geistige Gesellschaft suchte, hielt er sich noch immer an die Philosophen. In der zweiten Septemberhälfte hatte er fast jeden Tag ein «Colloquium» mit Niethammer über die jüngste Philosophie – was im wesentlichen das neueste Buch von Schelling bedeutete –, und als er im November wiederkam, sprach er mit dem Autor selbst.

Das System des transzendentalen Idealismus ist eine beeindruckende Synthese aus Fichte, Kant, Schellings eigenen Spekulationen über die Natur und den neuen, von Schiller und letztlich von Karl Philipp Moritz herrührenden Theorien über Kunst. Hier führte Schelling das Programm aus, das er drei Jahre zuvor mit der in Niethammers Journal erschienenen *Allgemeinen Übersicht* im Sinn gehabt hatte: eine «Geschichte unseres Geistes», eine klare und fortschreitende Erklärung für die aufeinanderfolgenden Versuche unserer «Intelligenz», sich «ihres Handelns als solchem bewußt zu werden», deren jede durch ihr Scheitern die nächste gebiert. Für die Spannweite seiner Thematik ist das Buch mit seinen rund dreihundert Seiten prägnant geschrieben. Die erste Hälfte enthält den streng geführten Nachweis, daß in dem Maße, wie die im Phänomen des Selbstbewußtseins implizit angelegte Duplizität von Subjekt und Objekt immer mehr explizit wird, auch die immer komplexere Duplizität der Welt, deren das Subjekt sich bewußt ist, immer expliziter wird. Die Grundprinzipien, die der Natur ihre Struktur geben – die ursprüngliche Unterscheidung zwischen Ich und Dingen an sich, die Erfaßbarkeit der Materie, der Sinn für die elementaren Kräfte des Magnetismus, der Elektrizität und des chemischen Prozesses, die der Materie ihren Charakter geben, die Entwicklung von Punkt und Linie zum dreidimensionalen Raum, in dem Wechselbeziehungen zwischen Dingen sich in der Zeit vollziehen, die Unterscheidung zwischen unbelebter und belebter Organisation –, folgen, wie Schelling nachweist, allesamt aus dem (unbewußten) Ringen des Selbstbewußtseins um seine Selbstdefinition. Es herrscht daher eine völlige Deckungsgleichheit zwischen den in Schellings Arbeiten zur Naturphilosophie entfalteten Gesetzen der Natur, deren Schutzheiliger Spinoza ist, und den in seiner Abhandlung über den Idealismus dargelegten Gesetzen des Geistes, in denen wieder Leibniz nachdrücklich zu seinem Recht kommt: Keinem der zwei Systeme kann die Priorität vor dem anderen zuerkannt werden. Es ist gleichermaßen wahr und gleichermaßen grundlegend, daß die Dinge so sein müssen, wie sie sind, und daß der Geist sie so sehen muß, und die Quelle dieses Müssens, die schlechthinnige Identität, aus der die zwei Systeme hervorgehen, und der Urgrund ihrer Harmonie beruht «in dem unzugänglichen Lichte, in welchem es [das Absolute] wohnt» und über das schlechterdings nichts ausgesagt werden kann. Natürlich hatte schon Kant die Notwendigkeit betont, eine Harmonie zwischen dem theoretischen und dem praktischen Vernunftgebrauch, zwischen den Gesetzen der Natur und den Imperativen der Moral zu postulieren, aber er ließ keinen Zweifel daran, daß ein solches Postulat am Ende seines Gedankenganges, nicht an dessen Anfang stehe und daß es die unmittelbare Vorbedingung moralischen Handelns war. Wenn Schelling aus diesem abschließenden praktischen Postulat das erste Prinzip eines Systems der Metaphysik machte, tat er einen Schritt, der für die Generation sehr charakteristisch war, deren Denken er zusammenfaßte. Wie Fichte ersetzt er Kants Versuch einer Klärung der Gesetze der wissenschaftlichen Untersuchung durch eine Analyse des Ichs, aber während Fichte noch ein lebendiges Gefühl dafür hat, daß die Interessen des Philosophen denen des analysierten Ichs sehr nahe verwandt sind, hält Schellings Philosoph das Selbstbewußtsein wie ein naturwissenschaftliches Präparat auf Distanz zu sich selbst. Die Art der Behandlung bleibt sogar in den von Kant dominierten, zentralen Abschnitten des Buches distanziert, wo die große Diskontinuität in der Entwicklung des Geistes, die Anerkennung des Prinzips der Freiheit, eingeführt wird. Nachdem das Selbstbewußtsein den Punkt erreicht hat, wo es sich in einem besonderen lebendigen Organismus verkörpert erkennt, hat es das Ende jener Reihe von «Epochen» seiner Geschichte erreicht, in denen «die Natur mit dem Ich ganz gleichen Schritt hält» und in denen die notwendige Selbstkonstruktion der materiellen Welt gleichbedeutend ist mit der notwendigen Selbstkonstruktion des Geistes. Die Natur kennt nichts Höheres als organische Arten, die sich durch das Leben geschlechtlich differenzierter Individuen fortpflanzen. Nachdem aber der Geist jetzt fähig ist, das Fichtesche Prinzip der Selbstidentität («Ich = Ich») zu artikulieren, das sich aus der Unartikuliertheit alles Bisherigen herausgekämpft hat, tritt er in eine neue Phase des moralisch verantworteten Lebens, für die es kein Äquivalent in der Naturphilosophie gibt. Wie hat der Geist die Fähigkeit erlangt, diesen «absoluten Willensakt» zu setzen, durch den er sich über die Natur erhebt? Schelling beantwortet diese Frage dadurch, daß er einen überaus wichtigen Gedanken aus Fichtes Abhandlung *Die Bestimmung des Gelehrten* in das Zentrum seines Systems rückt: die Idee der «Wechselwirkung». Was uns befähigt, unsere eigene Identität zu behaupten, ist die Erfahrung, daß andere die ihre behaupten. Das Sich-selbst-setzen ist kein einsamer, sondern ein sozialer Akt, und es wird gelernt (zum Beispiel durch die Sprache). Damit ist für Schelling der Weg frei, in seinen Gedankengang die politische Begeisterung seiner frühen Jahre im Tübinger Stift zu integrieren: Moralisches Handeln richtet sich nicht einfach auf den reinen Gehorsam gegenüber einem selbst auferlegten Gesetz, sondern auf die Errichtung eines gesetzlichen Rahmens für alle, in dem die wechselseitige Interaktion freier Menschen möglich sein wird. Letzten Endes kann ein solcher Rahmen nicht durch die Rechtssysteme einzelner Staaten gebildet werden, sondern nur durch ein weltumspannendes politisches System, einen «Staat der Staaten» mit einem eigenen Gerichtshof, einem «allgemeinen Völkerareopag». Ein weiteres Kantisches Thema aufgreifend, sagt Schelling, daß die Geschichte der fortschreitenden Annäherung der Menschheit an dieses Ziel der einzig wahre Gegenstand der Weltgeschichte sei. Er teilt sie in drei Teile. Die erste, «tragische» Periode der Menschheit war vom blinden Schicksal beherrscht und endete mit dem Zusammenbruch der frühen Weltreiche, zumal des griechischen, und dem Untergang «der edelsten Menschheit, die je geblüht hat, und deren Wiederkehr auf die Erde nur ein ewiger Wunsch ist». In der zweiten, bis heute andauernden, eher vernünftig – «mechanischen» Periode werden die begrenzten Zwecke und Ziele der einzelnen zwangsläufig enttäuscht, damit unser kollektives Ziel, die Errichtung eines «Staates von Staaten», gleichsam – so die These Kants – wie nach einem verborgenen Plan der Natur erreicht werden kann. Die dritte Periode ist der Zukunft vorbehalten, und wie Hölderlin, aber im Unterschied zu Novalis ist Schelling nicht überzeugt, daß sie bereits begonnen habe: Es wird ein Zeitalter sein, in dem Gott endlich unter uns gegenwärtig sein und die Verheißung der ersten zwei Zeitalter sich erfüllen wird. Doch gipfelt Schellings System nicht in der Philosophie der Geschichte, sondern in der Philosophie der Kunst und des künstlerischen Genies. Denn das Kunstwerk – das «ein Unendliches endlich darstellt» – ist nach Schelling in der objektiven Welt die einzig mögliche Spiegelung jener ursprünglichen Identität, die der Spaltung in Subjekt und Objekt, Natur und Geist vorausgeht. Kunst wird durch ein geheimnisvolles Zusammenwirken bewußter und unbewußter Kräfte hervorgebracht: Sie ist die sinnliche Bekundung jener Prozesse der Entgegensetzung und Synthese, die das Selbstbewußtsein selbst ausmachen, und das Genie, das allein Kunst zu produzieren vermag, ist «für die Ästhetik dasselbe, was das Ich für die Philosophie [ist], nämlich das Höchste absolut Reelle, was selbst nie objektiv wird, aber Ursache alles Objektiven ist».

Es liegt auf der Hand, daß Goethe eine Schlußfolgerung gefallen mußte, die so offenkundig darauf berechnet war, ihm zu schmeicheln. Wirklich geglaubt hat er sie jedoch nicht. Unter deutlichem Hinweis auf diese Stelle in Schellings System, aber zweifellos auch im Hinblick auf die Theorien der Schlegels, schrieb er Schiller mit ganz ähnlichen Worten, mit denen er einst den *Wilhelm Meister* oder seinen privaten Begriff vom Symbolischen gegen philosophische Zudringlichkeiten in Schutz genommen hatte:

Was die großen Anforderungen betrifft die man jetzt an den Dichter macht, so glaube ich auch daß sie nicht leicht einen Dichter hervorbringen werden. Die Dichtkunst verlangt im Subject, das sie ausüben soll, eine gewisse gutmüthige, ins Reale verliebte Beschränktheit, hinter welcher das Absolute verborgen liegt.

Allerdings sollte man auch nicht übersehen, was dieser letzte Satz an Suggestivem impliziert: Es ist in nuce die Ästhetik aller künftigen Schriften Goethes, und sie ist nicht einfach aus einer Kritik des Idealismus, sondern unter dessen Mitwirkung entstanden. Schellings fertiges System hatte für Goethe viel Anziehendes, und nicht bloß wegen der Komplimente an seinen Status als Künstler oder an seine Theorien zur Farbenlehre und Botanik. Er war bereits gewillt, auf eine Theorie der Natur zu hören, die von einer fortschreitenden Reihe von Duplizitäten ausging, und es paßte gut zu seiner Vorstellung vom künstlich aufgezwungenen Charakter dieser Duplizitäten, daß sie als Notwendigkeiten des Geistes wie der Natur dargestellt wurden: Schellings Betonung des strengen Parallelismus beider schien ein Angebot, die Spaltung zu heilen, von der Goethe beim ersten Lesen der *Ideen zu einer Philosophie der Natur* gesagt hatte, er ziehe es vor, ohne sie auszukommen. Es mag sein, daß Schellings Beschreibung des Künstler-Genius als der Macht, die uns sogar heute noch in den «philosophischen Naturstand» vor allen Scheidungen zurückversetzen kann, einiges den kritischen Einwänden Goethes zu danken hat. Goethe hatte sieben Jahre lang im Interesse seiner Dichtung wie seiner Naturwissenschaft bewußt nach einem neuen Weg gesucht, Geist und Gefühle mit der Welt leidenschaftslos verstandener Objekte zu vereinigen, und Schelling war aufmerksam genug, um zu begreifen, daß, was für Goethe wichtig war, gewiß auch für seine Zeitgenossen von allgemeiner Bedeutung sein werde. Auch Schellings philosophische Erklärung der Geschichte hätte wahrscheinlich auf Goethes jüngste Vorurteile zugeschnitten werden können; hingegen war die ihr zugrunde liegende Theorie der Freiheit mit Sicherheit jener völligen Vereinigung der Standpunkte hinderlich, die Goethe erhoffte. Die Diskontinuität im System durch das Selbstpostulat eines frei sich selbst bestimmenden Ichs ist in dem Buch sogar an der Struktur der Exposition ersichtlich: Nach diesem Moment wird das geordnete Fortschreiten durch «Epochen» des Selbstbewußtseins aufgegeben, und die Behandlung einzelner Themen fällt mitunter recht flüchtig aus. Goethe war nicht unehrlich, wenn er unterstellte, daß es vieles gab, worüber sie beide zu sprechen hatten.

Caroline Schlegel dachte das auch; sie war besorgt um Schelling, der nach dem Tode Augustes und Carolines Rückkehr zu August Wilhelm in Schwermut verfallen war. In einem Brief aus Braunschweig bat sie Goethe inständig, er möge seinen heilsamen Einfluß auf Schelling wirken lassen und ihn vor allem einladen, über Weihnachten in Jena zu bleiben. Ende des Jahres stand Goethe jedoch noch mehr in Zeitdruck als sonst und konnte nicht sofort tätig werden. Es gab Probleme an der Universität, deren Lösung Zeit und diplomatisches Geschick erforderte: Einer der Professoren für alte Sprachen,

Heinrich Carl Abraham Eichstädt (1771–1848), der kein Hehl aus seinem Wunsch machte, Schütz als Professor der Beredsamkeit nachzufolgen, und in Gotha so sehr in Gnade war wie in Weimar in Ungnade, drang auf Beförderung. Hufeland, Professor der Medizin, hatte schließlich das Angebot angenommen, als Direktor der Charité nach Berlin zu gehen, und es würde schwer sein, einen angesehenen Nachfolger zu finden. Goethe schrieb an Nicolaus Meyer, der mittlerweile promoviert hatte und sich auf einer wissenschaftlichen Reise durch Deutschland befand, jedoch infolge des raschen Vormarsches der Franzosen in Bamberg festsaß, und bat ihn um eine Einschätzung der Professoren, die er gesehen hatte. Auch in Weimar gab es Probleme. Die Vorbereitungen zur Begrüßung des neuen Jahrhunderts hielten die Stadt einen Monat in Atem; allerdings beschränkte sich Goethes offizielle Beteiligung auf die Einrichtung der Weimarer Erstaufführung von Haydns neuem Oratorium *Die Schöpfung* und von Glucks *Iphigénie*, was dem Anlaß wirkungsvoller gerecht wurde als Goethes Versuch, zusammen mit Voigt und Meyer eine Weimarer Gedenkmünze herauszubringen: Meyers Entwurf war zufriedenstellend, aber das Herzogtum verfügte nicht über die notwendigen technischen Kapazitäten zum Prägen der Münzen, und so wurde die Idee nach zweijährigem Hin und Her fallengelassen. Der eigentliche und bleibende Beitrag Goethes war jedoch *Paläophron und Neoterpe*, während anderweitige Pläne für ein großes Fest in Weimar und Jena zu Chaos und Farce ausarteten. Die Schützes in Jena zogen sich erneut das Mißfallen des Herzogs zu, als sie abermals um die (natürlich verweigerte) Erlaubnis zu einer Laienaufführung von *Scherz, List und Rache* nachsuchten – offiziell zur Feier des neuen Jahrhunderts –, und in Weimar machten Zirkulare die Runde, in denen die Öffentlichkeit zu einem Abendessen und «Mitternachtsjubel» an Silvester geladen wurde; geplant waren Gesänge und die Rezitation eigens verfaßter Gedichte, Schlittenfahrten, ein musikalischer Umzug durch die Stadt und an den folgenden Tagen weitere Bälle und Theatervorführungen. Man hoffte, daß Iffland aus Berlin kommen und die Feiern mit seiner Anwesenheit beehren werde. Leider war jedoch der «Mitternachtsjubel» anscheinend nur dazu gedacht, dem Kammerpräsidenten Schmidt, einem Vetter Wielands, Gelegenheit zum Vortrag einiger leidlich satirischer, aber langatmiger Verse mit umstrittenen Anspielungen auf die Herausgeber von Musen-Almanachen zu geben. Carl August bestand boshafterweise darauf, daß Schmidt sie in voller Länge vor dem Geheimen Conseil vortrug, und überhäufte sie mit überschwenglichem Lob, erklärte sie aber dennoch für unzulässig, weil die geistreichen Seitenhiebe gegen Leute, die um des Geldes willen heiraten, als Kritik an der bevorstehenden Verlobung des Erbprinzen mißverstanden werden konnten. In der Kammer quittierte man die Pleite des Präsidenten mit vergnügtem Händereiben, zu Schmidts Empörung wurde den Kopisten das Manuskript seines Gedichts unter den Händen weggestohlen, und bald waren illegale Abschriften in Umlauf. Unterdessen konnte der junge Seckendorff, der das Abendessen organisieren sollte, keinen Gastwirt auftreiben, der bereit gewesen wäre, warme Speisen für 200 Personen bereit zu halten; danach wurde er im Duell mit einem Emigrierten böse verletzt und konnte an den weiteren Vorbereitungen nicht mehr mitwirken. Unter diesen Umständen war es geradezu entgegenkommend vom Herzog, die Initiativen zu verbieten, zu denen in den Rundbriefen aufgerufen worden war; sein Hauptmotiv dürfte allerdings gewesen sein, daß die Idee nicht aus seiner eigenen Verwaltung gekommen war – oder daß Caroline Jagemann eifersüchtig auf Iffland war. Allerdings hatte Ifflands Kommen nie zur Diskussion gestanden: Er war zu sehr damit beschäftigt, die Krönungsfeierlichkeiten für Friedrich Wilhelm III. am 18. Januar vorzubereiten, wobei er hoffte, Goethes *Tancred* aufführen zu können, sofern das Stück rechtzeitig fertig wurde.

Goethe war in Jena erst wenige Tage gegen Ende November zu seiner Übersetzung zurückgekehrt, wurde dann aber wieder nach Weimar beordert, um mit Gentz zu beraten, der endlich gekommen war, und die durch den verspäteten Sinneswandel Thourets aufgeworfenen Probleme zu bereinigen. Als er am 12. Dezember nach Jena zurückkam und Ifflands dringende Anfrage wegen *Tancred* vorfand, gab er daher alle Pläne zu gräzisierenden Chören auf und beschränkte sich auf die reine Übersetzung, verordnete sich «die absolute Einsamkeit», sah «keinen Philosophen noch Physiker», verzichtete auf seinen täglichen Spaziergang, zog sich ohne Rücksicht auf eine schwere Erkältung in die feuchten, eisüberzogenen Mauern des alten Schlosses zurück und versetzte sich in seiner Phantasie nach Syrakus. Der Jahreszeit gemäßer war an den langen Abenden die Lektüre von Büchern über Magie und Hexenjagden, als Stoffsammlung für die Walpurgisnacht-Szene. Weihnachten rückte näher, Christiane und August waren untröstlich bei dem Gedanken, daß Goethe vielleicht nicht rechtzeitig zur Bescherung am Heiligen Abend zurück sein würde, aber er hoffte, durch eine Gewaltanstrengung ähnlich jener, mit der Schiller *Die Piccolomini* beendet hatte, bis zum 24. Dezember eine Reinschrift für Berlin fertig zu haben. Er sorgte dafür, daß sein Weihnachtsgeschenk für August abgeschickt wurde: ein neues Puppentheater mit Kulissen, die er zum Teil selbst gemalt hatte; aber seinen Termin konnte er nicht ganz einhalten. Die Übersetzung ging erst am ersten Weihnachtstag an Iffland ab, und am 26. kehrte Goethe erleichtert zu seiner enttäuschten Familie zurück; er brachte Professor Schelling mit, um mit ihm über Botanik zu sprechen und mitzuerleben, was von Weimars Jahrhundertfeiern noch mitzuerleben war. Schelling, Schiller und Goethe verbrachten die letzten Stunden des 18. Jahrhunderts allein, «im ernsten Gespräch» beim gemeinsamen Abendessen, aber am 2. Januar 1801 veranstaltete der Hof einen Kostümball, der Champagner floß in Strömen, und dieselbe Dreiergesellschaft, bei Tisch vermehrt um Steffens und den scheidenden Hufeland, trieb ihre Scherze, zuerst mit breiten und doktrinären ästhetischen Explikationen Schillers, dann mit der kulturellen Einöde Preußens, wohin Hufeland sich zurückziehen wollte, und ging erst in den

Morgenstunden auseinander. Am nächsten Tag wurde Goethes Zustand, der sich seit seiner Rückkehr aus Jena stetig verschlechtert hatte, auf einmal akut, und am 4. Januar mußte man ihn, nachdem er von Schelling Abschied genommen hatte – an einer literarischen Mittagsgesellschaft hatte er krankheitshalber nicht teilnehmen können – bewußtlos zu Bett tragen. Der Herzog besuchte ihn am nächsten Tag und schickte am 7. Januar durch Expreßboten nach seinem Leibarzt in Jena, in der berechtigten Sorge, daß Goethe in Lebensgefahr schwebte.

Der Geist der Schönheit und sein Schicksal: Werke, 1798–1800

In den drei Jahren nach Erscheinen von *Herrmann und Dorothea* Ende 1797 hatte Goethe kein größeres Originalwerk mehr beendet oder veröffentlicht. Trotzdem verrät kein vergleichbarer Zeitraum seit seinen ersten Weimarer Jahren so sehr sein Genie, das Beste aus flüchtigen Gelegenheiten zu machen. Er nutzte dichterische Augenblicke, unvollendete Fragmente, die täglichen Aufgaben einer Brotschriftstellerei und die langwierige, langsame Förderung eines *opus magnum*, um auf ein Gebiet vorzudringen, das nur den willigsten und scharfsichtigsten seiner Zeitgenossen bekannt war. Die Themen dieses Zeitraums – Subjektivität, Tod und historisches Schicksal – entwickeln sich, durch die Balladen von 1797, aus den tieferen Schichten von *Wilhelm Meisters Lehrjahren*, aber ihre Fremdartigkeit und Neuheit in Goethes Werk kennzeichnen sie als Früchte der Entsagung in bezug auf italienische Träume und deutsche Hoffnungen.

Goethe unternahm dreimal den Versuch, ein Erinnerungsgedicht für Christiane Becker-Neumann zu schreiben: in der Schweiz; im Dezember 1797, kurz nach seiner Rückkehr, in Weimar; und im Juni 1798, als die Beendigung der langen Elegie *Euphrosyne*, nach einmonatiger Arbeit an *Faust*, den Höhepunkt eines neuen lyrischen Frühlings markierte. «Euphrosyne», der Name einer der Grazien und Christiane Beckers letzter Rolle, bedeutet «die Frohsinnige», und Frohsinn war natürlich ein Wesenszug dieser reizvollen, klugen und unverdorbenen jungen Frau und Mutter, die Iffland bewunderte («Sie kann alles!») und die sich die Zuneigung nicht nur des Weimarer Publikums, sondern, was bemerkenswerter war, aller ihrer Kollegen erspielt und bewahrt hatte. Aber für Goethe hatte der ungewöhnliche Titel einen bittersüßen Beigeschmack; denn er war auch der zweite Vorname einer anderen jungen Frau, die er geliebt und früh verloren hatte, Maximiliane Brentanos. Die Elegie ist ein weit nächtigeres Gedicht, als es zuerst den Anschein hat: Es rief Goethe wieder die Figur Proserpinas ins Bewußtsein, der Königin der Unterwelt, deren Heiligtum er 1787 in Enna aufgesucht hatte und deren Abstieg in den Hades ihm ein Bild für die größte Seelenqual geliefert hatte, die er kannte, den Tod seiner Schwester. Daß der wahre Vorname der Schauspielerin der der Frau war, mit der Goethe zusammenlebte, war vielleicht nicht belanglos: Hätte es nicht geradezu den Wunsch bedeutet, Christiane Vulpius tot zu sehen, wenn er vom Gotthard weiter nach Italien geeilt wäre, wie er es einst so leidenschaftlich ersehnt hatte? In einem gewissen Sinne ist die Elegie eine Sühne für diesen Todeswunsch, so als habe der Tod, von seinem ursprünglichen Ziel abgelenkt, statt dessen Christiane Becker ereilt. Insoweit ist das Gedicht, in welchem der Vorgang des Benennens ein besonderes Gewicht erhält, gar kein Epitaph auf Christiane Becker. Goethe räumte 1799 ein, daß seine dichterischen Qualitäten zwar ganz auf einer Wirklichkeit beruhten, daß aber die Wirklichkeit «nichts für sich selbst gilt, sondern erst dadurch etwas wird, daß es als Folie durch den poetischen Körper durchscheint». Das ungute Gefühl, daß die Frau, der das Gedicht gewidmet zu sein scheint, nicht dessen wahres Thema ist, mag die Hartnäckigkeit erklären, mit der Goethe an dem Projekt eines anderen, steinernen Denkmals für Christiane Becker im Weimarer Park festhielt, obwohl die ursprüngliche öffentliche Subskription dafür nicht ausreichend war. (Carl August konnte dazu überredet werden, die Differenz zu zahlen, und so wurde der Gedenkstein schließlich 1800 errichtet.) Wahrer Gegenstand von *Euphrosyne* ist die Realität des Todes und der Dichtung in einer Welt, die ansonsten aus Erscheinungen gewirkt ist.

Zu Beginn des Gedichts zieht Goethe, ein einsamer Wanderer, an der tosenden Reuß entlang den Weg zu seinem Nachtquartier hinauf, wo er hofft – eine vergebliche Hoffnung, wie sich zeigen wird –, erholsamen Schlaf zu finden. Die Nacht holt ihn ein, aber auf den Schleiern des Wasserfalls beginnt sich eine glänzende Vision zu formen – vielleicht ein letzter, durch eine heimliche Felsspalte fallender Strahl der Sonne, die längst hinter den gezackten Gipfeln verschwunden ist. Als geübter Poet – zum Beispiel als Autor der *Zueignung* – ist er genauso wie seine Leser an solche konventionellen Erscheinungen gewöhnt und erwartet wie wir, daß aus dem Wolkenschleier eine der Musen oder eine Göttin heraustritt. Es ist jedoch keine Gottheit, sondern das «bewegte Gebild» einer Sterbenden, die in der Todesstunde dem fernen Geliebten erscheint. Indem sie spricht, um sich als «Euphrosyne» zu erkennen zu geben, verrät sie uns, daß Goethe sie erkannt hat: Fast 120 Zeilen lang, für den größten Teil des Gedichts, spricht Goethe nicht direkt, sondern durch ihre Worte zu uns, sogar wenn sie seine Worte zu zitieren behauptet. Sie ist eine Darstellerin und hat die «täuschende Kunst» (Z. 36) erlernt – von ihm, dem Dichter, der sie gebildet hat (Z. 139). Sie entsinnt sich des Augenblicks, da sie ihre Rolle als Arthur in *König Johann* probte: Er beeindruckte sie in der Rolle des Hubert durch die Mischung aus gespielter Wildheit und wirklichen Tränen, als er sie mit dem glühenden Eisen bedrohte. Sie lernte sogleich diese Lektion, und wenige Minuten später, im dritten Auftritt des vierten Aufzugs, fingierte sie nach dem Sprung von der Burgmauer so täuschend echt die Tote, daß die Reihe an Goethe war, getäuscht zu werden. Er trug das – gleich Mignon als Knabe gekleidete – Mädchen, das er tot glaubte, auf seinen Armen, drückte es an sich, als er gewahr wurde, daß es noch lebte, und setzte zu einer Rede an, die sie nun wortwörtlich wiederholt. Diese Rede – der Bericht einer Vision in den Wolken von längst entschwundenen Worten über Gefühle, die zu dem Zeitpunkt, da sie ausgedrückt wurden, selbst schon vergangen waren, ausgelöst durch einen anderen Tod, der wiederum nur eine Illusion war – ist daher Goethes Klage über vorzeitigen Tod und die Enttäuschung früher Verheißung. Es gibt, so sagt er, eine Diskontinuität zwischen der natürlichen und der Menschenwelt, so abrupt wie jede von Idealisten geltend gemachte, aber von ganz anderem Charakter. In der Natur ist Veränderung Teil eines ewigen Kreislaufs, der so dauerhaft ist wie die Berge, in deren Mitte jene Rede erinnert wird, und an den nackten Zweigen des Winters sitzen schon die Knospen des künftigen Frühlings:

> Alles entsteht und vergeht nach Gesetz; doch über des Menschen
> Leben, dem köstlichen Schatz, herrschet ein schwankendes Los.
> (Z. 77–78)

In menschlichen Dingen verkehrt «das Geschick» (Z. 83) die natürliche Ordnung, und nur zu oft drücken nicht die Söhne den Vätern die Augen zu, und die Alten, anstatt zu gegebener Zeit den Jungen Platz zu machen, bleiben allein übrig, sie zu beweinen. Im Innersten dieser Elegie und ihrer komplex verschachtelten Struktur gibt Goethe, als wäre dies die eigentliche Quelle seiner Trauer um Christiane Becker, seiner damals vielleicht tiefsten und persönlichsten Furcht Ausdruck: daß August, sein einziges Kind – vorgestellt in den Knabenkleidern der Schauspielerin – vor ihm sterben könnte. Es könnte nun scheinen, daß er damit im kritischen Moment den Blick von der Person abgewendet hat, die der Gegenstand des Gedichts ist, und daß ihr Tod – nur indirekt und als eine Illusion präsentiert, aus der sie wieder ins Leben zurückkehren wird – um den echten Schmerz der Endgültigkeit gebracht worden ist. Aber das Gedicht ist subtiler und rigoroser. Gewiß endet die Episode aus den Proben zu *König Johann* damit, daß «Goethe» 1791 mit Zuversicht der künftigen Vollendung von Christianes Talent entgegenblickt. Aber in der zweiten Hälfte des langen Monologs der geisterhaften Erscheinung entfernen wir uns allmählich von den einschränkenden Schichten, die die zentrale Begegnung mit dem Geschick einhüllen. Christianes spätere Erfolge werden nur kurz erwähnt, denn zur Erfüllung ihrer Talente kann sie jetzt nur mehr indirekt gelangen: erstens in den Leistungen derjenigen, welche nach ihr die Weimarer Bühne betreten und in welchen der Dichter, sofern sie Christianes Vorzüge verkörpern, «Euphrosyne ... wieder erstanden» vor sich sehen wird (Z. 116), und zweitens in den «Gesängen», die Euphrosyne, nach einem Vorbild bei Properz, zu ihrem Gedächtnis zu schreiben Goethe bittet, um ihr so einen Namen und eine Identität in der Unzahl von Proserpinas namenlosen Untertanen zu geben: «ja sie vollenden an mir, was mir das Leben versagt» (Z. 140). Aber die Gewalt von Euphrosynes Monolog beruht nicht in diesen banalen und selbstzufriedenen Tröstungen. Durch sie mag Goethe das Fehlen dieses konkreten Menschen ahnen lassen, der für ihn fortan nicht von dem Weimarer Theater fortzudenken sein wird, und den entsetzten Blick in den Abgrund der namenlosen Toten suggerieren. In erster Linie aber sind diese Verklärungen einfach weitere von Christiane gespielte Rollen, Ersatz für die reale Person, die gestorben ist: Euphrosyne, wieder auferstanden in Caroline Jagemann (Z. 108: «Selbst dem großen Talent drängt sich ein größeres nach»), in einer Elegie verewigt neben Antigone und Polyxena, ist ebensowenig die Christiane Becker-Neumann von 1797 wie ihre Erinnerung an ihr dreizehnjähriges Ich in der Rolle des Arthur oder ihre Darstellung des zweiundvierzigjährigen Goethe. Der ganze kunstvolle und symmetrisch konstruierte Monolog Euphrosynes verzögert oder vermeidet die Konfrontation mit dem Ding an sich, mit der ungeschönten Wahrheit der Auslöschung, hier – das heißt unter den Bedingungen des einleitenden Rahmens des Gedichts – der Auslöschung der konkreten Persönlichkeit, die ihr Name identifizieren soll. Aber so ist natürlich das Leben für einen kantianischen kritischen Idealisten: Weder das Ich noch seine Grenzen können irgendwo in der endlosen Abfolge der Erscheinungen lokalisiert werden, und so können auch Worte sie nicht fixieren. Und dann gelingt Goethe auf wunderbare Weise das Unmögliche. In dem Moment, wo es scheint, als seien über Euphrosynes Tod endgültig die Worte hinweggegangen, die ihn zu paraphrasieren suchten, macht Goethe ihn im Schweigen gegenwärtig:

> Also sprach sie, und noch bewegte der liebliche Mund sich,
> Weiter zu reden; allein schwirrend versagte der Ton.
> (Z. 141–142)

Christiane Beckers Stimme war besonders fest und melodiös und für die Deklamation der Epiloge geeignet, auf die Goethe schon früher angespielt hat (Z. 99–100); daß sie versagt, ist keine bloße konventionelle Formel. Auch «schwirrend» ist mehr als eine Anspielung auf Homer, das Geräusch der Schatten, die Odysseus hinter Hermes herflattern hört; mit schrecklicher physischer Buchstäblichkeit ist das Ende des Redens für den erzählenden Dichter der Augenblick von Euphrosynes Tod, der einfach durch die nur hier vorkommende Vergangenheitsform in die Ferne gerückt wird. Wie *Alexis und Dora* ist *Euphrosyne* um einen einzigen Augenblick konstruiert, in dem sich Bedeutung und Wert eines ganzen Lebens offenbaren, und wie in *Alexis und Dora* ist dieser Augenblick notwendigerweise vergangen. Nachdem Hermes die Erscheinung schweigend wieder in Unsichtbarkeit gehüllt hat, werden wir in die Gegenwartsform des Gedichtanfangs und der sich frei ergießenden Klage zurückgeführt, die sich nun endlich auf ihren eigentlichen Gegenstand richtet:

> Wehmut reißt durch die Saiten der Brust; die nächtlichen Tränen
> Fließen, und über dem Wald kündet der Morgen sich an.

Sind diese abschließenden Worte die flüchtige Geste eines weiteren Trostgrundes? Oder sind sie nicht eher die ironische Enttäuschung der vorherigen Hoffnung des Dichters auf Schlaf, so wie auch seine Hoffnung auf die Begegnung mit einer Muse enttäuscht worden ist? Sind sie vielleicht, worauf der Gebrauch von «und» statt «aber» und Goethes frühere Leugnung einer Kontinuität zwischen natürlicher Ordnung und menschlichem Geschick schließen lassen, die vornehm unterkühlte Vorwegnahme des gespenstischen Anbruchs von Tennysons «leerem Tag» in der Sprache der Frühromantik?

Trotzdem ist die Rührung des Verlustes nicht die einzige Gewißheit, die durch alle Schleier von Erscheinung und Darstellung hindurchdringt, und vielleicht enthält die letzte Zeile wirklich die Anfänge einer Rekonstruktion; denn Goethe ist in einem gewissen Sinne schließlich doch einer Muse begegnet. Auch die Dichtung hat, wie diese Elegie zeigt, transzendente Macht: die Macht, «Wirklichkeit» zu «etwas» zu machen und damit zu vollenden, was das Leben versagt, und zwar nicht nur durch Adelung und Verklärung, worum Euphrosyne zu bitten scheint. Mehr als um alles andere bittet Euphrosyne um einen Namen, und den schenkt das Gedicht reichlich. Aus dem «kleineren Umstand» (Z. 37) ihrer Rolle in den Proben zu *König Johann* läßt Goethe einen «Leib der Dichtung» wachsen, der aus Illusionen und Täuschungen gewirkt sein mag, aber einzig und allein der ihre ist und sogar eine Art von Unsterblichkeit besitzt. Aber die durch diesen Leib sichtbar werdende Wirklichkeit ist nicht irgendein geheimnisvolles «Wesen» Christiane Beckers, sondern das ganze Leben, in dem sie ihre verschiedenen Rollen gespielt hat, der kostbare Schatz eines jeden Menschen:

> Jenes süße Gedränge der leichtesten irdischen Tage,
> Ach, wer schätzt ihn genug, diesen vereilenden Wert!
> Klein erscheinet es nun, doch ach! nicht kleinlich dem Herzen;
> Macht die Liebe, die Kunst jegliches Kleine doch groß. (Z. 39–42)

Wenn Euphrosyne darum bittet, einen Namen und eine Gestalt durch die Dichtung zu erhalten, dann nicht deshalb, weil die Dichtung Ruhm oder Rang verliehe, was Goethe für seine Dichtung auch nicht in Anspruch nimmt. Die Dichtung ist vielmehr eine Form der Liebe, die gegen das Geschick noch die ungreifbarsten Momente und das kürzeste Leben werthält.

Vier Tage nach Beendigung dieser ergreifenden Elegie begann Goethe mit einem neuen Gedicht in derselben Form, aber mit der Absicht, das Nichtvorhandensein jedweder Diskontinuität zwischen natürlicher Welt und Menschenwelt zu demonstrieren. *Die Metamorphose der Pflanzen* ist die polare und ergänzende Entgegensetzung zu *Euphrosyne*, weil sie den Gesetzen gewidmet ist, nach denen alle Dinge entstehen, nicht dem Geschick, das sie umstößt, und weil sie nicht zuletzt an die ursprüngliche Christiane in Goethes Leben gerichtet ist, man könnte sagen: als Entschädigung für die konzentrierte Aufmerksamkeit, die eben noch der anderen gegolten hat. (Christiane Vulpius bewunderte Christiane Becker und war traurig über ihren Tod; auch erzählte Goethe ihr vom Fortgang der Dichtung von *Euphrosyne*.) Goethes Partnerin war natürlich eine im Praktischen erfahrene Gärtnerin, und in der *Metamorphose der Pflanzen* schildert er, wie sie von ihm eine Lektion in den Hauptprinzipien seiner botanischen Theorie empfängt. Ohne naturwissenschaftliche Bildung findet sie die Mannigfaltigkeit der verschiedenen und doch irgendwie verwandten Gestalten in der Pflanzenwelt ebenso verwirrend und undurchdringlich wie die botanische Nomenklatur selbst. Wie in *Wilhelm Meister* ist das Nebeneinander von Ordnung und Unordnung in den Erscheinungen ein Rätsel, und wie in *Alexis und Dora* löst sich das Rätsel in einem Augenblick der Einsicht, von dem aus es möglich ist, auf das Rätsel zurückzublicken und das bisher verborgene Muster gewahr zu werden. In der *Metamorphose der Pflanzen* ist jedoch jeder Schritt auf dem Weg zu dieser rückblickenden Erkenntnis gleichzeitig ein Schritt in einer Erzählung vom Entwicklungsgang der idealen Pflanze gemäß Goethes Schema: vom keimenden Samen über das Wachstum des Stengels von Knoten zu Knoten, die zunehmende Ausdehnung und Komplexität der Blätter, den Augenblick des Einhaltens, der der Veränderung ihrer Anordnung vom Reihenden zum Kreisförmigen vorangeht, bis zur Ausbildung des Kelchs, der farbigen Blütenkrone, den zwei Formen der Geschlechtsorgane und zuletzt der schwellenden Frucht. So kommt Goethe Schelling zuvor. Schon im Juni 1798 hatte Schelling in der Einleitung zu seinen *Ideen zu einer Philosophie der Natur* die Absicht angekündigt, den strengen Parallelismus zwischen der Entwicklung der Natur und der Entwicklung des Geistes nachzuweisen, aber in der Abhandlung *Von der Weltseele*, die Goethe gerade gelesen hatte, hatte er diese Absicht noch nicht in die Praxis umgesetzt. Während dieser ganzen Geschichte vom Wachstum der Pflanze hält Goethe explizit oder implizit durch Worte wie «dich zum Erstaunen bewegt», «Wundergebild» oder «zeigt» oder einfach «hier» oder «nun» seiner Leserin im Bewußtsein, daß diese Stufen eine um die andere einer «Betrachtenden» (Z. 40) vorgeführt werden – und daß das Verständnis dieser Betrachtenden für das, was sie sieht, in demselben Maße zunimmt. Der Augenblick, in dem die Pflanze vollendet ist und durch ihren Samen wieder das nächste Glied in der ewigen Kette der Natur beginnt, ist in dem Gedicht auch der Augenblick der Rückschau, in dem für Goethes Schülerin die Gesetze, die zu Beginn des Prozesses «geheim» (Z. 6) waren, nun offen von jeder Pflanze verkündet werden (Z. 65) und darüber hinaus auf die Morphologie von Insekten, ja sogar von Menschen angewendet werden können (Z. 69–70). *Die Metamorphose der Pflanzen* ist also offensichtlich mehr als ein bloßes «naturwissenschaftliches» oder «Lehrgedicht» wie zum Beispiel das Werk Erasmus Darwins: Es ist ein philosophisches Gedicht, insofern es sich mit der Natur der Erkenntnis befaßt, und diese Philosophie ist polemisch. In wenigstens drei Punkten grenzt Goethe seine Position klar gegen diejenige Schellings ab, soweit sie ihm damals bekannt sein konnte. Erstens stellt das Gedicht wiederholt und sogar nachdrücklich das Material der Naturwissenschaft als «Erscheinung» (Z. 21, 45) dar, als Gegenstand des «Anschauens» (Z. 79), als das, was «scheint» (Z. 32) oder sonst dem «Blick» (Z. 63) begegnet, nicht als etwas Verborgenes oder Hypothetisiertes, nicht als Fluida oder Kräfte oder Kategorien und gewiß nicht als Sauerstoff oder Elektrizität: Dies ist eindeutig eine Naturwissenschaft der Phänomene – das, was Goethe in Übereinstimmung mit Kant und im Unterschied zu den Post-Kantianern neuerdings «rationelle Empirie» zu nennen gelernt hatte. Zweitens aber gibt es in der *Metamorphose der Pflanzen* nicht die Spaltung zwischen Natur und Freiheit, wie sie in allen idealistischen Systemen zu finden ist. Schon in seinen frühen Schriften zur Naturphilosophie verfolgt Schelling das Entstehen des Geistes aus der Materie nur bis zum Auftreten des Instinkts und behält die höheren Wirkungsweisen der zweiten Hälfte seines Systems, dem Transzendentalen Idealismus, vor. Goethes Gedicht präsentiert nicht nur eine enge Parallele zwischen geistigem und natürlichem Wachstum, es gipfelt in der Übertragung dieser Entwicklungsgesetze von der botanischen Sphäre auf die menschliche. Die letzten zehn Zeilen laden die Geliebte zu der Betrachtung ein, wie das Prinzip des sich verwandelnden Wachsens, Blühens und Fruchttragens auch im Verlauf ihrer eigenen Beziehung zu dem Dichter wirksam gewesen ist. Die «höchste Frucht» (Z. 78) dieser Beziehung ist jedoch nicht der physische Nachwuchs, sondern die eben zu Ende gegangene Botaniklektion – die Übereinstimmung der zwei nicht nur in ihren «Gefühlen» (Z. 76), sondern auch in ihren geistigen Haltungen und in ihrer «Ansicht der Dinge». Natur und Geist sind hier nicht einfach gleiche, aber selbständige Kräfte, wie Schelling zu fordern schien: Der Geist wird hier als Produkt der Natur, die geistige Entwicklung selbst als natürlicher Prozeß gezeigt. Es macht daher einen dritten Differenzpunkt zwischen Goethe und Schelling in diesem frühen Stadium ihrer Bekanntschaft aus, daß Goethe die geschlechtliche Differenzierung von Individuen und ihre Rekombination bei der Fortpflanzung der Art nicht als Endziel der natürlichen Entwicklung auffaßt. Vielmehr sagt uns die letzte Zeile des Gedichts, daß das gleichgesinnte Paar weitergeht, um seinen Weg durch die «höhere Welt» zu finden, die Welt der geistigen, sozialen und moralischen Wechselwirkung – eine materiellere Version dessen, was Kant «das Reich der Zwecke» nannte.

Die Metamorphose der Pflanzen, eines der heitersten Gedichte Goethes, ist so vollendet in sich selbst und so umfassend in seiner Thematik, daß man kaum versteht, wie es neben der düster-tragischen *Euphrosyne* in seinem Kopf existieren konnte. In ihm rief er alle gefühlsmäßigen Ressourcen aus dem Sanctissimum seiner Häuslichkeit und den Erinnerungen an die zum guten Teil in Italien verbrachten unbeschwerten Tage seiner frühesten botanischen Untersuchungen auf, um den sprengenden Kräften im zeitgenössischen Denken zu widerstehen und sich seinen Zustand philosophischer Unschuld zu erhalten. Intellektuell hoch anspruchsvoll, kommt doch *Die Metamorphose der Pflanzen* von allen Gedichten Goethes der echten Idylle noch am nächsten. Aber die Tragödie, die sie verleugnet, saß schon am Tor. Im Frühjahr 1798 hatte Goethe sich auf die Fertigstellung von *Euphrosyne* durch die Arbeit an jenen Szenen im *Faust* eingestimmt, die zu Gretchens Hinrichtung führen: Er war so lange unfähig, weitere Fortschritte mit seiner größten Tragödie zu machen, solange er nicht die Geborgenheit seines metamorphischen Gartens verließ und sich wieder den Revolutionären stellte. Einen Hinweis auf den Weg, den er nehmen mußte, gibt ein Begleitgedicht zur *Metamorphose der Pflanzen*, dessen Entstehungszeit und -ort nicht feststehen und dem er viel später den Titel *Metamorphose der Tiere* gab. Sowohl Schiller als auch Knebel hofften, Goethe werde mehr in der Art der *Metamorphose der Pflanzen* schreiben – allerdings sah Knebel, dessen Übersetzung des Ersten Buches im Lukrez sich ihrem Ende näherte, im reinen Hexameter das bessere Medium für ein Lehrgedicht –, und Goethe dachte zuerst an eine Reihe separater Gedichte und begann im Sommer 1798 mit einem, das auf seinen Versuchen zum Magnetismus basieren sollte. Daß er im Januar 1799 den ersten Band des Knebelschen Lukrez erhielt, weckte erneut sein Interesse an der Möglichkeit eines größeren «Naturgedichts» zu einer Zeit, als er noch nach einem Sujet für ein langes Gedicht in Hexametern suchte, und seine Hinwendung zur Astronomie während seiner sommerlichen waidwunden Flucht in das Gartenhaus an der Ilm nach Fichtes Entlassung und dem Zusammenbruch der *Propyläen* mag mit diesem Plan in Zusammenhang gestanden haben. Der poetische Schwung jedoch, soweit es einer war, wurde in die *Achilleis* abgelenkt, und im Laufe des Jahres 1800 verlor Goethe das Interesse an dem Projekt in dem Maße, wie erkennbar wurde, daß das Epos Fragment bleiben würde, seine Unzufriedenheit mit der Form des Hexameters wuchs und Schellings System strukturell immer ausgefeilter und beeindruckender geriet. Noch im August 1800, einer Zeit, wo uns über seine literarischen Vorhaben sehr wenig bekannt ist, scheint er sich noch einmal mit diesen Dingen befaßt zu haben. Doch am 9. Oktober erklärte er Schelling, der gerade auf seinem Rückweg nach Jena durch Weimar kam, daß er die Aufgabe, das große Naturgedicht zu schreiben, ihm vermache. Vielleicht war es nur als freundliche Aufmunterung eines zutiefst deprimierten Menschen gemeint; doch gibt es keinen Beleg dafür, daß Goethe nach diesem Datum noch einmal den Versuch gewagt hätte, ein neuer Lukrez zu werden. Es ist daher anzunehmen, daß die 61 Hexameter der *Metamorphose der Tiere* 1799 oder 1800 entstanden, wahrscheinlich in Form von mehreren einzelnen Bruchstücken des Projekts, die erst später zusammengestellt wurden, um den Anschein eines einzigen Gedichts zu erwecken. Aus diesen Fragmenten wird deutlich, warum Goethe nicht weiterkam: Er hatte keine neuen strukturellen Funde zu bieten, sondern plante einfach, das bereits in der *Metamorphose der Pflanzen* verwendete Muster zu wiederholen, allerdings ausführlicher. Der Leser, in der zweiten Person angesprochen, sollte auf einen Gipfel geführt werden, von wo das gerade durchquerte Gelände zu überschauen war (Z. 2–3, 59–60). Wie in der ausgeführten Elegie machte der Dichter sich anheischig, dem (in diesem Falle nicht identifizierten) Schüler die Lösung eines Rätsels, «zu aller Bildung den Schlüssel» (Z. 43) zu verraten, jedenfalls im Bereich der Säugetieranatomie; wie in dem anderen Gedicht war jedoch das technische Element nicht die ganze oder auch nur primäre Absicht. Die Hexameterfragmente entfalten das Prinzip, daß die inneren Kräfte des Tieres in einem umgekehrten, harmonischen Verhältnis zu äußeren Zwängen stehen, die sich in solchen Formeln wie dem Haushalt der Natur bekunden; so steht die Kraft, die in die Ausbildung mächtiger Zähne im Oberkiefer einfließt, nicht zur Verfügung, um gleichzeitig auch Hörner auf dem Schädel ausbilden zu können. Aber wie *Die Metamorphose der Pflanzen* sollte das Gedicht mit der Einladung an den Schüler beziehungsweise die Schülerin enden, sich die Bedeutsamkeit der Tatsache klarzumachen, daß er beziehungsweise sie in seinem Verlauf auf einem Punkt angekommen ist, wo das Rätsel kein Rätsel mehr ist, und nun die «höchsten Gedanken [der Natur] nachzudenken» vermag, eingedenk ihrer «ewigen Gesetze» (Z. 14, 58–59). In beiden Gedichten ist also der Schluß erkenntnistheoretisch: Der Prozeß, in dem die Wahrheit über die Natur gelernt wird, ist selber ein natürlicher Prozeß, bestimmt von eben jenen Prinzipien, die ihn selbst ausmachen. In der *Metamorphose der Pflanzen* sind Christiane und Goethe zu ihrer gemeinsamen geistigen Einsicht durch eine Entwicklung gekommen, die in der ganzen organischen Welt zu beobachten ist; in der *Metamorphose der Tiere* übermittelt der Lehrer dem Schüler das Verstehen in einer Form – einem metrisch regelgerechten Gedicht –, worin Freiheit und Zwang in jenem reziproken, harmonischen Verhältnis zueinander stehen, das nicht nur im Tierreich, sondern in der ganzen höheren Welt menschlichen moralischen Verhaltens walten soll (Z. 50–53, 60). Die von den Philosophen vorgenommene Scheidung zwischen dem Geist und seinen Gegenständen ist also, dürfen wir folgern, eine Fiktion. Wie *Die Metamorphose der Pflanzen* bietet auch das spätere Gedicht eine Naturerkenntnis, die nicht Theorie oder Hypothese, sondern «Ansicht» und «Anschauen» ist, eine Wissenschaft von den Erscheinungen.

Man wird jedoch bemerkt haben, daß Goethes anatomisches Gedicht von einem Element mitbestimmt wird, das in der *Metamorphose der Pflanzen* völlig fehlte. Es fiel in der Elegie kein Wort über Polarität – ein Begriff, der in Goethes botanischen Arbeiten frühestens 1800 auftaucht – und somit jede Anspielung auf Entgegensetzung oder Konflikt. Im Juni 1798 stand Goethe dem erkenntnistheoretischen Dualismus in Schellings frühesten Abhandlungen noch sehr ablehnend gegenüber. Nachdem er aber einmal mit seinen Versuchen zum Magnetismus begonnen und sie auf Farben übertragen hatte und dem Bann von Schellings System erlegen war, wurde er toleranter, zumindest gegenüber Duplizitäten in der Natur. Hätte er *Die Metamorphose der Pflanzen* 1800 geschrieben, hätte er sich verpflichtet gefühlt, mit der Polarität von Licht und Dunkelheit zu beginnen, die nach seiner damaligen Ansicht eine zweifache Entwicklung in der Pflanze in Gang setzte: nach oben in das Blattsystem und nach unten in die Wurzeln (die er im großen und ganzen bisher vernachlässigt hatte). Hingegen hat es die *Metamorphose der Tiere* durchweg mit dem Wirken eines «zwiefach bestimmten Gesetzes» (Z. 6–7) zu tun, dem Gegensatz zwischen Innen und Außen, den Kräften des Willens und den Zwängen der Form, dem endlichen Tier und seiner unendlichen Umgebung. Die Harmonie einer «beweglichen Ordnung» (Z. 51), sei es in der Anatomie des Tieres, der menschlichen Gesellschaft oder Werken der Dichtkunst, gelingt nur um den Preis eines vorgängigen Konflikts: Der «Geist» (Z. 33) ringt darum, aus der Monade nach allen Richtungen gleichzeitig auszubrechen – das Tier sucht alle seine Organe ins Unbestimmte zu erweitern –, aber die Natur widersetzt sich, indem sie ein Gesetz auferlegt, dem jedes Individuum sich auf seine eigene Weise anbequemt. Im Frühjahr oder Sommer 1800, kurz nachdem er August Wilhelm Schlegel sein erstes, skeptisches Sonett geschickt hatte, und damit zu einer Zeit, als wenigstens einige Zeilen der *Metamorphose der Tiere* schon vorlagen, verfaßte Goethe ein zweites Sonett, in dem er zugab, daß Natur und Kunst doch vereinbar seien, seine Ablehnung der strengen Forderungen des Sonetts widerrief und einige leitende Gedanken des Hexameter-Gedichts in Worten ausdrückte, die sich als einprägsamer erweisen sollten:

> So ist's mit aller Bildung auch beschaffen:
> Vergebens werden ungebundne Geister
> Nach der Vollendung reiner Höhe streben,
> Wer Großes will, muß sich zusammenraffen;
> In der Beschränkung zeigt sich erst der Meister,
> Und das Gesetz nur kann uns Freiheit geben.

Der Glaube an die Möglichkeit einer versöhnlichen und produktiven Auflösung von Gegensatzpaaren wie «Willkür und Gesetz, Freiheit und Maß, Vorzug und Mangel» (*Metamorphose der Tiere*, Z. 50–52) war jedoch nicht die wichtigste Konsequenz aus Goethes neuer Aufgeschlossenheit für Schellings Prinzip, daß sich durch alle Phänomene der Natur eine elementare Duplizität zieht. Schließlich war die Neigung, Disparates zu einer Harmonie zu bringen, schon immer einer der markantesten Züge von Goethes Charakter gewesen. Für sein dichterisches Werk war weit bedeutsamer, daß er auf diese Weise das begriffliche Instrumentarium gewann, um darin auch den «ungebundne[n]», schrankenlosen Konflikt, «alle Gewalt» (*Metamorphose der Tiere*, Z. 47) zu integrieren: Ihr konnte freieres Spiel gewährt werden, wenn sie als Teil einer Duplizität und damit zu einer letzten Harmonie strebend dargestellt werden konnte, mochte es auch eine Harmonie auf einer höheren – sagen wir: ästhetischen – Ebene sein, die von der Ebene des ursprünglichen Konflikts deutlich verschieden war. «Polarität» sollte zu einer beherrschenden Idee in Goethes späterem Verständnis der Natur und des Menschen werden; aber sie darf nicht bloß als Mittel aufgefaßt werden, spezifische Gegensatzpaare einander permanent widerstreitender Kräfte zu bezeichnen; noch wichtiger für Goethe war die Möglichkeit, die sie gewährte, die unbegreiflich vieldeutigen Prozesse des Strebens und der Veränderung zu evozieren und darzustellen. Zu derselben Zeit, als Johann Heinrich Meyer in den *Propyläen* und in seinen Beurteilungen der Beiträge zu den Weimarer Kunstwettbewerben betonte, welchen Wert Klarheit und bildhauerische Muster für den bildenden Künstler hätten, entdeckte Goethe einen neuen Weg, um Bewegung und Doppeldeutigkeit in die Literatur einzuführen.

Trotzdem dauerte es lange, bis Goethe herausfand, wie diese neue Flexibilität zu nutzen war, obgleich er in den letzten Jahren des 18. Jahrhunderts und des Heiligen Römischen Reiches nicht den Wunsch hatte, sich auf das Schreiben von Idyllen zu beschränken. Die *Achilleis*, die er im März 1798 zu planen begann und zu der er ein Jahr später zurückkehrte, stellte den Versuch dar, die schonungslose Vision eines individuellen Schicksals, die ihm in *Euphrosyne* gelungen war, in den breiteren Kontext einer politischen Erzählung zu stellen. Die acht Gesänge des Epos sollten zwei Geschichten in einer erzählen: die verzehrende Leidenschaft des Achilles für Polyxena, eine trojanische Fürstentochter – eine Leidenschaft, die ihn, uneingedenk aller Prophezeiungen, daß er als Jüngling sterben werde, zu einer Hochzeit führt, bei der er ermordet wird; und die Bemühungen, den Krieg zwischen Griechenland und Troja durch Verhandlungen zu beenden, deren krönender Abschluß Achilles' Vermählung sein sollte. Die Geschichte von Krieg und Frieden sollte in einer Sprache erzählt werden, die Zeitgenossen der Französischen Revolution bekannt vorkommen mußte, mit Versammlungen, Debatten, Faktionen und Mehrheitsentscheidungen, dem Auftritt des trojanischen Pöbels und sogar einer «Volksparthie in der Stadt», die «ihren Einfluß» verliert, als der Krieg wieder unvermeidlich wird. Die Götter sollten eingreifen und die Intrige unter den Menschen schüren, die beide Lager entzweit und sie am Ende des Epos in einem Chaos der Selbstzerstörung zurückläßt, für das der Wahnsinn des Ajax ein passendes Symbol ist. Vor diesem schreckensfahlen Hintergrund sollte Achilles' Flucht vom Schicksal zum Eros eine bittere Variation über das Thema «verhinderte / gestörte Vermählung» bei Alexis, Sakontala, dem ersten Verlobten Dorotheas, der Braut von Korinth und der Bajadere bieten. Der eine Gesang, den Goethe fertigstellte, verrät seine Herkunft aus der Welt der Balladen von 1797 durch das großartige Eröffnungsbild: Nahtlos vom Ende der *Ilias* überleitend, zeigt es die Flammen von Hektors Scheiterhaufen einen rötlichen Schein durch die Nacht auf die Mauern Trojas werfen. Feuer, Tod und Liebe sollen auch die Hauptmotive dieses Gedichts sein. Doch die politischen Themen, die aus der *Achilleis* jene umfassende Antwort auf die Französische Revolution machen sollten, die *Herrmann und Dorothea* nicht gegeben hatte, sind in diesem Gesang wenig ausgeprägt; er befaßt sich zum Teil mit Achilles' Plänen, ein Grabmal zu bauen, in dem dereinst seine Asche neben der des Patroklos ruhen kann, und zum Teil mit einer Debatte auf dem Olymp über die Notwendigkeit des Künftigen. Der Tod ist das beherrschende Thema, aber in seiner Form als individuelles Schicksal, und die größere historische oder metaphysische Konstellation, die ihn verhängen könnte, bleibt ein anonymer Schatten: von ferne drohend, aber nicht näher bestimmt. Zeus beharrt darauf, daß sogar die Olympier das Ende Trojas oder Achilles' nicht kennen. Die Rolle der Götter in diesem Gedicht ist es nicht (wie in *Paradise Lost*), den Gang der Ereignisse zu bestimmen, sondern zu Taten zu ermutigen, die ihren Ursprung in den menschlichen Charakteren haben, und religiöse und moralische Tiefe zu verleihen (mit dem Verlust ihrer Wirkungsmacht verbindet sich in Goethes Epos die Enthaltung von jener überraschenden Unschicklichkeit, deren die Helden Homers sich in den Augen des 18. Jahrhunderts häufig schuldig machten). Pallas Athene sinnt über Achilles' Geschick nicht nach, um es zu erklären, da es sogar ihr unerklärlich ist, sondern um es mit einer elegischen Aura zu versehen, die so gewaltig ist, daß sie an das Tragische grenzt – und wie oft bemerkt worden ist, klingt Goethe wenigstens hier wie Hölderlin, wenn er sich dem Rätsel seiner Zeit, der Verbannung des Schönen und dem Schmerz unerfüllter Verheißung stellt. Denn Athene, die Schutzherrin der Landwirtschaft, des Handels, der Zivilisation und der Künste, leidet in ihrem eigenen Innersten bei dem Gedanken, daß es dem jungen Krieger, den sie dreimal in zehn Zeilen «schön» nennt, nicht beschieden ist, sich vom Mars zum Zeus «zu bilden», vom Städtezerstörer zum Städteerbauer und Städtelenker, der Überfluß und Ordnung stiftet,

> «... Daß der schöne Leib, das herrliche Lebensgebäude,
> Fressender Flamme soll dahingegeben zerstieben! ...»
> Also sprach sie und blickte schrecklich hinaus in den weiten
> Äther. Schrecklich blicket ein Gott da, wo Sterbliche weinen.

Diese Sehnsucht Athenes nach einem tätigen und fleißigen Frieden unterscheidet sich nicht von der gleichen Sehnsucht der Bürger in *Herrmann und Dorothea*; ist aber, wie schon das Metrum beweist, weit entfernt von dem humorvollen Homerisieren, worin diese sich ausdrückte. Das Enjambement eines einzigen Wortes kommt in Voß' Homer-Übersetzung häufig vor, während Goethe es in *Herrmann und Dorothea* vermeidet, weil es den Gesprächston des deutschen Hexameters nachhaltig stört. Daß er es in der *Achilleis* verwendet, hängt mit dem Bemühen zusammen, nicht nur das Vossische Muster des homerischen Stils zu reproduzieren, sondern auch die strenge moralische Atmosphäre des Originals nachzuschaffen. Es gibt in den Worten Athenes weder einen Hinweis darauf, daß das Opfer des Achilles wie das der Bajadere zu einer Auferstehung führen, oder auch nur darauf, daß das Heidentum eine freudige Alternative zu dem angekränkelten Christentum der *Braut von Korinth* bieten könnte. Statt dessen haben wir die Einsicht eines in geschichtlichem Scheitern Gestählten, daß der Tod von Jugend und Hoffnung ein unveränderlicher Aspekt des Daseins ist und daß die stoische Disziplin des Kriegers, der immer bereit ist, allem und sogar seinem Leben zu entsagen, eine notwendige Bedingung für den höchsten Augenblick des Glücks ist. Die letzten Worte des Achilles an die verkleidete Athene sind grausamer und ernster als die des Alexis oder des ersten Bräutigams Dorotheas, beinhalten aber eine ähnliche Distanziertheit zu der wandelbaren Schönheit der Welt:

> Also sag' ich dir dies: der Glücklichste denke zum Streite
> Immer gerüstet zu sein, und jeder gleiche dem Krieger,
> Der von Helios' Blick zu scheiden immer bereit ist.

Doch Goethes Ziel beim Schreiben der *Achilleis* war es nicht bloß, einen aus dem vorchristlichen Altertum übernommenen individuellen moralischen Standpunkt zu formulieren, sondern ihn auf die historischen Umstände seiner Zeit zu beziehen, und das mißlang ihm. Die *Achilleis* wurde aufgegeben nicht, weil etwas Un-Homerisches, «Modernes» oder im Schillerschen Sinne «Sentimentales» an der um Polyxena zentrierten Liebesthematik gewesen wäre, sondern weil diese Thematik Teil einer politischen Katastrophe war, die das Instrument sein sollte, welches Achilles' unabwendbares Geschick bewirkte. Und wenn Goethe das Gefühl hatte, daß das Opfer von revolutionären Kräften, deren Gewalt das Begriffsvermögen des einzelnen überstieg, zu vergleichen sei mit Achilles in den Händen eines sogar den Göttern unbekannten Schicksals, dann konnte er keine faßliche politische Intrige konstruieren, die seinen Helden zu Fall gebracht hätte, ohne dem Vergleich seine Grundlage zu entziehen. Die *Achilleis* scheiterte an demselben Felsen wie die *Metamorphose der Tiere*, die das Prinzip von «Macht und Schranken» auf den «tätigen Mann» und den «Herrscher» erstrecken und damit ihre eigene Erklärung für die revolutionäre Explosion liefern sollte. Individueller Konflikt und individuelles tragisches Schicksal waren Goethe bekannt genug, aber er konnte sie nicht auf eine allgemeinere Ordnung beziehen, die sie aufgelöst oder auch nur erklärt hätte, ohne ihre je eigene Schmerzlichkeit zu verfälschen. Aus einem recht ähnlichen Grund vermochte er im Frühjahr 1798 nicht, Fortschritte mit *Faust* zu machen.

Mit einer einzigen Ausnahme können wir nicht sagen, an welchen Szenen von *Faust* Goethe im April und Mai 1798 gearbeitet hat. Das Abschreibenlassen des gedruckten Textes und die Aufteilung des gesamten publizierten und nicht publizierten *Faust*-Materials in verschiedene numerierte Stöße hatte unter anderem den Zweck gehabt, Goethe je nach Stimmung die Arbeit an unterschiedlichen Stellen und das Verschieben von Textteilen von einer Szene zur anderen zu ermöglichen. So konnten einzelne Wendungen, Sätze, Vierzeiler oder auch kleine Dialoge außerhalb eines konkreten Kontextes entstehen und diesem oder jenem Wachstumspunkt hinzugefügt werden: Der dezentralisierten Struktur des Stückes entsprach – wenigstens für einige Zeit – die dezentralisierte Weise des Arbeitens daran. Daneben schrieb Goethe aber auch methodisch an einzelnen Szenen, besonders wenn sie zur

Schlußredaktion reif waren, und es steht fest, daß er Anfang Mai die Kerkerszene in Reime brachte, die jetzt den Ersten Teil beschließt. Daß er sich statt der mediterranen Kunst diesem nordischen und barbarischen Werk mit seinen unvermeidlichen christlichen Motiven würde zuwenden müssen, war für Goethe immer eine der wahrscheinlichen Konsequenzen aus jenem Akt der Entsagung gewesen, den die Umkehr am Gotthard symbolisiert hatte. Was er vielleicht nicht erwartet hatte, war, daß dieser Akt der Entsagung ihm den Weg zu einer revidierten Konzeption des Stückes weisen würde, die schließlich die Vollendung des ganzen Werkes erlauben sollte, sofern es gelang, das zugrundeliegende Hindernis zu beseitigen.

Die in Reime gebrachte Kerkerszene ist natürlich noch immer – oder wieder – als die, wie Goethe an Schiller schrieb, «tragische» Szene gedacht, die sie in höchster Steigerung im *Urfaust* war. Es stand nicht zur Diskussion, Gretchens Ende an die Geschichte eines Faust anzupassen, der entweder sein Ich bis zu den Grenzen der Menschheit erweitert oder auf dem Weg zu einer Sinnlichkeit erliegt, die einen Verrat an der edleren Hälfte seines Ichs bedeutet. Goethe hat aber Veränderungen im Detail vorgenommen, die verraten, daß das Stück als ganzes hauptsächlich dank des Rahmens, den der «Prolog im Himmel» liefert, eine neue Stoßrichtung hat. Erstens sind die religiösen Elemente in der Szene nachdrücklich verstärkt worden: Gretchen nennt die Zelle, in der sie ihre Hinrichtung erwartet, den «heiligen Ort», ein Heiligtum, das sie vor den Mächten der Hölle schützt, die sie in ihrer Umnachtung unter dem Kerker toben hört; es gibt neue Anspielungen auf die Psalmen und auf die Leiden einer heiligen Margareta, deren Vita in Goethes Bibliothek stand, und mehr Anrufungen von Heiligen und Engeln; am entscheidensten ist, daß Goethe Gretchens ewiges Lebewohl an Faust streicht – und so die Möglichkeit eines allerletzten Wiederfindens offen läßt – und daß er nach dem triumphierenden Ausruf des Mephistopheles «Sie ist gerichtet!» eine «Stimme von oben» – vermutlich vom Himmel des Prologs – einführt, die uns versichert «ist gerettet!» (Ob die Stimme auch den Figuren auf der Bühne vernehmbar ist, bleibt unklar.) Gleichzeitig scheint Goethe es – weniger offensichtlich, aber genauso beharrlich – darauf anzulegen, daß Faust eine möglichst traurige Figur abgibt: Gretchen gibt zu, daß sie von einem «bösen Gewissen» geplagt wird, aber Faust macht nur den matten Einwand «Laß das Vergangne vergangen sein»; für ihn sind die Verbrechen, die sie wieder aufzählt, ja mit schrecklicher Eindringlichkeit nacherlebt, «ein guter Wahn»; und zuletzt, ganz im Schatten des von ihr eindringlich beschworenen, bitteren Augenblicks ihres Todes, rafft er sich zu einer einzigen Zeile der Klage auf: «O wär' ich nie geboren!» Schließlich entspricht die Wirkung der Versifikation sehr gut dem, was Goethe in dem Aufsatz *Über Laokoon* forderte: Die Länge der Zeilen ist unregelmäßig und variierend, sie haben eine Ausdruckskraft, die der Prosa nahekommt, aber Metrum und Rhythmus erzeugen eine eigene Harmonie, welche die qualvollen Emotionen einrahmt, ohne sie zu kompromittieren. So wie es in *Euphrosyne* das

«Poetische» war, das der «Wirklichkeit» darin ihr Gewicht gab, erhöht hier die Förmlichkeit der Verse den tragischen Ernst der Handlung, «da denn die Idee», wie Goethe schreibt (und etwas letzten Endes Unausdrückbares, auch in der ursprünglichen Prosa, meint), «wie durch einen Flor durchscheint.» Diese unausdrückbare Idee beinhaltet eindeutig eine Wiederentdeckung, aber auch eine Neuinterpretation der ursprünglichen Spannungsverhältnisse im *Urfaust*: Die Frage ist wieder einmal, ob Faust imstande ist, das von ihm gewählte Leben, ohne den Glauben an die Möglichkeit einer letzten, unvergebbaren Sünde zu leben und dabei doch als Mensch erkennbar zu bleiben; doch die Anwendung dieser Frage auf Gretchens Krise hat sich subtil verändert. Es kann nicht mehr darum gehen – auch nicht hypothetisch –, ob Faust vor jenem Gericht abgeurteilt werden kann oder soll, das Gretchen in ihrer Verzweiflung anruft: Indem Goethe die Autorität der Religion in Gretchens Leben stärker hervorhebt, bezieht er sie ausschließlicher auf sie, und während jenes Gericht für Gretchen genauso absolut ernst ist wie ihre Lage, könnte es gegen Faust nicht Klage erheben, ohne daß es sich in das halb humorvolle Kunstprodukt des «Prologs im Himmel» auflöste. (Wenn die «Stimme von oben» mehr sagte als ihre zwei Worte, geriete sie zu einer peinlichen Belanglosigkeit, und der Autor erwartet von uns, daß wir das merken.) Trotzdem werden Faust und Gretchen in dieser Szene mit einerlei Maß gemessen, obgleich keiner von beiden es artikulieren kann. In einem neuen Sinne erscheint Gretchen hier als stark und Faust als schwach, weil ihre ganze Beziehung jetzt von den Konsequenzen einer früheren Entscheidung bestimmt wird, die eine Eigendynamik entwickelt hat. Sie sind Opfer eines Schicksals, das sie selbst über sich gebracht haben. Die dramatische und strukturelle Voraussetzung für diese Verschiebung in der emotionalen und moralischen Balance der Kerkerszene schuf Goethe, als er sich, wahrscheinlich im April 1798, entschloß, die Szene «Wald und Höhle» auf einen noch früheren Punkt in der Handlung vorzuziehen als im *Faust*-Fragment. Im Fragment war Fausts Anlaß zu seinem großen Monolog des Dankes an den Erdgeist die sexuelle Vereinigung mit Gretchen, von der wir bereits wissen, daß sie schwanger ist, und wenn er beschließt, sie wieder aufzusuchen, gibt er einfach der animalischen Trägheit nach, die ihn auf dem Pfad ins Verderben festhält. Indem Goethe den Monolog nun unmittelbar auf die Szene «Ein Gartenhäuschen», mit dem ersten längeren Gespräch zwischen Faust und Gretchen und ihrem ersten Kuß, folgen ließ, schuf er eine völlig neue Geschichte. Fausts Augenblick der Erfüllung resultiert jetzt nicht aus der sinnlichen Befriedigung, sondern aus der Entdeckung der Möglichkeit zur Liebe, zu einer vollkommen gleichberechtigten und unendlich wertvollen Beziehung zwischen Menschen. Jetzt ist es ein Augenblick, in dem er sich zurückzieht, nachdenkt und eine freie, mit Konsequenzen befrachtete Entscheidung trifft. Daß Faust den Köder des Mephistopheles schluckt, zu Gretchen zurückkehrt, um sie zu verführen, und die Ereignisse in Gang setzt, durch die ihre Familie und ihr Leben ruiniert werden, resultiert aus seinem Versäumnis, die Gelegenheit zu ergreifen, die sich ihm für kurze Zeit bietet: die Gelegenheit, sich die Unvereinbarkeit seiner und Gretchens Welt einzugestehen, sich zu trennen, zu entsagen. Faust gelangt an seinen eigenen Gotthard und entscheidet sich dafür, weiterzugehen. Seine versäumte Entsagung in «Wald und Höhle» wird damit zur direkten Ursache der Tragödie, die wir in der Kerkerszene miterleben, und entspricht einer realen und tätigen Entsagung, die wir ebenfalls miterleben: Gretchen weist ihn entsetzt zurück, als sie die teuflische Natur der Mittel begreift, mit denen Faust ihr die Befreiung anbietet. Die unterschiedliche Reaktion der zwei Hauptfiguren der Kerkerszene auf die Herausforderung der Entsagung erklärt, weshalb die eine Geschichte enden, die andere weitergehen muß.

Aber wie sollte sie weitergehen? An diesem Punkt stieß Goethe auf das Hindernis, das ihn 1798 und 1799 vom Schreiben abhielt beziehungsweise das, was er schrieb, im Fragmentarischen hielt. Durch Überführung der ursprünglich letzten Szene des Stückes in Verse, wie sie jetzt fast überall in seinen Entwürfen überwogen, hatte er jenen Eindruck desillusionierter Endgültigkeit beseitigt, den die Prosa vermittelte; fast war es jetzt möglich, das «tragische» Element in ihr eher als Eigentümlichkeit der Episode, deren Teil sie war, und nicht des ganzen Stückes zu sehen; Goethe hatte das Gleichgewicht der Kräfte in der Szene verändert, um ihre Offenheit für die Zukunft explizit zu machen, die implizit und am Rande von jeher gegeben war; durch Einführung der «Stimme von oben» hatte er die Frage aufgeworfen, aber noch nicht beantwortet, inwieweit Fausts Lebensweg mit der Theodizee vereinbar war, die der «Prolog im Himmel» begonnen hatte. Trotz allem glich die Szene hartnäckig einem Ende, und das ästhetische Problem, die dramatische Bewegung in ihr aufzunehmen und in eine neue Phase von Fausts Dasein zu praktizieren, schien so unlösbar wie eh und je zu sein. Unmittelbar vor der Versifizierung der Kerkerszene hat Goethe wahrscheinlich einige umfangreiche und schließlich aufgegebene Entwürfe zu den Szenen geschrieben, die ihr folgen sollten: wie Faust statt der Liebe den Ruhm sucht, sich an den kaiserlichen Hof begibt und sich anschickt, den Geist Helenas und Alexanders zu beschwören. Große Themen der «großen Welt»: das Gesamte von Politik, Kultur und Geschichte öffnet sich Faust als Betätigungsfeld. Aber wie sollte das aus jener Szene jammervoller Verzweiflung folgen, aus jener – wie Goethe selbst sagt – «unerträglichen» Traurigkeit eines kleinen Lebens, das man um das ihm gebührende Glück und um das seiner Natur erreichbare Gute betrogen hat? Eine Episode, die Faust aus Gretchens Kerker losriß und zum Vertrauten des Kaisers machte, war ebenso unmöglich zu ersinnen wie jene andere, die Achilles von den Feldern vor Troja und den Ratsversammlungen der Griechen an den Altar des Hymen geführt hätte. Nach der emotional und geistig auslaugenden Überarbeitung des Endes des *Urfaust* muß Goethe die ganze Hartnäckigkeit des Problems begriffen haben, vor dem er stand, und zwei weitere Jahre vergingen, bevor er die Lösung fand.

> So gib mir auch die Zeiten wieder,
> Da ich noch selbst im Werden war,
> Da sich ein Quell gedrängter Lieder
> Ununterbrochen neu gebar [...]
> Das tiefe schmerzvolle Glück [...]
> Gib meine Jugend mir zurück! (Z. 184–187, 195, 197)

Goethe mag es im Sommer 1798 deutlich empfunden haben, daß auch er, wie Faust, der Verjüngung bedürfte, sollte er das Stück zu Ende bringen, das er wenigstens 25 Jahre zuvor begonnen hatte. Die Worte, die er dem Dichter im «Vorspiel auf dem Theater» in den Mund legte, wurden möglicherweise als Einführung zu etwas anderem als *Faust* geschrieben. Aber sie drücken genau die ungeduldige Wehmut aus, die ihn überfallen haben muß, als er sich von diesem Werk seines frühen Genies enttäuscht wieder abwandte. Das «Vorspiel» hält jedoch auch Trostgründe bereit – andere Auffassungen von Dichtung, die mehr zum mittleren Alter passen (das sein eigenes Genie haben kann) und die vielleicht eher geeignet sind, den Übergang zu verkörpern, nach dem Goethe suchte. Was dem «Vorspiel» folgte, mag nicht die zielstrebige Energie der Jugend haben, wendet die Lustige Person ein, aber «alte Herren» können durch Abwechslung und launige Betrachtungen auch unterhalten. Und der Direktor, der wie Goethe eine Bühne, eine Besetzung und ein Publikum hat, aber noch kein Stück, denkt noch etwas praktischer: Sache der Dichter ist es, zu dichten, also soll der Dramaturg sich ans Werk machen; Inhalt ist wichtiger als Form, man bringe Handlung, Spezialeffekte und ein breites Panorama, «vom Himmel durch die Welt zur Hölle», «für jeden etwas» sei die Parole, dann wird auch niemand beim Hinausgehen sein Geld zurückverlangen. Wenn der Direktor sich auf die Reaktion des zeitgenössischen deutschen (Z. 35) Publikums konzentriert, von dem er diverse satirische Schnappschüsse bietet, wirft er ein Problem auf, das sich bereits in Goethes «Zueignung» bemerkbar gemacht hatte – eine neue Form der Schwierigkeit für Goethe, die weitere Perspektive zu bestimmen, in die er die Tragödie von Faust und Gretchen stellen wollte. Der *Urfaust* war nicht einfach eine Liebesgeschichte und auch nicht einfach die Nacherzählung einer alten Sage: Er verdankte seine Kraft der Verschmelzung der zwei bedeutsamsten Themen in der Geistes- und Gefühlskultur seiner Zeit – Empfindung und Genie –, aus denen er eine säkulare Tragödie von religiösem Ernst gestaltete. Was Goethe immer nun mit diesem außerordentlichen Torso beginnen mochte, er mußte bemüht sein, seine Verbindung zu den tiefsten Bedürfnissen seines Publikums zu retten und, sollte er das Stück erweitern, auch seine Sympathie entsprechend zu erweitern. Jene Demonstrationen von Verachtung für die zeitgenössische Welt, ihren Geschmack, ihre philosophische und literarische Kultur und ihre Wissenschaft, die sich in den letzten zehn Jahren gehäuft hatten, mußten aufhören. Wenn sein Stück als ganzes etwas von der glühenden Intensität in seinem Innersten behalten und doch nunmehr, wie es in der «Zueignung» hieß, auch für die «unbekannte Menge» geschrieben sein sollte, die man im Druck erreichen konnte, mußte Goethe ein intuitives Verständnis für die Bewegkräfte und Motive dieser Menge erlangen, dieses Publikums, das zeitlich und räumlich so gestaltlos war, daß es mit der Moderne selbst zusammenfiel. Wenn Goethes Welt gewachsen war und sich verändert hatte, seit er ihre Bestrebungen und ihre Schuld in den symbolischen Figuren eines verliebten Zauberers und eines katholischen Kleinstadtmädchens verkörpert hatte, mußte *Faust*, ebenfalls gewachsen und verändert, Symbole für diese mächtigeren und unvertrauteren Realitäten finden. Ja, *Faust* mußte jenes Werk über die Französische Revolution und ihre Folgen werden, das Goethe seit so langer Zeit zu schreiben versuchte und von dem er im Dezember 1799 in einem Augenblick der Inspiration geglaubt hatte, daß es sich als *Die natürliche Tochter* gezeigt habe. Es dürfte kein reiner Zufall gewesen sein, daß Goethe gerade in dem Moment, als er *Die natürliche Tochter* konzipierte, den Bann zu brechen wußte, der den Fortgang des *Faust* verhindert hatte.

Fast zwei Jahre lang setzte Goethe mit dem Schreiben praktisch aus, während er sich an die neuen Umstände anpaßte, die durch den Umbau des Weimarer Theaters und das neue Interesse Schillers an ihm sowie – weniger positiv – durch die Neuorientierung der politischen und kulturellen Zukunft Weimars an der Allianz mit Rußland geschaffen worden waren. Das Bemühen, einem unverständlichen und gewalttätigen Zeitalter im Medium des Heldenepos die Stirn zu bieten, lief sich tot, aber die Themen Tod und politischer Wandel, die Goethe erstmals gefesselt hatten, als er 1797 seine Balladen schrieb und zu *Faust* zurückkehrte, ließen ihn nicht los. Tief in das Studium der Tragödie versenkt, mit der Übersetzung von *Mahomet* eben fertig geworden, von *Perikles* und vielleicht sogar ein wenig von Tiecks *Genoveva* inspiriert und zunehmend von dem genialen dualistischen System Schellings angezogen, dämmerte ihm die Einsicht, daß er über den Tod am direktesten im Kontext der Auferstehung schreiben konnte. Es steckte Weisheit in der antiken Praxis, nicht einzelne Stücke, sondern Trilogien oder Tetralogien zu schreiben. Die Tragödie bedurfte eines Widerparts, der Einbettung in eine umfassendere Harmonie – nicht, um ihr den Stachel zu nehmen, sondern um sie zu vollstem Ausdruck gelangen zu lassen. Der *Faust*, den er geschrieben hatte und der mit der bevorstehenden Hinrichtung Gretchens endete, bedurfte eines anderen *Faust*, eines Widerparts, sollte das Stück ganz es selber sein. Irgendwann zwischen September 1799 und März 1800 kam Goethe zu dem Schluß, daß er *Faust* in zwei Bänden publizieren mußte; von Anfang an wurde dieser Entschluß jedoch nicht einfach mit Rücksicht auf die Länge des Manuskripts oder in der Erwartung getroffen, daß es ein leichtes sein werde, den ersten Band in Bälde zum Druck vorzubereiten. Für den Entschluß zur Zweiteilung des *Faust* sprachen von Anfang an strukturelle Gründe und ein neues Verständnis der Natur der Tragödie, vor deren Endgültigkeit Goethe im Frühjahr 1798 kapituliert hatte. Der

Entschluß zur Zweiteilung gab Goethe nicht nur die Freiheit, den Ersten Teil zu beenden, sondern zeigte ihm auch, wie dies zu bewerkstelligen war. Denn der Erste Teil war nicht bloß die erste Lieferung einer Fortsetzungsgeschichte, die mit dem Gefühl des Endes in der Kerkerszene vorläufig einmal bequem abgerundet war. Er sollte eine Einheit sein, die in sich vollständig war, aber eine Parallele in einem zweiten Teil fand, der seine Struktur wiederholte und erweiterte, sein Material auf eine höhere Ebene hob und in gewisser Weise sein Gegensatz war – ganz so, wie Schellings System des transzendentalen Idealismus das Material seiner Naturphilosophie in dem höheren und in gewisser Weise entgegengesetzten Kontext des Bewußtseins oder Geistes wiederholen und erweitern sollte. Darüber hinaus sollte dieses Prinzip der dualen Entgegensetzung oder Polarität die Textur des ganzen Werkes durchziehen.

Ein – leider undatiertes – Blatt von Goethes Hand konserviert eine sehr frühe Phase dieses Plans, vielleicht sogar den Augenblick seiner Entstehung. Nachdem er die Überschriften für ein dreifaches Fortschreiten – «Lebens Thaten Wesen» – notiert und wieder durchgestrichen hatte, schrieb Goethe entschiedener und klarer, auf drei parallelen Zeilen

> Lebens Genuß der Person – I. Theil
> Thaten-Genuß – zweyter –
> Schöpfungs Genuß – Epilog im Chaos

Aus diesem Schema für (etwas mehr als) den ganzen *Faust* wird deutlich, daß die zwei Teile nicht als Fortsetzungen ein und derselben Geschichte gesehen werden, sondern als einander ergänzende Darstellungen aller Erfahrung unter verschiedenen Aspekten: Der Erste Teil soll den Genuß konkreter Gegenstände («von außen gesehen», wie Goethe später ergänzte) durch ein begrenztes Subjekt zeigen; der Zweite Teil soll das Feld einer nicht durch reine Persönlichkeit begrenzten Tätigkeit zeigen («nach außen», wie die spätere Anmerkung besagt). Daß der Erste und der Zweite Teil als Gegensätze in einem Sinne verstanden werden, den ein idealistischer Philosoph gelten lassen würde, geht aus einem weiteren Paar zusätzlicher Anmerkungen hervor: Der Erste Teil bietet speziell «in der Dumpfheit Leidenschaft», der Zweite Teil zeigt «Genuß mit Bewußtseyn Schönheit». Im Ersten Teil sollte also die Tragödie ihren Gang nehmen dürfen, und Fausts Bestreben sollte der Katastrophe so nahe kommen wie im *Urfaust*, ohne Darstellung eines Auswegs oder Übergangs, sondern bestenfalls mit einigen Hinweisen, daß dies nicht die ganze Geschichte war. Der Zweite Teil sollte jedoch streng genommen keine Fortsetzung bieten; denn in ihm wäre Faust nicht mehr die begrenzte «Person», die er im Ersten Teil gewesen war: Nachdem er als Persönlichkeit im Schmelztiegel der Leidenschaft vernichtet worden ist, sollte er statt dessen im Zweiten Teil das Feld des Bewußtseins sein, das die gemeinsamen Leistungen der menschlichen Kultur zu erbringen erlaubt (denn Dinge wie die Schönheit haben eine objektive Basis, existieren aber nur durch ihren subjektiven Reiz). Nicht länger ein Ich, würde Faust zu einem allgemeinen Prinzip der Subjektivität. Was sich in dieser Metamorphose gleich bliebe, wäre jedoch Fausts Hingabe an den Genuß: Auf der höheren wie auf der niederen Ebene wäre Faust der Mensch, der nicht entsagt. Mit dieser Definition Fausts als des Menschen, der aus der Verweigerung dessen lebt, was Goethe wiederholt und widerstrebend gelernt hatte zu tun – die dreifache Wiederholung des Wortes «Genuß» in dem Schema ist sehr auffallend –, distanzierte sich Goethe vollends von jeder Identifikation mit seinem Helden – ein Vorgang, der vielleicht schon im *Faust*-Fragment begonnen hatte. Wie steht es dann aber um Fausts Ende? Die dritte Zeile des Schemas ist schwer zu interpretieren, entspricht aber wahrscheinlich der allerletzten Szene in *Faust. Zweiter Teil*, die als Synthese der zwei vorangegangenen, einander entgegengesetzten Teile präsentiert wird: Die letzte Einheit der göttlichen Schöpfung soll (gemäß der späteren Notiz «von innen») in einer Art seliger Schau erfahren werden; ihr Schauplatz wäre jene Urregion an der Wurzel allen Seins, die gemäß der Kosmologie Miltons zwischen Himmel, Erde und Hölle lag. Die Szene hätte ohne Zweifel die Rettung Fausts in letzter Minute gezeigt, wenngleich das, was gerettet würde, nur in einem abgeschwächten Sinne noch Faust genannt werden könnte.

Schellings konsequent duales System lieferte Goethe also eine Gesamtstruktur, innerhalb deren er sein Stück vollenden konnte. Sie lieferte ihm aber auch ein Prinzip für die Detailkomposition. Goethe scheint den Gedankengang begonnen zu haben, der ihn darauf brachte, die einzelnen Teile des *Faust* durch Reflexion auf einige duale Gegensätze zu definieren, die im Text schon angelegt waren: den Kontrast zwischen dem einsamen Faust des Eingangsmonologes und dem Erdgeist, der ihm erscheint und der jetzt als der Geist des von der Menschheit kollektiv Erreichten, als «Welt und Thaten Genius» gedeutet wird; den Kontrast zwischen zwei kleineren Reflexen von Fausts Ambition: seinem Famulus Wagner und dem Schüler, der ihn aufsucht. Es gab auch einen allgemeineren Gegensatz, den bereits Schiller an dem Stück problematisch gefunden hatte und auf den der Direktor im «Vorspiel auf dem Theater» anspielt: den Konflikt zwischen Inhalt und Form. Goethe spekulierte wohl darauf, daß man vielleicht das eigentliche Thema des Werkes so sehen könne, wie Schelling die natürliche Welt sah: als «das Schauspiel eines Kampfs zwischen der Form und dem Formlosen». Dann schrieb er mitten auf die Seite eine Instruktion an sich selbst, die sich anscheinend sowohl auf das Bisherige als auch auf das Künftige, einschließlich der Zweiteilung des Stückes, bezieht:

> Diese Widersprüche statt sie zu vereinigen disparater zu machen

Die Mannigfaltigkeit der Thematik, die dem Direktor gefiel, aber Schiller beunruhigte, weil er «keinen poetischen Reif» finden konnte, der alles zusammenhielt, sollte nicht gebändigt, sondern im Gegenteil gesteigert werden, und die scheinbare Unvereinbarkeit von Faust und Mephistopheles oder von Helena und Gretchen sollte nicht überspielt, sondern akzentuiert werden, so wie Goethe bereits den Kontrast zwischen Faust und Gretchen in der Kerkerszene akzentuiert hatte. Das scheinbar formlose Chaos sollte denn auch seine Form dadurch erhalten, daß es dieserart auf eine Reihe von dualen Kontrasten zurückgeführt wurde, wie sie – sowohl gemäß Schelling als auch gemäß der *Metamorphose der Tiere* – der scheinbaren Unordnung der Natur zugrunde liegt. Goethe mag sogar bereits an die elementare Polarität von Ausdehnung und Zusammenziehung gedacht haben, die der Ariadnefaden in seiner Theorie der Pflanzenkunde war und offenkundig eines der strukturellen Hauptprinzipien des ganzen *Faust* ist. Daß Goethe ein triadisches Muster für das Stück skizziert, deutet darauf hin, daß die endgültige Auflösung der Konflikte – wiederum wie in Schellings System – nicht in der Handlung des Ersten und des Zweiten Teils, sondern erst im Epilog, auf noch höherer Ebene, erfolgen sollte. Sowohl der Erste Teil als nötigenfalls auch der Zweite Teil konnten in einer Tragödie enden, und dennoch konnte Harmonie gestiftet werden, jedoch in einer ganz und gar höheren Sphäre. Polarität sollte das ganze Werk durchziehen, und erst ganz zuletzt sollte die nicht ausdrückbare Identität der polaren Gegensätze offenbar werden. Es ist denkbar, daß der Gesang der Erzengel, der viele dualistische Bilder der Naturphilosophie und auch viele Reminiszenzen an Milton enthält, 1799 für den Epilog geschrieben und erst später in den «Prolog im Himmel» verschoben wurde.

Indessen verdankte Goethe der zeitgenössischen Philosophie mehr als eine Strukturformel, die es ihm erlaubte, in einen erweiterten *Faust* praktisch das ganze ursprüngliche Stück ziemlich intakt einzubauen. Der Idealismus war ebensosehr, ja vielleicht noch mehr Ausdruck eines tiefreichenden Umbruchs in der deutschen Gesellschaft, als es die Empfindsamkeit gewesen war. Je näher Goethe seinen *Faust* an den Idealismus heranführte, desto näher kam er jenem Kontakt mit den realen, bewußten wie unbewußten Belangen seiner Landsleute, der seine Werke aus den siebziger Jahren für sie so inspirierend und nach ihrer Veröffentlichung so erfolgreich gemacht hatte. Nun, da er Faust darin von sich selbst unterschieden sah, daß Faust sich um jeden Preis weigerte, dem Streben nach «Genuß» zu entsagen, konnte er die Figur sich zu dem entwickeln lassen, was sie potentiell immer gewesen war: ein aktiver Werther, der Repräsentant eines bedeutsamen Geistes der Zeit, aber einer, der deren Veränderungen tätig vorantrieb, nicht einer, der nur einfach das Schicksal erlitt, Geschöpf seiner Zeit zu sein. «Ideales Streben nach Einwirken und Einfühlen in die ganze Natur» soll laut der ersten Zeile von Goethes Aufzeichnung das Charakteristikum des Mannes sein, der in der ersten Szene, von den Büchern aufblickend, den Vollmond in sein gotisches Gewölbe scheinen sieht. Ziemlich genau zu derselben Zeit – am 2. Januar 1800 – schrieb Goethe an Fritz Jacobi, ihm sei «jedes ideale Streben, wo ich es antreffe, wert und lieb», und erklärte, wie sich seit seinem Aufenthalt in Pempelfort, nach dem Rückzug von Valmy, seine philosophischen Sympathien erweitert hatten. Als Mensch, der einer Idee nachjagte, einem Ziel, das naturgemäß nicht in der gewöhnlichen, begrenzten Welt unserer Erfahrung gefunden werden konnte, war Faust ebensosehr eine Figur des Jahrhundertendes wie der Sturm-und-Drang-Jahre, und Goethe konnte Faust mit um so mehr Sympathie behandeln, als der Dichter jetzt – in einem Geist der Entsagung – eher bereit war, den Unterschied zwischen seinen eigenen Werten und denen seiner Zeit zu akzeptieren. Wenn *Faust* eine Tragödie sein sollte, dann mußte es die Tragödie von Goethes eigener Zeit sein: Das war die ursprüngliche Intention des Stückes gewesen, und 1800 begann Goethe zu sehen, wie diese Intention wieder aufzunehmen war. Die zwei großen Tendenzen des 18. Jahrhunderts, die Friedrich Schlegel neben Goethes Werk namhaft gemacht hatte – die idealistische Philosophie und die Französische Revolution –, boten genausoviel tragischen Stoff wie die Empfindsamkeit und Säkularisierung, die Goethes Zeitgenossen umgetrieben hatten, als er noch jung und *Faust* eine Neuheit gewesen war. Waren das nicht genau die Themen, für die er jahrelang ein Gefäß gesucht hatte? Zudem hatte das Motiv, um dessentwillen er vor allem wünschte, die Faust-Geschichte über Gretchens Tod hinaus fortzusetzen: Fausts Begegnung mit Helena, dank jener zwei Tendenzen eine schmerzliche neue Relevanz erhalten.

Welche Szenen des Ersten Teils von *Faust* Goethe 1800 schrieb, ist noch weniger sicher als, welche er 1798 schrieb, und deshalb verschieben wir ihre Erörterung am besten, bis wir den Punkt erreicht haben, wo Goethe erneut eine Pause einlegte – seinem Ziel näher, als er ahnte. Aber Fausts Verbindung mit Helena ist die zentrale Episode des Zweiten Teils, in der Planung wie in der Vollendung – von Anfang an erkannte Goethe in ihr mit Recht den «Gipfel» –, und *Helena im Mittelalter*, präzise auf September 1800 datiert, kann als integraler Bestandteil des Prozesses verstanden werden, durch den er den unterschiedlichen Charakter der zwei Teile seines Stückes herstellte. Es trifft zwar zu, daß Goethe in seinem Entschluß wieder schwankend wurde: Als er sah, was er geschrieben hatte, besaß er nicht den Mut, darin genau die Szenen zu erkennen, die er immer geplant hatte und denen er einen Platz in seinem numerierten Schema zugewiesen hatte. Statt dessen gab er dem Text den Untertitel «Satyr-Drama, Episode zu *Faust*» (als ob er eine Tetralogie im griechischen Stil beabsichtige). Aber Schiller verstand die Logik der zweiteiligen Struktur, die Goethe ihm dargelegt hatte, und bestand darauf – richtigerweise, wie sich zeigen sollte –, daß das Fragment in *Faust* hineingehöre und Goethe seinem ersten Instinkt folgen müsse. *Faust. Zweiter Teil* sollte zeigen, wie die selbstbewußte Intelligenz ihrem Ideal begegnet, jedoch nicht im personalen Objekt des natürlichen Verlangens, sondern in einem Bild der Vollkommenheit, das der kollektiven kulturellen Vergangenheit der Menschheit abgewonnen ist, und er mußte zwangsläufig einen literarischen Aspekt haben, der sich von *Faust. Erster Teil* sehr unterschied. In seinem ersten Entwurf der Handlung schwebte Goethe wahrscheinlich nur eine einzige Szene vor, in der Helena aus dem Todesschlaf erwacht und allmählich die Fremdheit ihrer mittelalterlichen Umgebung bemerkt, während das Versmaß ganz oder zum größten Teil der bisher in dem Stück gebrauchte gereimte Madrigalvers blieb. Dann reizte ihn aber die Idee, den antiken Trimeter aufzugreifen, und er erkannte, daß er mindestens zwei Szenen haben wollte: eine, die zeigt, wie Helena das Bewußtsein in einer Umgebung wiedererlangt, in der sie ihr eigenes antikes Sparta erkennt, und eine zweite, die ihre Versetzung an einen mittelalterlichen Schauplatz zeigt. An dieser Stelle muß Goethe gefunden haben, daß sich seine Nebenhandlung zu einem eigenen Stück auswuchs. Dennoch war es ein konstantes Element in diesen beiden Plänen und bei den vielen nachfolgenden Metamorphosen der Episode, daß die Zeit der Handlung auf Fausts eigene Lebenszeit beschränkt war: An keiner Stelle hatte Goethe die Absicht, das unglückliche Experiment aus der *Achilleis* zu wiederholen und zu versuchen, den Leser in die homerische Zeit zurückzuversetzen. Die Streitfrage war immer: Wie, wenn überhaupt, kann das griechische Ideal einem modernen Menschen erschlossen werden, der die Revolution miterlebt und die geschichtliche Last des Christentums und der Philosophie der Selbstreflexion trägt? Bei allen gelegentlichen Anspielungen auf Mittelalter und 16. Jahrhundert ist die Lebenszeit Fausts im wesentlichen Goethes eigene: In der ersten Skizze zu *Helena im Mittelalter* beruft sich Helenas ägyptische Magd, in der wir unschwer einen verkleideten Mephistopheles entdecken, gegenüber ihrer verblüfften Herrin zur Rechtfertigung ihres unbotmäßigen Verhaltens auf die Gleichheit, die ihr nicht nur durch die christliche Taufe, sondern auch durch das «heilige Menschenrecht» der Revolutionäre zuteil geworden sei. Die Quintessenz von Goethes Konzeption des Verhältnisses zwischen Faust und Helena war der ironische Anachronismus, den sein provisorischer Titel aussprach: der Kontrast zwischen der «naiv» heroischen und aristokratischen Kultur des heidnischen Altertums und den «sentimentalen» Einstellungen der (nach-)christlichen Moderne. Die ägyptische Magd sollte die «freundliche» Architektur der mittelalterlichen Burg rühmen, in der Helena sich wiederfand – zweifellos auf Kosten der herben Formen, an die Helena in ihrem früheren Dasein gewöhnt war. Aber die Ironie sollte nicht mehr die nur humorvolle Ironie von *Herrmann und Dorothea* sein, wo es ebenfalls einen milden Kontrast zwischen dem Zeitalter Homers und der modernen Welt gegeben hatte; sie sollte einen tragischen Unterton haben. Sofern die ersten Notizen Goethes überhaupt noch zuverlässig interpretiert werden können, sollten wir belehrt werden, daß die alten Orakel freilich verstummt sind – die modernen Propheten müssen mit Tarotkarten und Chiromantie vorlieb nehmen – und daß daher zum Beispiel das Schicksal, das Ödipus geweissagt worden ist, ein Aspekt der vorchristlichen Kultur war, die entschwunden ist. Goethe hatte diese Lektion gelernt, als er versucht hatte, das Geschick des Achilles zum Vehikel eines zeitgenössischen politischen Interesses zu machen, und gescheitert war. Dennoch gibt es in einem tieferen Sinne noch immer ein tragisches Schicksal, dessen Opfer Altertum und Moderne gleichermaßen sind. Es besteht nicht einfach im Tod von Kulturen oder Individuen; denn der Tod ist Teil eines natürlichen Prozesses. Der Tod ist bitter, aber er ist nicht tragisch. Tragisch ist, daß in der Geschichte durch die Prozesse der Natur Vollkommenes zerstört wird, das so selten und so nahezu ideal ist, daß uns nichts dazu berechtigt, es zu erwarten. Die Schönheit in Leben und Kunst, die das alte Griechenland erschuf, können wir nur als ein nicht verheißenes göttliches Geschenk betrachten. Sie ist eine so große Ausnahme, daß es keinen Grund zu geben scheint, warum sie nicht auch der Notwendigkeit des Todes enthoben sein soll. Die Gesetze der Geschichte sind gebeugt worden, um uns diese Schönheit zu schenken; warum sollen sie nicht gebeugt werden, um sie uns zu erhalten? Wenn sie stirbt, wie sie es der Natur nach muß, dünkt uns daher ihr Untergang ein ebenso willkürliches Schicksal wie ihr ursprüngliches Erscheinen. «Klage der Schönheit» notierte sich Goethe für Helenas Monolog, als sie ihre wahre Situation zu verstehen beginnt; die Formulierung greift den Originaltitel eines zuerst in *Tabulae Votivae* erschienenen Distichons auf, das Goethe gerade für den Abschnitt «Sommer» seiner neuen Sammlung *Vier Jahreszeiten* umgeschrieben hatte. Die Abweichung von der ersten Fassung[4] war minimal, aber um so bedeutsamer:

Warum bin ich vergänglich, o Zeus? so fragte die Schönheit.
Macht' ich doch, sagte der Gott, nur das Vergängliche schön.

Was ursprünglich eine natürliche oder logische Notwendigkeit war, wird nun als der unerforschliche Ratschluß eines Gottes hingestellt. Die Veränderung entspricht Goethes Entdeckung, daß es letztlich doch ein Reich menschlicher Erfahrung gibt, das in Diskontinuität zum Reich des Naturgesetzes steht; aber es ist das Reich nicht einer individuellen moralischen Freiheit, sondern einer tragisch willkürlichen Geschichte.

Indessen ist Geschichte, zumindest in der christlichen und idealistischen Ära, ein Ort sowohl des Todes als auch der Auferstehung. Sie ist das Medium, in dem wir nicht nur von dem erfahren, was wir verloren haben, sondern es insoweit auch zurückgewinnen. Gewiß können wir eben dadurch in der Geschichte nur finden, was vergangen ist, und durch sie nur erinnern, was teilweise schon vergessen ist. Auferstehung ist nicht Leben, wie es das Altertum verstand und lebte. In der Tragödie der Geschichte mag immer eine Spur von Trost sein, aber in diesem Trost ist immer eine Spur von Ironie. In Goethes Plan jubelt Helena, als sie entdeckt, daß Faust sie aus dem Reich des Todes gerettet hat; denn für sie als Heidin ist Leben immer uneingeschränkt ein höchstes Gut gewesen. Aber das Leben, in das sie zurückkehrt, ist nicht das unproblematische Leben, das sie einst gekannt hat; denn sie verdankt es dem zauberträchtigen Eingreifen des Mephistopheles, den Goethe im Zug seiner Entwürfe schließlich als Vertreter eines komple-

---

4 Siehe oben, S. 801 f.

mentären Gegensatzes zu Helena darstellte, eine Personifizierung der Häßlichkeit und damit aller geschichtlichen Kräfte, die der Schönheit die Dauer versagen. (Die Unausweichlichkeit der dualen Entgegensetzung im allgemeinen und der Interdependenz von Schönheit und Häßlichkeit im besonderen ist eines der vielen Themen, die Goethe in *Die guten Frauen* bunt durcheinanderwürfelte, bevor er mit der Arbeit an seinem Monodram begann.) Helena kann nur in ein Leben in fremder Umgebung zurückkehren, nur als Bild oder Erinnerung und verhöhnt oder geschmäht ob ihrer Unwirklichkeit. Umgekehrt kann Faust, der Repräsentant der Moderne, bei aller Intensität seiner Einbildungskraft Helena nur als Besucherin von anderswo vor sich hinstellen, die bei ihm nie zu Hause sein kann. Es ist sein höchstes Glück, sie zu kennen, und sein tragisches Schicksal, wissen zu müssen, daß er sie verlieren wird.

Bei der Entfaltung dieser dualen Ironie, die damit von seiner Auferweckung des griechischen Ideals nicht zu trennen war, entschloß sich Goethe, diese zwei Szenen zu schreiben, die durch einen nicht wahrnehmbaren Übergang verbunden werden sollten: die erste, um die Moderne als Eindringling in das Altertum vorzuführen; die zweite, um das Altertum als etwas Fremdartiges in der modernen Welt vorzuführen. 1800 schrieb er nur einen Teil – rund 265 Zeilen – der ersten Szene, in der Helena noch der Illusion unterliegt, aus Troja in den Palast des Menelaos in Sparta zurückzukehren. Die zweite Szene, in der sich der mittelalterliche Charakter von Fausts Burg offenbaren und Faust die antike Schönheit begrüßen und seine übergeschichtliche Verbindung mit ihr eingehen sollte, wurde auf einen günstigeren Zeitpunkt verschoben. Die Szene, die Goethe ausführte, teilt fast völlig die Illusion Helenas: Die gravitätischen Trimeter der Königin und die strophischen Einwürfe des Chors ihrer Mägde werden durch keinen Reim verfälscht und erschaffen überzeugend die zugleich liturgische und unheilträchtige Atmosphäre der attischen Tragödie. Helena glaubt, Menelaos habe sie vorausgeschickt, um den Palast für seine Rückkehr zu bereiten und ein Opfer zuzurüsten, obgleich wie bei der Geschichte mit Abraham und Isaak unklar ist, was geopfert werden soll. Den Chor suchen Erinnerungen an den Untergang Trojas heim, an zornige, gottgleiche Krieger, die durch Rauch und Glut heranrückten. Sollte Goethe sich seine Helena jemals als fürstliche Dirne in einem mythologischen Schwank gedacht haben, so findet sich von dieser Konzeption hier keine Spur. Sein Zögern, dieses imposante Gefäß mit dem Zauberstab der Ironie zu zerschlagen, ist durchaus verständlich. Trotzdem widerstand er auch in dem, was er sich 1800 abringen konnte, der Versuchung zu antikisierender Nostalgie: Es fehlt nicht an den notwendigen Hinweisen, daß nicht alles ist, was es scheint. Der Palast ist unheimlich leer und ungepflegt, der Chor ist sich unsicher, ob seine Erinnerungen nicht trügen, Helena selbst gibt schon in den ersten Zeilen zu, daß sie benommen ist, und führt ihre Verwirrung auf die lange Schiffsreise zurück. Vor allem wird die Konfrontation mit der zerstörerischen Macht der Geschichte eingeleitet. Helena findet das Haus ihrer Ahnen nur von einem übernatürlich abstoßenden alten Weib gewartet, hochgewachsen und machtvoll genug, um ihre Gegenspielerin zu sein, und eindeutig mehr als ein Mensch – vielleicht eine der Graien oder Phorkyaden, die zusammen nur ein Auge und einen Zahn haben. Moralisierend wie die alte Barbara auf der leeren Bühne von Wilhelm Meisters Vergangenheit, macht dieser verwandelte Mephistopheles – nicht mehr die ägyptische Magd des ersten Entwurfs – jenem Haß auf die Sinnlichkeit und Frivolität der antiken Welt Luft, den Goethe der christlichen Ära zuschrieb und den er schon in der Mutter der Braut von Korinth personifiziert hatte. Humor, selbst ein bitterer, wäre in dieser archaischen Harmonie ein allzu schriller Mißklang, aber Goethe beginnt das Gefühl einer so tiefen wie leeren historischen Kluft durch ein Mittel zu erzeugen, das dem Humor vorausgeht: die Schmährede. Wenn Phorkyas-Mephistopheles den Chor und die Chorführerin als «erobert-marktverkauft-vertauschte Ware du» beschimpft, dann ist indirekt, wie sie erkennt, Helena selbst gemeint. An der Stelle, wo Goethe sein Fragment liegenließ, reift also in uns allmählich das Bewußtsein für die Unterscheidung zwischen der würdigen Realität der spartanischen Königin, die sogar hier ideal und nicht ganz zugänglich wirkt, und den Legenden und Verzerrungen der historischen Interpretation und Kontroverse. Der Unterschied zwischen dem Ding und der Art seines Erscheinens ist bereits thematisiert und untergräbt Helenas «naive» Selbstsicherheit. Nicht nur der Enttäuschung des Winckelmannschülers über den Verlust seiner griechischen Phantasiewelt gibt Goethe poetischen Ausdruck, sondern auch dem neuen Bewußtsein eines Zeitgenossen großer Veränderungen, daß im Verlauf der Geschichte alles, was Menschen machen und als gut, wahr und schön erkennen, von der Erinnerung verschlungen wird.

Sechzehntes Kapitel
«Was du warst ist hin»
(1801–1803)

*Keine Griechen mehr:
Januar 1801 – August 1802*

Wundrose ist heute keine häufige Krankheit mehr, aber ohne Antibiotika kann sie noch immer tödlich sein. Die Streptokokkeninfektion beginnt gewöhnlich mit einem rauhen Hals und breitet sich rasch über das Gesicht und in schwereren Fällen bis zum Kehlkopf aus. Die befallenen Haut- und Schleimhautpartien bilden Bläschen und nehmen die charakteristische «rosenrote» Färbung an; das mit der Erkrankung einhergehende hohe Fieber führt gewöhnlich zum Delirium. Lebensbedrohliche Komplikationen sind eine allgemeine Blutvergiftung, die Übertragung des Krankheitserregers auf andere Körperpartien sowie sein Eindringen in die Schädelhöhle und eine Gehirnhautentzündung. In Goethes Fall ging die Entzündung möglicherweise von den Zähnen und Mandeln, seinen alten Schwachpunkten, aus und nahm, da seine Widerstandskraft durch das eigensinnige, lange Arbeiten in kalt-feuchter, ungesunder Umgebung geschwächt war, rasch den üblichen Verlauf. «Der Hals ist verschwollen sowie das Gesicht, und voller Blasen inwendig. Sein linkes Auge ist ihm wie eine große Nuß herausgetreten, und läuft Blut und Materie heraus, oft phantasiert er.» Die linke Gesichtshälfte war dunkelrot, Goethe konnte die roten Äderchen in seinen Augen sehen, und die ganze Welt nahm eine Rotfärbung an. In der Nacht vom 5. auf den 6. Januar schien die Entzündung des Schlundes das schlimmste Symptom zu sein: «Es ist ein Krampfhusten ... er kann in kein Bett und muß in einer immer stehenden Stellung erhalten werden, sonst will er ersticken.» Professor Johann Christian Stark (1753–1811), der am Mittwoch dem 7. Januar aus Jena herüberkam, verfügte weder über die moderne Terminologie noch über moderne Arzneimittel, aber er erkannte die Bedrohlichkeit von Goethes Zustand und die Gefahr einer Affektion des Gehirns. Zwar sei er, wie er sagte, nicht ohne Sorge über einen unglücklichen Ausgang, doch hielt er es für entscheidend, daß der Patient kräftig zur Ader gelassen wurde; auch verordnete er starke Senfbäder für die Füße, wo sich ebenfalls eine Infektion ankündigte. Man hielt Stark zugute, einen Schlaganfall abgewendet zu haben. Was immer seine Maßnahmen sonst bewirkt haben mögen, sie scheinen auf jeden Fall Flüssigkeit aus dem Kopf abgezogen und einen Rückgang der Entzündung herbeigeführt zu haben, der Goethes Körper das Durchhalten erleichterte. Die Verfärbung des Gesichts ging zurück, aber für kurze Zeit war jetzt auch das rechte Auge betroffen, der Husten wollte nicht weichen, und der Kampf mit den Vergiftungserscheinungen währte weitere fünf Tage und Nächte. Zuerst konnte Goethe nicht schlafen, er erkannte die Menschen um sich herum nicht mehr und verlor jedes Gefühl, er selbst zu sein; er glaubte, wie er später sagte, «eine Landschaft, so etwas Allgemeines» zu sein. Er phantasierte über Naturphilosophie, redete mit abwesenden Freunden aus besseren Zeiten wie Fritz Bury und verfiel in lange, erregte und bewegende Reden an Jesus Christus. Ein Wendepunkt kam am Freitag, dem 9., als er endlich in den Morgenstunden drei Stunden Schlaf fand, doch es währte noch bis zum nächsten Dienstag, ehe er nach Auskunft der Ärzte die Gefahr überstanden hatte. Die Rückkehr seines Identitätsgefühls habe ihn nur unglücklich gemacht, erzählte er später, und er weinte stundenlang, besonders beim Anblick seines Sohnes August – war es Liebe, Angst vor seinem Verlust, die Erinnerung an die anderen Kinder, die gestorben waren, oder an seine eigene Kindheit? August machte eine tapfere Miene, aber flüchtete sich vor dieser unheimlichen Prüfung zu Frau von Stein, die ihn «entsetzlich betrübt» fand; zu ihrer eigenen Überraschung war sie selbst es auch: «Ich wußte nicht, daß unser ehemaliger Freund Goethe mir noch so teuer wäre», gestand sie Fritz und bereute jetzt, daß sie am Neujahrstag Kopfweh gehabt und ihn nicht empfangen hatte, als er gekommen war, um Glück zum neuen Jahrhundert zu wünschen. Sie ließ ihm am Dienstag etwas Suppe bringen, und sein Appetit darauf sagte ihm, daß es mit ihm aufwärts ging; doch merkte er dann, daß der Schwung trog und er noch immer sehr schwach war. Christiane, die niemanden hatte, an den sie sich wenden konnte, bewahrte kühlen Kopf in dieser gewiß schlimmsten Krise ihres Lebens. Sie pflegte Goethe während der ersten Schmerz- und Angstattacken, in den fünf Tagen seines intermittierenden Delirierens und in den zwei Wochen der langen, schlaflos durchhusteten Winternächte. Wir wissen nur von dem ewigen Schweiger Meyer, daß er da war, um zu helfen, aber auch Ernestine und Tante Juliane müssen sie am Krankenbett abgelöst haben. Niemand scheint sich besonders um sie gekümmert zu haben; nur Goethe sagte später: «Ich kann ihre unermüdete Thätigkeit nicht genug rühmen»; sie sei so «gut, sorgfältig und liebevoll» gewesen. Es zeugte von besonderer Rücksichtnahme, daß Christiane, sobald die Besserung feststand, an Frau Rat schrieb; und die erhielt den Brief wenige, aber entscheidende Stunden, bevor ihre Frankfurter Nachbarn durch Korrespondenten in Jena von Goethes Krankheit erfuhren und Fragen zu stellen begannen, die ihr andernfalls einen tödlichen Schrecken versetzt hätten. «Unsere gantze Stadt war über deine Kranckheit in Alarm», schrieb sie ihrem Sohn, und dann meldeten alle Zeitungen seine Genesung, und die Besucher drängten sich, weil jeder der erste sein wollte, der ihr mitteilte, was sie schon wußte: Für sie gab es nur die Freude, und sie richtete gleichermaßen verschwenderischen Dank an Gott und an ihre «Liebe, Liebe Tochter». Auch Schiller muß seine Einstellung zu Christiane geändert haben, nachdem er vom 17. Januar an täglich zu Besuch kam; die Frau, die ihn an Goethes Krankenbett führte, hatte sich schließlich auch um seinen Sohn gekümmert, als seine Frau in äußerster Not war, und man konnte nicht mehr – wie bei offizielleren Anlässen – so tun, als existierte sie nicht.

Goethe muß diesen «Wiedereintritt ins Leben» (am 19. begann er, die Schrift *De coloribus* des Theophrast zu übersetzen) als Neuanfang wie die ersten Jahre der Kindheit empfunden haben, in denen «mehr die Neigung als die Abneigung herrscht». Vom Herzog und der Herzogin bis zu Herder und Professor Schütz wollten alle, wie immer sie sonst dachten und ob sie ihn gemocht hatten oder nicht, ihn besuchen oder ihm ihre Erleichterung über seine Genesung ausdrücken; denn sein Verlust, schrieb Wieland, wäre unersetzlich und unermeßlich gewesen. Wie er so «von der naheneren Grenze des Todtenreichs zurückkehrte», noch immer schwach und leicht zu Tränen gerührt, verspürte er den Wunsch, dort Frieden zu schließen, wo durch die Zeit und vielleicht seine eigene Schuld Beziehungen abgekühlt waren. Als Frau von Stein und Charlotte Schiller bei ihm vorsprachen, bat er sie noch einmal ausdrücklich um ihre Freundschaft. Ein großmütiger Brief von Reichardt, der bis zum *Xenien*-Streit nicht nur sein bevorzugter Komponist, sondern auch ein Freund gewesen war, wurde mit einer ebenso großmütigen Antwort quittiert: «Ein altes gegründetes Verhältnis wie das unsrige konnte nur, wie Blutsfreundschaften, durch unnatürliche Ereignisse gestört werden.» Wenn er fortfuhr, daß «Natur [durch seine Krankheit] und Überzeugung» es nun wiederherstellten, sollte das offenbar heißen, daß die Revolution als Prinzipienfrage, die Freunde entzweien konnte, vorüber war. Leider gab es keinen Brief von Lavater, der am 2. Januar gestorben war, unversöhnt mit Goethes unsichtbarer Kirche und ohne von seiner lebensgefährlichen Krise erfahren zu haben. Aber die Antipathie zwischen Goethe und Lavater hatte ihren Ursprung nicht in politischen Ereignissen, sondern in der geistigen Persönlichkeit und der ehrgeizigen Rivalität um die Macht über das deutschsprachige Publikum; selbst wenn sich unter den Genesungsglückwünschen ein Erguß aus Zürich befunden hätte, wäre er, wie zu befürchten ist, wohl ohne Antwort geblieben. Dennoch erhob sich jetzt eine Stimme aus dem Umkreis Lavaters und aus jener Zeit, da Goethe und sein «Bruder» einander am nächsten gewesen waren: «Lili» selbst schrieb ihm, «nach einer Trennung von 27 Jahren», Einzelheiten über ihre Familie, die nach den unglücklichen Zeiten wieder Fuß gefaßt hatte. Ihre ältesten Söhne Fritz und Carl wandten sich dem Bankwesen zu, ihre Tochter war mit einem Professor für Griechisch verheiratet, während die jüngeren Söhne noch zu Hause waren und bereits naturwissenschaftliche Neigungen zeigten. Eigentlicher Zweck des Briefes war jedoch die Bitte an Goethe, einem jungen Juristen, der ihrer Familie in jener Zeit der Flucht beigestanden hatte, zu einem Posten als Legationssekretär für Sachsen in Nürnberg zu verhelfen. Sie konnte nicht ahnen, welche Qual des Unwiederbringlichen jede Nachricht von ihr dem Mann bereiten mußte, den sie jetzt nur in Worten einer distanzierten, wenngleich ungeheuchelten Hochachtung ansprechen konnte. Dieser

Schmerz war jedoch seit langem ein Aspekt des Lebens gewesen, in das Goethe jetzt zurückkehrte, und er antwortete ihr in herzlichen Worten und versicherte ihr, er werde sein Bestes für ihren Schützling tun. Allerdings gebe es Mitbewerber mit besserer Anwartschaft (deren einer denn auch ernannt wurde); auch werde die Stelle möglicherweise noch längere Zeit unbesetzt bleiben. Der Vertrag von Lunéville beließ die Zukunft aller Reichsinstitutionen und der konstituierenden Staaten des Reichs in derselben bangen Ungewißheit, worin sie seit Campo Formio geschwebt hatten; doch begann man in Paris nun ernsthaft das Endspiel. Eine Reichsdeputation war in Regensburg zusammengetreten, um über die Entschädigung der am linken Rheinufer enteigneten Fürsten zu entscheiden; aber diese Erörterungen waren nur ein Schatten der wirklichen Verhandlungen zwischen Rußland, Preußen und Österreich sowie Talleyrand, der seit dem Brumaire wieder im Amt war, und Bonaparte, der seine eigenen Vorstellungen von der Neuordnung Europas hatte. Goethe glaubte offenbar, daß unter diesen Umständen ein Posten in Nürnberg ein Trumpf von begrenztem Wert war. Er schloß den Brief an «Lili» mit einer Ermahnung, die auch ihm selbst hätte gelten können: «Genießen Sie mit den Ihrigen, nach so viel Stürmen, der Früchte des Friedens und einer neuen Ordnung der Dinge.»

Als Goethe durch die Arbeit an *Tancred* im Jenaer Schloß seine Gesundheit zu ruinieren begann, lag die Schlacht von Hohenlinden noch in der Zukunft. Seine Rekonvaleszenz entließ ihn indessen in eine Periode des Friedens, die eher noch unheilträchtiger war als der vorausgegangene Krieg. Frankfurt, so hörte er von seiner Mutter, brach nicht ein zweites Mal in den Jubel aus, womit man 1797 Bonapartes Friedensregelung begrüßt hatte: Es herrschte einfach Erleichterung, daß die Freie Reichsstadt überlebt hatte, und Resignation über die Aussicht, einen weiteren Teil der Kriegssteuer abführen zu müssen. (Sie scheint den Hintersinn eines freundlichen Briefes Bonapartes an die Stadt nicht bemerkt zu haben, wonach er künftig persönlich über das Schicksal Frankfurts bestimmen werde.) Doch kaum waren die Dokumente in Lunéville unterzeichnet, als die europäische Politik in neue Turbulenzen geriet. Nach Rastatt war Mord als Mittel der Politik in Mode gekommen: Im Dezember war Bonaparte mit knapper Not einer gewaltigen Bombe – dem Urbild aller «Höllenmaschinen» – entgangen und hatte dies als Vorwand zur Hinrichtung beziehungsweise Deportation der Führer der Jakobinerbewegung benutzt (von denen er wußte, daß sie nichts mit dem Komplott zu tun hatten, der das Werk königstreuer Bauern war). Am 23. März fiel der launische und despotische Zar einer Verschwörung seiner höchsten Offiziere zum Opfer und wurde ermordet. Gerüchten zufolge hatte die britische Botschaft ihre Hand im Spiel gehabt; jedenfalls entwickelten sich die Dinge später sehr zum Vorteil der Briten. Paul I. hatte den Verrat der Zweiten Koalition an ihm damit beantwortet, daß er einer Handelsblockade gegen Britannien beigetreten war, die nun, mit seinem Tod und der eine Woche später erfolgenden Vernichtung der Flotte seiner dänischen Verbündeten in Kopenhagen, zusammenbrach. Premierminister Pitt (d. J.) war zurückgetreten, nachdem es ihm nicht gelungen war, König George III. davon zu überzeugen, daß es im Interesse einer vollständigen Eingliederung des aufständischen Irlands in sein Reich notwendig war, den Einzug von Katholiken ins Parlament zuzulassen, und sein Nachfolger Addington hielt den Augenblick für günstig, Verhandlungen aus einer Position der Stärke heraus zu beginnen. Für die Klientenstaaten des Zaren in Deutschland jedoch war sein Tod ein Grund zur Bestürzung. Zum Pech für Herzog Friedrich von Württemberg zeigte der neue Zar, der 24jährige Alexander, mehr Interesse an Baden, der Heimat der neuen Zarin, als an den Belangen seines Onkels. Die Stimme Württembergs in Paris ging verloren, und wenn Friedrich von der Neuaufteilung des Reiches profitieren wollte, mußte er etwas mehr nach der Pfeife Bonapartes tanzen. Zunächst bedeutete das, daß er sich wenigstens den Anschein geben mußte, als sei er bereit, die Stände wieder einzuberufen, so wie Bonaparte sich weiterhin wenigstens den Anschein eines Republikaners geben mußte. Die augenscheinliche Realität hinter diesem Versteckspiel war jedoch, daß Frankreich den Herzog im Amt halten würde, solange der Herzog sein Volk in Schach hielt und die politische und militärische Linie Frankreichs unterstützte. Aber noch ein Jahr lang – bis die Konsequenzen aus den territorialen Arrangements sich bemerkbar zu machen begannen – ließen sich die bürgerlichen Intellektuellen Württembergs von der hoffnungsvollen Atmosphäre täuschen, die dieser fiktive Konstitutionalismus erzeugte. Weimar lag zwar noch außerhalb von Bonapartes Interessensphäre, aber die Nachricht vom Tode des Zaren ließ die gesamte Verwaltung erschauern. Würde Alexander die bereits vereinbarte Vermählung seiner Schwester Maria bestätigen? Postwendend wurde Wolzogen nach Sankt Petersburg beordert, um das herauszufinden. Als er zurückkam, brachte er ermutigende Nachrichten mit, und für alle Weimarer Minister goldene Schnupftabaksdosen mit einem Miniaturporträt des Zaren. Die Versicherungen erwiesen sich jedoch wie die Schnupftabaksdosen als nicht ganz vierundzwanzigkarätig. (Voigts Gothaer Kollegen reagierten maliziös auf sein Unbehagen, und Goethe scheint sein Geschenk an seine Mutter weitergereicht zu haben.) Pauls Witwe bestand darauf, daß Erbprinz Carl Friedrich vor der Vermählung mit ihrer Tochter eine «Bildungs»-Reise nach Paris unternähme: Mochte das Feudalsystem auch abgeschafft sein, man mußte dem neuen Herrscher Europas seine Reverenz erweisen und schon aus reiner Klugheit seinen Segen zu der neuen Verbindung einholen. Vielleicht war es auch notwendig, Carl August zur Mäßigung seines Antirepublikanismus zu ermahnen. Österreich hatte in Lunéville den Frieden geschlossen, ohne vom Reich ermächtigt zu sein, und wenn Carl August wie die anderen Fürsten für die nachträgliche Ratifizierung des Vertrages votierte, gab er damit zu, daß der institutionelle Rahmen, in dem er sein Herzogtum regiert hatte, jegliche Bedeutung eingebüßt hatte. In der neuen Welt brauchte Weimar neue Freunde.

Goethe wurde von Wolzogen ins Bild gesetzt, als der Sondergesandte des Herzogs auf dem Weg zur großen Straße gen Osten am 8. April durch Oberroßla kam. Er beabsichtige, schrieb Goethe Reichardt im Februar, den Rest des Winters damit zu verbringen, «in geschäftigem Müßiggang dem Frühjahr entgegen [zu] schlendern», und hierzu eignete sich das Gut allemal. Er hatte durch verschiedene kleine «Proben» zu seiner Erleichterung entdeckt, daß sein Kopf durch das Trauma nicht versehrt war – wie der Universalgelehrte und Dichter Haller, der – wie Goethe erzählte –, nachdem er die Treppe herunter und auf den Kopf gefallen war, aufstand und geschwind die Reihe der chinesischen Kaiser hersagte, um sicher zu sein, daß sein Gedächtnis nicht gelitten hatte. Ja, er mutmaßte sogar, daß er wieder zum Dichten bereit sei, als sein Lebenswille sich mehr und mehr geltend machte. Vom 7. Februar an arbeitete er, «productive Ungeduld» im Herzen, zwei Monate lang fast täglich an *Faust*: «Da die Philosophen [sc. in Jena] auf diese Arbeit neugierig sind, habe ich mich freylich zusammen zu nehmen», schrieb er mit trockenem Humor. Es war, als habe der Anhauch des Todes ihn besorgt gemacht, sein größtes Werk nicht unfertig zurückzulassen, und er widerstand sogar der Versuchung in Form eines Besuchs von Ritter, der seine Aufmerksamkeit auf gewisse Ähnlichkeiten zwischen galvanischen und farbphysikalischen Phänomenen lenkte und damit seinen Sinn auf das andere große Vorhaben abzulenken drohte, das noch der Vollendung harrte. Erst die Nachricht von der Ermordung des Zaren scheint den Fluß der Dichtung unterbrochen zu haben. Ende März fuhr er mit Christiane und August wieder auf sein Gut hinaus, um den kommenden Frühling zu begrüßen. Es war die Zeit, in der die Fischers ausziehen sollten, wobei es nicht ohne einiges unschöne Gerangel um Mein und Dein abging, und es sah so aus, als müßten Goethe und Christiane ihren Besitz womöglich selbst verwalten. Schließlich fand sich ein Pächter – der Bruder des Pastors –, der sein Amt im Hochsommer antrat, aber eine Zeitlang mußte Goethe in seiner Phantasie die Rolle des emsigen Landmanns erproben. Auch fanden Freunde und Gratulanten ihn in Oberroßla in einer entspannten Atmosphäre, ohne die Weimarer Zwänge vor. So wurde zum Beispiel Henriette Gräfin von Egloffstein (1773–1864), die kraftvollste Persönlichkeit einer fränkischen Adelsfamilie, aus der Carl August mit wachsender Vorliebe seine Soldaten und Hofbeamten rekrutierte, von Fräulein von Göchhausen und einer anderen Hofdame Anna Amalias für einen Tag zu Goethe aufs Land gelockt. Die Gräfin hatte sich kürzlich mit dreien ihrer fünf Kinder in Weimar niedergelassen, um ihrer Mutter nahe und ihrem Gatten fern zu sein – es war nur mit der einem Neuankömmling gewährten Narrenfreiheit und der Privatheit eines herrschaftlichen Gutes zu erklären, daß die Gräfin sich bereit fand, bei Tisch neben dem «Bertuchschen Blumenmädchen» Platz zu nehmen, ja sich von ihr am Ende des Tages zu ihrer Kutsche begleiten zu lassen. Goethe, der sich den Damen angenehm zu machen wußte, muß den Aufenthalt «im freyen und halbgrünen» Oberroßla, wohin des Lebens Pulse zurückkehrten, als Idylle geschildert haben: Er konnte einen Hain und ein Bächlein vorweisen, neu angepflanzte Obstbäume, einen im Entstehen begriffenen, serpentinenförmigen und wetterbeständigen Fußweg, den Standort eines möglichen Sommerhauses, von wo aus man vielleicht später einmal auf eine neue Straße blickte – im frühen 19. Jahrhundert eine positive Errungenschaft, die Leben und Abwechslung in eine abgeschiedene Gegend brachte. Es war noch keineswegs ernsthafte Landwirtschaft, aber Goethe und Christiane müssen doch ziemlich überzeugend in ihrer Verkleidung als Philemon und Baucis gewirkt haben, wenn sie abends ihre Gäste verabschiedeten. Wahrscheinlich in diesen Tagen (oder zu einem analogen Zeitpunkt 1802) brachte Goethe das Gefühl rustikaler Erfüllung in Verse: «Die glücklichen Gatten», der Monolog eines Ehemannes in liedartigen Strophen, den Goethe nach eigener Aussage «immer liebgehabt» hat, ist sein einziges Werk, das ausschließlich der Schilderung einer glücklichen Ehe dient. Natürlich ist es eine Wunschphantasie, reizvoll, aber keineswegs konventionell. In einer sonnigen Frühlingslandschaft, einem Schauplatz ländlicher Lustbarkeit, wie Goethe ihn wahrscheinlich gerade für eine Szene in *Faust* beschrieb, spüren die Gedanken des Gatten dem Gang jener idealen Ehe nach, in die «Lili» von Türckheims Brief einen Blick gewährt hatte. Goethe beantwortete diesen Brief in Oberroßla, und sein Gedicht gleitet rasch über die erste Verliebtheit und die Hochzeit hinweg, um stolz bei dem Glück einer großen Familie zu verweilen; jeweils eine Strophe oder mehr gilt den älteren Kindern Fritz und Carl (der wie ein erfolgreicher Herrmann mit dem Heer heimgezogen kommt, «das uns den Frieden gab») sowie einer verheirateten Tochter; am Ende gibt es eine Anspielung auf die drei jüngsten Kinder. Inmitten solcher Fülle hat der Tod eines Kindes (oder mehrerer Kinder) – in Wirklichkeit für Goethe ein grausam unmäßiger Teil seines Daseins – ebenso natürlich seinen trüben Platz wie die Kirche und der Friedhof und die alten Fichten in der grünen Landschaft (Z. 57–64). Die Leidenschaft der ersten Monate mit «Lili» ist unvergessen, die utopischen Phantasien aus *Die Geschwister* und *Stella* leben wieder auf. Denn die Energie, die diese Bestätigung der Lebenskraft erfüllt, die Mann und Frau, Vergangenheit und Gegenwart, die ersten Ehejahre der Eltern und die Vermählung ihres Kindes miteinander verbindet, ist die Geschlechtsliebe. Jeder Winkel in Wald und Flur, auf Hügeln und am See hat Gelegenheit zur Liebesumarmung gegeben, und bei Carls Hochzeit werden seine Eltern ein neues Kind zeugen, das dann zugleich mit ihrem Enkel getauft werden wird. Eros und Humor, Genügsamkeit und Wehmut durchziehen einen Traum, der wahrhaft ehelich, aber nicht ehebrecherisch ist; denn es ist der Traum einer Liebe, die nicht von der Gesellschaft, sondern von der Sterblichkeit befreit ist. Besonders dank der ländlichen Kulisse ist es das verklärte Bild nicht eines Lebens, wie es mit «Lili» hätte sein können, sondern eines Lebens, wie es mit Christiane hätte sein sollen.

Goethe hielt im ersten Halbjahr 1801 ein maßvolles Tempo, doch gab es geschäftliche Angelegenheiten, die sich nicht vermeiden ließen, zumal im Theater. Seit Schiller nach Weimar gezogen war, hatte Goethe ihn daran gewöhnt, ihn gelegentlich als Direktor zu vertreten, und während Goethes Krankheit trug Schiller die Hauptlast, als es galt, die Uraufführung von *Tancred* zu Herzogin Louises Geburtstag vorzubereiten. Doch gab es ein Problem, das er niemand anderem überlassen konnte, ja das nicht einmal er zu lösen imstande war. Caroline Jagemann ließ sich um so weniger sagen, je mehr sie sich auf die Protektion Carl Augusts verließ, aber anders als Luise Rudorff-Knebel vor ihr war sie eine ernsthafte Schauspielerin, die nicht daran dachte, die Bühne aufzugeben, und für den Erfolg des Hoftheaters unverzichtbar war. Goethe hatte gehofft, eine andere Besetzung für die weibliche Hauptrolle in *Tancred* zu finden, um die Verhandlungsposition der Jagemann zu schwächen, aber er hatte nur die Premiere sabotieren können, wonach die Schauspielerin in der zweiten Aufführung im Triumphzug zurückkehrte. Dann bekam sie Streit mit dem jüngst ernannten Weimarer Musikdirektor Johann Friedrich Krantz (1754–1807), der darauf bestand, daß er und nicht sie die Tempi in ihren Arien bestimmte, woraufhin sie als Donna Anna, die in *Don Giovanni* das Orchester eindeutig überholte, einen spektakulären Erfolg erzielte. Goethe war gezwungen, Krantz das weitere Dirigieren von Werken mit der Jagemann zu untersagen, und die übrigen Mitglieder der Truppe protestierten, indem sie in der nächsten Oper, Wranitzkys *Oberon*, so schlecht wie nur möglich sangen. Es dauerte nicht lange, und Krantz wechselte nach Stuttgart; die Rivalität zwischen der Jagemann und Friedrike Vohs zeitigte schließlich ein ähnliches Ergebnis. Im März gelang es ihr sogar, für Irritationen zwischen Goethe, Schiller und Herzogin Louise zu sorgen, als Goethe infolge einer Reihe von Mißverständnissen darauf beharrte, die Vohs die Thekla in *Wallenstein* spielen zu lassen, nachdem Schiller und die Herzogin die Rolle bereits der Jagemann versprochen hatten. Als Schiller dann – mit einiger Verspätung – Mitte April *Die Jungfrau von Orléans* beendet hatte, verursachte die Jagemann ein durchaus ernsteres Problem. Beabsichtigt war, die Spielzeit mit diesem neuen Stück zu beschließen, so wie man die Spielzeit 1800 mit *Maria Stuart* beschlossen hatte. Aber der Herzog wollte davon nichts wissen. Warum denn Schiller ihn nicht konsultieren könne, bevor er seine Sujets auswählte, schäumte er. Die Schwierigkeit, die keiner der unmittelbar Beteiligten so recht in Worte fassen konnte, die aber bald allgemein bekannt wurde, lag darin, daß niemand als die Jagemann die Titelpartie spielen konnte; trat sie jedoch als eine Figur auf die Bühne, die von den anderen Personen des Stückes des öfteren als «die Jungfrau» apostrophiert wurde und die Voltaire mit seiner eigenen Behandlung des Stoffes ins Zwielicht gerückt hatte, forderte sie nur subversive Sticheleien heraus. Goethe und Schiller einigten sich auf höfliche Ausreden – die Jagemann war zu zierlich für eine schwere Metallrüstung, die spektakulären Anforderungen an Kostüme, Kulissen und Requisiten überstiegen die Weimarer Möglichkeiten –, und so beugte man sich der höheren Gewalt: Die Uraufführung der *Jungfrau von Orléans* war im September in Leipzig, die Buchausgabe erschien wenig später in Berlin, und die Reize von

Demoiselle Jagemann kosteten Schiller die Tantiemen, die ihm für die Aufführungen des Stückes vor seinem Erscheinen in Buchform zugestanden hätten. Die Angelegenheit kostete auch Zeit. Man mußte diverse Notlösungen finden, um die Lücke im Spielplan der nächsten Saison zu füllen – Goethe schlug Schiller vor, eines seiner alten Lieblingsprojekte zu verwirklichen: die Weimarer Erstaufführung von Lessings *Nathan* –, und obgleich Schiller bereits wußte, welche Tragödie er als nächstes schreiben wollte, vergingen anderthalb Jahre, bevor er sie beenden konnte.

Die andere Obliegenheit, der Goethe sich nicht entziehen konnte, war das Neue Schloß. Endlich trafen die Mittel ein, um dieses lange und kräfteraubende Unternehmen in einem letzten Kraftakt zu Ende bringen zu können. Im Mai war Goethe wieder in Weimar, vor allem, um sich mit Gentz zu beraten, der gekommen war, um sechs Monate an der herrschaftlichen Baustelle zu verbringen. Ziemlich schnell wurde klar, daß diese Zeit nicht reichen würde, und Carl August mußte erneut eine Unmenge von Briefen nach Berlin schreiben, um durch Kabinettsordre des jungen Königs seinen Hofbauinspektor bis Ostern 1802 von seinen Pflichten an der Kunstakademie entbinden zu lassen. Zu diesem Zeitpunkt waren bereits die zwei Hauptflügel des Gebäudes überdacht, die Aufteilung der Räume entschieden und das Haupttreppenhaus nach Arens' Entwurf halb fertiggestellt; Thouret hatte ein halbes Dutzend Zimmer als private Gemächer für die Herzogin eingerichtet. Alles Übrige blieb Gentz überlassen. Dieser legte 1801 einen neuen Plan für das große Treppenhaus vor, das er durch Entfernung einiger Säulen von Arens heller und geräumiger machte, und begann die Arbeit an der Suite Maria Pawlownas und den zwei großen Empfangssälen des Schlosses: dem Ballsaal und dem angrenzenden Foyer. Schon im Februar hatte Gentz den Herzog in die Berliner Werkstätten der Mosaizisten, der Brüder Catel, begleitet und die zwei überredet, vorübergehend einen Zweigbetrieb im Weimar einzurichten; auch Lieferanten von Tapeten und Seidenstoffen fanden sich in Berlin; Spiegel wurden in Paris bestellt; und Gentz und Goethe empfahlen Maler und Bildhauer, die Kunstwerke für das Schloß liefern konnten. Christian Friedrich Tieck (1776–1851), der Bruder des Dichters, ein begabter, aber ungestümer Mensch, kam nach Weimar und schuf Büsten von allen örtlichen Honoratioren; auch hatte Goethe die Freude, den Kontakt mit Philipp Hackert zu erneuern, der den Unruhen in Neapel nach Florenz entflohen war, und bei ihm zwei Landschaften in Auftrag zu geben – im Format 115 × 160 Zentimeter und vorzugsweise Fiesole oder Vallombrosa. Der Spaß koste mit Transport und Verpackung 1500 Taler, kommentierte Carl August trocken; aber man mußte Goethe erlauben, in seinen Erinnerungen zu schwelgen. Mittlerweile waren 325 Arbeiter an dem Projekt tätig, und die Ausgaben beliefen sich auf 4000 Taler wöchentlich. Kammerpräsident Schmidt war entsetzt, als sich abzeichnete, daß die für 1801 veranschlagten 80 000 Taler nicht ausreichen würden, und war auch kaum dadurch zu besänftigen, daß Anna Amalia persönlich 45 000 Taler zuschoß, um die Fortsetzung der Arbeiten zu ermöglichen. Aber Carl August hielt eisern daran fest, daß die Vorteile der russischen Verbindung – die er Baden und sogar Württemberg bereits genießen sah – diesen Preis wert waren.

Die Nachwirkungen einer so schweren Krise wie der vom Januar konnten nicht im Handumdrehen verschwinden, und es war klar, daß Goethe vollkommene Ruhe fern von Weimar und seinen Ansprüchen brauchte. Die Ärzte empfahlen ihm das Brunnenwasser von Pyrmont im Weserbergland, und ein gelegenes Geschenk der Frau Rat in Höhe von tausend Talern, das sie ihrem Sohn im Mai zur Feier seiner Genesung machen konnte, erleichterte Goethe die Reise. Christiane mußte zu Hause bleiben, um sich um Haus und Garten zu kümmern; aber jetzt war die erwünschte Gelegenheit da, August in die größere Welt einzuführen, und etwas von dem Kummer bei Goethes letzter langer Abwesenheit konnte vermieden werden, wenn August mitkam. Indessen konnte August nicht ohne Peinlichkeiten ohne seine Mutter reisen, die rechtlich gesehen sein einziger Elternteil war, und ohnedies rückte die Zeit näher, wo er eingesegnet werden mußte, um Zugang zur Gesellschaft der Erwachsenen zu finden. Goethe entschloß sich daher, sich der Kanzlei zu stellen, und ersuchte Ende April Carl August um die Legitimierung seines Sohnes. Der Herzog beschleunigte das Procedere, so daß er die Bescheinigung am 15. Mai unterzeichnen konnte. Als daher Goethe am 5. Juni zusammen mit seinem Sohn und seinem Schreiber aufbrach, reiste er zur Verblüffung von Torhütern und Polizeibeamten und gemäß dem Witzwort der Schlegels vollkommen korrekt als «Göthe Vater, Sohn und Geist». Die ersten Eindrücke Augusts von der Welt außerhalb Frankfurts und Weimars waren gewiß für letztere schmeichelhaft und denen Wilhelm Meisters vergleichbar. Die kleine Gesellschaft übernachtete in der mittelalterlichen Stadt Mühlhausen, dem Zentrum von Thomas Müntzers Wiedertäuferbewegung und seither wenig verändert, und August, ganz der Sohn seiner Mutter, konnte vor Aufregung kaum zu Abend essen, so begierig war er, mit Geist eine Vorstellung der von seinem Onkel Vulpius bearbeiteten Neuen Arkadier zu besuchen, die für den Abend im «Fleischhaus» angekündigt waren. Wie sich herausstellte, gab es in dem Gebäude keine einzige intakte Fensterscheibe, und die Inszenierung erinnerte an den Stil der Madame de Retti, unter Einbeziehung der Örtlichkeit: Die Schlangen, die sich um eine der Figuren ringeln, waren mit Sand gefüllte Wurstdärme, die am Orchestergraben aufplatzten und die geblendeten Musiker zum Aufhören zwangen. Göttingen aber, an der direkten nordwestlichen Straße nach Pyrmont gelegen und am nächsten Tag auf der von Reinhausen ausgehenden, langen und schnurgeraden Straße durch das Leinetal erreicht, gehörte unverkennbar zu der modernen Welt, die Augusts Vater jetzt bewohnte: «Der alte Charakter einer niedersächsischen Land- und Fabrikstadt ist fast ganz verschwunden», notierte sich Goethe unter dem Eindruck der erfolgreichsten Universitätsgründung des 18. Jahrhunderts in sein Tagebuch. Hier war Goethe nicht der geheimnisvolle oder ehrfurchtgebietende Beamte eines benachbarten Fürstentums, sondern der nationale Held einer aufstrebenden Elite. In Minutenschnelle machte die Nachricht die Runde, daß er in der «Krone» an der Hauptstraße der Stadt abgestiegen sei, und ein preußischer Student der Naturwissenschaften, Achim von Arnim (1781–1831), verabredete sich mit Theodor, einem Sohn Lotte Kestners, und Clemens Brentano, der nach der Publikation seines Jünglingsromans *Godwi*, einem erotisch geladenen *Wilhelm-Meister*-Aufguß, jüngst aus Jena hierhergekommen war, um eine – für Studenten verbotene – Demonstration zu veranstalten. Sie versammelten sich plötzlich unter Goethes Fenster, brachten drei kräftige Hochs aus und verschwanden, bevor man sie aufgreifen oder bevor Goethe, schon im Schlafrock, herunterkommen und ihnen danken konnte. Am nächsten Tag erneuerte er in einer Reihe von Höflichkeitsbesuchen die Bekanntschaft mit den Professoren, darunter Heyne, dem Altphilologen und Oberbibliothekar, Georg Sartorius (1765–1828), dem Historiker und Unterbibliothekar, und Blumenbach, der ihm seinen ersten Meteoriten oder «Aërolith» zeigte (der extraterrestrische Ursprung dieser Steine war damals nicht allgemein anerkannt, und manche Naturwissenschaftler hielten sie für Kristallisationen aus Luft). Ein großer Empfang bei Eichhorn, der seit seinem Weggang von Jena zum unbestrittenen Meister der modernen Bibelkritik herangewachsen war (obgleich sein alter Kollege Griesbach mit ihm noch immer über die Frage des ältesten Evangeliums stritt), brachte eine Fülle neuer Kontakte. Goethe politisierte mit Heyne und dem dubiosen Schlözer (Hannover befand sich ja dank der Personalunion mit Britannien noch immer im Kriegszustand mit Frankreich) und konnte die wichtigsten Einrichtungen besichtigen: die anthropologische, anatomische und mineralogische Sammlung im Museum der Universität; den von Haller angelegten botanischen Garten, in dem bereits eine beträchtliche Anzahl australischer Pflanzen heimisch geworden waren; die neue Entbindungsanstalt; vor allem aber die riesige Bibliothek, von der er sagte: «Man fühlt sich wie in der Gegenwart eines großen Capitals, das geräuschlos unberechenbare Zinsen spendet.» Er bewunderte – weil von unmittelbarem praktischem Interesse für ihn – die Kataloge, das Klassifizierungssystem und die Ausleihordnung, womit er sich bei einem künftigen Besuch gründlicher würde befassen müssen. Goethe versprach sich selbst ein längeres Intervall ungestörten Studiums auf dem Rückweg von Pyrmont, wenn er den vollen Erfolg seines Genesungsaufenthaltes zu spüren hoffte, und mietete von Mitte Juli bis Mitte August Zimmer bei einem Hersteller wissenschaftlicher Instrumente in der heutigen Goetheallee (der die Nachricht sogleich seinem guten Kunden, Professor Loder in Jena, weitererzählte). Er hinterließ in Göttingen einen ausgezeichneten Eindruck, und August, der seine eigenen naturwissenschaftlichen Steckenpferde hatte und seinen Vater zum Sammeln von Versteinerungen auf den nahegelegenen Hainberg schleppte, wußte, wie es Kindern häufig gelingt, die entspannte Atmosphäre zu schaffen, in der er sich von seiner wohlerzogensten, höflichsten und interessiertesten Seite zeigen konnte.

Am 12. Juni zog die Weimarer Gesellschaft weiter und tauchte wieder in die Vormoderne ein: Die Kalksandsteinstadt Einbeck, «sehr alt und rauchig», empfing endlich für eine Nacht den Besuch Goethes, um den sie 1774 geprellt worden war, scheint aber keine Notiz davon genommen zu haben. Sie waren im Land der Gebrüder Grimm, die hier bald begannen, die mündliche Kunst des Märchenerzählens vor der Vergessenheit zu bewahren. In den Wäldern, durch die sie kamen, wohnten freundliche, plattdeutsch sprechende Bauern in grobgewebten Leinenkitteln, die mit ihrem Vieh unter demselben Dach lebten und den Rauch ihres Herdfeuers durch die reich geschnitzte Haustür abziehen ließen. Bei Hameln ging es über die Weser, und endlich erreichte man Pyrmont mit seinem Kurbad, den Gärten, der Spielbank und den Gästen aus aller Welt. Viele Emigrierte fanden nach Pyrmont, um an der Mildtätigkeit der Gräfin von Lille zu partizipieren – die getrennt von ihrem Mann, «Ludwig XVIII.», lebte und von ihm nichts, dafür jedoch eine bedeutende Leibrente des Königs von Spanien bekam – und vielleicht alles, was sie von der Gräfin erhielten, an den Spieltischen zu verlieren. Goethe selbst spielte nicht, doch fiel ihm auf, daß das Getuschel über jene, die es taten, jedes Gespräch verdarb. Im übrigen unterwarf er sich einen Monat lang dem enervierenden Regime zur Behandlung der Hypochondrie in allen Formen der Schwere. Nach dem Aufstehen um sechs trank er bis um acht das Wasser; auf das Frühstück um neun folgte ein Spaziergang durch die städtischen Alleen oder, auf der Suche nach Anschluß, durch den Kurpark; um elf Uhr mußte Goethe jeden zweiten Tag ein Bad nehmen. Das Mittagessen wurde um ein Uhr auf dem Zimmer eingenommen; nach einer ein- bis zweistündigen Mittagsruhe schloß der Tag für gewöhnlich mit einem Ausflug in die Umgebung und der Suche nach Mineralien oder mit der Besichtigung einer Ruine, sofern nicht das Theater aus Hannover etwas Interessantes zu bieten hatte, für gewöhnlich Iffland und Kotzebue. August hatte an allem Freude, vor allem an den langen Stunden im Bett, dem unerschöpflichen Nachschub an Erdbeeren und Kirschen und dem herrlichen Sonnenschein in der ersten Woche. Goethe empfand es anders: «Ich kann wohl sagen daß ich mich in meinem ganzen Leben nicht leicht mißmuthiger gefühlt habe als die letzte Zeit in Pyrmont.» Die Schuld gab er dem Wetter, das sich Ende Juni drastisch verschlechterte: Die anfänglichen vereinzelten Schauer wurden immer stürmischer und beständiger, und Mitte Juli mußte man heizen: «Das Wetter zerstörte alles, Cur und Spazierengehen und Geselligkeit.» Er hatte auch den Verdacht, daß das Wasser seinem Zustand nicht bekömmlich sei, er konnte nachts nicht schlafen, und gewann den Eindruck, daß seine Krankheit und ihre Nachwirkungen mit dieser «Kur» keineswegs überwunden waren. Unterdessen war Christiane ihrerseits unwohl gewesen und vermißte ihn – «Man sollte sich eigentlich gar nicht von dem, was man recht liebt, trennen» –, und Goethe traf zur Entschädigung Vorkehrungen für ein Treffen in Kassel; aber dann ließ Carl August wissen, daß er selbst demnächst nach Pyrmont kommen werde, und bat Goethe, eine Unterkunft für ihn zu besorgen und auf ihn zu warten. Falls der Herzog sich verspätete, mußte der Ausflug nach Kassel ins Wasser fallen. Goethe hatte zweifellos zu Recht den Eindruck, daß er nach seiner Infektion noch immer nicht sein Gleichgewicht wiedererlangt hatte, aber ein Hauptgrund für seine Mißstimmung muß gewesen sein, daß er nur schwer eine sinnvolle geistige Betätigung fand. Das Heilwasser machte ihn benommen und unfähig zum Schreiben. Die Gegend war recht reizvoll und die Gesellschaft interessant: Die Griesbachs kamen aus Jena und wohnten in demselben Haus wie Goethe, ebenso Pastor J. G. Schütz aus Bückeburg, der Bruder von Frau Griesbach und Professor Schütz, im Unterschied zu seinem Bruder «ein sehr unterrichteter und angenehmer Mann». Gleichwohl gab es kein einziges Forum für Diskussionen, keinen Anreiz für Goethes Neugier. Das Bergland, der Teutoburger Wald, rund um Pyrmont bot eine Fülle von Überresten romanischer Kirchen und Klöster und galt als der Schauplatz von Arminius' Sieg über die Legionen des Augustus, und in einer Buchhandlung entdeckte Goethe interessantes Material über die römische Durchdringung des antiken Germaniens; aber er besaß nicht das Auge des Archäologen, der vergangenes Geschehen einer Landschaft lesen konnte – für ihn waren das immer nur Spekulationen, die sich auf einige wenige, beliebig interpretierbare Hinweise stützten. Was er bei allem Kantianismus weiterhin suchte, war die «unmittelbare Anschauung» einer Erscheinung. Wenigstens *ein* außergewöhnliches Phänomen hatte Pyrmont aufzuweisen: die unterirdische «Dunsthöhle», auf deren Boden sich das im Pyrmonter Wasser enthaltene Kohlendioxid in einer unsichtbaren Schicht sammelt, die für verirrte Vögel und Kleintiere tödlich ist. Auf dieser Schicht kann man Seifenblasen tanzen lassen, in ihr brennende Holzscheite löschen. Goethe probierte verschiedene Kunststücke aus und zog das geheimnisvolle «Stickgas» auf Flaschen, um die Versuche zu Hause in Weimar vorzuführen, wo sie ebenso wie in Pyrmont funktionierten. Aber Naturwissenschaft war für Goethe mehr als Kuriositäten und Tricks.

Carl August traf diesmal rechtzeitig ein, und eine Woche später, am Mittag des 17. Juli, war Goethe frei, wie geplant nach Göttingen zurückzukehren. Seine Stimmung hob sich, als er Pyrmont mit seinem unerquicklichen Wasser hinter sich ließ; sie fuhren ununterbrochen bis Mitternacht, schliefen in Dielmissen in ihren Kleidern und forcierten dann das Tempo, so daß sie am Abend des 18. in Göttingen eintrafen. Am nächsten Tag, einem Sonntag, der dem Auspacken in ihrer neuen Unterkunft vorbehalten war, besuchte Goethe gleich morgens Bibliothekar Heyne, und am Montagmorgen begann nach einem Spaziergang an der alten Stadtmauer, die zu einer erhöhten Aussichtspromenade rund um das Stadtzentrum umgebaut worden war, sein erster Arbeitstag in der Bibliothek. Fast einen Monat lang verlief sein Leben jetzt nach immer demselben Muster: eine Sitzung in der Bibliothek, ein nachmittägliches Privatissimum bei einem der Göttinger Naturwissenschaftler, zum Beispiel Blumenbach oder Georg Franz Hoffmann (1761–1826), dem Direktor des botanischen Gartens, ein Spaziergang an der Stadtmauer und am Abend ein geselliges Ereignis im Hause eines Professors, vor allem bei Sartorius, Goethes auserwähltem Cicerone, einer unerschöpflichen Quelle von Geschichten über die Französische Revolution, oder im akademischen Club. Zu den im Juni gemachten Bekanntschaften kamen neue hinzu, unter ihnen der Theologe Stäudlin, Bruder von Hölderlins unglücklichem Mentor, und Achim von Arnim. Man unternahm ein oder zwei Ausflüge, nach dem Dorf Weende und zur dramatisch gelegenen Ruine der Burg Plesse, aber im großen und ganzen begnügte sich Goethe damit, bei den Büchern und Sammlungen der Universität zu bleiben. Er hatte eine lange Liste von Titeln, die er für die Beendigung seiner Geschichte der Farbenlehre einsehen und exzerpieren wollte, und das Bibliothekspersonal half ihm damals wie jetzt bereitwillig, das Gewünschte zu finden und seine Aufmerksamkeit auf anderes einschlägige Material zu lenken. Mit Heyne erörterte er die Briefe Winckelmanns, die er herauszugeben gedachte, Hoffmann gab ihm Nachhilfeunterricht in jenen Zweigen der Botanik, die er bisher vernachlässigt hatte – Farne, Moose und andere blütenlose Pflanzen (Sporenpflanzen) –, und er besuchte das Observatorium, um das sich der verstorbene Lichtenberg so verdient gemacht hatte. Die Wochenenden nutzte Goethe dazu, seine Aufzeichnungen zu ordnen und Zusammenfassungen des Gelernten zu diktieren. Unterdessen war August, der «uns allen liebgewordene Naturforscher», weiterhin ein guter Botschafter seines Vaters und hatte große Freude daran, seine wachsende Sammlung von Versteinerungen zu ordnen und das Schachspiel zu erlernen. Vom Wetter wurde jetzt kaum Notiz genommen, obgleich ein Wolkenbruch am 30. Juli den botanischen Garten überschwemmte. Goethe bedauerte, daß er Wilhelm von Humboldt verpaßte, der auf seinem Rückweg nach Berlin in diesen Tagen durch Weimar kam, aber Göttingen war ein Ersatz sogar für Humboldt. Es könne wohl sein, sinnierte Goethe, «daß die Bibliothek und das akademische Wesen ... mir zur besten Kur gediehen»: «Ich ... befinde mich viel besser als im Anfange da ich hierher kam.» Er hatte nicht nur viele geschichtliche Informationen gesammelt und dafür gesorgt, daß die Bibliothek ihm künftig alle benötigten Bücher nach Weimar schickte; er hatte auch einen entscheidenden Fortschritt bei der Organisation seiner Gedanken zur Farbenlehre gemacht. Er hatte für das ganze Projekt ein hierarchisches Gliederungssystem aus Buchstaben und Zahlen entworfen und einige längere Notizen und Entwürfe zu bestimmten wichtigen Streitfragen darin eingeordnet: die Klassifikation der verschiedenen Formen der «physikalischen» Farbe; die Definition «chemischer» Farben und der mit ihnen zusammenhängenden Prozesse wie insbesondere der «Mischung»; einige Aspekte der Farbe überhaupt, besonders den Prozeß der Steigerung und sein Verhältnis zu den dualistischen Konzepten der Naturphilosophie; und ein jetzt eigens definiertes Gebiet, nämlich die kulturelle und ästhetische Bedeutung der Farbe für den Menschen. Der vielleicht wichtigste Aspekt dieses «Göttinger Schemas» war, abgesehen von der herausragenden Rolle, die der neue Begriff der «Steigerung» in ihm spielte, Goethes Entschluß, im Interesse einer strukturellen Verdeutlichung seiner Argumentation zahlreiche Einzelstudien in den Anhang zu verbannen; als letzte unter ihnen fungierte eine «Darstellung der newtonischen Lehre mit allen falschen, beschwerlichen, captiosen Experimenten». Als allerletztes kam eine «Geschichte der Farbenlehre». Diese zwei Abschnitte entwickelten sich schließlich zum zweiten und dritten Glied einer gewichtigen Abhandlung in drei Teilen. Durch ihre Ausgliederung hielt Goethe sich den Rücken frei, um sich auf die Ausarbeitung seiner eigenen systematischen Entwicklung der Farbphänomene zu konzentrieren.

Am 13. August stattete Goethe der Bibliothek einen besonderen Besuch ab, um dem Personal zu danken und Abschied zu nehmen. Er und August schieden traurig aus Göttingen, «wo es uns in manchem Sinne so wohl gegangen», aber es war jetzt elf Wochen her, daß August seine Mutter nicht gesehen hatte, und auch Goethe freute sich darauf, ihr «einen großen Schaal, nach der neuesten Mode» und «ein recht zierliches Unterröckgen» mitzubringen und in Kassel vielleicht einen Hut und ein Kleid für sie zu kaufen. Am 14. fuhren sie nur bis Dransfeld wenige Kilometer im Süden von Göttingen und verbrachten den Nachmittag mit einer Wanderung auf den Hohen Hagen, einen Basaltgipfel, der Göttingens größtem, aber menschenscheuen Genie Christian Friedrich Gauß (1777–1855) später als Triangulationspunkt für die Vermessung Deutschlands und der Erde diente. Von hier sahen sie zurück auf die Stadt, aus der sie kamen, und genossen den prächtigen Rundblick: im Nordwesten, in Richtung Pyrmont, das Bergland, durch das die Weser sich ihren Weg nach Höxter und Kloster Corvey bahnte; im Nordosten der blaue Harz, überragt vom fernen Brocken; im Osten und Süden die Zwillingsgipfel der Gleichen mit ihren Zwillings-Burgruinen sowie die Burg Berlepsch, die auf ihrem Felsen den dichten Wald überragte. Am nächsten Tag wand sich ihre Straße hinunter zum Zusammenfluß von Fulda und Werra, den Quellflüssen der Weser, in der Fachwerkstadt Hannoversch Münden und weiter nach Kassel, wo Christiane und Meyer bereits wie verabredet eingetroffen waren und zwei Zimmer im Hotel «Posthaus» genommen hatten, das von der Verwandten eines Nachbarn in Weimar geführt wurde. Goethe und Meyer wollten natürlich die Kunstsammlung des Landgrafen und die römischen Altertümer in seinem Museum besichtigen, doch war auch Zeit für einen Ausflug mit August zur Wilhelmshöhe, in den Park mit den Springbrunnen und den künstlichen Wasserfällen, die um diese Zeit in Betrieb waren. Am 21. fuhren sie alle zusammen durch den Kaufunger Wald und vorbei an der großen Kuppe des Hohen Meißners (750 Meter) nach Creuzburg und weiter nach Eisenach, wo sie die Wartburg besichtigten und Goethe sich früherer, einsamerer Tage entsann. In Gotha, wo sie am 24. ankamen, wünschte Prinz August Goethe für einige Tage zu Gast zu haben, so daß die Familie sich taktvollerweise gleich nach Weimar weiterverfügte, während der Prinz seine kleine Überraschung organisierte: ein mittägliches Geburtstagsmahl am 28. mit einem mächtigen Kuchen, hereingetragen von den sämtlichen fürstlichen Lakaien und mit 53 Kerzen besteckt (eine für das eben begonnene Lebensjahr), die aber leider so viel Hitze verbreiteten, daß sie sich gegenseitig niederschmolzen. Nicht minder erfreut wird Goethe über das Gedicht gewesen sein, das sein Sohn ihm hinterlassen hatte, und am 30. war die ganze Familie wieder in Weimar vereinigt.

Böttiger fand, der heimgekehrte Goethe sehe «gesund wie ein Fisch im Wasser» aus. Schiller war vorsichtiger und meinte nur, er sehe besser aus als bei seiner Abreise. Er war noch immer nicht der alte, doch konnte er seine Genesung durch einen ruhigen September in Weimar fortsetzen, in dem nur der Besuch Marianne Meyers eine Abwechslung war (die, mittlerweile in den Adelsstand erhoben, als Frau von Eybenberg in morganatischer Ehe mit einem Fürsten von Reuß lebte). In der Reaktion auf die kulturellen Veränderungen, die mit der Endphase des Zerfalls des alten Reiches einhergingen, konnte Goethe eine gewisse Kriegsmüdigkeit nicht verhehlen. Im Herbst 1801 mußte er sich endgültig damit abfinden, daß die *Propyläen* nicht mehr zur Bekanntgabe der Preisaufgaben für das nächste Jahr und zur Besprechung der eingereichten Arbeiten des laufenden Jahres zur Verfügung standen; diese Informationen sollten künftig in der *ALZ* erscheinen. Ja, als er auch den Plan zu einer neuen Zeitschrift anstelle der *Propyläen* «renunciren» mußte, stellte er fest, daß er erleichtert war, dieser Bürde ledig zu sein, und keine Lust verspürte, sich eine neue aufzuladen. Zu derselben Zeit scheint er auch das Interesse an einer literarischen Preisaufgabe – eine Intrigenkomödie – verloren zu haben, die das letzte Heft der *Propyläen* angekündigt hatte. Nachdem er zu dem Schluß gekommen war, daß keine der eingereichten Arbeiten, nicht einmal Brentanos *Ponce de Leon*, den Mindestanforderungen an Bühnenwirksamkeit entsprach (ein Urteil, das die Nachwelt bestätigt hat), konnte er sich nicht einmal zu der öffentlichen Mitteilung der Entscheidung aufraffen, keinen Preis zu vergeben. Diese Trägheit war bedauerlich; wie sich zeigen sollte, war dies nicht die Zeit, potentielle Freunde des Weimarer Theaters vor den Kopf zu stoßen, zum Beispiel Brentano oder Johann Friedrich Rochlitz (1769–1842), einen einflußreichen Schriftsteller und Musikkritiker in Leipzig, von dem Goethe schon einige mit Erfolg aufgeführt hatte. Eine ähnliche Nachlässigkeit ließ Goethe sich auch bei der ersten Aufgabe zuschulden kommen, die er nach der Rückkehr aus Pyrmont und Göttingen in Angriff nahm: dem Einrahmen, Ausstellen und Besprechen der Arbeiten, die für die dritte Preisaufgabe eingereicht worden waren – der ersten, an der sich ein wirklich genialer Künstler beteiligte. Der Preis wurde wie im Jahr 1800 geteilt – zwischen zwei Professoren, die am neuen Schloß mitwirkten. Die überragende Zeichnung *Achills Kampf mit den Flüssen* von Philipp Otto Runge (1777–1810) wurde von Meyer als «unrichtig und manieriert» verworfen, und man empfahl dem Künstler, «ein ernstes

Studium des Altertums». Die Entscheidung war ein Skandal, und zweifellos war es falsch von Goethe, sie mitzutragen, wenngleich nicht aus dem Grund, den ein empörter Runge seinem Vater schrieb: «Wir sind keine Griechen mehr ... wie können wir denn auf den unseligen Einfall kommen, die alte Kunst wieder zurückrufen zu wollen?» Dieselbe Kritik hatte bereits Schadow öffentlich gegen Goethes *Flüchtige Übersicht über die Kunst in Deutschland* vorgebracht, die Goethe jetzt zum ersten Mal las: «Homeride sein zu wollen wenn man Goethe ist! hätte ich doch die Macht, diese unverzeihliche Bescheidenheit zu verbieten!» Freilich war es Goethe 1801 ebensowenig wie ein Jahr zuvor um die Wiederbelebung der griechischen Kunst zu tun. So mag Meyer ihr Gemeinschaftsunternehmen verstanden haben; Goethe hingegen glaubte noch immer an eine Harmonie von alter und neuer Zeit, die durch das Streben nach dem (unzugänglichen) Ideal erreichbar war, und er hatte mit Recht den Eindruck, daß das keine persönliche Grille, sondern eine «gute Sache» war, an die viele glaubten, auch wenn sie sie anders formulieren mochten. Für diese Sache war er, bei aller Müdigkeit, noch immer bereit zu kämpfen. Er wollte nicht, wie Herder in einer neuen Folge seiner *Briefe zur Beförderung der Humanität*, auf den Wandel der Zeit nur mit «Bitterkeit ... und ... Trauer» reagieren. Während in Paris und Regensburg weiter über die Zerstückelung jenes Deutschlands verhandelt wurde, in dem und für das er gelebt hatte, stürzte er sich in einen letzten, trotzigen Versuch, vom ursprünglichen Programm der *Horen* zu retten, was zu retten war. Aber er unternahm diese letzte, ernsthafte Bemühung um die Harmonie von Alt und Neu nicht auf dem Gebiet der bildenden Künste, auf das er nur indirekt Einfluß nehmen konnte, und auch nicht für die diffuse Leserschaft des gedruckten Wortes, die schon die *Horen* und die *Propyläen* im Stich gelassen hatte, sondern mit dem begrenzten und ausgewählten Publikum seines Weimarer Theaters.

Die philosophischen und politischen Überlegungen hinter Goethes Programm für das umgebaute Weimarer Theater werden für gewöhnlich unterschätzt, so wie die Nachahmung des Altertums in ihrer Bedeutung für gewöhnlich überschätzt wird. Goethe war der Anführer einer Partei, auch wenn er alles tat, es zu verbergen. Ungeachtet ihrer persönlichen Differenzen verband Goethe, Schiller, die Schlegels, Schelling – sowie dessen kaum beachtete Freunde Hegel und Hölderlin – und sogar den verbannten Fichte der Glaube an die verändernde Macht des Idealismus: «wir bekannten uns zu der neuern strebenden Philosophie und einer daraus herzuleitenden Ästhetik», schrieb Goethe später in den *Tag- und Jahresheften*. Als säkulare Theologie der Beamtenklasse wurde der Idealismus jedoch literarisch, künstlerisch und philosophisch von einem selbstgefälligen und politisch unrealistischen Bürgertum bekämpft, das weder zum Kompromiß noch zur Konfrontation mit seinen politischen Herren bereit war. Die Bewunderer von Iffland und Schröder, Kotzebue und Lafontaine – die «Gegenpartei», die Goethe in den *Tag- und Jahresheften* diskreterweise nicht beim Namen nennt – waren blind für die Subtilität, womit die neue ästhetische Philosophie besonders nach der Reaktion von 1798 versuchte, die aristokratische Kultur des Absolutismus auszustechen: Goethe, Schiller und Schelling bezweckten mit ihrer erklärtermaßen elitären Kunst nicht einen höfischen Stil, sondern die Manifestation der idealen Schönheit – etwas, das nur dem Verständnis der akademisch und philosophisch gebildeten Beamtenschaft zugänglich war. Carl August wünschte sich für sein Hoftheater französische Schicklichkeit und bekam das griechisch oder jedenfalls Kantisch Erhabene. Das antiidealistische Lager konnte ebensowenig wie der Herzog den Unterschied erkennen und sah in der ästhetischen Schule lediglich Liebedienerei vor dem Despotismus. Aber dieses selbstgerechte Urteil basierte noch auf einem weiteren, einem politischen Mißverständnis. Dalberg hatte schon vor Jahren dem Modernisierer Humboldt klargemacht, daß es nach der Verfassung des alten Reiches keinen vollendeten Despotismus geben könne, zumindest in den kleineren Staaten nicht, weil der Territorialsouveränität Grenzen gesetzt waren durch übergeordnete Reichs- und Kirchenjurisdiktionen, die Leichtigkeit der Auswanderung und die Notwendigkeit der Souveräne, mit ihren Nachbarn auf gutem Fuße zu leben. Die Beamten in teilweise souveränen Staaten wie Weimar, Mainz und Württemberg konnten sich einem gemeinsamen idealen Ziel verpflichtet und idealiter einem einzigen Publikum zugehörig fühlen, weil sie in der politischen Realität nicht ganz voneinander abgeschnitten waren und eine rudimentäre Form der Staatsbürgerschaft miteinander teilten. Die tiefste Enttäuschung, die Goethe erleben mußte, war, daß die Kultur der Beamten nach dem Zerfall des Reichs in autarke Territorien nicht mehr beanspruchen konnte, die Kultur eines idealen und überlokalen Gemeinwesens zu sein. Entweder mußte aus ihr eine Sache der Selbstbildung von Individuen werden, die ihren jeweiligen Staat seinen eigenen despotischen Anschlägen überließen, oder sie mußte verkümmern und das kulturelle Feld dem politisch nicht beteiligten Bürgertum überlassen. Als im September 1801 die letzte vollständige Spielzeit des Weimarer Theaters zu Lebzeiten des alten Reichs begann, versuchte Goethe – wie im Bewußtsein, daß dies seine letzte Chance sein würde – ein Publikum zu schaffen, das sich kollektiv bewußt war, gemeinsam ein ideales Ziel zu verfolgen. «Unsere Literatur hatte, Gott sei Dank, noch kein goldenes Zeitalter, und wie das Übrige so ist unser Theater noch erst im Werden», schrieb er einige Monate später zu seiner Rechtfertigung – und gab damit zugleich ein Urteil über alles ab, was er und Schiller bisher erreicht hatten. «Man sollte nicht gerade immer sich und sein nächstes Geistes-, Herzens- und Sinnesbedürfniß auf dem Theater zu befriedigen gedenken; man könnte sich vielmehr öfters wie einen Reisenden betrachten, der in fremden Orten und Gegenden ... nicht alle Bequemlichkeit findet, die er zu Hause seiner Individualität anzupassen Gelegenheit hatte.»

Das Signal für den gemeinsamen Ausflug auf unvertrautes Gelände gab ein Gastauftritt der Iffland-Schülerin Friederike Unzelmann. Goethe fand die acht Vorstellungen mit ihr zwischen dem 21. und 30. September wichtig genug, um Schiller aus Dresden zurückzurufen, wo er mit seiner Familie sechs Wochen bei Körner verbracht hatte. Dabei war Goethe ihre für Weimarer Verhältnisse beispielhafte Vielseitigkeit und kollegiale Weltläufigkeit als Schauspielerin wahrscheinlich weniger wichtig als das von ihr gewählte Programm: drei bürgerliche Lustspiele und eine Verstragödie von Kotzebue, *Emilia Galotti* und *Minna von Barnhelm* von Lessing und *Maria Stuart* und *Wallensteins Lager* von Schiller. Diese gleichmäßige Berücksichtigung des Unterhaltsamen und des Anspruchsvollen sollte die Zauberformel sein, mit der Goethe hoffte, im kommenden Jahr das Publikum zurückzugewinnen und mit den Erzeugnissen der idealistischen Ästhetik bekannt zu machen. Während des Gastspiels der Unzelmann bot Einsiedel – noch immer durch seine Spielleidenschaft verarmt und froh um jedes Honorar – dem Weimarer Theater seine Übersetzung der *Brüder* des Terenz an, und Goethe sah die Möglichkeit, das Stück als Maskenspiel zum Geburtstag der Herzogin aufzuführen, wie ein Jahr zuvor *Paläophron und Neoterpe*. Die Masken – die nur Augen, Wangen und Mund frei ließen – wurden nach Vorbildern aus Herculaneum angefertigt und erwiesen sich als unabdingbar für den komischen Effekt: Die Aufführung wurde zu einem überraschend erfolgreichen Start in ein Jahr der Experimente und brachte immer ein ausverkauftes Haus, und das, obgleich der Bruch mit der bequemen naturalistischen Iffland- und Kotzebue-Manier kaum eklatanter hätte sein können. Ein abstrakteres Mittel, um das Publikum zu distanzieren und seine Aufmerksamkeit auf die Rolle der Kunst und des Technischen im Theater zu lenken, war der Blankvers (der noch immer eine Neuheit war, auch für die Schauspieler), und *Nathan der Weise*, Ende November in Schillers Bearbeitung aufgeführt, erwies sich nicht als Lückenbüßer, sondern als mutiges Gegenstück zu den *Brüdern* und Indiz für die höchst ungewöhnliche Wende, die das Weimarer Repertoire jetzt nahm. Aber *Nathan der Weise* ist ein Stück der Ideen, und zwar jener Ideen, die für die «neuere strebende Philosophie» grundlegend waren, und obgleich Goethes unterkühlte und komplexe Inszenierung sich schließlich auf dem Spielplan behauptete, wurde das Stück zunächst bedenklich zurückhaltend aufgenommen. Die Herders freilich bewunderten es von Anfang an – hauptsächlich darum, weil es bewies, wie sehr es mit dem deutschen Drama seither bergab gegangen war.

Vor und nach der Woche, die er zur Vorbereitung der Uraufführung der *Brüder* in Weimar verbringen mußte, brachte Goethe drei Wochen in Jena zu, wo er seit seiner Krankheit fast gar nicht mehr gewesen war. Für zwei herbstliche Monate fand sich noch einmal fast die ganze alte Besetzung ein; aber es war nur mehr ein Epilog. Caroline Schlegel war im April zurückgekommen, zwei Monate, nachdem ihr Mann von Braunschweig nach Berlin gegangen war, wo er wie Fichte hoffte, sich als Dozent durchzuschlagen; er kam von August bis November zu ihr. Begegnungen mit Friedrich Schlegel und Dorothea Veit verliefen verkrampft: «Er sah Augustens Bild stehen mit dem Schleyer bedeckt», schrieb Caroline ihrem Mann, als sein Bruder sie im Mai aufsuchte, um sich ein Buch zu leihen, «und ich nahm wahr, daß er es ahndete, aber er hob diesen Schleyer nicht, so wenig wie den, der über unsern Verhältniß liegt»; «es ist ja nur zu klar [...] daß Karoline [...] nichts anderes [will] als mich in Deinem Herzen auslöschen», schrieb Friedrich Schlegel seinem Bruder. Er hatte Grund, verbittert zu sein; denn eben war seine älteste Freundschaft zu Ende gegangen, die seit 1792 gewährt hatte: Am 25. März 1801 hatte er am Krankenbett des schwindsüchtigen Novalis gesessen, dessen Lebensmut gebrochen war, seit ein jüngerer Bruder bei einem Badeunfall ertrunken war, und hatte ihn sterben sehen. Der erste Teil des *Heinrich von Ofterdingen* mit dem Untertitel «Die Erwartung» war fertig, doch vom zweiten Teil, «Die Erfüllung», gab es nur wenige Seiten. Immer weniger hatte Jena, ja hatte ganz Deutschland Friedrich Schlegel zu bieten. Eine kurze Liaison mit Sophie Mereau trug ihm lediglich die lebenslange Feindschaft Clemens Brentanos ein. Er gewann einigen Kredit an der Universität zurück, als er sich in einer Disputation, die seine Widersacher ihm aufgrund einer in Vergessenheit geratenen Bestimmung aufgezwungen hatten, glänzend aus der Affäre zog, aber da war er schon als schlechter Dozent abgestempelt und hatte offensichtlich keine akademische Zukunft. Die gesammelten Aufsätze zur Literaturkritik, die er und sein Bruder 1801 in zwei Bänden erscheinen ließen, richteten sich an die Welt, nicht an die Wissenschaft. Als August Wilhelm Schlegel im November endgültig nach Berlin ging, folgte ihm Friedrich einen Monat später nach; im Januar 1802 reiste er nach Dresden weiter, wo die treue Dorothea Veit zu ihm zog. Die Phase, in der Jena das deutsche Geistesleben dominiert hatte, näherte sich ihrem Ende. «Unsre Gelehrten», befand Voigt, hätten es » im Durchschnitt genommen, freilich sehr mit den Regenten verdorben», und obgleich der Vorwurf nicht allein sie betraf, waren die Gelehrten in Bewegung geraten. Der Geist des alten Reiches hatte sich über die in den rivalisierenden Staaten zerstreuten Akademien verteilt. In der neuen Welt nach Lunéville bestimmte der politische Einfluß von Metropolen wie Wien, Berlin und Paris auch die geistige Geographie. Vor allem dank der in Jena geleisteten Arbeit war der Kantianismus selbst, das Gefäß der inneren Revolution Deutschlands, in diverse Richtungen zerfallen und nicht mehr der selbstverständliche Sammelpunkt der jüngeren Generation. Ein Journal wie die *ALZ*, die sich noch an die reine, ursprüngliche Lehre hielt und die nachkantianischen Verirrungen nicht mitmachte, war jetzt ebenso komisch altmodisch, wie es zwanzig Jahre zuvor Nicolai gewesen war. In der hereinbrechenden Abenddämmerung Jenas hob die Eule der Minerva ihre Schwingen, und Hegel, unbekannt und praktisch noch ohne Publikationen, kam im ersten Monat des neuen Jahrhunderts auf die Einladung Schellings, nach dessen Weihnachtsbesuch bei Goethe bei ihm zu wohnen.

Schelling brauchte Gesellschaft; wohl war die dunkelste Zeit für ihn vorbei, als Caroline Schlegel zu ihm zurückkam, doch von der Krise des vergangenen Jahres erholte er sich nie mehr ganz. Sein Denken war an einem Wendepunkt angelangt, und er mag den Eindruck gehabt haben, daß eine Diskussion mit seinem alten Freund ihm den Weg nach vorne weisen werde. Er hatte eigentlich zwei philosophische Systeme publiziert – das der Naturphilosophie und das des Transzendentalen Idealismus – und hatte jetzt den Anspruch einzulösen, daß es in Wirklichkeit nur die zwei komplementären Seiten eines einzigen Systems waren. Was war jene letzte Wirklichkeit, die entweder als die Selbstentfaltung der Natur oder als die Selbstentdeckung des Geistes dargestellt werden konnte? Wenn Natur und Geist letzten Endes ein und dieselbe Sache waren – «absolute Identität» hieß das Stichwort –, was war diese Sache? Wenn sie Alles war, enthielt sie vermutlich auch Gegensätze wie Subjekt und Objekt in sich. Wenn sie aber Gegensätze endlicher Dinge in sich enthielt, war nicht recht zu sehen, wie sie eine mit sich selbst identische Einheit sein konnte. Vielleicht bedurfte es doch eines vollkommen neuen Systems, um das Muster von Gegensatz und Identität in den Duplizitäten zu erklären, die Schelling bisher so großzügig in beide Felder seines Denkens ausgesät hatte. 1801 wirkt Schelling bei der Befassung mit dieser Frage ungewohnt zögerlich, ja defensiv. Eine *Darstellung des Systems meiner Philosophie*, die im Mai herauskam (und gleich von Goethe gelesen wurde), führt zwar die neue Terminologie der «Identität» ein, bietet aber im übrigen nur eine Rekapitulation früherer Gedankengänge. Dann wandte er sich seiner Schrift *Bruno oder über das göttliche und natürliche Prinzip der Dinge* zu (sie erschien 1802, und Goethe meinte: «Was ich davon verstehe … ist vortrefflich und trifft mit meinen innigsten Überzeugungen zusammen»); sie behauptet die Identität von Denken und «Anschauung», Realismus und Idealismus, Gott und Natur, bedient sich jedoch der weniger strengen Form des Zwiegesprächs und stützt sich auf die Neuinterpretation älterer platonischer, spinozistischer und trinitarischer Theologien. (Der Vater ist die unzugängliche und unerkennbare Identität von Unendlichem und Endlichem; der Geist ist der unendliche Prozeß, der alle Dinge verbindet; endliche Dinge – Schelling vermeidet den direkten Bezug auf den Sohn – sind Gott, der die Begrenzungen der Zeit erleidet, und so fort.) Nachdem er ein System nach seiner Zufriedenheit konstruiert hatte, scheint Schelling, kurz gesagt, das Interesse an den von Kant und Fichte aufgeworfenen erkenntnistheoretischen Grundfragen verloren zu haben, die ursprünglich sein Ausgangspunkt waren. Vielleicht war er einfach erschöpft. Hegel scheint dagegen ein gutes Gespür dafür gehabt zu haben, daß das Ende einer Epoche eine Zeit der Chancen war. 1801 absolvierte er in Rekordzeit die Vorstufen einer akademischen Karriere. Am 27. August, seinem 31. Geburtstag (die Köche in Gotha bereiteten gerade die Torte für Goethe vor), verteidigte er seine Dissertation über ein Thema aus der Naturphilosophie und erwarb damit das Recht, als Privatdozent an der Universität zu lehren. Im Dezember erschien seine erste große Schrift, die Kritik eines neuen Buches von Reinhold, der behauptete, die Systeme von Fichte und Schelling seien ununterscheidbar und das Zeitalter der philosophischen Revolutionen habe nunmehr, mit Reinholds eigener Konversion zur Philosophie Bardilis, seinen Abschluß erreicht. In seiner *Differenz des Fichteschen und Schellingschen Systems der Philosophie* gab Hegel eine erste Kostprobe seiner Vehemenz und Findigkeit in Kontroversen: Den Schluß des Buches bildete der geistreiche Beweis, daß nicht nur die Systeme Fichtes und Schellings verschieden, sondern auch, daß das neue System Bardilis und das alte System Reinholds das gleiche waren. Hegels Hauptargument war jedoch, daß bei Fichte die Denknotwendigkeit der Identität von Subjekt und Objekt lediglich ein Stadium in der Entwicklung des Subjekts ist, während sie bei Schelling jeden Aspekt seiner Philosophie durchdringt – was freilich weniger als leidenschaftslose Lektüre Schellings denn als Programm eines eigenen, Hegelschen Systems anmutet. Die neue Zeitschrift, zu der die zwei Freunde im Winter 1801/02 den Verleger Cotta überredeten, das *Kritische Journal der Philosophie*, sollte eigentlich von beiden gemeinsam herausgegeben werden, wurde aber bald praktisch ausschließlich von Hegel geschrieben. Die Ankündigung des ersten Heftes im Dezember in der *ALZ* wischte die Debatten der letzten zehn Jahre mit einer selbstbewußten Forschheit vom Tisch, die eher Hegel als Schelling entsprach. Das öffentliche Interesse an der Philosophie sei im Schwinden begriffen, erklärten die Herausgeber, aber gerade darum habe die «wahre Wissenschaft» jetzt die Gelegenheit, auf sich selbst zu reflektieren und sich für immer jeder «Unphilosophie» zu entschlagen. Ein Jahrzehnt lang sei Popularphilosophie kaum mehr gewesen als der moralistische Ersatz für das Engagement in einem politischen Aufruhr, der die Anliegen der deutschen Intellektuellenschichten souverän ignorierte. Jetzt hatte Hegel den Weg zu einer völlig neuen Konzeption gefunden. Philosophie war kein Instrument, womit gebildete und wohlmeinende Menschen (und nur sie) das menschliche Leben bessern konnten, wie sogar Hegel selbst einst geglaubt hatte; sie war das menschliche Leben selbst, richtig und umfassend verstanden. In dem Jahr, in dem Beethoven sein c-moll-Klavierkonzert vollendete und zu Beginn seiner mittleren Schaffensphase neue Autonomie und Würde für den musikalischen Ausdruck einforderte, lernte Hegel, in der Philosophie wie in der Kunst oder der Religion eine sich selbst genügende, weil allumfassende Weise zu sehen, alles zu leben, zu erkennen und darzustellen.

Als Hegel, von Schelling eingeführt, Goethe am 21. Oktober um elf Uhr morgens im Alten Schloß zu Jena seinen ersten Besuch abstattete, hatte Goethe die ersten Stunden des Tages bereits an *Die natürliche Tochter* gewendet, einen Plan, zu dem er nach fast zweijähriger Pause wieder zurückkehrte. Mit dem Aufenthalt in Jena wollte Goethe zweifellos herausfinden, ob er mit diesem alten Projekt genauso schnell vorankommen würde wie in den zwei Jahren zuvor um dieselbe Zeit mit *Mahomet* und *Tancred*, zwei Blankversfragödien, die beide auf ihre Art vorbereitende Übungen für *Die natürliche Tochter* waren. Vielleicht bekam er auch dieses neue Stück bis zum Geburtstag der Herzogin Louise fertig. Er wollte auch Schellings Rat wegen seiner Übersetzung von Theophrasts *De coloribus* einholen und sich die Anwesenheit August Wilhelm Schlegels zunutze machen, um mit diesem die Einbeziehung seines neuen Versdramas *Ion* – sehr frei nach dem Euripides – in die experimentelle Weimarer Spielzeit zu besprechen. Ferner war der Bericht über die Kunstausstellung zu entwerfen, und außerdem gab es zahlreiche kleinere gesellschaftliche Verpflichtungen. Er wollte den Nachfolger Hufelands auf dem Lehrstuhl für Medizin, Karl Gustav Himly (1772–1837) kennenlernen, einen Augenarzt, von dem er sich Hilfestellung bei seiner Farbenlehre erhoffte, der sich aber leider als Gegner der modernen Philosophie entpuppte: Eine anfängliche Bedenklichkeit in dieser Sache zieme sich «jedem Erfahrungsmanne», meinte Goethe, aber sie müsse sich bei ihm, solle er nicht zum Philister werden, «in eine stille vorsichtige Neigung auflösen». Fesselnd fand er auch Gabriel Henry (1752–1835), den französischen Priester und selbsternannten Kaplan der etwa sechzig Jenaer Katholiken – hauptsächlich Studenten, Emigrierte und Domestiken aus Erfurt. Goethe hatte Henry zwar bei der Ausschmückung seiner Kapelle zu helfen gesucht, aber Henrys Bewerbungen um eine Französischprofessur waren regelmäßig auf taube Ohren gestoßen, und so hatte er sich statt dessen zufriedenstellende Privateinkünfte aus schriftstellerischer Tätigkeit verschafft. Im Zuge des Konkordats, das in Rom im Juli ausgehandelt worden war, allerdings erst im April 1802 verkündet wurde, erging an emigrierte Geistliche die Einladung, nach Frankreich zurückzukehren. Henry jedoch erregte die Aufmerksamkeit Bonapartes wie Goethes, als er darauf verzichtete, eine einträgliche Domherrnpfründe anzutreten, und es vorzog, im Exil zu bleiben und die kleine Herde zu betreuen, die sich ihm anvertraut hatte. (Weltliche Emigrierte waren weniger gewissenhaft: Mounier hatte bereits die englischen Zöglinge seines Erziehungsinstituts im Belvedere verlassen, das Carl August dann in eine Militärakademie für Deutsche umwandelte; sein Sohn war in Bonapartes Armee eingetreten.) Eine demonstrativ tolerante Haltung in Religionsdingen verbesserte vielleicht die Chancen Weimars, eine orthodoxe Braut für Erbprinz Carl Friedrich zu gewinnen: Ohne Zweifel wurde Henry im Vorübergehen erwähnt, als Goethe die heikle diplomatische Aufgabe hatte, einem Hofrat aus Sankt Petersburg die verschiedenen Einrichtungen der Universität zu zeigen. Der Besuch war privat, aber Carl August und Voigt verfolgten ihn genau; man rechnete offenbar damit, daß er zu einem Bericht über die Tauglichkeit des Herzogtums als Heimat für eine hochkultivierte Prinzessin führen werde. Vergnüglicher muß Goethe die Gesellschaft der jüngeren Generation erschienen sein: Einer Bitte seiner Mutter entsprechend mußte er nicht weniger als drei Schlossers eine hilfreiche Hand leihen, die im Winter in Jena zu studieren begannen; der älteste war ein Sohn Georg Schlossers und Johanna Fahlmers, die anderen zwei waren Söhne von Georgs älterem Bruder Hieronymus Peter. Eine besondere Neigung faßte er zu dem jüngsten, Christian Heinrich Schlosser (1782–1829), den Frau Rat «sehr überspannt» fand und der ein fanatischer Schellingianer war. Da auch Voß zwei Söhne als Erstsemester in Jena hatte, entstand ein sonderbares Amalgam aus Reminiszenzen an Persönlichkeiten aus Goethes eigener Jugend und einem Vorschein der künftigen Welt. Es gab auch junge Damen, für die Goethe gefährliche Onkelgefühle zu entwickeln begann: Wilhelmine («Minchen») Herzlieb, die Pflegetochter der Frommanns, und Silvie, das jüngste Mitglied der Familie Ziegesar.

Unter dem Eindruck der «immer neuen jenaischen Jugend» dämmerte es Goethe, «was man für ein interessantes Werk zusammenschreiben könnte, wenn man das, was man erlebt hat, mit der Übersicht, die einem die Jahre geben, mit gutem Humor aufzeichnete!» Die Saat seiner Autobiographie, 1797 in Frankfurt gesät, begann aufzugehen. Schon wurde die Zukunft sichtbar, die Generation, die einst die Ereignisse und die Meinungen und die Gesellschaft gestalten würde, inmitten derer er – gute Gesundheit vorausgesetzt – alt werden würde. Als er wieder in Weimar war, sah er zum ersten Mal, wahrscheinlich ohne ihn recht zu bemerken, einen literaturbeflissenen Engländer mit besten Verbindungen, den jungen Henry Crabb Robinson (1775–1867), der stumm vor Staunen neben dem Manne saß, der in seinen Augen vielleicht «*the greatest poet of his age* [der größte Dichter seiner Zeit]» war und den er so «*oppressively handsome* [bedrückend gutaussehend]» fand. Mitte Oktober trat Friedrich Müller (1779–1849), dem Goethe «von weitem dem Jud Meinzer» glich und aussah «wie ein bedächtiger kluger Kaufmann», als kleiner Justizbeamter in die Weimarer Verwaltung ein – ein Posten, den ihm ein Bruder Henriette von Egloffsteins verschafft hatte. August, nunmehr problemlos «von Goethe», war bei Gesellschaften begehrt, besonders als Begleiter des jungen Prinzen Carl Bernhard und diverser junger Egloffsteins; er lernte Klavierspielen, konnte sich als Tänzer sehen lassen und leistete sich wohl nur einmal das Heldenstück (wenn es stimmt), hintereinander siebzehn Gläser Champagner zu leeren, was Frau von Stein entsetzte; jedenfalls konzentrieren sich seine eigenen Schilderungen dieser Ereignisse auf Zuckerzeug, Apfelkuchen und das Spiel mit einer Laterna magica. Er dachte naturgemäß nicht an seine Zukunft; aber sein Vater tat es. Es war Goethe wohl nicht entgangen, daß Henriette von Egloffstein drei ihrer vier Töchter nach Weimar mitgebracht hatte und daß alle etwa in Augusts Alter waren; er wird es gebilligt haben, daß sein Sohn mit den Vettern dieser heiratsfähigen jungen Damen befreundet war, und zweifellos hielt er es für nützlich, mit ihrer Mutter auf gutem Fuße zu stehen. Ein neuer gesellschaftlicher Vorstoß tat not. Zudem konnte sein Bemühen, die aristokratische Reaktion durch Einimpfung eines geistigen Gehalts zu verwandeln, nur dann gelingen, wenn es über den Bereich des Theaters hinausging. Er war kein regelmäßiger Gast bei Fräulein von Göchhausens kurzweiligen morgendlichen Samstagskaffees, aber im Herbst 1801 tauchte er auf einmal auf, vielleicht auf der Suche nach einer Gelegenheit oder einer Eingebung. Und plötzlich, Mitte Oktober, gab er die Gründung eines neuen

«Kränzchens» gegen den Trübsinn des Winters bekannt; man wolle sich alle zwei Wochen mittwochs nach dem Theater in seinem Haus zu Souper und Dichtung treffen. Die bürgerliche (und revolutionäre) Bezeichnung «Klub» wurde vermieden, und die gesellschaftlichen Realitäten sollte eine literarische Fiktion verbergen: Es sollte eine Art mittelalterlicher cour d'amour («Liebeshof») sein, und Goethe bestimmte – vielleicht in unklarer Erinnerung an das einstige Frankfurter Mariage-Spiel –, es sollten keusche Galanterien zwischen Partnern ausgetauscht werden, die einander für eine Saison zugelost wurden. Goethe besorgte persönlich und definitiv Auswahl und Zuordnung der vierzehn Mitglieder, und die Absicht des Kränzchens, eine ganz bestimmte Familie zu umwerben, hätte nicht deutlicher sein können. Auf der einen Seite gab es die Intellektuellen – die Schillers, die Wolzogens und Johann Heinrich Meyer (verbunden mit Fräulein von Göchhausen) – sowie als vermittelndes Paar Einsiedel und Amalie von Imhoff; auf der anderen Seite nicht weniger als fünf Egloffsteins und eine nicht mit ihnen verwandte Hofdame. Goethe erwählte Henriette von Egloffstein zu seiner eigenen Partnerin und entwarf die «Statuten» des Kränzchens; Gäste sollten erlaubt sein, vorausgesetzt, sie waren allen Mitgliedern angenehm, so daß bei Gelegenheit auch die Herzogsfamilie hinzugezogen werden konnte. Die Damen hatten für die Speisen zu sorgen, die Herren für den Wein, und alle politischen und umstrittenen Themen sollten aus den Gesprächen verbannt sein. Der Gesang sollte gepflegt werden, besonders wenn es neue Worte zu alten Weisen waren.

Dieses dichterische Element hat Goethes seltsam ungelenken Versuch einer Fusion der gesellschaftlichen und der literarischen Elite Weimars vor dem Vergessen bewahrt. Die abendlichen Diskussionen scheinen mühsam und gequält verlaufen zu sein, aber die Mittwochskränzchen befreiten Goethes lyrische Begabung, die an der Herausforderung wuchs, zu vorgegebenen, aber einfachen Metren Verse zu erfinden. Er hatte nichts zum neuesten, von Tieck und August Wilhelm Schlegel betreuten *Musen-Almanach* beizusteuern vermocht und hätte sich ohnedies in der Gesellschaft von Novalis' postum veröffentlichten *Geistlichen Liedern* nicht wohlgefühlt: für seinen Geschmack «zu viel Blut und Wunden». «Die Theilnehmer befinden sich weder auf Erden, noch im Himmel, noch in der Hölle, sondern in einem interessanten Mittelzustand, welcher theils peinlich, theils erfreulich ist.» Aber bis Ende des Winters hatte er weit über ein Dutzend Gedichte geschrieben, hauptsächlich Liebeslieder und Erzählungen im Balladenstil, aus denen eine neue, eigene Publikation zu werden versprach und die von Komponisten des 19. Jahrhunderts mit besonderer Vorliebe vertont wurden. Sie verraten insoweit ihren Ursprung, als sie sich durch die Bewußtheit auszeichnen, mit der sie sich einer Gattung zugehörig wissen oder ein zweites Mal Erfahrungen formulieren, die einst neu und spontan waren. So lassen sie bereits ein wenig die Ironie im Frühwerk Heines ahnen. Mitunter wirken die Themen und Situationen wie ein absichtlicher Nachklang aus früheren

Goethegedichten: «Frühzeitiger Frühling» gemahnt an «Maifest», «Bergschloß» an «Hoch auf dem alten Turne steht». In «Bergschloß» wie in mehreren anderen Gedichten bringt der Kontrast zwischen Vergangenheit und Gegenwart eine komische Wirkung hervor, indem ein ritterliches oder tragisches Motiv auf etwas Häusliches, Intimes, Zeitgenössisches herabgetönt wird. Träume müssen einer bald wehmütigen, bald ironisch-prosaischen Wirklichkeit weichen. Der Ton ist durchweg eher amüsiert und weltklug als persönlich oder bekenntnishaft; aber es ist eine Weltklugheit, die sehr genau um die Rolle der Subjektivität – des Gefühls, der Illusion, der Selbsttäuschung – bei der Konstruktion von Erfahrung weiß. Es sind literarische Gedichte für ein literarisches Publikum – es findet sich unter ihnen eine erste, sehr gelungene Nachahmung des orientalischen Ghasels –, und die Freuden, die sie bieten, sind gesellige, nicht einsame; das mag ihren Reiz im Konzertsaal erklären. Drei oder vier Gedichte beziehen sich ausdrücklich auf Anlässe im Lebenszyklus des Mittwochskränzchens, zum Beispiel das Gründungstreffen oder eine außerordentliche Donnerstagssitzung zur Begrüßung des Neuen Jahres. «Weltseele», wegen seines ungewöhnlichen Sujets von einiger Bedeutung, scheint sich auf das Auseinandergehen einer Gruppe zu beziehen, aber Datum und Entstehungsort sind unklar, und zwangloser würde es zum Zerbrechen des Jenaer Kreises nach dem Weggang der Schlegels Ende 1801 als zu einem Ereignis in Weimar passen. In 36 Zeilen stellt es die ganze Entwicklung des Universums dar, wie Schelling sie in seinen Werken zur Naturphilosophie dargelegt hatte, angefangen beim Urknall, der die Sterne an den Himmel versetzte (und somit das Bild des Auseinandergehens liefert), über die verschiedenen Stufen im Wachstum der organischen Welt bis zum Erscheinen eines Mannes und einer Frau, deren Liebe wie in *Die Metamorphose der Pflanzen* den Punkt bezeichnet, an dem das Prinzip Leben seiner selbst inne wird und von neuem beginnt. Die Behandlung solch eines gelehrten Inhalts in der Manier eines fröhlichen Trinkliedes macht dieses Gedicht zu einem der wunderlichsten Goethes; aber die Wunderlichkeit spiegelt einfach das Mißverhältnis der Elemente wider, die Goethe damals in Weimar und Jena zusammenzuhalten versuchte.

Geschlossene Gesellschaften haben den Nachteil, daß manche sich ausgeschlossen fühlen. Seit August 1801 hatte Goethe eine haßerfüllte Schlange in seinem Garten, die ihm das behagliche Einvernehmen mit der Quelle aller Macht und allen Einflusses in Weimar mißgönnte. Kotzebue, der bei weitem erfolgreichste Lieferant von Opiaten für das Bürgertum und Vertreter alles Unwirklichen und Vergänglichen in der zeitgenössischen Literatur, hatte sich wieder in seiner Heimatstadt niedergelassen. Geld allein genügte ihm ebensowenig wie sein russischer Adelstitel (der freilich in Deutschland nicht wirklich galt und ihm kein unumstrittenes Recht auf Teilnahme an Hoffunktionen gab), seine drei gelungenen Ehen (deren ersten zwei allerdings der Tod beendet hatte) und seine siebzehn Kinder. Der einstudierte Frohsinn der förmlichen Mittwochabende war eigentlich kein würdiger Gegenstand des Neides, aber Kotzebue *war* neidisch auf das Kränzchen und alles, wofür es im gesellschaftlichen und kulturellen Leben Weimars stand, und hatte den sehnlichen Wunsch, es zu infiltrieren, zu stören und zu sprengen. Es dauerte jedoch eine Weile, bevor er als Haupt der antiidealistischen Partei hervortreten konnte, und die ersten Schritte in der Kampagne gegen Goethe taten andere, untergeordnete Geister. Wer einst von der giftigen Feder der Schlegels verwundet worden war, mochte es als Provokation empfinden, daß Goethes nächste Theaterinszenierung ausgerechnet August Wilhelm Schlegels *Ion* war; aber Goethes Absicht, die sehr bewußte Modernisierung eines antiken Stückes aufzuführen, war (größtenteils) frei von persönlichen Rücksichten; auch stand der Name des Verfassers stand nicht auf dem Theaterzettel. In Böttiger hatten die Schlegels einen Feind, dessen stupende, aber unkonturierte Kenntnis des Altertums von jedem Idealismus unberührt war. Für den kleinen Geist ist die Welt klein, und für Böttiger waren die Schlegels Scharlatane. Die Uraufführung des *Ion* am 2. Januar 1802 war mit außergewöhnlicher Sorgfalt vorbereitet worden; zwar gab es keinen Chor, aber die sechs Darsteller (zwei von ihnen maskiert) beherrschten sehr sicher ihre schwierigen Verse, darunter Trimeter und eine lyrische Einlage (die zu einigen Cembaloakkorden deklamiert wurde, da die bei Reichardt in Auftrag gegebene Vertonung erst am Tag der Aufführung eintraf); die Kostüme zeigten satte, einfache Farben, die gemäß Goethes Theorie harmonierten – die Jagemann als der junge Prinz Ion, die Hauptfigur, trug Rot –, und die Aufführung begann und endete mit einem lebenden Bild, das anfangs Ion und zuletzt, in demselben Kostüm und derselben Stellung, den Gott Apollon darstellte, von dem sich im Laufe des Stückes herausstellt, daß er Ions Vater ist. Das Theater war bis zum letzten Platz besetzt, denn alle Jenaer Studenten wußten, wer der Autor war, und das Publikum klatschte häufig Beifall – besonders der vorzüglichen Leistung der Jagemann. Aber schon in der Pause sah man Böttiger aufgeregt im Parkett umherlaufen, wo er die Aufmerksamkeit der Zuschauer auf die Ungereimtheiten lenkte: Baumwollgewänder, wo doch die alten Griechen nur Wolle trugen! Hände, die man auf den Altar legte wie auf einen Tisch! Sogar seine Primaner wußten, daß die Bacchanalien und die Pythischen Spiele niemals gleichzeitig gefeiert wurden – und nach dem Stück konnte Böttiger in die Klage der Herders über die geschmacklose Unmoral einer Modernisierung einfallen, die von Apollon verlangte, selbst in allen Einzelheiten die Zeugung seines Sohnes zu beschreiben, anstatt dies, wie bei Euripides, Athene zu überlassen. Bereits am nächsten Tag vernahm Goethe gerüchteweise, daß Böttiger mit einer Besprechung hausieren ging, die er für Bertuchs *Journal des Luxus und der Moden* verfaßt hatte, und Goethe schrieb sofort an den Besitzer der Zeitschrift und verlangte, künftig alle Theaterkritiken vor ihrem Erscheinen zu sehen. Daraufhin übersandte Bertuch neun Tage später Böttigers Text im Fahnenabzug: eine Reihe fein gezielter Spitzen auf Kosten des Autors, der Darsteller und des Theaterdirektors, der ein so unziemliches Stück ausgewählt hatte – eine

Kritik, die implizit auch der Herzogin Louise galt, die ihre Billigung bekundet hatte. Goethe ließ Bertuch unverzüglich wissen, daß er, sollte die Besprechung nicht zurückgezogen werden, den Herzog aufsuchen und seinen Rücktritt anbieten werde, verlangte eine Antwort bis um vier Uhr nachmittags und vertrieb sich die Stunden dazwischen mit einer Schlittenpartie durch den Schnee zum Belvedere, Christiane demonstrativ an seiner Seite. Bertuch, der sich eine Konfrontation mit dem Herzog nicht leisten konnte, kapitulierte und lud Goethe ein, seine eigene Besprechung zu schreiben. Goethes Reaktion war differenzierter und verständlicher, als einer anderen Gesellschaft mit anderen Konventionen und einer anderen Unterscheidung zwischen Öffentlichem und Privatem scheinen mag. Böttiger könne seine Piecen – unzensiert – publizieren, wo er wolle, schrieb Goethe – in Leipzig, sogar in Jena, in der *ALZ* –, aber nicht in Weimar. Bertuchs *Journal* war ein kommerzielles Privatunternehmen und schon dadurch fast ein Unikum in der Hauptstadt des Herzogtums; aber es war auch die Stimme Weimars in der Welt, und Weimar war zu klein, als daß diese Stimme Ungewißheit zeigen durfte. Es konnte in Weimar ebensowenig eine freie Presse geben, wie es einen freien Markt geben konnte. Die Lage des *Journals* – ebenso wie die der *ALZ* – unterschied sich nur wenig von der des Theaters, das ohne Zweifel ein Staatsorgan war, und in Goethes Augen war beides Ausdruck eines kulturellen Zweckes, den Weimars Herrscher definierte und stützte. Böttigers Rezension war ein bewußter Angriff auf die gesamte Institution des Weimarer Theaters, einschließlich seiner fürstlichen Gönner, und weitere derartige Besprechungen hätten Goethes Position ganz unmöglich gemacht. Sogar von Wieland, der in Gedanken ganz bei seiner jüngst verstorbenen Frau war und den Hof des regierenden Herzogspaares lange nicht besucht hatte, bekam Böttiger das zu hören, als er sich beistandsuchend an ihn wandte. Das schiere Übelwollen der Besprechung wurde bald offensichtlich, als *Ion* auch außerhalb Weimars, mit Aufführungen in Frankfurt am Main und Berlin, einen bescheidenen Erfolg errang. Aber Wieland hatte auch recht, als er bekümmert vorhersagte, daß Goethe den Vorfall als offene Kriegserklärung auffassen müsse und daß es, wie er aus langer Erfahrung mit Goethes Hartnäckigkeit wisse, ein Vernichtungskrieg werden würde – wer ihn seiner Meinung nach gewinnen werde, verriet er freilich nicht. «Aus der Vorstellung Ihres Ions hat sich eine Ilias von Händeln entwickelt», schrieb Goethe später an Schlegel. Sein erster Gegenschlag, ein bewußt «dämischer» Aufsatz über *das* Weimarische Hoftheater, worin er Entstehung und Begründung seines Theaterexperiments erläuterte, wurde von Bertuch im März publiziert, aber schon im Januar druckten Hegel und Schelling in der ersten Nummer ihrer neuen Zeitschrift einen Angriff gegen Böttiger, eine dieser «große[n] dicke[n] Schmeißfliegen ..., die ... auf das Gesamte der Literatur sich niederlassen», der Böttiger veranlaßte, sich von allen Publikationen Cottas zurückzuziehen. Da es ihm nicht gelang, einen Verleger für seine Theaterkritik zu finden, begnügte sich Böttiger mit der Rolle des Märtyrers in dem jetzt schlagwortartig so genannten «Monarchismus» oder «Despotismus» der Weimarer Kultur, schrieb auf der Suche nach Kampfgefährten eifrig Briefe an seine literarischen Kontaktpersonen wie Rochlitz, Knebel oder den jungen Seckendorff und versorgte Kotzebue mit einer genauen Schilderung der Vorfälle vom 12. Januar. Im Mai wurden seine Bemühungen belohnt: Der jetzt in Berlin lebende Garlieb Merkel, auch er ein Opfer Schlegelschen Witzes, legte sarkastischen Protest gegen Goethes Aufsatz ein. Welch ein Hochmut sei das, «das Publikum» für Theaterexperimente zu mißbrauchen, wie französische Zoobesitzer mit Elefanten experimentierten, um die Wirkung von Musik auf sie herauszufinden? Durfte «das Publikum» keinen eigenen Geschmack, kein eigenes Urteil haben? Merkels «Publikum» war selbstverständlich eine Fiktion – zumal in Weimar –, und Goethe hatte als Praktiker ein viel genaueres Gespür für die politische und gesellschaftliche Realität; aber der Artikel war ein Signal, daß die Opposition erbittert war und daß Berlin keine Gnade kannte in seiner sich beschleunigenden Kampagne, dem alten Reich nicht nur politisch, sondern auch kulturell den Todesstoß zu versetzen. Goethe ahnte, wie tief in Berlin die Feindseligkeit gegen die föderalistische und unabhängige Kultur des Reichs verwurzelt war, und das mag die Herzlichkeit erklären, mit der Zelter auf Händen getragen wurde, als er Ende Februar für vier Tage nach Weimar kam, um Goethe zum ersten Mal persönlich zu begegnen: Er konnte sich nicht erklären, womit er diesen privilegierten Empfang verdient hatte, zu dem ein Besuch im Römischen Haus, abendliche Gespräche bei Schiller und eine private Lesung aus *Faust* gehörten; vielleicht hätte auch Goethe nicht angeben können, worin Zelters Anziehungskraft ihren Ursprung hatte. Aber als Musiker, der stets in direkter, tätiger Beziehung zu seinem Publikum stand, und als Freimaurer Stadtmensch, nicht Höfling, dessen politische Neigungen verdächtig waren, verkörperte Zelter eher das alte als das neue Berlin, und hier konnte Goethe hoffen, seine dringend benötigten Verbündeten zu finden.

Das Programm der Theaterexperimente errang mit der Feier von Herzogin Louises Geburtstag einen neuen Erfolg. Den Vortag krönte ein Maskenball mit einem Schaugepränge Goethescher Erfindung, bei dem August einen Cupido spielte: Er brannte darauf, sich vor allen Egloffsteinschen Freundinnen in diesem Kostüm zu zeigen, während die Familie von Stein diese anzügliche Besetzung ausgesprochen unanständig fand. *Die natürliche Tochter* wurde dann doch nicht rechtzeitig fertig, um als neue Dramenszenierung zum Geburtstag zu fungieren – erst der erste Aufzug war fertig. Dafür hatte Schiller etwas Neues und ganz Ungewöhnliches zu bieten, eine Bearbeitung von Gozzis *Turandot*, ein pantomimisches Potpourri aus Tragödie, Empfindsamkeit, Humor, gereimten Rätseln (die Goethe und Schiller für jede Aufführung neu erdachten) und vier maskierten *commedia dell'arte*-Figuren aus einer Theatertradition, in der Goethe bei seinen Italienreisen noch etwas von der antiken Harmonie zwischen Autor und Publikum gesehen hatte. Zwar verwirrte die Vielfalt der Elemente das Premierenpublikum am 30. Januar, aber danach wurde *Turandot* zu einer Säule des Weimarer Repertoires und war wie *Die Brüder* mit ihrer reizvollen Mischung aus Gelehrsamkeit und Volkstümlichkeit ein Sinnbild dessen, was Goethe zu erreichen suchte. Goethe konnte jedoch an den Proben kaum teilnehmen; er gab nur eine kurze und allen Berichten zufolge sehr komische Demonstration von Pantalones Improvisationstalent. Von Mitte Januar an mußte er drei Monate lang so oft wie möglich in Jena sein – «wo er sich in Weihrauchwolken einhüllen läßt», schrieb Böttiger, der sich gewaltig irrte. Im Oktober 1801 war der alte Büttner mit 85 Jahren endlich gestorben, so daß, wie es zwanzig Jahre zuvor bei Büttners Übersiedlung nach Jena vereinbart worden war, seine Bücher und Sammlungen nunmehr in den Besitz des Herzogtums übergingen und damit in die Verantwortung der herzoglichen Bibliothekskommission fielen. Die Bibliothek, die Büttner aus Göttingen mitgebracht hatte, befand sich seit langem, wohlgeordnet und katalogisiert, im Erdgeschoß des linken Flügels des Alten Schlosses, direkt unter Goethes (früher Knebels) Zimmern. Aber Büttners private Gemächer waren nach seinem Tod von Amts wegen versiegelt worden, und erst, als gewisse Reparaturen notwendig wurden, konnte Goethe die unangenehme Überraschung besichtigen, die ihn erwartete: Die Buchkäufe vieler Jahre, getätigt auf Auktionen und Buchmessen, insgesamt sechs- bis achttausend Bände, türmten sich auf Kisten, Koffern und Schränken; viele waren noch nicht ausgepackt, Stapel anderer warteten darauf, gebunden zu werden, auf Tischen, Betten und wackligen Stühlen hatten sich neue Schichten von Büchern auf die alten gelegt, darunter bedenklicherweise auch nicht registrierte Ausleihen aus der Hauptbibliothek im Erdgeschoß, ein ganzer Raum war angefüllt «mit brauchbarem und unbrauchbarem physikalisch-chemischem Apparat», und auch sonst stieß man auf «verschiedenes altes Gerümpel, besonders mehrere Hackebreter und Drehorgeln. Alles zusammen durch ein Element von russigem Staub vereinigt ... Im Wohnzimmer, dessen Decke, Wände, Fußboden und Ofen gleich schwarz aussahen, waren mehrere Dielen von Feuchtigkeit und Unrath der Thiere aufgeborsten.» (Büttner hielt sich eine Hundefamilie und zahlreiche Haustiere anderer, unbekannter Art.) Das war die Wohnung, die auf Anordnung Carl Augusts die offizielle Residenz des Majors Franz Ludwig Albrecht von Hendrich (1754–1828), des neuen Kommandanten der Jenaer Garnison, werden sollte. Goethes Aufgabe war es, sie so schnell wie möglich auszuräumen, dabei aber die noch vorhandene Ordnung der Bücher zu bewahren, Dubletten kenntlich zu machen («ein gutes Buch könne man nicht oft genug haben», war Büttners Devise) und alles in die Hauptbibliothek zu integrieren, deren Katalog infolge von Büttners heimlicher Vermengung des Alten mit dem Neuen völlig neu erarbeitet werden mußte. (Der einzige Vorteil der Situation war, daß die Vereinheitlichung aller Bibliothekskataloge zumindest in Jena erkennbar vordringlich wurde.) Für alle diese Arbeiten stand so wenig Platz zur Verfügung, daß Goethe die ungebundenen Bücher nach Weimar transportieren und dort einlagern lassen mußte; auch war meistens seine persönliche Gegenwart erforderlich. Trotzdem war er vielleicht auch froh, sich für eine Woche oder zehn Tage, inmitten von Staub, Schmutz, Zimmerleuten und gemieteten studentischen Hilfskräften, in Jena vergraben zu können: Es war eine Abkapselung von Weimar und insgesamt bekömmlicher. Kotzebue, der in Weimar Fräulein von Göchhausen durch Böttiger dazu gebracht hatte, als ihr Gast zu einem Mittwochskränzchen eingeladen zu werden, und daraufhin von Goethe boykottiert worden war, machte nun Schiller «unsinnig die Cour» und war bestrebt, den Goetheschen Zirkel durch sein eigenes «sehr brillantes Haus» mit zwei wöchentlichen Empfängen, einen für den Adel und einen für die Bürger, zu übertrumpfen. Goethe zog Jena vor, wo er den ganzen Tag in einem abgetragenen Morgenmantel herumlaufen konnte, auch wenn Christianes eingemachte Bohnen so ziemlich das einzig Anständige waren, was er zu essen bekam, falls er nicht bei Loders oder bei Frommanns eingeladen war. In Jena gab es auch besseren Umgang: Frau von Ziegesar wohnte mit ihrer Tochter Silvie bei den Loders, und die Gesellschaften waren «noch singlustiger» und dabei «glücklicherweise musikalischer» als die Mittwochsgesellschaft, die vielleicht darum so steif verlief, weil Goethe selbst zwar die Idee schätzte, den Adel zu erziehen, die Praxis aber langweilig fand. Eine ganze Reihe seiner Lieder, die er der Inspiration seines *cour d'amour* zuschrieb, hat er wahrscheinlich für seine bürgerlichen Freunde in Jena geschrieben. Er kam nicht einmal dann nach Weimar zurück, als Schiller ihn brieflich dringend darum bat; es war nämlich ein Extratreffen des Mittwochskränzchens notwendig geworden, um Carl Friedrich vor seiner Abreise nach Paris zu verabschieden, da andernfalls Kotzebue eine eigene große Gesellschaft geben würde, was der Erbprinz sehr gern vermieden hätte. Goethe besann sich dann aber doch eines Besseren und war am Montagabend zugegen, der lebhafter als üblich verlief. Die Gesellschaft bereicherten der Erbprinz, seine Schwester, Prinzessin Caroline, und die Prinzenerzieher, darunter W. M. R. von Pappenheim (1764–1815), der Nachfolger des 1802 verstorbenen von Haren. (Fritz von Stein hatte sein Interesse an der Stelle bekundet, aber nicht schnell genug, und so blieb er in der Einsamkeit seines jüngst erworbenen Gutes in Schlesien.) Goethe steuerte ein ziemlich nichtssagendes Trinklied bei – «Gute Freunde ziehen fort / Wohl fünf hundert Meilen» –, Schiller ein mehr politisch gestimmtes Stück mit der betrübten Feststellung, daß am Rhein nun die «deutsche Treue» ende; denkwürdig fing er die Stimmung einer Reise nach Paris im Jahr nach Lunéville ein:

> ... Gefesselt ist der Krieg,
> Und in den Krater darf man niedersteigen,
> Aus dem die Lava stieg.

Der Hauptzweck des Abends, Kotzebue zu ducken, wurde zufriedenstellend erreicht, jedoch um den Preis, daß Kotzebue sich aus Verärgerung bei den Verhandlungen der nächsten Tage unzugänglich zeigte. Goethe wollte sein Lustspiel *Die deutschen Kleinstädter* auf die Bühne bringen, es aber von allen Anspielungen auf die zeitgenössische Literatur reinigen. Kotzebue bestand jedoch darauf, daß wenigstens eine von ihnen stehen blieb, und zwar seine Antwort auf Schlegels Satire über Kotzebues unrühmliche Rückkehr aus Sibirien, und zog das Stück zurück. Seine Mutter schrieb einen Schmähbrief an Goethe und handelte sich eine schneidende Antwort ein. «So ist der Gott über die Fischweiber geraten», befand Caroline Schlegel. Was jetzt folgte, betrachtete man damals allgemein, obgleich es niemals bewiesen worden ist, als Goethes Gegenschlag.

Kotzebue war gewitzt genug, um sowohl die unvermeidlichen Spannungen in Schillers Verhältnis zu Goethe als auch Schillers größere Popularität beim Theaterpublikum zu bemerken – schließlich stand kein einziges größeres Werk von Goethe auf dem regulären Weimarer Repertoire. In der Hoffnung, Schiller von Goethe abzuwenden – ja womöglich dessen Platz in seiner Achtung einzunehmen –, verfiel Kotzebue auf den Gedanken, zum Namenstag des Dichters am 5. März 1802 ein Schillerfest abzuhalten: Adlige Weimarer Amateure sollten Szenen aus Schillers Stücken aufführen – Henriette von Egloffstein war als Jungfrau von Orleans vorgesehen, und Goethe half ihr beim Entwurf ihres Helmes –, und nach einer dramatischen Rezitation von *Das Lied von der Glocke* sollte zur Krönung des Ganzen Kotzebue mit einem Hammer auf eine große Pappmachéglocke schlagen, die beim Zerspringen Schillers Büste enthüllte. Schiller war bei diesem geplanten Akt schamloser Schmeichelei nicht wohl, aber Goethe hätte wohl schwerlich die Gräfin Egloffstein oder Amalie von Imhoff ermutigt, erhebliche Summen für ihre Kostüme auszugeben, wenn er hinterrücks gegen das Fest intrigiert hätte. Kotzebue mietete für den Anlaß den Weimarer Stadthaussaal, der kürzlich renoviert worden war, aber keine Bühne besaß; deshalb ließ er die Bühne von Schloß Ettersburg abbauen und nach Weimar transportieren, wo sie am 5. März vor dem Eingang des Saales abgeladen wurde. In diesem Augenblick schritt der Bürgermeister von Weimar ein und stellte fest, für die Errichtung der Bühne, die den neuen Boden des Stadthaussaales beschädigen würde, sei keine Genehmigung erteilt worden, und untersagte die Veranstaltung. Kotzebue, der es vorzog, die verfolgte Unschuld zu spielen, verzichtete darauf, einen anderen Saal zu suchen, das Fest wurde abgesagt, und da Goethe am 4. März wieder nach Jena entschwand und Carl August den Bürgermeister am 6. März zum Hofrat ernannte, hatte die düpierte Weimarer Gesellschaft wenig Mühe, eine Verschwörung zu wittern. Kotzebue, Opfer oder nicht, dachte sich unverzüglich einen gemeinen Coup aus. Er wußte, daß Goethe fähig war, einer ganzen Gesellschaft die Stimmung zu verderben, wenn er selbst sich in ihr unbehaglich fühlte. Der undurchsichtige Friedrich Gentz, der damals häufig seinen Bruder, den Architekten, in Weimar besuchte, um seine derzeitige Angebetete, Amalie von Imhoff, zu umwerben, fand einen Abend bei

Goethe, in Gesellschaft Herders, Schillers und Wielands, «froide, et presqu'insipide [frostig, fast öde]» (was er zweifellos war, verglichen mit den flotten Dreiern, denen er in Berlin in Gesellschaft Wilhelm von Humboldts und mancher Schönen von der Straße zu frönen pflegte). Kotzebue kalkulierte, daß die Reize einer regelmäßig erzwungenen Geselligkeit mit Goethe und Schiller – nach Ausspruch einer Egloffstein – «les hommes, les plus ennuyeux du monde [die langweiligsten Menschen von der Welt]» – sich schon abnutzen würden und er eine erfreuliche, wenngleich leichtere Unterhaltung bieten könne. Henriette von Egloffstein stand jetzt zuverlässig auf seiner Seite, und bereitwillig wirkte sie bei dem Anschlag mit: Sie sandte Goethe einen Brief, unterzeichnet von ihr und drei anderen Damen, darunter Fräulein von Göchhausen, die sich vom Mittwochskränzchen mit der Begründung zurückzogen, diverse Herren (darunter Goethe) seien immer wieder der Gesellschaft ferngeblieben – die ohnedies nur für die Wintermonate gedacht sei. Am 24. März waren nur neun Plätze an Goethes Tisch besetzt, und am nächsten Abend fanden sich die Unterzeichnerinnen des Briefes alle bei Kotzebue zum Souper ein.

Goethe mußte in diesem langen Winter mit seinen ungewöhnlich heftigen Schneefällen nicht nur zum Mittwochskränzchen oft nach Weimar zurück, sondern auch jeden zweiten Samstagvormittag zu den Sitzungen der Schloßbaukommission: Etwa die Hälfte der Arbeiter beschäftigte man trotz der Extrakosten für Heizmaterial und Suppenküchen bei dem schlechten Wetter im Neuen Schloß weiter, und es waren viele Planungen zu beraten. Es war jetzt klar, daß Gentz noch mindestens ein Jahr, sein Assistent noch zwei Jahre benötigt werden würde, und so bestand Carl August auf einem genauen monatlichen Zeitplan und dem 1. Juni 1803 als Datum der Fertigstellung. Immer wieder mußten Einsparungen vorgenommen werden, um das Budget einzuhalten, aber dennoch mußte der Herzog Ende 1802 den jungen Preußenkönig um ein Darlehen von 60000 Talern zu 3 % bitten – Voigt war überzeugt, daß die beiden Architekten auf Kosten des Herzogtums schlicht in die eigene Tasche wirtschafteten. Immerhin bot Gentzens Anwesenheit eine Gelegenheit, die man nicht versäumen durfte: Nach einem grundsätzlichen Beschluß im Herbst 1801 begann im Februar 1802 die Detailplanung für den Neubau des Sommertheaters in Lauchstädt, und Gentz lieferte die Entwürfe. Es war ein Projekt, dem Goethe ohne Begeisterung entgegensah. Er war in Jena stark beansprucht, in Weimar wandte er Kraft, Phantasie und Gefühl an einen wütenden Kulturkampf, und jetzt wurde von ihm verlangt, nicht wie 1798 eine Überholung, sondern einen vollständigen Neubau zu beaufsichtigen, «mit nicht ganz übereinstimmenden Geistern, mit zusammen zu stoppelnden Elementen und auf dem ungünstigen Local eines fremden, entfernten Territorii». In Wirklichkeit arbeiteten Goethes «Geister» gut zusammen: Ein Jenaer Kaufmann stellte das Bauholz, Kirms in Weimar überwachte die Buchführung, und Goethes früherer Diener Paul Götze, nunmehr Wegebaudirektor, pendelte als Bauleiter hin und her. Von Zeit zu

Zeit griff Voigt ein, um dafür zu sorgen, daß die richtigen Briefe nach Dresden gingen und der Transport der Baumstämme aus den Rudolstädter Wäldern saale-abwärts nach Lauchstädt nicht unterbrochen wurde: Erst im März aus dem Eis geborgen, wurden sie an der Grenze zu Sachsen vom Zoll gleich wieder aufgehalten. Von Karfreitag bis Ostersonntag, 16. bis 18. April 1802, war Goethe zusammen mit Gentz und Kirms in Lauchstädt, um das Gelände – in dem Teil des Gartens, der dem Brunnenhaus, der Arkade und den anderen Badeeinrichtungen gegenüberliegt – zu inspizieren und eine Bestandsaufnahme dessen zu machen, was Götze bisher erreicht hatte: Die Sandsteinlieferungen trafen endlich ein, man begann mit dem Ziegelbrennen, und so konnte die Anweisung zum Ausheben des Fundaments gegeben werden. Danach gingen die Arbeiten bemerkenswert zügig vonstatten. Die prächtigste Baumblüte seit zehn Jahren war kaum vorüber, als Goethe für eine Woche wieder nach Lauchstädt kam, um dem Richtfest am 25. Mai beizuwohnen.

Nach der Auflösung des Mittwochskränzchens hielt sich Goethe für zwei Monate jeweils kaum länger als eine Woche in Weimar auf, so als könne er es nicht erwarten, wieder wegzukommen: ob nach Oberroßla – wo er Anfang April eine Woche verbrachte –, nach Lauchstädt oder nach Jena, wo er ohne Unterbrechung vom 26. April bis zum 15. Mai war. Christiane und August besuchten ihn sowohl in Oberroßla als auch in Jena, aber Christiane fühlte sich den ganzen Mai nicht besonders wohl, ja eigentlich fühlte sie sich ständig so angegriffen, daß sie an eine tödliche Krankheit glaubte. Erst ein oder zwei Monate später merkte sie, wahrscheinlich mit ebensoviel Bangen wie Freude, daß sie wieder schwanger war. Auch August hatte einen Grund, in Weimar zu bleiben: Er bereitete sich auf die Konfirmation durch Herder vor. Es zeugte von der Haltbarkeit einer seiner ältesten Freundschaften, daß Goethe darauf vertraute, Herder werde sich dieser heiklen Pflicht «auf eine liberalere Weise als das Herkommen vorschreibt» entledigen; es zeugte aber auch von der traurigen Entfremdung zwischen beiden, daß Herder erst jetzt, zum ersten Mal in dreizehn Jahren, Goethes Sohn mit eigenen Augen sah. Die Anziehungskraft Jenas, das schon immer Goethes Zuflucht vor Förmlichkeit und Lästermäulern gewesen war, erhöhte sich noch, als Hendrich in seiner neuen Residenz eingerichtet war; denn seine Frau unterhielt eine ausgezeichnete Küche, und Goethe hatte mittags das Gefühl, allzuviel des Guten getan zu haben, zumal der Garnisonskommandant eine Vorliebe für Portwein und Madeira hatte. Und Jena war auch dem Schreiben günstig, trotz der harten Arbeit an Büttners Bibliothek (Goethes Helfer legten in vierzehn Tagen 6 000 Katalogblätter an). Keinem Platz auf Erden, fand Goethe, hatte er so viele produktive Augenblicke zu danken wie dieser ihm liebgewordenen Wohnung im Schloß: 1798 hatte er begonnen, sie auf einem Fensterrahmen zu verewigen. Unter strengster Geheimhaltung wurde wieder einmal *Die natürliche Tochter* fortgesetzt: Am 4. Mai war der zweite Aufzug fertig, und er hoffte auf den dritten. Zu diesem Zeitpunkt war Goethe entschlossen, angesichts der Fülle des Materials – der ganze Gang der Revolution – dem Vorbild Schillers in *Wallenstein* zu folgen und sich über zwei Stücke zu verbreiten. Am 11. rechnete er sich aus, daß er nur mehr vierzehn Tage für das erste benötigen werde. Christiane wußte, woran er saß, aber gegenüber Schiller ließ er kein Sterbenswörtlein verlauten, und eine neugierige Caroline Schlegel erfuhr, daß er an einem Roman arbeite. Das Stück war zu persönlich, als daß Goethe eine Diskussion darüber riskiert hätte, vielleicht auch zu nahe an dem, was gegenwärtig noch in ihm und um ihn herum vorging; jede Indiskretion konnte den Zauber brechen. Jena bot ihm nicht nur Zurückgezogenheit, sondern auch Schutz. Schiller ließ sich dagegen immer stärker von Weimar beanspruchen und lernte, daß der Preis dafür Ablenkung war. Am 29. April zogen er und seine Familie endlich in ein schönes neues Haus an der Esplanade, das Mellish gebaut hatte: endlich ihr eigener Besitz, auch wenn sie dafür die Sommerresidenz in Jena mit etwas Verlust verkaufen mußten, um ihn sich leisten zu können. Aber seit der Rückkehr aus Dresden hatte er keine Zeit gefunden, ein großangelegtes Werk in Angriff zu nehmen. Er hatte im Januar begonnen, sich mit der gewaltigen Fülle von Stoff über die Tellsage auseinanderzusetzen, von der Goethe endgültig Abschied genommen hatte, weil er mehr und mehr überzeugt war, daß das, was er noch über die Revolution zu sagen hatte, in das «Gefäß» der *Natürlichen Tochter* gehörte. Als jedoch die Zeit, seit er ein eigenes großes Stück beendet hatte, immer länger wurde, empfand Schiller das Bedürfnis nach etwas, das schnell fertig wurde, und wandte sich statt dem Wilhelm Tell im Laufe des Sommers dem zu, was einmal *Die Braut von Messina* werden sollte, einem Stoff eigener Erfindung, der daher keiner Vorstudien bedurfte. Sein Ehrgeiz war es, ganz im Geiste von Goethes derzeitigem Theaterexperiment etwas in «der strengsten griechischen Form» zu schreiben, mit einem Chor der Art, wie Goethe ihn ursprünglich für *Tancred* vorgesehen, zu dem es aber noch keine Weimarer Aufführung bisher gebracht hatte. Seine Arbeit an der Uraufführung von Goethes Vers-*Iphigenie* am 15. Mai half ihm zu klären, was er zu tun hatte, obgleich er es noch nicht tat. *Iphigenie auf Tauris* bot sich selbstverständlich für eine Theaterspielzeit an, die bereits eine der ersten Aufführungen von *Nathan der Weise* gesehen hatte. Sie war nach dem Vorbild von Lessings Stück entstanden und behandelte weitgehend dieselben Themen – Läuterung des moralischen und religiösen Motivs –, und die jambischen Zeilen unterschieden sich zwar stark von denen Lessings, gehörten aber demselben Frühstadium des deutschen Blankverses an. Gemeinsam war den zwei Werken auch, daß ihre literarische Qualität allem anderen weit überlegen war, was in diesem Jahr auf dem Weimarer Spielplan stand, und daß beide nicht für die Bühne geschrieben waren. Die Illusion, auf die Goethes Theaterexperiment von 1801/02 sich gründete, war der Glaube, daß das Theater der Ort für die Verschmelzung von idealistischer Religion und höfischer Kultur sei – und nicht das Buch. Aber wie immer es um das alte Griechenland oder das elisabethanische England gestanden haben mochte, in Deutschland war Ende des 18. Jahrhunderts ein wirklich allgemeines Publikum für die tiefsten Einsichten, die die Gesellschaft hervorbrachte, nur durch das gedruckte Wort zu erreichen, nicht in Theatern, die in Lokalprivileg und Selbsttäuschung befangen waren. Als Schiller 1802 *Iphigenie* wiederlas, wunderte er sich sehr, «daß sie auf mich den günstigen Eindruck nicht mehr gemacht hat, wie sonst». Er erkannte an, wie vollkommen sie den Geist der Aufklärung ausdrückte, in dem sie entstanden war – wenngleich er jetzt so tat, als sei es ein Nachteil, «erstaunlich modern und ungriechisch zu sein» –, und gab zu, daß sie «als ein poetisches Geisteswerk betrachtet, in allen Zeiten unschätzbar bleiben» werde. Aber als Regisseur, der Schauspieler zu führen und ein Publikum zufriedenzustellen hatte, sah er begreiflicherweise im Fehlen gewisser dramatischer Qualitäten eher einen Mangel als ein Zeichen dafür, daß das Theater selbst den modernen Realitäten, mit denen es sich befaßte, nicht angemessen und neue Zwischengattungen gefragt waren. Das Resultat war eine mühsame, nicht überzeugende Premiere am 15. Mai (Frau Vohs spielte die Iphigenie); es gab zwar keine offen feindseligen Reaktionen, und Goethe bewegten «einige der wunderbarsten Effekte ..., die ich in meinem Leben gehabt habe, die unmittelbare Gegenwart eines, für mich, mehr als vergangenen Zustandes»; aber die lahme Aufnahme des Werks muß ihn doch zutiefst verletzt haben.

Die letzte Runde seines donquichottischen Kampfes war bereits im Gange, bevor er zur *Iphigenien*-Premiere nach Weimar kam. In einem Brief aus Jena hatte er alle Einwände Schillers in den Wind geschlagen und darauf bestanden, als nächstes Stück in Weimar *Alarcos* aufzuführen, eine blutrünstige Tragödie von Friedrich Schlegel, die sich auf mittelalterliche spanische Quellen stützte, aber in einer verwirrenden Vielfalt antiker Versmaße geschrieben war. In der Theorie entsprach solch eine Kombination genau den Intentionen Goethes bei seinem Theaterexperiment; aber die Theorie war eben nicht alles, wie Körner nach der Lektüre des Textes an Schiller schrieb, und die romantische Ironie taugte ebensowenig für die Bühne wie Iphigeniens aufgeklärte Religion:

Es ist wirklich ein merkwürdiges Produkt für den Beobachter einer Geisteskrankheit. Man sieht das peinliche Streben, bei gänzlichem Mangel an Phantasie, aus allgemeinen Begriffen ein Kunstwerk hervorzubringen. ... Man sieht, es war völliger Ernst, seine ganze Kraft aufzubieten, und doch hat das Ganze so etwas Possierliches, daß man oft versucht wird, es für eine Parodie zu halten. ... In dem Stil ist ein Gemisch von Schwulst und Gemeinheit.

Ob gerecht oder ungerecht – Jean Paul fand das Stück, «zwei große Fehler abgerechnet, sehr tragisch und gut» –, was Körner artikulierte, war die zu erwartende Meinung des durchschnittlichen Weimarer Theaterbesuchers, und Schiller befürchtete «eine totale Niederlage». Aber Goethe blieb unbeeindruckt. Seine Ausrede war, die Schauspieler müßten lernen, ungewohnte

Versmaße zu sprechen, und das Publikum müsse lernen, ihnen zu lauschen; doch unterliegt es kaum einem Zweifel, daß diese Inszenierung für ihn ein Akt starrsinnigen Trotzes war, eine Demonstration seiner totalen Verachtung und Geringschätzung für die Kotzebue-Partei und eine Bekräftigung der unwandelbaren Treue zu seinem Programm. Er hatte vor, die Opposition zu zerschmettern oder aber mit fliegenden Fahnen unterzugehen. Das Stück war in Weimar schon in weiten Kreisen diskutiert und von Kotzebue bereits als lächerlich bezeichnet worden, als Goethe am 27. Mai aus Lauchstädt zurückkam, um die letzten Proben zu leiten. Unerwarteterweise fand er in Weimar Friedrich Schlegel persönlich vor, der auf dem Weg von Dresden nach Paris war. Die Gegenwart des Autors erhöhte den persönlichen Einsatz, und am Samstag, dem 29. Mai, war das Theater so voll wie noch nie seit seiner Wiederöffnung. Goethe saß, wie jetzt üblich, auf einem erhöhten Sessel in der Mitte des Parketts, von wo aus er die Schauspieler wie das Publikum dirigieren konnte, und, während über ihm Kotzebue sich weit über die Brüstung lehnte und gestikulierte, um die Aufmerksamkeit auf sich zu lenken, hob sich der Vorhang in einer Atmosphäre gespannter Erwartung. Zunächst wurden das Stück und seine seltsame Diktion mit Schweigen quittiert – Zischen und Buhen waren verboten –, und die beifälligen Gesten Goethes lösten nur vereinzeltes Klatschen aus; aber in dem Maße, wie die Todesfälle sich häuften, wurde es immer schwerer, die unterdrückte Heiterkeit zu bändigen. Als dann von dem alten König vermeldet wurde: «Aus Furcht zu sterben, ist er gar gestorben», erhob sich im ganzen Haus stürmisches Gelächter, Goethe sprang zornig auf, und Kotzebue applaudierte mit maliziösem Grinsen «wie ein Besessener». Goethe sorgte schließlich für Ordnung – angeblich mit den Worten «Man soll nicht lachen!», doch ist die Quelle dieses Berichts gefärbt –, und das Stück konnte zu Ende gespielt werden. Aber die deutschen Normalverbraucher hatten über das idealistische Wagnis ihr Urteil gesprochen. Das Mittagessen am Sonntag, dem 30., war gewiß keine sehr behagliche Angelegenheit für Goethes Gäste, Schelling und Hegel sowie Reichardt, den er von Lauchstädt aus zum ersten Mal nach ihrer Versöhnung aufgesucht und dann nach Weimar zu der *Alarcos*-Aufführung mitgebracht hatte. Friedrich Schlegel fuhr «mit seiner Lucinde, der Madame Veit» einfach nach Paris weiter, wo er sich niederließ und, in der «Capitale de l'Univers [Hauptstadt des Universums]», die neue Zeitschrift *Europa* herausgab – der Titel war teils eine Huldigung an Novalis, teils Ausdruck eines Geistes, dessen Höhenflüge in keiner der Nationen des 18. Jahrhunderts zu verwirklichen und für den selbst Jena und Weimar nur Provinz waren.

Die Spielzeit war praktisch beendet und damit die Schlacht geschlagen; aber Goethe wollte nicht aufgeben. Er hatte noch den Sommer in Lauchstädt vor sich und wollte, wie er Caroline Schlegel erklärte, wieder die herausragenden Inszenierungen des Jahres auf die Bühne bringen – auch den *Alarcos*. Es war nicht seine Art, klein beizugeben, so verbittert er sein mochte, und

51. Zuschauerraum des Theaters in Bad Lauchstädt

52. Chr. Müller nach F. Matthäi: Die Braut von Messina (1812)

er hatte noch alle Hände voll zu tun, wenn das neue Theater wie vorgesehen am 26. Juni eröffnen sollte. Die Bauarbeiten konnte er unbesorgt Götze überlassen, aber Goethe selbst mußte irgendeinen Beitrag zu den Eröffnungsfeierlichkeiten ersinnen, und noch hatte der alte «Zauberer Merlin» in ihm seine Macht nicht verloren. Eine Woche lang, vom 5. bis zum 11. Juni, schloß er sich in Jena ein; dann hatte er *Was wir bringen* geschrieben, einen Prolog in rund zwanzig Szenen in Prosa (wobei vielleicht, wie er fand, einige zusätzliche Verse wünschenswert wären). Er werde es sich zur Ehre anrechnen, erklärte er Schiller, wenn man dem Stück nicht anmerke, mit welchem Unmut es geschrieben worden sei; denn es ließ in der humorvollen Form einer Improvisation die verschiedenen Stile und Gattungen Revue passieren, an denen sich das Weimarer Theater versucht hatte, und «übrigens verfluche und verwünsche ich das ganze Geschäft in allen seinen alten und neuen Theilen und Gliedern». Aber offenbar genoß er das hektische Tempo im Juni, und *Was wir bringen* verrät mehr Freude als Zorn. Er unterbrach die Arbeit daran am Freitag, dem 11., verbrachte den Abend und die Nacht bei den Ziegesars, kam am Samstag zu Augusts Konfirmation am Sonntag nach Weimar und hielt am Montag die erste Leseprobe mit den Schauspielern ab. Im Laufe der folgenden Woche erwarteten die Schloßbaukommission diverse Aufgaben wie die Reparatur der Turmuhr des Schlosses, die Beschaffung von Seilen für den Maler des Außenanstrichs und die Festlegung der Geldbuße für Arbeiter, die an der Schloßmauer ihr Wasser abschlugen. Als Goethe am 21. nach Lauchstädt kam, dem Montag vor dem für die Eröffnung vorgesehenen Samstag, war das Theater von seiner Fertigstellung noch weit entfernt – ebenso wie der Prolog. Die kleine Stadt füllte sich bereits mit Besuchern, am Donnerstag trafen Christiane, August und Johann Heinrich Meyer ein, aber irgendwie fand Goethe Zeit, die letzten Szenen in Verse umzuschreiben. Am Samstagmorgen um sieben verhieß die strahlende Sonne einen schönen Tag, aber das neue Haus hallte noch wider vom Sägen, Hobeln und Hämmern; Kulissen wurden noch gemalt, rotes Leder wurde noch auf die lehnenlosen Bänke im Parkett genagelt, wo noch lauter Bretter und Sägespäne herumlagen. Goethe, in blauem Rock und aufgeräumter Stimmung, empfing bereits die ersten Gäste, führte sie durch das Haus und versicherte ihnen, daß es in der Tat am Abend bespielbar sein werde. Es war eine anspruchslose Sache, eigentlich drei separate Gebäudeteile von unterschiedlicher Höhe und unter separaten Dächern: der ebenerdige Kassenraum mit dem Foyer war kaum mehr als ein Schuppen und stieß kunstlos an das gebogene Ende des hufeisenförmigen Zuschauerraums, hinter dem das Bühnenhaus aufstieg, dessen Rückwand, zur Hauptstraße zeigend, eine dekorative Fassade schmückte. Um den schlichten Zuschauerraum lief eine einfache Galerie mit offener Gitterbrüstung und nur sechs durch Geländer abgetrennten Logen im Hintergrund. Hinter dem bogenförmigen Proszenium befand sich eine Bühne, deren Proportionen mit denen der Weimarer Bühne fast identisch waren, so daß Kulissen unverändert übernommen werden konnten, und direkt unter dem hölzernen Tonnengewölbe war als Decke eine Leinwand mit einem von Meyer entworfenen Blumenmuster ausgespannt – hübsch, aber bei Regen geräuschvoll. Die Wände, bemalte Holzpanele vor einer einzigen Schicht Ziegel, waren so dünn, daß draußen jedes Wort zu hören war und Dragoner postiert werden mußten, um die Menge auf Distanz zu halten. Später mußte man die Außenwände durch Pfeiler abstützen, aber das Gebäude steht noch heute, mit der Maschinerie unter der Bühne, den Rollen und Flaschenzügen und sieben Falltüren – das vollständigste und besterhaltene Zeugnis von Goethes Zeit als Theaterdirektor. Am 26. Juni 1802 um sechs Uhr abends drängten auf ein Trompetensignal nicht weniger als 672 Personen herein, unter ihnen Schelling, Hegel, August Wilhelm Schlegel, Reichardt und sein Freund, Professor Wolf aus Halle. Mit mehr oder minder großem Verständnis erlebten sie eine allegorische Unterhaltung über das Motiv der Verwandlung von Wirklichkeit in Kunst, den Mittelpunkt von Goethes Theorie des idealistischen Theaters.

Was wir bringen zerfällt in zwei Teile, einen in Prosa und einen in Versen, die eine Verwandlungsszene trennt. Der erste Teil stellt uns Vater Märten und Mutter Marthe, ein altes Ehepaar, das an *Der Bürgergeneral* erinnert, in ihrem heruntergekommenen Wirtshaus vor; Märten mißt es gerade heimlich aus, weil er vorhat, ein neues zu bauen. Sie sind zuerst hocherfreut, dann aber beunruhigt, als sie von drei scheinbar vornehmen Damen besucht werden, deren gehobene Sprache und merkwürdige Komplimente über die Schönheit ihrer malerischen Hütte auf eine geheimnisvolle Herkunft deuten. Marthe, ohnedies schon mißtrauisch, ist entsetzt, als ein gut gekleideter Reisender (in Goethes Werken haben solche Figuren für gewöhnlich einen engen Bezug zum Autor selbst) durch das Fenster springt, sich für einen «Physikus», ein Mittelding aus einem Taschenspieler und einem Philosophen, ausgibt und sich erbötig macht, die ganze Gesellschaft mit Hilfe eines Zauberteppichs in eine angenehmere Umgebung zu versetzen. Als die Hütte sich dann in ein prächtiges Schloß verändert hat, sind auch alle Figuren außer Mutter Marthe verwandelt, und der Reisende, als nunmehr in Trimetern sprechender Merkur, erläutert die Bedeutung des Schauspiels. Mutter Marthe, die sich für eine ehrliche Person hält und es beleidigt von sich weist, eine Allegorie, geschweige denn ein Symbol vorstellen zu sollen, verkörpert den moralisierenden Schwank, der zwar nicht ästhetisch zu erbauen vermag, aber ein wesentlicher Bestandteil des Spielplans ist. Ihr Mann, der für das bürgerliche Trauerspiel eines Iffland und anderer steht, kann durch Ernst an Adel gewinnen und tritt wie zum Beweis jetzt in einem eleganten vorrevolutionären Kostüm und mit Perücke auf. Die erste der drei Damen ist eine Nymphe und verkörpert die Natur, die nicht mit der Kunst zu streiten braucht; die Kunst wird durch einen Pagen vorgestellt, der die komische und die tragische Maske hält und für die jüngsten Weimarer Experimente mit maskierten Schauspielern steht. Die Versformen sind allmählich mannigfaltiger geworden, zu den Trimetern (mit komischen Prosaeinschüben) gesellen sich Blankverse und Reime, und wir vernehmen auch Lieder und Arien: An dieser Stelle läßt Goethe seine Nymphe jetzt ein Sonett singen – das zweite von denen, die er 1800 geschrieben hatte –: über die Vereinigung von Natur und Kunst, Gesetz und Freiheit im Prozeß der Bildung. Die zweite und die dritte Dame, Phone und Pathos, verkörpern die Oper (hier hatte Caroline Jagemann Gelegenheit, sich mit ihrer Singstimme zu produzieren) beziehungsweise die Tragödie. Pathos schlägt einen düsteren, aber versöhnlichen Ton an, erinnert an die großen, blutigen Ereignisse der Zeit – vielleicht sogar speziell an den unvergessenen Rastatter Gesandtenmord –, verheißt jedoch, daß der innere Blick auf das Ideal sogar das historische und politische Schicksal sich im Schönen auflösen läßt:

> Von Königen ergießt auf ihre Staaten
> Sich weit und breit ein tödtliches Geschick.
> Welch eine Horde muß ich vor mir sehen?
> Das Schreckliche geschieht und wird geschehen!
> ... Doch ...
> Am holden Blick in höhre Regionen
> Fühlt nun sich jedes edle Herz erwacht
> Vom Reinen läßt das Schicksal sich versöhnen,
> Und alles lös't sich auf im *Guten* und im *Schönen*.

In einem letzten Tableau stellen sich die Figuren so auf, daß ihre gedankliche Beziehung zueinander sichtbar wird – die Natur steht zwischen dem Schwank und der Kunst, die Oper zwischen der Einbildungskraft (ein zweiter Page) und dem bürgerlichen Trauerspiel, die Tragödie in der Mitte – und Merkur bittet das Publikum um Beifall für das, «was wir bringen». Der Reiz des Stückes, das an die Spontaneität und Unbeschwertheit von Goethes frühen Dramoletten wie *Das Jahrmarktsfest zu Plundersweilern* anknüpft, weist jedoch über die Prinzipien hinaus, die es zu verkünden scheint. Die Vielfalt der Formen, der Einbruch des realistischen Mediums der Prosa in das ästhetische Reich des Verses, die Vermengung von Allegorie und Anspielung – sogar Anspielung auf die persönlichen Eigenschaften einzelner Schauspieler –, so daß das Stück ein Gespräch mit dem Publikum anfängt: dies alles macht *Was wir bringen* zum Musterbeispiel einer neuen Art von Dichtung, in der das Streben nach dem Ideal niemals den Kontakt zu der Wirklichkeit verliert, aus der es hervorgeht; die zwei Welten werden in ständiger Parallele zueinander gezeigt. Schiller hatte dafür ebensowenig Verständnis wie für die eigentliche Absicht von *Wilhelm Meisters Lehrjahre*: Er fand, das Stück habe «treffliche Stellen, die aber auf einen platten Dialog, wie Sterne auf einem Bettlermantel, gestickt sind». Aber Schiller glaubte noch immer, daß die Kunst den Menschen befähige, das Ideal «in der Erscheinung» zu ergreifen, während Goethes Geist, an der Enttäuschung geschult, schon ganz im neuen Jahrhundert lebte.

Nach den letzten Worten Merkurs mit der Bitte um Beifall erhob sich das Premierenpublikum, drehte sich zu Goethe um, der mit Christiane und August in seiner Loge im Hintergrund des Theaters saß, und brachte ihm eine lange Ovation dar, während Studenten ein dreifaches Hoch ausbrachten: «Es lebe der größte Meister der Kunst, Goethe!» Er mußte an die Brüstung vortreten, äußerte zum Dank den zweideutigen, vielleicht reuigen Wunsch «Möge das, was wir bringen, einem kunstliebenden Publikum stets genügen» und begab sich dann hinunter auf die Bühne, um der Truppe zu gratulieren. Danach nahm das Publikum wieder seine Plätze ein, lauschte Mozarts Oper *La Clemenza di Tito*, und die neue Lauchstädter Spielzeit war eröffnet. Goethe und Christiane waren nach der Vorstellung zu einem Dîner in dem mit Blumengirlanden verzierten Salon des Kurhauses eingeladen, und als sie ins Freie traten, waren die Kastanien am Hauptweg durch den Park mit Kerzen erleuchtet, die sich in dem kleinen See widerspiegelten, und auf einem Altar mit der Inschrift «Vivat Goethe» brannte eine Flamme, und das Bildnis des Dichters erstrahlte hell erleuchtet. Die Welt außerhalb Weimars war gesellschaftlich und politisch unkomplizierter, und was seine Geltung beim Publikum betraf, empfing Goethe bereits den ungetrübten Beifall einer werdenden Nation – und nicht nur er. Wenn er und Christiane in den nächsten zwei Wochen, in denen er sich erholte und das Wasser gebrauchte, auf Bällen erschienen, konnte man sicher sein, daß es für beide kräftigen Applaus gab. Kotzebue war so gut wie vergessen: In dieser Zeit nahm das Theater 1500 Taler ein, und die häufig fast ausverkauften Vorstellungen enthoben Goethe aller Sorgen, was die Investitionen des Herzogtums betraf; aber die einzige Aufführung, die kaum hundert Zuschauer fand, war eine Komödie von Kotzebue. Goethe hielt sein Versprechen und zeigte in einer verkürzten Lauchstädter Spielzeit, die bis Mitte August dauerte, die Höhepunkte des Weimarer Jahres. Das Publikum erschien weiterhin sehr zahlreich, vor allem an Wochenenden, und zeigte sich im großen und ganzen dankbar; aber der Sieg vor einem anderem als dem heimischen Publikum, das Goethe gemeint hatte, war schal. Nur in Weimar konnte sein Programm den Zweck erfüllen, das Denken und Fühlen einer ganzen, wenngleich begrenzten Gesellschaft zu verändern, deren Teil er war. In Lauchstädt bot er einfach Unterhaltung für eine unbestimmte und wechselnde Menge, die bereit war, Fremdartiges und sogar Unverständliches als Teil des Urlaubs von der Normalität hinzunehmen. Es lag Goethe nicht, in einem Zustand des permanenten Ungefähren zu leben – lieber verlor er seine Schlachten, als sie nicht auf heimischem Boden auszutragen –, und im Gegensatz zu Christiane wurde er Lauchstädts bald überdrüssig. Vielleicht erinnerte es ihn zu sehr an die mißlungene Reise nach Pyrmont im Jahr zuvor. Aber wenn dem so war, so gab es in der Nähe von Lauchstädt ein Pendant zu dem, was Göttingen für Pyrmont gewesen war, und hier konnte er wirklichen Urlaub genießen. Am 9. Juli nahm er Christiane und August mit in ein Hotel in Halle, wo er einige örtliche Professoren kennenlernen wollte, namentlich Kurt Polycarp Joachim Sprengel (1766–1833), den Direktor des botanischen Gartens, und den Theologen August Hermann Niemeyer (1754–1828), dessen Terenz-Übersetzung vielleicht die Einsiedelsche ergänzen konnte; auch hoffte er, die Gespräche fortzusetzen, die er im Mai in Reichardts Haus in Giebichenstein mit seinem alten Bekannten, dem Altphilologen Wolf, begonnen hatte. Christiane fuhr am 11. Juli nach Lauchstädt zurück, aber August blieb bei seinem Vater und vervollständigte so die Parallele zu Göttingen. Eine Woche lang empfahl Goethe sich der akademischen Gemeinschaft der noch immer führenden Universität Preußens, mochte sie ihre größten Tage auch hinter sich haben, und fuhr dann mit August ins nahegelegene Giebichenstein, wo er jetzt ein gern gesehener Gast war. Am 20. Juli war er wieder in Lauchstädt, um eine Aufführung der *Räuber* zu überwachen, die man auf besonderen Wunsch der studentischen Besucher auf den Spielplan gesetzt hatte – immer ein gewagtes Unternehmen, das aber ohne Zwischenfälle verlief. Ihn verlangte jetzt nach Arbeit; denn er hatte seit einem Monat nichts geschrieben, und Halle hatte ihm Lust gemacht. Christiane und August fuhren wahrscheinlich am 22. Juli nach Weimar zurück, und er folgte am 25., richtete sich aber für den Rest des Sommers in Jena ein.

Diesmal jedoch erwies sich die Zurückgezogenheit in Jena als völlig unergiebig. Die Arbeit am neuen Bibliothekskatalog hatte gute Fortschritte gemacht und bot eine gewisse triviale Beschäftigung. Das Wetter war heiß – Christiane in Weimar empfand das in ihrem Zustand als besonders belastend –, und in den kühlen Stunden des Tages war Goethe weniger nach Schreiben zumute als nach langen Spaziergängen mit dem Augenarzt Himly, mit dem er sich über das Sehen unterhalten konnte. Es gab in diesem Jahr besonders viele Wolfsmilchraupen, und Goethe kehrte für kurze Zeit zur Metamorphose der Insekten und seinem noch immer unveröffentlichten *Ersten Entwurf einer allgemeinen Einleitung in die vergleichende Anatomie* zurück; er skizzierte eine Einleitung, die über die Geschichte des Unternehmens Aufschluß geben sollte. Aber die morphologische Inspiration hatte ihn verlassen; es war ihm «nur darum zu thun, daß die schon gefundnen Formeln anwendbarer werden». Er las weiter die neue Zeitschrift von Schelling und Hegel, aber für die Naturphilosophie war Schelling keine fruchtbare Quelle der Inspiration mehr: Seine Interessen hatten sich größeren systematischen Fragen sowie der Philosophie der Kunst zugewandt, über die er im kommenden Wintersemester zu lesen gedachte. Die Vorlesungen enthielten auch Schellings folgenreiche Charakterisierung von Goethes *Faust* als «die innerste, reinste Essenz unseres Zeitalters», ein «mythologische[s]» Gedicht, vergleichbar mit Dante, und größtes Werk der deutschen Literatur; es gibt aber keine Anhaltspunkte dafür, daß diese scharfsinnigen Bemerkungen auf Gesprächen mit Goethe in jenem Sommer fußen oder daß irgend etwas Goethe ermutigt hätte, sich das Manuskript des *Faust* wieder vorzunehmen, das er seit seiner Rekonvaleszenz 1801 nicht mehr angerührt hatte. Schellings Schriften nahmen jetzt auch eine mehr historische Prägung an, und er kehrte zu dem Lieblingsthema seiner Tübinger Zeit zurück: dem Verhältnis zwischen Christentum, Heidentum und moderner Philosophie. In seinen *Vorlesungen über die Methode des akademischen Studiums*, die er im Sommersemester 1802 hielt, gab es eine ganze Vorlesung über «Die historische Construktion des Christenthums», das heißt eine idealistische Deutung des Übergangs von der griechischen zur christlichen Religion, verstanden nicht als bedauerlicher Triumph der Barbarei, sondern als notwendige Ablösung einer Religion der Natur durch eine Religion der Geschichte. Für die Griechen war nach Schelling die Natur eine dauerhafte, unveränderliche Manifestation des Göttlichen; für die Christen hingegen manifestiert sich das Göttliche in Tätigkeit und Veränderung, in Menschenleben, die ihrer Natur nach vergänglich sind. Nach Schellings Auffassung war Jesus (wie auch Hölderlin glaubte) der letzte und größte der griechischen Götter, der in Gestalt der leidenden Menschheit kam und nach Menschenart verschied, wodurch er eine neue Ära einleitete, in der wir nicht die Natur nach Gott fragen, sondern ... «den Geist, das ideale Prinzip ... das Licht der neuen Welt». Wenn im griechischen Heidentum Gott (das Ideal) durch Seine Manifestation in natürlichen Phänomenen (das Reale) zu uns kam, so ist im Zeitalter des Christentums das Reale auf dem Weg zurück zum Ideal, das heißt, wir bewegen uns durch die Geschichtlichkeit und Unbeständigkeit unseres eigenen Daseins auf Gott zu. Wenn Schelling das moderne, christliche Zeitalter das Zeitalter des Geistes nannte – ein philosophischer Terminus, der nun ausdrücklich die idealistische Konzeption des schöpferischen Geistes mit der Theologie der christlichen Trinität verknüpfte und damit dem poetischen Sprachgebrauch nahekam, den Hölderlin bereits etliche Jahre pflegte –, vertrieb er weitgehend damit die Wolke der historischen Frustration, die über dem Schluß von Hegels Schrift *Der Geist des Christentums und sein Schicksal* schwebte. Aus der Unfähigkeit des Christentums, sein innerstes Prinzip in der sinnlichen und sozialen Welt zu verwirklichen, wurde der Schlüssel zu seiner Modernität und das Geheimnis seines notwendigen Sieges über das griechische Heidentum: Sein Wesen ist die stete Annäherung an ein ideales Ziel. Es ist natürlich anzunehmen, daß diese überaus bedeutsame Entwicklung selbst die Frucht von Diskussionen zwischen Hegel und Schelling war, bei denen Schelling, dem zu diesem Zeitpunkt die avanciertere systematische Struktur zu Gebote stand, in Kontakt mit der Inspiration kam, die Hegel seiner Frankfurter Zeit mit Hölderlin verdankte. Aber Hegel war nicht lediglich ein Mittler. Als Schelling seine erste – metaphysisch-theologische – Philosophie der Geschichte des Geistes formulierte, rang Hegel bereits darum, sie in der politischen und Sozialphilosophie zu verankern, die sein ursprüngliches Anliegen war. Der Gegensatz zwischen «positiver» und «natürlicher» Religion – zwischen besonderen historischen Traditionen und den allgemeinen Geboten der Vernunft –, der die Crux seiner frühesten

Schriften gebildet hatte, war, wie Hegel jetzt erkannte, leer, und weil jede besondere Individualität nur darum besonders war, weil sie etwas Allgemeines negierte, waren die historischen, institutionellen und vermeintlich zufälligen Aspekte einer Religion nicht von ihren allgemeinen Aussagen, das heißt von ihrem rationalen, begrifflich faßbaren Inhalt zu trennen. Im ersten Teil eines langen, schwierigen Artikels «Über die wissenschaftlichen Behandlungsarten des Naturrechts», der im November 1802 im *Kritischen Journal* erschien, unternahm er den Versuch, exemplarisch eine Revolution in der griechischen Gesellschaft, wie sie ihren Niederschlag in den Meisterwerken der griechischen Tragödie gefunden hatte, mit der Geburt eines neuen, «bürgerlichen», individuellen Moralgefühls in Verbindung zu bringen. Diese neue Ethik implizierte wiederum das Fortschreiten zu einer neuen Konzeption des Verhältnisses zwischen Gott und Gesellschaft, und der gesamte Prozeß konnte, in der von Schelling jetzt bevorzugten Terminologie, als Übergang vom leiblichen Tod zur Auferstehung des Geistes begriffen werden. Es bedarf kaum der Erwähnung, daß diese neu aufkommende Geschichtsphilosophie Goethe deutlich weniger zusagte als die Naturphilosophie. Goethe hat sich 1802 gewiß nicht vorgestellt, es hätte die Kultur des alten Griechenlands bis auf den heutigen Tag unverändert bleiben können oder sollen; aber es steckte in diesen neuen Gedankengängen nur allzu vieles, was sein ursprüngliches Mißtrauen gegen das idealistische Abdriften von der Kantischen Verankerung im Ding an sich bestätigte. Insbesondere mußte ihn die Unterstellung ärgern, daß Gott nicht mehr in der Natur und durch die Natur aufgefaßt werden könne und daß der Wandel von der griechischen zur christlichen Religion einen notwendigen Fortschritt zu etwas Höherem darstelle. Abgesehen davon beschäftigte Schelling im August und September ein Schmähartikel gegen ihn, der in der *ALZ* erschienen war, und Goethe hatte sich längst abgewöhnt, bei solchen Dingen einzugreifen. «Wenn Goethe in dieser Sache weniger tut», schrieb Schelling an August Wilhelm Schlegel, «so ist es, weil er im Grunde ganz in derselben Lage ist wie wir, da er in Weimar ganz allein steht und selbst seine unmittelbaren Bekannten mehr oder weniger auf beiden Achseln Wasser tragen.» Aber in dem Maße, wie Schelling das geistige Terrain wechselte, fühlte Goethe sich auch in Jena immer einsamer. Eine gewisse Befangenheit muß ihr Verhältnis auf jeden Fall getrübt haben, als Caroline Schlegel irgendwann im August auf Goethe zukam und ihn fragte, ob er ihr und August Wilhelm Schlegel behilflich sein wolle, beim Herzog die Auflösung ihrer Ehe zu erwirken. Der Souverän hatte, wie sie wußten, diese Vollmacht kürzlich ausgeübt, um Sophie Mereau von ihrem Mann zu trennen; es mochte aber unklug sein, auf diesen Präzedenzfall zu pochen, und Schlegel zögerte begreiflicherweise, vor einem Kirchengericht zu erscheinen, dem sowohl Herder als auch Böttiger angehörten. Goethe versprach zu tun, was er konnte – was im wesentlichen bedeutete, die Unterstützung Voigts bei der Unterbreitung des Scheidungsbegehrens zu gewinnen und es dem Herzog implizit zu empfehlen –, jedoch unter der Voraussetzung, daß über seine

Rolle in der Angelegenheit völliges Stillschweigen bewahrt wurde. Zweifellos lag ihm viel daran, sowohl Schlegel als auch Schelling einen Dienst zu erweisen; aber seine Konzentration auf literarische oder naturwissenschaftliche Arbeiten muß bei dem Gedanken gelitten haben, daß er damit zur endgültigen Auflösung des Kreises beitrug, der sich seit 1796 in Jena gebildet hatte.

Alles zerfällt:
August 1802 – August 1803

Der August 1802 war eine beunruhigende Zeit für jeden, der im Heiligen Römischen Reich aufgewachsen war. Der letzte Monat des Jahres X der Republik erlebte sowohl das Ende der Französischen Revolution als auch den Beginn der lange aufgeschobenen Demontage des alten Deutschland, die deren unwiderrufliche Folge war. «Zwo gewalt'ge Nationen ringen / Um der Welt alleinigen Besitz», schrieb Schiller in einem Gedicht auf den «Antritt des neuen Jahrhunderts»: Anfang 1802 sah es danach aus, als hätten Britannien und Frankreich sich gütlich geeinigt und Bonaparte einen allgemeinen Frieden herbeigeführt. Für kurze Zeit sah man auf dem Kontinent wieder Reisende aus England: Der Maler Turner ergriff die Gelegenheit zu einer denkwürdigen Reise durch die Alpen, die den Verlauf seines künstlerischen Weges veränderte und für gut zehn Jahre so nicht mehr möglich sein sollte. Doch die Bedingungen des Ende März unterzeichneten Friedensvertrages von Amiens beendeten nicht die Schlacht um die globale Hegemonie – das hätte nur die militärische Niederlage der einen oder anderen Seite erreicht –, und sie waren eine Demütigung für Britannien, das praktisch alle seine überseeischen Kolonialerwerbungen den ursprünglichen Besitzern zurückgab und versprach, durch Räumung Maltas seine Kontrolle über das Mittelmeer aufzugeben. Frankreich hingegen machte keinerlei Zugeständnisse. Ohne die französische Besetzung Belgiens anzuerkennen, die zu verhindern es ursprünglich in den Krieg gezogen war, akzeptierte Britannien ausdrücklich oder stillschweigend alle Bestimmungen von Lunéville und überließ damit Frankreich die unbestrittene Herrschaft über Europa westlich von Österreich und Rußland: Erstarkt durch Gebietserwerbungen an seinen Grenzen, war Frankreich jetzt der Diktator in Italien, der Schweiz und Spanien und Makler der Macht in Deutschland. Lohn und Segen der Geschichte schienen der Revolution durch die zu ihrer Verteidigung und Stabilisierung geführten Angriffs- und Expansionskriege zuteil zu werden. Doch im Augenblick ihres größten Triumphs verpuffte die Revolution. Durch eine unblutige Säuberung der Repräsentativkörperschaften und eine Neudefinition ihrer Verfahrensweisen sicherte sich Bonaparte im Januar 1802 endlich die vollständige Kontrolle über den Regierungsapparat und sorgte dafür, daß sich kein wirksamer Widerstand gegen das gesetzliche Inkrafttreten des Konkordats mit Rom regen konnte. Nach Terror, Dechristianisierung und Theophilanthropie sollte Frankreich nunmehr eine nationale Kirche mit besoldetem Klerus und einer vom Staat ernannten, aber vom Papst eingesetzten Kirchenhierarchie bekommen. Anfang April erfreute sich das Land daher der Friedenshoffnung auch nach innen; denn Bonaparte hatte nicht nur die Wunden geheilt, die die Zivilkonstitution von 1790 geschlagen hatte, sondern auch den *chouans* und Briganten im Westen des Landes ihre Ideologie durchkreuzt, die Überzeugung nämlich, die Regierung in Paris sei religionsfeindlich. Festes polizeiliches Handeln stellte überall die Ordnung wieder her, und mit der Ordnung – auch wenn deren Preis die Pressefreiheit war – kehrte auch das Vertrauen des gebeutelten französischen Bürgertums in die Wirtschaft zurück. Es war der rechte Moment für eine Demonstration der Dankbarkeit gegen den Ersten Konsul: Auf Vorschlag des Senats wurde ein Volksentscheid über die Frage abgehalten, ob Bonaparte sein Amt auf Lebenszeit ausüben solle. In ganz Frankreich gab es nur 8000 Stimmen dagegen, und vom 4. August 1802 an fehlte Napoleon Bonaparte zum König lediglich der Name. Zu derselben Zeit – zehn Jahre nach der Kampagne bei Valmy, die Frankreich die Republik beschert hatte – marschierten wieder preußische Armeen, allerdings gegen weniger formidable Gegner. Bonaparte hatte grundsätzlich und in allen Einzelheiten den (nominell) in Regensburg gefaßten Plan für die (nominelle) Entschädigung der linksrheinischen Fürsten gebilligt: den Plan «einer allgemeinen Säkularisation», wie Voigt schrieb, «um den Klerus, ungefähr so wie in Frankreich, in seine Schranken zu bringen und» (dieser fromme Zusatz im Interesse der Öffentlichkeitsarbeit hätte zweifellos Novalis überzeugt) «den Grund zu einer Vereinigung der christlichen Sekten zu legen». Religion hatte damit nichts zu tun: Das Reich hörte auf, der verfassungsmäßige Rahmen für ein ungemein sinnreiches Gefüge aus traditionellen und ererbten Rechten, mit eigenen Institutionen und Vertretern zu sein, und wurde zu einem lockeren Bund von einem Dutzend mittelgroßer Staaten, die alle inneren Angelegenheiten selbst zu regeln gedachten. Nicht nur die geistlichen Fürstentümer und Territorialherren wurden hinweggefegt – ihre Zahl verringerte sich von 81 auf 3 –; auch die Reichsritter und bis auf ein halbes Dutzend alle 51 reichsfreien Städte verschwanden, geschluckt von den großen und kleinen Preußens, die Bonaparte überleben ließ und denen wie Frankreich zum Königreich nur der Name fehlte. Formelle Entscheidungen waren noch nicht gefallen, aber unter französischer Ägide war eine informelle Übereinkunft schon genug: Im Spätsommer 1802 verlegten die Gewinner des Endspiels ihre Truppen in die Territorien der Verlierer, um zu gegebener Zeit den friedlichen Übergang sicherzustellen. Mitte August zogen die Preußen durch Weimar, um Erfurt in Besitz zu nehmen: Was der Hecht im neuen Teich über den Karpfen dachte, kann man daran ersehen, daß kein einziger der preußischen Offiziere auf dem öffentlichen Ball zugegen war, den Anna Amalia ihnen zu Ehren gab. Einige Tage zuvor hatte Blücher, der die Auflösung des Kurfürstentums Mainz erwartete, Münster und Paderborn in Besitz genommen. (Fürstin Gallitzin hielt es wieder einmal für notwendig, zur Unterstützung des bedürftigen Klerus ihre Gemmensammlung zu verkaufen, und Goethe unternahm in ihrem Auftrag weitere ergebnislose Vorstöße, besonders in Gotha.) In Württemberg verkündete Herzog Friedrich, der auch zu den Gewinnern gehörte, daß seine neuen Territorien, darunter die Stadt Heilbronn, deren Verwaltung Goethe fünf Jahre zuvor so bewundert hatte, fortan seiner eigenen uneingeschränkten Autorität und nicht der Verfassung Alt-Württembergs mit seinen streitlustigen Ständen unterstehe. Die Stellung der Stände wurde erheblich geschwächt, und sie waren zunehmend gezwungen, Hilfe von außen zu suchen: bei der republikanischen Gesinnung in Paris, beim Sohn des Herzogs, der mit seiner Mätresse durchgebrannt war und im Kampf gegen seinen Vater demokratische Anschauungen vorschützte, und bei den zuständigen Reichsinstanzen in Wien – und keiner dieser Ressourcen konnte man eine lange Zukunft garantieren.

«Freiheit ist nur in dem Reich der Träume, / Und das Schöne blüht nur im Gesang»: Zu diesem Schluß kam Schiller, als er seinen Blick über die brutale Welt nach Lunéville schweifen ließ. Als jedoch der Herbst 1802 Einzug hielt, schien Goethe die «gute Sache» der ästhetischen Verklärung sogar in Weimar in Gefahr zu sein. «Die ganze deutsche Masse der, ich will nicht sagen Theoretisierenden, wenigstens Didaktisierenden, vom Gründlichsten bis zum Flächsten, trennt sich in zwei Hauptteile, die leicht zu unterscheiden sind, deren Untertrennungen aber, in einem ewigen Wechsel des Anziehens und Abstoßens durcheinander gehen, so daß man beim Erwachen morgens den als Widersacher antrifft, von dessen Teilnahme und Neigung beruhigt man gestern abend zu Bette ging.» Die Preisaufgabe von 1802 brachte ungefähr die übliche Anzahl von Bewerbungen, von denen keine bedeutend war; denkwürdig blieb sie aber durch eine vernichtende anonyme Parodie auf Goethes und Meyers gemeinsame Besprechungen in einer Leipziger Zeitschrift. Die Neigung zu herablassenden Platitüden in ihren Urteilen wurde genau getroffen und erbarmungslos karikiert; der Text, der zur richtigen Zeit erschien und ganz und gar authentisch wirkte, gipfelte in einem boshaften Lobgesang auf die Geschicklichkeit, womit Meyer das Wappen Weimars auf die fürstliche Decke des neuen Schlosses gemalt habe: «Da dieses wichtige Fach, besonders von besseren Künstlern, in unsern Zeiten so sehr vernachlässigt wird, so würde es wirklich der Kunst zu wahrem Gewinn gereichen, wenn sich Hr. Meyer in Zukunft der Wappenmalerei ausschließlich zu widmen entschließen wollte.» Es wird berichtet, daß Goethe über den Streich fuchsteufelswild war, während der Herzog sich köstlich amüsierte und es liebte, Goethe damit aufzuziehen. Man argwöhnte, daß Schadow seine Hände im Spiel hatte. Er war nach Weimar gekommen, um Frieden zu schließen, hatte sich aber, hauptsächlich wegen seiner ungehobelten Art, bei Goethe eine Abfuhr geholt: Bei ihrer ersten Begegnung bat der Bildhauer darum, Goethes Schädel messen zu dürfen, Goethe war nicht nur über diese Zudringlichkeit verstimmt, sondern hatte Schadow auch im Verdacht, Anhänger von Galls neuer Pseudowissenschaft der Phrenologie zu sein, und seither sprachen die zwei kaum miteinander. Indessen war die Satire mit ziemlicher Sicherheit das Werk Böttigers, der damit endlich seine Rache für die Unterdrückung der *Ion*-Besprechung bekam. Für Goethe hatte die Preisaufgabe immer zu demselben Projekt gehört wie seine Theaterneuerungen, und er hatte zu Recht den Eindruck, daß der Schlag auf alles zielte, wonach er strebte. Aber im Laufe des Sommers war ihm ohnedies die Lust an seinem Theaterexperiment vergangen. Die neue Saison begann viel gedämpfter; es gab bis Jahresende nur vier neue Inszenierungen, ausnahmslos von unbedeutenderen Werken, und man kehrte zur alten, bewährten Kost aus Iffland und Kotzebue zurück. Man redete davon, sich an die authentische Inszenierung eines Sophoklesstückes zu wagen, aber es blieb beim Reden, und als Goethe durch August Wilhelm Schlegel mit Calderón bekannt wurde, überwältigte ihn zwar *Die Andacht zum Kreuz*, aber er glaubte, an die Aufführung eines so anspruchsvollen Werkes nicht einmal denken zu dürfen. Zu seiner Entlastung hätte man vorbringen können, daß es eine Art Personalkrise gab: Caroline Jagemann, die jetzt tun und lassen konnte, was ihr beliebte, befand sich auf einer siebenmonatigen Tournee; Heinrich Vohs, eines der ältesten und verläßlichsten Mitglieder der Kompanie, ging nach Stuttgart, um dort das Hoftheater zu übernehmen (er war bei schlechter Gesundheit und hatte seit langem eine höhere Gage benötigt, aber den Wechsel überlebte er nur um zwei Jahre); und es gab noch einige andere Abgänge. Die einzigen Neuzugänge waren Wilhelmine Maas – sie reichte einigen Schauspielern nur bis an die Hüfte, behauptete sich aber in der sentimentalen Rolle der Kathinka in einem kleineren Stück, das modisch an den Rändern Rußlands spielte – und Friederike Petersilie, die auf Drängen Goethes ihren Künstlernamen in «Silie» verkürzte, wohl um die Majestät der Kunst zu wahren. Beide waren bald Christianes Lieblingsschauspielerinnen, aber ihr Engagement war in keiner Hinsicht eine zureichende Antwort des Theaterdirektors auf schwindende Ressourcen und sinkende Moral. Aber die Moral des Direktors selbst war gesunken. «Goethe hat das Theater satt», schrieb Kirms im Dezember an Iffland, vielleicht mit dem Hintergedanken, sein Interesse auf eine Chance zu lenken, «und will dem Herzog den Vorschlag thun, das Theater dem Becker und Genast ... dergestalt zu übergeben, daß sie diese Entreprise auf Gewinn und Verlust übernehmen sollen.» Die Privatisierung des Hoftheaters – nach der Universität die wichtigste kulturelle Einrichtung des Weimarer Staates – hätte bedeutet, vor der Kotzebue-Tendenz vollständig die Segel zu streichen und nicht nur die Experimente des letzten Jahres, sondern überhaupt alles aufzugeben, was seit dem Weggang Bellomos erreicht worden war. Es war ein Vorschlag, den der Herzog unmöglich annehmen konnte; daß Goethe ihn überhaupt formulierte, zeugt für das ganze Ausmaß seiner Ernüchterung. Indessen war Kotzebue nach Berlin gegangen, wo er sich bald darauf mit Merkel zusammentat, um aus der Hauptstadt der Autokratie satirische Verleumdungen gegen den Weimarer «Theaterdespotismus» loszulassen, die Carl August veranlaßten, ihn förmlich von seinem Territorium zu verbannen. So waren also Goethes Feinde auf dem Rückzug? Doch auch in Abwesenheit des Hauptaufwieglers schmerzte noch die Demütigung wegen des *Alarcos*. Goethe wußte mittlerweile, daß er sich eines Fehlurteils schuldig gemacht hatte. «Verfluchen muß man das Produkt», sagte er im September zu Wilhelm von Humboldt über Friedrich Schlegels Stück: Es sei wie der *Ion*, nur schlimmer, ein Flickwerk aus Geborgtem und als Ganzes eine Karikatur, und er wetterte gegen beide Schlegels, obwohl er zu derselben Zeit in einem durchaus freundschaftlichen Briefwechsel mit ihnen stand und sich in der sehr heiklen Scheidungssache August Wilhelms engagierte. Mit dem *Alarcos*-Fiasko hatte Goethe sich und das idealistische Unternehmen von 1801/02 «allerdings kompromittiert» (so Schiller). Aber es arbeitete noch eine tiefere Enttäuschung in ihm. Im September war Wilhelm von Humboldt mit seiner Familie für vier Tage in Weimar, bevor er weiter nach Rom reiste, um seine Stellung als preußischer Ministerresident anzutreten. Nach fünfjähriger Trennung konnte er Goethe mit einfühlsamer Klarheit beobachten:

Seine Art zu sein ... hat mich unendlich geschmerzt. Es ist eine Verstimmung, aus der sein Wesen, das schlechterdings mehr durch die Natur als den Vorsatz bestimmt wird, nur zufällig durch äußere Umstände oder irgendeine innere, in ihm aufsteigende Geistestätigkeit gerettet werden kann.

Daß Humboldt eine Stelle im Paradies antreten durfte, wird Goethes Mißstimmung natürlich verstärkt haben. Wann immer sein Auge im folgenden Winter auf die große, perspektivische Karte von Rom fiel – wenn er zum Beispiel August beim Studium der römischen Geschichte half –, dachte er bei sich: «Diesen Weg können nun die Freunde machen, wenn es ihnen beliebt! Sie gehen um die Colossen auf Monte Cavallo, die ich nur noch wenige Minuten in meinem Leben zu sehen wünschte ... indeß wir arme Nordländer von den Brosamen leben, die keineswegs vom Tische fallen, sondern die wir uns, noch überdieß, mit Mühe, Zeit und Kosten zu verschaffen haben.» Er beneidete Humboldt, «da Sie im Genuß alles dessen sind über dessen Entbehren ich zeitlebens nicht zur Ruhe komme ... Küssen Sie der Minerva Iustiniani doch ja von mir die Hand.» Unter den «Brosamen», von denen er jetzt lebte, befand sich eine französische Sammlung von über 1400 Abgüssen antiker Münzen, die, zusammen mit einem Originalsatz päpstlicher Münzen und Medaillen aus der Renaissance, den Grundstock einer neuen, eigenen numismatischen Sammlung bildete: «Mein einziger Trost ist der Numismatische Talisman, der mich, auf eine bequeme und reizende Weise, in entfernte Gegenden und Zeiten führt.» Er hatte beschlossen, zu Hause und im Privaten zu genießen, was er nicht mehr durch Reisen erreichen oder in der öffentlichen Welt um ihn herum nacherschaffen konnte. Sogar das Auffrischen von Erinnerungen im Gespräch wurde im November 1802 schwieriger, als Meyer nach mehr als zehn Jahren, die er am Frauenplan gewohnt hatte, auszog, um im neuen Jahr die Tochter des Weimarer Kanzlers zu heiraten. Die Bande, die Goethe mit seinem eigenen Goldenen Zeitalter verknüpften, wurden immer dünner. Wohl um diese Zeit verzichtete Goethe auf den Anfang des Jahres gefaßten Plan einer Umgestaltung der gesamten Fassade seines Hauses, die, mit Stein verkleidet, ein strenges Renaissanceaussehen erhalten sollte; verwirklicht wurde nur der Entwurf zu einer steinernen Türfassung, die heute unpassend groß wirkt. Überhaupt machte sich in Goethes Geschmack in der zweiten Jahreshälfte 1802 eine mürrische Tendenz zu monumentaler Stilisierung bemerkbar – vielleicht eine Reaktion auf die Sticheleien Böttigers und Kotzebues, auf das Ende seiner kulturellen Hoffnungen in den vergangenen zehn Jahren und auf die Auflösung jener politischen Gewißheiten, die ihn sein Leben lang begleitet hatten. Bei der Arbeit an der *Natürlichen Tochter*, die er 1802 in Abständen immer wieder aufnahm, entschloß er sich, deutlich zu machen, daß er eine symbolische, nicht eine realistisch-historische Absicht verfolgte – obgleich er weiterhin umfangreiche Darstellungen der Revolution las –, indem er seine Heldin «Stephanie» (wie die Verfasserin seiner Quelle sich nannte) in eine offenkundig mehr griechische und abstrakte «Eugenie» umtaufte. Er bat Cotta, *Mahomet* und *Tancred*, die er in einem Band herausbrachte, in einer Aufmachung ähnlich der von Schillers *Wallenstein* zu drucken, um die Gleichheit des Gewollten, wo nicht des Erreichten anzuzeigen. Und er gab ein Beispiel seiner charakteristischen Hartnäckigkeit, nachdem er Cotta die Herausgabe seiner neuen Gedichte (in einem Taschenalmanach, mit zwei Geschichten von Wieland) unter der Bedingung überlassen hatte, daß Cotta auch seine Cellini-Übersetzung und die Geschichte der deutschen Kunst im 18. Jahrhundert brachte, die er zusammen mit Meyer schrieb. Er forderte, daß die zwei schwer verkäuflichen Werke in derselben Aufmachung erscheinen sollten wie die *Propyläen*, um so die geplante Reihe von kleinformatigen Bänden zu realisieren, auf die man 1797 die große Studie über Italien reduziert hatte. Bei der Arbeit an dem Anhang und den Anmerkungen zum Cellini im Herbst und Winter war er so glücklich, wie er es nur je gewesen war, sagte er: Er wurde – wie von seiner Münzensammlung – in eine andere, reichere Welt entrückt, vielleicht auch in ein anderes Leben, in dem das Projekt in der Form verwirklicht worden wäre, wie es ursprünglich gedacht war. Die Stimmung dessen, was er in den Anmerkungen schrieb, war freilich trotz aller Phantasien trübe genug und spiegelte die Realität wider, die er für sich persönlich akzeptiert hatte, als er am Gotthard umgekehrt war, und die für ihn jetzt aus allen Disharmonien der öffentlichen Ereignisse sprach: «Wir sollten wohl im Lauf der irdischen Dinge die Erfüllung des schönen Möglichen nur selten erleben.» Hätte Lorenzo de' Medici länger gelebt, «so würde die Geschichte von Florenz eins der schönsten Phänomene darstellen» – was nur heißen kann, daß es sich mit der antiken Welt hätte messen können, sogar mit dem perikleischen Athen. Statt dessen fiel Florenz einem «unreinen Enthusiasten» in die Hände. Die ganze Bitterkeit, die Goethe in *Die Braut von Korinth* gegossen hatte, war wieder da, als er von einer zweiten Zerstörung menschlicher und künstlerischer Leistung durch den Geist des Christentums erzählte: «Diesem großen, schönen heitern Leben setzt sich ein fratzenhaftes, phantastisches Ungeheuer, der Mönch Savonarola, undankbar, störrisch, fürchterlich entgegen.» Bei der wütenden Betonung des Wortes «Mönch» blitzt eine dritte historische Parallele in Goethes Text auf: seine eigenen Anstrengungen. Sie waren gewiß minimal, verglichen mit denen Lorenzos des Prächtigen, wurden aber ähnlich unterminiert von christlichen Heuchlern, mochten es die sentimentalen Protestanten Eutins und Zürichs sein oder die kunstliebenden Klosterbrüder mehr in der Nähe oder gar – wie er in den *Xenien* geklagt hatte – die ex-christlichen Schwärmer, die sich der Revolution zugewandt und auf ihre Weise ebensoviel zerstört hatten wie Luther auf die seine.

Das Jahr verfinsterte sich, je mehr es zu Ende ging. Schon während der sommerlichen Hitzewelle hatte der tödliche Badeunfall von Kommandant Hendrichs vierundzwanzigjährigem Sohn einen Schatten auf Goethes Zeit in Jena geworfen und Christiane das Blut in den Adern gefrieren lassen, so daß sie August strengstens verbot, schwimmen zu gehen, so sehr er auch bat und bettelte. Kurz darauf endete der lange Lebensabend Corona Schröters als Gesangslehrerin in Ilmenau und damit ihre ebenso lange wie aussichtslose Liebesaffäre mit dem verarmten Einsiedel. Goethe wollte ihr ein poetisches Denkmal setzen, wie er es für Christiane Becker getan hatte, aber er fand keine besseren Worte für sie als jene, die er in seinem Gedicht *Auf Miedings Tod*[1] gefunden hatte, und das war recht so, denn sie stammten aus den besten und glücklichsten Tagen der Schauspielerin. In einem gewissen Sinne vollzog sie nicht den Übergang Weimars zu einem Berufstheater mit, als Bellomo kam. 1802 starben auch Carl Augusts Kammerdiener Wagner, der Goethe bei der Kampagne von 1792 wahrscheinlich das Leben gerettet hatte, und im November die unbekümmerte Eliza Gore, eine Malerin wie ihr Vater – nie ganz ernst, nie ganz frivol (als ihr Lieblingskakadu starb, vergoß sie Tränen und sandte ihn Goethe für seine Naturaliensammlung). Der schwerste Schlag war am 29. September der vorzeitige Tod von Professor Batsch, erst einundvierzig Jahre alt und noch am Beginn seiner Tätigkeit am Jenaer Botanischen Institut stehend. Eine seiner letzten Pflanzungen war ein Ginkgobaum auf der Frontterrasse des Botanischen Gartens, der (wahrscheinlich) heute noch steht. Goethe hatte die undankbare Aufgabe, in Batschs naturwissenschaftlicher Sammlung zu sondern, was dem Institut und was seinen bedürftigen Erben gehörte, und sodann einen Nachfolger zu finden. Das war nicht leicht, da die Konkurrenz unter den deutschen Universitäten sich mit der Säkularisation der geistlichen Fürstentümer und dem erhöhten Nationalbewußtsein der verbliebenen Staaten drastisch ver-

---

1 Siehe Band I, S. 431.

schärft hatte. Besonders Würzburg, das jetzt nicht mehr ein Fürstbistum, sondern bayerischer Besitz war, unternahm große Anstrengungen, seiner Universität den Ruf einer toleranten, modernen Institution zu verschaffen, hatte die nötigen Mittel dazu erhalten und versuchte nun schon, Jena den Juristen Hufeland abspenstig zu machen. Jena wirkte auf einmal altmodisch und von Armut geplagt, und es ging mit seinem Prestige bergab: Die Tage waren vorüber, da das Einzugsgebiet einer Universität das ganze Reich gewesen war; jetzt bemaß sich die Stärke einer Hochschule in erster Linie nach der Größe ihres unmittelbaren Hinterlandes. Als Ersatz für Batsch konnte Goethe sich nur einen sehr jungen Mann leisten und mußte im übrigen hoffen, einen jener aufsteigenden Sterne einzufangen, in die er immer sein Vertrauen gesetzt hatte. Nach langem Suchen konnte auf Empfehlung Schellings im März 1803 Friedrich Joseph Schelver (1778–1832) aus Halle berufen werden, ein Anhänger der Naturphilosophie, doch eher wunderlich als glänzend: So lehnte er die künstliche Bestäubung seiner Pflanzen als ein unnatürliches Pfropfen ab. Über *ein* neues Gesicht jedoch freute sich Goethe in den zehn Tagen, die er geschäftlich Mitte Oktober in Jena verbrachte – für 1802 sein letzter Besuch dort. Johann Heinrich Voß hatte beschlossen, zu seinen Söhnen zu ziehen und sich in Jena niederzulassen, wo er vielleicht auf ein akademisches Amt hoffte. Goethe hätte das gewiß begrüßt; denn der Homer-Übersetzer und Theoretiker der deutschen Metrik würde fast die Lücke ausfüllen, die nach dem Weggang der Schlegels entstanden war. Außerdem waren die persönlichen Beziehungen zwischen den beiden jetzt herzlich: Goethe verabredete sich mit Voß oft zum Abendessen, wenn er in Jena war, und bestand darauf, daß seinetwegen nichts Besonderes gekocht wurde. In der zweiten Woche seines Oktoberaufenthalts hatte Goethe seinen Sohn bei sich, und Voß erbot sich sofort, ihm mit einigen Extrastunden in den alten Sprachen zu helfen. (Anfangs war August eifrig dabei, aber bald fand er die Gesellschaft von Voß' Frau in der Küche angenehmer.) Aber abgesehen von Voß hatten Goethe und Voigt wenig Grund zur Freude, wenn sie in Jenas Zukunft blickten. Der Ästhetiker Carl Ludwig Fernow (1763–1808), der Anfang der neunziger Jahre die Vorlesungen Reinholds über Kantische Philosophie besucht, seither aber in Rom gelebt hatte, war vor allem als Verfasser einer Biographie über Asmus Jacob Carstens (1754–1798) bekannt geworden, den vielleicht größten der deutschen Exilkünstler, die sich der strengen Nachahmung der Antike und Hochrenaissance verschrieben hatten, und der Herzog unterstützte sein Gesuch, das unruhige Italien verlassen und eine unbezahlte Professur an der Universität übernehmen zu können. Doch Goethe hatte seine Zweifel – Deutschland war nicht mehr das Land, wo der Name Reinhold Wunder wirkte: «Er war zur Kantischen Zeit als ein wacker strebender Mann bekannt, nur hat sich seit der Zeit ... er in Italien ist, so viel in diesen Fächern geändert, daß ich fürchte, er wird seine Ästhetik noch einmal umschreiben müssen, wenn er zurück kommt.» Fernow war jedoch bereit, das Risiko einzugehen, und legte seinen Umzug nach Jena für den Sommer 1803 fest.

Würde die Wiederkehr der Sonne für Goethe – wie schon so oft – neues Leben bringen, um das Sterben rings umher zu überglänzen? Christiane sollte am kürzesten Tag des Jahres niederkommen, und einer der Gründe, warum Goethe im November und Dezember in Weimar blieb, war gewiß ihr Wunsch, in einer bangen Zeit nicht allein gelassen zu werden. Frau Rat machte sich in Frankfurt zu schaffen, um Spitzen und Stoff für den «kleinen Graß-affen» aufzutreiben, und betete um gute Nachrichten. August machte sich in den Zimmern zu schaffen, die Meyers gewesen und nun die seinen waren, ordnete seine Sammlungen von Mineralien, Versteinerungen und anderen Naturkuriosa und war wohl über das bevorstehende Ereignis unbekümmert. Am Donnerstag, dem 16. Dezember, wurde ihm eine Schwester geboren – so winzig, daß man sie Kathinka nannte, nach der erfolgreichsten Rolle der kleinen Wilhelmine Maas. Schiller bat in seinem Gratulationsschreiben Goethe zum ersten Mal in ihrem Briefwechsel, einen Gruß an Christiane auszurichten: «Empfehlen Sie mich der Kleinen recht freundschaftlich und versichern sie meines besten Anteils.» Am Samstag war das Kind jedoch so schwach, daß es von der Hebamme eilig getauft wurde. Am Sonntag, dem 19., war es tot, und am folgenden Mittwoch wurde es begraben. «Die Mutter, so gefaßt sie sonst ist, leidet an Körper und Gemüth», ließ Goethe Schiller wissen: «Sie empfiehlt sich Ihnen bestens und fühlt den Werth Ihres Antheils.» Von seinen eigenen Gefühlen sagte er fast nichts, nur, daß er die «Lücken meines Wesens» in Gegenwart seiner Freunde auszufüllen hoffte; wir wissen auch nicht, ob Christiane in der Verfassung war, zum Heiligen Abend eine Bescherung für August vorzubereiten. Am Weihnachtstag besuchte Goethe ein großes Festessen bei Hofe, am 26. empfing er Schiller, Schelling und einen durchreisenden philosophierenden Edelmann, und am 1. Januar (ihm war nicht danach zumute, mit irgend jemandem Neujahr zu feiern) ging er aus dem Haus, um eine neue Fassung von *Paläophron und Neoterpe* für die öffentliche Aufführung zu proben; aber danach wurden seine gesellschaftlichen Verpflichtungen selten und unregelmäßig. «Getäuschte Hoffnungen thun weh», schrieb seine Mutter, «nichts hielft als die Zeit ... das trösten habe ich nie leiden können.» Aber es war mehr Zeit vonnöten als vor zehn Jahren, als er eine Tochter verloren und seine Gefühle unterdrückt hatte, wohl wissend, daß die Natur sich rächen würde. Im Januar 1803 scheint ihn die tiefste Depression seines Lebens übermannt zu haben. Sieben Wochen lang, bis Ende Februar, verließ er nicht das Haus, angeblich nicht einmal sein Zimmer, und als er sich schließlich ins Freie wagte, brach er zusammen und schloß sich für weitere zwei Wochen ein. Es war gewiß wiederum ein langer und sehr kalter Winter (der Main taute erst Ende März auf), und eine Zeitlang konnte Goethe wegen eines Hustens nicht schlafen; aber ein dermaßen eingezogenes Leben war doch ganz ungewöhnlich für ihn. «Daß der Geheime Rat wirklich, wenn auch nicht äußerlich, krank war, ist gewiß», schrieb sein Schwager, der zunächst alles auf schlechte Laune geschoben hatte, und noch im April, als Christiane selbst sich schon wieder erholt hatte, war sie noch immer «sehr in Sorge» um ihn: «Er ist manchmal ganz hypochonder, und ich stehe viel aus, weil es aber eine Krankheit, so tue ich alles gerne man muß ihm ja nicht sagen, daß er krank ist; ich glaube aber, er wird wieder einmal recht krank.» Gelegentlich empfing er Gäste und konnte dann «sehr vergnügt» scheinen; er sah einige Besucher, zum Beispiel Chladny, der mit neuen akustischen Demonstrationen und einem neuen Musikinstrument, dem Euphon, durch die Lande reiste, oder Schelver, der seine Bewerbung um die Direktion des Botanischen Instituts eingereicht hatte; er erledigte Geschäftliches und konzipierte Schriftstücke für die Scheidung der Schlegels; und er schrieb ein oder zwei lange Briefe an Wilhelm von Humboldt. Aber zwei Monate lang weist sein Tagebuch so gut wie keine Einträge auf – keine naturwissenschaftlichen Beschäftigungen, wie sie ihm sonst über Zeiten der Dürre hinweghalfen, keine Theaterproben, nicht einmal etwas zum Geburtstag der Herzogin Louise. Schiller war tief verstört über die scheinbare Untätigkeit des Mannes, dessentwegen er nach Weimar gezogen war, und den ausbleibenden Kontakt mit ihm. Wie andere schob er Goethes Weltflucht auf «das Kotzebuesche Wesen» und klagte gegenüber Humboldt:

Wenn Goethe noch den Glauben an die Möglichkeit von etwas Gutem ... hätte, so könnte hier in Weimar noch manches realisiert werden in der Kunst überhaupt und besonders im dramatischen. Allein kann ich nichts machen, oft treibt es mich mich in der Welt nach einem andern Wohnort und Wirkungskreis umzusehen; wenn es nur irgendwo leidlich wäre, ich gienge fort.

Humboldt meinte daraufhin, was Goethe brauche, sei ein längerer Aufenthalt in Paris oder Rom, fern von Weimar und insbesondere fern von Christiane, der er praktisch die Schuld an Goethes derzeitigem Eremitendasein gab. So völlig verkannten Goethes wohl- oder übelwollende Freunde seine Umstände und Motive, daß sie die Frau, die seine beste Stütze war, als schlechte Gewohnheit behandeln konnten; und die eigentliche Tragödie in Goethes Beziehung zu Christiane, die unmittelbare Ursache seines emotionalen Zusammenbruchs, konnte sogar von einem der wenigen Menschen übersehen werden, denen er sie anvertraut hatte. Was Schiller jedoch nicht wußte, war, daß Goethe sich in diesem furchtbaren Winter, der um ein Haar ihre Freundschaft ruiniert hätte, dadurch bei Verstand erhielt, daß er alle Energien, die er aufbieten konnte, auf eine einzige Aufgabe konzentrierte: sein Stück *Die natürliche Tochter*.

Auch Schiller kämpfte im Januar um die Beendigung eines Stückes. Er wollte *Die Braut von Messina* rechtzeitig fertig haben, um sie zum 8. Februar als Geburtstagsgeschenk an seinen Gönner Dalberg zu senden, der ihm soeben ein anonymes Neujahrsgeschenk von 650 Talern gemacht hatte. Dem früheren Koadjutor hatte sich endlich ein Lebenstraum erfüllt, und er war Erzbischof und Kurfürst geworden, allerdings nicht mehr von

Mainz, das jetzt französisch war; nach dem Reichsdeputationshauptschluß, der in Regensburg am 25. Februar verabschiedet wurde und am 27. April in Kraft trat, war er gleichwohl einer der drei verbleibenden Kirchenfürsten des Reichs und Territorialherr der Reichszentren Regensburg und Wetzlar; hätte Schiller Weimar verlassen, hätte er sich ohne Zweifel Dalberg zugewandt. Es traf sich, daß Schiller mit einer großen Kraftanstrengung *Die Braut von Messina* am 1. Februar beendete und sie dazu benutzen konnte, noch eine andere Dankesschuld abzutragen, indem er die erste öffentliche Lesung vor dem Herzog von Meiningen (dem er den Hofratstitel verdankte) zu dessen Geburtstag am 4. Februar abhielt. Es muß besonders enttäuschend für Schiller gewesen sein, daß er Goethe zu diesem Anlaß nicht einladen konnte, um so seinen Triumph zu krönen. Dafür hatte er zwei Tage später eine nützliche und schmeichelhafte Diskussion über das Manuskript mit Goethe in dessen Wohnung; das Fehlen offenkundiger Krankheitssymptome muß ihn freilich in seiner Überzeugung bestärkt haben, daß Goethe einfach an einem Mangel an Selbstdisziplin litt. Goethe hatte «eine unaussprechliche Freude» an dem Stück; war es doch die Verwirklichung einer Idee, die sie beide schon vor dem Umbau des Theaters gehabt hatten. Es gab einen Chor, der die Handlung begleitete und durch reflektierende Oden gliederte, während die fünf Aufzüge durch Szenenwechsel bei offener Bühne markiert wurden. Die Besetzung beschränkte sich auf vier Hauptpersonen, einen alten Bedienten und zwei Boten. Es gab ein breites Spektrum von Versformen: Trimeter, Pentameter, gereimte und nicht gereimte Strophenformen und sogar Stanzen. Der Schauplatz im mittelalterlichen Sizilien erlaubte eine noch evidentere Vermengung antiker und moderner Elemente als *Tancred* oder *Helena im Mittelalter*: Der Chor sprach ausgiebig über die Furien, über Hebe oder über den Sieg, der in Zeus' Händen stand; die Handlung wartete mit Klöstern, Psalmen und Totenmessen auf, und ein Araber, ein Mönch und ein Eremit taten Orakelsprüche von delphischer Vieldeutigkeit. Vor allem war die Tragödie Schillers zielstrebigster Versuch, das vorchristliche Schicksalsdrama neu zu erfinden. Der Intention nach war es dem, wonach Goethe mit seinen Theaterexperimenten des vergangenen Jahres gesucht hatte, viel näher als *Ion* oder *Alarcos*. Man mag jedoch bezweifeln, ob diese Intention in den bizarren Verwicklungen der Fabel verwirklicht worden ist.

Don Manuel, Erbprinz von Messina, hatte sein Leben lang in blutiger Fehde mit seinem jüngeren Bruder Don Cesar gelebt. Ihre Mutter Isabella versöhnt die beiden und verspricht, ihnen ihre Schwester Beatrice zuzuführen, von deren Existenz sie nichts wußten, weil die Mutter sie aus Furcht vor einer Prophezeiung, Beatrice werde der Tod ihrer Brüder sein, in einem Kloster erzogen hat. Indessen haben sich beide Brüder unabhängig voneinander in die schöne Nonne verliebt. Don Manuel, in Unkenntnis ihrer Identität, entführt Beatrice heimlich aus dem Kloster, um sie zu seiner Braut zu machen – aus einer Andeutung geht hervor, daß ihre unwissentlich inzestuöse Verbindung bereits vollzogen worden ist –, und wie seinen Bruder erfüllt ihn Zorn, als er erfährt, daß die Schwester, die er nicht zu kennen glaubt, verschwunden ist. Don Cesar schleicht der Nonne in ihr Versteck nach; als er sie in Don Manuels Armen sieht, nimmt er an, sein Bruder habe ihre Versöhnung dazu mißbraucht, ihn zu verraten, und tötet ihn auf der Stelle. Dann erfährt er die wahre Identität seiner Schwester, das Gewissen überwältigt ihn, und er bannt den Familienfluch, indem er am Grabe Don Manuels Selbstmord begeht; denn, wie der Chor in der letzten Zeile des Stückes verkündet: «Der Übel größtes aber ist die Schuld.»

Der Kontrast zwischen der *Braut von Messina* und Schillers Vorbild, *König Ödipus*, ist peinlich. Bei Sophokles liegt das Hauptverbrechen in der unwiderruflichen Vergangenheit, und die Tragödie besteht in dem Eifer, es aufzuklären; Don Cesar muß seine Untat im Laufe der Handlung begehen, und daher muß Schiller das ganze Stück in den Dienst der Aufgabe stellen, eine hieb- und stichfeste Motivation für sie zu konstruieren. Während Ödipus das Opfer eines einzigen, tödlichen Irrtums über sich selbst ist, sind Schillers Figuren in einem Netz von Verwechslungen gefangen, das mehr für eine Intrigenkomödie taugt und einige präzise terminierte Auftritte und Abgänge voraussetzt, damit den richtigen Leuten die richtigen Informationen auch weiter vorenthalten bleiben. Was soll hier das Schicksal sein? Das nicht näher erklärte Dekret der Natur, daß die zwei Brüder einander von Geburt an hassen müssen? Die Struktur der Zufälle, auf denen die Fabel des Stückes gründet? Welche Götter – wenn überhaupt – senden die trügerischen Orakel, und welches Interesse haben sie daran, die Moralgesetze zu bewahren, gegen die die Figuren verstoßen haben? Schiller enthält sich in diesem Stück bewußt der Vorstellung, daß das Gesetz etwas ist, was die Figuren sich nach Kantischer Manier selbst auferlegt haben; denn er will uns die Welt zeigen, wie sie war, bevor wir Modernen den Begriff der Freiheit erfanden. Aber weil er selbst zu sehr ein reueloser Moderner ist, kann er keine Gottheit an die Stelle der Kantischen Autonomie setzen, und die letzte Zeile des Stückes klingt hohl, weil wir nicht wissen, welche höhere Macht durch die Schuld der Figuren beleidigt worden ist. Sie scheinen uns nur in einem Sinne schuldig zu sein, der doch eher in Begriffen der kantischen Philosophie als in irgendeiner älteren Weisheit erfaßt wird: Sie haben sich lieber von Natur, Leidenschaft und Zufall bestimmen lassen, anstatt ihr Schicksal selbst in die Hand zu nehmen.

Der bei weitem frappierendste Aspekt der *Braut von Messina* war natürlich der Gebrauch des Chores – bald einstimmig, bald auf zwei Gruppen verteilt, bald als einzelner Sprecher in Wechselrede mit einer Hauptfigur fungierend –, und er warf denn auch bei der Inszenierung des Stückes erhebliche praktische Probleme auf. Bei der ersten Diskussion über das Stück schlug Goethe Schiller vor, den Chor dadurch handhabbarer zu machen, daß er ihn auf ein halbes Dutzend namentlich genannter Individuen beschränkte, die auch einzeln sprechen konnten, und Schiller war einverstanden. Man hoffte, daß Zelter behilflich sein werde, die Deklamation für Instrumentalbegleitung einzurichten: Er kam zwar nicht rechtzeitig nach Weimar, aber Iffland zog ihn zu diesem Zweck für die erfolgreiche Berliner Inszenierung des Stückes im Juni heran. Insgesamt vierzehn Proben waren in den vier Wochen bis zur Weimarer Uraufführung am 29. März notwendig, und Schiller wie Goethe hatten den Eindruck, daß sich die Plackerei der Truppe gelohnt hatte. «Der Chor hielt das Ganze trefflich zusammen», schrieb Schiller, «und ein hoher furchtbarer Ernst waltete durch die ganze Handlung. Goethen ist es auch so ergangen, er meint der theatralische Boden wäre durch diese Erscheinung zu etwas höherem eingeweiht worden.» Die Premiere wurde lebhaft beklatscht, und der Sohn von Professor Schütz brachte mit seinen Kommilitonen auf dem Balkon ein dreifaches Hoch auf Schiller aus – ein beispielloser Verstoß gegen die strenge Weimarer Theateretikette, die dem jungen Doktor einen vom Herzog persönlich angeordneten Rüffel durch den Garnisonskommandanten Hendrich eintrug. Für Clemens Brentano hingegen, der das Mißtrauen der Schlegels gegen Schiller teilte, war das Stück «ein erbärmliches Machwerk, langweilig, bizarr und lächerlich durch und durch. Der äußerst steife Chor macht eine Wirkung wie in katholischen Kirchen die Repetition des halben Vaterunsers von der Gemeinde.» Um den kritischen Einwänden zu begegnen und vielleicht auch, um das Neuartige seines Tuns herauszustreichen (der Gebrauch des Chors im Renaissancedrama scheint ihm nicht bekannt gewesen zu sein, und natürlich wußte er nichts von Hölderlins *Empedokles*-Fragment), stellte Schiller der gedruckten Fassung des Stücks einen Aufsatz *Über den Gebrauch des Chors in der Tragödie* voran, der später überaus folgenreich für die deutsche Auffassung vom griechischen Drama und insbesondere für Nietzsche wurde (dessen Einschätzung Schillers ansonsten jener Brentanos ähnelte).

Erst nach der ersten Aufführung der *Braut von Messina* offenbarte Goethe seinem Freund, daß er *Die natürliche Tochter* beendet hatte. Es war sein erstes großes und publikationsreifes Originalwerk seit sechs Jahren und sein erstes originales und abendfüllendes Theaterstück seit dem *Groß-Cophta* von 1791. Schiller muß verletzt gewesen sein, daß Goethe ein so bedeutendes Projekt bewußt vor ihm verheimlicht hatte: In der ersten Februarwoche, als August Vulpius wußte, daß Goethe «sein Trauerspiel» vollendete, verband Goethe mit einer Einladung an Schiller die Versicherung, er könne ihn nicht «auf etwas Geleistetes» zu Gast bitten. Wenn Goethe dieses Werk mit einer fast ängstlichen Umsicht behandelte, dann freilich nicht nur (wie er später erklärte) aus Sorge, im Gespräch seine Vollendung vorwegzunehmen und damit zu verhindern. *Die natürliche Tochter* war sehr viel persönlicher als alles, was er seit *Torquato Tasso* geschrieben hatte: Als er die Arbeit am 21. März zum erstenmal den Schauspielern vorlas, soll er bitterlich geweint haben. In den Tagen nach der Uraufführung konnte er nicht darüber sprechen, ohne daß ihm Tränen in die Augen traten. Er hätte es in den dunklen Tagen seiner Depression Schiller nicht zu einer leidenschaftslosen Zergliederung vorlegen können, weil nur dieses Stück den Gefühlen Form und Sprache gab, die ihn in dieser Zeit heimsuchten. Gewiß enthielt es das Konzentrat eines jahrelangen Nachdenkens über die Revolution und ihre Folgen, über Dichtung und die Gestalt seines eigenen Lebens; aber Gegenstand des Stückes, die Episode, die diese Thematik bündelte, war, wie Goethe selbst sagte, «der Verlust eines Kindes». Diese einfache Tatsache über das Stück wird leicht übersehen. Einige Zeit später erhielt Schiller einen herzzerreißenden Brief von Wilhelm von Humboldt, diesen unemotionalsten aller Menschen, der an keinerlei transzendenten Trost glauben konnte: Sein ältester Sohn Wilhelm, zur Welt gekommen in den Tagen, da Schiller und Goethe ihre Seelenverwandtschaft entdeckt hatten, ein Knabe voller Leben und Wißbegier, der gerade anfing, Italienisch zu lernen, war mit neun Jahren an einem plötzlichen Fieber gestorben und ruhte jetzt an der Cestius-Pyramide auf dem protestantischen Friedhof, «von der Ihnen Goethe erzählen kann ... Ich vertraue nicht meinem Glück, nicht dem Schicksal, nicht der Kraft der Dinge mehr ... Ich habe den Tod nie gefürchtet ... aber wenn man ein Wesen tot hat, das man liebte ... Man glaubt sich einheimisch in zwei Welten». Goethe, den es geschaudert haben muß bei dem Gedanken, was Rom ihm hätte antun können, hätte er es mit seinem einzigen Kind besucht, sandte Humboldt nur zögernd *Die natürliche Tochter* als Zeichen der Anteilnahme und Geste des Trostes: «Soll man hoffen durch die nachgeahmten Schmerzen die wahren zu lindern oder soll man sich vor dem stoffartigen Eindruck fürchten?» Seine eigene Erfahrung mit dem Stück machte beide Möglichkeiten gleichermaßen wahrscheinlich. Da es ebenso eng in eine Krise seines eigenen Lebens verflochten war wie *Werther*, der ähnliche Fragen nach seinen moralischen Folgen aufgeworfen hatte, interessierte Goethe die Aufnahme seines Stückes durch das Publikum von Anfang an nur wenig: Bei aller extremen Stilisierung und vordergründigen Übereinstimmung mit dem, was er damals von einer ernsthaften Bühne verlangte, war es aus einer verzweifelten persönlichen Not heraus geboren, und unter diesem Druck war seine Einbildungskraft in ein Reich vorgestoßen, das sich dem Verständnis seines zeitgenössischen Publikums und vielleicht jeder Art von bühnenwirksamem Theater entzog. Er besuchte nicht einmal die Uraufführung am 2. April, wohl aber die zweite Aufführung am 16., und war hocherfreut über die ausgezeichnete Realisierung der Titelpartie durch Caroline Jagemann. Das Publikum war höflich, aber nicht begeisterter als bei *Iphigenie*, und teilte wahrscheinlich die in der herzoglichen Loge herrschende Konfusion darüber, was sich auf der Bühne abspielte. Die Charakterisierung des Stückes auf den Theaterzetteln als «Erster Teil», ohne Hinweis darauf, wieviele Teile noch folgen sollten, und die abstrakte Bezeichnung aller Figuren außer Eugenie als «König», «Herzog», «Gerichtsrat» und so fort wirkte ebenso verwirrend wie die merkwürdige Unschlüssigkeit der Handlung. Der Unterschied zu der jubelnden Aufnahme der *Braut von Messina* zwei Wochen zuvor war eklatant und fiel auch den Herders auf, die diesmal ein Stück von

Goethe rückhaltlos loben konnten. Es sei ein «rein ästhetisches Kunstwerk», das aber, wie sie glaubten, «in *unsrer Zeit* spielt»: «Der Inhalt ist ganz politisch – das Menschliche im Kampf – oder vielmehr durchflochten mit den Verhältnissen des Lebens»; und dies alles «in der einfachsten, edelsten Sprache, in den schönsten Jamben». Nach ihrer Ansicht war die dichterische Sprache der vornehmste Schmuck des Stücks und zugleich der Grund für seinen relativen Mißerfolg: «Das Publikum und die jenaischen Studenten sind freilich noch zu sehr an den Schillerschen Klingklang und Bombast gewöhnt»; *Die natürliche Tochter* degradiere *Die Braut von Messina* zu einem «grassen Unding». Die Berliner Inszenierung drei Monate später weckte ein ähnlich gemischtes Echo: Das allgemeine Publikum, angeheizt durch eine von Schadow bezahlte Claque, fand es langweilig und buhte es aus, während Fichte beide Aufführungen des Stückes sah und es als «das dermalige höchste Meisterstück des Meisters» rühmte, noch vor *Iphigenie*, *Torquato Tasso* und *Herrmann und Dorothea*. Iffland wählte den diplomatischen Mittelweg und schloß aus dem Schicksal seiner Inszenierung, daß das Stück bewundernswert geeignet sei, mit verteilten Rollen von ein oder zwei Freunden gelesen zu werden, daß aber die Bühne andere Qualitäten erfordere. Damit hatte er vielleicht nicht gar so unrecht, wie Fichte verächtlich meinte: *Die natürliche Tochter* gehört zu den größten Schöpfungen Goethes, aber zu den Hindernissen, die sie ihrem Erfolg selbst in den Weg legt, gehört, daß sie keiner klar definierbaren Gattung zuzuordnen ist. Ein Merkmal, notabene, daß sie mit *Faust* gemeinsam hat.

Mitte April wurde Goethes Laune merklich besser: *Die natürliche Tochter* war der Welt übergeben, mochte die Welt sie zu lesen wissen oder nicht, und die Erleichterung war fühlbar. Gleich nach der zweiten Aufführung fuhr er, zum ersten Mal in diesem Jahr, nach Jena und nahm August mit, weil er nichts zu schreiben plante. Es war eine Zeit, wie er sie seit sechs Monaten nicht mehr genossen hatte – Muße genug, um den botanischen Garten auf seinen neuen Direktor Schelver vorzubereiten, die Fortschritte bei der Katalogisierung der Bibliothek zu überprüfen und mit den Frommanns und den Vossens über sein neues Stück, mit Schelling über Calderón zu sprechen. Er kehrte gerade rechtzeitig nach Weimar zurück, um die dritte von drei überragenden Theaterpremieren in etwas über einem Monat mitzuerleben. Am 23. April bildete *Die Jungfrau von Orleans*, die dank des völligen Rückzugs der Jagemann aus der Inszenierung endlich aufgeführt werden konnte, den Höhepunkt einer Theatersaison, die so wenig verheißungsvoll begonnen hatte. Die Ressourcen der Kompanie wurden aufs äußerste beansprucht, es gab viele Doppelrollen und ein reiches Aufgebot an Papprüstungen und Talmigeschmeide, und für den Kauf einer samtenen Krönungsrobe für den König von Frankreich plünderte man den Theater-Etat der nächsten Jahre. Die Jungfrau wurde von Amalie Malcolmi (1783–1851) gespielt, der jüngstenTochter einer alteingesessenen Weimarer Schauspielerfamilie. Man hätte sie für die Rolle kaum geeigneter halten sollen als die Jagemann, da sie, obgleich erst zwanzigjährig, bereits Witwe war und ihre Liaison mit Becker erst im Laufe des Jahres durch Heirat legitimiert wurde; aber sie feierte einen Triumph, und die Inszenierung ebenfalls. Eine Woche später war Goethe schon wieder fort, und zwar in Lauchstädt, wo er die meiste Zeit neben seiner Kutsche herging, weil die Wege nach dem Winter in so schlechtem Zustand waren. Das neue Theater mußte inspiziert und für die neue Spielzeit vorbereitet werden – den strengen Winter hatte es gut überstanden –, und Giebichenstein und Halle boten Unterhaltung und die Gelegenheit, *Die natürliche Tochter* vor ehrerbietigem Publikum vorzulesen. Die körperliche und praktische Betätigung, die geistigen Anreize, die grünenden Linden und Kastanien und blühenden Obstbäume in den Lauchstädter Gärten, der Geruch nach frischer Farbe im Theater und in der kleinen Einkaufsarkade neben dem Kurhaus, alles erweckte ihn zu seinem alt-neuen Leben. Am 11. Mai eilte er nach Hause, entschlossen, so bald wie möglich wieder nach Jena zu gehen, um endgültig die Redaktion seiner Arbeiten zur Farbenlehre in Angriff zu nehmen.

Zuerst mußte er jedoch einige Tage in Weimar bleiben; denn mit dem ausgehenden Winter hatte er einen weiteren Entschluß zur Regelung seiner Angelegenheiten gefaßt; er mußte die Unterlagen über den Verkauf des Gutes Oberroßla an seinen neuen Pächter prüfen und unterzeichnen. Reimanns Tüchtigkeit offenbarte, was Fischers Unfähigkeit nur verhüllt hatte: daß Goethes Investition finanziell sinnlos war. Kapitalzuschüsse, ob nötig oder nicht, stellten eine ständige Beanspruchung seiner Einkünfte dar, und der Hof konnte nicht so viel Rente abwerfen, wie er benötigte, um seine Darlehen zu bedienen. Er hatte, mit einem Wort, zu viel dafür gezahlt und durfte froh sein, die Liegenschaft für 15 500 Taler, das heißt mit einem bescheidenen nominellen Gewinn, veräußern zu können. Schiller gratulierte ihm dazu, daß er wieder ein freier Mann war, und rührte an eine tiefere Wahrheit: Ungeachtet dessen, was er geglaubt hatte, als er schutzlos den Feldzug mitmachte, war Goethe kein Leibeigener. Er konnte sich nicht in erster Linie einem Fleckchen Erde widmen wie Carl von Stein in Kochberg. Seine primäre Bindung war reflektierter, vielleicht bedingter, und an komplexere Dinge geknüpft: an Weimar, weniger um seiner selbst willen als weil er dort leben konnte; an den Herzog; an den menschlichen Geist, wie er sich in deutschen Worten aussprach; und an das Geschäft der Literatur. Die moralische Bindung an seine Frau und sein Kind hatte er in über fünfzehn Jahren erlernt, in denen sie sich verändert und vertieft hatte. 1790 war er aus Italien heimgekehrt, weil er es wollte, weil die Sehnsucht ihn zu ihnen zurücktrieb; 1797 hatte er am Gotthard kehrtgemacht, obwohl er es verzweifelt nicht wollte, weil er wußte, daß er um der Familie willen seinen Träumen entsagen mußte; 1803 akzeptierte er die noch schmerzlichere Entsagung, die seine Bindung ihn kostete, indem er die, wie er wohl wußte, letzte Hoffnung auf eine größere Familie fahren ließ. Die Preisgabe Oberroßlas, das ihnen allen wenig Freude beschert hatte, war sein Eingeständnis, daß er dem begüterten, adligen Deutschland nur scheinbar angehören konnte, daß er zuletzt, wie in seinen Anfängen, ein Stadtkind war, das sein Dasein aus den Möglichkeiten bauen mußte, die die Gesellschaft, nicht die Natur ihm boten, und das von Zeit zu Zeit seine Entschlossenheit hierzu bekräftigen mußte.

Goethe war kaum wieder in Jena, als das europäische Staatsschiff sich gleichsam losriß und einem Sturm entgegensteuerte, der – mit allen seinen Konsequenzen – Goethes Lebenszeit überdauern sollte. Die Kriegserklärung vom 18. Mai zwischen Britannien und Frankreich wurde allerdings in Deutschland kaum zur Kenntnis genommen, obgleich es diesem Land bestimmt war, unter dem bevorstehenden Konflikt ebenso zu leiden wie alle anderen. Während im Spätsommer 1802 deutsche Potentaten ihre Besitzstände durch kleinliche Plünderei arrondierten, tat der Erste Konsul dasselbe für Frankreich, aber in großem Stil. Durch den Einfall in der Schweiz und die Annexion des Piemonts und Parmas dehnte er das französische Staatsgebiet über die Alpen aus und stellte damit eine langfristige strategische Drohung gegen britische Interessen im Mittelmeer und letzten Endes in Indien auf (der Nasenstüber, den er in Ägypten erhalten hatte, wurde geleugnet, aber nicht vergessen). Militärische Zurüstungen in den Kanalhäfen weckten englische Invasionsängste, und der Verkauf von «Louisiana» an die Vereinigten Staaten von Amerika (die damit ihr Gebiet verdoppelten) bescherte Bonaparte eine sofort verfügbare Kriegskasse im Wert von 15 Millionen Dollar. Zu derselben Zeit waren die Briten, die offensichtlich an der Dauerhaftigkeit des Friedens zweifelten und die übereilte Verpflichtung zur Räumung Maltas zu bereuen begannen, mit allen erdenklichen Tricks bestrebt, sich der Erfüllung ihrer vertraglichen Obliegenheiten zu entziehen. Nachdem Zar Alexander, der das Interesse seines Vaters an Malta teilte und über die neue Stärke des französischen Einflusses in Baden und Württemberg beunruhigt war, insgeheim seine Unterstützung signalisiert hatte, verweigerte Britannien den Abzug und ließ die Verhandlungen scheitern. Die einzige unmittelbare Folge für Weimar war, daß man nun täglich damit rechnete, daß die «Peiniger der Welt», wie Voigt (unter Berufung auf Johannes Müller) die Franzosen nannte, Hannover, den britischen Vorposten auf dem Kontinent, besetzen würden, und die ersten Studenten Göttingen verließen, weil sie die Schließung der Grenze befürchteten. In Jena durften sie sicher sein, herzlich aufgenommen zu werden; denn 500 Studenten waren am Ende des Wintersemesters 1802/03 abgegangen, aber nur 100 hatten sich neu immatrikuliert. Außerdem erwies sich der Schacher um Professuren, der nach der Säkularisation begonnen hatte, als besonders abträglich für eine Universität, die durch den Atheismusstreit kompromittiert war und von Zwistigkeiten zerrissen wurde, die gerade der Erfolg seines offiziösen Journals, der *ALZ*, allgemein bekannt machte. Bei seiner langen Suche nach einem Ersatz für Batsch hatte Goethe den Eindruck gewonnen, daß Jena immer mehr in einen unvorteilhaften Ruf geriet, und er wollte unbedingt wissen, woher diese Gerüchte rührten. Im leidigen Bewußtsein des betrüblichen Bildes, das die Verzögerung bei der Ernennung Schelvers abgegeben hatte, schrieb er Bertuch während seines kurzen Aufenthalts in Weimar Mitte Mai einen Brief mit der Bitte, in der *ALZ* nichts Nachteiliges über das Botanische Institut zu bringen. Bertuch, der sich die Zensur seines Weimarer *Journals* hatte gefallen lassen müssen, fühlte sich mit der *ALZ* auf sicherem Grund: Mit der Empörung des freihändlerischen Tugendboldes über einen unsittlichen Antrag des Staates antwortete er – nach gebührend langem, mißbilligendem Zögern –: Die *ALZ* sei «kein akademisches, sondern ein ganz freies Institut ..., das nicht Jena, sondern ganz Deutschland angehört und ebensogut in Halle, Leipzig, Erfurt, Hamburg als hier sein könnte». Diesem neuen Denken in freien Märkten und freien Nationen versuchte Goethe ein letztes Mal die mittlerweile obsolete Haltung des Reiches entgegenzustellen, für welche die Treue zum örtlichen Souverän, dem Herrn über *alle* örtlichen Institutionen, der öffentlichen wie der privaten, gleichbedeutend war mit Treue zum größeren Ganzen: «Mein Losungswort ist Gemeinsinn! der sich, wenn er ächt ist, mit Weltsinn recht wohl verträgt.» Aber Bertuch scheint Goethe ebensowenig verstanden zu haben, wie Goethe den drohenden Unterton in seinen Worten bemerkt zu haben scheint.

Es gab ein anderes, drängenderes Problem, das Goethe um den Ruf Jenas besorgt machte und wohl zu dem Brief an Bertuch bewogen hat: Loder, der hervorragendste Professor für Medizin an der Universität und seit fünfundzwanzig Jahren Goethes Kollege, offenbarte Ende April, daß ihm Halle das Dreifache seines jetzigen Gehalts geboten habe und er natürlich gesonnen sei, zu akzeptieren. Als klar wurde, daß Loder gehen werde, und Goethe begann, nach einem Nachfolger zu suchen, wurde gleichzeitig klar, wie prekär die Lage Jenas war. Sömmerring war nicht zum Kommen zu bewegen, obwohl man ihm ein höheres Gehalt als das Goethesche, einen gleichwertigen Titel und freie Unterkunft im Alten Schloß samt einem anatomischen Theater angeboten hatte; ebensowenig ein anderer angesehener Frankfurter Arzt. Himly, unbeeindruckt von den politischen Gewitterwolken, ging nach nur zwei Jahren nach Göttingen, und der Lehrstuhl, den einst der große Hufeland innegehabt hatte, blieb unbesetzt. Der Jurist Hufeland nahm nach Verhandlungen mit mehreren Universitäten ein Angebot aus Würzburg an, das freilich, wie Voigt bemerkte, kaum besser war als das, was er in Jena hätte haben können; im Sommer lud Würzburg auch mit Erfolg Paulus ein, zu kommen und eine protestantische Fakultät zu gründen, und begann, um Niethammer zu werben. So diskret wie nur irgend möglich wurden Fühler sogar nach Goethe ausgestreckt, auf allerhöchster Ebene natürlich. Er war Ende Mai zugegen, als der König von Preußen und seine Frau auf dem Wege zu ihren neuen Erfurter Besitzungen durch Weimar kamen und das Schloß inspizierten, das mit ihrer Hilfe renoviert wurde; einen Monat später waren sie in der Nähe von Frankfurt, zitierten wieder Frau Rat zu sich und machten ihr, unter allen Zeichen der persönlichen Wertschätzung, ein opulentes Geschenk. Wolzogen registrierte, wie angelegentlich sie sich für Goethes

Reaktion auf diesen Gunstbeweis interessierten, und schloß auf ein höheres, eigentliches Motiv: In diesem Sommer waren alle Schätze des Reiches für den Meistbietenden zu haben. Binnen weniger Wochen verteilte sich jenes Corps erfahrener Gelehrter über ganz Deutschland, auf das Goethe zwanzig Jahre lang seine Anstrengungen gegründet hatte, Jena zu einem großen Mittelpunkt der naturwissenschaftlichen, literarischen und philosophischen Bildung auszubauen – warum sollte ihm nicht zuzutrauen sein, es ihnen gleichzutun? «Wohl ihm», schrieb er, als Sömmerring sein Angebot ausschlug, «daß er sein Schicksal nicht an diese hoffnungslose Existenz geknüpft.»

Am schwersten war wohl der Verlust Schellings zu verschmerzen. Zwar war die Übereinstimmung ihrer Auffassungen nicht mehr so eng, wie sie einmal geschienen hatte, aber Goethe stützte sich auf den Jüngeren als den Exponenten des avanciertesten zeitgenössischen Denkens. Im Mai wurde die Scheidung der Schlegels offiziell genehmigt, und am 22. fuhren Schelling und Caroline in das schwäbische Murrhardt, wo sie Ende Juni von Schellings Vater getraut wurden. Sie kamen nicht nach Jena zurück und verzichteten auch auf die geplante, immer wieder verschobene Italienreise Schellings, damit er im November seine Vorlesungen in Würzburg aufnehmen konnte, wo er eine (gut dotierte) Professur für Naturphilosophie übernommen hatte. «Mich kann Ihre Imagination noch immer in den einsamen Zimmern des jenaischen alten Schlosses finden», ließ Goethe ihn wissen, «wo mich die Erinnerung der Stunden, die ich daselbst mit Ihnen zugebracht, oft zu beleben kommt.» Schelling hatte einen Freund, der Jena schlicht für unverändert hielt, seit er vor zehn Jahren zum letzten Mal dort gewesen war, und sich in einer Zeit, da alle fortgingen, fragte, ob die Vergangenheit nicht ein Plätzchen für ihn freihaben mochte, und sei es als bescheidener Privatgelehrter; aber gegenüber Goethe erwähnte Schelling seinen Namen gar nicht und gegenüber Hegel nur versuchsweise. Hölderlin besuchte ihn im Juni in Murrhardt, «vernachlässigt sein Äußeres bis zum Ekelhaften», seine Unterhaltung unzusammenhängend, «am Geist ganz zerrüttet» – «der traurigste Anblick, den ich während meines hiesigen Aufenthalts gehabt habe.» Wohl um ihn aufzumuntern, stellte Schelling ihm in Aussicht, die Sophokles-Übersetzungen, die Hölderlin eben abschloß, den Direktoren des Weimarer Hoftheaters zu empfehlen, aber er ließ die Sache auf sich beruhen, während Hegel zwar die Möglichkeit, daß Hölderlin nach Jena ging, nicht ausschloß, jedoch mit Recht den Punkt für überschritten hielt, wo für ihn die Universität noch hätte von Nutzen sein können. 1801 hatte Hölderlin eine angenehme Stelle als Hauslehrer in der Schweiz erhalten, aber leider nur kurzfristig, und auf der Heimreise nach Deutschland (die zum Anlaß einer seiner schönsten Elegien wurde) fühlte er sich stark genug, um sich Vorlesungen über griechische Literatur zuzutrauen. Im Winter verschaffte man ihm jedoch eine neue Hauslehrerstelle in der Familie eines deutschen Weinhändlers und Konsuls in Bordeaux: Diese Gefälligkeit wurde ihm persönlich zum Verhängnis, auch wenn sie eine außerordentliche Verdichtung seiner Lyrik bewirkte. Von Anfang an deutete Hölderlin seine Stellung als ein Exil, eine Zurückweisung durch das Deutschland, das er liebte, und eine Reise in die Entfremdung. Frankreich, immer fester im Griff Napoleons, war ebenso schwer zu betreten wie zu verlassen, und die Reise selbst – zu Fuß, weil Hölderlin zu arm war, um anders zu reisen –, über die «überschneiten Höhen der Auvergne», war einsam und extrem anstrengend. Bordeaux, Heimat des Girondismus, mit seinen Bäumen und Gärten und der schönen Architektur der Häuser war anziehend, «fast ... zu herrlich», und der Anblick des Meeres bereicherte Hölderlins Phantasie; aber sein Brotherr scheint Forderungen gestellt zu haben, die ihm unerträglich waren, und schon nach wenigen Monaten wanderte er wieder heimwärts. Er kam durch Paris und sah die im barocken Rom geplünderten Schätze aus der Antike, ausgestellt nunmehr (nach zweijährigem Kistendasein in den Kellern des Louvre) vor dem unwahrscheinlichen Hintergrund einer nachrevolutionären modernen Großstadt. Ende Juni 1802 war er in Stuttgart, «leichenbleich, abgemagert, mit wildem Blick, langen Haaren und Bart, gekleidet wie ein Bettler. Sehr bald erfuhr er, daß wenige Tage zuvor Susette Gontard gestorben war, und seine Reaktion auf diese Nachricht machte zum erstenmal eine ärztliche Behandlung wegen geistiger Zerrüttung erforderlich. Sinclair aber glaubte noch immer an ihn und nahm ihn mit nach Regensburg, wo er beim Reichstag über Territorialfragen verhandelte, die Homburg betrafen. Hier hat Hölderlin wahrscheinlich den zutiefst christlichen Landgrafen von Hessen-Homburg kennengelernt, der ihm den Auftrag zu einem religiösen Gedicht gab. In beruhigter Geistesverfassung ging er in seine Heimatstadt Nürtingen zurück, wo er sich mit ganz wenigen Unterbrechungen – darunter der Besuch bei Schelling in Murrhardt – bis 1804 aufhielt. Im Herbst und Winter 1802/03, während Goethe *Die natürliche Tochter* zu Ende brachte, arbeitete Hölderlin an dem Auftragswerk für den Landgrafen und konnte ihm Anfang Februar durch Sinclair *Patmos* überreichen. Diese großartige, lakonische Hymne ist gewiß das Werk eines exaltierten und gequälten Geistes, aber sie zeugt nicht von Umnachtung; es gibt sogar eine merkwürdige Affinität zu dem, was Goethe im geistigen Exil der Krankheit schrieb, isoliert sogar von seiner Familie, während um ihn herum das Weimar und Jena zerfiel, das er gekannt hatte. Die Affinität blieb jedoch unbewußt; denn Hölderlin war, obgleich sie viele gemeinsame Bekannte hatten und beide, auf ganz unterschiedliche Weise, Opfer der Auswirkung der Französischen Revolution auf Deutschland waren, zu diesem Zeitpunkt aus Goethes Leben so gut wie verschwunden.

Goethes Vergangenheit fiel jetzt bündelweise von ihm ab. In der zweiten Maihälfte, die er in Jena verbrachte, schien sein Vorsatz, eine vereinheitlichte Fassung seiner Farbenlehre zu geben, von ihm die positive Abstoßung seines früheren Ichs zu verlangen. Die Berge von Papier waren nicht mehr zu bewältigen. Da er seine Gedanken immer schriftlich fixiert hatte, konnte er für dasselbe Phänomen auf drei oder mehr Darstellungen zurückgreifen: die eine lebhafter beschreibend, die andere besser geschrieben oder auf einer besseren Methode fußend, während die dritte «auf einem höheren Standpunct, beydes zu vereinigen sucht und doch den Nagel nicht auf den Kopf trifft.» Was konnte er anderes tun als Auszüge daraus für sein gegenwärtiges Vorhaben anzufertigen und den ganzen Rest zu verbrennen? Es war ein Jammer; er wußte, daß er sich die Arbeiten zurückwünschen würde, sobald er fertig war, um sich selbst «historisch ... anzusehen»; aber nur wenn er sie vernichtete, konnte er fertig werden. Schon jetzt konnte er auf sein «vergangenes Wesen und Treiben ... als das Schicksal eines Dritten» zurückblicken.

Die naive Unfähigkeit, Ungeschicklichkeit, die passionirte Heftigkeit, das Zutrauen, der Glaube, die Mühe, der Fleiß, das Schleppen und Schleifen und dann wieder der Sturm und Drang, das alles macht in den Papieren und Acten eine recht interessante Ansicht. ... Man darf die Schlacken nicht schonen, wenn man endlich das Metall heraus haben will.

Wenigstens hatte das Opfer einen Zweck. Der Verlust der Vergangenheit war insgesamt schmerzlicher, wenn ihn nicht die Erregung eines Neuanfangs linderte. Herder war für einige Tage in Jena, um einen neuen Superintendenten in sein Amt einzuführen, und wohnte auch im Alten Schloß; die Atmosphäre war entspannt; sie besuchten einander in ihren Räumen. Sogar Böttiger lobte, daß Goethes Verhalten gegenüber Herder in den letzten Jahren mustergültig gewesen sei, da er trotz ihrer Entfremdung und der noch größer gewordenen, krankheitsbedingten Reizbarkeit Herders nicht aufgehört hatte, Einladungen auszusprechen und alles in seiner Macht Stehende zu tun, um einen offenen Bruch zu vermeiden. Nun, da Herder sich in aller Öffentlichkeit so freundlich über *Die natürliche Tochter* ausgelassen hatte, hoffte Goethe auf eine Versöhnung. Aber man «kam nicht zu ihm ohne sich seiner Milde zu erfreuen, man ging nicht von ihm ohne verletzt zu sein». Am 16. Mai sprachen sie abends lange über das Stück, eine Unterhaltung, wie sie sie seit Jahren nicht gehabt hatten und wie Goethe sie wohl mit niemanden sonst darüber hatte; aber am Ende meinte Herder lachend: «Deine *Natürliche Tochter* gefällt mir viel besser als Dein natürlicher Sohn!» Goethe sah ihn an und konnte nichts sagen: «Die vielen Jahre unseres Zusammenseins erschreckten mich in diesem Symbol auf das fürchterlichste.» Als Goethe noch unerfahren und formbar war, hatte Herder seinen Genius ausgebildet; in den frühen Weimarer Tagen hatte Herder zu dem kleinen Publikum gehört, für das er noch schrieb, war der Mitarbeiter gewesen, der zuerst von der Entdeckung des Zwischenkieferknochens beim Menschen erfahren hatte; und noch nach ihrem unterschiedlichen Italienerlebnis war er ein getreuer, wenn auch unabhängiger Beiträger zu den *Horen* gewesen. Er kannte Goethes Schriften und das, woraus sie gemacht waren, besser als irgendein anderer; wußte er denn nicht, wie viel von Goethes eigener Liebe und Qual, von seinen eigenen schmerzlichen Reaktionen auf die großen Ereignisse, die sie beide durchgemacht hatten, in dieser Tragödie verborgen war, die die meisten Menschen so kryptisch fanden? Das konnte man nicht von Goethes Persönlichkeit loslösen und gegen sie ausspielen, als sei es nicht, wie *Torquato Tasso*, Bein von seinem Bein und Fleisch von seinem Fleisch. War Herder denn nicht Seelsorger? Er mochte es mißbilligen, daß Goethe nicht den Segen der Kirche für seine Verbindung mit Christiane Vulpius suchte, es mochte ihn sogar verletzen, und die Distanz zu Goethe mochte jetzt so groß sein, daß er nichts von der kleinen Kathinka gehört hatte; aber wußte er denn nicht, daß Goethe seine Christiane ebenso liebte wie er seine Caroline, und daß August seinem Vater um so teurer sein mußte, da er das einzige Kind war? Oder war alles dreißig Jahre lang nur eine Illusion gewesen, hatte Herder die ganze Zeit Goethe nur so weit gekannt und zu verstehen gesucht, um seinen Hohn an ihm auslassen zu können und sicher zu sein, daß ein zynisches Wort verletzen mußte? Herder redete so, als kennte Goethe August auch nur aus ein paar Stunden Konfirmandenunterricht – war das die ganze Selbsterkenntnis des Mannes, dessen Verstehen ihm immer als so tief und weit erschienen war? Mit neunundfünfzig sollte man fähig sein, der Versuchung zu einem billigen Bonmot zu widerstehen. «So schieden wir», schrieb Goethe, «und ich habe ihn nicht wieder gesehen.» Das war eine kleine Übertreibung beim Rückblick: Die Einladungen hörten auf, aber sie begegneten einander noch einmal im September, an der Tafel Anna Amalias in Tiefurt. Am 18. Dezember 1803 starb Herder.

Herder begriff ebensowenig wie das übrige Weimar, daß Christiane in Goethes Augen und für seine Gefühle seine Frau war – nicht seine Haushälterin, nicht seine Konkubine, nicht einmal nur die Mutter seines Sohnes. Er hatte seit längerer Zeit über ein Geschenk für sie nachgedacht, um sie für den furchtbaren Winter zu entschädigen, den sie zusammen durchgestanden hatten; was wäre geeigneter gewesen als ein Urlaub in Lauchstädt, wo Christiane im Jahr zuvor so glücklich gewesen war und sie den Respekt genoß, den Weimar ihr versagte? Die Spielzeit in Lauchstädt begann im Juni, doch gab es vorher noch ein Hindernis, allerdings ein angenehmes. Der offizielle Grund für Goethes Rückkehr nach Weimar Ende Mai war der König von Preußen mit seiner Frau; aber es wartete auch ein erwünschterer Besucher auf ihn. Zelter war endlich wieder einmal gekommen, und Goethe verbrachte mit ihm so viel Zeit, wie er konnte. In den vierzehn Tagen in Weimar wurden die Unterhaltungen mit ihm persönlicher, sie sprachen mehr über Zelters Ambitionen, über seine Familie und über die ungewisse Zukunft seines Stiefsohns. In erster Linie dachte Goethe aber noch immer an eine berufliche Zusammenarbeit: In Kürze standen große Feierlichkeiten ins Haus, für die Musik benötigt wurde. Das Neue Schloß sollte, nach einem abermaligen Aufschub um allerdings nur ein paar Monate, bezugsfertig werden, und Carl Friedrich, der aus Paris zurückgekehrt war, wo er sich in Gegenwart des Ersten Konsuls zu jedermanns Zufriedenheit gehalten hatte, sollte demnächst nach Sankt Petersburg reisen, um die Bekanntschaft seiner

Verlobten in spe zu machen. Wenn alles gut ging, würde das Paar zu dem wichtigsten Fest zurückkehren, das Weimar seit 1775 erlebt hatte. Fürs erste begnügte sich Goethe aber damit, Zelter durch Hauskonzerte in seiner Wohnung mit der fürstlichen Familie und der Weimarer Gesellschaft bekanntzumachen. Erst nachdem sein Gast am 12. Juni das Haus am Frauenplan verlassen hatte, fühlte er sich unbeschwert genug, Christiane nach Lauchstädt gehen zu lassen. Er gab ihr Diener und Kutscher sowie den Wagen samt Pferden mit, so daß sie stilgemäß reisen konnte; aus Gründen der Schicklichkeit wohnte sie mit der jungen Schauspielerin Friederike Silie zusammen, während Goethe mit August noch einige Tage in Weimar blieb und später nachkommen sollte, weil noch Geschäftliches zu erledigen war. Allerdings ist nicht ganz klar, wovon sich Goethe in Weimar zurückgehalten glaubte. Seiner letzten Sitzung in der Schloßbaukommission hatte er am 4. Juni beigewohnt. Die Theatersaison in Weimar war vorbei. (Sie war bis zuletzt interessant geblieben, wenngleich nicht mehr so interessant wie im Frühjahr: Schiller bearbeitete zwei französische Lustspiele, deren eines gerade noch auf die Bühne gebracht werden konnte, und die letzte neue Inszenierung war *Die Fremde aus Andros*, wieder eine Maskenkomödie des Terenz, aber diesmal in der Übersetzung von Niemeyer; der Gedanke jedoch, zur Erinnerung an den im März verstorbenen Klopstock seine *Hermannsschlacht* aufzuführen, mußte aufgegeben werden, nachdem Schiller das Stück gelesen und als «für unsern Zweck völlig unbrauchbar» befunden hatte, «ein kaltes, herzloses, ja fratzenhaftes Produkt, ... ohne Leben und Wahrheit.») Natürlich war es vernünftig, zur Verfügung zu stehen, wenn am 16. Juli das Gut Oberroßla an Reimann übergeben wurde; aber diese Überlegung scheint Goethe erst kurz vorher gekommen zu sein. Er hatte auch ziemlich viel redaktionelle Arbeit zu erledigen: zwei Almanache für Cotta – den Gemeinschaftsband mit Wieland und *Die natürliche Tochter* – und die Bürstenabzüge des *Cellini*, bei denen er persönlich Korrektur lesen wollte; aber dazu hätte er nicht in Weimar bleiben müssen. Um den 23. Juni nahm er «eine wichtige Arbeit» in Angriff – wahrscheinlich die *Farbenlehre* –, aber wenn das von Anfang an seine Absicht gewesen wäre, hätte er sicher August zusammen mit Christiane nach Lauchstädt geschickt. Man muß also schließen, daß er keine besondere Lust hatte, nach Lauchstädt zu fahren, und daher glaubte, Christiane werde sich ohne ihn wohler fühlen; immerhin hatte sie dieses Jahr schon mehrere Monate lang seine düsteren Stimmungen ertragen müssen. Daß ihr Vergnügen seine vornehmste Sorge war, geht aus den vielen Briefen hervor, die er ihr nach Lauchstädt schrieb: Er ermutigte sie, so lange zu bleiben, wie sie wollte, und ermahnte sie mehrfach, sich ja kein Gewissen wegen des vielen Geldes zu machen, das sie ausgab: «Mein einziger Wunsch ist, daß du heiter und liebend zurückkommst.» Er hatte nichts wirklich Besseres zu tun – nur glaubte er, aus seiner Zeit in Pyrmont und in Lauchstädt selbst gelernt zu haben, daß das Leben in einem Kurbad nichts für ihn war.

Wenn es Goethes Absicht gewesen war, daß Christiane es sich in Lauchstädt gut gehen ließ, dann war ihm das nach Wunsch gelungen. Am Tage ihrer Ankunft wurde sie in ihrem Quartier von einer Abordnung der Lauchstädter Schauspieler begrüßt, und unter ihrem Fenster wurden ihr bis um ein Uhr nachts Ständchen gebracht; dann begann ein Reigen von Besuchen und Gegenbesuchen, der sie in den Mittelpunkt der Kurgesellschaft rückte. Gelegenheit zu zwanglosem Beisammensein boten vor allem die Schokoladegesellschaften unter den Bäumen des Parks und das italienische Feinkostgeschäft und Restaurant «Sangusto», wo es roten Champagner und leckeren Sardellensalat zum Mitnehmen gab. Zunächst ging es in dem Kurort ruhig zu: Alle Unterkünfte waren ausgebucht, aber das regnerische, gewittrige Wetter hielt die Gäste fern, und eine gute Aufführung des *Nathan* konnte den Zuschauerraum nur zu einem Drittel füllen und erbrachte lediglich 50 Taler Einnahmen an der Abendkasse. Nach etwa vierzehn Tagen begann die Stadt sich zu füllen, vor allem mit jungen preußischen Offizieren, die bei den täglichen Promenaden im Park zu allerlei Galanterien aufgelegt waren, und eine «ganz vortreffliche» Aufführung von *Maria Stuart* erbrachte 192 Taler und rührte sogar das Militär zu Tränen. Am 24. gab es endlich den ersten Tanz, und Christiane konnte brillieren. Sie wußte, daß sie eine gute Tänzerin war, und Lauchstädt wußte es auch: ein morgendlicher Spaziergang durch die Hauptstraße, und sie hatte eine Einladung für den abendlichen Ball und war für zehn Tänze vorgemerkt. Als am 1. Juli Schiller kam, hatte die Saison im Ernst begonnen. Ihm zu Ehren wurde am nächsten Tag *Die Braut von Messina* gegeben (die Einnahmen kletterten auf 248 Taler), aber die Hitze im Saal war so unerträglich, daß Christiane in den «Salon» des Kurhauses floh und daher den Augenblick verpaßte, als das Gewitter, das eine besonders pathetische Rede gerade verlangte, wie bestellt losbrach (und leider den Rest der Handlung übertönte). In Lauchstädt lernte Christiane zum ersten Mal eine neue europäische Hotelpraxis kennen: Anstelle einer einzigen *table d'hôte*, an der, wie in eigensinnigen deutschen Gasthäusern noch üblich, alle Gäste zusammensaßen, gab es separate Tische auf Reservierung: «Man kann sich da seine Gesellschaft aussuchen.» Es war daher eine besondere Auszeichnung, daß Schiller sich am Abend nach der Aufführung zu Christiane an den Tisch setzte: «Das hat mir sehr gefallen.» Schiller blieb auch noch zu dem anschließenden Ball, an dessen Ende ihm mit Trommeln und Trompeten ein Salut entboten wurde. Schiller blieb nur zehn Tage, hatte aber in dieser Zeit einige lange Gespräche mit Christiane; er setzte sich mittags zu ihr an den Tisch, lud sie zum Frühstück ein oder riß ihre ganze Gesellschaft mit, als er, champagnerdurstig, plötzlich im Speisesaal des «Sangusto» auftauchte, begleitet vom Prinzen von Württemberg (der noch immer mit seinem Vater zerstritten war) und einer «Menge Offiziere». Sie ruderten im Mondschein auf den See hinaus, und einmal erlebte Christiane mit, wie Schiller ganz allein einen auf der winzigen Insel in der Mitte des Sees festsitzenden Schauspieler rettete, nachdem eine ganze Bootsladung preußischer Soldaten nicht zu ihm vorgedrungen war. «Mir ist es als finge ich erst an zu leben», schrieb sie. Die Hemmungen waren verflogen, «man ist noch artiger als voriges Jahr gegen mich», und es kamen immer mehr Gäste aus Weimar, die es miterlebten. Es gab einen Ausflug nach Naumburg, der um Mitternacht begann und endete, wonach Christiane bis um ein Uhr mittags schlief; die Offiziere veranstalteten zur Unterhaltung Scheinmanöver, der König von Preußen und seine Frau wechselten an der nahegelegenen Poststation die Pferde und würdigten Christiane einer freundlichen Begrüßung, und sie wurde nach Giebichenstein eingeladen, und Reichardt zeigte ihr seine neue Bank im Garten, mit weiter Aussicht, die er «Goethens Bank» getauft hatte. Es gab endlose «Äugelchen», die Damen – einschließlich Caroline Jagemann – wetteiferten um die Aufmerksamkeit der attraktivsten Neuankömmlinge, und es gab die Bälle: mitunter hundert Damen, die meisten adlig, «und ich habe alles getanzet, was getanzet wurde. Ich weiß auch gar nicht, wie es dieß Jahr ist, das Tanzen wird mir so leicht, ich fliege nur so.» Sie zertanzte ein Paar Schuhe an einem einzigen Abend, und durch das zusätzliche Baden nahm sie sogar ab. Die Theaterspielzeit war ebenfalls intensiv; fast jeden Abend gab es eine Aufführung, über die sie Goethe Bericht erstattete. Höhepunkt war *Die Jungfrau von Orleans* – das Haus war brechend voll, und die Abendkasse nahm 358 Taler ein –, aber auch *Die natürliche Tochter* war ein achtbarer Erfolg, der 209 Taler brachte, «aber man wünschte sie nur noch einmal zu sehen». Jeder hoffte, daß Goethe kommen werde, und fragte Christiane nach seinen Plänen. Als er jedoch am 12. Juli August zu seiner Mutter schickte und klar war, daß er in Weimar blieb, entschloß Schiller sich zur Abreise, und die Saison wurde ruhiger. Es gab aber weitere interessante Aufführungen: *Die Räuber* spielte man in mittelalterlichen Kostümen, und die Studenten sangen in Goethes Abwesenheit das blutrünstige Räuberlied, das eigentlich aus dem Text gestrichen war; und *Alarcos* erzielte im Kartenverkauf überraschende 92 Taler und wurde von den Rufen «Vivat Schlegel» und «Pereat Coubu [= Kotzebue]» begleitet. Das war nicht (nur) ein Bandenkrieg; vielmehr war der Geschmack im Wandel begriffen, und bei den bürgerlichen Trauerspielen Ifflands und Kotzebues war das Haus nur mehr halb voll: «Man will sie aber auch hier nicht mehr sehn», schrieb Christiane und war zu gelangweilt, sich das alles anzutun. Sie wäre gern schon Mitte des Monats zu Goethe zurückgekehrt, wollte aber August noch eine Weile Lauchstädt gönnen und blieb bis zum 26. Juli. So kam er zu seinen Erdbeeren und einem von seinem Onkel Vulpius eingerichteten Märchenspiel, auf das er sich seit Wochen gefreut hatte, und beschäftigte sich mit dem Sammeln von Insekten und von Unterschriften für sein Kollektaneenbuch. Goethe kam indessen gut mit sich selbst und mit Ernestines Hauswirtschaft zurecht. Er wurde oft bei Hofe oder in Tiefurt zum Essen eingeladen und hatte nach einer Pause von vielen Jahren wieder mit dem Reiten begonnen, so daß ihm die Kutsche nicht fehlte. Jedem, der nach Lauchstädt fuhr, gab er Briefe und Wein mit und erbat sich dafür «Deine letzten, neuen, schon durchgetanzten Schuhe daß ich nur wieder etwas von dir habe und an mein Herz drücken kann». Er las Christianes lange Schilderungen ihrer Abenteuer und freute sich darauf, sie zusammen mit ihr wiederzulesen, wenn sie zurück war und Einzelheiten nachtragen konnte: «Wie sehr von Herzen ich Dich liebe, fühle ich erst recht, da ich mich an Deiner Freude und Zufriedenheit erfreuen kann.» Er war froh, als sie auf den Abstecher nach Dessau verzichtete und früher zurückkam; «denn freilich fehlst Du mir an allen Enden.» In den letzten Wochen von Christianes Aufenthalt in Lauchstädt schlug die Stimmung etwas um, und die Antipathien zwischen Adel und Bürgertum entluden sich in einigen nicht mehr harmlosen Späßen. Christiane selbst wurde jedoch weiter mit großem Respekt behandelt: «Wenn ich in [den Salon] komme, und es ist kein Platz mehr da, so stehen gleich 5 bis 6 auf und bieten mir ihre Plätze an, die ich aber nicht annehme.» Wahrscheinlich war sie froh, daß Professor Niemeyer sie und August zweimal nach Halle einlud (die Tischordnung placierte sie neben den Romanschriftsteller Lafontaine), und am 22. hatte sie das Gefühl, jetzt sei es «just genug» mit dem Tanzen und Äugeln. Sie hatte sich «höllisch» gefreut; er hätte sie «sehr glücklich gemacht». «Wenn ich reich wär, so ging' ich alle Jahr hierher.» Aber: «So wie ich mich freue, Dich wiederzusehen, kann ich nicht ausdrücken. Ich bin schon seit mehreren Tagen ganz bei Dir.»

Christiane kam gerade rechtzeitig zurück. Die letzten Julitage brachten hektische Betriebsamkeit, obwohl Carl August ausdrücklich angeordnet hatte, daß es anläßlich des Umzugs der fürstlichen Familie in das Neue Schloß, der jetzt auf den 1. August angesetzt war, keine besonderen Feierlichkeiten geben solle. Bei allen Vorbehalten Voigts hatte Gentz geleistet, was keiner seiner Vorgänger geschafft hatte. Er vollendete den von Arens begonnenen majestätischen Doppeleingang, der sich auf einer Doppeltreppe mit schönen Balustraden und kannelierten dorischen Säulen nach eigenen Entwürfen zu der von ihm hinzugefügten Laterne erhebt. Er war verantwortlich für die dahinter liegenden Empfangssäle, vor allem den Spiegelsaal mit der prächtigen weiß-pastellfarbenen Stuckdecke und daran angrenzend den eindrucksvollsten Raum, den Ballsaal, zwei Stockwerke hoch, mit quadratischem Grundriß, die Wände mit freistehenden ionischen Säulen gesäumt und darüber Thourets Fries, die Öfen mit Löwen und bekannten bildnerischen Motiven wie Cupido und Psyche geschmückt. Auch die schön und reich verzierte ovale Galerie im nördlichen Flügel war sein Werk, ebenso einzelne private Gemächer. Zwei große Festessen am 1. und 2. August im neuen Speisesaal markierten den Umzug und für Goethe das Ende von fünfzehn Jahren Ablenkung, Überlegung, Patronage, Umgang mit allen Arten von Künstlern, Handwerkern und Arbeitern und immer wieder Kompromiß und Frustration. Er hatte sich nicht «ein Rom in Weimar» gebaut. Aber er hatte doch ein wenig gelernt, was es für Palladio gewesen sein mußte, jene «Ungeheuer» aus «Wahrem» und «Falschem» zu bauen, die er so be-

53. G. M. Kraus: Das Schloß zu Weimar von Südosten (1805)

54. Der Festsaal im Schloß zu Weimar

wundert hatte, als er in Italien war. Er hatte auch mitgeholfen, die Hälfte seiner eigenen Vergangenheit zu vernichten: Die Räume, in denen er künftig «zu Hofe» dinieren, bei schicklichen Empfängen Whist spielen, mit dem Herzog beraten oder der Herzogin seine Werke vorlesen würde, die Wege, die er künftig zu ihnen gehen würde: es waren nicht mehr dieselben, die in seinem Geist unverlierbar verbunden waren mit seinen ersten Jahren als mächtiger junger Minister, der «Liebe» zu Charlotte von Stein, den nächtlichen Wanderungen zu dem Gartenhäuschen im Park oder gar, als August noch klein war, zum Jägerhäuschen und zu Christiane. Aus der bescheidenen Residenz wurden wieder, wie früher, Büroräume und Wohnungen; die Geographie Weimars hatte sich verändert. Es ist unwahrscheinlich, daß derlei hypochondrische Gedanken Carl August belasteten, der nur den rein praktischen – und politischen – Zweck des Umbaus im Sinn hatte, was an der schlichten Art zu ersehen war, womit er ihn feierte. Die Stadtbevölkerung feierte am ersten Abend ein Straßenfest mit Musik und Tanz; am zweiten veranstaltete der Herzog einen Tanz für die Arbeiter. Am nächsten Sonntag wurde von allen Kanzeln seine Bekanntmachung des glücklichen Ereignisses verlesen; sie lenkte die Aufmerksamkeit besonders auf die im Herzogtum geschaffenen Arbeitsplätze und auf den Umstand, daß bei all den Arbeiten nur ein einziger Mensch ums Leben gekommen war. Doch ob mit Absicht oder nicht, der *pater patriae* war dabei, sich von seinem Volk zu entfernen: Der Umzug führte ihn einen symbolischen Schritt hinaus aus der Stadt, in eine frühere Festung, vor der Tag und Nacht Schildwachen standen, die sogar Herzogin Louise fürchtete nicht passieren zu können, weil sie ihr Gesicht nicht kannten. Das Neue Schloß war ein Monument jener Veränderung im Verhältnis zwischen Herrscher und Beherrschten, die in den deutschen Staaten eingetreten war, seit das Reich 1796 begonnen hatte zu zerfallen. Es war eines der ersten jener Zwittergebilde aus Phantasterei und Autoritarismus, die sich die kleinen Fürsten Deutschlands in den ersten drei Vierteln des 19. Jahrhunderts erbauten, bevor sie alle der autoritären Einheitsphantasie von Bismarcks preußischem oder «Zweitem» Reich einverleibt wurden.

Ein oder zwei Tage nach Carl Augusts kurzen Festivitäten, am 3. oder 4. August, erhielt Goethe einen Brief von Hegel. Er enthielt im Grunde die Mitteilung, daß es das Jena des 18. Jahrhunderts nicht mehr gab: die Universität, die die philosophischen und kulturellen Revolutionen Deutschlands von Reinhold über Fichte bis zu Schelling und den Schlegels hervorgebracht, die halb autonome Einrichtung, die in einer heiklen, aber produktiven Symbiose mit Weimar gelebt hatte und deren physisches Symbol das ständige Kommen und Gehen Goethes gewesen war. Hegel hatte von Frau Griesbach gehört, daß ihr Bruder Christian Gottfried Schütz im Begriff war, einen Lehrstuhl an einer anderen Universität zu übernehmen, wahrscheinlich im unersättlichen Würzburg. Dies wäre an sich nur neues Pech gewesen, aber noch keine Katastrophe. Der tödliche Schlag war, daß Schütz die *ALZ* mitnehmen wollte – nicht nach Würzburg, wie sich bald herausstellte, sondern nach Halle (den Weg dorthin hatte Loder geebnet); der treulose König von Preußen war sogar bereit, der Zeitung die Übersiedlung mit 10000 Talern zu honorieren. Verlor Jena die führende akademische und literarische Zeitschrift Deutschlands, eine wesentliche Quelle für das Prestige seiner Universität und eine wichtige finanzielle Attraktion für deren Lehrstuhlaspiranten, war der Rückfall in die Bedeutungslosigkeit nicht abzuwenden; dann war Jena ein zweites Helmstedt oder Erfurt. Wer schon gegangen war, würde sich in seinem Entschluß bestätigt fühlen, wer noch blieb, würde nicht mehr lange bleiben. «Diese stille Einleitung», schrieb Goethe später, «bedrohte die Akademie für den Augenblick mit völliger Auflösung.» Was war zu tun? In der sonderbaren Atmosphäre dieses feuchtwarmen Sommers, vielleicht in der Lethargie nach einer fünfzehnjährigen Anstrengung, die endlich von einem gewissen Erfolg gekrönt worden war, lautete die Antwort für Goethe: nicht viel. Er fuhr nach Jena und sprach mit Loder und mit Griesbach, aber über die *ALZ* wurde nichts Konkretes gesagt, und Goethe fragte auch nicht nach. Er wollte am chemischen Teil der *Farbenlehre* arbeiten, und so tat er es; er war dabei, einigen hoffnungsvollen jungen Männern – Carl Franz Grüner (1776–1845) und Pius Alexander Wolff (1782–1828) – Schauspielunterricht zu geben, und so fuhr er damit fort; Friederike Brun war mit ihrem Sohn Carl zu Besuch, mittlerweile einem hochaufgeschossenen Studenten an Werners Bergakademie in Freiberg, und so fachsimpelte er mit ihm über Mineralogie; die Bewohner Weimars brauchten einen neuen Schießplatz, und so erörterte er Standort und Einrichtung mit Gentz, bevor der Architekt abreiste. Über die dringendste und bedenklichste Frage kein Wort. Später war ihm seine Tatenlosigkeit peinlich, und er erfand Erklärungen dafür: Es sei nur ein Gerücht gewesen; die Leute, die davon hätten wissen müssen, hätten ihm gegenüber nichts verlauten lassen; man hätte Schütz und Bertuch keiner Verschwörung bezichtigen können, solange der Plan nicht publik war – und wirklich war ja die *ALZ*, wie Bertuch ihm jüngst bedeutet hatte, ein privates, kommerzielles Unternehmen, das nicht zur Universität gehörte und den Erscheinungsort nach freiem Belieben wählen konnte. Doch scheint Goethe von dem Zutreiben auf die Katastrophe hypnotisiert gewesen zu sein wie ein Schiff in den Kalmen, das die Strömung gegen die Felsen von Capri trägt: Es geschah ja nichts, und vielleicht würde nichts geschehen. Möglicherweise war er durch die Plötzlichkeit des Umzugs der fürstlichen Familie und die veränderte Wahrnehmung seiner Existenz in Weimar verwirrt: Vielleicht war nur zu erwarten, daß in Jena alles auseinanderfiel, wo doch so vieles in seinem eigenen Leben sich veränderte und endete. In diesem Zustand der Unschlüssigkeit – einst hätte er ihn «ästhetisch» genannt – war er zu nichts zu gebrauchen als ein Gedicht zu schreiben.

Johann Christian Reil (1759–1813), einer der Medizinprofessoren, die Goethe flüchtig in Halle kennengelernt hatte, schickte ihm im Juli sein neues, eben erschienenes Buch über seinen neuen Ansatz in der Psychiatrie, der auf dem Grundsatz basierte, daß das, was wir «Persönlichkeit» nennen, nichts Einheitliches, sondern etwas Mannigfaltiges, sich ständig Veränderndes ist. Das brachte eine Saite in Goethe zum Erklingen, für den jetzt so vieles von dem, was sein Leben gewesen war, dahinschwand, und am 15. August schrieb er ihm einen Dankesbrief, dem er «einen Versuch» beilegte, die These Reils «poetisch auszusprechen» – mit ziemlicher Sicherheit das Gedicht «Dauer im Wechsel». Bei aller Leichtigkeit des eilenden Metrums in den fünf gereimten Strophen – eine Form, wie er sie ähnlich in den «Geselligen Liedern» für das Mittwochskränzchen erprobt hatte – ist dies Goethes bedeutendstes Gedicht seit der *Metamorphose der Pflanzen* und das erste in einem neuen Stil. Der reflektierende, orakelhafte Ton seiner jugendlichen «Hymnen» in freien Versen – von den «Oden» an Behrisch bis zu «Grenzen der Menschheit» und «Das Göttliche» – wurde zu neuem Leben erweckt und erhielt ein mehr regelmäßiges, lyrisches Aussehen; das Resultat war eine Weisheitslyrik, die zu wenig technisch war, um Wissenschaft, und zu praktisch, um Philosophie zu heißen. «Dauer im Wechsel» beginnt mit einem konventionellen Bild für den ältesten Rat der Weisen: *carpe diem* («Eilig nimm dein Teil davon», Z. 10). Blüten fallen, wenn sie in schönster Pracht stehen – vielleicht Rosen, da der Zeitpunkt der Äußerung wohl nicht der Frühling ist, wie es die Konvention verlangt, sondern der Frühsommer mit warmen, regenschweren Winden, grünem Schatten und reifender Frucht. Dieser unscharf definierte gegenwärtige Augenblick treibt unwiderstehlich zu etwas anderem fort, und die Jahreszeiten folgen einander so schnell, daß die ganze Sequenz zu fünf Zeilen verdichtet ist (Z. 4–8). Hinter der bewußten Pose jedoch, einen allgemein bekannten moralischen Ratschlag zu geben, scheint der Dichter die kosmologischen Perspektiven eines modernen Naturwissenschaftlers, vielleicht eines Naturphilosophen, sichtbar werden zu lassen: Vor das Zitat der Heraklitschen These, daß man nicht zweimal in denselben Fluß steige, stellt Goethe die geologische Beobachtung, daß sich mit jedem Regenschauer das Profil des Tals verändert. Die neuartige Perspektive macht die dritte Strophe deutlich. «Du nun selbst!»: mit diesem frappierend verknappten Anruf führt Goethe eine mit Kant modifizierte erkenntnistheoretische Wende in die Argumentation des Gedichts ein. Er lenkt unsere Aufmerksamkeit auf «felsenfeste ... Paläste» nicht darum, weil sie wie in einem Barockgedicht ebenfalls zu Staub zerfallen und zunichte werden, sondern weil etwas so Solides wie eine herzogliche Residenz oder ein Gebäude, das man errichtet, über Nacht etwas ganz anderes wird, wenn «du» sie «stets mit andern Augen ansiehst», wenn es ein Irgendwo wird, das du besucht hast, der Ort, wo dein Souverän lebt. Es ist aber der Kantianismus des Naturforschers, der *Die Metamorphose der Pflanzen* schrieb: Es genügt nicht zu sagen, daß die Dauer im Auge des Betrachters liegt; denn das Auge selbst ist nicht dauerhaft – und daher auch nicht das Ich. Auge, Lippe, Fuß und Hand, das ganze «gegliederte Gebilde», das der vergleichende Anatom an seinem eigenen Körper wahrnimmt, ist verschieden von dem, was es war, so wie der Gebrauch, der einst davon gemacht wurde, Vergangenheit geworden ist – der heilende Moment eines Kusses, die Tapferkeit, womit eine Felswand durchmessen wurde, die zarte Hand der Bewegung, die Gutes tun wollte:

> Und was sich an jener Stelle
> Nun mit deinem Namen nennt,
> Kam herbei wie eine Welle,
> Und so eilt's zum Element.

Identität, das «wohlbekannte Ich», von dem die Schöne Seele in *Wilhelm Meister* meinte, es werde ewig bestehen, ist vergänglich und mannigfaltig, eine vorübergehende, wellenähnliche «Modifikation» – wie Spinoza dachte – der zugrundeliegenden, unpersönlichen Ursubstanz. Ist also die Dauer, die wir in unserem persönlichen Tun suchen, eine Illusion? Nein; sie ist es nicht, wenn wir den gierigen Sehnsüchten der Stiftsdame entsagen und uns statt dessen mit dem begnügen, was wir, wie Kant richtig sah, nicht als Wirklichkeit, sondern nur als Ideal haben können. Wir erheben uns über die Vergänglichkeit sogar unserer selbst, indem wir «schneller als die Gegenstände» selber uns «vorüberfliehn» (Z. 35–36), das heißt dadurch, daß wir die Notwendigkeit des Wandels verstehen, ihn vorwegnehmen, bevor er uns aufgezwungen wird, und so gut es geht die Gestalt unserer fluktuierenden Erfahrung als Ganzes ergreifen. Nicht, daß wir das Ganze haben könnten – das ist ja die Pointe der Kantischen Dialektik. Solche Dauer wird uns nicht als Besitz, sondern als Versprechen gegeben. Aber das umfassendste Versprechen – das beste Bild dessen, was das Ideal wäre, würde es verwirklicht – macht uns die Kunst; und noch einmal widerspricht Goethe der konventionellen Erwartung und gibt ihr eine Kantische Wende. Denn von dem Kunstwerk wird nicht gesagt, daß es als solches dauerhafter als Erz sei – vielmehr ist es der Anlaß für uns, in uns das Potential der Unsterblichkeit zu entdecken. So mögen in einem Gedicht Form und Inhalt ebenso vereinigt sein, wie es in unserer Erfahrung ein liebendes Herz und ein vernünftiger Geist immer zu sein streben:

> Danke, daß die Gunst der Musen
> Unvergängliches verheißt,
> Den Gehalt in deinem Busen
> Und die Form in deinem Geist.

«Dauer im Wechsel» ist das erste jener Gedichte, die man Goethes Weisheitslyrik nennen könnte, doch wird man es schwerlich für sein bestes halten: Der kontemplative Schluß wirkt ein wenig glatt, der Preis, den es kostet, der Identität zu entsagen, wird beschönigt, und die Wehmut scheint das matt machende Sommerwetter auch über die moralische Textur des Gedichts auszudehnen. Aber es zu schreiben mag Goethe geholfen haben, die Unentschlossenheit abzuschütteln, die ihn lähmte. Vielleicht hatte er sich ohnedies zu nichts aufraffen können, weil das einzig wirksame Mittel gewesen wäre, Schütz mit einer unsinnig großzügigen Gegenofferte zu bestechen, was eine allzu demütigende Niederlage für den Herzog gewesen wäre, der immer auf seine Autorität über die Jenaer Skribenten gepocht hatte. Letztlich erwies sich Kotzebue als Retter. Außerstande, seine Gehässigkeit für sich zu behalten, publizierte er am 19. August in Berlin einen Artikel, in dem er die Flucht der Professoren und die geplante Verlegung der *ALZ* nach Halle hinausposaunte und über die bevorstehende Auflösung der Universität Jena frohlockte. Das Komplott mußte bald in ganz Deutschland bekannt sein, und alle Seiten waren plötzlich zum Handeln genötigt. Bertuch kam am 25. August zu Voigt, um erstmals offiziell Mitteilung von seinen Plänen zu machen, da es ihm jetzt nur schaden konnte, wenn er sie zu verbergen schien. Gleichzeitig aber machte Professor Eichstädt, der Schütz schon lange auf den Fersen war, Goethe das Angebot, die *ALZ* in Jena neu zu gründen, sollten Schütz und Bertuch sie mitnehmen. Kotzebue hatte Goethe einen identifizierbaren, altbekannten Feind geliefert, und seine Polemik brachte Carl August in Rage – vielleicht war sie allein geeignet, ihn jetzt noch zur Verteidigung seiner Universität anzustacheln. Für den Herzog war außerdem Angriff die beste Verteidigung. Am 26. August kam er mit Goethe und Voigt zusammen, um die Angelegenheit zum ersten Mal zu erörtern, und man einigte sich schnell darauf, den Vorschlag Eichstädts aufzugreifen und bekanntzugeben, daß auf behördliche Anordnung Bertuchs und Schützens *ALZ* zum 1. Januar 1804 ihr Erscheinen einzustellen hatte. Am 27. ging Goethe zum Tee zu Schiller und verschanzte sich zum Verdruß Charlotte von Steins und anderer Besucher die ganze Zeit mit seinem Gastgeber und einer Flasche Wein im Nebenzimmer. Er enthüllte den Zeitschriftenplan, überredete Schiller zur Mitarbeit und begab sich noch an demselben Abend ins Neue Schloß, um den Herzog von diesem entscheidenden Schritt nach vorn zu unterrichten. Von Carl August ermutigt, konferierten Goethe und Voigt am Sonntag, dem 28., mit Eichstädt und kamen zu einer offiziellen Vereinbarung, die im wesentlichen vorsah, daß Eichstädt als Gegenleistung für die Redaktion der Zeitschrift am Gewinn beteiligt sein und, nach dessen Vakanz, auf den Lehrstuhl Schützens berufen werden sollte. Das Arbeitskapital der neuen Unternehmung sollte durch zur Zeichnung angebotene Anteile erbracht werden (für die das Herzogtum mit 5 000 Talern bürgte); doch hatte man die Lehre aus den jüngsten Querelen gezogen, und die Tage einer rein kommerziellen *ALZ* waren vorbei: Die neue *ALZ* – bald unter dem Namen *Jenaische Allgemeine Literatur-Zeitung (JALZ)* bekannt – sollte, wie es im ersten Entwurf der Vereinbarung hieß, «ein landesfürstliches, aber doch akademisches Institut, wie etwa das Museum zu Jena» sein. Es sollte eine wohlerzogene Einrichtung für ein wohlerzogenes Deutschland sein: Künftig sollte kein Zweifel daran bestehen, wer das Recht zur Zensur hatte. Goethe wußte, daß diese Pläne erst noch Wirklichkeit werden mußten; aber

55. F. W. Bollinger nach einem Gemälde von Chr. Xeller (um 1816):
Georg Wilhelm Friedrich Hegel

er wird sich dazu beglückwünscht haben, daß man, an seinem 54. Geburtstag, die Katastrophe abgewendet hatte. Jena hatte eine Zukunft, sei's auch um den Preis einer neuen Metamorphose. Es war, um es mit einer Wendung aus der *Natürlichen Tochter* zu sagen, gerettet, doch nicht hergestellt.

Revolution und Entsagung: Werke, 1801–1803

Nach 1799 und zum Teil auf Drängen Schillers entwickelte Goethe sich zu einem Winterschreiber und wurde weniger abhängig von der lyrischen Erneuerung im Frühling. Die Wintermonate 1801 brachten nach seiner Erkrankung das letzte längere Arbeitspensum an *Faust* vor 1806; 1802 gab es die «Lieder» für das Mittwochskränzchen, 1803 die letzte Phase in der Niederschrift der *Natürlichen Tochter*. Die zwei großen quasi-dramatischen Werke dieser Jahre sind beide nur Fragmente, aber in einem gewissen Sinne ergänzen sie einander auch, worin zum Teil der Grund für ihren fragmentarischen Charakter liegt. Zusammen genommen stellen sie jedoch die durchdachteste literarische Reaktion Goethes auf das Zeitalter der Revolutionen dar, das er durchlebte.

Da wir die Reihenfolge nicht kennen, in der Goethe an seinen Szenen zu *Faust* arbeitete, ja nicht einmal wissen, welche in das Jahr 1800 und welche in das Jahr 1801 gehören, und weil sie alle Material aus früheren Perioden enthalten haben müssen, wird es am besten sein, sie als Einheit und in der Reihenfolge zu behandeln, in der sie schließlich publiziert wurden. Nachdem Goethe den Rahmen für das ganze Stück konzipiert und sich zur Zweiteilung entschlossen hatte, stand er jedenfalls vor einer ziemlich einheitlichen Aufgabe, zumindest was den Ersten Teil betraf. Nach den drei Schichten einleitenden Materials, die er seit 1797 verfaßt hatte, sollte der Erste Teil dort beginnen, wo auch der *Urfaust* und das *Faust*-Fragment begonnen hatten – mit Fausts Monolog, seinen nächtlichen Visionen und dem fruchtlosen Gespräch mit seinem Famulus Wagner –, und dort enden, wo der *Urfaust* geendet hatte, mit der Kerkerszene, die immer noch schrecklich, aber durch den letzten Hinweis verändert war, daß Gretchen «gerettet» sei. Abgesehen von der Walpurgisnacht-Szene, die immer als Zwischenspiel in der straff erzählten Geschichte von Faust und Gretchen gedacht war, mußte Goethe nur noch die «große Lücke» zwischen der einleitenden Szene «Nacht» und dem in Rom entstandenen Dialog zwischen Faust und Mephistopheles schreiben, der Fausts neues Leben ankündigt, mit Hilfe des Teufels erfahren zu wollen, «was der ganzen Menschheit zugeteilt ist». Er mußte also Mephistopheles mit Faust bekanntmachen und die zwei zu einer expliziten Abmachung bringen, die sowohl Goethes neuer, tragischer Auffassung des Stücks als auch dem Substrat von dualistischen Ideen gerecht wurde, das er jetzt dem Stück zu geben gedachte. Seine Hauptleistung bei dem, was er zum Füllen der «großen Lücke» schrieb, war jedoch die Definition der Tragödie Fausts als Tragödie der Moderne.

Am 26. Februar 1801, als Goethe sich, noch immer nicht ganz von seinem Anfall von Wundrose genesen, eben den *Faust* wieder vorgenommen hatte, erhielt er Besuch von einem venezianischen Grafen, der mehr Anlaß als die meisten Menschen dieser Tage hatte, über die Wandelbarkeit der Geschichte nachzudenken. Als Frucht des Gesprächs machte der Graf Goethe das Angebot, eine Geldsumme für die – von Goethe und Schiller zu veranstaltende – Preisfrage auszusetzen, welche Regelmäßigkeiten in der Geschichte der menschlichen Kultur zu beobachten seien. Der Wettbewerb wurde nie ausgeschrieben, aber eine Zeitlang beschäftigte Goethe sich mit der Frage, die gestellt worden wäre. Man konnte vielleicht vier «Grundzustände» im Leben des Menschen, als Individuum wie als Gesellschaftswesen, unterscheiden: Es gab zwei äußerste Gegensätze, nämlich «Streben» und «Genuß», und dazwischen zwei mittlere Zustände, nämlich «Gewohnheit» und «Resignation». Goethe schrieb zwar keinen Aufsatz über diese vier moralischen Kategorien und ihre Anwendung auf das persönliche und kollektive Leben; aber er schrieb *Faust*. Faust strebt, und zwar strebt er, wie er selbst sagt, nach Genuß, und dieses Streben vernichtet sowohl den Genuß als auch das, was er zu genießen sucht: Insoweit werden Goethes zwei Extreme in dem Stück eindeutig als Gegensätze vorgeführt. Faust wünscht aus der Welt der Gewohnheit auszubrechen und verliebt sich in deren Verkörperung in Gretchen; er weigert sich zu entsagen, aber der Gegenstand seiner Liebe entsagt ihm und allem seinen Streben. Insoweit sind die zwei Zwischenzustände in seiner Geschichte von den zwei Extremen nicht zu trennen. Seine Geschichte ist jedoch weder rein persönlich, noch ist sie zeitlos: Die moralischen Konzepte, in die sie eingebettet ist, sind jene, von denen Goethe glaubte, daß sie tauglich seien, den Charakter ganzer Gesellschaften oder Epochen auszudrücken, und als er 1800 und 1801 an dieser Geschichte arbeitete, gab Goethe ihr einen Ort in der Zeit, in einer ausdrücklich als nachchristlich beschriebenen Ära. Er füllte die «große Lücke» mit vier langen Szenen, die sich darum drehen oder darin gipfeln, einen Differenzpunkt zwischen Faust und dem christlichen Erbe zu markieren. Jede dieser Szenen trägt dazu bei, Faust als Repräsentanten einer neuen Zeit zu definieren, und läßt uns verstehen, daß sein Schicksal, insbesondere die Beziehung zu Gretchen, eine Bedeutung hat, die nicht rein individuell, sondern historisch ist. Gleichzeitig läßt, da Fausts Wille zum Genuß gleich Schellings Weltseele sich ausdrückt, von seinem Gegensatz vereitelt wird und sich zu neuem Ausdruck auf einer höheren Ebene erhebt, ein wiederholtes Muster von Ausdehnung und Zusammenziehung uns diese Beziehung als die Blüte verstehen, die einen Wachstumsprozeß krönt.

Die ersten 250 Zeilen des ursprünglichen Stückes – schon fast dreißig Jahre alt – konnten als Versuch einer einsamen Seele aufgefaßt werden, sich auszudehnen und das ganze Weltall in sich aufzunehmen, ein Versuch, der scheiterte, als Faust einsehen mußte, daß er den schöpferischen und zerstörerischen Kräften der lebendigen Natur, die sich ihm in der Tiefe der Nacht im Erdgeist offenbarten, nicht ebenbürtig war. Goethe wiederholte jetzt den Impetus dieser einleitenden Szene mit weiteren zweihundert Zeilen, in denen Faust gegen das begrenzte Dasein aufbegehrt, das der Geist ihm zugedacht hat. Er spricht aus der Erfahrung des gereiften Mannes von der Tyrannei der Gewohnheit und der Sorge, die «als Haus und Hof, als Weib und Kind» (Z. 648) erscheint, spricht Besitztümern jeden Wert ab, insoweit sie nicht Symbol der Anstrengung sind, wodurch sie erworben wurden, und faßt den Entschluß, da ihm die Fülle des Lebens nicht zugänglich ist, dem Leben den Rücken zuzukehren. Damit bringt Goethe seinen Faust, dessen Augenblick der Konfrontation mit den allmächtigen, zweideutigen Energien der reinen Naturwelt dem Erlebnis Werthers so sehr ähnelt, in dieselbe Extremsituation, in der auch Werther stand, und zwingt sich, abermals jene Frage zu stellen, die eine ganze Generation erschüttert hatte, als Werther sie stellte, und die zweihundert Jahre später die Existentialisten als die philosophische Frage schlechthin wiederentdeckten: Was gibt es in der Welt, das der Sehnsucht des Herzens genügte? Was gibt es, das uns zurückhielte, ein Leben zu enden, das uns immer enttäuschen muß? Faust malt sich den Tod als verführerisches Tor zu «neuen Sphären reiner Tätigkeit», als neuen Tag über unberührten Meeren, aber er weiß, daß das Leeren der Giftschale, die er an die Lippen setzt, ein «letzter», «festlicher» Schritt wäre, und weint Freudentränen, als er davon abgehalten wird. Was hält ihn ab? Es könnte scheinen, als habe Goethe mit fünfzig Jahren dem lockenden Schatten Werthers nur eine eigentümlich bescheidene Überlegung entgegenzusetzen – die Erinnerung an seinen Kinderglauben. Engelschöre, fromme Frauen und Jünger rufen den Ostermorgen und die Botschaft von Auferstehung und Befreiung von Sünde aus. Verzückt wie Novalis bei Betrachtung der europäischen Vergangenheit, ermahnen sie die Gläubigen, in eine Welt hinauszugehen, die im wesentlichen noch die mittelalterliche ist, Liebe in Wort und Tat zu predigen und sich zum eucharistischen Mahl zu gesellen. Mit einer kraftvollen Gebärde jedoch, die weitreichenden literarischen Einfluß hatte, läßt Faust sich zwar vom Selbstmord abbringen, bekräftigt aber gleichzeitig seine Distanz zu der christlichen Welt, die ihm die frohe Botschaft vom Leben gebracht hat. Er weiß noch, wie es war, Glauben zu haben, aber er behauptet, ihm entwachsen zu sein:

> Die Botschaft hör' ich wohl, allein mir fehlt der Glaube. (Z. 765)

Das dramatische und psychologische Paradoxon dieser Episode – eine tiefsinnige Widerspiegelung jener Vision vom Christentum, die sich im Werk Schleiermachers und Schellings auftat – ist das perfekte Bild des geschichtlichen Daseins: stets gefangen im Übergang von einem Zustand zum anderen, mit der Vergangenheit niemals ganz eins noch ganz über sie hinaus. In der Nacht, die eben vergangen war – Goethe entschied sich erst 1800/01, daß es die Nacht zum Ostersonntag sein sollte –, lag Christus im Grab, und die Welt war leer genug für Faust, um durch Betrachtung der Natur und reine Naturmagie nach den letzten Wirklichkeiten zu greifen. Nun, da der Erlöser erstanden ist, kann Faust niemals mehr das Geschichts- und das Sündenbewußtsein abstreifen, womit dieses Ereignis die Menschheit geprägt hat, und es ist ihm nicht mehr möglich, sich Gott allein durch die Natur zu nähern. Seine Geschichte wird immer eine geschichtliche Dimension haben. Und es wird immer die Geschichte eines Mannes sein, der so wenig fähig ist, irgend etwas von dem zu schätzen, was das Leben ihm schenkt, daß ihn vom Selbstmord nur die nächstbeste Nichtigkeit abhält: die Erinnerung an einen Glauben, den er nicht mehr teilt.

Goethe mußte nicht nur den Pakt zwischen Faust und Mephistopheles anbahnen, der in *Urfaust* einfach vorausgesetzt wird und im *Faust*-Fragment nur umrißhaft skizziert ist; er mußte auch Fausts Beziehung zu Gretchen und ihrer Welt so erklären, daß sein Umgang mit ihr nicht reine Episode blieb, sondern die allgemeine Bedeutung bekam, die sie als Haupthandlung des Ersten Teils benötigte. Die Szene «Vor dem Tor», unmittelbar an die Szene «Nacht» anschließend, dient beiden Zwecken. Nach Fausts ungemein langem Einleitungsmonolog, unterbrochen nur von so lebhaften Phantasien, daß sie die Selbständigkeit von Visionen bekommen, bricht in dem Stück nun buntes Leben aus: Die Menschen aus der Stadt, alte und junge, Handwerksburschen, Dienstmädchen, Soldaten, strömen zum Osterspaziergang aufs Land und mischen sich unter die Bauern. Der Schauplatz, die rasch hingeworfenen Figuren, ihre Lieder und Gespräche – dies alles wirkt in den ersten Jahren des 19. Jahrhunderts bereits ein wenig altmodisch. Sie kommen aus den zum Untergang verurteilten Freien Reichsstädten, die Goethe zuletzt auf seiner Reise nach Süddeutschland 1797 gesehen hatte; in literarischer Hinsicht gemahnen sie an die Produkte aus Goethes Jugend wie *Die Mitschuldigen* oder *Wilhelm Meisters theatralische Sendung*; aus ihrer Gesellschaft und diesem literarischen Kontext wird Gretchen stammen. Es ist eine christliche Gesellschaft in dem Sinne, daß die Osterbotschaft der Engel ihnen die Namen und Begriffe liefert, mit denen sie zeitlose menschliche Bedürfnisse und Pflichten erfassen; Faust erscheint unter ihnen wie einer, den von seinen Mitmenschen bereits die Unfähigkeit trennt, ihren christlichen Stiftungsmythos zu teilen. Sein Blick auf ihr Treiben ist der des Anthropologen, des fremdländischen Beobachters aus einem anderen Reich:

> Sie feiern die Auferstehung des Herrn,
> Denn sie sind selber auferstanden ... (Z. 921–922)

Fausts Beziehung zu Gretchens Welt, einer Welt christlicher und noch großenteils mittelalterlicher Einrichtungen, wird von Anfang an als eine Beziehung des Gegensatzes dargestellt. Aber anders als Wagner, der ihn begleitet, sieht er ein, daß er in eine solche menschliche Gesellschaft hineingehört. Wenn er den Freundschafts- und Erfrischungstrank entgegennimmt, den ihm ein alter Bauer aus Dankbarkeit für die ärztliche Hilfe kredenzt, die Faust der Gemeinde einst hat zuteil werden lassen, dann sollen wir darin das Pendant zu der Giftschale erblicken, die er nicht geleert hat, ein Zeichen dafür, daß er weiß, daß er sein Leben nur in Beziehung zu anderen führen kann. Wie negativ, ja zerstörerisch sein Beitrag zu dieser Beziehung sein kann, macht die zweite Hälfte der Szene deutlich, in der Goethe, noch immer der Meister der Modulation, mit unvergleichlichem Gespür für die Bedeutung der wechselnden Tageszeit wieder in eine nachdenklichere Stimmung verfällt. Der Lärm der Lustbarkeit verebbt; der Nachmittag wird kühler, die Sonne sinkt, und Faust drückt in einer Rede von großer imaginativer Kraft die Sehnsucht aus, Flügel zu nehmen und der Sonne bei ihrem westlichen Lauf zu folgen, über immer neues Gelände, gebadet in ewigem Tag. Dieses Verlangen, dem Reich solcher alternierenden Gegensätze wie Licht und Dunkel enthoben zu sein, in jener, wie Schelling gesagt hätte, absoluten Identität, in der jedes sterbliche Dasein seinen Ursprung hat, hat einen unheilvoll zweideutigen Charakter, den das Bild des Fliegens über einer endlos sich breitenden Landschaft perfekt ausdrückt. Einerseits ist es eine Liebe zu allem Begrenzten, die Sehnsucht, dies alles in seiner Mannigfaltigkeit und Individualität zu genießen; andererseits ist es die Sehnsucht, jeden einzelnen Genuß hinter sich zu lassen und zum nächsten überzugehen, die Verwerfung alles Partikularen und damit der Partikularität selbst. Fausts imaginäre Jagd nach der Sonne führt ihn zuletzt hinaus auf die gestaltlose, unveränderliche Weite des Meeres – ein Bild, das uns zuletzt vor Augen kam, als er dem Selbstmord entgegensah. Goethe läßt in dieser Metapher die zerstörerische, ja selbstzerstörerische Komponente von Fausts unersättlichem Drang nach Genuß offenbar werden, so daß wir mit diesem Konflikt in Faust schon bekannt sind, wenn er selbst ihn sich als Zerrissenheit zwischen einem Geist der Liebe zu den Dingen und einem Geist der Distanz zu ihnen klar macht (Z. 1112–1117). Diese zwei Seelen in seiner Brust wollen sich, wie er sagt, voneinander trennen, und diese Prophezeiung geht sogleich und buchstäblich in Erfüllung. Auf der Suche nach Verbündeten aus dem Personal der christlichen Gesellschaft, der er sich entfremdet fühlt, beschwört Faust hoffnungsvoll die bösen Geister, denen traditionellerweise übermenschliche Kräfte zugeschrieben werden: Zumindest vordergründig gleichen sie ihm selbst in ihrem Gegensatz zu den überlieferten Illusionen, und vielleicht werden sie ihm die Flügel verleihen können, die er auf der Jagd nach der Sonne benötigt. Die einzige Antwort auf Fausts Anrufung des Teufels ist aber nur ein schwarzer Pudel, der sich in der Dämmerung zeigt. Er scheint ganz und gar Hund zu sein, «ein pudelnärrisch Tier» und nicht im mindesten dämonisch. Faust nimmt ihn mit nach Hause, und Goethe schließt die Szene mit einem humorvollen Ton, ohne jeden Hinweis darauf, daß der negative Geist in Fausts Innerem endlich eine Verkörperung in der Außenwelt gefunden hat.

Der Humor, der die letzten Zeilen der Szene «Vor dem Tor» prägt, ist wichtig für den Übergang zur nächsten Szene, der ersten von zwei, die einfach «Studierzimmer» überschrieben sind. Es spricht einiges dafür, daß «Studierzimmer I» (wie man gewöhnlich sagt) schon im April 1800 entstanden ist, als Goethe gerade damit begonnen hatte, die «große Lücke» zu überbrücken, und richtet sich ausschließlich auf die zentrale Aufgabe, vor der er damals stand: das Verhältnis zwischen seiner Version der Faustsage und den älteren Versionen mit ihren orthodoxen theologischen Voraussetzungen zu bestimmen. Der erste Teil der Szene, die als unmittelbare Fortsetzung von «Vor dem Tor» angenommen wird, enthält ein vortreffliches symbolisches Bild für die Modernität von Goethes nachchristlichem Thema und damit von allem, was ausschließt, daß sein Stück zur reinen Wiederholung seiner Vorgänger gerät. Faust kommt mit dem Pudel zurück in die trauliche Geborgenheit eines Zimmers, in dem eine freundliche Lampe brennt – eine neue Kontraktion nach den expansiven Gesten der vorigen Szene hat begonnen –, und schlüpft in die Rolle zurück, in der ihn die Gesellschaft kennt und schätzt: die des Gelehrten. Als sei er Martin Luther – der ein Zeitgenosse des historischen Faust war –, macht Goethes Faust sich daran, das Johannesevangelium ins Deutsche zu übersetzen. Aus diesem einleitenden Bild von Faust mit dem Buch werden sodann zwei Themen entwickelt, ein ernstes und ein komisches. Zuerst formuliert Faust, dezent verklausuliert, jene Ablehnung Christi, die in der ursprünglichen Faustsage eine der Vorbedingungen für seinen Pakt mit dem Teufel war. Dem äußeren Anschein zum Trotz ist Faust keine Figur der Renaissance, sondern ein Intellektueller aus dem 18. Jahrhundert. Wie er so bemüht ist, die ersten Worte des Johannes so umzuformulieren, daß er sie akzeptieren kann, gleicht er einem Deisten der Jahrhundertmitte – Bahrdt oder seinem Tübinger Schüler Diez –, der der Heiligen Schrift einen vernünftigen Sinn aufzwingt. Wenn er aber zu dem Schluß kommt, daß die richtige Übersetzung des ersten Verses nicht lauten müsse «Im Anfang war das Wort», sondern «Im Anfang war die Tat», klingen unüberhörbar die Grundprinzipien der Fichteschen Philosophie an. Wenn ihm der Glaube an die christliche Botschaft fehlt, dann nicht einfach darum, weil er der Kindheit entwachsen ist, sondern weil er einer Zeit angehört, für die das sich selbst setzende Ich die Stelle der göttlichen Offenbarung eingenommen hat. Wenn Faust sagt «Ich kann das Wort so hoch unmöglich schätzen» (Z. 1226), sagt er damit nicht einfach, daß ihm Handeln lieber ist als Reden; vielmehr trifft er eine spezifisch theologische Aussage, indem er den Logos, die zweite Person der Trinität, zugunsten seiner eigenen Urteilskraft verwirft. Diese Wende von der Christologie zum radikalen Idealismus ist die geistige Revolution, auf die Fausts ganzer weiterer Weg sich gründet – speziell die nun folgenden Verhandlungen mit dem übernatürlichen Widersacher Christi.

Der komische Strang der Handlung in «Studierzimmer I» hat den Zweck zu zeigen, daß die vorrevolutionäre Theologie des traditionellen Teufelspaktes dem tiefen Ernst lächerlich unangemessen ist, womit dieser moderne Faust sein Leben zu leben gedenkt. Der Pudel hat den Ausflug Fausts in die

Bibelforschung mit unruhigem Knurren verfolgt und dauernd versucht, ihn zu stören: Als aber Faust dem Wort die Treue aufkündigt, ist der Geist im Pudel bereit, sich endlich zu enthüllen. Nach allerlei übertriebenem Hokuspokus von Faust verwandelt der Pudel sich in Mephistopheles, gekleidet als fahrender Scholar, und das Stück, das bisher ein Monodram mit Chören gewesen ist, wird zu einem ironischen Dialog zwischen Faust und dem «Geist, der stets verneint» (Z. 1338). Das ganze Ausmaß von Mephistopheles' Negativität wird jedoch zunächst durch das Brimborium der Tradition verdeckt, mit der er in Zusammenhang gebracht wird. Es liegt auf der Hand, daß Pudel und Rauchwolken die Fragen nach Leben und Tod und letztem Sinn nicht lösen werden, mit denen Faust gerungen hat. Er sieht auf die schwarzen Künste hinab, deren Meister er ist, und spricht wegwerfend von den Teufeln, deren einen er jetzt vor sich weiß. Mephistopheles wird seinem Ruf gerecht, und so ist viel von Pentagrammen und den Kunstregeln der Magie die Rede – eine veritable Parodie auf die älteren Faustgeschichten. Als Faust zum ersten Mal die Möglichkeit eines Paktes andeutet, gibt Mephistopheles denn auch zu verstehen, daß sie beide dies alles in einer früheren Inkarnation schon einmal durchgemacht haben (Z. 1416–1417). Goethe vertreibt jedoch sehr schnell die mögliche Befürchtung, daß uns der nahtlose Übergang zu einer altbekannten und abgedroschenen erzählerischen Formel erwartet. Der Handel zwischen früheren Faustgestalten und dem Teufel wird in der letzten Episode der Szene antizipiert und ad acta gelegt. Mephistopheles läßt Faust in einen magischen Schlaf versinken, in dem jeder seiner Sinne aufs äußerste stimuliert wird. Bevor sie über irgendeinen Pakt auch nur gesprochen haben, hat Faust also bereits alles erlebt, wofür seine Vorgänger ihre Seele verkauft haben – freilich nur im Traum, aber bekanntlich haben die dunklen Mächte nichts anderes zu bieten. Beim Entweichen sagt Mephistopheles von Faust: «Du bist noch nicht der Mann, den Teufel festzuhalten» (Z. 1509); aber die Szene hat das Gegenteil gezeigt: Der Teufel wird mit etwas Besserem aufwarten müssen, wenn er diesen nachchristlichen Faust festhalten will.

«Was willst du armer Teufel geben?» (Z. 1675) Und was hat Faust als Gegengabe zu bieten? Die zweite Szene mit dem Titel «Studierzimmer» ist der überaus schwierigen Aufgabe gewidmet, einen Pakt zwischen Bewohnern unterschiedlicher historischer Welten zu formulieren: Mephistopheles, dessen Motiv, wie der nur halb ernste «Prolog im Himmel» gezeigt hat, der Wunsch ist, sein Opfer zu einer Todsünde im Sinne des Christentums zu verleiten, und einem Faust, der als moderner Individualist keine Autorität über sich und keinen Wert außerhalb seiner anerkennt. Das Spannungsverhältnis zwischen diesen zwei Parteien verlagert sich jedoch in den Pakt selbst, wenn dieser nicht die Form eines Vertrages annimmt, dessen Bedingungen und Definitionen beide verstehen und akzeptieren, sondern die Form einer Wette darüber, wer von ihnen recht hat. Auf diese Weise wird die Disparität unterschiedlicher, aber gleichzeitiger Welten – die treibende

Kraft der Geschichte – zu einem wesentlichen Element in der Struktur des ganzen Stückes, nicht nur für Fausts Beziehung zu Gretchen. «Studierzimmer II» ist die Szene, in der Goethe endlich den poetischen Reifen schmiedet, der die unterschiedlichsten Elemente der Handlung zusammenhält. Als Mephistopheles zum zweiten Mal bei Faust erscheint (alle Vorlagen Goethes, von den Volksbüchern bis zu den Puppenspielen, verlangten zwei Begegnungen vor der endgültigen Unterzeichnung des Paktes), ist Faust deprimierter als je zuvor. Es gibt keine Spur mehr von jener expansiven Sehnsucht nach immer weiterer und tieferer Erfahrung, die ihn in den früheren Szenen motivierte, sondern nur mehr die Enttäuschung und die Verzweiflung, zu denen die Sehnsucht führt. Wie ein Möchtegern-Idealist, der unter lauter Dingen an sich gefangen ist, fühlt er einen Gott in der Brust, der nach außen nicht ein Atom bewegen kann (Z. 1566–1569); jeder Lebenszustand ist ein Zustand der Entbehrung, und Faust bekräftigt noch einmal seinen Todeswunsch, aber ohne jenes Verlangen nach neuen Welten, mit dem er beim ersten Mal verbunden war. Eine förmliche, monumentale Verwünschung aller bloßen «Erscheinung» (Z. 1593), womit das Leben die Seele betrügt, gipfelt in der Rekapitulation von Fausts Absage an das Christentum: Er flucht seinen drei Tugenden Glaube, Hoffnung und Liebe sowie «vor allem» der Geduld, dem Geist der Resignation, in dem das christliche Leben geführt werden soll. Die strukturelle Bedeutung dieses Fluchs unterstreicht ein geheimnisvoller Geisterchor, der beklagt, daß Faust damit «die schöne Welt», den Kosmos – das heißt die alte, objektive Ordnung der Dinge – zerstört hat, und ihn auffordert, nun statt dessen – und ganz im Einklang mit dem kantianischen und nachkantianischen Programm – das, was er zerstört hat, «in deinem Busen» (Z. 12621), das heißt auf subjektiven Prinzipien, neu aufzubauen. Faust hat den Trug der alten Ordnung durchschaut, Wert in den Dingen der Außenwelt zu lokalisieren; statt dessen muß er Wert jetzt aus dem Inneren seines Ichs neu erschaffen. Wir wissen aber schon, wie dürftig seine Ressourcen sind. Allen Verlockungen zum Selbstmord kann Faust nur die Erinnerung an den Glauben entgegensetzen – nicht ein wehmütiges, irrationales Sichklammern an seine Gebote, wie jetzt vollkommen klar ist, sondern ein Bewußtsein von der Möglichkeit des Lebens und des vertrauensvollen Sicheinlassens auf die Welt, die der Glaube schuf. Das Gefühl für das, was das Leben enthalten könnte, verdankt er dem Christentum, bei aller Abneigung gegen die Methoden, womit das Christentum sich geistig und moralisch behauptet hat. Die Erinnerung an eine vergangene Ordnung steht jetzt als Gegner vor ihm, als Herausforderung seines zerstörerischen und selbstzerstörerischen Auftrumpfens. Kann er aus seinem Gegensatz gegen eine Vergangenheit, die noch immer genügend emotionale Gewalt über ihn besitzt, um ihn im Dasein zu erhalten, das Prinzip einer neuen Lebensweise gewinnen?

Jedenfalls nicht in dem Sinn, wie das Christentum den Gegensatz zu sich selbst konzipierte – Faust wird sich nicht in das Paradox verstricken, das in dem Ausruf von Miltons Satan steckt «*Evil be thou my good* [Böses, sei du mein Gut]», das deutlicher wird, wenn Goethes Mephistopheles zugibt, daß er «stets das Böse will und stets das Gute schafft», und das dem Pakt der früheren Faustgestalten innewohnt, wissentlich das schlechthin und ewig Wertvolle gegen etwas Geringes und Flüchtiges zu tauschen, der Allmacht zu trotzen und ihr Vertrauen statt dessen in einen «Halbgott» zu setzen. Goethes Faust kennt aus erster Hand die Trivialität der Freuden, die seine Vorgänger sich erkauften, aber ebensowenig glaubt er an den Wert oder auch nur die Existenz des transzendenten und ewigen Lebens, das sie dafür verkauften; im Grunde genommen erkennt er keine endliche oder unendliche Autorität außerhalb seiner selbst an, die ihn zur Einhaltung irgendeines Vertrages zwingen könnte, den er eingegangen wäre. Er kann nicht unter der Bedingung leben, einen solchen Zwang auch nur rein hypothetisch zu akzeptieren. Er kann nur dadurch leben, daß er ihn ständig leugnet und gegen die gegenteilige Behauptung seines Widersachers ständig darauf pocht, autonom zu sein und die Freiheit zu besitzen, nur sich selbst als Autorität zu gehorchen. Goethe bringt ihn zu diesem Moment der Selbsterkenntnis durch einen subtilen, dichten und sehr dramatischen Dialog, an den beide Partner mit so unterschiedlichen Voraussetzungen herangehen, daß ein Ausgleich zwischen ihnen zunächst unmöglich scheint. Mephistopheles' Zweck, der im drohend Ungewissen bleibt, ist uns aus dem «Prolog im Himmel» bewußt. Sein Mindestziel in der Verhandlung ist, sich bei Faust als Diener einzuschmeicheln, nötigenfalls auch ohne eine bindende Abmachung, um so ständig die Gelegenheit zu haben, ihn zu korrumpieren. So macht er sich zuerst erbötig, Faust beim Aufbau eines neuen Lebens nach dem Fluch zu helfen, indem er ohne konkret formulierte Bedingung sein Knecht wird. Genötigt, sich zu erklären, schlägt er einen Vertrag zu den (wie man sagen könnte) üblichen Bedingungen vor: Mephistopheles dient Faust während seines ganzen Lebens, hernach wird es umgekehrt sein. Dieser Vorschlag scheitert zunächst, weil Faust es nicht gutheißt, sein Leben hier und jetzt auf die Aussicht auf Freude und Leid in einem transzendenten Irgendwo zu gründen. Ein anderer, fundamentalerer Einwand taucht auf, als Mephistopheles aus seinem Angebot eine heimtückische Verkehrung von Pascals berühmter Wette macht: Da der Ausgang in der Ewigkeit ungewiß ist, soll Faust einen Pakt mit ihm um der sicheren Vorteile willen «wagen», die er ihm in der gegenwärtigen Welt beschert. Faust glaubt jedoch nicht, daß es solche Vorteile geben kann. Ohne die Idee der Wette abzuweisen, mag er nicht glauben, daß ein Geist wie Mephistopheles – ein kleiner Versucher zur Sünde, wie die Christen ihn verstehen, äußerstenfalls ein Nihilist, dazu verurteilt, auf ewig vergeblich gegen die unendlichen Mächte der universalen Schöpfung aufzubegehren – irgendeine Vorstellung davon hat, wie Fausts «hohes Streben» zu befriedigen wäre. Die Geschichte hat Faust dazu verurteilt, daß er es bei seinem Bemühen, sich über die Grenzen der unmittelbaren Erfahrung zu erheben, lediglich mit einem Geist des Widerspruchs gegen das Christentum zu tun hat; wie aber kann ein solcher Geist verstehen, was ihn dazu trieb, die Erkenntnis des Makrokosmos und die Gesellschaft des Erdgeists zu suchen? Für Mephistopheles mit seinem Sinn für handfeste Freuden erscheint natürlich – wie Faust, zu schönem Wahnsinn sich steigernd, ausruft – die Sehnsucht, der Sonne nachzufliegen, als die Sehnsucht nach leeren, ebenso absurden wie banalen Paradoxa, nach Befriedigungen, die keine sind und sich auflösen, bevor man sie erlangt. Mephistopheles beweist sogleich Fausts Argument, indem er ihn wörtlich nimmt. Gewiß (sagt er) kann er derartige bizarre Vergnügungen herbeischaffen, wenn es gewünscht wird; aber nach seiner Erfahrung sind die Menschen doch so, daß sie zuletzt «was Guts in Ruhe schmausen mögen» – etwas von begrenztem, aber greifbarem Wert. So wird ein empörter Faust dazu provoziert, die Wette zu formulieren, die Mephistopheles ihm schon halb und halb nahegelegt hat. Die Bedingungen, die er nennt, machen freilich daraus das Fundament der Lebensführung für die nachchristliche Menschheit, die Menschheit nach Fausts Fluch und nach der in ihm nachklingenden Herausforderung des Selbstmordes. Mephistopheles mag ihm zeigen, was er will, Faust wettet, daß nichts imstande sein wird, die Bedürfnisse in seinem Inneren zu befriedigen und ihn seinen Fluch widerrufen zu lassen. So sicher ist er sich, daß der Teufel ihm nichts bieten kann, was ihn vom Selbstmord abzuhalten vermag, daß er bereit ist zu sterben, wenn der Teufel ihm seinen Irrtum nachweisen kann – wenn er ihm etwas geben kann, das das Leben doch endlich lebenswert macht. Fausts Einsatz bei dieser Wette ist also nicht seine unsterbliche Seele (die er nicht zu haben glaubt), sondern sein Leben, und Mephistopheles nimmt die Wette auch ohne eine Festlegung in bezug auf Fausts Seele an, weil er zuversichtlich ist, daß er Faust zum Zeitpunkt seines Todes auf einen so verächtlichen Zustand herabgebracht haben wird, daß Gott der Herr wird eingestehen müssen, ihn verloren zu haben. Für Faust, dem solche theologischen Erwägungen Relikte einer vergangenen Zeit sind, überführt der Pakt den Stillstand seiner Desillusioniertheit in die Verpflichtung, ein möglichst tätiges und vielfältiges Leben zu führen – natürlich mit der Absicht, zu beweisen, daß es wertlos ist, verglichen mit der wertspendenden Kraft seines eigenen Ichs. Er legt an jede Erfahrung den Prüfstein seiner Bereitschaft zum Selbstmord an, und solange er nichts findet, was ihn vom Selbstmord zurückhält, wird seine Leidenschaft zum Leben erneuert: Wie der Harfner in *Wilhelm Meister* hat er sich dadurch von der Melancholie geheilt und dem Leben wiedergegeben, daß er das Mittel zum Tod immer bei sich trägt. In einer Umformulierung des Paktes, unmittelbar nachdem er mit einem Handschlag besiegelt worden ist, verspricht Faust, zu jedem Augenblick der Erfahrung, den die magische Kraft des Teufels ihm bringen wird, zu sagen: «So schön du bist, ich werde nicht um deinetwillen die mir gegebene Macht preisgeben, zu deinem Nachfolger überzugehen; denn diese Macht ist meine Freiheit und Identität, und ohne sie hat das Leben keinen Wert für mich»:

Werd' ich zum Augenblicke sagen:
Verweile doch! du bist so schön! ...
Dann will ich gern zu Grunde gehn! ...
Es sei die Zeit für mich vorbei! ...
Wie ich beharre bin ich Knecht,
Ob dein, was frag ich, oder wessen. (Z. 1699-1700, 1702, 1706, 1710-1711)

Das ganze moralische Erbe des frühen nachkantianischen Idealismus, zumal in der Form, die ihm Fichte und Schiller gaben, konzentriert sich in diesen ungemein suggestiven Zeilen. Im wesentlichen ist es die Moral der Moderne selbst, die in ihrem innersten Prinzip individualistisch und subjektiv ist. Faust will und muß durch ein Leben drängen, das ein hektischer Ansturm von Augenblicken ist, von denen keiner alle Potentiale seins Ichs verwirklichen kann, so wie der Mensch – nach Schillers Darstellung in den *Briefen über die ästhetische Erziehung des Menschen* – vom «Stofftrieb» gezwungen wird, seine Wirklichkeit in den endlosen Variationen seines Urzustandes zu suchen und nicht zu finden. Schiller glaubte, die Schönheit liefere den Augenblick der Ruhe, des aktiven Gleichgewichts zwischen beiden Trieben; aber Faust ist wie die revolutionäre Zeit, die er verkörpert, gnadenlos konsequent und läßt seine Freiheit durch nichts, auch nicht durch die Schönheit, kompromittieren. Nur ein Leben in solcher maximal durchgehaltener Anstrengung kann rechtfertigen, was andernfalls die Hybris von Fausts Fluch und seinem Selbstmordversuch wäre: Nur um den höchsten Preis – nämlich jeden Augenblick und seine ganze Energie zu dem Versuch zu benutzen, sich selbst des Irrtums zu überführen – kann Faust das Recht erwerben, sich selbst für frei und die Welt für wertlos zu erklären, und wenn er unrecht hat, ist er bereit zu sterben; denn ein unfreies Ich, versklavt durch irgend etwas noch so Schönes in der Außenwelt, ist jedenfalls des Besitzes nicht wert. Bis zu einem gewissen Grad hat Faust die Wette also nicht mit Mephistopheles, sondern mit sich selbst abgeschlossen: Mephistopheles ist nicht so sehr ein selbständiger Akteur als eine negative Emanation von Fausts Streben, wie die negativen Emanationen einer ursprünglichen Identität in den Systemen Schellings und Fichtes. Es kann nach Fausts Ansicht keine seinem eigenen Willen äußere Autorität geben, die die Einhaltung der Bedingungen der Wette erzwingt – wenn es eine gäbe, hätte er bereits verloren. Mephistopheles' Bitte um einige – vorzugsweise mit Blut unterschriebene – Zeilen zur Dokumentation ihres Paktes ist daher ein weiteres Indiz dafür, daß er die Pointe nicht verstanden hat und daß er und Faust in unterschiedlichen und inkommensurablen Welten leben. Den Wortlaut des Dokuments erfahren wir nicht: eine Warnung davor, einen zu mephistophelischen Standpunkt über die Streitfrage des Stückes zu vertreten und es unreflektiert auf die Frage zu reduzieren, ob die Bedingungen irgendeiner verbalen Formulierung erfüllt worden sind oder nicht. Es ist jedoch immer noch möglich, daß Mephistopheles recht hat und daß es eine Macht gibt, die Faust zur Einhaltung seiner feierlichen, schriftlich gegebenen Verpflichtung zwingen kann. In diesem Falle hätte Mephistopheles auch recht, daß es eine Dingen – und Menschen – Wert verleihende Macht außerhalb von Faust gibt, die zu ignorieren Faust nicht die Freiheit hat. Es gibt also zwei unterschiedliche Spannungsbögen im Zentrum des Stückes, und erst sein Ausgang wird zeigen, ob sie in Wirklichkeit identisch sind. Wird Faust sich als fähig erweisen, so zu leben, wie zu leben er sich verpflichtet hat, ohne Rücksicht auf die Kosten? Und wird er oder wird Mephistopheles Recht behalten, was die letzten ethischen Realitäten betrifft? Das ganze Stück hindurch werden wir uns beides fragen: kommt Faust seiner Verpflichtung zu rastloser Tätigkeit nach? und: hat Mephistopheles Erfolg mit seinem heimlichen Plan, Fausts Untergang herbeizuführen? Was wird sich am Ende als dauerhafter erweisen: Fausts Projekt oder der christliche Plan, dem er glaubt entwachsen zu sein? Aus den Unbestimmtheiten einer Zeit des revolutionären Übergangs in allen europäischen Gesellschaften, da das Papsttum und das Reich, ein Jahrtausend lang die Zwillingssäulen der Christenheit, beide dem Zusammenbruch nahe schienen und eine neue Ideologie des autonomen Individuums neuen Formen der wirtschaftlichen und politischen Organisation Ausdruck gab, hat Goethe ein dramatisches Symbol für den Kampf zwischen Altem und Neuem gestaltet, das der moralischen Stärke beider gerecht wird. Er repräsentiert sowohl den Zwang, in eine freie und leere Zukunft zu drängen, als auch den Schmerz der Entferntheit von einer reichen, menschlichen Vergangenheit, mit einer Ironie, die vom Mitfühlenden bis zum Tragischen reicht. Dank der in den um 1800 entstandenen Szenen entwickelten Identifikation Fausts mit einem Idealismus, der sich als Ersatz des Christentums sieht, steht Gretchen, die in und aus der christlichen Religion lebt, nunmehr für alle Opfer der Moderne, für den Preis, um den die Revolution erreicht wird. Das Stück läuft aber nicht, wie marxistische Kritiker zu behaupten pflegten, auf eine selbstzufriedene Billigung des historischen Prozesses hinaus! Es ist eine Tragödie – eine Tragödie der versäumten Gelegenheiten, wie die Geschichte selbst. Wenn Mephistopheles den Sinn von Fausts Revolution verkannt hat, dann hat Faust den Sinn des Lebens verkannt. Sein moderner Teufelspakt verschafft ihm Zugang zu jeder menschlichen Erfahrung, aber nur als ein Gegenstand des Genusses, von dem er im Augenblick des Genießens ablassen muß. Der Zweck wird durch das Mittel zerstört, ihn zu erreichen. Weil Faust sein Leben unter den extremen Bedingungen eines endlosen «Strebens» und eines momentanen «Genusses» lebt, isoliert er sich von dem, was für Goethe die Zwischenzustände der «Gewohnheit» und der «Entsagung» waren – die dauerhafte Hinwendung zu einem begrenzten Gut, erreicht um den Preis des Verzichts auf die Verfolgung grenzenloser Möglichkeiten. Bei seiner stürmischen Jagd durch die Erfahrung wird Faust gewiß einen flüchtigen Blick auf Seinsmodi wie ein Leben der Liebe oder der Pflicht tun können, aber nur für einen Augenblick, ohne die Dauer, die ihnen Substanz gibt; indem er sie aber in den Strom der Zeit hinauswirft, wird er sie zerstören und sich selbst ärmer machen.

Faust ist ein Mensch, für den der christliche Glaube Vergangenheit ist, aber er ist auch ein Mensch, der sich verpflichtet hat, niemals in der Betrachtung der Schönheit Ruhe zu finden: Das Christentum bedeutet ihm wenig, aber dasselbe gilt für die Entsagung oder die kulturelle Leistung des Altertums. Er ist modern, so wie Goethe sich sowohl eins als auch uneins mit der Moderne fühlte. Für einige kurze, aber erfüllte Jahre, bevor Fichte fortging und Bonapartes Neuordnung Deutschlands einsetzte, war Jena der modernste Ort Europas neben Paris. Hier konnte Goethe vom Geist der Zeit lernen und zu ihm sprechen. Nach 1799, als wieder Weimar Mittelpunkt seines Lebens war, wurde Goethe immer verschlossener über die Werke, in denen er den Charakter seiner Zeit am tiefsten auslotete, als fürchte er ihre Entstellung durch vorzeitige Erörterung in einem kleinen Herzogtum, das den Hauptstrom Deutschlands zu verlassen begann. Im Unterschied zu Schiller, der kaum ein wirkliches historisches Sensorium besaß, konnte er nicht für das neu definierte und reduzierte Publikum schreiben, das nach der politischen Reaktion um die Jahrhundertwende brav in das neue Weimarer Theater pilgerte. Er konnte für diese Öffentlichkeit Voltaire übersetzen, aber die dichterischen Energien, die freigesetzt wurden, als er erstmals die Arbeit an *Faust* wieder aufnahm, mußten in den Untergrund gehen: Die machtvollsten Verse, die er in diesen Jahren schrieb, teilte er niemandem mit, nicht einmal Schiller, und er blieb erstaunlich unberührt vom Unvermögen des Publikums, *Die natürliche Tochter* zu würdigen. Vieles von dem, was Goethe über die veränderten Zeiten zu sagen hatte, war kritisch, ja subversiv – für eine Übersetzung ins Englische fand Coleridge *Faust* immer zu blasphemisch –, aber er wandte sich wieder an ein abwesendes Publikum und hatte noch nicht herausgefunden, in welcher Eigenschaft seine Leser ihn sollten belauschen dürfen. Da die Publikation nicht eilte, wurde manches Intendierte von den Ereignissen überholt und nie in Worte gefaßt. Eine Zeit lang spielte Goethe mit dem Gedanken, in die ersten Diskussionen zwischen Mephistopheles und Faust eine Szene mit einer öffentlichen Disputation im mittelalterlichen Stil einzuschalten, in der Mephistopheles, noch immer im Gewand des fahrenden Scholaren, Faust eine Reihe von Rätseln über Übergangsphänomene in der Natur vorlegen sollte, die die traditionelle Einteilung in vier Elemente zu sprengen scheinen (Gletscher, Bolognesersten und so fort). Faust sollte diese wohl als ironische Verspottung der Schellingschen Naturphilosophie gedachten Fragen vermutlich mit der Behauptung eines modifizierten Goetheschen Idealismus kontern; doch sind Goethes Aufzeichnungen so skizzenhaft, daß in diesem Punkt keine Gewißheit möglich ist. Bevor er die Szene ausführen konnte, hatte sich die Philosophie weiterbewegt, Schellings und Hegels Interesse hatte sich der Geschichte zugewandt, und Goethes Glaube an das Ding an sich bedurfte der Verteidigung an einer anderen Front.

Noch eine andere Szene, schon weiter gediehen und viel deutlicher darauf konzentriert, die in Faust verkörperte revolutionäre Modernität zu definieren, wurde 1801 als Torso liegengelassen. Im Winter seiner Krankheit baute Goethe seine «Walpurgisnacht» zu dem aus, was sein vernichtendster Angriff gegen die intellektuellen Lakaien der Revolution und die Revolution zu werden versprach. Es wird gezeigt, wie Faust seine wahre, persönliche Verantwortung in der kleinen Welt Gretchens im Stich läßt und mit Mephistopheles durch den Harz zum Brocken und durch die «Traum- und Zaubersphäre» zieht, die zugleich gewalttätige und unwirkliche Welt derjenigen, die glauben, sie machten Geschichte. Sogleich werden die wirklichen Triebkräfte im menschlichen Verhalten – Geld und Geschlechtstrieb – enthüllt: Die Goldadern im Berg glühen durch den Felsen und beleuchten das höllische Fest, und die Wanderer werden von einem Schwarm von Hexen und Zauberern überholt, die wie die Windsbraut daherkommen und von perverser und frustrierter Sexualität singen. Faust ist begierig, der Menge auf den Gipfel zu folgen, wo Satan persönlich thront – so wie einst Goethe selbst versucht war, den blauen Berg Paris zu erklimmen –, und seine Zeilen artikulieren in Goethes schmucklosester Sprichwortmanier die brutale Afterlogik zahlreicher späterer Generationen, die da gemeint haben, Episoden von Massentorheit müßten irgendwie den Schlüssel zum menschlichen Dasein enthalten:

> Dort strömt die Menge zu dem Bösen:
> Da muß sich manches Rätsel lösen.

Mephistopheles aber ist sich bewußt, daß alles in dieser Zaubersphäre Illusion ist und daß Faust in diesem Leben ebensowenig mit der metaphysischen Quelle alles Bösen Umgang haben kann wie mit dem Schöpfer. Noch so abscheuliche Träume können nicht die Sünde darstellen, die Faust für immer von Gott dem Herrn abwenden wird. Anstatt Faust, den er jetzt fast völlig in der Hand hat, sogleich die Hohlheit der phantastischen Gebilde entdecken zu lassen, in die er hineingeraten ist, lenkt Mephistopheles ihn mit scheinbar unbedeutenderen Unterhaltungen ab, bei denen größere Chancen bestehen, ihn zur Verschlimmerung seiner Treulosigkeit gegen Gretchen zu verführen – entweder durch Verkehr mit den Hexen oder einfach, indem er das Mädchen vergißt und sich in Trivialitäten verliert. Der vordergründige Vorwand für diese Abschweifung ist, daß die Walpurgisnacht in komischer Vorwegnahme des Jüngsten Gerichts alles vereinigt, was man letztens «zum Brocken» gewünscht hat (also «zum Teufel»: Lichtenberg hatte 1798 einen Einfall mit ähnlichem Muster veröffentlicht, aber Goethe mag mit der Idee schon seit Jahren gespielt haben). Der Abweg, auf den Mephistopheles und Faust geraten, um sich vor der großen Orgie zu retten – Lärm und Gedrängel der Masse fallen so spürbar ab, als schlüpften wir am Rande eines Volksfestes in eine kaum besuchte Schaustellerbude – erweist sich als das Deutschland der Revolutionsjahre. Mephistopheles betont, daß Faust das Ende nicht nur eines Jahrhunderts, sondern einer ganzen Epoche vor sich sieht – vielleicht der christlichen Epoche, da dies, seinen Worten zufolge, sein letzter Besuch auf dem Brocken gewesen ist –, und macht ihn zunächst mit einer ziemlich freudlosen Gruppe bekannt, die abseits vom Aufruhr vor einem verglühenden Aschenhaufen sitzt und um die guten alten Zeiten klagt. Mehr als zehn Jahre lang muß Goethe in vielen Gesprächen unter Emigrierten gehört haben, wie ein General, ein Politiker, ein Parvenu oder ein Schriftsteller seine Entwurzelung durch unerwartete Ereignisse und den Aufstieg der jüngeren Generation beklagte, aber unvergeßlich war eine Szenerie, die in *Faust* Eingang fand: ein Lagerfeuer bei Valmy, in dessen Schein plötzlich das Gesicht des Marquis de Bombelles im Dunkel erschien – am Vorabend der Schlacht, die für Goethe das Ende des *ancien régime* markierte. Goethe plante diese Szene als Übergang zu einem «Intermezzo», dem «Walpurgisnachtstraum», wie er jetzt die Vierzeiler von *Oberons und Titanias goldne Hochzeit* nannte, worin der ganze literarische und intellektuelle Unsinn Revue passierte, der im Windschatten des weltgeschichtlichen Sturms in Deutschland seine Blüten getrieben hatte. Doch sollte das «Intermezzo» nach Goethes Plan von 1801 in einem unbehaglichen, trostlosen Schweigen ersterben, bevor Fanfaren und Donnerschläge in einem letzten, wahnsinnigen Sturm zum Berggipfel brausten und Faust endlich doch zu einer Erscheinung des Teufels mitrissen.

> Der ganze Strudel strebt nach oben;
> Du glaubst zu schieben und du wirst geschoben.

Das sind Worte des Mephistopheles, die auf viele historische Bewegungen zutreffen. Als Höhepunkt der ganzen Walpurgisnacht sollte Satan in der Rolle Bonapartes an seine Schmeichler die Kronen Europas und zweifellos noch manch andere großzügige Gabe verteilen. Die Erscheinung sollte dann zum Geräusch eines – vermutlich ebenfalls illusorischen – Vulkanausbruchs wieder ins Nichts versinken und Faust in die entsetzliche Wirklichkeit seines Verbrechens gegen Gretchen zurückkehren. Die Szene oder das Szenengefüge hätte mit goya-artiger Intensität die moralische Hohlheit der modernen Zeit, die zu repräsentieren Faust auf sich genommen hat, prophetisch denunziert. Sowohl die Französische Revolution als auch ihr Nachhall in Deutschland wären als teuflische Ablenkung vom wahren Geschäft des Lebens erschienen, und seine Verbindung mit ihnen hätte Faust befleckt. Aber Goethe führte seinen Plan nicht aus. Wie in *Breme von Bremenfeld* scheute er davor zurück, das Epizentrum des französischen Erdbebens zu beschreiben. Vielleicht war er letzten Endes selbst auch ein zu moderner Mensch für eine so vernichtende Abrechnung mit der hauptsächlichen politischen Artikulation der Moderne. Ein näherliegender Grund, weswegen er nach 1801 seine Kritik der politischen und philosophischen Revolutionen in *Faust* nicht weiterführen konnte, war, daß diese Thema seines neuen literarischen Vorhabens geworden waren, das damals unter ähnlicher schöpferischer Geheimhaltung langsam heranwuchs, der *Natürlichen Tochter*. Zu der Zeit, als er seine «große Lücke» gefüllt hatte, muß Goethe sich vollkommen bewußt gewesen sein, daß es die Bestimmung seines *Faust* war, seine Auffassung von den ethischen Grundlagen der modernen Zeit zu verkörpern, in der er gesonnen war, seine eigene säkulare Rettung zu bewirken. Als aber neue und zwingende Symbole der Moderne seine dichterische Einbildungskraft beschäftigten, muß er gefühlt haben, daß ihm *Faust* wieder entglitt, und wahrscheinlich im Frühjahr 1801 notierte er sich beim Rückblick auf die lange und scheinbar ziellose Entwicklung des Werks, das schon so viele der tiefsten Gefühle seines früheren Lebens in Worte gefaßt hatte, für sein Stück die Zeilen:

> In goldnen Frühlingssonnenstunden
> Lag ich gebunden
> An dies Gesicht.
> In holder Dunkelheit der Sinnen
> Konnt' ich wohl diesen Traum beginnen,
> Vollenden nicht.

Die Natürliche Tochter, am 2. April 1803 von einem verdutzten Premierenpublikum unter dem Eindruck erlebt, man sähe den ersten Teil einer (wahrscheinlich) Trilogie, wurde von Goethe später im Jahr mit dem Untertitel «Trauerspiel» und ohne Hinweis auf eine geplante Fortsetzung herausgebracht. «Ach, es wird noch sehr tragisch kommen», glaubte Caroline Herder von den künftigen Teilen, aber Goethe hatte den Stoff aus Madame Billets Autobiographie bereits nach dem Muster einer antiken Tragödie organisiert, oder vielleicht besser: eines liturgischen Passionsspiels; denn es endet zwar nicht mit einem Tod, aber mit einem Begräbnis und dem gedämpften Ausdruck einer Auferstehungshoffnung. Es war ihm auch gelungen, daraus ein Stück über die Revolution zu machen, ohne Ereignisse zu berühren, die jüngeren Datums als 1788 waren. Nicht, daß Zeiten oder Orte sicherer identifizierbar wären als die Figuren: Die große katholische Monarchie, in der die Handlung spielt, mit einer Meeresküste, tropischen Besitzungen und einem stark verweltlichten Klerus bleibt ohne Namen, auch wenn die Kostüme bei der Weimarer Inszenierung als «französisch» bezeichnet wurden und Goethe Iffland davon abriet, das Stück in griechisch-römischen Gewändern aufzuführen, weil die «Denkweise, Cultur pp. ... alles zu modern» seien. Die Vermeidung von Eigennamen erzeugt den Eindruck einer ästhetischen Verklärung der Welt, eines Parallel- oder Alternativzustands derselben Dinge, so als hätten wir nicht den Bezug zu den Ereignissen der Geschichte verloren, sondern seien in die ihnen zugrunde liegenden Formen oder Ideen eingedrungen. Die Gattungsbezeichnungen für die Figuren fungieren als Masken, die uns anzeigen, daß es in diesem Stück nicht auf die Psychologie, sondern auf Rolle und Handlung und den moralischen Standpunkt ankommt. Namen für einzelne Personen hätten zu falschen Erwartungen und irreführender Kritik geführt – denn erkennbare Ereignisse und Persönlichkeiten sind kombiniert, und das Vergehen der Zeit wird auf eine Weise verkürzt, die für den Buchstabengläubigen verwirrend ist, während künstliche oder parodierende Namen des historisch Einmaligen ermangelt und die ganz und gar ernste Stimmung des Stückes kompromittiert hätten. Wenn die Heldin erklärt «Diesem Reiche droht / Ein gäher Umsturz» (Z. 2825–2826), bezieht sie sich, konkret und allgemein zugleich, auf die Französische Revolution als Realität und als Metapher – in Goethes Sinn sind ihre Worte symbolisch. In der *Natürlichen Tochter* wie in den Zusätzen zu *Faust* unternahm es Goethe, die motivische Struktur, mit der er in *Wilhelm Meisters Lehrjahre* experimentiert hatte, auf die Komposition eines ganzen Werkes anzuwenden. So wie die Bewegung von der Kontraktion zur Expansion in Fausts Eröffnungsmonolog das organisierende Prinzip immer größerer Einheiten – zuletzt ganzer Szenen und Szenenfolgen – wurde, erprobt die erste Episode der *Natürlichen Tochter* eine zyklische Bewegung, deren Elemente sich in der Metaphorik des Stückes und in seiner Handlung, in dem von ihm aufgefundenen Muster geschichtlicher Ereignisse wie in seiner Gesamtstruktur – der intendierten wie der ausgeführten – wiederfinden werden.

Bei einem königlichen Jagdausflug in einen dichten Wald prescht Eugenie, eine mutige junge Reiterin, ja eine rechte «Amazone», bei der Verfolgung des Hirschen zu weit vor und stürzt mit ihrem Pferd eine steile Schlucht hinunter. Sie wird scheinbar tot geborgen, erlangt aber einigermaßen benommen das Bewußtsein der Welt wieder und ist, nachdem sie ihr Gesicht für einen Augenblick mit einem weißen Tuch bedeckt hat, wieder gesund und unternehmungslustig. Um dieses symbolische Vorspiel rankt Goethe die Exposition der Fabel. In dem Wald, fern vom Hof und jeder menschlichen Gesellschaft, fühlt der Herzog den Mut, seinem Verwandten, dem jungen König, dem politische Differenzen ihn eine Weile entfremdet haben, zu enthüllen, daß Eugenie seine Tochter ist, hervorgegangen aus einer Verbindung mit einer Fürstin von königlichem Geblüt, vielleicht sogar der Schwester des Königs – die Andeutungen sind unklar –, die kürzlich verstorben ist. Das Glück sei dem Herzog gnädiger gewesen als das Gesetz, bemerkt der König; denn sein legitimer Sohn, ein extremer Monarchist und Freigeist, hat sich mit seinem Vater überworfen, der in den jüngsten Verfassungskonflikten eher zu der Sache des Volkes geneigt hat. Aber die natürliche Tochter ist ein Ausbund von Liebreiz, Talent – sie schreibt gerne Gedichte – und unschuldigem Mut, und zum Zeichen der Versöhnung mit dem Herzog äußert der König die Absicht, sie bei seinem bevorstehenden Geburtstag in Anwesenheit des ganzen Hofs zu legitimieren. Indessen seien, sagt der König, Neid und Intrige so schnell bereit, sich zur Vereitelung seiner Absichten zu verbünden, daß er dem Herzog und sich selbst bis zum Geburtstag absolutes Stillschweigen über diese Aussicht auferlegt. Daß jedoch der König, Züge von Ludwig XV. und Ludwig XVI. in sich vereinend, zwar schwach und wankelmütig, aber ebenso ein Politiker ist wie alle anderen, ist durch eine kurze private Unterhaltung zwischen ihm und dem Grafen deutlich geworden (der möglicherweise der Sohn des Herzogs ist, aber auch das ist nicht ganz klar). Eugenies Identität ist bei Hofe kein Geheimnis, und des Königs erste Reaktion auf die Nachricht, daß sie möglicherweise tot ist, war der Gedanke, daß der Herzog als Gegner um so fürchterlicher sein werde, wenn er nichts zu verlieren habe. Das wenige, das der Graf zu sagen hat, zeigt ihn doppelzüngig wie den König: privat zynisch, aber in Gesellschaft Sorge über die verletzte Eugenie bekundend. Warnungen des Königs und dann des Herzogs, daß das öffentliche Leben und die Welt der Staatsgeschäfte gefährlicher und kompromittierender seien, als Eugenie sich vorstelle, sind offenkundig wohlbegründet; sie aber freut sich über die Aussicht auf ein tätiges Leben, in dem sie ihrem Vater zur Seite stehen kann. Er verspricht ihr eine schöne Garderobe für ihren ersten Auftritt bei Hofe, wiederholt aber den Befehl des Königs, dies wie alle anderen Vorbereitungen auf den großen Tag geheimzuhalten, und erwähnt ausdrücklich den Neid seines Sohnes, der keinen Rivalen um das väterliche Erbe neben sich dulde. Als Vater und Tochter nach einem liebevollen Zwiegespräch auseinandergehen, schaudert ihn noch einmal bei der Erinnerung an seine Angst, sie könnte ums Leben gekommen sein. Sie dagegen bittet ihn, es sich nicht gereuen zu lassen, daß er sie in die gefährliche Kunst des Reitens eingeführt hat, und versichert ihn des Lebens und der Kraft, die sie schon einmal haben gesunden lassen: «So laß mich immer, immer wiederkehren!» ruft sie aus, sie winken einander noch einmal zu – und werden sich, jedenfalls in diesem Stück, nicht wiedersehen.

Die Naturkulisse wird im zweiten Aufzug verlassen, der in Eugeniens Zimmern in einem Schloß in der Hauptstadt spielt, gestaltet nach dem Vorbild des Pariser Temple, der Residenz des Fürsten de Conti in seiner Zeit als Großprior der Malteserritter. Der «gotische Stil», den Goethe für diesen Schauplatz vorschreibt, verrät, daß wir uns noch in der feudalen Welt des *ancien régime* befinden, dessen Vokabular von Vasallentreue und persönlicher Gefolgschaft die Gespräche des ersten Aufzugs prägt, so wie das Heilige Römische Reich und die vorrevolutionären Monarchien an der Sprache des Lehnswesens festhielten, mochte ihre Praxis noch so aufgeklärt – oder despotisch – sein. Aber jeder Anspruch auf die alten Tugenden ist hohl: Hinter dem Schein liegen, wie wir erfahren, zwei Welten im Konflikt miteinander, und der einzelne, zwischen den Mühlsteinen gefangen, kann sich nicht den Luxus eines eigenen moralischen Stils erlauben. Eine einleitende Unterhaltung zwischen der Hofmeisterin Eugeniens und dem Sekretär des Herzogs, mit dem sie verlobt ist, enthüllt, daß ein grausames Komplott gegen Eugenie schon weit gediehen ist und daß Doppelzüngigkeit als Bedingung des Lebens nicht auf Monarchen und Reichsadel beschränkt ist. Die Hofmeisterin kann das Stadthaus und das Landhaus haben, von denen sie träumt, dazu ein auskömmliches privates Einkommen für ihren Unterhalt, wenn sie in der Verschwörung den Part übernimmt, den ihr Verlobter ihr zugedacht hat. Bevor Eugenie legitimiert werden kann – die Absicht des Königs ist bereits bekannt geworden –, soll Eugenie entführt und heimlich auf die Strafkolonie, die «Inseln», geschafft werden, während man ihren Vater glauben machen will, sie sei gestorben.

> Verborgen muß ihr künftiges Geschick,
> Wie das Geschick der Toten, ewig bleiben.

Diese sanftere Alternative zur sofortigen Ermordung (so wie dem Direktorium die Teufelsinsel als Alternative zur Guillotine diente) ist im Interesse des habgierigen Sohnes des Herzogs verfügt worden – allerdings nicht von dem Sohn selbst, sondern vom «furchtbarn Rat» einer geheimnisvollen «Partei», die ihn umgibt und von der immer nur im Plural gesprochen wird. Man gewinnt den Eindruck, daß der alte Ritterorden, dem der Herzog vorsteht, von Illuminaten ohne Moral und unbestimmten, aber rein materiellen Zielen unterwandert worden ist – aber das ist nicht mehr als eine Vermutung. So ungewiß nun die eigentliche Quelle der Drohungen und Versprechungen sein mag, denen die Hofmeisterin ausgesetzt ist, sie sind zwingend genug: In einem kurzen Monolog sieht sie ein, daß Eugenie der tödlichen Gefahr nur entgehen kann, wenn sie, noch auf der Schwelle zu einem Glück, das «unermeßlich» scheint, ihm freiwillig entsagt. Bei der bevorstehenden Begegnung mit ihr wird die Hofmeisterin Eugeniens Bereitschaft prüfen, im Dunkel der Illegitimität zu verharren. Eugenie stürmt herein, noch erhitzt vom Reiten und der Aufregung über das Versprechen des Königs, und hat keine Zeit für ein Gespräch. Sie hat einen Einfall für ein Gedicht, das dem König ihre Ergebenheit und ihre Freude über die Verwirklichung all ihrer Hoffnungen ausdrücken soll, und muß den Augenblick nutzen, um es zu Papier zu bringen. Für kurze Zeit alleingelassen, spricht sie das Sonett, das sie verfaßt, vor sich hin, wird aber von einem Pochen an der Tür unterbrochen, und da sie merkt, daß das Gedicht zu viel von ihren Erwartungen verrät, versteckt sie es hastig in einem geheimen Wandschrank. Die Hofmeisterin kommt mit dem Kästchen mit Kleidern und Geschmeide zurück, die der Herzog seiner Tochter versprochen hat und die sie erst am Tag ihres Débuts öffnen darf. Die Hofmeisterin gibt zu, daß sie von der Absicht des Königs weiß, erinnert sie daran, nicht gegen das väterliche Verbot zu verstoßen, aber Eugenie, von Erregung, Neugier und einer naiven Freude am Sichzeigen getrieben, besteht die Prüfung nicht – die Hofmeisterin weiß doch schon Bescheid; es kann doch nicht schaden, den Staat heimlich anzuprobieren? – und öffnet das Kästchen. Während sie Eugenie beim Ankleiden hilft, fährt die Hofmeisterin fort, sie zur Mäßigung und zur Bescheidung mit ihrem früheren, zurückgezogenen Dasein zu ermahnen, und wiederholt die Warnungen des Königs und des Herzogs vor der mörderischen Feindschaft, der eine Rolle in der Öffentlichkeit sie aussetzen wird. Aber Eugenie will nichts hören und behauptet in einer letzten Aufgipfelung der Hybris, daß in diesem Augenblick der Antizipation tatsächlich die Erfüllung erlangt ist:

> Unwiderruflich, Freundin, bleibt mein Glück.

Eugenie hat sich der Entsagung versagt; ihr ist nicht mehr zu helfen. Mit beiseite gesprochenen Worten schließt die Hofmeisterin die Szene, indem sie Eugenies letzte, überhebliche Zeile zu einem Chiasmus steigert, der die Hybris in eine Tragödie verwandelt:

> Das Schicksal, das dich trifft, unwiderruflich.

Der dritte Aufzug spielt im «Vorzimmer des Herzogs, prächtig, modern» und versetzt uns aus der alten in die neue Welt, eine Welt ohne Eugenie. Der Herzog, erschöpft vor Gram über die Nachricht, daß seine Tochter bei einem neuerlichen Reitunfall umgekommen ist, schläft noch, und das Schweigen des Todes herrscht in seinen Gemächern. In einem leisen Gespräch mit einem Weltgeistlichen, den er für einmal von seinem genügsamen Leben im Pflichtenkreis seiner ländlichen Pfarre weggelockt und zur Mitwirkung an seiner heimlichen Kabale überredet hat, drückt der Sekretär sein Mitgefühl mit dem leiderfüllten Vater aus, obgleich er selbst soeben die ihn niederschmetternde falsche Meldung in die Welt gesetzt hat. Wir tun sodann einen weiteren Blick in die komplizierte Intrige, deren Opfer Eugenie ist, doch bleibt ihr ganzer Charakter und Zweck weiterhin unergründet. Der Weltgeistliche verlangt Sitz und Stimme in dem schattenhaften und sinistren «Rat», von dem wir schon gehört haben, als Gegenleistung für den Dienst, den er dem Sekretär erweisen soll: Er soll vorgeben, in seiner Kapelle den Leichnam der böse zugerichteten Eugenie begraben zu haben, von der er eine so grauenerregende Schilderung geben soll, daß dem Herzog der Wunsch vergehen wird, sie noch einmal zu sehen. Wir erfahren nicht, ob der Weltgeistliche seinen Lohn erhält, aber wir sehen, wie er sich seiner Aufgabe entledigt. Der Herzog erwacht, und der Sekretär läßt ihn eine Weile sich seinen Schmerz von der Seele reden, um ihn dann dem Weltgeistlichen zu überlassen, der die Tortur um eine neue Perfidie vermehrt. Nur zögernd, so als wolle er dem Herzog die gräßlichen Einzelheiten ersparen, räumt der Weltgeistliche ein, daß Eugenie «viel, nicht lange» gelitten habe, und beschreibt dann doch, wie sie, «entstellt und blutig», von ihrem Pferd durch Fels und Gebüsch geschleift wurde: «Zerrissen und zerschmettert und zerbrochen». Die erbarmungslose Lügenhaftigkeit dieses stillen Geistlichen, der scheinbar vom Schmerz der Anteilnahme niedergebeugt wird und um Fassung ringen muß, um seine seelsorgerliche Pflicht zu erfüllen, ist genauso entsetzlich wie die Geschichte, die er erfindet. Ein kurzer Zornesausbruch des Herzogs gilt dem Ehelosen, welcher den Augenblick segnet, da er «dem holden Vaternamen einst entsagt» hat, und er klagt darüber, daß der christliche Brauch das «Götterbild» seiner Tochter dazu verurteilt, im Grab langsam zu zerfallen, und lobt die Scheiterhaufen des Altertums; aber schließlich hört er doch auf die beständigen Tröstungen des Weltgeistlichen. Zuerst weist er sie zurück und will sich lieber eigensinnig in seinen Kummer vergraben, als sich in ein tätiges Leben zum allgemeinen Wohl zu stürzen; doch zuletzt willigt er ein, sich von dem ewigen Bildnis Eugeniens in seiner Brust begeistern zu lassen, das sein Leitstern in dem dornenreichen Labyrinth des Lebens sein und das er in diesem Sinne niemals verlieren wird.

Unterdessen ist Eugenie, wie wir erfahren haben, in die entfernteste Hafenstadt des Reichs entführt worden – sozusagen Bayonne oder ein nahe am Meer gedachtes Bordeaux –, und das erste Bild des vierten Aufzugs ist die vielleicht außerordentlichste Bühnenkulisse, die Goethe jemals ersonnen hat: auf der einen Seite ein Palast, auf der anderen eine Kirche, im Hintergrund eine von Bäumen gesäumte Straße, über der man das Meer sieht, und auf einer Bank – ebenfalls im Hintergrund –, mit dem Rücken zum Publikum und in die Weite hinausblickend, die verschleierte, stumme Figur Eugeniens. Von Beginn des Stückes an hat uns die Metaphorik des Ozeans begleitet, um die grenzenlose Gewalt und das Chaos darzustellen, die jede Identität und Ordnung auflöst: Nun werden wir an den Rand des Chaos geführt, dessen Anblick Sinnbilder der Kirche und des Staates schicklich rahmen. Wäre es nicht an dem, daß sie zu jener Zeit noch nicht gemalt waren, man müßte an die Seestücke von Caspar David Friedrich (1774–1840) denken. Fast 150 Verse lang bewegt sich Eugenie nicht und sagt nichts. Im Vordergrund produziert die Hofmeisterin, die sie hierher gebracht hat, jenes Symbol, das kontrapunktisch zum Meer die letzten zwei Aufzüge des Trauerspiels beherrschen wird: die *lettre de cachet*, die ihr Macht über Leben oder Tod Eugeniens gibt und jedermann, dem sie sie zeigt, zu bedingungslosem Gehorsam gegen ihre Anordnungen verpflichtet. Der Gerichtsrat, den sie das Dokument lesen läßt, erkennt darin keine Spur von Recht oder Gerechtigkeit, nur «Gewalt, entsetzliche Gewalt». Er will nicht mit jenen rechten, die sich eine solche Handlungsweise herausnehmen, aber er hofft, daß sie und ihre Werkzeuge recht bald «aus meiner Enge reingezognem Kreis» verschwinden mögen. Die Hofmeisterin hat jedoch keine Lust, Eugenie auf die «Inseln» zu begleiten, wenn es sich vermeiden läßt, und es gibt in der Tat eine Alternative: «Entsagte sie [= Eugenie] der nicht gegönnten Höhe» und willigte in die Ehe mit einem Bürgerlichen ein – so daß sie nicht mehr die Macht besäße, eine politische Gefahr darzustellen –, so müßte keine von beiden die schreckliche Reise antreten. Der Gerichtsrat, der sich unvermutet gedrängt sieht, die Rolle des Freiers um eine ihm völlig unbekannte Frau zu spielen, ahnt sogleich sein Schicksal und willigt ein, mit Eugenie zu sprechen:

> In ganz gemeinen Dingen
> Hängt viel von Wahl und Wollen ab; das Höchste,
> Was uns begegnet, kommt wer weiß woher.

Auch Eugenie weiß nichts von den Mächten, die sie in ihren gegenwärtigen Zustand gestoßen haben. In den ersten, benommenen Worten, die sie an den

Gerichtsrat richtet, erinnert sie sich ihrer Gesundung nach dem Sturz bei der jüngsten Jagd; aber diesmal hat sie das Gefühl, in eine Welt der Schatten zurückzukehren. Nur allmählich erkennt sie ihren Fehler – die Übereilung, womit sie ihr Glück vorwegnahm und schuldig wurde – und begreift die furchtbare Strafe, die über sie verhängt worden ist. Doch bemerkt sie von Anfang an das Wohlwollen des Gerichtsrats, und so beschwört sie ihn endlich, ein Mittel zu ihrer Rettung zu finden. Der Gerichtsrat weiß jedoch, daß die Abhilfe nicht willkommen sein mag:

> Gerettet willst du sein! Zu retten bist du,
> Nicht herzustellen. Was du warst ist hin,
> Und was du sein kannst, magst du's übernehmen?

Noch mag Eugenie nicht. Als sie erfährt, daß die Alternative zum Tod in der Verbannung die Heirat ist, ist sie sprachlos, und als der Gerichtsrat, dessen Entschluß gefaßt ist, ihr nunmehr einen Antrag macht, ist sie dankbar, glaubt aber ablehnen zu müssen. Wind kommt auf, die Schiffe sind zum Auslaufen bereit, und die Hofmeisterin tritt heran und drängt Eugenie, das großmütige Angebot des Gerichtsrats anzunehmen. Den Gerichtsrat motiviert aber jetzt nicht mehr das reine Wohlwollen: Eugenie ist in sein Leben gefallen wie ein Stern aus höheren Sphären, und alles Glück und alle Hoffnung verkörpern sich ihm nun in ihr. Ihre Entschlossenheit zur Abreise beraubt auch ihn der Zukunft, aber er verspricht, sie noch einmal – kummervoll – aufzusuchen, um Abschied zu nehmen und ihr Geschenke für die Reise zu bringen. Eugenie hat sich jedoch noch immer nicht mit der Unausweichlichkeit ihrer Verbannung abgefunden und erklärt der Hofmeisterin, sie wolle gegen die ihr zugefügte Ungerechtigkeit an das Volk appellieren. Die Hofmeisterin warnt sie davor, Hilfe von der Menge zu erwarten, steht ihr aber nicht im Wege.

Der Beginn des letzten Aufzugs bringt keinen Szenenwechsel. Wie in einem trostlosen Stück absurden Theaters ist die Situation unverändert; warum sollte der Dekor sich ändern? Eugeniens Bemühen, das Volk zu gewinnen, ist nur auf staunendes Unverständnis gestoßen, und zwei neue Begegnungen bekräftigen, daß weder weltliche noch geistliche Einrichtungen ihr helfen können. Die Hofmeisterin erlaubt ihr, sich an den Gouverneur zu wenden, der eben vorbeigeht. Seine etwas zögernde Aufforderung, Eugenie möge ihn am nächsten Tag aufsuchen und sich näher erklären, verspricht einen Aufschub herbeizuführen, der sie so gut wie retten würde; aber ein Blick auf den Brief der Hofmeisterin genügt, und er sucht unter höflichen Worten das Weite. Eugenie erkennt jetzt, daß sie «auf ewig dieser Welt [entsagen]» muß und daß ihre Feinde sie «lebend eingescharrt» wollen, und sucht Hilfe bei der Kirche, in der Hoffnung, daß die Einmauerung in einem Kloster «sie» – wer immer sie sind – zufriedenstellen wird. (Wie wir wissen, hat der Sekretär schon gesagt, daß dem nicht so ist.) Eine Äbtissin ist bereit, sie und ihre Stiftung in dem Ordenshaus zu begrüßen, aber wiederum kommt der Brief dazwischen, und die Äbtissin gibt klein bei: «Ich beuge vor der höhern Hand mich tief, / Die hier zu walten scheint.» Eugenie hat bisher nicht gewagt, selbst einen Blick auf den Brief zu werfen – was die Hofmeisterin ihr freigestellt hat –, weil sie fürchtet, in ihrem Verfolger einen ihr teuren Menschen, vielleicht sogar ihren eigenen Vater zu entdecken; nachdem sie aber die außerordentliche Wirkung des Briefes erlebt hat, entschließt sie sich, dem Schicksal ins Gesicht zu sehen, entfaltet den Brief und entdeckt die Unterschrift des Königs, des Gegenstandes ihrer leidenschaftlichen Ergebenheit, der es überhaupt erst gewesen war, der sie aus ihrer Anonymität zu befreien versprochen hatte. Sie fühlt sich wie ein Mensch in Trance, der seinem eigenen Begräbnis zusieht, aber ohnmächtig ist, es zu verhindern, und erinnert sich in ihrer Verzweiflung an das Angebot des Gerichtsrats – aber noch immer kann sie nicht jene Herkunft vergessen, die ihr einen hohen Stand verhieß, auch wenn die einzige Alternative der Selbstmord zu sein scheint. Sie betet um eine Eingebung, und auf einmal steht ein Mönch vor ihr, eine Figur, losgelöst von der selbstsüchtigen Welt, der sowohl der Gouverneur als auch die Äbtissin angehörten, und alt, wo sie jung waren. Er ist sanft und unverbindlich, bis sie ihre Geschichte erzählt hat; dann aber gibt er eindeutig und leidenschaftlich Rat: Eugenie soll dieses verderbte Land verlassen, das dem Untergang geweiht ist, und sich der Pflege der leidenden, unglücklichen Verbannten auf den Inseln widmen, denen sie als erlösender Engel erscheinen wird. Die Erleuchtung ist gekommen. Eugenie weiß jetzt, was sie tun muß: das Gegenteil von dem, was der Mönch gesagt hat. Wenn ihr Volk und ihr Land in Gefahr sind, muß sie als «reiner Talisman» bei ihnen bleiben, im Vertrauen darauf, daß das Schicksal eines Tages gnädiger sein und ihr erlauben wird, im Unglück für sie zu tun, was sie einst auf der Höhe ihres Glücks versprochen hatte. Sie ist erfreut über die Güte und das Vertrauen, die der Gerichtsrat bewiesen hat, den sie jetzt aufsuchen will, um ihm die erhoffte Antwort zu geben.

Goethes lange Beschäftigung mit dem Ehebund als symbolischer Antwort auf die auflösende Kraft der Revolution gipfelt in seiner Präsentation von Eugeniens Entschluß. Er ist ein Akt der Selbstverleugnung, durch den beide Seiten sowohl ein gemeinsames Schicksal teilen als auch den Weg zu seiner Bewältigung antreten. Die Alternative der Selbstbewahrung – allein zu fliehen, wie der Apotheker in *Herrmann und Dorothea* – ist keine Alternative: Sie bietet der Gemeinschaft keine Hoffnung und dem einzelnen nur die Gewißheit eines einsamen Todes. In der Ehe mit ihm, erklärt Eugenie dem Gerichtsrat, als er kommt, um die nun nicht mehr benötigten Abschiedsgeschenke zu bringen, werde sie sich begraben und eine künftige Auferstehung erwarten. Er wird «Entsagung der Entsagenden» weihen und versprechen müssen, ihre Verbindung nicht zu vollziehen, ja nicht einmal seine Augen auf sie zu richten, solange sie ihm keinen Wink gibt; aber selbst diese harten Bedingungen kann er akzeptieren, wenn er sie nur nicht ganz verliert. Er besitzt ein altes Landgut, auf das sie sich zurückziehen kann, und er wird auf sie warten, wie der Priester, der ein Leben im Dienst eines unsichtbaren Gottes verbringt, nach dem *einen* ekstatischen Augenblick, da der Gott an ihm vorüberging. Als Zeichen dafür, daß sie ihm glaubt und vertraut, akzeptiert Eugenie ihre Vertreibung aus dem höheren Reich, für das sie geboren war, und gibt dem Gerichtsrat ihre Hand.

So rätselhaft wie die symbolische Tiefe dieser überragenden Dichtung muß für das Premierenpublikum ihre Unähnlichkeit mit einer normalen Tragödie gewesen sein, in der kohärente Figuren eine durchsichtige Konfliktgeschichte darbieten. Einige lose Enden mögen auf die Unabgeschlossenheit des Zyklus zurückzuführen sein, aber entscheidende Motivationsbereiche bleiben unklar – namentlich die Absichten des Königs und die Beschaffenheit der «Partei», die den Sohn des Herzogs unterstützt oder ausnützt. Strukturell ist das Stück über weite Strecken eine Rückkehr zum Monodrama: Die Titelfigur wird mit einer Reihe untergeordneter Figuren konfrontiert, deren Beziehungen untereinander sekundär oder nicht existent sind. Jede Figur außer Eugenie ist moralisch zweideutig: Der Sekretär, der Weltgeistliche und die Hofmeisterin zeigen abwechselnd scheinbar echte Bekundungen des Mitgefühls und berechnenden Eigennutz, der Gouverneur und die Äbtissin sind von Weltlichkeit, der Mönch von Fanatismus angekränkelt, dem Gerichtsrat fehlt es an Sinn für das Gemeinwohl, sogar der Herzog mag Eugenie bis zu einem gewissen Grad als Figur in seinem Spiel mißbrauchen, und in ihrem Elend zweifelt Eugenie, wenigstens einen Augenblick lang, sogar an ihm. Auch Eugenie, durch ihren Eigennamen herausgehoben, gibt Rätsel auf: Goethe hat jede Spur der traurigen, verwahrlosten Abenteurerin getilgt, die er in seiner Quelle vorfand, aber warum soll dieses individuelle Schicksal zentral für den aufziehenden politischen Konflikt sein, der seinen Schatten auf das Spiel wirft? Inwiefern ist ihre Geschichte das Gefäß für alles, was er über die Revolution und ihre Folgen gedacht hatte? Einheit und Bedeutung des Stücks beruhen in Eugeniens Identität, aber ihre Identität ist nicht die eines Geistes oder eines Ichs oder einer Monade, wie sie Goethes frühere zentrale Figuren repräsentierten. Eugenie ist ein «Bild» – in der beharrlich repetitiven verbalen Textur des Stücks wird für sie kein anderer Begriff so häufig benutzt. Sie ist, so erfahren wir, ein Bild des Göttlichen wie des Menschlichen und damit jener Vollkommenheit, der wir den Namen «Schönheit» geben – eine Schönheit, von der sie in einem Dialog, der bewußt die Sprache von Schillers *Briefen über die ästhetische Erziehung des Menschen* aufzugreifen scheint, sagt, sie sei die vollkomme Harmonie des inneren Seins und des äußeren Scheins. Es liegt in der Natur der Schönheit, ihren Schein über die Welt zu verbreiten – das ist ihre Rechtfertigung für die Handlung, die ihren tragischen Fehler darstellt, das voreilige Anlegen der prächtigen Kleider und des Schmucks, die doch dem Tag ihrer öffentlichen Anerkennung vorbehalten sind, wenn alle sie als eine Gesetzgeberin der Menschheit anerkennen werden. Nicht nur ist Eugenie schön: als Dichterin ist sie auch Verfertigerin der Schönheit, und das Schreiben des Sonetts, das für immer den Augenblick ihrer frevelhaften Antizipation festhält, wird mit einer in Goethes Werk ganz ungewöhnlichen Direktheit geschildert. Außerhalb des Gesetzes geboren, aber von edelster Abstammung, ist es ihr Ehrgeiz, das Gesetz mit der Natur zu versöhnen, in der Gesellschaft die Verwirklichung des menschlichen Ideals zu erreichen. Goethes erste Zuschauer in Weimar und Berlin waren ratlos, weil sie glaubten, Thema des Stückes sei die politische Intrige, und dessen Behandlung nicht den von Schiller aufgestellten Maßstäben entsprach. Aber Thema der *Natürlichen Tochter* ist das historische Schicksal des Ideals des Schönen, genauer gesagt der Dichtkunst in einer Zeit der Revolution, und ein solches Thema konnte in keiner der existierenden Dramenformen behandelt werden.

Eugenie kann das Gefäß für Goethes Gedanken über die Revolution sein, weil ihre Geschichte die eines Opfers ist. Goethe mußte, wie praktisch alle Deutschen, die Französische Revolution nicht als in ihr Agierender, sondern als eines ihrer Opfer erleben: Ursachen und sogar Verlauf des Pariser Erdbebens waren für ihn weit weniger bedeutsam als seine Folgen. *Die natürliche Tochter* erzählt Geschichte aus der Perspektive nicht jener wenigen, die sie machen (oder zu machen glauben), sondern jener Unzähligen, die sie erleiden. «Gewalt» und verwandte Begriffe sind im Vokabular des Stückes Leitmotive, weil der geschichtliche Wandel das Leben des einzelnen als willkürliche, unerklärliche und unwiderstehliche Macht trifft, deren wichtigstes Sinnbild in dem Stück die geheimnisvolle und allmächtige *lettre de cachet* ist. Was den Herzog wie seine Tochter niederstreckt, ist ein «Schicksal», das sie nicht verstehen, «der Obermacht gewalt'ger Schluß», und der Gerichtsrat empfindet als eine besondere Gnade seines niederen Standes, daß die Stürme der Geschichte, der hohen Politik und der Massenbewegungen darüber hinweggehen – bis der Meteor natürlich sein Haus trifft:

> Was droben sich in ungemeßnen Räumen,
> Gewaltig seltsam, hin und her bewegt,
> Belebt und tötet, ohne Rat und Urteil,
> Das wird nach anderm Maß, nach andrer Zahl
> Vielleicht berechnet; bleibt uns rätselhaft.

Es liegt in der Natur der Gewalt, daß sie ein unbeantwortetes «Warum?» hinterläßt, und ein Stück, das Gewalt ernst nimmt und nicht heimlich mit den Tätern gemeinsame Sache macht, kann keine völlig durchsichtige Geschichte erzählen. «Unbekannt / Sind mir die Mächte, die mein Elend schufen», sagt Eugenie, und letzten Endes sind sie auch uns unbekannt, mögen wir auch etwas mehr Kenntnis von den unmittelbar beteiligten Akteuren haben. Janusgesichtig – oder in den Augen bloßer Psychologie inkonsequent – werden die Figuren nur unter dem Eindruck der politischen Maschinerie, mitunter sogar, wie im Fall der Hofmeisterin oder des Weltgeistlichen und vielleicht auch des Königs, gegen ihren Willen. Integrität des Charakters ist in der modernen, politisierten Welt unmöglich; denn die Quelle dessen, was wir sind und tun, liegt außerhalb des einzelnen, in einem unbekannten und unzugänglichen Machtzentrum. Dieses Gefühl des Geheimnisses, der Unerklärbarkeit der höheren Hand, deren Bewegungen den einzelnen als «eherne Notwendigkeit» treffen, gehört zu den großen Leistungen des Stücks. Es drückt einen wahrhaft modernen, säkularen Schicksalsbegriff aus, was die moralischen Kunststücke in Schillers Dramen nicht tun. «Die Politik ist das Schicksal», sollte Bonaparte bald darauf sagen, aber *Die natürliche Tochter* hatte es schon vor ihm gesagt.

Eugeniens Leiden sind denen Goethes besonders nahe, weil sie Dichterin ist. Sie verkörpert den Glauben einer ganzen Generation – Goethe eingeschlossen –, daß Dichtung das Leben verändern könne, daß zumindest in einigen auserlesenen Zirkeln eine ästhetische Erziehung im modernen Deutschland das menschliche Potential zu der Vollkommenheit bringen könnte, die es einst im antiken Athen und dann wieder im Italien der Renaissance erlebt hatte. Die Vereitelung ihrer Träume im Augenblick vor ihrer Erfüllung ist ein Bild für die Vereitelung der vom intellektuellen Deutschland erstrebten Verwirklichung seines ästhetischen Ideals durch die politische Revolution. Mit Hilfe einer säkularisierten Religion der Kunst formuliert, hatte das Ideal unter einigen Zeitgenossen Goethes – zum Beispiel Hölderlin und Novalis – eine millenarische Färbung angenommen, und insoweit war seine Enttäuschung unausweichlich. Auch Goethe konnte sich millenarischen Träumen überlassen, wie das Ende des *Märchens* bewies, aber er wußte, daß das Ende aller Geschichte noch nicht gekommen war; seine Enttäuschung war jedoch, ungeachtet der relativen Bescheidenheit seiner Erwartungen und ihres realistischen und persönlichen Charakters, nicht minder heftig. Eugeniens Entführung und der Tod ihrer und der Hoffnungen ihres Vaters, die in den ersten zwei Aufzügen des Stückes ausgedrückt werden, präsentieren sich in Begriffen, die sie eng mit dem Zunichtewerden von Goethes Hoffnungen auf eine neue Italienreise 1796/97 und mit allem verknüpfen, was diese persönliche Niederlage bedeutete. Die Meldung, daß Eugenie tot ist, ihr schöner Körper verstümmelt und zerrissen, gleicht der Nachricht, daß – mit den Worten der *Propyläen* – Bonapartes Armeen den italienischen Kunstkörper zerstückelt haben und die materielle Erinnerung an die antike Welt in alle Winde zerstreut wird. Sie gleicht der Kunde, die mit dem Herannahen des neuen Jahrhunderts durch Deutschland ging, daß die Götter Griechenlands tot und wir keine Griechen mehr seien, daß der Gipfel menschlicher Vollkommenheit, den die antike Kultur verkörperte, entschwunden, unerreichbar und zunehmend unwirklich sei. Tod und Entstellung haben über Schönheit und Menschlichkeit triumphiert. Sogar die Begräbnisrituale der modernen Welt scheinen darauf berechnet, die Erinnerung an ihre Vorgängerin zu besudeln, indem sie dem langsamen Verfall preisgeben, was schnell und rein im Feuer vergehen sollte, und die bittern Emotionen der *Braut von Korinth* klingen in der Klage des Herzogs nach, die ebenso schmerzvoll, wenn auch nicht so naiv ist wie nur irgend eine

Invektive von Hölderlins Hyperion. Das Zeitalter hat dem Ideal schöner Menschlichkeit in vieler Hinsicht Gewalt angetan: Die nachkantianische Philosophie hat die unreflektierte Unmittelbarkeit ihrer Gegenwart in der sinnlichen Welt bedroht; die Romantik in Kunst und Literatur und das wieder erstarkende Christentum haben der antiken Zivilisation den Rang ihrer historischen und kulturellen Einmaligkeit abgesprochen; die Revolution hat durch die Zerstörung des alten Reichs die gesellschaftlichen und politischen Grundlagen der höfischen Kultur unterminiert, die die hellenische Erneuerung beschirmt und gespeist hatte, und scheint mit der Invasion Italiens nun sogar die physischen Überreste der griechischen und römischen Vergangenheit anzugreifen, indem sie sie von ihren Standorten entfernt und in den barbarischen Westen transportiert. Als Goethe 1797 am Gotthard kehrtmachte, wußte er bereits, daß die Hoffnungen und Pläne, mit denen er 1788 aus Italien heimgekehrt war und die bei der Gründung der *Horen* noch lebendig gewesen waren, sich jetzt nie mehr erfüllen würden. Er hatte schon vermutet, daß es in der Natur des Ideals lag, sich zu artikulieren, bevor die Zeit für seine Verwirklichung reif war: Jedes Ideal ist ein ungeduldiger, vorzeitiger Genuß des Glücks, bevor es Wirklichkeit ist, ein imaginiertes Überschreiten der Schwelle zwischen den Erscheinungen und den Dingen an sich, und diese Überschreitung wird bestraft werden. Nach zwei Jahren des Suchens nach einem dichterischen Vorwurf, der dem neuen Maß seiner Einsicht in die Folgen der Revolution entsprach, fand er ihn in der tragischen Bestrafung von Stéphanie-Eugeniens unschuldiger Hybris. Hier war die Geschichte eines Opfers der Revolution, die ohne jene Umschweife und Verhehlungen erzählt werden konnte, welche die Geschichte des christlichen *Mädchens von Oberkirch* von ihm verlangt hätte: Vielmehr verband sie öffentliche Ereignisse direkt mit jener Deutung seiner eigenen Erfahrung, welche die Sprache des Idealismus ihm eröffnet hatte. In dem Maße, wie das Ideal Gestalt annimmt, bringt es mit sich die Notwendigkeit, ihm zu entsagen. Das erzwungene Aufgeben jenes höchsten Glücks, welches in der Verwirklichung der greifbar nahen und vorstellbaren menschlichen Vollkommenheit läge, ist die ursprüngliche und definierende Bedingung dessen, was Goethe «Entsagung» nennt, ein Wort, das mit anderen ihm verwandten in der *Natürlichen Tochter* häufiger vorkommt als in irgendeinem anderen seiner Werke. Entsagung ist einer der zwei normalen Zwischenzustände der Menschheit, die Faust verwirft, um dem Extrem nachzujagen. Als ein neues Jahrzehnt in Goethes Leben begann, Zeit und Ereignisse ihn immer einschneidender von dem Jahrhundert Winckelmanns und seinem eigenen Intermezzo in Arkadien trennten, die Grenzen deutlicher wurden, die seine Ehe ohne Zeremonie seiner Erfüllung zog, und das Kind starb, das voraussichtlich sein letztes bleiben würde, sah er endlich ein, daß, sofern er nicht bereit war, Faust zu sein – und Faust ist kein Dichter –, diese Entsagung von ihm persönlich gefordert werden würde. Was in der *Natürlichen Tochter* auf dem Spiel steht, ist Goethes Rolle in der Zukunft der Dichtung.

Für Eugenie gibt es eine Zukunft: Ihre Entführung ist nicht das Ende. Die feindlichen irdischen Mächte, wer sie auch sein mögen, haben verfügt, daß sie nicht die Konkurrenz dieses halb himmlischen Geschöpfs wünschen und ohne ihre Billigung agieren können. Wenn sie nicht sterben soll, soll sie doch wenigstens den Toten gleich werden. Aber hierin liegt der Schimmer einer neuen Hoffnung. Wenn sie das Begräbnis akzeptieren kann, das das einleitende Tableau des Stückes in dem weißen Tuch symbolisierte, das sie kurz ans Gesicht drückt, und wenn sie die Last dessen auf sich nehmen kann, was sie künftig sein soll, dann kann sie «gerettet», wenngleich nicht in der Ganzheit wiederhergestellt werden, die sie einst besaß. Wenn sie von dem eitlen Kampf gegen ihr Schicksal abläßt, wird ihr das Vorrecht einer Wahlmöglichkeit gewährt. Es steht ihr frei, entweder ihren vornehmen Stand zu behalten, aber die Verbannung in ein fremdes Land, auf die «Inseln», zu akzeptieren, oder in der Heimat zu bleiben, aber durch die Eheschließung mit einem Bürgerlichen ihrem Adel zu entsagen. In beiden Fällen wird sie für ihre Feinde keine Gefahr mehr darstellen; in beiden Fällen wird sie eine Art Entschädigung erhalten. Die Inseln sind ein Ort der Gluthitze, des Fiebers und der Verwesung, wo sie einen frühen Tod gewärtigen muß; aber, wie der Mönch ihr sagt, den verlorenen Seelen in der Strafkolonie wird sie als ein hilfreicher Engel erscheinen, wodurch sie sich in einer fremden und verzweifelten Welt die edle und verklärende Rolle erschafft, die ihr in der Heimat verwehrt ist. Die Einheirat ins Bürgertum scheint demgegenüber nur Beschränkung, Unbekanntheit und Vergessen einstiger Größe zu bieten; aber sie bewahrt Hoffnung und Liebe sowie die Treue zu der Gesellschaft, der Eugenie angehört. Jede Verklärung des Lebens, die ihr erreichbar ist, wird weniger spektakulär sein als die legitime öffentliche und politische Rolle, auf die sie sich einst gefreut hat, oder als der heilende Dienst unter den exotischen Gegebenheiten der Inseln; aber sie wird die angemessene Leistung eines Individuums in einer Zeit gewaltiger unpersönlicher Kräfte sein,

> Denn, wenn ein Wunder auf der Welt geschieht;
> Geschieht's durch liebevolle, treue Herzen.

Mit bemerkenswerter historischer Vorahnung hat Goethe hier zwei prinzipielle Optionen der Dichtung in seiner eigenen und mehreren folgenden Generationen gekennzeichnet, nachdem der große Moment der Gelegenheit zu einer ästhetischen Verwandlung der Gesellschaft vorbeigegangen war. Zum einen gibt es das, was man die romantische Reise auf die Inseln nennen könnte. In diesem Falle wird der Künstler der Zukunft von den hauptsächlichen gesellschaftlichen Belangen isoliert sein müssen, um statt dessen in einer Treibhauswelt intensiver Leidenschaft, Unmoral und früher Todeserwartung zu leben. Aber dieses Dasein in der Verbannung vom gewöhnlichen Leben wird verklärt sein durch die veredelnde, engelsgleiche Gegenwart der Kunst, der Dichtung, des Ideals der Schönheit. Eine neue Aristokratie wird geboren werden – keine gesellschaftliche, sondern eine geistig-ästhetische. Das war der Weg, den manche Romantiker wie Wackenroder und Runge in der Tat einschlugen und Tieck, Brentano und Arnim in ihren frühen Werken spielerisch erprobten. Er wird Eugenie von einem Mönch empfohlen, dem archetypischen Symbol der frühromantischen Kunst und Dichtung, und viele der größten Dichter des 19. und 20. Jahrhunderts sind dem Rat des Mönchs gefolgt: Heine, Baudelaire, Rimbaud, Rilke, sie alle traten – mehr oder minder widerstrebend – die Reise in das exotische geistige Exil an, begleitet nur von der tröstlichen Gegenwart der Kunst. So wurden sie die Aristokraten der modernen Seele. Aber das ist nicht der Weg, den Goethe, und auch nicht der Weg, den Eugenie einschlug.

Der zweite Weg verlangte von Eugenie, jeden Anspruch auf sichtbare Glorie, sei es in der Heimat oder in der Fremde, aufzugeben. Das ist das, was man die Biedermeierlösung nennen könnte: Die Kunst heiratet ins Bürgertum und gibt alle ihre Hoffnungen auf diktatorische Veränderung der Gesellschaft auf. In Zukunft werden die öffentlichen Wirkungen der Kunst kaum oder gar nicht sichtbar sein: Es wird keine großartigen, vielleicht selbstmörderischen Abschiedsgesten geben und nicht die offenkundig heilsame Rolle, kranke Genies in die Unsterblichkeit zu pflegen. Aber die Kunst und der Künstler verlieren künftig nicht den Kontakt zu ihren Wurzeln im Vaterland der Wirklichkeit (in dem seine Inkarnation zu suchen in der Natur des Ideals liegt), in ihrem eigenen Land und ihrer eigenen Gesellschaft; und welchen Nutzen hätte eine prominente, öffentliche Rolle, wenn sie nicht diesen diente? Welchen Nutzen hat es überhaupt, ein Engel im Exil zu sein? Das Ideal wird fortleben, verborgen wie das Sonett an dem Platz, wohin Eugenie gehört, dem Platz ihrer Kindheit, und heimlich das Wissen um eine größere Schönheit und ein größeres Glück bewahren, als jene sind, die es umgeben, bis zu dem Tag, da es endlich in seiner Glorie aus seinem scheinbaren Grab erstehen wird. Eugenies Zeit des Lebendigbegrabenseins wird, wie sie hofft, mit einer Auferstehung und der Rettung des Sonetts enden. Dem Plan Goethes und Schillers zu einer ästhetischen Verwandlung Deutschlands wird entsagt, weil es so sein muß; aber seine Idee bleibt bestehen, verborgen hinter dem bürgerlichen Exterieur des 19. Jahrhunderts: Der Plan einer fürstlichen Fassade für das Haus am Frauenplan wird aufgegeben, aber im Innern stehen die klassischen Büsten und Abgüsse. Goethe mag sich angewöhnen, einen Paletot zu tragen und französische Zeitungen zu lesen, seine Werke mögen weit von den Themen und Formen des alten Griechenlands abirren, aber das Ideal, das ihn inspiriert, wird sich, wiewohl ein vor der Welt ängstlich gehütetes Geheimnis, denen erschließen, die ein Gedicht recht zu lesen wissen und für die der Augenblick der Lektüre zur Auferstehung der «Edelgeborenen» wird. In diesem Licht gesehen, sind zum Beispiel Mörike und Stifter bei aller Problematik echte Erben des späteren Weimarer Ideals.

Goethe läßt keinen Zweifel daran, welche gesellschaftlichen Determinanten für diesen radikalen Wandel verantwortlich sind. Jede Bekräftigung der höfischen Kultur, die in *Wilhelm Meisters Lehrjahren* etwa enthalten sein mochte, wird in der *Natürlichen Tochter* widerrufen. Wird Wilhelm dem gesellschaftlichen Äußeren nach durch die Annäherung an Natalie geadelt, so wird Eugenie durch den frei gewählten Abstieg in die «niederen Sphären» des Gerichtsrats ihres Adels entkleidet. Thema des Stückes ist ganz unverhohlen Eugenies zunächst qualvolle, zuletzt aber dankbare Übertragung der Klassenloyalität, und hierin spiegelt das Stück zweifellos eine schmerzliche innere Umorientierung in Goethe selbst wider, die um 1803 so gut wie vollzogen war. Der Prozeß der offenen Loslösung von jenem Programm einer höfischen Kunst, mit dem er aus Italien heimgekehrt war, hatte 1794 mit dem Entschluß begonnen, die Zusammenarbeit mit Schiller zu suchen; seine letzten Phasen wurden markiert durch Goethes Unvermögen, irgendein bedeutendes Originalwerk zu Carl Augusts kulturellem Kurswechsel nach 1798 beizusteuern, die Vereitelung seiner Bemühungen in der Kotzebue-Kabale und den Untergang des Reiches und mit ihm der einzelnen Höfe, auf die das Programm zugeschnitten war. Die Zukunft von Goethes Kunst lag jetzt nicht beim herrschenden Adel, dem anzugehören sein Ehrgeiz seit seiner Ankunft in Weimar 1775 und bis zur Rückkehr aus Italien 1786 gewesen war, sondern bei der Klasse, in die er hineingeboren war und zu der er in seinem späteren Leben im großen und ganzen zurückkehrte. In der Zurückgezogenheit eines bürgerlichen Haushalts glaubt Eugenie ein menschliches Ideal bewahren zu können – in indirekter Verbindung mit einer öffentlichen und politischen Welt, in die unmittelbar einzugreifen tödlich, von der sich völlig lösen zu wollen aber ebenfalls falsch wäre. Eugenie gesteht sich ein, daß es hochmütig und egoistisch von ihr wäre, sich dem formlosen Element des Ozeans anzuvertrauen und eine Reise zu den Inseln anzutreten, und wendet sich dem «schönsten Port» einer bürgerlichen Ehe zu. Weil sie damit, anstatt ihr Vaterland zu verlassen, lieber dem offenen Adel jeglicher Art, auch dem der übernatürlichen, ästhetischen Art entsagt, die der Mönch verheißt, hat sie das Recht, Entsagung auch von ihrem künftigen Gatten dem Gerichtsrat, zu fordern.

Eugenie ist nicht die einzige, die in dem Stück entsagt, und ihr kometenhafter Sturz ist auch für andere eine Katastrophe. Vor allem ist sie natürlich ihrem Vater verloren, und seine Klage über das Ende ihrer gemeinsamen Hoffnungen ist noch bitterer und gequälter als die ihre: kein Wunder, daß Goethe zögerte, sie Humboldt zu schicken. Gleichwohl könnte es unverhältnismäßig scheinen, dem Schmerz des Herzogs einen ganzen Aufzug zu widmen, wo wir doch wissen, daß die Kunde von Eugeniens Tod falsch ist. Um die dramatische Funktion dieser Episode richtig würdigen zu können – nämlich als Gegengewicht zu den zwei inhaltsschweren Aufzügen, die folgen –, müssen wir einen weiteren eigentümlichen Aspekt an ihr berücksichtigen, der den Kommentatoren immer Rätsel aufgegeben hat: Die Trostgründe, die den Herzog beruhigen und mit seinem Schicksal versöhnen, kommen aus dem Munde eines skrupellosen, verlogenen Intriganten. Das

Rätsel löst sich jedoch auf, sobald wir uns klar machen, daß der Trost des Weltgeistlichen ebenso falsch ist wie die Meldung, die den Schmerz des Herzogs ausgelöst hat, weil es ein Trost ohne Entsagung ist.

Die makabren Reden, bei denen der Weltgeistliche bei dem angeblichen grausigen und qualvollen Tod Eugeniens verweilt, sind durch mehr motiviert als die pragmatische Notwendigkeit, zu verhindern, daß der Herzog die Leiche noch einmal zu sehen wünscht. Sie sind die Erfüllung seiner Absicht, Eugenie vollständig von der Erde verschwinden, das Bild ihrer Schönheit in Stücke reißen zu lassen: Durch die Verstümmelung ihrer letzten Augenblicke soll sie dem Herzog sogar in der Erinnerung unerreichbar sein. Der schiere Sadismus dieses Betruges ist der des Christentums, das über den Fall seines heidnischen Widersachers jubiliert: Das Konzept der schönen Menschlichkeit selbst soll ausgerottet und vergessen werden. Liegt daher nicht eine merkwürdige Inkonsequenz im Charakter des Weltgeistlichen, wenn er am Ende der Szene einige tröstende und erbauliche Abstraktionen von sich gibt, die der Herzog begierig aufgreift? Die Sehnsucht, sagt der Weltgeistliche, hat einen großen Wert und darf nicht an die Welt des Todes verschwendet werden: Physisch mag Eugenie den Toten gehören, aber das Herz, das sie kannte, kann sich auf sich selbst besinnen und sie in seiner eigenen, inneren Welt wiederfinden. (Der Geisterchor gibt Faust nach seinem großen Fluch einen ähnlichen Rat.) Was aber, versetzt der Herzog, kann das Herz an den verlorenen Gegenstand seiner Sehnsucht binden? –

> Getrenntes Leben, wer vereinigt's wieder?
> Vernichtetes, wer stellt es her?

Und der Weltgeistliche antwortet mit dem einen Wort von größtem Gewicht für alle Denker des reifen Deutschen Idealismus, einem Wort, das hier vielleicht zum ersten Mal die ganz Bandbreite seiner möglichen Bedeutungen – psychologische, metaphysische, theologische und historische – hat:

> Der Geist!
> Des Menschen Geist, dem nichts verloren geht,
> Was er, von Wert, mit Sicherheit, besessen.

Eugenie, setzt er hinzu – und seine Worte könnten sich gleichermaßen auf die griechische Zivilisation beziehen –, mag gestorben sein, aber die Vollkommenheit, die sie erlangt hatte, kann fortleben, und zwar nicht als Erinnerung, die nur zu unfruchtbarer Trauer führt, sondern als Idee, als Vorbild, das unsere ethische und ästhetische Erfahrung anleitet und lenkt. Der Herzog bekommt zu hören, daß Eugenie nun in ihm lebt, auch wenn sie in der Welt nicht mehr lebt; aber während ihr Leben in der Welt sterblich war, ist es ihr Leben als Idee in des Herzogs Geist nicht. Der Herzog läßt das Argument gelten, redet das vielgeliebte «Bild» Eugeniens in seiner Brust an und versichert sich, daß sie, da sie kein subjektiver Schatten, sondern ein ewiger Gedanke im Geist Gottes ist (die Deduktion erinnert an Schellings

Bruno), sein ewiger Besitz ist, «auf ewig mein». Daß der Weltgeistliche einen derartigen Trost vorbringt, ist jedoch mit seinem Charakter keineswegs unverträglich. Er ist zwar, wie sein Glaubensbruder in *Wilhelm Meister*, ein sehr säkularisierter Abbé, hat aber wie andere Vertreter dieser Gattung, die das Zeitalter zu bieten hat, wie Herder und Schleiermacher, Schelling, Hölderlin und Hegel, seine theologische Ausbildung nicht völlig über Bord geworfen. Sein Argument weist erkennbare Ähnlichkeit mit der Überlegung Schellings in seinen *Vorlesungen über die Methode des akademischen Studiums* von 1802 auf: Christus stirbt im Fleisch der klassischen Antike und ersteht im Geist der idealistischen Moderne wieder auf. Macht Goethe sich also in der Person des Weltgeistlichen Schellings Kompromiß mit dem Christentum zu eigen? Vertraut sich der Verfasser der *Braut von Korinth*, der Übersetzer des *Mahomet* einem Geistlichen an, dessen Berufung auf die einigende Kraft des Geistes dem Schicksal Eugeniens heimlich einen christlichen Stempel aufdrückt? Keineswegs. Der Schmerz des Herzogs ist so real, die Eloquenz des idealistischen Schlusses der Szene so erbaulich, daß wir leicht den wesentlichen Umstand übersehen können, daß dieser Dialog – wie die bemerkenswert ähnliche Szene im *Groß-Cophta* – auf einer Täuschung beruht. Eugenie ist nicht tot. Die grauenvolle Geschichte von ihrem Ende ist eine grausame Fiktion, ersonnen von dem Mann, der, hinter der Allüre des weltlichen Philosophen, ein das Leben hassender Christ ist, der Linderung des Grams nur bietet, um die Illusion, Eugenie sei nicht mehr, zu verstärken. Die Philosophie des Geistes ist nichts als die abwegige, kryptochristliche Unterstellung, daß verlorene Schönheit – die Schönheit Eugeniens oder des alten Griechenlands – in der wirklichen Welt unwiederbringlich dahin ist, verschlossen in einer einmaligen, immer ferneren Vergangenheit, so daß sie jetzt nur als «Idee» überlebt. Mit solch einem Überleben seines Feindes ist der Weltgeistliche natürlich völlig zufrieden: Solch eine «ideale» Eugenie droht nicht, jemals wieder real zu werden. Die Grenzen des im *Groß-Cophta* ansatzweise erprobten Idealismus werden offenkundig: Von einem gewissen Punkt an ist die Wahrheit der Einbildungskraft nicht genug. Die Verderbtheit des Weltgeistlichen kompromittiert den Rang des Leides, das der Herzog fühlt, oder auch die Echtheit seiner Erhebung am Ende der Szene ebensowenig, wie der Trickreichtum des Grafen in dem anderen Stück die moralische Rechtschaffenheit des Ritters kompromittiert. Der Herzog hat einen Ersatz für Eugeniens Gegenwart gefunden, der auf seine Weise edel ist – das heißt: soweit ein jeder von uns Adel in einer Welt erringen kann, die der Zwang einer unbegreiflichen Macht entstellt und unzusammenhängend gemacht hat –, und bleibt eine tragische Figur. Aber dadurch, daß er die Fabel von Eugeniens Tod akzeptiert, schafft er im Endeffekt die Gewähr dafür, daß die wirkliche Trennung von ihr dauerhaft ist, mag er auch behaupten, im Ideal nun für immer mit Eugenie vereint zu sein. Seine Tragödie ist wie die Tragödie Fausts die der verweigerten Entsagung. In einem bittern Paradoxon wird just durch seine letzte, gierige Behauptung des Besitzes sein Verlust besiegelt. Nur wer wahrhaft entsagt, wer nicht dem Phantom der «Herstellung» durch Idealismus nachjagt, wird mit der Möglichkeit seiner «Rettung» gesegnet.

Die letzten zwei Akte der *Natürlichen Tochter* sind zwei Momenten rettender Entsagung gewidmet, jener Eugeniens und jener des Gerichtsrats. Eugenie fühlt sich von einem anderen idealistischen Credo abgestoßen, dem des Mönchs, des Glaubensbruders des Weltgeistlichen, und wird dadurch zu ihrer eigenen schöpferischen Entscheidung veranlaßt. Denn der Mönch verrät uns mehr über die wahre Natur des vom Weltgeistlichen beschworenen «Geistes», wenn er den bevorstehenden Ruin des Königreichs und die Verwüstung der Hafenstadt verkündet, welche die Elemente zurückfordern werden. Diese schreckliche Vision entstammt der Nacht, sagt er, wenn des Tages Bilder von städtischem Leben, menschlichem Fleiß und festen Häusern, die die Leistungen vieler Geschlechter verkörpern, sich «in meines Geistes Tiefen» neu zusammenfügen und wiederholen und beim Nachsinnen über sie auf einmal ihr negatives oder entgegengesetztes Gesicht zeigen, so wie die Dunkelheit dem Licht entgegengesetzt ist. Der «Geist» – das menschliche Denkvermögen – ist im wesentlichen eine negative Kraft, die Fähigkeit, das Gegenteil dessen zu denken, was ist, die Fähigkeit, von allem, was Eugenie teuer war, so zu denken, wie der Weltgeistliche den Herzog überredet hat, von Eugenie zu denken: als vernichtet und vergangen wie eine längst entschwundene Zivilisation. Eugenie weigert sich, diesen Pfad der Verleugnung zu betreten, gewiesen von einem Mann, der ähnlich gekleidet ist wie Mephistopheles, der «Geist, der stets verneint», als er zum ersten Mal vor Faust erscheint. Es mag ihr nicht vergönnt sein, am vollen Leben ihres Volkes teilzuhaben, aber sie wird es weder verstoßen noch im Stich lassen: Sie wird in die totale Verbergung vor der Welt, die völlige Verleugnung ihrer adligen Geburt einwilligen, um weiter unter diesen Menschen zu leben und die Auferstehungshoffnung festzuhalten. Wie Eugenie, aber anders als der Herzog, erhält auch der Gerichtsrat die Schönheit lebendig, indem er nicht nach ihr greift, sie nicht zu besitzen sucht, ihr entsagt:

> Indem ich dich gewinne, soll ich allem
> Entsagen, deinem Blick sogar! Ich will's.

Diese selbstlose Liebe berechtigt ihn, ihr die Worte zu sagen, die im Munde des Herzogs hohles Blendwerk waren: In der Ehe mit ihm werde sie «auf ewig mein» sein. Der Meteor ihrer Schönheit hat nur für einen einzigen Augenblick sein Leben gekreuzt, aber dieser entscheidende Augenblick der Offenbarung, nichts weniger denn eine Theophanie, ist genug, um ein Leben der Hingabe zu stiften, mag Eugenie in der Folge auch noch so unsichtbar sein, so wie seine Zurückweisung durch Eugenie ihm ein Leben in hoffnungsloser Reue verbürgte. Die Hoffnung ist es denn auch, wodurch das verborgene Leben Eugeniens mit dem Gerichtsrat sich von ihrem postmortalen Dasein beim Herzog unterscheidet. Während der Herzog von ihr –

seinem Wunsch gemäß –»nur / Im Geiste» besucht werden wird, kann der Gerichtsrat in der Hoffnung auf einen anderen Tag der näheren, womöglich sogar physischen Vereinigung mit ihr leben. Denn die Eugenie, der der Gerichtsrat entsagt, ist – anders als die Eugenie, die der Herzog besitzt –, nicht tot, sondern lebendig. Der Lohn dafür, dem Genuß des verkörperten Ideals zu entsagen, ist die Hoffnung, daß das, was in der Vergangenheit für einen Moment erblickt worden ist, in der Gegenwart aber versagt wird, vielleicht in der Zukunft wieder gewährt wird. Umgekehrt ist Entsagung der Preis für den Glauben, daß das Ideal noch lebt, der Preis der Hoffnung. Denn da es der Wille des Schicksals ist, daß Eugenie ihre ersehnte Erfüllung jetzt noch nicht erlangen soll, besteht die einzige Alternative dazu, ihr zu entsagen, darin, sie für tot zu halten, und bestenfalls das Schicksal dadurch zu betrügen, daß man für immer ihr unveränderliches Bild genießt.

Goethe war nicht bereit, sich mit der – für eine christlich beeinflußte Kultur schmeichelhaften – Überzeugung abzufinden, die Welt der griechischen Vollkommenheit sei endgültig verschwunden; und darum war er auch nicht bereit, sich mit dem Trost der idealistischen Philosophen abzufinden, daß dieses Ideal jederzeit vom menschlichen Herzen hergestellt werden könne. Goethe war vielmehr überzeugt, daß Vollkommenheit nur als physische, sinnliche, objektive Wirklichkeit herzustellen sei. Und da es in der modernen europäischen Welt von 1803 augenscheinlich unmöglich war, sie in *dieser* Art herzustellen, weil alle Politik, Literatur, Kunst und Philosophie dem entgegenwirkte, galt es einfach, jener Wirklichkeit aufrichtig zu entsagen. Wenn das Leben entschieden hat, einem nicht das Allerbeste zu gewähren, das es zu bieten hat, wäre es ein Verrat am Leben, so zu tun, als sei das, was man statt dessen bekommen hat, eigentlich fast genauso gut. Der einzig mannhafte Weg ist, den Verlust des Verlorenen anzuerkennen, womöglich davon nicht mehr zu reden, nicht einmal mit sich selbst, und sich einstweilen mit den Aufgaben und Tröstungen abzufinden, die einem gewährt sind, im vollen Bewußtsein, daß sie nicht mit dem Ideal identisch sind. Der schweigende Dienst am Ideal, im Einklang mit den Forderungen einer Zeit, der es fehlt, und im Einverständnis sogar damit, daß es dem eigenen Leben fehlt: das ist der einzige Dienst, der dem Wesen des Ideals selbst gemäß ist, und sein Name heißt Entsagung. Eugenie muß begraben werden, wenn sie leben soll. Nur so hat Goethe sich den Glauben an die materielle Wirklichkeit von Wahrheit und Schönheit unversehrt bewahrt. Aber auf diese Weise hat er sich auch seine Dichtung bewahrt: das Mittel, wodurch, zumindest gelegentlich, eine Auferstehung geschehen kann oder ihre Möglichkeit öffentlich anerkannt wird. Schillers göttliche Ideale flüchteten auf die Höhen des Pindos, aber das war keine wirkliche Rettung; denn es bedeutete ihr Überleben nur in der Dichtung. Nur in der Dichtung zu leben ist jedoch nicht einmal der Dichtung selbst angemessen; denn in der Dichtung – in Goethes Dichtung wenigstens – geht es um Leben, eben jenes Leben, in dem Schillers Ideale gescheitert sind. Deren Überleben verbürgt für Goethe nicht ihre

Verbannung auf den Parnaß, sondern die fortwährende Hoffnung auf ihre Wiederverkörperung. Eines Tages, vielleicht mehr als nur einmal, werden Eugenie und das Sonett, das in seinem Schwebezustand an der Schwelle zur Verwirklichung ihr ganzes Sein ausdrückt, vielleicht aus der Verborgenheit auftauchen. In gelegentlichen und unvorhersehbaren privilegierten Augenblicken werden Wahrheit und Schönheit in der Zukunft vielleicht wieder einmal vor den Augen ihres ergebenen Priesters in der ganzen Glorie einer physischen Gegenwart vorübergehen. Für Goethe – und wenn nicht für ihn, so für jene, die nach ihm kommen – halten Liebe und Kunst und Natur und sogar die öffentlichen Angelegenheiten vielleicht noch immer Augenblicke bereit, in denen er beziehungsweise seine Nachfolger einmal wieder jenes erhabene Glück empfinden, das im Altertum das allgemeine Los der Menschheit war.

Das Leben eines Wartens auf die Wiedergewinnung einer verlorenen Erfüllung ist auch das Thema von Hölderlins Hymne *Patmos*, die er, wie erinnerlich, in den ersten Monaten des Jahres 1803, zu derselben Zeit wie Goethe *Die natürliche Tochter*, beendete. Das Gedicht erschien erst 1807, jedoch in einem Almanach des jungen Seckendorff, den Goethe gelesen haben dürfte, und möglicherweise hat ihn eines der einleitenden Bilder so beeindruckt, daß es viele Jahre später in der Fortsetzung des *Wilhelm-Meister*-Romans verwandelt wiedererschien: Liebende auf benachbarten Gipfeln in den Schweizer Bergen, fast in Rufweite voneinander, aber durch gähnende Klüfte getrennt, als Symbol für die Affinität unterschiedlicher geschichtlicher Epochen über die unüberbrückbaren Abgründe der Zeit hinweg. Der Dichter bittet um Flügel, die ihn befähigen, den Abgrund zu überqueren «und wiederzukehren», und die Bewegung des Hingehens und Wiederkehrens, in den ersten Strophen dieses schönsten pindarischen Hymnus Hölderlins ausgeführt, ist das Konstruktionsprinzip des ganzen Gedichts. Von einem «Genius» zum östlichen Mittelmeer und in das goldene Zeitalter Ioniens entführt, erblickt der Dichter in einer Beschwörung von unerhörtem Glanz die Tempel und Paläste und Landschaften, nach denen sein Herz sich gesehnt hat, schrickt aber davor zurück. Er kennt sich in den Gassen der himmlischen Stadt nicht aus, und es ist ihm nicht bestimmt, sie zu gehen. Statt dessen schweift seine Phantasie wieder westwärts, zurück zu seinen Ursprüngen, und läßt sich auf der kahlen Insel Patmos nieder, noch in Sichtweite der alten, heidnischen Vollkommenheit, aber als Wohnung des heiligen Johannes bereits eine Station auf dem Weg zur modernen christlichen Welt. Von diesem Ort der gastfreundlichen Aufnahme Schiffbrüchiger legt der Geist des Dichters die eben gemachte Reise wieder zurück, jedoch diesmal über biblisches, nicht über weltliches Gelände: In Gesellschaft des Evangelisten streckt er wieder die Hand nach dem Augenblick der Gegenwart Gottes auf Erden aus, wobei er Christus fast sprechen hört, und weicht dann, beim Gedanken an Seinen Tod, abrupt zurück. Theologisch vollkommen orthodox, erzählt er vom Kommen des Geistes als des Trösters der versammelten Jünger, und wir könnten glauben, der Dichter wolle uns in dem doppelzüngigen Kreislauf von wirklichem Verlust und geistiger Tröstung fangen, den Goethe so abstoßend fand. Aber Hölderlins seelische Not ist zu groß, als daß er sich vom besänftigenden Gerede eines Weltgeistlichen täuschen ließe. Wieder und wieder kommt er in den mittleren Strophen von *Patmos* zurück auf den Augenblick des Scheidens von der vollkommenen Verkörperung der Schönheit – denn Christus ist ihm noch immer die Vollendung und Personifizierung der ganzen antiken Welt –, auf die Verlassenheit der nachfolgenden Zeit, die so offenkundig nicht belebt ist vom Geist, und auf die Vergessenheit und Unehre, in die alles Göttliche gefallen ist. Der Sinn dieser Zeilen ist oft verwickelt und umstritten, und sie zeugen von einem verzweifelten und verwirrten emotionalen Kampf. Mit den Worten eines schönen englischen Kommentars kann man von diesen Zeilen jedenfalls sagen: «Was das Gedicht verkörpert, ist nicht Gott, sondern unsere Sehnsucht nach Gott, und alle Momente einer scheinbaren Epiphanie müssen sich in Wirklichkeit als Illusion, als Ausdruck dieser Sehnsucht erweisen.» Doch würde dies von dem Gedicht als ganzem gelten, bliebe Hölderlin für immer in der selbstgewählten Selbstquälerei eines Werther gefangen. Wie der Herzog wäre er zu einem Leben der permanenten Illusion verdammt, in dem die endlose Erneuerung des Bewußtseins vom Verlust die Vorbedingung des Trostes ist. Dichtung muß mehr und zugleich weniger sein als «nur Analogien, Realisierungen der Sehnsucht» – ein «Port» für Ideale, die keinen Platz in der wirklichen Welt haben: Sie soll mehr sein, weil sie, wie Eugenie und ihr Priester, der Gerichtsrat, nicht von Sehnsucht, sondern von Hoffnung getragen sein soll, von der sicheren Erwartung künftiger Dinge, die größer sind als sie; und sie soll weniger sein, weil sie die Selbstgenügsamkeit der Sehnsucht aufgeben muß, aus der der Weltgeistliche sein Phantombild des Besitzes bildet, weil sie einwilligen muß, Dienerin jener größeren Dinge zu sein und an einem bestimmten Punkt über sie zu schweigen – das heißt, mit Eugenie zu reden, zu entsagen. Die Größe von *Patmos* liegt darin, daß Hölderlin es zuletzt vermag, zu entsagen – mit den Worten des Kommentators: «sich ehrlich mit weniger zu bescheiden» – und einen Weg aus dem Gedicht hinaus und zum Dienst an einem machtvolleren Wort zu finden. Denn in der letzten Strophe, in der er den frommen lutherischen Landgrafen von Homburg anspricht, erkennt Hölderlin bereitwillig an, daß der Geist in der Tat allezeit bei uns ist im «vesten Buchstab» der Heiligen Schrift, und die Aufgabe, die gottgegebene Welt und Geschichte zu deuten, in der wir uns wiederfinden, obliegt nicht der Dichtung als solcher, sondern einer Dichtung, deren Leitstern die Worte sind, die uns der «Vater» geschenkt hat, «der über allen waltet». Die zyklischen Bewegungen des Hingehens zum vergangenen Ideal und des Wiederkehrens in eine verarmte Gegenwart kulminieren in einer letzten Wiederentdeckung der deutschen Heimat des Dichters als dem Ort eines lutherischen Vertrauens in die Schrift. Wie *Die natürliche Tochter* findet *Patmos* die Grundlage für die Zukunft der Dichtung zuletzt in der Bindung an das Vaterland und in der treuen Unterwerfung unter eine heimische Tradition. Nur die in den letzten Zeilen des Gedichts erreichte Festigkeit verleiht der meisterhaft definitiven Gebärde seines Anfangs Substanz – Zeilen von einer entschiedenen Größe, die wir in der *Natürlichen Tochter* nicht finden und die Heidegger – allerdings ohne Andeutung ihrer lutherischen Fundierung – häufig als einen Schlüssel zum Verständnis der Moderne bemühte:

>Nah ist
>Und schwer zu fassen der Gott.
>Wo aber Gefahr ist, wächst
>Das Rettende auch.

Die Nähe und Verborgenheit der Gottheit und des Schicksals, beide von gewaltiger Macht und entsprechend gefährlich, und des rettenden «Talismans» der Entsagung sind Motive, die sich sowohl durch *Patmos* wie durch *Die natürliche Tochter* ziehen. In beiden Werken ist es Aufgabe des Dichters, in einer historischen Situation, der das Ideal fehlt, Sinn zu finden und Gründe für den Glauben, daß Christus wie Eugenie «noch lebt». Bei aller Verschiedenheit ihrer äußeren Lebensbedingungen waren Goethe und Hölderlin gleichermaßen Einsame, die im Februar 1803, als mit dem Reichsdeputationshauptschluß in Regensburg formell die Demontage des alten Deutschland besiegelt wurde, in seelischer und emotionaler Verzweiflung lebten, Rückhalt und Trost bei der gehaltvollsten intellektuellen Quelle ihrer Zeit, der neuen Philosophie des Geistes, suchten und sie für ungenügend befanden. Hölderlin ergänzte sie mit der Rückkehr zum fundamentalen christlichen Wort, Goethe mit einer privaten Disziplin des Schweigens. Beide erreichten in diesen Dichtungen eine ganz und gar originelle Sichtweise auf die Krise, in welche die revolutionäre politische Explosion des selbstbestimmten menschlichen Willens die Dichtung gestürzt hatte, und beide dachten die Folgen des zeitgenössischen Versuchs einer philosophischen Herstellung der alten Religion konsequent zu Ende. *Patmos* und *Die natürliche Tochter* sind einsame Gipfel der Literatur, von denen aus die Zukunft fast ebenso gut sichtbar ist wie die Vergangenheit. Sie atmen eine dünne Luft, in der abstrakte und frei schweifende Gedanken sich plötzlich und unerwartet zu diskreten und glänzenden Symbolen verdichten, deren Wechselbeziehung leichter zu spüren als zu erklären ist – Fragmente von Landschaften beispielsweise:

>HERZOG. ... Der Liebe Sehnsucht fordert Gegenwart;
>Doch Zukunft ist des Vaters Eigentum.
>Dort liegen seiner Hoffnung weite Felder,
>Dort seiner Saaten keimender Genuß.

Zeilen, die man als Augenblicke in einem größeren Zusammenhang vergleichen kann mit

Es ist der Wurf des Säemanns, wenn er faßt
Mit der Schaufel den Weizen,
Und wirft, dem Klaren zu, ihn schwingend über die Tenne.

Hölderlin ist in diesem abrupt-lakonischen Ton unüberbietbar, aber obgleich Goethe für gewöhnlich flüssiger und diskursiver schreibt, kennt sein Stück viele lapidare Sätze:

EUGENIE. Ein Fest versäumt' ich, kein's erscheint mir wieder.

Und ganz wie Hölderlin gewinnt er physische Suggestivität aus der Fähigkeit der deutschen Sprache zu schöpferischen Wortbildungen und dem Ausgreifen grammatischer Strukturen auf unvertrautes Gelände:

GERICHTSRAT. ... In abgeschloßnen Kreisen lenken wir,
Gesetzlich streng, das in der Mittelhöhe
Des Lebens wiederkehrend Schwebende.

Die große Kraft der symbolischen Diktion in *Patmos* und der *Natürlichen Tochter* entstammt einer doppelten Quelle: Einerseits nähern sich beide Dichter der Metaphysik der Geschichte über die Subjektivität, das Gefühl von Sehnsucht und Verlust und die ekstatische Antizipation der Erfüllung; andererseits treffen beide in der Geschichte auf eine granitne Objektivität, unpersönlich und unnachgiebig, der beide den Namen «Schicksal» geben. Ihre Sprache muß das Objektive wie das Subjektive gleichermaßen wahr aussprechen, damit sie die Erfahrung ihrer Zeit wahr aussprechen kann, und aus dieser Wahrheit bezieht sie ihre prophetische Macht. Bei Hölderlin, soviel ist klar, ist es zuletzt die Achtung vor dem Wort des Höchsten Gottes, der auch das Schicksal regiert, was sein Gedicht in die Objektivität entläßt; bei Goethes Stück könnte es dagegen scheinen, als verdanke es seinen Eindruck von Objektivität einer bloßen Zufälligkeit. Denn ist nicht die geheimnisvolle Unerklärlichkeit der Mächte, die Eugeniens Schicksal bestimmen, eine Folge des unvollendeten Zustandes, in dem Goethe das Werk hinterlassen hat? Würde nicht eine Fortsetzung zwangsläufig vieles von dem erklären, was jetzt im Dunkel liegt? Würde sie nicht vor allem Gründe für Eugeniens Hoffnung liefern müssen, indem sie zumindest die Umstände anzeigte, unter denen sie aus ihrem lebenden Grab auferstehen könnte? Eine solche Deutlichkeit kompromittierte jedoch zwangsläufig das Gefühl des Ausgeliefertseins, womit das Stück jetzt endet, seine Offenheit für ein Schicksal, dem auch seine Leser unterworfen sind, und die Bedingungslosigkeit von Eugeniens Entsagung.

Goethe hat seine Schemata für eine Fortsetzung der *Natürlichen Tochter* aufgehoben, und aus ihnen sowie aus Andeutungen in dem vorliegenden Stück und aus Madame Billets Memoiren kann man einiges von dem rekonstruieren, was er im zweiten Stück beabsichtigt haben mag. (Der Plan einer Trilogie war nur eine zeitweilige Variante, die Aufteilung desselben

Stoffes auf mehr Akte.) Der erste Aufzug hätte damit begonnen, daß die Hofmeisterin dem Sekretär die erfolgreiche Ausführung ihres Auftrags meldet, während der Sekretär mit Rücksicht auf die bald zu erwartenden wichtigen öffentlichen Ereignisse einer sofortigen Heirat ausweicht. Ein Gespräch zwischen dem Herzog und dem Grafen hätte dann etwas über ihr persönliches und politisches Verhältnis und damit über die schicksalhafte Gespaltenheit der herrschenden Klasse zwischen Auflehnung und entschlußlosem Reformgeist offenbart. Der zweite Aufzug, auf dem Landgut des Gerichtsrats spielend, hätte die erste Begegnung Eugeniens mit ihrem Mann nach der festgesetzten Frist der Selbstverleugnung und sodann eine gleichnishafte Version jener Diskussionen und «Hoffnungen, wie zu Anfang der Revol[ution]» gebracht, die im Sommer 1789 zum Ballhausschwur geführt hatten – hier, in einem letzten Nachklang von Goethes Tellstudien, als Parallele zum Rütlischwur gedeutet, mit dem die Befreiung der Schweiz begann. Der Gerichtsrat hätte sich als echter Girondist erwiesen, der für Patriotismus und Dezentralisierung eintritt, und Goethe hätte an dieser Stelle die wenigen neuen Figuren eingeführt, die er für sein zweites Stück braucht, symbolische Vertreter für die anderen Faktionen im Lager der Revolutionäre: einen jakobinischen «Sachwalter» (vielleicht ein Gegenstück zu Danton), der nur an der Enteignung der privilegierten Schichten interessiert ist; einen Sansculotten-Handwerker, der ein «gewaltsames Nivellieren» der Gesellschaft und die Vernichtung der Opposition erstrebt; und einen Soldaten, der die Interessen des Einheitsstaates vertritt. Entsetzt über die politischen Ambitionen ihres Gatten und die nationale Krise, hätte Eugenie sich entschlossen, ihre Einsiedelei zu verlassen und heimlich in die Hauptstadt zu gehen, um dem König zu helfen. Die erste Szene des dritten Aufzugs, auf einem öffentlichen Platz spielend, hätte wahrscheinlich drei große Ereignisse zusammengebracht, die Madame Billet behauptete, als Wache verkleidet miterlebt zu haben: den Sturm auf die Bastille, die Flucht des Königs nach Varennes und die Erstürmung der Tuilerien im August 1792. In dem Tumult wäre der Herzog mit ziemlicher Sicherheit getötet worden, doch wäre ihm in seinen letzten Lebensaugenblicken vielleicht noch der Anblick seiner Tochter vergönnt gewesen. Der zweite Auftritt hätte uns dann wieder in Eugeniens gotisches Zimmer im Schloß (dem Temple) zurückgeführt, wo jetzt der König gefangengehalten wird. Möglicherweise war das die Szene, in der Eugenie (als Wache verkleidet?) dem König ihre Identität bewies, indem sie ihr Sonett aus dem geheimen Wandschrank hervorholte und neuerlich ihre Bereitschaft bekräftigte, für den Mann zu sterben, der ihre *lettre de cachet* unterzeichnet hatte – nach Goethe «ein schöner Augenblick», aber ungeeignet, die tragische Katastrophe aufzuhalten. Der König sollte von einer Wache weggeführt werden, und Eugeniens Bemühung um eine Rückkehr ins öffentliche Leben wäre zum zweiten Mal definitiv gescheitert. Der vierte Aufzug sollte zeigen, wie in der Zeit des Terrors diejenigen, die der Revolution den Weg bereitet haben – Graf, Weltgeistlicher, Sekretär, Hofmeisterin –, und diejenigen, die der Entführung Eugeniens Vorschub geleistet haben – Gouverneur, Äbtissin, Mönch –, ihren Lohn im Gefängnis ernten, wo sie zweifellos auf die Guillotine warten. Eugenie, wiederum um ein beginnendes Ansehen gebracht, wäre zu ihnen gestoßen und hätte ihnen vielleicht den Trost beschert, den der Mönch ihr einst geraten hatte, den unglücklichen Deportierten auf den «Inseln» zu bringen. Die Rekonstruktion des fünften Aufzugs ist besonders spekulativ, weil sich nur eine Liste mit Szenen und Figuren erhalten hat; man darf jedoch vermuten, daß Eugenie, als Opfer der Bourbonen aus dem Gefängnis befreit, vor einem Revolutionstribunal erschienen und wiederum vor die Wahl gestellt worden wäre, entweder als Frau des Gerichtsrates in der Anonymität zu verschwinden oder verurteilt zu werden, sollte sie auf ihrer königlichen Abstammung beharren. Wir dürfen sicher sein, daß sie keinen Augenblick in ihrer Treue zum König geschwankt hätte, und müssen das Schlimmste befürchten, da sie in der Handlung der letzten Szenen nicht mehr vorkommt. Der Auftritt des Soldaten, der anscheinend den Sachwalter aus seiner bisher führenden Rolle in der Revolution entläßt, mag als Analogie zu Bonapartes Coup vom 18. Brumaire gedacht gewesen sein – eine Wiederherstellung der Ordnung im Reich in der Art eines Shakespeareschen Tragödienschlusses.

Vordergründig hätte die Handlung der Fortsetzung zwar die politischen Hauptereignisse der Revolutionszeit auf eine Weise integriert, wie es *Die natürliche Tochter* nicht tat; doch offenkundig wäre die dramatische Substanz der zwei Stücke weithin dieselbe gewesen. Die Ursachen der Ereignisse wären im schattenhaften Hintergrund geblieben; nach wie vor hätte sich die Fabel auf die Folgen der Ereignisse für Eugenie konzentriert. Wir hätten miterlebt, wie sie erneut den in den ersten Szenen des ersten Stückes vorgebildeten Kreis durchläuft: Wieder hätte sie getrachtet, in einer wirksamen öffentlichen Rolle hervorzutreten, wiederum wäre sie in dem Augenblick, da sie es tut, in die Anonymität und einen Tod gestürzt, der jetzt wohl nicht mehr nur symbolisch gewesen wäre. Der Umstand jedoch, daß Goethe zögerte, einen klaren Plan für den letzten Aufzug zu formulieren, sowie die Andeutung im ersten Aufzug der *Natürlichen Tochter*, daß Eugenie von scheinbarem Tod «immer, immer wiederkehren» kann, lassen darauf schließen, daß der tragische Schluß des zweiten Stückes vielleicht ebenso zurückgenommen und zweideutig ausgefallen wäre wie der des ersten. Zweifellos wäre die Fortsetzung in mancherlei Hinsicht eine «Steigerung» des Originals gewesen – mehr Volk, mehr Öffentlichkeit, mehr Gewalt, mehr wiedererkennbare Geschichte –; aber es gibt keine wirklichen Anzeichen dafür, daß Goethe irgend etwas Neues hinzuzufügen gehabt hätte. Was für ihn an der Revolution von Belang war – das vernichtende Eingreifen unverstandener Mächte, das Trauma des historischen Wandels, die neue Klassenloyalität der Dichtung, mit einem Wort die erzwungene Entsagung –, das alles hatte er in der *Natürlichen Tochter* geschildert, obgleich dieses Stück in der Zeit unmittelbar vor der Revolution spielte. Letzten Endes muß dies der Grund dafür gewesen sein, daß Goethe keine Fortsetzung zu diesem Stück schrieb und auch den Plan zu einer Satire auf die Revolution in der Walpurgisnacht-Szene im *Faust* fallenließ. Er hatte schon alles gesagt. Es gibt keinen Hinweis darauf, daß das zweite Stück einen weniger offenen Schluß als das erste haben sollte; die Aura des Unabgeschlossenen, die *Die natürliche Tochter* umgibt, ist keine Zufälligkeit, sondern innerlich notwendig. Der Gedanke an eine Fortsetzung drückt in Wirklichkeit die das Stück kennzeichnende Ahnung aus, daß es unmöglich ist, jene geheimnisvollen Kräfte völlig zu beschreiben, auf die das Stück hindeutet und die vom Autor und seinen Lesern ebensowenig zu erfassen sind wie von den Figuren selbst. Wie *Patmos* erkennt *Die natürliche Tochter* auf ihre säkulare, nachchristliche Weise die Existenz einer Macht hinter der Dichtung an, die sogar die Augenblicke bestimmt, in denen der Dichtung ihre verklärende Vision erlaubt sein soll. Die Revolution war für Hölderlin das entscheidende öffentliche Ereignis seines Lebens; die Enttäuschung der von ihm und seiner Generation in sie gesetzten Hoffnungen auf eine Herstellung der menschlichen Ganzheit war eine der Quellen seiner reifen Dichtung. Für Goethe hatte die Revolution fast die entgegengesetzte Bedeutung, als Zerstörerin der Hoffnungen, die er vorher gehegt hatte, und der Grundlagen, auf denen er die Ganzheit seines Lebens und seiner Kunst zu errichten gedachte. Doch der Geist der Zeit, der ihrer beider Schicksal schon weit voneinander entfernt hatte, vereinigte 1803 die zwei größten Dichter Deutschlands ohne ihr Wissen in der gemeinsamen Anstrengung, die Zeichen der Zeit zu lesen. Hölderlin wog die rettende Macht des heiligen Wortes gegen die Gefahr des machtvollen Gottes auf, dessen Nähe er fühlte. Indem Goethe das künftig von seiner Heldin zu führende Leben in Entsagung offen und unbestimmt ließ – indem er eine Fortsetzung andeutete, die zu schreiben nicht notwendig war und nichts hätte hinzufügen können –, erreichte er mit der letzten Zeile des Stücks ein ähnliches Gleichgewicht. Eugenie geht willig zum Altar, aber es bleibt für immer unbestimmt, ob es der Altar ist, an dem das rettende Band der Ehe gestiftet wird, oder der Altar, auf dem die Geschichte ihre Opfer schlachtet. Am Ende von *Patmos* überläßt es Hölderlin «deutschem Gesang», einen Weg durch die Zukunft weihevoller Entbehrung zu bahnen. Am Ende der *Natürlichen Tochter* tritt Eugenie in eine heilige Dunkelheit, in welcher die einzige Aussicht auf Licht ihre Hoffnung auf die glorreiche Heimholung durch die Entdeckung eines Gedichts ist, und es ist nicht wahrscheinlich, daß irgendein zweites Stück ein grundsätzlich anderes Ende gehabt hätte.

Entsagung ist, so lehrt *Die natürliche Tochter*, die Tat derjenigen, die glauben, daß ihr Glück von einer Macht abhängig ist, die sich ihrer Kontrolle entzieht und der es gefällt, ihnen zu einer bestimmten Zeit und aus Gründen, die sie nicht durchschauen können, die Erfüllung zu versagen; dies ist der eigentliche Grund für Goethes Unempfänglichkeit für Geschichtsphilosophien, die weder die Unerforschlichkeit des Schicksals noch die Zufälligkeit der Umstände anerkennen. Das Bild der vollkommenen Schönheit ist für Goethe jederzeit herzustellen, vorausgesetzt nur, daß Schicksal und Umstände günstig sind; sind sie doch die Mächte, die die wirkliche Welt lenken, in der allein es lohnt, Erfüllung zu finden. Entsagung ist das Schweigen, das das Fehlen des Ideals in der Wirklichkeit anerkennt, und es kann gebrochen werden allein durch die Dichtung, die jene Epiphanie feiert, auf die man nicht einmal zu hoffen aussprechen darf. Umgekehrt sind Dichtungen, die allesamt Gelegenheitsdichtungen sind und das Entzücken über einen Blick auf die Schönheit formulieren, die dank günstiger Umstände hergestellt worden ist, ein Sinnbild, ein «Talisman», ein «Gegenzauber», der gegen die Feindseligkeit des Schicksals hilft. So bitter die Enttäuschungen des Lebens für eine edle Natur sein mögen, eine Dichtung drückt das Wunder eines Augenblicks aus, in welchem das Ideal noch einmal in die Wirklichkeit eintritt und die Mächte, die die Welt regieren, wie flüchtig auch immer jene Konstellation annehmen, die sie im Paradies hatten. In den Dichtungen, die er noch zu schreiben hat, kann Goethe hoffen, das wieder zu erblicken, dem er entsagt hat: noch einmal führt der Weg ihn nach Italien.

ANHANG

Literaturnachweise
(in der alphabetischen Reihenfolge
der benutzten Kurzformen)

Andreas, ‹Lage›: Willy Andreas, ‹Lage und Stimmung des Fürstentums Eisenach im November 1792›, *Zeitschrift des Vereins für Thüringische Geschichte und Altertum*, NF 31 (1935), 171–84.
AS: J. W. Goethe, *Amtliche Schriften*, hrsg. von W. Flach and H. Dahl (Weimar, 1950–72).
Baader, *Werke:* F. X. Baader, *Sämmtliche Werke*, hrsg. von Franz Hoffmann, (Leipzig, 1850–60).
Barner, ‹Lenkung›: W. Barner, ‹Geheime Lenkung: Zur Turmgesellschaft in Goethes *Wilhelm Meister*›, in: *Goethe's Narrative Fiction. The Irvine Goethe Symposium*, hrsg. von W. J. Lillyman (Berlin, New York, 1983), 85–109.
Barruel, *Mémoires:* A. Barruel, *Mémoires pour servir à l'histoire du Jacobinisme* (London, 1797–8).
Bartsch, *Geschichte:* H. Bartsch, *Geschichte Schlesiens* (Würzburg 1985).
Bauman, *Opera:* T. Bauman, *North German Opera in the Age of Goethe* (Cambridge, 1985).
Beard, *Strauss:* J. R. Beard, *Strauss, Hegel and their opinions* (London, 1844).
Beck, *Hölderlin:* Hölderlin: *Chronik seines Lebens*, hrsg. von A. Beck (Frankfurt am Main, 1975).
Beddow, *Fiction:* M. Beddow: *The Fiction of Humanity. Studies in the Bildungsroman from Wieland to Thomas Mann* (Cambridge, 1982).
Behler, *Schlegel:* E. Behler, *Friedrich Schlegel in Selbstzeugnissen und Bilddokumenten* (Reinbek, 1966).
Bell, ‹Narration›: M. Bell, ‹Narration as action: Goethe's «Bekenntnisse einer schönen Seele» and Angela Carter's *Nights at the Circus*›, *German Life and Letters*, 45 (1992), 16–32.
Bergmann, ‹Constantin›: A. Bergmann, ‹Krankheit und Tod des Prinzen Constantin von Sachsen-Weimar›, *Zeitschrift des Vereins für thüringische Geschichte und Altertum*, Neue Folge 31 (Jena, 1935), 160–70.
Biedrzynski: E. Biedrzynski, *Goethes Weimar. Das Lexikon der Personen und Schauplätze* (Zürich, 1993).
Bienemann, ‹La Trobe›: F. Bienemann, ‹Johann Friedrich La Trobe. Ein baltischer Musiker›, *Baltische Monatsschrift* 58 (1904), 129–57, 216–30; 60 (1905), 163–79.
Blanning, *Reform:* T. C. W. Blanning, *Reform and Revolution in Mainz 1743–1803* (Cambridge, 1974).
Blanning, *Revolution:* T. C. W. Blanning, *The French Revolution in Germany: Occupation and Resistance in the Rhineland 1792–1802* (Oxford, 1983).
BmCV: *Goethes Briefwechsel mit seiner Frau*, hrsg. von H. G. Gräf (Frankfurt am Main, 1916).
BmS: *Der Briefwechsel zwischen Schiller und Goethe*, hrsg. von S. Seidel (München, 1984).
BmV: *Goethes Briefwechsel mit Christian Gottlob Voigt*, hrsg. von H. Tümmler (Weimar, 1949–62).
Bode; *Goethe in vertraulichen Briefen seiner Zeitgenossen*, hrsg. von W. Bode, rev. R. Otto und P.-G. Wenzlaff (Berlin und Weimar, 1979).
Bode, ‹Cagliostro›: J. J. C. Bode, ‹Ist Cagliostro Chef der Illuminaten›, in: Jean Pierre de

la Roche du Maine, Marquis de Luchet, tr. J. J. C. Bode, *Ist Cagliostro Chef der Illuminaten. Oder, das Buch: Sur la secte des Illuminés in Deutsch* ... (Gotha, 1790), 215–228.

Bode, *Stein:* W. Bode, *Charlotte von Stein* (Berlin, 1912).

Bode-Tornius, *Vereinsamung:* W. Bode und V. Tornius, *Goethes Leben: Vereinsamung. 1790–1794* (Berlin, 1926).

Borchmeyer, ‹Alexis›: D. Borchmeyer, ‹Alexis und Dora›, in: *Goethes Erzählwerk,* hrsg. von P. M. Lützeler und J. E. McLeod (Stuttgart, 1985), 192–215.

Böttiger, *Reise:* C. A. Boettiger ‹Reise nach Wörlitz 1792›, hrsg. von E. Hirsch (Wörlitz, 1988).

Botting, *Humboldt:* D. Botting, *Humboldt and the Cosmos* (London, 1973).

Boulby, *Moritz:* M. Boulby, *Karl Philipp Moritz: At the Fringe of Genius* (Toronto und Buffalo, London, 1979).

Boyle, ‹Engel›: N. Boyle, ‹«Du ahnungsloser Engel, du!»: some current views of Goethe's *Faust*›, *German Life and Letters* 36 (1982-3), 116–47.

Boyle, ‹Entsagung›: N. Boyle, ‹*Die Natürliche Tochter* and the origins of «Entsagung»›, *London German Studies* 4 (1992), 89–146.

Boyle, *Faust:* N. Boyle, *Goethe. Faust Part One* (Cambridge, 1987).

Boyle, ‹Faust, Helen›: N. Boyle, ‹Faust, Helen, and Proserpine. Reflections on some Goethe drawings›, *Publications of the English Goethe Society* 63 (1993), 64–96.

Boyle, *Who?:* N. Boyle, *Who Are We Now? Christian Humanism and the Global Market from Hegel to Heaney* (Notre Dame und Edinburgh, 1998).

Brooke and Laver, *Costume:* I. Brooke and J. Laver, *English Costume of the Eighteenth Century* (London, 1931).

Brown: Jane K. Brown, *Goethe's Cyclical Narratives.* Die Unterhaltungen deutscher Ausgewanderten *and* Wilhelm Meisters Wanderjahre (Chapel Hill, 1975).

Bruford, *Culture:* W. H. Bruford, *Culture and Society in Classical Weimar: 1775–1806* (Cambridge, 1962).

Bruford, *Germany:* W. H. Bruford, *Germany in the Eighteenth Century: The Social Background of the Literary Revival* (Cambridge, 1935).

Burger, ‹Idee›: H. O. Burger, ‹Eine Idee die noch in keines Menschen Sinn gekommen ist. Ästhetische Religion in deutscher Klassik und Romantik› in: *Stoffe. Formen. Strukturen. Studien zur deutschen Literatur Hans Heinrich Borcherdt zum 75. Geburtstag,* hrsg. von A. Fuchs und H. Motekat (München, 1962), 1–20.

Burghoff, *Reisen:* I. und L. Burghoff, *Reisen zu Goethe* (Berlin und Leipzig, 1982).

Carlson, *Theatre:* M. Carlson, *Goethe and the Weimar Theatre* (Ithaca und London, 1978).

CGZ: Corpus der Goethezeichnungen, hrsg. von G. Femmel (Leipzig, 1958–73).

Chuquet, *Guerres:* A. Chuquet, *Les Guerres de la Révolution* (Paris, 1886 ff.).

Constantine, *Hölderlin:* D. Constantine, *Hölderlin* (Oxford, 1988).

Copleston, *History:* F. Copleston, *A History of Philosophy. Volume 7. Modern Philosophy. Part I. Fichte to Hegel* (New York, 1963).

Dechent, *Klettenberg:* H. Dechent, *Goethes Schöne Seele. Susanna Katharina v. Klettenberg. Ein Lebensbild* (Gotha, 1896).

Degering: T. Degering, *Das Elend der Entsagung: Goethes ‹Wilhelm Meisters Wanderjahre›* (Bonn, 1982).

Demetz, ‹Vine›: P. Demetz, ‹The Vine and the Elm: Notes towards the History of a Marriage Topos›, *PMLA* 73 (1958), 521–32.

Dickey, *Hegel:* L. Dickey, *Hegel: Religion, Economics and the Politics of the Spirit 1770–1807* (Cambridge, 1987).

DJG: Der junge Goethe, hrsg. von H. Fischer-Lamberg (Berlin, 1963–74).

DKV: Goethe, *Sämtliche Werke,* hrsg. von D. Borchmeyer (Frankfurt, Deutscher Klassiker Verlag, 1985–).

Doebber, ‹Schloß›: A. Doebber, ‹Das Schloß in Weimar. Seine Geschichte vom Brande 1774 bis zur Wiederherstellung 1804›, *Zeitschrift des Vereins für Thüringische Geschichte und Altertum*, NF 3, Supplementheft (Jena, 1911).
Doyle, *Revolution:* W. Doyle, *The Oxford History of the French Revolution* (Oxford, 1989).
Droz, *Allemagne:* J. Droz, *L'Allemagne et la révolution française* (Paris, 1949).
Duffy, *Saints:* E. Duffy, *Saints and Sinners. A History of the Popes* (New Haven und London, 1997).
Earle, *Making:* Peter Earle, *The Making of the English Middle Class* (London, 1989).
Emrich, *Symbolik:* W. Emrich, *Die Symbolik von Faust II. Sinn und Vorformen* (Bonn, 1957).
Epstein, *Conservatism:* K. W. Epstein, *The Genesis of German Conservatism* (Princeton, 1966).
Faber, *Illuminat:* J. H. Faber, *Der ächte Illuminat oder die wahren unverbesserlichen Rituale der Illuminaten* (Edessa [= Frankfurt], 1788).
Fairley, *Goethe:* B. Fairley, *A Study of Goethe* (Oxford, 1947).
Fambach, iv.: O. Fambach, *Ein Jahrhundert deutscher Literaturkritik (1750–1850). Band IV. Das große Jahrzehnt (1796–1805)* (Berlin, 1958).
Fambach, *Kritiker: Goethe und seine Kritiker,* hrsg. von O. Fambach (Düsseldorf, 1953).
Fichte, *Schriften:* J. G. Fichte, *Schriften zur Revolution,* hrsg. von B. Willms (Frankfurt am Main und Berlin, Wien, 1973).
Fichte, *Werke:* J. G. Fichte, *Sämmtliche Werke,* hrsg. von I. H. Fichte (Berlin, 1971 = Berlin, 1845–6).
Fischer, *Schiller:* K. Fischer, *Schiller-Schriften* (Heidelberg, 1891–2).
Fleischer, «‹Bekenntnisse›»: S. Fleischer, «‹Bekenntnisse einer schönen Seele›. Figural Representation in *Wilhelm Meisters Lehrjahre*› in: *Modern Language Notes* 83 (1968), 807–20.
Forster, *Werke:* G. Forster, *Werke,* hrsg. von der Deutschen Akademie der Wissenschaften zu Berlin, Institut für Sprache und Literatur (Berlin, 1958–).
Fuhrmans, ‹Stift›: H. Fuhrmans, ‹Schelling im Tübinger Stift. Herbst 1790 – Herbst 1795›, in: *Materialien zu Schellings philosophischen Anfängen,* hrsg. von M. Frank und G. Kurz (Frankfurt am Main, 1975), 53–87.
Gentz, *Briefe:* Friedrich von Gentz. *Briefe an Christian Garve (1789–1798),* hrsg. von Dr. Schönborn (Breslau, 1857).
GH: *Briefwechsel des Herzogs Carl August mit Goethe,* hrsg. von H. Wahl (Berlin, 1915–18).
GHdb: *Goethe-Handbuch,* hrsg. von B. Witte, T. Buck, H.-D. Dahnke, R. Otto, und P. Schmidt (Stuttgart und Weimar, 1996–8).
Gillies, *Hebridean:* A. Gillies, *A Hebridean in Goethe's Weimar* (Oxford, 1969).
Gooch, *Germany:* G. P. Gooch, *Germany and the French Revolution* (London, 1920, Neudr. 1965).
Görres, *Werke:* J. J. Görres, *Ausgewählte Werke und Briefe,* hrsg. von W. Schellberg (Kempten und München, 1911).
Gray, *Alchemist:* R. D. Gray, *Goethe the Alchemist* (Cambridge, 1952).
Green, ‹Vine›: Mandy Green, «‹The Vine and her Elm›»: Milton's Eve and the Transformation of an Ovidian Motif›, *Modern Language Review* 91 (1996), 301–16.
Grosse, *Mysteries:* C. F. A. Grosse, *Horrid Mysteries* (London, 1968).
Grumach: *Goethe. Begegnungen und Gespräche,* hrsg. von E. und R. Grumach (Berlin, 1965–77).
Grumach, ‹Helenaszenen›: E. Grumach, ‹Aus Goethes Vorarbeiten zu den Helenaszenen›, *Goethe-Jahrbuch* 20 (1958), 45–71.

Grumach, ‹Prolog›: E. Grumach, ‹Prolog und Epilog im Faustplan von 1797›, *Goethe-Jahrbuch* 14/15 (1952/3), 63–107.
Guthke, *Lewis:* K. S. Guthke, *Englische Vorromantik und deutscher Sturm und Drang. M. G. Lewis' Stellung in der Geschichte der deutsch-englischen Literaturbeziehungen* (Palaestra Bd. 223) (Göttingen, 1958).
HA: J. W. Goethe, *Werke,* Hamburger Ausgabe, hrsg. von E. Trunz, München 1988. Verweise ohne Datum beziehen sich auf Seitenzahlen des Textes, die in allen Ausgaben der HA gleich sind. Verweise mit Datum beziehen sich auf den Kommentarteil und treffen z. T. nur für die Ausgabe von 1988 zu.
Haas, *Turmgesellschaft:* Rosemary Haas, *Die Turmgesellschaft in ‹Wilhelm Meisters Lehrjahren›. Zur Geschichte des Geheimbundromans und der Romantheorie im 18. Jahrhundert* (Bern und Frankfurt am Main, 1975).
HABr: J. W. Goethe, *Briefe,* Hamburger Ausgabe, hrsg. von K. R. Mandelkow (München, 1988).
HABraG: *Briefe an Goethe,* Hamburger Ausgabe, hrsg. von K. R. Mandelkow (München, 1988).
Hamlin, *Latrobe:* T. Hamlin, *Benjamin Henry Latrobe* (New York, 1955).
Hansen, *Quellen:* J. Hansen, *Quellen zur Geschichte des Rheinlandes im Zeitalter der französischen Revolution 1780–1801.* (Publikationen der Gesellschaft für rheinische Geschichtskunde, XLII) (Bonn, 1931–1938).
Harris, *Development:* H. S. Harris, *Hegel's Development. Toward the Sunlight 1770–1801* (Oxford, 1972).
Härtl: H. Härtl, ‹Deutsche Frühromantik. Eine Chronik›, in: U. Grüning, H. Schultz, H. Härtl, *Befreundet mit diesem romantischen Tal. Beiträge zum Romantikerkreis in Jena* (Jena, 1993).
Hashagen, *Rheinland:* J. Hashagen, *Das Rheinland und die französische Herrschaft. Beiträge zur Charakteristik ihres Gegensatzes* (Bonn, 1908).
Haskell and Penny, *Taste:* F. Haskell und N. Penny, *Taste and the Antique* (New Haven und London, 1981).
Häussermann, *Hölderlin:* U. Häussermann, *Friedrich Hölderlin in Selbstzeugnissen und Bilddokumenten* (Reinbek, 1961).
Hegel, *Briefe: Briefe von und an Hegel,* hrsg. von J. Hoffmeister (Hamburg, 1969).
Hegel, *Werke:* G. W. F. Hegel, *Werke in zwanzig Bänden* (Theorie Werkausgabe), hrsg. von E. Moldenhauer und K. M. Michel (Frankfurt, 1970).
Henkel, *Entsagung:* A. Henkel, *Entsagung. Eine Studie zu Goethes Altersroman* (Tübingen, 1954).
Henrich, *Hegel:* D. Henrich, *Hegel im Kontext* (Frankfurt am Main, 1971).
Herder, *Werke: Herders Sämtliche Werke,* hrsg. von B. Suphan (Berlin, 1877–1913).
Hölderlin, GSA: F. Hölderlin, *Große Stuttgarter Ausgabe,* hrsg. von F. Beißner (Stuttgart, 1946–85).
Hölderlin, SW: F. Hölderlin, *Sämtliche Werke* [in einem Band], hrsg. von F. Beißner (Frankfurt am Main, 1965).
Holmes, *Coleridge:* R. Holmes, *Coleridge. Early Visions* (London 1990).
Huber, *Schriften:* L. F. Huber's *sämtliche Werke seit dem Jahre 1802 nebst seiner Biographie* (Tübingen, 1806–10).
Humboldt, *Werke: Wilhelm von Humboldt's gesammelte Werke* (Berlin, 1841–52, Neudr. Berlin und New York, 1988).
JA: *Goethes Sämtliche Werke,* Jubiläums-Ausgabe, hrsg. von E. von der Hellen (Stuttgart und Berlin, 1902–12).
Jacobi, *Werke:* F. H. Jacobi, *Werke* (Leipzig, 1812–25).
Kahlert, *Geisterbanner:* Karl Friedrich Kahlert, *Der Geisterbanner. Eine Geschichte aus*

den Pappieren eines Dänen gesammelt von Lorenz Flammenberg ... zweyte vermehrte Auflage (Breslau 1799–1800).

Kant, *Werke:* I. Kant, *Werke,* hrsg. von W. Weischedel, Frankfurt am Main, 1964. (Die Paginierung der zwölfbändigen Ausgabe ist mit der sechsbändigen identisch. Bei Zitaten werden die Bandnummern beider Ausgaben angegeben.)

Kettner, *Drama:* G. Kettner, *Goethes Drama «Die Natürliche Tochter»* (Berlin, 1912).

Korff, *Geist:* H. A. Korff, *Geist der Goethezeit* (Leipzig, 1923–53).

Kupferstiche: J. W. Goethe, *Recension einer Anzahl französischer satyrischer Kupferstiche. Text – Bild – Kommentar,* hrsg. von K. H. Kiefer (München, 1988).

LA: J. W. Goethe, *Die Schriften zur Naturwissenschaft,* Leopoldina-Ausgabe (Weimar, 1947–).

Lafontaine, *Clairant:* A. H. J. Lafontaine, *Clara du Plessis und Clairant. Eine Familiengeschichte französischer Emigrierter,* hrsg. von Evi Rietzschel (Leipzig 1986).

Lawrence, *Letters:* D. H. Lawrence, *Selected Letters,* hrsg. von R. Aldington (Harmondsworth, 1950).

Leibniz, *Monadology:* G. W. Leibniz, *The Monadology and Other Philosophical Writings,* hrsg. von R. Latta (London, 1898).

Leroux, *Dalberg:* Robert Leroux, *La théorie du despotisme éclairé chez Karl Theodor Dalberg* (Publications de la Faculté des Lettres de l'Université de Strasbourg, 60) (Paris, 1932).

Leube, *Stift:* M. Leube, *Das Tübinger Stift 1770–1950* (Stuttgart, 1954).

Lichtenberg, *Aphorismen:* G. C. Lichtenberg, *Aphorismen,* hrsg. von A. Leitzmann (Deutsche Litteraturdenkmale des 18. und 19. Jahrhunderts, 123, 131, 136, 140, 141) (Berlin und Leipzig, 1902–8).

Lichtenberg, hrsg. v. Promies: G. C. Lichtenberg, *Schriften und Briefe,* hrsg. von W. Promies (München 1967–92).

Linnaeus, *Genera:* C. Linnaeus, *Genera plantarum,* 5. Auflg. 1754. Mit einer Einführung von William T. Stearn (Weinheim und New York, 1960).

Loram, *Publishers:* J. C. Loram, *Goethe and his Publishers* (Lawrence, Kansas, 1963).

Louth, *Translation:* C. Louth, *The Dynamics of Translation in Hölderlin* (unveröffentlichte Dissertation, Cambridge, 1996).

Lukács, *Goethe:* G. Lukács, *Goethe und seine Zeit* (Bern, 1947).

Maltzahn, ‹Drei Briefe›: W. von Maltzahn, ‹Drei Briefe Goethes an den Herzog Karl August›, *Vierteljahresschrift für Litteraturgeschichte* 1, (Weimar 1888), 263–9.

Mandelkow, *Kritiker:* K. R. Mandelkow, *Goethe im Urteil seiner Kritiker. Dokumente zur Wirkungsgeschichte Goethes in Deutschland* (München, 1975 ff.).

Marlowe, *Faustus:* C. Marlowe, *Doctor Faustus,* hrsg. von K. Walker (Edinburgh, 1973).

Martens, ‹Halten›: W. Martens, ‹Halten und Dauern? Gedanken zu Goethes «Hermann und Dorothea»›, in: *Verlorene Klassik? Ein Symposium,* hrsg. von W. Wittkowski (Tübingen, 1986), 79–93.

Mautner, *Geschichte:* F. H. Mautner, *Lichtenberg. Geschichte seines Geistes* (Berlin, 1968).

Mölk, *Motiv:* U. Mölk, *Goethe und das literarische Motiv* (Bursfelder Universitätsreden, 11) (Göttingen 1992).

Mommsen, ‹Entstehung›: M. Mommsen, ‹Zur Entstehung und Datierung einiger Faustszenen um 1800›, *Euphorion* 47 (1953), 295–330.

Mommsen, ‹Nähe›: K. Mommsen, ‹Goethes Gedicht «Nähe des Geliebten». Ausdruck der Liebe für Schiller, Auftakt der Freundschaft mit Zelter›, *Goethe-Jahrbuch* 109 (1992) (Weimar, 1993), 31–44.

Muhlack, *Politik:* U. Muhlack, *Das zeitgenössische Frankreich in der Politik Humboldts* (Historische Studien, 400) (Lübeck und Hamburg, 1967).

NA: *Schillers Werke. Nationalausgabe,* hrsg. von J. Petersen u. a. (Weimar, 1943–96).

Niethammer, *Journal: Philosophisches Journal*, hrsg. von F. I. Niethammer (Jena, 1795 ff.).
Nisbet, ‹Lucretius›: H. B. Nisbet, ‹Lucretius in 18th-Century Germany. With a commentary on Goethe's *Metamorphose der Tiere*›, *Modern Language Review* 81 (1986), 97–115.
Nisbet, *Tradition:* H. B. Nisbet, *Goethe and the Scientific Tradition* (London, 1972).
Nouvelles: Les Cent Nouvelles nouvelles, hrsg. von P. Champion (Documents artistiques du XVe siècle, 5) (Paris, 1928, Reprint Genf 1977).
Novalis, *Schriften*, iii.: Novalis, *Schriften*, iii., hrsg. von R. Samuel, H. J. Mähl, G. Schulz (Darmstadt, 1968).
Novalis, *Werke:* Novalis, *Gesammelte Werke*, hrsg. von H. und W. Kohlschmidt (Gütersloh, 1967).
Ockenden, ‹Pausias›: R. C. Ockenden, ‹Art and Narrative in Goethe's «Der neue Pausias und sein Blumenmädchen»›, *Publications of the English Goethe Society*, NS 61 (1990–1), 65–98.
Ogden, *Problem:* M. R. Ogden, *The Problem of Christ in the Work of Friedrich Hölderlin* (London, 1991).
Paulin, *Tieck:* R. Paulin, *Ludwig Tieck. A Literary Biography* (Oxford, 1985).
Petry, ‹Optics›: M. J. Petry, ‹Hemsterhuis on Mathematics and Optics', in: *The Light of Nature. Essays in the History and Philosophy of Science presented to A. C. Crombie*, hrsg. v. J. D. North und J. J. Roche (Dordrecht, Boston, Lancaster, 1985), 209–234.
Petry, *Hemsterhuis:* M. J. Petry, *Frans Hemsterhuis. Waarneming en werkelijkheid* (Baarn, 1990).
Pickering, ‹Bilder›: F. P. Pickering, ‹Der zierlichen Bilder Verknüpfung. Goethes *Alexis und Dora* – 1796›, *Euphorion* 52 (1958), 341–55.
Pigler, *Barockthemen:* A. Pigler, *Barockthemen* (Budapest 1974).
Pilling, ‹Prosaerzählung›: Dieter Pilling, ‹Der Anteil der Zeitschriften des 18. Jahrhunderts an der Entwicklung der Prosaerzählung in Deutschland›, *Impulse* 6 (Berlin und Weimar, 1983), 96–116.
Pöggeler, ‹Verfasser›: O. Pöggeler, ‹Hegel, der Verfasser des ältesten Systemprogramms des deutschen Idealismus›, *Hegel-Studien*, Beiheft 4 (1969), 17–32.
RA: *Briefe an Goethe. Gesamtausgabe in Regestform*, hrsg. von K.-H. Hahn und I. Schmid (Weimar, 1980–).
Rabel, *Kant:* G. Rabel, *Goethe und Kant* (Wien, 1927).
Realencyclopädie: Theologische Realencyclopädie (Berlin, 1982).
Richter, *Henry:* G. Richter, *Der französische Emigrant Gabriel Henry und die Entstehung der katholischen Pfarrei Jena–Weimar (1795–1815). Ein Beitrag zur Geschichte der katholischen Diaspora in Thüringen* (Fulda 1904).
Robison, *Proofs:* J. Robison, *Proofs of a conspiracy against all the religions and governments of Europe* (London 1797).
Robson-Scott, *Revival:* W. D. Robson-Scott, *The Literary Background of the Gothic Revival in Germany: A Chapter in the History of Taste* (Oxford, 1965).
Rudloff-Hille, *Schiller:* G. Rudloff-Hille, *Schiller auf der deutschen Bühne seiner Zeit* (Berlin und Weimar 1969).
Runge: *P. O. Runges Briefwechsel mit Goethe*, hrsg. von Hellmuth Freiherr von Maltzahn (Schriften der Goethe-Gesellschaft, 51) (Weimar, 1940).
Ryan, *Bahn:* L. Ryan, *Hölderlins «Hyperion»: Exzentrische Bahn und Dichterberuf* (Stuttgart 1965).
Sauer, *Zar:* Paul Sauer, *Der schwäbische Zar. Friedrich. Württembergs erster König* (Stuttgart 1984).
Saul, *Novalis:* N. D. B. Saul, *History and Poetry in Novalis and in the Tradition of the German Enlightenment* (London, 1984).

Schallehn, ‹Ursprung›: F. Schallehn, ‹Ursprung und Entstehung der Elegie «Alexis und Dora»›, *Goethe-Jahrbuch* 16 (1930), 166–182.

Scheibe, ‹Hermann›: S. Scheibe, ‹Zu Hermann und Dorothea› in: E. Grumach (Hrsg.) *Beiträge zur Goetheforschung* (Berlin, 1959), 226 ff.

Scheibe, ‹Walpurgisnacht›: S. Scheibe, ‹Zur Entstehungsgeschichte der Walpurgisnacht in Faust I› in: *Goethe-Studien* (Sitzungsberichte der deutschen Akademie der Wissenschaften zu Berlin. Klasse für Sprachen, Literatur und Kunst. Jahrgang 1965, Nr. 4) (Berlin, 1965), 7–61.

Scheibe, ‹Zeugnisse›: S. Scheibe, ‹Neue Zeugnisse zur Druckgeschichte von Goethes «Hermann und Dorothea»› *Neue Folge des Jahrbuchs der Goethe-Gesellschaft* 23 (1961), 279 ff.

Schelling, *Kunst:* F. W. J. Schelling, *Philosophie der Kunst* (Darmstadt, 1980).

Schelling, *Schriften 1794–1798:* F. W. J. Schelling, *Schriften von 1794–1798* (Darmstadt, 1975).

Schelling, *Schriften 1799–1801:* F. W. J. Schelling, *Schriften von 1799–1801* (Darmstadt, 1975).

Schelling, *Schriften 1801–1804:* F. W. J. Schelling, *Schriften von 1801–1804* (Darmstadt, 1981).

Schelling, *Werke:* Schellings Werke, hrsg. von Manfred Schröter (Münchner Jubiläumsdruck), (München, 1956).

Schiller, *Briefe:* Schillers Briefe, hrsg. von F. Jonas (Stuttgart, Leipzig, Berlin und Wien, o. J.).

Schiller, *Education:* F. Schiller, *On the Aesthetic Education of Man in a series of letters,* hrsg. und übersetzt E. M. Wilkinson und L. A. Willoughby (Oxford, 1967).

Schiller, *Räuber:* F. Schiller, *Die Räuber,* hrsg. von L. A. Willoughby (London, 1922).

Schiller, *Werke:* F. Schiller, *Sämtliche Werke,* hrsg. von G. Fricke und H. G. Göpfert (München, 1965).

Schilller-Cotta: *Briefwechsel zwischen Schiller und Cotta,* hrsg. von W. Vollmer (Stuttgart 1876).

Schiller-Humboldt: *Der Briefwechsel zwischen Friedrich Schiller und Wilhelm von Humboldt,* hrsg. von S. Seidel (Berlin, 1962).

Schlaffer: H. Schlaffer, *Wilhelm Meister: das Ende der Kunst und die Wiederkehr des Mythos* (Stuttgart, 1980).

Schlegel, KA: *Kritische Friedrich Schlegel-Ausgabe,* hrsg. von E. Behler, J.-J. Anstett und H. Eichner (München, 1958–).

Schlegel, KS: Friedrich Schlegel, *Kritische Schriften,* hrsg. von W. Rasch (München, 1971).

Schlegel-Schelling: *«Lieber Freund, ich komme weit her schon an diesem frühen Morgen». Caroline Schlegel-Schelling in ihren Briefen,* hrsg. von S. Damm (Darmstadt und Neuwied, 1980).

Schleiermacher, ‹Idee›: F. D. E. Schleiermacher, ‹Idee zu einem Katechismus der Vernunft für edle Frauen› (*Athenäum* i. 2, 109–111), übersetzt von Robert F. Streetman, *Neues Athenäum* 2 (1991), 175–6.

Schleiermacher, *Religion:* F. D. E. Schleiermacher, *Über die Religion. Reden an die Gebildeten unter ihren Verächtern,* hrsg. von H. J. Rothert (Hamburg, 1970).

Schmidt-Suphan, *Xenien:* [J. W. Goethe] *Xenien 1796,* hrsg. von E. Schmidt und B. Suphan (Schriften der Goethe-Gesellschaft, 8) (Weimar, 1893).

Schöll-Wahle: *Goethes Briefe an Frau von Stein,* hrsg. von A. Schöll und J. Wahle (Frankfurt am Main, 1900).

Schöne, *Götterzeichen:* A. Schöne, *Götterzeichen, Liebeszauber, Satanskult: Neue Einblicke in alte Goethetexte* (München, 1982).

Schöne: *Goethe. Faust,* hrsg. von A. Schöne (= DKV, I. 7i. und ii.) (Frankfurt, 1994).

Schulz, *Literatur:* Gerhard Schulz, *Die deutsche Literatur zwischen französischer Revolution und Restauration, Erster Teil. Das Zeitalter der französischen Revolution* (München, 1983).

Schulze *Aenesidemus:* G. E. Schulze, *Aenesidemus oder über die Fundamente der von dem Herrn Professor Reinhold in Jena gelieferten Elementar-Philosophie,* hrsg. von A. Liebert (Neudrucke seltener philosophischer Werke, 1) (Berlin, 1911).

Sengle, ‹Xenien›: F. Sengle, ‹Die *Xenien* Goethes und Schillers als Teilstück der frühen antibürgerlichen Bewegung› in: *Internationales Archiv für Sozialgeschichte der deutschen Literatur* 8 (1983), 121–144.

SGG4: *Briefe von Goethes Mutter an ihren Sohn, Christiane und August v. Goethe,* hrsg. von B. Suphan (Schriften der Goethe-Gesellschaft, 4) (Weimar, 1889).

Shaw, *Prefaces:* G. B. Shaw, *Prefaces by Bernard Shaw* (London, 1938).

Soboul, *Revolution:* A. Soboul, *A Short History of the French Revolution,* übersetzt von G. Symcox (Berkeley, Los Angeles, London, 1977).

Stadt Goethes: *Die Stadt Goethes: Frankfurt am Main Im XVIII. Jahrhundert,* hrsg. von H. Voelcker (Frankfurt am Main, 1932).

Staiger, *Goethe:* E. Staiger, *Goethe* (Zürich, 1956–9).

Strack, ‹Selbst-Erfahrung›: Friedrich Strack, ‹Selbst-Erfahrung oder Selbst-Entsagung? Goethes Deutung und Kritik des Pietismus in *Wilhelm Meisters Lehrjahre*› in: *Verlorene Klassik? Ein Symposium,* hrsg. von Wolfgang Wittkowski (Tübingen, 1986), 52–78.

Thalmann, *Romantik:* M. Thalmann, *Die Romantik des Trivialen* (München, 1970).

Trunz, *Münster: Goethe und der Kreis von Münster,* hrsg. von E. Trunz (Münster, 1971).

Tümmler, *Staatsmann:* Tümmler, *Goethe als Staatsmann* (Göttingen, 1976).

Tümmler, *Zeitgeschehen:* H. Tümmler, *Das klassische Weimar und das große Zeitgeschehen* (Köln und Wien, 1975).

‹Über den Geist›: anon. ‹Über den Geist der kritischen Philosophie. Eine Vorlesung bei der Trennung eines kleinen philosophischen Klubbs.› *Allgemeines Magazin für kritische und populäre Philosophie.* I. Bd., 2. St. (Breslau, 1792), 18–29.

Vollert, ‹Garten›: M. Vollert, ‹Der botanische Garten zu Jena›, *Zeitschrift des Vereins für thüringische Geschichte und Altertum,* Neue Folge 28 (Jena, 1929), 460–81.

Voss, *Ilias (1793):* J. H. Voss (Übersetzer), *Homer:Ilias,* hrsg. von P. Von der Mühll (Diogenes Taschenbuch, Nachdruck 1980).

Voss, *Werke:* J. H. Voss, *Werke in einem Band,* hrsg. von H. Voegt (Berlin und Weimar, 1976).

Wackenroder, *Schriften:* W. H. Wackenroder, *Sämtliche Schriften,* hrsg. von C. Grützmacher und S. Claus ([Reinbeck], 1968).

Watkin: D. Watkin and T. Mellinghoff, *German Architecture and the Classical Ideal, 1740–1840* (London, c. 1987).

Wells, *Development:* G. A. Wells, *Goethe and the Development of Science: 1750–1900* (Alphen, 1978).

Werner, *Dramen:* Z. Werner, *Dramen,* hrsg. von P. Kluckhohn (*DLER* Reihe Romantik, 20) (Leipzig, 1936).

Wiegershausen, *Aenesidem-Schulze:* H. Wiegershausen, ‹Aenesidem-Schulze, der Gegner Kants, und seine Bedeutung im Neukantianismus›, *Kant-Studien. Ergänzungshefte* 17 (Berlin, 1910).

Williams, *Faust:* J. R. Williams, *Goethe's Faust* (London, 1987).

Wilson, *Geheimräte:* W. Daniel Wilson, *Geheimräte gegen Geheimbünde. Ein unbekanntes Kapitel der klassisch-romantischen Geschichte Weimars* (Stuttgart, 1991).

Wolff, *Goethe:* H. M. Wolff, *Goethe in der Periode der Wahlverwandtschaften* (Bern und Salzburg, 1952).

Wundt, *Philosophie:* Max Wundt, *Die Philosophie an der Universität Jena in ihrem ge-*

schichtlichen Verlaufe dargestellt (Zeitschrift des Vereins für thüringische Geschichte und Altertum, Neue Folge, Beiheft 15) (Jena, 1932).

Zarncke, ‹Notizbuch›: F. Zarncke, ‹Goethes Notizbuch von der schlesischen Reise im Jahre 1790› in: F. Zarncke, *Kleine Schriften I* (Leipzig, 1897), 157–189.

Anmerkungen

Die Gespräche mit Eckermann werden nach ihrem Datum zitiert, andere Autoren in der im Literaturverzeichnis angegebenen abgekürzten Form.

Neuntes Kapitel

Frankreich zwischen Monarchie und Nation: 1790–1793

13 eine neue Generation herangewachsen: WA IV. 9, 290.
14 «der Ökumenische Rat der Vernunft»: Gooch, *Germany*, S. 323.
14 «entbaptisieren»: ebd., S. 322.
14 freie Weltbürger: ebd., S. 324.
14 35 000 Menschen: Doyle, *Revolution*, S. 129.
14 eine bescheidenere Feier: Droz, *Allemagne*, S. 139 f.
16 in einem verdunkelten Zimmer von Schillers alter Schule: Gooch, *Germany*, S. 506.
16 der von der Franzosenfeindschaft geheilte Schubart: Droz, *Allemagne*, S. 117.
16 wanderte Kerner selbst: Gooch, *Germany*, S. 340 f.
16 Taschentücher mit dem aufgedruckten Text: Droz, *Allemagne*, S. 32.
18 Jakobiner-Club: Doyle, *Revolution*, S. 142.
18 *Betrachtungen über die französische Revolution* von Edmund Burke: ebd., S. 166–170.
19 ein Drittel von ihnen Arbeiter und Bauern: ebd., S. 406.
19 Zuflucht in den deutschen Territorien: Blanning, *Revolution*, S. 60 f.
19 Schaugepränge, an dem Kerner mitwirkte: Droz, *Allemagne*, S. 116.
20 wie die Wirtschaftskrise um sich griff: Doyle, *Revolution*, S. 131 f., 182.
22 «als ob er die Zunge im Bauch habe»: Epstein, *Conservatism*, S. 355.
22 Argwohn gegen die französische Revolution: Droz, *Allemagne*, S. 405–411.
22 Mitglieder von Geheimgesellschaften: Epstein, *Conservatism*, S. 506–517 (J. A. Stark), 517–535 (L. A. Hoffmann).
22 «die geeignetsten Mittel»: Doyle, *Revolution*, S. 156 f.
22 gab Leopold bekannt: ebd., S. 171.
23 Anschein, als sei die Zeit der Revolution vorüber: Droz, *Allemagne*, S. 60.
24 Krieg für den einzigen Ausweg: ebd., S. 61.
25 Marquis de Limon: JA XXIII, 271.
26 betagter und unfähiger deutscher Söldner: Gooch, *Germany*, S. 330 f.
28 bekräftigte Danton offiziell: Doyle, *Revolution*, S. 200 f.
28 ließ eigene Leute wegen Plünderung füsilieren: Blanning, *Revolution*, S. 95.
28 nicht beabsichtigt, ihre Verfassung zu verändern: ebd., S. 201.
28 erlegte der Stadt eine Abgabe auf: ebd., S. 99.
29 erließ der Konvent ein Dekret: ebd., S. 64–66; Blanning ist der erste, der diese enthüllende Rede Cambons abdruckt.
29 «und die Auslagen zu decken»: Doyle, *Revolution*, S. 199.
30 ein allermildester Vorschein der Schrecken: Blanning, *Revolution*, S. 89.
30 «bis aufs Hemd ausziehen»: ebd., S. 67.
30 «Jeder Franzose ist Soldat»: Chuquet, *Guerres*, Bd. 1, S. 171.

30 «Bei uns ist der Bürger unruhig»: Schlegel-Schelling, S. 126; Brief an Meyer, 27. Oktober 1792.
31 beim Obergärtner des Kurfürsten abgeholt: Blanning, *Reform*, S. 274.
31 muttersprachlich-deutsch (anstatt lateinisch): Blanning, *Reform*, S. 207-209.
31 1784 praktisch neu gegründet: ebd., S. 166f., 170.
32 bei seinem Besuch in Weimar 1785: Grumach 2, 546.
32 Unruhen von Mainzer Lehrlingen: Blanning, *Reform*, S. 241-266.
32 Zensur der Post verschärft: Droz, *Allemagne*, S. 31.
32 Tod ihrer zweiten Tochter: Schlegel-Schelling, S. 102-104.
33 «und der Alte»: ebd., S. 124-129.
33 200 Menschen zugegen: Blanning, *Reform*, S. 283; Droz, *Allemagne*, S. 203.
33 «mit Muth bis in den Tod»: Gooch, *Germany*, S. 310.
33 Die Anzahl der Mitglieder überstieg zu keinem Zeitpunkt 500: Blanning, *Reform*, S. 283-285.
34 «Der Club hier ist nichts wert»: Blanning, *Revolution*, S. 259.
34 «Als die französische Revolution die üblichen bürgerlichen Vorbehalte»: Gooch, *Germany*, S. 357.
34 «Wir gestehen»: Droz, *Allemagne*, S. 209, zitiert Hansen, *Quellen* 2, 755-758.
34 nur in 100 der 900 besetzten Wahlkreise: Blanning, *Reform*, S. 299f.
35 der preußische König persönlich interveniert: Droz, *Allemagne*, 202.
35 «Ich hange noch fest an meinen Grundsätzen»: Gooch, *Germany*, S. 313.
36 bewog Großbritannien, seine bisherige neutrale Haltung aufzugeben: Doyle, *Revolution*, S. 200f.

Deutsche Revolutionen

38 an die 3 Millionen Menschen: ebd., S. 22f.
38 Männer der Mittelschicht, die es zu Amt und Würden: ebd., S. 174, 193.
39 Preiskontrollen einmütig verworfen: ebd., S. 223.
39 die Todesstrafe dekretiert: ebd., S. 419.
39 «Disorganisatoren»: Soboul, *Revolution*, S. 87.
39 das Gesetz Le Chapelier: ebd., S. 66f.
39 einer enttäuschten deutschen Bauernschaft eröffnen: Blanning, *Revolution*, S. 210.
39 kein Bürgertum, das dem französischen vergleichbar: siehe Bruford, *Deutschland*, S. 333-336.
39 mittleren französischen Städten: Doyle, *Revolution*, S. 402, 404.
39 Paris mit seinen 650000 Einwohnern: ebd., S. 5.
40 nicht weniger als 25000 Prostituierte: ebd., S. 15.
40 in Aachen und in Schlesien: Epstein, *Conservatism*, S. 441f.
40 Die allergrößte derartige Erhebung: ebd., S. 442-446.
40 eine altmodische *jacquerie*: C. B. Geissler, der angebliche «Ideologe» des Aufstandes, war schon einen Monat vor dessen Ausbruch inhaftiert worden (ebd., S. 443).
41 Die Anzahl der staatlichen Beamten: Doyle, *Revolution*, S. 408f.
41 Alphabetisierungsrate dreimal höher als in Frankreich: Blanning, *Revolution*, S. 40; Doyle, *Revolution*, S. 399.
41 die Getreidepreise senkte: Blanning, *Reform*, S. 271f.
41 «Sisyphusarbeit»: Epstein, *Conservatism*, S. 380.
41 In 19000 Paragraphen, bestehend aus einem Satz: ebd., S. 377.
41 das preußische Gesetzbuch «in jeder Rüksicht vortrefflich»: Humboldt, *Werke* 7, S. 142.
42 teilten dasselbe Ideal: Droz, *Allemagne*, S. 80f.; Epstein, *Conservatism*, S. 437f.
42 kleinere Publizisten: zum Beispiel C. Clauer, siehe Droz, *Allemagne*, S. 82.

Deutsche Revolutionen 985

42 ein unnötiger Streit unter Gleichgesinnten: ebd., S. 86.
42 «Wenn es nun ein schöner seelenerhebender Anblick ist»: Humboldt, Werke 7, S. 4.
42 fügte sich einer Adelskabale: Epstein, *Conservatism*, S. 383–385.
43 «daß man in einem wohleingerichteten monarchischen Staate»: Muhlack, Politik, S. 53.
43 «Was sind die armen Erdendinge»: Gooch, *Germany*, S. 115.
44 ermutigte Humboldt, seine Ideen auszuarbeiten: Humboldt, Werke 1, S. 295.
44 und diskutierte mit ihm Absatz für Absatz: ebd., S. 299.
44 der er sich verbunden erklärte: an Schiller, 7. Dezember 1792 (Schiller-Humboldt 1, 54).
44 Bewunderung für Mirabeau und zitiert ihn: Humboldt, Werke 7, S. 43, 57f., 126.
44 Die einzige und eigentliche Funktion des Staates: ebd., zum Beispiel S. 35.
44 Artikel über die französische Verfassung: Humboldt, Werke 1, S. 309.
44 Vorsorge für Erziehung und Ausbildung: ebd., S. 53–57.
44 bei diesem Maß an kollektivem Handeln ist ihm nicht ganz wohl: ebd., S. 40.
44 Sogar die Eltern: ebd., S. 162.
44 Vorschriften über religiöse Anschauungen oder das sexuelle Verhalten: ebd., S. 82.
44 Vergewaltigung und Mißbrauch: ebd., S. 138, 165.
45 Selbstmord legalisiert: ebd., S. 138.
45 über ererbtes Eigentum zu verfügen: ebd., S. 121f.
45 Bürgermiliz: ebd., S. 47–50.
45 Waisenkinder und geistig Kranke: ebd., S. 164.
45 Linderung von Bedürftigkeit überflüssig: ebd., S. 150.
45 ihre Beziehung eine persönliche, nicht eine institutionalisierte: ebd., S. 40.
45 allenthalben gedeihen: ebd., S. 140, 150f.
45 über den wirtschaftlichen Bereich im engeren Sinne praktisch ausschweigen: vgl. ebd., S. 171.
45 zögert Unternehmen als juristische Personen anzuerkennen: ebd., S. 128f.
46 «Der wahre Zweck des Menschen»: Humboldt, Werke 7, S. 10.
46 das Wort «Bildung» und seine Ableitungen: namentlich in den Überschriften zu Kapitel II, IV, V, VI, IX und XIV. Im Text kommt «Bildung» selbst seltener vor, dafür sind «bilden» und «Ausbildung» häufig.
46 Humboldt beruft sich auf Goethes Beschreibung: Humboldt, Werke 7, S. 12f.
46 «alles Geistige nur eine feinere Blüthe»: ebd., S. 46.
46 Diese «innere Kraft ... die erste und einzige Tugend des Menschen», sie ist es allein, «um die es sich zu leben verlohnt»: Humboldt, Werke 1, S. 296; 7, S. 85.
46 das Ziel des Bürgers wie des Staates: Humboldt, Werke 7, S. 11, 94, 170.
47 «alle Bildung hat ihren Ursprung»: ebd., S. 71.
47 «der wahren Moral erstes Gesetz»: Humboldt, Werke 1, S. 292.
47 «Das höchste Ideal des Zusammenexistirens»: Humboldt, Werke 7, S. 13.
47 «Die Sache der Freiheit»: zitiert bei Muhlack, *Politik*, S. 55.
47 die Freiheit, ein Privatleben zu haben: Humboldt, Werke 7, S. 9.
47 nicht durch Versuche befleckt: ebd., S. 57.
47 «Allein in unsren monarchischen Verfassungen»: ebd., S. 55.
47 eine absolute Macht, die keinen Widerspruch duldet: ebd., S. 39.
49 *Von den wahren Grenzen der Wirksamkeit des Staats*: abgedruckt bei Leroux, *Dalberg*, S. 45–54.
49 Rechte, die alle Menschen dank ihres Menschentums genießen: ebd., S. 48.
50 sinnlos gequält oder unnütz zerstört: ebd.
50 für die Ausübung dieser Macht allein «das Gesetz» maßgebend: ebd., S. 47.
50 Über das Gesetz bestimmt «die Staatsverfassung»: ebd., S. 49
52 «Im vorigen Jahrzehnt»: Görres, *Gesammelte Schriften* 1, S. 61 («Der Allgemeine Friede, ein Ideal»), zitiert bei Hansen, *Quellen* 4, 472, vgl. Droz, *Allemagne*, S. 217.

52 eine Gruppe ausgestoßener katholischer Priester: zum Beispiel: F. Hanf, F. T. M. Biergans, Dorsch und Schneider, deren Lehrer an den rheinischen Universitäten Neeb und B. Fischenich waren. Siehe Droz, *Allemagne*, S. 221 f.
52 «So hat sie denn in ihrem Innern»: Hansen, *Quellen* 4, 706, zitiert Geichs Essay «Ueber unsere Würdigung zur Vereinigung mit Frankreich», in: *Der Freund der Freiheit* 38 (24. Floréal) 1798, vgl. Droz, *Allemagne*, S. 242.
52 «eine Revolution in meinem Geiste»: Fichte, *Schriften*, S. 18.
52 den wesentlichen Anstoß zur Ausarbeitung: ebd., S. 19.
52 «eine andere ungleich wichtigere»: ebd., S. 83.
52 die Erfindung der deduktiven Geometrie: Kant, *Werke* 3 (2), S. 22 f. (B XI-XIII).
53 «eine gänzliche Revolution» in der Metaphysik: ebd., S. 28 (B XXII).
53 «Mein System ist das erste»: Fichte, *Schriften*, S. 19.

Das Kantische System

53 «Doch steht»: HA 12, 120.
55 «Sophisterei»: Kant, *Werke* 7 (4), S. 746 (*Die Religion*, B123 A 115).
58 «Ohne Sinnlichkeit»: Kant, *Werke* 3 (2), S. 98 (*Kritik der reinen Vernunft*, B76 A 52).
58 hat die Vernunft uns bei allen Untersuchungen begleitet: Kant, *Werke* 7 (4), S. 127 (*Kritik der praktischen Vernunft*, A37 f.).
58 «das Vermögen der Einheit der Verstandesregeln»: Kant, *Werke* 3 (2), S. 314 (*Kritik der reinen Vernunft*, B359, A302; vgl. auch S. 316, B362, A305).
59 in «übereilter Weise»: Kant, ebd., S. 319 (B366 A309).
60 Wir streben nach systematischer Einheit: Kant, *Werke* 4 (2), S. 591-596 (*Kritik der reinen Vernunft*, B710-716, A662-689).
60 die Leibnizsche Vorstellung einer kontinuierlichen Kette des Seins: ebd., S. 581 f. (B696, A668).
61 Die Vernunftideen, sagt Kant, wirken wie der Fluchtpunkt: ebd., S. 565 (B672 f., A644 f.).
63 Gott, der von Abraham die flagrant unmoralische Ermordung: Kant, *Werke* 8 (4), S. 861 (*Die Religion*, A273, B290).
63 das höchste Gut: ebd. 7 (4), S. 235 (*Kritik der praktischen Vernunft*, A194).
63 die Verbindung von Tugend und Glück: ebd., S. 238 (A198 f.).
63 das Erlangen des höchsten Gutes: ebd., S. 243-249 (A202-215).
63 die Lehre von der Unsterblichkeit der Seele: ebd., S. 252 (A219 f.).
64 Existenz Gottes als unabhängige Ursache der Natur: ebd., S. 255 f. (A224-226).
64 «alles, was, außer dem guten Lebenswandel»: Kant, *Werke*, 8 (4), S. 842 (*Die Religion* B260, A245).
65 Was nottut, ist eine «Revolution» unseres sittlichen Denkens: ebd., S. 698 (B54, A50).
65 Revolutionen, deren Verlauf, «stürmisch und gewaltsam»: vgl. ebd. S. 786 (B180, A170 f.).
65 So besteht das Böse darin: ebd., S. 726-731 (B94-101, A87-95).
66 die Institutionen der sichtbaren Kirche: ebd., S. 760-762 (B142-144, A134-136).
66 aller wahren Gläubigen der «Religion der Vernunft»: ebd., S. 785-788 (B179-183, A169-174).
66 «Ein solcher Glaube»: ebd., S. 873 (B306, A288).
67 «Daß Gott, oder was es ist»: Lichtenberg, *Aphorismen*, J1048.
67 «die große Kluft, welche das Übersinnliche»: Kant, *Werke* 9 (5), S. 270 (*Kritik der Urteilskraft*, B LIII, A LI).
68 «Natur als Kunst»: ebd., S. 181.
68 die «Nutzlosigkeit» des Schönen: Rabel, *Kant* 2, S. 417 f.

«Der Zeitgeist»: das nachkantische Deutschland bis 1793

68 aus dem harmonischen «freien Spiele» unserer geistigen Fähigkeiten: Kant, *Werke* 9 (5), S. 295 f. (*Kritik der Urteilskraft*, B28–30, A28 f.)
68 ein neuartiger Sprachgebrauch, dessen politische Anwendung: ebd., S. 487 (B294, A290).
69 sondern besitzen «bildende Kraft»: ebd., S. 486 (B292 f., A289).

«Der Zeitgeist»: das nachkantische Deutschland bis 1793

73 «Die erste Folge»: «Über den Geist», S. 23.
73 Fichtes Revolution der Denkart: Fichte, *Schriften*, S. 16 f.
75 Kant vergleicht in der *Kritik der Urteilskraft*: Kant, *Werke* 10 (5), S. 574 (B420, A415).
76 «die heilige belebende Kraft»: *DJG* 4, 161.
77 Produktion und Distribution von Spiegeln: Earle, *Making*, S. 165, 292 f. In manchen typischen deutschen Hausinventaren ist der Spiegel eine Neuerung des späteren 18. Jahrhunderts: *Stadt Goethes*, S. 338 f., 342.
78 Die akademischen Reaktionen auf Kant: die folgenden Einzelheiten im wesentlichen nach Adickes, *Bibliography*.
78 eine wachsende Zahl von Professoren: J. S. Beck, bis zu einem gewissen Grade Heydenreich, F. W. D. und C. W. Snell, Kiesewetter, Fülleborn, Abicht, Kosmann.
78 Der mystische Flügel: Obereit.
78 die etablierte Mittelmäßigkeit: Eberhard.
78 die alte Garde der Kirche: Storr, Kleuker.
78 die intellektuelle Lieblingskrähe des Publikums: Feder.
78 Fortschrittliche Kleriker: J. W. Schmid, J. H. Tieftrunk.
78 der Einfluß der josephinischen Aufklärung: M. Reuss, J. H. Wyttenbach.
78 katholische Theologen: S. Mutschelle, J. Neeb und natürlich J. A. Dorsch; vgl. auch den Fall von Neebs Schüler Geich. Die Behauptung «Die Katholiken reagierten mit ebensoviel Enthusiasmus wie die Protestanten» (Blanning, *Revolution*, S. 262) ist allerdings übertrieben, jedenfalls was ihren Anteil an der Ausarbeitung des kantischen Systems betrifft, wie Adickes nachweist.
78 Modewörter: Blanning, *Revolution*, S. 262; Burger, *Idee*, S. 3; Leube, *Stift*, S. 125.
78 «Im Bewußtseyn wird die Vorstellung»: zitiert in Schulze, *Aenesidemus*, S. 44 (1792: S. 58).
79 In einem Anhang: Jacobi, *Werke* 2, S. 289–310.
79 G. E. Schulze (1761–1833): siehe Wiegershausen, *Aenesidem-Schulze*.
79 Kants Glaube an Denknotwendigkeiten: Schulze, *Aenesidemus*, 106 (1792: 140).
79 als zeitgebunden eingeschätzt: ebd., 107 f. (1792: 142).
79 Von Noumena kann nicht gesagt werden: ebd., 199 f. (1792: 263 f.).
79 wenn wir unserem unerkennbaren Selbst: ebd., 126 (1792: 166 f.).
80 als ein Werk von Kant galt: Kants Autorschaft vermutete der anonyme Verfasser von «Über den Geist», S. 22.
81 «ihren lichtvollen geistreichen Inhalt»: an Körner, 3. März 1791, Schiller, *Briefe* 3, 136.
82 Schillers *Räuber* in einer jakobinischen Bearbeitung: Schiller, *Räuber*, S. 62–65.
82 «Ich bin von dem Werk»: an Körner, 28. Februar 1793, Schiller, *Briefe* 3, 288 f.
82 einer der frühesten Belege für diesen Neologismus: Beard, *Strauss*, S. 25; *Realencyclopädie* Bd. 9, S. 370.
83 «Die Kantische Kritik leugnet»: Fischer, *Kant-Studien* 2.84 [oder 256?].
83 «Den objectiven Begriff des Schönen»: Schiller, *Briefe* 3, 232.
83 «Regelmäßigkeit kann nicht»: Fischer, *Kant-Studien* 2 256.
83 «Schönheit also»: 8. Februar 1793, Schiller, *Briefe* 3, 246.
84 «Es ist gewiß von *keinem* Sterblichen»: an Körner, 18. Februar 1793, ebd., 255 f.
85 Die Freiheit selbst, schrieb er im Entwurf zu *Kallias*: Schiller, *Werke* 5, 400.

85 Kant selbst nannte die Arbeit «meisterlich»: Kant, *Werke* 8 (4), S. 669 f. (*Die Religion*, B10–12).
85 «What [here] thou seest»: Milton, *Paradise Lost*, IV. 468.
85 «*wisdom which alone*»: ebd. 491.
86 Theorie der «Pathognomik»: Schiller, *Werke* 5, 455 f.
86 mit moralischer Bedeutung oder, wie wir auch sagen könnten, mit Charakter: ebd. 456–458.
86 wird von Schiller mit einer Monarchie verglichen: ebd. 463.
87 «liberale Regierung»: ebd. 460.
87 Schiller räumt ein: ebd. 459.
87 die Manifestation einer Vernunftidee: ebd. 482.
88 nicht harmonisch aufzulösen: ebd. 474.
88 «Die Temperamentstugend»: ebd. 475.
89 «Was unsterblich im Gesang»: Schiller, *Werke* 1, 173.
89 «Griechenland und vorzüglich das Jahrhundert des Perikles»: «Über den Geist», S. 18, 19, 20.
91 Vorlesungen Bardilis: Harris, *Development*, S. 74.
92 «Schlag vier bin ich morgens auf»: Beck, *Hölderlin*, S. 45.
92 Hölderlins Abgangszeugnis: Harris, *Development*, S. 85.
92 der Repetent G. C. Rapp: Ogden, *Problem*, S. 36.
92 Bardili erarbeitete schließlich: Adickes, *Bibliography*, Nr. 2359–2381.
92 «kantischer *enragé*»: Harris, *Development*, S. 107.
92 Diez eher ein Anachronismus: Henrich, *Hegel*, S. 57 f.
92 Die Form, in der der Kantianismus am Stift: Ogden, *Problem*, S. 16–26.
94 Hegels Interesse an Kant: Harris, *Development*, S. 108.
94 In der Person und den Lehren seines Stifters: Ogden, *Problem*, S. 32 ff.
94 nicht weniger als dreimal: Harris, *Development*, S. 90.
94 eine Auffassung, die in Deutschland bereits weit verbreitet war: Adickes, *Bibliography*, unter «Tieftrunk».
94 den «alten Sauerteig» der lutherischen Scholastik: Harris, *Development*, S. 106.
94 den «moralischen Beweis» der Existenz: ebd., S. 95; Fuhrmans, «Stift», S. 85; vgl. Ogden, *Problem*, S. 25 f.
94 Inthronisation der kantischen Ethik: Henrich, *Hegel*, S. 53 f.
94 einen mehr als rationalen oder formalen «Beweggrund»: Ogden, *Problem*, S. 31–42.
95 für Hegel und Hölderlin als eifrige Platonforscher war Liebe die vitale Kraft: Harris, *Development*, S. 104 f.
95 *Die Götter Griechenlands*: Hölderlin, *SW*, 97 f.
95 unternahm Hegel in Essayform eine ausführliche Zusammenfassung: Hegel, *TWA*, 1.33.
95 Diese Kantische Formulierung: Die Belege in *Die Religion* erfaßt Harris, *Development*, S. 108; vgl. oben, Bd. 1, S. 128, 273.
96 Württembergs alte, repräsentative politische Struktur: Droz, *Allemagne*, S. 112.
96 die einzigen zwei konstitutionellen Herrschaftssysteme Europas: Harris, *Development*, S. 419.
96 die alte Disziplinierung ablehnten: Dickey, *Hegel*, S. 141 f. Dickey sagt zu Recht, daß Hegel kein «antichristlicher Radikaler», sondern ein «liberaler christlicher Reformer» aus Württemberg gewesen sei – aber die Schwierigkeit, ja eigentlich Unmöglichkeit dieser Position wird von ihm nicht erkannt (und die Französische Revolution nirgends erwähnt).
97 Hegel ein «derber Jakobiner»: Beck, *Hölderlin*, S. 42; Harris, Development, S. 114, ohne zu bemerken, daß man 1792 Jakobiner sein und trotzdem die Gironde unterstützen konnte.

97 der Ex-Franziskaner Eulogius Schneider: Droz, *Allemagne*, S. 442–446; Gooch, *Germany*, S. 348–352.
98 der frühere Stiftler Carl Friedrich Reinhard: Droz, *Allemagne*, S. 53–57.
98 folgte dem Beispiel Reinhards: Fuhrmans, «Stift», S. 80–82.
98 Wetzel, der den Text des Liedes mitbrachte: Harris, *Development*, S. 115.
98 «von dem FreyheitsSchwindel angestekt»: Harris, *Development*, S. 113.
98 sogar der Königsmord verteidigt: Harris, *Development*, S. 115, räumt endlich mit dem «Mythos» auf, Hegel, Hölderlin und Schelling seien damals an der Pflanzung eines Freiheitsbaumes beteiligt gewesen.
99 «democrata expulsus»: Leube, *Stift*, S. 73.
99 «In dem Kerker dieses theologischen Stiftes»: ebd., S. 118, zitiert Justinus Kerner, *Bilderbuch aus meiner Knabenzeit*.
99 Manche ihrer Altersgenossen: Christlieb, Bilfinger; siehe Harris, *Development*, S. 60.
99 Typhus, womit ein Patient ihn angesteckt hatte: Henrich, *Hegel*, S. 59.
99 Fichte stattete dem Stift 1793 einen Besuch ab: Fuhrmans, «Stift», S. 66.
99 die Schweiz, das «Land der göttlichen Freiheit»: «Kanton Schweiz», Hölderlin, *SW*, S. 111–113.
100 ihre fortdauernde Treue zu ihren ersten Idealen: Hegel, *Briefe* I, 9, 18; vgl. Harris, *Development*, S. 104–106.

Zehntes Kapitel

In der Flaute: 1790–1792

101 ein 200 000 Mann starkes Heer: Bode-Tornius, *Vereinsamung*, S. 2.
102 Max Knebels Freitod: WA IV. 10, S. 366.
102 die militärische Seite von Carl Augusts Karriere kennenzulernen: WA IV. 9, S. 116, 179.
102 das Wetter für mittägliches Reisen zu heiß: ebd., S. 217.
102 drei Tage, vom 28. bis 30. Juli: CGZ, VIb, Nr. 249, 250 252.
103 versprach, auf dem Rückweg länger in Dresden zu bleiben: Grumach 3, 352.
103 «in diesem zehnfach interessanten Lande»: WA IV. 9, S. 218.
103 zwei Drittel der 56 000 Einwohner ... Protestanten: Bode-Tornius, *Vereinsamung*, S. 9 f.
103 Die mit Sonntag, dem 15. August, beginnende Woche sollte anderen Festlichkeiten vorbehalten sein: Zarncke, «Notizbuch», S. 186 f.
104 sogar Carl August beklagte sich über die endlosen Abendessen: Grumach 3, 354.
104 «Ich sah einen farbigen Rock»: ebd. 353.
104 «Bis er weiß»: ebd. 354, 358.
104 «Ich bin ... unter dem großen Haufen»: WA IV. 9, S. 221.
104 «Ich habe hier viele interessante Männer kennen lernen»: ebd. S. 226.
104 die 2000 Taler pro Jahr: ebd., S. 258.
104 «weder Hof noch Stadt exigeant»: ebd., S. 237.
104 bei seiner Schwiegermutter: Bode 2 423, Nr. 723.
104 Die gebildeten und literarischen Männer: Grumach 3, 358, 360.
105 «Der Zufall hatte mich»: ebd. 359.
105 «Sein Studium scheint jetzt Kant»: ebd. 358.
105 «in allem dem Gewühle»: WA IV. 9, S. 223.
105 Goethe selbst gestand Reichardt im Oktober: ebd., 235 f.
105 «eine höchst frohe Lebensepoche»: HA 13, 27.
105 die erste dokumentierte Spur dieses Kontaktes: vgl. auch die Anspielung in dem aus

dieser Zeit stammenden Fragment einer zweiten Abhandlung zur Metamorphose der Pflanzen (WA II. 6, S. 283).
106 Der «allgemeine Leitfaden durch das Labyrinth»: WA II. 8, S. 266.
106 «die ganze Gewalt der bildenden Natur»: ebd., S. 272.
107 Lebenwesen eine «determinirte Gestalt», einen monadischen «inneren Kern»: WA II. 7, S. 221.
107 «ein großes Element»: ebd., S. 223 f. Das Ms. hat «empfängt», von fremder Hand zu «entsteht» korrigiert. Zur Lesart «anfängt» siehe JA XXXIX. 367.
108 Von Carl August beurlaubt, der ihm 100 Taler: Zarncke, «Notizbuch», S. 160.
108 daß er das Heilbad Landeck verließ: ebd., S. 195.
108 Ersteigung der Heuscheuer: Bode-Tornius, *Vereinsamung*, S. 16 f.
108 eine unvergängliche Erinnerung ... Blick von der Höhe hinunter nach Glatz: WA I. 53, S. 387.
108 Zeichnungen von den verwitterten Sandsteinsäulen: CGZ, IVa, 135–139.
108 Direktor der schlesischen Beergwerke, den Goethe durch Schuckmann kennengelernt: Bode-Tornius, *Vereinsamung*, S. 13.
110 «und hoffen doch»: WA I. 9, S. 225.
110 von deren Funktionsweise Goethe eine schematische Darstellung: CGZ, Vb, 194.
110 Höhlen, in die man die Besucher gruppenweise einließ: Bode-Tornius, *Vereinsamung*, S. 19 f.
110 Kapelle im Bergwerk von Wieliczka: CGZ, IVb, 255.
110 gehörte zu dem «vielen Merkwürdigen»: HAbr 2, 129 f.
110 die ersten koksgefeuerten Eisenhütten: Bartsch, *Geschichte*, S. 186.
110 Goethes Notizbuch hält: Zarncke, «Notizbuch», S. 177; vgl. S. 176.
110 «in dem lärmenden, schmutzigen, stinkenden Breslau»: HABr 2, 130.
111 «Auch bei mir hat sich»: ebd.
111 seine flüchtige, sentimentale Bindung: Grumach 3, 358 f.
111 ein unruhiges Gewissen: Zarncke, «Notizbuch», S. 179.
111 Carl August mit seinen vierzig Pferden: Grumach 3, 350.
111 Der Louisd'or fiel: WA IV. 9, S. 225.
111 Ausritt in die Berge: da es keine Beweise dafür gibt, daß Goethe auf der Reise nach Glatz ein anderes Transportmittel als die Kutsche benutzte, vermischt die Formulierung «Gebirgs- und Landritt über Adersbach, Glatz u. s. w.» (HA 10, 436) vielleicht jene Kutschenfahrt mit der Erinnerung an einen anderen Ausritt: Zarncke, «Notizbuch», S. 174, 178, 181.
111 erhielt Goethe die Erlaubnis: WA IV. 9, S. 226.
112 drei Tage lang das Heilwasser: Es ist auch möglich, daß die Ersteigung der Schneekoppe von hier aus am 22. stattfand und nicht schon eine Woche zuvor: Bode-Tornius, *Vereinsamung*, S. 26 (mit der nicht näher belegten Behauptung, daß die Nacht zuvor in einer Berghütte auf der Hampelbaude verbracht worden sei).
112 die Mineralogie, das Studieren und Skizzieren: WA I. 47, S. 368–387; CGZ, IVB, 12, 13.
112 «Nahrung für seine Philosophie»: Grumach 3, 361.
112 der «Unterschied des Subjectiven und Objectiven»: ebd., 362.
112 «Es fehlt ihm ganz»: ebd., 365.
113 «in seine eigne Art und Manier»: ebd.
113 «schwer zu entziffernde Complication»: WA I. 33, S. 363.
113 diese «realistische Tendenz»: WA I. 35, S. 12, 22; WA I. 53, S. 381.
113 «möglichst bemüht, bloß das Objekt»: Grumach 3, 361.
113 «nichts Singbares»: HABr 2, 148.
113 «mich wundert nur»: ebd., 128.

In der Flaute: 1790–1792

114 «In der [Objektivität] scheint mir»: Grumach 3, 362.
114 die «laue Aufnahme»: WA I. 53, S. 381.
114 am *Tasso* «sehr feine Stellen»: Bode 1 412, Nr. 705, 707; ebd., 414, Nr. 708.
114 «ein absurdes Ganzes»: ebd., 412, Nr. 707.
114 *Egmont* wurde nur einmal aufgeführt: Steiger 3, 125.
114 Wilhelm von Humboldt oder Christian Gottlob Heyne: Bode 1 415, Nr. 713 ebd., 435, Nr. 747.
114 Ludwig Huber: ebd., 416, Nr. 714.
114 «tragische Satire»: ebd., 413, Nr. 708.
114 Tendenz zu einem deutschen Singspiel: Bauman, *Opera*, S. 260, 256. Bauman verkennt offenbar das Sinnwidrige an Goethes «Bekehrung zur italienischen Oper» (die er großartig dokumentiert) und kommt zu dem sonderbaren Schluß, die so gut wie nie aufgeführten Zweitfassungen von *Claudine, Erwin* und *Scherz, List und Rache* hätten «ein praktisches Zeugnis für die exemplarische Bühnenwürdigkeit einer Oper in deutscher Sprache abgelegt» (S. 260).
115 Goethe erklärte sich bereit: RA 1 171, Nr. 423; vgl. auch CGZ, IVb, 234, 235.
115 «Um so etwas zu machen»: HABr 2 (1988), 523.
115 «Man kann sich keinen isolierteren Menschen denken»: HA 10, 313.
115 «Da, wie Sie selbst sagen»: HABr 2, 141.
115 eine elegante Wohnung im ersten Stock: Bode-Tornius, *Vereinsamung*, S. 29.
115 die «kleine, unansehnliche Person»: Bode 1 430, Nr. 736.
116 Loders Anatomiekurse: Grumach 3, 365 f.
116 zehn Tage in Ilmenau: WA I. 53, S. 314–319, 161–174.
116 eine zweimonatige Reise nach Sachsen: WA IV. 9, S. 247, 268, 272.
116 Besuch von Moritz im Frühjahr 1791: ebd., S. 264.
116 mit langen theoretischen Diskussionen: ebd., S. 250.
116 Meyers Gemälde: ebd., S. 248.
118 «Nichts ist einfacher»: Grumach 3, 511; vgl. Steiger 3, 146.
118 die Ablehnung des höfischen «amour Platonique»: Grumach 3, 376.
118 «Die Weimaraner plagen»: Bode 1 426, Nr. 728.
118 Am 30. Januar 1791 speiste er: Grumach 3, 371.
118 gehörte er zu dem privilegierten Publikum: RA 1 183.
118 erbot sich, ihren alten Billardtisch: Bode, Stein, S. 338.
118 Frau von Stein selbst war damals: RA 1 183, Nr. 479.
119 alle Förmlichkeiten fortzulassen: Bode, *Stein*, S. 342.
119 «meine liebe, meine sehr liebe Stein»: ebd., S. 343.
119 starb ihr Vater zahlungsunfähig: ebd., S. 319.
119 das Kind, das ihr älterer Sohn Carl: RA 1 106, Nr. 207 a, Bode, *Stein*, S. 321–324.
119 die besondere Fähigkeit der Frau von Stein: ebd., S. 330.
119 eine praktische Natur: ebd., S. 331.
119 Sie hätte Knebel ohrfeigen können: ebd., S. 348–350.
119 «die zartesten Herzensverhältnisse»: ebd., S. 333.
119 «Schreib ja dem Goethe»: Bode 1 429, Nr. 733.
119 «Du bist zwar früh von einem Freund»: ebd., 439, Nr. 754.
119 diesen «ausgelöschten Stern»: ebd., 439, Nr. 753.
119 wie er «seiner Demoiselle» die Backen streichelte: ebd., 452, S. 773.
120 er wünschte, er hätte diese Rezension geschrieben: Grumach 3, 376.
120 mit Wärme und Offenheit sprechen konnte: Bode 2 426, Nr. 728.
120 «Immer stärkeres Isolement»: WA I. 53, S. 386.
120 Goethe der Generaldirektor des künftigen Hoftheaters: Steiger 3, 118 f.
122 «Ich gehe sehr piano zu Werke»: HABr 2, 136.

- 122 «Die Errichtung eines Theaters»: Steiger 3, 119 f.
- 122 August Vulpius, der Bruder Christianes ... Goethe behielt ihn: Carlson, *Theatre*, S. 63 f.
- 122 jede Äußerung der Dankbarkeit gegenüber Weimar gestrichen: Bode-Tornius, *Vereinsamung*, S. 65.
- 122 «wir räumen freimütig ein»: Carlson, *Theatre*, S. 62.
- 122 «Il a échoué dans tous les Emplois»: Grumach 3, 391.
- 123 Es besaß eine einzige Straße: Carlson, *Theatre*, S. 65; Bode-Tornius, *Vereinsamung*, S. 69.
- 123 mit elf (populären) Singspielen: Bode-Tornius, *Vereinsamung*, S. 67.
- 123 «dem Bilde des Gekreuzigten»: Grumach 3, 424.
- 123 nicht einmal die Erwähnung seines Namens vertrug: Steiger 3, 234.
- 123 «daß man kaum Athem holen konnte»: Grumach 3, 407.
- 124 die ‹TheaterQual›: WA IV. 9, S. 288; vgl. S. 257, 286.
- 125 er fange «eine neue Laufbahn an»: HABr 2, 128.
- 125 er wende «alle Kunstgriffe an»: HABr 2, 136; vgl. 133.
- 125 «daß ich ... die Phänomene der Farben»: WA IV. 9, S. 261.
- 125 Er habe «das Gesetz» entdeckt: WA II. 5.1, S. 20; vgl. S. 76.
- 125 Er experimentierte daheim: Bode-Tornius, *Vereinsamung*, S. 102.
- 125 entlieh von Büttner weitere Prismen: WA IV. 9, S. 288.
- 125 zog die Gesellschaft eines alten Gartenschlauchs vor: LA II. 3, S. 46.
- 125 «Eine neue Theorie des Lichts»: HABr 2, 139.
- 125 «mancherlei Revolutionen»: HABr 2, 137.
- 125 datierte die Ankündigung auf seinen Geburtstag: LA I. 3, S. 3–5.
- 125 Ein früherer Diener Goethes: C. E. Sutor (1754–1838).
- 125 Papierstücke auf den Karton aufzukleben: CGZ, Va, Nr. 64, 66, 67, 68.
- 125 *Beiträge zur Optik. Erstes Stück*: WA II. 5.1, S. 1–53.
- 126 «abermals eine Entwickelungskrankheit eingeimpft»: HA 10, 435.
- 126 die Reihenfolge, wie sie hier dargestellt wird: Bd. I, S. 745–748.
- 126 Gedanken «Über das Blau»: WA II. 5.2, S. 44 f.
- 126 im Jahr zuvor mit Voigt diskutiert: WA IV. 18, S. 43; vgl. IV. 9, S. 396.
- 126 las sie Herder vor: WA IV. 9, S. 261.
- 126 akutes Zahnweh: ebd., S. 266.
- 126 «den ganzen Kreis der Farbenlehre»: ebd., S. 267.
- 126 der Titel zu allgemein: HA 14, 264.
- 126 das Fundament der ganzen Naturwissenschaft: WA II. 5.1 S. 9, § 14.
- 126 bietet nicht, wie Newton, eine Theorie: WA II. 5.2, S. 58 (1794); vgl. LA II. 3, S. 228.
- 127 daß Rot/Gelb und Blau/Violett einen «Gegensatz» bilden: WA II. 5.1, S. 26, § 50.
- 127 «Die Ränder zeigen Farben»: ebd., S. 39 f., § 72.
- 127 Blau und Gelb, so hören wir: ebd., S. 17, §§ 30, 31.
- 127 nicht gleichbedeutend mit Widerspruch: ebd., S. 94.
- 127 Rot ist keine Mischung, aber es ist auch nicht rein: LA I. 3, S. 129; vgl. WA II. 5.1, S. 96.
- 127 «Es leiten sich alle diese Versuche»: ebd., S. 75.
- 128 «der Ballon sich in die Luft heben»: WA IV. 9, S. 312 f.
- 128 an einem Julitag 1791: WA II. 5.2, S. 354. Aufgrund der Überlegungen in LA II. 3, S. 403 f., dürfte Juli 1791 das wahrscheinlichste Datum sein.
- 128 die Linse in einem Refraktionsteleskop: Wells, *Development*, S. 83 f.
- 128 buchstäblich handgreiflicher Beweis: WA II. 5.1, S. 171 f., 207–209.
- 128 Das zweite Stück der *Beiträge zur Optik*: WA II. 5.1, S. 55–79.
- 128 «Von den farbigen Schatten»: ebd., S. 99–125.

In der Flaute: 1790–1792

129 von Bildern und aus eigener Beobachtung: ebd., S. 13 f.
129 «rosenfarb, pfirsichblüth»: ebd., S. 115.
129 in Ansätzen eine allgemeine Theorie der Farbe: vgl. LA II. 3, S. XX f.
129 «Mäßigung des Lichtes»: WA II. 5.2, S. 86.
129 die chemisch verursachte Veränderung von Farben: ebd., S. 106–111, 165–170.
129 über das Wesen seiner experimentellen Methode nachzudenken: ebd., S. 329 f.
129 Sein Hauptanliegen blieb das Prisma: WA II. 11, S. 21–37.
129 viertes Stück der *Beyträge zur Optik*: WA II. 5.1, S. 127–157.
129 Die Geschichte einer Farbenlehre: WA II. 5.2, S. 326; 5.1, S. 90; vgl. S. 120, 161–165, 178.
129 Pläne für die Zusammenarbeit: WA II. 5.1, S. 83–92.
130 «Polarität»: WA IV. 9, S. 317, an Sömmerring, 2. Juli 1792.
130 kreisförmige Darstellung: WA II. 5.1, S. 97.
130 «verstärken»: ebd., S. 95.
130 «Verdichtung»: ebd., S. 96, 139.
130 «Erhöhung», «Übergang», «Umwendung»: WA II. 5.2, S. 104.
130 «Hinderniß» ... «Begränzung des Bildes»: WA II. 5.1, S. 193; vgl. 5.2, S. 357.
130 »In unserem Auge liegt das Gesetz»: WA II. 5.1, S. 195.
130 die von der Lichtbrechung unabhängige Eigenschaft des Glases: ebd., S. 210.
130 in seinen Schriften Ende 1791: WA II. 5.1, S. 75.
130 Inhaltsangabe der *Kritik der reinen Vernunft*: WA II. 11, S. 377–381.
130 die erotische Umsetzung der zwölf Kategorien: WA IV. 9, S. 254 f.; vgl. WA I. 53, S. 7, möglicherweise auch eine Anspielung auf Kant.
130 «Der Kritiker – zu dem er sich stilisierte»: W II. 5.1, S. 90 f.
130 die erste Zusammenfassung seiner Versuche: WA II. 5.2, S. 354.
131 «künstliche Hypothese»: WA II. 5.1, S. 167, 166.
131 «Daß der Stein fällt»: ebd., S. 170.
131 *Novum Organum* von Francis Bacon: Nisbet, *Tradition*, S. 24–27.
131 *Der Versuch als Vermittler*: HA 13, 10–20; WA II. 11, S. 31–37. Die Begriffe «Subjekt» und «Objekt» kommen im Text selbst nicht vor.
131 etwas so offenkundig Einfaches und Reines: WA II. 5.1, S. 131.
132 Anregung seines Schützlings Göttling: HABraG 1, 118.
132 «die beiden einander gegenüberstehenden Farbenränder»: WA IV. 9, S. 318 f.
132 Dalberg, der die Abhandlung Goethes mit Randbemerkungen versah: LA II. 3, S. 27.
132 die Weiße «der Nägel»: WA II. 5.1, S. 148 f.
132 «Heißt das messen»: ebd., S. 151.
132 Der Rezensent des ersten Stücks: LA I. 3, S. 54–59, 453–457.
133 «Die Dauer künftiger Geschlechter»: WA II. 5.1, S. 4, § 2.
133 «Eben so wird es uns»: ebd., S. 4 f., § 4.
134 «Das Licht und Farbenwesen»: WA IV. 9, S. 301.
134 einen symbolischen Schuber: CGZ, Va, Nr. 7. Siehe Abb. 11. Die Zeichnung entstand vor einem Spiegel.
134 Begriff der polaren Opposition: Nisbet, *Tradition*, S. 44 f.
134 Vorspiel zu der glänzenden Entfaltung: vgl. die (viel spätere) Verbindung von sexueller und farblicher «Begattung» («Wenn zu der Regenwand», HA 2, 13).
136 «realistisch objektive Erklärungsart»: WA II. 4, S. 485; LA II. 3, S. 363.
136 «Mit Botanik»: HA 1, 181, Nr. 31.
136 «Seine Versuche über Farben»: Bode 1 430, Nr. 736.
136 «Eine Wissenschaft kann nie»: WA IV. 9, S. 290.
136 «ein geschickter Glaser»: WA II. 5.1, S. 58.
137 den «mehreren»: WA IV. 9, S. 290.

137 einen noch schwächern Eindruck: Steiger 3, 134.
137 eine günstige Besprechung: ebd., 140.
137 «die Aufmerksamkeit meiner Zeitgenossen»: WA II. 5.1, S. 177.
137 «wie wohlthätig»: ebd., S. 92.
137 «in dem Schooße wissenschaftlicher Demokratie»: WA IV. 9, S. 284.
138 «Cour Sonntags»: Bode, *Stein*, S. 351.
138 «Sie ist bei diesen Sitzungen»: Grumach 4, 401.
138 «Das edelste Publicum»: WA I. 42.2, S. 14.
138 «dem lebendigen Umgang»: ebd., S. 15 f.
139 «Göthe ist ebenso groß als ... Demonstrator»: Grumach 3, 401, 393.
139 Pholadenlöcher im Tempel von Pozzuoli: ebd., 396, 417–420, 409, 414.
139 Apotheker Buchholz: ebd. 410.
139 Mineraloge Lenz: ebd. 403.
139 Anekdoten von bedenklichem Geschmack: vgl. BmV 1, 105.
139 Kugeln mit einer Schnur zu versehen: Grumach 3, 396 f.
139 Herders Reflexionen: ebd., 401.
139 Empfehlungen zur Verlängerung des Lebens: ebd., 412–415.
139 Bode las Auszüge: ebd., 420.
139 Meyer zeigte sein Gemälde: ebd., 411 f.
139 «So ließ die Herzogin Mutter»: ebd., 413 f.
139 Beiträge über chinesische Farben und die Geschichte der Landschaftsgärtnerei: ebd., 411, 416 f.
140 Voigt schmeichelte auf feine Weise: ebd., 410 f.
140 «solche literarische Zirkel»: ebd., 412.
140 «daß ein bildender Künstler»: WA I. 42.2, S. 13.
140 «Wir verdanken»: ebd., S. 15.
140 Herder war der Ansicht: WA IV. 9, S. 239.
140 vollkommen neue Einstellung zum Publizieren: Loram, *Publishers*, S. 35.
141 die dreizehnte seiner *Elegien*: damals als 14. gezählt (WA IV. 9, S. 396), da die später unterdrückte 1. Elegie zu diesem Zeitpunkt die 2. war.
141 «Er ist reich»: Loram, *Publishers*, S. 35.
141 «Ich schreibe jetzt wieder ein paar Stücke»: WA IV. 9, S. 324.
141 «gegen eine so fatale Abnahme ermannen»: BmV 1 114, Nr. 59.
142 «der alte Griesbach»: ebd. 99, Nr. 49.
142 «Ich sitze nun am Abhang»: Bode, *Stein*, S. 339.
142 «daß er während seinem Aufenthalt»: Grumach 4, 5.
142 die «Frühlingsstunden meines Lebens»: WA IV. 9, S. 298, 309.
142 Herder litt zunehmend an Rheumatismus: ebd., S. 299.
142 «dem Anklopfen, dem Vorüberrauschen»: HABraG 1, 117.
142 «mit vielem Enthusiasmus»: Grumach 3, 426.
142 wenige Skizzen aus der Erinnerung: *CGZ*, VIb, Nr. 96; vgl. auch VIa, Nr. 254, 255, 257.
142 «Sagt, wem geb' ich dies Büchlein?»: WA I. 4, S. 121.
142 Goethes wiederholte Bemühungen: WA IV. 9, S. 259 f., 282 f., 307, 310.
142 Exkursionen zum Belvedere: ebd., S. 214, 275 f.
142 12 000 Taler pro Jahr: Doebber, «Schloß», S. 22.
143 Arens kam im Frühjahr 1791: WA IV. 18, S. 42.
143 Die zwei massiven Blöcke: Doebber, «Schloß», S. 23 f.
144 «ungemein leutselig und herablassend»: Guthke, *Lewis*, S. 43 f.
144 «Herr Baron Loewis»: Grumach 3, 510.
144 überaus verärgert: Maltzahn, «Drei Briefe», S. 266 f., Anm. 11 (von B. Seuffert).

144 Als jedoch immer mehr Stimmen vernehmbar wurden: WA IV. 9, S. 305, 302, 303.
144 wies er Voigt aus eigener Machtvollkommenheit an: ebd., S. 303 f.
145 das frühmorgendliche Ausmessen: ebd., S. 306.
145 in vertrauten, aber leeren Räumen: CGZ, IVb, zu 77.
145 die Räume mit Friesen: ebd., 83–90.
145 ein mächtiges Treppenhaus: ebd., 77.
145 Es war wirklich keine gute Idee: Grumach 3, 510; CGZ, IVb, zu 77.
145 auf ungleichseitigem viereckigem Grundriß: CGZ, IVb, 80–82.
146 «Lied an die Freiheit»: Steiger 3, 167.
146 «Die goldenen Tage brechen für Europa an»: Bode-Tornius, *Vereinsamung*, S. 113.
147 «Sie sprechen das deutlich aus»: AS 2.1, S. 205 f.
147 «die Menschen nicht so zu behandeln»: Grumach 3, 408.
148 «Die tragi-comische Farce»: AS 2.1, S. 246, 256.
148 «wie die Aufzüge der Handwercker»: ebd., S. 257.
148 «Wir haben in diesen calculirenden Zeiten»: WA IV. 9, S. 306.
148 «nur ein Schreckschuss»: Steiger 3, 160.
148 «des Königs von Preußen Majestät»: WA IV. 9, S. 320.
148 «und ich ... stehe auch auf dem Sprunge»: ebd., S. 310.
148 «Goethe bei der Armee!»: Bode 1 441, Nr. 758.
149 «fast wehmüthig»: ebd., 440, Nr. 755.
149 Goethes Briefe an seinen Herzog: vgl. WA IV. 9, S. 300.
149 stimmte beide froh: ebd., S. 319, 325.
149 «Ich ... erwarte dich mit offenen Armen!»: HABraG 1, 119.
149 «da mir weder am Tode der aristokratischen»: HAbr 2, 150.
150 «Lange haben die Großen»: HA 1, 180, Nr. 26.
150 ein Brief seiner Mutter: Steiger 3, 172.

«Quorum pars minima fui»: August bis Dezember 1792

151 Wanzen in den Gasthäusern: HABr 2, 148 f.
151 sein Onkel J. J. Textor: Grumach 2, 432.
151 «nur kann es nicht fehlen»: HABr 2, 150.
151 waren die Tuilerien gestürmt worden, der König saß im Temple gefangen: Chuquet, *Guerres* 1, 160 f.
152 rege Bautätigkeit im modernen Geschmack: Blanning, *Reform*, S. 42, 242.
152 wo Goethe sich jetzt mit dem Gärtner: HA 10, 395; Steiger 3 176.
152 «ein kleines architektonisches Paradies»: HA 10, 392; Watkin, S. 50.
152 eine Gruppe protestantischer Intellektueller: Grumach 3, 433.
152 Caroline Böhmer war enttäuscht: Bode 1 442, Nr. 760.
154 Leutnant L. H. G. von Fritsch: Grumach 3, 436 f.
154 eine Zeichnung schickte: nicht erhalten; CGZ, VIa, 136 und 137 sind späteren Datums.
154 Johann Hugo Wyttenbach: HA 10, 286; vgl. Grumach 3, 437.
154 am Sonntag, dem 26., Trier verließ: an diesem Tag gab es keinen Besuch in Igel, JA XXVIII, 286 f.
154 das Regiment des Herzogs: Bode-Tornius, *Vereinsamung*, S. 146.
155 «Teufelsmarsch»: Chuquet, *Guerres* 1, 218.
155 Ein einzelner Bauer: Grumach 3, 441.
155 die wehrlose Stadt überblicken: Chuquet, *Guerres* 1, 218.
155 «geschwänzten Feuermeteore»: HA 10, 206.
155 «man möchte sich nicht dencken»: WA IV. 10, S. 13.
156 eine 24pfündige Kanonenkugel: Chuquet, *Guerres* 1, 236.

156 vier Häuser waren niedergebrannt: Grumach 3, 444; Chuquet, *Guerres* 1, 236.
156 um drei Uhr morgens: ebd. 244–254.
156 Braunschweig ließ sich die Pistolen aushändigen: ebd., 252; HA 10, 212.
156 Goethe schrieb Christiane: WA IV. 10, S. 13.
157 ein Dutzend Flaschen Likör: Steiger 3, 186.
157 ein einziger glorreicher Vorstoß: Chuquet, *Guerres* 2, 80–84.
157 Da «die Armee nach dem Sprunge von Longwy»: Grumach 3, 445; HABr 2, 153.
157 einen Regenbogen über Verdun zu zeichnen: CGZ, IVa, 253.
158 «bin ich jetzt da ich»: HABr 2, 154.
158 «Wärst du nur jetzt bei mir!»: ebd., 154f.
158 Vorschlag, nicht nur Preußen: WA IV. 10, S. 19f.
160 Sobald König Friedrich Wilhelm ... klar war: Chuquet, *Guerres* 2, 87.
160 konnten sich die zwei preußischen Befehlshaber auf eine Strategie einigen: ebd., 92 f.
160 durch dieses Manöver in die Irre geführt: ebd., 103 f.
160 hätten sie nur ein Ziel gehabt: ebd., 107.
160 Als man in jener Nacht Landres erreichte: ebd., 109 f.
161 «Das Wetter ist.. abscheulich»: ebd., 120.
161 bemerkenswert erfolgreicher Rückzug: ebd., 133 f.
161 im dreckigen Lager von Landres: ebd., 169.
161 versammelten sich beim Nachmittagskaffee: HA 10, 223 f.
161 «man glaubte, sie schon gewonnen zu haben»: ebd., 224.
161 «des Herzogs FeldPoeten»: Grumach 3, 479.
162 eine Reihe von zwanzig Versuchen: WA II. 5.2, S. 93–98.
162 «Haupt-Subjectiver Versuch»: LA II. 3, S. 232 f.
162 um anzuhalten und die Landschaft zu zeichnen: CGZ, IVa, 255–258. (254 wird von Goethe auf den 18. September 1792 datiert, ist jedoch eine um 1810 entstandene Kopie von 255.)
162 sollte die Aisne überqueren: Chuquet, *Guerres* 2, 171.
162 wie ein Fluß aus blinkendem Stahl: HA 10, 224 f.
162 Die Dörfer lagen stumm und menschenleer: Chuquet, *Guerres* 2, 171 f.
162 die Häute und Innereien: HA 10, 223.
163 zu riesigen Feuern entzündet: Chuquet, *Guerres* 2, 180.
164 sprengte mit seiner Kavalleriebrigade vor: HA 10, 229–231; Chuquet, *Guerres* 2, 189–191; zu den bewußten Unklarheiten in Goethes Beschreibung siehe JA XXVIII, 28, 278.
164 die französische Batterie vertrieben: Chuquet, *Guerres* 2, 191, 199 f.
165 1783 eine gefährliche Klippe hinaufgetrieben: Bd. I, S. 397.
166 die Fenster klirren ließ: Chuquet, *Guerres* 2, 233.
166 «Der Ton ist wundersam genug»: HA 10, 234.
166 eine gewaltige Explosion: Chuquet, *Guerres* 2, 213.
166 Eine Gruppe von Emigrierten: ebd., 216.
166 seit dem Siebenjährigen Krieg: ebd., 233.
167 Des Königs überstürzter Griff nach dem Ruhm: ebd., 237.
167 «voreilige Bestattung»: HA 10, 235. Genau genommen hatte Goethe den westlichsten Punkt in der Nacht zuvor, in Somme-Tourbe, berührt.
167 «Von hier und heute»: ebd.
167 auf eine noch schwerere Schlacht gefaßt: Chuquet, *Guerres* 2, 229 f.
168 «Es ist mir lieb»: WA IV. 10, S. 25.
168 «im Hornissennest versinken»: Chuquet, *Guerres* 2, 77.
168 Die Nachricht von der Absetzung Ludwigs XVI.: ebd., 90.
169 stand die Nachschublinie nach Verdun: vgl. Steiger 3, 198.

- 169 die gesamte Armee ohne Brot: Chuquet, *Guerres* 3, 10.
- 169 Goethes Westen und Röcke flatterten: HABr 2, 156.
- 169 Der König mußte ohne Kaffee auskommen: Chuquet, *Guerres* 3, 112, 99.
- 169 «als mußten sie durch und durch geschossen sein»: Bode-Tornius, *Vereinsamung*, S. 161.
- 169 hilflos in den Latrinen ertrunken: Chuquet, *Guerres* 3, 114; vgl. Laukharts Meldung über Landres: Chuquet, *Guerres* 2, 169.
- 169 hörten auf, sich zu rasieren: Chuquet, *Guerres* 3, 114 f.
- 169 Tote Pferde verstopften: ebd., 114.
- 169 Goethe sah ein verwundetes Pferd: HA 10, 239.
- 169 «Beschwerlichkeiten»: WA I. 10, S. 26, 25.
- 169 «werde ich mich in deinen Armen»: ebd., S. 25.
- 170 «Bruder, es geht nach Hause»: Chuquet, *Guerres* 3, 119.
- 170 trug Zelte und Gepäck zusammen: Steiger 3, 200.
- 170 im ersten Morgengrauen: Chuquet, *Guerres*, 3, 147.
- 170 Kanonkugel als Andenken: Grumach 3, 479.
- 170 die 285 Fahrzeuge: Chuquet, *Guerres* 3, 115.
- 170 heiße Bohnen ausschenkte: HA 10, 253 f.; vgl. JA XXVIII, 282 f. als Bestätigung.
- 170 Goethe verlor den Kontakt zu Götze: Grumach 3, 462, «9 Tage seine Equipage verloren», deutet auf den 3. Oktober, ebenso die Hinweise auf «Grandpré» in der Campagne in Frankreich; natürlicher ist es trotzdem, aus Carl Augusts Formulierung den Verlust des Kontakts am 1. Oktober, vor dem Übergang über die Aisne, herauszulesen; vgl. HA 10, 267 «über die Aisne».
- 170 Nationalhelden: Chuquet, *Guerres* 3, 155.
- 170 mündliche Abmachung: ebd., 174.
- 170 die retirierende Armee unbelästigt: ebd., 160.
- 171 unauffällig eskortiert: ebd., 202 f.
- 171 aufgehalten von verlassenen Geschützen: ebd., 182, 209.
- 171 Die Schlange, die Grandpré verließ: ebd., 180.
- 171 «daß ich einen einsichtigen, glaubwürdigen Mann»: HA 10, 264.
- 172 zwanzig Lazarettwagen: Chuquet, *Guerres* 3, 168.
- 172 «Ich trat nicht auf den Boden»: ebd., 179.
- 172 «wie Vieh» in Wagen gepfercht: ebd., 183.
- 172 Beim abendlichen Appell: ebd., 182.
- 172 «Es ... wird ein großer Teil»: HABr 2, 158.
- 172 Seine Unverzagtheit verließ ihn: HA 10, 255.
- 173 Erlaubnis, den vierten Platz in der Kutsche: Steiger 3, 206.
- 173 Die Preußen räumten die Umgebung: Chuquet, *Guerres* 3, 192.
- 173 der Schock, wieder hinausgestoßen zu werden: HA 10, 272, 277–279.
- 174 der Schlamm hüfthoch: Chuquet, *Guerres* 3, 207
- 174 Die Krankenwagen und die Feldbäckerei: Grumach 3, 468.
- 174 Emigrierte waren auf diesem Weg gereist: Chuquet, *Guerres* 3, 229.
- 174 «wie ein Schlachtfeld»: ebd., 206.
- 174 noch immer ernstlich krank: WA IV. 10.31.
- 174 um Arznei geschickt: Steiger 3, 212.
- 174 sich auszuruhen, zu säubern: ebd., 210.
- 174 «wie ich an Leib und Seele zerschlagen»: WA IV. 10, S. 34.
- 174 «das Elend, das wir ausgestanden»: HABr 2, 158.
- 174 «Ich für meine Person singe»: WA IV. 10, S. 36.
- 174 «Keine Feder und keine Zunge»: HABr 2, 159.
- 174 «Ich eile nach meinen mütterlichen Fleischtöpfen»: WA IV. 10, S. 36.
- 174 zeichnete Goethe die Karikatur: CGZ, VIb, 137.

175 «als eine der unglücklichsten Unternehmungen»: HABr 2, 159.
175 zum friedlichen Zeichnen: CGZ, IVa, 258–264; VIb, 193–195; IVb, 135.
175 «Zigeunerhaufen»: Chuquet, *Guerres* 3, 210.
175 vier Tage lang ... kampiert: ebd., 207.
175 die Kapitulation von Longwy: ebd., 198.
175 20000 Preußen: ebd., 210f.
175 Kanonensalut: ebd., 208.
175 aus der Stadt geschafft: WA IV. 51, S. 97.
175 Grabobelisken: CGZ, VIb, 212.
176 «die Lust und Liebe»: HA 10, 192.
176 Lange verweilte er: Grumach 3, 474.
176 seinem eigenen «erbärmlichen Zustande»: HA 10, 283.
176 «mit einer gewissen ernsten»: Grumach 3, 479.
176 erneuerte er die Bekanntschaft: WA IV. 51, S. 102.
176 Aprilnummer der *Berlinischen Monatsschrift*: ebd., S. 97.
176 Kants Abhandlung *Die Religion ...*: Steiger 3, 212.
176 lebte in «beständiger Unruhe»: WA IV. 10, S. 37.
177 «an der allgemeinen Krankheit» litt: Grumach 3, 475f.
177 «friedlicher Zeiten ... treulich eingedenk»: HA 10, 304.
177 klaustrophobische Panik: HA 10, 305; vgl. WA IV. 10, S. 38: er rechnet noch immer damit, am 4. November für eine Woche in Koblenz zu sein.
178 «ich sprang auf – *Göthe!*»: Grumach 3, 484.
178 bemerkte Jacobi die Spuren: ebd., 493.
178 «Die Sauberkeit, die er angenommen»: ebd., 485.
178 «Füttere den verlornen ... Sohn»: Bode 1442, Nr. 761
178 Da gab es die Schwestern Lotte und Lena: HABr 2, 164; BmV 1 107.
179 «Er ist und bleibt der wahre Zauberer»: Grumach 3, 487.
179 «Rechenschaft von [m]einem Haushalte»: ebd., 484.
179 «Wie wir ... mit einander gelebt»: ebd., 485.
179 «die Reife unserer Freundschaft»: WA IV. 10, S. 41.
179 könne und müsse man ein Buch schreiben: Grumach 3, 493.
179 bewußter- und erklärtermaßen eine Entstellung: HA 10, 307, Zeile 3–7.
179 wurde auch so aufgefaßt: Grumach 3, 493.
179 übertrug er diese Spannungsmomente: JA XXVIII, 23–25.
179 «Ich war mit jenen Freunden»: HA 10, 308f.
180 «Bei meinem Besuch in Mainz»: WA I. 35, S. 21.
180 Er und Fritz kamen: Grumach 3, 488.
180 «wie neu geboheren»: WA IV. 10, S. 40.
180 Fast alle in Pempelfort stimmten zu: Grumach 3, 488, 493, 488, 487.
181 «ich weiß von keiner Verwandlung»: ebd., 486f.
181 «das, was Lavater irgendwo sagt»: ebd., 488.
181 «Haß ... wider das Christenthum»: ebd., 488f.
181 keine Brüder dulden konnte: vgl. Bd I, 96, 182.
181 «er ehre und liebe Schlossern»: Grumach 3, 486.
181 «Goethe sprach viel»: ebd., 494.
182 was Wyttenbach in Trier ebenso rätselhaft fand: HA 10, 286, 313.
182 und nicht schon in Weimar: ebd., 310; vgl. Steiger 3, 221.
182 *Die Reise der Söhne Megaprazons*: WA I. 18, S. 359–383.
182 Als Fritz Jacobi ziemlich geistlos: Grumach 3, 485.
182 verglichen mit dem ungeheuren ... Schicksal: vgl. WA I. 53, S. 392, «Das Ungeheure Schicksal».

183 das «Zeitfieber» oder «Zeitungsfieber»: WA I. 18, S. 375 f.
183 beunruhigend fehl am Platze: vgl. Grumach 3, 487.
183 «Frankfurt war noch ... besetzt»: HA 10, 318.
183 auf daß «er sich selbst wenigstens nicht schade»: Grumach 3, 487.
183 «selbst mit Flüchtlingsgefühl»: HA 10, 320.
183 «Der Abschied, man sah es»: Grumach 3, 488.
183 die wilde, verwüstete Welt der Gegenwart: HA 10, 320.
183 «Moor, Moos, wilder Wald»: HABr 2, 160.
184 auf den Tag genau fünfzehn Jahre: Wenn man Goethes Darstellung in der Campagne in Frankreich glauben darf, hielt er die Verabredung auf den 4. Dezember ein, die er 1777 absichtlich versäumt hatte (HA 10, 333).
184 Fürstin Gallitzin: Trunz, *Münster*, S. XXVIII.
184 Generalvikar von West-Pennsylvanien: ebd., S. 204.
184 die Fürstin nahm regelmäßig ein Bad: ebd., S. 80.
185 Jacobi fühlte sich ... bedrückt: ebd., S. 92, 308.
185 selbstsüchtige Pietistin: ebd., S. 81; das Wort in Wirklichkeit im Scherz gesprochen, ebd., S. 76.
185 «jenen ächt katholischen Naturen»: ebd., S. 160.
185 «Christus und die Religion»: ebd., S. 92.
185 «ob dann Göthe katholisch wäre!»: Grumach 3, 499.
186 bestellte die *Beyträge zur Optik*: Steiger 3, 226.
186 ihre platonische Erklärung: Trunz, *Münster*, S. 92 f.
186 Hemsterhuis schätzte die Sammlung: ebd., S. XXIX.
186 wollte eine Mädchenschule eröffnen: ebd., S. 91.
186 «wenn Ihr mich betrügt»: Grumach 3, 500.
186 sowohl gegenüber der Fürstin als auch gegenüber Goethe: Trunz, Münster, S. 84, 92.
186 wie die «losen Weltkinder»: WA IV. 10, S. 52.
187 «Der neue Amor»: HA 10, 340; Trunz, *Münster*, S. 80, 311 f.
187 «Ich wünschte ich käme mir»: WA IV. 10, S. 47.
188 «er erzählte nicht das geringste»: Grumach 3, 507.
188 Sitzung des Geheimen Conseils: ebd., 508 f.

Die Belagerung von Mainz: Dezember 1792 – August 1793
188 «es war dir nicht zu verargen»: JA XXVIII, 289 f.
188 schrieb ihm seine Mutter: HABraG 1, 120 f.
190 «die Anfrage»: HABr 2, 161 f.
190 «Scribenten»: RA I 201, Nr. 545.
190 Der Vormarsch Custines: BmV, I 435 f.
190 die Abschaffung der Feudallasten gefordert: Andreas, «Lage», S. 174 f.
190 «Dachte ich doch nie»: RA I. 195, Nr. 522.
191 «Den Bau des Gartenhauses»: GH 1 168.
191 Das neue Schloß sollte langsamer gefördert: Doebber, «Schloß», S. 36.
191 nach einem Gespräch: BmV, 1 435.
191 «ärmer und besser»: RA I 201, Nr. 545.
191 an Weihnachten ... angekündigt: Bode-Tornius, *Vereinsamung*, S. 219.
191 die halbe Kompanie: Carlson, *Theatre*, S. 76.
191 «Theatergesetze»: Bode-Tornius, *Vereinsamung*, S. 221.
192 Nur sechs Monate später: Carlson, *Theatre*, S. 78.
192 das Singspiel behauptet: Bode 1 447, Nr. 765.
192 *Der Bürgergeneral*: WA I. 17, S. 251–308.
192 fünfzehn Aufführungen erlebt: JA IX, 391.

192 «Schibboleth»: WA IV. 18, S. 48 f.
192 wie er später zugab: an Schiller, 17. Januar 1805, WA IV. 17, S. 243: «dogmatische Figur».
193 «Unzeitige Gebote»: WA I. 17, S. 307.
193 «Diese Gesinnungen»: WA I. 33, S. 377.
193 «Sie sagen: Als Mann und Frau»: WA I. 17, S. 256.
194 *Breme von Bremenfeld*: Ich rekonstruiere den Untertitel («[oder:] Die Zeichen der Zeit») spekulativ nach WA I. 18, S. 392.
194 Notwendig, alles bisher Geschriebene zu überarbeiten: Steiger 3, 245.
194 zwangsläufig verantwortlich fühlten: HA 10, 362.
194 «Herder fragte Goethe»: Grumach 4, 2 f.
194 Gottscheds Übersetzung entliehen: Steiger 3, 124 f.
194 an den Radierungen interessiert: vgl. HA 2, 717 f. Gewisse Metaphern in Der Groß-Cophta lassen jedoch darauf schließen, daß Goethe bereits 1791 Gottscheds Übersetzung las, und da Crabb Robinson sich auf Böttiger stützt, kann man sich auf seine Darstellung wahrscheinlich nicht verlassen.
194 «die ganze Welt für nichtswürdig»: HA 10, 359 f.
195 «Ich unternahm die Arbeit»: WA IV. 10, S. 57.
195 «dieser unheiligen Weltbibel»: WA I. 35, S. 22.
195 «gleichsam zum erstenmal»: WA IV. 10, S. 47 f.
195 «dieser widerwärtigen Art»: HA 10, 438.
195 «sehr glücklich versifiziert»: HA 2 (1988), 712.
195 «eine zwischen Übersetzung und Umarbeitung»: HA 10, 438.
195 Teilnahme am Einmarsch: WA IV. 10, S. 373, 376.
196 ihn mit Brennmaterial versorgte: RA 1 198, Nr. 534.
196 «unsere größte Furcht»: ebd., 186, Nr. 487.
196 «wird also ... ein kleiner Despote»: WA IV. 10, S. 52.
196 ebnete ihm mit Ratschlägen den Weg: WA IV. 10 S. 47, 49.
196 still und zurückhaltend: HABr 2, 173.
196 berichtete er Goethe pflichtschuldigst: RA 1 206, Nr. 567.
196 «sehr verändert»: BmCV 1, 18; vgl. 29.
196 worüber sich auch Christiane beklagte: ebd., 16.
197 gegen Pocken inokulieren: vgl. RA 1 251, Nr. 741.
197 in sicherer Nähe: BmCV 1, 16, 23.
197 auf Besuch weilende Große: Grumach 4, 7.
197 Ausnahme bei seinen Waffengefährten: ebd., 1 f., 9.
197 Kurfürst von Mainz: ebd. 8, 3.
197 «ich baute inzwischen»: HA 10, 361.
197 der erwartete Ruf: RA 1 195.
197 Streichen und Tapezieren: vgl. WA IV. 10, S. 29.
197 Versprechen, auf seine Sicherheit zu achten: HABr 2, 165, 166.
197 einige Zeit bei seiner Mutter: Bode 1 448, Nr. 766.
197 ihrem neuen Gemüsegarten: BmCV 1, 26, 35.
197 «ich bin sehr alt»: Bode 1 449, Nr. 766.
198 «von weit mehr als gewöhnlicher Größe»: Grumach 4, 5–7.
198 beschlossen zu heiraten: Boulby, *Moritz*, S. 246.
199 unser Leben aus den Geschichten gesponnen: vgl. ebd., S. 215.
199 diesen «jüngeren Bruder von mir»: Bd. I, S. 504.
199 solange Preußen und Österreich sich weiterhin nicht: Chuquet, *Guerres* 7, 143 f.
199 bis zum 27.: Steiger 3, 248, dagegen Grumach 4, 15, und HA 10, 363.
199 im Obergeschoß: Bode-Tornius, *Vereinsamung*, S. 254 f.

199 sprach offener als zuvor: vgl. BmCV 1, 21.
199 die Familien Frankfurts rissen sich darum: Steiger 3, 248; Grumach 4, 14.
199 mehr Ermutigung, als seine Verse verdienten: Grumach 4, 15.
200 «Es ist für mich immer Sonntag Pfingsten»: WA IV. 51, S. 100f.
200 beschränkte sich der Kampf in dieser Phase: Chuquet, *Guerres* 7, 214.
200 in einer Laube sitzen: HA 10, 365.
200 jetzt näher erläutert: RA I 201, Nr. 545.
200 Meinungsverschiedenheit über Ancienitätsfragen: Grumach 4, 16.
200 von den Wanzen vertrieben: HABr 2, 164.
200 «Ich sehe die Sonne öfter ... aufgehen»: WA IV. 10, S. 70.
200 «Kein Tag oder Nacht»: ebd.
200 einen nächtlichen Ausfall: Chuquet, *Guerres* 7, 216–222.
200 60 eigene Tote und Verwundete: WA IV. 10, S. 67.
200 «Deiner Bitte eingedenk»: HABr 2, 165.
201 Gerichtsschreiber: Chuquet, *Guerres* 7, 220.
201 «er saß aufrecht im Bett»: HA 10, 370.
201 «Dein Packet hab' ich noch nicht übergeben»: WA IV. 10, S. 64.
201 nur noch die Ruinen zu sehen: Chuquet, Guerres 7, 204.
201 «wir indeß zwischen zerrissnen Weinstöcken»: WA IV. 10, S. 72
201 «Ein Glück, daß man»: ebd., 80.
201 «indessen zweckt unser Bestreben»: HAbr 2 (1988), 540.
202 «Ich hatte die ersten Tage»: HAbr 2, 169.
202 gaben die Franzosen es auf, sie zu verteidigen: Chuquet, *Guerres* 7, 223, 229f.
202 «Wir leben hier wie die Vögel»: WA IV. 51, S. 98f.
202 bald tief genug: Chuquet, *Guerres* 7, 240.
202 «Wir haben hier ein unruhiges Leben»: WA IV. 10, S. 76.
202 Ein angenehmer Ausflug: ebd., S. 79.
202 Charles Gore und Georg Melchior Kraus: Steiger 3, 255.
203 «optische Sätze»: WA IV. 10, S. 79.
203 sich der Verantwortung zu entschlagen: Chuquet, *Guerres* 7, 282f.
203 «ebenso grausam»: HA 10, 374.
203 Der Erzbischof-Kurfürst: Chuquet, *Guerres* 7, 186; Tümmler, *Staatsmann*, S. 39.
203 fielen die ersten Granaten auf Mainz: Chuquet, *Guerres* 7, 249–251.
203 massive schwimmende Batterie: ebd., 233–237.
204 versammelte Oboisten: Grumach 4, 23.
204 Prinz Konstantin: Bergmann, «Constantin», S. 161.
204 «Bei uns geht es»: HABr 2, 169.
204 «Kunstlos»: WA IV. 10, S. 93.
204 «Mich wandelt»: HABr 2, 167.
204 schrecklichen «Folgen jenes Schwindelgeistes»: WA IV. 18, S. 49.
204 als Jacobi ihn bat, sich.. zu verwenden: WA IV. 10, S. 90; vgl. RA I 222, Nr. 628.
204 «einen guten *Gesellen*»: WA IV. 10, S. 105.
205 «es wäre mir entsetzlich»: ebd., S. 89.
205 daß Julie gestorben war: RA I 228, Nr. 648; Goethe schrieb am 10.
205 bekam sein Verhalten zeitweilig wahnhafte Züge: Grumach 4, 25.
205 eine erfolgreiche Kavallerieattacke: Chuquet, *Guerres* 7, 247; HA 10, 383f.
205 in ihren Trümmern kauernd: ebd., 380f.
205 seine Gedanken ganz und gar abzuwenden: vgl. WA IV. 10, S. 78.
205 mußte er Weimar ... versichern: ebd., S. 94; vgl. BmCV 1, 91.
205 genügend Pumpen installiert: ebd., S. 84.
206 in gut 200 Meter Tiefe: ebd., S. 432.

Anmerkungen

206 Errichtung eines Hochofens: ebd., S. 96; Grumach 4, 2.
206 so lenkte er sich ab: BmV 1, 103.
206 «ganz toll vor Hoffnungen»: ebd., 92.
206 vielversprechende Resultate: ebd., 111.
206 die Werbemaßnahmen für den Herbst: WA IV. 10, S. 95.
206 daß die Anteilseigner abspringen würden: BmV 1, 99.
206 die schonende Vorbereitung Carl Augusts: ebd., 91.
206 «ad Orcum abzugehen»: ebd.
206 «Ich wollte daß ich»: WA IV. 10, S. 77.
206 eine Naturwissenschaftliche Gesellschaft zu gründen: RA 1 225, Nr. 640.
206 Göttling, dessen Chemie: BmV 1, 204.
206 Reinhold, dessen Ruf: Wundt, *Philosophie*, 158, 179.
207 «das Kantische Evangelium fortsetzen»: BmV 1, 104.
207 «Mit der Kantischen Lehre wird es gehn»: WA IV. 10, S. 99.
207 J. J. Baggesen, «Lavaters Freund»: BmV 1, 104 f.
207 «Wir legten einander unser Glaubensbekenntnis ab»: Burger, «Idee», S. 2.
207 «der Verfasser der Kritik der Offenbarung»: BmV 1, 104.
208 der traurige Niedergang Georg Forsters: ebd., 108.
208 «eins der größten Produkte»: Bode 1 450 f., Nr. 770.
208 «Wo sich dieses Gezücht hinwendet»: HABr 2, 165 f.; vgl. 170, wo die gemeinsame Kritik an dem Kompromiß à la Kant und Lavater besonders deutlich wird.
208 Anspielung auf den Schluß von *Reineke Fuchs*: HA 2, 436, Zeile 379.
208 «Der Theologe befreit dich»: HA 5, 173.
209 «Das Licht ist das einfachste»: LA I. 3, S. 128 f.
209 im Juni und Juli: vgl. zu den Daten WA II. 5.2, S. 40 f., LA II. 3, S. 352.
209 «Mäßigung des Lichts»: WA II. 5.2, S. 41 f., 102 f.
209 «trübe Medien»: ebd., S. 41, 102.
210 macht er ein Fragezeichen: ebd., S. 102.
210 unter allerlei Einschränkungen: LA II. 3, S. 203.
210 «getrübtes Licht»: WA II. 5.1, S. 120.
210 Abhandlung von Hemsterhuis über Optik: Petry, «Optics», 234. Ich bin Herrn Prof. Petry dankbar dafür, daß er mir das unveröffentlichte französische Original von Hemsterhuis' *Lettre sur l'Optique* gezeigt hat, von dem eine kommentierte niederländische Übersetzung jetzt in Petry, *Hemsterhuis*, S. 69–75, greifbar ist.
211 bevorstehender Verkauf des kleinen Häuschens: BmCV, S. 26; BmV 1, 103 f.
211 vom Leben, das sich in ihr regte: BmCV, S. 27.
211 geschwollene Beine, Neugierde: ebd., S. 22.
211 rechtzeitig zurück sein möge: ebd., S. 27.
211 Fortschritte der Tapezierer: ebd., S. 22, 24, 26, 33.
211 «Denn das kann ich nicht leiden»: ebd., S. 31.
211 Klänge einer Musikkapelle: ebd., S. 18.
211 Gurkensamen: ebd., S. 26.
211 kam doch das Getreide: ebd., S. 34.
211 Sommergemüse: ebd., S. 35.
211 «meine Freude so an dem Wesen»: ebd., S. 33.
211 Eichhörnchen an einer Kette: ebd., S. 37.
211 «der sieht ganz anders aus»: ebd., S. 36.
211 sein «abc buch»: ebd., S. 24 f.
211 «Wenn ich mir einen recht vergnügten Augenblick»: ebd., S. 37.
212 «einen Säbel und eine Flinte»: ebd., S. 23.
212 vor dem Herbst zurückkommen: ebd., S. 37.

Die Belagerung von Mainz: Dezember 1792 – August 1793

212 im Begriff, Jena zu verlassen: *AS* 2.1, S. 329.
212 wie «die Stadt ... verbrennt»: WA IV. 10, S. 86.
212 «Das Gute in der Welt»: ebd., S. 81.
212 eine Hexameterübersetzung: WA I. 4, S. 326–328; vgl. 5.2, S. 203 f.
213 *Das Wiedersehen*: HA 1, 195.
213 Schema einer Überarbeitung: Steiger 3, 271.
213 «räthselhaft Gedicht»: WA IV. 10, S. 105.
213 von allen Neuigkeiten abgeschnitten: Chuquet, *Guerres* 7, 263.
213 Flaschen aus dem Rhein zu fischen: ebd., 260.
214 noch für eine Woche Fourage: ebd., 258.
214 darauf brannten, zurückzukommen: ebd., 262.
214 Die fraternisierenden Gesten: ebd., 285–289.
214 Weinfässer: ebd., 267 f., 280.
214 «Die Letzten Tage»: WA IV. 10, S. 100.
214 ritt er durch die Parallelen: HA 10, 384 f.
214 Sömmerring: Grumach 4, 25.
214 zu den viel blutigeren Schlachtfeldern: Chuquet, *Guerres* 7, 308.
214 hatte so genau den Unterschied beobachten können: HA 10, 387.
214 glaubte, sie kämen aus Marseille: Chuquet, *Guerres* 7, 271.
214 die Ehre verbiete es ihnen: ebd., 266 f., 276–278.
214 in französischer Uniform: WA IV. 10, S. 100 f.
215 «Das Unheil das diese Menschen angestiftet»: ebd., 101.
215 die Geschichte, daß er einen Intellektuellen gerettet: HA 10, 389–391.
215 «ich habe meine Gedanken schon ganz»: HABr 2, 171.
215 eine Reihe melancholischer Besuche: HA 10, 392–395; Chuquet, *Guerres* 7, 253.
215 verband sich künftig in seinem Geist: WA I. 35, S. 23 f.
216 «Man fühlt bald daß seine Strenge»: WA IV. 10, S. 128.
216 es «ist ein großer Gewinnst»: ebd., S. 103.
216 «bey alten und neuen Freunden»: ebd., S. 104.
216 beriet ihn in seiner Dichtung: Grumach 4, 35–38.
217 man sprach über trübe Medien: Steiger 3, 277.
217 die Anatomie des Auges: Grumach 6, 39.
217 «Doch will ich mich nicht beklagen»: WA IV. 10, S. 105.
217 besprach er mit seiner Mutter: Steiger 3, 277.
217 Spielzeugsäbel: WA IV. 10, S. 102.
217 «Mein herumschweifendes Leben»: ebd., 104 f.

Werke, 1790–1793

218 «die Erwartung, daß die Grenzen der *Kunst*»: Bode 1 433, Nr. 743.
218 «tat einen Sprung vom Stuhl»: ebd., 436, Nr. 750.
218 «hier ist leider alles dahin»: ebd., 435, 436, Nr. 746, 749.
219 «Geburt, Rang, Gestalt»: WA I. 17, S. 139.
220 Den Titel «Groß-Cophta» hatte Cagliostro selbst: Bode, «Cagliostro», S. 224 f.
220 «Man zerstöre alle geheime Verbindungen»: *AS* 2.1, S. 206.
221 «O ihr Blinden! Ihr Hartherzigen!»: WA I. 17, S. 194 f.
221 «Langmuth»: ebd., S. 248.
221 besondere Nähe zu Gott: ebd., S. 196.
221 «Das eigene Beste»: ebd., S. 178, 180.
221 «Was wir geben können»: ebd., S. 179.
221 C. F. A. Grosse: Thalmann, *Romantik*, S. 53.
221 unterirdische Höhle in Spanien: Grosse, *Mysteries* I. 11, S. 56–68.

Anmerkungen

222 «Sagen Sie es ihr, wie glücklich»: WA I. 17, S. 243 f.
223 «Für mich hat das Stück»: Bode 1 434, Nr. 745.
224 «Wuth und Verdruß»: WA I. 17, S. 247.
224 «Wer beschreibt die Schmerzen»: ebd., S. 179.
225 um den 20. Mai 1791: Forster schickte es am 17. Mai ab (Forster, *Werke* 7, S. 486); Goethes Brief vom 30. Mai traf am 2. Juni bei Forster ein (S. 492).
225 «diese innige Verwebung»: ebd., S. 406.
225 ein generöses Epigramm: HA 1, 206.
227 «wenn ich die Zeit und Mühe bedenke»: Bode 2 9, Nr. 789 (Körner).
227 «gefährliche Zeiten»: Achter Gesang, Zeilen 152–160; HA 2, 370.
228 «welche alle wahren Demokraten»: HA 5, 202.
229 In den letzten Szenen: Im ursprünglichen Entwurf die siebente Szene des vierten Aufzugs; WA I. 18, S. 402.
229 «Das Wetter ist gar zu übel»: HA 5, 190.

Elftes Kapitel

Terroristen und Migranten: Frankreich und Deutschland, 1793–1795

231 Dekret vom 23. August: Doyle, *Revolution*, S. 204–206.
231 «Bürgerin» oder «Bürger»: ebd., S. 252.
231 ein religionsfeindlicher Ausbruch: ebd., S. 260–262.
232 Die Brüderlichkeit abgeschafft: Blanning, *Reform*, S. 325.
232 «Plünderwinter»: ebd., S. 327.
232 «Provisorischer Ausschuß für die Künste»: ebd., S. 328.
232 «Tagesbefehl»: Doyle, *Revolution*, S. 251.
232 bis Ende des Jahres nur 177: ebd., S. 253.
233 «Weiber, Pfaffen, Mönche, Kinder»: ebd., S. 256.
233 Expriester Eulogius Schneider: Gooch, *Germany*, S. 348–352; Epstein, *Conservatism*, S. 92. Türckheims Vorgänger war F. Dietrich.
233 von Schneiders «Eitelkeit angewidert»: Gooch, *Germany*, S. 350.
233 schwor dem Christentum ab: Droz, *Allemagne*, S. 445 f.
233 Eines seiner ersten Opfer: JA XV. 362–364.
236 ergoß sich hundert Schritt weit: Doyle, *Revolution*, S. 281.
237 der Boden der Druckerei: ebd., S. 322.
237 die Briten kamen zu Hilfe: ebd., S. 313.
238 Die Oktoberempörung: ebd., S. 320 f.
238 In Berlin eine profranzösische Faktion: Gooch, *Germany*, S. 402–407.
239 mißbilligte den preußischen Separatvertrag: BmV 1, 184.
239 «zur ewigen Trauer»: ebd., 254.
240 «blos zum Trost und Aufmunterung der armen Teufel»: WA IV. 10, S. 123.
240 den Triumph des freien Denkens: Droz, *Allemagne*, S. 136.
240 «Ich begreife nicht»: ebd., S. 142.
240 Klopstocks Oden verurteilten jetzt Frankreich: Gooch, *Germany*, S. 123–126.
240 Noch radikaler war ... Stolberg: ebd., S. 131–135.
240 Voß bevorzugte noch 1794: «Die erneuete Menschheit»: Voß, *Werke*, S. 246–248.
241 Hegel, den der Horror nicht abhielt: Hegel, *Briefe* 1, 12, 23.
241 «Das reelle Verhältniß»: WA IV. 10, S. 123.
241 zum Beispiel die Rheinländer: Blanning, *Reform*, S. 327.
241 sah Goethe sich im Gedankenaustausch: WA IV. 10, S. 172 f.
241 Weimar war vorsichtig: Grumach 4, 58, 61.

242 Gallitzin drängte Goethe: Trunz, *Münster*, S. 94f.
242 Stolberg einen emigrierten Priester senden zu lassen: ebd., S. 214.
243 durch Barbara Schulthess Grüße an Goethe: RA 1 432, Nr. 1456.
243 Forster ... noch einmal seine Frau besucht: Huber, *Schriften* 1, 116.
243 trockene, einfallslose Intelligenz: Gooch, *Germany*, S. 379–381.
243 Jacobi war verblüfft: RA 1 359, Nr. 1167.
243 Verteidigung der Geheimgesellschaften: Epstein, *Conservatism*, S. 505.
244 nur zwei Professoren, die keine «Demokraten»: Droz, *Allemagne*, S. 432.
244 der junge Journalist G. Rebmann: ebd., S. 248–258.
244 erklärte Goethe, ... die Emigration vorzubereiten: WA IV. 10, S. 192.
245 Sie fühle sich 25 Jahre jünger: SGG4, 29, 27.
245 wo ihr Wolfgang einst den *Götz* geschrieben: HABraG 1, 145.
245 die Bilder wurden verkauft: *Stadt Goethes*, S. 406–408.
245 die Bibliothek wurde katalogisiert und verkauft: BmV 1 134, 124.
245 «die drohende allgemeine Noth»: WA IV. 10, S. 263.
245 er befreie «sein Schifgen»: RA 1 331, Nr. 1054; vgl. *Tag- und Jahreshefte* 1795, WA I. 35, S. 59f.
245 Als Landau entsetzt worden war: SGG4, S. 41–43; HABRaG 1, 147f.

In Erwartung der Sonne: August 1793 – Mai 1794

246 Nur die «Wissenschaften» konnten ihn «entschädigen»: WA IV. 10, S. 116f.
246 «Denn persönlicher Zeuge»: HA 10, 439.
246 verfiel das Herzogtum in Trauer: Grumach 4, 41, Baumann, «Constantin», S. 167f., 170.
246 die Kirchenglocken schwiegen: BmV 1, 116; vgl. WA I. 13.1, S. 163.
246 er «wolte ihr nicht mit Briefen beschwerlich fallen»: Grumach 4, 44.
246 Die Herzogin abzulenken: WA IV. 10, S. 114.
246 mußte brieflich anfragen: BmCV 1, 40.
246 einen Gedenkstein zu entwerfen: WA IV. 10, S. 114f.
246 Pläne für ein Denkmal in Tiefurt: CGZ, VIa, 56; IVb, 199, 201.
247 «im Augenblicke da er sich»: WA IV. 10, S. 114.
247 berichtete in Briefen von Schlamm und Nebel: Bode, *Stein*, S. 328.
247 «Um die Zeit da es jährig ward»: WA IV. 10, S. 126.
247 «Wir haben deiner treulich gedacht»: HABraG 1, 144.
247 diskret zur Nachgiebigkeit riet: WA IV. 10, S. 106–110.
247 Verleihung des Titels offiziell bestätigt: ebd., S. 113f.
247 keine der beiden Kutschen zu verkaufen: ebd., S. 126, 191.
247 «zur Vermeidung des Aufsehens»: BmCV 1, 481.
247 «Er hat eine entsetzliche Freude darüber»: Grumach 4, 47.
247 war Voigt unterwegs: BmV 1, 121f.; anders BmCV 1, 481: Natürlich kann der Eintrag im Sterberegister falsch datiert sein (auf den 4. Dezember); es wäre aber auch möglich, daß Voigt seinen Brief falsch datiert hat. Das würde Knebels Schweigen erklären.
248 «Ich ehre und empfinde»: BmV 1, 121.
248 «den niedrigsten Schmeichler»: Grumach 4, 53.
248 wand sich Goethe am Boden: ebd., 47.
249 «Dem kleinen Mädelein seine Rolle»: HABraG 1, 145.
249 schrieb sofort zurück, um sich zu erkundigen: RA 1 270, Nr. 821.
249 «Nach dem neuen Jahre»: WA IV. 10, S. 130.
249 seine Illuminatenvergangenheit: Wilson, *Geheimräte*, S. 146.
249 «Jetzt bin ich im Sinnen»: HABr 2, 174.
249 daß «man sich durch die äußersten Dinge»: RA 1 269, Nr. 820.

249 «Meyer ist noch immer bei mir»: WA IV. 10, S. 128.
249 sein junger Freund, der Kantianer Wyttenbach: WA IV. 51, S. 102.
250 jenes «garstigen Gespenstes»: WA IV. 10, S. 174.
250 «ohngedenck der vielen Hälse»: ebd., S. 158.
250 die Stärke des Gefühls ist offenkundig: Grumach 4, 62; vgl. WA IV. 10, S. 393.
250 «der Umsturz alles Vorhandenen»: Tag- und Jahreshefte 1793, HA 10, 438 f.
250 Boden- und Steuerreform: BmV 1, 135 f., 455.
250 «einige Freunde sich jetzt»: WA IV. 10, S. 174.
250 «So hat der arme Forster»: ebd., S. 141.
250 bekräftigte den Tadel, welchen Voigt: BMV 1, 129, 354.
251 Deutsche Professoren, so meinte Voigt: HABRaG (1988) 1, 602.
251 «Ich nehme jetzt die Grundsätze»: Grumach 4, 52.
251 «So sehr ich den Goethe zutraue»: ebd.
251 bereitete es Goethe keine Schwierigkeiten: WA IV. 30, S. 52–54; BmV 1, 127 f.
251 Gehalt von 300 Talern: Bode, *Stein*, S. 356.
251 für seine Unabhängigkeit zu fürchten: AS 2.1, 432–434.
251 Goethe das Haus am Frauenplan übereignete: Steiger 3, 315.
252 Seine stämmige Gestalt in blauem Überrock: Bode 1 453 f., Nr. 778; Grumach 4, 75.
252 die Pflanzen in seinem Garten: Steiger 3, 295 f.
252 in Verse zu bringen begann: WA I. 5.2, S. 405; Paralip. 103, das Datum ist ziemlich unsicher.
252 Bremenfelds bewunderungswürdige Nichte bemerkt: HA 5, 191.
252 Gedicht von Ende 1794: «Zweite Epistel», WA I. 1, S. 303 f.
252 beherbergte jetzt Arbeitszimmer und Bibliothek: WA IV. 10, S. 160.
252 sich eine Lorgnette zulegte: ebd., S. 174.
252 eine Spielzeugguillotine zu kaufen: HABraG 1, 146.
253 ein förmlicher Ernst zog in seine Briefe ein: HABr 1 (1988), 636. Zur Interpretation der Bemerkung des Herzogs siehe jedoch unten, S. 259 f.
253 am zweiten Abend der neuen Spielzeit: Carlson, *Theatre*, S. 78.
253 Prolog Goethes zu Goldonis Komödie *Der Krieg*: WA I. 13, S. 165 f.
253 *Figaros Hochzeit*: Steiger 3, 286.
253 am 16. Januar *Die Zauberflöte*: Carlson, *Theatre*, S. 79; WA IV. 51, S. 103.
253 ein kleines Abendessen zur Feier: Grumach 4, 81.
254 der Herzog von Rudolstadt und seine Gemahlin: ebd., 54; Carlson, *Theatre*, S. 81.
254 so oft gespielt, wie das Publikum verlangte: WA IV. 10, S. 178.
254 die Kosten von den Gastgebern getragen: WA IV. 51, S. 104 f.
254 Auftritt der Familie Weber: Carlson, *Theatre*, S. 81.
254 beantwortete er sehr gewissenhaft: AS 2.1, S. 343–395.
254 die Angelegenheit auf sich beruhen zu lassen: ebd., S. 398.
254 «Ich habe leider an nichts Glauben mehr»: Bode 1 543, Nr. 777.
254 nichtssagende Rede: Steiger 3, 291–293; Grumach 4, 48–50.
255 «die vortrefflichen Ideen des Repräsentierens»: BmV 1, 123.
255 «Republikaner», wie Voigt sie nannte: ebd., 134; Steiger 3, 292.
255 ließ die Stadtuhr anhalten: Grumach 4, 50.
255 in Weimar unabkömmlich: WA IV. 10, S. 153 f.
255 begleitete die Anteilseigner durch die Schächte: BmV 1, 132–136.
255 jährliche Subvention von 200 Talern: WA IV. 10, S. 135.
255 überredete den Herzog, seine Subvention aufzustocken: ebd., S. 139 f.
255 die Hälfte des Gartenareals verpachten: ebd., S. 150.
255 reduzierte den Kapitalaufwand: Vollert, «Garten», S. 463, 465.
256 amtliche Mitteilung in der *ALZ*: BmV 1, 128.

256 ein neuer Obergärtner: ebd., 136, 140.
256 neue Wege und Stufen: Vollert, «Garten», S. 463 f.
256 wobei Goethe behilflich war: CGZ, VIa,152.
256 Einsturz eines Teils der Jenaer Stadtmauer: WA I. 53, S. 310–313; CGZ, VIa, 279.
256 zog Batsch ein: WA IV. 10, S. 139, 149.
256 neue Beete wurden gegraben: Vollert, «Garten», S. 463.
256 der wie Goethe eine Abneigung hatte: WA IV. 10, S. 138.
256 seit 1784: vgl. Band I, S. 445.
256 bloße Aufzählung von Pflanzen: HABr 2, 174 f.; vgl. 172.
256 seine Optik entwickeln: Steiger 3, 302.
256 vergleichende Anatomie: ebd., 300.
256 Gerning befolgte den Rat: Grumach 4, 47.
256 nach Jena, um zwei Monate bei Schütz zu verbringen: RA 1 259, Nr. 775; 280, Nr. 861; 287, Nr. 886.
258 «das wahrhaftige Leben von Individuen»: Grumach 4, 59.
258 In der Zeit seines Aufenthalts sprach Goethe vor: ebd., 56.
258 aufgeschlossenere Generation: ebd., 59.
258 «vielleicht künftig mehr und länger in Jena»: ebd., 71.
258 einen «warmen Freund»: ebd.
258 «Ein wunderlicher Kauz»: WA IV. 10, S. 233.
258 in Reitstiefeln und Sporen: Bruford, Culture, S. 266.
259 «[Fichte] rührt nicht»: Wundt, Philosophie, S. 181.
259 «Ich erkläre Herrn [Professor] Schmid»: ebd., S. 190.
259 machten Gerüchte die Runde: AS 2.1, S. 403; BmV 1, 138.
259 nichts gegen Professor Paulus unternommen: ebd., 452.
259 einen diskreten Blick in die Vorlesungsnotizen: HABraG (1988), 1, 602.
259 Fichte wehrte sich: ebd., 157–160.
259 bei einem Mittagessen: Steiger 3, 316.
259 «damit das Gespräch mannichfaltiger werde»: BmV 1, 140.
259 «ein sehr gescheuter Mann»: Grumach 4, 72.
259 «eine der tüchtigsten Persönlichkeiten»: Tag- und Jahreshefte 1794, HA 10, 441.
259 «Man sollte glauben er ... sey falsch»: Grumach 4, 87.
259 «das alberne kritische Wesen»: Tümmler, Zeitgeschehen, S. 28.
260 eine Stelle in Jena wurde auch ... erwogen: BmV 1, 146.
260 Briefe, die seine neuen Ideen skizzierten: WA IV. 10, S. 156.
260 Einladungsschrift zu seinen Vorlesungen: Grumach 4, 58.
260 humorvolle Anspielungen: WA IV. 10, S. 162.
260 daß Fichte sich Jacobis Kantkritik zu eigen gemacht: HABraG 1, 154.
260 «Er enthält nichts das ich nicht verstünde»: HABr 2, 177.
260 «Neulich ... hat er mir mein System»: Grumach 4, 88.
260 «wenn Sie mich endlich mit den Philosophen versöhnen»: HABr 2, 178.
261 «Das Ich setzt ursprünglich schlechthin»: Fichte, Werke 1, 98.
262 «dem Ich schlechthin entgegengesetzt ein Nicht-Ich»: ebd., 104.
262 «Ich setze im [unendlichen] Ich»: ebd., 110.
262 «die undenkbare Idee einer Gottheit»: ebd., 254.
262 Goethe sei wie das absolute Ich «prädikatlos»: ebd., 109.
263 Weil das Ich strenggenommen nur sich selbst setzen kann: ebd., 261.
263 «Dieses unendliche Streben»: ebd., 261 f.
263 «Sehnen»: ebd., 302.
263 «Trieb»: ebd., 287.
263 Vervollkommnung des materiellen Mediums: Fichte, Werke 6, 298.

263 Bildung, die Vervollkommnung des einzelnen: ebd., 315.
263 «Das Leben im Staate»: ebd., 306.
264 «es ist der Zweck aller Regierung»: ebd.
264 den umfassendsten Begriff von den Möglichkeiten des Menschen: ebd., 331f.
264 «der *sittlich beste* Mensch seines Zeitalters seyn»: ebd., 333.
264 «einer der ersten sozialistischen Schriftsteller Deutschlands»: Copleston, *History* 7.1, S. 98.
264 die Subjektivität ... wiederentdeckte: Leibniz, Monadology, S. 178–82.
265 in einer für das Publikum bestimmten Darstellung seiner Ideen: Fichte, Werke 1, 434.
265 «nur mit Mühe»: WA IV. 10, S. 192.
265 Versdialog zwischen Mephistopheles und einem Fichteanischen Idealisten: Grumach 4, 117. «Etwas von Faust» (WA IV. 10, S. 286) deutet vielleicht auf etwas neu Geschriebenes.
266 schrieb an seiner Kritik Newtons: WA II. 5.1, S. 159–219.
266 Reihe von Versuchen mit Metallen: WA II. 5.2, S. 106–124. Zur Datierung: S. 106, am 9. September erhielt Goethe C. F. A. Hochheimers *Chemische Farbenlehre*, vermutlich die Grundlage für die S. 111–124 (Steiger 3, 278; LA II. 3 S. 247).
266 Nachweis einer chemischen Grundlage: LA II. 3, S. 245 f.
266 Der herzliche, ermutigende und lange Brief: HABraG 1 135–140.
266 ein wohldurchdachtes Verständnis angeeignet: Mautner, *Geschichte*, 320, 394.
266 «durch die Phantasie zu des Verfassers Zweck»: HABraG 1, 136.
266 «Urteil und Empfindung»: ebd., 137.
266 Goethe antwortete unverzüglich: WA IV. 10, S. 116–122.
267 wandte er sich im Juni 1794 an Fichte: HABr 2, 178.
267 Helfer, der eine Taschenuhr in der Hand: WA II. 5.2, S. 24–26.
267 «einfache, unerklärte Grundversuche»: ebd., S. 54–58.
267 die «wenigen Phänomene»: ebd., S. 58.
267 durch «eine Beschränkung des Bildes»: ebd., S. 54.
267 wie er Sömmerring gestand: HABr 2, 179.
267 völlig unabhängig von der Lichtbrechung: WA IV. 10, S. 171.
267 Ein neuer Begriff ... «physiologisch»: WA IV. 18, S. 51, von Steiger (3, 329) auf August 1794 datiert, schließt sich vielleicht an RA 1 321, Nr. 1015, an (wodurch die Datierung auf Januar / Februar 1794 in LA II. 3, S. 217, unhaltbar wird).
268 «das Objective vom Subjectiven zu unterscheiden»: WA IV. 18, S. 51.
268 «die Farbenerscheinungen, die man blos physiologisch»: WA IV. 10, S. 287.
268 erkannt, daß er den Aufsatz über Schatten: WA IV. 18, S. 50.
268 geglaubt hatte, er bedürfe lediglich einiger Ergänzungen: WA IV. 10, S. 264.
268 «Es ist ein angenehmes Geschäft»: WA II. 13, S. 210, Nr. 214; HA 12, 399, Nr. 248, datiert auf Januar 1795 (LA II. 3, S. 218).
268 Benjamin Graf Rumford: LA I. 3, S. 92 f.
268 «Es ist eine Gotteslästerung»: WA II. 5.2, S. 21; zur Datierung siehe LA II. 3, S. 218–9.

Ästhetische Erziehung: Juni – Dezember 1794

269 im April einen Vertrag mit Unger abgeschlossen: Steiger 3, 305 f.
269 «Das Publikum ist zwar itzt»: RA 1 301, Nr. 941.
269 «aller denkenden Menschen aller Klimastriche»: Herder, *Werke* 17, 130.
269 «daß es noch eher möglich sein möchte»: HABr 2, 184, 183.
270 «durch den Adelsbrief unehrlich gemacht»: Grumach 4, 64; vgl. dagegen 62.
270 Bewunderer von Vossens Hexameter-Idylle: HA 10, 344.
270 drang Goethe in Voß, noch zu bleiben: Grumach 4, 70.
270 Anblick einer wertvollen Zeichnung von Hackert: ebd., 69.

270 «einen aufgeblasenen Geheimerath»: ebd., 64.
270 «unité et indivisibilité»: ebd., 66 f.
270 Hatte nicht Saul ohne Verfassung geherrscht?: ebd., 68.
270 Seit Jahren nicht mehr so guter Dinge: ebd., 63.
271 «dem es strenger Ernst ist»: WA IV. 10, S. 165.
271 überreichte ihm ein Exemplar des *Reineke Fuchs*: Grumach 4, 70.
271 die Heuchelei Lavaters: ebd., 69.
271 «Euer Hochwohlgeboren gehorsamster Diener»: HABraG 1, 156.
272 alle großen Namen in der deutschen Literatur dafür gewinnen: Schiller, *Werke* 5, 867–869.
272 sogar, wie er hoffte, Wielands *Teutschen Merkur*: Schiller, *Briefe* 3, 468.
272 «was sich auf Staatsreligion»: Schiller, *Werke* 5, 867.
272 «das Lieblingsthema des Tages»: ebd., 870.
272 «ein höheres Interesse an dem, was *rein menschlich*»: ebd.
272 durch Schönheit seine «Bildung»: ebd., 867.
273 des Themis und des Zeus, des Rechtes und der Macht: ebd., 871.
273 ein akademischer ausgerichtetes Periodikum in Jena: Niethammer, Journal, 1 (1795). Vorbericht [nicht numerierte S. 11].
273 «ich werde mit Freuden»: HABr 2, 177.
273 daß seit der neuen Epoche»: ebd., 179.
273 Carl Eugen, der «alte Herodes»: Schiller, *Briefe* 3, 415.
274 «ganz über die französische Revolution bekehrt»: Bode, *Stein*, S. 350.
274 er rechnete mit dem Zusammenbruch der Republik: Schiller, *Werke* 5, 590, 1136.
274 Stelle eines Hofmeisters beim Erbprinzen: Bode, *Stein*, S. 378 f., 355.
274 «der weit mehr ein Aristokrat war als ich»: Goethe zu Eckermann, 4. Januar 1824.
274 «das politische Schöpfungswerk»: Schiller, *Briefe* 3, 330.
274 «daß eine Philosophie des Schönen»: ebd., 339.
275 «der Thron tausendjähriger Vorurteile»: ebd., 333.
275 jeder «Selbstdenker» aufgerufen: ebd., 331.
275 Schiller glaubt nicht, daß mit der Revolution eine politische Erneuerung der Menschheit begonnen hat: ebd., 332.
275 «Der Moment war der günstigste»: ebd., 333.
275 weil der Charakter der Menschen nicht entsprach: ebd., 335, 339.
275 ästhetische Erziehung: ebd., 374.
275 «Kultur des Geschmacks»: ebd., 371 f.
275 das Reich der Kunst: ebd., 329.
275 daß das Wort sich sowohl auf die Dichtung als auch auf die bildenden Künste bezieht: ebd., 338.
275 Kunst kann ein mittlerer Begriff sein: ebd., 386–388.
275 einfach ein Glied in der Kette natürlicher Ursachen: ebd., 381.
276 was die Religion für die Massen ist: ebd., 411.
276 Einheit von Vernunft und Sinnlichkeit: ebd., 416.
276 «wandelt durch die Nacht unsers nordischen Zeitalters»: ebd., 338.
277 «Gewisse harte Stellen»: HA 10, 539.
277 «schrecklich dick»: Grumach 4, 40.
277 «enfoncé dans la matière»: ebd., 88.
277 Haß, den Schiller zugegebenermaßen: vgl. Bd. I, S. 668.
277 gemeinsame Freunde versammelten sich: HA 10, 541.
277 Goethe klagte wie üblich darüber, daß Batsch sein Material: Grumach 4, 85. Die hier gegebene Beschreibung der Begegnung folgt dem Material in Grumach 4, 85 f., und nicht Goethes späterer Rekonstruktion in dem Aufsatz «Glückliches Ereignis» (HA 10,

538–542), wo Goethe verschweigt, daß die Begegnung vorher arrangiert worden war, und außerdem die Begegnungen im Juli und im September zusammenzieht. Besonders ist zu beachten, daß Schiller als Gegenstand ihrer Gespräche im Juli «Kunst und Kunsttheorie» angab und die naturwissenschaftlichen Interessen Goethes erst nach der Begegnung im September erwähnt (Grumach 4, 97–99). An keinem Punkt wurde in ihren Unterhaltungen natürlich die «Urpflanze» berührt, die damals in Goethes botanischer Theorie noch gar nicht vorkam. Die «symbolische Pflanze», von der Goethe in «Glückliches Ereignis» (HA 10, 540) spricht, war einfach ein Bild für die verschiedenen Phasen der Metamorphose.

278 die verschiedenen Wege, auf denen sie: WA IV. 10, S. 184.
278 «lange nicht solchen geistigen Genuß»: Grumach 4, 87.
278 Aprikosen, Pfirsiche und Melonen einen Monat früher: *Tag- und Jahreshefte* 1794; WA I. 35, S. 34.
279 die Gemälde der kurfürstlichen Sammlung zu kommentieren: WA I. 47, S. 368–387; zur Datierung: Steiger 3, 324.
279 Mission war schon früh, am 12. August, beendet: Grumach 4, 89.
279 einen langen, klar und symmetrisch analysierenden Brief: BmS 1, 9–12.
279 Goethe war ein griechischer Geist: vgl. auch Grumach, 4, 121, «Schiller zu Gerning: Göthe der ein zweyter Sophocles sich in unser nördliches Clima scheint verlaufen zu haben».
280 die Mehrheit von niederländischen und deutschen Malern: vgl. auch Grumach 4, 90.
280 «Mir fehlte das Objekt, der Körper»: BmS 1, 9.
280 «sonderbare Mischung aus Haß und Liebe»: Bd. I, S. 668.
281 «in welchem Sie, mit freundschaftlicher Hand»: HABr 2, 181.
281 «Reiner Genuß und wahrer Nutzen»: ebd., 181f.
282 «Wenn ich Ihnen zum Repräsentanten»: ebd., 323.
282 hoheitsvoll Schillers Einschätzung übernahm: ebd., 182.
282 «Nun kann ich hoffen»: BmS 1, 17.
282 Eine «angenehme Verbindung»: HABr 2, 183.
283 «über alle Hauptpunkte einig»: ebd., 184f.
283 bis zum Samstag, dem 27.: Grumach 4, 94–99.
283 erläuterte seine botanischen und anatomischen Forschungen: ebd., 94, 97f.
283 schöne Landschaften von Kniep: ebd., 96, 93f.
283 «die zwar schlüpfrig»: ebd., 96.
284 erklärte Meyer, warum er zu Hause bleibe: WA IV. 10, S. 194.
284 «von sehr guter Unterhaltung»: ebd., S. 194, 196.
284 «Wir andern sind die Sklaven der Gegenstände»: Goethe zu Eckermann, 11. September 1828.
285 «ist so groß am Theetisch»: ebd.
285 Das alte Griechenland, von dem er abfällig geschrieben hatte: NA 21, 253f.
285 der «Hore», wie Schiller sie anderswo nennt: Schiller, *Briefe* 3, 389.
285 «Ehe noch die Wahrheit ihr siegendes Licht»: Schiller, *Über die ästhetische Erziehung des Menschen*, S. 57.
286 «Der Dichter ist der einzig wahre *Mensch*»: BmS 1, 54.
287 kann nicht «dazu bestimmt sein»: Schiller, *Werke* 5, 588, Schiller, *Education*, 43.
287 «Vor einer Vernunft ohne Schranken»: Schiller, *Werke* 5, 595, Schiller, *Education*, 59.
287 Erfahrungen in der Zeit, durch welche die Zeit überwunden: vgl. T. S. Eliot, «Burnt Norton», Zeile 89.
288 «nur in einigen wenigen auserlesenen Zirkeln»: Schiller, *Werke* 5, 669, Schiller, *Education*, 218.
289 Vergleich in einem Brief an Körner: Schiller, *Briefe* 3, 285.

289 «in der Nähe des Thrones»: Schiller, *Werke* 5, 669, Schiller, *Education*, 218.
289 von den ersten neun Briefen der *Ästhetischen Erziehung* «ergriffen»: Grumach 4, 108.
289 als Ingrediens der zeitgenössischen philosophischen «Gährung»: ebd., 103.
289 sogar dem «kalten Meyer»: ebd., 121.
289 jene «kleinen Weltsysteme»: HA 10, 443.
289 «die leidige Politik»: HABr 2, 183.
289 «uns zusammen, soviel als möglich»: ebd., 189.
289 der *Teutsche Merkur* brachte einen Lobeshymnus: BmS 1, 89.
289 Hegel hielt sie für ein «Meisterstück»: *Hegel, Briefe* 1, 25.
289 der «erste praktische Triumph der Philosophie»: Epstein, *Conservatism*, S. 436, Gentz, *Briefe*, S. 59 (Gentz an Garve, 5. Dezember 1790).
289 «90%» der Berliner Beamten denunziert: Droz, *Allemagne*, S. 380.
289 lobte die *Briefe zur ästhetischen Erziehung* für die Darlegung: NA 35, 622.
292 «Verworrenheit der Begriffe»: BmS 1, 86.

«Mein alter Roman»

292 in einem «biegsamen» Zustand: BmS 1, 43.
292 «Er ist darin ganz er selbst»: Bode 2 23, Nr. 812.
292 «eine kleine Ungleichheit»: BmS 1, 44.
293 «nun schon 50 Handelnde»: Grumach 4, 152.
293 «unter allen meinen Arbeiten ... die obligateste»: WA IV. 11, S. 41.
294 «fast um ein Drittel» zu kürzen: HABr 2, 196.
294 das Goethe als «Prologum» bezeichnete: BmS 1, 37.
294 als Entschädigung für den Verlust der Kunstsammlung: z. B. HA 7, 71.
295 auf dem Rückweg von Mainz: WA I. 35, S. 52.
295 «Pseudo-Konfession»: HABr 2, 176.
295 die nun, wie er zugab, verblaßten: Bode 2 28, Nr. 819.
295 Geruch von getrockneten Äpfeln und Pomeranzenschalen: HA 7, 20, 24.
295 irgendwo zwischen den frühen Siebzigern und 1789: Lothario hat im amerikanischen Unabhängigkeitskrieg gekämpft (HA 7, 263); Argand-Lampen (ebd., 189) kamen erst nach 1784 auf; auf die Französische Revolution wird im Achten Buch Bezug genommen.
295 «den Schöpfer eines künftigen Nationaltheaters»: HA 7, 35.
295 «Ich will's nicht aussagen»: ebd., 66.
296 jener «leblosen Bilder»: ebd., 71.
296 «Waren Sie niemals in dem Falle»: ebd., 71f.
298 Goethe, der den Begriff «Motiv»: Mölk, *Motiv*, 9, 21.
298 in diesem Sinne in gedruckter Form erstmals: HA 7, 296, Zitat aus Mölk, S. 10.
298 «die rote Uniform»: HA 7, 11.
298 die «Mannweiblichkeit»: WA I. 51, S. 28; vgl. HA 7, 26f.
298 für die Alchimisten: Gray, *Alchemist*, S. 221.
299 bei verschiedenen Gelegenheiten in Kassel und in Genf hatte sehen können: HA 7 (1988), 721; Pigler, *Barockthemen* 2, 364–366, 3, 278 (Tafel 297).
299 «das Feuer, das ihn und andere»: HA 7, 70.
299 «immer nur sich selbst und Ihre Neigung»: ebd.
299 *Der Geisterbanner*: Näheres im Verzeichnis der zitierten Literatur unter Kahlert, *Geisterbanner*.
300 sprach von ihm als einem «Candide»: zitiert HA 7 (1988), 685.
300 «das ganze Theaterwesen»: HABr 1, 252.
300 er «werde keine Sensation machen»: Grumach 4, 104.
300 «Es gibt wenig Kunstwerke»: Bode 2 28, Nr. 820.

301 «der allgemeine Stein des Anstoßes»: BmS 1, 83.
301 «mit ihren mittlern und obern Ständen»: Bode 2 26, Nr. 817.
301 «daß wir kein gesellschaftliches Leben hätten»: Bode 2 31, Nr. 827.
301 «Sophisterei» und «laxe Moral»: Lafontaine, *Clairant*, S. 271.
301 «die kränkendsten Dinge»: Grumach 4, 129 f.
301 «Man mag unter allen diesen Menschen»: Lafontaine, *Clairant*, S. 271.
302 «daß man nichts von dem, was uns»: Bode 2 30, Nr. 824.
302 «ein gewisser unsauberer Geist»: HABraG 1, 187.
302 «sei eine Sau»: HA 7 (1988), 660.
303 «an einem kühlen Abende»: HA 7, 80.
303 «die Anfänge des Theaters»: WA I. 51, S. 194.
304 «den wir einstweilen Laertes nennen wollen»: HA 7, 92.
304 der Erzähler hebt hervor, daß sie ungeklärt ist: ebd., 141.
305 «waren damals eben neu»: ebd., 124.
305 weitere verbale Wiederholungen: «Nun war ... und nun begann» (ebd., 94); zweimal «erregen» (ebd., 96 und 106).
306 «umgeben von schönen und edlen Gegenständen»: ebd., 121.
306 der geheime Punkt, «in dem das Eigentümliche»: Band I, S. 144.
307 wie Wilhelm selbst es von dem Zweikampf sagt: HA 7, 140 f.
307 «eine komische Welt»: Schlegel, *Schriften*, 462.
308 «die Großen dieser Erde»: WA I. 52, S. 103.
308 «über die ungeheure Kluft der Geburt und des Standes»: HA 7, 177.
310 «in einer würdigen Gesellschaft»: ebd., 194.
311 wobei sie, wie Goethe erzählt, speziell Wilhelm erleichtern: ebd., 232.
312 «nicht am Scheidewege, sondern am Ziele»: WA I. 52, S. 281.
312 «abermals am Scheidewege»: HA 7, 276.
313 «So sind es nur äußere Umstände»: ebd.
313 den «äußern Gegenständen»: ebd., 266.
314 «ein Werk», versichert Laertes: ebd., 268.
315 «Alle seine Jugendträume»: ebd., 235.

Zwölftes Kapitel

Gute Musen in Jena: Januar – Juni 1795

316 seinen «stupenden Fleiß»: Grumach 4, 154.
316 hörte er, daß Wilhelm von Humboldt immer wieder gefragt wurde: Bode 2 54, Nr. 865.
316 «Ich komme mir gar wunderlich vor»: BmS 1, 30.
317 seine alte Arbeit über den Zwischenkieferknochen: *Versuch einer allgemeinen Knochenlehre* (WA II. 8, S. 171–208).
317 bescherte Thüringen tiefen Schnee: Grumach 4, 119.
317 mehrmals am Tage hinauswagte: Steiger 3, 359.
317 ein «schönes Quatuor»: WA IV. 10, S. 342.
317 die zu sezierenden Tierkadaver gut konserviert: Grumach 4, 120.
317 Goethe saß jeden Morgen von 8 bis 10 in dem eisigen, fast leeren Hörsaal: ebd., 122 f.
317 Weihnachten im Haus am Frauenplan: ebd., 120.
317 eine «gewaltige Neigung» zu Goethe: ebd., 130 f.
317 wie er Fritz Jacobi schrieb: WA IV. 10, S. 239.
317 schmerzlich, daß der junge Mann: Steiger 3, 391.
317 um Goethe zu sehen, weniger um Loder zu hören: vgl. Grumach 4, 120 (Gerning).

317 *Erster Entwurf einer allgemeinen Einleitung in die vergleichende Anatomie, ausgehend von der Osteologie*: WA II. 8, S. 5–58.
318 Plan eines «osteologischen Typus»: ebd., 23.
318 der «vollendeten Insecten»: ebd., 13.
318 wobei das Zwerchfell die Trennung beweist: ebd., 14.
318 «Hilfsorgane» sind einförmiger: vgl. auch ebd., 312.
318 «eine Andeutung der Unendlichkeit organischer Existenzen»: ebd. 15.
318 hoffte er, es werde «uns unser Faden»: ebd., 22.
318 «daß keinem Theil etwas zugelegt»: ebd., 16.
318 beim Maulwurf das Umgekehrte der Fall: ebd., 18 f.
319 Wir dürfen nicht fragen: «wozu» hat es gewisse Merkmale: ebd., 17.
319 «So bildet sich der Adler»: ebd., 20.
319 «Die Theile des Thieres»: dieser Satzteil steht im Akkusativ; siehe Paralipomenon, ebd., 309.
319 der Zwischenkieferknochen der bedeutsamste Knochen: ebd., 26.
319 zu größerer Bewegungsfreiheit: ebd., 14.
319 «wir müssen ihn construieren»: ebd., 308.
319 wenn keine bestimmte Tierart als Muster dienen kann: ebd., 10.
319 «Die Erfahrung», so hören wir: ebd., 11.
320 «theils aus dem Begriff, theils aus der Erfahrung»: ebd., 44.
320 durch äußere Umstände «gebildet»: ebd., 18.
320 Ergebnis einer Kraft, sich selbst zu bilden: ebd., 20.
320 Konstruktion durch unseren reflektierenden Geist: zum Beispiel «setzen wir als Dekke» (ebd., 26), «bilden die Wände» (ebd., 27).
320 «unsere Überzeugung»: ebd., 32.
320 Loder plagte sich lange: Grumach 4, 78, 120, 137, 203 f.
320 es begannen Verhandlungen mit Unger: WA IV. 10, S. 262.
320 sie in Fortsetzungen zu bringen: Bode 2 48 f., 52 f., Nr. 855, 858, 863.
321 einen «Zwiespalt» in ihm erzeugt: *Tag- und Jahreshefte 1794*; HA 10, 444.
321 Hölderlin ebenfalls in Jena: HABraG 1, 170 f.
322 die sein Kind erwartete: Constantine, *Hölderlin*, S. 39–41.
322 Goethe einfach umgezogen: RA 1 382, Nr. 1261.
322 «u: weil hier keine Vereintheit zu stiften»: Grumach 4, 135.
324 «Hier» seien «auch gute Musen»: Grumach 4, 133.
324 «daß er jetzt besser gelaunt ist als jemals»: ebd., 156.
324 ein guter Platz zum Arbeiten: BmCV 1, 58.
324 den kläffenden Hund der Seidlers verbannt: Steiger 3, 354.
324 Das Mittagsmahl bei Privatleuten: WA IV. 11, S. 4.
326 schickte ihm Christiane Schinken: WA IV. 10, S. 247, 248, 249; BmCV 1, 72.
326 Als Gegengabe manche einheimischen Erzeugnisse: WA IV. 10, S. 247; 11, S. 59, 61.
326 Kuchen und Brezeln, Pflanzen aus dem botanischen Garten und Seife: BmCV 1, 49 f.
326 Verlockende Offerten von Frühlingsgemüse: ebd., 48 f.
326 Unmengen von Koch- und Bügelwäsche: ebd., 67, 68.
326 im Haus am Frauenplan Musik und Tanz: ebd., 47.
326 ein Zimmer im «Schwarzen Bären»: WA IV. 11, S. 44.
326 freundete sich mit dem kleinen Carl Schiller an: ebd., 61.
326 sprang nach den Plätzchen: Steiger 3, 354 f.
326 nur «sehr ungern»: WA IV. 10, S. 254.
326 pflegte er bis nach dem Abendessen zu bleiben: Grumach 4, 198.
326 Hier begegnete er Cotta: Steiger 3, 375.
326 die Geldkatze um den Leib gebunden: BmS 1, 137.

326 begegnete auch einige Male Hölderlin: Grumach 4, 135.
326 so «sanft und freundlich»: Grumach 4, 119.
326 «mit der alten werden wir wohl niemals»: BmS 1, 138.
327 Beiträge für sein *Philosophisches Journal*: Grumach 4, 137.
327 «in den Uterus der Alma mater»: WA IV. 10, S. 230.
327 «Beyläufig» unternahm er Versuche: Grumach 4, 123, 151.
327 einem früheren katholischen Priester behilflich: Steiger 3, 353 f.
327 die erste römisch-katholische Kapelle im Herzogtum: RA I 401, Nr. 1342.
327 Der botanische Garten erforderte ständige Aufmerksamkeit: WA IV. 10, S. 251, 255, 273, 291–293.
328 der Saale ein neues Bett zu graben: *Tag- und Jahreshefte* 1795; WA I. 35, 54 f.; Steiger 3, 420 f.
328 Goethe machte «gar kein Geheimniß daraus»: Grumach 4, 199.
328 «Berlin haßt er»: ebd., 156.
328 Das Reich, meinte Goethe, werde eine bessere Überlebenschance haben: ebd., 152.
328 verteidigte er «die ‹Von›-schaft und den deutschen Hofboxbeutel»: ebd., 135, 128.
328 skizzierte einen Versuch über die revolutionären Grundsätze: WA I. 42.2, S. 233 (Zeile 8) bis 234 (Zeile 15) = HA 12, 380 f., Nr. 123, 127, 124, 125, 121.
328 «Privilegien»: vgl. die andere Lesart «Rechte» (WA I. 42.2, S. 385).
328 bei Hofe auf dem Zopf bestehen: Bode, Stein, S. 367–369.
328 mit dem drittklassigen Salon: Grumach 4, 193.
329 Empfang, den Herder gab: ebd., 100.
329 Goethe rezitierte einen Gesang aus der *Ilias*: ebd., 105, 115.
329 «Jetzt hat er fast alles»: ebd., 106.
329 Sizilien vielleicht seine eigene griechische Kunst gehabt: ebd., 145.
329 Homer vielleicht Sizilianer gewesen: ebd., 148.
329 «Beym erneuerten Studium Homers»: ebd., 78.
330 übersetzte Stellen von vergleichbarem erotischen Interesse: WA I. 5.2, S. 382–387.
330 Version nach dem homerischen Hymnus *Auf die Geburt des Apollo*: WA I. 4, S. 321–326.
330 Böttiger, der Wolf auf dem laufenden gehalten hatte: Grumach 4, 115.
330 sie habe beim ihm «Epoke» gemacht: WA IV. 10, 420.
330 «eine unübersteigliche Scheidewand»: Grumach 4, 148.
330 Wolf behauptete, noch nie geträumt zu haben: ebd., 146.
330 mit maßlosen Ausdrücken über einen Aufsatz Herders herfiel: BmS 1, 97, 114.
330 Er hoffte, wie er zugab, ihn noch gebrauchen zu können: WA I. 10, 420.
330 Besuch des Wittenberger Professors Chladny: Grumach 4, 153.
331 Eigenleben, um sich im Herbst wieder zu versammeln: WA IV. 10, S. 342.
331 *Die verschiedenen Zweige der hießigen Thätigkeit*: AS 2.1, S. 426–477.
331 410 neue Inszenierungen: ebd., S. 468.
331 «das erste Gebäude ... das im Ganzen»: ebd., S. 467.
331 Notwendigkeit, die verschiedenen Bibliotheken zusammenzuführen: ebd., S. 473.
331 Tischbein, Vetter von Goethes Begleiter: Grumach 4, 184–186.
332 «wo er nach seiner Versicherung allein»: ebd., 208.
332 versäumte häufiger die Freitagsgesellschaften: Bode 2 59, Nr. 874.
332 Christiane entzündete wie sonst das Feuer: BmCV 1, 72.
332 Voigt vertrat den Hausherrn: BmV 1, 228; anders *Tag- und Jahreshefte* 1796; WA I. 35, S. 69.
332 als Wolf zu Besuch kam: WA IV. 10, S. 246.
333 «Meeresstille»: HA 1, 242.
333 in einem Gespräch den Plan zum fünften und sechsten Buch skizzierte: BmS 1, 58.

333 «religiösen» Charakter: BmS 1, 67.
333 Susanna von Klettenberg hatte auf dem Totenbett bekenntnishafte Schriften hinterlassen: HA 9, 338 f.
333 bei der Auflösung des Frankfurter Hausstandes: Frau Rats Formulierung «dieser ... Blätter» (SGG 4, 96) läßt darauf schließen, daß sie diese Quelle erst kürzlich kennengelernt hatte.
333 hatte Fürstin Gallitzin die Korrespondenz wieder aufgenommen: Trunz, *Münster*, S. 92–96.
333 «Von einem sonderbaren Instinkte befallen»: BmS 1, 67.
333 Schiller gab sich keineswegs beunruhigt: ebd., 83.
334 «nicht dafür stehen»: ebd., 94.
334 Kraft des objektiven und leidenschaftslosen «Genies»: ebd., 69.
334 «die einzige *ästhetische* Religion»: ebd., 95.
334 ging auf Schillers Interpretationen ein: ebd., 96.
334 den frommen «Kram»: ebd.
334 deren Anteil er andeutete: ebd., 67, «nach der Natur».
334 «die christliche Natur in ihrem reinsten Sinne»: «reinsten» ist Goethes Korrektur von «fadsten», das vielleicht beim Diktieren statt «weitsten» verhört worden war; siehe WA IV. 10, S. 417.
334 «Freilich bin ich sehr leise aufgetreten»: BmS 1, 96.
334 «die wunderlichen und spaßhaften Geheimnisse»: BmS 1, 84.
334 «Jedermann findet das sechste Buch»: ebd., 119.
334 außer sich vor Freude über dieses «Denckmahl»: HABraG 1, 210, 475 f.; SGG 4, 96.
334 Frau von Stein fand das Buch «sehr unterhaldent»: Grumach 4, 191.
334 Erinnerungen einer dritten Person «zugestutzt» und «Stellen eingesetzt»: ebd.; vgl. Bode 2 49 52, Nr. 856, 862.
335 Charlotte von Kalb setzte Goethe zu: *Tag- und Jahreshefte 1795*, WA I. 35, S. 46.
335 Lavater sah in dem Buch den Beweis: Bode 2 60, Nr. 877.
335 Stolberg ließ es binden: BmS 1, 215.
335 wie Schlosser: Dechent, *Klettenberg*, 70.
335 die «schöne Seele» eine «höchst fatale Gestalt»: Bode 2 1, Nr. 861.
335 Manche glaubten, daß weitere zwei Bände notwendig seien: Grumach 4, 91.
335 das Gerücht, daß Unger ein fürstliches Honorar: Bode 2 44, Nr. 845.
335 «*se defendendo* gegen die geheime Gewalt»: Tag- und Jahreshefte 1795; WA I. 35, S. 46.
335 Werther kam ihm wieder in den Sinn: Grumach 4, 135.
335 Gernings Gegenwart: ebd.
335 das eigentliche Thema von Romanen überhaupt: ebd., 150.
335 Der Kantianer Hufeland: Grumach 4, 151, 136.
335 ein enttäuschter Verehrer: Bienemann, «La Trobe», 58, S. 135.
335 Latrobe: Grumach 4, 149.
336 einer der ersten klassizistischen Architekten Amerikas: Hamlin, *Latrobe*, 307.
336 er ließ sich schließlich in Estland nieder: Bienemann, «La Trobe», 58, S. 134.
336 «eine Art vernarrt in ihn»: Grumach 4, 136.
336 im ursprünglichen Titel wird auf einen Mann angespielt: wie aus meiner Darstellung des Verhältnisses zwischen Goethe und Schiller hervorgeht, halte ich es für äußerst unwahrscheinlich, daß Schiller gemeint ist (anders Mommsen, «Nähe»). Wenn es damals einen Mann in Goethes Leben gab, war es Latrobe. Aber das Gedicht wird einem Ich in den Mund gelegt, das große Ähnlichkeit mit dem Erzähler des siebenten Buches von *Wilhelm Meisters Lehrjahren* hat, und daher ist es wohl am besten, «des Geliebten» nicht als Maskulinum, sondern als Neutrum aufzufassen.

336 bald als «Nähe *der* Geliebten» zitiert: Bode 2 55, Nr. 866.
336 «Ich denke dein»: HA 1, 242 f.
336 «Haben Sie bemerkt, daß Homer»: Bode 2 7, Nr. 784 (Rahel Levin).
336 Aufführung der *Claudine von Villa Bella*: Grumach 4, 136, 148–150. Das Datum der Aufführung bei Bienemann ist falsch.
336 fand den Mut, Goethe durch Unger: HABraG 1, 222 f.; vgl. HABr 2, 223.
337 die Nachfolge Reichardts: BmS 1, 163, 171.
337 Göschen hatte Haydn ins Gespräch gebracht: Grumach 4, 94.

«In einigen wenigen auserlesenen Zirkeln»: das erste Jahr der Horen

337 Die erste von Goethes hexametrischen *Episteln*: WA I. 1, 297, Zeile 1–7, 38.
337 Goethes Einleitung der von ihm angeregten Geschichtensammlung: HA 6, 125–146, Zeile 11.
338 «denn gespannte Erwartung wird selten befriedigt»: ebd., 146.
338 Schiller gestand seine tiefe Enttäuschung: Bode 2 23, Nr. 811.
338 «trocken», mit einem «Mangel an Leichtigkeit»: Grumach 4, 199; HABraG 1 (1988), 611; BmS 1, 41.
338 eine Erleichterung «nach der Last»: BmS 1, 37.
338 «Dem Goethe scheint's gar nicht mehr ernst ums Schreiben»: Bode 2.30, Nr. 822.
338 «was soll daraus werden»: HABraG 1 (1988), 611.
338 «‹Die Unterhaltungen› mißfallen durchaus und total»: ebd.
338 während die dritte – über die Notwendigkeit: WA I. 5.2, S. 370–372, Paralip. 34.
338 die Verteidigung vorbereiten: vgl. auch WA I. 5.1, S. 40.
338 nannte er das Juniheft «den Kentaur»: Schiller an Körner, 25. Januar 1795, NA 27, Nr. 99; vgl. BmS 3, 34.
338 die zwei Gedichte, welche zu explizit: BmS 1, 72 f.
339 «Alle ehrbaren Frauen sind empört»: Bode 2 41, Nr. 839.
339 «Die bewußten Elegien habe ich schon mehrmals»: ebd., 21, Nr. 806.
339 Wahrscheinlich auf Bitten seiner seit langem leidenden Gemahlin: ebd., 42, Nr. 840.
339 die Horen «müßten nun mit einem u»: ebd., 41 f., Nr. 839.
339 «Das mußte ja ein gewaltiges Geschrei»: ebd., 672; NA 35, 352.
339 «fürtrefflicher» als Ovid, Properz und Catull: Bode 2 40, Nr. 837.
339 Schiller konnte sich der Kritik erwehren: ebd. 46, Nr. 851.
339 Immerhin bewunderte auch Heyne: BmS 1, 118.
339 die literarischen Partien der Zeitschrift zu rezensieren: BmS 1, 135.
339 schwärmten von den «göttlichen» Elegien: Bode 2 42, Nr. 841.
339 «Hier findet niemand»: Bode 2.43, Nr. 842.
340 «Literarischer Sansculottismus»: HA 12, 239–244.
340 von der jüngeren Schriftstellergeneration lebhaft begrüßt: Grumach 4, 168.
340 bewog Jenisch zu einer Entschuldigung: BmS 1, 104, 105.
340 «Man sehe unsere Lage wie sie war und ist»: HA 12, 241.
340 «Wenn er in der Geschichte seiner Nation»: ebd., 240 f.
341 «Jeder, auch das größte Genie»: ebd., 241.
341 «ein Mittelpunkt, wo sich Schriftsteller»: ebd., 241 f.
341 «eine Art von unsichtbarer Schule»: ebd., 243.
341 «Ich habe den ganzen Gang so mit zugesehn»: Grumach 4, 168 f.
342 Eine andere Generation war jetzt jung: vgl. BmS 1, 138.
342 «Für uns ältere ist es immer schwer»: WA IV. 10, S. 217.
342 «Daß ich so immer den Gang mit weiter mache»: Grumach 4, 169.
342 Schiller teilte vielleicht den Eifer, aber nicht den Optimismus: Bode 2 24, Nr. 813.
342 zunächst befriedigende Auflage: BmS 1, 55; 3, 80 f.

342 Gerüchte, daß Abonnements in Gefahr seien: BmS 1, 102.
342 Goethe mochte widersprechen und sogar: ebd., 105, 106.
342 «mehr Ballast als Ware»: ebd., 67.
342 seine eigenen Beiträge anonym zu veröffentlichen: ebd., 43.
342 Nicht, daß irgend jemandem: ebd., 42.
342 Der Anblick zweier Studenten, die über die Saale: Grumach 4, 157.
343 Reflexionen über die Form des Erzählens: BmS 1, 88.
343 «es würde vielleicht nicht übel sein»: ebd., 93.
343 «soviel Rätsel»: ebd., 107.
343 seinen «anfänglichen bösen Eindruck»: ebd., 98.
343 «bunt und lustig genug»: ebd., 99.
343 indes Wieland einschlief: Grumach 4, 172.
343 «daß es nichts sage»: Bodee 2.51, Nr. 861.
343 «Man kann sich nicht enthalten»: BmS 1, 99.
343 versprach Goethe, sie vorzulegen: WA IV. 10, S. 352; vgl. BmS 1, 133.
343 «eine Verwirrung ohne Ende»: BmS 1, 136.
343 dachte daran, die *Unterhaltungen*: ebd., 138.
343 «von der Platitüde begleitet»: ebd., 142.
343 Rückgang der Abonnements: ebd., 137.
343 weniger Goethe zu bringen: Bode 2 46, Nr. 850.
343 neugierig auf die unveröffentlichten Fragmente: BmS 1, 39.
343 Goethe hatte ihn abgewehrt: ebd., 1, 40.
343 Schiller kam auf sein Ansinnen zurück: Steiger 3, 393.
344 «Mit diesem letzten geht mir's»: BmS 1, 93.
344 bot statt dessen eine Übersetzung des «Versuchs»: BmS 1, 109, 110.
344 «Es ist hohe Zeit»: BmS 1, 133.
344 «sehr popular geschrieben»: ebd., 112.
345 Einteilung der Literatur, der bildenden Künste und des Lebens: Schiller, *Werke* 5, 719.
345 Meisterwerke eines Homer oder Shakespeare: ebd., 712 f.
345 Werke eines Ariost, Haller oder Klopstock: ebd., 714 731 f., 734 f.
345 «Darstellung des Ideals»: ebd., 717.
345 «werden entweder Natur *sein*»: ebd., 712.
345 «uneinig» mit sich selbst: ebd., 711.
345 «Unser Gefühl für die Natur»: ebd.
345 «Man möchte sagen, er ziehe allem»: ebd., 736.
346 «Kunst der Begrenzung»: ebd., 719.
347 «Denn es ist Ihnen nicht unbekannt»: BmS 1, 126.
347 der Realist und der Idealist: Schiller, *Werke* 5, 770.
347 gesteht dem Realisten moralische Eigenschaften zu: ebd., 771 f.
347 der Mangel wird ihn kalt lassen: ebd., 775.
347 das Absolute als Chimäre: ebd., 776.
347 «weniger großmütig» als der Idealist: ebd.
347 ein edlerer Mensch als der Realist: ebd., 779.
348 einen versteckten, zentralen Vorteil: ebd., 770.
348 sein eigenes Terrain zu kultivieren: Schiller-Humboldt 1, 198.
348 «Kant und Goethe miteinander verknüpfen»: ebd., 213.
348 «Gelänge mir dieses Unternehmen»: ebd., 242.
348 daß «der Idealist erhabener denkt, als er handelt»: Schiller, *Werke* 5, 778.
349 Schillers Kommentare zu metrischen Feinheiten: BmS 1, 91.
349 «sie sind nun wie ich sie vormals»: BmS 1, 109.

349 die Grenzen der Philosophie: «Poesie des Lebens».
349 entwickelte die zentrale Lehre: «Das Reich der Schatten» (= «Das Ideal und das Leben»).
349 die verschiedenen menschlichen «Triebe» miteinander zu versöhnen: «Das Ideal und das Leben», Zeile 69.
349 Verhältnis zwischen antiker und moderner Kultur: «Natur und Schule» (= «Der Genius»); «Die Dichter der alten und neuen Welt» (= «Die Sänger der Vorwelt»); «Die Antike an einen Wanderer aus Norden» (= «Die Antike an den nordischen Wanderer»); «Elegie» (= «Der Spaziergang»).
349 Nicht antiquarisches Studium: «Natur und Schule» (= «Der Genius»), Zeile 33.
349 «was ihm gefällt, ist Gesetz»: ebd., Z. 48.
349 auf das Schiller am stolzesten war: Schiller-Humboldt 1, 237.
349 Andere Gedichte mögen auf eine Enttäuschung über das Publikum deuten: zum Beispiel «Die Teilung der Erde», «Die Dichter der alten und der neuen Welt» (= «Die Sänger der Vorwelt»), «Pegasus in der Dienstbarkeit» (= «Pegasus im Joche»).

Geheimnisse des Selbst: Juni – Dezember 1795

350 lernte Friederike Brun kennen: Grumach 4, 153.
350 Einnahmen aus dem Verkauf der «Baumwiesen»: HABraG 1, 196, 206.
350 am Abend des 4. Juli in Karlsbad: Steiger 3, 394.
350 muß Voigt um den Zugang zu Museen und Schlössern beneidet haben: BmV 1, 189–191.
350 auf «Conzerten, Bällen und dergleichen»: BmCV 1, 53.
350 «Niemand ist zu Hause»: BmS 1, 90.
351 «Da ich doch gewöhnlich sehr einsam lebe»: HABr 2, 200.
351 «Sein Gesicht ist edel gebildet»: Grumach 4, 158.
351 mephistophelischer Flirt: BmS 1, 87. (Goethes damaliger «Roman» kann jedenfalls nicht Marianne Meyer gewesen sein, die er erst nach dem 11. Juli kennenlernte: Grumach 4, 164; anders HABr 2 (1988), 560.)
351 «Anfangs quälten mich seine Blicke»: Grumach 4, 158 f., 165.
351 «Ihm war es vielleicht neu»: ebd., 164.
351 «O, Goethe [schrieb sie in ihr Tagebuch]»: ebd., 159 f.
351 «Mischung von Selbstbetrug und Klarheit»: BmS 1, 88.
352 Goethe ein «Proteus»: Grumach 4, 159.
352 «Heute redete ich viel mit ihm»: ebd., 160, 163.
352 Die Brun-Kinder vergötterten ihn: ebd., 165.
352 «Schatz der Wahrheit»: ebd., 164 f.
352 «Goethe liebt die Leidenden»: ebd., 161.
352 polnische Anstandsdame: ebd., 162.
352 «mit einigen hübschen Judenmädchen»: ebd., 167.
352 Werner aus Freiberg: BmV 1, 192.
353 «Sein Ton mit Frauen»: Grumach 4, 160, 162.
353 Beweis von jüdischer «Unterwürfigkeit»: ebd., 167.
353 «Äugelchen»: HABr 2, 199.
353 «Nun fängt die Sehnsucht nach dir»: WA IV. 10, S. 280 f.
353 las Wolfs *Prolegomena*: Grumach 4, 179.
353 Bücher über die Kunst der italienischen Renaissance zu ersteigern: BmV 1, 195.
353 Reinkopie des fünften und eines großen Teils des sechsten Buches: Steiger 3, 403.
353 Begegnung der «Gleichgesinnten»: BmS 1, 52.
353 «ein neuer schöner Lebensgenuß»: Grumach 4, 201.
353 Der «durchaus verfeinerte sinnliche Goethe»: ebd., 199.

353 «Weder von Ihnen zu hören noch zu sehen»: BmS 1, 65.
354 «Leben Sie wohl und lieben mich»: ebd., 68.
354 Tübingen bot Schiller eine Professur: BmS 1, 59, 60, 70; 3, 54.
354 «wie viel realistisches»: Grumach 4, 211.
354 mit dem «philosophischen Kampfplatz»: BmS 1, 126; vgl. Grumach 4, 121.
354 Als «Menschenverständler»: HABr 2, 208.
354 dem Pariser *Moniteur* zufolge: BmS 1, 75 f.
354 Goethe äußerte Unbehagen: BmS 1, 130; Tag- und Jahreshefte 1795; WA I. 35, S. 59.
354 an exponierter Stelle ... ins Gebet genommen: Grumach 4, 267 f.
355 Noch schrieb Goethe lange Briefe: HABr 2, 191–193.
355 «jetzt oder niemals»: ebd. 191; WA IV. 10, S. 242 f.
355 «Jacobi ist einer von denen»: BmS 1, 65.
355 teilte Goethe Max mit: WA IV. 10, S. 242.
355 Goethe nahm Anstoß an der christlichen Herablassung: vgl. *Xenien* 16, 279 (die hier verwendete Zählung ist die in Schiller, *Werke*).
355 empört, daß Stolberg den Grundsatz Lavaters aufgriff: BmS 1, 120, 125; HA 12, 244 f.
355 «daß ich kein Mitleid mit ihm haben kann»: ebd., 124.
355 seine Besuche verschob, nichts von der Weimarer Aufführung der *Claudine* erzählte: WA IV. 10, S. 350 f.
355 seine Vertonungen von Liedern aus *Wilhelm Meister* ohne Zuschreibung: Steiger 3, 347.
355 «bitter verfolgen»: BmS 1, 150.
355 bleibender Wert als Goethes Gesprächspartner: Grumach 4, 171.
356 Schiller lenkte Goethes Aufmerksamkeit auf das Werk des Fichteschülers: BmS 1, 34.
356 «Die Welt ist ihm nur ein Ball»: ebd.
356 Weißhuhn wandte sich gegen: Niethammer, *Journal* II, 2 (1795), S. 87 f.
356 dieses pragmatisch-analytische Herangehen: siehe Weißhuhns «Beyträge zur Synonymistik», Niethammer, *Journal* II, 1 (1795), S. 46–72.
356 «Freund Fichte»: BmS 1, 85.
356 «reichste Quelle von Absurditäten»: ebd., 74.
356 «noch ganz gut benommen»: ebd., 86.
356 Goethe war froh, daß es anscheinend nicht zum Bruch gekommen war: ebd., 88.
356 daß kein geringerer als Reichardt sich lobend über Fichte auslasse: ebd., 149 f.
356 «die metaphysische Welt der Ichs und Nicht-Ichs»: ebd., 139.
356 verzweifelt gelacht: Tag- und Jahreshefte 1794; HA 10, 441.
356 Vorlesungen auf den Sonntag zu legen: BmV 1, 151 f.
356 das angeblich illuminstische Jena, das sich zum Revolutionskalender bekehrt habe: Droz, *Allemagne*, S. 413–415; BmV 1, 492.
356 dessen heimliche Mitverschworene: vgl. BmV 1, 170.
357 die Studentenverbindungen sollten sich selbst auflösen: Steiger 3, 359; BmV 1, 464.
357 mit Ziegelsteinen die Fenster einwarfen: BmV 1, 169.
357 Die Krawalle dauerten an: ebd., 150, 196 f.; vgl. Grumach 4, 155.
357 «Freilich ist es von den Nicht-Ichs»: HABr 2, 195.
357 Herders Kälte: BmS 1, 33; vgl. Grumach 4, 121.
357 worin Goethe die zunehmende Entfremdung von seinem ältesten Freund zu erkennen glaubte: Tag- und Jahreshefte 1795; WA I. 35, S. 59.
357 verwies auf Herders «giftigen Neid»: Grumach 4, 130.
357 Herders finanzielle Lage war verzweifelt: Bode 2 20, Nr. 804.
357 ging August Herder in die Schweiz: HABraG 1, 173 f.
357 Studien in Geologie von einem Besuch in Ilmenau inspiriert: Grumach 4, 92.
357 «weil man nicht wisse wie lange»: WA IV. 10, S. 323.

358 sollten zwei weitere Söhne Herders ihr Studium aufnehmen: Grumach 4, 129; RA 1, 352, Nr. 1137–1138.
358 die Gelegenheit zu einer entscheidenden Veränderung versäumt: AS 2, 1, S. 446.
358 «Dulden Sie nicht, daß der Herzog»: ebd., 444 f.
358 «wir sind in der Denkungsart»: WA IV. 10, S. 318.
358 «Sie haben mir schon geschrieben»: ebd., 319.
358 Knebel hatte diplomatischerweise eine Erkältung: AS 2, 1 S. 446.
359 «Die Worte: *ich will für die Kosten des Studirens*»: WA IV. 10, S. 320–323.
359 Das Verhältnis war ein rein «vertragliches» – dieses Wort hatte Caroline Herder benutzt –: AS 2, 1, S. 444.
360 Er hielt jedoch sein Wort: Grumach 4, 192.
360 Auszahlung in Raten ... die Zahlungen in Gold: Grumach 4, 202, 214.
360 «die alte, halbwahre Philisterleyer»: WA IV. 11, S. 101.
361 «Mir kommt immer vor»: BmS 1, 166.
361 «Seine Verehrung gegen alles Verstorbene»: ebd., 169.
361 «Es kommt mir vor, er sei»: Grumach 4, 129.
361 Gespräche waren steif und wurden abrupt beendet: ebd., 155, 191.
361 «Gegen 6sen kam Goethe hinein getreten»: ebd., 207.
361 Der kleine August ... war der beste Mittler: ebd., 232.
362 «die Menschen durch Kunstgefühle erhoben»: Bode, *Stein*, S. 380.
362 «Was würde aus einem Autor werden»: HABr 2, 201.
362 Schiller erwartete nicht, daß sie sich länger halten werde: Schiller-Humboldt 1, 231.
364 «ein Ganzes für sich» ... «ein Tagebuch»: Bode 2 55, Nr. 866.
364 Der Berliner Zensor ließ ihn durchgehen: ebd., 49, Nr. 858.
364 ebensowenig wie viele Leser: ebd., 59, Nr. 874.
364 Anmerkungen zu den Gedichten: BmS 1, 92.
364 den Reim barbarisch: Grumach 4, 146.
364 «für den Witz» besonders geeignet: ebd., 121.
364 Körner hatte wahrscheinlich recht: Bode 2 55, Nr. 866.
364 «muntre Ferklein»: ebd., 58, Nr. 872.
364 Humboldt meldete viel Lob: ebd., 54, Nr. 865.
364 Kasten Rheinwein: Schiller, *Werke* 1, 888.
366 Christiane konnte jetzt auf einem Ball erscheinen: Grumach 4, 125.
366 August ein willkommener Spielgefährte: BmCV 1, 57.
366 Knebel und die Schauspielerin Rudorff: Grumach 4, 79.
366 Parallele zu seiner eigenen Mésalliance: BmV 1, 208, 481.
366 Lips verloren, der nach Zürich zurückging: Steiger 3, 323.
366 Maler wie Meyer, Horny und andere: WA IV. 10, S. 332, 30, 57.
366 das Äußere des Römischen Hauses 1794 fertiggestellt: CGZ, IVa, 266, 266R und Anmerkungen S. 81; vgl. auch ebd., Nr. 13–16.
366 «sehr schön»: WA IV. 10, 170.
366 die Inneneinrichtung mußte noch abgeschlossen werden: BmV 1, 179.
366 Angelica Kauffmann und die Kopien italienischer Gemälde: WA IV. 10, S. 164; Steiger 3, 387.
366 «zu schön, um mit Bequemlichkeit»: WA IV. 10, S. 170.
366 die restlichen Privatgrundstücke zu kaufen: BmV 1, 209–211.
367 an den Herzog vermietet: Bode, *Stein*, S. 309 f.
367 eine Reihe möglicher Fassaden skizziert: CGZ, IV b, Nr. 98–115.
367 «Nimm Dich in Acht»: Grumach 4, 72.
367 «Sie versetzen uns»: WA IV. 10, S. 215.

367 Verhandlungen um den Ankauf einer Bronzefigurine der Siegesgöttin: WA IV. 10, S. 195; vgl. BmV 1, 193; Grumach 4, 209.
367 vierzig Taler: BmS 1, 164.
367 mochte in ihr eine Kopie vermuten: WA IV. 11, S. 75.
367 laut Cicero: *In Verrem* 2.4.49, § 110; ebd., 50, § 112.
367 «Es kam eben eine kleine Viktoria»: Grumach 4, 222.
367 «Wie alles Bestreben»: *Tag- und Jahreshefte* 1794; HA 10, 444.
367 «er habe seinen Zweck»: Grumach 4, 159.
368 «nochmals eine italiänische Reise»: WA IV. 10, S. 232.
368 «im Wahn die Jahre von 87»: *Tag- und Jahreshefte* 1795; WA I. 35, S. 45.
368 «die sinnlich-ästhetische Kultur zu erneuern»: HABr 2, 233.
368 «zuletzt noch ein reines Anschauen»: ebd., 402.
368 die «zweite» Italienreise: WA I. 34.2, S. 149, 141.
369 das Gerücht, daß auch Carl August reisen wolle: Grumach 4, 220.
369 dachte daran, Fritz von Stein mitzunehmen: WA IV. 11, S. 48.
369 wählte den zehnten Jahrestag: Goethe sagte zwar nur, er plane die Abreise im August, aber zweifellos dachte er dabei an seinen Geburtstag.
369 Meyer sollte Begleiter sein: Grumach 4, 179; Steiger 3, 410.
369 zu den «glücklichsten Ereignissen meines Lebens»: HABr 2, 217.
369 Gewöhnlichkeit des Weimarer Lebens: WA IV. 11, S. 24 f.
369 «notieren Sie doch auch gelegentlich»: ebd., 103.
369 «Wir haben uns, mein lieber Freund»: HABr 2, 214 f.
369 an die achtzig Mappen: WA I. 34.2, S. 149–151.
369 bat den kränkelnden Philipp Kayser: ebd., 215–218.
369 Leben und Schriften Benvenuto Cellinis: HABr 2, 215, 220.
369 neue Unterkunft im Park an der Ilm: ebd., 203, «Durch einen äußern Anlaß».
370 «eine Schilderung Italiens»: Steiger 3, 370.
370 «dergleichen noch nie erhört»: Grumach 4, 220.
370 dieses «wundersame Werk»: BmS 1, 115.
370 die menschliche Zivilisation aus ihrer natürlichen Umwelt erwachsen: HABr 2, 203; vgl. BmS 1, 104.
370 Huldigung an Herders Philosophie: vgl. Goethes Lob für Herders *Ideen* gegenüber Gerning, Grumach 4, 121.
370 «so zersprengt und isolirt»: WA IV. 10, S. 305.
370 234 Arbeiter erhielten Geschenke: Doebber, «Schloß», S. 36–38.
370 Baumaßnahmen im Wert von 6000 Talern: Grumach 4, 138 f.; BmV 1, 472.
370 von Carl August auf 15 000 zusammengestrichen: Grumach 4, 193.
370 «Theaterqual»: BmS 1, 56.
370 einige große Neuinszenierungen: Carlson, *Theatre*, S. 85.
371 «ganz passabel»: ebd., 86.
371 «äußerst miserabel»: Grumach 4, 149.
371 der Souffleur besser zu verstehen als die Schauspieler: Grumach 4, 183 f., 230.
371 «Zaubergarten»: ebd., 212.
371 «mit ein paar ernsten und derben Worten»: WA IV. 12, S. 147.
371 mußte die Justiz bemühen: WA IV. 18, S. 60–63.
371 bat Goethe um den «Gefallen», in seinem frivolen Amt zu verharren: HABraG 1, 212.
372 Goethe lud Iffland ein: WA IV. 10, S. 325.
372 Ersatz für die Theaterdirektion: Carlson, *Theatre*, S. 88.
372 die Franzosen gaben Mannheim zurück: BmS 1, 126; BmV 1, 212.
372 Iffland zum Bleiben gezwungen: BmS 1, 132.

372 «nun seit zwanzig Jahren müde gesehen»: WA I. 35, S. 43.
372 Koks als Feuerungsmittel: WA IV. 51, S. 108.
372 nörgelte, weil er nicht sofort beginnen konnte: ebd., 113.
372 Voigt fürchtete, er zweige Holzvorräte ab: BmV 1, 162.
372 eine billige Unterkunft: ebd., 167.
372 Errichtung eines Flammofens: ebd., 467.
372 Bestimmung des Standorts: WA IV. 51, S. 111.
372 der Flüchtling besaß keine eigenen Mittel: Grumach 4, 139 f.
372 «Weit entfernt von seinem Vaterlande»: *Tag- und Jahreshefte* 1795; WA I. 35, S. 59.
373 aus dem «gesellig müßigen Karlsbad»: BmS 1, 98.
373 Nur sechs Bergleute arbeiteten: Grumach 4, 175 f.
373 bis zum Eintreffen neuer Geldmittel: BmV 1, 202.
373 ob höherwertiges Erz gefunden wurde: WA IV. 10, S. 296; BmV 1, 201.
373 ein Geburtstagsgeschenk: vgl. WA IV. 10, S. 293, Zeile 5 f.
373 Sein Begleiter war sein fünfjähriger Sohn: BmV 1, 200.
373 besuchten den Bergwerksschacht: WA IV. 10, S. 293.
373 überall gern gesehen ... eine Bergmannstracht geschneidert: ebd., 295.
373 «Es scheint das entschiedne Heidenthum»: ebd., 296.
373 wie manierlich August schon aß: ebd., 295, 293.
373 «Ich war immer gerne hier»: ebd., 294.
373 die preußischen Friedensverhandlungen: BmV 1, 152.
373 «Künstler und berufsmäßige Schriftsteller»: ebd., 157, 185.
374 «Don gratuit»: *Tag- und Jahreshefte* 1795; WA I. 35, S. 52; BmV 1, 209.
374 Nachricht vom Basler Sonderfrieden: BmV 1, 172.
374 den angebotenen Beitritt zum Frieden abzulehnen: ebd., 178.
374 Carl August verließ seinen Hof: Steiger 3, 409.
374 Konferenz der Herzogtümer in Eisenach: BmV 1, 203.
374 eine sechswöchige diplomatische Mission: Steiger 3, 411.
374 entsprach nicht mehr dem modernen Standard: HABraG 1, 192.
374 drei große, helle Zimmer: ebd., 206 f.
375 nach vierzigjährigem Gebrauch «und dem 7jährigen Krieg»: SGG4, 84.
375 das alte Puppentheater: HABraG 1, 196.
375 Gegenstände gingen in die Hände von Freunden über: SGG4, 373 f.
375 die Spiegel zu fleckig: ebd., 84 f.
375 schickte seinen Reisekoffer voraus: ebd., 92 f.
375 «die ernste Umgebung meines Vaters»: *Tag- und Jahreshefte* 1795; WA I. 35, S. 52.
375 über Erfurt direkt nach Eisenach: BmS 1, 107.
376 für Weimar nur neue Schwierigkeiten: BmV 1, 205.
376 «da ich dergleichen anmutige Situationen»: BmS 1, 110.
376 unverzüglich sein «Kontingent» zu entsenden: BmV 1, 215.
376 «einen neuen Weltbürger»: BmS 1, 115.
376 Schiller erhoffte ein Mädchen: ebd.
376 «ein zarter Knabe»: ebd., 117.
376 «Das Kleine ist seit 2 Tagen»: BmCV 1, 59.
377 Goethe fuhr eilends nach Hause: Steiger 3, 421.
377 «Der arme Kleine»: WA IV. 50, S. 133; Lesart «Der» mit BmCV 1, 59.
377 «Sonst ist alles wohl»: HABr 2, 203.
377 «Daß dem lieben kleinen Söhngen»: SGG4, 97 f.
377 «Goethe hat wieder einen Faulconbridge»: Bode 2 49, Nr. 857.
377 Beileidsbekundungen: RA 1 439, 446, 438, Nr. 1484, 1508, 1479.
377 Auch Schiller schrieb sofort: BmS 1, 119.

378 «Ich erhalte Ihren lieben Brief»: ebd., 121.
378 «Die ästhetische und sentimentalische Stimmung»: ebd.
378 «in einem Zustand der Abspannung»: Bode 2 52, Nr. 863.
378 «habe alle Ursache»:BmS 1, 126.
378 «jetzige poetische Stimmung»: ebd., 133.
378 die des Herausgebers seiner eigenen früheren Schriften: Grumach 4, 161.
378 sollte *Die Zauberharfe* heißen: Grumach 4, 94; vgl. RA 1 414, Nr. 1388.
379 das Verbum «steigern»: WA IV. 11, S. 14.
379 Wien hatte von seinem Vorhaben Wind bekommen: RA 1 442, Nr. 1492.
379 Wien bot 75 Taler: Steiger 3, 456.
380 Antwortbrief auf Schillers Kondolenzschreiben: BmS 1, 121 f.
380 «die gefärbten Schatten verdienen gewiß»: Lichtenberg, hrsg. v. Promies, 2, 468 (K 366).
380 Buch und Eintrag vergessen: Mautner, *Geschichte*, S. 359 f.
380 Seit März, wo nicht früher: WA I. 40, S. 471–483.
380 die *Horen* selbst Angriffen ausgesetzt: BmS 1, 71, 79, 105.
380 Ein «Gericht» sollte gehalten werden: ebd., 116.
380 «Wir leben jetzt recht in Zeiten der Fehde»: ebd., 117.
380 «die histoire du jour»: ebd., 125.
381 «auf alle Zeitschriften Epigramme»: ebd., 136, Nr. 133.
381 «Über uns selbst dürfen wir»: ebd. 141.
381 *Horen. Erster Jahrgang*: Xenien 260.
381 Schiller willigte endlich ein: ebd., 139.
381 «dann soll es auch heißen»: ebd., 140.
382 eine Weimarer Dame mit zufälligen Verwandten: JA 15, 363 f.
382 «Lili» von Türckheims Flucht und Rückkehr nach Straßburg: Grumach 4, 141; Steiger 3, 418.
382 «das Reine Bild»: Steiger, ebd.
382 «Ja, ich liebte dich einst»: WA I. 5.1, S. 294.
382 der «Maire» der Stadt: Lesart «Maire» im Schema des fünften Aufzugs (mit WA I. 18, S. 412) und nicht «Marie» (so JA 15, 365).
384 mit ihren Lesern «Versteckens spielen»: BmS 1, 56.
384 mit der «Auslegungssucht» der Leser ihr «Spiel treiben»: ebd., 39.
384 absichtlich rätselhafte Charaktere: ebd., 107.
384 seine «wunderlichen und spaßhaften Geheimnisse»: ebd.,84, 82.
384 «Freilich weiß der arme Leser»: ebd., 122.
384 die *Venezianischen Epigramme* als «Torheiten» abgetan: ebd., 129.
384 die *Xenien* eine ironische Maske: ebd., 141.
384 Goethes Interesse an Kryptogrammen: WA IV. 10, S. 223–225.
384 alchimistische Schriften: vgl. die Erwähnung Andreaes im Gespräch vom 2. Oktober 1795 (Grumach 4, 44).
385 «*Es denkt*, sollte man sagen»: Lichtenberg, hrsg. v. Promies, II. 2, S. 412, Nr. K 76 / 1793/96 – die Datierung ist erschlossen, aber wahrscheinlich).
385 «nur wenige Worte über das Leiden»: Grumach 4, 161.
386 «Die Geschichte ist ein kitzliches Feld»: Grumach 4, 127.
386 «Das menschliche Leben scheint so wenig»: WA I. 40, S. 204.
386 «ein Roman, der mit Feinheit»: ebd., 207.
386 hält nach einem neuartigen Roman Ausschau: ebd., 233 f.
386 der sich nicht einmal thematisch auf die Liebe stützt: ebd., 227 f.
386 «der neue Roman»: ebd., 223.
386 «Aber sind nicht alle tiefe»: ebd., 226 f.
387 Die Griechen dekorierten ihre Tempel: HA 12, 36.

387 Palladio und sein Genie: ebd., 37.
387 Homer, vom Philister Platon mißverstanden: ebd., 247.
387 Goethe spricht von einer «Schönheit des Charakters»: ebd., 36 f.
388 «ist das Gespräch überall nichts»: HABr 2, 212.
389 «daß man im Literarischen jenen Sämann»: BmS 1, 131.

«Ein sonderbarer Instinkt»: Werke, 1795

391 Novellen bereits eine bekannte Erscheinung: siehe Pilling, «Prosaerzählung».
391 Wagen und Halbchaisen: HA 6, 126.
391 die «kleine Karawane» der Baronin: ebd., 125.
391 «bei täglich abwechselnden»: HA 10, 318, 315; vgl. HA 6, 146.
391 «Leichtsinnige» oder «Ungenügsame»: HA 6, 128.
391 Infragestellung des girondistischen Grundkonsenses: siehe die Rezension Reichardts in Fambach, *Kritiker*, 14 f.
392 «die Willkür der Nation, die nur vom Gesetz sprach»: HA 6, 130.
392 Schiller brachte Goethe dazu: BmS 1, 39 f.
392 dem «unwiderstehlichen Reiz»: HA 6, 130 f.
393 «Die Folgen eines unglücklichen Feldzuges»: ebd., 130.
393 Schadenfreude: ebd., 127.
394 «man soll keine meiner Geschichten deuten»: ebd., 145.
395 «Sie behandeln die Empfindungen»: ebd., 143, 144 f.
395 ein Stoff aus der «Correspondance littéraire», auf die Prinz August abonniert war: DKV I. 9, 1514 f.
396 Koinzidenz bedeutet nicht notwendig Zusammenhang: HA 6, 208.
396 eine Geschichte nicht einfach die Schilderung eines ungewöhnlichen Ereignisses: Was immer es mit Eckermanns Mitteilung (29. Januar 1827) auf sich haben mag, daß für Goethe die Novelle eine «sich ereignete unerhörte Begebenheit» gewesen sei: es ist klar, daß er diese Definition unmöglich 1795 gegeben haben kann. Die Bemerkung mag eine Definition der Novelle nicht im Sinne einer literarischen Gattung, sondern einer Nachricht gewesen sein.
396 «den Ehrentitel einer moralischen Erzählung»: HA 6, 185.
396 die 99. der *Cent nouvelles nouvelles*: in einigen Ausgaben ist es die hundertste.
396 «Sie haben mich in diese Schule»: HA 6, 185.
396 zu dieser Formulierung natürlich kein Pendant im französischen Original: *Nouvelles*, S. 265.
397 «Nur diejenige Erzählung verdient moralisch»: HA 6, 186.
397 Schiller erkannte wenigstens einen solchen Philosophen wieder: nämlich B. Fischenich.
398 «Ich liebe mir sehr Parallelgeschichten»: HA 6, 187.
398 Tochter der Baronin der orientalischen Schauplätze überdrüssig: ebd.
399 «endlich ermannte er sich»: ebd., 195.
399 Extremzustände, die nach Kant: Kant, *Werke* 10.(5.) 571 (*Kritik der Urteilskraft* B417, A411 f.).
399 «Betrachtung, daß das edelste Streben»: HA 6, 203.
400 «schwer so vielen Reizen zu entsagen»: ebd., 206.
400 die «exekutive Gewalt»: ebd., 208.
401 *Der Zauberflöte zweiter Teil*: WA I. 12, S. 181–221.
403 der eigenen «Rechte» zu «entsagen»: WA I. 42.2, S. 233 f., und andere Lesart S. 385 (= HA 12, 380 f., Nr. 123, 127, 124, 125, 121); zur Datierung: WA I. 42.2, S. 364.
406 «daß wir selten durch uns selbst bewogen werden»: HA 6, 204.
406 das Kleinod der greifbaren und sichtbaren Freiheit: vgl. oben, Neuntes Kapitel, S. 73.

406 «ein Analogon Kantischer Vorstellungsart»: HA 13, 28.
406 «Wie viel Geheimnisse weißt du?»: HA 6, 216.
407 «Entwurf zu einem dramatischen Mährchen»: WA I. 12, 380.
407 «Goethes ‹Märchen› ist eine erzählte Oper»: zitiert in HA 6 (1988), 609.
407 «Die Philosophie», bemerkt Madame de Staël: WA I. 40, S. 205.
408 «mit gewaltiger Stimme»: HA 6, 216.
408 «Das Unglück war geschehen!»: ebd., 228.
409 «der Geist war noch nicht zurückgekehrt»: ebd., 233.
409 sich «aufzuopfern, ehe ich aufgeopfert werde»: ebd.
409 der goldene, der silberne, der bronzene König: ebd., 236.
409 eine unbedachte Bemerkung Goethes: WA IV. 11, S. 76 – ein zweites Märchen werde «gerade umgekehrt, ganz allegorisch» ausfallen; vgl. den Gegensatz zwischen dem «Wunderbaren» und der «Allegorie» im «Versuch über die Dichtungen» (WA I. 40, S. 207–220).
409 Allegorie des Kantianismus: Brown, S. 22.
409 die drei Prinzipien der Freimaurerei: ebd., 23 f.
410 «ein leichtes, schönes Spiel der Phantasie»: Bode 2 51, Nr. 861; HABraG 1, 218.
410 «an keinen Gegenstand hängen»: HA 6, 209.
410 «zugleich bedeutend und bedeutungslos»: zitiert in HA 6 (1988), 609.
410 «waren ausdrücklich darauf angelegt»: Brown, S. 23.
410 «natürlich eine politische Fabel erzählt»: Schulz, Literatur, S. 301.
410 so viel vertraute Goethe Schiller an: BmS 1, 99.
411 «Unglück» des übereilten Versuchs: HA 1, 228.
411 Goethe bringt diese Figur mit den französischen Armeen in Zusammenhang: BmS 1, 107.
412 Geschehenes in verkleideter Gestalt: HA 6, 145.
413 «Mehr als zwanzig Personen»: *Xenien* 137 (Schiller, *Werke* 1, 272).
414 «die Mittelglieder der Bildung» überspringen: WA II. 6, S. 309.
414 Linnés geschlechtlich wenig differenzierte Pflanzen: ebd., 400 («Fast die ganze Linneische Gynandrie»); vgl. LA II. 9A, S. 560, und Linnaeus, *Genera*, 404–415 (Classis XX, Gynandria). Man beachte S. 404: «Vires aphrodisiacae omnibus his plantis ab omnibus medicis adscribuntur [allen diesen Pflanzen werden von den Ärzten aphrodisierende Kräfte zugeschrieben]»; vgl. auch LA II. 91, S. 225, 221.
414 «chymische Hochzeit»: Gray, *Alchemist*, S. 168 f.
415 «man kann sich nicht enthalten»: BmS 1, 99.
415 ein kleines Gedicht von 1796: «Tabulae Votivae», Nr. 96 (Schiller, *Werke*, S. 314)
416 «mich selbst, ganz wie ich da bin»: HA 7, 290.
417 «von den Brettern» fernhalten: ebd., 172.
417 *Hamlet* halb Drama, halb Roman: ebd., 296, 308.
418 «der Mensch muß dem Zufall»: Grumach 4, 150.
418 «Ich bin der Geist deines Vaters»: HA 7, 322.
419 ist «die Nacht das halbe Leben»: ebd., 317.
419 gewisse «Ursachen», die «wir nicht entdecken können»: ebd., 330.
419 Wie Schiller und sein Kreis: BmS 1, 82.
420 «An die Türen will ich schleichen»: HA 7, 335.
420 «daß man, um vornehm zu scheinen»: ebd., 353.
422 Wieland hat den Ausdruck «schöne Seele» ironisch gemeint: HA 7 (1988), 771.
422 auf Rahel Levin angewandt: Steiger 3, 398.
422 «das Ganze auf den edelsten Täuschungen»: BmS 1, 67, Nr. 56.
422 von der Literaturkritik jüngst ans Licht gebracht: zum Beispiel Strack, «Selbst-Erfahrung»; Bell, «Narration»; Fleischer, «Bekenntnisse».

422 Lavater, der «iung nach der gekreuzigten Puppe griff»: Bd. I, S. 762.
422 wünschte sich ein Schäfchen: HA 7, 359.
422 findet ein Schäfchen: ebd., 362.
422 als sie sich dem Kreuz zuwendet: ebd., 393 f.
423 die Abneigung gegen Kaffee: ebd., 380.
423 «bei so zarten Gegenständen»: ebd., 400.
423 «Mir war es Ernst mit meiner Seligkeit»: ebd., 388; vgl. Bd. I, S. 173.
423 «Nun aber wie herauskommen»: HA 7, 377.
423 das Kapital des Vaters so gering: ebd., 384.
423 eine «gefühllose Deutlichkeit»: ebd., 391.
423 unmöglich mit ihr zusammenzuleben: ebd., 380 f., 398.
423 das Unvermögen ihres Verlobten: ebd., 376.
424 Ihr Oheim hingegen: ebd., 384.
424 «daß Gott mein Freund sei»: ebd., 393.
424 ein «Zug, demjenigen völlig»: ebd., 394.
424 über die «Sittenlehre» hinausgebracht: ebd., 393.
424 «Alle diese Zeiten sind dahin»: ebd., 415.
424 Ihre Aufgabe, meint er: ebd., 415 f.
424 ihr gegenwärtiger Zustand der «Freiheit»: ebd., 420.
425 «sie verirrte zur Herrnhuterei»: BmS 1, 207.
425 wodurch die Saat des künftigen Irrtums «Wurzel faßte»: HA 7, 358.
425 daß «es vor- und rückwärts weist»: BmS 1, 67 f.
425 «sonderbare Mischung aus Selbstbetrug und Klarheit»: ebd., 88.
426 zum «Umgange mit sich selbst»: HA 7, 419.
427 «einem wunderbaren Mann»: ebd.
427 Anhänglichkeit «an ein sichtbares oder unsichtbares Wesen»: ebd.
427 die *Bekenntnisse* ein «Einschiebsel»: Grumach 4, 151 f.
427 «Jene Erzählungen machen mir keine Freude»: HA 6, 166.

Dreizehntes Kapitel

General Bonaparte greift ein: Januar – Juli 1796

428 Das Direktorium sorgte vier Jahre lang: Doyle, *Revolution*, S. 322–327.
428 Hyperinflation: *Kupferstiche*, S. 95, Nr. 33.
428 der jüngst erfundene zweireihige Cutaway: ebd., S. 57, Nr. 14.
429 griechisch-römisches Gewand: ebd., S. 59, 61, Nr. 15, 16.
429 fleischfarbene Strumpfhose: Brooke und Laver, *Costume*, S. 82.
429 feierliche Amtstrachten verordnet: *Kupferstiche*, S. 143, Nr. 56.
430 «incroyable» der neueste Schrei: ebd., 91, Nr. 31.
432 45 Millionen *livres*: Doyle, *Revolution*, S. 358.
432 Raffaels und Correggios: BmV 1, 254.
432 Marienheiligtum in Loreto: *Kupferstiche*, S. 47, Nr. 9.
432 34 Millionen in bar: BmV 1, 270.
432 Kunstwerke und Handschriften: Haskell und Penny, *Taste*, S. 109 f.
433 tödliche Krise im Heiligen Römischen Reich ausgelöst: BmV 1, 280.
433 Sieben Bände Briefe und Memoranden: ebd., 292.
433 das Januarwetter mild und sommerlich: WA IV. 11, S. 9.
433 «froh und glücklich»: Bode 2 58, Nr. 871.
433 Der Roman gleiche «einem Strickstrumpf»: BmS 1, 140 f.
433 Abschluß des siebenten Buches: Steiger 3, 435.

433 ein lärmender und polternder Goethe: Grumach 4, 198, 197.
433 der eine Dichter erfand die erste, der andere die zweite Zeile: zu Eckermann, 16. Dezember 1828.
433 das Gelächter drang durch die Zimmerdecke: Grumach 4, 200f.
433 hundert ausgewählte Spottverse: ebd., 197.
433 Gesamtzahl von 600 bis 1000 angepeilt: Bode 2 57, Nr. 870.
434 ihrer «nichts verschonenden Satire»: ebd.
434 «Es geht mit diesen kleinen Späßen»: ebd., 146.
434 «keine so drollige Beute, aber giftiger»: Bode 2 74, Nr. 899.
434 Böttiger mochte Goethes Aufmerksamkeit auf sie gelenkt haben: Grumach 4, 155.
434 veröffentlichte einen Artikel über die *Xenien*: BmS 1, 150.
434 Sklavinnen am türkischen Hof: ebd.
434 Kokospalmen als Kulisse: *CGZ*, IVb, 213.
434 «So hilft man sich auf Leinwand und Pappe»: WA IV. 11, S. 25.
435 «auf das Minimum»: Grumach 4, 200.
435 Properzübersetzung: BmS 1, 120.
435 «Ich sehe das ganze Jahrhundert»: WA IV. 11, S. 55.
435 so barbarisch wie das übrige Europa: ebd., S. 22.
435 «bey seiner großen puren Sinnlichkeit»: ebd., S. 129.
436 «sehr subjektiv»: BmS 1, 157.
436 «Erste Abtheilung»: WA I. 19, S. 193–219.
436 «Frei wären die Schweizer?»: ebd., 197f.
437 «daß es eine Natur gibt»: ebd., 204.
437 «Wir sollen das Schöne kennen»: ebd., 202.
437 «arbeitet ohne zu denken»: ebd., 205.
437 Loders Sezierkurse: WA III. 2, S. 40f.
437 Frau Hufelands Gesangskunst: Grumach 4, 213.
438 «in Goethens Gebiet gerate»: Bode 2 61, Nr. 878.
438 Cotta den Plan unterbreitet: Grumach 4, 210f.
438 Goethe billigte Hufelands Initiative: WA IV. 11, S. 36.
438 familiäre Verbindungen zu Hufeland: Voigts Frau war HufelandsTante (BmV 1, 487).
438 Christiane durch Goethes Abwesenheit übellaunig: BmCV 1, 69, 74.
438 Fortschritte mit dem Roman oder deren Ausbleiben: ebd., 217.
438 «Du weißt, daß ich zu Hause»: WA IV. 11, S. 59.
438 «viel lebendiger»: Grumach 4, 191.
439 in einer Antiklimax versanden: Bode 2 48, Nr. 854.
439 Humboldt teilte die Befürchtung: ebd., 44, Nr. 845.
439 vergaß, das Manuskript mitzunehmen: WA IV. 11, S. 34f.
439 «Kränken ein liebendes Herz»: «Tabulae Votivae», «Einer», Z. 31f. (Schiller, *Werke* 1, S. 318).
439 eine «Gleichheit der Denkart»: Grumach 4, 160.
439 «Einer»: in Schiller, Werke 1, 317f.; vgl. WA I. 1, S. 348–350, 471–473.
440 an Eiskrem halb krank gegessen: BmCV 1, 61.
440 eine Flasche Champagner: ebd., 70.
440 über die Fortschritte mit *Wilhelm Meister* auf dem laufenden gehalten: ebd., 60, 63, 74, 75.
440 konnte das Manuskript identifizieren: ebd., 66.
440 bot Ermutigung: ebd., 69, 75.
441 Interesse am Weimarer Theater: ebd., 62f., 66f., 70.
441 erledigte Angelegenheiten am Theater für Goethe: ebd., 64f.
441 inspizierte und kaufte ein Stück Land: ebd., 63–65, 70.

441 Familienausflüge wurden zur Regel: ebd., 62, 68, 73.
441 «Ich habe soviel gearbeitet»: ebd., 73.
441 Ende Februar sehr kalt: ebd., 71 f.
441 Goethe hatte seinem Sohn umgehend Schlittschuhe besorgt: Grumach 4, 210.
441 lief in einiger Entfernung gravitätisch hin und her: ebd., 212.
441 die hohe Qualität der Weimarer «Gesellschaft»: Grumach 4, 211.
441 ein Tag in Jena als Gast Loders: ebd., 217.
441 Wieland, Herder, Knebel, Bertuch, Voigt: Steiger 3, 455.
441 Goethe gab eine Gesellschaft um die andere: Grumach 4, 215–219.
442 der im *Götz* verewigte Lersé: Steiger 3, 456.
442 die ihn in Jena in seiner Wohnung festhielt: Grumach 4, 241.
442 in einem Nebenzimmer: ebd., 218 f.
442 Goethe ließ eine eigene Loge herrichten: ebd., 217.
442 ob er mit dem Fuß aufstampfte oder eine atheistische Faust gen Himmel reckte: Carlson, *Theatre*, S. 89–91.
442 Iffland beeindruckte sein Publikum: WA IV. 11, S. 53 f.
442 ein Stück, «auf das ich in mehr als einer Hinsicht»: WA IV. 30, S. 59.
442 «Warum kann man doch nicht oft»: WA IV. 11, S. 58.
444 «freundschaftliche Theilnahme»: ebd.
444 In späteren Jahren schien Ifflands *Egmont*: *Tag- und Jahreshefte* 1796, WA I. 35, S. 63.
444 Gerüchte wollten wissen, daß Carl August: Bode 2 63, Nr. 881.
444 Iffland lobte höflich Genauigkeit: Grumach 4, 215.
444 «etwas unstetes und mistrauisches»: ebd., 219.
444 Beck hatte den Schnaps gespielt: Carlson, *Theatre*, S. 91.
444 eine Sängerin aus Mannheim abgeworben: Grumach 4, 195.
444 die Verhandlungen zogen sich den ganzen Sommer hin: WA IV. 11, S. 156 f.
444 Kontrakt mit Lauchstädt: WA IV. 51, S. 114.
444 die zuständigen Stellen in Jena: WA IV. 11, S. 173.
444 nicht überall herrschte Enttäuschung: BmS 1, 169.
444 «Ich endige nur meinen Roman»: WA IV. 11, S. 57.
444 bewunderte die Übersetzung von *Romeo and Juliet*: Grumach 4, 229.
445 Schlegel sei «in ästhetischen Haupt- und Grundideen»: WA IV. 11, S. 66 f.
446 «die Philister tüchtig geärgert»: Grumach 4, 223.
446 «les enfants terribles»: ebd., 223 f.
446 «Die vierzehn Tage meines hießigen Aufenthaltes»: WA IV. 11, S. 64; siehe auch Steiger 3, 461–463.
446 Graf Geßler solle heiraten: Grumach 4, 222.
446 ein goldenes Kettchen mitzubringen: ebd., 224.
447 in *Egmont* ausgesprochene Überzeugung, von Iffland deklamiert: Schiller, *Werke* 4, 669–671.
447 A. W. Schlegel zeigte es seinem Bruder: Grumach 4, 224.
447 «ein Götterfest»: Bode 2 65, Nr. 885.
447 «Man spricht sehr viel von der Idylle»: BmS 1, 193.
447 eine der besten Leistungen Goethes: ebd., 168; Bode 2 72, Nr. 894.
447 «ein ganz neues Genre»: Bode 2 98, Nr. 944.
447 Diskussion mit Schiller über das siebente Buch des *Wilhelm Meister*: BmS 1, 162.
447 die Auflösung so gut wie erreicht: Steiger 3, 465.
448 neue «Lust zu dem Roman»: BmCV 1, 75.
448 zwischen *Wilhelm Meister*, Cellini und Wanderungen: Steiger 3, 467.
448 «Ich befinde mich»: BmS 1, 162.

448 Meyer in Italien arbeitete stetig weiter und beantwortete Fragen: WA IV. 11, S. 40, 67f., 315; BmS 1, 157.
448 in Rom Angelica Kauffmann, in Neapel Philipp Hackert: WA IV. 11, S. 90, 91; die Briefe sind vor dem 13. Juni geschrieben worden, vielleicht im April oder Mai; vgl. ebd., S. 57, 68.
448 noch immer «wunderbar»: ebd., S. 39.
448 Freunde und Bekannte schrieben: BmV 1, 235.
448 Abgüsse von der Gemmensammlung: WA IV. 11, S. 57.
448 Doch in den letzten Maitagen: ebd., 87.
448 «nicht wenig besorgt»: ebd., 78.
448 Rückzug der Österreicher nach Innsbruck: BmV 1, 257.
448 Tag nach dem Fröschefangen mit August: WA IV. 11, S. 80.
449 «Wäre ihm nicht mit Dresden»: Körner an Schiller, 7. Juni 1796, NA 36 211.
449 «Wir müssen das erwarten»: WA IV. 11, S. 78.
449 Voigt glaubte in dem Durcheinander eine Chance zu erkennen: BmV 1, 262.
449 Laokoon-Gruppe und Apoll vom Belvedere: ebd., 263.
449 Hemdenbestellung rückgängig gemacht: Grumach 4, 229.
449 spätestens am 10. Juni war sich ganz Weimar bewußt: ebd., 230.
449 «durch die sonderbaren und schrecklichen Kriegsbegebenheiten»: WA IV. 11, S. 97.
449 er könne sich in seinem Gefängnis einrichten: ebd., S. 86.
449 der Roman näherte sich seinem Abschluß: ebd., S. 88.
449 «das Schicksal von Europa»: ebd., S. 101.
449 durch irgendeine Lücke schlüpfen: ebd., 102.
449 «In welches Unglück»: ebd., 87.
449 «Das Ganze kümmert sich nicht um uns»: ebd., 88 f.
449 sandte Schiller das Manuskript mit der Bitte um Kommentare: BmS 1, 174.
450 Voigt fand Jean Pauls Romane unlesbar: BmV 1, 235.
450 Jean Paul könne «im Theoretischen»: BmS 1, 178.
450 «noch zu den unsrigen gerechnet»: WA IV. 11, S. 103.
450 lebe zu «isoliert»: BmS 1, 84.
450 *Hesperus* Weimarer Gesprächsthema: BmS 1, 133.
450 «Goethe ist ein Vulkan»: Grumach 4, 230f.
450 verglich fünfzehn Jahre später: ebd., 231 f.
451 «die Unternehmung einer auslöschenden Lampe»: WA IV. 11, S. 35.
451 Geschäftsplan für die nächsten sechs Monate: BmV 1, 267.
451 von einem förmlichen Mißtrauensvotum abgehalten: BmV 1, 262; vgl. 499.
451 Versprechen des Herzogs: Grumach 4, 235.
451 diese «wahrhaft irdischen» Geschäfte: BmS 1, 192.
451 «Angst und Konfusion» in Rom: ebd., 166.
451 Waffenstillstand von Bologna: BmV 1, 270.
451 Goethe hatte sich erboten, sich um Carl zu kümmern: BmS 1, 203, 209.
451 «Der Schritt von Eins zu Zwei»: ebd., 209.
451 Goethe gratulierte: ebd., 210, 216.
451 «den letzten Theil des Wilh. Meister»: Grumach 4, 236.
451 wegen «mancher anderer Dinge»: BmS 1, 210.
451 Er fühle «erst recht lebhaft»: WA IV. 11, S. 146.
451 «ich fühle nur zu sehr»: BmS 1, 224.
452 «Nur der Gedanke»: WA IV. 11, S. 130f.

Wilhelm Meister beendet

452 «Dagegen hat nun Goethe»: Bode 2 81, Nr. 914.
452 eine seiner «inkalkulabelsten Produktionen ... um sie zu beurteilen»: HA 10, 446.
453 «Wirkung auf mein ganzes Leben»: HA 7, 518.
453 «Kehre in dich selbst zurück!»: ebd., 425.
453 «‹Ach! ... erscheinen uns denn›»: ebd., 421.
453 «Ein heiterer Tag ist wie ein grauer»: ebd.
453 «einen wirklichen Gegenstand»: ebd., 420.
453 «Uns rührt die Erzählung»: ebd., 421.
454 «ein unendliches Leere»: ebd., 422.
454 «alles trägt unmerklich»: ebd.
454 «stolz und lässig»: ebd.
455 «die Gegenwart und die Erinnerung»: ebd., 496.
455 «Fräulein Therese eine wahre Amazone»: ebd., 439.
456 «Irrtümer auf Irrtümer»: ebd., 446.
456 «Hier oder nirgends ist Amerika!»: ebd., 431.
456 «süße Empfindungen»: ebd., 464.
456 «unaussprechliche Freude»: ebd., 471.
456 «und so stand ich»: ebd., 470 f.
457 «nicht den Himmel eines schwärmerischen Glücks»: ebd., 467.
457 «Sie entsagten kurz und gut»: ebd., 469.
457 «Ich begreife nun»: Steiger 3, 465.
458 Goethes Mutter entsann sich später: WA I. 21, S. 329.
458 Sorge um «innere Bildung»: HA 7, 491.
459 «Gegenwart und die Erinnerung»: ebd., 496.
459 die «kleine Welt»: ebd., 493.
459 nach dreimaligem Anklopfen: Haas, *Turmgesellschaft*, S. 27.
459 in einer dunklen Kammer auf sich selbst besinnen oder Selbsterforschung treiben: Faber, *Illuminat*, S. 52, 184.
459 von Logenbrüdern ausgearbeiteter Bericht: ebd., S. 184.
459 in einem Spiegel wiedererkennen: ebd., S. 192.
459 Sinnbild des Geblendetseins: ebd., S. 39.
460 Wäre es möglich, fragt er sich: HA 7, 494.
460 «daß ich Bildung suchte»: ebd., 495.
461 «dem Meister nähert»: ebd., 497.
462 Rolle des älteren Illuminaten gegenüber dem jüngeren «Minerval»: Faber, *Illuminat*, S. 44 f.
462 eine der wenigen konkreten Pflichten des Kandidaten: ebd., S. 19.
462 vergaß oder nicht verstand: siehe HA 7, 425, wo Wilhelm die Botschaft des «Geistes» mißversteht.
463 das «hölzerne Räderwerk»: zitiert in Haas, *Turmgesellschaft*, S. 92.
463 Keine äußere Autorität: in diesem Sinne vertritt die Turmgesellschaft in der Tat, wie Haas (ebd., S. 84) behauptet, das «Gewissen». Es ist keine unzulässige «Psychologisierung», wenn man sagt, daß die Turmgesellschaft subjektive Realität ist (anders Barner, «Lenkung», S. 37).
463 einen «verborgenen Plan der Vorsehung»: Kant, *Werke* 11 (6), 45, 49 (*Idee zu einer allgemeinen Geschichte in weltbürgerlicher Absicht*, A403, 410, §§ 8, 9).
463 einen «Roman»: ebd., 48 (A407, §9).
463 Metapher für die christliche Kirche: Haas, *Turmgesellschaft*, S. 17 f., 37.
463 «sichtbar-unsichtbare Gesellschaft»: zitiert ebd., S. 72.
463 «aller denkenden Menschen in allen Weltteilen»: Herder, *Werke* 17, 130.

464 daß «er aussieht wie ein Mensch»: HA 7, 123.
465 seine Erscheinung und Stimme scheinen jedem bekannt: ebd., 123, 322.
465 Wilhelm beginnt, wie er auszusehen – «wie ein Mensch»: ebd., 501.
465 mag Jesuit gewesen sein: ebd., 549.
465 hat einen Zwillingsbruder: ebd., 551.
465 «Dein Schicksal ist der Widerhall»: «Das eigene Schicksal», Horen I, 3. Stück, S. 5, 9 (Herder, *Werke* 18, 404–420).
465 «Sich selbst überlassen, fällt es dem Menschen»: Humboldt, *Werke* 7, 97.
466 sein «erbittliches oder unerbittliches Schicksal»: Ha 7, 509.
467 «Nun löst sich das Rätsel»: ebd., 511.
467 Dieser «entscheidende Augenblick»: ebd., 513.
468 «die Menschen dieser Art außer uns»: ebd., 518.
468 weder die Kunst noch die Natur: ebd., 526.
468 «völlig verschieden»: ebd., 527.
468 «gewisse Gesetze auszusprechen»: ebd.
469 «ein moralisch-gesetzgebendes Wesen»: Kant, *Werke* 10 (5), 572 (*Kritik der reinen Urteilskraft*, A412, B417).
469 «Gefühl menschlicher Würde objektiviert»: wiedergegeben in Rabel, *Kant* 2, S. B15.
469 das «er sich gleichsam geschaffen»: HA 7, 516.
469 «Nie oder immer»: ebd., 538.
469 «ein Mangel, ein Bedürfnis»: ebd., 526.
469 «Du heiratest nicht eher»: ebd., 565.
470 «So laßt mich scheinen, bis ich werde»: ebd., 515.
470 wie «ein abgeschiedner Geist»: ebd., 525.
470 «Die sonderbare Natur des guten Kindes»: ebd., 522.
470 Diese «doppelte Sehnsucht»: ebd., 525.
470 «als wenn Himmel und Erde sich umarmten»: ebd.
471 «Ist sie verheiratet oder nicht»: ebd., 516.
471 «himmelweit unterschieden»: ebd., 441.
471 «Einsicht, Beharrlichkeit, Zutrauen»: ebd., 532.
471 Das «sichere Leben auf Erden»: ebd., 467.
471 «wie ich bin»: ebd., 530.
471 «die innern Mißverhältnisse»: ebd., 531.
471 «Ich sehe ihn»: ebd., 532.
472 «Wenn ich hoffe»: ebd., 531.
472 Wilhelm dankt Gott: ebd., 537.
472 wo «Kunst und Leben jede Erinnerung»: ebd., 540.
472 «Gedenke zu leben»: ebd.
473 «auf ewig die Deine»: ebd., 544.
473 «Es gibt Augenblicke des Lebens»: ebd.
473 «ein schlechtes Heilmittel»: ebd., 533.
474 «redliche, gescheite und entschlossene Leute»: ebd., 564.
474 «das Schicksal spielt»: ebd., 554.
474 «der Zufall tut alles»: ebd., 565.
474 «das Gute» in Person: ebd., 569.
474 «ein Symbol»: ebd., 570.
475 «von einem ruhigen und gründlichen Besitz»: ebd., 570f.
475 «Ängstlich ist es»: ebd., 569.
475 «Wirst du nicht immer»: ebd., 568.
475 der «sich auf ewig nicht schließen zu wollen» schien: ebd., 570.
475 Der einzige «irdische Schatz»: ebd., 569.

475 «Komm, lieber Knabe!»: ebd.
476 «den armen Teufeln»: ebd., 574.
476 daß Goethe sich distanziert: HA 13, 498.
476 dieses «Wunder der Kunst»: HA 7, 577.
476 «niemand vernahm die stärkenden Worte»: ebd., 578.
478 seines «hohlen, leeren Ichs»: ebd., 436.
480 «Wilhelm war in der schrecklichsten Lage»: ebd., 606.
480 «natürliche Vollkommenheit»: vgl. Beddow, *Fiction*, S. 70, 140.
480 «Aber und abermal gehen mir die Augen»: HA 7, 607.
480 Randbemerkung «optime»: Rabel, *Kant* 2, B16.
480 «bis ein weites Grab»: Kant, *Werke* 10 (5), 579 f. (*Kritik der Urteilskraft*, A422 f., B427 f.).
480 «Vergebens klagen wir Menschen»: HA 7, 607.
481 «Ihr werdet Wunder sehn»: ebd., 606.
481 «Ich komme, so scheint es»: ebd., 609.
481 «Als wir Bekanntschaft machten»: ebd., 609 f.
481 ein «gebildeter» Mann: ebd., 608.
481 «noch kaum ins Auge gefaßt»: ebd., 72.
482 «der tolle Bruder»: ebd., 608.
482 «ein Glück erlangt»: ebd., 610.

Eine sonderbare Revolution: Sommer 1796

483 Hoffnung in den deutschen Fürstentümern: BmV 1, 235.
483 ein Brief des Kurfürsten: ebd., 220.
483 Erhoffte Hindernisse: ebd., 243 f., 250.
483 Füsiliere zogen aus Eisenach hinaus: ebd., 251 f.
483 250 Flaschen Wein: ebd., 260 f., 252.
483 kein Fleisch: ebd., 254.
483 Aufstellung an der Front entlang der Nahe: ebd., 257, 263.
483 in die Schlacht bei Wetzlar verwickelt: ebd., 269.
483 «Die Franzosen sind Meister»: WA IV. 11, S. 102.
483 Die Führer Deutschlands schienen blind: BmV 1, 264.
483 eine «sonderbare Revolution»: WA IV. 11, S. 89; vgl. auch Goethes Interesse für eine flammende Schrift aus der Feder K. Glave-Kobielskis: BmS 1, 172; 3, 122 f.
483 Rückzug der Franzosen: WA IV. 11, S. 110.
483 Vorstoß des südfranzösischen Heers über den Rhein: ebd., 116.
484 Schwaben so gut wie verloren: BmV 1, 270.
484 Schiller verlor den Kontakt: BmS 1, 214, 222.
484 «Die politischen Dinge»: ebd., 214.
484 174 Häuser vornehmlich im Ghetto: BmV 1, 272, 275; BmS 1, 213.
484 von einem Logenplatz aus: BmS 1, 214.
484 Brief, den sie am 22. geschrieben hatte: BmS 1, 217.
484 die Gontards, Verwandte von Lili Türckheim: Beutler, *Essays*, S. 200.
484 Hölderlins Versuch vereitelt: Haris, *Development*, S. 244.
484 «so fröhlich wie möglich»: BmV 1, 272.
484 Frau Rat war aus handfesterem Stoff: HABraG 1, 252–256.
484 Abgabe von rund 2 Millionen Talern an die Franzosen: BmV 1, 275.
484 auf dem Cembalo «drauflos zu pauken»: HABraG 1, 256.
486 Weimar als kriegführende Macht identifiziert: BmV 1, 274.
486 «In dieser Art Schiffbruch»: ebd., 286.

Eine sonderbare Revolution: Sommer 1796   1033

486 Goethe vertrat keine andere Meinung: vgl. seinen Vorschlag, die Ilmenauer Zahlungen an den fränkischen Kreis einzustellen, ebd., 292 f.
486 Württemberg stimmte einem Waffenstillstand zu: ebd., 506.
486 Württemberg schloß seinen eigenen Frieden: Harris, *Development*, S. 420.
486 Sachsen-Meiningen in Verhandlungen: BmV 1, 294.
486 Zeit der «allgemeinen Auflösung»: ebd.
486 von «seltsamen Zuständen, in denen wir»: WA IV. 11, S. 146.
486 auf Nürnberg, Coburg, Römhild: ebd., S. 151, 147; BmV 1, 285.
486 «Feldkanzlei»: BmV 1, 280.
486 von halb vier Uhr morgens bis Mitternacht: ebd., 287.
486 Brief des Königs von Preußen: ebd., 286, 287.
487 irreführende Tafeln: ebd., 283, 286.
487 «das französische Ungewitter»: BmS 1, 220.
487 Carl August gewann Zeit: BmV 1, 289.
487 der Zorn Wiens: ebd., 285.
487 Vertrag von Basel: ebd., 289.
487 Seine verzweifelte, gereizte Stimmung: BmS 1, 224 («verdrießlich»).
487 «unsere öffentliche und meine innere Lage»: WA IV. 18, S. 74.
487 wie Schiller ihm einschärft: BmS 1, 225 231.
487 «bey dem ersten günstigen Sonnenblick»: WA IV. 11, S. 169, 147.
487 «eine hübsche Wohnung»: ebd., 165.
487 königliches Lob eingetragen: BmV 1, 290.
487 «wieder zu tausend anderen Dingen Lust»: BmS 1, 234.
488 «Heute erlebe ich eine eigne Epoche»: ebd., 211.
488 «wohl das Beste, was zu hoffen»: ebd., 231.
488 Fähigkeit von Pflanzen, im Dunklen zu wachsen: Steiger 3, 473; vgl. HABraG 1, 198.
488 Entstehen von verwandelten Insekten: Grumach 4, 241.
488 die kritischen Wochen verschlafen: *Tag- und Jahreshefte 1796*; WA I. 35, S. 67.
488 Vortrag Bertuchs über Papiergeld: BmV 1, 217.
488 Teegesellschaft Frau von Steins: Bode, *Stein*, S. 373.
488 Untergärtner im Botanischen Garten: WA IV. 11, S. 51; BmV 1, 237–239.
488 Plan zur Evakuierung der Theatergesellschaft: WA IV. 11, S. 136 f.
490 J. J. Mounier: Bode, *Stein*, S. 372 f., 428 f.
490 ihr gesamtes Erbe verloren: BmV 1, 273.
490 die Schwester Charlotte Schillers: Bode, *Stein*, 375–377.
492 war dabei, passende Gardinen aufzuhängen: Schlegel-Schelling, S. 159, 160.
492 «Es hat mir große Freude gemacht»: Grumach 4, 236.
492 ein großer Fisch als Präsent: BmS 1, 212.
493 Schiller glaubte, Schlegel habe einen guten Eindruck gemacht: ebd., 227.
493 «aus unschuldigen Anfängen»: HA 10, 446.
493 «Schreckensystem gegen alle die Pfuschereyen»: WA IV. 11, S. 56.
493 «poetische und gefällige» Epigramme: BmS 1, 175.
493 antike Skulpturen und berühmte Gemälde: ebd.
493 «Sind doch die Musen»: ebd., 164.
493 «der Haß doppelt so stark»: ebd., 163.
493 «eine gewisse Universalität»: Schiller, *Werke* 1, 888; Schiller-Humboldt 2, 20 (an Humboldt, 1. Februar 1796).
494 nicht genug Material: BmS 1, 220 f.
494 «unser schönes Karten- und Luftgebäude»: BmS 1, 219. Schmidt-Suphan, *Xenien*, scheinen das Zwischenstadium zu übersehen (in dem Schiller die *Xenien* als selbstän-

dige Sammlung ganz fallenlassen wollte) und zu verkennen, daß Goethe sein Bedauern über die Aufgabe des ganzen Plans äußert, nicht über Schillers Reduktion der *Xenien* auf eine Sammlung satirischer Verse, die noch gar nicht beschlossene Sache war und die letzten Endes viele der von Goethe beabsichtigten Aspekte bewahrte. Das von Schmidt und Suphan veröffentlichte, ursprüngliche Manuskript der *Xenien* war keineswegs «fast fertig» und «sorgsam durchkomponiert» (Schiller, *Werke* 1, 889), sondern lediglich ein erster Entwurf. Mit dem «Karten- und Luftgebäude» meinte Goethe seine Vorstellung von dem, was die *Xenien* sein *könnten*, nicht das Manuskript, das zwischen ihm und Schiller hin- und herging.

494 «Sie können sich von den Xenien»: ebd., 220.
494 «Ich bin mit Stolberg in einer gerechten Fehde»: ebd., 221.
494 schwenkte völlig um: ebd., 223.
494 «erstaunlich reich»: ebd., 229 f.
495 «Wer weiß, was uns einfällt»: ebd., 224.
495 «das Aug zu erfreun»: *Xenien* 30 (Zählung wie in Schiller, *Werke*).
495 fordern ihre Opfer auf, in gleicher Münze: *Xen.* 414.
495 «Philister»: *Xen.* 207.
495 Lavater nur einige Male erwähnt: *Xen.* 20, 21.
495 Stolberg die Zielscheibe von einem Dutzend Epigrammen: *Xen.* 15–17, 26, 52, 72, 116–118, 125, 278 f., 357.
495 J. C. F. Manso: *Xen.* 33–42, 89, 128, 435.
495 Adelung: *Xen.* 86, 141.
495 Campe: *Xen.* 87, 151, 152.
495 Poetaster: *Xen.* 13, 24, 25 (Hermes).
495 Kritiker: *Xen.* 27, 28 (Racknitz).
496 Jenisch: *Xen.* 268, 269.
496 Zeitschriftenherausgeber: *Xen.* 71 (Becker).
496 Leipzig: *Xen.* 309–318.
496 Nicolai: *Xen.* 10, 73, 84, 142–144, 184–206, 254, 355.
496 «das absolute Ich und der Ketzer Marcion»: Hegel, *Briefe* 1, 440 f.
496 *Xenien* verteidigen Schelling, rühmen Fichte: *Xen.* 56, 198.
496 Unverständnis der alten Schule: *Xen.* 64–66, 122.
496 Übertreibungen einiger Schüler: *Xen.* 123, 135.
496 der von Nicolai geschmähte Werther: *Xen.* 355.
496 Forster: *Xen.* 347.
496 Hennings: *Xen.* 257.
496 Cramer: *Xen.* 230, 231, 235.
496 «Gräkomanie»: *Xen.* 320–331, 301–308.
497 «Ein asphaltischer Sumpf»: *Xen.* 34.
497 «Zehnmal gelesne Gedanken»: *Xen.* 254.
497 «Von dem Ding»: *Xen.* 379.
497 «Bessern soll uns der Dichter»: *Xen.* 177.
497 «Sieben Städte»: *Xen.* 264.
497 Newtons Optiklehre: *Xen.* 164–175.
497 «Warum plagen wir»: *Xen.* 153.
498 *Eudämonia* handelte sich *Xenien* ein: WA I. 5.1, S. 274, Nr. 35; S. 284, Nr. 104; vgl. BmV 1, 240.
498 Carl August verweigerte ihm eine Stelle: BmVC 1, 261, 499 (Heusinger).
498 Komplimente der *Xenien*: *Xen.* 296, *Tabulae Votivae* (Zählung wie in Schiller, *Werke*) 44 (Kant); 259 (Wieland); 120, 129, 130 (Voß); 183 (J. H. Meyer); 82 (Schütz).
498 «Pfarrer, Kommerzienräte»: *Xen.* 404.

498 Vorliebe für «Aristokraten»: *Xen.* 212.
498 Feindschaft gegen Sansculottismus: *Xen.* 63, 119, 158, 286, 291.
498 «antibürgerliche Bewegung»: siehe Sengle, «Xenien».
498 «Mittelmäßigkeit»: WA I. 5.1, S. 293, Nr. 162.
499 Land des literarischen Schweigens: *Xen.* 106.
499 «in dem dürren stygischen Reiche»: WA I. 5.1, S. 284, Nr. 109, vgl. S. 292, Nr. 156.
499 «Das Deutsche Reich»: *Xen.* 95.
499 «Deutscher Nationalcharakter»: *Xen.* 96.
499 «Was das Luthertum war»: *Xen.* 93.
500 den Verfassern durchs Leben geholfen: *Tabulae Votivae* (Zählung wie in Schiller, Werke 1, 303–318).
500 «Adel» eine rein metaphorische Bedeutung: *Tab. Vot.* 5.
500 einfach als Vehikel betrachtet: *Tab. Vot.* 89–95.
500 persönliche Verbindung, nicht ohne erotisches Element: *Tab. Vot.* 93, 94, 98, vgl. 3, 4.
500 ästhetische Bildung: *Tab. Vot.* 2, 7.
500 in den Wind gesäter Samen: *Tab. Vot.* 4.
500 alter Schirmherr Prometheus: *Tab. Vot.* 98.
500 «Ein Unendliches ahndet»: *Tab. Vot.* 63.
500 Kantianismus das neue Instrument: *Xen.* 200.
500 beide Dichter können profitieren: *Tab. Vot.* 21, 22.
500 Oden in vorgeblich toten Sprachen: *Tab. Vot.* 101.
500 «aus Rom und Athen borgen»: *Tab. Vot.* 100.
500 eine «bürgerliche Idylle»: BmS 3, 132.
501 «sonderbare Revolution»: WA IV. 11, S. 89.
501 vieles von der «Stimmung» abhängig: BmS 1, 127; vgl. WA IV. 11, S. 41, 65.
501 «zufällige Ereignisse»: BmS 1, 170.
501 daß «man beinahe abergläubisch»: ebd.
501 empfand kein Hochgefühl: ebd., 174.
501 «eine sonderbare Epoche»: ebd., 167.
501 bereit, ihn «loszusprechen»: ebd., 174.
501 innere Notwendigkeit des Romans: ebd., 178.
501 «Ich bin beunruhigt»: ebd., 176.
501 drei lange Briefe folgten: ebd., 179–192, Nr. 180–182.
501 «so gar nichts *Sansculottisches*»: ebd., 191.
501 außerstande, die Einwände zu erörtern: ebd., 194.
502 «daß ich bis jetzt zwar die *Stätigkeit*»: ebd., 179.
502 «Ich selbst glaube kaum»: BmS 3, 131 f.
502 Am 8. Juli feuerte Schiller: BmS 1, 195–201.
502 Schiller lebte mehr in Goethes Persönlichkeit: Bode 2 72, Nr. 895.
502 «Für den deutschen Dichter gibt es»: ebd., Nr. 893.
502 «einen Theil meiner Existenz»: WA IV. 11, S. 93.
503 Diderots *Essai sur la peinture*: ebd., 149.
503 Sömmerrings unbedarfter Versuch: WA IV. 11, S. 98, 174–178.
503 «Der Fehler»: BmS 1, 201.
503 Es überrascht nicht, daß er im folgenden Brief: ebd., 203.
503 Ausdruck eines außerordentlich starken Ichs: Grumach 4, 210.
503 «die seltsame Mischung»: ebd., 212.
504 dankt Schiller dafür, auf eine «so entschiedene Weise»: BmS 1, 202.
504 Unbedingt, so schrieb er zurück: ebd., 204.
504 «Ich gestehe es»: ebd., 206.
505 überarbeitete Stellen im achten Buch: ebd., 214–216.

505 «einen Mittagsschlaf»: ebd., 219.
505 «Es liegt in der Verschiedenheit unserer Naturen»: ebd., 228.
505 «die Ansprüche, die dieses Buch»: ebd., 173.
505 schwankte noch immer: ebd., 231.
505 «wie von einer großen Debauche»: ebd., 233.
505 unwahrscheinlich, daß Schiller das achte Buch: vgl. ebd., 249.
505 die «tausend andern Dinge»: ebd., 234.
505 die «Verzahnungen»: ebd., 210.
505 Meyers Beschreibung von Correggios *Flucht nach Ägypten*: WA IV. 11, S. 165, 328.
505 Hero und Leander: BmS 1, 163; Grumach 4, 226, 301.
505 «Pompeji und Herkulanum»: Schiller, *Werke* 1, 234–236.
506 «Die Altäre»: ebd., 236.
506 «Eine große Epoche»: *Xen.* 31.
506 Goethe schickte das letzte Buch: Steiger 3, 492.
506 Hoffnungen auf Feuerwerk: WA IV. 11, S. 170f.
506 die Franzosen bei Amberg geschlagen: ebd., 178f.

Zwischen Realismus und Idealismus: Werke, 1796

506 zu mehr Kommentaren eingeladen: DKV I. 9, S. 1273.
506 Nicolai, Madame de Staël, Carlyle: ebd., S. 1315, 1325, 1331.
507 Dilthey: zitiert z. B. ebd., S. 1338.
507 D. H. Lawrence kritisierte die «eigentümliche Immoralität»: an Aldous Huxley, 27. März 1928 Lawrence, *Letters*, S. 168.
507 fruchtbare Anregung der jüngsten Goethe-Deutung: siehe Beddow, *Fiction*.
508 «Wilhelms Einführung in das Leben»: DKV I. 9, S. 1349.
508 Roman ende damit, daß Wilhelm Natalie heiratet: ebd., S. 1326.
508 Gymnasialdirektor Manso: ebd., S. 1284.
508 «... die Wallfahrt nach dem Adelsdiplom»: ebd., S. 1314.
508 «daß der Held ein *country gentleman*»: Bienemann, «La Trobe», S. 225.
508 dekonstruktivistische Lesarten: Schlaffer, Degering.
508 Humboldt, erster Theoretiker der menschlichen «Bildung»: Humboldt, *Werke* 7, 12.
508 «kotyledonenartige» Anfänge: HA 10, 431.
508 rang um die Definition der «Urpflanze»: WA II. 7, S. 276.
508 «Möge meine Existenz»: HA 11, 217.
509 «das Labyrinth der thierischen Bildung»: WA II. 8, S. 16, 22.
509 eine einzige «Idee» werde ihm hinaushelfen: BmS 1, 46.
509 Leibniz' «Begriff der *Stetigkeit*»: BmS 1, 228; vgl. 227.
509 nicht «organisiert» ... «kaum eine andere Einheit»: BmS 3, 131; HABr 2, 575.
509 «der Held hat keinen Plan»: HA 7, 254; dagegen die ursprüngliche Formulierung in WA I. 52, S. 248, zitiert in Bd. I, S. 464: «Hier hat der Held keinen Plan, aber das Stück hat einen.»
509 «Zweckmäßigkeit ohne Zweck»: Kant, *Werke* 10 (5), 300 (*Kritik der Urteilskraft*, A35, B35).
509 «Entsagung auf einen Endzweck loszugehen»: WA II. 8, S. 350.
509 «Wie können wir die Teile»: HABr 2, 175.
509 «die Keime dessen»: HA 7, 235.
510 «rückt der Stengel»: §31, HA 13, 73.
510 ein neuer, schmaler, zarter Stengel: vgl. HA 1, 200, Zeile 39.
511 «Die ganze vegetabilische Natur»: WA II. 5.1, S. 3f.
511 «Der höchste Augenblick für den Menschen»: Humboldt, *Werke* 7, 12.
512 «Gatte und Gattin auf *einem* Stengel»: HA 7, 584.

513 «keine Erfahrung», sondern eine «Idee»: HA 10, 540.
513 Epigramme, die menschliches und pflanzliches Leben vergleichen: «Das Höchste» (siehe folgende Anmerkung), *Tabulae Votivae*, Nr. 2–4.
513 «Suchst du das Höchste»: Schiller, *Werke* 1, 243.
513 «das Leben im Ganzen»: Bd. I, S. 645.
517 das erneuerte Gefühl für das religiöse Geheimnis: vgl. das undatierte Fragment WA I. 52, S. 407, Paral. 105: «Das Leben ist er alles Leben ist / Der Sinn von jedem Sinn [...] Bet an und schweig.»
518 «Das nennen wir anderen Menschen»: Grumach 4, 160.
518 ein «wackerer Bürger der edelste Stoff»: HA 1, 227, Nr. 137.
519 Schiller in seinen philosophischen Gedichten und Epigrammen von 1795: vgl. oben, Anm. zu S. 349.
519 daß er «seine moderne Natur»: HABr 2, 209.
519 Symbol seiner reinen, erfüllenden, natürlichen Liebe: HA 7, 583.
519 Aquarelle vom Lago Maggiore: HA 7 (1988), 810.
520 Der ganze «Plan» des Romans: BmS 1, 210.
520 «wie einen ersten Band»: *Tag- und Jahreshefte* bis 1780; HA 10, 431.
520 «Der Unterschied zwischen den Schriften»: Fairley, *Study*, S, 164, zitiert in Gray, *Alchemist*, S. 182.
521 «immer zu spät und immer umsonst»: HA 7, 607.
522 «um die Verwicklung zu vermehren»: BmS 1, 197.
522 der Roman «der Spiegel des wirklichen Lebens»: Lafontaine, *Clairant*, S. 273.
522 *Clara du Plessis und Clairant*: zu *Clara du Plessis* (= «[die] Emigrierten») und Jean Pauls *Hesperus* als Konkurrenz für Goethe und Schiller siehe BmS 1, 133, 146, Grumach 4, 135.
522 «treue Verwendung der Sitten und Begebenheiten»: Lafontaine, *Clairant*, S. 271.
523 Recht der Grundbesitzer auf ihr Eigentum: HA 7, 507.
525 ein Sizilien oder Delos: der Hinweis auf einen «Tempel» (*Alexis und Dora*, Z. 39) läßt an die Antike denken; «unserer Königin» (Z. 74) verrät, daß es nicht die römische ist.
525 Kaufmann aus der Geschichte vom Prokurator: HA 6, 172.
525 «Bist du nicht mein?»: Z. 100f.
526 «Bilder der Hoffnung»: Z. 135.
526 die drei früheren Male, da er nach Italien: siehe Schallehn, «Ursprung».
526 in einem homerischen Gleichnis: Leider muß man den in Pickering, «Bilder», verfolgten Deutungsansatz als Irrweg bezeichnen. Das homerische Gleichnis in Z. 25–30 ist kein verspäteter Prolog; auch ist das Gedicht als ganzes keine Scharade. Treffend hierzu Borchmeyer, «Alexis»:
527 sexuell emblematische Früchte: Schöne, *Götterzeichen*, S. 79 f.
527 «O mein Herz!»: Forster, *Werke* 7, 329.
528 die homerische Wendung von den «Gaben der Aphrodite»: Grumach 4, 111.
528 «Ridiculous the sad waste time»: «Burnt Norton», Z. 174f.
528 «jedes unerwartete und unverdiente Liebesglück»: BmS 1, 171.
529 «Jammer und Glück»: *Alexis und Dora*, Z. 156, vgl. Z. 98.
531 «Ach! unaufhaltsam strebet»: ebd., Z. 185.
533 Augenblick, da sein Leben an seinem Zenit: Staiger, *Goethe* 2, 228 – nur daß der Zenit nicht das Jena von 1796, sondern das Sizilien von 1787 war.
533 palladianisches «Ungeheuer»: siehe Bd. I, S. 481, 489f.

1038   Anmerkungen

Vierzehntes Kapitel»

Gezeitenwechsel: September 1796 – März 1797

535   «Niemand flucht den Franzosen mehr»: Grumach 4, 242.
535   «reisefertig»: WA IV. 12, S. 79.
535   «den ersten günstigen Sonnenblick»: WA IV. 11, S. 169.
536   Frau Rat vergoß Freudentränen: SGG4, 115, 119.
536   den Basler Frieden zu brechen: BmV 1, 261.
536   «Der leidige Krieg»: WA IV. 12, S. 17.
536   «Nous aurons tout»: Haskell und Penny, *Taste*, S. 110.
537   knapp einem Blutbad entgangen: SGG4, 71; vgl. WA IV. 12, S. 100.
537   der «zweideutige» Frieden von Leoben: BmV 1, 319.
537   Venedig erneuerte nicht die Vermählung mit dem Meer: WA IV. 12, S. 128.
537   Interesse an den Alpenübergängen: ebd., 318.
537   «cisalpinisiert»: Doyle, *Revolution*, S. 361.
537   der ältere Stäudlin: Droz, *Allemagne*, S. 116f.
537   400 Gulden, freie Wäsche: Hegel, *Briefe* 1, 41, 44.
538   glaubte «an eine künftige Revolution der Gesinnungen»: Constantine, *Hölderlin*, S. 77.
538   Schriften nach Art der Beschwerde-«cahiers»: Droz, *Allemagne*, S. 123 f.
538   Hegel verfaßte eine vernichtende Attacke: Hegel, TWA 1, 268–273.
538   Dorsch und Böhmer jetzt in Paris: Droz, *Allemagne*, S. 192, 202.
539   Dieselbe Gruppe verlangte die Abschaffung der Sonn- und Namenstage: Jahn, Morgenbesser, Laukhard, Riem (Droz, *Allemagne*, S. 92–94, 101, 107–109).
539   «wie mit einer Domäne»: BmV 1, 319.
540   «daß es nicht sowohl der royalistischen»: WA IV. 12, S. 332.
540   Verhandlungen in Udine abgebrochen: BmV 1, 344.
540   noch vor einem Jahr die Eingliederung nach Preußen betrieben: BmV 1, 254.
540   Umwandlung des Reichstags: Droz, *Allemagne*, S. 330.
540   Frau Rat bereitete sich vor: SGG4, 79 f.
540   Nachruf auf das Heilige Römische Reich: Görres, *Werke* 1, 18. Die Berechnung selbst war eine Geste des Radikalismus, da sie die Reichsgründung erst auf den Vertrag von Verdun datierte (den Görres 842 statt 843 ansetzt, ebd., 19), d. h. auf die Teilung des Reichs Karls des Großen in Frankreich und Deutschland, und nicht auf die von konservativen Juristen bevorzugte Übernahme der Alleinherrschaft durch Julius Caesar.
540   «Indem wir nun auf alles dieses»: WA IV. 11, S. 204 f.
541   Weg zu den Alpenpässen frei: ebd., S. 203.
541   Goethe lieh sich Zeichnungen: ebd., S. 195, 203.
541   Kreditkonditionen: BmS 1, 268 f.
541   winterliche «Leibeigenschaft»: WA IV. 11, S. 233.
541   «Das Tagebuch meiner Reise»: ebd., 242.
541   «Was nur durch die Sinne»: ebd., 247.
541   «machen mich hier im Saalgrunde»: ebd., 211.
541   «nur die schlimmsten Nachrichten»: ebd., 189 f.
541   seiner Mutter zum Umzug raten: ebd., 192.
542   «so weit weg» nach Weimar: SGG 4, 113, 121.
542   «neuer Antrieb zur großen Idylle»: WA III. 2, S. 47.
542   eine «gute Stimmung»: WA IV. 11, S. 195.
542   begann, zu «versificieren»: WA III. 2, S. 47.
542   «Die Ausführung, die gleichsam»: Grumach 4, 245.

542 das Ansinnen, *Macbeth* einzurichten: WA IV. 11, S. 195.
542 die lungenkranke Braut Hardenbergs: Steiger 3, 497.
542 «eigentlich nur durchs Ohr empfangen»: Bode 2, 105.
542 während der Niederschrift Schiller und seiner Frau vorgelesen: Grumach 4, 247.
542 danach dem Herzog: WA III. 2, S. 49.
542 schließlich in größerem Kreise: Grumach 4, 265.
542 als Böttiger zu hören bekam: ebd., 264.
542 «Goethe arbeitet seine Gedichte»: ebd., 313.
543 «das, was bey mir ohne»: WA IV. 12, S. 34.
543 mit seiner Einbildungskraft haushalten: Steiger 3, 544.
543 der rechte Augenblick und die rechte Stimmung: WA IV. 11, S. 251, 283.
543 Christiane machte sich Vorwürfe: BmCV 1, 97.
543 «die zwei armen letzten Gesänge»: BmS 1, 244 f.
543 Zu Schiller sagte er, er habe nachgedacht: Grumach 4, 245.
542 zuerst als Theaterstück behandeln wollen: ebd., 264.
542 Handlung «ohngefähr im vergangenen August» (1796): WA IV. 11, S. 273.
542 er habe «da hinein, so wie immer»: Steiger 3, 665.
544 Ihr erster Bräutigam: Vor dem Neunten Gesang ist von dem ersten Verlobten nur in den Zeilen VI. 186–190 und eventuell 251, VII. 101 und VIII. 65 die Rede. Alle diese Zeilen lassen sich ohne weiteres aus ihrem Kontext herauslösen. Möglicherweise handelt es sich um Zusätze aus der Zeit zwischen dem 15. März 1797 (als Goethe das Gedicht «geendigt» hatte) und dem 21. März 1797 (als das erhalten gebliebene Manuskript begonnen wurde, in dem diese Zeilen enthalten sind); vgl. Goethes Brief an Schiller vom 19. April, BmS 1, 323. In den Gesprächen, in denen sich Dorothea und Herrmann im Rahmen des ursprünglich konzipierten Schlusses des Gedichts über ihre Absichten klar werden (IX. 134–181 und 213–221), fehlt sonderbarerweise jeder Hinweis auf die erste Verlobung und den ersten Ring. Man beachte auch, daß die Zeile IX. 251 unterstellt, daß der Geistliche völlig vergessen hat, was ihm VI. 186–190 gesagt worden ist.
544 «Gabe von oben her»: *Tab. Vot.* 100, Schiller, *Werke* 1, 315.
544 «Honoratioren»: Bode 2, 92 f.
544 zunehmende Eigenwilligkeit von Vossens Homer-Übersetzungen: Steiger 3, 499.
545 dieses Beispiel habe *Herrmann und Dorothea* erst möglich gemacht: WA IV. 11, S. 278; Grumach 4, 264; vgl. auch WA IV. 11, S. 338.
545 «Vossen völlig entgegengesetzt»: Bode 2, 80.
545 ein «romantisiertes» – modernes, subjektives – «Epos»: Bode 2, 111.
545 die Fliegen vor dem Gasthaus am Marktplatz: *Herrmann und Dorothea* I. 164–168.
545 «das Bübchen»: BmCV 1, 83.
545 «jene herrlichen Gegenden»: WA IV. 12, S. 15.
545 Ehemann Zucchi inzwischen gestorben: Steiger 3, 535.
545 «Wenn Du so weg bist»: BmCV 1, 91.
545 Goethes Hoffnung auf Vollendung seines Epos: WA IV. 12, S. 4; IV. 11, S. 283; IV. 12, S. 26; vgl. IV. 11, S. 251.
545 mit seinem Schreiben Geld zu verdienen: WA IV. 11, S. 338.
546 wollte zunächst nach Wien reisen: WA IV. 12, S. 16.
546 neuer Antrieb zu seinem Gedicht: WA IV. 12, S. 4; III. 2, S. 53.
546 «Nach dem Wagestück mit den *Xenien*»: WA IV. 11, S. 263.
546 Vier Zentner der kleinen Bändchen: ebd., 227.
546 im Schatten der *Xenien*: vgl. WA IV. 11, S. 243.
546 Der Herzog von Gotha angeblich verärgert: BmS 1, 255.
546 Lavater sprach vielsagend: Bode 2 97, Nr. 941.

Anmerkungen

547 «Goethe schadet's zwar nicht»: ebd., 83, Nr. 938.
547 Briefe aus Kopenhagen: ebd., 83 f., Nr. 920.
547 «Furien-Almanach»: BmS 1, 255.
547 Unbehagen Friedrich Schlegels: Grumach 4, 249.
547 Kant «höchst unzufrieden»: Bode 2 99, Nr. 945.
547 Sansculotten und literarische Robespierres: Bode 2 100, Nr. 946; 86, Nr. 935; 81, Nr. 941; vgl. 76, Nr. 905.
547 «Göthens Aufruf an Deutschland»: zitiert in Sengle, «Xenien», S. 138.
547 Poetische Einbildung: ebd., S. 137.
547 Epigramm gegen den «Minister» Goethe: Bode 2 87, Nr. 927.
547 peinlich verlaufener Besuch in Weimar: Bd. I, S. 667 f.
547 Humboldt sah Zwietracht gesät: BmS 3, 178.
547 Voß sagte einen zweiten Besuch ab: BmS 1, 340.
548 Voigt hatte sich anfangs die Zeit vertrieben: BmV 1, 319.
548 «Der Xenien-Krieg»: Bode 2 98, Nr. 943.
548 «Es gehört eine gewisse Stärke der Seele dazu»: Bd. I, S. 183.
548 Frau von Stein bedauerte die Besudelung: Bode 2 79, Nr. 911; HABraG 1, 257.
548 Knebel lobte die Bezüge zur Revolution: Bode 2 82, Nr. 916.
548 «Das ist mein Mann»: ebd., 96, Nr. 938.
548 Auch Jacobi war steckengeblieben: HABraG 1, 261 f.
548 Humboldt verstand genau: ebd., 258 f.
548 «daß er die Welt und das Leben»: ebd., 258.
548 «jeder Mensch im *Meister* seine Lehrjahre»: ebd., 259.
548 über «den vierten Band meines Roman» ... «vielleicht nur einen geringen Theil»: WA IV. 11, S. 297 f.
548 «Dieses Ganze ohne Ende»: ebd., 233.
549 hielten es einfach für unfertig: SGG4, 118, 121.
549 «Lassen Sie uns nun»: BmS 1, 249.
549 «zwischen Hof und Hinterhof»: Bode 2 84, Nr. 920.
549 Amouren mit reiferen Jüdinnen: ebd., 103, Nr. 953.
549 Elegie zur Ankündigung des neuen Epos: HA 1, 197 f.
550 «worin er das Publikum wegen der *Xenien*»: Bode 2 10, Nr. 947.
550 Charlotte Schiller bemerkte: Bode 2 102, Nr. 952.
551 «Prüfungen», die das historische «Geschick»: HA 1 198, Zeile 42.
551 «allein auf dem Parnaß»: Bode 2 89, Nr. 930.
551 «das Monopol auf Geschmack»: ebd., 84, Nr. 921.
551 Schlegel kommentierte sarkastisch: Behler, *Schlegel*, S. 46.
552 eine «Mumie», wie Goethe grausam sagte: WA IV. 12, S. 118.
552 «das Genie- und Xenien-Wesen»: BmS 1, 389.
552 «Ich muß mich doch wirklich drüber wundern»: ebd., 359.
552 «Sie war lustig und munter»: Bode 2 85, Nr. 922.
553 der schottische Geistliche James Macdonald: siehe Gillies, *Hebridean*, S. 1, 3, 101–114.
552 «die neuern Künstler» alle in der nämlichen Lage: WA IV. 12, S. 177 f.
553 Eine leidenschaftliche Natur, intime Kenntnis: vgl. WA IV. 11, S. 283.
553 sandte ihr eine Luxusausgabe von *Wilhelm Meister*: Bode 2 105, Nr. 958.
553 seufzte Wieland: Bode 2 87, Nr. 926.
553 Garlieb Merkel, Feind auf Lebenszeit: Grumach 4, 248 f.
553 «Er ist ein sonder- und wunderbarer Sterblicher»: Bode 2 87, Nr. 926.
553 «zu wünschen, daß dies oder jenes anders an ihm wäre»: vg. Zeile 11 f. der Elegie «Herrmann und Dorothea»:

554 «mein teurer, mein immer teurerer Freund»: BmS 1, 314.
554 «je mehr Verhältnissen ich jetzt abgestorben»: ebd., 349.
554 Opfer wie Friedrich Schlegel: BmS 1, 268; vgl. 341.
554 Herder war das Geschäft verhaßt: Bode 2 106, Nr. 959.
554 Klopstock, dessen Distichon: BmS 1, 268.
554 «Mir wird bei allen Urteilen»: ebd., 264.
554 «Er glaube, bei Ihnen noch immer»: ebd., 259.
554 ihre «unzertrennlichste Vereinigung»: ebd., 286.
554 «so ästhetisch als möglich»: ebd., 287.
554 nunmehr, im Januar, habe er den Text fertig: ebd., 296.
555 fünfaktige Prosatragödie *Dido*: Schöll-Wahle 2, 469–514.
555 «voll Lobes» zurückgeschickt: Bode, *Stein*, S. 418.
555 Vergilzitate zum Lobe des Lukrez: Schöll-Wahle 2, 512.
555 Ogon hat Elissa geliebt: ebd., 488.
555 Doppelkinn und Schmerbauch: ebd., 475.
555 «Erhabene Empfindungen»: ebd., 475 f.
555 von der Schlange lernen: ebd., 488.
555 «Gelübde thun wir uns selber»: ebd., 487.
555 «von einem ungesunden Trank»: ebd., 488.
555 «Ich habe nur eine Existenz»: ebd., 512; vgl. 20. Januar 1787 an Frau von Stein: «Ich habe nur *Eine* Existenz, diese habe ich diesmal ganz gespielt» (HABNr 2, 44).
556 «kein respect vor die schönen Geister»: Grumach 4, 242.
556 bot Frau von Stein über 100 Taler: Bode, *Stein*, S. 421.
556 «daß ihre Natur von der Beschaffenheit»: Bode 2 104, Nr. 955.
556 «Ich glaube, mein Herz versteinert»: Bode, *Stein*, S. 390.
556 August Göthe, wie er sich schrieb: BmCV 1, 123.
557 «Ob diese fleischernen Gaben»: Bode 2 97, Nr. 939.
557 höflich und wohlerzogen, «nen Stück Geld»: BmCV 1, 114, 125.
557 erwiderte, es sei doch «eigentlich sehr natürlich»: Schöll-Wahle 2, 350.
557 Der erste erhaltene Brief Goethes nach 1789: WA IV. 11, S. 187 f.
557 «Wer gerne leben mag»: HABr 2, 239.
558 Goethe und Frau von Stein drei Vormittage beschäftigt: Bode 2 86, Nr. 924.
558 Rückkehr nach Weimar kam nicht in Betracht: Bode, *Stein*, S. 405.
558 gab Fritzens «Egoismus» die Schuld: ebd.
558 voll des Lobes über seine Güte: Schöll-Wahle 2, 343 f.
558 zwei gescheiterte Verlobungsversuche: Bode, *Stein*, S. 400.
559 sich «ein Mamsellchen» nehmen: Bode 2 85, Nr. 922.
559 ausdrücklich gesagt, er wolle dergleichen nicht noch einmal erleben: Grumach 4, 251.
559 «Es ist doch schade»: Grumach 4, 257.
559 viel weniger «steif und zurückgezogen»: ebd., 320.
559 Emilie von Einsiedel: Bd. I, S. 446.
559 einträchtig mit der Herzogin auf dem Sofa: Bode, *Stein*, S. 374 f.
560 gehobene Handwerker und Händler: BmCV 1, 80, 107.
560 Waschen und Bügeln der Vorhänge: ebd., 89, 139.
560 Versuche zur Optik: ebd., 78.
560 sechs Pfund Jenaer Seife: ebd., 98.
560 zur Kirche zu gehen: ebd., 92.
560 ein neues Kleid einzuweihen: ebd., 145.
560 erstattete so ausführlich Bericht: ebd., 120.
560 Goethes Denkschrift über die Gegenmaßnahmen: WA IV. 12, S. 146.
560 «daß dieses Weib, welches die Mutter»: Bode 2 91, Nr. 932.

560 «warum er sich nur nicht eine schöne Italienerin»: Bode 2 94, Nr. 935.
561 «Ich mache mir alle mögliche Beschäftigung»: BmCV 1, 93.
561 «Ich kann Dir nur so viel sagen»: ebd., 95, 127.
561 Die «fürchterliche Prosa hier in Weimar»: WA IV. 11, S. 232.
561 «um diese paar Monate»: ebd., 240.
562 der Titel, den er ihm geben wollte: *Morphologie*: WA III. 2, S. 48.
562 «Morphologie Ruht auf der Überzeugung»: LA I. 10, S. 128.
562 «ohne welche denn doch»: WA IV. 11, S. 260.
563 «eine Art von subjectivem Ganzen» ... «die Welt des Auges»: ebd., 264.
563 «verwandte» Teile desselben Beginnens: WA IV. 12, S. 32; vgl. IV. 11, S. 291; IV. 12, S. 25.
563 «Du würdest mich nicht mehr»: WA IV. 11, S. 234.
563 Baaders Schrift: Baader, *Werke* 3, S. 203–246.
563 dem «bloß maschinistisch erklärenden Physiker»: ebd., 207.
564 die morgendlichen Diktate im Bett: WA IV. 11, S. 281; vgl. RA 2 146, Nr. 469.
564 Fachmann für die neue Chemie Lavoisiers: BmV 1, 331, 519 f.
564 «mehr als Geschäft»: WA IV. 11, S. 290.
564 «Das Ganze simplicirt sich unglaublich»: ebd., S. 289.
564 sonderbare Beobachtung an einem Ölgemälde: WA III. 2, S. 71; vgl. HA 13, 366 f.
565 heftiger Felssturz: BmV 1, 517.
565 am 29. von dem Unglück erfahren, an demselben Abend den Herzog unterrichtet: Steiger 3, 511.
565 August ließ den Vater nicht schlafen: WA IV. 11, S. 254.
565 «es ist ein Kriegszustand»: ebd., S. 259.
565 Umzug in ein Privatquartier: ebd., 255.
565 Zeit nicht nutzlos vertan: vgl. «So geht mir die Zeit verloren», ebd., S. 254.
565 Seine Berichte von der Front: Grumach 4, 254 f.
565 Investoren gegen schlechte Nachrichten abgeschirmt: Steiger 3, 699.
565 Voigt war entsetzt: BmV 1, 357.
565 der alte Schnauß war jetzt so schwerhörig: ebd., 336.
565 um Michaeli waren noch sieben Taler in der Kasse: BmV 1, 391.
565 Pumpen und Belüftungssystem: ebd., 385.
566 August Vulpius auf eine anspruchslose Stelle berufen: ebd., 343.
566 Voigt meldete Vergötterung: ebd., 345.
566 spielte mit dem Gedanken, *Nathan* aufzuführen: WA IV. 12, S. 52.
568 in Lauchstädt faßte das Theater die Menge nicht: BmV 1, 379.
568 Studenten bildeten eine Ehrengarde: BmCV 1, 143.
568 erbitterte Intrigen der übrigen Schauspielerinnen: BmCV 1, 121, 143.
568 glaubte, ihr Engagement sei Goethe nicht besonders willkommen: Grumach 4, 278.
568 «In seinem Wesen lag eine gewisse Pedanterie»: ebd.
568 «in welcher unzugänglichen Burg»: WA IV. 11, S. 276.
568 «Demoiselle Jagemann» war außer sich: Grumach 4, 285 f.
569 «So viel ich weiß, hat Goethe»: Bode 2 95, Nr. 937.
569 Humboldt war soeben auf den Gedanken gekommen: HABr 2, 259.
569 ein Einkommen weit über Goethes Ministergehalt: Alexander von Humboldt bekam 3476 Taler (Botting, *Humboldt*, S. 50).
570 Johann Jost von Loen: in Bd. I, S. 673, verwechselt mit seinem Vater Johann Michael von Loen.
570 «Die dummen Kerle»: zu Eckermann, 24. Januar 1830.
570 Böttiger war im November gefragt worden: Steiger 3, 517 f.
571 erstens, weil er Geld benötigte: HABr 2, 259.

Gezeitenwechsel: September 1796 – März 1797 1043

571 Unger scheint keine Vertragsverletzung gesehen zu haben: Loram, *Publishers*, S. 44.
571 die eigenartige Verhandlungsform, die Böttiger eröffnet wurde: HABr 2, 354.
571 «ein Zuschauer, der Ihr Freund ist»: Grumach 4, 275 f.
572 «Ja, recht gut»: Grumach 4, 307 f.
572 Böttiger gab sie preis: August Rode an Böttiger, 28. August 1797, zitiert in Böttiger, *Reise*, S. 73.
572 was Cotta Hölderlin gezahlt hatte: Häussermann, *Hölderlin*, S. 108.
572 was Cotta dann im Frühjahr zahlte: BmS 1, 345 (d. h. im wesentlichen für *Cellini* und *Briefe aus der Schweiz*).
572 mußte sein Loblied auf die Ehe bis Angang Mai fertig sein: HABr 2, 254. Der Sonntag Jubilate fiel 1797 auf den 7. Mai.
572 «um sich nicht fremder zu werden»: BmS 1, 307.
572 «da fingen wir beide eins an zu heulen»: BmCV 1, 89.
572 muß die Nachricht vom Fall Mantuas erhalten haben: auf jeden Fall spätestens am 9. Februar, vgl. den verlorengegangenen Brief an Gerning von diesem Tag (RA 2, 624; vgl. WA IV. 12, S. 459).
572 alter Bergfried oberhalb von Jena: Steiger 3, 561: der Fuchsturm.
572 Route über die Lombardei: vgl. WA IV. 12, S. 113.
572 wenig Zutrauen zu Gerning: HABr 2, 259.
572 als müsse der Aufbruch nach Italien erneut verschoben werden: Steiger 3, 552.
573 war er in einen «guten Gang» gekommen: BmCV 1, 99.
573 und sich «lieb hatten»: ebd., 102.
573 «gleichsam wieder ein neues Gedicht»: WA IV. 12, S. 92.
573 ein Leben, «das nun ein unendliches scheinet»: *Herrmann und Dorothea* IX. 225, die letzte Zeile des unfertigen, Böttiger übersandten Gesanges.
574 «das erste mal so viele berühmte Männer»: Grumach 4, 311.
574 «äußerst zufrieden» mit dem Ort: BmV 1, 368.
574 «Schiller ist fleißig»: WA IV. 11, S. 81 f.
575 «die Morgenröthe der echten Kunst»: Schlegel, *Schriften*, S. 153.
575 «etwas untergeht»: Schiller-Humboldt 2, 99 (an Schiller, 18. Juni 1797).
575 seine «unendlich interessante Existenz»: Grumach 4, 289.
575 er «verdarb uns ziemlich den Spaß»: ebd., 298.
575 Auffassung des Finanzministers Schmidt: BmV 1, 365.
575 frische Luft und Bewegung: BmS 1, 293.
576 «pro promovendo negotio amici Schilleri»: BmV 1, 337.
576 *Wallenstein* «in der schwersten Krise»: BmS 1, 296.
576 «einen gewissen kühnen Glauben» an sich selbst: ebd., 261.
576 «auf dem Glück der Fabel»: ebd., 313.
576 «Es ist in einer viel *pesantern*»: WA IV. 12, S. 143.
578 die «mächtige Hand» der Inspiration: BmS 1, 253.
578 mit der ihm eigenen redaktionellen Entschiedenheit: Schiller an Cotta, 1. Februar 1797, NA 29, 42.
578 das Heer in der Rolle des Chores: WA IV. 12, S. 143.
578 Massenszenen in Shakespeares *Julius Caesar*: BmS 1, 316.
578 «Das eigentliche Schicksal tut noch zu wenig»: ebd., 270.
579 Schiller gestand, daß nur die Liebenden: ebd.
579 «über die Wirkung des Verstandes»: Grumach 4, 289.
579 sandte Schiller Reflexionen zu der Rolle, die «das Schicksal»: WA IV. 12, S. 101.
581 «Unglaublich aber ist's»: ebd., 82.
581 Novalis beschloß eine neue Zeitrechnung: Steiger 3, 562.
581 «weil alles was einen umgiebt»: WA IV. 12, S. 74 f.

581 *Allgemeine Übersicht der neuesten philosophischen Literatur*: 1809 unter dem neuen Titel Abhandlungen zur Erläuterung des Idealismus der Wissenschsftlehre publiziert (Schelling 1794/98, S. 223–332).
583 «*Geist* heiß ich, was nur sein *eignes* Objekt ist»: ebd., S. 246.
583 Und da «keine Welt da ist»: ebd., S. 238.
583 Ein «Dualismus», eine «Duplizität»: ebd., S. 275, 306.
583 «Expansion und Contraktion des Geistes»: ebd., 276.
583 «Die äußere Welt liegt vor uns»: ebd., S. 288.
583 «Stufenfolge»: ebd., S. 270.
584 «Die Philosophie eines Menschen»: ebd., S. 297.
584 erst die Ästhetik zeigt «den Eingang zur ganzen Philosophie»: ebd., S. 282.
584 «*Das älteste System-Fragment*»: Hegel, TWA 1, 234–236. Mit Pöggeler, «Verfasser», und Harris, *Development*, schreibe ich den Text Hegel zu, da die Handschrift unumstritten ist und es keinen Beweis dafür gibt, daß es sich um die Abschrift eines anderen Originals handeln könnte. Außerdem waren Schelling und Hölderlin 1796 und 1797 zu sehr Fichteaner, um eine so kantische Frage zu stellen wie «Wie muß eine Welt für ein moralisches Wesen beschaffen sein?» (Man beachte auch die Verwendung der Begriffe «ewiger Friede» und «Afterglauben».) Die Antithese «Buchstabenphilosophie / Philosophie des Geistes» ist typisch für den jungen Hegel (Harris, *Development*, S. 140, 494 Anm.). Harris weist nach, daß das Systemfragment sich nahtlos in die Entwicklung von Hegels Denken fügt (S. 249–257). Daß der Text das Manuskript einer Rede oder eines Vortrags ist, scheint mir aus der Form der Anrede «Ihr seht von selbst» hervorzugehen; diese Hypothese erklärt auch den für Harris (S. 257) rätselhaften «schwärmerischen Prophetenton» beim Gebrauch des Pronomens der 1. Person. Ein Publikum für einen solchen Vortrag konnte Hegel erst nach seiner Berner Zeit haben, als er nach Frankfurt kam, wo Leute wie Sinclair, Schmid, Böhlendorff und Ebel die Verweise auf «Freiheit und Gleichheit» und auf das Verhältnis zwischen den «Aufgeklärten» und dem «Volk» wohlwollend aufgenommen haben dürften. Wenn also Hegel das Fragment geschrieben hat, kann er es nicht vor Januar 1797 getan haben, und da der Verfasser Schellings «Allgemeine Übersicht» nicht kennt, wahrscheinlich auch nicht viel später. Die Nähe mancher Gedanken zu Hölderlin würde sich daraus erklären, daß Hölderlin für mündliche Diskussionen vor der Niederschrift des Fragments zur Verfügung stand und im Publikum saß. Auf eine gewisse Kenntnis des *Hyperion* (vielleicht aus den Fahnen?) lassen nicht nur das Dominieren der «Schönheit» und die Priorität der «Dichtkunst» schließen, sondern auch die abschätzigen Verweise auf den Staat («Die rauhe Hülse um den Kern des Lebens ist der Staat», «Ohne ... Liebe der Schönheit ... ist jeder Staat ein dürr Gerippe ohne Leben und Geist», Hölderlin, SW, 515, 563). (Allerdings verwirft der Autor die politische Philosophie nicht, sondern möchte sie aus der «Idee» der Menschheit hervorgehen sehen – der begreifliche Einfall eines Hegel, der noch stark unter dem Einfluß von Schillers *Briefen zur ästhetischen Erziehung des Menschen* stand.)
584 Schellings Konzept des Geistes: Von der «Philosophie des Geistes» spricht auch der Verfasser des *Ältesten Systemprogramms*, aber dieser Sprachgebrauch bestimmt sich mehr aus dem unmittelbaren Kontext (Gegensatz zu «Buchstabenphilosophie») als aus einer Ahnung von der künftigen Bedeutung dieses Begriffs für Schelling und Hegel.
586 Gedanken auf das Vorsatzpapier geworfen: «Urteil und Sein», Hölderlin, SW, 947 f.; vgl. Harris, *Development*, S. 515 f. und Anm. zu S. 515.
586 «Von nichts zu wissen»: Hölderlin, SW, 675.
586 Gottheit, deren Reich auf Erden zu verwirklichen die drei Freunde sich beim Verlassen Tübingens geschworen hatten: siehe Ogden, *Problem*, 41.

586 «Ich habe es Einmal gesehn»: Hölderlin, SW, 536f., 540.
587 Im Anfang, sagt Hyperion: ebd., 563.
587 Religion, Dichtung, politisches Leben: ebd., 561, 563, 564.
587 «in der schönen Mitte»: ebd., 563.
587 bloßer empirischer «Verstand»: ebd., 567.
587 «das Eine in sich selber Unterschiedne»: ebd., 565.
587 «Das Moment der Schönheit»: ebd.
587 «es war ein göttlich Leben»: ebd., 568.
587 Säulen stehen «verwaist»: ebd.
587 «Der Geist von all' dem Schönen»: ebd., 569.
587 Wenn das Herz gescheitert sei: ebd., 525.
587 der «Erzieher unsers Volks»: ebd., 573.
588 die «neue Kirche» der «Begeisterten»: ebd., 516.
588 «Es wird nur Eine Schönheit seyn»: ebd., 573.
588 Man hat die These vertreten: siehe Ryan, *Bahn*.
590 große literarische Abendgesellschaft: Grumach 3, 263.
590 «Nicht bloß unter italienischem Himmel»: Wackenroder, Schriften, S. 53.
590 «Ich vergleiche den Genuß»: ebd., S. 64, 65.
590 «Die Kunst hat mich allmächtig»: ebd., S. 75.
590 «so möchte man vielleicht sagen, daß Gott»: ebd., S. 58.
592 «Eingreifen in das Leben der Menschen»: Hegel an Schelling, 2. November 1800 (Hegel, Briefe 1, 59f.).
592 Das «Städtisch-Malerische»: Robson-Scott, *Revival*, S. 119.
593 das «Unwesen»: WA I. 48, S. 122.
593 nach dem «gelobten Land der Kunst»: Wackenroder, *Schriften*, S. 15.
593 leidenschaftliche sexuelle Beziehung: Botting, *Humboldt*, S. 43.
593 auf der Grundlage von 4000 Versuchen: ebd., 34.
593 Mit diesem wahrhaften *Cornu Copiae*»: WA IV. 12, S. 54.
594 Gespräche über elektrische Polarität: Grumach 4, 306.
594 Frage nach dem «galvanischen Fluidum»: WA IV. 12, S. 66.
594 Ein entscheidendes Problem warf der berühmte Versuch auf: Botting, *Humboldt*, S. 33.
594 frei von allen Eigenschaften des Lebendigen: Kant, *Werke* 9 (5), 110 (A120–121).
594 sich darauf konzentrieren, seine Arbeiten zur Anatomie: Grumach 4, 307.
594 Aufsatz zur Definition der «Morphologie»: Die verschiedenen Fragmente, die Goethe jedenfalls zeitweilig in diesen Versuch hineinarbeiten wollte, findet man in LA II. 10, S. 136–144 (vgl. HA 13, 120–127) und LA II. 9B, S. 45–51 (M43–46). Reihenfolge und Datierung dieser und verwandter Texte sind äußerst unklar (ebd. 421); sie können alle aus dem Jahre 1798 stammen. M43 (FA I. 24, S. 370f.) ist jedenfalls nach dem 8. August 1798 entstanden. Nach meiner Vermutung ist M45 (LA II. 9B, S. 47–50; FA I. 24, 371–373) der früheste, weil die Aufteilung der Naturwissenschaften in ihm die geringste Ähnlichkeit mit den anderen Texten aufweist und zumindest sicher zu sein scheint, daß die anorganische Natur nicht zur Morphologie gehört. Das Fragment «Rekapitulation der verschiedenen Wissenschaften» (HA 13, 122f.; LA I. 10, S. 139f.) ist leider durch editorischen Eingriff verunstaltet worden: Die Definition (f.) gehört zu «Psychologie», nicht zu «Physiologie», und Defintion (h) gehört zu «Physiologie» (die richtige Lesart in FA I. 24, S. 364, vgl. 1025; siehe LA II. 9b, 428 – Goethes Veränderungen beruhen offensichtlich auf dem oberflächlichen Überfliegen eines nicht mehr genau erinnerten Textes und sind ohnedies unvollständig; wahrscheinlich irritierte ihn die Placierung des Begriffs nach der Definition anstatt vor ihr. Aus Gründen der Übersichtlichkeit stelle ich im folgenden die von mir zugrun-

de gelegten Daten für das Material zusammen, aus dem man für gewöhnlich Goethes
«Morphologie» aus dieser Zeit rekonstruiert:
(1.) etwa September 1796: die Notiz «Morphologie» (LA I. 10, S. 128)
(2.) Dezember 1796: Umarbeitung des *Ersten Entwurfs*, die ersten zwei Kapitel (sogenannte *Vorträge*) (LA I. 9, S. 193–202);
(3.) April/Juni 1797: drittes (und neues) Kapitel des überarbeiteten *Ersten Entwurfs* (ebd., S. 202–209);
(4.) Frühjahr/Sommer 1797: erster Entwurf eines Versuchs über «Morphologie» (LA II. 9B, S. 45–50, M45);
(5.) August 1798: weitere Entwürfe zu einem Versuch über «Morphologie» im Hinblick auf einen Aufsatz in den *Propyläen* (LA I. 10, S. 136–144; II. 9B, S. 45, M43);
(6.) ca. 27. /31. März und 2. /3. August 1800 (LA II. 9B, S. 170, 174): Notizen (LA I. 10, S. 135 f. und eng dazu gehörig LA II. 9B, S. 7–10, M6) und Tabelle (LA II. 9B, S. 3 f., M2) zu einer botanischen Abhandlung, die sich des Schellingschen Konzepts der universalen Polarität bedient und zum ersten Mal außerhalb der Farbenlehre den neu definierten Begriff «Steigerung» einführt;
(7.) Anfang 1804 (LA II. 9B, S. 220): Notizen zu einer Vortragsreihe über Botanik (LA I. 10, S. 129–134).

594 «in der Hauptsache mit organischen Formen»: LA II. 9B, S. 48.
594 hier «Physiologie» geheißen: ebd., S. 47.
594 Einfluß auf Goethes Erklärung der Physik: man beachte die Bedeutung der Begriffe «Bewegung» und «mechanische Gesetze», ebd., S. 48.
595 «mit der Gestalt und ihrer Bedeutung»: ebd., S. 49.
595 «die Grundlagen der vergleichenden Anatomie»: ebd., S. 48.
595 «Winterschlaf»: BmS 1, 331. Das «Arbeiten» muß sich auf Texte beziehen – die entomologischen Versuche Goethes gingen den Winter über ohne Unterbrechung weiter.
595 die ersten zwei Kapitel in Form gebracht: LA I. 9, S. 193–202. Heute bekannt als *Vorträge über die drei ersten Kapitel des Entwurfs einer allgemeinen Einleitung in die vergleichende Anatomie, ausgehend von der Osteologie, 1796*. Dieser Titel datiert allein von der Veröffentlichung in den *Heften zur Morphologie* von 1820. Eine Phase der Arbeit an diesem Text liegt gewiß nach dem 30. Mai 1797, als Goethe zum ersten Mal auf die Werke J. G. Schneiders aufmerksam wurde (Hinweis auf sie in LA I. 9, S. 201; vgl. II. 9B, S. 105), und die Formulierung «mit der ich schon ziemlich im Reinen bin» in dem Brief an Böttiger vom 3. Juni (ebd.) läßt auf eine Überarbeitung neuesten Datums schließen. Das dritte Kapitel weist keinen Bezug zum dritten Kapitel des ersten Entwurfs auf und kann kein Vortrag darüber gewesen sein, ergibt aber Sinn, wenn man es als neues, vor ihm eingeschaltetes Kapitel auffaßt. Es gibt keine Beweise dafür, daß Goethe 1796 derartige Vorträge gehalten hätte; er könnte das Manuskript jedoch als Notizen zu diesem Zweck für einen späteren Zeitpunkt benutzt haben und dürfte sich an die – leicht zu datierenden – Sitzungen mit Max Jacobi erinnert haben, dem er den Text ursprünglich diktiert hatte. Ich schließe aus all dem, daß die *Vorträge* nicht als Vorträge geschrieben wurden und kein separates Werk sind; sie sind der zweite Entwurf der *Allgemeinen Einleitung* und entstanden unmittelbar vor und nach dem «Winterschlaf» aus dem Brief an Schiller vom 26. April 1797. Daher ist zu erwarten, daß das dritte Kapitel den Einfluß Alexander von Humboldts verrät.
595 Max in Jena: Steiger 3, 536 f.
595 zog sich den Zorn der Ehefrau zu: RA 2 592; anders WA IV. 12, S. 394 (Max war im Sommer 1796 in England, nicht in Jena, und er begab sich am 13. Januar, nicht am 13. Februar 1797 mit Goethe nach Jena).

595 dieses «curiosen Bären»: Grumach 4, 277.
595 einen ganz neuen Abschnitt: LA I. 9, S. 202–209.
595 Im Juni war er weit genug vorangekommen, um Böttiger: WA IV. 12, S. 135.
595 «Ko- oder Subordination»: LA I. 9, S. 203.
596 «zarten Anteil an dem allgemeinen Lebenshauche»: ebd.
596 der «notwendigsten aller Funktionen»: ebd., 205.
596 «unvollkommenere» Formen des Lebens: ebd., 207.
596 Würde der «vollkommensten Tiere»: ebd.
597 «simultane Metamorphose»: ebd., 208, 209; vgl. LA II. 9B, S. 29 f. (M32a).
597 die «Harmonie des organischen Ganzen»: ebd., 208.
598 Unser Verfahren ist nicht hypothetisch: ebd, 200.

Faust oder Italien?: April – Juli 1797

598 «Jetzt kann ein Brief kaum»: WA IV. 12, S. 113.
598 Einfall zu einem weiteren Versepos: Steiger 3, 558.
598 «wir werden einander wahrscheinlich»: ebd., 564.
599 «Massen, Staaten und Völker»: ebd., 566.
599 «von gewissen Rechten des romantischen Gedichts»: BmS 1, 354 f.
599 die Flüchtlinge in *Herrmann und Dorothea* und die Kinder Israels: HA 2, 477 (V. 229–240).
600 «Wie der Mann, so auch sein Gott»: HA 2, 223.
600 «gar zu sonderbar»: WA IV. 12, S. 122.
600 in neun Gesänge aufgeteilt: Grumach 4, 299 f.
601 am Karsamstag, dem 15. April: BmS 1, 320.
601 Gespräche mit Wilhelm von Humboldt: die Rede des ersten Verlobten aus Dorotheas Mund scheint im Juni eine Überraschung für Wilhelm von Humboldt gewesen zu sein; nichts von dem, was er am 9. April von dem Epos gesehen oder gehört hatte, hatte ihn darauf vorbereitet (HABraG 1, 273 f.).
601 «Schicksal der Staaten»: Steiger 3, 566.
601 Wien für Ausländer gesperrt: WA IV. 12, S. 108.
601 «und vielleicht das ganze Jahr»: HABr 2, 270.
602 «In der Lage in der ich mich befinde»: HABr 2, 271.
602 «Seitdem die Hoffnung»: WA IV. 12, S. 125.
602 «Sie wieder auf dem heiligen Grund»: ebd., 112.
602 «Vorstehendes war schon vor einigen Tagen»: HABr 2, 271.
603 ehrliche Sorge um seinen ältesten Freund: vgl. Brief an Gerning, 14. Juni 1797, WA 14.12, S. 159, der zeigt, daß Goethe bereit war, notfalls seine eigenen Pläne dem Wohlergehen Meyers unterzuordnen.
603 so sicher, «als ein Mensch sich etwas»: WA IV. 12, S. 119.
603 in einem «Zustand von Unentschiedenheit»: ebd., S. 120.
603 auf eine längere Trennung gefaßt: ebd., S. 125.
603 «da die Erfüllung des Friedens»: ebd., S. 122 f.
603 «eine reinere Einheit»: ebd., s. 120.
603 die zwölfköpfige «Caravane»: ebd., S. 137.
604 «wahre Brennessel»: Behle, *Schlegel*, S. 56.
604 erörterte die Angelegenheit bei einem Spaziergang: ebd.
604 seine «Burg», wie Goethe es nannte: WA IV. 12, S. 162.
604 August fütterte die Hühner: BmCV 1, 126.
604 «ein bißchen geheult»: ebd. 117.
605 «Zeitalter der Spekulationen»: BmV 1, 360.
605 Wieland war das Stadtgespräch: ebd., 347.

605 In sein Haus zog Voigt ein: ebd., 369.
605 etwas genauso Gutes um 12 000 Taler: ebd., 373.
605 Lose von kommunalen Lotterien: WA IV. 12, S. 126; SGG4, 130 134, 146; RA 2 221, Nr. 775.
606 «die Sehnsucht, ein drittes Mal»: BmS 1, 275.
607 Christianes Siegelring: BmCV 1, 142.
607 Anspielungen eines Malers: daß «Timanth» Maler sein muß, zeigt Ockenden, «Pausias», S. 80.
609 Bei der Erzählung der Schlägerei: ebd., S. 96.
609 «ein gefährlicher Nebenbuhler»: HABraG 1, 287.
610 «Zwey kleine Reimgedichte»: WA III. 2, S. 69.
610 «Erinnerung»: WA I. 1, S. 57.
610 «Abschied»: ebd., S. 63.
611 «Und ich fühle dieser Schmerzen»: WA I. 1, S. 91.
611 Der Terminus «Balladen» – anfangs «Romanzen»-: Steiger 3, 592, 596, 607 («Ballade»); 587, 588, 591 («Romanze»).
611 Wettdichten über die Kraniche des Ibikus: Grumach 4, 325; vgl. WA IV. 12, S. 194.
611 «Es ist wirklich beynahe magisch»: WA IV. 12, S. 143 f.
611 Goethes geistreiches Wort: Grumach 4, 325.
612 «Der Schatzgräber»: HA 1, 265 f.
612 letzter Gesang von *Herrmann und Dorothea*: Die Zeilen 46–54 des Neunten Gesangs wurden erst nach Fertigstellung der Reinschrift (WA I. 50, S. 412) am 29. Mai hinzugefügt. Siehe Scheibe, «Hermann», S. 236.
612 nur eine Fingerübung: Steiger 3, 588.
612 Das «vampyrische Gedicht»: WA III. 2, S. 72.
612 «Die Braut von Korinth»: HA 1, 268–273.
613 erhielt Goethe einen Brief von Meyer: WA IV. 12, S. 145.
613 «Ein Heidenjüngling mit seiner christlichen Braut»: Bode 2 10, Nr. 969.
614 «Der Gott und die Bajadere»: HA 1, 273–276.
615 Wer glaubte, Goethe habe sich selbst dargestellt: wie A. W. Schlegel, HABraG 1, 290.
616 das Ostereiersuchen für August: Steiger 3, 567.
616 «Legende»: HA 1, 266 f.
616 verglich sich mit Satan: BmS 1, 348; WA I. 4, S. 231.
616 diktierte Geist die eindrucksvollste Stelle: Scheibe, «Hermann», S. 236.
616 während seiner «analytischen» Phase: BmS 1, 294.
616 «Fremdlinge und Pilger auf Erden»: Hebräer 11, 13.
617 die «herben Früchte» des Vorfriedens: WA IV. 12, S. 138.
617 «‹Lebe glücklich›, sagt' er»: HA 2, 512 f. (IX. 262–274).
617 «über den Trümmern der Welt»: IX. 276 f.
618 Kein Wunder, daß Herzogin Louise: vgl. Goethes Selbstrechtfertigung in seinem Brief, WA IV. 12, S. 157.
618 lernte den notorisch reichen Lord Bristol kennen: Grumach 4, 316–318.
619 *Lied von der Glocke*: BmS 1, 365.
619 «Der Zauberlehrling»: HA 1, 276–279.
619 möglicherweise schon Ende Juni: vgl. das Vorkommen der Wendung «der alte Meister» am 21. Mai (BmS 1, 351).
619 Knebels Vermutung: Bode 2 119, Nr. 985.
619 Karikatur Schillers in seinem Arbeitszimmer: CGZ, VIb, 255.
620 die Unzertrennmlichkeit des Helden von Mephistopheles: vgl. *Faust*, Z. 3243 f.
620 das Paket aufgeschnürt, das Faust gefangenhielt: BmS 1, 40.
620 «Unser Balladienstudium»: WA IV. 12, S. 167.

621 «Unmuth über fehlgeschlagene Hoffnung»: ebd.,. 169.
621 seine eigene Zeitschrift gründen: Goethe erwähnt diesen Plan gegenüber Böttiger (und auch Vieweg) zum ersten Mal vor dem 8. April, das heißt bevor Leoben seiner Hoffnung auf eine Italienreise neue Nahrung gab (Steiger 3, 565).
621 «einen Rückzug in diese Symbol-, Ideen- und Nebelwelt»: WA IV. 12, S. 168 f.
621 Gesuch um Urlaub wurde gewährt: RA 2 238 f., Nr. 844.
622 noch nicht ganz zugängliche «Idee»: WA IV. 12, S. 167.
622 Rhythmen und Reime seiner früheren Verse: ebd., S. 170.
622 Schwankend «zwischen Nähe und Ferne»: ebd., s. 163.
622 «unendschloßen»: Grumach 4, 321.
622 «eine Arbeit die sich zu einer verworrenen Stimmung»: WA IV. 12, S. 173.
622 «Jetzt kehren Sie, ausgebildet und reif»: BmS 1, 294.
622 einem «sehr trüben Tag»: WA IV. 12, S. 172.
622 «Luftphantome»: ebd., S. 179.
622 «Zueignung an Faust»: HA 3, 9 – wohlgemerkt «an Faust», nicht «zu Faust». Es ist denkbar, daß der Tagebucheintrag (WA III. 2, S. 75) anders zu lesen ist: «Zueignung. [Arbeit] An Faust.» Dennoch bliebe die Frage, was wem zugeeignet ist; ich bin Martin André dankbar dafür, daß er sie im Gespräch mit mir aufgeworfen hat.
623 «Wie manches hat sich seitdem»: WA IV. 12, S. 139.
624 Schiller konnte sich keinen «poetischen Reif» denken: BmS 1, 355.
624 zwischen Spaß und Ernst glücklich durchzukommen: ebd.
624 «nur daß ich mir's»: ebd., 356.
624 «Aber ich habe»: ebd., 353.
626 «Es käme jetzt nur»: ebd., 361.
626 Die «deutliche Baukunst»: ebd.
626 die «südlichen Reminiscenzen»: ebd., 363.
626 «Über Laokoon»: HA 12, 56–66.
628 «wenn man auch von dem Inhalt abstrahiert»: ebd., 58.
628 «Verhältnisse, Abstufungen und Gegensätze»: ebd., 62.
628 «Beobachter, Zeuge und Teilnehmer»: ebd., 63.
628 das Werk in sich «abgeschlossen»: ebd.
628 der Begriff der Schönheit «beinahe ausgehöhlt»: BmS 1, 364.
629 «Noch niemals bin ich»: WA IV. 12, S. 141 f.
629 Gerning verschob seine Abreise: RA 2 235, 243, Nr. 830, 863.
629 der am 14. Juni noch immer mit ihm: WA IV. 12, S. 159.
630 Meyer meldete, daß er wohlbehalten: Meyers Brief aus Florenz vom 3.–8. Juni (RA 2 232, Nr. 820) ist anscheinend nach dem Brief aus Stäfa vom 26. Juni eingetroffen oder von Goethes Mutter nicht gleich nachgeschickt worden.
630 «Nun geht eine neue Epoche an»: WA IV. 12, S. 185.
630 ein Memorandum für seine Expedition: WA III. 2, S. 72; I. 34.2, S. 61 f.
631 abgelegt vor zwei Zeugen und einem Notar: SGG4 132.
631 «und überhaupt alles thun»: ebd., 130.
631 ein direktes Gesuch an Carl August: WA I. 12, S. 201.
631 Möglichkeit, August als legitimen Sohn anzuerkennen: BmV 1, 371.
631 kündigte die Bürgschaft: WA IV. 12, S. 175.
631 zahlte ein eigenes zurück: ebd., S. 208.
631 Tilgungsplan für die Hypotheken: ebd., S. 428.
631 Das Testament selbst: WA I. 53, S. 325–327.
631 Literarische Testamentsvollstrecker sollten Voigt und Schiller sein: WA IV. 12, S. 429.
632 ein regelmäßiges Tagebuch: WA III. 2, S. 51 ff. Einige der ersten Einträge scheinen nachträglich erfolgt zu sein; vgl. die Formulierung «in diesen Tagen» am 8. Januar.

Anmerkungen

Da das Neue an dem Tagebuch von 1797 nicht die Schilderung einer Reise, sondern die regelmäßige Berichterstattung über Ereignisse in Weimar und Jena ist, bot vielleicht Schillers Brief vom 17. Januar, der Goethe auf das Fehlen einer solchen Berichterstattung hinweis, den Anlaß zu dem neuen und festen Vorsatz.

632 eigentlich nicht sehr viel hervorgebracht: Grumach 4, 301.
633 «Briefe verbrannt. Schöne grüne Farbe»: WA III. 2, S. 75.
633 «Sollte aus meiner Reise nichts werden»: WA IV. 12, S. 179.
633 Goethe fragte in Mailand an: RA 2 257, Nr. 917.
633 «von Franckfurt am Mayn, und von da»: WA I. 34.2, S. 137.
633 Die Theaterverwaltung nahm offiziell: Grumach 4, 329.
633 «Wird es indeß in Italien ruhig»: ebd., 328.
633 ein Auge auf die Mußestunden: WA IV. 12, S. 176f.
633 «Es wird mir sehr schlecht gehen»: BmCV 1, 93.
633 «Ich sehe nicht ein, wie»: ebd., 97.
633 «Und um vergnügt zu werden»: ebd., 117.
634 blickte der «großen Einsamkeit» entgegen: BmS 1, 349.
634 einen vertraulichen Brief an Meyer: Bode 2 109, Nr. 966.
634 zum «innersten Heiligthume»: Grumach 4, 330.
634 Die Geburt eines Neffen und Erben: BmV 1, 358, 360.
634 Kamine, Kanalisation, Innenhof: RA 2 285f., Nr. 1004.
634 das Budget für 1798 zusammengestrichen: Doebber, «Schloß», S. 39.
634 Stukkatur und Holzarbeiten: WA IV. 12, S. 50.
634 Mahagoni und Damast: BmV 1, 370, 373.
634 gelegentlich ein attraktives fertiges Stück: Doebber, «Schloß», S. 39; BmV 1, 400f.
634 solange kein einzelner die Gesamtverantwortung: WA IV. 12, S. 20.
635 «eine gute Akquisition»: BmV 1, 387.
635 20 000 Taler für ein Schauspielhaus: BmV 1, 379.
635 Goethe verfaßte einen Brief an den Kurfürsten: WA IV. 12, S. 203.
635 «Madame Vulpius mit Sohn»: WA IV. 12, S. 207.
635 «recht heiter»: ebd., 173.

Der letzte Homeride: Werke, 1796–1797

636 Empfang des Honorars bestätigt: WA IV. 12, S. 462.
636 Rolle mit Golddukaten: BmCV 1, 119.
636 «Und Ihren patriotischen Schluß»: Scheibe, «Zeugnisse», S. 289.
636 hohe Auflage von 6 000 Exemplaren: ebd., S. 294f.
636 «Bei solchen Schriften sollte der Verleger»: BmS 1, 299.
636 dicke Schicht von Neo-Klassizismus: vgl. Grumach 4, 279.
637 Goethe hat es bestritten: Grumach 4, 331.
637 «gleichzeitig mit den Tagesläuften»: *Tag- und Jahreshefte 1796*; HA 10, 446.
637 Wirt zum *Goldenen Löwen*: I. 21. Die Zitate aus *Herrmann und Dorothea* geben Gesang und Zeilenzahl nach dem Text in HA 2, 437–514.
637 «von Hügel zu Hügel»: II. 106.
638 «Wer nicht vorwärts geht»: III. 66.
639 «*Bliss was it*»: Wordsworth, *Prelude* (1805), 9 692.
639 «als sich der erste Glanz der neuen Sonne»: *Herrmann und Dorothea*, VI. 8.
639 Goethe entsann sich des Rückzugs der Verbündeten: Chuquet, *Guerres* 3, 184.
640 «noch vor der Verlobung»: *Herrmann und Dorothea*, IX. 3.
640 «Strudel der Zeit»: IX. 180.
641 «Macht gegen die Macht»: IX. 317f.
641 «Fürsten fliehen vermummt»: V. 99f.

641 Zeit als Hauslehrer bei einem jungen Baron: VI. 307.
641 stolz darauf, Menschen von Stand: II. 266.
641 reicher Bauern- und Handwerkerstand: vgl. I. 58.
642 «*in suspenso*»: BmS 1, 356; die Anspielung bezieht sich auf den Schluß von *Der Ring des Polykrates*.
642 wir haben Grund zu der Annahme, daß Dorothea ebenso dominierend: *Herrmann und Dorothea*, VII. 114–128.
643 «Daß dir werde die Nacht»: IV. 199.
643 «Bettschatz»: SGG4, 90.
643 daß sein Gedicht eine «Frau-Aja»-Figur enthalte: ebd., 133.
643 «Dienen lerne beizeiten das Weib»: *Herrmann und Dorothea*, VII. 114.
644 daß Säkularisierung nur einseitig die religiöse Begeisterung lähmt: anders Martens, «Halten», S. 93.
644 «Daß Ganze schien mir zu fordern, daß die zwey Gesinnungen»: WA IV. 12, S. 157.
645 «O verzeih, mein trefflicher Freund»: *Herrmann und Dorothea*, IX. 294.
648 der homerische Anklang in der Wendung «süßes Verlangen»: Staiger, *Goethe* 3, S. 251.
648 Parodie auf Voß: Bode 1 120, Nr. 986.
649 «und sah durch die gläserne Tür»: Voß, *Werke*, S. 18.
649 «Diese führt Eumelos»: Voß, *Ilias (1793)*, S. 38.
649 Voß hielt Fremdheit für einen wesentlichen Aspekt der Übersetzung: Louth, *Translation*, S. 7, 22–25, 38.
651 «Also sprach er und horchte»: *Herrmann und Dorothea*, I. 211.
651 «Schnell hertrabender Rosse Gestampf»: Voß, *Ilias (1793)*, S. 170.
654 Die Goethe-Philologie hat relativ wenig erschließen können: gute Zusammenfassung bei Schöne 2, 935.
654 «die Theilung des *Wallensteins*»: Grumach 4, 310.
654 der Gedanke eines mehrteiligen Werks seine Pläne noch nicht berührt: S. Scheibe, «Noch einmal zum bezifferten Faustschema von 1797», GJb 89 (1972), S. 235–255.
654 *Urfaust* zur Rahmenhandlung der ersten zwei Drittel umzuarbeiten: Scheibes Argumentation in «Noch einmal zum bezifferten Faustschema» weist eine schwerwiegende Unstimmigkeit auf. Wenn Goethe 1799/1800 zu dem Schluß gekommen wäre, durch Zweiteilung des Stückes den ersten Teil «relativ schnell» beenden zu können, ohne größe Veränderungen an seinen Plänen vornehmen zu müssen (Scheibe, «Faustschema», S. 253 f.), könnten die Überschriften 1–19 seines Schemas nicht zahlreiche geplante Episoden enthalten, über die wir nichts wissen (ebd., S. 251). Der Verzicht auf dieses Material hätte eine wesentliche Umstrukturierung dargestellt und nicht bloß die Scheidung des relativ Fertigen von dem relativ Unfertigen. Wenn der Abschluß des Ersten Teils 1799/1800 als ziemlich leichte Aufgabe erscheinen konnte, können die entsprechenden Abschnitte des Schemas von 1797 sich nicht sehr von dem Ersten Teil, wie wir ihn heute kennen, unterschieden haben, vielleicht bis auf ein oder zwei einzelne und rasch zu erledigende Szenen wie die «Disputation» und eventuell die für die «Andreasnacht» (Paral. 25) vorgesehene Szene. Was die Einheiten zu bedeuten haben, in welche die Zahlen und Buchstaben den Stoff gliedern (ob es sich um Szenen, Schauplätze, Dialoge usw. handelt), können wir nicht schlüssig bestimmen, weil es keine Garantie dafür gibt, daß Goethes Gliederungsprinzip einheitlich war; es ist sogar sehr wahrscheinlich, daß es das nicht war. Mit diesem Vorbehalt kann man zu dem Schluß kommen, daß das Schema von 1797 viel rekonstruierbarer ist, als Scheibe behauptet. (Die Faust-Paralipomena werden zitiert nach der Numerierung in WA I. 14, S. 287–313 und I. 15.2, S. 171–247).
654 «was der ganzen Menschheit»: Z. 770.

654 Szene «Wald und Höhle» zu der Zeit, als Moritz sie in Rom: Bd. I, S. 607.
655 *Wallenstein* «ein eigner Cyklus»: WA IV. 12, S. 131.
655 Szenen, die Gretchens schreckliches Ende: Wenn Scheibe mit der Datierung dieser Szene auf Dezember 1797 recht hat, ist der «Blutchor» in der ersten Schicht von Paralipomenon 50 der erste positive Hinweis seit 1775/76, daß Goethe die Hinrichtung Gretchens in seiner Geschichte beibehalten wollte (Scheibe, «Walpurgisnacht», S. 30). Daß Goethe andererseits 1789/90 bereit war, die Szene «Nacht. Vor Gretchens Haus» aus Urfaust (HA 3, 413–415) aufzubrechen und daraus die Szene «Wald und Höhle» des Faust-Fragments zu machen, läßt auf die Absicht schließen, Valentins Tod und damit vielleicht vieles andere an Gretchens Tragischem Ende zu tilgen.
656 «Abschied»: WA I. 14, S. 344 f.
656 zu derselben Zeit wie «Zueignung»: Schöne 2, 954 f. Ich nehme an, daß die zwei abschließenden Gedichte etwa zu derselben Zeit konzipiert wurden wie die ihnen entsprechenden Eingangstexte: «Abschied» gleichzeitig mit «Zueignung», «Abkündigung» gleichzeitig mit dem «Vorspiel auf dem Theater». Zwischen den – im Manuskript unterschiedlichen – Hälften von «Abschied» können durchaus mehrere Jahre liegen.
656 eine spätere Überarbeitung dieser Zeilen: WA I. 15.2, S. 188.
656 In einem «Prolog im Himmel», der der «Zueignung»: Ich folge der Datierung in Grumach, «Prolog».
657 Faust «meinen Knecht»: Z. 299.
657 Goethe räumte diese Reminiszenz ein: zu Eckermann, 18. Januar 1825.
657 Faust ein Repräsentant der Menschheit: Grumach, «Prolog», S. 69.
658 Mephistopheles folgt wieder dem Wortlaut des Buches Hiob: Schöne 2, 173.
658 Faust von Gott, seinem «Urquell», abzuziehen: Z. 324.
659 vielleicht wird der Teufel gestehen müssen: J. Williams verweist hier speziell auf den Doppelsinn des «wenn» in Z. 327, das auch als ein «falls» aufgefaßt werden könne: Williams, *Faust*, S. 70.

Eine Reise und eine Nicht-Reise: August – November 1797

660 Goethes Sommerurlaub: Die Einzelheiten der folgenden Beschreibung stammen im allgemeinen aus Steiger 3, 612–688, und werden nicht gesondert nachgewiesen.
660 ein Vergleich, der ihm durch den Kopf schoß: Im Gegensatz zu dem, was Goethe seinem Herzog am 8. August schrieb (WA IV. 12, S. 212), war Goethe bei seiner letzten Reise nach Frankfurt im August 1793 ebenfalls bei Tag und mit normaler Geschwindigkeit gereist. Offenbar verwechselte er diese Reise mit dem hektischen Aufbruch im Frühjahr 1790, wo er aber gar nicht bis nach Frankfurt gekommen war, und vielleicht mit früheren Reisen 1786 und 1779 in Richtung Süden.
660 Nächtliche Gewitter reinigten die Luft: WA III. 2, S. 76–78.
660 Die Kastanienhaine verhießen nur eine spärliche Ernte: SGG4, 141.
660 August wurde mit «Schafnüssen» verwöhnt: BmCV 1, 135 («wieder»).
660 er überlegte, daß der Weg, den sie nahmen: WA III. 2, S. 78.
661 Goethe selbst «oft irre gemacht»: WA IV. 12, S. 223.
661 die Alten verstanden es besser, ihre Tempel aufzustellen, dachte Goethe: Steiger 3, 613 f.
661 *Die Zauberflöte* auf Befehl aufgeführt: SGG4, 126.
662 ein tapferes Versprechen Christianes, nicht zu murren: BmCV 1, 131 f.
662 «und es hat keiner gepiepst»: ebd., 134.
662 «Es hieß doch: ich käme von Frankfurt»: ebd., 145 f.
662 Voigt amüsierte sich, als «der liebe Augustulus»: BmV 1, 378.
663 zerstreute «allerhand Mährchen»: BmCV 1, 138.

663 Sie war gewillt, sich aufgeheitert zu fühlen: ebd., 142.
663 «Ich habe Dich nur immer lieber»: ebd., 143, 144.
663 «Ich und das Kind haben beide sehr geweint»: ebd., 144f.
663 «Ich kann dir wohl gewiß versichern»: WA IV. 12, S. 252.
664 Goethe schrieb, er leide an «Zerstreuung»: ebd., S. 227.
664 In seinem jüngsten Brief schlug Meyer vor: HABraG 1, 276–279.
664 es sei am besten, «abzuwarten»: WA IV. 12, S. 225.
664 die Stadt summte vor Erwartung: ebd., 214.
664 Goethe verbrachte den Tag zu Hause: WA III. 2, S. 80.
664 jeder wußte etwas über das Bombardement: ebd., 82.
664 die von dem Eindringling erpreßten Millionen: WA IV. 12, S. 213, 235.
664 kleine Summen Geldes bereitzuhalten: ebd., 248f.
664 Mitteilung über Angelegenheiten von unmittelbarer Bedeutung: ebd., 240.
664 Anekdoten über Pariser Spekulanten: WA III. 2, S. 82.
665 «Bey uns sieht man Paris»: WA IV. 12, S. 240.
665 «die ausgekrochnen Schmetterlinge der Freyheit»: ebd., S. 225.
665 «Absurditäten» sind sie beide: *Kupferstiche*, S. 107.
665 «sehr bedeutend und eigenthümlich»: ebd., S. 91. Siehe Abb. 27.
665 daß er ein Lichtenberg hätte sein müssen: vgl. BmS 1, 393.
666 «Goethe habe ich gesehen»: Grumach 4, 334.
666 «Sehr merkwürdig ist mir aufgefallen: BmS 1, 376.
666 die zerstreuende «empirische Breite»: WA IV. 12, S. 229.
667 daß die «modernen Gegenstände»: ebd.
667 «daß man den Leuten, im ganzen genommen»: BmS 1, 386.
668 den «philisterhaften Egoismus des Exstudenten»: BmS 1, 378.
668 «die entgegengesetzte Karikatur»: ebd., 387.
668 fand Hölderlin «etwas gedrückt und kränklich»: ebd., 392.
668 «Beide Gedichte drücken ein sanftes»: ebd., 357.
668 seinem «Freunde und Schutzbefohlenen»: ebd., 358.
668 Schiller war froh, daß er sich ein Herz gefaßt hatte: ebd., 405.
668 «wirklich liebenswürdig und mit Bescheidenheit»: ebd., 392.
669 Er hat auf dieser Reise bemerkt, schreibt Goethe: ebd., 383–386.
670 Korrektur für das gestrichene Wort «Regulativ»: WA IV. 12, S. 435.
670 Schlüsse, die zwangsläufig jene Ästhetik hätten untergraben müssen: siehe auch den weiter unten besprochenen «Zusatz» Goethes zu seinem Brief an Schiller vom 25. Oktober, ebd., S. 450f.
671 «ein sonderbares Schwanken zwischen einer prosaischen und poetischen Stimmung»: BmS 1, 431.
672 «Immer tätiger ... Bildungstrieb»: HA 10, 529f.
674 «eine alte geschminckte pretensionsvolle Frau»: Grumach 4, 340.
674 beeindruckt von Fuentes' Kulissen: WA IV. 12, S. 232f.
674 *Über Wahrheit und Wahrscheinlichkeit der Kunstwerke*: HA 12, 67–73.
674 «Sie drücken Ihre Empfindungen recht gut aus»: ebd., 67f.
675 die Möglichkeit von «Gesprächen in Liedern»: WA IV. 12, S. 280.
675 Ein Gewitter, das die ganze Nacht währte: ebd., S. 254.
675 Goethe hatte erst abreisen wollen: ebd., 265.
675 Hegel fand hier «kein Dorf»: Hegel, *Briefe* 1, 58.
675 Land der «Räuber und Mörder»: SGG4, 125.
676 «nicht ohne Rührung»: WA IV. 12, S. 271.
676 Goethe hatte das ersehnte schöne Wetter: WA III. 2, S. 85.
676 Heidelberg: ebd., 86f.

676 Frauen «haben eine catholische nicht unangenehme Bildung»: ebd., 92.
677 «daß sie auf gemeine bürgerliche Gleichheit fundiert ist»: ebd., 99.
677 Voigt hielt morgens einen Augenblick inne: BmV 1, 384.
677 Christiane öffnete mehrere ihrer besten Flaschen: BmCV 1, 148.
677 «sehr wohnbar, aber»: WA III. 2, S. 106.
677 «einen ernsten Eindruck»: ebd., S. 108.
677 «Tage, wie ich sie in Rom lebte»: Grumach 4, 354.
677 den «sehr corpulenten Erbprinzen» und die «sehr wohlgebaute» Erbprinzessin: WA IV. 12, S. 287.
677 Kosten für seinen Unterhalt bereits dreimal so hoch: ebd., S. 281.
678 Stuttgart glich drei Städten in einer: WA III. 2, S. 122.
678 «einer gewissen bürgerlichen Willkühr» überlassen: ebd., S. 109.
678 das Fehlen einer Universität: WA IV. 12, S. 286.
678 Verhandlungen, sie (für 110 Taler) zu kaufen: ebd., S. 452.
678 Lob des demnächst erscheinenden *Wallenstein*: Grumach 4, 355.
678 die beste Musik spielte man doch daheim: WA IV. 12, S. 294.
679 jene köstlichen hellgelben Mirabellen: ebd., 273, 279.
679 sagte, «der Herr möge doch weiterlesen»: Grumach 4, 350.
679 Das Schauspiel war steif und trocken: WA IV. 12, S. 292.
679 «Man kann beym äußern Anblick der Gebäude»: WA III. 2, S. 114f.
679 der Geist «außerdentlich schön» vorkam: Grumach 4, 347.
679 «nichts wissens- noch nachahmungswerthes»: WA III. 2, S. 114.
679 «theils einen engen, theils einen Repräsentationsgeist»: ebd., S. 113.
679 Amaryllis belladonna: ebd., S. 117.
679 «Bey diesen vielen kleinen Parthien»: ebd., S. 113.
680 «Goethe schreibt mir Relationen»: Bode 2 113, Nr. 976.
680 «Dann ist mir nach Ihrer Abreyse»: Grumach 4, 354.
680 Die ländliche Hälfte der Stadt war «abscheulich»: WA IV. 12, S. 298.
680 «den großen Gebäuden gleich»: ebd., S. 301.
680 die Universitätsinstitute darauf bedacht, die Mittel zum Zweck: ebd., S. 289.
680 Immerhin gab es «verdienstvolle Leute»: ebd.
681 Sonntag, den 10. September, verbrachte Goethe mit Kielmyer: WA III. 2, S. 130.
681 zu den Professorengärten: ebd., S. 129.
681 Das nasse Wetter war die Zeit, nach Büchern zu stöbern: ebd., S. 131.
681 zwei Briefe von Voigt: BmV 1, 386–389.
681 Christiane schrieb ihm jede Woche: BmCV 1, 156.
681 sie hatte keine Ahnung, wo er war: SGG4, 139.
682 er wünschte sich, daß es nicht so wäre: WA IV. 12, S. 103.
682 «mein einziger Wunsch», schrieb er ihr: ebd., S. 298.
682 «wie sehr ich dich liebe»: ebd., S. 299.
682 Schiller wußte nicht, ob Goethe nach Italien gehen werde: Bode 2 112, Nr. 972.
682 wahrscheinlich werde ihn «das Heimweh wieder ergreifen»: WA IV. 12, S. 291.
682 Goethe hoffte, einen leicht faßlichen Führer: Grumach 4, 358.
682 Kutscher, den ihm Cotta gestellt: WA IV. 12, S. 304.
682 beglückwünschte sich zu seiner Selbstbeherrschung: Grumach 4, 359.
682 In Balingen zwängte sich die Kutsche: WA III. 2, S. 136.
683 «Der Nebel sank in das Donauthal»: ebd., S. 138.
683 «vorschweizerisch»: ebd., S. 139.
684 In der sicheren Betrachtung einer grauenerregenden Gewalt: ebd., S. 148, 152.
684 wie sehr «die größten Phänomene der Natur»: ebd., S. 146.

684 erinnerte Goethe an die bewaffneten Kolonnen: ebd., S. 149.
684 Doch in die Landschaft eingebettet: ebd., S. 145, 146, 152.
684 «Er stand mit seinem ruhigen Fuß»: ebd., S. 148.
684 Seit dem großen Unwetter hatte Goethe Regenbogen: ebd., S. 83.
685 vielleicht schon im folgenden Februar: vgl. BmS 2, 256.
685 Nach der Theorie, die er in Tübingen studiert hatte und beibehielt: WA II. 3, S. 264 f.; 5.1, S. 436–446.
685 «Allein wie herrlich»: *Faust*, Z. 4721–4727, Text nach Schöne 1, 206.
685 was Reisende in den Gasthöfen erzählten: WA III. 2, S. 150, 156.
686 weckte in ihm Erinnerungen an eine klassische Allegorie: vielleicht an Johannes Secundus oder Tasso: Demetz, «Vine», S. 528.
686 eine Elegie: *Amyntas*, HA 1, 196 f.
686 «Süß ist jede Verschwendung»: HA 1 (1988), 612, der ursprüngliche, auf der Reise geschriebene Schluß.
686 Muster «der rein poetischen Gattung»: BmS 1, 444.
686 nicht der letzte Kritiker, der es vorzog, diese Elegie: z. B. Trunz in HA 1; siehe auch Demetz, «Vine», S. 528–530.
687 eine Ehe werde ihm die Seele aus den Gliedern winden: siehe Bd. I, S. 308.
687 das Bild des efeuumwundenen Baumes seit der Antike das negative Gegenstück: siehe Demetz, «Vine», S. 528; vgl. auch Green, «Vine».
688 Goethe fälschlich als «dezidierten Antichristen» verstand: Bode 2 112, Nr. 974; vgl. Band I, S. 405.
688 sah einen Menschen wie einen «Kranich»: Steiger 3, 661.
689 August wieder völlig hergestellt: BmS 1, 406.
689 «daß ich dich recht herzlich»: WA IV. 12, S. 307.
689 Wilhelm von Humboldt teilte aus Wien mit: BmS 1, 416.
689 Graf Purgstall, der einen kurzen Besuch machte: ebd., 418 f.
689 Behauptungen Frankreichs, die Schweiz sei: WA IV. 12, s. 318.
689 eine «rhetorische Reisebeschreibung»: WA III. 2, S. 157.
689 «daß das Schiksal Ihren geäußerten Wunsch»: Grumach 4, 366.
690 «diese ungeheuern Naturphänomene»: WA IV. 12, S. 317.
690 «meine alten Freunde»: ebd., 321.
690 «Der Instinct, der mich dazu trieb»: WA IV. 12, S. 325 f.
690 «auf einer so genannten genialischen Fußreise»: WA III. 2, S. 153.
691 «Da Italien durch seine früheren Unruhen»: WA IV. 12, S. 309 f.
691 in einem atemlosen, «aphoristischen» Stil: WA I. 34.1, S. 413.
691 ein großes Fest mit viel Musik: WA III. 2, S. 163; Grumach 4, 367.
692 «Grüne des Sees»: WA III. 2, S. 167 f.
692 «Kastagnettenrhythmus der Kinder»: ebd., 169.
692 Reise in den «Herbst des Lebens»: WA IV. 12, S. 353.
692 «Uri, den 1. Oktober 1797»: HA 1, 207.
693 in der «Region der Wasserfälle»: WA III. 2, S. 172.
693 «Die Felsmassen werden immer ganzer»: ebd., S. 171.
693 «Das Ungeheuere läßt keine Mannigfaltigkeit zu»: ebd., S. 176.
693 «völlig wie vor Alters»: ebd., S. 174.
693 «war endlich der Tag der uns zur Spitze»: Grumach 4, 370.
693 «Ich fand den Pater Lorenz»: WA III. 2, S. 175.
693 bewirtete sie sogleich mit italienischem Wein: Grumach 4, 370.
693 Reissuppe mit Wurst: ebd., 371.
694 Wahrscheinlich im Posthaus von Hospenthal: WA IV. 12, S. 345. Christiane Becker war am 22. September gestorben. Die Nachricht konnte Goethe nicht vor dem 1.,

Anmerkungen

vielleicht aber zwischen dem 2. und 4. Oktober erreichen. Die Wendung «im formlosen Gebirge» deutet auf eine Gegend irgendwo oberhalb von Wassen.

694 «Liebende haben Thränen»: Bei der Redaktion dieses Briefes veränderte Eckermann «gelänge» in «gelungen sein möchte» (WA I. 34.1, S. 435), um den Anschein zu erwecken, als sei das Gedicht *Euphrosyne* nicht 1798 in Weimar, sondern 1797 in den Bergen geschrieben worden.
694 «Halbroman»: WA III. 2, S. 177.
694 sammelte Episoden: ebd., S. 178.
696 «das beschränkte höchst bedeutende Local»: WA IV. 12, S. 328.
696 Tell, eine «Art von Demos»: *Tag- und Jahreshefte 1804*; HA 10, 468.
696 Wenn Goethe im Tagebuch erwähnt, daß von den Nußbäumen: WA III. 2, S. 181.
696 Exerzierappell der Bürger: Grumach 4, 373.
696 Aus dem «Formlosesten» des Gebirges: WA IV. 12, S. 338.
698 «dem weit und breit gewaltigen Buonaparte glücklich entronnen»: ebd., S. 343.
698 von «dem Moder und den Franzosen» bedroht: ebd., S. 344.
698 «ein Epitome unserer Reise und Nichtreise»: ebd.
698 ein «Trost» für das andere Buch: *Tag- und Jahreshefte 1797*; WA I. 35, S. 75.
698 das Beispiel Raffaels, der aus einem: WA IV. 12, S. 347.
698 «reich geworden ohne beladen zu seyn»: WA IV. 12, S. 327.
698 «daß eine vollständige Erfahrung»: ebd., S. 326.
698 «Gegenstand an sich» und Gegenstand, «der uns durch die Erfahrung»: ebd., S. 450.
699 tausend und abertausend Übergänge: HA 10, 542.
699 «Hier muß man tanzen»: Grumach 4, 375 f.
699 «Mein einziger Wunsch ist, Dich bald wieder»: BmC 1, 156 f.
700 «Es ist mir heute so zu Muthe»: ebd., 162 f.
700 Schattenspiel über den Doktor Faust: ebd., 163 f.
700 «Der Gefahr wegen»: HABr 2, 313.
700 «Indessen geschieht in der Welt»: WA IV. 12, S. 342.
700 «doch waren die Tage nicht Constanzer Tage»: Grumach 4, 379.
701 «Die Jahreszeit ist äußerst verdrießlich»: WA IV. 12, S. 353.
701 Die Humboldts entdeckten sie: Grumach 4, 374 f.
701 «Ich kann aber auch wohl sagen»: WA IV. 12, S. 353.
702 wie Goethe ihm geraten hatte, eine Pfründe: ebd., S. 224.
702 Ermahnungen Herders und Frau von Steins: Bode, Stein, S. 399.
702 Durch Knebel ließ er der malkontenten Caroline Herder: Grumach 4, 385.
702 Goethe listete die Vertreter auf: WA III. 2, S. 192.

Fünfzehntes Kapitel

Alarm außen; das Universum im Innern

703 um seinem Vater einen Kuß zu geben: BmCV 1, 277, 264.
705 Die preußische Delegation verhärtete ihren Standpunkt: BmV 2, 98.
708 Briefpapier mit dem Aufdruck «Freiheit, Gleichheit»: Duffy, *Saints*, S. 202.
708 «Frankreich hat erkannt, daß die katholische Religion»: ebd., S. 206.
709 «Wir schwören Haß der Fürstenzunft»: Hashagen, *Rheinland*, S. 400.
709 Fichte und Schelling wurden eingeladen: Droz, *Allemagne*, S. 236 f.
709 den Ständen die Zusammenarbeit aufgekündigt: Sauer, *Zar*, S. 159, 163.
710 Friedrich nahm Verhandlungen mit Bonaparte auf: ebd., S. 166.
710 «wie einer, der Schiffbruch gelitten»: Hölderlin an seinen Bruder Karl, 12. Februar 1798, Hölderlin, GSA 6.1, 263.

710 «drum laß uns mit Zuversicht»: an Hölderlin, 8. Mai 1800, Beck, *Hölderlin*, S. 79.
710 «junge Männer voll Geist»: ebd., S. 72.
710 «ein Republikaner im Geist und in der Wahrheit»: Constantine, *Hölderlin*, S. 355.
711 «In der That! Es war ein außerordentlich Project»: Hölderlin, SW, 600.
712 «Barbaren von Alters her»: ebd., 636, 639.
712 «Dies ist die Zeit der Könige nicht mehr»: ebd., 818.
713 Absichten des «bildenden Geists»: ebd., 235.
714 in einer Tradition, die deutsche Dichter begründet hatten: Hashagen, *Rheinland*, S. 118 f.
715 kannte noch nicht die Spur einer historischen Methode: Ich setze voraus, daß die Formulierung «Geschichte der Menschheit» noch die im 18. Jahrhundert übliche Bedeutung einer «Naturgeschichte der Menschheit» hat – jedenfalls ist das Folgende begrifflich, nicht genetisch systematisiert.
715 *Der Geist des Christentums und sein Schicksal*: Hegel, *Werke* 1, 274–418.
716 «Das Schicksal Jesu war»: ebd., 401.
716 «es war etwas Göttliches versprochen»: ebd., 369.
716 «Das eleusische Fest»: Schiller, *Werke* 1, 194–200.
717 wie verhält sich das Individuum zum Kontinuum?: siehe Bd. I, S. 28.
718 «Die Französische Revolution, Fichtes Wissenschaftslehre»: Schlegel, KS, 48 (*Athenäum-Fragment* 216); vgl. seinen eigenen Kommentar zu der Bemerkung in «Über die Unverständlichkeit, ebd., 533.
718 mit der «Erfindung des Idealismus»: ebd., 445 («Ernst und Falk»).
718 Ab Dezember wohnten sie zusammen: Behler, *Schlegel*, S. 57 f.
719 «keine Gottheit kann gewisser sein»: Schleiermacher, *Religion*, S. 168 (Fünfte Rede).
719 Kunst und säkulare Kultur Vehikel der Religion: ebd., 93 f. (Dritte Rede).
719 daß er «das Buch mehr wegen der Bildung empfehle»: Schlegel, KS, 250.
719 Man hat gegen Schleiermacher eingewandt: Korff, *Geist* 3, S. 338 f.
719 «Poesie und Philosophie sollen vereinigt sein»: Schlegel, KS, 22.
720 «Ich denke eine neue Religion zu stiften»: an Novalis, 2. Dezember 1798, Härtl, 88.
720 «Ihr ganzes Wesen ist Religion»: an Novalis, 17. Dezember 1798; Behler, *Schlegel*, S. 63.
720 «Du sollst nicht absichtlich lebendig machen»: Schleiermacher, «Idee»; S. 175 f.
720 Heirat nur «eine verhaßte Ceremonie»: Behler, *Schlegel*, S. 64.
720 «in 50 Jahren könnt ich es leiden»: an Huber, 22. November 1799, Schlegel-Schelling, 193.
721 Reichardts «soidisant Republikanism»: Friedrich an August Wilhelm Schlegel, 31. Oktober 1797, Schlegel, KA 34, 30.
721 Goethe «jezt der wahre Statthalter des poëtischen Geistes»: Novalis, *Werke*, S. 352 (*Blüthenstaub* 106).
721 Sonett «An Goethe»: F. Schlegel, *Schriften*, S. 536.
721 «Hinfort ist zwar kein Gott mehr»: Bode 2121, Nr. 989; vgl. 1. Timotheus 2, 5.
722 «Fuge der Ironie»: undatierter Brief Friedrich Schlegels an Schleiermacher, Härtl, 106.
722 er sei «ganz at al loss»: Huber an A. W. Schlegel, 9. Januar 1800, Härtl, 102.
723 ein Leipziger Professor: E. Platner.
723 «gleich einem kleinen Kunstwerke»: Schlegel, *Schriften*, S. 47, Athenäumsfragment 206.
723 ein «Gesinnungssystem»: Lichtenberg, *Aphorismen*, C 179.
724 «Unverbrennlich steht das Kreuz»: Novalis, *Werke*, S. 91.
724 «Dein Bruder, Schelling und Du sind mir»: an Friedrich Schlegel, 26. Dezember 1797, Härtl, 82.

Anmerkungen

724 «Wir träumen von Reisen durch das Weltall»: Novalis, *Werke*, S. 336f., *Blüthenstaub* 16.
724 scheunenartige kurfürstliche Gemäldegalerie: Paulin, *Tieck*, S. 71 f.
725 seine Arbeit an Shakespeare empfahl ihn dem Herzog: BmS 2, 101.
725 einen möglichen guten Fang: BmV 1, 413.
725 *Von der Weltseele*: LA II. 9B, S. 143.
725 «Er ist ein sehr klarer, energischer Kopf»: WA IV. 13, S. 168.
725 «für uns jenaische Philosophen»: BmS 2, 78.
725 glänzende Referenzen von Fichte und Paulus: *ASOII.* 2, *S. 574.*
725 «in den Erfahrungswissenschaften»: WA IV. 13, S. 189 f.
726 einen grundsätzlichen Unterschied: vgl. *System des transzendentalen Idealismus*, Vorrede und §1 (Schelling, *Schriften 1799-1801*, S. 331, 340-342).
726 war ein Bewunderer Professor Kielmeyers gewesen: Schelling, *Schriften 1794-1798*, S. 619.
726 *Ideen zu einer Philosophie der Natur*: Schelling, *Werke*, 1. Ergänzungsband, S. 77-350.
726 keine geheimnisvollen Kräfte: ebd., S. 163.
727 Die Einleitung zu der Abhandlung: Schelling, *Schriften 1794-1798*, S. 333-397.
727 «Die Natur soll der sichtbare Geist»: ebd., S. 380.
727 «hatten die Menschen im philosophischen Naturstande»: ebd., S. 336.
727 Diese Unterscheidung zu treffen ist der erste Schritt: ebd., S. 337.
727 die Unterscheidung kann sich verfestigen: ebd., S. 338.
727 Einheit von Gedanke und Materie: ebd., S. 344.
727 als siegreicher, selbstbewußter Erwachsener: ebd., S. 377.
727 kann nur in dem einzelnen Ich erreicht werden: ebd., S. 360 f.
727 Leibniz' Philosophie der Individualität muß wieder auf den Thron gehoben werden: ebd., S. 344.
728 wie Hölderlin wußte: «*Brod und Wein*», Z. 65, 69.
728 in einem «allgemeinen Dualismus»: Schelling, *Schriften 1794-1798*, S. 484.
728 «Es ist erstes Princip einer philosophischen Naturlehre»: ebd., S. 513.
728 Schelling beruft sich auf Goethes Abhandlung: ebd., S. 587.
728 «Der Galvanismus ist also etwas»: ebd., S. 611.
729 Wiederum wird Goethe als Kronzeuge angerufen: ebd., S. 617.
729 versprach er Schiller, mit ihm über: BmS 2, 9, 60.
729 «daß es nicht die Natur ist, die wir erkennen»: BmS 2, 13.
729 verschiedene «Vorstellungsarten»: vgl. auch BmS 2, 59.
730 Der unbetitelte Aufsatz: HA 13, 23-25.
730 Unmittelbarkeit der «gemeinen Empirie»: BmS 2, 56.
731 «der sich in einer höhern Sphäre zu üben wagt»: HA 13, 25.
731 Die «Naturphilosophen» versuchen, hinunterzusteigen: BmS 2, 108, 111.
731 Im Gegensatz dazu konnte ein «Theorist» wie Schelling: HA 13, 24.
731 «seinen Vorrat von Phänomenen zu verkümmern»: BmS 2, 60.
731 «mich recht genau innerhalb meiner Sphäre»: ebd., 105.
732 begann, Versuche mit Magneten zu machen: ebd.
732 das Wort «Polarität» hielt in seinen Wortschatz Einzug: HA 12, 45, Z. 13; siehe auch WA I. 47, S. 394.
732 eine verschollene Tabelle: vgl. jedoch HA 13, 478 (*Zur Farbenlehre*, Didaktischer Teil. § 696) und LA I. 3, S. 327-330 (= WA II. 11, S. 170-174).
732 «von so unerschöpflicher und unergründlicher Art»: WA IV. 13, S. 68 f.
732 Aufsatz über die neue Wissenschaft der «Morphologie»: LA I. 10, S. 136-144, teilweise abgedruckt in HA 13, 120-127; bemerkenswert für das Verhältnis zu Schelling

ist auch die Verteidigung einer postulierten Lebenskraft (HA 13, 126; anders Schelling, *Schriften 1794-1798*, S. 620).

Neubestimmung des Publikums: Dezember 1797 – August 1799

733 «Goethe ist zurück und in Weimar einsam»: Bode 2 122, Nr. 992.
733 das dem Bergmeister nicht einmal die Reise bezahlen konnte: BmV 1, 414.
736 In den Tagen vor Weihnachten wandte er sich: Scheibe, «Walpurgisnacht», S. 44.
736 seit den siebziger Jahren: vgl. Urfaust, HA 3, 415: «abgeschmackten Freuden».
736 in den grünen Alkoven und das eheliche Bett: in dem, was heute «Majolicazimmer» heißt; siehe Abbildung 25.
736 «ans gleißende Gold»: Schöne 1, 553, 555.
737 «mit seinem feurigen Maule»: BmCV 1, 214.
737 bat ihn, sie sich nicht anmerken zu lassen: ebd., 197f.
737 «allerbester, superber, geliebter Schatz»: ebd., 182.
737 «ein guter Vater ... der immer vor uns sorgt»: ebd., 214, 197.
737 er freute sich auf die Abende: ebd., 173; vgl. 189. Die Behauptung, August habe bei Kästner gewohnt (Steiger 4, 39; WA IV. 14, S. 259f.), scheint auf einem Mißverständnis der Worte «ins Haus nehmen» in Goethes Brief an Meyer vom 3. Mai 1799 (WA IV. 14, S. 75) zu beruhen, die sich wohl auf die Einquartierung im Hauptgebäude des Hauses am Frauenplan, nicht in den hinteren Zimmern Christianes, beziehen. Am 6. April 1799 schläft August noch bei seiner Mutter, anscheinend in ihrem Bett (BmCV 1, 245).
737 saß in der Oper auf seinen Knien: Grumach 4, 476.
737 die bunten Kostüme gefielen ihm: BmCV 1, 174.
737 Ausarbeitungen über gelehrte Gegenstände: ebd., 178; vgl. SGG4, 163-165, 188.
738 «nach einem sehr wohlwollenden Empfang»: Grumach 4, 417f., 401f.
738 wurde «sehr freundlich» befragt: Grumach 4, 504, 514.
738 Nicolaus Meyer: ebd., 465.
738 F. C. G. H. von Lützow kam regelmäßig: BmCV 1, 177.
738 Goethe hielt ihn «vor einen guten Menschen»: ebd., 191.
738 «Wo Lützow ist, muß man ihn nachsagen»: ebd., 200.
738 ein paar Zinnsoldaten: ebd., 218.
738 «Denn es ist was Elendes»: ebd., 229.
738 tröstete ihn unaufdringlich mit kleinen Geschenken: ebd., 170.
739 «da wir ein so nah verwandtes Interesse haben»: WA IV. 14, S. 74f.
739 da «es Ihnen kein Geheimniß ist»: ebd., S. 75.
739 Streit um die Temperatur: Biedrzynski, S. 252.
739 Carl August (für den die Heirat als Nasenstüber gedacht war): WA IV. 13, S. 78.
739 Herzogin Louise betrug sich «mit einem Unverstand»: RA 1 379, Nr. 1367.
739 Erwarte ruhig den Wandel: WA IV. 13, S. 214.
739 Carl von Stein ging endlich die Ehe ein: Bode, *Stein*, S. 408f.
740 die Liegenschaft bestand aus 45 einzelnen Parzellen: Burghoff, *Reisen*, S. 160.
740 weil sie ihre Hühner gut versorgten: BmCV 1, 176.
740 Nach feierlichem Entzünden und Löschen: Burghoff, *Reisen*, S. 160.
740 Sagosuppe: BmCV 1, 201.
740 auf ein paar heimliche Stunden zu ihr: ebd., 204.
740 Das Fest Johannis des Täufers: ebd., 201f.
740 50 Flaschen Klarett: WA IV. 13, S. 179.
740 Vorlesungen über allgemeine Menschenkunde: ebd., 195.
741 weil er die lichtlosen Zimmer zu düster fand: BmCV 1, 505.
741 Er wachte eifersüchtig über die Schlüssel: BmV 2, 59.

741 jede Neuordnung der Regale: ebd., 53, 64f.
741 Aufsatz gegen das rigorose Gebot Kants: WA IV. 13, S. 82f.
743 Die Entscheidungen über die Arbeiten des laufenden Jahres: Grumach 4, 398f.
743 den üblichen steingrauen Hausverputz: WA I. 53, S. 265.
743 Heinrich Gentz: Doebber, «Schloß», S. 41.
743 Ende Januar lud Goethe ihn ein: WA I. 13, S. 44f.
743 «als wenn ich nie ein Gedicht gemacht»: WA IV. 12, S. 366.
743 «außer aller Stimmung»: BmCV 1, 186.
743 «etwas ernsthafter» an seinen *Faust* denken: vgl. WA IV. 13, S. 8, 52.
743 von «aller nordischen Barbarey» befreit: ebd., S. 46.
744 Wo bleibe auf Goethes Liste das neue Epos: BmS 2, 41.
744 Spätsommer 1796, «der mir immer unvergeßlich»: ebd., 112.
744 «In *Hermann und Dorothea* habe ich»: WA IV. 13, S. 5.
745 «der Roman, sagte er, sei nun einmal keine reine Gattung»: Grumach 4, 415.
745 «Ich habe einmal gehört oder gelesen»: Lichtenberg, *Aphorismen*, L602. Zur Datierung: Lichtenberg, hrsg. v. Promies, *Kommentare zu Bd. I und II*, S. 770. Die Bemerkung fiel zu derselben Zeit, als das erste Heft der *Propyläen* erschien, und bezog sich vielleicht auf Meyers Aufsatz «Ueber die Gegenstände der bildenden Kunst».
746 die naheliegende Lösung, daß Schiller den Winter: WA IV. 13, S. 87.
746 eine «Suite von kleinen Bändchen»: Steiger 3, 723.
747 «Am Ende des Jahrhunderts»: WA I. 47, S. 36.
747 «Bemerkungen und Betrachtungen über sittliche»: WA IV. 13, S. 166.
747 Die Subskriptionsankündigung, die Goethe verfaßte: ebd., S. 162–167.
748 390 Taler pro Ausgabe: Steiger 3, 740f.
748 verstand den Namen für das «neue gemeinschaftliche Werk»: WA III. 2, S. 208.
748 in das «Allerheiligste» der Kunst: Bode 2 137, Nr. 1019.
748 Vierzehn Tage nach Erhalt des ersten Heftes: RA 2 356, Nr. 1276.
748 Goethe begann eine Einleitung: WA III. 2, S. 208.
748 «Werden nicht Denker, Gelehrte»: HA 12, 38.
748 Da moderne Künstler so oft: ebd., 49.
749 vielleicht konkret die «Morphologie»: WA I. 47, S. 282, Z. 5f.
749 durch des Künstlers «höchsten Begriff»: ebd., S. 292.
749 Vollkommenheit, die «vor kurzem» allen erreichbar: HA 12, 55.
749 der «zerstückelte» Körper Italiens ... ein neuer «idealer Kunstkörper»: WA IV. 13, S. 166 («Zerstücklung»); I. 47, S. 4.
750 Der Entwurf schwoll in Schillers luzider, aber wortreicher Versifikation: BmS 1, 445.
750 «Alle dramatischen Arbeiten sollten rhythmisch seyn»: WA IV. 12, S. 361.
750 eine allgemeine Geschmacksreform: BmS 1, 466.
750 «fürtrefflich und in einigen Stellen erstaunend»: WA IV. 13, S. 101f.
750 «Dichter, die Iphigenien etc. aufführen»: Grumach 4, 410f.
751 Sein Publikum, bemerkte er, seien: BmS 2, 37.
751 obwohl man die Preise für die Plätze erhöht hatte: Carlson, *Theatre*, S. 104.
751 seine «lebhafte Einbildungskraft ... seine Nachahmungsgabe»: BmS 2, 87.
752 empfing dreißig Gäste zum «Frühstück»: Grumach 4, 412–420.
752 «Einen Schauspieler wie Iffland gesehen haben»: Grumach 4, 419.
752 nahm am Ostermontag die Arbeit an *Faust* wieder auf: Steiger 3, 726.
752 jeden Tag mindestens ein Dutzend Zeilen: WA IV. 13, S. 121.
753 die «tragischen Szenen» mit Gretchens Ende: ebd., S. 137. Der Gebrauch des Plurals hat hier nichts Besonderes zu bedeuten: Teils ist er absichtlich vage, teils buchstäblich korrekt (die Szene «Trüber Tag. Feld» war ebenfalls Prosa, blieb es allerdings auch), teils durch die innere Komplexität der Kerkerszene gerechtfertigt.

753 Anfänge eines «Vorspiels auf dem Theater»: Schöne 1, 155.
753 *L'impresario in angustie*: WA I. 53, S. 102-137.
754 «Idee wegen der Änderung»: WA III. 2, S. 214.
754 «Ich kenne leider aus frühern Zeiten»: WA IV. 13, S. 222.
754 «Wenn Sie recht klopfen, sägen, hämmern»: ebd., S. 256.
754 Der alte Zuschauerraum war nicht mehr gewesen: Carlson, *Theatre*, S. 109-112.
756 «das Publikum sich wechselweise selbst sieht»: WA IV. 13, S. 258.
756 Kirms wollte *Götz von Berlichingen* bringen: RA 2 393, Nr. 1427.
756 «eine Art von Vorspiel und dialogirtem Prolog»: WA IV. 13, S. 250.
756 Eine Redaktionskonferenz wäre dringend erforderlich gewesen: ebd., S. 260.
757 ein «Charakter- und Sittengemälde» aus dem 17. Jahrhundert: BmS 2, 144.
758 «ein freundliches glänzendes Feenschlößchen»: Schlegel-Schelling, 177.
758 hatte Schiller die Koppelung mit einer Oper abgelehnt: BmS 2, 146.
758 eine lichtdurchflutete ideale Landschaft: Grumach 4, 449.
758 Schillers Prolog: Schiller, *Werke* 2, S. 270-274.
758 daß Schiller seine Seele dem Teufel verkauft: Schlegel-Schelling, 177.
759 Goethe beobachtete von einer Ecke aus: Grumach 4, 449.
759 «Er ist eher ein Mensch um Mauern zu durchbrechen»: Caroline an F. Schlegel, 14. Oktober 1798, Härtl, 86.
759 «Aber wo wird Schelling, der Granit, eine Granitin»: Friedrich an Caroline Schlegel, 29. Oktober 1798, Härtl, 87.
759 «etwas Ansteckendes ... es ist wirklich interessant»: WA IV. 13, S. 323.
760 «ein ganz vortrefflicher Kopf»: ebd., S. 330.
760 *Erster Entwurf eines Systems der Naturphilosophie*: Schelling, *Schriften 1799-1801*, S. 1-268.
760 «noch faßlicher als die beyden andern Schriften»: WA IV. 13, S. 330.
760 «die unbekannte Ursache des ursprünglichen Magnetismus»: Schelling, *Schriften 1799-1801*, S. 260.
760 «Identität in der Duplicität»: ebd., S. 218.
760 «das Leben selbst ... ein chemischer Proceß»: ebd., S. 74.
760 Aufteilung des Gebiets in drei Teile: BmS 1, 52.
761 aus Orange und Violett kein Rot: LA I. 3, S. 386.
761 Schiller war von dem Rätsel fasziniert: Aus WA IV. 13, S. 310 geht hervor, daß die Ideen zur Farbenharmonie ursprünglich von Schiller kamen. Die hier zugrunde gelegte Reihenfolge der Ereignisse steht daher im Gegensatz zu Matthaeis Vermutung in LA II. 3, S. 361.
761 Goethe saß neben Schiller am Tisch: ebd., S. 360.
761 als zwei Stabmagneten auffassen: siehe Abbildung 46.
761 «neue Idee wegen des Rothen»: WA III. 2, S. 223.
763 Sogar Schwarz war «mit roth tingirt»: Anders die Interpretation der Worte «Schwarz mit roth tingirt» durch Matthaei, LA II. 3, S. 360.
763 einen «imaginativen Spaß machen»: LA I. 3, S. 329.
763 «Das Chromatische hat»: ebd.
763 Individuen lediglich Instrumente: Schelling, *Schriften 1799-1801*, S. 51.
763 eine konsequentere Grundlegung der vergleichenden Anatomie: ebd., S. 65.
764 «Kampf zwischen der Form und dem Formlosen»: ebd., S. 33.
764 «Wie wünschte ich, daß Sie mir Ihre Muse»: BmS 2, 170.
764 «man glaubt nicht was man deutlich zu seyn»: WA IV. 13, S. 307.
764 «Könnte ich nicht durch meinen Willen»: BmS 2, 177.
764 Ratschläge zum dichterischen und theatralischen Effekt: WA IV. 13, S. 331f.
764 Iffland drohte mit dem Verlust von 4000 Talern: BmS 2, 185.

764 daß es viel zu lang war: ebd., 187.
765 zur Freude August Goethes: BmCV 1, 245.
765 nur eine einzige neue Kulisse gemalt: Carlson, *Theatre*, S. 121.
765 Goethe mußte eine Schauspielerin beim Arm nehmen: Grumach 4, 474f.
766 «Die Welt ist gegeben in der das alles»: WA IV. 14, S. 34.
766 «so wird man hier unwiderstehlich fortgerissen»: ebd., S. 36.
766 «ein unschätzbares Geschenk»: BmS 2, 206.
766 Das Stück hat «eine außerordentliche Wirkung»: Schiller an Körner, 8. Mai 1799, NA 30, 47.
766 kein finanzielles Angebot, wie Schiller gehofft: vgl. BmS 2, 256.
767 zwei praktisch gleichzeitig erscheinende Traktate: Robison, *Proofs*, Barruel, *Mémoires*; siehe Epstein, *Conservatism*, S. 504f.
767 eine unrechtmäßig erworbene Handschrift: Schiller bot das Manuskript Bell an, der in finanziellen Schwierigkeiten war und es an Longman verkaufte, Schiller jedoch das Geld erst 1802 zurückgab. Siehe Schiller-Cotta, 410–412, 687.
767 Longman verlor £ 250: Holmes, Coleridge, S. 266f.; in Schiller-Cotta (S. 412) wird der Verlust auf nur £ 60 beziffert.
767 Kotzebue wurde Ende 1798 aus dem Amt gejagt: BmS 3, 390f.
767 Drei Tage vor der Feierlichkeit begab sich Wolzogen: BmV 2, 424, 427.
768 Carl August müsse die Erlaubnis erwirken: *ASOII. 2, S. 620–634*.
768 durch Goethe eruieren lassen: WA IV. 13, S. 249.
768 ein für Goethes Augen bestimmter Brief, eine «Explosion»: *ASOII. 2, S. 580f.*
769 wetterte privat gegen Goethe: ebd., S. 581f.
770 Die «Revolution in der Religion»: BmV 2, 146.
770 sondern «der allgemeinen schicklichkeit»: *ASOII. 2, S. 581*.
771 «Fichtes gegen arbeit fürchte ich gar nicht»: ebd., S. 598.
771 «Fichten wegzuschaffen»: BmV 2, 137.
771 diesem «akademischen Statu in Statu»: ebd., 197.
771 «denn mit aller ihrer unendlichkeit»: *ASOII. 2, S. 581f.*
771 «Wenn immer und an jedem Orte»: BmV 2, 432.
771 Aussichten, die er angeblich in Kopenhagen hatte: ebd., 123–125.
771 baten durch Goethe das Geheime Conseil: ebd., 134–136, 137–139; vgl. auch 132 «unserm Theater».
772 Die Gelehrten sollten bei ihrem Leisten bleiben: vgl. *ASOII. 2, S. 654–656*.
772 Schütz mochte nicht glauben: BmV 2, 141–143.
772 «der bleiche Minister»: Bode 2 145, Nr. 1040.
772 Angestiftet vom Prorektor, dem Theologen Paulus: Grumach 5, 242.
772 einen wortreich-pompösen außergewöhnlich törichten Brief an Voigt: *ASOII. 2, S. 609–612*.
773 er würde gegen seinen eigenen Sohn votiert haben: WA IV. 14, S. 172.
773 «Ein Stern geht unter»: Grumach 4, 497. I. H. Fichte scheint nicht bekannt zu sein, daß Goethe den Sitzungen des Geheimen Conseils niemals beiwohnte.
773 von allen Jenaer Philosophen war er es: *ASOII. 2, S. 594*.
773 In Kötschau entwarf er mit Voigt einen Brief: ebd., S. 593–596.
773 Es war Professor Schmidt, der im Geheimen Conseil: BmV 2, 143.
774 Als Fichte auf Drängen von Paulus: Grumach 5, 242.
774 «Was ist das nicht für ein miserables Volk»: BmV 2, 432.
774 «damit vorerst der eigentliche Grund»: ebd., 157.
774 Von Gotha ausgehenden Bestrebungen trat Goethe entgegen: ebd., 171, 217.
775 «Die nächste Folge davon ist»: Friedrich an August Wilhelm Schlegel, Anfang April 1799, Härtl, 90.

775 Schütz revanchierte sich mit einer Parodie: RA 3 135, Nr. 148; BmV 2, 193; Bode 2 160, Nr. 1066.
775 In einer kleinen Kommission: *ASOII. 2,* S. 612–617.
775 bat Voigt um Rückgabe aller Papiere: BmV 2, 21, 436.
775 «Wenn ich dir diese Zeit über»: WA IV. 14, S. 63.
775 hatten lärmende Ostern gehabt: BmCV 1, 238–240.
776 Lützow war nach Hause beordert worden: WA IV. 14, S. 166 f., 247; RA 3.32, Nr. 32; BmCV 1, 255.
776 Goethe hatte beschlossen, Pferde zu halten: BmV 2, 179–181.
776 genossen das «ländliche» Leben: WA IV. 14, S. 90.
777 die als die «gefährlichste aller Diversionen»: WA I. 47, S. 316.
777 daß Goethe und Schiller «über jene Begebenheiten»: Grumach 4, 506.
777 der verhaßteste überhaupt, Voltaire: WA III. 2, S. 229.
778 *Rinaldo Rinaldini:* vgl. HABr 2, 388.
780 «Briefe eines Reisenden»: WA IV. 13, S. 166.
780 die Ikonographie des heiligen Josef: WA IV. 14, S. 87.
780 Humboldt, der ihm aus Paris geschrieben: HABraG 1, 326–331.
780 Im ersten Jahr nur 450 Exemplare pro Heft: RA 3.88, Nr. 240.
780 Cotta hatte fast 2 000 Taler verloren: Bode 2 147, Nr. 1043.
780 fühlte sich «aus Träumen» geweckt: WA IV. 14, 124.
780 kam mit Cotta überein, die Auflage der Zeitschrift zu senken: Bode 2 149, Nr. 1048.
780 «ob man gleich für die Zukunft nichts versprechen»: WA IV. 14, S. 189.
781 «sich Teutschland je als ein Kunstland»: RA 3.88 Nr. 241.
781 «die Richtung unserer Zeit beinah fast ganz falsch»: WA IV. 14, S. 185.
782 die «Wendung» zu studieren: WA IV. 14, S. 185.
782 «Schema» zur Geschichte der Farbenlehre: LA I. 3, S. 396–405.
782 die Italiener und Niederländer «ruiniert»: ebd., S. 404 f.
782 *Die erste Walpurgisnacht:* WA I. 1, S. 210–214.
783 die praktischen Aufführungserfordernisse: BmS 2, 259.
784 «eine so lange Pause darf nicht mehr»: ebd., 198.
784 ermahnte ihn zur Disziplin: ebd., 205, 238, 232, 235.
784 die Königin war bezaubernd: Grumach 4, 514.
784 erschreckte ihre einstige Gastgeberin, Frau Rat Goethe: SGG4, 179.
784 um Caroline Jagemann zum Frühstück zu bitten: Grumach 4, 514.
784 um ihnen nicht ihr Zusammensein zu verderben: BmS 2, 234.
785 Winter der «völligsten Inproduction»: WA IV. 14, S. 7.
785 «vom schlimmsten Humor»: ebd., S. 30.
785 *Rede der Ziffer 8:* Lichtenberg, ed. Promies, 3 458–469.
785 da sie «einmal 99er» seien: WA IV. 15, S. 1.
785 die Schiller strapaziös fand: BmS 2, 207.
785 «vor eintretendem Herbste»: WA IV. 14, S. 44.
785 «blos durch gänzliche Resignation»: ebd., S. 108.
785 «Noch dazu läßt sich's gewissen Leuten»: BmS 2, 238.
785 «Verhältnisse nach außen»: WA IV. 14, S. 114.
785 «Es ist sehr sonderbar»: ebd., S. 31 f.
786 jene «absolute Einsamkeit»: ebd., S. 146.
786 Amalie von Imhoff hatte alle Marotten: Bode, *Stein,* S. 301.
786 «in sich selbst verliebt»: ebd., S. 440.
786 wußte nicht, daß sie in Hexametern geschrieben hatte: ebd., S. 439.
786 eine Reihe von spannungsgeladenen «Conferenzen»: WA IV. 14 S. 165.
786 «eine recht leidliche Natur»: ebd., S. 135.

786 Goethe fühlte sich verpflichtet, ein literarisches Festessen: Grumach 4, 518–520.
787 der siebente Band «ein wenig mager»: WA IV. 14, S. 144.
787 noch «ein paar Dutzend» neue: ebd., S. 142.
787 zu einem «kleinen Ganzen» zu runden: ebd., S. 144.
787 «So kommt es wohl manchmal»: ebd., S. 184.
787 «Mein gegenwärtiger Aufenthalt erinnert»: ebd., S. 145.
788 «einen so bedeutenden Gegenstand»: ebd., S. 161.
788 «Es war eine Zeit, wo man den Mond»: WA IV. 15, S. 54.
788 wie das Teleskop einen Anblick scheinbar unheimlich greifbar: BmS 2, 265.
789 der Brief, worin er Zelters Vorschlag: WA IV. 14, S. 66.
789 gewundene Komplimente von Voigt: BmV 2, 184.
789 Schiller registrierte, daß «alle Productivität» Goethe verlassen habe: Grumach 4, 526.
789 «wo nicht viele doch gute»: WA IV. 14, S. 160.
789 «wieder eine Epoche»: ebd., S. 174.
789 Scherer war noch unschlüssig: BmV 2, 185, 439.

Alte und neue Zeit: September 1799–1800

790 «Stellen Sie sich vor»: August Wilhelm Schlegel an Elisabeth von Nuys, 13. September 1799, Härtl, 94.
791 «fast ganz für seine Naturphilosophie»: Grumach 4, 531.
791 Schlegels Ratschläge bestätigten Goethe: ebd., 527.
791 «Je nachlässiger indessen der Styl»: ebd., 526.
791 obgleich er große Bewunderung für Milton hegte: WA IV. 14, S. 143.
791 «innerlich wurmstichig und hohl»: ebd., S. 139.
791 Schiller schob die Schuld auf die revolutionäre Zeit: BmS 2, 249.
791 eine dritte Schicht einleitenden Materials: Diesen Entschluß muß Goethe vor jenem Zeitpunkt Anfang 1800 gefaßt haben, als er aufhörte, den Szenen Ziffern gemäß dem Schema von 1797 (Scheibe, «Walpurgisnacht») zuzuordnen; denn die Zeilen «Abkündigung», die das Vorhandensein eines «Vorspiels» voraussetzen, tragen die Nummer «30».
791 «Es hat wohl seinen Anfang»: Schöne 1, 573.
791 fügte dem Gedicht «Abschied» zwei Strophen hinzu: ebd., 574; vgl. WA I. 15.2, S. 188.
792 denen «jenes ideale Streben wert und lieb»: WA IV. 15, S. 5.
792 aufgelöster und formenreicher als in *Wallenstein*: BmS 2, 270.
793 «Die Welt ist für Tyrannen»: WA I. 10, S. 360.
794 ein ängstliches sechsjähriges Bürschchen: vgl. BmCV 1, 276.
794 «sind fast von den Stühlen gefallen vor Lachen»: Caroline Schlegel an Auguste Böhmer, 21. Oktober 1799, Härtl, 95.
794 man hat sie eine Predigt genannt: siehe Saul, *Novalis*, S. 115.
794 *Die Christenheit, oder: Europa*: Novalis, Werke, S. 317–334.
795 «Krieg, Spekulation und Parteigeist»: ebd., S. 327.
795 einer neuen «goldnen Zeit mit dunklen unendlichen Augen»: ebd., S. 328.
795 redete man von «intellektueller Anschauung»: ebd., S. 330.
796 Goethe um einen Schiedsspruch zu bitten: vielleicht hat Schlegel die Manuskripte am nächsten Tag zu Goethe gebracht (siehe Novalis, *Schriften* 3, S. 499).
796 «Häßlich ist die Tieck nicht»: Schlegel-Schelling, 190 (21. Oktober 1799).
796 «Sonst macht Schelling der Schlegel die Cour»: Tieck an Sophie Bernhardi, 6. Dezember 1799, Härtl, 100.
796 «das Verhältnis ihrer Societät zum Publikum»: WA III. 2, S. 271f.
796 Unterschied zwischen dem, was «esoterisch», und dem, was «exoterisch»: WA III. 2,

S. 274. Anders die Interpretation dieses Satzes in Novalis, *Schriften* 3, S. 499. Der Zusammenhang mit dem Atheismusstreit war Novalis klar (siehe Brief an Friedrich Schlegel, 31. Januar 1800, ebd.).

797 der sich «nun, Gott sey gepriesen! an die dreißig Jahr»: Grumach 4, 544.
797 An einem Dezemberabend versetzte Tieck ihn in Trance: ebd., 451.
797 Tieck borgte ihm einen Folianten: ebd., 542; WA III. 2, s. 273, Einträge am 2., 4., 5., 6. Dezember.
797 Ein moderner Politiker, der sich als Demokrat bezeichnet: Schöne 1, 555 f.
797 «die Walpurgisnacht ist monarchisch»: zu Eckermann, 21. Dezember 1831.
797 Schleiermacher bekannte, daß er den Vorgang nicht verstehe: an J. K. P. Spener, 21. November 1799, Härtl, 98.
798 «Nichtigkeit des abgeschmackten Märchens»: Bode 2 258, Nr. 1234.
798 die ersten Umrisse eines neuen fünfaktigen Stückes: HA 5 (1988), 620–623.
798 notierte auch den Titel: WA III. 2, S. 273 f. Eine eingehendere Erörterung der Pläne Goethes bietet Boyle, «Entsagung», besonders S. 100–102, 136 f.
799 das «Gefäß, worin ich alles»: HA 10, 449.
799 Benutzung der herzoglichen Pferde: BmV 2, 204 f.
799 «Nu kömmt das Väterchen noch nicht»: BmCV 1, 273.
799 das einfache deutsche Wort «Steigerung»: LA I. 3, S. 350–352. Das Datum steht nicht definitiv fest, doch ist die Stelle jedenfalls früher als die auf sie bezügliche Rubrik im Göttinger Schema von 1801 (LA II. 3, S. 337). Anders Matthaei, der letztere für den ersten Beleg hält (ebd., 364). Er selbst datiert den Inhalt des Göttinger Schemas (auch ebd., 350–352) auf den 18. und 19. November 1799 (ebd., 332).
799 «Die Pole an unserer magnetischen Stange»: BmS 2, 287.
799 Goethe hatte angeboten, nicht nur Carl, sondern auch Ernst: BmCV 1, 278.
799 Dissertation über die Anatomie der Maus: Steiger 4, 83.
799 eine große leere Truhe: WA IV. 14, S. 229.
800 «geheizte und erleuchtete Zimmer»: BmS 2, 290.
800 den Abend ganz allein mit Goethe: ebd., 295.
800 Carl August zeigte großes Interesse am neuen Theater: Carlson, *Theatre*, S. 137 f.
800 Thouret wurde abkommandiert, um zu helfen: WA IV. 15, S. 21.
800 Die Herders bewunderten Goethes Verse, empörten sich aber: Bode 2 157 f., Nr. 1059, 1062.
800 «mit Ambassadeurs-Air»: BmV 2, 134.
800 «eine Epoche in der Verbesserung des deutschen Geschmacks»: Bode 2 157, Nr. 1060.
801 «Wir streuen in die Brust»: Schiller, *Werke* 3, S. 737.
801 «so unpoetisch als unkritisch»: WA IV. 15, S. 33.
802 Knebel bemängelte «manches Platte»: Bode 2 163, Nr. 1073.
802 ob ihr Verfasser noch die Gedichte der ersten Sammlung von 1788: Bode 2 168, Nr. 1080.
802 «daß doch einem sonst so vorzüglichen Menschen»: WA IV. 15, S. 39.
803 «Ich schneide sonst so gern»: HA 1, 245.
803 *Oberons und Titanias goldne Hochzeit* als Auszug: BmS 2, 307.
803 die geschätzte Länge: Schöne 1, 777.
803 zwei solcher Bände zu füllen: ebd., 778. Zwar ist «ein Band» nicht zwangsläufig dasselbe wie «ein Teil»; aber der Entschluß zu zwei Bänden – vorausgesetzt, er wurde wirklich zuerst gefaßt, was nicht sicher ist – mußte doch die Frage aufwerfen, wo die Bände geteilt werden sollten, und praktisch automatisch zum Entschluß führen, die Zweiteilung so vorzunehmen, wie wir sie heute haben. Schillers Brief an Cotta vom 24. März 1800 (ebd.) und nicht erst der Brief an Goethe vom 13. September ist also der erste datierbare Hinweis auf einen zweigeteilten *Faust* (anders Schöne 2, 386).

803 von einer vorherigen Veröffentlichung abriet: BmS 2, 307; die Formulierung «um so weniger» läßt darauf schließen, daß Schiller im Gespräch noch einen weiteren Grund für die Nichtveröffentlichung nannte als nur die Unstimmigkeit des Tons im Vergleich zur übrigen Sammlung.
804 seltsame Empfindung im Kopf: Bode 2 162, Nr. 1070.
804 seine «Lebenslust»: WA IV. 15, S. 28.
804 Christiane ermutigte Goethe zum Bleiben: BmCV 1, 281.
805 «als stünde man auf einem Thurm»: WA IV. 15, S. 65.
805 eher «für einen Herzoglichen Stallmeister»: Steiger 4, 114.
805 kauften für fast dreißig Taler ein: BmCV 1, 1, 518.
805 Schlegel gab Goethes Rat an Schelling weiter: Steiger 4, 112 f.
806 Abschreiben der gewundenen Sätze: *ASOII. 2, S. 642–648*.
806 «sich patrotisch entschließen» mußten: Doebber, «Schloß», S. 67, 63, 65.
807 hatte Schillers *Macbeth* Premiere: Die Zeichnung, die nach allgemeiner Ansicht die Kulisse zu *Macbeth* zeigt (CGZ, IVB, Nr. 238; Carlson, *Theatre*, S. 143), stellt wohl eher den Prolog zu Zacharias Werners *Das Kreuz an der Ostsee* dar und dürfte von etwa 1807 datieren. Siehe Werner, *Dramen*, S. 55 f.
807 «Es ist für Stühle zu sorgen»: WA IV. 15, S. 125–127.
807 Die Empörung, womit Herder und die Weimarer Rechtgläubigen: Carlson, *Theatre*, S. 144.
807 Carl August muß etwas Ähnliches gespürt haben: HABraG 1, 349.
808 *Die guten Frauen*: WA I. 18, S. 277–312.
808 der letzte Auftritt des «Gespenstes» Ilmenau: BmV 2, 228.
808 Die alte Gesellschaft sollte aufgelöst werden: Steiger 4, 116 f.
808 Auch Lauchstädt hatte darunter zu leiden: WA IV. 15, S. 82.
808 zweihundert Personen fanden keinen Platz mehr: Carlson, *Theatre*, S. 147.
809 «Wir haben uns ein ganz falsches Bild»: Bode 2 172 f., Nr. 1090.
810 *Flüchtige Übersicht über die Kunst in Deutschland*: WA I. 48, S. 21–25.
811 «Hexenkessel romantischer Raserei»: George Bernard Shaw, *Prefaces*, S. 616.
811 Auch Frau Rat Goethe verkannte: SGG4, 223.
812 ein langes, abendliches Gespräch mit Schiller: WA III. 2, S. 300.
812 «weil ich ein für allemal»: BmS 2, 315.
812 Beschwörung eines Vulkanausbruchs: WA I. 9, S. 451, Z. 1937–1945.
813 Er hatte bald die Absicht, Chöre hinzuzufügen: WA IV. 15, S. 91.
813 wahrscheinlich in dem «schwäbischen» Kastell: Siehe Boyle, «Faust, Helen». Enna wird in der ersten Szene von *Tancred* erwähnt (Z. 16). Das zusammenhanglose «Rheintal» in Paral. 84 (Schöne 1, 666), das für gewöhnlich als Beweis für einen Schauplatz in Deutschland herangezogen wird, ist für mich buchstäblich uninterpretierbar – und nicht unbedingt der Hinweis auf eine echte Lokalität.
813 *Helena im Mittelalter*: Schöne 1, 671–679.
813 aus ihrer Geschichte eine «ernsthafte Tragödie» machen: WA IV. 15, S. 102.
813 «Der Fall könnte Ihnen im 2ten Teil des *Faust*»: BmS 2, 326.
813 eine «Synthese des Edlen mit dem Barbarischen»: ebd., 331, 326.
814 «Schönes mit dem Abgeschmackten durch Erhabenes» vermitteln: WA III. 2, S. 307.
814 *Alte und Neue Zeit*: HA 5, 300–308.
814 seine «naseweise schneidende Manier»: BmS 2, 122.
815 eine lokale Nachfolgepublikation: vgl. RA 3 899; es war beabsichtigt, Schiller nachzuahmen.
817 fühlten sich die Brüder «sehr einsam»: ebd., 224, Nr. 778.
817 Der Zar änderte dann seine Meinung: ebd., 250, Nr. 888; Biedrzynski, 254 f.
817 Am 20. Juli rief eine furchtbare Nachricht: ebd., 227, Nr. 789.

Der Geist der Schönheit und sein Schicksal: Werke, 1798–1800

817 ihr Romanfragment *Florentin*: WA IV. 15, S. 199 f.
817 «Was sich aber ein Student freuen muß»: ebd., S. 200.
817 das Thema von «poetischem und philosophischem Dilettantismus»: Schelling an Fichte, 31. Oktober 1800, Härtl, 108.
818 drückte einen «entschiedenen Zug» zu Schellings Lehre aus: WA IV. 15, S. 117.
818 «todtgeschlagen und begraben»: Schelling an Fichte, 31. Oktober 1800, Härtl, 108.
818 «Schade», schrieb Goethe an Wilhelm von Humboldt: WA IV. 15, S. 147.
818 «sich ihres Handelns als solchem bewußt zu werden»: Schelling, *Schriften 1799–1801*, S. 536.
819 «in dem unzugänglichen Lichte»: ebd., S. 603.
819 machte aus dem abschließenden praktischen Postulat das erste Prinzip: vgl. ebd., S. 570; die Erläuterung zu S. 372 verrät die Zirkularität.
819 in denen «die Natur mit dem Ich»: ebd., S. 632.
819 die Idee der «Wechselwirkung»: z. B. ebd., S. 583.
820 Errichtung eines gesetzlichen Rahmens: «Rechtsverfassung», ebd., S. 583.
820 einem «allgemeinen Völkerareopag»: ebd., S. 587.
820 der einzig wahre Gegenstand der Weltgeschichte: ebd., S. 591.
820 «ein Unendliches endlich dargestellt»: ebd., S. 620.
820 ist «für die Ästhetik dasselbe, was das Ich»: ebd., S. 619.
821 «Was die großen Anforderungen betrifft»: WA IV. 15, S. 213.
821 In einem Brief aus Braunschweig bat sie: RA 3 277, Nr. 990.
822 Hufeland hatte endlich das Angebot angenommen: BmV 1, 488.
822 Weimarer Gedenkmünze: ebd. 2, 458, 478.
822 «Mitternachtsjubel»: BmV 2, 245.
822 Schlittenfahrten, musikalischer Umzug: BmS 2, 485.
823 verordnete sich «die absolute Einsamkeit»: WA IV. 15, S. 19.
823 Kulissen, die er zum Teil selbst gemalt hatte: BmCV 1, 304; vgl. *CGZ*, IVA, Nr. 24, 25.
823 «im ernsten Gespräch» beim Abendessen: Steiger 4, 160.
823 am 2. Januar 1801 veranstaltete der Hof einen Kostümball: ebd., 166 f.

Der Geist der Schönheit und sein Schicksal: Werke, 1798–1800

824 lange Elegie *Euphrosyne*: HA 1, 190–195.
824 «Sie kann alles»: Biedrzynski, S. 16.
825 «nichts für sich selbst gilt»: WA IV. 14, S. 152.
825 ein anderes, steinernes Denkmal: Biedrzynski, S. 82.
825 gleich Mignon als Knabe gekleidet: Z. 91; vgl. auch Z. 33 mit einem Anklang an «Kennst du das Land».
827 Christiane Beckers Stimme war besonders fest: Biedrzynski, S. 16.
828 Tennysons «leerer Tag»: *In Memoriam VII*.
828 *Die Metamorphose der Pflanzen*: HA 1, 199–201.
828 Christiane Vulpius bewunderte Christiane Becker: Bm,CV 1, 156, 194.
829 Worte wie «dich zum Erstaunen bewegt»: Z. 30, 40, 36, 59, 53.
831 *Metamorphose der Tiere*: HA 1, 201–203.
831 sah im reinen Hexameter das bessere Medium: RA 2 383, Nr. 138.
831 basierend auf seinen Versuchen zum Magnetismus: WA IV. 13, S. 213.
831 Möglichkeit eines «Naturgedichts»: WA IV. 14, S. 9; siehe Nisbet, «Lucretius».
831 mit diesem Plan in Zusammenhang gestanden: vgl. HA 10, 450.
831 Noch im August 1800: siehe unten [zweite Anmerkung zu S. 832].
831 Doch am 9. Oktober erklärte er Schelling: Schlegel-Schelling, 203. Caroline schrieb aus Braunschweig und resümierte wahrscheinlich, was Schelling in dem Brief ge-

schrieben hatte, auf den sie antwortete. Der 9. war der einzige Tag im Oktober, an dem Schelling nachweislich bei Goethe in Weimar war: WA III. 2, S. 309.

831 später zusammengestellt, um den Anschein eines einzigen Gedichts: Der erste Titel, den Goethe seinem «Gedicht» gab, war «Athroismos» («Sammlung»). Die Herkunft vieler Fragmente aus verschiedenen Teilen des beabsichtigten «Epos» geht nicht nur aus der Mannigfaltigkeit von Ideen hervor, die jeweils nur kurz berührt werden, sondern auch aus der formal sinnlosen wörtlichen Wiederholung in Z. 29 und 33 und dem Wechsel vom Plural in den Singular in Z. 1-2 und 59-61. Die Fragmente wurden wahrscheinlich am 10. November 1806 zusammengestellt. Siehe *GHdb* 1, 458-463.

832 «Ansicht» und «Anschauen», eine Wissenschaft von den Erscheinungen: «Anschaun», *Die Metamorphose der Pflanzen*, Z. 79; «schauest», *Metamorphose der Tiere*, Z. 61.

832 Polarität, ein Begriff, der in Goethes botanischen Arbeiten: siehe die Tabelle, Dokument M2, in LA II. 9B, 3 f., datiert vom August 1800, ebd., 174. Die Dokumente M6 (LA II. 9B, 7-10) und LA I. 10, 135 f., die sich nicht auf Polarität, sondern auf ein «doppeltes Gesetz» (vgl. *Metamorphose der Tiere*, Z. 6-7) beziehen, datieren vielleicht auch aus dieser Zeit (ebd.). Die Vorträge LA I. 10, 129-134 jedoch, die von «Entzweiung» (133 f.) sprechen, wurden wahrscheinlich 1804 gehalten (LA II. 9B, 220). Siehe Anmerkung zu S. 594.

833 ein zweites Sonett: Parallel zu dem Sonett zweigt *Metamorphose der Tiere* einen engen Zusammenhang der Worte «Geist», «Bildung» (Z. 33, 35, 43) sowie «Gesetz» und «Freiheit» (Z. 51) und wiederum von «Bildung» und «beschränkt» mit «das Vollkommene» (Z. 30, 32).

834 breiter Kontext einer politischen Erzählung: siehe die Schemata des ganzen Werks in WA I. 50, S. 435-449.

834 zwei Geschichten in einer: GHdb 1, 537-540.

834 eine «Volksparthie in der Stadt»: WA I. 50, S. 439.

835 leidet in ihrem eigenen Innersten: HA 2, 527, Z. 357-379.

835 dreimal in zehn Zeilen «schön» nennt: Z. 357, 365, 367.

835 «Daß der schöne Leib»: Z. 367f.

835 «Also sprach sie und blickte»: Z. 384f.

836 «Also sag' ich dir dies»: Z. 609-611.

836 dezentralisierte Struktur des Stückes: GHdb 2, 358 f.

837 den «heiligen Ort»: HA 3, 144, Z. 4603.

837 Anspielungen auf die Psalmen: ebd., Z. 4609.

837 die Leiden einer heiligen Margareta: Schöne 2, 376 f.

837 Heilige und Engel: Z. 4453, 4608.

837 «Sie ist gerichtet»: Z. 4611.

837 von einem «bösen Gewissen» geplagt: Z. 4547.

837 «ein guter Wahn»: Z. 4408.

837 «O wär' ich nie geboren»: Z. 4596.

838 wahrscheinlich im April 1798: das Datum ist Spekulation, aber im April 1798 war das gesamte Material zur Verteilung auf die verschiedenen Stöße abgeschrieben worden, und Goethe hatte die Punkte seines Schemas endgültig durchnumeriert; es war also der wahrscheinlichste Zeitpunkt, um intensiv über die Reihenfolge der Szenen nachzudenken.

839 aufgegebene Entwürfe zu den Szenen, die folgen sollten: Schöne 1, 565-569 (Paralipomena 65-69, 75-77).

840 mag nicht die zielstrebige Energie der Jugend haben: Z. 170f., 208 f.

840 «alte Herren» können auch unterhalten: Z. 210.

841 Irgendwann zwischen September 1799 und März 1800: Das frühestmögliche Datum

ist streng genommen Schillers Brief an Cotta vom 16. Dezember 1798 (Schöne 1, 777), der letzte eindeutige Beweis für ein einbändiges Schema; doch das Fehlen jeder Bemerkung zu den einzigen zwei Tagen zwischen Mai 1798 und April 1800, an denen Goethe am *Faust* gearbeitet hat (18. und 19. September 1799), läßt vermuten, daß in dieser Zeit nichts Entscheidendes geschehen war. Paral. 1 ist mit Sicherheit auf einen Zeitpunkt nach Goethes Miltonlektüre im Sommer 1799 anzusetzen.

842 ein leider undatiertes Blatt: reproduziert in Schöne 1, Abbildung 11.
842 «Lebens Genuß»: Schöne 1, 577, Paral. 1.
843 «das Schauspiel eines Kampfes zwischen der Form»: Schelling, *Schriften 1799–1801*, S. 33, *Erster Entwurf eines Systems der Naturphilosophie*.
844 der Gesang der Erzengel: siehe Mommsen, «Entstehung».
844 «Ideales Streben»: WA IV. 15, S. 5.
845 in ihr erkannte Goethe den «Gipfel»: anders die Auffassung in Schöne 1, 580; siehe auch Boyle, «Engel».
845 In seinem ersten Entwurf der Handlung: Schöne 1, 666f., Paral. 84.
847 «Warum bin ich vergänglich»: WA I. 1, S. 350.
848 Helena unterliegt noch der Illusion: vgl. «Du träumest hier», Paral. 174, Schöne 1, 683.
848 fürstliche Dirne: siehe Grumach, «Helenaszenen».
849 «erobert-marktverkauft-vertauschte Ware du»: Z. 257 des Fragments, Schöne 1, 678.

Sechzehntes Kapitel

Keine Griechen mehr: Januar 1801 – August 1802

850 «Der Hals ist verschwollen»: Bode 2 179, Nr. 1099.
850 «Es ist ein Krampfhusten»: ebd.; vgl. Steiger 4, 167.
851 er glaubte, «eine Landschaft» zu sein: Bode 2 182, Nr. 1103.
851 Er phantasierte über Naturphilosophie: Steiger 4, 168 f.
851 Die Rückkehr seines Identitätsgefühls: Bode 2 182, Nr. 1103.
851 «entsetzlich betrübt»: ebd., 180, Nr. 1099.
851 der Schwung trog: BmV 2, 283.
851 Wir wissen nur von dem ewigen Schweiger Meyer: Grumach 4, 104.
851 «Ich kann ihre unermüdete Thätigkeit»: WA IV. 15, S. 173.
851 «Unsere ganze Stadt war über deine Kranckheit»: SGG4, 208.
851 «Liebe, Liebe Tochter»: ebd., 204.
852 «Wiedereintritt ins Leben»: WA IV. 15, S. 176.
852 sein Verlust, schrieb Wieland, wäre unersetzlich: Grumach 5, 102.
852 «von der nahfernen Grenze des Todtenreichs»: WA IV. 15, S. 175.
852 bat er sie um ihre Freundschaft: Grumach 5, 107.
852 «Ein altes gegründetes Verhältnis»: WA IV. 15, S. 176.
852 «Lili» schrieb «nach einer Trennung von 27 Jahren»: HABraG 1, 358–360.
853 antwortete ihr in herzlichen Worten: WA IV. 15, S. 210f.
853 Frankfurt, so hörte er von seiner Mutter: SGG4, 120, 126.
854 Voigts Gothaer Kollegen reagierten maliziös: BmV 2, 268f., 309.
854 Goethe scheint sein Geschenk weitergereicht zu haben: SGG4, 224.
855 «in geschäftigem Müßiggang dem Frühjahr entgegen»: WA IV. 15, S. 177.
855 «productive Ungeduld»: WA I. 35, S. 91.
855 «Da die Philosophen»: WA IV. 15, S. 200.
855 Ähnlichkeiten zwischen galvanischen und farbenphysikalischen Phänomen: LA I. 3, S. 379f., 382f.

855 Erst die Nachricht von der Ermordung des Zaren: WA III. 3, S. 11.
855 Die Gräfin hatte sich in Weimar niedergelassen: Biedrzynski, s. 69.
855 Aufenthalten «im freyen und halbgrünen» Oberroßla: WA IV. 15, S. 218; vgl. *Faust*, Z. 903 f., die möglicherweise in dieser Zeit entstanden.
856 «Die glücklichen Gatten»: HA 1, 249–252. Es gibt keinen äußeren Beweis zur Datierung des Gedichts, doch muß es 1801 oder 1802 entstanden sein, wahrscheinlich (aber nicht zwingend) in Oberroßla. Für die frühere Datierung sprechen folgende Gründe: 1.) die Ähnlichkeit mit der Szenerie «Vor dem Tor» in *Faust*, die nicht nach 1801 geschrieben worden sein kann, 2.) die Nähe zu «Lilis» Brief vom 25. Februar 1801; 3.) die Anspielungen auf den jüngsten Friedensschluß in Z. 68 und 75, die besser zu Lunéville als zu Amiens passen. Keiner dieser Gründe ist entscheidend – sie können als Assoziationen auch noch 1802 gegenwärtig gewesen sein.
857 gehofft, eine andere Besetzung für die weibliche Hauptrolle: Carlson, *Theatre*, S. 153.
857 als Donna Anna in *Don Giovanni* das Orchester überholte: ebd., S. 153 f.
857 die übrigen sangen, so schlecht sie nur konnten: Bode 2 187 f., Nr. 1109.
857 verursachte die Jagemann ein ernsteres Problem: Carlson, *Theatre*, S. 155–157.
858 Weimarer Erstaufführung von Lessings *Nathan*: BmS 2, 370.
858 durch Kabinettsordre des jungen Königs: BmV 2, 263; Doebber, «Schloß», S. 100 f.
858 bei Hackert zwei Landschaften in Auftrag gegeben: WA IV. 16, S. 206, 451.
858 325 Arbeiter: BmV 2, 262.
858 Kammerpräsident Schmidt war entsetzt: Doebber, «Schloß», S. 104.
859 Goethe ersuchte Ende April Carl August: WA IV. 30.1, S. 74.
859 «Göthe Vater, Sohn und Geist»: Grumach 5, 144.
859 die von seinem Onkel Vulpius bearbeiteten *Neuen Arkadier*: BmCV 1, 314.
860 In Minutenschnelle machte die Nachricht die Runde: Grumach 5, 139 f.
860 Am nächsten Tag erneuerte er in einer Reihe von Höflichkeitsbesuchen: WA III. 3, S. 18–20.
860 «Man fühlt sich wie in der Gegenwart eines großen Capitals»: Steiger 4, 203, zitiert aus *Tag- und Jahreshefte 1801*; WA I. 35, S. 97.
860 der die Neuigkeit sogleich weitererzählte: Bode 2 194, 193, Nr. 1123, 1122.
860 August wußte, wie es Kindern häufig gelingt: BmS 2, 374.
861 von der wohlerzogensten Seite: Bode 2 194, Nr. 1123.
861 Einbeck, «sehr alt und rauchig»: WA III. 3, S. S. 21.
861 plattdeutsch sprechende Bauern: ebd., S. 21 f.
861 Nach dem Aufstehen um sechs: WA IV. 15, S. 240.
861 «Ich kann wohl sagen»: ebd., S. 251.
861 «Das Wetter zerstörte alles»: ebd., S. 248.
861 Er hatte auch den Verdacht, daß das Wasser: WA I. 35, S. 105.
861 mit dieser «Kur» keineswegs überwunden: WA IV. 15, S. 248.
861 «Man sollte sich eigentlich gar nicht»: BmCV 1, 319.
862 «ein sehr unterrichteter und angenehmer Mann»: WA IV. 15, S. 243.
862 besaß nicht den Blick des Archäologen: WA I. 35, S. 104.
862 Spaziergang an der alten Stadtmauer: WA IV. 15, S. 250.
863 Mit Heyne erörterte er die Briefe Winckelmanns: Steiger 4, 219.
863 «der uns allen liebgewordene Naturforscher»: RA 4.29, Nr. 9.
863 wachsende Sammlung von Versteinerungen: WA IV. 15, S. 250.
863 «daß die Bibliothek und das akademische Wesen»: ebd., S. 250 f.
863 Er hatte für das ganze Projekt ein System entworfen: WA II. 5.2, S. 1–6.
864 Göttingen, «wo es uns in manchem Sinne»: WA IV. 15, S. 258.
864 «einen großen Schaal, nach der neuesten Mode»: ebd., S. 249.
864 wo sie die Wartburg besichtigten: ebd., S. 259.

865 das Gedicht, das sein Sohn hinterlassen hatte: RA 3 367, Nr. 1336.
865 «gesund wie ein Fisch im Wasser»: Grumach 5, 168.
865 Schiller war vorsichtiger: ebd., 174.
865 den Plan einer neuen Zeitschrift «renunciren»: WA IV. 15, S. 295.
865 erleichtert, dieser Bürde ledig zu sein: BmS 2, 377f.
866 «Wir sind keine Griechen mehr»: Runge, 27.
866 die Goethe jetzt zum ersten Mal las: Steiger 4, 238, vgl. 223.
866 «Homeride sein zu wollen»: *Mandelkow*, Kritiker, S. 207.
866 «Bitterkeit und Trauer»: WA IV. 15, S. 202.
866 «Wir bekannten uns zu der neuern strebenden Philosophie»: *Tag- und Jahreshefte 1802*; WA I. 35, S. 120.
867 «Unsere Literatur hatte, Gott sei Dank»: WA I. 40, S. 81.
868 Die Masken: Carlson, *Theatre*, S. 161–163.
868 Die Herders bewunderten es: Bode 2 197, Nr. 1131.
868 «Er sah Augustens Bild stehen»: Caroline an August Wilhelm Schlegel, 5. Mai 1801, Härtl, 112.
869 als schlechter Dozent abgestempelt: WA IV. 15, S. 200.
869 «Unsre Gelehrten», befand Voigt: BmV 2, 262.
870 Gegensätze endlicher Dinge: vgl. Copleston, *History*, S. 155.
870 gleich von Goethe gelesen: WA III. 3, S. 13.
870 «Was ich davon verstehe»: WA IV. 16, S. 55.
870 Der Vater ist die unzugängliche Identität: Schelling, *Schriften 1801–1804*, S. 148.
871 Die Ankündigung des ersten Heftes: Hegel, *Werke* 2, 169f.
872 Bedenklichkeit zieme «jedem Erfahrungsmanne»: WA IV. 15, S. 281.
872 Fesselnd fand er auch Gabriel Henry: WA III. 3, S. 40; zu den folgenden Punkten siehe Richter, *Henry*, S. 7, 9.
873 den Frau Rat «sehr überspant» fand: SGG4, 233.
873 Unter dem Eindruck der «immer neuen jenaischen Jugend»: BmS 2, 387.
873 der literaturbeflissene Engländer Henry Crabb Robinson: Grumach 5, 200–202.
873 «von weitem dem Jud Meinzer» gleich: Steiger 4, 225f.
873 August auf Gesellschaften begehrt: BmCV 1, 328, 337, 338, 341, 346.
873 siebzehn Gläser Champagner: Bode 2 180, Nr. 1099.
873 im Herbst 1801 tauchte er auf einmal auf: Grumach 5, 185–188.
874 «Kränzchen» gegen den Trübsinn des Winters: Biedrzynski, S. 112f.
874 Er hatte nichts zum *Musen-Almanach* beizusteuern vermocht: Steiger 4, 225.
874 «zu viel Blut und Wunden»: Grumach 5, 194.
874 «Die Theilnehmer befinden sich»: WA IV. 15, S. 294.
875 «Frühzeitiger Frühling»: HA 1, 246.
875 «Maifest»: Bd. I, S. 190.
875 «Bergschloß»: WA I. 1, S. 93.
875 «Hoch auf dem alten Turne steht»: Bd. I, S. 217; vgl. auch «Trost in Tränen» (WA I. 1, S. 86) und «Wonne der Wehmut» (HA 1, 104).
875 mehrere andere Gedichte: «Ritter Kurts Brautfahrt» (HA 1, 279), «Hochzeitlied» (ebd., 280), «Wandrer und Pächterin» (ebd., 199).
875 Träume müssen der Wirklichkeit weichen: vgl. «Schäfers Klagelied» (WA I. 1, S. 85), «Selbstbetrug» (ebd., S. 29).
875 Nachahmung des orientalischen Ghasels: «Nachtgesang», ebd., S. 88.
875 beziehen sich ausdrücklich auf Anlässe des Mittwochskränzchens: «Stiftungslied» (ebd., S. 109), «Zum neuen Jahr» (ebd., S. 107), «Tischlied» (ebd., S. 121); vgl. auch «Generalbeichte» (ebd., S. 126).
875 «Weltseele»: HA 1, 248.

875 Kotzebue: Biedrzynski, 253–257.
876 Kostüme zeigten satte, einfache Farben: Die Illustration von F. Tieck (unsere Abbildung) findet sich in farbiger Reproduktion in Fambach 4, zwischen S. 576 und 577.
876 schon in der Pause sah man Böttiger: Steiger 4, 250.
876 lenkte die Aufmerksamkeit auf die Ungereimtheiten: Fambach 4, 620f., 576.
876 geschmacklose Unmoral einer Modernisierung: Bode 2 201, Nr. 1134.
876 Goethe schrieb dem Besitzer der Zeitschrift: WA IV. 16, S. 1f.
876 Böttigers Text eine Reihe fein gezielter Spitzen: Fambach 4, 617–621.
877 Goethe ließ Bertuch wissen: WA IV. 16, S. 3.
877 Sogar von Wieland bekam Böttiger zu hören: Bode 2, 204, Nr. 1138.
877 «Aus der Vorstellung Ihres Ions»: WA IV. 16, S. 74.
877 ein bewußt «dämischer» Aufsatz: WA IV. 16, S. 11.
877 *Das Weimarer Hoftheater*: WA I. 40, S. 72–85.
877 diese «großen, dicken Schmeißfliegen»: Hegel, *Werke* 2, S. 211.
877 veranlaßte Böttiger, sich zurückzuziehen: Fambach 4, 591.
878 versorgte Kotzebue mit einer genauen Schilderung: ebd., 609.
878 Garlieb Merkel legte Protest ein: ebd., 596 f.
878 Er konnte sich nicht erklären: Steiger 4, 272.
878 sich in diesem Kostüm zu zeigen: BmCV 1, 335.
878 die Familie von Stein fand diese anzügliche Besetzung unanständig: Bode 2 209, Nr. 1147.
879 Demonstration von Pantalones Improvisationstalent: Grumach 5, 224.
879 «wo er sich in Weihrauchwolken»: Bode 2 214, Nr. 1156.
879 wohlgeordnet und katalogisiert: BmV 2, 284.
879 nicht registrierte Ausleihen aus der Hauptbibliothek: WA I. 35, S. 130f.
879 «verschiedenes altes Gerümpel»: WA IV. 16, S. 16.
879 «ein gutes Buch könne man nicht oft genug haben»: WA I. 35, S. 131.
880 Kotzebue, der in Weimar Fräulein von Göchhausen: Steiger 4, 273 f.
880 machte Schiller «unsinnig die Cour»: Bode 2 214, Nr. 1157.
880 den ganzen Tag in einem abgetragenen Morgenmantel: BmCV 1, 343.
880 Christianes eingemachte Bohnen: ebd., 351.
880 «glücklicherweise musikalischer»: WA IV. 16, S. 55 f.
880 Schiller bat ihn brieflich dringend: BmS 2, 395.
880 Fritz von Stein hatte sein Interesse bekundet: Bode, *Stein*, S. 483f.
880 Goethe steuerte ein Trinklied bei: WA I. 1, S. 121.
880 Schiller ein mehr politisch gestimmtes Stück: Schiller, *Werke* 1, S. 461f.
881 «So ist der Gott über die Fischweiber geraten»: Bode 2 215f., Nr. 1157.
881 Kotzebue verfiel auf ein Schillerfest: ebd., 214f., Nr. 1157.
881 Goethe half beim Entwurf ihres Helmes: Steiger 4, 261.
882 «froide, et presqu'insipide»: Grumach 5, 200.
882 verglichen mit den flotten Dreiern: Botting, *Humboldt*, S. 44.
882 «les hommes, les plus ennuyeux du monde»: Biedrzynski, S. 68.
882 Sie sandte Goethe einen Brief: RA 4.72, Nr. 153.
882 Am 24. März waren nur neun Plätze besetzt: WA IV. 16, S. 60.
882 fanden sich alle bei Kotzebue zum Souper ein: Bode 2 18, Nr. 1160.
882 Gentz würde noch mindestens ein Jahr benötigt: Doebber, «Schloß», S. 106.
882 Carl August bestand auf einem monatlichen Zeitplan: BmV 2, 296.
882 1. Juni 1803 als Datum der Fertigstellung: Grumach 5, 237.
882 Darlehen von 60000 Talern: Doebber, «Schloß», S. 118–120.
882 in die eigene Tasche wirtschafteten: BmV 2, 279.
882 Nach einem grundsätzlichen Beschluß im Herbst 1801: Steiger 4, 224.

882 begann im Februar 1802 die Detailplanung: ebd., 267.
882 ein Projekt, dem Goethe ohne Begeisterung entgegensah: WA IV. 16, S. 34.
882 «mit nicht ganz übereinstimmenden Geistern»: ebd., S. 37.
883 Vom Zoll wieder aufgehalten: BmV 2, 303.
883 Die Sandsteinlieferungen trafen ein: Grumach 4, 262.
883 Die prächtigste Baumblüte seit zehn Jahren: BmV 2, 302; BmC 1, 356 f.
883 Christiane fühlte sich nicht besonders wohl: ebd., 359.
883 «auf eine liberalere Weise»: WA IV. 16, S. 73.
883 zum ersten Mal in dreizehn Jahren: BmCV 1, 357.
883 seine Frau unterhielt eine ausgezeichnete Küche: ebd., 358.
883 in vierzehn Tagen 6000 Katalogblätter: WA IV. 16, S. 85.
884 er hoffte auf den dritten: ebd., S. 78, 86.
884 daß er an einem Roman arbeite: Steiger 4, 266. Der Titel ist der eines Werkes von Carl Philipp Moritz, den Goethe behauptet haben mag fertigzuschreiben.
884 «in der strengsten griechischen Form»: an Körner, 13. Mai 1801; zitiert in Schiller, *Werke* 2, S. 1277.
885 Als Schiller 1802 *Iphigenie* wiederlas: Schiller an Körner, 21. Januar 1802; HA 5 (1988), S. 415.
885 Goethe bewegten «einige der wunderbarsten Effekte»: WA IV. 16, s. 84.
885 «Es ist wirklich ein merkwürdiges Produkt»: Bode 2 220, Nr. 1165.
885 Jean Paul fand das Stück, «zwei große Fehler abgerechnet»: ebd., 222.
885 Schiller befürchtete «eine totale Niederlage»: BmS 2, 411.
886 am Samstag, dem 29. Mai: Beschreibungen der Vorstellung in Grumach 5, 271 f.
886 Schlegel fuhr «mit seiner Lucinde»: Bode 2 220, Nr. 1164.
886 in der «Capitale de l'Univers»: Behler, *Schlegel*, S. 87.
886 wollte, wie er Caroline Schlegel erklärte: Grumach 5, 276.
888 der alte «Zauberer Merlin»: ebd., 272.
888 er werde es sich zur Ehre anrechnen: WA IV. 16, S. 90 f.
888 erwarteten die Schloßbaukommission diverse Aufgaben: Grumach 5, 279 f.
888 Am Samstagmorgen um sieben: ebd., 281 f.
888 Es war eine anspruchslose Sache: Carlson, *Theatre*, S. 179-181.
889 Dragoner mußten postiert werden: Grumach 5, 281.
889 *Was wir bringen*: WA I. 13.1, S. 37-88.
890 «Von Königen ergießt»: ebd., S. 87 f.
890 Anspielungen auf die persönlichen Eigenschaften einzelner Schauspieler: zum Beispiel die kleine Statur von Wilhelmine Maaß, ebd., S. 81, Z. 12.
890 «treffliche Stellen, die aber auf einen platten Dialog»: Bode 2 229, Nr. 1181.
891 ein dreifaches Hoch: «Es lebe der größte Meister der Kunst»: Grumach 5, 286, 281.
891 für beide kräftigen Applaus: BmCV 1, 364.
891 das Theater nahm 1500 Taler ein: WA IV. 16, S. 96 f.
891 die einzige Aufführung, die kaum hundert Zuschauer: ebd.
892 lange Spaziergänge mit dem Augenarzt Himly: Steiger 4, 310.
892 skizzierte eine Einleitung: LA II. 9B, S. 52 f.; vgl. WA III. 3, S. 63.
892 es war ihm «nur darum zu thun»: WA IV. 16, S. 114.
892 Goethes *Faust* als «die innerste, reinste Essenz»: Schelling, *Kunst*, S. 90.
892 ein «mythologisches» Gedicht, vergleichbar mit Dante: ebd., S. 376, 377.
893 «Die historische Construktion des Christenthums»: Schelling, *Schriften 1801–1804*, S. 520-529.
893 sondern «den Geist, das ideale Prinzip»: ebd., S. 526.
894 «Über die wissenschaftlichen Behandlungsarten des Naturrechts»: Hegel, *Werke* 2, S. 434-530.

894 ein neues, «bürgerliches», individuelles Moralgefühl: ebd., S. 494.
894 «Wenn Goethe in dieser Sache weniger tut»: Bode 2 227, Nr. 1177.

Alles löst sich auf: August 1802 – August 1803

895 «Zwo gewalt'ge Nationen ringen»: Schiller, Werke 1, S. 459.
895 die Bedingungen des Friedensvertrages von Amiens: Doyle, Revolution, S. 381.
896 den Plan «einer allgemeinen Säkularisation»: BmV 2, 302.
896 die Preußen zogen durch Weimar: WA IV. 16, S. 116.
896 kein einziger der preußischen Offiziere zugegen: BmCV 1, 374.
896 Einige Tage zuvor hatte Blücher Münster eingenommen: Steiger 4, 306.
897 Fürstin Gallitzin hielt es wieder einmal für notwendig: RA 4.99, Nr. 247.
897 Goethe unternahm weitere ergebnislose Vorstöße: WA IV. 16, S. 103–105.
897 «Freiheit ist nur in dem Reich der Träume»: Schiller, Werke 1, S. 459.
897 «Die ganze deutsche Masse»: WA IV. 16, S. 199.
897 «Da dieses wichtige Fach»: Fambach 4, 660.
897 Goethe war fuchsteufelswild: ebd., 663.
897 Man argwöhnte, daß Schadow: ebd., 667.
897 bei Goethe eine Abfuhr geholt: Grumach 5, 300 f.
898 die Satire war mit ziemlicher Sicherheit das Werk Böttigers: Fambach 4, 662.
898 Inszenierung eines Sophoklesstückes: WA IV. 16, S. 432.
898 überwältigte ihn *Die Andacht zum Kreuz*: Grumach 5, 310.
898 eine Art Personalkrise: Carlson, Theatre, S. 183.
898 Die einzigen Neuzugänge: ebd., S. 170.
898 «Goethe hat das Theater satt»: Grumach 5, 323.
899 satirische Verleumdungen gegen den Weimarer «Theaterdespotismus»: zum Beispiel Bode 2 236, Nr. 1197.
899 «Verfluchen muß man das Produkt»: Grumach 5, 303.
899 Mit dem *Alarcos*-Fiasko hatte sich Goethe «allerdings kompromittiert»: Bode 2 222, Nr. 1169.
899 «Seine Art zu sein»: Grumach 5, 304.
899 die große, perspektivische Karte von Rom: WA IV. 16, S. 172.
899 «Diesen Weg können nun die Freunde machen»: ebd., S. 175.
899 «Mein einziger Trost ist der Numismatische Talisman»: ebd., S. 163.
900 Wohl um diese Zeit verzichtete Goethe auf den Plan: Steiger 4, 334.
900 obgleich er weiterhin umfangreiche Darstellungen der Revolution las: WA IV. 16, S. 49, 52.
900 Er bat Cotta, *Mahomet* und *Tancred*: ebd., S. 61.
900 Cotta die Herausgabe seiner neuen Gedichte überlassen: Grumach 5, 266 f.
900 in derselben Aufmachung wie die *Propyläen*: WA IV. 16, S. 437.
900 so glücklich, wie er es nur je gewesen: ebd., S. 275.
900 «Wir sollten wohl im Lauf der irdischen Dinge»: WA I. 44, S. 348.
901 «Diesem großen, schönen heitern Leben»: ebd., S. 347.
901 August strengstens verbot, schwimmen zu gehen: BmCV 1, 371.
901 der lange Lebensabend Corona Schröters: Steiger 4, 311.
901 Carl Augusts Kammerdiener Wagner: BmV 2, 470.
901 als ihr Lieblingskakadu starb: RA 3 338, Nr. 1226.
901 Eine seiner letzten Pflanzungen war ein Ginkgobaum: Vollert, «Garten», S. 472 f.
902 lehnte die künstliche Bestäubung ab: ebd., 467.
902 Goethe hätte das gewiß begrüßt: vgl. RA 4 161, Nr. 489.
902 Voß erbot sich zu einigen Extrastunden: Steiger 4, 322.
902 der Herzog unterstützte sein Gesuch: BmV 2, 279.

Alles löst sich auf: August 1802 – August 1803 1075

902 «Er war zur Kantischen Zeit»: WA IV. 16, S. 26.
903 Stoff für den «kleinen Graßaffen»:SGG4, 235, 238.
903 so winzig, daß man sie Kathinka nannte: Steiger 4, 332.
903 Gratulationsschreiben: BmS 2, 429.
903 «Die Mutter, so gefaßt sie sonst ist»: WA IV. 16, S. 157.
903 «Getäuschte Hoffnungen thun weh»: SGG4, 239.
903 Sieben Wochen lang, bis Ende Februar: Bode 2 236, Nr. 1198, 1196.
903 «Daß der Geheime Rat wirklich»: ebd., 237, Nr. 1199.
903 der zunächst alles auf schlechte Laune geschoben hatte: ebd., 233, Nr. 1190.
904 «Er ist manchmal ganz hypochonder»: BmCV 1, 378.
904 konnte dann «sehr vergnügt» scheinen: Grumach 5, 328.
904 «das Kotzebuesche Wesen»: Bode 2 237, Nr. 1199.
904 «Wenn Goethe noch den Glauben»: Schiller-Humboldt 2, 230 f.
904 Humboldt meinte daraufhin: ebd., 232 f.
905 Goethe hatte «eine unaussprechliche Freude»: Grumach 5, 333.
906 «Der Übel größtes aber ist die Schuld»: Schiller, *Werke* 2, S. 912.
907 die Deklamation für Instrumentalbegleitung einzurichten: Rudloff-Hille, Schiller, S. 161, 157.
907 «Der Chor hielt das Ganze trefflich zusammen»: Schiller, *Werke* 1, S. 1279 (an Körner, 28. März 1803).
907 ein dreifaches Hoch auf Schiller: Steiger 4, 350.
907 «ein erbärmliches Machwerk»: Bode 2 251, Nr. 1222.
907 August Vulpius wußte, daß Goethe «sein Trauerspiel» vollendete: Bode 2 234, Nr. 1193.
907 nicht «auf etwas Geleistetes»: WA IV. 16, S. 180.
907 Vollendung vorwegzunehmen und damit zu verhindern: *Tag- und Jahreshefte 1803*; WA I. 35, S. 149 f.
907 soll er bitterlich geweint haben: Grumach 5, 334; vgl. Carlson, *Theatre*, S. 195.
907 konnte nicht darüber sprechen, ohne daß ihm Tränen: Grumach 5, 336.
908 «der Verlust eines Kindes»: WA IV. 16, S. 303.
908 «von der Ihnen Goethe erzählen kann ... Ich vertraue nicht»: Schiller-Humboldt 2, 250.
908 «Soll man hoffen»: WA IV. 16, S. 303.
909 Es sei «ein rein ästhetisches Kunstwerk»: Bode 2 244, Nr. 1210.
909 «in *unsrer Zeit* spielt»: ebd., 242, Nr. 1208.
909 alles «in der einfachsten, edelsten Sprache»: ebd., 244, Nr. 1210.
909 «Das Publikum und die jenaischen Studenten»: ebd., 243, Nr. 1208.
909 eine von Schadow bezahlte Claque: ebd., 253, Nr. 1223.
909 «das dermalige höchste Meisterstück»: ebd.
909 geeignet, mit verteilten Rollen gelesen zu werden: ebd., Nr. 1219.
909 Mitte April wurde Goethes Laune besser: Grumach 5, 336.
910 wo er die meiste Zeit neben seiner Kutsche herging: WA IV. 16, S. 221 f.
910 Schiller gratulierte, daß er wieder ein freier Mann: BmS 2, 445.
911 die «Peiniger der Welt»: BmV 2, 340.
911 500 Studenten waren abgegangen: Hegel, *Briefe* 1, 448.
911 wollte wissen, woher die Gerüchte rührten: WA IV. 16, S. 189.
912 die *ALZ* «kein akademisches, sondern ein ganz freies Institut»: ebd., S. 455.
912 «Mein Losungswort ist Gemeinsinn»: ebd., S. 233.
912 das Dreifache seines jetzigen Gehalts: BmV 2, 335, 339.
912 Sömmerring war nicht zum Kommen zu bewegen: WA IV. 16, S. 254–256.
912 ebensowenig ein anderer Frankfurter Arzt: BmV 2, 353.

912 ging nach nur zwei Jahren nach Göttingen: Steiger 4, 361.
912 Hufeland nahm ein Angebot aus Würzburg an: BmV 2, 342.
912 kaum besser als das, was er in Jena hätte haben können: ebd., 357.
912 der König von Preußen und seine Frau: Grumach 5, 351.
912 zitierte wieder Frau Rat zu sich: SGG4, 247f.
912 Wolzogen registrierte, wie angelegentlich: Bode 2 249, Nr. 1218.
913 «Wohl ihm», schrieb er: WA IV. 16, S. 262.
913 die Übereinstimmung ihrer Auffassungen nicht mehr so groß: Grumach 5, 333.
913 wo er eine gut dotierte Professur: Hegel, *Briefe* 1, 450.
913 «Mich kann Ihre Imagination»: WA IV. 16, S. 366.
913 ein Plätzchen für ihn freihaben mochte: vgl. Hölderlin an Schiller, 2. Juni 1801, Beck, *Hölderlin*, S. 84.
913 «vernachlässigt sein Äußeres»: Hegel, *Briefe* 1, S. 71.
915 die dritte «auf einem höheren Standpunct»: dieses und die folgenden Zitate aus WA IV. 16, S. 232f.
915 Sogar Böttiger lobte: Grumach 5, 83.
915 man «kam nicht zu ihm ohne sich seiner Milde»: WA I. 36, S. 254.
915 «Deine *Natürliche Tochter* gefällt mir viel besser als Dein natürlicher Sohn»: Steiger 4, 361f. Das ist eindeutig die authentische Version dieser Bemerkung. Die bei Grumach (5, 347f.) auch festgehaltene umgekehrte Version (daß ihm der Sohn besser gefalle als die Tochter) ist eine spätere Sentimentalisierung, die das eigentlich Verletzende an Herders «Scherz» verkennt und die literarischen Vorurteile einer Zeit reproduziert, welche die hohe Meinung Herders von der *Natürlichen Tochter* nicht teilen konnte.
915 «Die vielen Jahre unseres Zusammenseins»: WA I. 36, S. 256.
916 «So schieden wir»: ebd.
916 begegneten einander an der Tafel Anna Amalias: WA III. 3, S. 82.
917 «für unsern Zweck völlig unbrauchbar ... ein kaltes»: BmS 2, 444.
917 nahm «eine wichtige Arbeit» in Angriff: WA IV. 16, S. 242.
917 «Mein einziger Wunsch ist, daß du heiter»: ebd., S. 257.
918 Christiane ließ es sich in Lauchstädt gut gehen: Alle Einzelheiten ihres Aufenthalts in Lauchstädt nach BmCV 1, 382–432.
918 eine «ganz vortreffliche» Aufführung: ebd., 390.
918 «Man kann sich da seine Gesellschaft aussuchen»: ebd., 398.
918 «Das hat mir sehr gefallen»: ebd., 407.
919 «Mir ist es als finge ich»: ebd., 413.
919 «man ist noch artiger als voriges Jahr»: ebd., 401.
919 es kamen immer mehr Gäste aus Weimar: ebd., 414.
919 «Goethens Bank»: ebd., 411.
919 «Äugelchen»: ebd., 413; vgl. 411.
919 «und ich habe alles getanzet»: ebd., 414.
919 «aber man wünschte sie nur noch einmal»: ebd., 406.
919 «Vivat Schlegel», «Pereat Coubu»: ebd., 423.
919 «Man will sie aber auch hier nicht mehr sehn»: ebd., 427.
920 «Deine letzten, neuen, schon durchgetanzten Schuhe»: ebd., 422.
920 «Wie sehr von Herzen ich Dich liebe»: ebd., 405.
920 «Wenn ich in den Salon komme»: ebd., 427.
920 «just genug» mit dem Tanzen: ebd., 430.
920 «höllisch gefreut ... sehr glücklich gemacht»: ebd., 402f.
920 «Wenn ich reich wär»: ebd., 413.
920 «So wie ich mich freue»: ebd., 430.

922 Die Stadtbevölkerung feierte ein Straßenfest: Steiger 4, 377.
922 Am nächsten Sonntag wurde von allen Kanzeln: Doebber, «Schloß», 136.
922 weil sie ihr Gesicht nicht kannten: Bode, *Stein*, S. 458.
922 Goethe erhielt einen Brief von Hegel: Hegel, *Briefe* 1, S. 72.
923 «Diese stille Einleitung»: HA 10, 461.
923 er erfand Erklärungen dafür: WA IV. 16, S. 283-286; I. 35, S. 153.
923 Johann Christian Reil: RA 4243, Nr. 792.
924 «Dauer im Wechsel»: HA 1, 247 f.
926 Außerstande, seine Gehässigkeit für sich zu behalten: Steiger 4, 386.
926 Bertuch kam zu Voigt: BmV 2, 346.
926 Am 26. kam er mit Goethe und Voigt zusammen: Grumach 5, 377.
926 zum Tee zu Schiller: ebd., 378.
926 kamen zu einer offiziellen Vereinbarung: ebd., 378 f.

Revolution und Entsagung: Werke, 1801-1803

928 die «große Lücke»: WA IV. 15,S. 214.
929 Am 26. Februar 1801: Steiger 4, 177.
929 Man konnte vielleicht vier «Grundzustände»: WA IV. 15, S. 203.
930 zu «neuen Sphären reiner Tätigkeit»: *Faust*, Z. 705.
930 ein «letzter», «festlicher» Schritt: ebd., Z. 782.
930 Gebärde mit weitreichendem literarischen Einfluß: vgl. Boyle, *Who?*, S. 277, 305, 309.
933 schon im April 1800 entstanden: ganz wörtlich genommen – und es gibt keinen Grund, sie anders zu verstehen –, beziehen sich Goethes Worte «Der Teufel den ich beschwöre, gebärdet sich sehr wunderlich» (WA IV. 15, S. 58) natürlich auf die Szene «Studierzimmer I», besonders auf Z. 1247-1255, 1310-1314.
933 «Im Anfang war die Tat»: *Faust*, Z. 1257.
934 Die zweite Szene mit dem Titel «Studierzimmer»: eine ausführlichere Darstellung der folgenden Interpretation der Wette findet sich in Boyle, *Entsagung*, S. 47-55.
935 «die schöne Welt»: *Faust*, Z. 1619.
936 daß er «stets das Böse will und stets das Gute schafft»: ebd., Z. 1336.
936 «Halbgott»: Marlowe, *Faustus*, I. Aufzug, 1. Szene, Z. 62.
937 ebenso absurde wie banale Paradoxa: eine Verteidigung dieser Interpretation der Zeilen 1678-1685 und ihrer traditionellen Lesart als Fragen findet sich in meinem demnächst erscheinenden Aufsatz «An Idealist Faust?» (anders Schöne 2, 258 f.).
939 marxistische Kritiker: Lukács, *Goethe*, S. 147.
940 Rätsel über Übergangsphänomene: Schöne 1, 578.
940 ein modifizierter Goethescher Idealismus: Schöne 2, 959.
941 «Traum- und Zaubersphäre»: *Faust*, Z. 3871.
941 «Dort strömt die Menge»: ebd., Z. 4039 f.
941 Lichtenberg hatte einen Einfall mit ähnlichem Muster veröffentlicht: «Daß du auf dem Blocksberg wärst», Lichtenberg, hrsg. v. Promies, 3, 470-482.
942 das Ende nicht nur eines Jahrhunderts, sondern einer ganzen Epoche: *Faust*, Z. 4092-4095; vgl. Paral. 28, Schöne 1, 561.
942 «Der ganze Strudel»: ebd., Z. 4116 f. Nach meiner Vermutung sollten diese Zeilen (und vielleicht auch Z. 4114 f.) ursprünglich nach dem «Intermezzo» kommen.
942 Satan in der Rolle Bonapartes: Paral. 50, S. 7, Schöne 1, 555 f. Paral. 48, Schöne 1, 564; vgl. Paral. 62 a, Schöne 1, 559. Der wesentliche Unterschied zwischen meiner Interpretation der «Walpurgisnacht» und der Deutung A. Schönes (zusammengefaßt in *Faust*, hrsg. v. Schöne, 2, 342-346) besteht, wie man sieht, darin, daß Schöne sich auf die erotische und theologische Metaphorik der Szene konzentriert, während ich mich auf ihren politischen und zeitgenössischen Inhalt konzentriere. Schöne sieht in

den satirischen Elementen, auch im «Walpurgisnachtstraum», willkürliche Belanglosigkeiten; in meinen Augen sind sie wesentlich, um die Tragweite der Szene herauszuarbeiten und ihren Bezug zu Fausts Wette herzustellen. Für mich ist evident, daß der Höhepunkt der teilweise ausgearbeiteten Satansszene nicht die «Satansrede», sondern die «Präsentationen» und «Beleihungen» (*Faust*, hrsg. v. Schöne, 1, 564) sein sollten, daß die Wendung «Versincken der Erscheinung» (ebd.) sich auf die Handlung auf dem Brockengipfel bezieht (anders Schöne, 2, 947, der die Placierung der Wendung in 1, 753, rechtfertigt) und daher die Szene mit Satan wohl eine Vision, eine mephistophelische Illusion, aber keine Episode in Fausts Leben ist und daß in Paral. 50 die Handlung der Walpurgisnacht selbst mit dem Chor der zurückfliegenden Hexen von S. 8 oben endet (Faust, hrsg. v. Schöne, 1, 556, Z. 126-129, entsprechend der letzten Zeile von Paral. 48, ebd., S. 564, Z. 41). Ich stimme Schöne und Scheibe zu, daß Paral. 48 und 50 uns einen Plan für die Fortsetzung der Walpurgisnacht über Z. 4117 hinaus bieten, wie Goethe ihn 1801 im Auge hatte, glaube aber, daß es für Goethe viele Gründe gab, sie nicht abzuschließen. Einer dieser Gründe mag Selbstzensur gewesen sein; der wichtigste war jedoch, daß Goethe den Antrieb dazu verloren hatte, nachdem er in der *Natürlichen Tochter* mit der Darstellung der Revolution soweit gegangen war, wie er nur gehen konnte.

943 «In goldnen Frühlingssonnenstunden»: HA 1, 244.
943 *Die Natürliche Tochter*: HA 5, 215-299. Zeilennachweise beziehen sich auf diese Ausgabe.
944 «Ach, es wird noch sehr tragisch kommen»: Bode 2 244, Nr. 1210.
944 «Denkweise, Cultur pp»: WA IV. 51, S. 175, Steiger 4, 367.
944 «Diesem Reiche droht»: Lesart «gäher» wie in HA 5 (1988), 296.
944 eine rechte «Amazone»: vgl. «Amazonentochter», Z. 127.
946 «So laß mich immer»: Z. 183.
946 zwei Welten im Konflikt miteinander: Z. 709 f.
946 «Verborgen muß ihr künftiges Geschick»: Z. 796 f.
946 vom «furchtbarn Rat» einer geheimnisvollen «Partei»: Z. 787, 714.
946 auf der Schwelle zu einem Glück, das «unermeßlich»: Z. 893-896.
947 «Unwiderruflich, Freundin»: Z. 1147.
947 «Das Schicksal, das»: Z. 1148.
948 daß Eugenie «viel, nicht lange» gelitten: Z. 1456.
948 «entstellt und blutig», «Zerrissen und zerschmettert»: Z. 1506 f.
948 da er «dem holden Vaternamen»: Z. 1511.
948 das «Götterbild» seiner Tochter: Z. 1535.
948 die Scheiterhaufen des Altertums: Z. 1542-1546.
948 ein tätiges Leben zum allgemeinen Wohl: Z. 1670.
948 die entfernteste Hafenstadt des Reichs: Z. 1171.
949 «Gewalt, entsetzliche Gewalt»: Z. 1748.
949 Er will nicht rechten: Z. 1794-1796.
949 recht bald «aus meiner Enge reingezognem Kreis» verschwinden: Z. 1802.
949 «Entsagte sie der nicht gegönnten Höhe»: Z. 1808.
949 «In ganz gemeinen Dingen»: Z. 1861-1863.
949 «Gerettet willst du sein»: Z. 2051-2053.
950 «auf ewig dieser Welt entsagen»: Z. 2506.
950 sie «lebend eingescharrt» wollen: Z. 2508 f.
950 «Ich beuge vor der höhern Hand»: Z. 2566 f.
951 als «reiner Talisman»: Z. 2583.
951 «Entsagung der Entsagenden»: Z. 2889 f.
951 für das Premierenpublikum rätselhaft: eine ausführlichere Darstellung der folgenden Interpretation der *Natürlichen Tochter* findet sich in Boyle, «Entsagung».

Revolution und Entsagung: Werke, 1801–1803

952 ein Bild des Göttlichen wie des Menschlichen: Z. 1535, 1544.
952 in einem Dialog, der bewußt die Sprache: Z. 1057–1066.
952 «Gewalt» und verwandte Begriffe: Boyle, «Entsagung», S. 106.
953 Was den Herzog wie seine Tochter niederstreckt: Z. 1333, 1148.
953 «der Obermacht gewalt'ger Schluß»: Z. 1899.
953 «Was droben sich in ungemeßnen Räumen»: Z. 2012–2016.
953 kann keine völlig durchsichtige Geschichte erzählen: man könnte zum Beispiel der Klarheit des Jasagers Hebbel die Dunkelheit Pinters entgegenstellen. Für Racine ist die Bühne ein kleiner Raum des Lichts, der Vernunft und des Diskurses, rings umgeben von mörderischer Finsternis; Klarheit ist nur möglich, solange die Gewalt verbannt ist.
953 «Unbekannt / Sind mir»: Z. 1895 f.
953 als «eherne Notwendigkeit»: Z. 2604.
953 «Die Politik ist das Schicksal»: HA 20, 546.
955 «Entsagung» ist ein Wort, das in der *Natürlichen Tochter* häufiger: Henkel, *Entsagung*, S. 7.
955 und Faust ist kein Dichter: anders Emrich, *Symbolik*, S. 181 f. Aus vielen Gründen möchte man sich der Ansicht verweigern, daß Faust mehr als nur ein Gelegenheitsdichter ist; überdies dürfte es unklug sein, die Deutung eines so gehaltvollen Werkes wie *Faust II* auf abweichende Lesarten zu stützen, die Goethe systematisch getilgt hat.
956 Einheirat ins Bürgertum: Z. 2295–2302.
956 die Gesellschaft, zu der Eugenie gehört: Z. 2845–2847.
956 «Denn, wenn ein Wunder auf der Welt geschieht»: Z. 2854 f.
957 Abstieg in die «niederen Sphären»: Z. 2723.
958 wendet sich dem «schönsten Port» zu: Z. 2178.
958 ihr kometenhafter Sturz: Z. 1970–1972.
958 aus dem Mund eines skrupellosen, verlogenen Intriganten: Wolff, *Goethe*, S. 76.
959 «Getrenntes Leben»: Z. 1698 f.
959 «Der Geist»: Z. 1699–1701.
959 «auf ewig mein»: Z. 1725.
960 «in meines Geistes Tiefen»: Z. 2797.
961 «Indem ich dich gewinne»: Z. 2936 f.
961 Diese selbstlose Liebe: Z. 2932.
961 werde sie «auf ewig mein» sein: Z. 2207.
961 «nur / Im Geiste»: Z. 2927 f.
961 Tag der innigeren, ja physischen Vereinigung: Z. 2917 f.
962 Hölderlins Hymne *Patmos*: Hölderlin, SW, 357–363.
963 von der vollkommenen Verkörperung der Schönheit: ebd., 361, Z. 138.
963 «Was das Gedicht verkörpert»: Constantine, *Hölderlin*, S. 260.
964 «nur Analogien, Realisierungen der Sehnsucht»: ebd., S. 261.
964 «sich ehrlich mit weniger zu bescheiden»: ebd., S. 260.
964 Denn in der letzten Strophe: *Patmos*, Z. 222–225, Hölderlin SW, 363.
964 «Nah ist / Und schwer zu fassen»: *Patmos*, Z. 1–4, Hölderlin, SW, 357.
964 daß Christus wie Eugenie «noch lebt»: *Patmos*, Z. 204, Hölderlin, SW, 363; vgl. *Die Natürliche Tochter*, Z. 209.
965 «Der Liebe Sehnsucht»: *Die Natürliche Tochter*, Z. 1307–1310.
965 «Es ist der Wurf des Säemanns»: *Patmos*, Z. 151–153, Hölderlin, SW, 361.
965 «Ein Fest versäumt' ich»: *Die Natürliche Tochter*, Z. 2250.
965 «In abgeschloßnen Kreisen»: ebd., Z. 2009–2011.
966 der beide den Namen «Schicksal» geben: *Die Natürliche Tochter*, Z. 2562; *Patmos*, Z. 176, Hölderlin, SW, 362.

966 Goethe hat seine Schemata für eine Fortsetzung aufgehoben: HA 5 (1988), 619–623.
966 man kann einiges rekonstruieren: zum Kontext der folgenden Rekonstruktion vgl. Boyle, Entsagung 2, S. 100–102, 122 f. Es bedarf keiner Erwähnung, daß die Einzelheiten umstritten sind. Trotz ihrer politischen Schlagseite bleibt die beste Darstellung der Handschriften die von Kettner, *Drama*, S. 161–172.
966 «Hoffnungen, wie zu Anfang der Revolution»: HA 5 (1988), 621.
967 «gewaltsames Nivelliren» der Gesellschaft: ebd., 622.
967 nach Goethe «ein schöner Augenblick»: HA 10, 458.
969 «deutscher Gesang»: *Patmos*, Z. 225, Hölderlin, SW, 363.
969 ein Sinnbild, ein «Talisman», ein «Gegenzauber»: *Die Natürliche Tochter*, Z. 2853, 2065.

Personen- und Ortsregister

Aachen 40, 151, 178, 183, 188, 241
Abel, C. 678
Adams, R. 143
Addington, H., Lord 854
Adelung, J. D. 495
Adersbach 108
Agincourt 164
Agrigent 167
Ägypten 705, 707, 793, 911
Schlacht am Nil 705, 709
Aire 160–162, 170
Aischylos 756
Agamemnon 574f., 578
Aisne 160–163, 170
Alexander der Große 184
Alexander I., Zar von Rußland 854, 911
Alexandria 396
Alpenpässe 427, 430, 537, 541
Altdorf:
G. in 692–694
Alters 693
Altona 35, 240, 243f.
Amberg 433, 506, 535, 537
Amerika, Vereinigte Staaten von 50, 184, 236, 520, 708, 911
amerikanische Revolution 15f., 30, 77, 474
Amiens:
Friedensvertrag von 895
Amsteg 693
Amsterdam 490
Ancona 546
André, J. 217
Anna Amalia, Herzogin von Sachsen-Weimar-Eisenach 102, 110, 118, 124, 138f., 142, 163, 169, 171, 246, 253, 266, 564, 566, 602, 635, 701, 739, 759, 786, 800, 814f., 855, 858, 896, 916
Ansbach 242
Antwerpen:
Kathedrale 239
Apolda 103

Archenholtz, J. W. von 24
Minerva (Hrsg.) 98
Arens, J. A. 143, 367, 370, 634, 809, 858, 920
Argand, A. 754
Argonnen 27, 157, 160, 162
Ariost 345, 812
Aristoteles 604, 629
Poetik 626, 628
Arlon 174
Arminius 862
Arnim, A. von 860, 863, 956
Arno 613
Artois, K. P. d', Graf *siehe* Karl X., von Frankreich
Aschersleben 144
Attila 162
Augereau, C. P. F. 539
Augsburg:
G. in 102
August, Prinz von Gotha 116, 125, 130, 136, 148–150, 154, 188, 241, 243, 343, 395, 864f.
Augustus, römischer Kaiser 862
Austen, J. 390, 394

Baader, F. X. 598
Beyträge zur Elementarphisiologie 563f., 594
Babeuf, F. N. 237, 428, 539
Babo, J. M. 123
Bacon, F.:
Novum Organum 131
Bad Lauchstädt 192, 444, 604, 916–920 Abb. 10
Weimarer Theater in 122f., 568, 635, 808, 882f., 888f., 891, 910
G. in 883, 886, 888f., 891, 910
Bad Pyrmont 486, 859
G. in 861f., 891, 917
Baden 242, 486, 854, 859, 911
Baggesen, J. J. 81, 207, 495
Bahrdt, C. F. 92, 933
Baldes, J. 250
Balingen 682

Ballinamuck 705
Balsamo, G. 19, 26, 124, 139, 219f., 223, 230
Balsamo-Cagliostro, Familie 218, 220
Balthasar, H. U. von 585
Bamberg 592, 816, 822
 Universität 805
 G. in 702
Bantry Bay 536
Bardili, C. G. 91f., 94f., 871
Bar-le-Duc 157, 160
Barthélemy, J. J. 14
Basedow, J. B. 43
Basel 683, 701, 704
 Sonderfrieden von 239, 243, 332, 374, 483, 486f., 499, 536, 540
Bassompierre, F. de 395
Batsch, A. J. 206f., 256, 258, 277, 327, 331, 901, 911
Batty, G. 328
Baudelaire, C. 956
 L'Albatros 348
Bayern 433
Bayreuth 258, 593, 623
Beaurepaire, N. J. de 155f.
Beck, J. 191f., 444
Becker, C. (geb. Neumann) 122, 124, 153, 166f., 370f., 442, 516, 603, 694, 743, 753, 788, 824–828, 901
Becker, H. 122, 253, 371, 566, 898, 910
Beethoven, L. van 124, 871
Behrisch, E. W. 570, 924
Belgien 16, 26–28, 30, 32, 38, 168, 170, 173, 235, 238, 537, 895
Bellomo, G. 120, 122, 898, 901
Benda, G. A. 751
Berlepsch 864
Berlepsch, E. von 552
Berlichingen 90
Berlichingen, G. von 592f.
Berlin 39f., 43, 68, 79, 98, 101f., 114, 140, 167, 190, 197–200, 233, 238, 241, 243, 265, 289, 315, 328, 336, 338f., 350, 352, 364, 392, 486, 496, 499, 549, 575, 590, 592, 598, 706, 718, 720f., 724, 751, 759, 764f., 774, 796, 808, 810, 815, 822, 857f., 863, 868f., 878, 882, 898, 907, 926
 Akademie 743
 Brandenburger Tor 600
 Kunstakademie 626, 858

Theater 115, 444, 877, 909, 952
 G. in 188
Bern 99, 241
Bernkastel 154
Bertuch, F. J. J. 125, 132, 139f., 143, 255, 260, 370, 381, 434, 441, 488, 606, 923, 926
 Allgemeine Literatur-Zeitung (ALZ) 132, 250, 256, 339, 498, 725, 759, 775, 790, 796, 805f., 817, 865, 869, 871, 877, 894, 911f., 922f., 926
 Journal des Luxus und der Moden 434, 876f.
Beulwitz, C. von siehe Wolzogen, C. von
Billet, A.-L. 797–799, 943, 965f.
Bingen 154, 202
Bischoffswerder, R. von 22
Bismarck, O. von 922
Blücher, G. L. 896
Blumenbach, J. F. 860, 863
 Über den Bildungstrieb 46, 69
Boccaccio, G. 184
 Decameron 338, 391
Bode, J. J. C. 139, 220, 249
Bodensee 683, 706
Böhmer, A. (Tochter von Caroline) 32f., 35, 243, 490, 805, 817
Böhmer, C. (geb. Michaelis, nachm. verm. Schlegel, nachm. Schelling) 30, 32–35, 77, 204, 221, 391, 490, 492, 560, 591, 643, 720, 724, 752, 759, 794, 796, 805, 815, 816, 821, 868f., 881, 884, 886, 894, 904, 913
 Abb. 31
 über G. 152, 492
Böhmer, G. W. 33, 35, 538
Boie, H. C. 623
Bologna 131, 448
 Waffenstillstand von 430, 451, 536
Bombelles, M., Marquis de 163, 166, 942
Bonaparte (Buonaparte), Napoleon 20, 41, 233, 238, 244, 429f., 432f., 448, 487, 506, 516, 529, 535–539, 601, 665, 698, 705, 707–710, 713f., 747, 793, 797, 802, 804, 815, 853f., 872, 895f., 911, 914, 916, 940, 942, 953, 967
Bonaparte L. 707

Bonn:
  Universität 97
Bonnet, C. de 46, 74
Bordeaux 38f., 98, 913f., 948f.
Böttiger, C. A. 139f., 144, 270f.,
  329f., 339, 434, 540, 543, 570–572,
  595, 600f., 623, 633, 647, 698, 771,
  876f., 880, 894, 898, 900
  G. an 879
  über G. 136, 452, 542, 865, 915
  über *Herrmann und Dorothea* 544,
  636
Brandenburg 27
Braunschweig 43, 339, 444, 490, 816,
  821, 868
Breitkopf, J. G. I. 804
Brenta 708
Brentano, A. 786
Brentano, C. 507, 759, 786, 860, 869,
  907, 956
  Godwi 860
  Ponce de Leon 865
Brentano, M. 151, 177, 184, 249, 335,
  759, 824
Brentano, S. 786
Breslau 102, 300, 302, 314, 498, 508,
  547, 557f., 641
  G. in 103–105, 108, 110f.
Bretagne 37, 237
Brion, F. 457, 615
Brissot, J. P. 23, 39, 45, 149
Bristol, F. A. H., Lord 618, 705
Brocken 693, 736, 864, 941f.
Brockes, B. H. 68
Brühl, C. F. M., Graf von 352
Brun, C. 352, 923
Brun, F. 350–352, 367f., 384f.,
  390, 425, 495, 516, 518, 560, 672,
  923
  Ich denke dein 336, 350
  über G. 351–353
Brun, L. 352
Brüssel 236
Buchholz, W. H. S. 139
Bückeburg 862
Bülach:
  G. in 687
Burckhardt, J. 436
Bürger, G. A. 119, 547, 549
Burgörner 44
Burke, E. 743

*Betrachtungen über die französische
  Revolution* 18, 289
Bury, F. 602, 851
Bury, W. 799
  Porträt G.s 804
Büttner, C. W. 125, 733, 879, 883
Buzancy 171

Caen 38
Cagliostro, Graf siehe Balsamo, G.
Calderón 909
  Die Andacht zum Kreuz 898
Cambon, P. J. 29f., 34
Cambridge 680
Campe, J. H. 43, 495
Campo Formio:
  Frieden von 540, 700, 702, 704f.,
  708, 815, 853
Canning, G.:
  Anti-Jacobin 767
Carl August, Herzog von Sachsen-Weimar-Eisenach 22, 49, 101–104, 108,
  110–112, 119f., 130, 137, 139f.,
  143f., 146–151, 154–158, 164, 167,
  169–173, 175, 177, 183, 188, 190,
  195, 197, 199–201, 204–206, 208,
  215–217, 225, 230, 245f., 248, 250–
  253, 255f., 259f., 271, 278, 327f.,
  331, 339, 354, 356–360, 366f., 369–
  374, 376, 433, 438, 441, 444, 456,
  483f., 486f., 490, 498, 542, 554f.,
  557–559, 565, 568–570, 594, 602,
  604, 631, 633–635, 663, 665, 671,
  677, 679f., 682f., 702, 725, 739, 741,
  752, 754, 765–775, 777, 780, 785f.,
  789, 792–794, 796, 800, 804, 806–
  809, 812f., 822–825, 852, 854f., 857–
  859, 862, 867, 872, 877, 879, 881f.,
  894, 897, 899, 901f., 907, 920, 922,
  926 Abb. 22
  Briefwechsel mit G. 102, 125f.,
  191, 253, 605, 621
  persönliches Verhältnis zu G. 111,
  149f., 191, 251–253, 769f., 910
Carl Bernhard, Prinz von Sachsen-Weimar-Eisenach 148, 366, 873
Carl Eugen, Herzog von Württemberg
  16, 96–99, 273, 635, 677f.
Carl Friedrich, Erbprinz von Sachsen-Weimar-Eisenach 557, 767f., 784,
  786, 806, 854, 872, 880, 916

Carl Wilhelm Ferdinand, Herzog von Braunschweig 25, 27, 103f., 108, 151, 155–157, 160–171, 173
Carlyle, T. 506
Carnot, L. 231, 235, 272, 539
Caroline, Prinzessin von Sachsen-Weimar-Eisenach 880
Carolsfeld, V. H. F. Schnorr von 805
Carracci, A. 270, 635
Carstens, A. J. 902
Castell 151
Catel, Gebrüder 858
Catull 339
Cellini, B. 369, 435–437, 447f., 499, 519, 541, 600, 617
   Vita 353, 435f.
Cervantes, M. de
   Don Quixote 227
Châlons 160–162, 164, 166, 168
Chamfort, N.:
   Pensées 723
Champagne 27, 160, 163
Chaucer, G.:
   Canterbury Tales 338
Chladny, E. F. F. 330f., 904
Christian Ludwig, Landgraf von Hessen-Darmstadt 376, 486
Chur 707
Cicero 367
Cimarosa, D.
   L'impresario in angustie 142, 753
Cisalpinische Republik 537f.
Cispadanische Republik 432, 537
Claudius, M. 495
Clérisseau, C.-L. 143, 634
Cloots, Anacharsis (Johann Baptiste du Val-de-Grâce) 14, 17f., 23f., 33, 36, 91, 98, 234, 496
Coburg 486
Coleridge, S. T. 492, 767, 940
   Rime of the Ancient Mariner 611
Collins, A. 92
Condorcet, M. J. A. N.
   Entwurf einer historischen Darstellung der Fortschritte des menschlichen Geistes 492
Conrad, Joseph:
   Der Geheimagent 218
Constant, B. 553
Constantin, Prinz von Sachsen-Weimar-Eisenach 151, 204, 246, 266, 786

Conti, L. F., Fürst de 797, 945
Conz, C. P. 91f., 95, 99, 494
Cook, J. 32, 593
Corday, C. 38
Cormeo, E. 797
Corneille, P. 752, 783, 793
   Le Cid 797
Corneille, T. 752
Correggio, A. da 432
   Flucht nach Ägypten
Corvey 864
Cotta, C. F. 274
Cotta, J. F. 271f., 274, 326, 342, 344, 357, 438, 484, 494, 505, 546, 571f., 680–682, 709f., 746f., 774, 780, 803f., 808, 871, 877, 900, 917
Coudenhove, Familie 196
Coudenhoven, S. von 179
Cramer, C. F. 244, 496
Creuzburg:
   G. in 864
Croix-aux-bois 160f.
Custine, A. P. 28f., 33, 39, 173, 175–177, 190, 192, 200, 214, 337
Cuvier, G. de 681

Dacheröden, C. von siehe Humboldt, C. von
Dacheröden, Familie 44
Dalberg, C. T. von 43f., 49, 81, 85, 132, 147, 150, 193, 197, 199, 244, 258, 364, 592, 867, 904f.
   Von den wahren Grenzen der Wirksamkeit des Staats in Beziehung auf seinen Mitglieder 49f.
   über *Elegien* 339
Dänemark 81, 208
Dankelmann, A. A. F. W., Baron von 104f.
Dannecker, J. H. 678–680
Dante Alighieri 154, 892
   Inferno 339f.
Danton, G. 18, 26, 28, 36, 38, 234f., 578, 966
Danzig 27f.
Darmstadt 243
Darwin, E. 829
   The Botanical Garden 753
Defoe, D. 300
Delos 525
Descartes, R. 260f., 495

Dessau 123, 243f., 635, 920
  G. in 570, 595, 622
Detmold 570
Deutschland (Heiliges Römisches
  Reich) 13f., 19, 38–41, 49f., 52f.,
  228–230, 240–244, 252f., 264f.,
  272f., 311, 340f., 385, 388–392,
  402f., 498–501, 540, 551, 588f.,
  642f., 645–647, 700f., 703, 712,
  715f., 722, 767, 781f., 895–897, 911,
  945, 954, 964f.
  französischer Feldzug gegen 429,
  432f., 483f., 486f., 535f., 705f.,
  709, 711
Dickens, C. 394
  Great Expectations 507
Diderot, D. 278
  Essai sur la peinture 503, 778, 780
Dielmissen:
  G. in 862
Dietrich, F. G. 206, 256, 327
Diez, C. I. 92, 94, 99, 933
Dilthey, W. 507
Dittersdorf, K. Ditters von 114f., 123
Dohm, C. W. von 42, 179
  über G. 181
Dollond, J. 128
Domenichino 432
Donau 487, 683, 706
Dornburg:
  G. in 448, 604, 776
Dorsch, A. J. 31–35, 241, 538, 704, 706
Dransfeld:
  G. in 864
Dresden 123, 140, 244, 270, 283, 350,
  366, 444, 446, 449, 486, 492, 603,
  634, 724, 868f., 883, 886
  Gemäldesammlungen 102, 112, 279,
  724
  G. in 102f., 112–114, 279f.
Duisburg:
  G. in 184
Dumanoir, C., Graf 490
Dumouriez, C. F. 24, 26f., 30, 37, 157,
  160–170, 178, 239, 429, 576 Abb. 13
Dun 171
Dünkirchen 38
Dürer, A. 591f., 701
Düsseldorf 240, 242, 449
  Kunstakademie 178
  G. in 177, 180

Eckermann, J. P. 797
Eco, U. 524
Eglisau 685
Egloffstein, H., Gräfin von 855, 873f.,
  881f.
Eichhorn, J. G. 94, 860
Eichstädt, H. C. A. 822, 926
Einbeck:
  G. in 861
Einsiedel, A. von 559
Einsiedel, E. von 559
Einsiedel, F. von 102, 123, 559, 868,
  874, 901
Einsiedeln:
  G. in 691
Eisenach 190, 241, 251, 283, 374,
  483f., 486f., 660, 786
  Wartburg 864
  G. in 375f., 864
Eisert, A. 703
Eliot, T. S. 528
Elsaß 17, 242, 490
Emkendorf 242, 302, 355
Emmendingen 433
Engen 683
England 18, 32, 36, 40, 50, 288, 385,
  539, 705, 766f., 853, 860, 895, 911
Enna 367, 813
  G. in 824
Erdmannsdorff, F. W. von 635
Erfurt 43f., 81, 118, 147f., 184, 243f.,
  254, 486, 566, 595, 662, 738, 872,
  896, 912
  Universität 923
  Weimarer Theater in 123, 192
  G. in 151, 188, 199, 241, 375
Erlangen 243
  G. in 702
Ernst II., Herzog von Gotha 249, 546
Erthal, F. C. von, Erzbischof und Kur-
  fürst von Mainz 31–33, 35, 44, 152,
  197, 203, 242, 244, 375, 490
Eschenburg, J. J. 124
Estland 124, 336
Etrurien 708
Etsch 537
Ettersburg, Schloß 807, 881
Eugen Friedrich Heinrich, Prinz von
  Württemberg 918
Euripides 92, 785
  Ion 872, 876

Eutin 240–242, 271, 289, 355, 377, 547, 688, 901
Everdingen, A. van 194

Facius, F. W. 112, 142
Fairly, B. 520
Falk, J. D. 553
Fernow, C. L. 902
Fichte, J. G. 52f., 73, 80, 99, 258–265, 273f., 286, 292f., 327, 337, 345f., 354, 406, 424, 432, 495f., 498, 539, 552, 563, 580, 583f., 667, 699, 709, 715, 717–721, 723, 725, 759, 768–774, 777, 790, 795f., 818f., 831, 866, 868, 870f., 922, 938, 940 Abb. 16
Aufruf an das Publikum 770f.
Grundlage der gesammten Wissenschaftslehre 260, 262, 265, 356
System der Sittenlehre 586
Über den Begriff der Wissenschaftslehre 260
Über den Grund unseres Glaubens an eine göttliche Weltregierung 768, 807
Über die Bestimmung des Gelehrten 259f., 263, 819
Über Geist und Buchstab in der Philosophie 292, 356
Versuch einer Kritik aller Offenbarung 80, 94
Versuch einer neuen Darstellung der Wissenschaftslehre 581
und G. 207, 258f., 271, 277, 355–357, 574, 802
Einfluß auf G. 223, 260, 265, 267, 316, 343, 530f., 581, 583, 933
über G. 259f., 262, 281f.
über *Natürliche Tochter* 909
Fielding, H. 300, 524
Fife 552
Fischer, F. J. 122f., 191
Fischer, Familie 740, 776, 808, 855, 910
Flatt, J. F. 92, 94
Flaxman, J. 788
Fleurus 236, 238, 429
Florenz 430, 452, 541, 602, 630, 633, 858, 900
Flüelen 692

Fondi-See 519
Forberg, F. C. 207, 768f.
Entwickelung des Begriffs Religion 768, 807
Forster, G. 32–35, 38, 47, 128, 137, 152, 180, 208, 220, 243, 250, 492, 496, 547, 556, 593
Übersetzung von *Sakontala* 225
über *Groß-Cophta* 218, 224
Forster, J. R. 32
Forster, T. 32, 34, 43, 152
Fox, C. J. 96
Franken 433, 490, 817
Frankfurt/Main 16, 24, 35, 110, 149f., 152, 158, 169, 174, 177, 180, 188, 190f., 199, 240, 242, 245, 250, 252, 265, 278, 300, 374, 376, 433, 457, 538, 540, 545, 549, 600, 602–605, 630, 633, 642, 677f., 680, 688f., 701, 710, 715, 720, 737, 784, 788, 851, 853, 877, 912
französische Besatzung 28, 31, 175f., 183, 536f., 541f., 708
französische Belagerung (1796) 484, 486
Haus am Hirschgraben 245, 295, 374f.
Haus der Großeltern 544, 669
Besuche G.s in 151, 157, 184, 199f., 205, 216f., 256, 258, 660–675, 684, 690f., 698, 873
G.s Erinnerung an 527, 560, 570, 733, 874
Frankreich 13–30, 36–41, 73–75, 97, 116, 231–240, 428–430, 535–540, 701, 704–709, 853f., 895f., 911
Französische Revolution 13–26, 36–41, 43f., 47–50, 52, 73, 87f., 91, 137, 182, 226, 230–240, 249f., 265, 272–276, 285, 288f., 340, 381–383, 391f., 394, 406, 428–433, 473f., 516f., 523, 644–646, 689f., 713f., 718, 744, 797–799, 872, 895, 908, 942f., 951f., 954, 966–968
G. in 154–158, 160–175, 182, 197, 226, 366, 901, 910
G.s geplante Reise nach 664–666, 691
Franz II., Kaiser von Österreich 24

Freiberg 352
  Bergakademie 112, 116, 563, 723, 923
Fréjus 707
Freud, S. 264, 599
Friedberg 433
Friedrich August II., Kurfürst von Sachsen 22, 483, 486f., 634f., 768
Friedrich Christian, Prinz von Schleswig-Holstein-Augustenburg 81, 274f., 285, 287
Friedrich Eugen, Herzog von Württemberg 538
Friedrich Franz, Fürst von Anhalt-Dessau 244, 278, 635, 809
Friedrich II., der Große, König von Preußen 14, 28, 41f., 167, 201, 228
Friedrich II., römisch-deutscher Kaiser 743, 813
Friedrich II., Herzog von Württemberg 677, 709f., 713, 743, 767, 854, 897
Friedrich V., Landgraf von Hessen-Homburg 914, 964
Friedrich Wilhelm II., König von Preußen 16, 22, 27, 35, 42, 101–104, 108, 111, 115f., 148, 151, 156f., 160, 162, 164f., 167f., 170, 175, 177, 203, 208, 214, 238, 243f., 486f., 536, 592, 705
Friedrich Wilhelm III., König von Preußen 42, 103f., 705, 754, 768, 784, 823, 858, 882, 912, 916, 919, 923
Friedrich, C. D. 948
Fries, J. F. 574
Fries, M., Graf von 442
Fritsch, J. F. von 154, 188, 739, 806
Fritsch, L. H. G. von 154, 176, 200, 204, 739
Frommann, C. F. E. 804, 815, 873, 880, 909
Fuentes, G. 674
Fulda 151, 484, 816
  G. in 660
Fulda (Fluß) 660, 864
Fumel, P., Marquis 490
Fürstenberg, F. F. W. 184–186, 242, 592
Füßli, J. H. 782

Gall, F. J. 898
Gallitzin, A., Fürstin 184–187, 195, 210, 242, 270, 293, 333, 448, 572, 592, 808, 897
  G. bei 184–186, 520
Gallitzin, D. 184
Galvani, L. 594
García Márquez, G. 524
Gardasee 430, 448
Garve, C. 105
  über *Wilhelm Meister* 300–302, 398
Gauß, C. F. 864
Geich, J. B. 52
Geist, J. L. 436f., 616, 635, 654, 662, 676, 679, 681f., 684, 691, 693, 696, 698f., 701f., 859
Gelnhausen 660
Genast, A. 122, 566, 898
Genf 704
  G. in 299
Gentz, F. 18, 289, 881
Gentz, H. 743, 808f., 823, 858, 881–883, 920, 923
Genua 430
Georg Karl (von Fechenbach), Fürstbischof von Würzburg 203
George III., König von England 854
Gerning, J. I. 199, 216f., 256, 283, 317, 335, 572, 629f., 664
Geßler, C. F., Graf 444, 446
Giebichenstein 919
  G. in 892, 910
Glatz:
  G. in 108
Gleichen 864
Gleim, J. W. L. 553, 648
  über *Wilhelm Meister* 302
Gluck, C. W.:
  Iphigénie 822
Göchhausen, L. von 559, 814, 855, 873f., 880, 882
Godwin, W.:
  Caleb Williams 386
Goethe, August (Sohn) 115, 118, 173, 188, 197, 199, 211, 217, 246, 248, 252, 326, 350, 361, 364, 366, 373f., 377, 438f., 441, 448, 506, 526, 542, 545, 556–558, 561, 565, 572f., 604f., 610, 616, 630f., 633, 635, 660–665, 672, 679, 681f., 687, 689, 694, 699f.,

703, 736–738, 741, 752, 756, 765 f., 775 f., 787, 793 f., 799, 805, 823, 826, 851, 855, 859–865, 873, 878, 883, 888, 891 f., 899, 901–903, 909 f., 916 f., 919 f., 922, 957 Abb. 8
Goethe, Carl (Sohn) 376–379, 384, 439, 516
Goethe, Caroline (Tochter) 247–249, 254, 377–379
Goethe, Catharina E. (geb. Textor) (Mutter) 110, 151 f., 157, 180, 197, 199, 205, 211, 217, 245 f., 249 f., 278, 295, 300, 352, 374 f., 377, 458, 484, 536 f., 540 f., 544, 570, 603–605, 630 f., 643, 660–663, 672, 674–676, 681 f., 737, 784, 810, 854, 859, 872 f., 903, 912
  Briefwechsel mit G. 150, 188, 190, 249, 542, 951, 853, 903
  über *Wilhelm Meister* 334, 548 f.
Goethe, Christiane (geb. Vulpius) 118, 122, 145, 150, 156, 188, 196 f., 199, 202, 205, 213, 246, 249, 326, 332, 339, 350, 352, 360, 374, 376 f., 441 f., 448, 506, 542 f., 565, 572 f., 576, 601, 604 f., 630 f., 633–636, 660–665, 675–677, 679, 701, 703, 737–741, 766, 775 f., 787, 794, 799, 804 f., 813, 823, 828 f., 851, 855 f., 859, 861, 864, 877, 880, 883 f., 888, 891 f., 898, 901, 903 f., 917–920, 922 Abb. 8, 43
  G.s Briefwechsel mit 154–156, 158, 169, 173 f., 176 f., 200 f., 210–212, 438 f., 441, 446, 545, 560 f., 604, 663 f., 672, 681, 689, 699–701, 703, 775, 789, 917
  G.s Beziehung zu 115 f., 120, 179, 191, 193 f., 197, 199, 210–212, 216, 226, 353 f., 364, 366, 439–441, 446, 516, 518 f., 526 f., 530, 545, 550 f., 559–561, 605–608, 610, 615, 620, 646, 672 f., 682, 686 f., 693 f., 737, 746, 825, 832, 904, 910, 916
Goethe, Cornelia F. C. (Schwester) (nachm. verm. Schlosser) 194, 205, 293, 375, 425, 623, 694, 696, 787 f., 824
Goethe, Johann C. (Vater) 151, 245, 295, 375

GOETHE, J. W. VON
LEBEN

(1775) Reise in die Schweiz 690–693
 Übersiedlung nach Weimar 180, 296, 389, 471, 498, 526, 773
(1777) Tod der Schwester Cornelia 194, 205, 293, 378
(1778) Aufenthalt in Berlin 188
(1779) Reise in die Schweiz 181, 185, 225, 527
(1786–1788) Italienaufenthalt 134, 136, 180, 293, 361, 388, 448, 471, 488, 508, 529, 541, 556, 681
(1786) Ankunft in Rom 281, 449
(1787) Reise nach Sizilien 218, 329, 332, 368, 447, 526
(1788) in Konstanz 181, 700
(1790) Italienreise 105, 110 f., 158, 163, 364, 368, 596, 701
 Rückkehr aus Italien 13, 101 f., 142, 225, 296, 318, 440, 626, 910
 Reise nach Schlesien 102–105, 108–112, 123, 158
 bei Körner in Dresden 102 f., 112–114, 130
(1791) wird Generaldirektor des Weimarer Hoftheaters 120, 122
 verfaßt das *Erste Stück* der *Beiträge zur Optik* 125–128, 134
 gründet die Freitagsgesellschaft 137–140
 Einigung mit Unger über *Neue Schriften* 141, 226 f.
 in Ilmenau 116
 in Gotha 116
 beendet *Der Groß-Cophta* 124, 218
(1792) Grundsteinlegung zum Römischen Haus 143
 verfaßt das *Zweite Stück* der *Beiträge zur Optik* 128 f.
 verfaßt den Aufsatz *Der*

Personen- und Ortsregister

Versuch als Vermittler von
Object und Subject 131 f.
Umzug in das Haus am
Frauenplan 144 f.
in Frankfurt 151, 157
in Mainz 151 f., 178 f.
Kampagne in Frankreich
154–158, 160–178, 182,
197, 226, 366, 901, 910
nimmt an der Schlacht
von Valmy teil 164–168,
171, 175, 187, 194, 197,
205, 215, 293, 618, 630,
684, 844
bei Jacobi in Pempelfort
178–183, 186–188, 381,
391, 844
bei der Fürstin Gallitzin
in Münster 184–187, 520
Rückfahrt nach Weimar
188 f.

(1793) Besuch von David und Simon Veit 197 f.
verfaßt *Der Bürgergeneral*
192, 194
Wiederaufnahme des *Wilhelm Meister* 194, 213
arbeitet an *Breme von Bremenfeld* 194, 228
verfaßt *Reineke Fuchs*
194 f.
in Frankfurt 199 f.
nimmt an der Belagerung
von Mainz teil 31, 200–
216, 366, 564
Tod von K. P. Moritz 204
Tod der Nichte Julie
Schlosser 205, 248
schreibt das Gedicht *Das Wiedersehn* 212 f.
bei Schlosser in Heidelberg 216
erneuter Aufenthalt in
Frankfurt 216 f., 295
Rückkehr nach Weimar
246
arbeitet an der Farbenlehre 266 f.
arbeitet am *Vierten Stück
der Beiträge zur Optik*
129 f., 209 f.

Geburt und Tod der Tochter Caroline 247–249
in Ilmenau 254 f.

(1794) Einrichtung eines botanischen Instituts in Jena
255 f.
Bekanntschaft mit Fichte
258 f., 267
beendet das 1. Buch des
Wilhelm Meister 269
Besuch von J. H. Voß
270 f.
Einladung Schillers zur
Mitarbeit an den *Horen*
271, 273, 276 f.
Carl August übereignet
ihm das Haus am Frauenplan 251
Wiederaufnahme des
Briefwechsels mit Frau
von Stein 557
Beginn der Freundschaft
und Zusammenarbeit mit
Schiller 277–283, 957
Aufenthalt in Wörlitz
und Dresden 279 f.
erster Besuch Schillers
283–285
Wiederaufnahme der Freitagsgesellschaften 329
in Jena 289, 321

(1795) erstes Heft der *Horen* erscheint 292, 337–340, 342
1. Band von *Wilhelm Meisters Lehrjahren* erscheint
292, 300, 340, 342
diktiert in Jena den *Ersten
Entwurf einer allgemeinen Einleitung in die vergleichende Anatomie* 317,
595 f.
Beginn der Arbeit an *Der
Zauberflöte zweiter Teil*
378 f.
Aufenthalt in Jena 322,
324, 326 f., 335
Besuch von F. A. Wolf in
Weimar 330, 332
Besuch von E. F. F. Chladny 330 f.
5. und 6. Buch des *Wil-*

1089

helm Meister fertiggestellt 333f., 353, 383
Aufführung von *Claudine von Villa Bella* 336, 355, 371
Aufenthalt in Karlsbad 350–353, 401, 422
in Ilmenau 373
Das Märchen fertiggestellt 343
Konflikt mit den Herders 358–360
schickt Meyer zur Vorbereitung der geplanten Reise nach Italien 369f.
in Eisenach 375f.
Entwurf zu einem Aufsatz über *Baukunst* 369
Geburt und Tod des Sohnes Carl 376–379, 516
Arbeit am 7. und 8. Buch des *Wilhelm Meister* 378, 684
Entstehung des Dramenfragments *Das Mädchen von Oberkirch* 381–384
bittet Carl August um Entbindung von der Theaterleitung 371f.

(1796) in Jena Arbeit mit Schiller an den *Xenien* 433f.
Beginn der Arbeit an der Cellini-Übersetzung 436f.
arbeitet am 7. und 8. Buch des *Wilhelm Meister* 438, 440f., 446, 448, 457
Iffland in Weimar 441f., 444
in Jena 444, 446–449
Besuch von Jean Paul 450f.
Wilhelm Meister beendet 449, 451f., 501, 505f., 573
Beginn der Arbeit an *Herrmann und Dorothea* 542f., 545
Xenien erscheinen 546
letzter Band des *Wilhelm Meister* erscheint 548f.
Arbeit an der *Morphologie* 561–564

in Ilmenau 565f.
Beginn der Freundschaft mit Zelter 336f.
Xenien-Streit 546–549, 553–555
Aufenthalt in Leipzig und Dessau 569f.

(1797) beginnt Tagebuch zu führen 632
Verhandlungen mit dem Verleger Vieweg 570–572
in Jena 572–575, 580, 585
nimmt die Schauspielerin Caroline Jagemann unter Vertrag 566, 568f., 572
Besuch Alexander von Humboldts 593f.
Arbeit am zweiten Entwurf der *Allgemeinen Einleitung* 594–598
Pläne für das Versepos *Die Jagd* 598–600
beendet *Herrmann und Dorothea* 600f., 630, 636
erneut in Jena 603f.
beendet *Der neue Pausias* 610
die Balladen *Der Schatzgräber*, *Die Braut von Korinth*, *Der Gott und die Bajadere* und *Der Zauberlehrling* entstehen 611–616, 619f.
Bekanntschaft mit Lord Bristol 618
Wiederaufnahme des *Faust* 620–624, 626, 637, 654, 791
Besuch von Aloys Hirt 626
schreibt *Über Laokoon* 626
macht sein Testament 630f.
verbrennt seine Korrespondenz 633
Reise in die Schweiz 535, 630, 635
Besuch in Frankfurt 660–676, 684, 698, 720

bei Sophie von La Roche
in Offenbach 666
S. Schmidt und Hölderlin
bei G. in Frankfurt 667–
669, 672
schreibt *Über Wahrheit
und Wahrscheinlichkeit
der Kunstwerke* 674f.
in Heidelberg 676f.
in Stuttgart 677–680
in Tübingen 680–682
in Schaffhausen (Rheinfall) 683–685, 693
skizziert die Elegie *Amyntas* 686f.
trifft Meyer in Zürich 688
bei Meyers in Stäfa 688–
691
Entschluß, nicht nach Italien zu fahren 689f.
Ausflug ins Gebirge 691–
694, 696
auf dem Gotthard 693f.,
699, 703, 745, 837, 910,
954
wieder in Stäfa 696–699,
729
Heimreise 699–702
in Nürnberg 701f.
schreibt an der Szene *Walpurgisnacht* 736f., 743

(1798)

Rückkehr Meyers nach
Weimar 738f.
kauft das Gut Oberroßla
740f.
Plan der *Achilleis* 773,
778, 785, 834
Neuorganisation der Weimarer Bibliothek 741
in Jena 745f., 749
Plan für die *Propyläen*
746–748
Weimarer Theaterreform
750f.
Wiederaufnahme des
Faust 752f., 836f., 840
Iffland in Weimar 751f.
lernt in Jena Schelling kennen 725, 731
Abschluß der Elegie
Euphrosyne 824

Umbau des Weimarer
Theaters 753f., 756
Neueröffnung des Theaters mit *Wallensteins Lager* 756–759
erstes Heft der *Propyläen*
erscheint 748
in Jena 759–761
Affäre um Fichte in Jena
(Atheismusstreit) 768–
775, 796

(1799)

Aufführung von *Die Piccolomini* und *Wallensteins
Tod* in Weimar 764–766
beendet *Der Sammler
und die Seinigen* 778
in Jena 776f.
die Ballade *Die erste Walpurgisnacht* entsteht 782,
787
zieht sich ins Gartenhaus
an der Ilm zurück 787–
789, 791, 831
Beginn des Briefwechsels
mit Zelter 789
übersetzt *Mahomet* von
Voltaire 792f.
ausgiebige Shakespeare-Lektüre 797f.

(1800)

Aufführung von *Mahomet* in Weimar 800
entscheidender Durchbruch bei der Konzeption
des *Faust* 802–804, 841,
845
in Leipzig 804f.
Aufführung von *Maria
Stuart* in Weimar 807f.
übersetzt *Tancred* von
Voltaire 812f., 853
verfaßt *Alte und Neue
Zeit* 814f.
Vorbereitung der Silvesterfeierlichkeiten 822f.

(1801)

schwere Erkrankung 824,
850–852
arbeitet an *Faust* 855,
928f., 941
in Göttingen 859–864
in Bad Pyrmont 861f.,
891

in Gotha 864f., 870
in Jena 868, 871–873
arbeitet an *Die Natürliche Tochter* 871f.
Gründung des Mittwochskränzchens 873f.
(1802) Uraufführung des *Ion* von A. W. Schlegel 876f.
Streit mit Kotzebue 875–878, 880–882, 957
Arbeit an der Büttnerischen Bibliothek 879f., 883, 892
Theaterneubau in Bad Lauchstädt 882f., 888f., 891
in Jena Arbeit an *Die Natürliche Tochter* 883f.
Alarcos von F. Schlegel in Weimar aufgeführt 885f.
schreibt *Was wir bringen* 888
in Halle 891f.
in Jena 892–895
Krise als Theaterdirektor 898f.
Fertigstellung der Cellini-Übersetzung 900f.
Freundschaft mit Voß 902
Geburt und Tod der Tochter Kathinka 903f.
(1803) Uraufführung der *Braut von Messina* in Weimar 907f.
Abschluß und Uraufführung von *Die Natürliche Tochter* 907–909, 928, 943, 952
in Jena 909
Verkauf des Guts Oberroßla 910f.
in Bad Lauchstädt 910
Streit mit Bertuch über die *ALZ* 911f.
Abschied Schellings aus Jena 913
Arbeit an einer vereinheitlichten Fassung der Farbenlehre 914f., 917, 923
Entfremdung von Herder 915f.
Fertigstellung des Neuen Schlosses 920, 922
verfaßt das Gedicht *Dauer im Wechsel* 924
Neugründung der *ALZ* 922f., 926

Goethe, Kathinka (Tochter) 903, 916
Goldau 691
Goldoni, C.:
 Der Krieg 253
 Ein Diener zweier Herren 254
Gontard, Susette 484, 537f., 586, 668, 710f., 786, 914
Gore, C. 202f., 205, 215f., 901
Gore, E. 144, 901
Gore, Familie 197
Görres, J. 52, 538, 540, 702
Görtz, C., Gräfin 277
Görtz, J. E., Graf 705f.
Göschen, G. J. 81, 115, 141, 337, 569
 G.s Werkausgabe bei 13, 114f., 120, 137, 140, 218, 223, 298, 316, 361, 488, 690, 785
Gotha 35, 79, 99, 241, 243, 486, 490, 771, 774, 897
 G. in 116, 125, 151, 188, 864f., 870
Gotter, F. W. 552, 623, 814
Gotter, Familie 35, 490
Gotthard 664, 707 Abb. 39
 G. auf dem 535, 673, 691–693, 696, 699, 703, 745, 825, 837, 910, 954 Abb. 40
Göttingen 32, 43, 217, 240, 267, 317, 357, 767, 816, 891, 911
 Bibliothek 860, 862f., 879
 botanischer Garten 860, 863
 Universität 94, 859f., 912
 G. in 859f., 862–864
Göttling, J. F. A. 132, 206f., 266, 327
Gottsched, J. C. 752
 Reineke Fuchs 194, 227f.
Götze, J. G. P. 102, 108, 111, 150, 163, 169–171, 173f., 177f., 183, 187, 199, 216, 251, 328, 882f., 888
Gozzi, C.:
 Turandot 878f.
Grandpré 27, 160–162, 170–172
Grass, G. 524
 Die Blechtrommel 507
Graubünden 683

Graz 120
Griechenland (Antike) 89–92, 95, 285, 588f., 592, 809, 846f., 956
Griesbach, F. J. (geb. Schütz) 862, 922
Griesbach, J. J. 142, 324, 376, 433, 761, 815, 860, 862, 923 Abb. 21
Grimm, J. 861
Grimm, M.:
 Correspondance littéraire 179, 395
Grimm, W. 861
Grosse, C. F. A. 221
 Der Genius 221
Groß-Kochberg 118, 559, 739f., 910
Grüner, C. F. 923
Gustav III., König von Schweden 663
Gutenberg, J. 203
Guyana 539

Hackert, P. 270, 448, 858
Hainberg:
 G. auf dem 860
Halle 123, 244, 718, 912, 920, 923, 926
 Universität 270, 892, 902, 912
 G. in 892, 902, 912
Haller, A. von 345, 855, 860
Hamann, J. G. 54, 285, 795
Hamburg 14, 28, 35, 39f., 212, 240f., 243f., 247, 301, 556, 815, 912
Hameln 861
Hamilton, E., Lady 705
Hanau 662f.
Handke, P.:
 Publikumsbeschimpfung 667
Hannover 860, 911
Hannoversch Münden:
 G. in 864
Hans 168, 182
Haren, D., Baron van 800, 880
Härtel, G. C. 805
Harz 864
Hassenfratz, J. H. 266f.
Haydn, J. 337
 Die Schöpfung 822
 Die sieben letzten Worte Jesu am Kreuz 598
Hébert, J. R. 234f.
Hegel, G. W. F. 52, 91f., 94f., 97, 99, 241, 264, 286, 289, 326, 484, 537f., 591f., 675, 714–719, 723, 726, 797, 814, 866, 869–871, 889, 893f., 913, 940, 959

«Das älteste System-Fragment des deutschen Idealismus» 584–587, 600, 715
 Die Differenz des Fichteschen und Schellingschen Systems der Philosophie 871
 Der Geist des Christentums und sein Schicksal 715–717, 893
 Kritisches Journal der Philosophie (Hrsg.) 871, 877, 892, 894
 Über die wissenschaftlichen Behandlungsarten des Naturrechts 894
 Die Verfassung Deutschlands 717
 und G. 871, 886, 922
Heidegger, M. 585, 964
Heidelberg 205
 Neckarbrücke 676
 Schloß 676
 G. in 216, 676
Heilbronn 679, 897
 G. in 676f.
Heine, H. 722, 874, 956
Heinrich, Prinz von Preußen 238, 241
Heinse, W. 31, 97, 178, 537
 Ardinghello 91, 435
Helmershausen, P. J. F. 144
Helmstedt:
 Universität 79, 923
Hemsterhuis, F. 184, 186, 210, 242
Hendrich, F. L. A. von 879, 883, 901, 907
Hennings, A. von:
 Genius der Zeit 244, 496
Henry, G. 872
Heraklit 587, 924
Herculaneum 600
Herder, A. (Sohn) 357
Herder, C. (Ehefrau) 187, 357–360, 376, 702, 773, 916
 über Natürliche Tochter 943
Herder, J. G. 32, 80, 134, 137, 139, 142, 184, 240, 248, 250, 329f., 332, 344, 362, 434, 450, 463, 465, 494, 522, 559, 590, 702, 712, 721, 725, 733, 739, 741, 771f., 807f., 868, 876, 894, 959
 Briefe zur Beförderung der Humanität 201, 269, 360f., 866
 Ideen zur Philosophie der Geschichte der Menschheit 201, 370

*Metakritik zur Kritik der reinen
    Vernunft* 725
Gespräche/Briefwechsel mit G.
    110f., 122, 126, 140, 174, 194,
    201, 208, 251, 269
und G. 146, 149, 151, 192, 196,
    246f., 270, 284, 357–361, 441,
    554, 623, 800, 852, 882f., 915f.
über G. 178, 197, 339
über *Die Braut von Korinth* 613
über *Natürliche Tochter* 908f., 915
über *Reineke Fuchs* 195
über *Wilhelm Meister* 301f., 357,
    548
Herrliberg:
    G. in 688, 699
Hertzberg, E. F., Graf von 41f.
Herz, H. 44, 114, 198, 718
Herz, M. 44, 198
Herzlieb, W. 873
Hesiod 92, 273
Heß, L. Abb. 21
Hesse, H.:
    Das Glasperlenspiel 507
    Siddharta 507
Hessen 537
Heuscheuer 103
    G. auf der 108
Heyne, C. G. 32, 148, 339, 860, 862f.
    über *Faust* 114
Hilzingen 683
Himly, C. G. 872, 892, 912
Hippokrates 461
Hirt, A. 284, 448, 626f., 743, 778
Hobbes, T. 74, 288
Hoche, L. 237, 429, 536, 538–540, 661
Hoffmann, G. F. 863
Hogarth, W. 277
Hohenheim (Schloß)
    G. in 679
Hohenlinden:
    Schlacht bei 708, 710, 853
Hoher Hagen:
    G. auf dem 864
Hoher Meißner 864
Holberg, L. 228
Hölderlin, F. 91–93, 95, 97–100, 286,
    321f., 326f., 364, 484, 494, 534,
    537f., 584, 591, 617, 627, 647, 704,
    710–715, 717f., 723f., 726, 728, 749,
    759, 770, 781, 786, 795, 814, 820,
    835, 863, 866, 893, 913f., 953, 959,
    968 Abb. 6
Brod und Wein 713
Empedokles 712f., 715, 812, 907
Friedensfeier 714
Geschichte der schönen Künste unter den Griechen 91
Hymne an den Genius Griechenlands 95
Hyperion 92, 322, 572, 585–588,
    590, 592, 606, 652, 668, 711–715,
    954
Kanton Schweiz 99
Patmos 914, 962–965, 968
Sophokles-Übersetzungen 914
und G. 322, 667–669, 672
über G. 326
Holstein 449
Homburg 704, 710, 914
Homer 91, 184, 270f., 329f., 336, 344–
    346, 349, 368, 387, 447, 495, 497,
    528, 544, 549f., 599, 633, 643, 647f.,
    744f., 780f., 811, 814, 827, 846
Der Froschmäusekrieg 649
Ilias 270, 329f., 542, 647–653, 744,
    753, 834f.
Odyssee 194, 212, 270, 329f.
Horaz 456, 549
Horgen:
    G. in 696
Horny, C. 215, 251, 366
Hospenthal:
    G. in 693f.
Höxter 864
Hoym, K. G. H., Graf von 104f., 557f.
Huber, L. F. 32, 34, 547, 709, 722, 796
    über G. 152
    über *Groß-Cophta* 218
    über *Torquato Tasso* 114
Hufeland, C. W. 139, 196, 207, 258,
    335f., 438, 663, 806, 822f., 872, 912
Hufeland, G. 902, 912
Hufeland, J. W. F. 335, 437
Hugo, V. 636
Humboldt, A. von 317, 547, 565,
    569f., 574, 593–595, 598, 603, 681,
    705, 728, 780 Abb. 17
und G. 258, 593–595
Humboldt, C. von (geb. von Dacheröden) 43, 118, 158, 258, 603
    über G. 120

Humboldt, W. von 41–50, 71, 73–76, 158, 258, 263, 273, 283, 285, 292, 298, 330, 348, 392, 465, 495, 499, 508, 523, 569f., 574f., 588, 593, 603, 605, 664, 815, 867, 882, 908 Abb. 5
Ideen zu einem Versuch, die Gränzen der Wirksamkeit des Staats zu bestimmen 43–50
und G. 43, 46, 48f., 271, 277f., 317, 320, 350, 352f., 570, 574f., 581, 598, 600, 689, 691, 701, 753, 766, 863, 899
Briefwechsel mit G. 316, 354, 364, 447–449, 780, 792, 818, 904, 908, 957
über *Elegien* 339
über *Faust* 114
über *Jagd* 599, 601
über *Märchen* 343, 410
über *Unterhaltungen* 338
über *Wilhelm Meister* 335, 439, 452, 548
Humboldt, W. von (Sohn) 908
Hume, D. 54f., 59, 74, 76, 79, 84
Hunsrück 154

Iffland, A. W. 123, 372, 379, 566, 568, 572, 751–753, 764f., 784, 801, 822f., 861, 866f., 889, 898, 907, 919, 943 Abb. 29
Die Jäger 122
in Weimar 441f., 444, 447, 751f., 757
über *Natürliche Tochter* 909
Igel:
G. in 175
Ilm, Park an der (Weimar) 139, 143, 366, 369f., 556, 570, 575, 631, 787f.
G.s Gartenhaus 366f., 787f., 922
Ilmenau 103, 486, 739, 901
Bergwerk 103, 110, 205f., 254f., 331, 358, 372f., 451, 501, 565, 572, 603, 733, 808
G. in 116, 149, 254f., 357, 373, 451, 565f., 569
Imhoff, A. von 786, 874, 881
Die Schwestern von Lesbos 785f., 789
Imhoff, C. A. C. von 786
Imhoff, L. von 119
Innsbruck 448

Irland 536, 766, 854
Isopi, A. 678
Italien 364, 367f., 429f., 432, 448, 519f., 526, 675, 704f., 747, 749
französischer Feldzug gegen 388, 429f., 432, 448f., 487, 529, 535–537, 539, 546, 601, 646, 705f., 708, 895, 911, 954
G.s Italienreise (1779) 527, 533
G.s Italienaufenthalt (1786–1788) 134, 136, 180, 293, 361, 388, 448, 471, 488, 508, 529, 541, 556, 681, 954
G.s Italienreise (1790) 110, 142, 368, 530, 701
G.s geplante Reise nach (1796/97) 368–370, 446–449, 487, 529–531, 533–535, 540f., 545f., 564, 569f., 572, 601–605, 614, 620–622, 624, 629f., 633f., 664, 671, 673, 691, 953
G.s Erinn. an 142, 145, 176, 324, 329, 332, 457, 519, 526, 830, 899

Jacobi, C. (Tochter) 178
Jacobi, E. (Ehefrau) 178
Jacobi, F. H. (Fritz) 32, 48, 79, 137, 142, 149, 151, 177–183, 191f., 195–197, 204f., 242–244, 249, 293, 447, 558, 623, 773, 795
Eduard Allwill 142
G. bei 178–183
G.s Briefwechsel mit 125, 142, 149, 184, 186f., 195f., 213, 216f., 247, 249, 260, 281, 317, 342, 355, 449, 563, 792, 844
über G. 178f., 181
über *Elegien* 339
über *Wilhelm Meister* 302, 355, 548
Jacobi, G. (Sohn) 178, 184, 196, 247
Jacobi, Lena (Schwester) 178f.
Jacobi, Lotte (Schwester) 178f.
Jacobi, M. 178, 196, 199, 247, 317, 342, 355, 564, 570, 595
Jagemann, C. 566, 568f., 572, 663, 752, 784, 807, 823, 827, 857f., 876, 890, 898, 908–910 Abb. 34
Jagemann, C. J. 566
Jagemann, F. 566, 568
James, H.:
The Turn of the Screw 422

Jean Paul 507, 796, 885
  Hesperus 450
  und G. 450 f.
  über *Wilhelm Meister* 463
Jefferson, T. 143
Jemappes 27
Jena 116, 118, 123, 137, 139, 144, 149, 158, 196–199, 207, 212, 242, 244, 251, 256, 258–260, 269, 271, 283, 285, 316 f., 321 f., 324, 326, 330, 492 f., 503, 546, 553, 560, 574–576, 581, 593, 634, 680, 691, 721, 724, 763, 786, 790, 794–797, 815 f., 851, 877, 940
  G. in 112, 116, 246, 256, 266, 273 f., 277 f., 280, 289, 317, 321 f., 324, 326–329, 332, 335, 337, 343, 350, 353, 355, 361, 366, 374, 376, 403, 433, 436–439, 444–448, 451, 487, 492, 505 f., 518, 527, 542, 545, 559, 562, 570, 574, 578, 601, 603 f., 620, 702 f., 725, 729, 737, 741, 745 f., 749, 753, 756, 759, 761, 765 f., 773, 776, 785, 790, 792, 812 f., 815, 823, 868 f., 871–873, 879 f., 883 f., 888, 892, 894, 902, 909, 911, 914 f., Abb. 12, 22
  Bibliotheken 331, 879 f., 909
  botanisches Institut 206, 255 f., 258, 267, 327, 488, 901 f., 904, 909, 912
  Schloß 317, 324, 604 Abb. 22
  Theater 771 f.
  Universität 78, 80, 82, 94, 146, 206 f., 256, 258, 263, 265, 317, 321, 324, 327, 444, 446, 564, 574 f., 717, 733, 759, 766–775, 797, 817, 821 f., 869–873, 893–895, 901 f., 911–913, 922 f., 926, 928
  Studentenunruhen 146–148, 150, 220
Jenisch, D. 340–342, 496
Jenner, E. 197
Johnson, S.:
  Rasselas 300
Jones, W. 225
Jonson, B.
  Sejanus 797
  Volpone 797
Joseph II., Kaiser 17, 31, 101, 228, 661

Jourdan, J. B. 239 f., 429, 433, 483, 487, 506, 516, 541, 706
Judenburg 536, 641
Jung, F. W. 704
Jung-Stilling, J. H.
  Das Heimweh 463
Jussieu, A. L. 252, 256, 414
Jussieu, B. 252, 256, 414
Justinian, römischer Kaiser 140

Kafka, F. 455
Kahlert, K. F.:
  Der Geisterbanner 299
Kalb, C. von 99, 322, 327, 335, 343, 377, 442, 522, 789
  Briefwechsel mit G. 273, 321 f.
  über G. 450
Kalb, F. von 321, 327
Kalidasa:
  Sakontala 32, 225 f., 379
Kant, I. 32, 51, 52–87, 92, 95, 99, 101, 106 f., 112, 130 f., 134, 154, 206, 208, 223, 226, 240, 258, 261, 265 f., 274–277, 287 f., 292 f., 334, 345–348, 354, 357, 368, 380, 386, 411, 437, 452, 461, 465, 483, 492, 496–498, 503, 513 f., 519 f., 523, 538, 547 f., 569, 579–581, 584–587, 613, 616, 627, 629, 660, 675, 684, 689, 709, 715, 717 f., 721, 723, 728, 731, 741, 764, 768, 783, 807, 809, 818–820, 870, 902, 906 Abb. 4
  Die metaphysischen Anfangsgründe der Naturwissenschaft 105, 563, 594, 726
  Die Religion innerhalb der Grenzen der bloßen Vernunft 61, 64–67, 80, 82, 84 f., 87, 89, 94, 176, 207–209, 274, 399
  Grundlegung zur Metaphysik der Sitten 61, 76
  Kritik der praktischen Vernunft 61, 63 f., 77, 84
  Kritik der reinen Vernunft 52, 54, 57, 61–63, 81, 84, 105, 130
  Kritik der Urteilskraft 67–70, 75, 80–83, 105, 107, 112, 321, 399, 406, 424, 464, 468 f., 509
  Prolegomena zu einer jeden künftigen Metaphysik, die als Wissenschaft wird auftreten können 57

Zum ewigen Frieden 240
Einfluß auf G. 53, 77f., 105–107,
112f., 130f., 208f., 316f., 319–
321, 385, 387, 397–400, 402–406,
413, 424–426, 463f., 468f., 478,
480, 500, 504, 509, 514, 516f.,
530, 562–564, 594, 596–598,
669f., 698f., 733, 830, 862, 924f.
Kap der Guten Hoffnung 239
Karl August Friedrich Wilhelm, Herzog von Meiningen 278, 905
Karl X. von Frankreich 19, 23, 241
Karlsbad 393
  G. in 251, 350–353, 362, 373, 401,
  422, 425
Karlsruhe 90
Kärnten 536
Kassel 31, 484, 862
  G. in 188, 864
  Wilhelmshöhe 864
Katharina II., Zarin von Rußland 536,
705
Kauffmann, Angelica 366, 448, 545,
635, 752
Kaufunger Wald 864
Kayser, P. 369
Keller, G. 507
Kellermann, F. C. 26f., 160, 162, 164–
166, 168, 173, 708
Kerner, G. 16, 19, 98f., 243
Kerner, L. 99
Kestner, C, (geb. Buff) 586, 738, 860
Kestner, J. C. 104, 111, 185, 615, 738
Kestner, T. 738, 860
Kiel 242
  Universität 206, 244
Kielmeyer, K. F. 681, 726
Kircher, A. 210
Kirms, F. 120, 122, 148, 371, 566, 635,
743, 758, 882f., 898
Kirms, W. 322
Klein, E. F. 42f.
Klettenberg, S. von 333–335, 390, 425
Klinger, F. M. 351, 623
Klopstock, F. G. 16, 81, 99, 195, 345,
495, 545, 554, 591, 623
  Deutsche Gelehrten-Republik 97
  Die Herrmannsschlacht 917
  Messias 195, 345
  Oden 16, 240, 244
Knebel, C. L. von 119, 206, 246, 250,
253, 259, 270, 358, 360, 366, 435,
450, 522, 555f., 623, 633, 702, 739,
798, 878
  Briefe G.s an 124f., 137, 168f., 249,
  447, 574, 665
  und G. 116, 149, 195f., 248, 284,
  361, 377, 441, 564, 701f.
  über G. 148f., 802, 809, 831
  über *Propyläen* 781
  über *Wilhelm Meister* 548
  über *Zauberlehrling* 619
Knebel, H. M. 116, 739
Knebel, L. siehe Rudorff, L.
Knebel, M. 102
Knesebeck, C. F. von
  über G. 105
Kniep, C. H. 283, 367
Koblenz 23, 25, 148, 176, 183, 196,
523
  G. in 177, 184, 200
Köln 19
  Universität 709
  G. in 180
Königsberg 53f., 76, 80, 258
  Universität 53f.
Königstein 35
Konstanz:
  G. in 181, 700
Kopenhagen 208, 289, 402, 547, 554,
560, 688, 765, 771, 854
Kopernikus, N. 53
Körner, C. G. 81–83, 102f., 112–114,
116, 142, 152, 217, 288, 444, 446f.,
502, 558, 682, 766, 868, 885
  Gespräche/Briefwechsel mit G.
  130, 141
  G. bei 102f., 112f., 130
  über *Epigramme* 364
  über *Unterhaltungen* 338
  über *Wilhelm Meister* 300f., 548f.
Körner, M. (geb. Stock) 102f., 112,
116, 444, 446
Kosciuszko, Tadeusz 238f.
Kötschau:
  G. in 572f., 576, 773f.
Kotzebue, A. 123, 568, 767, 790, 796,
801, 816, 861, 866, 875–878, 880–
882, 886, 891, 898, 900, 919, 926,
957 Abb. 49
  Die deutschen Kleinstädter 881
  Die Korsen 758f.

Krakau:
  G. in 110
Krantz, J. H. 857
Kraus, G. M. 202, 205, 215, 441, 519
Kronach:
  G. in 702
Kühn, S. von 327, 542, 581, 723
Kursachsen 40, 96, 374
Küssnacht 696

La Lune 164f., 167, 182
La Motte, J. de 218f.
La Roche, C. von 44, 184
La Roche, S. von 44, 184, 484, 786
  G. bei 666
Lafayette, J., Marquis de 14, 21–24, 26, 37, 151, 429, 578
Lafontaine, A. H. J. 568, 592, 647, 866, 920
  Clara du Plessis und Clairant 301 f., 357, 450, 522–524
Lago Maggiore 519 f., 694
Lahn 483
Landau/Pfalz 200, 235, 245
Landeck:
  G. in 108
Landres 160 f., 171
Laßberg, C. von 788
Latrobe, B. H. 336
Latrobe, C. J. 336
Latrobe, J. F. 335 f., 371
  über *Wilhelm Meister* 508
Lavater, J. C. 86, 111, 181, 185, 223, 243, 258, 260, 271, 351, 355, 380, 422 f., 546, 548, 613, 683, 688, 700, 771, 852
Lavoisier, A. L. 327, 564, 596, 726
Lawrence, D. H.
  The Rainbow 507
  über *Wilhelm Meister* 507, 510
Leibniz, G. W. 46, 54 f., 60, 74–77, 79, 82, 84, 94, 107, 260, 262–264, 317 f., 509, 514, 583 f., 597, 717, 723, 727, 733, 763, 819
Leipzig 32, 123, 140, 244, 302, 314, 490, 493, 496, 498, 634, 641, 724, 726, 857, 865, 877, 897, 912
  Buchmesse 546, 804 f.
  Universität 80
  G. in 446, 555, 569, 595, 622, 804 f.
Lenz, J. G. 139

Lenz, J. M. R. 142, 552, 623
  Der Hofmeister 229
Leoben 536, 641
  Frieden von Leoben 537, 539 f., 602, 620, 815
Leonardo da Vinci 591
Leopold II., Kaiser 16 f., 22 f., 41, 101, 116, 148 f.
Leopold III. Friedrich Franz, Herzog von Anhalt-Dessau 569, 804
Lersé, F. 442, 569, 572, 601, 622
Les Islettes 160, 162, 165
Lessing, G. E. 48, 240, 264, 423, 463, 496
  Emilia Galotti 370, 420 f., 868
  Laokoon 629
  Minna von Barnhelm 771, 868
  Nathan der Weise 95, 224, 345, 566, 858, 868, 884, 918
Leuchsenring, F. M. 243 f.
Levin, R. 352, 422, 718
Lewis, M. G. 144, 197
  The Monk 144
Leyen, P., Graf von der 152
Lichtenberg, G. C. 67, 86, 137, 217, 266 f., 277, 380, 564, 665, 726, 745, 863, 941
  Göttinger Taschen-Kalender (Hrsg.) 785
  Rede der Ziffer 8 785
  Sudelbücher 385, 723
Ligne, C. J. E. von 161
Ligne, C. J. von 161
Limon, Marquis de 25
Linné, C. von 139, 252, 414
Lips, J. H. 366
  Porträt G.s 196
Lisle, R. de 25
Livorno 601
Locke, J. 79
Loder, J. C. 116, 244, 317, 320, 437, 509, 595, 815, 860, 880, 912, 923
Lodi 430
Loen, J. J. von 570
Loen, J. M. von 570
Lombardei 488, 537, 546, 472, 601, 708
London 98, 282, 336
Longfellow, H. W. 636
Longman, T. N. 767
Longuyon 174 f.

Longwy 26, 154, 157, 168, 173, 175
  G. in 174
Lorenz, Pater 693
Loretto 432, 617
Lorrain, C. 368, 525, 678, 702
Lothringen 242
Louis Ferdinand, Prinz von Preußen
  201, 205, 216
Louis Joseph, Prinz von Condé 19, 23
Louise, Herzogin von Sachsen-Weimar-Eisenach 118f., 144, 185, 254, 284, 339, 358f., 370, 434, 441, 490, 547, 556, 559, 561, 564, 572, 618, 635, 644f., 739, 741, 752, 754, 764, 767, 787, 800, 852, 857f., 868, 872, 877f., 904, 922
  über G. 118, 277
Lowerzer See 691
Lübeck 241
Lucchesini, G., Marchese 27, 168, 170f.
Lucka 490, 492
Luckner, N. 26
Ludwig Eugen, Herzog von Württemberg 273 f.
Ludwig Friedrich, Fürst von Schwarzburg-Rudolstadt 441
Ludwig Friedrich II., Herzog von Rudolstadt 254
Ludwig X., Landgraf von Hessen-Darmstadt 486
Ludwig XIV., König von Frankreich 28, 944
Ludwig XVI., König von Frankreich 14, 19–25, 116, 149, 151, 156f., 168, 190, 237, 340, 344, 429, 944, 966
  Hinrichtung 28, 34, 36, 98, 193f., 241, 273, 392
Ludwig XVII. 237
Ludwig XVIII., Graf von Provence 19, 237, 241, 861
Ludwigsburg 274
  G. in 677
Luise, Königin von Preußen 110, 784, 912, 916, 919
Lukian 619
Lukrez 176, 187, 249f., 253, 387, 555, 627, 739, 785, 831
Lunéville:
  Frieden von 708f., 713f., 853f., 869, 880, 895, 897

Luther, M. 241, 901, 933
Lüttich 16
Lützow, F. C. G. H. von 738, 776
Lux, A. 35, 38, 544, 579
Luxemburg 175, 194
  G. in 154, 174, 196
Luzern 693
Lyon 37, 39, 220, 233

Maas 155, 160, 170f., 173
Maas, W. 898, 903
Macdonald, G. 552
Macdonald, J. 552
Magdeburg 488
Mailand 430, 432, 448, 535, 537, 633, 664, 666, 693
Maimon, S. 79, 137, 258, 260, 273
Main 31, 660
Mainz 19, 23, 39, 41, 44, 128, 147, 154, 173, 178f., 184, 190, 196, 233, 238, 245, 250, 376, 391, 483, 538f., 704, 867, 897, 905
Mainzer Republik 31–35, 47, 82, 230
  Schloß 216
  Universität 31f., 152, 216, 709
  französische Besatzung 28, 30, 33, 77, 175, 231, 710
  Belagerung 35, 38, 189, 197, 199–205, 208–216, 230, 235, 239, 241, 337, 564 Abb. 15
  G. in 151f., 157, 178, 180, 208–216, 249, 253, 266, 273, 295, 492, 606
Malapane 110
Malcolmi, A. 909f.
Malta 705, 783, 895, 911
Mann, T.:
  Doktor Faustus 507
  Der Zauberberg 507
Mannheim 205, 240, 242, 245f., 371f., 444, 566, 568, 642
  G. in 216
Manonelle, Baron de 173
Manso, J. C. F. 495, 497, 508
  Anti-*Xenien* 547, 549, 556, 619
Mantua 430, 432, 483, 536, 572, 747
Marat, J. P. 26, 36, 38, 98, 209, 232, 236, 556
Marengo 708
Marie Antoinette, Königin von Frankreich 23f., 149, 218f., 232, 429

Marie Charlotte, Herzogin von Gotha
  188
Marie Josephine Luise, Gräfin von
  Lille 861
Marienborn 199, 246
  G. in 200–205
Marseille 25, 37, 39, 214, 233, 626
Martial:
  Epigramme 111
  Xenien 381, 434
Marx, K. 154, 264, 286
Mazarin, Herzogin de 797
Medici, Lorenzo de' 900f.
Mellish, J. C. 776, 884
Mendelssohn, M. 44, 720
Merck, J. H. 142, 623, 633, 767
Mereau, S. 494, 552, 643, 759, 869, 894
Merkel, G. 553, 878, 898
Metz 26, 160
Meyer, J. H. 116, 118, 142, 145, 149,
  188, 211, 246, 248–251, 270, 279,
  283, 289, 317, 331f., 354, 360, 366,
  369f., 374, 377, 388, 435, 448f., 503,
  505, 540, 551, 603, 605, 620f., 635,
  663f., 680, 682, 688f., 691, 694, 696,
  698f., 701f., 738f., 746f., 749, 752,
  757, 776, 780f., 786, 809f., 815, 822,
  834, 851, 864–866, 874, 888f., 897,
  900, 903 Abb. 8
  Aldobrandinische Hochzeit (Kopie)
    448, 696–699, 752, 786 Abb. 41
  *Kastor und Pollux entführen die
    Töchter des Leukippos* 139
  Briefwechsel G.s mit 155, 173, 201,
    204, 250, 284, 369, 444, 449,
    451f., 483, 487, 541, 581, 602,
    613, 629f., 633f.
Meyer, M. 352, 377, 621, 634, 865
Meyer, S. 352
Meyer, N. 738, 799, 822
Michaelis, A. 221
Michaelis, C. *siehe* Böhmer, C.
Michaelis, J. D. 32
Michelangelo 591, 626
Mill, J. S.:
  On Liberty 45
Milton, J. 85, 604, 745, 792, 843f., 936
  Paradise Lost 791, 835
Mirabeau, H. G. R., Graf 21, 44f., 793
Modena 432, 448
Molière, J. B. P. 651

Mont d'Yvron 165
Montaigne, M. de 139, 249, 386
Montbéliard (Mömpelgard) 96, 681
Moreau, J. V. 702, 708, 710
Mörike, E. 99, 507, 956
Moritz, C. F. 198, 204
Moritz, K. P. 44, 68, 79, 83, 85, 101,
  114, 116, 137, 139, 141, 198f., 204,
  260, 278, 280, 287, 404f., 478, 585,
  591, 628, 654, 818
Mosel 154, 175
Moser, F. C. von 245
Moskau 142
Mounier, J. J. 490, 872
Mozart, W. A. 115, 407, 807
  La Clemenza di Tito 891
  Don Giovanni 124, 857
  Die Entführung aus dem Serail 124
  Figaros Hochzeit 253
  Die Zauberflöte 217, 253f., 343,
    378f., 434, 527, 638, 642, 661,
    756 Abb. 20
  Requiem 805
Mülhausen 704
  G. in 859
Müller, F. 873
Müller, J. von 31f., 623, 911
München 708
Münster 177, 242, 289, 402, 897
  Universität 185
  G. in 180, 183–187, 226, 520
Müntzer, T. 859
Murrhardt 913f.
Mythen 691

Nahe 483
Nantes 39
Naumburg 919
Neander, J. 536
Neapel 256, 283, 448, 537, 630, 705,
  708, 858
  G. in 332, 368
Neckar 676, 682
Neckar-Gemünd 676
Necker, J. 344
Neerwinden 37
Neiße 103
Nelson, Lord 705
Neuchâtel 357
Neuffer, C. L. 92
Neumann, C. *siehe* Becker, C.

Newton, I. 54, 126, 128f., 131f., 137, 209f., 364, 497, 563f., 681, 782
Nicolai, F. 314, 380, 496–499, 506, 546f., 814, 869
Nicolovius, H. L. 242
Nicolovius, M. A. L. 377
Niederlande 16, 36f., 238–240, 430, 706f.
Niedersachsen 487, 490
Niemeyer, A. H. 892, 917, 920
Niethammer, F. I. 207, 327, 581, 760, 768f., 771, 814, 818, 912
  Philosophisches Journal 273f., 327, 574, 581, 725, 759, 768, 818
Nietzsche, F. 264, 907
Nizza 28, 430
Novalis (Friedrich von Hardenberg) 118, 327, 336, 493, 507, 542, 581, 720–724, 786, 794–797, 812, 816, 820, 869, 886, 896, 930, 953
  Blütenstaub 723f., 748
  Die Christenheit oder Europa 794–796
  Geistliche Lieder 874
  Heinrich von Ofterdingen 796, 869
  Hymnen an die Nacht 723f.
  über *Märchen* 407
  über *Wilhelm Meister* 300, 508
Novi 706f.
Nürnberg 433, 486, 540, 592, 852f.
  G. in 701f.
Nürtingen 914

Obereit, J. H. 196, 260
Oberkirch 382
Oberroßla 605, 621, 740f., 751, 806, 910, 917 Abb. 44
  G. in 740f., 855f., 883
Obersachsen 487
Ochs, P. 704
Odenwald 675
Oder 102
Oeser, A. F. 569, 788, 805
Offenbach 484
  G. in 666
Oppenheim 30
«Ossian» 115, 344, 427, 552, 678, 684
Oßmannstedt 605
Österreich 16, 22–24, 27, 31, 101, 199, 203, 239f., 429f., 706–708, 853f., 895

französischer Feldzug gegen 429f., 536f., 540
Ostpreußen 27
Otway, T.:
  Gerettetes Venedig 254
Ovid 339

Paderborn 897
Paine, T. 36
  The Rights of Man 18
Palermo:
  G. in 218
Paley, Bischof 68
Palladio, A. 145, 367, 369, 387, 920
Pappenheim, W. M. R. von 880
Paris 19–21, 23–27, 34–37, 39f., 43, 50, 73, 98, 116, 140, 155, 160, 164, 166f., 209, 214, 229f., 232–236, 238, 243f., 265, 268, 429, 448, 538–540, 544, 639, 664f., 681, 689, 707, 709, 722, 752, 780, 853f., 858, 866, 869, 880, 886, 914, 916, 940
  Champ de Mars 14, 21f. Abb. 1
  Louvre 432, 914
  Notre-Dame de Paris 232
  Place de la Révolution 234f.
  Place Vendôme 432
  Temple 25f., 237, 945, 966
Parma 430, 432, 448, 911
Pascal, B. 386, 723
Paul I., Zar von Rußland 536, 705, 707, 767, 783, 817, 853–855
Paulus, H. E. G. 94, 207, 259, 725, 773, 774, 912
Pavia 432, 438
Pawlowna, M. 768, 806, 854, 858, 917
Pempelfort 184, 196, 242, 244, 247
  G. in 178–183, 186–188, 381, 391, 844
Percy, T., Bischof:
  Border Ballads 611
Perikles 89
Petersilie (Silie), F. 898, 917
Pétion, J. 244
Pfalz 240
Philippi 164
Piemont 430, 911
Pillnitz 447
  Pillnitzer Deklaration 22f., 25, 116
Pindar 91, 714
Pitt, W. (d. J.) 854

Pius VI., Papst 17f., 21, 430, 432, 449, 536, 704, 707
Pius, VII., Papst 708, 808
Platon 54, 92, 95, 184, 195, 355, 387, 606, 718, 870
  Phaidros 195
  Symposion 195, 586
  Verteidigungsrede des Sokrates 195
Plesse, Burg:
  G. in 863
Plessing, F. V. L.:
  G. bei 184
Plutarch 299
Po 430
Polen 22, 116, 157, 203, 238f., 253
  Teilungen 27f., 42, 193, 199
Pope, A.:
  Dunciad 496
  Essay on Man 264
Potsdam 90
Prag 122
Praucourt
  G. in 154f.
Preußen 16, 22, 24f., 27f., 40, 50, 53, 73f., 76, 101f., 150, 199, 203, 238f., 241, 252f., 499, 539, 592, 768, 853f.
  Allgemeines Gesetzbuch 41–43, 90, 140
Properz 339, 435
Purgstall, G. W., Graf von 689

Rabelais, F. 182
Racine, J. 308, 752, 783
  Mithridate 797
Radcliffe, A.:
  Udolphos Geheimnisse 299
Raffael 432, 434, 591, 698, 747
  Stanze 786
Rapp, G. C. 92, 95
Rapp, G. H. 678f.
Rastatt 540
  Rastatter Kongreß 704–706, 709f., 758, 766, 774, 777, 853, 890
Rebmann, G. 244, 538, 704
Reden, F. W. von 108, 110
Regensburg 630, 905
  Reichstag 239, 853, 866, 896, 905, 914, 965
Reichardt, J. F. 104f., 114f., 137, 233, 244, 337, 356, 496, 554f., 592, 603, 721, 876, 889, 919

Lyceum (Hrsg.) 604
  Briefe G.s an 141, 249, 852, 855
  und G. 355, 493, 546, 554, 886, 892, 919
  Vertonungen von Werken G.s 115, 355
Reichenbach 102
  Konvention von R. 16f., 22, 24, 101f., 150
Reiffenstein, J. F. 448
Reil, J. C. 923f.
Reimann, I. G. 917
Reimarus, C. S. L. 244
Reimarus, H. S. 240
Reims 161
Reinhard, C. F. 91, 98, 243, 706, 804
Reinhausen 859
Reinhold, C. L. 78f., 89, 92, 144, 146, 196, 206–208, 243f., 258f., 273, 354, 495, 564, 667, 689, 870f., 902, 922
Remstal 677
Retti, Madame de 859
Reubell, J. F. 539f., 706, 793
Reuß, Heinrich XIII., Fürst 156
Reußtal 693
Reventlow, Grafen von 242, 244
  über G. 302
Rhein 151, 240, 245, 317, 432f., 540, 683, 691, 706
Rheinland 17, 19, 25, 52, 147, 196, 483
  französische Besatzung 17, 28, 30, 238f., 241, 537f., 675, 704, 709
Richardson, S. 386
Ridel, C. J. F. 800
Rilke, R. M. 956
Rimbaud, A. 956
Ritter, J. W. 760, 855
  Beweis, daß ein ständiger Galvanismus den Lebensprozeß im Tierreich begleite 760
Robespierre, M. 21, 23, 36–38, 234–236, 238, 244, 250, 272, 278, 340, 429, 539
Robinson, H. C. 873
Rochlitz, J. F. 865, 878
Rohan, L. C. de, Kardinal 19, 218f.
Roland de la Platière, Jean-Marie 36f.
Roland, de la Platière, Jeanne-Marie 36f., 232

Rom 20, 369, 388, 432, 448, 451, 551, 601, 626, 654, 700, 704f., 810, 872, 899, 902
  Carità 145
  Corso (Hausakademie) 205, 324, 533, 677
  deutsche Kolonie 324
  G. in 116, 185, 281, 293, 321, 368, 449, 519, 545, 657f., 671, 678, 680
Römhild 486
Rossini, G. 812
Rousseau, J. J. 97, 184, 262f., 345f., 713
  Pygmalion 751
Roussillon 38
Rovereto 430
Rubens, P. P. 239
Rüdesheim 202
Rudolstadt 283, 774, 789, 813, 883
  Weimarer Theater in 254, 787
Rudorff, L. 124, 253, 284, 366, 548, 568, 702, 739, 857
Ruhla 103
Rumford, B., Graf 268
Runge, P. O. 865f., 956
  Achills Kampf mit den Flüssen 865
Rußland 239, 520, 705, 707, 770, 786, 853f., 895

Saale 328, 807
Saar 175, 243
Saarbrücken 242f.
Sachs, H. 227, 592, 795
Sachsen 28, 112, 228, 483, 486f., 634, 768, 796
Sachsen-Meiningen 486
Saint-Cloud 21, 707
Sainte-Menehould 21, 27, 160–163, 165f.
Saint-Just, A. de 36
Saint-Simon, L. 539
Salieri, A.:
  Palmira, Prinzessin von Persien 674
Salzburg 637
Sankt Petersburg 768, 772, 816, 854, 872, 916
Sartorius, G. 860, 863
Savoyen 28, 430
Schadow, J. G. 600, 810, 866, 897f., 909

Schaffhausen:
  Rheinfall 683f., 693, 701
  G. in 683–685, 690, 701
Schardt, C. E. von (geb. Irving of Drum) 119
Schardt, J. C. W. von 119
Schelling, F. W. J. 91, 94, 98f., 264, 286, 496, 498, 709, 721, 724–733, 759–761, 763f., 773f., 790, 792, 794–797, 805f., 814f., 816, 818–821, 829–831, 866f., 869–871, 889, 892–894, 902, 914, 922, 932, 940 Abb. 36
  Allgemeine Übersicht der neuesten philosophischen Literatur 207, 581, 583–588, 726, 818
  Bruno oder über das göttliche und natürliche Prinzip der Dinge 870, 958f.
  Darstellung des Systems meiner Philosophie 870
  Erster Entwurf eines Systems der Naturphilosophie 760f., 790f., 830
  Ideen zu einer Philosophie der Natur 725–727, 729f., 790, 821, 829
  Kritisches Journal der Philosophie (Hrsg.) 871, 877, 892, 894
  System des transzendentalen Idealismus 805, 818–820, 842
  Von der Weltseele 725, 727f., 731f., 760, 829, 929
  Vorlesungen über die Methode des akademischen Studiums 893, 959
  und G. 817f., 823f., 831, 872, 886, 894f., 903, 909, 913
  Einfluß auf G. 598, 729–733, 737, 760f., 763f., 818, 820f., 832f., 841–844, 875, 930, 938, 940
  über *Faust* 892
Schelver, F. J. 902, 904, 909, 912
Scherer, A. N. 594, 725, 760, 789
Schikaneder, E. 379, 401, 434, 436, 455
Schiller, Carl (Sohn) 273, 283, 326, 361, 376, 451, 765, 793f., 799
Schiller, Caroline (Tochter) 794
Schiller, Charlotte (geb. von Lengefeld) 81, 116, 118, 223, 271, 274, 283, 292, 338, 446, 490, 542, 547, 550f., 555, 765, 789, 794, 799, 852, 874
  über G. 559f.

Schiller, Ernst (Sohn) 451, 505, 542, 799
Schiller, Friedrich 16, 32, 44, 80–89, 91, 96, 99, 102, 112–114, 118–120, 123, 207f., 256, 258, 271–293, 300, 316f., 321f., 324, 339, 361f., 364, 404f., 409, 444, 451, 478, 481, 484, 490, 493, 495, 534, 542, 549, 558, 571f., 575f., 586, 593, 617, 628, 647, 675, 677, 725, 731, 749–752, 764–767, 776f., 783f., 786, 789, 794f., 799, 810–812, 818, 851f., 856–858, 866–868, 874, 878, 880, 884f., 908, 917, 919, 929, 938, 940, 953, 961
Abb. 19
Antritt des neuen Jahrhunderts 895, 897
Die Braut von Messina 884, 904–909, 918
Bürgerlied 716, 723
Don Carlos 123f., 750
Der Geisterseher 221, 299, 461
Geschichte des Dreißigjährigen Krieges 81, 576
Die Götter Griechenlands 89, 95, 207, 355, 613, 723
Der Handschuh 619
Das Höchste 513
Die Horen (Hrsg. zus. mit G.) 271–274, 276f., 280, 283–285, 292, 298, 300, 302, 311, 316, 320, 322, 329f., 332, 334, 337–344, 348–350, 354, 356f., 362, 364, 373, 380f., 390f., 395, 400, 402, 404, 416, 434–436, 438, 444, 446f., 449f., 484, 490, 493, 498–501, 516, 518, 541, 549, 551–553, 556, 571f., 574, 584, 589, 600, 603f., 609, 623, 626, 642, 646f., 650, 652, 665, 667, 722, 725, 746f., 750, 758, 769f., 778, 790, 866, 915, 954
Die Jungfrau von Orléans 810f., 814, 857f., 881, 909, 919
Kabale und Liebe 284
Kallias, oder über die Schönheit 82, 85, 283
Die Kraniche des Ibikus 611
Die Künstler 83
Das Lied von der Glocke 619, 789, 794, 881
Die Malteser 274, 284, 350, 438, 783

Maria Stuart 783f., 789, 792, 800f., 807f., 810f., 868, 918
Musen-Almanach für das Jahr 1796 (Hrsg.) 284, 362, 364, 493, 611
Musen-Almanach für das Jahr 1797 (Hrsg.) 433, 494f., 503, 505, 518, 546–548, 552, 611, 716, 725
Musen-Almanach für das Jahr 1798 (Hrsg.) 553, 572, 603, 611, 667, 675, 702, 737
Musen-Almanach für das Jahr 1799 (Hrsg.) 744, 753, 756f.
Musen-Almanach für das Jahr 1800 (Hrsg.) 785, 789, 794
Natur und Schule 349
Pompeji und Herkulanum 505, 723
Die Räuber 82, 124, 146, 370f., 442, 678, 711, 767, 807, 892, 919
Rheinische Thalia (Hrsg.) 43, 276, 322, 585
Der Ring des Polykrates 619
Der Spaziergang 349f., 362, 434, 534, 648, 679
Tabulae Votivae (zus. mit G.) 494f., 500
Der Taucher 612, 618, 684
Über Anmut und Würde 85–89, 94, 207, 273–277, 579
Über den Gebrauch des Chors in der Tragödie 907
Über die ästhetische Erziehung des Menschen in einer Reihe von Briefen 285–289, 292, 298, 337–339, 341, 344, 349, 354, 362, 402, 416, 435, 544, 575, 585, 711, 758, 776, 810, 938, 951
Über naive und sentimentalische Dichtung 344–348, 354, 362, 378, 389, 403, 497, 575, 578, 632, 644, 648, 650
Die Verschwörung des Fiesco zu Genua 284
Wallenstein 274, 284, 438, 444, 546, 570, 574, 576, 578–581, 604, 620, 624, 654f., 678, 717, 749–751, 756–759, 764–767, 773f., 776, 783f., 787, 792, 800f., 803, 811, 823, 857, 868, 900
Wilhelm Tell 884
Xenien (zus. mit G.) 381, 384, 433f., 438f., 446, 451, 493–500,

506, 546–551, 553–555, 559, 568f., 571, 589, 592, 614, 619f., 636, 642, 647, 688, 743, 801, 901
in Weimar 118, 283–285, 441f., 634, 756, 784
G. bei 112, 116, 277f., 326, 433, 437f., 446, 451, 492, 505, 570, 604, 702, 745, 749, 760, 926
Verhältnis zu G. 113, 123, 273f., 276–286, 289, 319–321, 329, 332, 342, 348, 353–357, 360, 391, 407, 487, 493–500, 513, 516, 519f., 543, 548, 550, 554, 556f., 580f., 603, 611–614, 619, 626, 629, 631, 634, 678, 698f., 737, 760f., 784, 797f., 881f., 884, 888, 899, 910, 957
über G. 115f., 346f., 367f., 356, 560, 682, 865, 904
Briefwechsel/Gespräche mit G. 273, 279–283, 316, 333–335, 343f., 347, 349, 351, 354, 373, 376–378, 380f., 401, 410f., 434, 437f., 448f., 451f., 475, 488, 546, 554, 560–563, 568, 576, 578, 580, 598f., 603, 606, 616, 620f., 624, 666–672, 681, 689, 691, 698, 729–733, 743–746, 766, 778, 785, 788–792, 799, 803f., 837, 878, 885, 903, 906f., 928
über *Alexis und Dora* 447
über *Amyntas* 686
über *Faust* 622–624, 813, 843, 845
über *Herrmann und Dorothea* 542, 545, 636
über *Iphigenie* 885
über *Märchen* 343
über *Metamorphose der Pflanzen* 831
über *Unterhaltungen* 338, 392, 397
über *Was wir bringen* 890
über *Wilhelm Meister* 292f., 301, 333f., 384, 397, 419, 422, 425, 447, 452, 457, 483, 501–505, 508f., 517f., 522, 549, 554, 671
Schiller, J. K. (Vater) 542
Schlegel, A. W. 327, 339f., 490, 492f., 591, 717f., 721f., 724f., 758f., 775, 788, 790, 794, 805f., 816, 821, 866, 868f., 876, 889, 894f., 902, 907, 913, 922 Abb. 32

Shakespeare-Übersetzungen 444, 574, 717, 724f., 797, 801
An Goethe 721
Ion 872, 876f., 989f., 905
Musen-Almanach für das Jahr 1801 (Hrsg.) 874
und G. 444, 446f., 590, 603f., 748, 752, 786, 791f., 796, 801, 803, 805f., 833, 872, 877, 898f., 904
über *Pausias* 609
Schlegel, C. siehe Böhmer, C.
Schlegel, D. siehe Veit, D.
Schlegel, F. 327, 339, 490, 492f., 496, 539, 547, 551f., 578, 588, 627, 717–724, 759f., 774f., 790, 794, 805, 814, 816, 818, 845, 866, 868f., 876, 881, 902, 907, 922 Abb. 33
Alarcos 885f., 899, 905, 919
Athenäum (Hrsg.) 721–724, 746, 748, 758f., 775, 790, 792, 795f., 808
Europa (Hrsg.) 886
Lucinde 720, 722, 724, 790
Lyzeum der schönen Künste (Hrsg.) 718f., 721f.
Über das Studium der griechischen Poesie 574f.
Über den Begriff des Republikanismus 492
Über die Unverständlichkeit 722
und G. 554, 603f., 791f., 796, 815, 886
über *Alexis und Dora* 447
über *Herrmann und Dorothea* 545
über *Wilhelm Meister* 307, 483
Schleiermacher, F. D. E. 718–721, 723, 774, 795, 797, 930, 959
Ideen zu einem Katechismus der Vernunft für edle Frauen 720
Monologe 719
Über die Religion 719f., 791f.
Schlesien 40, 89, 91, 101, 108, 110–112, 557f.
G. in 103–105, 123, 125, 158, 318
Schlosser, C. H. 872f.
Schlosser, H. P. 872
Schlosser, Johann Georg (Schwager G.s) 41, 181, 190, 205, 216, 242, 548, 788, 872
Schlosser, Johanna C. S. (geb. Fahlmer) 181, 872

Schlosser, Julie (Nichte G.s) 205, 248, 377
Schlözer, L. A. 860
Schmidt, C. C. E. 259, 774
  Liber de tribus impostoribus (Hrsg.) 774
Schmidt, H. W. Abb. 22
Schmidt, J. C. 191, 370, 575, 771, 773f., 822, 858
Schmidt, S. 538, 667–669
Schnabel, J. G.:
  Die Insel Felsenburg 47
Schnauß, C. F. 148, 733
Schneekoppe 103, 111
Schneider, E. 97f., 233f., 242, 383
  Argus (Hrsg.) 97f.
Schömberg 103, 682
Schönemann, A. E. (Lili) (nachm. verm. von Türckheim) 190, 233, 242f., 335, 382f., 446, 457, 470, 484, 516f., 526f., 530, 545, 610, 615, 693, 852f., 856
Schopenhauer, A. 264, 286
Schopenhauer, Familie 28
Schottland 552
Schröder, F. L. 122, 314, 750, 757, 765, 866
Schröter, C. 901
Schubart, C. F. D. 16, 91
  Deutsche Chronik 97
Schuckmann, H. E. A. (geb. von Lüttwitz) 111
Schuckmann, C. F. von 104f., 108, 111, 120, 137
Schultheß, B. 243, 688, 699f.
Schulze, G. C. 79, 258, 260, 273
Schütz, C. G. 256, 258, 329, 335, 339, 498, 574, 771f., 775, 806, 822, 852, 862, 907, 922f., 926
Schütz, J. G. 862
Schütze, L. Abb. 23
Schwaben 429, 484, 486, 490, 706
Schwäbische Alb 682f.
Schwarzwald 683
Schweiz 99, 241, 366, 436, 537, 603f., 621f., 630, 633, 675, 704, 706f., 895, 911, 913, 966
  G. in der 225, 242, 471, 683–701, 741
Schwyz 691
Seckendorff, L. von 822, 878, 962

  Neujahrs-Taschenbuch von Weimar auf das Jahr 1801 (Hrsg.) 815
Sedan 26, 155, 160
Seidel, P. 211
Seidler, A. G. L. 324
Seidler, L. 326
Sesenheim 540
Shakespeare, W. 222, 308, 310f., 345f., 470, 495, 522, 579, 618, 724f., 783, 798, 812, 967
  Coriolanus 797, 812
  Hamlet 124, 229, 303, 310, 312, 370, 416–421, 461, 468, 470f., 474, 509, 524, 724, 775, 801
  Heinrich IV. 124, 164, 220
  König Johann 124, 164, 377, 797, 825f., 828
  König Lear 797f.
  Julius Caesar 574, 578
  Liebes Leid und Lust 653
  Macbeth 542, 578, 797, 801, 807
  Perikles 797f., 841
  Richard II. 797
  Romeo und Julia 444, 574
  Ein Sommernachtstraum 574
  Der Sturm 552
  Wie es euch gefällt 204
Shaw, G. B. 811
Sieveking, G. H. 14, 16, 39, 240
Sieyès, E. J. 51f., 98, 244, 706f., Abb. 3
Sinclair, I. von 327, 538, 710, 713, 914
Sinsheim 676
Sivry 171
Sizilien 525, 705, 812
  G. in 329, 332, 368, 447, 526
Smith, A. 42
Smollett, T. 300, 524
Sömmering, M. E. 668
Sömmerring, S. T. 31, 33, 152, 199, 214, 216f., 242, 492, 503, 537, 661, 666, 912f.
  und G. 250, 267, 661, 666
Somme-Tourbe 163
Sophokles 91, 756, 898
  König Ödipus 906
Spanien 36, 708, 780, 895
Spincourt:
  G. in 174
Spinoza, B. de 70, 79, 94, 185, 260f., 399, 437, 469, 482, 586, 727, 733, 763, 818f., 870, 925

Sprengel, K. P. J. 892
Städel, J. F. 217
Staël, G. de 404, 407, 506, 552 f.
  De l'influence des passions sur la bonheur des individus et des nations 553, 665
  Essai sur les fictions 344, 386 f., 389, 553
Stäfa 630, 701
  G. in 634, 688 f., 696, 699, 729
Stark, J. C. 850
Stäudlin, C. F. 91, 94, 863
Stäudlin, G. F. 97, 99, 537, 579
Steffens, H. 759, 765, 774, 823
Stein, Carl von 119, 328, 558 f., 739 f., 910
Stein, Charlotte von 102, 105, 118–120, 137, 142, 185, 274, 281, 311, 389, 446, 488, 490, 595, 702, 739 f., 785 f., 851 f., 873, 926
  Dido 555, 559, 643
  Verhältnis zu G. 119 f., 190, 281 f., 354, 360–362, 382, 423, 425, 526 f., 555–559, 615, 632, 922
  über G. 119, 247, 251 f., 254, 361, 367, 377, 547, 552, 559
  über *Elegien* 339
  über *Groß-Cophta* 223
  über *Herrmann und Dorothea* 550 f.
  über *Unterhaltungen* 338
  über *Wilhelm Meister* 334, 548
Stein, F. G. C. von (Fritz) 118 f., 196, 212, 247, 251, 274, 361, 367, 369, 377, 557–559, 623, 739, 851, 880
  G.s Briefe an 105, 241, 282
Stein, J., Baron von 119, 249
Steiner, K. F. C. 635, 754
Stendhal 394
Sterne, L. 314, 344, 525, 651, 670
  Tristram Shandy 450
Stifter, A. 507, 956
Stock, D. 32, 444, 446, 516, 515, 527, 543
Stockach 706, 708
Stolberg, C., Graf 553, 623
Stolberg, F., Graf 178, 240–242, 335, 355 f., 380, 387, 438, 494 f., 553, 623, 808
  über *Torquato Tasso* 114
Storr, G. C. 92, 94

Straßburg 16 f., 19, 25 f., 32, 34, 96–98, 233, 242 f., 382 f., 429, 457, 484, 537, 642, 706
  Universität 97
  G. in 442
Strauss, D. F. 99
Stuttgart 19, 274, 484, 541, 546, 635, 710, 808, 810, 914
  Akademie 16, 96 f., 678
  Theater 857, 898
  G. in 677–680, 701 f.
Suarez, C. G. 42 f.
Südamerika 780
Suffolk:
  Ickworth Hall 618
Süßmayr, F. X. 434
Suworow, A. W. 239, 706 f.

Talleyrand, C. M. de 14, 18, 706, 804, 853
Tarnowitz 110
Tarvisio 536
Tasso, T.:
  Das befreite Jerusalem 298, 497
Tell, W. 691 f., 694, 696, 744, 784
Tennyson, A., Lord 636, 828
Teplitz 352, 621, 633
Terenz 651
  Die Brüder 868, 879, 892
  Die Fremde aus Andros 917
Textor, J. J. (Onkel G.s) 151, 157, 176, 669
Textor, J. W. (Großvater G.s) 151
Theophrast:
  De coloribus 852, 872
Thionville 155
Thouret, N. F. 678, 700, 743, 753 f., 756, 758, 765, 786, 799 f., 808 f., 823, 858, 920
Thüringen 99, 148, 660, 662
Thüringer Wald 660, 701
Tieck, C. F. 858
Tieck, L. 507, 589 f., 592 f., 701, 721, 786, 790, 794, 796, 806, 815, 956
  Abb. 37
  Franz Sternbalds Wanderungen 718, 816
  Genoveva 794, 797, 799, 841
  Herzensergießungen eines kunstliebenden Klosterbruders 591–593, 718, 795

Musen-Almanach für das Jahr 1801
 (Hrsg.) 874
William Lovell 592
Tiefurt 142, 211, 786
 G. in 246, 916, 919
Tindal, M. 92
Tirol 430
Tischbein, F. A. 331f., Abb. 12, 32
Tischbein, J. H. W. 331
Tolentino:
 Vertrag von 536
Tolstoi, L. N. 394
 Anna Karenina 64
Toskana 430, 708
Toulon 38, 233
Tourbe 163
Trier 19, 41, 183f., 241, 249, 483, 709
 G. in 154, 175–177, 182
Triest 601
Trippel, A. 448
Tschenstochau 110
Tübingen 258, 586, 710, 712
 Tübinger Stift 91f., 94–99, 496, 706, 725, 820
 Universität 354, 680
 G. in 680–682, 685, 699, 701f.
Türckheim, A. E. (Lili) von *siehe* Schönemann, A. E. (Lili)
Türckheim, B. F. von 233, 242, 382f.
Türckheim, C. von 852, 856
Türckheim, F. von 242, 852, 856
Turin 19
Türkei 16
Turner, W. 895
Tuttlingen 706
 G. in 683

Udine
 Friedensverhandlungen 537, 540, 664, 689, 699
Unger, J. F. 141, 192, 194, 269, 284, 292, 320, 325, 350, 370, 506, 561, 571, 804
 G.s Werkausgabe bei 141, 192, 195, 226f., 269, 571, 787
Unzelmann, F. 352, 867f.
Urserental 693

Valmy 164, 189, 194, 197
 Schlacht bei V. 27f., 98, 164–168, 171, 175, 180, 187, 205, 215, 226, 230f., 239, 252, 618, 639, 684, 844, 896, 901, 910, 942 Abb. 14
Varennes-en-Argonne 21, 116, 156, 168, 966
Vatikan 430, 432, 536f.
Veit, D. (geb. Mendelssohn, nachm. verm. Schlegel bzw. Schelling) 44, 198, 335, 341, 352, 720f., 724, 794, 796, 816, 868f., 886
 Florentin 816
 über *Wilhelm Meister* 300
Veit, P. 720f., 794
Veit, S. 198, 720
Vendée 37, 214, 233
Venedig 430, 537, 707f.
 G. in 102, 105, 110f., 158, 163, 218, 368, 446, 596, 701
Veneto 536
Verdun 26, 155, 157, 160–162, 168f., 171–175, 214, 523
 Schloß Jardin Fontaine 157f.
 G. in 156–160, 206
Vergil 745
 Aeneis 167, 555, 651
Verona 430, 519
 Museo Lapidario 176
 G. in 102, 175f.
Verres 367
Versailles 19, 40
Vicenza 519
Victor Amadeus III., König von Savoyen 19, 430
Victoria 336
Vierwaldstättersee:
 G. am 690, 694, 696
Vieweg, J. F. 570–572, 600f., 612, 636, 698, 804
Vohs, F. 807, 857, 885
Vohs, J. H. 191f., 566, 758, 898
Voigt C. G. d. J. 206, 332, 350, 438, 486, 565, 756
Voigt, C. G. d. Ä. 102, 137, 140f., 144, 148, 207, 173, 211, 247f., 250f., 255f., 259, 264, 332, 350, 353f., 370, 372–374, 376, 433, 438, 441, 449f., 451, 484, 486f., 541f., 548, 565f., 575f., 605, 631, 635, 647, 662, 677, 733, 741, 768–776, 778, 786, 789, 808, 822, 854, 869, 872, 882f., 894, 896, 902, 911f., 920, 926 Abb. 30

Briefwechsel G.s mit 155, 158, 173, 207, 248, 251, 446, 486, 681, 700
Verhältnis zu G. 149, 248
Voigt, J. H. 126
Volta, A. 594
Voltaire, F. M. A. de 345, 752, 777, 940
  Candide 300
  Le Fanatisme ou Mahomet 792–794, 797, 799–801, 813, 841, 871, 900, 959
  Tancred 812f., 815, 823, 857, 871, 884, 900, 905
Voß, J. H. 240f., 243, 270f., 498, 547, 788, 873, 902, 909
  Homer-Übersetzungen 270f., 329, 528, 544, 550, 647–649, 651, 744, 835
  Luise 270, 544f., 648f.
  bei G. 270f.
Vulpius, C. A. (Schwager G.s) 122f., 253, 434, 441, 566, 741, 859, 903, 907, 919 Abb. 9
  Rinaldo Rinaldini der Räuber Hauptmann 778
Vulpius, E. (Schwägerin G.s) 116, 440f., 662f., 701, 738, 776, 851, 919
Vulpius, J. 116, 249, 440, 663, 851

Wachtel, J. G. 255f.
Wackenroder, W. H. 589f., 592f., 627, 701, 718, 782, 795, 956
  Herzensergießungen eines kunstliebenden Klosterbruders 591–593
Wagner, J. C. 157, 162f., 169, 172, 901
Wagner, O. Abb. 23
Wagner, R. 164
Waldenburg 102f.
  G. in 111
Waltershausen 322
Warmbrunn:
  G. in 111f.
Wartha 108
Washington 336
Wassen:
  G. in 693
Weber, C. M. von 254
Weber, Familie 254
Wedgwood, J. 139
Weende:
  G. in 863
Weichsel 110

Weimar 32, 43, 82, 90, 101, 114, 137–140, 150, 157f., 181f., 192, 196, 205, 208, 241, 243, 251, 253, 255, 272, 274–276, 283, 289, 321f., 324, 328f., 331f., 373f., 376, 433, 441, 483, 486–488, 490, 518, 553, 564, 593, 605, 623, 662, 677, 680, 691, 765–770, 806f., 809, 816, 854, 867, 896, 940
  Belvedere 102, 142, 490, 872
  Bibliothek 733, 741
  Erfurter Tor 681, 700, 743
  Freitagsgesellschaft 137–140, 329–332, 488, 561
  Haus am Frauenplan 144f., 155, 197f., 245, 251f., 317, 326, 366, 441, 631, 634, 738f., 900, 956
    Abb. 23, 24, 25
  Hoftheater 120, 122–124, 191f., 220, 253f., 331, 370–372, 434, 441f., 444, 488, 566, 568f., 572, 603, 635, 750–754, 756–759, 765f., 800f., 807, 809, 856–858, 866–868, 876–879, 881, 884–884, 898f., 907–910, 917, 940, 952
    Abb. 20, 45
  Jägerhaus 115, 126, 144f., 366, 922
  Luisenkloster 143
  Mittwochskränzchen 874–876, 880, 883
  Neues Schloß 143, 191, 370, 446, 603, 626, 634f., 743, 753f., 786, 788, 806, 808f., 812, 858f., 882, 888, 912, 916f., 920, 922
  Römisches Haus 143f., 191, 270, 331, 366f., 393, 626, 635, 787, 809, 878 Abb. 26
  Wilhelmsburg 102, 247
  G. in 101f., 115f., 118–120, 148, 188, 190f., 196–199, 217, 225, 246–249, 270f., 434–436, 449–452, 488, 546, 561, 570, 572, 598, 601, 603, 621, 733, 714, 753, 759, 786, 823f., 865f., 883, 897f., 903, 910, 916f., 940
  G.s Übersiedlung nach 180, 296, 389, 471, 498, 526, 773
Weishaupt, A. 79, 243
Weiße, C. F. 569
Weißenfels 493, 796
Weißhuhn, F. A. 356
Wendel, F. I. de 372

Werner, A. G. 352, 563, 723, 923
Wernigerode:
  G. in 184
Werra 660, 864
Weser 864
Westfalen 183, 537
Wetzel, A. 98 f., 243
Wetzlar 539, 661, 664, 905
  Schlacht bei 483
Wieland, C. M. 32, 81, 118, 137, 139, 144, 241, 243, 246, 270 f., 284, 301, 329, 332, 334, 343, 354, 381, 422, 441, 498, 524, 553, 605, 630, 649, 740, 784, 786, 822, 852, 877, 882, 900, 917
  Teutscher Merkur 97, 272, 289, 540
  über *Alexis und Dora* 447
  über *Wilhelm Meister* 438 f.
Wieliczka 167 Abb. 7
  G. in 110
Wien 22, 39 f., 265, 364, 379, 438, 536, 546, 568 f., 601, 630, 689, 708, 767, 801, 816, 869
Wiesbaden:
  G. in 216
Wilhelmine Sophie Friedrike, Markgräfin von Bayreuth 243
Wilhelmsthal 190, 806
Willms, K. 124, 191, 254, 662
Winckelmann, J. J. 73, 89, 91, 143, 327, 492, 533, 588, 626, 628, 782, 788, 849, 863, 954
Wizenmann, T. 79
Wolf, F. A. 270, 330, 332, 339, 889, 892
  Prolegomena ad Homerum 330, 353, 495, 497, 549 f., 599, 633
Wolff, C. 54, 76, 583
Wolff, P. A. 923
Wöllner, J. C. 22
Woltmann, K. L. 256, 258, 271, 293
Wolzogen, C. von (geb. von Beulwitz) 44, 490, 786, 874
  Agnes von Lilien 552

Wolzogen, W. von 490, 551, 634 f., 757, 767 f., 772, 786, 854 f., 874, 912 f.
Wordsworth, W. 639, 767
  Lyrical Ballads 608, 611
Wörlitz, Park von:
  G. in 279
Worms 33
Wranitzky, P.:
  Oberon 566, 568, 572, 614, 857
Wünschelburg:
  G. in 108
Württemberg 91, 96 f., 273 f., 433, 486, 538, 709 f., 722, 854, 859, 867, 897, 911
Würzburg 484, 592, 923
  Universität 902, 912 f., 922
Wyttenbach, J. H. 154, 176, 182, 538
  Briefe G.s an 249

Yeats, W. B. 636

Zelter, C. F. 243, 336 f., 390, 878, 906 f., 916 f.
  Briefwechsel mit G. 789
  Vertonungen von Werken G.s 336, 789
Ziegesar, Familie 873
Ziegesar, M. A. von 880
Ziegesar, S. 873, 880
Ziegler, F. W.:
  Barbarei und Größe 371
Zobten 103
Zucchi, A. 545
Zug:
  G. in 696
Zuger See 696
Zumsteeg, J. R. 678
Zürich 243, 258, 273, 366, 369, 541, 704, 707, 852, 901
  G. in 181, 688, 699
Zürichsee 613, 682, 688, 691 f., 696

Werkregister

Achilleis 744f., 773, 778, 785, 799, 802, 813, 831, 834–836, 846
Alexis und Dora 446f., 450, 457, 494, 501, 506, 525–535, 541, 543, 546, 606, 609, 616, 686, 827, 829, 834, 836
Alte und Neue Zeit (s. a. Paläophron und Neoterpe) 814f.
Amyntas 686, 690
An den Mond 212, 225, 788
An Mignon 611
Auf dem See 692f.
Auf die Geburt des Apollo 330
Auf Miedings Tod 901
Die Aufgeregten (s. a. Breme von Bremenfeld) 194, 229
Balladen 611–616, 620, 675, 782, 824, 834, 841
Baukunst 1795 369
Beiträge zur Optik 125–130, 132–137, 186, 511, 681
  1. Stück 125, 128, 132–134, 141
  2. Stück 128
  3. Stück (Von den farbigen Schatten) 128f., 209f., 217, 266, 268, 564
  4. Stück (Versuch, die Elemente der Farbenlehre zu entdecken) 128–130
Belagerung von Mainz 215
Bergschloß 875
Der Besuch 364
Die Braut von Korinth 612–614, 629f., 736f., 834f., 849, 901, 953, 959
Breme von Bremenfeld (oder:) Die Zeichen der Zeit 194, 208, 228–230, 252, 337, 381f., 578, 646, 942
Brief des Pastors zu *** an den neuen Pastor zu *** 423
Briefe aus der Schweiz 436, 447, 457, 527, 551, 607, 693
Büchlein von den Farben (Übersetzung) 852, 872
Der Bürgergeneral 192–194, 204, 213, 381, 519, 543, 889
  Aufführungen 192, 444

Campagne in Frankreich 166, 179f., 182
Claudine von Villa Bella 114, 141
  Aufführungen 115, 336, 355, 371
Clavigo 124, 141, 194
Dauer im Wechsel 924–926
Diderots Versuch über die Malerei (Übersetzung und Kommentar) 778, 780
Egmont 224, 228, 284, 393, 528, 576
  Aufführungen 114, 442, 444
Einer 439, 495
Einfache Nachahmung der Natur 112
Einleitung in die Lehre des Lichts und der Farben 139
Episteln 252, 337f., 362, 380, 643
Erfahrung und Wissenschaft/Das reine Phänomen 730f.
Erinnerung 610
Erlkönig 787
Erotica 187, 364
Die erste Walpurgisnacht 782, 787, 793, 799
Erster Entwurf einer allgemeinen Einleitung in die vergleichende Anatomie, ausgehend von der Osteologie 105–108, 317–321, 595, 892
  Zweiter Entwurf 595–598
Erwin und Elmire 114, 141
  Aufführungen 115
Es war ein Buhle frech genung 787
Euphrosyne 743, 753, 824–831, 834, 837, 901
Der ewige Jude 186
Faust 212, 343f., 347, 351, 362, 378, 444, 506, 520, 578, 598, 600, 609f., 614f., 620–624, 626, 633f., 637, 653–660, 672, 687, 690, 694, 696, 748, 752f., 757, 784, 791, 802–804, 813–815, 831, 836–845, 855, 878, 892, 909, 928–944, 954, 958–960
  Epilog 656–659, 844
  Abkündigung 791
  Abschied 656, 791f.

1. Urfaust 383, 457, 517, 615, 654f., 657f., 837–840, 842, 928, 931
2. Faust, Ein Fragment 114, 609, 615, 620f., 654, 659, 723, 838, 841, 843, 928, 931
3. Der Tragödie erster Teil 842–845, 928–940
   Zueignung 622f., 656, 680, 791f., 825, 840f.
   Prolog im Himmel 656–660, 791, 837–839, 844, 934, 936
   Vorspiel auf dem Theater 753, 756, 791, 803, 840, 843
   Nacht 844, 928–931, 944
   Vor dem Tor 931f.
   Studierzimmer (1) 933f.
   Studierzimmer (2) 934–940
   Hexenküche 655, 658
   Ein Gartenhäuschen 838
   Wald und Höhle 654, 685, 838f.
   Walpurgisnacht 736f., 743, 797, 823, 928, 941, 968
   Walpurgisnachtstraum 942–944
   Kerkerszene 837–839, 842, 844, 928
4. Der Tragödie zweiter Teil 265, 654, 842–845
   Anmutige Gegend 685
Der Fischer 787
Flüchtige Übersicht über die Kunst in Deutschland 810, 866
Frühzeitiger Frühling 875
Die Geheimnisse 447, 464
Die Geschwister 124, 229, 856
Gesellige Lieder 874f., 924, 928
Glückliche Fahrt 333
Die glücklichen Gatten 856
Der Gott und die Bajadere 614–616, 629, 643, 655, 658, 834f.
Das Göttliche 924
Götz von Berlichingen 90, 195, 212, 224, 245, 305, 308, 342, 361, 442, 519, 576, 592f., 687, 756
Grenzen der Menschheit 924
Der Groß-Cophta 124, 141, 179, 218–226, 228–230, 462f., 520–522, 532, 907, 959
   Aufführungen 124, 141, 220
Die guten Frauen 808, 848

Helena im Mittelalter 813f., 845–849, 905
Herrmann und Dorothea 542–546, 549, 551, 553, 560f., 565, 569–574, 576, 589, 598–604, 610, 612, 614, 616, 620, 630, 636–653, 657, 659, 665, 667, 676f., 679, 690, 696, 702, 744f., 778, 785, 802, 804, 815, 824, 834–836, 846, 909, 950
   Abbildungen 600
Herrmann und Dorothea (Elegie) 549–551, 606, 632, 656
Hoch auf dem alten Turne steht 875
Die Horen (Hrsg. zus. mit Schiller) 271–274, 276f., 280, 283–285, 292, 298, 300, 302, 311, 316, 320, 322, 329f., 332, 334, 337–344, 348–350, 354, 356f., 362, 364, 373, 380f., 390f., 395, 400, 402, 404, 416, 434–436, 438, 444, 446f., 449f., 484, 490, 493, 498–501, 516, 518, 541, 549, 551–553, 556, 571f., 574, 584, 589, 600, 603f., 609, 623, 626, 642, 646f., 650, 652, 665, 667, 722, 725, 746f., 750, 758, 769f., 778, 790, 866, 915, 954
Hymnen 924
Ilmenau 622
In wiefern die Idee: Schönheit sei Vollkommenheit mit Freiheit, auf organische Naturen angewendet werden könne 282f.
Iphigenie auf Tauris 76, 131, 224, 288, 477, 588, 752, 909
   Aufführungen 801, 884f., 908
Israel in der Wüste 616
Die Jagd 598f., 601, 612, 696, 744
Das Jahrmarktsfest zu Plundersweilern 890
Des Joseph Balsamo, genannt Cagliostro, Stammbaum 141
Klage der Schönheit 847
Leben des Benvenuto Cellini 435f., 446–448, 487, 542, 551, 560f., 571f., 612, 747, 900, 917
Legende 616, 622, 657
Die Leiden des jungen Werther(s) 76f., 114, 156, 245, 269, 292, 295, 300, 302f., 311, 335, 347, 384, 386, 388–390, 393, 404, 426f., 436, 496, 504f., 517, 531, 578, 588f., 614, 618,

623, 642, 668, 678, 696, 712, 844, 908, 930
Literarischer Sansculottismus 340–342, 547, 550
Das Mädchen von Oberkirch 381–383, 457, 543, 646, 954
Märchen 343, 362, 390f., 406–415, 426, 439, 467, 470, 510, 953
Mahomet (Übersetzung) 792–794, 797, 799–801, 813, 841, 871, 900, 959
Maifest 875
Maximen und Reflexionen 328, 390, 403
Meeresstille 333
Die Metamorphose der Pflanzen 753, 785, 828–832, 875, 924
Metamorphose der Tiere 831–833, 836, 844
Die Mitschuldigen 195, 218, 223, 605, 931
Morphologie 562f., 584, 593f., 729, 732
Die Mystifizierten (s. a. Der Groß-Cophta) 124, 218
Nähe des Geliebten 336, 364, 390
Die Natürliche Tochter 798f., 801, 812, 841, 871, 878, 883f., 900, 904, 907–910, 914f., 917, 928, 943–969
Aufführungen 908f., 919, 940, 943, 952
Nausikaa 134, 533
Der neue Amor 187
Der neue Pausias und sein Blumenmädchen 605–610, 612, 614f., 622f., 626f., 655
Novelle siehe Die Jagd
Oberons und Titanias Goldene Hochzeit 614, 737, 803, 942
Oden an meinen Freund 924
Paläophron und Neoterpe 815, 822, 868, 903
Prolog für Christiane Becker 253
Prolog zu Goldonis Der Krieg 253
Prometheus 426, 751
Propyläen (Hrsg.) 746–751, 753f., 756f., 759, 776, 778, 780f., 783f., 788, 790, 792, 799, 801, 804, 810, 815f., 831, 834, 865f., 900, 953
Proserpina 477
Reineke Fuchs 194–196, 200, 208, 213, 218, 227f., 269, 520, 572

Die Reise der Söhne Megaprazons 182f.
Das Römische Carneval 141, 513, 528, 653
Römische Elegien 113, 140f., 212, 283, 286, 338f., 342, 353, 357, 362, 435, 439f., 447, 506, 528–531, 533f., 549, 606, 632
Rezeption 338f.
Der Sammler und die Seinigen 778, 802, 808
Satyros 224
Der Schatzgräber 612, 616
Scherz, List und Rache 520, 822
Schweizeralpe 692
Selbstschilderung 671–674
Stella 519, 856
Tabulae Votivae 415, 494f., 500, 544, 546, 801, 847
Tag- und Jahreshefte 368, 493, 866
Tagebücher 632
Tancred (Übersetzung) 812f., 815, 823, 853, 857, 871, 884, 900, 905
Die theatralischen Abenteuer (Übersetzung) 142
Torquato Tasso 114f., 134, 138f., 224f., 295, 308, 347, 393, 421, 478, 482, 533, 611, 645, 785, 792, 907, 909, 916
Triumph der Empfindsamkeit 477
Über das Blau 126, 130
Über den Dilettantismus 776–778
Über den Zwischenkieferknochen des Menschen und der Tiere 107, 317, 319f., 595
Über epische und dramatische Dichtung 745
Über einfache Nachahmung der Natur, Manier, Stil 475, 627
Über Laokoon 626–629, 645, 655, 671, 748, 778, 837
Über Wahrheit und Wahrscheinlichkeit des Kunstwerks 674f.
Unterhaltungen deutscher Ausgewanderten 337f., 340, 342f., 368, 378, 384, 390–415, 426, 446, 520f., 525, 530, 550f., 569, 571, 581, 605f., 609, 744, 747, 780
Einleitung 337
erste Episode 338

Geschichte von Ferdinand 390, 398–403, 405, 415, 469f., 516, 519f., 783
Rezeption 338
Venezianische Epigramme 111, 113, 116, 136, 140–142, 208, 212, 221, 226, 364, 384, 434, 447, 494, 496, 529, 549, 632, 688, 745
Die verschiedenen Zweige der hießigen Thätigkeit 331
Der Versuch als Vermittler von Object und Subject 131f.
Versuch einer allgemeinen Vergleichungslehre 107, 320, 513
Versuch über die Gestalt der Tiere 106f., 595
Versuch, die Metamporphose der Pflanzen zu erklären 46, 106f., 115, 133, 137, 317f., 412, 510–512, 728, 732
Vielen 439, 495
Vier Jahreszeiten 801f., 847
Die Vögel 337
Von deutscher Baukunst 217
Vortrag über die Farbenlehre (1791) 138f.
Was wir bringen 888–890
Weimarisches Hoftheater 877
Die Weissagungen des Bakis 743
Weltseele 875
Werkausgaben
  Hamburger Ausgabe 609
  Literarische Schriften (bei Göschen) 13, 114f., 120, 137, 140, 218, 223, 298, 316, 361, 488, 690, 785
  Neue Schriften (bei Unger) 141, 192, 195, 226f., 269, 571, 787
Das Wiedersehn 212f., 226, 532, 606, 609
Wilhelm Meisters Lehrjahre 122, 194, 213, 218, 249f., 256, 284, 292–316, 333–336, 338, 340, 343, 347, 355, 357, 361f., 368f., 375, 378f., 386, 390f., 394, 397f., 401f., 415–427, 433, 438–441, 446–483, 492, 501–525, 527, 530f., 533–535, 553f., 578, 592, 598, 609, 616, 619, 624, 636, 642f., 647, 670f., 688, 718, 721, 733, 773, 778, 780, 787, 796, 816, 820, 824, 829, 859f., 890, 937, 944, 957, 959
  1. Buch 269, 294–299, 301f., 305, 333, 508–510, 515
  2. Buch 303–307, 311, 333, 508, 510
  3. Buch 307f., 310
  4. Buch 310–314, 417
  5. Buch 298, 312, 333, 350, 353, 384, 390, 401, 415–421, 510
  6. Buch (Bekenntnisse einer schönen Seele) 333–335, 353, 378, 380, 383f., 390, 401, 415, 421–427, 452–454, 467, 478, 511, 514f., 521, 717, 925
  7. Buch 378, 415, 433, 439, 447, 452–465, 482, 501, 504, 511, 514f., 548, 684
  8. Buch 378, 415, 439, 441, 449, 452, 465–482, 487, 501, 504–506, 511f., 514–516, 518–520, 526, 548, 569, 573
  Gedichte/Lieder 336, 355, 477, 690
  Motive 298–300
  Rezeption 300–302, 334f., 506–508, 548f.
  Hamlet 303, 310, 312, 416–421, 461, 468, 470f., 474, 509, 524
Wilhelm Meisters theatralische Sendung 293–299, 301–314, 333, 384, 405, 415–419, 438, 458, 464, 514, 522, 931
Wilhelm Meisters Wanderjahre 451, 505, 512, 519–521, 535, 696, 780, 962
Xenien 381, 384, 433f., 438f., 446, 451, 493–500, 506, 546–551, 553–555, 568, 571, 589, 592, 614, 619, 636, 642, 647, 688, 743, 801, 901
Xenien-Streit 546–550, 553–555, 559, 568f., 620, 636, 852
Der Zauberflöte zweiter Teil 378f., 383, 390, 401f., 407, 411, 436, 455, 519, 527, 569, 667, 753
Der Zauberlehrling 619f.
Der Zeitpunkt 506
Zur Farbenlehre 101, 125, 151, 196, 206, 209, 317, 320f., 390, 564, 633, 760f., 782, 799, 863f., 914f., 917, 923
Zwischen Lavater und Basedow 186

Abbildungsnachweis

Der Autor und der Verlag danken den folgenden Bildgebern für ihre Reproduktionserlaubnis (in Klammern die entsprechenden Seitenzahlen):
Abbot Hall Art Gallery, Kendal: Abbildung 39 *(695)*
Archiv für Kunst und Geschichte, Berlin: Abbildungen 4 *(51)*, 16 *(257)*, 32 *(491)*, 55 *(927)*
Constantin Beyer, Weimar: Abbildung 54 *(921)*
Bibliothèque Nationale, Paris: Abbildungen 1 *(15)*, 3 *(51)*, 13 *(159)*
Bildarchiv Preußischer Kulturbesitz, Berlin: Abbildungen 14 *(189)*, 36 *(582)*
Roland Dressler, Weimar: Abbildung 44 *(742)*
Friedrich-Schiller-Universität Jena, Jena: Abbildung 22 *(325)*
Goethe-Museum, Düsseldorf (Fotos: Walter Klein): Abbildungen 2 *(15)*, 7 *(109)*, 17 *(257)*, 26 *(365)*, 28 *(443)*, 34 *(567)*, 53 *(921)*
Hamburger Kunsthalle, Hamburg (Fotos: Elke Walford): Abbildung 48 *(779)*
Interfoto Pressebild-Agentur, München: Abbildung 31 *(489)*
Landesbildstelle, Berlin: Abbildung 5 *(71)*
Museum für Abgüsse Klassischer Bildwerke, München: Abbildung 38 *(625)*
Photothèque des Musées de la Ville de Paris, Paris: Abbildung 27 *(431)*
Schiller-Nationalmuseum und Deutsches Literaturarchiv, Marbach a. N.: Abbildungen 6 *(93)*, 19 *(291)*, 37 *(590)*
Stiftung Weimarer Klassik, Weimar: Abbildungen 8 *(117)*, 9 *(121)*, 10 *(121)*, 11 *(135)*, 12 *(153)*, 15 *(189)*, 18 *(290)*, 20 *(309)*, 21 *(323)*, 23 *(363)*, 24 *(363)*, 25 *(365)*, 29 *(445)*, 30 *(485)*, 33 *(491)*, 35 *(577)*, 40 *(695)*, 41 *(697)*, 42 *(734)*, 43 *(735)*, 45 *(755)*, 46 *(762)*, 47 *(779)*, 49 *(817)*, 50 *(817)*, 51 *(887)*, 52 *(887)*

ANZEIGEN

Werke von und über Goethe bei C. H. Beck

Nicholas Boyle
Goethe. Der Dichter in seiner Zeit
Band 1: 1749–1790
Aus dem Englischen von Holger Fliessbach
2., durchgesehene Auflage. 1999.
885 Seiten mit 37 Abbildungen. Leinen

Johann Wolfgang von Goethe
Goethes Werke – Hamburger Ausgabe in 14 Bänden
Herausgegeben von Erich Trunz.
Textkritisch durchgesehen und kommentiert von Erich Trunz
10970 Seiten. 14 Leinenbände
Band 1: Gedichte und Epen 1
15., durchgesehene Auflage. 1993. 804 Seiten. Leinen
Band 2: Gedichte und Epen 2
15., durchgesehene Auflage. 1994. 788 Seiten. Leinen
Band 3: Dramatische Dichtungen 1
15., durchgesehene Auflage. 1993. 776 Seiten. Leinen
Band 4: Dramatische Dichtungen 2
13., durchgesehene Auflage. 1994. 686 Seiten. Leinen
Band 5: Dramatische Dichtungen 3
12., durchgesehene Auflage. 1994. 780 Seiten. Leinen
Band 6: Romane und Novellen 1
13., durchgesehene und erweiterte Auflage. 1993. 797 Seiten. Leinen
Band 7: Romane und Novellen 2
13., durchgesehene Auflage. 1994. 828 Seiten. Leinen
Band 8: Romane und Novellen 3
13., durchgesehene Auflage. 1994. 711 Seiten. Leinen
Band 9: Autobiographische Schriften 1
12., durchgesehene Auflage. 1994. 875 Seiten. Leinen
Band 10: Autobiographische Schriften 2
10., durchgesehene Auflage. 1994. 807 Seiten. Leinen
Band 11: Autobiographische Schriften 3
13., durchgesehene Auflage. 1994. 748 Seiten. Leinen
*Band 12: Schriften zur Kunst, Schriften zur Literatur,
Maximen und Reflexionen*
12., durchgesehene Auflage. 1994. 803 Seiten. Leinen
Band 13: Naturwissenschaftliche Schriften 1
11., durchgesehene Auflage. 1994. 671 Seiten. Leinen
*Band 14: Naturwissenschaftliche Schriften 2
Materialien und Register*
9., durchgesehene Auflage. 1994. 805 Seiten. Leinen

Verlag C. H. Beck München

Bibliothek des 18. Jahrhunderts

Barbara Hahn/Birgit Bosold/Ursula Isselstein (Hrsg.)
Pauline Wiesels Liebesgeschichten
Briefwechsel mit Karl Gustav von Brinckmann,
Prinz Louis Ferdinand von Preußen,
Friedrich Gentz und anderen
1998. 351 Seiten mit 7 Abbildungen. Leinen

Ulrich Joost (Hrsg.)
Ihre Hand, Ihren Mund, nächstens mehr
Lichtenbergs Briefe 1765 bis 1799
1998. 476 Seiten mit 2 Abbildungen und Skizzen im Text.
Leinen

Julie de Lespinasse
Briefe einer Leidenschaft 1773–1776
Übersetzt und herausgegeben von Johannes Willms
1997. 540 Seiten mit 1 Abbildung als Frontispiz.
Leinen

Johann Wolfgang von Goethe
Maximen und Reflexionen
Mit einem Nachwort von Walther Killy
und Anmerkungen von Irmtraut Schmid
1989. 342 Seiten. Leinen

Karl Philipp Moritz
Anton Reiser
Ein psychologischer Roman
Herausgegeben von Ernst-Peter Wieckenberg
2., durchgesehene Auflage. 1997.
459 Seiten mit 4 Abbildungen und mit den
Titelkupfern nach der Erstausgabe. Leinen

Hansjörg Küster/Ulf Küster (Hrsg.)
Garten und Wildnis
Landschaft im 18. Jahrhundert
1997. 366 Seiten mit 11 Abbildungen im Text.
Leinen

Verlag C. H. Beck München